中華人民共和國國務院批准的重大文化出版工程

國家文化發展規劃綱要的重點出版工程項目

新聞出版總署列爲『十一五』國家重大工程出版規劃之首

國家出版基金重點支持項目

ISBN 978-7-5495-3988-8

中華大典

文獻目録典

廣西師範大學出版社集團有限公司

《中華大典》工作委員會

《中華大典》編纂委員會

《中華大典》前言

《中華大典》是運用我國歷代漢文古籍編纂的一部大型工具書。其目的是爲學術界及願意瞭解中國古代珍貴文化典籍的人士提供準確詳實、便於檢索的漢文古籍分類資料。

中國是世界文明古國之一，幾千年來纂寫和聚集的文化典籍浩如烟海。我國歷代都有編纂類書的優良傳統，具有代表性的《永樂大典》等大多已佚失，現存《古今圖書集成》編就距今也已數百年。爲了適應今天和以後研究和檢索的需要，一九八八年海内外三百多位專家學者和各古籍出版社同仁倡議，在已有類書的基礎上，用現代科學方法編纂一部新的類書《中華大典》。

國務院在關於編纂《中華大典》問題的批覆中指出，編纂《中華大典》「是我國建國以來最大的一項文化出版工程」。本書所收漢文古籍上起先秦，下迄清末，約三萬種，達七億多字，分爲二十四個典，近百個分典，内容廣博，規模宏大，前所未有。

《中華大典》的編纂工作堅持科學態度和百花齊放、百家争鳴方針。儘量採用古精校精刻本，優先採用我國建國後文獻學和考古學的優秀成果。對傳統文化中重要的不同學派的資料，兼收並蓄。運用現代圖書分類的方法，對收集到的資料，精選、精編，力求便於檢索、準確可信。

這項工作從開始起就受到中共中央、國務院和有關部門的重視和支持。國家主席江澤民、國務院總理李鵬分别爲《中華大典》題詞。江澤民的題詞是：「同心同德群策群力認真編好中華大典爲建設有中國特色的社會主義服務」。李鵬的題詞是：「繼承和弘揚民族優秀傳統文化」。全國政協主席李瑞環、國務委員李鐵映也作了重要指示，要求抓緊辦理。一九九零年五月，國務院批准《中華大典》

爲國家重點古籍整理項目。一九九二年九月，正式成立了《中華大典》工作委員會和《中華大典》編纂委員會，召開了《中華大典》工作、編纂會議。自此，《中華大典》的編纂工作由試點轉入正式啓動，逐步鋪開。

編纂《中華大典》，學術性很强，工作量很大，工程十分艱巨，全賴廣大專家學者和全國各有關高等院校、科研院所、圖書館、出版單位的鼎力支持與積極參與。大家本着弘揚中華民族優秀文化的心願，發揚奉獻精神，克服各種困難，團結協作，給這部巨大類書的出版提供了根本保證。在此謹表示誠摯的謝意。

對本書的批評與建議，我們將十分歡迎。

《中華大典》編纂委員會

一九九七年四月

二〇〇六年十一月修訂

《中華大典》編纂通則

一、性質：《中華大典》（以下簡稱《大典》）是對漢文古籍（含已翻譯成漢文的少數民族古籍）進行全面的、系統的、科學的分類整理和匯編總結的新型類書，是在繼承歷代類書優良傳統、考慮漢文古籍固有特點的基礎上，借鑒和參照近代編纂百科全書的經驗和方法編纂而成。編纂《大典》的目的，是爲學術界及願意瞭解中國古代珍貴文化典籍的人士提供各種分門別類的、準確詳細的古代漢文專題資料。

二、規模和體例：《大典》所收古籍的時限，上自先秦，下迄辛亥革命。全書共收各類漢文古籍三萬餘種，七億多字。全書體例，着重汲取清代《古今圖書集成》所採用的經目和緯目相交織這一統一框架結構的模式，同時參照現代科學的學科、目録分類方法，並根據各類學科內容的實際情況，一般將每一大類學科輯爲一典，也有將幾個相關學科共輯爲一典的。對各典名稱，均以現代學科命名，對於所收入的各種古籍資料，亦儘可能納入現代科學分類體系之中。

三、經目：大典共分二十四個典，卽哲學典、宗教典、政治典、軍事典、經濟典、法律典、教育體育典、語言文字典、文學典、藝術典、歷史典、歷史地理典、民俗典、數學典、物理化學典、天文典、地學典、生物學典、醫藥衛生典、農業典、林業典、工業典、交通運輸典、文獻目録典。典以下以分典、總部、部、分部分級，分部之下的標目根據各學科特點由各典自行擬定。

四、緯目：共設置九項緯目，用以包容各級經目的具體內容：

①題解：對有關學科的名稱、概念、涵義、特點等作總體介紹的資料。

②論說：有關理論部份的資料。

③綜述：有關學科或事物的系統性資料，凡有關學科或事物的性狀、制度、範疇、特點及學科地位、發展情況等具體內容均編入此緯目中。

④傳記：有關人物的傳記資料。

⑤紀事：有關學科或事物的具體活動或事例的資料。

⑥著録：重要人物或文獻的有關著作資料，如專集介紹、序跋、藏書題記，以及有關著作的成書經過、版本源流等。

⑦藝文：有關屬於文學欣賞性的散文或韻文。

⑧雜録：凡未收入以上各緯目，而又有較高參考價值的資料，均入雜録。

⑨圖表：根據有關經目的内容需要，圖與表附於相關專題之下，或集中匯總於某級經目之後。

《大典》以内容分類安排各級緯目，各級緯目的正文，一般以原書爲單位，按時代順序排列。每一條資料前標明出處，包括書名或作者名、篇名或卷次，以利讀者核對原書。

五、書目：每分典後附有該分典所收書之書目，書目包括書名、作者、時(年)代、版本等内容。時代以成書時代爲準，成書時代不詳者，以作者主要活動時代爲準，並遵從歷史習慣。

六、版本：《大典》在選用版本時儘量採用古人的精校精刻本，亦採用學術界通用的近現代整理圈點本及現代學者校點整理本。

七、校點：爲儘可能保存古籍原貌，《大典》衹對底本中明顯的脱、訛、衍、倒進行勘正。古本中的避諱字一般不作改動，衹對缺筆字補足筆畫。後人刻書時避當朝人諱而改動的字，據古本改回。《大典》採用新式標點法。

一九九六年八月

二〇〇六年十一月修訂

《中華大典·文獻目録典》編纂委員會

顧　問：劉家和　安平秋　傅璇琮　陳祖武

主　編：周少川

副主編：鄧瑞全

編　委：閻崇東　楊寄林　諸偉奇　楊燕起　王錦貴　汪高鑫
周延良　鄧瑞全　楊　健　張　濤　張　升　王記録
周少川　邵永忠　向燕南　鄭振峰　毛瑞方　駱繼光

學術秘書：毛瑞方

《中華大典・文獻目録典》序

中國古籍素以浩如煙海、汗牛充棟而著稱。浩瀚的中華典籍哺育了世世代代的炎黄子孫，既是中華文明綿延五千年從不中斷的歷史標誌，又是當今弘揚民族精神和時代精神，建設社會主義文化強國的重要資源。

整理研究古代文化典籍，在我國有悠久的歷史。從孔子整理「六經」開始，歷代學者爲了更好地認識和利用典籍，嬗遞文化傳統，非常重視對傳世典籍的考辨整理。他們或校勘異同、訂正訛誤，或訓釋箋注、闡幽發微，或編目著録、考鏡源流，或審定版本、辨别真僞。在整理典籍的長期實踐中，積累了豐富的經驗和資料，編纂出數以千計的書目著作，逐漸形成了涵蓋目録、版本、校勘、注釋、辨僞、輯佚等專學的文獻校讎之學，並於二十世紀，最終確立了具有民族特色和現代科學體系的中國文獻學。

二十世紀八十年代以來，爲了推進社會主義文化的建設，黨中央多次號召加強古籍整理工作，指出「整理古籍是一件大事，得搞上百年」。古籍整理和文獻學研究的工作任重而道遠。在《中華大典》這項古籍整理的重大文化工程中，工委會和編委會於二十四典中特别設立了《文獻目録典》。其任務是分類彙集古代書目資料和文獻學資料，全面反映中國古代典籍編纂和典籍整理的豐富成果，以促進古籍整理和文獻學的持久發展。因此，《中華大典・文獻目録典》既是古籍整理實踐的産物，又肩負著爲今後古籍整理與文獻學研究的深入開展建設信息庫的歷史使命。

《文獻目録典》的編纂工作自二〇〇六年啓動，歷時六年而完成。全書約三千五百萬字，下設《文獻學分典》和《古籍目録分典》。本典的内容具有以下學術價值和特點：

一、《文獻目録典》推陳出新，規模宏大，是迄今爲止，首創類編文獻學與書目資料的大型工具書。在中國類書編纂史上，也曾有彙編前代評述典籍資料的類書，如南宋王應麟的《玉海・藝文》和清代官修類書《古今圖書集成》中的《理學彙編・經籍典》，然二者皆忽略對典籍整理資料的收集和類編。本典從繼承傳統又超越前賢的目標出發，彙編先秦至清末古籍中有關文獻校讎的重要資料，以及歷代古籍目録著録典籍的重要資料，彌補了古代類書編纂的不足；在規模和體制上，也大大超過了

以往相同領域的文獻類編。

二、《文獻目録典》兼具資料類編與書目兩大功能，既是中國文獻學的資料大全，又是中國存佚古籍的解題全目。本典的《文獻學分典》彙集古代學者對目録、版本、校勘、注釋、辨僞、輯佚等各專學相關概念、術語、涵義、地位及淵源流别的論述，收録古代學者運用各專學考辨文獻的方法與實例，以及對他們考校典籍的具體事蹟和成果的記載，爲專業人員和其他學科的研究者提供古代文獻學豐富的史料，也可作爲高等院校文獻學教學的參考素材，從而適應了我國文獻學學科建設和古籍整理發展的需要。

本典的《古籍目録分典》則汲取南宋文獻學家鄭樵「紀百代之有無，廣古今而無遺」的目録學思想，廣採古今公私古籍目録，對産生於一九一一年以前的中國古籍，不論存佚，皆予著録。從一定意義上講，它是第一部反映我國古代文化典籍全貌的中國古籍解題全目，其中有關亡佚古籍的豐富材料，必將在全面發掘我國古代文化遺産，深入開展中國文化史研究的進程中顯示其重要的價值。

三、《文獻目録典》的框架體例體現了高度的科學性、系統的完整性和清晰的條理性。本典採用現代科學分類的方法，並吸收當今文獻學研究和古籍分類的最新成果，對我國古籍的傳統分類加以改造，形成了由典、分典、總部、部、分部、專題等六級經目及若干緯目相互交織的框架結構，用以容納豐富的資料。同時也展現了我國文獻學完整、清晰的學科體系和對古籍的科學分類。這種按學術内容分類統轄、依時間順序排列資料的邏輯體系，不僅有利於揭示典籍文獻的本質屬性和内容上的相互關係，而且有助於反映我國古代各門學術形成發展的淵源脈絡，發揮「辨章學術，考鏡源流」的作用。本典所設計的文獻學框架和對古籍分類體系的改造，也將有益於進一步規範我國文獻學的學科體系和完善古籍目録的分類方法。

四、《文獻目録典》的編纂確保了資料的廣泛性、文獻選編的實用性和校勘標點的準確性。本典的資料採編、整理堅持網羅宏富和質量第一的原則。收録資料的範圍包括傳世典籍、出土文獻和域外漢籍，普查典籍文獻達一萬四千餘種，其中查閲的書目文獻則遍及古今各種古籍目録；採録資料選用典籍較好的版本，並充分利用二十世紀以來古籍整理的優秀成果。文獻採選則注意去粗取精，既選用有代表性和稀見的資料，又兼收不同流派、不同觀點的材料，以求客觀地反映古代學術的面貌。類編文獻務求歸類恰當，並標明出處，配以詳細的《引用書目》，以利使用。由於本典編纂人員是來自國内文獻學界的專家和中青年學者，富有古籍整理的經驗，因而校點工作力求準確規範，在整理資料過程中還改正了以往古籍點校中的一些錯誤。

《中華大典·文獻目録典》在長達六年的編纂工作中，來自北京師範大學、内蒙古師範大學、河北師範大學、安徽大學、河南師範大學、内蒙古大學、南開大學、天津師範大學、雲南大學的近百名專家學者，以嚴謹認真的科學態度，團結協作，甘於奉獻，付出了大量辛勤的勞動。本典的編纂工作自始至終得到《中華大典》工委會、編委會和大典辦公室的悉心指導，得到廣西師範大學出版社的大力支持和密切配合，得到上述高校各級領導的關心支持，以及國家圖書館、有關省級圖書館和高校圖書館的熱情幫助。謹此表示衷心的感謝。並懇望海内外學術界和讀者諸君對本典存在的失誤不吝賜教。

《中華大典·文獻目録典》編纂委員會

二〇一二年一月三十日

《中華大典·文獻目録典》凡例

《文獻目録典》是《中華大典》二十四個典之一。本典以《中華大典》工作總則等條例爲依據，並結合本典内容的實際情況作個别變通，形成以下編纂體例。

一、本典由《文獻學分典》和《古籍目録分典》組成。分典下設總部，《文獻學分典》包括《文獻總論總部》、《目録總部》、《版本總部》、《校勘總部》、《注釋總部》、《辨僞總部》、《輯佚總部》、《典藏總部》、《流通總部》；《古籍目録分典》包括《經總部》、《史總部》、《子總部》、《集總部》、《叢書總部》、《譯著總部》。總部下設部，部之下按需要再立分部、專題，由此構成典、分典、總部、部、分部、專題等六級經目。

二、各總部及其所轄經目之下設緯目，用以羅織相關材料。緯目設置視所據資料的情況而定，有則設之，無則不設。本典所設緯目有七項。論述：收録有關論述所屬經目的概念、涵義、特點、分類依據、發展源流的資料。綜述：全面、系統地收録對相關學術、事物或典籍作記述、評介或例證的資料。傳記：收録有關人物的具有代表性的傳記資料。紀事：收録對相關活動的具體記載和史實。藝文：收録吟誦相關事物或人物的韻文或散文。雜録：收録未採用於上述緯目，而又具有較高參考價值的資料。圖表：收録對相關事物作形象描述或簡明表述的圖表。

三、本典的《文獻學分典》彙編先秦至清末有關文獻産生發展、收藏流通及文獻學各門專學的重要資料。《古籍目録分典》彙編古今各種古籍目録的重要資料，用以著録一九一一年以前産生的所有中國古籍的狀況。收録典籍資料的範圍包括傳世典籍、出土文獻和域外漢籍。所收資料分類編排於相應的緯目之下，並按資料成書的時代先後排列，時代難以考實者就近排列，或遵從歷史習慣。

四、在所引資料前標明出處，常用而熟知的古籍如先秦典籍、《十三經》、《二十四史》可不標作者姓名，其他引書標注則均標明作者、書名、卷次或篇名。

五、爲避免不必要的文字重複，一些書名和篇名在引書標示時採用通行的簡稱，如《資治通鑑》簡稱《通鑑》，《漢書·藝文

志》簡稱《漢志》，《四庫全書總目提要》簡稱《四庫提要》，書名簡稱所對應的全稱在《引用書目》中説明。在同一部典籍的不同部分引用兩段以上材料而又排列相連時，可用「又」字代替與前文重複的引書標示。

六、所引資料如在一段之中有省略之處，用【略】標明。

七、所引資料的正文中如有注疏文字，則按古籍原貌隨文夾注，並以大小字型區分正文與注疏文字。有的資料中注疏文字較多，形式繁雜，容易混淆，爲方便利用，則以方括號標注注疏者姓名及注疏方式，如[鄭玄注]。

八、校勘祇對引書底本明顯的訛、脱、衍、倒進行勘正，不出校記。採用圓括號標署訛字、衍字和倒文，方括號標署正字、順文和增補的脱字。

九、引書底本的古今字、通假字，一般不作改動。不用簡化字。避諱字多一仍其舊，但因避諱而缺筆者，則補足筆畫，空字者補字。

十、採用新式標點符號標點資料原文。

十一、採用中文數字，不用阿拉伯數字。引書標示中對古籍卷次的標示，僅用一、二、三、四、五、六、七、八、九、〇，不用十、百、千、萬。

十二、各分典附《引用書目》，書目包括書名、作者、時代、版本等項内容。本典從實用出發，對一部典籍的引用不限於一種版本，擇善而從。

《中華大典·文獻目録典》編纂委員會

二〇一二年一月三十一日

中華大典·文獻目録典

總目

古籍目録分典

文獻學分典

中華大典·文獻目録典

文獻學分典

主編：閻崇東

《文獻學分典》編纂委員會

《文獻學分典》編纂説明

一、本分典爲《中華大典·文獻目録典》兩個分典之一。

二、本分典的編纂，希望通過各級經目的科學設計，覆蓋文獻學各門專學的各個領域，提供一個代表當前文獻學研究最新水平的學科體系；通過各類緯目廣輯資料，以反映文獻學各門專學的概念、術語和方法，文獻考辨的實例，以及古代文獻學家的重要事蹟和主要成果。

三、全面系統地彙編古代文獻學資料是本分典之首創，它集文獻學各門專學之大成，力圖爲本專業工作者和相關研究人員提供豐富、系統的資料和便利檢索條件，爲傳統學術研究和發展古籍整理事業奠定堅實的基礎。

四、本分典所轄九個總部，分别爲文獻總論、目録、版本、校勘、注釋、辨僞、輯佚、典藏、流通等。文獻總論總部下設文獻概念、文獻載體材料、文獻生産技術、文獻功用等四部；目録總部下設總論、國家目録、史志目録、私藏目録、知見目録、地方目録、專科目録、特種目録等八部；版本總部下設總論、書册制度、歷代圖書刊行、版本類型與特徵、版本鑒别實例等五部；校勘總部下設總論、校勘内容、校勘方法、校勘原則、校勘名著等五部；注釋總部下設總論、注釋體例、注釋内容、注釋名著等四部；辨僞總部下設總論、僞書成因、僞書類型、考辨僞書、辨僞名篇名著等五部；輯佚總部下設總論、佚書類型、輯佚方法、輯佚名著等四部；典藏總部下設總論、收藏、典藏制度方法、藏書樓、藏書家等五部；流通總部下設總論、文獻流散、流通方式、中外文獻流通等四部。有的部之下還列有分部。在每個部或分部之下，設有論述、綜述、雜録、傳記、紀事、藝文、圖表等不同的緯目。

五、本分典輯録資料範圍總的原則是上起先秦，下迄一九一一年。輯録時在儘量利用善本的前提下，盡可能地選用版本價值較高的通行本古籍，也充分利用今人整理點校的新版古籍。

六、本分典附《引用書目》，按著作撰成年代先後順序排列，年代不詳者，排列於相關朝代之後。

《中華大典·文獻目録典·文獻學分典》編委會

二〇一二年二月十二日

版本總部

主編：楊健
副主編：李永明
程仁桃

《版本總部》編纂人員

主　編：楊　健

副主編：李永明　程仁桃

編纂者：肖亞男　楊玉芬　胡艷杰　葛瑞華

《版本總部》提要

一、《版本總部》是《文獻目録典·文獻學分典》九個總部之一，分類輯録有關古代典籍刻印、裝幀與版本方面的各種史料。本總部下分爲五部：總論、書册制度、歷代圖書刊行、版本類型與特徵、版本鑒别實例。

二、「總論部」轄三個分部：版本名稱、歷代善本觀、版本學。「版本名稱」分部收録與「版」、「本」及「版本」名稱相關的資料。「歷代善本觀」則分兩個緯目：「綜述」收録有關歷代學者對善本看法與認識的資料；「藝文」則收録吟詠善本圖書的詩文。「版本學」分部收録有關版本學功用與版本學史的資料。

三、「書册制度部」轄八個分部：簡册、帛書、紙書卷軸裝、梵夾裝、經摺裝、旋風裝、蝴蝶裝、綫裝（附包背裝）。各分部下設兩個緯目：「綜述」，收録簡、帛形制及紙裝各種裝幀的相關資料，一些分部有少量吟詠幀的詩文，附於「綜述」之後；「圖録」收録反映簡、帛形制及紙書裝幀的圖片。

四、「歷代圖書刊行部」轄五個分部：唐五代刻書、宋代刻書、金元時期刻書、明代刻書、清代刻書。其中清代刻書又分官府刻書、私家刻書兩個專題。每個分部、專題下設兩個緯目：「綜述」，收録有關刻書機構（含個人）的設置及刻書情況、品種、數量等資料；「紀事」，收録有關某種圖書（含叢書）刊刻情況的資料。

五、「版本類型與特徵部」轄六個分部：刻本、活字本、石印本、稿本、抄本、批校本。其中刻本分部又轄有宋刻本（附遼、金刻本）、元刻本、明刻本、清刻本、補修本、百衲本、巾箱本、套印本、插圖本九個專題。於分部、專題下設三個緯目：「綜述」收録有關反映版本類型及特徵的資料；「藝文」收録吟詠各類版本的詩文，部分分部「藝文」資料較少，不單立緯目，僅附相關資料於「綜述」之後；「圖録」收録各種版本類型的書影。

六、「版本鑒别實例部」轄三個分部：宋人版本鑒别、明人版本鑒别、清人版本鑒别，分别收録以上三個朝代的相關學者進行古籍版本鑒别的實例。部分實例配有與文字内容相符的書影。

七、正文的引書標注一般標明作者、書名、卷次、篇名。書名，古籍通常取自首卷卷端題名，近代以來的圖書以版權頁的題名爲準。相關版本情況在分典的《引用書目》中説明。

八、凡輯録作者爲他人著述所作的單篇序跋，爲方便讀者檢索，在相關序跋後用圓括號標示其出處。如：林佶《説鈴跋》（汪琬《説鈴》

卷末）。引書如出現一書有兩種以上版本，且序跋出現於某一特定版本，則圓括號中還須標明版本情況。如：高鶚《紅樓夢序》（《紅樓夢》程甲本卷首）；程偉元、高鶚《紅樓夢引言》（《紅樓夢》程乙本卷首）。

九、引用同一作者兩部以上不同論著，或者同一論著不同部分的兩段材料，當其相連排列時，用「又」替代與前文引書標注重複的文字。兩篇以上的序跋出處相同且相連排列時，在圓括號中用「同上」替代相同之出處。如：潘詡《金石例跋》（《［乾隆］歷城縣志》卷二〇）；楊本《金石例序》（同上）。

十、一九一一年以前，有關古籍版本學方面的資料零碎雜處，鉤稽梳理極其不易，彙輯中難免存在缺漏和不當之處，望方家學者不吝指教和批評。

楊　健

二〇一三年六月一八日

目次

總論部

版本名稱分部

王充《論衡・量知篇》 夫竹生於山，木長於林，未知所入，截竹爲筒，破以爲牒，加筆墨之跡，乃成文字。大者爲經，小者爲傳記。斷木爲槧，枏之爲板，力加颳削，乃成奏牘。

蔡邕《蔡中郎集・劉鎮南碑》 ［劉表］又求遺書，寫還新者，留其故本，於是古典畢集，充于州閭。

劉義慶《世説新語・文學四》 王曰「如籌算。雖無情，運之者有情。」僧意云：「誰運聖人邪？」苟子不得答而去。劉孝標註：諸本無「僧意」。最後一句，意疑其闕。慶校衆本皆然，唯一書有之，故取以成其義。

釋僧祐《出三藏記集》卷二《新集條解異出經録》 異出經者，謂胡本同而漢文異也。梵書復隱，宣譯多變，出經之士，才趣各殊，辭有質文，意或詳略，故令本一末二，新舊參差，若國言訛轉，則音字楚夏；譯辭格礙，則事義胡越。豈西傳之踳駮，乃東寫之乖謬耳。是以《泥洹》、《楞嚴》重出至七，《般若》之經，別本迺八。

又卷五《喻疑》 今《大般泥洹經》，法顯道人遠尋眞本，於天竺得之，持至揚都，大集京師義學之僧百有餘人，禪師執本，參而譯之，詳而出之。【略】昔朱士行既襲眞式，以大法爲己任，於雒中講《小品》，亦往往不通。乃出流沙，尋求《大品》。既至于塡，果得眞本，即遣弟子十人，送至雒陽，出爲晉音。【略】時朱士行乃求燒經爲證，王亦從其所求，積薪十車於殿階下，以火焚之。士行臨階而發誠誓：「若漢地大化應流布者，經當不燒；若其不應，命也如何！」言已投之，火即爲滅，不損一字。遂得有此《法華》正本於于塡大國，輝光重壤，踊出空中，而得流此。此《大般泥洹經》既出之後，而有嫌其文不便者，而更改之，人情小惑。有慧祐道人，私以正本雇人寫之。容書之家忽然火起，三十餘家一時蕩然。寫經人於灰火之中求銅鐵器物，忽見所寫經本在火不燒，及其所寫一紙陌外亦燒，字亦無損。

又卷七《合首楞嚴經記》 以漢末沸亂，［支越］南度奔吳，從黃武至建興中，所出諸經凡數十卷，自有別傳記錄，亦云出此經，今不見復有異本也。然此《首楞嚴》自有小不同，辭有豐約，文有晉胡，較而尋之，要不足以爲異人別出也。恐是越嫌讖所譯者，辭質多胡音，所異者，刪而定之；其所同者，述而不改。二家各有記錄耳。此一本於諸本中辭最省便，又少胡音，偏行於世，即越所定者也。

又《合微密持經記》 此經凡有四本，三本並各二名，一本三名，備如後列。【略】一本一名《無量門微密之持》，二名《成道降魔得一切智》。此一本名行於世，爲常舊本；一本一名《阿難陀目佉尼呵離陀羅尼》，二名《疾使人民得一切智》；一本一名《無端底門總持之行》，二名《菩薩降卻諸魔堅固於一切智》；一本一名《出生無量門持》，二名《一生補處道行》，三名《成道降魔得一切智》。

又卷八《合維摩詰經序》 蓋《維摩詰經》者，先哲之格言，弘道之宏標也。其文微而婉，厥旨幽而遠。可謂唱高和寡，故舉世罕覽。然斯經梵本，出自維耶離。

又卷一一《善見律毘婆沙記》 齊永明十年，歲次實沉，三月十日，禪林比丘尼淨秀，聞僧伽跋陀羅法師於廣州共僧禕法師譯出胡本《善見毘婆沙律》一部十八卷。

陶弘景《眞誥》卷一七《握眞輔》 義白符書訖，有答教事，脫忘送。適欲遣，承會得告。今封付，別當抄寫正本目呈也。

又卷一九《翼眞檢》 又有菜買者，亦從許［丞］受得此十數卷，頗兼眞本。分張傳受，其迹不復具存。

崔鴻《十六國春秋》卷九七《北涼錄四・曇無讖無》 蒙遜素奉大法，志在弘通，欲請出經本。讖以未參土言，又無傳譯，恐言乖於理，不許即翻。於是學語三年，遍曉華言，方譯初本，分爲十卷。

釋慧皎《高僧傳》卷一《譯經上・漢雒陽支樓迦讖》 先是沙門曇果於迦維羅衛國得梵本，孟詳共竺大力譯爲漢文。

又《魏吳武昌維祇難》 以吳黃武三年，與同伴竺律炎來至武昌，齎

《曇鉢經》梵本。

又《晉長安僧伽跋澄》　跋澄口誦經本，外國沙門曇摩難提筆受爲梵文，佛圖羅刹宣譯，秦沙門敏智筆受爲晉本，以僞秦建元十九年譯出，自孟夏至仲秋方訖。初，跋澄又齎《婆須蜜》梵本自隨，明年趙正復請出之，跋澄乃與曇摩難提及僧伽提婆三人共執梵本，秦沙門佛念宣譯，慧嵩筆受，安公、法和對共校定，故二經流布傳學迄今。

又卷二《譯經中・晉長安鳩摩羅什》　既覽舊經，義多紕僻，皆由先度失旨，不與梵本相應。於是興使沙門僧䂮、僧遷、法欽、道流、道恆、道標、僧叡、僧肇等八百餘人，諮受什旨，更令出《大品》，什持梵本，興執舊經，以相讎校，其新文異舊者，義皆圓通，衆心惬伏，莫不欣讚。

又《晉長安弗若多羅》　以僞秦弘始六年十月十七日集義學僧數百餘人，於長安中寺延請多羅誦出《十誦》梵本，羅什譯爲晉文。

又《晉京師道場寺佛馱跋陀羅》　又沙門法顯於西域所得《僧祇律》梵本，復請賢譯爲晉文。

又《晉西河曇無讖》　此經梵本，本三萬五千偈，於此方減百萬言，今所出者止一萬餘偈。

又卷三《譯經下・宋建康龍光寺佛馱什》　先沙門法顯於師子國得《彌沙塞律》梵本，未被翻譯，而法顯遷化。京邑諸僧聞什既善此學，於是請令出焉，以其年冬十一月集于龍光寺，譯爲三十四卷，稱爲《五分律》。

又卷四《義解一・晉洛陽朱士行》　昔漢靈之時，竺佛朔譯，出《道行經》，即《小品》之舊本也，文句簡略，意義未周。士行嘗於洛陽講《道行經》，覺文章隱質，諸未盡善，每歎曰：此經大乘之要，而譯理不盡，誓志捐身，遠求大本。遂以魏甘露五年發迹雍州，西渡流沙。既至于闐，果得梵書正本，凡九十章。遣弟子不如檀，此言法饒，送經梵本還歸洛陽。【略】又有無羅叉比丘，西域道士，稽古多學，乃手執梵本，叔蘭譯爲晉文，稱爲《放光波若》，皮牒故本，今在豫章。至太安二年，支孝龍就叔蘭一時寫五部，校爲定本。

又卷一一《明律・齊京師建初寺釋僧祐》　自大教東傳，五部皆度。始弗若多羅誦出《十誦》梵本，羅什譯爲晉文未竟，多羅化焉。後曇摩流支又誦出所餘，什譯都竟。曇無德部，佛陀耶舍所翻，即《四分律》也。摩訶僧祇部，及彌沙塞部，並法顯得梵本。佛馱跋陀羅譯出《僧祇律》，佛馱什譯出彌沙塞部，即《五分律》也。迦葉毘部或言梵本已度，未被翻譯。

佚名《赤松子章曆》卷二《藏章故本》　章皆有正本，傳爲校定分明，切不可用故本。事狀不同，請宮殊異。俗人家不得輒留章本，違犯五刑論。

顔之推《顔氏家訓・書證》　《詩》云：「有杕之杜。」江南本竝木傍施大，《傳》曰：「杕，獨皃也。」徐仙民音徒計反。《說文》曰：「杕，樹皃也。」在木部。《韻集》音次第之第，而河北本皆爲夷狄之狄，讀亦如字，此大誤也。　《詩》云：「駉駉牡馬。」江南書皆作牝牡之牡，河北本悉爲放牧之牧。

費長房《歷代三寶紀》卷四　《中本起經》二卷，亦云《太子中本起經》，見《始興錄》。右一部二卷，釋道安云沙門曇果於迦維羅衛國得此梵本，來至雒陽，建安十二年翻，康孟詳度語。

又卷五　謙以大教雖行，而經多梵語，未盡翻譯，自既妙善方言，乃更廣收衆經舊本，譯爲吴言。

又卷一〇《大般涅槃經》三十六卷，見《寶唱錄》及《高僧傳》。右一部三十六卷，元曇無讖晉末於姑臧爲北涼沮渠氏譯，本有四十卷，語小朴質，不甚流美。宋文帝世元嘉年，初達于建康，時有豫州沙門范慧嚴、清河沙門崔慧觀共陳郡處士謝靈運等以讖《涅槃》品數疎簡，初學之者難以厝懷，乃依舊翻《泥洹》正本加之品目。文有過質，頗亦改治，結爲三十六卷，始有數本，流行未廣。

陸德明《經典釋文・條例》　若兩本俱用，二理兼通，今竝出之，以明同異。其涇渭相亂，朱紫可分，亦悉書之，隨加刊正。復有他經別本，詞反義乖而又存之者，示博異聞耳。

釋灌頂《隋天台智者大師別傳》　［大師］語弟子云：「商行寄金，醫去留藥，吾雖不敏，狂子可悲。」仍口授《觀心論》，隨語疏成，不加點潤，論在別本。【略】群僧集閣，王自說義，釋難如流。見智者飛空而至，瀉七寶珊瑚於閣內，還更飛去。王后答遺旨文並功德疏、慰山衆文並在別本。

《隋書・經籍志總序》 隋開皇三年，秘書監牛弘，表請分遣使人，搜訪異本。每書一卷，賞絹一匹，校寫既定，本即歸主。於是民間異書，往往間出。及平陳已後，經籍漸備。檢其所得，多太建時書，紙墨不精，書亦拙惡。於是總集編次，存爲古本。召天下工書之士，京兆韋霈、南陽杜頵等，於秘書内補續殘缺，爲正副二本，藏于宮中。

《隋書・經籍志・經部序》 後漢扶風杜林，傳《古文尚書》，同郡賈逵爲之作訓，馬融作傳，鄭玄亦爲之注然其所傳，唯二十九篇，又雜以今文，非孔舊本。

《南史・劉之遴傳》 時鄱陽嗣王範得班固所撰《漢書》眞本獻東宮，皇太子令之遴與張纘、到溉、陸襄等參校異同，之遴錄其異狀數十事，其大略云：「案古本《漢書》稱永平十六年五月二十一日己酉，郎班固上，而今本無上書年月日子。又案古本《叙傳》號爲中篇，今本稱爲《叙傳》；又今本《叙傳》載班彪事行，而古本云『彪自有傳』。又今本紀及表、志、列傳不相合爲次，而古本相合爲次，總成三十八卷。又今本《外戚》在《西域》後，古本《外戚》次《帝紀》下。又今本高五子、文三王、景十三王、孝武六子、宣元六王雜在諸傳帙中，古本諸王悉次《外戚》下，在《陳項傳》上。又今本《韓彭英盧吳》述云：『信惟餓隸，布實黥徒，越亦狗盜，芮尹江湖，雲起龍驤，化爲侯王。』古本述云：『淮陰毅毅，伏劍周章，邦之傑子，實惟彭、英，化爲侯王，雲起龍驤。』又古本第三十七卷解音釋義，以助雅詁，而今本無此卷也。」

又《任昉傳》 博學，於書無所不見，家雖貧，聚書至萬餘卷，率多異本。

又《王僧孺傳》 僧孺好墳籍，聚書至萬餘卷，率多異本，與沈約、任昉家書埒。

顔師古《漢書叙例》 《漢書》舊文多有古字，解説之後屢經遷易，後人習讀，以意刊改，傳寫既多，彌更淺俗。今則曲覈古本，歸其眞正，一往難識者，皆從而釋之。

《春秋左傳注疏・春秋左氏傳序》孔穎達疏 簡之所容，一行字耳。牘乃方版，版廣於簡，可以並容數行。凡爲書字，有多有少。一行可盡者書之於簡，數行乃盡者書之於方，方所不容者，乃書於策。

杜光庭《録異記》卷四 他日令弟話於襄中賓幕，編述書，版寘於廟中。塵侵雨漬，文字將滅，大中壬申歲，襄州觀風判官王士澄督審文郡，覽而異之，恐板木銷訛，乃刻石于廟。

《舊唐書・方伎傳・僧玄奘》 僧玄奘，姓陳氏，洛州偃師人，大業末出家，博涉經論，嘗謂翻譯者多有訛謬，故就西域，廣求異本，以參驗之。

李上交《近事會元》卷三 後唐明宗長興三年二月，中書奏乞依石經文字刊《九經》書印版，從之。

錢若水《太宗皇帝實錄》卷七八 甲辰，賜嵩陽書院及版本《九經書疏》，從本道轉運使之請也。

歐陽修《集古錄》卷一〇 太宗皇帝時，嘗遣使者天下購募前賢眞蹟，集以爲法帖十卷，鏤板而藏之。每有大臣進登二府者，則賜以一本，其後不賜。或傳板本在御書院，往時禁中火災，板被焚，遂不復賜。或云板今在，但不賜爾。

孔平仲《孔氏雜説》卷四 昔時文字未有印板，多是寫本。

沈括《夢溪筆談》卷一八《伎藝》 板印書籍，唐人尚未盛爲之，自馮瀛王始印《五經》，已後典籍皆爲板本。慶曆中，有布衣畢昇又爲活板。

范祖禹《范太史集》卷二四《乞賜故修書官資治通鑑劄子》 臣先與故秘書丞劉恕同編修《資治通鑑》。恕在職十餘年，臣昨受詔，校定板本，奏御頒行。

黄庭堅《山谷老人刀筆》卷二《與潘邠老》 溫公《神道碑》市中有板本，十千可置。

米芾《書史》 泗州南山杜氏父爲尚書郎，家世杜陵人，收唐刻板本《蘭亭》，與吾家所收不差，有鋒勢，筆活，余得之，以其本刻板，回視定本及近世妄刻之本，異也。

又 錢塘關景仁收唐石本《蘭亭》，佳於定本，不及余家板本也。

又 懷素千文絹本眞迹在蘇液家，沈遘家刻板本，是後歸章惇家。

又 歐陽詢書道林之寺，碑在潭州道林寺，筆力勁險，勾勒而成，有刻板本。

黄伯思《東觀餘論》卷下《跋十七帖後》 右王逸少十七帖，【略】洛陽李邯鄲家所蓄舊本，頗與此相近，其餘世傳別本，蓋南唐後主煜得唐賀知

章臨寫本，勒石寘澄心堂者。【略】又有一版本亦似南唐刻者，第叙次顛舛，文爲十七帖，而誤目爲十八帖，摹刻亦瘦弱失眞。

姚寬《西溪叢語》卷下　葛蘩校《蘇州韋刺史集》十卷，今平江板本是也。

林之奇《拙齋文集》卷二〇《書廉吏傳》　同安宰王君濱，欲世之爲吏者家藏此書，人挾此術，迺寘板本於其邑以廣其傳。

李燾《續資治通鑑長編・眞宗咸平三年》　［三月］丁丑，蔡州學究劉可名又上言諸經板本多誤，上令擇官詳校。

又《眞宗景德二年》　［六月］乙未，賜殿前都指揮使高瓊板本經史，從所乞也。

又《眞宗大中祥符八年》　癸丑，賜輔臣《冊府元龜》各一部，板本初成也。

又《仁宗嘉祐四年》　先是昌朝上所著書百餘卷。詔下兩制看詳，兩制言昌期詭誕穿鑿，指周公爲大姦，不可以訓，乞令益州毁棄所刻板本。

薛季宣《浪語集》卷三〇《漢書正異叙》　右《漢書正異》，得之武進令姚寬，皆已繕寫可傳。始走讀《通鑑考異》，至「京房之諫」引《吳越世家》、《漢書》唐本，方今世傳板本爲詳，恨生之晚，無從啓覿。

又《香奩集叙》　［和］凝嘗自刊己集爲板本。

汪應辰《文定集》卷一〇《跋貞觀政要》　紹興三十二年八月，偶訪劉子駒于西湖僧舍，出其五世所藏之本，乃後唐天成二年國子監板本也。

江少虞《宋朝事實類苑》卷三一《詞翰書籍・藏書之府》　咸平中，眞宗謂宰相曰：「太宗崇尚文史，而三史板本如聞當時校勘官未能精詳，尚有謬誤，當再加刊正。」乃命直使館陳堯佐等覆校《史記》。

李石《方舟集》卷一三《跋王金州送贍學錢書》　先是學有韓退之文板本，獨缺柳子厚集板，因以三佰貫刻板，并韓文並行。

程大昌《雍録》卷九《岐陽石鼓文七》　南劒州州學以鄭本鋟木。予既得版本，遂隨事而爲之辨。

朱熹《晦庵先生朱文公文集》卷一三《延和奏劄七》　臣昨任南康軍，日嘗具狀奏乞賜白鹿洞書院勅額，及乞以太上皇帝御書石經并版本《九經注疏》給賜本洞。

又卷三三《答呂伯恭》　董氏詩建陽有版本，旦夕託人尋訪納去。

又卷三八《與周益公》　先君子少喜學荆公書，收其墨蹟爲多。其一紙乃進鄴侯家傳奏草，味其詞旨，玩其筆勢，直有跨越古今，開闔宇宙之氣。然與今版本文集不同，疑集中者乃刪潤定本，而此紙乃其胸懷本趣也。

又卷五二《答吳伯豐》　此非大義所繫，今詳兩説，誠不合當刪去，然板本已定，只於補脱中説破可也。

又卷五八《答宋深之之源**》**　今倉司所印《遺書》，即程氏説，而張氏之書則蜀中自有版本，不知亦嘗考之否？

又卷六二《答王晉輔》　此間諸書南康板本成後，亦無甚人修改處，不知有黑點子者是何本也。

又卷七五《謝上蔡語録後序》　熹初得友人括蒼吳任寫本一篇，題曰《上蔡先生語録》。後得吳中板本一篇，題曰《逍遙先生語録》，陳留江續之作序云：得之先生兄孫少卿伋，及夫隱之子希元者。二家之書皆溫陵曾恬天隱所記，最後得胡文定公家寫本二篇於公從子籍溪先生，題曰《謝子雅言》。凡書四篇，以相參校。《胡氏》上篇五十五章，記文定公問答，皆他書所無有，而提綱挈領，指示學者用力處，亦卓然非他書所及。下篇四十七章，與板本、吳氏本略同。然時有小異，蓋損益曾氏所記，而精約過之。輒因其舊，定著爲二篇，且著曾氏本語及吳氏之異同者於其下以備參考，獨板本所增多猶百餘章。

又卷七六《再定太極通書後序》　先生之書，近歲以來其傳既益廣矣，然皆不能無謬誤，唯長沙建安板本爲庶幾焉，而猶頗有所未盡也。

又《呂氏家塾讀詩記後序》　伯恭父之弟子約既以是書授其兄之友丘侯宗卿，而宗卿將爲板本以傳永久，且以書來屬熹序之。

又卷七七《謝上蔡語録後記》　熹頃年校定《上蔡先生語録》三篇，未及脱藁而或者傳去，遂鋟木於贛上。愚意每遺恨焉。比因閑暇，復爲定著此本，然亦未敢自以爲可傳也。因念往時削去版本五十餘章，特以理推知其決非先生語。初未嘗有所左驗，亦不知其果出於何人也。

又卷八〇《鄂州州學稽古閣記》　［許中應］建閣於其上，櫝藏紹興石經、兩朝宸翰以爲寶鎮。又取板本《九經》、諸史、百氏之書列寘其旁，不足，則使人以幣請於京師之學官，使其學者討論誦説，得以饜飫而開

發焉。

又卷八五《書臨漳所刊四經後》［《古文尚書》］合之凡五十九篇。及安國作傳，遂引序以冠其篇首，而定爲五十八篇，今世所行公私版本是也。

楊萬里《誠齋集》卷一〇九《答福州帥張子儀尚書》 傳聞三山公帑有《唐文粹》大字板本，嘗求一編以遮老眼。

陸游《入蜀記》卷四 白公嘗以文集留草堂，後屢亡逸。眞宗皇帝嘗令崇文院寫校，包以斑竹帙送寺。建炎中，又壞於兵。今獨有姑蘇版本一帙，備故事耳。

又《老學庵筆記》卷五 尹少稷強記，日能誦麻沙版本書厚一寸。

樓鑰《攻媿集》卷七六《邵康節觀物篇》 今見此卷，悚然起敬，始知板本失眞爲多。然猶恨不見其全也。

劉爚《雲莊集》卷六《上曾宣撫書》 曩歲南軒張宣公嘗輯之爲傳郡齋，適有板本，敢以一帙十二字之刻幷獻左右。

劉宰《漫塘集》卷六《回項宜父》 令親武進大夫賜書，且示先令娣安人誌銘板本。竊意大夫非無力刊石者，而委之盈尺之木，似亦有故。

魏了翁《鶴山集》卷八一《贈奉直大夫丁公墓誌銘》 公幼而明晤，日記二千言。時版本文字尚少，經傳、《史》、《漢書》皆日抄夜誦。

方大琮《宋寶章閣直學士忠惠鐵庵方公文集》卷一九《趙教授》 三山任先生由御史登頌臺，有點校二《禮》板本，在黃實夫架閣。

又卷二五《蔣粹翁》 其深惜者，十餘年留京所收之書籍。又自解曰：板本尚可置，最惜者，手所校錄之文字，其識見與世俗遠甚。

陳振孫《直齋書録解題・地理類》《續成都古今集記》二十二卷。知府事王剛中居正撰。寔紹興三十年。【略】後七年而有虜禍，秦、漢故跡，焚蕩無遺，今其可見者，惟此二記耳。而板本亦不可復得矣。

曹士冕《法帖譜系・譜系雜說上》 所謂二王府帖者，蓋中原再刻石本，非禁中板本也。

又 三山帥司書庫有歷代帖板本，蓋好事者倣長沙舊帙刊勒，卷帙、規模皆同，今已散失不全矣。

又 余頃歲道過臨川，時李編修伯高宰是邑，出所藏法帖見示，乃板本印成者。

又 武陵郡齋板本較諸帖增益最多，博而不精，殊無足取。

祝穆《事文類聚・別集卷三・儒學部》 建陽版本書籍，行於四方者無遠不至，學於縣之學者乃以無書可讀爲恨。

王惲《秋澗先生大全文集》卷四二《兑齋曹先生文集序》 先生年方不惑，瞑廢於家，又爲人愼許可，片言隻字不輕付人，嚮使展盡底蘊，大開文寶，極其所到，肆波瀾而侈光艷，則與元、李、麻、劉並驅爲不難矣。異時版本一出，學者爭光快覩。

柳貫《柳待制文集》卷一九《書婺本易程氏傳後》《易程氏傳》版本惟婺學舊刻，經東萊成公校定最爲完善，皇慶癸丑之燬，版不存矣。

《宋史・眞宗紀》［景德二年六月］辛卯，以趙德明歸款，諭河西諸蕃各守疆界。高瓊求板本經史，詔給之。

又《趙安仁傳》 會國子監刻《五經正義》板本，以安仁善楷、隸，遂奏留書之。

又《邢昺傳》 臣少從師業儒時，經具有疏者百無一二，蓋力不能傳寫。今板本大備，士庶家皆有之，斯乃儒者逢辰之幸也。

葉德輝《書林清話》卷一《書之稱本》 書之稱本，必有所因。《說文解字》云：「木下曰本」，而今人稱書之下邊曰書根，乃知本者，因根而計數之詞。北齊顏之推《顏氏家訓・書證》篇云：《漢書》「中外禔福」字當從示，而江南書本多誤從手。《後漢書・酷吏・樊曄傳》「寧見乳虎穴」，江南書本「穴」皆誤作「六」。杜臺卿《玉燭寶典》引《字訓》解「渝」字云：「其字或草下，或水旁，或火旁，皆依書本。」《漢書・孔光傳》「犬馬齒臷」，顏師古注：「讀與耋同，今書本有作截字者，俗寫誤也。」又《外戚・孝成趙皇后傳》「赫蹏紙」，顏師古注：「今書本赫字或作擊。」是書本之稱，由來已久。至宋刻板大行，名義遂定。如岳珂《九經三傳沿革例》，以書本爲一例是也。

歷代善本觀分部

綜述

《漢書・河間獻王劉德傳》 河間獻王德以孝景前二年立，修學好古，實事求是。從民得善書，必爲好寫與之，留其眞，加金帛賜以招之。繇是四方道術之人不遠千里，或有先祖舊書，多奉以奏獻王者，故得書多，與漢朝等。

《北齊書・辛術傳》 〔術〕及定淮南，凡諸資物一毫無犯，唯大收典籍，多是宋、齊、梁時佳本，鳩集萬餘卷，并顧、陸之徒名畫，二王已下法書，數亦不少。

顔師古《匡謬正俗》卷五 揚雄叙甘泉宮云：「遊觀屈奇瓌瑋，非木摩而不雕，牆塗而不畫。」此言既甚「屈奇瓌瑋」，不合於上古之世「摩而不雕、塗而不畫、采椽茅茨」儉約之制耳。今之書本好者猶然，而後人輒於「非」字下加「一」字，讀云：「瓌瑋非一」竟不尋下句，直云「木摩而不雕」，是何言歟？

穆修《河南穆公集》卷二《唐柳先生集後序》 予少嗜觀二家之文，常病《柳》不全見于世，出人間者，殘落纔百餘篇；《韓》則雖其全。至所缺墜，忘字失句，獨于集家爲甚。志欲補其正而傳之，多從好事訪善本，前後累數十，得所長輒加注。

宋祁《景文集》卷六一《石少師行狀》 朝廷有所論譔，公與諸公未嘗不在。善讐書，不妄下朱墨，凡秘書更公手者，皆爲善本。

歐陽修《歐陽文忠公集・外集》卷二三《記舊本韓集後嘉祐□年**》** 《集》本出於蜀，文字刻畫頗精於今世俗本，而脫繆尤多。凡三十年間，聞人有善本者，必求而改正之。

又《六一詩話》 陳公時偶得杜集舊本，文多脫誤，至送《蔡都尉詩》

云：「身輕一鳥」，其下脫一字，陳公因與數客各用一字補之，或云「疾」，或云「落」，或云「起」，或云「下」，莫能定。其後得一善本，乃是「身輕一鳥過」。陳公歎服，以爲雖一字，諸君亦不能到也。

又《集古録》卷八《唐田弘正家廟碑》 右《田弘正家廟碑》，昌黎先生撰。余家所藏書萬卷，惟《昌黎集》是余爲進士時所有，最爲舊物。自天聖以來，古學漸盛，學者多讀韓文而患《集》本訛舛，惟余家本屢更校正，時人共傳，號爲善本。

又《唐韓愈黄陵廟碑》 右《黄陵廟碑》，韓愈撰，沈傳師書。《昌黎集》今大行於世，而患本不眞。余家所藏最號善本，世多取以爲正。然時時得刻石校之，猶不勝其舛繆，是知刻石之文可貴也。

陳襄《古靈先生集》卷一五《與富丞相書》 某少嘗有志於經，久以吏事廢學，未能成就其志，昨蒙相公論薦，置之書府。【略】繼蒙差充編定官，乃是其職，相公樂育之意固可知矣。然而四庫書籍浩博，又多訛謬，無有善本，要須一一校正，然後傳寫，乃爲眞書，然非一二人之力所能成就。

曾鞏《隆平集》卷九《樞密》 〔石中立〕除直集賢院，與楊億、劉筠、陳越、李宗諤相厚善，凡校秘書，更中立手者，皆爲善本。

蘇頌《蘇魏公文集》卷六五《校定備集千金要方序》 惟孫思邈《備集千金方》者，首末粗見，特爲完書。然而公私所藏，鮮有善本，簡編倒錯，事理不倫，肄習之流，常以爲患。

楊時《龜山集》卷二五《校正伊川易傳後序》 伊川先生著《易傳》，方草具，未及成書，而先生得疾。將啓手足，以其書授門人張繹。未幾而繹卒，故其書散亡，學者所傳無善本。政和之初，予友謝顯道得其書於京師，示予，而錯亂重複，幾不可讀。東歸待次毗陵，乃始校定，去其重複，逾年而始完。

陳淵《默堂先生文集》卷二二《書蕭茂德楚詞後》 右《楚詞》十卷，峽江蕭茂德得之叔祖了翁之家，蓋翁之所嘗讀而以善本校定者，塗竄注改皆其親筆，觀其心畫，想見其爲人，則其遺風餘烈或得於此。此所以爲可寶也。

朱長文《墨池編》卷五 張彦遠，唐室三相之裔，史稱其家聚書畫侔秘府，今觀所録，信矣。然未必皆墨迹，或摹搨者多爾。中間書札頗多脫誤不

倫，雖有改益，未得善本盡爲刊正，亦多聞闕疑之義也。

劉弇《龍雲集》卷二九《書楚辭後》　玆本傳自廣陵董天民主通之靜海簿，自云得之林公次中家，次中得之子固所謂秘閣本者，比模本十異四五。予從天民求之，十反不厭，然後得而視竄字之在模本者，與模本莫有而予注其旁者，類不少，則乃歸以其說爲信然。是則《楚辭》善本，視天下宜不多有矣，故余於此本尤系志焉。

黄伯思《東觀餘論》卷下《跋所書十七帖後》　逸少《十七帖》，書中龍也。張彥遠以爲王草中烜一作炟赫著名帖，信然。僕得善本，每喜臨學。此卷雖不足以追踪遐軌，故自有合。

朱袞《甫里陸先生文集後序》（陸龜蒙《唐甫里先生文集》卷二〇附録）　世所傳《叢書》多舛謬，袞既至是邑，想其遺風，因求善本校證，刊之于板，俾覽者非獨玩其辭而已矣，於其志節將有取焉。政和改元季夏四日，毗陵朱袞記。

葉夢得《石林燕語》卷八　唐以前，凡書籍皆寫本，未有模印之法，人以藏書爲貴，人不多有，而藏者精於讎對，故往往皆有善本。

程俱《麟臺故事》卷二中　［仁宗］又謂輔臣曰：《宋》、《齊》、《梁》、《陳》、《後周》、《北齊書》，世罕有善本，未行之學官。可委編校官精加校勘，自是訪得衆本，校正訛謬，遂爲完書，模本而行之。

周紫芝《太倉稊米集》卷四九《讀詩讞》　公［蘇軾］就逮百有餘日，凡御史追捕訊鞫之辭，率坐詩語譏謗，故當時欵牘好事者往往爭相傳誦，謂之「詩讞」。予前後所見數本，雖大概相類，而首尾詳略多不同。今日趙居士攜當塗儲大夫家所藏以示予，比昔所見加詳，蓋善本也。

又卷五二《朱氏藏書目序》　［朱軒］曰：吾家藏書萬卷，皆在東平，今所存唯書目。因出以示僕，皆其祖朝議君所藏，自《五經》諸子百氏之書，皆手校善本。

朱弁《曲洧舊聞》卷四《世畜書以宋次道爲善本》　宋次道龍圖云：「校書如掃塵，隨掃隨有。」其家藏書皆校三、一作四五徧者，世之畜書，以宋爲善本。

又《穆伯長自刻韓柳集鬻於相國寺》　穆修伯長在本朝，爲初好學古文者，始得韓、柳善本，大喜。自序云：「天既饜我以韓，而又飫我以柳，謂天不予饗，過矣。」欲二家文集行於世，乃自鏤板鬻於相國寺。

趙希弁《讀書志附志・雜説類》　《世説新語》三卷，右宋臨川王義慶撰，梁劉孝標注。【略】有紹興八年董弅題其後，曰：「右《世説》三十六篇，世所傳釐爲十卷，或作四十五篇，而末卷但重出前九卷中所載。余家舊本蓋得之王原叔家，後得晏元獻公手自校本，盡去重複，其注亦小加剪截，最爲善本云。」

趙構《翰墨志》　《淳化帖》、《大觀帖》，當時以晉、唐善本及江南所收帖擇善者刻之，悉出上聖規摹，故風骨意象皆存，在識者鑒裁而學者悟其趣爾。

朱熹《三朝名臣言行録》卷一二《丞相劉忠肅公》　平素淳靜嗜書，自幼至老未嘗釋卷，家藏書多皆自讎校，得善本或手鈔録，孜孜無倦。

又《晦庵先生朱文公文集》卷三七《與劉共父》　文定當時亦只是據所傳録之本，雖文定蓋不能保其無一字之訛也。今別得善本，復加補綴，乃是文定所欲聞，文定復生，亦無嫌間。

又卷七五《禆正書序》　《禆正書》三卷，唐陳昌晦撰，凡四十九篇。熹所校定，可繕寫。初，熹被府檄，訪境內先賢碑碣、事傳，悉上之府。是後得此書及墓表於其家，表文猥近不足觀，然述其世次爲詳。書雜晚唐偶麗之體，而時出奇澀，殆難以句讀也。相傳寖久，又多譌謬，無善本可相參校，特以意私定其一二，而其不可知者蓋闕焉。

又卷七六《韓文考異序》　南安韓文出莆田方氏，近世號爲佳本，予讀之信然，然猶恨其不盡載諸本同異，而多折衷於三本也。原三本之見信，杭、蜀以舊，閣以官，其信之也則宜。然如歐陽公之言，《韓文》印本初未必誤，多爲校讎者妄改，亦謂如《羅池碑》改「步」爲「涉」，《田氏廟》改「天明」爲「王明」之類耳。觀其自言，爲兒童時得蜀本《韓文》於隨州李氏，計其歲月當在天禧中年，且其書已故弊脱略，則其摹印之日與祥符杭本，蓋未知其孰先孰後，而嘉祐蜀本又其子孫明矣。然而猶曰「三十年間聞人有善本者，必求而改正之」，則固未嘗必以舊本爲是，而悉從之也。

又卷八三《跋方季申所校韓文》　余自少喜讀韓文，常病世無善本，每欲精校一通以廣流布，而未暇也。今觀方季申此本讎正精密，辨訂詳博，其用力勤矣。但《舉正》之篇所立四例，頗有自相矛盾者，又不盡著諸本同

異，爲未盡善。

又卷八四《跋朱希真所書道德經》　蓋此書難得善本，讀此數章似少譌謬，又爲可傳也。

又《晦庵先生朱文公續集》卷四上《答劉晦伯》　所喻南安《韓文》久已得之，舛訛殊甚，蓋方李申尊信閣本及舊本，反將後來諸家所校定者妄行改易，世俗傳訛，競稱善本，誤人多矣。昨爲《考異》一書，專爲此本發也。

又卷六《答劉德修》　《參同契》絶無善本，近校得一通，令人刊行方就。

周必大《文忠集》卷一九四《虁漕張季良縯·又》　六一公集此間宜有善本，乃大不然。少卿頃刻版左綿，裒類特詳於他本，非博物洽聞，豈能致是。然書類不一，雖公諸子編定，時亦淆亂無倫理，方力加整比，重爲刊刻。

彭叔夏《文苑英華辨證·自序》　叔夏年十二三時，手鈔《太祖皇帝實録》，其間云「興衰治□之源」，闕一字，意必是「治亂」。後得善本，迺作「治忽」。三折肱爲良醫，信知書不可以意輕改。

楊萬里《誠齋集》卷九八《跋陳與權印五經善本》　［陳經］病夫書肆之刻《五經》者，字畫之不精，脱訛之不更，求善書者爲而刻之，使來者皆得以印印之。嗟乎！利之不斬，福之不計，異端之不溺，士之若陳子者稀矣！《五經》之彰繫於刻不刻耶，不繫於刻不刻也。於斯三者，吾獨以嘉陳子。

陳造《江湖長翁集》卷三一《題范蜀公奏議》　蜀公景仁，東坡之所敬畏，迂叟歎慕以爲不及者。其愛君憂國之心，立朝經務之節，槩見于此。予校嘉禾秋闈試，得此書，惜其多有漫滅，妨讀誦，俟求善本改正而藏之。

樓鑰《攻媿集》卷七一《跋華氏中藏經》　是元化之書若行于世，使醫者得以習讀之，所濟多矣。惜乎差舛難據，遂攜至姚江以叩從老。從老笑曰：此吾家所秘，不謂版行已久。因出其書見假。取而校之，乃知閩中之本未善，至一版或改定數十百字。前有《目録》，後有後序，藥方增三之二。閩本亦間有佳處可以證陸本之失，其不同而不可輕改者兩存焉，始得爲善本。老不能繕寫，俾從子溉手録之。

又卷七七《跋春秋繁露》　［萍鄉本］止于三十七篇，終不合《崇文總目》及歐陽文忠公所藏八十二篇之數。余老矣，猶欲得一善本。聞婺女潘同年叔度景憲多收異書，屬其子弟訪之，始得此本，果有八十二篇，是萍鄉本猶未及其半也。喜不可言，以校印本，各取所長，悉加改定。

葉重開《春陵續編序》（周敦頤《元公周先生濂溪集》卷八）　濂溪先生《通書》傳之者日衆，春陵本最先出，板浸漫滅。重開既白諸郡侯，參以善本，補正訛闕，併以南軒、晦庵二先生《太極圖説》，復鋟木郡齋矣。

黄榦《勉齋先生黄文肅公文集》卷一二《答林公度》　司馬公《書儀》難得善本，而建本尤多錯誤，更以《儀禮》參校而是正之爲佳。

魏了翁《鶴山先生大全文集》卷五一《臨川詩註序》　然肇明諸人所編，卒以靖康多難，散落不存，今世俗傳抄，已非當時善本，故其後先舛差，簡帙間脱，亦有他人之文淆亂其間。

又卷五三《黄太史文集序》　山谷黄公之文，先正鉅公稱許者衆矣，江、浙、閩、蜀間亦多善本。

劉宰《漫塘集》卷一九《本事方序》　啓宗大懼此書之泯，無以惠方來，嘗試以語句曲施君某，施欣然欲鏤板以廣其傳，顧未得善本。

張淏《雲谷雜記》卷三　東坡云：近世人輕以意改書，鄙淺之人好惡多同，故從而和之者衆，遂使古書日就訛舛，深可忿疾。孔子曰：「吾猶及史之闕文也。」自予少時見前輩，皆不敢輕改書，故蜀本大字書皆善本。

岳珂《九經三傳沿革例》　世所傳《九經》自監、蜀、京、杭而下，有建余氏、興國于氏二本，皆分句讀。稱爲善本。廖氏又以余氏不免誤舛，于氏未爲的當，合諸本參訂，爲最精。

陳振孫《直齋書録解題·譜牒類》　《元和姓纂》十卷，唐太常博士三原林寶撰。【略】此書絶無善本，頃在莆田以數本參校，僅得七八，後又得蜀本校之，互有得失，然粗完整矣。

又《别集類上》　《唐太宗集》三卷。唐太宗皇帝本集四十卷。《館閣書目》但有詩一卷六十九首而已。今此本第一卷賦四篇、詩六十五首，後二卷爲碑銘、書詔之屬，而訛謬頗多。世所傳太宗之文見於石刻者，如《帝京篇》、《秋日效庾信體詩》、《三藏聖教序》，皆不在。又《晉書》紀、傳論，稱「制曰」者四，皆太宗御製也。今獨載宣、武二紀論，而陸機、王羲之傳

論不預焉。《宣紀》論復重出，其他亦多有非太宗文者雜厠其中，非善本也。

又《別集類中》　《六一居士集》一百五十二卷、《附録》四卷、《年譜》一卷，參政文忠公廬陵歐陽修永叔撰。【略】其集徧行海内，而無善本，周益公解相印歸，用諸本編校，定爲此本，且爲之《年譜》。自《居士集》、《外集》而下，至於《書簡集》，凡十，各刊之家塾。其子綸又以所得歐陽氏傳家本，乃公之子棐叔弼所編次者，屬益公舊客曾三異校正，益完善無遺恨矣。

又《詩集類上》　《杜工部詩集注》三十六卷，蜀人郭知達所集九家注。世有稱東坡《杜詩故事》者，隨事造文，一一牽合，而皆不言其所自出。且其辭氣，首末若出一口，蓋妄人依託以欺亂流俗者，書坊輒勦入《集注》中，殊敗人意，此本獨削去之。福清曾噩子肅刻板五羊漕司，最爲善本。

劉克莊《後村先生大全集》卷一〇五《盧鴻草堂圖》　此孚君舊物也，今爲方楷敬則珍藏，第所書十志多誤字，幾不可讀。【略】揚風子之跋，贋也，周益公之跋，亦贋也，鄭編修家有絹本，亦然。余既借本，命工摹寫，託竹溪林侯作小楷書十志，林苦訛字不可致詰，唐文集中無盧鴻，又別無善本可參校，遇訛字則闕之。

又卷一〇六《郡學刊文章正宗》　頃余刻此書於番禺，委同官盧方春輩置局刊誤，屬以召去，去時書猶未成，後得其本，殆不可讀，有漏數行者，有闕一二句者，有顛倒文義者，如魯魚亥豕之類，則不可勝數，意諸人爲官事分奪，未之過目耶？抑南中無善本參校耶？每一開卷，常敗人意，其後廼有越本，亦多誤。【略】吾里藏書多善本，游泮多英才，傍考互校，它日莆本當優於廣、越矣！

陳思《寶刻叢編》卷六　此帖世傳以爲右軍得意書，世間石刻無慮數十百本，而共推定武本以爲冠。【略】世之所以貴定武者，以其鐫刻精好，不失右軍筆意而已，非以其能爲針眼，爲蟹爪，爲丁形也。使其能得其筆意，雖無此三者，不害爲善本。況此三者皆可以人力爲，而其筆意非眞能者未易辨。

吳澄《吳文正集》卷二〇《通典序》　今以時務策試進士，酌古準今，尤不可以無所考證，則此書寧不爲有實用乎！惜無善本，盱守谷侯治郡之暇，將崇文物，精擇詳校，鋟板郡庠。

又卷五六《題戰國策校本》　《戰國策》字多脱誤，予嘗欲合諸家本校之而未及。後見鮑本，喜之，然其篇題、註義頗有乖謬。廬陵羅以通悉心考訂，定其篇章，補其脱，正其誤，釋其大意，譜諸國之年冠其首。凡鮑氏之失十去八九，讀此書者，得此庶乎可爲善本。

吳師道《禮部集》卷一七《潛虚舊本後題》　某少好占筮等書，嘗購得司馬公《潛虚》，附以張敦實《發微》諸論者。不知何人所刻，其書完具無缺，意爲善本也。

又卷一八《儀禮經注點校記異後題》　昔昌黎韓公嘗患《儀禮》難讀。讀之難，故讀者少，而善本亦少也。永嘉張淳忠甫校定，又別爲一書以識其誤，號爲精密。而朱子猶笑其不能正釋文之謬。

又《題儀禮點本後》　北山何先生標點《儀禮》，其本用永嘉張淳所校定者，某從其曾孫景瞻借得之，欲求善本傳繇而不可得。

袁桷《清容居士集》卷二四《送陳道士歸龍虎山序》　張君居室靚邃，滋蘭藝松，藏善本書盈庋。

程本立《巽隱集》卷三《雲南西行記》　予留麗江，通守張翥出示樊綽《雲南志》，字多謬誤，非善本也。

楊士奇《東里續集》卷一七《四書集註二集》　右《四書集註》，其句讀旁抹之法兼取勉齋黃氏、北山何氏、魯齋王氏、導江張氏諸本之長，宣城張師曾爲之參校，加以音考，蓋今最善本也。

又卷一八《録揭文安公文四集》　《元史・揭公傳》見公上《太平政要》四十九冊，而無其文。凡余見公文集數本，亦無之。獨此本舊録於蔣立恭家者有，固當爲善本也。

羅倫《一峰文集》卷二《三禮考註序》　倫時臥病深山，僻無書籍，仲仁乃取通解註疏諸書旁正而訂之，善本未得，恐不無訛謬也。

王直《抑庵文後集》卷二二《贈何縣丞詩序》　南康何侯景春之爲丞於建陽也，而盱江張侯光啓實爲令，蓋所謂嚮道之士也。政事之暇，而汲汲於書，視其板之蠹者使新之，字之缺而訛者，使補而正焉，於是建陽之書復整齊完好，使天下之人皆得善本讀之，快然於其心，而無嚮時之病者，二侯之力也。

葉盛《菉竹堂稿》卷八《書歐陽文忠公集後》 吉安守常熟程宗源伊新刻歐陽文成，亟以見寄。此即周益公家善本，仁皇嘗刻之禁中，源伊蓋以胡光大先生家賜本依樣入刻，亦最得當。近世聰明喜事之人凡刻人書集，輒任己見，妄加增損更改，致失本眞，甚者謬誤可笑。如予所記文山、水心等集可見。

何喬新《椒邱文集》卷九《楚辭序》 書坊舊本刓缺不可讀，嘗欲重刊以惠學者，而未能也。及承乏泒臺，公暇與僉憲吳君源明論朱子著述，偶及此書，因道予所欲爲者，吳君欣然出家藏善本，正其譌，補其缺，命工鋟梓以傳。

又《重刊黃楊集序》 錫山華先生彥淸在勝國時以詩名，於吳中所著《黃楊集》，門人呂緯文鋟梓以傳，歲久譌且缺，其玄孫守方購得善本，正其譌，補其缺，重刊於家。

又卷一八《書三國志後》 陳壽《三國志》十有四冊，予巡撫晉陽時錄于襄陵縣學，蓋少宗伯邢公所印南雝本以遺其後學者也。其間殘缺甚多，予因令裝書者遇有脫簡，置空紙焉。聞士夫家有善本，輒假而補之，十僅得二三。近聞吳興大姓有元末印本，最爲精善，乃託主事沈淸就其家錄而補之，然後稍完。

陸深《儼山集》卷八六《書戰國策後二首》 壬戌之春，會試南宮，始購得之，猶非善本。【略】正德改元，余第進士之明年，始於同館徐子容借得善本，手自補校，而余之所有《戰國策》者，乃僅可讀。

又《書學古編後》 元人於書學有復古之功，吾子行尤長於篆籀、圖印之學。今京師《學古編》非善本，間爲校正數字，重次第之，託吾友姚尚絅錄之以便考觀。

楊愼《丹鉛總録》卷一三《史記差訛》 《史記》近無善本，屢經翻刻，愈益差訛，蓋苦爲不知者妄改耳。

李濂《嵩渚文集》卷五七《楚辭序》 夫楚辭者，風雅之變，詞賦之祖也。【略】學者讀《三百篇》後，即當讀是書矣。顧世無善本梓行，成化間盱江何憲使廷秀嘗刻之汴臺，歲久漫漶，殆不可誦。余幼好是書，每借人家藏善本手自鈔謄之，苦弗便也，邇守沔陽，亟刻其八卷以傳。

修顧子《三國志通俗演義引》（羅貫中《三國志通俗演義》卷首） ［《三國志通俗演義》］可謂羽翼信史而不違者矣。簡帙浩瀚，善本甚艱，請壽諸梓，公之四方。

王樵《方麓集》卷八《與姜鳳阿司成》 《三禮》之學久廢不講，朱子嘗欲緒正而未成，今監本殘缺模糊，至不可讀。【略】望吾丈留意絕學，如監本尙可補完，或他處有善本可資以參訂。不惜多方訪求。此今日第一急務也。

又卷九《與從子堅書》 《漫塘集》今得一部，紙板俱善，當校成善本，以俟有力者刻之。

歸有光《震川先生集》卷五《跋何博士論後》 右何博士《備論》二十八篇，今缺二篇，而《苻秦論》頗有脫誤，又編寫失次，未得善本校之。

亢思謙《愼修堂集》卷一一《遊龍洞記》 嘉靖壬戌夏六月，予以右使莅東藩，適左轄位虛，諸務紛糺，故聞《山東通志》記載典實頗詳，取而讀焉，字漫漶莫可解，乃購善本校讎而新之，三閱月告成。

邵圭潔《北虞遺文》卷四《太學生石門王公行狀》 ［公］乃留意于詩篇、字譜，凡晉、唐名蹟及諸大家宋、元善本，不惜揮金購之，充牣几案。

焦竑《澹園集》卷一六《陶靖節先生集序》 梁昭明太子嘗手葺爲編序而傳之，歲久頗爲後人所亂，其改竄者什居二三，竊疑其謬而絕無善本是正。頃友人偶以宋刻見遺，無《聖賢》、《群輔》之目，篇次正與昭明舊本脗合，中與今本異者不啻數十處，凡嚮所疑渙然冰釋，此秇林之一快也。

又《澹園續集》卷九《書畫墁録》 甲辰初夏，對芍藥花，細雨闌珊，賓客稀至。讀此編，點定數十百字，惜無善本一正之。

董應舉《崇相集》卷一一《答張長溪》 得晞髮刻集甚喜，某向有善本，攜以出入。壬子春。託嚴州守丞重梓，竟成虛話，而善本亦失。

黃汝亨《寓林集》卷三《東皐子集序》 焦弱侯先生每向余言，《東皐子集》宜與《淵明集》並傳，顧《陶集》已有善本，而此集獨缺。先生乃出以授余，與余友高孩之相賞莫逆，余乃轉授鮑生元則繕刻之。

陳繼儒《妮古録》卷三 ［張］即之博學有義行，修潔，喜校書，經史皆手定善本。

錢希言《戲瑕》卷一《水滸傳》 今坊間刻本是郭武定刪後書矣。【略】奇文悉被剗薙，眞施氏之罪人也。而世眼迷離，漫云搜求武定善本，殊可絕

倒。胡元瑞云，二十年前所見《水滸傳》本尚極足尋味，今爲閩中坊賈刊落，遂幾不堪覆瓿，更數十年無原本印證，此書將永廢矣。

葉向高《蒼霞草》卷一五《家譜》　不肖五六歲時，依公膝下，公教之誦詩，夜則挾與俱寢，從枕上口授經史，以覆諸善本，無一字訛者。

鍾惺《隱秀軒集·文餘集題跋二·書宋板世説新語》　余老於讀書，而家不畜古善本，非惟力不能購。少陵云：「讀書破萬卷。」一古善本價可飽貧士數家，吾其敢破之哉？

顧夢麟《詩經説約》卷一二　《草木疏》云：鱨，今江東呼黃鱨魚，尾微黃，大者長尺七八寸許，然《名物疏》止云長七八寸許，似別據善本。

祁彪佳《遠山堂曲品·具品》　此嚽出逐壻溺女後，始會藍橋之杵，饒舌甚矣。詞中往往披沙見寶，而韻曲多訛幾不可讀，良以無善本故也。

顧天埈《顧太史文集》卷五《贈刑部山西司主事何公墓誌銘》　［何道光］尤嗜書，自六經子史以至諸集稗説，悉購善本庋列室中，日夕哦諷。

呂毖《明朝小史·嘉靖紀》　遼、金二《史》，本無板者，帝詔購求善本翻刻，以成全史，蓋始于十一年壬辰六月也。

錢謙益《牧齋有學集》卷三一《族孫嗣美合葬墓誌銘》　人言嗣美家有宋刻善本，而未信也。辛丑春，從其子曾見之，刻畫精好，闕文具在。

錢曾《讀書敏求記》卷三　《五行精紀》三十二卷。此書鈔寫精妙，又經舊人勘對過，洵爲善本無疑。

朱彝尊《曝書亭集》卷四四《安南志略跋》　天曆中，修《經世大典》，大學士何榮曾以《志略》上進。詔付書局，乃作《安南錄》一卷，附入。今《經世大典》已無存，予從海鹽鄭氏抄是書，恨譌字太多，豕三虎六，疑難盡釋，安得更求善本是正之？

納蘭性德《通志堂集》卷一三《與梁藥亭書》　近得朱錫鬯《詞綜》一選，可稱善本。聞錫鬯所收詞集凡百六十餘種，網羅之博，鑒別之精，眞不易及。

何焯《義門先生集》卷九《跋李賀歌詩編》　庚寅借得毛斧季南宋本校過者，復正數字，已爲善本，後人勿棄擲之。

惠棟《松崖文鈔》卷一《鐵圍山叢談叙》　唐、宋説部之書，無慮數百種，今之傳者十之二三耳；而又編入總類，如《稗海》、《秘笈》諸書，率無善本，展轉刪削，一書所存，未及其半，魯魚帝虎，風庭掃葉，殆難更僕。是以藏書家尚專行之本及先民手錄者，不失舊觀。明季收藏之富，莫如虞山錢宗伯，然自絳雲一炬之後，叢殘燼餘悉歸其從孫遵王，遵王有《讀書敏求記》，大半宗伯之書，非宋槧即舊鈔。遵王歿後，其書散落人間。余近從吳中汪伯子借得宋蔡絛《鐵圍山叢談》六卷，乃嘉靖庚戌雁里草堂寫本，即《敏求記》中書，有宗伯及遵王印記，首尾完善，猶是當時之書。今《稗海》、《秘笈》所刻止四卷，殘缺錯誤幾不可讀，乃知善本之可貴。

于敏中等《天祿琳琅書目》卷五　《山海經》一函四冊。此本字仿歐體，用筆整嚴，刻手雖未能盡得其妙，而摹印清朗，在元刻中洵爲善本。

又卷八　《資治通鑑綱目》八函五十六冊。其書刻印精良，紙潔墨潤，洵推明刻善本。

盧文弨《抱經堂文集》卷七《題張之象注鹽鐵論庚子》　此陽湖莊太史本，以《永樂大典》校勘，增多九十餘字，其異同處亦據以改正，可謂善本矣。

又卷一〇《湛淵靜語跋己亥》　始余見白廷玉是書，紙墨已刓敝，文字脱爛致多斷續，重是鄉前輩著作，鈔而藏之篋中。越三年，從鮑君所借得一本，書皆全，唯序尚有闕文。更一年，復從鮑君所見一本，幷序文亦完好，喜而錄之，遂成善本。

又卷一三《徐常侍文集跋甲午》　余從鮑氏借得此集，乃明虞山馮已蒼舒手校本，余又爲正其所未盡者，錄成，復請江陰趙敬夫曦明覆審，又得十數條。其本脱者，尚無從補正之。然此已可信爲善本矣。

程晉芳《勉行堂文集》卷二《桂宧藏書序》　吳郡朱文游者嗜書成癖，家所藏三種：曰善本，宋元精刻及影摹舊本最工者；曰校本，經竹垞、義門及惠氏定宇朱墨讎勘者；曰秘本，人間所罕傳而己獨有者。

朱筠《笥河文集》卷六《蘇州張氏廣韻刊本書後》　右蘇州張氏士俊依宋本所刊《廣韻》五卷，前爲《叙錄》，後附一卷，蓋初得之常熟毛氏，中缺一卷，而以崑山徐氏鈔本校足之者也。按：《廣韻》注故有繁簡二本，簡本傳刻者多，而繁本獨見此刻，洵善本也。

彭元瑞等《天祿琳琅書目後編》卷一六　《童蒙訓》一函二冊。是本即明人依宋翻雕，行款字畫一仍其舊，最爲善本。

翁方綱《復初齋文集》卷二《重刻張吳興復古編序》　斯編之久無善本，更甚於《說文》。吳氏增修之書，茲以叢雜而弗能有所補正，則斯編之重刻尤不可以已。曲阜桂馥未谷力任校讎，數年於茲矣。又得其鄉人孔繼榦雩谷出貲開雕，而未有舊本。去年揚州羅兩峰來京師，云有影宋寫本，嘗託友人某致之京師，而予乃未見也。一日以語新安程魚門，魚門則出之篋中。字畫頗精審不苟，於是未谷喜斯本之不易得，而傳寫之必親也，遂依以鋟木，又合諸本校之。信乎其爲善本矣。

陳鱣《簡莊文鈔》卷三《元豐九域志跋》　是書流傳頗罕，近日桐鄉馮編修集梧重爲刊布，云從宋刻摹本鈔得者，亦有缺字，常取江南浙江書局所進本參校，分注其下，又援引他書，核其異同，條繫每卷之末，考訂精詳，庶稱善本。

又《直齋書録解題跋》　近客吳中，從書賈購得《書録解題》，係聚珍本，間有朱筆校語。【略】觀其書法秀麗，精心好古，定屬雅人。會余歸里，攜示槎客，一見心喜，如逢故人。既爲重録于盧抱經學士手校本上，余復借盧校本傳寫對勘一過，又改正數百字，并從《文獻通攷》補得十餘條，凡黄筆者皆是。今而後庶幾可爲善本。

嚴可均《鐵橋漫稿》卷八《書劉子後》　《劉子》五十五篇，北齊劉晝撰。余鄉得程榮、孫鑛等本。聞有宋巾箱本，未之見也。今得此于吳山書肆，是明初崇德書院所刊，行墨疎古，閱之豁目爽心，可稱善本。

黄丕烈《士禮居藏書題跋記》卷二　《國語》二十一卷。校宋本。此本爲浙人戴公名經所臨，乃西船廠毛氏師也，相傳陸校眞本藏於其家。【略】此書首借朱秋崖所臨惠松崖校閱本對勘，而參以傳録陸敕先校本，亦可自信爲善本矣。

又卷三　《說苑》二十卷。北宋本。余向藏宋刻《新序》，而《說苑》僅見小讀書堆所藏宋刻殘本，系咸淳乙丑九月重刊者，其本每葉十八行，每行十八字，所缺卷八至卷十三。余曾借校一過，此外又借錢遵王校宋本參之，蓋錢校即據咸淳重刊本，因所見本缺葉多同，特錢所校時未缺六卷耳。其中如卷四《立節篇》有「尾生殺身以成其信」一句，卷六《復恩篇》多「木門子高」一條，自明天順本以下皆無者，獨完好無缺，信稱善本矣。

又卷四　《賓退録》十卷。校宋鈔本。此書向倩甫里陳生假汝南氏所藏明代刻本影寫，照原本讎校，無一字不改正。今康熙六十有一年歲壬寅夏孟，書賈王接三持宋槧五冊來，索價十金，無力購之，留案二日，扃戶屏客，細加校勘，用朱筆塗改。宋本內欠七翻，未校七翻中必有謬誤之處，心甚怏然。通二冊校過者，已無魚魯，可稱世間善本矣。

又　《茅亭客話》十卷。明鈔校宋本。《茅亭客話》惟毛氏《津逮》中有之，舊本世不多見，鈔本則載于《汲古閣珍藏秘本書目》。余于去秋曾得一宋刻，即《讀書敏求記》所云「太廟前尹家書籍鋪刊行本」也，取校毛刻，多所改正，兼多石京後序一篇，信稱善本。

又卷六　《增廣聖宋高僧詩選》五卷。影宋本。余向藏毛氏精鈔《增廣聖宋高僧詩選》前、後續集共五卷，裝一冊，已歸藝芸書舍。惟存傳録斧季所校《九僧詩》一卷，末附摘句，並從他處補遺。其實詩之正文悉與《聖宋高僧詩選》前集合，而面目已異矣。頃揚州坊友以此見遺，余諗與毛鈔行款字體合，且避諱如「懸」字作「懸」，「樹」作「樹」之類，皆與影宋無二，誠善本也。

錢泰吉《甘泉鄉人稿》卷四《跋震澤王氏刻史記》　舊本書不能無缺葉，倣刻者能求足本固善，否則不如空闕，若以流俗本羼入，則魚目混珠，疵纇不能掩也。王本《周本紀》第二十七葉脫《索隱》一條，【略】《正義》一條，驪山閣本亦闕此條，柯本兩條皆有。柯本《秦本紀》三十一葉脫《索隱》一條，【略】《正義》五條，【略】其葉、字數皆與通卷不同，訛字亦多，羼刻之跡顯然。若以兩本互補，則皆成善本矣。

陸心源《儀顧堂集》卷一七《影宋明州本騎省集跋》　每葉二十行，行十九字。每卷有目，連屬篇目。各家藏本卷十《烈武帝廟碑》「告貞符」下缺三百八十字，《三清觀記》「其守固者，其事舉」下缺五十餘字，此本皆完具，洵善本也。

又《儀顧堂題跋》卷一一《范太史集跋》　是集宋以後未見刊本。立人名位，何義門門人，字學褚河南，精圓透逸，酷似義門，自始至終數十萬言無一字譌奪，尤爲難得，誠善本也。

張之洞《輶軒語·語學》　善本非紙白版新之謂，謂其爲前輩通人用古刻數本，精校細勘，不訛不闕之本也。【略】善本之義有三：一足本，無闕卷、無删削。一精本，一精校、一精注。一舊本。一舊刻、一舊鈔。

丁丙《善本書室藏書志・自序》 善本書室擇可珍者約有四端：一曰舊刻，宋元遺刊，日遠日尠。幸傳至今，固以球圖視之。二曰精本，朱氏之朝，自萬曆後，剞劂固屬草草，然追溯嘉靖以前，刻書多翻宋槧，正統、成化刻印尤精，足本、孤本所在皆是。今搜集自洪武迄嘉靖，萃其遺帙，擇其最佳者，甄別而取之，萬曆以後間附數部，要皆雕刻既工，世鮮傳本者始行入錄。三曰舊抄，前明姑蘇叢書堂吳氏、四明天一閣范氏二家之書，半系抄本，至國朝小山堂趙氏、知不足齋鮑氏、振綺堂汪氏多影抄宋元精本，筆墨精妙，遠過明抄，寒家儲藏將及萬卷，擇其優異，始著于編。四曰舊校，校勘之學至乾嘉而極精，出仁和盧抱經、吳縣黃蕘圃、陽湖孫淵如之手者，尤讎校精審。他如馮已蒼、錢赤保、段茂堂、阮文達諸家手校之書，朱墨燦然，爲藝林至寶，補脱文、正誤字，有功後學不淺，薈萃珍藏，如與諸如君子面相質問也。

藝文

趙鼎臣《竹隱畸士集》卷二《次韻滕子濟禮部考古圖》 蒼史失古法，赤刀有遺書。經毁秦漢後，器追禹夏初。古人不吾接，有感誰與祛？尚憐盲左生，文字記魯壺。哀哉泗水沒，不復知鬼魑。英英華省郎，攟摭收遺餘。異書人不識，善本手自摹。

李廌《濟南集》卷三《經史閣》 異時聯華陟嚴近，白虎東觀文石渠。願待善本校中秘，毋令後儒爭魯魚。

鄧肅《栟櫚先生文集》卷四《昭祖送韓文》 兩鳥相酬不肯休，欲令日月無旋輈。斯文未喪得韓子，掃滅陰霾霽九州。古來散文與詩律，二手方圓不兼筆。獨渠星斗列心胸，散落毫端俱第一。陋巷嗟余四壁空，惡本雕殘付蠹蟲。雖得一斑時可意，魚魯紛紛意莫窮。好古誰似城南杜，平生不矜潤屋富。力刊善本妙毫釐，日費千金曾不顧。

樓鑰《攻媿集》卷三《跋李少裴修禊序》 蘭亭修禊永和中，群賢高會俱雍容。右軍作序亦寓爾，藁草乃致傳無窮。自言疑若有神助，他日屢書終不同。歷代傳寶在秘府，尤其甚者唐太宗。當時搜取極心力，摹本一一頒群公。惟此眞跡最奇絶，蕭梁開皇有遺蹤。親御奎文賜元嘉，龍蟠鳳翥何其工。辯才所取秘昭陵，此本一洗凡馬空。崔家兄弟列清要，誨子況復稱龜龍。圖書四部資校讎，當時尚有貞觀風。自云此爲最善本，冰銜臣液題甚恭。

又卷六《林德久秘書寄楚辭故訓傳及叶音草木疏求序于余病中未暇因以詩寄謝》 平時感歎屈靈均，《離騷》三誦涕欲零。向來傳注賴王逸，尚以舛陋遭譏評。河東《天對》最傑作，釋問多本《山海經》。練塘後出號詳備，晦翁集註尤精明。比逢善本窮日誦，章分句析無遁情。

劉昌詩《蘆浦筆記》卷一〇《米小儀題禊帖詩》 天章寶塔高嶫峨，永表文皇好文藝。至今油蠟傳未休，善本何辭萬金弃。

周用《周恭肅公集》卷二《赭亭篇爲費掌教母賦壽九十五》 何人爲假東湖道，六經稍稍生魯魚。杜下曾見西京書，千金何處購善本。

李開先《李開先集・閑居集》卷四《即事次前韻三十四首》三〇 憐書情似泣枯魚，古樂府：枯魚過河泣，何時還復入。腹內文章從此虛。細訪誰家藏善本，銀錢不惜倩人書。

傅占衡《湘帆堂集》卷一八《書夢十月廿七夜作》 霜寒衾不定，欻寐形神清。竟夜食奇書，未審作者名。善本類師古，雅筆定儒生。掌故隱根據，異聞洞縱橫。讀之盈一局，笑與抃合并。

又卷一九《賣漢書》 白門兩《漢書》，蒼蒼汴宋字。裝潢見古法，手觸敢輕恣。十年兵火饒，一旦窮鬼祟。春饑不暇謀，善本遂首議。誰便汝可炊，克吾餒腹氣。得書數日狂，賣書數日醉。

查慎行《敬業堂詩集》卷六《東朱竹垞表兄時移居古藤書屋》 整娖牙籤萬卷餘，誰言家具少于車。僦居會向春明宅，好借君家善本書。宋次道居春明坊，家多藏書，皆校三五徧，推爲善本。士大夫喜讀書者多居其側，以便借抄，當時春明宅子比他處僦值常高一倍。

李予望《宮巖詩集》卷四《河間道中有懷獻王》 卓哉河間王，所好匪世珍。【略】獨悲古籍湮，千金購善本。傳寫留其眞，因之得書多。

程晉芳《勉行堂詩集》卷二〇《送萬黍維上舍南歸》 名父留貽善本書，單心研誦廿年餘。古裝大異描眉樣，別袂輕揮落葉初。

梁同書《頻羅庵遺集》卷三《題孫頤谷侍御柳陰勘書圖遺照》 六書點

書校尤細，單行夾註蠶頭多。人間善本不易覯，插架手自編排過。

黃丕烈《士禮居藏書題跋記》卷四　《録異記》。校明鈔本。嘉慶乙丑夏六月十三日，有事入山，便道至閶門留耕書樓，訪揚州書賈，因出舊鈔書本數冊示余。余所檢者此爲最佳。卷尾綴柳、俞二公詩，想見昔人留心書籍，往往寄情吟詠，與吾儕三益聯唫時所爲題書紀事詩，先後同揆也。興之所至，繼賦一律云：「爲欲訪名書，尋蹤到安居。刻虞『鴼』類『鶩』，鈔怕『魯』成『魚』。善本讎非妄，前賢愛不虛。一編眞足寶，可以概其餘。」

吴嵩梁《香蘇山館詩集・古體詩鈔》卷一五《陳鍾溪少寇贄書圖哲嗣服耔大令屬題》　宋元精槧不易得，縹緗什襲何爲乎？或有善本出藏弆，差喜校刊無魯魚。

許宗彦《鑑止水齋集》卷六《題吴更生引年**借書圖》**　近來書貴比珠玕，善本矜奇借亦難。

斌良《抱沖齋詩集》卷三四《曉坐留雲榭遣興》　腕靈慣寫平原帖，眼瞀貪看善本書。

屠倬《是程堂二集》卷二《讀書示子秉》　懷鉛任點勘，善本校精覈。插架萬卷儲，頗自定甲乙。

齊學裘《劫餘詩選》卷二一《題上湖草堂校經圖爲姚摺伯景臯作》　讀經容易校經難，安得瑯嬛善本觀。魯魚亥豕無差誤，方敎後學析疑團。

版本學分部

顏之推《顏氏家訓・勉學》　江南有一權貴，讀誤本《蜀都賦》注，解「蹲鴟，芋也」，乃爲「羊」字，人饋羊肉，答書云：「損惠蹲鴟。」舉朝驚駭，不解事義，久後尋迹，方知如此。

姜南《蓉塘詩話・書板訛字》卷一五　朱彧《可談》：「姚祐元符初爲杭州教授，堂試諸生，出《易》題『乾爲金，坤亦爲金也。』蓋福建本書籍刊板舛錯，『坤爲釜』脱二點，故姚誤讀作『金』。諸生疑之，因上請，姚復爲臆説，諸生或以誠告。姚取官本視之，果『釜』也，大慚，曰：『祐買著福建本。』升堂自罰一直，其不護短如此。」今福建書坊所刻經書舛錯特甚，而後生往往不能求善本校正，承舛襲訛，或謄諸談論，或書之簡編，大爲識者所誚，可不慎哉！因讀此而有感焉，書之以爲學者之戒。

楊慎《升庵集》卷六〇《書貴舊本》　觀樂生愛收古書，嘗言古書有一種古香可愛。余謂此言未矣，古書無訛字，轉刻轉訛，莫可考證。余於滇南見故家收《唐詩紀事》抄本甚多，近見杭州刻本，則十分去其九矣。刻《陶淵明集》，遺《季札贊》。《草堂詩餘》舊本，書坊射利，欲速售，減去九十餘首，兼多訛字，余抄爲《拾遺辯誤》一卷。先太師收《唐百家詩》，皆全集，今蘇州刻則每本減去十之一，如《張籍集》，本十二卷，今只三四卷，又傍取他人之作入之；王維詩，取王涯絶句一卷入之，詫於人曰：此維之全集，以圖速售。今王涯絶句一卷在《三舍人集》之中，將誰欺乎！此其大關繫者。若一句一字之誤尤多，略舉數條：如王渙《李夫人歌》「修嫮穠華銷歇盡」，「修嫮」訛作「德所」；武元衡詩「劉琨坐嘯風清塞」，訛作「生苑」，琨在邊城，則「清塞」字爲是，焉得有苑乎？杜牧詩「長空澹澹沒孤鴻」，今妄改作「孤鳥沒」，平仄亦拗矣！杜詩「七月六日苦炎蒸」，俗本「蒸」作「熱」；「紛紛戲蝶過開幔」，俗本「開」作「閑」，不知子美父名閑，詩中無「閑」字；「邀歡上夜關」，今俗本作「卜夜間」；「曾閃朱旗北斗殷」，妄改「殷」作「閑」，成何文理！前人已辯之矣。劉巨濟收許渾詩「湘潭雲盡莫烟出」，今俗本「烟」作「山」，亦是淺人妄改，湘水多煙，唐詩「中流欲暮見湘烟」是也。「烟」字大勝「山」字。李義山詩「瑤池宴罷留王母，金屋妝成貯阿嬌」。俗本作「玉桃偷得憐方朔」，直似小兒語耳。陸龜蒙《宮人斜》詩，「草著愁烟似不春」，俗本作「草樹如烟似不春」，尤謬。小詞如周美成「愔愔坊曲人家」，「坊曲」妓女所居，俗改「曲」作「陌」；張仲宗詞「東風如許惡」，俗改「如許」作「妬花」，平仄亦失粘；孫夫人詞「日邊消息空沉沉」，俗改「日」作「耳」；東坡「玉如纖手嗅梅花」，俗改「玉如」作「玉奴」，其餘不可勝數也。書所以貴舊本者，可以訂訛，不獨古香可愛而已。

盧文弨《抱經堂文集》卷一二《書吴葵里所藏宋本白虎通後甲辰**》**　書所以貴舊本者，非謂其概無一譌也。近世本有經校讎者，頗賢於舊本，然專輒妄改者亦復不少。即如《九經》小字本，吾見南宋本已不如北宋本，明之錫山秦氏本又不如南宋本，今之翻秦本者，更不及焉。以斯知舊本之爲可貴

也。余頃校《白虎通》，付梓垂竣，而吳子葵里示余以此本，實北宋時坊間所行未校本也。目録前小序數行，其云「白虎建德論」者，開卷即已錯謬。然余取其書字字比對，始知此本尚多古字，而近世本率多改易。至《情性篇》中有與近本迥異而實勝者，即三誤書，尚可循形與聲而得其本字。若近世本，則不加思索而徑改矣。又此本雖分上下兩卷，然篇目上作圓圍者，十仍不失十卷之舊。近世本最後三篇，此本在爵號謚之次，實第二卷也。三篇之序亦復不同，後得元大德年本，與明傅氏、程氏、吳氏、何氏本不甚異，要皆不及此本。洵乎舊本之爲可貴也。吳門朱文游亦有此本，上卷係影鈔，亦更無他人之序，然則非脫去可知已。余取此書之善者，具著於《校勘補遺》中，而仍以其本歸吳子，其寶之哉！

章學誠《校讎通義・外篇》 朱氏《經義考》後有「刊板」一條，不過記載刊本原委，而惜其未盡善者，未載刊本之異同也。金石刻畫自歐、趙、洪、薛以來，詳哉其言之矣。板刻之書，流傳既廣，訛失亦多，其所據何本？較訂何人？出於誰氏？刻於何年？款識何若？有誰題跋？孰爲序引？板存何處？有無缺訛？一書曾經幾刻？諸刻有何異同？惜未嘗有人倣前人《金石録》例而爲之專書者也。如其有之，則按録求書，不迷所向，嘉惠後學，豈不遠勝《金石録》乎？如有餘力所及，則當補朱氏《經考》之遺，《史考》亦可以例倣也。

洪亮吉《北江詩話》卷三 藏書家有數等：得一書必推求本原，是正缺失，是謂考訂家，如錢少詹大昕、戴吉士震諸人是也；次則辨其板片，注其錯謬，是謂校讎家，如盧學士文弨、翁閣學方綱諸人是也；次則搜采異本，上則補石室金匱之遺亡，下可備通人博士之瀏覽，是謂收藏家，如鄞縣范氏之天一閣、錢唐吳氏之瓶花齋、崑山徐氏之傳是樓諸家是也；次則第求精本，獨嗜宋刻，作者之旨意縱未盡窺，而刻書之年月最所深悉，是謂賞鑒家，如吳門黃主事丕烈、鄔鎮鮑處士廷博諸人是也；又次則於舊家中落者，賤售其所藏，富室嗜書者，要求其善價，眼別眞贋，心知古今，閩本、蜀本，一不得欺，宋槧、元槧，見而即識，是謂掠販家，如吳門之錢景開、陶五柳，湖州之施漢英諸書估是也。

黃丕烈《季滄葦藏書目跋》（季振宜《季滄葦藏書目》卷首） 余喜蓄書，於目録尤所留意。晁、陳兩家之外，近惟《讀書敏求記》叙述原委最爲詳悉。然第講論著書之姓氏、與夫得書之顛末，若爲抄，爲刻，未必盡載，偶遇述古舊藏，取《記》中所載者證之，一時無從得其面目，余竊病之。【略】今春閑居無聊，檢敝簏中有《季滄葦藏書目》一册，其詳載宋元板刻，以至抄本，幾於無所漏略。余閲《述古堂藏書目序》，有云「舉家藏宋刻之重複者，折閲售之泰興季氏」。是季氏書半出錢氏，而古書面目較諸錢氏所記，更詳於今。滄葦之書已散失殆盡，而每從他處得之，證諸此目，若合符節，方信藏書不可無目，且書目不可不詳載何代之刻，何時之抄，俾後人有所徵信也。

黃丕烈《蕘圃藏書題識》卷四 《中論》二卷。明刻本。此明刻《中論》二册。余友顧千里藏書也。重其明初刻，且爲馮氏藏本，故以售余。余初不甚重視此本，因舊有此書刻本約略相似。及取對勘，知舊有者已繙刻，非特行款不同，且多墨釘，其字亦多錯誤，乃信書以初刻爲佳。

顧廣圻《思適齋集》卷一二《張月霄書目序》 若夫月霄之目，乃非猶夫人之目也。觀其某書，必列某本舊新之優劣，鈔刻之異同。展卷具在，若指諸掌，其開聚書之門徑也歟！備載各家之序跋，原委粲然。復略叙校讎、考證、訓詁、簿録彙萃之所得，各發解題，其標讀書之脈絡也歟！世之欲藏書讀書者，苟循是而求焉，不事半功倍歟！然則此一目也，豈非插架所不可無。

又《石研齋書目序》 由宋以降，板刻衆矣，同是一書，用較異本，無弗夐若徑庭者。每見藏書家目録，經某書，史某書云云。而某書之何本，漫爾不可別識。然則某書果爲某書與否，且或有所未確，又烏從論其精觕美惡耶！今先生此目創爲一格，各以入録之本詳注於下，既使讀者於開卷間目憭心通，而據以考信，遂不啻燭照數計。

又《思適齋書跋》卷四 《蔡中郎集》予向未究心，蕘翁得述古堂所藏六卷本見示，一望決其不佳，後遂別得此本，又再三覆勘。予亦景鈔蘭雪本一部，相從借閲。偶有所見，記之於上方，皆顯然舊並不誤，而徐子器刻時妄改者也。夫六卷無足論，即十卷本其佳惡不同如此。書以彌古爲彌善，可不待智者而後知矣。乃世間有一等人，其人蕘翁門下士也。必謂書無庸講本子。噫！將自欺耶？將欺人耶？敢書此以質蕘翁。

葉名灃《橋西雜記・藏書求善本》 邵君蕙西居京師，購書甚富，拳拳

於板本、鈔法。名澧與之言曰：彭文勤公嘗詆《讀書敏求記》染骨董家氣，我輩讀書當用力於其大者，未可蹈此蔽也。後閲錢氏《曝書雜記》引鄭康成戒子書「吾家舊貧，不爲父母昆弟所容。」康成大儒，不應出此語。考元刻《後漢書》康成本傳無「不」字，與唐史承節所撰《鄭公碑》合。今本作「不爲父母昆弟所容」，乃傳刻之誤。此校書之有功於先賢者，名澧始悔前言之陋。蓋讀書不多，未可輕生訾議耳。朱子嘗著《韓文考異》，校勘之學，宋儒所不廢。《欽定天祿琳琅》前、後編所録多宋、元舊本，收藏家印亦附及焉，昭文張氏《愛日精廬藏書志》亦講求板本，是近時書目中之最佳者。名澧嘗見邵蕙西案頭置《簡明目録》一部，所見宋元舊刻本、叢書本及單行刻本、鈔本手記於各書之下，可以備他日校勘之資。

徐鼒《讀書雜釋》卷一二《鸞路龍鱗》 汲古閣《漢書》本已屬近代佳本，而其間譌舛甚多，如《禮樂志·郊祀歌十九章·惟泰元章》末云：「建始元年，丞相匡衡奏罷『鸞路龍鱗』，更定詩曰『涓選休成』。」今刻本移下，冠「天地竝況」之上矣。《天地章》末云：「丞相匡衡奏罷『黻繡周張』，更定詩曰『肅若舊典』。」今刻本移下，冠「日出入」之上矣。讀書不求善本，而徒事辨駁，亦所謂無事而自擾者。

陸心源《儀顧堂題跋》卷五《遂初堂書目跋》 宋以前書目，如《崇文總目》、晁氏《讀書志》、陳氏《書録解題》、鄭氏《通志·藝文略》、馬氏端臨《經籍考》皆著書名，不載刻本、校本，惟此書所載有杭本《周易》、《周禮》、《公羊》、《穀梁》，舊監本《尚書》、《禮記》、《論語》、《孟子》、《爾雅》、《國語》，京本《毛詩》，高麗本《尚書》，江西本《九經》，川本《史記》、《前漢書》、《後漢書》、《三國志》、《晉書》，嚴州本《史記》，吉州本《前漢》，越州本《前漢》、《後漢》，湖北本《前漢》，杭本《舊唐書》、《後唐書》，川本小字、大字《舊唐書》，川本大字《通鑑》，小字《通鑑》，校本《戰國策》。羅列版刻，兼載校本，爲自來書目創格。延陵季氏、傳是徐氏《宋元刻本書目》之濫觴也。

丁丙《善本書室藏書志》卷五 《新刊爾雅》三卷。明景泰刊本。郭璞注。前有璞序。每卷後均附《釋音》，後有景泰七年丙子八月賜進士出身通議大夫應天府府尹和陽馬諒識，云：「《爾雅》一書始於中古，盛於西漢，迨至東晉，復得郭景純爲之注。凡天地、古今、綱常、倫理、萬事之義，鳥獸、草木、宮廬、服食，百物之名，罔不提挈綱領，訓釋字義，誠博物之捷徑，讀書之指南，歷久傳録，魚豕多舛，因訂正鋟梓。」《釋言》：「臞脙，瘠也。」邢疏述注云：「齊人瘠瘦爲脙。」今各本注無「瘦」字，此不誤。《釋訓》：「如琢如磨，自修也。」注云：「玉石之被雕磨。」按：《釋器》：「雕，謂之琢。」今各本皆作「琢」，而此不誤。《釋器》：「緵罟，謂之九罭。」邢疏注：「今江東呼爲緵。」而此本亦作「呼」，不作「謂」。《釋天》：「疾雷，謂之霆霓。」《左傳》疏引郭注：「雷之急激者也。」今各本皆作「急擊」，而此本作「激」，不誤。又如《釋言》：「弇，同也。」注引詩曰：「奄有龜蒙。」「奄」字無所本，疑正文「弇」本作「奄」，且上文「弇，同也」與下文「弇，蓋也」，「弇」字亦重，今此本作「奄，同也」，更可訂經文之誤。書貴舊本，信夫。

張之洞《書目答問·略例》 讀書不知要領，勞而無功；知某書宜讀，而不得精校精注本，事倍功半。

楊守敬《日本訪書志·緣起》 前人譜録之書，多尚簡要。《敏求記》唯録宋本，《天祿琳琅》、《愛日精廬》、《拜經樓藏書》則兼采明本，時代不同故也。而張金吾論説尤詳。余之此書又詳於張氏，似頗傷繁冗。然余著録於兵燹之後，又收拾於瀛海之外，則非唯其時不同，且其地亦不同，苟不詳書，將有疑其爲郢書燕説者。

又《藏書絶句·序》 汲古、絳雲，專收宋槧，錢、陸、毛氏，好取精鈔，蕘石君書咸經手校。其間編目，《藝芸》一帙皆宋元本，《季氏滄葦》廁以他刻，《拜經題跋》兼及近人，《稽瑞》一編鈔本最夥，《百宋一廛》殘書特多，陳之於錢，益以附注；顧之於黃，衍爲賦篇。孫從添則爲《紀要》，澹生堂則垂《書約》。他若蓮池黄氏之目、仙源馬氏之編，以逮來學，無取幽賞，絜之諸子，尚非所貴。於是有考訂家，推尋本原，是正缺失，竹汀、東原之流是也；有校讎家，辨其版片，正其譌謬，抱經、蘇齋之流是也；有收藏家，補金匱石室之遺，備博士通人之擇，鄞縣之范、錢唐之吳以及諸家是也；有賞鑒家，專嗜精本，能別流傳，蕘甫、以文諸家是也。耽之既深，若有異稟，文游聽默，視彼綫裝，能識某本，佞宋之名，思適之稱，緐然競會。

**王先謙《天禄琳琅書目後編後跋》（彭元瑞等《天禄琳琅書目後編》卷

末）

自古書用紙代竹帛，美惡雜出。隋世平陳，存太建時書爲古本，別召工書者於秘書內補錄爲正副二本，藏宮中。餘實秘書內外之府。厥後寫副，又有上、中、下三品之分。此在當時鈔本中，已寓鑒賞別擇之意。唐末始鏤版，逮宋而盛，太平興國間三館、六庫書籍正副本八萬卷，見於《青箱雜記》。史稱帝幸國子監，閲庫書，問經版幾何？邢昺對以國初不及四千。今十餘萬，版本大備。以此知館庫所藏，亦皆版本。自是目錄家網羅考訂，紛然雜出，沿及元、明，刊摹愈廣。將欲博覽遺書，尤以精究版本爲重矣。洪惟亘清，肇造區夏，列聖右文，遠邁古昔，天府群籍，富有日新。乾隆四十年乙未命取內府藏書，重加整比，敕編《天祿琳琅書目》十卷；越嘉慶二年丁巳，以秘笈琅函搜采彌夥，復命輯《後編》二十卷，書都一千六十三部，自宋迄明五朝舊籍咸備，旁羅遠紹，既大極無外，而於槧印流傳之時地，鑒賞採擇之源流，並收藏家生平事略，圖記眞僞，研討弗遺，尤細破無內。於版本嚴擇廣收，而明代影宋鈔本，並從甄錄。

葉德輝《書林清話》卷一《古今藏書家紀板本》 古人私家藏書，必自撰目錄。今世所傳，宋晁公武《郡齋讀書志》、袁州本四卷、《後志》二卷，宋趙希弁《考異》一卷、《附志》一卷。一康熙壬寅海昌陳氏刻本，一道光十年裔孫貽端刻本。又衢州本二十卷，嘉慶己卯汪士鐘刻本。陳振孫《直齋書錄解題》二十二卷。一武英殿聚珍版本，一浙江重刻武英殿聚珍版袖珍本。是也。其時，有李淑《邯鄲圖書志》十卷，載《晁志》、《陳錄》；荆南田鎬《田氏書目》六卷，載《晁志》；董逌《廣川藏書志》二十六卷，濡須《秦氏書目》一卷，莆田《李氏藏六堂書目》一卷，漳浦吳權《吳氏書目》一卷，莆田鄭寅《鄭氏書目》七卷，并載《陳錄》。諸家所藏，多者三萬卷，少者一二萬卷，無所謂異本重本也。

自鏤板興，於是兼言板本，其例創於宋尤袤《遂初堂書目》，一卷。一元陶九成《說郛》本，一道光丙午潘仕誠《海山仙館叢書》本，一光緒丙申盛宣懷《常州先哲遺書》本。目中所錄，一書多至數本，有成都石經本、秘閣本、舊監本、京本、江西本、吉州本、杭本、舊杭本、嚴州本、越州本、湖北本、川本、川大字本、川小字本、高麗本。此類書以正經、正史爲多，大約皆州郡公使庫本也。同時岳珂刻《九經》、《三傳》，其《沿革例》所稱，有監本、唐石刻本、按：此開成石經。晉天福銅版本、京師大字舊本、紹興初監本、監中現行本、蜀大字舊本、蜀學重刻大字本、中字本、中字有句讀附音本、潭州舊本、撫州舊本、建大字本、原注：俗稱「無比九經」。兪紹經家本，又中字凡四本、婺州舊本，併興國于氏、建余仁仲凡二十本，又越中注疏舊本、建有音釋注疏本、蜀注疏本，合二十三本。知辨別板本，宋末士大夫已開其風。明毛扆《汲古閣珍藏秘本書目》，一卷。黃丕烈《士禮居叢書》刻本。注有宋本、元本、舊抄、影宋、校宋本等字，此乃售書於潘稼堂耒，不得不詳爲記載，以備受書者之取證，非其藏書全目也。當時豐道生爲華夏撰《眞賞齋賦》，一卷。繆氏雲自在龕刻本。不專叙宋、元板書。江陰李鶚翀《得月樓書目》，一卷。一金氏《粟香室叢書》本，一《常州先哲遺書》重編刻本。亦注宋板、元板、鈔本字。國初季振宜《季滄葦書目》，一卷。一嘉慶十年黃丕烈《士禮居叢書》刻本，一光緒乙亥伍紹棠《續刻粤雅堂叢書》本。錢曾《述古堂藏書目》，四卷。道光庚戌伍崇曜刻《粤雅堂叢書》本。卷首均別爲宋板書目。徐乾學《傳是樓宋元本書目》，一卷。光緒乙酉吳丙湘《傳硯齋叢書》刻本。至以專名屬之。顧不詳其刻於何地何時，猶是抔飲汙尊之意。明范氏《天一閣書目》，十卷。嘉慶中阮元編文選樓刻本。又六卷，光緒乙酉薛福成編刻本，板存寧波。載宋、元、明刻及鈔本，字頗詳，顧編撰出自後人，非范氏原例。錢曾《讀書敏求記》，《四庫全書總目提要存目》著錄四卷。雍正四年趙孟升刻本，乾隆十年沈尙傑刻本，乾隆六十年沈氏重刻本，卷同。道光乙酉阮福文選樓刻本，據嚴氏書福樓本多數十種，又增《補遺》一卷。道光丙午潘仕誠《海山仙館叢書》合校沈、阮兩刻本，亦四卷。號爲賞鑒家，《四庫存目提要》謂其但論繕寫刊刻之工拙，於考證不甚留意，誠哉是言。吾謂即論繕刻亦擇焉不精，猶門外也。自康、雍以來，宋元舊刻日稀，而搢紳士林佞宋秘宋之風遂成一時佳話。乾隆四十年，大學士于敏中奉敕編《天祿琳琅書目》十卷，分列宋板、元板、明板、影宋等類，於刊刻時地、收藏姓名、印記，一一爲之考證。嘉慶二年，以《前編》未盡及書成以後所得，敕彭元瑞等爲《後編》二十卷，光緒甲申長沙王先謙合刻前後編。是爲官書言板本之始。《四庫全書提要》、《浙江採集遺書總錄》十卷。《閏集》，一卷。乾隆三十九年浙江布政使王亶望編刻本。亦偶及之。其後臣民之家，孫星衍有《祠堂書目內編》，四卷。《外編》，三卷。嘉慶庚午蘭陵孫忠愍祠刻板。宋元舊板并同時所刻，分別注明，自爲《平津館鑒藏書籍記》、三卷。《補遺》、一卷。《續編》，一卷。陳宗彝又爲之編《廉石居藏書記》。二卷。光緒甲申章氏《式訓堂叢書》刻本。吳焯有《繡谷亭薰習錄》。殘稿本，存經部《易》一卷，集部三卷，近仁和吳昌綬校刻。

吳壽暘有《拜經樓藏書題跋記》，五卷。《附録》。一卷。一道光己亥蔣光煦《別下齋叢書》刻本，一光緒庚辰《式訓堂叢書》本。黄丕烈有《士禮居藏書題跋記》、六卷。光緒十年潘祖蔭刻本。《續記》、二卷。光緒二十一年江標刻本。《再續》，二卷。近日袖珍活字本。《百宋一廛書録》，一卷。殘稿本，近有《適園叢書》刻本。顧廣圻爲作《百宋一廛賦》。一卷。丕烈自爲注。一嘉慶乙丑丕烈手書《士禮居叢書》本，一光緒三年吳縣潘氏重刻本。張金吾有《愛日精廬藏書志》、三十六卷。《續志》。四卷。一道光丁亥家刻本，一光緒庚辰《式訓堂叢書》本。陳鱣有《經籍跋文》，一卷。一道光丁酉涉聞梓舊本，一光緒丁亥吳縣徐氏活字排印本。《簡莊隨筆》。一卷。鈔本。彭元瑞有《知聖道齋讀書跋尾》。二卷。一家刻《恩餘堂經進稿》附刻本，一《式訓堂叢書》本。瞿中溶有《古泉山館題跋》。一卷。光緒戊申江陰繆氏《藕香零拾》刻本。錢泰吉有《曝書雜記》。三卷。一家刻《甘泉鄉人稿》本，一道光丁酉蔣光煦《別下齋叢書》本，一同治戊辰莫友芝刻本，一光緒甲申《式訓堂叢書》本。朱緒曾有《開有益齋讀書志》、六卷。《續》，一卷。附《金石記》。一卷。光緒庚辰緒曾子崇嶧刻本。陳樹杓有《帶經堂書目》。五卷。近鄧氏風雨樓活字印本。朱學勤有《結一廬書目》。四卷。光緒壬寅德輝刻本。邵懿辰有《批注四庫全書簡明目》。二十卷。無刻本。莫友芝《知見傳本書目》即據以爲底本。袁芳瑛有《卧雪廬藏書簿》。四本。家藏底本。瞿鏞有《鐵琴銅劍樓書目》。二十四卷。光緒二十四年鏞孫啓甲刻本。丁丙有《善本書室藏書志》、四十卷，光緒辛丑家刻本。丁日昌有《持靜齋書目》、四卷。《續》。一卷。家刻本，無年月。莫友芝有《宋元舊本書經眼録》，三卷，附録一卷。同治癸酉友芝子繩孫刻。又有《郘亭知見傳本書目》。四卷。宣統己酉日本田中慶活字印本。楊紹和有《楹書隅録》、五卷。《續編》。五卷。光緒甲午家刻本。陸心源有《皕宋樓藏書志》、一百二十卷。光緒壬午家刻本。《續志》，四卷。光緒壬辰刻本。又有《儀顧堂題跋》、十六卷。光緒庚寅家刻本。《續跋》。十六卷。光緒壬辰刻本。楊守敬有《日本訪書志》，十六卷。光緒丁酉家刻本。又有《留眞譜》。十二冊。光緒辛丑模印本。繆荃孫有《藝風堂藏書記》、八卷。光緒辛丑家刻本。《續記》，八卷。癸丑家刻本。又編《學部圖書館善本書目》。四卷。癸丑鄧氏活字印本。此外傅沅叔增湘、沈夔笙周頤、何厚甫培元，收藏與過眼頗多，均有存目，尚未編定。蓋自乾、嘉至光、宣，百年以來，談此學者，咸視爲身心性命之事，斯豈長恩有靈與，何沆瀣相承不絶如是也！外此諸家文集、日記、雜志亦多涉之，如王士禛《居易録》，三十四卷。康熙辛巳刻《漁洋全集》本。朱彝尊《曝書亭集》，中多鈔本書跋。何焯《義門讀書記》、五十八卷。校書僅數種，乾隆辛未刻本。《校注通志堂經解目録》，一卷。一翁方綱《蘇齋叢書》刻本，一咸豐癸丑《粤雅堂叢書》本。盧文弨《群書拾補》，三十八種。乾隆庚戌抱經堂刻本。又《抱經堂集》，三十四卷。乾隆乙卯刻本。錢大昕《竹汀日記鈔》，三卷。一何氏夢華館編刻本，一章氏《式訓堂叢書》本。顧廣圻《思適齋文集》，十八卷。道光己酉徐渭仁《春暉堂叢書》刻本。錢泰吉《甘泉鄉人稿》，二十四卷。一咸豐甲寅海昌刻本，一同治壬申刻本。阮元《揅經室外集》，五卷。即《四庫未收書目》，《文選樓叢書》刻本。蔣光煦《東湖叢記》，六卷。咸豐元年別下齋刻本，光緒九年繆氏雲自在龕重刻本。陸心源《儀顧堂集》。十六卷。同治甲戌刻本。大抵於所見古書，非有考據，即有題記。浸淫及於日本，如森立之《經籍訪古志》、六卷。《補遺》，二卷。光緒乙酉活字印本。島田翰《古文舊書考》，四卷。明治甲辰刻本。皆於宋元古鈔各書，考訂至爲精析。而西儒如法人伯希和，得敦煌鳴沙山石室古書，乃能辨析卷數之異同、刊刻之時代。上虞羅振玉撰《鳴沙山石室秘録》，述其問答之詞，讀之令人驚嘆。吾同年友王仁俊，撰《敦煌石室眞蹟録》，甲乙丙丁戊己六卷。序稱英印度總督派員司待訥，搜石室梵夾文載歸。然則此種學術，將來且光被東西，裨助文化，豈止儒生佔畢之業哉！

又《板本之名稱》　近人言藏書者，分目録、板本爲兩種學派：大約官家之書，自《崇文總目》以下，至乾隆所修《四庫全書總目提要》，是爲目録之學；私家之藏，自宋尤袤遂初堂，明毛晉汲古閣及康、雍、乾、嘉以來各藏書家，斷斷於宋元本、舊鈔，是爲板本之學。然二者皆兼校讎，是又爲校勘之學。本朝文治超軼宋元，前此三者爲之根柢，固不得謂爲無益之事也。

又《藏書十約・鑒別》　欲知板刻之良否，前有錢曾《讀書敏求記》，所見古子雜家，足資多識。而于刊刻年月，行格字數，語焉不詳。惟張金吾《愛日精廬藏書志》、黄丕烈《士禮居題跋記》以下，近有聊城楊紹和海源閣《楹書隅録》、常熟瞿鏞《鐵琴銅劍樓書目》、仁和丁丙《善本書室藏書志》、歸安陸心源《皕宋樓藏書志》，張、瞿、丁、陸四家之目，全抄各書序跋，最足以資考據。所謂海内四大藏書家者。又有揭陽丁日昌《持靜齋書目》、日本森立之《經籍訪古志》。宜都楊守敬刻有《日本訪書志》、《留眞譜》二書，備參考，不盡可

據。此數家者，皆聚乾嘉諸老之精華，收咸豐兵燹之餘燼，雖宋槧名抄，不免一網打盡。然同時傳校之本，及北方故家百年未出之書，如劍氣珠光，時時騰躍。【略】至于國朝諸儒校刻善本，罕有列于目者。然孫星衍《祠堂書目》，時亦載之，倪模《江上雲林閣書目》，丁日昌《持靜齋書目》，所載漸夥。近人張文襄之洞《書目答問》，則專載時刻，便于讀者購求。

鄧邦述《群碧樓善本書目初編·敘》　言目錄者始於晁、陳，而紀、陸編《四庫總目》遂爲大觀。然邃於考訂、校讎，抉擇至精，非通儒鉅師未敢語此。其講板本者，則始於錢遵王，而彭芸楣以骨董家譏之，雖爲定評，然其支流派衍於今爲烈。《愛日精廬》始收明本，而《平津館》、《皕宋樓》采錄尤夥，《百宋一廛》始著行款，而《鐵琴銅劍樓》、《海源閣》攷訂加詳，有其舉之莫敢廢也。近人如江建霞之《宋元行格表》、楊星吾之《留眞譜》、葉鞠裳之《藏書記事詩》，皆別開生面，自成一家，嘉惠後學益夥，於是同光間尊奉邵位西所批之《四庫目錄》，乃稍稍後焉。

書册制度部

簡册分部

綜　述

《尚書・金縢》 史乃册，祝曰：「惟爾元孫某遘厲虐疾。」

又《洛誥》 王命作册，逸祝册。

又《多士》 惟爾知，惟殷先人有册有典，殷革夏命。

《詩經・小雅・出車》 昔我往矣，黍稷方華。今我來思，雨雪載塗。王事多難，不遑啓居。豈不懷歸，畏此簡書。

《左傳・隱公十一年》 凡諸侯有命，告則書，不然則否。師出臧否，亦如之。雖及滅國，滅不告敗，勝不告克，不書于策。

《周禮・春官・内史》 凡命諸侯及孤卿大夫，則策命之。

《儀禮・聘禮》 百名以上書于策，不及百名書于方。賈公彦疏：云策簡方板也者，簡謂據一片而言，策是編連之稱，是以《左傳》云「南史氏執簡以往」，是簡者未編之稱。此經云「百名以上書之於策」，是其衆簡相連之名。

又《既夕禮》 書賵于方，若九若七若五，書遣于策。

《禮記・王制》 大史典禮，執簡記，奉諱惡。

《晏子春秋・外篇七・景公稱桓公之封管仲益晏子邑辭不受》 昔吾先君桓公，予管仲狐與穀，其縣十七，著之于帛，申之以策，通之諸侯，以爲其子孫賞邑。

《韓詩外傳》卷七 趙簡子有臣曰周舍，立於門下三日三夜。簡子使問之，曰：「子欲見寡人何事？」周舍對曰：「願爲諤諤之臣，墨筆操牘，從君之後，司君之過而書之。而日有記也，月有成也，歲有效也。」

崔豹《古今注》卷下 牛亨問曰：「籍者，何也？」答曰：「籍者，尺二竹牒，記人之年、名字、物色，縣之宮門，案省相應，乃得入也。」

《史記・孔子世家》 孔子晚而喜易，序《彖》、《繫》、《象》、《説卦》、《文言》。讀《易》，韋編三絶。

史游《急就篇》 急就奇觚與衆異。顔師古注：觚者，學書之牘，或以記事。削木爲之，蓋簡屬也。孔子「歎觚」，即此之謂。其形或六面，或八面，皆可書。觚者，棱也，以有棱角，故謂之觚，言學僮急當就此奇好之觚，其中深博，與衆書有異也。班固《兩都賦》曰：「上觚棱而棲金爵。」今俗猶呼小兒學書簡爲木觚，章蓋古之遺語也。

《漢書・路温舒傳》 温舒取澤中蒲，截以爲牒，編用寫書。顔師古曰：小簡曰牒，編聯次之。

許慎《説文・册部》 册，符命也，諸侯進受於王也。象其札，一長一短，中有二編之形。

劉熙《釋名・釋書契》 簡，間也，編之篇篇有間也。

蔡邕《獨斷》卷上 策書。策者，簡也。《禮》曰：不滿百文，不書於策。其制長二尺，短者半之，其次一長一短，兩編，下附篆書，起年月日，稱皇帝曰，以命諸侯、王、三公。其諸侯之薨千位者，亦以策書。【略】三公以罪免，亦賜策，文體如上策而隸書，以尺一木兩行，唯此爲異者也。

荀勖《穆天子傳序》（郭璞注《穆天子傳》卷首） 古文《穆天子傳》者，太康二年汲縣民不準盗發古冢所得書也，皆竹簡，青絲編。以臣勖前所考定古尺度，其簡長二尺四寸，以墨書，一簡四十字。

《後漢書・周磐傳》 編二尺四寸簡，寫《堯典》一篇，并刀筆各一，以置棺前，示不忘聖道。

又《蔡邕傳》 本頗以經學相招，後諸爲尺牘及工書鳥篆者，皆加引召，遂至數十人。李賢註引《説文》曰：「牘，書板也，長一尺。」

劉勰《文心雕龍・書記》 牒者，葉也。短簡編牒，如葉在枝，温舒截蒲，即其事也。

《南齊書・文惠太子傳》 時襄陽有盗發古塚者，相傳云是楚王塚，大獲寶物玉屐、玉屏風、竹簡書、青絲編。簡廣數分，長二尺，皮節如新。盗以把火自照，後人有得十餘簡，以示撫軍王僧虔，僧虔云是科斗書《考工記》，《周官》所闕文也。

《晉書・束晳傳》 有人於嵩高山下得竹簡一枚，上兩行科斗書，傳以相示，莫有知者。司空張華以問晳，晳曰：「此漢明帝顯節陵中策文也。」檢驗果然。

顏師古《匡謬正俗》卷六 問曰：「今官曹文案於紙縫上署記，謂之『款縫』者，何也？」答曰：「此語言元出魏晉律令，《字林》本作『鐱，刻也。』古未有紙之時，所有簿領皆用簡牘，其編連之處，恐有改動故，於縫上刻記之，承前已來，呼爲『鐱縫』。」

王觀國《學林》卷四《方書》 《前漢・張蒼傳》曰：「秦時爲御史，主柱下方書。」如淳注曰：「方，板也。或曰主四方文書也。」顏師古注曰：「蒼明習天下圖書計籍，則主四方文書，是也。」觀國案：古人以木爲方，用以寫書，有當書于方者，則謂之方書。張蒼爲御史，主柱下方書者，蓋張蒼爲柱下御史也。柱下御史所掌之事，當書於方者，故曰「主柱下方書」，非四方文書也。若主四方文書，而謂之方書，則言不成文。《周禮・內史》：「王制祿則贊爲之，以方出之。」蓋王者制諸臣之祿，則內史贊爲之辭，而書之于方，然後頒出，故曰「以方出之」。又有外史掌四方之志，達書名于四方，此即四方文書也。哲蔟氏掌覆夭鳥之巢，以方書十日，十二辰，十二月，十二歲，二十有八星之號，懸其巢上則去之。《史記・龜筴傳》褚先生曰：「寫取龜策卜事，編于下方。」又曰：「謹連其事于左方。」凡此言方，皆謂書其事於木方也。張蒼所主方書，是亦書其事于方耳。古人寫書者，有簡、有策、有觚、有方、有牘、有札、有槧、有版。蓋簡、策、觚，皆以竹爲之；方、牘、札、槧、版，皆以木爲之。簡者，間也，以竹爲之，用以寫書。後漢吳祐父恢以火炙竹，令汗，取其青寫書，謂之殺青簡。晉武帝時，汲郡人掘塚，得竹簡古書十餘萬言，所謂竹簡書此類是也。策，象冊字，形中有二編。孔子讀《易》，韋編三絕者，以韋貫編，作冊也。《周禮・內史》：「凡命諸侯及孤卿大夫，則策命之。」《春秋左氏傳》曰：「王命內史，策命晉侯，爲侯伯皆謂書其文於策也。」觚，以竹爲之，其形有方角，亦作觚，所謂操觚者，可持以書也。方以木爲之，柱下方書，以方出之類是也。牘，以木爲之，所謂尺牘者，盈尺之牘。《史記・周勃傳》曰：「獄吏乃書牘背示之。」《前漢・昌邑王賀傳》曰：「簪筆持牘趨謁」此類是也。札，以木爲之而薄小者。《前漢・司馬相如傳》曰：「上令尚書給筆札。」又曰：「遺札書言封禪事。」又《郊祀志》曰：「卿有札書。」顏師古注曰：「札，木簡之薄小者。」故《朱博傳》曰：「與筆札，使自記，姦臧投刀，使削所記，然則札可以託書，而不可以垂久遠，非如簡策，可以垂久遠也。」槧，以木爲之，可修削者。《玉篇》曰：「槧，削版牘也。」《論衡》曰：「斷木爲槧。」《釋名》曰：「槧版，長三尺。」揚子《法言》「或問叔孫通？曰：『槧人也。』」注曰：「簡牘之人也。」《西京雜記》曰：「子雲好事，常懷鉛提槧。」蓋言修削書也。版，以木爲之。《周禮・小宰》：「聽閭里以版圖，司書掌邦中之版，土地之圖。司會掌版圖之貳，內宰掌書版圖之法，而大胥掌學士之版。」蓋版以記戶籍，圖以記土地。《論語》曰：「式負版者，」謂民數書於版者也。古未有紙，故簡牘以竹或木爲之，其謬誤則以刀削之。故刀筆吏者，持刀筆以自隨，乃俗吏之所爲也。至後世則或以縑帛寫書，故紙字從糸，帋字從巾，皆以縑帛爲之。至蔡倫乃用木膚、麻頭、敝巾、魚網以爲紙，自是天下從用焉。若夫以玉爲冊，則謂之玉冊。以金爲簡，則謂之金簡。以金爲版，則謂之金版。

夏僎《尚書詳解》卷一二 古者簡冊以竹爲之，編次成篇，而竹簡所編不可多也，故或析爲二，或析爲三，以便習讀耳。

陸深《儼山集》卷九〇《校定詩大序跋》 古文皆漆書竹簡，而韋編之。韋易絕，而竹易紊。是故古文傳世錯繆實多。如此序者，窺豹一斑爾，安敢自信，間有闕誤，亦復擬而存之，以備一說，且以求正於君子云。

張萱《疑耀》卷一《書籍板行》 上古書籍皆編竹爲簡，以韋貫之，用漆作書。簡袠浩重，不便提挈。自有製紙筆及墨者，乃易去竹簡誠爲便易。

毛奇齡《春秋毛氏傳》卷一 特志簡而記煩。簡則書之於簡，謂之簡書。簡者，簡也，以竹爲之，但寫一行字者。煩則書之於策，謂之策書。《聘禮》所云：「百名書於策。」謂百字以上皆書之，雖猶是竹牒、木版所爲。而單策爲簡，聯簡爲策。策者，冊也，以編合竹簡，合兩冊爲一冊，故襄二十五年，崔杼弒齊君，南史氏執簡以往。此簡也，書志者也。文十五年，宋司馬華孫來盟，公與之宴，辭曰：「臣之先臣，督，得罪殤公，名在諸侯之策。」此策也，書記者也。

袁枚《隨園隨筆》卷二七《尺牘》 《爾雅》：「簡，謂之畢。」《說文》：簡，牒也。牒，札也，又謂之牘。《史記・匈奴傳》「漢以尺一牘。」

注：「木簡也，今云尺牘，便文爾。」《中庸》疏：「簡、牒、畢，同物而異名。又曰：策，蔡邕書：策，簡也。其制長二尺，短者半之，其次一長一短，兩編。下附：單執一札謂之爲簡，連編諸簡乃名爲策。古人書冊字象之矣。」許慎曰：「象其札，一長一短，中有二編之形」是也。當爲冊矣。《獨斷》又曰：「凡書字有多有少，一行可盡者，書之簡；簡不容，書之方；方不容，書之冊。」《儀禮》：「不及百名書于方」是也。古板也，簡、方、冊三別矣。或曰：簡，隨事記之，積多，第日月後先，登之冊。若然，則簡者，若今檔子、草稿矣。杜預曰：「大事書之于冊，小事簡牘而已。」又一說也。古人官寺之籍，大約如斯。士大夫通問簡札之度，無文以言之。莊周書《列禦寇》篇：「不離苞苴竿牘」，是則當時有餽遺辭語候問也。又曰手簡，古人親操筆引紙焉，猶曰脫之古人之指端云爾。畢，郭璞未之詳。《禮記》「呻其佔畢。」鄭公曰：「畢，簡也。」

王玉樹《經史雜記》卷七《策簡長短之制》　案《尚書疏》引顧氏曰：「策長二尺四寸，簡長一尺二寸。」此顧彪語，實非也。嘗徧考之。策之制靡定，長短各有所施。簡則以二尺四寸爲定。《周磐傳》：「編二尺四寸簡，寫《堯典》一篇。」束皙《穆天子傳序》：「以前所考定古尺度，其簡二尺四寸，皆定制者。惟班書《杜周傳》注孟康曰：「以三尺竹簡書法律」爲異。《南史・王僧虔傳》有「發楚王塚，獲竹簡書，青絲編，簡廣數分，長二尺」，又異。按《鹽鐵論》云：「二尺四寸之律，古今一也。」王伯厚謂，律蓋書以二尺四寸簡。杜周、朱傳俱舉其大數，謂之三尺。漢禮儀與律令同錄。曹褒《禮》既寫以二尺四寸簡，律可知也。然則二尺四寸爲簡定制明矣。又按《左傳》疏云：「單執一札謂之爲簡，連編諸簡乃名爲策。」以傳文考之，亦殊未然。襄二十五年，齊南史氏執簡以往，此書「崔杼弒其君」五字，自一行可盡，執簡宜矣。若文十三年，「子無謂秦無人，吾謀適不用也」，亦僅十二字，簡所能容，何用連簡之策。又杜元凱云：「大事書之于策，小事書之于簡而已。」果爾，崔杼弒君，何等大事，齊卻書簡。繞朝贈處，常言僚友閒耳，乃又書策，反覆不合，疑可互稱。蓋古人正名百物，未嘗假借，後世乃通用之耳。

李惇《群經識小》卷四《方策》　方，版也。策，簡也。古者大事書之於版，小事簡策而已。其材有木、竹之分，其式有廣、狹之異。《左傳・序》：「《正義》云『簡之所容，一行字耳。牘乃方版，版廣於簡，可以並容數行是也』。」《宋書・謝靈運傳》論云：「一簡之內，音韻盡殊，兩句之中，輕重悉異。」惟簡止容一行，故以兩句爲對也。《書・酒誥》：「《正義》引顧氏云：『策長二尺四寸，簡長一尺二寸』。」其說未確。大抵策之長短靡定，簡則二尺四寸耳。《後漢書・曹褒傳》：「撰次禮制，寫以二尺四寸簡。」《周磐傳》：「編二尺四寸簡，寫《堯典》一篇。」《鹽鐵論》云：「二尺四寸之律，古今一也。」至簡中容字多少，亦無一定，大抵少或八字，多或三十字不等也。《漢書・藝文志》：「劉向以中古文校三家經文，《酒誥》脫簡一，《召誥》脫簡二。率簡二十五字者，脫亦二十五字，簡二十二字者，脫亦二十二字。」蓋三家之所脫者，中古文有之，而其所多之字，與簡數悉合，所以證中古文之足信也。而每簡之止容一行，亦可證矣。簡狹而長，編簡者當於簡頭爲孔，按其次第以韋貫之。夫子讀《易》「韋編三絕」，是也。

金鶚《求古録禮説》卷一〇《周代書冊制度考》　書冊之制，歷代不同。周之書冊，皆用竹、木，其制度可考而知也。鄭君注《中庸》云：「方版，策、簡也。」《聘禮》注亦云：「策，簡也，方版也。」蓋以竹爲之，曰簡，曰策；以木爲之，曰方。簡，一曰畢。《爾雅・釋器》云：「簡，謂之畢。」郭注云：「今簡札也。」《學記》云：「呻其佔畢。」鄭注云：「吟誦其所視簡之文」，是畢爲簡也。簡又曰牒，《說文》云：「簡，牒也。」簡又曰籥，《說文》云：「籥，書僮竹笘也。」穎川人名小兒所書寫爲笘，《廣雅》云：「籥，笘籲也。」《少儀》云：「執筴籥尚左手，筴爲蓍，籥爲占兆之書，故筴、籥連文。」《鄭注》云：籥如笛，三孔。龜筴之「筴」與羽籥之「籥」連文，爲不類矣。《書・金縢》云：「啓籥見書。」書者，占兆之辭，籥所以載書，故必啓籥乃見書也。【略】是籥即簡，漢時則曰苫，曰籲也。簡與策不同，《左傳》孔疏云：「單執一札謂之簡，連編諸簡，乃名爲策。故於文『策』本作『冊』，象其編簡之形。」是簡與策異，然編簡爲策，則策即是簡。故鄭君以策爲簡也。《釋名》云：「簡，閒也，編之篇篇有閒也。」又，簡一名札。《釋名》云：「札，櫛也，編之如櫛齒相比也。」是諸簡連編者亦名爲簡，蓋對文則簡與策別，散文則簡與策通也。方，一曰牘。《說文》云：「牘，書版也。」《論衡・量知篇》云：「截竹爲筒，破以爲牒，加筆墨之跡，乃成文字；斷木爲槧，枅之爲版，力加颳削，乃成奏牘。」此簡、策用竹，

方版用木之證也。古者用策、用簡牘之別，以文之多少而異。《聘禮》記云：「百名以上書于策，不及百名書于方。」鄭注云：「名書文也，今謂之字。」自秦以後始稱字。杜預《春秋序》云：「諸侯各有史官，大事書之于策，小事簡牘而已。」孔疏云：「簡之所容，一行字耳，牘乃方版，廣於簡，可以並容數行，凡爲書字有多少，一行可盡者，書之於簡；數行可盡者，書之於方；方所不容者，乃書於策，如《聘禮》記所云是也。」此言大事小事，乃謂事有大小，非言字有多少也。大事者，謂君舉告廟及鄰國赴告，經之所書，皆是也。小事者，謂物不爲災及言語文辭，傳之所載，皆是也。案：策與簡牘之異，杜預所言，與《聘禮》記不合，事雖小，而其文多，不可不書於策，事雖大，而其文少，亦可以書於簡。夫弑君，大事也，而崔杼弑莊公，南史氏聞太史盡死，執簡以往，是知大事未嘗不書於簡也。大事可書於簡，則小事亦可書於策矣。《六經》文字一皆在策，蓋其文既多，必須編簡爲之，初不以事之大小而有異也。《史記》云：「孔子晚好讀《易》，韋編三絕。」《易》既編而成策，則諸經可知。《晉書・束皙傳》：太康二年，汲縣人盗發（巍）［魏］襄王塚，得竹書數十車，皆簡編。科斗文字雜寫經史。可見《六經》皆編而爲策矣。簡策長短之度，説者不一。蔡邕《獨斷》云：「策者，簡也，其制長二尺，短者半之。」孔沖遠《春秋》疏云：鄭玄注《論語序》以《鉤命決》云《春秋》二尺四寸書之，《孝經》一尺二寸書之。故知《六經》之策皆長二尺四寸。蔡邕言二尺者，謂漢世天子策書所用，與《六經》異也。「士聘禮」賈疏：鄭作《論語序》云：《易》、《書》、《詩》、《禮》、《樂》、《春秋》策皆尺二寸，《孝經》謙半之，《論語》八寸，策者三分居一，又謙焉。賈、孔之言長短大異，竊謂孔疏是也。《漢書・杜周傳》「不循三尺法。」注謂「以三尺竹簡書法律」也。朱博亦云「奉三尺律令以從事。」《鹽鐵論》云：二尺四寸之律，古今一也。曹褒《新禮》寫以二尺四寸簡，漢禮與律令同錄，則律書之簡亦必以二尺四寸。言三尺者，舉大數耳。《鹽鐵論》謂「古今一也」，則周之律書亦二尺四寸可知。律書既二尺四寸，則《六經》之策亦必以二尺四寸矣。齊文惠太子鎮雍州，有盗發楚王塚，獲竹簡書，青絲編，簡廣數分，長二尺，有得十餘簡以示王僧虔。僧虔曰：「是科斗書《考工記》、《周官》所闕文也。二尺與二尺四寸相近，蔡邕言策長二尺，與此所得竹書二尺合，是皆以漢尺言之。漢尺大於周尺，二尺約當周之二尺四寸也。孔沖遠謂簡容一行字，鄭注《尚書》云三十字一簡之文，《漢書・藝文志》云：劉向以中古文古文在中秘者，謂之中古文。校歐陽、大、小夏侯三家經文，率簡二十五字者，脱亦二十五字，簡二十二字，脱亦二十二字。是一簡容字有多少，然要自二十字以上，大約以三十字爲歸。周之一尺二寸，當今九寸六分，恐不容三十字。周之六寸，當今四寸八分，《孝經》之策毋乃太短乎？且彼謂《論語》「策三分居一，又謙焉。」若《六經》策一尺二寸，《論語》三分居一，當爲四寸，四寸當今三寸二分，其短尤甚矣。《論語》一簡容八字，誠不以富，亦祇以異錯簡可證。服虔注《左氏》云：「古文篆書一簡八字。」又一證也。若三寸二分，豈能容八字乎？今觀賈疏《論語》策，實是八寸，以三分居一推之，《六經》策當二尺四寸，《孝經》當一尺二寸，與孔疏合。二疏同引鄭君《論語序》，不應有異，然則賈疏「尺二寸」三字，必是「二尺四寸」之譌可知矣。此後人傳寫之譌，非賈氏所引誤也。《論語》策八寸，容八字，六經策二尺四寸者，容二十餘字至三十字，其制自合。大約一寸容一字，古用科斗大篆，其字體不宜小，又一簡止容一行，則字體更不宜小，故每一寸容一字也。古人書策，每行亦不拘字數，故或有二十五字，或有二十二字推之，或二十三字，或二十四字，皆未可定矣。此由字體有繁、簡，繁者宜疏，簡者宜密，總欲其點畫之明析而已。方版之制，長短未聞，然其所書自百字以下，或爲五行，每行二十字，或爲四行，每行二十餘字，則其長亦當有二尺餘，其廣大約五、六寸，若二、三行者，其廣不過三、四寸，有長方形，故謂之方，非必正方也。至於書字，亦以筆墨，筆自古有之，非始於蒙恬也。蒙恬始用兔豪耳。詳《筆考》。若有不當，則以刀削去之，更書他字，此皆可考而知也。

李世民《帝京篇》（《全唐詩》卷一） 玉匣啓龍圖，金繩披鳳篆。韋編斷仍續，縹帙舒還卷。對此乃淹留，欹案觀墳典。

蘇轍《欒城集》卷一一《和蕭刓察推賀族叔司理登科還鄉四首・三》 作官未減讀書勤，簿領從今日日新。汗簡韋編誰付予，傳家應有下帷人。

李廌《師友談記》 節藏泥滓氣凌空，薦俎寧知肉味重。未許韋編充簡冊，已勝絲委詆蛟龍。

朱熹《晦庵先生朱文公文集》卷四《玩易齋》 竹几横陳處，韋編半掩時。寥寥三古意，此地有深期。

楊載《楊仲弘集》卷二《蠹簡》 往古韋編在，何年始汗青。蠹蟲深卜宅，科斗少成形。泯滅阽秦火，搜羅出漢廷。斯文天未喪，不敢望全經。

又《廢檠》 二尺書檠在，如今久棄捐。魚膏雖有焰，蠹簡獨無緣。牆下偕遺礫，窗間帶舊烟。卻觀提挈處，辛苦悔當年。

張昱《可閑老人集》卷四《林泉讀書圖》 高情自愛樂林泉，華屋藏修度歲年。書簡韋編曾幾絶，硯盤鐵造亦磨穿。牙籤插架封芸葉，銀燭臨窗散蠟煙。黄鶴山樵如得意，丹青爲作畫圖傳。

陳謨《海桑集》卷二《次王竹逸韻》 聞聽爆竹知新歲，坐對瓶花憶舞筵。隔屋馬蹄歸醉客，中宵環佩起群仙。道存竹簡韋編裏，詩在茶甌雪乳邊。送故迎新君莫笑，旅中別自一壺天。

李東陽《懷麓堂集》卷一二《和明仲洗馬韻二首》 竹簡韋編次第評，於君眞見古人情。百年事了須聞道，舉世嫌多爲近名。敢謂學非顔氏樂，直將心比伯夷清。塵蹤滿地無由濯，何處滄浪水上纓。

圖録

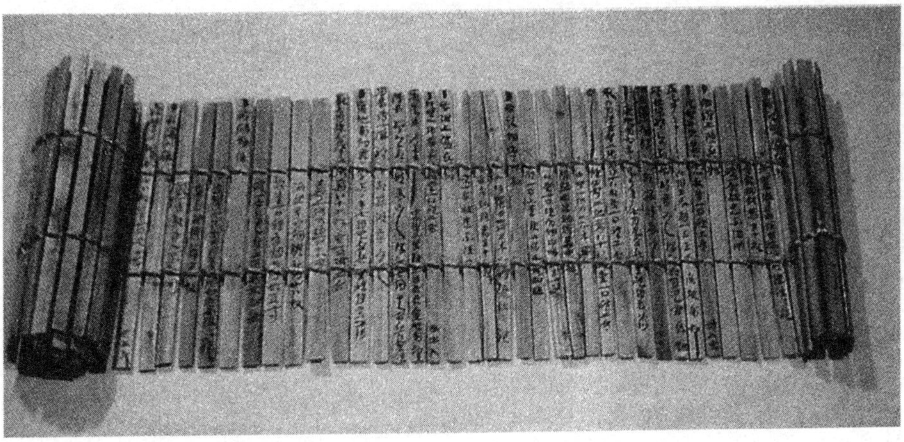

圖〇〇一

帛書分部

綜述

《墨子・尚賢下》 古者聖王既審尚賢，欲以爲政，故書之竹帛，琢之槃盂，傳以遺後世子孫。

又《天志下》 有書之竹帛，藏之府庫。

《韓非子・安危》 先王寄理於竹帛，其道順，故後世服。

《呂氏春秋》卷二《情欲》 莊王功迹著乎竹帛，傳乎後世。

賈誼《新書》卷八《道德説》 是故著此竹帛，謂之書。【略】書者，著德之理於竹帛而陳之，令人觀焉。

《史記・孝文紀》 祖宗之功德，著於竹帛，施于萬世，永永無窮。

嚴遵《道德指歸論》卷二《道生一篇》 故強者離道，梁者去神，生主以退，安得長存？不求於己，怨命尤天，聖人悲之，以爲敎先。書之竹帛，明示後人，終世反之，故罹其患。

王充《論衡》卷四《書虚篇》 世信虚妄之書，以爲載於竹帛上者，皆賢聖所傳，無不然之事。

又卷一三《超奇篇》 唐勒、宋玉，亦楚文人也。竹帛不紀者，屈原在其上也。

又卷二〇《須頌篇》 今方板之書在竹帛，無主名所從生出，見者忽然不卸服也。如題曰「某甲某子之方」，若言「已驗嘗試」，人爭刻寫，以爲珍秘。上書於國，記奏於郡。

虞龢《上明帝論書表》（梅鼎祚《梁文紀》卷一三） 二王縑素書珊瑚軸二（秩）［帙］二十四卷，紙書金軸二（秩）［帙］二十四卷，又紙書玳瑁軸五（秩）［帙］五十卷，【略】又羊欣縑素及紙書，亦選取其妙者，爲十八（秩）［帙］一百八十卷，皆漆軸而已。

程大昌《演繁露》 古書不以簡策，縑帛皆爲卷軸，至唐始爲葉子，今書册也。

盧文弨《抱經堂文集》卷五《庚子銷夏記序》 余於黄崑圃先生家見退谷手書《畿輔人物志稾》數十幀，秀勁可喜。【略】退谷萬卷樓藏書今大半在黄氏昆季家，而《記》中所載之縑素卷軸又不知散歸誰氏。

段玉裁《説文解字注》卷五 書，箸也，箸於簡牘者也，亦謂之篇。古曰篇，漢人亦曰卷，卷者，縑帛可捲也。

章學誠《文史通義・内篇六・篇卷》 後世文字繁多，爰有較讐之學，而向、歆著録，多以篇、卷爲計。大約篇從竹簡，卷從縑素，因物定名，無他義也。而縑素爲書後於竹簡，故周、秦稱「篇」，入漢始有「卷」也。第彼時竹、素並行，而名「篇」必有起訖，「卷」無起訖之稱，往往因篇以爲之卷。【略】則又知彼時書入縑素，亦稱爲篇，篇之爲名，專主文義起訖，而卷則繫乎綴帛短長。此無他義，蓋取篇之名書古於卷也。

金鶚《求古録禮説》卷一五《漢唐以來書籍制度考》 三代之書，皆用方策，漢唐以來，制度代異，漢初因周制，仍用簡册而帛與竹同用。戴氏宏云：「《公羊》傳至漢景帝時，公羊壽乃共弟子胡母子都著於竹帛。」此竹帛並用之證。《漢書・藝文志》：「歐陽、大、小夏侯三家經文，《酒誥》脱簡一，《召誥》脱簡二。」可知其書於竹也。然古書有篇無卷，而《藝文志》所載如《尚書》古文經四十六卷、經二十九卷，可知其書有用帛者矣。「篇」字從「竹」，故竹書曰篇；帛可卷舒，故帛書曰卷。通言之，則竹書亦曰卷，帛書亦曰篇也。《古詩》云：「中有尺素書。」《風俗通》云：「劉向校書，皆先書竹，改易刪定可繕寫者，以上素。」《書籍考》云：「靈帝西遷，縑帛散爲帷囊。」皆可見漢書之用帛也。至蔡倫造紙，而書籍始用紙，然帛與紙猶並用也，厥後不用帛而用紙矣。

楊鋭《楊叔嶠先生文集・讀鶡冠子》 漢以前箸之竹帛，卷軸不能過重，後世刊版，日趨簡便。

繆荃孫《雲自在龕隨筆》卷三 炎漢初興，書皆竹帛。班孟堅所謂篇，竹書也；卷，帛書也。【略】帛則以筆書之，筆之制始自蒙恬，漢孝成帝時宫中出小赫蹏，即紙也，後漢始有以紙書者，皆以卷計。

葉德輝《書林清話》卷一《書之稱卷》 竹帛本漢時通用物矣。帛之爲

書，便於舒卷，故一書謂之幾卷。凡古書，以一篇作一卷。《漢書·藝文志》：「有稱若干篇者，竹也。有稱若干卷者，帛也。」

劉性《石渠閣賦》（佚名《青雲梯》卷上） 窮《春秋》之微旨，訂三傳之是非，披竹帛而舒卷，追簡策而論思。

錢廉《東廬遺稿·喜陳五占讀書》 一卷青燈習典墳，他年竹帛著奇勳。

高士奇《清吟堂全集·隨輦集》卷一《天府寶翰篇并序》 次看唐僧懷素書，龍蛇變幻雲卷舒。縑素黯淡微可辨，屈指傳自大曆初。

圖録

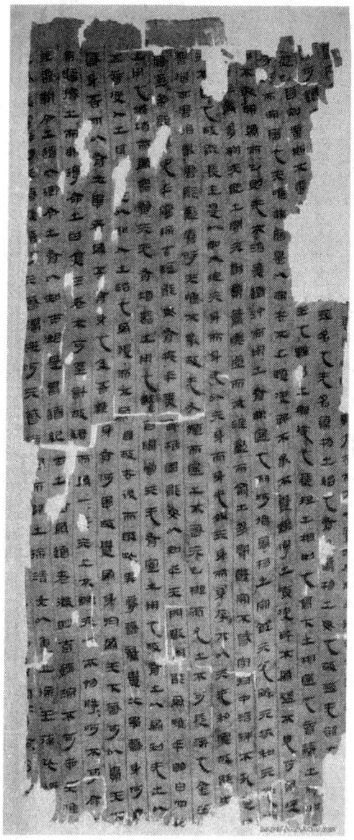

圖〇〇二

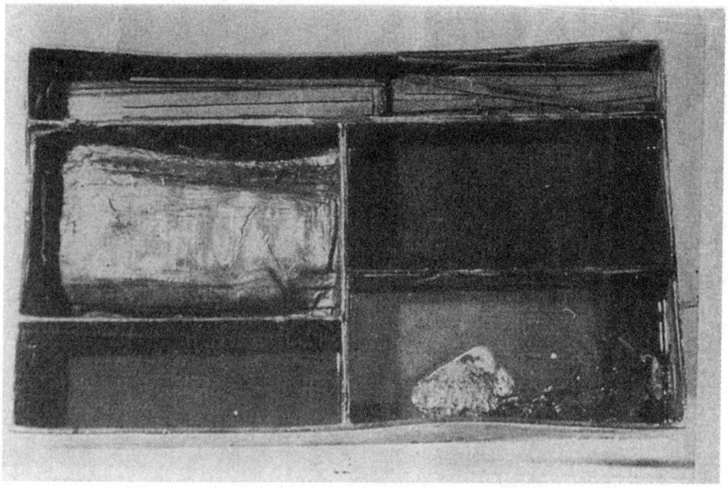

圖〇〇三

紙書卷裝分部

綜述

傅咸《傅中丞集·紙賦》 蓋世有質文，則理有損益，故禮隨時變，而器與事易。既作契以代結繩兮，又造紙以當策，猶純儉之從宜，亦唯變而是適。夫其爲物，厥美可珍。廉方有則，體潔性貞，含章蘊藻，實好斯文。取彼之弊，以爲己新，攬之則舒，舍之則卷，可屈可伸，能幽能顯。

釋僧祐《出三藏記集》卷四《新集續撰失譯雜經録》 凡二十六部，雖闕譯人，悉是全典。其一卷以還五百餘部，率抄衆經，全典蓋寡。觀其所抄，多出《四含》、《六度》、《道地》、《大集》、《出曜》、《賢愚》及《譬喻》、《生經》，並割品截揭，撮略取義，强製名號，仍成卷軸。至有題目淺拙，名與實乖。

又卷七《慧印三昧及濟方等學二經序讚》 其軸題云：「燉煌菩薩沙門支法護所出，竺法首筆受，共爲一卷，寫以流通。」軸用淳漆，書甚緊潔，點製可觀。

《南齊書·陸澄傳》 儉自以博聞多識，讀書過澄。澄曰：「僕年少來無事，唯以讀書爲業，且年已倍令君，令君少便鞅掌王務，雖復一覽便諳，然見卷軸未必多僕。」

釋寶唱《比丘尼傳》卷四《閑居寺僧述尼傳》 ［僧述］乞施造金像五軀，並皆壯麗；寫經及律一千餘卷，縹帙帶軸，寶飾新嚴。

釋慧皎《高僧傳》卷一一《釋僧佑》 凡獲信施，悉以治定林、建初及修繕諸寺，并建無遮大集捨身齋等，及造立經藏，搜校卷軸，使夫寺廟開廣，法言無墜，咸其力也。

釋智顗《摩訶止觀》卷一上 既信其法，須知三文，《次第禪門》合三十卷，今之十軸。

費長房《歷代三寶紀》卷六 右二百一十部，合三百九十四卷。月支國沙門曇摩羅察，晉言法護，本姓支，歷遊西域，解三十六國語及書。從天竺國大賫梵本《婆羅門經》來達玉門，因居燉煌，遂稱竺氏。後到洛陽，及往江左。起武帝世太始元年，至懷帝世永嘉二年，其間在所，遇緣便譯，清信士聶承遠執筆助翻卷軸最多。

又卷一二 緣是前哲支曇所翻，及羅什出，或二十七，或復三十，或三十一。卷軸匪定，就既宣揚，每恆嗟歎；及覩耶舍高齊之世出《月藏經》一十二卷，至今開皇復屬耶舍譯《日藏經》一十五卷，既並大集廣本舊品，内誠欣躍，即依合之成六十軸。

釋道宣《續高僧傳》卷二八 ［釋空藏］乃鈔摘衆經大乘要句以爲卷軸，紙別五經、三經，卷部二十、五十，總有十卷。

《隋書·經籍志總序》 文教之盛，苻、姚而已。宋武入關，收其圖籍，府藏所有，纔四千卷。赤軸青紙，文字古拙。【略】及平陳已後，經籍漸備。檢其所得，多太建時書，紙墨不精，書亦拙惡。於是總集編次，存爲古本。召天下工書之士，京兆韋霈、南陽杜頵等，於秘書内補續殘缺，爲正副二本，藏于宫中。其餘以實秘書内、外之閣，凡三萬餘卷。煬帝即位，秘閣之書，限寫五十副本，分爲三品：上品紅琉璃軸，中品紺琉璃軸，下品漆軸。於東都觀文殿東西廂構屋以貯之，東屋藏甲乙，西屋藏丙丁。

《南史·徐伯陽傳》 伯陽敏而好學，善色養。家有史書，所讀者近三千餘卷。【略】太建初，與中記室李爽、記室張正見、左戶郎賀徹、學士阮卓、黄門郎蕭詮、三公郎王由禮、處士馬樞、記室祖孫登、比部郎賀循、長史劉刪等爲文會友，後有蔡凝、劉助、陳暄、孔範亦預焉，皆一時士也。遊宴賦詩，動成卷軸，伯陽爲其集序，盛傳於世。

釋智昇《開元釋教録》卷一 但以法門幽邃，化綱恢弘，前後翻傳，年移代謝，屢經散滅，卷軸參差。復有異人時增僞妄，致令混雜難究。

李白《李太白集》卷二六《與韓荊州書》 且人非堯、舜，誰能盡善。白謨猷籌畫，安能盡矜？至於製作積成卷軸，則欲塵穢視聽，恐雕蟲小伎，不合大人。若賜觀芻蕘，請給以紙墨，兼之書人，然後退掃閑軒，繕寫呈上。

白居易《白氏長慶集》卷五一《後序》 前三年，元微之爲予編次文集而叙之，凡五帙，每帙十卷，記長慶二年冬，號《白氏長慶集》。邇來復有

格詩、律詩、碑、誌、序、記、表、贊，以類相附合，爲卷軸，又從五十一以降，卷而第之。

張彥遠《法書要録·唐張懷瓘二王等書録》　二王之書，當世見貴，獻之嘗與簡文帝十紙，題最後云：「下官此書甚合作，願聊存之。」此書爲桓玄所寶，玄愛重二王，不能釋手，乃選縑素及紙書正、行之尤美者，各爲一帙，常置左右。及南奔，雖甚狼狽，猶以自隨，將敗，並投於江。晉代裝書，眞、草渾雜，背紙皺起。范曄裝治，微爲小勝。宋孝武又使徐爰治護十紙爲一卷。明帝科簡舊秘，並遣使三吳鳩集散逸，詔虞和、巢尚之、徐希秀、孫奉伯等更加編次，咸以二丈爲度。二王縑素書珊瑚軸二帙二十四卷，紙書金軸二帙二十四卷，又紙書玳瑁軸五帙五十卷，並金題玉躞織成帶。又扇書二卷，又紙書飛白章草二帙十五卷，並旃檀軸。又紙書戲字一帙十二卷，並書之冠冕也。自此以下，別有三品書，凡五十二帙五百二十卷，並旃檀軸。其新購獲者爲六帙一百二十卷，既經喪亂，多所遺失。齊高帝朝，書府古跡惟有十二帙，以示王僧虔，仍更就求能者之迹。僧虔以帙中所無者，得張芝、索靖、衛伯儒、吳大皇帝、景帝、歸命侯、王導、王洽、王珉、張翼、桓玄等十卷。其與帙中所同者，王恬、王珣、王凝之、王徽之、王允之，並奏入秘閣。梁武帝尤好圖書，搜訪天下，大有所獲。以舊裝堅強，字有損壞，天監中，勑朱异、徐僧權、唐懷允、姚懷珍、沈熾文等析而裝之，更加題檢。二王書大凡七十八帙七百六十七卷，並珊瑚軸織成帶，金題玉躞。侯景簒逆，藏在書府，平侯景後，王僧辯搜括，並送江陵。承聖末，魏師襲荆州，城陷，元帝將降，其夜，乃聚古今圖書十四萬卷，幷大小二王遺迹，遣後閣舍人高善寶焚之。吳越寶劍，並將斫柱，乃嘆曰：「蕭世誠遂至於此，文武之道，今夜窮乎！」歷代秘寶，並爲煨燼矣。

《舊唐書·經籍志後序》　開元時，甲、乙、丙、丁四部書各爲一庫，置知書官八人分掌之。凡四部庫書，兩京各一本，共一十二萬五千九百六十卷，皆以益州麻紙寫。其集賢院御書：經庫皆鈿白牙軸，黃縹帶，紅牙籤；史書庫鈿青牙軸，縹帶，綠牙籤；子庫皆雕紫檀軸，紫帶，碧牙籤；集庫皆綠牙軸，朱帶，白牙籤，以分別之。

《舊五代史·職官志》　律令、格式、六典，凡關庶政，互有區分，久不舉行，遂至隳紊。宜準舊制，令百司各於其間錄出本局公事，巨細一抄寫，不得漏落纖毫，集成卷軸，仍粉壁書在公廳。

夏竦《文莊集》卷二二《重校妙法蓮華經序》　余家世奉佛，乃取世傳諸本，及化外舊經釋文摘句，數自參較，又以悉曇梵夾，傍行右讀。中原傳譯，始創卷軸，討論重複，卷舒繁數；因觀近世圖籍，鏤刻摹印，綴黏成冊，差便於古。由是命工倣則，肇製此經，庶幾學者易爲究覽。

劉宰《跋建炎第三書》（陳東《宋陳少陽先生文集》卷一〇附録）　余既爲公惜諸藁及遺書之亡，而幸此藁之存，因公四世孫煒裝成卷軸首尾，不但欲公家世世子孫知所愛重，亦欲馬氏、楊氏、潘氏之子孫聞之惻然。

唐桂芳《白雲集》卷五《贈鄭碧巖序》　唐《藝文志》裝潢，即今之褾褙也。歐陽公曰：唐人藏書，例作卷軸。椿滌渝補敝，略無糊迹。卷舒妥帖，易於把玩。其能大類是。

陶宗儀《南村輟耕録》卷二三《書畫褾軸》　唐貞觀、開元間，人主崇尚文雅，其書畫皆用紫龍鳳紬綾爲表，綠文紋綾爲裏，紫檀雲花杵頭軸，白檀通身柿心軸。此外，又有青、赤琉璃二等軸，牙籤錦帶。大和間，王涯自鹽鐵據相印，家既羡於財，始用金、玉爲軸。甘露之變，人皆剝剔無遺。南唐則褾以迴鸞墨錦，籤以潢紙。宋御府所藏，青紫大綾爲褾，文錦爲帶，玉及水晶、檀香爲軸。靖康之變，民間多有得者。高宗渡江後，和議既成，榷場購求爲多，裝褫之法已具《名畫記》及《紹興定式》，茲更不贅。姑以所聞見者，使賞鑒之士有考焉。

胡應麟《少室山房筆叢·經籍會通一》　凡書唐以前皆爲卷軸，蓋今所謂一卷，即古之一軸。至裝輯成帙，疑皆出於雕板之後，然六朝已有之。阮孝緒《七錄》大抵五卷以上爲一帙，前代書帙之製，僅此足徵，因錄于左。

朱彝尊《經義考》卷二九三　秦漢以還，寖知鈔錄。楮墨之功，簡約輕省，數倍前矣。然自漢至唐，猶用卷軸，卷必重裝一紙，表裏常兼數番。且每讀一卷或每檢一事，紬閱展舒甚爲煩數，收集整比彌費辛勤。至唐末宋初，鈔錄一變而爲印摹，卷軸一變而爲書冊。

袁棟《書隱叢説》卷一三《卷軸葉子》　《歸田錄》云唐人藏書作卷軸，後有葉子，似今策子，凡文字有備檢用者，卷軸難數卷舒，故以葉子寫之。《筆叢》云：凡書唐以前皆爲卷軸，蓋今所謂一卷，即古之一軸。據此，則今之畫幅作手卷者，是唐人卷軸遺製；作冊頁者，是唐人葉子遺製。手卷不

如冊頁之便，冊頁又不如今日裝釘之便也。

韓愈《昌黎先生集》卷七《送諸葛覺往隨州讀書》 鄴侯家多書，插架三萬軸。一一懸牙籤，新若手未觸。

白居易《白氏長慶集》卷五三《余思未盡加爲六韻重寄微之》 海內聲華併在身，篋中文字絕無倫。遥知獨對封章草，忽憶同爲獻納臣。走筆往來盈卷軸，除官遞互掌絲綸。制從長慶辭高古，詩到元和體變新。

圖録

圖〇〇四

圖〇〇五

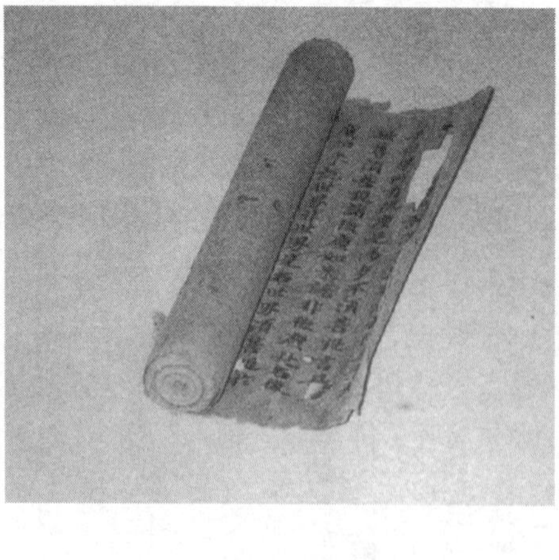
圖〇〇六

梵夾裝分部

綜述

費長房《歷代三寶記》卷一一　右一十六部，合四十六卷。武帝末世至承聖年，西天竺優禪尼國三藏法師波羅末陀，梁言眞諦，遠聞蕭主菩薩行化，搜選名匠，軌範聖賢，懷寶本邦，來適斯土，所賫經論樹葉梵文凡二百四十夾，若具足翻，應得二萬餘卷，多是震旦先所未傳。

杜寶《大業雜記》　承福門即東城南門。南洛水有翊津橋，通翻經道場。新翻經本從外國來，用貝多樹葉。形似枇杷，葉而厚大，橫作行書。約經多少，綴其一邊，牒然，今呼爲「梵夾」。

釋道宣《續高僧傳》卷二　新平林邑所獲佛經，合五百六十四夾，一千三百五十餘部，並昆侖書。多梨樹葉，有敕送館，付琮披覽，並使編叙目錄，以次漸翻。乃撰爲五卷，分爲七例，所謂經、律、贊、論、方、字、雜書七也。

釋玄奘《大唐西域記》卷一二　大乘經二百二十四部，大乘論一百九十二部，上座部經律論一十四部，大衆部經律論一十五部，三彌底部經律論一十五部，彌沙塞部經律論二十二部，迦葉臂耶部經律論一十七部，法密部經律論四十二部，説一切有部經律論六十七部，因論三十六部，聲論一十三部，凡五百二十夾，總六百五十七部。

釋義淨《大唐西域求法高僧傳》卷上　其人已亡，漢本尚存，梵夾猶列，覩之潸然流涕，而歎昔在長安同遊法席，今於他國但遇空筵。

釋不空《代宗朝贈司空大辨正廣智三藏和上表制集》卷一《請搜檢天下梵夾修葺翻譯制書一首》　中京慈恩薦福等寺，及東京聖善長壽福光等寺，並諸州縣舍寺村坊，有舊大遍覺義淨、善無畏、流支、寶勝等三藏所將梵夾。右大興善寺三藏沙門不空奏：前件梵夾等，承前三藏多有未翻，年月已深，綃索多斷，湮沈零落，實可哀傷，若不修補，恐違聖教。近奉恩命許令翻譯，事資探討，證會微言，望許所在檢閲收訪，其中有破壞缺漏隨事補葺。

又卷四《請於興善當院兩道場各置持誦僧制一首》　以前特進試鴻臚卿大興善寺三藏沙門大廣智不空奏：住此寺院二十餘年，建立道場爲國持誦，靈應非一，不可名言。其大聖文殊閣恩命賜錢修造向畢，既安梵夾，又有御經，理合弘持以資景福。【略】望依前件常令念誦轉經。

釋海雲《兩部大法相承師資付法記》卷上　此經［《金剛界大教王經》］梵本十萬偈，略本四千偈，廣本則有無量百千俱胝那庾多微塵數偈，如金剛頂義決中説，南天竺國有大鐵塔，中有金剛界曼荼羅聖者形像，鐵鑄所成。其塔中有梵夾，廣如床，廣八九尺，高下五六尺，盡是《金剛界大教王廣梵本經》。【略】至大唐開元年中，三藏金剛智從南天竺國將得《金剛界》十萬偈梵夾經，時大海中過大惡風，三船中所有寶物、舍利、功德盡投於海中，時十萬偈梵夾經誤忘亦投於海中。三藏爾時作息災法，遂得風止。

又卷下　此經［《大毘盧遮那成佛神變加持經》］梵夾有三本：廣本十萬偈，若依梵本具譯，可有三百餘卷已來。廣本在西國，不到此土；梵經略本四千偈經；更有略本，二千五百偈。中天竺國大阿闍梨集今時所傳者四千偈，釋迦沙門三藏善無畏開元七年奉詔譯，沙門一行筆授，即《大毘盧遮那成佛神變加持經》是也。開元七年，［三藏善無畏］從西國將《大毘盧遮梵夾經》等來至此國，玄宗皇帝禮爲國師，隨駕兩京，翻譯《大毘盧遮那》等經，爲大毘盧遮那曼荼羅灌頂大阿闍梨。

釋圓照《貞元新定釋教目録》卷一〇　諦從陳武永定二年戊寅，至孝宣大建元年己丑，更譯《金剛般若經》等三十八部，微附華飾，盛顯隋唐，見曹毘《別曆》及隋費長房錄《唐内典錄》等，餘未譯梵本書，并多羅樹葉，凡有二百四十夾，若依陳紙翻之，則列二萬餘卷，今見譯訖止是數夾之文。

又卷一七　梵本《大方廣佛花嚴經》總有六夾，共有十萬偈，大唐已譯八十卷，當第二夾了，今南天竺國王所進，當第三夾，有一萬六千七百偈。

釋贊寧《宋高僧傳》卷三《唐蓮華傳》　釋蓮華，本中印度人也。以興元元年杖錫謁德宗，乞鐘一口歸天竺聲擊。勅廣州節度使李復修鼓鑄畢，令送於南天竺金堆寺。華乃將此鐘於寶軍國毘盧遮那塔所安置，後以華嚴後分

梵夾附舶，來爲信者，般若三藏於崇福寺翻成四十卷焉。一云梵夾本是南天竺烏荼國王書獻支那天子。

又《唐上都章敬寺悟空傳》 摩〔舍利越摩〕手授梵本《十地》、《迴向輪》、《十力》三經共一夾，并佛牙、舍利以贈別〔悟空〕。【略】及龜茲，居蓮華寺，遇三藏法師勿提提羼魚，善於傳譯，空因將十力經夾請翻之。尋抵北庭，大使復命空出梵夾，于闐三藏戒法爲譯主，空證梵文并度語，翻成《十地》、《迴向輪》經。

李肇《東林寺經藏碑》（《文苑英華》卷八六五） 佛有天龍大會，未嘗不以契經爲事，佛滅後，大迦葉召千羅漢結集法藏，阿難傳焉。西土以胡文紀之，謂之梵書，科斗文字之類也，著于貝葉，謂之梵夾，殺青爲簡之類也。

《册府元龜》卷九七一《外臣部・朝貢》 〔開元〕八年正月中，天竺國遣使來朝，二月罽賓國遣使來朝，進《天文經》一夾，秘要方并蕃藥等物。

王鞏《聞見近録》 祖宗以來，用金花白羅紙，金花紅羅標，黃金軸。神宗時，詔爲黃金梵筴，以軸大難披閲也。

米芾《寶章待訪録・陳僧智永千文》 右楮紙書，唐人臨寫。在宣德郎陳玕處，恭公姪作梵夾冊，雖非眞蹟，秀潤圓活逼眞，今已罕得，某嘗三閱。

《通鑑・唐懿宗咸通三年》 上奉佛太過，怠於政事，嘗於咸泰殿築壇爲內寺尼受戒，【略】又於禁中設講席，自唱經，手錄梵夾。胡三省注：梵夾者，貝葉經也。以板夾之，謂之「梵夾」。段成式曰：貝多葉出摩伽陀西國土，用以寫經，其樹長六七丈，經冬不凋。

楊仲良《宋通鑑長編紀事本末》卷一四《太宗皇帝》 上素崇尚釋教，即召見天息災等令閱乾德以來西域所獻梵夾。天息災等皆曉華言，上遂有意翻譯，因命內侍鄭守鈞就太平興國寺建譯經院。是月院成，詔天息災等各譯一經以獻，擇梵學僧常謹、清沼等與法進同筆受綴文，光祿卿湯悅、兵部員外郎張洎參詳潤色之。癸卯，幸譯經院，盡取禁中所藏梵夾，令天息災等視藏錄所未載者翻譯之。

《宋史・外國列傳・天竺》 乾德三年，滄州僧道圓自西域還，得佛舍利一，水晶器，貝葉梵經四十夾，來獻。【略】太祖召問所歷風俗山川道里，一一能記。四年僧行勤等一百五十七人詣闕上言，願至西域求佛書，許之。以其所歷甘、沙、伊、肅等州，焉耆、龜茲、于闐、割祿等國，又歷布路沙、加濕、彌羅等國，並詔諭其國，令人引導之。開寶後，天竺僧持梵夾來獻者不絕。【略】至道二年八月，有天竺僧隨舶至海岸，持帝鐘、鈴杵、銅鈴各一，佛像一軀，貝葉梵書一夾，與之語，不能曉。

孫承澤《硯山齋雜記》卷一《弓縛》 道書謂一卷爲一弓，音繆，與軸同。佛書謂之一縛，禪學曰：「多羅樹葉書，二百四十縛。」縛與卷同。《硯北雜志》徐季海題佛經云：「上第幾隔，隔如梵夾也。」

葉德輝《書林清話》卷一《書之稱葉》 吾嘗疑葉名之緣起，當本於佛經之梵貝書。釋氏書言西域無紙，以貝多樹葉寫經，亦稱經文爲梵夾書。此則以一翻爲一葉，其名實頗符。不然，艸木之葉，於典冊之式何涉哉。

顔眞卿《顔魯公文集》卷一二《東林寺題名》 仰廬阜之爐峰，想遠公之遺烈，外神運殿。禮僧伽衣，睹生法師麈尾扇。謝靈運翻涅槃經貝多梵夾，忻慕之不足，聊寓刻于張李二公耶舍禪師之碑側。魯郡顔眞卿書記。

李賀《歌詩編》卷一《送沈亞之歌》 白藤交穿織書笈，短策齊裁如梵夾。

劉因《静修集》卷二〇《折疊簡牌筠字》 誰將霜縹漆霜筠，幾葉齊分梵夾勻。眼底有無眞亦僞，掌中舒卷屈猶伸。墨雲難染秋天潤，碧玉還思曉露新。他日不須焚諫草，一方何處覓緇磷。

趙翼《甌北集》卷三六《祥符寺》 前朝留梵筴，籤軸至今縢。寺有宣德中所頒全部藏經。

圖録

圖〇〇七

圖〇〇八

圖〇〇九

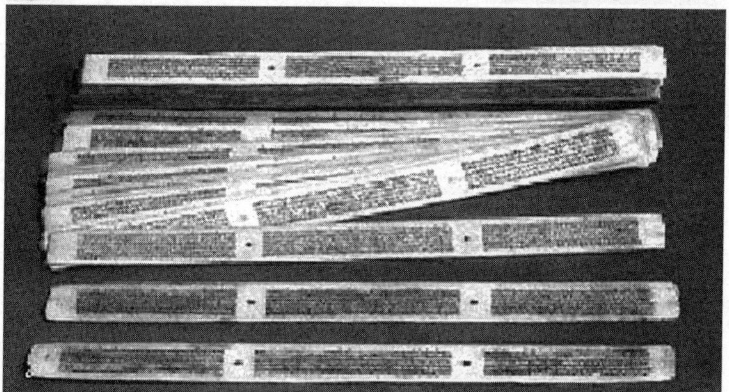

經摺裝分部

綜述

吾衍《閒居録》 古書皆卷軸，以卷舒之難，因而爲摺，久而摺斷，復爲簿帙。

都穆《聽雨紀談・書籍》 今之書籍，每冊必數卷，或多至十餘卷，此僅存卷之名耳。古人藏書皆作卷軸，「鄴侯家多書，插架三萬軸」是也。此制在唐猶然。其後以卷舒之難，因而爲摺，久而摺斷，乃分爲簿秩以便檢閲，蓋愈遠而愈失其眞矣。

郁逢慶《書畫題跋記》卷四《宋張樗寮正書金剛經》 右樗寮書，瘦勁古雅，在白箋上，經摺裱，乃吾鄉項少溪公所藏，有子長圖書。

張燕昌《金粟箋説》 藏經有黄、白二種，有卷筒及摺本，有每幅印記，有不印記印，式亦不同。【略】藏經有寫、印兩種，鮑以文云：凡寫經用卷筒，印造則摺版。【略】卷筒者經卷上無摺痕，摺版者摺成本子，每幅有痕。【略】又于海寧裝潢家見摺本藏經。外函亦用藏經紙糊十數層爲之，又崇明寺藏經摺本上、下皆版面先書經名，而澤以漆質，似東洋松木。

楊守敬《日本訪書志》卷四 《一切經音義》二十五卷。宋槧本。此本爲宋理宗嘉熙三年，安吉州資福寺刊。自「階」字號起至「弁」字號止，爲摺疊裝。每葉十二行，行十七字。

又 《楊上善黄帝内經太素》廿三卷，又零殘一卷。影古鈔卷子改摺本。

又卷九 《黄帝明堂》一卷。卷子本。首題「通直郎守太子文學臣楊上善奉敕撰注。」前有自序，云：「是以十二經脈各爲一卷，奇經八脈復爲一卷，合爲十三卷。」今僅存第一卷耳。【略】原本篇幅過高，不便爲摺本，乃仿宋刻字體版以餉世。

又卷一一 《古鈔蒙求》一卷。卷子改裝本。余乃得此古鈔本一卷，其原係用墨絲欄作卷子本，後乃裁斷改摺本，字體古雅，墨色沈厚，絕似古鈔《玉篇・放部》，及卷子本《左傳》。

又卷一六 《續高僧傳》四十卷。宋刊摺子本。

載振《英軺日記》卷五 宋元槧本不多見，有宋板巾摺本《蓮花經》數冊。

圖録

圖〇一〇

圖〇一一

旋風裝分部

綜　述

歐陽修《歸田録》卷二　葉子格者，自唐中世以後有之説者云，因人有姓葉，號葉子青一作清，或作晉。者撰此格，因以爲名。此説非也。唐人藏書皆作卷軸，其後有葉子，其制似今策子。凡文字有備檢用者，卷軸難數卷舒，故以葉子寫之，如吴彩鸞《唐韻》、李郃《彩選》之類是也。

俣延慶《退齋筆録》　蔡確之子懋，宣和末爲同知樞密院事，因奏事言及確南遷時事，云：蘇軾有章救先臣，確臣家嘗傳録，因袖出章進，上皇云：「蘇軾無此章。軾在哲宗朝所上章，哲宗以一旋風冊子手自録次，今在宮中，無此章也。」懋悵然而退。鄭望之云。

張邦基《墨莊漫録》卷三《吴彩鸞善書小字》　裴鉶《傳奇》載：成都古仙人吴彩鸞，善書小字，嘗書《唐韻》鬻之。今蜀中導江迎祥院經藏中《佛本行經》六十卷，乃彩鸞所書，亦異物也。今世間所傳《唐韻》猶有，皆旋風葉，字畫清勁，人家往往有之。

王惲《玉堂嘉話》卷二《切韻》　吴彩鸞龍鱗楷韻後柳誠懸題云：「吴彩鸞，世傳謫仙也。一夕書《廣韻》一部，即鬻于市，人不測其意。稔聞此説，罕見其書，數載勤求，方獲斯本。觀其神全氣古，筆力遒勁，出于自然，非古今學人可及也。時大和九年九月十五日題。」其冊共五十四葉，鱗次相積，皆留紙縫。天寶八年製。

錢曾《讀書敏求記》卷三　《雲煙過眼録》一卷。周公謹《雲煙過眼録》，隆慶三年秋八月，周日東從至正二十年夏頤手鈔本重書一過，字畫端楷，且與居士貞、錢叔寶諸公友善，共相摹寫，洵一名士也。《録》云：「焦達卿有吴彩鸞書《切韻》一卷。其書『一先』爲『二十三先』、『二十四仙』。」相傳彩鸞所書《韻》，散落人間者甚多，予從延陵季氏曾覩其眞蹟，

「一先」仍作「一先」，與達卿所藏者異。逐葉翻看，展轉至末，仍合爲一卷。張邦基《墨莊漫録》云「旋風葉」者即此，眞曠代之奇寶。因悟古人「玉燮金題」之義，《唐六典》所以有「熟紙裝潢匠」之别也。自北宋刊本書行世，而裝潢之技絶矣。予幸遇此《韻》，得覩唐時卷帙舊觀。今季氏凌替，此卷歸之不知何人，世無有賞鑒其裝潢者，惜哉！

黄丕烈《士禮居藏書題跋記》卷六　《丁鶴年集》四卷。元本。【略】「重覩裝潢舊，旋風葉未零，圖章宜置甲，部次恰居丁。我願希千頃，君交託九靈；詩書情正切，空寐想難甯。時玉峰書攤傳聞有舊刻《大戴禮》，澗蘋欲與余買舟往訪也。」《次澗蘋韻》，蕘圃黄丕烈。【略】初澗蘋得此書，重爲元刻，詩以紀事，擬用「丁」字，畏其難，而改用「年」字，卷端三首是也。昨澗蘋自家至書塾，袖出一詩，謂向所爲難者，今反見巧矣。所押「丁」字，果稱巧絶，遂偕方米次和。時命工用也是翁所用旋風葉裝潢法裝之，事既竣，即就副葉界烏絲欄書其上，披覽之餘，亦頗快目。

繆荃孫《藝風藏書續記》卷六　《滄浪先生吟卷》二卷。明鈔本。宋嚴羽撰。次行「後學趙郡尹嗣忠校正。」二卷題「元趙郡尹嗣忠校正。」鈔手極舊，旋風裝，士禮居舊藏。首葉有「汪印啟淑氏」朱文，「啟淑信印」白文連珠印。

圖録

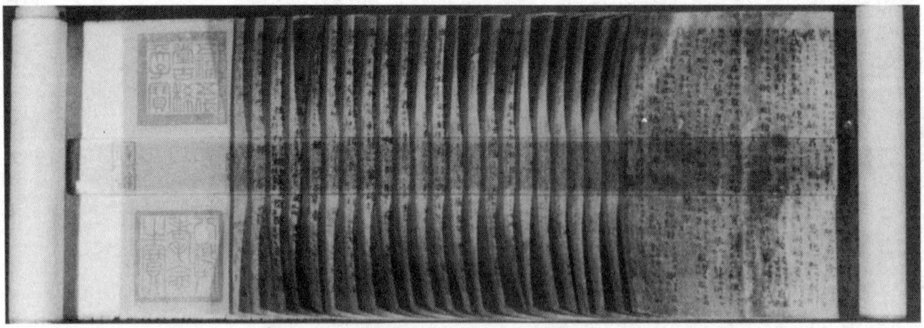

圖〇一二

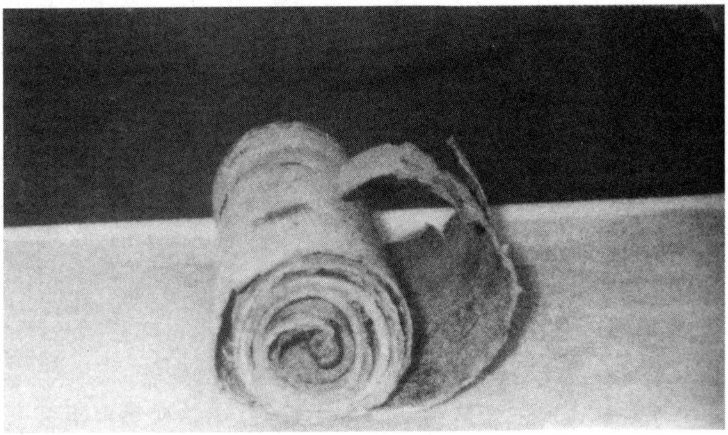

圖〇一三

蝴蝶裝分部

綜　述

張邦基《墨莊漫録》卷四《王原叔作書册粘葉》　王洙原叔内翰常云：「作書册，粘葉爲上。久脱爛茍不逸去尋其次第，足可抄録。屢得逸書，以此獲全。若縫繢歲久斷絶，即難次序。初得董氏《繁露》數册，錯亂顛倒，伏讀歲餘，尋繹綴次，方稍完復，乃縫繢之弊也。」嘗與宋宣獻談之，宋悉令家所録者，作粘法。予嘗見舊三館黄本書及白本書，皆作粘葉，上下欄界出於紙葉。後在高郵，借孫莘老家書，亦如此法。又見錢穆父所畜亦如此。多只用白紙作標，硬黄紙作狹簽子。蓋前輩多用此法，予性喜傳書，他日得奇書，不復作縫繢也。

張萱《疑耀》卷五《古裝書法》　今秘閣中所藏宋板諸書，皆如今制鄉會進呈試録，謂之蝴蝶裝。其糊經數百年不脱落，不知其糊法何似。偶閲《王古心筆録》，有老僧永光相遇，古心問僧：「前代藏經接縫如線，日久不脱，何也？」光云：「古法用楮樹汁、飛麪、白芨末三物調和如糊，以之粘紙，永不脱落，堅如膠漆。」宋世裝書，豈即此法耶？

方以智《通雅》卷三二　粘葉謂之蝴蝶裝。王原叔云：書册粘葉爲上，縫繢歲久斷絶。張子賢言：宋宣獻令家録作粘法，予舊見三館書，黄本、白本皆粘葉，上下欄界出于紙葉，孫莘老、錢穆父亦如此。孟奇言：秘閣宋版書如《試録》，謂之蝴蝶裝。《王古心筆録》有老僧永光言：《藏經》接縫用楮汁、飛麪、白芨糊，則堅如膠漆，造澄心紙亦用芨糊。

《明史·藝文志序》　先是秘閣書籍，皆宋元所遺，無不精美。裝用倒摺，四周外向，蟲鼠不能損。

臧庸《拜經堂文集》卷二《書左氏音義之六校本後癸丑季秋**》**　此卷借明經元和顧安道所藏汲古閣宋板細校，鈔本爲葉林宗假綘雲樓本影寫。綘雲

一炬，原本不可得，今通志堂徐氏從影寫本出，故得見影寫本，已爲幸矣。【略】卷末有戳記，云：「國子監崇文閣官書」八大字兩行，爲上排；又云：「借讀者必須愛護，損壞闕失，典掌者不許收受。」十八小字分三行，爲下排，印於紙背。蓋宋時裝訂用蝴蝶式，故反正皆可披讀，不若今之穿眼線訂也。今摹錄其記，俾後人可想見宋監藏書之欵識云。

羅士琳《算學啓蒙・後記》 蓋宋元時，凡書之有圖者多爲蝴蝶裝，如今之冊頁，作兩翼相合對形，故雖占中縫，于圖無礙，非若今時書線裝反折，致一圖而分陰陽面各半。

阮福《摹刻宋本列女傳跋》（劉向《古列女傳》卷末） 今此本卷末小白紙條宛然尚在，是此本即遵王所藏明內府本無疑。福九妹季蘭曾用紙素于此圖描摹一通，（豪）［毫］髮畢肖。余復令良工將傳頌影鈔，與圖畫合而付梓。此冊舊爲蝴蝶裝，如今之冊頁，作兩翼相合對之形。今摹刻之本，乃反折之，如兩翼相背，蓋以線裝，爲今書之式，不得不與宋人蝴蝶裝相反。福復以佳紙印數部，效蝴蝶裝爲冊，則更妙也。

徐康《前塵夢影録》卷下 宋板《魚玄機集》，只二十餘葉，大字歐體，乃宋槧之最精者。黄蕘翁得之，裝潢爲胡蝶式，後爲一達官某所賞，倩許翰屏影橅上板。

又 明顧德育手書《畫繼》一帙，得於申江，亦藝芸舊藏。宋元時故楮，界烏絲闌，筆筆率更法，廿三葉，印章十餘方，用胡蝶裝，宋瓷青紙面。

黎庶昌《拙尊園叢稿》卷六 影宋本《莊子注疏》十卷，南宋槧本。每卷首題「《南華眞經注疏》卷第幾」，次題「莊子某篇，某名第幾，郭象注」。次題「唐西華法師成玄英疏」，分爲十卷，與《宋藝文志》同。【略】此本爲日本新見旂山所藏，字大如錢，作蝴蝶裝，僅存十分之五。

楊守敬《日本訪書志》卷四 《一切經音義》一百卷。日本藏高麗藏本。唐沙門慧琳《一切音義》百卷，余初至日本，有島田蕃根者持以來贈，展閱之，知非元應書，驚喜無似。據《宋高僧傳》稱，周顯德中，中國已無此本。又《行瑫傳》亦稱慧琳《音義》不傳，此本從高麗藏本翻出，原本爲胡蝶裝，余曾於日本東京三緣山寺見之，字大如錢，然亦多訛字。

又 《一切經音義》二十五卷。日本古鈔本。此本原爲日本浪速井上氏所藏。納之博物館中者爲蝴蝶裝，兩面書之，字體殊古雅。

又卷一一 《幼學指南鈔》三十卷。殘本。日本古鈔本，兩面鈔寫，爲蝴蝶裝，四邊外向，日本卷子以下，此式爲最古，蓋北宋刊本，裝式亦如此也。

繆荃孫《雲自在龕隨筆》卷三 漁洋聞曹舍人貞吉云：官典籍日，料檢內府藏書，宋刻《歐陽集》八部，竟無一部全者。荃在圖書館，檢發內閣書，宋刻十行，行十六字者三部，皆蝴蝶裝《歐陽文忠集》，一百五十三卷本。

繆荃孫《藝風堂文漫存・癸甲稿》卷三《大戴禮記跋》 《大戴禮記》十三卷，元刻本。每半葉十行，行二十字，高六寸八分，廣五寸，黑綫口單邊，上有大小字數，下有某人刊，雙魚尾，紙墨均佳。【略】此書先藏晉府，後歸成王府也。原書由蝴蝶裝改冊，故書口時有破損。

又卷四《南華真經跋》 《南華眞經》十卷，郭象注，宋刊本。每半葉九行，行大十五字，小三十字，高七寸，廣四寸六分，白口，單邊，魚口下以莊一至莊十紀卷數，下紀葉數，刻工人名，一二字不等。此胡蝶裝改冊，口上大半破損，無跡可尋，無序跋。末葉後有安仁趙諫議宅刊行。

李希聖《雁影齋題跋》卷一 《宗鏡錄節要》二卷，宋本。葉二十行，行二十二字。用蝴蝶裝。卷首有「汪士鐘印」、白文。「閬源眞賞印」。朱文。考《藝芸書舍宋元本書目》［釋家］內有是書，爲汪氏舊藏無疑。

葉德輝《書林清話》卷一《書之稱本》 今之書冊，乃唐時葉子舊稱，因是而變蝴蝶裝。蝴蝶裝者，不用綫釘，但以糊粘書背，夾以堅硬護面，以板心向內，單口向外，揭之若蝴蝶翼然。阮文達元《仿宋刻繪圖古列女傳》，其原書即如此裝式。森立之《經籍訪古志補遺・秘傳眼科龍木總論》十卷云：「應永二十七年，舊粘葉本。」據云此本爲「狩谷望之舊藏，冊不綫釘，紙心粘裝，宋人所謂蝴蝶裝也。」吾按：此等裝式，至元初猶存。吾藏有王應麟《王會解注》、《踐阼解注》，粘糊至今如故。後人刻地圖書，因合葉不便横閱，多有仿其裝式者。然據阮刻《繪圖列女傳跋》云卷末有簽條云：「一本，永樂二年七月二十五日蘇敬叔買。」是無論綫裝、蝴蝶裝，皆得通稱爲本矣。

圖録

沈大成《學福齋詩集》卷二〇《榮木軒展舊友手蹟》 故楮零紈蝴蝶裝，碎金曆綠墨花香。感君風義高前輩，我亦相思一夕長。

圖〇一四

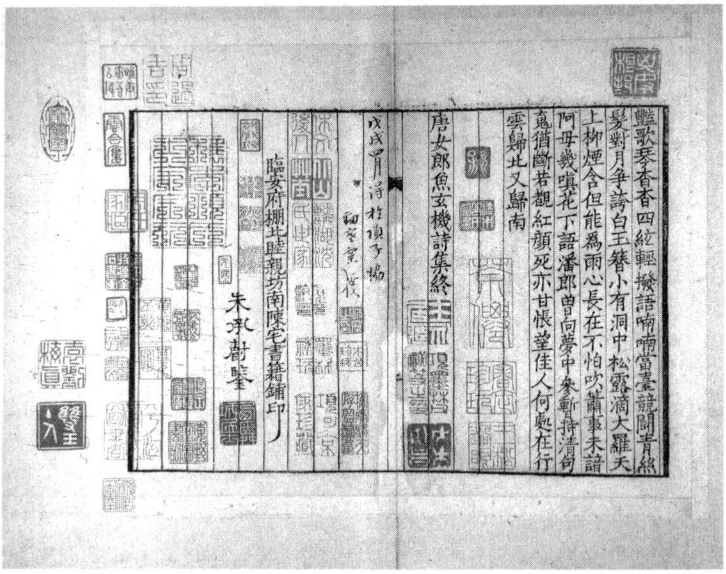
豔歌琴杳杳四絃輕撥語喃喃當臺競鬬青絲髮對月争誇白玉簪小有洞中松露滴大羅天上柳煙含但能爲雨心長在不怕吹簫事未諳阿母幾嗔花下語潘郎曾向夢中參暫持清句魂猶斷若覩紅顏死亦甘悵望佳人何處在行雲歸北又歸南

唐女郎魚玄機詩集終

臨安府棚北睦親坊南陳宅書籍鋪印

朱承爵鑒

圖〇一五

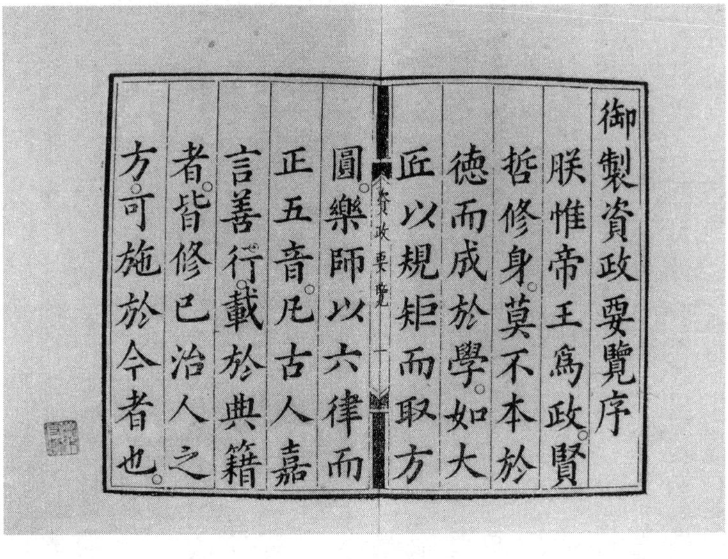
御製資政要覽序

朕惟帝王爲政。賢哲修身。莫不本於德而成於學。如大匠以規矩而取方圓。樂師以六律而正五音。凡古人嘉言善行。載於典籍者。皆修己治人之方。可施於今者也。

資政要覽　序　一

綫裝分部（附包背裝）

綜　述

儲大文《存硯樓文集》卷一三《蔣平川傳》　［先生］見他兒謁師，輒歸，索衣冠，亟欲往。家人憐其弱，止之不可。農師公訖從之。後游他塾，見他兒誦綫裝書，輒固請攜歸，竊誦之。尋益誦《莊》、《騷》、《文選》，間譔詩古文辭。

汪惟憲《積山先生遺集》卷七《答朱生劄》　然貧士束脩之入不療饑寒，綫裝太史紙書且無錢置一兩部，烏暇料檢筆墨耶。

孫慶增《藏書紀要·裝訂》　裝釘書籍，不在華美飾觀，而要護帙有道，款式古雅，厚薄得宜，精緻端正，方爲第一。古時有宋本、蝴蝶本、冊本各種訂式。書面用古色紙，細絹包角，裱書面用小粉糊入椒礬細末於內，太史連三層，裱好貼於板上，挺足候乾，揭下壓平用。須夏天做，秋天用。摺書頁要摺得直，壓得久，捉得齊，乃爲高手。訂書，眼要細，打得正，而小草訂眼亦然。又須少，多則傷書腦，日後再訂，即眼多易破，接腦煩難。天地頭要空得上下相趁。副頁用太史連，前後一樣兩張。截要快刀截，方平而光，再用細砂石打磨，用力須輕而匀，則書根光而平，否則不妥。訂線，用清水白絹線，雙根訂結。要訂得牢，嵌得深，方能不脫而緊。如此訂書，乃爲善也。見宋刻本襯書紙，古人有用澄心堂紙，書面用宋箋者，亦有用墨箋洒金書面者。書簽用宋箋，藏經紙、古色紙爲上。至明人收藏書籍，講究裝訂者少，總用棉料、古色紙書面，襯用川連者多。錢遵王述古堂裝訂書面，用自造五色箋紙，或用洋箋書面。雖裝訂華美，卻未盡善。不若毛斧季、汲古閣裝訂書面，用宋箋藏經紙、宣德紙，染雅色，自製古色紙更佳。至於松江黃綠箋紙書面，再加常錦套，金箋貼簽最俗。收藏家間用一二錦套，須眞宋錦或舊錦舊刻絲，不得已細花雅色上好宮錦則可。然終不雅，僅可飾觀而已矣。至於修補舊書，襯紙平伏，接腦與天地頭并補破貼欠口，用最薄綿紙熨平，俱照補舊畫法，摸去一平，不見痕迹，弗覺鬆厚，眞妙手也。而宋元板有模糊之處，或字脚久缺不清，俱用高手摹描如新。看去似刻，最爲精妙。書套不用爲佳，用套必蛀，雖放於紫檀、香楠匣內藏之，亦終難免。惟毛氏汲古閣，用伏天糊裱，厚襯料，壓平伏，裱面用洒金墨箋，或石青、石綠、棕色、紫箋俱妙。內用科舉連裱裏，糊用小粉、川椒、白礬、百部草細末，庶可免蛀。然而偶不檢點，稍犯潮濕，亦即生蟲，終非佳事。糊裱宜夏，摺訂宜春。若夏天摺訂，汗手并頭汗滴於書上，日後泛潮，必致霉爛生蟲，不可不防。凡書頁少者宜襯；書頁多者不必。若舊書，宋元鈔刻本，恐紙舊易破，必須襯之，外用護頁方妙。書簽用深古色紙裱一層，簽要款貼要正齊，不可長短闊狹，上下歪斜，斯爲上耳。虞山裝訂書籍，講究如此，聊爲之記。收藏家亦不可不知也。

李斗《揚州畫舫録》卷四　御書樓在御花園中園之正殿，名大觀堂。樓在大觀堂之旁，恭貯《欽定圖書集成》全部，賜名文匯閣，並「東壁流輝」扁。壬子間，奉旨江浙，有願讀中秘書者，如揚州大觀堂之文匯閣，鎮江口金山之文宗閣，杭州聖因寺之文瀾閣，皆有藏書。著四庫館再繕三分，安貯兩淮，謹裝潢綫訂。文匯閣凡三層，宲廇楹柱之間，俱繪以書卷。最下一層中供《圖書集成》書，面用黃色絹；兩畔櫥皆經部書，面用綠色絹；中一層盡史部書，面用紅色絹；上一層左子，右集，子書面用玉色絹，集用藕合色絹。其書帙多者用楠木作函貯之，其一本、二本者用楠木版一片夾之，束之以帶，帶上有環結之使牢。

趙文哲《媕雅堂別集》卷四　其他學杜、學韓及學宋者不乏鉅製，要皆五古之變，但能讀線裝書，此種詩可以不學而能，故不具論。

阮葵生《茶餘客話》卷一六　近王已山選刻八法，自啟蒙以至精詣，分門排列，挨次授讀。【略】而北方學者本不喜讀線訂書，因陋就簡，奉爲枕秘，幾於家有其本。

徐康《前塵夢影録》卷下　余在玉峰得《鴻慶居士大全集》，舊爲澹生堂鈔藏，計十帙。每本面葉有祁氏藏書銘，棉料紙，藍格，五色綫釘。刀口不齊。據湖州書友云，明代人裝釘書籍不解用大刀逐本裝釘。以此集相證，始信。

李元度《國朝先正事略》卷四一《諸襄七先生事略》 諸先生錦，字襄七。號草廬，浙江秀水人。【略】少貧，無買書貲，聞吳下書賈甚愛客，詣之，留數日，主人敬其好學，謂曰：「觀君舉止，欲竟此架上線裝書耶？」先生笑而頷之，後益博聞強識。

葉德輝《藏書十約・裝潢》 書不裝潢，則破葉斷線，觸手可厭。余每得一書，即付匠人裝飾，今日得之，今日裝之，則不至積久意懶，聽其叢亂。裝釘不在華麗，但取堅緻整齊。面紙以細紋宣紙染古銅色，內褾以雲南薄皮紙，釘時書面內襯以單宣或汀貢，汀州所造，竹料厚者。或潔淨官堆，或仍留原書面未損者。本宜厚不宜薄，釘以雙絲線。書內破損處，覓合色舊紙補綴；上下短者，以紙襯底一層，無書處襯兩層，則書裝成不至有中凸上下低之病。書背逼至釘線處者，亦襯紙如之。襯紙之處鑽小孔，一孔在襯紙，一孔在原書之邊，以日本薄繭紙捻條，騎縫跨釘，而後外護以面紙，再加線釘。線孔佔邊分許，而全得力於紙捻，日久線斷而葉不散，是爲保留古書之妙法。【略】北方書喜包角，南方殊不相宜，包角不透風，則生蟲；糊氣三五年尚在，則引鼠。余北來之書，悉受其害。又北方多用紙糊布匣，南方則易含潮，用夾板夾之最妥。夾板以梓木、楠木爲貴，不生蟲，不走性，其質堅而輕，花梨、棗木次之，微嫌其重，其他皆不可用。二十年前，余書夾多用樟木，至今生粉蟲，無一部不更換，始悔當時考究之未精。宋元舊刻及精抄精校，以檀木、楠木爲匣襲之，匣頭鐫刻書名、撰人，宜于篆、隸二體。夾板繫帶邊孔須離邊二分，其上下則準書之大小，如書長一尺，帶離上下約二寸，以此類推，指示匠人遵守勿失。蓋離上下過近，則眉短腹長，離上下過遠，則頭足空而不著力，此亦裝釘時所宜講求者也。裝釘之後，隨時書邊書名、撰人、刊刻時代，不可省字，以便檢尋。凡作書論行氣，此爲橫看，一本分列有橫行，數本合并有直行，雖善書者不知其訣，則不如覓梓人之工宋體字者書之，校爲清朗入目也。

又［裝訂古書］斷不可用蝴蝶裝及包背本。蝴蝶裝如褾帖，糊多生霉而引蟲傷；包背如藍皮書，紙豈能如皮之堅韌。此不必邯鄲學步者也。蝴蝶裝雖出於宋，而宋本百無一二；包背本明時間有之，究非通用之品。家中存一二部以考古式，藉廣見聞，然必原裝始可貴，若新仿之，既費匠工，又不如線裝之經久，至無謂也。

葉德輝《書林清話》卷一《書之稱册》 古書以衆簡相連而成册，今人則以線裝分釘而成册。

又卷七《明人裝釘書之式》 吾藏明邱濬《大學衍義補》，爲成化初刻小字本。書用藍褾紙面，內用紙捻鈴釘之。書之長短寬窄，微有出入，可悟其非一刀直截。然此猶册本多之書也。又有萬曆乙酉十三年。郭子章序刻之《秦漢圖記》，《三輔黃圖》六卷，《西京雜記》六卷。書僅二本，裝釘如《大學衍義補》，而大小參差不齊。是亦可證明人截書，一本爲一本。推而至於宋元本，亦無不然。京師學部圖書館藏明內閣宋元本殘册甚多，或蝴蝶裝，或紙捻釘，或線裝，皆無數本一刀截者。又古人理書，多不劃齊下邊欄線。然紙有餘地，故重裝時猶可整齊。吾見宋元明以來原裝書，於此等處均不甚經意，蓋所重在校勘，而不在外飾也。

樊增祥《樊山集》卷二四《重修湖北通志商例》 參差魚虎，滮漫廝沙，適同坊刻之疏，難語線裝之雅，此讎録之未精也。

樊增祥《樊山集》卷一一《舊家有鬻書者余購得數十種皆佳品也五疊前韻》 我生如蠹魚，老於章句下。抄書倣北堂，耽詩效東野。【略】油素各線裝，丹黃多手寫。甯爲楚弓失，不逐秦灰赭。秋鴻遞芳信，緗載過潼華。

清溪道人《禪真逸史》二一回 忽見經桌上堆著幾部經卷，杜伏威逐本拿起來看過，翻到書底，尋出一卷書來，甚是齊整，比諸書不同，綠閃錦的書面兒，自絨線裝釘，正面簽頭上寫著「天樞秘籙」四個楷字，揭開看時，雪白綿紙上楷書大字，是林澹然親筆謄寫的。

陳衍《石遺室詩集》卷六《題侯雪農吟詩圖》 不學張爲圖主客，也非宗派倣西江。線裝槀本衣裝錦，長吉詩囊此可雙。

圖〇一六

圖〇一七

圖〇一八

歷代圖書刊行部

唐五代刻書分部

綜述

司空圖《司空表聖文集》卷九《爲東都敬愛寺講律僧惠確化募雕刻律疏》 今者以日光舊疏龍象宏持，京寺盛筵，天人信受，□迷後學，競扇異端。自洛城罔遇時交，乃焚印本。漸虞散失，欲更雕鎪。【略】再定不刊之典，永資善誘之方，必期字字鐫銘。

徐寅《釣磯文集》卷六《自詠十韻》 拙賦偏聞鐫印賣，惡詩親見畫圖呈。

葉夢得《石林燕語》卷八 唐以前，凡書籍皆寫本，未有模印之法。人以藏書爲貴，不多有，而藏者精于讎對，故往往皆有善本。學者以傳錄之艱，故其誦讀亦精詳。五代時，馮道奏請，始官鏤《六經》板印行。

又 世言雕板印書始馮道，此不然。但監本《五經》板，道爲之爾。柳玭《訓序》言其在蜀時嘗閱書肆，云字書、小學率雕板印紙，則唐固有之矣。但恐不如今之工。

朱翌《猗覺寮雜記》卷下 雕印文字，唐以前無之。唐末，益州始有墨版。後唐方鏤《九經》，悉收人間所收經史，以鏤版爲正。見《兩朝國史》。

葉寘《愛日齋叢鈔》卷一 《通鑑》：「後唐長興三年二月辛未，初令國子監校定《九經》，雕印賣之。」又云：「自唐末以來，所在學校廢絶。蜀毋昭裔出私財百萬營學館，且請刻板印《九經》。蜀主從之，由是蜀中文學復盛」。又云：「唐明宗之世，宰相馮道、李愚請令判國子監田敏校定《九

經》，刻板印賣，朝廷從之。後周廣順三年六月丁巳板成，獻之。由是，雖亂世，九經傳布甚廣。」此言宰相請校正《九經》印賣，當是前長興三年事。至是二十餘載，始辦。田敏爲漢使楚，假道荆南，以印本《五經》遺高從誨，意其廣順以前《五經》先成。王仲言《揮麈錄》云：毋昭裔貧賤時，嘗借《文選》於交游間，其人有難色。發憤異曰若貴，當板以鏤之遺學者。後仕王蜀爲宰相，遂踐其言，刊之。印行書籍，創見於此。事載陶岳《五代史補》。後唐平蜀，明宗命太學博士李鍔書《五經》，倣其製作，刊板於國子監，爲監中印書之始。仲言自云家有鍔書印本《五經》，後題長興二年。今史云：三年，中書奏請依《石經》文字刻《九經》印板，從之。又能記馮道取西京鄭覃所刊《石經》雕爲印板則非。李鍔書倣蜀製作，或別本也。《金石錄》又云：「李鶚，五代時仕至國子丞，《九經》印板多其所書，前輩頗貴重之。」鶚即鍔也。《猗覺寮雜記》云：「雕印文字，唐以前無之。唐末益州始有墨板，後唐方鏤《九經》，悉收人間所有經史，以鏤板爲正。見《兩朝國史》。」此則印書已始自唐末矣。按：柳氏《家訓序》「中和三年癸卯夏，鑾輿在蜀之三年也。余爲中書舍人，旬休，閲書於重城之東南。其書多陰陽雜說、占夢相宅、九宮五緯之流，又有字書、小學，率雕板印紙，浸染，不可盡曉。」葉氏《燕語》正以此證刻書不始於馮道。而沈存中又謂板印書籍唐人尙未盛爲之，自馮瀛王始印《五經》，自後典籍皆爲板本。大槩唐末漸有印書，特未能盛行，遂以爲始於蜀也。當五季亂離之際，經籍方有託而流布於四方，天之不絕斯文，信矣。

《宋史・藝文志序》　周顯德中始有經籍刻板，學者無筆札之勞，獲覩古人全書。然亂離以來，編帙散佚，幸而存者，百無一二。

陸深《儼山外集》卷八《金臺紀聞》　後唐明宗長興三年，令國子監校定九經，雕印賣之。其議出於馮道。此刻書之始也。石林葉少蘊以爲雕板印書始馮道，此不然，但監本《五經》道爲之爾。柳玭《訓序》言其在蜀時，嘗閲書肆，云字書小學，率雕板印紙，則唐固有之矣。

郎瑛《七脩類稿》卷四五《事物類・書册》　印板，《筆談》以爲始於馮道奏鏤《五經》，柳玭《訓序》又云嘗在蜀時書肆中閲印板小學書，則印板非始於五代矣。意其唐時不過少有一二，至五代刻《五經》後始盛，宋則群集皆有也。

羅頎《物原》　軒轅始鑄文彝鼎，周宣王始刻文于石，五代和凝始以梨板刊書。

方以智《通雅》卷三一　雕本印書也，隋唐有其法，至五代而行，至宋而盛，今則極矣。葉夢得言柳玭《訓序》在蜀見字書雕本不始自馮道，監本始道耳。《揮麈錄》言毋昭裔有版鏤之言，陸深《河汾燕閒錄》云隋開皇十三年勅廢像遺經悉令雕版，則此又在柳先。疑者以隋有此法，唐何不行，或止奉崇釋教邪？

王士禛《池北偶談》卷一七《談藝八・刊書》　《恕齋叢談》云：「書籍版行，始於後唐。昔州郡各有刊行文籍，《寰宇書目》備載之，雖爲學者之便，而讀書之功，不及古人矣。且異書多泯沒不傳，《後漢書》注事最多，所引書今十無二三。如《漢武秋風辭》，見於《文選・樂府》、《文中子》，晦菴收入《楚詞後語》，然《史記》、《漢書》皆不載，《藝文志》又無漢祖歌詞，不知祖於何書？」予按《五代會要》，後唐長興三年四月，敕差太子賓客馬縞、太常丞陳觀、太常博士段顒、尙書屯田員外郎田敏充詳勘九經官，委國子監於諸色選人中，召能書人端楷寫出，付匠雕刻，每日五紙，與減一選。漢乾祐間，《周禮》、《儀禮》、《公羊》、《穀梁》四經始鏤版。周廣順三年六月，尙書左丞判國子監事田敏進印版九經書、《五經》文字樣各二部。顯德二年，中書門下奏國子監祭酒尹拙狀校勘《經典釋文》三十卷，雕造印版，欲請兵部尙書張昭、太常卿田敏同校勘。葉夢得言：唐柳玭《訓序》言在蜀見字書，雕本不始馮道，監本始道耳。《河汾燕閒錄》隋開皇十三年，遺經悉令雕版，又（母）［毋］昭裔有鏤版之言。蓋刊書始隋，暨唐至五代、宋而始盛耳。

又《居易錄》卷三四　刻書始于五代，昔人率以爲然。予按：司空表聖《一鳴集》有《爲東都敬愛寺募雕刻律疏印本疏》，云「自洛城罔乃焚印本，漸虞散失，欲更雕鎪」云云，則唐已刻書此其昭昭可據者，顧前無引之者，何也？

朱彝尊《經義考》卷二九三　楊慎曰：「孟蜀後主崇尙《六經》，恐《石經》本傳流不廣，乃易爲木板，宋世稱刻本書始於蜀也。」

又　胡應麟曰：「葉少蘊云世言雕本始自馮道，此不然。但監本《五經》始馮道耳。柳玭《訓序》言其在蜀時嘗閲書肆鬻字書、小學，率雕本。

則唐固有之。陸子淵《豫章漫抄》引《揮麈録》云毋昭裔貧時嘗借《文選》，不得，發憤云：異日若貴，當板鏤之，以遺學者。後至宰相，遂踐其言。子淵以爲與馮道不知孰先。要之，皆出柳玭後也。載閲陸子淵《河汾燕閒録》云：隋文帝開皇十三年十二月八日，敕廢像遺經悉令雕板。此印書之始。據斯説，則印書實自隋朝始，又在柳玭先，不特先馮道、毋昭裔也。第有可疑者，隋世既有雕本矣，唐文皇何不擴其遺制，廣刻諸書，復盡選五品以上子弟入弘文館鈔書，何耶？意隋世所雕特浮屠經像，蓋六朝崇奉釋教致然，未及槩雕他籍也。唐至中葉以後始漸以其法雕刻諸書，至五代而行，至宋而盛，於今而極矣。

又 秦鏷曰：刊板昉於五代，至宋咸平始頒州縣，較漢唐石經傳布廣矣。

趙翼《陔餘叢考》卷三三 《池北偶談》引《五代會要》：後唐長興三年，命太子賓客馬縞等充詳勘九經官，於諸選人中召能書者寫，付匠雕刻，每日五紙，與減一選。漢乾祐中，《周禮》、《儀禮》、《公羊》、《穀梁》四經始鏤版。周廣順三年，尚書左丞田敏進印板《九經》，馬端臨《文獻通考·書籍門》亦載刻書始於後唐。沈括《筆談》及孔氏《雜説》亦皆以爲始于馮道奏鏤五經。又和凝有集百餘卷，自鏤版行世。廣順中蜀人毋昭裔出私財百萬刻《九經》板，又刻《文選》、《初學記》、《白孔六帖》行于世，是刻書始於五代明矣。然葉夢得又謂唐柳玭《訓序》言在蜀見字書雕本，而元微之序白樂天《長慶集》亦云「繕寫摹勒，衒賣于市井」，摹勒即刊刻也，則唐時已開其端歟？《筆談》亦謂「板印書籍唐時尚未盛。」曰「尚未盛」，則已有之也。《河汾燕閒録》又謂隋開皇十三年十二月八日敕廢像、遺經悉令雕撰，王阮亭引之以爲刊書之始。刊書與抄書難易不啻百倍，若隋已有雕刻，何以唐時尚未盛行？直至五代時始有之，當是隋唐時習其技者少，刻書甚艱故耳。胡應麟《筆叢》亦謂雕本肇于隋，行于唐，擴于五代，精于宋。郎瑛《七修類稿》又謂唐時不過少有一二。

袁棟《書隱叢説》卷一四 刻書始于五代。陸文裕謂始于隋文帝開皇年敕廢像遺經悉令雕撰。或謂雕者乃像，撰者乃經也，非雕刻之始也。然在唐實已刻書，司空表聖《一鳴集》有《爲東都敬愛寺募雕刻律疏》印本，疏云：「自洛城□□乃焚印本，漸虞失散，欲更雕鎪」云云，則刻書亦不始于五代矣。葉夢得言雕本不始馮道，監本始道耳。或云南唐和凝始行刻板紙印之法，或云始于蜀毋邱儉，或云始于後唐李鍔，又後唐明宗令國子監校定九經，雕印賣之，即馮道所奏請也。

葉德輝《書林清話》卷一《書有刻板之始》 書有刻本，世皆以爲始於五代馮道。其實唐僖宗中和年間已有之。據唐柳玭《家訓序》諸書稱引多作柳玭《訓序》，無「家」字。此殿本薛《五代史·唐書·明宗紀》注引。云：「中和三年癸卯夏，鑾輿在蜀之三年也，余爲中書舍人。旬休，閲書於重城之東南。其書多陰陽雜記、占夢、相宅、九宮五緯之流，又有字書小學，率雕板印紙，浸染不可曉。」是爲書有刻板之始。先六世祖宋少保公《石林燕語》八云：「世言雕板印書始馮道，此不然。但監本《五經》板，道爲之爾。柳玭《訓序》，言其在蜀時嘗閲書肆，云字書小學，率雕板印紙。則唐固有之矣，但恐不如今之工。此雖節載《訓序》之文，固信以爲唐有刻板書之證。特當時所刻印者，非經典四部及有用之書，故世人不甚稱述耳。宋朱翌《猗覺寮雜記》云：「雕印文字，唐以前無之，唐末益州始有墨版。后唐方鏤《九經》，悉收人間所收經史，以鏤板爲正。見兩朝國史。」據朱氏亦謂刻板實始於唐矣。近口本島田翰撰《雕板淵源考》，所撰《古文舊書考》之一。據《顏氏家訓》稱「江南書本」，謂書本之爲言，乃對墨板而言之。又據陸深《河汾燕閒録》引隋開皇十三年十二月八日敕廢像遺經悉令雕板之語，謂雕板興於六朝。然陸氏此語本隋費長房《三寶記》，其文本曰「廢像遺經，悉令雕撰」。意謂廢像則重雕，遺經則重撰耳。阮吾山《茶餘客話》亦誤以雕像爲雕板，而島田翰必欲傅合陸説，遂謂陸氏明人。逮見舊本，必以雕撰爲雕板，不思經可雕板，廢像亦可雕板乎？島田翰又歷引《顏氏家訓》「江南書本」，《玉燭寶典》引《字訓》解「瀹」字曰「皆依書本」。宋晁公武《古文尚書訓詁傳》引隋劉炫《尚書述議》曰「四隩既宅，今書本隩皆作墺」，謂「書本」是墨板，爲北齊以前有刻板之證。上虞羅振玉作《鳴沙山石室秘録》，記於雕本《一切如來尊勝陀羅尼經》下，亦從其説。吾以爲謂雕板始於唐，不獨如前所舉唐柳玭《訓序》可爲確證，唐元微之爲白居易《長慶集》作序，有「繕寫模勒衒賣於市井」之語，司空圖《一鳴集》九，載有《爲東都敬愛寺講律僧惠確化募雕刻律疏》，可見唐時刻板書之大行，更在僖宗以前矣。若以諸書稱本定爲墨版之證，則劉向《別傳》，校讎者一人持本，後漢章帝賜

黃香《淮南子》、《孟子》各一本，亦得謂墨板始於兩漢乎？島田氏謂在北齊以前，其所援據止諸書稱本之詞，陸氏誤字之語，則吾未敢附和也。

又《刻板盛於五代》 雕板肇祖於唐，而盛行於五代。薛《五代史・唐書・明宗紀》：「長興三年二月辛未，中書奏請依石經文字刻《九經》印板。從之。」宋王溥《五代會要》八《經籍》云：後唐長興三年二月，中書門下奏請依石經文字刻《九經》印板。敕令國子監集博士儒徒，將西京石經本，各以所業本經句度鈔寫注出。子細看讀，然後顧召能雕字匠人，各部隨帙刻印板，廣頒天下。如諸色人要寫經書，并須依所印敕本，不得更使雜本交錯。其年四月，敕差太子賓客馬縞、太常丞陳觀、太常博士段顒路航、尙書屯田員外郎田敏，充詳勘官。兼委國子監於諸色選人中召能書人，端楷寫出，旋付匠人雕刻，每日五紙，與減一選，如無選，可減等第，據與改轉官資。又《漢書・隱帝紀》：「乾祐元年五月己酉朔，國子監奏《周禮》、《儀禮》、《公羊》、《穀梁》四經未有印板，欲集學官考校雕造。從之。」《五代會要》云：「漢乾祐元年閏五月，國子監奏：見在雕印板《九經》內，有《周禮》、《儀禮》、《公羊》、《穀梁》四經未有印本，今欲集學官校勘四經文字鏤板。從之。」宋王溥《五代會要》卷八《經籍》：「周廣順六年六月，尙書左丞兼判國子監事田敏，進印板《九經》、《書》、《五經文字》、《九經字樣》各二部，一百三十冊。」按：《會要》所採多《薛史》，此亦《薛史・周本紀》文。今本《薛史》輯自《永樂大典》，原文本多殘缺，故《會要》所引周漢事亦較《薛史》爲詳，或亦《薛史》原文也。王應麟《玉海》引《中興書目》云：「《字樣》一卷，開成丁巳歲唐元度撰。大曆十年司業張參纂成《五經文字》，以類相從。開成中，翰林待詔唐元度加《九經字樣》，補所不載。晉開運末，祭酒田敏合二者爲一編。後周廣順三年，田敏進印板《九經書》、《五經文字樣》各二部。按：應麟所記與《會要》微有不同。《會要》言田敏所進爲《五經文字》、《九經字樣》，而應麟謂田敏合二者爲一編。據陳振孫《直齋書錄解題》云：「《九經字樣》一卷。往宰南城，出謁，有持故紙鬻於道者，得此書，乃古京本五代開運丙午所刻也，遂爲家藏書籍之最古者。」是振孫所見舊刻《五經文字》、《九經字樣》，各自爲書，未嘗合編也。應麟稱引，與《會要》、《書錄》皆不符，非《中興書目》之誤，即所見爲流俗本也。顯德二年二月，中書門下奏國子監祭酒尹拙狀稱，准敕校勘《經典釋文》三十卷，雕造印板，欲請兵部尙書張昭、太常卿田敏同校勘。敕：其《經典釋文》已經本監官員校勘外，宜差張昭、田敏詳校」。按：顯德二年，周世宗即位之二年也。疑亦《薛史》舊文。當五代兵戈俶擾，禪代朝露之際，而其君若臣，猶能崇尙經典，刻板印行，不得謂非盛美事也。夫上有好者，下必有甚。其時士大夫之好事者，如《宋史・毋守素傳》云：「毋昭裔在成都，令門人勾中正、孫逢吉書《文選》、《初學記》、《白氏六帖》鏤版，守素齎至中朝，行於世。」其嘉惠士林，固有足多者。至自刻己集，如《薛史・和凝傳》云：「平生爲文章，長于短歌艷曲，尤好聲譽。有集百卷，自篆於版，模印數百帙，分惠于人焉。」又貫休《禪月集》，有王衍乾德五年曇域後序，稱「檢尋稿草及闇記憶者，約一千首，雕刻成部」。可見其時刻板風行，擧之甚易。故上自公卿，下至方外，皆得刻其私集，流播一時。今和凝僅傳《宮詞》、《宋朝類苑》〔殿本《薛史》本傳注引〕：和魯公凝有艷詞一編，名《香奩集》。凝後貴，乃嫁其名爲韓偓。今世傳韓偓《香奩集》，乃凝所爲也。凝生平著述，分爲《演綸》、《游藝》、《孝悌》、《疑獄》、《香奩》、《籯金》六集。自爲《游藝集序》云：「予有《香奩》、《籯金》二集，不行於世。」凝在政府避議論，諱其名，又欲後人知，故于《游藝集序》實之。此凝之意也。《疑獄集》，四卷。《四庫全書・法家類》著錄云：「五代和凝與其子㠓同撰。陳振孫《書錄解題》稱：《疑獄》三卷。上卷爲凝書，中下二卷爲㠓所續。今本四卷，疑後人所分。而貫休《禪月集》，乃裒然有二十卷傳世，則固有幸有不幸也。若其時諸書刻本，自來未聞藏書家收藏。光緒庚子，甘肅敦煌縣鳴沙山石室出《唐韻》、《切韻》二種，爲五代細書小板刊本。載羅振玉《鳴沙山石室秘錄》。惜爲法人伯希和所收，今已入巴黎圖書館。

紀事

范攄《雲谿友議》卷下《羡門遠》 紇干尙書泉苦求龍虎之丹十五餘稔，及鎮江右，乃大延方術之士，乃作《劉弘傳》，雕印數千本，以寄中朝，及四海精心燒鍊之者。

王溥《五代會要》卷八《經籍》 後唐長興三年二月，中書門下奏：「請依石經文字刻《九經》印板。」敕：「令國子監集博士儒徒，將西京石經本，各以所業本經句度抄寫注出，子細看讀，然後顧召能雕字匠人，各部隨帙刻印板，廣頒天下。如諸色人要寫經書，並須依所印敕本，不得更使雜本交錯。其年四月敕：「差太子賓客馬縞、太常丞陳觀、太常博士段顒路航、尙書屯田員外郎田敏充詳勘官，兼委國子監於諸色選人中，召能書人端楷寫

出，旋付匠人雕刻，每日五紙，與減一選。如無選可減，等第據以改轉官資。」

又 漢乾祐元年閏五月，國子監奏：「見在雕印板《九經》，內有《周禮》、《儀禮》、《公羊》、《穀梁》四經未有印本，今欲集學官校勘四經文字鏤板。」從之。

又 顯德二年二月，中書門下奏：「國子監祭酒尹拙狀稱：准敕校勘《經典釋文》三十卷，雕造印板，欲請兵部尚書張昭、太常卿田敏同校勘。」敕：「其《經典釋文》已經本監官員校勘外，宜差張昭、田敏詳校。」

又 周廣順三年六月，尚書左丞兼判國子監事田敏進印板《九經》書：《五經文字》、《九經字樣》各二部，共一百三十冊。

《冊府元龜》卷六〇八《學校部》 後唐宰相馮道、李愚重經學，因言漢時崇儒，有三字《石經》，唐朝亦于國子學刊刻，今朝廷日不暇給，無能有別刻立，曾見吳蜀之人，鬻印板文字，色類絕多，終不及經典，如經典校定雕摹流行，深益於文教矣。乃奏聞。敕下儒官田敏等考校經注。敏於經注，長於詩傳，考訂刊正，援引證據，聯爲篇卷。先經奏定而後雕刻。乃分政事堂廚錢及諸司公用錢，又納及第舉人禮錢，以給工人。賜敏襲衣、繒彩、銀器，並賜司業趙鉄襲衣、繒彩。

王讜《唐語林》卷七 僖宗入蜀，太史曆本不及江東。而市有印貨者，每差互朔晦。貨者各徵節候，因爭執，里人拘而送公。執政曰：「爾非爭月之大小盡乎？同行經紀，一日半日，殊是小事。」遂叱去。

洪邁《容齋續筆》卷一四 予家有舊監本《周禮》，其末云，大周廣順三年癸丑五月雕造《九經》書畢。前鄉貢《三禮》郭嵠書，列宰相李穀、范質、判監田敏等銜於後。《經典釋文》末云，顯德六年己未三月，太廟室長朱延熙書。宰相范質、王溥如前，而田敏以工部尚書爲詳勘官。此書字畫端嚴有楷法，更無舛誤。

王明清《揮麈録・餘話》卷二 毋丘儉貧賤時，嘗借《文選》於交游間，其人有難色，發憤異日若貴，當板以鏤之遺學者。後仕王蜀爲宰，遂踐其言刊之。印行書籍，創見於此。事載陶岳《五代史補》。後唐平蜀，明宗命太學博士李鍔書《五經》，倣其製作刊板於國子監。監中印書之始。今則盛行於天下。蜀中爲最。明清家有鍔書印本《五經》存焉，後題長興二年也。

陳振孫《直齋書録解題・經解類》 《九經字樣》一卷，唐沔王友翰林待詔唐玄度撰。補張參之所不載，開成中上之。二書卻當在《小學類》，以其專爲經設，故亦附見於此。案：《文獻通攷》有唐玄度《五經字樣》，《唐書・藝文志》不載。蓋以其就張參《五經文字》校正，惟《九經字樣》爲新加者，此因與張參書並附見，故云二書。往宰南城，出謁，有持故紙鬻於道者，得此書，乃古京本，五代開運丙午所刻也。遂爲家藏書籍之最古者。

王楨《農書》卷二二 五代唐明宗長興二年，宰相馮道、李愚請令判國子監田敏校正《九經》，刻板印賣。朝廷從之。鋟梓之法，其本於此，因是天下書籍遂廣。然而板木工匠，所費甚多。至有一書字板，功力不及，數載難成。

《宋史・儒林傳一・聶崇義》 聶崇義，河南洛陽人。少舉《三禮》，善《禮》學，通經旨。漢乾祐中，累官至國子《禮記》博士，校定《公羊春秋》，刊板于國學。

邵經邦《弘簡録》卷四六 ［唐］太宗后長孫氏，洛陽人。【略】崩，年三十六。上爲之慟。及宮司上其所撰《女則》十篇，採古婦人善事，論漢使外戚預政，馬后不能力爲檢抑，乃戒其車馬之侈，此謂捨本恤末，不足尚也。帝覽而嘉嘆，以后此書足垂後代，令梓行之。

郁逢慶《書畫題跋記》卷五《真賞齋賦》 太清嗣摹墨彩，乃大觀之舊。暨乎劉氏《史通》、《玉臺新詠》，則南唐之初梓也。

宋代刻書分部

綜 述

歐陽修《歐陽文忠公集・奏議》卷一三《論雕印文字劄子至和二年》 臣伏見朝廷累有指揮，禁止雕印文字，非不嚴切，而近日雕板尤多，蓋爲不曾條約書鋪販賣之人。臣竊見京城近有雕印文集二十卷，名爲《宋文》者，多是當今論議時政之言。其首篇是富弼往年讓官表，其間陳北虜事宜甚多，詳

其語言，不可流布。而雕印之人不知事體，竊恐流布漸廣，傳入虜中，大於朝廷不便。及更有其餘文字，非後學所須，或不足爲人師法者，並在編集，有誤學徒。臣今欲乞明降指揮下開封府，訪求板本焚毀，及止絶書鋪，今後如有不經官司詳定，妄行雕印文集，並不得貨賣。許書鋪及諸色人陳告，支與賞錢貳伯貫文，以犯事人家財充。其雕板及貨賣之人並行嚴斷，所貴可以止絶者。取進止。

葉夢得《石林燕語》卷八　國朝淳化中，復以《史記》、前後《漢》付有司摹印，自是書籍刊鏤者益多，士大夫不復以藏書爲意。學者易於得書，其誦讀亦因滅裂，然板本初不是正，不無訛誤。世既一以板本爲正，而藏本日亡，其訛謬者遂不可正，甚可惜也。余襄公靖爲秘書丞，嘗言《前漢書》本謬甚，詔與王原叔同取秘閣古本參校，遂爲《刊誤》三十卷。其後劉原父兄弟，《兩漢》皆有刊誤。余在許昌得宋景文用監本手校《西漢》一部，末題用十三本校，中間有脱兩行者。惜乎，今亡之矣。

程俱《麟臺故事》卷一　大中祥符八年，榮王宮火，焚及崇文院，命翰林學士陳彭年檢討建置館閣故事。彭年言：「唐中書、門下兩省，宮城之内有内省，宮城之外有外省。今欲據秘閣舊屋宇間數，重修爲内院，奉安太宗聖容及御書額，置供御書籍、天文禁書、圖畫，其四廊竝充書庫及史館日曆庫，至館閣直官、校理宿直；校勘及抄寫書籍、雕造印版，竝就外院，即於左右掖門外近便處修蓋，仍別置三館書庫。其三館書籍名目，候將來分擘正副本，取便安置。」從之。

又卷二　咸平四年九月，翰林侍講學士國子祭酒邢昺、直秘閣杜鎬、秘閣校理舒雅、直集賢院李維、諸王府侍講孫奭、殿中丞李慕清、大理寺丞王煥、劉士玄、國子監直講崔偓佺表上重校定《周禮》、《儀禮》、《公羊》、《穀梁傳》、《孝經》、《論語》、《爾雅》、《七經疏義》，凡一百六十五卷，命摹印頒行。

又　大中祥符元年六月，崇文院檢討杜鎬等校定《南華眞經》，摹刻版本畢，賜輔臣人各一本。五年四月，崇文院上新印《列子沖虚至德眞經》，詔賜親王、輔臣人各一本。景德中，朝謁諸陵，路經列子觀，詔加至德之號，又命官校正其書。至是刊版成，賜校勘官金帛有差。二年二月，諸王府侍講兼國子監直講孫奭言：「《莊子》注本，前後甚多，惟郭象所注特會莊生之旨，請依《道德經》例，差館閣衆官校定，與陸德明所撰《莊子釋文》三卷雕印。」詔奭與龍圖閣待制杜鎬等同校定以聞。已而言者以爲國學版本《爾雅釋文》頗多舛誤，又命鎬、奭同詳定之。至大中祥符四年，又命李宗諤、楊億、陳彭年等讎校《莊子序》，摹印而行之。蓋先是，崇文院校《莊子》本，以其序非郭象之文，去之。至是，上謂其文理可尚，故有是命。

又　景祐二年九月，詔翰林學士張觀等刊定《前漢書》、《孟子》，下國子監頒行。議者以爲前代經史，皆以紙素傳寫，雖有舛誤，然尚可參讎。至五代，官始用墨版摹六經，誠欲一其文字，使學者不惑。至太宗朝，又摹印司馬遷、班固、范曄諸史，與六經皆傳，于是世之寫本悉不用。然墨版訛駮，初不是正，而後學者更無他本可以刊驗。會秘書丞余靖建言《前漢書》官本差舛，請行刊正，因詔靖及王洙盡取秘閣古本校對，踰年，乃上《漢書刊誤》三十卷。至是，改舊摹版，以從新校。

李燾《續資治通鑑長編・真宗咸平元年》　初，李至判國子監，上言：「本監先校定諸經音疏，其間文字，訛謬尚多，蓋前所遣官，多專經之士，或通《春秋》者未習《禮記》，或習《周易》者不通《尚書》，至于旁引經史，皆非素所傳習，以是之故，未得專詳。伏見國子博士杜鎬，直講孫奭、崔頤正，皆苦心強學，博貫九經，問義質疑，有所依據。望令重加刊正，除去舛謬」。太宗從之。

又《真宗大中祥符三年》　［十一月壬辰上］又謂敏中曰：今學者易得書籍。敏中曰：國初惟張昭家有三史，太祖克定四方，太宗崇尚儒學，繼以陛下稽古好文，今三史、《三國志》、《晉書》皆鏤板，士大夫不勞力而家有舊典，此實千齡之盛也。

又《大中祥符九年》　［春正月］庚午，詔傳法院以太宗《妙覺集》爲《妙覺秘詮》，御製《法音集》爲《法音指要》，摹印頒行，從兵部侍郎趙安仁之請也。

又　欽若言：是年是月。「老子化經乃古聖遺迹，不可削去。」又言：五年十二月。「《九天生神章》、《玉京》、《通神》、《消災》、《救苦》、《五星》、《秘授》、《延壽》、《定觀内》、《保命》、《六齋》、《十直》，凡十二經，溥濟於民，請摹印頒行。」從之。

又《真宗天禧五年》［六月］己未，國子監請以御製《至聖文宣王贊》及近臣所撰《十哲》、《七十二賢贊》鏤板，詔可。

又《仁宗天聖三年》［二月］癸酉，詔國子監，見刊印《初學記》、《六帖》、《韻對》等書，皆鈔集小説，無益學者，罷之。

又《天聖五年》［二月］乙亥，詔民間摹印文字，並上有司，候委官看詳，方定鏤板。初，上封者言契丹通和，河北緣邊榷場商人往來，多以本朝臣僚文集傳鬻境外，其間載朝廷得失，或經制邊事，深爲未便。故禁止之。

又 先是，上謂輔臣曰：「世無良醫，故夭横者衆，甚可悼也。」張知白對曰：「古方書雖存，率多舛繆，又天下學醫者不得盡見。」上乃命醫官院校定《黄帝内經・素問》及《難經》、《病源》等，下館閣官看詳。乙未，詔國子監摹印頒行。又詔翰林學士宋綬撰《病源序》。

又《景祐二年》［九月］壬辰，詔翰林學士張觀等刊定《前漢書》，下國子監頒行。前代經史，皆以紙素傳寫，雖有舛誤，然尚可參讎。至五代，官始用墨版摹印《六經》，誠欲一其文字，使學者不惑。太宗朝又摹印司馬遷、班固、范曄諸史，與《六經》皆傳，於是世之寫本悉不用。然墨版訛駁，初不是正，而後學者更無它本可以刊驗。會秘書丞余靖進言，《前漢書》官本謬誤，請行刊正。詔靖及國子監王洙，盡取秘閣古本對校。踰年乃上《漢書刊誤》三十卷。至是，改舊摹本，以從新校，然猶有未盡，而司馬遷、范曄等史尤脱亂，惜其後不復有古本可是正也。

又《神宗熙寧八年》［六月］乙酉，中書言：《詩》、《書》、《周禮義》，欲以副本送國子監鏤板頒行。從之。

又［七月］詔以新修經義付杭州、成都府轉運司鏤板，所入錢封椿庫，半年一上。中書禁私印及鬻之者，杖一百，許人告，賞錢一百千。從中書禮房請也。

又《元豐三年》［夏四月］詔校定《孫子》、《吴子》、《六韜》、《司馬法》、《三略》、《尉繚子》、《李靖問對》等書，鏤板行之。

又《哲宗元祐五年》［七月］禮部言：凡議時政得失、邊事軍機文字，不得寫録傳布；本朝會要、國史、實録，不得雕印，違者徒二年，許人告賞錢一百貫。内國史、實録仍不得傳寫；即其他書籍欲雕印者，納所屬申轉運使開封府牒國子監選官詳定，有益於學者，方許鏤板，候印訖，以所印書一本具詳定官姓名申送秘書省，如詳定不當，取勘施行，諸戲褻之文，不得雕印，違者杖一百。凡不當雕印者，委州縣監司、國子監覺察。從之。以翰林學士蘇轍言：奉使北界，見本朝民間印行文字多已流傳在彼，請立法故也。

徐夢莘《三朝北盟會編》卷九七 夏少曾《朝野僉言》曰：余生值靖康丙午之難，【略】城陷，自罷守禦，每日津搬金帛、禮樂器用、儀仗、法物、秘閣書籍、國子監經史、道釋藏印板，未嘗休息，自旦至暮，疲敝困弱，有搬至軍前，屢有換易，往來力乏，或憤而擲於地。

又卷九八 趙鴻臚子砥《燕雲録》曰：靖康丙午冬，金人既破京城，當時下鴻臚寺取經板一千七百片。

朱熹《晦庵先生朱文公集》卷四九《答滕德章》 到官既久，聞學政甚修，想見横經之暇亦自不妨進修之益也。熹衰，病益侵，無足言者。鄉在彼刊得《四經》、《四子》，當時校勘自謂甚子細，今觀其間乃猶有誤字，如《書・禹貢》「厥貢羽毛」之「羽」誤作「禹」字，《詩・下武》「三后在天」之「三」誤作「王」字。今不能盡記，或因過目遇有此類，幸令匠人隨手改正也。《古易音訓》最後數版有欲改易處，今寫去。所欲全換者兩版，并第三十四版之末行五字。此已是依元版大小及行字疏密寫定，今但只令人依此寫過，看令不錯誤，然後分付匠人，改之爲佳。此只是修改舊版，但密爲之，勿以語人，使之如不聞者乃佳，若與人商量，必有以僞學相沮難，反致傳播者，此不可不戒也。

又卷八二《春秋》 熹之先君子好左氏書，每夕讀之，必盡一卷乃就寢，故熹自幼未受學時已耳熟焉。及長，稍從諸先生長者問《春秋》義例，時亦窺其一二大者，而終不能有以自信於其心。以故未嘗敢輒措一詞於其間，而獨於其君臣父子、大倫大法之際爲有感也。近刻《易》、《詩》、《書》於郡帑，《易》用呂氏本古經傳十二篇，而紬《詩》、《書》之序，置之經後，以曉當世，使得復見古書之舊，而不錮於後世諸儒之説。顧《三禮》體大，未能緒正。獨念《春秋》大訓，聖筆所刊，不敢廢塞。【略】紹熙庚戌冬十月壬辰新安朱熹謹書。

晁公武《郡齋讀書志・正史類》 《宋書》。【略】嘉祐中，以《宋》、《齊》、《梁》、《陳》、《魏》、《北齊》、《周書》舛謬亡缺，始詔館職讎校。曾

鞏等以秘閣所藏多誤，不足憑以是正，請詔天下藏書之家悉上異本。久之，始集。治平中，鞏校定《南齊》、《梁》、《陳》三書上之，劉恕等上《後魏書》，王安國上《周書》。政和中始皆畢，頒之學官，民間傳者尚少。未幾，遭靖康丙午之亂，中原淪陷，此書幾亡。紹興十四年，井憲孟爲四川漕，始檄諸州學官，求當日所頒本。時四川五十餘州，皆不被兵，書頗有在者，然往往亡闕不全。收合補綴，獨少《後魏書》十許卷，最後得宇文季蒙家本，偶有所少者。於是七史遂全，因命眉山刊行焉。

李心傳《建炎以來朝野雜記》甲集卷四《監本書籍》 監本書籍者，紹興末年所刊也。國家艱難以來，固未暇及。九年九月，張彥實待制爲尚書郎，始請下諸道州學，取舊監本書籍，鏤板頒行。從之。然所取諸書多殘缺，故胄監刊六經無《禮記》，正史無《漢》、《唐》。二十一年五月，輔臣復以爲言，上謂秦益公曰：「監中其它闕書，亦令次第鏤板，雖重有所費，蓋不惜也。」繇是經籍復全。先是，王瞻叔爲學官，嘗請摹印諸經義疏及《經典釋文》，許郡縣以贍學或係省錢各市一本，置之於學。上許之。今士大夫仕於朝者，率費紙墨錢千餘緡，而得書於監云。

魏了翁《鶴山集》卷五三《毛義甫六經正誤序》 嘉定十六年春，會朝廷命胄監刊定經籍，司成，謂無以易。義甫馳書幣致之，盡取六經《三傳》諸本，參以子史字書、選萃文集，研究異同。凡字義音切毫厘必校，儒官稱嘆，莫有異辭。旬歲間刊修者凡四經，乃猶以工人憚煩，詭竄墨本，以紿有司，而版之誤字，實未嘗改者什二三也。繼欲修《禮記》、《春秋三傳》，義甫以病目移告，其事中輟。

黄震《慈溪黄氏日抄分類》卷九二《跋勉齋集》 某淳祐丙午春得《勉齋文集》於山陰施侯德懋，衡陽本也。後二十七年，來撫州。推官李君龍金，衡陽人，復以其本見遺，則字之磨滅不存者已十二三，因思翻刊於江西倉司，而丙午所得本留故山，欲借別本證磨滅不存字，闔郡咸無之。方以書不復全爲憂，未幾，臨汝書堂江君克明招臨江董君雲章偕來，其家收勉齋文最備，謂初得衡陽本十卷，次得巖溪趙氏所刊本二十四卷，次得雙峰余氏錄本《書問》一卷，次得徽庵程氏錄本《書問》一卷，次得北山何氏錄本《答問》十卷，近又得三山黄氏友進刊本四十卷，凡衡陽、巖溪、雙峰、徽庵本皆在焉，而又多三之一，獨無《答問》。某因館致董君，盡求其書，屬幹辦常平司公事趙君必邁相與裒類，爲《勉齋大全集》。董君云：「衡陽本最初刊有妨時，有不盡刊，故爲最略，巖溪所刊雖略增其板，已燬于火，三山所刊分類多未當，聞亦頗散失，此集眞成大全矣。」并記其說如此。勉齋嘗宰臨川，倉司既祠晦翁，并祠勉齋。《勉齋祠堂記》峨峰黄氏所作，能發明晦翁、勉齋相傳之正，併刻附卷末。咸淳九年二月。

又《修撫州六經跋》 六經官板舊惟江西撫州、興國軍稱善本。己未虜騎偷渡，興國板已燬于火，獨撫州板尚存，咸淳七年，某叨恩假守，取而讀之，漫滅已甚，因用國子監本參對整之，凡換新板再刊者一百一十二，計字五萬六千一十八；因舊板整刊者九百六十二，計字一十一萬五千七百五十二。舊本雖善，中更修繕，任事者不盡心，字反因之而多訛，今爲正其訛七百六十九字。又舊板惟六經《三傳》，今用監本添刊《論語》、《孟子》、《孝經》以足九經之數，任其事者反人將仕郎餘姚高夢璞，咸淳九年二月。

又《修撫州儀禮跋》 《儀禮》爲禮經，漢儒所集。《禮記》，其傳爾。自《禮記》列《六經》，而《儀禮》世反罕讀，遂成天下難見之書。撫州舊有刊板，某以咸淳七年來撫，板已漫滅不全。聞淳祐九年，本州初建臨汝書院時，嘗模印入書閣，取而正之，則此時書板已多不可辯。蓋此書之不全久矣，因遍於寓公尋借，得蜀本參對而足之。凡重刻者六十五板，計字三萬四千三百八十五，補刻者百六十九板，計字二萬三千五百六十七，幸今再爲全書云。咸淳九年二月。

又卷四三《乾德求書》 國初三館書才萬三千餘卷。乾德四年五月乙亥，收僞蜀圖書，付史館，凡一萬三千卷。閏八月詔求遺書，涉弼等應詔，獻書總千二百二十八卷，分賞書府。開寶九年得江南圖書二萬餘卷。興國二年十月，訪先賢墨跡圖書。九年正月壬戌，命三館比校開元四部書目，訪其闕逸及三百卷者甄錄。至道元年六月十日，命裴愈求圖籍。咸平四年十月甲子二十七日。詔曰：國家設廣內、石渠之宇，訪羽陵汲冢之書，廣獻書之路，每卷給千錢，三百卷以上，量才錄用。祥符中獻書者，十九人賜出身。景祐三年五月，遣使求館閣逸書。嘉祐五年八月壬申，詔秘府書視開元錄多遺軼開賞科，以廣獻書之路。紹興二年二月甲子，詔平江守臣訪求圖籍。四月詔分經、史、子、集四庫，分官日校。三年四月二十一日，劉岑請詔求四方求遺書，從之。十三年十月九日，一云九月二十九日。又詔廣行訪募法漢氏之前

規，精校遺亡，按開元之舊目。十四年五月二十八日，戊寅。遵熙寧七年之制，復置補寫所。《中興書目》有《嘉祐搜訪闕書目》，《紹興求書闕記》。漢陳農奉求書之詔，唐苗發分出使之權。十六年七月乙酉，陳泰初進神、哲御集百有十八冊，上諭大臣，令立定賞格，重則進官，輕則賜帛。壬辰，提舉秘書省秦熺立定獻書賞格，詔鏤板行下。

又《開寶校釋文》 建隆三年，判監崔頌等上新校《禮記》釋文。開寶五年，判監陳鄂與姜融等四人校《孝經》、《論語》、《爾雅》、《釋文》上之。二月，李昉知制誥。李穆、扈蒙校定《尚書》釋文。德明《釋文》用《古文尚書》，命判監周惟簡與陳鄂重修定，詔並刻板頒行。咸平二年十月十六日，直講孫奭請摹印《古文尚書音義》與新定《釋文》並行，從之。是書周顯德六年田敏等校勘，郭忠恕覆定古文，並書刻板。景德二年二月甲辰，命孫奭、杜鎬校定《莊子》、《釋文》。《爾雅音義》二卷，釋智騫所撰，吳鉉駁其舛誤。天聖四年五月戊戌，國子監請摹印德明《音義》二卷頒行，先是景德二年四月丁酉，吳鉉言：國學板本《爾雅》釋文多誤，命杜鎬、孫奭詳定。

又《端拱校五經正義》 端拱元年三月，司業孔維等奉敕校勘孔穎達《五經正義》百八十卷，詔國子監鏤板行之。《易》則維等四人校勘，李說等六人詳勘，又再校，十月板成以獻。《書》亦如之，二年十月以獻。《春秋》則維等二人校，王炳等三人詳校，邵世隆再校，淳化元年十月板成。《詩》則李覺等五人再校畢，道昇等五人詳勘，孔維等五人校勘，淳化三年壬辰四月以獻。《禮記》則胡迪等五人校勘，紀自成等七人再校，李至等詳定，淳化五年五月以獻。淳化三年以前印板，召前資官或進士寫之。是年判監李至言：「義疏釋文尚有訛舛，宜更加刊定，杜鎬、孫奭、崔頤正苦學強記，請命之覆校。」至道二年，至請命禮部侍郎李沆、校理杜鎬、吳淑、直講崔偓佺、孫奭、崔頤正校定。咸平元年正月丁丑，劉可名上言，諸經板本多誤，上令頤正詳校。可名奏《詩》、《書》正義差誤事。二月庚戌，奭等改正九十四字。沆預政二年，命祭酒邢昺代領其事，舒雅、李維、李慕清、王渙、劉士元預焉，《五經正義》始畢。國子監刻諸經正義板，以趙安仁有蒼雅之學，奏留書之，踰年而畢。

又《淳化校三史嘉祐校七史》 淳化五年七月，詔選官分校《史記》、前、後《漢書》，杜鎬、舒雅、吳淑、潘慎修校《史記》，朱昂再校，陳充、阮思道、尹少連、趙況、趙安仁、孫何校前、後《漢書》。咸平中，以校勘未精，命陳堯佐等覆校《史記》。景德元年正月丙午，任隨等上覆校《史記》刊誤文字五卷，賜帛。丁未，命刁衎、晁迥、丁遜覆校前、後《漢書》。二年七月壬戌，衎等上覆校前《漢書》，板本刊正三千餘字，録爲六卷上之，賜器帛。今所行止淳化中定本。咸平三年十月，校《三國志》、《晉》、《唐書》，五年畢。《唐書》將別修，不刻板。乾興元年十一月戊寅，校定《後漢志》三十卷，頒行。天聖二年六月辛酉，校《南》、《北史》、《隋書》。四年十二月畢。景祐元年四月丙辰，命宋祁等覆校《南》、《北史》。九月癸卯，詔選官校正《史記》、前、後《漢書》、《三國志》、《晉書》。二年九月壬辰，詔翰林學士張觀刊定前《漢書》，下胄監旿行。秘書丞余靖請刊正前《漢書》，因詔靖盡取秘閣古本對校，踰年乃上《漢書刊誤》三十卷，至是改舊摹板。嘉祐六年八月，校《梁》、《陳》等書鏤板。七年冬始集，八年七月《陳書》始校定。熙寧二年八月六日庚子，進新校《漢書》。《崇文目》：《三史刊誤》四十五卷。咸平元年七月甲申，賜諸王及輔臣新印三史。嘉祐六年八月庚申，詔三館秘閣校理《宋》、《齊》、《梁》、《陳》、《後魏》、《周》、《北齊》七史書，有不全者，訪求之。

又《景德群書漆板　刊正四經》 咸平元年正月丁丑，劉可名上言，諸經板本多誤。上令擇官詳校。景德二年五月一日，戊申朔。幸國子監，歷覽書庫，觀群書漆板，問祭酒邢昺曰：「板數幾何？」昺曰：「國初印板止及四千，今僅至十萬，經、史義疏悉備。」帝曰：「非四方無事，何以臻此？」因益書庫十步，以廣所藏，又詔褒之。九月辛亥，命侍講學士邢昺與兩制詳定《尚書》、《論語》、《孝經》、《爾雅》文字，先是國子監言：群經摹印歲深，字體誤缺，請重刻板。因命崇文檢詳杜鎬、諸王侍講孫奭詳校，至是畢，又詔昺與兩制詳定而刊正之。祥符七年九月，又幷《易》、《詩》重刻板本，仍命陳彭年、馮元校定。自後九經及釋文有訛缺者，皆重校刻板。天禧元年九月癸亥，詔國子監群書更不增價。五年五月辛丑，令國子監重刻經書，印板以歲久刓損也。天聖八年九月十二日，重刊《詩》、《書》釋文。嘉祐七年十二月，詔以七史板本四百六十四卷，送國子監鏤板頒行。唯開寶所脩《五代史》未布，以俟筆削。紹興九年九月七日，詔下諸郡索國子監元頒善本校對鏤板。十五年閏十一月，博士王之望請群經義疏未有板者，

令臨安府雕造。二十一年五月，詔令國子監訪尋五經三館舊監本刻板。上曰：其他闕書，亦令次第鏤板，雖重有所費，亦不惜也。繇是經籍復全。五代始用木板摹《六經》，蜀毋昭裔亦請刻板印《九經》，蜀主從之。太宗朝又摹印司馬、班、范諸史，與《六經》皆傳，於是世之寫本悉不用。然墨板訛駁初不是正，而學者無他本刊驗。司馬、范諸史尤多脱亂，其後不復有古本可證。

又《景德校諸子》　咸平六年四月，命杜鎬等校《道德經》，六月畢。景德二年二月，甲辰。校定《莊子》，幷以《釋文》三卷鏤板。後又命李宗諤等讎校《莊子序》。祥符四年三月，校《列子》。五年四月，上新印《列子》。十月，校《孟子》，孫奭等言：《孟子》有張鎰、丁公著二家撰錄，今采衆家之長爲《音義》二卷。是年四月以進。七年正月，上新印《孟子》及《音義》。《唐志》：張鎰《孟子音義》三卷。

《景定建康志》卷三三《文籍一·書籍》　皇朝開寶八年平江南，命太子洗馬呂龜祥就金陵籍其圖書，得六萬餘卷，分送三館及學士院。其書讎校精審，編秩全具，與諸國書不類。雍熙中，太宗皇帝以板本九經尚多訛謬，重加刊校。史館先有宋臧榮緒、梁岑敬之所校《左傳》，諸儒引以爲證。祭酒孔維上言：「其書來自南朝，不可按據。」章下有司檢討杜鎬引貞觀四年敕：以經籍訛舛，蓋由五胡之亂，天下學士率多南遷，中國經術浸微之致也。今後幷以六朝舊本爲正。持以詰維，維不能對。天聖七年，丞相張士遜出守江寧，建府學，奏請于朝，全賜國子監書。紹興初，叶夢得爲守，嘗求《周易》，無從得。盖當大兵之後，舊書無復存者。夢得乃捐軍賦餘緡六百萬，以授學官，使刊六經。後七年，夢得復至，詢漢唐史，尚未有。又捐公廚羨錢二百萬，遍售經史諸書，爲重屋以藏，名之曰「紬書閣」，而著其籍于有司。後閣燬于火，籍與書皆不可見。至紹興十六年，高宗皇帝親書九經及《先聖文宣王贊》，刻石于國子監，首以石本賜建康，今藏于府學之御書閣。而經子史集之僅存者，皆附焉。景定二年，留守馬光祖念文籍之闕，復求國子監書之全，以惠多士。【略】**經書之目**以下兩學見管：《周易》二十六本，監本正文、建本正文、監本注、監本注疏、建本注疏、正義、大傳、繫義、約說、易索、或問、太元集注、監本程氏傳、婺本程氏傳、伊川繫辭、横渠解、朱氏解、麻衣解、十先生解、胡先生解、沈丞相子傳、監本義海、婺本義海、龔氏解、了齋解、劉教授解。《尚書》二十四本，監本正文、建本正文、婺本正文、監本正義、建本正義、建本注疏、監本注、胡安定解、東坡解、荆公解、張博士解、史教授斷、羅氏解、陳氏解、呂伯修解、孫曾解、劉博士解、蕭先生解、疑難集解、群儒解、石林解、吳才老解、新注、治要。《毛詩》十三本，監本正文、建本正文、監本正義、建本正義、監本注、建本注疏、婺本注、呂氏讀詩記、歐陽義、潁濱解、總義、意義、新經。《周禮》七本，監本正文、建本正文、婺本正文、監本注、建本注、婺本注、監本正義。《禮記》二十二本，監本正文、建本正文、婺本正文、監本注、監本正義、音義、監本儀禮、建本儀禮、儀禮正義、儀禮疏、中庸大學、中庸大學解、中庸約說、中庸大學廣義、無垢先生中庸大學說、大學衍義、中庸講義、禮象、三禮圖、中庸大學集義、集略、少儀外傳。《春秋》二十七本，監本正經、監本注、上下經、春秋正義、監本左傳、建本左傳、左傳正義、注疏、監本公羊正文、監本穀梁正文、監本公穀二傳、公羊正義、穀梁正義、春秋釋文、伊川傳、胡氏傳、春秋辨疑、左傳法語、春秋釋例、春秋纂例、經典釋文、左傳事類、名臣傳、左氏摘奇、西疇解、師先生解、監本國語。《孝經》十二本，監本正文、古文、監本正義、鄭康成注、唐明皇解、古文指解、二程師說、范侍講解、二老指解、釋文、刊誤、法語。《論語》三十一本，監本正文、川本正文、監本注、監本正義、建本疏、程子解、伊川說、龜山解、朱子集注、朱子詳說、朱子語類、東坡解、潁濱拾遺、謝上蔡解、張無垢鄉黨說、游氏解、范學士解、南軒說、葵軒解、汪省元直解、范景明解、洪氏解、曾文清義、文瑩解、釋言、義原、集義、十說、大意、諸儒集義、集略。《孟子》十四本。監本注、建本注、川本注、朱子集注、朱子要略、張無垢拾遺、三山解、文瑩解、王博士解、五臣注、直講、晉之解、諸儒集義、集略。**史書之目**：《史記》，《古史》，《國語》，《戰國策》，《前漢書》八本，紀志表傳、法語、字類、博聞、發揮、史評、荀悦《漢紀史編》。《後漢書》六本，紀志表傳、法語、精語、博聞、袁宏《漢紀》、《白虎通》。《三國志》，《晉書》，《宋書》，《南齊書》，《梁書》，《陳書》，《隋書》，《魏書》，《北齊書》，《周書》，《唐書》十三本，《舊唐書》、《新唐書》、《六典》、《會要》、發揮、糾謬、摘實、《論斷》、《唐鑒》、音訓、鄭節、呂節、政要。《五代史》，《歷代制度》，《編年通載》，《七制三宗》，《史傳論》，《十七史贊》，《十七史蒙求》，《通典》，《資治通鑑》，監本、蜀本、建本、外紀、舉要、朱子《綱目》：綱目發明、釋文通歷、撮要、袁氏《本末》。《皇朝聖政》，《三朝寶訓》，《垂拱龜鑑》《續資治通鑑長編》。全本、節本、《稽古編年》、《隆平集》。**子書之目**：《孔子家語》，監本、建本。《曾子》，《周子》，通書、太極圖解。《程子》，《老子》，《莊子》，《荀子》，《揚子》，《文中子》，《列子》，《抱朴子》，《孔叢子》，《管子》，《鶡冠子》《淮南子》，《劉

子》，《尹文子》，《商子》，《公孫龍子》，《韓子》，《鄧析子》，《杜牧之注孫子》，《揚子法語》，《道德經注》，王弼、司馬公。《十一家注孫子》，《太元經》，《施子美七書解》，《墨子》，《南華經釋文》。理學書之目：《濂溪集》，《程氏遺書》，《伊川集》，《横渠集》，《正蒙書》，《司馬温公家範》，《温公居家雜儀》，《温公書儀》，《武夷先生集》，《胡子知言》，《晦庵大全集》，《朱文公語類》，《朱文公語録》，《朱文公感興詩》，《朱文公小學之書》，《朱文公年譜》，《晦庵東萊學規》，《南軒先生集》，《張宣公語類》，《東萊集》，《呂氏鄉儀》，《諸儒鳴道集》，《十三朝言行録》，《近思録》，《修學門庭》、《書堂講義》。文集之目：先秦五書，《楚辭集注》，《文苑英華》，《楊子雲二十四箴》，《淵明集》，《梁昭明集》，《文選》，《唐文粹》，《張曲江文》，《韓昌黎文》，《柳柳州文》，《陸宣公集》，《陸宣公奏議》，《顔魯公集》，《李衛公集》，《李太白集》，《杜工部詩》，《樊川集》，《獨孤集》，《李翺文》，《蔡邕獨斷》，《夷白堂集》，《長慶集》，《李文公集》，《皇朝文鑑》，《富鄭公奏議》，《乖崖文》，《六一公文》，《秦少游文》，《陳了翁文》，《范太師文》，《胡澹庵集》，《范文正公集》，《臨川文集》，《南豐集》，《陳無己集》，《范蜀公集》，《范蜀公奏議》，《嘉祐集》，《徂徠集》，《宛陵集》，《老蘇文》，《三蘇文》，《東坡大全集》，《曲阜文》，《華陽文》，《蘇魏公文》，《李泰伯文》，《忠惠集》，《節孝先生文》，《龍溪文》，《岩穀文》，《馬子才文》，《玉溪集》，《豫章集》，《欒城集》，《胡文恭集》，《骨鯁集》，《戞玉集》，《唐先生集》，《大名集》，《金氏文集》，《吳史君集》，《南陽集》，《鄱陽集》，《斜川集》，《好還集》，《歐陽四六集》，《潏水集》，《徐公集》，《青山集》，《潛山集》，《横塘集》，《毛澤民集》，《毗陵公集》，《強祠部集》，《道院集》，《巴東集》，《廣陵集》，《忠定公集》，《番江集》，《楊誠齋集》，《鶴山集》，《京口集》，《南州集》，《盧山前後集》，《張文昌集》，《見一堂集》，《東湖居士集》，《□□□□》，《東牟集》，《東窗集》，《盤洲集》，《慶歷集》，《陳止齋集》，《文海》，《姑溪居士集》，《青山集》，《陳侍郎奏議》，《鄒忠公奏議》，《范忠宣公彈事》，《諫垣集》，《經緯集》，《韓魏公諫稿》，《范忠宣公國論》，《張公奏議》，《定庵類稿》，《竹軒雜著》，《范蜀公正書》，《諭俗編》，《百家詩》，《東坡詩》，《李嘉祐詩》，《李商隱詩》，《喜雪詩》，《曾史君詩》，《神秀樓詩》，《瑞麥詩》，《梅山詩》，《極目亭詩詞》，《集韻》，《杜詩押韻》，《張孟押韻》，《救荒活民書》，《璜宮雜著》。圖志之目：《三禮圖》，《釋奠圖》，《指掌圖》，《九域志》，《江行圖》，《水經》，《麟鳳圖》，《元和郡縣圖》，《建康實録》，《乾道建康志》，《慶元建康志》，《景定建康志》，諸郡志，鎮江、姑孰、四明、嘉禾、東陽、廬山拾遺。《四明鄉飲圖》。類書之目：《藝文類聚》，《白氏六帖》，《皇朝類苑》，《翰苑群書》，《記室新書》，《四時纂要》，《事物紀元》，《世説新語》，《世説叙録》，《太平廣記》，《初學記》，《職林》，《説苑》，《職官分紀》，《四庫窺書》，《書林》，《千姓編》，《文章緣起》，《紺珠集》。字書之目：《禮部韻略》，監本、建本。《廣韻》，《玉篇》，《經典法帖》，《文公法帖》，《九經字樣》，《班馬字類》，《許氏説文》，《説文解篆類語》，《字寶》，《韻譜》，《埤雅》、《佩觿集》。法書之目：《刑統》，《三省總括》，《紹興令》，《紹興敕令格》，《紹興敕令》，貢舉。《御試省試敕令》，《紹興刑統》，《太學敕令》。醫書之目：《神農本草》，《黄帝素問》，《大觀本草》，《圖經本草》，《本草單方》，《太平聖惠方》，《膏肓灸經》，《銅人灸經》，《衛生方》，《治風藥方》，《備急藥方》，《養老奉親書》，《小兒藥方》。

又《書版》 《横渠易説》一百六十八版，《易象圖説》八十五版，《易索》一百四十五版，《周易終説》一百二十版，《李公易解》二百八十版，《學易蹊徑》一千五百版，《禮記集説》四千六百版，《春秋講義》三百二十版，《春秋紀詠》四百九十三版，《語孟拾遺》一十九版，《東坡論語》一百二十版，《論語約説》三百二十版，《孝經集遺》一十九版，《程子》一百七十九版，《近思録》二百六十版，《小學之書》二百一十版，《朱文公年譜》一百二十版，《師説》一百五十四版，《四家禮範》一百五十版，《釋奠通祀圖》三十五版，《諸史精語》七百二十版，《通鑑筆義》一百五十五版，《建康實録》七百四十版，《六朝事迹》二百三十版，《乾道建康志》二百八十版，《慶元建康志》二百二十版，《景定建康志》一千七百二十八版，《皇朝特命録》四十五版，《翰苑群書》二百五版，《集賢注記》六十一版，《文昌雜録》九十六版，《東觀餘論》二百一十版，《富文公賑濟録》六十二版，《捄荒録》一百八十六版，《活民書》一百七十六版，唐《花間集》一百七十七版，《重編楚辭》五百七十版，《杜工部詩》五百二十版，《少陵先生年譜》六十八版，《金陵覽古詩》三十五版，《金陵懷古詩》八十五版，《莊敏遺事》三十二版，《棠陰比事》五十六版，《松漠記聞》四十五版，《江行圖録》六十五版，《張公奏議》二百六十版，《李公家傳》一百四十五版，《保慶集》一十九版，《清暉閣詩》四十六版，《輶軒唱和》三十一版，《和晏叔原小山樂府》二百四十六版，《寒山子詩》六十八版，《蘇氏道德經》八十八版，

《太一醮式》三十二版，《產寶類要》一百七十五版，《小兒保生方》五十一版，《錢氏小兒方》一百四十五版，《張氏小兒方》二百一十版，《海上名方》六十五版，余山南《昇杲》二十二版，西山先生《心政經》九十六版，《半山老人絕句》三十八版，西山先生《文章正宗》一千九百九十六版，《選詩演義》七十三版，余山南《南軒講義》三十五版，余山南《讀易記》六十五版，《傷寒須知》二十六版，《小兒瘡疹論方》二百二十版。

周密《癸辛雜識》後集《賈廖刊書》 賈師憲常刻《奇奇集》，萃古人用兵以寡勝衆如赤壁、淝水之類，蓋自詫其援鄂之功也。又《全唐詩話》乃節唐《本事詩》中事耳，又自選《十三朝國史會要》。諸雜說之會者，如曾慥《類說》例，爲百卷，名《悅生堂隨抄》，板成未及印，其書遂不傳。其所援引，多奇書。廖群玉諸書，則始《開景福華編》，備載江上之功，事雖誇而文可采，江子遠，李祥父諸公皆有跋。《九經》本最佳，凡以數十種比校，百餘人校正而後成，以撫州萆抄紙、油烟墨印造，其裝褫至以泥金爲籤，然或者惜其删落諸經注爲可惜耳，反不若韓、柳文爲精妙。又有《三禮節》、《左傳節》、《諸史要略》及建寧所開《文選》諸書，其後又欲開手節《十三經注疏》，姚氏注《戰國策》、注《坡》詩，皆未及入梓，而國事異矣。

羅璧《羅氏識遺》卷一 宋興，治平以前猶禁擅鐫，必須申請國子監。熙寧後，方盡弛此禁，然則士生於後者，何其幸也。

《宋史・職官五・國子監》 淳化五年，判國子監李至言：「國子監舊有印書錢物所，名爲近俗，乞改爲國子監書庫官。」始置書庫監官，以京朝官充，掌印經史群書，以備朝廷宜索賜予之用，及出鬻而收其直以上于官。

又《李至傳》 淳化五年，兼判國子監至上言：「五經書疏已板行，惟二《傳》、二《禮》、《孝經》、《論語》、《爾雅》七經疏義未備，豈副仁君垂訓之意。今直講崔頤正、孫奭、崔偓佺皆勵精強學，博通精義，望令重加讎校，以備刊刻。」從之。

又《儒林傳一・邢昺》 景德二年，上言：「亡兄素嘗舉進士，願霑贈典。」特贈大理評事。是夏，上幸國子監閱庫書，問昺經版幾何，昺曰：「國初不及四千，今十餘萬，經、傳、正義皆具。臣少從師業儒時，經具有疏者百無一二，蓋力不能傳寫。今板本大備，士庶家皆有之，斯乃儒者逢辰之幸也。」上喜曰：「國家雖尚儒術，非四方無事何以及此。」上又訪以學館故事，有未振舉者，昺不能有所建明。先是，印書所裁餘紙，鬻以供監中雜用，昺請歸之三司，以裨國用。自是監學公費不給，講官亦厭其寥落。

又《崔頤正》 判監李至上言：「本監先校定諸經音疏，其間文字訛謬尚多，深慮未副仁君好古誨人之意也。蓋前所遣官多專經之士，或通《春秋》者未習《禮記》，或習《周易》者不通《尚書》，至於旁引經史，皆非素所傳習，以是之故，未得周詳。伏見國子博士杜鎬、直講崔頤正、孫奭皆苦心彊學，博貫《九經》，問義質疑，有所依據。望令重加刊正，冀除舛謬。」從之。咸平初，又有學究劉可名言諸經版本多舛誤，眞宗命擇官詳正，因訪達經義者，至方參知政事，以頤正對。

又《儒林傳七・廖德明》 在南粵時，立師悟堂，刻朱熹《家禮》及程氏諸書。

《宋會要輯稿・崇儒四・勘書》 太宗淳化五年七月，詔選官分校《史記》、前、後《漢書》。崇文院檢討兼秘閣校理杜鎬、秘閣校理舒雅、吳淑、直秘閣潘慎修校《史記》，朱昂再校，直昭文館陳充、史館檢討院思道、直昭文館尹少連、直史館趙況、直集賢院趙安仁、直史館孫校前、後《漢書》，既畢，遣內侍裴愈賚本就杭州鏤板。咸平眞宗謂宰臣曰：太宗崇尚文史，而三史版本如聞當時校勘未精，當再刊正。乃命直史館陳堯佐、周起，直集賢院孫僅、丁遜覆校《史記》，尋而堯佐出知壽州，起任三司判官，又以直集賢院任隨領之。景德元年正月校畢，篇末并錄差務文字五卷同進，詔賜帛有差。又命直秘閣刁衎、直史館晁迥與丁遜覆校前、後《漢書》版本。迥知制誥又以直史館陳彭年同其事。景德二年七月，衎等上言：《漢書》歷代名賢競爲注釋，其得失相參，至有章句不同，名氏交錯，除無可考據外，博訪群書，偏觀諸本校定，凡三百四十九簽正三千餘字，錄爲六卷以進，即賜器幣有差。今之行者止是淳化中定本，後雖再校，既已刻版，刊改殊少。

又 [眞宗咸平]三年十月詔選官校勘《三國志》、《晉書》、《唐書》，以直秘閣黃夷簡、錢惟演、直史館劉蒙叟、崇文院檢討直秘閣杜鎬、直集賢院宋皐、秘閣校理戚綸校《三國志》。又命鎬、綸與史館檢討董元亨、直史館劉鍇詳校，直昭文館許袞、陳充校《晉書》，黃夷簡續預焉。而鎬、綸、鍇詳校如前。直昭文館安德裕，勾中正直集賢院，范貽孫直史館，而希逸五年

校畢，送國子監鏤板。校勘官賜銀帛有差，錯時賜緋魚。初詔校《晉書》，或謂兩晉事多鄙惡不可流行者，帝以語宰臣，畢士安對曰：「惡以戒世，善以勸後，善惡之事，春秋備載」。帝然之，故命刊刻。惟《唐書》以淺謬疏畧，且將命官別修，故不令刊板。　六年四月，詔選官校勘《道德經》，命崇文院檢討直秘閣杜鎬、秘閣校理戚綸、直史館劉鍇同校勘。其年六月畢，幷《釋文》一卷，送國子監刊板。

又　［景德］二年二月，國子監直講孫奭言：諸子之書，《老》、《莊》稱首，其道清虛以自守，卑弱以自持，逍遙無爲，養生濟物，皆聖人南面之術也。故先儒論撰以次諸經。唐陸德明撰《經典釋文》三十卷，內《老子釋文》一卷，《莊子釋文》三卷。今諸經及《老子釋文》共二十七卷，並已雕即頒行，唯闕《莊子釋文》三卷，欲望雕印，冀備一家之學。又《莊子》注本前後甚多，率皆一曲之才妄竄奇說，唯郭象所注特會莊生之旨，亦請依《道德經》例，差官校定雕印，詔可。仍命奭與龍圖閣待制杜鎬等同校定刻板。

又　［景德］四年八月詔三館秘閣直館校理分校《文苑英華》、《李善文選》，摹印頒行。《文苑英華》以前所編次未精，遂令文臣擇古賢文章，重加編錄，芟繁補闕，換易之卷數如舊。又令工部侍郎張秉、給事中薛映龍、圖閣待制戚綸、陳彭年校之。李善《文選》校勘畢，先令刻板。又命官覆勘。未幾宮城火，二書皆燼。至天聖中，監三館書籍劉崇超上言：李善《文選》援引該贍，典故分明，欲集國子監官校定淨本，送三館雕印。從之。天聖七年十一月，板成，又命直講黃鑑公孫覺校對焉。　十一月詔以新定《韻畧》送國子監鏤板頒行。先以舉人所用印多有舛異，乃詔殿中丞丘雍重定《切韻》。時龍圖閣待制陳彭年上言：南省考試舉人未有定格。又命翰林學士晁迥、龍圖待制戚綸、直史館崔遵度、姜嶼與彭年同詳定條格，刻於《韻畧》之末。大中祥符四年六月，又令詳定諸州發解條例附之。

又　大中祥符四年三月，詔崇文院校勘到列子《沖虛眞經》，仍如至德之號。時眞宗祀汾陰朝陵回，至中牟縣，幸列子觀，因訪所著書，命直史館路振崔遵度、直集賢院石中立校勘，至五年校畢，鏤板頒行。　五年十月詔國子監校勘《孟子》，直講馬龜符、馮元說、吳易直同校勘；判國子監龍圖閣待制吳奭、都虞員外郎王勉覆校，內侍劉崇超領其事。奭等言：《孟子》舊有張鎰、丁公著二家撰錄，文理舛互，今采衆家之善，削去異端，仍依《經典釋文》，刊《音義》二卷。是年四月以進，詔兩制與丁謂看詳，乞送本監鏤板。　六年九月翰林學士陳彭年、集賢校理吳銳、直集賢院丘雍上準詔新校定《玉篇》三十卷，請雕印頒行。詔令兩制官詳定改更之事，至天禧四年七月刻板成，賜雍金紫。

又　天禧四年四月，利州轉運使李昉請雕印《四時纂要》及《齊民要術》，付諸道勸農司提舉勸課，詔令館閣校勘，鏤板頒行。　乾興元年十一月，仁宗即位未改元。判國子監孫奭言：劉昭注補《後漢志》三十卷，蓋范曄作之於前，劉昭述之於後，始因亡逸，終遂補全。其於《輿服》、《職官》，足以備前史之闕，乞令校勘雕印頒行。從之。命本監直講馬龜符、王式、賈昌朝、黃鑑、張維翰、公孫覺、崇文院檢討王宗道爲校勘，奭泊龍圖閣直學士馮元詳校，天聖二年送本監鏤板。　仁宗天聖二年六月，詔直史館張觀、集賢校理王質晁宗慤李淑、秘閣校理陳詁、館閣校勘彭乘、國子監直講公孫覺校勘《南》、《北史》、《隋書》，及令知制誥宋綬、龍圖閣待制劉燁提舉之，綬等請就崇文內院校勘成，復徙外館。又奏國子監直講黃鑑預其事。《隋書》有詔刻板，內出板樣示之。三年十月版成，四年十二月《南》、《北史》校畢以獻，各賜器幣有差。《南》、《北史》，大中祥符中秘閣校理劉筠常請刻板，未成。又有天和殿《御覽》四十卷，乾興初，令侍讀學士李維、晏殊取《冊府元龜》，撮善美之事爲之，至是成。亦令刻板，命秘閣校理陳詁校勘。

又　［仁宗天聖四年］十一月翰林侍讀學士判國子監孫奭言：諸科舉人惟明法一科律文及疏未有印本，是致舉人難得眞本習讀，乞令校定，鏤板頒行。從之。命本監直講楊安國、趙希言、王圭公、孫覺、宋祁、楊中和校勘，判監孫奭、馮元詳校，至七年十二月畢。　七年四月孫奭言准詔校定律文及疏。緣律、疏與刑統不同，蓋本疏依律生文，刑統參用。後敕雖盡引疏義，頗有增損。今既校爲定本，須依元疏爲正。其刑統內衍文者減省，闕文者添益，要以遵用舊書與刑統兼行。又舊本多用俗字，寖爲訛謬，亦已詳改。至於前代國諱並復舊字，聖朝廟諱，則空缺如式。又慮字從正體讀者未詳，乃作《律文音義》一卷，其文義不同，即加訓解。乞下崇文院雕印，與律文並行之。　景祐四年十月十七日，翰林學士李淑言：

切見近日發解進士多取別書、小說、古人文集或移合經注以爲題目，競務新奧。朝廷從學取士，本欲興崇風教，返使後進習尚異端，非所謂化成之義也。況孝較進士但觀詞藝優劣，不必嫌避正書，其經典子書之內有《國語》、《荀子》、《文中子》，儒學所崇與六經通貫，先朝以來嘗於此出題，只是國序未有印本，欲望取上件三書，差官校勘刻板，撰定《音義》付國子監施行，詔可。

又 ［嘉祐七年］十二月詔以所寫黄本書一萬六百五十九卷，黄本印書四千七百三十四卷，悉送昭文館。七史板本四百六十四卷，送國子監，以校勘功畢，明年遂罷局。

又 神宗熙寧二年八月六日，參知政事趙抃進新校《漢書》印本五十冊，及陳繹所著是正文字七卷，賜繹銀絹有差。元豐三年四月一日，詔校定《孫子》、《吴子》、《六韜》、《司馬法》、《三畧》、《尉繚子》、《李靖問對》等書，鏤板行之。

又 ［政和］八年四月二十四日，宣和殿大學士寶籙宮使蔡攸言：竊考《内經》所載皆道德性命之理、五行造化之妙，唐有王冰者嘗以意輒有增損，故所傳失眞。本朝命儒臣校正，然與異同之説俱無，所去取錯亂失次，學者疑惑，莫知折中。今建學俾專肄業，親洒宸翰作爲一經，伏望特命儒臣精加刊正，斷自聖學，擇其中而行之。詔依奏，送禮制局。

又 ［高宗紹興］二十七年八月十五日，昭慶軍永宣致仕王繼先上重加校定《大觀證類本草》書，詔令秘書省官修潤，訖付國子監刊行。

又《求書》 ［天禧］五年六月，景德寺僧溥清獻其祖庫部員外郎陳鄂所撰《四庫韻對》九十八卷印板，詔賜錢十萬，度行者一人。

又 徽宗崇寧二年五月四日，詔兩浙成都府路有民間鏤板奇書，令漕司取索，送秘書省。

又 ［高宗紹興十三年十二月］二十五日權發遣盱眙軍向子固言：比降旨令秘書省以《唐・藝文志》及《崇文總目》，據所闕者榜之。檢鼓院許外路臣庶以所藏上項之書投獻，尚恐遠方不知所闕名籍，難於搜訪抄錄，望下本省，以《唐・藝文志》及《崇文總目》應所闕之書，注闕字於其下鏤板，降付諸州軍照應搜訪。從之。

又 ［紹興］十六年七月十八日，詔明州奉化縣陳泰初投進《神宗皇帝哲宗皇帝御集》，共一百一十八冊，與轉一官，上因輔臣曰：書籍尚未備，宜有以勸誘之，可令秦熺措置定，定賞格，鏤板行下。

又 孝宗乾道七年正月十日，國史院言：本院見編修《四朝正史合要》，神宗皇帝昨在京，所修正史帝紀、志、傳等，并四朝聖旨、御筆及應干詔旨等文字，本院獲降到指揮，許令投進。昨據資州助教楊志發繳進元祐宰臣呂大防家所藏神宗皇帝、哲宗皇帝兩朝御筆、元祐皇太后遺詔，已蒙朝廷將楊志發特補榮州文學出官了當，委是優異。本院竊慮諸路州縣臣僚士庶之家有收得上件四朝文字，不知楊志發推恩，因依未肯投獻，乞朝廷等降指揮下禮部，將楊［志］發推恩事禮鏤板，遍下諸路、州、軍專委知通，多出文榜曉諭搜訪，許令投獻優與推恩，如文字詳備者，亦乞將知通推恩施行。從之。

又 ［淳熙三年］十一月二十四日，參知政事龔茂良言：嚴州近刊《資治通鑑紀事》一書，乃袁樞所編。其書有補治道，或取以賜東宮增益見聞。詔本州印十部，仍以卿本先次來上。

又 ［淳熙］十三年九月二十五日，秘書郎莫叔光言：國家崇建館閣，文治最盛，太上皇帝再造區夏。紹興之初，已下借書分校之令。至十三年，詔求遺書。十六年，又定獻書推賞之格，圖籍於是備矣。然至今又四十年，承平滋久，四方之人益以典籍爲重，凡搢紳家世所藏善本，監司郡守搜訪得之，往往鋟板以爲官書，乞詔諸路監司守臣，各以本路本郡書目解發至秘書省，聽本省以《中興館閣書目》點對，如有未收之書，即移文本處取索，庶廣秘府之儲，詔秘書省將未發書籍徑自關取。

又 淳熙十六年七月十五日，吏部尚書兼侍讀顔師魯言：臣頃者伏覩撫州刊行祖宗官制舊典一書，呂式製度粲然明備，誠當今之龜鑑，萬世之法程。

又《崇儒五・編纂書籍》 ［周必大］雍熙三年十二月壬寅，上之詔書褒答：「臣伏覩太宗皇帝丁時太平，以文化成天下，既得諸國圖籍，聚名士于朝，詔修三大書：曰《太平御覽》、曰《冊府元龜》、曰《文苑英華》，各一千卷。今二書閩、蜀已刊，惟《文苑英華》士大夫家絶無而僅有。蓋所集止唐文章，如南北朝間存一二。是時印本絶少，雖韓、柳、元、白之文尚未甚傳，其他如陳子昂、張説、九齡、李翺等諸名士文集世尤罕見。故脩書官於宗元、居易、權德輿、李商隱、顧雲、羅隱輩，或全卷收入。當眞宗朝，

姚鉉銓擇十一，號《唐文粹》，由簡故精，所以盛行。近歲唐文摹印浸多，不假《英華》而傳，況卷秩浩繁，人力難及，其不行於世則宜。臣事孝宗皇帝，間聞聖諭欲刻江鈿《文海》，臣奏其去取差謬，不足觀。帝乃詔館職，裒集宋朝文鑑，臣因及《英華》雖秘閣有本，然舛誤不可讀，俄聞傳旨取入，遂經乙覽。時御前置校正書籍一二十員，皆書生稍習文墨者，月給餐錢，滿數歲，補進武校尉，既得此爲課程，往往妄加塗注，繕寫裝飾，付之秘閣，後世將遂爲定本。」

又《校勘經籍》　淳熙四年十月五日，詔臨安府校正開雕《聖宋文海》，專委秘書郎呂祖謙。既而祖謙言：「《文海》元是書坊一時刊行，去取未精，名賢高文大冊尚多遺落，今乞一就增損，仍斷自中興以前，銓次庶幾可以行遠。」從之。六年二月八日，詔秘書郎呂祖謙編次《文海》，採取精詳，觀其用意，有益治道，可除直秘閣添差，浙東安撫司參議官祖謙以病丐祠，故寵之。

又《獻書升秩》　［景祐元年］十月十三日，知制誥丁度上《春牛經序》，詔編修院，令司天監再看詳，寫錄以聞。編修院言：與司天監王立等看詳修定，乞改名《土牛經》，送崇文院鏤板頒行，從之。

又　紹聖二年正月十七日，國子司業龔原等言：故相王安石在先朝嘗進《尚書・洪範傳解》，釋「九疇」之義，本末詳備，乞雕印頒行，以便學者，從之。

又《崇儒六・御製》　［天禧五年三月］庚子有司具兩街僧道威儀，教坊作樂，奉御書，自玉清昭應宮，安于天章閣。四月召近臣，舘閣、三司、京府官觀御書、御集于閣下，遂宴于群玉殿，時輔臣集御製三百卷，又取至道元年四月訖大中祥符歲中書樞密院時正記史舘日曆、起居注善美之事，錄爲《聖政紀》，凡百五十卷，並命工鏤板。

又《御書》　［大觀］三年四月二十五日，尚書戶部侍郎蔡居厚等言：比從近臣之請，凡御筆手詔刊印成策，半歲一頒。然內外之事總於六曹，六曹之司二十有四，逐司頒降，各有先後，而日月不次，檢照寔難，欲乞命後六曹及諸處被受御筆手詔，即時關刑部別策編次，專責官吏分工，下半年雕印頒行，即從之。

又《選舉一・貢舉》　景德二年，御試《天道猶張弓賦》。後禮部貢院言：近進士惟鈔署古今文賦，懷挾入試，昨者御試以正經命題，多懵所出，則知題目不示以出處也。大中祥符元年，試禮部進士，內出《清明象天賦》等題，仍錄題解，摹印以示之。至景祐元年，姑詔御藥院，御試日進士題目，具經史所出，摹印給之，更不許上請。

又《選舉三・科舉條制》　［景祐］五年正月八日，知制誥李淑言：**【略】**至如近日學者編經史文句，別爲解題，民間雕印多已行用，考試之時不須一一迴避，其經典子書之內，有《國語》、《荀子》、《文仲子》。儒學所宗，六典通貫，先朝以來嘗于此出題，只是國庠未有印本，欲望取上件三書，差官校勘刻板，撰定音義，付國子監施行。自今應考試進士，須只於國子監有印本書內出題，所貴取士得體，習業有方，稍益時風，不失淳正，如允所請，兼乞編入貢舉條貫施行。詔可。

又《道釋二・傳法院》　［太平興國七年］七月十二日，天息災上新譯《聖佛母經》，法天上《吉祥持世經》，施護上《如來莊嚴經》，各一卷，詔左街選京城儀學僧百人詳定，左右街僧錄神曜與諸義學僧以爲譯場久廢，傳演至難，迭興諍難。天息災等即持梵本，先翻義。以華華文證之，衆僧乃服，詔入藏，刻板流行。

又　大中祥符後令同譯經爲試光祿卿。是年，詔改譯經院爲傳法院，又置印經院。雍熙元年九月，詔自今新譯經論並刊板摹印，以廣流布。

又　［天禧］三年九月，起居舍人呂夷簡言：故御史中丞趙安仁嘗刻《圓覺道場禮懺禪觀法》，印板望送傳法院，附入經藏。從之。

又《刑法一・格令》　太祖建隆四年二月五日，工部尚書判大理寺竇儀言：周刑統科條繁浩，或有未明，請別加詳定。乃命儀與權大理少卿蘇曉正、奚嶼承、張希讓及刑部大理寺法直官陳光，又馮叔向等同撰集。凡削出令或宣勅一百九條，增入制十五條；又錄律內餘條準此者凡四十四條，附於名例之次；并目錄，成三十卷。別取舊削出格令、宣勅及後來續降要用者，凡一百六條，爲《編勅》四卷。其釐革一司、一務、一州、一縣之類不在焉。至八月二日，上之詔，並模印頒行。乾德四年三月十八日，大理正高繼申言：《刑統・勅律》有錯誤，條貫未周者凡三事：云《刑統・職制律》準周顯德五年勅，受所監臨財及乞取贓過百匹，奏取勅裁。伏緣準律，若是頻犯及二人以上之物，仍合累併倍論。元勅無累倍之文，致斷案有取裁之

語。今後犯者，望依律累倍過百疋，奏取勅裁；如累倍不過百疋，依律文處分。又《刑統·斷獄律》有八十字誤作「十八字」，伏請下諸處，令法官檢尋刊正，仍修改大理寺印板。

又　眞宗咸平元年十二月二十三日，給事中柴成務上《删定編勅儀制勅赦書德音》十三卷，詔鏤版頒行。

又　［咸平元年］又以續降赦書、德音九道別爲一卷，附《淳化赦書》，合爲四卷。其釐革一州、一縣、一司、一務者，各還本司，令勅稱依法及行朝典勘斷。不定刑各者，並准律、令、格、式；無本條者，准違制勅，分故失及不躬親被受條區分。臣等重加詳定，衆議無殊，伏請鏤版，頒下諸路與律令格式、《刑統》同行，優詔褒答。從之。

又　［景德二年］九月十六日，三司上《新編勅》十五卷，請雕印頒行。從之。

又　［大中祥符九年］九月二十一日，編勅所上《删定編勅儀制赦書德音目錄》四十三卷，詔鏤版頒行。【略】九月二十二日，詳定《編勅》所言准詔。《新定編勅》且未雕印，令寫錄，降下諸轉運發運司看詳行用，如內有未便事件，限一年內逐旋具實封聞奏當所已寫錄到海行編勅，并目錄共三十卷，《赦書德音》十二卷，《令文》三十卷，并依奏勅一道上進，詔送大理寺收管候。將來一年內如有修正未便事件了日令本寺申舉下崇文院雕印施行。十年三月十六日，詔以天聖《編勅》十三卷，《赦書德音》十二卷，《令文》三十卷，付崇文院鏤版施行。先是五年五月，詔以大中祥符七年止，天聖五年續降宣勅删定，命宰臣呂夷簡、樞密院副使夏竦、提舉管勾翰林學士蔡齊、知制誥程琳、龍圖閣待制韓億燕肅判大理寺趙廓同加詳定。又以權大理少卿董希顔爲詳定官，秘書丞王球、大理寺丞龐籍張頌爲删定官，依律分門爲十二卷。七年六月上之，各賜器幣，仍第進階勳，至是鏤板。又命權大理少卿崔有方、審刑院詳議官張度校勘。

又　［嘉祐］七年四月九日，提舉管勾編勅宰臣韓琦、曾公亮上删定編勅《赦書德音》，附《令勅總例目錄》二十卷，詔編勅所鏤版頒行。

又　［熙寧四年］五月十八日，詔自今朝省及都水監司農寺等處，凡下條貫並令進奏院摹印，頒降諸路，仍每年給錢一千貫，充鏤版紙墨之費。

又　［熙寧］六年八月七日，提舉編勅宰臣王安石上《删定編勅赦書德音》，附《令勅申明勅目錄》共二十六卷，詔編勅所鏤版，自七年正月一日頒行。

又　［熙寧九年十二月］二十三日，中書門下言：刑房狀自來頒降條貫，或送刑部翻錄，或只是直付進奏院遍牒，蓋所總不一，關防未備，致其間有不曾修潤成文，及不言所入門目者，亦便行下，欲乞今後應係條貫，並付刑部翻錄或雕印施行，其進奏院雕印條，並令住罷。從之。

又　［政和二年］十月二日，司空尚書左僕射兼門下侍郎何執中等上表修成勅令格式等一百三十八卷，并看詳四百一十卷，共五百四十八册，已經節次進呈，依御筆修定，乞降勅命雕印頒行，仍依已降御筆，冠以《政和重修勅令格式》爲名，從之。仍自政和三年正月一日頒行。

又　［建炎四年］八月一日，臣僚言：自渡江以來，官司文籍散落，無從稽考，乃有司省己之說，凡所與奪，盡出胥吏。其間未免以私意增損，舞文出入，望下省部諸司，各令合千人吏，拚所省已條例，攢類成册，奏聞施行。內吏部銓注條例，乞頒下越州雕印出賣，詔六曹百司疾速條具，申尚書省。紹興元年四月二十四日，詔百司進呈條册，候降到頒行，各具册抄錄，送刑部。仍逐季具有無衝改續降關報，如有差漏及違慢不報，即依舊制，人吏杖一百。十月二十九日，又詔先令左右司郎官，以省記之文刊定頒行，恐不能專一，可改送勅令，所立限刊定鏤版，頒降內吏部，條法最爲急務，責限一月餘，並限一季成書。紹興三年三月十三日，從臣僚所請，復詔令百司，各將已省記條例與合爲永格續降指揮，先委本處當職官吏精加看詳，置册分門編纂，申納朝廷。如有所隸去處，即申所隸審覆圖備送勅令所看詳，取旨頒降逐處收掌，所有合用紙筆來墨等，各具合用數目，申所屬應付，其後諸司編類到省記條令並從勅令，所看定訖，取旨頒降。

焦竑《焦氏筆乘·續集》卷三《板本之始》　景德中，又摹印司馬、班、范諸史，與《六經》皆傳。世之寫本漸少，然墨本訛駁，初不是正，而學者無他本刊驗。司馬、班、范三史，尤多脫亂，其後不復有古本可證，眞一恨事也。

丁申《武林藏書録》卷上《南宋諸刻》　天水建都以來，杭州文事日盛。太學旣刻經史諸書，以廣流傳。而外之公府私家，亦有足紀者。謹按

《天祿琳瑯》：《群經音辨》爲臨安府學所刊，有臨安府學教授等銜名。《漢官儀》爲臨安府所刊，末有「紹興九年三月臨安府雕印」字。又《田裕齋書目》：陶叔獻《西漢文類》，末有「紹興十年四月臨安府雕印」一行。姚鉉《唐文粹》後有「臨安府今重行開雕《唐文粹》乙部，計貳拾冊，已委官校正訖，紹興九年正月日」一條，下列校刊銜名十一行。又《絳雲樓書目》：周守忠《姬侍類偶》，嘉定十三年臨安行在諸軍糧料院幹辦鄭域所刻。餘若《夢粱錄》載杭城市肆。淳祐年有名相傳者，太廟前尹家文字鋪所刻《北戶錄》見於《天祿琳瑯》，《彩畫三輔黃圖》見於周密《煙雲過眼錄》，《續幽怪錄》見於黃丕烈《士禮居藏書記》。又有張官人諸史子文籍鋪。又《天祿琳瑯》載《容齋三筆》，後記臨安府鞔鼓橋南河西岸陳氏書籍印。考《杭州府志》，鞔鼓橋屬仁和縣境，今橋名尚沿其舊，與洪福橋馬家橋相次，在杭州府城內西北隅。當時書肆陳氏多有著名，思在大街，起在睦親坊，皆非鞔鼓橋之書鋪也。《士禮居藏書記》又載《寒山拾得詩》，後有一條「杭州錢塘門內車橋南大街郭宅書鋪印行」。至《田裕齋書目》所載之《漢紀》三十卷，爲紹興間錢塘刻本，則不可考其爲何處矣。

葉德輝《書林清話》卷二《翻板有例禁始於宋人》 書籍翻板，宋以來即有禁例。吾藏五松閣仿宋程舍人宅刻本王偁《東都事略》一百三十卷，目錄後有長方牌記云：「眉山程舍人宅刊行。已申上司，不許覆板。」其申文格式不載本書，其詳不可得知也。此本今恆見。五松閣未知何人，後板歸蘇城寶華堂。《莫目》所云「蘇城汪氏有宋眉山程氏刊本，每葉二十四行，每行二十四字」者，即原本也。《陸志》、《丁目》均有之。《楊志》宋槧本祝穆《方輿勝覽》前集四十三卷、後集七卷、續集二十卷、拾遺一卷，自序後有兩浙轉運司錄白：「據祝太傅宅幹人吳吉狀，本宅見刊《方輿勝覽》及《四六寶苑》、《事文類聚》凡數書，并係本宅貢士私自編輯，積歲辛勤。今來雕板，所費浩瀚。竊恐書市嗜利之徒，輒將上件書版翻開，或改換名目，或以節略《輿地紀勝》等書爲名，翻開攙奪，致本宅徒勞心力，枉費錢本，委實切害。照得雕書，合經以下別起提行。使台申明，乞行約束，庶絕翻板之患。乞給榜下衢婺州雕書籍處張挂曉示，如有此色，容本宅陳告，乞追人毁版，斷治施行。奉台判，備榜須至指揮。以下別起提行。右令出榜衢婺州雕書籍去處張挂曉示，各令知悉。如有似此之人，仰經所屬陳告追究，毁版施行，故榜。以下元號年月日一行。嘉熙貳年拾貳月下空二格。日榜。以下別起提行。衢婺州雕書籍去處張挂，以下別起提行。轉運副使曾下空六格。台押。以下別起提行。福建路轉運司狀。乞給榜約束所屬，不得翻開上件書版，并同前式。更不再錄白。」《張志》舊鈔本宋段昌武《叢桂毛詩集解》三十卷，前有行在國子監禁止翻版公據曰：「行在國子監據迪功郎新贛州會昌縣丞段維清狀：維清先叔朝奉昌武，以《詩經》而兩魁秋貢，以累舉而擢第春官，學者咸宗師之。卬山羅史君瀛嘗遣其子姪來學，先叔以《毛氏詩》口講指畫，筆以成編。本之東萊《詩記》，參以晦庵《詩傳》，以至近世諸儒，一話一言，苟足發明，率以錄焉，名曰《叢桂毛詩集解》。獨羅氏得其繕本，校讎最爲精密，今其侄漕貢樾鋟梓以廣其傳。維清竊惟先叔刻志窮經，平生精力，畢於此書。倘或其他書肆嗜利翻板，則必竄易首尾，增損音義。非惟有辜羅貢士鋟梓之意，亦重爲先叔明經之玷。今狀披陳，乞備牒兩浙福建路運司備詞約束，乞給據付羅貢士爲照。未敢自專，伏候台旨。呈奉台判牒，仍給本監。除已備牒兩浙福建路運司備詞約束所屬書肆，取責知委文狀回申外，如有不遵約束違戾之人，仰執此經所屬陳乞，追板劈毁，斷罪施行。須至給據者，以下別起提行。右出給公據付羅貢士樾收執照應。淳祐八年七月日給。」竊謂此等括帖之書，本無關於功令，當時幹人門下，不過意圖壟斷漁利，假官牒文字以遂其罔利之私。此亦自來書坊禁人翻雕己書之故智也。至其他官刻諸書，則從無此禁例。如雍熙二年敕准雕印許慎《說文解字》，末附中書門下牒文云：「中書門下以下空四格。牒，徐鉉等以下別爲一行，低三格再起。新校定《說文解字》以下別起提行。牒。奉以下別起提行。敕，許慎《說文》起於東漢，歷代傳寫，訛謬實多。六書之蹤，無所取法。若不重加刊正，漸恐失其原流。爰命儒學之臣，共詳篆籀之迹。右散騎常侍徐鉉等，深明舊史，多識前言，果能商榷是非，補正闕漏。書成上奏，克副朕心，宜遣雕鐫，用廣流布。自我朝之垂範，俾永世以作程。其書宜付史館，仍令國子監雕爲印版。依《九經》書例，許人納紙墨價錢收贖。兼委徐鉉等點檢書寫雕造，無令差錯，致誤後人。牒至。準以下別起提行。敕。故牒。以下元號年月日一行。雍熙三年十一月以下空二格。日牒。以下官銜人名列三行。給事中參知政事辛仲甫、給事中參知政事呂蒙正、中書侍郎兼工部尚書平章事李昉。」毛晉汲古閣、額勒布藤花榭、孫星衍平津館仿宋刊本，均載此牒。乾興元年補刻《後漢志》，中書門下牒文云：「中書門下

牒，國子監翰林侍講學士尚書工部侍郎知審官院事兼判國子監孫奭奏：臣忝膺朝命，獲次近班，思有補於化文，輒干塵于睿覽。竊以先王典訓，在述作以惟明；歷代憲章，微簡冊而何見。鋪觀載籍，博考前聞，制禮作樂之功，世存沿襲；天文地理之説，率有異同，馬遷八書，于焉咸在；班固十志，得以備詳。光武嗣西漢而興，范曄繼東觀之作。成當世之茂典，列三史以並行。克由聖朝，刊布天下。雖紀傳之類，與遷、固以皆同；書志之間，在簡編而或闕。臣竊見劉昭注《補後漢志》三十卷，蓋范曄作之于前，劉昭述之于後。始因亡逸，終遂補全。綴以遺文，申之奧義。至于輿服之品，具載規程；職官之宜，各存制度。倘加鉛槧，仍俾雕鎪。庶成一家之書，以備前史之闕。伏□《晉》、《宋書》等，例各有志，獨前、後《漢》有所未全。其《後漢志》三十卷，欲望聖慈，許令校勘雕印。如允臣所奏，乞差臣與各官同共校勘，兼乞差劉崇超都大管勾，伏候敕旨，牒。奉敕，宜令國子監依孫奭所奏施行，牒至准敕。故牒。乾興元年十一月十四日牒。右諫議大夫參知政事魯、給事中參加政事呂、中書侍郎兼禮部尚書平章事王，守司徒兼侍中[原闕]」蔣光煦《東湖叢記》載此牒。案李燾《資治通鑑長編》：眞宗乾興元年秋七月辛未，王曾加中書侍郎平章事，呂夷簡爲給事中，魯宗道爲右諫議大夫并參知政事。據此，則牒尾魯爲宗道，呂爲夷簡，王爲曾。惟守司徒兼侍中以下有缺，不能詳爲何人。又是年十二月乙巳，以內殿崇班皇甫繼明同勾管三館秘閣公事。咸平中，初命劉崇超監三館秘閣圖籍，其後因循與判館聯署掌事，時論非之。崇超素與王欽若厚善，丁謂爲相，惡之。用繼明以分其權，更號監圖籍曰勾當公事。紹聖三年開雕《千金翼方》、《金匱要略方》、《王氏脈經》、《補注本草》、《圖經本草》等五件醫書，末附國子監牒文云：「國子監以下提行。准以下空一格。監關准尚書禮部符，准紹聖元年六月二十五日以下提行。敕。中書省尚書省送到禮部狀，據國子監狀，據翰林醫學本監三學看治任仲言狀。伏睹本監先准以下提行。朝旨，開雕小字《聖惠方》等共五部出賣，并每節鎮各十部，餘州各五部，本處出賣。今有《千金翼方》、《金匱要略方》、《王氏脈經》、《補注本草》、《圖經本草》等五件醫書。日用而不可闕。本監雖見印賣，皆是大字，醫人往往無錢請買，兼外州軍尤不可得。欲乞開作小字，重行校對出賣，及降外州軍施行。本部看詳。欲依國子監申請事理施行，伏候指揮。六月二十三日奉以下提行。聖旨，依。奉敕如右。牒到奉行。都省前批六月二十六日未時付禮部施行。仍關合屬去處主者。一依以下提行。敕命指揮施行。以下元號年月日一行。紹聖三年六月以下空二格。日雕。以下列官銜人名八行。集慶軍節度推官監國子監書庫向宗恕、承務郎監國子監書庫曾繰、延安府臨眞縣令監國子監書庫鄧平、潁川萬壽縣令監國子監書庫郭直卿、宣義郎國子監主簿王仲薿、通直郎國子監丞武騎尉檀宗益、朝散郎守國子監司業上輕車都尉賜緋魚袋趙挺之、朝奉郎守國子司業兼侍講云騎尉龔原。」光緒癸巳，宜都楊守敬爲宗人某仿宋嘉定何大任刊本載此牒。紹興壬子福建庾司刻《六經疏義》，後載三山黃唐識語云：「《六經疏義》，自京監蜀本皆省正文及注，又篇章散亂，覽者病焉。本司舊刊《易》、《書》、《周禮》，正經注疏，萃見一書，便於披繹，它經獨闕。紹興辛亥仲冬，唐備員司庾。遂取《毛詩》、《禮記》疏義，如前三經編彙，精加讎正，用鋟諸木，庶廣前人之所未備。乃若《春秋》一經，顧力未暇，姑以貽同志云。壬子秋八月三山黃唐謹識。」載《森志》足利學藏宋槧本《尚書注疏》二十卷。《楊志》亦載此書，云是紹熙壬子，《七經考文》於《禮記》後誤「熙」爲「興」。阮氏《十三經校勘記》遂謂合疏於注，在南北宋之間，又爲山井鼎之所誤也。余按日本山井鼎《七經孟子考文物觀補遺左傳》下云：《禮記》有三山黃唐跋，其言曰：「本司舊刊《易》、《書》、《周禮》，正經注疏，萃見一書，便於披繹，它經獨闕。紹興辛亥，遂取《毛詩》、《禮記》疏義，如前三經編彙，精加讎正。乃若《春秋》一經，顧力未暇，姑以貽同志。」此與《尚書》後識語同作紹興，並非紹熙之訛。楊氏所見本有補鈔，殆傳寫誤耳。嘉定丙子興國軍學刻《五經》，聞人模書後云：「本學《五經》舊板，乃僉樞鄭公仲熊分教之日所刊，實紹興壬申歲也。歷時浸久，字畫漫滅，且缺《春秋》一經。嘉定甲戌夏，有孫緝來貳郡，嘗商略及此。但爲費浩瀚，未易遽就。越明年，司直趙公師夏，易符是邦。模因有請，慨然領略。即相與捐金出粟，模亦撙節廩士之餘，督工鋟木。書將成，奏院葉公凱下車觀此，且惜《五經》舊板之不稱。模於是併請于守貳，復得工費，更帥主學糧幕掾沈景淵同計置而更新之。乃按監本及參諸路本而校勘其一二舛誤，並考諸家字說而訂正其偏旁點畫。粗得大概，庶或有補於觀者云。嘉定丙子年正月望日聞人模敬書。」載楊守敬《留眞譜》。凡若此者，大都叙述刻書之由，並無禁人翻板之語。可見當時一二私家刻書，陳乞地方有司禁約書坊翻板，並非載在令甲，人人之所必遵。特有力之家，聲氣廣通，可以得行其志耳。雖然，

此風一開，元以來私塾刻書，遂相沿以爲律例。　吾藏元陳宲刊黃公紹《古今韻會舉要》三十卷，前有長方木牌記云：「宲昨承先師架閣黃公在軒先生委刊《古今韻會舉要》，凡三十卷。古今字畫音義，瞭然在目，誠千百年間未睹之秘也。今繡諸梓，三復讎校，並無訛誤，願與天下士大夫共之。但是編係私著之文，與書肆所刊見成文籍不同。竊恐嗜利之徒，改換名目，節略翻刻，纖毫爭差，致誤學者。已經所屬陳告乞行禁約外，收書君子，伏幸藻鑒。後學陳宲謹白。」《陸志》、《繆記》並同。是則肆估翻刻他人書板，誠有害於士林。宋時文網甚寬，故官書均未申禁。世風日降，遇有風行善本，無不展轉翻雕，則又無怪刻書者之防範增嚴矣。

又《宋建安余氏刻書》　閩中造紙印書，宋時極盛。岳珂《九經三傳沿革例》，即有建本之名。乾隆四十年正月丙寅諭軍機大臣等：「近日閱米芾墨迹，其紙幅有『勤有』二字印記，未能悉其來歷。及閱內府所藏舊版《千家注杜詩》，向稱爲宋槧者，卷後有『皇慶壬子余氏刊於勤有堂』數字。皇慶爲元仁宗年號，則其版是元非宋；繼閱宋版《古列女傳》，書末亦有『建安余氏靖安刊於勤有堂』字樣，則宋時已有此堂。因考之宋岳珂相臺家塾論書板之精者，稱建安余仁仲，雖未刊有堂名，可見閩中余板，在南宋久已著名，但未知北宋時即行勤有堂名否？又他書所載，明季余氏建版猶盛行，是其世業流傳甚久。近日是否相沿，並其家刊書始自何年，及勤有堂名所自，詢之閩人之官於朝者，罕知其詳。若在本處查考，尚非難事。著傳諭鍾音，於建寧府所屬訪查余氏子孫，見在是否尚習刊書之業，並建安余氏自宋以來刊印書板源流，及勤有堂昉於何代何年，今尚存否。或遺迹已無可考，僅存其名，並其家在宋曾否造紙，有無印記之處，或考之志乘，或徵之傳聞，逐一查明。遇便覆奏。此係考訂文墨舊聞，無關政治。鍾音宜選派誠妥之員，善爲詢訪，不得稍涉張皇，尤不得令胥役等借端滋擾，將此隨該督奏摺之便，諭令知之。」尋據覆奏：「余氏後人余廷勷等呈出族譜，載其先世自北宋建陽縣之書林，即以刊書爲業。彼時外省板少，余氏獨於他處購選紙料，印記「勤有」二字，紙板俱佳，是以建安書籍盛行。至勤有堂名，相沿已久。宋理宗時，有余文興，號勤有居士，亦係襲舊有堂名爲號，今余姓見行紹慶堂書集，據稱即勤有堂故址。其年已不可考」云云。此當時鍾音覆奏大略也。《天祿琳琅後編》二《儀禮圖》：「序後刻『崇化余志安刊於勤有堂』。按宋板《列女傳》載建安余氏靖安刊於勤有堂，乃南北朝余祖煥始居閩中，十四世徙建安書林，習其業。二十五世余文興，以舊有勤有堂之名，號勤有居士。蓋建安自唐爲書肆所萃，余氏世業之，仁仲最著，岳珂所稱建余氏本也。」　吾按余氏所刻之書，今有翻板可考者：一、孫星衍仿刻《唐律疏議》前釋文，序後有「至正辛卯十一年重校」一行，又有長方木印記云「崇化余志安刊於勤有堂」，《疏議序》後有草書「至順壬申五月印」一行，卷終有「考亭書院學生余資編校」一行。一、阮文達元仿刻《繪圖古列女傳》，目錄後有外方內圓木印記，中刻草書「建安余氏」四字，卷一、卷三後有「靜庵余氏模刻」一行，卷五後有「余氏勤有堂刊」一行，卷八後有墨地白文木記「建安余氏模刊」一行。一、汪中仿刻《春秋》、《公羊經傳解詁》，卷首何休序後有合刻《公》、《穀》二傳緣起六行，末題云：「紹熙辛亥二年孟冬朔日建安余仁仲敬書」；卷一後有經若干字、注若干字、音義若干字三行，又「余氏刊於萬卷堂」一行；卷二有「余仁仲刊於家塾」一行，字數如前；卷三至末無餘地，字數刻匡邊外，無校刊一行；卷四有「仁仲比校訖」一行，字數作兩行擠刻本行下，無校刊一行；卷五至末無餘地，字數作兩行擠刻本行下，無校刊一行；卷六有「余仁仲刊於家塾」一行，字數如前；卷七有「仁仲比校訖」一行，字數如前；卷八至末餘二行，字數兩行擠小刻一行，「仁仲比校訖」一行；卷九有「余仁仲刊於家塾」一行，字數如前；卷十至末餘二行，字數擠小作兩行刻本行下，無校刊一行；卷十一、卷十二有「仁仲比校訖」一行，字數如前。一、黎庶昌仿刻《春秋穀梁經傳》范寧集解序後有隸書小木印記曰「余氏萬卷堂藏書記」；卷一字數三行，又「仁仲比校訖」一行；卷二有「余仁仲刊於家塾」一行，字數如前；卷三有「仁仲比校訖」一行，字數如前；卷四有「余仁仲刊於家塾」一行，字數如前；卷五、卷六均如前；卷七、卷八有「仁仲比校訖」一行，字數如前；卷九至末餘二行，字數及「余仁仲刊於家塾」二行；卷十有「仁仲比校訖」一行，字數如前；卷十一至末餘二行，字數及「余仁仲比校訖」刻二行；卷十二字數三行，後有「國學進士余仁仲校正，國學進士劉子庚同校，國學進士陳幾同校，國學進士張甫同校」四行，又頂格刻「奉議郎簽書武安軍節度判官廳公事陳應行參校」一行，餘地有隸書小木印記曰「余氏萬卷堂藏書記」，下又有「癸丑按癸丑爲紹熙四年。仲秋重校訖」一行。　又有他書可證者：一、宋板《周禮鄭注陸

音義》十二卷，每卷後或載「余仁仲比校」，或「余氏刊於萬卷堂」，或「余仁仲刊於家塾」，卷末記經、註、音義字數，見《天祿琳琅》一。一、宋板《禮記》，每卷有「余氏刊於萬卷堂」，或「余仁仲刊於家塾」，或「仁仲比校訖」，見《天祿琳琅後編》二。此雖未載刊刻年月，蓋必與《公》、《穀》同時，所謂余氏《九經》本也。一、宋黃倫《尚書精義》五十卷，前有「建安余氏萬卷堂刊行」小序，又有「淳熙庚子七年臘月朔旦，建安余氏萬卷堂謹書」。見《張志》、《瞿目》、《陸志》、《陸跋》。文淵閣傳鈔本。一、宋高承《重修事物紀原》二十六卷目錄二卷，末云：「慶元丁巳之歲建安余氏刊」。見《陸志》，此南宋時刻也。【略】吾因悟余氏刻書堂名，各有分別：如萬卷堂則爲余仁仲刊書之記，勤有堂則爲余志安刊書之記。其刻《列女傳》之靖庵亦題勤有堂，則或爲志安別號也。宋時又有建安余恭禮宅，於嘉定丙子九年刻《活人事證方》二十卷；建安余唐卿宅，於寶祐癸丑元年刻《許學士類證普濟本事方》十卷，又《後集》十卷。則稱夏淵余氏明經堂：均見《森志》、《楊志》。【略】夫宋刻書之盛，首推閩中。而閩中尤以建安爲最，建安尤以余氏爲最。且當時官刻書亦多由其刊印。觀《瞿目》載胡炳文《朱子四書通》二十六卷，後有張存中跋稱「泰定三年，存中奉浙江儒學提舉志行楊先生命，以胡先生《四書通》大有功於朱子，委令賫付建寧路建陽縣書坊刊印，志安余君命工綉梓，度越三稔始克就」云云。可證余氏刻書爲當時推重，宜其流傳之書，爲收藏家所富貴矣。

又《南宋臨安陳氏刻書之一》　南宋臨安業書者，以陳姓爲最著。諸家藏書志、目、記、跋，載睦親坊棚北大街陳解元，或陳道人，或陳宅書籍鋪刊行印行者，以唐宋人詩文小集爲最多。元方回《瀛奎律髓》四十二《寄贈類》劉克莊《贈陳起》云：「陳侯生長繁華地，卻似芸居自沐薰。煉句豈非林處士，鬻書莫是穆參軍。雨檐兀坐忘春去，雪屋清談至夜分。何日我閑君閉肆，扁舟同泛北山雲。」注：「此所謂賣書陳彥才，亦曰陳道人。寶慶初，以『秋雨梧桐皇子府，春風楊柳相公橋』詩，爲史彌遠所黥。詩禍之興，捕敖器之、劉潛夫等下大理獄。時鄭淸之在瑣闥，止之。予及識此老，屢造其肆。別有小陳道人，亦爲賈似道編管。」宋周密《齊東野語》：寶慶間，李知孝爲言官，與曾極景建有隙，每欲尋衅以扳之。適極有《春》詩云：「九十日春晴日少，一千年事亂時多。」刊之《江湖集》中，因復改劉子翬《汴京紀事》一聯云「秋雨梧桐皇子府，春風楊柳相公橋」，以爲指巴陵及史丞相。及劉潛夫《黃巢戰場》詩曰：「未必朱三能跋扈，只緣鄭五欠經綸。」遂皆指爲謗訕，同時被累者，如敖陶孫、周之璞、趙師秀及刊詩陳起，皆不免焉。又趙師秀《贈賣書陳秀才》云：「四圍皆古今，永日坐中心。門對官河水，檐依柳樹陰。每留名士飲，屢索老夫吟。最感春燒盡，時容借檢尋。」注：「陳起，字宗之。睦親坊賣書開肆。予丁未至行在所，至辛亥凡五年，猶識其人，且識其子。今近四十年，肆毀人亡，不可見矣。」方回以睦親坊陳道人爲陳宗之起，乃親識其人，確有可據。　影宋本周弼《汶陽端平詩雋》四卷，爲菏澤李龔和父選，前有李序云：「伯弼十七八時，即博聞强記，侍乃翁晉仙，已好吟。洎長，而四十年間宦游吳楚江漢，足迹所到，聲騰名振。但卷帙稍多，因摘其坦然者兼集外所得者近二百首，目爲《端平詩雋》，續芸陳君書塾入梓，同好者便於看誦」云云。序後有「臨安府棚北大街陳解元書籍鋪印行」一條。顧修《南宋群賢小集》二十一冊。《丁志》並同。據此，則陳解元號續芸，與陳彥才起別爲一人，不待辨矣。考起所開書肆，名芸居樓。吳文英《夢窗丙稿・丹鳳吟・賦贈陳宗之芸居樓》云：「麗錦長安人海，避影繁華，結廬深寂。燈窗雪戶，光映夜寒東壁。心雕鬢改，鏤冰刻水，縹簡離離，風簽索索。怕遣花蟲蠹粉，自采秋芸薰架，香泛纖碧。更上新梯窈窕，暮山淡著城外色。舊雨江湖遠，問桐陰門巷，燕曾相識？吟壺天小，不覺翠蓬雲隔。桂斧月宮三萬手，（計）［記］元和通籍。軟紅滿路，誰聘幽素客。」則「續芸」爲「續芸居」而名，即此可證，且可斷定即芸居之子。何也？宋危稹《巽齋小集》顧刻《小集》第一冊。有《贈書肆陳解元》云：「巽齋幸自少人知，飯飽官閑睡轉宜。剛被傍人去饒舌，刺桐花下客求詩。」「兀坐書林自切磋，閱人應似閱書多。未知買得君書去，不負君書人幾何？」又朱繼芳《靜佳乙稿》顧刻《小集》十二冊。《贈續芸》云：「誰謂芸居死，餘香解返魂。六丁將不去，孤子續猶存。科斗三生債，蟫魚再世冤。向來詩作祟，揮泪對人言。」是續芸爲芸居子，朱詩已明言之。但有謂即陳思者，顧修刻《南宋群賢小集》，題宋陳起編，前有王昶序云：「起父子又撰《寶刻叢編》、《寶刻彙編》二書，皆能收采古今碑版，頗爲淵博。」按，王昶云「起父子」，不知何所指名，亦不知何所依據。今世行《寶刻彙編》不題撰人，而《寶刻叢編》則題宋陳思撰。王殆以起、思爲父子耳。　姚覲元刻宋岳珂《棠湖詩稿》附錢儀吉《跋》云：「卷末稱臨安府棚

北大街陳氏印行者，即書坊陳起解元也。曹斯棟《稗販》，以《南宋名賢遺集》刊於臨安棚北大街者爲陳思，而謂陳起自居睦親坊。然余所見名賢諸集，亦有稱『棚北大街睦親坊陳解元書籍鋪印行』者，是不爲二地，且起之字芸居，思之字續芸，又疑思爲起之後人也。」按續芸爲陳起之子，證以朱繼芳詩，固無可疑。但是否即思，則無確證。且以南宋諸人贈起詩，及思所著書諸名人序首考之，皆無所推鞫。許棐《梅屋藁》顧刻《小集》第四册。《贈陳宗之》云：「六月長安熱似焚，鄽中清趣總輸君。買書人散桐陰晚，卧看風行水上文。」又《梅屋四稿》顧刻《小集》第四册。有《陳宗之疊寄書籍小詩爲謝》云：「江海歸來二十春，閉門爲學轉辛勤。自憐兩鬢空成白，猶喜雙眸未肯昏。君有新刊須寄我，我逢佳處必思君。城南昨夜聞秋雨，又拜新涼到骨恩。」簡齋詩：「一涼恩到骨。」又《融居小綴》顧刻《小集》第四册。有《宗之惠梅窠冰玉箋》云：「百幅吳冰千蕊雪，對吟終日不成詩。憶君同在孤山下，商略春風弄筆時。」葉紹翁《靖逸小集》顧刻《小集》第七册。《贈陳宗之》云：「官河深水綠悠悠，門外梧桐數葉秋。中有武林陳學士，吟詩消遣一生愁。」「十載京塵染布衣，西湖烟雨與心違。隨車尚有書千卷，擬向君家賣卻歸。」又《夏日從陳宗之借書偶成》五律一首云：「自從春去後，少省出柴扉。樹暗鴉巢隱，檐空燕迹稀。憶山憐有夢，當暑咏無衣。案上書堆滿，多應借得歸。」《前賢小集拾遺》顧刻本大題下云「錢唐陳起宗之編」。鄭立之斯立《贈陳宗之》云：「昔人耽隱約，屠酤身亦安。矧伊叢古書，枕籍於其間。讀書博詩趣，鬻書奉親歡。君能有此樂，冷淡世所難。我本抱孤尙，爲貧賦彈冠。欲和南薰琴，秋風欻戒寒。恬無分外想，剩有日晷間。閱書於市廛，得君羈思寬。誦其所爲詩，刻苦雕肺肝。陶韋淡不俗，郊島深以艱。君勇欲兼之，日夜吟辛酸。京華聲利窟，車馬如浪翻。淡妝誰爲容，古曲誰爲彈？桐陰覆月色，靜夜獨往還。人皆掉臂過，我自刮眼看。百年適志耳，豈必身是官。不見林和靖，清名載孤山。」又黃佑甫順之《贈陳宗之》云：「羨君家闕下，不踏九衢塵。萬卷書中坐，一生閑裏身。貪詩疑有債，閱世欲無人。昨日相思處，桐花爛漫春。」又杜子野耒《贈陳宗之》云：「往年曾見趙天樂，數說君家書滿床。成卷好詩人借看，盈壺名酒母先嘗。對門欲見桐陰會，隔壁應聞芸葉香。老不愛文空手出，從今煩爲蓄仙方。」又周晉仙文璞《贈陳宗之》云：「伊吾聲裏過年年，收拾旁行亦可憐。頻嗅芸香心欲醉，爲尋脈望眼應穿。哦詩苦似悲秋客，收價清於賣卜錢。吳下異書渾未就，每逢佳處輒流連。」又黃元易簡《秋懷寄陳宗之》云：「秋聲四壁動，寒事日駸駸。紅剝林間子，青除架底陰。積閑殊有味，安拙本無心。獨愧陳徵士，賒書不問金。」又起編《江湖後集》二十二，武衍《謝芸居惠歙石廣香》云：「家無長物祇書卷，又無良田惟破硯。寥寥此道人共嗤，君獨相憐復相善。鄴侯架上三萬籤，半是平生未曾見。一癡容借印疑似，留客談玄坐忘倦。探懷忽出片石方，雙池絲刷潤且光。芙蓉溪深古坑遠，論新品舊殊未遑。慷慨珍投意何永，更配番禺心字餅。歸來喜歡舉廢典，春雨書樓閟深靜。手鈔羲經誤未刊，塵清商鬲灰久寒。使燒團煤炙雲母，旋滴清泉凝露漙。點朱塗黃細商榷，時有烟絲裊風幕。心融終日游聖涯，恍若置身天祿閣。」又十五徐從善《呈芸居》云：「生來稽古心，文士獨知音。世事隨年懶，詩愁入鬢深。夢抛三尺組，書敵幾籯金。何以謀清隱，湖山風月林。」又三周端臣《奉謝芸居清供之招》云：「生平愧彼蒼，得飽非耘種。自揆蔑寸長，居然叨薄俸。揭來桂玉地，幸了藜藿奉。日昨訪芸居，見我如伯仲。劇談辟幽荒，妙論洗沉痛。呼僮張樽罍，芳醪啓春甕。乃約屏羶葷，初筵俱清供。珠櫻映翠莢，光色交浮動。佳境喜漸入，愷之未癡惷。屬厭薦春萌，雋永咀秋葑。黃獨復登俎，味借蜂蜜重。翻憐少陵翁，山雪入吟諷。早韭晚菘輩，吾家所售用。列品不自珍，而與友朋共。雕盤放手空，適口頗恣縱。日暮雨催返，虛窗結清夢。寄語五侯鯖，從茲勿勞送。」宗之雖一書估，而聲氣廣通。故詩獄賴鄭丞相之力，僅坐流罪，流後不久即蒙赦還。據朱繼芳《挽芸居》云：「不得來書久，那知是古人。近吟丞相喜，往事諫官嗔。身死留名在，堂空著影新。平生聞笛感，爲此一沾巾。」丞相當謂清之，諫官當謂李知孝興詩獄事。　又《江湖後集》三周端臣《挽芸居》二首云：「天地英靈在，江湖名姓香。良田書滿屋，樂事酒盈觴。字畫堪追晉，詩刊欲遍唐。音容今已矣，老我倍凄涼。」「詩思閑逾健，儀容老更清。遽聞身染患，不見子成名。易簀終昏娶，求棺達死生。典型無復睹，空有淚如傾。」又黃文雷《挽芸居》云：「海內交游三十年，臨分我到卧床前。西湖一葉驚先落，淚盡秋風松下阡。長安道上細哦詩，如此相思更有誰。芸葉一窗千古在，好將事業付佳兒。」又釋芳庭《芸居秘校》五律云：「世上名猶在，閑情豈足悲。自憐吟日少，誰恨識君遲。蘭閣人亡後，寒林月上時。十年青史

夢，唯有老夫知。」合此數詩考之，陳起一生行實，可得其大概。其云「詩刊欲遍唐」者，今世所存書棚本唐人詩集，後題「臨安府棚北大街睦親坊陳道人書籍鋪」，亦云「陳宅書籍鋪」印行刊行者，多爲起所刊也。其云「不見子成名」，是稱陳解元之續芸，起死時尚未領解。其云「好將事業付佳兒」，是續芸已可繼其業矣。而獨不能定其爲陳思者，按思所著《寶刻叢編》，前有紹定二年鶴山翁、紹定辛卯四年陳伯玉二序。鶴山稱爲鬻書人陳思，陳伯玉則云都人陳思賣書於都市。又有殘缺無撰人序，中存文數行，稱思曰陳道人思。又著《書苑菁華》二十卷，亦鶴山翁序，仍稱鬻書人陳思。思又著《書小史》十卷，前有謝愈修序，稱爲中都陳道人思又著《海棠譜》三卷，百川學海本。題錢唐陳思。又著《小字錄》一卷，明萬曆己未沈弘正刻本。題銜云「成忠郎緝熙殿國史實錄院秘書搜訪」。則思曾爲殿院采書人，所著《寶刻叢編》前鶴山序在紹定二年，《海棠譜》自序在開慶改元。鶴山翁即魏了翁。《四庫全書提要》載《兩宋名賢小集》爲陳思編者，前有魏了翁叙。此叙即以《書苑菁華》之鶴山翁，僞改鶴山翁即了翁。據《瀛奎律髓》載趙師秀贈起詩方回附注云：「予丁未至行在所，至辛亥凡五年，猶識其人，且識其子。今近四十年，肆毁人亡，不可見矣。」以回語推之，丁未爲宋理宗淳祐七年，遞下四十年，則在元世祖至元二十四年丁亥。回著《虛谷集》中有《丙申正旦壽牟獻之》詩，云與獻之同庚，回蓋生於理宗寶慶三年丁亥。丁未在行在識起時，方二十一歲。至元世祖至元丁亥，年六十一歲，是時宋亡已八年。《書苑菁華》鶴山序雖不題年月，以《鶴山文集》中《書鶴山書院始末》考之，書院建於寧宗開禧二年，丁本生父憂之時，自後遂稱鶴山，則此序作於臨安，應在理宗寶慶初年還朝後。《寶刻叢編》陳伯玉序題紹定辛卯四年《書小史》謝愈修題咸淳丁卯，《海棠譜》自序題開慶改元，皆在理宗前後三十七年之間。是時思既官成忠郎，又與名賢往來，何以周端臣詩有「不見子成名」之語？如此則思非起子，不待辨而明矣。《天祿琳琅書目後編》「五宋板類・書苑菁華」下云：「陳思，臨安人。其子起，刊《江湖集》。」顛倒前後，是又謬誤之尤。顧起、思同爲一時人，不獨起刻唐詩，思自著各書可以引據。如今世行顧刻《南宋群賢小集》稱陳起編，附刻《江湖後集》亦陳起編。而《四庫全書》著錄《江湖小集》九十五卷云舊本題宋陳起編；《江湖後集》二十四卷云「宋陳起編，原本久佚，從《永樂大典》錄出」；又《兩宋名賢小集》三百八十卷云「舊題宋陳思編，元陳世隆補，凡一百五十七家」。與顧云陳起編者不合。且顧刻《小集》中有《端平詩雋》，則其子續芸編刻。朱繼芳《靜佳乙稿》中即有《挽芸居》詩，《江湖後集》有周端臣、黄文雷《挽芸居》詩，則非起編原本，自不待言。起自著《芸居乙稿》一卷，亦在其內。既有《乙稿》，宜有《甲稿》在前，何以附刻已書不完不備？可見世行《群賢》、《江湖》諸集，屢經傳錄，殘缺不全。《四庫全書》於《乙稿》外，搜采《永樂大典》，得詩五十餘首入補遺，或即《甲稿》之佚，未可知也。大抵臨安府棚北大街睦親坊陳宅書籍鋪，爲陳起父子所開。其云陳道人者，當屬之芸居。其云陳解元者，當屬之續芸。至於陳思，但賣書開肆及自刻所著書，世行宋書棚本各書，於思無與也。睦親坊在御街西首。宋周淙《乾道臨安志》二坊市：「左二廂：睦親坊、官巷。」又云「樂衆坊、南棚巷，定民坊、中棚巷。」又施諤《淳祐臨安志》七坊巷：「城内左二廂，定民坊、中棚巷，睦親坊、宗學巷。」又潛說友《咸淳臨安志》十九府城：「左二廂，睦親坊、定民坊相對，俗呼宗學巷；定民坊、戒民坊相對，俗呼中棚巷。幷在御街西首一帶。」吳自牧《夢粱錄》七禁城九廂坊巷條：「左二廂所管坊巷，定民坊即中棚巷，睦親坊俗呼宗學巷。以上在御街西首一帶。」據此，知陳宅書鋪在御街西北，故其刻書印記稱睦親坊南。趙師秀贈詩云「門對官河水」，葉紹翁贈詩云「官河深水綠悠悠」，蓋即施志之所謂西河，南至旱河頭直北至衆安橋止者也。《潛志・京城圖》睦親坊與近民坊平列，中隔御街。御街之對面即戒民坊一帶。戒民坊一帶之後即御河。河有棚橋，故此一帶街巷皆以棚名。其街甚長，故分南棚、中棚兩巷，尾至棚北大街。施、周兩志屬錢唐縣界小河。棚橋睦親坊明時猶存，屬仁和縣。明嘉靖己酉沈朝宣《仁和縣志》一街巷，東自義和坊，西自壽安坊，自南至北，中間一直大道，乃宋時御街。其街東自南至北轉西抵中正橋，其街西自南至北轉西抵中正橋。而戒民坊、睦親坊名隸屬於下。睦親坊下注：今立弼教坊，宋時有宗學。其時宗學多立於此。故近處多書坊，而陳姓尤盛。同時有臨安府鞔鼓橋南河西岸陳宅書籍鋪，刻《容齋三筆》十六卷，見《天祿琳琅》一。《五筆》當刻全，此僅存三筆耳。又有臨安府洪橋子南河西岸陳宅書籍鋪者，刻唐《李建勳丞相集》二卷，見《瞿目》。《周志・橋梁類》有洪橋、鞔鼓橋。《施志》城内西河有鞔鼓橋，無洪橋。《潛志》二京城圖亦止有鞔鼓橋，無洪橋。《周志》列

洪橋於都亭驛橋、州橋二橋之後，阜民橋、過軍橋、通江橋諸橋之前。《施志》城內大河六部橋，注云「舊稱都亭驛橋」；過軍橋，注云「小堰門里州橋」。州橋後有安永橋，注云「執政府前」。安永橋後有國清橋，國清橋後有通江橋。《潛志圖》六部橋後爲州橋，爲通江橋。疑安永橋即洪橋易名，國清橋即阜民橋易名。至潛修志時，二橋久廢，故不列於圖也。二陳疑起、思一家，惜不知其名字。他日倘於宋人詩文集說部遇之，當爲陳氏作世譜。如余氏勤有堂、萬卷堂之外，有勤德堂、雙桂書堂、余唐卿宅之類，豈非南宋閩、越書林兩大世家也耶。

又《南宋臨安陳氏刻書之二》 陳思有從孫名世隆，字彥高者，著有《宋詩拾遺》二十三卷，《陸志》、《丁志》均有舊鈔本。陸云：「世隆，字彥高，錢唐人。宋末書估陳思之從孫。順帝至正中，館嘉興陶氏，沒於兵。所著詩文皆不傳，惟《宋詩補遺》八卷與《北軒筆記》一卷僅存。見《北軒筆記》所附小傳。今此本二十三卷完善無缺，尚是明人鈔本，則小傳所云八卷，尚未見全書也。伏讀《四庫提要》云今《宋詩補遺》亦無傳本，則是書之罕見可知。」《丁志》又有舊鈔本《聖宋高僧詩選》三卷、《後集》三卷、《續集》一卷，錢唐陳起宗之編，末《宋僧詩補》三卷，乃宗之之孫彥高所輯。又精鈔本《增廣聖宋高僧詩選》五卷，錢唐陳起編。按今顧刻止有起所編《增廣聖宋高僧詩選》前集一卷，板心題「僧甲」二字；《增廣聖宋高僧詩選後集》三卷，板心有「僧後上」、「僧後中」、「僧後下」字；《增廣聖宋高僧詩選續集》一卷，板心題「僧續」二字，核與《丁志》所載不同。而丁有《宋僧詩補》三卷，謂彥高爲起孫，亦屬誤記。丁於《宋詩拾遺》二十三卷云「世隆爲睦親坊書估陳氏之從孫行」，不名起，亦不名思，但混稱之曰陳氏。可知《丁志》不如《陸志》引據之有根，顧刻又不如舊鈔之完備。聞《四庫全書》奉天行宮、浙江文瀾閣均有其全，惜不得好事者一鈔出之，重刻行世也。

又卷三《宋司庫州軍郡府縣書院刻書》 宋時官刻書有國子監本，歷朝刻經、史、子部見於諸家書目者，不可悉舉。而醫書尤其所重，如王叔和《脈經》、《千金翼方》、《金匱要略方》、《補注本草》、《圖經本草》五書，於紹聖元年牒准奉聖旨開雕，於三年刻成。當時所謂小字本，今傳者有《脈經》一種，見《阮外集》。紹興年間重刊，仍發各州郡學售賣。既見其刻書之愼重，又可知監款之充盈。天水右文，固超逸元、明兩代矣。此外有**崇文院本**：咸平三年刻《吳志》三十卷，見《黃記》、《陸志》。天聖二年刻《隋書》八十五卷，見《陸志》。天聖中刻《齊民要術》十卷，見《楊志》。存殘本三卷。大聖七年准敕雕造孫奭等《律文》十二卷、《音義》一卷，見《阮外集》、《瞿目》。影鈔宋本。寶元二年刻賈昌朝《群經音辨》七卷，見《彭跋》。　**秘書監本**：元豐七年趙彥若校刻《張邱建算經》三卷，唐王孝通《緝古算經》一卷，見《四庫書目提要》。　**德壽殿本**：刻劉球《隸韻》十卷，見《阮外集》。云：「第十卷末行有『御前應奉沈亨刊』七字。董其昌定爲德壽殿本，似未眞確。」德輝按：董說是也，沈亨當是御前供奉刻字匠人。　**左廊司局本**：淳熙三年刻《春秋經傳集解》三十卷，見《天祿琳琅後編》三、陳鱣《簡莊隨筆》。後刻印記云：「淳熙三年四月十七日，左廊司局內曹掌典秦玉楨等奏聞：《壁經》、《春秋》、《左傳》、《國語》、《史記》等書，多爲蠹魚傷牘，不敢備進上覽。奉敕用棗木椒紙各造十部。四年九月進覽。監造臣曹棟校梓。司局臣郭慶驗牘。」　**兩浙東路茶鹽司本**：熙寧二年刻《外臺秘要方》四十卷，見《黃書錄》、《陸志》、《陸跋》。紹興三年刻《資治通鑑》二百九十四卷，見《瞿目》、《丁志》。刻揚雄《太玄經》十卷，見《四庫書目提要》。紹興丙辰六年刻《事類賦》三十卷，見《楊譜》。無年號刻《唐書》二百卷，見《黃書錄》、《瞿目》。宋刻殘本。　**兩浙西路茶鹽司本**：紹興辛未二十一年刻《臨川王先生文集》一百卷，見《瞿目》、宋刻本。《丁志》。元刊本。　**兩浙東路安撫使本**：乾道戊子四年洪适刻《元氏長慶集》六十卷，見《陸志》、《丁志》。明仿宋本。　**浙東庾司本**：無年號刻桑世昌《蘭亭考》十二卷，見《瞿目》。影鈔宋本。　**浙右漕司本**：劉敏士刻劉牧《易數鉤隱圖》三卷，附《遺論九事》一卷，見《四庫書目提要》。　**浙西提刑司本**：淳熙己亥六年刻《作邑自箴》十卷，見《瞿目》、《繆續記》。影鈔宋本，云：卷末有「淳熙己亥中元浙西提刑司刊」一行。　**福建轉運司本**：紹興十七年刻《太平聖惠方》一百卷，見《丁志》。依宋刻鈔本，云：太平興國三年，內出親驗名方千餘首，更詔醫局各上家傳方書，命王懷隱等校勘編類，淳化三年書成。紹興中刻本，末載：「福建路轉運司命將國子監《太平聖惠方》一部，一百卷，二十六冊，計三千五百三十九版，對證內有用藥分兩及脫漏差誤共壹萬餘字，各已修改開版，并無訛舛。於本司公使庫印行。紹興十七年四月日。」次列校刊各官名。　**潼州轉運司本**：淳熙乙巳十二年刻大字本《三國志》，見豐道生《眞賞齋賦》。

未詳卷數。　建安漕司本：紹興癸酉二十三年黃訥刻其父伯思《東觀餘論》不分卷，每葉二十行，每行二十字。見傅沅叔增湘藏書。嘉定庚午三年刻黃伯思《東觀餘論》二卷，見《孫記》。明項篤壽萬卷堂仿宋刻本，云後有「建安漕司刻梓」六字。開慶改元湯漢刻《西山先生眞文忠公讀書記》甲集三十七卷，乙集十六卷，丁集八卷，見《陸志》。　福建漕司本：無年號吳堅刻《胡子知言》一卷、《後錄》一卷，見《天祿琳琅》六。元翻宋本。《張子語錄》三卷、《後錄》三卷，《龜山先生語錄》四卷、《後錄》二卷，見《瞿目》。云卷末有「後學天台吳堅刊於福建漕治」二行。　淮南東路轉運司本：淳祐庚戌十年刻《徐積節孝先生文集》三十卷，見《天祿琳琅後編》六。前有王夬亨序，結銜稱「淮南東路提點刑獄公事兼淮南東路轉運判官」。　荆湖北路安撫使司本：紹興十八年刻《建康實錄》二十卷，見《張志》舊鈔本、《楊錄》、《陸志》、《丁志》。明影宋本。　湖北茶鹽司本，亦稱湖北庾司本：慶元二年修、淳熙二年補刻紹熙茶鹽提舉司本《漢書》一百二十卷，見《錢日記》、《陸志》、《陸跋》。　廣西漕司本：紹聖三年刻王叔和《脈經》十卷，見《楊志》。　江東倉台本：淳熙庚子七年刻洪适《隸續》二卷，見《四庫書目提要》。云乾道戊子，始刻十卷於越。淳熙丁酉，范成大又爲刻四卷於蜀。其後二年己亥，德清李彥穎又爲增刻五卷於越。其明年庚子，尤袤又爲刻二卷於江東倉臺。輦其版歸之越，前後合爲二十一卷。　江西計台本：淳熙八年錢佃刻《荀子》楊倞注二十卷，見《黃書錄》。　江西漕台本：淳熙九年尤袤刻荀悅《申鑒》一卷，見《陸志》。明翻宋本。　邱宗卿刻《呂氏家塾讀詩記》三十二卷，見《天祿琳琅後編》二、《瞿目》。　淮南漕廨本：嘉定乙亥八年王大昌刻錢文子《補漢兵志》一卷，見鮑廷博知不足齋重刻本。　廣東漕司本：寶慶乙酉元年刻《新刊校定集注杜詩》三十六卷，見《天祿琳琅》三、《黃賦注》、《黃書錄》、《瞿目》。云即陳氏《書錄》所謂福清曾噩刻板，五羊漕司載爲善本者也，每卷末有寶慶乙酉廣東漕司鋟梓及校勘各官銜名。　江東漕院本：紹定辛卯四年趙善湘刻衛湜《禮記集說》一百六十卷，見《毛目》、影鈔宋本。《四庫書目提要》、《丁志》。影宋鈔本。　江西提刑司本：嘉定壬申五年刻洪邁《容齋隨筆》十六卷，《續筆》十六卷，《三筆》十六卷，《四筆》十六卷，《五筆》十卷，見《陸志》。明會通館活字本。　以上各本，皆可稱爲：　公使庫本：元符改元，蘇州公使庫刻朱長文《吳郡圖經續記》三卷，見《黃書錄》。云紹興四年孫佑補葺。宣和四年吉州公使庫刻《歐陽文忠六一居士集》五十卷，又《續刻》五十卷，見《天祿琳琅》三。紹興十九年明州公庫刻《騎省徐公集》三十卷，見《張志》、《陸志》。校宋鈔本。紹興戊寅二十八年沅州公使庫刻孔平仲《續世說》十二卷，見《阮外集》。淳熙三年舒州公使庫刻曾穜《大易粹言》十二卷，見《四庫書目提要》、《天祿琳琅後編》二。淳熙四年撫州公使庫刻《禮記》鄭注二十卷，見《楊錄》；嘉慶丙寅張敦仁翻刻。附《釋文》四卷，見《瞿目》、《顧集》。淳熙六年春陵郡庫刻《河南程氏文集》十卷，見《陸志》。明刊本。淳熙七年台州公庫刻《顏氏家訓》七卷，見《錢日記》、《黃書錄》。廉臺田家刻本。淳熙八年台州公使庫刻《荀子》二十卷，見《森志》。光緒乙酉，黎庶昌《古逸叢書》翻刻。淳熙九年信州公使庫刻李復《潏水集》十六卷，見《丁志》。舊鈔本。淳熙十年泉州公使庫印書局刻《司馬太師溫國文正公傳家集》八十卷，見《瞿目》、《黃記》。淳熙十四年鄂州公使庫刻《花間集》十卷，見《楊錄》。已翻刻。凡此皆支領庫錢所刻也。各州軍郡府縣亦然。故有：　州軍學本：天聖七年江陰軍學刻《國語》韋昭注二十一卷，宋庠《國語音》三卷，見《陸志》、《陸跋》。嘉慶五年，黃丕烈士禮居已仿刻，但未刻《音》。紹興十年宣州軍州學刻梅聖俞《宛陵集》六十卷，見《陸志》。明翻宋本。紹興十七年黃州州學刻王禹偁《小畜集》三十卷，見《陸志》。明影宋本。又婺州州學教授沈棐校刻蘇洵《嘉祐集》十六卷，見《四庫書目提要》、《瞿目》、《楊錄》、《陸跋》。校宋鈔本。紹興二十一年惠州軍州學刻《眉山唐先生文集》三十卷，見《陸志》。舊鈔本。紹興壬申二十二年撫州州學刻謝邁《竹友集》十卷，見《四庫書目提要》。云州守趙士鵬勒其書於學宮。紹興二十七年南劍州州學刻孫甫《唐史論斷》三卷，見《四庫書目提要》、《天祿琳琅後編》八。又廬州州學刻《孝肅包公奏議集》十卷，見《張志》、明刊本。《瞿目》。明崇藩刻本。乾道初元建昌軍學刻黃裳《演山集》六十卷，見《四庫書目提要》、云裳之季子玠裒輯，建昌軍教授廖挺校訂刻。《陸志》。影宋鈔本。乾道二年揚州州學教授湯修年刻沈括《夢溪筆談》二十六卷，見《陸志》。乾道四年興化軍學教授蔣邕校刻《蔡忠惠集》三十六卷，見《四庫書目提要》。乾道七年衢州軍州學刻王溥《五代會要》三十卷，見《陸志》。影宋鈔本。邵武軍學刻廖剛《高峰集》十二卷，見《陸志》。舊鈔本。淳熙二年撫州軍學刻《謝幼槃集》十卷，見《陸志》。舊鈔本。淳熙三年泉州軍州學刻沈與求《沈忠敏公龜溪集》十二卷，見《陸志》。

明刊本。淳熙辛丑八年泉州軍州學刻程大昌《演繁露》六卷，見《天祿琳琅》二。又潭州州學刻賈誼《新書》十卷，見陸志。明翻宋本。淳熙乙巳十二年至丁未十四年全州軍州學刻《集韻》十卷，見《森志》、《楊志》。淳熙丙午十三年嚴州州學刻《唐柳先生集》四十五卷，《外集》一卷，《附録》一卷，嘉定改元重刻。見《森志》。又象州軍州學刻慕容彥逢《摛文堂集》十五卷，見《陸志》。傳鈔閣本。紹熙壬子三年高郵軍學刻秦觀《淮海集》四十九卷，見《天祿琳琅後編》七。慶元庚申六年建昌軍學南豐縣主簿林宇沖刻《樂書》二百卷，見《森志》。嘉定改元台州州學刻林師箴《天台前集》三卷，嘉定十六年刻林民表《別編》一卷，《拾遺》一卷。淳祐戊申刻《續集》二卷，庚戌刻《補遺》一卷，合前三卷。又《拾遺》一卷，《別編》一卷。見《陸志》。嘉定壬申五年沈圻刻《范忠宣集》二十卷，見《陸志》、《陸續跋》。嘉定丙子九年興國軍學刻《春秋經傳集解》三十卷，附陸德明《音義》五卷，聞人模《經傳識異》三卷，見《天祿琳琅》一、《楊志》、《楊譜》。嘉定甲申十七年武岡軍軍學刻《溫國文正司馬公文集》八十卷，見《黃記》。紹定癸巳六年臨江軍學刻《朱文公校正昌黎先生集》四十卷，《外集》十卷，《遺文》一卷，見《天祿琳琅後編》六。端平元年臨江軍學刻張洽《春秋集注》十一卷，見《天祿琳琅後編》三。淳祐三年袁州軍學刻程公說《春秋分紀》九十卷，附《例要》，其弟公許刻。見《陸志》。舊鈔本。開慶元年福州州學刻《西山眞文忠讀書記》甲集三十七卷，乙集下二十二卷，丁集八卷，見《四庫書目提要》、《陸跋》。云板心有「延祐五年補刊」六字，及刊工名。德輝按：見前建安漕司本下，據《陸志》載入，與此實同一刻本。景定甲子五年淮安州學刻徐積《節孝先生集》三十卷，見《四庫書目提要》、《陸志》。明刊本。咸淳辛未七年。邵武軍學補修、乾道七年刻廖剛《高峰集》十二卷，見《陸志》。舊鈔本。無年號衢州州學刻《三國志》六十五卷，見《陸志》。贛州州學張之綱刻《文選》六十卷，見《天祿琳琅》十、又《後編》七、《瞿目》、《朱目》、《丁志》、明嘉靖己酉袁褧嘉趣堂仿宋刻本。《陸志》。宋本。袁州軍學萍鄉主簿主管學事江泰刻小字本《漢書》一百二十卷，見《森志》。**郡齋本**：嘉祐四年姑蘇郡齋王琪刻《杜工部集》二十卷，附《補遺》，見《陸志》。毛鈔影宋本。宜和五年春陵郡齋刻《寇萊公詩集》三卷，見《陸志》。隆興元年重刻，鮑淥飲校本。紹興元年會稽郡齋刻鮑彪《戰國策》十卷，見《天祿琳琅》二。紹興四年高郵郡齋刻孫覺《春秋經解》十五卷，慶元改元，張顏補刻，周麟之跋。嘉定丙子補刻，楊時序。見《陸跋》。鈔本。臨川郡齋詹大和刻王安石《臨川集》一百卷，見《四庫書目提要》。紹興二十八年宣州郡齋樓炤刻《謝宣城集》五卷，嘉定十三年洪伋重刻。見《天祿琳琅》三。紹興三十一年贛州郡齋刻陳襄《古靈先生集》二十五卷，《年譜》一卷，《附録》一卷，見《瞿目》、《陸志》。隆興二年盱江郡齋刻鄭俠《西塘集》二十卷，見《陸跋》。明刻十卷本。乾道丙戌二年泉南郡齋刻宋《孔傳六帖》三十卷，見《天祿琳琅後編》五。吳郡齋刻呂本中《東萊先生詩集》二十卷，見《丁志》。舊鈔本。乾道三年澂江郡齋刻《宣和奉使高麗圖經》四十卷，見《丁志》。舊鈔本。灊山郡齋刻《增廣注釋音辨唐柳先生集》四十三卷，《別集》二卷，《外集》二卷，《附録》一卷，見《天祿琳琅》六、《陸志》。鄱陽郡齋刻《范文正公集》二十卷，《別集》四卷，《尺牘》二卷，見《陸志》。九江郡齋刻鄭俠《西塘集》二十卷，見《陸志》。明刻本。乾道庚寅六年刻《集驗方》五卷，見《瞿目》、宋刊本。《陸志》。影宋鈔本。婺州郡齋李衡自刻《周易義海撮要》十二卷，見《四庫書目提要》。乾道辛卯七年姑孰郡齋刻《傷寒要旨》一卷，《藥方》一卷，見《黃賦注》、《黃書録》。乾道壬辰八年姑孰郡齋刻楊侃《兩漢博聞》十二卷，見《瞿目》、舊鈔本。《丁志》、明翻宋本。《楊録》。淳熙乙未二年建安郡齋韓元吉刻《大戴禮記》十三卷，見《天祿琳琅後編》二、《丁志》。元翻宋本。淳熙丙申三年張杅守桐川，用蜀小字本《史記》改中字本，重雕於廣德郡齋；越二年，趙山甫涖郡，取褚少孫所續別爲一帙；至辛丑八年澄江耿秉始次其卷第，合而印之：見《陸志》、《陸跋》、《楊録》。括蒼郡齋刻劉安世《元城先生盡言集》十三卷，見《張志》、《陸志》。均明刊本。淳熙六年吳興郡齋刻《魏鄭公諫録》五卷，見《瞿目》。舊鈔本。筠陽郡齋蘇詡刻蘇轍《欒城集》八十四卷，見《天祿琳琅》三。開禧三年丁卯蘇森重刻本。淳熙八年池陽郡齋尤袤刻《文選》李善注六十卷，《考異》一卷，見《陸志》、《志》止《考異》一種，尤跋幷及全書。《瞿目》。宋刊殘本二十九卷，《考異》一卷。《文選雙字》三卷，《昭明太子集》五卷，見《天祿琳琅後編》六、宋刊本。《陸志》、明仿宋本。《丁志》。寫本。淳熙甲辰十一年南康郡齋朱端章自刻《衛生家寶產科備要》八卷，見《錢日記》、《黃記》、《黃賦注》、《黃書録》、《瞿目》、均宋刊本。《陸志》。影宋鈔本。紹熙改元襄陽郡齋吳琚刻《襄陽耆舊傳》一卷，見《張志》、《陸志》。

明五雲溪活字本。紹熙辛亥二年會稽郡齋刻鮑彪《戰國策校注》十卷，見《瞿目》云卷末有紹興辛亥括蒼王信刻板跋。德輝按：紹興辛亥爲元年，據彪《自序》，書成於紹興十七年，安有書未成而有刻板之理，則「紹興」明爲「紹熙」之誤。紹熙壬子三年邵陽郡齋胡澄刻賀鑄《慶湖遺老詩集》九卷，《拾遺》一卷，《補遺》一卷，見《張志》。舊鈔本。南康郡齋曾集刻《陶淵明集》一卷，無四八目。見《瞿目》。紹熙四禩高郵郡齋刻龍學孫公《春秋經解》十五卷，見《陸志》。舊鈔本。有嘉定丙子郡守汪綱跋。慶元乙卯元年邵陽郡齋黄沃刻其父公度《知稼翁集》十二卷，見《陸志》、《繆續記》。影宋鈔本。慶元丙辰沔陽郡齋刻王璆《續添是齋百一選方》二十卷，見《陸志》。日本仿宋刊本。慶元三年臨汀郡齋刻陳襄《使遼語錄》一卷，見《陸志》。明鈔本，後有襄孫曄跋云：附先正文哲公家集二十五卷後。慶元己未五年全州郡齋陳虔英刻吳仁傑《兩漢刊誤補遺》十卷，見《四庫書目提要》。慶元六年四明郡齋刻陳舜俞《都官集》十四卷，見《陸志》。傳鈔閣本。潯陽郡齋刻《方言》十三卷，見《陸續志》。影宋鈔本。懷安郡齋刻《唐詩紀事》八十一卷，見《天祿琳琅》九。嘉泰辛酉元年筠陽郡齋刻米芾《寶晉山林集拾遺》八卷，《詩》四卷，《寶章待訪錄》一卷，《書史》一卷，《畫史》一卷，《硯史》一卷。見《楊錄》、宋刊本。《丁志》、《陸志》。影宋鈔本。嘉泰甲子四年新安郡齋沈有開刻呂祖謙《皇朝文鑒》一百五十卷，見《張志》、舊鈔本。《瞿目》、《陸志》、《陸續跋》。宋刊本。開禧乙丑元年南劍郡齋葉筠刻《石林春秋傳》二十卷，見《浙錄》。開禧丙寅二年天台郡齋葉箋刻《石林奏議》十五卷，見《黄賦注》、《黄書錄》，云末有跋云：叔祖左丞，蚤以文學被遇三朝，爰自禁塗，寖登二府，此奏議之所獻納論思也。又云：頗多惣集不載，往往□見者，爲之興嘆。因鋟木天台郡□以廣其傳。末題「開禧丙寅六月既望，姪孫朝奉大夫改差權知台州軍州兼管內勸農事借紫箋謹書」。又新安郡齋趙彥衛自刻《雲麓漫鈔》十五卷，見《陸志》。影宋鈔本。嘉定戊辰元年永嘉郡齋施栻刻陳傅良《止齋集》五十二卷，見《陸志》、《丁志》。均明翻宋本。嘉定庚午三年高郵郡齋汪綱刻陳旉《農書》三卷，秦觀《蠶書》一卷，見《天祿琳琅》二。嘉定辛未四年宜春郡齋刻《唐摭言》十五卷，見《丁志》。舊鈔本。□□郡齋刻林鉞《漢雋》十卷，見《瞿目》。嘉定壬申五年永嘉郡齋刻陳傅良《止齋集》四十卷，見《張志》、《陸志》、《丁志》。明正德改元刻本。鄱陽郡齋重修乾道丁亥三年刻《范文正公集》二十卷，《別集》四卷，《尺牘》二卷，見《陸志》。是年並刻《范忠宣公集》，《丁志》有殘宋刻本五卷。嘉定癸酉六年泉州郡齋刻《梁溪先生集》一百八十卷，《附錄》六卷，見《陸志》。鈔本。舒州郡齋張嗣古修補淳熙三年舒州公使庫曾種《大易粹言》十卷，見《四庫書目提要》。□貢郡齋刻朱子《楚辭集注》八卷，《辨證》二卷，見《瞿目》。嘉定甲戌七年眞州郡齋刻陳旉《農書》三卷，秦觀《蠶書》一卷，見《陸志》。鈔本。嘉定十一年衡陽郡齋刻胡致堂《讀史管見》三十卷，見《瞿目》、《陸跋》。嘉定庚辰十三年春陵郡齋刻張浚《紫巖易傳》十卷，見《陸志》。舊鈔本。嘉定癸未十六年新安郡齋刻葉適《習學記言》五十卷，見《張續志》。鄱陽郡齋、會稽郡齋合刻洪邁《唐人萬首絕句》一百一卷，見《天祿琳琅後編》七。嘉定甲申十七年新安郡齋汪綱刻《吳越春秋》十卷，見《張志》。影宋鈔本。刻《越絕書》十五卷，見《張志》、《瞿目》、《陸志》、《陸續跋》。明翻宋本。寶慶丙戌二年建安郡齋葉峕刻曾慥《類說》六十卷，見《張志》、《陸志》。明鈔本。寶慶丁亥三年南劍州郡齋刻《朱文公校昌黎先生文集》四十卷，《外集》十卷，《集傳》一卷，《遺文》一卷，見《陸志》。宋麻沙坊刻本。紹定元年台州郡齋陸遹刻其父游《老學庵筆記》十卷，見《丁志》。明刊本。嚴州郡齋刻潘閬《逍遙詞》一卷，見《陸志》。舊鈔本。紹定己丑二年婺州郡齋刻呂本中《童蒙訓》三卷，見《瞿目》。末有墨圖記云：紹定己丑，郡守眉山李埴，得此本於詳刑使者東萊呂公祖烈，因鋟木於玉山堂，以惠後學。端平初元新安郡齋重修、嘉定壬午十五年補修、嘉泰甲子沈有開刻《皇朝文鑒》一百五十卷，見《陸志》、《陸續跋》。九江郡齋趙善璙自刻《自警編》不分卷，見《天祿琳琅後編》五、《陸志》、《陸集》。淳祐三年宜春郡齋即袁州軍學本，已見前。程公許刻其兄公說《春秋分紀》九十卷，見《四庫書目提要》、《天祿琳琅》一。淳祐九年衢州郡齋游鈞刻晁公武《郡齋讀書志》二十卷，見《丁志》。述古堂鈔本。又莆田郡齋刻劉克莊《後村居士集》五十卷，見《陸志》。淳祐壬子十二年當涂郡齋馬光祖刻《四書章句集注》二十六卷，見《瞿目》。寶祐元年廬陵郡齋刻楊仲良《皇朝通鑑紀事本末》一百五十卷，見《阮外集》、《丁志》。鈔本。寶祐丙辰四年臨川郡齋刻謝采伯《密齋筆記》五卷，《續》一卷，見《張志》、鈔本。《陸志》。傳鈔閣本。寶祐五年嚴陵郡齋刻袁樞《通鑑紀事本末》四十二卷，見《瞿目》。云「淳熙小字本編二百九十卷，此大字本，乃汴梁趙與篙重併卷第」。咸淳己巳五年崇陽郡齋刻張咏《乖崖先生文集》十二卷，見

《黃賦注》、《黃書錄》。咸淳庚午六年盱江郡齋黎靖德刻《朱子語類》一百四十卷，見《天祿琳琅後編》五、《陸志》。無年號桐川郡齋曾槃自刻《絳帖釋文》二卷，見《瞿目》。**郡庠本**：紹興初元泉南郡庠韓仲通刻《孔氏六帖》三十卷，見《天祿琳琅後編》五。紹興戊午八年吳興郡庠刻《新唐書糾謬》二十卷，見《天祿琳琅》二。紹興庚辰三十年宜春郡庠刻唐盧肇《文標集》三卷，見《陸志》。舊鈔本。乾道改元永州郡庠葉桯刻唐柳宗元《柳州集》三十卷，《外集》一卷，見光緒五年李濱刻《外集》跋。乾道二年揚州郡庠刻沈括《夢溪筆談》二十六卷，見《陸續跋》。亦見前州軍學本。乾道三年臨汀郡庠刻晁說之《嵩山文集》二十卷，見《陸志》、《丁志》。舊鈔本。福唐郡庠刻《漢書》一百二十卷，見《丁志》。乾道四年溫陵郡庠刻蔡襄《忠惠集》三十六卷，見《楊錄》。亦見前州軍學本。臨汀郡庠刻《錢唐韋先生集》十八卷，見《張志》、鈔本。《瞿目》、《陸志》、《陸集》、明刊本。《丁志》。舊鈔本。乾道己丑五年臨汝郡庠刻徐積《節孝語錄》一卷，見《陸志》。明翻宋本。乾道癸巳九年高郵郡庠刻秦觀《淮海集》四十九卷，見《天祿琳琅後編》七。淳熙三年蘄春郡庠刻王蘋《著作王先生集》八卷，見《陸志》。淳熙壬寅九年泉州郡庠刻《潛虛》一卷，見《天祿琳琅後編》十。元翻宋本。嘉泰改元東寧郡庠刻龔頤正《芥隱筆記》一卷，見《陸志》。明仿宋本。紹定戊子元年。桐江郡庠刻《老學庵筆記》十卷，見《瞿目》。咸淳癸酉九年衢州郡庠趙淇刻《四書朱子集注》二十六卷，見《天祿琳琅》一。無年號贛州郡庠陸壑刻其五世祖佃《埤雅》二十卷，見《丁志》。明刊本。**郡府學本**：紹興九年臨安府學刻賈昌朝《群經音辨》七卷，見《天祿琳琅後編》三、《彭跋》、《陸志》、《陸續跋》。乾道六年平江府學刻《韋蘇州集》十卷，見《天祿琳琅後編》六。淳熙乙未二年嚴州府學刻袁樞《通鑑紀事本末》二百九十卷，見《瞿目》、宋刻本。《陸志》、《陸續跋》。淳熙丙申三年安陸郡學刻鄭獬《鄖溪集》二十八卷，見《瞿目》。鈔本。紹熙二年池州郡學張釜刻其祖綱《華陽集》四十卷，見《張志》。慶元五年池陽郡學刻胡銓《忠簡先生文選》九卷，見《張志》。精鈔本。端平元年泉州府學刻眞德秀《心經》一經，見《四庫書目提要》。咸淳乙丑元年鎮江府學教授李士忱刻《說苑》二十卷，見《黃記》、《瞿目》。寶祐四年刻《建康實錄》二十卷，見《陸志》。影宋鈔本。**縣齋本**：紹熙甲寅五年當塗縣齋刻周渭《彈冠必用集》一卷，見《瞿目》。云影宋鈔本，卷末有「紹熙甲寅當塗縣令沈邠刊於正己堂」二行。嘉定乙亥八年六峰縣齋劉昌詩自刻《蘆浦筆記》十卷，見《張志》。舊鈔本。嘉定辛巳十四年高安縣齋刻范祖禹《帝學》八卷，見《天祿琳琅後編》五。端平改元大庾縣齋趙時棣刻眞德秀《政經》一卷，見《陸志》、《陸跋》。淳祐壬子十二年建陽縣齋刻《晦庵先生朱文公易說》二十三卷，見《瞿目》。咸淳丁卯三年湘陰縣齋向文龍刻朱子《楚辭集注》八卷，應有《辯證》二卷，《後語》六卷，此殘本不全。見《天祿琳琅》三。咸淳己巳五年崇陽縣齋伊賡刻《乖崖先生文集》十二卷，《附錄》一卷，見《楊錄》。德輝按，此《黃書錄》所載之崇陽郡齋本，此云「縣齋」誤。**縣學本**：紹興十二年汀州寧化縣學刻《群經音辨》七卷，見《天祿琳琅後編》三、《彭跋》、《陸續跋》。淳熙元年黃巖縣學刻張九成《橫浦心傳錄》三卷，《橫浦日新》一卷，見《陸志》。明刊本。淳熙癸卯十年象山縣學刻林鉞《漢雋》十卷，見《天祿琳琅後編》四。慶元六年華亭縣學刻晉二俊《陸士衡集》十卷、《陸士龍集》十卷，見《陸志》、《陸跋》、《丁志》。明正德刊本。淳祐辛亥十一年昆山縣學刻《玉峰志》三卷，《續》一卷，見《繆記》。寶祐五年永福縣學刻徐自明《宋宰輔編年錄》二十卷，見《張志》、《陸志》、明刊本。《丁志》。鈔本。**學宮本**：淳熙四年泉州學宮彭椿年刻程大昌《禹貢山川地理圖》二卷，見《丁志》。鈔本。嘉定庚午三年溧陽學宮刻陸游《渭南文集》五十卷，見《黃賦注》、《黃書錄》、宋刊本。《丁志》。明活字本。紹定戊子元年桐江學宮刻《開元天寶遺事》二卷，見《黃記》、《陸志》。舊鈔本。端平乙未二年富川學宮刻朱鑑《詩傳遺說》六卷，見《四庫書目提要》。淳祐甲辰四年。衢州學宮刻楊伯巖《六帖補》二十卷，見《瞿目》。影宋鈔本。**頖宮本**：淳熙六年湖州頖宮刻蔡節《論語集說》十卷，見《天祿琳琅》四。影宋鈔本。淳熙庚子七年舒州頖宮刻蔡邕《獨斷》二卷，見《瞿目》、明翻宋本。《陸志》。宋刊本。咸淳丙寅二年鄞縣泮宮刻《朱子讀書法》四卷，見《陸志》。**學舍本**：嘉定壬申五年。吳郡學舍刻呂祖謙《大事記》十二卷，《通釋》三卷，《解題》十二卷，見《四庫書目提要》、《陸志》。其餘有：**太醫局本**：嘉定丙午按：嘉定無丙午，三年爲庚午，九年爲丙子，十五年爲壬午。刻《小兒衛生總微論方》二十卷，見《丁志》。明刊本。**書院本**：紹定庚寅三年婺州麗澤書院重刻司馬光《切韻指掌圖》二卷，見《陸志》。影宋鈔本。無年號刻呂祖謙《新唐書略》三十五卷，見《范目》。紹定四年象山

書院刻袁燮《絜齋家塾書鈔》十二卷，見《四庫書目提要》。淳祐丙午六年泳澤書院刻大字本朱子《四書集注》十九卷，見《浙錄》、《陳跋》。淳祐戊申八年龍溪書院刻陳淳《北溪集》五十卷，《外集》一卷，見《四庫書目提要》、《浙錄》、宋刊本。《瞿目》。舊鈔本。寶祐五年竹溪書院刻方岳《秋崖先生小藁》八十三卷，見《丁志》。明刊本。景定甲子五年環溪書院刻《仁齋直指方論》二十六卷，《小兒方論》五卷，《傷寒類書活人總括》七卷，《醫學眞經》一卷，見《森志補遺》。咸淳元年建寧府建安書院刻《晦庵先生朱文公文集》一百卷，《續集》十卷，《別集》十一卷，見《陸志》。無年號白鷺洲書院刻《漢書》一百二十卷，見《莫錄》。云與蔡琪所刻《後漢書》行格相同，但白鷺洲在吉安府城，宋淳祐間始建書院。蔡琪，建寧人，《莫錄》疑爲一時人，殊誤。不知兩本同爲重雕北宋景祐八行本，故行格亦正相同也。　祠堂本：嘉定八年金華呂氏祠堂刻呂本中《童蒙訓》二卷，見《天祿琳琅》七。明翻宋本。據原序云：金華太守邱長雋刻置祠堂。嘉定辛巳十四年嚴陵趙氏祠堂刻趙彥肅《復齋易說》六卷，見《天祿琳琅》四。影宋鈔本，云：嚴陵守許興裔刻置祠堂。至今槧本流傳，歷爲收藏家寶貴，不知當日官師提倡之力，固如此之盛也。

又《宋州府縣刻書》　宋刻有僅以某州某府稱者，曰：江寧府本：嘉祐三年開造《建康實錄》二十卷，至四年五月畢工。見《陸志》、《莫錄》。影宋鈔本。　杭州本：嘉祐五年中書省奉旨下杭州鏤《新唐書》二百五十卷，見《陸跋》。元祐元年杭州路奉旨刻《資治通鑑》二百九十四卷，見《瞿目》。紹興己未九年，刻《文粹》一百卷，見《黃書錄》、宋刊本。《瞿目》、《丁志》。元翻宋本。　明州本：紹興十九年刻徐鉉《騎省集》三十卷，見《陸集》。宋本跋。廿八年刻《文選》六十卷，見《彭跋》。無年號刻《九經排字直音前集》一卷，《後集》一卷，見《陸集》。元翻宋本。　温陵州本：淳熙壬寅九年刻胡致堂《讀史管見》八十卷，見《丁志》、《陸跋》。云：據胡大正序，淳熙以前無刊本，至大正官溫陵，始刊於州治之中和堂。　吉州本：嘉定二年刻《張先生校正楊寶學易傳》二十卷，見《瞿目》。云：題廬陵楊萬里廷秀撰，門人張敬之顯父校正。蓋最初之本，每半葉十行，行大字廿一，小字廿六。　紹興府本：紹興九年刻《毛詩正義》四十卷，見《繆續記》。云：此單疏本，前列校勘各官名外，有「紹興九年九月十五日紹興府雕造」字一行。嘉泰元年刻施宿《會稽志》二十卷，見《陸志》。明正德刊本。　臨安府本：紹興九年刻《群經音辨》七卷，見《天祿琳琅後編》三。刻《漢官儀》三卷，見《天祿琳琅後編》五、云：末有紹興九年三月臨安府雕印字。《阮外集》。刻《文粹》一百卷，見《黃賦注》、《黃書錄》、宋本，云：末有刊刻地名年月官銜云：「臨安府今重行開雕《唐文粹》壹部，計二十策。已委官校正訖，紹興九年正月□日，右文林郎臨安府觀察推官林䓨。」此其一也，下尚有多人。《丁志》。元刊本。十年刻《西漢文類》五卷，見《瞿目》、云：卷後有「紹興十年四月日臨安府雕印」一行。《張志》。　平江府本：紹興十五年刻李誡《營造法式》三十四卷，見《張志》、《陸志》、《陸跋》、《丁志》。影宋鈔本。　嚴州本：淳熙丙申三年刻袁樞《通鑑紀事本末》四十二卷，見《四庫書目提要》。德輝按：小字本二百九十卷，此據寶祐重刻大字本卷數。　餘姚縣本：紹興二年印造《資治通鑑》二百九十四卷，見《孫記》。　鹽官縣本：無年號刻《通典》二百卷，見《瞿目》。云：北宋刻本，鹽官屬兩浙路臨安府。　眉山本：紹興十四年刻《宋書》一百卷，《魏書》一百十四卷，《梁書》五十六卷，《南齊書》五十九卷，《北齊書》五十卷，《周書》五十卷，《陳書》三十六卷，見《陸續跋》、云：每葉十八行，每行十七字，板心有字數、刻工姓名。自元至明，板存南監，遞有修補。按：此七史，世謂之「眉山七史」，蓋北宋時蜀刻也。《邵注四庫簡明目》。云九行邋遢本。大抵出於江浙者爲多，蓋亦當時官刻也。

又《宋私宅家塾刻書》　宋時家塾刻本，其名姓亦甚繁多，今所最著如岳珂之相臺家塾刻《九經三傳》，廖瑩中之世綵堂刻《五經》、韓柳集，皆至今爲人傳誦。岳刻存於今者，《五經》有武英殿翻雕本，及各直省書局、私宅重翻殿本。又有《論語何晏集解》附《音義》十卷，見《天祿琳琅後編》三。《孟子趙岐注》附《音義》十卷，見孔繼涵微波榭刻本跋。廖刻存於今者，有《春秋經傳集解》三十卷，見《天祿琳琅》一。卷末有木記曰：「世綵廖氏刻梓家塾」。《論語》二十卷，《孟子》十四卷。卷末有「盱郡廖氏重刻善本」八字方形印，或亞字印中有「廖氏」二字記。見《後編》八。又有《韓昌黎集》四十卷，《外集》十卷，見《莫錄》、《丁目》。明徐氏東雅堂刻本，即翻此本。《柳河東集》四十四卷，《外集》二卷，《龍城錄》二卷，《附錄》二卷，有明郭雲鵬濟美堂翻雕本。此本行字板式與徐氏東雅堂刻《韓集》同，據元周密《志雅堂雜鈔》有韓柳併刻之語，知亦出廖刻。其他則有：蜀廣都費氏進修堂：刻大字本《資治通鑑》二百九十四卷，即世稱爲龍爪本者。見《瞿目》、《陸跋》。　臨安

進士孟琪：寶元二年刻姚鉉《文粹》一百卷，見《黃書錄》、紹興九年重刻本。《丁志》。元刻本。云：每葉三十行，每行二十五字。

京臺岳氏：慶曆六年新雕《詩品》三卷，見《瞿目》。影宋鈔本。

建邑王氏世翰堂：嘉祐二年刻《史記索隱》三十卷，即中統二年平陽道參幕段君子成刻《史記集解》附《索隱》一百三十卷之祖本也。見《天祿琳琅後編》四。

建安蔡子文東塾之敬室：治平丙午三年刻邵子《擊壤集》十五卷，見《楊錄》。

寇宅：宣和元年寇約刻其叔宗奭《本草衍義》二十卷，見《孫記》、《吳記》、《陸續跋》、《楊譜》。

瞿源蔡潛道宅墨寶堂：紹興壬申二十二年刻《管子》二十四卷，見《黃記》、此本今有仿刻本，并刻黃丕烈跋。《瞿目》。

清渭何通直宅萬卷堂：紹興乙亥二十五年刻《漢雋》七冊，見《天祿琳琅後編》十五。明仿宋本。

麻沙鎮水南劉仲吉宅：紹興庚辰三十年刻《新唐書》二百二十五卷，見《錢日記》。乾道端午刻《增廣黃先生大全文集》五十卷，見《黃記》、《張續志》、《楊錄》。按此無年月，乾道歲名不值午，則端午亦不誤。宋刻草率可笑。

麻沙鎮南齋虞千里：乾道己丑五年。刻王先生《十七史蒙求》十六卷，見康熙庚寅程宗璵仿刻本。卷中有木印記「麻沙鎮南齋虞公千里先生校正，的無差誤，乾道己丑刊行」等字。

建溪三峰蔡夢弼傅卿家塾：乾道七年刻《史記》一百三十卷，見《張志》、《錢日記》。云目錄後有一行云：「三峰樵隱蔡夢弼傅卿校正。」《三皇本紀》後有二行云：「建溪蔡夢弼傅卿親校，刻梓於東塾，時歲乾道七月春王正上日書。」又《五帝本紀》有墨長印二行云：「建溪三峰蔡夢弼傅卿親校，謹梓於望道亭。」德輝按：此家塾刻書之矜慎者，然誤七年爲七月，則亦失檢之甚矣。

吳興施元之三衢坐嘯齋：乾道壬辰八年刻蘇頌《新儀象法要》三卷，見《四庫書目提要》、《張志》、《瞿目》。影寫宋刊本。

王撫幹宅：乾道壬辰八年刻王灼《頤堂先生文集》五卷，見《丁志》、《繆續記》。影宋鈔本。

錦溪張監稅宅：淳熙改元刻桓寬《鹽鐵論》十卷，見《丁目》、《莫錄》。德輝按：明涂禎刻本即從此本出。今顧千里廣圻爲張敦仁校刻，乃明人重刻十行本，非涂刻原本。

武溪游孝恭德棻登俊齋：淳熙丙申三年刻蜀本《三蘇文粹》六十二卷，見《天祿琳琅後編》六。云卷末有木條記一行云：「淳熙丙申冬至日刊於登俊齋。」

廉臺田家：淳熙七年刻台州公使庫本《顏氏家訓》七卷，見《黃賦注》、《黃書錄》、《錢日記》。云：序後有長木記云：「廉臺田家印」，宋諱間不缺筆。德輝按：既是公使庫刻，則不應題田家私記，此蓋田家翻公使庫本，故宋諱缺筆不備。或係南宋末年刻本，若公使庫本，則避諱謹嚴矣。

吉州東岡劉宅梅溪書院：淳熙丁未十四年刻王庭珪《盧溪先生集》五十卷，見《丁志》。鈔本。

建安陳彥甫家塾：慶元丙辰二年刻葉蕢《聖宋名賢四六叢珠》一百卷，見《陸志》。舊鈔本。

梅山蔡建侯行父家塾：慶元三禩刻《陸狀元集百家注資治通鑑詳節》一百二十卷，見《黃賦注》、《張志》、《陸續志》、《陸續跋》。刻《李學士新注孫尚書尺牘》十六卷，見《黃記再續》、《黃書錄》、云：目錄後有「蔡氏家塾校正」隸書木記。序文云：「慶元三禩閏餘之月，梅山蔡建侯行甫謹序。」蓋與《通鑑詳節》同時所刻。《瞿目》。

建安黃善夫宗仁家塾之敬室：刻《史記正義》一百三十卷。慶元嗣元刻《前漢書》一百二十卷，見《森志》。云：引用書目後有「慶元嗣歲端陽建安劉之問謹識」記，《列傳》第一卷末有「建安黃善夫刊於家塾之敬室」。

建安劉元起家塾之敬室：刻《後漢書》一百二十卷，見《黃記》、《黃賦注》、《黃書錄》、《錢日記》。云：目錄後題「建安劉元起刊於家塾之敬室」。德輝按：此兩《漢書》爲劉元起、黃善夫二人合貲所刊，諸家題跋往往不能分辨。

建安魏仲舉家塾：慶元六禩刻《新刊五百家注音辨昌黎先生文集》四十卷，《外集》十卷，《別集》一卷，《論語筆解》十卷；卷首《昌黎先生序傳碑記》一卷，《看韓文綱目》一卷，《引用書目》一卷，《評論詁訓音釋諸儒名氏》一卷，《韓文類譜》七卷；德輝按：即年譜。雍正己酉祁門馬曰璐得殘本宋刻《韓柳二先生集》，即魏仲舉本，並柳集中宋文安禮《柳先生年譜》一卷合刻，題曰《韓柳年譜》。《四庫史部・傳記類》存目。後附《許渤序》、《昌黎文集後序》五篇：見《天祿琳琅》三、按：《天祿琳琅》載二部。其前一部前缺《昌黎先生序傳碑記》一卷，《看韓文綱目》一卷，中缺《別集》一卷，《論語筆解》十卷；後缺許渤等《序》五篇：目錄後有木記曰：「慶元六禩孟春，建安魏仲舉刻梓於家塾。」其後一部，前缺《韓文類譜》七卷。茲參合二部詳著之。《四庫書目提要》、云：《五百家注音辨昌黎先生文集》四十卷，內府藏本。宋魏仲舉編。仲舉建安人，書前題「慶元六年刻於家塾」，實當時坊本也。首列《評論詁訓音釋諸儒名氏》一篇，自唐燕山劉氏迄潁人王氏共一百四十八家。又附以新添集注五十家，補注五十家，廣注五十家，釋事二十家，補音二十家，協音十家，正誤二十家，考異十家，統計只三百六十八家，不足五百之數。而所云新添諸家，皆不著名氏，大抵虛構其目，務以炫博，非實有其書。即所列一百四十八家，如皇甫湜、孟郊、張籍等，皆同時唱和之人，劉昫、宋祁、范祖禹亦僅撰述唐史，均未嘗詮釋文集。乃引其片語，即列爲一家，亦殊牽合。蓋與所刊五百家注《柳集》，均一書肆之習氣。又云：朱彝尊稱此書尚有宋槧本，在長洲文氏，後歸李日華家。《正集》之外，尚有《外集》十卷，《別集》一卷，《論語筆解》十卷。此本止

四十卷，而《外集》、《別集》不與焉。蓋流傳既久，又有所闕佚矣。德輝按：四庫著錄五百家音注韓、柳二集，皆注內府藏本。據《柳集》提要稱柳爲宋版，與《昌黎集注》先後同歸秘府，則此韓集亦爲宋版無疑，乃卷帙不參考《天祿琳琅》二部，詳載其全，是則編撰諸臣之疏漏矣。《丁志》。缺《別集》一卷，《論語筆解》十卷。又刻《新刊五百家注音辨唐柳先生文集》二十一卷，《附錄》二卷，《外集》二卷，《新編外集》一卷，《龍城錄》二卷；前載《看柳文綱目》一卷，宋文安禮《柳先生年譜》一卷，《評論詁訓諸儒名氏》一卷；後附《柳先生序傳碑記紀》一卷，《文集後序》五篇，亦見《天祿琳琅》三、《四庫書目提要》。云：《五百家注音辨柳先生文集》二十一卷，《外集》二卷，《新編外集》一卷，《龍城錄》二卷，《附錄》二卷，內府藏本。宋魏仲舉編，其版式廣狹，字畫肥瘠，與所刻《五百家注昌黎集》纖毫不爽，蓋二集一時并出也。前有《評論訓詁諸儒姓氏》，檢核亦不足五百家。又云：書中所引又不及《韓集》之博，蓋論韓者多，論柳者較少，故所取不過如此，特姑以五百家之名與韓集相配云爾。又云：其本槧鍥精工，在宋版中亦稱善本。今流傳五六百年，而紙墨如新，神明煥發，復得與《昌黎集注》先後同歸秘府，有類乎珠還合浦，劍會延津，尤可爲寶貴矣。

建安魏仲立宅：刻《新唐書》二百二十五卷，見《繆記》。云：目後有牌記云：「建安魏仲立宅刊行，士大夫幸詳察之。」德輝按：此與魏仲舉或兄弟也。

建安劉日新宅：開禧更元刻王宗傳《童溪易傳》三十卷，見《天祿琳琅後編》二。云自序後有墨印三：一曰「大易發明」；一曰「建安劉日新宅鋟梓於三桂堂」；一曰「經學之寶」。

吉州周少傅府：嘉泰元年刻《文苑英華》一千卷，見《張志》、《陸志》。舊鈔本，後有刻書具文云：「吉州致政周少傅府，昨於嘉泰元年春，選委成忠郎新差充筠州臨江軍巡轄馬遞鋪權本府使臣王思恭，專一手鈔《文苑英華》，并校正重複，提督雕匠。今已成書，計一千卷，其紙札工墨等費並係本州印匠承攬，本府並無干預，今聲說照會。四年八月一日權幹辦府張時舉具。」

祝太傅宅：嘉熙己亥三年刻祝穆《方輿勝覽前集》四十三卷，《後集》七卷，《續集》二十卷，《拾遺》一卷，見《孫記》、《丁志》、宋刊本，七十卷。《楊志》。前錄有祝太傅宅幹人吳吉《申兩浙轉運司禁書肆翻板約牒文》。

建寧府麻沙鎮虞叔異宅：刻《括異志》十卷，見《瞿目》。舊鈔本，云：目錄後有「建寧府麻沙鎮虞叔異宅刊行」一行。

秀巖山堂：太歲丙辰仲夏刻《增修互注禮部韻略》五卷，見《四庫書目提要》。云：理宗寶祐四年蜀中所刻。

建安劉叔剛宅：刻《附釋音禮記注疏》六十三卷，見《孫記》。云：和珅翻刻。德輝按：宋刻本七十卷。和珅本與惠棟校宋本同，恐非宋刻原本。吾有此本，字畫流動，非宋體也。刻《附釋音毛詩注疏》二十卷，見《森志》。云：序後有木印記云：「劉氏文府叔剛桂軒一經堂。」

建安王懋甫桂堂：刻宋人《選青賦箋》十卷，見《天祿琳琅》三。云：目錄後有「建安王懋甫刻梓於桂堂」木記。

建安曾氏家塾：刻《文場資用分門近思錄》二十卷，《後錄》十四卷，見《莫錄》。

建安虞氏家塾：刻《老子道德經》四卷，見《黃書錄》、《瞿目》。云：目錄後有「建安虞氏刊於家塾」一條。

眉山文中：刻《淮海先生文集》二十六卷，見《瞿目》。云板心有「眉山文中刊」五字。

眉山程舍人宅：刻《東都事略》一百三十卷，見《森志》、《陸志》、《陸續跋》。

姑蘇鄭定：刻《重校添注柳文》四十五卷，《外集》二卷，見《瞿目》、《黃記》。殘宋本《五百家音辨唐柳先生文集》下云：「姑蘇鄭定刊於嘉興。」

錢唐王叔邊家：刻《前漢書》一百二十卷，《後漢書》一百二十卷，見《楊錄》。云目錄後有叔邊沓云「本家今將前後漢鋟板」云云。

婺州市門巷唐宅：刻《周禮鄭注》十二卷，見《楊志》、《楊譜》。

婺州義烏酥溪蔣宅崇知齋：刻巾箱本《禮記》五卷，見《瞿目》、《張志》。存月令一卷。

婺州東陽胡倉王宅桂堂：刻《三蘇文粹》七十卷，見《瞿目》。云目錄後有眞書圖記云：「婺州東陽胡倉王宅桂堂刊行。」

劉氏學禮堂：癸未刻《履齋示兒編》二十三卷，見《楊錄》。云：癸未爲嘉定十六年。

隱士王氏取瑟堂：刻《中說》十卷，見《瞿目》。云：目錄後有「隱士王氏取瑟堂刊」一行，朗、恆、徵、慎減筆，南宋初刻本也。

畢萬裔宅富學堂：刻李燾《經進六朝通鑑博議》十卷，見《瞿目》、云：劄子後有正書圖記云：「畢萬裔宅刻梓於富學堂」。《丁志》。舊鈔本。

胡元質當塗道院：乾道癸巳九年自刻《左氏摘奇》十二卷，見《阮外集》。云：後有元質自記一條云：「《左氏摘奇》皆手所約，鋟木於當塗道院，與同志者共之。乾道癸巳元日書。」

杭州淨戒院：刻唐趙蕤《長短經》十卷，見《四庫書目提要》。云：十卷，僅存九卷。每卷末皆題「杭州淨戒院新印」七字。

嚴陵詹義民：嘉定壬申五年刻《歐公本末》四卷，見《陸跋》。

茶陵譚叔端：刻《新刊淮南鴻烈解》二十一卷，見《繆續記》。云：每卷後有「茶陵譚叔端纂校」一行。目錄後有三墨印：一小方印，兩字不可識；一大方印，「耘香譚氏」朱文；一香爐形，「書鄉」二字。又刻《新刊精選諸儒奥論策學統宗前編》五卷，見《阮外集》；云：標題下列名「心易譚巽中叔剛校正，存理譚金孫叔金選次，桂山譚正叔孫端訂定」。三譚皆冠以「古雲後學」，三人姓名既不經見，「古雲」亦不知其何地。德輝按：「古雲」爲茶陵之別名，見《茶陵州志》。《後集》八卷，《續集》七卷，《別集》五卷，見《四庫存目》。

云：元譚金孫編，金孫字叔金，號存理，自稱古雲人，不知古雲爲何地也。文理冗贅，殆麻沙庸陋書賈所爲。大抵槧刻風行，精雕細校，於官刻本外，儼若附庸之國矣。

又《宋坊刻書之盛》 宋時坊刻，前有建安余氏，後有臨安陳氏，余已別爲之考矣。顧其他散見諸藏書家志、目、題記，不可不彙而録之，以存天水一朝之文獻。如閩中則有：建寧府黃三八郎書鋪：乾道改元刻《韓非子》二十卷，見《顧集》。吳鼒仿宋刻本跋。乾道己丑刻《鉅宋重修廣韻》五卷，見《森志》、《楊志》、《楊譜》。建陽麻沙書坊：紹興庚申十年刻曾慥《類說》五十卷，見《陸續跋》。紹興癸酉二十三年刻《新雕皇宋事實類苑》七十八卷，見《丁志》、《繆記》。日本活字印本。無年號刻魏天應《論學繩尺》十卷，見《四庫書目提要》。云：建陽書肆所刊。無年號刻《十先生奥論》四十卷，見《四庫書目提要》。云：不著編輯者名氏，亦無刊書年月。驗其版式，乃南宋建陽麻沙坊本也。建寧書鋪蔡琪純父一經堂：嘉定戊辰元年刻《漢書》一百二十卷，見《楊録》、《丁志》。刻《後漢書》一百二十卷，見《張志》、《黃賦注》、《黃書録》、《陸續志》、《陸跋》。武夷詹光祖月崖書堂：淳祐中刻《資治通鑑綱目》五十九卷，見《張續志》、《瞿目》。崇川余氏：刻《新纂門目五臣音注揚子法言》十卷，見《天祿琳琅後編》五。序後刻記云：「謹將監本寫作大字刊行，校證無誤，專用上等好紙印造，與他本不同，收書賢士幸詳鑒焉。崇川余氏家藏。」建寧府陳八郎書鋪：刻賈誼《新書》十卷，見《丁志》、《陸志》、《陸跋》。吳元恭校宋本。建安江仲達群玉堂：刻宋麻沙坊本《二十先生回瀾文鑒》十五卷，《後集》八卷，見《丁志》。日本重刻本。浙中則有：杭州大隱坊：政和八年刻重校正朱肱《南陽活人書》十八卷，見《張志》、《瞿目》、影宋鈔本。《陸志》。宋刻本。臨安府太廟前尹家書籍鋪：刻《釣磯立談》一卷，見《四庫書目提要》。《史部·載記》云：「葉林宗從錢曾家宋刻鈔出，後題臨安府太廟前尹家書籍鋪刊行。」刻《澠水燕談録》十卷，見《丁志》。校宋鈔本。《北戶録》三卷，見《天祿琳琅》六、《張志》、《瞿目》、《丁志》。明刻，黃丕烈校宋本。《茅亭客話》十卷，見《黃記》、《朱目》。《卻掃編》三卷，見《朱目》、《丁志》、影宋本。《繆續記》。影宋鈔本。《續幽怪録》四卷，見《黃記》、《瞿目》。《篋中集》一卷，見《丁志》。影鈔宋本。《曲洧舊聞》十卷，見《四庫書目提要》、《繆續記》。影宋寫本。《述異記》二卷，見《繆續記》、影宋寫本，云序後有「臨安府太廟前經籍鋪尹家刊行」一行。《丁志》。依宋鈔本。杭州錢唐門里車橋南大街郭宅□鋪：刻《寒山拾得詩》一卷，見《黃記》。云寒山詩後有一條云云。德輝按：《瞿目》有明刻本，「宅」下是「紙」字，蓋即翻此刻也。臨安府金氏：刻《甲乙集》十卷，見《瞿目》。云：後記刊板處已漫漶，僅存「臨安府」三字，末「金氏」二字，餘不可辨。又云：每卷題名一行，下有「詩」字一行低二格，詩題低三格，每半葉十行，行十八字。德輝按：此即南宋書棚本，末一行爲「臨安府棚北大街睦親坊南陳宅書籍鋪印行」十八字，此存「鋪」之半爲「金」，「印」之半似「氏」耳。金華雙桂堂：景定辛酉二年刻宋伯仁《梅花喜神譜》二卷，見《錢日記》、《黃賦注》、云：此書亦載足本《敏求記》，其初刻在嘉熙戊戌。德輝按，今有嘉慶□□松江沈綺雲仿刻本，嘉慶庚午鮑廷博《知不足齋叢書》本，咸豐乙卯漢陽葉志詵仿宋刻本。《阮外集》。江西則有：臨江府新喻吾氏：無元號丁未刻《增廣太平惠民和劑局方》十卷，見《森志補遺》。蜀中則有：西蜀崔氏書肆：刻王雱《南華眞經注》二十卷，附《拾遺》一卷，見《瞿目》。舊鈔本，云：無名序謂得完本於西蜀陳襄之家，以授崔氏書肆命工刊行。南劍州雕匠葉昌：紹興三十一年刻程俱《班左誨蒙》三卷，見《張志》。秦中則有：咸陽書隱齋：慶元丁巳三年《新刊國朝二百家名賢文粹》一百九十七卷，見《楊録》。晉中則有：汾陽博濟堂：慶元乙卯元年刻《十便良方》四十卷，見《黃賦注》、《黃書録》、《瞿目》。又有不詳其地者，爲：菉斐軒：刻《新增詞林要韻》一卷，見《阮外集》。云：書中標題則曰《詞林韻釋》，分十九部，而以上去二部依部列於平聲之後，而入聲不獨爲部。凡入聲之作平聲、作上聲、作去聲者，文各依類分隸於平上去之後。要皆統於平聲十九部之內。其書出於南宋無疑。葛氏傳椟書堂：紹興二年壬子刻《溫公書儀》十卷，序後有木記二：曰「傳椟書堂」；曰「稚川世家」。見《天祿琳琅後編》二。雍正三年汪亮采有翻宋刻，日本又翻汪本。又有宋時書坊至元時猶存者，爲：閩山阮仲猷種德堂：淳熙柔兆涒灘三年丙申刻《春秋經傳集解》三十卷，見《天祿琳琅後編》三、《錢日記》、《陳隨筆》、《瞿目》、《莫録》、《森志》、《繆續記》、《楊譜》。無年號刻《楊氏家藏方》二十卷，見《森志》。丙辰三年。刻《說文解字韻譜》五卷，見《天祿琳琅後編》三、《瞿目》。云卷一後有墨圖記二行云「丙辰菖節種德堂刊」，蓋延祐三年槧本。其刻本之流傳至今，雖爲人鑒賞，然雕鏤不如官刻之精，校勘不如家塾之審，收藏家若概以甲本推之，抑亦未免愛無差等矣。

又卷六《宋監本書許人自印并定價出售》 宋時國子監板，例許士人納

紙墨錢自印。凡官刻書，亦有定價出售。今北宋本《說文解字》後，有「雍熙三年中書門下牒徐鉉等新校定說文解字」，牒文有「其書宜付史館，仍令國子監雕爲印板，依九經書例，許人納紙墨錢收贖」等語。南宋刻林鉞《漢雋》，有淳熙十年楊王休記後云：「象山縣學《漢雋》，每部二册，見賣錢六百文足，印造用紙一百六十幅，碧紙二幅，賃板錢一百文足，工墨裝背錢一百六十文足。」又題云：「善本鋟木，儲之縣庠，且藉工墨盈餘爲養士之助。」見《天祿琳琅後編》四。淳熙三年舒州公使庫刻本知舒州軍州兼管內勸農營田屯田事曾穜《大易粹言》，牒文云：「今具《大易粹言》壹部，計貳拾册，合用紙數印造工墨錢下項，紙副耗共壹仟叁百張，裝背饒青紙叁拾張，背青白紙叁拾張，棕墨糊藥印背匠工食等錢共壹貫伍百文足，賃板錢壹貫貳百文足。本庫印造見成出賣，每部價錢捌貫文足。右具如前。淳熙三年正月日雕造所貼司胡至和具。」此牒在本書前。吾曾見宋刻原本，今《天祿琳琅後編》二載壹貳叁等字，均作一二三。不知牒文原式數目字借用筆畫多者，乃防胥吏添改。若作省寫，失其意矣。明仿宋施宿等《會稽志》，後有記云：「紹興府今刊《會稽志》一部，二十卷。用印書紙八百幅，古經紙一十幅，副葉紙二十幅，背古經紙平表一十幅，工墨錢八百文，每册裝背□□文。右具如前。嘉泰二年五月日手分俞澄、王思忠具。」此書見《陸志》。其數目字省寫，或由傳刻改之，或鈔手省寫所致，未可知也。又舊鈔本宋孔平仲《續世說》十二卷，後有記二則。其一云：「沅州公使庫重修整雕補到《續世說》壹部，計壹拾貳卷，壹伯伍拾捌板，用紙叁百壹拾陸張。右具如前。」其一云：「今具印造《續世說》一部，計六册，合用工食等錢如後：一印造紙墨工食錢，共五百三十四文足；大紙一百六十五張，計錢三十文足；工墨錢，計二百四文足；一褾褙青紙物料工食錢，共二百八十一文足；大青白紙共九張，計錢六十六文足；麵蠟工錢，計二百一十五文足。以上共用錢八百一十五文足，右具在前。」又有紹興二十七年三月日校勘題名。見《張志》。後一則數目用本字，或亦傳鈔所省也。明正德己卯重刻宋慶元元年二月刊《二俊文集》，前有記云：「《二俊文集》一部，共四册。印書紙共一百三十六張，書皮表背并副葉共大小二十張，工墨錢一百八十文，賃板錢一百八十六文，裝背工糊錢，按：此下有脫文。右具如前。」二月日印匠諸成等具。」明影宋紹興十七年刻王黃州《小畜集》三十卷，前記一則云：「黃州契勘諸路州軍，間有印書籍去處。竊見王黃州《小畜集》，文章典雅，有益後學，所在未曾開板。今得舊本，計壹拾陸萬叁仟捌百肆拾捌字。檢准紹興令諸私雕印文書，先納所屬申轉運司選官詳定，有益學者聽印行。除依上條申明施行。今具雕造《小畜集》一部，共捌册，計肆佰叁拾貳版。合用紙墨工價下印書紙并副板肆佰肆拾捌張，表背碧青紙壹拾壹張，大紙捌張，共錢貳佰陸拾文足。賃板棕墨錢伍百文足，裝印工食錢肆佰叁拾文足，除印書紙外共計壹貫壹佰叁拾陸文足。見成出賣，每部價錢伍貫文省。右具如前。紹興十七年七月日。」《孫記》舊影寫本有此書，數目字均用本字，文亦未全。以上諸書牒記，并載《陸志》，可見宋時刻印工價之廉，而士大夫便益學者之心，信非俗吏所能企及矣。

又《南宋補修監本書》　先少保公云：「淳化中，以《史記》、前、後《漢》付有司摹印，自是書籍刊鏤者益多。」李心傳《建炎以來朝野雜記》云：「監本書籍，紹興末年所刊。國家艱難以來，固未暇及。九年九月，張彥實待制爲尚書郎，始請下諸道州學取舊監本書籍鏤板頒行。從之。然所取者多有殘缺，故冑監刊六經無《禮記》，正史無《漢書》。二十一年五月，輔臣復以爲言。上謂秦益公曰：『監中其他闕書，亦令次第鏤板，雖重有費不惜也。』由是經籍復全。」蓋宋自淳化以後，歷朝皆刻書，版存國子監。紹興南渡，軍事倥傯，而高宗乃殷殷垂意於此，宜乎南宋文學之盛，不減於元祐也。

又《宋蜀刻七史》　嘉祐中，以《宋》、《齊》、《梁》、《陳》、《魏》、《北齊》、《周書》舛謬亡闕，始詔館職讎校。曾鞏等以秘閣所藏多誤，不足憑以是正，請詔天下藏書之家悉上異本，久之始集。治平中，鞏校定《南齊》、《梁》、《陳》三書上之，劉恕等上《後魏書》，王安國上《北周書》。政和中，始皆畢，頒之學官，民間傳者尚少。未幾，遭靖康丙午之變，中原淪陷，此書幾亡。紹興十四年，井憲孟爲四川漕，始檄諸州學官求當日所頒本。時四川五十餘州皆不被兵，書頗有在者，然往往亡缺不全。收合補綴，獨少《後魏書》十許卷。最後得宇文季蒙家本，偶有所少者，於是七史遂全，因命眉山刊行。語詳晁公武《郡齋讀書志・宋書》下。宋以來藏書家稱爲蜀大字本。元時板印模糊，遂稱之爲九行邋遢本，蓋其書半葉九行，每行十八字也。元以來遞有修板。明洪武時，取天下書

板實之南京，此板遂入國子監，世遂稱爲南監本。洪武至嘉靖、萬曆、崇禎又疊經補修，原板所存無幾矣。入國朝，順、康、雍、乾四朝尚存江寧藩庫，間亦出以印行。嘉慶藩庫火，與吴《天發神讖碑》同付祝融一炬。計自紹興刻板至嘉慶火，幾七百年，木板之存於世者，未有久於此者也。物之成毁有定，豈不信歟。

又《宋監重刻醫書》 宋國子監鏤刻經史外，最重醫書，且聽人購買。吾所藏明仿宋本王叔和《脈經》十卷，前有公牒，略云「國子監准監關准尚書禮部符，准紹聖元年六月二十五日敕，中書省尚書省送到禮部狀，據國子監狀，據翰林醫學本監三學看治任仲言狀。伏睹本監先准朝旨，開雕小字《聖惠方》等共五部出賣，并每節鎮各十部，餘州各五部，本處出賣。今有《千金翼方》、《金匱要略方》、《王氏脈經》、《補注本草》、《圖經本草》等五件醫書，日用而不可缺。本監雖見出賣，皆是大字，醫人往往無錢請買，兼外州軍尤不可得。欲乞開作小字，重行校對出賣，及降外州軍施行。本部看詳，欲依國子監申請事理施行，伏候指揮。六月二十六日奉聖旨，依。抄如右，牒刊奉行」云云。蓋當時朝廷本重醫學，故請乞必得依行。惜原刊五書，所謂大字本、小字本者，明人未得遍翻。僅存此《脈經》，略見其梗概而已。

又《宋刻纂圖互注經子》 宋刻經、子，有「纂圖互注重言重意」標題者，大都出於坊刻，以供士人帖括之用。經有南宋刻巾箱本《纂圖附釋音重言重意互注周易》九卷，《略例》一卷，見《森志》。云半葉九行，行十七字，注雙行，行十八字，長三寸一分，幅二寸。《纂圖附釋音重意重言互注尚書》十三卷，見《天祿琳琅後編》二。云麻沙本，闕筆至惇字止，乃光宗時刊。婺州本《點校重言重意互注尚書》十三卷，見《陳跋》、《瞿目》、云卷止四寸，寬不及三寸。每半葉十行，行二十字。匡、恒、慎、敦等字皆闕筆。《黄書録》。云上有「彭城楚殷氏讀書記」印，知是虞山故物。又有「傳家一卷帝王書」小圓印，亦若專爲《尚書》設者，是一奇也。《監本纂圖重言重意互注點校尚書》十三卷，見《繆續記》。云半葉十行，行大字十九，小字二十四，高六寸六分，廣四寸二分，白口雙邊。《監本纂圖重言重意互注點校毛詩》二十卷，見《天祿琳琅》一、《陳跋》、云每葉十二行，行十八字。德輝按：當作每葉二十行。《黄續記》、云宋刊本。《楊録》。云半葉十行，行大十八字，小二十四字。士禮居舊藏本殘三卷。宋麻沙坊本《附釋音纂圖重言重意互注毛詩》德輝按：兼刻《箋》。二十卷，附《毛詩舉要圖》、《毛詩篇目》，見《張志》。云傳、箋釋文俱雙行小字，每葉二十四行，行大字二十一，小字二十五。《京本附釋音纂圖互注重言重意周禮》十二卷，見《天祿琳琅》一、《吴跋》、《陳跋》、《黄記》、《瞿目》、《陸續跋》。跋有二部，一云宋刊巾箱本，每葉二十四行，每行二十三字，小字雙行。一云每葉二十四行，每行大字二十一，小字雙行，每行二十五六字不等。宋巾箱本《纂圖附音重言重意互注周禮鄭注》十二卷，見《森志》。云半葉九行，行十七字，或十五六字，注雙行，十八字。長三寸一分，幅二寸。《京本點校附音重言重意互注禮記》二十卷，見《森志》、《楊譜》。《譜》載：半葉十一行，每行大字十九字，小注雙行。長三寸半，寬二寸半。《監本纂圖重言重意互注禮記》二十册，見《丁志》。云宋刊本，存卷九玉藻，明堂位，卷十喪服小記、大傳、少儀，兩卷。南宋麻沙本《纂圖互注禮記》二十卷，《禮記舉要圖》一卷，見《陸志》。云每半葉十一行，每行二十一字，小字雙行，每行二十五六字不等。鄭注下附陸氏釋文，釋文之後爲重言重意。「讓」字闕筆，蓋孝宗時刊本也。《京本纂圖附音重言重意互注春秋經傳集解》三十卷，見《天祿琳琅》一、陳編《廉石居記》、云序後有「紹定庚寅垂裕堂刊」。《莫録》。云南宋本，半葉十一行，行大二十字，小二十一字［小字雙行］。《監本纂圖春秋經傳集解》三十卷，見《丁志》。云附釋文，每半葉十行，行二十字，夾注小字，行二十四字。中有重言重意似句互注諸例，俱加方圍。《監本纂圖重言重意互注論語》二十卷，見《楊譜》。《譜》載：半葉十行，行十九字，小字雙行，行二十四五字。子有《纂圖互注荀子》二十卷，見《天祿琳琅》二、云標題爲纂圖互注，書中於倞注外又加重意重言互注諸例。《孫記》、云宋版，重意重言俱用墨蓋子别出，每葉二十二行，行二十一字。《吴跋》、云元版，每葉二十二行，每行大字二十一，小字二十五。《陸志》、《陸續跋》。云行款字數皆與《互注重言重意道德經》同。德輝按：《續跋》宋槧本《纂圖互注老子道德經》，每葉二十二行，每行二十一字，小字雙行，每行二十五字，宋景定刊本。《纂圖互注揚子法言》十卷，見《孫記》、云重意重言互注俱用墨蓋子别出，黑口版，每葉二十二行，行二十一字。《瞿目》、云元刊本。《丁志》、云元刊本，每葉二十二行，每行二十四字。《森志》、云明代覆元刊本，每半版十一行，行二十一字，注二十五字。凡重言重意互注，皆以白字爲識别。《陸志》、《陸續跋》。《纂圖互注老子道德經》二卷，見《孫記》、云宋版，卷中有重意重言互注，用墨蓋子别之。黑口版，每葉二十二行，每行二十一字。《吴跋》、云宋本，每葉二十四行，每行大字二十，小字二十三。德輝按：此别一宋刻，故與《孫記》不同。《瞿目》、云元刊本，書中句字與經

籍相合者，標出之爲互注。《莫錄》、云巾箱本，十三行，行二十三字。德輝按：此又别一元刊本。《陸志》、《陸續跋》。云宋槧本，每葉二十二行，每行二十一字，小字雙行，每行二十五字，宋景定刊本。其書先河上公注，次解，「解曰」二字以黑質白章小字别之。次互注，「互注」二字以黑質白章小字别之。次音釋，以圜圍之。次重言重意，以黑質白章大字别之。音切皆本陸氏釋文而不全錄。所稱「解曰」者，不著作者姓名。遍考各注，乃知出林希逸《鬳齋老子口義》。《纂圖互注南華眞經》十卷，見《天祿琳琅》二、《孫記》、云宋版，重意重言互注俱用墨蓋子别出，黑口版，每葉二十二行，每行二十一字。陸德明音義。《瞿目》、云元刊本，附刻陸氏音義於注中。《丁志》、云元刊本，蓋宋時麻沙本而元代重刻之。《陸志》、《森志》。云明初依閩中元版重雕，重言重意附釋音，每半板十一行，行二十一字。《纂圖互注列子沖虛至德眞經》八卷，見《天祿琳琅後編》五、云建陽麻沙本。《孫記》。同前。《纂圖互注文中子》十卷，見《吳跋》、宋本，與前《纂圖互注老子》同。《孫記》。同前。云：「自《老子》以下巾箱本六子，皆南宋坊間所刻。據《法言》序後木印，纂圖互注監本大字止有四子。後改巾箱本，又添入重言重意，暨《列子》、《中說》，共爲六子。此冊六子猶全。」大抵經有七而子則四。《四庫全書提要・子雜家存目》，《五子纂圖互注》四十二卷，云：「宋龔士卨編，是書於《老子》用河上公注，凡二卷。於《莊子》用郭象注，附以陸德明音義，凡十卷。於《荀子》用楊倞注，凡十卷。於《揚子法言》用李軌、柳宗元、宋咸、吳秘、司馬光五家注，凡十卷。於《文中子中說》用阮逸注，凡十卷。每種前各有圖，而於原注之中增以互注，多引五經四書及諸子習見之語，未能有所發明。其於《文中子》則并無互注，體例殊未畫一。」德輝按：《文中子》爲後加，故體例獨異。《儀禮》、《孟子》非場屋所用，故置之。《老》、《莊》、《荀》、《揚》外，加入《列子》、《文中子》，亦出當時坊估重刻之雜湊，非原有也。

紀事

釋歸演《梵網經記後記》（釋傳奥《梵網經記》卷末） 竊以菩薩戒者，是爲千佛之要路，萬聖之嚴師。三身四智之源，五眼六通之本。昔有天竺三藏羅什法師譯梵語以就秦言，翻秘詞而爲顯說。次有沙門傳奥造疏弘揚。雖綿歷於帝朝，奈因緣而隱滯。即有常山重地龍興上人法諱慧顒制科並鈔，方得法義齊備，旨趣周圓，望濟益於群靈，覩流通於遠代。爰有俗弟子張令珣一聞勝事，便整衷懷，乃命良工刻兹印板，總斯巨福，普用裝嚴，所集殊因，並將迴向。【略】時太平興國八年歲次癸未冬十一月八日工畢記。

《政和本草序例》（唐慎微《重修政和經史證類備本草》卷一《補注所引書傳》） ［太祖］開寶六年，詔尚藥奉御劉翰、道士馬志、翰林醫官瞿煦、張素、王從蘊、吳復圭、王光祐、陳昭遇、安自良等九人詳校諸本，仍取陳藏器拾遺諸書相參，頗有刊正别名及增益品目，馬志爲之注解，仍命左司員外郎知制誥扈蒙、翰林學士盧多遜刊，凡二十卷，御制序，鏤板於國子監。

錢若水《太宗皇帝實録》卷四二 翰林學士賈黃中等以所集《神醫普救方》一千卷來上。賜詔曰：「盧扁之方，雷桐之術，佇之以十全之效，言之於七日之前，古法在焉。人命所繫，朕纂承大寶，撫育兆人，每念夭傷，思伸救療，而方書舛誤，編秩繁多。因命分以部居，條其類例。黃中等思窮精詣，識本疏通，集彼群方，著成千卷。垂於後世，所利益多。克副朕懷，深嘉乃績，宜加頒賚，以示優恩。仍宣付史館，令刊板流布天下。」

蘇易簡《施華嚴經淨行品序》（釋義天《圓宗文類》卷二二） 辛卯歲，有滎陽鄭生自會稽至，以《方廣華嚴淨行品》一篇示予，曰：彼方沙門號省常，辯才達識之士也。素行燕坐，不捨功用，捍勞忍苦，思拯焚溺。居常發廣大之心，挺堅固之志，求與諸衆生鼓精進楫，登慈悲舟，張悟解帆，出生死海，不起本處而達彼岸。以爲瀝懇莫若刺血，傳信莫若篆版，乃印是經凡一千卷，結八十僧社，散施念誦，期於無窮。

祝況《證道歌頌後序》（釋法泉《證道歌頌》卷末） 夫法不可見聞覺知，而見聞覺知亦不外於法。迷之則凡，了之則聖。故古之得道者，非即非離，不縛不脫，應機顯用。言或不能免，而其自在，則雖終日言，而未嘗言。昔永嘉之見六祖，振錫而立，目擊而道存矣。小駐一宿，因爲之《證道歌》。【略】其詞灑落，其旨宏遠，昭昭然，發永嘉之心。於數百年曠絕之後，予竊幸叩師之緒餘，而因以開明，故覽師之頌，慕其清風，而不能自已。命之鏤板，用廣其傳，庶使礙者通，冥者明。而一超頓以悟，乃師之賜也。

錢易《西湖昭慶寺結淨行社集總序》（釋義天《圓宗文類》卷二二） 社建於錢唐昭慶寺，主於比丘省常上人。上人生錢唐，住昭慶寺，無礙之心，依古佛之行，精進圓滿，諸戒具足，立大誓願而作是念，刺指取血，以血和

墨，寫模法式，書《華嚴淨行》一品，一字三作禮，一禮一圍繞，一圍繞一念佛名號，然後始刻之方板，畢一千本，以一本施一人。又以梅檀香林造毗盧聖像，圓此誠感，得之天匠，以八十開士爲一社焉。白蓮之稱，始繼盧阜。

楊億《汾陽無德禪師語録序》（釋善昭《汾陽無德禪師語録》卷首）　予刳心彌久，感疾無損，靜慮冥默，世緣紛染。守郡楚北，恪居官次。而師遐遺清侶，躬裁尺訊。謂廣內集録，載師之辭句，既參於刊綴；汝海答問，陪師之法屬，且聯其宗派。邈同風於千里，遽授書之一編。法興、智深，二上人飛錫實勤，巽床甚謹，述邑子之意，願永南宗之旨，屬圖鏤版，邈求冠篇。賞音相從，重胝忘苦。辛煩襟之微釋，因濡翰以塞請云爾。

張詠《乖崖先生集》卷八《許昌詩集序》　咸平癸卯年，余移自咸、鎬，再歷三川。歲稔民和，公中事簡，時會同列，引滿酬詩。因議近代作者，各出薛集，僅得十本。五言、七言、二韻至一百韻，凡得四百七十篇。爰命通理太常博士王好古、太子中允乞伏矩、節度推官韋宿從常參校，依舊本例，編爲十卷，授鬻書者雕印行世。字未盡精，篇亦頗略，與夫世傳訛本，深有可觀。是年乙巳秋八月。

胡克順《進徐騎省文集表》（徐鉉《徐公文集》卷首）　臣家乃具扁舟，載其靈柩直抵豫章之郡，卜葬西山之阿。一掩佳城，久荒宿草。雖歲時靡輟，爲修黄石之祠。而翰墨罕存，難訪茂陵之札，每思編緝，尤懼舛譌。數年前，故參知政事陳彭年因臣屢言，成臣夙志，假以全本，并兹冠篇。乃募工人，肇形鏤板。【略】其新印《徐鉉文集》兩部，計六十卷，共一十二冊，謹隨表上進。【略】天禧元年十一月日。

晏殊《徐公文集後序》（徐鉉《徐公文集》附録）　徐公既沒，門人等論次其文，爲三十卷。曩秘閣吳正儀、今翰林潁川公並爲之序，論之詳矣。都官員外郎胡君克順通才博雅，樂善好賢，早遊騎省之門，深蒙鄉里之眷，寶兹遺集，積有歲時，鏤板流行，庶傳悠永。因以丞相趙郡文貞公、鄧帥隴西公所作墓誌、挽詠等列於左次，用垂茂寔，俾題於後，以記厥由。

陸心源《皕宋樓藏書志》卷一八《吳志》　《吳志》牒奉敕：書契以來，簡編咸備。每詳觀於淑慝，實昭示於勸懲。矧三國肇分，一時所紀，史筆頗彰於遺直，策書用著於不刊，諒載籍之前言，助人文之至化。年紀寖遠，誤謬居多，爰命學徒俾其校正，宜從模印，式廣頒行。牒至准敕，故牒。咸平六年十月二十九日牒。

王志慶《古儷府》卷九《頒行公羊傳勅》　中書門下牒奉敕：國家欽崇儒術，啓迪化源，眷六籍之垂文，實百王之取法。著於緗素，皎若丹青。乃有前修，詮其奥義，爲之疏釋，播厥方來。頗索隱於微言，用繫蒙於後學。流傳既久，譌舛遂多。爰命校讎，俾從刊正。歷歲時而盡瘁，探簡策以維精。載嘉稽古之功，允助好文之理。宜從雕印，以廣頒行。牒至准敕故牒景德二年六月　日。

錢泰吉《甘泉鄉人稿》卷一四《記兩漢書校本》附録《刊刻漢書牒》　再校勘《前漢書》牒奉敕：國家治洽承平，政先稽古。顧兹三史，繼彼六經，昔嘗列於學官，今見施於貢舉。淳化中，慎擇儒士俾之校讎，尋募工徒已從摹印，討論之際，雖務精研，刊刻之間，猶或差謬，是再加於鉛槧，庶悉辨於魯魚，克正前書，式資素業。牒至准敕，故牒。景德二年七月十八日牒。

《刊刻大宋重修廣韻牒》（陳彭年《廣韻》卷首）　准景德四年十一月十五日敕：四聲成文，六書垂法，乃經籍之資始，實簡冊之攸先。自吳楚辨音，隸古分體，年祀寖遠，攻習多門。偏旁由是差訛，傳寫以之漏落。矧注解之未解，諒教授之何從？爰命討論，特加刊正，仍令摹印，用廣頒行，期後學之無疑，俾永代而作則。宜令崇文院雕印，送國子監依九經書例施行。牒至准敕，故牒。

又，准大中祥符元年六月五日敕：道有形器之適，物有象數之滋。一爻始畫於龍圖，八體遂生於鳥迹。書契是造，文字勃興，踵事增華，觸類浸長。沿賡載以變本，尚辭律之諧音。《集韻》成書，抑已久矣。朕聿遵先志，導揚素風，設教崇文，懸科取士，考核程准，兹實用焉。而舊本既訛，學者多誤。必豕魚之盡革，乃朱紫以洞分，爰擇儒臣葉宜精力校讎增損，質正刊修，綜其綱條，灼然叙列，俾之摹刻，垂於將來。仍特換於新名，庶永昭於成績，宜改爲《大宋重修廣韻》。牒至准敕，故牒。

《刊刻大廣益會玉篇牒》（陳彭年《大廣益會玉篇》卷首）　准大中祥符六年九月二十八日敕都大提舉《玉篇》所狀：先奉敕，命指揮差官校勘《玉篇》一部三十卷，近方了畢，遂裝寫淨本進呈。其進呈本今欲雕印頒行，伏

乞特降指揮事，并據翰林學士右諫議大夫知制誥兼龍圖閣學士秘書監同修國史集賢殿修撰陳彭年等狀，昨據屯田郎中史館校勘吳銳、主客員部郎直集賢院丘雍校勘《玉篇》一部三十卷，再看詳，別無差誤，并得允當者。竊以篇訓之文，歲月滋久，雖據經而垂範，終練字之未精。肅奉詔條，俾從校閱。訛謬者悉加刊定，敷淺者仍事討論。式就編連，頗爲愜當。儻頒行於普率，庶上助於欽明。事牒奉敕，宜依，牒至准敕，故牒。

《宋天聖二年隋書刊本原跋》（**《隋書》卷末**）　天聖二年五月十一日上御藥供奉藍元用奉傳聖旨齎禁中《隋書》一部，付崇文院。至六月五日，敕差官校勘，時命臣綬臣煜提點，右正言、直史館張觀等校勘。觀尋爲度支判官，續命黃鑑代之。仍内出版式刊造。

國子監《刊刻禮部韻略牒文》（**王國維《五代兩宋監本考・北宋監本》**）牒刊修《廣韻》所翰林學士兼侍讀學士尚書刑部郎中知制誥丁度劄子奏：昨奉敕詳定刊修《廣韻》、《韻略》。所有《韻略》，今將舊本看詳，其間文字多無解訓，并疑混聲及重疊出字，不顯義理，致誤舉人使用。今取合入詩賦使用聲韻要切文字，重修《韻略》。除義理灼然可曉更不解釋外，於逐字下各著訓説，或引經史爲證。又有獨用韻苦窄者，難爲著撰聲律文字凡一十三處，并取有唐諸家韻本詳據許令通用。其疑混聲及重疊出字各許依本字下注解使用。上件禮部《韻略》，并刪定附韻條制，謹先寫録進呈，如可施行，欲望卻降付刊修所鏤板訖，送國子監印造頒行取進止。景祐四年六月日牒。

《刊刻群經音辨牒》（**賈昌朝《群經音辨》卷首**）　崇文院翰林學士丁度等劄子奏，昨刊修《集韻》，曾奏取賈昌朝所撰《群經音辨》七卷，參酌修入，備見該洽。今寫録到淨本進呈，欲送中書看詳施行取進止。牒奉敕，宜令崇文院雕印頒行。牒至准敕，故牒。寶元二年十一月三日牒。

《刊刻集韻牒文》（**丁度《集韻》卷末**）　景祐元年三月，太常博士直史館宋祁、三司戶部判官太常丞直史館鄭戩等奏：「昨奉差考校御試進士，竊見舉人詩賦多誤，使音韻，如敘序、坐坐、氐氐之字，或借文用意，或因釋轉音，重疊不分，去留難定，有司論難，互執異同，上煩聖聰，親賜裁定。蓋見行《廣韻》、《韻略》所載疏漏，子注乖殊，宜棄乃留，當收復闕，一字兩出，數文同見，不詳本意，迷惑後生。欲乞朝廷差官重撰定《廣韻》，使知適從。」詔祁、戩與國子監直講王洙同刊修，刑部郎中知制誥丁度、禮部員外郎知制誥李淑詳定。又以都官員外郎崇政殿説書賈昌朝嘗纂《群經音辨》，奏同刊修，至寶元二年九月，書成上之。

施昌言《唐文粹後序》（**姚鉉《唐文粹》卷末**）　故姚右史纂唐賢之文百卷，用意精博，世尤重之。然卷帙繁浩，人欲傳録，未易爲力。臨安進士孟琪，代襲儒素，家富文史，爰事摹印，以廣流布。觀其校之是、寫之工、鏤之善，勤亦至矣。【略】寶元二年嘉平月。

計用章《易傳序》（**陸心源《皕宋樓藏書志》卷一**）　慶曆壬午，相府策賢良，六題一出，此書素未嘗見賢良多下者。是冬，予放謫北歸，復官漢東，至淮安太守平陽公館焉。公先德學士，蜀之儒宗，名爲博古，因間以請，遂出先學士所藏李氏《易》本，俾予與其子彥孚習焉。【略】彥孚既授卒業，且欲伸都官丈與先學士之意，因緘別本，屬所親眉陽孫景初募工刊刻，以廣傳布。【略】時慶曆甲申七月甲子。

趙時逢《天台三大部補注跋》（**釋從義《天台三大部補注》卷末**）　右神智師《大部補注》一十四卷。師東嘉人，篤於浮屠氏法象，胥所傳悉，涉獵不遺。此書開明法華三昧，眂前後訓詁獨詳。蓋東嘉距天台近，其宗旨一氣脈也。頃余讀書精舍，每自謂舉子業煩碎可厭。時並壁僧矻矻，誦讀聲日夜不輟，科目詮次如繩聯鉤曲，不可以算數計，較舉子業抑又勞焉。今觀此書析理明白，指事端審，顧有裨於後學多矣。竺峰珪老與其徒義上人惜舊本湮滅不可攷，捐所得，鐘氏施利再爲鏤木，且屬余識其末。余於内典，固不能深解，欲以吾儒忘筌一語相與評之。

文彥博《五代會要序》（**王溥《五代會要》卷末**）　《唐會要》已鏤版於吳，而《五代會要》未甚傳。彥博家藏善本，比至蜀，請官參用正史考覈亡訛謬，且刻以傳。慶曆六年四月望日。

宋仁宗《刊刻本草圖經詔》（**唐慎微《重修政和經史證類備用本草》卷末**）　嘉祐二年八月三日詔：朝廷累頒方書委諸郡收掌，以備軍民醫疾。訪聞貧下之家難於檢用，亦不能脩合，未副矜存之意。今除在京已係逐年散藥外，其三京并諸路自今每年京府節鎮及益、并、慶、渭四州，各賜錢二百貫，餘州軍監賜錢一百貫，委長史選差官屬監勒醫人體度時令按方合藥，候有軍民請令畫時給付。所有《神農本草》、《靈樞》、《太素》、《甲乙經》、《素問》之類及《廣濟》、《千金》、《外臺秘要》等方，仍差太常少卿直集賢院掌

禹錫、職方員外郎秘閣校理林億、殿中丞秘閣校理張洞、殿中丞館閣校勘蘇頌同共校正聞奏。臣禹錫等尋奏置局刊校，并乞差醫官三兩人同共詳定。其年十月，差醫學秦宗右、朱有章赴局祇應。三年十月，臣禹錫、臣億、臣頌、臣洞又奏《本草》舊本經注中載述藥性、功狀甚多疏略不備處，已將諸家《本草》及書史中應係該説藥品功狀者，採拾補注，漸有次第。及見唐顯慶中詔脩《本草》，當時修定注釋本經外，又取諸般藥品繪畫成圖，及別撰《圖經》等辨別諸藥最爲詳備。後來失傳，罕有完本。欲下諸路州縣應係產藥去處，並令識別人子細辨認根莖、苗葉、花實形色大小，并蟲、魚、鳥、獸、玉石等堪入藥用者，逐件畫圖，並一一開説著花、結實、收採時月，所用功效。其番夷所產藥，即令詢問榷場，市舶商客亦依此供析，并取逐味各一二兩，或一二枚封角，因入京人差齎送當所投納，以憑照證。畫成《本草圖》並別撰《圖經》，所冀與今《本草經》並行，使後人用藥知所依據。奏可。至四年九月又准勅差太子中舍陳檢同校正。五年八月補注《本草》成書，先上之。十一月十五日准勅差光祿寺丞高保衡同共覆校。至六年十二月繕寫成版樣依舊，并目錄二十一卷，仍賜名曰《嘉祐補注神農本草》。嘉祐五年八月十二日進。

又　詔旨宜令諸路轉運司指揮轄下州府軍監差逐處通判職官專切管勾，依應供申校正醫書所至。六年五月，又奏《本草圖經》係太常博士、集賢校理蘇頌分定編撰，將欲了當，奉勅差知穎州所有圖經文字欲令本官一面編撰了當。詔可。其年十月編撰成書，送本局修寫，至七年十二月一日進呈，奉勅鏤板施行。

釋契嵩《傳法正宗記・題記》　契嵩嘉祐之辛丑歲十二月六日，以此《正宗記》輔教編進。明年三月十七日，先皇帝賜入大藏，使與經律偕傳，蓋留於政府。七十一日，丞相諸鉅公，躬屈詳閲，佛教光賁，雖振古未有如此者也。契嵩佛子輩，豈不榮且幸，宜何以報其大賜。還吳之三年，吳郡人有曰曹仲言弟玘仲彝者，樂聞其勝事，乃募工於其州之萬壽禪陀，施財鏤板，仰贊國家之鴻休也。傳法、覺初、守堅、知一、詳僧、善慧、宗遇較。治平改元甲辰，四月十一日題。

釋繼忠《十義書序》（釋智禮《四明十義書》卷首）　《十義書》之所由作者，有宋景德之前，《光明玄》廣、略二本並行於世。【略】今有宋熙寧，相去八十餘年，此文重興，盛行於世，浙右學敎講習此文者衆，故得僝工鏤板，代學者傳寫之勞。住永嘉法明院第一代孫繼忠，指授門人以寫印二本，對之評之。其義其中，法句欠剩，文字舛謬，昔趨廣智之庭，每蒙以提耳指掌。今約義斷文，輒濫評定。或有臧否，冀同學同見者，更爲學者指南耳。熙寧九年仲冬月既望日序。

司馬光《温國文正公文集》卷一六《乞印行荀子揚子法言狀》　臣等伏以戰國以降，百家蠭午，先王之道，荒塞不通。獨荀卿、揚雄排攘衆流，張大正術，使後世學者坦知去從。國家博采藝文，扶翼聖化，至於莊、列異端，醫方細伎，皆命摹刻，以廣其傳。顧茲二書，猶有所闕。雖民間頗畜私本，文字訛誤，讀不可通，誠恐賢達之言，寖成廢缺。今欲乞降敕下崇文院，將《荀子》、《揚子法言》本精加考校訖，雕板送國子監，依諸書例印賣。

又卷六四《王内翰贈商雒龐主簿詩後序》　至和初，始平公以前相國在鄆，從容出王公詩示光曰：「先君嘗有德於商雒，吏民至今思之，其辭牒判署猶有寶蓄存者。而兄今守商州。爲我刻王公之詩於商雒，以慰吏民之心。」光曰：「諾。」退而序其事，并詩往刻焉。

又卷六五《河南志序》　唐麗正殿直學士韋述爲《兩京記》，近故龍圖閣直學士宋君敏求字次道，演之爲《河南》、《長安志》。【略】次道既沒，太尉潞公留守西京，其子慶曾等奉《河南志》以請於公，曰：「先人昔嘗佐此府，敘其事尤詳，惜其傳於世者甚鮮，願因公刻印以廣之。豈徒先人蒙不朽之賜於泉壤，抑亦使四方之人未嘗至洛者，得之如遊處已熟；後世聞今日洛都之盛者，得之如身逢目睹也。幸公留意。」公從之，且命光爲之序。光於次道，友人也，烏敢以固陋而辭？

又《故相國龐公清風集略後序》　曏者嗣子某，字懋賢，已集其文爲五十卷。既而以文字之多，懼世人傳者不能廣也，又選詩之尤善者，凡千篇，爲十卷，命曰《清風集略》，刻板摹之，命光繼敘其事。

又卷六六《記曆年圖後》　光頃歲讀史，患其文繁事廣，不能得其綱要。又諸國分列，歲時先後，參差不齊，乃上采共和以來，下訖五代，略記國家興衰大迹，集爲五圖。【略】凡一千八百年，命曰《歷年圖》。其書雜亂無法，聊以私便於討論，不敢廣布於它人也。不意趙君乃摹刻於版傳之，蜀

人梁山令孟君得其一通以相示。始光率意爲此書，苟天下非一統，則漫以一國主其年，固不能辨其正閏，而趙君乃易其名曰《帝統》，非光志也。趙君頗有所增損，仍變其卷秩，又傳寫多脱誤。今此淺陋之書，既不可掩，因刊正使復其舊而歸之。

司馬光《註揚子法言序》 孟子之文直而顯，荀子之文富而麗。揚子之文簡而奧，唯其簡而奧也，故難知，學者多以爲諸子而忽之。晉祠部郎中李軌始爲之註，唐柳州刺史柳宗元頗補其闕。景祐四年詔國子監校《揚子法言》，嘉祐二年七月始校畢，上之。又詔直秘閣呂夏卿校定，治平元年上之。又詔内外制看詳，二年上之，然後命國子監鏤版印行。

蘇頌《蘇魏公文集》卷六五《補注神農本草總序》 舊説《本草經》，神農所作，而不經見。《漢書·藝文志》亦無録焉。【略】兩漢以來，名醫益衆，張機、華佗輩始爲之編録耳。然《神農舊經》才三卷，藥止三百六十五種。至梁陶隱居又進《名醫别録》，以三百六十五種，因而注釋分爲七卷。唐顯慶中，監門衛長史蘇恭又摭其差謬，表請刊定。乃命司空英國公李世勣等與恭參考得失，又增一百一十四種，分門部類，廣爲二十卷，世謂之《唐本草》。國朝開寶中，兩詔醫工劉翰、道士馬志等相與撰集，又取醫家常用有效者一百三十三種而附益之，仍命翰林學士盧多遜、李昉、王祐、扈蒙等重爲刊定，乃有「詳定」、「重定」之目，並鏤版模行。由此醫者用藥遂知適從。而僞蜀孟昶亦嘗命其學士韓保昇等以唐本并圖經參比爲書，稍或增廣，世謂之《蜀本草》，今亦傳行。【略】嘉祐二年八月，有詔臣禹錫等再加校正，臣某等亦既被命，遂更研覈。【略】舊藥九百八十三種，續添八十二種，附於注者不預焉。新定一十七種，總新舊一千八十二條，皆隨類粗釋，推以十五凡則，補注之意可見矣。舊著開寶、英公、陶氏三序皆有義例，所不可去，仍載於首篇。臣等所被校正詔書曰《神農本草》，今既成書，因以題篇，不復加别號云。

又卷六七《東山長老語録序》 宣城太守史館刁公景純，始闢東山寶惠佛寺爲禪居，疏召海惠師居實以主之，徇衆欲也。師東陽右姓，雙林淨徒。少遊諸方，遍參知識，最後得法於瑯琊惠覺禪師。世所謂臨濟宗門而南院後裔者，師其流也。自涖叢林，宣揚佛道，一音既演，四衆畢臻。虚谷洪鐘，有來斯應。量根器之淺深，隨機緣而引導。晨咨夕叩，虚往實歸。如是累年，大振宗旨。雖道本無體，非文字談説之可明；而人亦有言，故應對酬酢之不一。於是有《升堂答問》洎《入郡》、《揭榜》等語録三卷傳焉。【略】某忝鄰對境，稔熟傳聞，限有帶水之遥，末由丈席之侍。蒙寄墨本，實會初心。未幾，令姪先輩東來見過，因語及此，且曰嚮之兩集，有蜀州吳醇史君、秘閣文與可作序印行。今兹唱和，石刻之外，復盈緗帙，亦將鏤版，見屬冠篇。某遊公之藩，蓋有年矣；聆師之譽，固無間然。不見異人，既得書而啓發。以爲作者，宜序事以著明。

羅適《六祖口訣後序》（釋慧能《金剛經口訣》卷末） 適少觀《壇經》，聞六祖由此經見性，疑必有所演説，未之見也。及知曹州濟陰，於邢君固處得《六祖口訣》一本，觀其言簡辭直，明白倒斷，使人易曉而不惑，喜不自勝。又念京東、河北、陝西人資性質樸信厚，遇事決裂，若使學佛，性必能勇猛精進，超越過人。然其爲講師者，多傳《百法論》、《上生經》而已。其學者不知萬法隨緣生，緣盡法亦應滅。反以法爲法，固守執著，遂爲法所縛，死不知解。猶如陷沙之人，力與沙爭，愈用力而愈陷，不知勿與沙爭，即能出陷，良可惜也。適遂欲以六祖《金剛經口訣》鏤板流傳，以開發此數方學者佛性。然以文多脱誤，因廣求别本勘校，十年間凡得八本。惟杭、越、建、陝四本文多同，因得刊正冤句。董君遵力勸成之，且卒諸朝士以資募工，士大夫聞者皆樂見助，四明樓君常願終求其事。

郄濟川《廣清涼傳序》（釋延一《廣清涼傳》卷首） 慧祥所謂時無好事，使芳塵委絶，信哉！濟川慨其若是，乃訪得真容院妙濟一公。其人純粹聰敏，博通藏教，講説記問，靡不精詣，因請公採摭經傳，收捃故實，附益祥傳，推而廣之，勒成三卷。首以吉祥降世因地，終以亘宋親逢化相，名曰：《廣清涼傳》。凡三月而成，授本院主事。募工開板，印施四方，俾師心三寶者，覩之益信向爾。時聖宋嘉祐紀號龍集庚子正月望日謹序。

楊蟠《刻王荆公唐百家詩選序》（王安石《唐百家詩選》卷首） 噫！詩繫人之好尚，於去取之際，其論猶紛紛，今一經公之手，則帖然無復以議矣。合爲二十卷，號《唐百家詩選》，得者幾希，因命工刻板，以廣其傳，細字輕帙，不過出斗酒金而直挾之於懷袖中，由是人之几上往往皆有此詩矣。【略】元符戊寅七月望日。

王闢之《澠水燕談録·歌詠》 張芸叟奉使大遼，宿幽州館中，有題子

瞻《老人行》於壁者。聞范陽書肆亦刻子瞻詩數十篇，謂《大蘇小集》。

又《書畫》　皇祐中，仁宗命待詔高克明輩畫三朝聖迹一百事，人物纔寸餘，宮殿、山川、車駕、儀衛咸具。詔學士李淑等譔次序贊，爲十卷，曰《三朝訓鑑圖》，鏤板印，貽大臣宗室。

蔣之奇《楞伽經序》（**釋善月《楞伽阿跋多羅寶經通議》卷首**）　之奇嘗苦《楞伽經》難讀，又難得善本。會南都太子太保致政張公施此經，而眉山蘇子瞻爲書而刻之板，以爲金山常住。金山長老佛印大師了元持以見寄。【略】故因讀《楞伽》新經，而記其因緣於經之端云。

沈遼《北山録序》（**釋神清《北山録》卷首**）　始余欲聞内典，訪諸南屏梵臻法師，於是受斯録焉。南屏云：「往聞老師言，丁秘監謂酷愛其書，一見如不及，至手傳其本。老師之言可信不疑者，丁公所述作多所自出也。」善乎！一乘以爲宗，百家以爲支。尋其支，如涉江河，隨地得宜。不得其源，猶足以爲多聞，況遂達其源乎？然其書出未久而世罕傳，能傳者莫不有名於時，而其傳者皆秘玩之以爲資，不肯廣也。余聞神清在元和時，其道甚顯，爲當世公卿所尊禮，從其學者至千人，而性喜述作。其出入諸經者，或刪焉，或益焉，凡百餘卷。而斯録獨發其所藴，尤稱贍博。使世之學者盡得其書而達其源，何患不爲神清乎？神清，其名也，生大安山下，後居長平山陰，故謂之《北山録》。惟賢大師先得蜀本，將傳諸好事者，請余叙其大方而刻之。因述南屏法師之言以爲首云。

毛漸《李太白文集跋》（**《李白集校注》附録**）　臨川晏公知止，字處善，守蘇之明年，政成暇日，出李翰林詩以授於漸曰：「白之詩歷世浸久，所傳之集率多訛缺。予得此本，最爲完善，將欲鏤板，以廣其傳。」漸竊謂李詩爲人所尚，以宋公編類之勤，而曾公考次之詳，世雖甚好，不可得而悉見。今晏公又能鏤板以傳，使李詩復顯於世。實三公相與成始而成終也。

國子監《刊刻注解傷寒論牒》（**成無己《注解傷寒論》卷首**）　國子監准尚書禮部元祐三年八月八日符：元祐三年八月七日酉時准都省送下當月六日勑：中書省勘會，下項醫書，冊數重大，紙墨價高，民間難以買置。八月一日奉聖旨，令國子監別作小字雕印，内有浙路小字本者，令所屬官司校對，別無差錯，即摹印雕版，並候了日廣行印造，只收官紙、工墨本價，許民間請買，仍送諸路出賣。奉勑如右，牒到奉行。前批八月七日未時付禮部施行，續准禮部符元祐三年九月二十日准都省送下。當月十七日，勑中書省，尚書省送到國子監狀：據書庫狀，准朝旨雕印小字《傷寒論》等醫書，出賣契，勘工錢約支用五千餘貫，未委於是何官錢支給，應副使用，本監比欲依雕四子等體例，於書庫賣書錢内借支，又緣所降朝旨，候雕造了日，令只收官紙工墨本價，即別不收息，慮日後難以撥還，欲乞朝廷特賜應副上件錢數支使，候指揮尚書省勘當，欲用本監見在賣書錢，候將來成書出賣，每部只收息壹分，餘依元降指揮。奉聖旨，依國子監主者一依勑命指揮施行。治平二年二月四日進呈，奉聖旨鏤板施行。

又《刻外臺秘要方劄子》（**《唐王燾先生外臺秘要方》卷首**）　宋皇祐三年五月二十六日内降劄子，臣寮上言：「臣昨南方州軍連年疾疫瘴癘，其尤甚處一州有死十餘萬人。此雖天令差舛，致此扎瘥，亦緣醫工謬妄，就增其疾。臣細曾詢問諸州，皆闕醫書習讀。除《素問》、《病源》外，餘皆傳習僞書舛本，故所學淺俚，詿誤病者。欲望聖慈特出秘閣所藏醫書，委官選取要用者，較定一本，降付杭州開板模印，庶使聖澤及於幽隱，民生免於夭横。奉聖旨宜令逐路轉運司指揮轄下州府軍監，如有疾疫瘴癘之處，於《聖惠方》内寫録合用藥方，出牓曉示及遍下諸縣，許人抄劄。仍令秘閣簡《外臺秘要》三兩本，送國子監見較勘醫書官子細較勘，聞奏劄付孫兆，准此。至治平二年二月二日准中書劄子較正醫書。所狀醫書内有《外臺秘要》一項，今訪聞前較正官孫兆較對已成，所有淨草見在本家，欲乞指揮下本家取赴本局修寫進册。所貴早得了當，指揮奉聖旨依所申施行，至四年三月□日進呈訖熙寧二年五月二日奉中書劄子，奉聖旨鏤板施行。

《蘇軾文集》卷六六《書楞伽經後》　太子太保樂全先生張公安道以廣大心得清淨覺，慶曆中嘗爲滁州，至一僧舍，偶見此經，入手恍然，如獲舊物，開卷未終，夙障冰解，細視筆畫，手迹宛然，悲喜太息。從是悟入，常以經首四偈發明心要。軾游於公之門三十年矣，今年二月過南都，見公於私第。公時年七十九，幻滅都盡，惠光渾圓；而軾亦老於憂患，百念灰冷。公以爲可教者，乃授此經，且以錢三十萬，使印施於江淮間。而金山長老佛印大師子元曰：「印施有盡，若書而刻之則無盡。」軾乃爲書之，而元使其侍者曉機走錢塘，求善工刻之板，遂以爲金山常住。元豐八年九月九日，朝奉郎、新差知登州軍州兼管内勸農事、騎都尉借緋蘇軾書。

孔宗翰《孔氏家譜舊引》（孔元措《孔氏祖庭廣記》卷首） 家譜之法，世叙承襲［者］一而已。疎略之弊，識者痛之。蓋先聖之沒於今千五百餘年，宗族世有賢俊，苟非見於史冊，即後世泯然不聞，是可痛也。如太常博士諱臧、臨淮太守諱安國、丞相諱光、北海諱融、蘭臺令史諱僖、議郎諱昱，纔十數人，非見於漢史，皆不復知矣。魏、晉而下逮於隋、唐，見於紀者止百餘人。按議郎本傳云：自霸至昱，七世之內，至卿牧郡守五十三人、列侯七人。今考於傳記，乃知所遺之多也。宗翰假守豫章，恩除魯郡，將歸之日，遂以舊譜命［工］鏤板，用廣流傳，或須［講］求，以待他日。

郭若虛《圖畫見聞誌》卷三 仁宗皇帝天資穎悟，聖藝神奇，遇興援毫，超逾庶品。伏聞齊國獻穆大長公主喪明之始，上親畫《龍樹菩薩》，命待詔傳模鏤版印施。

祝安《吴郡圖經續記後序》（朱長文《吴郡圖經續記》卷末） 元符改元，安上以不才濫綰倅符。到郡之後，周覽城邑，顧瞻山川，竊欲究古興替盛衰之迹，而舊經事簡文繁，考證多闕，方欲博訪舊聞，稍加增綴，而得此書於公之子耜，讀之終卷，惜其可傳而未傳也，於是不敢自秘，偶以承乏郡事，俾鏤版于公庫，以示久遠。若乃著述之本意，則詳於自序，而攄辭之博贍、措意之深遠，則又詳於常、林二君之後序矣，兹不重見，姑誌其刊鏤之歲月云。明年歲在庚辰八月望日。

石京《茅亭客話後序》（黄休復《茅亭客話》卷末） 此集自先祖太傅藏於書笥，僅五十餘載，而世莫得其聞也。余因募工鏤板，庶幾以廣其傳，尚冀將來好古博雅君子，幸無以我爲誚焉。

佚名《南華真經新傳序》（陸心源《皕宋樓藏書志》卷六六） 王元澤待制：《莊子》舊無完解，其見傳於世者，止數千言而已。元豐中始得完本於西蜀陳襄氏之家，其間意義淵深，言辭典約，向之無説者，悉皆全備焉。予是時鋭意科舉，思欲獨善，遂藏篋笥，蓋有歲。年前一日，賓友謂予曰：「方今朝廷復以經術造士，欲使天下皆知性命、道德之所歸，而莊子之書實載斯道。而王氏又嘗發明奥義，深解妙旨，計其爲書，豈無意於傳示天下後世哉？今子既得王氏之説，反以秘而不傳，則使莊氏之旨終亦晦而不顯也。與其獨善於一身，曷若共傳於天下，與示後世乎？」予敬聞其説，乃以其書親加校對，以授於崔氏之書肆，使命工刊行焉。丙子歲季冬望日序。

朱肱《重校證活人書序》（董斯振《吴興藝文補》卷一六） ［肱］及至滙陽，又見王先生，云《活人書》京師、成都、湖南、福建、兩浙，凡五處印行，惜其不曾校勘，錯誤頗多。遂取繕本重爲參詳，改一百餘處，及幷證與方爲一卷，因命工于杭州大隱坊鏤板，作中字印行，庶幾緩急易以檢閱。然方術之士能以此本游諸聚落，悉爲改證，使人讀誦，廣説流布，不爲俗醫妄投藥餌，其爲功德，獲福無量。政和八年季夏朔。

王次翁《忠愍公詩集序》（陸心源《皕宋樓藏書志》卷七二） 宣和壬寅，次翁受命假守［道州］，既至，拜公像，凜凜若見其人。【略】又得公詩三卷，凡二百四十篇，爲校正其訛錯，鏤板傳久。【略】宣和五年十二月朔。

劉麟《元氏長慶集序》（元稹《元氏長慶集》卷首） 元微之有盛名於元和、長慶間，觀其所論奏，莫不切當時務，詔誥、歌詞自成一家，非大手筆，曷臻是哉！其文雖盛傳一時，厥後浸亦不顯，唯嗜書者時時傳錄，不亦甚可惜乎！僕之先子尤愛其文，嘗手自抄寫，曉夕玩味，稱歎不已。蓋惜其文之工，而傳之不久且遠也，洒者因閱手澤，悲不自勝，謹募工刊行，庶幾元氏之文因先子復傳於世。【略】宣和甲辰仲夏晦日。

《熙寧元年九月八日刻［荀子］劄子節文》（葉昌熾《緣督廬日記抄・光緒十年閏五月廿七日》） 國子監准熙寧元年九月八日中書劄子節文：校定荀、揚書所狀，先准中書劄子：奉聖旨校定《荀子》、《揚子》。內《揚子》一部，先次校畢，已於治平二年十二月內申納訖。今來再校到《荀子》一部，計二十卷，裝寫已了，續次申納者申聞事右。奉聖旨，《荀子》送國子監開版，依《揚子》幷音義例印造進呈及宣賜劄，付國子監，准此。

葛祐之《齊民要術後序》（賈思勰《齊民要術》卷末） 紹興甲子夏四月十八日，龍舒張使君專使貽書曰：「比因暇日，以《齊民要術》刊板成書，將廣其傳。」求僕爲序，以冠其首。謹按《齊民要術》舊多行於東州，僕在兩學時，東州士夫有以《要術》中種植蓄養之法爲一時美談，僕喜聞之，欲求善本寓目而不得。今使君得之於薌林居士向伯恭。伯恭自少留意問學，故一時名士大夫多與之遊，而喜傳之書。蓋此書乃天聖中崇文院板本，非朝廷要人不可得，使君得之，刊于州治，欲使天下之人皆知務農重穀之道，使君之用心可知矣。

曾幾《東萊先生詩集後序》（陸心源《皕宋樓藏書志》卷八三） 乾道

初元，幾就養吳郡。時公雅自尚書郎擢守是邦，暇日裒集公詩，略無遺者，次第歲月，爲二十通，鋟板置之郡齋。【略】乾道二年四月六日。

王觀國《群經音辨後序》（賈昌朝《群經音辨》卷末） 紹興己未夏五月，臨安府學推明上意，鏤公《音辨》，敷錫方州，下逮諸邑。寧化號稱多士，部屬臨汀，新葺縣庠，衿佩雲集。是書初下，繕寫相先，字差毫釐，動致魚魯，且患不能周給諸生，固請刻本藏于黌館，以廣其傳。嘯工東陽閱月方就，解頤折角、馳騁群經者，自是遂得指南矣。【略】方鄰壤用師，日疲饋運，治賦餘暇，獨與諸生雍容俎豆間，談經究微，從事音辨，幾於不達時務也。鏤板于學，雖秀民隸業瀝懇有陳，亦長此邦者之所願欲也。書舊有序，姑跋其後云。紹興壬戌秋七月中瀚日，官舍西齋序。汀州寧化縣學鏤板。

釋法道《重開僧史略序》（釋贊寧《大宋僧史略》卷首） 唯寧師内外博通，眞俗雙究，觀師所集，物類相感，志至於微術小伎，亦盡取之，蓋欲學佛遍知一切法也。崇寧四年，敕加命號，曰東京左街僧録史館編修圓明通慧大師，以旌其學行。師之所著，唯《大宋高僧傳》三十卷，與《僧史略》三卷，奉敕入藏頒行，外餘多湮沒。兵火之中得斯藏本，佛法事理來歷紀綱，捨此書而弗知也。苟斯文之墜地，顧大法之將沈，由是敢率同袍，興心内護。爰有兩街僧録鑒義、臨安府前後政僧官禪講，同出長財，命工鏤板，附藏流通。因寫王詩歐公之録，以示方來，使知世智辯聰之流有時而信焉。三教之賢聖，理歸一揆，則八無暇之沈倫尚可救也。故爲序之。紹興十四年甲子四月己巳。

沈度《默堂先生文集序》（陳淵《默堂先生文集》卷首） 余昔從公受業左右幾二十年。嘗以存誠齋銘示諸學者，謂萬物皆備於我，非自外得，反求諸身而已。反身而至於誠，則合内外、同物我，無分於天人，且誠己乃所以成物，學者有進於斯，則何患不造古人之域！余服膺高堅，因得其遺文五百一十四篇，釐爲二十二卷，序而刊之，廣諸同志。苟有志於學者，探索而求之，則源流固有在矣。（陳）公諱淵，字知默，榜所居之室曰「默堂」，故後學以默堂先生稱焉。其立朝節槩則有行狀在，可考而知也。紹興十七年三月日。

楊楫《元包經傳序》（衛元嵩《元包經傳》卷首） 大觀庚寅夏六月，予被命來宰茲邑。莅官之三日，恭謁衛先生祠，顧瞻廟貌，覽古石刻，先生實高士也。既而邑之前進士張昪景初攜《元包》見遺，曰：「是經先生所作也，自後周歷隋、唐，迄今五百餘載，世莫得聞。頃因楊公元素内翰傳秘閣本，俾鏤板以貽諸同志。【略】政和元年十月望日。

艾晟《大觀經史證類備急本草序》（陸心源《皕宋樓藏書志》卷四五） 其爲書三十有一卷，目録一卷，六十餘萬言，名曰《經史證類備急本草》。察其爲力亦勤矣，而其書不傳，世罕言焉。集賢孫公得其本而善之，邦計之暇，命官校正，募工鏤板，以廣其傳。【略】大觀二年十月朔。

龔明之《中吳紀聞》卷二《傳燈録》 永安禪院僧道元纂。佛祖訖近世，名僧禪語，爲《傳燈録》三十卷以獻。祥符中，詔翰林學士楊億、知制誥李維、太常丞王曙刊定，刻板宣布。

張釜《刊華陽集跋》（張綱《華陽集》卷末） 先大夫平時刻意辭章，老且不倦，不幸厄於建炎兵火，而殘編斷簡得之煨燼之餘，又不幸沮於秦丞相，以深文鉗天下舌，而片言隻字莫敢出諸口。比及秦亡，而大父已告老，然遇佳時勝賞，猶時時技癢，發於吟詠。故身後裒集之文，僅如是而止。先叔寶文久欲鋟之木，而志弗遂。釜假守秋浦之明年，郡事稍閒，因取所編，復加訂正，以成先叔之志云。紹興改元冬十二月。

鄭昂《景德傳燈録跋》（釋道原《景德傳燈録》卷末） 右《景德傳燈録》本，住湖州鐵觀音院僧拱辰所撰，書成，將游京師投進，途中與一僧同舟，因出示之。一夕共僧負之而走，及至都，則道原者已進而被賞矣。此事與郭象竊向秀《莊子注》同。【略】福州大中寺知藏僧正自以寇亂而來，文籍道厄，募緣再刊此書，以便道俗齎覽，扣余爲序，因書其後。紹興壬子初冬十日。

詹棫《唐六典題誌》（李林甫《唐六典》卷末） 棫承乏永嘉，得本于州學教授張公，同以白太守徽學新安程公，一見肅然，曰：「周公之典，所謂設官分職，以爲民極，蓋具體矣。其階品有制，其尊卑有序，其名官有義。公等能廣其傳，則朝廷於焉若稽，搢紳於焉矩儀，士子於焉講究，一舉三得，不其偉歟！」因命張公校其訛闕，而棫募工鏤板，幾年有成。乃藏諸學，以傳久遠，資其直以養士類。紹興四年，歲次甲寅七月戊申朔，左文林郎充溫州州學教授張希亮校正。

沈誂《林和靖詩集題識》（陸心源《皕宋樓藏書志》卷七三） 和靖先生孤風凜凜，可聞而不可見。尚可得而見者，有詩存焉耳。是邦泯然無傳，豈不爲缺典哉！因得舊本，訪其遺逸，且與題識而附益之，刊置漕廨，庶幾尚友之意云。紹興壬子七月既望。

吴若《杜工部集後記》（錢謙益注《杜工部集》附録） 右《杜集》，建康府學所刻板也。初教授劉亘常今，當兵火瓦礫之餘，便欲刻印文籍。得府帥端明李公行其言，繼而樞密趙公不廢其説。未幾，趙公移帥江西，常今亦以病丐罷，屬府倅吴公才德充、察推王聞伯言嗣成之。德充、伯言爲求工外邑，付學正張巽、學録李鼎，要以必成。踰半年，教授錢壽朋耆朋來，乃克成焉。蓋方督府宣帥鼎來，百工奔走，趨命不暇，刀板在手，奪去者屢矣。一集之微，更歲歷十餘君子始就。嗚呼，事業之難興如此！常今初得李端明本，以爲善；又得撫屬姚寬令威所傳故吏部鮑欽止本，校足之；末得若本，以爲無恨焉。凡稱樊者，樊晃《小集》也；稱晉者，晉開運二年官書也；稱荆者，王介甫四選也；稱宋者，宋景文也；稱陳者，陳無己也；稱刊及一作者，黄魯直、晁以道諸本也。【略】此本雖未必皆得其眞，然求不爲異者也。他日有加是正者重刻之，此學者之所望也。

耿延禧《戰國策括蒼刊本序》（陸心源《皕宋樓藏書志》卷二四） 余至括蒼之明年，歲豊訟簡，頗有文字之暇。於是用諸郡例，鏤書以惠學者。念《戰國策》未有板本，乃取家舊所藏刊焉。是書訛舛爲多，自曾南豐已云疑其不可考者。今據所藏且用先輩數家本參定，以俟後之君子而已。【略】紹興四年十月。

國子監《准監關准尚書禮部刊刻［脈經］等五部醫書符文》（王國維《五代兩宋監本考·北宋監本》） 准紹聖元年六月二十五日敕中書省、尚書省送到禮部狀，據國子監狀，據翰林醫學本監三學看治任仲言狀。伏睹本監先准朝旨，開雕小字《聖惠方》等共五部出賣，并每節鎮各十部、餘州各五部本處出賣。今有《千金翼方》、《金匱要略方》、《王氏脈經補注》、《本草圖經》、《本草》等五件醫書日用而不可缺。本監雖見印賣，皆是大字，醫人往往無錢請買，兼外州軍尤不可得。欲乞開作小字重行校對出賣，及降外州軍施行。本部看詳，欲依國子監申請事理施行，伏候指揮。六月二十三日奉聖旨依奉敕如右，牒到奉行都省。前批六月二十六日未時付禮部施行，仍關合屬去處主者，一依敕命指揮施行。紹聖三年六月日雕。

晁謙之《雞肋集後跋》（晁補之《濟北晁先生雞肋集》卷末） 從兄无咎平日著述甚富，元祐末，在館閣時嘗自製其序。宣和以前世莫敢傳，今所得者，古賦、騷辭四十有三，古律詩六百三十有三，表、啟、雜文、史評六百九十有三。自捐館舍逮今二十八年，始得編次，爲七十卷，刊于建陽。紹興七年丁巳十一月旦日。

汪伯彦《宛陵集後序》（《梅堯臣集編年箋注》附録） 余被命來守宛陵，視事之翌日，有客謂余曰：「郡學請鏤版印書，公留意否乎？」乃問其目，曰：「《梅聖俞詩集》，自遭兵火，殘編斷簡，靡有全者，幸郡教官有善本。」【略】乃命學官董其事。鏤版既成，請序於余，余豈敢辭。【略】紹興十年上元日。

張敦頤《唐史論斷跋》（孫甫《唐史論斷》卷末） 諫議孫公以淵源之學、忠讜之論被遇昭陵，遂擢寘諫苑。嘗稱唐太宗規模法制有三代王者之風，故平生多喜言唐事。每嘆舊史猥雜，不足以垂戒後世，乃倣《春秋》編年法，修成《唐史記》七十五卷。其間善惡昭然可爲龜鑑者，因著論以明之。篇目凡九十有二，皆君相之事業，臺諫之紀綱，非徒爲是區區空言也。其史記全書，自公殁取留禁中，世所可得而見者論斷而已。予家藏是本久矣，揭來掌教延平，會朝廷寬鏤書之禁，應本朝名士文集有益於學者皆許流傳，乃出此書，與學録鄭待聘參考舊史，重加審訂，鋟木於泮宫，以與學者共焉。【略】紹興丁丑七月既望。

張銖《注潙山警策序》（釋守遂《潙山警策注》卷首） 自六祖而下有五派，潙仰居其一，惜乎其後不得其傳。然其法則傳萬世而無弊，不以人爲存亡，潙山之《警策》是以。夫《警策》之行於世尚矣，學者每患其辭雖顯，而其義則難窮；字有舛錯，而久未能辨。不有宗師大匠，安能發揚其義，而校正其舛錯乎？大洪淨嚴禪師禪學冠世，每因暇日遊戲筆硯。己未安居，因學者請益，遂爲之注解，其義坦然明白，字之舛錯者，又從而校正之，晚學後進有所矜式。俾潙山二百年湮没之迹，一旦光輝著見，因以傳無窮而施罔極，固不韙歟。門人史德賢欲鏤板以廣其傳，余嘉其志，輒爲之序而冠于篇首。

華初成《雲溪居士行狀》（華鎮《雲溪居士集》附録） 嗚呼！先君

已矣，所可傳者惟文。初成念欲鏤板行于世，每以奔馳薄宦，汩沒簿領，未遑編綴。比緣待次里閭，遂得裒集遺文，躬自書校幾四十萬言，離爲百卷，儻非宗工鉅儒爲之冠序，曷以傳之不朽。茲者幸會樞密資政樓公［炤］來帥會稽，敬以先君之文求序焉，獲遂所請。昔柳公權，唐之偉人也。當時大臣之家碑誌，非其筆，人以子孫爲不孝。今先君之文得樞密公爲之序，親染翰墨，光耀簡策，垂之無窮。而初成區區積年之志，一旦獲伸，不特無媿於唐史臣之言，而先君亦足少慰於地下矣，豈不幸哉！謹并以《揚子法言訓解》一十卷、《書説》三卷、《會稽覽古詩》一百三篇，《小詞》一卷，《會稽録》一卷、《哀文》一卷，鏤之于板，以廣其傳焉。紹興十三年癸亥九月望日。

彭以明《重開尊頂法論跋語》（釋德洪《楞嚴經合論》卷末）　《華嚴經》以諸善根迴向，爲善學智地大方便海，而大要皆願以妙辯才，爲諸衆生隨機廣演，悉令解了。【略】建炎間，寂音既逝，伯氏思禹幕盱江，喜其徒之請，佛果禪師亦以百千爲助，即鏤板於南昌，未幾火於冦兵。闕二十年，幾廢而僅存。高弟智俱慨然奮勵，奔走高安，再募刊行。清江椽涂元秩見之，揮金以爲之倡，而和者翕然，不數月而辦。

吴芾《湖山集》卷一〇《姑溪集序》　乾道丁亥，假守當塗，因訪古來文士居此邦而卓然有聲於世者，惟李太白、郭功甫與端叔三人。郡舊有太白、功父集，而端叔獨闕然。求於其家，而子孫往往散落，無復遺稿。間得之邦人，類而聚之，命郡士戴覃訂正，釐爲五十卷，鋟板於學。

熊克《老子道德經序》（《老子道德經》卷末）　咸平，聖語有曰：老子《道德經》治世之要，明皇解雖燦然可觀。王弼所注，言簡意深，眞得老氏清淨之旨。克自此求弼所注甚力，而近世希有，蓋久而後得之。往歲攝建寧學官，嘗以刊行。既又得晁以道先生所題本，不分道德而上下之，亦無篇目。克喜其近古，繕寫藏之。乾道庚寅，分教京口，復鏤板以傳，若其字之謬訛，前人已不能證，克焉敢輒易，姑俟夫知者。

邊惇德《事類賦序》（吴淑《事類賦》宋刻本卷首）　淳化中，博士吴淑進《事類賦》百篇于朝，太宗嘉其精贍，因命注釋之，擢爲水曹郎。今觀其書，駢四儷六，文約事備，經史百家、傳記方外之説，靡所不有，其視李嶠單題詩、丁晉公《青衿集》，用功蓋萬萬矣。歲月寖久，世罕其傳。提舉滎陽鄭公將命東浙，莅事未幾，百廢具舉。暇日裒集群書，曉析涵詠，以爲退食之娱。因以所藏《事類賦》善本俾鏤版，以備士夫章句檢討之益，且俾惇德著其述作之始于右。惇德切觀四聲之作，起於齊、梁，而盛於隋、唐，今遂以爲取士之階。其協辭比事，法度纖密，足以抑天下豪傑之氣。至於源流派别，凡有補於對偶聲韻者，豈可靳而不傳。雖淑之書用意浩博，將以貽惠來今，然非鄭公則不能廣其説，使學者有所觀覽云。紹興丙寅仲夏廿三日。

洪适《盤洲文集》卷六三《跋先忠宣公鄱陽集》　先君以建炎己酉出疆，時年四十有二矣。平生著書多，悉留檇李。庚戌之春，厄于兵燼，無一存者。紹興癸亥還朝，入直玉堂。不旬日，領鄉郡去。明年而遭祖母之喪，服除未幾，有嶺表之謫，杜門避謗，不敢復爲文章。謫九年而即世，故手澤之藏于家者，唯北方所作詩文數百篇，謹泣而叙之，以爲十卷，刻諸新安郡。未彙次者，猶有《春秋紀詠》千篇云。

又《跋元微之集》　［微之集］傳于今者惟閩蜀刻本，爲六十卷。三館所藏，獨有小集。【略】元、白才名相埒，樂天守吴財歲餘，吴郡屢刊其文；微之留越許久，其書獨闕可乎？予來踵後塵，蓋相去三百三十七年矣，乃求而刻之，略能讎正脱誤之一二，不暇復爲公次也。書成，寘之蓬萊閣。

又《池州隸續跋》　《隸釋》有續、前、後共二十一卷。乾道戊子始刻十卷於越，淳熙丁酉姑蘇范至能增刻四卷於蜀；後二年雷川李秀叔又增五卷於越，明年錫山尤延之刻二卷於江東倉臺，而輦其板合之越。延之與我同志，故鄭重如此。凡漢隸見於書者爲碑碣二百五十八，甎文器物款識二十二，魏晉碑十七，款識二，欲合數書爲一，未能也。今老矣，平生之癖將絶筆於斯焉。庚子十一月。

黄訒《東觀餘論跋》（黄伯思《東觀餘論》卷末）　訒紹興初寓居福唐，以先人秘書學士《校定杜子美集》二十二卷，槧本流傳，暨任帥司屬官已後，開刻《校定楚詞》十卷，《翼騷》、《九詠》、《小楷黄庭内景經》、《摹勒索靖急就章》各一卷。今任復以先人所著《法帖刊誤》、《秘閣古器説》、《論辯題跋》共十卷，總目之曰《東觀餘論》，及《校定汲冢師春》，刻版於建安漕司。先世遺書遂行於右文之旦，爲時而出，豈特爲家世之幸，紹興丁卯春正月初三日。

徐琛《明州重刊徐騎省文集後序》（**徐鉉《徐公文集》卷末**）　《騎省徐公文集》三十卷，天禧間尚書都官員外郎胡君克順編錄刊行，且奉表上進。【略】距今且二百年，其英名偉節得以不泯而爲後學法者，緊《文集》是賴。年世敻遠，兵火中厄，鮮有存者。偶得善本，使公庫鏤板以傳。

釋妙通《四分律隨機羯磨疏正源記跋》（**釋允堪《四分律隨機羯磨疏正源記》卷末**）　《正源》之興，其來久矣。亘宋皇祐間，眞悟智圓律師，草創製造釋羯磨疏也。妙通宣和年遊學錢塘，無相眞教律師，講疏多不用記。師云《正源》無板，寫多錯謬，所以不用。尋以兵火，摳衣慎水。西巖因律師，以記主傳授之記敷演記主付玩，玩付因也。其記頗詳。歎乎茲文，流傳經久，未嘗刊板。三家渡河，四狙從欲，加以後昆談闕其短，不美其長，伊何徒哉？心行若是，負先德之訓導者也。況乎記主心慧難測，身證莫知，蘊出倫之見，彰獨斷之才，草創戒業二記，及諸記行世，中興南山一宗，何異荆谿光大佛壠之教歟！妙通忝厠來裔，擬廣南山之道，刊板行世，俾大部三記悉備，晚進免之異求。開記功成，聊紀歲月。

釋惟定《關中創立戒壇圖經跋》（**釋道宣《關中創立戒壇圖經》卷末**）　吾祖之道，猶羲和昇於隅夷，則何物不明矣。幸於早年尋師問津，探賾其奧旨，時爲節度僧道，而傳演之道難矣。遂守愚於開元昭慶，會證悟依止，重築戒壇，忝預校量制度。壇將成，因思吾祖《戒壇圖經》，眞悟記主雖曾鏤板，緣兵火煨燼，深慮湮沒其道。遂遍募同袍，仍將舊本校刻流通，永彰不朽，使末代知壇制之殊勝耳。

釋與咸《十不二門樞要跋》（**釋了然《十不二門樞要》卷末**）　本講智涌和尚嘗爲門學敷演此文，窮深極微，符軌合轍。覈諸章藻，雖則建大義立宗旨，各據其所得，至於決擇考較，不能無同異短長之論。諸生請爲注解，遂成一家之書。示寂日，付之小子。嗚呼！古人所謂百年影殂，千載心在，故不可不傳於將來。謹命工鏤板，庶與諸家鈔記爭輝並耀，君子不黨，四方明達之士必將有鑒於斯。

劉棐《景德傳燈録後序》（**釋道原《景德傳燈録》卷末**）　《傳燈錄》鏤行舊矣，兵興以來，其版灰飛，慕心宗者患無其書。僧思鑒，婺人也，芒屩訪道三十年矣。亦欲人同悟涅槃妙心，而思有以資發之也。廣募淨信，復鏤其板，緇素贊歎而助成焉。【略】且鑒之募緣也，台之寧海邑民周民歎曰：「吾地有大梨木，閱三世矣。比歲我家之人各嘗夢其上有樓閣行廡，而無數僧往來於其間，每疑之，乃今方悟，當刊此錄耶。」遂舍以析版，且邀鑒即其家僦工而刻之。既刻，周氏夢六僧求已刻者觀焉。周問鑒曰：「此何僧耶？」鑒曰：「此六代傳衣祖師，特來證明此事也。」嗚呼！是書用爲一大事，則宜有感發之祥，以發痞人心。余故并列之，庶觀者知非小緣而堅其信心云。

鄭康佐《眉山文集序》（**唐庚《眉山集》卷首**）　政和中，先君寺丞赴官潮陽道，出鵝城，謁國博唐公，一見傾蓋如平生。自是書札往來，無非論文評詩，未嘗一語以及俗事也。而道義之交、習尚之同，先君固已序之矣。得唐公之文凡四十五首，詩賦一百八十五首，唐公嘗云：「吾以是得名，亦以是得謗，不欲盡傳諸人」。故所得止如是而已。康佐承乏惠陽，暇日閱《寓公集》，蓋東坡先生與唐公謫居時著述也。唐公之文，凡十有二首，詩賦一百十有一首，與先君所傳頗有重複。既而進士葛彭年以所藏閩本相示，文凡五十六首，詩賦二百八十七首，較之所見稍加多矣，而篇帙殺亂，句讀舛謬不可辨。未幾，又得蜀本於歸善令張匪躬之家，文凡一百四十二首，詩賦三百有十首，較之閩本益加多矣，而增損甚少，可以取正。康佐以郡事倥偬，遂屬教授王維則讎校。旁援博取，凡所辨正，悉有據依，而唐公之文遂爲全篇。因其名類，勒爲二十二卷，命刻板摹之。既以傳示學者，俾識其眞，且以著先友之義不沒其傳。既成，謹書於卷末。紹興二十一年仲冬。

洪遵《松漠紀聞跋》（**洪皓《松漠紀聞》卷末**）　先忠宣《松漠記聞》，伯兄鏤板歙越。遵來守建業，又刻之。暇日，賡閱故牘，得北方十有一事，皆囊歲侍親傍聞之者，目曰《補遺》，附載於此。乾道九年六月二日。

又《洪氏集驗方·跋》　右《集驗方》五卷，皆予平生用之有著驗，或雖未及用而傳聞之審者，刻之姑孰，與衆共之。

張洸《元包經傳跋》（**衛元嵩《元包經傳》卷首**）　右《元包經》，舊有序云：昇景初即洸之先君子也。家藏此書，常以貽好事者，然字古理奧而難通，好之者鮮。洸來宰臨卬，得同年張公文饒所爲疏義及邑士韋漢卿校正舊本，隨卦附釋音于下。因併鏤板，合爲一編，庶幾觀者得其門而入焉，則好之矣。紹興三十一年四月二十日。

李燾《續資治通鑑長編·太祖開寶六年》　知制誥王祜等上《重定神農

本草》，二十卷，上制序，摹印以頒天下。

又**《真宗咸平元年》** 十二月。先是，詔給事中柴成務等重定新編敕。丙午，成務等言曰：「自唐開元至周顯德咸有格敕，幷著簡編。國初重定《刑統》，上行編敕四卷。【略】又以續降赦書、德音九道別爲一卷，附淳化赦書合爲一卷。其釐革一州一縣一司一務者，各還本司。今敕稱依法及行朝典勘斷不定刑名者，幷准律令格式，無本條者，准違制令，故不躬親被受條區分。臣等重加詳定，衆議無殊。伏請鏤板頒下，與律令格式、《刑統》同行。」優詔褒答之。

又**《真宗景德二年》** 丙戌，西川轉運使黄觀言：益州將吏民庶舉留知州張詠，詔褒之。【略】蜀中喜事者，論次其詞，總爲《誠民集》，鏤板傳布。

又**《真宗大中祥符元年》** 上御崇政殿，親試進士，仍録題解，摹印以示之。

又**《大中祥符二年》** 上諭宰臣曰：京朝官諸司使副將赴外任，有上殿者，朕皆諭以當行之事，期以舉職；其不上殿者，自今宜爲辭誡勵，摹印賜之。

又**《真宗天禧二年》** 辛巳，迎道釋經赴三宮觀及都城寺院。先是，上令選藏敎中精妙者，凡五十八卷，讎校摹印，至是而畢。

又**《天禧四年》** 上御龍圖閣，召近臣觀聖製文論歌詩，上曰：「朕聽覽之暇，以翰墨自娛，雖不足垂範，亦平生遊心於此。」丁謂等言：「聖製廣大，宜有宣布，請鏤板以傳不朽。」許之。【略】壬戌，宰臣等言：「聖製已約分部秩，望令雕板摹印，頒賜館閣及道釋經藏名山勝境。乃命內臣規度禁中嚴淨之所，別創殿閣緘藏。」詔可。

又**《仁宗天聖二年》** 辛巳，詔：「自今赦書，令刑部摹印頒行。」時判部燕肅，言舊制，集書吏分録，字多舛誤，四方覆奏，或致稽違，因請鏤版宣布。或曰：版本一誤，則誤益甚矣。

又**《天聖四年》** 辛亥，國子監摹印律文幷疏頒行。

又 翰林侍講學士孫奭言：「見行喪服，外祖卑於舅姨，大功加于嫂叔，其禮顛倒。今錄《開寶正禮五服年月》一卷，請下兩制、禮院詳定。【略】己丑，詔國子監摹印頒天下。壬辰，醫官院上所鑄俞穴銅人式二，詔一置醫官院，一置相國寺。先是，上以鍼砭之法，傳述不同，俞穴稍差，或害人命。遂令醫官王惟一考明堂氣穴經絡之會，鑄銅人式。又纂集舊聞，訂正訛謬，爲《銅人鍼灸圖經》。至是，上之。因命翰林學士夏竦撰序，摹印頒行。

又**《景祐二年》** 辛未，知樞密院王隨上《傳燈玉英集》，乞摹印頒行，從之。

又**《神宗熙寧四年》** 壬寅，詔：「自今朝省及都水監司農寺等處，凡下條貫並令進奏院摹印，頒降諸路，歲給錢千緡，爲鏤板紙墨之費。」

又**《熙寧八年》** 王安石上再撰《詩關雎義解》，詔：「幷前改定諸詩序解，付國子監鏤板施行。」

又**《神宗元豐二年》** 御史舒亶言：「軾近上謝表，頗有譏切時事之言，流俗翕然爭相傳誦，志義之士無不憤惋。蓋陛下發錢以本業貧民，則曰『贏得兒童語音好，一年強半在城中。』陛下明法以課試群吏，則曰『讀書萬卷不讀律，致君堯舜知無術。』陛下興水利，則曰『東海若知明主意，應教斥鹵變桑田。』陛下謹鹽禁，則曰『豈是聞韶解忘味，邇來三月食無鹽。』其他觸物即事，應口所言，無一不以詆謗爲主。小則鏤板，大則刻石，傳播中外，自以爲能。」幷上軾印行詩三卷。

又**《哲宗元祐八年》** 工部侍郎兼權秘書監王欽臣言：「高麗獻到書內有《黄帝鍼經》，篇秩具存，不可不宣布海內，使學者誦習，乞依例摹印。詔令校對，訖依所請。

又**《哲宗元符二年》** 壬戌禮部言：「尙藥奉御判太醫局孔元狀乞將《神醫普救方》差官校正，付國子監鏤板頒行。」從之。

洪邁《夷堅丙志》卷一二《舒州刻工》 紹興十六年，淮南轉運司刊《太平聖惠方》板，分其半於舒州。州募匠數十輩，置局於學，日飲喧譁，士人以爲苦。教授林君以告郡守汪希旦，徙諸城南癸門樓上。七月十七日【略】五匠曰蘄州周亮、建州葉濬、楊通、福州鄭英、廬州李勝，同聲大叫，踣而死，遍體傷破。尋詢其罪，蓋此五人，尤耆酒懶惰，急於板成，將字書點畫多，及藥味分兩隨意更改，以誤人，故受此譴。

又**《萬首唐人絕句·自序》** 淳熙庚子秋，邁解建安郡印，歸時年五十八矣。身入老境，眼意倦罷，不復觀書，惟時時教稺兒誦唐人絕句，則取諸家遺集一切整彙，凡五七言五千四百篇，手書爲六帙。起家守婺，齎以自

隨。踰年再還朝，侍壽皇帝清燕，偶及宮中書扇事，聖語云：比使人集錄唐詩，得數百首。邁因以昔所編具奏。天旨驚其多，且令以元本進入，蒙寘諸復古殿書院。又四年來守會稽，間公事餘，分又討理向所未盡者。唐去今四百歲，考《藝文志》所載以集著錄者，幾五百家，今堇及半而或失眞。【略】今之所編，固亦不能自免，然不暇正。又取郭茂倩樂府與稗官小說所載仙鬼諸詩，撮其可讀者，合爲百卷，刻板蓬萊閣中，而識其本末於首。紹熙元年十一月戊午，煥章閣學士、宣奉大夫、知紹興軍府事、兩浙東路安撫使、魏郡公洪邁序。　越府所刻七言至二十六卷、五言至二十卷，而奉祠歸鄱陽，惟書不可以不成。乃雇婺匠續之于容齋，旬月而畢。二年十一月戊辰邁題。

又《重華宮投進劄子》　臣頃歲備數禁廷，得侍清閒之燕，因及手寫唐人絕句詩，即蒙聖旨許令進入。是時纔有五十四卷，去年守越，嘗于公庫鏤板。未及了畢，奉祠西歸，家居無事，又復搜討文集，傍及傳記、小說，遂得滿萬首，分爲百卷，輒以私錢雇工接續雕刻，今已成書。謹裝褫一部，遣人恭詣通進司伺候投進。凡目錄一冊，七言十五冊，五言五冊，共二十一冊，用匣盛貯。伏望聖慈特賜宣取。【略】［貼黃］上件詩集七言二十六卷以前，五言二十卷以前，係紹興府所刻，臣臨行時倉卒印造，紙劄多不精。續後點檢得有錯誤處，只用雌黃塗改，今來無由別行修換，以之進御，實爲不謹。臣不勝戰懼，俟罪之至，仰乞聖察。

又《華陽集序》（張綱《華陽集》卷首）　《華陽集》四十卷，故參知政事、資政殿學士章簡張公所著也。【略】［張公］薨之明年，嗣子戶部郎中堅銳蒐拾論次，合八百五十九篇，將刊鏤垂世，未克而沒。後二十三年，慈孫池州使金釜乃出捐家貲，板寘郡學。【略】紹熙二年三月十六日序。

佚名《刻王黃州小畜集牒文》（王禹偁《宋王黃州小畜集》卷末）　黃州契勘諸路州軍，間有印書籍去處。竊見王黃州《小畜集》，文章典雅，有益後學，所在未曾開板。今得舊本，計壹拾陸萬叁千捌百肆拾捌字。檢准紹興令諸私雕印文書，先納所屬申轉運司選官詳定，有益後學者聽印行。除依上條申明施行。今具雕造《小畜集》一部，共捌冊，計肆百叁拾貳板。合用紙墨工價下項：印書紙并副板肆百肆拾捌張，表背碧青紙壹拾壹張，大紙捌張，共錢貳百陸文足。賃板棧墨錢伍百文足，裝印工食錢肆百叁拾文足，除印書紙外共計錢壹貫壹百叁拾陸文足。見成出賣，每部價錢伍貫文省。右具如前。紹興十七年七月□日。

秦果《續世說序》（孫平仲《續世說》卷首）　學士孔君毅甫平仲，囊括諸史，派引群義，疏剔繁辭，揆叙名理，釐爲十二卷。可謂發史氏之英華，便學者之觀覽，豈曰小補之哉？惜其書成，未及刊行，轉相傳寫，不無烏焉成馬之弊。今兹善本，從義郎李君敏得之於前靖守王君長孺，相與鏤板而藏焉。【略】俄李氏以其書板來售，即加是正，復命鑱刻，以補其不足。將俾人得其傳，其利溥哉！

吴祇若《跋孝肅包公奏議》（包拯《包孝肅奏議》卷末）　盧江帥毗陵胡公彥國，倅建安章公籍，一日相與言曰：「此邦素多奇士，如包公實間出也。惜其後無顯人，弗克爲之發揚。」因搜訪遺藁，欲傳之爲不朽計。有攝助教蘇林進曰：「林舊藏公《奏議集》十卷，亡於兵火；今淮差總司屬官徐公修家有是本，請往求之。」遂不遠數百里，手抄以歸，前所謂嘉謨讜論，悉粲然在目矣。帥倅得之，喜曰：「兹可以廣吾志也。」迺俾祇若，是正訛謬，鏤板郡學，且命錄公傳及祠記、逸事附於末。其好賢樂善之誠蓋如此，不可以不識。

童宗説《文標集序》（盧肇《文標集》卷首）　《文標集》傳筆日久，序存而集亡。【略】學者亦罕見之。自建中靖康辛巳迄紹興庚辰，又六十年矣。會建安邵公來守是邦，崇鄉化以厚風俗，謂宗說：「蒐綴闕文，子職也。」既授以《雲臺編》廣其傳，又俾求子發遺書，得古律詩二十六篇于劉松《宜陽集》，得《閱城碑》、《震山記》于古廟嵌巖中，得《劒贊》于淸江玉虛觀，合賦、序、圖、狀四十有二篇，分爲上、中、下三卷，名從其初，序取其舊，附以成應元舉榜、祖擇之、梅聖俞諸公盧石題詠，鏤木于郡庠，以貽永久。【略】宋紹興庚辰。

毛晃《增修互註禮部韻略・進增修互註禮部韻略表》　臣晃言：【略】竊見方今國子監刊行《禮部韻略》，自元祐五年博士孫諤，陳乞添收，僅得一二。至紹興十一年進士黃啓宗隨韻補輯，所增不廣，尚多闕遺，音切謬誤，圈註脫略。【略】臣所增修《互註禮部韻略》，總平上去入四聲，共計五卷，謹繕寫新本，裝成五冊，隨表昧死詣登聞檢院投進以聞。如蒙可采，乞頒下國子監雕印施行。【略】紹興三十二年十二月日，衢州免解進士臣毛晃上表。

周必大《文忠集》卷五五《龍雲先生文集序》 先是，汴京及麻沙《劉公集》二十五卷。紹興初，予故人會昌尉羅良弼偏求別本，手自編纂，增至三十二卷，凡六百三十餘篇。嘉泰三年，賢守豫章胡元衡平一表鄭公之鄉里，訪襄陽之耆舊，欲廣其書，激厲後學。予亟屬羅尉之子泌繕寫定本，授侯刻之。

又《文苑英華序》 臣伏睹太宗皇帝，丁時太平，以文化成天下，既得諸國圖籍，聚名士丁朝，詔修三大書，曰《太平御覽》、曰《冊府元龜》、曰《文苑英華》，各一千卷。今二書閩、蜀已刊，惟《文苑英華》士大夫家絶無而僅有。蓋所集止唐文章，如南北朝間存一二。是時印本絶少，雖韓、柳、元、白之文，尚未甚傳，其他如陳子昂、張説、九齡、李翺等諸名士文集，世尤罕見。故修書官於宗元、居易、權德輿、李商隱、顧雲、羅隱輩，或全卷收入。當真宗朝，姚鉉銓擇十一，號《唐文粹》，由簡故精，所以盛行。近歲唐文摹印浸多，不假《英華》而傳。況卷秩浩繁，人力難及，其不行於世則宜。臣事孝宗皇帝，間聞聖諭，欲刻江鈿《文海》，臣奏其去取差謬不足觀，帝乃詔館職裒集《宋朝文鑒》。臣因及《英華》，雖秘閣有本，然舛誤不可讀。俄聞傳旨取入，遂經乙覽。時御前置校正書籍一二十員，皆書生稍習文墨者，月給餐錢，滿數歲補進武校尉。既得此爲課程，往往妄加塗注，繕寫裝飾，付之秘閣，後世將遂爲定本。臣過計有三不可：國初文籍雖寫本，然讎校頗精，後來淺學改易，浸失本指。今乃盡以印本易舊書，是非相亂，一也；凡廟諱未祧，止當闕筆，而校正者於賦中以商易殷，以洪易弘，或値押韻，全韻隨之。至於唐諱及本朝諱，存改不定，二也；元闕一句或數句，或頗用古語，乃以不知爲知，擅自增損，使前代遺文幸存者，轉增疵類，三也。頃嘗屬荆帥范仲藝均倅丁介，稍加校正。晚幸退休，遍求別本，與士友詳議，疑則闕之。凡經、史、子、集傳注、《通典》、《通鑑》、及《藝文類聚》、《初學記》，下至樂府、釋老、小説之類，無不參用。惟是元修書時歷年頗多，非出一手，叢脞重複，首尾衡決，一詩或析爲二，二詩或合爲一，姓氏差互，先後顛倒，不可勝計。始雕於嘉泰改元春，至四年秋訖工。蓋欲流傳斯世，廣熙陵右文之盛，彰阜陵好善之優。成老臣發端之志，深懼來者莫知其由，故列興國至雍熙成書歲月，而述證誤本末如此，闕疑尚多，謹俟來哲。

又卷一九八《與程元成給事書・二》 某素號淺拙，老益謬悠，兼之心氣時作，久置斯事。近用沈存中法，以膠泥銅板移換，摹印。今日偶成《玉堂雜記》二十八事，首混臺覽。尚有十數事俟追記、補段續納。竊計過目念舊，未免太息歲月之澐澐也。

陸游《世説新語跋》（劉義慶《世説新語》附録） 郡中舊有《南史》、《劉賓客集》版，皆廢於火，《世説》亦不復在。游到官，始重刻之，以存故事。《世説》最後成，因幷識於卷末。

又《渭南文集》卷二七《跋續集驗方》 予家自唐丞相宣公在忠州時著《陸氏集驗方》，故家世喜方書。予宦遊四方，所獲亦以百計，擇其尤可傳者，號《陸氏續集驗方》，刻之江西倉司。【略】淳熙庚子十一月望日吳郡陸某謹書。

又《跋釣臺江公奏議》 某乾道庚寅夏得此書於臨安，後十有七年，蒙恩守桐廬，訪其家，復得三表及贈誥、墓志，因併刻之以致平生尊仰之意。淳熙十三年十一月十有六日笠澤陸某書。

尤袤《昭明文選跋》（陸心源《皕宋樓藏書志》卷一一二《文選考異》） 貴池在蕭梁時實爲昭明太子封邑，血食千載，威靈赫然，水旱疾疫，無禱不應。廟有文選閣，宏麗壯偉，而獨無是書之板，蓋缺典也。往歲邦人嘗欲募衆力爲之，不成。今是書流傳於世，皆是五臣注本。五臣特訓釋旨意，多不原用事所出，獨李善淹貫該洽，號爲精詳。雖四明、贛上各嘗刊勒，往往裁節語句，可恨。袤因以俸餘鋟木，會池陽袁使君助其費，郡文學周之綱督其役，踰年乃克成。既摹本藏之閣上，以其板置之學宮，以慰邦人所以尊事昭明之意云。

又《呂氏家塾讀詩記跋》（呂祖謙《呂氏家塾讀書記》卷末） 六經遭秦火，多斷缺，惟《三百篇》幸而獲全。漢興，言《詩》者三家，毛氏最著。後世求詩人之意於千百載之下，異論紛紜，莫知折衷。東萊呂伯恭病之，因取諸儒之説，擇其善者萃爲一書，間或斷以己意，於是學者始知所歸一。今東州士子家寶其書，而編帙既多，傳寫易誤。建寧所刻，蓋又脱遺。其友丘漕宗卿惜其傳之未廣，始鋟木於江西漕臺。【略】淳熙壬寅重陽。

又《申鑑題辭》（荀悦《申鑑》卷首） 今《漢紀》會稽郡已版行，而此書則世罕見全本。余家有之，因刻寘江西漕臺。但簡編脱繆，字畫差舛者

不一，不敢以意增損，疑則闕之，以俟知者。

又《河南集跋》（尹洙《河南先生文集》卷末） 《師魯集》二十卷，承旨姚公手錄本。予往刻師魯文百篇於會稽行臺，今迺得閱其全集，甚慰，因復梓行之。

楊萬里《誠齋集》卷八〇《盧溪先生文集序》 ［盧溪］先生之孫澮及曾孫徵及其門人劉江，詮次先生之詩文凡若干卷，將刻棗以傳，而太守朱公子淵復刻其詩於郡齋，澮屬某序之。某嘗侍先生之杖屨，聞先生之誨言者，欲辭，敢哉？

又卷八二《澹菴先生文集序》 ［澹菴］先生既沒，後二十年，其子澥與其族子渙、族孫秘哀集先生之詩文七十卷，目曰《澹菴文集》，欲刻版以傳，貧未能也。之官中都，舟過池陽，太守蔡侯必勝相見，因問家集，慨然請其書刻之，命郡文學周南、董振之，學錄何巨源校讐之。未就而蔡侯移官山陽，雷侯孝友、顏侯棫踵成之。

朱熹《晦庵先生朱文公文集》卷七六《資治通鑑舉要曆後序》 清源郡舊刻溫國文正公之書，有《文集》及《資治通鑑舉要曆》，皆八十卷。《曆》篇之首，有紹興參知政事上蔡謝公克家所記，於其刪述本指、傳授次第，以及宣取投進所以然者甚悉。然其傳布未甚廣，而朝命以其版付學省，則下吏不謹，乃航海而沒焉，獨《文集》僅存，而歷數十年未有能補其亡者。淳熙壬寅，公之曾孫龍圖閣待制伋來領郡事，始至而視諸故府，則《文集》者亦已漫滅而不可讀矣。乃用家本讎正，移之別板，且將次及《舉要》之書，而未遑也。一日，過客有以爲言者，龍圖公瞿然曰：「吾固已志之矣。」亟命出藏本刻焉。踰年告成，則又以書來語熹曰：「是書之成，不惟區區得以嗣承先志而脩此邦故事之闕，抑亦吾子之所樂聞也，其爲我記其後。」

又卷七七《謝上蔡語錄後記》 熹頃年校定《上蔡先生語錄》三篇，未及脫藁，而或者傳去，遂侵木於贛上，愚意每遺恨焉。比因閑暇，復爲定著此本，然亦未敢自以爲可傳也。因念往時削去版本五十餘章，特以理推知其決非先生語，初未嘗有所左驗，亦不知其果出於何人也。後籍溪胡先生入都，於其學者呂祖謙得江民表《辨道錄》一篇，讀之則盡向所削去五十餘章者，首尾次序，無一字之差，然後知其爲江公所著，而非謝氏之語益以明白。

又卷八一《書徽州婺源縣中庸集解板本後》 此書始刻於南劍之尤溪，熹實爲之序其篇目。今建陽、長沙、廣東、西皆有刻本，而婺源宰三山張侯又將刻之縣學，以惠學者。

又卷八二《書楚辭叶韻後》 始予得黃叔垕父所定《楚辭叶韻》而愛之，以寄漳守傅景仁。景仁爲刻板置公帑，未幾，予來代景仁，景仁爲予言，《大招》「昭」、「遽」同韻，此謂「遽」當爲「遭」，似矣。然嘗讀王岐公集，銘詩中用「遽」字正入「昭」韻，則《大招》之「遽」自不當改。然又疑其或反是承襲此篇之誤，因考《漢書·叙傳》，則有「符」與「昭」韻者，《高惠功臣侯表》。「區」與「驕」韻者，《西南夷兩粤傳》。乃知《大招》本文誠不爲誤，而岐公用韻，其考之亦詳也。予按諸書信如景仁之言，蓋字之從「豦」聲者，「噱」、「臄」、「醵」，平讀音皆爲「彊」，然則《大招》之「遽」當自「彊」而爲「喬」，乃得其讀。於是即其板本復刊正之，使覽者無疑焉。景仁說尚有欲商訂者，會其去亟，不果。他日當并扣之，附刻書後也。

韓仲通《六朝事迹編類跋》（張敦頤《六朝事迹編類》卷末） 高陽許嵩作《建康實錄》，文多汗漫，參考者疲於省閱。新安張養正裒舊史而爲《六朝事迹編類》，部居粲然，俾江左三百餘年之故實，昭布方冊，非博雅好古，未易成此書也。余叨守建康，養正適以議郎居幕府，因取其書刊於此邦。【略】紹興庚辰立冬日。

陳巖肖《香溪集序》（范浚《香溪集》卷首） 一日，先生猶子元卿過余曰：「叔父平昔爲文至多，今不欲秘於家而出與世共之，力有未辦，則先刻其詩賦、論議、雜著爲二十二卷行於時。子嘗與叔父厚，願叙以冠其首。」【略】紹興三十一年四月十三日。

沈揆《校刊顏氏家訓跋》（《顏氏家訓集解》附録） 比去年春，來守天台郡，得故參知政事謝公家藏舊蜀本，行閒朱墨細字，多所竄定，則其子景思手校也。迺與郡丞樓大防取兩家本讀之，大氐閩本尤謬誤：「五皓」實「五白」，蓋「博名」而誤作「傳」；「元歎」本顧雍字，而誤作「凱」；「喪服經」自一書，而誤作「經」；馬牝曰「騲」，牡曰「騭」，而誤作「驒駱」。至以「吳趨」爲「吳越」，「桓山」爲「恆山」，「僮約」爲「童幼」，則閩、蜀本實同。惟謝氏所校頗精善，自題以五代宮傅和凝本參定，而側注旁出，類非取一家書。然不正「童幼」之誤；又《秦權銘文》「鼎」實古「則」字，

而謝音制，亦時有此疏舛。讎書之難如此。於是稍加刊正，多采謝氏書，定著爲可傳。又别列攷證二十有三條爲一卷，附於左。若其轉寫甚譌與音訓辭義所未通者，皆存之，以竢洽聞君子。

趙磻老《孝肅包公奏議跋》（包拯《包孝肅奏議》卷末） 右《孝肅包公奏議》十卷，紹興間胡帥治廬，以公本廬人，丘墓、祠堂在焉，命置板郡學。艱難悉爲煨燼，獨歲時蒸嘗之奉得不廢祀典。淳熙元年春，郡既肇新學宫，别作公像，迎致于東序，懼其書之弗傳，將敬慕有時而怠，乃訪舊本於學正湯氏家。教授霅川吳公芸又從幕屬假番陽辛氏所藏，補亡書七篇，是正訛謬，及遺脱計二百八十六字，遂爲繕本，鋟版以附新學。或公之道未墜於地，讀者必慕其爲人，且以遺君子之鄉，知名節取重於世，尚友先烈，庶幾乎遺風之不泯，是磻老區區建學刊書之意也。夏五月，書成。

刁駿《横浦心傳録跋》（張九成《横浦心傳録》卷末） 侍郎張公先生德行冠朝列，議論妙天下。凡學術之見於訓詁講解者，無非發明六經之藴，而心傳先聖之道，眞學者之軌範、當世之標準，此已廣行於世，人人皆得而有之。至若師弟子疑難問答、微言奥義，率皆剖决無餘，以啓迪聾瞽之言，世蓋未有聞見之者。【略】予負丞黄山，而同舍于忠甫昆季隱居方岩，寔先生之甥，頃嘗擔簦負笈，不遠千里皆至嶺下，其朝夕之所親炙者，所得尤更的切。籍記五六萬言，編以成書。予職事出郊，因訪其廬，忠甫以所集示予，且序而目之曰：《心傳録》如精金美玉，粲然溢目。予喜見之，肅容敬讀，如親侍訓誨，拳拳服膺，不忍釋手，所以開明昏聵、蕩滌茅塞者多矣。方知昔日先生告亡兄之言於是而盡得，則理與心會，端若無間然者在，予今日安敢泯其傳耶？雖然昔楊子雲作《太玄》，世無知之者，弟子侯芭收而藏之，且曰：後世有楊子雲，必好之。卒如其言，流傳不泯。今先生一話一言可以垂示永久者，顧不待予而獲傳，而忠甫兄弟家有記集，不以自寶，樂與賢者共之，予殊嘉其意焉。因出俸資，且率同志相與協力，命工鏤板，置之縣庠，庶幾四方士子均受先生之賜，而予與忠甫亦無愧於先生也。

晁子健《刊嵩山景迂生文集跋》（晁説之《嵩山景迂生文集》卷末） 先大父待制生平著述甚富，晚遭離亂，散失幾盡。紹興初，子健編集所得之文，止成十二卷。但竊記所亡書目于後。及既宦遊江、浙、蜀、淮、荆、襄，往來博訪，所得加多，重編爲二十卷。而東南之士多未之見，謹用鋟木于臨汀郡庠，以廣其傳。唯是收拾兵火之餘，傳寫訛缺異同，不敢輒易改補。去取尚俟他日訪本校正。【略】所期博雅君子昔有藏者，舉以見授。【略】乾道三年。

辛數《再刊寇萊公詩集後序》（寇準《寇忠愍公詩集》卷末） 公清才雅韻，冠絶一世，播於篇什，平淡淳正，得《風》、《雅》之體。【略】逮宣和間，王公次翁來兹曳組，景仰前修，因取舊集刊版以傳，士夫鼓舞以相夸詫，而春陵景物由是增輝矣。近時楊守惇亦即舊板重加刊治，至此未幾而字之漫滅者復且過半。數適兹承乏，政事之餘，取而閲之，深恐浸以失眞，復命校工，鳩工一新焉。【略】隆興改元七月日。

施元之《五代會要後序》（王溥《五代會要》卷末） 國朝王文康公所纂《五代會要》三十卷，慶曆中文忠烈公帥蜀嘗刻行之。兵興以後，久軼其傳。元之假守信安，得舊版于江陰以來，因併與范魯公所著《五代史通》刻版寘郡。【略】乾道七年三月旦日。

趙以夫《補刊梁谿先生文集跋》（李綱《梁谿先生文集》附録） 余家三山，寓于東報國寺，實李丞相忠定公舊居之右。于公諸孫間，盡得拜觀徽宗、欽宗、高宗三朝御札、批劄百餘軸，與公反覆當時事宜者今具載公集中。武陽舊有集，辛卯春閏，郡遭火燬，官書散落殆盡。明年之春，予被簡命來此，首訪公集，缺五百板。又明年，境内稍安，即刊補之。

釋法應《禪宗頌古聯珠集・序》 法應自昔南遊訪道，禪燕之暇，集諸頌古，咨參知識，隨所聞持，同學討論，去取校定。三十餘年，採摭機緣三百二十五則，頌二千一百首，宗師一百二十二人，編排成帙，命名《禪宗頌古聯珠集》。願與天下學般若菩薩共之。雖佛祖不傳之妙，不可得而名言，初無字書，安有密語，臨機直指，更不覆藏，徹見當人本來面目故。諸佛以一大事因緣出現於世，譬喻言詞，説法開示，欲令衆生悟佛知見，豈徒然哉！池陽信士哀金刻板，以廣見聞，爲大法光明之施。

釋道能《佛海禪師語録跋》（釋慧遠《佛海瞎堂禪師廣録》卷末） 佛海老人，平日説法，若雷霆震驚，蟄戶咸啓，凡聞見者，不言而知。其於臨濟正統，寧無耿光耶？俊上人緣檀者心，槧版流通，俾道能校定。念昔樞衣丈席，義不可嗣，故爲編次焉。覽者當於佛祖未出世時，著一隻眼，則此録不贅矣。

釋法義《觀經扶新論跋》（釋戒度《觀量壽佛經扶新論》卷末） 余頃年遊學四明，聞有《輔正解》者，爲破《新疏》而作也。宗中諸老嘗謂，古人有言，何以息諍無辯，姑置之而不理也。雖然，後學之曹不能無疑，今幸足菴度公評而論之，其理甚明。使《新疏》重光，後昆有託，豈曰小補。遂輟己長，仍率同志命工鏤板，以廣其傳。

釋法珊《傳法正宗記題記》（釋契嵩《傳法正宗記》卷末） 廣右藤之釋契嵩，字仲靈，少習儒業，遊方入吳，著書于錢塘之西湖。嘉祐間，以所業《傳法正宗記》、《定祖圖》、《輔教編》詣闕，以文贄見韓魏王、歐陽文忠公、王冀公，當時群巨公，極可許之。復表進仁宗皇帝御覽，至「爲道不爲名，爲法不爲身」之句，嘉歎留禁中久之，有旨宣賜入大藏。建炎間，兵火散失。逮紹興庚辰秋，福州太平寺正言長老，因遊東山龍首澗，得《正宗記》十二卷，仍以《輔教編》三冊增之，重新校勘，謂《開元解》。空明禪師曰：「吾家之嵩輔教，定慧操修，冬夏唯一衲，常坐不卧，日止一食。夜頂載觀音像行道，誦菩薩號十萬聲以爲常。宋之高僧，北斗以南一人而已，雖殫竹帛不可紀其道行。」於是率諸禪同力，刊板于福州開元寺，大藏流傳，利益無窮。住壽山廣應禪寺嗣祖佛燈大師法珊跋。敎忠崇報禪寺住持嗣祖比丘道印校正。

章宗《慈明四家録序》（釋楚圓等《慈明四家録》卷首） 臨濟宗風，特盛於天下。蓋其兒孫，皆鷹揚虎視。唯慈明負卓絶逸群之韻，氣吞佛祖，鎚拂之下，鍛煉凡聖，機用超脱，諸方未有出其右者，臨濟之道恢廓焉。其嗣子楊岐跨三脚驢，踏殺天下人。而白雲東山繼紹其宗，以無字印，印破天下衲僧面門，正法眼藏，向者瞎驢邊滅。觀其提持綱要，若揭日月，後之覽者，如墮妖霧，而獲指南之車。道場正堂辨公禪師，嗟乎舊板既廢，斯錄無傳。況今末學但玩魚目，以爲其眞，豈識夜光者哉！特命工重刊，目之曰《慈明四家錄》，庶幾正續之宗不墜。然金剛圈，栗棘蓬，銕酸豏，於是燦然列于前，若欲吞透，未出常情。既以不然，請閱斯錄。

釋戒應《題百録後序》（釋灌頂《國清百録》卷末） 吾祖智者大禪師，實靈山再來之人也。道傳三觀，悟自一心，恢張龍猛正宗，幽贊《法華》秘典，判釋以五時八教，歸趣以三觀十乘。縱辯宣揚，不立文字，章安結集，留逗後錄。其如解行證入之人，不知其幾千萬衆。諸部板刻布在諸方，唯《國清百録》，昨因魔火燔毁，直至于今，彌歷年深，所未諧圓就。今令行者曇岑遍求道俗，不憚苦辛，誠心不虛，遂圓部帙，庶得以廣見聞，傳諸永遠。則可以知吾祖道大名重，皇臣化迹始終宛如目擊，遂盡禮至恭敬覽始末云爾。

苗昌言《六經圖序》（楊甲《六經圖》卷首） 陳大夫爲撫之期年，樂民之安於其政，思所以富之教之之叙，既已創闢試院，以奉聖天子三年取士之制。又取《六經圖》，命泮宮職講肄者編類爲書，刊之於學，以教諸生。

梁安世《跋盡言集》（劉安世《盡言集》卷末） 元城先生南遷，往還皆道曲江，比得其手帖十餘紙於州人鄧氏，迺刻石清淑堂上。適先生曾孫孝騫自連山來訪，出其家藏《盡言集》十三卷，因命工鏤版，置之郡齋。淳熙五年戊戌。

黄玠《演山先生文集跋》（黄裳《演山集》卷末） 建炎丁未，［先君］寓居錢唐，會兵亂，陷圍城中，［文章］悉皆散亡。比寇平，凡歷年求訪，僅得二十餘萬言。【略】釐爲六十卷。迄乾道改元初夏，玠被命來守是邦，會鄉人廖挺爲軍學教授，惜其文之不傳，請校勘舛訛，鏤板于軍學，庶傳之永久，爲學者矜式。玠敢不敬從其請，而書其後云。乾道丙戌孟夏。

孫競《孫公談圃序》（孫升《孫公談圃》卷首） 紹聖初，黨錮禍起，先公［孫升］謫居臨汀，竟捐館舍。【略】後六十有八年，競以事來此，訪先公之寓居，與當時之故老，求能道先公時事者，邈不可得，獨慨然太息久之。偶携所謂《談圃》者隨行，因請于外舅。郡太守晁公欲傳於世，欣然領略之，遂槧於木，且以爲臨汀故事云。乾道二年六月望日。

陳輝《神宗皇帝即位使遼語録序》（陳襄《神宗皇帝即位使遼語録》卷首） 輝自幼年聞有是書，長而隨牒四方，博訪莫獲，常疚于懷。近者九江令叔祖祖卿寄示其本，謹令燁子校正，仍求序於御史芮公刊以傳永，庶幾少發前人之幽光，此子孫之職也。乾道改元十月。

胡价《賈太傅新書跋》（賈誼《新書》卷末） 長沙，故楚地，前代人物不乏有而顯，然各載史氏者獨屈原以忠憤、賈誼以遷徙，見之文詞，磊落相望。今《離騷經》，潭已板行，而誼書獨無傳焉，誠墜典也。提學漕使給事程公先生暫攝潭事，乃取櫝中所藏誼《新書》十篇，俾刻之學宮。【略】淳熙辛丑日。

樓鑰《攻媿集》卷七七《陳都官文集後序》 制置使陳公由地官貳卿出鎮四明，政成暇日，以家藏曾祖都官文集刻之郡庠，屬鑰爲序。【略】慶元六年孟秋丙子。

韋能定《錢塘韋先生文集跋》（韋驤《錢塘韋先生文集》卷末） 謝不敢，且曰：「蔣魯公［之奇］詳矣，何敢贅？」既不得命，敬題於後。先大父［驤］文藁二十卷，家藏日久。中以季父參議攜往別塾，最後二卷遺失，不可復得。能定大懼，歲月寖遠，復有亡逸，以隳先志，謹命工鋟木於臨汀郡庠。時乾道四年五月。

黄鼎《四明圖經序》（《［乾道］四明圖經》卷末） 自大觀元年，朝廷創置九域圖志局，命所在州郡編纂圖經，於是明委郡從事季茂誠等撰述。【略】書成未幾，而不幸厄於兵火，遂使存者亡、全者燬，前日之所成者，泯然而不見。制置直閣張公治明之二年，政成民和，郡以無事，迺登黄堂而歎曰：明之爲郡亦久矣。【略】而圖經則闕焉。詎不可搜訪遺亡，以補四明之故事也哉？公乃分委僚屬，因得舊錄，更加採摭，纂爲七卷。又以篇什碑記等爲五卷，附于其末。噫！年歷四十餘，守更數十政，其間非無鋭意立事，欲作爲一書垂之永遠者，或因循未暇，今公啓是念於黄堂之上，財六旬而編帙粲然大備，鳩工刊木，昭示將來。信乎，天下事非立志堅而用意到，疇能有成哉！

黄杲等《湖北提舉茶鹽司槧本漢書跋》（陸心源《皕宋樓藏書志》卷一八） 右，孟堅所書。二百二十年間列辟之達道，名臣之大範，賢能之志業，黔黎之風美具焉。柳柳州嘗評其文云：「商周之前，其文簡而埜；魏晉以降則盪而靡，得其中者漢氏。」抑至言虖！湖北外臺嘗鏤諸板，歲月寖深，字畫漫漶，且詿誤脱落，背理害文，學者病焉。外府丞姑蘇梅公爲部刺史，自公之暇，顧謂杲輩讎而正之。於是集諸校本參訂非是，凡改竄者數百字，泯滅則復書。郡太守番易張公以治辦稱，寔尸厥事，迺庀工修鋟爲成書。

袁説友《東塘集》卷一九《題梁昭明太子文選》 某到郡之初，倉使尤公方議鋟《文選》板以實故事，念費差廣而力未給。某言曰：「是固此邦闕文也，願署它費以佐其用可乎？」迺相與規度費出，閱一歲有半而後成。【略】尤公博極群書，今親爲讎校，有補學者。

又《跋昭明文集》 池陽郡齋既刻《文選》與《雙字》二書，於以示敬事昭明之意。今又得《昭明文集》五卷，而併刊焉。

綦焕《鄱陽刊文正公集引》（《［康熙］江西通志》卷四三） 番陽郡齋州學有《文正范公文集》、《奏議》，歲久，板多漫滅，殆不可讀。判府太中先生嘗謂此郡太守，名德如日月之照終古不泯者，在唐則顔魯公，本朝則范文正公。文正之集，士大夫過郡者莫不欲見，其可不整治乎！於是委屬寮以舊京本《丹陽集》參校，且捐公帑刊補之，又得詩文三十七篇，爲《遺集》附于後。其間尚有舛誤，更俟後之君子訪善本訂正焉。淳熙丙午十二月日。

曾丰《緣督集》卷一七《知稼翁詞序》 淳熙戊申，故考功郎莆田黄公公度之子沃通守臨川。明年，臨川人士得考功樂章，其題爲《知稼翁詞》，請鋟諸木。通守重於諸，於余乎質焉。【略】通守於家爲賢子，於時爲才士。夫有志揚其先而不憚鋟之木，則傳者日益廣，當有大識者出，爲考功重其價焉。

梁季珌《刊整漢書跋》（陸心源《皕宋樓藏書志》卷一八） 本司舊有《西漢史》，歲久益漫，因命工刊整，計一百七十版，仍委常德法曹、廬陵郭洵直是正訛舛二千五百五十八字，庶幾復爲全書云。

卞圜《劉賓客嘉話録序》（韋絢《劉賓客嘉話録》卷末） 右韋絢所録劉賓客嘉話，《新唐書》採用多矣，而人罕見全録。圜家有先人手校舊本，因鋟板於昌化縣學，以補博洽君子之萬一云。【略】乾道癸巳十一月旦。

袁燮《絜齋集》卷八《象山先生文集序》 ［象山］先生之歿餘二十年，遺言炳炳，精神猶在，敬而觀之，心神俱肅，若親炙然。臨汝嘗刊行矣，尚多缺略。先生之子持之伯微，裒而益之，合三十二卷，今爲刊于倉司，流布寖廣，書滿天下，而精神亦無不徧。

陳應行《禹貢山川地理圖跋》（朱彝尊《經籍考》卷九三） 程公［大昌］，曩在經筵進黑水之説，上動天聽，因以《禹貢》爲論、爲圖，啓沃帝心。且以東漸西被敎暨朔南爲惓惓之忠，盡在於此。嗚呼，大哉言乎！其本藏之秘館，天下學者欲見而不可得。歲在庚子，公以法從出守溫陵，而編修彭公提舶於此，與公有同舍之舊，得其副本。應行一日摳衣彭公之門，質疑之餘，出示書一編，曰：「此程公所進《禹貢論圖》也，子見之乎？」因

再拜以請，而三復其說。見其議論宏博，引證詳明，皆先儒之所未及，乃請於公，願刊之郡庠，以與學者共之。公曰：「是吾志也。」乃出公帑十五餘萬以佐其費，復請公序以冠其首。

李塈《重刊華陽國志序》（《華陽國志校補圖注》附録） 本朝元豐間，呂汲公守成都，嘗刊是書以廣其傳；而載祀荒忽，刓缺愈多，觀者莫曉所謂。予每患此久矣。假守臨邛，官居有暇，蓋嘗博訪善本，以證其誤，而莫之或得。因摭兩漢史、陳壽《蜀書》、《益部耆舊傳》互相參訂，以決所疑。凡一事而先後失序、本末舛逆者，則考而正之。一意而詞旨重複、句讀錯雜者，則刊而去之。設或字誤而文理明白者，則因而全之。其他旁搜遠取，求通於義者又非一端。凡此皆有明驗，可信不誣者。若其無所考據，則亦不敢臆決，姑闕之以俟能者。然較以舊本之訛謬，大約十得五六矣。鋟木既具，輒叙所以，冠於篇首。好古博雅、與我同志者，願無以夏五、郭公之義而律之。

趙愷《六學僧傳跋》（釋曇噩《新修科分六學僧傳》卷末） 本朝吳僧道原懼佛教之弗傳，分祖立宗，次叙其說，將以破學者之昏暗，猶燈之相續，而明之不可掩也。噫嘻！道原之作，有得於吾子思、揚雄之意歟。二子語道之傳，則曰：「自堯舜至於孔子、子思、孟軻氏。」言道之用，則曰：「君子道闇然而日章。」又曰：「聖人之道猶日中。」二者之言，其道原所謂之燈說乎？余於外典，雖未深了，公餘稍休，未嘗不以《圓覺》爲應世法門。比因取此集閲之，其叙述入道之由，標指契理之妙，敷倡宗旨，誘據後學，所以異於吾儒之教者幾希。惜非善本，訛舛既多，磨滅滋甚，遂載加讎校，命工鏤板，用廣其傳，庶有補於將來云。

張杅《淳熙刊史記序》（錢大昕《三史拾遺》卷一） 每恨其書單行，於披閲殊未便。比得蜀本，併與其本書集而刊之，良愜意。意欲重模，與南方學者共，未暇也。揭來桐川年踰，郡事頗暇。一日，與友人沈伯永語及前代史，則以爲先秦古書以來，未有若太史公之奇傑，班孟堅已不逮，而況其餘乎。因搜笥中書，蜀所刊小字者偶隨來，遂命中字書刊之。用工凡七十輩，越肇始四月望迄六月終告成。【略】淳熙丙申立秋日。

耿秉《淳熙刊史記跋》（同上） 淳熙丙申，郡守張介仲刊《太史公書》于郡齋，凡褚少孫所續悉削去，尊正史也。學者謂非全書，懷不滿意，且病其訛舛。越二年，趙山甫守郡，取所削別刊爲一帙，示不敢專，而觀者復以卷第不相入，覽究非便，置而弗印，殆成棄物。信乎流俗染人之深，奪而正之，如是其難！然星之於月，其不侔亦昭昭矣，屏之使不得並，孰若附之其旁，則小大較然，不其愈尊乎？別以所續，從其卷第而附入之，兩存其板，俾學者自擇焉。其訛謬重脱，因爲是正，凡一千九百九字，以辛丑仲秋望日畢工。澄江耿秉直之謹書。

解百禴《蠹齋先生鉛刀編跋》（陸心源《皕宋樓藏書志》卷八六） 百禴與先生從游，辱知遇最深。男璵受業於先生之門，積有歲時，盡得先生家藏詩文三十二卷。先生平日盡力於斯文，於詩尤刻意，舊句多所更定，與昔少異，不敢私藏于家，命工鏤板，以廣其傳。學古君子覽之，始知余拳拳之志焉。淳熙己亥重九日。

釋善月《金剛般若波羅蜜經會解後記》 愚述此書，始於己亥歲，草創於東湖蘭若，以其編例東安置之以篋笥，無慮二十年。至乙卯叨南湖祖席，戊午夏坐足疾稍閒，因得治定成四帙，畢訓素志。既而有竺峰之命，衆請刊。餘四經板藉次乃獲鋟工，纔得卷餘，攜以東歸。于兹中輟者又十餘載，其業不易究如此，自謂不復舉此話矣。山門學者妙見懺首，慨兹墜緒，有激于中，毅然發志募諸同袍道舊，相與助成教門一段因緣。於戲！起斯文於溝中之斷，豈易得邪？栢庭老衲書始末于供觀山色云。

李□《魏鄭公諫録序》（王方慶《魏鄭公諫録》卷末） 《魏鄭公諫録》五卷，唐《藝文志》以爲魏徵諫事，司馬文公《通鑑書目》以爲魏元成故事，蓋一書也。【略】陳叔進舍人得本，以屬予客馬叔度校正，幾謬誤一百四十五字，刊于齋。淳熙己亥十月上澣。

楊仲良《宋通鑑長編紀事本末》卷一三〇 紹聖二年十一月庚子，三省言國子司業龔原奏請，乞檢詳前奏下贈太傅王安石家取所進《字説》副本，下國子監校定雕印，以便學者傳習，從之。

何異《容齋隨筆五集總序》（洪邁《容齋隨筆》卷首） 知贛州寺簿洪公伋，以書來曰：「從祖文敏公由右史出守是邦，今四十餘年矣。伋何幸遠繼其後，官閒無事，取文敏隨筆紀録，自一至四各十六卷，五則絶筆之書，僅有十卷，悉鋟木於郡齋，用以示邦人焉。想像抵掌風流，宛然如在，公其爲我識之。」【略】僕又嘗于陳日華曄，盡得《夷堅十志》與《支志》、《三

志》及《四志》之二，共三百二十卷，就摘其間詩詞、雜著、藥餌、符呪之屬，以類相從，編刻于湖陰之計臺，疏爲十卷，覽者便之。僕因此搜索志中，欲取其不涉神怪，近於人事，資鑒戒而佐辯博，非《夷堅》所宜收者，別爲一書，亦可得十卷。俟其成也，規以附刻于章貢可乎？嘉定壬申仲冬初吉。

陸子遹《渭南文集序》（陸游《渭南文集》卷首） 劍南之詩續稿，雖家藏，世亦多傳寫。惟遺文，自先太史未病時故已編輯，而名以《渭南》矣。第學者多未之見，今別爲五十卷。凡命名及次第之旨，皆出遺意，今不敢紊，乃鋟梓溧陽學宮，以廣其傳。【略】嘉定十有三年十一月。

陸子虡《劍南詩藁跋》（陸游《劍南詩藁》卷末） ［先君］題其平生所爲詩卷曰《劍南詩稿》，以見其志焉。蓋不獨謂蜀道所賦詩也。後守新定，門人請以鋟梓，遂行于世。其戊申、己酉後詩，先君自大蓬謝事歸山陰故廬，命子虡編次爲四十卷，復題其籤曰《劍南詩續稿》，而親加校定。朱黃塗擳，手澤存焉。自此至捐館舍，通前稿，凡爲詩八十五卷。子虡假守九江，刊之郡齋，遂名曰《劍南詩稿》，所以述先志也。其佗雜文論著，季弟子遹亦已刊之溧陽。會子虡上乞骸之請，且暮且去，故有所未暇。初，先君在新定時，所編前稿，于舊詩多所去取。其所遺詩存者尚七卷。念先君之遺之也，意或有在，且前稿行已久，不敢復雜之卷首，故別其名曰《遺稿》云。嘉定十三年十二月既望，男朝請大夫知江州軍州事借紫子虡謹識。

又《逍遥詞序》（潘閬《逍遥詞》卷末） 子遹竊惟是邦以嚴名，州爲子陵也；以桐廬名，郡爲桐君也。二公之所立，可以爲廉貪立懦，有不容稱贊者。皇朝所以作風俗，亦未嘗不在是。方削平僭僞，平定戎虜告成。岱宗時則有若潘先生閬，楊先生朴、魏先生野以高節簡知聖心、師表一世，而句法清古、語帶煙霞，近時罕及。妄意以爲可襲二公之風，謹刻梓於郡齋，以與有志斯道者共之。紹定之元冬十一月。

黄榦《朱子語類原序》（黎靖德《朱子語類》卷首） 李君道傳貫之自蜀來仕于朝，博求先生之遺書，與之游者亦樂爲之搜訪，多得記録者之初本。其後出守儀眞，持庾節於池陽，又與潘時舉、葉賀孫諸嘗從游於先生之門者，互相讎校，重複者削之，訛謬者正之。有別録者，有不必録者，隨其所得爲卷帙次第，凡三十有三家。繼此有得者，又將以附于後，時以備散失，廣其傳耳。【略】貫之既以鋟諸木，以榦與聞次輯，而俾述其意云。嘉定乙亥十月朔日。

韓玉《湯尹才傷寒解惑論跋》（錢聞禮《類證增注傷寒百問歌》卷首） 漢張仲景著《治傷寒》一書，極爲詳備，議論精審，處方至當。【略】余惜是書世所未見，故鋟木用廣其傳。此論豈止解惑，乃治傷寒之指南也。淳熙壬寅孟夏望日。

陳公紹《重修太倉稊米集跋》（周紫芝《太倉稊米集》卷末） 《稊米集》，宣城周左司少隱之詩文也。公之所作，哀聚成集，既沒而未傳。乾道丙戌，其鄉人殿撰陳公天麟帥襄陽始鋟諸木。然校勘之不精，刻畫之舛錯，凡三百八十有五，而爲字千餘。淳熙辛丑春，公紹赴襄陽學官，任道過九江，見左司之仲子疇，得其家藏善本，比至，重加是正，命工修整，庶幾觀者靡有疑。時淳熙癸卯孟夏中澣謹誌。

秦熺《鄖溪集序》（鄭獬《鄖溪集》卷首） 熺假守安陸，得公集讀之。其氣節高邁，議論精確，可考不誣。【略】安陸，公鄉里，而公之文集不傳，爲郡者得無恧乎？乃畜公帑之用，刊而寘諸校官，將俾此邦人士知鄉之先達所立如此，因以勸慕興起，其於風教抑有補云。淳熙丙午秋七月。

慕容綸《摛文堂集序》（慕容彥逢《摛文堂集》卷首） 先大父少師文友公，【略】有《文集》二十卷，《內制》十卷，《外制》二十卷，《講解》五卷，《奏議》五卷，因兵火盜賊之後，散失幾盡。綸近於親舊間搜訪所得，尚及千篇，分爲三十卷，命工鏤版。目以文友公《摛文堂集》。時淳熙十四年歲次丁未下元日。

汪綱《越絶書跋》（錢穀《吳都文粹續集》卷一） 《越絶書》苦無善本。近得丁文伯以蜀中所刊者見示參攷，粗爲可讀，因刊置郡齋以補越中之闕云。嘉定甲申八月旦日。

又《春秋經解序》（孫覺《春秋經解》卷首） 綱因讀《龜山文編》，見其爲中丞孫先生［覺］作《春秋解後序》，竊謂楊公學邃於經，今於是書尊信推予若弟子之於其師，後學觀此，當知所依歸矣。敬鋟諸梓，以補前之未備云。時嘉定丙子仲春上澣。

胡澄《慶湖遺老詩集題記》（陸心源《皕宋樓藏書志》卷七九） 余傳録此編久矣，意俟後集併爲鋟木。念未易得，恐失因循，迺以所積節儀折色

等錢，刻置郡齋，頃爲德清令邑子以公《留題》、《左顧》二絶相示，嘗揭之亭上，今附載於是。紹熙壬子七月朔。

又　始予讀公墓誌，謂有詩二十卷，而所得前集財九卷，竊疑其有脱略，以公自序如此，且其孫手鈔，遂信之。竭來邵陽，因命鋟木。既而有于公家嘗傳卷之十者，爲予校讐，果少近體一卷，缺古風一首，絶句二十首。又得之公子廙豫登《補遺》二十七篇，并程公之序録以見寄屬。瓜代之日無幾，不暇附益改作，姑目曰《拾遺》而亟刻之，以全其集云。紹熙癸丑三月五日，澄書。

張孝曾《新刊前漢書序》（陸心源《皕宋樓藏書志》卷一八）　湖北庾司舊所刊《西漢史》，今五六十年。壬辰歲前提舉官梅公嘗修治，今又二十餘年矣。鋟木既久，板缺字脱，觀者病之。余將命于兹職事，暇日，因取其朽腐漫漶者，凡百二十有七板，命工重刊，或加修剔，俾稍如舊，以便覽閲。然板刻歲深，勞於棲墨，則損壞日增，此理必然隨時繕治，誠有待於來者，因誌其後以告。紹熙癸丑二月望日。

章楫《是齋百一選方序》（楊守敬《日本訪書志》卷一〇）　王使君璆，博雅君子也，生長名家，蓄良方甚富，皆其耳目所聞見、已試而必驗者。每嘆人有可療之疾，藥不相值，卒於不可療。思濟斯人，詎忍秘而不示？屬守古沔，公餘哀集始就，迺鋟諸郡齋，目之《百一選方》。其精擇審處蓋如此，然則公之用心仁矣。是書之衍其傳也，宜哉！慶元丙辰孟冬初吉。

張嗣古《大易粹言跋》（方聞一《大易粹言》卷末）　右《大易粹言》，前太守曾君穜命郡博士方聞一所裒輯者也。雖七家之書，不無深淺異同之論，然攷其師友淵源，則皆自伊洛中來。學者得此書而萃觀之，則淺深異同之際，乃吾所用力之地。苟能窮其所已言，以求乎至是之歸，體其所未言，以造乎自得之實，則知陰陽五行升降上下，無非天理流行之妙，而畫前之《易》，當在吾心，而不在書矣，豈徒以廣耳目聞見而已哉！歲久，板漫滅不可讀，因念刊書之難，復爲之修改七百三十有六板，凡二十六萬一千五百九十有四字，以與學者共之，亦以無忘曾君之美意云。嘉定癸酉五月望。

曹叔遠《止齋先生文集後序》（陳傅良《止齋先生文集》卷末）　先生《春秋後傳》諸書，今參知政事樓公既屬永嘉守施公栻刊寘郡齋矣，惟文集舊未成編，蓋俗所傳如《城南集》之類，皆幼作，先生每悔焉。【略】樓公復以屬郡守楊公簡續刊之，楊謝不能。郡博士徐公鳳慨然曰：「是吾志也，吾起慕敬于兹久。」乃與前吏部侍郎蔡公幼學更加訂定，即廩士羨緡萬亟成之。【略】嘉定癸酉三月。

林瑑《莆陽比事序》（李俊甫《莆陽比事》卷首）　僕至郡之三月，李君幼傑來訪，出其書一編閲之，《莆陽比事》綱目也。其言纔千有餘，其事上下千百年間可法可勸可喜可愕，無所不有。於是嘉其工、嘆其勤也。命工就録全帙，延訪儒生，往復訂正，凡踰年而書始成，乃鋟木以傳後。【略】嘉定甲戌四月下澣。

俞澄《刊刻會稽志題記》（《〔嘉泰〕會稽志》卷末）　紹興府今刊《會稽志》一部，二十卷。用印書紙八百幅，古經紙一十幅，副葉紙二十幅，背古經紙平表一十幅。工墨錢八百文，每冊裝背□□文。右具如前。嘉泰二年五月□日。手分俞澄、王思忠具。

許興裔《復齋易説跋》（趙彦肅《復齋易説》卷末）　余聞復齋先生趙公〔彦肅〕之言久矣，假守嚴陵，既踰年，公之門人喻仲可始攜其所著《易説》六卷見過。余肅觀之，其體察也精，其推研也審，其措辭不苟，其析理不浮，蓋深窺乎爻象之變，而洞達乎陰陽之情者也。嗚呼，如公之賢而無後，余懼其久而或泯，因屬喻君校勘，刊置公之祠堂，與志學者共之。併以公之行實大槩刊附于後，俾來者有攷焉。嘉定辛巳六月望。

樓昉《童蒙訓跋》（吕本中《童蒙訓》卷首）　昉兒時侍鄉長老，嘗從旁竊闚所謂《吕氏童蒙訓》者，【略】客授金華，太守丘公先生語次及之，且曰：「昔先公每以訓子姪。某初在傅，日誦習焉，將求善本，刻之學宫或太史祠中，使流布於世。」昉因從臾成之，曰：「書出於吕氏，刻於祠堂宜也。」會公有民曹之命，迺出錢五萬，以從初約。吕兄巽伯喬年家所藏本最爲精密，前此長沙郡、龍溪學皆嘗鋟木，而譌舛特甚，丘公所誦習者，未知何所從得也。初，舍人吕公以正獻長孫，逮事元祐遺老，與諸名勝游，淵源所漸者遠。渡江，轉徙流落之餘，中原文獻與之俱南，因即疇昔所聞見者，輯爲是編。倉部既手寫而藏之，巽伯又是正而刊之，庶幾可以傳矣。【略】巽伯屬記始末，因輒附所聞於其後，是亦丘公之志焉爾。公名壽雋，字眞長，文定公之嫡長子云。嘉定乙亥中秋日。

邵輯《龍學孫公春秋經解叙》（孫覺《春秋經解》卷首）　龍學孫公蚤

從安定胡先生游，在經社中最有聲，而尤深於《春秋》。晚患諸儒之鑿，彼此佩劍，蠹蝕我聖經，乃攄其所自得爲之傳。凡先儒之是者從之，非者折衷之，義例一定，凡目昭然，誠後學之指南也，而傳者蓋寡。余曩得之親故間，愛其議論之精審，而文辭之辨博也。常欲刊行與學者共之，而力所不能。既來秦郵，以爲此公之鄉里也，近世兩淮如合肥之《包孝肅集》，山陽之《徐節孝集》，皆因其鄉里而易以傳布，吾之志遂矣。適值大歉，朝夕汲汲焉，荒政之是營，未暇及此。越明年歲稔，公私粗給，於是撙節浮費，鳩工鏤板，寘諸郡齋，以永其傳。【略】紹熙四祺仲春。

劉宰《漫塘集》卷一九《本事方序》 醫生呂啓宗與余言曰：啓宗晚學醫，於醫家書未多讀，獨求其論證明白，用藥精審，無如許知可學士《本事方》。許儀眞人，今是方之流行江淮浙間，多眞所刊本，火於兵，今不獲存。啓宗大懼此書之泯，無以惠方來，嘗試以語句曲施君某，施欣然欲鏤板，以廣其傳。顧未得善本，公嘗官于眞，盍從公求之。余即授以眞舊本，而復書曰：「施君刊是書，可以濟人愈，於刊釋老經文萬萬也。」【略】嘉定改元序。

林師文《施食通覽跋》（釋宋曉《施食通覽》卷末） 釋門施食，難思之法也。以咒持二七之數，而謂能格六道四生之類；以升合一器之微，而謂能變四斛九斗之量。以焦腹巨口之饑，而謂能致甘美實腹之飽，豈非難思之法耶？難思如是，而不示之以所可信行，則其信愈難矣。四明曉公廣披經教，審知施食一法利濟尤多，竊恐人多不知所自，雖昭着典籍，非會成一家，則將泛然難考。於是備錄，以爲《施食通覽》。遠從佛口親宣，近自諸師輔贊，以至加持響驗靡所不載。一日攜以見示，師文沐手齋心，讀之得未嘗見，因念向之所信者，今愈加信矣。而人或未信者，豈可無以開其深信耶？遂捨家資，普爲有情，命工刊行，俾今見行者，知所因依，轉加精進，其未嘗見者，開發信心，奉行勇猛。庶幾自此人人樂於施食，則三途八難，飢火悉滅，乘佛願力，勝處託生，其利豈不博哉！開禧改元乙丑歲旦。

釋如皎《釋門歸敬儀通真記後記》（釋了然《釋門歸敬儀通真記》卷末）

吾祖南山聖師所製《歸敬儀》，其來久矣。誠觀行之宗歸，顯事理之臻極。古來雖有解釋，於觀理未明。不空然律師撰記以闢之，文義煥然，理味深遠。今門人欲鋟板以廣其傳，命予校勘，因紀其歲月，敘之云耳。時鉅宋開禧三年歲在大火五月望日。

趙彥衛《雲麓漫鈔序》 《擁鑪閒記》十卷，近刊于漢東學宮，頗有索觀者，無以應其求。承乏來此，適有見版，併後五卷，刻諸郡齋。近有《避暑錄》，似與之爲對，易曰《雲麓漫鈔》云。開禧二年重陽日。

黄沃《知稼翁集跋》（黄公度《知稼翁集》卷末） ［先君］在時號知稼翁，因以名集，凡十二卷。先已命工鋟木，而此詞近方收拾，未得其半，姑錄而藏之，以傳後裔，謹毋逸墜云。【略】淳熙十六年重五日。

又 先君在時號知稼翁，文成輒爲人取去，故笥所存，塗乙之餘，纔十一卷。沃於暇日，泣而次之，名之曰《知稼翁集》，已刊于家塾。今復刊于邵陽郡齋，而求序於年家父執者，成先志也。【略】慶元二年丙辰蜡月。

張時舉《刊印文苑英華聲説》（陸心源《皕宋樓藏書志》卷九二） 吉州致政周少傅府昨于嘉泰元年春，選委成忠郎、新差充筠州臨江軍巡轄馬遞鋪、權本府使臣王思恭專一手抄《文苑英華》，并校正重複，提督雕匠。今已成書，計一千卷。其紙札工墨等費，並係本州印匠承攬，本府並無干預。今聲說照會。四年八月一日。

陳曄《神宗皇帝即位使遼語錄序》（陳襄《神宗皇帝即位使遼語錄》卷首）

《先正文哲公家集》二十五卷，先君［襄］少師頃歲刊於章貢郡齋，垂三十有七年。字將譌闕，曄今刊於臨汀郡齋，附以治平《使遼錄》一卷于後，用示毋忘先君克揚前休之意。慶元三年七月一日。

劉董《芥隱筆記跋》（龔頤正《芥隱筆記》卷末） 檢討龔公以學問文章知名當世。【略】此其閑居暇日，有得於一時之誦覽者，隨而錄之，故號曰筆記。【略】嘉泰改元孟冬既望，汶人劉董敬用鋟木于東寧郡庠，庶侈其傳。

朱思《吴郡樂圃先生餘稾序》（朱長文《樂圃餘稿》卷首） 《樂圃文集》舊百卷，家藏古今篇帙動萬計，與夫數世聚族之居，堂宇、亭榭、名花、古木罹建炎兵火之難，吴城失守，一日翦爲刼灰。其後，獨先生《春秋通志》復傳本於他郡，僅有全編。思玷處孫列，自幼搜訪樂圃餘稾，每得一篇，必珍而藏之。今裒集有年矣，他未有所增益，豈非詢之未廣而求之未裕歟！觀伯父都講痛心疾首之言，每竊傷歎思老矣，深懼異時墨渝紙弊、不能久其傳。今雖百卷之中僅存十一，然雄文麗藻，恐又將堙沒，遂止憑所

藏，得古律詩大小百六十有三、記五、序六、啓七、墓誌五、世譜、題跋、祭文、賦、書、銘各一類，爲卷十。捐俸募工，以鋟諸木。【略】紹熙甲寅孟冬望日，姪孫思謹序。

胡大正《致堂先生讀史管見跋》（**陸心源《皕宋樓藏書志》卷三八**）　《讀史管見》，以司馬氏《通鑑》爲目，上下二千餘載，累言四十餘萬，其議論既詳且正。士夫過從，首請其書，翫而復之，且謂願見而不可得，必求其本以歸。大正家貧俸薄，筆札不給，而終不能遏士夫之意。揭來溫陵，迺鋟諸梓，由是求者可得而與者易辦。或病予曰：「昔王仲淹嘗以《政大論》、《皇極讜義》等作言諸人，君子哂之。此書之刊，殆類是耶？」曰：「仲淹之所以見哂者，謂其侈家學以爲續書張本爾。以大正之庸劣，非敢續先世之書，尤不敢以家學自侈。則其所以刊是書者，亦何哂之有？」淳熙壬寅首夏初吉。

王聞禮《梅溪先生文集序》（**王十朋《梅溪王先生集》卷首**）　先君文集合前後并奏議五十四卷，紹熙壬子聞禮鋟木江陵，歸藏于家。痛念先君即世二十有一年矣，不肖孤家貧力弱，日夜抱遺書以泣，一旦懼溘先朝露，無以贖不孝罪。會兒聞詩假守浮光，以俸餘命聞禮董其役，始事于莫春，訖工于中秋。先君正大之學、忠憤之氣、愛君憂國之誠、仁民愛物之念，庶幾一展卷而盡見之。職校正迪功郎謝汝能、鄉貢進士任炎其間闕亡者，異爲別集云。

余仁仲《事物紀原序》（**陸心源《皕宋樓藏書志》卷五九**）　此書求到京本，將出處逐一比校，使無差謬。重修寫作大板雕開，並無一字誤落。時慶元丁巳之歲，建安余氏刊。

又《尚書精義原序》（**黄倫《尚書精義》卷首**）　《書》解數百家，或泛而不切，或畧而未備，或得此而失彼，或互見而疊出，學者病之。釋褐黃公以是應舉，嘗取古今傳注及文集、語錄，研精而翦截之，片言隻字有得乎經旨者，纂輯無遺，類爲成書，博而不繁，約而有要，實造渾灝噩之三昧，非胸中衡鑑之明焉。能去取若是，志於經學者倘能嚅嚌是書，不必他求矣。余得之不敢以私，敬鋟木與天下共之。所載諸儒姓氏，混以今古，余不暇次其先後，觀者自能辨之。淳熙庚子臘月朔旦，建安余氏萬卷堂謹書。

張顔《春秋經解跋》（**孫覺《春秋經解》卷末**）　右，高沙鄉先生龍學孫公《春秋解》，發明聖經之隱奧，折衷諸儒之是否，學者願見而不可得。前政邵君出家藏本刻板郡齋，其惠後進也博矣。茲復移書，以樞密跋語俾附益卷末，又且見景仰不忘之意，余敢不助成美事！慶元改號朔旦。

徐民瞻《晉二俊文集序》（**陸機《陸士衡集》卷首**）　民瞻幼閲晉陸機士衡傳，太康末，士衡與弟雲士龍俱入洛，造太常張華。華素重其名，一見如舊識，曰：「伐吳之役，利獲二俊。」嘗伸卷反覆求二俊所以名於世者，張華所以稱道而有得士之喜者，觀之，蓋其兄弟以文章齊驅並駕於兵戈擾攘之間，聲聞闊肆，人無能出其右者，時號二陸。華聞服之久，一旦驟得之，宜其欣慰而稱道之也。籲，二俊沒，寥寥且千載，其人不可得而見矣。其文章所謂如朗月之垂空，重巖之積秀者，固自若也，耳目可無所見聞乎！其載於《文選》諸書中者亦多。即而熟讀之，其詞深而雅，其意博而顯，遠超枚、馬，高躡王、劉，百代之文宗也。每以未見其全集爲恨，聞之鄉老曰：「士衡有集十卷，以《文賦》爲首，《士龍集》十卷，以《逸民賦》爲首。」雖知之，求之未遂。偶因乏使承雲間民社之寄。二俊，雲間人也，拜命之日，良慰于中。謂平素願見而不可得者，遂於此行矣。到官之初，首見遺像於吏舍之旁，塵埃漫污，曖昧殊甚，大非所以揭虔妥靈之本意。即日闢縣學之東偏建祠宇，奉以遷焉。邦人觀瞻，無不懽喜稱歎。因訪其遺文於鄉曲，得《士衡集》十卷于新淮西撫幹林君，其首篇冠以《文賦》，《士龍集》十卷則無之。明年，移書故人秘書郎鍾君，得之于冊府，首篇《逸民賦》，悉如所聞。亟繕寫，命工鋟之木以行，目曰《晉二俊文集》。【略】慶元庚申仲春既望。

王遵《刊清江三孔集跋》（**《永樂大典》卷二二五三七**）　［遵］來清江，【略】冥搜旁索，日緝月綴，始得一千八百餘篇。屬教授許成之新、蘄春知監徐得編次，且屬新廣東帥幕劉性之、新分寧知縣徐筠、清江主簿曾煥校定，遵亦時自寓目於其間。既成，釐爲上中下三帙，合四十卷。【略】數比舊所稱殊不類，度多闕遺，且雖參訂，終不無舛誤。懼復散亡，乃鋟諸梓，有志於是者幸竟成之，慶元五年四月望。

陳杞《都官文集跋》（**陳舜俞《都官集》卷末**）　先考删定寶藏都官遺文，杞頃爲閩中常平使者，嘗刻之版，未成。而移漕廣右，委之僚屬，尚多差舛，每以愧恨。洎來此邦，念都官本以明州觀察推官試大科，欲考陳迹，

則相去百四十餘年不可得。知集中自言十五年間，再官於天台、四明之二州，猶有鄞縣《鎭國院記》等文存焉。因加讐校，而缺其不可知者，屬郡博士、郡從事刊之，以廣其傳，仰惟我曾祖風節峻厲，凜然如生，不肖曾孫恃有公論，不敢贅辭云。慶元六年十月望日。

米憲《寶晉山林集拾遺序》（米芾《寶晉山林集拾遺》卷首） 先祖［米芾］遺文，按待制蔡公天啓誌墓文有《山林集》百卷，若宣已子聖度錄等文，又數十卷。適靖康變故，先君閣學，僑寓溧陽，僅脫身于崎嶇兵火之中。異時寶晉所藏，皆希代所見，靡有孑遺，故先集亦不復存在，以故尚未顯行于世。憲不肖之孫，緬想祖烈，重以先君閣學治命，每歎遺稿未充廣傳，爲沒齒深恨。憲欽承先訓，勠心瘵形，遠求博訪，裒聚縷積，迨今五十年矣，而六丁勅將，毫芒僅有，故梵筴雜疊，青氈並藏，自《書史》、《畫史》、《硯史》外，其他詩文纔百餘篇，懼遺編之墜地，致潛德之晦蝕，乃即筠陽郡齋命工鋟板，以遺世之欲見是書者，庶可無愧於彥芳之藏筆，魏謩之寶笏。如其發揮幽光，垂示將來，則有俟于大手筆序而冠諸篇首云。嘉泰改元初禩，歲次辛酉，月紀太蔟，曰御乙亥，嗣孫米憲拜手謹識。

沈有開《刊皇朝文鑑序》（吕祖謙《宋文鑑》卷首） 《皇朝文鑑》一書，諸處未見有刊行善本。惟建寧書坊有之，而文字多脫誤，開卷不快人意。新安號出紙墨，乃無佳書，因爲參校訂正，鋟板于郡齋。嘉泰甲子重陽日。

鄒應龍《梁谿先生文集跋》（李綱《梁谿先生文集》附録） 稍長，慨慕丞相之英風儀槩，欲徧求遺文而讀之，苦不多見。蓋鄉人無能收之者，每每爲恨。逮守溫陵，公之孫提幹大有出示所刊丞相三朝表劄、奏議凡八十卷，又《總錄》一卷，及陳少陽《盡忠錄》、如是居士《靖康感事詩》，于是得盡讀公之文及見公之行事，望洋而歎，大喜過望。若夫人以立言爲不朽，以有後爲不死。公之文既得其子裒而集之，又得其孫鏤而傳之，將使天下之人家有其書，眞足以不死且不朽矣。然武陽者乃公之父母邦也，聞提幹將以其書之板歸于三山，其何以慰鄉人之思。不然，他日當告于鄉郡守之好事者，取其書重鋟木焉，并續其家藏文集附益之，庶使吾黨之後進，有以稽其典型云。嘉定三年九月朔。

齊礪《帝學序》（范祖禹《帝學》卷首） 《帝學》一篇，元祐中太史范公勸講金華，摭取帝王務學求師之要，自宓羲迄于我宋，釐爲八卷上之。玉音嘉納，緝熙光明，於斯爲盛。其五世孫擇能宰高安，刊置縣齋，未幾散逸。戸曹玉牒汝洋一日訪得元本，因俾鋟木，以補道院之闕，庶永其傳。嘉定辛巳季夏望日。

衛樵《後樂集跋》（衛涇《後樂集》卷末） 先公參政文字七十卷，皆樵執簡膝下隨日錄藁襲藏者也。先公平昔著述尙多，而樵自入仕，居侍旁之日少，於是藁錄之備諸弟之留侍者有焉。孤苦餘生，悉未裒集。樵茲來守永，偶公暇，因以所藏者纂類校讎，又命館賓嘉興貢士常南仲相與覆校，敬鋟諸木，而以櫟齋叔父湜所編《年譜》冠諸帙首。伊欲罄先公之遺文具載備錄，以至行述、謚議、史傳、隧碑，併俟它日續鋟木云。紹興壬辰冬旦。

鄭性之《宋九朝編年備要序》（陳均《宋九朝編年備要》卷首） ［陳均］平甫與余游從廿年矣，足不出書室，口不及世事，利害得喪，不足以動其心，師友淵源蓋得所漸，孜孜爲學未見其止也。一日告余曰：「我朝祖功宗德，相業臣謨，惟《長編》一書包括無遺，本末可考，但浩如烟海，學者莫知涯涘。僕之鈍，尤不能強記。欲纂作二書：一舉其要，一備其目。事之相聯屬者，亦或互見。參稽國史，出入諸書，訂其異以會其同，約其詳而補其略，庶幾文公朱先生所修《通鑑綱目》之意，而非敢僭以自比焉。此書幸成，則得以私便誦記，不敢外示也。積年而書成，余與二三同志先得觀之，傳示寖廣，人各欲得其書而力不能錄，遂相與鋟木，願友朋共之。【略】紹定己丑中秋。

曾熠《刊孔子閒居解跋》（楊簡《慈湖先生遺書・續集》附録） 熠頃侍教於知丞趙公，嘗言楊［簡］先生昔著《孔子閒居解》，熠請之而未獲，沂乃寄示，誠足以開悟後學，因鋟木以傳之。【略】嘉定戊辰十一月甲子。

又《刊己易跋》（同上） 楊先生《己易》，曩先生宰樂平時嘗加改訂，熠得其本，因謁知丞趙公是正之，鋟木以詒同志。【略】嘉定戊辰十一月

又《己易閒居解再跋》（同上） 熠刊《己易》、《閒居解》，因紀歲月，僭書數語於卷末。【略】輒合《己易》、《閒居解》爲一帙，幷以二書刊其後，敢不服膺，以無負老先生循循之誨。嘉定己巳六月望。

鄭元清《跋西塘集》（鄭俠《西塘先生文集》卷末） 先大父隆興甲申

守盱江，以所藏高大父教授朝奉西塘遺文，叙緝成編。蒙大資黄公［祖舜］爲之序，遂刊寘公府，今四十七年矣。乾道丁亥，簡肅侍郎林公出鎮九江，就集中刪其代人作者，又録高大父之言行附于末，鋟板郡齋。淳熙改元，大師左丞相史公出帥鄉邦，復取斯集，親爲題跋而刊之。皆以大資黄公所爲序冠之篇首。嘉定庚午，元清備數金陵酒掾，因思盱江所刊之本欲見之而未能致。一日，會同官府判鄭秘閣忽謂於郡侯張寺簿有疇昔之好，特爲貽書及之。未幾，果得舊本。開卷敬誦，其他篇帙，不紊顛末，但其序已不復存，得非歲久而遂亡之邪？元清敬取篋中所藏副本繕寫，命工鏤之，亟附便郵，還寘盱江書庫，以補集中之脱簡云。

洪伋《再刻謝宣城詩集跋》（謝朓《謝宣城詩集》卷末）　謝公詩名重天下，在宣城所賦爲多，故杜少陵以謝宣城稱之。在宣城宜有公之集矣，後公六百五十餘年，樞密樓公始克鋟之木。距今又六十四年，字畫漫毀，幾不可讀，是用再刻于郡齋，以永其傳。嘉定庚辰冬十二月望。

又《容齋五筆跋》（陸心源《皕宋樓藏書志》卷五六）　叔祖文敏公居閒日久，著述爲多，《隨筆》五書凡七十四卷，考覈經史，捃摭典故，參訂品藻，精審該洽，學士大夫爭欲傳襲。伋頃守章貢，後公四十年，以其書鋟於郡齋。揭來守建，又後公四十三年，於是復鋟此書于建。方欲彙公之文，刻寘祠下，適以移官未暇也，當嗣圖之，以成山莊先生之志云。嘉定十六年秋八月既望。

魏了翁《鶴山先生大全文集》卷五三《朱文公語類序》　開禧中，余始識輔漢卿于都城。漢卿從朱文公最久，盡得公平生語言文字。每過余，相與孰復誦味，輒移晷弗去。余既補外，漢卿悉舉以相畀。嘉定元年，余屆成都，度周卿請刻本以幸後學。余曰：「余非敢靳也，所爲弗敢傳者，恐以誤後學耳。」周卿艴然曰：「奚至是？」余曰：「子知今之學者之病乎？凡千數百年不得其傳者，今諸儒先之講析既精，後學之粹類亦廣，而閩浙庸蜀之鋟刻者已徧于天下。若稍損貲用，則立可以充廚牣几。苟有小慧纖能，涉其大指，則亦能以綴説緝文。或以語諸人，則亦若稍嘗從事焉者。奚必誦先聖書而後爲學乎，亦取諸此而足矣。且張宣公以程子之意類聚孔、孟言仁，而文公猶恐其長學者欲速好徑之心，滋入耳出口之弊。脱是書之行，其無乃非公所云云者乎！吾甚懼焉。」周卿由是姑徐之。後數年，竟從余乞本刊諸青衣。彼不過余所藏十之二三耳，然余且謂周卿曰：「子其以此意著于篇端，俾學者毋襲是弊也。」其後李貫之刊于江東，則已十之六七；今史廉叔所得黄子洪類本，則公之説至是幾無復遺餘矣。廉叔將板行，以余有志於斯也，屬叙所以作。【略】今未可槩以是爲疑而閟其傳，盍遂以此冠篇而併刻之，將聽學者之自擇焉。

又《周元公程純公正公謚告序》　臣自嘉定八年司臬劍東，兼攝漕事。厥明年春，上疏請下禮官，爲周敦頤及程顥、程頤議所以易其名者。厥十有三年六月，乃以命書與其貳付元奏請官，臣遂得受而藏之。臣謂是舉也，百年間鴻儒碩士偶未及言，今乃白發於一介外小臣，而聖斷沈雄，不以人廢，宣謂盛典。然而郡國邸吏不得而傳也，臣慮四方學者未得徧睹，則無以仰稱聖上崇儒重道之指，乃摹勒樂石，龕置潼川校官，復鋟板以廣其傳，俾凡承學之士有觀焉。

又《楊濟道鈍齋集序》　鈍齋楊侯最後出，才思華贍，頡頏前修。【略】侯之子鉉、銓將以侯平生所爲文鋟諸木，而屬書其篇首，乃不果辭。侯名某，字濟道，嘗長著庭，兼吏部郎，歷漢東太守，終潼川路轉運判官。

又《范正獻公文集序》　公之文集，玉山汪公應辰既嘗板行于某所矣，今公之諸孫子長守潼川，又以刻諸郡齋，而屬叙所以識諸篇端，儻庶幾世道之補云。

又《毛義甫六經正誤序》　至開元，所書五經往往以俗字易舊文，如以「頗」爲「陂」，以「平」爲「便」之類，又不可勝舉，而古書益邈。五季而後，鏤版繙印經籍之傳雖廣，而點畫義訓謬誤。自若本朝冑監經史多仍周舊，今故家往往有之，而與俗本無大相遠。南渡草創，則僅取版籍於江南諸州，與京師承平監本大有逕庭，與潭、撫、閩、蜀諸本互爲異同，而監本之誤爲甚。柯山毛居正誼父，以其先人嘗增註禮部韻，奏御於阜陵，遂又挍讎增益以申明，於寧考更化之日，其於經傳亦既博攬精擇。嘉定十六年春，會朝廷命冑監刊正經籍，司成謂無以易誼父，馳書幣致之。盡取六經三傳諸本參以子、史、字書、選粹、文集，研究異同，凡字義音切豪釐必挍，儒官稱歎，莫有異詞。旬歲間刊修者凡四經，猶以工人憚煩詭竄墨本以紿有司，而版之誤字實未嘗改者什二三也。繼欲修《禮記》、《春秋》三傳，誼父以病目移告，其事中輟。或者謂縱令盡正其誤而諸本不同，何所取證，豈若錄其正

誤之籍而刊傳之，俾後學得以參攷。余觀其書，念今之有功於經者，豈無《經典釋文》、《六經文字》、《九經字樣》之等，然此書後出，殆將過之無不及者，其於後生晚學祛蔽寤疑，爲益不淺，因縱臾其成而序識之。書曰：若升高必自下，若陟遐必自邇。學者其毋忽於斯。寶慶初元冬十二月丁亥朔，臨邛魏了翁序。

又卷五四《王侍郎秬復齋詩集序》　公之孫潭昔宰寧川，嘗以公奏疏刻諸縣齋，今通守邵陵，又裒公平生詩爲二集，分十有五卷，刻諸治寺。前後工梓之費，則皆以俸之用例而不欲受者爲之，屬予叙所以作。

又《游誠之默齋集序》　始勉之裒其伯氏默齋文稿，屬後谿劉公爲之序，未暇銓次也。厥二年，類卷板行，俾某申序焉。【略】集凡若干卷，今重刻于其所。

又卷五五《論語通釋序》　勉齋黄直卿合朱文公三書爲《論語通釋》，吾友復齋陳師宓叙所以作，張敏則刻之潭之湘鄉之漣谿。予首從蕭定夫得善本以歸，里人趙心傳請刻諸梓以幸惠學士，而屬予申其義。

又《伊洛淵源録序》　里人張寅臣既刊《伊洛淵源録》，求予一言，予方自靖還邛，未皇也。會邵陽守李侯大謙以予昔歲爲周程諸儒請易謚及前後祠堂記粹爲一編，刻成見寄，予舉而付之曰：「予所欲言者盡於是矣。」

又《止堂訓蒙序》　至彭公爲《訓蒙》之書，諏經考傳，韻聯辭屬，以便於學士之習讀。予始得於公之子欽，蓋六學之會，百行之畜。其季鉉也，以校本來，耆之益篤，玩之益孰。起家守瀘，念扶世而善俗，取諸此書殆不翅足，迺刻梓于州府，以俟世之知言知德者焉。

又《致堂先生胡公斐然集序》　長沙吳德夫間爲予言：胡明仲氏學業行誼爲世楷則，出一編書名《斐然集》以授予，曰：「其爲我廣諸蜀。」予識之弗忘。後守廣漢，將以刻諸梓，或疑其議服一事，久未能決。厥二十又七年，予歸自南遷，起家渡瀘，叙州守馮侯邦佐已刊之州府，求一言冠篇。【略】端平元年九月戊申。

又卷六三《跋羅文恭公薦士稿》　予嘗以呂正獻公《掌記》、司馬文正《薦士編》、陳密學《章稿》范正獻《手記》、李邦直《舉官記》及近世虞忠肅公《翹材館録》輯成一書，刻之潼川漕司，惟呂文穆公夾袋小冊、韓忠獻甲乙丙丁集、曾宣靖《睢黄公議》未得全本。今幸從文恭公之子愚獲觀《薦士稿》，前輩懷人憂世之規大抵皆如此，凡以謹時幾而釐帝命也。

又卷六四《通典跋》　杜氏《通典》之書包括古今，涵貫精粗，人習焉不察，例以類書目之。予自成都嘗倣其書爲《國朝通典》，因得以熟復終帙。今起家守瀘，帑有刊本，而文字漫漶，半不可識，將盡易之而先是有已經修者，棄之亦可惜，乃命工易十之四，凡二千葉，爲文五十七萬有奇。端平元年九月甲子，臨邛魏某書。

趙與峕《白石道人歌曲跋》（姜夔《白石道人歌曲》卷末）　白石留心學古，有志雅樂，如《會要》所載，奉常所録，未能盡見也。聲文之美，槩具此編。嘉泰壬戌刻於雲間之東巖。其家轉徙自隨，珍藏者五十載。淳祐辛亥，復歸嘉禾郡齋。壬歲令威，夫豈偶然。因筆之以識歲月。

范之柔《范忠宣集跋》（范純仁《范忠宣公集》卷末）　先忠宣公《國論》、《彈事》外，有《文集》二十卷，未曾板行。零陵實謫居之地，僅刊《言行録》。今史君沈公到闕奏事，因過訪語及慨然欲得鋟木，尚友前賢，深所敬嘆，即以家藏本屬之，仍附以《國史》本傳及李姑溪所述《行狀》，且識歲月于後云。嘉定辛未上巳日。

黄犖《伐檀集跋》（黄庶《伐檀集》卷末）　今家藏《伐檀集》間多少作，又厄於兵火之變，是以傳本尚未見于世。紹興中，我從兄吏部諱然將漕畿内，嘗欲盡刊我先世諸書，皆未果。犖偶玆承乏於五十餘年之後，謹以是集鋟而傳之，非敢曰成我從兄之志，而太史「微言或絶」之懼，尚幾不泯焉。嘉定二年秋九月望。

李珏《書先大父遺藁》（李彌遜《筠谿集》卷首）　夫先民之不朽者，有行有言。行事苟不盡見於時，則斯文必亦有述于後。大父既抱忠藎鬱而不伸，至於遺稿，復湮沒無傳，實痛諸心。大父發藻儒林，即以文鳴。其所居官：蓬省、蘭臺、史職、詞垣，皆著作之事。前後隱居數十年間，寒牕窮檐，青燈華髮，手不釋卷。閎博浩渺，所發益肆。烟林雪嶠，幅巾杖屨，趣深理到。追軼風騷，意寄高遠。經淵史藪，據古鑒今，亂階治蹟，貫穿敷陳，忠誠洞見。積其所述，充篋溢笥。大父捐館之日，先君尚幼，遺墨散失。旋傳録于親友家，所輯文稿僅有二十四卷。其間脱誤居多，先君辛勤裒稡，粗成全書，將傳于後，力所未逮。珏繆承墜緒，始克鋟梓。大參攻媿先生，既光寵先世，親染序文，冠于篇端矣。其遺事之詳，具見家傳。惟大父

有行而不盡用，有言而不盡傳，撫卷追念，蓋有感焉。嘉定辛未孟夏既望，孫【略】珏謹書。

詹乂民《歐公本末跋》（陸心源《皕宋樓藏書志》卷二七） 乂民方成□時侍諸兄語，每見諸兄佩服東萊先生之訓，跬步不忘，乂民嘗私識諸心。後伯兄子齊不幸蚤世，先生爲酹文以祭，至以惜哉！此士傷之，乂民既痛伯兄不及竟其學，而又恨己晚出，弗克親承師誨，然兄弟至今粗守箕裘，不墜先訓者，有自來矣。歲在庚午辛未，丞郡于婺始獲端拜先生遺像於祠，下退與先生之猶子巽伯語，因敏巽伯曰：「先生著書立言，以詔後學，世固已皆見之，亦尚有藏諸家者乎？」巽伯因略舉其目，曰《讀書記》，曰《觀史類編》，曰《歐公本末》，曰《左氏類編》。適是歲大比，乂民董事試闈，郡循故事有餽，又職守有例所當得而義不敢私者，悉銖寸儲之。迨及終更，因舉所積刊四書，以廣先生垂惠後學之意。於其成也，附致數語，而歸其版於祠，庶幾祠中士友皆知保護，以永其傳學者，苟能因先生之言，以求先生之心，則此書之傳，誠非小補。《觀史類編》其門有六，曩南軒先生已刊《閫範》於鄉郡，今所刊者止五門云。壬申嘉定五禩正月既望。

沈圻《范忠宣集跋》（范純仁《范忠宣公集》卷末） 忠宣范公，昭代之名臣耆德也。作爲文章讀之，使人起敬起慕，然每以未見其全爲恨。圻需次零陵，己巳仲冬入覲，過都，得其元姪孫侍講司諫家藏全帙，跪受以歸。辛未暮春到郡靖惟，零陵寔公舊寓之地，自元符迄今餘百年，邦人尚能言之，且堂而思祠而祝。圻既得其文，不敢秘，因與同志精加訂正，命工鋟梓，以永其傳。嘉定（丙）［壬］申元正日。

呂喬年《東萊呂太史文集跋》（呂祖謙《東萊呂太史文集》卷首） 右《太史文集》十五卷，先君太府寺丞所次輯也。喬年聞之先君曰：太史之於文也，有不得已而作，故今所傳，詩多挽章，文多銘、志，餘皆因事涉筆，未嘗有意於立言也。是以平生之作，率無文稾，若其問學之致、教人之方，與其處己接物齊家事君之大略，則既行乎宮庭，關乎國論，傳諸庠序，不待文字之摹刻而可見矣。而自太史之沒，不知何人刻所謂《東萊先生集》者，眞贗錯糅，殆不可讀。而又假託門人名氏以實其傳，流布日廣，疑信相半。先君病之，乃始與一二友收拾整比，將付之鋟木者，以易舊本之失。會言事貶，不果就。喬年近惟先緒之不可隊，因遂刊補是正，以定此本。凡家範、尺牘、讀書雜記之類，皆總之別集。策問、宏辭之類，爲世所傳者，皆總之外集。年譜、遺事與凡可參考者，皆總之附錄。大凡四十卷，其他成書已傳草具之未定者，皆不著，著其目於附錄之末。雖或年月之失次，訪求之未備，未可謂無遺恨。至於糾舊傳之謬，以終先君之志，則不敢緩且不敢隱焉。既以質諸先友，因輒記于目錄之後。太史諱祖謙，字伯恭，天下稱爲東萊先生云。嘉泰四年秋，從子喬年謹記。

廖視《范忠宣集跋》（范純仁《范忠宣公集》卷末） 視竊以元祐丞相忠宣范公之文行於世，猶桑麻穀粟之於日月也，百有餘年猶未盡見。今中書舍人公以家藏集屬零陵守刊于郡齋，而大參樓公爲之序引。【略】嘉定壬申六月既望。

任清全《蓮峰集敘》（史堯弼《蓮峰集》卷首） ［蓮峰先生］其文至多，皆散落不存。舊集漫漶，今蓮峰兄長之嫡孫師道取而再刻之，加以南軒少時一帖，併諸公所跋，附於其後。【略】嘉定癸酉年。

于有成《橫浦集序》（張九成《橫浦先生文集》卷首） 邑宰趙君汝艁下車未久，一日率同寮拜於墓下，重建墓亭，粉飾越王之詞版，又過淨居院，創先生祠堂奉香火。寺僧源上人有藏先生簡帖十餘紙，即命工刊之。既而，故家皆出所藏以獻，悉刻之不遺。【略】紹定二年八月日。

趙彥适《端平重修皇朝文鑑跋》（陸心源《皕宋樓藏書志》卷一一三） 新安郡齋舊有《文鑑》木本，余每惜其脫略謬誤，莫研精華，如涉蓬山而阻弱水，隔雲霧而索豹章，輒歎曰：「斯文之墜，越漢歷唐，至我皇宋始還三代之舊，今牴牾訛舛若此，學者何賴焉？」郡博袁君嘗加訂證，曁嘉定辛巳冬，余領郡事，一日，吏部喻君貽書，以東萊呂文公家本來寄。余喜而不寐，亟併取袁君所校以相參攷，易其謬誤，補其脫略，凡三萬字，命工悉取舊板及漫裂者刊而新之，遂爲全書。【略】嘉定十五禩壬午夏五月。

丁黼《刻周書識》（《汲冢周書》卷首） 予始得本於李巽巖家，脫誤爲甚。繼得陳正卿本，用相參校，修補頗多。其間數篇，尚有不可句讀者；脫文衍字，亦有不容強解者。姑且刻之，俟求善本，更加增削，庶使流傳，以爲近古之書云。嘉定十五年四月十一日。

又《題崔豹古今注後》（崔豹《古今注》卷首） 左史李公守銅梁日，刻崔豹《古今注》，是正已備。予在上饒得郡學本，再三參訂，於第四篇以

下頗多增改，故又刻之夔門云。嘉定庚辰四月望日。

又《校刻風俗通義序》（應劭《風俗通義》卷末） 余在餘杭，借本於會稽陳正卿。正卿蓋得于中書徐淵子，訛舛已甚，殆不可讀。愛其近古，抄録藏之。攜至中都，得館中本及孔復君寺丞本，互加參攷，始可句讀。今刻之夔學，好古者或得善本從而增改，是所望云。嘉定十三年秋七月庚子。

又《校刻越絶書跋》（袁康《越絶書》雙柏堂本卷末） 《隋・經籍志》：「《越絶記》十六卷」，《崇文總目》則十五卷，注司馬遷《史記》者，屢引以爲據。予紹熙壬子游吳中，得許氏本，訛舛特甚；嘉定壬申令餘杭，又得陳正卿本；乙亥官中都，借本秘閣。以三本互相參考，擇其通者從之，乃粗可讀，然猶未也。念前所見者，皆謄寫失眞，不板行則其傳不廣，傳不廣則各私其所藏，莫克是正，遂刻之夔門，以俟來者。庚辰七月望日。

李大有《梁谿先生文集跋》（李綱《梁谿先生文集》附録） 大有謹按：先大父家傳末云：每有議奏，下筆數千言，俄頃而就，蓋公平日以愛君憂國爲心，籌畫計策，胷次素定，故遇事成章如此之易也。晚年于《易》尤有所得，著《易傳内篇》十卷，《外篇》十二卷，其言微妙，頗取卦變、互體爲説，動有所稽，異于今世君子之所辨繹。又著《論語詳説》十卷，所以發明聖賢之意甚厚，而備文章、歌詩、奏議百有餘篇，其在政府帥府紀一時之事，則有《靖康傳信》、《奉迎》二録、《時政記》、《進退志》、《制誥表劄集》、《宣撫荆廣記》、《制置江右録》。嗚呼，亦富矣哉！此叔祖南昌通守所述也，今《易傳》、《論語説》卷帙仍舊，而文集合政路帥府所紀爲篇百有七十，内以《傳信録》、《時政記》、《進退志》附益表劄奏議凡八十卷，是爲今書，蓋其後諸人所離合譔次也，得之先子。大父生平有作，皆楷筆屬稿，書問亦然，則後人裒集，當無遺逸。顧薨謝距今七十載，獨子孫寶藏，外無傳者，它文或有，可諉此書，則實與《國史》相表裏，其可不廣諸世以圖不朽哉？淳熙末年，先子嘗繕寫投進，併高宗爲大元帥時所賜大父手書墨本，孝宗嘉奬亟命宣索宸翰眞跡。既奏，御命有司定錫，今謚中間史院取索，亦嘗録上，然廣内所儲不到人間也。先子方隱居，每恨無方板行大父遺文，而于此書尤切。大有欽承遺旨，□食痛心。充員舸幙，適帑藏空匱，兩膚使先後極盟鳩工鋟木。太守今春官章公、倘書郎趙德甫皆助以費，而倘書章公又幸爲之跋。【略】嘉定二年歲次乙未夏五月既望日。

江師心《古文苑跋》（章樵《古文苑》卷末） 《古文苑》，唐人之所集，梁昭明之所遺也。【略】然是集也，其辭屈曲，其義幽深。由唐迄今，垂數百載，觀者罕究其極。武林章君有憂之，於是研精覃慮，搜採群説篇傳而字釋之，使開卷者一覽而得其指歸，可謂好古博雅之君子矣。章君不忍自私，倅毗陵日，欲繡諸梓，以貽後學。甫書初考，適拜司鼓之命，懼厥志之不酬，乃以其稾屬之後政。歲在丙申六月畢工。明年四月，僕到官既半載，章君之子淳過僕，盡取其版，訂刊者之誤凡二百餘字，而章君之志益明，非其善繼疇克爾耶？【略】嘉熙丁酉良月。

陳宗道《范忠宣集跋》（范純仁《范忠宣公集》卷末） 昔范宣子嘗問穆叔，以何謂死而不朽，穆叔對以太上立德，其次立功，又其次立言。魯臧文仲既沒，其言立，君子謂之不朽。嗚呼！士君子一言之善，猶足以語後世而貽方來，況夫功與德炳炳然在人耳目非專於立言者歟！元祐丞相忠宣范公，道德事業載在《國史》，出處大節見於《國論》、《奏議》、《言行録》，學者朝夕歛襟肅容，起敬起慕。獨其文集，世所未見。今侍讀修史，紫微先生克紹先烈，以其家藏二十卷，屬零陵史君鋟板郡庠，俾宗道是正訛舛，而又得今大參樓公爲序引以冠篇首。天下學者玩繹此書，佩服忠恕誠一之學，饜正直剴切之論，終身誦之，皆爲君子之歸，此其用心廣大宏博，可爲千百年不朽之傳矣。嘉定壬申六月既望。

申之《易傳序》（陸心源《皕宋樓藏書志》卷一） 乾道元二，先君子假守贇中。公退惟讀書不暫輟。蓋亦晚而好《易》，謂：李鼎祚，資人也。取其《集解》，命刊之學官。病其舛脱，則假善本於東漕巽巖先生，然亦猶是也，姑傳疑焉。惟不敢臆以是正之。茲四十有七年矣。板復荒老，且字小不便於覽者，不肖嗣申之誤，茲將□□□□指敬大字刻之漕司，尚廣其傳，庶幾此學不遂泯云。嘉定壬申三月甲子。

岳珂《九經三傳沿革例》 世所傳九經，自監、蜀、京、杭而下有建安余氏、興國于氏二本，皆分句讀，稱爲善本。廖氏又以余氏不免誤舛，于氏未爲的當，合諸本參訂爲最精。板行之初，天下寶之。流布未久，元板散落不復存。嘗博求諸藏書之家，凡聚數帙僅成全書，惟其久而無傳也，爰倣成例，乃命良工刻梓家塾。如字畫、如註文、如音釋、如句讀，悉循其舊，且與明經老儒分卷校勘，而又證以許愼《説文》、毛晃《韻略》，非敢有所增損

於前。偏旁必辨，圈點必校，不使有毫釐訛錯，視廖氏世綵堂本加詳焉。舊有總例，存以爲證。

書本：九經本行於世多矣，率以見行監本爲宗，而不能無譌謬脱略之患。監中大小本凡三，歲久磨滅，散落未有能修補之者。蓋京師胄監經史多仍五季之舊，今故家往往有之，實與俗本無大相遠。晁公武云：公武守三榮，嘗對國子監所模長興板本讀之，其差誤蓋多，昔議者謂太和石本授寫非真，時人弗之許，而以長興板本爲便。宋朝初遂頒布天下，收向日民間寫本不用，然有訛舛，無由參校，判知其謬，獨以爲官。既刊定難於獨改，由是而觀石經固脱錯而監本亦難盡從。紹興初，僅取刻板於江南諸州，視京師承平監本又相遠甚，與潭、撫、閩、蜀諸本互爲異同。柯山毛居正誼父以其父晃所《增註禮部韻》，乾淳間進之朝。後又校訂增益，申明於嘉定之初，其於經傳亦既博覽精擇。辛巳春，朝廷命胄監刊正經籍司成，謂無以易，誼父遂取六經、三傳諸本，參以子、史、字書、選粹文集研究異同，凡字義音切毫釐必校，儒官稱嘆，莫有異詞。刊修僅及四經，猶以工人憚煩詭竄墨本，以紿有司，而誤字實未嘗改者什二三。繼欲修《禮記》、《春秋》三傳，誼父以病目移告，事遂中輟，自時厥後無復以爲意矣。余每惜之，誓欲修刊，有所未暇，且以世所傳本互有得失，難於取正。前輩謂興國于氏本及建安余氏本爲最善，逮詳考之，亦彼善於此爾。又于本音義不列於本文下率隔數頁始一聚見，不便尋索，且經之與註遺脱滋多，余本間不免誤舛，要皆不足以言善也。今以家塾所藏唐石刻本、晉天福銅版本、京師大字舊本、紹興初監本、監中見行本、蜀大字舊本、蜀學重刊大字本、中字本，又中字有句讀附音本、潭州舊本、撫州舊本、建大字本俗謂無此九經、俞韶卿家本，又中字凡四本、婺州舊本，併興國于氏、建安余仁仲凡二十本，又以越中舊本註疏、建本有音釋註疏、蜀註疏，合二十三本，專屬本經名士反覆參訂，始命良工入梓，固自信以爲盡善正，恐掃塵隨生亦或有之，惟望通經先達不吝惠教。

黄登《梁谿先生文集跋》（李綱《梁谿先生文集》卷末） ［登］官晝錦之鄉，即事未數月，史君以公文集鋟諸板，且命登董其事，因得盡觀其所爲文。【略】是集刊于秋之九月，成于冬之十二月。其爲册三十有三，爲卷一百八十。集既成，史君將廣其傳誦，使有位于朝、有職于列者，皆得味其文，想其人，因以彷彿其立朝之大節。此其意蓋不獨爲傳遠而已也。【略】嘉定癸酉年某月某日。

程覃《演繁露續集跋》（程大昌《演繁露續集》卷末） 先父［程大昌］文簡公嘗著《演繁露》一書，泉南郡博士刊于泮宫。歲久字漫，覃侍伯仲氏家居，遂以所藏繕本刻於家塾。先父晚得閒寓里，復爲續編，近方鋟木。覃自惟材譾識陋，不能仰紹先世致知格物之學，手澤滿前，徒泚顙流涕耳。覃將指饟師，敬攜是板，留諸京口總所。嘉定庚辰十月既望。

袁甫《絜齋家塾書鈔原序》（袁燮《絜齋家塾書鈔》卷首） 是編爲伯兄手鈔，雖非全書，然發揮本心，大旨具在。伯兄名喬，天資純正，用志勤篤。嘗宰溧陽，視民猶子，邑人德之，惜未盡行所學爾。甫悼先君子之沒，幸伯兄之有傳。今又云亡，痛曷有已！遂刻是編，名曰《絜齋家塾書鈔》，而納諸象山書院，以與世世學者共之。紹定四年辛卯良月己未。

王邁《政經序》（鄭岳《莆陽文獻》卷九） 今所謂《政經》者，乃先生再守溫陵日所著。邁時分教睢邸，鄉友趙時棣宗華爲法曹，朝夕相與親炙琴瑟書册之側，遂得此經，寔在四方門人之先，而四方門人亦未必盡見之。宗華令大庾，鋟梓縣齋，以一帙見畀，且俾序于帙端。【略】淳祐二年月正人日。

李性傳《朱子語類原序》（黎靖德《朱子語類》卷首） 嘉定乙亥歲，仲兄文惠公持節江左，取所傳朱文公先生語録鋟木池陽，凡三十有三家。其書盛行。性傳被命造朝，益加搜訪，由丙戌至今，得四十有一家，率多初本。去其重複，正其訛舛，第其歲月，刻之鄱陽學宫。復考池録所餘，多可傳者，因取以附其末。合池録與今録，凡先生平生所與學者談經論事之語，十得其九；嗣有所得，尚續刊之。【略】嘉熙戊戌月正元日。

王深源《卧游録序》（舊題吕祖謙《卧游録》卷首） 太史東萊先生晚歲卧家，深居一室，若與世相忘，而其周覽山川，收拾人物之意未能已也。因有感于宗少文卧游之語，每遇昔人記載人境之勝，輒命門人隨手筆之，曰《卧游録》。【略】深源曩侍大愚先生，見先生之愛玩是書也，因請刻之祠中，以惠同志。觀者儻自得之，庶幾遺意之尚可追乎。嘉定九年二月望日。

吴淵《退菴先生遺集》卷下《鶴山文集序》 南渡後，惟朱文公學貫理融，訓經之外，文膏史馥，騷情雅思，體法畢備。又未幾而公與西山真公出焉。予生晚，不及見考亭之典刑，獨幸接二公之緒論。歲在丙申，公假督鉞

道吳門，予時兼制置之事，故讀公詩文爲尤熟。公沒十二年，而近思、近愚，公之二子也，萃遺稿刻梓用傳，屬予序之。【略】淳祐己酉夏。

尤焴《可齋雜藁序》（李曾伯《可齋雜稿》卷首）　可齋李公早以功業自許，而詩文操筆立就，精妙帖妥，敻出時流。余曩與朝夕，每歎其得於天者厚。一别將二紀，而公功業赫奕於時。一日貽書，以其在荆襄著述二編見示，且曰：「蠹魚活計，我尚願留情焉。」余熟觀而歎曰：「功業文章難兩全久矣，而公之志欲兼之。顧今邊事孔棘，公以一身横當荆、蜀之衝，屹然如長城萬里。上之倚公，不啻韓、范，豈當復與書生文士校短長於繩尺間哉！諸葛孔明《出師》一表，前輩以爲與《伊訓》、《說命》爭光。才德之盛，固有不期然而然者，此余所期公於異日者也。」余既以此意復于公，仍書以遺湖北倉使劉和甫籖，俾刊之編首，益相勉勵，以盡朋友之義云。寶祐二年龍集甲寅閏月上澣。

陳升《張太史明道雜志題識》（張耒《明道雜志》卷末）　右史張公凡三至黄，詩文載諸郡志多矣。及觀《明道雜志》，其間紀黄事尤詳，因刻板道院，亦以補郡志之闕。慶元庚申三月既望。

陳鍊《善誘文序》（陸心源《皕宋樓藏書志》卷一一四）　聖人講論佛道，且無輪迴之苦、死喪之戚，豈不樂哉！吾兄喜得此理，欲與世人共之，俾弟鍊趣刊板而印施之。目曰：《善誘文》。噫！觀吾兄之所編，則善誘之意可知矣。嘉定十四年辛巳歲重陽日。

吳杰《象山先生文集識》（陸九淵《象山先生文集》卷首）　右《象山文安先生文集》二十八卷，《外集》四卷，先生《行狀》附焉。杰聞建安狀元陳公子孫喜與人同其善，敬送上件文集，請用刊行，以與世之志學、志道之士共之。【略】嘉定庚辰秋九月。

李皐《定齋集序》（蔡戡《定齋集》卷首）　惟寶謨閣直學士定齋蔡公，是乃特出於乾道、淳熙之際者也。尚論其世，而考其行事，究其立言，固知其爲卓然一時之傑矣。【略】皐嘗獲從廬陵劉公淸之游，雖不獲一親君子光儀，第因劉公稔聞公建明植立之懿，竊所佩服甚久。今又伏觀公之文集，繩墨謹嚴，制作森具，巨細得體，豐約中度：詩圓美淸遒，渾然不見刻雕之迹；賦則規古體物，宏肆羅絡，闖於衡思之閫；論奏確訒懇惻，實而不浮，務求爲可行而不近名。【略】公之季子戶部郎官、總領四州財賦廙素厚善，皐頃嘗相遇於沙羨，今又相遇於蜀。皐亦久知戶部爲人，英毅敏達，親仁從善，體國愛人，雖出其天性，然亦家法之素所習聞也。既以公集四十卷鋟木，將廣其傳，以幸惠後學；且不鄙衰陋，俾爲之序，皐不敢辭。紹定庚寅人日。

喻仲可《易說跋》（趙彦肅《復齋易說》卷末）　右《易說》六卷，復齋趙［彦肅］先生所述也。【略】卒後二十有六年，郡太守莆陽許公取是書刊焉。命仲可識其後。因識其啓手足之語，以諗觀者。嘉定辛巳五月朔。

何大任《小兒衛生總微論方序》（佚名《小兒衛生總微論方》卷首）　余先君有《小兒衛生總微論方》二十卷，家藏甚久，今六十餘載矣。【略】宗族親舊間幼稚有疾，每口傳指授，効如影響。又取其可以通用於大人者，增湯劑而用之，尤爲神異。豈此書不言之妙有待於余而發耶？烏可掩爲一家之寶而不與人共之。於是集二三同志，訂正其謄寫之舛，鋟于行在太醫局，以廣其傳。【略】嘉定丙午立春日。

姜注《梁谿先生文集跋》（李綱《梁谿先生文集》附録）　邵武乃公之故鄉，郡齋已刊《奏議》，獨文集尚缺，無以副邦人景行之思。注假守繡里，莅事之餘，屢加搜訪，了不可得。會丞相之孫制機與其族孫國録示以全帙，注盥手薰誦，至于再三。顧雖不肖，亦知興起。鳩工刻梓，屬泮師董其事，凡三月而後成。于以傳示將來，啓迪後學，注亦得以記名編末，與有榮耀。嘉定歲次庚辰冬十有二月。

胡衍《歐陽修撰集序》（歐陽澈《歐陽修撰集》卷首）　崇、觀、政、宣以來，直氣衰絶。馴至靖康，而陳、歐二君奮焉而興。【略】陳君言論風旨，調攝當時，傳於故府，足以不朽。歐陽君慷慨激烈，孤讜豪邁，而其遺文獨未概見。余來佐郡，實君之鄉，得其靖康所上三書及詩文百餘首，輯爲一編，釐爲六卷，刻而布之，俾與陳君並駕齊驅，以不辜中興偕命之詔。【略】時嘉定甲申歲重午日。

張獻之《紫巖易傳跋》（張浚《紫巖易傳》卷末）　曾王父忠獻公潛心於《易》，嘗爲之傳，前後兩著藁，親題第二藁云：「此本改正處極多，紹興戊寅四月六日，某書始爲定本矣。」獻之頃嘗繕録之，附以《讀易雜說》，通爲十卷，藏之於家。【略】惜其傳之未廣，朅來春陵，刻于郡齋，與學者共之。

顔若愚《心經跋》（真德秀《心經》卷末） 晚再守泉，復輯成是書，晨興必焚香危坐誦十數過。蓋無一日不學，亦無一事非學，其内外交相養如此。若愚老將至矣，學不加進，然尚竊有志焉。手抄此經，晝誦而夜思之，庶幾其萬一。復鋟板于郡學，與同志勉云。端平改元十月既望。

陳彭壽《梁谿先生文集跋》（李綱《梁谿先生文集》附録） 忠定公，三朝耆德，彭壽願執鞭而不可得。分符樵水，適在鄭鄉公之去世六七十載，英風義槩，凜凜如存。敬以公所著刊于郡齋。若夫出處大節，前輩諸公言之詳矣，彭壽竊附名以託不腐。嘉定癸酉立秋日。

趙師耕《麻沙本二程先生文集後序》（程顥、程頤《二程文集》附録） 《河南二程先生文集》，憲使楊公已鋟板三山學官，《遺書》、《外書》，則庾司舊有之。乙未之火，與他書俱燬不存。諸書雖未能復，是書胡可緩？師耕承乏此來，亟將故本易以大字，與文集爲一體，刻之後圃明教堂。賴吾同志相與校訂，視舊加密，二先生之書，於是乎全。時淳祐丙午。

林希逸《後村居士集序》（劉克莊《後村先生大全集》卷首） 余成進士南歸，後村旋亦去國，始克見于其居，挾策過從，凡一載歲。頗常聞所未聞，中間揆攜，時蒙寄以新藁，聞者必爭求之。丙午，余待罪校讐，府公自江左甫見上，即錫第長蓬山，專史事。閱未幾日，又入經幄直綸省，僕于公爲列屬，遂得時見講卷詞草諸篇，每每精妙絶出。無何乃以留黄不奉詔去，而掖垣諸藁膾炙于人，好文者至傳寫以相貽。是知公之運蹇不得志，雖甚于諸賢而文字之傳亦非意見不同、嗜好相背者所可得而抑遏也。昔者李定之于東坡，且以奇才見于，況他人乎？然世猶以全集不盡見爲恨。去秋，余補外此來，間得語從容，屢以此請，而公謙避再三，不之許。余曰：「莆，名郡也，前輩諸聞人文字散落不少。夾漈著書最多，可名者七百種，今之存無一二。艾軒沒五十年，遺文始裒集，僅得二十卷，放失知幾何？他如次雲之詩、西軒之賦與先正二劉所作，則世無復見者矣。前之守于斯者，能無愧乎？僕將逃此媿于後，公獨何所靳于今？此非爲僕賜，爲國人賜也。」公于是不得已而出之。余既盡公所藏，刊之郡齋。【略】淳祐九年龍集己酉中春既望。

又《文房四友除授集序》（陸心源《皕宋樓藏書志》卷一一四） 淳祐丙午，安晚先生以少師領奉國節鉞，留侍經帷，寓第湧金門外養魚莊，日有湖山之適。僕時備數校讐府官，閑無他職，頗得奉公從容。一日謂僕曰：「某嘗爲文房四友除授制誥，因官湖外而歸，舊稿蠹蝕不復存，今僅能追憶一二語。」僕因請聞其略，公曰：「容某思之。」又數日，公連以數則示教，曰：「余因子之請，遂得追補成之。」僕讀而喜曰：「此前人文集所未有也，然既有除授，而無謝，可乎？」遂各爲牽課表啓一首以呈。公大加稱賞，且曰：「屢嘗以詞翰薦兄，信不辱所舉矣。」僅語之茸芷，而他人未之見也。踰年，公再入相，僕謹閟不敢出。今既得請補外，無復爭名求進之嫌，因取而刊之郡齋，庶異日知希逸所以辱知於公，無他謬巧。【略】淳祐戊申臘月。

張虙《儀禮經傳通解序》（朱熹《儀禮經傳通解》卷首） 南康舊刊朱文公《儀禮經傳》與《集傳》《集註》，而喪、祭二禮俄空焉，蓋以屬門人勉齋黄榦，俾之類次而未成也。虙來南康，聞勉齋已下世，深恨文公之志不終。士友間有言：勉齋固嘗脱藁，今在南劍陳史君處，欲全此書，索之南劍可也。南劍知之，果以其書來，且併遣刻者數輩至，於是鋟木，更一年而後畢。【略】嘉定癸未孟秋上澣。

張宏《禪林僧寶傳原序》（釋惠洪《禪林僧寶傳》卷首） 是書之傳有年矣。白璧纇藉，見出愛慕。舊藏在廬阜，後失於回祿。錢塘風篁嶺之僧廣遇，慮其湮沒。即舊本校讐鋟梓，以與諸方共之，十餘年而書始成，其用心亦勤矣。【略】寶慶丁亥中春上澣。

葉旹《類説序》（曾慥《類説》卷首） 余舊藏麻沙書，乃紹興庚申所刊本，字小而刻劃不精，且多舛誤。舊必有續刊大字善本，分符來此，徧令搜訪咸無焉，併板亦不存矣。因取所藏舊本，稍加是正，鋟板於郡齋，庶可壽此書。傳士或有志於聖門友多聞之訓，當謂不爲無補。寶慶丙戌八月初吉。

劉棐《人天寶鑒序》（釋曇秀《人天寶鑒》卷首） 是集皆佛氏妙藥救世之書也，能令病者服之即愈，至有盲聾喑跛之徒，亦得除瘥。四明道人秀公久歷湖海，此藥備嘗，無不應驗，宜乎刊行以壽後世。故余樂爲之序。紹定庚寅六月望日。

釋宗源《續古尊宿語要跋》（釋師明《續古尊宿語要》卷末） 敬覽晦室老人所集，前輩諸大尊宿語要，深爲叢林之助。宗源募金鋟木，分爲六策，並贖藏主元集四策，合成一部，以廣其傳。【略】嘉熙戊戌臘月佛成

道曰。

常棠《[紹定]澉水志序》 紹定三年，鎮尹羅儀甫屬余撰《澉水志》，雖一時編集大畧，而儀甫滿去，竟弗暇閲。逾七八政，粤歲既久，訂正尤詳，因見邊孫君來此，聽訟優長，遇事練熟，雖鎮場廢壞，非疇曩比，然能公謹廉敏，明燭隱幽，才幹有餘，趁辦自足。爰割已俸，售募鐫行。水軍袁統制聞而喟然曰：「是書不刊於鎮稅全盛之前，乃刊於鎮稅凋弊之後，甚可嘉已。」鋭捐梓料，肅贊其成。噫！《元和郡縣志》，丞相李吉甫所制也，後三百餘年，待制張公始刻於襄陽。今余所編《澉水志》，後二十七禩，權鎮孫君即鏤於時阜，則是書之遇知音，不又大可慶耶！

周謹《容齋隨筆跋》（陸心源《皕宋樓藏書志》卷五六） 《容齋隨筆》初刊于婺女，自《續》至《五》繼刊于章貢。然歲久字漫，不可復辨。紹定改元，偶得建溪刊本，詳加參校，命工鋟梓。始於是年之仲春，訖於次年之季秋，刊成全書，庶幾流傳益廣云。

童必明《禪月集後序》（釋貫休《禪月集》卷末） 番陽松庵璨上人來往吾鄉兜率有年矣。予偶到彼，因言《西岳集》，禪月貫休所作也，先世嘗收於書室。璨老有請，謂其徒喜聞樂道而未得全集，欲攻木廣其傳。余嘉其用心，勉成其志，遂檢茲集與之，仍薄助鋟版畢，復請紀其事，庶後有考於斯。嘉熙戊戌九日。

李襲之《程氏遺書跋》（程頤、程顥《二程文集》附録） 《程氏遺書》，長沙本最善，而字頗小，閱歲之久，板已漫漶。教授王君混出示五羊本。參校既精，大字亦便觀覽，然無《外書》。襲之乃模鋟于春陵郡庫，又取長沙所刻《外書》附刻焉，願與同志者共學。淳祐六年立秋日。

吴子良《篔窗續集序》（陳耆卿《篔窗集》卷首） 宋南渡之文以吕、葉倡，接之者壽老其徒也。壽老少壯時，遠參洙泗，近探伊洛，沉涵淵微，恢拓廣大，固已下視筆墨町畦矣。及夫滿而出之，則波浩渺而濤起伏，麓秀鬱而峰崚嶒，戶管攝而樞運轉，輿衛設而冠冕雍容。其奇也非怪，其麗也非靡，其密也不亂，其疏也不斷，其周旋乎賈、馬、韓、柳、歐、蘇、曾之間，疆場甚寬而步武甚的也。不幸吕公不及見而葉公晚見之，驚詫起立爲序，其所著《論孟紀蒙》若干卷、《篔窗初集》若干卷，以爲學游、謝而文晁、張也。至其獨得於古聖賢者，中夜授、垂死囑焉，而曰吾向以語吕公伯恭，今以語壽老，四十年矣。葉公既沒，篔窗之文遂巋然爲世宗，蓋其統緒正而氣脈厚也。自元祐後，談理者祖程，論文者宗蘇，而理與文分爲二。吕公病其然，思會融之，故吕公之文早葩而晚實。逮至葉公，窮高極深，精妙卓特，備天地之奇變，而隻字半簡無虚設者。壽老一見亦奮，躍策而追之幾及焉。然則所謂統緒正而氣脈厚者，又豈直文而已！余十六從篔窗，二十四從葉公，公亦以其屬篔窗者屬予也。惰不復進，每遐想太息之，故於《篔窗初集》既以鋟之海陵，而今復併其《續集》鋟之豫章，使夫統緒氣脈之傳來者，尚有考也。

又《篔窗集跋》（同上，卷末） 爲文大要有三，主之以理，張之以氣，束之以法。篔窗先生探周、程之旨趣，貫歐、曾之脈絡，非徒工於文者也。余將指淮東，欲盡出先生文以啓來者。甫命工，以他役去，乃屬海陵謝令範館鋟初集三十卷，蓋先生四十歲以前之作也，雄奇勁正已如此。後此者爲續集，理研之而益精，氣培之而益厚，法操之而益嚴，惜未及并鐫之，尚俟他日云。淳祐癸卯上元日。

李曾伯《班馬字類補遺序》（婁機《班馬字類附補遺》卷首） 余幼年從事句讀，嘗見鄉先生婁公參與《班馬字類》，喜其究心字學，採摘二史，旁證曲盡，得之者可無魯魚亥豕之惑，自謂該載已備，不必問奇於揚子雲矣。後隨侍先君入蜀，與諸朋友游，有老儒王揆者嘗論及此作而曰：「此書所載，善則善矣，猶未盡也。」因與之考論二史，果而昈分類析，間多遺闕。在蜀數年，相與朝夕考訂，日積月累，凡有所得，書於四聲之下，共一千二百三十九字，補註五百六十三。因念先賢力學稽古，貫穿二史，可謂詳備，猶有闕焉。今從而廣之，名以《補遺》，附于韻後，併勒諸梓，以便學者之觀覽，亦鄉先生婁公之志也。補或未盡，尚俟來者。景定甲子長至日。

趙國體《洛陽九老祖龍學文集跋》（陸心源《皕宋樓藏書志》卷七五） 《祖龍學家集》，十六卷，典雅藴籍，我國朝太平之文獻也。苗裔有居合肥者，貧不給饘粥，能保此版不妄，予人獨欣然以歸，其學其志可嘉尚已。然版之脱亡二十有九，不能爲完書，雖得別本，帑亡羡財弗克治，故書目僅存其名。國體懷茲久矣，于是謄校刊補，卷秩始備，庶幾以傳可遠，亦先哲之志云。紹定己丑十月既望。

楊復《儀禮經傳通解續祭禮序》（陸心源《皕宋樓藏書志》卷七） 先

師朱文公集《家鄉邦國王朝》及《喪、祭禮》皆以《儀禮》爲經，而諸書爲傳，名曰《儀禮經傳通解》。慶元丙辰，先生六十有七矣，而家鄉邦國之禮始成，《王朝禮》大綱舉而未脱稿，惟《喪》、《祭》二禮屬勉齋黄先生編次，篇帙浩繁，倍于《家鄉邦國王朝》諸書，久而未就。文公晚年與勉齋書，責望尤拳拳也。及嘉定己卯，《喪禮》始克成編，以次將修《祭禮》，即以其書稿本授復，曰：「子其讀之。」蓋欲復通知此書本末，有助纂輯也。復受書而退，啓緘伏讀，皆古今天下大典禮，其關繫甚重；其條目甚詳，其經傳異同、註疏牴牾、上下數千百載間是非淆亂、紛錯甚衆。自此朝披夕閲，不敢釋卷，時在勉齋左右隨事咨問抄識，以待先生筆削，不幸先生即世，遂成千古之遺憾，日邁月征，今十餘年。南康學宫舊有《家鄉邦國王朝禮》及張侯慮續刊《喪禮》，又取《祭禮》稿本併刊而存之，以待後之學者。【略】紹定辛卯七月望日。

又《重刻古尊宿語録序》（釋賾藏《古尊宿語録》卷首） 覺心居士出善女倫，秉烈丈夫志操，不爲富貴所障，世相所縻，著淨名衣，坐空生室，安住正受，動靜提撕，是孰使之然哉！謂頤所編《古尊宿語》，刊于閩中，而板亦漫矣，兩浙叢林得之惟艱。勇捐己資，鋟梓流通，命禪衲精校重楷，不鄙索序。【略】時聖宋咸淳丁卯春清明日。

沈元晟《大佛頂首楞嚴義疏注經後跋》（釋子璿《楞嚴經義疏注經》卷末） 《楞嚴義疏注經》，板開歲久，湮没者四十有九。旁搜注本，命工刊湊，復成部帙，用廣其傳。惟願教海恢張，法門瑩徹者。時淳祐己酉上元日。

劉炳《端平重修皇朝文鑑跋》（呂祖謙《宋文鑑》卷首） 此書會粹略盡，眞足以鳴國家之盛。惜夫鋟木之始，一付之刀筆吏，欠補亡刊誤之功。後雖更定訛缺，猶未能免。思欲就正有道，恨呂成公之不可作也。近於東萊家塾得證誤續本，命郡録事劉君崇卿參以他集而訂正之。凡刪改之字，又三千有奇，與刓缺不可讀者百餘板，併新之。其用心勤矣，其有補此書多矣。【略】端平初元清明。

朱正大《琴史後序》（朱長文《琴史》卷末） ［樂圃先生］所著《琴史》六卷，經史百家、稗官小説莫不旁搜博取，上自唐虞，下迄皇宋，凡聖賢之崇尚，操弄之沿起，制度之損益，無不備載。【略】藏之既久，恐遂湮没，敬刻於梓，以永其傳，亦欲俾後學知我伯祖讀書之不苟也。紹定癸巳立秋日。

陳昉《官箴跋》（呂本中《官箴》卷末） 昉顓蒙之資，蚤膺吏事，塵囂馳騖，無所津梁。既得此書，稍知自勉，敬鋟于梓，與有志者同之。寶慶丁亥三月既望。

黄準《唐史論斷跋》（孫甫《唐史論斷》卷末） 準嘗見此書於周南仲家，乃蜀本也，後徧求之而未得。至此，見友人劉和甫有此書，欲求得之，乃云：此書舊鋟板於其家塾，因鬱攸之變，不復存矣。慨嘆久之。校正其本，鋟板於東陽倅廳之雙檜堂，以廣其傳。端平乙未，郡丞黄準命工鋟板。

趙與懃《刻鮑照集題記》（陸心源《皕宋樓藏書志》卷六七） 《三百篇》之變爲《騷》，《騷》亡而五言體出。五言之弊，琱飾刻露，無復古意。故能詩之家推鮑、謝爲宗，以其簡遠近古也。謝集世多刻本，而明遠詩罕集。予既刻陰、何《集》，因併鋟梓，以足知詩者所好云。端平丙申長至日。

劉煒叔《誠齋集序》（楊萬里《誠齋集》卷末） 天以誠而覆地，以誠而載日月，以誠而久照江河，以誠而晝夜混混不息。誠之一字，非聖人疇克盡此。文節楊公以誠名齋，要亦自明，而誠苟有爲皆若是也，人皆知先生之孤標勁節，可以薄秋霜，可以沮金石，而始終不撓，不知始終之所以不撓，先生之誠也。人皆知先生之文，如甕繭綜絲，璀燦奪目，取而不竭。不知文以氣爲主，充浩然之氣見諸文而老益壯者，先生之誠也。負天下之望如誠齋，眞所謂一代不數人而復有東山爲之子。是父是子，前後一轍，非家學以誠能如是乎？東山先生曩帥廣東，煒叔貳令南海，辱置門牆，益深敬慕。乃今假手道德之鄉，《誠齋文集》獨缺未傳，尊先生之道義，以倡儒學；表先生之志節，以激士習；發先生之詞藻，以振文氣。冒玆承乏政，孰先此？東山首從所請，且獲手爲定正。以卷計，一百二十有二；以字計，八十萬七千一百有八，鋟木於端平初元六月一日，畢工于次年乙未六月之既望。煒叔屢被朝旨，搜討遺書，遂獲群書之未備者，悉上送官，藏之書府云。端平二年　月日。

陳仁玉《趙清獻公文集序》（趙抃《趙清獻公集》卷首） 嘻！公爲本朝第一流人，此郡自生民以來，亦未有如公之盛也，一言一行，後來者當尊奉以爲標的，而可闕弗著乎？既乃訪得章貢所刊集本，旁搜散軼以補足之。

刊成，益序所以刊之意。【略】景定元年八月。

劉澥《龍洲集序》（劉過《龍洲集》卷首） 澥嘗游江浙，涉淮甸，得詩、詞、表、啓、序于所交游中，纔成帙，多爲同儕取去。歲月久淹，應酬幾不能給，或以是而獲謗。吁！上而李、杜、韓、柳，近而歐、蘇、陳、黄，大篇巨帙，爛如星日，絢如綺組，膏澤流于無窮，于此何足秘哉！用是鋟木，以廣其傳。每得名賢序跋詩文亦多，嘗陸續以刻。少有舛闕，不敢輕易竄易。或收善本，能一賜參對至願。時端平紀元六月望日。

王遂《晦庵先生續集序》（朱熹《晦庵先生朱文公續集》卷首） 遂生世不早，不及擔簦躡屩於先生之門，聞道又晚，不克築室反場以從先生于沒。既脱場屋，讀四經而心樂焉。顧義理精深，莫造其詣，而先生長者駸駸沒矣。歲在癸卯，遂假守建安，從門人弟子之存者而求其議論之極，則王潛齋已刻之方冊；間從侍郎之子請，亦無所獲；惟蔡西山之孫覺軒早從之遊，抄錄成秩。劉文昌家亦因而抄掇，悉以付友人劉叔忠刊落其煩而考訂其實，繼是而有得焉，固無所遺棄也。【略】淳祐五年正月日。

吴愈《義豐集序》（王阮《義豐集》卷首） 先生所爲文，無一字無來處，蓋其多識前言往行，以蓄其德，而又深於憂患，才老而氣定，故流於既溢之餘，嶄然出人意表。自其省闈三策，辭嚴而義偉，已不肯爲舉子之文矣。【略】愈少之時，嘗操几杖，從先生游。今老矣，高山景行之思，猶日往月來于懷也。其子且爲邑惠之博羅，粹其文鋟梓以歸，屬愈識其卷首。藐焉晚進，何敢措一辭。獨念前輩典刑之老，中原文獻之裔，去世逾遠，一時出處大節，後生鮮有聞者。孟子曰：「誦其詩，讀其書，不知其人可乎？」故爲述其概云。淳祐癸卯夏六月甲子。

趙善璙《自警編跋》 噫，是編也，藥石予疢多矣。卻掃八年，安之義命，宦馳六載，粗不愧見吏民，皆是編助之也。客有好事者從予抄錄，予曰：「單見謏聞，藉是強而進耳，何敢以示人？」客曰：「蘧伯玉恥獨爲君子，豈用心之未廣耶？」予嘉其説，遂鋟木于九江郡齋。端平改元三月旦。

趙希瀞《國朝諸臣奏議序》（陸心源《皕宋樓藏書志》卷二五） 福國忠定趙公，以宗臣帥長樂，政成多暇，輯我朝之群公先正忠言嘉謀，粹爲一編，彙分臚別，冠君道，跗邊防，而以總論脈絡之。凡天人之感通，邪正之區別，內外之修攘，刑賞之懲勸，利害之罷行，官民兵財之機括，禮樂刑政之綱目，靡所不載。至蜀書成，上之乙覽。【略】忠定尚友古人，胸中有全奏議，美在其中，發於其外，砥天棟國，雲八荒，霖四海，其相業之赫，實本諸此。聞孫必愿繇常伯接踵是邦，祗承先志，思永其傳，屬泮宮以繡諸梓，久而未就。繡衣使者史季溫念其先世同纂輯之勤，克相其事。郡文學朱貔孫遂鳩攻木之工而墨之，使前賢憂愛之盛心炳炳如丹，抑亦學爲忠定者也。希瀞來此，鋟板始畢，得遂披閲，竊有志焉。淳祐庚戌九月既望。

吴子良《赤城集序》（林表民《赤城集》卷首） 初，康吉林君詠道類《天台集》，子逢吉續之，而詩之屬天台者無遺矣。篔窗陳公壽老修《赤城志》，逢吉又續之，而事之屬天台者，無遺矣。獨記、序、書、傳、銘、誄、贊、頌之文，《天台集》不暇載，《赤城志》載不盡者，逢吉復分門會稡并詩爲一，號《赤城集》，凡若干卷，而前後太守丁侯璹、沈侯堅爲鋟之梓。【略】淳祐八年八月既望。

董史《法帖譜系跋》（曹士冕《法帖譜系》卷末） 余酷嗜古學，留意法書名跡幾卅年，頗以鑒賞自居。嘗集前賢文集小説法帖之説，爲攷一卷，以便檢閲。淳祐甲辰冬，因侍陶齋曹相公與稽訂法書源流，多所未聞。他日，出示《譜系》一編，曰：「視子所記如何？」予曰：「傳矣！」迺請而刻之梓。

又 庚申冬，鄰火煽虐，潛心閣殲焉。初余惜此板，不以他板雜，特儲之閣。逮是他板獲免秦禍，而《譜系》反爲熒惑，下取豈固有數邪！【略】雖然，天其可怨邪！因念曩與谷中校讎參訂以成此書，谷中已矣，書可其傳，遂初舊本於友朋間，欲復板而行之。月樵劉氏慨然授所藏，俾就此志。【略】時則景定壬戌夏五月也。

史季溫《諸臣奏議跋》（陸心源《皕宋樓藏書志》卷二五） 《國朝名臣奏議》，開端于閩郡，奏書于錦城，亦已上徹乙覽。淳熙至今，踰六十年矣，蜀舊鋟木已燬于兵，公之孫尚書閣學必愿繩武出塡，嘗命工刊刻而未就。適季溫以臯事攝郡，捐金命郡文學掾朱君貔孫繼成之。【略】淳祐庚戌立秋日。

俞仕禮《六帖補跋》（楊伯嵒《六帖補》卷末） 今泳齋楊先生復成《六帖補》二十卷，然後向之軼於二公者，燦然在目。先生博覽古今，見聞該洽，雖治郡叢劇而手不釋卷，石渠玉府盈溢胷襟，隨取而充，其用畢具，非假是以夸涉獵、備遺亡者。其志固在於續古也。白傳之後歷三百年而後有

新書，孔侯絕筆又百年而後有是補，可不謂之有志於續古歟！此仕禮之所敬嘆也。因刻梓於學宮，以廣其傳。淳祐甲辰孟冬朔日。

盛如杞《古文苑後序》（章樵《古文苑》卷末） 癸巳冬，由餉幙終更，假道東歸，留倅治者經旬。見會稡所述《古文苑》稿，方授楷書吏，將付諸梓，俾與訂正，以歲暮亟行而未究。明年，公除司鼓，留稾以遺後人。程君士龍寔爲代用能成公之志。丙申六月書成，而公以乙未六月先爲占人矣。又繼之者有江君師心復爲訂刊者之誤，書於是乎有傳。公去常越十有二年，丙午冬，如杞承乏佐州，遠繼其後。峙庭雙檜，可比甘棠，緬想典型，儼然如在。公餘取所刊版鱗次先後，遇版有蠹蝕者，字有漫漶者，即命工補治之。及訂其偏旁差訛者數字，益嚴扃鐍，守護惟謹，庶可以詔久傳遠。【略】淳祐丁未月正元日。

徐幾《補刊朱文公續集跋》（朱熹《晦庵先生朱文公續集》卷末） 右得之劉侯之孫觀光，今爲浦城尉。尉始來，過書院祠，謁甚敬，言乃祖參議公嘗受知文公先生，出所藏帖數十，皆集所不載。幾敬讀之，其間格言至論，眞有補世道，遂刻以附于集。【略】淳祐庚戌二月甲子。

游鈞《郡齋讀書志跋》（《郡齋讀書志》附録） 昭德晁公侍郎僑居蜀嘉定之峩眉，平生著書，有《易》、《詩》、《書》、《春秋解》，考其異同甚詳。又作《讀書志》，皆鋟版。大父及嚴君喜藏書，在嘉定時，嘗摹而藏之。及南來，不能悉與之俱。今併他所藏燬矣。《讀書志》偶在篋中，鈞謹刻置信安郡齋，不惟使晁氏平生之功得以表見，而觀者按其目而訪求之，庶亦可使古書之不泯云。淳祐己酉夏。

《酉陽雜俎序》（段成式《酉陽雜俎》卷首） 昔太史公好奇，周游天下，取友四海，歸而爲書。然則是書也，其亦段氏寓其好奇之意歟！余嘗過閩中，號多士之國，見其類書甚多，有所謂《通志》、《天文》、《七音》、《六書》、《昆蟲草木》等略；《比事》、《集句》、《史韻》、《姓氏》、《會元》等書。浩乎博哉，猶有恨不得見酉陽之《雜俎》也。己酉夏，被閫檄，攝事於斯，始得其書觀之。嗚呼，何其記之奇且繁也！惜其字畫漫漶，考諸舊籍，乃再刊而新之。廣文彭君奎實董其事。噫！後豈無太史公者，嘉其所好而備採錄哉？淳祐十載。

章鑄《宰輔編年録序》（徐自明《宋宰輔編年録》卷首） 司馬溫公既體《春秋左氏傳》爲編年一書，又欲倣班史叙宋興以來百官沿革、公卿除拜作《百官公卿表》，以便省覽。今觀徐公《編年》，惟及宰輔而百官不及，則于省覽爲尤便。宋朝歷代名德布滿百職，輝映史冊，先後相望，溫公猶思表而出之，夫豈不足于夷考？而公之《編年》曰姑舍是非略也，媲諸作室之工書于棟者，惟都料匠與副之而梓人不與焉。公之《編年》，意或以是。夫大臣之進退臧否，國之否泰繫焉，關涉至大。故公之爲此書也，自建隆庚申訖嘉定乙亥，其間元臣碩輔，誥命所褒，建議所否，出處之顛末，德業之汙隆，《長編》、《繫年》所不載，《拜罷録》、《年表》所不具，而雜出于他書，旁搜遠括，靡有遺棄。釐爲卷帙，用工雖勤，然操其樞要，舉其宏綱，賢于勞而寡要者遠矣。談者咸謂是書之成可觀世道，吁，豈惟是哉！觀慶曆之盛則杜、富、韓、范之事業在所勉；觀熙、豐之事，則荆舒之學在所懲。下不負所學，則景行先哲，區別邪正，以丕寅亮之規；上不負吾君，則追法前猷，吹虀往轍，益謹乎若時登庸之道。則是書有補于世，所以續皇家萬億年無疆之休。自此《編年》始，眞作宋一經者也。公諱自明，嘗爲太常博士。子居誼，宰永陽，以廉名。鳴琴之暇，取家藏之秘鋟于邑序，使垂世懿範不至無傳，厥功不在《編年》下。寶祐丁巳八月朔。

王宗旦《密齋筆記序》（謝采伯《密齋筆記》卷首） 觀密齋自序，謂以此書傳示子孫，使知其老不廢學。噫！此其詒謀微意，又可與俗人言哉！越明年，鋟梓郡齋，輒爲題其後。【略】寶祐丙辰夏五中澣。

徐子東《易傳燈序》（佚名《易傳燈》卷首） 先君總幹幼年習聲律，自後喜經術而厭雕篆，由是再更六典。紹興初，嘗師東萊呂先生祖謙、說齋唐先生仲友，從宋先生眞卿書堂，因見壁間伏羲先天八卦圖象，篤志學《易》，佩服師訓，蚤夜究心。嘗應試漕闈，兩預薦書，皆以是經。先君重道義而輕利祿，薄奔競而安恬退。隱居易堂，精研先天之學，以六十四卦、三百八十四爻係國家興衰治亂之時用。寶慶間遂作《周易大義》，繼作《衍義》，續作《傳燈》，究先哲之微言，期後學于同歸去。爻應、互體等説，越數十載方脫稿。先君初意，爲子孫衆多，皆欲淑以斯文，故作是書，非欲自侈其學也。愚不敢私，即取而公之，悉鋟諸梓，不惟不秘先君之志，而先君之學亦于是乎傳矣。寶祐丁巳仲春既望。

謝維新《古今合璧事類備要序》 類書之編，何所昉乎？自《爾雅》

載蟲魚之名，陸氏疏草木之辨，沿而下之，至於孔白《六帖》出，而類書備矣。雖然猶未備也，兩坊書市以類書名者尚矣，曰《事物紀原》，曰《藝文類聚》，最後則《錦繡萬花谷》、《事文類聚》出焉，何汗牛充棟之多也！今友人劉兄以類書見囑，且以《合璧事類備要》名，豈非欲備所未備，又摭其要而爲之備乎？其視夫徒載首尾而不得其要，臚分門目而備失其倫者，萬萬不侔。昔人有不善記事，每求一事，爲之紬繹搜索，至有終日追思而莫窮其所出者。今而是編，始而天文、地理，次而節序、人物，以至族屬、官職、姓氏之分、儒學仕進、道釋技藝之等，與夫吉凶慶弔、冠婚喪祭之儀，草木蟲魚、器用動什之末，莫不類而得其備，備而得其要。其間別以標題，配以合璧，俾閱是編者求其一則知其二，觀於此則得於彼，既無搜摘之勞，而有駢儷之巧，如遊元圃而取瑤寶，入武庫而繕甲兵，則其有功於後之類書者多矣。言未畢，客有誚者曰：「果止於備要，何其方帙如是之浩瀚耶？」余應之曰：「今之所編，正將備前乎未見之書，以充後乎無涯之用，凡古今應用之事悉於此書萃焉，又何以訝其多爲？」客曰「誠如是，盍以《合璧備要》名？」余曰：「唯。」遂繡諸梓。寶祐丁巳大呂既望。

佚名《重校鶴山先生大全文集序》（魏了翁《鶴山先生大全文集》卷末）

余髮未燥，聞鶴山先生名，年志學，誦鶴山先生文。先生將漕，鄉邑伯仲叔季從先生游。余於定省餘暇，獲聆先生謦咳，惜年少不敢犯互鄉之譏。既冠，束書蜀學，有志歸門，而先生已得君，致身清要，勢分愈霄壤。歲乙酉，余忝以春秋竊第，可借玉階方寸，吐平日欲言，繼先生芳躅，得旨免臨軒，斯文機緣，似與先生不偶。越二十餘載，僥倖分倅靖南，嘗記先生鶴山書院，記有曰「山□瀨繫□，皆謂是行之，何風月之足」云。余謂夫子所居，召伯所憩，忠信可行，余何幸焉。適郡太守迺先生長翁，氣味相投，一見傾蓋，至之日謁宣聖，造書院，講釋菜禮，覩先生道德顏容，如夢寐所見。暇日，索先生文集，長翁以姑蘇所刊本垂教。爇香細玩，凡關宗社之休戚，邊庭之利病，敵情之眞僞，世道之厚薄，畢萃此書。有則已，亡則書。余自顧此行所得，良不淺也。惟字畫尚舛訛，費點勘，擬命工刊正。旋以違□□去，攜□本至京邑，偶當對竊先生緒論，稱旨，出守涪陵，繼叨西臬，距先生衮鄉百里許。家有先生遺藁，刊正之局方開，嘉定法掾趙與梣□得於先生次翁，溫本相過，字畫精、紙墨善，意無以出其右。尋熟讀，則舛誤猶姑蘇本。既而制榦何璟、漕幕朱景行、昌士盧□皆以所藏先生《雅言》、《周禮折衷》大魁之作來，至如墓誌、書、劄等文與《大全集》者項背相望，類成一編，比姑蘇、溫陽二本加詳焉。余謂是編不容不再刊之。先生殘編斷簡散落人間，未易裒集，復命漢嘉士楊起寅偕寮友日夕相與校正，孱工鋟梓。【略】本集已有退庵之序、履齋之文可以爲重矣，余何措一詞。深恨四郊多壘，工則取之於驚徒，力則取之於樽節，紙墨則取之於散亡，要以是紀斯文之不墜。若曰字精、工巧、墨妙、紙良，將有望於方來。開慶改元夏五月甲子。

方回《爾雅翼序》（羅願《爾雅翼》卷末） 宋興二百二十五年。淳熙甲午，新安存齋羅公次《爾雅翼》成。又九十六年，咸淳庚午，浚儀王侯應麟爲守，始刊布之。

陳昉《宋宰輔編年録序》（徐自明《宰輔編年録》卷首） 永嘉徐常博自明作《宋朝宰輔編年録》。其子永陽邑大夫居誼，刊之于梓，謁序于予。【略】昉時年十八九，執冊應對其間，粗審顛末。後三十餘歲，欲板于三山郡齋而未果。會公之子居誼來宰永福，政成，能以俸金刻之縣學，爲一代之盛典，可敬也。公字誠甫，號慥堂，終零陵郡守云。寶祐五年五月五日。

黃鏞《晦庵先生朱文公別集跋》（朱熹《晦庵先生朱文正公別集》卷末） 文公先生之文，《正集》、《續集》，潛齋、實齋二公已鏤板書院。【略】鏞於君之長子謙爲同舍郎，亦嘗預聞蒐輯之意。茲來冒居長席，而余君適將美解，始刊兩卷，餘以見囑。於是節縮浮費，以供茲役。蓋又二年而始克有成。【略】咸淳元年六月朔。

張洪《朱子讀書法序》 咸淳乙丑，洪分教四明，齊君適遊東浙，盍相與商搉是正，其書乃成。嘗謂此書之行，可使人人知道，人人爲聖賢，而受用之淺深，則在夫人信向之分數耳。洪一日袖呈帥大參西澗先生，先生捧誦驚喜，謂足爲後學指南，不負先儒眞切誨人之意。助費召匠，亟命鋟梓，與學者共之。【略】丙寅孟春。

吳革《周易本義序》（朱熹《原本周易本義》卷首） 象占，《易》本義也。伏犧畫卦、文王繫彖、周公繫爻，皆以象與占決吉凶悔吝，各指其所之。孔子《十翼》專以義理，發揮經言，豈有異旨哉？體用一源，顯微無間，互相發而不相悖也。程子以義理爲之傳，朱子以象占本其義，革每合而

讀之，心融體驗，將終身玩索，庶幾寡過。昨刊《程傳》于章貢郡齋，今敬刊《本義》于朱子故里，與同志共之。於朱子有言，順理則吉，逆理則凶；悔自趨吉，吝自吉而向凶，必然之應也。夫子曰，不占而已矣。咸淳乙丑立秋日。

李杓《可齋雜藁跋》（李曾伯《可齋雜稿》卷末） 先公少保觀文可齋雜續三藁，杓侍官荆渚時，竊伏會稡而鋟之梓，繼而庾使介軒劉公籛又刻之武陵，端明木石先生尤公焴序于篇首。二刻之行乎世也久矣。【略】今所傳者手澤存焉，藐是不肖，大懼弗能讀，以閟于前文人光，嘗欲手抄小帙未果。會書市求爲巾笥本，以便致遠。杓曰：「是區區之心也。」亟命吏楷書以授之棗刻告成，用識于後。咸淳庚午仲冬。

釋志磐《佛祖統紀刊板後記》（釋志磐《佛祖統紀》卷末） 咸淳元年乙丑，寓東湖月波山，始飭工刊《統紀》。至六年庚午冬，忽感喘嗽之疾，家林法眷棹船見邀，遂以十二月二十一日歸于福泉之故廬。是時尚有《會要志》四卷未能刊。於是乘病寫本，俾刊人畢其功。秋七月鋟事既備，擬辨紙印造萬部，爲最初流通。嘗計之刊板所費將萬劵，而印造之本踰二十萬劵，非高明識鑒有大財力者，則不能濟。當願佛祖聖賢冥密勸化當朝居位、王公大人，知有法門，共相激發，或一出己力，或轉化群賢，特輟餘貲建立紙本，使《統紀》一書布散寰海，是亦助國行化之大端也。磐卧病日久，恐一旦怛化，此志不申，故略述始終，尚祈後賢之克繼勝業者，維佛維祖宜當祐之以道。咸淳辛未端午日。

劉希仁《後村先生大全集序》（劉克莊《後村先生大全集》卷首） 六一翁嘗言：讀班固《藝文志》、唐《四庫書目》見著書之士，不可勝數，而百不一二存，毋異草木榮華之飄風，鳥獸好音之過耳，瞬息銷磨，古今同恨。韓退之有言：莫爲之後，雖美而不傳，其故實在於斯。至若以文名世者，家有賢子孫能紹祖父書香，昭箕裘於不墜，則其文久而彌彰，流傳不朽矣。吾家季高自少時即妙言語，人以小東坡目之。暨長，學益進、文益工、聲名益盛，幾與坡並稱。季高父後村公以文章名天下，有前集刊于莆，既而後、續、新三集復刊于玉，融四方□□板爲書坊翻刻，而卷帙訛繁，非巾箱之便。季高姪乃以□□□□人便於收覽，會閩閫有受後村之知者，或告以所刊略□□□□□公移令郡縣索板而毀，予聞而語鄉牧石磵陳侯宜，且□□□□□學職審訂，果略則益之，訛則改正之，脫毀之，則恐流傳稍□□類毀坡集之公案，人未易家曉也。陳侯曰：「然。」於是不果毀而上其板于閫，以故中輟。或謂季高曰：近代《省齋》、《誠齋集》皆其子曰綸、曰長孺，與士友編定，鋟木於家，故迄今皆善本，而陸務觀《渭南集》亦其幼子通刊于溧陽學宮。爲父刊文集，非不應爲者，宜不在併案之科，子何疑焉？至是始成部帙，遂志所云于竹溪序引之後，以解識者之惑，若夫典麗清新、腴贍簡古之褒，則有先朝之宸奎，在屋下人何容贅一辭。季高名山甫。咸淳壬申中春。

黎靖德《朱子語類跋》 近歲吳公堅在建安，又刊《別錄》二冊，蓋收池、饒三錄所遺，而亦多已見他錄者，併參校而附益之，粗爲定編。靖德適行郡事，因輒刻之郡齋，與學者共之。咸淳庚午正月辛亥。

吳邦傑《高峰集序》（陸心源《皕宋樓藏書志》卷八四） 郡庠舊有高峰先生《文肅廖公文集》，乃公之長子以孝宗皇帝即位之八年來守兹土，因郡博士之請鋟梓，以永其傳。歲久，字多漫滅，弗甚摹印，學者惜之。後百餘年，邦傑繼叨郡寄始至謁學詢之書庫，則卷帙散失，已無全書。遂出家世所藏舊本校正，命工重刊，補缺板八十七紙，修漫板百有餘紙，以足成此書全帙云。咸淳辛未三月望日。

謝公應《〔咸淳〕玉峰續志序》 玉峰有志尚矣。淳祐壬子，編類於邊君直學之筆，刊鏤傳信，距今逾二十稔。咸淳壬申，余捧檄代庖斯邑，繙閱是書，頗有遺佚。【略】余因以續志屬之邊君，邊君曰：「某有志於此久矣，敢不自力。」乃會粹古書，搜覽今籍，三閱月而書成。增入者三十餘條，改定者二十餘條。【略】余重鄉拜觀，不忍釋手，謹命工繡梓，以壽其傳。後之覽者與吾同志嗣而續之，庶斯文之不泯也。是歲中秋日。

龔夢龍《乖崖先生文集序》（張詠《乖崖先生文集》卷首） 前令君天台郭公森卿，嘗刊寘縣齋，己未兵燬，遂爲煨燼。今令尹左綿伊公賡，以儒術飾吏，復鋟梓以壽其傳，幸惠邦人，士德至渥也。抑事尤有可駭者：公遺像舊刻于縣之東齋，人多模本以祀，後因燬併不存；士有逃難山谷者，迺得墨本于叢棘中，雨露不濡，移刻元所，大類昔年封像遺僧人之意。豈公之眷戀于崇者，尚欲因像而彰耶？今揭斯像，誦斯文，俾諸大夫國人皆有所矜式，豈曰小補之哉，蓋亦無忘令君之德云。咸淳己巳，中春朔，【略】龔夢

龍謹書于前序之下方。

陳櫟《尚書集傳纂疏自序》　《書》載帝王之治，而治本於道，道本於心。道安在，曰在中；心安在，曰在敬。揖讓放伐、制度詳略等事，雖不同而同於中，欽恭寅祗慎畏等字，雖不同而同於敬。求道於心之敬，求治於道之中，詳說反約，《書》之大旨不外是矣。況諸君全體上下千數百年之治迹，二帝三王之淵懿，皆在於《書》。稽古者，舍是經奚先哉？孔子所定，半已逸遺，厥今所存，出漢儒口授、孔宅壁藏，錯簡斷編，當缺疑者何限？自有註解以來，三四百家。朱子晚年始命門人集傳之，惜所訂正三篇而止。聖朝科舉興行，諸經，《四書》壹是以朱子爲宗，《書》宗蔡傳，固亦宜然。櫟不揆晚學，三十年前時科舉未興，嘗編《書解折衷》，將以羽翼蔡傳，亡友胡庭芳見而許可之，又勉以即蔡傳而纂疏之，遂加博采精究，方克成編。今謀板行，幸遇古邢張子禹命工刊刻，以與四方學者共之云。泰定四年丁卯正月望日。

趙世延《南唐書序》（陸游《南唐書》卷首）　天曆改元，余待罪中，執法監察御史王主敬謂余曰：「公向在南臺，蓋嘗命郡士戚光纂輯《金陵志》，始訪得《南唐書》，其於文獻遺闕大有所考證，裨助正多，且爲音釋焉。」因屬博士程熟等就加校訂鋟板，與諸史並行之。

《宋史·劉熙古傳》　［劉熙古］頗精小學，作《切韻拾玉》二篇，摹刻以獻，詔付國子監頒行。

又《趙安仁傳》　安仁生而穎悟，幼時執筆能大字，十三通經傳大旨，早以文藝稱。【略】會國子監刻《五經正義》版本，以安仁善楷隸，遂奏留書之。

又《儒林傳一·聶崇義》　漢乾祐中，累官至國子《禮記》博士，校定《公羊春秋》，刊板于國學。

又《孔維》　受詔與學官校定《五經疏義》，刻板行用，功未及畢，被病，上遣太醫診視，使者撫問。初，維私用印書錢三十餘萬，爲掌事黃門所發，維憂懼，遽以家財償之，疾遂亟，上赦而不問。維將終，召其壻鄭革口授遺表，以《五經疏》未畢爲恨。

又《李覺》　太宗以孔穎達《五經正義》刊板，詔孔維與覺等校定。

又《儒林傳四·呂祖謙》　［呂祖謙］遷著作郎，以末疾請祠歸。先是，書肆有書曰《聖宋文海》，孝宗命臨安府校正刊行。學士周必大言《文海》去取差謬，恐難傳後，盍委館職銓擇，以成一代之書。孝宗以命祖謙。遂斷自中興以前，崇雅黜浮，類爲百五十卷，上之，賜名《皇朝文鑑》。

又《文苑傳三·句中正》　四年，命副張洎爲高麗加恩使，還，遷左贊善大夫，改著作郎，與徐鉉重校定《説文》，模印頒行。

又《方技傳上·王懷隱》　初，太宗在藩邸，暇日多留意醫術，藏名方千餘首，皆嘗有驗者。至是，詔翰林醫官院各具家傳經驗方以獻，又萬餘首，命懷隱與副使王祐、鄭奇，醫官陳昭遇參對編類。每部以隋太醫令巢元方《病源候論》冠其首，而方藥次之，成一百卷。太宗御制序，賜名曰《太平聖惠方》仍命鏤板頒行天下，諸州各置醫博士掌之。

《宋會要輯稿·刑法二·禁約》　慶曆二年正月二十八日，杭州言：知仁和縣太子中舍翟昭應將《刑統律疏》正本改爲《金科正義》，鏤板印賣，詔轉運司鞫罪，毁其板。

又　［熙寧二年］閏十一月二十五日，監察御史裏行張戩言：竊聞近日有姦妄小人，肆毁時政，搖動衆情，傳惑天下，至有矯撰勅文，印賣都市。乞下開封府嚴行根捉造意雕賣之人行遣。從之。

又　［元祐五年］七月二十五日，禮部言：凡議時政得失，邊事軍機文字，不得寫録傳布；本朝《會要》、《實録》，不得雕印。違者徒二年，告者賞緡錢十萬。內《國史》、《實録》仍不得傳寫。即其他書籍欲雕印者，選官詳定，有益於學者，方許鏤板，候印訖，送秘書省。如詳定不當，取勘施行，諸戲褻之文，不得雕印，違者，杖一百，委州縣監司、國子監覺察從之。以翰林學士蘇轍言：奉使北界，見本朝民間印行文字，多以流傳在北，請立法故也。

又　八月十五日臣僚言：《軍馬敕諸敎象法》，謄録傳播者，杖一百。訪聞比年以來，市民將《敎法》并《象法》公然鏤板印賣，伏望下開封府禁止，詔印板並令禁毁，仍令刑部立法，申樞密院。

又　［淳熙］九年三月二十一日，詔諸路轉運司行下所部州軍，將見賣《舉人時務策》并印板，日下拘收焚毁，令禮部檢坐見行條法，申嚴禁約，延致違戾，以給事中施師點言：「文字過界，法禁甚嚴，人爲利回，多所抵冒。竊見書坊所印時文，如詩賦、經義、論，因題而作，不及外事。至於策試，莫非時務，而臨軒親試，又皆深自貶損，以求直言，所宜禁止印賣。」

故有是命。

又 紹熙元年三月八日，詔建寧府，將書坊日前違禁雕賣策試文字，日下盡行毁板。仍立賞格，許人陳告，有敢似前冒犯，斷在必行。官吏失察，一例坐罪，其餘州郡，無得妄用公帑刊行私書，疑誤後學，犯者必罰無赦。從起居郎諸葛廷瑞請也。

又 〔紹熙二年〕十月四日，湖南提刑孫逢吉言：近年以來爲守令者不修其官以待考察，往往崇飾虚僞，撰造政績。或葺一亭舍，或疏一陂渠，或於常費薄有所蠲，或於舊弊微有所革。自職事而言皆其所當違者，而刊刻碑記，張大其事，繪畫圖冊，表聞于朝，甚者摹印裝褾，偏納中外。至於分配坊市，建立生祠，陰諷士民，借留再任。其間餉遺請託，何所不有。監司在遠，難盡察知，蓋有誤以其姓名登徹天聽者矣。此誕謾詐巧之大者，誠不可不禁遏也。詔檢坐建祠立碑舉留條制，申嚴行下。四年六月十九日，臣僚言：朝廷大臣之奏議，臺諫之章疏，内外之封事，士子之程文，機謀密畫不可漏洩，今乃傳播街市，書坊刊行，流布四遠，事屬未便，乞嚴切禁止。詔四川制司行下所屬州軍，並仰臨安府、婺州、建寧府，照見年條法，指揮嚴行禁止。其書坊見刊板及已印者，並日下追取，當官焚毁。具已焚毁名件申樞密院。今後雕印文書，須經本州委官看定然後刊行。仍委各州通判專切覺察，如或違戾，取旨責罰。

又 〔紹熙五年〕九月十四日，明堂赦訪聞湖廣等處州縣殺人祭鬼及畧賞人口，并貧乏下戶往往生子不舉，條法禁約非不嚴切，習以爲常，人不知畏，可令守令檢舉見行條法，鏤板於鄉村道店、關津渡口。曉諭許諸色人告捉，依條施行，仍仰監司嚴行覺察，毋致違戾。十一月二十四日，刑部言：乞照昨來浙西提舉司所申行下内外諸軍嚴行約束。所遣回易官兵不得以收買軍須爲名，公然販賣私鹽，如有違戾，重作施行。詔令刑部鏤板行下，内外諸軍主帥約束。

又 〔慶元二年〕六月十五日，國子監言：已降指揮風諭士子，專以《語》、《孟》爲師，以六經子史爲習，毋得復傳語録，以滋盜名欺世之僞。所有進卷待遇集，并近時妄傳語録之類，並行毁版。其未盡僞書，併令國子監搜尋名件，具數聞奏。今搜尋到七先生《與論發樞百鍊眞隱》、李元綱《文字》、劉子翬《十論》、潘浩然《子性理書》、江民表《心性説》，合行毁劈，乞許本監行下諸州及提舉司，將上件内書板當官劈毁。從之。八月十四日，中書門下省訪聞臨安府城内外私鹽盛行，多是無賴之徒脅持鋪戶、寺觀、營寨，或士庶之家，隨門揾賣，理合措置，欲令臨安府日下大字鏤板曉諭：以前罪犯一切不問，若今後再敢違犯，許諸色人告，依格給賞，犯人送獄根勘，依法斷罪追賞。如自能執捕販人赴官陳首，降與免罪外，更與依格推賞。從之。

又 〔慶元三年〕十二月二十七日，臣僚言：州縣之間害民者莫甚於科罰，虐民者莫甚於慘酷，且如以贖罪並緣而責其獻納，以酒税牽連而責其認錢，或科敷於里正、保正長，或横歛於師巫僧道，或利富室之財而啓誣告之風，監司所當廉察也。或以頭子錢爲名而科取，州縣郡守所當表帥也。或以助州錢爲名而科取屬邑，此科罰之害民者也。非州縣長官不許受辭，而他官輒受禮；非親民不許科決杖罪，而鎮寨敢自專。推司輒自訊囚，荆杖代用藤條，觀望鍜鍊備極荼毒，此慘酷之虐民者也。前後禁約科罰慘酷條，令大字鏤板，行下諸路郡邑，揭于通衢，其有犯者，必罰無赦，從之。四年二月五日，國子監言：福建麻沙書坊見刊雕太學總新文體，内丁巳太學春季私試都魁郭明卿問定國是，問京西屯田，問聖孝風化，本監尋將案藉拖照，得郭明卿去年春季策試，即不曾中選，亦不曾有前項問目。及將程文披閲，多是撰造怪辟虚浮之語，又妄作祭酒以下批鑿，似主張僞學，欺惑天下，深爲不便。乞行下福建運司，追取印版，發赴國子監交納。及已印未賣，並當官焚之。仍將雕行印賣人送獄根勘，因依供申取旨施行。從之。

又 〔嘉泰〕二年二月二十八日，新差權知隨州趙彦衛言：恭惟國家祖功宗德超冠百王，眞賢實能遠踰前代，史館成書有《三朝國史》、《兩朝國史》、《五朝國史》，莫不命大臣以總提，選鴻儒以撰輯，秘諸金匱，傳寫有禁。近來忽見有本朝《通鑑長編》、《東都事略》、《九朝通略》、《丁未録》、《輿夫語録》、《家傳》品目類多，鏤板盛行於世。其間蓋有不曾徹聖聽者，學者亦信之，然初未嘗經有司之訂正，乞盡行取索私史下之史館，公共考核，或有裨於公議，即乞存留，仍不許刊行，自餘悉皆盡絶，如有違戾，重寘典憲。從之。

又 〔嘉定六年〕十月二十八日，臣僚言：國朝令，甲雕印言時政邊機文書者，皆有罪。近日書肆有《北征讜議》、《治安藥石》等書，乃龔日章、

華岳投進書劄，所言間涉邊機乃筆之書，鋟之木，鬻之市，泄之外夷，事若甚微，所關甚大，乞行下禁止。取私雕龔日章、華岳文字，盡行毀板，其有已印賣者，責書坊日下繳納，當官毀壞。從之。

又［紹興十七年］七月十九日，左修職郎趙公傳言：近年以來，諸路書坊將曲學邪說、不中程之文擅自印行，以瞽聾學者，其爲害大矣，望委逐路運司差官討論，將見在板本不繫六經子史之中，而又是非頗繆於聖人者，日下除毀。從之。十五年七月二日，兩浙東路安撫司幹辦公事司馬伋言：建州近日刊行《司馬溫公記聞》，其間頗關前朝政事。竊緣曾祖光平日論著，即無上件文字，妄借名字，售其私說。詔委建州守臣，將不合開板文字並行毀棄。十五年十二月十七日，太學正孫仲鼇言：諸州民間書坊收拾詭僻之辭，託名前輩，輒自刊行，雖屢降指揮禁遏，尚猶未革。欲申嚴條制，自今民間書坊刊行文籍，先經所屬看詳，又委教官討論，擇其可者，許之鏤板。從之。

金元時期刻書分部

綜　述

王士點《秘書監志》卷一　職制：世皇觀天文以制歷授時，觀人文以尊經化民，迺立秘書監，儲圖史、正儀度、頒經籍。設官有員，郎吏承授，以至司天興文之隸屬，廢置增損之歲月。錄其故，俾來者攷。

又卷七　至元十年十一月初七日，太保大司農奏過事內一件，興文署掌雕印文書，交屬秘書監，呵怎生奉聖旨那般者。欽此。本署元設官三員，令一員，丞二員，校理四員，楷書一員，掌記一員。

又卷八　至元十年十一月初七日，太保大司農奏過事內一件，興文署掌雕印文書，交屬秘書監呵。怎生，奉聖旨那般者。欽此。本署元設：官三員，令一員，丞二員，校理四員，楷書一員，掌記一員。事故官一員，楊時煦身故。校理二員，今改大都儒學教授孫英、劉震。見任官二員，署令馬天昭，署丞王鼎。校理二員李嘉、古申。楷書呂勗，掌記趙謙。雕字匠花名計四十名。作頭一名，匠三十九名。印匠一十六名。

陳基《西湖書院書目序》（胡師安等《元西湖書院重整書目》卷首）　杭西湖書院，宋季太學故阯也。宋渡江時，典章文物悉襲汴京之舊，既已裒集經史百氏爲庫聚之于學，又設官掌之，今書庫板帙是也。德祐內附，學廢，今爲肅政廉訪司治所。至元二十八年，故翰林學士承旨東平徐公持浙西行部使者節，即治所西偏爲書院，祀先聖先師及唐白居易、宋蘇軾、林逋爲三賢。後爲講堂，旁設東西序，爲齋以處師弟子員。又後爲尊經閣，閣之北爲書庫，實始收拾宋學舊板，設司書掌之，宋御書石經、孔門七十二子畫像石刻咸在焉。書院有田，歲收其入以供二丁廩膳及書庫之用。事達中書，畀以今額，且署山長、司存，與他學官埒。於是西湖之有書院，書院之有書庫，實昉自徐公，此其大較也。由至元迄今，嗣持部使者節於此者，春秋朔望述徐公故事，未之或改也。獨書庫歲久，屋弊板闕，或有所未暇。杭民好事者間以私力補治之，而事尋中止。至正十七年九月，尊經閣壞，書庫亦傾圮。今江浙行中書平章政事兼同知行樞密院事吳陵張公嘗力而新之，顧書板散失埋沒，所得瓦礫中者，往往刓毀蠹剝，至正二十一年，公命釐補之，俾左右司員外郎陳基、錢用壬率其事。庀工於是年十月一日。所重刊經史子集欠闕，以板計者七千八百九十有三，以字計者三百四十三萬六千三百五十有二。所繕補各書損裂漫滅，以板計者一千六百七十有一，以字計者二十萬一千一百六十有二。用粟以石計者一千三百有奇，木以株計者九百三十，書手刊工以人計者九十有二。對讀校正，則餘姚州判官宇文桂，山長沈裕，廣德路學正馬盛，紹興路蘭亭書院山長凌雲翰，布衣張庸，齋長宋良、陳景賢也。明年七月二十三日訖工。飭司書秋德桂、杭府史周羽以次編類，庋之經閣、書庫，秩如也。先是，庫屋洎書架皆朽敗，至有取而爲薪者，今悉告完。既竣事，公俾爲《書目》，且序其首，幷刻之庫中。【略】至正二十二年八月丙子序。

胡師安《元西湖書院重整書目・經》　《易古注》，《易注疏》，《易程氏傳》，《書古注》，《易復齋說》，《書注疏》，《詩古注》，《詩注疏》，《穀梁古注》，《穀梁注疏》，《埤雅》，《論語古注》，《論語注疏》，《論語講義》，《儀禮

古注》，《儀禮經傳》，《春秋左傳注》，《春秋左傳疏》，《公羊古注》，《公羊注疏》，《孝經注疏》，《孝經古注》，《古文孝經注》，《語孟集注》，《孟子古注》，《孟子注疏》，《文公四書》，《大學衍義》，《國語注補音》，《春秋高氏解》，《禮記古注》，《禮記注疏》，《周禮古注》，《周禮注疏》，《儀禮注疏》，《儀禮集說》，《陸氏禮象》，《葬祭會要》，《政和五禮》，《文公家禮》，《經典釋文》，《群經音辨》，《爾雅古注》，《爾雅注疏》，《說文解字》，《玉篇》，《廣韻》，《禮部韻略》，《毛氏增韻》，《博古圖》，《孔氏增韻》，《文公小學書》。

又《史》 《大字史記》，《中字史記》，《史記正義》，《東漢書》，《西漢書》，《三國志》，《南齊書》，《北齊書》，《宋書》，《陳書》，《梁書》，《周書》，《後魏書》，《元輔表》，《刑統注疏》，《刑統申明》，《刑律文》，《成憲綱要》，《新唐書》，《五代史》，并纂誤。《荀氏前漢紀》，《袁氏後漢記》，《通鑑外紀》，《通曆》，《資治通鑑》，《武侯傳》，《通鑑綱目》，《仁皇訓典》，《唐書直筆》，《子由古史》，《唐六典》，《救荒活民書》，《臨安志》，《崇文總目》，《四庫闕書》，《唐書音訓》。

又《子》 《顏子》，《曾子》，《荀子》，《列子》，《楊子》，《文中子》，《太元溫公注》，《太元集注》，《武經七書》，《百將傳》，《新序》。

又《集》 《通典》，《兩漢蒙求》，《韻類題選》，《回文類聚》，《聲律關鍵》，《西湖紀逸》，《農桑輯要》，《韓昌黎文集》，《蘇東坡集》，《唐詩鼓吹》，《張南軒文集》，《曹文貞公集》，《武功錄》，《金陀粹編》，《擊壤詩集》，《林和靖詩》，《呂忠穆公集》，《王魏公集》，《伐檀集》，《王校理集》，《張西巖集》，《晦菴大全集》，《宋文鑑》，《文選六臣注》。

《金史・選舉志一》 金設科皆因遼、宋制，有詞賦、經義、策試、律科、經童之制。【略】凡養士之地曰國子監，始置於天德三年，後定制。

又 凡經，《易》則用王弼、韓康伯註，《書》用孔安國註，《詩》用毛萇註、鄭玄箋，《春秋左氏傳》用杜預註，《禮記》用孔穎達疏，《周禮》用鄭玄註、賈公彥疏，《論語》用何晏集註、邢昺疏，《孟子》用趙岐註、孫奭疏，《孝經》用唐玄宗註，《史記》用裴駰註，《前漢書》用顏師古註，《後漢書》用李賢註，《三國志》用裴松之註，及唐太宗《晉書》、沈約《宋書》、蕭子顯《齊書》、姚思廉《梁書》、《陳書》、魏收《後魏書》、李百藥《北齊書》、令狐德棻《周書》、魏徵《隋書》、新舊《唐書》、新舊《五代史》，《老子》用唐玄宗註疏，《荀子》用楊倞註，《揚子》用李軌、宋咸、柳宗元、吳秘註，皆自國子監印之，授諸學校。

《元史・世祖紀一三》 二十七年春正月，【略】［癸酉］復立興文署，掌經籍板及江南學田錢穀。

王圻《續文獻通考・經籍考》 太宗八年六月，立編修所於燕京。經籍所于平陽，編集經史，從中書令耶律楚材請也。召儒士梁涉充長官，以王萬慶、趙著副之。世祖至元元年二月，勅選儒士編修國史，譯寫經書，起館舍給俸以贍之。四年二月，改經籍所爲宏文院。五年十月，勅從臣託果斯等錄《毛詩》、《孟子》、《論語》。六年九月，徙平陽經籍所于京師。十年正月，立秘書監掌圖史經籍。十二年九月，以伊實特穆爾爲御史大夫，括江南諸郡書板及臨安秘書省書籍。秘書監上言：本監應收經籍、圖書、書畫等物，見數不教失落。又言：江南諸郡多有經史書籍、文板，俱令收拾，見數不教失散。十三年二月，詔收宋臨安圖籍、典故、文字。時宋初奉表降，詔諭臨安凡秘書省圖籍、典故、文字盡仰收拾；又命宣慰使焦友直收拾宋秘書省圖籍；尋以江南運到經史子集文字、書畫等物，俱付秘書監收掌，遇有檢閱于秘書監開取，用畢還監。十五年四月，以集賢大學士許衡言，遣使至杭州等處，取在官書籍板刻至京師。二十七年正月，復立興文署掌經籍板。臣等謹案：王士點等《秘書監志》稱：「至元十一年以興文署隸秘書監，掌雕印文書。」又稱：「十三年以興文署併入翰林院。」《元史・本紀》及《百官志》俱未載，惟紀其復立興文署，屬集賢院，而始建中廢，以及改隸年月，均未詳。攷今據《秘書監志》輯其大畧。如此。成宗大德七年三月，布哷齊岳鉉等進《大一統志》。先是至元二十二年，命大集萬方圖志而一之，以表皇元疆理無外之大。詔大臣近侍提其綱立局置屬編纂，凡九年而成書；續得雲南、遼陽等書。又纂修九年，至是繕寫始就，總計六百冊，一千三百卷，進呈藏之秘府。臣等謹案：元所修《大一統志》，最爲繁博。明焦竑《國史經籍志》惟載其目，今已散佚無存。十一年八月，時武宗已即位。中書右丞博囉特穆爾，以國字譯《孝經》進，命刻板摹印，諸王以下咸賜之。詔曰：「此乃孔子之微言，自王公逮於庶民，皆當由是而行。」武宗至大四年六月，時仁宗已即位，刊行《貞觀政要》。帝覽《貞觀政要》諭翰林侍講阿琳特穆爾曰：「此書有益于國家，其譯以國語刊行，俾蒙古、色目人誦習之。」仁宗延祐四年四月，以《大學衍義》譯國語。先是帝爲太子時，有進《大學衍義》者，命詹事王約等節而譯之。帝曰：「治天下此一書足矣。」因命與《圖象孝經》、《列女傳》並刊行，賜臣下。至是翰林學士承旨和搭拉都哩默色、劉賡等譯《大學衍義》以進。帝復令翰林學士

阿琳特穆爾譯以國語。五年八月，復以江浙省所印《大學衍義》五十部賜朝臣。五年十一月，鋟行唐陸淳所著《春秋纂例》等書。集賢大學士庫春言：「唐陸淳著《春秋纂例》、《辨疑》、《微旨》三書，有益後學，請令江西行省鋟梓，以廣其傳。從之。文宗天曆二年二月，立奎章閣學士院，命儒臣進經史。是年，立藝文監，隸奎章閣學士院，專以國語敷譯儒書及儒書之合校讎者，俾兼治之。又立藝林庫，專一收貯書籍，廣成局專一印行《祖宗聖訓》。凡國制等書，皆隸藝文監。臣等謹案：《本紀》但云「是年立藝文監及藝林庫、廣成局」，其職掌之制未詳。今參以陶宗儀《輟耕錄》所載較爲詳晰。九月敕翰林國史院，官同奎章閣學士，采輯本朝典故，準《唐》、《宋會要》著爲《經世大典》。繼又命趙世延、趙世安領纂修《經世大典》事，至至順二年四月纂修成，凡八百八十卷，目錄十二卷。臣等謹案：元修《經世大典》今已散佚，無存。元《秘書監志》曰：「至正二年五月，準監丞王道關奏，竊謂古之書庫有目，圖畫有題，所以謹儲藏而便披玩也。伏覩本監所藏，多係金宋流傳及四方，購納古書名畫不爲少矣，專以祇備御覽也。然自至元迄今，庫無定數，題目簡帙，寧無紊亂，應預將經、史、子、集及歷代圖畫，隨時分科品類成號，他時奉旨庶乎供奉有倫，因得盡其職也。合無行下，秘書庫依上編類成號，置簿繕寫。

顧炎武《日知録》卷一八《監本二十一史》　《金臺紀聞》曰：「元時，州縣皆有學田，所入謂之學租，以供師生廩餼，餘則刻書。工大者合數處爲之，故讐校刻畫，頗有精者。」洪武初，悉收上國學，今南監《十七史》諸書，地里、歲月、勘校工役竝存，可識也。今學既無田，不復刻書，而有司間或刻之，然祇以供饋贐之用，其不工反出坊本下，工者不數見也。昔時入覲之官其饋遺一書一帕而已，謂之書帕。自萬曆以後改用白金。聞之宋、元刻書皆在書院，山長主之，通儒訂之。主書院者謂之山長。《宋史・理宗紀》，何基婺州教授兼麗澤書院山長，徐幾建寧府教授兼建安書院山長。學者則互相易而傳布之，故書院之刻有三善焉：山長無事而勤於校讐，一也；不惜費而工精，二也；板不貯官而易印行，三也。有右文之主出焉。其復此非難也，而書之已爲劣生刊改者，不可得而正矣。是故信而好古，則舊本不可無存；多聞闕疑，則群書亦當竝訂，此非後之君子之責，而誰任哉！

蔡澄《鷄窗叢話》卷一　先輩云：元時人刻書極難，如某地某人有著作，則其地之紳士呈詞於學使，學使以爲不可刻則已。如可，學使備文咨部，部議以爲可，則刊板行世，不可則止。故元人著作之存於今者，皆可傳也。

繆荃孫《藝風堂文漫存・癸甲稿》卷三《平水板本攷》　平水，金《地理志》平陽府有書籍。平水，鎮名，元太宗八年用耶律楚材言立經籍所於平陽，當是因金之舊。《研北雜志》云：「舊籍鏤板多經毛麾收達校。」毛文見《金文最》。今傳世者《論語注疏》十卷本，木記「大元元貞丙申刊。」又云：「平陽府梁宅刊巾箱本《爾雅》，大德己亥平水劉氏進德齋刊《新刊禮部韻略》，大德丙午平水中和軒王宅印。《政和證類本草》，平陽張存惠刊，有泰和甲子晦明軒記，大德丙午平水許宅印。《銅人腧穴鍼灸圖經》，序時大定丙午歲，平水閑邪聵叟述，有『書軒陳氏印行』六字。《圖解校正地理新書》十五卷，明昌壬子張謙刊。《增廣類林》十五卷，大定己酉李子文鏤板刊行。《道德寶章》一卷，金正大戊子平水中和軒王宅重刊。《李賀歌詩編》，碣石趙衍刊本。《丹淵集》四十卷，木記『金泰和丙辰晦明軒張宅記』。《滏水集》元統中戌平陽中和軒王宅刊行。《滏水集》，明人跋。《中州樂府》末有『至大庚戌良月，平水進德齋刊本』木記。《河汾諸老詩集》，後有『皇慶癸丑六月吉日，尊賢堂高昂霄告白。』」均見本書。《珞琭子三命消息賦》，元本《春秋集傳纂例》、《明堂灸經》皆云平陽府刊，明繙本，是中和軒王氏三種，晦明軒張氏二種，進德齋劉氏二種，與麻沙余勤有堂、劉日新堂並駕齊驅，而流傳於世者絶少。元末北方兵禍特甚，南方則張士誠、陳友定尚能保護，而明太祖崛起，亦比北方早獲寧宇也。

葉德輝《書林清話》卷四《金時平水刻書之盛》　金源分割中原不久，乘以干戈，惟平水不當要衝，故書坊時萃於此。而他處私宅刊本，亦間有之。今可考者如：**書軒陳氏**，大定丙午二十六年，當宋淳熙十三年刻《銅人腧穴針灸圖經》五卷，序云「時大定丙午歲，平水閑邪聵叟述」，有「書軒陳氏印行」六字。見《森志》。貴池劉世珩已影刊。**李子文**，大定己酉二十九年，當宋淳熙十六年刻《重刊增廣分門類林雜説》十五卷，見《瞿目》。鈔本，目未詳，吾見原書。**張謙**，明昌壬子三年，當宋紹熙三年。刻《新刊圖解校正地理新書》十五卷，見《楊録》、影金鈔本。《丁目》。金刊本。日本島田翰《皕宋樓藏書源流考》云：所謂金刊，實元刻。**平水中和軒王宅**，正大戊子五年，當宋紹定元年。刻《道德寶章》一卷，見《楊録》。大德丙午十年刻《新刊韻略》五卷，見《張志》、《瞿目》、《莫録》、《陸續跋》、《繆記》。元統甲戌二年刻《滏水文集》二十卷，見《楊續録》。云其源亦出金晦明軒本。德輝按：是時金已爲元所滅，中和

軒猶存。**晦明軒張宅**，泰和甲子四年，當宋嘉泰四年。刻《經史證類大觀本草》三十卷，見《四庫書目提要》、《彭跋》、《陸續跋》。泰和丙寅六年，當宋開禧二年。刻《丹淵集》四十卷，《拾遺》二卷，《附錄》一卷，見《楊錄》。

外此則：**嵩州福昌孫夏氏書籍鋪**，貞祐甲戌二年，當宋嘉定七年。刻《經史證類大全本草》三十一卷，《本草衍義》二十卷，見《瞿目》。**碣石趙衍**，無元號丙辰刻《李賀歌詩編》四卷，見《黃記》、《瞿目》。云序末題「丙辰秋日碣石趙衍刊」。按：金有兩丙辰：一天會十四年，當宋紹興六年；一明昌六年，當宋慶元二年。則又平水以外之書坊，存其名，亦足爲考古之談助也。

又《元監署各路儒學書院醫院刻書》

《元史·百官志》云：「至元二十四年，國子監置生員二百人。延祐二年，增置百人。興文署掌刊刻經史，皆屬集賢院。」又云：「至元二十七年立興文署，召工刻經史子板，以《資治通鑑》爲起端。」元《秘書監志》云：「至元十年，太保大司農奏，興文署雕印文書，屬秘書監。本署設官三員，令一員，丞三員，校理四員，楷書一員，掌紀一員，鐫字匠四十名，作頭一，匠戶十九，印匠十六。」又：「至元十四年十二月，中書省奏，奉旨省并，衙名興文，并入翰林院。」故元時官刻首推：**國子監本**，元祐三年刻小字本《傷寒論》十卷，見《楊志》。次則：**興文署本**，至元二十七年刻《資治通鑑》二百九十四卷，見《瞿目》、《陸跋》、《莫錄》。刻胡三省《通鑑釋文辨誤》十三卷，見《陸跋》。又次則：**各路儒學本**，至元己卯十六年，當宋帝昺祥興二年。中興路儒學刻沈棐《春秋比事》二十卷，見《陸續志》、《陸續跋》。影元刊本。至元壬辰二十九年。贛州路儒學刻張栻《南軒易說》三卷，見《四庫書目提要》。云曹溶傳寫本。大德乙巳九年。太平路儒學刻《漢書》百二十卷，見《天祿琳琅》五、《張志》、《瞿目》。寧國路儒學刻《後漢書》一百二十卷，見《張志》、《瞿目》、《陸志》、《丁志》、《楊錄》。瑞州路儒學刻《隋書》八十五卷，見《瞿目》、《丁志》、《陸志》、《陸跋》。云板心有「路學」「瑞州儒學」、「浮學」「浮梁縣學」、「堯學」「「堯」，「饒」省文，饒州學」、「番泮」「「番」，「鄱」省文，鄱陽學」、「餘干」「餘干學」、「樂平」「樂平州學」、「平州」「即樂平」、「忠定」「趙汝愚書院」、「錦江」「書院」、「長薌」「書院」、「初庵」「書院」等字。當時各路刊書，牒書院之有餘貲者與其役。建康路儒學刻《新唐書》二百二十五卷，見《丁志》。大德丙午十年。池州路儒學刻《三國志》六十五卷，見《張志》、《莫目》、《丁志》。紹興路儒學刻《越絕書》十五卷，《吳越春秋》十卷，見《四庫書目提要》。紹興路儒學刻徐天祜《吳越春秋音注》十卷，見《陸志》、《陸跋》。信州路儒學刻《北史》一百卷，見《錢日記》、《瞿目》、《丁志》、《繆記》、《陸志》、《陸跋》。板心有「信州路儒學刊」、「信州象山刊」、「象山書院刊」、「道一書院刊」、「稼軒書院刊」、「藍山書院刊」、「玉山縣學刊」、「弋陽縣學刊」、「貴溪縣學刊」、「上饒學刊」等字。《南史》八十卷，見《丁志》、《陸跋》。大德丁未十一年。無錫儒學刻《風俗通義》十卷，《附錄》一卷，見《四庫書目提要》。至大辛亥四年。嘉興路儒學刻《陸宣公集》二十二卷，見《陸志》。皇慶二年武昌路儒學刻王申子《大易緝說》十卷，見《四庫書目提要》。延祐甲寅元年。臨江路儒學刻張洽《春秋集傳》二十二卷，見《天祿琳琅後編》三、元板類。《張志》、鈔本。《陸志》、《陸續跋》。影元刊本。至治壬戌二年。嘉興路儒學刻《王秋澗先生全集》一百卷，見《張志》、舊鈔本。《陸志》、《陸續跋》。明翻宋本。泰定初元龍興路儒學刻《唐律疏議》三十卷，見《楊志》。云重刻。雍正乙卯勵廷儀仿元刻本。泰定乙丑二年。慶元路儒學刻《困學紀聞》二十卷，見《天祿琳琅》六、《孫記》、《張志》、《瞿目》、《陸志》、《陸續跋》。南京路轉運使刻《貞觀政要》十卷，見《楊志》。寧國路儒學刻洪适《隸釋》二十七卷，《隸續》七卷，見《四庫書目提要》、《瞿目》。舊鈔本。泰定四年龍興路儒學刻《脈經》十卷，見《楊志》。景鈔元刊本。至順四年即元統元年。集慶路儒學刻王構《修詞鑒衡》二卷，見《陸志》。至元改元漳州路儒學刻陳淳《北溪先生大全文集》五十卷，見《瞿目》、《陸志》。後至元三年婺州路儒學刻金履祥《論孟集注考證》十卷，見《陸志》。舊鈔本。至元四年嘉興路儒學刻元沙克什《河防通議》二卷，見《瞿目》。鈔本。至元五年揚州路儒學刻《馬石田文集》十五卷，見《張志》、《瞿目》、元刊本。《丁志》。小山堂鈔本。至元己卯五年。中興路儒學刻宋沈文伯《春秋比事》二十卷，見《陸續志》。後至元庚辰六年。慶元路儒學刻《玉海》二百卷，附《詞學指南》四卷，見《孫記》、《瞿目》、《莫錄》、《陸續跋》。至正三年杭州路儒學奉旨刻《遼史》一百六十卷，見《丁志》；《金史》一百三十五卷，見《瞿目》。集慶路儒學刻奉元路學古書院山長張鉉《金陵新志》十九卷，見《孫記》、《張志》、《朱志》、《瞿目》、《陸志》、《丁目》。饒州路儒學刻《金石例》十卷，見《陸志》。至正五年撫州路儒學刻《道園類稿》五十卷，見《張志》。至正丙戌六年。嘉興路儒學刻《呂氏春

秋》二十六卷，見《孫記》、《吳記》、《瞿目》、《陸志》。杭州路儒學刻《宋史》四百九十六卷，見《陸志》。江北淮東道本路儒學刻蕭斢《勤齋集》八卷，見《丁志》、《陸志》。至正丁亥七年。福州路儒學刻《禮書》一百五十卷，見《陸志》。至正八年江浙省本路儒學刻宋褧《燕石集》十五卷，見《張志》、《陸志》。影元刊本。至正九年嘉興路儒學刻劉因《靜修先生文集》三十卷，見《張志》、《陸志》。明弘治刊本。至正十年集慶路儒學刻丁復《檜亭集》九卷，見《陸志》；《樂書》二百卷，見《楊録》。至正甲午十四年。嘉興路儒學刻《大戴禮記》十三卷，見《丁志》。至正乙巳二十五年。平江路儒學即藍山書院刻本。刻吳師道校正《鮑彪注國策》十卷，見《天祿琳琅後編》九、《森志》、《丁志》、《陸志》、《陸跋》。至正二十五年江浙儒學刻宋葉時《禮經會元》四卷，見《陸志》。無元號甲申臨川路刻張鉉《金陵新志》十五卷，見《孫記》、《陸志》。無元號丁未刻《通典》二百卷，見《陸志》、《陸跋》。即臨汝書院本。亦稱：**郡學本**，大德乙巳九年無錫郡學刻《白虎通德論》十卷，《風俗通義》十卷，見《瞿目》。延祐庚申七年。婺郡學刻戴侗《六書故》三十三卷。至正四年嘉興郡學刻宋林至《易裨傳》二卷，見《瞿目》。舊鈔本。**郡庠本**，至治二祀福州路三山郡庠刻《通志》二百卷，見《天祿琳琅》五、《吳記》、《孫記補遺》、《瞿目》、《丁志》、《陸續跋》。至正壬寅二十二年吳郡庠刻宋沈樞《通鑑總類》二十卷，見《瞿目》、《陸志》、《楊録》。無年號吉水郡庠刻劉岳申《申齋劉先生文集》十五卷，見《張志》。鈔本。**府學本**，無年號贛州路府學刻《南軒易說》三卷，見《浙録》。**儒司本**，至大戊申元年刻《唐詩鼓吹》十卷，見《丁志》。又有：**書院本**，前至元癸未二十年廬陵興賢書院刻王若虛《滹南遺老集》四十五卷，見《張志》。文瀾閣傳鈔本。大德己亥三年廣信書院刻《稼軒長短句》十二卷，見《楊録》。大德壬寅六年。宗文書院刻《經史證類大觀本草》三十一卷，《目録》一卷，見《四庫書目提要》、《錢日記》、《孫記續編》、《森志補遺》、《丁志》、《陸志》；無年號刻《本草衍義》二十卷，見《陸志》；刻《五代史記》七十五卷，見《張志》、《瞿目》、《朱目》。大德丁未十一年。梅溪書院刻《校正千金翼方》三十卷，《目録》一卷，見《森志》、《楊譜》、《繆續記》。日本仿刻宋本。龍集乙卯當爲延祐二年。圓沙書院刻《大廣益會玉篇》三十卷，見《楊録》；延祐丁巳四年。刻《新箋決科古今源流至論前集》十卷，《後集》十卷，《續集》十卷，《別集》十卷，見《瞿目》、《繆記》；刻林駉《皇鑒箋要》六十卷，見《朱目》；延祐庚申七年。刻《山堂考索前集》六十六卷，《後集》六十五卷，《續集》五十六卷，《別集》二十五卷，見《瞿目》、《朱目》、《陸志》、《陸續跋》。泰定甲子元年。梅溪書院刻馬括《類編標注文公先生經濟文衡前集》二十五卷，《後集》二十五卷，《續集》二十二卷，見《天祿琳琅》六。西湖書院刻馬端臨《文獻通考》三百四十八卷，見《瞿目》。又蒼巖書院刻《標題句解孔子家語》三卷，見《森志》。泰定乙丑二年。圓沙書院刻《廣韻》五卷，見《森志》、《楊譜》；刻《記纂淵海》一百九十五卷，見《浙録》。泰定丙寅三年。廬陵武溪書院重刻宋淳祐丙午六年。《新編古今事文類聚前集》六十卷，《後集》五十卷，《續集》二十八卷，《別集》三十二卷，《新集》三十六卷，《外集》十五卷，《遺集》十五卷，見《孫記》、《丁志》、《陸志》、《繆記》。泰定丁卯四年。梅溪書院刻陳櫟《書集傳纂疏》六卷，見《張志》、《森志》、《陸志》、《陸續跋》。至順四年癸酉，是年改元元統元年。龜山書院刻李心傳《道命録》十卷，見《天祿琳琅》六。元統甲戌二年。梅溪書院刻《韻府群玉》二十卷，見□□。後至元丁丑三年。梅溪書院刻《皇元風雅》三十卷，見《瞿目》。至元又五年西湖書院重刻馬端臨《文獻通考》三百四十八卷，見《陸志》、《陸續跋》、云至元初余謙刊。《瞿目》。云初刻於泰定元年，置板西湖書院，後有缺失。至正五年，江浙儒學提舉余謙訪得原稿於其子志仁，重爲訂正補刊，印行於世。按：此本實後至元五年所刊，非至正五年也，《瞿目》有誤。至正壬午二年。刻《國朝文類》七十卷，《目録》三卷，見《瞿目》、《朱目》、《陸志》、《丁志》、《楊録》。重修至元四年刊本。至正己丑九年。建寧建安書院刻趙居信《蜀漢本末》三卷，見《瞿目》。至正庚子二十年。屏山書院刻陳傅良《止齋先生文集》五十二卷，見《瞿目》；刻《方是閑居士小稿》二卷，見《丁志》、《陸志》。影元鈔本。至正癸卯二十三年。西湖書院刻岳珂《金陀粹編》二十八卷，《續編》三十卷，見《吳記》、《張志》、《瞿目》、按：本書朱元佑序云，書院即岳氏故第。《陸志》。至正乙巳二十五年。沙陽豫章書院刻《豫章羅先生文集》十七卷，見《瞿目》、《丁志》。至正丙午二十六年。南山書院刻《廣韻》五卷，見《森志》、《陸續跋》、《楊譜》。無元號丁未歲撫州路臨汝書院刻唐杜佑《通典》二百卷，見《陸跋》。按：元有兩丁未，一大德丁未，一至正丁未，元亡。此當是大德丁未也。無年號茶陵桂山書院刻

《孔叢子》七卷，見《天祿琳琅後編》十。梅隱書院刻《書集傳》六卷，見《楊譜》。序後有「梅隱書院鼎新綉梓」木牌記。雪窗書院刻《爾雅郭注》三卷，見《張志》、《朱目》。又有：太醫院本，大德四年刻《聖濟總錄》二百卷，《目錄》一卷，見《森志補遺》。官醫提舉本，至元五年江西官醫提舉司刻《世醫得效方》二十卷，見《四庫書目提要》。大德丙午十年。湖廣官醫提舉刻《風科集驗名方》二十八卷，見《陸續志》、《森志》。至元五年建寧路官醫提領刻《世醫得效方》二十卷，《目錄》一卷，見《瞿目》、《森志》。明翻宋本。此元官刻書大概也。有名爲書院而實則私刻者：方回虛谷書院，大德己亥三年刻《筠溪牧潛集》七類，不分卷，見《陸續跋》。茶陵東山陳仁子古迂書院，大德己亥三年刻《增補文選六臣注》六十卷，見《丁志》。明翻元本。大德乙巳九年刻宋沈括《夢溪筆談》二十六卷，見《丁志》。無年號刻《文選補遺》四十卷，見《天祿琳琅》十。云目錄後有「茶陵東山書院刊行」木記。詹氏建陽書院，大德中刻《古今源流至論前集》十卷，《後集》十卷，《續集》十卷，《別集》十卷，見《浙錄》。潘屏山圭山書院，至正戊子八年刻《集千家注分類杜工部集》二十五卷，見《森志》、《陸續跋》。云亦題「積慶堂」。平江路天心橋南劉氏梅溪書院，無年號刻《鄭所南先生文集》十六篇一卷，《清雋集》一卷，《百二十圖詩》一卷，《錦殘餘笑》一卷，見臨桂況周頤蕙風簃藏書。傳鈔本。鄭玉師山書院，無年號自刻《春秋經傳闕疑》四十五卷，見《瞿目》。此皆私宅坊估之堂名牌記而托於書院之名，以元時講學之風大昌，各路各學官私書院林立，故習俗移人，爭相模仿。觀其刻本流傳，固可分別得其主名矣。

又《元私宅家塾刻書》 元時私宅刻書之風，亦不讓于天水，如：平陽府梁宅，元貞丙申二年刻《論語注疏》二十卷，見《楊譜》。云每卷有「平陽府梁宅刊」、「堯都梁宅刊」、「大元元貞丙申刊」木牌記。德輝按：此書光緒丁未劉世珩翻刻。平水許宅，大德丙午十年刻《重修政和經史類證備用本草》三十卷，《目錄》一卷，見《森志補遺》、《陸志》。明仿元本。德輝按：此據元重刻金泰和本再翻。建安鄭明德宅，天曆戊辰元年刻陳灝《禮記集說》十六卷，見《陳跋》、《森志》、《丁志》。明正統經廠本。陳忠甫宅，天曆庚午三年刻《楚辭朱子集注》八卷，《辨證》二卷，《後語》六卷，見況周頤蕙風簃藏書。半葉十一行，行二十字；小注雙行，行二十四字。花溪沈氏家塾，後至元己卯五年刻趙孟頫《松雪齋集》十卷，《外集》一卷，《附錄》一卷，見《天祿琳琅後編》十一、《陸志》、《丁志》、《繆記》。云目錄有「至元後己卯，花溪沈氏伯玉刻於家塾」等字。古迂陳氏家塾，刻《尹文子》二卷，見《張志》。云宋刊本。按：此疑刻《六臣注文選》之陳氏古迂書院，《張志》列入宋本，誤。雲坡家塾，無年號刻《類編層瀾文選前集》十卷，《後集》十卷，《續集》十卷，《別集》十卷，見《天祿琳琅》六。安成郡彭寅翁崇道精舍，無年號刻《史記集解索隱正義》一百三十卷，見《張志》、《瞿目》、《森志》、《楊譜》。年表後有墨圖記云「安成郡彭寅翁鼎新刊行」。虞氏南谿精舍明復齋，至正乙酉五年刻《書集傳鄒季友音釋》六卷，序末有「南谿精舍」及「至正乙酉」鐘式、「明復齋」鼎式墨印，末刻「至正乙酉菊節，虞氏明復齋刊」一行。至正辛卯十一年刻《春秋諸傳會通》二十四卷，後有「至正辛卯仲冬虞氏明復齋刊」及「南谿精舍」兩墨記。見《天祿琳琅後編》八、《吳記》。無年號刻《新刊惠民御院藥方》二十卷，見《陸續跋》。云末有「南溪精舍鼎新綉梓」八字，目錄後有「南溪書院」香爐式及鐘形印。德輝按：此與虞氏南谿精舍之「谿」字各不同，未知是一是二，姑屬於此。平水曹氏進德齋，大德己亥三年刻巾箱本《爾雅郭注》三卷，見《錢日記》、《瞿目》、《朱志》。至大庚戌三年刻《翰苑英華中州集》十卷，《中州樂府》一卷，見《張志》、《瞿目》。影元鈔本。《陸志》、《陸續跋》。元刻本。存存齋，至正戊子八年俞琰自刻《周易集說》十卷，見《陸續跋》。云板心有「存存齋刊」四字。孫存吾如山家塾益友書堂，至元庚辰六年刻《范德機詩集》七卷，見《瞿目》、《丁志》、《陸志》。云目錄後有「至元庚辰良月益友書堂新刊」木記，又有「儒學學正孫存吾如山校刊」墨圖記。刻虞集《新編翰林珠玉》六卷，見《瞿目》、《陸志》、《陸續跋》。刻《皇元風雅前集》六卷，《後集》六卷，見《森志》、《莫錄》、《丁志》。影元鈔本。孝永堂，大德甲辰八年刻《傷寒論注解》十卷，見《孫記補遺》。平水高昂霄尊賢堂，皇慶癸丑二年刻《河汾諸老詩集》八卷，見《繆續記》。云後有「皇慶癸丑六月吉日尊賢堂高昂霄告白」一行。范氏歲寒堂，天曆戊辰元年刻《范文正集》二十卷，《別集》四卷，見《瞿目》、《楊錄》。元統甲戌二年刻《政府奏議》二卷，見《張志》、《丁志》、《陸續跋》。云目錄後有篆書圖記云：「天曆戊辰改元，

褒賢世家重刻於家塾歲寒堂。」　復古堂，後至元丁丑三年二月朔日刻《李長吉歌詩》四卷，《外集》一卷，見《張續志》。影元鈔本。　叢桂堂，至正壬寅二十二年刻陳桱《通鑑續編》二十四卷，見《圖書館書目》。　嚴氏存耕堂，無元號壬午仲春刻《和濟局方圖注本草藥性歌括總論》四卷，見《森志補遺》。　平陽司家頤真堂，無元號癸巳新刊《御藥院方》十一卷，見《森志補遺》、《楊志》。朝鮮重刻本。　唐氏齊芳堂，無年號刻金履祥《尚書表注》二卷，見《張志》。云板心有「齊芳堂」、「存耕堂」、「章林書院」、「訥齋」等字。德輝按：《金仁山集》附録云，晚年館唐氏之齊芳書院，成《通鑑前編》、《濂洛風雅》等書。齊芳堂當即唐氏齊芳書院。　汪氏誠意齋集書堂，無年號刻《增刊校正王狀元集注分類東坡先生詩集》三十二卷，《紀年録》一卷，見《天祿琳琅》六。　余彦國勵賢堂，無年號刻《新編類要圖注本草》四十二卷，《序例》五卷，《目録》一卷，見《森志補遺》。　麻沙劉通判宅仰高堂，無年號刻《纂圖分門類題注荀子》二十卷，見《天祿琳琅》六。云卷後木記有「關中劉旦校正」一行。　精一書舍，延祐丁巳四年。陳實夫刻《孔子家語》三卷，見《森志》。　熊禾武夷書室，至元己丑二十六年刻胡方平《易學啓蒙通釋》二卷，見《四庫書目提要》。　崇川書府，至正辛卯十一年刻李廉《春秋諸傳會通》二十四卷，見《張志》、《瞿目》、《陸志》、《陸續跋》。云序後有「至正辛卯臘月崇川書府重刊」木記。　商山書塾，至正甲辰二十四年刻趙汸《春秋屬辭》十八卷，《春秋左傳補注》十卷，《春秋師説》三卷，見《瞿目》、《陸續跋》、《丁志》。《春秋屬辭》十五卷，見《丁志》。　溪山道人田紫芝英淑，至元癸巳卅年刻《山海經》十卷，見《楊録》。至治改元刻《四書疑節》十二卷，見《浙録》。云卷中有「至治改元溪山家塾」字。　平陽道參幕段君子成，中統二年刻《史記集解附索隱》一百三十一卷，見《天祿琳琅後編》四、《錢日記》、《吳記》、《莫録》。云董浦序云「平陽道參幕段君子成，求到《索隱》善本，募工刊行」。　雲衢張氏，至治癸亥三年刻《宋季三朝政要》六卷，見《森志》。刻劉時舉《續宋中興編年資治通鑑》十五卷，見《陸跋》。刻李燾《續宋編年資治通鑑》十八卷，見《莫録》、元本。《繆記》。影元本。　盱南孫氏，無元號丁未刻《詳音句讀明本大字毛詩》四卷，見《瞿目》。云卷末有「盱南孫氏丁未孟夏刊行」一條。丁未非大德十一年，即至正二十七年。　建安蔡氏，無年號刻《玉篇》三十卷，見《森志》、《楊譜》。云總目末有「梅坡」鼎式印，「建安蔡氏鼎新綉梓」木記。　建安劉承父，無元號癸未按：至元二十年、至正三年，皆癸未歲。新刊《續添是齋百一選方》二十卷，見《森志》、《楊志》、《陸志》、《陸跋》。　建安詹璟，至正己丑九年刻趙居信《蜀漢本末》三卷，見《瞿目》。云卷末有「建安詹璟刊」一行。　劉震卿，大德丙午十年刻《漢書》一百二十卷，見《森志》。　龍山趙氏國寶，至大庚戌三年刻《翰苑英華中州集》十卷，見《繆續記》。德輝按：是年平水曹氏進德齋亦刻是書，附《中州樂府》一卷。不知一時兩刻，抑以刻板轉售，亦或同時翻刻，疑莫能明也。以上各家，多者刻數種，少者或一二種，皆極鏤板之工，亞於宋槧一等。有閱兩朝而猶存者，其一：劉君佐翠巖精舍，始元延祐至明成化。延祐甲寅元年刻《周易傳義》十卷，見《森志》。泰定丁卯四年刻胡一桂《朱子詩集傳附録纂疏》二十卷，見《錢日記》、《張志》、《瞿目》、《陳目》、《莫録》、《陸志》、《陸集》。前序末稱「盱江揭祐民從年父書於建東陽翠巖劉氏家塾」。刻王應麟《三家詩考》六卷，見《楊録》。天曆己巳二年刻《新編古賦解題前集》十卷，《後集》八卷，見《天祿琳琅》六。至正甲午十四年刻董鼎《尚書輯録纂注》六卷，見《陸志》、《陸續跋》。刻宋郎曄《注陸宣公奏議》十五卷，見《張志》、《阮外集》、《朱目》、《朱志》、《瞿目》、《丁志》、《陸志》。至正丙申十六年刻《大廣益會玉篇》三十卷，見《森志》。永樂戊戌十六年刻宋陳元靚《纂圖新增群書類要事林廣記前集》二卷，《後集》二卷，《續集》二卷，《別集》二卷，《新集》二卷，《外集》二卷，見《陸志》、《陸續跋》。成化己丑五年刻《通眞子補注王叔和脈訣》三卷，《脈要秘括》二卷，見《森志》。其一：西園精舍，始元至正迄明永樂。至正甲辰二十四年刻元仇舜臣《詩苑珠叢》三十卷，見《天祿琳琅》六。永樂丙申十四年刻劉向《說苑》二十卷，見《森志》。其一：梅軒蔡氏，始元至元迄明弘治。至元戊寅前至元戊寅爲十五年，當宋景昺祥興元年；後至元戊寅則順帝四年。未知是前是後。刻《群書通要》七十三卷，見《阮外集》。云不著撰人姓氏，有「至元戊寅菖節梅軒蔡氏刊行」圖記。至元庚辰六年刻元嚴毅《增修詩學集成押韻淵海》二十卷，見《天祿琳琅後編》十、《丁志》。弘治甲寅七年刻《精選東萊先生左氏傳博議句解》十六卷，見《丁志》。云後有「弘治甲寅孟秋梅軒蔡氏新刊」十二字。此其世業，近者百年，久者百五六十年，子孫繼守書香。比於宋之余氏勤有、元之葉氏廣勤，見下一則。抑亦書林之耆獻歟。

又《元時書坊刻書之盛》 元時書坊所刻之書，較之宋刻尤夥。蓋世愈近則傳本多，利愈厚則業者衆，理固然也。今舉其見有傳本者列之，如：

劉錦文日新堂，後至元戊寅四年刻俞皋《春秋集傳釋義大成》十二卷，見《森志》、《楊譜》。後至元庚辰六年刻《揭曼碩詩》三卷，見《張志》。刻《伯生詩續編》三卷，見《莫錄》。至正丙戌六年刻《漢唐事箋對策機要前集》十二卷，《後集》八卷，見《張志》、《瞿目》。云目錄後有正書墨圖記云「至正丙戌日新堂刊」。至正丁亥七年刻朱倬《詩經疑問》七卷，《附錄》一卷，見《瞿目》、云目錄後有墨記云「至正丁亥菖節刻」。《莫錄》。云建安書林劉錦文叔簡刻。至正戊子八年刻汪克寬《春秋胡氏傳纂疏》三十卷，見《陸續志》、《瞿目》、《莫錄》。云凡例後有墨圖記云「建安劉叔簡刊於日新堂」。至正己丑九年刻元趙麟《太平金鏡策》八卷，見《浙錄》。云有劉錦文跋，署「至正己丑建安日新堂志」。至正壬辰十二年刻劉瑾《詩傳通釋》二十卷，見《天祿琳琅》五、云書中《詩傳綱領》葉於劉瑾署名次行，有「建安劉氏日新堂校刊」九字，卷一末又有「至正壬辰仲春日新堂刻梓」木記。《張記》、《瞿目》、《丁志》、日本翻刻。《森志》、《陸志》、《陸續跋》、《繆續記》。至正丙申十六年刻《新增說文韻府群玉》二十卷，見《天祿琳琅後編》十、《楊譜》。至正癸丑已入明洪武六年，蓋猶奉元正朔刻《春秋金鑰匙》一卷，見《丁志》。影元刊本，卷末有「至正癸丑日新堂刊」八字。無年號刻宋王宗傳《童溪先生易傳》三十卷，見《天祿琳琅後編》二。云自序後有墨印記曰「建安劉日新宅梓於三桂堂」。無年號刻《新編方輿勝覽》七十卷，見《楊譜》。

高氏日新堂，無元號丙午刻《增廣太平惠民和劑局方》十卷，見《森志補遺》、《陸志》。云目後有「建安丙午年高氏日新堂刊行」一行。

平陽張存惠堂，至元初元刻《經史證類大觀本草》三十卷，見《楊志》。

燕山竇氏活濟堂，至大辛亥四年刻《新刊黃帝明堂針灸經》一卷，《傷寒百證經絡圖》九卷，見《森志補遺》。《針灸四書》八卷：一、南唐何若愚《流注指微針賦》金閻明廣注，合閻撰《子午流注針經》三卷；一、宋竇杰《針經指南》一卷；一、《黃帝明堂灸經》三卷；一、宋莊綽《灸膏肓腧穴法》一卷，見《張志》、《瞿目》。云元竇桂芳編。序目後有墨圖記二行曰：「至大辛亥春月燕山活濟堂刊。」活濟，竇氏藥室名，游達齋親書以贈，見桂芳自序。

建安陳氏餘慶堂，皇慶壬子元年刻《宋季三朝政要》五卷，《附錄》一卷，見《森志》、《丁志》、《陸續跋》。無年號刻劉時舉《續宋中興編年資治通鑑後集》十五卷，見《張志》、《瞿目》、《陸志》、《陸跋》、《陸續跋》、《丁志》、《學部館目》。云目錄後有木記云「陳氏餘慶堂刊」一行。刻李燾《續宋編年資治通鑑》十八卷，見《陸志》、《陸續跋》、云《世系圖表》後有木記云「建安陳氏餘慶堂刊」。《森志》。陳氏誤作劉氏。

建安朱氏與耕堂，無年號刻《大廣益會玉篇》三十卷，見《吳記》、《陸志》。云永樂初刻本，相傳以爲元刊者誤。德輝按：此實元末刻本，非明永樂刻也。刻李燾《續宋編年資治通鑑》十八卷，見《瞿目》、《丁志》、《陸續跋》。

建安同文堂，至正辛卯十一年刻《四書經疑問對》八卷，見《吳記》。

建安萬卷堂，無年號刻《王狀元集百家注分類東坡先生詩》二十五卷，附《東坡紀年錄》一卷，見《吳記》、《森志》。

麻沙萬卷堂，延祐甲寅元年刻《孟子集注》十四卷，見《森志》。

董氏萬卷堂，無年號刻《唐國史補》三卷，見《天祿琳琅》五。云目錄後有「董氏萬卷堂本」篆書木記。刻《隆平集》二十卷，見《天祿琳琅後編》四、誤作宋本。《瞿目》、《陸志》。

雲衢會文堂，無元號戊申孟冬按：戊申當是至大元年。刻《集千家注批點杜工部詩集》二十卷，《文集》二卷，《附錄》一卷，見《森志》。

積慶堂，至正戊子八年刻《集千家注分類杜工部詩集》二十五卷，見《張續志》、《陸志》。德輝按：此即潘屏山圭山書院本。

德星堂，至正辛卯十一年刻《重刊明本書集傳附音釋》六卷，見《張志》、《瞿目》。云明本，即宋之明州本，凡例後有墨圖記曰「至正辛卯孟夏德星堂重刊」。

萬玉堂，至元五年刻《分類補注李太白詩》廿五卷，見《天祿琳琅後編》十一。無年號刻《太玄經》十卷，見《繆續記》。明翻宋本。

胡氏古林書堂，至元己卯十六年刻《新刊補注釋文黃帝內經素問》十二卷，見《孫記》、《張志》、《瞿目》、《森志》。刻《新刊黃帝靈樞經》十二卷，見《張志》、《瞿目》、《森志》。刻《增廣太平惠民和濟局方》十卷，《指南總論》三卷，《圖經本草》一卷，見《森志》。云首葉木格內題「廬陵古林書堂」六字。

日新書堂，至元辛巳十八年刻《五百家注音辨昌黎先生文集》四十卷，見《森志》。至正元年辛巳刻《朱子成書》十卷，見《瞿目》、《學部館目》。云有木牌子云「至正元年辛巳日新書堂刊行」。至正乙未十五年刻《增修互注禮部韻略》五卷，見《森志》、《楊志》。至正丁酉十七年。刻《明州本排字九經直音》二卷，見《森志》。

梅隱書堂，至元丁亥二十四年刻《明州本排字九經直音》二卷，見《四庫書目提要》、《莫

錄》。孫奕《九經直音》十五卷下，誤以梅隱書堂爲書隱堂。　妃仙陳氏書堂，無元號歲次癸丑刻劉河間《傷寒直格》三卷，《後集》一卷，《續集》一卷，《別集》一卷，見《瞿目》。云癸丑，乃仁宗皇慶二年。　葉曾南阜書堂，延祐庚申七年刻《東坡樂府》二卷，見《黃記》、《楊錄》。按：此本光緒戊子桂林王鵬運四印齋已重刻，前有括蒼葉曾序，云「識于南阜書堂」。　敏德書堂，泰定丙寅三年刻元朱祖義《直音傍訓周易句解》十卷，見《森志》。至順庚午元年刻《廣韻》五卷，見《森志》、《楊志》、□□、《陸續跋》。無年號刻《直音傍訓尙書句解》□卷，見《楊譜》。　李氏建安書堂，後至元丙子二年刻《皇元風雅前集》六卷，《後集》六卷，《前集》傅習撰，《後集》儒學學正孫存吾如山類編、奎章學士虞集校選，見《陸志》。按：此重刻益友書堂本。　富沙碧灣吴氏德新書堂，後至元丁丑三年刻《四書章圖纂釋》二十卷，見《森志》。云亦稱德新堂。　桃溪居敬書堂，至正壬午二年刻董楷《周易程朱先生傳義附錄》十七卷，見《吴記》、《張續志》、《陳目》。作十四卷。　廬陵泰宇書堂，至正癸未三年刻《增修妙選群英草堂詩餘前集》卷上、《後集》卷下。見仁和吴印臣鈐韐昌綬藏書。後有墨圖記云「至正癸未新刊廬陵泰宇書堂」十二字。德輝按：即洪武遵正書堂本之祖。　積德書堂，至正九年刻《伊川易解》六卷，《繫辭精義》二卷，見《楊志》。德輝按：光緒乙酉黎庶昌刻《古逸叢書》本即翻此本。　雙桂書堂，至正辛卯十一年刻《詩集傳音釋》二十卷，見《張志》、《瞿目》。德輝按：建安余氏雙桂書堂刻有《廣韻》五卷，見《陸續跋》、《楊譜》，已載前閩中余氏條。茲以不稱余氏，故分別列此。　一山書堂，至正壬辰十二年刻《文場備用排字禮部韻注》五卷，見《錢日記》。　妃仙興慶書堂，至正辛丑二十一年刻毛晃《增修互注禮部韻略》五卷，見《張志》、《瞿目》。德輝藏本末有「至正辛丑妃仙興慶書堂新刊」墨圖記。　秀巖書堂，無元號太歲丙午按：有兩丙午，前丙午爲大德十年，後丙午爲至正二十六年。刻《增修互注禮部韻略》五卷，見□□、《楊譜》。戊申刻《韻府群玉》二十篇，見《楊志》。　雲莊書堂，無年號刻《古今事文類聚前集》六十卷，《後集》五十卷，《續集》二十八卷，《別集》三十二卷，《新集》三十六卷，《外集》十五卷，見《森志》。　麻沙劉氏南澗書堂，無年號刻《書集傳》六卷，見《森志》、《楊譜》。序後有木記云「麻沙劉氏南澗書堂新刊」，亦稱「建安劉氏南澗書堂」云。刻《論語集注》十卷，見《森志》。　三衢石林葉敦，至正癸未三年刻《新刊冷齋夜話》十卷，見《天祿琳琅後編》十、《陸志》、《陸續跋》。云後有「三衢石林葉敦印」一行。　書市劉衡甫，至正己丑九年刻劉楨《聯新事備詩學大成》三十卷，見《丁志》。　聞德坊周家書肆，元初刻李心傳《丙子學易編》一卷，見《四庫書目提要》。云元初俞琰所鈔。　建陽劉氏書肆，至正癸卯二十三年刻《楚國文憲公雪樓程先生文集》三十卷，《附錄》一卷，見《丁志》、《陸續跋》。　建陽書林劉克常，無元號疆圉協洽丁未。刻《新箋決科古今源流至論前集》十卷，《後集》十卷，《續集》十卷，《別集》十卷，見《楊錄》、云目錄後碑牌題「疆圉協洽之歲」，年號二字爲書估挖去。予舊藏至正甲午建陽翠巖精舍所刊《陸宣公奏議》卷一末碑牌中，有「近因回祿之變重新綉梓」云云，與此本所稱「先因回祿」一語正吻合，由是推之，當是至正之丁未也。《丁志》。云目錄後有「大德丁未建陽書林劉克常識」。與《楊錄》碑牌異，未可據。以上刻本傳世，足供十駕之求，其間歷元、明兩朝而世其業者，莫如：建安虞氏務本書堂，至元辛巳十八年刻《趙子昂詩集》七卷，見《陸志》、《陸續跋》。泰定丁卯四年刻元蕭鎰《新編四書待問》二十二卷，見《陸志》。云目錄後有「泰定丁卯仲春虞氏務本堂」一行。至正丙戌六年。刻《周易程朱傳義》十四卷，附呂祖謙《音訓毛詩朱氏集傳》八卷，見北京廠肆韓氏翰文齋書肆。序後有墨印記云「至正丙戌良月虞氏務本堂刊」。序十行，行二十一字；經文十二行，行二十一字；小字雙行，行二十五字。無年號刻河間劉守貞《傷寒直格方》三卷，《後集》一卷，《續集》一卷；張子和《心鏡》一卷，見《瞿目》、《陸志》、《陸續跋》。云後有墨圖記云「臨川葛雍校正建宋虞氏刊行」。又刻《增刊校正王狀元集注分類東坡先生詩》二十五卷，見《天祿琳琅後編》六、誤入宋版，云後有篆書條記「建安虞平齋務本書坊刊」。[案：坊爲堂之誤]《楊錄》。刻《道德經河上公章句》四卷，見《瞿目》。目錄後有「建安虞氏刊于家塾」一行。洪武二十一年刻元董眞卿《易傳會通》十四卷，見《朱目》。云建安務本堂刊。此由元至元辛巳下至明洪武二十一年戊辰，凡百有餘年矣。又有：建安鄭天澤宗文書堂，至順庚午元年刻元劉因《靜修集》二十二卷，《補遺》二卷，見《張志》、《瞿目》、《陸志》。宋賓王鈔本。刻《增廣太平惠民和劑局方》十卷，《指南總論》三卷，見《瞿目》、《森志》、《繆續記》。云目錄後有「建安宗文書堂鄭天澤新刊」一行。□□當是至正元號。丙戌六年刻《春秋經傳集解》三十卷，見《森志》。云末有識云

「□□丙戌孟冬之吉書林宗文堂樂齋鄭希善刊」。無年號刻《大廣益會玉篇》三十卷，見《楊志》、《楊譜》。云目錄後有鼎形木記篆書「宗文」二字，下有「建安鄭氏鼎新綉梓」方木記。刻《鼎雕銅人腧穴針灸圖經》三卷，見《孫記》。云題「書林宗文堂綉梓」。正德丙寅元年刻明宣宗《五倫書》六十二卷，見《天祿琳琅後編》十六。云「正德元年丙寅孟冬宗文書堂新刊」。嘉靖甲申三年刻《蔡中郎伯喈文集》十卷，《外集》一卷，《詩集》二卷，《獨斷》二卷，見《繆記》。云後有木牌記云「嘉靖甲申孟冬月宗文堂鄭氏新刻」。嘉靖丁酉十六年刻《初學記》三十卷，見《森志》。云後有木印記題「書林宗文堂刊行」，跋有「書林鄭逸叟」姓名。無年號刻《藝文類聚》一百卷，見《陸志》、《陸續跋》。云後有無名氏跋，云：「今書坊宗文堂購得是書，即便命工刊行，溥傳海宇，售播四方賢哲士夫，以廣斯文。幸鑒。」德輝按：此必刻《初學記》同時所刻。明嘉靖七年有陸采刻本，行款字數與此同，每葉二十八行，每行二十八字，蓋同出元刻本。宗文書堂雖爲元時書林，而此書之刻，則後於陸采本。《陸續跋》以爲元槧，非也。此由元至順庚午下至明嘉靖丁酉，凡二百餘年，視虞氏世業倍之，亦書林所僅見者也。又有：**楊氏清江書堂**，刻書雖少，亦始元末迄明初，所刻《通鑑綱目大全》五十卷，合尹起莘《發明》、劉友益《書法》、王幼學《集覽》、汪克寬《考異》、徐昭文《考證》五書刻之。徐昭文《考證自序》題至正己亥，十九年。則在元末矣。序文後有小榜，云「楊氏清江書堂新刊」。見《錢日記》。宣德辛亥六年刻《大廣益會玉篇》三十卷，見《楊譜》。云後有木牌記，云「宣德辛亥孟冬清江書堂新刊」。此由元至正己亥至明宣德辛亥，雖僅七十餘年，然時經鼎革，屹然與虞、鄭二氏鼎足而存，固亦書林碩果矣。大抵有元一代，坊行所刻，無經史大部及諸子善本，惟醫書及帖括經義淺陋之書傳刻最多。由其時朝廷以道學籠絡南人，士子進身儒學與雜流幷進。百年國祚，簡陋成風，觀於所刻之書，可以覘一代之治忽矣。

又《元建安葉氏刻書》　建安余氏書業，衰於元末明初。繼之者有葉日增廣勤堂，自元至明，刻書最夥。亦有得余板而改易其姓名堂記者，如元天曆庚午是年改元至順仲夏刻《新刊王叔和脈經》十卷，見《張志》、《森志補遺》、《鍼灸資生經》下，元刊本。《瞿目》。舊鈔本。明正統甲子九年良月吉日三峰葉氏廣勤堂刻《增廣太平惠民和劑局方》十卷，《指南總論》三卷，《圖經本草》一卷，見《森志補遺》。正統十二年孟夏三峰葉景逵刻《鍼灸資生經》七卷，有墨圖記云「廣勤書堂新刊」，見《瞿目》、《陸續志》、《丁志》。誤作元刻。又有「三峰葉景逵謹咨」牌記，見《森志》、《陸志》、《陸續跋》。成化九年歲次癸巳刻《埤雅》二十卷，云「葉氏廣勤書堂新刊」，見《森志》。元版《唐詩始音輯注》一卷，《正音輯注》六卷，《遺響輯注》七卷，目錄後有「廣勤堂」鼎式木印，「建安葉氏鼎新繡梓」木長印，見《孫記》。按：此明時所刻。此其自刻板也，日增、景逵當是父子相繼。《天祿琳琅》六元板集部《千家注分類杜工部詩集》，中有一部云，將皇慶壬子余氏木記劗去，別刊廣勤堂新刊木記，其鐘式、爐式二木記尚存，而以「皇慶壬子」易刻「三峰書舍」，「勤有堂」易刻「廣勤堂」。目錄後「皇慶壬子余志安刊於勤有堂」十二字雖已劗去，而卷二十五後猶未劗補。《後編》一部，誤入宋板。《瞿目》，元刊本《集千家注分類杜工部詩》二十五卷，附《文集》二卷，云此即皇慶元年余氏勤有堂刊本。後廣勤書堂得其板，附以《文集》二卷，故所刊字迹迥異；而目錄後及卷二十五末葉原有「皇慶壬子余志安刊於勤有堂」一條，亦已鏟去不存。《楊錄》元本《集千家注分類杜工部詩》二十五卷、《文集》二卷，云楊蟠《觀子美畫像》詩後有「廣勤書堂新刊」木記；卷二十五後有「壬寅年孟春廣勤堂新刊」一行，此壬寅當在至正二十二年，已在元末。《丁志》有一部，云後有「廣勤書堂新刊」六字木記，門類後有「三峰書舍」四字鐘式木印，「廣勤堂」三字鼎式木印。蓋是時余板《杜詩》久歸廣勤堂，後又轉售金臺汪諒。《天祿琳琅》六別一部云，削去廣勤堂木記，惟以「三峰書舍」四字易刊「汪諒重刊」四字。《丁志》二本皆有之，其一誤爲汪諒翻刻，丁云「行款字數與元刊無異，惟筆畫稍肥」。不知筆畫肥由於久印低損，非出翻刻。汪諒，金臺書估，嘉靖四年爲柯維熊刻《史記》者。殆由葉而得其板，削去舊名，換以己名。《天祿琳琅》十明板《分類補注李太白詩集》二十五卷云：「前元版中有是書，目錄末葉板心標『至大辛亥三月刊』，此本板式似之，而目錄末葉板心則稱『正統己巳二月印』，當即由前板翻出者。」其所載建安余氏勤有堂刊木記，系仍元刻之舊，此余板《李》、《杜集》元明間售歸廣勤堂之確證。其後屢經轉鬻，但改印記牌名。如前《天祿琳琅》六所載之一部，將廣勤堂劗去，易「三峰書舍」印記爲「汪諒重刊」印記之例。蓋同一刻板而數易主名，否則豈有翻板時只改元號年月不改堂名之理，是亦顯而易見者也。

又卷七《元時官刻書由下陳請》　元時官刻之書，多由中書省行江、浙

等路有錢糧學校贍學田款內開支。有徑由各省守鎭分司呈請本道肅政廉訪使行文本路總管府事下儒學者，有由中書省所屬呈請奉准施行、展轉經翰林、國史院、禮部詳議照准行文各路者。事不一例，然多在江、浙間。今據各書存於今者考之：其由國子監呈本監牒呈中書省行浙東道宣慰使司都元帥府分派本路儒學召工開雕者，如至元三年慶元路之刻《玉海》二百卷是也。其由翰林國史院待制應奉編修各官呈本院詳准呈中書省劄付禮部議准，仍由中書省行江浙等處行中書省下杭州路西湖書院開雕者，如至正二年杭州路之刻蘇天爵《國朝文類》七十卷是也。其由各路守鎭分司司官議牒呈由本道肅政廉訪使司照准，委本路儒學教授校勘者，如至正二十五年江南浙西道肅政廉訪使司據平江路守鎭分司司官僉事伯顏帖木兒嘉議牒之刻吳師道重校、鮑彪注《戰國策》十卷是也。其由各道廉使議牒呈由本肅政廉訪使司移文本路儒學開雕者，如至正五年江西湖東道肅政廉訪使司准本道廉使太中議牒，移文撫州路總管府行本路儒學刊行虞集《道園類稿》五十卷；至正丙戌江北淮東道肅政廉訪使准本道廉使王正議牒，行本路儒學刊板蕭𣂏《勤齋集》八卷；至元二年婺州路總管府經歷司鈔錄到浙東海右道肅政廉訪司經歷司准經歷張登仕牒請，移文本路儒學刻金履祥《論語集注考證》十卷；又至元五年江北淮東道肅政廉訪司准本道廉使蘇嘉議牒，移文揚州路總管府照行江准儒學刻馬祖常《石田文集》十五卷；至正九年江南浙西道肅政廉訪使司准本道僉事哈剌那海議牒，移文嘉興路總管府照驗行各路儒學刻劉因《靜修先生集》三十卷是也。其由御史臺據監察御史呈中書省送禮部議准，仍由中書省行各道發本路儒學刊行者，如至正八年御史臺呈中書省，據監察御史段弼、楊惠、王思順、蘇寧等呈行禮部議准行江浙各路刊行宋褧《燕石集》十五卷；至治辛酉壬戌御史臺呈中書省，據監察御史呈行禮部議准行江浙或江西行省刊行王惲《秋澗先生大全文集》五十卷是也。其由集賢院呈中書省，劄付禮部議准咨各處行中書省本路刊行者，如延祐五年江西等處行中書省發下所轄各路儒學梓行郝文忠《陵川集》三十九卷是也。然亦有由中書省奉聖旨徑下江浙、江西發刊者，如至正五年刻《遼》、《金》二史，其前有牒江浙行中書省文云：「准中書省咨右丞相奏，去歲敎纂修《遼》、《金》、《宋》三史，令浙江、江西二省開板。就彼有的學校錢內就用，疾早敎各印造一百部，欽此。」見《孫記》、《錢記》。六年刻《宋史》，前亦有此公牒云：「精選高手人匠就用，賫去淨稿，依式鏤板，不致差訛。所用工物，本省貢士莊錢內應付。如果不敷，不拘是何錢內放支，年終照算。仍禁約合屬，毋得因而一概動擾違錯。工畢，用上色高紙印造一百部，裝潢完備，差官赴都解納。」見《陸志》。蓋此乃奉旨特修之書，故非由屬下議刻之件所得比例。然吾因此見元時江南學田之贍足，而諸人呈請發刻，亦未免各有所私。觀其呈刻別集如此之多，是亦近於濫費也已。

又《元時刻書之工價》　元時刻書工價，據陳編《廉石居記》載，元張鉉《金陵新志》十五卷前鈔錄御史臺等處文移，略云：宋景定十志，舊板已經燒毀，元時重刊。先有郡士戚光，妄更舊志。當時議因舊志之已成，增本朝之新創，故其書皆用《建康志》準式。凡壹拾伍卷，壹拾叁冊。分派溧陽州學刊雕五卷，溧水州學、明道書院各三卷，本路儒學刊造二卷，按：五卷、三卷、二卷等「卷」字，當是「冊」字誤筆。若作「冊」，則合壹拾叁冊之數，作「卷」，則少二卷。及序文圖本，照依元料工物合用價錢，於各學院錢糧內除破。共中統鈔壹伯肆拾叁定貳拾玖兩捌錢玖分玖厘，俱見序例所載。按：「定」即「錠」字，正本作「鋌」。《金史・食貨志》：舊例銀每鋌五十兩，其直百貫。民間或有截鑿之者，其價亦隨低昂，遂改鑄銀，名「承安寶貨」。一兩至十兩分五等，每兩折錢二貫，公私同見錢用。陶九成《輟耕錄》：至元十三年，大兵回揚州，丞相伯顏號令搜檢將士行李，所得撒花銀子，銷鑄作錠，每重五十兩，歸朝獻納，後朝廷亦自鑄。至元十四年重四十九兩，十五年重四十八兩。據此，則金、元幣制，一錠銀皆五十兩爲率。《金陵志》刻價果以五十兩一錠計算，則需實銀七千一百柒十玖兩捌錢九分玖厘，是每卷合用銀四百四十餘兩。古今刻書之工，恐未有貴於此者。即以五兩一錠計算，亦需實銀七百四十四兩捌錢玖分玖厘，以十五卷之書似不應有如許刻價。豈當時浮支冒領，亦如今日各省書局之不實不盡乎？元政不綱，於此可見。然一代刻書之費，全出於學院錢糧，則元代學糧之富足，又爲唐、宋所未有矣。

紀　事

姚孝錫《重雕清涼傳序》（張金吾《金文最》卷一九）　昔有沙門慧祥

與延一者，皆緇林助化之人，洎丞相張公天覺、皇華朱公少章，皆大臣護法之士，異世相望，同心贊翼。慮聖迹在遠，未彰芳塵，經久或熄，乃廣搜見聞，與目所親睹，編次成帙。慧祥始爲《清凉傳》二卷。延一復爲《廣傳》三卷。張相國、朱奉使又爲《續傳記》，以附於後。其他超俗談玄之流，與夫高人達士，作爲詩頌贊偈，附名傳末，星聯珠貫，粲然貝錦之文，流行於世。凡九州四海之内，雖未躬詣靈巖，目瞻聖迹，但覽卷披文，自然回思易慮，益堅向善之心。其外護之益，未易可述。偶回祿之構災，致龍文之俱燼，不有興者，聖功神化，歲久弗傳。東安趙統，以酒官視局臺山，慨然有感於心，既白主僧，願捐橐金以助緣。僧正明淨，語其屬曰：兹事念之日久，屬化宫之災，用力有先後。今因其請，盡出粟帛，以成其事。鳩工鏤板，告成有日。趙因造門，屬余爲序，以冠其首。【略】大定四年九月十七日。

王朋壽《重刊增廣分門類林雜説序》 傳記百家之學，率皆有補於時，然多散漫不倫，難於統紀，故前賢有區別而爲書，號曰《類林》者，其來尚矣。惜乎次第失序，門類不備，予因暇日輒爲增廣，第其次叙，將舊篇章之中添入事實者加倍，又復增益至一百門，逐篇裨之以贊，爲十五卷，較之舊書多至三倍。【略】覽者味其雅正，則可以爲法，視其悖戾，則可以爲戒，豈止資談柄而詫多聞，不爲無可取也。鄉人李子文一見曰：「專門之學，不可旁及至如此，書無施不可，好學通變之士之所願見，我爲君刊鏤，以廣其傳，如何？」予謹應之曰：「諾！」於是舉以畀之，併爲之序。時大定己酉歲夏晦。

耶律楚材《湛然居士集》卷一三《楞嚴外解序》 昔洪覺範有言：天台智者禪師聞天竺有《首楞嚴經》，旦暮西向拜，祝願此經早來東土，續佛慧命，竟不得一見。今板鬻遍天下，有終身不聞其名者，因起法輕信劣之歎。若夫徵心辨見，證悟窮魔，明三界之根，探七趣之本，原始要終，廣大悉備，與禪理相爲表裏，雖具眼衲僧，不可不熟繹之也。余故人屏山居士牽引《易》、《論語》、《孟子》、《老氏》、《莊》、《列》之書，與此經相合者，輯成一編，謂之《外解》，實漸誘吾儒不信佛書者之餌也。 余與屏山通家相與，爾汝曾不檢羈，其子阿仝輩待余以叔禮。天兵既克汴梁，阿仝挈遺藁來燕，寓居萬松老師之席。老師助鋟木之資，欲廣其傳。阿仝致書，請余爲引。余亦不讓，援筆疾書，以題其端。不惟彰我萬松老師冥有知人之鑒，抑亦紀我屏山居士克終全信之心，且爲方來淺信竊道者之戒云。甲午清明後五日，湛然居士漆水移剌楚才晉卿序于和林城。

魏摶霄《十方大天長觀玄都寶藏碑銘》（佚名《宫觀碑志》） 洪惟世宗皇帝【略】後二年，會有詔以南京《道藏》經板付觀，又易置玉虛觀，經于飛玄之閣，以備觀覽。天長舊經，還付玉虛。其舊有名籍，而玉虛不具者，聽留勿還，須補完則遣之。【略】明昌改元之元日，敕遣中使諭旨：度支拓觀之左隙地，凡千步，起「丁卯瑞聖殿」以奉太母本命之神。制度與延慶埒其北宫第一區，並以賜觀，俾構屋列楹，以貯經板。仍署文臣二員，與明道經書參訂，即補綴完成，印經一藏既，又命選精勤道士一員住持。須及五年，若職事修舉者，賜紫衣德號。仍歲度服勤道童二人，以爲常明道奉詔，不遑居處，分遣黃冠，訪遺經於天下。且募工鳩材。有趙道眞者，願以板材自任丐化諸方，不二年間，勝緣俱辦，壤材會珍，良工萃巧，槴扆屹立，鏤槧具完。凡得遺經千七十四卷，補板者二萬一千八百冊有畸，積冊八萬三千一百九十八列。庫四區爲楹，三十有五，以架計者，百有四十。明道於是倡諸道侶，依三洞四輔品，詳科格商，較同異而銓，次之勤成一藏，都盧六千四百五十五卷，爲秩，六百有二，題曰：《大金玄都寶藏》。

麻革《重修證類本草序》（張金吾《金文最》卷四五） 有宋政和間，天子留意生人，乃命宏儒名醫詮定諸家之説爲之圖繪，使人驗其草木根莖花實之微，與夫玉石金土蟲魚飛走之狀，以辨其藥之眞贋而易知，爲之類例，使人別其物產風氣之殊宜，君臣佐使之異用，甘辛鹹苦酸之異味，溫凉寒熱緩急有毒無毒之不同而易見。其書始大備而加察焉，行於中州者，舊有解人龐氏本，兵煙蕩析之餘，所存無幾，故人罕得恣窺。今平陽張君魏卿，惜其寖遂湮墜，乃命工刻梓。實因龐氏本，仍附以寇氏衍義，比之舊本，益備而加察焉。書成過余，屬爲序引。【略】歲己酉孟秋望日。

趙衍《重刊李長吉詩集序》（李賀《歌詩編》卷首） 龍山先生爲文章，法六經，尚奇語；詩極精深，體備諸家，尤長於賀。渾源劉京叔爲《龍山小集叙》云：「《古漆井》、《苦夜長》等詩，雷翰林希顏麻徵君知幾諸公稱之，以爲全類李長吉亂後隱居海上教授郡侯諸子，卑士先與余讀賀詩，雖歷歷上口，於義理未曉，又從而開省之，然恨不能盡其傳。」【略】嘗與龍山論詩及

賀，出所藏舊本，乃司馬溫公物也。然亦不無少異。龍山因之校定，且曰：喜賀者尚少，況其作者耶！意欲刊行以廣其傳，冀有知之者。會病不起，余與伯成緒其志爲之。此書行，學賀者多矣，未必不發自吾龍山也。丙辰秋日碣石趙衍題。

王鶚《滹南遺老集引》（《〔民國〕續修藁城縣志》卷一二） 予以剽竊之學，由白衣入翰林，當代鉅公，如趙閑閑、楊禮部、滹南先生，皆士林儀表，人莫得見之。而一旦得侍几硯。渾源雷晞顏、良鄉王武升、河中李欽叔，亦稱天下之選，而十年得遇從游。故予嘗自謂：「叨取科第，未足爲幸，而忝廁英游之末，茲所以爲幸也歟？」玉堂東觀，側耳高論，日夕獲益實多。然愛予最深，誨予最切，愈久愈親者，滹南先生一人而已。先生性聰敏，蚤歲力學，以明經中乙科。自應奉文字，至爲直學士，主文盟幾三十年。出入經傳，手未嘗釋卷。爲文不事雕篆，唯求當理，尤不善四六。其主名節，區別是非，古人不貸也。壬寅之春，先生歸自范陽，道順天，爲予作數日留。以手書四帙見示曰：「吾平生頗好議論，嘗所雜著，往往爲人竊去，今記憶止此，子其爲我去取之。」予再拜謝不敏。明年春，先生亡矣。越四年，其子恕見予于燕京，予盡以其書付之。又二年，藁城令董君彥明益以所藏，釐爲四十五卷，與其丞趙君壽卿，倡議募工，將鏤諸板以壽其傳，囑爲引。【略】先生諱若虛，慵夫其自號云。歲屠維作噩閏月初吉日。

劉性《韋齋集序》（朱松《韋齋集》卷首） 《韋齋集》十二卷，宋吏部員外郎新安朱公喬年之詩文也。河内傅安道爲之序云：「公嗣子南康太守刻諸江西。」性，江西人也，而未始見之。蓋其板本亡矣。旌德新學告成之明年，性遣校官袁祥求書新安。時吳郡干文傳守婺源，廬陵曹汝舟爲之賓佐。性因寓書婺源曰：「朱文公之書在天下，所謂家傳而人誦之矣。獨《韋齋集》四方罕見。婺源，文公故里也。必有藏此書者，其爲我購求之。」汝舟以書來報曰：「干侯之治婺源也，文公故宅與其先墓之爲豪右所奪者，侯皆取而歸諸朱氏矣。仍俾遠孫之居建安曰勳者，來掌祠事。勳以《韋齋集》爲侯獻。侯聞子之求書也，亟以相授。子其有以廣侯之意乎？」性受書歎曰：「惟侯能也。而又不鄙我旌德之人士，幸惠茲文。性不佞，敢不承命，乃爲繕寫，刻之學宮。【略】至元三年。

元太醫院《世醫得效方題識》（危亦林《世醫得效方》卷末） 南豐危亦林《世醫得效方》編次有法，科目無遺。江西提舉司校正之，牋上于院下諸路，提舉司重校之，復白于院，院之長、貳、僚、屬皆曰善，付其屬，俾繡梓焉。噫，是方之效，豈以此一言而遂傳歟！至元五年太醫院識。

胡助《玉海序》（王應麟《玉海》卷首） 先生平日著書特多，《玉海》其最鉅者。門人高第往往得其緒餘，而擅名當世者有之。夫不見異人，必見異書，一物不知，君子恥之。是書也，其殆集文學之大成者，與東南之士莫不知此書之奇，願見其全不可得，顧非一家之力所能刊行。淛東帥府都事牟君應復首建議繕寫校讐，將鋟諸梓，事未就，而牟君去。今宣慰都元帥乜乞里不花公，實來開閫承宣，嘉惠學者。於是力行前議召工庀事，徵費於浙東郡縣學及書院，歲入之羨有差。郡守張公榮祖臨涖提督，命教授王君弦、學正薛君元德董其役，凡二年而後成。嗚呼！繼自今是書之行也，世之君子皆得以覽觀考索焉。譬如涉滄溟而求至寶，無不滿意。隨其所入之淺深，取之無窮，而用之不竭，詎庸有限量涯涘哉？若其門類卷帙之目，則李君叙之詳矣，茲不復書。至元四年龍集戊寅四月初吉。

劉瀛《莊靖集序》（李俊民《莊靖集》卷首） 先生平昔著述多矣，喪亂以來蕩析殆盡，此特晚年游戲之緒餘耳。每一篇出，士大夫爭傳寫之，第以不見全集爲恨。錦堂主人崇儒重道，待先生以忠敬，迺與諸同道購求散落篇什，募工鋟本，用廣其傳，使國人有所矜式。門下劉公濟之、君祥、仲寬、姚子昂左右其事，未百日而工畢。瀛久蒙先生敎澤，仍嘉錦堂之好事，不揆荒蕪，姑道其梗概云爾。余月初吉劉瀛序。

釋契了《楞嚴集注序》（釋思坦《楞嚴經集注》卷首） 四明王公元明居士，內明一心，外嚴衆行。樂得楞嚴眞教之集傳，遂捐己資，鏤梓以壽後世。務俾攬者惑易辯，而求易獲，庶幾同圓種智，其願乃已。【略】至元三年歲次丁丑九月九日，鎭江路金山禪寺。

王環翁《北溪大全集序》（陳淳《北溪大全集》卷首） 朱子之道學大明於世，羽翼之功，先生居多。當時稱爲朱子嫡嗣，其信然與。讀先生之文，當如菽粟布帛，可以濟乎人之饑寒。苟律以古文馳騾，連篇累牘，風形月狀，能切日用乎否？集五十卷，淳祐戊申，郡倅薛公季良鋟梓龍江書院，歲久佚壞。乙亥暮冬，幕賓本齋高公念斯文之將墜，痛道統之無傳，遂乃文

移有司，力請壽梓。於是太守張公是其說，推理烏古孫公贊其謀，遂以庠廪贏奇，委學錄黃元淵之三山墨莊鋟刻。而黃又勉齋先生之裔，故其奉承惟謹，不三月而集事。環翁備員教席，命序其事。【略】至元改元臘月。

韓性《論衡序》（王充《論衡》卷首） 王充氏《論衡》，《崇文總目》三十卷，世所傳文或爲二十七卷，史館本與《崇文總目》同。諸本繕寫，互有同異。宋慶曆中，進士楊文昌所定者，號稱完善。番陽洪公，重刻於會稽蓬萊閣下，歲月既久，文字漫滅，不可復讀。江南諸道行御史臺經歷克莊公，以所藏善本，重加校正，紹興路總管宋公文瓚爲之補刻，而其本復完。【略】今世刻本，會稽者最善，克莊公爲之校正而補刻之，傳之人人，其與帳中之書，戒人勿廣者，可謂遼絶矣！至元七年仲春。

唐天麟《嘉禾志序》（《[至元]嘉禾志》卷首） 宋嘉定甲戌，郡守岳侯珂悼前聞之遺缺，嘗命鄉先輩關表卿栻任行人子羽之事。編稿將上而岳侯去，鄉論惜之。越六十三載，皇帝撫有江南，寸天尺地，無一不入版圖內。迺至元甲申，克齋單公慶來佐郡幕。公餘過從，輒清談竟日。每喟然嘆曰：「圖志三歲一上，法也。此邦自總府開藩，亦既數年，而郡志未備，非缺典歟？」遂創議檄委郡博士徐君碩重加修纂。君承命惟謹。網羅散失，抉剔幽渺，考古訂今，裒集會粹。曩之爲卷者五，今之爲卷者三十有二；曩之爲門者二十有五，今之爲門者四十有三。鑣分臚列，此志得爲全書，徐君之用功亦勞矣。編成，而萊山劉侯傑實來。一日，噦鸞戾泮，路推良佐翟公汝弼以是白侯。侯喜，退而諗于同列，同列亦喜，亟命工刻之梓。【略】至元著雍困敦孟夏朔日。

李春叟《文溪集序》（李昴英《文溪集》卷首） 僕從先生游舊矣，賜牆及肩，未覩閫域，方將擬集大成以俟識者，世運中更，衣冠禍烈，主家十二樓，竟墮昆明刼火中，斯文何辜，例坐此厄？噫，尚忍言哉！先生有子五人，今中峰獨存，諸孫競爽，追抱往恨，皇皇乎赤水元珠之求。春叟耄矣，於師門無能爲役，大懼放失，永負夙心。於是勉收燼餘，僅得奏藁雜文一百二十二篇，詩詞一百二十五首，編次成集，命之曰《文溪存藁》，卷飭而歸之群玉府，俾登諸梓，以壽其傳，嘗鼎一臠，知味者有遺恨焉。雖不幸而不得其全也，猶幸斯文之未盡喪也。【略】時至元三十一年甲午中元節。

釋思忠《聯燈會要序》（釋悟明《聯燈會要》卷首） 《聯燈錄》，乃晦翁和尚居江心潛光室時，全提機要，開鑿人天，編集聯類，而成此書。始唱道於泉之崇福，耆衲檀信，力請刊行。逮遷鄮峰，遂以板置旃檀林。歲壬申，思忠在寂窻老叔侍下，多舉錄中機緣激勵，乃曰：「此錄去取，簡而不繁。」未幾板爲灰燼，深爲歎惜。僕僕旋閩越，二十年，復來湖上，搜尋故本，就大報國鋟梓，工費二千餘緡，實文雅藏主，相其成也。敬以此錄，仍舊歸育王寂窻塔下，鞏之無窮。俾燈聯焰續，晦而復明，庶有補於宗教云耳。時至元辛卯佛成道日。

牟沖道《道德經序》（陸心源《皕宋樓藏書志》卷六六） 《道德經》，古書也。自授受以來，註者不下四百餘氏。漢儒假河上公所分章句以註是經，尤爲舛駁，世俗不知，遂列於五子之目，以示來世，深爲扼腕。至若眉山蘇氏，天資粹美，學識古澹，特起乎□□之下，超出乎千載之上，造大道之經庭，啓玄門之關鑰，使□□之士如夢而覺，如醉而醒者，公之力也。鄉先生王君伯修擅老莊之學，問答如響，舊嘗讎較此本而刊行之，偶因回祿，遂成灰燼。文昌宮主者，侯大中伯修之孫也，自儒入道，年未而立，而慕乃祖之志，得所傳舊本於乃師夏君性仲，積有年矣，一旦割鷺股而刊成是書，以與同志者共其用心，又豈淺識者之所能測哉！經板既成爲書，其梗概于篇首。至元庚寅二月眞元節資中羽士可軒牟沖道謹書。

釋德異《注潙山警策後序》（釋守遂《潙山警策注》卷末） 叢林中以《四十二章經》、《遺教經》、《潙山警策》謂之佛祖三經，能一覽而直前者，不歷多生便可成佛作祖。宣和間又得遂禪師直注深義，初學易通，妙矣哉！自此有志於道者省力甚多，不懷香而見佛祖，不動步而登覺場。今靜山慧大師抽衣資，鋟梓于吳中休休庵，以廣其傳。奇哉！【略】至元丙戌燈節絶。

又《六祖大師法寶壇經序》（釋惠能《六祖大師法寶壇經》卷首） 《壇經》者，言簡義豐，理明事備，具足諸佛無量法門，一一法門具足無量妙義，一一妙義發揮諸佛無量妙理，即彌勒樓閣中，即普賢毛孔中。善入者，即同善財於一念間圓滿功德，與普賢等，與諸佛等。惜乎《壇經》爲後人節略太多，不見六祖大全之旨。德異幼年嘗見古本，自後遍求三十餘載，近得通上人尋到全文，遂刊于吳中休休禪庵，與諸勝士同一受用。惟願開卷舉目直入大圓覺海，續佛祖慧命無窮，斯余志願滿矣。至元二十七年庚寅歲中春日叙。

孟攀鱗《湛然居士文集序》（耶律楚材《湛然居士集》卷首）　中省都事宗仲亨，最爲門下之舊，收錄公之餘稾，纖悉無遺。今又增補雜文，誠好事之君子，舉其全帙，付之於門下士高沖霄、李邦瑞協力前修，作新此本，以示學者，可謂兼善之用心。省丞相胡公喜君之文，揄揚溢美，勸成爲書，中或有悞者，更加釐正。命工刊行於世，益廣其傳，眞得仁人之雅意。省寮王子卿、李君實、許進之、王君玉、薛正之皆欣然響應，共贊成之。二公承宗公之志，畢其能事，同諸君累求爲序。【略】歲次癸巳，十有二月初吉。

洪喬祖《高峰和尚禪要序》（釋原妙《高峯原妙禪要》卷首）　喬祖預西峰法席以來，每抄集示徒法語之切於參決者，名之曰《禪要》。久欲與有志者共之，一日舉似姑蘇永中上人，欣然欲募緣鋟梓，且俾喬祖爲之序。喬祖既已承命，復告之曰：「師別有一要語，在綱領外，藏之虛空骨中。兄欲鋟我欲序皆不能，尚俟他日更作一番揭露。」至元甲午重九日。

王天與《尚書纂傳・序》　晦庵先生於《易》於《詩》，皆有訓傳，獨於《書》晚年屬之蔡九峰，二《典》、《禹謨》，親所訂定。其《貢舉私議》則曰：「諸經皆以註疏爲本，《書》則兼取劉、王、蘇、程、楊、晁、葉、吳、薛、呂。」其與門人答問，則如林如史如曾如李如陳，各取其長。《西山先生讀書記》纂三十餘篇，《大學衍義》講數十餘條。愚嘗稽首敬嘆曰：「古今傳《書》者之是非，至晦庵先生而遂定。晦庵先生折衷傳《書》者之是非，至西山先生而愈明。學者不於二先生乎據將焉據？」乃本二先生遺意，作《尚書纂傳》。其條例，則先二孔氏說者，崇古也。有未當，則引諸家說評之。有未備，則引諸家說足之。說俱通者，並存之。間或以臆見按之，大要期與二先生合而已，愚亦安敢以私意見去取哉！且愚之編此，特示兒振耳。積日累月，而編始就。就矣，未敢自安。乙亥冬，攜是編偕振求是正於集齋彭先生。先生首肯，增廣校定，凡若干條，往復究竟十四、五載，且慫慂流布，以與四方同志共切磋之。先生以是經擢巍科，視富貴如浮雲，不鄙末學，是講是迪，使帝王遺書，昭如日月，愚父子之幸也。晦庵、西山二先生所望於後來者，其庶幾乎！庸是俾振鋟之梓云。戊子春。

張德輝《中州集後序》（楊守敬《日本訪書志》卷一三）　元遺山北渡後，網羅遺逸，首以纂集爲事。歷二十寒暑，僅成卷帙，思欲廣爲流布，而力有所不足，第東置高閣而已。己酉秋，得眞定提學龍山趙侯國寶資藉之始鋟木以傳。予謂，非裕之搜訪百至，則無以起辭人將墜之業；非趙侯好古博雅，則無以慰士子願見之心。因贅數語其後。【略】明年四月望日，頤齋張德輝耀卿書。

宋無《翠寒集自序》　僕幼游漢、沔，嘗從歐陽巽齋先生學，先生學浩漾，莫窺其涯涘，獨於詩少致力焉。弱冠客江東，識中齋鄧侍郎于臺，鄧與歐陽，鄉友也。屢以詩屬和，而啓發爲多，蒙知固深，曾未敢呈稿。尋以親病亟歸，公亦趣裝廬陵，濱行始見而序之。洎吳興趙翰長品題，皆少年時作，既方悔悟，芟摭迨盡，至海粟翁印可者合二卷，僉曰可傳，而翁又割己資相之始刻焉。今流落人間者是也。甲子逾耳順，息交卻掃，哀罷寢卧，猶念往昔跋涉南北，觸事命題，衝口作語，就亦棄去，六七年間，所作無幾，閒拾殘餘，裨成一卷。里人江村民復取書之。湖海大匠儻刊正諸，幸幸。至元丙子秋，吳病叟宋無子虛志于翠寒山隱居。

梅應發《重刊祠山事要指掌集序》（周秉秀《祠山事要指掌集》卷首）　桐郡舊有《顯應集》及《世家編年》，皆幾載事實之書。嘉熙己亥，三山周君秉秀舘于郡齋，因閱《顯應集》，謂其先後不倫，遺闕弗補，而《世家編年》纂次鹵莽，載事多乖，於是作正訛以辨其失。仍取神之世系、封爵、靈迹、祠宇而次類，緝於八卷，卷爲一門，彙分序列，莫不該括。觀者一閱，瞭然在目，允謂得鈎玄機要之法矣。己亥而後三四十年間，後來之事無有續之者，遂成斷簡。及乙亥兵火，三書板皆焚毀，散佚，無有存者。廟中古碑，或斷或棄或徙去，完者無從考校，皆以封爵告詞刻板于廟，今皆朽腐，靡有孑遺。後人欲求訪事跡，其何所從質乎？余竊謂：《指掌集》，祠山信史之綱領，今苟無傳，何以詔後？則此集不可以不續。《顯應集》中所載累朝封爵、告勑，與凡記刻祝文之類，暨古今留題神宇、讚頌神功見於詩詠者，允不容遺，於是會粹舊編，續其斷簡，分爲八卷。而告詞記祝之文，續爲第九卷。留題讚頌之詩，續爲第十卷。今是三者，裒爲全帙。祠山之事迹可以言備矣。然裒集非難，板行爲難。父老欲隨力分板，板計字，字紐費。里人陳氏友諒、章氏邦寧裒集衆資，督工鋟梓，因攷嘉熙己亥周君改創是集之原，與夫今茲重刊是集之因，歷叙其詳以著之編端云。元貞改元，歲在乙未，三月初吉。

釋從倫《臨濟慧照玄公大宗師語録序》（釋義玄《鎮州臨濟慧照禪師語

録》卷首） 故臨濟祖師以正法眼，明涅槃心，興大智大慈，運大機大用。棒頭喝下，剿絶凡情，電掣星馳，卒難構副，豈容擬議，那許追思？非唯鷂過新羅，欲使鳳趨霄漢。不留眹迹，透脱玄關，令三界迷徒，歸一眞實際，天下英流莫不仰瞻，爲一宗之祖理當然也。今總統雪堂禪師，乃臨濟十八代孫，河北江南遍尋是錄，偶至餘杭，得獲是本，如貧得寶，似暗得燈，踴躍歡呼，不勝感激。遂舍長財，繡梓流通，俵施諸剎。此一端奇事，實千載難逢。咦！擲地金聲聞四海，定知珠玉價難酬。元貞二年歲次丁未。大都報恩禪寺住持嗣祖、林泉老人從倫盥手焚香謹序。

又《洞林大覺禪寺第一代西堂寶公大宗師頌古序》（方履籛《金石萃編補正》卷四） 昔雪竇《頌古》，天下禪林號爲絶唱。【略】今四海英流，悉皆富庶，若非青出於藍，冰寒於水，曷能如是光顯一時！國朝崇敬雪堂總統，乃西堂五世孫也。因兵燼餘，失其是頌。一日偶見，不勝忻慰。遂不惜囊資，板行是錄，令天下學者而知此心不忘本也。元貞二年月日，林泉老衲從倫焚香謹序。

又《洞林大覺禪寺第一代西堂寶公大宗師林溪録序》（同上） 一日，正祈禱，有一僧至，持《林溪語錄》並《頌古》四冊。得之如暗得燈，如貧得寶，陳根之朽，再發□花。今雪堂總統輪泉鋟梓，用廣其傳。咦！它時字字放光，擲地金聲去在。元貞年月日，林泉老衲從倫焚香謹序。

牟巘《陵陽先生集》卷一三《袁稼學重刊勉齋講義序》 《勉齋黄文肅公講義》二十餘卷，大抵本朱子。提綱挈領，不爲文辭，而簡要嚴切，深中學者陷溺沉痼之病。世不可無此書。舊板久廢，良足嘆。稼學袁君守儒篤學，乃裒散帙爲一編。朝夕玩味，精加讎勘，輟衣食，合衆助，重刻之以貽無窮。意甚勤而工甚夥。其子德達術訓，嗣事緒成之，自今家有其書。因勉齋所講，以求朱子之言，其爲發明弘益多矣。余昏眊廢學，喜見其成。竊惟在三之義，父師居二焉。勉齋力闡師說，有益世教，固已無愧其門。而稼學之子能繼父志，以廣是書之傳，亦可尚者。當牵聯俱書，用識其末。稼學名俊明云。

中書省《刊刻秋澗先生大全集牒文》（王惲《秋澗先生大全文集》附） 皇帝聖旨裏：中書省御史臺呈據監察御史呈，切見故翰林學士秋澗王文定公，文才博雅，識見老成，迺中州之名士也。頃在翰林，暨居臺察，觀其因事，匡時立言傳世，未嘗不以致君澤民爲心，端本澄源是務，進呈承華事畧。蒙裕宗皇帝嘉納，俾諸皇孫傳觀宏益良多，近日又蒙聖上特命張司農等再行繪寫，以賜東宮，若非深有可取，豈能如是哉！即係兩朝御覽珍重文集，有元貞守成《事鑑》、《中堂事記》、《烏臺筆補》、《玉堂嘉話》，并其餘雜著，光明正大，雅健雄深，皆出於仁義道德之奥，裨益政務，有關風教，足爲一代之偉觀。故追贈制詞有云：觀其遺書，蓋抱經綸之志，詢夫成迹，豈徒黼黻之才！惟先朝蓍蔡之是稽，緊後生斗山之所仰。其子太常禮儀院司直公孺編類成書，計一百卷，字幾百萬，家貧不能播刊，無以副中外願見之心。翰林國史院已嘗爲言，未蒙定奪。若依秘書少監楊桓《六書統》、郝奉使文集例，具呈都省，移咨江浙，或二西行省於學田子粒錢内刊行，昭布諸路學校，以示後進。非唯儒風有所激勵，實彰聖朝崇儒之盛事也。具呈照詳，得此送據禮部呈照，到郝文忠公例，著述《陵川文集》十八冊，《三國志》三十冊，已經具呈都省，於江南行省所轄儒學錢糧多處就便刊行去訖。本部議得翰林學士王秋澗文集，合准監察御史所言，比依郝文忠公例，移咨江浙行省有儒學錢糧内就便刊行，相應具呈照詳。得此照得《郝文忠公文集》，已咨江西行相委官提調，如法刊畢，各印二十部，裝褙完備咨來去訖。今據見呈。今將《秋澗王文定公文集》隨此發去，都省合行移咨，請照驗依上施行，須至咨者。右咨江浙行中書省。

羅應龍《秋澗先生大全集序》（同上，卷首） 世祖皇帝，聖文神武□□□□功，奮發天威，統一海内，驅塞馬百萬南牧江滸。外徵貔虎之臣馳騖邊陲，内則招徠文學之士，興起制度、典章、文物，一朝大備，與三代兩漢同風。文定公於是時，獨以文詞稱雄，或以制詔播告四方，訓迪臣下，多出公手。辭氣忠厚，開張紘大，蔚然甚盛。蓋所謂興王之言，自有體也。延祐庚申八月，太守伯常王侯以公大全文集，俾本學鋟梓，時衆以禾庠廩粟有限，議欲均派諸學。王侯謂應龍曰：「刊印文集，出於上命，學校當委曲之，以副朝廷崇尚文雅，嘉惠後學之意。雖重費，庸何傷屬。」應龍計料分類，篇目爲一百卷，命儒生繕寫刊刻，工未及竟，而王侯遷廣東廉使，已行，凜乎其不可留。辛酉九月，本道分司盧僉憲到路，適會公之長孫赴福建簽事，道由嘉禾議論翕合，遂委本路治中壽之高侯，專一提調。高侯，舊參省幕，聲譽素著。視刊匠不滿十人，慮以遷延歲月爲病，洊申省府取發工

匠，鄰郡不旋踵而至者二拾餘人，併工相而成之。繇是賴以完備，役繁費殷，良不易也。儻非高侯主維於上，諸君協贊於下，烏能績而成耶？應龍備員禾敎，獲聆王侯□□□公之才名，深用起敬。今幸獲覩公之全書又獲拜公之次子、同知公之長孫簽事，皆英傑也。昔吳季札，嘗有衛多君子之言，信不誣矣。時至治壬戌春孟，嘉禾郡文學掾晚學羅應龍謹書集後。右計其工役始于至治辛酉二月，畢于至治壬戌正月。

戴表元《剡源戴先生文集》卷一八《題新刻袁氏孝經説後》 右袁正肅公廣微《孝經説》三卷。前一卷，已刊在宣州學官，有知州王侍郎附註行於世。餘二卷，引《論語》、《孟子》而發者，余未之見也。正肅於余爲鄉先生，先伯大父雲臺府君，託同甲戌進士第，爲通家尊行，餘言緒論，講問爲多。蓋正肅公之父正獻公叔和，學於象山陸文安公。正肅公雖不逮事象山，而家庭承襲，深有源委。【略】正肅公既貴，嘗持江東憲節，數數爲士大夫講象山之説。行部之貴溪，乃爲象山改創祠塾，故江東之人，自正肅公而尊象山之道益嚴。貴溪姜翔仲之先世，故當時講下士大夫一人之數。翔仲今又爲侍祠諸生，能取家藏是書，併刊之塾中，可謂鶴鳴而子和之矣。余實不敏，區區家世，亦有與翔仲同者，遂不得讓而繫名其編末云。大德十年丙午歲後正月既望識。

釋行端《慧文正辯佛日普照元叟端禪師語録》卷七《題靈隱寺重刊鐔津文集後》 仲靈嵩公禪師，由永安山中抱成書，奏之天子。天子覽其書，賜號明教大師，詔付傳法院，編聯入藏，使與諸佛修多羅，同爲萬世耿光。當時立朝，如韓稚圭、富彥國、田況、趙抃諸豪，莫不心悅誠服。其平昔以彌戾車執迷自昧者，由是悉皆從風而靡。劫石可磨，明教此之大功，不可磨也。劫波可盡，明教此之勝德，不可盡也。靈隱所刊文藁，年深損壞，天台耆宿志眞揮槖金，一新板本，以壽天下後世。其於敎法，豈小補哉！

熊禾《重刊熊勿軒先生文集》卷六《刊儀禮經傳通解》 我文公晚年，始爲《經傳通解》一書，自家鄉以至邦國王朝，凡禮之大綱細目，靡不具載。歷門人勉齋黃氏、信齋楊氏，三世始克成書。舊有刊本，兵燼之後，板帙散亡。兼元刊印係初本所纂，註疏語頗傷繁。後信齋楊氏爲之圖解，又復過略。而文公初志，欲將《通典》及諸史志、會要等書，與夫開元、開寶、政和禮，斟酌損益，以爲百王不易之大法，而志則未遂。今得考亭諸名儒參校訂定墨本，擬就書坊板行，以便流布。仍於所補《儀禮》各卷篇目之下，參以歷代沿革之制，及關洛以來諸儒折衷之説。酌古準今，損文就質，輯爲《儀禮外傳》，以附其後。

姚燧《牧庵集》卷三《讀史管見序》 宋社既墟，詔令湖南憲使盧摯，以内翰籍江南諸郡在官四庫精善書板，舟致京師，付興文署。以故宣之致堂《讀史管見》，亦歸興文。自是庠後學之士，廢讀是書。大德辛丑，燧持憲節使江之東，物色久之。明年，得本旌德呂氏之塾，而劉安官校是邦。會其月廩師生之餘，穀充于庾而錢羡于帑，足以傭工，俾翻刊焉。

徐天祐《吳越春秋序》（趙曄《吳越春秋》卷首） 《吳越春秋》，今曄本咸無其文，亦無所謂傳註，豈楊所已刊削，而皇甫所未考正者耶？曄書最先出，東都時去古未甚遠，曄又山陰人，故綜述視他書所紀二國事爲詳，取節焉可也。其言上稽天時，下測物變，明微推遠，憭若蓍蔡，至於盛衰成敗之迹，則彼已君臣反覆上下。其論議種、蠡諸大夫之謀，迭用則霸；子胥之諫，一不聽則亡。皆鑿鑿然，皆可以勸戒萬世，豈獨爲是邦二十年故寔哉？曄書越舊，嘗鋟梓，歲久不復存。汴梁劉侯來治越，奬厲學校，蒐遺文，修墜典，乃輟義田廩羡財，重刻于學，不鄙謏聞，屬以考訂，且命序其左端。夫越人宜知越之故，則是舉也，於所缺不爲無補，遂不得辭。厥既刊正疑訛，過不自量，復爲之音注，併考其與傳記同異者，附見于下而互存之。惜其間文義，猶有滯礙不可訓知，不敢盡用臆見更定。又無皇甫本可證，姑從其舊，以俟後之君子考焉。侯名克昌，世大其字云。郡人前進士徐天祐受之序。大德十年歲在丙午三月音註，越六月書成刊板，十二月畢工。

王淵濟《群書通要序》（佚名《群書通要》卷首） 文章，天下之公器也。是豈小智自私者所可得而語哉！淵濟於蒙翁生後二十年，辱翁愛，引爲忘年交，凡言語文字，間有可□□爲評品者，無一不指誨。【略】適有攜江左。嘿，齋于君之緘來，以詩格□□，與偕披而視之，立意甚新，但惜其擇未精，採未廣耳。翁慨然欲成其美，於是旁搜博採，增至數十卷，凡詩家之一字一意可以入格者，悉羅致之，視初本殆將十倍焉。命其子彌高鳩工而壽諸梓，所以公天下之□文也。【略】大德己亥花朝玉淵王淵濟道可敬書于龍湖書堂。

王復翁《滹南遺老集序》（王若虛《滹南遺老集》卷首） 《滹南辨惑》

一書，初江左未之聞也。至元二十年，古滄王公時舉來丞是邦，出於行篋，始得見之。興賢書院謄錄刊行，迨今十年，其板爲復翁所得。以字多差舛，恐誤讀者，欲得元本證之。而王公去此，陞行臺監察御史，尋柄文廣東，宦轍無定，雖欲求之未由也。己既幸任，迴道過廬陵，吾州士夫以棠陰之舊候迎，公來就乞，校正出脱漏差錯字四百餘，公因得改的，付局刊換。公又以元遺山《中州集》所載《滹南古律》僅二十篇，俾續卷末，此書君子幸加詳焉。大德三年二月中和節，雙桂書院王復翁謹書。

脱因納《大德重校聖濟總録序》（陸心源《皕宋樓藏書志》卷四四）

方技之書尚之久矣。聖人治世亦所不能後者也。若夫《黄帝内經》、《神農本草》，秦越人之八十一難，張仲景之三百九十七法，王叔和之《脈訣》，朱奉議之《活人》，固在所勿論，自餘千萬方論，歷世所傳，誠不爲不多，然得其全者或寡矣。故近代諸書，獨不若《聖濟總錄》之詳且備也。聖主以至仁爲心，勤恤民隱，所以首命板行於天下，非惟重下民。今日之命，蓋將有開於先而覺於後也。《書》曰：「贊贊襄哉。」夫是書之行也，雖本於上意之所注，其所以始而終之者，亦近臣有以贊襄之也。故凡與斯議者幷附於左：醫愈郎諸路醫學副提舉臣申甫、醫効郎御藥院副使臣王希逸、承直郎太醫院判官臣和思誠、奉訓大夫太醫院判官臣隋有、朝列大夫太醫院副使臣王佐、集賢直學士朝列大夫太醫院副使臣歐陽懋孫、中順大夫太醫院使臣韓公麟、少中大夫同提點太醫院事臣汪斌、嘉議大夫提點太醫院事臣麻維繇、正議大夫同簽樞密院事左衛親軍都指揮使提點太醫院事臣李邦寧、昭文館大學士正太中大夫提點太醫院事臣鄭忙古歹、榮祿大夫平章政事大都護提點太醫院事臣脱因納。江浙等處行中書省大德三年九月内欽奉聖旨刊造《大德重校聖濟總録》，至大德四年二月内畢工。

王瑭《丁卯集序》（許渾著祝德子訂正《增廣音註唐郢州刺史丁卯詩集》卷首） 晚唐詩人彬彬輩出，名家當時，傳誦來裔，可謂甚盛。比年以來，學者唯多宗許郢州。【略】唯昔郢州自記其篇目多至五百，而今之書肆見於板行者纔踰一半，同志之士每恨莫窺其集之全也。信安祝得甫好學不倦，尤篤志於詩。一日從容訪舊，偶得《郢州類稿》若干卷，復旁搜遠紹，幾足五百之數。吁！其勤摯矣。急命鋟梓，將以廣其傳。謂瑭曰：「牧之之作所以期許郢州者，實而不華，倘大書深刻，以信後世，彷彿一序矣。子其贊一辭，以載成編之歲月，而不假乎其他也。」瑭謂郢州句律之精微，學詩者當自得之。若夫青黄犧尊，或得以戕木之性，抑瑭非其人也，曷敢妄加藻繪，以求躐易之訊耶？得甫曰：「然。」遂書以識。時大德丁未仲春朔。

釋性澄《釋普門品重頌後記》（釋遵式《釋普門品重頌》卷末） 宋慈雲尊者，疏別行重頌附大部入藏，而南方教苑不傳幾二百年矣。至元甲午爲教門入京，於蕪城弘法寺得之，東歸猶至，實然不敢自秘，遂鋟諸梓以惠來學。大德壬寅夏五。

嚴度《白虎通德論序》（班固《白虎通德論》卷首） 漢唐書籍以「通」名者五，惟《白虎通》與《風俗通》行，乃諸儒之所討論實爲鉅典，而所至缺此板，余嘗持節北閩，如建安書市，號爲群籍所稡，訪求無有也。今錫學得守平父家藏《白虎通》善本，繡梓以廣其傳，是亦明經之一助，豈小補哉！大德乙巳四月望日。

馮福京《昌國州圖志跋附》（陸心源《皕宋樓藏書志》卷三二） 《昌國州圖志》板五十六片，雙面五十四，單面二，計印紙一百零十副，永爲昌國州官物相沿交割者。大德二年十一月長至日畢工。

陳才子《考古圖序》（吕大臨《考古圖》卷首） 考古，匪玩物也。六一翁、劉邍父，窮年攟摭。至趙明誠《金石集錄》，浩如煙海，虞彝商簋，紀甗秦匜，鑄物肖形，殫今人智巧營之，未必不更精麄奇偉，倚以典刑峻嚴，辭語靚深，相去不知迥隔幾塵。凡物興替各有時，鼎淪而泗水，彼劍藏而牛斗射，其間人力不容穗。雖然其器亡，其書存，可也。器之寶傳或弊書之流傳匪窮。汲郡吕公彙諸大家所藏尊卣敦盂之屬，繪爲巨編。兵後多磨滅，吾弟翼傭又廣吕公好古素志，屬羅兄更翁臨本耳。更翁刻以傳世幷採諸老辨證附左，方用心良苦。世俗爭嗜畫，至狀蟲魚花草，童稚知愛，誰肯挂眼。是器凡格把翫，眞若是身周旋揖讓三代間，奇哉。維先秦器物摽經典尙多，安得模取典阜之履，岐陽之鼓，兑戈和弓，封父繁弱，輯爲全書，時時觀覽，幷濯胷次俗氣。大德己亥冬至。

張庭堅《春秋集註後序》（朱彝尊《經義考》卷一八九） 曾大父文憲公所著《春秋集傳》、《集注》、《地理沿革表》三書，宋端平甲午，宣進於朝，付秘閣。後《集注》刊郡庠，景定庚申燬焉。皇元大德庚子，雪崖黄先生慨是書之不傳，而願見者衆，欲鋟梓而未集。辛丑歲，文臺二提舉張思

敬、滕斌亦求助好事者，僅成三卷，瑞教、虞汲、留洪上其事於文臺，轉申憲司。時魯齋副使臧公，移文本路總府下學刊刻《集傳》、《沿革》二書，《集傳》雖成，而主司任事不得其人，遂致章卷倒亂，文字差訛不可讀，屏廢久之。而《沿革》一書，亦無復舉行。迨皇慶癸丑冬，江南諸道行御史臺，行移各路《春秋》用張主一傳。延祐庚寅，紹興科目而遠方士友購求《傳注》者頗多。時李廣文萬敵主敎此邦，俾庭堅赴學校正補刊，於是《集傳》始爲全書，流行四方。而庭堅所刊《集注》拘於授徒，竟弗克就。延祐庚申冬，訓導郡庠與學正塗鼎語及《集注》、《沿革》之未成，遂以其事，上申總府，適際提舉學校官趙文炳爲賢德君子，即出學帑以成《集注》，不三月而訖工，庭堅識其事於卷尾。

朱天錫《三國志注跋》（張金吾《愛日精廬藏書志》卷八） 自經止獲麟之後，馬遷以紀傳易編年，歷代信史流傳不忝董狐之筆。厥今奎運昌隆，文風丕振。江左憲臺命諸路學校分派十七史鋟梓。池庠所刊者《三國志》。池之爲郡，土類率多貧窶，學計歲入寡羸，是舉幾至中輟。總管王公亢宗奥學宏才，慨然以化今傳後爲己任。表倡之下，其應如響，用能鳩工竣事，不勞餘力。郡博士孔涓孫式克奉命董提，以底於成隸也。淺見謏聞，嘉與稽古之彦，身際斯文鼎新之幸會，敢拜手書於左方。大德丙午日。

高昂霄《河汾諸老詩集題識》（房祺《河汾諸老詩集》卷末） 《河汾諸老詩集》者，迺大同路儒學敎授房先生之所編也，予一日得之。惜乎，諸老一代高名，百年清氣，已嘗遍白于天下，是集未嘗流布也。皇慶癸丑夏，特命工鋟木，以廣其傳。然而諸老之學，又豈專乎詩也？出處大略，已具前序。今書是說，以告夫後之學者，不爲無益云。六月吉日。

孟宗寶《洞霄詩集·書後》 洞霄舊名天柱觀，《武肅錢王記》所載，三泉合流，雙石開扉，藥圃新池，古壇書閣，古有題品，足爲耿光者，惜今無傳。宋紹定間，住山沖妙龔先生與道士王思明，裒類大滌留題，刻板行世。咸淳甲戌，化爲劫灰。迄今大德壬寅，且三十年，廢弗舉。名勝入山，咸謂闕典，恨之。宗寶以介石祖沈公命，取舊集洎家藏詩，舉本山葉君、枚心鄧君暇日討論，删定唐宋賢及今名公題詠，命工重刻，欲與好事者共之，非獨爲山中清事，亦足繼前人志也。時大德六年十月。

劉應奎《蒙川遺稿序》（劉黻《蒙川遺稿》卷首） 先伯氏蒙川先生，少有志操，刻勵清苦，以成其學，而惟孝惟忠，雖流離顛沛中，亦未嘗忘於言。其立身大節，雖沒齒無愧怍也。生無他嗜好，惟殫精畢思於文字間，凡所著述，與諫坡奏牘、薇垣制藁、經帷納獻若干卷，悉以自隨，今皆散落，不復見矣，可哀也。若夫廬室爲燬，幸而讀書之朝陽閣，巋然於蒼松翠竹間，亦天也耶！喜而爲謁記，求當代之鴻師碩儒，晨星稀矣，惟息堂先生鄭公，又赴蒲輪之召，應奎遂有請焉。迺蒙念同年之舊，思獻納之暇，摭其實而著之炳如也，然每追念先生，不無遺憾，於撰述之僅有存者，或得之斷簡殘篇，或得之朋友記識，若詩若文，裒聚止四卷，爲《蒙川先生遺稿》。以應奎之年已衰，朝露行晞，何能廣索冥搜，姑鋟諸梓以示子若孫，而《朝陽閣記》雖已刻於閣之楣矣，今幷入卷之首。夫文，載道者也，文雖不能盡得，苟能僅存，則道亦與之俱存，庶乎不與龍門草木俱腐焉爾。大德歲上元日。

孔文聲《太平路學新刊漢書跋》（張金吾《愛日精廬藏書志》卷八） 江東建康道肅政廉訪司，以十七史書艱得善本，從太平路學官之請，徧牒九路，令本路以《西漢書》率先，俾諸路咸取而式之。置局於尊經閣，致工於武林。三復對讀者，耆儒姚和中輩十有五人。重校修補者，有蔡泰亨。板用二千七百七十五，而工費具載學計，兹不重出。始大德乙巳仲夏六日，終是歲十有二月二十四日。

安性仁《新編古今姓氏遥華韻敘》（洪景修《新編古今姓氏遥華韻》卷首） 譜系之學，古有專門，其書浩如煙海，其言雜如軍市，至唐文帝始刪茹繁濫，勒成族志。不幸火於邪辭，别加紀錄，世不尊信譜學。洪君進可以韻纂姓，以姓萃事，臧否小大，悉所不捐。雖有祖述，然亦勤且勞矣。又卻縮衣食，鋟版布行，其博文之心，亦可謂篤矣。視終日據案，呻其佔畢，而殊無一字可對人言者，亦有逕庭哉！【略】至大戊申先生又處吾齋，昔年書者堆案沓几視之，則姓韻成書矣。惟我與爾其論衡不可請刊以傳廣，即與集工。【略】惜余眵昏且復病暑，未能考其著書之旨，立言之凡，而徒志其太息，起敬於篇端而已。至大三年，歲在庚戌，立秋後一日庚辰，程鉅夫書達觀洪先生。至元壬午處吾齋三年，觀受之際，見其蟲鍍蠶績之書，而幼不識何書也。嗟夫先生于是書精神寄於歲月之茫茫，姓氏承於古今之落落，豈洸洋自恣以適己，將與千金懸之咸陽市門求一字增損，主衣姸籍湜敢去。予是

以述此書之本末，非跋非序。至大元年三月三日。

厲一鶚《唐陸宣公集序》（陸贄《唐陸宣公集》元刻本卷首） 唐內相陸宣公實鍾檇李，扶輿淸淑之氣，平生所志不負天子，不負所學。【略】中朝達治體蹟顯仕者，往往祖述以爲一代典章。信知宣公之文鑿鑿可見之日用，非徒託之空言也。今其宅里某水某丘，已難髣髴，獨仁義百篇，炳如丹青，讀其書尚友其人，至今生氣凜凜。郡學舊有奏議、制誥凡二十二卷，歷歲幾二百，亥豕魯魚，弗便觀覽。旴眙子中王公來守是邦，一廉自律，三年政成，提綱學校，備殫乃心，拘徵逋租，增鑄祭器，踵繪從祀，惠至渥也。復念此書字畫漫舛特甚，乃以推官胡公德修家藏善本詳加讐正，重新刊梓，以幸多士。繼自今，使宣公之文復大行于世，其于鄉泮亦與有榮焉。敬書卷末，以識歲月云。至大辛亥季秋。

吳繹《通志疏》（《通志》卷首） 《通志》書，宋先儒夾漈鄭先生樵所述也。天啓文運，皇元肇興。爰命臣工勒諸三山郡學，雖經呈進，而北方學者概不多見。予叨承宣命，來守是邦。謹捐己俸，暨諸同寅，徵工印造此書，關發中原諸郡庠，庶遠近學者見聞均一。凡我同志，幸相與成之。右伏以聖世開太平，合四海同文同軌；先儒作《通志》，亘千載異人異書。事無大小之遺，義貫精粗之一，探衆誌之幽頤，爲群史之會歸。皇王帝霸，道可得聞；天地人物，名無不備。理亂安危之異轍，正邪懲惡之殊方。凡幾年大集厥成，示歷代如指諸掌。慨載籍猶斷繩之不續，此一書若貫珠之相聯。雖南閩久已刊行，而北方尚未多見。欲全編之偏及，豈獨力之能爲？洞貫古今，可東諸子百家於高閣；式彰聲教，庶儷四書六籍於淸朝。謹疏。至治元年五月□日疏。

又《通志序》 夾漈先生《通志》，包括天地陰陽，禮樂制度，古今事實，大無不備，小無或遺。是集繡梓於三山郡庠，亦旣獻之天府，藏之秘閣。然北方學者，猶未之見。予叨守福唐，洪惟文軌會同，斯文豈宜專美一方。迺募僚屬，仍捐己俸，稟之省府，摹褙五十部，散之江北諸郡，嘉惠後學，熟而復之。若伐薪於林，探丸於穴，信手而得，用以輔佐淸朝，參贊化育，豈云小補！倘博雅君子，同予志者，益廣其傳，是所願望。至治二祀壬戌夏五。

汪仲華、侯光嗣《進服書文》（龔端禮《五服圖解》卷首） 嘉興路至治三年十一月二十九日，據錄事司申備，耆老張文彬等狀呈：切見本路城居龔端禮，箕裘紹業，詩學傳家，識見老成，鄉黨稱善。近聞本人編類《五服圖集》，往而訪聞。乃云唐有《五服問答》，宋《五服敕疏》。及今官民準用彭仁仲袁知州舉要，互相異同，世俗未能易曉。今將古今書籍參考詳訂，編成五服八圖，開列門類，分章細解，共成一百九十二章。本人藏之家塾，未傳於衆。伏覩本司牓文，拯治事宜內一項勸人孝弟，正謂教化風俗。據龔端禮已成是書，如蒙敦請，本人先以一本赴官，移文儒學校正，然後印行，庶使人民愼於孝禮，盡其誠厚之道，實非小補。用敢闔詞舉明，呈乞詳酌施行得此。行下東坊正，敦請龔端禮先將上項文籍一本赴司，施行去後。今據坊正張從政申，繳到斗隅顓民龔端禮責狀，稱端禮之服書非自著。言昨因先祖龔頤正，宋時宣教郎，充樞密院編修官兼資善堂小學教授，家傳服圖，故求諸禮圖書六十五家，體古遵今，編類成集，不脩文采，惟載孝義喪禮淳朴之辭，顧欲正人心耳，無求聞達。不意嘉興路儒學耆宿葉竹岡洎見任祝學正誤重以序文交章而推奬，又有闔郡耆老舉明，方今刊備。今端禮遵依先行茅印一集見在。伏聞孔聖曰：「道之以政，齊之以刑，民免而無恥；道之以德，齊之以禮，有恥且格。」然服制關繫世教，伏慮未克盡善，乞解上司委官校正可否，然後施行。所責是實，申乞施行得此。參詳龔端禮所編《五服文集》，此乃朝廷之政教，使天下之民知其孝禮，以厚風俗，抑且省其刑罰，有益於世。卑司不敢專擅，今解《五服圖集》二冊，乞收管，委官校正，施行得此。行下本路儒學校正明白，保結申府去後。今據狀申移，准本學羅教授關，將發到服集二冊依上考校，得其服有五，先王制禮之一也。圖焉說焉，散見雜出，非一家。檇李龔仁夫者，病夫紛紜異同，莫之正也，遂類爲一編，分章畫圖，又從而釋之，名曰《五服圖解》。要之，蓋欲夫人服喪中禮而已。於戲！用心若此，可謂眞知禮者哉！後之來者得見焉，亦幸矣。不然，徒知五服有圖，而圖有解，不能以禮裁之，圖云乎哉？解云乎哉？委中程式，堪以傳授。關請施行准此。卑學看詳喪服之制，天下通例，如蒙申明上司，更爲詳正，爲例通行，亦可闡揚名教，以厚風俗，誠爲善道。申乞施行得此。府司官議擬得上項服書，本乎《禮經》，可以裨政教，厚風俗，誠非小補。今將服書一樣二集四帙申解前去，合行申覆。伏乞鈞詳，收管施行。右申江浙等處行中書省，并牒呈上本道廉訪司。泰定元年三月日。

釋清茂《重刊汾陽和尚語録疏》（釋善昭《汾陽無德禪師語録》卷首） 汾陽禪師出首山之門，弄西河師子，奮出窟爪牙，哮吼一聲，群魔屏迹。梵僧請法，即爲敷揚，戈玉鏗金，超聞離見，六人大器具在典章，耀古騰今，叢林標格家法來從有自正音，其可無傳在。昔雖已刊行，歲久遂成湮沒。天台子聰首座靈機夙契，宗匠親承，慨祖室之長冥，惜眞風之不振，握驪珠擬澂滄海，執慧斧欲伐邪林，募緣重刊，垂惠後學。余嘉其志，故發緒言，希聞見而樂從，庶有光于祖道者也。時至大三年春。

又《松源崇嶽禪師語録跋》（釋崇嶽《松源和尚語録》卷末） 臨濟十四世孫松源和尚語録，板留靈隱鷲峰菴。至元年間，菴既回祿，板亦隨燼，衲子慕之而不可得。然少林的旨，東山正傳，微此錄不足以顯發。當時之大機大用，由是募緣重刊，以壽後世，開學者之正見，掃邪說之肆行，豈少補哉！時泰定三年二月初五日。

方時發《九華詩集序》（陳巖《九華詩集》卷首） 昔詩人陳清隱巖負其樂山樂水之趣，遍遊歷覽，隨寓吟詠，凡山中草木羽毛之名品，泉石巖洞之靈異，烟霞風月之氣象，悉探而模寫，於中皆得其事迹景物之眞。蓋陳君生於九華，身所親歷，目所親覩也。詩有舊板，兵燬不全，此二百一十篇，乃余掇拾於散佚之餘者也。竊謂山乃無聲之詩，詩乃有聲之山。山之有詩，猶天有日月星辰之光彩，人有衣冠佩玉之文華也。苟或泯泯山靈，其不抱泯泯之恨乎？特捐己帑而重梓之，俾詩與山相照耀於無窮云。歲至大戊申仲秋之吉。

胡長孺《閬風集序》（舒岳祥《閬風集》卷首） 舒先生既捐館舍之十年，遺書有《夢蝶軒稿》、《篆畦詩》已鋟梓行世。獨號《閬風集》者最爲大全，板本既災於兵，子叔獻將復刊之，家窶甚，力不能任。且以三百年來諸公詩文論之：梅聖俞宛陵，蘇子美吳中，歐陽永叔廬陵，蘇明允父子成都、建安、九江，王介甫臨川，曾子固盱江，陳同父婺郡，葉正則海陵，豈其家子弟爲之哉？古儒先生也，門人、父子傳其書，轉相教授，及後來摹印簡便之說原闕則鄉黨朋從與異世慕用之士，相與出資，貨以給費，《閬風集》，是三人者盡將刊之。【略】至大四年龍集辛亥三月。

沈明仁《題刊印最勝真實名義經》（釋釋智《聖妙吉祥真實名經》卷首） 湖州路歸安縣大慈隱寺住持、白雲宗宗攝沈明仁，於至大二年十二月初九日延慶司官海音都延慶使特奉皇太子令旨：「江南白雲宗送經來的沈宗攝回去，有將《最勝眞實名義經》、《佛説白傘蓋陀羅尼經》、《佛説壞相金剛陀羅尼經》，這經本好生刊板印造，交《大藏經》裏入去流通者。敬此。」敬惟皇太子殿下宿植善根，深通佛教。敬遵令旨，依上刊雕，流傳天下。仰祝皇圖鞏固，佛法流通，凡有見聞，同歸善果者。至大三年三月□日。

趙孟頫《松雪齋文集·外集·御集百本經叙》 上法天聰明，齊佛知見，爰以萬機之暇，深參內典之微，乃取諸經，共成百卷，釐爲十帙，歸於一乘。隱奧兼明，廣大悉備，繙閲者不難於寓目，誦讀者亦易於銘心，可謂設網而提綱，挈裘而知領。以因因而證果果，由本本以達原原。警人欲之横流，契佛心之正覺。乃命臣僧明仁刊板流布，仍俾微臣孟頫製叙篇端。臣聞命震兢，深慚淺陋，莫盡標題之意，敢抒讚歎之誠，謹粹《御集百本經》總目刊之卷首云。至大四年十月序。

釋普度《廬山蓮宗寶鑒序》 廬山東林禪寺蓮宗善法祖堂，勸修淨業臣僧普度謹自編集《蓮宗寶鑒》一部，發明佛祖念佛三昧，已蒙諸尊宿善知識題跋印證。來詣大都，禮拜罽賓國公班的答，師父主盟佛法，得奉法旨，教般若室利長老、賢耶那室利闊羅羅司丞，於至大元年十月十一日至隆福宮，今上皇帝潛龍時分月，海怯薛第一日，親捧《蓮宗寶鑒》，啓奉令旨敎刊板印行者。敬此即於大都明理不花丞相施到無量壽法王寺內，鏤板已遂畢工，所集洪因，端爲祝延皇帝聖壽萬安，皇太后、皇后齊年，太子、諸王千秋，文武官僚高增祿位，皇圖永固，佛日光輝。凡曰見聞，同成佛道。皇慶壬子正月圓日。

釋雲岫《禪林備用清規後記》（釋弌咸《禪林備用清規》卷末） 東林澤山和尚，採前後尊宿講行叢規禮法，品分十卷，目曰《禪林備用》。威儀細行，詳釋盡美。擬鏤板流通，惜乎歸寂。臨終，囑門人付藏主，竭力全其事，將濟頹緒，爲千古矜式。延祐丁巳解制日。

董真卿《書傳輯録纂註序》（董鼎《書傳輯録纂註》卷首） 先世以來，多習《書經》。先君子克承家學，復私淑《朱子緒論》，於蔡氏傳尤用力焉。大德甲辰，命眞卿從雙湖胡先生一桂、退齋熊先生禾，讀《易》武夷山中，因得刊行先君所著《孝經大義》。時欲幷刻此書，眞卿歸而以請，先君乃曰：「有朱、蔡二師在前，編集其可苟乎？吾餘齡暇日，尚須校定。」且謂

眞卿曰：「是書將盛行。吾老矣，當不及見。傳之者，汝也。」及悼棄藐孤之三年，會聖天子興賢，有詔命習《書》者惟蔡傳是宗，斯文開運，其在兹乎？蓋先君此書，懼其遺也而靡不錄，覺其繁也而欲簡，是從晚雖重加校定，尚欲質之同志，而未遂。眞卿仰遵先訓，求正于當世儒先與先君之舊友，如葵初王先生希旦、雙湖胡先生、定宇陳先生櫟、息齋余先生芑舒，多得所討論，於朱、蔡此書，似爲大備。敬壽梓閩坊，以廣其傳，非徒不負先君之囑，且以欽承明詔尊崇朱學之萬一云。延祐戊午十月朔日。

趙鳳儀《六書故序》（戴侗《六書故》卷首） 合谿戴公侗，獨能探索於千載之下，因許氏遺文，釐其舛忒，第其部居，傳以義訓，群經、子史、百家之書，莫不援據，示有徵也。析爲部九，卷三十有三。約而不遺，通而不鑿，父以聯子，子以聯孫，若網在綱，聯然如示諸掌。噫，亦勤矣。公之父蒙從學於武夷，兄仔舉郡孝廉。父子昆弟，自爲師友。是書之成，淵源有自。延祐戊午，予來領郡命，其孫埲塤出諸家藏。郡博士與諸儒咸謂：「是書誠有益經訓，宜傳以惠後學。」予既鋟《四書》與《郡志》，明年捐奉廩以倡刻而庋諸閣。【略】延祐庚申冬十月。

李敏之《重刻毗陵志序》（《〔咸淳〕重修毗陵志》卷首） 常州郡號毗陵，舊有志，以識山川草木、城郭人物、田土賦納之事。至元乙亥，厄於兵燹，人書俱亡。延祐乙卯，都省平章張閭公馳驛經量田土，履畝自實，限迫，吏民皇皇。會前本路治中聊城徐朝列文質牒發舊志一本於路，由是有司循已定之規，郡民無重科之擾。是年冬十月，本路總管提調學校官眞定史中議壎，命儒學教授三山李敏之重建尊經閣於講堂之北。丙辰秋八月，落成。侯謂教授曰：「閣成，它書有錢可得，郡誌不可得也。盍先諸？」亟命工鋟梓於閣之上，以紀其實。延祐丁巳孟春吉日。

趙璧《大藏新增至元法寶記》（周南瑞《天下同文集》卷八） 惟我聖元，祖宗以仁立國，其道胥契。於是尊崇信慕，有隆於古，而西域異書種種而出。帝師、國師，譯新采舊，增廣其文，名以《至元法寶》。刻在京邑，流布人間。江南去萬里而遙，傳持未遍。松江僧錄管主八翻梓餘杭，凡諸路庋經而未有者，許自裝印藏教以完。會其部，得一千四百四十。總其卷，得五千五百八十有六。與高騈所記五千四十八卷云者、眞若有羨。

蔡文淵《農桑輯要序》（蘇天爵《元文類》卷三六） 洪惟世祖皇帝，誕膺景命，惠養黎元，立大司農司，以修古九扈氏之政，迺詔參稽古今農書，芟其煩而撮其要，類萃成書，曰《農桑輯要》。若夫耕蠶之術，畜孳之方，天時地利之所宜，莫不畢具，用之則力省而功倍，刊行四方，灼有明效。逮我仁宗皇帝，充繩祖武，軫念民事，以舊板本弗稱，詔江浙省臣端楷大書，更鋟諸梓，仍印千五百帙，頒賜朝臣及諸牧守，令知稼穡之艱難，以勸諭民。聖天子嗣大歷服，祇遹先猷，特命中書左丞相臣拜住領大司農司事。越至治改元之明年，丞相暨大司農臣協謀奏旨，復印千五百帙，凡昔之未霑賜者，制悉與之，且勅翰林臣文淵序諸卷首。至治二年。

譚善心《校刻二程遺書附録後序》（《〔同治〕宜黄縣志》卷四五） 右程子遺文遺事一卷，善心所蒐輯，可繕寫。始慮世傳胡氏本猶未盡善，而朱子改本惜不可見也。貞白虞叔世聯葭莩，尺牘往還，商略考訂，推本朱子之意，以復於舊。然如《定性書》，富、謝二書所刪字，終不可考，則固未敢自信，而亦未能自慊也。一日，以書來，蓋從今內翰吳先生得家藏別本，乃與臆見脗合，而凡刪字皆在，且又益以數篇焉。遂與一二同志，三復校正，用鋟諸梓，以與學者共之。其朱子與劉、張二公辨論所及者，悉附注于目錄之下，其餘脫誤錯簡，文字同異，不復具列。且爲竊考程氏世系譜於十二卷之首，以便觀覽。此外，有《經說》八卷，尚當嗣刻，以傳永久云。至治三年秋九月丙午。

袁桷《清容居士集》卷二一《王先生困學紀聞序》 先生年未五十，諸經皆有說，晚歲悉焚棄而獨成是書。其語淵奧精實，非紬繹玩味不能解。下世三十年，肅政司副使馬速忽公、僉事孫公楫濟川分治慶元，振起儒學，始命入梓。桷游公門最久，官翰苑時，欲悉以其所著書進于朝廷，因循不果。今也，二公謂桷知先生事爲詳，俾首爲序。庸書作書之本旨，亦以厲夫後之學者。【略】泰定二年冬十月。

釋本無《楞嚴集注序》（釋契了《楞嚴經集註》卷首） 皇慶壬子歲，與高昌沙門般若室利，同坐夏天竺靈石山中，每對讀譯天台《止觀》次，天目中峰本公、斷崖義公，時來過從，話間多叙及曾受《楞嚴經》旨於關西講主聞公，亦且爲畏吾方音字書翻之矣。時都講學公，有藏桐洲《楞嚴集注》。因室利被召趨朝，願必聞上，板印流通。遂挾之北歸，已而竟與願違。逮今兹景良居士，欲刊施是經也，初未定何者爲善本。本無頗追憶靈石山中學公

授經室利時事，特投書，訪求於白蓮華院和上玉岡師。師爲躬往嘉禾烏鎮密印寺，詢得故比丘圓具，常執侍於鼎山舉師，稟學於自聞熏師。蓋業教有源委者，遺下手寫所科注之經，即與室利挾以北歸之本，同專遞東來，用以依據。乃再條治，微加刪定，遂爲成書。是知經誥行世，亦若有關乎運數者。然桐洲師去今踰百二十載，其書存於三吴，流於宸京，卒莫鋟梓。乃今始克板行於四明王公居士之家，得盛播於海内，夫豈偶然也哉！謹識其所自，俾攬者信時緣之有在也。三年丁丑日。

虞集《重刻禮樂書序》（蔣光煦《東湖叢記》卷一） 去年，僉憲前進士趙君承禧宗吉，始欲發明其微而推充之。乃得故宋太常博士陳祥道所著《禮書》，與其弟暘所進《樂書》，送郡學官刻而傳之。方鳩工，而趙君移節浙右。於是經歷前進士達理惟實可行、知事前國學貢士張君汝遴允中相與讎校，而完成之。二君與趙君之意，所以見憲府設官之本旨，而欲贊成聖治於今日者也。乃使郡儒學訓導韋泰，訪集於臨川山中，而使之叙焉。

又《道園學古録》卷三一《鄭氏毛詩序》 西夏斡公克莊常以《禮經》舉進士，如左榜漢生者。考官見其博贍，疑不敢取，而朝廷知其爲明經之士。其僉憲淮西也，以項氏《易玩辭》足補程朱之遺，誌于集也，序其説而刻之。自南行臺而貳閩憲也，以爲閩在山海之間，豈無名家舊學，咨詢之暇，思有以表章之。予因及鄭氏之《詩》，即使録以來示，且曰：「果可傳也，略爲我序之。」故著其説如此。又曰：「求諸鄭氏之子孫，夾漈之手筆，猶有書五十餘種，故御史中丞馬公伯庸，延祐末，奉旨閲海貨於泉南，觀於鄭氏，得十數種以去，將刻而傳之。馬公歇歷清要，出入臺省，席不暇暖，未及如其志而歿。泰定中，故太史齊公履謙，奉使宣撫治閩，亦取十餘種，將刻而傳之。太史還朝，不一二年而歿，亦不克如志。二家皆有子弟，安知無能承其先志者乎？吾聞閩人刻書摹印成市成邑，散布中外，極乎四海，其間亦有謬妄，未經論定，在所當禁者。觀風使者，得以正之，而移其工力於博治有用之説，則在於今日矣。」

又卷三九《跋濟寧李璋所刻九經四書》 承直郎、松江府上海縣尹李君璋，以廣東元帥宣慰王公都中書，訪集於臨川山中，而相告曰：「世家濟寧之鉅野，去夫子闕里二百里而近。先大父謙齋翁始就外傳，時出遊孔林而學焉。是時，干戈未寧，《六經》板本中原絶少，學者皆自抄寫以成書。其後朱子《論語》、《孟子集注》、《大學》、《中庸章句》傳至北方，學者傳授，版本至者尚寡，猶不能無事手録。及至元混一，東南書頗易致，而闕里無專本，欲刻梓焉，意將省筆札之勞，以富涵泳之日。未及如志，年九十五而卒。家君守永嘉之瑞安，蓋甚欲爲之而未刻就。璋也從事江右憲幕，辟浙閫掾，得學製錦於海濱。秩滿少間，請於家君，願成大父之志。《易》、《詩》、《書》、《禮》先就。既以北還，而《春秋左氏傳》及《朱子四書》重至江右而後克成。《四書》版加厚，字加大，命子某謹繕寫，不敢忽，猶慮北方風高，木善裂，取生漆加布其四端，歸諸孔廟之下，俾久於模印而無壞。願書其事。諸經板凡若干，《四書》板凡若干。」其大父諱從道，其父名某云。昔漢建寧中，命諸儒刊正《六經》，去其穿鑿謬誤，刻石東都大學門外，一時觀視摹寫者，車日數千兩。甚矣，學者之好之也，如此偉哉！東魯自有李氏所刻書，以應四方之來求，將何愧於東都乎！

吴師道《禮部集》卷一四《香溪先生文集後序》 ［范］浚字茂明，婺之蘭溪人，因其里居稱香溪先生，祠於學宫舊矣。某幼即訪其文集，不可得。嘗讀默成潘公《與范賢良書》而知其交，讀徐忠莊公《徵言傳》而知其所取，又得前輩誦傳《姑蘇臺賦》、《雜興》諸詩，滋欲見其餘，而仁山金氏《四書考證》謂范集近亡，以金之洽聞而云然，殆無有矣。居其鄉，思其人，而不得誦其詩而讀其書，不能不致予恨焉。至順辛未，始得先生文七卷於親友應氏家，蓋其首編也。陳公巖有序稱：「從子端臣右史所纂，凡二十一卷。」則逸者尚多。一日，先生族孫來言，家藏缺自一至五卷，惜其無從補也。於是忻然畀之，足以成編。【略】近時范氏之族，豈乏富貴者？恨其不能專爲先生置祠奉常；至於斯集之傳，又不過當時一餉費爾。浮榮悖貨，倏焉澌盡，而不忘者固自若，亦足以有儆矣。今右史裔孫元𤪛，念殘闕之復完，恐泯没之薦至，首刊數卷，將卒其族人之力而終之，不私其美；又以右史《蒙齋集》未及刊，則以其與香溪唱酬諸詩先附見焉。俾予序其事。予於是編固願有述，又嘉元𤪛之能光昭其先，庶幾賢子孫已，凡與於此者，豈不與有榮乎！

黄溍《道園遺稿序》（虞集《道園遺稿》卷首） 國朝一代文章家，莫盛於閣學蜀郡虞公。公之詩文曰《道園學古録》者，其類目皆公手所編定，天下學者既已家傳而人誦之矣，然其散逸遺落者，猶不可勝計也。其從孫堪

乃爲博加討訪，積累之久，得古律詩七百四十一篇，而吳郡金君伯祥爲鋟諸梓。【略】至正二十年正月十日。

楊椿《道園遺稿序》（同上） 故奎章閣侍書學士、蜀郡虞公《道園學古録》，其季子翁歸與公門人之所編，今建寧板行者是也。書始一出，如景星鳳凰，士爭先覩之爲快，而湖海好事者，復輯公詩另爲一編，然與《學古録》所載時有得失。予意其蒐葺已無遺憾，近於一二十友間，每見公詩文，皆公所親筆較之，二集中多所不載。然後知公之篇章，在世不能無遺佚者。予外姪克用，公之諸孫也，好古嗜學，蚤夜不倦。聞士友間有公詩文，輒手編成帙，如是者累年積其所得，凡七百餘篇，皆板行。二集所無者，遂分類編次爲六卷，附以樂府，題曰《道園遺藁》，屢欲刊之而未能也。近克用假館於吳江之金君伯祥家，伯祥之先君子樂善，公至治間嘗識公於吳，蓋平日之所欣慕而樂道之者，克用偶出是編，伯祥亟命鋟諸梓，觀其所好，可以知其爲人矣。噫！昔虞公南來，予以總角獲拜公於錢塘，予從叔祖母家氏博涉書史，嘗手書《蓮經》一部，一日出以示公，公不勝渭陽寒泉之思，至賦七言古詩，辭極淒愴，且手跋於後者垂數百言。今二集既不録，而予又不能追憶，以附克用集中，可勝歎哉。然觀克用所編，凡公平日之雄詞健句，膾炙人口者，悉已收入，則其所遺者，僅一二，而克用之用心尚未已也。予嘉克用之用心，伯祥之好事，且因其請而爲識於篇端云。至正己亥夏五望。

陸晉之《困學紀聞叙》（陸心源《皕宋樓藏書志》卷五七） 右厚齋王先生《困學紀聞》二十卷，先生諱應麟，字伯厚，自號深寧叟，曰「厚齋」云者，鄉入門弟子，尊敬之者爲之也。先生平日多著述，是編於經傳子史各有考據、評證，於後學足益見聞，得鋟諸梓，則其益博，其傳遠。工費浩事未得，遂泰定二年冬十月，浙東道憲司官行部蒞止肅訪之暇，詢及是書，謂未有刊本，爲學校欠事，翰林學士袁先生亦專舉明謂，宜傳遠惠後學。於是具詞申請之，于總府轉達于憲司、宣慰司、都元帥府，咸是所請，乃鳩工度費於學儲給焉。工食之粟，則翰林學士袁先生倡助之，本學官及岱山長共助，以足其用。凡書者、刊者、董者、觀者，莫不以是編得傳爲大善，幸翕然集事。嗟夫！王先生所爲書，久不有所遇，一旦得鋟諸梓，王先生之志卒以遂。此蓋遇鑒識之明主，張之力作成之功而然也。刊書成，謹識卷末，俾觀是書而有得者，知所自云。泰定二年十二月癸卯。

葉日增《新刊王氏脈經跋》（王叔和《新刊王氏脈經》卷首） 天地以生物爲心，故古之聖賢，著書立論，教人以智而濟人之生也。得其書而自秘者，豈天地聖賢之心乎！夫治病莫重于明脈，脈法無出于《王氏脈經》之爲精密。本堂所藏，不欲自秘，先以《針灸資生經》梓行矣，今復刻《脈經》與衆共之，庶以傳當世濟人之道，且無負古人著書之意云。時天曆庚午仲夏。

劉君佐《詩集傳附録纂疏序》（胡一桂《詩集傳附録纂疏》卷首） 文場取士，《詩》以朱子《集傳》爲主，明經也。新安胡氏，編入《附録纂疏》，羽翼朱《傳》也。增以浚儀王内翰《韓魯齊三家詩攷》，求無遺也。今以《詩攷》謹鋟諸梓，附於《集傳》之後合而行之。學《詩》之士，潛心披玩，蜚英韠於場屋間者，當自此得之。時泰定丁卯日長至。

柳贇《故唐律疏議序》（長孫無忌《故唐律疏議》卷首） 江西在聲教漸濡之内，諸學經史板本略具而律文獨闕，予閒請於廉訪使師公曰：「禮、刑取其初一物，出禮入刑之論，固將以制民爲義，而非以囚民爲厲也。吾欲求《故唐律疏議》稍爲正訛緝漏，刊之龍興學官，以庶幾追還時會讀法之遺，公儻有意乎？」公亟謀諸寮寀，咸應曰：「諾。」而行省檢校官王君長卿，復以家藏善本及《釋文》、《纂例》二書來相其後，公欣然命出公帑所儲，復入學租錢，以供其費。踰月緒成，因執筆冠篇，而且以識公恤刑之本心，無往而不在也。若曰鑄鼎刑，作爰書，以取譏於世，則予豈敢。泰定四年秋七月既望。

段輔《二妙集跋》（段克己《二妙集》卷八） 顯祖遯菴君與從祖菊軒君才名道業推重一世，值金季亂亡，辟地龍門山中。遯菴君既殁，菊軒君從晉寧北部閉門讀書餘四十年，優游以終，凜然清風，視古無愧。其遺文惜多散逸，所幸存者古律詩樂府三數百篇，皆先侍郎手自紀録，屢欲傳梓不克。小子不肖，痛先志之未遂，懼微言之或泯，謹用録梓，藏之家塾，俾後之子孫毋忘先業云。泰定四年丁卯春，別嗣輔拜手謹誌。

沈性《玩齋集序》（貢師泰《玩齋集》卷首） 宣城貢泰甫先生《玩齋集》十有二卷，爲詩、賦、序、記、傳、說、箴、銘、贊、頌、問、辨、題跋、碑銘、誌表、雜著，共六百五十三首，又有序文、年譜，別自爲一卷。編輯既成，爲之序曰：先生名師泰，字泰甫，玩齋其別號也。【略】念予幼

時，仰承庭訓，家君裕庵嘗手抄先生《友迂集》一編，教之曰：「此人文之精者也，小子熟之，其有得乎。」比壯，出從豫章羅孟維先生游，又得所謂《東軒集》者，每展誦而紬繹之，則心暢神怡，快然如有所得，而尤以不獲覩其大全爲恨也。天順初元，蒙恩假守寧國，而屬邑宣城，寔先生桑梓之邦。到官之初，首訪文獻，先生之諸孫武欽以其所藏《玩齋稿》幷《年譜》來上，首尾脱落，僅得詩文若干首，餘無存者，於是博求之大家世族，卷軸之所題識，名山勝地碑版之所傳刻，又得詩文若干首，合前二集彙而萃之，各以類從，列爲十有二卷。總題之曰《貢禮部玩齋集》，序而刻之學宫。

程榮秀《道命録序》（李心傳《道命傳》卷首）　宋秀巖先生李公〔心傳〕《道命録》五卷，刻梓在江州，燬于兵。榮秀嘗得而讀之，疑其爲初稿，尚欲刪定而未成者。齋居之暇，偕目原本，略加釐正，彙次爲十卷如左。【略】行省相君爰命有司，重刻于龜山書院，而屬榮秀識其後以詔觀者。若是書之所以名，則秀巖已序之詳，茲不復贅。至順四年歲在癸酉春二月既望。

薛超吾《歷代蒙求纂註序》（鄭鎮孫《歷代蒙求纂註》卷首）　歷代蒙求者，汝南王芮氏所作也。文約事該，信可啓發初學，視他訓蒙之書未有若此。括蒼鄭安國〔鎮孫〕復纂經史章爲之註。幼學誦其文，而觀其註，因其註而進于經史，博學詳説，復反於約，固有白首未之聞者，何止蒙求而已，是誠有補於世教。治書侍御史忠齋馬公守新安日，嘗鋟梓郡庠，惜其不廣傳也。故重刊于衢，俾遐邇蒙士成得記誦焉。至順癸酉孟夏。

王理《修辭鑑衡序》（王構《修辭鑑衡》卷首）　《脩辭鑑衡》之編所以教爲文與詩之術也。文止于兩漢，而延及乎韓、柳，詩止于漢、魏，而延及乎唐人，所以難也。【略】監察御史東平劉君起宗，始以歲貢山東廉訪司爲其書吏，居濟南。故翰林承旨王文肅公爲濟南總管，固其鄉先生也，君以諸生事之，文肅教之爲文，出書一編，即此書也。劉君愛之不忘，俾刻之，理命李君晉仲、李君伯羽校之，釐正其次叙。論詩爲首，文爲後，四六以附。凡一百九十餘條，俾學者知其難焉。因命儒學正戚君子實掌板，鄭楙刻之于集慶路學。至順四年七月望日。

程端學《陵陽集序》（牟巘《陵陽先生集》卷首）　元初陵陽先生牟公巘，博學實德，爲時名卿，天下之書無所不讀，古今典禮無所不考，其源出於伊洛，其出處有元亮大節，故其發於文章，淵源雅淡，從容造理，其法度之妙，蓋有與歐、曾並馳，而其實則吾道之言也。天下後世，當有慕其人而愛其文，誦其文而想見其人者矣。端學自史院歸田於鄞，公之次子浙東帥府都事應復景陽甫在鄞，出公詩文若干卷，將鋟諸梓，屬端學序引。【略】至順二年八月朔。

馬速《歷代蒙求纂註序》（鄭鎮孫《歷代蒙求纂註》卷首）　括蒼鄭安國因汝南王氏所著《歷代蒙求》，復採經史諸書，爲之纂註，上自太極之分，至於聖代之盛，開卷瞭然在目，蒙童誦之，誠有資於啓發。余叨守新安，職務敦勸，偶見是書，因語郡教授王子宜鋟梓以廣其傳，使古今四千餘年之大要，家曉人識，不特爲童習之書而已，化民成俗，豈無補云。至順改元七月。

余謙《遺山集序》（元好問《元遺山先生集》卷末）　金人元好問，字裕之，別號遺山，髫而能詩，下筆輒驚其長老。年甫冠，登進士。其詩文出入于漢、魏、晉、唐之間，自成一家，名振海內。金源氏自大定後，頗尚藝文，優禮賢士；而崔立之變，駢首死難者不可勝紀，遺山巋然獨存。金亡晦道林莽，日課一詩，寒暑不易。至本朝，才名益甚，四方學者執羔雁無虛日。郝陵川謂其規模李、杜，陵轢蘇、黄，殆非虛語。遺山著述甚富，其所作《金史》纖悉不爽，蔚爲一代鴻筆。至所編《中州集》，流傳不廣，人莫之覯。是《集》世無行本，惟架閣黄公在軒手鈔二十卷，藏之篋中。予爲補其殘闕，正其謬誤，凡閱月而告成。至篇什次第，悉依原本。彙付剞劂，俾海內騷雅共珍之。至順二年三月十一日。

又《文獻通考序》（陸心源《皕宋樓藏書志》卷三五）　饒州路總管府下樂平州刊印通考指揮至治二年鄱人宋相子馬端臨述《文獻通考》於家，泰定元年江浙省彫寘於西湖書院。越十有一年，予由太史氏出統學南邦，因蒞杭，閱究其文，或譌或逸，版咸有焉。時端臨既沒，厥壻楊元長教於東湖，乃俾造厥嗣志仁，詢取先文，用正斯失。至則就俾元偕西湖長方員率學者正之，踰年而訖，將圖正於梓，未諧。又踰年，中書遣太常陳氏來訪求典籍於兹，行中書以其事惟予是任，乃克遂舊圖，俾儒士葉森、董正梓工，且足於不逮，必予復省功，乃已幸獲底於備可觀。烏呼！考之述，繼世而成，歷代而行，踰十年而徵，又三年而明，匪易匪輕，可戒於德之不恆。至元又五

年三月朔。

又《古今韻會舉要序》（**熊忠《古今韻會舉要》卷首**） 時至順二年二月己未，臣欽承帝命，點校葛元鼎所書《韻會》以進。越明年四月丁卯，乃遂訖工獻納，上徹聖鑒，寵賚下班，曷勝感怍。念惟韻版文字乖誤頗繁，玆既考徵就易，輯具成編。尚獲與學書者咸被于天下同文之休，斯願。

吴善《牧庵集序》（**姚燧《牧庵集》卷首**） 公營州柳城人，營州之族好馳馬試劍，遊畋爲樂，公獨嗜學績文，早負奇氣，非所謂秉山川之靈，關天地之運者乎？至大戊申，公爲翰林承旨，予忝末屬，始拜公于翰林。是年冬，詔修《成宗皇帝實録》，日侍公筆硯間，遂得手鈔公文數十篇，玩誦日夜不置。其後實録成，進方將求公全帙編次，而公謁告南來矣。曩得寧國所刊本校之，既非全校帙，譌舛尤多，每爲悵然也。至順壬申，公之門人翰林待制劉公時中，始以公之全集自中書移命江、浙，以郡縣贍學餘錢，命工鋟木，大惠後學。予時承乏提舉江、浙儒學，因獲董領其事，私竊欣幸，乃與錢塘學者葉景修重加校讐，分門別類，得古賦三篇，詩二百二十二篇，序二十八篇，記五十三篇，碑銘墓誌一百四十篇，制誥五十八篇，傳二篇，贊十五篇，説十一篇，祝冊十篇，雜著十三篇，樂府百二十四篇，總六百八十九篇，凡五十卷。案：《牧庵集》今無全本，即此序及年譜猶可見其各體文之原數。【略】至順昭陽作噩之歲季春之閏。

范國儁《范文正公年譜跋》（**樓鑰《范文正公年譜》卷末**） 先公生汴宋端拱，薨於皇祐，始終際極盛之時。明良康乂，克展忠藎。勳業在朝廷，威望在邊徼，惠澤流子孫。太史有傳，墓道有碑。鉅公名賢論贊稱述，焯示不朽。惟年譜未刻，非缺與？國儁忝奉祠事，謹命工刊梓，與文集、奏議並行，覽者庶有考焉。天曆三年庚午春正月望日，八世孫國儁百拜謹識。

范文英《范文正公年譜跋》（**同上**） 先文正公集，在昔板行於世者，何啻數十本，歲久皆不存矣。比得舊本，倣其字畫，刊置吴門家塾之歲寒堂，期與子孫世傳之。近幸獲番陽別本，乃知猶有闕失，因續刊以補集後。後之人儻遇善本，更加參訂而傳焉。元統三年五月甲辰日，八世孫文英謹識。

又《范文正公尺牘跋》（**范仲淹《范文正公尺牘》卷末**） 先公尺牘，舊刊郡庠，今梓家塾。所謂郡庠者，自是蘇州郡庠，是桂林一刻，吴中再刻，凡三刻矣。奏議刻於元統二年甲戌。

中書省《刊刻國朝文類牒文》（**胡師安等《元西湖書院重整書目》卷首**）

皇帝聖旨裏：江浙等處儒學提舉司，至元二年十二月初六日承奉江浙等處行中書省據史崔適承行劄付准中書省咨禮部呈奉省判，翰林國史院呈據待制謝端修撰、王文煜應奉、黄清老編修、呂思誠、王沂、楊俊民等呈。竊惟一代之興，斯有一代之制作，然文字雖出于衆手而纂述當備於一家，故秦、漢、魏、晉之文，則有《文選》拔其萃；而李唐、趙宋之作，則有《文粹》、《文鑑》掇其英。矧在國朝文章尤盛，宜有纂述以傳於時，于以敷宣政治之宏休，輔翼史官之放失，其於典冊不爲無補。伏覩奎章閣授經郎蘇天爵自爲國子諸生，歷官翰林僚屬，前後蒐輯殆二十年，今已成書爲七十卷。凡歌、詩、賦、頌、銘、贊、序、記、奏議、雜著、書説、議論、銘誌、碑傳，其文各以類分，號曰《國朝文類》。雖文字固富於網羅，而去取多關於政治，若於江南學校錢糧内刊板印行，豈惟四方之士，廣其見聞，實使一代之文，煥然可述矣。具呈照詳得此本院看詳授經郎蘇天爵所纂《文類》，去取精詳，有裨治道，如准所言移咨江南行省於贍學錢糧内鋟梓印行，相應具呈照詳。奉此。本部議得翰林待制謝端等官建言，一代之興，斯有一代之制作，參詳上項《國朝文類》七十卷，以一人之力搜訪固甚久，而天下之廣，著述方無窮，雖非大成，可爲張本。若准所言，鋟梓刊行，以廣其傳，不唯黼黻太平，有裨於昭代，抑亦鉛槧相繼可望於後人。如蒙准呈，宜從都省移咨江浙行省於錢糧衆多學校内，委官提調刊勒流布，相應具呈照詳。得此都省，今將《文類》檢草，令收管賫咨，順帶前去咨請依上施行。准此。省府今將上項《文類》隨此發去，合下仰照驗依。准都省咨文内事理施行。奉此。及申奉江南浙西道肅政廉訪司書吏馮諒承行旨揮看詳。上項《文類》紀録著述，實關治體，既已委自西湖書院山長計料工、物價錢所需贍學錢，遵依省准明文，已行分派各處。除已移牒福建、江東兩道廉訪司催促疾早支撥起發外，其於刊雕謄寫之時，若有差訛恐悮文獻之攷，憲司合下仰照驗委自本司副提舉陳登仕不妨本職校勘繕寫施行。奉此。又奉省府劄付仰委自本司副提舉陳登仕不妨本職校勘、繕寫、監督、刊雕，疾早印造完備，更爲催取各各工物價鈔就便從實銷用具實用過數目開申。奉此。至元四年八月十八日，承奉江浙等處行中書省劄付，准中書省咨禮部及太常禮儀院書籍損缺，差太祝陳承

事賫咨到來，於江南行省所轄學校書院有板籍去處印造，裝褙起解，以備檢尋，無復缺文之意數內坐到《國朝文類》二部，仰依上施行，奉此照得。近據西湖書院申交割到《國朝文類》書板於本院安頓點視得內有補嵌板而慮恐日後板木乾燥脫落，卒難修理，有妨印造，況中間文字刊寫差訛，如蒙規劃刊修，可以傳久，不悞觀覽，申乞施行。續奉省府劄付照勘到西湖書院典故書籍數內《國朝文類》見行修補，擬合委令師儒之官較勘明白，事爲便益。奉此。除已委令本院山長方員同儒士葉森，將刊寫差訛字樣比對較勘明白，修理完備，印造起解外，至正元年十一月二十二日，准本司提舉黃奉政關。伏見今中書省蘇參議，昨任奎章閣授經郎編集《國朝文類》一部，已蒙中書省移咨江浙等處行中書省劄付本司刊板印行。當職近在大都，於蘇參議家獲覩元編集檢草較正，得所刊板本第四十一卷內缺少下半卷，計一十八板，九千三百九十餘字，不曾刊雕；又於目錄及各卷內，較正得中間九十三板，脫漏差誤計一百三十餘字。蓋是當時較正之際，失於鹵莽，以致如此。宜從本司刊補改正，庶成完書。今將缺少板數，漏誤字樣，錄連在前，關請施行。准此。儒司今將上項《文類》板本刊補改正，一切完備，隨此發去，合下，仰照驗收管施行，須至指揮。右下杭州路西湖書院准此。至正二年二月日施淵。

國子監《刊刻玉海牒》（《玉海》卷首） 皇帝聖旨裏：浙東道宣慰使司都元帥，元帥得至順三年十一月十二日准國子監牒。據國子學呈准博士趙承德關，竊見故宋尚書王厚齋著書一部，名曰《玉海》，纂輯百家，博綜衆理，用功精深，有補後學。雖嘗傳錄於世，至今未曾刊行。如令所屬學院於學糧內置備筆札，就於其家眞謹鈔錄發來，以憑施行。准此。行下慶元路依上鈔錄，解赴國子監收管外，至順四年十月二十六日，據本道經歷司呈備，準都事牟承事關，竊見慶元路鄉先生厚齋王公，諱應麟，以進士詞科仕宋，至翰林學士禮部尚書。公篤學彊記，博極群書，立言持行，爲當時儒者之冠。平生著作幾三十種，皆有功於後學，俱未刊行。至於《玉海》一書，尤爲妙絕，其門類之詳密，則上至天文、律曆，下至禮樂、器用，凡二百四十餘類，其[所]紀歷代，則始於伏羲、堯、舜，終於宋之末年，其摭集之書籍，則自六經、衆史、百家子集註疏、傳記、譜牒、藝術、隱賾之書，靡有孑遺。纂次詳備，博而有要，眞足爲名世之奇書。但自公歿之後，其家族黨分爭，書遂遺闕。縉紳韋布遞相鈔錄，雖多寡不同，俱非全書。當職游宦四明，詢訪文獻故家，得公之孫厚孫延致家塾俾敎二子，因獲盡取公之著述，悉心討論，訪求遺逸，《玉海》遂見全帙，考訂詮次，粲然大備。適當聖朝文治之盛，儻得板行傳遠，資禮官之敷陳，惠士子之考索，豈不韙歟！若准備足移牒憲司，主領成就選官提調，庶幾易於辦集，具呈照詳，得此。又據慶元路申備儒學申准前翰林國史院編修官程從仕牒：竊見故宋尚書厚齋王先生著述《玉海》、《困學紀聞》等書凡三十種，皆有功於學者。其《玉海》一書二百卷，凡文獻典故、制度、名物，見於經、史、子、集，傳註百家，悉加蒐輯成編，鉤玄摘要，殆無遺者，可謂天下古今希有之奇書。上可備朝廷禮官之討論，下可資學校士子之攷索。若不刊行，深恐湮沒，有負國家興崇文教之美意。準此。照得本學刊造《四書精要》、《文獻通考》、《姚牧庵文集》等項書板，合支錢鈔，俱奉省府劄付於各路學院錢糧內均派支撥。參詳《玉海》一書，誠可嘉惠後學，如準所言，備申上司分派各處學院，計料刊板印布相應備申照詳，得此。本道參詳故宋厚齋王尚書所編《玉海》淵博浩汗，誠爲一代奇書，如準刊行，上可以黼黻皇猷，下可以嘉惠後學。爲此，移牒本道肅政廉訪司幷分司，照驗施行。元統二年二月初七，準憲司分司牒，看詳所言《玉海》書籍，如委淵深該博，有益後學，請依上施行，準此。行下慶元路依上施行。三月初九日，又準本道肅政廉訪司牒，該來牒前事當司議得刊行是書，嘉惠後學，誠爲善事，請依例施行，準此。再下慶元路依準憲司牒文事理刊行施行。五月二十八日，據慶元路申該行，據本路儒學申上項，《玉海》會計得合用梨板工食等，該鈔七百六十三錠六兩五分，爲數不少，若不照依《姚牧庵文集》等項書板於各路學院贍學錢糧內分派支撥，豈能獨就，儻失於刊行印布，非唯有誤啓發後學，抑且虛負憲司嘉惠之美意，如蒙備申，上司照例分派各路學院支撥，庶可成就，誠非小補。除已委請鉛山州儒學教授程敬叔、厚齋先生孫王叔載、訓導朱景陸等校正對讀外，開到各各料物鈔雜數，申乞照詳，得此。爲是《玉海》一書，古今罕有，如准慶元路所申，照依《姚牧庵文集》高下，分派各路學院錢糧內分派支撥，誠爲易辦，庶得刊行，移牒本道肅政廉訪司照驗施行。八月十八日回准憲司牒，看詳放支錢糧，係有司合行事理，請依例施行。准此。議得《玉海》文光累代，事益目前，有惠後學，誠爲美事。憲司既許刊行，有司當爲

贊助，爲此行下慶元等七路依准憲司牒文事理，依例施行，具呈省府照驗外，今來照得厚齋王先生以六經衆史，諸子百家集成一代之典，名曰《玉海》。國學首舉印正，憲司已准刊行，所用工料鈔數，已嘗分派慶元等七路學院贊助，因循至今，不見解納，以致上項文籍經今四年尚未完就，擬合委官提調催督，庶易畢集。今將慶元路元申計到合用物料、工價，及本道元派各路鈔數開坐，行下紹興等路，行移提調學校官督責所屬，即將元派鈔數著緊催納齊足，差人解司劄付。委自慶元路總管張正議、知事陳遘將仕各不妨職，敦請博通經典，熟知古今老師宿儒，校正對讀無差，興工刊行，仍下慶元路依上施行，咨請本道宣慰使都元帥乜乞里不花、資德宣慰副使僉都元帥府事郭朝散提調委自都事張承務、令史王良知督併校正刊行外，合行具呈者。至元三年十一月日。

江北淮東道肅政廉訪司《刊刻石田文集牒文》（馬祖常《石田先生文集》卷首） 皇帝聖旨裏：江北淮東道肅政廉訪司，照得近准本道廉使蘇嘉議牒。洪惟聖代，治安百年，當有奇材表儀群士。其謀論足以裨益國家，其詞章足以黼黻皇猷。人雖云亡，文不可泯。伏覩故資德大夫御史中丞知經筵事馬祖常，【略】首登貢舉甲科之選，擢拜御史，彈射柄臣，左官開平，幾枉遭其毒害。屏居淮甸，幸得際於休明，遂代言於北門，摛詞獨推其典雅。及進官于南省，取士皆稱其至公。一佐薇垣，贊畫機務，四入栢府，振肅憲綱，俊髦由是而薦，揚風化以之而淳厚，遵大體而畧苛細，務實學以抑浮華，日邇清光，屢横經于廣內。時承異數，親賦詩于御前，斯維儒者之遭逢，宜傳其文于永遠。擬合照依左丞王結例，鈔錄遺文于淮東路學，刊板傳布，豈惟見科舉得賢之多，寔足彰國家右文之盛。牒請照驗施行。准此。照得先奉御史臺劄付。據監察御史呈切見故中書左丞文忠公王結，博聞強記，淹貫經史，蓋由沉潛道義之既篤，敭歷臺閣之有年，故其著述綽有淵源，可以追配前哲，模範後人。本官位終宰執，嘗任憲使，如蒙比依學士元明善例，將所著文集移文江淮，拘該學校錢糧內刊行傳布于世，不惟不負其才，抑且有補風教，具呈照詳。得此。憲臺合下仰照驗依上施行。承此。看詳御史中丞馬資德所作文章，遠攄班、馬之英華，近接姚、元之步武，如准廉使蘇嘉議所言，刊板印行，誠可範模其後生，又能裨益于世教，申覆御史臺照詳去後。至元五年九月二十九日，承奉憲臺劄付仰依上施行。承此。中丞馬資德其家見居光州，憲司合行，故牒。可照驗差人鈔錄本官文集，委自總管不花中議，不妨本職提調刊印，仍選委名儒子細較讐無差，發下本路儒學依上刊板傳布施行。先具依准牒，呈須至牒者。牒件今牒揚州路總管府，照驗故牒。至元五年九月日，書吏禿林台、李信。

《金史公文》（《金史》附録） 皇帝聖旨裏：江浙等處行中書省至正五年六月二十六日准中書省咨：「至正五年四月十三日，篤憐帖木兒怯薛第二日，沙嶺納鉢斡脱裏有時分，速古兒赤雅普化、雲都赤撒迪裏迷失、殿中撒馬、給事中也先不先等有來，阿魯禿右丞相、帖木兒塔失大夫、太平院使、伯顏平章、達世帖木兒右丞等奏：『去歲教纂修遼、金、來三代史書，即目遼、金史書纂修了有，如今將這史書令江浙、江西二省開板，就彼有的學校錢內就用，疾早教各印造一百部來呵。』怎生奏呵，奉聖旨那般者。欽此。咨請欽依施行，仍令行省委自文資正官、首領官各一員，欽依提調，疾早印造完備起解。」准此。本省咨委參知政事秦中奉、左右司都事徐榮承德，欽依提調，及下江浙儒司委自提舉班惟志奉政校正字畫，杭州路委文資正官、首領官提調鋟梓印造裝褙。

《刊刻宋史咨文》（《宋史》附録） 皇帝聖旨裏：中書省據《遼》、《金》、《宋》三史總裁官呈：照得近奉都堂鈞旨，委自提調繕寫《宋史》刻板正本，今已畢功，理合比依《遼》、《金》二史，從都省聞奏定奪，指定行省去處，刊刻印造，傳之方來。竊照元修史官翰林編修張翥、國子助教吳當二人。深知宋書事理，如蒙差委賫書前往所指去處，監臨刊刻。至於鋟梓之際，倘或工匠筆畫差訛就便正是，以爲便宜。具呈照詳。得此，都省除已差史官翰林應奉張翥馳驛賫《宋史》淨藁前去，委自本省文資正官、首領官、儒學提舉各一員，不妨本職提調，與差去官精選高手人匠，就用賫去淨藁，依式鏤板，不致差訛，所用工物本省貢士莊錢內應付；如果不敷，不拘是何錢內放支，年終照算仍禁約合屬，毋得因而一概動擾違錯。工畢，用上色高紙印造一百部，裝潢完備，差官赴都解納外，合行移咨，請照驗，依上施行，先具依准咨來。須至咨者，右咨浙江等處行中書省，至正六年□月□日。

江西湖東道肅政廉訪司《道園遺稿刊刻牒文》（虞集《雍虞先生道園類稿》卷首） 皇帝聖旨裏：江西湖東道肅政廉訪司，准本道廉訪使太中牒。

嘗謂：【略】伏覩前翰林奎章學士資德大夫虞集，閥閲名家，久居禁近，以文章、道德，黼黻皇猷。後韓子而繼出者，士論有所歸矣。其所著詩文若干卷，前福建閩海道廉訪副使幹玉倫徒已嘗命有司鋟梓，然字畫差小，遺逸尚多。撫州路乃本官寓閒之地，如蒙移文本路詳加編録，大字刊行，豈惟可以爲法，後學實足以彰國家制作之盛，牒請照驗施行。准此。看詳學士虞翰林所著文章，詞華典奥，追唐韓、柳之風，體制精嚴。紹宋歐、蘇之作，俾鋟諸梓以傳世，實足模範于將來。如准廉使太中所言，允符公論爲此憲司合行，故牒。可照驗委自正官提調選委名儒子細校讐無差，發下本路儒學依上刊板施行，先具依准牒，來須至牒者。牒件今牒撫州路總管府照驗。故牒。至正五年五月日。

和元昇《河防通議後序》（沙克什《河防通議》卷末） 六府三事允治禹功莫大焉，猶幸其書之存而可考也。僉憲贍公得之，講求脩齊治平之暇，取金宋［沙克什］《河防通議》一書，合而訂正之，可謂有用之實學。僕貳郡眞定，嘗得而推行之。兹來嘉禾鐫梓于學，以廣其傳，三吳水利能取則焉，則是編又豈止於防河而已哉！ 至元四年戊寅八月望日。

李桓《玉海序》（《玉海》卷首） 至元六年，歲在庚辰，夏四月朔旦，慶元路儒學新刊《玉海》成。《玉海》者，故宋禮部尚書厚齋先生王公之所著也。先生之著是書，網羅天下之見聞，包括古今之故實，將使學者覽之，得以施諸用。【略】夫其篇次之多，不免於淆舛，傳録之久，或至於脱遺，士以不獲覩其完書爲恨。癸酉歲，浙東帥府都事牟君應復，蓋嘗建議請命，繕輯讐校而刻之。凡郡縣學與書院之在浙東者，等其歲入之多寡，收其羨餘以爲助，移之部使者而然焉。於是聞者又皆喜幸是書之不泯。越四年而事未克集，斯文之遇，若將有待然。今宣慰元帥資德公乜乞里不花，以勳德之冑，膺方岳之寄，敦尚文雅，以爲政先。下車之始，載詢載咨，爰戒有司，俾速其圖。時則總管張侯塔海帖木兒，徵財庀工，承命唯謹。明年夏，教授王君弦來莅厥職，暨學正薛君元德，躬自程督。上下協心，有作斯應，夙夜弗怠，遂底於成。用力於一時，垂利於無窮。【略】書凡二百四卷，總之以二十二門，曰律曆、天道、地理、帝學、聖文、藝文、詔令、禮儀、車服、器用、郊祀、音樂、學校、選舉、官制、兵制、朝貢、宮室、食貨、兵捷、祥瑞、辭學指南，析之爲二百六十一類，於斯備矣。

張師愚《宛陵群英集序》（汪澤民《宛陵群英集》卷首） 宛陵山水之勝，聞於東南。人生其間，必有魁奇秀偉之士，發於詠歌，亦必有清麗典雅，播當時而傳後世。由宋以來，有少卿李公侍讀，梅公公之姪都官先生泊，施景仁、周少隱諸人，彬彬彰甚。余嘗欲萃輯衆作，而因循不暇。一日，里人施璇明叔率諸弟來請曰：「吾宣詩人之集不少，年代浸遠，散涣無統，淪亡者衆矣。今不輯，懼久而益泯，使後世無聞焉，非所以尊先達、勵後進，願子輯諸家之長爲一編。吾將刻諸梓以久其傳，豈不偉歟！」余固辭不獲，乃與吾友汪氏叔志，上取宋初逮乎今日，凡宣之士所作諸體詩，摘其警策者類分而臚列之，凡二十八卷，名曰《宛陵群英集》，都官詩則有《宛陵先生集》刻本於學宮，兹不復載。若夫採録未盡，及繼今有作，將俟續刊之云。至正元年歲在辛巳春正月丙子。

贍思《寶慶四明志重刻序》（《［同治］鄞縣志》卷七五） 四明有志久矣，而著述非一，可稽者惟宋乾道間郡守張津重繕大觀初所編爲七卷，及寶慶間廬陵羅濬復演爲二十有一，而各以圖冠其首。國朝袁翰林桷命十有二考以成書，蓋變體也。文富事明，氣格標異，誠爲奇特，乃大掩前作。然濬之書，詎可全廢哉？俾與《舊唐》爲徒以備參考，亦自有補，乃命梓刻於郡學。至正改元仲夏末旬月。

佘璉《重刻文選序》（《［康熙］杏花村志》卷一〇） 梁昭明享池祀，夫豈徒哉！如有所爲者，知其有《文選》也，必人永其傳，則人壽其享矣。惟大德九祀，余以二郡是承，以墜典是詢。父老具曰：伯都司憲新《文選》之梓於燼告厥成，因相與樂之。越十有三載，余時備遣皇華諮諏炎服還，有以梓蹈災轍而告厥廢者，乃相與歎之。再明年，即池故處，吾歸老焉。聿感逮兹，徒念罔濟，吾既不果憲斯道，又不復政斯郡，末如之何矣？幾將來者，豈不有我心之同然者乎？未幾，同知府事張正卿來，思惠而爲政，將桓復斯集，俾邑學吳梓校補遺謬，遂命金五十，以自率屬，靡不從化。心之，身之，度之，成之，播之，揚之，歌之，詠之，四方則之，多士德之，伊誰爲之？何日忘之，宜有以識之。奉議大夫、前海北海南道肅政廉訪使佘璉序。奉政大夫同知池州路總管府事張伯顔助率重刻。

索元岱《金陵新志序》（《［至大］金陵新志》卷首） 郡志之見於世亦多矣，其間名是而實非，語執此遺彼者比比皆是，求其紀載有法，序事詳

密，使人如身履其地，而目擊其事者，則百不一二見焉。豈以其陵谷之變遷，事文之繁縟，故紀述有難詳與？不然，何其可觀者鮮若是哉。甲申春，浮光士張君鉉以其所撰《金陵新志》首藁見示，其修志本末略曰：首爲圖考，以著山川、郡邑、形勢所存；次述通紀，以見歷代因革，古今大要；中爲表志譜傳，所以極天人之際，究典章文物之歸；終以摭遺論辨，所以綜言行得失之微，備一書之旨。至其終又曰：文摭其實，事從其綱。亦詳矣哉。是年夏，集慶路將以是編鋟諸梓，上之臺，僉曰：「善。」且以序見屬。辭不獲命，應之曰：是編首藁固嘗見之，而有以知其叙事之詳也。使其中皆然，豈不能使覽者如身履其地而目擊其事哉！予聞張君博物洽聞，而作事不苟，於是編也，容有始詳而終略者乎！是夏四月初吉。

車瑢《内外服制通釋跋》（朱彝尊《經義考》卷一三七） 先君成此書未脱稿而更化，及逃竄山谷竟以疾終，家塾悉爲煨燼。時瑢兄弟尚幼，若罔聞知，洎長有識而手澤無存。蚤夜痛心有負先志。歲庚午春，先師栖筠鄭先生亡，瑢往弔。于先生書房中見《内外服制通釋》一書，儼然具在，驚喜無地。栖筠蓋先君之愛友，曾傳之，于是編寫成帙，衆謂是書有補世教，瑢不敢私，遂鋟諸梓，與衆共之。至元後戊寅孟春望日。

劉錦文《伯生詩續編跋》（虞集《伯生詩續編》卷末） 是集乃學士晚年所作，比常作尤爲得意，敬刻梓與騷壇共之。時至元後庚辰，劉氏日新堂謹識。

羅如篪《桂隱詩集跋》（劉詵《桂隱詩集》卷末） 先生平生詩文流落過半，少年所作多經諸老評泊，以爲高逼古人。今皆不復序於前者，謂其不待序也，觀者必自能識之。文見陸續刊行，今先梓其詩十四卷。至正元年春仲日。

陳志《世醫得效方序》（危亦林《世醫得效方》卷首） 達齋危先生《世醫得效方》，蓋以先世秘傳及至於今，凡治療所經驗者，仿《聖濟總錄》十三科之目，類而編之，計十二帙，進之本道官醫提舉司。先生家世江西之南豐，授本州醫學教授，故用心亦勤矣。歲在壬午，先生過予書林，因得北面師之，且以全帙見授。嗟乎！千方易得，一效難求。觀乎此方，則知先生家得其傳，世守其學，用無不驗，疾無不愈，以得效名方，迨猶影響之於形聲也。活人陰德，其有涯哉！予又安敢私有，故命工繡梓，以廣其傳。

潘詡《金石例跋》（《［乾隆］歷城縣志》卷二〇） 先文僖公所著《金石例》十卷，制度文辭，必稽諸古，所以模範後學者也。每見手澤，不忍釋去。與其私於一家，孰若公於天下；傳之子孫，孰若法之人人。使咸知先公之去浮靡以還淳古，顧不韙與？謹刻之梓，嘉與士大夫共之。至正五年春三月望。

楊本《金石例叙》（同上） 《金石例》者，蒼崖先生所述也。【略】至正四年春，先生之子敏中來爲饒理官，好賢下士，文雅有父風。其於先生手澤，尤加慎重，以本之與於斯文也，俾之次第而讎校之，刻之梓，以永其傳。【略】先生姓潘氏，諱昂霄，字景梁，學者稱之曰蒼崖先生。【略】至正五年春三月。

曹道振《羅豫章先生文集後序》（陸心源《皕宋樓藏書志》卷八二） 先生著述最多，兵火之餘，僅存什一，於千百世所共見者，郡人許源所刊遺稿五卷而已。道振不揆淺陋，嘗欲搜訪文集，其年月可考，則繫以爲年譜，久之弗就。邑人吴紹宗，蓋嘗有志於是，近得其稿，乃加叙次，釐爲一十三卷，附錄三卷、外集一卷、年譜一卷，凡一十八卷。先生五世孫天澤遂鋟梓以壽其傳，因識其梗概於此。若夫訂其誤而補其遺，不無望於君子也。至正三年歲在癸未二月甲子。

危素《危太僕文集》卷一〇《明倫傳序》 《明倫傳》五十卷，曰君道、父道、母道、子道、婦道、夫道、妻道、友共、交友、師生、家臣、僚屬、知舉，凡十五門，蜀郡楊君三傑之所著。君既序次之，而列其凡例於前。監察御史以君書有補於世教，薦之於朝。集賢、翰林、禮部議以克合，中書移江淛省刻其書。

又《危太僕文續集》卷一《吾丘子行學古編序》 《學古編》者，逸人吾丘子行之所著也。【略】吾君隱居武林闤闠，高潔自將，尤工篆籀。此編之作可使來者一灑俗惡之習而趨古矣。曹南吴君主一篤嗜古學，刻此編於家塾，附以吾君《周秦石刻釋音》及《唐宋名人書評》，其用心甚勤。【略】吴君名志淳，奎章閣侍書學士蜀郡虞公、翰林學士豫章揭公皆愛重之，故又以虞公《石鼓序略》、《好古齋銘》、揭公《隸書行》附刻於後。至正四年十一月庚寅。

又《檜亭集序》 天台丁君仲容父少負逸才，去遊京師，薦者以君與楊

仲弘、范德機皆可爲太史氏。【略】君安於所遇，胸次夷曠，逢山僧逸民，得酒輒飲。醉則作爲歌詩，引筆即就，高情藻思，閒見横發。君既以此寓其所樂，久之散落，無復收拾。其婿饒君介之梓而成編，以余辱君爲忘年之交，俾序識之。嗟乎！此其才足以適天下之用，而不遇於時者，君子有以悲其志矣。至正四年四月戊寅。

張天祐《春秋本義序》（程端學《春秋本義》卷首）　四明時叔程先生以《春秋》一經諸儒議論不一，未有能盡合聖人作經之初意，於是本程朱之論，殫平生心力，輯諸説之合經旨者，爲《本義》以發之；訂三傳之不合於經者，爲《辨疑》以正之；又推本所以去取諸家之説者，作《或問》以明之。書成而先生卒，翰苑諸公欲進於朝，繇是移文浙東憲司，俾鋟梓以傳遠。遂牒本道帥府，於概管七路儒學出帑以助之。至正三年夏五月命工，因循未克就。五年冬十一月，僉憲索公士巖巡歷至郡，久知是書能折衷諸説，辨析精詳，深得聖人之旨，不可緩也。委自監郡，與天祐提督刊梓。愚不敏，仰承所託，朝夕視事，不一月而工畢，實是年之十二月甲子也。天祐備員府幕，與先生之兄敬叔父交且久，今又獲見此書之成，故樂而道之也。然此特紀其歲月云爾。若夫是書之發揮聖經，嘉惠後學，則亦不待贅述。至正五年十二月望日。

汪克寬《環谷集》卷一《重訂四書集釋序》　比年以來，家自爲學，人自爲書，架屋下之屋，疊牀上之牀，爭奇衒異，竊自附於作者之列，鋟於木而傳諸人，不知其幾，益可嘆矣！同郡定宇陳先生、雲峰胡先生睹《集成》之書行於東南，輾轉承誤，莫知所擇，乃各摭其精純，刊剔繁複，缺略者足以己意。陳先生著《四書發明》，胡先生著《四書通考》，皆足以磨刮鄙者之敝。而陳先生晚年且欲合二書而一之，而未遂也。友人倪君仲弘實從遊於陳先生，有得於講劘授受者蓋稔且詳，乃會萃二家之説，字求其訓，句探其旨，鳩孱精要，考訂訛舛，名曰《四書集釋》。學者由是而求子朱子之意，則思過半矣。至正辛巳建陽劉叔簡得其本而刻之。後二年，倪君猶慮其有未底於盡善者，爰即舊本，重加正是，視前益加精密。間出是書，請余序其所以然者。余竊以爲，書固不可不解，解固不可不詳，然理貴玩索，始有自得之功。讀是書者，苟不能沉潛反復，求其義而反諸身，而徒資口耳之末，則非子朱子所望於後學也。倪君曰：「然。」乃序而書之，以志卷顛云。

張純仁《康範詩集序》（汪晫《康範詩集》卷首）　［汪晫］生而名公卿，以逸民論薦，歿而賢大夫以康範先生私謚之也，惜乎其所述作，不復盡傳於世，此其幸存而未泯者耳，非惟汪氏子孫所宜珍重，亦斯文之所當其惜者也。余再來新安，校文郡庠，糾録趙君遇偕先生五世孫疇，爲徵余文題其端，以鋟諸梓。執筆汗顔，姑論其槩，俾覽遺風，傳逸民者，亦將有感於斯文。至正己丑九月既望。

黄玠《汲冢周書叙》（郭璞注《汲冢周書》卷首）　古書之存者，六籍之外，蓋亦無幾，《汲冢周書》其一也。其書十卷，自「度訓」至于「器服」凡七十解。自叙其後爲一篇。若書之有小序同。【略】郡太守劉公廷幹好古尤至，出先世所藏，命刻板學宫，俾行于世，上不負古人之用心，下得以廣諸生之聞見，其淑惠後人，不既多乎！至正甲午冬十二月。

翠巖精舍《刊刻注陸宣公奏議序》（翠巖精舍刻本《注陸宣公奏議》牌記）　中興奏議本堂舊刊盛行於世，近因回祿之變，所幸元收謝疊山先生經進批點，正本猶存，於是重新繡梓。切見棘闈天開策，以經史時務是書也。陳古今之得失，酌時務之切宜，故願與天下共之。幼學壯行之士，倘熟乎此，則他日敷奏大廷，禹皐陳謨不外是矣。至正甲午仲夏。

劉錦文《刊新增説文韻府群玉告白》（劉錦文刻本《新增説文韻府群玉》牌記）　端陽陰陽君所編《韻府群玉》，以事系韻，以韻摘事，乃韻書而兼類書也，檢閲便益，觀者無不稱善。本堂今將元本重加校正，每字切音之下，續增許氏《説文》以明之。間有事未備者，已補韻書之編，誠爲盡美矣，敬刻梓行，嘉興四方學者共之。至正丙申暮春。

盧鎮《重修琴川志識》（陸心源《皕宋樓藏書志》卷三二）　按，《琴川志》自宋南渡，版籍不存。其後慶元丙辰，縣令孫應時嘗粗修集。迨嘉定庚午，縣令葉凱始廣其傳。至淳祐辛丑，縣令鮑廉又加飾之，然後是書乃爲詳悉。自是迄今且百餘年，顧續編者未有其人，而舊梓則殘毀無遺矣。靖惟是州，虞仲子游，文化之地，不可無絶。爰屬耆老顧德昭等徧求舊本，公暇集諸士，參攷異同，重鋟詩梓其成。書後凡所未載，各附卷末。總十有五卷，仍曰《重修琴川志》，其續志則始於有元焉。至正癸卯秋七月。

陳基《禮經會元序》（葉時《禮經會元》卷首）　宋葉文康公生乎百世之下，而確然有見於百世之上，乃取經文之所存者，會而通之，蒐羅檃括，

曲暢旁達，事覈理當，如指諸掌。其《補亡》一篇，又皆以經補經，盡洗漢儒附會之陋。譬之美玉有闕，以玉補之，不愈於用石乎？公裔孫今江浙儒學副提舉廣居奉遺藁，獻之江浙行中書右丞榮陽潘公，公命刻諸梓，且寓書俾余序其篇端。余於文康無能爲役，而於《禮》也則願學焉。既幸其後有人，又嘉潘公之樂善不倦，乃不辭而爲之書。至正二十六年歲丙午正月甲辰。

吴士謌《淵穎吴先生集後序》（吴萊《淵穎吴先生集》目録後題識）

右先公［萊］遺藁以卷而計者：賦一詩三文則八，總爲一十有二，而《目録》、《附録》，別又各爲卷。先公平生鋭意立言，雖疾病纏綿，而未嘗一日廢其業，故其簡編日盈而月繁。先公之歿，至是蓋二十六年矣。中更兵燹之變，士謌恆負之以竄山谷閒，然幸靈物撝訶，單牘片劄，皆無霣墜。今干戈稍定，士謌與弟士諡年皆半百，筋力日衰，恐一旦即死，懼或致泯沒，輒謀思有以刻諸梓。先公之門人，唯金華胡翰仲申、宋濂景濂從游爲最久，仲申遠寓太末，莫克致之；適景濂抱疾家居，因橐其稿以屬焉。景濂遂摘其有關學術論議之大者，以所作先後爲序，備勒如上；餘未刻者，其多不啻三之二，物力單微而不能俱也，復繕謄之以藏于家。

鄭元祐《僑吴集》卷七《大戴禮卷後跋》　海岱劉公庭幹以中朝貴官出爲嘉興路總管，政平訟理，發其先府君御史節齋先生所藏書，刊諸梓，寘之學，《大戴禮》其一也。遂昌鄭某向嘗學於金華胡汲仲先生之門，每以諸生拜御史公，得聞緒論上下數千載，亹亹忘倦。而公不究德，故始發於嘉興公。公以某嘗承教於御史公也，故授某識之卷末云。

又《吕氏春秋序》（《吕氏春秋》卷首）　江南內附初，北方賢士大夫，宦轍甫邁者，往往嗜古績學，考索研稽，惟恐弗逮。元祐恨生晚，無以參侍諸大老若徐公子方父，暢公純父。劉公居敬父號節軒先生尙及以諸生拜之於諸老先生坐席間久之。金華胡汲仲先生講道虎林山之僧舍，疎簷古屋之下，中設一木榻，賓友終日相過從，其獲延致中坐，與先生劇談古今北南士大夫不數人，而節軒先生則其一也。公疎秀而明潤，玉立而長身，時時與先生論先秦古書，以爲秦自用商鞅驅其民，不戰則畊，禁絕先王之學，固不待李斯建言之時也。然吕不韋迺能招延四方辨博之士，成《吕覽》一書。其書雖醇疵相參，至於奇聞異見，有裨世教。若《月令》爲書，《小戴》取之以記禮，先儒不謂其爲不可也。顧其書版本不復刊，而讀者亦甚寡。元祐聞先生此言也，時二十餘，今忽四十餘年矣。已而元祐饑驅東西漂，頗聞節軒先生不樂仕，僅以監察御史終位不究德而始發於其子嘉興公。嘉興公以文儒起家，敭歷朝箸出爲嘉興路總管，念其家所藏書，皆節軒先生所手校，於是出其一二，以刊于嘉禾之學宮，與學者共，而《吕氏春秋》其一也。公念元祐嘗受學於胡先生之門，固以諸生拜御史公者矣。《吕覽》既刊版，乃俾元祐爲之序。御史公，海岱人，諱克誠，字居敬，累贈至禮部尙書。嘉興公，名貞，字庭榦，由嘉興擢授海道都漕運萬戶云。

周伯琦《通鑑總類叙》（沈樞《通鑑總類》卷首）　古者左史書動，右史書言，各以類屬，稽古考文，如指諸掌。世降事厖，紀錄紛紊。宋司馬文正公法《春秋》紀年，搜剔歷代之史，取其有關於治道者而折衷之，繫於各年之下，始於周威烈王廿三年，終於五代之末，千三百六十二年之事暸然在目，名之曰《資治通鑑》，與《六經》並行于世矣。然有志於事功者，每病其繇，而不能周覽悉記，施之於事，蓋有茫然者矣。寧宗朝詹事沈憲敏公，潛心史學，以引年餘力，摭《通鑑》所載君臣人物，性行功業，論議籌謀，制作事爲，各以類聚，條分貫秩，爲門二百七十有一，始以治世，終以烈婦，名之曰《通鑑總類》，凡二十卷。披而觀之，粲然若名都之賈區，百貨品列；森然若大廷之武庫，五兵叙陳。其比倫附義，不惟便繙尋而捷討究，鑒古施今，實足以彰勸懲而愼舉措，雖謂之用世之書可也。是書鋟梓于潮陽，數千里之外，世亦罕見。今江浙行中書省左丞海陵蔣公德明分省于吴，偶購得之，徧閱深玩，嘉其編次有益于治意。積歲弗靖，兵燹所被，無不蕩然，非廣其傳，必致泯沒。遂命郡庠重刻之，以行于世。而都事錢君逵請予文以表章之。【略】至正廿三年歲在癸卯，秋七月既望。

李祁《雲陽集》卷三《元朝詩選序》　前鄉貢進士劉孟簡，嘗取本朝詩刻諸梓，欲自甲至癸爲十集，未就而卒。其弟素履，乃自乙以下，精加選刻，而孟簡之詩在焉。觀是集者，必觀孟簡之詩，知孟簡之詩，則知孟簡之所選矣。由其兄而知其弟，則素履之所選，蓋益精焉。吾黨之士，適生乎文明之時，而與聞乎治平之聲，文王淸廟，洋溢盈耳，式和且平，以成我國家淳庬悠久之盛，不其幸哉！

又《劉申齋先生文集序》　先生之文多至千餘篇，遭世亂，蕩失過半。

其門人蕭洵德瑜日夜捃摭編校，將以刻諸梓而無其財。於是吉水郡侯番易費君振遠，慨然領之，期以梓成，當置諸郡庠，使四方之聞者見者，知廬陵文章一代之統系在此。

李黼《勤齋集序》（蕭𣂏《勤齋集》卷首）　黼未冠時，聞關中蕭先生名，人稱之者不容口。其時想像先生，以爲貞才尚氣，落落不羈，如秦、漢間豪傑之士，加以辨博之學而已。厥後遊上庠，聞諸鉅公，道先生之高風雅德，眞學寔踐，然後知先生之名聲有自。黼得之於傳聞者，非其眞也。恨黼也生後，不得拜先生几席以游其門。至正五年，走以事留揚。其年冬，京兆同州王君仲方由振樞府判持憲東淮，因出今集賢學士國子祭酒蘇公伯修，前侍御西行臺時，所裒先生文藁十五卷，刻之郡庠，屬黼序之。【略】至正丙戌春。

宇文公諒《説文字原序》（周伯琦《説文字原》卷首）　翰林直學士鄱陽周公溫甫績學有年，考覈貫穿，立論證據經史，下筆追蹤姬嬴，流俗所昧，一歸之正。至正初，皇上建宣文閣開經筵。公時爲授經郎，奉詔大書閣牓，知遇既隆，名重天下。公嘗以暇日著《説文字原》、《六書正譌》二編，叙列篇章，發明音義，萃叢衆美，折以己見，深得古人造書之意，可謂集書學之大成而會其至者也。都水庸田使咯喇公溥修博究群書，一見推服，因屬平江監郡祿實公子約郡守高公德基，遂相與命工，刻梓于校官，以永其傳。其有功于後學，不亦大乎！噫，字書之譌，非周公莫能正，而二書之傳，非三君子亦莫能廣也。公諒繇吳興赴召，道經平江，適刻梓訖工，獲盡閲成書而祛素惑，謹題于端，以諗來者。至正十五年龍集乙未三月既望。

阿殷圖埜堂《玉海序》（《玉海》卷首）　至正九年，余來守四明，公事之暇，因得偏觀郡學書籍，其所謂《玉海》者，宋尚書王公厚齋之所著述也。公以碩學耆德爲儒者宗，著述之書逾三十種，已鋟梓於郡學者凡十有四，《玉海》其一也。惜其閒訛誤者多，歷十餘年未有能正之者，余乃命公之孫厚孫重加校讐，得誤漏六萬字，鳩工修補，再閱月而成。夫性命道德之學，發明於先儒，表章於盛世者，至精且詳矣。若夫制度、典故、記事、纂言，備討論而資考索者，亦學者所當務也。公之學傳於眞文忠公，而《玉海》之書實本於博學宏辭。蓋公嘗擢是科，故其彙次最爲該洽，其他諸書，扶遺經之絶學，紬正史之要義，綜括於天道地理，辨徵於禮樂文章，明小學而廣異聞。既已登名於朝廷，志列史牒，則其書之已刊者，不可以不究，觀者不可以不悉也。然則是書之成，固學者所共願也。因列其目於編首，又識其始末以告來者，俾敬守勿壞。至正十一年六月初吉。

戴良《九靈山房集》卷二一《重刊禪林僧寶傳序》　《禪林僧寶傳》者，宋宣和初新昌覺範禪師之所譔次也。【略】合八十有一人，分爲三十卷，而題以今名。亦既鋟梓以傳，積有歲月。二十年來，南北兵興，在在焚燬，是書之存，十不一二。南宗定公，時住大慈名刹，慨念末學晚輩，不見至道之大全、古人之大體，因取其書，重刊而廣布之，且以序文屬予，俾書始末，傳之永久。

張采《養蒙文集跋》（張伯淳《養蒙文集》卷首）　先公文穆在宋世，由童子科及第。逮事聖朝，復以詞臣錫封受爵，然不喜以藻翰自能。既沒，無成藁，命男炯訪求遺逸，僅得若干篇，釐爲十卷，刊之右塾，使無忘前人之徽烈。其藏諸人散於四方者，未能兼收並錄，則中心之深歉也。至正六年正月望日。

中書省《燕石集刊刻牒文》（宋褧《燕石集》卷首）　皇帝聖旨裏：中書省御史臺呈，據監察御史段弼、楊惠、王思順、蘇甯等呈，嘗謂：文章天下之公器，不可無傳，薦敭言責之所先，詎容緘隱。竊見故翰林直學士、亞中大夫、知制誥同修國史兼經筵宋褧，行修而潔，學正以醇，識量宏遠而能守乎堅貞，文章倩麗而不越乎軌範。與兄本俱由進士並擢巍科，旋歷清顯一時，聲華縉紳奕煜，觀其翰林供奉史館，著述之暇作爲詩、文、記、序、碑、銘、雜文一十五卷，或嚴謹純正，或瑰瑋雄贍，或清婉富麗，出入乎馬、班之場，遊騁乎嚴、徐之行，頡頏乎沈、謝之間，是皆無忝誠可表儀後進。宜從憲臺具呈中書省，于行省有錢糧學校官爲刊行。不惟斯人有光，亦可以彰我朝文治之盛。具呈照詳得此，送據禮部，呈擬得上項事理，合準監察御史所言，依擬刊行，如蒙准呈照，宜從都省咨移江浙省於各路有錢糧學校內刊印行。呈詳得此都省合行移咨，請照驗依上施行，須至咨者。至正八年八月日。

江南浙西道肅政廉訪司平江路守鎮分司《校刊戰國策牒文》（吳師道補正《戰國策》卷首）　皇帝聖旨裏：江南浙西道肅政廉訪司平江路守鎮分司准司官僉事伯顏帖木兒嘉議牒：【略】切覩《戰國策》乃先秦故書，群經之

亟，記事之首，辭極高古，字多舛訛。在漢，則劉向校定，高誘爲註，已病其錯亂相糅。宋，則曾鞏、鮑彪再校重注，用意益勤。爲説各異，讀者病焉。故禮部郎中吳君師道憫是書之靡定，懼絶學之無聞，參考諸書折衷衆説，存其是而正其非，闕其疑而補其畧，使當時之事蹟，文義顯然明白，如指諸掌，其有益於來學也功亦大矣。然而簡帙既繁，抄録莫便，匪鋟諸梓，曷傳於時，煩爲移牒平江路於本路儒學贍學錢糧内命工刊行，以廣其傳。爲此牒，請照驗施行。准此。憲司今將校注《戰國策》，隨此發去，合行故牒，可照驗。委自本路儒學教授徐震、學正徐昭、文學錄郲經不妨學務提調校勘，命工刊鋟，合用工價通行。除破開牒，稽考先具，不致違悞。依准牒來，須至牒者。牒件。今牒平江路總管府照驗故牒。至正十五年六月二十一日牒。

浙東海右道肅政廉訪司《允准江浙等處儒學提舉司刊刻春秋本義三傳辨疑春秋或問牒文》（程端學《春秋本義》卷首） 皇帝聖旨裏：浙東海右道肅政廉訪司，據江浙等處儒學提舉司申，該承奉翰林國史院劄付，該准學士朶爾只班資善、歐陽資善，咨切見故進士出身國史院編修官程端學，嘗本程朱之意，折衷百家之言，作《春秋本義》三十卷，訂《三傳》得失，作《辨疑》二十卷，又明其去取之意，作《或問》十卷，合六十卷。爲國子助教時，嘗以傳授諸生，議論純正，攷覈精詳。如蒙行移彼處官司，即其家繕鈔是書，校正刻梓，呈進經筵，以廣其傳，庶於世教有所補益。咨請照驗准此。本院看詳，程編修所著《春秋本義》等書，探聖人之奧旨，集儒先之格言，作爲成書，以淑後學。如將學士等官所咨相應，除已移咨江浙行省外，翰苑仰依上刊梓施行。奉此。又承奉國子監旨揮，該准祭酒李朝請、監丞陳文林關切，見故進士程端學所註《春秋本義》、《三傳辨疑》、《春秋或問》，通六十卷，一本正經之旨，折衷傳註之説，義理明暢，辭意切直，以發聖人經世之志，以足程朱未備之書。近江浙儒學提舉司、浙東道宣慰司已行繕抄較正，發下慶元路儒學刊梓，如蒙轉申上司，行移江浙行省催督刻就，庶博其傳，以惠學者。關請照驗。准此。除外使監仰依上刊梓施行，奉此申乞施行。得此當司合行移牒請照驗依上施行。

江南浙西道肅政廉訪司《刊刻静修先生文集牒》（陸心源《皕宋樓藏書志》卷九六） 皇帝聖旨裏：江南浙西道肅政廉訪司准本道僉事哈剌那海儒林牒：嘗謂國有名賢幸遺言之未泯，職司風紀，惟見義則必爲切覩。故徵士集賢學士、嘉議大夫、贈翰林學士、資德大夫，追封容城郡公，謚文靖，静修先生劉因，負卓越之才，蘊高明之學，説經奚止於疏義，爲文務去乎陳言；行必期於古人，事每論乎三代。漢、唐諸子莫之，或先周邵正傳。庶乎可繼戶外之屨，常滿邱園之帛。屢來咸虚往而實歸，竟深居而簡出。雖立朝不踰於數月，而清節可表於千年，慨想高風，蓋已廉頑而立懦，訪求故藁，所當微顯而闡幽。考諸學官，或文有可采，或事有可録，皆得鋟梓以傳。況先生詩文，大關世教，豈容獨缺。今抄録詩文、附録共三十卷，於各路儒學錢糧多處刊行傳布。則上可以裨國家之風化，下可以爲學者之範模，牒請照驗施行。准此。憲司今將上項文籍九本，隨此發去合行。故牒可照驗依上施行。須至牒者。牒件，今牒嘉興路總管府照驗，故牒。至正九年九月十一日。

集慶路達魯花赤總管府《刊刻書經補遺牒》（呂宗傑《書經補遺》卷末） 皇帝聖旨裏：集慶路達魯花赤總管府來申張學正牒，嘗謂書分八法，要刊陋俗之訛；學擅一家，實得補遺之妙，必鋟諸梓，庶益于時。切見鄉貢進士東原呂宗傑纂輯《書經補遺》一部，計五卷，如蒙刊行，以廣其傳，庶爲便益。今將《書經補遺》一部，計三十八面，請施行。准此申乞施行，得此總府合下仰照驗施行。至正十四年九月日。

江北淮東道肅政廉訪司《刊刻勤齋蕭先生文集牒文》（蕭𣂏《勤齋集》卷首） 皇帝聖旨裏：江北淮東道肅政廉訪司，准本道廉使王正議牒。予嘗暇日讀書，因覽《勤齋蕭先生文集》，觀其措詞典雅，立意精深，言近而旨遠，詞約而理明。蓋先生當代鴻儒，士林雅望，故其立言傳世，足以儀式於來學，刻梓流傳，誠爲盛事，亦不負昭代崇儒尚德之美意也。當職今將先生文集隨此發去，牒請照驗施行。准此。憲司合行，故牒可照驗。委總管郝嘉議，不妨本職提調刊印，仍選委名儒子細校讐無差，發下本路儒學刊板傳布施行。須至牒者。

集慶路總管府《修志文移》（《［至大］金陵新志》卷首） 集慶路總管府承奉江南諸道行御史臺劄付：據監察御史索奉直呈，嘗謂陵谷之在霄壤，猶有變遷，州郡之閲古今，豈無因革。倘遺文之或泯，奚往跡之能明。切觀《景定建康志》者，地理有圖，人物有傳，溪山之勝靡不載，風

土之宜罔或遺，可以知群賢出處之機，可以見六朝興亡之跡，爰稽故實，殊廣見聞。惜故板之不存，幸殘編之僅在，今不印證，久必陸沉。如蒙將見在全書責付集慶路，令儒學從新繡梓，以廣其傳，不特可備觀覽於邦人，亦足以垂監戒於天下，其於風化不爲無補。呈乞照詳施行。得此施行間，又據集慶路申據儒學申准本學周教授關：嘗謂郡有志書，所以考古今之沿革，政具方策，所以驗風俗之盛衰。此季札過魯，得以考歷代之禮樂爲喜。夫子言夏殷之禮，亦以文獻不足爲恨。切見集慶一路，舊稱三吳都會，實爲名勝之邦，古今紀載，山川、景物、英雄、忠義之士，不一而足。至於志書，歷宋景定年至馬裕齋方行脩輯完備，惜其舊板已經燒毀不存，而日近郡士戚光，妄更舊志，率意塗竄，遂使名跡埋沒無聞，志士莫不惋惜。今次莫若因舊志之已成，增本朝之新創，重新繡梓印行，亦爲一代盛典，豈不韙與！然此未敢擅便，申乞照詳，得此。申乞照驗施行，憲臺依准所言，合下仰照驗，委官提調於本路儒學錢糧內支撥刊板，先具委定職名，依准申臺。奉此。又准本路判官周奉訓牒呈，該准來牒，備奉憲臺劄付，委自當職提調，重刊《建康志》書等事，除依准外，切謂古者諸侯置史以紀國政，采詩以觀民風，此國有《史記》、《詩》有國風之所由也。後世州郡各爲志書，亦此之遺意。如欲述方冊之舊聞，所合著朝廷之盛治。照得集慶爲江南要郡，自我朝混一，迨今六十八年中間，恩命之所加，風化之所被，臺察之設置，州郡之沿革，名宦之政績，人才之賢否，山川之變遷，風俗之移易，與夫忠臣、孝子、義夫、節婦，俱有關於政教甚大。苟不廣其見聞，攷之事實，裒集成編以續前志，歲月既久，漸致湮沉。如蒙以禮，敦請名儒赴學討論，編輯以成其書，庶見國家政化之隆，臺察紀綱之重。然此牒請施行，准此行。據本路儒學申准本學周教授、明道書院房山長關照，得景定舊志，已行刊雕在手，所有續纂新志，非仗大手筆未易成就。近聞陝西儒官張用鼎名鉉，學問老成，詞章典雅，必得其人事能就緒，然非致禮幣詣門敦請，豈肯俯臨脩纂，關請詳酌合用禮物以憑敦請施行。准此議，備禮幣移委本路判官周奉訓周教授、房山長等親詣寓所敦請，於至正三年五月初十日到局脩纂，十月望成書，計壹拾伍卷，重行點校繕寫。當年十二月十二日，本路帥府判劉知事、王敎授同於本局關領呈臺。至正四年三月內，本路照得近奉憲臺劄付，爲刊脩郡志事，行下各州司縣儒學院務會集耆舊儒職人等講論搜集申到，置立衙門。經理田土，各各事蹟，移委判官周奉訓親賫禮幣，禮請到奉元路學古書院山長張鉉纂成《金陵新志》壹拾伍卷，計壹拾叁冊。發下本路儒學校正，去後回據狀申，本學王教授與學正方自謙、訓導陳顯曾等校正相同。如將前項新志刊板緣實在學糧銷用不敷，宜從總府從長規畫，分派刊造便益，申乞照詳，得此。行下本路儒學與録判王淵重行計料板物工價，參詳張山長纂撰《金陵新志》壹拾叁冊，儒學會集儒職校正相同，誠爲有補於將來擬合刊板印行，以廣其傳。分派溧陽州學刊雕五卷，溧水州學、明道書院各刊三卷，本路儒學刊造二卷及序文圖本。照依元料工物，合用價錢於各學院錢糧內除破，移委判官師珍知事、劉伯貞司吏、朱謙監督併工刊雕，申覆憲臺照驗。當年五月內，承奉江南諸道行御史臺令史孔准承行劄付，該來申爲刊雕《金陵新志》，板物價錢共中統鈔壹伯肆拾叁貫貳拾玖兩捌錢玖分玖釐，送據照磨所呈照算相同，憲臺合下仰照驗，依上施行。承此。

燮理溥化《樂安縣志序》（《［康熙］樂安縣志》卷八） 余以元統癸酉至樂安，愛其山高水清，意必有古人之遺跡，而莫之考。或告余曰：「斯邑舊有《鰲溪誌》。」因求得數冊，乃淳熙及咸淳所緝，編帙散亂，無從披閱，遂以諭鰲溪書院直學李肅精加點校，逐卷增而續之。既成，觀其所封畛之廣狹，山川之遠近，名宦之遊歷，文人之詠，與夫一民一物、一言一行之有關於世教者，靡不載考。是邑之事跡，一寓目而盡得焉，益信郡縣不可無志也。邑士陳良佐率爲鋟梓，余因是而得風物山川之美，又因是而知斯文之盛、好義樂善者之多也，爲題其端云。

釋來復《蒲庵集》卷四《重刊護法論序》 丞相無盡張公，宋之通儒也。所著《護法論》一編，辭理明白，蓋欲使學者率由正道之歸。然好爲議者，窮怪而疑焉，通道之士，則確乎其有取也。至正間，因勝住山公庵已師嘗以此論板行四方，歲久而損壞，漫滅者多矣。其徒秋江照上人，今復命工補其壞而完之。並以《洛陽白馬寺碑》、《金陵蔣山廣薦佛會記》附刻于後，以永流通。其繼志爲法之心，有可尚矣。秋江來徵題辭以冠篇端，予不揆譾陋，故以二教聖人之所同者告之，且以勉夫世之慢佛者焉。

釋克立《大佛頂首楞嚴經會解題記》（釋惟則《大佛頂首楞嚴經圓通疏》

卷末）《會解》並前後叙引隨本經通爲十卷，昨於甲申歲間嘗刊爲梵夾廣行矣。或謂梵夾固佳，惟四方禪講游學之士尚恨包笈中將帶未便，於是吳郡張子明倡率同志復刊爲方冊，蓋各從其便耳。書之者，同郡羅元也。施梨板者，王文勇也。其點校參詳勸募營辦者，宜春嗣詎、華亭師訓、善遇、高昌正因也。刊始於至正壬辰之暮春，至十有一月而工畢。所冀施者書者協力以贊成者，聞者見者讀誦而受持者，福籍緣興，道因言顯，字字放光現端，永資聖化。而法印宣傳人人發眞歸元，不歷僧祇而佛果成就。臨川克立謹再題。

余載《禮書序》（陳祥道《禮書》卷首） ［《禮書》］服器之制，靡不悉備。他日其弟暘又作《樂書》，定五聲十二律之本，二變四清之辯，雅夷衺正之分，粲然明白，成一家言。惜時尚安石《新說》，二書雖出，竟未有傳習之者。皇元積德百有餘年，聖上銳意中古禮樂之治，儒臣行四方，購求遺書，不知幾人，而二陳之書，莫有知者。晉寧趙公宗吉，來僉閩憲，求二書於民間，二年而始得之，送郡學官。方鳩工鋟梓，而趙公移節浙右。繼是經歷前進士達君可行、知事前國學貢士張君允中，取而繙閱之，曰：「是大有益於制作者，豈可使之湮沒耶？」爰命前國學貢士福州路府判官保奉訓董其事，郡學正林天質會諸儒相與校讎而完成之。是歲仲秋釋奠之前一日，翰林學士臨川邵庵虞先生序成，將命適至。嗟夫！作者不蘄人之知，知之者常在百世之後。二書不行於昔而行於文明盛時，豈偶然哉？必有服習而得其說以贊聖代之制作者，非曰小補云爾。《禮書》凡一百五十卷，《樂書》凡二百□□卷。至正七年龍集丁未八月。

許從宣《淮陽集序》（張弘範《淮陽集》卷首） 曩者天兵克季宋於崖山，時則淮陽獻武王實以元帥統師，爰振其武，用熸趙燼。勳勞之人，載在史冊，藏之金匱，天下後世知其功高，乃若詞章之盛，人或不能盡知也。王之里人金臺王氏，嘗以王之詩歌樂府，刻於其家敬義堂。雖特其僅存之稿，然於是足以知王之詞章爲優爲耳。【略】王之子恆陽忠獻王，歷事累朝，弼成文治，爲世文臣。平生立朝大節，若漢之丙、魏，唐之房、杜，皆王所素敎焉。今其曾孫旭，爲江南諸道行御史臺監察御史，訪求先世遺文，得敬義堂所刻。顧其集，猶王之舊謚「武烈」題其首。欲重梓之，從宣因僭爲之叙，以著王之好儒尚文，辭章祇其餘事。且使天下後世之人，知王之世家，不獨高於武功也。至正十年庚寅九月吉日。

于潛《齊乘跋》（于欽《齊乘》卷末） 迨任中書兵部侍郎，奉命山東，于是周覽原隰，詢諸鄉老，考之水經地記，歷代沿革，門分類別，爲書凡六卷，名之曰《齊乘》，藏于家，囑潛曰：「吾或身先朝露，汝其刻之！」先人既卒，常切切在念，第以選調南臺，又入西廣，匆匆未遑遂志。茲幸居官兩浙，始克撙節奉稟命工鏤板，以廣其傳，以光先德。參政伯修先生已詳序于前矣，有仕于齊者，願一覽焉。至正十一年辛卯秋七月。

吳國英《春秋胡氏傳纂疏跋》（汪克寬《春秋胡氏傳纂疏》卷末） 國英曩從環谷先生受讀《春秋》於郡齋，先生手編《胡氏傳纂疏》，雖壹以胡氏爲主，而凡《三傳》註疏之要語，曁諸儒傳註之精義，悉附著之。且胡傳博極群經子史，非博洽者不能知其援據之所自，與音讀之所當。先生詳究精考，一一附註。於是讀是經者，不惟足以知胡氏作傳之意，而且遡流尋源，亦可識聖人作經之大方矣。書甫成編，國英宦遊四方。越十五年，始睹同志鈔謄善本，而建安劉君叔簡，將鋟諸梓以廣其傳，則不惟諸生獲《春秋》經學之階梯，而凡學者開卷之餘，不待旁通遠證，事義咸在。是則先生《纂疏》之述，有功於遺經，而有助於後學，豈曰小補之哉？至正八年歲在戊子，正月人日。

張叔温《上虞縣志序》（《［嘉慶］上虞縣志》卷首） 上虞爲東越望邑，由帝舜封支庶得名。至正戊子，余來尹茲邑，問之故老，皆曰：「是邑志書素無善本，非缺典歟！」於是登進邑人張德潤使裒集之，厥既成帙，取而閱之，則其書文而不俚，核而有證，古今事蹟搜抉無遺，方古之作者，殆庶幾焉。復委學官余克讓，肅耆儒余元老校正。闔邑官吏、士庶、僧道相與贊助，命工繡梓以永其傳。是歲八月既望。

熊坑《勿軒易學啓蒙圖傳通義序》（陸心源《皕宋樓藏書志》卷三） 子朱子者，出宗邵子之傳，合程氏之說，作《易本義啓蒙》，而《易》道復明。【略】迨夫朱子既沒，未百年而當時學者寖失其眞。于是曾祖勿軒憂之，復著《通義》四篇，以承其統。【略】及其末又附以《古人占法》，以見隨時變易之義焉。【略】陳蒙正曰：朱子，孔子之孝子，勿軒可謂孝於朱子者矣。信夫先祖著述如《五經》、《四書》訓釋固多傳於世者。惟此篇未及坑叨登第

任將樂令，恐久而湮沒，遂壽梓於鼇峰書院。故序其源流如此。若夫能發揮其微言奥旨，則有俟乎君子。大元至正癸巳仲秋既望。

潘元明《禮經會元序》（葉時《禮經會元》卷首）《周禮》一經，又得龍圖閣學士葉文康公會元而表章於世，寔可以緝濂洛之未備矣。文康立朝正色，與朱紫陽相友善，則講貫之素有不苟然者。余涖政之暇，就其六世孫江浙提學廣居，得其書而讀之，其出入諸經，援引明贍，比事漢唐，考覈精詳，一洗漢儒之陋，誠有裨於治化者。舊板之廢已久，因重鋟梓以廣其傳。至正乙巳中秋日。

錢鼒《大雅集原序》（賴良《大雅集》卷首）天台賴先生善卿，以三十年之勞，不憚駕風濤，犯雨雪，冒炎暑，以采江南、北詩人之詩，其采也公矣。情深而不詭則采之，風清而不雜則采之，事信而不誕則采之，義直而不回則采之，體約而不蕪則采之，詞麗而不淫則采之，而未始有不關於世教者。吁！亦勤矣哉！非其學博而守約，得詩人之眞趣者，不能造斯域也。會稽楊鐵崖先生評而序之，名曰《大雅集》，而友人盧仲莊氏手爲之鏤梓。既版行，學者莫不購之以爲軌式焉。它日有采詩之官者，出其必將求善卿之所采以進於上矣，於是乎序。時至正壬寅春。

陸德原《重刊校正笠澤叢書跋》（陸龜蒙《笠澤叢書》卷末）右《笠澤叢書》五卷，唐甫里先生之所論著也。先生既自號天隨子，又謂江湖散人，其所著書有《松陵集》，有《吳興實録》，而此編又謂之《笠澤叢書》者，蓋以其叢脞細碎多補遺殘編。【略】德原距先生歿幾五百年，門緒衰落，既爲編甿，然猶以世澤之所霑濡，聞見之所開沃，粗能立于士君子之列。私自惟念先生既明《春秋》宜有論説。然當亂世，學校廢，經術熄，故其書不傳。今清朝右文，既以書院祀先生于吳下，而其遺書若《松陵集》、《皮陸倡和》皆以行于世，而《叢書》雖板刻于宋元符間，然而蕪沒久矣。今而刻之書院者，將與好事者共之也。夫先生之于經術，學者既皆見夫《春秋》之所討索者矣。然因《叢書》以推見先生之所學，則其卓然于道而可以刻之學校者，夫豈區區一隱淪之士而已哉！至元仍紀元之五年，歲次庚辰七月一日，十一世孫德原百拜謹題。

王漸《穆天子傳序》（《穆天子傳》卷首）《穆天子傳》出汲冢，晉荀勖校定爲六卷，有序言。典，其文甚古，頗可觀覽。【略】南臺都事海岱劉貞庭幹舊藏是書，懼其無傳，暇日稍加讎校訛舛，命金陵學官重刊，與博雅之士共之，諗予題其篇端云。時至正十年，歲在庚寅春二月二十七日壬子。

虞堪《道園遺稿序》（虞集《道園遺稿》卷五末）先叔祖學士虞公詩文，有《道園學古録》、《翰林珠玉》等編，已行於世，然竊讀之，每慮其有所遺落，凡南北士夫間輒爲蒐獵求之。累年始得詩章七百餘首，皆章章在人耳目，及得之親筆者。蓋懼其以僞亂眞，故不敢不爲之審擇也。惟先叔祖鴻文鉅筆，著在天下，家傳人誦，其大篇大什諸編，蓋已得其八九，此蓋拾遺補缺，庶免有湮沒之嘆，方類聚成編，以便觀覽。而吾友金伯祥，乃必用壽諸梓，以廣其傳，命其子鏐書以入刻，伯祥之施不其永耶？外有雜文諸賦，尚有俟丁他日云。至正十四年五月甲子，從孫堪百拜謹識。

沈天佑《夷堅志序》（洪邁《夷堅志》附録）《夷堅志》乃番陽洪公邁之所編也。公廣覽博聞，好奇尚異，游宦四方，采摭衆事，集成此編。分甲乙丙丁四志，每志有二十卷，每卷十一二事或十三四事，譬諸小道，亦有可觀。載考其序，乃知此志鏤板不一，有蜀本，有婺本，有閩本，而古杭亦有本，公隨所寓鋟梓。今蜀、浙之板不存，獨幸閩板猶存于建學。然點檢諸卷，遺缺甚多。本路張府判紹先提調學事，勉予訪尋舊本補之，奈閩板久缺，誠難再得其全。幸友人周宏翁于文房中尚存此書，是乃洪公所刊于古杭之本也。然其本雖分甲乙至壬癸爲十志，似與今來閩本詳略不同，而所載之事，亦大同小異。愚因摭浙本之所有，以補閩本之所無。兹遇廉使相公陳先生居濟分司來此，益加勉勵，遂即命工鏤板，四十有三，始完其編，庶不失洪公編葺之初意。由是《夷堅志》之傳于天下後世，可爲全書矣。

釋覺性《東山慧空禪師語録跋》（釋慧空《雪峰慧空禪師語録》卷末）
余昔刊《東山外集》，喜其機用横放。欲刊《内集》，而未得善本。堂中首座，珍藏久之，亦有志于兹，因循闕紀。一日因話間慨然募衆，繡梓流通。【略】時癸卯至正上元，三關老雪覺性書。

劉張《方是閒居士小稿跋》（劉學箕《方是閒居小稿》卷末）右《方是閒居士小稿》二集，乃從高祖種春公［劉學箕］之所述也。舊已鏤板，因燬於兵，遂失其本，近偶得於邑士家，捧誦欣喜，如獲重寶。蓋居士厭珪組之榮，樂林壑之勝，得以從容於文墨間，信能振家學而衍遺芳者也。今幸其詩文猶存，其可泯而無傳乎！遂復授諸梓，非敢必其行世。庶幾族之子弟

得以諷詠，想像有所感發而興起，則世業不墜，書脈復續，是所望也。幸相與勉之。時至正二十二年歲在辛丑暮春初吉，從元孫張百拜敬書。

釋廷俊《重刊五燈會元序》（釋普濟《五燈會元》卷首） 宋季靈隱大川禪師濟公，以五燈爲書浩博，學者罕能通究，迺集學徒作《五燈會元》以惠後學，恩至渥也。【略】會稽開元大沙門業海清公，蚤參佛智熙公於南屛，既得其旨，復典其藏教，久而歸，故隱闢一室，以禪燕自娛。廣智訢公題之曰「那伽室」而銘之，其鄉先生韓莊節公爲之記。公今年及八十，每慨《五燈會元》板毁，學者於佛祖機語無所考見，於是罄衣鉢之資，以倡施者。惟是太尉開府儀同三司上柱國江浙等處行中書省，左丞相兼知行樞密院領行宣政院事康里公首捐奉貲，而吳越諸師聞而翕然相之。板刻既成，使其參徒妙嚴，徵言叙其端。予視清公蓋諸父也，嘗承其教誡，挹其高風，玆復樂公之所以爲惠來學之志有成用，不辭蕪陋，而序之云爾。至正二十四年龍集甲辰夏四月結制後五。

明代刻書分部

綜述

程性《春秋屬辭跋》（趙汸《春秋屬辭》卷末） 右《春秋屬辭》一十五卷，《序目》、《跋尾》，共該板三百二十三片。《左氏傳補註》十卷，共該板一百片。《春秋師說》三卷，《附錄》二卷，共該板六十九片，總計板四百九十二片。初商山義塾奉命以是書刻梓，自庚子迄癸卯，計會廪膳賦輸之餘，贍本鳩工，刻板一百一十片，皆直學權視工。甲辰春縣主簿張君臬，復奉命勾考續工，而《屬辭》一書告成。是年秋，縣丞胡君仲德，復奉命併刻《師說》、《補註》二書，始屬性董其事，因得備完，屬辭訛闕，迄歲乙巳學書既廢，刊書亦結局矣。紙墨之費，則有星谿程君道、江君光大、同邑程君仁及子宗先後所助，可漸模印。其《集傳》一十五卷，又謀陸續梓行，以備一家之言云。新刻書多舛謬，讎校不時，故刊補之工，亦不一而足，因修補注誤字。謹此，以志歲月。洪武元年五月朔日。

陸容《菽園雜記》卷一〇 古人書籍，多無印本，皆自鈔錄。聞《五經》印版，自馮道始，今學者蒙其澤多矣。國初書版，惟國子監有之，外郡縣疑未有。觀宋潛溪《送東陽馬生序》可知矣。宣德、正統間，書籍印版尚未廣。今所在書版，日增月益，天下古文之象，愈隆於前已。但今士習浮靡，能刻正大古書以惠後學者少，所刻皆無益，令人可厭。上官多以餽送往來，動輒印至百部，有司所費亦繁，偏州下邑寒素之士，有志佔畢，而不得一見者多矣。嘗愛元人刻書，必經中書省看過下所司，乃許刻印。此法可救今日之弊，而莫有議及者，無乃以其近於不厚與！

邵寶《容春堂集・後集》卷七《會通君傳》 會通君姓華氏，諱燧，字文輝，無錫人。少於經史多涉獵，中歲好校閱同異，輒爲辨證，手錄成帙。遇老儒先生，即持以質焉。或廣坐通衢，高誦不輟。既而爲銅字板以繼之，曰：「吾能會而通之矣。」乃名其所曰「會通館」。人遂以「會通」稱，或丈之，或君之，或伯仲之，皆曰「會通」云。【略】初，君有世業，田若干頃，鄉稱本富。後以劬書故，不復以經紀爲務，家故少落，而君漠如也。【略】會通君上下載籍，考求其原，著論傳疑，不欲爲苟從。從不從於華，無輕重，而其志則然，此其故於君大矣。予故舉而論之。

郎瑛《七修類稿》卷二四《辨證類・時文石刻圖書起》 成化以前世無刻本時文，吾杭通判沈澄刊《京華日抄》一冊，甚獲重利，後閩省效之，漸至各省刊提學考卷也。圖書，古人皆以銅鑄，至元末會稽王冕以花乳石刻之，今天下盡崇處州燈明石，果溫潤可愛也。

黃佐《南雍志・經籍考上・官書本末》 《金陵新志》所載集慶路儒學官書有宋御書石經本，且多諸家奇書，卷帙以數千計。經兵火後，元人收購亦略全備，及改爲國子學，而元書皆不存。今本監所藏，乃我累朝所頒、及遞年所積之書也。正統末祭酒陳敬宗、嘉靖中祭酒費寀所奏請賜者皆在焉。獨《大明集禮》近所頒者與舊十九史多失於祭酒陳寰時，惟沈約《宋書》巋然獨存，是不可以不紀也。舊《志》有總目，有給六堂數目，皆重復書之。歲久逸者過半，或名存而實亡。今獨貯於彝倫堂之東西及東堂、東廂者，即舊總目之遺也。六堂所貯，則近年請於工部新印二十一史而已。今考其顛

末，著其存亡於下，以備觀者得有所考焉。其分給六堂數目者既貯於彝倫堂，今不復重書云。嘗見天順年間官書，往往筆其後曰某堂失亡，某書令抄寫陪補若干篇。嗚呼！此亦衛書之鈇鉞也。後之人可不懼哉！可不謹哉！

又《經籍考下・梓刻本末》　《金陵新志》所載集慶路儒學史書梓數正與今同，則本監所藏諸梓多自舊國子學而來也明矣。自後四方多以書板送入，洪武、永樂時，兩經欽依脩補。然板既叢亂，每爲刷印匠竊去刻他書以取利，故旋補旋亡。至成化初，祭酒王僎會計諸書亡數已逾二萬篇。時巡視京畿，南京河南道御史上海董綸乃以贓犯贖金送充修補之費，《文獻通考》補完者幾二千葉焉。弘治初，始作庫樓貯之。嘉靖七年，錦衣衛閒住千戶沈麟奏准校勘史書，禮部議以祭酒張邦奇、司業江汝璧博學有聞，才猷亦裕，行文使逐一攷對修補，以備傳布，於順天府收貯。變賣菴寺銀，取七百兩發本監將原板刊補。其廣東布政司原刻《宋史》，差人取付，該監一體校補。《遼》、《金》二史，原無板者，購求善本翻刻，以成全史。完日通印進呈，以騐勞績。制曰：「可。」於是邦奇等奏稱《史記》、前、後《漢書》殘缺糢糊，原板脆薄，剜補隨即脫落，莫若重刊。又於吳下購得《遼》、《金》二史，亦行刊刻，共該用工價銀一千一百七十五兩四錢七分，刷印等費不在數內。其餘十五史費用尚多，合於本監師生折乾魚銀寄貯南京戶部羡餘銀內，動支一千八百兩以給費用。已而邦奇、汝璧陞遷去任，祭酒林文俊、司業張星繼之，乃克進呈。然多有遺脫，不如新刻之精緻也。今委助教梅鷟盤校，分有九類，鷟以己見附焉。一曰制書類，二曰經類，三曰子類，四曰史類，五曰文集類，六曰類書類，七曰韻書類，八曰雜書類，九曰石刻類。亡缺者視成化初又過半矣。將來何以處之，意欲奏聞，書籍留都刻印，工匠於本監而日補之，或庶乎可完也。

制書類：《監規》一卷，全洪武以來，列聖玉音具在。監生所背誦者典籍掌之，非背訖《監規》，不得支饌，故首載焉。《大誥》一卷，板全。洪武十八年十月頒行翰林院，學士劉三吾序其後。《大誥續編》一卷，板全。仍尾未終。《大誥三編》一卷，脫者第七十六一面。以上三書，存者共二百又八面。《大誥武臣》一卷，共四十面，內缺一面。洪武二十年十二月頒行，凡三十有二條。《大明令》一卷，共六十一面，脫第十六一面。洪武元年正月十八日頒行，分爲六類。《洪武禮制》一卷，存者八十三面，脫第五一面。《大明律》三十卷，存者二面，餘皆缺。《教民榜》一卷，二十四面，全。洪武三十一年三月十九日戶部尚書郁新等同文武百官於奉天門早朝，欽奉聖旨頒行。《資世通訓》一卷，存者八面，欠者六面。洪武中頒，有御製序。《存心録》十卷，存者四百五十八面，欠者三面。洪武中，聖祖命儒臣編次。本朝祭祀壇位禮儀爲圖詳具于前，又以歷代群書災祥可騐者條列于後。《洪武正韻》十六卷，存者四百十八面，破者十五面，脫者四十一面。聖祖諭詞臣曰：「韻學起於江左，殊失正音。如東、冬，清、青之類，此獨用當併爲通用者。虞、模，痲、遮之屬，此一韻當析爲二韻者。如斯之類不可枚舉。當重刊定之。」於是翰林學士樂韶鳳、宋濂遵詔，以中原雅音爲主，凡六謄稿，始克成編。音諧、韻協者併之；否則，析之；義同、字同而兩見者合之；舊避宋諱不收者補之；註釋則一依毛晃父子之舊。計七十六韻。《洪武正韻》小字十六卷，存者一百四十一面，破板十塊。此書舊志失載，欠八十面未終。《孝慈録》一卷，存者三十八面，缺者一面。洪武七年冬十一月，孫貴妃薨，詔廷臣議禮。太祖以父服三年，父在，爲母則期年，低昂太甚。於是立爲定制：子爲父母，庶子爲其母，皆斬衰三年。嫡子、衆子爲庶母，皆齊衰杖期。使內外有所遵守。《稽古定制》一卷，板十五面，全。洪武二十九年十一月，我太祖以大臣多不遵定制，特命翰林斟酌唐宋制度定到，墳塋碑碣丈尺、房屋間架，及食祿之家興販禁例，編類成書。《禮儀定式》一卷，序六面，板共二十六面全。洪武二十年冬十月，太祖高皇帝召諭群臣曰：「近者，臣僚尊卑體統多未得宜，汝等宜著禮儀，以爲定式。」於是禮部尚書李原名等取舊增損，條列爲款一十有四，分條三十有七，頒行天下。學士劉三吾、董倫皆有序。《御製帝訓》一卷，板全。宣德三年二月，宣宗章皇帝御製。自《君德篇》至於《藥餌篇》，凡二十五類。《御製官箴》一卷，板全。宣德七年六月，宣宗章皇帝御製。自《都督府》至於《儒學箴》，凡三十五篇。以上二書，嘉靖十七年祭酒倫以訓刊，得之諭德江汝璧云。《古今列女傳》三卷。存者一百零四面，失者七面。孝慈高皇后每聽女史讀書至《列女傳》，謂宜加討論刪定爲書，請於皇祖，命儒臣攷正有緒，未就。永樂元年，乃命儒臣編次古今后妃、諸侯、大夫、士、庶人妻之事，分爲三卷，頒之六宮，行之天下，是年九月序。

經類：《周易註疏》一十三卷，好板一百四十二面，壞者十九面，遺失二百二十四面有餘。魏郎中王弼輔嗣註上、下經，而《上彖》、《下彖》、《上象》、《下象》、《乾》、《坤》二卦、《文言》附於各卦辭、爻辭之下。其門人韓康伯註《繫辭》、《說卦》、《序卦》、《雜卦》，弼又作略例。唐孔穎達等爲之疏。序稱十有四卷，宋《秘閣書目》亦云，今本止十三卷。謹按，鄭玄、王弼皆傳《費氏易》者也。梁、陳以來，二註並列于國學。隋後，弼註獨行。宗鄭者謂弼爲野文，取弼者謂學爲獨冠。愚嘗考之，鄭主象占，王註義理。象據實而有徵，理懸空而勦說。孔穎達等以溺於象占，不若暢以義理，遂專釋弼註。後世宗之，鄭學遂廢。《周易大字註疏》六卷，板亡。《周易小字註疏》九卷，存者三十八面，餘皆

缺。《周易程氏傳》五卷，存好板二十面，壞者八十二面。伊川程頤撰。脱者若干板。此書止釋六十四卦，而以《序卦》分置六十四卦之首，《繫辭》、《説卦》、《雜卦》皆未釋。《周易本義》九卷，《發例》缺圖，缺《啓蒙上》，存者十八面。《啓蒙下》存者六面。《上經》存者十一面。《下經》存者二十面。《彖》上、下傳缺。《象上傳》存二面。《象下傳》存二面。《繫辭上傳》存者十面。《繫辭下傳》缺。《文言傳》缺。《説卦》存二面。《序卦傳》存者二面。《雜卦傳》缺。《筮儀》缺。【略】《周易大字本義》九卷，《發例》七板完，《三四》半損。圖存者十三面，餘缺《啓蒙》，上、下存者二十四面。上、下《經》存者四十四面。《彖》上、下傳存者十面。《象》上、下傳止存八面。《繫辭》上、下傳存者十七面。《文言傳》存者六面。《説卦》存二面。上、下《序卦》存二面。《雜卦傳》俱缺。《筮儀》四板完，一二損壞。《復齋易説》六卷，存者三十九面，缺板者多。未詳復齋姓名。《周易本説》六卷，序欠一葉，存者九十一面，共脱十四面。【略】《周易音訓》一卷，存者八面，餘缺。《尚書註疏》二十卷，存好板一百一十一面，壞板四十五面，餘缺。【略】《書傳會選》六卷，存者二百七十一面，壞板一十八面，缺一百二十七面。【略】《尚書釋文》一卷，今亡。《尚書表註》二卷，上、下二卷。存者四十二面，缺者二十九面，内斷板二塊。【略】《書經補遺》五卷，今亡。《書經小字註疏》二十卷，存好板九十九面，遺失九十五面。《讀書叢説》六卷，存者一百零五面，缺者三十一面。【略】《毛詩註疏》二十卷，脱者二十六面，止存殘板七面。《毛詩正義》一卷，今亡。《毛詩音義》二卷，今亡。《毛詩集傳》二十卷，存者五百一十六面，《序》脱一面，《辯説》脱三面，《綱領》脱十四面，《後註》内脱五十有餘。【略】《春秋正義》三十六卷，好板二百一十四面，失四百二十七面，壞板五百四十一面。《春秋左傳集解》三十卷，好板四百四十面，壞板三十六面，失四百六十七面有餘。晉杜預元凱撰。《春秋經傳集解》二十四卷，存者四十三面，缺三百四十一面。舊板大字。《春秋左傳附釋音》二十六卷，存好板二百二十面，壞板三百八十八面。《春秋公羊疏》三十卷，舊志作二十九卷者，非。存者一百九十七面，餘缺。《春秋穀梁疏》十二卷，好板一百一十四面失八十七面。【略】《春秋諸國統紀》六卷，存者板一百一十六面，失者十四面。【略】《春秋綱領》一卷，今存者四十三面，脱者十四面。【略】《春秋本義》三十卷，舊志作二十卷，非。今存者三百四十面，餘缺。程端學撰。《三傳辯疑》二十卷，存者一百三十九面，半損二面，失者三百三十九面。程端學撰。《春秋或問》十卷，存者七十三面，失者一百八十五面有餘。【略】《春秋集註》十二卷，今亡。《國語》二十一卷、《補音》三卷，存者三百八十面，破者六面。【略】今惟韋昭所解傳於世。刻自元大德間，歲久缺損。弘治十七年七月，祭酒章懋、司業羅欽順命監丞戴鏞，召匠重刻七十五板，修刻六十八板，遂成全書。《儀禮註疏》五十卷，舊板壞失，止殘板五面。【略】《新刊儀禮註疏》十七卷，共計八百六十面，完。《十三經註疏》刻於閩者，獨缺《儀禮》，以《楊復圖説》補之。嘉靖五年，巡撫都御史陳鳳梧刻於山東，以板送監。《儀禮經傳通解》二十三卷，好板三百二十面，壞板四百六十面。【略】《儀禮經傳續通解》二十九卷，【略】《儀禮集説》十七卷，存者七百八十一面，欠者五十九面。【略】《大戴禮記》十三卷，存者八十八面，壞板四十三面。【略】《六經正誤》六卷，存者一百五十八面，外濫重板二十一塊。【略】《孝經註疏》一卷，存者二十四面。【略】《孝經魯齋直解》一卷，存者一百四十面，脱六十餘面。魯齋許衡撰。《孝經明解》一卷，今亡。《孝經集説》一卷，存者二十九面，欠十八面。行中書右丞朱公以《古文》、《今文》、及《朱子刊誤》三書，學者習而不察，乃與儒者議彙次其先後，且刪漢、唐、宋諸家訓註，附于古文之下，刻本以行金華。王禕爲之序。朱公不知何名。《論語註疏》十五卷，止存殘板九面。【略】《論語集註攷證》二十卷，好板九十三面，壞板十八面，缺者三十二面。【略】《論語旁通》二卷，《序》脱二葉，好板四十二面，舊云壞板三塊，餘缺。緱山杜氏撰，中山李桓序。《論語旁解》二卷，《語》上存者八面，《語》下存者十六面，餘皆缺。又《序》存二面。【略】《論語明本大字》二卷，今亡。《大學疏義》一卷，好板三十六面，壞板六面，缺者四十一面。【略】《大學魯齋詩解》一卷，存者八面，逸者十一面。【略】《大學叢説》一卷，好板二十六面，壞板二塊，餘皆缺。【略】《大學明解》一卷，好板六十四面。【略】《中庸叢説》一卷，好板六十四面，失十八面。【略】《孟子簡明大字》二卷，存者八十五面，失者八十六面。《孟子節文》二卷，好板四十四面，破板三塊，缺三十六面。【略】《孟子旁解》七卷，存者不以命題，科舉不以取士。七十五面，缺者八十餘面。【略】《四書集編》十卷，《大學》存者三十七面，《孟子》存者八十七面，《中庸》存者三十五面。【略】《文公家禮》四卷，存者一百零六面，外模糊八面失者三十四面有餘。【略】《大學衍義》四十三卷。脱者止二面存者八百五十三面。

史類：《資治通鑑》二百九十四卷，好板一千二百四十五塊，壞二千九百二十一塊。《資治通鑑考異》三十卷，存者四十二面。【略】《資治通鑑三省編》二百九十四卷，《釋文辯誤》十二卷，見印。【略】《資

治通鑑外紀》十六卷，脱者八十餘面，存者三百四十六面，半損十七面。【略】　《資治通鑑問疑》一卷，存者十面。【略】　《資治通鑑綱目》五十九卷，好板一千零三十七塊，壞五十六塊，半破五十二塊。　《通鑑綱目凡例》一卷，俱朱子撰。《通鑑紀事本末》四十二卷，板完，計四千四百面。建安袁樞撰。　《通鑑前編》十八卷、《舉要》二卷，存者九百八十面，失者七面。【略】　《大事記通釋》三卷，存者十八。【略】　《子由古史》五十卷，脱者四十七面，存者五百六十五面。【略】　《戰國策》十卷，脱者十六面存者五百二十八面。【略】　《吴越春秋》十卷，今亡。　《史記》大字一百三十卷，完，計二千二百三十五面。【略】　《史記》中字七十卷，存者一千六百面，缺者二百一十九面。本集慶路儒學梓，見《金陵新志》。　《史記》小字七十卷，存者一千一百六十面。　《前漢書》一百卷，完。【略】按集慶路儒學梓，計二千七百七十五面。見《金陵新志》，嘉靖七年重刊。　《後漢書》一百二十卷，完。幷《前漢》共計五千二百五十二面。【略】集慶路儒學梓二千三百六十六面，見《金陵新志》。嘉靖七年重刊。　《三國志》六十五卷，存者一千三百九十二面。缺者六面。【略】集慶路儒學梓，計一千二百九十六面。見《金陵新志》與今不同。　《晉書》一百三十卷，集慶路儒學梓，見《金陵新志》。今存者三千一百五十二面，失者十三面。【略】　《宋書》一百卷，存者二千七百一十四面缺二面。【略】《梁書》五十六卷，存者九百六十七面，缺三面。【略】　《南齊書》五十九卷，存者一千零五十八面，缺三面。【略】　《陳書》三十六卷，存者五百四十八面，缺八面。【略】　《魏書》一百二十四卷，存者三千三百八十二面，失者三面。【略】《北齊書》五十卷，存者七百零十四面，缺二面。【略】　《後周書》五十卷，存者八百七十二面，缺者五面。【略】　《隋書》八十五卷，存者一千六百九十四面，缺三十七面。本集慶路儒學梓，見《金陵新志》。【略】　《南史》八十卷，存者一千六百四十三面，缺一百三十面。本集慶路儒學梓。　《北史》一百卷，存者二千六百七十六面，缺四十五面。本集慶路儒學梓，見《金陵新志》。【略】　《唐書》二百十五卷、《釋音》二十五卷，存者四千七百九十六面，失八十五面。本集慶路儒學梓，見《金陵新志》。【略】　《五代史》七十五卷，完，計七百六十三面。本集慶路儒學梓，見《金陵新志》。【略】　《宋史》四百九十一卷，好板七千七百零四面，裂破模糊板二千零四十三面，失者一百二十七面。【略】成化中，巡撫兩廣都御史朱英刻于廣州，嘉靖八年，以板送監。　《遼史》一百一十五卷，完計一千零三十五面，失者三面。本紀三十卷，志三十一卷，表八卷，列傳四十六卷。元丞相脱脱等撰。首有脱脱《進史表》。嘉靖七年刊。　《金史》一百三十五卷，完，計二千三百九十八面。本紀十九卷，志三十九卷，表四卷，列傳七十三卷。元丞相脱脱等修。首有元丞相阿魯圖表。嘉靖七年刊。　《元史》二百二卷，完，計四千四百七十五面。本紀四十七卷，志五十三卷，表六卷，列傳九十六卷。翰林學士宋濂、王禕奉敕修。洪武二年八月十一日，太子少師宣國公李善長表上。　《歷代十八史略》十卷，存者四百四十六面，壞四十一面，欠六十一面，尾末終。盧陵前進士曾先之編。至正間，浙東憲使范陽張士和重加校刊。　《貞觀政要》十卷，存者七十八面，缺一百二十二面。唐史臣吴兢輯。合四十篇。臨川戈直嘗集諸家而校正之，刻于集慶路儒學。歲久糢糊，學士宋濂遂假中秘本重校，序於首。簡洪武初重刊。　《讀史管見》三十卷，脱者一百餘面，存者九百零九面。【略】　《西漢會要》七十卷，存者三百四十一面。【略】　《東漢會要》四十卷，好板二百三十二面。撫州教授徐天麟撰。【略】　《兩漢詔令》十二卷，存者一百七十五卷，失八面，二卷失。【略】　《蜀漢本末》三卷，脱者十七面，存者一百五十六面。【略】　洪武時，蜀王覽而悦之，命工重刻。教授方希直序。　《南唐書》十卷，本紀三卷，列傳十五卷。內八卷全缺，《釋音》存者九十二面，脱者八十八面。宋陸游撰。本集慶路儒學梓，見《金陵新志》。　《歷代帝王統論》一卷，存者四面，餘缺。首言五帝以前蘷紳先生難言之而起自堯舜其寂寥簡質未詳撰人姓名。　《宋遼金正統辯》一卷，存者四面，脱者五面。【略】　《諸史會編》一百十二卷，完計六千面。嘉定金廉撰。嘉靖五年，巡撫都御史陳鳳梧以板送監。　《諸葛武侯傳》一卷，存者三面。【略】　《朱子行狀》二卷，脱壞者各十二面，存者四十三面。【略】　《將鑑論斷》三卷，存者三丨四面，失者十面。宋戴少望紹興間取春秋訖于五代諸將行事而折衷之凡一百篇。　《百將傳》十卷。止存壞板一百餘面。

子類：《老子》一卷，存者三十九面，缺者五面。【略】　《顔子》一卷，脱者十二面，存四十三面。高安李純仁所著。凡十篇，附以學顔，釐爲五卷。而後以子史所載附於各篇之後。　《曾子》二卷，存殘板四面，餘皆缺。【略】　《列子》八卷，存者殘板八面餘皆缺。【略】　《荀子》十六卷，存者三百五十五面，缺者六十四面，有餘。【略】　《吕氏春秋》二十六卷，存者三百六十三面，半損十六面，失五面。【略】　《劉向新序》十卷，今亡。　《劉向説苑》二十卷，共計存者二百零六面，缺四十三面有餘。　《楊子法言》五卷，今亡。《太玄索隱》四卷，存者四十一面，不知著者姓名。　《集註太玄經》十二卷，存者二百一十面，江原胡次和編。　《周子太極圖説》一卷，存者十一面，缺者十面，尾末終。　《周子書》四卷，好板三十一面，缺九面，其一卷全缺。元張淮遠編。

《程氏遺書幷外書》四十一卷，禮部尚書豊城楊廉刻，送監，完計五百八十九面。【略】《朱子語略》十卷，脫者十三面，存者三百五十二面。朱子門人建安楊與立編。《朱子三書》三卷，好板一百三十四面，缺板十面有餘。【略】《爾雅註疏》十卷，存者二十九面。郭璞註，邢昺疏。《爾雅》三卷，存者二十餘面，餘缺。《近思錄》十四卷，完。計板一百八十一面。祭酒汪偉司業景暘校，正德十四年刊。《武經七書》七卷，存者一百一十七面，壞者十五面，欠者三十九面有餘。七書者，《孫子》、《吳子》、《司馬法》、《李衛公問答》、《尉繚子》、《黃石公書》、《六韜》也。洪武三十年兵部奉旨刻完《武經七書》送監，各即一本，以給公侯、駙馬、伯都督以下武職子孫附監讀書者。景泰二年，因國子監司業趙琬言，內外諸學生徒合令兼習，兵部劄至南監搜求舊板，已失其半。本監祭酒吳節因與應天府尹馬諒、府丞陳宜謀撙俸資，命工重刊。《論衡》三十卷，脫者十二面，存者五百六十面。【略】《白虎通》十卷，存者六十三面，失八十七面，尾未終，破損二面。【略】《風俗通》十卷，存者四十九面，爛失六十六面有餘。【略】《小學白文》四卷，存者五十八面，脫者三十二面。朱子所撰《內篇》四、《外篇》二。《女教》四卷。脫者七面，存者九十二面。

文集類：《楚詞》十七卷，存者二百十面，失者止二面。王逸註。《樂府詩集》一百卷，脫者二十四面，存者一千三百一十六面。【略】《文選》六十卷，計好板六百四十八面，外模糊難認字號壞板一千餘面。【略】《歐陽居士文集》五十卷，存者四百四十七面，今補八十六面，乃完。宋歐陽修撰。以五行統之，各十卷。全卷前序目錄，存者九十九葉；木八十七葉；水九十七葉；火八十九葉；土八十三葉。此集修所親定，故諸本相同，訛闕亦少。其子裴手寫成部，門人蘇軾序之。歲久遺脫者多。洪武辛亥，永豊尹蔡玘參互考訂，重鋟梓以廣其傳，至洪武六年癸丑乃成。番陽李均度、臨川危素皆序之。《晦庵文集》九十九卷，存好板四千二百二十八面，失四百九十八面。【略】《文鑑》一百五十卷，大字，板缺者半，字亦模糊難以校次。《文鑑》一百五十卷，小字，好板二千二百面，完。宋著作郎東萊呂祖謙奉旨裒輯建隆以後、建炎以前諸賢文集，取其辭理之醇、有補治道者，以類編次。周必大爲序。當時臨安府及書坊皆有刻板，歲久散佚。成化中，浙江副使張和命嚴郡太守邵齡刻之。商輅序曰：周、程之理學，歐、蘇之古文，韓、范之相業，與夫文人才士後先相望。上足以格君心而扶人紀，下足以明善惡而別邪正，文之有裨治道者如是。《文章正宗》二十四卷，存者一千一百二十八面，壞者六十五面。宋參知政事西山眞德秀編纂。分爲四類：曰詞命，曰議論，曰敘事，曰詩歌，自序曰正宗。《續文章正宗》二十卷，存者五百二十三面，壞者四十六面。宋參知政事西山眞德秀輯本朝諸儒述作，以續文章正宗也。咸淳丙寅金華倪澄刊。《國朝文類》七十卷，存者一千六百面，略模糊。【略】《順齋蒲先生集》二十六卷，存者四百三十一面，欠者一百四十一面，猶未終。蒲道源撰，金華黃溍序。《陳子廉詩集》一卷，三面今亡。《羅圭峰文集》二十卷，完。計五百八十面。《圭峰續集》五卷，完。計一百五十三面，略模糊。《懷麓堂稾》一百二十卷，板完。計二千一百零五面，有模糊。少師兼華蓋殿大學士李東陽撰。徽州張昕所刻，正德十年以板送監。《陽明文錄》八卷，完。計二百一面。《雅頌正音》五卷，共存四十三面，欠者三十二面。鄱陽劉仔肩編。洪武三年十二月十五日，國子司業金華宋濂爲之序，刪後無詩而以雅頌名，又以正音綴，蓋雅、頌雖不同而賦、比、興則同。《曹文貞公集》十卷、《續集》三卷，本集慶路儒學梓。《金陵新志》云二百八十五面。存者九十一面，壞者一百二十八面。元中丞曹伯啓撰。自題其集曰：漢泉漫稾。既沒，其子南臺管勾復亨刊。《淮陽獻武王詩》一卷，存者僅十五面。元張弘範撰。《檜亭詩稾》八卷，存者五十四面，失者四十三面。天台丁復撰。有《前集》，有《續集前卷》，其壻饒介刊。《古廉詩集》六卷，存者一百六十二面，失十七面。國子祭酒李時勉所著。景泰冬，其門生國子祭酒吳節刊。《戴石屏先生詩集》十卷，共板三百五十三面，完。宋戴復古撰。紹定間，已板行，歲久湮滅。其後裔監丞鏞弘治間重刊。《白沙詩敎》。完。計一百八十面。祭酒湛若水輯解。

類書類：《杜氏通典》二十卷，完。計三千四百面。唐宰相杜佑編。先是劉秩爲《政典》三十五篇，房琯稱其才過劉向。佑以爲未盡，因廣之，參以新禮，爲二百卷。以食貨、選舉、職官、禮樂、刑法、州郡、邊防八門分類叙載，世推該洽。三十年始成，德宗時上之，故有目錄散在各類，今櫽括爲總目冠之。嘉靖十七年，南京禮部尙書霍韜以發賣庵寺倡尼銀四百九十八兩有奇，托祭酒倫以訓任其事，承行者：儀制郎中吳惺、主事閔旦。校正者：博士張世宜、王製、唐臣。助教李山、諸傑、劉應春、孫良輔、方宗重、胡恪，學正辛紹佐、湯訓、蔣廷璧、趙士讓、喬嵩，學錄馬寅、王蘭益。以監銀七十三兩有奇，監生卞桼助銀百兩，而董匠事司，出納者製及典簿楊依江也。《通志略》二百卷，計板一萬三千七百二十四面。宋鄭樵撰。【略】《文獻通考》三百四十八卷，舊板多損壞模糊，共雙面板七百四十一塊。【略】《禮書》一百五十卷，好板一百四十八面。【略】《樂書》二百卷，好板一千八十面。【略】《玉海》二百四卷，脫者四十五面，存者九千五百九十六面。【略】《宋名臣奏議》一百五十卷，【略】《東萊先生讀書記》四卷，存者五十六面，破者二塊，缺者四十九面。【略】《眞西山讀書記》六十卷。存者二千八百面。

韻書類：《說文解字》十五卷，脫者五十五面，存者二百十四面，內半模糊。【略】《韻府群玉》十八卷，完。計一千零五十面。元延

祐間陰時大及弟中夫撰。是書一遵聖祖命編《洪武正韻》次序，而字下所繫諸事，則仍陰氏兄弟之舊。洪武八年重刻，有宋濂記。正德丁卯重加修補繕刻，有祭酒濟南王敕識。《禮部韻》十卷，存者一百零八面，壞者二十四面，欠者五十四面有餘。雍熙丘雍景德戚綸所定，景祐丁度重修，元祐孫諤、蘇軾載加詳定。《廣韻》五卷，好板一百三十九面，壞板三十三面。隋仁壽初陸法言等撰，長孫訥爲之箋註。至唐開元中，陳州司法孫愐加字四萬二千三百八十三，更名《唐韻》。宋陳彭年等重修，復易名曰《廣韻》。至宋祁《集韻》之出，復加二萬七千三百三十一字。近代厭其繁，故《集韻》微而《廣韻》復盛行。洪武九年，翰林學士宋濂奉敕校定，一遵《洪武正韻》分合之例，註則並仍其舊。舊韻二百又六，則省爲七十六。刻完，模印而爲之記。《玉篇》三十卷，存者一百一十七面，壞一面，缺者一百五十面，尾末見終。本集慶路儒學梓，見《金陵新志》。【略】《增韻》一卷，存者二面，不知撰者姓名。《草韻》五卷，存者一百八十面，破者二十面，目錄七面。首載歷代草書人姓名，自漢章帝起至於元鮮于樞止，凡二百五十有九人，于首當是元末人所書也。《書學正韻》二十卷，脱者四十五面有餘，存者一千五百十四面。元辛泉楊桓撰。《六書統》二十卷。脱者三十六面，存者七百六十七面。

雜書類：《大觀本草》三十二卷，板糢糊。【略】《唐刑統》三十卷，存者八十六面。《刑統賦》二卷，六十三板，存者四面。宋傳霖撰。本集慶路儒學梓，見《金陵新志》。《博古圖》三十卷，存者一千一百七十面，脱者十四面。【略】《了齋先生年譜》四卷，存者十二面，失者六面。【略】《困學記聞》二十卷，存者三百三十三面，破者四十四面，脱者七十三面有餘。【略】《策準》三卷，存者二百零三面，脱者二十面。孫可淵所纂。首賈山至言，終宋陳師道策。延佑元年青山趙文儀可序。成化十五年，南京國子監重刊。《晦庵讀書法》四卷，存者四十三面，壞者六塊，欠者十一面。朱子門人輔廣所述，程端禮校正。前集七卷，後集四卷，教人之法、次第工程備矣。《讀書工程》三卷，脱者二十三面，存者一百二十二面。【略】《文則》一卷，存者二十五面，欠者二十八面，破板一面。【略】《文法》二卷，共板六十四面，好板四十三面，欠八面，壞五面。採集諸書，凡涉於論文者皆取之，首詩賦等及作史罔不備述，但缺板多，不可詳校。《文髓》五卷，存者一百一十六面，欠者二十一面，未終。宋進士周應龍標註。澤之六世孫岐鳳爲國子博士，嘗以其祖讀書處請記於司業吳溥爲記，時永樂壬寅夏五月，則是板當刻於是時。《金陀粹編》十卷，存者三百零三面，失一百五十二面。【略】《金陀續編》十卷，存者三百四十七面，失者一百五十八面。家故有金陀編因先爵以叙遺烈，嘉定戊寅刻之檇李矣，而絲綸之褒忠、乙酉之錫謚，異渥殊榮，焜燿狎至則未之續也，故又作續編。《平宋録》二卷，存者五十七面，欠者九面，尾末見終。元翰林學士劉敏中撰。《修辭鑑衡》一卷，五十六面。本集慶路儒學梓，見《金陵新志》。今亡。《憲臺通紀》二十三卷，存者二百八十五面，失二百五十八面有餘。元監察御史潘迪編，乃集慶路儒學梓。見《金陵新志》。《南臺備記》二十二卷，存者三百六十四面，失者二百五十八面。元至正三年臺舘纂。《牧民忠告》二卷，存者二十面餘。失。元御史中丞張養浩著。自《拜命》至《居閑》，凡十篇。《風憲忠告》一卷，存者七面，餘缺。元御史中丞張養浩著。起《自律》至《全節》，凡十篇。至正元年十一月刊。《廟堂忠告》一卷，前後皆缺，獨《任怨》六面存。元張養浩撰。自《修身》至《退休》，凡十篇。《千家姓》一卷，板五十五面，完。洪武十四年五月，翰林編修吳沉等進，以姓氏類爲韻語，我朝輿地之廣、人民之衆，此可見矣。《千字文字帖》一卷，存者一十三面，完。《九成宮》一卷，完。計二十二面。唐歐陽詢書。《夢華録》十卷，存者四十九面，半損四面。【略】《南雍條約》一卷，八面，完。祭酒黄佐頒行。《南雍舊志》十八卷，景泰七年刊。祭酒吳節編。內缺二面。《南雍志》二十四卷，嘉靖二十三年刊。《傳習録》二卷，完。計一百七十一面。尚書王守仁著，門人徐愛序。司業歐陽德刻。《二業合一訓》二卷，完。計四十九面。舉人黄綸編，祭酒湛若水所論。《聖謨衍》一卷，完。計三十五面，祭酒湛若水撰。《明論》、《新論》各一卷，完。計九十四面。進士余胤緒刻，祭酒湛若水所論。《古文小學》九卷，存者一百八面。祭酒湛若水編。《太學燕會詩》一卷，存四面。成化乙未冬十二月二十四日，祭門竈諸神以報其功，禮也。事訖，祭酒王倎慨然命典簿丁誠、掌饌徐偕諸執事者點檢神胙，復自出家饟，設宴於彝倫東堂。列坐衣冠畢集，獻酬交錯，式禮莫愆。酒半，曰：「百日之蜡，一日之澤，不可孤也。因舉既醉詩之首章十六字分書之，盛以一器，人探一字，各賦古體一章，以歌詠太平盛事。」詩成，爲序其首。諸君各錄一本，以藏諸家，而又與鋟梓以傳。韓退之有言「與衆共之」之謂樂。樂而不失其正者，樂之尤者也。夫歲終報祀之典，大司成專主之，祭畢以讌諸僚，屬樂亦得其正哉！《壽俊會詩》一卷，止存一面。南京參贊兵部尚書王恕集同輩十有六人作壽俊會，以擬洛陽文潞公耆英會，致仕南京吏部尚書華亭錢溥預焉。《臨川志》三十五卷，共板八百六十六面，首尾無存。以後志書宋景定癸未刊。《天文志》二十四卷，存板七百七十四面。《景定建康志》五十卷，存者七百五十九面。宋承直郎安撫使周應合編。凡十類：疆域，山川，城闕，官守，儒學，文籍，武衛，田賦，風土，祠祀。《金陵新志》十五卷，存者一千一百六十四面，壞板九十二面。【略】《桂林志》二十七

卷，存者一百五十八面，失者二百三十九面。宋靜江教授江文叔編，乾道五年刊。《漕河通志》十四卷，存者四百九十六面，欠者十八面，末見卷尾終數。成化七年冬十月，朝廷以漕河舊規廢弛，輸運愆期，命官分治其事。命尚書三原王恕總理之，以責其成。凡河洪閘壩、湖泊泉源、舖夫樹井，及一切河道事宜，根究本末，暇則稽諸典籍分牘、圖志碑刻，復詢于識者，若漕渠、漕數之類，有所聞則錄之，彙集成書。《河防通議》一卷，存者二十面。河議制度料例、功輸運算法等每篇又列細條。《壽親養老新書》四卷，存者二百一十一面，壞者六面，欠者五十六面。元承奉郎泰州興化令陳直撰，首載古今嘉言善行七十二事，後爲藥方。《救荒活民書》八卷，存者八十六面，脱者四十六面。元桂陽路教授張光大編。本集慶路儒學梓，見《金陵新志》。《農桑撮要》六卷，五十八面，存者三十面。本集慶路儒學梓，見《金陵新志》。元延祐三年刊。《營造法式》三十卷，存殘板六十面。宋李誠撰。《永樂二年登科錄》一卷，存者六十一面，前後皆缺。《會稽三賦》一卷，存者二面。宋王十朋撰。《五禮新義撮要》一卷，存者一面。《長安志》二十卷，存者二面，多混入《桂林志》。《瑞陽志》二十一卷，存者八十八面。《厚德錄》四卷，六十面，存者二面。本集慶路儒學梓，見《金陵新志》。《留都錄》五卷，存者四面。《群書音辯》七卷，《諭俗編》一卷，《經渠圖說》二卷，《祭禮從宜》四卷，《禮篇》二卷，《釋文三註》十卷，《鄉飲酒禮》一卷，《算法》二卷，《洗冤錄》五卷，《遵道錄》二卷，湛若水撰。《杜環千字文》一卷，《虞世南千字文》一卷，《虞世南百家姓》一卷，《水馬驛程》一卷，《存古正字》一卷，《趙子昂千字文》一卷，《鮮千眞草千字文》一卷。已上俱亡。《心統圖義》二卷，七十六面，完。《律呂古義》二卷，一百三十面，完。已上俱呂懷撰。《南雍申教錄》十五卷，二百九十四面，完。《太學儀節》二卷。六十二面，完。已上俱王材著。《史記》，萬曆二年刊。計一千九百九十面。祭酒余有丁、司業周子義重校註，侍御劉唯刻。《五代史》，計七百九十三面。祭酒余有丁、司業周子義重校刻。《梁書》，計七百五十八面。祭酒余有丁、司業周子義重校刻。《周禮全經》，計九百三十六面。閩人柯尚遷註，侍御傳寵刻。《曲禮全經》，完。計五百七十四面。閩人柯尚遷註，侍御林應訓刻。《子彙》，《鬻子》、《晏子》、《孔叢子》、《賈子》、《陸子》、《小荀子》、《鹿門子》、《文子》、《閔尹子》、《亢倉子》、《鶡冠子》、《黃石子》、《天隱子》、《玄眞子》、《無能子》、《齊丘子》、《鄧析子》、《尹文子》、《公孫子》、《愼子》、《鬼谷子》、《墨子》、《子華子》、《劉子》，凡二十四子。司業周子義校刻，九百四十三面。《何大復文集》，計六百三十面。仲點註。司業周子義校刻。《剡源文集》，元人戴表集。計四百九十八面，祭酒戴洵刻。《大字千字文》，詹夢舉書。計二百五十一面。祭酒許國刻。《四書集註》，計四百五十一面。《詩經集註》，計三百四十二面。《書經集註》，計三百二面。《易經傳義》，計五百十三面。《春秋四傳》，計八百九十三面。《禮記集說》，計七百十八面。以上六經，係池州板。侍御鮑希顏贖金買取送庫。《爲善陰隲》，計一百二面。侍御李之禎刻。《孝順事實》，計二百一面。侍御姚光泮刻。《御制大誥》，計四十七面。司業周子義刻。《老子彙詮》，計六十二面。邵弁註、刻。《文字談苑》，計六十五面。祭酒王弘誨校刻。《甘泉文集》，計一千二百六十五面。《問辨錄》，計二百二十八面。《曲江文集》，計二百七十六面。《新泉志》，計二百四十九面。《參贊行事》，計一百五十面。《大學古本》，計四十五面。《中庸古本》，計五十四面。《楊子折衷》，計一百二十六面。《守潼宣訓》，計一百八面。《大科訓規》，計四十二面。《心統圖說》。計十八面。以上俱湛若水刻于新泉書院。萬曆十一年書院廢，祭酒王弘誨移文取送監。《孔子像及四配像》、《欹器圖》。俱在先師廟前南廂。《朱文公書邵堯夫遊伊洛詩》，【略】《陳祭酒種松柏二記》。在晦庵書、邵子詩側。《呂中允心統圖說古律圖叙》。俱在講院觀光堂東、西之壁。

申時行等《大明會典·工部九·工匠二》 司禮監一千五百八十三名：牋紙匠六十二名，表背匠二百九十三名，摺配匠一百八十九名，裁曆匠八十一名，刷印匠一百三十四名，黑墨匠七十七名，筆匠四十八名，畫匠七十六名，刊字匠三百一十五名，鐵匠二十五名，銷金匠二十五名，合香匠八名，木匠七十一名，瓦匠六名，油漆匠六十七名，象牙匠二十五名，鏇匠一十名，硯瓦匠七名，絛匠一十名，石匠八名，鋸匠六名，神帛匠一名，裁縫匠五名，鑵兒匠五名，銅匠四名，雕鑾匠二名，釘鉸匠二名，竹篾匠一名，鑄匠一名，捲胎匠二名，捅匠二名，雙線匠四名，錫匠二名，鍍金匠二名，鈒花匠二名，減鐵匠二名，鎖匠一名，氊匠一名，銼磨匠一名。

胡應麟《少室山房筆叢·經籍會通四》 今海內書，凡聚之地有四，燕市也、金陵也、閶闔也、臨安也。閩、楚、滇、黔，則余間得其梓，秦、晉、川、洛，則余時友其人，旁諏歷閱，大概非四方比矣。兩都、吳、越皆余足隸所歷，其賈人世業者往往識其姓名，聊記梗概於後。燕中刻本自希，然海內舟車輻輳，筐篚走趨，巨賈所攜，故家之蓄錯出其間，故特盛於他處。第其直至重，諸方所集者每一當吳中二，道遠故也；輦下所雕者每一

當越中三，紙貴故也。越中刻本亦希，而其地適東南之會、文獻之衷，三吳、七閩典籍萃焉。諸賈多武林龍丘，巧於壟斷，每瞷故家有儲蓄而子姓不才者，以術鉤致，或就其家獵取之。此蓋海內皆然。楚、蜀、交、廣，便道所攜，間得新異。關、洛、燕、秦，仕宦橐裝所挾，往往寄鬻市中，省試之歲甚可觀也。吳會、金陵，擅名文獻，刻本至多，鉅帙類書咸會萃焉。海內商賈所資，二方十七，閩中十三，燕、越弗與也。然自本方所梓外，他省至者絕寡，雖連楹麗棟，蒐其奇秘，百不二三，蓋書之所出而非所聚也。至薦紳博雅、勝士韻流，好古之稱藉藉海內，其藏蓄當甲諸方矣。

《［景泰］建陽縣志·續集·典籍》　天下書籍備於建陽之書坊，書目具在，可考也。然近時學者自一經四書外皆庋閣不用，故板刻日就脫落，況書坊之人苟圖財利，而官府之徵索償不酬勞，往往陰毀之以便己私，殊不可慨嘆。故今具紀其所有者，而不全者止錄其目。好古而有力者能搜訪訂正而重刻之，以惠後學，亦一幸也。

制書：太祖皇帝《大誥》，三篇。《武臣大誥》，一卷。《洪武禮制》，一卷。《禮儀定式》，一卷。《大明律》，三十卷。《大明令》，一卷。《諸司職掌》，九卷。《孝慈錄》，一卷。《洪武正韻》，十六卷。《教民榜》、太宗皇帝，《易經大全》，二十四卷。《書經大全》，一十卷。《詩經大全》，二十卷。《春秋大全》，三十七卷。《禮記大全》，三十卷。《大學大全》，一卷。《論語大全》，二十卷。《孟子大全》，一十四卷。《中庸大全》，一卷。《性理大全》，七十卷。《爲善陰隲》，十卷。《孝順事實》，十卷。仁孝皇后《勸善書》，二十卷。宣宗皇帝《五倫書》，六十二卷。憲宗皇帝《續資治通鑑綱目》，二十七卷。

經書：《周易本義》，二十四卷。《周易啓蒙》，一卷。《周易參義》、臨江梁寅撰，《書傳纂疏》，四卷。《書經童子問》，十二卷。《春秋左氏傳》、七十卷。林堯叟註、《春秋公羊傳》，二十八卷。《春秋穀梁傳》，二十卷。《春秋胡氏傳》，三十卷。《春秋纂疏》、三十卷。元新安汪克寬纂，《春秋會通》、二十四卷。元廬陵李廉輯，《春秋王伯列國世紀》、三卷。宋吳郡李琪撰，《東萊左氏博義》、十六卷。宋呂祖謙，《周禮集說》、十二卷。元吳興陳友仁集，《四書通義》，共三十八卷。《四書章圖》，共二十三卷。《四書集註》，共十九卷。《大學衍義》、四十三卷。宋眞德秀著，《大學要畧》。一卷。

史書：《史記》，一百三十卷。《南史》，八十卷，今板燬。《北史》，一百卷，今板燬。《南唐書》，三十卷。《宋史全文》，三十六卷。《遼史》，一百一十六卷，板燬。《金史》，一百三十五卷，板燬。《資治通鑑》、一百二十卷。陸唐老註，《資治通鑑綱目》，五十九卷。《資治通鑑節要》，三十卷。《十七史詳節》，二百七十三卷。《十九史畧》，一十卷。《古史》，六十卷。《世史正綱》，三十二卷。《貞觀政要》，十卷。《古今通畧》，五卷。《小學史斷》，一卷。《百將傳》，十卷。《名臣言行錄》。共六十二卷。

子：《老子道德經互註》，二卷。《莊子南華經》、十卷。晉郭象註，《列子沖虛經》、八卷。張湛註，《荀子》、二十卷。唐楊倞註，《楊子法言》、十卷。晉李軌等互註，《黃石公素書》、一卷。宋張商英註，《爾雅》，十一卷。《山海經》，十八卷。《世說新話》，八卷。《杜氏通典》、四十二卷。杜佑譔，《埤雅》、二十卷。宋陸佃譔，《朱子成書》，《小學集解》，六卷。《近思錄》，十四卷。《家禮儀節》、八卷。國朝大學士瓊臺丘璿輯，《黃氏日抄》，九十七卷。《紀要》、十九卷。黃震譔，《南村輟耕錄》、三十卷。元天台陶宗儀譔，《雪航膚見》、十卷。國朝南平趙弼譔。

集：《楚辭》，八卷。《後語》、六卷。文公朱熹又譔，《辯證》，二卷。《文章正宗》、二十四卷。宋眞德秀選，《古文苑》，二十一卷。《古文眞寶》，二十卷。《翰墨大全》、二百七卷。宋劉應李編，《文章正印》、八十卷。宋劉震孫編，缺。《崇古文訣》，三十五卷。《續文章正宗》、四十卷。鄭百選，《選詩補註》、八卷。《補遺》、一卷。《續編》四卷。劉履註，《萬寶詩山》、三十五卷，缺。《詩宗群玉府》、三十卷。毛直方編，缺。《唐宋分類千家詩選》、二十二卷。宋劉克莊選，《唐宋詩林萬選》、十五卷。宋何新之編選，缺。《唐宋千家詩選》、十卷。元詹子清選，《詩林廣記》、二十卷。宋蔡正孫編，《詩人玉屑》、二十卷。宋黃昇集，《唐文粹》、一百卷。宋姚鉉集，《唐音》、十五卷。元楊士弘選、國朝張震輯註，《唐詩粹》、十二卷。劉斌編註，板不存。《雅音會編》、十二卷。康麟編，《唐三體詩》、二十一卷。元周弼編，《唐詩鼓吹》、十卷。元郝天挺註，《中州詩集》，十卷。《樂府》、一卷。元元好問輯，板不存。《詩學大成》、三十卷。毛直方集，《元朝風雅》、三十卷。蔣易編集，缺多。《鳴盛詩選》、十二卷。晏鐸選，《鼓吹續編》、十卷。朱紹選，《草堂詩餘》，二卷。《陶淵明詩》，二卷。《杜工部詩集》，二十五卷。《文集》、二卷。《附錄》一卷。徐居仁編次，《杜詩七言律》、一卷。元虞集註，《杜詩選》、六卷。范得機批點鄭鼐編次，《李太白詩集》、二十六卷。薛仲邕編次，《李太白詩選》、四卷。范得機批點鄭鼐編次，《丁卯集》、二卷。唐許渾譔，《王右丞詩》、六卷。唐王維譔，《李長吉詩》、四卷。唐李賀譔，《孟浩然詩》，三卷，缺。《韓昌黎文集》、五十卷。

《附録》、一卷。唐韓愈譔，《柳柳州文集》、四十八卷。唐柳宗元譔，《陸宣公奏議》、二十二卷。唐陸贄譔，《三蘇文集》，七十卷。（《蘇洵》十一卷，《蘇軾》三十二卷，《蘇轍》二十七卷）。《東坡詩集》，二十五卷，舊燬，同知周時中新刊。《元豐類藁》、五十卷。宋曾鞏譔，《朱子大全》、一百卷。《續集》、十卷《別集》，十卷。《雲莊文集》、二十卷。宋劉爚譔，《後村文集》、五十卷。宋劉克莊譔，《屏山文集》、二十卷。宋劉子翬譔，《程雪樓文集》、二十卷。元程鉅夫譔，《俟庵文集》、三十卷。元李仲公譔，《范得機詩集》、七卷。元范梈譔，《劉靜脩文集》、二十二卷。元劉因譔，缺多。《勿軒文集》、八卷。元熊禾譔，《翠屏文集》、四卷。國朝張以寧譔，《兩京類稿》、三十卷。國朝楊榮譔，《于公奏議》、十卷。國朝于謙譔。　**雜書**：《事文類聚》，共二百二十卷，原板缺，弘治十七年知縣區玉重刊。《類說》、五十卷。宋曾慥編，板不存。《事材廣記》、共四十卷。《山堂攷索》、二百十二卷。章如愚編，《群書一覽》，十卷。《氏族大全》，十卷。《事物紀原》，十卷。《居家必用》，十二卷。《方輿勝覽》、七十卷。宋祝穆編輯，《玉篇》、三十卷。梁顧野王譔，《韻府群玉》、二十卷。陰時夫編輯，《押韻淵海》、二十卷。元嚴毅編輯，《群書備數》、十二卷。國朝張美和編次，《日記故事》、十卷。元虞韶編，《書言故事》、十卷。胡繼宗編，《對類大全》、二十卷。徐駿編，《皇帝內經素問》，十二卷。《內經靈樞》，十二卷。《運氣論奧》，一卷。《八十一難經》，五卷。《脈訣》、一卷。王叔和譔，《圖經衍義本草》，四十二卷。《巢氏病源》、五十卷。隋巢無方譔，《食療本草》、一卷。唐孟詵譔。《濟生方》、十卷。《續方》、二卷。宋嚴用和編，《南陽活人書》、二十卷。宋朱肱譔，《銅人針灸經》、三卷，宋王惟德譔，《和濟局方》，十卷。《三因方》、六卷。宋陳言譔，《傷寒活人指掌圖》、一卷。元吳恕譔，《得効方》、二十卷。元危亦林編集，《全嬰方》、十卷。馮道玄編集，《醫方大成》、十卷。元孫允賢集，《婦人良方》、二十四卷。陳自明譔，《救急傷方》、一卷。趙季敷集，《原醫圖藥性賦》、八卷。熊宗立譔，《金精鰲極》、六卷。熊宗立註，《地理雪心賦》、一卷。熊宗立註，《人相編》十二卷。

周弘祖《古今書刻》上編《內府》《皇明祖訓》，《孝慈録》，《稽古定制》，《御製文集》，《爲善陰隲》，《寶訓》，《孝順事實》，《禮儀定式》，《大誥三篇》，《洪武禮制》，《大誥武臣》，《大明一統志》，《洪武正韻》，《諸司職掌》，《歷代臣鑑》，《洪武聖政記》，《洪武儀式》，《大明律》，《大明令》，《官制》，《軍政條例》，《大明日曆》，《永樂大典》，《憲綱》，《教民文榜》，《資世通典》，《勸善書》，《女訓》，《內訓》，《明倫大典》，《大明會典》，《五倫書》，《恩記含春堂詩》，《聖學心法》，《敬一箴》，《五箴註》，《欽明大獄録》，《大明集禮》，《興都大志》，《五經大全》，《四書大全》，《朱子綱目》，《宋元綱目》，《昭鑑》，《海篇直音》，《續資治通鑑》，《養生類纂》，《詩韻釋義》，《君鑑》，《神課金口訣》，《名臣奏議》，《文獻通考》，《歐蘇文集》，《五經集註》，《四書集註》，《大學衍義》，《歷代通鑑纂要》，《步天高》，《天文祥異賦》，《道藏經》，《佛藏經》，《貞觀政要》，《廣韻》，《玉篇》，《李詩》，《杜詩》，《直說通略》，《爾雅》，《埤雅》，《釋文三註》，《五經白文》，《素問》，《事文類聚》，《經史海篇》，《通書》，《難經》，《居家必用》，《周易占法》，《許氏說文》，《唐詩鼓吹》，《唐詩三體》，《飲膳正要》，《對類》。

又《禮部》《大狩龍飛集》，《大禮集義》，《歷科會試録》，《歷朝登科録》，《素問鈔》。

又《兵部》《大閱録》，隆慶二年刊。《九邊圖說》，隆慶三年刊。《九邊圖》，《歷科武舉録》。

又《工部》《御製詩》。

又《都察院》《史記》，《文選》，《潛夫論》，《杜詩集註》，《詩林廣記》，《千家註蘇詩》，《盛世新聲》，《太古遺音》，《唐音》，《臞仙神奇秘譜》，《玉機微義》，《詩對押韻》，《武經直解》，《孝經註疏》，《適情録》，《算法大全》，《琴韻啓蒙》，《三國志演義》，《水滸傳》，《千金寶要》，《太平樂府》，《悟眞篇》，《玉音海篇》，《七政曆》，《毓慶勳懿集》，《雍熙樂府》，《爛柯經》，《萬化玄機》，《披圖測海》，《中原音韻》，《參同契》，《王氏藏集》，《杜研岡集》。

又《國子監》《臨川文集》，《淮海集》，《東萊集》，《樊川集》，《四書》，《書傳》，《周易》，《四書集義》，《論語白文》，《孟子節文》，《周易音訓》，《通鑑正誤》，《喪禮》，《古史》，《西林詩集》，《韻略》，《青雲賦》，《務本書》，《楚詞》，《外篇衍義》，《忠經》，《幼小方》，《珍珠囊》，《唐詩》，《詩對押韻》，《玉浮圖》，《字苑撮要》，《本草方》，《朱子語略》，《孟四元賦》，《小學》，《脚氣治方》，《國子監志》，《山海經》，《官箴》，《四書抄釋》，《儀禮圖解》，《詩韻圖譜》，《四時候氣圖》，《大都志》，《世史正綱》。

又《欽天監》《天文刻》。

又**《太醫院》**《銅人針灸圖》，《大明律直引》，《醫林集要》。

又**《隆福寺》**《詞林摘艷》，《五音海篇集韻》。

又**《南京國子監》**《孝經集解》，《孝經明解》，《孝經註疏》，《玄宗孝經》，《魯齋孝經》，《范氏孝經》，《大學疏義》，《大學明解》，《大學叢說》，《大學白文》，《魯齋大學》，《中庸白文》，《中庸叢說》，《論語白文》，《論語註疏》，《論語旁通》，《論語考證》，《孟子白文》，《孟子節文》，《文公四書》，《小學註疏》，《小學訓疏》，《周易註疏》，《周易本說》，《周易本義》，《周易音訓》，《復齋易說》，《尚書釋文》，《尚書註疏》，《尚書表註》，《尚書會選》，《周易程傳》，《周易啓蒙》，《詩傳註疏》，《詩經集傳》，《春秋辨疑》，《春秋綱領》，《春秋公羊傳》，《穀梁傳》，《春秋諸國統紀》，《春秋本義》，《春秋正文》，《左氏註疏》，《春秋或問》，《左氏集解》，《息齋春秋》，《儀禮經傳》，《儀禮註疏》，《儀禮》，《禮書》，《樂書》，《周禮句解》，《周禮集說》，《書經補遺》，《小學白文》，以上經書。《顏子》，《曾子》，《列子》，《老子》，《孫子》，《武經七書》，《太玄經》，《溫公太玄註》，《太玄索隱》，《揚子法言》，《文中子註》，《說苑》，《太極圖說》，《周子書》，《朱子三書》，《諸儒鳴道》，《朱子大全》，《程氏遺書》，《朱子語略》，《近思錄》，以上子書。《史記》，《前漢書》，《後漢書》，《兩漢會要》，《兩漢詔令》，《蜀本末》，《諸葛武侯傳》，《三國志》，《晉書》，《南史》，《宋書》，《南齊書》，《梁書》，《陳書》，《北史》，《魏書》，《北齊書》，《周書》，《隋書》，《唐書》，《貞觀政要》，《五代史》，《南唐書》，《吴越春秋》，《子由古史》，《呂氏春秋》，《資治通鑑》，《通鑑綱目》，《通鑑音釋》，《通鑑問疑》，《通鑑紀事本末》，《通鑑外紀》，《通鑑釋文》，《宋史》，《通鑑前編》，《元史》，《遼史》，《金史》，《宋遼金統論》，《通鑑考異》，《史略》，《讀史管見》，《歷代帝王統論》，《百將傳》，《將鑑論斷》，《諸史會編》，《宋名臣奏議》，《通志略》，以上史書。《雅頌正書》，《詩譜》，《詩序註》，《陳先生詩集》，《檜庭詩稿》，天台丁復撰。《選詩演義》，《樂府詩集》，《六朝樂府》，《文則》，《文法》，《文選》，《歐文》，《晦菴文集》，《文章正宗》，《續文章正宗》，《宋文鑑》，《國朝文類》，《朱子行狀》，《淮陽獻武王詩》，《會稽三賦》，《逃虛子集》，《南唐蒲先生叢稿》，《鳴秋後集》，《文章辯體》，《皇明文衡》，《曾文質公集》，《白沙詩集》，《唐音》，《古今會編》，《羅圭峰文集》，《甘泉文集》，《元文類》，《懷麓堂稿》，《戴石屏詩集》，《陽明文錄》，《古廉詩集》，《圭峰續集》，以上詩文集。《玉海》，《文獻通考》，《天文志》，《大事記通釋》，《博古圖》，《爾雅》，《爾雅註疏》，《五禮新儀》，《禮編》，《文公家禮》，《家禮儀節》，《鄉飲酒禮圖》，《祭禮從宜》，《了齋年譜》，《河防通議》，《金陀粹編》，《釋文三註》，《新序》，《玄教》，《壽親養老書》，《金陀續編》，《困學記聞》，《讀書叢說》，《東萊讀書記》，《讀書法言》，《讀書工程》，《禮部韻》，《玉篇》，《廣韻》，《韻府群玉》，《書學正韻》，《眞西山讀書記》，《毛晃韻》，《存古正學》，《廟堂忠告》，《牧民忠告》，《風憲忠告》，《憲臺記》，《南臺備記》，《國語》，《諭俗編》，《斷獄律文》，《唐刑統》，《刑統賦》，《夢葉錄》，《洗冤錄》，《厚德志》，《許氏說文》，《白虎通》，《論衡》，《營造法式》，《算法》，《農桑衣食》，《農桑撮要》，《栽桑圖》，《篆書禮》，《六書統》，《洪武正韻》，《六書正訛》，《百忍箴》，《東萊法源》，《黃氏日抄》，《草木子》，《杜氏通典》，《西漢詔令》，《皇明政要》，《脈訣刊誤》，《草韻》，《平宋志》，《昭潭志》，《金陵舊志》，《金陵新志圖》，《集慶志》，《象臺志》，《容州志》，《龍川鄉飲志》，《柳州志》，《賓陽志》，《蒼梧志》，《景定建康志》，《建武志》，《長安志》，《斟鄩志》，《瑞陽志》，《桂林志》，《臨川志》，《玉融志》，《救荒活民書》，《風俗通》，《古文苑》，《大觀本草》，以上雜書。《大明令》，《大明律》，《大誥三篇》，《存心錄》，《永鑑錄》，《孝慈錄》，《勸善書》，《洪武禮制》，《大明官制》，《五倫書》，《資世通訓》，《古今列女傳》，《水馬驛程》，以上本朝書。《四箴字體》，《千文》，《虞世南百家姓》，《鮮于眞草千文》，《趙孟頫千文》，《九成宮帖》，《率更千文》，《小字帖》，《草韻》，以上法帖。

《南京提學察院》《通鑑纂要》。

又**《北直隸・順天府》**《史鉞》，《東草亭詩》，《寰宇通志》，《金臺八景詩》，《大寶箴帖》，《稽古定制》，《觀梅數》，《南園燕集詩》。

又**《保定府》**《府志》，《祁州志》，《安州志》，《杜律五言白文》，《困學記聞》，《師律提綱》，《金匱鈎玄》，《劉靜修文集》，《武經註解》，《雄地乘》，《家塾事親》，《十三家兵法》，《丹溪鈎玄》。

又**《眞定府》**《九邊圖》，《痘疹方》，《埤雅》，《雅音會編》，《譚子化書》，《直古文集》，《風紀集覽》，《劉靜修文集》，《漢紀》，《性理三解》，《陽王大傳記》。

又《永平府》《府志》，《古文精選》，《啓蒙對偶》。

又《河間府》《河間志》，《任丘志》，《飲膳正要》，《宋潛溪文集》，《通鑑分類》，《忠節錄》，《董子文集》，《愼言集訓》，《表則》。

又《大名府》《府志》，《經驗方》，《山海經》，《遵道錄》，《國語》，《此事難知》，《格致餘論》，《何子十二論》，《元城語錄》，《家規輯要》，《長垣縣志》，《王太傅詩選》，《褚氏遺書》，《古篆體》，《正蒙會稿》，《楊誠齋易傳》，《文公字刻》，《經驗藥方》。

又《廣平府》《府志》，《大學明解》，《事業紀原》，《錢氏小兒方》，《選詩》，《杜詩類選》，《聲律發蒙》，《衛生保鑑》，《家禮四要》，《射禮節儀》，《祥刑要覽》，《保生育嬰錄》，《古直文集》。

又《順德府》《府志》，《薛文清集》，《康齋集》。

又《南直隸・應天府》《句容志》，《茅山志》，《草韻》，《文選六臣註》，《左傳註解》，《禮記纂言》，《南畿通志》，《宋明臣言行錄》，《近思錄》。

又《蘇州府》《史記》，《文選》，《唐文粹》，《三禮》，《六子》，《韓文》，《柳文》，《王荊公文集》，《楚辭》，《水經》，《國語》，《戰國策》，《舊唐書》，《藝文類聚》，《空同文集》，《何仲默文集》，《陽明文集》，《孟有涯集》，《蔡林屋集》，《舊四十家小說》，《王履吉集》，《白孔六帖》，《六家唐詩》，《四十家唐詩》，《唐詩正聲》，《左傳》，《三蘇文粹》，《十二家唐詩》，《大戴禮》，《韓詩外集》，《虞初志》，《左粹類選》，《百川學海》，《花間集》，《皇甫湜集》，《王文恪文集》，《五經旁註》，《直音》，《賈誼新書》，《吳匏菴文集》，《世說新語》，《吳越春秋》，《秦漢文》，《張篠菴文集》，《博雅》，《覆瓿集》，《周禮》，《徐迪功文集》，《二陸集》，《傳響集》，《申鑒》，《樊川文集》，《近思錄》，《讀書錄》，《禮記》，《吳郡志》，《通鑑續編》，《通鑑總類》，《小學，《姑蘇志》，《伊洛淵源》，《輿地圖》，《四書集註》，《呂氏鄉約》，《六經圖》，《心政經》，《周易尚占》，《周易奥文》，《棠陰比事》，《原音》，《通書》，《刑統賦》，《周易集說》，《群書鉤玄》，《作邑事箴》，《六書正訛》，《說文字源》，《禮制榜冊》，《二范集》，《四書講義》，《四書解說》，《文章辨體》，《通鑑前編》，《道園學古錄》，《舉要新書》，《大字四書》，《百首唐詩》，《吳草廬文粹》，《劉向說苑》，《東里詩集》，《參同契》，《蚓竅集》，《鳳山八詠》，毛維瞻蘇轍等詠。《丁鶴年集》，元末西域人，寓武昌。《晦菴文抄》，《晦菴詩抄》，《凫藻集》，《范文正公文集》，《怡菴文集》，《崇明志》，《金堂集》，《范忠宣文集》，《祥刑要覽》，《小學集解》，《永嘉集》，《湖海奇異集》，《存誠齋稿》，《憲綱》，《五經》，《高太史全集》，《通書圖》，《天文圖》，《地理圖》，《青城先生集》，《祭器圖》，《春秋權輿》，《意林》，《三先生詩集》，《詩律鉤玄》，《蒙菴詩》，《忠經》，《性理群書補註》，《中庸輯略》，《和靖語錄》，《缶鳴集》，《韋蘇州詩》，《格古要論》，《逃虛子集》，《學古詩》，《學鳴集》，《衛生寶鑑》，《脾胃論》，《三體唐詩》，長門承天寺。《珍珠囊》，《內外傷辨》，《格致論》，《東垣試效書》，《新效方》，《水東日記》，《韻學集成》，《太玄經》，《活民書》，《論衡》，《孔叢子》，《兩廣平蠻錄》，《長洲縣志》，《直道編》，《梓吳》，《皮日休文藪》，《譚纂》，《列女傳》，《正學階梯》，《李空同詩集》，《吳越春秋》，《吳中記聞》，《文公家禮》，《當代名臣錄》，《本草》，南宋時刻。《姑蘇雜詠》，《春秋纂例》，《萬首唐人絕句》，《震澤長語》，《李太白詩》，《欣賞編》，《新四十家小說》，《杜詩》，《說林》，《陳后岡集》，《七十二子粹言》，《申心里》，《黄省要家》，《兩漢記》，《八十家唐詩》，《袁永之集》，《孫可之文集》，《唐太宗帝範》，《高楊張徐詩集》。

又《松江府》《松江志》，《雲間志》，《雲間續志》，《人物志》，《浯溪集》，《詩義集說》，《鐵仙詩》，《顧祿詩》，《圖繪寶鑑》，《書史會典》，《鐵崖詩集》，《八十家唐詩》，《小學》，《家語》，《楚辭》，《太玄經》，《輟耕錄》，《古今會編》，《周禮》，《駱賓王集》，《夢餘集》，《草堂詩餘》，《唐雅》，《玉臺新詠》，《古今說海》。

又《常州府》《初學記》，《合璧事類》，《群書總類》，《錦繡萬花谷》，《儀禮經傳》，《事類賦》，《百川學海》，《一統賦》，《鹽鐵論》，《杜詩集註》，《古文苑》，《顏魯公文集》，《龜巢集》，《辨惑編》，《思賢集》，《白氏長慶集》，《元豐類稿》，《讀杜愚得》，《杜律虞註》，《救荒活民補遺》，《鼓吹續編》，《王孟端詩》，《辨惑續編》，《錢氏三華集》，《倪雲林集》，《袖珍方》，《周將軍傳》，《王氏天遊集》，《錫山志》，《九峰樵唱》，《琬琰錄》，《皇明名臣錄》，《錫山遺響》，《論範》，《周禮註疏》，《王文肅公文集》，《名賢確論》，《四書集註》，《中論》，《容春堂文集》，《六朝詩集》，《浙江通志》，《李杜白文》，《太平廣記》，《毘陵志》。

又《鎮江府》《管子》，《韻會舉要》，《金山志》，《甘露寺題詠》，《呂氏

遺書》，《東萊古易》，《丁卯集》，《京口三山志》，《關中奏議》，《戒菴文集》，《郊亭偶見》。

又**《徽州府》**《天原發微》，《瀛奎律髓》，《家禮會編》，《文公年譜》，《漢文選》，《小學解集》，《晦菴語錄》，《新安文獻志》，《胡傳》，《左傳》，《傷寒書》，《羅鶚洲小稿》，《篁墩文集》，《篁墩文粹》，《春秋屬詞》，《文公感興詩》，《朱子語錄》，《春秋集解》，《楚辭》，《玄玄棋經集》，《李詩白文》，《杜詩白文》，《草堂詩餘》，《批點史記漢書》，《山海經》，《明目方》，《四書集註》，《文心雕龍》，《獅山文集》，《皇明文衡》，《人相全編》。

又**《池州府》**《東岡文集》，《九華山志》，《崔氏洹詞》。

又**《寧國府》**《府志》，《宛林詩集》，《大觀本草》，《山居四要》，《玩齋集》，《韓文》，《柳文》，《六書本義》，《韻補》，《禮記纂要》，《論範》，《謝宣城集》，《鶴林玉露》，《寧國縣志》。

又**《太平府》**《風俗志》，《晦菴文抄》，《晦菴詩抄》，《陶學士文集》，《白虎通》，《近思錄》，《顏氏家訓》。

又**《淮安府》**《淮安府志》，《經濟文衡》，《小學白文》，《經學隊仗》，《松江文集》，《定本策》，《農桑撮要》，《王氏脈經》，《武經》，《敎民榜文》，《理學類編》，元張九韶著，臨江人。《鹽政志》，《禮儀定式》，《玉壺冰》，《楊鐵崖文集》，《東坡律詩》，《世說新話》，《讀書錄》，《江西奏議》，唐漁石著。《曆府通書》，《恤刑疏草》，《大明令》，《淮郡文獻志》，《爲政準則》，《漕河志》。

又**《揚州府》**《唐文選》，《御製文集》，《二業合一訓》，王陽明、湛甘泉著。《五經白文》，《大明官制》，《鹽鐵論》，《周子全書演》，《雍語》，甘泉著。《皇明政要》，《素問》，《遵道錄》，《易大象說》，《家禮節要》，《詩翼》，《蔣南泠詩集》，《劉向說苑》，《張子抄釋》，《東廓文集》，《泰定養生論》，《六經正誤》，《胡子語要》，《鮑明遠集》，《四書古本》，《省心詮要》，《本草集要》，《春秋左傳》，《文公訓蒙絶句》，《洗冤集錄》，《小學韻語》，《上蔡語錄》，《晞髮集》，《甘泉全集》，《陽明文錄》，《原病式》，《象山語錄》，《慈湖語略》，《大誥三編》，《維揚鄉飲》，《潛溪文集》，《詩法》，《觀風遺音》，《甘泉文錄》，《張文潛文集》，《百戰奇法》，《詩準》，《松月軒集》，《詩話》，《薛子粹言》，《周禮大全》，《格物通》，《本草權度》，《羲獻釋文》，《古小學》，《學庸訓測》，《白沙詩粹》，《鐵崖文集》，《難經》，《白沙子》，《褚氏遺書》，《古今眞寶》，《二程抄釋》，《新序》，《古史通志略》，《維揚志》，《周易訓測》，《太玄經》，《伊洛淵源錄》，《草堂詩餘》，《農桑撮要》，《楊子折衷》，《意林》，《谷音》，《脈訣》，《藝林》，《二禮經傳測》。

又**《廬州府》**《春秋列傳》，《五蟲集》，《荒政集》，《表則》，《廬揚志》，《居竹軒集》，《小學句讀》，《左傳拔尤》，《周易旁註》，《潛溪文集》，《崇古文訣》，《皇極經世全書》，《包公奏議》，《禮記集說》，《論範》。無爲州。

又**《鳳陽府》**《中都志》，《淮南子》，《薛西原集》，《老子鮮》，《約言》，《家塾事親》。

又**《安慶府》**《青陽文集》，《漢魏詩》，《安慶志》，《家禮會通》。

又**《廣德州》**《啓蒙故事》，《桐汭志》，《諸司職掌》，《竹枝詞》，《交泰錄》，《明良集》。

又**《滁州》**《滁陽會景編》。

又**《徐州》**《嚴滄浪詩話》，《杜律虞註》，《呂梁洪志》。

又**《和州》**《州志》，《香泉志》。

又**《浙江・布政司》**《東漢文鑑》，《西漢文鑑》，《說文》，《救荒活民補遺》，《諸司職掌》，《儀禮經傳》，《律呂元聲》，《近思錄》。

又**《按察司》**《疑獄集》，《官箴集要》，《大明律》，《竹枝詞》，《程史》，《唐鑑》。

又**《杭州府》**《大唐六典》，《四書集註》，《武林遺事》，《禮經會元》，《原病式》，《周禮》，《始豐集》，《千家全集唐詩》，《元詩體要》，《韻海》，《唐詩類編》，《宋學士文粹》，《算法大全》，《詠物新題》，《雪溪漁唱》，《萬竹山房集帖》，《龍門子》，《群珠摘粹》，《養生雜纂》，《劉伯溫文集》，《程氏遺書》，《伊洛淵源》，《四書白文》，《溫公我箴集》，《精忠錄》，《林和靖詩》，《近思錄》，《太白山人詩》，《蓋齋醫要》，《西湖遊覽》。

又**《嘉興府》**《陸宣公集》，《三元參贊》，《韻補》，《劉靜脩文集》，《文心雕龍》，《韓詩外傳》，《汲冢周書》，《詠史詩》，《舒菴集》，《勤有詩集》，《王秋澗文集》，金王惲著。《大戴禮》，《柳文》，《近代名臣言行錄》，《愧郯錄》，《古文集》，《意林》，《越絶書》，桐鄉。《陸賈新語》，《禮經會元》。

又**《湖州府》**《皇明詩選》，《吳興志》，《楚辭》，《趙松雪文集》。

又《寧波府》《漢雋》，《標題四書》，《柳莊類編》，《明王學類編》，《海涵萬象》，《周易本義》，《韓文正宗》，《袁學士舊群志》，《鳳池吟稿》，《竹外吟稿》，《柳莊詩》，《揚文懿公文集》，《府志》，《符臺外集》，《黃先生批點四書》，《童學書程》，《古今識鑒》，《清容居士文集》，寧波袁桷著。《碧川文粹》，《奉化志》，《黃氏日抄》，慈溪黃震著。《堇山文集》，《均齋文集》，《四明文獻志》。

又《紹興府》《唐詩選》，《復古編》，《謝密菴雲集》，上虞謝肅著。《選詩補註》，《密菴詩集》，《會稽三賦》，《梅譜》，《通神論》，《符臺外集》，《啓蒙》，《楊鐵崖文集》，《詩學大成》，《六子白文》，《六書本義》，《尹和靜文集》。

又《台州府》《臨海志》，《龍川文集》，《戴石屏詩》，《觀樂生詩集》，《李桃溪文集》，宋李蘩著。《遜志齋文集》，《赤城論諫錄》。

又《金華府》《宋潛谿集》，《宋學士文粹》，《續文粹》，《義門王先生集》，《續研幾圖》，《旌義編》，《麟谿集》，《胡仲子文集》，《清溪集》，《和陶集》，《夢山稿》，《蘇平仲文集》，《鄭氏家規》，《魯齋文集》，《黃晉卿集》，《吳淵穎文集》，《唐漁石集》，《金華文統》，《黃文獻公集》，《王文獻公集》，《王文忠公集》，《九靈先生集》，《藥房居士集》。

又《衢州府》《杜律虞註》，《論學繩尺》，《趙清獻公集》，《吳文正公集》。

又《嚴州府》《觀光集》，《宋文鑑》，《選南鑑》，《淳安金石藥方》，《西陽雜俎》，《釣臺集》，《求政錄》，《東萊博義》。

又《溫州府》《四書管見》，《四書集義》，《管窺外編》，《梅谿先生集》，《省愆集》。

又《處州府》《翊運錄》，《覆瓿集》，《覆子拾遺》，《蘇平仲文集》，《犂眉公集》，《寫情集》，《春秋明經》，《葉水心文集》，《盤谷唱和》，《無隱集》，《自怡集》，《易齋稿》，《劉府稿》，《郁離子集》，《耕雲集》，《誠意伯文集》，《埤雅》，《丹溪心法》，《梅溪集》。

又《江西・布政司》《軍政條例》，《古文苑》，《皇明詩選》，《大明律》，《朱子語錄》，《韓文》，《柳文》，《蘇文忠公全集》，《禮記正蒙》，《文式》，《問刑條例》，《小兒袖珍方》，《周易本義》，《明目方》，《滕王閣集》，《古賦辨體》，《釋名》，《大誥三編》，《大誥武臣》，《考古圖》，《史鈔》。

又《按察司》《桂洲奏議》，《方山四書》，《陶集》，《忠烈編》，《憲綱》，《兩漢書疏》，《讀書分程》，《律條疏議》，《綱目》，《稽古定制》，《經籍攷》，《司馬溫公集》，《江西通志》，《徐迪功集》，《漢隸分韻》，《品士錄》。

又《南昌府》《徐蘇傳》，《文章全集》，《古廉詩集》，《胡祭酒文集》，《古文關鍵》，《寰宇通志》，《皇明詩選》，《胡祭酒續文集》，《遼海集》，《山谷刀筆》，《山谷文集》，《包孝肅奏議》，《救急方》，《古賦辨體》，《慈湖遺書》，《說文解字補義》，《讀書記》，《交泰錄》，《大儒奏議》，《徐幹中論》，《大學衍義》，《文選精義》，《群忠錄》。

又《弋陽王府》《唐詩正聲》，《史略》，《史斷》，《大明中興頌》，《採芝吟》，《頤菴文集》，《頤菴文選》，《胡斗南文集》，《乾坤生意》，《洞天清錄》，《文譜》，《龍虎經》，《詩譜》，《詩法》，《臞仙文譜》，《臞仙詩譜》，《毛詩》，《春秋》，《通鑑博論》，《禮制集要》，《異域志》，《太和正韻》，《保命集》，《十神書》，《懶仙詩評》，《江西詩法》，《瓊林雅韻》，《增奇集》，《琴阮啓蒙》，《原始秘書》，《太古遺音》，《神奇秘譜》，《浩歌》，《北斗課》，《靈棋經》，《梅花百詠》，《救命索》，《棋經》，《懽聲》，《老更狂》，《天運紹統》，《肘後神樞》，《肘後神經》，《璇璣迴文詩》，《沖溪子獨步大羅天》，《運化玄機》，《活人心法》，《壽域神方》，《神隱》，《文章歐治》，《大雅詩韻》，《詩人玉屑》，《李白詩》，《唐詩》，《文章筌蹄》，《劉向新序》。

又《饒州府》《寓菴集》，《近光集》，《浯溪集》，《劉彥昺文集》，《兩漢文鑑》，《異端辨正》，《餘干縣志》。

又《淮府》《文苑類選》，《赤壁賦》。

又《廣信府》《文章軌範》，《葬書》，《策學輯略》，《先賢事實錄》，《疊山文集》，《詩學權輿》，《太玄經》，《三子口義》，《方言》，《軍政條例》，《針灸方》，《詩韻捷徑》，《廣信志》。

又《吉安府》《府志》，《鄒東廓集》，《詩選補註》，《彭文思公集》，《文髓》，《文山文集》，《四書集釋》，《劉靜脩文集》，《泊菴集》，《歐文全集》，《歐詩全集》，《蘇文忠公集》，《東里文集》，《解學士集》，《運甓漫錄》，《濟美集》，《唐詩類編》，《胡延平詩》，《表忠集》，《眉菴集》，《鶴鳴集》，《西澗集》，《雙厓集》，《胡文穆公集》，《石溪集》，《谿園集》，《素菴集》，《詩學梯

航》，《東墅集》，《二妙集》，《慣窮集》，《東里詩集》，《抑菴集》，王直著。《海東文集》，《困學記》，《曾學士集》，《劉職方文集》，劉子高著。《芳洲老人集》，陳循著。《尙寶文集》，《洗冤錄》，《山海經》，《羅一峰集》，《槎谷文集》，《羅念菴集》，《廣輿圖》，羅念菴著。《王陽明年譜》。鄒東廓著，石刻。

又《建昌府》《府志》，《養生雜纂》，《鳴盛詩》，《圭峰文集》，羅玘著。《錦繡策》，《褒忠錄》，《聽鶴軒詩》，《西疇常言》，宋何坦著。《三禮考註》，《保生要錄》，《南豐文集》，《椒丘文集》，何喬新著。《盱江文集》，《宋名臣錄》，《救急易方》，《春秋胡傳》，《麻姑詩》，《孝行詩》，《遺愛集》，《一峰集》。

又《益府》《重編廣韻》。

又《撫州府》《府志》，《吳文正公文集》，《吳康齋文集》，《古崖先生集》，《歐文忠公文集》，《醫經小學》，《道園文集》，《象山文集》，《王荆公文集》，《東鄉縣志》，《彭惠安公文集》。

又《袁州府》《府志》，《詩經集註》，《易經集註》，《十八方加減》，《圭齋文集》，《釋奠譜》，《孫眞人方》，《唐詩絶句註解》，《熊士選集》，《問刑條例》，《虛舟詩集》，《滄海遺珠集》，《武經七書》，《穆天子傳》，《海叟集》，《阮嗣宗集》。

又《臨江府》《府志》，《金川玉屑》，《周易參考》，《詩經演義》，《春秋考異》，《周禮句解》，《宋史略》，《元史略》，《論林》，《蒐古論》，《類訓》，《草堂詩餘》，《理學類編》，《群書備數》，《梁氏策要》，《山陰詩集》，《石門集》，《五經白文》，《列女傳》，《傳與礪詩法》，《隋書》，《蘇文》，《十九史》，《傳與礪詩集》，《小學》，《忠經》，《禮部韻》，《傳與礪文集》，《氏族大全》，《事林廣記》，《三體唐詩》，《金文靖公集》，《古文》，《尺牘法言校文餘力》，《劉靜脩文集》，《書言故事》，《丹溪纂要》，《西門文集》，《中村別業詩》。

又《贛州府》《虔臺志》，《書經集註》，《四書集註》，《高太史文集》，《唐詩品彙》，《古賦辨體》，《埤雅》，《王狀元詩集》，《小學集註》，《考古圖》，《胡傳》，《王陽明武藝圖》，《隨身備用》，《袖珍方》，《白氏諷諫》，《崔清獻公全錄》，《洪武正韻》，《武經七書》。

又《瑞州府》《府志》，《唐詩鼓吹》，《許氏說文》，《北溪字義》，《文章字義》，《書經會通》，《春秋集》，《參同契補註》，《周易折衷》，《天下正音》，《唐書》，《家人衍義》，《禮記博文》，《農桑撮要》，《隨身備用》，《文章正宗》，《家禮儀節》，《大明律》，《理刑正要》，《春秋綱領》。

又《九江府》《府志》，《石鍾山志》，《天池寺集》，《浯溪集》。

又《南康府》《白鹿洞志》，《陶詩》，《四書集註》，《禮記集說》，《易經本義》，《遵道錄》，《春秋蕃露》，《二業合一訓》。

又《南安府》《府志》，《張東海字帖》，《廣文選》，《劉元城鐵漢樓記》。

又《福建·布政司》《大明會典》，《大明律》，《理數日抄》，《聖學格物通》，《醫林集要》，《醫方選要》，《韓柳文》，《自警編》，《金匱要略》，《東海文集》，《敎家要略》，《國初事蹟》，《感應編》，《玉壺冰》，《櫻寧方》，《筮吉肘後經》，《問刑條例》，《荔枝考》。

又《按察司》《五經集註》，《四書集註》，《晦菴文集》，《薛文清公全集》，《梓溪全集》，《家敎節儀》，《贈言錄》，《胡端敏公奏議》，《洗冤錄》，《麻衣相訣》。

又《五經書院》《通志略》，《杜氏通典》，《東西漢書》，《十三經註疏》，《皇明進士登科考》。

又《鹽運司》《丹溪醫案》，《地理管見》，《陸宣公奏議》。

又《福州府》《文苑英華》，《文編》，《玉髓眞經》，《大學衍義補》，《五代史》，《班馬異同》，《管子》，《傷寒論》，《韓非子》，《小學大全》，《小學白文》，《古音傳》，《一統志略》，《鄭詩》，《鄭文》，《古樂府》。

又《福州府學》《唐書》，《晉書》，《史記題評》，《大明一統志》，《八閩通誌》，《近思錄》，《百將傳并武經七書》，《讀書記》，《學政集》，《傳習錄》，《羅一峰文集》，《宋史新編》，《衛生易簡方》。

又《興化府》《莆陽文獻志》，《類博稿》。

又《漳州府》《府志》，《陳布衣遺稿》，《劉愛禮文集》，《白虎通》，《風俗通》，《陳北溪字義》。

又《泉州府》《府志》，《法帖釋文》，《五經白文》，《周禮》，《歐陽詹集》。

又《延平府》《玉機微義》，《豫章文集》，《延平答問》，《大明令》。

又《建寧府》《四書集註》，《五經集註》，《武經總要》，《朱文公年譜》，《唐文粹》，《杜工部詩》，《顏氏家訓》，《朱文公登科錄》，《建寧府志》，《詩

法源流》，《古樂府》，《建寧人物傳》，《道南源委錄》，《黃學士文集》，《劉屏山文集》，《王氏存笥稿》，《歐陽南野文集》。

又《書坊》《四書白文》，《四書集註》，《四書傍註》，《四書大全》，《四書纂疏》，《四書通考》，《四書通證》，《四書音考》，《四書句解》，《四書輯釋》，《四書發明》，《魯齋四書》，《滄洲四書》，以上四書類。《周易註疏》，《周易本義》，《周易大全》，《周易句解》，《周易會通》，《易學啓蒙》，《董楷附錄》，《張子清附錄》，《程傳》，《毛詩註疏》，《詩經集註》，《詩經大全》，《毛詩句解》，《詩傳通集》，《嚴氏詩輯》，《尚書註疏》，《尚書纂疏》，《書經集註》，《書經大全》，《尚書句解》，《陳櫟書傳》，《董鼎傳》，《左傳註疏》，《公羊註疏》，《穀梁註疏》，《春秋大全》，《春秋左傳》，《春秋胡傳》，《春秋會通》，《春秋四傳》，《春秋纂疏》，《春秋逢闗》，《春秋圖象》，《春秋辯記》，《春秋金鎖匙》，《王霸世疏》，《禮記註疏》，《禮記集註》，《禮記大全》，《禮記句解》，《儀禮註疏》，《儀禮句解》，《儀禮圖》，《周禮註疏》，《周禮句解》，《孝經》，《孝經註疏》，《孝經直解》，《孝經纂疏》，《孝經刊誤》，《魯齋孝經》，《論語註疏》，《孟子註疏》，《爾雅註疏》，《爾雅》，《五經通典》，《九經直書》，《十一經問對》，以上五經類。《洪武正韻》，《大明律》，《大明令》，《問刑條例》，《大明會典》，《諸司職掌》，《皇明正要》，《大明一統志》，《大明官制》，《五倫書》，《禮儀定式》，《內訓》，《勸善書》，以上制書類。《性理大全》，《性理粹言》，《朱子語錄》，《朱子大全集》，《家語》，《近思錄》，《大學衍義》，《大學衍義補》，《小學集成》，《小學集解》，《家禮》，《家禮儀節》，《伊洛淵源》，以上理學類。《史記》，《少微通鑑》，《資治通鑑》，《綱目》，《前編綱目》，《綱目發明》，《綱目書法》，《十七史詳節》，《十九史略》，《三國志》，《貞觀政要》，《范祖禹唐鑑》，《宋南渡史》，《南唐書》，《小學史斷》，《宋金遼三史》，《北史內訓》，《吳越春秋》，《元史節要》，《十七史纂》，《宋元長編》，《南史》，《北史》，《宣和遺事》，《史略釋文》，《古今補斷》，《史綱一覽》，《讀書要訣》，《游文小史》，《史學綱領》，《聖政記》，《皇明經濟錄》，《國朝言行錄》，《理學名臣言行錄》，《孤樹裒談》，以上史書類。《文獻通考》，《山堂考索》，《事文類聚》，《藝文類聚》，《集事淵海》，《翰墨大全》，《韻府群玉》，《百家類纂》，《百川學海》，《初學記》，《考古遺編》，《考古群玉》，《埤雅》，《事林廣記》，《文林廣記》，《萬寶事山》，《搜神記》，《中和集》，《養餘錄》，《神農家教》，《列女傳》，《楚愚類書》，《便民圖纂》，《金璧大全》，《農桑撮要》，《姓源珠璣》，《姓氏大全》，《玉機微義》，《黃氏日抄》，《田家曆》，《六書正譌》，《異物彙苑》，《儀註》，《論學繩尺》，《初學繩尺》，《十大家談論》，《海篇直音》，《玉篇》，《廣韻》，《山海經》，《明世學山》，《三賢正宗》，《天下至略》，《居家必用》，《雷公炮製》，《書言故事》，《日記故事》，《大明一統賦》，《三餘別業》，《獻廷策表》，《便明寶鑑》，《啓青劄錢》，《簡牘大全》，《歐蘇手柬》，《益府對類》，《詩對押韻》，《對類大全》，《劉向新序》，《九邊圖論》，《陸宣公奏議》，《東萊博義》，《九章算法》，《四書人物考》，以上雜書類。《讀律瑣言》，《讀律管見》，《律例附解》，《律例疏議》，《詳刑要覽》，《洗冤錄》，《無冤錄》，《刑統賦》，《出巡錄》，以上刑名類。《綱目兵法》，《武經直解》，《戰國策》，《黃石公素書》，《百將傳》，《武經七書》，《孫武子兵法》，《孫武子本義》，以上兵戎類。《漢文鑑》，《唐文鑑》，《唐文粹》，《宋文鑑》，《元文類》，《楚辭》，《文章正宗》，《續文章正宗》，《文章軌範》，《三蘇文集》，《三蘇文粹》，《刀筆文集》，《皇明文衡》，《皇明文選》，《皇明文範》，《國朝文類》，《朱文公詩》，《陽明文集》，《空同文集》，《駱賓王文集》，《荊川文集》，《宗子相集》，《吾學編》，《中原音韻》，《臺閣人文》，《詩學大成》，《瀛奎律髓》，《杜律虞註》，《杜律趙註》，《韓柳文集》，《李白全集》，《疊山文集》，《荊公文集》，《淮海文集》，《象山文集》，《歐陽文集》，《梅溪文集》，《止齋文集》，《東萊文集》，《宋濂文集》，《虛齋文集》，《甘泉文集》，《楓山文集》，《少湖文集》，《穀原文集》，《白沙文集》，《白沙詩教》，《呂太史文集》，《陶淵明詩》，《黃山谷詩》，《何仲默集》，《詩人玉屑》，《詩韻釋義》，《廣詩鼓吹》，《三體唐詩》，《方山詩說》，《草堂詩餘》，《寇準詩》，《陳摶詩》，《潛菴詩》，以上詩文類。《黃帝素問》，《難經》，《大觀本草》，《銅人針灸》，《東垣十書》，《脈訣》，《丹溪纂要》，《丹溪心法附餘》，《醫學正傳》，《明醫雜著》，《醫林集要》，《仁齋直指》，《肘後經》，《傷寒論》，《活人指掌》，《傷寒指掌圖》，《痘疹方》，《傷寒十書》，《奇效良方》，《活幼口議》，《全幼心鑑》，《濟陰寶鑑》，《活人心統》，《千金方》，《諸證辨疑》，《婦人良方》，《醫經大指》，《小兒方》，《袖珍方》，《藥性賦》，《救急易方》，《針灸四書》，《醫林正宗》，《外科心法》，《青囊雜纂》，《潔古老方》，

《徐氏針灸》,《醫方捷徑》,《乾坤生意》,《加減十三方》,《此事難知》,《卜筮元龜》,《通眞子補註脈訣》,《天玄賦》,《千里馬》,《海底眼》,《望斗經》,《靈棋經》,《火珠林》,《折字林》,《雙林影》,《星學大成》,《百中經》,《子平淵海》,《臺司妙纂》,《五星指南》,《耶律經》,《磨箭賦》,《應天歌》,《消息賦》,《碧玉經》,《七政曆》,《星學源流》,《範圍數》,《前定數》,《梅花數》,《人相編》,《痲衣相》,《五行相》,《三世相》,《皇堂葬編》,《通書大全》,《地理摘奇》,《陰陽捷徑》,《地理眞機》,《地理集說》,《地理大全》,《地理四書》,《天機會元》,《千金風水》,《十代風水》,《金精鰲極》,《玉髓眞經》,《脩眞十書》,《參同契》,《悟眞篇》,《金丹眞解》,《六祖壇經》,《傳燈錄》,《玄玄棋經》,《爛柯經》,《魯班經》,《玉函經》,《牛經》,《馬經》,

以上醫卜星相堪輿玄修等類。

又《邵武府》《四書白文》,《丹溪心法附餘》,《宗子相文集》,《李文忠公文集》,《李忠定奏議》。

又《汀州府》《詩法源流》,《滄浪吟卷》,《明醫雜著》,《文山同年錄》,《道南錄》,《丹鉛總錄》。楊愼著,出上杭縣。

又《福寧州》《玉機微義》,《石堂文集》。

又《湖廣·布政司》《湖廣通志》,《齊民要術》,《本草纂要》,《傷寒全書》,《地理書》,《宋論》,《輿地圖》。

又《按察司》《五經集註》,《四書集註》,《六子白文》,《太白山人詩》,《呂氏春秋》,《爾雅》,《選詩》,《杜詩》,《國語》,《二張詩》,《高蘇門集》,《太古遺音》,《皇明進士登科考》,《文端集》,《文信公集》,《大明律例》,《皇輿考》。

又《武昌府》《杜詩范註》,《左傳》,嘉魚。《詩餘圖說》,《愼言集錄》。興國。

又《楚府》《博物志》,《獨斷》,《新序》,《說苑》,《三體唐詩》,《古文關鍵》,《古文訓學大略》,《丁鶴年詩》,《舒菴集》,《淸江先生文集》,崇德貝瓊著。《小字帖》,《四書集註》。

又《漢陽府》《魯齋文集》,《愚莊集》,《詠物新題》,《夏文忠公集》,《事物紀原》,《雪航膚見》,《效顰集》,《讀書備忘》,元劉肅著。《四書管見》。

又《黄州府》《書經旁註》,《四書管窺》,《王夢澤集》,黄岡王廷陳著。《傳習錄》。蘄州。

又《德安府》《府志》,《初唐詩》,《王彭衙詩》,《隨州志》,《山陵賦》,《應山縣志》。

又《岳州府》《岳州圖經志》,《岳陽古今詩集》。

又《承天府》《詩品》,《申鑒》,《愼言錄》,《沔陽志》,俱沔陽州。《象山文集》。荆門州。

又《襄陽府》《襄陽志》,《周禮考註》,《光化縣志》,《衛生易簡方》。

又《永州府》《府志》。

又《衡州府》《衡州府志》,《家禮集說》,《活幼新書》,《原德錄》,《珍珠囊》。

又《寶慶府》《神異賦》,《解學士文集》。

又《長沙府》《府志》,《岳麓書院圖志》,《文選雙字類要》,《盧溪文集》,《岳麓書院記》。宋張栻作。

又《吉府》《四書集註》。

又《荆州府》《府志》,《後山詩集》。

又《遼府》《東垣十書》,《養生雜纂》,《湘獻遺翰》,《群書要方》,《邇言》,《小學史斷》,《通略直說》,《敘古千文帖》,《簡生遺集》,《養生日覽》,《選詩》。

又《常德府》《府志》,《論孟古義》。

又《郴州》《餘冬序錄》。

又《河南·布政司》《河南通志》,《大明律》,《菊莊詩集》,《遺山文集》,《痘疹方》,《唐詩品彙》,《戰國策》,《唐音》,《崆峒文集》,《事類賦》,《丹溪纂要》,《周北山詩集》,《于肅愍集》,《從古正文》,《文選增定》,《錦繡萬花谷》,《袖珍方》,《容齋隨筆》,《民生利用》,《傷寒指掌圖》,《金丹正理大全》。

又《按察司》《源流至論》,《小學》,《諸司職掌》。

又《汝寧府》《何氏集》,《信陽志》,《太復遺稿》,《孟有涯全集》,《學約古文》,《戴氏集》,俱出信陽州。《孝慈錄》,《農桑撮要》,《保生餘錄》,《元遺山詩》,《楊文忠公集》。

又《衛輝府》《交泰錄》。

又《汝府》《秦漢文》。

又《懷慶府》《魯齋全集》，《文章軌範》。

又《彰德府》《讀書管見》，《古文類選》，《絶句博選》，《圭塘小藁》，《文苑春秋》，《人物志》。

又《趙府》《杜詩選註》，《左傳》，《六子》。

又《河南府》《河南志》，《劉須溪批點杜詩》，《壽親養老書》，《擊壤集》，《二程全書》，《杜律虞註》，《蘇文忠表啓》，《唐詩鼓吹》，《伽藍記》，《淮南子》。

又《山東·布政司》《東遊記》，《醫方集成》，《行軍須知》，《金文靖集》，金幼孜著。《讀書日程》，《三事忠告》，《黄忠宣公詩集》，《問水集》，《唐音》，《王氏農書》，《許先生文集》，《黃帝素問》，《太玄經》，《邊華泉集》，《小學集説》，《家塾事親》，《淮海集》，《春秋集義》，《孝慈録》。

又《按察司》《證類本草》，《一統賦》，《條例便覽》，《張養浩文集》，《石翁稿》，《讀書録》。

又《濟南府》《韓詩外傳》。

又《德府》《舜泉歌》，《雲莊樂府》，《儒門事親》，《張文忠家訓》，《小學》，《張文忠詩集》。

又《東昌府》《五經白文》，《焦氏易林》，《杜氏圖註》。

又《兗州府》《闕里志》，《孔孟通紀》，《陋巷志》，俱出典阜。《殷石川文集》。

又《魯府》《群書鈎玄》，《薩天錫詩》，《西遊記》，《蓬萊圖》。

又《登州府》《海道經》，《西遊記》。

又《青州府》《西漢文鑑》，《四書白文》，《五經白文》。

又《遼東》《遼東志》，《遼城吟稿》，《百戰奇書》。

又《山西·布政司》《劉向説苑》，《山西通志》，《五倫詩》，《河汾諸老詩》，《文選》，《唐文粹》，《宋文鑑》，《小兒痘疹方》，《史記》，《李白詩》，《周禮集説》，《初學記》，《李空同集》，《嘉祐集》，《戰國策》，《杜詩註解》，《董賈文集》，《元文類》，《唐詩紀事》，《續文章正宗》，《太平經國書》。

又《按察司》《文章正宗》，《行軍須知》，《邊華泉詩集》。

又《太原府》《馬石田文集》，《莊定山文集》。

又《平陽府》《中説考》，蒲州。《絳帖》，《釋名》，俱絳州。《論略》，解州。《讀書録》，《讀書續録》，《洪武正韻》，《御史箴》，《薛文清文集》。

又《潞安府》《陳後村文集》。

又《大同府》《古今貞寶》。

又《代府》《養蒙大訓》，《保幼大全》。

又《河東運司》《司馬溫公文集》，《博古圖》。

又《陝西·布政司》《陝西通志》，《丹溪心法》，《鍼灸詳説》，《傷寒撮要》，《家禮集説》，《濟陽丹方》，《金丹直指》，《全唐詩話》，《玉機微義》，《醫經小學》，《養老新書》，《活人心統》，《史記》，《石刻九經》，《荀悦漢紀》，《長安志》，《王漢陂集》，《雍大紀》，《國語》，《何仲默集》，《馬政志》，《小學集解》，《董賈文集》，《張太微詩集》，《策學集要》，《阮嗣宗詩》，《齊民要術》，《康旻齋詩集》，《漢本紀》，《野談》，《碧山樂府》，《許西涯樂府》，《遊春記》，《雍録》，《馬西園文集》。

又《西安府》《洪武禮制》，《千金寶要》，《策學提綱》，《西安地理圖》，《唐音》，《小學集解》，《三輔黄圖》，《井天論章》，《正蒙會稿》，《史學指南》，俱咸陽。《文章軌範》，朝邑。《對類大全》，《五色線》，俱同州。《丘隅集》，喬世寧著。《五經白文》，俱耀州。《四書集註》，三原。《啓劄青錢》，邠州。《論範》，涇陽。《孝經直解》，《孝經刊誤》，《詩人玉屑》。俱乾州。

又《秦府》《吟韻解註》。

又《鳳翔府》《四書白文》，《諸司職掌》，《盛唐詩集》，《軍政條例》，《杜律》，《出行寶鑑》，《詔誥表章機要》。

又《漢中府》《救急易方》，《碎金集》，《家禮儀節》，《呂涇野詩集》，《古文集》，《鎖地鈐》，《問刑條例》，《鄒東廓文集》，《愼言集録》。

又《平涼府》《釋文三註》，《休菴集》，《崔豹古今註》。

又《韓府》《聖賢圖》。

又《臨洮府》《策學集成》，《賓退録》，《翼城志》。

又《慶陽府》《梁氏策要》，《東萊博義》，《金璧故事》，《四書經疑問對》。

又《寧夏》《寧夏志》。

又《慶府》《文章類選》，《飲膳正要》，《增廣唐詩》，《養生雜纂》，《陶淵明集》，《毛晃韻》，《參同契》，《悟眞篇》，《麗景園記》，《文苑英華》，《唐詩鼓吹》，《唐詩古今註》，《詩林廣記》。

又《肇昌府》《小學白文》，《白虎通》，《風俗通》，《太平金鑑策》，《事物紀原》，《酉陽雜俎》，《本草集要》，《唐詩絶句》。

又《延安府》《三體唐詩》，《千文法帖》，《陸宣公奏議》。

又《四川・布政司》《寰宇通志》，《居家必用》，《丹溪心法》，《草堂遊詠詩》，《杜詩集註》，《千金寶要》，《五經》，《四書》，《大學衍義》，《象緯撮要》，《史通》，《東萊讀書記》，《玉壺冰》。

又《按察司》《潛溪文集》，《詩林類選》，《聯錦詩集》。

又《成都府》《策學集略》，《靈棋經》，《文類》。

又《蜀府》《五經纂言》，《五經改機》，《劉向說苑》，《古文關鍵》，《五經傳註》，《五經句解》，《新序》，《金丹正理大全》，《禮記纂言》，《史略》，《忠經》，《錦繡萬花谷》，《貞觀政要》，《直說通略》，《小學史斷》，《詹孟舉千文帖》，《仕學軌範》，《先賢器重》，《方氏女教》，《曹大家女教》，《五經白文》，《通鑑綱目》，《左傳》，《鄭氏女孝經》，《玉機微義》，《脩眞十書》，《自警編》，《壽親養老新書》。

又《順慶府》《鶴山文集》。

又《保寧府》《丹溪纂要》。

又《重慶府》《性理文錦》，《策學集略》，《書院解說》，《本草》，《攝生要義》，《劉須溪批點杜詩》。

又《叙州府》《選詩外編》，《疑辨錄》，《憲綱》，《大誥》，《府志》，《小四書》，《救荒活民書》。

又《嘉定府》《岑參詩集》，《漢雋》。

又《瀘州》《詩韻會釋》。

又《眉州》《三蘇文集》。

又《邛州》《金丹正理大全》。

又《雅州》《李杜千家詩》。

又《廣東・布政司》《唐詩》，《東里文集》，《東里詩集》，《白虎通》，《周禮句解》，《大學衍義》，《類編故事》，《東坡文集》，《東坡詩》，《嶺南珠玉》，《唐書》，《穀梁傳》，《公羊傳》，《左傳》，《大戴記》，《宋史》，《二程全書》。

又《按察司》《五先生詩集》，《傷寒瑣言》。

又《廣州府》《府志》，《丹崖集》，《陳剛中詩》，《白沙全集》，新會縣。《國語》，《杜氏通典》，《五經》，《六子書》，《本草》，《程子語錄》，《白沙詩教》，《泉翁集》。

又《南雄府》《張曲江文集》。

又《廉州府》《安南圖》，《欽州志》。

又《惠州府》《惠大記》，《東坡寓惠錄》。

又《肇慶府》《律詩類編》。

又《雷州府》《府志》。

又《潮州府》《府志》，《學史》，《祥刑要覽》，《草木子》，《薛胡粹言》，《禮義會編》，《鄉禮書》。

又《韶州府》《明良集》，《武溪集》。

又《瓊州府》《瓊臺吟藁》，《丘文莊集》，《大學衍義補》。

又《廣西・布政司》《皇明理學名臣錄》，《皇明名臣錄》。

又《按察司》《問刑條例》，《崇古文訣》，《武學經傳》。

又《桂林府》《府志》，《曹鄴傳》。

又《南寧府》《府志》，《傳習錄》。

又《雲南・布政司》《古文會選》，《古文類選》，《滇南志》，《續文章正宗》，《元史續編》，《武七書》，《通鑑類要》，《石鼓文音訓》，《全幼心鑑》，《群方續抄》，《家語》，《乾坤生意》，《經義模範》，《祥刑要覽》，《通鑑總類》，《陶詩》，《丹鉛餘錄》，《賈誼新書》，《皇明詩抄》，《尙書句解》，《風雅逸編》，《保生餘錄》，《御製文集》，《亢倉子》，《小四書》。

又《按察司》《五言律祖》，《墨池瑣錄》，《水經碑目》，《古樂府》，《乾坤生意》，《雲南通志》。

又《雲南府》《賈誼新書》，《文章正宗》，《學約古文》，《孔子家語》，《五言律祖》。

又《臨安府》《禮記集註》，《交趾圖》，《歷代甲子圖》，《天文地理圖》。

又《大理府》《小學句讀》，《皇明詩抄》。

又《貴州・布政司》 《諸夷圖》，《大誥三編》，《律解附例》，《歷代甲子圖》，《詠史詩》，《本草》，《强恕齋詩抄》。

又《思南府》 《府志》。

《［嘉靖］建陽縣志・書坊書目・圖書》 叙曰：書契既作，文籍肇生。墳、典、索、丘，遐邈堙滅；即倚相復生，無能讀矣。而虞、夏、商、周之文，可攷而知也，逮夫秦火既息，漢澤猶盛，經生學士羽翼訓釋而載籍寖廣。千委一源，殊途同歸，天豈喪斯文哉！建邑兩坊昔稱圖書之府，今厤沙雖燬，崇化愈蕃，蓋海宇人文有所憑藉云。余故備志之。先列尊經閣所藏，遵王制也。

又《儒學尊經閣書目》 四廚。并頒降之外，諸書皆嘉靖丁酉敎諭章悦捐資購置。

文字號廚：《孝順事實》，《爲善陰隲》，《五倫書》，《四書大全》，《易經大全》，《書經大全》，《詩經大全》，《春秋大全》，《禮記大全》，《諸佛名稱歌曲》。已上俱係頒降書。庚子歲秋雖已修整，但冊袠重大，不便檢閲，依數再製。書坊刊本，但《歌曲》無。

行字號廚：自此下三廚皆書坊板。《大誥》，《大明令》，《皇明祖訓》，《資世通訓》，《敎民榜文》，《聖學心法》，《孝順事實》，《爲善陰隲》，《大明一統志》，《大明官制》，《五倫書》，《大明會典》，《大狩錄》，《四書大全》，《易經大全》，《書經大全》，《詩經大全》，《春秋大全》，《禮記大全》，《四書集註》，《易經本義補傳》，《書經集註》，《詩經集註》，《春秋胡傳》，《禮記集説》，《性理大全》，《三禮考註》，《儀禮註疏》，《王制考》，《小學》，《近思錄》，《東萊博議》，《文章軌範》，《歐陽精論》，《鹽鐵論》，《宋文鑑》，《儀禮考註》。《壁水群英》。

忠字號廚：《通鑑綱目》，《通鑑前編》，《續編綱目》，《通鑑節要》，《史記》，《讀史管見》，《十七史詳節》，《國語》，《戰國策》，《文獻通考》，《事文類聚》，《山堂考索》，《翰墨大全》，《藝文類聚》，《名臣言行錄》。

信字號廚：《西漢文鑑》，《東漢文鑑》，《漢文選》，《唐文鑑》，《經史海篇》，《崆峒文集》，《韓柳文》，《三蘇文集》，《事物紀原》，《白虎通》，《六子書》，《宣公奏議》，《律呂元聲》，《秦漢文》，《王氏論衡》。

又《書坊書目》 制書：《大誥三篇》，《洪武禮制》，《禮儀定式》，《洪武正韻》，《大明一統志》，《大明令》，《皇明政要》，《大明會典》，《大明律》，《洪武正韻》，《大明律讀法》，《大明官制》，《議頭大明律》，《諸司職掌》，《儀註》，《敎民榜文》，《開國功臣錄》，《聖學心法》，《爲善陰隲》，《孝順事實》，《勸善書》，《五倫書》，《國朝文類》，《皇明文衡》，《續資治通鑑綱目》。

經書：《四書大全》，《易經大全》，《書經大全》，《詩經大全》，《春秋大全》，《禮記大全》，《五經白文》，《五經正文》，《四書白文》，《四書正文》，《周易本義》，《易經傳義》，《書經集註》，《詩經集註》，《春秋胡傳》，《春秋左傳》，《春秋公羊傳》，《春秋穀梁傳》，《春秋纂疏》，《春秋會通》，《春秋國語》，《春秋王伯列國世紀》，《禮記集説》，《五經傍註》，《巾箱易本義》，《官板四書集註》，《四書傍註》，《書經童子問》，《巾箱四書集註》，《五經類語》，《三禮考註》，《周易翼傳》，《周易啓蒙》，《書傳纂疏》，《孝經》，《性理大全》，《性理白文》，《左傳要語》，《孔子家語》，《小學集解》，《小學啓蒙》，《大學衍義》，《大學衍義補》，《格物通》，《性理文錦》，《四書蒙引》，《易經蒙引》。

諸史：《史記》，《南史》，《北史》，《南唐書》，《宋史全文》，《遼史》，《金史》，已上六史今反俱廢。《資治通鑑》，《資治通鑑節要》，《十七史詳節》，《十九史畧》，《古史》，《通鑑白文》，《世史正綱》，《貞觀政要》，《古今通略》，《小學史斷》，《百將傳》，《班馬異同》，《前編綱目》，《朱子綱目》，《戰國策》，《吳越春秋》，《吳氏春秋》，《日記故事》，《兩漢文鑑》，《唐文鑑》，《宋文鑑》，《通鑑纂要》，《讀史管見》，《列女傳》，《三史正宗》，《三國志》，《兩漢故事》，《宣和遺事》，《通鑑蒙引》，《通鑑品藻》，《將鑑博議》，《言史慎餘》，《當朝名臣言行錄》，《宋名臣言行錄》，《東萊博議》，《兩朝史要》，《歷朝統論》。

諸子：《六子全書》，《五子全書》，《武經七書》，《孫子兵法》，《黄石公素書》，《賈誼新書》，《管子》，《韓非子》，《孔叢子》，《陸宣公奏議》，《劉向新序》，《劉向説苑》，《白虎通》，《鹽鐵論》，《三子口義》，《劉幹中論》，《淮南子》，《草木子》，《諸子纂要》，《朱子大全》，《朱子語錄》，《朱子成書》，《王氏論衡》。

諸集：《文獻通考》，《事文類聚》，《集事淵海》，《藝文類聚》，《山堂考索》，《翰墨大全》，《黄氏日抄》，《大韻府大全》，《古今韻會》，《韻府群玉》，《中原音韻》，《玉海摘粹》，《初學記》，《漢文選》，《增定文選》，《氏族大

全》，《事物紀原》，《姓源珠璣》，《事林廣記》，《古文會編》，《古文大全》，《文公家禮》，《爾雅埤雅》，《諸儒蠡測》，《家禮儀節》，《近思錄》，《綱目兵法》，《程氏遺書》，《文章軌範》，《文章正印》，《儀譜》，《經史海篇》，《群書摘要》，《古文眞寶》，《古文明解》，《武經直解》，《崇古文訣》，《鶴林玉露》，《四十家小說》，《南村輟耕錄》，《海篇直音》，《玉篇》，《律呂元聲》，《釋文三註》，《書言故事》，《金璧故事》。

文集：《文章正宗》，《續文章正宗》，《秦漢文》，《韓柳文集》，《歐陽文集》，《三蘇文集》，《三蘇文粹》，《蔡中郎集》，《李白文集》，《梅溪文集》，《南豐文集》，《王荊公文集》，《疊山文集》，《草廬文集》，《山谷文集》，《象山文集》，《眞西山文集》，《淮海文集》，《龜山文集》，《止齋文集》，《東萊文集》，《南軒文集》，《仁峰文集》，《宋濂文集》，《虛齋文集》，《陽明文集》，《白沙文集》，《甘泉文集》，《楓山文集》，《屛山文集》，《雲莊文集》，《後村文集》，《勿軒文集》，《篁墩文集》，《東海文集》，《空同文集》，《何仲默文集》，《王氏家藏集》，《呂太史文集》，《簡牘大全》，《啓劄青錢歐蘇手簡》，《農桑撮要》，《田家曆》，《大觀本草》，《東垣十書》，《八十一難經》，《王叔和脈訣》，《本草集要》，《藥性賦》，《日用本草》，《活人心書》，《奇效良方》，《婦人良方》，《千金方》，《醫學正傳》，《丹溪心法》，《丹溪纂要》，《明醫雜著》，《袖珍方》，《銅人針灸經》，《加減十三方》，《傷寒論》，《乾坤生意》，《外科心法》，《救急易方》，《針灸四書》，《活人指掌賦》，《醫林正宗》，《醫林集要》，《脈經》，《青囊雜纂》，《醫方捷徑》，《諸症辨疑》，《傷寒十書》，《痘疹方》，《徐氏針灸》，《危氏得效方》，《潔古老方》，《錫類鈐方》，《卜筮元龜》，《拆字林》，《斷易奇》，《海底眼》，《天玄賦》，《火珠林》，《雙林影》，《少湖文集》，《張文潛集》。

詩集：《離騷經》，《事類賦》，《杜工部詩》，《李白詩集》，《選詩補註幷補遺續編》，《萬寶詩山》，《詩宗群玉府》，《瀛奎律髓》，《詩學大成》，《陶淵明集》，《押韻淵海》，《唐詩鼓吹》，《草堂詩餘》，《唐音》，《出相唐詩》，《詩人玉屑》，《詩韻釋義》，《詩林廣記》，《三體詩》，《潛庵詩》，《文山詩》，《寇準詩》，《陳摶詩》，《東坡詩》，《賈島破風詩》，《畫橋詩集》，《解學士詩》，《瓊臺吟稿》，《胡曾詠史詩》，《空同詩》，《千家詩》，《孝順詩》，《中和集》，《對類大全》，《聲律發蒙》。

雜書：《天下志畧》，《居家必用》，《黄帝素問》，《魁本百中經》，《關煞百中經》，《萬年一覽》，《大百中經》，《子平淵海》，《子平淵源》，《五星指南》，《耶律經》，《千里馬》，《應天歌》，《消息賦》，《珞琭子》，《望斗經》，《臺司妙纂》，《通書大全》，《成書大全》，《陰陽捷徑》，《曆府通書》，《尅擇便覽》，《天文賦》，《地理大全》，《地理眞機》，《地理集說》，《千金風水》，《十代風水》，《肘後經》，《鬼靈經》，《葬經全策》，《金精鰲極》，《玉機微義》，《玉函經》，《碧玉經》，《魯班經》，《地理摘奇》，《皇堂葬經》，《葬神口訣》，《脩眞十書》，《參同契》，《悟眞篇》，《人相篇》，《麻衣相法》，《五行相》，《三世相》，《前定數》，《梅花數》，《範圍數》，《牛經》，《馬經》，《山海經》，《博物志》，《贏蟲錄》，《律條疏議》，《大明直引》，《讀律管見》，《出巡錄》，《出巡奏議》，《洗冤錄》，《無冤錄》，《九章算法》，《詳明算法》，《明解算法》，《指明算法》，《木天一覽》，《兩京路程》，《佛門定制》，《道門定制》，《心香妙語》，《群賢集語》，《磨刀賦》，《夢珎故事》，《爛柯經》，《千家錦》。

王材《明太學志》卷二《太學經籍志》 圖書發天地之精，方冊布文武之政。畜德存乎多識，學古乃以入官。周公百篇，孔子三絶，古之聖哲曷嘗不載籍之求哉！以道，則考諸經；以事，則訂諸史；以率典章，則探當代之載；以存隱賾，則兼百氏之言。士之致用，鮮不由此。國家於太學設掌籍之官，所貯之書或取之四方，或頒於秘府。宸文御冊，動賁環林，板刻修藏，屢厪詔命，右文作士，焕乎盛矣！讀之者知踐修之實，守之者謹散逸之防，其庶乎不負盛明之典哉。洪武六年秋八月甲申，博士趙俶等朝於奉天殿，上召至御前，命之曰：「爾等一以孔子所定經書誨諸生，若蘇秦、張儀繇戰國尚詐，故得行其術，宜戒勿讀。」俶等頓首受命而退。十四年夏四月丙辰朔，命國子生兼讀劉向《說苑》及《律令》。十五年冬十一月壬戌，上命禮部官修治國子監舊藏書版，諭之，曰：「古先聖賢，立言以敎後世，所存者書而已。朕每觀書，自覺有益。嘗以諭徐達。達以好學，親儒生，囊書自隨。蓋讀書窮理，於日用事物之間，自然見得道理分明，所行不至差謬，書之所以有益於人也如此。今國子監所藏舊書版多殘缺，其令諸儒考補，命工部督匠修治之，庶有資於學者。」十九年春正月，以《御製大誥》頒賜監生。二十八年春正月，頒趙麟《誹謗榜冊》及《警愚輔敎》二錄於國子監。永樂二年二月，命工部修補國子監經籍版。以上俱在南京國子監。六月，頒

《古今列女傳》書版於國子監。十三年，頒賜《五經四書》、《性理大全》於國子監。十四年夏四月，頒賜《大字千文法帖》於國子監。十七年三月，頒賜《御製爲善陰隲書》於國子監。十八年六月，頒賜《御製孝順事實》於國子監。正統十五年，南監祭酒陳敬宗奏請頒給《御製五倫書》於太學，從之。弘治十五年，頒賜《大誥》、《歷代名臣奏議》於國子監。嘉靖七年，頒賜《明倫大典》於國子監。九年，頒賜《大明集禮》於國子監。按：本監書籍自頒賜者，則出御府，其餘諸書則取自南雍及來自四方者也。其各書版刻，亦多由四方移集本監，間有自刻者。但年久朽蠹，殘缺者多，搜補不宜後。舊志載，弘治十四年始置五廚於載道所，中藏制書。而以經、史、子、集列度之，書版則別廚以藏。至嘉靖三十六年，重修五廚，復增置五架，而書籍版刻庶無散逸之虞矣。

中紅廚：□□□三本。與舊志同。《爲善陰隲》一百六十本。舊志一百六十一本，今缺一本。《孝順事實》一百七本。舊志一百八本，今缺一本。《五倫書》九部，每部六套六十二本。舊志七部，今多二部，其一部缺一本。《大明會典》十套一百本。《歷代名臣奏議》十五套一百五十本。舊志同。

左一黑廚：《易經大全》六部，每部一十二本。舊志四部，今多二部，一部缺二本，一部缺四本。《書經大全》五部，每部十本。舊志三部，今多二部，一部缺五本。《詩經大全》六部，每部十二本。舊志四部，今多二部，其缺十二本。《春秋大全》六部，每部十八本。舊志四部，今多二部，其缺六本。《禮記大全》六部，每部十八本。舊志五部，今多一部，缺四本。《易經本義》七部，每部一套六本。舊志八部。《書經集註》六部，每部一套六本。舊志七部。《詩經集註》五部，每部六本。舊志八部，今五部全三部，共缺十二本。《春秋胡傳》三部，每部四本。舊志四部。《禮記集註》八部，每部二套八本。舊志九部，今一部缺四本。《儀禮》一十五本。《祭禮》一十三本。《喪禮》一十二本。《孝經》二本。俱舊志同。

左二黑廚：《四書大全》六部，每部二十本。舊志四部，今一部缺九本。《四書集註》二部，每部十本。舊志五部，今缺一部，又一部在東廂，一部缺二本。《性理大全》六部，每部三十本。舊志四部，今多二部，一部缺五本。《周禮全書》一部二本。《史記》一部二十本。舊志無。《太玄索隱》一部三本。《楊子太玄》一部二本。《老子》一本。《列子》一本。《尉繚子》一本。《楊子法言》一本。俱舊志同。

右一黑廚：《漢詔》三本。《蜀漢本末》三本。《前漢書》一部二十本。《後漢書》一部二十本。《三國志》一部十一本。《晉書》一部二十六本。《宋書》一部三十本。《南齊書》一部十本。《北齊書》一部八本。《魏書》一部三十本。《南史》一部十五本。《北史》一部二十六本。《五代史》一部八本。《元史》一部四十本。《宋遼金正統》一本。《資治通鑑》一部六十二本。俱舊志同。《文獻通考》一部五十八本。查舊志今缺一部。《通鑑綱目》十四部，每部十六本。舊志今缺一部，又一部缺五本。《梁書》一部十六本。《後周書》一部八本。《讀書記》一部二十四本。俱舊志同。

右二黑廚：《明倫大典》一部四套二十四本。《大明集禮》一部四套三十六本。《紅僉字帖》四十三帖。《白僉字帖》四十四帖。舊志九十六帖，今缺十二帖。

東廂書廚《易經本義》一部六本。《書經集註》一部六本。《詩經集註》一部六本。《春秋胡傳》一部四本。《禮記集註》一部八本。《四書集註》一部十本。《性理大全》一部三十本。《通鑑綱目》一部十六本。

西廂書廚：《易經大全》一部十二本。《書經大全》一部十本。《詩經大全》一部十二本。《春秋大全》一部十八本。《禮記大全》一部十八本。《四書大全》一部二十本。《易經本義》一部六本。《書經集註》一部六本。《詩經集註》一部六本。《春秋胡傳》一部四本。《禮記集註》一部八本。《四書集註》一部十本。《性理大全》一部三十本。《通鑑綱目》一部十六本。《史記》一部二十本。

堪印書版數目：《敕諭監規》十塊。《國子監通志》、《續志》共一百六十九塊。《東萊集》六百九十四塊。舊志三百六十七塊，餘係嘉靖二十一年司業王同祖刊補，尚欠七塊。《千字文體》一百二十七塊。舊志二百八十塊。《世史正綱》四百八十八塊。舊志四百九十塊。《進修錄》七十七塊。以上二書祭酒邱濬刻。《臨川集》七百四十四塊。舊志六百八十七塊，餘係嘉靖五年祭酒嚴嵩刊補。《侯伯習禮》二十五塊。舊志一十塊，餘係嘉靖十四年祭酒呂柟修補，今缺一塊。《山海經》八十五塊。舊志八十六塊。《新官到任須知》大小板二十八塊。舊志五十四塊。《陳情出師表》二塊。《藥性珍珠囊》一十四塊。《四時氣候圖》四塊。《臨雍錄》五十四塊。《詩樂圖譜》三百六十四塊。缺二塊。

《儀禮圖解》二百八十一塊。《四子抄釋》二百一十六塊。《監規發明》一十六塊。《春季考錄》三十三塊。缺一塊，自《詩樂圖譜》以下俱祭酒呂柟刻。《會約》十二塊。司業童承叙刻。《申明監規》一十二塊。祭酒王教刻。《綱目前編》五十三塊。《敬一箴》三十三塊。祭酒吳山刻。

殘缺不堪印書版數目：《易經白文》一十七塊。《易彖》八塊。《周易音訓》一十九塊。舊志二十一塊。《書經白文》一十六塊。《尚書會選》二百二十九塊。舊志無。《周禮》二十二塊。《喪禮》六百八十塊。《祭禮》五百五十八塊。《四書集義》一千二百十五塊。《大學集註或問》四十八塊。《中庸集註或問》九十三塊。《論語集註》一百三十四塊。《論語小字》一十四塊。舊志二十八塊。《論語白文》一十三塊。舊志五十五塊。《孟子集註》一百七十三塊。《孟子小字》五十六塊。《孟子節文》五十三塊。舊志五十八塊。《大明律》一百九塊。《大學衍義》二十八塊。舊志四十四塊。《淮海文集》一百四十九塊。《青雲梯賦》三十九塊。舊志四十四塊。《詩苑珍珠囊》七十三塊。《楚辭》八十二塊。舊志八十五塊。《樊川集》九十七塊。舊志一百六十二塊。《孟四元賦》八十三塊。舊志九十三塊。《小學》一百三十三塊。《朱子語畧》一百七十五塊。舊志一百八十七塊。《押韻》九十五塊。《西林氏書》三十四塊。舊志三十七塊。《字苑撮要》一百九塊。舊志一百一十五塊。《唐詩目錄》四十五塊。舊志六十八塊。《讀書錄》二百二塊。《經世籍》二百八塊。舊志二百一十八塊。《古史世家》八十三塊。《古史列傳》一百三塊。《古史本紀》二十塊。舊志二十二塊。《類林雜說》四十一塊。舊志五十一塊。《本草》四十五塊。《觀物篇》二十五塊。舊志二十六塊。《通鑑正誤》六十塊。《幼小方》二十四塊。《韻畧》二十八塊。《務本直言》一十一塊。《朱子家禮祠堂事目》一塊。《司馬溫公心箴我箴》二塊。《官箴》四塊。《學的》九十九塊。二書舊志無。右書版亦有舊志數少而今稍多者，由後來補刻也。然補於此，又缺於彼多矣。外卯簿格眼一塊，學規一塊，官吏監生糧票二塊，序版一塊，日程課版一塊，糧簿版二塊。

錢謙益《牧齋有學集》卷三一《隱湖毛君墓誌銘》 子晉初名鳳苞，晚更名晉，世居虞山東湖。父淸，孝弟力田，爲鄉三老。而子晉奮起爲儒，通明好古，強記博覽。不屑儷花鬭葉，爭研削間。壯從余游，益深知學問之指。意謂經術之學原本漢唐，儒者遠祖新安，近考餘姚，不復知古人先河後海之義。代各有史，史各有事，有文。雖東萊武進以鉅儒事鉤纂，要以岐枝割剝，使人不得見宇宙之大全。故于經史全書勘讎流布，務使學者窮其源流，審其津涉。其他訪佚典，搜秘文，皆用以裨輔其正學。于是縹囊緗帙，毛氏之書走天下，而知其標準者或鮮矣。經史既竣，則有事于佛藏。軍持在戶，貝多溢几。捐衣削食，終其身芒芒如也。蓋世之好學者有矣。其于內外二典，世出世間之法，兼營并力，如飢渴之求飲食，殆未有如子晉者也。余老歸空門，撥棄世間文字，每思以經史舊學、朱黃油素之緒言，悉委付于子晉。子晉晚思入道，觀余箋注《首楞般若》，則又思刊落枝葉，迴向文字因緣，以從事于余。而今皆不可得矣。【略】子晉爲人，孝友恭謹，遲重不洩，交知滿天下。【略】生于己亥歲之正月五日，卒于己亥歲之七月二十七日，年六十有一。

顧湘輯《汲古閣校刻書目》 《十三經註疏》，【略】共一萬一千八百四十六葉。外，總序九篇，約八十餘葉。《五經》（《易經》四卷一百六十八葉，《書經》六卷二百九十九葉，《詩經》八卷三百三十八葉，《春秋》三十卷五百葉，《禮記》十卷七百十四葉，共二千十九葉）。《四書》四百五十一葉。《三元四書》四百五十一葉。《高頭四書》四百五十一葉。《孔子家語》十卷，二百二十六葉。《讀易便解》二卷，一百九十九葉。《春秋左傳》三十卷，一千一百十一葉。《左概》六卷，二百十八葉。《大學衍義》□□□□□□。《小學析疑》三卷，一百十五葉。《離騷》一百四十葉。《許愼說文解字》十五卷，五百四十五葉。《十七史》，【略】共二萬二千二百九十三葉。外，總序、緣起共二十六葉。《史記索隱》三十卷，一百六十二葉。《五代史補》五卷，又闕文一卷。五十八葉。《津逮秘書》十五集，【略】共二千八十二葉。計一百四十五種，共一萬六千六百三十七葉。《漢隸字源》三百六十二葉。《陸狀元通鑑》□□□□□□。《滑耀編》四卷，四百九葉。《李善註文選》六十卷，九百八十葉。《玉臺新詠》十卷，二百四十三葉。《漢魏六朝一百三家集》，【略】全部共七千三百四葉。《盛唐二大家》。（《李翰林集》二十五卷，八百二十六葉。《杜工部集》二十卷，又文二卷七百六十三葉。共一千六百五葉，總序、序例、紀畧在內。）《三唐人文集》。（《孫可之集》十卷。六十二葉，《李習之集》十八卷。一百七十九葉。《皇甫持正集》六卷。七十二葉。共三百十三葉。）《四唐人集》。（《李賀歌詩編》四卷又《集外

詩》五十八葉，吳融《唐英歌詩》三卷五十六葉，杜荀鶴《唐風集》三卷五十三葉，《竇氏聯珠集》三十九葉，共二百六葉。）　《五唐人集》。（《孟襄陽集》三卷。八十八葉，《孟東野集》一卷。附一卷一百八十二葉，《追昔遊詩》三卷。五十一葉，《金荃集》七卷。別集一卷，八十六葉，《香奩集》全卷。二十七葉，共四百三十四葉。）　《八唐人集》。（《丁卯集》二卷。六十三葉。《甲乙集》十卷。八十四葉。《碧雲集》三卷。五十九葉。《李文山集》三卷。五十二葉。《李義山集》三卷。一百二十七葉。《許昌集》十卷。五十五葉。《長江集》十卷。八十二葉。《臺閣集》全卷。二十五葉，共五百四十七葉，外總序八葉。）　《六唐人集》。（《常建詩集》三卷。二十葉。《韋蘇州集》十卷。一百三十二葉。《王仲初集》八卷。一百四葉。《鮑溶集》六卷。又集外詩五十六葉。《姚少監集》十卷。一百三十七葉。《韓內翰別集》全卷。五十九葉共五百八葉。）　《唐三高僧詩集》。（貫休《禪月集》二十六卷。二百七十三葉。皎然《杼山集》十卷。二百五十六葉。齊己《白蓮集》十卷。二百六十四葉。共七百八十四葉。）

《唐僧宏秀集》十卷，一百十三葉。《嚴維詩》□□□□□。《唐人選唐詩八種》。【略】共七百八十四葉。　《陶淵明集》二百三葉。郭茂倩《樂府》一百卷，一千三百三十八葉。《唐詩類苑》二百卷，六千三百六葉。《唐詩記事》八十一卷，一千六百七十五葉。　《陸放翁全集》。（《渭南文集》五十卷，九百四十八葉。《劍南詩稿》八十五卷，二千八百八十八葉。《逸稿》二卷，三十八葉。《南唐書》十八卷，二百五十葉。《老學庵筆記》十卷，一百九十六葉。《家世舊聞》八葉。《齋居紀事》七葉。共四千三百三十五葉。）

《詩詞雜俎十六種》。【略】共四百五十三葉。　《蘇門六君子集》。（《豫章》四卷，五十六葉。《淮海》十四卷，一百五十九葉。《宛邱》二十二卷，三百八葉。《濟南》五卷，八十葉。《濟北》二十一卷，三百八十一葉。《后山集》四卷，四十九葉。共一千三十二葉。序例、雜著二十三葉。）　《范德機集》七卷，一百九十葉。《揭曼碩集》三卷，九十葉。共六百七十一葉。

《詞苑英華九種》【略】共一千三十葉。　《列朝詩集》。【略】共三千八十七葉。　《群芳譜》三十卷。【略】共一千六百七十六葉。　《琴川志》十五卷，三百二十一葉。《吳郡志》五十卷，六百八十五葉。《本草經疏》三十卷，一千三百葉。《外科正宗》四卷，四百七十三葉。《痘證新書》全卷六十四葉。《慶善注楚詞》十七卷，三百五十三葉。《金剛經疏鈔》六百二十五葉。　《心經小鈔》七十五葉。　《梵本翻宋板華嚴經全部》□□□□□。《廣筆記全卷》二百十七葉。　《宋名家詞六集》。【略】全部共二千六百九十五葉。　《蘇米志林》一百八十七葉。《中吳紀聞》六卷，一百五十葉。《滄螺集》六卷，七十三葉。《忠義集》七卷，九十六葉。《江東白苧》一百二十四葉。　《六十種曲》。【略】共七千九百八十六葉。

李穀《汲古閣書跋叙》（潘景鄭輯《汲古閣書跋》卷首）　叙題跋書，昔人每游戲取勝，如蘇長公、黄涪翁、劉後村諸公，妙處多見於題跋，然不過襲詞賦風流之一派耳。子晉不盡然也。子晉自甲子以來，校刻經、史、子、集及唐、宋、元名人詩詞，凡二百餘種。每刻必求宋、元善本而折衷焉。或爭勝於前哲，或兼俟之後人。輒跋數語於篇終，俾讀者考其世知其人，非僅僅清言冷語逞詞翰之機鋒已也。予讀其書，必錄其跋，積有若干則。山居寡歡，輒以披對，如親串。昔太史公作《史記》，著有論贊，讀論贊而紀傳之意備矣。予謂不及讀汲古全書者，請讀其跋語可乎。然即其所刻種類之後先爲纂集，略無詮次也。海內氣類有同予好者，於此可以窺子晉之一斑矣。崇禎癸酉春拂水山樵李穀識。

胡震亨《毛子晉諸刻題跋引》（同上）　子晉既刻其所藏書若干種，各爲之題辭行世矣。友人愛其書，尤愛其題辭，勸子晉盍單行之，於是又有題辭之刻。書之有題辭也，昉劉向較上叙錄，以數言言作者著書大意，惟簡質精確爲得體。後世若晁公武《讀書志》、陳直齋《書錄解題》稍近之。若曾子固諸書錄，汪洋辨博，如序論然，既失之。其他蘇、黄書傳跋，寥寥韻致，言取自適，未必盡中於其書，尤去叙錄遠矣。今子晉語雖多雋，不爲蘇、黄之佻；辨雖多詳，不爲曾氏之冗。大抵原本晁、陳兩家，以持論爲主，而微傳之綵繢，以合於都水氏序錄之遺。則信可傳者，宜同調之多愛也。世人嗜高文大篇，往往不如其嗜短行小藻，擊節吟咀不能已。雖俗好之偏有然，迺吾謂子晉自雅足當之。友弟海鹽胡震亨識。

摩訶衍人正止《汲古閣書跋引》（同上）　文章家取要言不煩、以少爲貴者，立三格：曰贊，曰銘，曰跋，皆具體而微。譬諸蝘蜓以分寸之身，頭角四肢，宛然屈信，變化與神龍無異。非所謂小之可以敵大也，夫贊與銘祗擬一人拈一事，面乎形勢，出我剸裁，惟行止自如而已。至若文跋者，則士

生千百世之後而誦讀千百世以前之書，乃神與之游，意與之接，聲心皆與之應和。欲寥寥數語，通部會歸，偶揭一端，從來未發，是非手眼明快、胸次玲瓏，必不能置喙瑜瑕而苴補缺陷。儼當時作者留此餘地，以俟後人成之。不然，何樂贅疣爲也？麟之仁物也，於趾則全麟在趾；麈之引群也，於尾則全麈在尾；典籍之斡旋也，於跋則全經在跋。宋之蘇長公、山谷老人、陸放翁，每每擅斯勝場。我明則鳳洲先生有《讀書後》。近屬吾友毛子晉焉。子晉家類積書巖，凡遘善本而海内所寡者，必梓之，以公同好。既授梓矣，嘗搜剔古人不刊之秘旨、不罄之剩義，綴諸末簡，標如月星，耀若珠貝，令人弗掩卷而興嗟，誠快心矣！漢高帝之撼秦若項也，韓、彭、蕭、曹亦無不偉，然奏績列坐分功，獨婁敬以都關中一節爲喫緊，故不勞弓刀血戰，而賜姓班爵與諸將埒，何也？敬蓋籌之熟矣。子晉跋書，嘗賤此術，其二十一史中之婁敬也。人其妬之否，謹叙。天台摩訶衍人正止撰於寶月堂。

夏樹芳《毛子晉諸書跋語題詞》（同上） 子晉居琴川七星橋下，好淫書。中通而貌叡，寓目流覽，輒能濯秀搴靈，津津自立門伐，與賢豪長者揚扢上下。輒喜嘉惠後學，以示來茲。剞劂者肩摩而進，懸之國門，海内悉知有毛氏書云。諸所鐫刻，亡慮數百餘家。上得之金題，下得之醬瓿，顯得之傭肆，奧得之橋山劍舄之間。一縱一横，披賞跌蕩。或芟薙其踳駁，或補亡其滲漏，或考蹠其贋譌。片語單詞，往往發人所未發，而又按之紀載，弗以聰明小家自逗。觀者一再行，不自知其口噴珠而目流虹也。昔班彪網羅子史，父黨揚子雲以下，咸造其廬。張華好讀異書，天下奇秘，皆在華所。一時名宿，若摯虞輩皆資華之善本以取證焉。公能澒洞汲古，傾不貲之橐，以善世頓令，千秋作者與今時之喆士寤寐謦欬而磅礴無涯，其藻略也泓，其風澤也遠。咄咄子晉，度越一世無兩矣。

盧世㴶《贈毛子晉序》（《十三經注疏》毛晉汲古閣本卷首） 余生而有書癖，見古集善本，必齋戒以將之，危坐以進之，鼓歌以舞之，流略摩挲，不啻彝鼎。猶記數年前，偶得《陸放翁集》及《唐人選唐詩》，刻畫如繡，心開目明。每及終卷，必有跋語數行。考核精簡，文彩風流。署曰：湖南毛晉。意必深心讀書之士，而遠在湖湘者。逢人遍問，乃知家於吳會，且工舉子業，爲秀才中僑佺。賡名鳳苞，志在大科。雕搜翰墨之林，通夢交魂，推襟送抱，其意念深矣。蓋游於藝云。會余客潤州，子晉攜所刻《十三經注疏》相示。【略】晉曰：「《唐人選唐》中有《御覽》詩，此獨不可倣故事而行之乎？」子晉爰命余作序。余再三不敢出手，又謂子晉曰：「虞山一序觀止矣，何爲益多？」子晉亦不復相強。然子晉雅意終不可負，爰銓次數語，以贈子晉，併以留別。夫子晉博學能文章，世知之矣。亦知子晉之爲人乎，血氣方剛，無聲色貨利之嗜，以淺其天機。凡博奕、飲酒、車馬、衣服，啖名任俠，一切泊然。僻處昆湖之濱，讀書談道，密爾自娱。興之所至，梨棗如雲。莊嚴妙麗，爲先民塑像，爲作者傳神。一堂之中，一牀之上，千秋萬古、四海九州總萃焉。子晉亦何與人間事人，亦烏能名子晉之所以哉。且子晉行徑，較世迥別。即近者訪余，使院一茶而行已。使人物色之，則駕而遊焦山矣。又物色之，則駕而還昆湖矣。天際鴻翔，令人自遠嗟乎！吾安得不敬子晉乎！吾安得不思子晉乎！抑聞子晉好友，有李孟芳者，畸人而志士也，幸以吾言質之。

劉若愚《酌中志》卷一六《内府衙門職掌》 司禮監提督一員，秩在監官之上，于本衙門居住，職掌古今書籍、名畫、冊葉、手卷、筆、墨、硯、綾紗、絹布、紙劄，各有庫貯之，選監工之老成勤敏者掌其鎖鑰。所屬掌官四員或六員佐理之，并内書堂亦屬之。又，經廠掌司四員或六員，在經廠居住，只管一應經書印板及印成書籍，佛藏、道藏、番藏，皆佐理之。

又 蘇杭織造太監一員，亦有敕諭關防，秩視秉筆，而安逸尊富過之。萬曆年間，惟孫太監隆，先監之同年也，多學善書，曾刻《通鑑總類》、《中鑒録》等書。所造清謹堂墨，款製精巧，猶方于魯、程君房，而劑料精細，爲殊勝焉。

又卷一八《内板經書紀畧》 凡司禮監經廠庫内所藏祖宗累朝傳遺秘書典籍，皆提督總其事，而掌司、監工分其細也。自神廟静攝年久，講幄塵封，右文不終，官如傳舍，遂多被匠夫廚役偷出貨賣。柘黄之帙，公然羅列於市肆中，而有寶圖書，再無人敢詰其來自何處者。或占空地爲圃，以致板無晒處，濕損模糊，甚或劈經板以禦寒，去其字以改作。即庫中見貯之書，屋漏浥損，鼠嚙蟲巢，有蛀如玲瓏板者，有塵黴如泥片者，放失虧缺，日甚一日。若以萬曆初年較，蓋已什減六七矣。既無多學博洽之官綜核齊理，又無簿籍數目可稽以憑銷算。蓋内官發跡，本不由此，而貧富升沉，又全不關乎貪廉勤惰。是以居官經管者，多長於避事，而鮮諳大體，故無怪乎泥沙視

之也。然既屬內廷庫藏，在外之儒臣又不敢越俎條陳，曾不思難得易失者，世惟書籍爲最甚也。昔周武滅商，《洪範》訪自箕子；晉韓起聘魯，見《易象》、《春秋》曰：周禮盡在魯矣。今將有用圖書，盡擲無用之地，豈我祖宗求遺書於天下，垂典則於萬世之至意乎？想在天之靈，不知如何其惘然，如何其太息也。今上天縱英明，右文圖治，倘一旦清問祖宗歷來所存書籍幾何？或聖駕親臨庫際一覽視之，亦聖道幸也。惜哉！當局者未肯思及此耳。祖宗設內書堂，原欲於此陶鑄眞才，冀得實用。按《古文眞寶》、《古文精粹》二書皆出於老學究所選。纍臣欲求大方於明白上水頭古文選爲入門，再將宏肆上水頭古文選爲極則。起自《檀弓》、《左》、《國》、《史》、《漢》、諸子共什七八，唐、宋什二三爲一種。再將洪武以來程墨垂世之稿，亦選出一半爲入門，一半爲極則，亦爲一種。四者同成二帙，以範後之內臣。奏知聖主，發司禮監刊行，用示永久，不知上天肯假之歲月，令其遂志否也。皇城中內相學問，讀《四書》、《書經》、《詩經》、看《性理》、《通鑑節要》、《千家詩》、《唐賢三體詩》，習書柬活套，習作對聯，再加以《古文眞寶》、《古文精粹》，盡之矣。十分聰明有志者，看《大學衍義》、《貞觀政要》、《聖學心法》、《綱目》，盡之矣。《說苑》、《新序》亦間及之。《五經大全》、《文獻通考》涉獵者亦寡也。此皆內府有板之書也。先年有讀等韻、海篇部頭，以便撿查難字。凡有不知典故難字，必自己搜查，不憚疲苦。其後，多鹵莽粗浮、懶於講究，蓋緣心氣驕滿，勉強拱高，而無虛己受善之風也。《三國志通俗演義》、《韻府群玉》皆樂看愛買者也。至於《周禮》、《左傳》、《國語》、《國策》、《史》、《漢》，一則內府無板，一則繩於陋習，槪不好焉。除古本、抄本、雜書不能開徧外，按現今有板者，譜列於後，即內府之經書則例也。

《五倫書》，六十二本，一千七百一葉。《詩傳大全》，十二本，九百九葉。《書經大全》，十本，七百六十三葉。《周易大全》，十二本，一千一百十八葉。《春秋大全》，十八本，一千四百五十九葉。《禮記大全》，十八本，一千二百九十九葉。《易傳》，六本，五百八十二葉。《書傳》，六本，五百八十三葉。《詩傳》，六本，六百三十五葉。《春秋傳》，四本，一千零六十一葉。《禮記》，八本，一千六十一葉。《四書大全》，二十本，一千五百八十九葉。《四書集註》，十本，八百二十葉。《性理大全》，三十本，二千一百六十九葉。《資治通鑑綱目》，四十本，四千一百葉。《續資治通鑑綱目》，十四本，一千一百二十二葉。《少微通鑑節要》，廿本，四千四百廿八葉。《通鑑節要續編》，二十本，一千六百八十三葉。《晏宏通鑑綱目》，三十本，四千二十葉。《文獻通考》，一百本，一萬八百三十六葉。《歷代名臣奏議》，百五十本，九千七百二十葉。《歷代通鑑纂要》，六十本，三千六百三十葉。《大明會典》，一百四十本，六千五百九十葉。《事文類聚》，一百三十本，八千三百六十葉。《大明一統志》，四十本，三千一百五十葉。《明倫大典》，廿四本，七百廿葉。《大明集禮》，三十六本，一千四百七十二葉。《大學衍義》，二十本，一千三百八十二葉。《大學衍義補》，四十本，三千六百葉。《對類》，十二本，八百七十三葉。《諸司職掌》，三本，四百二十八葉。《大明官制》，二本，三百七十葉。《御製大誥》，四本，二百五十三葉。《大明律》，二本，一百七葉。《洪武正韻》，五本，五百葉。《韻府群玉》，十本，一千四十葉。《御製文集》，八本，七百十三葉。《經史海篇直音》，五本，五百十二葉。《廣韻》，二本，二百五十五葉。《玉篇》，二本，三百十五葉。《御製詩集》，二本，八十四葉。《經書音釋》，二本，一百七葉。《詩韻釋義》，二本，一百五十八葉。《四書白文》，六本，三百十二葉。《詩學大成》，十四本，一千葉。《爾雅埤雅》，四本，三百九十七葉。《許氏說文》，八本，六百五十葉。《呂眞人文集》，二本，二百四十葉。《孔子家語》，三本，一百四十四葉。《通書大全》，八本，九百九十葉。《列女傳》，三本，一百三十五葉。《神課金口訣》，二本，二百四十葉。《仁孝皇后勸善書》，十本，八百七十六葉。《臞山肘後神樞》，二本，一百七十八葉。《選擇曆書》，二本，二百五十六葉。《雍熙樂府》，二十本，一千七百九十三葉。《三國志通俗演義》，廿四本，一千一百五十葉。《歷代臣鑒》，十本，五百六十葉。《貞觀政要》，八本，三百七十葉。《居家必用》，十本，八百八十葉。《聖學心法》，四本，三百十五葉。《釋文三註》，千字文，七十一葉。胡曾詩，九十九葉。蒙求，一百四十葉。《飲膳正要》，三本，七百七十五葉。《唐賢三體詩》，二本，一百七十二葉。《古文精粹》，二本，二百五十六葉。《李白詩》，四本，三百六葉。《選詩補註》，三本，三百十三葉。《唐詩鼓吹》，五本，二百六十六葉。《高皇后傳》，一本，四十七葉。《女訓》，一本，四十九葉。《內訓》，一本，五十葉。《尙書孝經大學中庸》五本，三百三十六葉。《周易占法》，二本，二百四十葉。《草堂詩餘》，二本，一百九十葉。《恩紀含春堂詩》，二本，一百十五葉。

《擊壤集》，四本，三百五十葉。《勸忍百箴》，四本，三百葉。《古文眞寶》，四本，三百九十一葉。《醫要集覽》，六本，二百八十葉。《草韻辨體》，六本，二百七十葉。《增定華夷譯語》，十一本，一千七百八葉。《評史心見》，六本，三百五十葉。《通鑑博論》，三本，二百九十葉。《重刻證類本草》，十本，一千三百四十五葉。《養生類纂》，五本，一百九十七葉。《釋氏源流應化事蹟》，四本，四百四十葉。《皇明祖訓》，一本，五十葉。《洪武禮制》，一本，八十二葉。《稽古定制》，一本，八十二葉。《鄭氏女孝經》，一本，四十二葉。《祖訓條章》，一本，十二葉。《曹大家女訓》，一本，十六葉。《女誡直解》，一本，四十八葉。《劉向說苑》，五本，三百二十五葉。《皇明典禮》，一本，九十五葉。《內則詩》，一本，六十二葉。《內令》，一本，十二葉。《昭鑒錄》，一本，一百五十二葉。《御製洪範篇序》，一本，三十六葉。《勤政要典》，一本，七十三葉。《外戚事鑒》，一本，六十八葉。《山居四要》，一本，八十三葉。《慈聖皇太后女鑒》，一本，六十九葉。《女訓內訓》，同前。《臞仙肘後經》，一本，一百十二葉。《玉匣記》，一本，八十二葉。《省躬錄》，一本，七十二葉。《祥異賦》，一本，四十九葉。《步天歌》，一本，八葉。《傳心妙訣》，一本，四十五葉。《詳明算法》，一本，一百十葉。《草字碎金》，一本，九十二葉。《眞字碎金》，一本，九十二葉。《千家姓》，一本，五十九葉。《孝順事實》，一本，二百九十二葉。《爲善陰隲》，一本，三百七十二葉。《小學書解》，一本，一百六葉。《忠經》，一本，四十二葉。《孝經大義》，一本，四十二葉。《歷代紀年》，一本，三十六葉。《四時歌曲》，一本，十二葉。《隨機應化錄》，一本，六十葉。《高皇帝道德經註解》，一本，六十九葉。《達達字孝經》，一本，四十二葉。《醫按書》，一本，三十二葉。《蒙求白文》，一本，十九葉。《山歌》，一本，四葉。《華夷譯語》，一本，八十八葉。《古字便覽》，一本，五十二葉。《八行遺事集》，一本，二十八葉。《警世篇》，一本，三十一葉。《忠經直解》，一本，十六葉。《太上感應篇》，一本，九十二葉。《憲綱》，一本，五十葉。《百家姓》，一本，十葉。《大學》，一本，三十六葉。《千字文》，一本，十七葉。《孝經》，一本，十六葉。《中庸》，一本，五十六葉。《千家詩》，一本，四十四葉。《四書雜字》，一本，十二葉。《七言雜字》，一本，十三葉。《三字經》，一本，二十六葉。《啓蒙集》，一本，四十葉。《啓蒙書法》，［即《永字八法》］一本，二十一葉。《草訣百韻》，一本，十四葉。《草訣百韻歌》，三本，四十葉。《八行圖書》，一本，四十葉。《孝經直解》，一本，三十六葉。《解夢書大全》，二本，七十葉。《四書直解》，二十五本，一千零四十二葉。《書經直解》，十三本，八百二十葉。《通鑑直解》，二十五本，一千四十二葉。《帝鑑圖說》，六本，三百五十六葉。《劉向新序》，三本，一百四十二葉。《洪武正韻玉鍵》。二本，一百三十葉。

佛經一藏，計六百七十八函，十八萬八十二葉。共用白連四紙四萬五千二十三張，藍絹二百五十三匹七尺四寸，黃絹廿六匹二丈四尺一寸，已上每匹長三丈二尺，黃毛邊紙五百七十張，藍毛邊紙四千九百十二張，黃連四紙三百四十七張，白戶油紙一萬八千九十五張，黑墨二百八十六斤八兩，白麪一千二百二十五斤，白礬四十五斤。道經一藏，計五百十二函，十二萬二千五百八十九葉。共用白連四紙三萬八百九十七張，黃連四紙一百七十六張，藍毛邊紙三千十八張，黃毛邊紙五百二張，藍絹一百八十二匹一丈八尺六寸，黃絹二十四一丈六尺，白戶油紙八千三百七張，黑墨一百六十斤八兩，白麪七百五十斤，明礬二十五斤。番經一藏，計一百四十七函，十五萬七十四葉。共用腰子白鹿紙一萬三千六百四十張。

大五大部經《華嚴經》，八十二本。《大涅槃經》，四十一本。《報恩經》，七本。《金光明經》，十本。《心地觀經》。八本。

小五大部經《法華經》，七本。《楞嚴經》，十本。《佛母大孔雀經》，三本。《地藏經》，三本。《梁皇懺》。十本。

又五般經《圓覺經》，二本。《彌陀經》，一本。《諸品經咒》本。

《金剛經註解》，一本，一百四十七本。《華嚴小鈔》，一百十七葉。《諸眞寶懺》，十二本。《小道經》。一本。

纍臣岩愚曾聞成祖勅儒臣纂修《永樂大典》一部，係湖廣王洪等編輯，時號召四方文墨之士，累十餘年而就。計二萬二千八百七十卷，一萬一千九十五本。因卷帙浩繁，未遑刻板。其寫冊原本，至孝廟弘治朝以大典金匱秘方外人所未見者，乃親灑宸翰，識以御寶，賜太醫院使臣王、聖濟殿內臣寵，蓋欲推之以福海內也。閣臣王文恪鏊恭撰頌以揄揚盛美。相傳至嘉靖年間，於文樓安置。偶遭回祿之變，世廟亟命挪救，幸未至焚。遂勅閣臣徐文貞階，復令儒臣照式摹抄一部。當時供謄寫官生一百八名，每人日抄三葉。自嘉靖四十一年起，至隆慶元年始克告成，凡二萬二千九百餘卷。及萬曆年間兩宮

三殿復遭回祿，不知此二部，今又見貯藏於何處也。又纍臣曾見《車駕幸第錄》所載，正德十五年閏八月內，武廟南征回如鎭江，幸大學士楊一清第，曾進抄本《冊府元龜》一部，共一千卷，計二百零二本。纍臣曾向韓提督世祿言及，幸有一部，然舛錯頗多，至不能句，似非楊宅所獻之書。李永貞遂僱人借抄一部，仍將原本交還。而抄本一部，聞丁卯冬丁紹呂已獻於王體乾，爲自己呈身之贄矣！可嘆也。至崇禎己卯夏，體乾沒產，又不知落何人手也。又江陵張文忠公在閣時，曾具書與張中翰後湖曰：先年張文簡公曾得內閣所藏《冊府元龜》一部。其後文簡公卒於京邸，其僕即將此書於部前貨賣，令先翁識其爲閣本也，贖而藏之於家。嘗語區區曰：吾欲將此書仍送歸內閣，以完先代之寶，何如？僕時起賀曰：幸甚！此義舉也。無何而令先翁亦逝，竟勿克踐其言。今憶此書必無恙也，僕欲倍價奉贖，仍歸閣中，以卒令先翁之志。惟執事其幸許之。夫此一書也，文簡得之，令先翁贖之，至僕而還之，三更張氏，皆楚人也。將以媲於古之左史倚相能讀墳典邱索，不亦美乎？云云。然詳味江陵此舉，則必實踐其言者，但未知後湖果曾割付此書否？又不知今尙存內閣否也？承平日久，處處光景與先年不同，則此書之存與不存，與《永樂大典》之存貯何庫，又有誰敢饒舌問及也哉！嗟嗟，難言矣！

俞汝楫《禮部志稿》卷九四 禮部覆奏，謂建陽書板中間固有蕩無留遺者，亦容或有全存半存者，請令巡按提學等官逐一查勘。如《京華日鈔》等書板已經燒燬者，不許書坊再行翻刊。先將經子史等書及聖朝頒降制書一一對正，全存者照舊印行，及無存者用舊翻刻，務令文學眞正毋承訛習舛，以誤來學。從之。

又 嘉靖五年，時福建建陽縣書坊刊刻寖盛，字多訛謬，爲學者病。于是巡按御史楊瑞、提調學較副使邵銳□請專設官第於翰林院春坊中，遣一人往尋，遣侍讀汪佃行詔，較畢還京，勿復差官更代。

又 嘉靖七年十一月，錦衣衛千戶沈麟奏請命官較勘歷代史書，刊布天下。禮部議尙書方獻夫等言，史書多殘缺，若五代以上，諸史惟宋板爲工，多蓄於江南富民之家，宜命官購索付梓。上曰：「翻刻書籍雖係右文之事，但差官購索民間古板，未免騷擾，反滋奸□，姑已之。」

黃儒炳《續南雍志・職官表下・典籍》 典籍掌書籍。經、史、子、雜，以類分櫝而謹藏之。刻板者貯於庫，呈代交盤各書及各板一一檢驗，夏日督役匠晒曝。印刷各書嚴防匠役，不許損失。諸生入監印監規等書，及監中官到任所印送書皆有定例。按，國家典籍官惟文淵閣一員及兩太學各一員。秩雖卑而任則重，所謂文學掌故者也。近南雍以其事簡，使理號舍園塲事。

又《經籍考・經籍本末》 太學之廣庀書籍，以其爲絃誦地也。故無則購之，闕則補之。辟其坌蠹，謹其守藏，以時稽其存失，攷之故牘。洪武十五年，命禮部頒劉向《說苑》、《新序》于天下學官。尋又命修國子監舊藏書板。高皇帝加意文學，儲蓄必號繁富。而《舊志》載景泰以前目逸過半，或名存而實亡。是時距高皇帝僅百餘年，已多殘缺，如此更歷百年，宜所存者無幾。嘉靖時，監臣湛若水、江汝璧嘗取廿一史，較其譌謬，疏請頒刻，一時經史之學爲之大明。是年冬，錦衣衛千戶沈麟奏請較刻歷代史書，乞差官購求善本。上以差官未便，只就南監所存舊板繙閱修補，以廣流布。嗣是九年，祭酒林文俊復較刻廿一史。十四年，祭酒費寀請以《監志》所載，及近年御製新刻諸書一體頒賜。仍以修完廿一史，分給六堂，備諸生講習。已復頒賜《五倫書》、《性理大全》、《四書五經集註》各一部。其時書籍之儲載在《舊志》，班班可攷，而今多亡脫，不可知。萬曆十二年，祭酒張位上疏，謂辟雍乃圖書之府，故自昔辯謬證譌，必以秘書及監爲徵。今監有十七史，而十經註疏久無善本，請命工部給資鏤梓。又乞凡內府有板者，各賜一部。在京，衙門條例等書盡各刷送；在外，郡邑刊刻諸書責令入覲，進表官以便賫投。此特自北雍言也，若南雍，則未有以書至者。國初所藏繕寫諸書，已浥爛無存；其鋟刻者，亦黯刓不堪。觀書目所載，已減於前。聊約略其數，以責典守，俟修補焉。

制書類：《御製大誥》，全。《本朝制書》，全。《洪武正韻》，舊載四百十八面，今止三百四十面。《御製帝訓》一卷，《御製官箴》一卷，二書共欠四面。《爲善陰隲》，全。四本。《孝順事實》，全。四本。已上並存東庫。

經書類：《四書集註》，板四百五十一面，現存西庫。《論語集註考證》，五十面，東庫。《易經傳義》，五百十三面，西庫。《詩經集註》，三百四十二面，西庫。《書經集註》，三百二面，西庫。《春秋四傳》，八百九十三面，西庫。《禮記集說》，七百十八面，西庫。《詩經通解》，一千四十三面，查欠九面，西庫。

《周禮全經》，全。九百三十六面，東庫。《曲禮全經》，五百七十四面，東庫。《儀禮註疏》，八百五十面，查欠二面，東庫。《大學衍義》，欠八面，西庫。《古文小學》，一百零四面，西庫。《禮書》，不全。《樂書》，不全。《律呂古意》。一百三十面，東庫。

史類：《諸史會編》，五千四百面，查欠六面，現存東庫。《通鑑前編》，九百八十面，東庫。《通鑑紀事》，四千四百面，欠二十四面，東庫。《史記》，全，板存西庫。萬曆二十四年七月，祭酒馮夢禎、司業黃汝良修。《舊史記》，二千四面，西庫。《前漢書》，全，東庫。萬曆十年，祭酒高啓愚、司業劉瑊修。《後漢書》，原計五千二百五十二面，今現存東庫，殘缺糢糊甚多。天啓三年，祭酒黃儒炳、司業葉燦修。《三國志》，全，西庫。萬曆二十四年五月，祭酒馮夢禎、司業黃汝良修。《晉書》，全，東庫。萬曆十年，祭酒高啓愚、司業劉瑊脩。《宋書》，全，東庫。萬曆二十二年，祭酒陸可教、司業馮夢禎、季道統修。《梁書》，全，東庫。萬曆五年三月，祭酒余有丁、司業周子義修。《南齊》，全，萬曆十八年三月，祭酒趙用賢、司業張一桂修。《陳書》，全，西庫。萬曆十六年五月，祭酒趙用賢、司業余孟麟修。《魏書》，全，萬曆二十四年，祭酒馮夢禎、司業黃汝良修。《北齊書》，全，西庫。萬曆十八年三月，祭酒趙用賢、司業張一桂修。《後周書》，全，西庫。萬曆十六年五月，祭酒趙用賢、司業余孟麟修。《隋書》，全，東庫。萬曆二十三年，司業季道統修。《南史》，全，西庫。萬曆十八年三月，祭酒趙用賢、司業張一桂修。《北史》，全，萬曆二十一年，祭酒鄧以讚、司業劉應秋、祭酒陸可教、司業馮夢禎仝修。《唐書》，板，四千八百六十面，全，西庫。《五代史》，全，東庫。萬曆五年三月，祭酒余有丁、司業周子義修。《宋史》，一萬一千五百六十面，缺十二葉，西庫。《金史》，二千三百六十六面，西庫。《遼史》，一千零十七面，西庫。《元史》。原計四千四百七十五面，欠脱糢糊甚多，天啓三年祭酒黃儒炳司業葉燦修。南雍之有《二十一史》，其來舊矣。所鐫板時有剝脱，或佚去。乃其藏本在修道者，今仍見全帙，亦衛者之勞也。故前數君子因得詮次檢補，不靳餘力。天啓二年秋，祭酒黃儒炳受事，珍護是書，爰有修輯之役。司業葉燦繼至，同心協贊，正其訛謬，修其殘蝕，次其錯落。原無板者，購求善本，修補以成全璧。其於《後漢書》、《元史》二種，工費頗鉅。凡各堂所藏史書，亦行清查錄。其存失，蓋一以紀前修之美，一以望後來之補也。《兩漢紀》，全。《舊唐書》，板，二千二百面，欠八葉，東庫。《宋史紀事本末》，全。《元史紀事本末》，全。《讀書管見》。原存者九百零九面，今止五百五十八面，東庫。

子類：《呂氏春秋》，三百八十二面，東庫。《子彙》，全，欠二葉，東庫。《論衡》，五百一十面，東庫。《農書》，十四面。《程氏遺書》，欠八葉，東庫。《朱子語略》，三百五十面，東庫。《眞西山讀書記》，二千八百面，東庫。《陽明文錄》，二百一面，東庫。《傳習錄》，全，查欠四葉，東庫。《孔門傳道錄》。全，西庫。

彙書雜書類：《杜氏通典》，全。《通志略》，查欠四十五葉，東庫。《玉海》，查欠九面，西庫。《大註三篇》，三百八面，東庫。《六書統》，糢糊二百葉。《書學正韻》，七百六十面，東庫。《韻經》，欠一葉，西庫。《金陵志》，查欠十四面，東庫。《天文志》，查欠十三面。《右編》，全。《皇明開國功臣錄》，八百二十三面，東庫。《漕河志》，二百四十三面，不全，東庫。《文字談苑》，六十五面，東庫。《博古圖》，五百六十面，東庫。《牧民忠告》，十八面，欠六面，東庫。《讀書工程》，一百二十二面，東庫。《呂中允心統圖說古律圖序》，石刻在講院之東西壁，東庫。《急就篇》，全。《千家姓》，全。《千字文法帖》，十三面，全，東庫。《南雍志》。全。

文集類：《韓文評選》，全。《歐陽文集》，五百二十九面，東庫。《剡原文集》，四百九十八面，東庫。《羅圭峰文集》，五百八十面，東庫。《續集》，一百五十三面，東庫。《何大復文集》，全，東庫。《穆文簡公集》，全。《楊升菴外集》，全，內查欠四葉。《王文定公集》，全，內查欠二葉。《東廓文集》，二百七面，東庫。《懷麓堂稿》，二千三十二面。《杜律批評》，全，西庫。《樂府詩集》，一千三百六十面。《白沙詩教》，一百八十面，東庫。《石屏詩集》。二百五十一面，東庫。

又《六堂藏書》

《爲善陰騭》三本。率性堂□本，修道堂，全，誠心堂□本，正義堂□本，崇志堂□本，廣業堂六本，又一本。《孝順事實》三本。率性堂□本，修道堂，全，誠心堂□本，正義堂□本，崇志堂□本，廣業堂六本又一本。《四書五經》一部，六套。率性堂□本，修道堂，全，誠心堂□本，正義堂□本，崇志堂，廣業堂□本。《大學衍義補》一部。率性堂、修道堂二十本，誠心堂□本，正義堂□本，崇志堂□本，廣業堂□本。《新抄大學衍義補大全》一部。南廂傳：發抄印鈐。率性堂□本，修道堂四十本，誠心堂□本，正義堂□本，崇志堂□本，廣業堂□本。《御製性理大全》。率性堂□本，修道堂十五本，誠心堂□本，正義堂□本，

崇志堂□本，廣業堂□本。　《史記》一百三十卷，二套。率性堂廿四本，內欠一本；修道堂廿四本，全；誠心堂欠，正義堂欠十本，崇志堂全無，廣業堂廿四本，欠一本。　《前漢書》一百卷，二套。率性堂二十本，修道堂廿六本，全；誠心堂欠廿六本，正義堂廿六本，欠一本；崇志堂廿六本，欠十一本；廣業堂廿六本，欠八本。　《後漢書》一百二十卷。率性堂廿四本，欠二本；修道堂廿四本，誠心堂欠廿四本，正義堂廿四本，欠三本；崇志堂廿四本，欠七本；廣業堂廿四本。　《三國志》六十五卷。率性堂十五本，修道堂十五本，全；誠心堂十五本，欠三本；正義堂十五本，欠一本；崇志堂十五本，全；廣業堂十六本，欠二本。　《晉書》一百三十卷，二套。率性堂三十本，全；修道堂三十本，誠心堂有十本，欠廿本；正義堂三十本，欠十本；崇志堂三十本，欠二本；廣業堂三十本，欠四本。　《宋書》一百卷，二套。率性堂三十本，欠十本；修道堂三十本，誠心堂三十本，欠五本；正義堂二十本，欠一本；崇志堂三十本，欠一本；廣業堂三十本，全。　《梁書》五十六卷，二套。率性堂十本，全；修道堂十本，誠心堂十本，正義堂十本，崇志堂十本，廣業堂十本。　《南齊書》五十九卷，一套。率性堂十本，修道堂十二本，誠心堂十二本，正義堂十二本，崇志堂十二本，廣業堂十二本。　《陳書》三十六卷，一套。率性堂六本，修道堂六本，誠心堂無，正義堂六本，崇志堂六本，廣業堂六本。　《魏書》一百二十四卷，四套。率性堂三十本，修道堂三十本，誠心堂無，正義堂三十本，崇志堂三十本，廣業堂三十本，欠一本。　《北齊書》五十卷，一套。率性堂八本，修道堂八本，誠心堂八本，正義堂八本，崇志堂八本，欠一本；廣業堂八本。　《後周書》五十卷，一套。率性堂十本，修道堂十本，誠心堂十本，正義堂十本，欠一本；崇志堂十本，欠二本；廣業堂十本。　《隋書》八十五卷，三套。率性堂三十本，修道堂二十本，誠心堂二十本，正義堂三十本，欠四本；崇志堂二十本，欠一本；廣業堂二十本。　《南史》八十卷，一套。率性堂二十本，欠七本；修道堂二十本，誠心堂二十本，正義堂二十本，欠二本；崇志堂二十本，廣業堂二十本。　《北史》一百卷，二套。率性堂三十本，修道堂三十本，誠心堂三十本，欠十本；正義堂三十本，欠一本；崇志堂三十本，欠二本；廣業堂三十本。　《新唐書》二百四十卷，四套。率性堂五十本，欠二本；修道堂五十本，誠心堂五十本，欠十八本；正義堂五十本，欠一本；崇志堂五十本，欠六本；廣業堂五十本，欠二本。　《五代史》七十五卷，一套。率性堂十本，修道堂十本，誠心堂十本，正義堂十本，崇志堂十本，廣業堂十本。　《宋史》四百九十一卷，一套。率性堂一百本，欠十三本；修道堂一百本，欠二本；誠心堂一百本，欠七本；正義堂一百本，欠四本；崇志堂一百本，欠十六本；廣業堂一百本，全。　《遼史》一百一十五卷，一套。率性堂十本，修道堂十二本，誠心堂十二本，正義堂十二本，崇志堂十二本，欠二本；廣業堂十二本。　《金史》一百二十五卷，二套。率性堂二十四本，修道堂二十四本，誠心堂全，正義堂二十四本，崇志堂二十四本，欠一本；廣業堂廿四本，欠四本。　《元史》二百零二卷。率性堂五十本，修道堂五十本，欠一本；誠心堂五十本，欠一本；正義堂五十本，欠三本；崇志堂五十本，欠十一本；廣業堂五十本，欠二本。　《舊唐書》。率性堂　本，修道堂　全，誠心堂　本，正義堂　本，崇志堂　本，廣業堂　本。

按《舊志》書目所紀，監本有完者、脱者、壞者、亡者，卷數暨作者姓名悉具，蓋補輯珍護前人，殆三致意焉。迄今數十年，其亡者不復補，斯亦已矣；壞者、脱者銷蝕垂盡，其完者亦漸散逸，不可復問。其匠之牟利而失耶？其守者之在櫝而毀耶？大抵鋟木爲本，無久遠不渝之理，而簡帙堆委，莫得端緒。間有欲修者，又詘於力，糜爛之極。比《舊志》，止存什之三。有日損無日增，此後又安底止？至於官書，視舊藏亦遞減。《舊志》追論，失書以爲在祭酒陳寰時，今之所失，又不知其屬誰氏也。援筆略約，爲之三歎。

雍政書類：《登科録》，五十塊，東庫。　《上譽髦録》，三百九十一面。　《中譽髦録》，三百四十二面。　《後續譽髦録》，共六百四十面。　《舊南雍三課》，五百五十四面。　《南雍初誡》，九面。　《雍政大略》，九面。　《南雍教程》，十五面。　《南雍雅會條約》，九面。　《南雍推廣教程》，十四面。　《南雍誡勗》，六十七面。　《南雍雜識一覽》，二十三面。　《大學講章》，八十一面。［以上並存東庫。］　《監規》一卷，全。　《南雍須知》，全。　《太學儀註》，　《太學條例》，全。　《太學儀節》，六十三面。　《文廟祭器冊》一本。器繪圖遺式，管廟者輪收。

孫承澤《春明夢餘録》卷一二《附記内府刊刻書目》　《五倫書》十二本一千七百一葉、《周易大全》十二本一千一百十八葉、《書傳大全》十本七百六十三葉、《詩傳》大全十二本九百七葉、《春秋大全》十八本一千四百五十九葉、《禮記大全》十八本一千二百五十九葉、《書傳》六本五百八十三葉、《易傳》六本五百八十二葉、《詩傳》六本三百三十五葉、《春秋》四本四百四十葉、《禮記》八本一千六十一葉、《四書大全》二十本一千五百九十九葉、《四書集註》十八本八百二十葉、《性理大全》三十本二千二百六十九

葉、《資治通鑑綱目》四十本四千一百葉、《續資治通鑑綱目》十四本一千一百二十二葉、《少微通鑑節要》二十本一千四百三十八葉、《資治通鑑節要續編》二十本一千六百八十三葉、《晏宏資治通鑑綱目》三十本四千二十葉、《文獻通考》一百本一萬八百三十六葉、《歷代名臣奏議》一百五十本九千七百二十葉、《歷代通鑑纂要》六十本三千七百三十二葉、《大明會典》一百四十本六千五百九十葉、《事文類聚》一百三十本八千三百六十葉、《大明一統志》四十本三千一百五十葉、《明倫大典》二十四本七百二十葉、《大明集禮》三十六本二千四百七十六葉、《大學衍義補》四十本三千六百葉、《對類》十二本八百七十三葉、《諸司職掌》三本四百二十八葉、《大明官制》二本三百十葉、《大明律》二本二百七葉、《御製大誥》四本二百五十三葉、《御製文集》八本七百十三葉、《御製詩集》二本八十四葉、《洪武正韻》五本五百葉、《經史海篇直音》五本五百十二葉、《韻府群玉》十本一千四十葉、《玉篇》二本三百十五葉、《廣韻》二本二百二十五葉、《詩韻釋義》二本一百五十八葉、《經書音釋》二本一百七葉、《詩學大成》十四本一千葉、《四書白文》六本三百十二葉、《許氏說文》八本六百五十葉、《爾雅埤雅》四本三百九十七葉、《孔子家語》三本一百四十四葉、《呂眞人文集》二本二百四十葉、《列女傳》三本一百二十五葉、《通書大全》八本九百九十葉、《大明仁孝皇后勸善書》十本八百七十六葉、《神課金口訣》二本二百四十葉、《選擇歷書》二本二百五十六葉、《臞仙肘後神樞》二本一百七十八葉、《三國志通俗演義》二十四本二千一百五十葉、《雍熙樂府》二十本一千七百五十三葉、《貞觀政要》六本三百七十葉、《歷代臣鑑》十本五百六十葉、《聖學心法》四本三百十五葉、《居家必用》十本八百八十葉、《飲膳正要》三本一百七十五葉、《釋文三註千字文》一本七十一葉、《□求》一本一百四十五葉、《胡曾詩》一本九十九葉、《唐賢三體詩》二本一百七十二葉、《古文精粹》二本二百五十六葉、《李白詩》四本三百六葉、《高皇后傳》一本四十七葉、《女訓》一本四十九葉、《內訓》一本五十葉、以上三種共一帙，曰《傳訓》，同函。《尚書孝經大學中庸》五本三百三十六葉、《選詩補註》三本三百十二葉、《唐詩鼓吹》五本二百六十六葉、《周易占法》二本二百四十葉、《草堂詩餘》二本一百九十葉、《獻皇帝恩紀含春堂詩餘》二本二百四十葉、《小四書》三本二百四十葉、《明心寶鑑》二本一百十五葉、《擊壤集》四本三百五十葉、《勸忍百箴》四本三百葉、《古文眞寶》四本三百九十一葉、《醫要集》六本二百八十葉、《草韻辨體》六本二百七十葉、《增定舌人譯語》十一本一千七百八葉、《評史心見》六本三百五十葉、《通鑑博論》三本二百九十葉、《證類本草》十本一千三百四十五葉、《皇明祖訓》一本五十葉、《祖訓條章》一本十二葉、《皇明典禮》一本九十五葉、《洪武禮制》一本八十二葉、《御製洪範篇序》一本三十葉、《稽古定制》一本十九葉、《慈聖宣文皇太后女鑒》一本六十九葉、《鄭氏女孝經》一本四十二葉、又《女訓內訓同前曹大家女誡》一本十六葉、《內則詩》一本六十二葉、《內令》一本十二葉、《昭鑒錄》一本五十二葉、《勤政要典》一本七十三葉、《外戚事鑒》一本六十八葉、《山居四要》一本八十三葉、《省躬錄》一本七十二葉、《祥異賦》一本四十九葉、《步天歌》一本八葉、《傳心妙訣》一本四十五葉、《詳明算法》一本一百十葉、《草字碎金》一本九十二葉、《眞字碎金》一本九十二葉、《千家姓》一本五十九葉、《孝順事實》一本二百九十二葉、《爲善陰隲》一本二百七十二葉、《小學書解》一本一百六葉、《忠經》一本四十二葉、《孝經大義》一本四十三葉、《歷代紀年》一本三十六葉、《四時歌曲》一本十一葉、《隨機應化錄》一本六十葉、《高皇帝道德經解》一本六十九葉、《達建字孝經》一本四十二葉、《醫按經》一本三十二葉、《□求白文》一本二十九葉、《山歌》一本四葉、《舌人譯語》一本八十八葉、《古字便覽》一本五十二葉、《八行遺事集》一本二十八葉、《警世編》一本三十葉、《忠經直解》一本十六葉、《太上感應靈篇》一本九十二葉、《憲綱》一本五十葉、《百家姓》一本十葉、《千字文》一本十七葉、《孝經》一本十六葉、《大學》一本三十六葉、《中庸》一本五十六葉、《千家詩》一本四十四葉、《神童詩》一本十二葉、《四書雜字》一本十二葉、《七言雜字》一本十三葉、《三字經》一本二十六葉、《啓□集》一本四十葉、《啓□書法即永字八法》一本二十一葉、《草訣百韻》一本十四葉、《草訣百韻歌》三本四十葉、《八行圖說》一本四十一葉、《孝經直解》一本三十三葉、《周公解夢書大全》二本七十葉、《四書直解》二十六本一千八百四十葉、《書經直解》十三本八百二十葉、《通鑑直解》二十五本一千四百二葉、《帝鑑圖說》六本三百五十六葉、《洪武正韻玉鍵》二本一百三十葉，其餘釋、道書不載。

蔡澄《雞窗叢話》 前明書皆可私刻，刻工極廉。聞前輩何東海云：刻

一部古注《十三經》，費僅百餘金，故刻稿者紛紛矣。嘗聞王遵巖、唐荊川兩先生相謂曰：數十年來，讀書人能中一榜，必有一部刻稿；屠沽小兒身衣飽暖，歿時必有一篇墓志。此等板籍，幸不久即滅，假使盡存，則雖以大地爲架子亦貯不下。又聞遵巖謂荊川曰：近時之稿板，以祖龍手段施之，則南山柴炭必賤。明中葉以後諸刻稿者，除七子及王、唐、羅、歸外，亦頗有可采取者。然多喜用古體字，即如海鹽馮、豐陽諸人尤甚。查他山先生見之曰：「此不明六書之故。若能解釋得出《說文》，斷不敢用也。」

阮葵生《茶餘客話》卷六　坊刻時文興於隆、萬閒，房書始於李衷一十八房之刻。自萬曆壬辰《鈎元錄》始，旁有批點。自王房仲選程墨始，厥後坊刻乃有四種：曰「程墨」，則三場主司及士子之文；曰「房稿」，十八房進士平日之作；曰「行卷」，舉人平日之作；曰「社稿」，諸生會課之作。亭林曰：八股盛而六經微，十八房興而念一史廢。洪武三年開科，以《大學》「古之欲明明德於天下者」二節、《孟子》「道在邇而求諸遠」一節合爲一題，問二書所言平天下異同大指，此即宋時之法，爲第一場四書義，二場論一，三場另問時務策一。按此則爲今之五策開法門，亦異於唐、宋之策問矣。

趙翼《陔餘叢考》卷三三《刻時文》　《雲谷卧餘》載楊常彝云：十八房之刻，自萬曆壬辰鈎元錄始；旁加批點，自王房仲選程墨始；其後坊刻漸衆。大約有四種：曰程墨，則科場主司及士子之文；曰房稿，則十八房進士之舊作；曰行卷，則舉子之作；曰社稿，則諸生會課之作。每科房考之刻，皆出於蘇、杭，而北方賈人市買以去，天下群奉爲的矣。《戒菴漫筆》曰：「余少時未見有房稿刻本，有書賈從利考朋友家抄得牕課，每篇酬錢數文，持去發刻。唐荊川中會元，其稿是門人蔡瀛所刻。薛方山中會魁，其三試卷亦門人錢夢玉以東湖活板印行之。今則滿目皆坊刻矣。」《七修類藁》亦云：成化以前，世無刊本時文。杭州通判沈澄刊《京華日抄》一冊，甚獲重利。後閩省效之，漸至各省提學考卷也。按《明史》萬曆十五年禮部言舉業流弊太甚，請選宏治、正德、嘉靖初年中式文字，選其尤者刊布學宮，俾知趨向。此又官刻時文之始。

法式善《陶廬雜録》卷四　明陸深《科場條貫》一卷，紀洪武至嘉靖間科舉條式。張朝瑞《貢舉考》九卷，始洪武三年，迄萬曆十七年。每科載會試考官試題。所刻程文之目殿試榜首尾全錄，會試榜惟錄前五人，鄉試榜惟錄各省第一人，名姓籍貫之異同，亦附著焉。馮夢禎《歷代科舉志》一卷，叙歷代貢舉之制，未免過簡。張宏道、張凝道《三元考》十四卷，專紀明代鄉會殿試之元魁鼎甲，始洪武三年，迄萬曆四十七年，每科具詳京省主試官。張天瑞《南國賢書》二卷，專輯江南省試考官三場題目中式舉人名籍，始洪武三年，迄成化七年。《續錄》六卷，亦天瑞輯，許天叙增補，董天蔭重梓。起成化十年，迄崇禎六年。余皆有所採掇。

又　陶九成《說郛》、汪鈍翁《說鈴》，二書名皆出《法言》。吳中彙刻諸書，亦名《說鈴》，行世甚廣。汪書在前而罕見，何蘭士侍御家藏一帙，紙板俱佳。

又　考叢書古無刻者。宋溫陵曾慥始集《類說》，自《穆天子傳》以下，共二百五十種，並錄原文及撰人系歷，是爲叢書之祖。元陶宗儀刻《說郛》，薈萃幾千餘種，然原文俱經刪節，閱者病之。宋左圭纂《百川學海》，止百種，不及陶書之富而首尾完善，多古人序跋，較爲勝之。後明吳永《續百川學海》百二十種，馮可賓《廣百川學海》百三十種，皆從此濫觴也。

又　《毛氏汲古閣津逮秘書》。【略】刻版於崇禎十三年，前有胡震亨序，今其版已不完整。原印本爲書賈居奇，價非四五十金不可得也。

又　《歷代小史》一百五種，南豐李栻纂。刻於萬曆十一年。前有沔陽陳文燭暨栻自序。自序云：正史出衆人之手，而野史由一人記著之實；正史合累朝之事，而野史據一時見聞之眞。矧天下有道，公論在朝而亦在野；天下無道，公論在野而不在朝。則失之在朝不有得之在野者乎！【略】此書萬曆甲辰朱東光治兵粤中，命校官唐世延摘錄四十餘種，釐爲六十卷刻行之。

又　《秘書》二十一種，汪士漢校刻。

又　《鈕氏稗海》、《續稗海》，商濬刻之；康熙三十五年，蔣國祚重修。分十函。

又　《歷代文紀》十六函，一百六十冊，明梅鼎祚撰。鼎祚字禹金，宣城人。國子監生。有《鹿裘石室集》。凡《皇霸文紀》十三卷，有崇禎己巳陳繼儒序。《西漢文紀》二十四卷，《東漢文紀》三十二卷，有崇禎癸酉陳泰來序。《魏文紀》十八卷，《吳文紀》四卷，《蜀漢文紀》二卷，《西晉文紀》二十卷，《宋文紀》十八卷，有崇禎丁丑張煊序張溥序。　按鼎祚作此書，意以配馮惟訥《詩紀》，然以文較詩，纂輯爲不易。鼎祚以一諸生竭數十年之心

力爲之，至其子士都易産行書，友朋佽助，陸續付之剞劂，故傳本卷帙參差不一。四庫全書所載尚有《南齊文紀》十卷，《梁文紀》十四卷，《陳文紀》八卷，《北齊文紀》三卷，《後周文紀》八卷，《隋文紀》八卷，爲此本所無。而此本之魏、蜀、吴三編二十四卷，亦全書所未載。至北魏一代，兩本俱闕。鼎祚當日曾否有書，已未付刻，併無可考據矣。要之是書畫代爲斷，各自成書，非可以闕佚例。且刻成即已盛行，隨時所得先後不同故也。至鼎祚别纂《釋文紀》四十五卷，名雖相沿，更不應闌入此書矣。泰興季氏藏本。

文慶等《欽定國子監志》卷六六《明・經部》 易類有：《易經大全》、《易經本義》、《周易音訓》。 書類有：《書經大全》、《書經集注》、《書經白文》、《尚書會選》。 詩類有：《詩經大全》、《詩經集注》、《詩樂圖譜》。 春秋類有：《春秋大全》、《春秋胡傳》。 禮類有：《禮記大全》、《禮記集注》、《儀禮》、《周禮》、《儀禮圖解》、《喪禮》、《祭禮》。 四書類有：《四書大全》、《四書集注》、《四書集義》、《大學或問》、《中庸或問》、《論語集注》、《論語小字》、《論語白文》、《孟子集注》、《孟子小字》、《孟子節文》、《四子抄釋》。 孝經、小學類有：《孝經紅簽字帖》、《白簽字帖》、《千字文體押韻西林氏書》、《字苑撮要》、《韻畧》。 經解類有：《大學講章》。《明太學志》。

又《史部》 正史類有：《史記》、《漢書》、《後漢書》、《三國志》、《晉書》、《宋書》、《南齊書》、《梁書》、《魏書》、《北齊書》、《後周書》、《南史》、《北史》、《五代史》、《元史》。 編年類有：《資治通鑑》、《通鑑綱目》、《世史正綱》、《綱目前編》、《通鑑正誤》。 雜史類有：《漢詔蜀漢本末》、《古史》、《宋遼金正統》。 故事類有：《大明會典》、《敕諭監規》、《國子監通志》、《續志》、《臨雍録》、《監規發明》、《春季考録會約》、《申明監規》、《臨雍録》、《隆慶二年春季考録》、《萬曆四年臨雍録》、《東廂條約》、《西廂條約》、《辟雍紀畧》。 儀注類有：《大明集禮》、《侯伯習禮》、《新官到任須知》、《太學儀注》、《禮生儀注》、《朱子家禮》。 刑法類有：《大誥》、《大明律》。 地理類有：《山海經》。 類書類有：《文獻通考》。

又《子部》 儒家類有：《爲善陰隲孝順事實》、《五倫書》、《明倫大典》、《性理大全》、《法言太元》、《太元索隱》、《觀物篇》、《進修録》、《大學衍義》、《小學》、《朱子語録》、《讀書録》、《經世籍》、《司馬溫公心箴》、《我箴學的》、《官箴》。 道家類有：《老子》、《列子》。 兵家類有：《尉繚子》。 方技類有：《藥性珍珠囊》、《四十氣候圖》、《本草幼小方》。 雜家類有：《務本直言》。 小説類有：《類林雜説》。

又《集部》 别集類有：《楚詞》、《東萊集》、《臨川集》、《出師表》、《淮海文集》、《樊川集》、《孟四元賦》。 總集類有：《歷代名臣奏議》、《青雲梯賦》、《詩苑》、《珍珠囊》、《唐詩》。同上。又，《憲宗幸學儀注》一卷、《國子監規》一卷、邢讓《國子監志》二十二卷、謝鐸《國子監續志》十一卷、崔銑《國子監條例類編》六卷、虞上銘《辟雍紀事》十五卷、世宗御製《敬一箴》一卷、注程子《四箴》、范浚《心箴》共二卷。同上。又，《侯伯習禮》二十五版、《臨雍録》五十四版、《隆慶元年臨雍録》四十九版、《萬曆四年臨雍録》四十三版、《太學儀注》十九版、《禮生儀注》五版、《監規發明》十六版、《春季考録》三十三版、《會約》十二版、《申明監規》十二版、《東廂條約》十版、《西廂條約》七版、《隆慶二年春季考録》二十三版、《辟雍紀畧》二十版、《大學講章》三十八版。同上。謹案：以上書籍版片，照《明太學志》備載。今已散佚無考，故綜列其目，以存前明之舊云。

鄭德懋《汲古閣校刻書目補遺》（顧湘輯《汲古閣校刻書目》附録） 《大易則通》六卷、《毛詩微言》、《毛詩童子問》、《大學衍義補》、《國槩》、《顧麟士十一經考》、《王禹偁元之五代史缺文全卷》、《諸理齋通鑑集要》、《吴郡圖經續記》、《吴地志》、《指掌圖》、《道藏》八種［《漢武帝内傳》一卷、《漢武帝外傳》一卷、《列仙傳》二卷、《續仙傳》三卷、《疑仙傳》三卷、《華陽陶隱居集》二卷、《宗老先生文集》三卷、《伊川擊壤集》二十卷］、《山居小玩》十種［《刀劒録》一卷十三葉、《鼎録》一卷十四葉連總序、總目、《硯史》一卷十四葉、《石譜》一卷四十八葉、《瓶史》二卷十九葉、連序目、《弈律》一卷十九葉、《蘭譜》一卷九葉連序、《茗笈》二卷四十二葉、連序目、《蝶几譜》一卷、附《翼譜叢談》一卷三十三葉、《香國》二卷，汲古閣主人自著，三十五葉。］、《倪雲林佚事》、《萬姓通譜》、《禊帖總聞》、《種玉寶言》二卷、《大悲神咒》、《金剛經》、《北斗經》、《大雲輪請雨經》、《武烈帝籤訣》、《鼂无咎雞肋集》七十卷、《日纂》三集、《賢首集》二卷、《國瑋集》、《古文濆編》、《隱湖題跋》二卷。汲古閣主人自著。以上皆汲古閣校刻原本，偶遺其葉數未詳，俟補。 《明四秀集》：《國秀》、《弘秀》、《隱

秀》、《閨秀》、《明詩紀事》、《明方輿勝覽錄》、《明詞苑英華》、《海虞古文苑》、《海虞今文苑》、《虞鄉雜記》、《昔友詩存》、《救荒四說》、《隱湖小識》、《隱湖唱和詩》、《永思錄》、《宗譜先賢》、《隱湖遺稾》。　以上皆汲古閣主人自著，未刻。邑中好事者間有藏本，因附著之。

又《汲古閣板存亡考》（同上）　《十三經註疏》，板現存常熟小東門外東倉街席氏，近吳郡有翻板。《十七史》，板現存蘇州掃葉山房，近吳郡亦有翻板。《史記索隱》、《五代史補》，二書板現存常熟東門內魚家橋鮑氏。《津逮秘書》，板已無。其中鄭樵註《爾雅》有常熟蘇良建集古堂翻板。《酉陽雜俎》有江寧書坊翻板。《輟耕錄》有江寧翻板。《癸辛雜識》有杭州翻板。《夢溪筆談》有杭州翻板。《漢隸字源》，板已無。有翻板在嘉定之羅店朱宅。《百三名家集》，板已無。近有杭州林氏翻板。《三唐人文集》，板向存常熟小東門興賢橋邵氏後，因遇火災，其孫可之、皇甫持正二家已燬，惟李習之板從火中搶出，今尚存。《四唐人集》，板已作薪煮茶。相傳毛子晉有一孫，性嗜茗飲。購得洞庭山碧蘿春茶、虞山玉蟹泉水，獨患無美薪。因顧《四唐人集》板而歎曰：「以此作薪煮茶，其味當倍佳也。」遂按日劈燒之。案，《四唐人集》內惟《唐英歌詩》一種最爲善本。即如席氏《百家唐詩》內亦刻，而空白多至二三百字，令人不可讀。然則汲古此本眞秘寶也。《八唐人集》，板向爲山東趙秋谷先生以白金二百易去。今板現存益都趙氏。常州臧在東曰：「余在山東畢中丞節署時，偶遊濟南書肆，見新印《八唐人集》，字跡完好，與初印書相去不遠。《郭茂倩古樂府》，板現存江寧。《陸放翁全集》，板向存常熟張氏，今貯蘇州紫陽書院中。《元人十集》，板向存無錫華氏，今已無中元遺山一家，有蘇州施墨莊擁萬堂翻板。《詩詞雜俎》，板現存揚州商人家，久不印出。《詞苑英華》，板現存揚州。《李善文選》，板已無，現有江寧翻板。《群芳譜》，板已無，蘇州、江寧俱有翻板。《琴川志》，板現存常熟東鄉東周市一農家，惜邑人無有知者。《六十家詞》，板向存興賢橋邵氏，遇火災。惟搶出晏殊《珠玉詞》一家。《許氏說文》，板向存蘇州錢錦開書坊，今在揚州，字已漫漶。《忠義集》，板現存常熟東門忠勝巷邵氏。《蘇米志林》，板存蘇州蔣氏。《四書》，板已無。有松江夏氏翻板。《梵本翻宋板華嚴經》、《指月錄》，板現存常熟虞山三峰清涼寺。

繆荃孫《雲自在龕隨筆・明金臺汪諒刻宋元古書目》　明金臺汪諒刻書，多翻宋、元善本。刻印皆工，藏書家多珍之。翻張伯顏本《文選》序，後有所刻書目，今錄於左：金臺書鋪汪諒見居正陽門內西第一巡警更鋪對門，今將所刻古書目錄列於左，及家藏今古書籍，不能悉載，願市者覽焉：翻刻司馬遷正義解注《史記》一部、翻刻梁昭明解注《文選》一部、翻刻黃鶴解注《杜詩》一部全集、翻刻《千家注蘇詩》一部、翻刻解注《唐音》一部、翻刻《玉機微義》一部，係醫書。翻刻《武經直解》一部，劉寅進士注。俱宋元板。　重刻《名賢叢話詩林廣記》一部、重刻《韓詩外傳》一部十卷，韓嬰集。重刻《潛夫論》漢王符撰一部、重刻《太古遺音大全》一部、重刻《臞仙神奇秘譜》一部、重刻《詩對押韻》一部、重刻《孝經注疏》一部。俱古板。　嘉靖元年十二月望日，金臺汪諒校正古板刊行。

《［光緒］烏程縣志》卷一四　凌迪知，字稚哲，號繹泉，約言長子。嘉靖丙辰進士，歷兵部郎中。時朝廷事齋醮，興十壇之役，計琉璃甎瓦百五十萬，非經年不辦。迪知訪得巨璫所貯三殿副料若干，盡勒數報上，刻期而辦。巨璫恨之，中以危法謫定州同知。定馬政，攝晉甯，興橋梁。署開州里甲苦一切供應，迪知請立一條鞭法，後龐御史尙鵬用於浙，海中丞瑞用於吳，皆以爲便。移大名府判，理冤獄，改常州府同知，除黠盜。罷歸，閉戶著書林下三十四年，日校讎群書，雕板行世。年七十二卒。弟稚隆，字以棟，號磊泉。博覽群書，蹇修自好，雌黃鉛槧未嘗一日去手。約言以史學著，稚隆追本世業以成先志，於左氏傳、班、馬二史自取注釋評論，晚年輯《三才統志》，日嘔血數升，不少輟，未卒業而卒。

《［光緒］常昭合志稿》卷三二　毛鳳苞，字子九，諸生，後改名晉，字子晉，號潛在，以布衣自處。【略】天下之購善本書者，必望走隱湖毛氏。所用紙，歲從江西特造之，厚者曰毛邊，薄者曰毛太，至今猶沿其名不絕。晉爲人孝友恭謹，與人交有終始。又好施予，遇歲歉，載米徧給貧家。水鄉橋梁，獨力成之。推官雷某贈詩曰：「行野漁樵皆謝賑，入門僮僕盡鈔書。」所著有《和古今人詩》、《野外詩》、《題跋》、《虞鄉雜記》、《隱湖小志》、《海虞古今文苑》、《毛詩名物考》、《宋詞選》、《明詩紀事》、《詞苑英華》、《僧宏秀集》、《隱秀集》共數百卷。其所藏舊本，以「宋本」、「元本」橢圜印別之。又以「甲」字印鈐於首，其餘藏印，用姓名及汲古字者以十數。別有曰「子孫永寶」、曰「子孫世昌」、曰「在在處處有

神物護持」、曰「開卷一樂」、曰「筆硯精良人生一樂」、曰「竾谿」、曰「弦歌草堂」、曰「仲雍故國人家」、曰「汲古得修綆」。子五，俱先晉卒。褒，字華伯，號質菴。表，字奏叔，號正菴。季子扆，字斧季，陸貽典婿也，最知名，尤耽校讎。有「海虞毛扆手校」，及「西河汲古後人」、「叔鄭後裔」朱記者，皆是也。兼精小學，何義門輩皆推重之。孫綏萬，字嘉年，工詩，著有《破匡詩稿》。

葉德輝《書林清話》卷五《明時諸藩府刻書之盛》　明時官刻書，推南、北京監本爲最盛。南監多存宋監、元路學舊板。其無正德以後修補者，品不亞於宋、元。觀《南雍經籍志》所載四部板片，眞三朝文獻之所繫矣。北監多據南監本重刻，《十三經》、《二十一史》之外，罕見他書。據其時周弘祖《古今書刻》所錄北國子監書僅四十一種，而經史並不著錄。《書刻》漏略歟？抑弘祖時板已散逸歟？弘祖書世鮮傳本，吾已影寫重刻。其臚舉內府部院及直省司府州學所刻書，乃知當時刻書成爲一種例事。如北京都察院刻《三國志演義》、《水滸傳奇》及《萬化玄機》、《悟眞篇》之類。又如《太古遺音》，則寧藩所著曲套；《神奇秘譜》，則寧藩所著棋經。堂堂風憲有司，而刻書如此之輕誕，是無怪《五經》、《四書》、《性理大全》等書乃爲司禮監專其事矣。司禮監所刻書見於《經廠書目》。世所傳經廠大字本《五經》、《四書》，頗爲藏書家所詆斥，非盡謂其校勘不精也。夫以一代文教之事，以奄人主之，明政不綱，即此可見。惟諸藩時有佳刻，以其時被賜之書，多有宋元善本，可以翻雕，藩邸王孫又頗好學故也。今就所存之書錄之。如：

蜀府：洪武甲戌二十七年刻《自警編》九卷，見《丁志》。　刻劉向《說苑》二十卷，見《陸跋》楚府刻《說苑》下，並刻《新序》十卷，載《古今書刻》。　成化己亥十五年刻《靜修先生文集》三十卷，見《丁志》弘治刊本。　嘉靖乙未十四年刻《史通》二十卷，見《繆續記》即陸深刻本，云爲蜀藩刻。　萬曆丁丑五年刻《重修政和經史證類備用本草》三十卷，見《天祿琳琅》九。

寧藩：明初刻《病機氣宜保命集》三卷，見《瞿目》。　正統間刻《重編白玉蟾文集》六卷，《續集》二卷，見《阮外集》。云南極遐齡老人臞仙重編。臞仙乃明太祖第十六子寧獻王朱權之號。

代府：天順間刻《譚子化書》六卷，見《瞿目》。

崇府：成化丙申十二年刻《貞觀政要》十卷，見《丁志》。　嘉靖癸卯二十二年刻《孝肅包公奏議集》十卷，見《瞿目》。

肅府：成化己亥十五年刻劉因《靜修先生集》三十卷，見《陸志》。明弘治重刻本。德輝按：此與蜀府刻本年月同，疑《陸志》誤。

唐府：成化丁未二十三年刻元張伯顏本《文選》六十卷，見《瞿目》、云有弘治元年唐世子跋。《陸續跋》、《繆續記》。

吉府：正德乙亥十年刻賈誼《新書》十卷，見《張志》、《瞿目》、《陸志》。云即正德九年陸氏刻本，板歸吉府。　刻正統本《四書》二十六卷，見《丁志》。　萬曆丁酉二十五年刻《楚辭集注》八卷、《辨證》二卷、《後語》六卷，見《繆記》。　萬曆缺年月刻《老子道德經》二卷，《關尹子文始眞經》九篇一卷，《亢倉子洞靈眞經》九篇一卷，《文子通玄眞經》十二篇一卷，《尸子》二篇一卷，《子華子》二卷，《鬻子》十四篇一卷，《墨子》十四篇一卷，《公孫龍子》六篇一卷，《鬼谷子》十三篇一卷，《列子沖虛眞經》二卷，《莊子南華經》二卷，《荀子》三卷，《揚子》十三篇一卷，《文中子》十篇一卷，《抱朴子》二卷，《劉子》五十五篇一卷，《黃石公素書》六篇一卷，《玄眞子》三篇一卷，《天隱子》八篇一卷，《無能子》三十四篇一卷，見《袁簿》。

晉府寶賢堂，亦稱志道堂，亦稱虛益堂，又稱養德書院：嘉靖乙酉四年重刻元張伯顏本《文選注》六十卷，見《繆續記》。嘉靖丙戌五年刻《宋文鑒》一百五十卷，見《天祿琳琅後編》二十、《孫記》、《錢日記》、《丁志》、《陸志》、《莫錄》。嘉靖己丑八年刻《唐文粹》一百卷，見《天祿琳琅後編》十九。嘉靖甲午十三年刻安國桂坡館《初學記》三十卷，見《楊志》、《丁志》。嘉靖丁酉十六年刻《元文類》七十卷，見《丁志》、《繆記》。德輝按：吾藏晉藩所刻書皆全，實非善本。

益府：嘉靖壬寅二十一年刻張九韶《理學類編》八卷。萬曆初元刻《大廣益會玉篇》三十卷，見《丁志》。崇禎庚辰十三年刻宋陳敬《香譜》四卷。據元至治壬戌刻本重雕。　《茶譜》十二卷，內分二十一種：唐陸羽《茶經》上、中、下三卷，全卷之一、二、三。唐張又新《煎茶水記》一卷，全卷之四。宋蔡襄《茶錄》一卷，全卷之五。宋朱子安《東溪試茶錄》一卷，全卷之六。吳文錫《茶略》一卷，內有孫大綬《茶賦》上下卷，全卷之七。末有「咸淳己巳五月

夏至後五日審安老人書」一行，當是據宋本重刻。明屠本畯《茗笈》上下篇一卷，全卷之八。《香水清供錄》一卷，全卷之九。曹士謨《茶事拾遺》一卷，全卷之十。《續集古今茶譜》五種，內宋黃儒《品茶要錄》一卷、宋熊蕃《宣和北苑貢茶錄》一卷、宋趙汝礪《北苑別錄》一卷、宋沈括《本朝茶錄》一卷、彰郡程百二《品茶要錄補》一卷；全卷之十一。《續集古今茶譜》六種，內明許次紓《茶疏》一卷、明陸樹聲《茶寮記》七類一卷、明田崇衡《煮泉小品》一卷、明馮可賓《岕茶箋》一卷、明屠隆《茶箋》一卷、黃龙德《茶說》一卷，全卷之十二。見何厚甫培元《經眼書目》。

秦府：靖甲午十一年刻黃善夫本《史記》一百三十卷，見《錢稿書跋》、《繆記》。嘉靖庚戌二十九年刻《天原發微》五卷，見《陸志》、《丁志》。嘉靖丁巳三十六年刻蔡沈《至書》一卷，見《張志》、《陸志》。隆慶六年刻《千金寶要》六卷，見《孫記》。

周藩：洪武庚午二十三年刻《新刊袖珍方大全》四卷，見《丁志》。弘治翻本。嘉靖丁酉十六年刻宋董嗣杲《西湖百詠》一卷，見《陸志》。鈔本。

徽藩崇德書院：嘉靖乙未十四年刻會通館本《錦繡萬花谷前集》四十卷，《後集》四十卷，《續集》四十卷，見《繆續記》。無年號刻《素書》一卷，《鬻子》一卷，《公孫龍子》一卷，《亢倉子》一卷，《元眞子》一卷，《天隱子》一卷，《無能子》一卷，見《陸志》。

沈藩：嘉靖丙午二十五年刻宋張景《醫說》十卷，見《森志》、《丁志》。嘉靖辛酉四十年刻《焦氏易林》二卷，見《丁志》。云前有「沈藩西屏道人書於敕賜勉學書院之修業堂」翻刊序，卷後有淳祐辛丑直齋題識。

伊府：嘉靖戊申二十七年刻《四書朱注》二十六卷，見《丁志》。

魯府敏學書院，亦稱承訓書院：嘉靖甲辰二十三年刻《誠齋易傳》二十卷，見《繆記》。云題「敏學書院刊」。嘉靖乙丑四十四年刻《抱朴子內篇》二十卷，《外篇》五十卷，見《黃記》、《陸志》、舊鈔本。《丁志》。

趙府居敬堂，亦稱味經堂：嘉靖柔兆執徐丙辰三十五年刻朱子《資治通鑑綱目》五十九卷，見《袁簿》。云板心有「趙府居敬堂」五字。無年號刻嚴粲《詩緝》三十六卷，劉三吾《書傳會選》六卷，見《天祿琳琅後編》十二、《丁志》。刻晁迥《法藏碎金錄》十卷，見《瞿目》、《丁志》。刻《補注釋文黃帝內經素問》十二卷、《遺篇》一卷，《靈樞經》十二卷，板心有「趙府居敬堂」五字。刻明崔銑《洹詞》十二卷，板心有「趙府味經堂」五字。見《丁志》。刻《脈經》十卷。吾有藏本。板心有「趙府居敬堂」五字。

楚府：無年號刻劉向《說苑》二十卷，見《陸跋》。并刻《新序》十卷，載《古今書刻》。

遼國寶訓堂：無年號刻《昭明太子文集》五卷，見《孫記》、《繆記》。云首行云「大明遼國寶訓堂重梓」。

德藩最樂軒：無年號刻《漢書》一百卷，見《莫目》。余有藏本。小題在上，大題在下。板心上方有「德藩最樂軒」五字，下有刻工姓名。每葉二十行，行二十一字。白文無注。

潞藩：崇禎丙子九年刻《述古書法纂》十卷，見《丁志》。大抵諸藩優游文史，黼黻太平。修學好古，則河間比肩；巾箱寫經，則衡陽接席。又不獨鄭藩世子載堉之通音律，西亭王孫睦㮮之富藏書，爲足增光於玉牒也已。

又《明人刻書之精品》 明人家刻之書，其中爲收藏家向來珍賞者，如豐城游明大昇翻雕元中統本《史記集解索隱》一百三十卷，見《繆記》、《森志》、《陸集》。云明正統九年舉人，景泰二年進士，天順末官福建提學僉事，又九年而後卒。是書行款紙質與建安余氏勤有書堂所刊相似，疑爲大昇官福建時所刊。刻《宋史全文續資治通鑑》三十六卷，附《宋季朝事實》二卷，見《張志》、《森志》、《丁志》。

吳郡沈辨之野竹齋：刻《韓詩外傳》十卷，見陳編《廉石居記》、《楊譜》、《丁志》。刻《畫鑒》一卷，見《楊續錄》。沈辨之，名與文，明嘉靖間人。藏書家多誤以爲元刻。又沈刻書亦有繁露堂名。吾藏所刻顧璘《近書》一卷，前序有吳郡沈與文校刻五小字，在翻葉闌邊末有「吳郡沈氏繁露堂雕」亞形印。

昆山葉氏菉竹堂：此文莊公盛後人，仍用先人堂名。刻《雲仙雜記》十卷，見《四庫書目提要》、《廉石居記》、《瞿目》、《丁志》。隆慶六年刻陶穀《清異錄》二卷，見《張志》、《瞿目》後有「隆慶六年壬申葉氏菉竹堂綉梓印行」十五字

江陰涂禎：弘治辛酉十四年仿宋刻九行本桓寬《鹽鐵論》十卷，見《森志》。德輝按：《孫目》有影寫本，與顧千里校張敦仁刻本，皆明人重刻涂禎十行本也。

錫山安國桂坡館：嘉靖癸未二年刻《顏魯公文集》十五卷、《補遺》

一卷，見《孫記》。嘉靖甲午十三年刻宋紹興本《初學記》三十卷，見《範目》、《天祿琳琅》九、《丁志》、《陸志》、《楊志》。按：明晉藩及徐守銘寧壽堂本，皆從此出。

震澤王延喆恩褒四世之堂：嘉靖丁亥六年刻《史記集解索隱正義》一百三十卷，見《朱目》、《丁志》、《陸志》、《繆續記》。據云後序目後有「震澤王氏刻梓」篆文木記，《集解》序後有「震澤王氏刻於恩褒四世之堂」隸文木記，《索隱》後序有延喆跋，末云「工始嘉靖乙酉臘月迄丁亥之三月，林屋山人王延喆識於七十二峰深處」。

吴郡金李澤遠堂：嘉靖戊子七年刻《國語韋昭解》二十一卷，見《邵注四庫目》。德輝按：此亦出宋本，較黄丕烈士禮居仿宋刻注文有多數字者。

吴門龔雷：嘉靖戊子七年刻鮑彪校注《戰國策》十卷，見《瞿目》。按：此與金李刻《國語》皆同時仿宋刻本，取校孔繼汾詩禮堂本，勝處頗多。

吴郡袁褧嘉趣堂：嘉靖癸巳十二年仿宋刻《大戴禮記》十三卷，見《天祿琳琅》九、《孫記》。嘉靖乙未十四年仿宋刻《世説新語》三卷，見《天祿琳琅後編》十六、《陸志》。嘉靖己酉二十八年。仿宋張之綱本《文選注》六十卷，見《天祿琳琅》十、《朱目》、《丁志》、《繆記》。

顧春世德堂：嘉靖癸巳十二年刻《六子全書》：《老子道德經》二卷、《南華眞經》十卷、《沖虚至德眞經》八卷、《荀子》二十卷、《新纂門目五臣音注揚子法言》十卷、《中説》十卷，見《孫記》。嘉靖甲午十三年刻王子年《拾遺記》十卷，見《楊志》、《楊譜》。

澶淵晁瑮寶文堂：嘉靖甲午十三年刻《昭德新編》三卷，晁沖之《具茨集》一卷，見《丁志》。嘉靖丙午二十五年刻晁説之《晁氏客語》一卷、《晁氏儒語》一卷，晁迥《道院集要》三卷、《法藏碎金》十卷，見何厚甫培元《經眼書目》。

南平游居敬：嘉靖丙申十五年刻《韓文》四十卷、《外集》十卷、《集傳遺文》二卷，《柳文》四十三卷、《别集》二卷、《外集》二卷、《附錄》一卷，見《丁志》。德輝按：嘉靖丙辰［三十五年］莫如士重刻，卷數行格同，吾有藏本。

餘姚聞人詮：嘉靖己亥十八年刻《舊唐書》二百卷，見《天祿琳琅》九、《孫記》、《丁志》。

金臺汪諒：嘉靖乙酉四年刻《史記索隱正義》一百三十卷，見《錢日記》、《錢稿書跋》、《朱目》、《丁志》、《陸志》。錢大昕《養新錄》「史記宋元本」一則云：「明嘉靖四年莆田柯維熊校本，金臺汪諒刻，始合《索隱》、《正義》爲一書。前有費懋中序稱陝西翻宋本無《正義》，白鹿洞本有《正義》，是柯本出於白鹿本。同時震澤王氏亦有翻宋本，大約與柯本不異。」錢泰吉《甘泉鄉人稿》五「校史記雜志」一則云：「小題在上，大題在下，柯、王兩本皆然。然柯本大題旁注，不若王本并作大字，尤爲近古。」又云：「柯本《索隱》序後有『紹興三年四月十二日，右修職郎充提舉茶鹽司幹辦公事石公憲發刊，至四年十月二十日畢工』三十八字，凡三行。始知柯本從紹興本翻刻也。」又云：「《福建通志》卷三十六，正德十二年舒芬榜進士柯維熊工部郎中。」

福建汪文盛：嘉靖己酉二十八年刻《前漢書》一百二十卷，《後漢書》一百二十二卷，見《錢日記》、《孫記》、《丁志》、《繆記》。丁云：「《錢竹汀日記》云：《漢書》嘉靖本卷首題『福建按察司周采、提學副使周坃、巡海副使何喬校刊』，末題『嘉靖己酉年孟夏月吉旦侯官縣儒學署教諭事舉人廖言監修』。今細按周采等銜名，實自後加。其中汪文盛、高瀔、傅汝舟名字，尚有鏟削未盡者。瀔，字宗呂，號髯翁，侯官人，著有《石門詩集》。汝舟，字虚木，瀔同縣人，有《傅山人集》。」德輝按：汪本書名大題後云「漢班固撰，唐顔師古注，明汪文盛、高瀔、傅汝舟校」，凡十九字，作兩行書。其中各卷亦或題二周一何名，蓋汪、高、傅爲地方鄉紳，周、何則地方官也。官主刻，紳主校，故皆題名也。刻《五代史記》七十四卷，見《丁志》。書名大題後云「宋歐陽修撰，徐無黨注，明汪文盛、高瀔、傅汝舟校」。每葉二十四行，行二十二字。版式與所刊《兩漢書》同，惟字略肥。天一閣、皕宋樓所藏皆此本。文盛所刻《儀禮注疏》、《兩漢》及此書，皆高、傅兩人同校。

蘇獻可通津草堂：嘉靖己未三十八年刻王充《論衡》三十卷，見《天祿琳琅》九、《孫記》、《朱目》、《陸志》、《森志》、《繆續記》。刻《韓詩外傳》十卷，見《莫目》。德輝按：此與沈辨之野竹齋刻本實同一版本。細審野竹齋木記，似是將原有木記刓去補刻，而通津本則出於自然。世皆以沈本誤作元刻，余竊疑其更在通津本之後。傳世已久，疑莫能明矣。

東吴郭雲鵬濟美堂：嘉靖癸卯二十二年刻《分類補注李太白詩集》三十卷，見《丁志》。云後有雲鵬自跋，并「嘉靖癸卯春元月寶雲堂梓行」小木記。嘉靖己未三十八年刻《曹子建集》十卷，見《丁志》。無年號刻《河東先生集》四十五卷、《外集》二卷、《附錄》二卷、《集傳》一卷、《後序》一卷，見

《孫記》、《陸志》、《丁志》。云每卷尾有「東吴郭雲鵬校壽梓」篆文木記，版心有「濟美堂」三字。德輝按：此與徐氏東雅堂《韓集》板式行字相同，蓋同出宋廖瑩中世彩堂本，但《韓集》猶刻於《柳集》之後，而世盛稱東雅堂《韓集》鮮稱此本者，何也？刻《歐陽先生文粹》二十卷，《補遺》十卷，見《天祿琳琅》十、云雲鵬跋，題「寶善堂梓行」。德輝按：此與所刻《李集》木記同，非僅濟美堂矣。《丁志》。作《歐陽先生遺粹》。

俞憲鵁鳴館：嘉靖戊申二十七年刻《西溪叢語》三卷，見《黄記》、《陸志》、《陸跋》、《莫録》、《繆記》。

東吴徐氏：嘉靖間仿宋刻《儀禮注》十七卷，見《陸志》。德輝按：徐刻《三禮》罕見。黄丕烈士禮居仿刻之《周禮注》，亦其一也。蓋《三禮》皆據宋本，與武英殿仿岳氏《五經》之一《禮記》，行字相同。但岳本有釋音，徐本無釋音，以此爲異。吾藏明刻《儀禮》與此同，《周禮》有釋音與《禮記》同，蓋翻岳本也。

東吴徐時泰東雅堂：刻宋廖瑩中世彩堂《韓昌黎集》四十卷、《外集》十卷，見《天祿琳琅後編》十、《陸志》、《繆續記》、《丁志》。云眉間有雍正丁未長洲陳景雲記云：「近吴中徐氏東雅堂主人徐時泰，萬曆中進士，歷官工部郎中。崇禎末，堂已易主，項宫詹煜居之。煜後以降賊名麗丹書，里人噪而焚其宅，堂遂毁。今僅存池塘遺迹而已。」德輝按：據陳記，則時泰通籍在萬曆。其刻書必在通籍後，而郭刻《柳集》疑當在時泰前，故天啓中柳氏有重刻本。韓板乾隆時猶存江蘇洞庭東山王氏。吾藏二本，一本明印，一本後有乾隆十一年洞庭東山王金增師李氏修板跋。

嘉禾項篤壽萬卷堂：隆慶庚午四年刻《鄭端簡奏議》十四卷，見《丁志》、云末有「隆慶庚午九月雕工畢」一條。《繆續記》。萬曆甲申十二年。刻《東觀餘論》三卷，見《天祿琳琅》九、《孫記》、《陸續跋》、《丁志》。

嘉禾項德棻宛委堂：刻元陸友仁《研北雜識》二卷，見《陸志》、《丁志》。天啓甲子四年刻《奇姓通》四十卷，見《繆記》。德輝按：德棻疑篤壽兄弟之子。篤壽之兄名元淇，弟名元汴，字子京，流傳書畫名迹所謂項墨林天籟閣是也。篤壽子德楨，萬曆己未進士。孫鼎鉉，萬曆辛丑進士；聲國，崇禎甲戌進士。見《嘉興府志・進士題名》。元汴子穆，字德純。穆季弟德明，字鑒臺。亦見《府志・列傳》。又德新字又新，見朱彝尊《明詩綜・小傳》。又德宏，見朱彝尊《曝書亭集・蘭亭神龍本跋》。均以德爲名，則德棻必其從子行也。刻《避暑録話》四卷，見《莫目》。吾藏此本。

馬元調寶儉堂：萬曆甲辰三十二年刻元稹《長慶集》六十卷，白居易《長慶集》七十一卷，見《森志》、《繆記》。

鄧渼文遠堂：萬曆丁巳四十五年刻程大昌《演繁露》十六卷、《續》六卷，見《丁志》。無年號刻《唐文粹》一百卷，見《孫記》。刻王楨《農書》三十六卷，見《天祿琳琅後編》十六。

高承埏稽古堂：刻《劉賓客佳話録》一卷，《劇談録》二卷，《雲仙散録》十卷，《隋唐佳話》三卷，見《繆記》。《南部新書》十卷，《友會叢談》十卷，見《繆續記》。德輝按：吾縣王山長岱《浮槎文集》五《高寓公先生傳》云：高公諱承埏，字澤外，號寓公，晚號鴻一居士。係出齊公子高后，以王父字爲氏，至宋武烈王諱瓊發迹於汴。至忠節公世，則隨蹕南渡。元末，九世孫文忠公遜志，自蕭縣避地嘉興，因係籍焉。長補諸生，己卯得雋，庚辰捷南宫，廷對三甲，官終工部虞衡司主事。戊子感懷賦詩，絶筆而逝，時年四十六。傳甚詳，兹略摘其仕履。己卯爲崇禎四年，庚辰爲五年，卒於戊子，則順治五年。所刻書又有唐牛僧孺《玄怪録》，李復言《續玄怪録》，李濬《北窗續録》，梅彪《石藥爾雅》，元伊世珍《嫏環記》，高德基《平江紀事》，唐姓佚名《灌畦暇語》，明陳繼儒《偃曝餘談》、《墨畦》，袁宏道《關中游歷》等書，總題《稽古堂日鈔》，見顧修《匯刻書目》。以不見於諸家書目，附記於此。刻《子夏易傳》十一卷。吾藏此本。

吴氏西爽堂：無年號刻《晉書》一百三十卷，見《楊志》。刻《三國志》六十五卷，見《繆續記》。

萬玉堂：刻《太玄經》十卷，見《天祿琳琅後編》五、誤入宋版。《瞿目》、《森志》、《繆續記》。

吴郡杜詩：刻鮑彪《戰國策校注》十卷，見《天祿琳琅後編》四。誤入宋版。

元和吴元恭：刻《爾雅注》三卷，見顧廣圻《思適齋集》。顧有翻刻。

此皆刻書有根據，不啻爲宋槧作千萬化身者也。其餘叢刻書，以顧元慶《四十家文房小説》爲最精，胡維新《兩京遺編》次之，程榮《漢魏叢書》又次之。吴琯《古今逸史》時有脱訛，何允中《增刻漢魏叢書》殊少抉擇。至晚季胡文焕《格致叢書》、陳繼儒《秘笈》之類，割裂首尾，改换頭面，直得謂之焚書，不得謂之刻書矣。

又《明人私刻坊刻書》明刻精本，已具於前。其他私刻、坊刻之書，以年代相近，存於今者視宋、元刻本爲多。今以書院、精舍、書堂等類，分別記之。一曰書院。則有：

紫陽書院：成化三年刻《瀛奎律髓》四十九卷，見《楊志》。

義陽書院：嘉靖辛卯十年刻何景明《大復集》二十六卷，見《莫目》。

無錫崇正書院：嘉靖壬辰十一年華麟祥刻《事類賦》三十卷，見《天祿琳琅》九、《丁志》。

廣東崇正書院：嘉靖丙申十五年刻《四書集注》十四卷，見《範目》。《範目》誤「丙申」爲「丙辰」，又誤「書院」爲「書堂」。嘉靖丁酉十六年刻《漢書》一百二十卷，見《朱目》、《繆記》。刻《後漢書》一百二十卷，見《範目》、《陸志》、《朱目》、《繆記》、《森志》。

九峰書院：嘉靖丙申十五年刻元好問《中州集》十卷，《中州樂府》一卷，見《黄記》、金本。《丁志》。舊鈔本。

芸窗書院：嘉靖甲辰二十二年刻《侯鯖錄》八卷，見《繆續記》、《丁志》。作芸川書院。無年號刻《荀子》二十卷，見《天祿琳琅後編》十六。刻《揚子》十卷、《文中子》十卷，見《繆記》。云板心有「芸窗書院刊」五字。

鼇峰書院：無年號刻《侯鯖錄》八卷，見傅沅叔增湘藏書。云小字本，十一行，行二十一字，有「鼇峰書院之記」六字木記。

籍山書院：萬曆庚子十九年重刊《經史證類大全本草》三十一卷，見《丁志》。云大觀二年艾晟序，後有「大德壬寅孟春宗文書院刊行」木記，蓋知南陵縣事楚武昌朱朝望據元本重梓者也。

正學書院：刻《國語補音》三卷，見《楊志》。

東林書院：刻《龜山楊文靖集》三十五卷，見《瞿目》。

龍川書院：刻《陳龍川先生集》三十卷，見《丁志》。一曰精舍。則有：

建溪精舍：洪武壬戌十五年刻《傅汝礪詩集》八卷，見《瞿目》、《陸志》。云後有「洪武壬戌渝川百丈山前建溪精舍新刊」一行。

詹氏進德精舍：弘治壬子五年翻刻南山書院本《廣韻》五卷，見《森志》、《陸續跋》。

余有堂鳳山精舍：正德丁卯二年刻《論語集注》十卷，見《森志》。

南星精舍：嘉靖乙酉四年刻《嵇中散集》十卷，見《孫記》、《陸志》。《志》作南星書屋。

崦西精舍：刻《宋之問集》二卷，見《瞿目》。云板心有「崦西精舍」字。一曰書堂。則有：

古杭勤德書堂：洪武戊午十一年刻《皇元風雅前集》六卷、《後集》六卷，見《楊譜》、《繆續記》。誤作元刻。刻楊輝祖《算書五種》七卷，見《楊志》。

遵正書堂：洪武壬申二十五年刻《增修箋注妙選群英草堂詩餘前集》二卷、《後集》二卷，見《繆續記》。《記》載書中印記云「洪武壬申孟夏遵正書堂新刊」兩行十二字。德輝按：此本從元泰宇書堂本翻刻。

廣成書堂：永樂甲辰二十三年翻刻元南山書院本《廣韻》五卷，見《森志》、《陸續跋》、《楊志》、《楊譜》。

書林魏氏仁實書堂：景泰六年刻《性理大全》七十卷，刻王幼學《朱子資治通鑑綱目集覽》五十九卷，見《孫記》、云序例後有「歲在上章敦牂孟夏書林魏氏仁實書堂新刊」分書木記。上章敦牂爲景泰六年庚午也。《天祿琳琅》五、《瞿目》。均誤作元版。弘治甲子十七年刻《楚辭集注》八卷、《後語》六卷、《辨證》二卷，見《繆續記》。云後有「書林魏氏仁實堂重刊」一行。弘治乙丑十八年刻《道德經》二卷，列子《沖虛至德眞經》八卷，見《森志》。每半版十二行，行二十六字，注雙行。

歙西鮑氏耕讀書堂：天順辛巳五年刻宋鮑雲《天原發微》五卷，見《瞿目》。

玉峰書堂：成化四年刻明寇平《全幼心鑒》八卷，見《繆記》。云一小兒捧一牌，曰「玉峰書堂」四字。

郃陽書堂：成化四年刻《長安志》二十卷、《長安志圖》三卷，見《黄記》、《楊錄》。

羅氏竹坪書堂：成化癸巳九年刻《子午流注經》三卷，見《森志》。

崇仁書堂：成化甲午十年刻《春秋胡傳》三十卷，見《範目》。

劉氏明德書堂：弘治七年刻《衛生寶鑒》二十四卷、《補遺》一卷，見《森志》。無年號刻《大廣益會玉篇》三十卷，見《楊譜》、《楊志》。大題下跨行木記云「劉氏明德堂京本校正」，卷末木記云「劉氏明德書堂新刊」。

劉氏文明書堂：弘治辛酉十四年刻《廣韻》五卷，見《楊志》。

集賢書堂：弘治乙丑十八年刻周藩《袖珍方大全》四卷，見《丁志》。

云末有正統十年熊宗立識語，又有「弘治乙丑仲春吉旦集賢書堂新刊」木記。

陳氏存德書堂：正德戊辰三年刻《類證注釋錢氏小兒方訣》十卷，《陳氏小兒病原方論》四卷，見《森志》、《繆續記》。

錫山秦氏繡石書堂：嘉靖丙申十五年刻《錦繡萬花谷前集》四十卷、《後集》四十卷、《續集》四十卷、《別集》三十卷，見《陸志》、《丁志》、《森志》、《繆記》。無年號刻《漢武故事》二卷，見《錢記》。

崇文書堂：嘉靖戊申二十七年刻宋陳應行編《吟窗雜錄》五十卷，見《繆續記》。云序末有「嘉靖戊申孟夏崇文書堂家藏宋本刊行」字。

新賢書堂：嘉靖壬戌四十一年《新刊四明先生高明大字續資治通鑑》二十卷，見《孫記》。

吴氏玉融書堂：刻《事林廣記外集》二卷，見《陸續跋》。一曰書屋。則有：

南星書屋：嘉靖乙酉四年刻《嵇中散集》十卷，見《陸志》、《孫記》。孫作「南星精舍」。

許宗魯宜静書屋：嘉靖戊子七年刻《呂氏春秋》十六卷，見《森志》。無年號刻《爾雅注》三卷，見《範目》、《丁志》。刻《國語》二十一卷，見《繆記》、《丁志》。誤作宜靜書堂刊本。刻吳棫《韻補》五卷，見《瞿目》。鈔本。

前山書屋：嘉靖甲午十三年黄省曾刻《水經》四十卷，《山海經》十八卷，見《天祿琳琅》八。云惟《山海經》板心上方有「前山書屋」四字，而《水經》無之。

義興沈氏楚山書屋：嘉靖中刻宋朱弁《曲洧舊聞》十卷，見《瞿目》。云板心有「楚山書屋」四字。

九洲書屋：無年號刻《初學記》三十卷，見《天祿琳琅》九，又《後編》十七、《繆記》。一曰堂。則有：

梁氏安定堂：正統丁巳二年刻《韻府群玉》二十卷，見《森志》。

善敬堂：正統戊辰十三年刻《增廣注釋音辨唐柳先生集》四十二卷、《別集》二卷、《外集》二卷、《附錄》一卷，見《森志》。

鰲峰熊宗立種德堂：正統五年刻《類證注釋小兒方訣》十卷，天順甲申八年刻《外科備要》三卷，末題種德堂，未著姓名。刻《新編婦人良方補遺大全》二十四卷，成化二年刻《增廣太平惠民和劑局方》十卷，己丑當是成化四年刻《增證陳氏小兒痘疹方論》二卷，見《森志》。刻《新刊補注釋文黄帝內經素問》十二卷，後有木記云「鰲峰熊氏種德堂識」八字。刻《素問入式運氣論奧》三卷，《素問內經遺編》一卷，見《丁志》。

葉氏南山堂：天順壬午六年刻《新增說文韻府群玉》二十卷，見《丁志》。

書林劉宗器安正堂：弘治甲子十七年刻《針灸資生經》七卷，見《森志補遺》。正德六年刻《新刊京本詳增補注東萊先生左氏博議》二十五卷，見《張續志》。無元號年月。吾藏本前有木牌記，末題正德六年。正德丁丑十二年刻《類聚古今韻府群玉續編》四十卷，見《孫記補遺》。云序後有「正德丁丑書林安正堂劉宗器」題識，末卷後有「正德丁丑仲秋京兆劉氏安正書堂新增刊行」木長印。正德己卯十四年刻《集千家注批點杜工部詩集》二十卷，見蕙風簃藏書。卷後有木牌記云「正德己卯仲夏月劉氏安正堂刊」。辛巳當是正德十六年刻《象山先生集》二十八卷、《外集》五卷，見《天祿琳琅》六。誤入元版。云後有「辛巳歲孟冬月安正書堂重刊」木記。嘉靖二年刻朱公遷《詩經疏義》二十卷，見《吳記》、《瞿目》、云前題「書林劉氏安正堂重刊」，後有「癸未年仲夏安正堂刊」墨記。《丁志》。嘉靖三年重刊宋濂《學士文集》二十六卷、《附錄》一卷，見《丁志》。云序後有「嘉靖三年春月安正堂新刊行」一條。丙戌當是嘉靖五年刻《增刊校正王狀元集諸家注分類東坡先生詩》三十卷，見《陸志》。誤作元刻。云目後有「龍集丙戌秋月劉安正堂刊木」一行，卷末有「丙戌歲孟冬月安正堂新刊」一行。庚寅當是嘉靖九年刻《韓文正宗》二卷，見《瞿目》。云卷末有墨圖記云「庚寅年季夏月安正堂新刊行」。刻陳傅良《止齋集》二十六卷、《附錄》一卷、《遺文》一卷，見《丁志》。嘉靖九年刻明陳喆《春秋胡傳集解》三十卷，嘉靖壬辰十一年刻宋劉達可編《璧水群英待問會元選要》八十二卷，見《範目》。萬曆壬辰二十年刻宋秦觀《淮海集》四十卷、《後集》六卷，見《袁簿》。萬曆辛亥三十九年刻《新編事文類聚翰墨大全》一百二十五卷，見《繆續記》。云書前牌子末云「萬曆辛亥歲孟夏月重新整補好紙版，每部價銀壹兩整，安正堂梓」。

皇甫氏世業堂：正統庚辰十五年刻《博雅》十卷，見《天祿琳琅後編》十二。

贛州府清獻堂：嘉靖元年刻《埤雅》二十卷，見《範目》。嘉靖癸未二年刻巾箱本《書經集注》十卷、《序》一卷，見《丁志》。云後有木楷書記二行曰「嘉靖癸未季春月刊行於贛州府清獻堂」。

南康府六老堂：嘉靖丁亥六年刻陳澔《禮記集説》三十卷，見《範目》、《瞿目》、《丁志》。不悉刊刻年月。《四書集注》二十六卷，見《範目》。

書林葉一蘭作德堂：嘉靖乙巳二十四年《新刊演山省翁活幼口議》二十卷，見《森志補遺》。

雷氏文會堂：嘉靖乙□□□夏吉旦新刊《濟世產寶論方》二卷，見《森志》。鈔本。德輝按：此書前有嘉靖己未王子沖序，則「乙」下缺字當是「卯」字，在作序前四年。

浙江葉寶山堂：嘉靖癸丑三十二年刻《重訂校正唐荆川先生文集》十二卷，見《繆記》。云後有牌記兩行云「嘉靖癸丑仲冬浙江葉寶山堂」。

張之象猗蘭堂：嘉靖甲寅三十三年刻自注《鹽鐵論》十二卷，見《森志》。

寶雲堂：嘉靖十一年趙繼宗刻宋趙偕《寶峰先生文集》二卷，見《丁志》。云版心上刊有「寶雲堂文藝」五字。

陳奇泉積善堂：隆慶辛未五年刻《纂圖互注老莊列三子》二十卷，見《森志》。萬曆己酉三十七年刻《京本排韻增廣事類氏族大全》二十八卷，見《丁志》。

徐守銘寧壽堂：萬曆丁亥十五年刻《初學記》三十卷，見《孫記》、《森志》。刻吳淑《事類賦》三十卷，見《天祿琳琅》九、《學部圖書館目》。云項氏刻本，板心有「寧壽堂」三字。德輝按：此當是誤徐爲項，否則徐板項得之印行也。

吴公宏寶古堂：萬曆癸卯三十一年刻《博古圖》三十卷，見《天祿琳琅》八。

新都吴氏樹滋堂：萬曆丙午三十四年刻《秦漢印統》八卷，見《天祿琳琅》八、《孫記》。

周氏博古堂：萬曆己酉三十七年刻《世說新語》三卷，見《孫記》、《繆記》。

董氏萬卷堂：刻《隆平集》二十卷，見《瞿目》。云序後有墨圖記云「董氏萬卷堂本」。

書林龍田劉氏喬山堂：萬曆辛亥三十九年刻《注解傷寒百證歌發微論》四卷，萬曆壬子四十年刻《類證增注傷寒百問歌》四卷，見《森志補遺》。

海虞三槐堂：天啓間刻《侯鯖錄》八卷，見《丁志》。引鮑以文跋。

葉益蓀春書堂：崇禎庚辰十三年刻《陶靖節集》六卷，見《繆續記》。云板心有「春書堂」三字，葉益蓀刻，林有跋，異卿手書上板。後有「崇禎庚辰中秋既望閩中林寵異卿書於金陵清涼寺」兩行。

新都吴繼仕熙春堂：無年號刻《六經圖》六卷，見《天祿琳琅後編》十三。云卷後識云「圖象俱精，字紙兼美，一照宋本校刻無訛」。

熊氏衛生堂：無年號刻《新刊銅人針灸經》七卷，見《森志》。

明德堂：無年號刻《衛生寶鑒》二十四卷、《補遺》一卷，見《森志》。云係萬曆間刊本，末有「皇明歲次乙未明德堂刊」記。德輝按：若萬曆刻本，乙未當在二十三年。

雙柏堂：無年號仿宋刻丁黼本《越絕書》十五卷，見《陸志》、《陸續跋》。

如隱堂：無年號刻《洛陽伽藍記》五卷，見《張續志》、《瞿目》、《繆續記》。一曰館。則有：

豫章王氏夫容館：隆慶辛未五年刻《楚辭章句》十七卷，見《朱目》、《森志》、《楊志》、《繆續記》。

翠巖館：萬曆戊子十六年刻《素書》一卷，見《陸志》。

潘元度玉峰青霞館：重刻《大唐新語》十卷，改題《唐世說新語》，見《楊志》。

辨疑館：刻《易林》四卷，見《陸志》。吾藏此本，不佳。明刻此書無善本。

清真館：刻《雲笈七籤》一百二十二卷，見《瞿目》、《陸志》、《丁志》。一曰齋。則有：

書户劉洪慎獨齋：弘治戊午十一年刻《資治通鑑綱目》五十九卷，見

《範目》。正德戊辰三年刻《山堂群書考索前集》六十六卷、《後集》六十五卷、《續集》五十六卷、《別集》二十五卷，見《天祿琳琅後編》十七、《丁志》、《陸志》、《繆記》。是書前有正德戊辰莆田守鄭京序，稱「僉憲院賓出是書示區玉，玉以義士劉洪校讎督工，復劉徭役一年，以償其勞」。每卷有「建陽知縣區玉刊行」，「水石山人劉宏毅刊」，「正德十六年十一月書戶劉洪改刊」等字。十六年爲辛巳，蓋閱十年而始刊成。正德戊寅十三年刻《十七史詳節》二百七十三卷，見《范目》、《天祿琳琅後編》十五、《廉石居記》、《陸志》、又《天祿琳琅後編》四。誤作宋版。是書前序後有墨圖記三，曰「慎獨齋」，曰「五忠後裔」，曰「精力史學」。每卷首或刻「建陽慎獨齋」，或刻「建陽木石山人劉宏毅」，各卷不同。刻《文獻通考》三百四十八卷，見《丁志》、《繆記》。正德己巳四年刻《資治通鑑節要》二十卷，見《孫記續編》。正德辛巳十六年重刻《孫眞人備急千金要方》三十卷、《目錄》一卷，見《森志》。嘉靖癸未二年刻巾箱本《西漢文鑑》二十一卷，《東漢文鑑》十九卷，見《繆記》。云後有牌子云「龍飛嘉靖癸未京兆慎獨齋刊」。嘉靖己丑八年刻《資治通鑑綱目》五十九卷，見《森志》。德輝按：是書據《范目》有弘治戊午刻本，此又復見。或前後重刻，或前板後修，皆未可知。惟吾在廠肆曾見弘治本，絕似元槧，惜未見嘉靖本也。嘉靖壬辰十一年刻宋劉達可《璧水群英待問會元》八十二卷，見《丁志》。宋本注。嘉靖甲午十三年刻明邵寶《容春堂集》六十六卷，見《丁志》。無年號刻胡寅《讀史管見》八十卷，見《陸志》。宋刊本跋。刻《明一統志》九十卷，見《繆記》。

桂連西齋：正德庚午五年刻漢《董仲舒集》一卷，見《天祿琳琅後編》十八。云有「正德庚午桂連西齋印行」木記。

顧起經奇字齋：嘉靖乙卯刻《類箋王右丞詩集》十卷、《文集》四卷，見《范目》詩集類、又見《繆續記》。云後有「嘉靖三十四年涂月白分錫武陵家塾刻」一行。萬曆元年刻《標題補注蒙求》三卷，見《丁志》。云板心刊「奇字齋」三字。

楊氏歸仁齋，亦稱清白堂：嘉靖丁巳三十六年刻《事文類聚》一百十七卷，見《楊志》、《丁志》。按：《四庫》著錄元麻沙本，《前集》六十卷、《後集》五十卷、《續集》二十八卷、《別集》三十二卷、《新集》三十六卷、《外集》十五卷、《遺集》十五卷。「余藏萬曆丁未鄒可章重刻此本」刻陳子桱《資治通鑑綱目外紀》一卷，金履祥《通鑑前編》十八卷，朱子《通鑑綱目》五十九卷，商輅《通鑑續編》二十七卷，見《丁志》。明歸仁齋書林刻本。

純白齋：萬曆元年重刻《荊川先生文集》十七卷、《外集》三卷、《附錄》一卷，見《丁志》。

武林馮紹祖繩武觀妙齋：萬曆丙戌十四年刻《楚辭章句》十七卷，見《丁志》。

泊如齋：萬曆戊子十六年刻《宣和博古圖》三十卷，見《孫記》、《繆續記》。刻《考古圖》十卷，見《天祿琳琅》八、《陸續跋》。

豫章璩之璞燕石齋：萬曆乙未二十三年刻王世貞《蘇長公外紀》十卷，見《繆記》。

真如齋：萬曆庚戌三十八年刻劉嵩《槎翁詩》八卷，見《丁志》。云目錄後有「萬曆庚戌王正吉山陰王應遴董父監梓於眞如齋中」木記。

喬可傳寄寄齋：萬曆辛亥三十九年刻《路史前紀》九卷、《後紀》十三卷、《國名紀》九卷、《發揮》五卷、《餘論》十卷，見《繆記》。

雙甃齋：萬曆丙辰四十四年蔡達甫刻《蔡忠惠集》三十六卷，徐㶿輯《外紀》十卷，見《丁志》。云板心有「雙甃齋」三字。

金陵奎壁齋：崇禎六年梟刻《忠經·孝經·小學》十卷，見《繆續記》。云前有崇禎六年諭旨，又有牌子云「莆陽鄭氏再訂金陵奎壁齋梓」十二字。

單恂淨名齋：崇禎戊寅十一年刻宋岳少保《忠武王集》一卷，見《丁志》。云華亭陳繼儒輯，門人單恂訂本，板心梓「淨名齋」三字。

歙巖鎮汪濟川主一齋：無年號刻《巢氏諸病源候總論》五十卷，見《孫記》、《瞿目》，誤作王氏。《楊志》、《丁志》。

霏玉齋：無年號刻《重刊分類補注李詩全集》二十五卷、《文集》五卷，見《繆記》。一曰山房。則有：

徐熥萬竹山房：嘉靖甲申三年刻《重校正唐文粹》一百卷，見《繆記》。云胡序板心有「萬竹山房」四字，目錄後有「姑蘇後學尤桂朱整同校正」字。

喬世寧小丘山房：嘉靖甲辰二十三年刻《孫眞人備急千金要方》九十三卷、《目錄》一卷，見《森志》、云板心有「喬氏世寧小丘山房刻行」等字。《丁志》。

武林馮念祖卧龍山房：萬曆丙戌十四年刻元徐天祜《吳越春秋音注》

十卷，見《天祿琳琅》八。德輝按：目後有木牌記云「萬曆丙戌之秋武林馮念祖重梓於卧龍山房」。後板歸楊爾曾，丙戌改戊戌，馮名改楊名，二本吾皆有之。一曰草堂。則有：

椒郡伍氏龍池草堂：嘉靖丁酉二十五年刻《張説之文集》二十五卷，見《孫記》、《瞿目》。云明初椒郡伍德手録本，作記屬子孫付刻。至嘉靖間，其後裔刻之。序後有「嘉靖丁酉冬十月朔旦椒郡伍氏龍池草堂家藏本校刊」一行。

玉蘭草堂：無年號刻陶九成《南村輟耕録》三十卷，見《繆記》。云邊闌下每葉有「玉蘭草堂」四字，再下則載匠人姓名。一曰書林。則有：

書林劉寬：宣德乙卯十年刻朱子《資治通鑑綱目》五十九卷，見《天祿琳琅後編》十四。

書林余氏：正統辛酉六年刻《十八史略》二卷，見《森志》。

書林龔氏：正德己卯十四年刻黃震《黃氏日鈔》九十七卷，見《浙録》、《楊志》。

書林童文舉：萬曆三年重刻袁表校刻《脈經》十卷，見《森志補遺》。

書林董思泉：萬曆辛巳九年刻《墨子》六卷，見《楊志》。云：「首簽題『鹿門校刻墨子全編』，上層有書林董思泉識語，稱得宋本請茅鹿門讎校。首有萬曆辛巳茅坤序，稱別駕唐公得《墨子》原本，將歸而梓之云云。然則鹿門第爲唐公作序，并未與讎校之役。其中古字古言，多爲書估所改。如『亓』本古『其』字，皆改爲『亦』字，可笑之甚。鹿門雖陋，恐不至此。」又云：「日本寶曆七年源儀重刻此本，以諸本之異同者校勘于書眉。不惟勝此本，且勝畢氏所據之《道藏》本。惜乎源氏無卓識，不刻其所引之一本，令人嘆息也。」德輝按：吾有源刻本，又有嘉靖癸丑陸穩序唐堯臣刻本，乃知茅序即用陸序原文，改題茅坤姓名。書估作僞欺人，楊氏誤信之，殊可笑也。

書林詹氏：無年號刻《京本校正注釋音文黄帝内經素問靈樞集注》十五卷，見《丁志》。一曰鋪。則有：

國子監前趙鋪：弘治丁巳十年刻《澗谷精選陸放翁詩集前集》十卷、《須溪精選後集》八卷、《別集》一卷，見《丁志》。

正陽門内巡警鋪對門金臺書鋪：嘉靖元年翻刻元張伯顔《文選》六十卷，見《范目》、《丁志》。德輝按：此即嘉靖四年同柯維熊刻《史記》之汪諒。

杭州錢塘門里車橋南大街郭宅紙鋪：無年號刻《寒山詩》一卷，《豐乾拾得詩》一卷，附慈受《擬寒山詩》一卷，見《瞿目》。云明刻本。德輝按：《黃記》有宋本與此同，惟「紙」字空白。此必翻本，以街名牌記皆似宋式也。其他牌記尚有：

藍山書舍：洪武庚辰即建文二年刻《武夷藍山先生詩集》八卷，見《丁志》。云序後刻有「洪武庚辰秋藍山書舍刊」長方木記。德輝按：成祖篡統，革除建文元號，此豈追改耶？

劉氏博濟藥室：宣德癸丑八年刻《類證活人書括》四卷，見《森志補遺》。

維楊資政左室：萬曆己卯七年刻《呂氏春秋》二十六卷，見《楊譜》。

蔣德盛武林書室：萬曆庚子二十八年刻《敬齋古今黈》十二卷，見《陸志》、《繆記》、舊鈔本。《丁志》。「書室」誤云「書屋」。

太元書室：刻桓寬《鹽鐵論》十卷，見《黃記》。校明鈔本。

尹耕療鶴亭：嘉靖壬寅二十一年重刻《誠齋先生易傳》二十卷，見《丁志》、《繆記》。

顧汝達萬玉樓：嘉靖庚戌二十九年刻宋本《南唐書》三十卷，見《繆記》。

贛郡蕭氏古翰樓：嘉靖間刻《妙絶古今》四卷，見《繆續記》。云板心有「蕭氏古翰樓」五字。

芙蓉泉屋：嘉靖十八年刻《韓詩外傳》十卷，見《陸志》。

東里董氏茭門別墅：嘉靖壬子三十一年翻刻宋紹興府洪适本《元氏長慶集》六十卷，見《丁志》。

龍邱桐源舒伯仁梁溪寓舍：萬曆二年刻《中興以來絶妙好詞》十卷，見《範目》、《瞿目》、《丁志》。云末有墨圖記，云「萬曆二年七月既望龍邱桐源舒氏伯明新雕梁溪寓舍印行」。

吴興花林東海居士茅一相文霞閣：萬曆庚辰八年刻《蔡中郎集》十一卷，見《丁志》。

吴郡顧凝遠詩瘦閣：崇禎乙亥八年仿宋刻《濟北晁先生鷄肋集》七十卷，見《四庫書目提要》、《丁志》。云板心有「詩瘦閣」三字，卷後有「明吳郡顧氏於崇禎乙亥春照宋刻壽梓至中秋工始竣」二行。

清平山堂：無年號刻葉祖榮《類編分類夷堅志》十一卷，見《繆續

記》。云當是南宋建陽書肆類集刊本，明人重刻之，板心有「清平山堂」四字。

衆芳書齋：隆慶元年刻《繪圖增編會眞記》四卷，見《繆續記》。

清夢軒：無年號刻蘇轍《欒城集》五十卷、《後集》二十四卷、《三集》十卷、《應詔集》十二卷，見《瞿目》、《丁志》。云目錄後有「清夢軒藏板」五字。

三衢近峰夏相：嘉靖壬子三十一年仿宋刻《古今合璧事類備要前集》六十九卷、《後集》八十一卷、《續集》五十六卷、《別集》九十四卷、《外集》六十六卷，見《陸志》、《丁志》、《繆記》。

揚州陳大科：萬曆丁酉二十五年刻《初學記》三十卷，見《邵注四庫目》。德輝按：吾藏此本，雕印甚精。

金陵王舉直：刻《雅頌正音》五卷，見《黃記》、云明初刻本。《陸志》。

金陵周對峰：萬曆辛卯十九年刻《新刊簪纓必用翰苑新書前集》十二卷、《後集》七卷、《別集》二卷、《續集》八卷，見《丁志》。

姑蘇葉氏戊廿：無年號刻《王狀元荆釵記》全卷，見《黃記再續》。云卷末有「姑蘇葉氏戊廿梓行」八字。德輝按：此書似是元末槧本，以葉氏名戊廿證之，亦元時人名俗尚。

沈啓南：無年號刻《晏子春秋》八卷，見《楊譜》。按：孫星衍爲畢沅校刻此書及自刻《岱南閣叢書》，均據此本。據云萬曆乙酉年刻。以上或刻一種，或刻二三種。其中刻書獨多，爲劉洪愼獨齋、劉宗器安正堂，而皆建陽產。自宋至明六百年間，建陽書林擅天下之富，使有史家好事，當援《貨殖傳》之例增《書林傳》矣。

又卷七《明時官刻書只准翻刻不准另刻》 明時官刻書，只准翻刻，不准另刻。世傳閩中刻《五經四書》，首有提刑按察司牒建寧府云：「福建等處提刑按察司爲書籍事，照得《五經四書》，士子第一切要之書，舊刻頗稱善本。近時書枋射利，改刻袖珍等版。款制褊狹，字多差訛，如『巽與』訛作『巽語』，『由古』訛作『猶古』之類。豈但有誤初學，雖士子在場屋，亦訛寫被黜，其爲誤亦已甚矣。刻本司看得書傳海內，板在閩中。若不精校另刊，以正書枋之謬，恐致益誤後學。議呈巡按察院詳允會督學道選委明經師生，將各書一遵欽頒官本，重複校讎。字畫句讀音釋，俱頗明的。《書》、《詩》、《禮記》、《四書》傳說，款識如舊。《易經》加刻《程傳》，恐只窮本義，涉偏廢也。《春秋》以《胡傳》爲主，而《左》、《公》、《穀》三傳附焉，資參考也。刻成合發刊布，爲此牒仰本府著落當該官吏，即將發出各書，轉發建陽縣。拘各刻書匠戶到官，每給一部，嚴督務要照式翻刊。縣仍選委師生對同，方許刷賣。書尾就刻匠戶姓名查考，再不許故違官式，另自改刊。如有違謬，拿問重罪，追版劃毀，決不輕貸。仍取匠戶不致違謬結狀同依准繳來。嘉靖拾壹年拾貳月□□日，故牒建寧府。」按：此牒載所刻《春秋》四傳，又載《禮記集說》，見《丁志》，足見明時法制之嚴，刻書之愼。而建寧匠人之盛，自宋以來至明五六百年，流風不墜，觀於此牒，亦可想其專精雕鏤矣。

又《明南監罰款修板之謬》 明南監書板，尤有不可爲訓者。如南監諸史，本合宋監及元各路儒學板湊合而成，年久漫漶，則罰諸生補修。以至草率不堪，并脫葉相連亦不知其誤。北監即據南本重刊，謬種流傳，深可怪嘆。吾不知當時祭酒司業諸人，亦何尸位素餐至於此也。或謂當時監款支絀，不得不借此項收入，略事補苴。且於節用之中而見課士之嚴肅，其立法未爲不善。雖然，南監板片皆有舊本可仿，使其如式影寫，雖補板亦自可貴。乃一任其板式凌雜，字體時方時圓，兼之刻成不復細勘，致令訛謬百出。然則監本即不毀於江寧藩庫之火，其書雖至今流傳，亦等於書帕坊行，不足貴重矣。

又《明時刻書工價之廉》 蔡澄《鷄窗叢話》云：「先輩云，元時人刻書極難，如某地某人有著作，則其地之紳士呈詞於學使。學使以爲不可刻則已，如可，學使備文咨部。部議以爲可，則刊板行世，不可則止。故元人著作之存於今者，皆可傳也。前明書皆可私刻，刻工極廉。聞前輩何東海云，刻一部古注《十三經》，費僅百餘金，故刻稿者紛紛矣。嘗聞王遵巖、唐荆川兩先生相謂曰：數十年讀書人，能中一榜，必有一部刻稿；屠沽小兒，身衣飽暖，歿時必有一篇墓志。此等板籍幸不久即滅，假使盡存，則雖以大地爲架子，亦貯不下矣。又聞遵巖謂荆川曰：近時之稿板，以祖龍手段施之，則南山柴炭必賤。」按：明時刻字工價有可考者，《陸志》、《丁志》有明嘉靖甲寅閩沙謝鸞識嶺南張泰刻《豫章羅先生文集》，目錄後有「刻板捌拾叁片，上下二帙，壹佰陸拾壹葉，綉梓工貲貳拾肆兩」木記。以一版兩葉平均計算，每葉合工貲壹錢伍分有奇，其價廉甚。至崇禎末年，江南刻工尚如此。

徐康《前塵夢影録》云：「毛氏廣招刻工，以《十三經》、《十七史》爲主。其時銀串每兩不及七百文，三分銀刻一百字。」則每百字僅二十文矣。今湖南刻書，光緒初元，每百字幷寫刻木版工貲五六十文。中葉以後，漸增至八九十文，元體字小者百五十文，大者二百文，篆隸每字五文。至宣統初，已增至百三十文，以每葉五百字出入，每錢銀直百六十文計，每葉合銀叁錢畸零，視明末刻書已增一倍。然此在湖南永州一處則然。永州刻字多女工，其坊行書刻價每百字僅二三十文。江西、廣東亦然。價雖廉，而訛謬不可收拾矣。

又《明毛晉汲古閣刻書之一》　明季藏書家，以常熟之毛晉汲古閣爲最著。當時遍刻《十三經》、《十七史》、《津逮秘書》、唐宋元人别集，以至道藏、詞曲，無不搜刻傳之。觀顧湘《汲古閣板本考》，秘笈琳琅，誠前代所未有矣。即其刻《説文解字》一書，使元、明兩朝未刻之本，一旦再出人間，其爲功於小學，尤非淺鮮。然其刻書不據所藏宋元舊本，校勘亦不甚精，數百年來，傳本雖多，不免貽佞宋者之口實。孫從添《藏書紀要》云：「毛氏汲古閣《十三經》、《十七史》，校對草率，錯誤甚多。」又云：「毛氏所刻甚繁，好者僅數種。」《黄記》二。元大德本《後漢書》載陳鱣跋云：「蕘圃嘗曰，汲古閣刻書富矣，每見所藏底本極精，曾不校，反多臆改，殊爲恨事。」又校本陸游《南唐書》載顧澗薲臨陸敕先校錢罄室本云：「汲古閣初刻《南唐書》，舛誤特甚，此再刻者，已多所改正。然如《讀書敏求記》所云『卷例俱遵《史》、《漢》體，首行書某紀某傳卷第幾，而注《南唐書》於下，今流俗本竟稱《南唐書》本紀卷第一卷二卷三，列傳亦如之，開卷便見其謬』者，尚未改去。其他沿襲舊訛，可知其不少矣。」又四，宋刻本《湘山野録》云：「《湘山野録》曾刻入毛氏《津逮秘書》中，此宋刻元人補鈔本。略取《津逮》本相校，知毛刻尚多訛脱，想當日付梓未及見此耳。繼於顧五痴家見有毛斧季手校本，即在《津逮》本上，實見過此本。取對至卷中『時○晏元獻爲翰林學士』一行前，竟脱落『備者惟陳康肅公堯咨可焉陳方以詞職進用』十八字。初亦不解其故，反覆展玩，乃知此十八字鈔時脱落，後復添寫於旁。斧季校時，猶及見此。而後來裝潢穿綫過進，遂滅此一行。向非别見校本，何從指其脱落耶。爰重裝之，使倒折向内，覽之益爲醒目云。」又五，宋刻《李群玉集》三卷、《後集》五卷云：「毛刻《李文山集》，迥然不同。曾取宋刻校毛刻，其異不可勝記，且其謬不可勝言。信知宋刻之佳矣。毛刻非出宋本，故以體分統前、後集幷爲三卷，或以意改之。」段玉裁《汲古閣説文訂・自序》略云：「毛晉及其子扆，得宋小字本，以大字開雕。周錫瓚出初印本，有扆親署云順治癸巳汲古閣校改第五次本。卷中旁書朱字，復以藍筆圈之。凡其所圈，一一剜改。考毛氏所得小字本，四次以前微有校改。至五次則校改特多，往往取諸小徐《繫傳》，亦間用他書。今世所存小徐本，乃宋張次立所更定，而非小徐眞面目。而據次立剜改，又識見駑下，凡小徐佳處，少所采掇，而不必從者，乃多從之。學者得之，以爲拱璧，豈知其繆戾多端哉。」略舉黄、顧、陳、段諸家所糾，則其刻書之功，非獨不能掩過，而且流傳謬種，貽誤後人。今所刻《十三經》、《十七史》、《説文解字》傳本尤多，淺學者不知，或據其本以重雕，或奉其書爲秘笈。昔人謂明人刻書而書亡，吾於毛氏不能不爲賢者之責備矣。吾按：毛扆《汲古閣珍藏宋元秘本書目》北宋本《孔子家語》下云：「南宋本作『良藥苦口利於病』，此本作『藥酒苦口利於病』。及讀《鹽鐵論》，亦作『藥酒苦口利於病』，方知北宋本之善。」今汲古閣本仍作「良藥苦口利於病」，是毛氏於家藏宋本全不依據，自道之而自蹈之矣。

又《明毛晉汲古閣刻書之二》　毛氏刻書，至今尚遍天下，亦可見當時刊布之多、印行之廣矣。然其生平事實，人多有不知者。余按：陳瑚《爲毛潛在隱居乞言小傳》略云：「江南藏書之富，自玉峰菉竹堂、婁東萬卷樓後，近屈指海虞。然庚寅十月，絳雲不戒於火，而巋然獨存者，惟毛氏汲古閣。登其閣者，如入龍宫鮫肆，既怖急，又踴躍焉。其制，上下三楹，始子訖亥，分十二架。中藏四庫書及釋、道兩藏，皆南、北宋内府所遺，紙理縝滑，墨光騰剡。又有金元人本，多好事家所未有。子晉日坐閣下，手翻諸部，讎其訛謬，次第行世。至滇南官長萬里遺幣以購毛氏書，一時載籍之盛，近古未有也。其所鋟諸書，一據宋本。或戲謂子晉曰：『人但多讀書耳，何必宋本爲？』子晉輒舉唐詩『種松皆老作龍鱗』爲證曰：『讀宋本然後知今本老龍鱗之爲誤也。』子晉固有鉅才，家蓄奴婢二千指，同釜而炊，均平如一。躬耕宅旁田二頃有奇，區别樹藝，農師以爲不逮。竹頭木屑，規畫處置，自具分寸。即米鹽瑣碎時，或有貽一詩投一札者，輒舉筆屬和，裁答如流。其治家也有法，且望率諸子拜家廟，以次謁見師長，月以爲常。以

故一家之中，能文章，嫻禮義，彬彬如也。崇禎壬午、癸未間，遍搜《宋遺民》、《忠義》二錄、《西臺慟哭記》，與《月泉吟社》、《河汾》、《谷音》諸詩，刻而廣之。未幾，遂有甲申、乙酉南北之事。每自嘆人之精神意思所在，便有鬼物憑依其間，即余亦不知其何謂也。變革以後，杜門卻掃，著書自娛。歲大饑，則賑穀代粥，周鄰里之不火者。司李雷雨津贈之詩曰：『行野樵漁皆拜賜，入門僮僕盡鈔書。』人謂之實錄云。」【略】又顧湘小石山房刻《汲古閣校刻書目》前，附有滎陽悔道人撰《汲古閣主人小傳》云：「毛晉，原名鳳苞，字子晉，常熟縣人，世居迎春門外之七星橋。父清，以孝弟力田起家。當楊忠愍公漣爲常熟令時，察知邑中有十識者十人。遇有災荒工務，倚以集事，清其首也。晉少爲諸生，蕭太常伯玉特賞之，晚乃謝去。以字行，性嗜卷軸。榜於門曰：『有以宋槧本至者，門內主人計葉酬錢，每葉出二佰；有以舊鈔本至者，每葉出四十；有以時下善本至者，別家出一千，主人出一千二百。』於是湖州書舶雲集於七星橋毛氏之門矣。邑中爲之諺曰：『三百六十行生意，不如鬻書於毛氏。』前後積至八萬四千冊，構汲古閣、目耕樓以庋之。子晉患經史子集率漫漶無善本，乃刻《十三經》、《十七史》、古今百家及二氏書，至今學者寶之。方汲古閣之炳峙於七星橋也，南去十里爲唐市，楊彝鳳基樓在焉；東去二十里爲白茆市，某公紅豆莊在焉。是時海內勝流至常熟者，無不以三處爲歸。江干車馬，時時不絕。而應酬賓客如恐不及，汲古主人爲最。尤好行善，水道橋梁，多獨力成之。歲饑，則連舟載米，分給附近貧家。雷司理贈詩云：『行野田夫皆謝賑，入門僮僕盡鈔書。』蓋紀實也。子晉生於前明萬曆二十七年己亥歲之正月五日，至國朝順治十六年己亥歲七月二十七日卒，享年六十有一，葬於戈莊之祖塋。子五，襄、褒、衮、表、扆。扆字斧季，精於小學，最知名。」按：此傳本康熙《蘇州府志》而加詳。近人龐鴻文撰《常昭合志稿・毛鳳苞傳》云：「藏書數萬卷，延名士校勘，開雕《十三經》、《十七史》、古今百家及從未梓之書。所用紙歲從江西特造之，厚者曰毛邊，薄者曰毛太，至今猶沿其名不絕。所著書有《和古今人詩》、《野外詩》、《題跋》、《虞鄉雜記》、《隱湖小志》、《海虞古今文苑》、《毛詩名物考》、《宋詞選》、《明詩紀事》、《詞苑英華》、《僧宏秀集》、《隱秀集》共數百卷。子五：褒，字伯華，號質庵；表，字奏叔，號正庵；扆，字斧季，陸貽典婿也，最知名，尤耽校讎，何義門輩皆推重之。」餘同《錢志》、《鄭傳》，不全錄。蔣光煦《東湖叢記》：「毛氏於宋元刊本之精者，以『宋本』、『元本』橢圓式印別之，又以『甲』字印鈐於首。其餘藏印，曰『毛晉秘篋審定眞迹』，曰『毛氏藏書』，曰『東吳毛氏圖書』，曰『汲古閣世寶』，曰『子孫永寶』，曰『子孫世昌』，曰『在在處處有神物護持』，曰『開卷一樂』，曰『筆硯精良人生一樂』，曰『汲溪』，曰『弦歌草堂』，曰『仲雍故國人家』，曰『汲古主人』，曰『汲古得修綆』。子五：褒，字伯華，號質庵；表，字奏叔，號正庵；季子扆，字斧季，陸貽典婿也，最知名。尤耽校讎，有『海虞毛扆手校』及『西河汲古後人』、『叔鄭後裔』朱記者，皆是也。兼精小學，何義門輩皆推重之。」餘同《陳傳》、《錢志》、《顧傳》者，不錄。楊紹和《楹書隅錄》影宋精鈔本《五經文字》三卷，有毛扆跋云：「吾家當日有印書作，聚印匠二十人，刷印經籍。扆一日往觀之，先君適至，呼扆曰：『吾縮衣節食，遑遑然以刊書爲急務。今板逾十萬，亦云多矣，竊恐秘冊之流傳尚十不及一也。汝曹習而不察，亦知印板始於何時乎？蓋權輿於李唐而盛於五代也。』後夏日納涼，請問其詳。先君曰：『古人讀書，盡屬手鈔。至唐末，益州始有墨板，皆術數字學小書，而不及經傳。經傳之刻，在於後唐。』自後考之，後唐長興三年，詔用西京石經本，雇匠雕印，廣頒天下。見《五代會要》第八卷。宰臣馮道等奏曰：請依石經文字刻《九經》印板。又按《國史志》，長興三年，詔儒臣田敏校《九經》，鏤本於國子監。扆購得《五經文字》一部，係從宋板影寫者，比大曆石本注益詳備，前有開運丙午九月十一日田敏序。按：丙午，開運三年也。則田敏之奉詔在後唐長興三年，越十六年至石敬瑭之世而雕成印本。由此觀之，蓋祖五代本矣。石刻舉世有之，但剝蝕處杜撰增補，殊不足據，要必以此本爲正也。虞山毛扆識。」觀此，則扆之耽於小學，可以概知。而其父子殷殷刻書之心，信有至樂，宜今日爲藝林佳話也。子晉孫綏萬，亦有名，最工詩。王應奎《海虞詩苑》云：「綏萬，字嘉年，號破崖，汲古主人之孫也。生有異徵，前身爲吳閶白椎庵文照禪師，事見薛孝穆《重複庵記》。性耽吟詠，又好游覽。所至登臨吊古，動成卷帙。著有《破崖居士詩稿》數卷。汲古孫行最盛，惟君知名於時。」按：晉有孫二十人，曾孫二十三人，見朱彝尊《曝書亭集》毛晉繼室《嚴孺人墓志銘》。晉子五，孺人出者四，曰褒、曰衮、曰表，存者扆也，并載墓志。晉又一孫，未知何名，性嗜茗。鄭德懋《汲古

閣刻板存亡考·四唐人集》下云：「相傳毛子晉有一孫，性嗜茗飲。購得洞庭山碧羅春茶，虞山玉蟹泉水，獨患無美薪。因顧《四唐人集》板而嘆曰：『以此作薪煮茶，其味當倍佳也。』遂按日劈燒之。《四唐人集》內，惟《唐英歌詩》一種，最爲善本。即如席氏《百家唐詩》內亦刻，而空白多至二三百字，令人不可讀。然則汲古此本，眞秘寶也。」嗟乎！晉孫有綏萬，又有此孫，豈非大異事哉！

又《明毛晉汲古閣刻書之三》 風氣二三十年而一變，古書亦二三十年而漸稀。曩余不喜毛氏汲古閣所刻書，光緒初元，京師湖南舊書攤頭插架皆是。余所收得《十三經》，一爲白紙初印，一爲毛泰紙印，全部爲乾嘉間歙縣鄭文焯、鄭德仁父子以各家所據宋元善本通校。《十七史》亦毛泰紙初印者。餘若《津逮秘書》、《漢魏百三家》、郭茂倩《樂府詩集》、《陸放翁全集》、《唐人選唐詩八種》、《唐詩紀事》、《六十家詞》、《詞苑英華》、《詩詞雜俎》、《六十種曲》，均陸續得之，皆以爲尋常之本。惟《三唐人集》、《四唐人集》、《五唐人集》、《六唐人集》、《蘇門六君子集》、《元十家集》、《元四家詩集》之類，向本稀見。余以有各家專集，未暇搜全。至錢謙益《列朝詩集》，以乾隆修《四庫全書》，凡錢氏所著及有序書，皆在禁毁之列，故其書流傳不多，而余亦收得兩部。《八唐人集》，據鄭德懋、顧湘《汲古閣刻板存亡考》，爲山東趙秋谷先生按：名執信。以白金二百易去。又引常州臧在東曰：「余在山東畢中丞節署中，偶游濟南書肆，見新印《八唐人集》，字迹完好，與初印相去不遠。」是其板乾嘉時猶在山東，而傳本絶少，殆趙氏得板後無力印行也。又明王象晉之《群芳譜》，在王士禛《漁洋全集》三十六種中。今王書全者，京師廠肆插架尚多，其板何時歸王，則鄭、顧《考》所未及。毛刻書余幸當年隨意獲之，又悔當年等夷視之，今雖備數而未得選購初印之本，是亦失之眉睫之事也矣。

又《明毛晉汲古閣刻書之四》 毛氏汲古閣藏書，當時欲售之潘稼堂太史耒，以議價不果，後遂歸季滄葦御史振宜。黄丕烈《士禮居叢書》中所刻毛扆《汲古閣珍藏秘本書目》，所載價目，即其出售時所録也。至所刻《十三經注疏》板歸常熟小東門外東倉街席氏，《十七史》板歸蘇州掃葉山房，《三唐人文集》、《六十家詞》板歸常熟小東門興賢橋邵氏，《八唐人詩》板歸山東趙秋谷執信，《陸放翁全集》板歸無錫華氏，《詩詞雜俎》、《詞苑英華》板歸揚州商家，《説文解字》乾隆時板在蘇州錢景開萃古齋書肆。此鄭德懋《汲古閣書板存亡考》所載語可征也。阮葵生《茶餘客話》六云：「子晉家藏舊本亦夥。或云：王駙馬以金錢輦之去，其板多在昆明。駙馬者，吳三桂婿也。」阮以蘇人言蘇事，而考之不眞如此，遑論其他。雖然，毛氏刻書爲江南一代文獻所系，是則考古之士所當詳知者矣。

又《明毛晉汲古閣刻書之五》 余藏初印本汲古閣《十七史》，前有毛晉自叙《重鐫〈十三經〉〈十七史〉緣起》云：「毛晉草莽之臣，檮昧之質，何敢從事於經、史二大部？今斯剞劂告成，或有獎我爲功臣者，或有罪我爲僭分者，因自述重鐫始末，藏之家塾，示我子孫之能讀我書者。天啓丁卯，初入南闈，設妄想祈一夢。少選，夢登明遠樓，中蟠一龍，口吐雙珠，各隱隱籀文，唯頂光中一山字皎皎露出。仰見兩楹，分懸紅牌，金書『十三經、十七史』六字。遂寤，三場復夢，夢無異，竊心異之。鎩羽之後，此夢時時往來胸中。是年余居城南市，除夕，夢歸湖南載德堂。柱頭亦懸『十三經』、『十七史』二牌，煥然一新，紅光出戶。元旦拜母，備告三夢如一之奇。母忻然曰：『夢神不過教子讀盡經史耳。須亟還湖南舊廬，掩關謝客。雖窮通有命，庶不失爲醇儒。』遂舉歷選吉，忽憬然大悟曰：太歲戊辰，崇禎改元，龍即辰也；珠頂露山，即崇字也。奇驗至此，遂誓願自今伊始，每歲訂正經史各一部，壽之梨棗。及築箭方興，同人聞風而起。議連天下文社，列十三人任經部，十七人任史部，更有欲益四人，并合二十一部者。築舍紛紛，卒無定局，余唯閉戶自課已耳。且幸天假奇緣，身無疾病，家無外侮，密邇自娱，十三年如一日。迨至庚辰除夕，十三部板斬新插架。賴鉅公淵匠，不惜玄晏，流布寰宇。不意辛巳、壬午兩歲災祲，資斧告竭，亟棄負郭田三百畝以充之。甲申春仲，史亦裒然成帙矣。豈料兵興寇發，危如累卵。分貯板籍於湖邊巖畔茆庵草舍中，水火魚鼠，十傷二三。呼天號地，莫可誰何。猶幸數年以往，村居稍寧。扶病引雛，收其放失，補其遺亡，一十七部連床架屋，仍復舊觀。然較之全經，其費倍蓰，奚止十年之田而不償也。回首丁卯至今三十年，卷帙從衡，丹黄紛雜，夏不知暑，冬不知寒，晝不知出戶，夜不知掩扉。迄今頭顱如雪，目睛如霧，尚矻矻不休者，惟懼負吾母讀盡之一言也。而今而後，可無憾矣。竊笑棘闈假寐，猶夫牧人一夢

耳。何崇禎之改元，十三年之安堵，十七年之改步，如鏡鏡相照，不爽秋毫耶。至如獎我罪我，不過夢中說夢，余又豈願人人與我同夢耶？順治丙申年丙申月丙申日丙申時題於七星橋西之汲古閣中。」按：此刻書緣起，他處未載。觀當時集事之爲難，知亂世藏山之不易。黍油麥秀，感慨系之，蓋距明亡已十有三年矣。

又《明毛晉汲古閣刻書之六》 毛氏刻書，板心題「汲古閣」三字，人人知之矣。然間有稱「綠君亭」者，吾所藏《二家宮詞》、《三家宮詞》、《浣花集》三種皆如此。尚有《洛陽伽藍記》，載莫友芝《知見傳本書目》。是否爲毛氏書堂，抑受板於他氏，此亦考毛氏掌故所當知者矣。

又《明毛晉汲古閣刻書之七》 《四庫全書總目》子部雜家類雜編之屬存目《津逮秘書》提要云：「此爲毛晉所纂叢書，分十五集，凡一百三十九種。中《金石錄》、《墨池編》有錄無書，實一百三十七種。卷首有胡震亨序，震亨初刻所藏古笈爲《秘冊匯函》，未成而毀於火，因以殘版歸晉，晉增爲此編。凡版心書名在魚尾下用宋版舊式者，皆震亨之舊；書名在魚尾上而下刻『汲古閣』字者，皆晉所增也。晉家富藏書，又所與游者多博雅之士，故較他家叢書，去取頗有條理。而所收近時僞本，如《詩傳》、《詩說》、《歲華紀麗》、《琅環記》、《雜事秘辛》之類，尚有數種。又《經典釋文》割裂《周易》一卷，尤不可解。其題跋二十家，皆鈔撮於全集之中，亦屬無謂。今仍分著於錄，而存其總名於此，以不沒其搜輯刊刻之功焉。」按：《秘冊匯函》，其未經歸幷《津逮秘書》以前，印本傳布頗稀。吾曾藏有多種，《歲華紀麗》、《琅環記》實在其內，則其所收蕪雜，咎不屬子晉一人。且有高似孫《緯略》一種，爲《津逮》所未收，而《唐音統籤》，板式亦復相合。是否爲《秘冊》舊有，事無可考，今則收藏家惟知有《津逮秘書》矣。

又《明毛晉刻六十家詞以後繼刻者》 匯刻詞集，自毛晉汲古閣刻《六十家詞》始。當時擬刻百家，後四十家未刻者，其鈔本流傳，載彭元瑞《讀書跋》。光緒間桂林王鵬運四印齋補刻未全，長沙張祖同續刻，板存思賢書局。然皆後人增損，非毛鈔四十家之舊也。國初無錫侯氏新刊十家樂府：南唐二主、中主四首，後主三十三首。馮延巳《陽春集》、宋嘉祐陳世修序，序謂「二馮遠圖長策不矜不伐」云云。子野、張先。東湖、賀鑄。信齋、葛郯。竹洲、吳儆。虛齋、趙以夫，有淳祐己酉芝山老人自序。松雪、趙孟頫。天錫、薩都剌。古山，張埜，邯鄲人，有至治初元臨川李長翁序。皆在毛氏宋詞六十家之外，載王士禛《居易錄》十三。此刻世不多見，《匯刻書目》既未臚載，《邵注四庫簡明目》亦未及見。然其詞今皆爲王、張二刻所有，亦足爲止渴之梅矣。

又卷八《明錫山華氏活字板》 明人活字板，以錫山華氏爲最有名。活字擺印，固不能如刻印之多，而流傳至今四五百年，蟲鼠之傷殘，兵燹之銷毀，愈久而愈稀。此藏書家所以比之如宋槧名鈔，爭相寶尙，固不僅以其源出天水舊槧，可以奴視元明諸刻也。當時印本有曰蘭雪堂，有曰會通館。蘭雪堂爲華堅、華鏡，會通館爲華燧、華煜。蘭雪堂印行者，《春秋繁露》十七卷，見《瞿目》、云末有「正德丙子季夏錫山蘭雪堂華堅允剛活字銅板印行」一條。《陸續跋》。據云每葉十四行，每行十三字，版心上有「蘭雪堂」三字，下有刻工姓名，間有「活字印行」四字。《藝文類聚》一百卷，見《瞿目》、云目後有圖記云「乙亥冬錫山蘭雪堂華堅允剛活字銅版校正印行」。《森志》有朝鮮國銅版活字本，乃據華本重擺印者，云每半版十二行，行十九字。末有《蘭雪堂重印藝文類聚後序》，末記「正德乙亥冬後學華鏡謹拜序」。《繆記》。云每葉十四行，每行十三字。目後有墨圖記云「乙亥冬錫山蘭雪堂華堅允剛活字銅板校正印行」。每卷後有圍記「錫山」二字，長記「蘭雪堂華堅活字板印行」十字，均陽文。《蔡中郎文集》十卷，《外傳》一卷，見《孫記》、云目錄後有「正德乙亥春三月錫山蘭雪堂華堅允剛活字銅版印行」二十二字。又一部即影寫此本。《瞿目》、《陸志》。云板心有「蘭雪堂」三字。一部爲覆蘭雪堂本。《元氏長慶集》六十卷，見《瞿目》。校宋本。《白氏長慶集》七十卷，見《天祿琳琅》十、云各卷末俱有「錫山蘭雪堂華堅活字銅板印」記。《瞿目》。云每半葉十六行，行十六字。板心有「蘭雪堂」三字，目錄前後有墨圖記云「錫山」，又「蘭雪堂華堅活字銅板印」二方。會通館印行者，《容齋隨筆》十六卷、《續筆》十六卷、《三筆》十六卷、《四筆》十六卷、《五筆》十卷，見《錢日記》、云明弘治八年錫山華煜序，板心有「會通館活字銅板印」八字。《瞿目》。云板心上方有「弘治歲在旃蒙單閼」八字，下方有「會通館活字印」八字。每半葉十八行，行十七字，有邁自序，華燧印書序。《古今合璧事類前集》六十三卷，見《範目》。弘治戊午［十一年］華燧序。標題云「會通館印正古今合璧事類前集」。《文苑英華纂要》八十四卷，見《範目》。首行題「會通館印正文苑英華纂要」，板心有「歲在旃蒙單閼」六字，每半葉十四行，實止七行雙行。吾藏此本，分四大卷，前三卷《纂要》，後一卷《辨證》。《文苑英

華辨證》十卷，見《孫記》、云「會通館印正文苑英華辨證十卷」。《瞿目》。云此本出錫山華氏蘭雪堂，以銅字擺印，特無印記耳。板心有「歲在柔兆攝提格」及大小字數。《錦綉萬花谷前集》四十卷、《後集》四十卷、《續集》四十卷，見《繆續記》。云嘉靖乙未［十四年］徽藩崇德書院重刻會通館本。《諸臣奏議》一百五十卷，見《瞿目》。云「錫山華氏會通館本，即依宋本擺印。惟原闕處即連接之爲謬，友人邵朖仙據宋本校正」。今皆稀見之本。此外有所謂華珵者，印《渭南文集》五十卷，見《丁志》。云明弘治壬戌致光祿署丞事錫山華珵汝德得溧陽本，因托活字摹而傳之。又有但稱爲華氏者，印桓寬《鹽鐵論》十卷，見《瞿目》。云舊鈔本，從錫山華氏活字本傳録。華氏一門好事，洵足爲藝苑之美談。然其印行諸書，亦實不能無遺議。嘗取前人之説考之，如《天祿琳琅》十《白氏長慶集》下云：「明時活板之書，出於錫山安國家者，流傳最廣。華堅姓名，不見郡邑志乘，蓋與安國同鄉里，因效其以活版制書。其書於一行之中分列兩行之字，全部皆如小注，遂致參差不齊。則其法雖精，而其制尚未盡善也。」此言其板本不善也。《瞿目》校宋本《元氏長慶集》六十卷，蒙叟跋：「《元集》誤字，始於無錫華氏之活板。謬稱『得水村冢宰所藏宋刻本，因用活字印行』。董氏不學，因之沿誤耳。」嘉靖壬子東吴董氏用宋本翻雕，行款同。《丁志》明萬曆庚辰茅一相文霞閣刻《蔡中郎集》十一卷後有記云：「《中郎集》余得三本：一出無錫華氏，爲卷十一，得文七十有一首，前後錯雜，至不可句讀；再得陳子器本，襲華之舊；最後得俞氏汝成本，益文二十有一，而損卷爲六。其間亦稍稍補輯遺漏，今而後始睹中郎之完冊云。」《黄記再續》鈔校本《蔡中郎集》十卷云：「頃得惠松崖閲本，係《百三名家》，而所校字多非舊鈔、活字兩本所有。其《太尉橋公碑》中『臨令賂財贓多罪正』，惠校云：『案謝承書臨淄令路芝。』余覆檢活字本，云『臨淄令賂之贓多罪正』，舊鈔云『臨淄令路之贓多罪正』。今就惠校核之，是惟舊鈔爲近。蓋『路』本未誤，『芝』僅脱『艹』頭。若活字本已訛『路』爲『賂』矣。」《瞿目》鈔校本《蔡中郎文集》十卷，有顧氏澗薲三跋。其一云：「活字版似據一行書寫本作底子，故『數』訛爲『如』，『閑』訛爲『困』之類，往往而有。若得宋槧，必多是正也。」又《瞿目》《文苑英華辨證》十卷云：「出錫山華氏蘭雪堂，以銅字擺印。是書字句多所脱遺，未爲精善。以其出自宋本，存之。」又《張志》宋本趙汝愚《國朝諸臣奏議》一百五十卷跋云：「是書除此本外，有明會通館活字本，謬誤不可枚舉。如卷四十六謝泌《論宰相樞密接見賓客疏》，卷六十一傅堯俞《再論朱穎士李允恭疏》，此本俱存上半篇，卷一百廿四蘇轍《乞募保甲優等人刺爲禁軍疏》，存首二行；吕陶《論保甲二弊疏》，存下半篇，卷一百三十三范仲淹《論元昊請和不可許者三、大可防者三疏》，存首三葉，活字本俱刪去，猶可曰以其殘闕而去之。最可異者，如卷廿六司馬光《論任人賞罰要在至公名體禮數當自抑損疏》『恩雖至厚而人不可妒者何也？衆人』下，此本缺兩頁。活字本於『衆人』下竟直接傳堯俞《上慈聖皇后乞還政疏》『誠贊翊援皇帝於藩邸以繼大統』。卷一百廿四范純仁《乞揀閲保甲疏》『乞并結盤纏赴闕委殿前』下，此本缺兩頁。活字本於『殿前』下竟直接王巖叟《乞免第四等第五等保丁冬教及罷畿内保甲第二疏》『釋然放之也』。不思字句之不貫，不顧文義之隔絶，藉非宋本尚存，奚從訂正其誤。」《黄記》宋本《文苑英華纂要》：「鈔補甲集中，仍闕第二十八葉。會通館活字本即據缺失之本開雕，并削去第二十九葉首行『初賦』二字，以當十六卷之首葉。苟非宋本，何從知其僞乎。書之不可不藏宋刻如是。」此言其校勘不善也。蓋華氏當日隨得隨印，主者既無安桂坡之精鑒，校者亦非岳荆溪之專門。徒以秘本流傳，印行後又多爲人翻刻，故世人耳食，益重其書耳。

又《明華堅之世家》《天祿琳琅》十謂華堅姓名不見郡邑志乘，然吾竊疑爲華燧之從子行。按：明華渚撰《勾吴華氏本書·華燧傳》：《本書》三十三承事傳之一。「會通公燧，字文輝。少於經史多涉獵，中歲好校閲異同，輒爲辨證，手録成帙。遇老儒先生，即持以質焉。或廣坐通衢，高誦琅琅，旁若無人。既乃范銅板錫字，凡奇書難得者，悉訂正以行。曰：『吾能會而通之矣。』名其讀書堂曰會通館，人遂以會通稱。或丈之，或君之，或伯仲之，皆曰會通云。所著有《九經韻覽》、《十七史節要》。其事時葺翁稱色養。德輝按：時葺名方，字守方，以字行。時葺翁嬰足疾，常寢卧，公爲室寢西。每兄弟侍而退，則誦詩讀禮於斯，以樂翁志。翁既卒，獨廬於墓，著《治喪切問》。祭必率諸子齋於家。修譜，考世系論宗法頗詳。家世以本富，公以劬書，不復經紀爲務，家故少落，公漠如也。居之西數里，有原田積蕪，公仿古井田制，溝洫之，疆界之。會公疾，不得就。然其規制可觀，人謂公具經濟才以此。公六十杖鄉之年，修撰錢福先生壽公序，其言曰：『予嘗與先生

同寢處，見其昧爽而興，操觚揮翰。環列四庫書，童子分執，有所采掇，各簡所執以獻，至晚不輟，知其學之博而力之勤也如此。又嘗讀其所著《仁》、《性命》及《律呂》、《廟制》諸篇，皆舒徐典奥，究極理致，知其見之明而探之深也如此。又嘗讀其所慰伯兄詿誤詩，知其天倫之篤而排難之勇也如此。又嘗聞其少力家蠱，應公役，五十始讀書，而句工筆粹，成一家言，知其志之堅而神之完也如此。』錢先生稱質家言，其頌公也，其有所試哉！公年七十五卒，未劇時，自爲志與銘，葬西壽山。吏部尚書喬公宇表曰：『會通子者，廬墓以思親，近乎孝；修族譜以論宗，近乎仁；補遺稅以周人之急，近乎義；較刊群書以廣其傳，近乎文；自爲墓銘以安死生之說，近乎知道。兼此數者，可謂有道君子也矣。』公又別號梧竹氏，會通，從同也。」又邵文莊寶《容春堂集》中，有《會通君傳》云：「會通君，姓華氏，諱燧，字文輝，無錫人。少於經史多涉獵，中歲好校閱同異，輒爲辨證，手錄成帙。遇老儒先生，即持以質焉。既而爲銅字板以繼之，曰：『吾能會而通矣。』乃名其所曰會通館。人遂以會通稱，或丈之，或君之，或伯仲之，皆曰會通云。君有田若干頃，稱本富。後以劬書故，家少落，而君漠如也。三子：塤、奎、壁。」又《無錫縣志》：「華珵，字汝德，以貢授大官署丞。善鑒別古奇器法書名畫，築尚古齋，實諸玩好其中。又多聚書，所制活板甚精密。每得秘書，不數日而印本出矣。」《志》雖無堅名，然燧三子皆取土旁爲名，則堅必其猶子，而煜則兄弟也。跋《藝文類聚》之華鏡，以字義推之，則必堅之從子也。蓋五行之次，火生土，土生金。鏡者，金旁字也。惟華珵乃從王旁，別爲一例。珵刻有宋左圭《百川學海》，改竄宋本舊第，爲世所譏。大約華氏所刻書，均不必可據。特以傳世日稀，又無宋本可以比校，故書估藏家展轉推重也。

又《明安國之世家》 安氏亦無錫富人。《常州府志》云：「安國，字民泰，無錫人。居積諸貨，人棄我取，贍宗黨，惠鄉里。乃至平海島，浚白茅河，皆有力焉。父喪，會葬者五千人。嘗以活字銅版印《吳中水利通志》。」又《無錫縣志》云：「安國，字民泰，富幾敵國。居膠山，因山治圃，植叢桂於後岡，延袤二里餘，因自號桂坡。好古書畫彝鼎，購異書。又西林膠山，安氏園也。嘉靖中，安桂坡穿池廣數百畝，中爲二山，以擬金、焦。至國孫紹芳，即故業大加丹雘，與天下名士游賞其中，二百年來東南一名區也。」德輝按：國之子如山，嘉靖己丑八年。進士，知裕州，均田得體，士民誦德，祀名宦。歷仕至四川僉憲。孫希範，萬曆丙戌十四年。進士，官南京吏部司封郎。以忤輔臣王錫爵，削籍歸。與光祿顧憲成仿龜山講學故址，辟東林書院，闡濂、洛、關、閩之學，暇則纂述諸書切身心性命者。卒之明年，子廣譽、廣居伏闕上疏，白其遺忠。特贈光祿寺少卿，賜恤典，請祀鄉賢。事詳《明史》本傳。明德之後，必有達人，於安國見之矣。又按：希範曾孫紹傑，輯希範年譜，名《安我素先生年譜》。我素，希範之別號也。追述先世云：「其先黃姓，洪武初，諱茂者，姑蘇縣珠里人。贅於長史安明善氏，蒙安姓。四傳封戶部員外郎。桂坡公諱安國，多遠略，御海寇，浚白茅河，皆有力焉。好蓄古圖書，鑄活字銅版，印《顏魯公集》、徐堅《初學記》等書。重建膠山李忠定公祠，蠲田奉祀。邵文莊公寶撰記：足迹遍名山，交游遍海內。著游吟稿，載《邑志・行義》。」據紹傑所述先世印書，殊不明晰。蓋國所印之書，《初學記》爲刻本，《顏魯公集》則活字印本，非《初學記》亦活字印也。《顏魯公集》又有嘉靖二年安國刻本，則在活字印本之後。萬曆中，平原令劉思誠刻本即從之出。半葉十行，行二十字。《四庫全書總目》著錄爲安氏刻本，提要云：「萬曆中眞卿裔孫允祚所刊，脫漏舛錯，盡失其舊。獨此本爲錫山安國所刻，然猶元剛原本也。」元剛，留元剛，宋嘉定間守永嘉，得宋敏求編十五卷本殘本十二卷，失其三卷。乃以所見眞卿文別爲補遺，并撰次年譜付之，爲後序。後人復即元剛之本分十五卷。安刻諸書頗爲世重，故詳考其世系，而并辨其後人之誤記者著於篇。是固談書林掌故者所樂聞也。

又《書林餘話》卷下 明人刻書，有不見於藏書家志、目、題跋者，如劉氏安政堂所刻書。余撰《清話》以弘治甲子刻《針灸資生經》七卷爲其所刻最早者矣，後見湘陰郭氏養知書屋藏有《四明先生續資治通鑑節要》二十卷，題「宣德己酉京兆安政堂劉氏校刊」一行，則前乎此七十五年，蓋亦書林世業也。獨山莫楚生觀察藏有《淮南高誘注》二十一卷，題「正德己卯劉氏安政堂刻本」；余從子啓藩藏有《分類補注李太白集》二十五卷，題「正德庚辰劉氏安政堂刻本」；余所藏《新刊河間劉守眞傷寒直格論方》三卷、《後集》一卷、《別集》一卷，題「嘉靖壬辰仲秋七月劉氏安政堂刊」。此并向所希見者。又王聞遠《孝慈堂書目》載有《孔叢子》七卷，注「安政堂刻本」；莫友芝《知見傳本書目》宋林亦之《網山集》，下注「嘉靖安政堂刻

本」。則此外所刻，爲前人所未著録、吾輩所未目睹者，不知尚有若干種。明時距今五六百年，見聞不周已如此，況遠而上溯宋元耶。 劉洪慎獨齋刻書極夥，其版本校勘之精，亦頗爲藏書家所貴重。余藏有《宋文鑒》一百五十卷，卷一末有牌記云「皇明正德戊寅慎獨齋刊」。此向來藏書家所未及者。按：洪於是年刻有《十七史詳節》二百七十三卷，已載前撰《清話》。此二書皆卷帙極多者，均於一年之中刻成，可謂勇於從事矣。字體勁秀，行格緊密，二書亦正相類。 嘉禾項篤壽萬卷堂刻書精美，惜乎所刻甚少。前《清話》所列僅《鄭端簡奏議》十四卷、《東觀餘論》三卷，如是而已。嘉靖丙寅刻有《廿四史論贊》八十卷，總目後有楷書長方牌記云「嘉禾項氏萬卷堂梓」，《史記》目後有「嘉禾項氏刊於萬卷堂」一行。其書亦人所罕知者。

明洪楩清平山堂刻有宋洪邁《夷堅志》，江陰繆氏藝風堂舊藏其書，在歸安陸心源十萬卷樓刻本之外，世以爲罕見矣。從子啓崟有宋計有功《唐詩紀事》八十一卷，爲嘉靖乙巳刻本，此亦罕見著録者。 明藩芝城藍印活字本《墨子》十五卷，爲嘉靖壬子擺印者。嘉慶中藏吳門黄蕘圃主事丕烈士禮居，載《士禮居藏書題跋記》。《記》云：「續得嘉靖癸丑歲春二月吳興陸穩叙刻本，與此差後一年。叙中有『前年居京師，幸於友人家覓內府本讀之』之語。又云：『別駕唐公覗郡，暇訪余於山堂，得《墨子》原本，將歸而梓之。』是又一本矣。今取唐本以勘陸本，殊有不合。知陸所云唐得《墨子》原本者，非陸本也。惟陸本無叙，唐本有陸之叙，後人遂疑唐本出自陸本。其實陸先刻一年，唐後刻一年，實不侔耳。」余按：黄説誤也。陸本即唐本，唐刻而陸叙之。唐自有跋，題「嘉靖甲寅」，蓋刻成後始作跋耳。其有不合者，殆先後校改之故。芝城本雖在嘉靖壬子，似亦出於唐本。緣唐本刻在壬子，書初印出，芝城既據以擺印，故其文多與陸叙本合，必未經校改者。是書刻於壬子，至癸丑春，陸爲作叙；至甲寅，唐自作跋。三本實二本也。余藏此本，前多江藩白賁衲一叙。叙稱：「南昌憲伯貞山唐公以所刻《墨》集送予男多炘，多炘持示予。讀大司馬中丞北川陸公前序，暨公所爲序，乃知所以爲墨者，及所以讀《墨子》者。」據此，可證唐、陸非二本，特黄氏所見或無江藩叙者，故不能詳也。《墨子》無宋本，故明刻爲上。藍印活字本，士禮居散出，歸聊城楊致堂河帥以增海源閣。公孫鳳阿舍人保彝攜至京師，爲潘文勤祖蔭借去。文勤薨於位，書遂不復還。世間亦未見第二本矣。 刻《舊唐書》之聞人詮，尙刻有《三禮注疏》。余於滬肆得《儀禮注疏》，每卷首題「直隸學政監察御史餘姚聞人詮校正，直隸常州府知府遂昌應檟刊行」，蓋當時常州刻本也。聞人詮刻《舊唐書》，世稱善本，亦無第二刻本，故爲藏書家所珍貴。實則訛奪之甚。先祖石君公諱樹廉曾假錢遵王曾述古堂藏至樂堂舊鈔宋本，以校聞人詮本，逐葉異同不少。今此校本藏余從子啓崟處。先祖手跋者再，逐卷有硃記月日。以此例推，《三禮注疏》亦未必有過於南北兩監本處也。朱彝尊《靜志居詩話》十二作「聞人銓」，云：「銓，字邦正，餘姚人。嘉靖丙戌進士，除寶應知縣，擢山西道御史，巡視兩關，歷湖廣按察副使。」又云：「邦正著録陽明之門，撰《飲射圖解》，又雕劉昫《舊唐書》行世。津津好古，不易得也。」明凌迪知《萬姓統譜》：「聞人姓多，餘姚人。」亦有「聞人詮，餘姚人」，而云弘治進士則誤也。 毛晉家世及其行實，余《書話》考之詳矣。其子五人，襄、褒、袞、表、扆。扆，字斧季，爲陸敕先貽典婿，藏書家多知之。其餘四人，余嘗求其遺事，絕不可得。近日昆山趙君學南以所刻《峭帆樓叢書》見貽，中有陳瑚《從游集》二卷，其下卷采褒、袞、表三人詩。姓名下各系事略云：「毛褒，字華伯，常熟人。華伯天性醇謹，所居宅西南有古墓當道，青烏家以爲來龍處，說華伯夷之，華伯笑不應，加封植焉。弟補仲，早夭。令次子爲其後，視孀婦有加禮，人皆以爲難。家居遵司馬儀，巫祝尼媪無敢造其室者。其爲詩多入隱湖社刻中，予選而梓之。近有《西爽齋唱和集》，人酬一首，尤多警句，予特備録於篇。袞，字補仲，昆湖子晉先生之仲子也。子晉以能詩好古，藏書鏤版，名滿天下。子四人，克世其家，而補仲尤異敏，不幸羸疾以夭。知與不知，無不惜之。補仲之爲舉子業也，鏟削陳言，刻濯新異，務爲幽深曲折縱橫自喜之論。世俗鈔撮腐爛之習，一切非其所屑。每三六九日課業寶晉齋，同學畢至，補仲輒詼諧啁笑，目中虛無人。或竟日不肯下一字，至篝燈促膝，則落紙如飛，洋洋灑灑，自成一家機軸。雖殫精竭思，無以過也。喜法書名畫，精於賞鑒，有可其意，不惜橐中金購之。又極愛整潔，地灑掃無纖塵，筆床茶具必方列，明窗淨几，命童子日搘摩數四，始就坐。入其室者不敢涕唾，比於倪迂清閟閣云。生平無孌童侍女之好，有嫠婦竊窺，嘆其美豐儀，疾避之。嘗一夕宿於外，或問之，曰：內有乳媪，吾以謹嫌也。讀書能究心其奧質難曉者，病少間，與予同論六書文字之學，頗見原委。又與瞿有

仲極言天文左旋右旋、中歷西歷之辨，必求勝後已。蓋補仲志好高，不肯居人後，使天予之年，進未可量。學未成而化爲異物，是以深爲可惜。卒前一日，予執其手而與之訣，怡然曰：『某無恙也。』語不及身後事，對妻女無苦憐之色。嗚乎！可哀也已。予是以圖其像，復刻其詩而傳之。表，字奏叔。管子曰：『士群萃而州處閑燕，少而習焉，長而安焉，不見異物而遷焉。則父兄之教不肅而成，子弟之學不勞而能。』誠哉是言也。汲古主人鏤書萬卷，前人詩集當十之四五。其叔子奏叔，方攻進士業，不暇以詩名。而興會感觸，輒有佳句驚人，出乎意想之外。豈非所謂不勞而能者乎？憶其初見予，年十二，靜秀娟好，如翠竹碧梧，光映左右。當是時即知爲稱其家兒。今易閏矣，吾年漸老，白首無聞。而奏叔學日益進，與梅仙、禹思、竇伯輩淬礪名行，交相有成。取柳詩『爾室』二字顔其齋。讀予《大小學日程》而篤信之，曰：『此作詩之基也。』即更其名爲《聖學入門書》，授之剞劂，以公同志。其勇於好善又與人爲善如此。年雖少，倜儻多能，治家斬斬，早見頭角，舉而措之，可以卜其用焉。」按：陳瑚，字言夏，號確庵，太倉人。有《確庵集》，曾爲子晉作傳。《從游集》皆選其及門弟子詩。褎、衺、表皆從受業者也。梅仙姓錢，名蝦，太倉人。禹思姓張，名遡顔，常熟人。竇伯姓馮，名武，常熟人。《從游集》中皆采其詩。毛晉五子，長名襄，此以褒爲伯，衺爲仲，表爲叔，而扆則字斧季。蓋襄早卒，以次遞升。襄無字，殆年未及冠而即夭歟。　汲古閣刻《四唐人集》，流傳絶少。顧湘撰《汲古閣刻版考》云：「《四唐人集》內，惟《唐英歌詩》一種，最爲善本。即如席氏《百家詩》內亦刻，而空白多至二三百字，令人不可讀。汲古此本，眞秘寶也。」又云：「《四唐人集》版，相傳毛子晉有一孫，嗜茗。得洞庭碧蘿春，患無美薪，顧《四唐人集》版曰：『以此作薪，其味當倍佳也。』遂按日劈燒之。」據顧氏云云，其流傳之少，蓋版早毁也。余從子啓藩藏有汲古此本，取校席刻本，缺不及百字。顧氏云二三百字，殆未細校耳。《全唐詩》於所缺者一一臆補，以汲古本校之，無一合者。當時編校諸臣謬妄極矣。汲古本余令啓藩兄弟影印三百部，以廣流傳，今而後可得吳詩眞面矣。

前載毛氏刻版，有題「綠君亭」者，爲《二家宮詞》、《三家宮詞》、《洛陽伽藍記》等書。余未知「綠君亭」之名是否爲毛氏題署。近得《陶靖節集》章次本，一詩、二賦、三辭、四記、五傳、六贊、七述、八疏、九祭文、十四八目，前有總評、章評，後有參疑。集名下第二行題「明東吳毛晉子晉重訂」，末有「天啓乙丑孟秋七月東吳毛晉子晉識」，其版式與所刻《宮詞》一例。然後知「綠君亭」即毛氏署名，非他氏也。汲古閣又刻有影宋大字本《陶淵明集》，相傳爲東坡手書者，後有毛扆跋，雕刻極精。後來何氏篤慶堂、章氏式訓堂、縣人胡薊門錫燕手書模刻者，皆從之出。未見宋版原書也。

《初學記》以明安氏桂坡館刻大字爲最善。同時又以活字擺印，書之大小與刻本同，此本流傳極罕。余前撰《清話》，考安國世家，據安紹傑輯《安我素希範年譜》云：「安國鑄活字銅版，印《顔魯公集》、徐堅《初學記》等書。」余以爲《初學記》無活字本，謂《年譜》所述不明晰。後從子啓藩得一本，即安氏活字版印者，乃知書本未經目睹，不可臆斷如此。又《太平御覽》有明人黃正色序者，序略云：「吾錫士大夫有好文者，因閩省梓人用活字校刊。始事於隆慶二年，至五年才印其十之一二。閩人散去，於是浙人倪炳伯文居業於錫，毅然謀於郡邑二三大夫士，協力鳩工，鋟諸梨棗，三閱寒暑。先是孫國子虞允一元力任讎校，忽於隆慶六年捐館，弗克終事。苦於舛訛，同年薛憲副應奎仲子庠生名逢者，出所藏本，俾倪氏繕寫付刻。余既嘉仲子能成人之美，且喜是書得以版行，爲天下公器。」據此，則當時活字本未成，而得倪氏校刻行世。余藏此本，前有萬曆黃正色此序，又有「萬曆甲戌小春吉旦蘇熟後學周堂謹識」。甲戌，萬曆二年也。又藏一活字印本，周堂識後末有字二行，其一行云「閩中饒世仁、游廷桂整擺」，其二行云「錫山趙秉義、劉冠印行」。其周堂識云：「是集從閩賈饒世仁等購得其半，半在錫邑郡伯顧肖巖、太學秦虹川家。二公，博雅君子也。請於先君，欲合而梓之。先君曰：『余志也。』遂躬校閱。未幾，而先君作古矣。不肖堂懼先志之未酬，丐諸名碩，考訂厘緝，遂成完書。」又云：「今所得活版僅百餘部，與顧、秦二氏分有之。倘好事者藉稿於兹，更加精校，鋟爲不刊之典，是所願也。」此本目錄卷一、卷四一葉，版心有「宋版校正，閩游氏仝銅省字。板活字印一百餘部」，凡十六小字。卷第一，一葉，版心字同。第十一卷，版心小字云「宋板校正，饒氏仝板活字印行壹百餘部」。余在滬市，見一活字印殘本，第一本目錄後有長方牌記云「太平興國八年十二月刊」，凡十字，作兩行。版心魚尾下有小字云「宋板校正，閩游氏仝板活字印一百餘部」。校余藏本，目錄後無牌記，殆爲一本，於擺印時牌記或印

或不印，未注重也。明刻本即據活字印者爲底本，故周堂識刻本、活字印本均載之。因此知活字印本爲全書，黃云「才印其十之二三」，不確也。近日滬市又出明活字印本《唐人小集》五十家，余見數家，字畫缺蝕不齊整，與華氏會通館活字印本《容齋隨筆》、《錦綉萬花谷》相似。藏者故昂其值，爭爲宋本。以余所知，將及百家，不止五十也。明時活字印書如此廣遠，而皆在無錫一邑。至今三百餘年，無錫猶盛行活字印本，此如常熟數百年多藏書家，皆鄉先達流風餘澤，有以興起之也。

徐珂《清稗類鈔・鑒賞類・毛子晉刻書》 毛子晉居昆湖之濱，以孝弟力田世其家。父虛吾彊力耆事，尤精於九九之學。子晉生而篤謹，好書籍。父母以一子，又危得之，愛之甚。而子晉手不釋卷，篝燈中夜，嘗不令二人知。蚤歲爲諸生，有聲邑庠。已而入太學，屢試南闈不得志，乃棄舉業，一意爲古人之學，讀書治生之外，無所事事矣。江南藏書之富，自玉峰菉竹堂、婁東萬卷樓後，則數海虞。然順治庚寅十月，絳雲樓不戒於火，而巋然獨存者，惟毛氏汲古閣。登其閣者，如入龍宫鮫肆，既怖急，又踴躍焉。其制上下三楹，自子訖亥，分十二架，中藏《四庫》書及釋、道兩藏，皆南北宋内府所遺，紙理縝滑，雅可寶玩。又有金、元人本，多好事家所未見。子晉日坐閣下，手繙諸部，讎其譌謬，次第行世。滇南官吏，至不遠萬里，遺厚幣以購毛氏書，一時載籍之盛，近古未有也。蓋子晉髫齡即好鋟書，有屈、陶二集之刻。客有言於虛吾者曰：「公拮据半生，以成厥家。今有子不事生産，日召梓工弄刀筆，不急是務，家殖將落。」母戈孺人錢牧齋《初學集》有《毛母戈孺人序》，亦空文不具事實。解之曰：「即不幸以鋟書廢家，猶賢於摴蒱六博也。」迺出橐中金助成之。書成，而雕鏤精工，字絶魯亥，四方之士，購者雲集。於是向之非且笑者，轉而歎羨之矣。其所鋟諸書，一據宋本。或戲謂子晉曰：「人但多讀書耳，何必宋本爲？」子晉輒舉唐詩「種松皆老作龍鱗」句爲證曰：「讀宋本，然後知今本『老龍鱗』之爲誤也。」子晉固有鉅財，家畜奴婢二千指，同釜而炊，均平如一。躬耕宅旁田二頃有奇，區別樹藝，農師以爲不逮。竹頭木屑，規畫處置，自具分刌，即米鹽瑣碎，時或有貽一詩投一劄者，輒舉筆屬和，裁答如流。其治家也有法，且望則率諸子拜家廟，以次謁見師長，月以爲常。以故一家之中，能文章，嫻禮義，彬彬如也。生平無疾言遽色，凝然不動，人不能闚其喜愠。及其應接賓朋，等殺井井。顧中菴嘗笑曰：「君胸中殆有一夾袋冊耶？」明崇禎壬午、癸未間，徧搜宋遺民忠義二録、《西臺慟哭記》與月泉吟社、《河汾谷音》諸詩，刻而廣之。未幾，遂有順治甲申、乙酉南北之事。每自歎曰：「人之精神意思所在，便有鬼物憑依其間，即予亦不知其何爲也。」明亡，子晉杜門著書以自娱，無矯矯之迹，有淵明樂天之風，與耆儒、故老、黃冠、緇衲十數輩爲佳日社。又爲尙齒社，烹葵翦鞠，朝夕唱和以爲樂。閒或臨眺山水，當其得意處，則留連竟日。遇古碑文碣志，急嗁童子摹搨數紙，然後去。子晉雨後與太倉陳言夏探烏目諸泉，窮日之力，言夏飢且疲矣，回顧子晉，方行步如飛，登頓險絶，樂而忘返，其興會如此。居鄉黨，好行其德，篤於親戚故舊。其帥若友，如施萬賴、王德操輩，或橐饘終其身，或葬而撫其子。建黃涇諸橋，亙一十八里，無望洋褰涉之苦。歲大饑，則振穀代粥，周鄰里之不火者。司李雷雨津嘗賦詩贈之曰：「行野漁樵皆拜賜，入門僮僕盡鈔書。」見之者皆謂爲實録也。

紀事

危素《歐陽氏文集目録後記》（曾魯考異本《歐陽文忠公集》卷首） 宋歐陽文忠公之文，門人蘇内翰軾既爲之序，汳、汴、京局、杭官、蘇、衢、吉、建、蜀俱有刻本，子棐又手寫家集。而孫恕宣和五年校於景陵者，卷帙多寡各異。唯《居士集》五十卷，公所親定，故諸本相同，訛闕亦鮮。至《外集》，則篇次謹略不同，訛闕尤甚，一篇之中少或一二字，多至數十百字，讀者病之。舊本雖有《刊誤》一編，逌逌患其疏略。周丞相必大用諸本校定重刻，比它本爲最勝。然於凡諸謬誤脱漏不可讀者，亦莫從是正，僅疏注疑誤其下而已。迨病亟，始得寫本於李參政光家，周公子綸屬舊客訂定編入，今每卷所謂恕本是已。然亦徒摭其時有筆誤處，指以爲疵，不復加意精校，甚可惜也。寫本後歸軍器監簿曾天麟家，紙墨精好，字畫端楷，有唐人風致，皆識以公印章，藏諸曾氏且四世，兵後獨存。曾氏孫魯避亂新淦山中，始能取它本詳加校勘，而以寫本爲據，篇次卷第，則壹以吉本爲定，其異同詳略頗倣朱氏《韓文考異》義例。若吉本所缺而見於它本者，別爲《拾

遺》一卷。龍舒蔡玘來知永豐縣，以公鄉邑，首出廪祿，倡率好義者，取魯氏所校，刻諸學宫。邑士夏巽屬素識其成。嗚呼！公當國家全盛之時、世運昌明之際，雖然爲一代文宗，上配韓子，若麗天之星，光於下土，何其偉哉！學者不爲文則已，苟欲爲之，要必取法於此，猶梓人之規矩準繩也。蔡君之志，憂斯文之湮墜，補典策之闕遺，而爲此舉。乃若紛紛焉，以苟刻爲，以苟逭一時之責者，因不可同日而語。永豐之士須能知尊崇其鄉先達於數百年之上，此其好善懿德，何可以不書之焉。末學非敢評公之文以犯僭踰之咎，姑記其後，使有考焉。

釋崇裕《頓悟入道要門論序》（釋慧海《頓悟入道要門論》卷首） 大珠和尚首參馬祖，使入慧海之法界，令開寶藏於自家，所以靈辯滔滔，譬大川之流水；峻機疊疊，如圓器之傾珠。【略】禪餘之暇，閱此老語録有所證入，平生凝膺之物脱然而去，從上佛祖舌頭一無所疑矣。此亦古塔主睹雲門語而嗣之，正所謂也。故捐資鏤板，以廣其傳，期以後之來者，同一了悟。存此心者，豈淺淺耶！此之功勳不墜，行願彌堅，蓋可見矣。所幾法流不泯，派永接於曹溪；燈焰長存，光愈明於少室也。時歲在癸丑春孟十日。

釋無慍《恕中無慍禪師語録》卷六《題重刊十規論後》 《十規論》者，乃曹溪下第十世，法眼禪師所著也。【略】元丙戌歲，南屏悦藏主出此文，嘗命余書之，鏤版于徑山寂照塔院，逮徑山遭兵火，版亦隨燼。今台之委羽旻上人捐己資用，舊所榻本，重爲刊行，而屬余題其後。余諦觀嚮日弊畫，正如昔人見夏口甕中之像，瑯琊梁上之書，眞隔世事也。吁！而今而後，讀斯論者，果能察己病，體禪師之心，而肯服其良藥，不亦善乎！

宋濂《宋學士文集》卷六《剡源集序》 濂嘗學文於黄文獻公，公於宋季詞章之士，樂道之而弗已者，惟剡源戴先生爲然。濂因日購先生之文，絶不能以多致，會有詔纂脩《元史》，命濂總裁其事，事有闕遺者，遂以上聞，遣使訪於郡國。竊以謂先生著作，有關於勝國宜多，乃屬使者入鄞徧求之。鄞，先生鄉國，庶幾有得之者。曾未幾何，果以《剡源文集》二十八卷來上，濂始獲而覽焉。【略】濂在史局，既命彙入《儒學傳》中，及司業成均，復將録其《剡源集》者，歸以示諸人。而先生之鄉，有夏君閔者，來爲國子學正，方與先生之孫資先謀刻於梓，夏君遂以題詞爲請，且謂知先生之深者惟黄文獻公，公既不可作，子幸無讓。於是忘其僭踰，而爲序之如此。嗚呼，豐城之劍，荆山之玉，縱埋沒泉壤爲已久，神光上貫於霄漢者，終弗能掩也。其先生之文之謂乎！先生諱表元，字帥初，一字曾伯，慶元奉化州人。洪武四年秋八月望日。

又卷一〇《楞伽阿跋多羅寶經集注題辭》 大雄氏所説《阿跋多羅寶經》，凡經三譯。其四卷者，宋元嘉中，中印度求那跋陀羅也。其十卷者，後魏延昌中，北印度菩提流支也。迨至於唐實叉難陀來自于闐，復以跋陀之譯未弘，流支之義多舛，與僧復禮重翻爲七卷，則久視初也。於是判敎諸師，提綱挈領。李通玄則以五法三自性，八識二無我爲言。智覺延壽則以實相佛語心自覺聖智爲言。一則因理以顯事，一則從事以推理，理事兼究，則經之奥義無餘藴矣。然自菩提達磨東來震旦，謂此經四卷可以印心，遂授其徒慧可。故宗禪定者，世受其説。而其文辭簡嚴，卒未易通，所以傳之者寖微。至宋張文定公方平見於南譙，悟其爲前身所書，乃以錢三十萬屬蘇文忠公軾公印施江淮間。蘇公親爲書之且記其事，自是流布漸廣。雷庵禪師正受病句讀之難通也，與同袍智燈據跋陀之本而參以魏唐二譯，原其異同歷疏於經文之下。復稽唐注古本，暨宋僧寶臣、閩士楊彦國之説而折衷之。凡經論疏録有涉於經者，亦撫其精華附焉，名之曰《楞伽寶經集注》。自慶元乙卯之三月至丙辰之四月，始克就緒，其用心可謂勤矣。【略】此經舊嘗刻板姑蘇幻住庵，近毁於火。天界禪師白庵金公意欲流通，乃購文梓重刻於旃檀林，來徵予爲之序。予幼時頗見正平張戒集三譯之長，采諸家之注，成書八卷以傳，大意略同。惜雷庵不及見之。白庵妙悟眞乘，旁通儒典，爲叢林之所宗，師苟求其説而補入之，則其功又豈不大於雷庵哉！洪武四年夏五月。

又卷二九《重刻寂照和尚四會語題辭》 寂照和尚無旻端公既示寂，金華黄文獻公爲銘其塔，蜀郡虞文靖公爲序其《四會語》。二公以文辭名天下，亦云備矣。其入室弟子清凉子楩、金山慧明、天寧祖闡，復合辭請曰：「舊刊所録先師語，不幸毁于兵。然非此，無以見道之所存。竊懼不傳，子楩三人者，已協力，命印生重雕之矣，敢重以首簡，請爲序。雖然序猶可略也。先師事迹，多涉神異，狀行者，輒諱而不書。神異之事，大乘者固所不樂聞，苟録以示入道之士，亦足以起其正信，初何傷乎？願並識之序中。」濂不敢辭。【略】洪武七年冬十月朔。

又《夾注輔教編序》 天生東魯、西竺二聖人，化導烝民，雖設教不

同，其使人趨於善道則一而已。【略】宋有大士曰鐔津嵩禪師，實洞山聰公之法嗣。以二氏末流之弊，或不相能也，取諸書會而同之，曰原教，曰廣原教，曰勸書，曰孝論，而《壇經贊》附焉。復恐人不悉其意，自注釋之，名之爲《輔教編》。若禪師者，可謂攝萬理於一心者矣。予本章逢之流，四庫書頗嘗習讀，逮至壯齡又極潛心於内典，往往見其説廣博殊勝，方信柳宗元所謂與《易》、《論語》合者爲不妄。故多著見於文辭間不知我者，或戟手來詆訾，予禁不答，但一笑而已。今因虚白果公重刻是編，其有功學者甚大，故執筆言之。嗚呼！孰能爲我招禪師於常寂光中，相與論儒釋之一貫也哉！獨視霄漢，悠然遐思者久之。

又卷四二《大般若經通關法序》　《大般若波羅蜜多經》，凡六百卷，唐三藏法師玄奘所譯。卷帙紛紜，浩如煙海，學者未易背之。鳳城雪月大師大隱，發其巧智，創爲通關之法。而四明演忠律師省悟，重爲編定，而益加精嚴。其法畫十二圖，用十三法、二十九界、八十四科，爲之都。凡諸圖所列，或齊行或各行，或單位或避位，或間位或加法，或鈎鎖連環，或廣略不過一千言間，總攝初分難信解品一百三卷，無一字或違，噫亦異矣。先是浙水東，見者甚鮮。逮宋淳熙中，有異僧，載經行甬東，暗誦弗休。大姓沃承璋以爲疑，抽一二卷試之，其誦如初卷。且出關法，以授承璋，承璋乃刻版流通。元至正初，黄巖沙門絶璘琚公，獲拾儀眞，歸刊雲峰證道院，未幾毁於火。雪山成公，嘗受經于絶璘，思繼前志，復重刊而行之。增以佛國白禪師所解名相，繫諸關後，使人了知義趣云。【略】雪山遍參諸方，嘗主藏鑰於靈隱景德禪寺，其衛道之志，蓋皦然云。洪武十年春正月具官宋濂序。

又卷六二《新注楞伽經後序》　皇帝既御寶曆，丕弘儒典，參用佛乘，以化成天下。且以《般若心經》、及《金剛》、《楞伽》二經，發明心學，實爲迷塗之日月，苦海之舟航。乃洪武十年冬十月，詔天界禪師臣宗泐、演福法師臣如玘重加箋釋。明年春正月，《心經》、《金剛經》新注成，嘗徹叡覽，已刊行矣。秋七月《楞伽》注又成，上御西華樓，宗泐、如玘同侍從之，臣投進，上覽已悦曰：「此經之注，誠爲精確，可流布海内，使學者講習焉。」宗泐即奉詔，鍥梓於京師天界禪林。如玘還杭之演福，私念與宗泐同被上旨，豈宜以天界爲拘，合刊斯經於演福。獨其卷帙浩繁，未遂厥志，蚤夜以爲憂。淨慈禪師臣夷簡乃爲撰疏，勸諸同袍暨樂善者助成之。起手於又明年夏五月，至冬十一月訖功，費錢三千緡云。【略】嗚呼！佛之大法，惟帝王能興之，宗師能傳之。今一旦遭逢如此之盛，讀是經者，小則思遠惡而遷善，大則思明心而見性，庶不負聖天子之大德哉！是年冬十二月四日。

戴良《重刊禪林僧寶傳序》（釋慧洪《禪林僧寶傳》卷首）　《禪林僧寶傳》者，宋宣和初新昌覺範禪師之所撰次也。覺範嘗讀唐宋高僧傳，以道宣精於律而文非所長，贊寧博於學而識幾於暗，其於爲書往往如戶昏按撿，不可以屬讀。乃慨然有志於論述，凡經行諸方，見夫博大秀傑之衲，能袒肩以荷大法者，必手録而藏之。後居湘西之谷山，遂盡發所藏，依倣司馬遷史傳各爲贊辭，合八十有一人，分爲三十卷，而題以今名。亦既鋟梓以傳，積有歲月，二十年來南北兵興，在在焚毁，是書之存十不一二。南宗禪師定公時住大慈名刹，慨念末學晚輩不見至道之大全，古人之大體，因取其書重刊而廣布之，且以序文屬予，俾書始末，傳之永久。【略】覺範爲是懼而撰此書，南宗亦爲是懼而刊布之，欲使天下禪林咸法前輩之宗綱，而所言所履與傳八十一人者，同歸於一道，則是書之流傳，豈曰小補之哉！傳曰：「雖無老成人，尚有典刑。」又曰：「君子多識前言往行，以蓄其德。」後之覽者勉之哉！洪武六年臘月八日。

金文徵《北郭集序》（許恕《北郭集》卷首）　江陰許處士如心，于即世之若干年，其仲子今禮部主事節哀其所爲詩若干篇，鋟諸梓曰《北郭集》，請余序之，以博其傳焉。噫，處士之詩亦盛矣，節之用心亦勤矣，然處士未始詩之傳，而節則不忍靳其傳也。【略】今觀處士之詩，元澹沖曠，其情也；發揚浩瀚，其詞也；瀏亮激越，其音也。是雖欲弗傳，蓋難乎其弗傳也。是節雖不博其傳，蓋傳之者自無不博也。而節之心則有不忍者焉，此《北郭集》之所以刻也。序而歸之，尤知處士之有子。洪武癸亥夏四月既望。

戴正心《玉笥集序》（鄧雅《鄧伯元玉笥集》卷首）　古今論詩，以平淡爲貴。然欲造平淡者，非工夫深至不能也。【略】余至永豐之三年，聞新淦鄧伯言氏工於詩而未之見也。一日，其友徐伯澄來，示其所著《玉笥集》，且曰：「伯言恬退之士，於書無所不讀，然皆用以資爲詩，其用心勤矣。舍於同里黎季敏氏垂十年，而情好甚篤也。季敏尚友而好義，又深知詩，將率同志哀其所著，命工鋟梓，以傳於永久。蘄一言以爲引。」【略】余何足以知伯言，獨愛伯言用心之勤，而喜季敏能成人之美也，故爲書於篇首，而授伯

澄使歸之。洪武二十二年春正月下澣。

陳南賓《翠屏集序》（張以寧《翠屏集》卷首） 福之張公學士，號翠屏先生，登丁卯進士第，以詩文鳴天下。予少年讀書時，聞其名籍甚，心竊慕之。洪武己酉夏六月，蒙朝廷以賢士舉赴京，獲一見先生面，先生許可之。七月，予有山東行，不得侍教左右，以償其夙願。未幾而先生逝矣。越十有六年，予助教太學，與同寅石仲濂交。仲濂舊從先生游，每論及此，未嘗不慨然也。今年春，仲濂遣其子詣維揚，購先生遺藁，得詩百餘篇，遂以示予。【略】讀畢，仲濂謂予曰：吾沐先生之教多矣，先生之詩文雖未獲其全，今姑以其存者鋟諸棗，而其未得者續當求而傳之。吾兄嘗見知於吾先生，曷一言以弁其首。【略】先生平日所爲詩，不知其若干首，兵燹以來，其全藁不可復見，而百篇之詩，讀者莫不擊節稱歎，況求而有得乎！予也，重先生之學，嘉仲濂之義，若掛名其文字間，以識其高山景行之意，豈非夙昔之所願哉！於是執筆謹書，以序其顛末云。洪武己巳二月望日。

周象初《劉彦昺集後序》（劉炳《劉彦昺集》卷末） 右《春雨軒詩集》一編，諸體大備，爲詩若干首，鄱陽劉彦昺先生之所作也。【略】洪武戊寅，先生以爲詞源之沛夫江、漢，而雲夢之足觀遊也，挾其所輯以來，大蒙賞激。雖駿骨之市燕，照乘之寶魏，連城之歸趙，不足方也。先生之幸會，可謂厚矣。遂鍥梓以傳，則先生之精瑩，將遂不朽，而膏馥於後人者博哉！庸敢摭其崖畧，蔽以管窺，編諸末簡，以備後序云爾。是歲二月晦日。

釋德祥《淨土指歸集跋》（釋大佑《淨土指歸集》卷末） 釋迦如來，住世說法，三百餘會，諸經皆以結歸淨土。【略】今觀《淨土指歸》一集，迺僧錄右善世啓宗法師所編，分立諸題，若經之要旨，論之發明，洎古今禪講宗師，及諸名賢，力行實證之言，纖悉具備。使修學之人覽此，而開決疑情，發明正信，遨游於諸佛性海者，莫不由斯集焉。四明翠巖無象原公，刊梓流行，爲它日蓮池勝集之張本，志可尚矣。洪武二十六年秋九月望日。

朱元璋《大明律序》（劉惟謙《大明律》卷首） 朕有天下，倣古爲治，明禮以導民，定律以繩頑，刊著爲令，行之已久。奈何犯者相繼，由是出五刑酷法以治之。欲民畏而不犯，作《大誥》以昭示民間，使知所趨避，又有年矣。然法在有司，民不周知。特勑六部、都察院官，將《大誥》内條目，撮其要略，附載於《律》。其遞年一切榜文禁例，盡行革去。今後法司祇依《律》與《大誥》議罪。合黥刺者，除黨逆家屬並《律》該載外，其餘有犯，俱不黥刺。雜犯死罪並徒、流、遷徙、笞、杖等刑，悉照今定《贖罪條例》科斷。編寫成書，刊佈中外，使臣民知所遵守。洪武三十年五月　日。

程溍《程雪樓文集後序》（程鉅夫《楚國文憲公雪樓程先生文集》卷末） 右文集三十卷，［謄］寫始於至正癸卯之春，書市余通父筆也。前十卷刻而復燬，後二十卷寫而未刻。洪武辛未春以印本、寫本併刻於朱氏之肆，甲戌冬，郡邑奉禮部陶字二百二十九號勘合坐取是集，以補書府之闕籍。越明年春梓成，遂備楮先印送官，於是續行四方，始終相其事者，嘉禾唐彦清也。曾孫溍請於邑庠訓導李叔鈞、吴嗣宗與同志之士校讐畢，遂記其後云。洪武二十八年上巳日謹識。

釋道衍《新注法華經序》（釋一如《妙法蓮華經科注》卷首） 陳、隋間，天台智者大師顗公靈山親承，大蘇妙悟。證法華三昧，獲旋陀羅尼。既而居江陵，爲章安等弟子開《玄義》十卷，惟釋經題，所謂九旬談妙者也。後居瓦官寺，復爲章安等以權實本迹開顯之旨，別釋經文，名曰《文句》，亦十卷。先是光宅所注，其中不免訛謬，大師悉去之，以正其說。至唐荆溪尊者又推廣大師之說，撰《釋籤》十卷釋《玄義》，《妙樂》十卷釋《文句》，則一經之妙大備而無餘藴矣。然而文辭浩博，義理深玄，自非老於座主之學者，弗能入也。於是元之慧愚谷者，一以大師成言注於句下，以使初學啓發蒙昧，惜乎歲久，板刻不存。前住上天竺，一菴如法師乃前高僧具菴法師之弟子也。得其正傳，博通教義，講說熟閑，於今兩浙一人而已。間居南京大報恩寺，念祖道之荒凉，大教之將墜；於是亦一以大師成言注述斯經，不敢妄加己見，混餚其說，疑誤後學，比慧愚谷者加詳，編爲七卷。吴中顧道珍繕寫，極爲嚴整。道珍與同學佛人管叔純、馮覺成、顧道昇、顧藹然、姜孟圭等共募衆緣，爲之刊梓流通。一日叔純等懷香過予，徵予序引。予時年八十四歲，抱病在家，焉能措筆。然睹茲盛德之事，亦當爲之助善。若以法華經藏深固幽遠，無人能到，豈可以言說跂及者哉！姑摭一二爲序，以弁其端。當知此經不可思議，果報亦不可思議。上足以答君親之厚恩，下足以濟飛潛之幽趣，如太虛空，豈有量哉！故爲序，後之覽者，當求言外之意云。永樂十六年正月十五日。

又《淨土簡要録・序》 淨土之教興，始于典午之世，樓煩大士來廬

山，集群賢以創蓮社，六時三昧淸修淨念，其往生之迹如青天白日，終古不磨。厥後仰而則之，及其成功者，代亦多矣。【略】今年夏，余客穹隆山中海雲精舍，因閲淨土諸書以銷長日，遂將前賢所述贊頌之文、策勵之言，以事顯理之談，以眞破妄之説，圓妙明著者，咸皆采摭，或全其章，或略其句，僅若干篇，萃爲一卷，名之曰《淨土簡要録》。録成用鏤于板，以廣其傳矣。雖然，大方之家，上達之士，豈足收覽焉。若窮鄉絶嶋，無師可問，無書可證者，得此觀之，抑亦可謂少資云爾。洪武十四年，龍集辛酉夏五月，蓮華室主沙門道衍序。

釋萬金《諸方門人參問語録後序》（釋慧海《諸方門人參問語録》卷末） 曩閲《傳燈録》，至大珠海禪師自初見馬祖，及接人機語，以至泛應諸宗所問，使之結舌喪氣，心悦誠服處，未嘗不爲之慶快而不已。蓋師之言一本於經律論之要旨，而即事即理，全體全用，以發明向上一機，殺活予奪，縱横逆順，無不合轍而還源也。所撰《頓悟入道要門論》，昔既盛行，年來殊不多見。近四明比丘妙叶來言，嘗得此論洎他語共一編，於弊簏斷簡中，寧敢私淑，樂與叢林共之。輒罄己長，俾工復鋟諸梓。願一言識其後，且出新板之文，自一至六凡六葉以示。然嘗鼎一臠又何待睹其全書。【略】後之覽者若於馬祖所謂大珠圓明光透自在，無遮障處，當下著得精彩，則隨色摩尼人人無不具足。其或未然，滯殼迷封有甚麼數！具頂門眼者試爲辨取。洪武六年歲在癸丑秋九月望日。

釋妙叶《諸方門人參問語録後序》（同上） 昔披閲祖燈，至大珠和尚傳云「有《頓悟入道要門論》一卷」，思仰之久，未如所願。後於洪武己酉歲，從壞簏中得一故冊，信手展卷，隨覽數分，如熱得凉，踴躍歡喜，不能自勝，方視其首，即斯論也。復詳披究，見其義理質直詣實，如飲醍醐，如得至寶。後較他録，得無差謬。所願既獲，不敢私秘，願與一切衆生同霑法味。復綴《諸宗所問語録》一卷於後，略分上下，共成一冊，並《達磨大師安心法門》附於卷末，總名曰《頓悟要門》。謹捐布帛，命工繡梓，垂於不朽，流布十方，使天下學佛之士各各了知正修行路，不墮邪見，頓悟自心，咸開佛慧，實叶之所志願矣。洪武七年歲在甲寅春三月丙戌日。

涂幾《俟庵集序》（李存《俟庵集》卷首） 鄱陽先生李仲公，蚤歲聞道，其學得聖人傳心之精微。與祝蕃遠、舒元易、吳尊光三君子遊，並生其時，志同而行合，人號江東四先生云。【略】先生殁，嗣子卓網羅放失，得先生之文凡若干篇，爲若干卷，將畀諸梓以幸後世，俾予爲文序其槩。先生，予師也，卓，予畏友也，予何敢以固陋辭。抑學者非少，知先生之道，則亦不能讀先生之文也。先生之文，道溢而言從之也。洪武癸丑。

釋弘宗《重刊鐔津文集題記》（釋契嵩《鐔津文集》卷二一） 右松雨老和尚爲琦首座製疏，重刊宋明教大師文集於雲間，既以化行，開至二十餘版矣。適琦公疾作，不克成其事。兹以天全叡首座愍邪法增盛，發堅固志，繼其芳猷，一日持此卷過余堅密精舍，命題于後。余雖不敏，睹此勝因，不覺踴躍而喜。此集湮没久矣，若使竭力成就，大行于世，正所謂揭慧日于中天，耀昏衢於叔世者也。天全其勉之。永樂三年冬。

釋文琇《重刻鐔津文集後序》（同上） 學有及物之功，文爲載道之器。學而不能利乎物，徒學也；文而不能衍乎道，空文也。若夫推其道發於文章，肆其學以援斯人，宋明教嵩禪師其人歟！【略】況是時天下學士，宗韓氏以拒我，故勸書原教諸文不得不作焉。學者總稡號《鐔津文集》，斯文行世，眞救世明道之要術也，可一日而無哉！舊版湮没，人皆痛惜，嘉禾天寧首座天全叡公，乃東海慧眼弘辯禪師之弟子，施衣資重梓流行，其亦明教之心也歟！板既成，請叙其後。蒙晚生讀其文集，有不得執筆從游之歎，今獲廁名于後，不亦大幸乎，不亦大幸乎！永樂八年歲在庚寅夏四月初吉。

釋道成《蓮宗寶鑒序》（楊訥《元代白蓮教資料匯編》） 夫《優曇寶鑒》者，乃廬山普度大師勸修淨土之文也。【略】當元至大間，優曇宗主憫諸衆生沈迷自性，復編是書，抑揚宗教。今禪人禧文，因見此書，恐歲之堙没，洒捐衣貲，兼募衆緣，重繡諸梓，以永其傳。期祖道重輝，宗風益振。來徵予言，以冠其篇首。予辭不獲，乃爲之書。而讀是書者，當言外求之，則唯心淨土，自性彌陀，乃可見矣，豈虛言哉！時永樂十四年，倉龍丙申七月二十八日。

釋居頂《續傳燈録・序》 洪武辛巳冬，朝廷刊大藏經律論將畢，敕僧録司，凡宗乘諸書，其切要者，各依宗系編入。臣某謹按，吳僧道原，於宋景德間，修《傳燈録》三十卷，眞宗特命翰林學士楊億等，裁正而序之，目曰《景德傳燈録》。自是禪宗寖盛，相傳得法者益繁衍。仁宗天聖中，則有駙馬都尉李遵勗著《廣燈録》，建中靖國初，則有佛國白禪師爲《續燈録》。

淳熙十年，淨慈明禪師，纂《聯燈會要》。嘉泰中，雷庵受禪師述《普燈錄》。宋季，靈隱大川濟公，以前五燈爲書頗繁，迺會粹成《五燈會元》。竊謂《景德傳燈錄》至矣，繼此四燈之錄，寧免得此而遺彼乎？《會元》爲書，其用心固善，然不能尊《景德傳燈》爲不刊之典，復取而編入之，是爲重復矣。今臣幸遇聖明，光贊佛乘，遂忘其僭冒，纂集《續傳燈錄》，其承傳之序，斷自《景德傳燈》以後，肇於大鑒下若干世汾陽照禪師，編聯至若干世某禪師而訖。凡若干世，得人若干，内出機緣語句者若干人，名之曰《續傳燈錄》，總三十六卷。其採取之書，則用《五燈會元》、《佛祖慧命》、《僧寶傳》、《分燈錄》，與夫禪門宗派圖、諸祖語錄等，集其文則仍其舊，略加取捨，而不敢苟爲芟潤，以失其眞。其世則專揭大鑒於上，而不敢以五家宗派分裂之。蓋五家宗派互相激揚，同出大鑒，故此續錄統而合之，以一其歸也。【略】是則從上諸師汲汲於傳燈一書者，豈非有補於宗教哉！臣某學識庸陋，猥忝掌教，故茲膺命，慄慄靡寧。爰集學徒，採擷各籍，隨其世系詮次之。至若機緣語句，無從質正者，尚有待於後之同志，嗣成其書焉。

釋允中《淨土指歸集跋》（釋大佑《净土指歸集》卷末） 夫以理絕言詮非言詮，弗克臻宗本之妙；道由踐實，非踐實無以造觀行之微。言以貫文，文以載道，是爲天下之公器，振萬世而不磨者也。然此《淨土指歸》一書，實僧錄善世啓宗法師之所述也。蓋以採摭經論，據援祖文，集以成帙，凡言淨土，必以穢土而爲待對。【略】玆承翠山止菴無象原禪師，素業精修，淨行恆飭，夙夜靡懈，誠叔世精進幢也。獲睹斯集，慨發慈心，捐貲鏤板，用廣流通，使人人物物，咸躋清泰之域，豈福德利益云乎哉！一日攜此集，過余寓舍，徵余序，姑敢摭淨土梗槩，書于左方，未免續貂之譏，見者幸毋誚焉。時洪武二十七年。

胡粹中《蚓竅集序》（管時敏《蚓竅集》卷首） 唐人有言，文章實小技，於道未爲尊，此非知言者也。【略】蓋審音足以知政，聞樂足以知德，皇明受天命一海内，光岳之氣渾融純全，灝灝噩噩之文，渢渢乎其音播之宇宙。時則楚有舊學之臣曰雲間管公時敏，輔翼匡贊，開陳啓沃，凡二十五年，而賢王仁厚明恕寅畏恭儉之德聞於天下，公自紀善超左長史，屬余來備員陪位，得日聆其緒言餘論，間出示所自作詩一編，古製近體通若干首。春容乎其意度，鏗鍧乎其節奏，追琢乎其文章；其言麗以則，其思深以遠，其義葩而正。溫柔敦厚，不迫不切，方諸古人，亦未多讓，顧自謙曰《蚓竅集》。【略】賢王侈公之德，欲壽其傳，命刻諸板。余不敏，僭序其朔云。永樂元年歲次癸未春三月望日。

蔣用文《述古齋集序》（許節《述古齋集》卷首） 江陰蔡芝林以其鄉先生許吏士所著《北郭集》示余，曰：「是集也，其仲子儀曹主事君所輯而梓刻者也。儀曹君以事淪胥，謫戍五開以卒。君之子軺，時年甫垂髫而莫之悉也。比壯，讀書有成，乃慨然曰：吾先祖之《北郭集》，吾先子之所手編刻，已有傳矣；吾先子之詩，所謂《述古齋集》者，爰自遷謫以來，散軼無存，常于故篋中捃拾得其手澤，僅六篇，懼其終泯而弗傳焉，遂刻而附諸《北郭集》後，庶幾暴白于世，敢請序之。」余聞其言，憫其志，而竊悲儀曹君之不幸也。【略】惜乎全集不可得見，尚賴軺爲之子，能不沒其父之善，惓惓焉保其緒餘，冀傳不朽。噫，軺之賢爲何如哉！余與軺雖未之識，而猶記余幼時嘗拜其曾大父中行先生于雲間，先生古心古貌而寄業于醫，以行其素志，則處士儀曹而下，皆先生餘慶所及，君子之澤不旣厚乎！而軺也誠，能繼自今，力學承家，移孝于忠，以顯揚其親，則許氏昌其後者，未可量也。玆因序其集而并告之。處士諱恕，字如心。儀曹諱節，字文度。軺字用升云。永樂庚寅夏五月。

王克義《歐陽修撰集序》（歐陽澈《歐陽修撰集》卷首） 公平生所作詩詞曰《飄然集》。沖澹俊逸，抑揚頓挫，有唐人氣味，非留連光景者也。十世孫永康丞齋，錄公前後奏議，次繼《飄然集》，分爲六卷，重鋟諸梓，以廣其傳，可謂不忘厥祖矣。吁，修撰公盡忠于君，永康丞致孝于祖，忠孝相繼，果何道而致然哉？蓋亦本于文忠公之餘澤也。文忠公四世而修撰公繼之，修撰十世而永康丞繼之，永康之後繼之者又不知幾百世也。忠孝相傳，綿綿不絕，余詎得不爲歐陽氏賀哉！遂爲之序。時永樂十五年，歲在丁酉夏六月朔。

朱棣《水懺序》（佚名《三昧水懺》卷首） 夫三昧水懺者，因唐悟達國師知玄，遇迦諾迦尊者，以三昧水爲濯積世怨仇。知玄遂演大覺之旨，述爲懺文，普利將來甚盛心也，其爲福德莫可涯涘。【略】朕遂書此，以冠于篇，並以鋟梓，作方便利益。是爲汲大海之三昧，以遍周沙界，灌濯塵劫者也。觀於斯者，尚愼其所趨向哉！永樂十四年七月初一日。

又《大乘妙法蓮華經序》（鳩摩羅什譯《大乘妙法蓮華經》卷首） 昔如來于耆闍崛山中，與大阿羅漢阿若憍陳如、摩訶迦葉無量等衆，演説大乘眞經，名《無量義》。是時天雨寶華布護充滿，慧光現瑞洞燭幽顯，普佛世界六種震動，一切人天得未曾有，咸皆歡喜贊歎，以爲是經乃諸佛如來秘密之藏，神妙叵測，廣大難名。所以拔滯溺之沈流，拯昏迷之失性，功德弘遠，莫可涯涘。溯求其源，肇彼竺乾，流于震旦，爰自西晉沙門竺法護者初加翻譯，名曰《正法華》。暨東晉龜兹三藏法師鳩摩羅什重翻，名曰《妙法蓮華》。至隋天竺沙門闍那笈多所翻者，亦名《妙法》。雖三經文理重沓互陳，而惟三藏法師獨得其旨。第歷世既遠，不無訛謬，匪資刊正，漸致多疑，用是特加讎校，仍命鋟梓，以廣其傳。【略】觀于是經者，尚戒之哉！尚勉之哉！永樂十八年四月十七日。

又《神僧傳・序》 神僧者，神化萬變，而超乎其類者也。然皆有傳，散見經典，觀者猝欲考求。三藏之文，宏博浩汗，未能周遍。是以世多不能盡知，而亦莫窮其所以爲神也。故間翻閲，采輯其傳，總爲九卷。使觀者不必用力於搜求，一覽而盡得之。如入寶藏而衆美畢舉，遂用刻梓以傳。昭著其迹於天地間，使人皆知神僧之所以爲神者，有可徵矣。用書此於編首，概見其大意云爾。永樂十五年正月初六日。

又《金剛經集注・序》 朕惟佛道弘深精密，神妙感通。以慈悲利物，以智慧覺人。超萬有而獨尊，從曠劫而不壞。先天地而不見其始，後天地而不見其終。觀之《金剛般若波羅蜜經》，蓋可見矣。【略】爰自唐宋以來，注釋是經者無慮數十百家，雖衆説悉加於剖析，而群言莫克於折衷。朕夙欽大覺，仰慕眞如，間閲諸編，選其至精至要經旨弗違者，重加纂輯，特命鋟梓，用廣流傳，俾眞言洞徹，秘義昭融。見之者，如仰日月於中天；悟之者，若探寶珠於滄海。豈不快哉！豈不偉哉！嗚呼！善人良士，果能勤誠修習，虔禮受持，緣經以求法，因法以悟覺，即得滅無量罪愆，即得獲最勝福田，證果人天，永臻快樂。功德所及，奚有涯涘哉！謹書爲序，以俟將來。明永樂癸卯四月八日序。

又《普菴至善弘仁圓通智慧寂感妙應慈濟真覺昭貺慧慶護國宣教大德菩薩實録序》（釋印肅《普菴至善弘仁圓通智慧寂感妙應慈濟真覺昭貺慧慶護國宣教大德菩薩實録》卷首） 朕惟如來以廣大智慧，於諸人天，普作方便，爲苦海之舟楫，畏途之階梯，所以極功德之盛大，備名號之至尊。正覺妙道，流傳印土，超天地，歷浩劫，永永其無窮焉。近代以來，有能具眞如之體，契大慈之心，弘道演法，濟物度人，使諸有情，均霑利益，功德昭著，不惟見諸當時，而且傳諸來世，若普菴至善弘仁圓通智慧、寂感妙應慈濟眞覺、昭貺慧慶護國宣教大德菩薩是已。【略】逮于示化之後，行業彌高，靈響益著，功德廣大，難罄名言。於是緇流，輯其傳法之派系，歷世之歲年，悟道之機鋒，類粹成帙，題曰《實録》。朕嘗取而觀之，究其慈心慧力，莫非御災捍患，拯危救急，化人爲善，戒人爲惡，而積其善因，而脱其惡趣。所以振揚宗風，上裨益於王化，下利澤於生民，功德之盛，不可思議焉。然非有以表彰之，曷以稱朕歸崇尊顯之心哉！是用進加鴻號，並爲序諸編端，鋟梓以傳。非惟俾菩薩之貺異迹，昭昭然在人耳目，而凡修習之士，覽是編者，莫不嚴守毗尼，精修淨業，皆得證無上菩提之果，而同囿於佛日照臨之下，以共享太平熙皞之福於無窮，豈不韙哉！永樂二十一年四月。

釋淨戒《重刻禪宗頌古聯珠通集序》（釋法應集、釋善會續集《禪宗頌古聯珠通集》卷首） 佛祖葛藤，水浸不爛，火燒不壞，枝聯蔓衍，流布無窮。《禪宗頌古聯珠通集》者，魯菴會公集成，鋟梓行世久矣。近以他故，其板散落人間。洪武己巳夏，余慮其亡失，託道友收贖，庋藏於大慈山之幻居，實六月二十八日也。明日舊置板處，火作風裂，燎及千數百家。吁！斯亦異矣，然佛祖葛藤，其果靈驗如此耶，抑神物護持而致然耶？敬捐衣資，命工補完，用廣流通，永延慧命。因書其得板所由之異，庸識歲月云。洪武壬申春二月。

朱高熾《觀無量壽佛經序》（釋知禮《佛説觀無量壽佛經疏妙宗鈔科文》卷首） 我皇考太宗體天弘道高明廣運聖武神功純仁至孝文皇帝，皇妣仁孝慈懿誠明莊獻配天齊聖文皇后，皆以上聖之資，居至尊之位，深仁大德，涵育萬邦。下至飛潛動植之類，莫不熙自遂於泰和之世。然二聖未嘗以是自足，所以心佛之心，廣佛之教，嘉慧天下者。至矣！若《觀無量壽佛經》，皇考嘗欲表章之，未就。而六御上賓，宸游在天，哀慕無極，用敢追成皇考聖志，命工刊行此經，而廣施之。蓋欲使天下後世至于無窮之人，皆知歸誠佛道，有過者圖改以自新，好善者益勉而自進。皆游如來之境，樂如來之

福，且以上資皇考、皇妣在天之福於無窮焉。謹序諸其簡端云。洪熙元年正月初一。

釋古并《廬山蓮宗寶鑒跋》（釋普度《廬山蓮宗寶鑒》卷末） 吾佛生於西方，大教流於中國，不言而自信，不化而自行者，以其機感相投，自然而然也。【略】茲者奉佛弟子衆善人等生居聖世，感荷皇恩，幸聞佛祖正傳，得獲《蓮宗寶鑒》，坐閱行披，歡喜踴躍。是以鳩集同志謹舍淨財，命工刊印流通，請師慈悲跋語，提攜晚進，接引後來，苟勿拒焉，實爲幸矣。余再三辭，義不促讓，遂乃焚香説偈贊曰：東晉廬山十八賢，鑿池引水種金蓮；蓮生華發心明朗，華落蓮成道果圓；普度綴文名寶鑒，善人謄寫錄瓊篇；命工刊印流通施，永與人天作正傳。大明宣德四年歲次己酉夏末秋初禪林解制日。

釋洪蓮《金剛經集注序》（朱棣《金剛經集注》卷首） 天中天之大覺，聖中聖之能仁。開菩提解脱之門，示般若眞如之理。【略】斯經在處，即爲有佛。洪惟太宗皇帝，不忘靈山付囑之情，遂啓流通之念。故乃留神内典，簡閲諸編，選其至精至要，經旨弗違者，重加纂輯，特命鋟梓，用廣流傳。而後親運睿思，煥發序文。【略】由是會約同志，罄捨珍資，命工重刊印施，遐邇流傳。普願五濁衆生，快登般若慈航，速達菩提彼岸。仰冀時和歲稔，雨順風調，國泰民安，法輪常轉者矣。正統三年六月上旬吉日。

黄淮《梅溪集序》（王十朋《梅溪集》卷首） 溫郡梅溪先生王公十朋家食時，敏於力學，博究經史，旁通傳記百家，由博反約，擇精守固。【略】文集舊嘗鏤板，歲久寖廢，郡之前太守何公文淵，訪於其家，得錄本若干卷，殘缺錯亂，不可緝理。會陞除侍郎而去，然其心未嘗忘也。未幾，前御史劉公謙繼守是郡，旁求博訪，乃得其刻本於黄巖士族蔡玄之家。命郡學教授何瀕重加訂正，鳩工刊刻，用廣其傳。贊成其事者貳守徐公恕，通判劉公寬，推官宮公安，暨邑宰周紀等，與有力焉。於乎！公之心，畏天憫世之心也。公之道，聖賢所傳之道也。不幸沮於人事之變遷，迫於氣運之衰微，而不得卒就其志，徒託空言於編簡之中，其亦可悲也夫。披閲是編者，因其言以求其心，因其心而達諸用，可以致君爲堯、舜，可以躋治於隆平，使人皆知吾儒之道有功於斯世，豈曰小補云乎哉！淮故不揆鄙陋，而僭爲之序。正統五年夏四月望日。

黎諒《水心集序》（葉適《水心集》卷首） 余幼時，先君東皋處士以遺書一帙名曰《策場標準集》授諒，謂是書乃水心葉先生適在宋時所著也。其忠君愛國之誠，藹然溢於言意之表，惜乎前後亡缺脱落，有不可讀者。嘗慕求全集，竟不可得。及余領鄉薦，授官栝郡。先生乃郡邑龍泉人也，後徙居溫之瑞安，嘗因公事詣邑，訪求遺本，無有存者。間或得一二篇或數十篇，歷八載始克備。有曰《文粹》，曰《葉學士文集》，曰《水心先生文集》，及余幼時所讀《標準集》者，其總目有四，惟《標準》一集，十亡其七八，公暇躬自謄錄。其各集中所作劄、狀、奏、議、記、序、詩、銘并雜著，成篇章者得八百餘篇，編集彙次，分爲二十九卷。其所著經傳子史編，爲後集，總名曰《水心文集》。繡梓以永其傳，與四方同志共覽焉。集中字義脱落，無可考者，不敢僭補，姑虚以待後之君子而正之。正統十三年戊辰歲孟春望日。

劉敬《剪燈餘話序》（李昌祺《剪燈餘話》卷首） 洪熙初，余蒙恩歸自嶺表，訪舊於廬陵忠節之邦。客有以《元白遺音》來示曰：「《至正妓人行》，乃吾同年廣西布政使李公禎寓房山時所作，暨翰林諸先生所跋也。」讀而感之，慨我同志，遂因其人，即其事，致其詠嘆之意，書其後而歸之。明日又得其《剪燈餘話》之編，首閲玉堂大手筆諸公之序，凡三首；其卷四，其編二十，皆湖海之奇事，今昔之異聞。【略】敬不敏，什襲所録，欲刊而未能。宣德癸丑夏，知建寧府建寧縣事盱江張公光啓，鋭意欲廣其傳，書來，謂子所録得眞，請壽諸梓，遂序其始末，以此本並《元白遺音》附之，以同其刊云。是歲七月朔旦也。

楊溥《魯齋集序》（王柏《魯齋集》卷首） 金華王文憲公天資高爽，學力精至，以其實見發爲文章，足以明道德，使其見用，足以建事功，而卒老於丘園，惜哉。若其詩歌，又其餘事也。六世孫四川按察僉事迪裒而成帙，義烏縣正廬陵劉同、丞鄱陽劉傑，政有餘力，用鋟諸梓，其亦知所用心者哉！

又《忠靖集序》（夏原吉《忠靖集》卷首） 少保兼太子太師、戶部尚書長沙夏公詩文遺稿，常州太守桂林莫君子朴以其俸餘鋟梓，公之子尚寶司丞瑄請予序。【略】予亦湖湘人，嘗得與公同事，用是書之簡首云。正統八年歲次癸亥春二月穀旦。

釋景隆《重刊緇門警訓序》（釋如巹《緇門警訓》卷首）　一性圓明，人人具足，瞥然妄念，遽爾輪迴。【略】《緇門警訓》一書之所以會萃成編者，豈徒然哉！乃若大明麗天，等受厥照，膜翳在眼，妄生疑端。則又錯綜金輪世主之公論，先哲儒宗之偈贊，於其中焉。【略】嘉禾巹禪人刊行是書，將使人人因言以見事，因事以見理，因理以見心，因心以見性，而復厥本有自然之天。與夫因指以見月，因月以忘指，因忘以忘月，而忘厥所忘之忘者，同出而異名。此又事理互融，空有絶待，心佛衆生三無差別者之剩語也，尚何警訓之有哉！尚何警訓之有哉！成化六年歲次庚寅春三月朔。

朱祁鎮《天下一統志序》（李賢等《大明一統志》卷首）　朕惟我太祖高皇帝受天明命，混一天下，薄海内外，悉入版圖。蓋自唐虞三代，下及漢唐以來，一統之盛，蔑以加矣！顧惟覆載之内，古今已然之跡，精粗巨細，皆所當知。雖歷代地志具存可考，然其間簡或脱略，詳或冗複，甚至得此失彼，舛訛殽雜，往往不能無遺憾也。肆我太宗文皇帝慨然有志於是，遂遣使徧采天下郡邑圖籍，特命儒臣大加脩纂，必欲成書，貽謀子孫，以嘉惠天下後世。惜乎書未就緒而龍馭上賓。朕念祖宗之志有未成者，謹當繼述。乃命文學之臣重加編輯，俾繁簡適宜，去取惟當，務臻精要，用底全書，庶可繼成。文祖之志，用昭我朝一統之盛。而泛求約取，參極群書，三閱寒暑乃克成編，名曰《天下一統志》，著其實也。朕於萬幾之暇，試覽閲之，則海宇之廣，古今之跡，了然盡在胸中矣。既藏之秘府，復命工鋟梓以傳。嗚呼！是書之傳也，不獨使我子孫世世相承者，知祖宗開創之功廣大如是，思所以保守之惟謹，而凡天下之士亦因得以考求古今故實，增其聞見，廣其知識，有所感發興起，出爲世用，以輔成雍熙泰和之治，相與維持我國家一統之盛於無窮。雖與天地同其久長可也。於是乎序。天順五年五月十六日。

呂洪《霽山文集序》（林景熙《霽山文集》卷首）　予平陽素稱文獻之邦，騷人墨客，義士忠臣，何代無之。宋淳祐壬寅，挺生林先生，諱景熙，字德陽，號霽山，居州治後白石巷，別墅在城西趙奧馬鞍山之麓。予今所卜築，即其故址也。咸淳辛未，先生上舍釋褐，授泉州教官，歷禮部架閣轉從政郎。適元勝宋，遂不復仕。【略】所著文十卷曰《白石藁》；詩六卷，曰《白石樵唱》。一皆本於忠義之所發越，傳誦江湖，膾炙人口，歷歲滋久，頗多散亡。乃者致政大尹葉公衡出示先生《白石樵唱》，始末具全，予又於《元音》中得先生《讀文山集》一詩，仍撿閲家藏舊書，僅得先生《白石藁》中記、序、賦、銘而下凡若干篇，其他製作，迄無尋究。予懼歲月愈久，散亡愈多，輒敢僭踰，正其豕亥，釐爲五卷，摠爲一帙，題曰《霽山先生文集》，將鋟諸梓，以廣其傳，俾人得以誦習詳玩，庶幾先生忠肝義膽，耿耿不磨也。竊嘗思之，予不幸而生於先生百年之後，弗克覩其容儀，親炙其教誨，猶幸而嗣居先生藏修之地，得以仰其高節，覽其遺文，此於逸藁，予不得不爲先生輯也。若其詩句之高古，文辭之典麗，自有諸先正之首引，暨夫知言者之評論，有不待予贅辭。姑序其出處作述大畧云。時大明天順七年龍集癸未春三月下澣穀旦。

戴難《古廉文集跋》（李時勉《古廉集》卷末）　難少承先生誨導，俾侍筆硯間，及先生歸榮與解組，又得執巾杖爲山澤游，俱非一日也。豈期先生物故，遺藁多失，遂與諸孫及交游士大夫通得若干，謹録成四冊，別以文行忠信，質之同門。吳卿與儉曰：「汝當以書付其孫知縣顒，鋟梓以傳。」愚受先生指教之恩，誼深淵海，是集焉敢不用情者乎！餘文散失，尤冀斯文君子採寄示予，續編可也。時成化十年甲午仲春吉。

張美和《吾吾類稿序》（吳皐《吾吾類稿》卷首）　詩權輿于《康衢》之謠，賡載之歌，而大備于成周之《風》、《雅》、《頌》，後世雖有作者，不可及已。【略】臨川吳舜舉先生蚤知學詩，而能上追《三百篇》之義，作爲五七言古近二體諸詩，皆本乎性情，關乎世教，非汎汎而作者。前嘗爲臨江郡博士，其淑諸人者多矣。亂離以來，舊稿散失，其子均收輯遺篇于亂定之餘，僅得若干首。臨江稅課司大使京兆趙君師嘗見而説之，遂率郡中士友，命工刻梓以永其傳。以余與先生相知之深，徵序其端，余不敢辭。

錢溥《内簡尺牘序》（孫覿《内簡尺牘》卷首）　今《内簡尺牘》則龍圖閣待制兼戶部尚書孫公所著。雖非編竹削木爲之，猶以簡牘名者，存古制也。制雖非古，而易以紙，則便于古矣。版刻其書以傳，猶古者用版之遺意乎！公諱覿，字仲益。其門人李學士祖堯，已編刻傳世。久而版佚，其十世孫徵士封工部主事玘，寶藏之，授其子仁，今任都御史、巡撫西蜀，始復刻之以傳。寓書乞序其簡首。【略】成化十有七年辛丑三月初吉。

邱濬《曲江集序》（張九齡《曲江集》卷首）　古今説者咸曰：唐相張文獻公，嶺南第一流人物也。嗟乎，公之人物，豈但超出嶺南而已哉！

【略】童稚時嘗得韶郡所刻《金鑑錄》讀之，灼知其僞，有志求公全集刻梓以行世。自來京師，游太學，入官翰林，每遇藏書家，輒訪求之，竟不可得，蓋餘二十年矣。歲己丑，始得公《曲江集》於館閣之中，手自鈔錄，僅成帙，聞先妣太宜人喪，因携南歸，期免喪後，自備梓刻之道韶。適友人五羊涂君暐倅郡，偶語及之。太守毘陵蘇君韡、同知莆田方君新謂公此集乃韶之文獻，請留刻郡齋。嗟乎！公之相業，世孰不知？其文，則不盡知也。矧是集藏館閣中，舉世無由而見。苟非爲鄉後進者表而出之，天下後世安知其終不泯泯也哉！是以不揆愚陋，僭書其首。

又《武溪集序》（余靖《武溪集》卷首） 嶺南人物首稱唐張文獻公、宋余襄公，二公皆韶人也。韶郡二水夾城流，自瀧來者曰武溪，湞水自庾嶺下，與武溪合，是爲曲江。張公既以《曲江》名其集，余公之集名以《武溪》，蓋有意以匹張歟。予家嶺表極南之徼，自少有志慕二公之高風，每恨其文不行于世。於張公文僅見其《羽扇》、《感遇》等數篇，余公文僅得其《潮說》及諸書判，蓋莫能覩其全也。求之天下幾三十年，今始與《曲江集》並得於館閣群書中。【略】世之人，因二子之言，往往輕吾越產子，故因序余公此集而發之。初得公集手自鈔錄，僅成帙。聞先妣太宜人喪，解官還家，携以過韶。韶郡太守蘇君韡、同知方君新、通判涂君暐，請留此刻郡齋中，且求爲序。予既免喪，乃書此以引其前，非但序公文也，蓋假公之文獻以徵吾之言，且用以爲越之人士解嘲云。成化九年龍集癸巳仲春初吉。

釋秋月《重刊龍舒淨土文序》（王日休《龍舒增廣净土文》卷首） 如來設教之不同也，兼但對帶顯密偏圓，三乘五行，隨自隨他種種差別。功高易進，念佛爲先，在凡具惑，用三觀智顯本性佛法。【略】有宋王龍舒作《淨土文》，並附錄總十三卷，嘉禾僧晉點校釐爲十二卷，漏澤僧誦特刊行之。終日念心，終日念佛，介爾有心，三千具足。心想彼境，復了此心，念心是佛，全佛是心；然後般若德顯，解脫德彰，法身德圓，法界圓融，不思議體，即此論功不在禹下。時成化十七年，歲次辛丑佛成道日。

謝士元《三禮考註跋》（吴澄《三禮考注》卷末） 三禮之書，宋朱子謂其體大未能緒正。元草廬吴文正公始考定而爲之註，蓋成朱子未成之書也。書成未及板行，故學者罕傳焉。成化庚寅秋，大理卿仁和夏公奉勑巡撫江右，行部至盱，出此書，命士元鋟梓以廣其傳，蓋欲成文正之志也。【略】舊本傳寫舛訛，雖嘗正之，然亦未盡完善也。若出善本而重加校讎者，不能無望於同志君子焉。鋟梓告完，用書簡末以俟。時成化癸巳秋七月朔旦。

于冕《忠肅集跋》（于謙《忠肅集》卷末） 先少保尚書平生所作詩文，惟巡撫梁、晉時爲多。迨歸兵部，適罹卹勤之秋也，雖日不暇給，而猶不廢揮灑，然亦罕矣。不幸奸讒搆難，原燎烈烈，片隻不遺，痛可言哉！越至天順甲申，恭遇聖明嗣統，明年改元。聖政維新，渥恩汪濊，漏澤九京，沉冤昭雪，不肖孤亦得効犬馬馳驅輦下。亟訪舊稿無得，僅於士林得抄錄者，計若干首，如梁、晉所作，得之都憲無錫楊公、今南昌二守同邑夏世芳，兵部所作，得之少宰崑山葉文莊公、今祠部主事表弟董序。近於鄉曲之家，又得公進士御史時所作，若畫魚葡萄諸詩，所謂存什一於千百也。嗚呼，痛哉！然以屢經謄寫，中間魚豕雜然。去年秋得告南還，南京大理寺卿仁和夏先生致政家居，間求是正。先生欣然爲之手校，而又序其首簡，因題之曰《節菴先生存稿》，時一展誦，豈勝痛憤之極。嗚呼，天地無終窮，此痛曷終窮哉！惟先公德行政事之大，載之國史，著之人心，千載一日也，此其支餘。然亦不可不傳，故用謹刻諸梓。若天假之以年，當極搜羅以爲續稿，泣血再拜，謹書以俟。成化十二年歲次丙申冬十月初吉。

劉釪《玉笥集序》（張憲《玉笥集》卷首） 予嘗於岳武穆王《精忠錄》，閱先輩張思廉所作詩歌，其辭氣抑揚感激，所以爲王自處而表其忠烈者，曲盡無遺，意其爲人必慷慨瓌特，以忠義自許，非可以一詩人目之也。惜未覩其全集，以究其藴。迺者常山丞前侍御黄君玉輝發其尊府僉憲嘿庵先生所藏思廉《玉笥集》一帙，將繡梓以傳，託同年僉憲高公汝賢屬予序，因得遍閲之。【略】僉憲先生昔以邃學宿德提學於吾江右，造就士類甚衆。玉輝能世其業，立朝佐邑，皆有聲，茲又承其先志，不沒人善，以嘉惠後學，可謂濟美者矣。故爲序之不辭。思廉名憲，會稽山陰人。其居有玉笥山，自號玉笥山人。因以名其集云。成化五年春三月既望。

江朝宗《眉庵集序》（楊基《眉庵集》卷首） 予布衣時，雅聞楊孟載先生盛名。及入翰林爲史官，奉勑纂修《大明一統誌》，攷先生先世，予蜀嘉州人，因大父仕江左而生吴中，遂家焉。【略】先生所著《眉菴集》，有五七言古體五七言律詩及歌行排律絶句詞曲，總若干篇，教授鄭鋼編集，已板

行矣。字多訛謬，先後失序，而缺畧尤甚，識者惜焉。吳中張公企翺，以名進士累官廣東僉憲，素重先生之詩，每遇公暇輒研究之，補其缺畧，次其先後履歷之序，字之訛謬者悉攷正之，釐爲十二卷，繡梓以廣其傳，其用心亦厚矣哉。間以示予，俾爲之序。【略】僉憲公能俾先生之詩大顯於天下後世，天下後世即其詩，可以知其志，知其志，可以知其人。然則先生不但有光於吳，而且有光於蜀也。予後生小子，因僉憲公之命，不敢以繆悠辭，而僭序之，其景仰之誠，得不於是而少舒哉！成化二十年夏六月既望。

徐貫《孝經大義跋》（朱鴻《孝經總類》卷末）　右《孝經》一書，迺孔子、曾子授受之要旨也。經秦火後頗多錯簡，至宋大儒朱文公先生始取古文，爲之考訂，刊其繆誤，次其簡編，而後經傳各有統紀。董季亨氏又從而註釋之，而其旨益明。讀者誠能因其言而求諸心，因心之同。然而推之家國天下，則天下之道盡在是矣。惜乎是書板行者少，而窮鄉下邑之士不得盡覩也。予近按泉，偶於進士蔡介甫家得是書舊本，遂命工鋟梓以傳，將使四方得以家傳人誦，各興其親愛之心，而篤夫仁孝之道，庶或少補於風教之萬一云爾。時成化二十二年歲在丙午秋九月甲子。

彭韶《八閩通志序》（黄仲昭《八閩通志》卷首）　郡邑有志尚矣，而一藩全志，昉於近時。去離爲合，寓繁於簡，是亦一道也。然統屬既廣，該括難周，作者或詳近而略遠，或粹古而遺今，或爲己而忘他人，觀者病之。重以序述體裁，去取權度，人各異論，欲爲成書之善而可以信今傳後，豈不難乎？八閩初未有通志，内監五羊陳公作鎮之五年，因藩、憲二司之請，屬筆於吾友今僉憲黄仲昭先生，採輯五六年始克成書，上可以資處分，下可以裨咨詢，其功云勞，而所補不少矣。公命亟籌諸梓，且致簡於余曰：「是書之作，其文則志，其義則資治之史也。願有序。」【略】予閩人也，喜見其成，故不辭而序之。弘治四年，歲次辛亥，冬十一月吉。

閔珪《北郭集序》（徐賁《北郭集》卷首）　［徐賁］先生之詩名《北郭集》，有樂府、五七言古體、近體、排律、五言六七言絶句、五言聯句，共十卷。先生去今百餘年之久，集未有傳，廣東僉憲張君企翺始壽諸梓。以予吳興人，知先生有素，書來請序於篇。【略】敢併序之。成化丙午秋仲初吉。

劉宣《吾汶稿跋》（王炎午《吾汶稿》卷末）　右《吾汶藁》若干卷，宋季梅邊王先生之所著也。先生諱應梅，字鼎翁，別號梅邊，最後更名炎午，安成南汶源里人也。【略】其藁在元初諸名公多有序跋，後遭兵燹遂致散逸，間有傳錄其一二者，皆殘編斷簡，豕魚殊甚。先生之裔孫華常遊郡庠，恐其愈久而愈訛也，迺繕寫鋟梓，以垂久遠，又取楚國歐陽公、揭文安公所著序跋冠於首，復屬宣識其後。【略】弘治辛亥正月人日。

羅倫《三禮考註序》（吳澄《三禮考注》卷首）　成化庚寅，大理寺卿仁和夏公時正巡撫江右，得是本於憲副夏正夫，正夫得於編脩張廷祥，廷祥得於祭酒胡若思，若思之本，其文貞之所錄者，與長樂謝公仲仁時守建昌。時正畀繡梓以傳，且屬倫校讎之。乃訪善本于臨川文正之子孫，已不知有是書矣。書藏康氏，文貞所聞其亦然邪？倫時卧病深山，僻無書籍。仲仁乃取通解註疏諸書，旁正而訂之。善本未得，恐不無訛謬也。然聖賢之遺經，因是而傳焉，三公之用心，亦可尚矣！河南按察使何廷秀謂予曰：沅州劉有年，永樂初守太平府，進《儀禮》逸經十八篇。逸禮唐初已亡，宋元大儒皆未之見，有年何從而得哉？然廷秀之言非妄也。好古君子上請逸經繼類成編，傳以戴記，其不入傳者，從纂言所類，別爲記以附焉，則先王之典庶乎無遺矣。於戲，禮儀三百，威儀三千，待人而行。君子尊德性以立其體，道問學以致其用。如有用我，執此以往，文武之政，其庶矣乎。成化九年癸巳七月内申。

徐孚《靜學文集跋》（王叔英《靜學文集》卷末）　先生洪武中與同郡方公孝孺、林公佑以文行著名。林公嘗叙先生之文而先沒，方亦繼先生謝世，今其文章有刊刻流布者矣。先生之文，東里楊少師存日欲加纂集，求無完稿，深悼惜之。今寶慶太守謝君世修甫，慨生也後，而不及拜先生以承其教，幸得先生文，將以私錢募工刻之，爲序於後以廣其傳，使後來景先生之行者，可因文而考先生之心。爰以書來告，且俾相其事。嗚呼，林公序先生之文詳矣，死而成仁之義，孚恐歲月易將，有不知其詳者，敬以幼聞父兄之言書達謝君，附之卷尾，使後讀先生之文者，庶因而得先生之本心云。成化癸巳春二月望日。

倪顒《魯齋遺書序》（許衡《魯齋遺書》卷首）　元文正公魯齋許先生，覃懷人也。其道德文章，前賢贊之至矣。先生有遺書六卷，梓傳於世，其板在陝西學宮，邇來不復印行，想多脫落。成化辛卯，顒承乏來守是郡，即拜謁於先生祠下，既而訪求遺書，先生六世孫邑庠生綸出示是書寫本，而字多

訛舛；又訪於致仕西安府同知河内王君濟安，購得其刻本；適鳳翔府學致仕教授修武韓君俊在家，遂托其校正，俾寫、刻二本參互考訂於其間，書頗可觀。又幸遇巡撫都堂楊公、提學憲副陳公，作興中州文教，顒遂謀諸同寅，命工鋟梓，以廣其傳焉。成化甲午夏四月吉日。

喬縉《賈誼集序》（賈誼《賈長沙集》卷首） 君子觀人，當取其言之驗，不當責其功之成。言之驗者其常也，不驗者其變也，其變其常，而功之成否繫焉。賈生，洛陽人，名誼，年十八能誦書屬文。文帝召爲博士，超遷太中大夫。素有志于制度禮樂。時欲任以公卿之位，絳、灌、馮敬沮之，出爲長沙王太傅。尋傳梁懷王。【略】嘗著書五十八篇，司馬遷、班固取其有切于世者作傳，書今傳世所可考。縉與誼爲鄉人，恨生也晚，不得追逐後塵，企慕高風于千載之上。公餘因取二家之傳，幷誼平時所爲論、賦，略加檃括，纂而爲一目，曰《賈長沙集》，庶發潛德之幽光。復捐貲綉梓以廣其傳，用僭一言序諸首。嗚呼！縉何人斯，而敢序先正之傳耶！亦寓夫「高山仰止，景行行止」之意云爾。後之欲知誼者，宜于此考焉。成化癸卯七月朔旦吉。

釋智明《雪峰義存禪師語録跋》（釋義存《雪峰義存禪師語録》卷末）
眞覺大師乘願輪而降迹，裂愛網而出塵，慧解超群，求道誠切。擇友尋師，苟未契旨，不計山岫夷險，途路邇遐□難。跋涉於再三，懈怠於中道，既受德嶠印證，猶謂未愜于懷。爰獲巖頭提將，始發成道鰲山之語。歸創兹寺，不召之衆至無所容，升堂入室四十五人，雲門玄沙爲上首，勘驗學者機緣語句載於方冊。然燕燹焚毀，成壞非一，賴舉墜補，弊有其人，至是而銷殞仍舊矣。住山性菴明公慨念道非語言文字，非語言文字而道不顯，忝□重寄，寧忍坐視裨祖道永馳而弗張，後學之失眼？乃訪索究，尋得遺帙於道山之霜月樓，躬親謄錄，命匠鋟梓，將畢工，圖志以諭。後屬筆於余，惟其酌應繁劇之際，能恤厥祖機語之散失，修復其敗缺。志可尙，遂書其槩，附於末簡耳。時大明成化甲辰仲冬望後。

顔廣烈《顔氏家訓序》（《顔氏家訓集解》附録） 《家訓》二十篇，自吾黄門侍郎祖始著，去今蓋九百餘年，失傳已久。吾弟四會掌教士英，嘗有志訪刻而未遂，以囑其子如瓌。正德戊寅，如瓌同知蘇州之三年，獲全本，重校刊之，既自識其後矣，復以書來請曰：「祖訓重刊，首序非異人任，吾伯父其成之！」謹按：侍郎既著是訓，繼而其子諱思魯，以博學善屬文，官至校書東宫學士；愍楚直内史；游秦校秘閣；再傳至夔府長史贈虢州刺史諱勤禮，弘文館學士師古、相時，司經校定經史育德，三傳至侍讀曹王屬贈華州刺史諱昭甫，以至濠州刺史贈秘書監元孫，暨通議大夫贈國子祭酒太子少保諱惟眞，遂生我魯國公諱眞卿，常山太守杲卿，與夫司丞春卿，淄川司馬曜卿，胤山令旭卿，犍爲司馬茂曾，杭州參軍缺疑，金鄉男允南，富平尉喬卿，左清道兵曹幼輿，荆南行軍允臧；其後復生彭州司馬威明昆季，佐父破土門，同時爲逆胡所害者八人。建中改元，魯國遷秩之際，子姪同封男者亦八人。又其後魯國五世孫諱翊，爲台州招討使，詡爲永新令，是皆奕葉重光，聯芳並美，顔氏於斯爲盛。謂非《家訓》所自，不可也。自是而後，歷宋而元，仕籍雖不乏，而彰顯不逮前，豈非《家訓》失傳之故歟？迨入國朝，文廟靖内難時，沛縣令伯瑋父子死忠，則我招討使之後自永新徙廬陵之派者也。其猶有魯國、常山之餘烈，而得《家訓》之墜緒乎！乃今如瓌克繼父志，是《訓》復續，意者天將復興顔氏乎！《書》曰：「毋忝爾祖，聿修厥德。」《易》曰：「積善之家，必有餘慶。」顔氏之子若孫，其遵承是《訓》，而脩德積善，則前日之盛，未必不可復也。是固吾與吾弟若姪之所願望者也。是爲序。正德戊寅冬十二月丙寅。

薛章憲《滄螺集後記》（孫作《滄螺集》卷末） 鄉先生孫公大雅，在洪武初以文名一世。于時學士金華宋公，於文最少許可，雅重公，特爲作傳，鄭重委曲，考其文可見已。章憲生後公百年，時時從人得片言隻語，猶能想見風采，以不得徧覩公平生論述爲慊，求之且廿年矣。乃得公所爲文曰《滄螺集》于都君玄敬，既又得公詩於黄君應龍，各丐以歸，如得重貨，以示中表弟徐直夫而謀梓之，未果也。歲乙卯九月，玄敬、直夫同領鄉薦，歸自南都，乃重言焉。直夫於是捐金僦工，而玄敬手爲校勘，始得竣事，凡爲詩若文七十六首，共六卷。二君以章憲求之之勤，得之之幸也，謂宜有言，然不敢以猥淺累公，姑記其詮次顯晦大較如此。昔曾子固記歐公醒心亭，自謂得托名文辭之次爲喜，且幸公則無媿歐公矣。章憲視子固無能爲役，而乃挂名公文，顧不尤喜且幸與！弘治丙辰三月廿日。

釋如巹《禪宗正脈引》 頃在杭時，嘗閲《五燈會元》，弗果終帙。今偶獲展讀，謂是空谷先師，親加點句者，何幸遇之，感悼交至。第以此書機

緣峻險，篇帙浩繁，粤有上根，當頭便領，十日並照，所謂高暉之臨幽谷，長風之游太虛者也。自餘中下之流，銀山鐵壁，絲毫萬里，鈍置己躬，妄生知解，以爲成立。爲此發心，抄錄簡集，以便觀覽。或者謂余手風絶筆，已四十年，龍鐘耄老，不堪筆硯。余皆不應。丙午仲冬二之日，始晝則抄錄，夜則檢閲，至唐杜鴻謁無住禪師庭樹鴉鳴時，遂有省。所謂得個人頭，非悟也。由是益堅其志，自言若無先師存日提激，何有今日事哉！復自念言，簡集果符佛意，集成當以何名？是夜若聞神語，曰《禪門正脈》，覺而異之。先佛有言，汝以緣心聽法，此法亦緣。以此觀之，神即是我，我即是神，夢與非夢，二而一也。矧惟會元佛祖命脈，今曰《禪宗正脈》，有以夫！於是謹述用心顛末如此。或者又曰：「簡集弗傳，與無集等。」亟命同服興聖德海，繕寫成帙，募彼悉檀捐金繡梓，用廣其傳云爾。時維大明弘治歲次己酉冬十二月旦。

陸容《菽園雜記》卷一二 吏部尚書王公恕，在南京參贊機務時，與王公俱友善，作《大司馬三原王公傳》，刻板印行。太醫院判劉文泰與公有怨，上書訟其變亂選法數事。且言其作傳刻板，皆諷人爲之，彰一己之善，顯先帝之過。以印本封進，上不罪公，令燒毁板籍而已。公遂乞致仕去。予謂板刻之舉，或出於門生故吏，而公以老成位冢宰，初無禁止之言，坐致奏訐以罷，不亦深可惜哉！

又卷一四 《大學衍義》一書，人君修齊治平之術，至切至要，非迂遠而難行者。其中三十九、四十卷齊家之要，歷引前代宦官之事、忠謹之福。僅八條，而預政之禍，四倍其多。縱使人主知讀之，左右其肯使之一見哉！蘇人陳祚，宣德間爲御史，嘗上章勸讀此書。上怒，逮祚及其子姪八九人，俱下錦衣獄，禁錮數年。上賓天，始得釋。成化初，聞葉文莊亦嘗言之，不報。近時邱祭酒先生濬進所著《大學衍義補》若干卷，朝廷命刻板印行。其所補者，治平二事耳。愚謂能盡齊家已上工夫，則治平事業，皆自此而推之，雖無補可也。

又《杜律虞註》，本名《杜律演義》，元進士臨川張伯成之所作也。後人謬以爲虞伯生所注。予嘗見《演義》刻本，有天順丁丑臨川黎逘久大序及伯成傳序。其畧云：注少陵詩者非一，皆弗如吾鄉先進士張氏伯成《七言律詩演義》。訓釋字理，極精詳，抑揚趣致，極其切當。蓋少陵有言外之詩，而《演義》得詩外之意也。然近時江陰諸處以爲虞文靖公注，而刻板盛行，謬矣。其《桃樹》等篇，來行萬里等句，復有數字之謬焉。吾臨川故有刻本，且首載曾昂夫、吳伯慶所著《伯成傳》並輓詞，叙述所以作《演義》甚悉，柰何以之加誣虞公哉！按文靖蚤居禁近，繼掌絲綸，嘗欲釐析詩書，彙正三禮，弗暇，獨暇爲此乎？楊文貞公固疑此注非虞，惜不知爲伯成耳。嫁白詭坡，自昔難免哉！

又卷一五 《遜志齋集》三十卷，《拾遺》十卷，《附録》一卷，台人黄郎中世顯、謝侍講鳴治所輯，今刻在寧海縣。其二十八卷內《勉學詩》二十四章，本蘇士陳謙子平所作，誤入方《集》耳。子平，元末人，張士誠兵至吳，有突入其室者。脅其兄訓使拜，不屈，刃其胷。子平以身翼蔽，并遇害。平生著述甚富，兵後散亡，獨所著《易解詁》二卷及古今詩數十篇傳于世。正統間，吾崑山所刻《養蒙大訓》收其詩，予幼嘗見之。京師士人徐本以道亦嘗刻其詩印行，後有國初韓奕公望跋語。韓、徐皆蘇人。

又《中吳紀聞》六卷，每卷首題云：崑山龔明之。前有明之淳熙元年自序，後有至正二十五年吾崑盧公武記得書來歷，及校正增補大畧。且云：「非區區留意郡志，此書將泯沒而無聞矣。」弘治初，崑令楊子器翻刻印行。攷之宣德《崑山志》，不載此人。近檢公武《蘇州府志》，具明之孝行甚詳。蓋公武之志人物，間有畧其邑里者。《崑山志》孝友類載馬友直、周津、曹椿年，皆本之郡志，而明之獨遺之，其以是歟！

張泰《豫章文集序》（羅從彦《豫章羅先生文集》卷首） 泰嘗讀《孟子·稱舜大孝章》。至延平李氏註有曰：昔羅仲素語此云：「祇爲天下無不是底父母。」了翁聞而善之曰：「唯如此，而後天下之爲父子者定。」徐而思之，已知先生立言垂訓之緒餘矣，初未嘗獲覩所謂《豫章文集》也。暨筮仕知沙陽，明年春二月，適今提學憲副豐城游公按節考校之暇，手以是集授泰曰：「是迺豫章羅先生遺文，前進士曹道振編次校正，梓行于世久矣。正統戊辰燬于兵燹殆盡。其幸存者僅見此本，亟圖鋟梓以廣其傳可也。」泰對曰：「謹受命。」自是退食之餘，披誦累閲月。於是益有以知先生淵源之所自。【略】是用重鋟諸梓，以廣其傳，與四方君子共之。凡有志者，獲覩先生是書，口誦心惟而力行焉。生乎百世之下，而有以傳先生之道於百世之上，窮則淑諸人，達則善斯世。則於風化之萬一，庶幾或有小補云。成化八

年龍集壬辰十二月甲子日。

劉健《群書集事淵海序》（佚名《群書集事淵海》卷首） 內官監左少監賈公性近於貨書家得書四十七卷，若類聚合璧之比，題曰《群書集事淵海》，而不著纂述氏名。類以門分，事因類著。自往古君臣而下，外至夷狄，凡其行事之善惡，載之益詳且備，甚便觀覽。公愛而重之，因校正舛訛，重新諸梓，而請余爲序。余惟古者今之鑒，是編之集事兼善惡，而必原其所自，蓋欲覽之者鑒而擇之，以謹身飭行，理固有在焉。豈直區區事爲之末哉！賈公，成化初爲內書館諸生，勤敏嗜學，余時奉命司教事，知其爲人，今復愛重是書。欲勉其善，戒其惡，以企及古人。他日之所就，固不可量。茲又捐資壽梓，以嘉惠後人，俾同歸於善，其志尤偉，是皆可尚也。故不辭而并書諸首簡，爲方來之獲覩是書者告焉。弘治乙丑八月庚申。

倪岳《倪文僖集跋》（倪謙《倪文僖集》卷末） 先少保文僖府君，自游庠序，即負重名。平生制作極富，成化庚寅回祿之變，岳方歸省于家，倉卒之際，挈一笥以出，及歸，他已無及。由是先世所藏，蕩然一空。惟先君文藁，幸在笥中得存。岳即收拾散亡，今爲百七十卷，鈔錄數本，與諸弟共藏之。其間有經先君手自校訂者，得詩若文八百九十篇，別爲三十二卷，謹用刻梓以傳。噫！自先君棄不肖，今且十有五年，而始克就編，稽緩之罪，誠無所逃，因拜紀。刻完歲月於卷之末，俾後有考云。時弘治癸丑秋八月朔也。

彭時《兩溪文集序》（劉球《兩溪文集》卷首） 自昔學聖賢之學者，先道德而後文辭。【略】吾安成贈翰林學士謚忠愍劉公諱球，字求樂，世爲簪纓望族。自少力學，博極群書，存心制行，率由正道。以《春秋》舉永樂辛丑進士，拜儀曹主事。居官廉勤，積學不怠，遂膺薦入侍英皇經筵，預脩《宣廟實錄》。書成，進翰林侍講。【略】公沒後二十有八年，其子廣東參政鉞、淛江副使釪，相與類集公文，鋟梓以傳，屬時序之。【略】二子俱第進士，入翰林，爲庶吉士，累轉至今職，名位方進而未已，皆有光於家學者也。因其請，辭不獲命，敬書此於篇端，庶觀者有考焉。成化六年，歲次庚寅夏五月朔。

林瀚《隋唐兩朝志傳序》（佚名《隋唐兩朝志傳》卷首） 羅貫中所編《三國志》一書行於世久矣，逸士無不觀之。而隋唐獨未有傳志，予每憾焉。前寓京師，訪有此書，求而閱之，始知實亦羅氏原本。第其間尚多闕略，因於退食之暇，遍閱隋唐諸書所載英君名將、忠臣義士，凡有關於風化者，悉爲編入，名曰：《隋唐志傳通俗演義》。蓋欲與《三國志》并傳於世，使兩朝事實愚夫愚婦一覽可概見耳。予既不計年勞，抄錄成帙，又恐流傳久遠，未免有魯魚亥豕之訛，茲更加訂正，付之剞劂，庶幾觀者無憾。夫飽食終日無所用心，不若博奕之猶賢乎已？若予之所好在文字，固非博奕技藝之比。後之君子能體予此意，以是編爲正史之補，勿第以稗官野乘目之，是蓋予以至願也夫。時正德戊辰仲春花朝後五日。

李東陽《懷麓堂集・文前稿》卷四《赤城詩集序》 浙之東有州曰台，古赤城郡地也，其人固多能詩。吏部郎中黃君世顯、翰林侍講謝君鳴治，誦其遺篇而胥嘆曰：「此吾鄉文獻之懿，其不可以廢。」乃輯宋宣和至我朝洪武、永樂間，得數十人若干篇爲六卷，名之曰《赤城詩集》。【略】二君將以是詩屬其鄉按察副使應公志欽鋟梓廣東。復懼其未備，將益搜輯以爲續集。今文敎日隆，作者匯出，方大鳴太平之盛，其或有繼二君之志者，雖百世可也。

又卷五《滄洲詩集序》 滄洲張先生於文無所不能，而尤工詩。【略】予與先生同年進士，又同官甚厚。先生之卒，其孤璉尚在襁褓，求其遺詩不可得。後靜逸陸先生取諸其從子獻以留予家，而靜逸亦卒。因與謝方石、吳匏庵二先生錄其若干篇爲十卷。文太僕宗儒以付其所部成府判桂，刻於淮安。書成，屬予序，因爲題其篇之首。先生名泰，字亨父，號滄洲，累官翰林修撰，卒時年四十有五。

又《呆齋劉先生集序》 我文安劉公先生遺文若干卷，皆所自擇。或以類析，或以歲次，自舉業程試、講章奏疏、應制代言，以至著述、賦詠、應答之作，皆備焉。【略】國朝洪武初，肇起文運，宋潛溪諸公，遠不可見。永樂以後至於正統，楊文貞公實主文柄。鄉郡之彥，每以屬諸先生。文貞之文，亦所自擇，世服其精。而後人乃有刻爲續集，至數十卷者。先生餘稿悉衷而焚之，於衆所傳誦或未之錄，今存者不過十之四五而已。蓋雖以博敎人，而自律之約乃如此。【略】是集，先生之子府通判稼刻於廬州，本巨字細，弗便繙閱。其仲子南京太常寺少卿稱重刻之。時先生門下士皆散去，東陽獨謝政居京邑，謹爲之序其編之首。先生官至禮部左侍郎兼翰林學士，贈

尙書，賜謚文安，學者稱爲呆齋先生。集以齋名者，仍其舊也。若其名字、邑里，天下共知之。而行狀、碑志具載於附録，可互見云。

又卷八《馬石田文集序》 馬文貞公出西裔，居光州，所著有《石田集》若干卷。公沒之後，淮東廉訪使蘇伯修請於朝，刻梓以傳。元季散佚，不行於世久矣。今山西按察使熊君騰霄，光人也，嘗爲監察御史，出按甘肅。有鄉先生以録本屬之，謂已闕漏，無所質，聞公有裔孫在肅，請往訪之。君遍歷諸郡，久乃得馬鐵牛者，遣人詢之，果於壁上得公所撰母夫人墓銘石刻一紙，他無所得也。既爲按察久，政事之暇，手自繙校，重刻以傳。而伯修及陳編修衆仲之舊序皆在焉，其稱公甚備。考諸《元史》，又稱其文章精贍，尤致力於詩，圓密清麗，無不可傳者。信一代之傑作也。若其議典禮，興政事，摧奸劾惡，屢黜而不悔，蓋亦有風節焉。識者因其文以求之，可見矣。公名祖常，字伯庸，官至樞密副使，歸遷陝西行臺中丞，不赴，卒。贈河南行省右丞、上護軍、魏郡公，謚文貞。石田其別號，集是以名，今因其舊云。

又卷九《倪文僖公集序》 東陽辱青溪倪先生舜咨爲同年，交最深，獲見其先文僖公，樂與天下士誦公所爲文舊矣。公居南京，有火厄，手掇舊稿數帙以出。青溪復力檢得之，雖頗散佚，尙多不能盡録。公既沒，青溪乃取公所自編訂者爲三十三卷，刻梓以傳。【略】公諱謙，字克讓，學者稱爲靜存先生。己未進士及第，官至南京禮部尙書，致仕，卒贈太子少保，文僖其賜謚也。文有《玉堂稿》百卷、《上谷稿》八卷、《歸田稿》十二卷、《南宮稿》二十卷，通爲卷百七十，則哀爲家集，青溪與其弟工部主事阜輩共藏之；而《遼海編》，別行於世云。

又卷二一《書蒙泉翁類博稿後》 此我外舅蒙泉先生岳翁遺稿也。公在國子時已名，能古文歌詩，然稿成輒棄去。及第爲翰林，著作甚富。入内閣與機務，攻曹石罪逆得禍幾死。戍甘之行，第宅爲勢家所奪，書冊蕩逸，委不復顧。比召歸，又爲讒媢所中，出守興化以去。及致政家居，檢閱舊稿，存什一而已。公既屬纊，東陽以治命拾遺文，得於其從子坪。竊懼缺略，不敢就次。乃與公門人潘君辰、李君經稍加捜訪，或攜殘草，手自讐識。越十有餘年，始克成編，爲十卷，乃屬我同年知府陳君道刻於金華。名曰《類博》者，存公舊也。【略】且古之文章，亦必其人有道德行義，始足以爲世重。今之世有如公者，雖片紙隻字，人固當寶而藏之，況其所存焯焯如此哉！然則公文之缺，固造物所靳，亦後生者之責也。公於書無所不讀。葉文莊墓銘載《經疑》數卷，已逸去；著《皇極新解》，未及就；《深衣纂誤》一卷，藏於家，以俟續有得者并刻焉。

又《文後稿》卷四《篁墩文集序》 文之見于世者，惟經與史。【略】吾友篁墩程先生，資稟靈異，少時一目數行下。英宗朝，以奇童被薦入翰林，觀中秘書，用經學及第。讀誦常至夜分，遂能淹貫群籍，下上其論議，訂疑伐舛，厥功惟多。及研究理道，求古人爲學之次第，久而益有所見，而于朱子之説，尤深考覈，自以爲得我師焉。賾探隱索，註釋經傳，旁引曲證，而才與力又足以達之。雖皆出于經、史之餘，而宏博偉麗，成一家言，質諸今日，殆絶無而僅有者也。顧中遭忌嫉，晩罹奇禍，經濟之用，不能盡白于世。其所自見，不過進講經幄，及于儲宮校正綱目、預修續編之類而已。若全梓所刻，卷帙所録，家藏而人誦，自都邑以偏于天下，貽之後世，則雖巧詆深嫉，亦惡能使之無傳哉！功名富貴，固士之所不道，予獨慨先生年不及下壽，雖所謂文，亦未竟其所欲爲者耳。先生之文，有篁墩諸稿，共百有餘卷。沒之七年，爲正德丙寅，其門人輩摘而刻于徽州，名曰《篁墩文粹》。論者以爲未盡其選。越明年丁卯，知府何君歆暨休寧知縣張九逵、王鍇，徵于其子錦衣千戶壎，得全稿焉。將并鋟諸梓，以示來者，而壎請序于予。予與先生同舉京闈，且同官甚久，偉其爲文，悼其不大用以沒，故爲天下道，而因以附吾私云。先生所輯，《有道一編》、《心經附註》、《詠史詩》、《程氏宗譜》、《貽範集》、《篁墩録》、《新安文獻志》、《休寧縣志》，共百餘卷，別行于世。《皇明文衡》、《瀛賢奏對録》、《宋逸民録》，又百餘卷，藏于家，不在集中。是歲三月既望。

桑悅《虛舟集序》（王偁《虛舟集》卷首） 閩之三山世英王先生，初爲名進士，入翰林爲庶吉士，授地官主事，擢副郎，出守袁州，以文章學行發爲政事，其豈弟有循吏之風，威重得大臣之體。公暇尤留心文事，慨其鄉有王君孟揚，素以文名當世，欲翻刻其《虛舟集》，而乞予言以弁諸首。【略】孟揚父友石山人，仕元爲總管，國朝死節，先生并刻其詩，亦屬予爲之序。弘治六年重陽前二日。

王鏊《匏翁家藏集序》（吳寬《匏翁家藏集》卷首） 文章不難于奇、

麗，難于醇，難于典則。雖然醇與則可能也，醇而不俚，則而能暢，殆有非力所至而至者焉，其必由所養乎，是難能也。故禮部尚書兼翰林院學士文定吳公，官禁近前後三十餘年，文章傳布中外，海內宗之。公既卒，其子中書舍人奭，刻其所謂家藏集者，授予請序。【略】余獲從公久，每以道義相劘切，其于序有不得辭，然公此集自當信今傳後。云家藏者，公之謙也。詩諸體凡三十卷，序、記、碑、銘、雜著四十卷，總之爲七十卷。正德己巳冬十月之望。

黃寶《賈太傅新書序》（賈誼《新書》卷首） 正德甲戌，余致政，家居長沙，郡守陸公以誼謫于長沙，去今千有餘歲，國朝既崇祀享之禮，但傅長沙時所著《新書》獨無傳焉。乃檢閱郡齋故櫝中，得版刻數十片，計其脱落尚多。因詢於余，余即出是本補刻，遂成完書，屬余爲序。【略】郡守公名相，字良弼，弘治癸丑進士，累官南京吏曹郎中，英名偉績，有所自也。政尚平恕，有古循吏風。今觀是，益可見其知所擇，而其藴畜之富未可量也。故不揆愚陋，僭書于端，以識歲月云。正德九年菊月吉旦。

張習《静居集後志》（張羽《静居集》卷末） 吾吳之詩，自唐皮、陸唱和爲一盛，再盛於元季，自王元俞、鄭元祐、張天雨、龔子敬、陳子平、宋子虛、錢翼之、陳敬初、顧仲瑛輩各出所長，以追匹乎古昔，繼而張仲簡、杜彥正、王止仲、楊孟載、高季迪、宋仲溫、徐幼文、陳惟寅、丁遜學、王汝器、釋道衍輩附和而起，故極天下之盛。數詩之能，必指先屈於吳也。維時張來儀先生自江右來，與高、楊、徐相友善，聚首之際，未嘗不以詩爲事，積之既盛，名爲大家，輿論比唐之四傑。【略】吳中鈔本所謂《静居集》者，什惟二三，自幼抵老求之，靡得其全，不免文梓垂畢，又得吳興本較之，雖曰加倍，猶未完備，亦併刊入，尚祈博識同志畀足成之，尤爲幸甚。弘治辛亥秋八月十二日。

周季鳳《山谷全書序》（黃庭堅《山谷集》卷首） 巡按江西監察御史西蜀徐公，以吾寧山谷先生罹史禍，謫涪徙戎，兩川士從之遊以名今日者，有自哉不有寧也，乃檄攝州盱佐余君載仕新守喬君遷梓其書，以嘉惠吾人。既自序矣，喬君復侈其盛而徵予言，以再序之。予惟山谷詩文散見宇宙者最多，其全者則寡，初與先兄南山先生求之瓊山閣老丘公，得《豫章集》三十有六卷，訛脱未慊也。最後因亡友潘南屏時用抄之內閣，有正集、外集、別集、詞、簡、年譜諸集，凡九十七卷，乃宋蜀人所獻者，或者其全而無遺也哉。於是屬之前守葉君天爵梓行，憂去而寢，板本兩歸殘逸，可恨也。復抄之，挾以遊四方者，垂二十年，非其人不授，適聞是得毋欣然而畀乎，而可與其須也。嗚呼，難得者，機也。易失者，時也。有是不授焉可乎哉！沛然流布，則自徐公始，時哉機也。而讀者以先生生於宋，而爲宋人乎，然其文其詩其行則非宋也。王直方謂其文邈然有二漢之風，陳無己謂其詩學杜甫而不爲者，蘇子瞻謂其行追配古人，余禹績諸人謂其饑寒窮死，無愧東都黨錮，是誠宋人也哉。又宋儒黃伯起稱其著作合周孔者居多，而流於莊周者無幾。其語人曰：讀其書而不於其本心之正大不可泯者求之，豈惟不足以知之，恐亦自誤。予故述之以告人，人不知以爲何如。其父亞夫《伐檀集》二卷，句甚奇崛，世所謂山魈水怪著薜荔之體，眞黃氏審言，亦閣本附行校翻刻而一正之者，庠生王朝宗、查應元云。嘉靖丁亥仲春之吉。

韓明《劉隨州文集序》（劉長卿《劉隨州文集》卷首） 予同寅提學邃庵楊先生應寧嘗爲予言：詩莫盛於唐，學詩者必法諸唐，而唐詩自李、杜、韓、柳以降，如王、孟、韋、劉諸名家，其全集不數數見，知言者有遺憾焉。予聞而識之。遂從邃庵假所藏善本，各錄一過，將有所圖而力未能也。比明年，則韋、孟諸集，邃庵已梓行之，而王右丞詩亦刻諸西蜀矣，獨《劉隨州集》尚爲闕典。乃謀諸臨洮太守李君紀，僦工市材，刻之郡齋。【略】弘治戊午春二月朔。

都穆《南濠居士文跋》卷一《鹽鐵論》 《鹽鐵論》十卷，凡六十篇，漢盧江太守丞汝南桓寬次公撰。按，鹽鐵之議，起昭帝之始。元中詔問，賢良文學皆對願罷郡國鹽鐵，與御史桑弘羊相詰難，而鹽鐵卒不果罷。至宣帝時，寬推衍增廣，成一家言。其書在宋嘗有板刻，歷歲既久，浸以失傳，人亦少有知者。新淦涂君知江陰之明年，百廢俱興，親民之暇，手校是書，仍捐俸刻之，使學者獲見古人文字之全，而其究治亂、抑貨利以裨國家之政者。蓋不但可行之當時，而又可施之後世，此則涂君刻書之意也。涂君名禎，字賓賢，予同年進士。

又《中論》 文章自六經而下，惟先秦、西漢爲近古，其次則及于東漢。余向論桓氏《鹽鐵論》，讀之，未嘗不嘆其辭氣之古、論議之妙，至不忍去手。繼讀徐氏《中論》，其辭氣、論議視桓氏無大相遠，而予之愛之與

《鹽鐵論》同。蓋《鹽鐵》，西漢之文；《中論》，東漢之文也。二書雖幸存于世，然傳録之艱，人不易見。往歲，同年涂君刻《鹽鐵論》于江陰，俾予識之。近吴士黄紋刻《中論》，畢工亦俾一言。予謂好古之士，世未嘗無所恨者，不得悉窺古人製作而效法之，而坊肆所刻，率多舉業之文，求如二書蓋不可得，而今乃有之，豈非學者之幸乎！予也舊學荒落，獲見古書之行，爲之欣躍，而且得綴名其末，其爲幸又何如也！

又《新語》　《新語》三卷，凡十二篇，漢太中大夫楚人陸賈撰。賈以客從高帝定天下，名有口辨，其論秦漢之失得、古今之成敗，尤爲明備。高帝雖輕士善罵，不事詩書，而獨于賈之語，每卷稱善，蓋前此固帝之所未聞也。惜乎其書歲久不傳，余同年李君仲陽，宰浙之桐鄉，嘗獲其本，鋟之于木。昔人謂文章與時高下，質而不俚必曰先秦、西漢，是書余未敢定其果出于賈，而其失得、成敗之論，則有國有家者之當鑑也。

又《申鑒》　漢黄門侍郎潁川荀悦所著有《漢紀》及《申鑒》二書。《漢紀》余嘗讀之，而《申鑒》恨未之見，蓋求之三十年而始得之。潮陽守西蜀談君敬仲，余舊僚也，謂是書罕傳於世，以余家本刻寘郡齋，但其中字畫頗多譌謬，昔之人固已云然，今不得而正之也。

又《潛夫論》　《潛夫論》十卷，後漢安定王符節信撰。按，范《史》稱符爲人耿介，不同于俗，坐是不得仕進。志意藴憤，遂著是書。不欲章顯其名，故自號曰潛夫。余讀史，僅見其《貴忠》、《浮僞》、《實貢》、《述赦》、《愛日》五篇，恆以未得其全爲恨。非惟予然，雖士之素稱廣覽博記而同余之恨者多矣。友人朱堯民家藏舊本，不欲秘爲己有，遂刻之以傳。太史公謂虞卿窮愁，非著書不能自見。符之所作，殆類乎是。若其才識之高，言論之正，足以考見當時之政治，非但指摘時短、討究物情而已。此又讀是書者之宜知也。

又《跋博物志》　張茂先嘗采歷代四方奇物異事，著《博物志》四百卷，晉武帝以其太繁，俾删爲十卷，今所傳本豈誠是耶？【略】予同年賀君志同爲衢州推官，寶愛是書，刻梓以傳。夫仕與學一道，君之好古若是，推之於政，殆必有過人者，而不俟予之言也。

又《文心雕龍》　梁劉勰《文心雕龍》十卷，元至正間嘗刻于嘉興郡學，歷歲既久，板亦漫滅。弘治甲子，監察御史馮君出按吴中，謂其有益于文章家而世不多見，爲重刻以傳。夫文章與時高下，時至齊、梁佛學昌熾，而文隨以靡，其衰甚矣。當斯之際，有能深于文理，折衷群言，究其指歸而不謬于聖人之道如劉子者，誠未易得。是編一行，俾操觚之士咸知作文之有體，而古人之當法，則馮君嘉惠學者之功，豈淺淺哉！

又《松陵集》　古松陵，即今之吴江。余同濟寧劉君濟民來爲邑令，謂是集爲其邑故物，而人未之見，授儒士盧雍校勘割俸刻之。余觀唐詩人之尚次韻，至元、白而始盛。其萃而成編，則有《漢上題襟》、《斷金》及是三集。按，皮氏自序謂：一歲之中，詩凡六百五十八首，其富若此。則又《題襟》、《斷金》之所無者，況其游讌題咏類多吴中之作，後之希賢懷古者，將于是乎考，固吴人所當寶也。劉君爲政不減古人，其刻是集，豈直私于一邑，蓋將公之天下者也。

又《西臺慟哭記》　山東按察副使張孟兼氏在勝國時，嘗注謝翱先生《西臺慟哭記》及《冬青樹引》，當時薦紳君子爲詩跋者甚衆，迄今百數十年，而人鮮有知者。先師禮部尚書文定吴公舊蓄其本，穆嘗得而録之。同年進士丁君汝正知浙之桐廬，以西臺爲邑中勝迹，且謝先生之墓在焉，遂取而鋟之於木。夫忠義之在天下，古今猶一日也。丁君之景慕先哲而表之若是，其爲政從可知矣。諸家之跋往往及王修竹、林霽山，而不著其名字。穆考之：修竹，名英孫，字才翁，山陰人，宋將作監簿；霽山，名景熙，字德陽，溫州平陽人，宋釋褐進士，皆謝先生一流人也。併識之。

又《續博物志》　山珍海錯無補乎養生，而飲食者往往取之而不棄，蓋飽飫之餘，異味忽陳，而不覺齒舌之爽，亦人情然也。小説雜記，飲食之珍錯也，有之不爲大益，而無之不可，豈非以其能資人之多識，而怪僻不足論耶？是書舊有板刻，而今不傳。余同年賀君志同，近刻《博物志》訖工，復取而刻之，俾與前志並行，好古之士知其一染指也。

又《王炎午集》　《宋廬陵王先生炎午集》九卷，弘治辛亥，先生八世孫華嘗刻之於木，後華之族弟懋復加參攷，正其訛舛，始爲完書。南京禮部主事偉于先生爲九世從孫，近得懋所遺本，其中表弟知六安州，劉君見之，爲重刻以行。劉君以余進士同年，而禮部亦同年也，俾有以識之。予少嘗閲《文丞相集》，得先生《生祭丞相文》，讀之，毛髮竦動，以爲先生忠義當不在丞相下。今而得覩其文之全，豈非幸哉！第惜夫先生生丁宋室之衰，所

抱負者欝而不施，而止于一太學生也。雖然，言者心之聲，士之識也。昔蘇文忠公謂諸葛武侯《出師》二表與《伊訓》、《説命》相表裡，蓋不必博求武侯之文固足以盡之矣。先生文之祭丞相文公者傳於天下，後世人誦習其言，仰之若景星靈鳳，則先生之文不在其多，而況有集如是者哉！王氏叔姪之章顯其先，劉君之好賢以成其志，皆所以爲忠義勸也。

又《王肅公集》 故南京吏部尚書《毗陵王公集》十二卷，公之孫中書舍人昇所詮次。維公以雄才碩學，自入詞林至登八座，中間述作甚富。稿留于家，其子都御史希曾嘗刻之以行，亦既有年。昇以公之文浩瀚，人未易徧覽，托李戶部獻吉校定，以成斯集。將重刻焉，穆間得而讀之，雖曰十存其三四，高篇妙製大抵皆在，而講章與詩昔未行者今則附入，蓋不必求公之文于全，固足以傳天下及後世，昇之用心不其厚哉！穆與李君友，於昇甚契，因僭書公集之後，以致景仰之私云。

又《陸大參集》 故浙江參政太倉陸公有文曰《式齋稿》、曰《浙藩稿》者，其子貢士伸既刻之於梓。今年春，復以公退休之作曰《歸田稿》，幷刻之以行。仲夏，穆至，而工適告完。貢士俾識其後因記。歲癸丑，公解政東還，抵郡即辱過穆，共觴福濟道院，聯句池亭，寔爲歸田首倡。今而登公之堂，公雖不可見，而獲見其文之全，蓋有非偶然者。惟公以高才邃學，歷仕中朝餘二十年，其所建白皆當世要務，晚而出參藩政，雖制於命不竟其施，然沒未幾而述作之富流佈人間，其視得志一時而名隨身泯者，果孰多而孰少？嗚呼！若公者其可以不朽矣！

又《鶴林類集》 曩洪武、永樂間，吾郡元妙觀有高士曰周君元初，嘗以道術受知兩朝，官神樂觀五音都提點。當時名卿鉅公凡交于周君者，多贈之詩文，而學士宋公特爲著傳。其沒，則王文靖公銘之。初，周君弟子常裒其所得詩文名《鶴林類集》，刻梓以傳，而《墓銘》未之及也，周君五世法孫謝復沖老而好文，以《墓銘》稿留余家，取之刻附後集，舊板之漫滅者亦復新之。夫周君之術神矣，使無詩文以張之人，固不得而知，然非托之于梓，則亦終于泯焉而已。斯集之晦百有餘年而復行于今，殆若有數。觀此則弟子之隆師，復沖之尊祖，皆可謂賢于其徒者，故樂爲識之。

又《重刊爾雅翼序》（羅願《爾雅翼》卷首） 《爾雅》，周公書也。昔之志藝文者，以之附於《孝經》，志經籍者，以之附於《論語》，皆所以尊經也。唐四庫書目始置之小學之首，至宋邢昺等奉勑爲疏，《爾雅》遂復與諸經並列。由周而後人之作者，漢孔鮒有《小爾雅》，魏張揖有《廣雅》，宋陸農師有《埤雅》，此外又有《爾雅翼》者。其爲卷三十有二，總五萬餘言，宋知鄂州新安羅公願之所著也。書嘗一刻於宋，再刻於元，以屢經兵燹，人間罕存。雖公之後人與鄉之士夫間有藏者，率皆繕寫且多譌缺。予家舊藏乃宋刻本，後以歸李工部彥夫，蓋彥夫新安人也。今年公十五世孫文殊持是書來謁，詢之，知其捐貲重刻，即予向所遺李君者也。【略】正德十四年歲次己卯冬十月廿有六日。

浦杲《王常宗集跋》（王彝《王常宗集》卷末） 杲童幼稔聞長老論及嘉定鄉先生，學行純正，文章典雅必王先生常宗爲稱首。自恨生晚，不獲一操杖履，以備牛馬之走。間嘗得其詩文一編，曰《三近齋稿》。其議論根據，精彩發越，反覆誦詠，使人有手舞足蹈之意，此杲所爲恨生晚，不得以從問道執業之末。然是時抱生晚之恨者，豈獨杲也！吾友劉君子珍，過而見之，默然有契於中，乃曰：「君貯之篋笥，以私一人之觀覽，孰若鏤板以傳，庶斯文之不墜，而先生之名，亦得以垂不朽也。」遂許捐金以成厥美。其間多有陶陰亥豕等字，復求進士都公玄敬校讐點撿，略無苟且，復爲序文以弁首簡。【略】弘治壬戌春正月望。

劉廷璋《王常宗集跋》（同上） 吾練川有嫣蜼子先生者，姓王名彝，字常宗。其學之傳，出於仁山金氏，故淵源有自。發爲詩文，皆平順和暢，根于至理。國初以布衣召脩《元史》，書成受金幣之錫。有以薦於翰林者，先生以母乞歸。後竟不得其死。嗚呼！先生之才之德，而不得其死。今乏曾玄，以衍其後。使其文不傳，不爲眞死也歟！余因採訪其文集數卷，出資繡梓，以廣其傳，刻成因綴數語於後，以見先生雖亡，而所以不亡者，自若也。弘治十五年春三月朔。

何歆《篁墩文集後序》（程敏政《篁墩文集》卷末） 歆蚤嘗學于家，惟科目技藝是攻。及入大學，私竊有志于聖賢之道。【略】弘治己未，承乏清理西江戎籍，至壬戌竣事，還臺，即領守徽之命。篁墩，徽之休寧人也，思之不可得復見矣。因訪求其遺文于其孤錦衣千兵君壎，與其從子門人廩員曾邃，以全集求刻，因得檢閱。竊見其以才驅氣，以氣駕文，豪放奔逸，俱有餘地，匪直如丘公所云富鋭而已也。雖于道亦未知其如何，要亦韓、柳、

歐、蘇之儔，與丘公《大學衍義補》，俱世不可無者也。歆也，慕之久，既恨其得之晚，敢不公其傳于天下，以彰國朝文人之盛耶！慨然許刻，而未就板，其門人有撮其一二刻之，名曰《篁墩文粹》。時論皆不厭，以爲篁墩之文，不可揀選也。正德丙寅，歆以考績上京師，謁見少師，公首以此爲問。歆具白其意，因與錦衣君以全集請序。公曰：篁墩之文，誠不可以不全刻，刻之，非吾序之不可也。歆奉候月餘，公之序未脱稿，然公事既畢，理不可以久留，而休寧尹張君九逵，隨亦考績至，乃令候之。而張即擢入諫垣，未及領。至今尹王君鍇來代之，公始發與錦衣君，領到乃正德丁卯三月也，即命鍇督任其責。鍇名進士，老成有識，素知雅重是文者，乃鋭意爲之。篁墩之門人鄉進士王君寵、汪君玄錫與曾尤校對密審。刻完，錦衣君固請吾序其後。噫！篁墩先生之文，吾師少師公序之詳，其履歷，顯晦終始，大抵皆備。如柳柳州之文，得韓昌黎序之，其文益足以顯行于世無疑矣。歆何人，敢當其後哉！然義有不容辭者，謹系數語于末簡，庶見景慕之有由，與夫全刻之歲月云。若必求其歸于道，惟六經四子在，尚復何言。正德丁卯秋八月之吉。

王瓚《止齋集序》（陳傅良《止齋集》卷首）　儒者之所難曰德、曰功、曰言而已。三者克具，斯爲儒者之盛，遠而有以恢弘魯鄒所傳之緒，近而有以昭闡濂洛未啓之機，尚論其世，有足徵者。此止齋陳文節公所以不可及也。【略】公文散載于群書，遐陬寡陋，未見有統彙爲全帙者。瓚近於秘閣録出公集五十二卷，則向所嘗誦讀者百無一二存焉。蓋曹公所編，止自梅潭丁亥之歲，而他作不入也。弘治乙丑侍御史同年澤州張君伯純往巡浙中，因論鄉哲，而於公尤致嚮慕，瓚遂出示公集。伯純喜曰：「璡求公文久矣，而莫獲見之。是行未廣也，請得梓之以傳。」且欲彙拾散逸以爲外集。伯純積學善文，風裁峻整，在公若有宿契焉者，宜其樂公之制作行於時也。瀕行屬瓚序于集後。瓚何人，乃敢序公文哉！況樓、蔡、水心諸公紀述備矣，聊摭立德、立功、立言之實，以寓泰山喬嶽企仰之意。然公名高招忌，行方取詆，君眷未幾而輒沮，道術畧伸而復斥，不肯少貶以從流俗。而所謂立功者，未能充滿其志，而國運寖以衰下矣。可勝歎哉！天佑斯文，而使公之制作復行於時，固世教之所關也。

蔣冕《二曹詩跋》（曹鄴《曹祠部集附曹唐詩》卷末）　桂林在唐有二曹詩人，皆負重名於時：其一諱鄴，字鄴之，陽朔縣人，嘗作《四怨》、《三愁》、《五情》詩。爲中書舍人韋慤所知，力薦於主司。大中間，登進士第，由天平節度掌書記，遷太常博士，晉祠部郎中，仕終洋州刺史。其一諱唐，字堯賓，桂林附郭人，嘗爲道士。太和中，舉進士中第，累爲諸府從事，以暴疾卒於家。二公詩，歐陽文忠公撰唐《藝文志》謂其集各三卷。近年浙中刻唐四十家詩，有鄴之詩，止二卷。而堯賓詩集則無傳焉。【略】蓋冕於公詩，寤寐不忘者五十餘年。嘉靖甲申秋，得謝過浙中，始獲覩其全集。其冬，瓊山唐君平侯以按察僉事督學來廣西，見公浙本詩於武選主事鄭德甫處，讀而善之，取以刻置宣成書院中，且以堯賓詩附於其後。刻成，德甫首以一冊見遺。閲之，欣然者累日，因敬題其卷末，使讀者知二公之詩，皆爲世所重，而公則公忠剛直，能言人之所不敢言，表然爲時之正人君子，尤足以楷範後學，詩蓋其餘事云。

湛若水《重刻白沙先生全集序》（《陳獻章集》附録）　大巡蕭友山先生於百官萬物叢冗之餘，而能追慕白沙先生之風，既修廣城書院，將撥田以供祀，又求眞像，刻全集，以愛慕表揚之，則友山之所養可知矣。孟子以友天下之善士爲未足，又尚論古之人，誦其詩，讀其書，知其人，論其世，是尚友也。友山其尚友哉！友山聞之曰：「非予之能也。蓋聞吾鄉先達高三峰司徒，昔也巡于廣，亦嘗修書院于茲矣。吾有慕焉，而爲之也。」甘泉子曰：「此友山所以爲賢也。前人作之，後人繼之，又皆內江產也。已見內江之多賢讓大美，以居於前輩，又以見士風之厚也。吾黨有愧焉。」刻工將成，介司府來謁序于卷端。予惟自然之學，固先生始。以命水矣，乃不辭而謹序之，俾後之開卷者，當作如是觀。嘉靖三十年，歲在辛亥，九月望。

馮允中《晞髮集跋》（謝翺《晞髮集》卷末）　余按部至海陵，儲少卿靜夫出示《晞髮集》一帙，乃宋逸士謝翺皐羽父所著。余三復之，愛其詩文奇古可法，且悲皐羽之志節，將泯然不白於世也，遂篋付唐運使文載挍而刻之。夫君子嗜義而殞身，小人貪得而苟免，使俱一時澌盡，則來者何所勸懲哉？翺一布衣，而樹立偉然，尤不可得，後人所當亟以表章者。嗚呼，皐羽豈但文辭之工哉？讀是集者，尚論其世可也。弘治十四年十月上澣日。

楊節《新書跋》（賈誼《新書》卷末）　太傅此書始刻於有宋程給事，再刻於我朝陸郡守，三百年餘止得此二公者，都憲黃公所謂「寥寥知賞之

難」，誠是也。竊以爲知賞之難者，正坐以傳之不廣焉耳。何者？以都憲公該博之學，且生長於太傅所嘗居之地，必至登第拜官後始得此書而讀之，況他人乎？況生長於他方者又豈得而易見之乎？審如是，則四方之學者不獨不之見，而亦恐未之聞也。我賢王殿下於講讀祖訓之餘，取是書而觀之，知其有益於天下國家，而慮其傳布之未廣，乃命工重刻，樂與四方共之。其嘉惠後學之心，不其至也夫。時正德乙亥秋八月之吉。

王守仁《藥王菩薩化珠保命真經序》（佚名《化珠保命真經》卷首） 予謫居貴陽，多病寡懽，日坐小軒，撿方書及釋典，始得是經閱之。其妙義奧旨，大與虛無之談異，實余平生所未經見。按方書諸病之生，可以審證而治。惟瘡痘之種，不見經傳，上古未有。間有附會之說，終非的證，治無明驗。此經所言，甚詳悉可信。且痘之發也，必焚香潔淨，戒酒，忌諸惡穢，其機蓋與神通云。細察游僧所言，即藥王菩薩現世度厄，其曰吾自樂此者，藥也。曰急扶我骸者，急救嬰孩也。乃謀之父老，因其廢廟而寺之，名其懸篋之石，曰佛篋峰。寺成二年而大興，疾病禱者立應。予既名還擕歸，重刻此本，而家藏之，並爲之序。正德庚午。

李夢陽《空同集》卷五〇《刻賈子序》 《賈子》者，《賈誼新書》也，奚稱《賈子》？子之也。《賈子》，賈子作乎？類賈子之言作也。【略】此書宋淳熙間嘗刻潭州，淳祐間又刊修焉，時已稱舛缺。及刻本失，士夫家轉鈔，一切出吏手，吏苦其煩也，輒任減落其字句，久之眩惑，逾行竄其字句，重複訛之；士夫者又靡之校也，故其書愈舛闕不可讀。弘治間都進士穆得此書於樂平喬公，刻之京師，已復有翻刻者，顧仍舛闕也。予今刻則略校之矣，然卒莫之質補之也。麟甲鳳毛，僅存見於世者此耳。幸邪，悲邪？《賈子》十卷，共五十八篇，內亡其三篇。明正德八年，歲在癸酉冬十一月。

何孟春《賈太傅新書序》（何孟春校訂《賈太傅新書》卷首） 序曰，班史稱賈誼所著述五十八篇，春求之今《新書》，而竊疑其書篇目之非實也。誼嘗欲改正朔，易服色，定制度，興禮樂，草具其儀法，色尚黄，數用五，爲官名更奏之。今《新書》略不見焉，益足徵孟堅之所謂五十八篇者，散軼多矣。【略】正德甲戌九月吉，春按行洛陽，往拜太傅祠。因太傅書郡齋刻本謬甚，公暇，從而正之，編次之意，頗悉於其前矣。河南崔子鍾氏，手校文集最多，太傅書與焉，而春未獲見也。茲劄余廩刻之，冀諸博雅君子與子鍾聞之，有以示我，不使木徒災也。刻之日在序後之五年，己卯九月吉。

顏如瓌《顏氏家訓後序》（《顏氏家訓集解》附録） 如瓌齠年時，受小學於先君，習句讀，至《顏氏家訓》，請曰：「豈先世所遺？何不授全書？」先君笑曰：「童子能知問此，可教矣。此北齊黄門侍郎祖諱之推所著，世遠書亡，家藏宋本，篇章斷缺。吾每留意訪求全本弗獲；汝能讀書成立，它日求諸好古積書之家，當必得之。」又曰：「侍郎祖五世生魯國公諱眞卿、常山太守諱杲卿，並以忠義大顯于唐，世居金陵。魯國五世生永新令諱詡，與弟招討使諱翊，因家永新。招討十二世生祖諱子文，又自永新徙居安福，流傳至今。自吾去魯國，蓋二十七世，去侍郎，蓋三十一世，具載家譜可考。此書苟得，其重刻之，以承先志，以貽子孫，毋忽！」如瓌謹識不敢忘。既而宦遊南北，雖嘗篤意訪求，亦弗獲。正德乙亥，自陝州轉官姑蘇，遍訪始得宋董正工續本于都太僕玄敬，繼得宋刻抄本于皇甫太守世庸，乃合先君所藏缺本，參互校訂，而是《訓》復完。因命工重刻以傳，蓋庶幾少副先君遺志，而於顏氏之後，或有裨焉。《序致》篇曰：「非敢軌物範世也，業以整齊門內，提撕子孫。」如瓌仰述先君重刻之意，亦此意也。爲顏氏子孫者，其尚愼行之哉！正德戊寅冬十月望日。

滕霄《重刊改併五音類聚四聲篇海集韻序》（韓道昭《大明正德乙亥重刊改併五音類聚四聲篇》卷首） 字之大曰形與聲。形，母也；聲，子也。自《說文》作于許愼，而下至于《玉篇》諸書，而形以類。自《四聲》作于沈約，而至《唐韻》、《廣韻》、《韻會》諸書，而聲有類。自元魏用翻母，而下至司馬公爲《指掌圖》，而字有攝然，未有子母區別，如《今篇韻》者也。蓋《五音篇海》者，金王與秘推廣《玉篇》，區其畫段者也，主類形而形各係之諸母。《五音集韻》者，荆璞取司馬公之法，添入集韻，隨母取切者也。主類聲而聲各隸之諸母，迨昌黎韓彥昭改《玉篇》，歸於五音，逐三十六母，取切大備矣。而重加刪補詳校，彙萃二編，則國朝沙門戒璿也。厥後大慈仁寺釋眞空又攷諸家篇韻，凡經史所不載，重譯具經、玄言、梵語、絶域荒徼之文，搜羅纂入，而部分訓釋亡遺焉。又作《爲檢篇韻貫珠集》、《玉鑰匙門法》，提綱撮要，指示捷簡矣。《篇海集韻》故刊于成化之初，而歲久字多漫滅。今僧錄左善世大慧寺子淨持行高嚴，尤邃于梵學，乃囑其徒衍法寺覺恆募緣重鋟諸梓，而眞空實校正之，併以《貫珠集》、諸門法，及安西劉士明

所著《切韻指南》一卷刻焉。于時司禮太監張公雄實振貲倡施，而一時貴人達官景從爭先。正德乙亥告成。【略】正德十五年庚辰秋八月望後。

王廷相《二皇甫集序》（皇甫冲皇甫曾《二皇甫集》卷首） 唐大曆中，以詩名者，有錢起、盧綸、李端、吉中孚、韓翃、司空曙、苗發、崔峒、耿湋、夏侯審十人，當時以才子目之，後世之論，恆不釋於斯。【略】雖然，劉長卿、二皇甫亦爲同時，其才格當不在十子之下，而不得與其列，何哉？蓋招搖之光，屬於斗外。濟水泓然，以瀆並名。故曰聲稱獲於偶然，殊不足爲定論也。同寅劉君潤之，工於唐人之作，政暇取大曆十子詩，校正命梓以傳後，取皇甫諸君之詩續之。嗚呼！君之意，可以識矣。

唐錦《古今説海引》（陸楫《古今説海》卷首） 夫博文博學，孔孟之所以爲教也。況多識前言德行，乃爲君子畜德之地者乎！黄子良玉、姚子如晦、顧子應夫、陸子思豫，皆海士之英也；與予季子賓，共爲講習之會。日聚一齋，繙繹經傳，考質子史，闡發微奧，究極指歸，不但求合場屋繩尺而已。探索餘暇，則又相與劇談泛論，旁采冥搜，凡古今野史外記、叢説脞語、藝書怪録、虞初稗官之流，其間有可以裨名教、資政理、備法制、廣見聞、考同異、昭勸戒者，靡不品隲決擇，區別匯分，勒成一書，列爲四部，總而名之曰《古今説海》，計一百四十二卷，凡一百三十五種。【略】陸子乃集梓鳩工，刻置家塾，俾永爲士林之公器云。嘉靖甲辰歲夏四月朔。

顧可學《重刊合璧事類序》（謝維新《古今合璧事類備要》卷首） 《易》之《象》曰「君子以類族辨物」，至孔子繫《易》，復曰「方以類聚」、「觸類而長之」，是類之時義大矣哉，《易》備之矣。而類之爲書，實自唐始也。武德初，文皇重瀛洲之選，爰集詞英輯彙章，固如虞永興之鈔北堂，歐率更之聚藝文。其言靜而遠，其事該而核，今之士大夫猶傳之，誠足尙已。迨而宋際太平已往，昉、蒙正、欽若、去咎輩任輒少虞，歐二書之所稟，而後，先增廓之爲《御覽》，爲《元龜》，爲《合璧事類》，斯世之所謂三大類書也。然《御覽》、《元龜》祇有鈔本，唯《合璧事類》一書舊多宋刻。而吾邑兩以活板行是書也。燦然而彀輝，翩然而珠綴。自史籍稗志以及坡、谷諸俳調之説，且偶編待列而罔遺焉，因命之曰《合璧事類》，蓋取諸日月如合璧云。率有味哉！太史氏之言之也。故一時學士爭購競鬻，坊肆日以告匱，又督索不已，而州里之藏書者莫不苦之。今衢人夏相業以書居吳，將精加繕録，而重繡之梓。甫飭材鳩工，會以飛語繫諸公府，久而始白其事。及釋，則貲且莫繼，於是力貸之，鼎族又自傾其田廬。越回三歲，而局始罷。其用志亦良可憫矣！後之觀於是書也，可與族辨，可與方聚，可與觸長，而君子之所以善用《易》者。怕必因之，奚翅爲藝圃之幸哉！實吾州里之幸也！請書首簡以落之。嘉靖丙辰冬十月既望。

鄭履準《鄭端簡公吾學編引》（鄭曉《吾學編》卷首） 先君非功名士也，富貴云乎哉！有嘉言善行而不得播聞，人子之罪也，況勤著作以經世務、裨聖化者，而翁彌留又惓惓顧托言猶在耳，忍不終其志，廣其傳？翁方見梓之半，而孤忽罹大戚。【略】隆慶紀元五月甲戌抵舍，仍侍几筵，曠違倏已更歲，依依當時瞻戀而音容杳然。一檢遺編，惡緒紛雜。嗚呼！翁何如人也，乃遽至此哉！翁身可死而有不可朽者，惟此書耳。予兄謂翁之書未盡其學，翁之用未盡其書，旨深遠矣。翁自丙辰，每得一稿，即呼兄弟示之。又必曰：準校梓，勿失也。孤故獨藏所刻《吾學編》六十九卷，《徵吾録》二卷，《文集》、《年譜》未竟，共板四千有奇。布帛之文，精神之聚，衡門泌水之經綸，固非特湘臣洛士之詞賦已也。凡翁子孫永宜世守。翁嘗命既梓，但刷千冊即毀板，或畀書肆。予終身清介遺子孫，安毋以書勞後人。嗟乎！沒身猶計燕翼，而爲翁子者，僅此遺書弗能守耶？達尊親友諒此，他日借板，不能奉命，幸勿我罪。翁著述之富冠當時，可梓豈獨止此？予兄諸序詳之。其《今言》、《古言》及《舉子》諸書數十百卷，已有傳者，勿識也。

朱祐檳《重編廣韻·序》 粵自兩儀肇判，結繩以治，迨書契作而文字興，賡歌成而韻學著，固遐哉邈矣！【略】我先考端王體道好古，潛心典籍，尤加意於韻書，故深得其肯綮。常愛宋學，士謂江左制韻，但知縱有四聲，而不知衡有七音。誠探韻書之賾，極中沈約之失。乃於國政之暇，躬自編次，以《廣韻》附於《正韻》，復增入《玉篇》。凡切韻七音，諧協而分爲二韻者，更入本韻，字各分屬於母，一本於《正韻》之成規，以遵我國家之制作。增入《玉篇》，以博文字之用，又各分母而次第之，以便檢閲。可謂博而有，要渙而有統者矣夫。有要則不苦其難，有統則不流於汎。要二書而同歸一貫之道，備哉！不惟嘉惠來學，尤有以仰弼我太祖考文之治也。惜乎手澤尙新，編成未梓。予敢不上繼先志，以廣其傳邪！予少承庭訓，晚

未聞道。捧覩遺編，不勝感愴！刻工告完，敬書數語于篇端，以俟觀者。嘉靖己酉夏五月既望，勿齋。

黃鞏《真西山文集序》（真德秀《西山先生真文忠公文集》卷首）　自孟子沒，聖人之學不傳。更千四百餘年，以至于宋，得濂溪周子、河南二程子出，然後不傳之緒始續。程子沒，又更百餘年，而考亭朱子出，然後聖人之學益以大明。當其時，傳其學者多矣。至其聞而知之者，則西山先生真文公是已。【略】先生探道專一，資深守固，其平生所著，若《讀書記》、《心政經》之類皆行于時，獨其他彙次文集，分爲五十一卷者，世罕得見。予同年建寧太守常熟張君公瑞，近訪得之地官郎楊君乾叔所，因作而嘆曰：「書坊群籍遍天下，有如西山！又郡人使我爲郡，而其集忽諸，豈非缺典！」遂圖梓行，且思所以校而叙之者，適鞏被放，南歸過焉，則亟以見委曰：「子不得辭也。」明年公瑞考績北上，而予友太倉姜君夢賓謫貳是郡，其僚節推季君明德，間以爲言。夢賓則又以書來督鞏。念前哲漸遠，緒言日微，世之學者，方疑朱子之説爲未盡。顧如先生之言，足以左右考亭，發明正學者，又不盡傳于世，私切慨焉。今幸斯集一出，庶或有因先生之言，以求朱子之學，而得數百載寥寥之遺緒者，則諸君是舉爲有功矣。遂爲序正而歸之。

汪偉《重雕唐文粹序》（姚鉉《重校正唐文粹》卷首）　《春秋》記事也，《書》之謨訓，《詩》之風、雅，文也而事寓焉，相爲經緯、表裏者也。後世諸史固《春秋》之法，若《漢文選》、《唐文粹》諸集，則《詩》、《書》之流云耳，豈徒以其文一代理亂之故，民風國俗之殊，禮樂度數文物之賾，蓋有史所不能備者，是烏可少哉！宋姚寶臣所集《文粹》百卷，實本《文苑英華》，十摘其一，當時服其精確。惜其所去取猶不盡出於吾所云者，亦唯其文而已，然李唐三四百載之文獻在是矣。夫子曰：「夏禮吾能言之，杞不足徵也；殷禮吾能言之，宋不足徵也；文獻不足故也。」欲言唐禮者，舍是，其何以徵之？舊時刻本傳流漸少，其存者亦多訛缺，讀者病之。予得清谿倪公家藏本，公記云脱落者四之一，篁墩程編修爲予補之，蓋書于成化癸巳歲。予復手自校讐，差完善可讀，每自珍惜。甲申仲冬，以吏部侍郎致政，歸，過姑蘇，太守胡侯世甫出示新本，寫善鏤精，予驚喜得奇觀焉。回視所藏燕石耳。侯曰：「此太學生徐焴家刻也，先生賜之一言引諸端，茲集爲重。」徐生亦來謁，且堅請予樂茲集之成也。諾之。徐生嗜古博藏，其刻是集，躬自監視，一字一畫弗稱，必更之。同時又有刻《文選》者，皆甫畢工。吳下雅尚文事，胡守循吏而能文章，故人爭趨之。舟過嚴陵瀨，書此付徐生鑱諸木，且以質諸胡侯。嘉靖甲申冬十一月丙戌。

高賁亨《奏刊易經蒙引勘合》（蔡清《易經蒙引》卷首）　臣等詳看，得直隸松江府推官蔡存遠進呈已故伊父所著《易經蒙引》，乞要頒示天下一節，爲照已故祭酒蔡清潛心易學，專意註疏，平生精力所得，盡在《蒙引》一書。眞足羽翼聖經，開示後學。臣等訪得天下科舉之書，盡出建寧書坊。合無候命下之日，本部備咨都察院轉行福建提學副使將《易經蒙引》訂正明白，發刊書坊，庶幾私相貿易，可以傳播遠邇。就便刊刻，亦不至虛廢國財矣。

蔡宗兗《刻徐橫山集引》（徐愛《橫山遺集》卷首）　［徐］曰仁歿於正德丁丑，年方三十有一，距今嘉靖甲午，去世十八年矣。其父古眞翁，年逾八十有三。一日，躅踖而告予曰：「吾愛子逝矣，形骸不可復矣。檢其遺書，則有存者，吾將壽之梓，以永吾情。吾身存，閱其言之存，猶吾兒之對語也；吾身亡，得其言之存，猶吾兒之後死也。吾寄吾情而已，工拙皆所弗計，願執事少加印可，即付之梓人矣。」予聞古眞之言，惻然父子眞情，自不覺泫然而感動也。乃正其訛，補其缺，刪其可刪，什存七八。曰仁天質淳和，蚤游陽明之門，聞道甚慧，心之精靈，必有貫天地而長存者，則其言之精靈，寧無貫天地而長存者乎？天下同氣，自當有識之者矣。予豈敢爲之私譽乎？惟閔古眞之情，具述其意於左，方集上下二卷，附親友哀辭一卷。錄成，適汶上路公廉憲浙省，恤同志之蚤世，體古眞之鍾情，遂捐俸梓之，以成其志。曰仁歿後，得一庶弟，曰七士，童年異質，吾知守遺書以慰父兄之志者，天道又有在矣。孰謂曰仁夭死，而古眞之無後乎！古眞名璽，曰仁名愛，浙之餘姚人。嘉靖甲午五月望日。

又《續軒渠集序》（洪希文《續軒渠集》卷首）　《續軒渠集》者，洪西淙公祖遺之詩稿也。一日出其稿以示宗兗，且曰是祖父子俱以詩鳴，父詩曰《軒渠集》，子詩曰《續軒渠集》。父集蠹爛不存，子集楮墨僅具，子孫微意謂梓傳庶幾可久，惟君子公心酌之。予未視其集，無以應也，既繙閱數日，迺復于西淙曰：「是儒博學而志於道者，其發之聲詩，所謂以山澤之癯而出

山澤之語也。譬諸夏彝商鬲，華采雖若不足，而渾厚朴素之質，使望之者知爲古器，而自泯其雕巧之心也。盍梓之以訓厥宅里？」西淙曰：「惜父集之無傳也。」予曰：「父子一至，祖孫一德，子有文則可以知其父，孫有謨則可以識其祖。嘗聞軒者開也，渠者大也，胸次悦豫之義，東漢蓟子訓之《方言》也。故父子相賢，一家之軒渠矣；祖孫相賢，奕世之軒渠矣。謂軒渠之義見於詩章，則可謂詩集，盡夫軒渠之義，則不可也。天地聖賢之心，不能盡載方策，而父子軒渠之志，公何獨得於意外乎？」西淙莞爾而不言。續集詩五百餘首，今抹去一百三十五首，梓行四百三十五首，類分爲十卷，外附刻一卷。作《軒渠集》者，名巖虎，字德章，號吾圃；續《軒渠》者，名希文，字汝質，號去華山人，俱宋末元時莆田人。西淙名珠，字玉方，二儒之七世族孫也，今爲紹興郡牧。嘉靖十一年歲在壬辰秋七月吉。

顧元慶《幽閑鼓吹跋》（張固《幽閑鼓吹》卷末） 是書爲有唐張固撰，共二十五篇。固在懿、僖間采摭宣宗遺事，簡當精核，誠可以補史氏之闕。余嘗閲《唐詩鼓吹》，讀姚文公序文，謂宋高宗退居德壽宫，嘗纂唐宋遺事爲《幽閑鼓吹》。愚謂姚公不知固有是書，而謂纂於高宗耶？抑高宗之纂別有其書耶？亦不可得而深考也。余家藏有固宋本，將刻而傳焉，姑識以俟知音。嘉靖壬午春三月。

鄭善夫《太白山人漫藁序》（孫一元《太白山人漫藁》卷首） 《太白山人漫藁》者，吾友孫太初所爲詩也。夫曰「漫」者，觸而成聲，無謂有謂之云也。【略】《漫藁》凡若干，余爲之序以傳。藁而曰漫，則固傳也，太初不與也。正德戊寅歲春二月，少谷山人晉安鄭善夫書。 余序太初《漫藁》成，太初曰：子眞知我者。又明年庚辰而太初死，遺命以《漫藁》必付余。余歸弔其廬，撫其孤，携其藁，至杭梓而行之。凡與太初遊者，如杭人許台仲、陳逡初、高世美，湖人施邦直、沈仁伯，徽人程世大、孫道甫、戴仲良，率來集事。於乎！使太初復生，諸君當不愧其平生之言乎！是年秋七月望，善夫志。

華雲《韋刺史詩集序》（韋應物《韋刺史詩集》卷首） 予少讀《韋刺史集》，以爲猶夫詩耳。稍長，見古人以陶、韋並稱，乃微探之。既而課習聲韻，則又狃於見聞，顧好李、杜、蘇、黄諸家。晚始讀韋而有得焉。【略】茲視榷江州，擕之書篋，時時朗誦，以淑性靈，歷覽序傳，知韋公曾刺是邦，世稱名宦，問之邦人，莫有知者，而郡志亦不載也。文獻之不足徵，有如是乎！適中丞印臺傅公，拊循之暇，命郡守重刻陶集，予庸重有感焉。爰緘書兒曹，校刻是編，俾與彭澤其垂不朽。得代遄歸，喜見全帙，漫題簡端，識所以刻之之意。因告潯士，後有賢守如韋公者，愼勿遽遺忘之。

又《刻事類賦敘》（吴淑《事類賦》明崇正書院本卷首） 嘉靖壬辰冬十月，郡公内江趙鷺洲先生屬家君刻宋吴淑《事類賦》，藏郡齋，廣來學之睍。乃授意邑侯胡君君錫，俾雲叙之。【略】是書凡十五部，百篇。六月朔，興工；十月，竣事。余家有宋刻善本，竹林群彦暨兒初屏嘗校讎彌月，故鮮魚豕，覽者垂察焉。句吴華雲著。

希玄子《春秋左氏傳序》（劉績《春秋左氏傳類解》卷首） 左丘明，魯太史也。受《春秋》於孔子，親見行事，故其言該而中倫，其實著而實謬。雖其裁斷大義，或戾聖人，而其文蔚然可覩也。其説之盛歟！予暇，亦愛覽是書。故命承奉王大用刻布焉。刻成，予復覽而興曰：春秋之時，王綱不振，列國各以其政爲政，强凌弱，衆暴寡，亂臣賊子接跡而肆，故《春秋》作焉，以命德討罪，惇典庸禮。今朝廷出片紙以令天下，其誰不奔走服從，即使五霸有作，將焉假力哉！故予之取左氏者文也。仰惟我皇上稽古右文，講學不倦，將興唐虞三代之功，頃以《御製敬一箴》頒示我諸藩。予雖不敏，敢不敬承。是舉也，雖不足以上希前哲，蓋亦竊取爲善最樂之義。嗚呼！則文辨類以遵仲尼，儒者之事也。昭德秉禮，以無墜周公之典，其在予也。夫書刻之精否，固所略云。時嘉靖戊子黄鍾上澣。

徐岱《山谷全書序》（黄庭堅《山谷集》卷首） 山谷者，宋太史黄先生號也。全書者，後人萃其詩文以傳而統名之也。系以年譜傳議者，備考也。附以《伐檀集》者，原所自也。序者，書缺而復全宜有言也。世傳先生之文久矣，曷爲而有斯刻也。先生，寧人也。文獻於是乎徵嗣於後者，存手澤吏於土者，重鄉賢全書所由刻也，刻久而磨滅弗修之可乎？先生寓蜀之戎涪，文墨甚富，岱也居鄉而説之，薄遊以來，見夫刻者，若詩集，若刀筆，若精華，病其散漫弗具，叨按茲土，訪全書於寧，得故刻之半，時建昌郡丞余子載仕攝寧事，購元本補之。新守喬子遷至，乃竟厥工，書凡若干卷，請爲序。【略】岱也觀風先生之鄉邦，表其行以勵俗，求其文以傳世，固職也，未敢曰知焉，於全書刻且序。嘉靖丙戌季冬望日。

聶豹《雙江聶先生文集》卷三《重刻傳習録序》　《傳習録》者，門人録陽明先生之所傳者而習之，蓋取孔門「傳不習乎」之義也。【略】是録也，答述異時，雜記於門人之手，故亦有屢見而複出者，間嘗與陳友惟濬重加校正，刪複纂要，總爲六卷，刻之八閩，以廣先生之覺焉。

又《重刻二業合一論序》　天下無二業也，蘊之爲德行，措之爲事業，合内外之道也。一也，而奚以二哉？二之者，僞也。【略】甘泉先生以古學號於天下者數十年，比守國子，乃復著爲此論，其亦不得已，救時弊，誘人之學之幾微矣。【略】甚矣，先生之善於誘人也，予故重刻之，以昭閩之業舉子者。

又《重刻道一編序》　學也者，堯、舜、禹、湯、文、武、周公、孔子之所共焉者也，非朱、陸之所能異也。【略】篁墩先生當天下群咻聚訟之時，乃獨能參考二家之學，曲爲折衷，著有此編，非惟有功於象山，其有功於考亭，不淺矣。是編也，寂焉弗傳，刻板亦不知其何在，予巡八閩，暇用校正，重刻之，俟君子考焉。前節去無極七書者，蓋以皆二公早年氣盛之語，其於尊德性之學，亦不甚切云。

又《重刻大學古本序》　《大學》古本之傳久矣，而世之學士乃復致疑於格物之説焉而不釋，何也？予始受學於陽明先生，駭而疑之，猶夫人也。已而反求諸身心日用之間，參諸程朱合一之訓，渙然若有所覺，而紛紛之疑亡矣。【略】嗚呼！陽明逝矣。其有功於聖學，古本之復，其一也。予故重刻於閩，以存告朔之羊云。

又《重刻一峰先生文集序》　予嘗稽吾邑文獻，文章道德爲江右斯文鼻祖，如文忠歐陽公尚矣。繼歐而作，則有文毅羅一峰先生焉。【略】先生文集，弘治初年邑令揭陽王公嘗刻之，燬於火。正德丙子，先生仲子幹署江陰教，復刻於江陰，至是則江陰板訛矣。乃臨桂張進士來令予邑，屬敎諭林君應芳蒐前集所遺詩文，得若干首，捐俸重梓，稱全集云。王侯名昂，字抑之，東廣潮人，循良爲永豐第一。張侯名言，字思，默號龍田。下車未幾，首新先生之祠，督諸生日相講授，毅然欲循復揭陽之政，以子惠斯民者，是豈俗吏所能辯哉？

又《刻秦漢書疏序》　文之不古，治道之不競，勢相因也。【略】惟是秦漢書疏，去古未遠，三代之遺風猶在。【略】監察徐君獲是本於山泉林監察之所，傳讀而説之，謂是傳宜廣，以不負博我之教，但斷自漢始而黜秦，備採書疏而不及詔令。秦治無論也，而文之古不可少，若詔令出於朝廷，當有大手筆在，固無假於秦漢也。惟士之資獻以言格君圖治，非文不遠，非古不傳，而臣子告君之體，要與文章家之型範，舍是斯下矣。欲復古治，當復古文，不得三代而思兩漢，有志於古者，每掇擥焉。監察憲古弘化，清治黜穢，奏對有體，稱名御史是也。嘗訂是編於前，巡撫馬中丞亦謂監察宜刻，刻宜序，序宜委豹，無以林卧寡營，役以楮墨，或足以風其懶散忘世之意歟？校刻爲南康推吳國倫，申監察命以速予言，則吉安守黃國卿。刻板藏洞學，使士之遊學於洞者獲縱觀焉，率監察意也。監察姓徐，名紳，字號五台，以名進士起家建德。奉命按江右，玆得代行矣。

又《刻虚菴先生言志集序》　稽吾豐詩文之祖，自文忠歐陽公而下，入國朝號中興時，則有若曾學士棨，習車駕詔，兩驂並翔，唐音復作也。【略】予少侍先公水雲大夫，每聞誦先生《洞庭舟次》五言絶句云：「辭家一千里，惆悵不能吟。昨夜巴陵雨，洞庭春草深。」顧某曰：「此唐音也，小子識之。」比壯，從士大夫家徧詢先生全稿，訖不可得。昨庚申夏四月，有鄉民二人來謁，自道其里居姓氏，予訝曰：非習先生族人？二人者愕錯不敢對，既而曰：「小人寒微，安敢重辱先人？」予曰：「何傷乎？不知先生全稿，家藏有舊本否也？」曰：「藏稿幸無恙。」予乃令人隨其後索之。稿已蠹蝕朽磨，幾不可讀，予校録補輯，悉仍其舊，稱全集焉。噫！先生下世，今百有五十餘年，珠沉玉瘞，久而復章，文章顯晦有時，詎不信歟？予故梓而傳之，而末附以大學士金公幼孜所述行狀，學士曾公棨所著誌銘，解公縉所撰菴記，及譜文詩序等篇所載。先生政績學行皆足以儀刑後學，俎豆鄉賢，不獨其詩與文可傳而已也。

吳鳳瑞《雙江聶先生文集序》（《聶豹先生文集》卷首）　雙江聶先生學於陽明王公，行業文章無一而不王公也，學者并稱之王聶云。先生殁，從子諫議大夫子安率其門人輩編次先生遺文，裒爲十四卷，永豐令校而刻之，叙曰：「致良知之學幾晦而復明者，其在玆文哉！」【略】嗚呼！先生之學今幸具在，而知者固無待於斯文也。或百世之下有欲聞而知之者，不能無待於斯文也。君子曰：聶集當與《傳習録》相表裏。玆用鋟梓，俾之并傳云。

岳和聲《聶雙江先生二録序》（聶豹《困辯録》卷首）　武林有老賈，

專以收售廢帙爲事者。故家蕩子，或取先人縑緗之遺，以充手口之資；而傭兒廝者，有竊拾一二敗械亂蠹以市胡餅、易燈膏者，是賈無論美惡完缺，必任其低昂多寡而居之。客有過而睨者，不欲得則已；欲得之，必以爲瑰聞畸冊，高其估而徵於客。客隨其所合而恣取焉。即腐説俚語，彼必曰是它賈肆中所不能萬一僥得，而我藏之，以待知者。通人穎士，時闖入之，必大噱而去，而不知彼以爲神奇，固多臭腐；彼以爲臭腐者，往往名言迴義，膚黭所久棄以束閣塵棟，而了者之所秘寶恆在焉。予過武林，必縱觀之，而是賈亦喜予之至，必盡發其藏以爲快。凡三至，得雙江先生《困辯錄》，爲念庵先生所詮點，則它賈肆中所不能僥得者也。讀其指，大抵衣鉢於文成，而所挑刺經傳及儒先語，俱卓見其大者。方欲版之，東郡以士儉多士而家水都，適以《白沙緒言》來，即雙江手錄下轉語者。夫三君子，皆見道之選也，而二書者，合而離，離而復合，是宜有傳，遂版之觀生堂中。嗟乎？此澄性之牖也，學人從此以要其至，千聖嫡派，於是焉在。不知者以爲市胡餅，易燈膏，與手口之資，而去者以爲瑰聞畸冊，亦唯學人恣所焉已矣。

宋儀望《華陽館文集・刻巡閩稿序》 予師宮保雙江聶公，嘉靖初以御史出按閩中，甫下車，慨然以伸雪枉抑，發摘奸伏爲事。【略】公在本兵歲餘，以年至力辭樞務，優游林下，望之如神脱僊解。今年庚申，公嗣子靛始校公《巡閩稿》刻之。會某在告家居，公乃授簡俾序其端。竊伏自念，昔在弱冠，即從游門下，受公知愛，既又嗣官御史，深慚薄劣，不能述揚前美，徒負公夙所期待，乃獲廁名於文字之末，此子瞻氏所以願附於文正也。於是攜歸山房，捧讀累日，不能釋手。蓋公始終出處大節，多磊落奇偉，每發爲詩文，要皆直吐胸臆，宣述性靈，感憤時事，闡提理要，冀以下明己志，上輔主德，非徒拘拘於聲偶文字間者。平日著述甚富，自當別爲全集。予既讀《巡閩稿》，而又竊爲論著若此，以俟他日史氏得并采焉。

朱厚照《大明會典序》（徐溥等《大明會典》卷首） 朕惟古之君天下者，或創業立法，或因時制宜，皆有冊籍，以垂久遠。其見于書，若唐虞之世，則有典謨，夏有典則，商有謨言，周之禮制，號稱大備。下及漢、唐、宋，皆有《會要》，而唐之六典，尤詳且悉。我太祖高皇帝稽古創制，分任六卿，著爲諸司職掌，提挈綱領，布列條貫，誠可爲億萬年之大法也。顧其爲書，作于洪武之中歲，晚年續定者，雖官署名職，間有更易。列聖相承，隨時與事，因革損益，代各不同，而皆不失乎皇祖之意。是以政化旁行，重熙累洽，有前代所不及。然歲月既積，簿籍愈繁，分曹列署，或不能偏觀盡識。下至遐方僻壤，閭閻草野之民，蓋有由之而不知者。迨我英宗睿皇帝復辟之時，嘗命內閣儒臣纂輯條格，以續職掌之後，未底于成。皇考孝宗敬皇帝繼志述事，命官開局，纂輯成編，釐爲百八十卷。其義一以職掌爲主，類以頒降群書，附以歷年事例，使官領其事，事歸于職，以備一代之制。仍會府部院寺，大小諸司，面相質訂，登進于廷，將欲布之天下。未幾而龍馭上賓矣！朕嗣位之四年，爲正德己巳。檢閱前帙，不能無魯魚亥豕之誤，復命內閣重加參校，補正遺闕，又數月而成。仰惟聖祖神宗鴻猷盛烈，不能盡述，其大而可見者，畧在此書。國是所存，治化所著，皆於此乎係。比方勵精新政，乙覽之餘，特勑司禮監命工刻梓，俾內而諸司，外而群服，考古者有所依據，建事者有所師法。由是而綱舉目張，政成化洽，保斯世於無疆。夫豈曰小補之哉！爰序始末，標之簡端，以列于皇考御製之次，亦庶以成先志云爾。正德四年十二月十九日。

顧春《六子書・跋》 先刑部府君少敦仁義之學，晚慕道德之言，故於六子書無不講覈，春之得於過進者侈矣。自先君下世，每對是書，未嘗不悵然若有所慕焉而弗得也。將究其意旨，而無善本，脱謬不可考定。嘉靖庚寅冬，因治先君墓於銅井山，遂廬其側，校讎授梓。參文群籍，孝義多方，越癸巳夏乃成。膏宵雞晨，寢食爲廢，匪敢言勞，用脩先君之志云爾。是歲秋八月。

又《拾遺記跋》（王嘉《王子年拾遺記》卷末） 王子年《拾遺記》十卷，上溯羲、農，下沿典午，旁及海外瑰奇詭異之說，無不具載。蕭綺復節爲之錄，搜抉典墳，符證秘隱，詞藻燦然。予因刻置家塾。或有訝其怪誕無稽者。噫！邵伯溫有云：「四海九州之外，何物不有，特人耳目未及，輒謂之妄。」矧邃古之事，何可必其爲無耶？博洽者固將有取矣。嘉靖甲午春三月。

崔世節《博物志跋》（張華《博物志》卷末） 余曾見《事文類聚》及諸家注中有引《博物志》者，思欲一見全書以廣見聞者久矣。歲戊子冬，以賀正朝天，朝行至北海，賈以張華、李石兩志來賣者，遂購得之。萬里行邁，無暇寓目，挈而東歸，居閑處獨，披覽再三。【略】然尚以未獲廣布，

未與人共之爲嫌。今年春謬膺朝命，出按湖南。巡行帝方，乃與主倅共論幽頤，語及《博物志》，遂以兩帙囑之，俾鋟諸梓。閲數月功訖，倩工印之。從容藴繹，前日未盡料理者融會無餘，不知我爲張、李，張、李爲我也。世之博雅君子，如以沈之《筆談》、段之《雜俎》參而考之，則其於研察衆理何多哉！嘉靖辛卯良月下浣。

陳塏《越絶書跋》（袁康《越絶書》陳塏刻本卷末） 予越人也，《越絶》之書宜刻於予之鄉，而刻之嶺海也，可乎？曰：吴越之傳遐矣。【略】刻成，今宫詹泰泉黄先生視予以楊升庵所爲跋語，曰：「千載隱語，得升庵而後白，盍刻諸？」予受而讀之，而因稽之于書，而知斯之爲信也。書具建武二十八年，其爲東漢之作無疑。其自命曰「記陳厥略」，其謂邦賢曰「文屬辭定」，蓋袁康草創，而潤色之以吴平也。【略】趙曄《吴越春秋》又因是書而爲之，黄東發《日抄》以爲《越絶》之出於《春秋》也，殆不然矣。校書至此，可爲一快。因附刻跋語於書末，而予又首之以故，以諗於觀者云。嘉靖丁未春正月穀旦。

黄佐《南雍志》卷一《事紀一》 乙亥，起前助教開濟試刑部尚書。九月，以翰林院檢討王嘉會爲右司業。冬十一月壬戌，上命禮部官修治國子監舊藏書板。諭之曰：「古先聖賢立言以教後世，所存者書而已。朕每觀書，自覺有益。嘗以諭徐達，達亦好學，親儒生，囊書自隨。蓋讀書窮理於日用事物之間，自然見得道理分明，所行不至差謬。書之所以有益於人也如此！今國子監所藏舊書板多殘缺，其令諸儒考補，命工部督匠修治之，庶有資於學者。」

又卷二《事紀二》 己巳，衍聖公遣司樂韓昱等來刷印書籍，令典籍賓質如其數歸之。

又卷三《事紀三》 夏四月壬辰，祭酒陳敬宗言於朝曰：「釋菜所以展敬也，而有司牲醴不加意；廟學所以隆師也，而工部營繕不時修；書籍所以載道也，而刻梓敝闕，莫能完補。臣奉職無狀，竊思欲行令禮部太常，每遇釋菜，前期祭品豫送至監，無待移文查催。廟學房屋修理工銀不及一百兩者，工部以時補葺，無待奏聞。《文獻通考》等書乃朝廷備用書籍，今既損闕，宜令禮部委官盤點見數，轉行工部委官帶匠計料修補。」上皆從之。

黄省曾《嵇中散集序》（嵇康《嵇中散集》卷首） 嵇子叔夜，生焉無辰，挺倪、缺之天逸，而遊於穢氛之季；抱卷、冊之夸節，而遘夫酷網之朝。龍章孔姿，意氣薄日月之表；璚言瑋撰，思靈邁區合之涯。【略】觚生抱遺文於駒谷，珍覽靡厭，結遐悲於異代，嘆息彌深，故每三復其糟粕，詩長託喻，播興超峻，文擅理辨，緯體綿密，片言小屬，無非素衷玄致奥膈之所存也。苟欲考竹林之秀矩，攀柳阿之清蹈者，不有斯述，何以披遡？故迺校次瑤篇，彙爲十卷，刻之齋中，俾高士芳規，得流耀於來嗣耳。

鄒守益《東廓鄒先生文集》卷一《晉軒劉先生遺稿序》 諭德劉晉軒先生卒之六十年，其孫新寧尹曉彙次舊稿以登諸梓，得七言律三十、絶句五十二、五言律三、絶句二、五言古體八、七言三、古調一、記七、序八、題跋二，郤安南金書一、祭文二，而附以志銘一、輓章三，以其散佚非全也，名之曰「遺稿」。三峰劉柱史陽，受學於新寧，拜手題其後，而虚首簡以授於山房。【略】後之觀遺稿者，惕然尚友，洗濯明命，爲麟爲鳳，以無墮於鼪鼠晉角，庶乎神交先生之全，曠世而親炙之矣。

又《重刻臨川吴文正公年譜序》 初，文正公年譜二卷，長孫當以肅政廉訪托門人危學士素纂序，梓於世。自至正乙巳至嘉靖甲寅，二百五十年矣。裔孫庠生朝楨復增歷代褒典、諸儒奏議及叙跋與狀碑，爲四卷，捐貲而梓之，以首簡徵於青原。益嘗讀陽明先師所刻《朱子晚年定論》，附公所著《尊德性説》，未嘗不三復思撰，杖履以究著察之藴，乃今得以稽始末，考踐履。自望紫氣，至隕大星，凡八十有五年，如親炙而評騭之，非生平一快乎！

又《重刻唐宋白孔六帖序》 姑蘇喜刻奇書，而《白孔六帖》尚闕焉。觀風者募善本，告於虞山陳中丞曰：「公老而劬學，其擴二公之傳。」中丞默思曰：「是必得富而好義者共之。」乃以告於太學生譚照及曉等，校訛補闕，畢力而登諸梓。梓甫成，而予自南雍歸，中丞攜譚生迓於虎邱之上，以請其義。【略】兹帖之刻，樂與好事者公之，比諸中郎之秘異書以自助者異矣，而奚患其弗傳？吾輩今之虎邱，固亦六帖也。以登眺者取諸巖壑，以奇麗者取諸烟樹，以詞華者取諸題詠，以伎術者取諸劍，以清玩者取諸泉，以雄霸者取諸闔閭，以禪談者取諸生公，以氣節者取諸東坡，以道誼者取諸和靖，以高風者取諸延陵，以至德者取諸泰伯：學者其善取之而已矣！」

又《資治通鑑補刊序》 嘉靖辛丑，益與李子本同官南雍，縱言及於治

道。李子曰：「治道之要，鑒於古而已矣。人之修容以窺鑒也，雖躁且惰者，瞿瞿思正其衣冠也，而況鑒於古、鑒於人，獨無興替得失之感乎？昔在司馬公光與劉子攽、劉子恕、范子祖禹，接《春秋》以作編年，合十六代，一千三百六十二年。凡國家盛衰、生民休戚、善可法而惡可戒，寔惓惓焉。三代而下，其眞資治之金鏡乎！」益曰：「予嘗稽其志矣。古語有之：人舉其疵必怒，而鑒照其醜則喜。故無心者可感通，而有意者或扞格。方公之辭樞密分司西京也，適當變法之衝，其所欲匡主庇民，咸托諸書以自見，使讀之者觸其天機，將有不言而喻，則斡乾轉坤之功，豈必於身親之！故智伯才德之論，樊英名實之說，牛、李維州之爭，與嗇夫、弘羊之旨，同出而異條，兹其良工鑄鑒之苦心乎！」李子曰：「是書也，胡氏三省嘗註之，刻藏南雍，而邇稍缺亡焉。如及時補之，庶以廣先哲望治之傳。」乃屬六堂之彥，諭諸生以義，助工者聽。而徽州汪生文瑄願出力獨任之，遂嘉而許焉。刻未畢而予南歸，李子命汪生以授首簡於山中。披閲連日夜，粲然完矣，乃拜手而序之。

呂懷《東廓鄒先生文集序》（鄒守益《東廓鄒先生文集》卷末） 道之在天下，辟如人身然，存亡繫於命脈。【略】知建寧府事吾南劉君，先生邑人，家學淵源，其爲私淑先生既久，至是治建，尤汲汲倡明斯道，以興多士，是用彙先生詩文，約爲十卷，鋟梓以傳。維厥寅樂安董君編次之，損齋黄君、季巖葉君贊理之，若曰懷知先生深，爰寓書屬言爲之序云。嘉靖庚申端陽前二日。

陳九川《臨川集後序》（王安石《臨川先生文集》卷末） 邑侯應君雲鸑刻荆公集成，余適東探禹穴，窺石梁，雁蕩而歸，屬叙其後。嗚呼，是文獻之所存也，夙志繫焉，雖不敏，其何敢辭？惟公文章發於經術，雄偉精深，長雄一代，然其未嘗刻意，殆亦天授，視昌黎所誌子厚者遠矣，乃顧寥落不得與歐、蘇諸集並流天下，撫雖公桑梓之區，而亦無梓焉，豈非世儒疵公相業，横議不明使然耶？【略】應侯，寧波人，公嘗令鄞，邑稱循吏而廟食焉，民至今神之，其法施於民也，侯習聞之，故梓其集於臨川云。嘉靖丙午秋九月既望。

高簡《刻白沙子序》（《陳獻章集》附録） 予柄維揚教，與諸士講學暇偶談及兹書，共以未得爲憾。遂出手本，命卞生崍也輩刻之。因訪諸吾友沈汝淵氏，得遺集二三冊焉。爰增其未有者，削其不必存者，以付梓人。崍也輩迺欣然成之，其志可知矣。因謂之曰：「兹刻也，豈徒存載籍已哉？將以求先生之心焉耳。不然，彌文而已矣。」生輩謝曰：「謹受教。」因識之。且題曰《白沙子》，猶孟氏七篇而題曰《孟子》之義也。嘉靖癸巳仲秋吉旦。

蘇信《重刊晦庵先生文集序》（朱熹《晦庵先生朱文公文集》卷首） 是集舊刻閩臬，歲久刓闕。且簡袠重大，人艱於蓄。比張憲副大輪白諸前巡按虞侍御、守愚蔣侍御，詔重刻之，省約版紙者什四。方鳩工沐梨，而胡憲使岳至，躬總校讎之任。董學潘憲副潢佐之，羅憲副英、陸憲副銓、姜僉憲儀、劉僉憲案咸與有勞。信泣亟促其成。訖工，僉謂信宜序所以刻之意。於乎！朱子固言之：道未嘗亡，而人實晦之明之。是書廣布，將天下入道之塗益光，詭道異説不得作。雖爲文者亦知輪轅徒飾之可愧，思傳於道而勿局以藝。庶幾國家化成，參贊之治不無少補。迺弗固辭。嘉靖壬辰九月既望，後學饒平蘇信書於閩之行臺。

汪玄錫《書刻易旁註後》（朱升《周易旁註》卷末） 鄉先達朱楓林先生諸經旁註，凡有志於學古者，靡不好之；好之不得，遂成觖望者多矣。吾姻友程確齋旁搜遠索，方得《易》、《書》、《詩》三經，朝錄夕校，殆三十餘年。又欲盡刻諸梓而力弗之逮，其好古之心可謂勤矣！其族友率東程君世綱、廷敬、廷譏、世大、世現、廷興、世岳、世治乃相與捐貲，刻《易旁註》成確齋之志，以公于人人，其右文之心可謂盛矣！刻完，見寓甚慰夙心，世綱等雖由善於確齋而有斯舉，其六世祖仁叟翁亦嘗善於楓林，若方山諸記可以考見。善於友以終其志，義之發也。思其先以及其所與交，孝之推也。是雖一事，而二美具焉。此予所以樂道而不能已也。庸僭書諸末簡以諗觀者如此。嘉靖元年冬十月既望。

袁褧《世説新語序》（劉義慶《世説新語》卷首） 嘗攷載記所述晉人話言，簡約玄澹，爾雅有韻。世言江左善清談，今閲《新語》，信乎其言之也。臨川撰爲此書，採掇綜叙，明暢不繁；孝標所注，能收録諸家小史分釋其義。詁訓之賞，見於高似孫《緯略》。余家藏宋本，是放翁校刊本。謝湖躬耕之暇，手披心寄，自謂可觀。爰付梓人，傳之同好。【略】刻成，序之。嘉靖乙未歲立秋日也。

又《重刻文選序》（李善等注《六家文選》卷首） 余家藏書百年，見

購鬻宋刻本《昭明文選》有五臣六臣李善本、巾箱、白文、小字、大字，殆若干種。家有此本，甚稱精善，而注釋本以六家爲優，因命工翻雕，匡郭字體，未少改易。刻始于嘉靖甲午歲，成于己酉，計十六載而完。用費浩繁，梓人艱集，今模搨傳播，海內覽茲册者，毋徒曰：開卷快然也。皇明嘉靖己酉春正月十六日。

潘恩《刻李氏周易集解序》（李鼎祚《周易集註》卷首） 序曰：此唐李氏鼎祚所輯《易解》，刻之者我明宗室西亭氏也。【略】西亭氏者，負陳思之軼才，慕河間之大雅，詞翰踔絕，躋古作者之塗。邇年好《易》，潛心韋編，遂以所得宋本募善工刻之，以廣傳布。詎不謂知本者邪？夫刻既完，授余讀之，且屬余序。余遂詮次其略，俾後之覽者有所攷焉。嘉靖丁巳夏四月既望。

《錢德洪語錄詩文輯佚・文錄・續刻傳習錄序》 古人立教，皆爲未悟者設法，故其言簡易明白，人人可以與知而與能。【略】吾師陽明先生，平時論學，未嘗立一言，惟揭《大學》宗旨，以指示人心。【略】洪在吳時，爲先師裒刻《文錄》。《傳習錄》所載下卷，皆先師書也。既以次入《文錄》書類矣，乃摘《錄》中問答語，仍書南大吉所錄以補下卷。復采陳惟濬諸同志所錄，得二卷焉，附爲《續錄》，以合成書。適遭內艱，不克終事。去年秋，會同志於南畿，吉陽何子遷、初泉劉子起宗，相與商訂舊學，謂師門之教，使學者趨專歸一，莫善於《傳習錄》。於是劉子歸寧國，謀諸涇尹丘時庸，相與捐俸，刻諸水西精舍，使學者各得所入，庶不疑其所行云。時嘉靖甲寅夏六月。

又《刻文錄叙説》 德洪曰：嘉靖丁亥四月，時鄒謙之謫廣德，以所錄先生文稿請刻。先生止之曰：「不可。吾黨學問，幸得頭腦，須鞭闢近裏，務求實得，一切繁文靡好，傳之恐眩人耳目，不錄可也。」謙之復請不已。先生乃取近稿三之一，標揭年月，命德洪編次。復遺書曰：「所錄以年月爲次，不復分別體類者，蓋專以講學明道爲事，不在文辭體制間也。」明日，德洪掇拾所遺復請刻。先生曰：「此愛惜文辭之心也。昔者孔子刪述《六經》，若以文辭爲心，如唐、虞、三代，自《典》、《謨》而下，豈止數篇？正惟一以明道爲志，故所述可以垂教萬世。吾黨志在明道，復以愛惜文字爲心，便不可入堯、舜之道矣。」德洪復請不已。乃許數篇，次爲《附錄》，以遺謙之，今之廣德板是也。先生讀《文錄》，謂學者曰：「此編以年月爲次，使後世學者，知吾所學前後進詣不同。」又曰：「某此意思賴諸賢信而不疑，須口口相傳，廣布同志，庶幾不墜。若筆之於書，乃是異日事，必不得已，然後爲此耳！」又曰：「講學須得與人人面授，然後得其所疑，時其淺深而語之。纔涉紙筆，便十不能盡一二。」戊子年冬，先生時在兩廣謝病歸，將下庾嶺。德洪與王汝中聞之，乃自錢塘趨迎。至龍游聞訃，遂趨廣信，訃告同門，約每越三年遣人裒錄遺言。明日又進貴溪，扶喪還玉山。至草萍驛，戒記書篋，故諸稿幸免散逸。自後同門各以所錄見遺，既七年，壬辰，德洪居吳，始較定篇類。復爲《購遺文》一疏，遣安成王生自閩、粵由洪都入嶺表，抵蒼梧，取道荆、湘，還自金陵，又獲所未備。然後謀諸提學侍御聞人邦正，入梓以行。《文錄》之有《外集》、《別錄》，遵《附錄》例也。【略】先生之文，既以傳誦於時，欲不盡錄，不可得也。自今尚能次其月日，善讀者猶可以驗其悔悟之漸。後恐迷其歲月，而概以文字取之混入焉，則並今日之意失之矣。久庵之慮，殆或以是與？不得已，乃兩是而俱存之。故以文之純於講學明道者裒爲《正錄》，餘則別爲《外集》，而總題曰《文錄》。疏奏批駁之文，則又釐爲一書，名曰《別錄》。夫始之以《正錄》，明其志也；繼之以《外集》，盡其博也；終之以《別錄》，究其施也。而文稽其類以從，時也。識道者讀之，庶幾知所取乎？此又不肖者之意也。問難辯詰，莫詳於書，故《正錄》首書，次記，次序，次說，而以雜著終焉。諷詠規切，莫善於詩賦，故《外集》首賦，次詩，次記，次序，次說，次雜著，而傳誌終焉。《別錄》則卷以事類，篇以題別，先奏疏而後公移。刻既成，懼讀者之病於未察也，敢敬述以求正。乙未年正月。

又《傳習錄下跋》 嘉靖戊子冬，德洪與王汝中奔師喪，至廣信，訃告同門，約三年收錄遺言。繼後同門各以所記見遺。洪擇其切於問正者，合所私錄，得若干條。居吳時，將與《文錄》並刻矣，適以憂去，未遂。當是時也，四方講學日衆，師門宗旨既明，若無事於贅刻者，故不復縈念。去年，同門曾子才漢得洪手抄，復傍爲采輯，名曰《遺言》，以刻行於荆。洪讀之，覺當時采錄未精，乃爲刪其重複，削去蕪蔓，存其三之一，名曰《傳習續錄》，復刻於寧國之水西精舍。今年夏，洪來游蘄，沈君思畏曰：「師門之教久行於四方，而獨未及於蘄。蘄之士得讀《遺言》，若親炙夫子之教；指

見良知，若重睹日月之光；惟恐傳習之不博，而未以重複之爲繁也。請裒其所逸者增刻之，若何？」洪曰：「然師門『致知格物』之旨，開示來學，學者躬修默悟，不敢以知解承，而惟以實體得。故吾師終日言是，而不憚其煩；學者終日聽是，而不厭其數；蓋指示專一則體悟日精，幾迎於言前，神發於言外，感遇之誠也。今吾師之殁未及三紀，而格言微旨，漸覺淪晦，豈非吾黨身踐之不力，多言有以病之耶？學者之趨不一，師門之教不宣也。」乃復取逸稿，采其語之不背者，得一卷；其餘影響不眞，與《文録》既載者，皆削之，並易中卷爲問答語，以付黄梅尹張君增刻之。庶幾讀者不以知解承而惟以實體得，則無疑於是録矣。嘉靖丙辰夏四月。

又《朱子晚年定論引言》 《定論》首刻於南、贛。朱子病目靜久，忽悟聖學之淵藪，乃大悔中年註述，誤己誤人，遍告同志。師閲之，喜己學與晦翁同，手録一卷，門人刻行之。自是爲朱子論異同者寡矣。師曰：「無意中得此一助！」隆慶壬申，虬峰謝君廷傑刻師《全書》，命刻《定論》附《語録》後，見師之學與朱子無相謬戾，則千古正學同一源矣。並師首叙與袁慶麟跋凡若干條，洪僭引其説。

又《文録續編序》 德洪葺師《文録》，始刻于姑蘇，再刻于越，再刻于天眞，行諸四方久也矣。同志又以遺文見寄，俾續刻之。洪念昔葺師録，同門已病太繁，兹録若可緩者。既而伏讀三四，中多簡書墨迹，皆尋常應酬、瑣屑細務之言，然而道理昭察，仁愛惻怛，有物各付物之意。此師無行不與，四時行而百物生，言雖近而旨實遠也。且師沒既久，表儀日隔，苟得一紙一墨，如親面覿。況當今師學大明，四方學者徒喜領悟之易，而未究其躬踐之實，或有離倫彝日用、樂懸虛妙頓以爲得者，讀此能無省然激衷？此吾師中行之證也，而又奚以太繁爲病邪？同門唐子堯臣僉憲吾浙，嘗謀刻未遂。今年九月，虬峰謝君來按吾浙，刻師全書，檢所未録盡刻之，凡五卷，題曰《文録續編》。師胤子王正億嘗録《陽明先生家乘》凡三卷，今更名《世德紀》，並刻於《全書》末卷云。隆慶壬申一陽日。

又《上國游序》 是卷師作於弘治初年，筮仕之始也，自題其稿曰《上國游》。洪葺師録，自辛巳以後文字釐爲《正録》；已前文字則間采《外集》，而不全録者。蓋師學靜入於陽明洞，得悟於龍場，大徹於征寧藩，多難殷憂，動忍增益，學益徹則立教益簡易，故一切應酬諸作，多不彙入。是卷已廢閣逸稿中久矣，兹刻《續録》，復檢讀之。見師天稟夙悟，如玉出璞，雖未就追琢，而闇闇内光。因嘆師稟夙智，若無學問之全功，則逆其所造，當只止此。使學者智不及師，肯加學問之全功，則其造詣日精，當亦莫御。若智過於師，而功不及師，則終無所造，自負其質者多矣。乃復取而刻之，俾讀師全録者，聞道貴得眞修，徒恃其質，無益也。嘉靖辛酉。

又《三征公移逸稿序》 德洪昔裒次師文，嘗先刻奏疏、公移凡二十卷，名曰《别録》，爲師征濠之功未明於天下也。既後刻《文録》，志在删繁，取公移三之二而去其一。沈子啓原沖年即有志師學，搜獵遺文若干篇，録公移所遺者類爲四卷，名曰《三征公移逸稿》，將增刻《文録續編》，用以補其所未備也。出以示余。余讀而嘆曰：「吾師學敦大源，故發諸政事，瀾湧川决，千態萬狀，時出而無窮。是稿皆據案批答，平常説去，殊不經意，而仁愛自足以淪人心髓，思慮自足以徹人機智，文章又足以鼓舞天下之人心。若金沙玉屑，散落人世，人自不能棄之，又奚病於繁耶？」乃爲條揭其綱以遺之，使讀者即吾師應感之陳迹，可以推見性道之淵微云。隆慶庚午八月朔日。

王獻《渼陂集跋》（王九思《渼陂集》卷末） 獻也游先生之門，夙授陶鑪，媿於膚近，乃荷不鄙，爰受是集。思遠調高，音節爾雅，蓋炎漢之博綜，曹魏之雋永，皇明之巨翰，李、何之並彦也。壬辰之歲，按使西晉，時分巡上谷，張子濂見之，深用賞焉。爰諶葛守覃，命工梓刻之河左，千以遠覃邦國，弘敷人代，顧兹駑蹇，用僭數辭，敢曰知言，式存揚搉。嘉靖癸巳正月上旬。

陳束《蘇門集序》（高叔嗣《蘇門集》卷首） 嘉靖甲午冬，束在史館時，蘇門高子業，由晉陽入朝京師，會都亭下。明年，束罷史職，出僉湖湘憲事。又明年丁酉，子業由晉陽轉湖湘爲觀察使，從游省署中累兩月，而束棄去行湖北，子業乃病。病十餘日，死矣。嗟哉，悲夫！子業蓋嘗謂束曰：「余生平所嚮慕兩人：後渠崔子，謂余文不如詩；崆峒李子，謂予書不如詩，詩乃不如文矣。宇内知交，非子誰定吾言。」悲夫，已矣！子業既死之三月，束乃收其遺言而叙之。【略】詩凡三百一十首，文五十一首，共爲八卷，成一家之言，刻之山堂，傳諸其人。

章檠《刻汲冢周書跋》（《逸周書彙校集注》附録） 《汲冢周書》，自漢

已入中秘。晉太康間，竹簡古書稍稍復出云。書疑戰國士綴拾成之，藉周爲名，孔氏殆未之見者。凡七十篇，眞贋醇駁，讀者類能辨之。然藝圃菁華，芬芳縟采，上溯二京，而先秦七國，則斯編也，其逸響高韻之存乎！余念莆爲書學淵藪，以手鈔善本刻此，俾誦者知爲經之別錄，俱不可捐爾。時嘉靖癸卯長至月吉旦。

劉大謨《欒城集序》（蘇轍《欒城集》卷首） 夫何老泉、東坡全集盛行，獨公所著雖附《三蘇集》而採輯未備，雖有《潁濱集》而脫誤實多，君子未嘗不三嘆焉。玉谿家有《欒城集》善本，謀諸石川，以公眉人也，故託合川欲刻之眉州。合川能以是書爲己任，謀諸藩臬，謂公蜀產也，故命有司欲刻之蜀省。蜀王殿下聞之，毅然曰：「文定，三蜀之豪傑也，其文章三蜀之精華也，孤忝主蜀，可諉之他人乎？」於是令高長史鵬、舒教授文明校正鋟梓，以廣其傳。噫，文定之文固無終晦之理，然匪玉谿則夜光蘊於石，匪石川、合川則龍精沉於獄，匪蜀殿下則驊騮綠耳混於駑駘款段，又烏能有今日之顯哉？玉谿乃張公，名潮，吏部左侍郎，四川內江人。石川乃張子，名寰，通政司右參議，直隸崐山人。合川乃王子，名珩，巡按四川監察御史，直隸交河人。蜀殿下則號適庵，實我太祖高皇帝七葉孫，其樂善好古，率多類此云。嘉靖二十年歲在辛丑五月吉日。

釋道燈《銷釋金剛科儀會要注解後跋》（釋宗鏡《銷釋金剛科儀會要注解》卷末） 於戲！我教《金剛科儀》者，即宗鏡禪師所作也。【略】自宋迨今，見聞受持，家諭戶曉也。予因戊申而抵南海，游禮普陀，駐錫吳門。而方外友敬愚許公，所蓄先師《科儀注頌》，示予鏤板流行。予謂金臺有達、桂二師，注解已刻，辭義玄奧，實起後學膏肓之疾。其柰文義廣略，未得折中，平昔以此爲歎。公欲不忘先師之意，豈可倉卒爲之，須請具眼者，校正重集，方爲盡善。即命澹齋張公，齎幣之京，同予禮請少室山宗主大方連公之重集，及徵賓山吳公統錄而完畢矣。擬欲鋟梓，用傳永久，欲符先師付囑之願，常寂光中，令生歡喜也。倘諸方學道之士，忽於科注之文，盡心披玩，情妄消除，發生智慧光明，照見本有面目。以斯殊因，祈舜日與佛日同輝，冀金輪共法輪並轉也。時在皇明嘉靖歲次辛亥中秋望日。

釋覺連《銷釋金剛科儀會要注解序》（同上，卷首） 今此《會要注解》，乃因無盡燈公瞻禮普陀，路過蘇州，而處士許公敬愚等迎請，出本師大寧所解科儀注頌，意欲刊板流通，而燈公止曰：「不可。此科儀京都善果達法師先有《集注》，文辭廣博，卷已十軸，後學罔窺涯涘。次普恩桂法師，繼踵前注，集爲《說記》二卷，悉以刊刻。雖然文理幽深，間有宗趣事迹，揀討未備也。公欲金湯內教，須請智者校正重集，始可流行。」由是特令澹齋張公，持帛千里而來，請予重集。【略】予以此經乃大乘教，被菩薩機，宗鏡乃聖位不測之人，方堪科注；我輩凡情淺識，豈敢當任斯事。奈以既爲佛子，當報佛恩，若不說法度生，辜負先聖遺蔭。所以會取諸家捷要之注，安於科儀本文之下，貴圖經義通曉，非敢胸臆強爲，只是述成而已。復命隱士吳公期號賓山，熏毫繕錄，工已周完，而寶坻縣紀陀信士孟準等，助財壽梓。以伸大寧先師遺志，用廣其傳，永圖不朽之意也。願見聞披覽者，昇慧日於中天，破昏衢於暗室。九有悉蒙津濟，三途咸獲菩提。以此功勛，祝一君之壽域，報四重之恩麻。仰佛日以增輝，庶法輪而常轉矣。時大明嘉靖三十年龍集辛亥四月佛誕之辰。

李義壯《宋史新編序》（柯維騏《宋史新編》卷首） 《宋史新編》，遼、金二史附焉不書，獨書宋史者何？尊正統也。【略】吾同年柯戶部希齋氏暇日合三史而釐正之，創爲此編。獨揭宋爲正統，而遼金則因事附見，如所謂西夏然者。且刪其蕪累，補其缺遺。或核實以稽疑，或闡幽以微顯，或究終以明始，或擊異以統同。綱舉目隨，事詳文省，是誠賢者之慮而《春秋》之旨也。其所以立爲天下後世之防者，功豈其微哉！侍御我渡陳公出按吾廣，偶得善本，屬左轄杜晴江氏翻刊之。大司馬自湖吳公以巡撫，侍御青田陳公以巡按繼至，又令博士林文豪氏校正，而問序於予。予謂自古帝王所自立爲中國而尊且貴焉者，以其有名分之等異於狄夷也。無名分則入於夷狄，入夷狄則與禽獸奚擇焉。子朱子有憂之，因溫公《資治通鑑》而創爲《綱目》，瓊臺丘文莊公因《綱目》而創爲《世史正綱》，希齋又因《史綱》而創爲此編。嗚呼！其皆憂世之志乎。宋至淳熙，國非其國矣。遼亡金興，金亡元興，雖與宋相爲終始，然卒不與之統，而獨一統於宋。君臣華夷之辯，凜凜乎若不肯少假借焉者何？所以正名分，尊正統，而立天下後世之防焉耳，夫豈以其跡之強弱、大小論哉？如以其跡而已矣，則遼、金可加於宋，吳、楚可加於周，此管敬仲、魯仲連之所不爲也，而謂賢者爲之乎？諸公翻刊之心，蓋先有得乎此，其所慮天下後世之防者遠且切矣！豈但嘉惠後學已

哉？是舉也，右轄陳闇寔氏，大參陳六溪氏，郭華溪氏，少參許水東氏，陳羽泉氏，曹峒峰氏聿觀，厥成，故並書之云。嘉靖四十三年甲子中秋日南海三洲李義壯稚大甫撰。

《李開先集・閒居集》卷五《改定元賢傳奇序》　夫漢、唐詩文，布滿天下；宋之理學諸書，亦已沛然傳世，而元詞鮮有見之者。見者多尋常之作，胭粉之餘。【略】予嘗病焉。欲世之人得見元詞，并知元詞之所以得名也，乃盡發所藏千餘本，付之門人誠庵張自慎選取，止得五十餘種，力又不能全刻，就中又精選十六種，删繁歸約，改韻正音，調有不協，句有不穩，白有不切及太泛者，悉訂正之，且有代作者，因名其刻爲《改定元賢傳奇》。泰泉黄詹事，所謂以奇事爲傳者是已。然又謂之行家及雜劇、升平樂，今舍是三者，而獨名以傳奇，以其字而稍雅致云。竢有餘力，當再刻套及小令。【略】宋刻已古，抄冊漸訛，再過百年，俱失傳矣。必須題請之，後有京板，以及各書坊有鏤板，始可遍行天下。不然，則以拘拘背朱爲嫌，而經術不幸，不減秦火矣。天朝興文崇本，將兼漢文、唐詩、宋理學、元詞曲而悉有之，一長不得名吾明矣。敬因序刻傳奇，有所感而爲是說云。

又《院本・短引》　中麓子塵事應酬之暇，古書購讀之餘，戲爲六院本，總名之曰《一笑散》。一，《打啞禪》，二，《園林午夢》；其四乃《攪道場》，《喬坐衙》，《昏廝迷》，并改竄《三枝花大鬧土地堂》。借觀者衆，從而失之。失者無及，其存者恐久而亦如失者矣。遂刻之以木，印之以楮，裝訂數十本，藏之巾笥。有時取玩，或命童子扮之，以代百尺掃愁之帚而千父鈞詩之鈎。更因雕工貧甚，願減價售技。自念古人遇歲荒，乃以興造事濟貧。諺又在「油貴點燈，米貴齋僧」之說，遂以二院本付之，不然刻不及此。

田汝成《夷堅志序》（洪邁《夷堅志》附録）　《夷堅》之名，昉於《莊子》，其言大鵬，寥闊而無當，故托徵於《夷堅》之志。所謂寓言十九者，此其首也。有宋洪公景盧，仍其名而爲之志，雜采古今陰隲冥報可愕之事，爲四百二十卷。史氏稱其博極載籍，而稗官《虞初》靡不涉獵，信哉！今行於世者五十一卷，蓋後人病其繁復而加擇焉，分門別類，非全帙也。【略】景盧以文學世家，而其父晧，仗節使虜，不辱其身。三子述之，伯仲競朗，咸歷清貫，名震一時。史氏以爲忠義之報，則《夷堅》所志，豈種種矯誣者哉？洪君子美者，景盧之遙胄也，爲太保襄惠公之元孫，秀雅而文。刻是書而傳之，庶幾乎不墮手澤之遺者。後昆繩繩，則洪氏之食報猶未艾也。嘉靖二十五年正月。

張鈇《石田詩選跋》（沈周《石田詩選》卷末）　夫詩，志之形於聲者也。【略】石田先生，逸民也。古之逸民，如《易》所謂「不事王侯，高尚其志。」而先生則不然，身在田野，乃心罔不在廟堂。【略】光祿署丞華公汝德，尙古而右文，暇日取先生之詩，拔其尤者，門分類別，合古今諸作，得若干首，共爲十卷，題曰《石田詩選》，繡梓以傳。以鈇嘗辱知於先生，俾贅言於卷尾。嗟夫！先生之詩，辭志兼得，固無可去取焉者，殆若製裘然。光祿公之所選者，皆狐之腋，雉之頭，而羔羊之皮不足爲罕矣。而愚也，尙欲以狗尾續之邪！弘治甲子十月。

孔天胤《刻資治通鑑題辭》（孔天胤刻《通鑑》卷首）　有宋司馬溫公患遷、固以來文字繁多，學者不能偏綜，乃刪削冗長，舉撮機要，取關國家興衰，繫生民休戚，善可爲法，惡可爲戒者，上自戰國，下訖五代，爲編年一書。積之歲月之久，成之任理之專，治道弘備，觀覽不煩，故英宗親賜名爲《資治通鑑》。【略】自溫公善述此編，而《綱目》、《紀事》、《詳節》等書咸探珠璿淵而不匱，搴芳桂林而有滋，則編纂之中要述事之善，焉可誣也。【略】世傳《少微通鑑》，乃學究爲淺近求應舉者作，取譬不遠，殆今卜者之百中經爾，非所以論曆也。使學者秪如百中以希賣卜，安可聞也？余謬領提調，與諸生修大學之道，居經史之業，遂私以前說，質諸有道，僉謂不愆，乃狀其事。先巡按雲川舒公、今嬴山高公，先巡鹽小江陳公、今南山高公並承準裁，從事雕繕，用布學官，弟子擇善而多識之。乃委付杭郡太守陳君一貫，總其紘要，仁和令程良、錢塘令龔雲、從縣丞周瑾、歸安學諭浦南金、錢塘學諭張鳴鶴、仁和學諭梁木桐、鄉學諭謝明德、武康學訓郎縉、錢塘學訓林公惠、秀才王文祥、邵文珮、李東瀛、錢昕、鈕經、李敬孫等分其校理，自嘉靖甲辰六月開局，明歲春三月完其書。凡二百九十四卷，另考異三十卷。俱從唐太史家宋板文字。

又《西京雜記序》（劉歆《西京雜記》卷首）　《西京雜記》以記漢故事名。本叙謂是劉歆所編録，歆多聞博綜，故所述經奇。【略】余攜有舊本在巾笥中，會左使百川張公下車宣條，敦修古藝憲之事，余因出其書商之，遂命工鋟梓，置省閣中，以存舊而廣傳，不知好古者視之果何如也。嘉靖壬子

夏四月上日。

歸有光《震川先生集》卷二《玉巖先生文集序》　《玉巖先生文集》，故刑部右侍郎周公所著。公諱廣，字充之，別自號玉巖。崑山太倉人。太倉後建州，故今爲州人。【略】公歿十餘年，太倉兵備副使南昌魏侯良貴爲公江右所造士，登堂拜公像，求遺稿，捐俸刻之。公之子士淹、士洵，以序見屬，因著公平生大節而論之如此云。

何良俊《説苑新序序》（劉向《説苑》卷首）　《説苑》二十卷，《新序》十卷，漢中壘校尉劉向子政所撰，宋集賢校理曾鞏之所序録者也。觀鞏之序《説苑》，譏子政以不能究知聖人精微之際，又責其著書建言，尤欲有爲於世，忘其枉己而爲之。至論《新序》，則以爲秦漢絶學之後，學者知折衷於聖人，而能純於道德之美者，揚雄氏而止耳。余謂鞏之文，簡嚴質直，大類子政。獨其詆訶過嚴，與奪失實，蓋竊疑之焉。【略】今讀《説苑》二十篇，自《君道》、《臣術》而下，即繼以《建本》，極於《修文》，終於《反質》，蓋庶幾三王承敝易變之道，又豈後代俗傳所得窺其旨要哉！余因刻《説苑》、《新序》二書，懼學者承誤習謬，使子政之心不白於天下，迺爲之辯著如此云。嘉靖丁未八月朔。

又《四友齋叢説》卷三　南京道中，每年有印差道長五人，例有贓罰銀數千。丁巳年，屠石屋葉准源管印差，要將贓罰銀送國子監刻書，因見訪及。爾時朱文石爲國子司業，余與趙大周先生極力慫恿，勸其刻《十三經註疏》。此書監中雖有舊刻，然殘闕已多，其存者亦皆模糊不可讀。福州新刻本復多訛舛，失今不刻，恐後遂至漫滅，所關亦不爲小，諸公皆以爲是。大周托余校勘，余先將《周易》校畢，方校《詩》、《書》二經，適文石解官去，祭酒意見不同，將此項銀作修二十一史板費去，其事遂寢。

又　余在南都時，嘗與趙方泉督學言，欲其分付上江二縣，將書坊刻行時義盡數燒除。仍行文與福建巡按御史，將建寧書坊刻行時義亦盡數燒除。方泉雖以爲是，然竟不能行。徒付之空言而已。

又　余以爲《十三經註疏》板頭既多，一時工力恐難猝辦，但得將《古註十三經》刻行一部，則大有功於聖學，而於聖朝政治不爲無補，且亦可以嘉惠後學。其費不上一二百金，但得一有意太守，便可了此，惜無可與謀者。

又　宋人説經，始於劉原甫。劉有七經小傳，言簡理暢，尚不失漢儒之意。余始得抄本，甚珍重之。後以與朱文石司成，已刻板於南太學。

又　朝廷於有關經術之書，當遍加訪求，士大夫一遇此類，亦須極力購之，若有力便當刻行。蓋去聖日遠，則經教日湮，而後之談經者將日下一日矣。縱有小疵，亦當過而存之，使後世學士猶可取以折衷。今小説雜家，無處不刻，何獨於經傳而靳惜小費哉？

洪垣《湛甘泉先生文集序》（湛若水《湛甘泉先生文集》卷首）　道其有統乎？曰：道無不在，又焉統之！然則千聖之所授受何謂也？曰：其所授受者，無統而有宗也。【略】先生原集四十八册，今存惟十五册。或覽未終篇，輒掩卷而推之曰：此昔孔、孟以來下乘語耳。予因爲愕然謹襲而櫝諸。葉友德和、余孝甫、吳生君揚先後勉請入梓，或見而哂之曰：子可謂師門墨守矣。噫！予其敢爾哉！予其敢不爾哉！萬曆七年二月望。

黄姬水《刻兩漢紀序》（《兩漢紀》卷首）　夫史以述王道，辨人紀，彰厥軌迹，以昭法戒，蓋聖人之耳目，來世之龜鏡也。苟是非善惡不足以示懲勸，觀廢興則雖侈聞淫綴、雕琢稱匠者，無所取焉。【略】《兩漢紀》者，則左氏體也。品擬其文，並爲嘉藻。荀則典麗婉通，緬嗣西京之絶響；袁則渾深爾雅，一澌江左之靡風。誠藝林之珉玉，史家之圖籥矣。但其刊布弗廣，遂致湮晦。昔大復何舍人得荀氏書抄本于徐太宰家，刻于高陵，涇野呂公序之曰：「予曩在史館，數問荀氏書，弗獲見，而恨校讎之無副，若袁氏書則尤所希覯者也。」宋紹興間，汝陰王銍謂比班、范，史缺裂不傳矣，況今日哉！支硎楊公嘗造先子五嶽山人，語及荀、袁之書，亟爲歎賞，云：「往時曾于雲間朱氏覽宋刻本，眞天府閟笈也，惜未祈借，爲可悵惋，乃今不可復覩矣。」後不逾月，有持一編售者，則朱氏本也。先子傾囊購焉，將序刻，未暇，而先子已矣。噫！神物有歸，幸獲張華之劍；奇姿未耀，敢私桓氏之珠。輒復梓行，以永流播。愴焉述事，聊承堂構之心；率爾蕪辭，豈盡作者之意，可慨也已。嗚呼！著策所以立公言也，權衡所以立公正也，書契所以立公信也。然譽或倖得，毁有外來，心迹之間，沉隱莫察，微瑕掩瑜，尺朱蓋紫，自古然矣。悲夫，悲夫！此仲豫所以有未克之談，而彥伯所以有悵然之歎者也。嘉靖歲戊申夏四月朔日。

趙時春《康太史文集序》（康海《對山集》卷首）　武功康太史聲名滿

宇宙間，竟爲人所排擠，其猷爲無由自見，世特傳其詩文爾。其人本豪邁不羈，雄文鉅作，世稱所長云。至于詩篇爾雅，本質去雕，世多未及，異乎吾所聞矣。【略】初，公憤世不已，知滋欲自放，不爲章句著作以求知于世，然世之乞公文以求顯者益衆，與人畢輒棄去，故存者頗少。賴大微張子盡裒諸交友，乃克成集，都御史東涯翁子始畀西安守六泉吳子鋟諸木。夫世不能致公于顯位，反欲因公之文以求顯其身，已不試，乃更取其所棄之空言而尊崇之，人情賢不肖固相遠，而士之遇不遇固自有命也。乙巳冬，吳子以刻本貽余，讀其中，則先子之墓誌固已放失，余既托吳子以附諸集，因序以歸之，使例求公之遺文。世固有能藏公之文者，而或不及乎梓矣，或及乎梓矣，而或非公立言之旨，然則托空言以自見，業有所難，而因人之言以求顯者，要亦不足恃也，君子恃其自立者何如耳。公之不修飾以求名而名自隨，不爲文以傳世而世自傳者，其意或在于是與。嗚呼，公其人傑也哉！

王愼中《遵巖集》卷九《薛文清公全集序》　河東薛文清先生，以正學名本朝。自我明有國，使士者尊朱氏以一學術，偉人碩士彬彬繼出，未有卓然以正學名者，至先生始巍然爲道德禮義之學之首。【略】侍御趙玉泉君，取先生之文與《讀書錄》，並刻之爲全集，以惠學者，良有意哉。濟南胡君，繼趙公按閩中，覽其刻曰：是本朝之學，而吾鄉之先正也。吾讀其書而講其道久矣。喜趙君之所爲，有令於志而謂某宜序之，於是乎書。

陸樹聲《孫文簡集序》（孫承恩《文簡集》卷首）　毅齋先生孫文簡公，平生所著詩文，屬公門人校次成集者，總若干卷。公殁，子漢陽守克弘出以授梓，問序於余。【略】余不佞，追惟始進，竊冀幸承敎於公，晚復承命序公之集，因論次公生平，并識其大者若此。萬曆癸未夏五月。

董份《史漢合編序》（茅一桂《史漢合編題評》卷首）　太史公接左氏緒，易編年爲紀傳，盤礴軒轅訖麟止，其締造醻甚。班椽蘄自信其業，稍更其例，而多所沿襲，以竟蘭臺之述。其曰分散數家，疏畧柢梧。蓋陽詆之而陰實。【略】班享其敝帚，遂輕詆之。而倪思氏標其藩籬，眯其中扃，遂管窺於句字，有紹明二氏之統者鮮矣。余友鹿門茅君，少漁獵百氏。於二家，尤洞徹神髓。迺本《梁書》蕭琛之説，合《史》、《漢》而次第之，且採楊太史諸君子所贊隲弁其上，而間出己意，系以鐫抹，所稱殫千金而盡屠龍之技。繼自今二氏之學若延平神劍光怪，後先掩映，無復聚喙如王充輩也。已編既竣，金陵龍泉唐君、對峰周君遂梓以惠天下，余喜鹿門之精識博洽，而尤幸唐、周二君成勝事不朽也，因引其端，以諗世之治二家史者。萬曆戊子歲夏月穀旦。

劉鳳《海録碎事序》（葉廷珪《海錄碎事》卷首）　余往則聞黃淳父有所謂《海錄碎事》者，秘之，以爲人所未見書。後余乃求得之他所，則固亦愛之。夫類事以多爲貴，故昔人有疏錦被事漏言致禍者。是博聞多識，自昔尚哉。【略】故惟玆編出於宋泉州守葉廷珪，既獵其英華，而舉其要領，凡事見於他者，率彙爲一，而分條別類，枝析流疏，無不詳載，雖斷簡殘篇、片詞隻字，罔遺逸焉。使欲有所考索，一舉而盡，是豈待勞於遍求群書而卒不能悉哉？則是編之爲助于學，豈有量者！昔在唐以前，則有《脩文御覽》、《華林編略》二書，今不可得。《玉海》、《紀原》、《指南》舊有本。惟虞世南《藝文類聚》、徐堅《初學記》刻於嘉靖間。今余宗姪大參倬之子誦已上春官而夭，孫應廣敏睿而文，學有淵源，家畜是書，遂梓以傳，其嘉惠來者之意一何廣也夫。《禮》云：記問之學，不足以爲人師。然人多患苦于不能記憶。昔之爲書不易，多題之竹簡。而簡易紊亂，且重大難勝，故古之書尤不易傳。左史倚相能讀《三墳》，自外誰能者？況遭秦燔棄，孔壁之餘及羽陵所得，能幾何者？惟後所撰述，益以煩滋，而《丘》、《索》藐矣，難以語古哉。余不敏，而好習學，然得則忘之，乃窮年卒歲，空空如也。是天不畀余以記問之學，其若之何！又若欲秘之自私，與今之梓以傳者，其度之廣狹可知矣。萬曆戊戌孟冬朔日。

郭樸《韓魏王安陽集序》（韓琦《安陽集》卷首）　《安陽集》五十卷，宋魏國韓忠獻王之文也。並《家傳》、《遺事》十餘卷，蓋傳自宋之季世云。正德中，監察御史安陽張公士隆按鹺山西，刻置河東書院。樸後得之，謹藏于笥。萬曆乙酉，鄴司理內江張公謂先哲著作鄉郡不可闕，次年重構晝錦堂成，迺謀于郡守漳平陳公、郡丞清苑王公、通守垣曲趙公，再加校錄，刻置堂中。於戲，崇往哲而重遺編，諸公之盛美關諸風敎者，匪細也。鄴之人幸生王之鄉，仰王名蹟，誦王遺文，亦知所以感發而鄉慕乎。王德望在當時，勳業在史策，風聲在後世，惠澤在鄉郡，毋庸贊述已。乃若其文，根諸心術之微，而顯諸言論之表，不爲誇詡險怪之詞而自具夫閎正敦大之體，信如大人鉅公，冠裳珮玉，儼居于高堂，建節鳴鸞，徐驅于周道，人之見之有不肅

然起敬者乎！蓋嘗誦王題詠之句也，曰：未出土時先有節，便凌雲去也無心，須臾慰滿三農望，卻斂神功寂似無。猗王之名世大賢也，有以也夫。司理公好古而尤惓惓於忠孝節義事，既志忠武之廟，復表忠獻之文，即其舉措，將來德業所就，曷可量哉！梓人既訖工，樸敬附言終簡，見是編流傳所自云。

俞允文《刻雲仙雜記序》（馮贄《雲仙雜記》卷首） 梁任彥升家有書三萬卷，捃拾遐怪之事爲二卷，曰《述異記》。唐末時，馮贄所纂《雲仙雜記》十卷，贄自序云：「家藏九世之書二十餘萬卷，已數倍彥升之書，雖古藏書之家，當無以過之。」今觀其所纂，多所未見。贄又云：「若見於常常之書，此必略之。」信矣。其事類皆幽閑燕飾，述異之外，足以資博聞，而欣然愜賞者，此書也。葉伯寅既已校刻齋中，復囑余序，遂爲序云。隆慶辛未夏六月。

李獻忠《山中集跋》（丘雲霄《山中集》卷末） 吾師止山先生，早治詩，以明經進，時其吟詠，蓋得之《三百篇》者，而以唐人之音律發之耳。獻忠恆侍於先生，辭溫而氣平，能群而不比。論學必要諸心，而不執於聞見。論事必質諸義，而不滯於成言。是知其詩皆原之性情，成之學術，其爲教者即此焉在。嘗得其《北觀集》，與在門二三子私相筆授，慮其弗廣，載謀梓之。先生夙負四方之志，學浮於位，而隨所履歷感。斯詠焉，有《山中集》、《南行集》、《東遊集》、《西居集》。《北觀》者，乃觀光于北時所錄，特其一耳。嘗并請登梓，先生不可。於戲！玉抱潤，不以璞固而藏輝；珠含光，不以浦淵而沈彩。縣知諸集終當並珍於時也。嘉靖丁未。

石元鍈《山中集跋》（同上） 歲丙午，吾宗師止山先生既涖教，元鍈進而問學。先生曰：「心有所匯，雖瓦甓可以語道。趨眩於的，即謨訓亦爲粕燼，子無泥焉。」既數月，進而請益，先生曰：「道豈多乎哉！比類則通，株守則固，子無疑焉。」又數月，得先生舊所著詩文數十卷，莊閱間輒復收之，曰：「是未足以敎也。」元鍈作而曰：「昔聞諸先生，夫苟善學，奚物而不資。夫苟不善學，奚資而不物。是故觀鷄雛而得仁，觀怒蛙而得養，觀擔夫爭道而得書，夫亦人之學也。況先生所著，人倫備而物理該，而謂敎學將不在是也，則弟子焉惑。」先生笑而不答。於是得《北觀》、《山中》二稿，卒集焉，因與同門者載鋟之木，用鳴吾人之篤信，且以廣所聞於先生者。

陳全之《蓬窗日錄・後語》 陳全之曰：余自庚子觀光上國，晨途夕舟，風江雨湖，歷覩時事，遍窺陳迹，凡得見聞，雅喜抄錄。或搜之遺編斷簡，或採之往行前言。上至聖神帝王吟咏，下至闤闠里碎言；近而衽席晤談，遠而裔戎限界。歲積月盛篇盈帙滿，不覺瑣屑涉乎繁蕪。辛亥，官南宮，刪其稿。庚申，轉蘆滄，重訂之，釐爲八卷，曰寰宇，曰世務，曰事紀，曰詩談，題曰《蓬窗日錄》。錄之云者，日漫述之而已，不能與也。自資攷閱，畧比稗史。既而憮然曰：此糟粕耳，於心身果何益？噫！吾過矣哉。參藩晉陽，攜以自隨。甲子夏，五巡歷三關，至寧武，出，此以證邊徼，若有符合。吳君節推見而讀之。乙丑仲春來告，云祁尹岳木已鋟于梓，不肖業已乞言于後菴朱先生序之矣。余憮然曰：吾方以無益心身爲懼，而子乃加災于木，噫！吾之過何以自改哉。嘉靖乙丑秋八月望後一日。

熊大木《大宋中興通俗演義・大宋武穆王演義序》 武穆王《精忠錄》，原有小說，未及於全文。今得浙之刊本，著述王之事實，甚得其悉。然而意寓文墨，綱由大紀，士大夫以下遽爾未明乎理者，或有之矣。近因眷連楊子素號涌泉者，挾是書謁於愚曰：「敢勞代吾演出辭話，庶使愚夫愚婦亦識其意思之一二！」余自以才不逮班、馬之萬一，顧奚能用廣發揮哉？既而懇致再三，義弗獲辭，于是不吝臆見，以王本傳行狀之實迹，按《通鑑綱目》而取義。至於小說與本傳互有同異者，兩存之以備參考。【略】屢易日月，書已告成鋟梓，公諸天下，未知覽者而以邪說罪予否？時嘉靖三十一歲在壬子冬十一月望日。

俞憲《續文翰詔集識語》（《文徵明集》附錄） 文翰詔詩刻成，客有遺余《甫田集》者，起自弘治庚戌，終于正德甲戌，乃四十年前舊物也。然亦足以探其志矣。其次序當在《懷歸》諸詩之前，業已不可更置，故又于集中取其聲之成文者刻如左。嘉靖丙寅秋。

釋本讚《嘉靖己未修補五音篇韻字板序説》（韓道昭《大明正德乙亥重刊改併五音類聚四聲篇》卷首） 詳夫文字之立大矣哉！蓋非文無以明道，非字無以成文。字有五音，文不加點，豈細事耶？幸我衍法重刊《五音篇韻》板一副，適空老翁校勘考訂盛行天下，取字之便莫便於是矣。柰何歲久模糊，雕殘板壞，由是，後學本讚感聖賢所作之洪恩，念師祖勸緣之重鏤，

誠乃三教九流、諸子百家檢討經史，非此而不能盡其檢討也。欲其修補，自不能焉。叙謁內府恩官郭公恕轉答內庭善信，施資相助，事果克完。況公賢姪郭大義熟讀《指南》，細玩《篇韻》，其《篇韻》中刊寫差訛、字義切腳，一一讐對，詳察改正，令其馬字還成烏、焉也。於戲！人能弘道，非道弘人。今郭公等輔成其事，眞得其言也歟？予強書其說，以記修補之歲月云。重刊恆翁嫡孫本讚修補謹識。

姜寶《周易傳義補疑·序》 《易》更四聖而成書，發明以程氏《傳》、朱子《本義》，説行於世曉然矣，則曷爲又有《補疑》之纂註也？【略】家居十有五年，日手是書，居乎，是動乎，是觀且玩乎，是日求所以寡過而未能，又日求所以貫通其説而未有得也。乃專主傳義十八九，旁及諸家十一二，於程、朱二先生之説間有疑者、未詳者，由臆見爲臆説，其或有一得之愚，一隙之明，悉録之。久而成帙，攜以入留。曹侍御、潘君維岳、郡守古君之賢並亦有志學《易》者，謂可以傳，相與校正而刻之新安郡齋。夫孔聖能羽翼三聖人之經，程、朱二先生又能羽翼三聖人及孔聖之經，使予之説而可羽翼乎程、朱二先生之《傳》、《義》也。二君倘許我乎？幸各惠一言綴於篇，庶可質諸同志，兼以俟諸後來者。萬曆丙戌冬十有二月吉旦。

尤烈《大學衍義補纂要序》（徐栻《大學衍義補纂要》卷首） 《大學》之道，古先帝王功化，斯爲至備。孔門述以成書，詔後之學者，俾本之身而推諸治，以協於神化之極。是故宋文忠眞先生爲之《衍義》，本朝文莊丘先生爲之《衍義補》，則以廣孔門著書之意，嘉惠後學，心良深也。柰何世變既遠，教失正傳，《大學》經傳雖人人習，竟混於詞章之末。至二先生所著，漫不省觀矣。學不知本，推無所自，如之何治可追古也？鳳竹先生少慕是書，《衍義》則遵其舊，《衍義補略》刪其煩，撮其要録而成編。玆來推建府，出示諸生，太守吾南劉先生見而心喜，爲命工鋟梓，又托予序之。【略】予喜見古治之復易易也，僭爲之序。嘉靖歲次戊午孟秋吉旦。

胡直《念庵文集序》（羅洪先《念菴文集》卷首） 文者，聖人不得已而用之，是故文非聖人不能柄也。【略】國家自弘治、正德以前，棟道之儒不媚於文，柄文之士不究於道，蓋亦不免於交厲之失。唯白沙、陽明二公之爲道也，巋然獨得於本心之微。故其言不下帶，指遠辭達，有非能言之士所幾。念庵先生生兼江陝之秀挺，出二公之後，年甫十三，已慕爲古文。比十五，遂憖然以斯道爲任。【略】嘗試窺之先生之學，凡三變，而文亦因之。先生少學文，倣李空同，棄之曰：是未見端委者。既入宮寮，又與唐荆川、趙浚谷相講磨，大放於文，久之語直曰：吾無意爲之矣。移答友人，取辟於水曰：古之人，有能之者，必其中有自得，實見斯道之流行，無所不在，雖欲不爲波濤湍瀾之類，不可得也。以是知先生之於文，所謂一以貫之者也。夫子曰：「文不在玆。」直於先生亦云。文若干卷，舊刻諸撫，又刻南畿，咸漏而泛，先生病之。邑前令王君少方，將謀刻，以內召未果。今令蘇君誠齋，以先生生平力於道，匪徒力文，宜愼擇語學者，彙編以相警發。監司施君華江聞曰：先生之文，孰非道也，宜併刻之。乃徵吏部曾君見坒，偕及門士，分校語學各體，其他酬應諸雜著，統凡若干卷，蘇君屬直序其端。直慚從游之久，既未聞道，又焉知文！乃爲著其崖略，後之誦繹，有知文柄必出道術，則二三君子之嘉惠，斯文功不眇矣。悲夫！先生之道未逮大行，然見諸家邦，徵諸遐邇，皭然而經乎世。明物察倫，盡性達命，咸出無欲之體。可以考堯、舜、孔、孟不謬，質天地鬼神不疑，百世俟聖人不惑者也，奚俟直云。

徐師曾《今文周易演義·序》 余用古文周易作《演義》，以俟好古君子，復取今文録之，以爲是編。蓋經傳之亂久矣，漢、魏而下千有餘年，未聞有正之者，至宋始定於呂氏。然唯朱子崇信之，而一齊衆楚，卒不能廣其傳。嗚呼，何其難也！方今朝廷之頒布有司之貢舉、學官之藏、閭童之習率用今文，而余欲以古文變之，勢必不能，此是編之所爲録也。【略】是書之成，前後十年，始獲脱藁。然中多未定，未敢傳諸人也。間出以質會稽士人，遂見私録而刻諸杭。邇來謁告家居，藥物之餘，重加脩改。友人董朝獻請刻以傳，余方悔初本未定而誤行也，遂不辭而畀之。邃《易》君子，幸相與訂焉。隆慶戊辰七月甲子。

羅汝芳《從容録重刻四家語録序》（釋行秀《萬松老人評唱天童覺和尚頌古從容庵録》卷首） 自佛祖拈花，迦葉微笑，雖云默露宗風，殊覺渾淪透漏。更逢後來好事兒孫，不知重惜家寶，各各拚身失命，平地生塵，澄波動浪，亂散空華，欺搖捏目，訛傳衆口，公案多端。天童、雪竇殘唾，既苦不收；圜悟、萬松夢語，又多不醒。幸得清涼老人，久知祖禰不了之殃。今日門徒古顏盡將骨董搬出，分化四家，從新翻刻。嗚呼！臟私現在，眞賊

難逃，敢請寶劍金剛，便與一齊砍斷。然後將他零碎評詞，共四海蒼生，作個太平歌唱也。

徐渭《法華大意後序》（釋無相《法華經大意》卷末） 金陵太虛相師，昔與陳白沙、章定山諸老先生相友善，既多論述。及見孝宗皇帝，復有講章詩篇。若雜文諸稿，維揚士大夫家有藏之者，今不易得也。渭孩時舍名稱師兄者玉北菴，往歲閉關龍南精舍，適鄉人李君良忠過訪，爲玉兄道其兄梅峰居士游維揚時，登太虛樓，訪師所遺，得《法華大意》本於住僧某而歸。玉兄後三年出關，復得是本於王龍溪先生所，而本固缺後三品。適玉兄之師玉芝大師至自武康，足成之，玉兄受之。遂較刻以廣其傳，爲卷凡三，字七萬。布施者若干人，費銀若干兩，工再月而成。既成而玉兄持本以來，令渭序其來歷如此。若夫要旨所關，已標指於前序中。雖然，如聞六祖之言，心悟轉《法華》，心迷《法華》轉。然則經且不可恃也，而況於區區之大意，此在衆生誦讀者當自得之。其無以義爲讎，以負於著者、藏者、訪者、足者、施者、刻者之心。嘉靖丁巳歲冬十二月望日。

陸光祖《淨土資糧全集序》（莊廣還《淨土資糧全集》卷首） 《歸元直指》云：「欲生淨土，須辦資糧。」夫淨土一途，誠出世捷徑。釋迦慈尊，最大方便，特爲拈出，反覆囑示，不啻三令五申。而古來萬聖千賢，贊歎垂訓，如出一口。【略】吾友蓮池禪師，得佛心印，弘法東南，所接學人，不論根器利鈍，俱孜孜以淨土爲言。而其高足莊居士，恐枵腹西行者，勢難前進，乃手集一書，而三刻之，特爲漸機同志設以大緣法。其終刻者，名曰《淨土資糧全集》，蓋取《歸元直指》之意而廣演之也。余觀其大較，不出所謂信向、願力、戒行三者，而蒐稽往事，博採格言，比之厚積富藏，幾于千斯倉，萬斯箱矣。慕樂邦者，循此以往，何安養之不可得哉？慨自唯心淨土之旨不明于世，好異者，往往右禪那而薄往生。蓮池禪師既導其迷津，居士此錄，復資其利涉，隱然西方聖人度盡衆生，方登正覺之遺意也。《淨名經》謂法施大于財施，居士以往生法作資糧，廣施法界，即用三千大千七寶布施，功德寧復過此。蓋不持善承蓮池師之志，而亦深報釋迦慈尊之恩矣。有事淨土者，尙無忘居士嘉惠之心乎！居士名廣還，字復眞，端雅有道之士也。明萬曆歲次乙未春三月十日。

劉大昌《刻山海經補注序》（楊慎《山海經補注》卷首） 《山海經》號稱古書，所載多古音古字，厥義難析，自東方異鳥之辨，劉更生貳負之對，世知鄕慕，說在歆序。乃後子駿錄上，景純訓注，略可睹記；雖疵其難解，政自不少。由晉迄今，又千餘年，太史升庵公補其遺逸，考古以證今，言近而指遠，其事核，其論明，疑辭隱義，曠然發矇，而文學大夫益知崇信矣。【略】南棠周公，好古嗜學，雅珍玆編，鍥而傳之，以貽同好，流觀欣賞。異時藝林文苑，稱蜀本於天下，當自今日始矣。嘉靖三十三年夏五。

朱睦㮮《刻周易贊義序》（馬理《周易贊義》卷首） 乙卯之秋，馬谿田先生以《周易贊義》寄余，且貽之詩，有「玆呈管見編，薄言供覆瓿」之句。余受之未及卒業，而先生云亡。悲夫！悲夫！明年春，侍御南泉龐公來按玆土，首出是編。左使葵山鄭公覽而嘉之，遂付之梓人。刻既竣，命余序之。【略】嘉靖三十五年歲在丙辰孟秋既望。

賀邦泰《刻左氏春秋傳白文序》（《春秋左氏全傳白文》卷首） 《左傳》，奇文也。【略】宜乎古今之嗜之者衆也。乃其喜談夢卜、樂道神巫，此則爲左氏膏肓之疾。夫吾夫子不語神怪，而左氏以此傳《春秋》，誤矣！故范甯氏病其誣，韓愈氏訾其浮誇。而吾友孚齋王君作贅言鍼砭之。余嘗序而刻之矣。雖然，其奇固不可廢也。杜註頗有功於初讀，但讀之既久，不免厭其煩。余故刻白文以遺世之好是書者。非謂其註弗佳，佛言如筏喻者是也。抑左氏之誣固矣，然亦文人弄筆常態爾。是書豈無格言可以範世者乎？余嘗愛其語云「國家之敗，由官邪也。官之失德，寵賂章也。」此數言者，千古不能出其範圍。然則讀《左》者略其誣而取其近正者焉，則於世道亦豈小補哉！余故表而出之，俾讀《左》者知所推類而取衷云。時大明萬曆十六年歲在戊子春正月。

李登《刻焦氏類林引》（焦竑《焦氏類林》卷首） 焦弱侯於書無所不讀，而鉤玄提要，動侔古人。每披書，當賞會與夫自有所見，欲以闡幽正詞者，輒手裂赫蹏，細書而貯之。紛紛總總，如禁臠在廚，碎錦在笥，未有秩敘。最後除自言者，別爲《筆乘》，其第輯錄備覽觀者，特付愚詮次，命愚子弟錄之。乃取《世說》標目，稍稍裒益其間。成帙時，以余同版一印，行之未廣也。玆王孟起氏博雅嗜古，爰壽諸梓以廣其傳，復徵引其端。【略】觀者未論《筆乘》，即以此知弱侯可也。孟起氏其亦知弱侯者哉！萬曆丁亥冬孟。

朱一龍《圭峰集序》（盧琦《圭峰集》卷首） 予產惠北里，髫丱始知學，即聞先君子暨諸長老言，知有元進士盧公希韓者。【略】盧公遺文，予未仕時嘗見抄本半集於先君子舊篋中，薦經倭亂，散逸無存，求之二十餘年不獲。一日得於吾鄉王君玉流氏，乃元陳誠中所編，爲《圭峰集》，與公之子昺所次爲《平陽集》，欲鋟梓而未就者。當兵燹之餘，家比爲燼，不知藏於何名山大川，以得無燬，或者鬼神呵護，將使之竢後世君子以廣其傳也歟？予不類，竊喜爲之校閱叙錄，遂令鋟梓如左。於戲，公，古之賢者也，予，公之鄉人也。先後不同時，而惟賢我師也，惠之先哲固未可謂無人，唐、宋諸賢邈矣，文行不可概見，居址亦無復尋，惟公去今時未遠，而居又近在，其學與政固於予心若曠世而相感者，是之取爾。隆慶壬申九月。

張思忠《刻百家類纂叙》（沈津《百家類纂》卷首） 曩余爲諸生時，每盟同志，蒐采藝林，尙友千古，則私相歎曰：「士誠病於寡陋哉！」【略】越明年，秋，含諭沈子持所集名曰《百家類纂》者謁余，余見而重有契焉，即披閲之。【略】「是纂也，揚六籍之旁流，尋諸子之要徑，殆可附於孔子知之之次，而有裨於博綜之士者非淺鮮也。盍付之梓以貽同志。」沈子避席而再謝不敢。余因給諸學宮，令博士、諸生相與校正而刻之。刻成，丐余一言，叙其顛末。余喜數年未就之志，賴沈子以有成也。遂書而授之。沈子疏朗而慷慨，洞直而沉潛。嘗與余論時事，余所咨嗟慨噫，沈子亦咨嗟慨噫，蓋毅然有志於世，庶幾乎古之有學有守者，匪直博雅而已。以故其所纂類悉權衡不謬，固非堂下矮人之識也。讀是編者其尙有以知其人哉！龍飛隆慶元年四月清和滿日。

楊經《重刻華陽國志序》（《華陽國志校補圖注》附錄） 始余宦遊蜀中，考古覽勝，瞻依禮殿，徘徊卜肆，登文翁講堂，訪子雲玄亭，風烈猶存，慨然竊慕鄉久之。壬戌歲剖符西土，景行先哲，博徵文獻。政餘談及是書，鮮有知者。乃劉子出家藏一帙視之，因託之校正，謀諸同知溫子訓、推官宋子守約，將梓傳焉。夫璩本蜀人，罹蜀險艱，憤諸李僭亂，爰本《蜀漢紀》、《南裔志》、《耆舊傳》諸籍，勒成此書。此其志自擬良史。其文古。其事核，其意深遠，可謂晉之《乘》、蜀之《檮杌》，蓋自信傳後無疑矣。在宋，呂汲公守成都、李叔廑守臨邛，嘗刻之。歷世緜邈，士人罕見。茲編行，海內流觀，無勞傳寫，亦文苑之嘉話也。昔中郎秘帳隱《論衡》，辯才鑿楹藏《禊帖》，天下大器淺中、狹度久矣，貽誚後人也。稽於衆徵協恭之誼，傳於人，慰同好之心傳於遠，闡作者之意。一舉而衆善集，君子是以樂觀厥成已。三閲月，梓人告成事。漫書數語，以引簡端，以紀歲月云爾。明嘉靖甲子歲、季春朔。

王宗沐《南野先生文集序》（歐陽德《歐陽南野先生文集》卷首） 先師歐陽南野先生沒之二年，晉江中丞蔡公撫江右，丕崇正學，從其家匯先生遺言三十卷，檄沐校而刻焉。【略】嘉靖丁未，沐謁先生於司成。庚戌，遷官廣西別去。丙辰，再移江右，則先生已沒。追惟親炙，粗能道先生之意，以序其書，沐不敢辭。然實相是役者，則守臨江沈君科、南昌陸君九成、贛州王君春復、吉安黃君國卿、南安丘君玳，皆嘗及先生之門者也。嘉靖丙辰七月。

又《刻漢書評林叙》（凌稚隆輯《漢書評林》卷首） 自古帝王經綸一代之跡，其制作更革，謨議必有所托，以傳於後世，則史是也。【略】吳興凌以棟以固書無善本，乃并叙古今之竊有題評者，節附於柬末。刻之，題曰「評林」。因友人蔡生大節而以問叙於余。余謂文武之道未墜，必賢者乃識其大較。妍媸於句字之間，非固作書之初，故余述其大者以復凌君，使刻焉。覽者其或有取乎！時萬曆辛巳。

陳文燭《瑤石山人稿序》（黎民表《瑤石山人稿》卷首） 嘉、隆之際，黎惟敬在秘書以著作供奉，稱上意。公卿憐才者，往往推轂惟敬，漢儒待詔金馬門，持論白虎觀，不是過也。時與歷下、東吳、興國、長興、銅梁、新蔡，赫然號海內才士。而惟敬晚交不佞，在諸君子去國之後。惟敬請老以歸，話別三山，余曾序其詩，鎮江鍾太守刻焉。大都謂惟敬與諸君子章昭代風雅之盛。惟敬覽之，報書曰：往文徵仲以集相託也，今尙負之。異時全集序在吾子乎！惟敬下世，長公君華，以吏部郎出參江藩，梓瑤石先生集，復屬以序，且曰：先大夫之意也。【略】即茲編也，天壤俱敝，安知後世不有相知定先生之言者乎？不佞辱彥昇筆扎之託，抱伯牙絕絃之感，因道其概焉。君華博雅好脩，有父風。萬曆戊子秋日。

又《世説新語補序》（王世貞刪定《世説新語補》卷首） 往余讀《世説新語》，輒手之不釋。蓋臨川王潛居研志，耽情墳籍，爲宗室之表。所愛佳事清言，采而書之。當時如太尉袁淑、吳郡陸展、東海何長瑜、鮑照諸

公，引爲佐史國臣，故紀載周悉。劉子孝標，學既該博，又好異書，從而注之，故引證特詳。彼崔慰祖謂爲書淫，或於是書有癖也。國朝何元朗博洽嗜古，上溯漢晉，下逮勝國，廣爲《語林》。王元美刪其冗雜，存其雅馴者，爲《世説新語補》。敬美自幼酷好是書，鑽厲有日，於字句勾棘難通者疏明之，於舊注爲俗子攙入者標出之，自謂洗卯金氏之冤，曾刻豫章。續有正者，復刻吳郡，張仲立校之，已爲善本。敬美又加指摘，其批評視劉辰翁加詳，再刻閩中，王汝存校之，問序於不佞，因得再讀。驚高論於曠代，聞長嘯於異時，又何快也！【略】語曰：「千金之裘，非一狐之腋也。」余於兹編亦云。萬曆丙戌秋日。

程纘洛《刻閑闢録後》（程曈《閑闢録》卷末） 朱陸之學始終不同，具見兩家年譜及文集、語録中。夫何草廬吳氏創爲遷就調停之説，篁墩程公又繼爲始異終同之書，由是遂成千古未了之公案，歷世不決之疑獄。道無從授指南矣！我先君深爲此懼，爰取朱陸之遺書，考其歲月之先後，明其旨趣之異同，旁蒐博采，輯以成編。其心即孟子閑先聖之心也。【略】然則書一出，而凡惑於兩岐之説者宜亦知所適從也。噫！先君德音不可復聞矣，而其手澤宛然。敬刻而傳之。謹識命工之歲月，併以繫無窮之悲。嘉靖甲子春二月丁未。孤子纘洛百拜謹書。

王世貞《弇山堂別集・自序》 《弇山堂別集》者何？王子所自纂也。名之「別集」者何？内之無當於經術政體，即雕蟲之技亦弗與焉，故曰「別集」也。王子弱冠登朝，即好訪問朝家故典與閥閱琬琰之詳，蓋三十年一日矣。晚而從故相徐公所，得盡窺金匱石室之藏，竊亦欲藉薜蘿之日，一從事於龍門蘭臺遺響，庶幾昭代之盛，不至忞忞爾。甫欲命管，而病妒之。既而自惟材力綿淺，一不稱也；所睹章奏、竿尺、賦頌之類鮮足裒者，二不稱也；是非小有不當，流禍後世，三不稱也。而是時倡道者，謂王子毋受役於筆研，以鑿性靈，自是絶意不復作。其他有所聞見，偶書之赫蹏，以數甓貯藏，尋得開出之，編次成帙，凡一百卷，攜來金陵署中。乃好事者見而異之，固請付剞劂。是書行，異日有裨於國史者十不能二；耆儒掌故，取以考證，十不能三；賓幙酒次，以資談謔，參之十或可得四：其用如是而已。

張佳胤《刻越絶書序》（袁康《越絶書》雙柏堂本卷首） 《越絶》名實群籍，辨者非一，咸無核焉。書蓋古而未考，按載多吳、越事。《崇文總目》謂端木賜作，尤非。其文辯而奇，博而機，藏知周信，重仇明勇，與《國策》譎權傾捭者異。獨《陳成子》篇，愚間列國，操縱成敗，固游士譚也。【略】舊本自宋嘉定間刻於吾蜀夔門，再刻會稽，乃久遠不真，嘗思廣傳。黎陽盧少楩出孟汝再家藏舊本於予，頗爲完善，二子好古博文，雅會斯志，爰校刻焉，交成厥美云爾。嘉靖三十三年夏六月朔日序。

又《刻華陽國志序》（《華陽國志校補圖注》附録） 元豐間，吕微仲大防授刻成都。嘉泰間，李叔廑坖再刻臨邛。當其時，書已缺漏，迺據《晉・載記》輯《李氏志》以補舊逸。平循共見，已謝璩書。然，不愈於遺忘哉？余往歲薄遊江原，遵常氏之故墟，痛先民之如在。因憤漢以來地理諸典，僅存類目，使往行嘉言沈淪略盡。即時乘紛紛言，豈一家已乎！益感道將之作，擅西土之絶典也。顧前刻損逸，垂四百年，作者之功，幾同灰燼。余舊得鈔本於澶淵晁君石太史家，篇章所存，缺脱十五。後艤舟江陽，與成都楊用脩夜談里中文獻，因請所藏璩志舊本，録之笥中。數年，余以罪謫陳蔡間矣。邇又得副本於大梁朱灌甫氏。交互取質，魚亥稍明。今守蒲坂，退食既暇，採摭史志，或參證明訛，或附註鉤深，或循體準制。獨於疑闕不能臆筆。爰付梓人，用章淹廢。惟巴郡士女，傳讚並逸。異代仰風，遐哉邈矣！則夫窮購秘典，博獵群言，揚宿德既泯之光，紹斯志千載之業，曰吾邦人，有重任哉。嘉靖癸亥五日序。

張四維《華陽國志序》（同上） 宋元豐、嘉泰間，一再刻於成都、臨邛。迄今且四百載，故世鮮傳本。余每見記傳中所稱引此書，往往雅伉可喜，思覯其全，而未獲也。邇者，巴郡肖甫張侯，以祠部郎出守吾蒲，政適民和，無廢不舉；念是書，蜀之舊也，迺采摭史傳，參校同異，緝而梓之郡齋。中間傳録積久，豕亥增訛，苟意所未融，則存疑示信。蓋當嘉泰再梓之際，已稱缺漏，雖云頗加是正，第恐轉失本眞，故侯慎之也。余嘗覽《藝文志》、《四庫書目》、《崇文總目》諸書，每惜古作者之志湮鬱不傳於代。即篇幅有存，遇之者鮮。遇又鮮能傳之，故逸佚寖衆爾。侯初釋褐，守滑臺，刻《越絶書》，今復校刻是集。古籍之不亡，謂不於好古博雅之君子有賴哉。嘉靖甲子元日序。

王之垣《海壑吟稿序》（趙完璧《海壑吟稿》卷首） 海壑趙先生，今年八十餘矣。《吟稿》，其平生所肆力，且以自媮快者也。蓋先生位不償才，

故以其未盡用之志，寄之於詩，久而成家，積之成帙云。先生之子，爲今大名守清廓君，於余弟輔爲寮長，而與余姪坤同進士也，則余於先生有世好之誼焉。一日，弟輔受是稿於清廓君，既付之梓，已又偕大名倅韓君等致書於余，索余言以弁其端。余取而閱之，因得以見先生於詩，詳先生之始末，則益嗟嘆歆慕之矣。【略】矧今太守君抱猷宏峻，且偉然有公輔之望，由茲以往，先生之未艾者，年未已者，詩而未可量者，後人之勳業也。則先生於不朽之事，可謂兼之矣。余復讀先生詩，至「庭下伊皐」之語，歷古詩家，詎能有之乎！嗟嗟，先生固足以自媮快矣哉！濟郡見峰王之垣頓首拜撰。

柴復貞《柴氏四隱集序》（柴望等《柴氏四隱集》卷首） 四隱公者宋國史秋堂公、建昌大夫瞻屺公、制參吉甫公、察推澤臞公也。四公仕當革命之際，鶗鴂悲鳴，衆芳萎歇，各抱杞國之憂，流涕陳列。而爲權奸所擯逐，迺相與遯跡林莽。嘆時事之已去，悲故宮之寂寞。黍離悠悠之懷，每形於伯仲賡詠，人以是稱爲柴氏四隱云。【略】明興嘉靖年間，大司馬克齋季襄敏公守衢日，博稽故實，尙論一方光哲，以光郡乘。未幾，遷官去。逖想高義，躬揮史筆，以紀其事。念菴羅太史書之，用勒於堅珉，其文載在郡志中。萬曆丙戌，宗師紫溪蘇公按衢，當品藻俊髦之暇，諮訪鄉賢，以樹風敎，移文查取四公實行遺文。族衆各蒐之蠧簡中，得其詩文若干首，而吉甫公集屢經兵燹，無復傳焉。繕寫成帙，以備呈請。丁亥初秋，男日新復於試事畢後，具狀敦請於宗師行臺，至蒙面命，學師責取通學勘結，而族之鏡者，方援旌傺室，不余諗也。陰緯繣之事，遂寢焉。嗟嗟！夫以四公之內美脩能，不售於世，而侘傺無聊似屈大夫。雖遭擯逐，而愛君憂國，念念不忘似杜少陵。卻元氏物色，而避地守貞似陶彭澤。故其發之詩歌，感憤激烈，大都足以淒淚千古，眞所謂節義、文章，宜與三公並傳矣。顧迺掩懸黎之夜色，韜垂棘之清光，直至蘇、李二公，始昭揭於突奧間。蓋雖未登俎豆，而一經題品，亦不可不謂之知音之賞矣。叔氏汝招、汝貴，蓋嘗眞力於鄉賢之舉，冀孝思有所慰也。而弗竣厥事，乃謀垂之於不朽。因捐貲命剞劂氏刻之，庶幾後之賢而有力者，遡祖德之幽光，而於鄉賢之祀，或再舉焉。則斯集也，亦少爲之一助云。萬曆戊子。

張正位《蘇門集序》（高叔嗣《蘇門集》卷首） 正位自少聞河南蘇門先生名，間嘗讀其詩若文，則見格調閒逸，意興端潔，迥出塵表，輒撫卷而歎息見其人。已而入仕，宦游中外，聞薦紳先生談其爲人，銳情雅道，不與世隨。在都署而有山澤之想，若鳳儀麟遊之不可羈思。其人寔與所著詩若文似之，孟子曰：「誦其詩，讀其書，不知其人，可乎？」位于先生有以知其人矣。比位出守維揚，幸廁總漕毛介川翁屬。翁乃先生壬辰禮闈優録也，坐鎭江淮，文武爲憲。居歲餘，特召內臺，將行，出先生之集，命之重梓，俾後生知前輩之盛則。【略】豈惟知遇之私，誠重其人也，刻既成，位不揣猥庸，謬識末簡如此。若夫先生著作之美，則舊本已序之。而我翁名世德，勛朝之士大夫仰之，凡轍迹所至之吏民頌之，何止於江淮之間！奚啻於當時之近則，又何庸於位之喙云。嘉靖癸亥歲季春月吉旦。

李贄《焚書》卷三《龍溪先生文録抄序》 《龍溪先生集》共二十卷，無一卷不是談學之書；卷凡數十篇，無一篇不是論學之言。夫學問之道，一言可蔽，卷若積至二十，篇或累至數十，能無贅乎？然讀之忘倦，卷卷若不相襲，覽者唯恐易盡，何也？蓋先生學問融貫，溫故知新，若滄洲瀛海，根於心，發於言，自時出而不可窮，自然不厭而文且理也。而其誰能贅之歟！故余嘗謂先生此書，前無往古，今無將來，後有學者可以無復著書矣，蓋逆料其決不能條達明顯一過於斯也。而刻板貯於紹興官署，印行者少，人亦罕讀。又先生少壯至老，一味和柔，大同無我，無新奇可喜之行，故俗士亦多不悅先生之爲人，而又肯讀先生之書乎？學無眞志，皮相相矜，卒以自誤，雖先生萬語千言，亦且奈之何哉！今春余偕焦弱侯放舟南邁，過滄洲，見何泰寧。泰寧視龍溪爲鄉先生，其平日厭飫先生之敎爲深，熟讀先生之書已久矣，意欲復梓行之，以嘉惠山東、河北數十郡人士，即索先生《全集》於弱侯所。弱侯載兩船書，一時何處覓索。泰寧乃約是秋專人來取，而命余圈點其尤精且要者，曰：「吾先刻其精者以誘之令讀，然後梓其全以付天下後世。夫先生之書，一字不可輕擲，不刻其全則有滄海遺珠之恨；然簡袠浩繁，將學者未覽先厭，又不免有束書不觀之歎。必先後兩梓，不惜所費，然後先生之敎大行。蓋先生之學具在此書，若苟得其意，則一言可畢，何用二十卷；苟不肯讀，則終篇亦難，又何必二十卷也。但在我後人，不得不冀其如此而讀，如此而終篇，又如此而得意於一言之下也。」泰寧之言如此，其用意如之何？秋九月，滄洲使者持泰寧手札，果來索書白下。適余與弱侯咸在館。弱侯遂付書，又命余書數語，述泰寧初志並付之。計新春二

三月余可以覽新刻矣。將見泰寧學問從此日新而不能已，斷斷乎其必有在於是！斷斷乎其必有在於是！

文元發《文翰林甫田詩選跋》（文徵明《文翰林甫田詩選》卷末） 先待詔詩凡三付劂氏矣，顧尚以搜羅未盡，不能無遺珠之歎。蓋當時稿本，皆公手書，故多爲人持去，所存不得什一。後藏和州府君所，迺又逸去大半。今則所鋟梓者，僅什一中之什一耳。姪龍有志蒐輯，顧方業公車，未暇也。間從人間覓得逸詩若干首，又舊梓未能精繕，因取原三刻并今所得者，送周公瑕氏，俾之訂選，復莊刻焉。公瑕云：「太史詩，即一字一句，皆入風雅，信自一代大家。近有刻《昭代詩紀》而不入太史詩，亦猶《河嶽英靈集》之不入李、杜詩，政謂大家全集，非可摘取耳。今世方以不得見太史大全集爲恨，而此僅僅者，迺欲復爲選損邪？」因爲書先公原自題小引于前而歸之曰：「老人耄矣，欲書數語以効述讚，恐不免爲渾沌書眉，不敢也。」刻竣，小子發疏其事由，并述公瑕氏之語於篇末云。萬曆甲午季夏。

陸光宅《刻憲章録跋》（薛應旂《憲章録》卷末） 吾師武進薛先生恭集我祖宗列聖寶訓、實錄，次第編年，凡纂緝支蔓者，悉爲裁約，其有事關體要、逸在諸儒臣別撰者，亦量爲采入。書成，題曰「憲章錄」，蓋以成憲典章，萬世所當遵守，且追宗夫子憲章文武之意，以寓從周之義也。見於自序者備矣。將圖鋟梓，而力稍不逮。張中丞、施郡守各助一金，僅足購木。先生節供省費，漸次圖之，因循二年，尚未訖工。今年春，宅下第歸自京師，過先生山居，謁焉。先生年七十有五，癯癯老矣！平生著作垂成而未脫稿者，多謝去矣。唯於此書，語次猶及之宅，重有感焉。遂不分其巳、未即工，盡攜以歸。謀諸同志，博集梓人，日夜校刻，四越月而工告成。庶不負先生編述之初心，而鑒觀率由者咸獲徵信誦法，而寡愆忘之過矣，豈曰小補之哉！宅不佞，敬附數語于簡末，以識歲月云。萬曆二年甲戌秋七月望。

謝友可《刻公餘勝覽國色天香序》（吳敬所《新刻京臺公餘勝覽國色天香》卷首） 今夫辭寫幽思寄離情，毋論江湖散逸，需之笑譚，即縉紳家輒藉爲悅耳目。具劂氏揭其本，懸諸五都之市，日不給應，用是作者鮮臻雲集，雕本可屈指計哉！養純吳子惡其雜且亂，乃大搜詞苑得當意，次列如左者，僅僅若干篇，蓋甚寡也。【略】是集也，夫亦群璣、尺箭之不顧而有所未暇與！且也悟眞者，間舉一二示之，將神游牝牡驪黃之外，集固已饒之矣。匪悟眞者，即累牘連篇，浩翰充棟，渠方卻臭尋，不能一一領略，雖多奚補！是以付之剞劂，名曰《國色天香》，蓋珍之也。吾知悅耳目者，舍茲其奚辭！

王圻《續文獻通考》卷一七二 是年［洪武三年］七月，續修《元史》成，計五十有三卷，紀十、志五、表二、列傳二十六，通共二百一十二卷。［宋］濂等率諸儒以進。詔刊行之，授諸儒士。

又 二年庚戌冬十二月辛酉，《大明志》成。【略】命送秘書監鋟梓頒行，俾民等皆授以官。

又 六年癸丑春，《祖訓錄》成。目凡十有三：曰箴戒，曰持守，曰嚴祭祀，曰謹出入，曰愼國政，曰禮儀，曰法律，曰內令，曰內官，曰職制，曰兵衛，曰營繕，曰供用。上親爲之序。因謂侍臣曰：「朕著《祖訓錄》，所以垂訓子孫。朕更歷世故，創業艱難，嘗慮子孫不知所守，故爲此書。日夜以思，具悉知慮細詳，六年始克成編。後世子孫守之，則未保天祿矣。」遂頒賜諸王，具錄于謹身殿東廡及乾淸宮東壁，仍令諸王書于王宮正殿、內宮東壁，以時觀省參閱。御製序云：「朕觀自古國家建立法制，皆在始受命之君。當時法已定，人已守，是以恩威加于四海，民用平康。蓋其創業之初，備嘗艱苦，閱人既多，歷事亦熟。比之生長深宮之主、未諳世故及僻處山林之士、自矜己長者，甚相遠矣。朕幼而孤貧，長值兵亂，年二十四委身行伍，爲人調用者三年。繼而收攬英俊，習練兵之方，謀與群雄並驅。勞心焦思，慮患防微近二十載，乃能剪除強敵，統一海宇。人之情僞，亦頗知之，故以所行與群臣定爲國法，革胡元姑息之政，治舊習汙染之民。且群雄之強盛詭詐之難服也，而朕以服之。民經世亂，欲度兵荒務，習奸猾至難齊也，而朕以齊之。蓋自平武昌以來，即定擬著律令，損益更改不計違數，經今十年，始得成就，頒而行之，民漸知禁。至於開導後人，復爲《祖訓錄》一編，立爲定法。大書揭于西廡，朝夕觀覽，以求至當。首尾六年，凡七謄藁，至是方成。豈非難哉！蓋俗儒多是古非今，奸吏嘗舞文弄法，自非搏採衆長，即與果斷，則被其眩惑，莫能有所成也。今命禮部刊印成書，以傳永久。凡我子孫，欽承朕命，無作聰明，亂我已成之法，一字不可改易，非但不負朕垂法之意，天地祖宗亦將佑于無窮矣。嗚呼！其敬戒之哉！」

又 是年春三月，《昭鑒錄》成。先是，命禮部尚書陶凱、主事張籌等

採摭漢唐以來藩王善惡可爲勸戒者爲書，會凱出參行省，編輯未成。乃復，召秦王傅文、原吉、翰林編修王撰、國子博士李叔允、助教朱復、秦府録事蔣子杰等續修。至是書成，繕寫爲一卷。太子贊善大夫宋濂爲之序以進。賜名《昭鑒録》，遂頒諸王。

又 十九年丙寅春，《省躬録》成。先是，上命翰林儒臣編輯歷代帝王祭祀、祥異、感應可爲鑒戒者爲書，名《存心録》，朝夕觀覽。至是，命贊善劉三吾編類漢唐以來災異之應于臣下者，別爲一書，名《省躬録》，至是成。詔刊行之。

又 是年冬十一月，《永鑑録》成。是書也，輯歷代宗室諸王爲惡悖逆者，以類編之，直叙往事。頒賜諸王。又輯歷代爲臣善惡可勸懲者，別爲書，名曰《世臣總録》，以頒示中外人臣。

又 二十六年癸酉春三月，《諸司職掌》成。先是，上以諸司職有崇卑，故政有大小，無方冊以著成法，恐後之涖官者罔知職任政事施設之詳，乃命吏部同翰林儒臣倣六典之制，自五府、六部、都察院以下諸司，凡其設官分職之務，類編爲書。至是成，乃賜今名，遂勑刊行，頒布中外。

又 [永樂]十七年秋九月，《書傳會選》成。先是，上以蔡氏七政左旋及陰隲下民一節註問廷臣，時答録與權仍以朱熹新説對。上曰：「朕自起兵迄今，未嘗少置涉覔，然循儒生腐談？」因欲訂證之，於是以兵部尚書唐鐸薦，遂遣行人，乘傳徵致仕，博士錢寧、編修張美和、助教靳觀至京，以試禮部右侍郎張智及學士劉三吾爲總裁，【略】書成，賜今名，命禮部尚書任亨泰梓行之。

又 二十九年丙子冬十一月，《稽古定制》成。先是，上以大臣多不遵定制，特命翰林斟酌唐宋制度，遂定列墳塋碑碣丈尺、房屋間架及食祿之家興敗禁例爲書。至是成，共爲一卷，命刊布之。

又 十三年乙丑秋九月，輯《五經四書》及《性理大全》等書成。上親爲之序。先是，上謂侍臣曰：「五經四書皆聖賢精義妙道，其傳註之外，諸儒議論有發明餘藴者，爾等采其切當之言增附其下，其周、程、張、朱諸君子性理之言，如《太極》、《通書》、《西銘》、《正蒙》之類，皆六經之羽翼，然各自爲書，未有統會，爾等亦編類成一書，務極精備，庶幾以垂後世云。」夏五月，開舘于東華門。以胡廣等董其事，命朝臣及在外教官有文學者同纂修，光祿寺給饌。至是成，上謂吏部臣曰：「此書學者之根本，而聖賢精義悉具矣。自書成，朕旦夕宮中披閱不倦，所益多矣！古人有志於學，苦難得書籍，今之學者得此書而不勉力，是自棄也。爾禮部其以朕意曉諭天下學者，令盡心講明，無徒視爲虚文。」至十五年丁酉春三月，遂頒布兩京六部國子監及天下郡縣學。

又 十四年丙申冬十二月，輯《歷代名臣奏議》成。先是，命楊士奇等採歷代奏疏有俾治道者，輯爲書。至是成，以進。上諭士奇曰：「致治之道，千古一律。君能納善，臣能盡忠，天下未有不治。朕觀是書，見當時人君之量，人臣之直，爲君者以前日之事爲今事，爲臣者以古人之心爲己心，天下國家之福也。」遂命刊，賜皇太子、太孫。

又 英宗正統十三年夏五月，《五倫書》成。先是，宣宗嘗親採輯經傳百家嘉言善行之有關于君臣、父子、夫婦、兄弟、朋友之道者，類分爲六十二卷，命曰《五倫書》。至是，上追承皇考之志。命鋟梓，以廣其傳。上親撰序。

又 天順五年辛巳夏四月，《大明一統志》成。凡九十卷。先是，成祖遣使徧採天下郡邑圖籍，特命儒臣大加修纂，未及成書。上又命吏部尚書兼翰林院學士李賢、太常寺少卿兼翰林院學士彭時、翰林院學士呂原等重修，凡三閱寒暑，至是，成賢等撰表以進，上命名《大明一統志》，親爲序之，遂刊布天下。

又 丙戌冬，詔纂修《大禮全書》。先是，上欲推尊二親，廷議紛紛不決。至是，禮成，遂詔纂修。時詹事府詹事兼翰林院學士桂萼上疏云：「臣初起復兄華尚存，謂臣曰：『皇上嗣統，遵祖訓也。』玆者遽背初詔，以閭里立嗣禮處之，此執政之心，非大愚即大奸也。比入京，而進士張璁主事霍韜已言之臣。」按，張璁《奏疏》二篇、《或問》一卷，簡暢詳明，已無餘藴，特以楊廷和從中主之大小臣工噤不敢語，已而道路之議論，京邸之諠譁，璁獨當之。則事之始末，莫有詳於璁者。今《大禮全書》奉命纂修，臣竊以爲此禮之成，皆折衷於皇上，顧編纂雖藉於數人，而體裁宜歸於一手。如楊一清者，特令相與參訂之。於事之本末，臣見張璁逐一所録要畧，皆紀實也。仍乞下之史舘，復取各衙門事關大禮卷宗而採擇之，就璁逐日所録者，因而致詳之，以成一家之言。庶一代君臣行事之跡，覈而不誣。皇上折

裒取舍之功詳而不畧矣！書成，次第録冊以進，世宗覽之，謂輔臣張璁等曰：「朕思斯禮不但行於今日，實係乎萬世法。欲使明人倫、正紀綱，所關匪輕，若以《大禮全書》目之，似爲未善」，遂更名《明倫大典》云。按，《大禮要畧》上下二冊，張璁所撰也。六年正月，璁以是書進，有旨：這所奏《要畧》送付史館，以備纂述。已而璁及桂萼又增刊《大禮要畧》以進。上曰：「仍送史舘。」七年戊子夏五月，《明倫大典》成。先是，上御文華殿，召大學士費宏、楊一清、石瑤、賈詠等，諭之曰：「大禮書未備，特命卿等纂修，傳之萬世，卿等其欽承之。」及是書成，上悅。留覽。九月，廣東東莞人陳建私輯《皇明資治通紀》，具載國初至正德間事，梓行四方，內多傳聞失眞者。工科李貴和言：「我朝列聖實錄，皆經儒臣奏請纂修，藏在秘府。建以草莽之臣，越職僭擬，已犯自用自專之罪矣。況時更二百年，地隔萬餘里，乃欲以一人聞見臧否時賢，熒惑衆聽，若不早加禁絶，恐將來訛以傳訛，爲國是之累非淺淺也！」疏下禮部覆議，詩焚燬原板，仍諭史舘毋得採用從之。

釋祩宏《往生集·序》 聞昔有傳往生者，歲久滅沒，不可復睹，而斷章遺迹，班班互載於內外百家之書，予隨所見輒附筆劄，仍摘其因果昭灼者，日積之成編，殆存十一於千百而已。今甲申竊比中峰廬居掩關於上方，乃取而從其類後先之，又證之以諸聖同歸，足之以生存感應，計百六十有六條，而間爲之贊以發其隱義，題曰《往生集》。【略】而客有過我者，閱未數傳，勃然曰：「淨土唯心，心外無土。往生淨土，寓言也。子以爲眞生乎哉？寧不乖於無生之旨？」予俟其色定，徐而謂曰：「談何容易，如以無生而已矣，一切斷滅，不應尙有唯心，果悟無生則生亦奚礙，生即本無，故終日生而未嘗生也。且爾已盡漏心否乎？」對曰：「不能。」「噫！漏心未盡則生緣未休，生緣未休則托質有所，茫茫三界大苦海中，不生淨土而生何土。六道之匍匐，九品之逍遙，利與害天淵矣，抑未之思歟？飾虛論而爭高，吾亦能之，所以弗爲者，夫亦懼生於識法耳行矣。爾誠不以予言爲非，即淨土而之佛乘，蓋未嘗間隔絲毫，而奚乖之有？」客悚然從坐而作，惘然而自失，不覺其汪然泣下而悲且咽也。整衣莊誦之終卷，亟拜亟請梓焉。梓既成，道其始末如此。萬曆十二年夏日。

又《淨土疑辨·後跋》 微休居士，鳴道學於靖江，有武城弦歌之風。既致政，勵精《華嚴》，鏤梵本爲方冊，以便讀學。而復弘贊淨土，刻予所著《疑辨》，廣爲流通。夫尙志十玄之門，棲神九蓮之域，可謂深契普賢願王，妙入毗盧性海者矣。惜早逝，不令曹魯川見之。

又《元高峰大師語録序》（釋原妙《高峰原妙禪師語録》卷首） 始予閱內典，得經論並古今雜著，共數帙，中有大師語，驚喜信受，如暗逢炬，至於今猶然。【略】獨恨大藏未收，坊刻尙少，怏怏於胸中者三十年，乃今以其舊本重壽諸梓。而蓮社行人，有相顧耳語者，謂予旋轉萬流，指歸淨土，奈何復殷勤稱贊是編？意者念阿彌陀佛不及看萬法歸一耶？遂洶洶搖動。嗟乎！但了念佛是誰，不必問一歸何處。茲有人焉，知生我是父，又自疑身從何來，聞者寧不絶倒。古尊宿云：「如人涉遠，以到爲期，不取途中強分難易。」諸仁者，方便門多，歸元路一，願勿以狐疑玩愒歲時，便應直往疾趨，爲到家計。既到家已，千丈巖，七寶池，有智主人，二俱不受。萬曆二十七年歲次己亥佛歡喜日。

李戴《刻楞嚴述旨楞伽句義通説二經題辭》（陸西星《楞嚴經説約》卷首） 往不佞釋褐時，筮仕揚之興化，則聞興邑有畸士，曰陸長庚氏者，譚性命之學，而歸極於仙禪，於道若有聞者。已而絶意進取，入山著書，寫其所得。始爲《南華副墨》，則會合三家，而各極其趣。好事者業已付之剞劂，海內多歆艷之。【略】長庚作《方壺外史》，千萬餘言，於彼契論經歌蒇之盡矣。是刻爲《楞嚴述旨》、《楞伽句義通說》，則迦譯也。《述旨》以宗古德，《通說》以爲童蒙，皆如禪之要典，既又各於篇端，分章說約，以提挈綱維，開示蘊奧，用心亦良苦哉！庚子杪冬，遠會京邸以質新得，不佞分浼淮揚二守刻之郡齋，以公同志。蓋長庚遲莫之年，已耄期矣。莫逆之交，睽限南北，又得親見，其利益之及人，亦一大快也。萬曆辛丑二月朔旦。

穆文熙《蠛蠓集序》（盧柟《蠛蠓集》卷首） 吾郡盧山人者，以詩文雄一世，而當其時，則人少有能重之者。今沒去二十餘載，而所撰《蠛蠓集》始出焉。集始刻於吳之太倉州，乃鳳洲王公家藏抄本，巉崍張公手自校讐之，又自叙其刻之始末，以成茲集。集傳至吾郡，見者以爲琬琰奇珍，轉相抄録，日不暇給，殆若平子賦出而紙價爲貴時矣。余邑竇尹寶泉，雅好時文，因謀於余，將重刻是集，以應求者。且計省價於筆楮之費者，當什倍也。乃刻之兩月而完，刻之字跡，即翻原本，頗不相下。文事於茲，其有興

乎。竇尹欲紀其重刻之意，復屬余爲序。【略】萬曆乙亥歲中秋八月。

方沆《合刻山海經水經序》（吴琯編《合刻山海經水經》卷首） 蓋《山海經》一十八篇者，其爲書最古，漢光禄大夫劉秀、晉記室參軍郭璞嘗校定而傳之。《水經》四十卷，作於漢桑欽，而後魏酈道元爲之注，撮薈閎博，條分臚列，庶幾所謂郭象注《莊子》，迺莊子注郭象者也。二書之傳久矣。明興，合刻稱善本者，則始于吴郡黄省曾氏。惜剞劂紕緒考訂未遑，往往有豕魚之誤。友人故鄣吴生琯謀復刻之金陵，迺與江都陸生弼、吴郡俞生策後先校讐不遺餘力。其書完好，視舊本特甚，以問序於不佞沆。余嘉吴生輩用意之勤也，而與人之公也。【略】博雅君子，其可忽諸！不佞曰唯唯。

陳大科《刻五經旁訓序》（李恕《五經旁訓》卷首） 治經者謂古之經六，今闕其一，《樂》經亡矣，殆非也。夫禮樂之道兼而經，未嘗亡也。【略】［李恕］《五經旁訓》，舊有刻者。會督學周君應治新從山東來，以善本餉余，遂手校而重刻之，與海内共焉。庶幾哉諸生不望誦法之難，將斌斌乎身通六藝，日進于脩齊治平之道，咸以正無缺也。如徒曰漱其芳潤，以奏伎取世資焉，則又非與諸生相揚搉之本指云。萬曆丙申秋七月既望。

項篤壽《全史論贊・刻全史論贊引》 篤壽髫年游外舅澹翁先生之門，授以句讀者，皆秦漢文字。二十年來，規規困舉子業，舊學遺忘，欲修未遑也。嘉靖甲子，憂居抱疴，漫檢殘牘，有《史漢三國論贊》一編，手自補綴，録而存之。苫塊餘閒居多暇日，因輯《全史》，校而梓焉。雖其體分述作，言人人殊，至于蒐微獵異，章癉筆削，旌賢誅暴，擯枉昭良，鑿鑿可稽，大備觀省。而分野、律曆、兵刑、田賦諸篇又皆足以翦剔蠡蠹，翼贊經綸。濟王路之艱，而襄太平之治，固不止于紀載已也。【略】南北諸家互相褒訕，各自爲黨，以伸其私。則燕郢之誚，穢史之譏，昔賢嘗病之矣，然非末學所敢訂也。會而通之，以裁于中良，俟于博雅君子。是編有序有評，有制均之論贊流也，槩以論贊目之。嘉靖丙寅正月之吉。

申時行《王文肅公全集叙》（王錫爵《王文肅公全集》卷首） 余與王文肅公比肩立朝三十年，而共事内閣者七年。公以省覲獲請，而余謝病歸。上手詔趣公還政府。越二年，復以將母移疾去。先後與同官合奏，或獨請，或密陳疏，凡若干首。其子辰玉太史櫝而藏之，秘不以示人，人亦莫之知也。公没，而其孫時敏出櫝中疏草刻之。刻成，以屬余叙。【略】余猶記公嘗言：「異時操柄在上，故政體一而指臂易使；今操柄在下，故議論煩而否鬲滋甚，履霜之漸，非朝夕故矣。」余深有味乎其言。語云：「良工苦心。」讀公之疏者，可以得公之心於語言文字之外矣。

趙用賢輯《管韓合刻・管子序》 《管子》舊書，凡三百八十九篇。漢劉向校除其重複，定著爲八十六篇。今亡十篇。近世所傳，往往淆亂至不可讀。余行求古善本，庶幾遇之者幾二十年，始得之友人秦汝立氏。其大章僅完整，而句字復多紕錯。乃爲正其脱誤者，逾三萬言，而闕其疑不可考者，尚十之二，然後《管子》幾爲全書。夫五伯莫盛於桓公，而管仲特爲之佐。自其事羞稱於聖門，而其言悉見絀。以爲權謀功利，學者鮮能道之。【略】余懼夫讀是書者，不揆其修政立事之原，而徒辱之以權謀功利，使管子之所以善用周公者，其道不明於天下也。故爲之梓其書，而復論著其大略於篇首云。

又《刻東坡先生志林小序》（蘇軾《東坡志林》卷首） 東坡先生《志林》五卷，皆紀元祐、紹聖二十年中所身歷事，其間或名臣勛業，或治朝政教，或地里方域，或夢幻幽怪，或神仙伎術，片語單詞，諧謔縱浪，無不畢具。而其生平遷謫流離之苦，顛危困厄之狀，亦既略備。然而襟期寥廓，風流輝映，雖當群口見嫉，投荒瀕死之日，而灑然有以自適其適，固有不爲形骸彼我，宛宛然就拘束者矣。余友湯君云孫博學好古，其文詞甚類長公，嘗手録是編，刻未竟而會病卒。余子開美因拾其遺，復梓而卒其業，且爲校定訛謬，得數百言。庶幾湯君之志不孤，而坡翁之在當時其趑趄於世途、羈縛於窮愁者，亦略可見云。萬曆乙未。

王世懋《世説新語序》（王世懋批釋《世説新語》卷首） 余幼而酷嗜此書，中年彌甚，恆著巾箱，鉛槧數易，韋編欲絶。第其句或勾棘，語近方言，句深則難斷，語異則難通，積思累校，小獲疏明，終乎闕疑，以遵聖訓。至於孝標一注，博引旁綜，前無古人，裴松之《三國志注》，差得比肩；而頗爲俗夫攙入叔世之談，恨不能盡別淄澠，時一標出，以洗卯金氏之冤。初雖閟之帳中，既欲公之炙嗜，而參知喬公見之，亟相賞譽，即授梓人，爰綴末章，叙所繇梓。是編也成，吾豈敢謂二氏之忠臣，抑庶幾不爲風雅之罪人乎？萬曆庚辰秋。

又《世説新語補序》（王世貞删定、王世懋批釋《世説新語補》卷首）

予刻《世說》豫章，舊所病勾棘難通者，亦既有倫矣。惜也，子固讎對之功闕焉，探字疏句，往往而訛，幾於誤人；標評小語，亦續有得，時復循覽，而恨其未核也。家兄元美嘗並《何氏語林》，刪其無當，合爲一編，久乃散落。友人張仲立得而嗜之，次第修注，而更爲訂何氏之乖迕，及益其注之未備。鉛槧經年，殺青滿室，會予將之閩中，手以相示，且請序作者之意。予豫章後，重校善本，不吝授之。蓋臨川、孝標，功緒略當，元朗羽翼，意亦勤矣。昔猶璋判，今始珪合，予所研核不寘者，將無鄭玄之遇服氏哉。若孝標一注，疑有羼入中間，稍爲指摘，終未得起斯人於九原，令千載洗然也。書以復仲立，仍具此意，相與商求之。是歲乙酉初春。

朱新塽《晉藩重刻初學記引》（徐堅《初學記》卷首） 《初學記》紀載古今事翰，稱名取類，綱舉目張，誠初學之筌蹄也。學士大夫皆珍愛焉，惜乎傳之弗廣。予伯考端王雅重文藝，將刻之，未就而逝。予伯妣繼妃王夙嗜典籍，知斯舉弗可廢也，令內典膳楊保襄其事，以成先王之志，令左長史馬朋請于督學憲副曹公嘉命教官張三畏取刻本再加精校，竟刻之。既成，予覽而嘆曰：「伯考、妣崇文樂善之至意，可以永終譽矣！」特引其言于卷首，庶學士大夫知所自云。嘉靖十三年歲甲午冬十月吉日虛益堂書。

蔣以化《刻劉子引》（《劉子校釋》附錄） 劉子書初不知其爲何代人，曩余偕伯兄讀書山中，喜括秘書語，偶得其繕寫半帙，見其語多近博士家言，拔其尤者已入所著《球琊》中，而以不覩其全爲歉。余見其分類鑄辭，尊仲尼卑百家，一似《文心雕龍》語，謂必梁舍人劉勰所著也。壬辰，以計事入長安，偶挾友人徘徊道院，覘其架上所積殘經，抽而讀之，居然《劉子》全帙也；余迫欲得之。道者曰：「此是《道藏》中所存遺經，何至勤官人所豔？」余戲答曰：「此非道家懺籙也，夫安得援儒入墨乎？」遂攜以歸付剞劂氏，刻於孝昌署中，欲與四方操觚者共之。會京山李太史云杜與余善，走筆乞敘。而太史武庫百家，訂爲北齊人劉晝所著，非勰也。詳具太史敘中。然則，劉子不惟余表章其書，且得太史表章其人矣，劉子可不謂遭乎哉！不者，劉子苦心著作，不令表見於世，而徒然槽櫪於黃冠緇服之手也，亦足悲矣。遂揭其概以引諸首。時萬曆壬辰冬日。

釋真可《重刻智證傳引》（釋慧洪《智證傳》卷首） 大法之衰，由吾儕綱宗不明，以故祖令不行，而魔外充斥。即三尺豎子，掠取古德剩句，不知好惡，計爲己悟，僭竊公行，可歎也。有宋覺範禪師於是乎懼，乃離合宗教，引事比類，折衷五家宗旨，至發其所秘，犯其所忌，而不惜。【略】覺範所著，有《僧寶傳》、《林間錄》，與是書相表裏，業已有善刻。金沙于中甫比部，復捐貲刻是書，三集並行於世，亦法門一快事也。有志於宗門者，珍重流通，是所望云。皇明萬曆乙酉夏六月既望。

又《紫柏老人集》卷一四《小板法華經序》 此經不屬刻未刻，亦不不屬刻未刻，所以衆生與諸佛，未嘗須臾離此經也。【略】檇李鮑勝友昆季，發心刻小字梵筴《妙法華經》與《佛頂首楞嚴經》。《法華》根於無量義處，束爲六萬餘言；六萬餘言，束爲二十八品；二十八品，束爲七軸；七軸，束爲「如是妙法」四字而已。四字，束爲衆生日用現前一念；一念，束至於無念；無念，即無量義處也。此無量義處，則十方三世聖凡依正，精粗好醜，報復因果，皆無量義處，大圓鏡之影像也。鮑勝友昆季，所刻二經，筆畫精爽，流布稀奇，負笈擔囊行腳，甚便於鑒照，眞不可思議功德耳。鶴林葉公屬比丘跋之，比丘素不能言，姑書鮑勝友昆季，刻二經緣起遺之。然二經刻未刻，二勝友於境風逆順之頃，未嘗不流布也。

朱鴻《孝經總類・跋》 鴻嘗慨宋執政金陵，王公奏定科制黜《孝經》不用，湮沒至今五百餘年。是以潛心篤志，彙集古今諸說，欲闡明是經，以公同好。但世遠經殘，僅得宋元板朱吳解訂者三卷，既而博求歷代所解之明白顯易者，併鴻家《塾孝經》、《古文直解》，附質疑臆說大旨，共十卷，又集經書《孝語》、虞氏《孝經集靈》共二卷，不敢私藏，俱付諸梓，以發端倪。尚慮微言奧旨，鬱而未宣。倘沐四方積書高賢增益以補是集之未盡者，發明聖訓，羽翼遺經，上以繼明王孝治之隆，下以遂天下和平之願，詎非人生一大快哉！其所集羽翼姓氏尚多遺漏顛倒，俟再考定另梓。

何洛文《凌氏新刻漢書評林序》（凌稚隆《漢書評林》卷首） 史而評猶經之訓詁。然或謂經之亡，訓詁爲之，夫非訓詁之足以亡經，恃訓詁而不復肆力于經，其致足以亡經耳。《史》、《漢》廣大浩眇而難讀，評明白宛委而易入，何病于史？獨慮夫恃焉者之不復肆力也。蓋讀史之道三：吾妍而妍，吾媸而媸，紬異同之衆說，執筆削之眇義，而硜然獨信。是以心讀者或失則僭，人妍而妍，人媸而媸，附世儒之脣吻而不抉往哲之心腎，柅已試之衰鉞而不設創有之權衡。是以口讀者或失則散，人妍之不必非，而吾妍以爲

眞，人媸之不必非，而吾媸以爲眞，直將揖作者於几席，與之上下其論而折衷其旨。若此者，非僭非散，爲最得焉。先是，吴興凌子稚隆鏤《史記評林》，海内學士讀而賞者半，病者半。凌子意不自持，間以問余。余爲之説曰：使讀者將吾姸而姸、吾媸而媸，而爲僭乎？則此評不必有人姸而姸、人媸而媸，而爲散乎？則此評不可有如將折衷人已之姸媸，廢黜心口之僭散而肆力，以必得乎？則此評者不啻乎燭而佐日月之不及也，而可無哉？凌子爽然釋、堅然信。歸，復鏤《漢書評林》而以余言弁其端。萬曆辛巳孟秋初吉。

邱齊雲《少谷集序》（鄭善夫《少谷集》卷二四） 國朝弘正間，北地李崆峒以古文辭倡海内，而一時屬和，如晉安鄭少谷者，實與伯仲。故談藝之士，裦然以二先生爲稱首云。不佞生也晚，未及其門，逮官民部，閲往牒，乃知二公咸用是官起家也。于是從署中築吾兼亭，日取二公詩文讀之，仍作一詩見意。亡何，聞而和之者數百篇，不可知世有同聲哉。去歲，出守潮，謁督學使者碧麓林先生于嶺南，手授鄭先生詩文，曰：是編爾向所讀者，盍梓以傳？不佞喜甚，歸付之梓人。閲月畢工。【略】今督學君于先生爲甥，家學淵源，愛而傳之，宜也。昔者，王儀封初不識先生，及卒之日，千里遣使，紀綱其喪事，仍刻其遺文。夫世之士，有能使素所未識之士，一旦身死之後，而慕之若此者乎？其非聲音笑貌之力也必矣。則玆督學君之梓以傳，尤非私于先生可知矣。李集有全刻，乃先生詩文舊無倫，今彙而輯之，得二十九卷，復以先生墓碑與輓詩，及諸公序文爲附録一卷。

魏允孚《華泉先生集序》（邊貢《華泉集》卷首） 余讀《華泉先生集》，蓋有世道之感焉。【略】我明當孝廟之世，皇運熙宏，人文樸茂，學古之士，並軫而翔，關西則李獻吉，汝南則何仲默，吴中則徐昌穀，歷下則邊庭實。庭實，先生字也。獻吉之詞雄，仲默之詞逸，昌穀之詞蒼，先生之詞溫然粹然。【略】先生集舊有本，歲久而蝕，乂遺所爲文不載，余理濟之明年，從先生仲子搜得數十篇，因叙入集中，爲重鋟之。匪徒不朽於先生之詞，且俾論世者有所考鑑，庶幾慨然而興先進之思云。

許聞造《雲邨集後序》（許相卿《雲邨集》卷末） 先君平生所著詩文甚富，晚歲去取而存之，重繕而藏去焉。先君旣沒之四年，聞造敬陳而覽之，怳若過庭時，舉古聖賢豪傑之論議，而耳提面命也。泫然泣數行下，曰：「噫！吾父不可作矣，繫起之長存者，梓是集矣乎！」然於彌留之際，傳寫差謬，不及校閲勘正，魚豕尚多。於是奉集走而謀諸學於先君者董君、吴君，曰：「先君晚仕早歸，不獲垂勳竹素，泯焉無傳，造弗忍也。造聞文章者，經國之大業，不朽之盛事。梓是集，以永先君，可乎？」二君僉曰：「宜子能然，其不沒吾師矣。」受而終讀，釐其訛而歸其書於予。予遂梓之，而傳其書於世。詩賦如干首，文如干篇，卷類爲十四，俟識者覽云。

王元貞《老子翼序》（焦竑《老子翼》卷首） 夫老子所貴道無爲，故其著書稱微妙。太史公謂其言至深遠矣。【略】吾友焦弱侯氏，深嗜其言，而洞析微旨。于是窮搜博採，取其足以究玄言明至道者，萃以成編，命曰《老子翼》，蓋可羽翼道德者乎！余因而命工梓之，叙其所自得者附云。

陳楠《重刻古今廉鑑跋》（喬懋敬《古今廉鑑》卷末） 夫伊尹格天之業，孟軻氏以爲一介不取始；孔明鼎足之勳，論者以爲恬澹寡慾以致之。由斯而觀，賢聖之士所以樹掀揭而耀竹帛者，大較根本於廉爾。雲間喬純所公采輯古今制行修潔者，釐爲八卷，命曰《廉鑑》，刻于閩中，非同志者所當共鏡乎？大司馬撫臺凌公誠有味乎其言，迺出此本，發司重梓，使吏于土者以此爲鑑。則素絲之風興，而可以媲美乎先哲矣！然則是書之鋟傳也，其有裨于吏治豈淺鮮哉！萬曆辛巳秋七月吉旦。

周子義《書重刻五代史記後》（歐陽修《五代史記》卷末） 五代之事，歐陽公論之詳矣。大都人倫之道澌滅，而人胥競於利，故禍亂若斯之亟也。南雍故藏史刻，歲久刓闕，至不可句。侍御胡君捐所部贖鍰，畀梓人重刻之。余因集古本、閩本幷監本，參校同異，凡是正睽違闕遺數千百字，俾綴學論世者有攷焉。侍御名秉性，豫之信陽人，蓋確持風裁而雅嗜墳索者。萬曆丁丑四月既望。

李春芳《貽安堂集》卷四《湛甘泉先生文集序》 夫道在人心，匪言弗彰，古今立言者，即人人殊，要以明道而已。【略】我明熙洽二百餘年，人心丕變，文教大興。白沙陳公身任斯道，倡明正學，遡濂、洛以接洙、泗，爲一代儒宗。吾師甘泉湛先生，蚤遊其門，獨得其傳，乃與陽明王公日相講明絕學，振作斯文。【略】凡此集中所載，皆先生隨處體認遺矩，亦士人隨處模楷實學，萬世而下，且將藉此私淑無窮，則先生之所嘉惠亦永永無窮矣。敢曰文章易聞，乃謂道不在玆耶！適蒙中承檄徽郡，彙梓先生全集。

余同年友洪君抵書屬余爲序。余敢偕言簡弁，用表余追慕之萬一云。萬曆九年春二月。

又《海剛峰先生居官公案傳・序》 海剛峰先生，直諫人也。【略】穆皇帝首擢召用，俾得見諸實事，馴至今上，猶能大爲擢拔，使得二三臣如先生者，布列中外，何患天下之不治乎哉？然而決獄惟明，口碑載道，人莫不喜譚之，時有好事者，以耳目所睹，記即其歷官所案，爲之傳其顛末。余偶過金陵，虛舟生爲予道其事若此，欲付諸梓，而乞言于予。余亦建言得罪者，忽有感于中，因喜爲之序。萬曆丙午歲夏月之初吉。

余邵魚《列國志傳・題全像列國志傳引》 士林之有野史，其來久矣。蓋自《春秋》作而後王法明，自《綱目》作而後人心正。要之：皆以維持世道，激揚民俗也。故董、丘以下，作者疊出。【略】抱朴子性敏強學，故繼諸史而作《列國傳》。起自武王伐紂，迄今秦并六國，編年取法麟經，記事一據實錄。【略】繼群史之遐縱者，舍茲傳其誰歸！時大明萬曆歲次丙午孟春重刊。

王驥德《昆侖奴題詞》（梅鼎祚《昆侖奴》卷首） 唐人好爲傳奇，《昆侖奴》以俠著。宣城梅禹金嘗譜入樂部。吾師徐文長先生復加潤色，手墨尚新。友人劉迅侯業授梓以傳。好事者而出以示余。禹金於詞，故擅文辭，一家俊手，先生稍修本色，其中更易字句，詎以攻瑕，抑多點鐵。淄澠之較，不只蒼素，具眼者當亟下一擊也已。萬曆乙卯首夏五之日。

焦竑《澹園續集》卷一《刻兩蘇經解序》 余髫年讀書，伯兄授之程課，即以經學爲務，於古註疏，有聞必購讀。聞宋兩蘇氏分釋經、子，甚慕之，未獲也。弱冠得子由《老子解》，奇之。尋於荊溪唐中丞得子瞻《易》、《書》二解。己丑，檢中秘書，始獲《論孟拾遺》。壬辰奉使大梁，于中尉西亭所獲子由《詩》與《春秋解》。丁酉，侍御畢公哀而刻之，而子瞻《論語解》卒軼不傳。刻成，而予爲之序。【略】畢公視鹺之暇，建精廬瀛海間，簡燕趙之雋而造之，而兼刻是書以行，豈第使燕趙多文士乎？余意通經學古以紹明先聖之道，必是編爲嚆矢矣。

又《刻蘇長公外集序》 《蘇長公集》行世者，有洪熙御府本、江西本而已。頃學者崇尚蘇學，梓行寖多，或亂以他人之作，如老蘇《水官》、《九日上魏公》、《送僧智能》三詩，叔黨《颶風》、《思子臺》二賦，人知其謬。至《和陶擬古》九首，《大悲圓通閣記》，本子由作，見《欒城》；《遺言虛飄飄》三首，公與黃、秦倡和，見《少游集》；《睡鄉記》，擬無功《醉鄉記》而作，今並屬子瞻。《代滕甫辨謗》，王銍謂是其父作，《四六話》備載其文，與公集小異耳。此或子瞻所潤色，非盡出其手也。大率紀次無倫，眞贗相雜如此類，往往有之。蓋長公之存，嘗歎息於此矣。最後得外集讀之，多前所未載，既無舛誤，而卷帙有序，如題跋一部，遊行詩文書畫等以類相從，而盡去《志林》、《仇池筆記》之目，最爲精覈。其本傳自秘閣，世所罕覩。侍御康公以鹺使至，章紀肅法，敝革利興，以其暇銓叙藝文，嘉與士類，乃出是集，屬別駕毛君某校而傳之，而命余序於簡端。【略】侍御公於是又表章其遺軼，於後人見聞所不及，而令覽其文、慕其跡者，低徊仰思先賢之風聲氣烈，如親見其人，則侍御公之傳於世亦豈有既乎。故余樂爲之書。別駕君博雅而文，校讎審諦，於此編尤勤，因得附著之。

又《合刻韓范二公集序》 宋韓忠獻公《安陽集》五十卷、《家傳》十卷、《別錄》三卷、《遺事》一卷，《范文正公集》二十卷、《別錄》四卷、《尺牘》五卷，行於世舊矣。近士習華競，惟浮靡之技是攻，幾若不知有二集者。侍御康公以鹺使至，閔然思以有用之學振之，於是檢諸家笥，以授江都令姚君祚端梓之，而問序於余。【略】攷二公平生，有用而言者，有用而不必言者，其行事往往不盡於斯集以此。世顧好空語而鮮事實，優焉而叔敖之衣冠，丐焉而貧女之璣翠，究以枝葉而爲世道憂。侍御獨表章二集於衆所忽遺之中，以爲用世法，固忠臣孝子之志也。

又《刻通鑑紀事本末序》 司馬溫公覃精史學，思總百代，爲人君之鑑，乃接魯史以迄五季，一倣《左傳》之例。說者謂其爲流畧之津筏，經濟之潭奧，詎不信哉！但世遠事繁，文見於此而起義在彼者，往往有之。學者尋究其事，欲即始見終，不可驟得，不無遺憾。袁機仲氏著《紀事本末》，以參伍溫公之書，隨條甄舉離合，始末之間，曲有微意，即謂爲溫公之《國語》可也。金陵沈君朝陽爲侍御韓峰公之子，博雅多通，又采宋元史補機仲之闕，於是上下千古，遂爲完書。直指雲蛟黃公謂切於世用，因板行其書，與學者共之，而屬余爲序。昔人謂讀《通鑑》而知溫公之相業。學者於經世匡時之略，即未可遽言，而鐫磨攻練以充其才，必於是有藉焉。在刳心以求之而已。

又《刻小學序》　古法衰廢，而《內則》、《曲禮》、《少儀》猶存，朱子乃取其説，附以古人之言行，爲《小學》一書，令幼學肄而習焉。其意甚美，而未立於學宮，儒者束而不觀，亦已久矣。侍御河南彭公以鹺使至，正法肅紀，壹以移易風俗爲亟務，乃檄維揚守板行之，而問序於余。【略】頃聞三殿始搆，非干霄之材無能勝任者。然非培之於拱把，需之以歲月，未有能得者也。推侍御之用心，何以異此。余因序是書，特及之，以爲有人材之責者告焉。

又《小學衍義序》　余少侍先師耿恭簡公於南都，嘗語余曰：「先哲謂爲學無小學一段工夫，故根基不立。朱子作《小學》以補之是也。顧『入孝出弟』一章，幼學之大綱具矣。」因據爲經，而擇古嘉言善行臚列之爲傳，如朱子之例。書成，學者爭傳誦之，且如干載矣。侍御彭公督鹺淮揚，嘉惠來學之意甚盛，業刻朱子《小學》布之，而謂是書不可不廣也，復屬余序而梓之。【略】侍御以是書播諸黌校，與胡公藩參《孝經大學解》相輔而行，其作人善俗之意甚美，故爲之叙，以論其端云。

又《程子序》　余舊藏宋本《程子》一編，相傳龜山先生所潤色，而張南軒氏序而傳之者也。雖不必摹倣古人之體式，而隱括條暢，成一家言，此固《論語》之遺，而《法言》、《中説》勿論已。新安程君衡氏與篁墩學士同宗，宋文簡公大昌、端明公珌皆其先世也。攷其譜系，實出二程之支裔。一日見余此編，欣然請序而傳之。【略】學者取此編與晚宋之説，身踐而默究之，其得失必有歸矣。

又《鄧潛谷先生經繹序》　潛谷鄧先生，嘉靖中以《易》魁其曹。時余鄉殷秋溟公得其卷，實首拔之。是歲，謝公車不往，問之，曰：「吾斯之未能信也。」聞者笑以爲迂，而公乃大器。先生曰：「斯道其有望乎！」後先生覃思大道，且三十年，以經徵悟，以悟釋經，沈浸醲郁，卒澤於道德，醇如也。以其間作爲《經繹》若干卷，旨遠詞文，學者傳誦之不置。久之，以部使者薦，徵書累下，與康齋、白沙兩先生賁相望於定江、清海間。而世亦絕歎殷公爲知人，何其盛哉！先生門人左君宗郢視鹺越中，閔學者空語無事實，而冀以經學振之，檄嘉禾板行其書，而屬余爲序。竊謂宗聖以鐫理，酌古以富言，説經者之所同也。文以行傳，符采相濟，鍼砭俗學，勵德樹聲，先生所獨也。故余發明之，以爲侍御復侍御肅憲貞度，毅然以風教爲己任，通經學古之用，亦可占其大云。

又《梁端肅公奏議序》　金陵自國朝以來，位躋尙書者二十有三人。嘉靖中，王襄敏、梁端肅、劉清惠、顧司寇、周襄敏數公，其德業未有不碩大光明秀特者也。端肅公自筮仕，輒能自樹，其治跡在所志牒皆載之。【略】已見此編者，皆其在計曹所作，經國樞機，靡細不錄，詞嚴語覈，鑿鑿然如粟帛，寒可以衣，饑可以食，而支詞綺語，一無所厝於其間。令備於司存官修，其乃物不抵伏而職業可以無廢。至收錄國獻，明習故典者，當奉爲蓍蔡，未可與虛車之詞同類而共觀之也。余承乏史局，嘗覽觀累朝奏牘，正德以前核而樸，嘉靖以還裁而練，至近日而華與實皆難言之矣。蓋言之醇醨而學術世道率可攷焉，所繫豈淺鮮哉！然則此編不可無傳，而於今也爲尤甚。余語公孫臨安守桂茂，廣其書於世，以明一代相與之盛，微獨爲家乘重也。

又《穆玄庵先生集序》　先生由南司成官太常，卒贈禮侍，謚文簡，至今金陵之人能道之，知爲深造自得之君子也。著書曰《讀易錄》，曰《尙書困學》，曰《前漢通紀》，曰《諸史通編》，曰《游藝集》，未獲盡覩。《大學千慮》一卷、《玄庵宦稿》二卷、《晚稿》二卷，余得諸友人許繩齋氏。一日，司成朱公讀其書，欲刻示多士，俾余序之。【略】余謂先生於師友間不爲苟合，宜所立乃爾。而文成公知人能得士，此亦其一驗云。

又《雲東拾草序》　《雲東拾草》，余館師敬堂韓先生所作也。【略】先生之文，薦告盛美，諷諭勸戒，類施於朝廷郊廟間，古燕、許之手筆足以當之；詩歌沖融雅潤，頌美摛華，文質各得，蓋蹈巍要而毗清切者之體宜爾也。先生子逢禧、逢祐校而梓之，屬余序其簡端。他代言進講諸篇，尤爲先生大製作，別籍以行，不具載。

又卷二《六書本義序》　《六書本義》，句餘趙先生所著也。先生名古則，字撝謙，好古博雅，精於字學。國初修《正韻》，以聘之京，年二十八耳。而自信其説，不爲顯貴者所奪，竟移疾歸。宋景濂學士深知其人，遣二子從之遊，然不能留也。居鳴山萬書閣，輯《聲音文字通》一百卷，《六書本義》十二卷，《童蒙習句》一卷。【略】先生自謂「《聲音文字通》自秦漢以來所未有」。惜不可得。家藏《本義》、《習句》，乃國初善本，楊生君睍請刻而廣之，并屬余序。【略】君睍童年而知學，志不後人，觀其所好，與漢之通《急就》、《凡將》者何異？余嘉其意，而爲序之如此。

又《墨寶齋集驗方序》　陸宣公在忠州日，集古醫方。或者謂爲謫居避咎計，不知君子深仁隱厚，畜積於中，譬之源泉隨地而出，期於利物而已。而人情薄惡，動以爲有爲而爲，不亦陋乎！歲戊申，陽侯爲菑，舟行於塗，蛙産乎竈，人不聊生甚矣。新安鄭夢圃氏僑居金陵，捐槖中裝振之。已，疫癘流行，民益大困。爲延良醫數人，訊疾調藥，寘之通衢，賴以全活者不可指數。尋念窮鄉僻塢，苦於無醫者往往有之，因出所藏《集驗方》若干卷，梓之以行。余嘉其爲仁人之用心也，輒取余所有者盡畀之，俾並以傳焉。

又《華嚴新論序》　《華嚴新論》四十卷，李長者通玄所著。【略】有宋淳祐刻本。趙大洲學士見而奇之，屬五臺陸公梓於嘉興，語人曰：「此性命之極談，擬以衰殘身命，供奉總持，不自計其根莖之大小矣。」遇學者，輒以此告之，蓋篤好如此。古本《經》、《論》孤行，原不相附。大中歲釋志寧始以《論》合《經》，如《十翼》參於《卦繫》，《左氏》附於《春秋》，鄭康成所云「以省兩讀」者良然，顧非其舊耳。新安潘景升氏研味《經》、《論》，亦既有年，乃復取《新論》別爲剞劂。余念《決疑》、《十明》二論皆長者爲《華嚴》而作，屬并梓之，於是長者所著，粲然還其舊觀，學佛者之一快也。【略】大方廣體佛華嚴行當處現前，匪從言索，善讀者於是當自得之。

又《續刻兩蘇經解序》　眉山蘇氏兄弟，以絶人之才、博古之學，作爲文章，既已名一時而垂後世，至其憂患之久，閱歷深而見理明，始取遺經而闡繹之。讀其書誠足以發孔壁之精義，函洪都之鉅典，當與六籍並耀於亡窮，而世或不行，則有繇矣。熙寧初，荆國以經術得幸，下其説太學，凡置博士、試諸生，悉以新書從事，不合者罷絀之，而兩蘇之學廢。晚宋且目爲文人之經，而置之不省久矣。頃制舉盛行，古學崩壞，士守一先生之言，煖煖姝姝而不知其他。劉歆氏有言：「學者有祿利，尚不能明《易》。」蓋悲之也。蜀桐柏顧公持御史符來。按豫章，貞軌肅度，靡廢弗舉。閔多士之蔽，而思以導之，乃刻《經解》以傳，而委余爲序。【略】媿余寡昧，不能發古人之藴，姑述國制之無偏主，與是書所以顯晦，令學者精心求之。其於侍御公表章先喆，嘉與後學之意，庶幾其無負哉！

又卷九《書洛陽伽藍記後》　舊藏《伽藍記》寫本五卷。書主伽藍，而於時事無不貫穿馳騁，是《水經》體例。其人雖酷信梵學，多舉譎怪奇詭以相夸詡知，其於實際懵如也。新安吳氏以刻之《逸史》中，初本遂不見還。刻本通未校讐，訛舛至不可讀。頃得宋本，躬爲刊定如此。古書爲後人所亂，類此者不少。僕近刻《九經刊誤》、《陶靖節集》，壹據宋本正之，實藝林之一快。何時併傳是本，與好事者共之耶？庚戌夏五月，憑虚閣看雨，待客不至，書此。

又《澹園集》附編一《俗書刊誤自序》　書之爲用，至切而易謬，難明而易忘。漢人尉律：試吏者，課以八體，諷籀至九千以上；吏民上書不正者劾之。其嚴如此！近世《正韻》爲國制書，唯章奏稍稍施用。學者施心無匠，肆筆成譌，蓋十居六、七者有之。蚤歲課子，嘗間爲點定。兒曹因筆於乘，以識不忘爾。楊君中甫刻《本義》，輒取此帙並梓之。夫書有通于俗無害于古者，從之可也。有一點一畫轉仄從橫，毫髮少差，遽懸霄壤者，亦可沿襲故常，而不知變哉？此編所載，其略也。學者能觸類以求之。通經學古，此亦其津筏也夫。萬曆庚戌長至日，澹園老人題。

又《升菴外集題識》　明興，博雅饒著述者無如楊升菴先生。向讀墓文，載其所著書百又九種，可謂富矣。余所得往往又出所知之外。蓋先生謫居無事，遇物成書，有不可以數計者。余購之數十年，所覩記已爾，則余所不及聞者抑又多矣。顧其書多偏部短記，易于散軼。今其孫宗吾所言二阸者，則先生家已亡其書，況他人乎？曹能始觀察入蜀，余託以訪求。曹于書有奇嗜，極力搜羅，復得如干種以寄。鄙意先生詩文勒爲正集，其所選輯批評自爲一書爲雜集，至所考證論議總歸説明爲外集。外集爲余鄉葉循甫、豫章王曰常嗣經共爲排纂，而余先後之司成，顧公、汪公則嘉與而剞劂焉，尤有功是編者，輒爲詳列之。萬曆丁巳春，瑯玡焦竑識。

又《李氏藏書序》　卓吾先生隱矣，而其人物之高，著述之富如珠玉然，山暉川媚，有不得而自揜抑者，蓋聲名赫赫盈海内矣。【略】書三種，一《藏書》，一《焚書》，一《説書》。《焚書》、《説書》刻於亭州，今爲《藏書》刻於金陵，凡六十八卷。萬曆己亥秋日，琅琊焦竑書。

又《續藏書序》　李宏甫《藏書》一編，余序而傳之久矣，而於國朝事未備，因取余家藏名公事跡緒正之。未就而之通州。久之，宏甫殁，遺書四出，學者爭傳誦之。其實眞贋相錯，非盡出其手也。歲己酉，眉源蘇公弔宏甫之墓，而訪其遺編於馬氏，於是《續藏書》始出。余鄉王君惟儼梓行之，而屬余引其簡端。余謂前史有紀，有志，有列傳，其體乃具。宏甫前後二

編，列傳獨詳，於紀若志缺如也；而列傳之中，又獨存其美者。昔楚史名《檮杌》，《春秋》則亂臣賊子之戒，每拳拳焉。豈宏甫意不及此耶？抑有所待耶？先聖學三代之禮，乃於周獨憲章之，恐後學者欲明習朝典，追蹤先哲，舍是編何之？余謂退可以修身而畜德，進可以尊主而庇民，謀王斷國之大端，班班具在，貴善學之而已。近代名卿稱黄材伯爲博古，鄭端簡、雷司空爲通今，藉令三復宏甫之二編，其可與昔賢相頡頏也夫！辛亥秘石渠舊史焦竑題。

又《書李長者批選大慧集》 李長者性嗜書，丹鉛殆不去手，儒書釋典，悉爲詮釋。近世盛行其書，假託者亦往往有之。余齋有《大慧全集》，乃其南來時所批選也。陳大來欲刻與學道者共之。余謂世所板行者，雅俗雜揉，孰若傳此爲人天之耳目乎？乃書此以更之。

又《楚辭集解序》 余嘗謂古書無所因襲獨繇創造者有三：《莊子》、《離騷》、《史記》也。《離騷》驚采絶艷，獨步古今，其奥雅閎深，有難遽測。【略】新安江君玉卿，少好詞賦，流覽既多，洞其得失，勒爲此編。覈者存之，謬者祛之，未備者補之，或有援據失眞，詞意未愜，即出自大儒，不難爲之是正。至於名物字句，不憚猥細，一一詳究。目之曰蒙引，誠藝苑之功人，楚聲之先導已。君既逝之五十年，子文英欲梓行之以公同好，而屬余爲弁。余竊觀其書，殆有意錯綜諸家而折衷之，非苟然者。今讀之有同於昔談者，非强同也，理自不得異也；有異乎前論者，非好異也，理自不可同也，在學者善會之而已。君博雅多通，饒於著述，此特其一班云。萬曆乙卯春日，澹園老人焦竑書。

又《刻坡仙集抄引》 古今之文，至東坡先生無餘能矣。引物連類，千轉萬變，而不可方物，即不可摹之狀與甚難顯之情，無不隨形立肖，躍然現前者，此千古一快也。獨其簡帙浩繁，部分叢雜，學者未睹其全，而妄以先入之言少之，故先生之文學者未盡讀，即讀而弗知其味猶弗讀也。卓吾先生乃詮擇什一，并爲點定，見者忻然傳誦，爭先得之爲幸。夫若李光弼一入汾陽之軍，而旌旗壁壘無不改色，此又一快也。向余於中秘見《蘇集》不減十餘種，欲手自排纘爲一編，未成而以罪廢。頃王太史宇□取見行全集與外集類次之以傳，而以書屬余曰：「子其以卓翁本先付之梓人！」噫！學者讀此而有得，而益因以讀先生之全書，斯無負於兩先生耳！時萬曆庚子夏，瑯琊焦竑書。

又《書張橫浦先生集》 余家藏《先生集》二十卷、《心傳録》三卷、《日新》一卷、《家傳》一卷、《孟子發題》一卷。新安吳康虞氏謂大有裨於學者，爲乎技而梓行於世。尙有《學》、《庸》、《語》、《孟》、《孝經》、《尙書》傳，軼而不存，余僅得《語》、《孟》三卷，雖殘膏賸馥，鑿鑿乎截疑網之寶劍，抉盲目之金鎞也。何時盡覩之，俾學者讀焉而共躋乎精微，庶不終爲詞章名節所汩没也，其斯世之大幸已乎？萬曆甲寅穀日，焦竑書。

又《謝康樂集題辭》 《謝康樂集》，世久不傳，其見《文選》者，詩四十首止耳。後李獻吉增樂府若干首，黄勉之增若干首。吾師沈道初先生冥蒐博訪，復得賦若干首，詩若干首，雜文若干首。譬之哀虬龍之片甲，集栴檀之寸枝，總爲奇香異采，不可棄也。輯成，合刻之以傳，而以校事委余。【略】然則是集不可無傳，而於今也爲尤甚。故余庚讎校既竣，而爲發明先生之意如此云。

又《玉堂叢語》卷四 吳元年，初置翰林院，首召陶安爲學士，時方召四方宿儒集闕下議禮，命安總之，詔修律令，安爲議律官。十二月甲辰，律令成，命刊布中外。洪武元年正月，《大明令》刊修，分吏、戶、禮、兵、刑、工，《大明律》亦如之。儒臣奉二書以進，上曰：「律令者，治天下之法也，令以教之於先，律以齊之於後。今所定律令，芟繁就簡，使之歸一，直言其事，庶幾人人易知而難犯。」八月己卯，上念律令尙有輕重失宜，有乖大典，命儒臣四人同刑部官講《唐律》，日寫二十條取進，上擇其可者從之。其或輕重失宜，則親爲損益，務求至當。六年十月，復命刑部與本院審定《大明律》，七年二月律成，學士宋濂撰表以進。二十二年八月，更定《大明律》，初命本院同刑部官將比年律條參考折衷，以類編附，曰名例律，附於斷獄下。至是特載諸篇首，頒行之。

又 洪武十五年，命翰林侍講火原潔等編類《華夷譯語》，上以前元素無文字，發號施令，但借高昌書製蒙古字行天下，乃命原潔與編修馬懿赤黑等以華言譯其語，凡天文、地理、人事、物類、服食、器用，靡不具載。復令《元秘史》參考以切其字，諧其聲音。既成，詔刊布。自是使臣往來朔漠，皆能得其情。《今言》

陳深《韓子迂評序》（何犿《韓子迂評》卷首） 世有申、韓之書，何

自而出也？自劉向、班固，皆以爲法家者流，本出於理官之明罰敕法，而刻者爲之殘及至親，傷恩薄厚，失其本矣。竊以爲不然。【略】非死至今千八百年矣，而書不磨滅。唐、宋以來，病其術之不中，黜而不講，故其文字多舛駁而不讐，市亦無售。近世之學者乃始豔其文詞，家習而戶尊之，以爲希世之珍，沿訛習舛而不以爲怪。今門無子乃得何氏善本，爲之訂其訛謬，而品題其當否，表其文詞，梓而出之，以俾世學之覽觀。自門無子之書出，而訛本盡廢。文從字順，章妥句適，一如韓氏之舊，不亦大愉快矣哉！門無子之用心亦勤矣。門無子，吳郡人，姓俞氏，嚴居嗜古，篤行君子也。年七十，脩身剡文，不窺市，不醜窮，不慁貴人。書成而示余，余故得以肆目於是，而條陳其本末云。萬曆六年歲在攝提格冬十二月丁丑朔。

王百順《鳳池吟稿跋》（汪廣洋《鳳池吟稿》卷末） 汪先生當草昧之初，力挽宋、元舊習，爲明朝詩學正宗。所著《鳳池吟稿》，膾炙人口，不啻夜光和璧。嘗考儲文懿集中，有《寄葛庭光侍御書》云：「承惠《鳳池吟稿》，汪公名迹久湮，聞於後者，賴有文字之懿，自非執事表章先哲，則并此集散失之矣。甚盛舉也，忻忭忻忭！但僕所得抄本，後集有胡仲子標註，末有三序。聞前集亦有標註，惟今閣老丘公家所收本有標註，不可並得。但此三序不可不刊，謹錄上，乞付之梓也。」余查葛公，以成化十四年登曾彥榜進士。弘治初年，始改山東道御史，其刻先生集正此時也。至今上改元，纔七八十年耳，勿論板刻弗存，即印本亦不多見。先君子嘗以藏本示不佞兄弟曰：「楓落吳江冷，其誰能逭後死者之責乎！」手爲校訂，將欲就梓，而倏捐館舍，留之篋中，又二十年矣。然其集全無序文，亦不分前後字樣，不知果即侍御刊本否耶？儲公所寄三序，豈竟未付之梓耶？抑已梓而今復失之耶？余向過海陵，訪求抄本於柴墟先生諸孫，而竟不可得。其扼腕可勝道哉！今年秋，李孝廉衷素，從焦弱侯太史家覓得廣右刻本，前有宋承旨一序。蓋先生嘗左遷於此，故廣中亦有是刻也。因相與兌閱，更訂二十四字，以付剞劂。九原有知，亦庶幾少慰先人之初志矣。至若考求舊序，及胡公註本，則尚有望於博物君子云。丁巳穀日。

顏志邦《顏氏家訓小跋》（《顏氏家訓集解》附録） 余，楚産也。《家訓》，楚未有刻也。雖散見諸書旁引，而恆以不獲全書爲憾。余倅東倉，迎家君至養。時王太史鳳洲翁以詩贈，有「《家訓》傳來舊姓顏」之句，因走弇山園以請，迺出是書，如獲拱璧。閱之，則前以戊寅刻，而今又以戊寅遘也。如環其有以俟我乎！奇矣！奇矣！王太史既出是《訓》，又貽余以《家廟碑》，而爲之跋。他日請叙《家譜》，又云：「《家訓》未列諸顏及杲卿傳。」而屬余以梓。太史公之益我顏氏，亦遠矣哉！因奉命鋟諸梓，以淑來裔，以永保太史相成之意云。時萬曆戊寅季冬。茶陵顏志邦又言。

顏嗣慎《顏氏家訓跋》（同上） 茲《家訓》一書，予先祖復聖顏子三十五代孫北齊黃門侍郎之推撰也。自唐、宋以來，世世刊行天下。迨我聖朝成化年間，建寧府同知程伯祥、通判羅春等，嘗命工重刊，但未廣其傳耳。今予幸生六十四代宗嫡，叨襲翰林博士，竊念此刻誠吾家之天球河圖也，罔敢失墜，遂夙謁張公玉陽、于公谷峰乞叙其始末，將繡梓以共天下。觀者誠能擇其善者，而各敎于家，則訓之爲義，不特曰顏氏而已。時萬曆三年，歲次乙亥，孟春之吉。

余繼登《典故紀聞》卷三 仁宗謂侍臣曰：「守成之主，動法祖宗，斯鮮過舉。《書》曰：『監于先王成憲，其永無愆。』後世爲嗣君者，往往作聰明，亂舊章，而卒至喪敗不救，可爲監戒。朕十餘歲侍太祖皇帝側，親見作《祖訓》，屢經改易而後成書，於閒暇時即召太孫及諸世子於前，分條逐事委曲開諭之，皆持身正家以至治天下之要道。爲天子爲藩王，能每事遵守，豈有不福祿永遠者？」遂命司理監刊印賜諸世子。

劉日升《楞伽宗通題辭》（曾鳳儀《楞伽經宗通》卷首） 曾舜徵父懸儀部大夫之車，歸卧衡陽，杜門卻掃，一切無關。惟孳孳竺乾敎指，尊宿機緣，廣翻恣蒐，博參密證。垂二十年鉛槧之勤，幾無虛日，所嗜在茲，不知其爲憊也。所著《楞嚴、金剛宗通》業盛行於時，至是復輯《楞伽宗通》成。余卒業於古取材宋魏唐三譯，於今折衷筆記而通以宗。【略】夫剗削文字說法熾然，迷者相誹，知者皆爲導師，舜徵所輯富矣。余視之等於壁觀，舜徵以爲何如？余方欲是編流通激揚大事，而光祿孫君懋誠捐如干金梓行長干，嘉其嗜善勇助，次是語授之。俾質於諸方高流，彊學君子。

釋德清《金剛決疑・題辭》 般若爲諸佛母，菩薩之眞因，衆生之佛性，生靈之大本也。【略】此金剛般若，直拔疑根，爲發最上乘者說，殊非淺識薄德所能解。故黃梅以此印心，以其一法不立，是爲宗門正眼也。昔天親列二十七疑，解此一經，以疑潛言外。而此方義學，執筌失指，從前得意

忘言者希。予自幼能誦，而長不解。每思六祖大師一言之下，頓了此心。何世無悟入之人？由正眼不開，返爲性障。因住曹溪，偶爲大衆發揮一過，恍然有悟。而言外之疑，頓彰心目。信乎！此法離文字相，非思量分别所能解也。因拈示一斑，以當法施。初刻之嶺南，再刻於五雲，又刻於南嶽。門人方玉，見而信受，兹復刻於吴門。將廣願四衆，同開金剛正眼，的信自心，則成佛正因，將以是爲嚆矢也。丙辰長至月，憨山清道人撰。

又《起信論直解・題辭》　《起信論》者，乃馬鳴大師爲破小乘外道邪見，宗百部大乘經典所作，以爲發起正信也。故立論宗法界一心，開眞妄二門，徹生滅之本，窮迷悟之源。指修行之正路，示止觀之妙門。總括一萬一千餘言，理無不盡，事無不該，可謂大教之關鑰，禪宗司南也。以文約義博，幽深窈渺，難以致詰。賢首舊疏，科釋最爲精詳，加之記文浩瀚，學者望洋，杳莫可究。予嘗就本疏，少删其繁，目爲《疏略》，業已刻雙徑，率多尊崇。頃念法門寥落，講席荒凉，初學之士，既無師匠可憑，己眼不明，非仗此論，無以入大乘，生正信，將恐久而無聞焉。山居禪悦之暇，因祖舊章，率意直注本文，貴在一貫，不假旁引枝蔓。而一心眞妄迷悟之義，了然畢見，如視白黑，足有便於初學，非敢聞於大方也。門人超逸，久依在座，深討論義，似得其旨。今攜草歸粤，志欲刻之以爲法施。予謂無佛法地，後學有志參究大法者，又當以此爲瓦注也。若夫得意遺言，直入唯心現量，是在當人智眼。時泰昌改元歲在庚申仲冬朔，匡山逸叟憨山釋德清述。

又《大方廣圓修多羅了義經直解・後跋》　昔圭峰禪師，著有《略疏》，則似簡；别有小鈔，若太繁。然文有所捍格，則義有所不達，義不達則理觀難明，理觀不明則恍忽技岐，而無決定之趣矣。予山居禪暇，時一展卷，深有慨焉。於是，祖疏義而直通經文，貴了佛意，而不事文言，故作《直解》，以結法緣。草成，適新安覺我居士程君夢暘，聞而欣仰，乃因居士吴啓高特請以梓之。予因歎曰：「佛説持四句偈勝施恆沙七寶之福，以寶乃有漏之因，法乃成佛之本，較之天淵，此吾佛金口稱讚也。程君法施之福無量，當與虚空等矣。」敬題於後，令觀者知所自云。時天啓二年歲次壬戌仲夏望日。

又《重刻六祖壇經序》（釋慧能《六祖大師法寶壇經》卷首）　世尊説法四十九年，乃云未説一字。末後拈花，迦葉破顔微笑，於是有教外别傳之旨。西天四七，祖祖相傳，是爲心印。達摩東來，直指一心，不立文字。六傳至曹溪，衣鉢乃止，以其信心者衆矣。六祖得黄梅心印，以悟本來無一物，遂爲的骨子，開法於曹溪，以無説而説。門人吠聲逐塊，緝之曰《壇經》。其所指示，雖般若一心，心外無法，則口説者，如天鼓音，空谷響耳，豈實法哉！　余蒙恩於嶺外，幸作六祖奴郎，聊爲料理廢墜之緒。因見經本數刻，多有改竄不一，蓋以後世聰明君子，將謂老盧本賣柴漢，目不識丁，怪其所説無文彩，故妄易之耳。嗟乎！大音希聲，至文無文，況闡無言之道，假舌相以宣。嗚乎！夫水流風動，皆演圓音，又何文之有！　予偶得古本，乃爲勘訂，共所記參差者，復爲整齊，分爲十品，以雅稱經名也，刻於山中。適大將軍張君樂齊，先開府於粤間，訪予於山中，嘗以此經贈之。别十年，公歸林下，予過錢塘，公一見，歡若更生，談及此經，已重刻行。感公力能荷法，乃序之，以見公爲禪將軍，其有以發見聞之勇猛於此事者勸。

又《憨山老人夢游集》卷一〇《刻方册藏經序》　萬曆丙戌秋，達觀大師、密藏開公，遠蹈東海，訪清於那羅延堀，具白重刻方册大藏因緣，方且訂盟於堀中。爾時清以荷法情深，心重然諾，豈不荷擔，以洞門未開，荆榛未闢，意將有待而然也。已而達師西游，開、本二公，從赴清凉以卜居，質疑於曼室大士，即蒙印許，以金色界，未幾諸緣畢集。越庚寅秋，幻余本公問余，來入海印，出所刻棗柏大論若干卷示清，乃焚香稽首，再拜受之，喜徹藏心法，香熏遍毛孔。及讀諸大宰官、長者、居士緣起語，備殫始末，字字眞心，信乎無不從此法界流也。且曰：「方册類俗諦，固以流通爲大方便；第恐執梵夾而致疑者，煩頻解之，至詳且盡。夫復何言！」【略】或曰：「方册減敬，將無慢法之罪耶？」予曰：「性性湛然，般若圓明，諸流通者，譬若分燈。即大地俱焚，曾未擇薪，而本火固然，不增不減。試將以此廣大法炬，遍週沙界，窮未來際，燒盡闡提。即使衆生界空，而本法猶湛然常住也。」二公勉矣前旌，嗟予小子，慚愧形服，以禪弓不張，慧劍不利，怯弱不敢先登，敢辭執鞭之後。

又卷一一《刻十無盡藏品序》　予掩關靈湖之曇花精舍，門人觀衡，遠來相訊，見予批閲此品，歡喜稽首，而贊歎曰：「大哉妙行，普照迷方，誠如慧口之朗重昏也。」請序之，刻以别行。予喜作法施，願見聞隨喜者，即此以見自心無盡之妙行。苟信而持之，則華藏莊嚴，步步可登，而佛果菩

提，念念可證。其狹陋自私之習，亦將化爲無盡功德藏矣，詎不成一大事因緣哉！

王肯堂《成唯識論俗詮序》（釋明昱《成唯識論俗詮》卷首）《成唯識論》，是奘大師最後糅譯，囊括諸論，淵涵義海，融暢奥博，無與爲儔。自基師以來，有疏有鈔，疏鈔之外，又有《掌中樞要》、《唯識鏡》等諸著述，不知何緣不入藏中。宋南渡後，禪宗盛極，空談者多，實踐者少。排擯義學，輕蔑相宗，前舉諸典漸以散失。然《開蒙》之作，出於元人，爾時慈恩疏鈔似猶在也。余始聞唯識宗旨於紫柏大師，授以此論，命之熟究，茫無入處，求古疏鈔，已不可得。後閱《開蒙》，及檢《宗鏡》、《華嚴疏鈔》，遇談此論處，輒錄之簡端，於是漸有一隙之明。繼聞巢松、緣督諸師，留神此論，結侶焦山，博究大藏，將爲解釋。亟移書招之，二師各出其所標點之本，互相印證，余是以有《正訛標義》之刻。於是四方學者，始以此論爲可究，而求刻本者源源來矣。然闕疑尚多，意猶未慊。聞王太古言，相宗之精，無如高原法師者。《觀所緣緣論釋》，曾不可以句，而師釋之如指諸掌，則其他可知也。時東禪無主，余遂虛席以延師，師鑒余誠，率其徒至。余因囑以略釋此論，承承首肯，不逾年而《俗詮》稿成，余因是有《證義》之作。丙午夏，余蒙恩起官南曹，師亦來，開講此論于鷲峰寺，學者千衆，莫不從聽，得未曾有。己酉夏，師又開講於瓦官寺，時聞臺山師子窩澄法師曾解此論，欲往參訪，余固止之，師不可冒暑北邁。是年冬，余亦以攷績入朝，無何師亦至，寓北關下之龍華寺。又受彌勒菴請，爲諸方講演此論，法席甚盛，而余南還矣。明年夏，既訪澄師，不契而南。余亦從南宮乞假歸田間，師辭余爲武林游。又明年而余始病，病中聞師講演此論於淨慈之宗鏡堂。余且驚且喜，時且瀕死，不及與師相聞，即師有書來，不能答也。又明年夏，而師以《俗詮》新刻，來徵余序矣。病甚，不能即副師指。初秋始少閒，而後盥手發函讀之。嘻！師之爲是也難哉！基師以來承授有自，其爲疏鈔，述而不作。而師以無師智，尋影略之文，繹深微之旨，一難也。凡預講筵，孰不饜頞相宗，詫爲絶學，而師無所因襲，締構會釋，如作家報，二難也。巢松諸師，以三四人之心目，結三年期，攷究此論。然余播閱其本，止前二卷，有所標錄，餘並缺略。而師以一人之力，不逾年而成，三難也。因丘凌者易爲高，因川澤者易爲卑。古疏鈔已亡矣，後之學此論者，即他有所師承，可忘師締構之勞哉？巢松、之俗、一雨法師集解此論，刻已垂就；余之《證義》亦且災木矣。不妨爲《俗詮》左輔右弼，師其許之否乎？時萬曆壬子秋七月朔旦，金壇念西居士王肯堂力疾書。

曹學佺《少谷集序》（鄭善夫《少谷集》卷二四）初，鄭繼之先生有集刻於家，其傳不廣，鄧汝高爲浙江監兑，惟取其詩，稍裒選之，刻於湖州。余選明詩至少谷，必欲得其全集，又不能無去取，較諸湖州所刻，存者僅四分之一，然而選自汝高者，同異亦有間矣。【略】余選其集，亦殊寥寥，與他名公無異。而公集中之詩，與何仲默、孫太初、王道夫諸名公相往復者，余選之才得三二首，其餘皆擬古、登眺、感遇之作也。然則公於一時交遊中，簡澹亦可想見，而其海內以及後世，顧咸趨之，何哉！昔之君子不近名，而名歸之。信乎！其有以立是言者，其爲德與功又可以類推也。予自度於三者何有焉，故謝先生不敢當，亦以見夫名之不可以苟得而勿喪也。鄭民部映崑，將重刻《少谷集》於金陵，而問序於予，余乃推所以景行先生之意者如斯，而其詩則直爲言之，所寄而已矣。如先生之詩，則其所寄者，可謂遠也已矣。

鄒德溥《皇明書序》（鄧元錫《皇明書》卷首）《皇明書》者，盱江鄧徵君元錫所著也。參知錢公購得且命梓，適覲聖壽行，以屬參知黄公，黄公方以參知董湖西巡事，各蠲俸爲倡，於是吉郡守吳公，暨九邑諸長令咸輸俸佐剞劂。既訖工，授簡山中，屬予序。予讀其書，咨咨有感焉。【略】萬曆丙午八月既望。

周汝登《刻王龍溪先生集序》（《王畿集》附錄）南都文成公祠成，遐邇人士以期聚講，則惟大司空丁公式臨之，公謂：「講其學則當誦其書，《文成全書》都下業有梓者，高弟若龍溪王先生《集》，是宜並著。」於是捐貲鋟木，使廣行之，而命汝登序焉。【略】茲《集》之行，將使人盡知眞，猶之順風而呼矣。若登雖及師門，無能增重，惟是有篤信而無阿私。或公所亮，乃以序命，遂不辭而爲之誦述如左云。萬曆己未端陽日。

楊起元《楊復所先生家藏文集》卷一一《重刻白沙先生全集序》某自四十以前未足以窺先生藩籬，不知是集所繫之重如此；四十以後從近溪羅先生學，轉讀茲集，乃稍窺一斑，而字多模蝕。幸予友長蘆都運李君壽志新茲刻，多方購求善本，屬滄州學正高君爲表參互考訂，僅復其舊，而尚未盡。

李君轉廣右大參，高君入國學爲博士。大參君謂博士曰：「君宜收此板入國學，司業君在，可相與再校。」完之板至凡四百二十五片，由是發正二千餘字，然尚有未盡者。蓋是集之不行久矣。甲申、乙酉之間，議先生從祀，縉紳士大夫多不識先生之學謂何，賴大中丞趙麟陽先生攜先生遺書在署，速梓而出之，觀者始心服，而議遂定。嗟夫，道之興廢存亡，豈不以人哉！予嘗怪文中子之學，孟子以後一人，而所存惟《中説》，其餘泯然無迹。今是集若不重修，百年之後，欲求如《中説》，其可得哉？予於是重感予友李君能爲斯道舉廢而修墜也。世間文字爲木之蠹者，何限學者。未知先生之學爲何如，則是集亦可以有無，而李君之功奚有？區區之意，蓋欲我辟雍多士明孔孟之學脈，識自己之眞心，則人人皆與先生爲徒。如是，而以集爲先生之存亡，抑又末矣。萬曆己丑仲冬之吉。

方道成《阿彌陀經句解序》（釋性澄《阿彌陀經句解》卷首） 夫同生五濁，念佛勤求出離。苟非解法逗根，何以頓釋疑情，而獲大受用。余寓德藏琅函閣，適正宗上人出元稟天台妙觀越溪澄師句解《佛説阿彌陀經》一帙，集緣梓行。遂一披閱，開卷了然。雖云至簡至易，即此可以融通至奧至深。【略】頃因問序，直以忠讜諗之云。萬曆甲申圓通成道日。

馮夢禎《楞伽會譯序》（釋員可《楞伽阿跋多羅寶經會譯》卷首） 此經凡四譯，今存者三：其一則劉宋求那跋陀羅譯成四卷，曰《楞伽阿跋多羅寶經》；其二則元魏菩提流支譯成十卷，曰《入楞伽經》；其三則唐實叉難陀與復禮等譯成七卷，曰《大乘入楞伽經》。蓋先佛所説微妙第一眞實了義，故謂之佛語心品。達磨西來以授二祖曰：「吾有《楞伽經》四卷可以印心。」蓋宋本也。【略】荆山上人圓珂，少游玉芝聚禪師之門，深究《楞嚴》宗旨。已讀《楞伽》，博採三譯，妙契心要，遂謀諸聚師，欲會其句，編之未果。晚偕陸司空光祖，結夏山中，商及初願，司空謂不若依泐師注本節編之，庶無謬戾。上人首肯，遂成是編，首刊宋譯而魏唐附其下，名曰《楞伽會譯》。今歲春，開講於郡城之天寧寺。時余以在告得間預聽席，遂募檀信，授之剞劂，以爲天寧常住。達磨有言，此經五百年後翻爲名相之學。讀會譯者當直了自心，愼勿得指迷月而墮祖師之先見，則上人之法施其宏也哉！時明萬曆八年庚辰春佛成道日。

又《刻天台四教儀引》（諦觀《天台四教儀》卷首） 台教源流具四明磐公所撰《佛祖統紀》，而《四教儀》者，則高麗沙門諦觀稟《法華玄文》而録出者也。書凡二卷，上卷明一家判教之義，下卷明南北諸師宗敘異計。今所傳者上卷耳，言約義該，實爲台教之關鑰，學者了此則一化大綱思過半矣。南天竺沙門蒙潤有《集注》三卷，亦精核可喜，近吳中有刻本焉。掩關凡兩月，既出則復濫世罔，遂不能保淨戒，啖酒肉、近妻子如曩時。客有幼迷於他鄉者，一旦人告之曰：「子之家在某所，父兄宗族墳墓田宅種種可念也。」其人即留滯不能遽返，豈作他鄉人哉！今歲春，余且以一命棄青山，行有日矣。因追前志，捨貲刻《四教儀》一卷，並科文行于世。同志者其遂執鑰洞關以窮海藏，令一家教觀如日輪當午，川流赴壑。即余留滯他鄉，可藉以懺悔矣。其勉之哉！其勉之哉！壬午春佛歡喜日。

又《重刻妙法蓮華經合論跋語》（釋慧洪《妙法蓮華經合論》卷末） 宋覺範洪禪師有《法華論》行於世，達觀師爲余言之，構之十年矣，而不得。余於覺範著述已得披睹《僧寶》、《林間》、《智證》諸書，愛其議論直截痛快，能爲人解粘去縛，獨不見是書，慕之頗切。一日詣楞嚴静室，達觀師出以示余，云得之精嚴僧舍。余喜甚欲狂，不意至寶再耀於世，因得盡讀之。【略】每品末有張商英附論一篇，議論亦直截可喜，足以羽翼覺範。鏤版完，達觀師已先期北去，是書流通，想見其欣於數千里外也。時明萬曆己酉冬十一月晦日。

又《南京國子監新鐫史記序》（《史記》南監本卷首） 太史公學涉六家，途經萬里，獵百代未收之聞見，創千齡未備之體裁，點銅鐵爲黄金，抽神奇于臭腐，眞字挾風雷，筆驅造物者矣。雖班氏而下代有褒彈，而六籍以來最爲鉅麗。自晉徐中散廣始考異同，作爲《音義》引而伸之，代不乏人。至裴駰《集解》、小司馬《索隱》、張守節《正義》，尤爲較著。蓋通塞互存，瑕瑜相蔽，俱史家之娣姪。信龍門之忠臣，彼有所長世安得廢？我朝弘治君子首倡英風，近代通人嗣鳴大雅，詩與三唐方駕，文將二漢齊鑣。以故遷書與杜詩無不家傳而戶誦，然競爲割裂，妄著題評，坐井闚天，詎盡高明之體，畫虎類狗，孰窮彪炳之姿，等小兒之無知，豈達人之細。故咄彼銅臭，貽兹木災、覆瓿猶寬，投篋非虐。故今校刻一遵舊文，掃庶孽而定本，支放淫哇以清雅樂。譬麟經之內，夏庶軻氏之知言。凡我同襟，寧無擊節。明萬曆二十四年龍集丙申秋七月既望。

又《叙重刻三國志》（《三國志》南監本卷首） 史自馬、班下，稱陳壽《三國志》。其叙魏事最爲詳典，吳次之，蜀爲略。而壽蜀人也，柰何屑越其國事？或云壽有所嗛于相亮父子而然，愚以爲諸葛公不置史官，文獻缺略，搜括良難，非壽過也。史稱壽善叙事，有良史才。致令夏侯壞書，張華深善，譙周期其才名，范頵嘉其質直，有以也哉！但其書具紀傳，無表、志，體未備，而文多略。宋元嘉中，裴松之博采異同，以爲之注，彌違補闕，爛然可觀。說者謂劉孝標之注《世說》、李善之注《文選》與松之之注《三國》，俱旁引曲證，期于盡言盡意而止，足爲千古註書之法。然則壽書，馬、班之羽翼；裴注《國志》之鼓吹，自當與本書並行宇宙間，亦猶二儀五緯齊曜璣衡，大海百川等潤坤輿者矣。南雍書庫具二十一史，而《國志》板最爲刓缺。嘉靖十年以後，續補幾十之七，魯魚帝虎，又不勝其譌也。余既視事，首謀新之。隨行有宋本，魏志原缺，吳、蜀乃參監本，手自校讎，隨付剞劂。始春迄夏五月畢工，費凡三伯緡。借本資校者，余同年進士四川參議張君後甲監生吳養澤。佐校者監生劉世敎、布衣陸景成、監生袁之熊。而學錄石可、大典簿劉堅榮、署典簿事學正陳一道、典籍馬遷則與有監督經營之勞者得附書云。明萬曆二十四年龍集丙申長夏端五日。

黃淳《重刻白沙子序》（《陳獻章集》附録） 我皇上建聖眞之極，昭揭正學，崇祀文廟，四方學者益思得先生所著，以爲觀法地。顧邑中全集歲久蠹殘，淳積欲新之未能也。頃林君嘉讓過金陵，得甘泉湛先生京師所校刻，歸以示淳曰：「湛先生久在門牆，是必得先生精意之屬。子嘗有志于此，請校梓焉，可乎？」淳曰：「幸甚，君其圖之。」乃閉戶讐校，間有所疑必以質淳。錄成，同社何君上新。遂率三五同志，付之剞劂。謂淳不可無紀。淳曰：先生之學，心學也。先生心學之所流注者，在詩文。善讀者，可想見其天地胸襟、濂洛造詣。否則，等糟粕耳。神神相契，世能幾人？何君輩斯刻，可謂大有功於斯文者矣。淳烏敢辭？謹記。時萬曆四十年，歲次壬子，孟秋之吉。

吳國榮《射陽先生存稿跋》（《吳承恩詩文集箋校》附） 射陽先生髫齡，即以文鳴於淮，投刺、造廬、乞言、問字者恆相屬。顧屢困場屋，爲母屈就長興倅，又不諧於長官，是以有荆府紀善之補。歸田來，益以詩文自娛。十餘年，以壽終。奈絕世無繼，手澤隨亡。【略】丘子汝洪，親猶表孫，義近高弟，從親交中，遍索先生遺稿，將匯而刻之，庶幾存十一於千百，爲先生圖不朽耳。謀諸榮，榮以張子以衷、蔡子世卿，皆辱先生忘年交者，相與校焉。夫三子何能供是役哉？魚豕之訛，不免矣。獨念先生嘗謂近之刻者，類博而不精，嗟乎，斯刻也！倘曰精焉，世必有知先生者矣。萬曆己丑仲春七日。

朱之蕃《北宮詞紀小引》（陳所聞《新鐫古今大雅北宮詞紀》卷首） 北曲昉自金元，摹繪神理，殫極才情，足抉宇壤之秘。逮至國朝，作者無慮充棟，大都音節既乖，鄙俚復甚。試觀《雍熙樂府》等刻，囊括雖多，然合典刑者纔什一耳。至有三四名家，又未具載。不佞惜焉。同社陳藎卿氏，慨慕勝國諸君子遺風，新聲力追大雅，凡古今詞嫻，而法不失矩矱者，悉采入梓，成若干卷，命曰《詞紀》。夫詩紀一出，藝林賞心。曲實詩之變也，人樂觀曲之大全，不啻於詩，則此紀豈直歌頌太平，蓋足以資博洽云。時萬曆甲辰午日。

曹楷《書經講意序》（劉爾碩《劉季子書經講意》卷首） 余偕季子治《尚書》於桂香舘中，蓋稱莫逆交云。季子爲業最勤，而治《書》最精。居嘗謂余：壁經自孔安國後千餘歲而有蔡氏註，蔡氏後又數百年至今而有申、呂諸家疏，二帝三王之道關裨政事豈淺鮮乎？胡闡明以詔來世者，不數數也。於是殫精稽理，不問寒暑。爲之有一得，雖食必廢箸，雖中夜寢必燃藜起疏之，如此者累年而成是書。余觀季子下帷時，幾於口不知有滋味，耳不知有囂譁，而心不知有好惡，即疴瘻承蜩弗耑於此。嗚乎！亦勤且精矣。余徼季子惠，成進士已十年，而季子猶然披短褐家食也，則遇不遇時哉？余奉璽書按江淮，觀風四郡。所至輙進靑衿士品校之，其中業《詩》、《易》者大半，而業《書》者十不能一。余既不忍季子勦瀝之業終託之來世知己，而又慨于諸生師授之寡也，欲梓而布之。適四郡重厄於水，而以蠲恤聞者絡繹遞至。方與二三執事議捐不急以惠元元，安能復以此重爲災地累。值鹺使者桂亭綦公按部抵中都，索而閱之。則曰：是羽翼乎？聖經是開示於後之學者，諸士得之則羔雉之資也，諸大夫得之則政事之階也。柰何惜小費而棄以不急議已哉！遂命登之梓。梓成，余序之，序季子所以爲是與余所以傳之者如此。至於論著之實當者，是耶非耶，則有諸君子冠冕言與寓內定論在也。萬曆癸巳仲秋望日。

吴勉學《史裁序》（吴士奇《史裁》卷首） 吴勉學曰：不佞生而椎魯，無所能，亦無所好，顧嘐嘐慕古，窮年不厭。客居南都，殆十五載，南都文獻之淵藪，不佞後先所購書，凡數十種，梓行于世。自三墳六籍、先秦兩漢、諸子百家，以及醫卜諸書蓋稍稍備矣。《史裁》者，則家計部姪無奇所編次。無奇嗜書過余，自公之暇，乃採春秋以逮勝國事，集爲書，更六載而成。無奇不欲以示人也，不佞得寓目焉，以爲或有資于論世，乃授諸梓人，而弁識其叙書之指。

又《古今醫統正脈全書・刻醫統正脈序》 不佞勉學聞見寡昧，而於醫學獨加意焉。竊謂醫有統有脈，得其正脈，而後可以接醫家之統。醫之正脈始於神農、黄帝，而諸賢直遡正脈以紹其統於不衰，猶之禪家仙派千萬世相續而不絶。未可令其闕略不全，使觀者無所考見也。因詮次成編，名曰《醫統正脈》而刻之。萬曆辛丑仲夏六月。

茅暎《題牡丹亭記》（《牡丹亭》卷首） 説者曰：詩三百篇變而爲樂府，樂府變而爲詞，詞又變而爲曲，逮至曲而詩亡矣。不知詩之亡也，亦音不叶律，辭不該洽，情不極至，而徒爲嘽緩靡曼之響耳。余幼讀季札之觀樂，子野之覘楚，與夫開皇大業房中清夜諸曲。識者每於此窺治，忽心竊頷之。繼而進秦七，揖柳郎，而登清照，心又竊艷之。因匯《金荃》、《蘭畹》諸集，遴較諸名家合作，爲詞的一刻。【略】余於帖括之暇，間爲數則，附之《唾香集》後，并刻兹記。非敢謂咀宫嚼徵，以分臨川前席，酒後聊與知者行歌拾穗，以自快適耳。

臧懋循《負苞堂文選》卷三《彈詞小序》 近得無名氏《僊游》、《夢游》二録，皆取唐人傳奇爲之敷演，深不甚文，諧不甚俚，能使騃兒少女無不少於耳而洞於心，自是元人伎倆。或云楊廉夫避亂吴中時爲之。聞尚有《俠游》、《冥游》録，未可得。今且刻其存者。

又《玉茗堂傳奇引》 臨川湯義仍爲《牡丹亭》四記，論者曰：此案頭之書，非筵上之曲。夫既謂之曲矣，而不可奏於筵上，則又安取彼哉？且以臨川之才，何必減元人，而猶有不足於曲者，何也？當元時，所工北劇耳。獨施君美《幽閨》、高則誠《琵琶》二記聲調近南，後人遂奉爲槷矱，而不知《幽閨》半雜贋本，已失眞多矣。即「天不念」、《拜新月》等曲，吴人以供清唱，而調亦不純，其餘曲名莫可考正，故魏良輔止點《琵琶》板，而不及《幽閨》，有以也。【略】予病後，一切圖史悉已謝棄，閑取「四記」爲之反覆删訂，事必麗情，音必諧曲，使聞者快心，而觀者忘倦，即與王實甫《西廂》諸劇幷傳樂府可矣。雖然南曲之盛無如今日，而訛以沿訛，舛以襲舛，無論作者第求一賞音人不可得，此伯牙所以輟弦于子期，而匠石廢斤於郢人也。刻既成，撫之三嘆。萬曆徒維敦牂之歲夏五日。

阮尚賓《刻海忠介公文集序》（海瑞《海剛峰先生文集》卷首） 士爲海内稱奇，視古賢豪不愧者，豈獨用世之猷，足風吏治哉！亦以養之純、發之正，不詭於聖賢之道爲足術耳。若海忠介公者，非其人乎！【略】公存稿有《備忘集》，有《淳安政事》及會議夫差數事，併封誄傳狀，共次爲十卷，皆不可無傳者。敬付剞劂氏，嘉與天下慕公者共之。從粱公命，遂僭言以弁諸簡首。萬曆甲午孟秋穀旦。

海邁《備忘集跋》（海瑞《備忘集》卷末） 余家籍瓊臺，世業儒。儒之道無奇也。嘗讀《孔子世家》，見其生而徇齊，長而聖，居鄉而恂恂，在朝而唯謹，未嘗有非常可喜之事以駭人耳目，學聖人者亦奚以奇爲哉！余叔祖忠介公，世人稱爲奇男子，非揶揄也。【略】歿後，有《榮哀録》，有《諭祭葬文》、輓詩、行狀、中外奠章，併其所著，無慮數百卷。然板籍或朽或蠹，若存若亡，惜無司篋者什襲之。余叨侄裔，時時虚左賢豪，而于先業顧不得一當焉。譬之家有千金而持鉢于市何以異？迺于暇日搜其殘編，彙而輯之，約有十卷。雖存什一于千百，然而居鄉立朝，已獲其梗概矣。語曰「享敝帚以千金」，夫敝帚久棄，誰復見享。余取而付之剞劂氏，匪敢輒自誇鳴，亦直寄焉以爲箕裘囊橐，俾生公之後者得見公之眞。即不見享于世，亦奚忍弁髦焉。時萬曆壬寅陽月。

于若瀛《陽春奏序》（黄正位《陽春奏》卷首） 吾友黄叔氣稟醇和，志嘐慕古，往所鐫《草玄》、《虞初》諸書，懸之國門，紀價爲高矣。兹復選名家雜劇付之剞劂，乃以雜劇之名爲未雅也，而題之曰：《陽春奏》。夫陽春白雪和者素寡，黄叔以是命名，豈不爲元時諸君子吐氣乎！黄叔博學而才高，其於純成藥勦，猶日孜孜不倦，兹箕踞北窗之下，潛心著刻，以嘉惠後人，其志蓋有足多矣。余行能淺薄，慚非顧曲之周郎；且抑鬱秦關，有類思鄉之張翰。以黄叔數千里之請，遂僭爲論議如此云。萬曆己酉仲商月

之吉。

徐即登《清正存稿原序》（徐鹿卿《清正存稿》卷首） 按宋史理宗朝，吾家蓋有兩名卿云：一爲泉谷公鹿卿，以樞密使封豐城男；一爲矩山公經孫，以學士封豐城伯。二公當宋祚垂亡之秋，適權奸柄國之際，均不得有爲於時。然矩山公乃理宗末季，或倦於勤，故不得盡其言。而泉谷公正當其壯年勵精之日，其言猶得以自盡。登嘗從家乘中見公年譜，蓋自嘉定登第以後，諸凡所關職守與國家大計，無事而不言，無言而不盡。【略】時觀叔以按閩過家，命錄出年譜中諸疏札，將與矩山公集並刻以傳。夫泉谷公欲爲于猶可爲之日，故其言詳；矩山公欲爲于不可爲之時，故其言畧。此前人一時之雙美也，其並傳也固宜。登忝遠裔，竊願蠅附，故述梗槩以引其端云。

劉懷恕《春秋戰國評苑序》（穆文熙《春秋戰國評苑》卷首） 明興三百年來，太平日久，人文鬱彪。始而攻習《史記》，繼而因《史記》復欲攻《左傳》、《國語》、《國策》。而吾友少春穆君乃爲《左傳國語鈔評》、《七雄策纂》。文士以爲便，無不家藏而人誦之，若珙璧然。然旨略既析，又欲思觀全書，時或聚而語之曰：「安得穆君復留意於此乎？」余歸而語穆君，君乃巋然出一函示余。余發視之，則三全書也。評品畫乎始終，勾截悉成窾段，手墨淋漓，簡牘欲穿，自題其首，曰「春秋戰國評苑」。余錯愕嘆曰：「先生苦心哉？」乃受而讀之。不數日而三書始末燎然目中，無復浩繁之艱。乃於穆君乞得之，攜至維揚，付梓以公同好。而鹽法沈公見而佳賞，亦分梓《國策》一藉。【略】至其所自爲詩文《逍遙園集》二十卷，文詞高古，正與三書相表裡。是用並梓以傳。萬曆十五年仲秋之吉。

又《刻四史鴻裁序》（穆文熙《四史鴻裁》卷首） 吾友穆敬甫公纂古今籍數十部行於世，士大夫無不欣豔而欲得之。顧其卷帙甚夥，不便購取，又客子行李爲難，乃尤欲得其左、國、子、史四鈔，余志之。而適有山右之役，行部河東。偶與巡道朱君議之，君慨然曰：「此亦某之夙志也！當與公共成之。」於是朱君捐俸若干，余以贖鍰佐之。不三月而四鈔告成，頗稱善刻。由是余以《四史鴻裁》名之，而爲引其端。曰：是籍也，豈惟有資於好古之士，而於晉地尤其所宜。【略】余閱之，嘆曰：「先生苦心矣，次第當傳海內也！」萬曆庚寅新正元日。

朱朝聘《四史鴻裁序》（同上） 直指劉公持斧按部河東，既已觀風校士，翔洽文教矣已，乃出考功穆君所選書凡四函，以示朝聘。朝聘縱觀之，則左丘明氏翼《春秋》之義而爲之傳者，與夫采錄前世嘉言名譚而稱《國語》者，已而乃劉向定著戰國諸策士縱橫長短之説，最後則司馬子長自謂成一家言、藏之名山者也。其《左》、《國》、《國策》三書微有所删定，而《史記》則載其粹者十之三耳。檃括既精，提衡不爽。聘受而卒業，津津有味乎！其言之也。請剞劂布焉，直指公許之，題其首曰《四史鴻裁》，而屬序於不佞。【略】夫鄧林之野，嘉卉灌叢，然工師操引而入，非杞梓楩楠無取焉。四史者，固學士之鄧林哉！工師之功，穆君有焉。或曰今天下翕然慕古，固已闤闠其書矣，是刻胡爲者？然舊刊俱各自爲帙，披閱爲難。若僅僅二十餘卷，而《左》、《國》之深沉，《世本》之辯肆，馬遷之雄博，燦然星列，則自茲刊始矣。刊既成，而不佞序其事如此。時萬曆己丑冬。

李廷機《漢唐宋名臣録・序》 余生平嘐嘐慕古，及仕南京三年，公餘多暇，閱漢唐宋史，取其間名臣自宰執以下至守令若干人言行事蹟，史傳所載，稍編次之。朝夕披覽，欣然有得。【略】余爲此編，尚欲更加删定，而兩直指公不知從何得之，已屬泰州李守鋟諸梓，而余友張君爲之跋，函而達之京師，謂余當有序。余既不才，徒嘐嘐無當，而以望當世賢豪有志者，固余心也。遂爲序。

又《題二十九子品彙序》（焦竑等《新鍥翰林三狀元會選二十九子品彙釋評》卷首） 邇者國史從吾焦君、青陽翁君、蘭嵎朱君皆積學浩瀚，博綜今古，嘗于公署之暇，拔二十九子之文，擇其言堪爲世資者爲之註釋品評，或紀其實，或節其文，或斷其事之是非，或考其言之眞贋，或斷章取義，或解字詮言。俾好古之士一展卷間，若日麗中天，毫無翳蔽。【略】余請廣之四方，爲後學標的。俾崢嶸於寰宇，設施於廟廊，均有藉焉。故謹序，授之剞劂氏。業儒者諒必合掌而齊嘉之！時萬曆丙辰歲孟夏月吉旦。

許吴儒《刻澹園集記》（焦竑《澹園集》附編二） 澹園先生所著多不自惜，頃直指黄云蛟公欲刊布之，乃稍稍檢括，裁什二三耳，屬謝利州嵩總校入梓，而何州端台、龍含山爲光、王學博中啓參校督刻，皆有勞焉。先是有《焦氏類林》八卷、《老莊翼》十一卷、《陰符解》一卷、《焦氏筆乘》六卷、《續筆乘》八卷、《養正圖解》二卷、《經籍志》六卷、《京學志》八卷、《遜國忠節録》四卷，業已行于時，《東宮講義》六卷、《獻徵録》一百二十

卷、《詞林歷官表》三卷、《詞林嘉話》六卷、《明世說》八卷、《筆乘別集》六卷，尙藏于家。餘刊行文字書籍托名者，亦識者自能辨之。

薛三才《王文肅公全集序》（王錫爵《王文肅公全集》卷首） 王文肅公奏草若干卷，其孫尙寶君遜之既梓而行之矣，復梓公所遺牘草若干卷，而屬不佞爲之序。余謂：文肅公不欲傳奏草以自爲名，今梓牘草者何？尙寶君曰：「此非先文肅之意，而先太史標識奏草之意也。」余既卒業，竊嘆公居首揆，不二年，時值海内多故，監鎮行部之使，奏事闕下，各以其事白，下至郡國之吏，咸有所諮稟目，或數十版並入。公隨事批答，悉中機宜。【略】上自神聖，每事取獨斷。公以忠誠耿介，受知最深，故言猶得伸其什五，而始終眷禮。有前此密勿大臣所不能望者，士大夫見公禮遇隆殊，以爲公之得君若此，回天障海，何所不得！伸其志不能無過望，而公亦幾無以自白於天下。自奏草與牘草行，而公之心事始洞然與海内共見之矣。太史標而識之，尙寶復梓行之，蓋孝子慈孫之用意若此。萬曆乙卯春。

王麟《雙溪類稿序》（王炎《雙溪類稿》卷首） 余爲丞尙璽，少保四明沈公雅好《雙溪集》，惜其秘於金匱石室中，世人徒耳而嗜也，圖欲表之。余因請得拜受，退而鳩工梓焉。竟則弁其首曰：王氏自始興文獻公導以來，散居江左，衣冠與六朝相始終。其間豈乏作者，惟文憲公儉，集傳不朽。【略】公世居婺源武水之曲，雙溪合流，因以爲號。邑有端風祠，祀先哲也。雙溪名在祀典中，楚楚精神，駕文螭而肹蠁，是爲不朽之盛典，亦爲衣冠之世族也。集今行於世。賦樂府一卷，詩詞九卷，文十七卷，沈公有定論矣。余姑論其道術徽猷，以爲後學仰止云。敬序之以復沈公也。時萬曆丙申春三月穀旦。

吴之鯨《刻古奏議引言》（黄汝亨《古奏議》卷首） 余不佞有臆見，每與友執商之，謂讀子不如讀史。蓋子之精者，未必實裨於道德身心；而其粗者，徒以恣洸瀁繆悠之說。【略】余友黄貞父，才情超邁，而能沉之以博識。其於史二十一家靡所不讀，間有揚搉，爲帳中之秘，未欲示人，玆選特靈鷲課二三子者耳。而吴君德聚業付之梓。甚矣！吴君之嗜貞父也。然天下有未知讀史與有意讀史而未能辨全書者，此以供其一斑，則德聚與有勳德矣。余因嘉其意而樂爲之序如此。萬曆辛丑夏季朔。

黄汝良《南雍重刻史記序》（《史記》南監本卷首） 自史遷作《史記》，變《左》體爲紀傳，世家、書、表，厥後作者遞相祖述，雖名號稍庚，而規制無改，可謂正史開基而纂脩鼻祖矣。至其變化無端，錯綜生色，言約而事該，文質而神王，則又諸史中無能闖其閫奧者。誠足前跨盲史，後躡班書，承祚、蔚宗而下無論也。第其書網羅千載，貫穿百家，包孕既多，攟摭殊廣，所以幽詞眇旨，致難驟晰。自徐廣、裴駰、司馬貞、張守節之倫註音釋義，搜隱窮奇，彼此參詳，後先互證，然後讀是史者得繇景緯以步蒼旻，藉津筏而濟溟渤，羽翼之功，于是爲大。近時學士大夫乃增以己意，更加題評，斑窺弋獲，並列殺青，使觀者意緒斷續，精神瞀亂。夫肌骸足體，何取駢枝；渾沌無門，豈當鑿竅。以此傅彼，斯爲汰矣。監本舊有《史記》，間載題評而於舊註多所刪割，裒益之義未協。厥中兼以歲久糢糊，覽者滋病。大司成檇李馮先生來涖南雍，嘆其闕事，遂手自校讐，重加鋟梓。題評新語雖愛而必捐，註釋舊文雖多而必錄。非夫貴遠賤近，好揚扢乎前脩，將以採實刊華，期開濟乎後喆。殆龍門之幹蠱，而子長之忠臣者乎！鋟成，爰爲僭題數語繫于篇端，俾覽者知所取裁焉耳。萬曆丙申仲秋之望。

又《重刻三國志小序》（《三國志》南監本卷首） 南雍舊鍥有《三國志》，歲久漫漶爲甚。大司成馮公視事之三月，乃重鍥焉。余惟諸史自《史記》、兩《漢書》外，最著者無如陳壽《國志》。維時漢季，群雄並起，所在豪傑如林，卓犖奇偉，敻絶千古。壽所結撰，其文采亦爛然稱是。故壽本傳謂其「善叙事，有良史才」。裴松之亦稱其詮叙可觀，事多審正，良有以矣！【略】後之觀是志者，不惟考鏡往跡，得以尙論百年之間，而是志之瑜瑕不相隱，抑亦握簡含毫者得失之龜鑑矣。此馮公所爲重鍥之意也。萬曆丙申季夏穀旦。

俞安期《續世説新語跋》（李垕《南北史續世説》卷末） 劉宋臨川王撰《世説新語》，盡於兩晉。唐宗室李垕續之，始於劉宋，終於隋。其目一循臨川之舊，益其博洽以下者十，通爲十卷。片語微詞，標新立異，澹而旨，簡而豐蔚，誠足雁行臨川矣。梁溪安茂卿，世藏宋之刻本，取傳堅梨，刻既竟，見其字且多訛，條落亦溷，尙俟手校印發。逡巡年歲，溘先朝露。余過存諸孤，見之架上，已爲蠹蝕者幾半。痛良友之早逝，惜是書之久湮，遂載其蠹餘，行求全本，冀足成之。既越三年，頃得之焦弱侯太史，始補其闕，訂其訛，截其條落，遂成完書，亦藝林快睹矣。【略】余往見茂卿未傳

堅梨之木，刻既精工，紙墨古闇，中有諱字，其爲宋本無疑。今玆翻本，尙有宋刻典刑可鑒，條落揉溷，是必唐宋以來轉轉傳寫，當連而斷，當斷而連，舛誤謬誤，一至於此。由是觀之，斷非近時鑿空贋造者矣。臨川爲宗室近葉，屋亦唐之本支，其續之本懷，蓋有所興托乎！萬曆己酉秋七月。

陳繼儒《敘史記鈔》（茅坤《史記鈔》卷首） 孔明略觀大意，淵明不求甚解，此古人讀書三昧處，然少年沓拖者，藉爲口實，往往讐書不觀。即貌稱好古者，執卷嚚嚚類遊冶兒。志得意畋，已紲犬擲鷹，低迷思寢矣。惟蘇子美讀《子房傳》，豪邁可喜，杜祈公曰：「有如此下酒，物一斗不足多也。」余束髮好《史記》、杜詩，私服鹿門，寔有至鑒，別具手眼，洞入司馬腹中，斷斷非它評可及。嘗以丹鉛摹寫之，垂衰老猶未忍釋去。今見吳興閔士隆新刻硃評，大較本於鹿門，而旁采諸家之品題者，參半其中，尤覺精微簡潔，神明煥然，其亦有功於史學矣。東坡初得《史記》，自詫貧兒驟富。王元美謂余言，曩與李于鱗初爲刑曹郎，相約讀書，手抄《史記》，成帙者二部。每相對飲酒，談笑唏噓俯仰，率若與子長相周旋，自是文章始有發寤。蓋前輩之用心讀史如此。若使見閔士隆所鐫硃評，其心目開張，手足舞蹈，又不知何如也。三代以上，漆文竹簡，冗重艱難。秦、漢以還，浸知手錄。唐文皇遴選五品子弟入弘文館抄書讎對精詳而誦讀，因以該博。自馮道、毋昭裔爲宰相，一變而爲雕板，布衣畢昇再變而爲活板，閔氏三變而爲硃評。書日富亦日精，寶藏者異錦名香裹置高閣，其它或以傳耳目之玩，供筐篚之交，非特太史公負屈，即鹿門諸名公丹鉛此書之初意俱付之煙雲過眼矣。吳興硃評書錯出，無問貧富好醜，垂涎購之。然不過一卷或數卷而止。若《史記》卷帙既重，而品隲尤眞，正如黃帝張樂，洞庭之魚龍怒飛；大禹治水，山海之鬼怪畢出。非讀書破萬卷者，豈能搔其痛癢一二哉！余嘗題《杜少陵集》云：「兔脫如飛神鶻見，珠沈無底老龍知。少年卻悔輕吟詠，五十方能讀杜詩。」亦此意也。泰昌十一月初七日。

釋圓澄《重刻正法眼藏序》（釋宗杲《正法眼藏》卷首） 《正法眼藏》者，難言也，請以喻明。譬如淨眼洞見森羅，取之無窮，用之無盡，故名曰藏。【略】時有繡水普善庵沙門慧悅，居士春門徐弘澤自慶奇遇，嗟彼未聞，冀報佛恩，募資重刻，屬余爲序，以貽同志。而參學者，即使游法界無邊之門，融古今刹那之念，猶是功勳邊事。若能了悟則自心何知？自眼何見？非見非知，是眞得正法眼藏者矣。萬曆丙辰端陽日。

葉向高《孫宗伯集序》（孫繼臯《孫宗伯集》萬曆本卷首） 宗伯柏潭孫公之沒也，以其遺文屬觀察宜興陳君曰：「陳君知我，必不令泯泯也。」觀察抱公文至潮陽，與公先年乙酉浙闈所舉士劉君、沈君共捐貲梓之，走使請余爲序。余方投老山林，謝筆研之役，顧惟公之文與觀察之請皆不可辭，乃勉效一言。

張睿卿《靜居集序》（張羽《靜居集》卷首） 明初四家詩以高、楊、張、徐比唐四傑云，聞之故老言，不惟文才相埒，其攸履亦不相遠。【略】曩從舊家得刻本，板既漫漶，中復贋缺，徧覓遺文有年矣，往往手纂而補疏之，併幼文《北郭集》同付梓人。【略】萬曆癸卯夏六月朔日。

孫宗吾《山海經補注跋》（楊慎《山海經補注》卷末） 此注本，先太史自序，花甲且一周矣，刻亦五十餘祀，歲久板缺不傳。嗜古好學者來乞，又苦抄錄之艱，無以應，因同雲間王季高校正，重梓之。時萬曆甲辰長至。

周曰校《三國志通俗演義識語》（《新刊校正古本出像大字音釋三國志通俗演義》卷首） 是書也，刻已數種，悉皆僞舛，茫昧魚魯，觀者莫辨，予深憾焉。輒購求古本，敦請名士按鑒參考，再三讎校。俾句讀有圈點，難字有音注，地里有釋義，典故有考證，缺略有增補，節目有全像；如牖之啓明，標之示準。此編此傳，士君子撫養、心目俱融，自無留難，誠與諸刻大不侔矣。鑒者顧諟書而求諸，斯爲奇貨之可居。

博古生《三國志敘》（《新刻考訂按鑑通俗演義全像三國志傳》卷首） 聖主當陽，群邪屏息；大權一統，孰敢窺中原而問鼎也？代至三國，非稱鼎□□耶。【略】是以志《三國》者，志其忠肝義膽，昭昭揭日月而行中天也。第坊刻不遵原本，妄爲增損者有之；不詳考核，字至魚魯者有之。予閱是傳，校閱不紊，剞劂極工。庶不失本志原來面目，實足開斯世聾瞽心花。癸亥春正月。

佚名《重刊杭州考證三國志傳序》（《新刻京本補遺通俗演義三國全傳》卷首） 《三國志》一書，創自陳壽，厥後司馬文正公修《通鑑》，以曹魏嗣漢爲正統，以蜀、吳爲僭國，是非頗謬。迨紫陽朱夫子出，作《通鑑綱目》，繼《春秋》絕筆，迨進蜀漢爲正統，吳、魏爲僭國，於人心正而大道明，則昭烈紹漢之意，始暴白於天下矣。然因之有志不可汩沒，羅貫中氏又編爲通

俗演義，使之明白易曉，而愚夫俗士，亦庶幾知所講讀焉。但傳刻既遠，未免無訛。本堂敦請明賢重加考證，刻傳天下，蓋亦與人爲善之心也。收書君子其尚識之。

張汝霖《重刻龍溪先生集紀事》（《王畿集》附録五） 南都之有文成祠也，萬曆甲寅二月，符卿周先生實身任之，又兩月，大京兆黄先生至，協力鳩庀，祠迺落成。五月，載主入而俎豆之。其及門諸弟配於堂，私淑諸賢配於廡，而浙之官於斯者，又建會館祠左，令夾輔之，遞司其守，勿敢替也。於是祠之制大備矣。八月，大司空丁先生至，瞻拜祠下，稱甚盛舉。欲刻文成《集》於祠，會京兆府先已鏤板，迺曰：「吾師龍溪王先生，文成之顔子也，天泉證悟之後，已授之衣缽矣。文成祠安可無王先生《集》？」因召霖前而命之曰：「吾檄金若干，佐剞劂，校讐之役若司之。」霖敬拜受而董其事，披對再三，期不辱命。始於乙卯二月，畢於是年五月。

趙琦美《酉陽雜俎序》（段成式《酉陽雜俎》卷首） 《文獻通考》載《酉陽雜俎》前集二十卷，續集十卷，世僅行其前集。吳中廛市鬧處，輒有書籍列入檐蔀下，謂之書攤子，所鬻者悉小説、門事、唱本之類。所謂門事，皆閨中兒女子之所唱説也。或有一二遺編斷簡，如玄珠落地，間爲罔象得之。美每從吳門過，必於書攤子上覓書一遍。歲戊子，偶一攤見《雜俎》續集十卷，宛然具存，乃以銖金易歸，奮然思校，恨無善本。美堂兄可庵案頭有校本《雜俎》前集，因詢其據何本校定。兄曰：「吾婦翁繆含齋可貞氏，平生好奇，讀書嘗見昆山俞質夫先生有宋刻《雜俎》，因讎是書，吾轉録此册耳。」美喜甚，便攜之歸。開窗拂几，較三四過。其間錯誤：如數則合爲一則者，輒分之；脱者，輒補之；魚亥者，就正之；不可勝屈指矣！又爲搜《廣記》、類書及雜説所引，隨類續補。歲乙巳，嘉禾項群玉氏復以數條見示，又所未備也，復爲續之。乃知是書必經人刪取，不然何放逸之多乎？美每欲刻之，而患力不勝。丁未，宦留臺侍御内鄉李公，有士安、元凱之僻，與美同好，自美案頭見之，欣然欲刻焉。美曰：「子不語怪，而《雜俎》所記多怪事，奈何先生廣齊諧也？」先生曰：「否，否！禹鑄九鼎而神奸別，周公序《山海經》而奇邪著，使人不逢不若焉。噫！世有頗行涼德者。」侍御既以章疏爲鼎爲經以別之矣，乃茲刻又大著怪事而廣之。豈謂有若《尸穸》、《諾皋》所記，存之於心，未見之於行事者？又章奏所不及攻，而人所不及避也。藉此以誅其心、僇其意，使暗者昧者皆趨朗日，不至煩白簡矣，是亦息人心奇瑰之一端云。

余文臺《按鑒演義全像列國評林》（余邵魚《春秋列國志傳》卷首） 謹依古板校正批點無訛。三臺館刻《列國》一書，乃先族叔翁余邵魚按鑒演義纂集，惟板一副，重刊數次，其板蒙舊，象斗校正重刻全像批斷，以便海内君子一覽，買者須認雙峰堂爲記。

余象斗《八仙出處東游記・八仙傳引》 不俗斗自刊《華光》等傳，皆出予心胸之編集，其勞鞅掌矣！其費弘巨矣！乃多爲射利者刊，甚諸傳照本堂樣式，踐人轍迹而逐人塵後也。今本坊亦有自立者，固多，而亦有逐利之無耻，與異方之浪棍，遷徙之逃奴，專欲翻人已成之刻者。襲人唾餘，得無垂首而汗顔，無耻之甚乎？故説。

徐光啓《尊師澹園焦先生續集序》（焦竑《澹園集》附編二） 吾師澹園先生，粤自早歲則以道德經術標表海内，鉅儒宿學，北面人宗；餘言緒論，流傳人間，亡不視爲冠冕舟航矣。洎登朝列，珥筆承明著作之庭，高文大篇，奇麗雄富。暫卧東山，休息乎道林藝圃，遠近宗挹，屨滿限穿，答問更繁，述作尤盛。于是侍御今大京兆黄公梓其集行世，世既人人頌述之。越五載，復有茲集，則憲使金公命其屬朱君汝鰲刻之當塗，以嘉惠來學者也。刻成，以序屬諸小子啓。小子啓無似，用研削薄伎，受知於先生爲深，自惟淺陋，無所窺於文章。第嘗通觀古今之際，而有概于文之所由始也。【略】萬曆辛亥春王正月。

汪本鈳《續刻李氏書序》（李贄《續焚書》卷首） 鈳從先生遊九年，所朝夕左右未嘗須臾離也。【略】海以内無不讀先生之書者，無不欲盡先生之書而讀之者，讀之不已或並其僞者而亦讀矣。夫僞爲先生者，套先生之口氣，冒先生之批評，欲以欺人而不能欺不可欺之人，世不乏識者，固自能辨之。第寖至今日，坊間一切戲劇淫謔，刻本批點，動曰卓吾先生，耳食輩翕然豔之，其爲世道人心之害不淺，先生之靈必有餘恫矣。此則鈳所大懼也。蓋先生之書未刻者種種不勝擢數，鈳既不能盡讀，年來餬口將母，又不暇讀。今不幸先慈棄捐，困苦哀毁之餘，即欲一讀先生之書而不可得，奈何！徒爾朽藏以供笥蠹，是猶令日月不出而求熄爝火之光，不亦謬乎！此則鈳之大罪也。因搜未刻《焚書》及《説書》，與兄伯倫相研校讐。《焚書》多因

緣語、忿激語，不比尋常套語，先生已自發明矣。《説書》先生自叙刻於龍湖者什二，未刻者什八。先以二種付之剞劂，餘俟次第刻之。萬曆戊午夏仲。

劉曰寧《刻右編叙》（唐順之《荆川先生右編》卷首） 《右編》者，取右史紀言也。余遊南雍之一年，從太史焦公得抄本讀之，知爲毘陵未竟之業。會太史居在秣陵，而少司成朱公適來，因略倣先生《左編》義例，部勒銓補，爲四十卷。其例起治道，而君相，而宮闈，而方國，而四夷，而六官，政事無不備載。蓋宇宙一大機局也。【略】編凡四十卷，二千六百一十葉。主校閲者丞武君紹祖博士、董君應舉、林君世都、六館先生姚君光胄、江君時中、莊君毓慶、陳君勳、沈君琉、李君諫、陳君禹謨、陳君繼芳、石君雷。董刻者簿張君本、陳君桂林，而别屬秣陵諸生沈朝陽蒐遺正譌。歲乙巳長至，書始成。

陶望齡《徐文長三集序》（徐渭《徐文長三集》卷首） 徐渭文長故有三集，行者《文長集》十六卷，《闕篇》十卷，藏者《櫻桃館集》若干卷。行者板既弗善，而渭沒後藏者又寖亡軼。予友商景哲及游渭時，心許爲彙刻之，及是歎曰：「吾囊雖不言，然不可心負亡者。」遂購寫而合之，屬望齡詮次，授諸梓。【略】其書既侈，刻者文取五，詩取八。如文長者，於當代不知何如，而謂之文長一家之文，信矣。故仍其始名曰《文長三集》。

又《聖學宗傳序》（周汝登《聖學宗傳》卷首） 宗也者，對教之稱也。教濫而訛，緒分而閏宗也者，防其教之訛且閏而名焉。故天位尊於統，正學定於宗。統不一，則大寶混於餘分；宗不明，則聖眞奸於曲學。【略】是編成於萬曆乙巳，冬十月殺青壽梓。王子世韜昺弟實肩其費，功亦偉云。

何熊祥《重刻白沙全集序》（《陳獻章集》附録三） 白沙先生全集刻自弘治末年，歲久漶漫，中幾經補綴，率非全璧。廣文林君從南雍得甘泉先生所校善本，謀諸家君，重付剞劂。訖工，復屬余叙。【略】余生先生闕里，取則不遠，知非是集不足以見先生，又知是集不足以盡先生。夫由先生所著述，而悟先生所以不著述，其於道也深乎！是爲叙。萬曆壬子菊月之吉。

黄儒炳《續南雍志》卷一《事記》 按，汝璧初與湛若水闡明聖學，正己端表，嚴飭規條。暇日，又取《二十一史》刪校譌謬，疏請頒刻。一時經史之學爲之大明，士習丕變。【略】八月，陸右春坊右諭德兼翰林院修撰黄佐爲南監祭酒。先是，景泰七年祭酒安成吳節嘗修雍志，略備梗槩，姚讓梓之。自南海黄佐來任祭酒念事蹟久而曠軼，復加纂輯。斷自洪武至於正德，爲紀四，爲表二，爲考十有二，爲列傳六，凡二十四卷。上下隱括，詳辯弘博。諸生以姚讓故事各競梓之，南雍遂有成書焉。

又卷四《事紀》 夫太學設典籍之官，今無其實，而徒存掌故也，臣切惑之。經術爲教化之源，辟雍乃圖書之府。自昔辨謬證譌，必以秘書及監本爲據。蓋内府所藏者，天祿之舊，而大學所貯者，則明經之遺也。先臣丘濬、童承叙等屢以爲請，因循至今，遺失益甚。臣謂南監有《十七史》，而《十三經註疏》久無善本。容臣等率屬訂較，工部給資，鏤梓於監，可爲明經造士之助。内府凡有板者，乞各賜一帙。在京，衙門條例等書盡令刷送；在外，郡邑刊刻諸書責令入覲進表。官員順便齎投載籍既完，教育有具，則遺書無湮沒之虞，而典籍亦非虛曠之官矣。

又卷九《事紀》 因《監志》四朝缺紀，遴博士姜一洪、助教申紹芳、學正孫應徵俱良史才，給楮墨費，令主總裁。又以烏程監生唐時該博知名，摭拾編緝，即今所刊《續志》。八月，移呈禮部，將時比監生宋啓明修《吏部志》，生員俞汝楫修《禮部志》，一體准貢。八月丁丑，祭酒黄儒炳至監視事，飭規條模範，尺寸不爽，而經笥武庫著述《爾雅茹綷》、《古今士類》翕然樂得所宗。命助教申紹芳纂修本監兩朝實錄。九月報竣。十月，令學錄葛大同取《廿一史》藏板糢糊者易之，廢落者補葺，精勤勘訂，屹成完編。并前《續志》底稿，再爲繙較，多所叙論，繕寫藏之。至祭酒李孫宸，乃更與學正黄奇士等刪繁補缺，間附論斷，始爲完書而發梓焉。十二月甲寅，司業葉燦蒞任是月祭酒，黄儒炳疏捐本職俸助餉，上優旨答之。【略】宋儒眞德秀有言：「爲人君者而不知《大學》，無以清出治之源；爲人臣者而不知《大學》，無以盡正君之法。」乃取聖經二百五言，衍爲四十三卷。八條目中有格物致知之要，有誠意正心之要，有修身齊家之要。書名《大學衍義》，而治國平天下之要闕焉。我朝成化間，國子監掌監事。禮部左侍郎丘濬復取眞氏書而增補之，名曰《大學衍義補》，蓋補所闕治平之要也。其目十有二：曰正朝廷，曰正百官，曰固邦本，曰制國用，曰明禮樂，曰秩祭事，曰崇教化，曰備規制，曰愼刑憲，曰嚴武備，曰馭夷狄，曰成功化。而各一目之中又有目之目焉。合二書而觀之，眞之《衍義》主於理，其義大而簡；丘

之《衍義補》主於事，其義確而詳。大約眞氏書嚴於格心，略於議治；丘氏書則紀綱、法度、財賦、兵戎、禮樂、刑政之具犁然燦然，碁布星列，不煩擬議，鑿鑿可行。則所以救時之弊者，丘氏之書爲尤切也。孝廟嘉悅其書，諭令刊布。今固具在御前也。

鍾惺《隱秀軒集》卷一七《隱秀軒集自序》 予少，於詩文本無所窺。成一帙，輒刻之，不禁人序，亦時自作序。【略】甲寅，友人林茂之爲予刻之南都。無日不責予序，諾諾至今丙辰矣。視其刻中所存，今欲自去者抑又甚多。蓋岌岌乎有不能自存之勢矣。於斯時而始爲序，不已晚乎？予向者非無刻，刻非無序，今所刻之詩已盡去，而序乃無所附，此亦不必乞序於人及自爲序之驗也。茂之能保刻中所存，使予信於心，信於古，能不至盡去，而此序終有所附乎？雖其不必傳，亦請爲茂之一自序可也。

徐𤊹《重編紅雨樓題跋》卷一《春秋詞命》 王文恪公彙輯《春秋詞命》，刻板散逸，傳世甚尠。屠使君田叔極愛其詞簡古，可入尺牘之官，沅陵乃授梓以行。萬曆乙巳歲十月，客遊新安，訪吳敬甫於溪南書閣，因談六書之學。敬甫自言揣摩四十餘年，始窺其妙。其所指點不佞者，諄諄不倦，鑿鑿可聽，不佞願爲下拜焉。敬甫亦以不佞可與語，遂出《六書總要》、《楷隸正譌》、《萬籟中聲》、《諧聲指南》數種見餉，而此本曰《六書正義》者，特綱領耳。刻初脫稿，幷以相遺，所著《正義》方在，殺青未竟，更許明年以全書爲寄。敬甫之視不佞可謂相知之深者矣。溪南吳氏以錢刀相尚，視詩書若冰炭。敬甫留心覽古，自是不朽人物，同鄉惟謝少連知之，他皆目爲迂爲癡也。鄭翰卿流寓溪南，極尊敬甫。不佞之所以識敬甫者，翰卿爲之介也。徐惟起識。

又《詩韻要釋》 先君少即能詩，雖爲諸生，不廢吟咏。時吾郡守胡公有恆方刻《詩韻要釋》於一峰書院，先君遂置此本，自青衿以至挂冠必攜以隨，未嘗更閱他本也。先君歿又二十餘年，恐蠹蝕，重加修葺。杜甫云「詩是吾家事」，後之人豈可廢詩乎哉！壬子仲秋徐𤊹興公書。

又《南唐近事》 南唐李氏僭號建國，祖孫相繼垂四十年。宋主龍興，典章亡失，舊帙漸湮。史失求野，鄭仲賢先生《江表志》、《南唐近事》所繇作也。二書世遠尠傳，先是，吳君希堯得余家鈔本《江表志》，梓之家塾，而《南唐近事》則黃司理子應嗣得而合刻之。【略】史稱仲賢能詩善篆書，工鼓琴，有《集》二十卷，《譚苑》二十卷，皆軼弗傳，惟此二書幸不終絕。二君先後授劂，廣布宇內。《詩》云：「維桑與梓，必恭敬止。」況先輩精神所寄，備一代之典章者乎！仲賢，汀之甯化人。陸游《南唐書》及《宋史》俱作福州人，相沿之誤也。萬曆戊午秋日，三山徐𤊹興公撰。

又《刻淳熙三山志後跋》 宋《三山志》四十二卷，林都諫先生捐貲授梓，閱歲告成。數百年不絕如綫，一旦翻摹，傳之來禩，甚盛心也。又恐秘之家塾，傳弗能廣，乃徙置法海禪寺，令主僧守之，以便好事者印行。昔白樂天以生平所著散布東林、香山、善聖、南禪諸寺，與僧爲約，不出寺門，不借外客，以叢林中善保守也。今都諫既寘板於寺，且能公諸人，其視白公廣狹又何如哉！萬曆癸丑臘月徐𤊹題。

又《蔡忠惠年譜》 𤊹以萬曆丁酉取忠惠《荔枝譜》而續之，時屠田叔爲閩轉運，通其譜而授諸梓。戊申歲，閒居寡歡，妄意掇拾公之遺事，作《外紀》，新安吳太學寓賁刻之武林。然公所著文集，求之海內三十年矣，不能得。稽之館閣書目，亦亡失久矣。竊歎如公之忠魂正氣，自不泯滅。其文章爲生前精神所寄，豈終沒於人閒耶！辛亥，移書豫章喩秀才叔虞，廣搜於藏書之家。叔虞偶一詢訪，便獲故家鈔本，正乾道年閒王龜齡所編三十六卷者。時莆陽盧貞常方爲江右副憲，叔虞以公集上之，命工繕寫兩部，還其原本。値吾鄉謝工部在杭，過豫章，副憲出其一。予在杭校定篋而藏之未遑也，叔虞慮孤余之託，又函原本，附曹觀察能始至閩，以了宿諾，啓函讀之，喜而忘寐，不能釋手。然中閒錯簡訛字不一而足，稍稍爲之更定。歲甲寅，友人陳侍御秦始乘驄江右，余堅投以公集，侍御納之皁囊中。去。下車即請王孫朱爵儀、秀才李克家嚴加讐校，並《外紀》載之梨棗。甫一週而吳興蔡侯伯達來守泉郡，以公同姓、同官又同地也。於是從盧副憲求錄本。張廣文啓睿訂正，鏤板以傳。嗚呼！當其未得也，求之四方，如赤水之索玄珠，無有應者。及其既得也，侍御、郡伯後先授劂，忠惠公在天之靈不歎後世有相知定吾文者乎！余得二方善本，反覆潛玩，有契於心，更採公生平、官爵、著述編爲年譜，歷歷有徵，庶後之覽者有所考鏡，因述所繇如此。萬曆丁巳仲夏，閩邑後學徐𤊹興公謹跋。

又《嘯臺集》 龍門高廷禮先生以詩鳴於洪、永閒，所著有《嘯臺集》、《木天清氣集》，而《木天》諸詩先正黃襄敏公刻之家塾，與王安中《白雲樵

唱》共行於世，雖年遠尠傳而積書家或有藏者。至於《嘯臺集》，乃襄敏公先爲授梓，板今不存，後學之士無從得觀。余兄弟求之十年，始得之張海城廣文，海城得之林碧田茂才，糜爛醯雞，不絶如綫。原分八卷，此帙失去五七言古風，惟存五七言律及絶句而已。友人高景倩喜收前輩遺言，又篤同姓之誼，遂借鈔録，手自校定。自是廷禮先生之詩將絶而不絶矣！第未知何日有好事者，再爲鋟梓，永其傳也。昔袁舍人、馬參軍彙刻閩中《十子詩》，收廷禮所作亦甚寥寥。此集雖瑕瑜相半，然有可採者。景倩書成，余因爲之引其端，庶後人知景倩用心之勤，其功德不在袁、馬二公下耳。萬曆丁未浴佛日後學徐𤊹題。

曾翔龍《曲阜奏議遺集後序》（曾肇《曲阜集》卷四）　嘉靖壬戌季秋，刻曲阜先祖文昭公奏議成。龍於是心竊自喜，蓋此集在永樂間爲高祖恭惠處士府君所刻，歷年滋久，寸木無存。幸有遺編猶可玩讀，久欲復梓，以貧無貲未能也。即今竊稍羨庠乃獲輟俸鳩工并刻曾氏世德遺書，而於此集則別帙焉，仍舊本也。於戲，公之文章德業，著於當時，光於信史，固不待此而後傳。然尊祖敬宗之心，龍實不能自已，兹故敬述我高祖之事而竊喜焉，以紀其成。高祖諱住，字汝愚，别號耕釣翁。世守文獻善行具載郡邑志，鄉人私謚曰恭惠處士云。望後四日庚子，裔孫翔龍謹書於常州之青雲公署。萬曆四十年，男適重刊。

曾思孔《曲阜奏議遺集後序》（同上）　公所著書十數種，種數十卷，而奏議三十卷其一也。公治平中舉進士，歷官中外有聲。會修仁、英兩宗正史進史館，已擢起居舍人，慨然以讜論自任，繇太后柄臣與夫郊禋大典，國故民艱，率引經執義軌諸道而止，故當時直聲振朝野，屹爲三朝型範，而奏議亦以大行於世。由宋而來，宇宙凡幾大變，書半燬兵燹。思孔大懼，久且益湮，乃從先代所貯叢書中得公遺奏議若干篇，釐爲上下集，諸詔誥制表文若詩附焉，繕寫竟，付之梓，以示將來。【略】獨慨公著述甚繁，弗獲盡流於後，使覽遺編者睠焉，不勝散佚之感，是爲恨耳。公之兄舍人公《元豐稿》世多傳之，乃《隆平》一書，先人珍襲，頃嘗出而刻焉。公爲孔十九世祖，顧無能博採全書紹而明之，豈書之傳亦有數耶？刻成聊紀其槩，用寄祖德之思云。

沈豫昌《南本大般涅槃經會疏解跋》釋圓澄（《南本大般涅槃經會疏卷末）　壬寅中秋，湛大師自會稽過訪，見予案頭有《南藏涅槃經疏》，問曰：「居士從何處得來？」予曰：「從殘書中檢出，乃先世所遺。」師喟然歎曰：「此疏昔灌頂老人當隋陳之亂，拾糊窗紙録疏，艱辛萬狀。上首湛然欲會經而不遂，埋卻藏中幾千年，學者罕得寓目。我將分疏會入經文，有願而未逮，如果，居士爲我流通。」予唯唯。越十有三載，乙卯孟冬，師來我郡，説法於福城東塔。暇曰相見於麟水之濱，師曰：「《涅槃疏會》成矣。」出稿相示，且云：「幾爲病魔所沮，向佛悲哀者累日，願延殘喘，以畢此願。亡何病愈，廣延書家，焚膏繼晷，又數月而始成。居士不忘前諾乎？」予曰：「古德未了之案，得師不惜身命，以利樂有情，敢食前諾！」遂於臘月八日，糾工授梓，辛賴同志樂助，竣事於丁巳秋。謹識其緣起歲月云爾。丁巳孟冬朔日。

袁中道《珂雪齋集選自序》　予詩文若干卷，外集若干卷，刻於新安。後官太學博士，携之而北。及改南儀曹，遂留京師。已付友人汪惟修南歸舟中，不意行至河西務，偶有火變，板遂燬。又一年，惟修與友人刻予所選詩若干卷，且成，問序於予。予曰：詩莫盛於唐，顧唐之所以稱盛者，正以異調同工，而究竟不害其爲可傳耳。【略】予詩不敢望諸作者，而要之攄其意所欲言。譬之囿者，香色皆絶，固爲奇觀，即有色而香減，有香而色減，皆宇宙之精華所寄，原不同於蔓草散木，或亦無害其爲可傳者。予姑聽其流布焉，而并爲之序。天啓二年重九日。

又卷一一《宗鏡攝録序》　中郎先生以儀曹請告歸邑，斗湖上有水百畝，碧柳數千株環之，名爲柳浪。畚土爲臺，築室其上，凡三楹，中奉大士，兄與弟各占左右一室讀誦。癸卯予北上，中郎塊處，乃日課《宗鏡》數卷。【略】既讀《宗鏡》久，逐句丹鉛，稍汰其煩複，撮其精髓，命侍史抄出，因名爲《宗鏡攝録》。會寒灰寄公自吴中來，因住柳浪，取讀之，見其詞約義該，遂自抄一過攜去。中郎逝後，寫本貯于家，亟思流通。而寄公忽以刊本至，詢其由，則寄公手授李公夢白。李公酷愛之，付沈君豫昌捐貲鏤行者也。

釋傳燈《十不二門指要鈔詳解總序》（釋可度《十不二門指要鈔詳解》卷首）　有四明延慶寺僧傳慧字朗初者，詩酒僧也，偶於山寺，得獲此書，雖知井中具寶，不解燃炬而觀，以之進余，用當淸供。余得之如熱渴之滿飲甘露，饑餒之飽飫醍醐，冀登梨棗，以公同志，復以鈔解各行，艱於尋繹，命

弟子正謐會合其文，藏之笥中三十年矣。茲弟子正識堅誠募梓，因緣輻輳，大法當行，垂老睹茲，頗爲稱快。然而歸功有自，慧僧不無緣因，即此可以懺生平綺語截舌之愆，釋積劫麴蘗灰河之罪。因斯冥益重得爲僧，以實語贊性具之宗，慧業裂迷癡之網。並將功德普惠四生，若自若他俱臻十妙，是可酬山僧流通之志，與兩弟子錫類之心爾。時皇明天啓五年歲次乙丑仲冬。

又《重刻法華經科注序》（釋一如《法華經科注》卷首） 上天竺一庵如法師，國朝洪武時人也。是板刻於留都，年久板廢。余先得梵夾印本于四明，復廉覓之，得翻刻之板于閩之壽寧。後因學者求之不便，乃命四明會首寶峰高公，而募刻之。今存武林龍樹庵者是也。邇日東甌玄孫靈操、靈榮慮梵夾賫持不便，細書老眼難觀，改爲方冊，稍大書之，募資剞劂，以廣流通。爲法虔虔，可謂勤矣。復命刻余所述《玄義輯略》于前，庶令學者雖未能廣目義海，亦先使其染指知味。事竣問言于余，故不辭蕪穢，勉爲之序云。時皇明天啓七年，歲在彊圉單閼，坐夏之七旬五日。

釋大真《重刻唯識開蒙跋語》（釋雲峰《唯識開蒙問答》卷末） 如來以五味四悉，化導衆生，雖教網萬殊，而要其旨趣，不越性相兩宗。【略】粵自慈氏秉瞿曇之囑，而天親挈其樞；奘師得戒賢之傳，而慈恩罄其秘。圓成妙理，昭揭支那。逮時運遷訛，古疏湮沒，一綫未墜，賴有《開蒙》二卷，亦復久失流通，人罕寓目。於是雪航楫公發心募刻，兼請靈源惠兄會其科，際五陳君校其謬。而募貲監梓者，則王元建、王汝止、揚次弁等力也。刻既成，囑余紀其始末，以告後之閲者，共生難遭殷重之想，堅修妙圓識心三昧，他日龍華會上，端必以此爲受記正因耳。時崇禎庚午孟春之吉。

萬尚烈《刻章聘君先生圖書編丐叙》（章潢《圖書編》卷首） 昔人謂平生精力盡在此書，余師章聘君先生《圖書編》之謂也。先生悼斯道之不明，憫正學之日晦，推本太極萬化之原，備列天地人之道，彙編爲書，綴之以圖，將令覽者一展卷而始末洞然，直趨大道。【略】是編也，先生益人爲人之舟航。與編肇於嘉靖壬戌，成於萬曆丁丑，凡幾歷寒暑。每暑夜必張燈據案，筆不釋手，即蚊虻集肢體，亦不覺。偶一舉手，掌血盡污母陳見而憐之，直謂以舉子業發憤如是。嘗戒曰：進取有命，會合有時，何自苦爾爾？先生第應之，卒未嘗置由。今思之，先生誠何心哉？然而先生之心未易言也。編成，里中學士先生得出覽觀，率爲賞歎，亦多以其博綜攻苦爲難。能至通三函一之意，未必人人而喻常。憶己卯庚辰之歲，余講業龍沙梵宮，適聚二三友人，語及是編，有作而者曰：其不朽與！乃又有應之者曰：若然。殆與《通書》、《皇極經世書》等恐亦未然。余當時不能發明。第心語曰：是編卷凡百貳拾柒，葉凡柒千有奇。曾未涉其津涯。胡遽云未可與《通書》、《皇極經世書》等。《通書》、《皇極經世書》何書也，亦果曾字句而求堂奧而達，而謂非是編等乎直耳食目皮相爾。藉第令尚論者盡如是。立言者亦難矣！嗟哉！先生之心，周邵之心，先生之書，周邵之書。使天下後世曉然。周邵先生之心之書，周邵先生之幸，天下後世之幸也。天乎其有意於斯文乎！初撫臺我山劉公始命刻，以郡有司計縉之縮未果；繼督學虞封朱公郡伯晞陽范公力肩是刻，終以計縉異同，至議刪輯。而先生以爲與其刪，寧竢之。雖抄録流傳，所在而有，而未置諸木，其傳有限。至癸卯甲辰之歲，總憲一齋溫公慨然付之燕市梓工，又旋即解去，則是編之難布亦大異矣！余與丁右成田部偕北面先生，且先後竊庚相與謀布是編，久不可得，久爲鬱然。近右成又以賫志泉下，則是編之不得刻布，罪何所分。噫！已不能立言爲人，罪也；又不能因言而布罪之，罪也；矧師言抑使不布，又罪之，罪也。以是依違閩郡五年有半，其俸入專給是役，未敢移濟他窘，又必去閩入燕，間關拮据，再越歲而後就。則是編之難布，誠大異哉！無亦事之必有所待者乎！刻甫成僭，以先生嘉惠苦心，揭之編首，敢丐大方識者摛藻而爲之叙，故命之曰「丐叙」。先生姓章，名潢，字本清，別號斗津，南昌縣人。以甲辰歲受聘，既歿，諸門人暨諸友人私謚文德。先生鋟梓之費，大司馬涂鏡、源鄢陵令張心虞、新安門人汪汝鳳各捐貲有差，謹附記之。萬曆癸丑二月既望。

過庭訓《皇明性理翼小引》 余性不慧，少又不嗜書，子、史等書一寓目輒棄去。獨先君子手録《性理輯要》一書，則朝夕誦習惟謹。至「尋孔顔樂處」一語讀之，恍然似有悟焉。【略】憶昔余令江陵時，課諸生于龍山書院，舉「尋樂治怒」等語自勗，而併勗諸生，諸生因請余之手書者梓之學宮。命曰：《皇明性理翼》書成，而江陵士人亦彬彬，知所嚮往矣！年來旅居長安，因有餘閑，得博觀名臣諸書，而隨得隨記者，又幾成帙。入春，巡視南城，默體「文淸治怒」之語，而愧未能因思此書之有益于吾儕，而欲廣其傳，將前之所刻，與今之所筆者，合爲一書，以付梓人，亦不敢更前名也。若其採入于《性理大全》之中，使本朝之理學超漢唐而軼宋代，則又俟夫知言之

君子矣。萬曆癸丑孟夏朔日。

馮夢龍《太平廣記鈔小引》 昔有宋混一天下，乃聚勝國詞臣，高館隆糈，耑局分曹，裨以漁獵群書爲務，用而不用，蓋微權也。於是乎《御覽》書成，而筆其餘爲《廣記》，凡五百卷，以太平興國年間進呈，故冠以「太平」字。二書既進，俱命鏤板頒行。旋有言《廣記》煩瑣，不切世用，復取板置閣。民間家藏，率多繕寫，以故流傳未廣。　至皇明文治大興，博雅輩出，稗官野史，悉傳梨登架，而此書獨未授梓。間有印本，好事者用閩中活本，以故挂漏差錯，往往有之。萬曆間，茂苑許氏始營剞劂，然既不求善才對校，復不集群書訂考，因訛襲陋，率爾災木，識者病焉。昔人用事不記出處，有問者，輒大聲曰：「出《太平廣記》。」謂其卷帙浩漫，人莫之閱，以此欺人。夫《廣記》非中郎帳中物，而當時經目者已少，若訛訛相仍，一覽欲倦，此書不遂廢爲蠹糈乎？　予自少涉獵，輒喜其博奧，厭其蕪穢，爲之去同存異，芟繁就簡，類可拚者拚之，事可合者合之，前後宜更置者更置之。大約削簡什三，減句字復什二，所留才半，定爲八十卷。【略】沈飛仲力學好古之士，得予所評纂，愛而刻之，亦迴乎與俗不謀矣。

朱朝鼎《新校注古本西廂記跋》（王驥德《新校注古本西廂記》卷末） 吾郡方諸生王伯良氏更業徐文長公。文長解實甫本甚確，梓行於時。伯良宗其說，拓以己意，訂訛剖疑，嘗觀古今典籍，百千其體，傳奇亦一體也。【略】吾郡方諸生王伯良氏更業徐文長公。

朱朝鼎《新校注古本西廂記跋》（王驥德《新校注古本西廂記》卷末） 吾郡方諸生王伯良氏更業徐

嘗觀古今典籍，百千其體，傳奇亦一體也。【略】吾郡方諸生王伯良氏更業徐文長公。文長解實甫本甚確，梓行於時。伯良宗其說，拓以己意，訂訛剖疑，極校注之妙。而累代諸名流辯核贊詠，交口作元、崔證者，伯良復匯考成集，且匯考中仍不遺校注焉。余參究之餘，見其整而有次，如苗就耨；井而有緒，如絲向理；詳而不漏，如圖輞川。種種具備，非靈心爲根而敷以博雅者，寧有是耶？此眞《西廂》善本也。付剞劂廣其傳，百世而下欣慕往迹，不苦稽覽無地，其在斯編也夫。萬曆癸丑歲嘉平月。

閔振業《輯史記鈔小引》（茅坤《史記鈔》卷首） 余自童時屈首受麟經業，即習左史氏。先大夫蜀憲公筮仕江右，公餘，課余鉛槧。輒津津譚司馬龍門，上始軒轅，下訖天漢，凡百有三十篇。浩淼未易讀，讀亦未易竟也。則取鹿門茅先生《史鈔》授余曰：「是鈔芟薙繁蕪，而記中關鍵，起伏提掇，呼應聯絡，條次井井，品隲精核，瞭如指掌。」余受而誦之，稍稍會大意。已而又字比句櫛，昕夕口刺刺不休，讀其文慨然想慕其人焉。海內嗜古之士儻亦有同好也乎！第原板日久紕剝，翻亦無善本。且無句讀音切，未便初學。而諸名家評品未備，則音韻不諧，大旨未了，諸名家意見異同無從印證。是渡迷津者詎能棄寶筏，而覓金針者庸得舍鴛繡耶？于是徧搜諸名家所鋟者無慮數種。手披目閱，參互校讎。庚臘伏手腕幾脫而輯始成，頗稱苦心專志。不敢自謂司馬子長之功臣，鹿門先生之羽翼，而轉以先君子之課余者以課後，或不負疇昔提命之意云爾。是輯也，知免郢書燕說之誚，亦無魯魚亥豕之訛，爰授殺青以公海內同好。固非災木寧同覆瓿世無耳視目食者當自珍襲之矣。

凌澄初《晏子春秋跋》（《晏子春秋》卷末） 一博雅自六經外，侈談子史，子首老、莊、管、晏、申、韓，六家之指，同出于道，各有本領。老氏以清淨無爲爲主，而漆園之要本歸之；管氏牧民、山高、乘馬、輕重、九府，而晏子之節儉力行繼之。一以道，一以術，其比輔一也。吾族《道德》、《南華》點校俱得善本，《管子》亦得朱太復、趙定宇兩先生評行于世，獨《晏子春秋》尚自缺然。先君以棟甫端心鄴架，既彙《史》、《漢》兩評林，輯《五車韻瑞》諸書，而于《晏子春秋》復手加丹鉛，實有會心。不肖童習之，誠不忍秘，隨付剞劂，以公先人之志，全四書之美，使高明者讀管氏因不沒晏子云。

沈春澤《刻隱秀軒集序》（鍾惺《隱秀軒集》附錄） 伯敬先生既以視閩學政出，裒其新舊所撰著詩文若干卷，合而名之曰《隱秀軒集》。自先生之以詩若文名世也，海內無不知有隱秀軒者；而隱秀軒之有集也，鍾先生之所撰著不止于集之中，亦不盡出於集之外也。鍾先生既以自定其集而手以授余，曰：「是亦可以傳矣。夫不可傳而求爲可傳者，世方不佞是藉，不佞何藉此也？故夫序之可以已也。」鍾先生既不欲世有序《隱秀軒集》者，世實亦無有能序《隱秀軒集》者。抑澤也，支離憔悴人也。於梓是集也，竊有志焉。無名之名，不文之文，以糠粃爲珠玉導可乎？【略】余之梓是集而序之也，非序先生之集，而序世之學爲先生集者也。先生爲人，落落穆穆，涉世自深，出世自遠。意不可一世而獨屈節好余。即其好余也，其爲落落穆穆如故也。如先生者，微獨其詩若文，即其人亦眞能爲空靈者也。昔有人精持內典，常以手指畫空中，書寫文字，人去而經書處自然嚴淨，雨不能濕，古德猶惜其中滿字化爲半字。嘻，斯可謂空靈之極矣！知此義者，乃可以序《隱秀軒集》也哉！天啓壬戌六月既望。

徐波《鍾伯敬先生遺稿序》（同上） 先生全集歲癸亥刻於白下。是春，

丁艱還楚，三載詩文，人間未見。蓋晚年頗留心内典，加以罷官後莫往莫來，故篇章稀少。乙丑六月捐館舍，歲暮來赴。即與五郎索遺稿，約覓便相寄。而素車白馬，亦復寥寥。適友人劉石君心感知遇，發憤附舟沿江而上，登其室而拊其棺，與友夏、居易周旋月許，悉持遺稿而還。余甚媿之，即付剞劂，釐爲四卷。【略】吾輩及其人而讀其書者，正爲作數年之計。傳之久暫有物司之。天啓末年大寒節後一日。

徐熥《重刊五音篇韻序》（韓道昭《大明萬曆己丑重刊改併五音集韻》卷首）　上古有音無字，出諸口者皆天地之元聲也。自羲皇畫卦，蒼頡制書，形既立矣，音斯附焉。字者音之形體，音者字之名稱。【略】國朝沙門眞空之《貫珠集》，挈領提綱，開示門瀍，求聲音以歸母，攷偏傍以入部，字得韻而知，韻得字而顯。則凡大而典、墳、丘、索、經、史、子、集、三藏、十二部之文，以至稗虞小說、重譯方言，如恆河沙未可更僕者，無不探賾索隱，鉤深致遠。書無亥豕，音不鼇牙，還天地之元聲，開萬世之□□。教闡同文，功靡細矣！此書流傳既久，棃棗漫漶。沙門如巖者朗質觀空，精嚴戒律。曩朝落迦，得傳斯訣，蒲團之暇，字校音研。與支提寺僧鎮燦者發大誓，願期鍥此書，流傳震旦，普濟群品。抄題募化偏于十方，積之八年始克竣事。可謂有裨教典而功德無量者矣！熥根器朽鈍，識不反隅，驟加披閱，茫昧難明。巖師矜我愚蒙，詳譯屢言，匝月之後，漸見一班。乃令不慧片言弁諸簡。【略】巖師賞予之言，遂書於篇端，以告夫同志者。萬曆旃蒙協洽之歲月中無射。

吕天成《義俠記序》（沈璟《義俠記》卷首）　松陵詞隱先生表章詞學，直剖今古之迷。一時吴越詞流如大荒逋客、方諸外史、桐柏中人，遵奉功令唯謹。先生紅牙館所著傳奇、雜曲凡十數帙，顧人罕得窺。先是世所梓行者，惟《紅蕖》、《十孝》、《分錢》、《埋劍》、《雙魚》凡五記，及考訂《琵琶南曲全譜》、《南詞韻選》。予所梓行者，惟《合衫》。半埜主人所梓行者，惟《論詞六則》、《唱曲當知》，及宋人之《樂府指迷》。乃予嘗從先生屬玉堂乞得稿本如《義俠》、《分柑》、《鑿井》、《鴛衾》、《珠串》、《結髮》、《四異》、《奇節》凡九記，手授副墨藏諸櫝中，而《義俠》則半埜主人索去，已梓行矣。始先生聞梓《義俠》，貽書于予曰：「此非盛世事，亟止勿傳。」既而曰：「即梓矣，心盡校其訛而後可行。」今予任校訛之役，媿不能精閲，而世聞是曲已久，方欣欣想見之，又何所忌諱而欲強秘也。【略】半埜主人博古好奇、羅布剞劂氏於廡下，日出秘籍行於四方，而於部曲首梓《義俠》，誠有感於李老子之快論，而識先生風世之意遠也。先生諸傳奇，命意皆主風世，曷盡梓行，以啖蔗境何如。萬曆丁未中秋日東海鬱藍生題，壬子清明日陳大來手書重梓於繼志齋中。

閔光瑜《邯鄲夢記小引》（湯顯祖《邯鄲夢》卷首）　刻是傳者，地在晟溪里，其室曰隆恩堂。主人夢迷生曰：昔人有言，詩變爲詞，詞變爲曲，曲之意，詩之遺也。則若曲者，正當與三百篇等觀，未可以雕蟲小視也。【略】雖然臨川説夢，夢也，余贅之繪像、批評、音釋，可謂夢中尋夢，迷之甚矣。因自號曰夢迷生。夢迷者誰？吴興閔光瑜孺氏。時天啓元年立夏日謹識。

凌濛初《二刻拍案驚奇小引》　丁卯之秋，事附膚落毛，失諸正鵠，遲徊白門，偶戲取古今所聞一二奇局可紀者，演而成説，聊舒胸中磊塊。非曰行之可遠，姑以游戲爲快意耳。同儕過從者索閲，一篇竟，必拍案曰：奇哉，所聞乎！爲書賈所偵，因以梓傳請。遂爲鈔撮成編，得四十種。支言俚説，不足供醬瓿，而翼飛脛走，較撚髭嘔血，筆冢硯穿者，售不售反霄壤隔也。嗟乎，文詎有定價乎！賈人一試之而效，謀再試之。余笑謂：一之已甚！顧逸事新語，可佐譚資者，乃先是所羅而未及付之於墨。其爲柏梁餘材，武昌剩竹，頗亦不少，意不能恝，聊復綴爲四十則。【略】崇禎壬申冬日，即空觀主人題於玉光齋中。

凌延喜《拜月亭傳奇跋》（施惠《幽閨怨佳人拜月亭記》卷末）　《拜月亭》一記，屬元詞四大家之一。王元美先生談其有三病，然詞林家至今膾炙之，何也？蓋其度曲不以駢麗爲工，而樸眞塵古，動合本色，與中原紫氣之習，判不相入，非今日作手所能振腕者。獨歲月久湮，迄無善本，舛錯較他曲滋甚。乃家仲父即空觀主人，素與詞隱生伯英沈先生善，雅稱音中塤篪，每晤時必相與尋宮摘調，訂疑考誤。因得渠所抄本，大約時本所紕繆者，十已正七八；而眞本所不傳者，十亦缺二三，或止存牌名，不悉其詞，或姑仍沿習，不核其實。余竊有志，蔑由正焉。今茲刻悉遵是本，板眼悉依《九宮譜》，至臆見確有證據者，亦間出之以補詞隱生之不及，其缺疑猶是也。倘世謂予除此記一塵坋，予何敢任；若謂予不獲聯此記於全璧，猶留余誤以俟後人。予亦何敢言。西吴椒雨齋主人三珠生題。

笑花主人《今古奇觀序》（抱甕老人《今古奇觀》卷首） 小説者，正史之餘也。【略】元施、羅二公，大暢斯道，《水滸》、《三國》，奇奇正正，河漢無極。論者以二集配伯喈、《西廂》傳奇，號四大書，厥觀偉矣。迄於皇明，文治聿新，作者競爽。勿論廊廟鴻編，即稗官野史，卓然夐絶千古。説書一家，亦有耑門。【略】墨憨齋增補《平妖》，窮工極變，不失本末，其技在《水滸》、《三國》之間。至所纂《喻世》、《警世》、《醒世》三言，極摹人情世態之歧，備寫悲歡離合之致，可謂欽異拔新，洞心駴目。而曲終奏雅，歸於厚俗。即空觀主人壺矢代興，爰有《拍案驚奇》兩刻。頗費蒐獲，足供談麈。合之共二百種。卷帙浩繁，觀覽難周，且羅輯取盈，安得事事皆奇。譬如印累累，綬若若，雖公選之世，寧無一二具臣充位。余擬拔其尤百回，重加綉梓，以成巨覽。而抱甕老人先得我心，選刻四十種，名爲《今古奇觀》。

陳仁錫《資治通鑑目録序》（《通鑑目録》卷首） 宋司馬文正公既編《資治通鑑》，别纂精要，爲《目録》三十卷，皆有詔于朝。晚著《舉要曆》八十卷，未成書。朱紫陽因之以裁《綱目》，兩書丕顯于我朝。前哲東阿于公恭擬合刻，叙大旨，稱憲宗純皇帝特勑史臣刊正《綱目》，梓于內府。神宗顯皇帝命進講《通鑑》閲十餘載，俾模善本。以三皇五帝三代紀略冠諸首，復摭百家所著如《考異》、《集覽》、《正誤》諸書，附分注之下，蓋精求于極博確，有指歸矣。萬世治平，孰大乎此！仁錫恭讀成化《御製綱目序》曰：昔者《五經》同異，賴漢宣帝命諸儒講論于石渠閣，親稱制臨決，然後歸一。大哉言乎《綱目》！非自紫陽昉也，昉于溫公。予故並閲兩書，首以《目録》，冀欲垂之永久。俾讎挍完密，繕刻精好。是書久不傳，試一讀過，道法不爲事詞掩，懲慝可以綱領提，洵樂玩已。竊疑宋人主輯是書，欲見大意，宜莫如嚴邪正之辨，截華夷之界，我壯中國斥夷狄而已矣。時皇明崇禎己巳長至日。

錢謙益《新刻十三經注疏序》（《十三經注疏》汲古閣本卷首） 《十三經注疏》舊本多脱誤，國學本尤爲踳駮。邇者儒臣雖奉旨讎正，而其繆缺滋甚，不稱聖明所以崇信表章至意。毛生鳳苞竊有憂焉，專勤較勘，精良鋟版，窮年累月，始告成事，而屬謙益爲其序。【略】鳳苞之較刻也，表遺經也，尊聖制也，砭俗學也，有三善焉。余故狥其請而爲之叙。膚淺末學，不揆檮昧，序贊聖經，譬諸測量天地、繪畫日，有小補矣夫。崇禎十有二年歲在己卯十一月二十三日。

又《新刊震川先生文集序》（歸有光《震川先生集》卷首） 往余篤好震川先生之文。與先生之孫昌世訪求遺集，參讀是正，始有成編。昌世子莊，遊於吾門，謂余少知其先學，摳衣咨請，歲必再三至。既而與其從叔比部君謀，重鋟先生全集。而比部君以讎勘之役屬余。余老而歸佛，舊學蕪廢。輟禪誦之功，紬繹累日，條次其篇目，洮汰其繁芿，排纘整齊，都爲一集。既輟簡，喟然而嘆曰：余服膺先生之書，不爲不專且久。喪亂廢業，忽忽又二十年，乃今始旋其面目，曠然知先生所以爲文之宗要，豈不幸哉！【略】今又承比部君之命，論次斯集，得以懷鉛握槧，效微勞於簡牘，有深幸焉。日月逾邁，老將至而耄及，無以昌明先生淑艾之教，譬諸螢火熠熠，欲流照於須彌之頂，亦自愧其微末已矣。而比部君大雅不群，能表章其家學，南豐之瓣香，不遠求而有託，斯可喜也。

又《牧齋初學集》卷二九四《重刊方正學文集序》 甯海令南城張君重訂故翰林侍講方希直先生之集，鏤版行世，而謙益爲之叙。【略】因序先生之文而發其端，以俟諸後之君子焉。張君爲令廉平，好古敎化，迥出於世之俗吏。於其刻是集也，可以見志焉。而餘姚有盧生演者，搜括先生遺集，撰次年譜，汲汲然佽助張君，以表章風勵爲能事。刻甫成而演死矣，牽連書之，亦不忍使其無傳也。崇禎十六年正月吉日。

艾南英《天傭子集》卷四《重刻羅文肅公集序》 有明文章之盛，莫盛於太祖朝，劉文成、宋文憲、王文忠、陶姑孰輩，不獨帷幄議論，佐聖神文武，佑啓後人之謨烈，而文章亦遂爲當代之冠。【略】天佑斯文，篤生豪傑，南城圭峰羅文肅公，當邪説始興之時，矯俗自立，力追古大家體裁，當時以爲直逼柳州。【略】予既序選公集，列之有明大家，而復因其玄孫粟士之請，序其全公集，刻盱郡、刻南國子監，此本較二刻稍備，近武進尚書淇澳孫公復有選本，然吾不樂其與北地並推也。

劉若愚《酌中志》卷七《先監遺事紀略》 先監每暇即玩味《大學衍義補》，或令左右誦聽。乙巳之冬，奏進二部，請發司禮監重刊。先監卒後數年，始完。惜督刻抄寫者寡昧無識，其中頗多舛錯，至今沿習未正，良可痛也。

又卷二二 中官最信因果，好佛者衆，其墳必僧寺也。惟晏太監名宏者，

不知何許人，武廟時曾鎮守陝西，與督臣王瓊同事。其墳在西山，不設佛像，止以石砌壁，而鐫刻古來賢孝典故爲勸化計，俗所謂晏家廟者是也。今經廠所貯晏公綱目板一部，宏遺物也，內臣多愛重刷印之。

閔齊伋《刻檀弓》（謝枋得等批點《檀弓》卷首）　或曰《檀弓》多附會，非孔氏之徒之書也。篇中有「仲梁子」，蓋七國人嘗讀《春秋》傳魯定之五年傳載仲梁懷，豈亦七國人耶？其不得執是，而謂是書也出於七國後明矣。【略】有宋謝疊山先生舊有批點全篇行於世，邇爲坊刻竄易，并經文芟夷之，非本來矣。頃從從弟子京所見謝高泉先生所校本，蓋舊本也。兼有用脩附注，援引淹博，足備參稽，因彙《注疏》、《集注》、《集説》諸書，去其繁而存其要，以著於簡端，而品題則仍謝謝舊。先生丁宋之季，高儀勤節昭昭天壤間，斯眞能讀《檀弓》者，安在其不雅馴哉！皇明萬曆丙辰秋九月，剞劂苦成。雕鏤既極人工，爲之一笑。

凌杜若《詩經跋》（鍾惺評點《詩經》卷末）　仲父初成自燕中歸，示余以鍾伯敬先生所評點《詩經》本。受而卒業，玩其微言精義，皆于文字外別闡玄機，足爲詞壇標示法門，非僅僅有裨經生家已也。因壽諸梨棗，以公之知詩者。

凌性德《虞初志序》（袁宏道評《虞初志》卷首）　余性耽外史，才一寓目，輒不能去手，而《虞初》爲甚。今春來，有《虞初》之梓。客有過予者，曰：「《虞初》之來舊矣，梓《虞初》之家亦夥矣，是刊也無乃贅乎！」予曰：「《虞初》一書，經史而下，自是世外奇珍，人孰不好讀？讀之者如入海市，如行玄圃，觸目皆琳琅，莫能辨識其何寶，每以是爲《虞初》扼腕。去年游吳門，過友人朱白民齋頭，其案上所讀，則《虞初》也。標目鑒賞，如嗜古家評隲骨董，鑿鑿不爽毛發。予瞪目相謂曰：『何以致此？』友人曰：『是予令吳石公所手識也。公退食之暇，輒游目是書，曰：恃以滌穢耳。故不斷目精，一一爲之標揭，珍之爲枕中藏，而《虞初》之精神面目益顯。』予遂請曰：『石公往矣，無殁其所嗜，願梓之以公同好。是刊也，非刊《虞初》也，刊其所以鑒識《虞初》者耳。』」

王文禄《易經解跋》（朱長文《易經解》卷末）　《易經》註者甚多，要之顯明而簡易者實少。宋儒樞密朱先生與祿祖懿敏公同事於朝，而先生闡明聖教，解辯經義，當時無不欽仰。紫陽朱子乃先生之五世姪孫，崇闡經學，莫不由先生而出。惜乎世代年遠，先生所註解辯遺失者多，祿藏書之內得有先生《易解》，展卷讀之，而紫陽之祖述先生益可概見，學者得此而窮大易之旨不難矣。祿不敢自秘，因將所藏宋本付諸剞劂，爲業儒者共寶云。崇禎辛未初夏。

魯濬《西廂叙》（延閣主人訂正《北西廂》卷首）　天地間自有絶調神遇、斷不容人再睨者，文如子長之《史記》，經如《楞嚴》，小説家如羅貫中之《水滸傳》，曲則王實甫之《西廂》是也。實甫之先，有董解元，亦猶《史記》之先有《國策》。北地生謂其直接《離騷》，而溫陵至比之於化工，殆亦心知其解者矣。吾鄉徐文長氏舊有批解，余向曾一睹於王驥德所，與今刻小有同異，然大都不隨衆觀場，是其勝也。【略】告辰李子茲以初刻多贋，復爲精鋟，貌圖恰如身在《西廂》者，亦何竢解人乎！

張文光《江文通集序》（《江文通集彙注》卷首）　江文通筮仕劉宋；中以文藻受知齊高帝，甚見優寵；晚復入梁，考終名位。文章詩賦，珍膾於世。昭明統與同時，即多取以入《選》。【略】《梁書》云：淹纂齊十志，傳於世。今獨有蕭子顯志，而淹史不見，余常惜之。至其集，則世多傳者，然魯魚帝虎，苦乏善本。胡山人伯良，穉齒酷好此書，手爲校讎，句櫛字比，更加箋釋，博採傍搜，積有歲年，遂成精本。緣付剞劂，庸廣同好。工竣，業自序之，復索余言爲嚆矢。【略】伯良本吳人，不妄交遊。初友善余里中朱太守子得，繼與其弟康侯交，遂家焉。古誼有足佳者，不第引商流徵，工歌郢中已也。讀《江集》者，尚悉伯良之苦心，與其爲人之梗概哉！集計賦二卷，詩二卷，騷頌讚一卷，符敎檄文章表二卷，啓詔一卷，書牋奏記一卷，誄狀誌祭呪文傳序一卷；《南史》本傳附録焉。總之得十卷。萬曆戊戌歲，殺青竟。

張琦《吳騷合編小序》（張叔楚《白雪齋選訂樂吳騷合編》卷首）　曲之爲義也，緣於心曲之微，蕩漾盤折，而幽情躍然，故其言語文章別是一色。【略】是集也，余始搏收之，今仲弟旭初嚴核之，惟其詞弗計其人，課其法斯收其曲，非他刻氾氾比也。丙子冬杪，余病卧無聊，因手拈新本閲之，快然破悶，而師齡侄知音，以授諸梓，越二月梓成。余喜書其端，因撫卷曰：此於曲苑，可謂無遺憾矣。崇禎丁丑春仲騷隱居士楚叔父題於小墨墨居。

謝三賓《檀園集序》（李流芳《檀園集》卷首）　予爲嘉定之三年，始謀刻四家文集。於時長蘅已病卧檀園，于躬致藥餌，登牀握手。長蘅爲強起，

盡出所著作，手自芟纂，得詩六卷，序、記、雜文四卷，書冊題跋二卷，合十二卷，題曰《檀園集》，授其姪宜之，以應予之請。遂刻自《檀園集》始。明年正月，長蘅没。予哭其家，爲經紀其喪，欷歔不能去。已而刻成，因爲之序。長蘅累世簪纓，科名廿載，文章書畫，絢爛海内。【略】嗟乎！長蘅之所流傳，未知鷄林等國何如。凡我公卿學士，下至賈竪野老，以及道人劍客，無不知敬慕若古人然。長蘅亦榮矣！然大率珍其畫與書耳，能得其詩文之意之所在者，已不可多得，而況其爲人之大概乎！昔王逸少在東晉時，其精識深慮，高標偉節，識者信爲蔡謨、溫嶠之流，而爲書名所掩，至今耳食者，但曉宗其翰墨。此又予之反覆婉折於兹序也。崇禎二年秋七月。

又《重刻容齋隨筆五集序》（洪邁《容齋隨筆》卷首） 宋南渡後，名臣屈指。洪氏忠宣著冰天之節，與蘇屬國爭光。其子文惠、文安、文敏，先後立朝，名滿天下。【略】是書向無佳刻，得者復不能全。馬巽甫博學好古，彙而梓之，兼精心慧識，長於較讎魯魚亥豕，考核再四。人亦有言：訛如落葉，掃而愈有。巽甫兹刻，吾知免夫。其有功載籍，豈淺鮮耶。余喜而爲之序。

許豸《先師鍾退菴文集序》（鍾惺《隱秀軒集》附錄） 楚鍾退菴先生督閩學時，余受知最深，漫有水乳之投。既而先生以艱歸，送江滸而别。忽忽然思裹數月糧笈，從先生于衡湘之間而不果。越三年而先生没，墓草蔓矣。而余南北舟車，未遑絮酒，即車過腹痛，徒虚語耳。久之，友人譚友夏、徐元歎寄余以先生遺稿及《晉書史懷》，予刻之吳闗。每撫遺編，未嘗不潸然出涕也。今年余莞海四明，會錢塘陸生雲龍彙刻先生全集。陸生之志，猶余志乎！乃喜爲序。【略】崇禎丙子歲冬仲至前五日。

侯峒曾《克齋集序》（陳文蔚《克齋集》卷首） 宋陳克齋先生名文蔚，字才卿，信州之上饒人。少事朱子，自號克齋，隱居不仕，以孝行修於家。全集若干卷，皆論學之言也。張生時泰始刻之於鄉，千里致書，乞余爲序。【略】余曩者待皋四年，嘗欲遍求其先儒之集，輯爲全書。書繁不能竟。信有葉生震亨者，曾爲余任之，生亦頗篤志於學，今聞其不幸死矣。所望者張生輩數人耳。張生顧能於文淫道蕪之時，而表章儒書於漫漶遺缺之後，予益滋喜也，斯可不爲聖賢之徒歟！乃爲序。崇禎癸未夏五。

毛晉《華嚴海印道場懺儀題辭》（釋普瑞補注《華嚴經海印道場九會請佛儀》卷首） 兹華嚴三昧儀者，厥興於大唐蘭山雲巖寺一行沙門，遵十重之願而爲華嚴，依三寶之章而啓歸敬。倣草堂道場之式，而立四十二晌之行布次第焉。前前則配，以勸樂生信；後後則合，以依人證入。中間叙列可知，彼蓋欲扶在纏之迷倒，裂報障之大網耳。逮歷乎宋，又得載光寺普瑞沙門，述而補注之。然皆撰自支那，未充梵夾，手抄筆錄，湮沒千秋，況兵燹屢經，而獲久存者，殆一奇矣。暨乎我明，滇中麗江生白木大士，輒遇於葉楡之崇聖寺，機因迹顯，道賴人弘，眞法界之玄鏡重輝，高山之慧日再朗也。忽於庚辰之端月，星使軺車，懷金萬里，爰來虞山，問詢汲古主人，因命較閲，繡刻流通。一大因緣，不可思議。愚也方且眊然而眎，瞶然而聽，瞿瞿然互爲短長，而與之更始，遂授之梓人，以告成焉。

又《補續高僧傳跋》（釋明河《補續高僧傳》卷末） 《補續高僧傳》者，道開扃公，成其師未成之書也。其師華山河公，號汰如，貫通内外之典，領袖龍象之林。念歷代高僧傳，搜討未該，事迹湮沒，擔囊負笈，遍游山嶽，剔荒碑於薜逕，洗殘碣於松巖。嘉言懿矩，會萃良多，因補前人之所未備，續前人之所未完。紙皮墨骨，未酬宿世之緣；獅吼潮音，驟示雙林之疾。囑付扃公，補綴成編。扃公以鶖子之多聞，兼茂先之博物，既啣師命，遂畢前功。捧瓊函以示余，翻貝葉而眩目。余也踴躍贊歎，得未曾有，亟鳩剞劂之工，遂付棗梨之刻。使涌幢現塔不墮荒榛，寶炬華燈長然慧命。石門文字之禪，淨土虚玄之體，相需而著，用垂千古。庶蓮花峰下，師徒之志昭然，教海藏中，今昔之踪宛在。

毛晉《汲古閣書跋・子貢詩傳》 秦焰之餘，《易》以卜筮而傳，《詩》以諷誦而傳，《書》以藏壁而傳，始信三經與莧墜相終始。殆聖而不可知之之謂神耶！若子夏《詩序》，子貢《詩傳》，載在竹帛，非叶於管絃者，豈亦有神物護持至今耶！但《詩序》先儒辯論紛紛，未聞有詳覈《詩傳》者。或因宣聖可與言詩一語，後人附會其説而作是傳，亦未可知。范石湖謂傳即魯詩，今觀其章次約略相似。余家向藏宋搨石碑，古文大篆，漫滅難辨，然焚香展對，古色熠心，恍遨神于殷周十五國間，肅然不敢睨視。忽一日失去，深慨神物不易保也。既又得郭中丞公新刻，云是秘閣石本，前列篆書，未知亦出宋皇祐間張紹文、楊南仲輩手筆否。余亟依其釋文，授梓以傳。其眞贗未敢臆決，姑俟博雅君子。

又《南唐書》　是書凡馬令、胡恢、陸游三本。先輩云，馬、胡詮次識力相似，而陸獨遒邁得史遷家法。今馬本盛行，胡本不傳。放翁書一十八卷，僅見於鹽官胡孝轅秘冊函中，又半燼於武林之火。庚午夏仲，購其焚餘板一百有奇，斷蝕不能讀，因檢家藏鈔本訂正，附梓於全集逸稿之末。至若與馬玄康異同繁簡，已詳見胡、沈兩公跋語云。

又《吴郡志》　余舞象之年，應童子試，入郡受業于伯暐高師。師爲府學博士員，率余登大成殿，禮夫子像，次謁韋刺史祠，見西廡方策半架，塵封蠹蝕，抽而視之，迺《吴郡志》，不知何人所作，何代所鐫也。泉從太史公錢師榮木樓獲宋刻范文穆公《吴郡志》，珍爲髻珠，亦不知其板何在也。適禹修方公爲雲間刺史，葺理郡志，馳書招余與眉公先生共事，因攜此帙入頑仙廬。眉公開卷見門類總目，擊節嘆賞，得未曾有，題數語于後。時有史辰伯在座，眉公指謂余曰：「貴郡文獻都在此老腹笥中。」更因掀髯縱談，撫卷曰：「此志爲趙宋紹定刻板，藏學宮韋刺史祠中。」余恍然昔年所見，深愧童蒙覿面失之。亟理棹入吴門，再拜韋祠，但見朽木五片。疊香爐下，摸板尋行，與藏本無二。叩訪其餘，已入庖丁爨煙矣。嗚呼惜哉！異代異寶，不遇賞音，竟付煨燼，尚留蠹餘木屑，豈神授余耶。亟鋟諸梓，以答神貺。惜《文穆公全集》杳不可得，活字詩稿亥豕不堪著眼，僅存《田園雜興》石版在石湖草堂，當與《白太傅詩石記》爲一郡雙璧。

又《洛陽名園記》　昔人記載山川園林之勝，稱洛陽爲天下第一。顧即不乏少文之興，而銅狄已不可問矣。及讀《伽藍》、《名園》二記，雖文筆差殊，而感慨係之，中妙風景尚依然在目也。因合刻，以公之同好。晉王右軍慨想成都，作《周益州帖》，展斯編者，亦可卧遊矣。

又《虞鄉雜志》　余家隱湖之曲，每遇風日晴美，□□山水佳處，搜□古蹟，間有所得。或展卷之際，事涉吾鄉，並誌一編，存諸研北。時代先後，略無詮次。若邇來沿革，多載新志。至於人物之盛，詩文之富，備傳梨棗，非草莽臣所敢紀錄云云。

又《西溪叢語》　讀姚令威《西溪叢語》，喜其破人幾許疑團也。即如淵明詠《山海經》風雅輩，無不日把玩之。其間烏舄難分，朱黄罔措，寧不遺譏老蠹哉。予舊刻是書，竊嘗作辨證，令威先得吾心同然矣。神女見夢於宋玉，千古誣爲襄王故事。援李義山詩證之，亦一快事也。雖然，令威得之義山，不知義山又何所據而然。是耶非耶，吾不得而知也。孟子曰：「盡信書則不如無書。」

又《米元章志林》　余覓《寶晉齋集》十餘年矣，惜乎不傳。凡從稗官野史，或法書名畫間，見海岳遺事遺文，輒書寸楮，斆白香山投一磁瓶中。未可云全，鼎一臠肉也。辛酉秋，偶編《東坡外紀》，友人索余，合元章梓行。因檢向來拾得者，錄成一冊，略無詮次。至其淨名齋西園諸名篇，久已膾炙人口，不敢復載云。

又《五色線》　攷《中興館閣書目》，稱不知作者，摭百家雜事記之爲類門。舊跋亦不著年月姓氏。因披閱所載，多密藏異蹟。雖不逮《容齋五筆》，亦迥出雲仙諸冊矣。亟訂梓之。凡我同好，勿與碧雲騢共置，幸甚。

又《姑溪題跋》　余梓《姑溪詞》一卷，行世久矣。恨未見其全集。戊寅歲莫，遇蕭伯玉先生於吴門舟次。見余集宋元諸名家題跋，盛稱姑溪老人可比阿師。雖同門四學士、六君子，不能及也。因出鈔本見貽。不啻盲人索途而俄與之策矣。但此老好用古字，如「互」作「㸦」、「尺」作「赤」、「帙」作「秩」之類甚多，讀者每訝余刻之譌，輒爲更易。何異認「就理」爲「袖裏」，改「出就入就」爲「出袖入袖」耶。其辨論《瘞鶴銘》迺曰：「吾知爲佳字，何必紛紛於晉唐。」恐南邨老人見之未免噴飯矣。

又《後村題跋》　人傑地靈，自古云然。滕王閣不得王子安一《序》，難掩元嬰帝子之醜；石鍾山不得蘇子瞻一《記》，幾傳持斧搏擊陋事矣。故往往騷人墨客，遇有勝地，輒徘徊不忍去，且必脩復之而後快。劉後邨所居近金鳳池，隨役三百夫，疏鑿其庳者，復池之舊，匄復齋陳公書額表之，謂可尚友少陵《浣花溪》矣。第杜老草堂舊址，復有韋端己芟夷結茅，取浣花名其集，以襲餘芳。劉後邨而後，其所重濬之池，湮沒無存。豈地有顯晦，抑唐宋人不相及耶。後邨《集》頗浩繁，予偏喜其題跋，因廣其傳。猶憶是本乃戊午年外舅濬源范公所貽，云是秦氏秘藏宋刻，其字法之妙，直追率更；紙如蟬翼煤瀋，光澤如漆，可稱三絶云。今外舅墓木已拱，彥昭兄弟能讀父書者，又相繼云亡，爲之廢卷潸涕。

又《晦菴題跋》　先生爲絶學梯航，斯文菽粟，即童蒙皆能道之。故先喆尚論者，輒作道巍德尊等語。至若癖耽山水，跌宕詩文，一往情深，幾爲理學所掩。惟壽昌吴氏一贊，頗具隻眼。《贊》云：「先生每觀一水一石，一

草一木，稍清陰處，竟日目不瞬。飲酒不過兩三行，又移一處。大醉則趺坐高拱。」經史子集之餘，雖記錄雜説，舉輒成誦，微醺則吟哦古文，氣調清壯。某所聞見，則先生每愛讀屈原《離騷》、孔明《出師表》、陶淵明《歸去來辭》，並杜子美數詩而已。余今獨梓其題跋若干卷，亦即與壽昌同欣賞云。

又《誠齋雜記》　予初從書目見《誠齋雜記》，誤謂《伊洛淵源》之類，貯之宋儒道學簏中，未曾寓目。偶披伊席夫《瑯嬛記》，援引《鳳凰臺唱和》及《吳淑姬張子治合簪》二則，註云：出《誠齋雜記》，因復覓而閲之。凡二卷。所記百二十餘條，皆小碎雜事。新異可喜，絶無腐氣。頗似《太平廣記》，又不墮於淫褻迂誕，眞小説家不多見者。急付梓人，以公同嗜。據周達夫序云，林載夫所著書併詩文凡十二種，恨未窺其全耳。

又《姚少監詩集》　天啓丁卯，余梓《極玄集》。迺姚武功取王維至、戴叔倫二十餘人詩一百首，曰此詩家射雕手也。遂願遘其本集，卒不可得。偶閲《緇林法語》，見「移花兼蝶至，買石得雲饒」十字，□謂禪悟後語，既讀《主客圖》，方知出武功手。繼從紀事，又讀「一日看除目，終年損道心。豈食烟火，人能道隻」字。廣搜博訪十有餘年，眞所謂「求之不得，寤寐思服」也。迨崇禎壬午秋，忽從錫籠中獲此本。凡十卷。蓋吾宗圖記，印抄宋刻，豈武功有靈，錫我百朋耶。擊節欣賞三日夜，急授諸梓。未知海內亦有如飢如渴如余者否。但未及招與公于臨頓里中，亦用率更筆法，與浪仙長吉媲美，洵一恨事。

又《浣花集》　《端己集》十卷，乃其弟藹所編。因居是杜子美草堂舊址，故名。《僞史》云二十卷，馬氏云五卷，今皆不可攷。向有朱氏版頗善，惜逸藹序。予幸獲完璧矣。梓行既久，復閲《才調集》、《文苑英華》諸書，又得諸體詩三十首有奇，悉附作補遺云。

又《丹淵集》　予昔從牧翁師得覩文與可畫竹，因請曰：「聞之墨竹一派，近在彭城，信然耶。」時孟陽在坐，曰：「擬將一段鵝谿絹，掃取寒梢萬尺長。此之謂矣。」遂乞歸。每風日晴美之際，披圖展對，如身在篔簹叢中已。顧嘗記長公之言曰：「溢而爲書，變而爲畫，皆詩之餘。」思一購其詩文讀之，未逮也。今年花朝，過吳門，遇吳蒼木氏，相與放舟虎丘。明月之夜，啜茗劇坐，因尙論宋南渡後諸名家，如周益公、葉水心輩，俱落落無傳。蒼木慨然曰：「向曾偕蜀友李君，訂正《丹淵集》四十卷，能梓而不能行，亦漸入蠹魚腹矣。」因告以獲有墨竹之緣。蒼木曰：「然則在我者，其莫邪耶，行當自合。」明日盡挈其梨棗以相贈。予感蒼木之誼，亟爲之理其殘缺，授之楮君，以廣其傳焉。庶海內慕與可之竹而不獲見者，猶得於其詩文見之。蓋余嘗讀《長公偃竹記》而想見與可之竹，則夫讀與可之詩文者不想見其人也？舉世有好其德如好其畫者，當於此徵之，亦以見蒼木與予流通之意，不僅以其詩文已也。辛未上巳海虞毛晉題於虎丘僧舍。

又《渭南文集》　放翁富於文辭，諸體具備，惜其集罕見於世。馬氏《通攷》載「渭南集三十卷」，今不傳。邇來吳中士夫有鈔而秘其本者，亦頗無詮次。紹興郡有刻本，去《入蜀記》，混增詩九卷。據翁命子云：「詩家事不可施於文」，況十僅一二耶。既得光祿華君活字印本《渭南文集》五十卷，乃嘉定中翁幼子遹編輯也。跋云：「命名次第，皆出遺意。」但活板多謬多遺，因嚴加讐訂，并付剞劂。自秋徂冬，凡六月而書成。

又《劍南詩稿》　孝宗一日御華文閣，問周益公曰：今代詩人，亦有如唐李太白者乎？益公以放翁對。由是人競呼爲小太白，篇什富以萬計。今古無雙，或評如怒猊抉石，渴驥奔泉。或評如翠嶺明霞，碧溪初月，何足盡其勝概耶！近來坊刻寡陋不成帙，劉須溪本子亦十僅二三。甲子秋，得翁子虡編輯《劍南詩稿》，又吳、錢兩先生嚴訂夭天者，眞名秘本也。亟梓行之，以公同好。其命名次第，具載跋語云。

又《放翁逸稿》二篇　《渭南文集》，皆放翁未病時手自編輯者。其不入韓侂胄《園記》，亦董狐筆也。予已梓行久矣。牧齋師復出賦七篇相示，皆集中所未載。又云：《閲古》、《南園》二記，雖見疵於先輩，文實可傳。其飲青衣泉獨盡一瓢，且曰「視道士有愧，視泉尤有愧已」。面唾侂胄，至於南園之亂，惟勉以忠獻事業，無諛詞，無侈言，放翁未嘗爲韓辱也。因合鐫之，并載詩餘幾闋，以補渭南之遺云。

據放翁子虡跋云：「先君編前稿，於舊詩多所去取，其遺存者，尙七卷，今已無傳。」予刻《劍南詩稿》，凡八十五卷，卒業，復從牧齋師案頭得《續稿》二冊，意即所云七卷者，因類分古風律絶目錄，櫛比而鱗訂之。其間未刻者，止得古詩一首，律詩二十有三首，絶句二十有六首，依舊詮次，作《逸稿》下卷，聊補《劍南》之遺云。

又《雲林詩集》　予向梓雲林遺事數則，凡處母兄師友間，眞不愧古君

子，已足見其品望。但一段悲世憤俗之懷，所謂若子長長公有不勝其哀者，不讀其詩，不能令人泣下沾襟也。因復梓其詩若干卷行世。張子宜贈句云：「潔身穢跡緣時晦，寫竹題詩任夜分」，可謂知言。其述懷詩二十六韻，殆即雲林子自傳云。

又《金臺集》　葛邏祿氏與回紇錯壤，去中國甚遠。其俗好射，易之獨不操弓矢；且好利祿，易之絕無意仕進。嘗以詩謁貢御史曰：此心泊然無他好，其有好而得之者，盡在是矣，眞實錄也。金山之西北，向不知詩文，自易之始，江南人稱其與韓與玉、王子充爲三絕，名雄京師。一時名公，如虞伯生、揭曼碩輩，莫不歎賞，惟臨川危太樸尤甚。玆集二卷，即其手編，前後諸序跋，不但評論詳覈，書法亦極精妙，因倩友人王與公摹而副諸棗。若初本臨本，予亦不能辨。

又《楊太后宮詞》　丁卯花朝，一友密緘遠寄云：是少室山人手訂秘本，即命予附鐫《花蕊》後，以成宮詞快觀。因簡宋徽宗三百首，合梓二家宮詞，以公同好。

又《唐人選唐詩》　《唐人選唐詩》約十種餘，予數載遍搜，僅得八冊。或選聲而奏丹陛，或別調而秘青緗，或流美於既湮，或表章於復振。三百年來，風運文流，已大備於斯編。凡百類選，盈案溢篋，俱可東之高閣矣。至有一人一詩，錯見更張，不過作者郵瓢相示，偶定推敲；選者甲乙遞衡，微商思息，固無俟炫異標新，亦何必強同而畫一。若乃癡龍未辨，漫易刑天者，恐不能無愧於鼎來。更有南薰、又玄諸集，姑俟續刻。

又《中興間氣集》　余家藏《中興間氣集》，凡三本，俱逸五人評語，勉爾攷訂就梨，殊未快也。既從婁東磁肆中獲蠹餘半簏，內簡得一舊鈔本，後有元祐曾氏跋，攷覈甚確，向所缺張衆父、章八元、戴叔倫、孟雲卿諸評具在，獨劉灣無攷。始慨金題玉躞，不無紕繆，殘縑敗素，自有綾紋。季仁云：「縱不能讀盡世間好書，惟身到處莫放過耳。」諸選逸詩頗多，而玆集尤甚，剞劂告成，殊悒悒也。秋日養痾虎丘僧寮，偕明伯、文初輩，旁搜紀事，品彙諸書，得戴叔倫、鄭常若干篇，亟錄之卷末，聊以析疑，匪云補亡也。

又《極玄集》　按武功自題云：此皆詩家射鵰手也，凡廿一人，共百首。今已缺其一，吉光片羽，良可惜也。向傳姜白石點本最善，竟不行於世。即留署中近刻，衹挂空名於簡端。雖然劉須溪點次鴻文典冊，奚止什伯，悉爲坊間冒濫，混入耳目。贋刻之行，日以長僞，何如原本之藏，適以存眞也。

又《才調集》　憶戊午偕雨若於十五松下日，焚香讀異書，每思倡調，因而覓句相賞也。時雨若纔購是集，不亞鴻寶，第惡煤墨瀋無可著筆槧處，稍稍點次，遂投諸梓，意殊未愜。十年來偶於故楮中覓得舊本，不覺爽然，隨刻燭研露，互參唐名賢舊集，標格無不印合，遂訂爲完書以行，斯無憾於作者，益有洽於選人。當世說詩者，見海虞刻有二種以此。

又《河汾諸老詩集》　壬午春，寓金陵烏龍潭上，福清林茂芝索余所鐫《谷音》，許以《河汾詩》寄予。予適遊棲霞，未及相候，遂乘春江花月夜，掛帆歸隱湖。每讀詩至金源氏，輒有河汾諸老往來于胸中。秋來復溯洄秦淮，訪盧陵周浩若，示予斯編，且促與月泉吟社同函分布。予欣然訂正，命侍兒效率更令筆法鳩工鋟木。惜乎段菊軒《山行圖》以後尙逸一十有二篇，隨索諸茂芝，茂芝云：「即是浩若本。」始信異書不多見，藏異書人更不多見也。復索諸智林寺石公，石公曰：「予有鈔本藏之久矣，因逸陳子颺《八詠》置敝簏中。」拂去凝塵，相對展勘，互成完璧，眞千秋快事！橫汾隱者，當亦爲之解頤矣。昔韓昌黎爲國子博士，與孟郊、張徹、張籍會京師而有聯句，摩圍閣老人跋云：「四君子皆佳士，意氣相入，雜之成文。」予今日四人相去數百里外，萍聚南都，輻輳河汾一集，豈可無□□□□以紀其勝，亦他年展卷時一段佳話也。

又《松陵集》　嘗攷皮襲美《文藪》及陸魯望《笠澤叢書》，俱不載唱和詩。蓋因襲美從事郡牧，與魯望酬贈，積成十通，別爲一冊，名曰《松陵》，爲吳中一時佳話爾。千百年後，僅弘治間重梓，又漫滅不可得，使海內慕皮陸之風而願見玆集者，謂吾吳好事何？予特購宋刻而副諸棗。不特松陵爲吾吳之望也，道義志氣，窮通是非，如兩公者，可以相感矣。

又《衆妙集》　紫芝與徐璣、徐照、翁卷號宋末四靈，葉正則稱其同能爲唐詩者。紫芝雖獨登科，官亦不顯，肆力吟事，欲追開元元和之盛。其所選《衆妙集》，不遜元結韋縠諸家。予向覓之未得，丙子秋杪，寒山趙靈均忽緘此書與馮定遠見寄，云是嘉興屠用明託予刻者。予狂喜彌日，因憶放翁句云：「名酒過於求趙璧，異書渾似借荆州。」用明與予未識面，乃不惜荆

州之借，眞藝林同志，亦公心也。以方之偶獲一帙，秘諸枕中不肯示人者，相去何如耶！予向彙《唐人選唐詩》，甚爲海內快士所賞，復欲梓宋元人選唐詩以續之，茲集其嚆矢云。

又《溪堂詞》 時本《溪堂詞》，卷首《蝶戀花》以迄禪尾《望江南》，共六十有三闋，皆小令，輕倩可人，中間字句舛謬，無從攷索。既獲《溪堂全集》，末載《樂府》一卷，今依其章次就梓。近來吳門鈔本，多《花心動》一闋。【略】疑是贗筆不敢溷入，附記以俟識者。

又《樵隱詞》 平仲，三衢人，仕止州倅，禮部尚書友之子，負才玩世，頗有毛伯成之風。撰《樵隱集》十五卷，尤延之爲序，惜乎不傳。楊用修云：「《毛幵小詞》一卷，惟予家有之。」極賞其《潑火初收》一闋，今亦不多見。余近得楊夢羽先生秘藏宋元名家詞鈔本二十七種，內有《樵隱詩餘》一卷，共四十二首，調名二十有三，亟梓而行之，庶不與集俱湮耳。

又《近體樂府》 南渡而下，詩之富實維放翁，文之富實維益公。先輩爭仰爲大家，與歐蘇並稱。但卷帙浩繁，我明尚未副棗。予於寅卯間已鐫放翁詩文一百三十卷有奇行世，而益公省齋諸稿二百卷，僅得一鈔本，句錯字淆，未敢妄就剞劂。倘海內同志，或宋刻或名家訂本，肯不惜荆州之借，俾平園叟與渭南伯，共成雙璧，眞藝林大勝事也。茲近體樂府數闋，特公剩技耳，先梓之以當相徵劵。

又《竹齋詩餘》 《草堂詩餘》若干卷，向來豔驚人目，每秘一冊，便稱詞林大觀，不知抹倒幾許騷人。即如次仲幾叔輩，不知寵柳嬌花、燕昕鶯吭等語，何愧大晟上座耶！《草堂集》竟不載一篇，眞堪太息！予隨得本之先後，次第付梨，凡經商緯羽之士，幸兼擷焉。

又《洛水詞》 字懷古，休寧人，世系本河北洛川，自號洛水遺民。十歲詠冰，便有「莫言此物渾無用，曾向滹沱渡漢兵」之句，舅氏黃寺丞叱非常兒，挾以自隨，以平生所得二吳之學，及有聞於程大昌者，悉以付之。由鄉薦旅試南宮，時丞相趙公典擧見其文曰：「天下奇才也！」擢魁多士，或以道學相猜，寘本經第二，論者莫不稱抑。嘗讀《宋史》，詳其功業，恨未得全集讀之。癸酉中秋，衍門從秦淮購得端明《洛水集》二十六卷，雖攷之伊子誌中卷次，遺逸甚多，而大略已概見矣。先輩稱其宗歐蘇，而長於文章，洵哉！急梓其《詩餘》二十有一調，以存其人云。

又《丹陽詞》 魯卿常之雖不逮李氏、晏氏父子，每填一詞，輒流傳絲竹，然紹興紹聖間，俱負海內重望，其詞亦能入雅字。常之《歸愚集》，予梓行既久，復訂《丹陽詞》一卷，以公同好。如魯卿出處大略，已詳鴻慶序中矣。

又《漱玉詞》 黃叔陽云《漱玉集》三卷，馬端臨云別本分五卷，今一卷。攷諸《宋元雜記》，大率合詩、詞、雜著爲《漱玉集》，則釐全集爲三卷無疑矣。第國朝博雅如用修先生，尚慨未見其全，湮沒不幾久耶。庚午仲秋，余從選卿覓得宋詞廿餘種，乃洪武三年鈔本。訂正已閱數名家，中有《漱玉》、《斷腸》二冊，雖卷帙無多，參諸《花菴》、《草堂》、《彤管》諸書，已浮其半，眞鴻寶也。急合梓之以公同好。末載《金石錄後序》，略見易安居士文妙，非止雄於一代才媛，直脫南渡後諸儒腐氣，上返魏晉□□遺事數則，亦罕傳者。

又《花間集》 據陳氏云，《花間集》十卷，自溫飛卿而下十八人，凡五百首，今逸其二，已不可考。近來坊刻往往繆其姓氏，續其卷帙，大非趙弘基氏本來面目。余家藏宋刻，前有歐陽炯序，後有陸放翁二跋，眞完璧也。【略】亟梓斯集，以爲倚聲塡詞之祖。但李翰林《菩薩蠻》、《憶秦娥》及南唐二主、馮延巳諸篇，俱未入選，不無遺珠之憾云。

又《中州樂府集》 家藏《中州集》十卷，逸其樂府，梓人告成，殊快快然。既得樂府一帙，乃九峰書院刻本也，不勝劍合之喜。第詞俱雙調，淆雜無倫，一一按譜釐正。如《望海潮》諸闋，與譜不侔，未敢輕以意改。其小敘已見，詩集中不復贅云。

又《風騷旨格》 莆田蔡氏著《吟窗雜詠》，載諸家詩格、詩評類三十餘種，大略眞贋相半，又脫落不堪讀。丙寅春，從雲間了予丙父遺書中簡得《齊己白蓮集》十卷，末載《風騷旨格》一卷，與蔡本迥異，急梓之，以正諸本之誤云。

又《津逮秘書》 段柯古云：經爲大羹，史爲鼎俎，子爲醯醢，種種有至味存焉。然味不貴多而貴奇，書不貴廣而貴秘。今里巷之士，第求粗糲，尚一飽之無時，試嘗之以龍醬蚳醢，犓腴觟翠，有不驚喜以爲異美者耶！予故謂口之於味，有同嗜焉，得一秘本，輒嚴訂而梓之，以當授粲，而四方同志亦各各不吝見投，數年來有若干卷矣。邇鹽官胡孝轅氏復以秘冊二十餘

函相屬，惜半燼於玉林辛酉之火，予爲之補亡，併合予舊刻，不啻百有餘種，皆玉珧紫絃，非尋常菽粟也。因念宓羲以迄勝國，凡二十二代三千七百餘年間，作者何限。其或人地隱顯，世代銷沉，可傳而終秘者，又復何限。予所津指，亦僅僅天廚一臠爾。然朝披一卷焉而秘，夕披一卷焉而秘，正如入招搖之山，梁有祝餘，復獲迷穀，既更不飢，且更不惑，齒牙腸胃間，俱津津焉。味外有異趣，趣外有異想，快哉！顧篇多吳落，本亦縈繆，棗梨易就，手眼難窮，先行數種，以供同嗜。客過而卒業曰：「積書巖罕有津逮者，子其逮之耶？」予曰：「聊以此當問津云爾。」遂以名編。惟海內先生長者，有以教我。崇禎庚午七夕後一日海虞毛晉漫識。

陳函煇《十三經注疏叙》（《十三經注疏》汲古閣本卷首）　近雞林稱緗帙縹囊之富，銀鏤鐵畫之工，首推毛子晉。向爲覓十三經善本，發諸鄴架，半作蟲書，因苦心讐剔，傾其腹笥，佐以他山，如師程塾。課約以一年畢一經。自戊辰元春始，迄十三年庚辰春而工竣。當道俱嘉其功，大書訓士曰：庶幾有通十三經以應干旄者乎！【略】崇禎庚辰重九日。

張能鱗《十三經注疏序》（同上）　虞山毛生，好古士也。以監板漫漶，亥豕相承，潛心讐較，用力十三年而後成。其有功於後學不朽矣！予心喜之，因草數言以爲序。

《刻續文獻通考文移》（王圻《續文獻通考》卷首）　直隸松江府爲公務事，萬曆三十年三月初三日蒙巡按直隸監察御史何憲牌照，得王參憲所緝《續文獻通考》，典故悉備，有裨經濟，可與正書幷傳不朽。相應刊行，嘉惠宇內。所有工費，除已會同鹽院議助及移會學院聽另行助給外，爲此仰司行府將原貯刊《吳觀錄》銀及華亭縣解到本院公費銀，湊足一伯兩，少充剞劂之費。原送《通考》二冊，已轉送學院查覽。該府即召匠估計刊刻，仍查堪動官銀具詳，撫臺動支陸續湊用，以成王參憲著書不朽之意。又蒙督理浙直鹽課監察御史周憲票照得該府新刊《續文獻通考》一書，誠爲盛舉。第恐工費浩繁，合行資助。仰府即便動支本院官銀一伯兩，以佐鐫板之用。又蒙督撫應天等府右參都御史曹詳批，瞿宏等助工銀既在庫，准於內動支一伯兩，少佐刊書之費。又蒙提督南畿學校監察御史趙詳批，《文獻通考》續集有關世教之書當刻，所欠工價，當於本院空缺齋膳銀動支一伯二十七兩給發。又蒙整飭蘇松等處兵備湖廣按察使鄒詳批，瞿宏等支剩銀四十一兩幷發，充刻工支用。又先蒙松江府查將本府積餘公費一伯三十六兩四錢五厘，及修河剩餘銀三十八兩一錢四分三厘，申請動支作爲刻工等費，蒙巡按察院何批准照數動用。又蒙松江府理刑廳捐俸八兩，發學助工。又蒙華亭縣知縣事俞捐俸五十兩，徑送府學，給發刊匠。又蒙上海縣知縣事劉捐俸三十兩申給助工。又蒙青浦縣知縣事沈捐俸二十兩申給助工。又蒙本府票行松江府儒學訓導漆登雲請取本宦修完《通考》，逐一磨對，選令善寫人役照式楷書以憑發刻。又蒙本府票行松江府照磨所照磨李士先將合用梨板行，令木戶預備聽用，仍鳩工刊刻，先具姓名，報府以憑查考。

張光啓《剪燈餘話序》（李昌祺《剪燈新話》附刊）　右《剪燈餘話》一帙，乃大儒方伯李公之所撰也。公學問該博，文章政事，大鳴於時。暇中因覽錢塘瞿氏所述《剪燈新話》，公惜其措詞美而風教少關，於是搜尋古今神異之事，人倫節義之實，著爲詩文，纂集成卷，名曰《剪燈餘話》，蓋欲紹乎瞿氏之所作也。既成，藏諸笈笥，江湖好事者，咸欲觀而未能，余亦憾焉！遂請與我師文江子欽劉先生以之示余。【略】余甚嘉之，命工刻梓，廣其所傳，以副江湖好事者觀覽。因之偶成近體八句，幷贅於後云：「四海相傳《新話》工，若觀《餘話》迥難同。搜尋神異希奇事，敦尚人倫節義風。一火鍛成金現色，幾宵細剪燭搖紅。笑余刻棗非狂僭，化俗寧無小補功！」

朱由檢《御製重刊小學序》（朱熹《小學集注》卷首）　朕夙夜圖治，追惟我祖宗朝教化洋溢，人才彬彬輩出，共致太平，抑何盛也。今海宇多故，動稱乏才。揆厥所繇士子幼學時，父師之教不明，即以利祿汩其心術，全不從德行立根。譬之樹，本先撥，安望成棟梁之用？宋儒朱子《小學》一書，其教在於明倫，其要在於敬身。而古人嘉言善行，靡不備具。誠果行，育德之根柢，齊治均平之權輿也。朕勑諭禮臣，通飭督學及郡邑有司，表章是書，以爲士鵠。生儒非能熟習力踐者，不許充試倖取，業已三令五申矣。復簡閱先臣陳選集註，見其切要明晰，甚於《小學》有裨，爰命儒臣詳加較訂，正其訛舛，繕刻頒行之，使督學盡得如選其人，何患教化不行，人才不盛。庶無負朕覲揚先烈，廣厲刊布之意云爾。崇禎八年七月吉日。

無競氏《剿闖小説叙》（懶道人《剿闖小説》卷首）　君父之仇，天不

共戴。國家之事，下不與謀。【略】吳三桂捨孝取忠，棄家急國，效申胥依牆之泣，以遂秦哀逐吳之功。眞正奇男子大丈夫作用。雖匡扶之局未結，而中興之業已肇，是惡可無傳！余結廈半月泉精舍，遇懶道人從吳下來，口述此事甚詳，因及西平剿賊一事。懲創叛逆，其於天理人心，大有關係，非泛常因果平話比。故興文館請以付梓，而余爲叙數行於首。

嘉會堂《新平妖傳・識語》（羅貫中《新平妖傳》卷首） 舊刻羅貫中《三遂平妖傳》二十卷，原起不明，非全書也。墨憨齋主人曾於長安復購得數回，殘缺難讀。乃手自編纂，共四十卷，首尾成文，始稱完璧。題曰《新平妖傳》以別於舊。本坊繡梓，爲世共珍。

雄飛館主人《英雄譜・刊刻緣起》 語有云：「四美具，二難幷。」言璧之貴合也。《三國》、《水滸》二傳，智勇忠義，迭出不窮，而兩刻不合，購者恨之。本館上下其駟，判合其圭，回各爲圖，括畫家之妙染，圖各爲論，搜翰苑之大乘。較讎精工，楮墨致潔，誠耳目之奇玩、軍國之秘寶也。識者珍之。

方來《廣韻藻跋語》（方夏輯《廣韻藻》卷末） 伯兄南明先生幼性閒靜，長益簡寂。闔扉偶影，晨夕一編，其于世紛泊如也。雖爲諸生，絕不喜學士家言。冥搜玄覽，與古爲徒，遇意所會，率濡毫編纂。弱冠時，頗喜楊升菴、王元美、劉子威諸先生博雅淹洽，因爲攷異、存疑、正譌、徵信，幾十年所會成一書，曰《帳中品》。時攜笥中，一旦爲人竊去，別稿又復散逸，每用悵惘。茲集偶于搜覽之暇，標鮮領異，賞雋割腴。一日適于友人齋頭覩升菴《韻藻》一帙，忻同本志，而所輯寥寂，遂假歸繕錄，緣以增廣。日月浸久，較前帙不啻數倍。余請屬梓，先生以爲此非淵源有本之學，聊以自便。余謂先生此書，實操觚家之津途、綴文者之儀羽。況原集既已行世，今安得獨秘不以嘉惠斯人，遂鳩工刻之家塾。時值歲儉，幾一年始告竣。因識數言于末簡。先生著述頗多，當以次行世，茲不具論云。崇禎壬午中秋，弟來頓首，敬識於雲東文詠樓。

李顒《古廉文集跋》（李時勉《古廉集》卷末） 顒惟先大父忠文公，平生所著文集甚多，奈歲久散失，存者無幾。門人戴先生，嘗編錄成卷若干篇，國子祭酒吳先生又爲序以弁其端。顒以菲材，弗克繼述，叨承前休，授今惠之長樂令，嘗於公退之暇，覽大父手澤，不勝感戚。於是遍求餘稾而增益之，繕寫成帙，特以託廣郡守鄉先生伍公希淵，重加校正，鋟梓以傳。雖然先祖之居官行實，昭昭然名於當世，固不待文而顯。然《禮》曰：「先祖無美而稱之，是誣也；有善而弗知，不智也；知而弗傳，不仁也。此三者，君子之所恥也。」苟是編不傳，則不智、不仁之恥，顒莫逃焉。匠氏告完，姑述其槩，以紀其成。柳子有云：「至哀無文，至敬不飾。」顒竊以焉。

秦松齡《高子遺書序》（高攀龍《高子遺書》卷首） 從來儒者之學，其大耑有二：曰修與悟，二者不可偏廢。然言修者以悟爲躐等徑造，淪於虛無；言悟者以修爲執器滯象，流于固陋。兩者交譏而不能以相易，此學術所以分涂也。余邑高忠憲先生程朱之言，以聖學爲己任，汀州旅舍一悟，透體通明，無天人內外之隔。他人得此，以爲究竟。先生但以爲入門，從此動靜交養，身體實譣。復數十年，悟以騐其修，修以證其悟，歸于復性而止於明，諸儒中可謂集大成者也。《遺書》向刻於金陵，經亂散逸，先生從子學憲公輯《節要》數卷行世，四方學者終以未見全書爲恨。邇者睢州湯司空撫吳，將重梓《遺書》以惠來學。會湯公未久去任，遂寢。松齡每歎息是書之不獲流布于世，誠學者之不幸也。學憲公之季子楚培，讀書秉禮，無愧象賢。己巳夏，與長君獻取家藏原本，朝夕校仇，付之剞劂，歷秋冬始成，而屬松齡爲序。松齡末學無知，生平嚮慕先生之學，未能稍窺其耑緒，何敢序先生之書？顧樂是書之廣布，世之學者將讀其書而興起，知所以爲學之方，以造聖賢之域。而楚培之勤勤于是，厥功爲鉅也。謹識數語於後。

《四庫全書總目・史部四十三・寧藩書目》 《寧藩書目》一卷，浙江范懋柱家天一閣藏本。不著撰人名氏。初，寧獻王權以永樂中改封南昌，日與文士往還，所纂輯及刊刻之書甚多。嘉靖二十年，多焜求得其書目，因命教授施文明校刊行之。所載書凡一百三十七種，詞曲、院本、道家、煉度、齋醮諸儀，俱附焉。前有多焜序，及啓一通，後有施文明跋。多焜啓中所稱父王者，乃弋陽端惠王拱樻，以嘉靖初受命攝寧府事。多焜後亦襲封，謚曰恭懿。

又《寶文堂分類書目》 《寶文堂分類書目》三卷，編修程晉芳家藏本。明晁瑮撰。瑮字君石，號春陵，開州人。宋太子太傅迥之後。嘉靖辛丑進

士，官至國子監司業。其子東吳，字叔權，嘉靖癸丑進士，選翰林院庶吉士。父子皆喜儲藏，嘗刊行諸書，有飲月圃、百忍堂諸版。此本以御制爲首。上卷分《總經》、《五經》、《四書》、《性理》、《史》、《子》、《文集》、《詩詞》等十二目，中卷分《類書》、《子雜》、《樂府》、《四六》、《經濟》、《舉業》等六目，下卷分《韻書》、《政書》、《兵書》、《刑書》、《陰陽》、《醫書》、《農圃》、《藝譜》、《算法》、《圖志》、《年譜》、《姓氏》、《佛藏》、《道藏》、《法帖》等十五目。其著錄極富，雖不能盡屬古本，而每書下間爲注明某刻，亦足以考見明人版本源流。特其編次無法，類目叢雜，復見錯出者不一而足，殊妨檢閱。蓋愛博而未能精者也。

又《經廠書目》　《經廠書目》一卷，編修汪如藻家藏本。明內府所刊書目也。黄虞稷《千頃堂書目》有此書，亦作一卷。經廠即內繙經廠，明世以宦官主之。書籍刊版，皆貯於此。所列書一百十四部，凡冊數、頁數、紙幅多寡，一一詳載。蓋即當時通行則例，好事者錄而傳之。然大抵皆習見之書，甚至《神童詩》、《百家姓》亦厠其中，殊爲猥雜。今印行之本尚有流傳，往往舛錯，疑誤後生。蓋天祿石渠之任，而以寺人領之，此與唐魚朝恩判國子監何異！明政不綱，此亦一端。而當時未有論及之者。宜馮保刻私印，其文曰內翰之章也。案馮保印文，見所作《經書輯音·序文》末。

錢泰吉《甘泉鄉人稿》卷四《跋震澤王氏刻史記》　世傳《史記》，明刻本以震澤王氏爲最善。余求之有年，所見都無刻書序跋，蓋書賈去之以贋宋本也。道光辛丑三月，長興朱君立齋爲余假得一本有王氏延喆跋，在《索隱》後序之後。【略】文恪後人有居海昌者，假其家譜觀之，延喆，字子貞，爲文恪長子，以蔭入官，由中書舍人擢太常寺右寺副，出爲兖州府推官，謝病歸。子有壬爲尚寶司丞，贈如其官，故王氏稱子貞爲尚寶公。文恪卒於嘉靖三年甲申三月，《史記》則刻於四年冬。相傳《史記》爲文恪刻者，非也。《池北偶談》謂有持宋槧《史記》索售者，延喆紿其人留一月，而摹刻畢工。今觀跋尾述文恪語，謂吳中刻《左傳》，郢中刻《國語》，閩中刻《漢書》，而《史記》尚未板行，延喆因取舊藏宋刊《史記》重加校讐，翻刻於家塾。則宋本爲文恪舊藏。又言工始於嘉靖乙酉蜡月，迄紙爛缺三字。三月。則亦非一月而成。子貞早歲豪放，世傳其佚事，漁洋遂筆之於書。如謂延喆爲尚寶少卿，文恪少子，亦考之未審也。至所稱有震澤王氏摹刻印，則此本亦無之，唯跋尾幸存爾。

又《跋明晉藩刻元文類》　明嘉靖時晉藩刻《元文類》，余見於吳山書肆有年矣。道光己亥嘉平之月，以事至杭州，二十三日偕金岱峰登山閱肆，此書插架如故也。乃從屠筱園教授貸錢市以歸。序文後闕一葉，幸張氏溥刻《元文類》刪本存此序，知爲長史司左長史馬朋也。【略】晉藩自太祖子恭王棡始封太原，當嘉靖十六年丁酉，馬朋作序時爲簡王新㙉嗣封之二年。《明史·諸王表》：端王知烊，嘉靖十二年薨，無子。新㙉以新化王知𤐫長子奉敕管府事，十五年嗣封。序稱志道堂先王殿下刻《文類》未完，我虛益堂賢王殿下仰承先王之統，克紹厥志云云。先王當謂端王知烊也。端王之祖靖王爲世子時，嘗取閣、絳、大觀、寶晉諸帖，益以所藏宋、元、明人墨跡，爲《寶賢堂帖》。見孫退谷《閒者軒帖考》。聞殘石猶存山西試院中。據鐵嶺李氏清綸《刻古寶賢堂法帖跋》。端王合刻《文選》、《文粹》、《文鑑》、《文類》、《文衡》，簡王能踵成其志。史稱恭王學文於宋濂，學書於杜環，其家法有自來歟！端王七歲而孤，能盡哀。居母喪嘔血，芝生寢宮。簡王母太妃尚氏，嚴教子以禮。太妃疾，簡王叩頭露禱，長史有敷陳，輒拜受教。史皆詳著之。馬氏身爲長史，蓋親見兩賢王美行者。其文以河閒獻王爲比，無愧辭矣！此本行款與西湖書院本同，疑即用西湖本繙雕者，暇日當校其異同。爰識晉藩本末，以見此書之足重，且將訪求他刻云。道光二十年歲次庚子正月十二日。

龍文彬《明會要》卷二六　［洪武］三年十二月，《大明志書》成。先是命儒士魏俊民、黃篪、劉儼、丁鳳、鄭思先、鄭雄等六人，類編天下州郡地理形勝、降附始末。至是書成，命送秘書監刊行。

又　［洪武］十五年十月，命禮部頒劉向《說苑》、《新序》於天下。十一月壬戌，帝以國子監所藏書板，歲久殘闕，令諸儒考補，工部督匠脩治。

又　［成化］二十三年，孝宗即位。禮部侍郎邱濬進《大學衍義補》，凡六十一卷。上覽稱善，進濬尚書，賚金幣，詔刊行其書。既，濬以書中所載，皆可見之行事。請摘其要者，下內閣議行。報可。

又　［嘉靖七年］六月辛丑朔，《明倫大典》成，上之。帝自製序弁其首。命張璁爲後序，刊布天下。萬曆四年，詔復脩《大明會典》。是書重脩於嘉靖二十八年，進呈，未刊。至是禮臣題請，從之。書成，凡二百二十

八卷。

又卷二七　吳元年十一月乙未，冬至，太史院進戊申歲《大統曆》。太祖謂劉基曰：「古者以季冬頒來歲之曆，似爲太遲。今於冬至，亦未宜。明年以後，皆以十月朔進。」時所詳定皆出自基及其屬高翼之手。太祖命詳校而後刊之。

丁丙《善本書室藏書志》卷六　《明南監二十一史》嘉靖萬曆先後刊本。

按，黄佐《南雍志・梓刻本末》云，《金陵新志》所載集慶路儒學史書梓數正與今同，則本監所藏諸梓多自舊國子學而來。自後，四方多以書版送入。洪武、永樂時，兩經修補版既叢亂，旋補旋亡。成化初，祭酒王與會計之，已逾二萬篇。弘治初，始作庫樓儲藏。嘉靖七年，錦衣衛閒住千戶沈麟奏准校刊史書，禮部議以祭酒張邦奇、司業江汝璧學博才裕，使將原版刊補。其廣東原刻《宋史》差取付監，遼、金二史，原無版者，購求善本翻刻，以成全史。邦奇等奏稱，《史記》、前後《漢書》殘缺模糊，剜補易脱，莫若重刊。後邦奇、汝璧遷去，祭酒林文俊、司業張星繼之，乃克進呈云云。今存《史記》一百三十卷，嘉靖九年祭酒張邦奇、司業江汝璧校刊。有「橘煌」之印，又列萬曆二年祭酒余有丁、司業周子義校刊題字，又列萬曆二十四年祭酒馮夢禎序、司業黄汝良同校刊。《前漢書》一百二十卷，嘉靖八年祭酒張邦奇、司業江汝璧校刊。《後漢書》一百二十卷，嘉靖八年祭酒張邦奇、司業江汝璧校刊。《三國志》六十五卷，萬曆二十四年祭酒馮夢禎序，司業黄汝良重鏤版。《晉書》一百三十卷，前有舊版，嘉靖戊午刊補，萬曆十年祭酒高啓愚、司業劉瑊重修刊。《宋書》一百卷，萬曆二十二年司業馮夢禎序，祭酒陸可敬、司業季道統校刊。《南齊書》五十九卷，萬曆十七年祭酒趙用賢、司業張一桂序幷校。《梁書》五十六卷，萬曆三年祭酒余有丁序，稱南雍故藏二十一史，版多漫漶，《梁書》尤甚。武林許侍御三省督鹺淮陽，捐鍰付梓。同司業周子義校。有汪士鋐退谷藏印。《陳書》三十六卷，萬曆十六年祭酒趙用賢序，司業余孟麟同校刊。《魏書》一百十四卷，萬曆二十四年祭酒馮夢禎、司業黄汝良同校刊幷同序。《北齊書》五十卷，萬曆十六年祭酒趙用賢序，同司業張一桂校刊。《周書》五十卷，萬曆十六年祭酒趙用賢、司業余孟麟同校刊。《隋書》八十五卷，萬曆二十二年祭酒季道統校刊。《南史》八十卷，萬曆十七年祭酒趙用賢、司業張一桂校刊并題辭北史一百卷萬曆二十年祭酒鄧以廣司業劉應秋校正，前祭酒陸可敬、前司業馮夢禎同校閲并序。《新唐書》二百五十五卷，前有舊版，嘉靖、萬曆閒監官先後重補。《新五代史》七十五卷，萬曆四年祭酒余有丁、司業周子義校刊。《宋史》四百九十六卷，成化十六年，總督兩廣兼巡撫朱英刊，嘉靖丁巳，取入監重補修刊。《遼史》一百十六卷，嘉靖八年祭酒張邦奇、司業江汝璧依元刻本校刊。《金史》一百三十五卷，嘉靖八年祭酒張邦奇、司業江汝璧依元刻本校刊，最爲精善。《元史》二百十卷，本洪武舊版，崇禎閒祭酒侯恪、司業謝德溥補刊。嘉靖七、八、九年，張祭酒、江司業祗重刊《史記》、前、後《漢書》、《遼史》、《金史》，凡五部，其餘舊版尚未全壞。萬曆以來，相隔又數十年，不得不重新鏤版，皆非舊監之遺矣。尚有小字本《史記》、元刊明修《三國志》，則無從併收彙列也。

又　《明北監二十一史》萬曆間刊本。明萬曆閒奉敕刊《史記》［附宋裴駰《集解》、唐司馬貞《索隱》、張守節《正義》］一百三十卷，前有貞《索隱》前、後二序，補《史記》序，駰《集解》序，守節《正義》序，《論例謚法解》。祭酒劉應秋、司業楊道賓校刊《漢書唐顔師古注》一百卷，前有師古《漢書》序例，漢余靖刊誤進表，宋祁參校諸本目録，劉之問識語。劉應秋、方從哲校刊《後漢書唐章懷太子賢注》一百三十卷，内志三十卷，梁劉昭注，前有宋余靖序。李廷機、方從哲校刊《三國志宋裴松之注》六十五卷。敖文禎、蕭雲舉校刊《晉書》一百三十卷，後附唐楊齊宣序並《音義》三卷。方從哲校刊《宋書》一百卷。方從哲、黄汝良校刊《南齊書》五十九卷，前有宋曾鞏序。蕭雲舉、李騰芳校刊《梁書》五十六卷。蕭雲舉、李騰芳校刊《陳書》三十六卷，前有宋曾鞏序。李騰芳校刊《魏書》一百十四卷，前有宋劉攽等序。李廷璣、方從哲校刊《北齊書》五十卷。李騰芳校刊《周書》五十卷，前有宋梁燾等序。蕭雲舉、李騰芳校刊《南史》八十卷。楊道宸、蕭雲舉校刊《北史》一百卷。方從哲、黄汝良校刊《隋書》八十五卷。方從哲、楊道宸校刊《唐書》二百二十五卷，前有曾公亮等《進書表》，後附宋董衝《唐書釋音》二十五卷。蕭良有、葉向高校刊《五代史》七十四卷，前有宋陳師錫序。敖文禎、黄汝良校刊《宋史》四百九十六卷。方從哲、黄汝良校刊《遼史》一百十六卷，前有脱脱《進書表》。沈漼校刊《金史》一百三十五卷，前有阿魯圖《進書表》。李騰芳校刊《元史》百十卷，

前有李善等《進書表》。蕭雲舉重校刊其全史，奉敕重修者祭酒吳士元、司業黃錦也。自萬曆二十四年開雕，閲十有一載，至三十四年竣事。皆從南監本繕寫刊刻，雖行款較爲整齊，究不如南監之近古且少譌字。內《三國志》精校勝於南監。兩刻竝存，豈非合則雙美哉！

清代刻書分部

官府刻書

綜述

蔡世遠《二希堂文集》卷七《與滿大中丞論書院事宜書》 伏念鼇峰書院建於儀封張先生，名材萃聚，先君嘗主其事，世遠亦與講席之末。其經營措置，以及刊布諸書，竊有微勞，恐遂就荒，常懷耿耿。幸得名賢經理其間，大道將興，斯文起色，遂留滯月餘，與廣、文、洪、奕、懿諸生，林正青等經紀其書籍器用，俾有條理。計書院所刻之書有五十五種，今存者每種尚有數十部。

又卷一〇《叙鼇峰學約》 至於書院條規，昔者儀封張先生撫閩創立書院時嘗刻《學規類編》一書，中載朱子《白鹿洞學規》、《程董學則》、眞西山《教子齋規》、胡文敬《續白鹿洞規》等書，已爲明備。

鄂爾泰等《國朝宫史》卷二三《書籍二・聖訓》 《太祖高皇帝聖訓》一部，康熙十年四月，聖祖仁皇帝命儒臣恭輯。二十一年十月命重修。分類二十有六：曰敬天，曰聖孝，曰神武，曰智略，曰寬仁，曰論治道，曰訓諸王，曰訓群臣，曰經國，曰任大臣，曰用人，曰求直言，曰興文治，曰崇教化，曰勤修省，曰節儉，曰慎刑，曰恤下，曰輯人心，曰通下情，曰明法令，曰鑒古，曰賞功，曰昭信，曰誡逸樂，曰謹嗜好。

書成，凡四卷。乾隆四年奉旨校刊。《太宗文皇帝聖訓》一部，世祖章皇帝命儒臣恭輯，未及成書。康熙十年四月，聖祖仁皇帝命續輯。二十一年十月命重修。分類二十有三：曰論治道，曰訓諸王，曰訓群臣，曰謙德，曰寬仁，曰智略，曰求賢，曰求言，曰輯人心，曰恤民，曰勸農，曰興文教，曰訓將，曰勵將士，曰懷遠人，曰訓諸藩，曰恤降，曰招降，曰恤舊勞，曰敦睦，曰節儉，曰謹嗜好，曰禁異端。書成，凡六卷。乾隆四年奉旨校刊。《世祖章皇帝聖訓》一部，康熙二十一年十月，聖祖仁皇帝命儒臣恭輯，分類三十有二：曰論治道，曰敬天，曰聖孝，曰聖學，曰謙德，曰節儉，曰儆戒，曰敦睦，曰諭群臣，曰求言，曰納諫，曰任官，曰考績，曰選舉，曰誡飭臣下，曰理財，曰恤民，曰賑濟，曰重祀典，曰禮前代，曰褒忠節，曰興文教，曰諭將帥，曰招降，曰諭外藩，曰仁政，曰體群情，曰安民，曰慎刑，曰懲貪佞，曰除弊，曰宥過。書成，凡六卷。乾隆四年奉旨校刊。《聖祖仁皇帝聖訓一部》，雍正九年世宗憲皇帝命恭纂實錄。諸臣并輯分類三十有二：曰聖孝，曰聖德，曰聖學，曰聖治，曰敬天，曰法祖，曰文教，曰武功，曰恤民，曰任官，曰廣言路，曰嚴法紀，曰理財，曰慎刑，曰重農桑，曰興禮樂，曰省方，曰治河，曰澄叙，曰賞賚，曰蠲賑，曰積貯，曰飭臣工，曰訓將士，曰褒忠節，曰恤舊勞，曰廣幅員，曰宏制度，曰弭盜，曰牧政，曰禮前代，曰柔遠人。書成，凡六十卷。乾隆六年奉旨校刊。《世宗憲皇帝聖訓一部》，乾隆五年二月，皇上命恭纂實錄。諸臣并輯分類三十：曰聖德，曰聖孝，曰聖學，曰聖治，曰敬天，曰法祖，曰文教，曰武功，曰敦睦，曰用人，曰恤臣下，曰愛民，曰恤兵，曰察吏，曰訓臣工，曰勵將士，曰廣言路，曰理財，曰慎刑，曰重農桑，曰厚風俗，曰治河，曰蠲賑，曰積貯，曰謹制度，曰崇祀典，曰篤勳舊，曰褒忠節，曰綏藩服，曰弭盜。書成，凡三十六卷。乾隆六年奉旨校刊。《庭訓格言》一部，世宗憲皇帝侍奉聖祖仁皇帝時，敬承庭訓，念篤不忘。御極之初，紀録薈編，以昭家法，展孝思。書成，凡二百四十二則。雍正八年，奉旨校刊。《世宗憲皇帝上諭》一部，雍正七年，王大臣等議准侍讀學士康五瑞奏請刊布上諭，以裨人心政治。首列議覆諭旨，書用編年體，自康熙六十一年八月至雍正七年，凡二十四册，九年刊成。皇上御極後續編，自雍正八年至十三年八月，凡八册。乾隆六年刊成，頒布中外。《世宗憲皇帝硃批諭旨》一部，雍正十年三月，世宗憲皇帝檢發硃批臣工章奏諭旨，分人編次，刊布中外。乾隆三年奉旨續刊，共百有十二册，凡二百二十三人。《欽定訓飭州縣規條》一部。世宗憲皇帝澄叙官常，嘉惠牧令，先後命大學士朱軾、總督田文鏡等各抒所見，條列進御，親加閱定。分類二十：曰到任，曰交盤，曰關防，曰宣講聖諭律條，曰放告，曰催科，曰借糶倉穀，曰弭盜，曰驗傷，曰聽斷，曰堂事，曰防胥吏，曰慎延幕賓，曰待紳士，曰免行戶，曰謹差下鄉，曰勸農桑，曰嚴禁獄，曰講讀律令，曰操守。雍正八年書成校刊。奉旨頒賜直省知州、知縣各一部。

又《書籍三・御製》　《御製人臣儆心錄》一部，世祖章皇帝御製論八篇：曰植黨，曰好名，曰營私，曰徇利，曰驕志，曰作僞，曰附勢，曰曠官。引據漢以下史事足爲炯戒者，各加註釋，用垂儆戒，訓于有位。　《聖祖仁皇帝御製文集》一部，自康熙元年至二十二年十一月，御製文凡四十卷。內勅諭十四卷，奏書二卷，表、論，辨二卷，序一卷，記一卷，說、解一卷，碑二卷，頌一卷，贊、箴、銘一卷，雜著、祭文四卷，賦一卷，詩十卷。是爲一集。　《聖祖仁皇帝御製文二集》一部，自康熙二十二年十一月以後至三十九年，御製文凡五十卷。內勅諭三十八卷，表、奏書一卷，論、說、解一卷，序一卷，記一卷，碑一卷，頌、贊、箴、銘一卷，雜著五卷，祭文一卷，賦一卷，詩八卷。是爲二集。　《聖祖仁皇帝御製文三集》一部，自康熙四十年至五十年，御製文凡五十卷。內勅諭十八卷，論一卷，序、記三卷，碑記、碑文、文、頌、贊三卷，雜著十九卷，雜著、跋、祭文、賦合一卷，詩五卷。是爲三集。　《聖祖仁皇帝御製文四集》一部，聖祖仁皇帝御製文集、二集、三集俱於康熙五十年校刊。五十一年以後御製，未及輯錄。雍正十年，世宗憲皇帝命編錄校刊，凡三十六卷，內勅諭二十卷，論、序二卷，記、碑記、碑文一卷，銘、題、跋、文、頌一卷，雜著七卷，詩五卷。是爲四集。　《御製避暑山莊三十六景詩幷圖》一部，聖祖仁皇帝歲舉秋獮，以肄武習勞。康熙四十五年始造避暑山莊於熱河，以爲先期駐蹕之所。御製記一篇，幷標舉勝概爲三十六景，分繪成圖，各系以御製詩詞。掌院學士臣揆叙等恭注。康熙五十一年校刊。乾隆六年秋，皇上式循舊典，初莅山莊，恭和元韻各一首。大學士臣鄂爾泰等恭注。奉旨校刊。　《御製耕織圖詩》一部，聖祖仁皇帝敦重農桑，命繪耕織圖，以示勸相之意，臚事系詩，各爲一冊。凡耕圖二十有三：曰浸種，曰耕，曰耙耨，曰耖，曰碌碡，曰布秧，曰初秧，曰淤蔭，曰拔秧，曰插秧，曰一耘，曰二耘，曰三耘，曰灌溉，曰收刈，曰登場，曰持穗，曰舂碓，曰籭，曰簸揚，曰礱，曰入倉，曰祭神。凡織圖二十有三：曰浴蠶，曰二眠，曰三眠，曰大起，曰捉織，曰分箔，曰採桑，曰上簇，曰炙箔，曰下簇，曰擇繭，曰窖繭，曰練絲，曰蠶蛾，曰祀謝，曰緯，曰織，曰絡絲，曰經，曰染色，曰攀華，曰剪帛，曰成衣。每幅七言絕句一首。皇上依次和韻，刊刻成書。　《世宗憲皇帝御製文集》一部，乾隆三年，奉旨恭刊世宗憲皇帝御製文集。凡三十卷，內勅諭三卷，詔、冊一卷，論、記一卷，序三卷，雜著二卷，題辭、贊一卷，題跋一卷，碑文五卷，祭文、誄三卷；潛邸所作詩曰雍邸集，七卷；御極後所作詩曰四宜堂集三卷。世宗憲皇帝御製題辭冠其端。　《御製朋黨論》一部，世宗憲皇帝御製論一篇，以大公至正爲歸，斥歐陽修之說，而正之以周易、論語之義，訓諭臣工，消除朋黨錮習。雍正三年刊成，頒示天下。　《樂善堂全集定本》一部，皇上青宮典學時所著詩文，彙爲樂善堂全集。乾隆二年刊刻成書，二十三年復親加刪訂，爲定本三十卷。內論說六卷，序一卷，記、跋一卷，雜著一卷，表、頌、贊、箴、銘一卷，賦三卷，古體詩九卷，今體詩八卷。奉旨校刊，頒賜中外。　《御製詩初集》一部，皇上萬幾餘暇，寄情六義，日以爲程。自乾隆元年丙辰迄十二年丁卯一紀中，爲古今體詩四千一百五十首。十三年，尚書臣蔣溥恭請同內廷諸臣校錄刊刻，凡四十四卷，是爲初集。　《御製詩二集》一部，皇上御製詩，自乾隆十一年戊辰迄二十四年己卯一紀中，天章美富，卷帙較前倍增，通計八千首有奇。二十五年，大學士臣蔣溥恭請同內廷諸臣校錄刊刻。凡九十卷，是爲二集。　《御製文初集》一部，皇上勅幾之暇，作爲古文，諸體悉備。自乾隆元年丙辰迄二十八年癸未，積至五百餘首。侍郎臣于敏中恭請分類編次，並繕錄刊刻。凡三十卷。內經筵御論二卷，論說，祝文一卷，記四卷，序五卷，序、跋、書後一卷，問辨一卷，碑文七卷，雜著一卷，賦二卷，連珠一卷，頌、箴一卷，銘一卷，贊三卷。是爲初集。　《御製日知薈說》一部，皇上青宮典學時筆記偶錄，合二百六十則，編爲《日知薈說》。凡四卷，乾隆元年校刊。【略】　《御製圓明園四十景詩》一部，圓明園爲世宗憲皇帝藩邸所居賜園。迨纘承大統，命所司量加修葺，式具朝署之規，御製記備述緣始。皇上御極之初，所司以建園請，弗許。歲戊午即圓明園之舊而居之。既爲後記，復仿避暑山莊詩例，標舉勝景，分題作繪，序而詠之。凡四十篇，大學士臣鄂爾泰等恭注。乾隆十年奉旨校刊。　《御製盛京賦》一部，乾隆八年秋，皇上詣盛京，恭謁祖陵。《御製盛京賦》一篇幷序，凡三千三百餘言，大學士臣鄂爾泰等恭注。乾隆八年校刊。　《御製冰嬉賦》一部。國俗舊有冰嬉，以肄武事。皇上率循舊典，爰於每歲冰堅之候，於太液池聚八旗武士陳之。《御製冰嬉賦》一篇，以叙其事。內廷諸臣恭注。乾隆十年校刊。

又卷二五《書籍四・方略》　《親征平定朔漠方略》一部，聖祖仁皇帝三駕朔漠，親征準噶爾，連破之。噶爾丹窮蹙自伏其辜，餘部悉定，振旅凱旋。爰允廷臣之請，纂輯方略。自康熙三十六年六月至三十七年十月，系日紀事，具載神謨，凡四十八卷。四十七年，奉旨校刊。　《平定金川方略》一部。乾隆十四年二月，金川夷酋莎羅奔面縛詣軍門降，振旅凱旋，爰允廷臣之請，纂輯方略。自十一年十一月至十四年四月，廟謨勝算備載，成書凡二十六卷。十七年奉旨校刊。

又卷二六《書籍五・典則》　《幸魯盛典》一部，康熙二十三年，聖祖仁皇帝躬詣闕里，親行釋奠。衍聖公孔毓圻請修幸魯盛典。首冠御製，次臚典禮，幷紀恩遇，末附藝文。康熙四十年校刊。　《萬壽盛典初集》一部，康熙五十二年，聖祖仁皇帝六旬萬壽，臣工奏請纂輯盛典，釐爲六門：曰宸翰，曰聖德，曰典禮，曰恩賚，曰慶祝，曰歌頌。凡百二十卷。內廷翰林王原祁繪圖。康熙五十六年校刊。　《大清會典》一部，康熙二十三年，聖祖仁皇帝命纂修會典，起崇德元年，迄康熙二十五年。世宗憲皇帝復命重輯，自康熙二十六年迄雍正五年，凡二百五十卷。雍正十年校刊。　《欽定大

清會典》一部，皇上以會典自雍正五年告成以後，閲歲既久，爰命開館重修，親定成書。以會典爲綱，則例爲目，各區部，分條理，畢貫會典。凡一百卷，則例凡一百八十卷。乾隆二十六年校刊。　《大清通禮》一部，皇上命纂輯通禮，與會典相表裏，以吉、嘉、軍、賓、凶爲次。凡五十卷。乾隆二十四年校刊。　《皇朝禮器圖式》一部，皇上欽定諸禮器典章大備，爰命纂繪圖式，釐爲六門：曰祭器二卷，曰儀器一卷，曰冠服四卷，曰樂器三卷，曰鹵簿三卷，曰武備五卷。凡十八卷。乾隆二十八年校刊。　《欽定宮中現行則例》一部，皇上以内廷現行典禮事例，命敬事房條録，恭呈欽定，編爲則例刊行。釐爲十八門：上卷曰名號，曰御牒，曰禮儀，曰宴儀，曰冊寶，曰典故，曰服色，曰宮規，曰宮分；下卷曰鋪宮，曰遇喜，曰安設，曰進春，曰謝恩，曰錢糧，曰歲修，曰處分，曰太監。乾隆七年校刊。　《詞林典故》一部，乾隆九年十月，皇上臨幸翰林院，賜宴賦詩，併允掌院大學士鄂爾泰、張廷玉所請，仿唐李肇《翰林志》，輯成《詞林典故》，釐爲八門：曰臨幸盛典，曰官制，曰職掌，曰恩遇，曰藝文，曰儀式，曰廨署，曰題名。凡八卷。乾隆十三年校刊。　《欽定吏部則例一部》，雍正十二年，律例館修輯吏部則例告竣。乾隆四年，吏部以條例未能分晰，且多所更正，奏請重修。欽定成書，滿官品級考二卷，漢官品級考四卷，銓選滿官則例五卷，銓選漢官則例八卷，處分則例四十七卷。乾隆二十六年增修，校刊頒行。　《欽定學政全書》一部，乾隆五年，皇上特命禮部纂成學政全書，以便遵守。欽定成書，凡八卷。嗣後積年續增，凡四卷。俱校刊頒行。　《欽定科場條例》一部，乾隆六年，禮部編纂科場條例進呈，欽定成書，以昭遵守。凡四卷，又續增四卷，又續增上下二卷。嗣後隨時續纂，俱校刊頒行。　《欽頒磨勘簡明條例》一部，乾隆二十五年，禮部編纂磨勘簡明條例進呈，欽定成書，以昭遵守。凡二卷，又續增二卷。嗣後隨時續纂，俱校刊頒行。　《欽定中樞政考》一部，乾隆六年，兵部遵旨纂輯中樞政考告竣。凡八旗則例十四類，爲八卷，以八音爲次。綠旗則例十五類，爲十卷，以十干爲次。乾隆二十六年增修，校刊頒行。　《八旗則例》一部，乾隆六年，兵部遵旨將八旗都統所奏八旗則例歸併兵部纂修告成。凡十二類，爲四卷，以忠孝廉節爲次。乾隆二十六年增修，校刊頒行。　《大清律例》一部，乾隆五年，皇上以《大清律例》一書經列聖屢修，歸於至當，而隨時斟酌，尤期平允。特命所司增輯，親加參定，爲律目一卷，圖一卷，服制一卷，名例二卷，吏律二卷，戶律八卷，禮律二卷，兵律五卷，刑律十五卷，工律二卷，總類七卷，比引律條一卷。凡四百三十六門。刊布中外，以昭法守。　《大清律續纂條例》一部，《大清律續纂條例總類》一部，《律例全書》告成後，條例歲有增減。乾隆二十五年，刑部奏請續纂，另編刊行，特允所請，爲《大清律續纂條例》一部，《大清律續纂條例總類》一部。各一卷。　《督捕則例》一部，世祖章皇帝特命纂成督捕則例，聖祖仁皇帝命重加酌定。乾隆八年，刑部奏請重修刊行。凡一百三條，爲二卷。　《三流道里表》一部，雍正十年，世宗憲皇帝特命纂成三流道里表。乾隆八年，刑部奏請重修刊行。凡四卷。　《洗冤録》一部，《洗冤録》向同律例頒行。乾隆五年，律例館校正重刊。凡四卷。　《欽定工部則例》一部、《乘輿儀仗做法》一部，乾隆十三年，工部奏請編纂《工部則例》，并乘輿、儀仗各項做法，以昭遵守。欽定成書《工部則例》凡五十卷，《乘輿儀仗做法》二卷，俱乾隆十四年校刊。　《工程做法》一部、《物料價值》一部，雍正九年，工部奏請會同内務府詳定工程做法及物料價值，編纂條例進呈，欽定成書，以昭遵守。《工程做法》凡七十四卷，内廷工程做法凡八卷，簡明做法一冊，物料價值凡四卷，俱校刊頒行。續經工部酌定平價，并將未經定擬各項爲物料價值四卷，恭呈欽定。乾隆元年校刊頒行。　《欽定軍器則例》一部。乾隆十六年，工部奏請開館纂輯軍器則例，繪圖係説進呈，欽定成書。爲旗幟七卷，涼篷帳房二卷，盔甲四卷，器械四卷，鎗礮一卷，各省物料匠工價值十八卷，凡三十六卷。乾隆二十一年校刊頒行。

又卷二七《書籍六·經學》

《御纂周易折中》一部，聖祖仁皇帝命儒臣採訂諸説，親定成書。卷首列綱領三篇，義例一篇，上下經十翼十八卷，啓蒙二卷，啓蒙附論一卷，序卦雜卦明義一卷，凡二十二卷。康熙五十四年校刊。　《日講易經解義》一部，聖朝仁皇帝命日講諸臣撰擬，依章解義，按日進講，親定成書，凡十八卷，康熙二十二年校刊。　《御纂周易述義》一部，皇上命儒臣條次進呈，親定成書，闡繹聖祖仁皇帝《周易折中》之義，凡十卷，乾隆二十年校刊。　《欽定書經傳説彙纂》一部，聖祖仁皇帝命儒臣採訂諸説，親定成書。首列書傳圖綱領三篇，自虞書至周書二十一卷，附以書序。雍正八年校刊。　《日講書經解義》一部，聖祖仁皇帝命日講諸臣撰擬，依章解義，按日進講，親定成書，凡十三卷，康熙十九年校刊。　《繙譯書經》一部，皇上命在館諸臣以國語繙譯，親定成書，凡六卷。乾隆二十五年校刊。　《欽定詩經傳説彙纂》一部，聖祖仁皇帝儒臣採訂諸説，親定成書。卷首列《詩傳圖》、《列國世次圖》、《作詩時世圖》，《綱領》三篇，《詩大序》，《詩經集解序》，自周南至商頌附以小序，凡二十一卷。雍正五年校刊。　《御纂詩義折中》一部，皇上命儒臣條次進呈，親定成書，取諸箋釋家之説折中之，凡二十卷，乾隆二十年校刊。　《欽定春秋傳説彙纂》一部，聖祖仁皇帝命儒臣採訂諸説，親定成書。首列綱領三篇，王朝世表，列國年表，王朝列國世次，王朝列國興廢説，列國爵姓，列國地圖，王朝列國地名，自隱公至哀公三十八卷。康熙六十年校刊。　《日講春秋解義》一部，聖祖仁皇帝命日講諸臣撰擬，依章解義，按日進講，親定成書；世宗憲皇帝命詳加校正，凡六十四卷。乾隆

三年校刊。《御纂春秋直解》一部，皇上命儒臣條次進呈，親定成書，盡屏曲說，一依經文爲解，凡十二卷。乾隆二十三年校刊。　《欽定三禮義疏》一部，聖祖仁皇帝欽定四經，次第頒布，惟《三禮》未就。皇上命儒臣採訂諸說，親定成書。周官首列聖制綱領二篇，總辨自《天官・冢宰》至《考工記》四十四卷，附以《周官圖》四卷。《儀禮》首列《綱領》二篇，《朱子儀禮釋宮》自《士冠禮》至《有司徹》四十卷，附以《禮器圖》、《禮節圖》各四卷。《禮記》首列《聖制綱領》二篇，自《曲禮》至《喪服四制》七十七卷，附以《禮記圖》五卷。乾隆十九年校刊。　《日講禮記解義》一部，聖祖仁皇帝命日講諸臣撰擬，依章解義，按日進講，親定成書。皇上命三禮館臣詳加校正，凡六十四卷，乾隆十四年校刊。　《日講四書解義》一部，聖祖仁皇帝命日講諸臣撰擬，依章解義，按日進呈，親定成書。凡二十六卷。康熙十六年校刊。　《御製繙譯四書》一部，國語舊有繙譯四書，皇上命繙譯諸臣詳加校正，親定成書，凡六卷。乾隆二十年校刊。　《經筵講章》一部，國家制定，春秋二仲涓日，御文華殿行經筵禮。講官恭撰四書諸經講章各一道，至日進講，積久成帙。康熙十年至二十六年，聖祖仁皇帝命校刊。凡四次，共四卷。　《清漢文孝經》一部，世宗憲皇帝命繙譯諸臣用國語繙譯，親定成書，凡一卷。雍正五年校刊。　《御纂性理精義》一部，聖祖仁皇帝命儒臣取性理大全詮釋精語，親定成書。凡十二卷。康熙五十四年校刊。　《清漢文小學》一部，聖祖仁皇帝命繙譯諸臣用國語繙譯，親定成書，凡一卷。雍正三年校刊。　《御覽經史講義》一部。乾隆二年，皇上允科臣奏，翰林、詹事、科道間日分班撰擬經史講義進呈，親加品隲，積久成帙。十四年，命南書房翰林選擇校刊。首列上諭一卷，則皆進經史諸臣或蒙召對面聆之御論也。其諸臣講義爲《周易》八卷，《書經》六卷，《詩經》五卷，《春秋》一卷，《禮記》四卷，《周禮》、《論語》、《孟子》、《孝經》二卷，史三卷，性理一卷。計七百一十六篇。

又卷二八《書籍七・史學》

《欽定明史》一部，聖祖仁皇帝特命開館修輯明史，乾隆四年告成。本紀二十四卷，志七十五卷，表十三卷，列傳二百二十卷，目錄四卷。奉旨校刊。　《御批資治通鑑綱目》一部，聖祖仁皇帝萬幾餘暇，披覽朱子綱目及前編、續編，著御論百有餘首，用昭法戒。凡一百四卷。康熙四十六年校刊。　《御撰通鑑綱目三編》一部，皇上命明史館諸臣仿朱子《通鑑綱目》義例，編纂明事爲《通鑑綱目三編》，親定成書。凡二十卷。乾隆十一年校刊。　《御定歷代年表》一部。康熙四十四年，聖祖仁皇帝南巡，儒生龔士炯進所編歷代年表，上起陶唐，終於隋代，未爲全書。特命儒臣編續，自唐迄元，以帝紀爲綱，而王侯、宰輔、外藩附列於下，史傳所載事蹟皆系焉。親加裁定，復考正三元甲子編年一卷，冠諸簡端。凡一百卷，康熙五十一年校刊。

又卷二九《書籍八・儀象》

《御製律曆淵源》一部，聖祖仁皇帝指授臣工編纂，排日進呈，親定成書。區爲三部，互相表裏。一曰《曆象考成》，爲編二：曰揆天察紀，明時正度。二曰《律呂正義》，爲編三：曰正律審音，和聲定樂，協均度曲。三曰《數理精蘊》，爲編二：曰立綱明體，分條致用。凡一百卷，雍正二年校刊。　《欽定律呂正義後編》一部，皇上考定大樂器數、音節，一遵聖祖仁皇帝欽定律呂正義之法。復命纂輯後編，親定成書。首列諸樂，凡五：曰祭祀，曰朝會，曰宴饗，曰導迎，曰行幸。次爲樂考，凡四：曰樂器，曰樂制，曰樂章，曰度量權衡。次爲樂問三十五篇，以申明其旨。凡一百二十卷。乾隆十一年校刊。迨西域底平，功成治定。鎛、鐘、特磬，大備宮懸；回樂、凱歌，聿彰偉績；並續登簡冊，以垂永久。　《欽定儀象考成後編》一部，聖祖仁皇帝用監臣南懷仁言，改造六儀，輯《靈臺儀象志》。乾隆九年，監臣戴進言等奏請重修，命廷臣編輯《儀象考成》，凡三十卷。以《御製璣衡撫辰儀說》冠於簡首。乾隆二十一年校刊。　《御製協紀方書》一部。皇上以陰陽選擇詩書，授時利用，宜有定則，特命正譌訂謬，編輯成書，釐爲十二門：曰本原二卷，曰義例六卷，曰立成、曰宜忌、曰用事各一卷，曰公規二卷，曰年表六卷，曰月表十二卷，曰日表一卷，曰利用二卷，曰附錄、曰辨譌各一卷。凡三十六卷，乾隆六年校刊。

又卷三〇《書籍九・志乘》

《大清一統志》一部，聖祖仁皇帝命纂《大清一統志》，以京師、各省、外藩蒙古、蒙古、屬國、朝貢諸國爲經，分類二十有六爲緯：曰圖，曰表，曰疆域，曰分野，曰建置沿革，曰形勢，曰風俗，曰城池，曰學校，曰戶口，曰田賦，曰職官，曰山川，曰古蹟，曰關隘，曰津梁，曰隄堰，曰陵墓，曰祠廟，曰寺觀，曰名宦，曰人物，曰流寓，曰列女，曰仙釋，曰土產。凡三百五十六卷，乾隆九年告成校刊。　《皇輿表》一部，康熙十八年，聖祖仁皇帝命撰皇輿表，以直省府州縣爲經，以歷代因革建置爲緯。四十三年，復命增輯朝貢屬國。凡十六卷。　《八旗通志初集》一部，雍正五年，世宗憲皇帝命纂八旗志書。首爲八志：曰旗分，曰土田，曰營建，曰兵制，曰職官，曰學校，曰典禮，曰藝文。次以八表：曰封爵，曰世職，曰宗人，曰八旗大臣，曰內閣大臣，曰部院大臣，曰直省大臣，曰選舉。次以列傳：曰宗室王公，曰名臣，曰勳臣，曰忠烈，曰循吏，曰儒，曰孝義，曰烈女。凡二百五十卷。乾隆四年校刊。　《八旗滿洲氏族通譜》一部，皇上以八旗氏族日繁，特命開館纂輯通譜。以姓氏爲綱，以地名、人名爲目，勳舊戚畹，庶姓支派，事實皆具。凡八十卷，乾隆九年校刊。　《欽定盛京通志》一部，乾隆九年皇上駕幸盛京，敬瞻列祖開創之績，陪京宏盛之規。而舊纂通志一書，未爲精覈，特命重修。釐爲三十五門：曰聖製，曰御製，曰京城，曰壇廟，曰宮殿，曰山陵，曰星土，曰建置沿革，曰疆域形勝，曰山川，曰城池，曰

關郵，曰戶口，曰田賦，曰職官，曰學校，曰公署，曰選舉，曰兵防，曰名宦，曰人物，曰忠節，曰孝義，曰文學，曰隱逸，曰流寓，曰方伎，曰仙釋，曰列女，曰祠祀，曰古蹟，曰風俗，曰物產，曰雜志，曰藝文。凡三十二卷，乾隆十二年校刊。《清涼山新志》一部，聖祖仁皇帝屢駐蹕清涼山，命纂山志。釐爲十門：曰化宇，曰原聖，曰靈蹟，曰伽藍，曰崇建，曰顯應，曰外護，曰高僧，曰緣感，曰題詠。凡十卷，康熙四十年校刊。《盤山志》一部。乾隆七年建靜寄山莊於盤山之陽，十九年皇上纂山志。分爲十門：曰巡典，曰天章，曰圖考，曰名勝，曰寺宇，曰流寓，曰方外，曰藝文，曰物產，曰雜綴。凡十六卷，乾隆十二年校刊。

又卷三一《書籍十・字學》

《康熙字典》一部，聖祖仁皇帝以六書音義繁賾，小學諸書鮮能精當，特命排纂字典。卷首列檢字、辨似、等韻、備考、補遺。自一畫以下部分班列爲十二集，凡四十冊。康熙五十五年校刊。《御定音韻闡微》一部，康熙五十四年，聖祖仁皇帝命纂韻書，指授釐定，依一百七部之舊，而切以國書合聲之法。雍正二年告成。凡十八卷，六年校刊。《欽定叶韻彙輯》一部，皇上以叶韻古無專書，特命彙輯，幾暇指授，博攷依據，疏其自出，以叶韻列今韻之後。凡十卷，乾隆十五年校刊。《清文鑑》一部，國書本天地元音，宜有專書，垂示萬世。聖祖仁皇帝命分類排纂，親定成書，爲部三十有六，爲類一百八十。凡二十一卷，康熙四十七年校刊。《清文合蒙古鑑》一部，聖祖仁皇帝既定清文鑑，乃以蒙古字合譯成書。凡二十卷。又註三十卷，一并校刊。《欽定同文韻統》一部，皇上以字母原本西番，而字不備音，爰命譯纂韻統：曰天竺字母譜，曰天竺音韻翻切配合字譜，曰西番字母配合字譜，曰天竺西番陰陽字譜，曰大藏經典字母同異考，曰華梵字母合璧譜。凡六卷，乾隆十五年校刊。《御製盛京賦清漢三十六體篆字書》一部，國書音韻體製，具詳《清文鑑》。惟舊有篆體未經詳備，寶璽印章尚用本字。皇上指授臣工肇制篆文，爰據古法，成三十六體清篆。諸臣恭請《御製盛京賦》，摹繕成帙，並漢篆三十六體，共爲七十二體。既廣國書，并傳古篆，各爲一冊，校刊頒行，昭示萬世。《欽定篆文六經四書》一部。聖祖仁皇帝命以小篆摹刻《易》、《書》、《詩》、《春秋》、《周禮》、《儀禮》、《論語》、《大學》、《中庸》、《孟子》，親定成書。凡十四冊。

又卷三二《書籍一一・類纂》

《御製資政要覽》一部，世祖章皇帝採集經史子集中關於政事者爲三十章：曰君道，曰臣道，曰父道，曰子道，曰夫道，曰婦道，曰兄弟，曰體仁，曰弘義，曰敦禮，曰察微，曰昭信，曰知人，曰厚生，曰教化，曰儉德，曰遷善，曰務學，曰重農，曰睦親，曰積善，曰愛民，曰慈幼，曰養生，曰懲忿，曰窒慾，曰履謙，曰謹言，曰慎行，曰愛物。凡三卷，順治十二年校刊。《御製勸善要言》一冊，世祖章皇帝採擇諸書中要語，輯爲一編，以示勸掖。順治十三年校刊。《孝經衍義》一部，世祖章皇帝命纂修孝經衍義，未及告成；聖祖仁皇帝詔儒臣續輯，親定成書。首列經旨總要二卷。所衍之義，曰至德，曰要道，曰教之所由生，曰天子之孝，曰諸侯之孝，曰卿大夫之孝，曰士之孝、庶人之孝，曰大順之徵。至德之目，曰仁，曰義，曰禮，曰智，曰信。要道之目，曰父子，曰君臣，曰兄弟，曰夫婦，曰朋友；師弟子附焉。教所由生之目，曰禮，曰樂，曰政，曰刑。天子之孝，一曰愛親。愛親之義，曰早諭教，曰均慈愛，曰敦友恭，曰親大族，曰體臣工，曰重守令，曰愛百姓，曰課農桑；耤田附焉。曰薄稅斂，曰備凶荒，曰省刑罰，曰恤征戍。二曰敬親。敬親之義，曰事天地，曰法祖宗，曰隆郊配，曰嚴宗廟，曰重學校；養老附焉。曰崇聖學，曰教宮闈，曰論官材，曰優大臣，曰設諫官，曰正綱紀，曰別賢否，曰制國用，曰備風俗。諸侯之孝，曰愛親，曰敬親，曰不驕，曰不溢。卿大夫之孝，曰愛親，曰敬親，曰法言，曰德行。士之孝，曰愛親，曰敬親，曰事君忠，曰事長順。庶人之孝，曰愛親，曰敬親，曰用天道，曰分地利，曰謹身節用。因經有順天下之文，故以大順之徵終焉。凡百卷，康熙二十九年校刊。《御製內則衍義》一部，世祖章皇帝仰承慈訓，取《禮記・內則》一編，闡義指事。所衍之目：曰孝，曰敬，曰教，曰禮，曰讓，曰慈，曰勤，曰學。凡十六卷，順治十三年校刊。《御纂朱子全書》一部，聖祖仁皇帝指授儒臣，博採群書，凡一句一字出於朱子者，彙集成編。其目曰小學，曰大學，曰論語，曰孟子，曰中庸，曰易，曰書，曰詩，曰春秋，曰禮，曰樂，曰性理，曰理氣，曰鬼神，曰道統，曰諸子，曰歷代，曰治道，曰論文、論詩、字學、科舉之學，曰賦、詞、琴操、詩、詩餘、贊、箴、銘。凡六十六卷，康熙五十三年校刊。《欽定執中成憲》一部。世宗憲皇帝命臣工採錄群籍精義粹語、深切治道者，爲執中成憲，次第進呈，親定成書。冠以御製論十五首。乾隆元年校刊。

又卷三三《書籍一二・總集》

《淵鑒齋古文選》一部，聖祖仁皇帝御選，自左傳、國語至宋人古文爲正集，六十四卷。康熙四十九年校刊。《悅心集》一部，世宗憲皇帝在藩邸時，宸襟偶寄，披閱經史之餘，旁及百家小集。採集成書，凡四卷。雍正四年校刊。《御選唐宋文醇》一部，皇上勅幾之暇，覽儲欣所選唐、宋十家文，擇其言之尤雅者，韓愈十卷，柳宗元八卷，本翺二卷，孫樵一卷，歐陽修十二卷，蘇洵四卷，蘇軾十三卷，蘇轍三卷，曾鞏四卷，王安石一卷，親加評點。簡端恭錄聖祖仁皇帝御批，末附諸家評語。凡五十八卷，乾隆三年校刊。《皇清文穎》一部，聖祖仁皇帝命輯皇清文穎。世宗憲皇帝復命開館纂集，未及成書。皇上命自乾隆甲子以前先爲編次。卷首恭錄聖祖仁皇帝御製詩文六卷，世宗憲皇帝御製詩文四卷，皇上御製詩文十四卷，臣工所作諸體：表二卷，論八卷，說一卷，解二卷，序四卷，記三卷，跋一卷，辨一卷，策問二卷，策對一卷，議二卷，疏一卷，碑一卷，贊銘一卷，對書考一卷，雜文一卷，頌六

卷，賦十二卷，古今體詩五十卷。凡百卷，乾隆十二年校刊。《欽定四書文》一部，皇上命裒集有明及本朝諸名家制義，精選成編，俾閱者、作者具有楷模。計選明文四百八十六篇，國朝文二百九十七篇。乾隆五年校刊。《御定歷代賦彙》一部，聖祖仁皇帝命詞臣蒐集秦、漢以迄明代所傳諸賦，廣彙成書。首爲正集，分類三十：曰天象九卷，曰歲時四卷，曰地理十七卷，曰都邑十卷，曰治道六卷，曰典禮六卷，曰禎祥四卷，曰臨幸一卷，曰蒐狩二卷，曰文學四卷，曰武功二卷，曰性道四卷，曰農桑二卷，曰宮殿六卷，曰室宇七卷，曰器用四卷，曰舟車一卷，曰音樂六卷，曰玉帛三卷，曰服飾一卷，曰飲食一卷，曰書畫二卷，曰巧藝二卷，曰仙釋二卷，曰覽古六卷，曰寓言二卷，曰草木六卷，曰花果七卷，曰鳥獸九卷，曰鱗蟲四卷。次爲外集，分類八：曰言志六卷，曰懷思二卷，曰行旅二卷，曰曠達三卷，曰美麗二卷，曰諷喻一卷，曰情感二卷，曰人事二卷。又次爲補遺二十二卷。其有單詞、剩句散見諸書者，並採錄爲逸句二卷。凡一百八十二卷，賦四千一百六十一篇。康熙四十五年校刊。《御定全唐詩》一部，聖祖仁皇帝發內府所藏全唐詩，命參校《唐音統籤》諸編，依代分人，各系小傳，一代所作，彙爲全書。目錄十二卷，帝、后、宗室諸王、公主、宮嬪詩九卷，郊廟樂章七卷，樂府十三卷，臣工一千三百九十四人詩七百三卷，五代詩三十三卷，無爵里世次可考者二十一卷，聯句七卷，逸句二卷，名媛九卷，釋子四十六卷，道士四卷，神仙鬼怪十三卷，諧謔四卷，判歌、讖記、語、諺謎、謠、酒令、占詞、蒙求各一卷，補遺七卷，詞十二卷，凡九百卷。詩四萬八千九百餘首。康熙四十四年校刊。《御定全唐詩錄》一部，聖祖仁皇帝南巡，在籍翰林侍讀徐倬編進，次序悉本全唐詩，凡一百卷。命進秩禮部侍郎，賜金校刊。《御選唐詩》一部，聖祖仁皇帝既刻全唐詩集，復取其尤者分體精選，命詞臣編注，親定成書，凡三十二卷。康熙五十二年校刊。《御選四朝詩》一部，聖祖仁皇帝命詞臣博採宋、金、元、明四朝之詩，分體編輯，親定成書。宋詩七十八卷，金詩三十四卷，元詩八十卷，明詩一百二十卷，凡三百一十二卷。康熙四十八年校刊。《御定全金詩》一部，聖祖仁皇帝南巡，中書郭元釪以所編《增補中州集》恭進，命廣加增輯，爲全金詩。首載帝藻公族、金源樂歌二卷，諸家所作七十卷，凡七十二卷。康熙五十年校刊。《佩文齋詠物詩》一部，聖祖仁皇帝命儒臣蒐輯古逸及漢、魏、六朝、唐、宋、元、明人詠物詩，分類編錄。凡四百八十六類，詩一萬四千五百五十首，爲六十四冊。康熙四十六年校刊。《御定歷代題畫詩類》一部，南書房翰林陳邦彥輯唐、宋、元、明題畫諸詩成集，進呈，聖祖仁皇帝親爲閱定。分類三十：曰天文二卷，曰地理四卷，曰山水二十卷，曰名勝四卷，曰古蹟二卷，曰故實十二卷，曰閒適八卷，曰古像一卷，曰寫眞一卷，曰行旅二卷，曰羽獵一卷，曰仕女三卷，曰仙佛五卷，曰神鬼一卷，曰漁樵二卷，曰耕織一卷，曰牧養一卷，曰樹石四卷，曰蘭竹八卷，曰花卉八卷，曰禾麥蔬果二卷，曰禽七卷，曰獸八卷，曰鱗介二卷，曰花鳥合景二卷，曰草蟲一卷，曰宮室三卷，曰器用一卷，曰人事二卷，曰雜題二卷。凡一百二十卷，詩八千九百餘首，康熙四十六年校刊。《御選唐宋詩醇》一部，皇上命儒臣倣唐宋文醇之例，選唐、宋六家詩之尤精者，李白八卷，杜甫十卷，白居易八卷，韓愈五卷，蘇軾十卷，陸游六卷，親加評點。附錄諸家詩話凡四十七卷。乾隆十五年校刊。《御選歷代詩餘》一部，聖祖仁皇帝命詞臣選自唐迄明九百五十七人之詞尤雅正者，親加論定。以調之長短爲次，各分時代，自十六字至二百四十字，凡千五百四十調。凡百卷，詞九千九首。後附詞話十卷，七百六十三則。康熙四十六年校刊。《御定詞譜》一部，聖祖仁皇帝既輯歷代詩餘，復命詞臣校勘詞譜一編，親加裁定。凡四十卷。康熙五十四年校刊。《西清古鑑》一部。皇上以內府所藏彝鼎之屬，多三代法物，命內廷詞臣詳加考證，繪圖系說，凡四十卷。復命排次歷代泉貨爲錢錄十六卷，附於編後。乾隆二十年校刊。

又卷三四《書籍一三・類書》

《古今圖書集成》一部，聖祖仁皇帝以載籍極博，浩如淵海，爰命廷臣倣古人左圖右史之義，統爲一書。卷帙繁富，久而未就。世宗憲皇帝繼承先志，特命詳加編校，列爲六篇，析爲三十二典。一曰歷象，彙編爲典四：曰乾象二十一部，曰歲功四十三部，曰曆法六部，曰庶徵五十部。二曰方輿，彙編爲典四：曰坤輿二十一部，曰職方二百二十三部，曰山川四百一部，曰邊裔五百四十二部。三曰明倫，彙編爲典八：曰皇極三十一部，曰宮闈十五部，曰官常六十五部，曰家範三十一部，曰交誼三十七部，曰氏族一千六百九十四部，曰人事九十七部，曰閨媛十七部。四曰博物，彙編爲典四：曰藝術四十三部，曰神異七十部。《淵鑑類函》一部，聖祖仁皇帝以俞安期唐類函採輯間有脫漏，且不及宋以後書，命儒臣重加稽考，詳悉增補，以昭大備。首詳釋名、總論、沿革、緣起，次臚典故，次列對偶，次備摘句，次輯詩文。舊四十三部，今益以花部爲四十四：曰天部十一卷，曰歲時十一卷，曰地部十七卷，曰帝王十七卷，曰后妃二卷，曰儲宮、曰帝戚各一卷，曰設官五十七卷，曰封爵四卷，曰政術三十二卷，曰禮儀三十卷，曰樂部八卷，曰文學十四卷，曰武功二十四卷，曰邊塞十二卷，曰人部七十四卷，曰釋教、曰道、曰靈異、曰方術各二卷，曰巧藝八卷，曰京邑二卷，曰州郡六卷，曰居處十五卷，曰產業四卷，曰火部二卷，曰珍寶四卷，曰布帛二卷，曰儀飾三卷，曰服飾十二卷，曰器物四卷，曰舟部、曰車部各一卷，曰食物六卷，曰五穀、曰藥部各二卷，曰菜蔬一卷，曰果部六卷，曰花部三卷，曰草部四卷，曰木部六卷，曰鳥部十一卷，曰獸部、曰鱗介各八卷，曰蟲豸六卷。凡四百五十卷。康熙四十九年校刊。《佩文韻府》一部，聖祖仁皇帝以《韻府群玉》、《五車韻瑞》諸書引據未能詳確，命廷臣博考群書增補，首標韻藻，自二字至六字，以經、史、子、集爲序，而列人名於後，次附對語摘句。親定成書。依韻分帙，凡一百六卷。康熙五十年校刊。《御定月令輯要》一部，聖祖仁皇帝以馮應京、戴任所輯月令廣義，採摭蕪累，令儒臣重加編輯，親定成

書。首列圖說，次詳四時、十二月、閏月、晝夜時刻，凡二十四卷。康熙五十四年校刊。

《御定子史精華》一部，聖祖仁皇帝命詞臣采掇子、史中精語，用資考古之助，未及成書。世宗憲皇帝復命校集，爲部三十：曰天部五卷，曰地部七卷，曰帝王八卷，曰皇親三卷，曰歲時四卷，曰禮儀九卷，曰設官八卷，曰政術二十卷，曰文學七卷，曰武功五卷，曰邊塞四卷，曰倫常六卷，曰品行十卷，曰人事八卷，曰樂部二卷，曰釋道四卷，曰靈異五卷，曰方術四卷，曰巧藝三卷，曰形色二卷，曰言語八卷，曰婦女二卷，曰動植八卷，曰儀飾、曰服飾、曰居處、曰産業、曰食饌、曰珍寶各二卷，曰器物六卷。計二百七十九類，凡一百六十卷。雍正五年校刊。

《駢字類編》一部，聖祖仁皇帝命儒臣採經、史、子、集諸書中駢字之典雅者，以上一字爲統，依韻相從，薈爲類編，未及成書。世宗憲皇帝復命編輯，分十二門：曰天地二十一卷，曰時令十四卷，曰山水二十一卷，曰居處九卷，曰珍寶十二卷，曰數目三十五卷，曰方隅二十一卷，曰采色十四卷，曰器物、曰草木各二十八卷，曰鳥獸十四卷，曰蟲魚七卷；又補遺一門，曰人事十六卷。凡二百四十卷。雍正六年校刊。

《分類字錦》一部，聖祖仁皇帝命儒臣採經、史、子、集，下至說部諸書，擇其字之雅麗者，自二字至四字，區爲成對、備用，薈萃成書。分四十門：曰天文、曰節令、曰地理各二卷，曰山水三卷，曰帝后二卷，曰藩戚一卷，曰倫常、曰肢體、曰人物各二卷，曰佩服一卷，曰飲饌、曰宮室各二卷，曰器用三卷，曰禮儀、曰音樂各二卷，曰職官三卷，曰政教四卷，曰文事、曰武備、曰技藝各二卷，曰境遇一卷，曰釋道二卷，曰菽粟、曰布帛、曰珍寶各一卷，曰果木、曰花卉各二卷，曰鳥獸三卷，曰蟲魚二卷，曰數目、曰干支合一卷，曰卦名、曰采色、曰巧對、曰借對、曰雙聲、曰疊韻合一卷，曰偶字、曰通用合一卷，曰祥瑞一卷。計六百一十八類，凡六十四卷。康熙六十一年校刊。

《佩文齋廣群芳譜》一部，聖祖仁皇帝以王象晉所纂群芳譜尚多疎漏，命儒臣廣加蒐擇，依類分載，首紀名狀，次臚集藻。恭錄御製賦詠，分譜十一：曰天時六卷，曰穀譜四卷，曰桑麻二卷，曰蔬譜五卷，曰茶譜四卷，曰花譜三十二卷，曰果譜、曰木譜各十四卷，曰竹譜五卷，曰卉譜六卷，曰藥譜八卷。凡一百卷。康熙四十七年校刊。

《佩文齋書畫譜》一部，聖祖仁皇帝以前代紀錄書畫諸編散見往籍，漫無統紀，爰於萬幾之暇，指授儒臣，纂輯成書，俾各以類相從，有所資考。論書十卷，論畫八卷，歷代帝王書畫三卷，書家傳二十二卷，畫家傳十四卷，無名氏書畫八卷，聖祖仁皇帝御製書畫跋一卷，歷代帝王書畫跋二卷，名人書跋十一卷，名人畫跋七卷，書畫辨證三卷，歷代鑒藏十卷。凡一百卷。康熙四十六年校刊。

《欽定授時通考》一部，皇上念切民依，懋昭勸相，特命詞臣詳稽書、傳、紀事、纂言有關於農桑者，彙萃成編，分爲八門：曰天時六卷，曰土宜十二卷，曰穀種十二卷，曰功作十一卷，曰勸課十二卷，曰蓄聚四卷，曰農餘十四卷，曰蠶桑七卷。凡七十八卷。乾隆七年校刊。

《讀書紀數略》一部。康熙四十六年，聖祖仁皇帝南巡，原任福建巡撫宮夢仁以所輯《讀書紀數略》進呈。欽定分爲四部，以數爲統。曰天部四類，曰地部十類，曰人部二十九類，曰物部十一類。類各一卷，凡五十四卷。康熙四十七年奉旨校刊。

又卷三五《書籍一四·校刊》

重刻《十三經》一部，皇上嘉惠士林，式彰文治。乾隆十一年，特命開經史館，選擇詞臣校正十三經注疏，刊爲善本。每卷各附考證。凡三百二卷。

重刻《二十二史》一部，皇上以經史並重，既校刊十三經注疏，復命校刻二十二史。每卷各附考證。凡二千七百三十一卷。

《性理大全》一部，康熙十二年，聖祖仁皇帝加意正學，命重刻性理大全，凡七十卷。

重刻《通典》一部、重刻《通志》一部、重刻《文獻通考》一部，乾隆十二年，皇上命經史館諸臣校刊杜佑《通典》凡二百卷，鄭樵《通志》凡二百卷，馬端臨《文獻通考》凡三百四十八卷。卷首恭載皇上諭旨：汲古者並稱三通，該學博聞之士所必資也。舊刻譌缺漫漶，且流布漸少，學者閔焉，今載籍既大備矣。十三經、二十二史工具告蕆，其於內府所藏《通典》、《通志》、《文獻通考》善本，命經史館翰林等詳校而付劂氏，一仿新刻經史成式，以廣冊府之儲。

《古香齋袖珍綱目三編》一部，　《古香齋袖珍四書五經》一部，　《古香齋袖珍史記》一部，　《古香齋袖珍古文淵鑑》一部，　《古香齋袖珍朱子全書》一部，　《古香齋袖珍淵鑑類函》一部，　《古香齋袖珍初學記》一部，　《古香齋袖珍施註蘇詩》一部，　《古香齋袖珍春明夢餘錄》一部。　謹按：我朝文治覃敷，昌明正學，設書局於武英殿，凡纂修諸書告成，專司刊刻，頒行海內。乾隆十一年，皇上校鐫經史，卷帙浩繁，梨棗餘材，不令遺棄。爰仿古人巾箱之式，命刻古香齋袖珍諸書，凡《四書》、《五經》十三冊，《史記》一百三十卷，《綱目》三編、二十卷，《古文淵鑑正集》六十四卷，《朱子全書》六十六卷，《淵鑑類函》四百五十卷，徐堅《初學記》三十卷，《施宿註蘇軾詩》四十四卷，孫承澤《春明夢餘錄》七十卷，謹類識於末。

慶桂等《國朝宮史續編》卷七五《書籍一·實録》

《高宗純皇帝聖訓》一部。三百卷。　嘉慶四年四月，皇上命恭纂實錄諸臣併輯。分目凡四十：曰聖德，曰聖孝，曰聖學，曰聖治，曰敬天，曰法祖，曰文教，曰武功，曰睦族，曰用人，曰愛民，曰勤政，曰求言，曰察吏，曰理財，曰慎刑，曰省方，曰治水，曰蠲賑，曰積貯，曰賞賚，曰恤兵，曰牧政，曰訓臣工，曰嚴法紀，曰重農桑，曰興禮樂，曰廣幅員，曰正制度，曰篤勳舊，曰褒忠節，曰崇祀典，曰禮耆年，曰靖奸宄，曰厚風俗，曰飭官寺，曰綏藩服，口飭邊疆，曰恤臣下，曰勵將士。書成，裒分三百卷。謹循例請旨刊行。

又卷七六《書籍二·聖製》

《高宗純皇帝聖製文初集》一部，三十卷，詳《前編》。

《高宗純皇帝聖製文二集》一部，四十四卷。乾隆二十九年甲

申至五十年乙巳，聖製文四百一十一篇。大學士臣梁國治等恭請分類編次，繕校敬刊。內經筵論二卷，論二卷，說二卷，附解一首，論三卷，記六卷，序二卷，附後序一首，題辭一卷，按語、識語、書後一卷，跋一卷，考三卷，辨二卷，碑文五卷，書事三卷，雜著三卷，頌一卷，賦一卷，附銘四首，硯銘二卷，贊四卷。　《高宗純皇帝聖製文三集》一部，十六卷。　乾隆五十一年丙午至六十年乙卯，聖製文一百二十六篇。尚書臣沈初等恭請分類編次，繕校敬刊。內經筵論一卷，論二卷，附說四首，說一卷，諭一卷，詔、訓一卷，記二卷，序一卷，題辭、識語、書後、跋一卷，辨、碑文一卷，書事二卷，雜著一卷，硯銘一卷，附贊二首，贊一卷。　《高宗純皇帝聖製詩初集》一部，四十四卷，詳《前編》。　《高宗純皇帝聖製詩二集》一部，九十卷，詳《前編》。　《高宗純皇帝聖製詩三集》一部，一百卷。　乾隆二十五年庚辰至三十六年辛卯，聖製詩一萬一千五百一十首有奇。協辦大學士尚書臣于敏中等恭請繕錄校刊。　《高宗純皇帝聖製詩四集》一部，一百卷。　乾隆三十七年壬辰至四十八年癸卯，聖製詩九千九百首有奇。協辦大學士尚書臣梁國治等恭請繕錄校刊。　《高宗純皇帝聖製詩五集》一部，一百卷。　乾隆四十九年甲辰至六十年乙卯，聖製詩七千七百二十首有奇。大學士臣王杰等恭請繕錄校刊。　《高宗純皇帝聖製詩文餘集》一部。二十二卷。　嘉慶五年，皇上敬承先志，恭輯高宗純皇帝聖製詩文。自丙辰環甲至己未春正，凡詩七百五十首，爲二十卷。文三十六首，爲二卷。內詔、諭、記、序一卷，識語、雜著一卷。特命尚書臣彭元瑞、侍郎臣戴衢亨繕錄校刊。

又卷七七《書籍三・御製》　《味餘書室全集定本》一部。四十二卷。　皇上青宮典學時所著詩文，彙爲味餘書室全集。嘉慶五年，大學士臣慶桂等恭請繕校，得旨俞允。復親加刪訂，勒爲定本。六年刊刻成書。內古今體詩三十四卷，古文六卷，附味餘書室隨筆二卷。

又卷八五《書籍一一・方略》　《欽定開國方略》一部，乾隆三十八年敕撰。編年恭載，書成，凡三十二卷。命館臣以國語繙譯全部卷帙如之。五十四年校刊。　《欽定臨清紀略》一部，乾隆三十九年勅撰。記勦滅山東逆賊王倫始末，以其授首臨清，故以臨清紀略名。凡十六卷。四十六年校刊。　《欽定蘭州紀略》一部。乾隆四十六年敕撰。記勦滅甘肅逆回蘇阿洪等始末。以其盡殲於蘭州城外之華林山，故以蘭州紀略名。凡二十四卷。嘉慶三年校刊。

又卷八六《書籍一二・典則》　《欽定南巡盛典》一部，乾隆五十六年勅輯。分十二門：曰天章，曰恩綸，曰蠲除，曰河防，曰海塘，曰祀典，曰褒賞，曰籲俊，曰閱武，曰程途，曰名勝，曰奏議。凡一百卷。　《聖製南巡盛典序》，南巡盛典之作，非朕志也。兩江總督高晉，輯書既成，始以入告，念已成事不可止。第南巡所經，非獨江南也，若他省踵爲之，不益繁且費乎？遂下軍機大臣議。則請令浙江、山東、直隸督撫錄其事系南巡者，裒付高晉，都爲一書，【略】序而付之剞劂，則從皇祖序幸魯盛典例也。　《欽定八旬萬壽盛典》一部，乾隆五十四年正月，大學士臣阿桂等奏請恭輯是編。所紀皆聖壽七旬以後之事，恭仿聖祖仁皇帝萬壽盛典初集體例，增爲八門：曰宸章，曰聖德，曰聖功，曰盛事，曰典禮，曰恩賚，曰圖繪，曰歌頌。凡一百二十卷。五十七年校刊。　《欽定滿洲祭神祭天典禮》一部，乾隆四十二年勅撰。恭紀國朝肇造以來，舊制相沿之祀典。凡祭期、祭品、儀注、祝詞一一詳載。凡六卷。四十三年校刊。　《欽定續通典》一部，乾隆三十二年勅撰。門目體例一仍杜佑之舊，惟佑以兵附刑，此析而爲二。其纂言紀事，則唐天寶以後取材於《通志》、《文獻通考》而有所增益，宋嘉定以後取材於《欽定續文獻通考》而有所翦裁。凡一百四十四卷。　《欽定皇朝通典》一部，乾隆三十二年勅撰。門目體例，與五朝通典同。凡一百卷。　《欽定清文會典則例》一部，乾隆二十九年，高宗純皇帝命繙譯諸臣用國語繙譯，親定成書。凡一百八十卷。三十三年校刊。　《欽定中樞政考》一部，乾隆五十年勅修。凡綠營中樞政考七十六卷，八旗中樞政考六十卷，八旗則例三十二卷。五十五年校刊。　《欽定戶部鼓鑄則例》一部，乾隆三十一年勅修。京外各省鼓鑄及礦廠事宜，悉依雍正元年至乾隆三十年成案彙編。凡十卷。三十四年校刊。　《欽定太常寺則例》一部。乾隆三十四年敕修。曰大祀，曰中祀，曰群祀，曰告祭，曰巡祭，曰祀賦，曰工程，曰庫貯，曰官屬。另輯五門：曰升配，曰升祔，曰冊寶，曰恭進冊寶，曰加上尊謚。凡一百二十卷。五十四年校刊。

又卷八七《書籍一三・經學》　《欽定詩經樂譜全書》一部，乾隆五十一年敕諸皇子及樂部大臣詳定。於朱載堉原書，覈其詩篇，釐其宮調，仍於各譜駢注七音字樣，彙成一書。凡三十卷。五十三年校刊。　《欽定清漢合璧易經》一部，乾隆三十年，高宗純皇帝命繙譯諸臣用國語繙譯，親定成書。凡四卷。三十一年校刊。　《欽定繙譯禮記》一部，乾隆四十八年，高宗純皇帝命繙譯諸臣用國語繙譯，親定成書。凡三十卷。五十七年校刊。　《欽定繙譯春秋》一部。乾隆四十九年，高宗純皇帝命繙譯諸臣用國語繙譯，親定成書。凡六十四卷。五十九年校刊。

又卷八八《書籍一四・史學》　《欽定蒙古回部王公表傳》一部，乾隆四十四年勅輯。凡內外扎薩克及降附回部宣猷効力、著有功勳者，以一部落爲一表傳，其事實顯著者，各立一專傳。清、漢、蒙古字三體，各一百二十卷。嘉慶七年校刊。　《欽定恩封宗室王公表傳》一部，乾隆四十一年勅修，四十九年校刊。　《欽定清文恩封宗室王公表傳》一部。乾隆四十一年，高宗純皇帝命繙譯諸臣用國語繙譯，親定成

書。四十九年校刊。

又卷九〇《書籍一六・史學三》 《欽定古今儲貳金鑑》一部。乾隆四十八年勅纂。自周迄元明，凡冊立儲貳、義關鑑戒者，備臚事實。首載聖祖仁皇帝、高宗純皇帝聖諭。凡六卷。五十年校刊。

又卷九一《書籍一七・志乘》 《欽定八旗通志》一部。乾隆五十一年奉勅重纂。首列天章、勅諭，凡志十一：曰旗分，曰兵制，曰職官，曰氏族，曰土田，曰典禮，曰學校，曰選舉，曰營建，曰藝文，曰人物。凡表八：曰封爵，曰世職，曰宗人府大臣，曰内閣大臣，曰部院大臣，曰内大臣，曰八旗都統，曰直省大臣。後列八旗大臣題名。凡三百五十四卷。嘉慶四年校刊。

又卷九二《書籍一八・字學》 《欽定滿珠蒙古漢字三合切音清文鑑》一部，乾隆四十四年勅撰。以國語與蒙古語互相音釋，既兼載以明其義，復對音以定其聲。凡三十三卷。五十七年校刊。 《欽定增訂清文鑑》一部，乾隆三十六年，高宗純皇帝因前書未備，命臣工重加排纂，欽定成書。凡四十八卷。三十八年校刊。 《欽定清漢對音字式》一部。乾隆三十八年，高宗純皇帝命繙譯諸臣譯正，親定成書。凡一卷。三十八年校刊。

又卷九三《書籍一九・類纂》 《欽定辛酉工賑紀事》一部，嘉慶六年，皇上命大臣督修永定河隄工，併遣卿員分理近畿賑務。事竣，勅纂是書，首列御製，以節次所降諭旨及諸臣摺奏纂輯成編。凡三十八卷。七年校刊。 《欽定萬壽衢歌》一部，乾隆五十五年八月，高宗純皇帝八旬萬壽，舉行慶典。大駕自圓明園進宮，仗間奏導迎之樂，左右隨行。尚書臣彭元瑞恭集聖製詩句三百首，攟事紀實，譔爲衢歌樂章，塡綴宮譜，被諸管絃。尋命武英殿刊行。凡六卷。 《欽定十全集》一部，乾隆五十九年，尚書臣彭元瑞，敬紀高宗純皇帝武功十全，恭録聖製文四十四篇，聖製詩一千五百二十首，彙爲斯集。曰初定金川，曰初定準噶爾，曰再定準噶爾，曰平定回部，曰再定兩金川，曰平定臺灣，曰平定緬甸，曰平定安南，曰初定廓爾喀，曰再定廓爾喀。書成，命武英殿刊行。凡五十四卷。 《欽定熙朝雅頌集》一部，山東巡撫臣鐵保，採輯八旗滿洲、蒙古、漢軍人詩，録爲是編，恭呈睿覽，賜名《熙朝雅頌集》，御製序文刊行。首列諸王以下世爵，次八旗臣士，次閨媛。凡一百三十四卷。 《欽定四庫全書考證》一部，是編以全書薈要内分簽考訂之處，奉勅編次成書。凡一百卷。五十四年校刊。 《欽定淳化閣帖釋文》一部。乾隆三十四年，勅定内府所藏閣帖，以宋淳化四年賜畢士安本爲初搨，鈎摹重刻。復以王著等昧於考古，其標題排類，多有舛譌，命内廷翰臣審勘參稽，旁及音釋，於凡體例世次名系爵里，以及誤編複出之陋，悉爲辨證精詳。侍郎臣金簡依次恭録案語釋文，彙成是編，首登乾隆三十四年二月初六日諭旨，分載石刻門以聚珍版印行。凡十卷。

又卷九四《書籍二一・校刊》 《御定仿宋版五經》一部，乾隆四十七年，高宗純皇帝以宋岳珂五經較諸殿監本爲最古，士林罕覯，勅武英殿書局詳加讐對，選善書館員照宋版影鈔，袤延分寸悉合。因仿其式重刊，用仿宣紙三印而後成，楮墨精良，備宮庭陳設之用，並宣賜内外臣工，恩許印本通行。是書前列珂所著沿革例一卷，若字畫，若注文，若音釋，若句讀，辨析精詳，蓋珂自述其刻經之總例也。凡九十卷。 《御定重輯舊五代史》一部，宋薛居正等原書，凡一百五十卷，目録二卷。乾隆四十一年高宗純皇帝命四庫館臣重加採輯編次，仿劉昫《舊唐書》例，列廿三史，奉勅刊行。 《御定補刊通志堂經解》一部，原書徐乾學輯，成德鐫版，奉勅訂正補刊。凡易三十九種，書十九種，詩十一種，春秋三十三種，三禮十二種，孝經四種，論語二種，孟子三種，四書八種，總經解七種。 《御定重刻論語集解義疏》一部，魏何晏集解，梁皇侃義疏，東洋市舶本，奉勅校刊。 《御定重刻補後漢書年表》一部，宋熊方撰，凡十卷。奉勅校刊。 《御定重刻唐會要》一部，宋王溥撰。凡一百卷。奉勅校刊。 《御定重刻九家集注杜詩》一部，宋郭知達集注。凡三十六卷。奉勅校刊。 《聖製題郭知達九家注杜詩》，恭載前卷。 《欽定武英殿聚珍版式》一部，乾隆三十九年，侍郎臣金簡以四庫全書中善本請廣流傳，因仿宋人活字版式，鐫木單字二十五萬餘，印行稱便，賜名曰聚珍。金簡綜述其法，編是書奏進。凡圖十有六，說十有九，總爲一卷。 《武英殿聚珍版印行書》一百二十六種［諸書續有排印，先列現行書目］：《周易口訣義》一部唐史徵撰、《溫公易說》一部宋司馬光撰、《吳園易解》一部宋張根撰、《易原》一部宋程大昌撰、《郭氏傳家易說》一部宋郭雍撰、《誠齋易傳》一部宋楊萬里撰、《易象意言》一部宋蔡淵撰、《易學濫觴》一部元黃澤撰、《易緯》一部不著撰人名、《禹貢指南》一部宋毛晃撰、《禹貢説斷》一部宋傅寅撰、《尚書詳解》一部宋陳經撰、《融堂書解》一部宋錢時撰、《詩總聞》一部宋王質撰、《續呂氏家塾讀詩記》一部宋戴溪撰、《絜齋毛詩經筵講義》一部宋袁燮撰、《儀禮識誤》一部宋張淳撰、《儀禮集釋》一部宋李如圭撰、《儀禮釋宮》一部宋李如圭撰、《大戴禮記》一部漢戴德撰，周盧辯注、《春秋釋例》一部晉杜預撰、《春秋傳説例》一部宋劉敞撰、《春秋經解》一部宋孫覺撰、《春秋辨疑》一部宋蕭楚撰、《春秋考》一部宋葉夢得撰、《春秋集註》一部宋高閌撰、《春秋繁露》一部漢董仲舒撰、《鄭志》一部魏鄭小同撰、《論語意原》一部宋鄭汝諧撰、《方言注》一部漢揚雄撰，晉郭璞注、《兩漢刊誤補遺》一部宋吳仁傑撰、《三國志辨誤》一部不著撰人名、《五代史纂誤》一部宋吳縝撰、《東觀漢紀》一部不著撰人名、《魏鄭公諫續録》一部元翟思忠撰、《元朝名臣事略》一部元蘇天爵撰、《詩倫》一部宋汪徽輯、《鄴中記》一部晉陸翽撰、《蠻書》一部唐樊綽撰、《元和郡縣志》一部唐李吉甫撰、

《元豐九域志》一部宋王存等撰、《輿地廣記》一部宋歐陽忞撰、《水經注》一部漢桑欽撰，後魏酈道元注、《嶺表錄異》一部唐劉恂撰、《琉球國志略》一部國朝周煌撰、《麟臺故事》一部宋程俱撰、《五代會要》一部宋王溥撰、《宋朝事實》一部宋李攸撰、《建炎以來朝野雜記》一部宋李心傳撰、《東漢會要》一部宋徐天麟撰、《漢官舊儀》一部漢衛宏撰、《直齋書錄解題》一部宋陳振孫編、《絳帖平》一部宋姜夔撰、《唐書直筆》一部宋呂夏卿撰、《傳子》一部晉傅元撰、《帝範》一部唐太宗撰、《公是先生弟子記》一部宋劉敞撰、《明本釋》一部宋劉荀撰、《項氏家說》一部宋項安世撰、《農桑輯要》一部元至元時官撰、《蘇沈良方》一部宋蘇軾沈括撰、《小兒藥證直訣》一部宋錢乙撰、《周髀算經》一部漢趙君卿注、《九章算術》一部晉劉徽注，李淳風釋、《孫子算經》一部不著撰人名、《海島算經》一部晉劉徽撰、《五曹算經》一部不著撰人名、《五經算術》一部北周甄鸞撰，唐李淳風注、《夏侯陽算經》一部時代未詳、《寶眞齋法書贊》一部宋岳珂撰、《墨法集要》一部明沈繼孫撰、《鶡冠子》一部不著撰人名，宋陸佃注、《猗覺寮雜記》一部宋朱翌撰、《能改齋漫錄》一部宋吳曾撰、《雲谷雜記》一部宋張淏撰、《學林》一部宋王觀國撰、《甕牖閒評》一部宋袁文撰、《攷古質疑》一部宋葉大慶撰、《朝野類要》一部宋趙昇撰、《澗泉日記》一部宋韓淲撰、《敬齋古今黈》一部元李冶撰、《意林》一部唐馬總編、《涑水紀聞》一部宋司馬光撰、《唐語林》一部宋王讜撰、《歸潛志》一部元劉祁撰、《老子道德經注》一部晉王弼注、《文子纘義》一部宋杜道堅撰、《張燕公集》一部唐張説撰、《顏文忠公集》一部唐顏真卿撰、《南陽集》一部宋趙湘撰、《宋元憲集》一部宋宋庠撰、《宋景文集》一部宋宋祁撰、《胡文恭集》一部宋胡宿撰、《祠部集》一部宋强至撰、《華陽集》一部宋王珪撰、《公是集》一部宋劉敞撰、《彭城集》一部宋劉攽撰、《淨德集》一部宋呂陶撰、《忠肅集》一部宋劉摯撰、《山谷詩注三集》一部宋黃庭堅撰，任淵、史容、史季温注、《後山詩注》一部宋任淵撰、《柯山集》一部宋張耒撰、《陶山集》一部宋陸佃撰、《學易集》一部宋劉跂撰、《西臺集》一部宋畢仲游撰、《浮沚集》一部宋周行已撰、《毘陵集》一部宋張守撰、《浮溪集》一部宋汪藻撰、《簡齋集》一部宋陳與義撰、《茶山集》一部宋曾幾撰、《汪文定集》一部宋汪應辰撰、《雪山集》一部宋王質撰、《攻媿集》一部宋樓鑰撰、《乾道淳熙章泉稿》一部宋趙蕃撰、《止堂集》一部宋彭龜年撰、《絜齋集》一部宋袁燮撰、《南澗甲乙稿》一部宋韓元吉撰、《蒙齋集》一部宋袁甫撰、《恥堂存稿》一部宋高斯得撰、《拙軒集》一部金王寂撰、《金淵集》一部元仇遠撰、《牧菴集》一部元姚燧撰、《文苑英華辨證》一部宋彭叔夏撰、《歲寒堂詩話》一部宋張戒撰、《碧溪詩話》一部宋黃徹撰、《浩然齋雅談》一部宋周密撰。

文慶《國子監志》卷六六《經籍志二・書版》　《聖祖仁皇帝御製文集》初集至四集。版四千三百四十四面。康熙五十二年刊。《御纂周易折中》版一千零二十一面。康熙五十四年，武英殿刊刻。乾隆二年，監臣請旨重刊。《御纂性理精義》版四百二十三面。康熙五十六年，武英殿刊刻。乾隆二年，監臣請旨重刊。《欽定春秋傳說彙纂》版一千九百零五面。康熙六十年，武英殿刊刻。乾隆二年，監臣請旨重刊。《月令輯要》版一千四百八十四面。康熙五十四年刊。《對數廣韻》版一百五十面。黑版七十五面，紅版七十五面。《大數表》版九百三十八面。黑版四百六十九面，紅版四百六十九面。《小數表》版二百八十面。黑版一百四十面，紅版一百四十面。《欽定音韻闡微》版六百七十八面。雍正四年刊。《欽定詩經傳說彙纂》版一千六百一十一面。雍正五年，武英殿刊刻。乾隆二年，監臣請旨重刊。《子史精華》版三千四百二十八面。雍正五年刊。《欽定書經傳說彙纂》版一千一百七十五面。雍正五年，武英殿刊刻。乾隆二年，監臣請旨重刊。《世宗憲皇帝御製文集》版七百一十三面。雍正十二年刊。《欽定四書文》版一千五百七十二面。乾隆四年刊。《清文八旗通志》版一萬二千五百一十面。乾隆四年刊。《漢文八旗通志》版七千三百五十三面。乾隆四年刊。《欽定授時通考》版二千二百一十面。乾隆七年刊。《清文八旗氏族通譜》版二千二百三十九面。乾隆九年刊。《漢文八旗氏族通譜》版一千七百四十六面。乾隆九年刊。謹案：以上十九種，共版四萬五千七百八十面。內「四經」及《性理精義》係監臣楊名時等請旨重刊，餘俱武英殿刻竣送監存貯。

清國子監修《國子監則例》卷三三　現行事例：一、存貯本監版片印冊：凡本監存貯重刊版片五種，立有印冊備查，如年久缺壞，由廳回堂查明修補，廳員離任時按冊具結交代。一、存貯武英殿版片印冊：武英殿版片五十三種寄本監存貯，立有印冊備查，遇有刷印，本監會同武英殿派員辦理，廳員離任時按冊具結交代。一、本監版片數目：《御纂周易摺中》共版一千零二十一塊，《欽定詩經傳說彙纂》共版一千一百七十五塊，《欽定書經傳說彙纂》共版一千六百一十一塊，《欽定春秋傳說彙纂》共版一千九百零五塊，《御纂性理精義》共版四百二十三塊。以上共版五種通共版六千一百三十五塊；【略】一、刷印書籍：凡本監刷印書籍，由廳派匠役辦理，如武英殿來文幷派工匠到監，照所開某書若干部聽其自行刷印，派役看守，防範火燭，嚴查工匠夾帶朦混。一、刷印頒發書籍，如係由殿版，由武英殿刷印，監版由監刷印，其工價照向例奏定數目，移咨戶部支領。一、聽士人刷印書籍：凡本監存貯《御纂四經》、《性理精義》書版五種，係本監自行重刊，欽遵諭旨，聽士人呈報，交價刷印，其餘如《十三經》、《二十四史》、《三通》、《八旗通譜》係屬武英殿寄存，仍由武英殿派員會同辦理。【略】一、督率匠

役：本監額設匠役四名，募能刷印、搨墨、裝訂者充補，凡刷印書籍及官用墨刻，照例給與紙張、物料、飯食。【略】一、覈實工價：凡本監版刻需用工料，在恩賞銀兩內支銷，按例細加覈算，不得聽匠役浮開。例案：乾隆三年奉上諭，從前奉世宗憲皇帝諭旨，將聖祖仁皇帝御刻經史諸書頒發各省布政使，敬謹刊刻，准人印刷并聽坊間刷賣，原欲士子人人誦習以廣教澤也。近聞書版收貯藩庫，士子及坊間刷印者甚少，著各撫藩留心辦理，將書版重加修整，俾士民等易於刷印。有願翻印者，聽其自便，毋庸禁止，如御纂諸書內有爲士人所宜誦習而未頒發者，著各省督撫奏請頒發刊版流布。至於武英殿、翰林院、國子監皆有存貯書版，亦應聽人刷印，并從前內府所藏，各省如滿漢官員有願購覓者，概准刷印，其如何辦理之處，著禮部會同各該處定議請旨曉諭遵行，欽此。【略】本監現存書版所有《御纂周易摺中》、《欽定書經傳說彙纂》、《欽定詩經傳說彙纂》、《欽定春秋傳說彙纂》、《御纂性理精義》五種係自行遵旨重刊，其餘如《十三經》、《二十四史》、《三通》、《八旗通譜》係屬武英殿版刻且經史各版在欽奉諭旨之後，應如何刷印廣布之處，仍歸武英殿辦理。

《武英殿修書處刷印圖書匠役工價銀兩清册》　道光三十年正月初一日至十二月三十日　武英殿修書處自道光三十年正月初一日起至十二月三十日止，此一年寫刻刷印摺配裝潢各書，給發匠役工價供事公費等項，用過銀兩料數目清册。

舊存：銀一百三十二兩四錢零二釐九毫九絲九忽、白榜紙紅格七萬一千九百頁、太史連紙紅格七萬一千三十三頁、羅文紙一百十七張、黃箋紙十七張、黃軟箋紙十七張、六十層合背四千二百二十八塊半、四十層合背十四塊半、徽墨四百五十三斤九兩六錢八分八釐、雄黃七兩六錢九分八釐、廣花末六兩四錢三分八釐、朱砂錠四錢一分、胭脂三十二張、銀硃一百四斤十四兩四錢一分、玫瑰花露三斤五兩、芸香露三斤五兩七錢、乳鉢二個、玉鷺子大小二十三對、玉勾鷺子二個、象牙鷺子四對、泡紅象牙鷺子一對、長九寸寬七寸梨木板二百五十二塊、長八寸寬六寸梨木板三百十塊、長八寸寬六寸棗木板一百四塊、備刻書籤板四百八十二塊、杉木板二千五十二套。

新收：銀二千兩。

開除：爲年例批寫進呈《時憲書》六本，《萬年書鑑》六份，每份工銀六錢八分，合銀四兩八分；又補寫次年《星命須知》一本，計二工，每工銀一錢五分四釐，合銀三錢八釐。又繕寫進呈《中星更録》一本，計宋字一萬五千五百三十六個，每百字工銀二分，飯銀一分，合銀四兩六錢六分八毫，刷印紅格用太史連紙一塊，合銀一錢二分，刷印並界畫工銀等項合銀一兩；又收什年例進呈背式骨買辦摺匣白蠟刷子等項，用銀一兩五錢；以上共合銀十一兩六錢六分八釐八毫；　爲本處刻字頭目二名，寫字頭目一名，又刻字匠一名，自本年正月初一日起至十二月底止，共計三百五十四日，每名每日飯銀六分，共合銀八十四兩九錢六分；　爲圓明園由懋勤殿造辦處自道光三十年正月起至九月十八日止陸續交出，御筆楠木匣並花梨木寶匣等項活計二十六件，內計一寸五分字五十七個，每字工銀一分八釐，合銀一兩二分六釐，刻六字一工塡三十字一工內，塡青字四十三個，每字用青二分，塡碌字十四個，每字用碌四分，寸字五十個，每字工銀一分，合銀五錢，刻十二字一工，塡三十字一工，內塡青字二十一個，每字用青一分，塡碌字二十五個，每字用碌二分，塡硃字四個，每字用硃一分；又寶匣十一件字塡青邊塡金內二寸見方八件，每件工銀三錢四分，合銀二兩七錢二分，每方用金四張用青六分五寸見方一件，合銀八錢五分，每方用金八張，用青一錢二分三寸見方二件，每件工銀五錢一分，合銀一兩二分，每方用金六張用青八分；戳子七件，內二寸二件刻寶二方，每方工銀三錢四分，合銀六錢八分，一寸見方五件，刻寸寶五方，每方工銀一錢七分，合銀八錢五分，刻字並刻寶共用刻字匠三十一工半，每工飯銀六分，合銀一兩八錢九分，塡字並塡寶共用畫匠十三工，每工銀一錢五分四釐，飯銀六分，合銀二兩七錢八分二釐，鉤油條用鉤字匠三工，每工銀一錢五分四釐，飯銀六分，合銀六錢四分二釐，共用金五十二張，每百張價銀一兩零八分，合銀五錢六分一釐六毫，用青一兩五錢四分，每兩價銀一錢六分二釐五毫，合銀二錢五分二釐二毫，用碌一兩六分，每兩價銀五分，合銀五分三釐，青硃碌每兩用廣膠二錢五分，金每百張用廣膠四錢，共用廣膠八錢五分，每斤價銀一錢五分，合銀七釐九毫，以上共合銀十三兩八錢三分四釐，爲刷印存庫《佩文詩韻》書二千部，每部書身，小頁一百七十七頁，共計小頁三十五萬四千頁，刷印每千頁工銀一錢，合銀三十五兩四錢，摺配每千頁工銀一錢三分，合銀四十六兩零二分，每千頁用棕一兩五錢，共用棕三十三斤三兩，每斤價銀一錢四分，合銀四兩六錢四分六釐二毫，以上共合銀八十六兩零六分六釐二毫。　爲刷印存庫《佩文詩韻》二千部，應用墨三十三斤三兩；爲裝潢恭親王傳用《增訂清文鑑》一部八套，醇郡王傳用《四書》一部一套，《詩經》一部一套，《禮記》一部二

套，又懋勤殿傳做《寶藪》一冊，做本不做套書摺四個做二套。　詩本處傳用黃綾太史連紙空本十本，黃綾夾板十副，以上共計二十四套，每套工銀一錢，合銀二兩四錢，照例每套用白麵五兩，共用白麵七斤八兩，每斤價銀二分五釐，合銀一錢九分五釐。　懋勤殿交做《開國方略》楠木書匣一個，工料銀三兩四錢；楸木夾板一副，工料銀三錢，黃綾帶一條，工料銀一錢二分、銅圈一個，合銀二分二釐，辦買古色連四紙二十三張，每張價銀一分五釐，合銀三錢五釐；太史連紙五百張，每七十八張合一塊，共合七塊，每塊價銀一錢二分，合銀八錢四分，雙料連四紙一百二十張，每塊價銀一兩二錢，合銀一兩四錢四分，以上共合銀九兩零七分二釐。　爲派給圓明園住班官員、筆帖式、庫掌等支領本年七月至十二月分項銀五十七兩六錢。　爲給圓明園抖掠文源閣《四庫全書》應領匠役項銀十五兩；懋勤殿並方略准當差界畫匠飯銀八十八兩五錢；年例官員辦事房並各作房租搭涼棚用銀四十九兩一錢六分七釐；採買白胰子三斤，用銀四兩八錢；年例封開即信買辦新紅紙張印色等項，用銀十五兩。　爲值宿庫掌柏唐阿等飯食以及暑費等項，自本年二月初一日起至次年正月底止，應領項銀二百零九兩四錢。　聚珍館辦事收掌一員，每月飯銀二兩四錢，自本年正月初一日起至十二月底止，共領銀二十八兩八錢。　提調處額缺供事八名，自本年正月初一日起至十二月底止，共領公費銀一百四十四兩。　爲年例繕寫進呈年總奏銷黃冊一份，蘭冊一份，應領工飯銀十七兩九錢九分一釐，又繕寫墨刻法帖、黃冊、蘭冊篇頁，用銀二兩，辦買黃續紙張摺匣等項用銀一兩，共合銀二十兩九錢九分一釐。　爲恭鐫御筆德齋幬載匾額一張，計三尺二寸，大字四個五寸，寶一方，照例核算，每刻一字，合八工，每工工銀二錢二分，共三十二工，合銀七兩零四分，每一字加石匠四工，每工工銀一錢五分四釐，合銀二兩四錢六分四釐五寸，寶一方，照例合刻工六工，每工工銀二錢二分，合銀兩三錢二分，鉤黑紅字，每一字，合一工，每工工銀一錢二分，鉤二分，合銀九錢六分，以上共合銀十一兩七錢八分四釐。　爲恭拓御筆德齋幬載扁額計二千份，每份工銀一錢四分，合銀二百八十兩，每分用三草墨三千三百兩，每兩價銀六分，合銀一百九十八兩，以上共合銀四百七十八兩。　爲恭拓御筆德齋幬載扁額計二千份，應用夾披連四紙一萬五千四百張，照例採買，每九十四張，合一塊，共合一百六十三塊七十八張，每塊價銀二兩二錢，核減二成，共合實用銀二百八十八兩二錢五分二釐八毫。　爲前往慕陵恭鐫石牌樓御筆字二張，內計三寸二分大字十九個，每刻四字一工，每鉤二十四字一工，上樣每十字一工，每字用朱砂籠罩漆各三錢六分，塡二十四字，一工一寸五分字十七個，每記事四十八字，一工每刻八字一工，每字用硃漆各一錢八分六寸五分大字，滿蒙漢共計字六個，鉤十六字一工，每刻一字二工，每字加石匠一工，上樣每七字一工，塡二十字一工，硃漆每字各六錢三分一寸，寶二方，每刻二方一工，硃漆各九分三寸，大寶每方三工，硃漆各二錢七分，以上共用上樣匠刻字匠二十六工，每工工飯銀二錢二分，合銀五兩七錢二分，鉤字二工，每工工飯銀一錢八分，共三錢六分，石匠六工，每工工飯銀一錢八分，合銀一兩零八分，塡色合漆共用匠三工，每工銀一錢八分，合銀五錢四分，共用硃砂十四兩一錢三分，每兩價銀一錢五分，合銀二兩一錢一分，籠罩漆十四兩一錢三分，每兩價銀一錢五分，合銀二兩一錢一分，共合銀十一兩九錢二分，帶匠官司二員，匠役六名，每日各應領盤費銀一錢三分，共十八日，合銀十八兩七錢二分，車四輛，行程八日，每日每輛車價銀一兩，在二十日，每日每輛車價銀八錢，合銀六十四兩，以上共合銀九十四兩六錢四分。　爲前往裕陵神牌過硃帶匠官二員，匠役四名，每名每日盤費銀一錢三分，合銀十兩零一錢四分，車三輛，行程八日，每日每輛車價銀一兩，在工五日，每日每輛車價銀八錢，合銀三十六兩，共合銀四十六兩一錢四分。　昌陵神牌過硃帶匠官二員匠役四名，每名每日盤費銀一錢三分，合銀十兩零一錢四分，車三輛，行程八日，每日每輛車價銀一兩，在工五日，每日每輛車價銀八錢，合銀三十六兩，共合銀四十六兩一錢四分。　天壇、地壇、祈穀壇、太廟、奉先殿神牌過硃帶匠官十二員，帶領匠役二十二名，每名每日盤費銀一錢三分，合銀四兩四錢二分，買辦黃匣挖單五分，每分合銀一兩，共合銀五兩以上通共合銀一百零一兩七錢。　爲恭鐫慕陵神道碑滿蒙漢三體字原樣三張，碑額一張，內計九寸五分大字八十五個，四寸五分字六個，四寸寶一方，查則例內載，每刻六寸一分至七寸、八寸大字，刻一字用刻字匠二工，加石匠一工，鉤黑紅字，每十一字合一工，上樣，每七字合一工，今查恭鐫神道碑字跡較大，按照尺寸，遵例核計每刻一字，酌擬用刻字匠三工，加石匠一工半，上樣每五字一工，鉤黑紅字，每十一字合一工，碑額四寸五分字六個，照例每刻二字合一工，每二字加石匠半工；四寸寶一

方，照例刻一方，合三工，以上刻字並刻寶，共用刻字匠二百六十二工，每工工飯銀二錢二分，合銀五十七兩六錢四分，共用石匠一百二十九工，每工工銀一錢八分，合銀二十三兩二錢二分，上樣並鉤黑紅字，共用鉤字匠二十四工半，每工工銀一錢八分，合銀四兩四錢一分，帶匠官二員，刻字匠十二名，每名每日盤費銀一錢三分，合銀四十兩四錢，車五輛，行程八日，每日每輛車價銀一兩，合銀四十兩，在工十四日，每日每輛車價銀八錢，合銀五十六兩，以上共合銀二百二十一兩六錢。　爲前往隱志郡王園寢鐫刻碑碣一座，計二寸一分字十一個，每刻四字一工，四寸一分字九個，每刻二字一工，加石匠半工，共用刻字匠七工，每工工飯銀二錢二分，合銀一兩五錢四分，石匠二工，每工工銀一錢五分四釐，合銀三錢八釐，鉤油條用鉤字匠一工，合銀一錢八分，帶匠官二員，刻字匠二名，每名每日盤費銀一錢三分，合銀二兩六錢，車二輛，行程二日，每日每輛車價銀一兩，合銀四兩，在工三日，每日每輛車價銀一兩，合銀四兩，在工三日，在工三日，每日每輛車價銀八錢，合銀四兩八錢，以上共合銀十三兩四錢二分八釐。　爲往隱志郡王園寢神牌過硃帶匠官二員，鉤字匠二名，每名每日盤費銀一錢三分，合銀二兩零八分，車二輛，行程二日，每日每輛車價銀一兩，合銀四兩，在工二日，每日每輛車價銀八錢，合銀三兩二錢買辦黃匣挖單用銀一兩，以上共合銀十兩零二錢八分。　以上通共合銀二千零五十八兩五錢四分三釐八毫，爲查核房通行處墨刻作裝訂冊檔，應用太史連紙紅格六百頁。

現存：銀七十三兩八錢五分九釐一毫九絲七忽，白榜紙紅格八萬八千九百頁，太史連紙紅格七萬四百三十三頁，羅文紙一百十七張，黃箋紙十七張，黃軟箋紙三張，六十層合背四千二百二十八塊半，四十層合背十四塊半，徽墨四百二十斤六兩六錢八分八釐，雄黃七兩六錢九分八釐，廣花末六兩四錢三分八釐，硃砂錠四錢一分，胭脂三十二張，銀硃一百四斤十四兩四錢一分，玫瑰花露三斤五兩，芸香露三斤五兩七錢，乳鉢二個，玉鷺子大小二十三對，玉勾鷺子二個，象牙鷺子四對，白象牙鷺子四對，泡紅象牙鷺子一對，長九寸寬七寸梨木板二百五十二塊，長八寸寬六寸梨木板三百十塊，長八寸寬六寸棗木板一百四塊，備刻書簽板四百八十二塊，杉木板二千五十二套。

昭槤《嘯亭續録》卷一《本朝欽定諸書》　列聖萬幾之暇，乙覽經史，爰命儒臣選擇簡編，親爲裁定，頒行儒宮，以爲士子仿模規範，實爲萬目之巨觀也，今臚列其目於左。**經部：**《易經通注》四卷、《日講易經解義》十八卷、《御纂周易折中》二十二卷、《御纂周易述義》十卷、《日講書經解義》十三卷、《欽定書經傳說彙纂》二十四卷、《欽定詩經傳說彙纂》二十卷、《御纂詩義折中》二十卷、《欽定周官義疏》四十八卷、《欽定儀禮義疏》四十八卷、《欽定禮記義疏》八十二卷、《日講禮記解義》二十卷、《日講春秋解義》六十四卷、《欽定春秋傳說彙纂》三十八卷、《御纂春秋直解》十六卷、《御注孝經》一卷、《御纂孝經集注》一卷、《日講四書解義》二十六卷、《御纂律呂正義》五卷、《御纂律呂正義後編》一百二十卷、《御定康熙字典》四十二卷、《欽定西域同文志》二十四卷、《御定音韻闡微》十八卷、《欽定同文統韻》六卷、《欽定叶韻彙輯》五十八卷、《欽定音韻述微》一百六卷。**史部：**《欽定明史》三百六十卷、《御批通鑑輯覽》一百二十卷、《御定通鑑綱目三編》四十卷、《開國方略》三十二卷、《御定三逆方略》、《親征平定朔漠方略》四十八卷、《平定金川方略》三十二卷、《平定準噶爾方略前編》五十四卷、《正編》八十五卷、《續編》三十三卷、《平定兩金川方略》一百五十二卷、《臨清紀略》十六卷、《蘭州紀略》、《石峰堡紀略》、《臺灣紀略》、《平定廓爾喀紀略》、《平苗紀略》、《平定三省教匪紀略》、《辛酉工賑紀略》、《太祖高皇帝聖訓》四卷、《太宗文皇帝聖訓》六卷、《世祖章皇帝聖訓》六卷、《聖祖仁皇帝聖訓》六十卷、《世宗憲皇帝聖訓》三十六卷、《高宗純皇帝聖訓》三百卷、《上諭內閣》一百五十九卷、《硃批諭旨》三百六十卷、《欽定明臣奏議》二十卷、《欽定宗室王公功績表傳》十二卷、《欽定蒙古回部王公表傳》六十卷、《欽定八旗滿洲氏族通譜》八十卷、《欽定勝朝殉節諸臣録》十二卷、《御定月令輯要》二十四卷、《大清一統志》五百卷、《欽定熱河志》八十卷、《欽定日下舊聞考》一百三十卷、《欽定滿洲源流考》二十卷、《欽定皇輿西域圖志》五十二卷、《皇清職貢圖》九卷、《欽定盛京通志》一百卷、《詞林典故》八卷、《續詞林典故》□卷、《欽定歷代職官表》□□卷、《欽定大清會典》一百卷、《新定大清會典》□□卷、《大清會典則例》一百八十卷、《新定大清會典則例》一百八十卷、《欽定續文獻通考》二百五十二卷、《欽定皇朝文獻通考》二百六十二卷、《欽定續通志》一百四十四卷、《欽定皇朝通志》一百卷、《欽定皇朝通典》二百卷、《幸魯盛典》四十

卷、《萬壽盛典》一百二十卷、《欽定大清通禮》四十卷、《南巡盛典》一百二十卷、《皇朝禮器圖式》二十八卷、《國朝宮史》三十六卷、《續國朝宮史》□□卷、《欽定滿洲祭神祭天典禮》六卷、《八旗通志初集》二百五十卷、《八旗通志二集》□□□卷、《大清律例》四十七卷、《欽定天祿琳琅》十卷、《御製詳鑑闡要》二十卷。子部：《御撰資政要覽》三卷，《後序》一卷、《聖諭廣訓》一卷、《庭訓格言》一卷、《御製人臣儆心錄》一卷、《御製日知薈要》一卷、《御定孝經衍義》一百卷、《御定內則衍義》十六卷、《御纂性理精義》十二卷、《御纂朱子全書》六十六卷、《御定執法成憲》八卷、《欽定授時通考》七十八卷、《欽定醫宗金鑑》九十卷、《御定曆象考成》四十二卷、《御定曆象考成後編》十卷、《御定儀象考成》三十二卷、《御製數理精蘊》五十三卷、《御定星曆考源》六卷、《欽定協記辨方書》三十六卷、《欽定佩文齋書畫譜》一百卷、《秘殿珠林》二十四卷、《石渠寶笈》四十四卷、《續石渠寶笈》□□卷、《錢錄》十六卷、《欽定西清古鑑》四十卷、《欽定西清硯譜》二十四卷、《御定古今圖書集成》五千二百卷、《欽定淵鑑類函》四百五十卷、《御定駢字類篇》二百四十卷、《御定分類字錦》六十四卷、《御定子史精華》一百六十卷、《御定佩文韻府》四百四十二卷、《御定韻府拾遺》一百十二卷、《御注道德經》二卷。集部：《聖祖仁皇帝初集》四十卷，《二集》五十卷，《三集》五十卷，《四集》三十六卷、《世宗憲皇帝文集》三十卷、《高宗純皇帝樂善堂全集》三十卷、《御製文初集》三十卷，《二集》四十卷，《餘集》二卷、《御製詩初集》四十四卷，《二集》九十四卷，《三集》一百卷，《四集》一百二十卷，《五集》一百四十卷，《餘集》□卷、今上皇帝《味餘書室集》□□卷、《御製文初集》□□卷、《御製詩初集》□□卷，《二集》□□卷、《御定全唐文》五千卷、《御選古文淵鑒》六十四卷、《御定賦彙》一百四十卷，《外集》□□卷，《補遺》二十二卷、《御定全唐詩》九百卷、《御定佩文齋詠物詩選》四百八十二卷、《御定歷代題畫詩類》一百二十卷、《御選四朝詩》二百九十二卷、《御定全金詩》七十四卷、《御選唐詩》三十二卷、《御選唐宋文醇》五十卷、《御選唐宋詩醇》四十七卷、《皇清文穎》一百二十四卷、《續皇清文穎》□□卷、《欽定四書文》四十一卷、《御定歷代詩餘》一百二十卷、《御定詞譜》四十卷、《御定曲譜》十四卷。

林伯桐《學海堂志·學海堂刻書·經板》 自剞劂肇啓，載籍方滋，其間切要者亦可指數。毋昭裔少時，欲借《文選》竟不可得，及後貴顯，梓以流傳，至今稱美。至於經訓菑畬，不特浩如烟海，而搜羅甄錄，非有精深卓絕之識，博厚悠久之志，亦未必克底於成也。我朝經學極盛，一家之書，輒軼前載，聞聲相思，欲購無所，而前代空談流弊，士或溺於所聞，冥行踟躕，去道逾遠。儀徵公審定師承，啓發鴻竇，爰刊《皇清經解》一千四百卷，存板於堂，將使山陬海澨皆得聞海內大師之緒言，而寒畯有志無難快睹其闡揚古訓，是爲山淵衣被士林，豈徒廣廈乎哉？志經板。儀徵公初發章程，有云：「將來於堂側添建小閣，庋藏書板。」迨《經解》將次刊竣，堂中召工估計，以書板既多且重，閣內必須寬展，木料必須長大，而堂側地面亦須培高，乃便於因勢加築，工費浩繁。公議：附近有文瀾閣，係本處紳士奉公命特建，以奉文昌祀事者，閣下三楹，地方乾潔，暫於兩旁設加藏板，亦不偪仄，遂詳議章程，庋藏於此。俟經費漸有餘裕，再議請領在堂側築閣也。

又《藏板章程》 一、《經解》板共一百零九架，每架編列字號，標明板片若干。一、兩架疊陳，兩疊互倚，使房中仍有餘地，以便通行，隨時查核。一、每架腳俱用厚瓷碗盛之，碗中貯石灰以防蟻蛀，碗下用厚紅磚墊之，以避潮氣。一、藏板房門鎖鑰，由值課學長接管，按季流交。一、書坊有願刷印者，先具領，到堂交納板租，然後定期開工。其板片甚多，不能搬遠，該匠人等每早到文瀾閣下刷印，薄暮散歸，不作夜工，以昭慎重。一、每次刷印《經解》，多則一綱，六十部。少亦半綱。三十部。每刷一部，納板租銀一兩，以備每次修補板片及小修藏書房舍，隨時整理書架各雜費。另自交守閣守堂茶資每一部二錢四分。每次發板、收板及每日工匠往來，俱要守閣等照料一切也。一、每逢刷印，守閣等到學長處領出鑰匙。每發板片不過十架，收回舊板再發新板，每次照字號點明板數，不得有誤。一、印書之時，學長中偶欲印一部者，亦照納板租，照給茶資，以歸畫一。即雇該書坊匠人刷印。至堂中并無刷印《經解》發出外者，其守閣守堂等既得書坊茶資，不許私雇匠人，與書坊并刷。一、所收板租，設立總簿，注明某年月日某書坊刷印《經解》若干部，納板租若干，某學長收入存貯。每次印書畢，即要雇匠將各書板逐片洗刷晾干，然後收藏。每次俱有應修補之板片，即時修補；或房門窗板竹簾及

各書架有當修理者，隨時雇人修理。如有工費稍大不能即辦者，必須存記，俟冬月公集商辦。凡有關經版之費用，及一切無著之款，俱於板租內支出，至年底通計。支銷之外，或偶有所存，亦要酌定買有用之書，藏於山堂。其經手收支者，自列清款目，俾得周知可也。

續：

咸豐七年，夷寇據粵秀山。學長等以山堂多藏書板，募有能取出者厚賞之。有通事某甲取出，然缺失者大半矣。乃以舟載至城西之泌沖，庋於鄒氏祠堂。勞制府聞之，捐銀七百兩補刻《皇清經解》，諸官紳亦捐資助成之，共銀七千兩。未及兩年而工畢。時文瀾閣已圮，庋板於惠濟倉。先是山堂外門之內有藏書之屋，夷寇毁其書，屋亦摧壞，乃即其址拓而大之，增築山坡與舊址平，高其外垣，爲室三間，以藏《經解》板。《揅經室集》、《學海堂初集》、《二集》板亦有缺，皆補完之。《三集》選定未刻，其稿在督署內，亂後有得之者，以歸於山堂，遂并刻而藏之。

錢泰吉《曝書雜記》卷下 張清恪所刻書，未有總目。衍石兄以清恪所居名之曰《正誼堂叢書》。始於《二程文集》，終於《道南源委》，凡若干部，二百數十卷。暇當録細目。 道光辛丑，金岱峰於臨安故家得若干部，中若《二程粹言》、二卷。《近思録》、十四卷。《續近思録》、十四卷。《學規類編》、二十八卷。《陸宣公》、四卷。《韓魏公》、二十卷。《范文正》、九卷。《謝疊山》、二卷。《陳克齋》、五卷。《吳朝宗》、四卷。《胡敬齋》、三卷。《曹月川》、一卷。《楊椒山》、二卷。《熊愚齋》、八卷。《諸先正集》及《呂氏童蒙訓》、三卷。《方正學幼儀雜箴》、一卷。《仕學膚言》、一卷，滇南涂時相著。《炳燭編》、一卷。《百警編》、一卷，皆桓臺王之垣著。《小柴桑諵諵録》、一卷，陶爽齡著。《士大戒》、一卷，呂豫石著。《古今訓蒙成法》、一卷。《諸儒訓蒙詩》。一卷，皆林致之著。 又清恪自著《塾講規約事宜》、一卷。《小兒語好人哥》，一卷。 爲季父所未得，因寄贈衍石兄。岱峰又得《清恪公年譜》，爲公子師栻師載所編輯，叙公著書刻書頗詳。公所自著者，爲《學規類編》、《養正類編》，皆撫閩時初建鰲峰書院刻以教士者。 又有《道統録》、《家規類編》、《濂洛風雅》、《濂洛關閩書集解》、《續近思録集解》、《廣近思録》、集南軒、東萊、勉齋，及許、薛、胡、羅諸先生語。《諸儒講義》、彙刻宋元及近儒講義，松陽講義另刻，不采入。以上皆不著卷數。 《續伊洛淵源録》、二十卷，皆得朱子之傳著。《養正先資》、《訓蒙詩選》，凡若干種。編刻先儒之書，則曰《立德部文集》、以周、程、張、朱之集爲宗，楊龜山、尹和靖、謝上蔡、羅仲素、李延平皆得伊洛之傳，張南軒、黃勉齋、眞西山、熊勿軒、陳克齋皆學考亭之學，元許魯齋、明薛敬軒、胡敬齋、羅整庵醇乎醇者也，吳朝宗、曹月川、陳剩夫學問淵源，一軌於正，故并列焉。其餘諸儒之書，所未見者將次第訪求續入。 《立功部文集》、漢諸葛武侯、唐陸宣公、宋韓魏公、范文正公、司馬溫公。 《立言部文集》、韓、柳、歐、曾、蘇、王之文。 《氣節部文集》、文文山、謝疊山、方正學、楊椒山、楊大洪五公。 《名儒粹語部》。《二程語録》、《二程粹言》、《朱子語類》、《朱子學的》、《上蔡語録》、《薛敬軒讀書録》、《胡敬齋居業録》、《羅整庵困知記》。凡五部，是爲初集。後又得二十一家文，刻爲二集。《年譜》木著其目，又云編刻歷朝文集，石守道、呂東萊、崔後渠、魏莊渠、海剛峰、汪仁峰、蔡汶濱、陳確庵、陸桴亭、張楊園、魏貞庵、熊愚齋、湯潛庵、耿逸庵、施誠齋、吳徽仲、汪默庵、應潛齋、魏環溪文集，次第告成。據所列凡十九家。 又選宋元迄本朝儒者之文，與道相發明者，爲《古文載道篇》。《年譜》不著卷數，余所得者爲十八卷。 他若《濂溪先生全集》、《陳北溪集》、《李微之道命録》、備詳程朱生時興廢，身後追崇。 《陸清獻文集》、《讀禮志疑》、《讀朱隨筆》、《松陽講義問學録》、公將之閩撫任時，過嘉興，求得之以付梓，并訂正《年譜》。 《張武承王學質疑》、《陸桴亭思辨録》、《程啓曒閑辟録》、《陳清瀾學蔀通辨》、《玉峰諸莊甫勤齋考道日録》，諸莊甫力學至老不衰，陸稼書嘗訪之。公撫蘇時，問其人已没，一了年三十餘，貧不能婚，公命屬吏求儒家女妻之，而選刻其書。皆先後傳刻者。

又若胡伯玉《泉河史》、閻嵩岳《北河續記》及自著《居濟一得》，則官濟寧道時所刻。 又自著《白鹿洞學規衍義》、《小學衍義》、八十六卷，以朱子小學之目爲綱，取經史嘉言懿行以實之。 《性理正宗》不著卷數。 《四書正宗》、七十餘卷。 《學易編》、六十餘卷。 《困學録》、二十四卷。 《續録》，二十四卷。皆未授梓。 《三朝名臣言行録》，約《宋名臣言行録》前後集、續集、別集爲一集，纂元臣起於木忠武王華黎迄於杜處士瑛一百六人，明臣起於徐武寧王達迄於劉新樂侯文炳二百八十人，總題《三朝名臣言行録》，已有定本。後散失，惟存《宋明兩録》各四卷，《元録》竟無存，公欲補輯，未就。則公在時，稿已散佚矣。右皆據《年譜》所叙録者，然若余前所列《呂氏童蒙訓》以下各刻，《年譜》皆未及。則清恪所刻書，雖其子孫，亦多未見，不能備録也。張清恪所刻書。 衍石兄罷官後，兩廣總督盧肅敏公聘主學海堂。課諸生爲專經之業，定季課章程，

分句讀、評校、著述、鈔録四式，粵士多所成就。及主大梁書院，屬當事捐置經史諸籍，俾諸生誦習。并次第刻所藏經部善本，以補通志堂所未備，名曰《經苑》。兄有「刻《經苑》緣起」存集中。已刻者：宋《司馬溫公易説》、六卷。張氏根《吴園易解》、九卷。楊氏萬里《誠齋易傳》、二十卷。徐氏總幹《易傳鐙》、四卷。元黄氏澤《易學濫觴》、一卷。宋鄭氏伯熊《敷文書説》、一卷。黄氏倫《尚書精義》、五十卷。趙氏善湘《洪範統一》、一卷。傅氏寅《禹貢説斷》、四卷。王氏質《詩總聞》、二十卷。呂氏祖謙《家塾讀詩記》、三十卷。戴氏溪續《呂氏讀詩記》、三卷。王氏安石《周官新義》、十六卷，附二卷。李氏如圭《儀禮集釋》、三十卷。《釋宫》、一卷。宋蘇氏轍《春秋集傳》、十二卷。唐陸氏淳《春秋集傳纂例》、十卷。《春秋微旨》、三卷。朱子《孝經刊誤》、一卷。明呂氏維祺《孝經本義》、二卷。《孝經翼》、一卷。宋鄭氏汝諧《論語意原》、二卷。《或問》、三卷。元許氏謙《讀四書叢説》、七卷。宋熙時子《孟子外篇注》、一卷。元熊氏朋來《瑟譜》。一卷。助剞劂資者爲：聊城楊至堂河帥以增，貴築張曉瞻方伯日晸，安邱王素園廉訪簡，孝感劉鵠仁學使定裕，滿洲庚子仙觀察長，南昌陶松君觀察福恆，杭州俞雲史太守焜，漢陽鄒松友司馬堯廷也。版存書院。庚戌初夏，兄謝世，此事遂已。所定目若吴陸氏績《易解》、晉干氏寶《易解》、宋陳氏經《尚書詳解》、蘇氏轍《詩經傳》、嚴氏粲《詩緝》、朱子《儀禮經傳通解》、黄氏榦等《續儀禮經傳通解》、黄氏震《讀禮記日鈔》、元吴氏澄《禮記纂言》、宋陳氏祥道《禮書》、陳氏暘《樂書》、胡氏銓《春秋集善》、高氏閌《春秋集注》、陸氏佃《爾雅新義》、賈氏昌朝《群經音辨》、楊氏伯喦《九經補韻》、司馬溫公《切韻指掌圖》、明邵氏光祖《切韻指掌圖檢例》，皆不及刻。衍石兄刻《經苑》。

吴振棫《養吉齋叢録》卷二 康熙間，特開書局於武英殿，實爲詞臣纂輯之地。乾隆以後，書館盛開。武英殿專司刊校，未嘗廢置，刊行經、史、子、集，謂之殿板，向以親、郡王一人領殿事，而設總裁、提調、總纂、纂修、協修等官。其下，則爲校録之士、收掌之員。若剞劂裝訂，工匠尤夥。道光二十年後，以經費支絀，刊書甚少，僅存其名而已。

何紹基《東洲草堂詩鈔》卷二二《胡詠芝由英山移營太湖書來相迓留別汪梅邨丁果臣》 大開書局在鈴轅，時開書局於撫署，多桂軒，輯刻《讀史兵略》。賢士翩然共討論。汲古有源經緯出，愛才無底性情尊。華星春引太湖路，積雪夜明多桂軒。樽酒句留兩儒宿，諏稽地志與天元。

又卷二六《金陵雜述詩》 僞府俄成考古廬，錮錮耆碩共稽居。謂宜刊罷船山集，偏梓人間有用書。僞慕王府今爲書局，現刻《王船山遺書》、歐陽小岑、楊見山、湯衣谷、李寅叔、張嘯山、陳卓人皆在局中。按：同治中所刊各書，皆有「同治某年金陵書局印行」木記。其十四史又有篆文木記，曰「金陵書局仿汲古閣刊」。

張文虎《舒藝室尺牘偶存・上湘鄉相侯》 自七月以來，合肥宫保憫亂後書籍殘毁，坊刻經書多誤文俗字。童蒙之始，在所宜慎。因即舊僱鳩工開雕善本。文虎謬承縵雲侍御引，佐校讎之役。先校刊《朱子本義》、《呂氏音訓》、《詩集傳》、《四書集注》均已竣事。《伊川易傳》初授梓，《尚書蔡傳》須俟之明春。其《三禮》、《三傳》擬用古註，次第刊行。而繼之以《史記》、兩《漢書》、《資治通鑑》、《文選》。

又 己巳上月以來，《史記》十表陸續付刊重寫，各卷亦俱傷版。惟刻工中能修補者無幾人。又以各省開局，工價較優，見利爭騙，頗難雇覓，以致遲延不能迅速。此時兩《漢書》將次修竣，催令刷樣覆校，後恐尚須覆修，秋間計可印行。其《史記》欲俟兩《漢》修定後飭修。以修工少好手，多則慮草率了事也。未定秋冬間能否趕印。校勘記則須全帙告成，依次細檢，擬稿請正。【略】今刊刻全書，只宜取舊本之稍善者，如柯本、王本之類，依樣葫蘆，爲力較易。縵云侍御之議則以刊書機會實爲難得，當略治蕪穢，以裨讀者。文虎等稟承此意，不揣弇陋，妄冀會合諸家，參補未備，求勝舊本。乃三年荏苒，刻鵠未成，人言實多，無以自解。伏讀鈞諭，但求校刊之精審，不問成書之遲速，仰見體恤愚蒙，特加慰勉。虎等敢不勉竭心力，期副盛懷。

張文虎《舒藝室詩存》卷六《移局飛霞閣寄廖養泉司馬滬城》 同治三年初，復金陵，入城訪冶城山朝天宫廢址，見飛霞閣巋橑僅存。戲謂安得修葺爲登眺地。其明年，官紳議以宫址改建郡學，巴州廖君督其工，稍葺此閣居之。同人屢來遊宴。去秋竣事。廖君請移書局於此，合肥李宫保以爲然。今春，湘鄉相侯回江督任，尋前議遂遷焉。

鮑源深《請購刊經史疏》（陳弢《同治中興京外奏議約編》卷五） 臣伏查《學政全書》，各省府州縣學向有尊藏御纂欽定諸書。并於雍正、乾隆

初年迭經奏准，令直省撫、藩將頒發御纂欽定經史諸書，敬謹重刊，并聽坊間印售，以廣流傳。又議准督撫將《十三經》、《廿一史》諸書購買頒發各學收管，令士子講習。等因在案。仰見列聖右文稽古，嘉惠士林至意。近年各省因經兵燹，書多散佚。臣視學江蘇，按試所經，留心訪察。如江蘇松、常、鎮、揚諸府，向稱人文極盛之地，學校中舊藏書籍蕩然無存。藩署舊有恭刊欽定經史諸書，版片亦均毁失。民間藏書之家，卷帙悉成灰燼。亂後雖偶有書肆，所刻經書俱係删節之本，簡陋不堪。士子有志讀書無從購覓。蘇省如此，皖浙江右諸省情形諒亦相同。以東南文明大省，士子竟無書可讀，其何以興學校而育人才。臣擬請旨將殿板諸書照舊重頒各學，誠恐内存書籍無多；武英殿書板久未修整，亦難刷印。因思由内頒發，不如由外購求。敬請敕下各督撫轉飭所屬府州縣，將舊存學中書籍設法購補，俾士子咸資講習；并籌措經費，擇書之尤要者，循例重加刊刻，以廣流傳。現在江寧省城已設局刊刻《四書》《五經》。惟所刊皆係學中讀本，於經史大部書尚未遑及。竊維士子讀書，以窮經爲本，經義以欽定爲宗。臣伏讀世祖章皇帝御注《孝經》；聖祖仁皇帝《御纂周易折中》、欽定《書》、《詩》、《春秋》三經傳說彙纂；世宗憲皇帝御纂《孝經集注》；高宗純皇帝御纂《周易述義》、《詩義折中》、《春秋直解》，欽定《三禮義疏》皆闡發精微，權衡至當。足使窮經之士不淆於衆説，得所指歸。以上各書請旨敕下各撫藩先行敬謹重刊，頒發各學。并遵舊例，聽書估印售，以廣流傳。庶使僻壤窮鄉皆知研求經學。至窮經之外，讀史爲先。全史卷帙浩煩，現在經費未充，重刊匪易。恭請飭令先將聖祖仁皇帝御批《通鑑綱目》、高宗純皇帝御批《通鑑輯覽》敬謹先刊，分發各學士子讀之，已可貫串古今，賅通全史。其餘各書再行陸續刊刻。或疑現在各省經費支絀，籌餉艱難，似購書刊書無暇遽及。夫戡亂則整武爲先，興學則修文宜亟。況購書刊書，經費每年不過籌餉中百之二三，籌捐尚易。誠令學校經史重完，士子深於經者，窺聖學之原，深於史者，達政事之要，體用兼賅，益卜人才蔚起，於以光列聖右文之治，廣皇上教育之仁，豈非黼黻中興之盛舉哉。臣愚昧之見，謹繕折具奏。伏乞皇上聖鑒。訓示施行。謹奏。

馬新貽《馬端敏公奏議》卷五《建復書院設局刊書以興實學折》　奏爲浙江省城各書院業已建復，現復設局刊書，以興實學。恭折仰祈聖鑒事。竊臣先准禮部咨議復御史范熙溥奏，軍務肅清省分，亟宜振興文教，令將所屬書院妥爲整頓。奉旨：依議。欽此。續又准咨同治六年五月初六日奉上諭：鮑源深奏請刊刻書籍，頒發各學一折。江、蘇等省自遭兵燹以後，各府州縣，學中舊藏書籍大半散佚，經史板片亦皆毁失無存。現在地方已就肅清，亟應振興文教。士子有志讀書，而載籍艱於購覓，其何以資講貫而惠藝林，著各直省督撫轉飭所屬，將舊藏學中書籍，廣爲購補；并將列聖御纂欽定經史各書，先行敬謹重刊，頒發各學，并准書肆刷印，以廣流傳。俾各省士子得所研求，同敦實學。用副朝廷教育人才之至意。欽此。先後恭録，行知到臣。竊據布政使楊昌浚、按察使王凱泰詳稱，欲興文教，必先講求實學。不但整頓書院，尤須廣集群書。浙省自遭兵燹，從前尊經閣、文瀾閣所存書籍均多毁失。士大夫家藏舊本，連年轉徙，亦成烏有。軍務肅清之後，省城書院如敷文、崇文、紫陽、孝廉堂、詁經精舍均已先後興復，舉行月課。惟書籍一項，經前兼署撫臣左宗棠，飭刊《四書》、《五經》讀本一部，餘尚未備。士子雖欲講求，無書可讀。而坊肆寥寥，斷簡殘編，難資考究，無以嘉惠儒林。自應在省設局重刊，以興文教。當經臣批飭迅速舉辦，即於四月二十六日開局。一面遴派篤實紳士，分司校勘。并先恭刊欽定七經、御批《通鑑》、御選《古文淵鑒》等書，昭示圭臬。其餘有關學問經濟，爲講誦所必需者，隨時訪取善本，陸續發刊。一切經費在牙厘項下酌量撙節提用。現仍分飭在局紳員，認眞校刊。并諄飭各屬，設法籌勸，盡復書院，勤行考課，以仰副聖主雅化作人至意。再，從前欽定諸經，卷帙闊大，刷印工價浩繁，寒士艱於購取。臣此次刊刻，略將板式縮小，行數增多。以期流傳較易，庶幾家有其書，有裨誦習。合并陳明。謹恭折具陳。伏乞皇太后皇上聖鑒。謹奏。

陳其元《庸閒齋筆記》卷三　今各直省多設書局矣，而事則肇於左爵相，局則肇於甯波。【略】爵相以亂後書籍板片多無存者，飭以此羨餘刊刻《四書》、《五經》。嗣杭城收復，復於省中設局辦理，即以甯波之工匠從事焉。蘇州、金陵、江西、湖北相繼而起，經史賴以不墜，皆爵相之首創也。

左宗棠《正誼書局章程》（張伯行《正誼堂全書》卷首）　一清恪公所刊通計得八十三種，原本均宜照舊，卷首增列總目，闕者隨得隨刻，仍存其目，附以提要以備採訪。一延聘總校一人，遴派提調一人。考取分校百人，

內擇十人作爲覆校，分以兩班，日五人，五日更代；餘分三班，日三十人，亦五日更代，輪流週始。有事先期報明某事，將次班挨上，原應值者仍按闕日補校，以免曠功。一清恪公序，原刻用大字書，今縮同全書字樣，以原序二字別之。卷首列銜名外，并列總校、覆校、分校及提調姓名。每卷末用篆字印書「某年某月重刊某地」，下列總校及本集覆校、分校姓氏，以識緣起。一碑版例當大書官爵、姓名，原本集首稱號稱謚，意本尊崇，然有僅列於史家附傳及儒先各書或且莫知其名者，今各集首增刻本傳，集中有年譜者不刊本傳。原本薛、胡等集已經清恪公撰傳外，其餘闕者補以各史列傳，參考志書、文集隱括之，以闡潛德。一《方正學集》原本序目均闕，今補以《遜志齋集》林右、王紳二序，其目照所編次補刊。陸清獻、蔡文勤及清恪公文集中有各種序，俱採列之，以廣旁搜。一《李延平集》朱子只編《答問》二卷，詩、文、行狀皆其裔孫葆初彙附原刻。詩、文亦載爲朱子編，今皆刪正，以審定本。一原本各書，朝發暮收，分校者按卷先讀一徧，校一過，將副本及別刊本再校一過。破蛀者補綴完善，訛錯者隨筆粘條。書中引用語偶錯或原文字與別刊本互異，亦標記之，破體俗字簽明改正，再待覆校，彙繳總校，然後發繕。繕畢如前遞校付刊。刊後如前遞校付修。每校者別以色筆，本書上蓋用校者名印爲識，以慎勘讐。一覆校、分校值日必到局，不得頂替。日讀二十頁，校一千字，方爲中程。其有才力過人，有增無減，記勤一次；年力就衰者，分校字數多少，隨時酌定；不到者記惰一次。勤惰不相抵，記惰十次者，出局；頂替者即日出局，均停膏伙。每日提調設立課功勤惰冊，以晝課程。一舉貢等束身名教，當知自愛，如有飲博流蕩，沾染惡習，結交非人者，出局。尤不得出入衙門，干預公事。值日之外，在家當以經、史、儒先諸書時時披誦，按日作日記一則，某日讀某書若干，就中載明，月終繕清繳局，以端品學。一總校應辦將已校書加意檢點，定別字畫，參訂互異字句，商榷凡例，督同覆校，發書，收書，隨時斟酌事宜。提調應辨總理支放款目，一切詳請稟聞事件，及發書、收書發書、收書事體較繁，應於覆校人數中擇一人幫辦、監督刊刻領刻匠人應立限狀，日刻一萬字，不得遲延。另刊「正誼書局提調」圖記給用，各分職掌，以專責成。一章程先刊，分給所有應用。覆校、分校姓名等印先期備刻。局中倚卓足用，常川駐局者加置牀榻。其紙張、油蠟雜件按月由官酌給。設茶夫一、司閽一、打埽夫一，遇有借書、送書，日閒差遣設丁役二。常川駐局者日三餐每人飯錢壹百，值日分校者日一餐每人飯錢伍拾，按日領辦。設飯役一，各給傭值，以定用度。一開局日期定於六月初四日，本年膏伙自二月發至十一月止。開局後先發五六兩箇月，餘按月給領。其二、三、四等月留待年終補發，爲寒士度歲計，以昭體恤。

左宗棠《左文襄公全集·奏稿》卷四四《請陝甘鄉試分闈並分設學政疏》 臣自西征以來，目覩民俗凌夷，泯棼日甚，不但劫殺爭奪視爲故常，動輒嘯聚多人恣爲不法，而民閒倫紀不明，禮教久斁，干名犯義之案誅不勝誅。緣地雜華戎，習俗漸染，日深正恐夏變爲夷，靡所止極。不得已，設局鄂省，刊刻《四書》、《五經》、《小學》善本，分市各府、州、廳、縣。師行所至，飭設立漢回義塾，分司訓課，冀耳濡目染，漸移陋習，仍復華風。

丁申《武林藏書錄》卷上《浙江書局》 《成化志》，設局於接待寺。《萬曆志》，設局於褒忠祠，李敏達於南關榷署修《西湖志》。乾隆間，就崇文書院四賢祠恭纂《南巡盛典》，更在太平坊設局，採訪遺書，以進四庫館。阮文達集高才生於詁經精舍，編《經籍纂詁》、《輶軒詩錄》諸書。自來集事，莫不有局，如百工之居肆也。杭州庚辛劫後，經籍蕩然。同治六年，撫浙使者馬端敏公加意文學，聘薛慰農觀察時雨、孫琴西太僕衣言，首刊經史，兼及子集。奏開書局於篁庵，並處校士於聽園，派提調以監之，選士子有文行者總而校之，集剞劂氏百十人以寫刊之。議有章程十二條。自丁卯開局，至光緒乙酉，凡二十年，先後刊刻二百餘種。甲部則《御纂七經詩義折中》、《四書集註》、《五經》、《尚書考異》、《四書約旨》、《論語後案》，乙部則新、舊《唐書》、《宋史》、《九通》、《御批通鑑輯覽》、《續資治通鑑長編》、《金陀粹編》、《理學宗傳》、《胡端敏奏議》、《兩浙金石志》、《西湖志》、《平浙紀略》，丙部則《二十二子》、《玉海》、《武經》、《大學衍義》，丁部則《唐宋文粹》、《古文淵鑑》、《蘇詩編註集成》、《王文成公集》、《輶軒錄》、《沈氏三先生集》。皆覓善本精校重刻，墨模綫訂，流傳海內，後之藏書者珍逾宋元而上矣。

又卷下《重刊聚珍版諸書》 乾隆甲午五月，詔儒臣彙集《永樂大典》內散見之書，重輯成編，及世所罕覯秘籍，以活字版印行，賜名「聚珍版書」。每種冠以御題五言詩十韻，前繫小序。越三載，丁酉九月，頒發其書

於東南五省，敕所在鋟勒通行，用廣流布。一時承命開雕者，江南凡八種，江西凡五十四種，福建凡一百二十三種，浙江凡三十九種。卷帙多寡不一，以福建爲最富，以浙江爲最精。浙江舊多藏書家，拜《圖書集成》、《佩文韻府》之賜者六人，沐浴教澤，踴躍咸奮。爰仿内府袖珍版式，取便篋衍，重刊成書。閩浙總督鍾音、浙江巡撫王亶望、學政彭元瑞、布政司孫含中、按察司國棟、督糧道陸允鎮、鹽驛道蔼爾弼善恭紀於後，督刊者杭州知府邵齊然，校字者錢塘教諭韓義、淳安教諭厲繩、泰順教諭姚廷璣、試用訓導孫麗春，承刊者大理寺寺丞銜汪汝瑮、鹽運司運同銜孫仰曾、國子監生鮑士恭、錢塘學廩膳生員汪庚。書凡二十函，一百二十四冊。謹遵殿本元定價值，共計紋銀十二兩五錢八釐五毫九絲二忽。省城振綺堂汪氏、壽松堂孫氏、大知堂汪氏、知不足齋鮑氏，公印通行，皆進書之家而承刊者。世又稱三單本。迄今百餘年，全帙亦罕覯矣。

丁日昌《蘇省設局刊書疏》（《同治中興京外奏議約編》卷五） 竊惟國家設官分職，皆以爲民。而與民最親，莫如州縣。得其人則治，失其人則亂。自古爲然，於今尤急。溯自軍興以來，州縣中歧途雜出，流品亦至不齊。雖其中固多可造之才，而平日於吏治諸書曾未體會，一旦身膺民社，茫然無所持循。凡百工技藝皆學而後能，豈有親民有司不學而能無謬失者。此循良所以日鮮，而民困所由日深。夫諸子百家之書，浩若淵海。如理學陳編，或虚渺而憚於冥索。若稗志野乘，雖悦目而又病支離。況士子窮經呫嗶，即負宏通之譽，其益只在一身。若使仕優而學，默勘得失利弊之原，推而至於一縣，則一縣受其庇矣。又推而至於一府一州，則一府州受其庇矣。天下者，州縣之所積。州縣若皆得人，盗賊何從而起，故今日欲敦吏治，必先選牧令。欲選牧令，必先使耳濡目染於經濟致治之書，然後胸中確有把握，臨政不致無所適從。臣現督飭局員，選擇牧令，凡有關於吏治之書，著爲一編。如言聽訟，則分别如何判斷，方可得情言；催科則分别如何懲勸，方免苛斂；胥吏必應如何駕馭，方不受其欺朦；盗賊必應如何緝捕，方可使之消彌。他如農桑、水利、學校、賑荒諸大政，皆爲分門别類，由流溯源。芟節其冗煩，增補其未備。刊刻一竣，即當頒發各屬官各一編，俾資程式。雖在中材，亦可知所趨向。譬諸百工，示以規矩，則運斤操斧，悉中準繩。庶幾士習民風，因之起色。至於小學爲童蒙養正之基，經史爲藝苑大成之具。謹當陸續刻成，廣爲流布，以仰副聖天子造士作人之至意。抑臣更有請者。目前人心不古，書賈趨利，將淫詞邪説薈萃成書，編水滸傳奇。略識之，無如探秘笈。無知愚民平日便以作亂犯上爲可驚可嘉，最足爲人心風俗之憂。臣在吳中業經嚴禁。誠恐此種離經叛道之書，各省皆有。應請旨飭下各直省督撫，一體嚴加禁毁，以隱戢人心放縱無所忌憚之萌，似亦維持風化之一端。所有臣在蘇省設立書局，先刊牧令各書，并禁傳奇小説緣由，是否有當，伏乞皇太后皇上聖鑒。謹奏。

李鴻章《李文忠公奏稿》卷一五《設局刊書摺》 ［同治八年五月二十日］奏爲遵旨設局刊書，隨時頒布以資實學，而廣人材恭摺奏，祈聖鑒事。竊查接管卷内，准禮部咨議，覆御史范熙溥奏，軍務肅清省分，亟應振興文教，請將所屬書院妥爲整頓。奉旨：依議，欽此。續又准咨同治六年五月初二日奉上諭。鮑源深奏，請刊刻書籍，頒發各學一摺。等因。欽此。恭録行知。均經前署督臣李瀚章、前撫臣曾國荃會商辦理。省城江漢書院奏已建復舊規照常甄别録課。其外府州縣，本有書院之地亦皆先後興葺，次第繕完，延師月課，士氣蒸蒸。嗣於六年十月十五日開設書局，派委候補道張炳堃、候選道胡鳳丹妥爲經理。惟楚省三次失陷，遭亂最深。士族藏書散亡殆盡，各處書板全燬，坊肆無從購求。此次設局刊書，祇可先其所急。除《四書》、《十三經》讀本爲童蒙肄習之書，業經刊刻頒行各學外，伏思《欽定七經》、《御批通鑑》集經史之大成，尤爲士林圭臬。其餘《説文》、《文選》、牧令、政治等書，亦皆切於日用。即經訪覓善本，次第開雕。現在浙江、江甯、蘇州、湖北四省公議，合刻《二十四史》，照汲古閣《十七史》板式，行數、字數較各家所刻者爲精密。擬即分認校刊，選派樸學員紳悉心校勘，添募工匠，陸續付梓。一切經費酌提本省閒款動用，勿使稍有糜費。俟各書刻成之日，頒發各學書院，並准窮鄉寒儒、書肆賈人隨時刷印，以廣流傳，庶幾禮讓同敦，囂陵默化，以仰副聖主一道同文之至意。再，前此設局之始，各書尚未購齊，是以稍遲出奏，合併聲明。所有湖北省城設立書局，現辦情形，理合恭摺具奏。伏乞皇太后、皇上聖鑒。謹奏。

曾國荃《曾忠襄公書札》卷一二《致閻丹初》 ［濬文］書局先刻《四書》次刻《六經》。先擬倣山東丁稚翁刊本，其餘尚未求得善本。玆承寄書目極好。請將單内鄴架所藏十月附便寄來，以便接續發刻。《四書》多刻一

部不妨。將來頒發郡縣，專用一板，必致糢糊。書局定章，如有善本發刻，核對既定，將來即以初搨數部奉酬，仍以原書奉繳。定議繕寫宋字，雖費工力，稍稽時日，不敢畏難也。但舊本難得，人多寶貴，不肯公諸同好。如我公之大道爲公者，天下能有幾人哉？《通鑑》並歸省局刊刻亦可，似不必再由運城另設一局也。方望浮先生《尚書述》稿本亦祈賜寄，容即選人督繕，以樣本呈政後再行付刻，何如？

又卷一三《覆鄭玉軒》 頃奉手書並鈔示劉觀察函件，具悉種切，此間書局《四書》板片則已刊就，《六經》正在校刊。今紙張、香墨均由滬上購到，計不日即可抵晉，甚慰懸系。據劉觀察來函，官堆紙三百簍已敷《四書》、《五經》各六百部之用，原可無庸添買。惟刊印別書另需紙墨尚多，趁此次再請費神轉託購辦三百簍，以備明年之用，更爲妙著。

又《曾國荃集・奏疏・光緒五年設立書局疏三月初九日》 奏爲晉省設立書局，先刻善本《四書》、《六經》以便士民，次議重修省志以存文獻，恭折仰祈聖鑒事。 竊臣恭讀同治六年五月初六日上諭：「鮑源深奏請刊刻書籍頒發各學一折。江、蘇等省自遭兵燹以後，各府州縣學中舊藏書籍大半散佚，經史版片亦皆毀失無存。現在地方已就肅清，亟應振興文教，士子有志讀書，而載籍艱於購覓，何以資講貫而惠藝林？着各省督撫轉飭所屬，將舊存學中書籍廣爲購補，并將列聖御纂欽定經史各書，先行敬謹重刻，頒發各學，并准書肆刷印，以廣流傳。俾各省士子得所研求，同敦實學，用副朝廷教育人才至意。」欽此。仰見聖朝崇尚儒術，無義不周。 其時東南各省先後設局，將經史各書刊刻齊全，本省藝林莫不利賴。獨晉省僻處邊陲，尚未興辦。臣莅晉後，查書肆既無刊印官書，即南省已刻之書又因道路艱難無人販運到晉。凡市肆所售者率皆訛誤，不堪卒讀。近十年來歲試文童入場者，大縣多不過百餘人或七八十人，小縣或五六十人、三四十人不等。士爲四民之望，今應試者如此其少，正氣摧殘可概見矣。又查院司道府及通省州縣教佐、各衙門書吏，能解字義者百不得一；至於能通文氣、明白起承轉合者，千吏之中無二三人焉。每遇公事急需，咨移、申詳、札飭、告示，全仗本官與刑錢幕友一手經理。彼庶人之在官者，名雖列於卯冊，實不能辨甲乙。夫以一縣之大，公牘之繁，一官之精力能有幾何？一幕之贊襄安能畢舉？而署中書吏不能製辦公牘草稿，將欲勵精圖治，安得不引爲己憂？凡此皆由於地方誦讀太少之故。是以一署之吏不足供一官之用，書籍既無善本，士雖有志攻讀，對此訛編，亦安有不望而卻步哉？若不及時振興文教，刊刻成書，則以後晉之爲晉更難望臻上理矣。此刊書所亟宜興辦者也。 又查《山西通志》，自雍正十二年編輯後，迄今百數十年未及重修。事關三晉文獻，何可任其湮沒弗彰？況同治年間，捻逆渡河，地方被蹂躪者十數屬，男女殉節義者若而人。繼以七年之歉收，三年之大祲，戶口則流亡過半，賦稅則蠲緩頻頒，倉穀則悉數皆空，善後則百廢未舉。正宜登諸記載，昭示後來。庶幾賢明之吏上下皆有稽考，相與力圖補苴，經理彌二十年方可望漸復元氣。此志書所亟宜重修者也。凡屬官晉土者，睹此情形，莫不憂心如搗。

臣迭與閻敬銘往返函商，閻敬銘亦謂此二事者刻不可緩。臣遂率同署藩司江人鏡、臬司薛允升、冀寧道王溥酌定章程，在於太原府城內設立濬文書局。一面選派曉暢經史正佐各員，將《四書》、《六經》、《小學》、《近思錄》、《呻吟語》、《牧令全書》、《五種遺規》、《荒政輯要》各書，悉心讎校，招匠刊刻。擬俟刻成之後，即令書肆刷印，以廣流傳。今年秋收如獲豐稔，自當延聘本省博通淹雅、多識能文之儒，纂修全省通志，并請分纂、協修之士相助爲理。第此項經費所需亦巨，理宜在於晉省殷實之家勸捐籌辦。惟地方屢次輸將，民力亦堪拮据，勢難普行捐辦。臣檄飭司道於開局後遴委公正廉明之員，擇地方饒富較多之戶，如榆次、太谷、祁縣、平遙、介休、臨晉各縣尚可啓齒，誠能苦口勸導，諭知富紳量力佽助，亦可集腋成裘。晉省富紳夙明大義，諒必敬恭桑梓，踴躍樂輸。庶幾在下則可略寓潛移地方風俗之轉機，在上則可少助聖朝教士養民之雅化，或亦不無小補。所有晉省設立書局刊刻《四書》、《六經》及重修省志各緣由，謹會同稽查山西賑務前工部右侍郎臣閻敬銘恭折具奏，伏乞皇太后、皇上聖鑒。謹奏。

張裕釗《濂亭文集》卷六《唐端甫墓誌銘》 自同治三年大軍克金陵，曾文正公及今合肥相國李公相繼總督兩江，始開書局於治城山。校梓群籍，延人士司其事。文正公尤好士，又益以懿文碩學爲衆流所歸，於是江甯汪士鐸、儀徵劉毓崧、獨山莫友芝、南匯張文虎、海甯李善蘭及端甫、德清戴望、寶應劉恭冕、成蓉鏡，四面而至。而文正公幕府闢召皆一時英俊，並以學術風采相尚。

《[同治]上江兩縣志》卷一二上 東南寇亂之後，會城多立書局，蓋兩

江總督曾文正公創之。先是文正既克安慶，與弟威毅伯國荃開局軍中，賓禮儒雅校刊王氏夫之遺書。同治三年，復江甯以書局自隨。明年北征，署總督李肅毅伯鴻章繡梓《五經》，又明年文正還鎮，刊馬、班以下諸史。迨三莅江南，鉛槧之役益繁矣。馬端敏公、魁公玉、何公璟、張公樹聲、李公宗羲慨文籍之湮軼，踵事剞劂，勒有成書者，爲卷一千四百有奇。肅毅又別開聚珍書局流布群籍，今都其篇目，以備冊籍之掌。書局初設於鐵作坊，後移於江甯府學之飛霞閣。同治四年，監察御史烏程周公學濬督理局事。七年，刑部主事丹徒韓公弼元繼之。同治六年，江甯知府六安涂公宗瀛提調局事。八年，江蘇候補道涇縣洪公汝奎繼之。聚珍書局創於同治六年，主局事者爲江蘇題補道臨川桂公嵩慶。

經部：《易程傳》四卷、二百八十二版。《易本義》十二卷、二百四十版。《書集傳》六卷、三百十三版。《詩集傳》八卷、二百九十九版。《毛詩傳箋》二十三卷、二百九十八版。《周禮鄭注》六卷、四百四十五版。《儀禮鄭注句讀》十七卷、四百四版。《禮記集說》十卷、七百十一版。《春秋左氏傳》三十卷、七百三十五版。《春秋公羊傳》十二卷、《校記》一卷、二百三十三版，仿宋紹熙本。《春秋穀梁傳》十二卷、二百三十八版。《孝經》一卷、十一版。《大學章句》一卷、《論語集注》十卷、《孟子集注》七卷、《中庸章句》一卷、四百五十二版。《爾雅郭注》三卷、一百九十六版。《佩文廣韻》五卷。一百二十七版。史部：《史記索隱集解正義合刻》一百三十卷、二千三十版。《史記札記》五卷、一百四十五版。《前漢書》一百二十卷、二千十五版。《後漢書》九十卷、二千二百九十五版。《續漢書》三十卷、一百五十一，此司馬彪十志附范氏書以行。《三國志》六十五卷、八百五十九版。《晉書》一百三十卷、一千一百七十版。《宋書》一百卷、一千五百八十六版。《南齊書》五十九卷、六百九版。《梁書》五十六卷、五百五十六版。《陳書》三十六卷、三百十一版。《魏書》一百十四卷、一千九百五十九版。《北齊書》五十卷、四百十四版。《周書》五十卷、四百九十一版。《南史》八十卷、一千二百三十七版。《北史》一百卷、二千一版。《讀史鏡古編》三十二卷。六百五十七版。子部：《家範》十卷、一百十七版。《小學》六卷、一百三十三版。《大學衍義》四十三卷、七百七十九版。《四禮翼》四卷、六十九版。《重學》二十卷、《幾何原本》十五卷、《則古昔齋算學》十三卷、一千四百八十三版。《王氏讀書雜志》八十二卷、《餘編》二卷、一千一百四十二版。《老子章義》一卷。二十三版。集部：《曹集銓評》十卷、二百二十二版。《楚詞》十七卷、三百五十七版。《文選》六十卷、四百九十一版。《唐人萬首絕句選》二卷、一百五十二版。《王氏古詩選》五言十七卷、七言十五卷、《姚氏今體詩鈔》五言九卷、七言九卷。八百六版。

聚珍書局：《李氏音鑑》七卷、二百四十五版。《宋名臣言行錄》七十五卷、一千一百二十一版。《歷代紀元編》四卷、一百五十八版。《歷代地理志韻編》二十卷、《皇朝輿地韻編》二卷、八百二十三版。《歷代地理沿革圖》一卷、《皇朝一統圖》一卷、五十八版。《呻吟語》六卷、三百八十五版。《養正遺規》三卷、《教女遺規》三卷、《訓俗遺規》五卷、《從政遺規》三卷、《在官法戒錄》四卷、九百九十五版。《學仕遺規》、《遺規補》八卷、五百九版。《格言連璧》一卷、九十四版。《浪語集》三十五卷、四百八十八版。《楊忠愍公遺書》一卷、七十七版。《曾文正公奏疏文鈔合刊》六卷、三百六版。《古文詞略》二十四卷、四百十五版。《唐詩近體》四卷。一百十三版。以上皆版行者。

《硃批諭旨》三百六十卷、《兩漢刊誤補遺》十卷、《三國志》六十五卷、《史姓韻編》六十四卷、《棠陰比事》一卷。以上皆砌字本。

郡縣之有官書，輔助政教之一端也。大難削平之後，公私儲籍灰滅，寒畯艱於得書。同治十年分巡江甯鹽法道孫公衣言上議都府，取湖北、浙江、蘇州、江甯四書局新刊經籍藏於惜陰書院，而達官寓公又各出善本益之，統名曰「勸學」。官書俾本籍士子之無書者得詣書院借讀，事領於官，而簿鑰出納則紳士掌之。

湖北書局送存書籍：《欽定明鑑》、四部，部十本。《康濟錄》、四部，部四十本。《御製人臣儆心錄》、四部，部一本。《大輪請雨經》、四部，部一本。《聖諭廣訓直解》、四部，部二本。《仿宋本儀禮》、四部，部二本。《張氏惠言儀禮圖》、四部，部三本。《仿撫本鄭注禮記》、四部，部八本。《春秋左傳杜氏集解》、四部，部十二本。《仿盧氏本經典釋文》、四部，部十二本。《桂氏馥說文義證》、三部，部四十八本，又部三十三本。《仿王氏本史記》、四部，部二十四本。《仿明道本國語》、四部，部五本。《仿郯川姚氏本國策》、四部，部五本。《陸侍御年譜》、一部，一本。《佐治藥言學治臆說》、四部，部三本。《五種遺規》、四部，部二本。《手札撮要》、四部，部一本。《庸吏》、《庸言》、《讀律心得》、四部，部三本。《實政錄》、四部，部四本。《文廟祀位》、四部，部一本。《丁祭譜》、四部，部一本。《祭器樂舞錄》、四部，部三本。《荒政輯要》、四部，部二本。《救荒補遺》、

四部，部二本。《近思錄集注》、四部，部四本。《小學集解》、四部，部三本。《讀書分年日程》、四部，部二本。《雙節堂庸訓》、四部，部二本。《名法指掌》、四部，部四本。《捕蝗要訣除蝻》、八要四部，部一本。《仿鄱陽胡氏本文選》。四部，部二十四本。

浙江書局送存書籍：《御纂周易折中》、四部，部十本。《欽定書經傳說彙纂》、四部，部十二本。《詩經傳說彙纂》、四部，部十六本。《周官義疏》、四部，部二十四本。《儀禮義疏》、四部，部二十八本。《禮記義疏》、四部，部三十二本。《春秋傳說彙纂》、四部，部二十本。《康濟錄》、四部，部三本。《聖諭十六條附律》、二部，部一本。《綱鑑正史約》、四部，部二十本。《小學韻語》、四部，部一本。《四書反身錄》、四部，部四本。《三魚堂全集》、二部，部十一本。《陸子全書》、二部，部六本。

蘇州書局送存書籍：《聖諭十六條附律》、四部，部一本。《聖諭廣訓直解》、四部，部二本。《左傳讀本》、四部，部十本。《資治通鑑》并《目錄》、四部，部一百十本。《畢氏續資治通鑑》、四部，部六十本。《明紀》、四部，部二十本。《百將圖傳》、四部，部一本。《牧令全書》五種、四部，部十四本。《察吏六條》、四部，部一本。《陸清獻公治嘉遺迹》、《治嘉格言》、四部，部二本。《江蘇省例》、四部，部四本。《律例便覽》、四部，部六本。《吾學錄初編》、四部，部六本。《近思錄集注》、四部，部四本。《程氏性理字訓》、四部，部一本。《小學集解》、八部，部四本。《小學義疏》、四部，部二本。《小學纂注》、四部，部二本。《讀書分年日程》、四部，部一本。《司馬溫公書儀》、四部，部一本。《二十四孝圖說》、《朱子治家格言》、四部，部一本。《弟子規》、四部，部一本。《童蒙須知韻語》、四部，部四本。《孫氏耕遠築圩圖說》、四部，部一本。《東雅堂韓集》、四部，部十一本。《楊園先生集》、四部，部十六本。《周文忠公尺牘》、四部，部一本。《古文辭類纂》。四部，部十二本。

江甯書局送存書籍：《易程傳》、四部，部三本。《易本義》、四部，部二本。《書集傳》、四部，部四本。《詩集傳》、四部，部五本。《禮記集說》、四部，部十本。《周禮鄭注》、四部，部六本。《儀禮鄭注句讀》、四部，部四本。《孝經》、四部，部一本。《姚氏春秋左傳讀本》、四部，部十本。《仿宋本公羊傳何注》、四部，部二本。《穀梁范氏集解》、四部，部二本。《四書》、四部，部六本。《爾雅郭注》、四部，部三本。《史記》、四部，部二十本。《前漢書》、四部，部十六本。《後漢書》、四部，部十六本。《三國志》、四部，部八本。《朱子年譜》、四部，部四本，寶應王氏刊本。《小學》、四部，部二本。《四禮翼》、四部，部一本。《重學幾何原本》、《則古昔齋算學》、四部，部二十本。《讀書雜志》、四部，部二十四本。《老子章義》、四部，部一本。《文選》、四部，部十本。《王姚古今詩選》、四部，部十本。《萬首絕句選》。四部，部二本。

江甯聚珍書局送存書籍：《李氏音鑑》、四部，部四本。《兩漢刊誤補遺》、四部，部二本。《三國志》、四部，部二十本。《宋名臣言行錄》、四部，部十二本。《史姓韻編》、四部，部二十四本。《李氏史學五種合刻》、四部，部十二本。《五種遺規》、四部，部十本。《楊忠愍公遺書》、四部，部一本。《古文詞略》、四部，部五本。《唐詩近體》。四部，部二本。

《[光緒]江都縣續志》卷一六 [同治]八年，鹽運使方濬頤議設書局，整理舊存《鹽法志》及各種官書殘板，刊布江淮間者舊著述，即延館中士人至局校理。其經費仍於裁減成本項下開支。書成，平其値售之。九年，署鹽運使龐際雲請於鹽政馬端敏公分刊江甯書局《隋書》，并釐訂章程，添撥書院餘存經費，以充局用。自後刊布書籍益多。光緒五年，鹽運使洪汝奎更訪求善本，傳刻之。附局刊書目：經部有《欽定音韻闡微》、《十三經注疏》、《書古微》、大字《毛詩注疏》、《大戴禮記補注》、《春秋繁露》、《春秋集古傳注》、《春秋或問》、《孝經》、《四書集注》、《四書說苑》、《白虎通疏證》、《說文解字》、《說文解字斠詮》、《說文復古編》、《古今韻會舉要》、《廣雅疏證》、《經籍纂詁》、《韻詁》、《小學弦歌》。史部有《隋書》、《舊唐書》、《東都事略》、《南北史補志》、《廣陵通典》、《勝朝殉揚錄》、《揚州水道記》、《揚州畫舫錄》、《兩淮鹽法志》、《淮南鹽法紀略》、《淮北票鹽志》、《淮北票鹽續略》、《義塾章程》。子部有《孫吳司馬法》、《割圜密率》、《算學啓蒙》、《漢官儀》、《采格》、《困學紀聞》、《小知錄》。集部有《四傑集》、《題襟館倡和集》、《二三家宮詞》、《金源紀事詩》、《南宋雜事詩》、《十國宮詞》、《述學》、《古微堂內外集》、《一鐙精舍甲藁》。提調兩淮監掣同知莫繩孫自刊之書有《中庸集解》、《黔詩紀略》、《桐埜詩集》、《雪鴻堂詩集》、《邵亭詩文集》。收掌兩淮鹽大使高行篤自刊之書有《河岳英靈集》、《東軒集》。

清光緒七年畿輔通志局刊《直隸運售各省官刻書籍總目・經部》 《四書》六本，江南局，官堆紙每部制錢五百六十文；江蘇局，連史紙每部制錢七百四十文，毛邊紙每部制錢六百三十文，毛太紙每部制錢五百二十文；湖北局，竹連紙每部制錢七百九十五文，官堆紙每部制錢六百六十六文；江西局，連泗紙每部制錢八百八十文，官

堆紙每部制錢六百二十文，吉連紙每部制錢四百七十文。《易程傳》三本，江南局，官堆紙每部制錢三百文。《易本義》二本，江南局，官堆紙每部制錢二百七十文；江蘇局，毛邊紙每部制錢二百一十文；湖北局，竹連紙每部制錢三百二十文，官堆紙每部制錢二百七十文；江西局，連泗紙每部制錢三百四十文，官堆紙每部制錢二百三十文，吉連紙每部制錢二百七十文。《書集傳》四本，江南局，官堆紙每部制錢三百五十文；江蘇局，毛邊紙每部制錢四百九十文；湖北局，竹連紙每部制錢四百八十五文，官堆紙每部制錢四百三十七文；江西局，連泗紙每部制錢六百文，官堆紙每部制錢四百五十文，吉連紙每部制錢三百一十文。《詩集傳》五本，江南局，官堆紙每部制錢四百四十文；湖北局，四本，竹連紙每部制錢五百五十九文，官堆紙每部制錢四百七十七文。江西局，連泗紙每部制錢六百六十文，官堆紙每部制錢四百七十文，吉連紙每部制錢三百五十文。《詩經》，江蘇局，連史紙每部制錢六百二十文，毛邊紙每部制錢五百二十文，毛太紙每部制錢四百四十文。《左傳》十本，江南局，官堆紙每部制錢一千二百文。《左傳杜林合注》十二本，湖北局，竹連紙每部制錢一千八百文，官堆紙每部制錢一千四百零四文。《左傳杜注》十二本，湖北局，竹連紙每部制錢一千六百九十六文，官堆紙每部制錢一千四百零四文；江西局，連泗紙每部制錢二千一百文，官堆紙每部制錢一千四百八十文，吉連紙每部制錢一千一百一十文。《欽定左傳讀本》十本，江蘇局，連史紙每部制錢一千六百八十文，毛邊紙每部制錢一千四百六十四文，毛太紙每部制錢一千二百文。《禮記》十本，江南局，官堆紙每部制錢一千文；湖北局，竹連紙每部制錢一千一百八十九文，官堆紙每部制錢一千零八十文；江西局，連泗紙每部制錢一千四百四十文，官堆紙每部制錢一千文，吉連紙每部制錢七百四十文。《撫州本鄭注禮記》八本，湖北局，竹連紙每部制錢九百六十一文，官堆紙每部制錢八百六十五文。《四書五經》四十本，江南局，官堆紙每部制錢三千四百文，加料官堆紙每部制錢四千六百文；浙江局，連史紙每部制錢六千五百五十文，毛太紙每部制錢三千六百文。《周禮》六本，江南局，官堆紙每部制錢七百文；湖北局，竹連紙每部制錢七百三十九文，官堆紙每部制錢五百九十四文。《鄭注儀禮》四本，湖北局，竹連紙每部制錢六百四十五文，官堆紙每部制錢五百十三文。《黃本儀禮》二本，白宣紙每部制錢六百二十三文，竹連紙每部制錢二百六十文，官堆紙每部制錢二百三十六文。《儀禮鄭注句讀》四本，江南局，官堆紙每部制錢六百二十文。《仿宋公羊傳》二本，江南局：官堆紙每部制錢七百文。《公羊傳》四本，湖北局，竹連紙每部制錢五百三十一文，官堆紙每部制錢四百三十二文。《穀梁傳》二本，江南局，官堆紙每部制錢三百八十文；湖北局，竹連紙每部制錢四百二十三文，官堆紙每部制錢三百四十二文。《爾雅》三本，江南局，官堆紙每部制錢四百文；湖北局，竹連紙每部制錢三百二十三文，官堆紙每部制錢二百七十文。《孝經》一本，江南局，官堆紙每部制錢三十文；湖北局，竹連紙每部制錢四十一文，官堆紙每部制錢三十四文；淮南局，杭連紙每部制錢六十文，毛邊紙每部制錢四十文。《四書十一經彙合本》五十四本，江南局，加料官堆紙每部制錢七千五百文。《仿宋相臺五經》三十二本，江南局，官堆紙每部制錢四千四百文，料半宣紙每部制錢九千六百文。《十一經音訓》二十六本，湖北局：竹連紙每部制錢三千七百八十文，官堆紙每部制錢二千九百七十文。《十三經古注》四十八本，浙江局：連史紙每部制錢九千一百四十文，毛太紙每部制錢四千四百文。《阮刻宋本十三經注疏附校勘記》一百八十本，江西局，六裁連泗紙每部制錢十九千九百文，六裁官堆紙每部制錢十四千文，六裁吉連紙每部制錢十千零三百文，八裁連泗紙每部制錢十六千一百文，八裁官堆紙每部制錢十一千七百文，八裁吉連紙每部制錢八千六百文。《十三經校勘記識語》二本，江西局，六裁連泗紙每部制錢二百五十文，六裁官堆紙每部制錢二百五十百文，六裁吉連紙每部制錢一百五十百文，八裁連泗紙每部制錢二百一十文，八裁官堆紙每部制錢一百六十文，八裁吉連紙每部制錢一百二十文。《十三經注疏》一百二十本，淮南局，杭連紙每部制錢四千六百文，賽連紙每部制錢三千八百文。《御纂周易折中》十本，浙江局，連史紙每部制錢一千四百四十文，毛太紙每部制錢八百四十文；湖北局，十二本，白宣紙每部制錢三千六百四十五文，竹連紙每部制錢一千九百四十文，官堆紙每部制錢一千三百七十文，吉連紙每部制錢一千文。《欽定書經傳說彙纂》十二本，浙江局，連史紙每部制錢一千七百二十文，毛太紙每部制錢九百六十文，白宣紙每部制錢三千六百四十五文，竹連紙每部制錢一千六百六十五文；江西局，十六本，連泗紙每部制錢二千零八十文，官堆紙每部制錢一千四百三十文，吉連紙每部制錢一千一百五十文。《欽定詩經傳說彙纂》十六本，浙江局，連史紙每部制錢二千零八十文，毛太紙每部制錢一千二百文；湖北局，十八本，白宣紙每部制錢五千四百七十二文，竹連紙每部制錢二千四百九十三文；江西局：連泗紙每部制錢三千一百文，官堆紙每部制錢二千一百七十文，吉連紙每部制錢一千六百文。《欽定春秋傳說彙纂》二十本，浙江局，連史紙每部制錢二千六百文，毛太紙每部制錢一千五百文；湖北局，白宣紙每部制錢六千零七十五文，竹連紙每部制錢二千七百七十二文；江西局，二十四本，連泗紙每部制錢三千七百一十文，官堆紙每部制錢二千六百四十文，吉連紙每部制錢二千文。《欽定周官義疏》二十四本，浙江局，連史紙每部制錢三千一百八十文，毛太紙每部制錢二千文；湖北局，二十八本，白宣紙每部制錢八千五百十四文，竹連紙每部制錢三千八百八十八文；江西局，二十二本，連泗紙每部制錢四千七百二十文，官堆紙每部制錢三千三百三十文，吉連紙每部制錢二千四百五十文。《欽定儀禮義疏》二十八

本，浙江局，連史紙每部制錢三千九百八十文，毛太紙每部制錢二千四百文；湖北局，三十二本，白宣紙每部制錢九千七百二十文，竹連紙每部制錢四千四百三十七文；江西局，四十本，連泗紙每部制錢五千五百五十文，官堆紙每部制錢三千九百文，吉連紙每部制錢二千九百文。《欽定禮記義疏》三十二本，浙江局，連史紙每部制錢五千三百六十文，毛太紙每部制錢三千文；湖北局，四十八本，白宣紙每部制錢十四千五百八十九文，竹連紙每部制錢六千六百六十文；江西局，連泗紙每部制錢七千五百六十文，官堆紙每部制錢五千三百文，吉連紙每部制錢三千八百八十文。《周易姚氏學》六本，湖北局，竹連紙每部制錢五百四十二文，官堆紙每部制錢四百八十五文。《韓詩外傳》二本，湖北局，竹連紙每部制錢一百七十七文，官堆紙每部制錢一百五十八文。《尚書大傳》一本，湖北局，竹連紙每部制錢八十八文，官堆紙每部制錢七十九文。《春秋繁露》二本，湖北局，竹連紙每部制錢二百零四文，官堆紙每部制錢一百八十三文。《左傳舊疏》四本，湖北局，竹連紙每部制錢三百十五文，官堆紙每部制錢二百八十一文。《儀禮古今疏義》四本，湖北局，竹連紙每部制錢二百六十文，官堆紙每部制錢二百三十文。《儀禮圖》三本，湖北局，白宣紙每部制錢九百六十五文，竹連紙每部制錢四百零三文，官堆紙每部制錢三百二十四文。《四書反身錄》四本，浙江局，連史紙每部制錢五百六十文，毛太紙每部制錢二百八十文。《春秋屬辭辨編》三十二本，江蘇局，連史紙每部制錢五千一百文，賽連紙每部制錢四千五百文，毛太紙每部制錢三千七百文。《春秋集古傳注》六本，淮南局，杭連紙每部制錢一千四百文，毛邊紙每部制錢一千二百文。《春秋或問》二本，淮南局，杭連紙每部制錢四百八十文，毛邊紙每部制錢三百八十文。《四書說苑》六本，淮南局，杭連紙每部制錢八百文，毛邊紙每部制錢六百文。《書古微》四本，淮南局，杭連紙每部制錢七百二十文，頭太紙每部制錢五百二十文。《大中講義》三本，江蘇局，連史紙每部制錢一百五十文，毛邊紙每部制錢一百九十文。《九經三傳沿革例》一本，湖北局，竹連紙每部制錢四十五文，官堆紙每部制錢四十文。《大戴禮記補注》四本，淮南局，杭連紙每部制錢五百八十文，毛邊紙每部制錢四百八十文。《抱經堂經典釋文》十二本，湖北局，白宣紙每部制錢四千一百五十九文，竹連紙每部制錢一千七百二十九文，官堆紙每部制錢一千四百四十文。《康熙字典》四十本，湖北局，白宣紙每部制錢十二千二百四十文，竹連紙每部制錢五千七百六十文，官堆紙每部制錢五千二百三十九文。《字典考證》六本，湖北局，竹連紙每部制錢七百五十三文，官堆紙每部制錢六百六十六文。，《說文解字段氏注》十八本，湖北局，白宣紙每部制錢六千四百八十文，竹連紙每部制錢二千九百十五文，官堆紙每部制錢二千五百二十文。《說文義證》三十二本，湖北局，白宣紙每部制錢八千一百四十八文，竹連紙每部制錢三千三百八十三文，官堆紙每部制錢三千零八十九文。《段氏說文注訂》二本，湖北局，竹連紙每部制錢二百二十七文，官堆紙每部制錢二百零八文。《說文新附字考》二本，湖北局，竹連紙每部制錢一百六十二文，官堆紙每部制錢一百四十七文。《說文引經攷證》二本，湖北局，竹連紙每部制錢一百九十八文，官堆紙每部制錢一百八十文。《說文通檢》二本，湖北局，竹連紙每部制錢一百九十三文，官堆紙每部制錢一百七十三文。《說文提要》一本，湖北局，白宣紙每部制錢二百十三文，竹連紙每部制錢九十一文。《說文辨疑》一本，湖北局，竹連紙每部制錢五十三文，官堆紙每部制錢四十七文。《佩文詩韻釋要》一本，湖北局，竹連紙每部制錢一百十七文，官堆紙每部制錢一百零八文。《字學舉隅》一本，湖北局，竹連紙每部制錢九十四文，官堆紙每部制錢八十五文。《韻字略》二本，湖北局，竹連紙每部制錢一百五十三文，官堆紙每部制錢一百三十五文。《佩文廣韻彙編》二本，江南局，每部制錢八十七文，官堆紙每部制錢七十八文。《經籍纂詁》四十八本，淮南局，杭連紙每部制錢七千二百文，毛太紙每部制錢五千六百文。《韻詁》十本，淮南局，杭連紙每部制錢一千六百文，毛邊紙每部制錢一千二百五十文。《廣雅疏證》八本，淮南局，杭連紙每部制錢二千零八十文，賽連紙每部制錢一千七百二十文。《一燈精舍甲部稿》二本，淮南局：杭連紙每部制錢二百二十文，毛太紙每部制錢一百六十文。

又史部：《校本史記》二十本，江南局，重皮宣紙每部制錢十二千六百文，大料半宣紙每部制錢八千六百文，小料半宣紙每部制錢六千九百文，官堆紙每部制錢四千一百文。《仿汲古閣本史記》十六本，江南局，小料半宣紙每部制錢五千二百文，官堆紙每部制錢三千二百文。《仿震澤王氏本史記》二十四本，湖北局，白宣紙每部制錢九千三百二十七文，竹連紙每部制錢三千八百六十七文，官堆紙每部制錢三千四百九十一文。《漢書》、《後漢書》三十二本，江南局，重皮宣紙每部制錢二十千七百文，大料半宣紙每部制錢十四千九百文，小料半宣紙每部制錢十一千五百文，官堆紙每部制錢六千四百文。《三國志》八本，江南局，重皮宣紙每部制錢五千二百文，大料半宣紙每部制錢三千七百文，小料半宣紙每部制錢三千二百文，官堆紙每部制錢一千八百文。《晉書》二十本，重皮宣紙每部制錢十三千二百文，大料半宣紙每部制錢九千二百文，小料半宣紙每部制錢七千二百文，官堆紙每部制錢四千四百文。《南北史》三十二本，江南局，重皮宣紙每部制錢十九千文，大料半宣紙每部制錢十三千八百文，小料半宣紙每部制錢十千零六百文，官堆紙每部制錢六千文。《宋書》十六本，江南局，重皮宣紙每部制錢九千三百文，大料半宣紙每部制錢六千七百文，小料半宣紙每部制錢五千二百文，官堆紙每部制錢二千九百文。，《魏書》二十本，江南局，重皮宣紙每部制錢十一千五百文，大

料半宣紙每部制錢八千三百文，小料半宣紙每部制錢六千三百文，官堆紙每部制錢三千六百文。《齊梁陳北齊周五史》二十四本，江南局，重皮宣紙每部制錢十四千文，大料半宣紙每部制錢十千文，小料半宣紙每部制錢七千八百文，官堆紙每部制錢四千六百文。《隋書》十六本，淮南局，杭連紙每部制錢三千八百八十文，毛邊紙每部制錢三千零六十文。《舊唐書》、浙江局，連史紙每部制錢八千文，官堆紙每部制錢八千文。淮南局，八十本，杭連紙每部制錢十六千五百文，毛邊紙每部制錢十四千文。《新唐書》，浙江局，連史紙每部制錢八千文，官堆紙每部制錢八千文。《舊五代史》十六本，湖北局，白宣紙每部制錢五千二百九十五文，竹連紙每部制錢二千二百零五文，官堆紙每部制錢一千九百十七文。《新五代史》十六本，湖北局，白宣紙每部制錢二千二百九十三文，竹連紙每部制錢九百六十文，官堆紙每部制錢八百六十四文。《宋史》，浙江局，連史紙每部制錢十八千八百文，官堆紙每部制錢十八千八百文。《遼史》十二本，江蘇局，連史紙每部制錢二千五百五十文，賽連紙每部制錢二千三百四十文。《金史》二十本，江蘇局，連史紙每部制錢四千六百六十文，賽連紙每部制錢四千二百九十文。《元史》四十本，江蘇局，連史紙每部制錢二千五百五十文，賽連紙每部制錢二千三百四十文。《金史》二十本，江蘇局，連史紙每部制錢四千六百六十文，賽連紙每部制錢四千二百九十文。《元史》四十本，江蘇局，連史紙每部制錢七千八百文，賽連紙每部制錢七千五百五十文。《明史》，湖北局，白宣紙每部制錢二十四千文，竹連紙每部制錢十千零五百文，官堆紙每部制錢九千文。《遼金元三史國語解》十本，江蘇局，連史紙每部制錢一千五百四十文，賽連紙每部制錢一千三百四十文。《遼史拾遺》八本，江蘇局，連史紙每部制錢一千三百文，賽連紙每部制錢一千一百五十文。《遼史拾遺補》二本，江蘇局，連史紙每部制錢三百二十文，賽連紙每部制錢二百九十文。《補元史藝文志氏族表》三本，江蘇局，連史紙每部制錢四百五十文，賽連紙每部制錢四百文。《校刊史記札記》二本，江南局，每部制錢六百文。《通鑑外史》并《目錄》十本，江蘇局，連史紙每部制錢一千五百五十文，賽連紙每部制錢一千三百五十四文。《影宋本資治通鑑目錄》十本，江蘇局，連史紙每部制錢二千二百五十六文，賽連紙每部制錢二千零七十六文。《資治通鑑》一百本，江蘇局，連史紙每部制錢二十一千五百零四文，賽連紙每部制錢十九千七百七十六文；湖北局，一百零四本，白宣紙每部制錢三十六千七百四十六文，竹連紙每部制錢十五千二百六十八文。《續資治通鑑》六十本，江蘇局，連史紙每部制錢十二千六百八十四文，賽連紙每部制錢十一千六百六十八文。《明紀》二十本，江蘇局，連史紙每部制錢四千三百三十四文，賽連紙每部制錢三千九百九十八文。《稽古錄》四本，江蘇局，連史紙每部制錢六百零四文，賽連紙每部制錢五百四十四文；湖北局，白宣紙每部制錢一千零二十二文，竹連紙每部制錢四百三十一文，官堆紙每部制錢三百八十五文。《御批通鑑輯覽》六十本，湖北局，白宣紙每部制錢二十千零二百八十五文，竹連紙每部制錢八四百三十九文，官堆紙每部制錢七千六百文；浙江局，四十八本，連史紙每部制錢十六千文，賽連紙每部制錢十二千八百文。《御撰資治通鑑綱目三編》十二本，江西局，六裁連泗紙每部制錢二千六百二十文；六裁官堆紙每部制錢一千九百四十文，六裁吉連紙每部制錢一千二百七十文，八裁連泗紙每部制錢二千一百三十文，八裁官堆紙每部制錢一千六百文，八裁吉連紙每部制錢一千零六十文。《欽定明鑑》十本，湖北局，白宣紙每部制錢二千四百十七文，竹連紙每部制錢一千零十八文，官堆紙每部制錢九百十三文。《綱鑑正史約》二十本，浙江局，連史紙每部制錢三千二百八十文，毛太紙每部制錢一千九百二十文。《續資治通鑑長編》，浙江局，連史紙每部制錢，毛太紙每部制錢。《左傳紀事本末》十二本，江西局，連泗紙每部制錢二千二百七十文；官堆紙每部制錢一千六百五十文，吉連紙每部制錢一千二百二十文。《通鑑紀事本末》，江西局，連泗紙每部制錢十一千七百七十文；官堆紙每部制錢八千六百二十文，吉連紙每部制錢六千五白十文。《宋史紀事本末》二十本，連泗紙每部制錢三千三百九十文；官堆紙每部制錢一千三百七十文，吉連紙每部制錢一千七百七十文。《元史紀事本末》四本，江西局，連泗紙每部制錢六百四十文；官堆紙每部制錢四百四十文，吉連紙每部制錢三百十文。《明史紀事本末》二十本，江西局，連泗紙每部制錢三千四百六十文；官堆紙每部制錢二千四百四十文，吉連紙每部制錢一千八百四十文。《國語》五本，湖北局，白宣紙每部制錢一千三百四十九文，竹連紙每部制錢五百六十七文，官堆紙每部制錢五百零九文。《國策》五本，湖北局，白宣紙每部制錢一千七百文，竹連紙每部制錢七百零九文，官堆紙每部制錢六百十二文。《周季編略》四本，浙江局，連史紙每部制錢九百二十文，毛太紙每部制錢五百文。《史鑑節要》二本，江蘇局，連史紙每部制錢二百十文，賽連紙每部制錢一百六十文；湖北局，竹連紙每部制錢二百三十文，官堆紙每部制錢一百九十八文。《逸周書校釋》二本，湖北局，竹連紙每部制錢二百十二文，官堆紙每部制錢一百九十一文。《隋・經籍志》四本，湖北局，竹連紙每部制錢七十四文，官堆紙每部制錢六十六文。《鑑戒錄》二本，湖北局，竹連紙每部制錢一百三十一文，官堆紙每部制錢一百十六文。《高士傳》一本，竹連紙每部制錢六十六文，官堆紙每部制錢五十八文。《古列女傳》四本，竹連紙每部制錢二百二十五文，官堆紙每部制錢一百九十九文。《讀史方輿紀要》、《天下郡國利病書》一百本，湖北局，賽連紙每部制錢十六千文。《讀史鏡古編》六本，江南局，每部制錢七百文。《讀史兵略》十六本，竹連紙每部制錢二千四百三十文，官堆紙每部制錢一千九百八十文。《平浙紀略》四本，浙江局，連史紙每部制錢六百七十文，毛太紙每部制錢三百四十文。《百將圖傳》二本，

江蘇局，連史紙每部制錢四百三十二文，毛邊紙每部制錢三百九十文。《朱子年譜》四本，江南局，每部制錢四百文。《大清會典》四本，湖北局，竹連紙每部制錢四百五十九文，官堆紙制錢四百十四文。《吾學錄初編》六本，江蘇局，連史紙每部制錢九百三十六文，毛邊紙每部制錢八百四十文，毛太紙每部制錢六百三十六文。《五禮通考讀禮通考》一百三十二本，江蘇局，連史紙每部制錢，賽連紙每部制錢二十二千六百文。《御製人臣儆心錄》一本，竹連紙每部制錢六十七文，官堆紙每部制錢五十九文。《皇朝祭器樂舞錄》三本，湖北局，竹連紙每部制錢二百三十四文，官堆紙每部制錢一百八十文。《文廟祀位》一本，湖北局，竹連紙每部制錢三十六文。《文廟丁祭譜》一本，江蘇局，連史紙每部制錢一百三十二文，毛太紙每部制錢八十六文。《文廟通考》二本，浙江局，連史紙每部制錢四百八十文，毛太紙每部制錢二百文。《文昌廟樂舞圖》，江蘇局，連史紙每部制錢五十五文，毛太紙每部制錢三十五文。《直省釋奠禮樂記》四本，江蘇局，連史紙每部制錢二千四百文。《律例便覽》六本，江蘇局，連史紙每部制錢七百四十四文，毛邊紙每部制錢六百七十二文，毛太紙每部制錢五百零四文。《三流五軍首里表》二十本，江蘇局，連史紙每部制錢二千一百文，毛太紙每部制錢一千五百文。《欽定康濟錄》四本，竹連紙每部制錢四百零六文，官堆紙每部制錢三百二十四文。浙江局，三本，連史紙每部制錢六百四十文，毛太紙每部制錢二百八十文。《秋審條款》二本，江蘇局，連史紙每部制錢一百六十文，毛邊紙每部制錢一百四十文，毛太紙每部制錢一百二十文。《實政錄》六本，連史紙每部制錢六百二十文，賽連紙每部制錢四百七十文，毛太紙每部制錢四百文；湖北局，四本，竹連紙每部制錢四百三十二文，官堆紙每部制錢三百四十二文；浙江局，連史紙每部制錢七百七十文，毛太紙每部制錢四百二十文。《國民錄》，江蘇局，連史紙每部制錢二百四十文，毛太紙每部制錢一百六十文；浙江局，連史紙每部制錢三百九十文，毛太紙每部制錢一百五十文；江西局，六裁連泗紙每部制錢一百五十文，六裁官堆紙每部制錢一百八十文，八裁連泗紙每部制錢二百二十文，八裁官堆紙每部制錢一百六十文。《荒政輯要》二本，湖北局，竹連紙每部制錢二百二十一文，官堆紙每部制錢一百九十八文。《籌濟編》，江蘇局，連史紙每部制錢一千三百七十文，毛太紙每部制錢七百三十文。《救荒補遺》二本，湖北局，竹連紙每部制錢二百五十三文，官堆紙每部制錢二百十六文。《捕蝗要訣》、《除蝻八要》一本，湖北局，竹連紙每部制錢三十七文，官堆紙每部制錢三十二文。《庸吏庸言》、《讀律心言》三本，湖北局，竹連紙每部制錢二百三十四文，官堆紙每部制錢一百九十八文。《牧令書》五種十四本，江蘇局，連史紙每部制錢一千六百八十文，毛邊紙每部制錢一千四百六十四文，毛太紙每部制錢一千二百文。《察吏六條》一本，江蘇局，連史紙每部制錢三十八文，毛太紙每部制錢二十六文。《佐治藥言》、《學治臆說》三本，湖北局，竹連紙每部制錢二百零一文，官堆紙每部制錢一百六十二文；江西局，六裁連泗紙每部制錢三百四十文，六裁官堆紙每部制錢二百四十文，八裁連泗紙每部制錢二百七十文，八裁官堆紙每部制錢二百文。《武功縣志》一本，湖北局，竹連紙每部制錢一百十六文，官堆紙每部制錢一百零八文。《學治一得編》一本，湖北局，竹連紙每部部錢九十四文，官堆紙每部制錢九十文。《名法指掌》四本，湖北局，竹連紙每部制錢三百四十四文，官堆紙每部制錢三百十二文。《牧令輯要》，湖北局，竹連紙每部制錢八百十文，官堆紙每部制錢六百三十文。《史通削繁》四本，湖北局，竹連紙每部制錢四百四十四文。《荆楚疏修》，湖北局，竹連紙每部制錢一百八十六文，官堆紙每部制錢一百七十一文。《人壽金鑑》二本，湖北局，竹連紙每部制錢一百三十四文，官堆紙每部制錢一百十七文。《湖北節義錄》十三本，湖北局，竹連紙每部制錢一千四百四十文，官堆紙每部制錢一千一百七十文。《水經注》十二本，湖北局，竹連紙每部制錢一千一百七十五文，官堆紙每部制錢一千零五十三文。《今水經表》一本，湖北局，竹連紙每部制錢六十六文，官堆紙每部制錢五十七文。《伍公山志》，浙江局，連史紙每部制錢二百九十文，毛太紙每部制錢一百五十文。《西湖志》，浙江局，連史紙每部制錢四千一百五十文，毛太紙每部制錢一千九百二十文。《兩淮鹽法志》三十二本，淮南局，杭連紙每部制錢七千六百五十文，毛邊紙每部制錢五千八百五十文。《淮南鹽法紀略》十本，淮南局，杭連紙每部制錢一千八百七十文，毛邊紙每部制錢一千七百文。《淮北票鹽續略》四本，淮南局，杭連紙每部制錢八百五十文，賽連紙每部制錢七百五十文。《南北史補志》八本，淮南局，杭連紙每部制錢一千六百文，賽連紙每部制錢一千四百文。《廣陵通典》二本，淮南局，杭連紙每部制錢四百文，毛邊紙每部制錢三百文。《皇朝三通》，浙江局，杭連紙每部制錢，毛太紙每部制錢。《呂氏四禮翼》一本，江南局，每部制錢一百四十文。《司馬溫公書儀》一本，江蘇局，連史紙每部制錢二百十六文，毛邊紙每部制錢一百六十六文，毛太紙每部制錢一百三十八文。《江蘇省例》四本，江蘇局，連史紙每部制錢三百三十四文，毛太紙每部制錢二百十八文。《江蘇省例續編》二本，江蘇局，連史紙每部制錢二百九十文，毛太紙每部制錢一百九十五文。《吳地記》一本，江蘇局，連史紙每部制錢四十二文，賽連紙每部制錢三十六文，毛太紙每部制錢三十文。《吳郡圖經續記》一本，江蘇局，連史紙每部制錢一百十六文，賽連紙每部制錢一百文，毛太紙每部制錢八十四文。《揚州水道記》四本，淮南局，杭連紙每部制錢八百五

十文，毛邊紙每部制錢六百八十文。《勝朝殉揚記》二本，淮南局，杭連紙每部制錢三百四十文，毛邊紙每部制錢二百六十文。《三才紀要》一本，上海局，連史紙每部制錢三百文，賽連紙每部制錢二百四十文。《四裔編年表》四本，上海局，連史紙每部制錢一千七百五十文，賽連紙每部制錢一千四百文。《海道圖説附長江圖説》十本，《三才紀要》一本，上海局，連史紙每部制錢二千二百八十文，賽連紙每部制錢一千八百二十四文。《銅版海道總圖》一張，上海局，扇料紙每張制錢八百文。《銅版海道分圖》十二張，上海局，扇料紙每副制錢三千六百文。《平圓地球圖》，上海局，扇料紙每副制錢一千二百文。《西國近事彙編》十六本，上海局，毛太紙每部制錢一千七百文。《列國歲計政要》六本，上海局，連史紙每部制錢一千四百文，賽連紙每部制錢一千一百二十文。《江蘇輿圖》，江蘇局，裝裱每部制錢九千六百文，不裝裱每部制錢四千七百文。《蘇城輿圖》，江蘇局，連史紙每部制錢八十文。《大清一統地輿全圖》十二本，湖北局，裝裱每部制錢，裝訂每部制錢二千一百六十文。《大清一統分省地輿全圖》二十六冊，湖北局，竹連紙每制錢二千九百二十一文，匣子在內，竹連紙不裝裱每部制錢五百二十一文。《長江全圖》，湖北局，竹連紙每部制錢七百三十八文，布套在內。《新疆圖》，湖北局，白宣紙每部制錢二十六文。

又子部：《老子》、浙江局，連史紙每部制錢一百十文，毛太紙每部制錢六十文。《莊子》、浙江局，連史紙每部制錢八百七十文，毛太紙每部制錢三百七十文。《管子》、浙江局，連史紙每部制錢一千一百六十文，毛太紙每部制錢五百二十文。《列子》、浙江局，連史紙每部制錢四百二十文，毛太紙每部制錢一百五十文。《墨子》、浙江局，連史紙每部制錢七百五十文，毛太紙每部制錢三百二十文。《荀子》、浙江局，連史紙每部制錢九百二十文，毛太紙每部制錢三百九十文。《尸子》、浙江局，連史紙每部制錢一百五十文，毛太紙每部制錢八十文。《孫子》、浙江局，連史紙每部制錢一千零八十文，毛太紙每部制錢四百七十文。《孔子集語》、浙江局，連史紙每部制錢三百六十文，毛太紙每部制錢三百七十文。《晏子春秋》、浙江局，連史紙每部制錢七百九十文，毛太紙每部制錢三百四十文。《呂氏春秋》、浙江局，連史紙每部制錢一千一百四十文，毛太紙每部制錢五百文。，賈誼《新書》、浙江局，連史紙每部制錢四百八十文，毛太紙每部制錢一百七十文。《春秋繁露》、浙江局，連史紙每部制錢五百九十文，毛太紙每部制錢二百四十文。《揚子法言》、浙江局，連史紙每部制錢一百七十文，毛太紙每部制錢九十文。《文子纘義》、浙江局，連史紙每部制錢五百七十文，毛太紙每部制錢二百二十文。《黃帝內經》、浙江局，連史紙每部制錢一千七百四十文，毛太紙每部制錢八百二十文。《竹書紀年》、浙江局，連史紙每部制錢七百四十文，毛太紙每部制錢三百二十文。《商君書》、浙江局，連史紙每部制錢一百五十文，毛太紙每部制錢八十文。《韓非子》、浙江局，連史紙每部制錢九百八十文，毛太紙每部制錢四百二十文。《淮南子》、浙江局，連史紙每部制錢一千一百四十文，毛太紙每部制錢五百文。《文中子》、浙江局，連史紙每部制錢三百八十文，毛太紙每部制錢一百二十文。《山海經》、浙江局，連史紙每部制錢六百六十文，毛太紙每部制錢二百六十文：以上浙江局刻。《二十二子》，連史紙通共制錢十五千八百三十文，毛太紙每部制錢六千八百十文。《孔子家語》二本，湖北局，竹連紙每部制錢一百九十七文，官堆紙每部制錢一百七十一文。《孔子集語》一本，湖北局，竹連紙每部制錢六十七文，官堆紙每部制錢五十四文。《荀子》二本，湖北局，竹連紙每部制錢二百三十文，官堆紙每部制錢一百九十八文。《孔叢子》一本，湖北局，竹連紙每部制錢九十三文，官堆紙每部制錢八十一文。《新語》、《忠經》一本，湖北局，竹連紙每部制錢五十六文，官堆紙每部制錢五十文。《新書》二本，湖北局，竹連紙每部制錢一百六十二文，官堆紙每部制錢一百四十四文。《鹽鐵論》二本，湖北局，竹連紙每部制錢 百六十九文，官堆紙每部制錢一百五十三文。《新序》二本，湖北局，竹連紙每部制錢一百六十二文，官堆紙每部制錢一百四十四文。《説苑》四本，湖北局，竹連紙每部制錢三百六十文，官堆紙每部制錢三百二十四文。《法言》、《方言》一本，湖北局，竹連紙每部制錢一百三十四文，官堆紙每部制錢一百二十六文。《潛夫論》二本，湖北局，竹連紙每部制錢一百五十七文，官堆紙每部制錢一百四十四文。《申鑒》、《中論》一本，湖北局，竹連紙每部制錢一百十三文，官堆紙每部制錢一百零八文。《傅子》、《續孟子》一本，湖北局，竹連紙每部制錢五十七文，官堆紙每部制錢五十四文。《伸蒙子》、《素履子》一本，湖北局，竹連紙每部制錢六十二文，官堆紙每部制錢五十四文。《胡子知言》、《薛子道論》、《悔樵子》一本，湖北局，竹連紙每部制錢一百二十七文，官堆紙每部制錢一百十五文。《握奇經》、《六韜》一本，湖北局，竹連紙每部制錢八十二文，官堆紙每部制錢七十二文。《孫子》、《吳子》、《司馬法》一本，湖北局，竹連紙每部制錢六十一文，官堆紙每部制錢五十一文。《尉繚子》、《素書》、《心書》一本，湖北局，竹連紙每部制錢七十九文，官堆紙每部制錢七十二文。《何博士備論》、《李忠定輔政本末》一本，湖北局，竹連紙每部制錢一百零四文，官堆紙每部制錢九十三文。《官子》四本，湖北局，竹連紙每部制錢四百二十二文，官堆紙每部制錢三百七十八文。《晏子春秋》二本，湖北局，竹連紙每部制錢一百七十七文，官堆紙每部制錢一百六十二文。《商子》一本，湖北局，竹連紙每部制錢七十四文，

官堆紙每部制錢六十三文。《鄧析子》、《尸子》一本，湖北局，竹連紙每部制錢七十七文，官堆紙每部制錢六十八文。《韓非子》四本，湖北局，竹連紙每部制錢三百七十八文，官堆紙每部制錢三百四十二文。《齊民要術》四本，湖北局，竹連紙每部制錢三百四十二文，官堆紙每部制錢二百九十七文。《太元經》二本，湖北局，竹連紙每部制錢二百零一文，官堆紙每部制錢一百八十文。《易林》四本，湖北局，竹連紙每部制錢三百五十一文，官堆紙每部制錢二百九十七文。《鬻子》、《計倪子》、《於陵子》、《子華子》一本，湖北局，竹連紙每部制錢一百零九文，官堆紙每部制錢九十九文。《墨子》四本，湖北局，竹連紙每部制錢三百二十八文，官堆紙每部制錢二百九十七文。《尹文子》、《慎子》、《公孫龍子》、《鬼谷子》一本，湖北局，竹連紙每部制錢八十二文，官堆紙每部制錢七十二文。《鶡冠子》一本，湖北局，竹連紙每部制錢八十七文，官堆紙每部制錢八十一文。《呂氏春秋》四本，湖北局，竹連紙每部制錢三百五十六文，官堆紙每部制錢三百二十四文。《淮南子》四本，湖北局，竹連紙每部制錢四百十四文，官堆紙每部制錢三百六十九文。《金樓子》二本，湖北局，竹連紙每部制錢一百七十七文，官堆紙每部制錢一百六十二文。《劉子》一本，湖北局，竹連紙每部制錢九十五文，官堆紙每部制錢八十六文。《顏氏家訓》一本，湖北局，竹連紙每部制錢一百零四文，官堆紙每部制錢九十三文。《獨斷》一本，湖北局，竹連紙每部制錢四十五文，官堆紙每部制錢二十七文。《論衡》六本，湖北局，竹連紙每部制錢六百五十六文，官堆紙每部制錢五百八十九文。《白虎通》二本，湖北局，竹連紙每部制錢一百五十三文，官堆紙每部制錢一百十七文。《風俗通》二本，湖北局，竹連紙每部制錢一百五十三文，官堆紙每部制錢一百十七文。《牟子》、《古今注》一本，湖北局，竹連紙每部制錢七十二文，官堆紙每部制錢五十四文。《鼇隅子》、《嫩眞子》、《廣成子》一本，湖北局，竹連紙每部制錢一百二十六文，官堆紙每部制錢一百十三文。《叔苴子》二本，湖北局，竹連紙每部制錢一百七十八文，官堆紙每部制錢一百六十二文。《郁离子》、《空同子》、《海沂子》一本，湖北局，竹連紙每部制錢九十七文，官堆紙每部制錢八十七文。《山海經》、《山海經圖讚》、《山海經補注》三本，湖北局，竹連紙每部制錢二百五十二文，官堆紙每部制錢二百十六文。《神異經》、《海內十洲記》、《洞冥記》、《穆天子傳》一本，湖北局，竹連紙每部制錢一百零一文，官堆紙每部制錢九十一文。《拾遺記》一本，湖北局，竹連紙每部制錢一百二十三文，官堆紙每部制錢一百十七文。《搜神記》二本，湖北局，竹連紙每部制錢二百零三文，官堆紙每部制錢一百八十三文。《搜神後記》二本，湖北局，竹連紙每部制錢六十四文，官堆紙每部制錢五十四文。

《博物志》一本，湖北局，竹連紙每部制錢八十一文，官堆紙每部制錢七十二文。《續博物志》一本，湖北局，竹連紙每部制錢八十八文，官堆紙每部制錢八十一文。《述異記》一本，湖北局，竹連紙每部制錢五十四文，官堆紙每部制錢三十六文。《陰符經注》、《陽尹子》一本，湖北局，竹連紙每部制錢五十八文，官堆紙每部制錢五十文。《老子道德經》、《道德眞經注》二本，湖北局，竹連紙每部制錢二百三十文，官堆紙每部制錢一百九十八文。《莊子》、《莊子闕誤》二本，湖北局，竹連紙每部制錢二百十六文，官堆紙每部制錢一百九十八文。《列子》一本，湖北局，竹連紙每部制錢九十五文，官堆紙每部制錢八十一文。《文中子》一本，湖北局，竹連紙每部制錢七十三文，官堆紙每部制錢六十三文。《抱朴子》四本，湖北局，竹連紙每部制錢四百八十文，官堆紙每部制錢三百六十文。《至游子》一本，湖北局，竹連紙每部制錢一百十四文，官堆紙每部制錢一百零四文。《亢倉子》、《玄眞子》、《天隱子》、《無能子》、《胎息經》一本，湖北局，竹連紙每部制錢一百十三文，官堆紙每部制錢一百零一文。以上湖北局刻《百子》，竹連紙通共制錢十千零一百六十七文，官堆紙通共制錢八千九百四十四文，白宣紙通共制錢二十一千五百二十八文。不零售。《老子章義》一本，江南局，每部制錢一百文。《孫吳司馬法》一本，淮南局，杭連紙每部制錢一百五十文，毛邊紙每部制錢一百文。《白虎通疏證》六本，淮南局，杭連紙每部制錢一千四百文，毛邊紙每部制錢一千二百文。《小學》二本，江南局，每部制錢二百文。《小學纂註》二本，江蘇局，連史紙每部制錢四百八文，毛邊紙每部制錢三百十六文，毛太紙每部制錢二百六十二文；浙江局，連史紙每部制錢四百二十文，毛太紙每部制錢一百七十文。《小學集解》二本，江蘇局，連史紙每部制錢四百四十文，毛邊紙每部制錢三百九十八文，毛太紙每部制錢二百八十二文；江西局，三本，連泗紙每部制錢五百二十文，毛邊紙每部制錢三百六十文，吉連紙每部制錢二百六十文。《小學義疏》二本，江蘇局，毛邊紙每部制錢一百文。《小學輯注》三本，湖北局，竹連紙每部制錢四百四十二文，官堆紙每部制錢三百九十六文。《江注近思錄附校勘記》四本，江蘇局，連史紙每部制錢六百十八文，毛邊紙每部制錢四百六十六文，毛太紙每部制錢三百九十四文。《五子近思錄》四本，湖北局，竹連紙每部制錢四百五十文，官堆紙每部制錢三百七十八文。《朱子全書》四十本，江西局，連泗紙每部制錢五千九百八十文，官堆紙每部制錢四千三百八十文，吉連紙每部制錢三千一百七十文。《大學衍義》八本，江南局，每部制錢一千文，浙江局，十本，連史紙每部制錢一千四百八十文，毛太紙每部制錢八百八十文。《小學韻語》一本，江蘇局，連史紙每部制錢八十文，毛邊紙每部制錢六十

文；浙江局，連史紙每部制錢一百二十文，毛太紙每部錢七十文。《困學紀聞》六本，淮南局，杭連紙每部制錢一千五百三十文，毛邊紙每部制錢一千三百六十文。《程氏讀書分年日程》一本，江蘇局，連史紙每部制錢二百十六文，毛邊紙每部制錢一百六十六文，毛太紙每部制錢一百三十八文；湖北局，二本，竹連紙每部制錢一百六十二文，官堆紙每部制錢一百三十五文。《程氏性理字訓》一本，江蘇局，毛邊紙每部制錢二十八文，毛太紙每部制錢二十六文。《趙子言行錄》二本，湖北局，竹連紙每部制錢二百零五文，官堆紙每部制錢一百八十文。《中庸衍義》十二本，江西局，連泗紙每部制錢一千八百八十文，官堆紙每部制錢一千三百文，吉連紙每部制錢九百七十文。《聖諭廣訓》二本，湖北局，竹連紙每部制錢一百九十八文，官堆紙每部制錢一百五十三文。《聖諭廣訓直解》二本，江蘇局，毛邊紙每部制錢一百八十四文。《聖論十六條附律易解》一本，江蘇局，連史紙每部制錢七十八文。《聖諭易解》，浙江局，連史紙每部制錢七十文。《庭訓格言》一本，湖北局，白宣紙每部制錢三百六十文，竹連紙每部制錢一百九十文。《日知錄》十六本，湖北局，白宣紙每部制錢三千九百六十二文，竹連紙每部制錢一千六百四十七文，官堆紙每部制錢一千五百零三文。《五種遺規》八本，竹連紙每部制錢八百十文，官堆紙每部制錢六百六十六文。《培遠堂手札》一本，江蘇局，連史紙每部制錢一百四十五文，賽連紙每部制錢一百二十五文，毛太紙每部制錢一百零五文。《手札撮要》一本，湖北局，竹連紙每部制錢一百十三文，官堆紙每部制錢一百零八文。《周文忠公尺牘》一本，江蘇局，毛邊紙每部制錢一百十二文，毛太紙每部制錢九十四文。《雙節堂庸訓》二本，湖北局，竹連紙每部制錢一百四十五文，官堆紙每部制錢一百三十五文。《二十四孝圖說》、《朱子治家格言》二本，江蘇局，連史紙每部制錢六十四文，毛太紙每部制錢四十六文。湯文正公遺書《志學會要》、《困學錄》兩種，江蘇局，連史紙每部制錢三十文，毛太紙每部制錢二十文。《陸清獻公治嘉格言》一本，江蘇局，毛邊紙每部制錢七十文，毛太紙每部制錢五十六文。《陸清獻公治嘉遺跡》一本，江蘇局，毛邊紙每部制錢五十四文，毛太紙每部制錢四十二文。《陸子全書》，浙江局，連史紙每部制錢二千一百七十文，毛太紙每部制錢一千二百文。《三魚堂日記》、《讀禮志疑》，浙江局，毛太紙每部制錢四百八十文。《學仕遺規》，江蘇局，連史紙每部制錢九百文，毛太紙每部制錢五百七十文。《養新錄》，連史紙每部制錢一千四百八十文，毛太紙每部制錢六百七十文。《童蒙須知韻語》一本，江蘇局，毛邊紙每部制錢二十二文，毛太紙每部制錢十八文。《弟子規》，江蘇局，毛邊紙每部制錢二十四文，毛太紙每部制錢二十文。《儒門法語》一本，江蘇局，連史紙每部制錢九十六文，毛太紙每部制錢六十四文。《義塾章程》一本，淮南局，杭連紙每部制錢四十文，毛邊紙每部制錢二十四文。《思辨錄輯要》八本，江蘇局，連史紙每部制錢七百二十文，毛邊紙每部制錢六百文，毛太紙每部制錢四百六十文。《章氏遺書》四本，浙江局，連史紙每部制錢八百四十文，官堆紙每部制錢八百四十文。《沈氏遺書》四本，浙江局，連史紙每部制錢四百八十文，官堆紙每部制錢四百八十文。《葬經》《宅經》一本，湖北局，竹連紙每部制錢三十四文，官堆紙每部制錢三十文。《酉陽雜俎》四本，湖北局，竹連紙每部制錢二百七十三文，官堆紙每部制錢二百四十二文。《續酉陽雜俎》二本，湖北局，竹連紙每部制錢一百三十九文，官堆紙每部制錢一百二十五文。《涑水紀聞》四本，湖北局，竹連紙每部制錢三百零九文，官堆紙每部制錢二百七十六文。《世說新語》四本，湖北局，竹連紙每部制錢三百六十一文，官堆紙每部制錢三百二十四文。《老學庵筆記》二本，湖北局，竹連紙每部制錢一百七十四文，官堆紙每部制錢一百五十六文。《意林》二本，湖北局，竹連紙每部制錢一百八十六文，官堆紙每部制錢一百六十八文。《人譜三篇》一本，湖北局，竹連紙每部制錢三十九文，官堆紙每部制錢三十四文。《人譜類記》二本，湖北局，竹連紙每部制錢一百七十八文，官堆紙每部制錢一百六十文。《淮南天文訓補注》二本，湖北局，竹連紙每部制錢二百十四文，官堆紙每部制錢一百九十二文。《歐陽省堂點勘記》，江蘇局，連史紙每部制錢二百二十文，毛邊紙每部制錢一百九十文，毛太紙每部制錢一百六十文。《讀書雜志》二十四本，江南局，每部制錢二千八百文。《孫耕遠築阡圖說》，江蘇局，連史紙每部制錢三十文，毛太紙每部制錢二十文。《繹志》八本，浙江局，連史紙每部制錢一千一百六十文，毛太紙每部制錢六百六十文。《述學》二本，淮南局，杭連紙每部制錢三百四十文，毛邊紙每部制錢二百六十文。《揚州畫舫錄》六本，淮南局，杭連紙每部制錢一千零二十文，毛邊紙每部制錢七百六十文。毛太紙每部制錢六百十文。《蔗餘偶筆》一本，淮南局，杭連紙每部制錢二百六十文，毛邊紙每部制錢一百七十文。《小知錄》六本，淮南局，杭連紙每部制錢六百十文，毛邊紙每部制錢五百十文。《吉微堂內外集》四本，淮南局，杭連紙每部制錢六百八十文，頭太紙每部制錢四百八十文。《百金方》五本，江蘇局，連史紙每部制錢一千零四十文，毛邊紙每部制錢九百五十文。《蠶桑合編》一本，江西局，連泗紙每部制錢一百四十文，官堆紙每部制錢一百十文，吉連紙每部制錢八十文。《授時通考》二十四本，江西局，連泗紙每部制錢三千四百五十文，官堆紙每部制錢二千四百八十文，吉連紙每部制錢一千八百五十文。《洗冤錄》，浙江局，連史紙每部制錢二千文。《大淸律例歌訣》、《洗冤錄歌訣》二本，湖北局，官堆紙每部制錢一

百文。《水利備考》，浙江局，連史紙每部制錢七百文。《漢官儀》，淮南局，杭連紙每部制錢一百五十文，毛邊紙每部制錢一百文。《幾何原本》、《學則》，《古昔齋算學》三種二十本，江南局，每部制錢三千文。《割圜密率》三本，淮南局，杭連紙每部制錢三百四十文，毛邊紙每部制錢二百六十文。《算學啓蒙》三本，淮南局，杭連紙每部制錢三百四十文，毛邊紙每部制錢二百六十文；上海局，連史紙每部制錢四百八十文，賽連紙每部制錢三百八十四文。《算法統宗》四本。以下十種爲算書十種，上海局，連史紙每部制錢七百文，賽連紙每部制錢五百六十文：《董方立遺書》一本，上海局，連史紙每部制錢二百六十文，賽連紙每部制錢二百零八文。《九數外錄》一本，上海局，連史紙每部制錢一百八十文，賽連紙每部制錢二百四十四文。《勾股六術》一本，上海局，連史紙每部制錢一百八十文，賽連紙每部制錢一百四十四文。《開方表》一本，上海局，連史紙每部制錢一百文，賽連紙每部制錢八十文。《對數表》三本，上海局，連史紙每部制錢八百四十文，賽連紙每部制錢六百七十二文。《弦切對數表》三本，上海局，連史紙每部制錢五百文，賽連紙每部制錢四百文。《恆星圖表》一本，上海局，連史紙每部制錢三百六十文，賽連紙每部制錢二百八十八文。《八線簡表》一本，上海局，連史紙每部制錢三百文，賽連紙每部制錢二百四十文。《八線對數簡表》一本，上海局，連史紙每部制錢三百文，賽連紙每部制錢二百四十文。《運規約指》一本。上海局，連史紙每部制錢二百四十文，賽連紙每部制錢一百九十二文。《製火藥法》一本，上海局，連史紙每部制錢二百八十文，賽連紙每部制錢二百二十四文。《汽機發軔》四本，上海局，連史紙每部制錢一千零六十文，賽連紙每部制錢八百四十八文。《汽機新制》二本，上海局，連史紙每部制錢四百八十文，賽連紙每部制錢三百八十四文。《汽機必以連附卷》六本，上海局，連史紙每部制錢一千四百文，賽連紙每部制錢一千一百二十文。《開煤要法》二本，上海局，連史紙每部制錢四百文，賽連紙每部制錢三百二十文。《地學淺釋》八本，上海局，連史紙每部制錢二千五百六十文，賽連紙每部制錢二千零四十八文。《金石識別》六本，上海局，連史紙每部制錢一千四百六十文，賽連紙每部制錢一千一百六十八文。《化學鑑原》四本，上海局，連史紙每部制錢一千文，賽連紙每部制錢八百文。《化學分原》二本，上海局，連史紙每部制錢五百六十文，賽連紙每部制錢四百四十八文。《御風要術》二本，上海局，連史紙每部制錢四百二十文，賽連紙每部制錢三百三十六文。《航海簡法》二本，上海局，連史紙每部制錢五百二十文，賽連紙每部制錢四百十六文。《防海新論》六本，上海局，連史紙每部制錢一千二百文，賽連紙每部制錢九百六十文。《器象顯真連全圖》三本，上海局，連史紙每部制錢八百八十文，賽連紙每部制錢七百零四文。《克虜伯礮說摻法附表》二本，上海局，連史紙每部制錢四百八十文，賽連紙每部制錢三百八十四文。《克虜伯礮彈造法附餅藥造法》三本，上海局，連史紙每部制錢五百二十文，賽連紙每部制錢四百十六文。《水師操練》三本，上海局，連史紙每部制錢七百二十文，賽連紙每部制錢五百七十六文。《代數術》二本，上海局，連史紙每部制錢一千二百八十文，賽連紙每部制錢一千零二十四文。《輪船布陣》二本，上海局，連史紙每部制錢四百二十文，賽連紙每部制錢三百三十六文。《行軍測繪》二本，上海局，連史紙每部制錢四百八十文，賽連紙每部制錢三百八十四文。《聲學》二本，上海局，連史紙每部制錢四百八十文，賽連紙每部制錢三百八十四文。《冶金錄》二本，上海局，連史紙每部制錢四百文，賽連紙每部制錢三百二十文。《海塘輯要》二本，上海局，連史紙每部制錢四百二十文，賽連紙每部制錢三百三十六文。《化學鑑原續編》二本，上海局，連史紙每部制錢四百二十文，賽連紙每部制錢三百三十六文。《攻守礮法》一本，上海局，連史紙每部制錢四百四十文，賽連紙每部制錢二百七十二文。《繪地法原》一本，上海局，連史紙每部制錢三百文，賽連紙每部制錢二百四十文。《微積溯源》六本，上海局，連史紙每部制錢一千二百文，賽連紙每部制錢九百六十文。《礮準心法》二本，上海局，連史紙每部制錢三百二十文，賽連紙每部制錢二百五十六文。《測法繪圖》四本，上海局，連史紙每部制錢一千文，賽連紙每部制錢八百文。《算式集要》二本，上海局，連史紙每部制錢四百八十文，賽連紙每部制錢三百八十二文。《儒門醫學》四本，上海局，連史紙每部制錢八百文，賽連紙每部制錢六百四十文。《兵船礮法》三本，上海局，連史紙每部制錢五百八十文，賽連紙每部制錢四百六十四文。《光學續增附卷》三本，上海局，連史紙每部制錢五百二十文，賽連紙每部制錢四百十六文。《西藝知新現成十卷，尚有續刻》六本，上海局，連史紙每部制錢一千二百四十文，賽連紙每部制錢九百九十二文。《營城揭要》二本，上海局，連史紙每部制錢三百六十文，賽連紙每部制錢二百八十八文。《五省溝洫圖說》，江蘇局，連史紙每部制錢八十文。《營壘圖說》一本，上海局，連史紙每部制錢一百八十文，賽連紙每部制錢一百四十四文。《測候叢談》二本，上海局，連史紙每部制錢四百八十文，賽連紙每部制錢三百八十四文。《三角數理》六本，上海局，連史紙每部制錢一千四百文，賽連紙每部制錢一千一百二十文。《井礦工程》二本，上海局，連史紙每部制錢四百文，賽連紙每部制錢三百二十文。《格致啓蒙》四本，上海局，連史紙每部制錢一千二百文，賽連紙每部制錢九百六十文。《數學理》四本，上海局，連史紙每部制錢七百六十文，賽連紙每部制錢六百零八文。《水師章程》十六本，

上海局，連史紙每部制錢三千二百文，賽連紙每部制錢二千五百六十文。《爆藥記要》一本，上海局，連史紙每部制錢二百二十文，賽連紙每部制錢一百七十六文。《電學》六本，上海局，連史紙每部制錢二千里文，賽連紙每部制錢一千六百文。《談天》本，上海局，連史紙每部制錢，賽連紙每部制錢。《東方交涉記》二本，上海局，連史紙每部制錢三百六十文，賽連紙每部制錢二百八十八文。《藝器記珠》本，上海局，連史紙每部制錢，賽連紙每部制錢文。《醫宗金鑑》六十本，江西局，連泗紙每部制錢八千四百六十文，官堆紙每部制錢六千二百七十文，吉連紙每部制錢四千五百二十文。《徐氏醫書六種》十本，湖北局，竹連紙每部制錢九百五十九文，官堆紙每部制錢八百七十三文。《沈氏尊生》二十六本，湖北局，竹連紙每部制錢二千六百零七文，官堆紙每部制錢二千三百七十九文。《溫熱經緯》四本，湖北局，竹連紙每部制錢三百四十五文，官堆紙每部制錢三百文。《廣生編》一本，湖北局，竹連紙每部制錢一百二十文，官堆紙每部制錢一百文。《傷寒審證表》一本，湖北局，竹連紙每部制錢六十七文，官堆紙每部制錢五十九文。《產孕集》一本，湖北局，竹連紙每部制錢一百十十文，官堆紙每部制錢一百文。《外科》二本，湖北局，竹連紙每部制錢一百五十九文，官堆紙每部制錢一百五十文。《女科》二本，湖北局，竹連紙每部制錢二百七十六文，官堆紙每部制錢二百四十九文。《理論駢文摘要》二本，江蘇局，連史紙每部制錢一百六十文，毛太紙每部制錢一百二十文。《醫宗備要》一本。湖北局，竹連紙每部制錢一百三十八文，官堆紙每部制錢一百二十文。

又集部：《仿汲古閣本楚辭》四本，江南局，每部制錢一千文。《楚辭集注》二本，湖北局，竹連紙每部制錢一百六十八文，官堆紙每部制錢一百五十文。《楚辭辯證》一本，湖北局，竹連紙每部制錢五十一文，官堆紙每部制錢四十五文。《離騷集傳》一本，湖北局，竹連紙每部制錢三十文，官堆紙每部制錢二十六文。《離騷草木疏》一本，湖北局，竹連紙每部制錢八十六文，官堆紙每部制錢七十六文。《離騷箋》一本，湖北局，竹連紙每部制錢七十文，官堆紙每部制錢六十四文。《文選李善注》十本，江南局，重皮宣紙每部制錢六千文，料半宣紙每部制錢三千七百文。官堆紙每部制錢二千四百文。《仿胡刻文選》二十四本，湖北局，白宣紙每部制錢七千六百六十二文，竹連紙每部制錢三千一百九十三文，官堆紙每部制錢二千八百七十七文。《翻刻文選集評》十六本，江蘇局，連史紙每部制錢二千一百文，賽連紙每部制錢一千九百二十文。《曹集銓評》二本，江南局，大料半宣紙每部制錢六百文，官堆紙每部制錢三百二十文。《龍川文集》十本，湖北局，竹連紙每部制錢一千零二十二文，官堆紙每部制錢九百十七文。《翻刻東雅堂韓集并點勘》二十一本，江蘇局，連史紙每部制錢二千一百十二文，賽連紙每部制錢一千九百零八文。《陸宣公集》六本，江蘇局，連史紙每部制錢七百四十文，毛太紙每部制錢五百零五文。《黃山谷詩集三注》二十本，江西局，連泗紙每部制錢三千六百四十文，官堆紙每部制錢一千五百四十文，吉連紙每部制錢一千九百三十文。《張楊園先生全集》十六本，江蘇局，連史紙每部制錢二千七百六十文，毛邊紙每部制錢二千五百四十文。《胡文忠公遺集》三十二本，湖北局，竹連紙每部制錢二千四百七十八文，官堆紙每部制錢二千一百六十文。《張忠敏公遺集》，江蘇局，連史紙每部制錢六百二十文，毛太紙每部制錢四百文。《大雲山房文集》十本，湖北局，竹連紙每部制錢一千二百文，賽連紙每部制錢八百文。《煙霞萬古樓集》二本，湖北局，白宣紙每部制錢二百四十文，官堆紙每部制錢一百六十文。《南宋雜事詩》四本，淮南局，杭連紙每部制錢五百五十文，毛邊紙每部制錢四百六十文。《十國宮詞》一本，淮南局，杭連紙每部制錢九十文，毛邊紙每部制錢七十文。《二三家宮詞》一本，淮南局，杭連紙每部制錢一百七十文，毛邊紙每部制錢一百二十文。《題襟館唱和集》二本，淮南局，杭連紙每部制錢二百六十文，毛邊紙每部制錢一百七十文。《金源紀事詩》四本，淮南局，杭連紙每部制錢六百十文，毛邊紙每部制錢五百十文。《古文淵鑑》三十二本，浙江局，連史紙每部制錢六千二百文，毛太紙每部制錢三千文。《唐宋文醇》，浙江局，連史紙每部制錢三千四百八十文，毛太紙每部制錢一千六百文。《唐宋詩醇》二十本，浙江局，連史紙每部制錢，毛太紙每部制錢一千七百二十五文。《翻刻古文辭類纂》，江蘇局，毛邊紙每部制錢一千五百五十二文，毛太紙每部制錢一千一百五十二文。《樂府詩集》十六本，湖北局，白宣紙每部制錢四千零五十文，竹連紙每部制錢一千六百八十三文。《古今詩選》十本，江南局，每部制錢一千三百文。《初唐四傑文集》三本，淮南局，杭連紙每部制錢六百文，毛太紙每部制錢四百五十文。《唐人萬首絕句選》二本，江南局，每部制錢二百四十文。《文心雕龍》二本，湖北局，竹連紙每部制錢一百四十七文，官堆紙每部制錢一百三十一文。《欽定四書文》十六本，湖北局，竹連紙每部制錢一千九百五十四文，官堆紙每部制錢一千六百二十文。《制義體要》四本，湖北局，竹連紙每部制錢三百零七文，官堆紙每部制錢二百七十七文。《元墨二宜》二本，淮南局，杭連紙每部制錢四百文，毛邊紙每部制錢三百文。《江漢書院課藝》四本，淮南局，杭連紙每部制錢五百十文，毛邊紙每部制錢三百四十文。《獨快山房文稿》二本，淮南局，杭連紙每部制錢三百文，毛邊紙每部制錢二百四十文。《豫章書院課藝》四本，江西局，連泗紙每部制錢五百八十文，吉連紙每部制錢三

百二十文。《四書題解》一本，淮南局，杭連紙每部制錢一百五十文，毛邊紙每部制錢二百文。《楹聯集錦》二本。湖北局，竹連紙每部制錢三百文。

又叢書部：《武英殿聚珍板叢書》一百二十八本。江西局，六裁連泗紙每部制錢十九千三百十文，六裁官堆紙每部制錢十三千六百五十文，八裁吉連紙每部制錢八千零九百四十文。

又《畿輔志書局刊刻書目》：《朔方備乘》二十四本，連泗紙帶夾板每部庫平足白銀六兩。《通商各國條約類編附續編》七本，毛邊紙每部制錢九百文。《直隸運售各省官刻書籍總目》一本，毛邊紙每部制錢一百八十文。《吳竹如先生年譜》一本，毛邊紙每部制錢一百三十九文。《區田五種》一本，連泗紙每部制錢一百五十文。《治蝗書》一本，毛邊紙每部制錢七十四文。《保甲章程》一本，毛邊紙每部制錢三十文。《蓮池書院課藝日記初集》八本，毛邊紙每部制錢八百文。《蓮池書院課藝日記二集》八本，毛邊紙每部制錢九百八十文。《醫學三書合刊》二本，連泗紙每部制錢一百六十文。《蔣侑石遺書》五本，毛邊紙每部制錢六百文。《畿輔輿地全圖》六本，連泗紙每部制錢三千文。《畿輔六排輿圖》四十八張，連泗紙每副制錢一百八十文。《俄刻畿輔全圖》三張，連泗紙每副制錢六十文。《畿輔六大河圖》一張，連泗紙每張制錢五十文。《中俄交界圖》三張，連泗紙每張制錢五十文。《海防圖》三張，連泗紙每部副制錢四百五十文。《俄國全圖》一張，連泗紙每張制錢五十文。

又《廣東書坊》：廣東書籍據原咨雲板版均發存坊間刷印，時由坊間按紙張市價增減定書價。茲將初次運到書籍目録價值照來咨開列。【略】《影殿板十三經注疏》一百二十本，白紙每部庫平足白銀十三兩五錢。《皇清經解》三百六十本，毛太紙每部庫平足白銀十三兩五錢。《史目表》一本，白紙每部庫平足白銀三錢二分，竹氏每部庫平足白銀二錢四分。《經典釋文》十二本，白紙每部庫平足白銀八錢。《古經解彙函》六十六本，白紙每部庫平足白銀七兩二錢。《朱文端集》五本，白紙每部庫平足白銀九錢。《四庫全書提要》一百二十本，白紙每部庫平足白銀六兩三錢。《佩文韻府》一百四十本，白紙每部庫平足白銀三十三兩五錢。《通志堂經解》四百七十九本，白紙每部庫平足白銀四十三兩。《西漢策要》十本，白紙每部庫平足白銀八錢五分。《東漢策要》十本，白紙每部庫平足白銀八錢五分。《兩漢記》十三本，白紙每部庫平足白銀一兩三錢。《粵雅堂叢書幷續集》三百三十八本，白紙每部庫平足白銀十九兩。《海山仙館叢書》一百二十三本，白紙每部庫平足白銀九兩五錢。《三朝北盟會編》四十本，白紙每部庫平足白銀十三兩五錢。《孶經堂初二三四集集外集續集再續集》二十四本，毛邊紙每部庫平足白銀九錢。《學海堂集初二集》十本，白紙每部庫平足白銀一兩六錢。《數學精詳》五本，白紙每部庫平足白銀八錢。《嶺南遺書六集》九十本，毛邊紙每部庫平足白銀七兩。《紀文達公詩文集》十二本，賽連紙每部庫平足白銀一兩二錢。《朱文正公集》十四本，賽連紙每部庫平足白銀九錢。《三典》一百一十二本。賽連紙每部庫平足白銀十二兩。

胡鳳丹《退補齋詩存二編》卷四《辛巳暮春生日自訟》 奉詔開書局，瑣屑招手民。旦暮讐亥豕，日與古人親。丁卯設立崇文書局，至丁丑春，刊成經史子集二百三十七種。

又卷七《辛未暮春生日自述》 丁卯創書局，讐校棼如絲。別風與淮雨，未許差毫釐。幸有張茂先，腹笥極瑰奇。疑義共參析，誠信不吾欺。張君鹿仙同事書局五載。金華理學藪，著作光陸離。刼餘半散失，搜羅付剞劂。重刻《金華先哲遺書》，已得四十餘種。退食有餘暇，往往耽吟詩。長篇與短句，所媿多瑕疵。我有書畫癖，珍藏如鼎彝。我有慈悲念，煢獨哀孤嫠。我性頗好客，言笑錯履綦。我口喜談佛，功德宏須彌。己巳重修正覺寺，將書局刊刻板籍庋藏其中。

杜瑞聯《滇省擬設局刊書疏》（朱壽朋《東華續録·光緒四年十二月辛巳》） 查滇省自遭兵燹，不惟學中書籍蕩然無存，即民間藏書之家，耗徙頻年，均多毀失。肅清之後，坊肆雖偶有刊本，大都刪節不全，難資考鏡。臣前服官湘南，稔知鄂省設局最久，刊書較多。其地水陸交沖，四通八達，故各省寄存善本，卷帙尤爲浩煩。當經會商，督臣、學臣率同道司悉心參酌，謹將欽定經史，御選詩文，以及有益身心、有關經濟等書先開數十種，檄飭湖北催餉委員購覓。茲據該委員按單購就，交給便員帶解到滇。臣復將隨帶書籍酌捐數十種。當即公同檢閱，分發兩書院存儲，藉資講習。幷擬擇其尤要者，飭司酌籌經費，陸繼校刊，分發各學。仍遵舊例，聽坊間印售，以廣流傳。務使邊鄙士風蒸蒸日上。報聞。

鹿傳霖《涇陽縣設立書局校刊經史片》光緒十七年十一月十五日（臺北故宮博物院《宮中檔光緒朝奏摺》六輯） 再，陝西學政臣柯逢時仿照東南各

省，於涇陽縣設立書局，校刊經史等書。經費難籌，而吳周氏於捐建學宫之後復首先報捐銀五千兩，其事遂集。是其樂善不倦，出自性生。查海防捐例，郎中職銜僅需銀三千八百四十兩。該氏所捐書局款項，以捐郎中職銜有贏無絀。可否賞給伊子吳念昔郎中職銜，以昭激勸之處，出自天恩。謹附片吁陳。伏乞聖鑒。謹奏。硃批：著照所請該部知道。

黎庶昌《曾文正公年譜》卷九 同治三年公五十四歲。【略】四月初三日設立書局，定刊書章程。江南、浙江自宋以來爲文學之邦，士紳家多藏書，其鏤板甚精緻。經兵燹後，書籍蕩然。公招徠剞劂之工，在安慶設局，以次刊刻經史各種，延請績學之士汪士鐸、莫友芝、劉毓松、張文虎等分任校勘。

崧蕃《奏雲南整頓書院并設書局片》光緒二十四年十一月（臺北故宫博物院《宫中檔光緒朝奏摺》二輯） 再，奴才前奉諭旨，飭令整頓書院。昨又欽奉懿旨，飭將天文輿圖及一切有用之學，均由各書院認眞講求。等因。欽此。迭經通飭所屬各書院，曉諭肄業諸生，一體欽遵在案。查滇省舊有五華、育材兩書院，向來專課制藝。光緒十六年復添設經正書院，專課經古。上年奴才會同前撫臣黄槐森又奏設算學館，以開風氣。并擬俟肄業諸生揣摩有得，再將天文、格致、輿圖諸學漸次擴充。惟滇省軍興以後，地瘠民貧，世家既少藏書，坊間亦無善本，以致有志之士欲精進而無由。現已飭令司道，於公款中提銀一萬兩，選紳承領。諭令將經史子集、國朝掌故暨一切有裨時務實學諸書，擇要開單，由各省采買運滇。即在省城設立官書局，隨購隨售。只照原價酌加水脚、薪工等費，并不格外取贏。使書值較廉，多士易於購置。亦造就人材之一助也。據署雲南布政使陳啓泰，會同善後局司道詳請。附奏前來。奴才覆查無異。除咨部查照外，理合附片陳明。伏乞聖鑒。謹奏。硃批：該部知道。

張之洞、吴大澂《設廣雅書局奏明立案摺》（中國第一歷史檔案館《光緒朝硃批奏章》一〇四輯） 奏爲粵省開設書局刊布經籍以裨士林奏明立案仰祈聖鑒事。竊維經學昌明，至我朝爲極盛。道光年間，前督臣阮元校刊《皇清經解》一千四百餘卷，藏板學海堂。既以表章先正，亦以鼓舞來學。於是海内通經致用之士接踵奮興，迨今六十餘年，通人著述日出不窮。或有稿草遺編，家藏刊本，當時未見，近始流傳，亟應續刊，以昭聖代文治之盛況。粵海堂爲當日創刊《經解》之所是，粵省尤當力任此舉，勉紹前矩。臣等海邦承乏，深惟治源。亟宜殫敬教勸學之方，以收經正民興之效。此外史部、子部、集部諸書可以考鑒古今，裨益經濟，維持人心風俗者，一并搜羅刊布。上年即經臣之洞捐貲設局舉辦。然必須籌有常款，擇有定地，方能經久。現經臣等公同籌度，即將新城内舊機器局量加修葺，以爲書局。名曰廣雅書局。臣之洞捐銀一萬兩，臣大澂捐銀三千兩，順德縣青雲文社捐銀一萬兩，仁錫堂西商捐銀一萬兩，省城惠濟倉紳士捐銀五千兩，潮州府知府朱丙壽捐銀五千兩，共銀四萬三千兩。發商生息，每年得息銀二千三百六十五兩。又誠信堂、敬忠堂商人每年捐銀五千兩。共七千三百六十五兩。以充書局常年經費，計款項尚不甚充如，以後别有籌捐之款，再當湊撥應用。視經費之贏絀，爲刊書之多寡。檄飭兩廣鹽運司綜理局事，博訪文學之士詳審校勘。將來各書刊成，當隨時刷印咨送國子監，以備在監肄業者考鑒之助。所有開設書局并籌捐經費各緣由，善後局司道會同鹽運使英啓具詳前來，謹會同廣東學政臣汪鳴鑾恭折奏明立案。伏祈皇太后皇上聖鑒。謹奏。硃批：該衙門知道。光緒十三年十月二十五日。

王先謙《南菁書院設局彙刻經解摺》（中國第一歷史檔案館《光緒朝朱批奏摺》一〇四輯） 江蘇學政臣王先謙跪奏爲《經解》刊有成書，恭摺具陳仰祈聖鑒事。竊臣於光緒十二年六月十九日附片，奏明在江陰南菁書院設局彙刊《經解》情形。七月二十六日遞回原片。軍機大臣奉旨：「知道了。欽此。」臣以此次搜訪經解得書較多，刻費浩繁，非臣綿力所能獨任。比即函知督臣曾國荃，撫臣崧駿商請，轉諭僚屬酌量籌措。賴督撫臣同力相助，飭屬鳩貲，源源而來，極形踴躍。即他省官紳亦以臣此舉爲表章經術起見，多有不特函商經自措寄前來者。臣飭局撙節動用，嚴密趲催。臣亦飭蘇州書局助刊多種。首尾三載，幸獲有成。爲書二百九部，都一千四百三十卷。體例一仿前大學士臣阮元所刊《皇清經解》，名曰《皇清經解續編》。蕆事後板存書院，刷印流傳，俾藝林承學之士宏觀覽而備研摩，庶幾文教日益振興，上副聖代作人至意。至此次捐貲合計漕平足銀一萬九千三百三兩二錢二分五厘。除蘇局助刊書二百四十三卷外，計臣局刊書一千一百八十七卷。實用銀一萬六千三百三兩二錢二分五厘。餘存銀三千兩正，飭交江陰縣知縣發商生息，以裕書院經費。書局既行裁撤。此項悉出官紳捐助，并未絲毫動用公

款。仰懇天恩，准免造冊報銷。除將印本咨送軍機處備查外，所有刊刻《經解》成書緣由理合恭摺具陳，伏乞皇太后皇上聖鑒訓示。謹奏。

柯逢時《味經書院刊書摺》（《東華續録・光緒十七年九月》） 壬子，柯逢時奏：陝西藏書既少，板本無多。自南中販運來者多由陸路，其價甚昂。寒士每苦難得，往往購買俗惡坊本。經文則刪節不全，字句則訛謬不堪。積久相沿，遂成風氣。南北路距省更遠，並坊本亦復難尋。臣上年咨商撫臣，籌捐銀兩於書院，刊刻書籍。捐廉俸千兩，以爲之倡。各屬官紳多有深明大義者，共捐湊銀一萬餘兩，皆出於至誠，毫無抑勒。已全數發商，歲取其息，陸續刊書。其捐至千兩以上者，咨明撫臣，循例奏請建坊。復經撫臣設法，每歲籌銀一款，專撥刊書之用。已於本年在味經書院開辦先刊正經、正史，即以院長劉光蕡總理其事，委監院周斯億兼管雜務，調肄業諸生通曉六書、留心古籍者加給膏火，分司校勘，不更另籌薪水，以期費不虛糜，可成善本。俟書本刻成，聽各屬書院儘數刷印，藉資流布。惟事屬創始，一切章程雖經妥議而持久爲難，仰懇飭下陝西巡撫學政隨時督察，極力維持，庶日久不致弊生，於學校實有裨益。得旨如所請行。

馬丕瑶《奏各省刊印書籍陸續寄送到粤等事摺》（《東華續録・光緒十七年二月》） 壬戌，馬丕瑤奏：臣前以廣西人文夙盛，兵燹後藏書悉燬，舊板無存，無以爲讀書培才之助，擬在省城開局刊書，並請旨飭下江南、浙江、廣東、湖南、湖北、四川六省將局刊經史等書刷寄來粤，俾得分儲擇刊等。因一摺於十五年十二月初十日，欽奉硃批：著照所請該部知道，欽此。臣遵即恭録，咨會各該省督撫查照，並加函諄懇。去後隨准該督撫等先後咨覆，咸念粤居邊徼，士多寒畯，同此教育之心，不分畛域之見。印寄書籍陸續咨送到粤，價由各省報銷。除四川路遠地偏尚未寄到，已飭派便員賫領外，計兩江督臣咨送書三十二種，江蘇撫臣咨送書六十五種，湖北撫臣咨送書一百七十三種，湖南撫臣咨送書十六種，浙江撫臣咨送書二十種，廣東督撫臣咨送書六十七種。又江西省本圖書之府近年增以局刊，蒐羅益富，臣前奏漏未陳及。昨見該省書目，擇其最要而爲他省所未有者一十八種，函致江西撫臣，亦承印寄，裒集群箱，蔚爲大觀。其中經史鉅帙，凡藝林承學之士所當家絃戶誦者，固已燦然美備；即名物象數，專門撰述，亦頗並蓄兼收。惟是官藏之書，借歸私室，難以偏應，亦有散失之虞。因爲定立章程，並將書本鈐蓋關防，以防日久盜換。創建書樓書堂，俾多士得以就觀。而士子散居各屬，書籍聚於省垣，有志者轉憾道途修阻，弗獲稽求。允宜分置各郡，庶窮鄉偏壤均得觀摩誦習。各省刷書均係每種十部，以九部分撥潯州、柳州、梧州、南甯、太平、泗城、百色、鬱林、歸順等府、廳、州，以一部置省垣書樓，其餘平樂、慶遠、思恩、鎮安等四府及龍州一廳，如各省送到書籍較多，即以數十種分存備閲，免令向隅。臣於省城獨秀峰麓書院之側建造書樓書堂，規模麤具，經史子集分別部置庋藏完整，酌派員役專司其事，並諄飭藏書各屬按照省城章程辦理，均擇書院及公所地方修建書樓，上藏書籍，下爲士子看書之所。臣均親書匾聯懸挂，並於巡閲所至逐一親往察看，尚皆軒爽妥貼。由地方官紳公同經理，以期垂諸久遠。現在各屬士子看書者更番疊進，頗不乏人，實有鼓舞奮興之象。臣維我朝稽古右文超越前代，乾隆中《欽定四庫全書》告成，特命繕寫全冊，建三閣於江浙兩省，俾士子咸得就觀傳寫，嘉惠士林，恩意無微不至。是以名臣碩儒接踵而起，人才之盛焜耀古今。髮捻之亂，烽火遍諸行省，海內藏書燬失不少。盪平以後，曾國藩、李鴻章、左宗棠等皆孳孳以此爲務，所至輒設局刊書。二十餘年，網羅散佚，漸復舊觀。江蘇、浙江、湖北、四川、廣東諸省又皆創建書院，廣儲典籍，令諸生肄業其中。歲時講習，文風學術蒸蒸日上。臣今此舉，竊願士子窮經勵志，化弇陋爲鴻博，胥成有用之材。凡有詣樓觀書者，臣皆進而勉之，務講求實學，裨益身心，從此俗返敦龐，人文蔚起，庶仰副聖天子作人雅化焉。至省局刊刻《六經》、《四書》讀本及《孝經》、《小學集解》，均已工竣，印發各屬分售散布，俾讀書者咸獲善本，士民極爲歡欣。又《圖民録》一書，敷陳治理，深切著明，爲居官之寶鑒，亦已刻成，任地方者各手一篇，於吏治不無裨益。此外應刊之書，仍陸續籌款刊發，以臻賅備而便士林。合併陳明報聞。

劉光蕡《煙霞草堂文集》卷八《味經創設時務齋章程》 一刊行西書。中國之患西禍爲急，則時務莫大於洋務。西國之謀人國也，以商賈籠其財，然後以兵戈取其地，故今日中國以整頓商務爲先，宜急刻商務及通商條約、各國交涉等書。西商所以獲利者，製造精也，故宜急刻造器各書。造器之原，均由格致，故宜急刻格致諸書。商賈之中即伏兵戎，故宜急刻戰陣軍械等書。西學之精，非算術不能窺其奥，故宜急刻算術各書。然吾中人則虛憍

自大，謂讀洋書者即爲變於夷，則請以中興諸賢文集事涉洋務者先焉。其他則從算學始。

又《味經書院志·刊書第六》　光緒十七年歲在辛卯秋八月，陝西提督學政武昌柯創立刊書處於味經書院之東。以院長總其事，以監院爲局董事，司財用出入及一切刊刷之事，以肄業生任校讎。其刊書以十三經、廿四史爲主，旁及《通鑑》、《通典》、《通志》、《通考》、一切子集、掌故有用之書。其貲則公出千金以倡之，得自涇陽者五千金，得自三原者一千金，得自各縣者若干金。柯公又捐廉若干以益之。臨潼同知銜傅萬積承父志，刻《十一經讀本》。咸甯孀婦趙劉氏承夫志欲刊書籍，咸輸資附之。其財用出入則主之紳士，歲用其子，留其母。不足則各院司又歲撥五百金以助之。其會計則歲終上於學院，他衙門不與聞其日行事，學院亦不與聞也。其司事之人則公舉三十人，上其名於學院。歲更一人，三十年則遍有，缺則舉之。此書局之規制也。始柏先生主講味經，知士之多病空疏也，立求友齋課以振發之，士知嚮學矣。而苦無書，則集貲以刻之。移主關中，則舉所藏版刻印行之，又商於上憲，轉運他省書籍以實之。然無源之水易竭其流，有限之薪莫增其燄。於是求友齋僅刻《詩義折中》、《春秋大事表》、《易經讀本》、《詩經讀本》、《梅氏籌算》、《平三角舉要》、《養正遺規》、《教女遺規》、《訓俗遺規》、《豳風廣義》，糜金錢不及兩千。《書經讀本》、《九章翼工》猶未竣而貲不繼矣。是時，武昌柯公莅關中。其造士也合漢宋而一之，朱子、小學必兼訓詁，心性之説必實之以經史。尤加意於書院，擇陝西英俊者數十人養之。月有課，日有記，公親評閱，覺陝士非使之沈潛於經史之中，不能救其弊。而刊書之意決矣。往復商酌於省中院司，殷勤條告於各屬州縣。經營二十有餘，始克有成。公乃議之曰：刊書爲陝省千百年未有之舉，千百士取益之資，所關甚鉅。故首擇人，得人而理各任其勤，故專責成。次之，校讎之善爲有益於古書，校讎之精實足覘士所學，故嚴校讎。次之，鐫刻之初，經史爲急，鐫刻之勢，積漸始成，故限鐫刻。次之，鳩工居肆，良莠不齊，漫無紀綱，弊生内潰，故立條規。次之，雕成善本，藏宜名山，日積月增，閣架林簇，故建房屋。次之，嘉惠士林，勢成紙貴，揭示書價，無致居奇，故便售賣。次之，一切事務不鈐束以官法，則勢渙而不聚；盡用官法，又恐分隔而弊生，故慎報銷。次之，用人不可不養，故議薪水。次之，仗義輸貲，名不可沒，籌之維艱，守之不敢或易也，故以籌經費終焉。規模粗定，而公亦將報政入都矣。版印書籍，盛行於宋。其事多領於書院，所謂院本也。中興以來，各直省多設書局，然領於官吏，不領於師儒，則存書籍之意多，而教士子之意少。陝獨後起，制乃合於古，則獨後者安知不獨久也。昔阮文達設詁經精舍於浙，浙之古學大興。他日陝士輩出，此舉殆爲之兆矣。

閔萃祥《式古訓齋文集》卷下《張先生行狀》　文正公心儀之。安慶克復，長江輪船通行，遂具書介李壬叔先生來招，屬以内軍械所事。而今制軍威毅伯曾公，方刊其鄉先輩王船山先生書，庀局皖垣。即延先生及儀徵劉伯山先生毓崧，分任校讎。甲子，大軍克江寧，文正公移節之。任先生與偕以書局自隨。乙丑《船山遺書》刊竣，仍留幕府。喟然嘆，曩所校錢氏諸書，俱毁於寇，而幾何、重學二書，尤切於當世之用，請於文正公重鋟以行。是年秋，今傅相肅毅伯李公繼督兩江，議開書局，刻經史各書。烏程周縵雲侍御學濬總其事，仍延先生校理。因商定條例，以呈李公。公亟稱善。

崑岡等《清會典事例》卷一一〇四《欽天監》　制《時憲書》：順治元年欽天監進新法測量等儀，并新法書式。奉旨西洋新法推算精密，現今造曆准悉依此法。二年，新書告成，頒行天下，面刻「欽天監依西洋新法印造時憲曆日，頒行天下，僞造者依律處斬；有能告捕者，官給賞銀五十銀。如無本監曆日印信，即同私曆。」康熙八年，去「依西洋新法」五字，改爲「欽天監奏准印造時憲曆日，頒行天下。」【略】雍正元年，《時憲書》式奉旨書面止載「欽天監奏準印造」一段，自「僞造者」以下載於後面。雍正三年，奉旨《時憲書》「欽天監奏准」一段改爲「欽天監遵《御制曆象考成》時憲曆日，頒行天下。」【略】乾隆元年，《時憲書》式書前面改爲「欽天監遵《御制數理精蘊》印造時憲書，頒行天下。」後面改爲「如無本監時憲書印信，即同私曆。」【略】六年，《欽定萬年書》十二卷告成，書板交監收存，願刷者聽。【略】十八年，遵《欽定清漢對音字式》，改正時憲書内所載蒙古諸部落及哈密、伊犁、吐魯番諸回部等地名四十七處，【略】五十八年諭：朕於六十一年歸政，嗣皇帝於是書改元，所有《時憲書》後紀年篇頁，其進呈宮中所用，及頒賜阿哥王子一品大臣者，應照康熙六十一年《時憲書》式樣，匀刻三頁。第一頁首行書嗣皇帝元年，次行書乾隆六十年，以次紀年，至六十　歲乾隆元年止。其頒發各直省之《時憲書》，仍照常式刊作二頁。

首行書嗣皇帝元年，次行書乾隆六十年，以次紀年，至六十歲乾隆二年止，以符定例。進《時憲書》：頒朔，原定每年二月初一日進呈來歲《時憲書》式，御覽畢，翻譯刊印。四月初一日，咨呈兵部，由驛遞各省布政使司各二本。一本用印存司署，一本不用印，照式刊刻，鈐「欽天監時憲書」印，至期頒發本省。九月豫期具題。十月恭進，繕錄清、漢字《御覽時憲書》各一本，刷印清、漢、蒙古《時憲書》各一本，清、漢字《七政時憲書》各一本；皇后刷印清、漢、蒙古《時憲書》各一本，清、漢字《七政時憲書》各一本，均用黄綾面、套，黄羅銷金包袱包封；皇貴妃、貴妃、妃刷印、漢、蒙古《時憲書》各一本，清、漢字《七政時憲書》各一本，均用金黄綾面、套，金黄羅銷金包袱包封；嬪刷印清、漢、蒙古《時憲書》各一本，清、漢字《七政時憲書》各一本，用紅綾面，無套，紅羅銷金包袱包封。以上《時憲書》均不鈐「時憲書」印。頒賜時憲書於王公，均清、漢、蒙古《時憲書》各一本，清、漢字《七政時憲書》各一本，王用紅綾面，紅羅銷金包袱包封；貝勒用紅綾面，貝子公用黄裱紙面。公主給清、漢、蒙古《時憲書》各一本，用紅綾面，均紅棉紙包封。八旗各部院衙門大臣堂官，滿洲給清字，蒙古給蒙古字，漢軍、漢人給漢字《時憲書》各一本，均黄裱紙面，每旗每衙門共一紅棉紙包封。其八旗滿洲官員給清字，蒙古官員給蒙古字，漢軍官員給漢字《時憲書》各一本，均由監交各旗分發。各衙門漢官，每人給漢字《時憲書》一本，由監交各衙門分發，其各衙門坐書，於初三日行文赴監支取。直隸、盛京等處文武衙門官，各給一本，應領清字、漢字、蒙古字《時憲書》，行文赴監支取。【略】蒙古藩王各給蒙古《時憲書》百本，由理藩院頒發，朝鮮國王給紅綾面漢字《時憲書》一本，其屬官給黄紙面漢字《時憲書》百本，由禮部頒發。以上均鈐「時憲書」印。【略】又《月五星相距時憲書》，每年十二月進呈，其刊造《時憲書》刷印紙、包封紙、裝潢綾絹、顔料及工價銀兩，於戶部支取，筆墨、板片、棱廠及頒發直隸、盛京、蒙古部落、朝鮮應用箱籠等物，工部支取。

又卷一一七三《内務府・武英殿修書處》 康熙十九年，奉旨武英殿設造辦處，設監造六人，派侍衛及司員經管，無定員。二十四年，設筆帖式一人。四十一年，增設筆帖式一人。四十三年，奉旨監造六人俱行裁汰，又復設監造六人。四十四年，增設監造六人；又奏准武英殿硯作改歸養心殿造辦處，裁給監造二人；又奉旨增設筆帖式一人；四十八年，裁監造四人。五十三年，增設監造二人。五十五年，奉旨增設監造一人。五十七年，奏准法瑯作改歸養心殿造辦處，裁給監造一人。六十一年，露房歸併武英殿，增設監造一人，筆帖式二人。雍正二年，裁監造，設庫掌三人。四年，復設監造二人。六年，增設庫掌一人。七年，鑄給武英殿修書處圖記，設委署主事一人。十一年，議准於領催内設委署催總一人。十二年，裁委署主事。乾隆五年，增設委署庫掌四人。六年，議准於領催内增設委署催總一人。八年，議准於拜唐阿内增設委署庫掌一人。十一年，議准本處檔案房，於拜唐阿内設委署庫掌一人。二十四年，改催總爲司匠。四十三年，奏准武英殿修書處監造二人定爲六品職銜，食七品俸，庫掌四人定爲七品職銜，食八品俸。四十七年奏准監造二人定爲一正一副，其正監造作爲員外郎，副監造作爲副内管領，均不必另行添設，即於内務府員外郎副内管領内佔用，又奏准七品銜庫掌内改授六品銜一人；又奏准於筆帖式内復設委署主事一人。嘉慶十一年，奏准留額外頂戴委署庫掌三人。

又卷一一九九《内務府・書籍碑刻》 武英殿庫作：原定銅字庫庫掌一員，拜唐阿二名，專司銅字銅盤及擺列等事。雇擺字人，每月每人工食銀三兩五錢；刻銅字人，每字工銀二分五釐。書作庫掌一員，拜唐阿六名，委署司匠一員，委署領催二名，專司内庭交出及進呈陳設各種新舊書籍，並託裱界劃等事。刷印作：庫掌一員，拜唐阿八名，委署司匠一員，委署領催二名，專司鉤摹御書，刊刻書籍，寫樣、刷印、摺配、齊訂等事。露房庫掌一員，拜唐阿六名，委署領催一名，醫生四名，專司合藥蒸露，造鼻煙及西洋胰子等事。乾隆九年，奏准將銅字庫所存銅字、銅盤交該處銷毁，所有該庫庫掌、拜唐阿仍留本處，分派各作行走。三十四年，奏准本處蒸露等項較前簡少，所有佔用藥房醫生四名暫行撥回該處當差，嗣後如有應用醫生時，傳喚應役畢，仍行退回。匠役：原定書作食錢糧書匠十四名，齊闌匠四名，託裱匠四名，平書匠七名，補書匠四名，合背匠五名，界劃匠六名，傳用營造司鋸書木匠五名。刷印作食錢糧刷印匠四十名，如不敷用，仍准外雇。各匠役俱行官飯，按其人數添減不等。康熙四十四年，奏准匠役等嗣後停止官飯，酌量給予錢糧，書匠作書一套，給飯食銀一錢，界劃匠界畫一百六十篇，給飯食銀一錢；做小套一箇，給飯食銀五分；刷印匠刷書一千篇，給飯

食銀一錢，俱入歲底奏銷。又定外雇匠役鉤摹御筆發刻，每一字工價銀一分，如刊刻圍屏、板牆、寶座等項，按其字之大小，酌給工價。刻宋字每百字工價銀八分，刻輭字每百字工價銀一錢四分至一錢六分不等，刻書内圖像量其大小多寡，酌給工價，若棗板俱加倍。寫宋字板樣，每百字工價銀二分至四分不等；寫輭字每百字工價銀四分；摺配、齊訂書籍，每一千篇工價銀一錢三分；刷印連四紙書一千篇，工價銀一錢六分；竹紙書一千篇，工價銀一錢二分；裁書一千篇，工價銀二分。聚珍館擺板：乾隆三十八年，奏准刊刻《四庫全書》，所用板片浩繁，莫若刻成棗木活字套板一分，刷印各種書籍，比較刊板工料省簡懸殊。謹按照《御定佩文詩韻》詳加選擇，除生僻字不常見於經傳者不收集外，計應刊刻者約六千數百餘字，此内虚字以及常用之熟字，每一字加至十字或百字不等，約共需十萬餘字。又豫備小註應刊之字，亦照大字每一字加至十字，或百字不等，約需五萬餘字。大小合計不過十五萬餘字。遇有發刻一切書籍，止須將槽板照底本一擺，即可刷印成卷。儻其間尚有不敷應用之字，豫備木子二千箇，隨時可以刊補，其書頁行款、大小式樣照依常行書籍尺寸，刊作木槽板二十塊，臨時按底本將木字儉校明確，擺置木槽板内，先刷印一張，交與校刊翰林處詳校無誤，然後刷印。其棗木子大小共應用十五萬餘箇，詳加覈算。每百字工料需銀八錢，十五萬餘字約需銀一千二百餘兩。此外成做木槽板，備添空木子，以及盛儲木字箱格等項，再用銀一二百兩，已敷置辦。即或刷印經久，字畫糢糊，又須另刻一分，所用工價亦不過此數；或尚有堪以揀存備用者，於刻工更可稍爲節省，並請添設擺字供事六名，分領其事。所有刊刻木子字十五萬，按韻分存木箱内，其木箱用十箇，每箇用抽屜八層或十層，抽屜中各分小格數十箇，盛儲木字。臨用時以供事二人專管擺板，其餘供事四人分管平、上、去、入四聲字，如果勤慎。五年之後，歸併武英殿修書處供事一體辦理。三十九年，奏准成造棗木子，每百箇銀二錢二分，刻工每百箇銀四錢五分，寫宋字每百箇工銀二分，共合銀六錢九分，計刻得大小木字二十五萬三千五百箇，實用銀一千七百四十九兩一錢五分。備用棗木子一萬箇，計銀二十二兩。擺字枬木槽板八十塊，各長九寸五分，寬七寸五分，厚一寸五分，每塊各隨長短夾條一分，工料銀一兩二錢，計銀九十六兩。每塊四角包釘銅片工料銀一錢五分，計銀十二兩。板箱十五箇，每箇工料銀一兩二錢，計銀十八兩。揀字歸類，用松木盤八十箇，長一尺八寸，中安格條，每箇工料銀三錢五分，計銀二十八兩。套板格子二十四塊，各長一尺，寬八寸，厚一寸，每箇工料銀三錢，計銀七兩二錢。成造收儲木子大櫃十二座，各高七尺二寸，寬五尺一寸，進深二尺二寸，每座各安抽屜二百箇，實用工料銀三十兩，計銀三百六十兩。抽屜二千四百箇，成釘銅眼錢曲須圈子二千四百副，每副銀一分五釐，計銀三十六兩。木板凳十二條，各長五尺，寬一尺，高一尺五寸，每條工料銀九錢五分，計銀一十兩四錢，通共實用銀二千三百三十九兩七錢五分。領過銀二千二百兩，尚不敷銀一百三十九兩七錢五分，仍向廣儲司支領給發。再此項木子、器具，成造工價，事屬初創，並無成例可援，所有價值俱係實用實銷，應將此次奏准工料價值作爲定例。修書：康熙四十三年，奉旨朕新纂《佩文韻府》一書，特派翰林孫致彌等校對，可於武英殿内收拾房舍幾間，令伊等在内詳細校對。雍正三年，奏准修書處行走翰林生監共二十七人，所修書籍俱已告成，於翰林生監中擬留六員以備查對繕寫之用，其餘二十一人撥回翰林院，内有生監照例辦理。如再有纂修、查對需用翰林之時，於翰林院行取，纂畢後仍回該院。乾隆三年，諭武英殿寫字需人，著尚書趙國麟等，在國子監肄業之正途貢生内看其年力精壯，字畫端楷，情願效力者，選取十人送武英殿，以備繕寫謄錄之用。其在監肄業每月所領膏火之資，仍照舊給予。若有缺出，該監照例送補。俟數年之後，行走若好，該管王大臣秉公具奏，酌量議叙。三十四年，停止國子監咨送貢生，改由吏部考取謄錄内選補，並裁四缺。四十五年，奏准仍照舊例於國子監肄業拔副優三項貢生内，咨取十名充補校錄。嘉慶二十五年，奏准嗣後武英殿寫樣交原館校對者，書百卷以半年爲限，武英殿修改誤字，一千字以二十日爲限，遲逾分別參處。修書飯食：康熙四十三年，奏准照南書房翰林飯食例，每修書翰林日給肉菜半卓，米一升，茶葉二錢，跟役老米一升。其肉菜半桌，按時價定銀一錢二分八釐七毫五絲買辦供給。稻米、老米、茶葉俱按時價採買。每日炭五斤，煤五十斤，向營造司行取。雍正六年，定領催每日各給羊肉十兩，向飯房領取，老米九合，豆腐四兩，青菜八兩，鹹菜一兩，向内管領處領取。柴、煤各一斤，炭一兩，向營造司領取。乾隆三年，定謄錄書籍貢生十員，每員每日各給飯銀六分。五年，定拜唐阿每日各給羊肉十兩，老米九合，豆腐八兩，豆芽菜四兩，鮮菜四兩，鹹菜二兩，麪醬一兩，清醬五錢，

柴煤各一斤，炭一兩。三十三年，奏准修書處除青菜、鹹菜合計無幾，停止支領外，其應領豆腐、豆芽菜等，每名每日各折給銀五釐三毫五絲，於每月底向廣儲司領取，其老米仍照例領用。進《時憲書》：康熙六十一年，奉旨《時憲書》著照欽天監批寫式樣批寫，欽此，遵旨議定。批寫裝潢四本，於除夕日進呈，裝潢所用黄綾向欽天監取用，批寫紅字所用硃錠，向御書處行取，其界劃、校對仍係欽天監人員承辦。至批寫紅字，係本處外雇寫宋字人計工繕寫。乾隆三十年，奏准年例進呈《時憲書》改爲二本。五十九年，定每年《時憲書》俱於除夕前隨本處奏銷黃冊一併呈進。【略】御書處四作：搨印墨刻。御書處匠役：原定刻字作：刻字人十三名，學手刻字人十四名，墨作：造墨人四名，學手造墨人六名，裱作：裱匠二十一名，染紙匠三名。原定刻字作：庫掌一員，拜唐阿二名，委署司匠二名，領催一名，專司雙鉤、頂珠、鐫刻、填寫等事。墨作：委署庫掌一員，拜唐阿二名，領催一名，專司成造硃墨等事。裱作：庫掌一員，拜唐阿三名，領催二名，專司託裱、墨刻、染造各色箋紙等事。墨刻作：委署庫掌一員，拜唐阿三名，專司墨刻作：墨刻匠四十名，如不敷用，准其外雇。康熙二十九年，奏准本處成造活計，俱照例行取匠役，飯食每分羊肉二兩，向飯房領取，老米九合，醬一兩，清醬五錢，豆腐四兩，豆芽菜二兩，向內管領處領取。木柴一斤，炭一兩，向營造司領取。乾隆十八年，奏食錢糧刻字人在御書處刻字係行給官飯，凡有出京刻字處所，俱照出外盤費例，每日給銀一錢三分。惟是圓明園等處，非熱河、盤山可比，酌量每人每日裁銀八分，仍給飯銀五分。奉旨給五分飯銀者，著再添給一分，遠路照舊給飯銀一錢三分。三十三年，奏准豆腐、豆芽菜每分折銀三釐二毫九絲二忽四微，向廣儲司支領，餘物照舊行取。又定外雇刻字人，凡一分至一寸字，刻十字爲一工，鉤墨頂珠各六十字爲一工，一寸一分至二寸，刻八字爲一工，鉤墨頂珠各四十八字爲一工，二寸一分至三寸，刻四字爲一工，鉤墨頂珠各二十四字爲一工，每寶一顆，計二工。每工給銀二錢四分，如鐫刻花紋及大字細字者，另定工價。墨刻匠搨墨刻，每三張爲一工，每工給銀二錢。摺經匠每摺二十連爲一工，每工給銀一錢六分，彩漆匠、描金匠每工給銀一錢八分。寫宋字人，每百字給銀三分，俱由廣儲司官房租庫支領。乾隆九年，定搨做墨刻劚夔龍花邊外雇劚花匠，每劚一尺給制錢四十文，畫匠每畫一尺，給制錢五十文。十年，定外雇刻字人每工給銀二錢二分。十四年，定凡遇內庭交出鉤刻法帖等項，如有寶及圖書，每方一分至一寸者，鉤十方爲一工，刻二方爲一工，每方一寸一分至二寸者，鉤八方爲一工，刻一方爲二工。每方二寸一分至三寸者，鉤六方爲一工，刻一方爲三工。每方三寸一分至四寸者，鉤三方爲一工，刻一方爲三工。每方四寸一分至五寸者，鉤二方爲一工，刻一方爲四工。如鐫刻山石門扁內有寶及圖書者，另行定擬。

錫良《四川官書局改四川官報書局摺》（《清實録・德宗實録》卷五三七）　奏爲開辦官報以端風氣而息謠惑，恭折仰祈聖鑒事。竊前准外務部議復商約大臣工部尚書呂海寰等條奏，酌擬近今要務摺內推廣官報一條。議令各省照辦。業經直隸兩江各督臣先后設局開辦，奏報在案。伏查南北洋爲濱海通衢，民間見聞尚廣。四川則地鄰蠻徼，僻處西陲，水陸道途無不艱阻。各省報章書籍購寄爲難，民情尤爲錮蔽。因之臚言風聽更易傳訛。地方不逞之徒甚或捏造謠言，編纂邪説，於人心風俗，內政外交，均有關礙。尤非亟辦官報不足以正觀聽，而息浮言。上年奴才抵任之始，即就四川原有之官書局改名官報書局。委派調川差遣河南候補道陸鍾岱創辦官報。首列諭旨，次采奏章，并擇登本省外省緊要公牘，暨各報所載純正論説，及有關學術、商務、工藝、農業新聞。按旬出報，每月三本，分發各州縣散給四鄉紳民購閱。使民間於朝廷政治、中外情形了然心目，庶不爲道聽途説所惑。一面采購各省書局所刊，及新譯東西各國書籍圖幅。取其有益教育而宗旨正大者發局排印，以備各學堂教科之用。即各屬士林購取亦較購諸外省路近、價廉。行之半年有餘，紳民皆以爲便。近雖邊遠州縣，亦多踴躍爭購，每月銷報一萬餘本。風氣漸覺開通。其民間私刻著述有語涉邪詖者，一律飭屬嚴禁。四川原設書局規模狹隘，鉛印石印，機器不甚精良，皆假人力運動。每日印出書報有限。又經騰挪款項，派員前赴上海及日本購置鍋爐機器，雇募東洋工匠教習來川，選取民間青年子弟學習印刷。既可事半工速，又可教成一項工藝。將來漸推漸廣，小民亦可多一謀生之業。現在頭批機器已到，二批機器亦將次抵川。尚擬兼印日報，以便商民。其官報體例，前已咨送學務大臣暨外務部立案。所有開辦四川官報以端風氣而息謠惑緣由，理合恭摺具陳。伏乞皇太后皇上聖鑒訓示。謹奏。硃批：該衙門知道。

況周頤《蕙風簃二筆》　咸豐十一年八月，曾文正公克復安慶，部署確

定，命莫子偲大令采訪遺書，啇之九弟沅圃方伯，刻《王船山遺書》。既復江寧，開書局於冶城山，延博雅之儒校讎經史。政暇則肩輿經過，談論移時而去。住冶城者：有南匯張文虎、海寧李善蘭、唐仁壽、德清戴望，儀徵劉壽曾，寶應劉恭冕。

葉德輝《郋園讀書志》卷一 朱子《周易本義》十二卷本，依呂祖謙《音訓》本爲之。其分卷十二，《經》上、下，《彖》上、下，《象》上、下，《繫辭》上、下，《文言》、《説卦》、《序卦》、《雜卦》與《程傳》之用王弼本者不同。宋董楷撰《周易傳義附錄》，元董眞卿撰《周易會通》，始以《程傳》爲主，附以《本義》。明時官刻、坊刻因之，于是《本義》之眞面不復可見。國朝乾隆間　內府以所藏宋咸淳吳革刻本繙雕，世間漸見此書原本。然內版珍秘流傳甚希。同時寶應劉氏參考衆説，復朱子十二卷之舊，而以呂氏《音訓》附刻書眉，初不知內府宋本尚在也。刻成而缺其《九圖》、《筮儀》，故仍不得爲完本。此金陵書局所校刻，事在同治四年。時粵寇平定，曾文正開府江南，首開書局，延聘東南名士如莫友芝、張文虎諸人，襄校其事，故所刻書史校勘極精。此本援據吳革本，參以祝鳳喈《周易傳義音訓》合刻及寶應劉氏《本義》單刻，而以《音訓》散入各卷之末，意以便于童蒙誦習。

劉聲木《萇楚齋隨筆》卷七《錦江書院刊書目》 《錦江書院紀略》四卷，監院李承熙編，咸豐八年陽月刊本，記載頗詳備，中有錦江書院刊書所存書板名目，鈔錄於後。四川無官書局，僅有錦江及尊經兩大書院，刊書多種，實可替代官書局。其刊書多寡，以路遠莫有知之者，甚爲可惜。計開新刊《日知錄》，計板片連封面共伍百貳拾貳塊。新刊《日知錄》之餘，計板片連封面共伍拾肆塊。新刊《菰中隨筆》，計板片連封面共叁拾貳塊。新刊《困學紀聞》，計板片連封面共肆百零伍塊。新刊《小學》，計板片連封面共壹百零陸塊。《欽定周易折中》，板片無數目。《希有錄》，計春夏秋冬閏五集，板片連封面共貳百貳拾肆塊。《御纂（八）［七］經》，計板片連封面共柒千玖百陸拾壹塊。嗣後丁文誠公寶禎督蜀時，延湘潭王壬秋太史闓運掌教錦江書院，復刊有書籍十餘種，惜未見目錄，不能備載也。

又卷一〇《志書印刷部數》 光緒二十年，吳縣吳□□太守中彦監修《廣平府志》六十三卷、《卷首》一卷，卷末附刊《徵信錄》，列銀款收付數目，中有云：「一，付印志書三百部紙張。一，付印志書三百部工價。」同治癸酉，修《南昌府志》，亦云印刷三百部。可見當時只印刷三百部，推之各行省志書，皆以印二三百部爲止。二三百部志書，散之十八行省，每省只十餘部。後見光緒庚辰修《崑新兩縣合志》，亦云「印刷二百六十部，續刷一百部」。大約每次修刊，各省皆只有此數也。

又《萇楚齋續筆》卷三《各省官書局》 同治年間，曾文正公國藩踵前代南監本、北監本之例，創立官書局。一時如江南、江蘇、淮南、浙江、江西、湖北、湖南七處，均設立官書局，刻印四部中要籍，流傳甚廣。平時人視之，若不甚措意。日本那波利貞撰《燕吳載筆》□卷，中言中國各省設立官書局，歎爲文化設施之最良事業，甚爲歆美。不知日本人何以知其善而不自行設立官書局。江蘇一省，設立南京、蘇州、揚州三處。吾皖亦江南大省份，當時何以無人以此事爲意，竟至缺而未立，不能與各省齊驅並駕，亦憾事也。

《清內府刻書檔案史料彙編・上編・乾隆四十四年十二月初一日》 福建巡撫臣富綱跪奏，爲初發聚珍板各書翻刻完竣恭摺奏聞事。案照前准武英殿修書處奏准，將聚珍板排印各書給發江南等五省翻板通行，並聲明嗣後於每次進呈後陸續頒發。等因。隨奉分發《直齋書錄詳解》等書三十九種到閩，當經前撫臣飭司議定章程，委員設局，如式刊刻，並經督臣三寶于署撫任內隨時督催。玆據委員刊刻完竣，並按大中小州縣，分別頒發，核計應需一千四百餘部，均已刷印齊全，由司具詳送驗前來。臣查聚珍板各書，邊方士子罕得寓目，玆蒙皇上嘉惠士林，俯准翻刻，俾海澨山陬，皆得遂其快睹之願，此誠曠古稀逢之盛事。【略】至續奉發到《蒙齋集》等書十五種，臣現飭上緊刊刻，務期程功迅速，多多刷印，使秘笈遍傳於閩嶠，不啻家有賜書，以仰副聖上稽左右文之至意。所有翻刻初發聚珍板各書完竣緣由，理應繕摺恭奏，伏祈皇上睿鑒。謹奏。硃批：覽。

又《嘉慶八年七月初十日》 臣永璇、慶桂、朱珪、戴衢亨、英和奏，爲館書遵旨辦竣，呈請聖鑒陳設頒發事。查本館擺刻諸書，向例五十卷以內，發擺五十卷以外，發刻是以《西漢會要》七十卷，《唐會要》一百卷，未經發擺，臣等以聚珍館本子尙屬完全，未便虛置無用，曾于嘉慶七年五月二十六日進呈農書時，奏請即令供事等將《西漢會要》、《唐會要》一律擺

印，即省刊刻多費，並早漢副聖主嘉惠藝林至意，當經奉旨依議在案，今自舊夏迄今，二書一百七十卷均已擺辦全竣，現在刷印通行本三百部，按照舊例頒發每省，繳價報銷，又裝潢各處陳設本二十部，又帶往盛京本各二部，均係照例辦理，又新刻的《廣家注杜詩》一部，《補後漢年表》一部，仍另開單恭請欽定發下即交；懋勤殿陳設頒賞遵奉施行，惟數年以來，擺辦聚珍書籍及校刻《續通典》《杜詩年表》等書，又各館交刻《兩金川方略》《盛京通志》《三史語解》《滿洲源流考》《吏部則例》諸書，共計七百五十五卷，篇帙浩繁，較上次已多至一百餘卷，除臣等不敢仰邀議叙外，所有擺印收發均需供事承辦，其留館額缺取結供事等俱係自備，資金效力，尚屬奮勉，臣等擬請照嘉慶元年，五年書成之例，邀恩賞給議叙，以示鼓勵，又查本處承值事務，有庫掌，栢唐阿等十三名，向由內務府排派繕寫副本校改諸者，有校錄十名，向由國子監正途貢生充補，逐日在館，俱屬勤勉，亦請並照前例，量加優叙，此次供事，自嘉慶二年停止，召募自後均由內閣翰林院詹事府考取，校錄亦由國子監於恩拔優貢生考送，其本衙當差及在監肄業，已閱有年，可否免其另扣年限，出自皇上天恩。臣等未敢擅便謹事。

又《嘉慶二十五年十一月初五日》 臣曹振鏞、英和、黃鉞、盧蔭溥、文孚謹奏，爲遵旨議奏事。嘉慶二十五年十月初五日奉旨：武英殿刊刻各館書籍交原館校對，有遲至十餘年未經辦竣者，實屬延緩，如何酌定限期之處，著軍機大臣詳查核議具奏欽此。臣等查武英殿刊刻各館書籍，向於各館書成送交之後，由武英殿先繕寫宋字樣本一份，交原館校勘，其有繕寫錯誤者，簽出交回改正，俟覆校無訛後，再送交武英殿刊刻，及刻成板片印出板樣一份，仍交原館校勘，亦俟簽出錯誤，修改覆校無訛後，再送交武英殿刷印，其先校寫樣，後校板樣，均未定有限期，及簽出錯誤之處武英殿修改亦未能迅速交回，至交回之後，仍有錯誤，原館又復經年累月校勘簽出，複交修改，是以一書刻成校正至可以刷印之日，其卷帙較爲者，往往遲至一二十年之久，此因校書原館係屬常開之館，其承辦非止一書，武英殿刊刻修改，亦係將前後所刻各書錯綜辦理，其遲延皆因往返，互相推諉，若彼此認眞辦理，亦未嘗不可臻迅速，自嘉慶十九年奏准校書章程，武英殿初次寫樣，仍交原館校對，至刊刻告成後，其板樣即由武英殿各員校對，是原館只於校勘寫樣，其簽出誤處，但須宋字匠役改寫，較之修改板片，差易竣事，臣等酌議，嗣後武英殿寫樣交原館校對者，凡書百卷，自交到寫樣之日，始除去中間送回修改日期，統以半年爲限，其卷帙多少視此增減，至武英殿修改誤字，應酌定在一千字以內，限二十日交回；二千字以內，限以四十日交回；多者遞加，其交回後仍有誤字，無論字數多寡，統限十日交回，其有遲逾者，遲在原館，由該總裁參處，遲在武英殿，由該管大臣懲辦；如此則原館校勘書籍可期速竣矣。其武英殿各員自行校勘板樣，嘉慶十九年議准以校錄十人爲一班，纂修、協修二十二人爲一班，每日每人各校一卷，每漢書二十卷，校錄共二日；而畢纂修協修共一日而畢，應請照舊辦理，所有臣等遵旨酌議緣由，謹繕摺具奏，是否有當，伏祈皇上訓示遵行謹奏。

又《光緒五年正月十二日》 臣奕訢等跪奏，爲列聖御製詩文集刷印蒇工，恭疏奏聞事。光緒二年五月二十一日奉命謹將《聖祖仁皇帝御製文一集二集三集四集》，《世宗憲皇帝御製全集》，《高宗純皇帝樂善堂詩文全集》，《御製詩初集二集三集四集五集餘集·御製文初集二集三集餘集》，《仁宗睿皇帝味餘書室詩文全集·御製詩初集二集三集》、《御製文初集二集餘集》，《宣宗成皇帝養正書屋詩文全集·御製詩初集餘集·御製文初集餘集》，《文宗顯皇帝御製詩文全集》，用集字板各印一百部。臣等悉心會商，一切格式均照原書，遇有廟諱應避之字，缺筆敬避，至直書廟諱之處，用方格敬避，先後奏蒙俞允。欽惟我朝列祖列宗本精一之傳，成作述之盛，御製各集，不啻日月麗天，江河行地，薄海臣民，久已同深誦習，若夫聖功之邃密，帝學之淵深。即當日侍從諸臣承命恭跋猶且莫窺美富，擬議俱窮。臣等更何敢爲一詞之贊，惟仰稽家法，尋繹宸章，即一豫一遊，一名一物，皆足見敬天勤民與夫用人行政之精心，此誠宇宙至文生民來所未有者也。允宜昭示來兹，永垂法守。臣等遵旨鳩工刷印，謹照原書，詳細校勘，分別裝成函帙。現已告竣，諏吉恭呈乙覽。方今皇上遜志典學，功懋緝熙，將見幾暇，研摩因文見道，先聖之謨訓，即後聖之楷模，繼志述事之隆規胥基此矣！豈第文敎涵濡，嘉惠天下後世已哉！謹具疏以聞伏，乞皇太后、皇上聖鑒。謹奏。光緒五年正月十二日奉旨：知道了。欽此。

又《光緒五年四月初一日》 臣奕訢等跪奏，爲遵旨刷印書籍事。本年正月二十五日臣等面奉諭旨：所有列聖聖訓，現在板片不全，著用集字板重印。欽此。二月初二日蒙發下《太祖高皇帝聖訓》四本、《太宗文皇帝聖訓》

六本、《世祖章皇帝聖訓》六本、《聖祖仁皇帝聖訓》六十本、《世宗憲皇帝聖訓》三十六本、《高宗純皇帝聖訓》三百本、《仁宗睿皇帝聖訓》一百十本、《宣宗成皇帝聖訓》一百三十本、《文宗顯皇帝聖訓》一百十本。統共七百六十二卷，裝成七百六十二本。臣等公同商酌，擬請用連四紙刷印，一切格式，查照原書畫一辦理，內遇刻書以後廟諱，謹擬循照恭避御名成式，缺筆敬避。至應刷印若干部，伏候欽定，一俟命下，即當督飭該提調等敬謹辦理。查集字板刷印書籍，必須隨印隨校，方能絡繹周轉。擬派軍機章京前赴總理各國事務衙門印書處所，遵照發下原書，逐頁詳細校對，並嚴飭該章京排定日期，輪班前往，不准作輟曠誤，致有停工待校之虞。至查核紙張，稽察工匠及一切事宜督飭該提調認眞經理，以昭愼重。所有籌辦刷印書籍緣由，謹繕摺具陳，是否有當，伏乞皇太后、皇上聖鑒訓示。謹奏。光緒五年四月初一日奉旨：均著刷印一百部。欽此。光緒五年四月初一日，臣奕訢、臣寶鋆、臣沈桂芬、臣景廉、臣王文韶。

又《下編·武英殿修書處報銷檔案》　刷書作寫□刷印工價併□顏□定例開後：

寫書內□字，每千工銀二錢。　寫書內歐字，每千工銀四錢。　寫書內軟字，每千工銀三錢。　寫圖內小字，不拘宋軟字每千工銀三錢。　寫書籤大字，每千工銀三錢；小字，每千工銀□□。　寫宋歐軟等字較書內字或大，臨期酌定。　□□圈，每百固工銀二釐。　戳各種書滿篇圈，每篇工銀一□。　□書內宋字，每百□銀□□。　□□□歐□，每百□□□□。　□□□軟字，每百工銀八□。　刻圖內小字不拘宋軟，每百工銀一錢二分。　刻清漢篆字，每個工銀七釐。　刻篆文音釋字，每項銀一錢二分。　以上如刻用棗板加倍，刻宋軟歐等字較書內字或大，臨期酌定。　凡書頁後無一字，每塊加打空工銀一分五釐；刻表格，每頁加打空工銀一分五釐。　刻長方籤，每條工銀三分；如遇三四樣字每□□銀□倍。　刻紅套圈，每塊工銀八分；如有字另算字工。　刻書內清字，除小呢字外幾個字爲一行，每行工銀三分刻棗板加倍。　刻書內章圈算字，句讀圈點不算。　刻花格板、每塊合二工，每工銀一錢五分四釐，用銀三錢八釐。　御筆字一寸以下每個工銀一分。　一寸五分字，每個工銀一分八釐。　二寸五分字，每個工銀二分七釐。　三寸五分字，每個工銀三分六釐。　四寸五分字，每個工銀四分五釐。　五寸五分字，每個工銀五分四釐。　六寸五分字，每個工銀六分三釐。　□寸五分字，每個工銀七分二釐。　□寸五分字，每個工銀八□□釐。　□寸五分字，每個工銀九分。　一尺一寸字，每個工銀一錢八釐。　一尺二寸字，每個工銀一錢一分七□。　寶一寸見方，每顆工銀一錢七分。　二寸見方，每顆工銀三錢四分。　如三寸見方者，臨期按工銷算。　刻圖併假明牆壁畫稀密，臨期酌定，每工銀一錢五分四釐。　刻象牙一寸之內字，每個工銀一分，如遇一寸者臨期酌定。　刻臣工書寫字一寸上下者，每個工銀六釐。　一寸五分字，每個工銀一分二釐。　二寸五分字，每個工銀一分八釐。　三寸五分字，每個工銀二分四釐。　四寸五分字，每個工銀三分。　五寸五分字，每個工銀三分六釐。　六寸五分字，每個工銀四分二釐。　七寸五分字，每個工銀四分八釐。　八寸五分字，每個工銀五分四釐。　九寸五分字，每個工銀六分。　一尺一寸字，每個工銀七分二釐。　一尺二寸字，每個工銀七分八釐。　御筆□文之中縫字，如用宋字寫者，仍照宋字例□。　如翰□。　每百字工銀一錢四分。　刻圖書一寸見方，每顆工銀六分。　二寸見方，每方工銀一錢二分。　刻萬字迴文錦邊，寬一寸、長八寸合一工。[每工銀一錢五分四釐，畫寬一□□□合一工。]　刻書身套圈牌子，每塊工銀四分，如有字另算。　刻蒙古字照清字例算，如刻西番字，照蒙古字例合算，如刻棗板加倍。　刻圓明園、靜明園、靜宜園、清漪園等處刻字匠，每名飯銀六分。　圓明園、靜明園、靜宜園、清漪園等處刻字匠、畫匠，每日每名給飯銀六分，帶匠庫掌栢唐阿每員一日飯銀一錢。　刻熱河、盤山等處刻字匠、畫匠，每名一日飯銀一錢三分，每四名僱車一輛，每日車價銀七錢二分，係照養心殿之例，帶匠庫掌栢唐阿每員一日飯銀一錢三分，庫掌栢唐阿帶匠給幫銀二十兩。　塡一寸字，用青一分、碌二分、泥塡大赤金用二張、魚子金三張。　一寸五分字，用青二分、碌四分、金四張半、六張半。　二寸五分字，用青三分、碌六分、金十二張半、十八張半。　三寸五分字，用青四分、碌八分、金二十四張半、三十六張半。　四寸五分字，用青八分、碌一錢六分、金四十張半、六十張半。　五寸五分字，用青一錢一分、碌二錢二分、金六十張半、□□□□。　六寸五分字，用青一錢四分、碌二錢八分、金八十四張半、□□□□張半。　七寸五分字，用青一錢七分、碌三錢四分、金一百十二張半、一百六十八張半。　八寸五分字，用青二錢、碌四錢、金一百四十四張半、二百十七張半。　九寸五分字，用青二錢六分、碌五錢二分、金一百八十張半、二百七十張半。　一尺一寸字，用青三錢二分、碌六錢四分、金二百四十二張、三百六十三張。　一尺二寸字，用青三錢八分、碌七錢六分、金二百八十八張、四百三十二張。　塡萬字錦邊寬一寸長三尺二寸合一工　三月初一日起至八月三十日止，每工一錢三分三釐。九月初一日起至二月三十日止，每工一錢五分四釐。萬字錦邊寬一寸長一尺用青二錢，碌四錢，金硃臨期實用實銷。　塡寶並圖書一寸見方，用硃砂三分、金四張。　二寸見方，用硃砂六分、金八張。　如塡粉紅色照青例，用粉紅色，每粉一兩，用臙臟張半。　手卷匣小字塡金，每四字用金一張，青字用青五釐，碌字用碌一分。　手卷匣大字塡金，每二字用金一張，青字用青一分，碌字用碌二分。　塡金字，如此手卷匣字，或大者按尺寸字銷算。　每金百張，用廣膠二錢五分。　遇有新刻書籍，用上板紅格一分，校對草樣一分，准清樣一分，小樣半分。　刷進呈一並存庫書，每百頁用費一成六，用棕墨各四□五分。　刷紅套，用銀硃二錢五分，紅花水四錢，白□四

分。　藍套，用靛二錢，用廣膠二分。　綠套，用籐黃一錢，靛末一錢，廣膠二分。　黃套，用雄黃二錢五分，白芨二分五釐。　紅批，用銀硃一錢二分，用紅花水一錢六分，白芨一分六釐。　藍批，用靛末一錢二分，廣膠一分二釐。　黃批，用雄黃一錢二分，白芨一分二釐。　刷進呈並頒發套寶併臣工圖書，每方用銀硃一分二釐，紅花水一分六釐，白芨一釐六毫。刷各種龍邊。　上諭摺一分，用毛邊紙四張，銀硃二分五釐，紅花水四分，白芨四釐，飯銀八釐。　刷紅格子，每百篇用銀硃一錢，黃丹一錢。　刷經，每百篇飯銀二分，用棕墨各一兩。　刷寸楮十分，用本紙十一條六釐，四條合紙一張廢在內。　刷封套十分，用雙料連四紙十一篇六釐，十五篇，合紙一張，用銀硃二錢五分，白芨一錢五分，棕四分五釐，紅花水一兩五錢。　刷上諭武臣一分，用紅花水六錢四分，飯銀一分，家內匠役刷書，每千篇飯銀一錢。　外僱匠役刷書，每千篇工銀一錢二分。　外雇畫匠填畫顏色併繪畫圖章，臨期酌量定工，按長短之工給發工銀。　刷清文進呈各種大板經，每十連用銀硃五分，紅花水八分，白芨八釐，棕三分。每二連合印經連四紙一張，花紙照樣用二層。　呈各種小板經，照書身例，用銀硃、紅花水、白芨、棕。每十二連合印經連四紙一張，托紙照樣用二層，用連四紙二張。　刷清文頒發喇嘛習誦各種小板經，照書身例，每百篇用棕墨。每二十四連，合五摺榜紙一張，托紙一張。　刷四樣字經，每千連用棕墨各三兩，飯銀二錢。　刷蒙古上諭，每一分用黃榜紙二張，棕墨各一分二釐，每百分飯銀一兩。　上諭套龍邊每百分用棕墨各二兩四錢，飯銀二兩，黃榜紙二百張。　刷進呈併存庫頒發袖珍古香齋《古文淵鑒》，每千篇用棕墨各一兩。　無批紅套，每千篇用銀硃一兩六錢六分，紅花水二兩六錢六分，白芨二錢六分六釐。　有批紅套，每千篇用銀硃二兩五錢，紅花水四兩，白芨四錢。　黃批，每千篇用雄黃八錢，白芨一錢六分。　藍批，每千篇用靛末一兩三錢三分，廣膠一錢三分三釐。　刷頒發書每百頁用廢一成四，棕墨一錢三分，紅套用銀硃二錢，紅花水三錢，白芨三分。　藍套用靛末一錢五分，廣膠一分五釐，黃套用雄黃二錢，白芨二分。　紅批用銀硃一錢二分，紅花水一錢六分，白芨一分六釐。　藍批用靛末一錢二分，廣膠一分二釐。　黃批用雄黃一錢二分，白芨一分二釐。　刷儀象考成大星圖，每十分用五摺榜紙十張，用棕墨各一錢二分，飯銀一錢。　刷校對各館交刻有紅套草樣，每百篇用銀硃二餞，紅花水三錢，白芨三分，棕一錢五分，臨期用紙張板片若干，領紙張若干。　《上諭武臣》、《上諭朋黨論》、《上諭州縣》、《上諭勸農》、《上諭軍林訓要》。黃榜紙四篇，合大紙一張。　《上諭內庭諭訓》。四篇合連四紙一張。　四種上諭一張，合連四紙一張。　《上諭公本》、《上諭嘉禾圖象考成大星圖》。一張合穆紙一張。　二種上諭一張，合五摺榜紙一張。　《大清律續纂條例》、《西清古鑒》、《御注孝經》、《清文三國志》、《醫宗金鑒》。臺連紙。五種書二篇合連四紙一張，四篇，合五摺榜大紙一張。　《冰嬉賦》、《叶韻彙集》、《周易義例啓蒙附論》、《三元甲子》、[清漢]。《小數表》。八種書八篇，合連四紙一張。二篇，合太史連紙一張。　《資政要覽》、[漢清]。《清孝經》、《大數表摺》。連四紙六篇，合紙一張。《小數表摺》。連四紙八篇，合紙一張。《千言賦》大板，小板《資政要覽》。《清大學衍義》、《佩文詩韻》。三篇合筆紙一張。　《國學禮樂錄》、《近思錄》、《對數廣韻》。八篇合連四紙一張。　《八陽經》、《皀王經》、《保胎經》、《龍藏會集》、《子史精華》。連四紙六篇，合紙一張。　《金剛經》、《藥師經》。　《地藏本願經》、《安宅經》、《大悲懺》、《楞嚴懺》、《玉皇本行經》、《小摺詩韻》。以上書籍各種經本庫無存，俟刷時再行定準紙張。　《五朝聖訓》、《周易本義》、《軍衛道里表》、《祭祀條例》、《八旗通志》、(清漢)。《督捕則例》、(清漢)。《軍行紀律》、《吏中則例》、(清漢)。《篆文盛京賦》、《大清律》、(漢)。《中樞政考》、(清漢)。《金川方略》、(清漢)。　《大清律續纂條例》、(漢)。《八旗則例》、(清漢)。《大清通禮》。　十五種三篇合連四紙一張，六篇合榜紙一張。　袖珍《五經四書》、袖珍《蘇詩》、袖珍《綱目》、袖珍《春明夢餘錄》、　袖珍《朱子》、袖珍《初學記》、袖珍《史記》、袖珍《類函》、袖珍《四書易經》。十種小書十五篇，合連四紙一張。三篇合川連紙一張。　《上諭巡撫》、《上諭知府》、《上諭關差》、《上諭布政》、《上諭州縣》、《上諭提督》、《上諭道員》、《上諭督學》、《上諭總兵》、《上諭副將》、《上諭八旗》、《上諭總督》、《上諭按察》、《上諭八旗小團龍摺》。十四種上諭每一種一分，用上好黃毛邊紙四張，托紙在內。書寫《清文鑒》、《文獻通考紀要》、《訓飭州縣規條》、《悅心集》、《日知薈說》、《執中成憲》，《樂善堂康濟錄恭和詩》、《明史綱目》、《硃批上諭》、《大禮記注》、《庭訓格言》、《四十景詩》、《廣群芳譜》、《御製孝經》、《古文淵鑒》、《詩經傳說》、《春秋傳說》、《書經傳說》。　大板《四書五經》、《世宗文集》、《四書文選》、《大數表》。　《聖祖文集》、《御製詩集》、《月令輯要》、《音韻闡微》、《合璧四書》。　《經史講義》、《詩義折中》、《痘疹不求人》、《詞林典故》、《朱子全書》、《古文約選》、《明史》、《周易折中》、《唐宋文醇》、《聖諭廣訓》。二十八種經。《皇清文穎》、《施食儀》、《文獻通考》、《通典》、　鄭樵《通志》、《盛京通志》、《唐宋詩醇》、《日講禮記》、《大一統志》、《曆象考成後編》、《同文韻統》、《日講書經》、(漢)。《日講易經》、(漢)。《日講四書》、(漢)。《日講春秋》、(漢)。《御選唐詩》、《繹史》、《孝經衍義》、《授時通考》、《小學孝經》、(清漢)。《性理精義》、《八旗氏族通譜》、《重訂教乘法數》、《科場條例》、《學政全書》、《三流道里表》、《洗冤錄》、

《協紀辨方》、《萬年書》、《清涼山志》、三禮《儀象孝成》。《律書淵源》、《周易述義》、《千叟宴詩》、《上諭》、[人君圖治]。《上諭居臨天下》、《上諭比周爲黨》、《上諭首要安民》、《上諭科甲》、《上諭西暖閣》、《上諭八旗》、《上諭八旗手卷》、《上諭朋黨論》、[黑]。《上諭漢文》、[黑]。《上諭十條》、《上諭西安》、《上諭乾清門》、《上諭三教歸一》、《上諭文武職》、《上諭內閣》、《上諭八旗議覆奏義》。《十三經》、《二十一史》。以上一百二十六種，進呈連四紙書六篇，合大紙一張。頒發太史連紙書二篇，合大紙一張，五摺榜紙隨式樣用。　年例搭蓋刷書作涼棚二間，　年例搭蓋翰林校對書籍處涼棚三間。　年例進呈時憲書四本，底稿二本，添寫紅字行硃墨三錠，併萬年書□四分，寫字工銀每分六錢八分。　年例刷書作行取煤爐二座，自十一月初一日起至正月三十日止內，除放匠八日不領外，每煤爐一座，用煤十斤，炭一斤。　年例翰林校對書籍處，行取煤爐一座，硯臺四個，每硯臺□□一日用黑炭一斤，照作房例放匠不領。　年例進呈背式骨，需用黃油敦布面、白油敦布里夾口袋，長一尺二□□九寸二個，長一尺、寬八寸二個，長八寸、寬六寸二個，俱□黃絨條穿□四幅見方黃油敦布挖單一塊白油敦布八尺，弓匠六名。黑炭十斤，白蠟四兩，刷子二把，順德紅紙一張。　奉旨重刻補併各館奏准交來改補刻者，每一字作三字算。　年例翰林校對書籍處併刷印作自初伏起至處暑止，每日用冰二塊。　刷西番、蒙古橫直南轡連四紅格紙四連合大紙一張，清文大經竹紙紅格每連合紙一張，每千連用銀硃、黃丹各二兩五錢。清文小經，竹紙紅格六連合紙一張每百連，用銀硃、黃丹各一錢。　刻一寸至一寸五分大字，每人一日刻十二個字。　二寸五分至三寸五分大字，每人一日刻六個。　四寸五分至五寸五分大字，每人一日刻四個。　六寸五分至七寸五分大字，每人一日刻三個。　八寸五分至九寸五分大字，每人一日刻二個。　如遇一尺至一尺四五寸大字，每人一日刻一個。　刻四寸至六寸見方大寶，每顆工銀六錢六分，塡四寸至六寸見方大寶，每顆用硃砂三錢。　塡一尺三寸，金三百三十八張、魚子金五百七張、青五錢、碌一兩。　一尺四寸，金三百九十二張，五百八十八張，青六錢二分，碌一兩二錢四分。　一尺五寸，金四百五十張，魚子金六百七十五張，青八錢二分，碌一兩六錢四分。　一尺六寸，金五百十二張，七百六十八張，青一兩二分，碌二兩四分。　□□□遇刻一尺三寸大字，每個工銀一錢三分六釐。　一尺四寸大字，每個工銀一錢三分五釐。　一尺五寸大字，每個工銀一錢四分四釐。　一尺六寸大字，每個工銀一錢五分三釐。　一寸至一寸五分大字，每三十個字用畫匠一名。　二寸五分至三寸五分大字，每二十個字用畫匠一名。　四寸五分至五寸五分大字，每十二個字用畫匠一名。　六寸五分至七寸五分大字，每九個字用畫匠一名。　八寸五分至九寸五分大字，每七個字用畫匠一名。　一尺至一尺一寸大字，每六個字用畫匠一名。　一尺二寸至一尺三寸大字，每五個字用畫匠一名。　一尺四寸至一尺五六寸大字，每個字用畫匠一名。　大寶[每二方用畫匠一名]、寸寶[每四個字用畫匠一名]、小寶併圖書[每十方用畫匠一名]。　博古座子架子殼面等項塡色，每六十個用畫匠一名。　圓明園、清漪園、靜明園、靜宜園如遇單刻不拘尺寸五言至九言對聯一付，用畫匠二名，匾額不拘尺寸或二字至五字用畫匠二名。　大寶，每人一日刻一方。　寸寶，每人一日刻二方。　小寶併圖書每人一日刻五方。　如遇熱河、盤山、白澗、隆福寺、湯山等處車價，俱照養心殿之例，每車一輛一日用車價銀七錢二分。如在彼處另交刻之御筆守候等刻日期，匠役人等數目應用飯食銀兩准其開銷。　如遇塡白粉油字，每粉一兩用桐油五錢。　每年正月起至十二月止，茂勤殿陸續交出各等處已刻過御筆詩條、橫披、圓光匾對等項，於年底彙總，視御筆之大小寬窄比較，行取五摺榜紙托裱，完竣時仍交茂勤殿訖。其白麪照書作例行用。

又《書作定例》

第裝訂書：

一套描界書一百六十頁、托經一百頁，俱領飯銀一錢。　一界畫匠出差，每日領飯銀五分。　一往遠處送書跟箱匠、投押送人員，每名一日盤費銀一錢三分。　一車腳擡夫、裝箱棉花、色書紙張，俱是看道路遠近，書之多寡，臨期酌量領用。　又圓明園等處出差人員，每名一日飯銀一錢，匠役每名一日飯錢六分。　又僱寫字人繕寫書頭書籤俱是臨期酌量字之多寡，按數按套定工照例領取。[《樣書》按此處]從前寫遇《佩文韻府》每部九十五本，領過工銀五工。《韻府拾遺》每部二十本，領過銀二工，以後再有另樣書頭寫者照此二種字之多少比較算工。　《西清古鑒》每套或錦絹綾，俱行三尺七寸做錦套，如係紙面頁連裏縫行絹四寸。每套行頭等白麪五兩，寸五牙彆子一對，南砂紙二張。如係杉木套，用魚鰾二錢五分。合背套用六十層合背一塊半，每一套用客連四紙一張。每十套連外縫行三號高麗紙一張。如不及十套不行。每本或絹綾俱行一尺四寸，如紙面頁，每四頁合用紙一張。色角行絹三分，訂書行三珠線二分。每長籤方籤十條，絹綾俱行一尺，如紙籤每四十條，用紙一張。每絹綾一丈行托紙四張，每客連四紙一張，做籤紙一張做面。頁紙一張，俱行托紙一張。如係進呈或陳設書，每十頁半書，用白裱紙一張，如係原有面頁，分改做。每本用副頁二篇，原無副頁者，每本用副頁四篇，每三篇合用紙一張。

又行材料除《西清古鑒》袖珍小書外，裝訂中套書。每套行白麪五兩，牙別子一對，沙紙二張，杉木板套用魚鰾二錢五分。每三套用客連四紙二張，每十套用高麗紙一張，不及十套者不行。每本用色角絹二分，訂書線一分五釐。每絹一丈行托紙四張，每客連四紙一張，裁籤紙一張，俱行托紙一張。每做古色毛邊紙面頁紙一張，行清水紙一張。

如係進呈或陳設書，每十頁用平書紙一張。　如係原有面頁今改做，每本用副頁二篇，原無副頁者，每本用副頁四篇。至於所用錦絹綾布合背，古色紙做副頁紙，俱是看書大小酌量領取。　如係內庭交出換杉木板，或改套，仍用舊套

面者。每套摺帶子綾絹俱行一寸，布行二寸，裏縫絹量書大小行取。每舊絹套面三個，行托紙一張，做杉木套糊頭層里，俱照依客連四紙領用，如有添做者再行照例行取。又各處陳設等書掛籤，每黃高麗紙一張，俱行黃榜紙托紙二張，每次或五張或十張行取，下以備不時應用，俟用完之時再行取。每黃高麗紙半張，黃榜紙一張，裁木掛籤一百條。袖珍小掛籤二百三十條。

《古香齋袖珍》等，每套或錦絹綾俱行五寸五分，布行八寸，做錦布套。如係紙面頁行連裏縫絹一寸。每套行頭等白麵二兩五錢八分，牙別子一對，用沙紙一張。如係杉木套，用魚鰾一錢二分五釐，合背套，每四套用四十層合背一塊。每六套用客連四紙一張，每二十套連外縫行三號高麗紙一張，如不及二十套者不行。每本絹綾俱行三寸，如紙面頁每二十頁合用紙一張，包角行絹一分，□書行線七釐五毫，每籤十條或絹綾俱行一寸五□□，紙籤每一百六十條，用紙一張。每絹綾一文俱行托紙四張，每客連四紙一張裁籤紙一張，□面頁紅一張，俱行托紙一張，如係呈或陳設書，每二十頁半書用白裱紙一張，如係原有面頁，今改做每本用副頁二篇，原無副頁者，每一用副頁四篇，每十二頁合用連四紙一張。托裱進呈清字大式經每頁行面六錢。進呈清字小式經，每頁行面二錢包大經每一分，小經每四分，供行黃榜紙一張，大夾板一付，小夾板一付，共用六十層合背一塊半，客連四紙一張，黃榜紙一張。又托裱喇嘛念小式經，每頁行面一錢五分［大式樣夾板長二尺五寸、寬八寸，小式樣夾板長九寸、寬五寸］。所有行取過書尺寸。

《清字大清律例》，每套絹錦綾俱行三尺二寸，裏縫絹綾四寸，六十籤十條絹綾俱行九寸，每五十條用紙一張，每副頁三層合背一塊，每本絹綾俱行一尺三寸五分，每六頁用紙一張每篇用紙一張。

《道德寶章籤》、每套絹綾俱行三尺四寸做錦套，行錦二尺五寸，絹九寸，十條絹綾俱行九寸，每五十條用紙一張，每副頁三篇，六十層合背一塊，每本絹綾俱行一尺二寸五分，每六頁用紙一張每用紙一張。《清漢八旗通志》、《增訂清文鑒》、《清字日講易經解義》、《清字日講書經解義》、《清字日講四書解義》、《清字日講春秋解義》、《五朝聖訓》、《大清會典》、《清字祭祀書》。每套錦絹俱行三尺二寸，裏縫絹綾四寸，六十層合背一塊，每本絹綾俱行九寸，每六頁用紙一張，每副頁三篇，用紙一張，每籤十條，絹綾供行九寸，五十條用紙一張。

《性理大全》、《清字詩經》、《清漢平定朔漢方略》、《清字資治通鑑綱目》、《醫宗金鑒》、大板四書《清字督捕則例》、《清漢吏部則例》、《清漢八旗則例》、《清漢中樞政考》、《軍衛道里表》。每套錦絹綾俱行三尺一寸，裏縫絹綾四寸，六十層合背一塊，每本絹綾俱行九寸，每七頁用紙一張，每副頁三篇，用紙一張，每籤十條，絹綾俱行九寸，每籤五十條用紙一張

《清字三國志》。每套絹錦綾俱行三尺，裏縫絹綾四寸，六十層合背一塊，每本絹綾俱行一尺二寸五分，每七頁用紙一張，每□□三篇用紙一張，每籤十條絹綾供行九寸，每籤五十條，用紙一張。

《漢字大清律例》、《清字古文淵鑒》、《同文韻統》、《大清一統志》、《漢字督捕則例》、《盛京通志》、《文獻通考》、《蒙古合刻清文鑒》、《十三經》、《廿二史》、《清字性理精義》、《大禮記注》、《通典》、《通志》、《清文鑒》、《洗冤錄》、《周易折中》、《三流道里表》、《年表》、《上諭內閣》、《皇朝禮器圖》。每套錦絹綾俱行一尺五寸，布行三尺，裏縫絹綾二寸，六十層合背一塊，每本絹綾俱行七寸，每八頁用紙一張，每副頁六篇，用連四紙一張，每二篇用竹紙一張，每籤十條，絹綾俱行七寸，每六十條用紙一張。

《唐宋文醇》、《唐宋詩醇》、《漢字性理精義》、《協紀辨方》、《萬年書》、《春秋傳說彙纂》、《三禮義疏》、《清字庭訓格言》、《文獻通考紀要》、《硃批諭旨》、《清字四書》、《日講春秋解義》、《日講禮記解義》、《日講四書解義》、《日講書經解義》、《日講易經解義》、《詩義折中》、《律呂正義後編》、《康熙字典》、《古今圖書集成》、《儀象考成》、《味餘書室》。每套錦絹綾俱行一尺四寸，布行二尺八寸，裏縫絹綾二寸，每三套用，六十層合背二塊，每本絹綾俱行七寸，每十頁用紙一張，每副頁六篇，用連四紙一張，每二篇用竹紙一張，每籤十條，絹綾俱行七寸，每六十條用紙一張。

《漢字庭訓格言》、《清漢聖諭廣訓》、《清漢孝經集注》、《清漢避暑山莊詩》。做插套每套絹綾俱行一尺五寸，錦行八寸，布行一尺六寸，外行絹七寸，做抽套，每套絹錦綾俱行一尺一寸，布行二尺二寸，裏縫絹綾二寸，每三套用六十層，合背二塊，每本絹綾俱行七寸，每十頁用紙一張，每副頁六篇，用連四紙一張，每二篇用竹紙一張，每籤十條，絹綾俱行七寸，每六十條用紙一張。

《音韻闡微》、《康濟錄》、《詞林典故》、《日知薈說》、《清涼山新志》、《大數表》、《四書文》、《授時通考》、《律曆淵源》、《曆象考成後編》、《清字書寫蒙古文鑒》、《御製文集》、《御製詩集》、《世宗文集》、《上諭八旗》、《歷代賦彙》、《五經四書》、《科場條例》、《經史講義》、《五譯合璧集要》、《皇清文穎》、《學政全書》、《清漢八旗氏族通譜》、《執中成憲》、《篆文六經》。每套錦絹綾俱行一尺三寸，布行二尺六寸，裏縫綾絹二寸，每三套用六十層，合背二塊，每本織綾俱行七寸，每十頁用紙一張，每副頁六篇，用連四紙一張，竹紙每二篇用紙一張，每籤十條，綾絹俱行七寸，每六十條用紙一張。

《古文淵鑒》、《恭和詩》、《滿漢合璧四書》、《朱子全書》、《月令輯要》、《資治通鑑綱目》、《題畫詩類》、《子史精華》、《繹史》、《駢字類編》。每套錦絹綾俱行一尺三寸，布行二尺六寸，裏縫絹綾二寸，每三套用六十層，合背二塊，每本絹綾俱行六寸，每十二頁用紙一張，每連四紙副頁六篇，用紙一張，竹紙副頁二篇，用紙一張，每籤十條，綾絹俱行六寸，每七十條用紙一張。

《御選唐詩》、《分類字錦》、《詞譜》。每套絹錦綾俱行

一尺四寸，布行二尺八寸，裏縫絹綾二寸，每三套用六十層，合背二塊，每本絹綾俱行六寸，每十二頁用紙一張，每二篇用紙一張，每籤十條，絹綾俱行六寸，每七十條用紙一張。

《佩文韻府》、《韻府拾遺》、《讀書紀數略》。每套絹綾錦俱行一尺三寸，布行二尺六寸，裏縫絹綾二寸，每二套用六十層，合背二塊，每本絹綾俱行五寸，每十四頁用紙一張，連四紙副頁每六篇用紙一張，竹紙副頁每二篇用紙一張，每籤十條，絹綾俱行五寸，每八十條用紙一張。

《四朝詩》、《全唐詩》、《諸史提要》、《廣群共譜》、《淵鑒類函》、《小學漢字》。每套錦綾絹俱行一尺二寸，布行二尺四寸，裏縫綾絹二寸，每三套用六十層，合背二塊，每本綾絹俱行五寸，每十四頁用紙一張，連四紙副頁每六頁用紙一張，竹紙副頁每二頁用紙一張，每籤十條，綾絹俱行五寸，每八十條用紙一張。

《小數表》、《佩文詩韻》。每插套每套綾絹俱行九寸，錦布行六寸，外絹四寸，做抽套，俱行五寸，裏縫絹綾一寸，每本綾絹俱行四寸，每三套用六層，合背一塊，每十八頁用紙一張，連四紙副頁每八頁用紙一張，竹紙副頁每三頁用紙一張，每套十條綾絹俱行三寸，每一百條用紙一張。

《千叟宴詩》、《揀魔辨異録》。每套錦綾絹俱行一尺一寸，布行二尺二寸，裏縫綾絹二寸，每三套用六十層，合背二塊，每本綾絹俱行六寸，每十二頁用紙一張，連四紙副頁每六篇用紙一張，竹紙副頁每二篇用紙一張，每籤十條，綾絹俱行六寸，每七十條用紙一張。

《樂善堂全集定本》、《周易述義》。每套錦絹綾俱行一尺二寸，布行二尺四寸，裏縫絹綾二寸，每三套用六十層，合背一塊，每本絹綾俱行七寸，每十頁用紙一張，連四紙副頁每六頁用紙一張，竹紙副頁每二頁用紙一張，每籤十條，絹綾俱行七寸，每六十條用紙一張。

《藥師琉璃經》。每套錦絹綾連殼面俱行二尺，每三套用六十層，合背二塊，每籤十條，絹綾俱行一尺。

《金川方略》。每套綾織錦俱行二尺六寸，裏縫絹綾四寸，每套用六十層，合背一塊，每本綾絹俱行九寸，每七頁用紙一張，連四紙副頁每三篇行紙一張，每籤十條，綾絹俱行七寸，每五十條用紙一張。

《籙文盛京賦》。每套錦綾絹俱行三尺三寸，裏縫綾絹四寸，每套用六十層，合背一塊，每本綾絹俱行九寸，每七頁用紙一張，連四紙副頁每三篇行紙一張，每籤十條，綾絹俱行七寸，每五十條用紙一張。

繙書房《清文大清通禮》。每套絹錦綾俱行二尺九寸，裏縫絹綾四寸，每套用六十層，合背一塊，每本絹綾俱行九寸，每五十條用紙一張，每七頁用紙一張，每籤十條，絹綾俱行七寸，連四紙副頁每三篇用紙一張。

《漢文大清通禮》。每套錦綾絹俱行三尺，裏縫織四寸，每套用六十層，合背一塊，每本絹綾俱行九寸，每七頁用紙一張，連四紙副頁每三篇用紙一張，每籤十條，綾絹俱行八寸，每五十條用紙一張。

《西清古鑒》。連外縫行紙每套用長一尺四寸，寬一寸，高麗紙四條，每三號高麗紙一張裁五十條。

《通志》、經史等書。每套用長一尺一寸寬一寸四條，每三號高麗紙，一張裁六十九條。

《佩文韻府》等書。每套用長八寸寬一寸四條，每三號高麗紙，一張裁九十二條。

袖珍小書。每套用長五寸五分寬一寸四條，每三號高麗紙，一張裁一百三十八條。

內庭傳要寫御製詩，太史連紙空本。每本綾絹俱行七寸，每篇用紙一張。

圓明園等處取送各種書，每年行柳木杠子十根、擡繩二十條。一年例行取連繩柳礶四個、笤箒二十把、菠箕六個、毛撣子十把、糊刷八把、大紅禮包筆二十枝、墨四兩、寫檔案筆十二枝；涼棚四間，冷布十丈。暑伏日起至處暑日止，每日行水一塊、一打麵糊、燒烙鐵常爐一座、每日行煤十觔、炭一觔。十一月初一日起至正月三十日止，每日行煤爐四座，每座一日行煤十觔，炭一觔，硯四個，每個一日行炭一觔。一所用傢夥刀子，螺螄銼墊、板尺、油案子、糊壁子、棹子、板橙、磨石等項俱是間一二年寔在不堪用時方向該處行取。一盤子挖單俟有進呈書時，酌量尺寸數目向該處行取。長一尺六寸、寬四寸、厚一寸棗木板，每塊價銀三錢。長八寸、寬六寸、厚一寸棗木板，每塊價銀二錢二分。長一尺一寸、寬六寸、厚一寸棗木板，每塊價銀二錢八分。長一尺一寸五分、寬八寸五分、厚一寸梨木板，每塊價銀一錢。長一尺一寸五分、寬八寸五分、厚一寸棗木板，每塊價銀三錢。長一尺五寸、寬一尺三分、厚一寸梨木板，每塊價銀二錢七分。長一尺、寬八寸、厚一寸棗木板，每塊價銀二錢七分。長一尺、寬八寸、厚一寸棗木板，每塊價銀二錢七分。長一尺五寸、寬一尺三分、厚一寸梨木板，每塊價銀二錢七分。長一尺、寬八寸、厚一寸棗木板，每塊價銀二錢七分。長一尺、寬八寸、厚一寸梨木板，每塊價銀九分。長二尺二寸、寬五寸、厚一寸梨木板，每塊價銀一錢六分。長七寸三分、寬八寸五分、厚一寸棗木板，每塊價銀二錢六分。見圓做成二尺四寸，厚一寸棗木板，每塊價銀二兩五錢。長九寸，寬一尺三寸，厚一寸梨木板，每塊價銀二錢四分。長一尺，寬三寸，厚一寸梨木板，每塊價銀三分。長一尺四寸五分，寬一尺五分，厚一寸梨木板，每塊價銀二錢七分。長八寸，寬三寸，厚一寸梨木板，每塊價銀三分。長二尺五寸，寬一尺五寸，厚一寸五分梨木板，每塊價銀六錢。長九寸三分，寬六寸七分，厚一寸梨木板，每塊價銀七分。長一尺，寬七寸三分，厚一寸梨木板，每塊價銀八分。長二尺，寬八寸，厚一寸梨木板，每塊價銀一錢八分。長五寸八分，寬三寸八分，厚八分棗木板，每塊價銀四分。長二尺八寸，寬一尺三寸，厚一寸棗木板，每塊價銀一兩。長七寸，寬七寸，厚一寸棗木板，每塊價銀二錢一分。雙料連四紙，每刀價銀一兩三錢五分〔舊價銀一兩二錢，入過黃冊奏過〕。太史連紙，每簍價銀三兩二錢〔舊價銀二兩八錢，呈過堂呈增過價銀四錢，辦入過黃冊奏過〕。臺連紙，每簍價銀一兩三錢。

綱連紙，每簍價銀一兩四錢五分。蔣羅紙，每簍價銀二兩五錢。竹客連四紙，每刀價銀五錢。白裱紙，每張價銀一釐二毫［舊價銀一釐一毫，入過黃冊奏過］。灑金黃軟箋紙，每張價銀八分。黃箋紙，每張銀一分六釐。黃軟箋紙，每張銀四分。粉紅軟箋紙，每張銀三分。南砂紙，每張銀一釐五毫。古色毛邊紙，每張銀一分。大赤金，每張價銀六釐二毫［於三十九年五月內增價銀二釐三毫］。石碌，每觔銀六錢。青，每觔銀四兩八錢［於三十五年又五月內減價銀一兩六錢］。硃砂，每兩銀一錢五分。廣膠，每觔銀一錢二分。樹棕，每觔銀六分。橡碗子，每觔銀二分。梔子，每觔銀八分。定粉，每觔銀一錢。白礬，每觔銀一分二釐五毫。胭脂，每張銀一分一釐。白芨，每觔銀一錢一分。紅花水，每觔銀二錢三分。黃丹，每觔銀八分。貼金油，每兩銀六釐二毫五絲。銀硃，每觔銀六錢八分。廣花末，每觔銀六錢八分。雄璜，每觔銀四錢。籐，每觔銀六錢。排筆一把，用銀三錢二分。黃江石，每觔銀一分。南糊刷，每把銀一錢五分。大紅禮包筆，每枝銀三分。白爉，每兩銀二分五釐。鬃刷，每把銀七釐五分。順紅紙，每張銀三分。冷布，每丈銀七分。漆，每觔銀七錢。印經連四紙，每刀銀五錢。玫瑰花，每觔銀五分。黑礬，每觔銀一分二釐五毫。火硝，每觔銀四分。硇砂，每觔銀三兩。魚鰾，每觔銀三錢［舊價銀二錢六分增銀四分，入過黃冊奏過］。芸香，每觔銀七錢［舊價銀二錢八分］。西洋胰子，每觔銀八錢五分［舊價銀五錢］。墳赤金，每張銀五釐二毫。魚子金，每張銀五毫。小頭水筆，每枝銀一分。長五尺，寬一尺四寸，厚一寸梨木板，每塊銀一兩八錢。長二尺二寸，寬九寸五分，厚一寸梨木板，每塊銀七錢。長二尺二寸，寬六寸五分，厚一寸梨木板，每塊銀二錢。黃毛邊紙，每張價銀四分。桐油，每觔價銀八分。南礬連四紙，每張價銀一分五釐。川連紙，每簍價銀二兩五錢。長二尺，寬六寸，厚一寸棗木板，每塊價銀六錢。長五寸五分，寬五寸，厚一寸棗木板，每塊價銀一錢五分。長一尺八寸，寬一尺八寸，厚一寸棗木板，每塊價銀四兩二錢。長一尺六寸，寬一尺六寸，厚一寸棗木板，每塊價銀三兩八錢。墨，每觔價銀三錢五分。棉連四紙，每刀價銀六錢。檔案房的例行取五摺榜紙二百張，臺連紙捌百張，本紙五十張，南紅紙十張，毛頭紙二百張，印色四兩，銀硃四兩，墨四兩，筆四十枝；年例十一月初一日起至次年正月三十日止，冬季添設煤爐一座，硯炙一個；煤爐每日用煤十觔，炭一觔，硯炙每日用炭一觔。一件月例翰林廚房做飯每日煤五觔，炭五觔，茶爐一座，每日用煤十觔，炭一觔，每月初一日起三十日止一月一行。一件本處行走副管領一員，領催八名，効力栢唐阿無定額。現行分例十八分內有領催八名，年例十二月二十八日、二十九日、三十日至次年正月初一日、初二日、十四日、十五日、十六日放匠八日不領，內如有患病等情行文向該處停止。第日第分，羊囟十兩，米九合，木柴一觔煤一觔，炭一兩，鹽菜一兩，豆腐四兩，醬一兩，青菜八兩，青醬五錢。一件露房醫生四名，每日行分例飯二分，每日每分，豬囟十二兩，米九合。露房蒸做鏾水拾觔，用火硝二十五觔，黑礬五十觔，硇五五十兩　行木柴二千觔、大炭二百觔、黃土二十五觔、連繩十觔、粗白布十丈、權拾爐灶用小製錢二串，蒸芸香露一瓶，用芸香二十觔，按時價；採買行大炭六十觔，其炭觔臨期不符用時，再行呈明添買。敬事房年例行西洋胰子四觔八兩，按時價採買。

通行書處：

刷書，每千篇用破廢一百二十篇，用棕墨各一兩三錢；刷紅套板，每千篇用銀硃二兩，紅花水三兩，白芨三錢，棕一兩三錢；刷黃套板，每千篇用雄黃二兩，白芨二錢，棕一兩三錢；刷藍套板，每千篇用廣花末一兩五錢，廣膠一錢五分，棕一兩三錢；雇刷印匠刷書，一千篇工銀一錢二分；雇摺配匠摺配齊釘書，一千篇工銀一錢三分，買辦材料俱按時價辦買。

摺配作定例：

摺配齊釘各種書籍每千篇，工銀一錢三分。改字抽挨拆包串釘各種書籍，每千篇工銀二錢六分。摺配齊釘已得者，復行拆散按頁入襯紙。每千篇工銀六分五釐。包存庫各種書籍，每套行呈文紙一張。

紀　事

《關於江寧織造曹家檔案史料・江寧織造曹寅奏刊刻全唐詩集摺》康熙四十四年五月初一日　江寧織造通政使司通政使臣曹寅謹奏：臣寅恭蒙諭旨刊刻《全唐詩》集，命詞臣彭定求等九員校刊。臣寅已行文期於五月初一日天寧寺開局，至今尚未到揚，俟其到齊校刊，謹當奏聞。

又閏四月二十三日，有翰林院庶吉士臣俞梅赴臣寅衙門口傳上諭，命臣俞梅就近校刊《全唐詩》集。欽此。奏請聖旨，欽遵咨行江蘇巡撫臣宋犖，移咨吏部、翰林院衙門。俟刊刻完日，該衙門一並具本奏聞。硃批：知道了。

又《江寧織造曹寅奏校刊全唐詩摺》康熙四十四年七月初一日　江寧織造通政使司通政使臣曹寅謹奏：恭請聖安。奉旨校刊《全唐詩》翰林彭定求等九員，俱於五月内到齊，惟汪士鋐尚未到。臣即將《全唐詩》及統籤，按次分與，皆欣歡感激，勤於校對。其中凡例，欽遵前旨，除一、二碎細條目與衆翰林商議，另具摺請旨外。臣細計書寫之人，一樣筆跡者甚是難得，僅擇其相近者，令其習成一家，再爲繕寫，因此遲悞，一年之間恐不能竣工。再中晚唐詩，尚有遺失，已遣人四處訪覓，添入校對。臣因掣鹽往來儀眞、揚州之間，董理刻事，隨校隨寫，不敢少怠，謹此奏聞。硃批：知道了。凡例甚好。

又《江寧織造曹寅奏進唐詩樣本摺》康熙四十四年十月二十二日　江寧織造通政使司通政使臣曹寅謹奏：恭請聖安。恭蒙天賜鹿舌鹿尾鹿肉條等件，臣謹望闕叩頭謝恩祇受。竊臣一介庸愚，恭蒙恩施，有加無已，惟有益竭犬馬之誠，仰報高深於萬一。校刊《全唐詩》，現今鏤刻已成者，臣先將唐太宗及高、岑、王、孟肆家刷印，裝潢一樣貳部進呈。其紙張之厚薄，本頭之高下，伏候欽定，俾臣知所遵行。尚有現在裝潢數十家，容臣赴京恭謝天恩，賫捧進呈御覽。又蒙恩賜高旻寺詩，朱圭現在攢刻，俟竣工之日，裝潢進呈。謹具摺奏聞，伏乞聖鑒施行。硃批：知道了。樣本都改過發回。

又《江寧織造曹寅奏報全唐詩集本月内可以刻完摺》康熙四十五年七月初一日　江寧織造通政使司通政使臣曹寅謹奏：恭請聖安。遵旨校刊全唐詩集，目下刊刻只剩五百餘頁，大約本月内可以刻完，八月内校對錯字畢，即可全本進呈。共計有十二套，除春間所進二套外，又校對得六套，謹裝訂進呈御覽，伏求聖訓俯鑒錯悞，指示臣等，使得刊改歸正，以成一代之書。再，衆翰林同臣公具一摺，敬求御製詩序，闡奬唐賢，昭垂萬世，使間氣英靈，永傳不朽。臣等草形蟻質，亦獲挂名其間，已列銜具公本叩求。所有衆翰林有病及告假者，俱令回本籍，無事者俱在揚州校刊。編修汪繹素有血症，在詩局陡發舊恙，即令回籍調養，於五月内身故，臣已爲料理營護後事訖。目下在揚州校刊者，彭定求、楊中訥、汪士鋐、徐樹本、俞梅共五人。謹此奏聞，伏乞睿鑒。硃批：刻的書甚好，等細細看完序文，完時即打發去。

又《江寧織造曹寅奏佩文韻府已開工刊刻摺》康熙五十一年四月初三日　江寧織造通政使司通政使臣曹寅謹奏：恭請聖安。江南麥田茂秀，顆粒甚好，豐收可必，雨暘時若，米價如常，百姓安樂無事。謹將麥樣恭呈御覽。再，《佩文韻府》已於三月十七日開工刊刻，正在遴選匠手，已得一百餘人，願來者衆，好者難得，容俟遴選齊全，計工定日，務期速成，以仰副皇上普濟困學之至意。孫文成會議過，即回杭州辦紙，臣在局中料理。一有綱領，臣等公同奏聞。所有江寧三月分晴雨錄，理合一併具奏。伏乞睿鑒。

又《蘇州織造李煦奏進佩文韻府樣書並請示刷釘部數摺》康熙五十二年九月初十日　臣李煦跪奏：竊臣煦與曹寅、孫文成奉旨在揚州刊刻御頒《佩文韻府》一書，今已工竣，謹將連四紙刷釘十部，將樂紙刷釘十部，共裝二十箱恭進呈樣。再，連四紙應刷釘若干部，將樂紙應刷釘若干部，理合奏請，伏乞批示遵行，解送進京。臣煦臨奏可勝悚惕之至。硃批：此書刻得好的極處。南方不必釘本，只刷印一千部，其中將樂紙二百部即足矣。

《李煦奏摺・進御製詩集刊刻樣本摺》康熙五十四年六月初六日　竊臣奉發到《御製詩集》，即日選工開雕，今先刻就二卷，但未知是否合式，特恭呈樣本，伏乞萬歲睿裁批示遵行。硃批：朕細察對，與當年所刻御製詩集長短不同，字之大小參差不一，甚屬疏忽，使不得。著速收拾，前後相同，奏來再看。

又《選工另爲開雕御製詩集摺》康熙五十四年八月二十日　竊臣刊刻《御製詩集》，進呈樣本，具摺請旨，奉御批：「朕細察對，［與］當年所刻御製詩集長短不同，字之大小參差不一，甚屬疏忽，使不得。著速收拾，前後相同，奏來再看。」臣煦跪讀御批，戰慄恐懼，愧汗如雨。雖蒙聖恩寬厚，不即加處分，而犬馬抱慚，實無地可以自容也。臣即日選工另爲開雕，遵照當年所刻《御製詩集》，務期長短相同，字式合一，俟刻成二卷，再當恭呈樣本。謹先具摺奏聞，伏乞聖鑒。臣煦臨奏不勝慚赧悚惶之至。硃批：將先後並在一處方是。

又《請頒御製詩初二集以便三集照樣裝訂摺》康熙五十四年十一月二十日

竊奴才蒙皇上恩典，頒發《御製詩三集》，命奴才校刻，前經奏請聖裁，奉旨：「將先後並在一處方是。」奴才已校刻二卷進呈，應照南書房、翰林院校對簽子修改外，但裝釘式樣，務必前後相符，方可並在一處。乞皇上將先年吏部尚書臣宋犖進呈初集、二集原本，頒發一部，奴才得照樣裝釘，庶可上遵聖諭，無負天恩優寵任使。

又《進呈刊刻御製詩集摺》康熙五十五年三月初四日　臣敬刊《御製詩三集》，先完第一卷、第二卷，進呈刻本，蒙發南書房校對後，奉旨：「交與李煦收拾。」欽此欽遵。臣即謹照翰林校對簽子，督率工匠一一將刻板修改，謹再印刷，恭進御覽。至於翰林看過標簽原本，一并附呈，可備查對。臣煦目下又刻完第三卷、第四卷，未知是否合式，恭呈御案，伏候聖諭。臣煦臨奏不勝悚惶兢惕之至。硃批：知道了。

又《御製詩集經重加校改進呈摺》康熙五十五年五月二十五日　竊奴才敬刊《御製詩三集》，其第三卷、第四卷，遵照發下南書房校對粘簽，已經一一修改訖，復進呈御覽。

又《進御製詩集五十部并羅紋紙摺》康熙五十五年十一月十八日　跪請萬歲萬安。竊奴才敬刊御製詩三集，已經進呈樣本，謹遵照發下南書房校對粘簽，細細修改完畢。先裝潢五十部，敬呈御覽。但應裝釘若干部，伏候萬歲批示遵行。奴才又新做羅紋紙一萬張恭進。【略】硃批：知道了。詩刻得好，留下了。

《康熙朝滿文硃批奏摺全譯・康熙五十一年二月十一日武英殿總監造和素等奏補性理大全所缺之板摺》　和素、王道化謹奏，二月初一日奉旨：海子新衙門一部《性理大全》，紙板甚佳，惟第一冊是寫的，與元本不合，爾等細對，將頭一本補止裝完，候朕進宮奏聞。既然補頭一本，在薄製紙上再刷印一百部。欽此。欽遵。除第一本按元本紙用連四紙刷印外，若採買竹製紙，因紙窄，板上下不夠，故此一百部亦擬用薄綿連紙刷印。查得，由經板庫查得之《性理大全》板，雙面刻者有，單面刻者亦有，總共一千一百三十塊，經計算該收篇章，共兩千一百五十二張，按板中縫號順序算之，該書一百三十五張，板近七十塊，若將此補寫刊刻，字不象，又需繕寫費用銀兩，除現裝之一部《性理大全》外，還有四部，將其中一部拆之，取上述所缺之頁刻印，字規格相同，亦省補寫費用銀兩，爲此謹奏。硃批：甚佳。

又《康熙五十一年二月二十日武英殿總監造和素等奏聞刊刻御選唐詩等情形》　和素、王道化謹奏，本月十七日恭進之《御選唐詩》摺，十八日夜到。奉旨：知道了。字稍有不同，刻時應劃一。欽此欽遵。奴才等核對陳邦彥、顧祖雍、林基、王曾期四人之字觀之，林基、王曾期所寫之字皆比陳邦彥之字粗大，互攙細弄似不可能，顧祖雍之字稍小。陳邦彥稱，我一日寫十余張，刻板書我自顧祖雍、林基、王曾期抄寫，恭進御覽，上改定後，命陳邦彥重抄刻板刻板既需時日，將此等人所書已恭呈御覽之書篇，編爲一卷，立即釘好，先行呈覽，俟全部完竣時，將封皮套裝好具奏，則所刻之字大小劃一，且不致耽延，所繕之書各一篇，一併恭奏以聞，請旨。硃批：仍公同繕寫，字皆大些。

又《康熙五十一年八月初七日武英殿總監和素等奏爲刊刻熱河三十六景摺》　和素、李國屏謹奏，七月二十四日，張常住咨稱，奉旨：熱河三十六景，每景各畫説圖二張，一張於絹板刊刻，另一張交報帶去，於木板刊刻可也。欽此。欽遵。畫完之二張畫交報帶去，伏乞命朱貴、梅雨峰以木板刊刻。等語具奏。奉旨：由報帶來刊刻。欽此。等因。將兩張畫一併帶去。續又帶去二張，將此示朱貴、梅雨峰觀之，伊等稱，刊刻此畫時，棗木板才可用。再，用手之畫也有。幹活時，東西畫亦有。略算之，一個人二十天左右可以刻一塊。再，現找得之棗木板雖長寬尺寸勉強夠，但潮濕，乾後方可刊刻。若干，需十幾日。我聞得，穿山甲、川膠放入水中，煮二、三日，放陰涼處晾乾，乾得快，亦不易裂。營造處來我材料處查找，未找到乾棗木板，現將找到之棗木板煮之，乾後再看。再，朱貴、梅雨峰都在刻黃經板，黃經字九月十日刻完，經頭、經尾畫九月底刻完。此間若板乾可用，或另尋得乾板，可命朱貴、梅雨峰倆，一人刻黃經，一人刻畫。然僅命二人刊刻，恐需時太久，故命朱貴、梅雨峰，爾等往尋原先能刻之人。伊等曰，我等已尋找，沒有找到，欲勤加尋找。等語。奴才等亦分別尋找。爲此謹奏，請旨。硃批：知道了。

又《康熙五十二年五月十九日武英殿總監和素等奏請補刻缺板經書印刷摺》　和素、李國屏謹奏，爲請旨事。去年十一月初二日奴才等奏稱，於經板庫查黃經板時，據說有《文獻通考》、《詩文類舉》板，將此查出帶來後，其中若有缺板，補刻後，各刷五十部書。等語。奉旨：好。再，故明之《五

經》、《四書》板，經禮部具奏，業經修整。將亦查出，帶來刷印。欽此。欽遵。由經板庫查出帶來之《文獻通考》、《詩文類舉》、《五經》大全、《詩書大全》板內，有兩面刻者，亦有一面刻者，將此按書板號順序數之。《文獻通考》現有板九百三十二塊，缺一千二百一十六塊；《詩文類舉》現有板四千八百零二塊，缺二千零二十五塊，五百二十七塊板字已破爛。《周易傳義大全》、《書傳大全》、《詩傳大全》、《春秋集傳大全》、《禮記集説大全》，此五經現有板四千六百五十三塊，缺五百六十五塊。《四書大全》現有板二百四十五塊，缺一千二百七十三塊，以上計缺板、字破爛之板五千六百零六塊。將此行文禮部複查，又經禮部查庫，據送來鈐印文書內稱，除爾等帶去之板外，此等書板已無。等語。查得，御書房有與《五經大全》、《四書大全》書板相同之書，武英殿有與《文獻通考》書板相同之書，暢春園所存板相同之《詩文類舉》一書內，辛集三十六卷二百餘篇缺。又查得，刷印《性理大全》之時，缺七十餘塊板，若將板相同之舊《性理大全》書照數拆之帶來刊刻，字型大小相同，且節省繕寫工銀。經奏聞，奉旨：很好。欽此。欽遵。業經刷印五十部。既然如此，御書房所存《五經大全》、《四書大全》各一部，武英殿所存《文獻通考》一部，暢春園所存《詩文類舉》一部，亦如刷《性理大全》一書，照所缺板數，將書篇拆之帶來補刻，除連四紙各印刷五十部外，《詩文類舉》一書所缺辛集二百餘篇，補寫後印刷。刷完後，《詩文類舉》所缺辛集亦欲增補，此非奴才擅斷之處，謹奏，請旨。硃批：朕入避暑山莊後再奏，此議輕率。

又《康熙五十二年閏五月初四日武英殿總監造和素等奏御選唐詩序文寫行書雙鉤字摺》 和素、李國屏謹奏，本月初三日報到，奉兆昌寄硃筆漢文諭旨：朕久不作書，亦不爲字學爲事，前者爾等寫《御選唐詩》序文，因避暑熱河，萬幾餘暇，偶爾將就寫完，未必甚妥。爾等細看，可以刻得即刻，若十分將就不來，著速送到行在，再另寫去。欽此。欽遵。奴才等反覆細看主子之字，古代各名家字體全備，字劃端莊、風流、娟秀、華麗、清俊，難以盡述。然奉旨曰：若十分將就不來，著速送到行在，再另寫去。等語。此乃主子聖不覺聖，強不覺強也。奴才等覽閲後，仍不知足，踴躍歡忭不盡。將此序照《佩文韻府》之序，交付朱貴，寫行書雙鉤字，寫得後，連同原寫之序一併奏覽，仍交朱貴鐫刻。爲此謹奏，請旨。再，吴廷楨等所奏漢文摺一，一併謹奏。硃批：知道了。

又《康熙五十二年閏五月十六日武英殿總監造和素等奏寫完御選唐詩序五篇摺》 和素、李國屏謹奏，本月初四日，奴才等奏稱，《御選唐詩》序文照《佩文韻府》之序，交付朱貴寫行書雙鉤字，寫得後，連同原寫之序一併奏覽，仍交朱貴鐫刻。等語。奉旨：知道了。欽此。欽遵。交付朱貴後，以雙鉤字寫序五篇。另照《佩文韻府》，題院主人、萬幾娱暇寶貝，亦用雙鉤字繕寫。據朱貴曰，奴才老弱，此等雙鉤行書字繕寫不周之處，伏乞主子指教。等語。故連同主子原寫之序五篇，一併謹奏。聖主指定後，仍交付朱貴，命恭謹刊刻。爲此請旨。硃批：甚佳，立即刊刻，將刊刻已成之書一併送來。

又《康熙五十二年七月初八日武英殿總監和素等奏請御製避暑山莊詩應印幾部摺》 和素、李國屏謹奏，六月初八日爲印刷完竣《御製避暑山莊詩》具奏之摺，本月初十日到。奉旨：刻完之書甚好，甚恭謹。爾等於西洋紙刷一、二部後，放下。俟用銅刊刻之畫完竣之時，再彙集裝訂。若西洋紙多，能多印幾部，更好。據聞此種紙發縐之處多，如墊起來，墨到不了，筆劃恐又易斷。將此妥善爲之。欽此。欽遵。奴才等到處尋西洋紙，然未尋到。查得，養心殿存有西洋紙二萬五千九百餘張，其中有可印書之薄紙一萬八千一百四十張，故將養心殿收藏之西洋紙取來，發縐之處弄平，交與專門善於印刷之領催、工匠，印刷一部後，恭謹奏覽。此書應印幾部之處，奉旨後陸續印刷，收藏。爲此謹奏。請旨。硃批：只印四部，妥善收藏，畫完竣之時再定。

又《康熙五十六年十一月初九日乾清門侍衛喇錫等奏刻甘珠爾經費用摺》 乾清門侍衛喇錫等謹奏，爲請旨事。康熙五十六年四月初四日，奴才口奏：頭等侍衛山壽奉聖諭：據稱爾家有蒙古《甘珠爾經》。京城有圖伯特《甘珠爾經》刻板。但蒙古《甘珠爾經》無刻版。倘刻版甚佳，此乃一好事。稟乾清門侍衛喇錫，命八旗蒙古大臣、侍衛、官員、巴克什等共議，若出佈施刻版，刷印後甚利於祭誦，較書寫從又便宜，將此共同會議，出佈施，朕亦出佈施。欽此。謹思，聖主崇尚佛道，爲衆蒙古行慈善事，又爲《甘珠爾經》義留傳萬世，頒降聖旨。此聖旨由喀喇沁固山貝子沙木巴喇錫、蘇尼特多羅貝勒希里聞之告我者，聖主推興佛教，加福全蒙古人之善事，自古無

有。鐫刻《甘珠爾經》之版者，實爲經揚佛法。我二人意，現存蒙古《甘珠爾經》俱係陸續謄寫者，遺誤字者甚多。此一旦刻版，既爲萬萬世家永留經典，太皇太后之刻圖伯特《甘珠爾經》版者，校勘詳細，製作完整。請將我蒙古《甘珠爾經》與此圖伯特《甘珠爾經》詳細校勘，補寫缺失之處，妥加恭刻甚善。校勘此《甘珠爾經》，揀選多倫諾爾之諾彥錫勒圖，大喇嘛粗勒齊木噶布楚，及熟悉我等經書之賢能喇嘛、巴克什等，將存於我處蒙古《甘珠爾經》攜往，共同詳加勘明後，鐫刻則好，等因奏入奉旨：甚好。交貝勒希里、貝子沙木巴喇錫，攜往多倫諾爾校勘。再，不可點派佈施，按自願佈施。欽此。欽遵。現自多倫諾爾廟經校勘後，送來蒙古《甘珠樂經》一部，一百八函，點數經頁，共四萬五千張，爲刻製蒙古《甘珠爾經》，奴才會同喇嘛，巴克什等商議，與先前所刻圖伯特《甘珠爾經》版同樣堅牢，此項刊刻蒙古《甘珠爾經》需用佈施銀，以儉省又儉省計，一部蒙古《甘珠爾經》恭抄，粘版鐫刻，需用以紅花水刷印有行之二層裱紙共九萬張；第張以九釐計，需銀八百十兩。用於鐫刻梨木長二尺、寬七寸，厚一寸五分之板四萬五千塊；第塊板以二錢計，需價銀九千兩。第塊板兩面刻字，以三錢五分計，鐫刻四萬四千七百八十塊板，需手工銀一萬五千六百七十三兩。需板兩面光潔，四面出脊，每塊板以三分計，製作四萬五千塊，需手工銀一千三百五兩。漆板之四面，兩端裹二層布，漆三次，每塊板以計，製作四萬五千塊，需手工銀一千三百五兩。漆板之四面，兩端裹二層布，漆三次，每塊板以一錢三分五釐計，漆四萬五千板，需手工銀六千七十五兩。一百八函，每經套首頁兩旁二佛，中繪海洋字畫，四周雕畫番草花，每塊板以二兩計，雕畫一百八塊板，需手工銀二百十六兩，再連同頁內四周畫番草花字，鐫刻一塊板，以一兩二錢計，一百八塊板需手工銀一百二十九兩六錢，一部《甘珠爾經》修竣，所有四塊板，每板雕畫四金剛佛，四周雕畫番草花，每塊板以五兩四錢計，四塊板需手工銀二十一兩六錢。刻竣之板三次刷印遺誤之字，予以複製，用擡連紙一百二十簍，第簍以一兩計，需銀一百二十兩。刷印三次。用紅花水二千四百斤，每斤以一錢五分計，需銀三百五十二兩八錢，三次刷印，需手工銀一百二十兩。裝置刻竣之《甘珠爾經》板，用架子一百五十，第架高八尺、寬一丈，所製六層架，每架以十二兩五錢計，需銀一千九百五十二兩。工匠等鐫刻經字，用高桌一百張，每桌長一丈、寬一尺六寸，厚二寸、高二尺七寸之高桌一張，以一兩六錢計，需銀一百六十兩，鐫刻匠等坐板凳一百條，每板凳長一丈、寬五寸，高一尺七寸，板凳一條以二錢計，需銀二十兩。刻製此一部《甘珠爾經》，用銀三萬六千兩。查得，妙應寺大喇嘛諾樂布格隆，既甚熟悉刻製圖伯特、蒙古佛經之事，現將刻製《甘珠爾經》，交付諾爾布格隆製作，由多倫諾爾廟校勘送來之《甘珠爾經》，謹謄抄粘板鐫刻，將所用一部《甘珠爾經》，交付由八旗選取寫經文喇嘛、巴克什等繕寫。將撥給寫經喇嘛巴克什等飯銀，繕寫一張以二分五釐計，繕寫九萬張，需飯銀二千二百五十兩，繕寫經文用墨五十斤，每斤墨以六錢計，需銀三十兩。校勘繕寫《甘珠爾經》之喇嘛巴克什、改正刻版內謬字之喇嘛、巴克什等共三十人，每日每人各給銀一錢，共以三十月計，需飯銀二千七百兩。喇嘛巴克什等寫經校勘時，用矮桌四十張，每矮桌以五錢銀計，需銀二十兩。一百八函《甘珠爾經》壘放時用長七尺、寬二尺二寸之高桌五張，每高桌以一兩五錢銀計，需銀七兩五錢。所有繕寫《甘珠爾經》喇嘛巴克什、校勘製作經文之喇嘛巴克什冬季每日用烤火木炭以一百斤計，三冬用烤火炭二萬七千斤，一百斤烤火木炭，以五錢計，需銀一百三十五兩。每日熱炕用煤以二百斤計，三冬用熱炕煤五萬四千斤，一百斤以二錢計，需銀一百八兩。修製《甘珠爾經》喇嘛巴克什等所居官房內掘炕、製做補修窗門時，需銀一百五十兩，刻製此《甘珠爾經》完竣，我等人蒙古人敬謹刷印一部《甘珠爾經》，爲聖主萬歲永恆記誦。刷印此一部《甘珠爾經》，需銀二千二百八十七兩四錢，刻製一部《甘珠爾經》諸項費用，耗銀合計，需銀共爲四萬三千六百八十七兩九錢。刻製此《甘珠爾經》於皇城內油氈房製作。繕寫經文之喇嘛巴克什等，亦集于此房內繕寫。將繕寫經文校勘刻等等，交喇嘛巴克什等監製。製作完竣後，入進金榜庫放置。刻製蒙古《甘珠爾經》諸所用佈施錢糧，既然關係甚重大，著將此交理藩院［廣善庫］辦理。京城八旗蒙古等、外四十九旗扎薩克蒙古、遊牧處察哈爾蒙古、京城喇嘛、外地喇嘛等給之佈施銀總數由理藩院［廣善庫］查明收取奏聞，以用於刻製《甘珠爾經》。爲此謹奏。請旨。硃批：儻由理藩院收，此部原怠惰，交廣善庫一處，錢糧方可清楚。將此交付二處。

《軍機處録副奏摺・圖書文教類》 臣蔣廷錫、臣陳邦彥謹奏，爲請旨事。雍正元年正月初五日，臣蔣廷錫奉旨：《古今圖書集成》，皇考費數十

年心力，方成是書，今刷印校對之工尚有未完，特派爾爲正總裁，陳邦彦爲副總裁，爾等務期竭心盡力，將通部重行校看，凡訛錯字句及有應刪應添之處，必逐一改正，以成皇考未完之書。欽此。臣等雖學識淺陋，既承皇上恩命，敢不竭盡駑駘，以圖報稱。隨於初八日到館，同在館人員先將通部卷數查明。查得《古今圖書集成》共一萬卷，已刷過九千六百二十一卷，未刷者三百七十九卷。臣廷錫、臣邦彦將已刷之書，每人先各分校十卷，一卷之中必有十餘頁錯誤應改印者，是雖名爲將完之書，其未完之工，實有十分之四也。臣等一面將未刷之書，令在館人員詳細校對刷印，一面將已刷之書令在館人員分卷重校。臣廷錫、臣邦彦，再加總閲，務期改正無誤。仰副皇上命臣等至意。又康熙五十九年奉先帝諭旨，《古今圖書集成》刷印六十部，今查得六十部之外，館中分刷六部，亦應歸入官書之内，其修書、人員、陳夢雷所取八十人，今除陳聖恩、陳聖眷已經發遣，周昌言現在緝拿，汪漢倬、金門詔已經黜革，其陳夢雷之弟陳夢鵬、姪陳聖瑞、陳聖策，應驅逐回籍。林鐔、方僑、鄭寛、許本植四人，皆福建人，係陳夢雷之親，林在衡、林在峩二人，係已革中書林佶之子，亦應驅逐，李萊已先告假，王之栻從未到館，亦應除去外，存六十四人，臣等就所分校之書，察其勘對。勤惰學問優劣，若果校對用心行走勤謹書完之日，臣等列名具奏請旨。倘有怠忽懶惰者，即時驅逐，或有生事作非者，臣等指名題參黜革。庶勤謹者，益加勉勵；怠忽者，亦知儆懼矣。將來去者或多，人數不敷，若再取貢監人員，臣等實無深知之人，此輩功名甚微，未必自重身家，恐致生事，請于翰林院咨取編檢數員分領校。對爲此具奏請旨。硃批：改印者不必恐後有論，將已成好之書改壞，大有所關如必有不可處亦當聲聞於衆而行。此輩交部立刻地解還鄉，行于督撫嚴加看守本地不許在外遊蕩生事先逐告假者亦皆行文去。餘依議。

又　戶部左侍郎在内閣學士里行走臣蔣廷錫等謹奏，爲圖書校閲已竣、恭請御製序文、並進呈表文、凡例伏候睿鑒事。欽惟聖祖仁皇帝德含萬象，學會三才，肇千古未有之製作，煥萬年未有之文章，條貫典墳，旁通藝道，蒐羅宇内百千種之秘冊，殫勞幾暇，數十年之聖心令將古今圖書彙集成編。對纂輯諸員不能詳細精勤致，卷帙闕遺，汗青未竟，我皇上至孝至仁，善繼善述。御極之初，特命臣廷錫等董竣厥事，臣等稟承諭旨，遵奉前規，督率在館纂校人員，詳悉考訂，補未纂三千餘卷，改舊編十六萬餘篇，正其訛謬，刪其重複，凡爲編有六、爲典三十二。一曰曆象彙編，其典四曰：乾象、歲功、曆法、庶征；二曰方輿彙編其典四曰：坤輿、職方、山川、邊裔；三曰名倫彙編，其典八曰：皇極、宮闈、官常、家範、交誼、氏族、人事、閨媛；四曰博物彙編，其典四曰：藝術、神異、禽蟲、草木；五曰理學彙編，其典四曰：經籍、學行、文學、字學；六曰經濟彙編，其典八曰：選舉、銓衡、食貨、禮儀、樂律、戎政、祥刑、考工：共書一萬卷目録二十卷。臣等雖學慙窺豹，識愧雕蟲，而仰承聖訓，泛覽書林，採録英華，彙成鉅所，洵足包羅四庫，囊括五車，爲載笈之彙，歸圖史之統要也。開館于雍正元年正月至今三年十二月告竣，謹將一部裝潢呈覽，共五千二十本計五百二十套。伏祈皇上御製序文，刻於卷首，則聖藻天章與瑤編芝檢並光昭於萬代實恩被于儒林矣。又臣等恭擬進書表文一道，凡例四十七條，另録呈覽，仰候皇上改定發出，列於總目之前，爲此謹奏請旨。硃批：知道了。序文著南書房請旨。

金簡《欽定武英殿聚珍版程式》卷首　乾隆三十八年十月二十八日，臣金簡謹奏爲酌辦活字出版，仰祈睿鑒事。竊臣奉命管理《四庫全書》一應刊刻、刷印、裝潢等事，臣惟有敬謹遵循，詳慎辦理。今聞内外彙集遺書已及萬種，現奉旨擇其應行刊刻者，皆令鐫版通行，此誠皇上格外天恩加惠藝林之至意也。但將來發刊，不惟所用版片浩繁，且逐部刊刻，亦需時日，臣詳細思維，莫若刻做棗木活字套版一分，刷印各種書籍，比較刊版，工料省簡懸殊。臣謹按《御定佩文詩韻》詳加選擇，除生僻字、不常見於經傳者，不收集外，計應刊刻者約六千數百餘字。此内虛字，以及常用之熟字，每一字加至十字或百字不等，約共需十萬餘字；又豫備小注應刊之字，亦照大字，每一字加至十字或百字不等，約需五萬餘字，大小合計不過十五萬餘字。遇有發刻一切書籍，只須將槽版照底本一擺，即可刷印成卷。倘其間尚有不敷應用之字，豫備木子二千個，隨時可以刊補。其書頁行款大小式樣，照依常行書籍尺寸，刊作木槽版二十塊，臨時按底本將木字檢校，明確擺置木槽版内，先刷印一張交與校刊，翰林處詳校無誤，然後刷印。其棗木子大小共應用十五萬餘個，臣詳加核算，每百字工料需銀八錢，十五萬餘字約需銀一千二百餘兩。此外，成做木槽版、備添空木子，以及盛貯木字箱格等項，再用

銀一二百兩已敷置辦。是此項需銀通計不過一千四百餘兩。臣因以武英殿現存書籍核較，即如《史記》一部，計版二千六百七十五塊，按梨木小版例，價銀每塊一錢，共該銀二百六十七兩五錢，計寫刻字一百一十八萬九千零，每寫刻百字，工價銀一錢，共用銀一千一百八十餘兩，是此書僅一部，已費工料銀一千四百五十餘兩。今刻棗木活字套版一分，通計亦不過用銀一千四百餘兩，而各種書籍皆可資用。即或刷印經久，字畫模糊，又須另刻一分，所用工價亦不過此數。或尚有堪以揀存備用者，於刻工更可稍爲節省。如此則事不繁，而工力省，似屬一勞久便。至擺字必須識字之人，但向來從無此項人役，即一時外雇，恐不得其人，且滋糜費。臣愚見，請添設供事六名，分領其事。所有刊刻木子字十五萬，按韻分貯木箱內，其木箱用十個，每個用抽屜八層或十層，抽屜中各分小格數十個，盛貯木字，臨用時以供事二人專管擺版，其餘供事四人分管平上去入四聲字，擺版供事按書應需某字向管韻供事喝取，管韻供事辨聲應給，如此檢查便易，安擺迅速。查武英殿現有臣等，奏添書吏二名改爲供事，止須再添供事四名，閑常皆令在檔案房書寫檔案，遇擺字時即令應役，如果勤慎，五年之後歸并武英殿修書處供事一體辦理。如此擺字之人既不必外雇，而於辦理活字版更爲有益。臣因刊刻遺書工料浩繁起見，不揣冒昧，謹照《御製命校永樂大典詩》，刻成棗木活字套版共四塊，并刷印黑紅格子樣式各五十張，恭呈御覽。是否可用，伏候聖訓遵行。謹奏。奉旨：甚好，照此辦理。欽此。

又 乾隆三十九年二月二十三日，臣永瑢等謹奏臣等辦理《四庫全書》，所有《永樂大典》內采出散篇彙輯成部者，頗有堪以刊行之書，應行刊刻，前經臣金簡奏准用活字版擺刷，現在籌商應辦諸事。因此等散篇原錄草本，移改增易，行字參差，難以照式排版，而正本又不便令其校對，致有污損。臣等公同酌議，此等應刊書籍非另辦副本不可，擬於國子監揀派現食膏火之內肄業貢生十名到武英殿，照現在行走貢生例，專供校錄刊本之用，并擬派原任翰林院編修祥慶承辦擺版之事，業於本月二十二日臣于敏中面奏，仰蒙俞允。再撿擺字版必須供事經手，前經臣金簡奏明，額設供事六名在案，但查字版頭緒紛繁，六人尚不敷用，擬再添供事六名，統照武英殿供事例，一體行走，以資供役。理合據實奏聞，仰祈聖鑒。奉旨：知道了。欽此。

又 乾隆三十九年四月二十六日，臣王際華、英廉、金簡謹奏爲請旨事。前經臣金簡奏請將《四庫全書》內應刊各書，改刻大小活字十五萬個，擺版刷印通行，荷蒙允准。嗣又仰遵訓示，添備十萬餘字，二共應刻二十五萬餘字，現已刻得，足敷排用。仰蒙欽定嘉名爲「武英殿聚珍版」，實爲藝林盛典，擬於每頁前幅版心下方，列此六字。至所有工料前經臣金簡奏明，領過廣儲司庫銀一千四百兩，茲添刻木字等項，尚屬不敷應用，請仍在廣儲司銀庫內再領銀八百兩，統俟臣金簡另行核實奏銷。現在《四庫全書》處交到奏准應刻各書，應按次排版刷印。每部擬用連四紙刷印二十部，以備陳設，仍各用竹紙刷印頒發，定價通行。其某種應印若干部之處，臣等謹會同各總裁，酌量多少，另繕清單恭呈御覽。所需刷印紙張、工料銀兩，除現在武英殿存貯通行書籍，贏餘銀一千七十兩四錢五分八釐，堪以支用外，應請再於廣儲司支領銀二千兩，以備刷印。仍照武英殿通行書籍之例，俟收到價值，陸續歸款。其書內生僻字，必須隨時增添，及將來刷多模糊，應行換補者，無庸另行支領，應即於武英殿每年奏請備用銀兩項下，核實支銷。至此項書籍既經頒發，嘉惠藝林，必須排列精審，現在已責成原任翰林祥慶、筆帖式福昌，專司其事。其原書樣本，尤須校對詳慎，應請即於每頁後幅版心下方，印某人校字樣，裨益專其責成校對，自更不敢草率。再查御書處現行之例，凡做墨刻字人等，服役之日，俱給與分例飯食。今排印聚珍處，亦照此辦理。至額設供事十二名，專供擺版，實與匠役無異，與別館僅供登記收發者有間，應請亦照匠役之例，遇有擺版之日，給與分例飯食，庶令常川供役，免致遲誤。無書可擺之日，仍毋庸濫給。理合奏明，請旨遵行。謹奏。奉旨：好，知道了。欽此。

又 乾隆三十九年五月十二日，臣金簡謹奏爲奏聞核銷錢糧數目事。前經臣奏請，將《四庫全書》內應刊各書改爲活版擺刷通行，擬刻大小木字十五萬個，每百個約計工料銀八錢，并成做槽版，及盛貯木字箱格等項，約需銀一千四百餘兩，荷蒙允准。嗣又仰遵訓示，添備十萬餘字，約需銀八百餘兩，通共請領過銀二千二百兩在案。臣督同原任翰林祥慶、筆帖式福昌，敬謹辦理，今已刊刻完竣。細加查核成做棗木子每百個銀二錢二分，刻工每百個銀四錢五分，寫宋字每百個工銀二分，共合銀六錢九分，計刻得大小木字二十五萬三千五百個，實用銀一千七百四十九兩一錢五分。備用棗木子一萬個，計銀二十二兩。擺字楠木槽版八十塊，各長九寸五分，寬七寸五分，厚

一寸五分，每塊各隨長夾條一分，工料銀一兩二錢，計銀九十六兩。每塊四角包釘銅片，工料銀一錢五分，計銀十二兩。板箱十五個，每個工料銀一兩二錢，計銀十八兩。檢字歸類用松木盤八十個，長一尺八寸，中安格條，每個工料銀三錢五分，計銀二十八兩。套版格子二十四塊，各長一尺，寬八寸，厚一寸，每個工料銀三錢，計銀七兩二錢。成做收貯木子大櫃十二座，各高七尺二寸，寬五尺一寸，進深二尺二寸，每座各安抽屜二百個，實用工料銀三十兩，計銀三百六十兩。抽屜二千四百個，成釘銅眼錢、曲須圈子二千四百副，每副銀一分五釐，計銀三十六兩。木板凳十二條，各長五尺，寬一尺，高一尺五寸，每條工料銀九錢五分，計銀十一兩四錢。通共實用銀二千三百三十九兩七錢五分。查原奏請領過銀二千二百兩，尚不敷銀一百三十九兩七錢五分，請仍向廣儲司支領給發。再查此項木子器具成造工價，事屬初創，并無成例可援，所有請領價值俱係實用實銷，請將此次奏准工料價值作爲定例，造具清冊，咨送武英殿存案。此後如有刷多模糊，及槽版等項應行增添更換之處，即遵照辦理。俟將來《四庫全書》處交到各書，按次排印完竣後，請將此項木子、槽版等件移交武英殿收貯。遇有應刊通行書籍，即用聚珍版排印通行。爲此謹奏。奉旨：知道了。欽此。

又 乾隆三十九年十二月二十六日，臣王際華、英廉、金簡謹奏所有應用武英殿聚珍版排印各書。今年十月間，曾排印《禹貢指南》、《春秋繁露》、《書録解題》、《蠻書》，共四種，業經裝潢樣本呈覽。今續行校得之《鶡冠子》一書，現已排印完竣，遵旨刷印連四紙書五部，竹紙書十五部，以備陳設。謹各裝潢樣本一部，恭呈御覽。外又刷印得竹紙書三百部，以備通行。其應行帶往盛京恭貯之處，照例辦理。爲此謹奏。奉旨：知道了。書交懋勤殿，欽此。

又 乾隆三十九年十二月初四日，臣永瑢等謹奏爲奏明事查《四庫全書》處供事一項。上年初辦時，翰林院設供事二十名，武英殿繕寫處設供事十二名，《薈要》處設供事四名，聚珍版處設供事十二名，俱以次奏請，荷蒙允准在案。但設立之初，止就當時應用，酌量定額，未及通盤籌計，迨行之既久，實有未敷，如翰林院辦書自總裁以下，官至七十餘員，各有所司之事，皆需供事供役；又《永樂大典》而外，各省送到遺書甚多，一切登記、搬貯、收發等件，分派承管，頭緒紛繁，實非二十人所能了事。是以臣等於上年七月内募選額外供事二十七名，幫助辦理。又武英殿及《薈要》處，共謄録六百餘名，校閲各官七十餘員，所有收發書籍，綜覈字數，登記各種檔案，日久益繁，近又添有額外謄録，人數愈多，前設供事十六名仍不敷分辦，臣王際華亦節次募選額外供事十三名應役。又聚珍版處刊刻木字數十萬，檢查、排版、換篇、歸類，頭緒更繁，現有供事亦不敷使用，臣金簡亦募選額外供事十二名協同幫辦。以上各供事等俱在額設之外，自備資斧飯食效力，其逐日到各該處供役，與額設供事無異。現在既不可少，但無實缺可補，將來即行走多年，亦例不議叙，同一辦事，未免向隅。臣等酌議，將此等額外供事，三處共五十二名，一并奏明，咨行吏部，於奉旨之日一體著役注冊。仍毋庸給與公費飯食，俟行走五年之後，如果勤慎得力，與役滿額缺供事一同議叙，庶各供事更加鼓勵，於辦書亦有裨益，爲此公同具奏請旨。謹奏。奉旨：依議。欽此。

又 乾隆四十一年十二月二十二日，臣金簡謹奏臣遵旨辦理聚珍版事務，所有印出各書業經陸續呈進，其中刻字、置櫃、擺版、刷印等事，臣率同承辦字版之原任編修祥慶等，悉心講求，務期工簡事速，以仰副我皇上嘉惠士林之至意。三年以來，排印過書籍約共三十餘種，一切章程漸皆習熟，臣謹仿《墨法集要》體例，將現在辦法分别條款，著爲圖説，擬名《欽定武英殿聚珍版程式》，繕繪清本，恭呈御覽，伏候訓示，永遠遵辦。可否即將此帙擺印通行，俾海内欲將善本流傳之人，皆得曉此刻書簡易之法，似於我皇上右文之盛，愈覃敷於廣遠矣。臣謹奏。奉旨：知道了。交《四庫全書》處總裁閲看。欽此。

陳錫熊《重刊許鄭遺書叙》（孔廣森《許鄭遺書》卷首） 許、鄭所著書，惟《説文》有全本，餘俱久佚，陽湖孫編修星衍校。中秘書得《五經異義》並《駁義》一卷，《箴膏肓》、《起廢疾》、《發墨守》各一卷，《鄭志》三卷、《補遺》一卷，皆鈔本，不知何時人集録。孫君録付王君復、武君億互校，雕板行世。閩縣趙編修在田又得孔君廣林纂輯《駁五經異義》十卷，及《魯禮禘祫義》一卷刊行於世。滇中僻遠，向無此書，今檢篋中，得王、武、趙三君刊本，互加校訂重鋟，板存五華書院。【略】國家棟樑之選者，將於是乎在。道光四年歲在甲申孟秋月下澣，浙東陳錫熊序於雲南府署之西軒。

路德《檉華館文集》卷二《重刊四書鞭影序》 明季劉嶰竹先生《四書

鞭影》二十卷爲制藝設也，非專爲制藝設也。【略】是書也，張直庭比部姻家某得於隴西市舊書堆中，藏有年矣。直庭以示孟熙，孟熙質於余。余讀其序，禪也，又翻閱數條，見其雜用佛書，且書名《鞭影》亦出內典，益疑其援儒入墨，淪於虛寂。及細繹全書，則經緯經史，義多創獲，不泥古，不徇時，融會儒先諸說，卓然自抒其所見，蓋由好學深思，體驗於身心而得之者，乃信其爲儒者之言。時孟熙方刻《惜陰軒叢書》，梓人群集，急命開雕，公諸海內。原板短而狹，且行間格外俱有評論，細字蠶眠幾不能辨，閱者苦之。因疏其行，高其格，容受諸批，綽有餘地，以便覽觀，爲後學計也悉矣。既告成，與所刻叢書三十餘種、鄉前輩遺集二十餘種，板若干片，竝藏於宏道書院之藏書樓。扃鐍之司監院官主之，齋長副之，願印書有聽之，仍以時稽其數而洗刷之，嘉惠士林，永無缺失，計益周矣。

林則徐《十一經音訓序》（楊國楨等《十一經音訓》卷首） 昔儀封張清恪公建鼇峰書院，手授諸生課程，并鋟刻經傳諸書以資肄業，故鼇峰藏書稱最富。而吾閩人才百年來多所成就，咸頌其德不衰。道光辛卯春，余由楚藩調豫省，下車即詣大梁書院觀風，見士子恂恂有矩度，試經義亦具家法。蓋我中丞楊公由豫藩晉開府七年，於茲嘗改建大梁書院，章志貞教，與諸生相切劘，其大旨平近切實，不務苟難，使人人各得饜飫以去。前此嘗刻陸朗甫中丞所輯《切問齋文鈔》、蔡文勤公手錄《古文雅正》，繼復取甘肅蘭山書院中所藏諸書，如康伊山學使摘抄《三通序》，皆先後刊發，以示諸生矣。其中《經訓約編》一種，萃十一經梓之，尤便學者誦讀。顧其書惜非足本，注亦簡略，爰仿《五經旁訓》之體，補輯完好，改顏曰《十一經音訓》，指其命名之意，蓋謂辨反切耳，訓字義耳，固未暇旁徵博引，以闡明奧窔也。【略】道光十有一年歲次辛卯夏五月。

存業《十一經音訓序》（同上） 《經訓約編》本蘭山書院刊，以課士者也。彙《易》、《書》、《詩》、《三禮》、《三傳》、《孝經》、《爾雅》爲一編，使學者便於誦讀，其意可謂善矣。惜其經非足本，註亦太略，而魯魚帝虎，復時蹈坊刻之弊焉。大中丞楊公鄄取是書，思欲補訂完善，以嘉惠中州人士。命業領開雕事，因集衆長以共成之。定其體例者，大梁書院山長洪洞劉子敬吉士也；分任編輯、校勘兼督梓者，袁君俊、汪君傑、李君親賢、王君治泰諸大令也；參訂字體者，中丞公鄉人繆君蓮舫也。凡爲時歷朞一周，乃克告竣。豫省苦無善鐫者，故精美不及南中諸刻，而爲費則過之。至於訓釋音切及近鄙別字，悉遵舊本訂正，其有從前訛錯者，亦於本字下註明，不敢以己意增竄，蓋較原書倍加詳慎，猶不失宋元刻書之意。書成，共釐爲二十六卷，并叙其緣起若此，讀者亦幸鑒是心焉可也。道光十有一年歲次辛卯夏五月。

彭蘊章《歸樸龕叢稿》卷一一《黃忠端公儒行集傳跋》 蘊章讀先五世祖侍講公文集，載《黃石齋先生儒行集傳序》，知其博采古賢人事實，爲儒行十六條，百二十二義之明證，洵足羽翼聖訓，昭示來茲，而惜未得見其書也。洎遊京師，僚友林君揚祖、江君鴻升皆閩人也，先後贈余漳浦集，皆存其目而不載其書。始知先生著作甚富，集中不能全載，幾疑是書無復存矣。道光丙午，視學來閩，求之漳州，不得。久之，漳浦教官林鳴宴蘇克誠，始從黃氏後裔錄一編，郵至。余既快然得讀生平願讀之書，將謀付梓。適聞鼇峰書院舊有藏板，因向院長林太史春溥索觀，已不無朽蠹，遂取漳浦所錄本補其殘缺，校其舛誤，刷印以廣流傳。

莫友芝《郘亭遺文》卷三《修補畢氏續資治通鑑刊板跋》 同治丙寅春，李肅毅伯開書局金陵，刊《六經註》成，且及《史》、《漢》。問繼者何亟，友芝以《通鑑》對，續《宋》、《元》，則取鎭洋畢氏，即承命求胡果泉倣元本備覆刊。聞畢書板在嘉興馮氏者，軍興，取供炊薪，僅損未百塊，其鄰遽倍薪材易去。亂定，又不能綴完，戴禮庭秀才爲議售，且就，而禮庭亡。肅毅提師赴河濟，應敏齋觀察亟爲購致，刊補亡失，以行江浙。四部鉅編板刻燹燬幾盡，惟此碩果搖搖將不自存，遂得拔出塵蠹，爲士林嘉會。

曾國藩《曾文正公文集》卷一《王船山遺書序》 《王船山先生遺書》，同治四年十月刻竣，凡三百二十二卷。國藩校閱者：《禮記章句》四十九卷、《張子正蒙注》九卷、《讀通鑑論》三十卷、《宋論》十五卷、《四書》、《易》、《詩》、《春秋》諸經稗疏考異十四卷，訂正譌脫百七十餘事。【略】道光十九年，先生裔孫世全始刊刻百五十卷，新化鄧顯鶴湘臯實主其事，湘潭歐陽兆熊曉晴贊成之。咸豐四年，寇犯湘潭，板燬於火。同治初元，吾弟國荃乃謀重刻，而增益百七十二卷，仍以歐陽君董其役，南匯張文虎嘯山、儀徵劉毓崧伯山等分任校讐。庀局於安慶，蕆事於金陵。先生之書於是麤備，後之學者有能秉心敬恕，綜貫本末，將亦不釋乎此也。

又《曾文正公書札》卷三二《覆馬穀山制軍》 頃見李少帥奏牘：湖北書局擬與蘇、浙、金陵各書局合刻《廿四史》，誠屬善舉。惟金陵一局並未籌定有著之公款，亦未派定提調之專員，是以局務尚形散漫，應請閣下籌一閑款，源源撥濟其薪水用款，與蘇、浙兩局互相核對，以期不甚懸殊。至經理此事内行而耐煩者，目下似以洪琴西爲最。此後視爲一件官事，責成提調，則書可速成，而款不虚靡。去年所刻馬、班、范、陳四史，因提調無人，至今尚未定刷印確期。本年正月，寶佩蘅索贈此書，弟許以不久寄贈。樞廷諸公同聲索取，亦皆允許。恭邸笑曰：但須寄函穀帥，更無不了之願。將來敬求閣下，留意言釘五部，由洋船寄京敝處。另須數部，前已函告子密矣。

又卷三三《覆何子貞太史》 此間書局所刻《十三經》，不過便初學讀本，尚未議刻註疏。前因各省公訂分刻《廿四史》，目下亦尚無端緒。尊意欲刻註疏大字本，洵足嘉惠士林。惟底本須用殿本，而殿本初印者絶少，舊家有此又自珍惜，未必肯借置局中。俟覓得善本可以借局者，即當試行寫刻。方子箴都轉擬刻《全唐文》亦當以尊指商之，令先刻群經也。

又 《十三經注疏》爲學問之根柢，重刻大字本信足嘉惠儒林。承鼎力玉成此舉，又爲之商定格式底樣，俾局中有所遵循，實後來學者之幸。昨莫偲翁來，談及此事。渠意格式廣長、字之粗細，宜悉以殿本爲法，並須翻板爲之。鄙人則不主於翻刻，而主於另寫。但亦不欲有翦裁伸縮之事。蓋編次一過，再行發寫，非數年不能卒業。而又須一手爲之，乃能完整。老前輩精力雖強，然雲霄逸鶴，不欲竟以經生憔悴，專一之事相困。若台端僅引其緒，而使它人倣效爲之，未必有如許通才聯翩而來。竊聞近儒之論注疏以《毛詩》、《三禮》爲最精，《三傳》次之，餘六經則不甚饜人意。擬《十三經》當倣殿本寫刻，如有須翦裁訂正之處，則別爲校勘記，附於每卷之末。或《詩》《禮》有校勘記，而他經無之，亦無不可。老前輩如欲饗述，即請先勘一經，發局爲式，裨益後進豈有涯涘矣。

楊浚《正誼堂全書跋》（張伯行《正誼堂全書》卷末） 張清恪公撫閩三載，甫下車，即以表章道學造就人才爲先務，創建鼇峰書院於九仙山之麓，顔其堂曰「正誼」，集諸生而講授之。搜求先儒遺書，手自校刊，合理學、經濟、氣節各集共五十餘種，所自纂輯尚若干種，此《正誼堂全書》之緣起也。【略】同治五年六月，宫保左公班師旋閩，重振文教，遍覓各集，得四十九種，得公著一十四種，設正誼書局，釐定重刊，命浚總司其事。【略】今遵公所分部次，逐一校刊，計已刻者六十三種，待訪者十有四種，統存其目於卷首。其各書應歸一式者，如濂、洛、關、閩書，《近思録》、《廣近思録》、《困學録集粹》、《小學集解》、《濂洛風雅》、《居濟一得》、《正誼堂文集》、《續集》皆公所編，惟板式互異，今改一律。濂、洛、關、閩書原刻《周子》一卷、《程子》十卷、《張子》一卷、《朱子》七卷，據嶺西丁易、賈棠重校本改名《性理集解》，統爲四卷，全失正誼堂之舊，今鱗次之，版心仍存各子卷數。《讀書日程》、《王學質疑》、《高東溪集》均別刊本，今亦照正誼本式，惟卷首未列公名以別之。其各書脱簡者，如《熊勿軒集》經晉江許副郎祖滂參校別刊本郵寄到局，適書已成，單字有可改者改之，餘脱多字難以羼入，附録於本集後，亦不沒人善意也。外此若《武侯集》、《徂徠集》與別刊本最爲參差，均小注於各字句下。【略】綜計各書，舛錯有別，刊本可證者僅十之七，餘或別無可校，仍空其字以俟海内君子補所未及。其待訪各書，或家有藏本，惠成完帙，亦大幸事也。嗟乎！閩學至今稱海濱鄒魯，是書之闡揚遺緒，所爲窮理正心修己治人之道，於是乎在，若存若亡，一髮千鈞。我宫保搜求綦切，重付手民，從此人人家有其書，沾溉之功誠如萬古江河，飲流者莫不知源，豈徒爲今日百川之障哉！浚幸與茲役，九閲月而書成。謹識大凡，附存如右。時在局提調爲孟綺序際元、廖執齊驥、兩廣文覆校者爲葉香侍蘭臺、陳朗如玉賓、陳乙巖廉臣、馮贊卿榮圖、林省軒祚曾、林虞卿鳴韶、陳瀚秋鴻濤、吴維貞叔章、施聘侯鑑檠、梁德鄰濟謙、陳秋帆鴻波、蔣魯士錫璠、陳鼇齋則誠、王荔丹葆辰、高惕臣紀、王子明星庭、林礪臣星賡、吴耀西榮庚、林峙屏起貞、孟夢石宗湜、陳棨門慶藩、曾鼎丹鏞、葉恂予大焯、范韻笙繼聲、葉鐸人大遒、張燮鈞亨嘉、陳幼吉鏵、陳璞軒燮諸孝廉。陳惺齋煦、陳弼臣桂林、王肖曾沂諸明經。浚旋奉宫保調赴秦隴，繼綜其事者爲省軒。是役也，讎校之功得力於同人多矣。同治六年二月。

王儒行《經苑跋》（錢儀吉《經苑》卷末） 吾師錢新梧先生愛古情深，尤邃經學，主講大梁十有餘年，諄諄以通經爲多士勖，嚴立課程，考其殿最，至今果行堂遺規猶爲士林模楷也。時諸同人各治一經，如蘇菊村源生、翟誠齋允之、程子勉履平、郝瑞泉醴、宋術之繼郊，研求詁訓，均於經義有

所發明。儒行隨諸君後，亦執《周易集解》，請質漢學。而四方之負笈來者，執經辨難，屨滿戶外。先生顧而樂之，謂士欲通經，允宜博古。自書遭秦火，遺經闕如，歷漢、晉、唐、宋，諸儒纂輯注疏，闡發古義，昭如日月，俾遺經晦而復明。有功經學，洵非淺鮮，惟古本流傳，汴中亦未概見，況地濱大河，河伯肆虐，行篋中書尚半淪瀸漬，何論其他？擬出夙藏古本，鐫補通志堂所未備，與多士共研經畲，粤稽列聖傳心之旨，講求實學，以裕實用，帙廣費繁未果也。即當路諸賢大夫資刊古經二十五種，顏曰「經苑」，版存大梁書院，嘉惠儒林，上爲國家作養人才，下爲中州轉移風化，甚盛事也。詎工方告蕆，吾師遽歸道山，經傳未廣，論者惜之。戊辰春，與諸君子共論經籍，諸君子有志復古，醵金分印，請之書院監院龐星垣先生，慨然發版無難色，俾多士得讀遺經，與吾師樂育雅懷，後生同揆焉。儒行總司鳩工，因敬綴數語，志其顛末云。同治七年春正月。

胡鳳丹《退補齋文存二編》卷二《重刻益陽胡文忠公文集序》 益陽胡文忠公天挺奇才，爲國柱石，其生平宦轍發迹自黔，銘功於鄂。碩畫狀猷具載奏疏書牘中。先是，遼陽節相與公同官最相得。公身後，曾命僚屬輯遺稿，遴其尤者鋟木以傳。嗣長沙鄭小山、湘鄉曾沅甫兩中丞先後撫鄂，復裒公全集刊而行之。海內士大夫官於斯，游於斯者想望公之風烈，靡不人購一編，先覩爲快。其後公子某以湘中求公集者，如飢渴之於飲食，視鄂尤亟，遂取原版以去。鳳丹督書局事最久，乃請於大府，重加編校，壽諸梓人，用廣流播。集中凡補官、尋常奏疏，及節烈門見諸《湖北忠義錄》者稍從刪節，餘仍舊觀，罔敢增損。然則自兹以往，公集直挾江河而行，萬古爲不廢矣。役既竣，謹述顛末以冠於首。

强汝詢《求益齋文集》卷六《鶴山集跋》 余方蒐訪魏氏《九經要義》，適淩鏡之同年自蜀來，以新刻《鶴山集》貽余，始得之，大喜。《鶴山大全集》一百卷，今刻僅三十二卷，原有詩十二卷，今無一篇。以問鏡之，則曰：吳勤惠公帥蜀，購得是集寫本，雖頗爛脫，大致尚完，校者以意刪汰，所刻止此。余聞，爲之憮然。然魏氏書不傳久矣，今蘇州書局方謀刻《要義》，而是集先出，意晦之久而當顯于此時耶？雖非全帙，而公之志業文章大略可見，豈不勝于并此而無之耶？

又《再書周易要義後》 魏文靖公與眞文忠公齊名，道德功業氣節文章相匹也，著書之多，亦略相埒。眞氏書風行海內，傳刻不一，魏氏書則自宋至今六百年未嘗再刊，若存若亡，儒者至不能舉其書名。余求公《九經要義》數十年未得，光緒庚辰始聞錢塘丁氏有《周易》《儀禮》《要義》，求假得之，既又得《尚書要義》于中江李氏，得《禮記要義》于歸安姚氏：皆寫本；《毛詩要義》則遵義莫氏新刻本，向求之數十年不得一，今一年之中而得其五，遂議由書局次第開雕，以永其傳；尚闕四經，則俟求得續刊。

俞樾《春在堂隨筆》卷三 初，同治八年春，余在蘇寓，得浙撫李筱荃中丞書，謀合江甯、蘇州、杭州三書局合刻二十四史，屬余謀之江南諸當事。余因移書問兩江制府馬端敏，端敏復書許刻至《隋書》而止，則甯局所刻凡十五種矣。又以告蘇撫丁雨生中丞，中丞稍難之，曰：「蘇局已刻《資治通鑑》，應敏齋廉訪又購得畢氏《續通鑑》版歸局中，則自明以前事迹具矣。吾再刻一《明史》，而三千年往事燦然在目，何事二十四史爲？」余曰：「固也。然公并《明史》不刻則已耳，既刻《明史》，則一大部也，何不更刻一二種以成此美舉乎？」中丞首肯，乃以刻遼、金、明三史自任。此外，惟新、舊兩《唐書》、薛、歐兩《五代史》、宋、元兩史耳。遂以告筱荃中丞，大喜，即定議吾浙刻兩《唐書》及《宋史》，而以兩《五代》及《元史》請李少荃伯相刻之於湖北，伯相不願刻《元史》，復移書丁中丞，請以《元史》歸蘇局，而刻《明史》。其意謂元、明一也，可以交易，而不知適與丁中丞初意相左矣。於是平齋觀察乃出《明紀》示余曰：「子盍與中丞言之，與其兩局爭刻一《明史》，何如刻此書哉？」余因與丁中丞書曰：「公欲刻《明史》以補畢氏《通鑑》所未及，使學者不必讀二十四史而數千年事犂然大備，此意甚盛。但《明史》與《通鑑》體非一律，若刻陳氏此書，則與《通鑑》體例相同，合成全璧，洵可於二十四史外別張一幟矣。」中丞然之，遂以書付蘇局開雕。書成，而中丞已奉諱去，繼之者爲張子青中丞，因其書無序，請馮景庭中允爲之序。中允爲述刻書緣起，而未盡其事曲折。蓋此事惟余知之詳也，故紀之於此，以告海內讀《明紀》者。

又 同治己巳，江甯、蘇州、杭州、武昌四書局有會刻二十四史之舉。余與聞其事，在詁經精舍曾以《會刻全史章程》命題。肄業生潘鴻字儀父，擬章程八條以進。今錄其四條：一曰，二十四史總計三千二百九十

四卷，四局分刻，當各得八百二十餘卷。今擬以《史記》、《漢書》、《後漢書》、《三國志》、《晉書》、《宋書》、《南齊書》、《梁書》、《北齊書》爲一分，共八百三十卷；《陳書》、《魏書》、《周書》、《南史》、《北史》、《舊唐書》、《新唐書》爲一分，共八百三十五卷；《隋書》、《舊五代史》、《新五代史》、《宋史》爲一分，共八百八卷；《遼史》、《金史》、《元史》、《明史》爲一分，共八百二十一卷。二曰，二十四史除殿本外有汲古閣十七史本、明南北監版二十一史本，其單行本之佳者《史記》、兩《漢書》、《新五代史》有明汪氏本，《史記》、《漢書》有凌氏評林本，《後漢書》有元刻本，《南北史》、新、舊《唐書》各有合鈔本，《舊唐書》有明聞人詮本，其閒異同不一，應作校勘記附末。

又《春在堂雜文》四編卷七《重刻小學考序》　前年，善化瞿子玖學士奉命來視浙學，一以經義訓迪多士，既命書局刊刻鄭氏佚書，及將受代，又刻此書。兩書之成，皆屬余爲之序。余忝主詁經講席二十餘年，又從事於書局，故雖譾陋，義不得而辭。惟念此書實補朱氏《經義考》所未備，余從前以《經義考》一書，學者不可不讀言於當事者，刻之局中。乃朱書刻而未成，此書先告蕆事，雖剞劂之工容有遲速，然欲通經學，從小學始，許、鄭兩先師其詔我矣。余願學者因此益治小學，貫通群經大義，以仰贊聖世同文之治，庶不負謝氏撰著之苦心與學使刊刻之雅意乎！

又六編卷七《詁經精舍四集序》　昔阮文達公之撫浙也，憫俗學之苟且，慨古訓之失傳，爰於西湖孤山之麓創建詁經精舍，俾兩浙之士挾冊負素，諷誦其中。【略】文達去浙，興廢不常。庚申、辛酉之亂，鞠爲邱虛。大亂既定，復又建立齋舍，召集生徒，而余忝主講席者十有二年矣。【略】先是，每歲之終，錄課藝之佳者而刻之。其後生徒日衆，經費絀焉。庚午以後，遂不復刻。梅小巖中丞慮其久而散佚，出鉅資付監院爲剞劂費，余乃合辛未至戊寅八年中之課藝而簡擇之，得經解如干篇，詩賦、雜作如干篇，與監院兩校官及門下諸大生校而付之梓。自文達刻《詁經精舍文集》後，繼之者有二集、三集之刻，故茲編謂之四集。

又《詁經課藝五集序》　余忝主詁經講席十有六年矣。往者精舍課藝歲一刻，之後以肄業者日衆，經費絀焉，乃閱數歲而一刻。自己卯以來，及今四年，官師課藝戢戢如束筍，不付剞劂將遂散佚。於是監院官乃請於大中丞，雋丞陳公發資刻之，而余選擇其佳者經解詩賦得如干篇，刻既成，序其端。

又《詁經精舍七集序》　自光緒乙酉刻詁經精舍第六集，至於今十載矣。精舍課藝因循未刻，歲月寖久，散失遂多，及今不刻將有淪玉沈珠之歎。會中丞廖公新下車，勤求庶政，詁經監院孫和叔、吳璡軒乃以刻課藝請，而仍以選政見屬焉。惟此十年以來監院更易已非一人，課卷叢殘僅存大半，余即其中選得經解詩賦各如干篇，付兩監院校而刊之。剞劂既竟，監院請序。余戊辰之歲忝主斯席，迄今二十八年，區區之愚，與精舍諸生所忞慔者，務在不囿時趨，力追古始，已於五集序中詳言之矣，茲又何言哉！然念自阮文達公刻《詁經文集》後，至今刻至七集，文達原版久已無存，而同治以來續刻各集之版亦燬於丙戌年湖樓之火，余方擬俟軍務粗定，言於當路諸公，將從前諸集精選其十之五六，彙刻一編，以存其崖略，然則此集雖居第七，而亦或藉此爲先路之導也。

又《詁經精舍八集序》　吾浙書院課藝三年一刻前刻詁經第七集以癸巳年爲止。自甲至丙又歷三年，監院乃請於大中丞廖公，有詁經八集之刻，而余仍職其選事。

《武英殿辦理同治帝聖訓錢糧清册》光緒六年至九年　武英殿恭辦清漢文《穆宗毅皇帝聖訓》用過錢糧奏銷數目清冊。武英殿修書處，自光緒六年正月起至十二月底止，恭辦《穆宗毅皇帝聖訓》所需款項，由戶部領到銀二萬兩。　開除：爲提調處來文恭辦《聖訓》總裁、提調、總纂、纂修、協修等官，每二員每日食肉菜一桌，每十桌價銀二兩五錢七分五釐。每員每日茶葉二錢，每斤價銀一錢三分。校錄每員每日飯銀六分，自六年二月起至六月止，共合銀五百二十兩五錢八分七釐。五月，爲恭辦《聖訓》雇覓人夫在館開工，現在房間滲漏，牆垣坍塌，大半不齊，具呈准其修理等因，共估需工料銀九十二兩六錢。五月，爲提調處來文恭辦《聖訓》校錄房，應行租搭涼棚六間，並本處官員辦事值房以及檔案房各作房涼棚十間，共搭涼棚十六間，應領銀五十九兩七錢；爲恭繕漢文《聖訓》底本，應用黑格紙二萬頁，計費頁二成，共計費頁四千頁，共合二萬四千頁。三頁合紙一張，共合紙八千張。每百張時價用銀六錢五分，合銀五十二兩。刷印每千頁工銀一錢，合銀二兩。刷印每千頁用棕、墨各一兩五錢。共用棕三十兩，棕每斤時價用銀

一兩二錢，合銀二兩二錢四分二釐五毫。共用墨三十兩，每兩時價用銀六分，合銀一兩八錢。以上共合銀五十八兩四分二釐五毫；爲提調處來文恭辦《聖訓》總裁、提調、總纂、纂修、協修等官，每二員每日食肉菜一桌，每十桌價銀二兩五錢七分五釐。每員每日茶葉二錢，每斤價銀一錢三分。校錄每員每日飯銀六分，自六年七月起至九月止，共合銀三百八十七兩一錢二分四釐。七月，爲初次採買梨木版八千塊，每塊長一尺一寸，寬八寸五分，厚一寸。每塊時價用銀一錢九分三釐，共合銀一千五百四十四兩；爲恭繕漢文《聖訓》宋字版樣，應用川連紅格紙一萬五千頁，計費頁二成，共計費頁三千頁，共合一萬八千頁。二頁合紙一張，共合川連紙九千張。每百張時價用銀二錢二分，合銀十九兩八錢。刷印每千頁工銀一錢，合銀一兩五錢。刷印每千頁用棕、紅花水各一兩五錢，共用棕、紅花水各一斤六兩五錢。棕每斤時價用銀一兩二錢，合銀一兩六錢八分七釐五毫。紅花水每斤時價用銀一兩四錢，合銀一兩九錢六分八釐。以上共合銀二十四兩九錢五分五釐。七月，爲提調處來文該處額設供事八名，照舊章每月公費銀三兩，自五月至八月四個月，每名各應領公費銀十二兩，共應領公費銀九十六兩。九月，爲二次續採買梨木版八千塊，每塊長一尺一寸，寬八寸五分，厚一寸。每塊時價用銀一錢九分三釐，共合銀一千五百四十四兩；爲預備刷印清漢文草樣、清樣並頒賞存庫各書，先行採買中等徽墨二百斤。每斤時價銀七錢六分，合銀一百五十二兩。又預備刷印進呈樣本以及陳設清漢文等書，先行採買上等徽墨一百斤。每斤時價銀九錢八分，合銀九十八兩。棕一百斤，每斤時價銀八錢，合銀八十兩。以上共合銀三百三十兩；爲提調處來文恭辦《聖訓》總裁、提調、總纂、纂修、協修等官，每二員每日食肉菜一桌，每十桌價銀二兩五錢七分五釐。每員每日茶葉二錢，每斤價銀一錢三分。校錄每員每日飯銀六分，自六年十月至十二月止，共合銀三百九十六兩九錢四釐；爲提調處來文自六年九月至十二月四個月，供事八名，每名四個月，各應領公費銀十二兩，共應領公費銀九十六兩；爲恭繕漢文宋字版樣，目卷一至卷七十止共七十卷，計宋字七十四萬四千九百六個。每百字工飯用銀六分五釐，合銀四百八十四兩一錢八分八釐九毫；爲恭辦《聖訓》於六年五月初七日奏准，所有繕齊宋字版樣經提調處六續校妥開刻，派出監視及執事各員，每月需用薪水銀四十兩，自六年九月起至十二月底，共需薪水銀一百六十兩。以上通共用過銀五千七百九十四兩一錢一釐四毫。下存銀一萬四千二百五兩八錢九分八釐六毫。

光緒七年自正月起至十二月止，恭辦《穆宗毅皇帝聖訓》所需款項，由戶部領到銀一萬兩，並上存銀一萬四千二百五兩八錢九分八釐六毫，共存銀二萬四千二百五兩八錢九分八釐六毫。開除：爲提調處來文，恭辦《聖訓》總裁、提調、總纂、纂修、協修等官，每二員每日食肉菜一桌，每十桌價銀二兩五錢染分五釐。每員每日茶葉二錢，每斤價銀一錢三分。校錄每員每日飯銀六分，自染年正月至三月止，共合銀三百九十五兩一錢六分四釐；爲恭刊漢文，自卷一至卷三十止共三十卷，計宋字二十九萬七千一百四十二個，每百字工銀一錢四分，合銀四百十五兩九錢九分八釐八毫。末頁尾子版二十四塊，每塊打空行工銀一分五釐，合銀三錢六分。剷除鋸邊每百字飯銀二分，合銀一百十八兩八錢五分六釐八毫。以上共合銀五百三十五兩二錢一分五釐六毫；爲提調處來文，恭辦《聖訓》總裁、提調、總纂、纂修、協修等官，每二員每日食肉菜一桌，每十桌價銀二兩五錢七分五釐。每員每日茶葉二錢，每斤價銀一錢三分。校錄每員每日飯銀六分，自七年四月至六月止，共合銀三百九十兩六錢五分四釐五毫；爲恭刊漢文，自卷三十一起至卷六十止共三十卷，計宋字三十二萬五千三百九十六字，每百字工銀一錢四分，合銀四百五十五兩五錢五分四釐四毫。末頁尾子版二十四塊，每塊打空行工銀一分五釐，合銀三錢六分。剷除鋸邊每百字飯銀二分，合銀一百三十兩一錢五分八釐四毫。以上共合銀五百八十六兩七分二釐八毫。四月，爲提調處來文，恭辦《聖訓》校錄房，應行租搭涼棚六間，並本處官員辦事值房以及檔案房、各作房涼棚十間，共搭涼棚十六間，應領銀五十九兩七錢。四月爲刷印漢文《聖訓》校樣二分，每分一百六十卷，共計書身小頁五千二百七十八頁，共計費頁一千四百七十七頁，每本付頁四頁，共一千二百八十頁，通共計小頁一萬三千三百十三頁。每六頁合紙一張，共合榜紙二千二百十八張半。每九十八張合紙一塊，共合二十二塊六十二張半。又預備抽換篇頁並修籤字樣等項，合紙二塊。以上共合榜紙二十四塊六十二張半，每塊時價銀三兩二錢四分，合銀七十九兩八錢。刷印每千頁工銀一錢二分，合銀一兩二錢六分六釐七毫二絲。折配每千頁工銀一錢三分，合銀一兩三錢七分二釐二毫八絲。以上共合銀八十二兩四錢三分九釐；爲預備刷印進呈正本陳設頒發及

盛京恭存暨本殿存庫清、漢文各書，先行採買粉連四紙二百件，每件時價銀十一兩，共合銀二千二百兩；爲恭繕漢文宋字版樣，自卷七十一至卷一百二十止共五十卷，計宋字六十萬八千四百四十八個，每百字工飯用銀六分五釐，合銀三百九十五兩四錢九分一釐二毫；爲恭辦《聖訓》，所有監視及執事各員每月需用薪水銀四十兩，自七年正月起至四月底，共需薪水銀一百六十兩；爲提調處來文，自七年正月至四月四個月，供事八名，每名四個月，各應領公費銀十二兩，共應領公費銀九十六兩；爲恭刊漢文，自卷六十一至卷九十止共三十卷，計宋字三十六萬一千四百九十五個，每百字工銀一錢四分，合銀五百六兩九分三釐。末頁尾子版三十塊，每塊打空行工銀一分五釐，合銀四錢五分。剷除鋸邊每百字飯銀二分，合銀一百四十四兩五錢九分八釐以上共合銀六百五十一兩一錢四分一釐；爲恭刊清文，自卷一至卷二十止共二十卷，計清字十九萬七千五百三字，每百字工銀三錢三分三釐，合銀六百五十七兩六錢八分四釐九毫九絲。漢字小號計六千一百四字，每百字工銀一錢四分，合銀八兩五錢四分五釐六毫。末頁尾子版十七塊，每塊打空行工銀一分五釐，合銀二錢五分五釐。剷除鋸邊每百字工銀二分，合銀七十九兩一釐二毫。以上共合銀七百四十五兩四錢八分六釐七毫九絲；爲恭刊清文，自卷二十一至卷四十止共二十卷，計清字二十五萬八百九十三字，每百字工銀三錢三分三釐，合銀八百三十五兩四錢七分三釐六毫九絲。漢字小號計一萬一千一百三十一字，每百字工銀一錢四分，合銀十五兩五錢八分三釐四毫。末頁尾子版十八塊，每塊打空行工銀一分五釐，合銀二錢七分。剷除鋸邊每百字工銀二分，合銀一百四兩八錢九釐六毫。以上共合銀九百五十六兩二錢二分三釐九絲。八月，爲三次續行採買梨木版五千塊，每塊長一尺一寸，寬八寸五分，厚一寸。每塊時價用銀一錢九分三釐，共合銀九百六十五兩；爲恭辦《聖訓》，所有監視及執事各員每月需用薪水銀四十兩，自七年五月起至八月底止連閏月份，共需薪水銀二百兩；爲提調處來文，自七年五月至八月連閏月份共五個月，供事八名，每名五個月，各應領公費銀十五兩，共應領公費銀一百二十兩；爲恭刊清文，自卷四十一至卷六十五止共二十五卷，計清字二十九萬八千五百三十字。每百字工銀三錢三分三釐，合銀九百九十四兩一錢四釐九毫。漢字小號計一萬三千一百四十八字，每百字工銀一錢四分，合銀十八兩四錢七釐二毫。末頁尾子版二十五塊，每塊打空行工銀一分五釐，合銀三錢六分五釐。剷除鋸邊每百字工銀二分，合銀一百二十四兩六錢七分一釐二毫。以上共合銀一千一百三十七兩五錢五分八釐三毫；爲提調處來文，恭辦《聖訓》總裁、提調、總纂、纂修、協修等官，每二員每日食肉菜一桌，每十桌價銀二兩五錢七分五釐。每員每日茶葉二錢，每斤價銀一錢三分。校録每員每日飯銀六分，自七年七月至九月連閏月份，共合銀五百三十四兩三錢六分九釐五毫；爲恭刊清文，自卷六十六至卷八十五止共二十卷，計清字二十五萬一千二百三十六字，每百字工銀三錢三分三釐，合銀八百三十六兩六錢一分五釐八毫八絲。漢字小號計一萬六百五十五字，每百字工銀一錢四分，合銀十四兩九錢一分七釐。末頁尾子版二十塊，每塊打空行工銀一分五釐，合銀三錢。剷除鋸邊每百字工銀二分，合銀一百四兩七錢五分六釐四毫。以上共合銀九百五十六兩五錢八分九釐二毫八絲；爲提調處來文，恭辦《聖訓》總裁、提調、總纂、纂修、協修等官，每二員每日食肉菜一桌，每十桌價銀二兩五錢七分五釐。每員每日茶葉二錢，每斤價銀一錢三分。校録每員每日飯銀六分，自七年十月至十二月止，共合銀三百九十五兩一錢六分四釐；爲恭刊漢文，自卷九十一至卷一百二十止共三十卷，計宋字三十六萬一千八百九十四字，每百字工銀一錢四分，合銀五百六兩六錢五分一釐六毫。末頁尾子版三十塊，每塊打空行工銀一分五釐，合銀四錢五分。剷除鋸邊每百字飯銀二分，合銀一百四十四兩七錢五分七釐六毫。以上共合銀六百五十一兩八錢五分九釐二毫。十月，爲刷印清文《聖訓》校樣二份，每份一百六十卷，共計書身小頁二萬九千三百六十八頁，共計費頁四千一百十一頁，每本副頁四頁，共一千二百八十頁，通共計小頁三萬四千七百五十九頁。每六頁合紙一張，共合榜紙五千七百九十三張。每九十八張合紙一塊，共合五十九塊十一張。又預備抽換篇頁並修籤字樣等項合紙五塊。以上共合榜紙六十四塊十一張。每塊時價銀三兩一錢，合銀一百九十八兩七錢三分。刷印每千頁工銀一錢二分，合銀三兩五錢二分四釐二毫。折配每千頁工銀一錢三分，合銀三兩八錢一分七釐八毫四絲。以上共合銀二百六兩七分一釐九毫六絲；爲恭刊清文，自卷八十六至卷一百止共十五卷，計清字二十萬四百十九字，每百字工銀三錢三分三釐，合銀六百六十七兩三錢九分五釐二毫七絲。漢字小號八千四百八十九字，每百字工銀一錢四分，合銀十一兩八錢八分四釐六毫。末頁尾子版十五塊，每塊打空行工銀一分五

釐，合銀二錢二分五釐。劃除鋸邊每百字工銀二分，合銀八十三兩五錢六分三釐二毫。以上共合銀七百六十三兩六分八釐七絲；爲恭繕漢文宋字版樣，自卷一百二十一至卷一百六十止共四十卷，計宋字四十五萬五千七十四字，每百字工飯用銀六分五釐，合銀二百九十五兩七錢九分八釐一毫。又趕行換寫，自卷一起至卷一百六十止，共計字二十四萬二千二百六十二字，每百字工銀六分五釐，合銀一百五十染兩四錢七分三毫。以上共合銀四百五十三兩二錢六分八釐四毫；爲恭刊漢文，自卷一百二十一至卷一百五十止共三十卷，計宋字二十六萬四百七十字，每百字工銀一錢四分，合銀三百六十四兩六錢五分八釐。末頁尾子版三十塊，每塊打空行工銀一分五釐，合銀四錢五分。劃除鋸邊每百字飯銀二分，合銀一百四兩一錢八分八釐。以上共合銀四百六十九兩二錢九分六釐；爲提調處來文，自七年九月至十二月共四個月，爲供事八名，每名四個月，各應領公費銀十二兩，共應領公費銀九十六兩；爲恭刊清文，自卷一百一至卷一百二十止共二十卷，計清字二十五萬七千七百九十一字，每百字工銀三錢三分三釐，合銀八百五十八兩四分四釐三絲。漢字小號一萬二千八十字，每百字工銀一錢四分，合銀十六兩九錢一分二釐。末頁尾子版二十塊，每塊打空行工銀一分五釐，合銀三錢。劃除鋸邊每百字工銀二分，合銀一百三兩一錢一分六釐四毫。以上共合銀九百七十八兩七錢七分二釐四毫三絲；爲恭辦《聖訓》，所有監視及執事各員每月需用薪水銀四十兩，自七年九月起至十二月底止，共需薪水銀一百六十兩；爲二次修補漢文，自卷一至卷三十止，共修補一萬六千七百四十七字。每一字折三字，共折五萬二百四十一字。每百字工銀一錢四分，共合銀七十兩三錢三分七釐四毫；爲六續刷印漢文《聖訓》清樣，每部共計五千二百七十六頁。每部一百六十本，共刷四部，共計二萬一千一百四頁。每本副頁四頁，共計副頁二千五百六十頁，通共計小頁二萬三千六百六十四頁。三頁合紙一張，共用連四紙七千七百八十八張。每九十八張合一塊，共合八十塊四十八張。每十二塊合一件，共合六件八塊四十八張。每件價銀十一兩，共合銀七十七兩八錢二分。刷印每千頁工銀一錢二分，合銀二兩五錢三分二釐四毫八絲。折配每千頁工銀一錢三分，合銀二兩七錢四分三釐五毫。以上共合銀八十三兩九分五釐九毫；爲預備安放清、漢文《聖訓》版片，成做木凳一百六十個，每個價銀六錢五分，共合銀一百四兩。以上通共用過銀一萬五千六百七兩三分八釐四毫二絲。下存銀八千五百九十八錢六分一毫八絲。

光緒八年正月起至十二月止，恭辦《穆宗毅皇帝聖訓》所需款項，上年存銀八千五百九十八兩八錢六分一毫八絲，由通行項下撥入銀三千二十兩，共存銀一萬一千六百十八兩八錢六分一毫八絲。開除：爲提調處來文，恭辦《聖訓》總裁、提調、總纂、纂修、協修等官，每二員每日食肉菜一桌，每十桌價銀二兩五錢七分五釐。每員每日茶葉二錢，每斤價銀一錢三分。校錄每員每日飯銀六分，自八年正月至三月，共合銀三百七十九兩三錢二分四釐；爲恭刊清文，自卷一百二十一至卷一百四十止共二十卷，計清字二十二萬二千七百九十二字。每百字工銀三錢三分三釐，合銀七百四十一兩八錢九分七釐三毫六絲。漢字小號一萬三千八十字，每百字工銀一錢四分，合銀十八兩三錢一分二釐。末頁尾子版二十塊，每塊打空行工銀一分五釐，合銀三錢。劃除鋸邊每百字工銀二分，合銀九十四兩三錢四分八釐八毫。以上共合銀八百五十四兩八錢五分八釐一毫六絲；爲提調處來文，恭辦《聖訓》總裁、提調、總纂、纂修、協修等官，每二員每日食肉菜一桌，每十桌價銀二兩五錢七分五釐。每員每日茶葉二錢，每斤價銀一錢三分。校錄每員每日飯銀六分，自八年四月至六月止，共合銀三百八十三兩六錢三分四釐五毫；爲恭刊清文，自卷一百四十一至卷一百六十止並前序一卷共二十一卷，計清字二十三萬一千二十二字。每百字工銀三錢三分三釐，合銀七百六十九兩三錢三釐二毫六絲。漢字小號一萬三千一百九十三字，每百字工銀一錢四分，合銀十八兩四錢七分二毫。末頁尾子版二十塊，每塊打空行工銀一分五釐，合銀三錢。劃除鋸邊每百字工銀二分，合銀九十七兩六錢八分六釐。以上共合銀八百二十七兩二錢八分九釐二毫六絲；爲恭刊漢文，自卷一百五十一至卷一百六十止共十卷，計宋字十二萬九千五百十六字，每百字工銀一錢四分，合銀一百八十一兩三錢二分二釐四毫末頁尾子版十塊，每塊打空行工銀一分五釐，合銀一錢五分。劃除鋸邊每百字工銀二分，合銀五十一兩八錢六釐四毫。又趕行換刻共版一百七十九塊，計宋字五萬一千五百六十八字，每百字工銀一錢四分，合銀七十二兩一錢九分五釐二毫。以上共合銀三百五兩四錢七分四釐；爲六續刷印清文《聖訓》清樣，每部共計一萬四千六百八十四頁，每部一百六十本，共刷四部，共計五萬八千七百三十六頁。每本副頁四頁，共計副頁二千五百六十頁，通共計小頁六萬一千二百九十六頁。三頁合

紙一張，共用連四紙二萬四百三十三張。每九十八張合一塊，共合二百八塊四十九張。每十二塊合一件，共合十七件四塊四十九張。每件價銀十一兩，共合銀二百二十八兩二錢四分。刷印每千頁工銀一錢二分，合銀七兩四分八釐八毫。折配每千頁工銀一錢三分，合銀七兩六錢三分六釐二毫。以上共合銀二百四十二兩九錢二分五釐；爲二次修補漢文，自卷三十一至卷六十止，共修補二萬三千五百七字。每一字折三字，共折七萬五百二十一字，每百字工銀一錢四分，共合銀九十八兩七錢二分九釐四毫。三月，爲提調處來文，恭辦《聖訓》校録房應行租搭涼棚六間，並本處官員辦事值房以及檔案房各作房涼棚十間，共搭涼棚十六間，應領銀五十九兩七錢；爲二次修補清文，自卷一至卷五十止，共修補七千三百二十二字，每一字折三字，共折二萬一千九百六十六字，每百字工銀三錢三分三釐，合銀七十三兩一錢四分六釐七毫八絲。圈點拉嗎二千三百七十處，每四處折一字，共折五百九十二字，每一字折三字，共折一千七百七十六字，每百字工銀三錢三分三釐，合銀五兩九錢一分四釐八絲。以上共合銀七十九兩六分八毫六絲；爲二次修補漢文，自卷六十一至卷九十止，共修補一萬九千四百二十六字，每一字折三字，共折五萬八千二百七十八字。每百字工銀一錢四分，共合銀八十一兩五錢八分九釐二毫；爲恭辦《聖訓》，所有監視及執事各員每月需用薪水銀四十兩，自八年正月起至四月底止，共需薪水銀一百六十兩；爲提調處來文，八年正月至四月共四個月，供事八名，每名四個月，各應領公費銀十二兩，共應領公費銀九十六兩；爲二次修補清文，自卷五十一至卷一百止，共修補一萬三千五百九十二字。每一字折三字，共折四萬七百七十六字，百字工銀三錢三分三釐，合銀一百三十五兩七錢八分四釐八毫。圈點拉嗎三千一百九十八處，每四處折一字，共折七百八十九字，每一字折三字，共折二千三百六十七字，每百字工銀三錢三分三釐，合銀八兩八錢七分三釐一絲。以上共合銀一百四十四兩六錢五分七釐九絲；爲二次修補漢文，自卷九十一至卷一百二十止，共修補一萬三千七百七十字，每一字折三字，共折四萬一千三百十字，每百字工銀一錢四分，共合銀五十七兩八錢三分四釐；爲提調處來文，恭辦《聖訓》總裁、提調、總纂、纂修、協修等官，每二員每日食肉菜一桌，每十桌價銀二兩五錢七分五釐。每員每日茶葉二錢，每斤價銀一錢三分。校録每員每日飯銀六分，自八年七月至九月止，共合銀三百八十三兩六錢二分四釐五毫；爲二次修補清文，自卷一百一至卷一百六十止，共修補一萬一千二十九字，每一字折三字，共折三萬三千八十七字，每百字工銀三錢三分三釐，合銀一百十兩一錢七分九釐七毫一絲。圈點拉嗎三千一百五十一處，每四處折一字，共折七百八十七字，每一字折三字，共折二千三百六十一字，每百字工銀三錢三分三釐，合銀七兩八錢六分二釐一毫三絲。以上共合銀一百十八兩四分一釐八毫三絲；爲二次修補漢文，自卷一百二十一至卷一百六十止，共修補二萬二千一百九十字，每一字折三字，共折六萬六千五百七十字，每百字工銀一錢四分，共合銀九十三兩一錢九分八釐；爲恭辦《聖訓》，所有監視及執事各員，每月需用薪水銀四十兩，自八年五月起至八月底止，共需薪水銀一百六十兩；爲提調處來文，自八年五月至八月共四個月，供事八名，每名四個月，各應領公費銀十二兩，共應領公費銀九十六兩；爲預備刷印進呈正本陳設頒發盛京恭存暨本殿存庫清、漢文各書，續行採買粉連四紙二百件，每件時價銀十一兩，共合銀二千二百兩；爲預備刷印清漢文《聖訓》進呈正本各書續行採買上等徽墨十七斤十兩，每斤時價銀九錢八分，合銀十七兩二錢七分五釐五毫。棕二百十七斤十兩，每斤時價銀八錢，合銀一百七十四兩一錢。以上共合銀一百九十一兩三錢七分二釐五毫；爲三次修補清文，自卷一起至卷一百六十止，共修補二萬一千七百五十字，每一字折三字，共折六萬五千二百五十字。圈點拉嗎五千五百八十處，每四處折一字，共折一千三百九十五字，每一字折三字，共折四千一百八十五字。刊刻長方籤套籤，共用版二十二塊，共計三千六百四十八字。換刻版七十九塊，共計一萬三千八百五十二字。以上共計八萬六千九百三十五字，每百字工銀三錢三分三釐，以上共合銀二百八十九兩四錢九分三釐五毫五絲；爲三次修補漢文，自卷一起至卷一百六十止，共修補三萬三千八百八十二字，每一字折三字，共折十萬一千六百四十六字。每百字工銀一錢四分，合銀一百四十二兩三錢。刊刻長方籤共用版二十二塊，計一千一百八十六字。趕行換刻版一百八十六塊，共計五千五百八十字，連上共計十萬八千四百十二字。每百字工銀一錢四分，合銀一百五十一兩七錢七分六釐八毫；爲裝潢清、漢文《聖訓》各十一部，每部六十四套，共成做杉木版套七百四套，每套工料銀三錢五分，合銀二百四十六兩四錢。糊飾版面外縫用高麗紙三百五十二張，每張時價銀四分，合銀十四兩八分。托裱黃綾糊飾套里用粉連四紙

十七塊，每塊價銀九錢五分，合銀十六兩一錢五分。劃畫書身邊欄每百頁工銀九錢減半，合銀九十八兩七錢九分七釐。劃畫長方籤一千一百五十二條，每十條工銀一錢二分四釐，合銀十三兩八錢二分四釐。以上共合銀三百八十九兩二錢五分一釐；爲提調處來文，恭辦《聖訓》總裁、提調、總纂、纂修、協修等官，每二員每日食肉菜一桌，每十桌價銀二兩五錢七分五釐。每員每日茶葉二錢，每斤價銀一錢三分。校錄每員每日飯銀六分，自八年十月至十二月止，共合銀三百九十四兩三錢一分四釐五毫。十月，爲恭刷進呈正本清、漢文各一部，陳設書各十部，每部書頁一萬九千九百五十九頁，共計書頁二十五萬九千四百六十七頁。刷印每千頁工銀六錢，合銀一百五十五兩六錢八分二毫。折配每千頁工銀六錢五分，合銀一百六十八兩六錢五分三釐五毫五絲。頒發存庫各書共計八十九萬一千三百二十六頁，每千頁工銀一錢二分，合銀一百六兩九錢五分九釐一毫二絲。折配每千頁工銀一錢二分，合銀一百六兩九錢五分九釐一毫二絲。以上共合銀五百三十八兩二錢五分一釐九毫九絲；爲裝潢清、漢文《聖訓》各十一部，共成做七百四套，每套工銀三錢五分，合銀二百四十六兩四錢。裱料紙七千四十張，每張價銀五釐，合銀三十五兩二錢。每套用白麵五兩，共用二百二十斤。每斤價銀三分，合銀六兩六錢。每部用長七尺黃挖單六塊，共用黃布四百六十二尺。每尺價銀三分，合銀十三兩八錢六分。共用黃盤六十六塊，每塊價銀四錢，合銀二十六兩四錢。刷印本籤套籤七千六百八十條，每百條用銀五分，合銀三十八兩四錢。以上共合銀三百六十六兩八錢六分；爲提調處來文，自八年九月至十二月共四個月，供事八名，每名四個月，各應領公費銀十二兩，共應領公費銀九十六兩。以上通共用過銀九千二百三十九兩二錢六分一毫四絲。下存銀二千三百七十九兩六錢四絲。

光緒九年正月起至九月止，恭辦《穆宗毅皇帝聖訓》所需款項，上年存銀二千三百七十九兩六錢四絲。開除：爲提調處來文，恭辦《聖訓》總裁、提調、總纂、纂修、協修等官，每二員每日食肉菜一桌，每十桌價銀二兩五錢七分五釐。每員每日茶葉二錢，每斤價銀一錢三分。校錄每員每日飯銀六分。自九年正月至三月止，共合銀三百八十九兩八錢八分四釐；爲提調處來文，自九年正月至四月共四個月，供事八名，每名四個月，各應領公費銀十二兩，共應領公費銀九十六兩；爲提調處來文，恭辦《聖訓》總裁、提調、總纂、纂修、協修等官，每二員每日食肉菜一桌，每十桌價銀二兩五錢染分五釐。每員每日茶葉二錢，每斤價銀一錢三分。校錄每員每日飯銀六分，自九年四月至六月止，共合銀三百八十九兩八錢八分四釐；爲預備裝潢頒賞清、漢文《聖訓》，需用粗紙加襯合背三千二百塊，每塊工料用銀一錢六分，合銀五百十二兩。用黃箋紙五千二百張，每張價銀二分四釐，合銀一百二十四兩八錢。以上共合銀六百三十六兩八錢；爲裝潢頒發漢文《聖訓》一百部，每部三十二套，共計三千二百套。每套工銀一錢，合銀三百二十兩。糊飾套裏托裱材料用連四紙六千四百張，每張價銀八釐，合銀五十一兩二錢。每套用白麵五兩，共用一百斤，每斤價銀三分，合銀三兩。刷印漢文長方簽三萬八千四百條，每千條工銀一錢二分，合銀四兩六錢八釐。以上共合銀三百七十八兩八錢八釐；爲提調處來文，自九年五月至八月共四個月，供事八名，每名四個月，各應領公費銀十二兩，共應領公費銀九十六兩；爲提調處來文，恭辦《聖訓》總裁、提調、總纂、纂修、協修等官，每二員每日食肉菜一桌，每十桌價銀二兩五錢七分五釐。每員每日茶葉二錢，每斤價銀一錢三分。校錄每員每日飯銀六分，自九年七月至九月止，共合銀三百八十三兩六錢二分四釐五毫。以上通共用過銀二千三百七十一兩五毫。下存銀八兩五錢九分九釐五毫四絲。

王先謙《虛受堂文集》卷五《南菁書院叢書序》 光緒戊子秋，予刊《皇清經解續編》成。時試事既畢，還。暨陽侯代檢舊藏及近得之書裨益藝文者尚數十種，遂以餘力促召梓人，刊爲叢書。國朝儒碩朋興，纂著之盛，實能洞達閫奧，修起廢墜。大之經箋史注，曠隆往代，即旁逮諸子雜家，靡不疏通證明，抵於精善。雖其閒學人所得大小醇駁，各有不同，然前明空疏淺陋之風，庶乎滌蕩盡矣。中興而後，斯道益章，海內人士咸知崇厲實學，以空腹高談爲恥，視乾嘉之際執漢宋學斷斷相辨論者，固不侔矣。聞道而大笑，積久而後信，亦必然之理也。當此之時苟有資於問學之書，亟取而公諸天下，傳之久遠，宏益儒者之見聞，仰贊聖朝之文治，豈非士大夫維持世敎者之責與？自來叢書之刻多雜廁前代，或汎及詞章，玆編專錄國朝，非有裨考訂者不入。書分八集，皆可喜可觀。予未及搜采者，又屬吾友院長繆筱珊編修賡續成之，板存南菁書院，因以名其書。

王懿榮《止止堂集敘》（戚繼光《止止堂集》卷首） 光緒己卯、庚辰

閒，《登州志》局方纂《藝文志》，求戚武毅公此集不得，僅於其家得書一卷，乃後人所輯公詩十餘首，及私傳數事，遂以著錄。蓋強名集。後三四年，懿榮乃從翰林院署借得此集明刻五本，即乾隆開四庫館收錄之底本也，中有「楊王啓運」一條、「宋瀛國公」一條，當時奏准抽燬。又末缺數葉，亦無從搜補。於是募工對臨一通，悉如原刻。謹以官本還署。又後三四年，懿榮以服闋，詣省會取咨，見巡撫張公論及戚武毅兵法諸書，如《練兵實紀》、《紀效新書》。童年時即愛而讀之，其文集猶未得見也。時值山東書局方謀刻國朝以來海內未刻之書，爰舉此集，郵介張公重刻之。

錢志澄《春融堂集序》（王昶《春融堂集》卷首） 乾隆中葉，我五世祖文端公致仕里居，與長洲沈文慤公主持風教，垂二十年，時則江、浙有二大老之目。又二十年，而青浦王［昶］述庵先生繼之，碩德耆儒，後先鼎峙。先生於吳中七子知名最蚤，自文慤選其詩而名益起。乾隆辛巳，先文端祝釐入都，訪先生寓齋，談藝竟日。時先公年已七十有六，先生才三十八耳。洎癸丑乞休，年亦七十矣。時海內清平，日與二三朋舊校刊所書，提奬後進，遠近從游受業者，虛往實歸，坐席常滿。蓋優游林下，又十餘年。先公而後，東南壇坫之重，未能或之先也。志澄少聞先人論詩、古文辭，若辨證古碑刻同異，輒稱道先生，私竊歎慕。光緒甲申，來宰青溪，得縣志，猶先生原本也。喜甚，因訪求未刻諸稿。則子姓兵後式微，遺書板亦佚亡過半，爲慨惜久之。先生於學無所不通，不屑屑於章句，所著《金石萃編》、《湖海文傳》、《詩傳》等詞章考據之屬如干種，太倉州《銅政全書》等掌故地理之屬如干種，都五百餘卷，並蚤刊行。其未刊者，若《天下書院考》、《法藏經籍志》、《朝聞錄》等稿本尚十餘種，可謂富有矣。此《春融堂集》六十八卷，尤畢生心力所萃，眇思自出，不名一家。而凡師友見聞、身世離合之故，與夫性情、學術、治行、本原，胥於是乎在。近歲諸行省設局刊書，徵求文獻，自興軍以來二百餘年，老師、宿儒、專家鉅製若存若亡，官私行本時時閒出，先生遺著諸舊刻亦頗掇拾流播於灰燼之餘，或先後輯廁叢書中，大較粗備。獨是集傳本幾絶，原板漫漶殘闕特多，擬重刻之，而難其費，遷延至今。夫興廢舉隨表彰前賢，官師之責，鄉人士君子之所宜有事也。今春有脩是集爲請者，遂慫恿之，撥公款助剞劂，不足則捐廉以要其成。

羅正鈞《左文襄公年譜》卷四 同治五年丙寅，公五十五歲，【略】又以閩中理學之邦，思有以延其緒，設正誼堂書局。諭曰：敬教勸學，衛國於以中興；察孝舉廉，漢治所以近古。曩者張清恪之撫閩也，與漳浦蔡文勤講明正學，閩學大興。清恪彙刻儒先遺書五十五種，埽異學之氛雺，入宋儒之堂奧。本爵部堂鄉舉以後，即得是刻殘編讀之，以未睹全書爲歉。玆來清恪舊治，亟詢是書，僅存四十四種，而鼇峰書院所藏板片蠹蛀無存矣。爰於省會設正誼堂書局開雕，書成，散之府縣書院，俾吾閩人士得日對儒先商量舊學，以求清恪、文勤遺緒。

傅以禮《華延年室題跋》卷上《欽頒武英殿聚珍版書浙刻本》 右《武英殿聚珍版書》三十九種，一百二十四冊二十函，浙江重刊本也。卷首無總目，而有書單本記各書價值，今藉以考其種數。每種附督、撫、學政、司、道等恭紀一篇，後載承刊校對諸臣職名。先是乾隆癸巳，詔以《永樂大典》中散見諸書，裒輯成編者，用排字板印行，賜名「聚珍版」，從侍郎金簡之請也。越五載，頒其書於東南五行省，俾所在覆鐫，廣厥流傳。一時承命開雕，踴躍從事。此本而外，曾見江南、福建兩槧。江南本未覯其全，不知共如干種，其板亦袖珍式，視此稍闊，各種亦綴以恭紀，特文乃駢體耳。福建本就原書翻刻，卷帙特侈，今板儲司庫者尚有一百二十二種之夥。光緒初，當事議以校補之役諈諉，會經費無出，不果。此本初分三次授梓，故俗有初、二、三單之稱。嗣以初、二單卷帙皆簡，而巨編咸萃，三單前後不稱，於是復加排比，都爲一集。各單之原目，知者遂尠。賴恭紀、文內在事諸人名姓互有異同，得以辨別。其次序姑以首列之，督臣證之，凡署鐘音名者，初單也：其書爲《欽定武英殿聚珍版程式》、《易象意言》、《儀禮識誤》、《漢官舊儀》、《鄴中記》、《嶺表錄異》、《老子道德經》、《海島算經》、《潤泉日記》、《浩然齋雅談》、《歲寒堂詩話》、《茶山集》、《拙軒集》，共十三種。易三寶名者，二單也：其書爲《禹貢指南》、《春秋傳說例》、《春秋辨疑》、《帝範》、《傅子》、《農桑輯要》、《墨法集要》、《五經算術》、《孫子》、《算經》、《夏侯陽算經》、《甕牖閒評》，共十一種。三寶兼閣銜者，三單也：其書爲《易緯》、《郭氏傳家易說》、《融堂書解》、《絜齋毛詩經筵講義》、《魏鄭公諫續錄》、《麟臺故事》、《水經注》、《直齋書錄解題》、《明本釋》、《雲谷雜記》、《考古質疑》、《敬齋古今黈》、《文恭集》、《絜齋集》、《金淵集》，共十五種。

重訂後通題第一單蓋此以爲初編，餘書嗣出，惜時局變遷，從此輟工，遂不逮閩槧之富。而讎勘之精詳，雕造之工緻，則遠過之。時董其役者，爲振綺堂汪氏，壽松堂孫氏，大知堂汪氏，知不足齋鮑氏：皆吾鄉藏書家。其書用巾箱本，亦仿鮑氏叢書也。不幸咸豐末兩丁兵燹，板本盡付刼灰。今祇零種偶存，即全書亦不可多得矣。

又《欽頒武英殿聚珍版書閩刻本》 四庫館之初開也，以前明《永樂大典》足資採摭，簡派儒臣裒集彙訂，暨世所罕覯秘袠，命由武英殿聚珍版排印，頒發東南五省同時遵勅重雕者。惟閩中一百二十三種爲最夥，惜歷年已久，屢經修葺，而校勘舛疏，編次淩亂，幾於不可卒讀。故前督部卞、譚二公先後督修，遴傳太守以禮爲總纂，孫鹺尹星華等分任編校，凡書中殘斷及衍奪之處，於正文修補外，復間據他本輯爲《拾遺》，或《校勘記》附後，並廣所未備，增刻二十五種。前歲癸巳，毓恩領藩是邦，值書局經費支絀，勉籌巨資，久之乃獲蔵事。適今制府邊公涖任，聿觀厥成，因咨送翰林院國子監及各行省書院，用廣流布。

又 謹案乾隆甲午五月，詔儒臣彙集《永樂大典》內散見之書重輯成編者及世所罕覯秘籍，以活字版印行，賜名聚珍版書。每種冠以《御題五言詩》十韻，前繫小序。越三載丁酉九月，頒發其書於東南五省，勅所在鋟勒通行，用廣流布。一時承命開雕者，浙江刊袖珍本三十九種，江南所刊板式同浙，共計若干，未覩其全。江西亦僅見近刻五十四種，惟福建舊刻一百二十三種爲最夥，即此本也。當時內府排字成書，其字旋即改排他印，所印行者自亦無多，故百餘年來零種偶有流傳，全帙早所希覯。江、浙兩槧又毀於兵燹，幸閩刻具存且卷帙繁富，即較近日南昌局刻多猶過半，則合諸刻以計之，洵推爲碩果僅存之巨帙矣。惟版片庋儲布政司廨，閩地卑濕，歷年稍多，漸就斷爛，故先後官閩藩者如吳中丞榮光、陳中丞慶偕、鄧方伯廷枏、潘中丞霨均不惜巨帑相繼修補，距今皆甫閱數十年，而殘字脫簡，又復更僕難數。前制府卞公惜是書之缺而不完也，屢以監修事相屬，國正既辱諉諈，且曾三攝承宣，則勉踵前規，責無旁貸。於是檢理版片，集款鳩工，設局會垣，檄傳太守以禮總司其事，並派員分任校對收掌之役。先就閩中搜羅舊槧，或訪諸紳耆，或購諸坊肆，幷參證以別本。初校將竣，會今制府宮保譚公持節南來，聽政之暇，詢及是書，以爲讎勘之事不厭詳審，矧此刻自同治間修校草率，匪特金根白芨，觸處紛然，甚至有版無字者，亦且不一而足。若非整理完善，奚以昭先朝嘉惠藝林，垂示無窮之盛軌。爰命廣求善本，添設局員，通體覆勘。訪知豐順丁氏藏有當年排印原書，專員航海越粵，往返至再，始獲全假以來。得此依據補正益多，且較閩刻溢出十餘種。丁本之外，又稽諸各家書目，稱爲聚珍本而尙有他刻可據者，似亦不應概付闕如。適黃方伯毓恩涖任閩藩，力任籌資，福州府唐太宗寶鑑復移借公使錢以贊成之，遂得一律補鐫。計修校舊刻外，新增者兩次，凡二十種。其各本中有篇章缺佚，由傳太守寓書浙江藏書家，如杭州丁氏、湖州陸氏，互相商榷，或錄副以來，或刻或寄校若諸種中。訪有宋槧元鈔尙存者，亦經輾轉物色，據以更易舊刻，否則甄采裒集自十餘以至一二篇，附爲《拾遺》。惟卷帙既繁，校手不一，落葉之喻，在所難免。況其間有灼知其誤，以無所依據，不敢輒改，乃互考其異同，別作《校勘記》各綴跋尾，以識崖畧。孫鹺尹星華又成《例言》十則，並將新、舊諸刻，謹遵《四庫全書》總目，按經、史、子集序列，其有《總目》未載各種，亦依類纂入，重訂目錄，弁諸簡端。凡本非《聚珍版》之書，前此修版誤入者，則析出別行，另列一目焉。經始於壬辰二月，至甲午季冬蔵事，雖不敢謂《聚珍版》之書已盡於此，第念在昔排印此書，其全數幾何未見記載，今於傳刻最多之閩本，又復一再增益，即耳目有所未及，安知他日不有諳悉掌故者博搜而踵增之，則此次校修增補，亦不過前馬之導而已。

龍城書院《龍城書院課藝・凡例》 精舍創自丙申，倏逾六載，歷次課卷佳作林立，今特分年編次，經古、詞章、輿地、算學各以類從，藉便檢閱。【略】是選僅就送到各卷，擇尤甄錄，祇以集隘不能多載，遺珠之惜，誠所難免。且板用集字隨排隨印，體例參差，未能畫一，魯魚譌訛，往往而有，見者諒之。輿地各藝原有圖者頗多，今以悤促排印，不及繪刻，擬俟續鐫。以代數、算式工人不善排集，每遇算式，輒另鐫木，費時既多，且易散失，故祇取簡易者畧登一二，其他繁重諸作概從割愛。

《清內府刻書檔案史料彙編・乾隆三十九年六月二十五日》 奴才福［隆安］遵旨，寄詢英廉，將《佩文韻府》係內府精好之書，應較別書量爲增價，並此外精好適用之書，亦應一體分別查辦等因。又于二十六日續奉寄信金簡諭旨，以《佩文韻府》計二十套，何以定價如此之少，今將因何賤售

緣由及原印若干部，已售去若干部，據實聲覆，交臣查奏等因。各行知去後。茲據英廉覆稱：查得此項《佩文韻府》，向來用臺連紙刷印發售，每部價銀十一兩六錢二分九釐。今次所售，因係庫存原板初刊，又係竹紙刷印，是以按照紙色工費，每部銀十二兩四錢六分，較臺連紙書每部增價銀八錢三分一釐。至此外尚有《淵鑒類函》等書十種，亦係精好適用，現在出售價值，均按舊例，分別連四竹紙、榜紙作價，比之臺連紙，亦皆稍增。謹分別繕單寄覆。等語。又據金簡覆稱：武英殿通行書籍，自乾隆九年奏准售賣，悉按部數多寡，計其所需紙張、棕墨、工價，外加耗餘，合計作爲定價發售。查舊日通行之書，亦有《佩文韻府》，但係臺連紙刷印，每部紙張、工價作銀九兩五錢四分八釐，外加耗餘銀二兩八分一釐，共銀十一兩六錢二分九釐，俱係散本散篇，並不裝釘。現在所售庫存《佩文韻府》，因係初刊，字畫明白，又係竹紙刷印，較舊時發售者，更爲精好，是以未敢照臺連紙舊價售變。公同酌核，遵照竹紙定舊例，每部作價十二兩四錢六分，亦係散本散篇，並不裝釘。此項《佩文韻府》，原有一千九十六部，奏明存庫二百部，應發售八百九十六部，已賣去四十四部，得價銀五百四十八兩二錢四分，尚餘八百五十二部，現在存庫。再，此項發售書籍共五十四種，此內有榜紙、連四竹紙之分，亦俱按其紙張等差，照例分別三等，量加耗餘作價。如定價太昂，轉恐售變壅滯。此亦公同按例定擬之事，非簡自敢獨出臆見。今蒙聖詢，不勝悚懼。等語。奴才查英廉、金簡所覆情形，似《佩文韻府》一書，因係庫存初印，又係竹紙本，是以酌增價值，較之通行臺連紙刷印者，已增價銀八錢三分，且係草釘散本。若加以裝釘做套，精緻者約需銀二十餘兩，其次亦需銀十餘兩，即每部不下二、三十兩以上，較外間書肆所售，裝成紙本，其價轉覺浮多。再，查此書共計八百九十六部，自本年五月奏准發售之日起，迄今僅售去四十四部，似外間尚無貪圖賤價趨買情形。應否交英廉、金簡另議，加增價值，抑或仍照現定價值發行之處，請旨遵行。並將送到各單，一併呈覽。謹奏。

又《嘉慶二十五年五月十六日》 臣延豐奏，爲刊刻《欽定明鑑》將屆告成恭摺奏請聖訓事。恭照《欽定明鑑》一書，仰蒙勅交兩淮刊刻，遵經委員于嘉慶二十四年十一月內只領刊署，奴才督率運司，遴派熟諳校刊之員，恭照奉發黃綾正本字樣，購備堅致梨板，選雇熟習工匠，敬謹刊刻現將告竣，另容奴才刷印裝釘，敬備錦套陳設本四十部，綢套賞賚本一百二十部，選員恭賫進呈御覽外，伏查兩淮前次刊刷《全唐文》時，因在事諸匠及附近江浙官紳，均請自備低墨工價各印一部，曾經奏蒙諭旨准將板片存留運庫，聽其刷印，以廣流傳，等因欽此。又《全唐文》刊本內，並經奏准，將兩淮監刊諸臣一體開列銜名於館臣之後，此次刊刷《明鑑》，是否仰邀聖慈，俯准一體照辦之處，奴才未敢擅便，理合恭摺具奏。硃批：按《全唐文》之式辦理。欽此。

又《道光十年三月二十一日》 陝西巡撫臣鄂山奏，爲陝西省刊刷《賦役全書》，動用耗資銀數在五百兩以上，循例恭摺具奏，仰祈聖鑒事。竊照《賦役全書》定例十年動用存公銀兩修輯一次。陝西省自嘉慶十九年刊刷後至道光四年已越十載，支解銀糧增減不一，自應照例另行編輯，以歸核實，當經前撫臣盧坤通飭各府州，查明地丁銀糧起存截留細數，分晰選報並造具估冊送部。已接奉部咨，准其照例修輯，所需工料銀兩飭令於工竣後核實選銷。茲據藩司史譜詳稱，查刊刷《賦役全書》各事宜，經前升司常文飭委前任理問朱世鐸、庫大使胡勳立承辦。嗣因該員等未及辦竣，旋即卸事，移交理問孫秉銓、署庫大使葉中昂接辦。刊造全書等用過工料銀一千七百九十二兩零，造冊報銷清冊，並出具無浮印勘各結詳請奏題前來。臣查道光四年閏七月內奉上諭：嗣後各省應動雜項銀兩，數在五百兩以上者，專案奏明辦理。等因。欽遵在案。今陝西省刊造《賦役全書》用過銀兩，應送報銷冊結，除照例另行具題送部外，所有動用耗資銀兩緣由，理合循例先行奏聞。四月初二日奉硃批：轉行遵照。欽此。

又《道光十五年正月初八日》 陝西總督臣楊遇春跪奏，爲甘肅刊辦《賦役全書》需用工料銀兩，循例恭摺奏聞，仰祈聖鑒事。竊查《賦役全書》例限十年纂修一次，所需工料銀兩，向在司庫候撥兵餉款內先行借撥，事竣咨部作正開銷，嗣准部咨。道光四年閏七月二十九日欽奉諭旨：如遇必不可緩之工，無論動用何款，均照動用耗資章程，銀數在五百兩以上者，專案奏明辦理等因。欽此欽遵在案。茲據甘肅布政使色蔔呈劇稱，甘肅此次刊辦，道光三年起至道光十二年止，《賦役全書》十年以內各廳州縣開懇豁除地市銀糧增減事宜，逐一校正咨部覆准，于道光十三年九月初三日開工刊辦起，擬限一年。于道光十四年九月初三日業經依議辦竣，共需工料銀九百九十九

兩零應請在於司庫候撥兵款內動支。除造細數奏銷清冊，另請就款開銷等情詳請具奏前來。臣覆加查候與歷次辦過銀數均屬相符，除收造到作冊送部外，所有動用銀數理合循例具奏，伏乞皇上聖鑒，敕部核覆施行。謹奏。道光十五年正月二十五日奉硃批：戶部議奏。欽此。

又《道光十八年七月三十日》 山西巡撫臣申啓賢跪奏，爲請動耗資銀兩刊刻《賦役全書》，循例恭摺奏聞，仰祈聖鑒事。竊照動用耗羨數逾五百兩例應具奏。臣查山西省《賦役全書》備載額徵各項銀糧增除條款，向例每屆十年請動耗羨銀兩纂輯一次。上屆係道光七年刊修，扣至道光十七年已滿十年，前經咨准戶部示發行合刊造。茲據布政使張澧中委員估計工料等項共需銀一千一百餘兩，請在司庫道光十八年耗羨項內動支給辦，工竣核實報銷詳請具奏前來。臣發核無奏除，飭造具估冊詳送查辦數，理合循例恭摺具奏，伏乞皇上聖鑒。謹奏。道光十八年七月三十日奉硃批：戶部知道。欽此。

又《咸豐六年九月二十三日》 鑲黃旗漢軍都統・文淵閣大學士臣文慶等奏，爲遵旨校刊翻譯《大學衍義》告成，恭摺進呈事。竊據前任巴里坤領隊大臣孟保呈進所錄翻譯《大學衍義》一書，經奴才文慶、熙麟等據呈恭進奏旨：前任巴里坤領隊大臣三等侍衛孟保呈進翻譯《大學衍義》之書，著交鑲黃旗漢軍詳細校對，捐資刊板並著派吏部右侍郎軍機大臣穆蔭協同校閱，俟書成後，刷印進呈。欽此。奴才文慶、穆蔭當即督同翻書房提調司員等詳加校訂，發交奴才文慶等所管鑲黃旗漢軍，飭令該印務章京等會同孟保敬謹繕錄，捐資刊刻。計自本年正月至九月，凡九閱月，全書告成。奴才等謹案《大學衍義》爲宋臣眞德秀進講之書，因大學之條目纂集書文，首之以聖賢之訓典，次之以古今之事蹟。凡諸儒之釋經論史有所發明者，博采旁徵，釐然備列，又各加以按語，考證得失，闡發精詳。聖祖仁皇帝稱其總性理之奧言，集郅隆之顯行，煌煌聖訓炳若日星。原書凡四十三卷，自宋迄明代有刊本，至我朝康熙十一年，特命翰林院掌院學士福達禮等翻譯清文，頒行中外，並蒙御製序文冠諸簡首，俾滿漢臣工咸曉。然于明體達用之學，誠念典之隆規，同文之盛軌也。第其時滿洲新語未備，引用經史皆係舊語。且有對音切學，未經翻譯成文者，又止清文單行，未及增注漢字，士子講習每多闕略。欽維我皇上緝熙懋學，獎掖儒林，御極以來，特飭各學增試性理論文，復命翰林院官錄進《朱子全書》，又諭翻書房譯進明臣呂坤《呻吟語》凡前代儒臣講學之書，皆得燦然明備，今孟保所呈翻譯《大學衍義》複荷聖恩，准其刊刻。奴才等遵旨校閱，均係欽遵乾隆年間欽定翻譯《四書》、《五經》、《通鑑》，各按新語敬謹更易。現在滿漢合璧全冊刊刻告竣，如蒙諭旨頒行，不特八旗士子講肄有資，益足以徵我皇上鑒古崇儒，精益求精之至意。宋臣蘇軾有言，但使聖賢之相契，即如臣主之同時。此尤奴才等區區愚誠，同深欽抃者也。謹將全書八函計五十帙裝訂齊備，送交軍機處，恭呈御覽。伏候欽定，再將原板送交武英殿，以備刷印。此項板片，係由該旗捐辦，合併聲明。所有奴才等遵旨校刊翻譯《大學衍義》全書告成緣由，理合恭摺具奏，伏乞皇上聖鑒。謹奏。文慶、穆蔭、熙麟、穆克登額。

又《光緒十四年八月初一日》 江蘇學政王先謙奏，爲經解刊成書，恭摺具陳，仰祈聖鑒事。竊臣於光緒十二年六月十九日，附片奏明在江陰南菁書院設局彙刊經解情形，七月二十六日遞回原片軍機大臣奉旨：知道了。欽此。臣以此次蒐訪經解漢書較多，刻費浩繁，非臣綿力所能獨任比即函知督臣曾國荃、撫臣崧駿商請轉諭乃屬酌量捐措，賴督撫臣同力相助，飭屬鳩資源源而來極形勇躍，即他省官紳亦以臣此舉爲表章，經術起見多有不待函商自措案前來者，臣飭局樽節動用嚴密趕催，撫臣亦飭蘇州書局助刊多種，首尾五載幸獲有成爲書二百零九部，都一千四百三十卷，體例一仿前大學士臣阮元所刊《皇清經解》，名曰《皇清經解續編》，蕆事後板存書院刷印流傳，俾藝林承學之士宏觀覽而備研摩，庶幾文教日益振興，上副聖作作人至意，至此次捐資合計漕平足銀一萬九千三百三兩二錢二分五釐，除蘇局助刊書二百四十三卷外，計臣局刊書一千一百八十七卷，實用銀一萬六千三百三兩二錢二分五釐，餘存銀三千兩正飭交江陰縣知縣發商生息以裕書院經費，書局印行裁撤，此項悉書官坤捐助並未絲毫動用公款，仰懇天恩准免遺冊報銷。除將印本咨呈軍機處備查外，所有刊刻經解成書緣由，理合恭摺具陳，伏乞皇太后、皇上聖鑒訓示。硃批：知道了。欽此。

又《光緒十六年十月十四日》 臣奕劻等跪奏，爲遵旨石印書籍酌擬辦法，恭摺仰祈聖鑒事。本年六月間臣等面奉諭旨：著照殿板式樣石印《圖書集成》。臣等查石印書籍以上海商人辦理最爲熟悉，當即電知上海道聶緝槼就近飭商估計詳細聲覆以憑辦理。疊據電覆，價值之增減，以印書之多寡、紙

張之大小爲斷。現與同文書局核實，估計議用料半開三紙，照殿板原式刷印一百部，每部計價規平銀三千五百餘兩，惟料半紙出於安徽，常年製造爲數無多，此書卷帙浩繁，必須添造，約計須以三年爲期，方能供用。議即立限三年，令其印齊，先行購買。殿板原書一部，以爲描潤照印底本另給價銀一萬三千兩，事竣仍將原書呈繳，並於一百部之外，報效黄綾本一部，不給價值。臣等公同商酌所議尚屬妥協，擬請旨飭下兩江總督，督飭該道照議辦理。並由該督遴派正途出身精細勤慎之員前往駐局，逐篇詳校，以臻完善。所需印書百部，價銀共計規平三十五萬一千餘兩，暫由出使經費內提用，書成之後由臣等奏明。請旨：留用若干部令其運京，此外若干部令該道暫行存儲，由兩江督臣知照京外各衙門，如有學宫書院擬購此書者即由該處按照每部三千五百餘兩備價承領，其官紳中有願備價承領者亦聽其便，此項承領價銀即解繳江海關道庫，歸還原款，並隨時報知臣衙門存案。如此辦理，成書不致過遲，用款亦不致多費，較之木刻擺印實屬事半功倍。所有臣等遵旨籌辦書籍緣由理合繕摺具陳，恭候命下，敬謹遵行。伏乞皇上聖鑒謹奏。硃批：依議。

又《光緒十七年八月初八日》 湖廣總督臣張之洞、頭品頂戴湖北巡撫臣譚繼洵跪奏，爲遵旨刊發敬謹宣講事。准兵部火票遞到欽奉頒發《御製勸善要言》一書，並鈔單一紙，內開光緒十七年八月初八日內閣奉上諭：朕恭讀世祖章皇帝《御製勸善要言》一書，仰體天心特垂明訓，精詳切實，俾斯世遷善改過一道同風，實足變澆俗而臻盛化。惟原編只有清文，特令繙書房加譯漢文，發交武英殿刊刻成書。茲據奏刷印完竣，裝潢呈覽，著每省頒發一部，交各該將軍督撫照式刊發，各屬學官每月朔望同《聖諭廣訓》一體敬謹宣講用示朕欽承祖訓輔教牖民之至意，等因欽此。仰見我皇上纘承彝訓闡明至道牖迪群生，臣等展編跪誦莫名欽仰，遵即恭錄諭旨，並將《御製勸善要言》一書飭發藩司，精選良工照式刊印分發各屬學官，每月朔望同《聖諭廣訓》一體，敬謹宣講，俾廣流傳而彰郅治。謹合詞恭摺具奏，伏祈皇上聖鑒謹奏。硃批：知道了。

又《光緒十九年三月二十二日》 兵部侍郎、都察院右副都御史、安徽巡撫兼提督銜臣沈慕咨呈事。竊照本部院前在署兩江總督任內有出使日本國參贊、廣東候補道陳明遠差回來見，據稱在日本時，見該處書商製造銅板仿刻《西清古鑑》一書，鉤摹鐫刻頗屬精良。該商將板求售商請購回刷印，以廣流傳等情，當以無款可撥，未經置議。茲據該道陳明遠呈送廣東紳士三品銜選用道劉學詢稟稱，素習詩書，竊叨科第慕學好古，志切訪求，勉力措籌款項，向日本商人購取此項銅板全副共計九十六箱，試行刷印傳播，刻工洵屬精良，自願將書板報效，恭備進呈。先送黄綾裝訂樣書一部，稟請具奏呈進前來。《西清古鑑》一書爲高宗純皇帝欽定之本，聲教四訖，傳至外洋日本僻在東經，摹刊銅板彌彰聖代同文之盛，亦見異邦向學之徵。該紳劉學詢不惜重資購歸中土，據稱自願報效，實屬急公好學，志行可嘉。除據情奏聞，先將《西清古鑑》樣書一部恭呈御覽，惟賞收此項書板，推廣印行，如蒙俞允，即飭將銅板全副解來安徽，由本部院派員賫解至京，另摺奏明辦理外，所有先呈樣書，現委差弁宋開勝、湯大興管解進京相應咨呈，爲此咨呈貴處，謹請查收轉進施行，咨呈軍機處。

私家刻書

綜述

周亮工《賴古堂集》卷一三《顧與治詩序》 與治生平以表揚文士爲己任，闡幽發伏，不遺餘力。南州蘇武子古文妙天下，中道夭折，予愧不能傳其書，與治爲之鐫木，世乃知有武子之古文。武子雖才，得與治而名始彰也。北平于司直有奇氣，傾貲結客，至破其家，旅死秦淮，無一人軫恤者。與治親爲含殮，而梓其遺稿，俾海內得識司直，而仰其人不衰。剩公之及難也，禍且不測，與治左右之，不稍避，卒與之俱全。剩公既寂，復蒐其《遼左雜咏》存之。今世猶有讀剩公詩者，與治力也。宋比玉之沒，與治既輯其遺稿，慫恿李侍御少文爲梓行。【略】費考功筆山家在石阡，罷官後無所歸，與治分宅居之，歿即葬於顧氏先塋旁。歲時祭獻酹酒，必潰筆山墓草也。筆山舊爲福清令，刻稿多在閩，頗散失，予入閩時，與治託其嗣弦圃從余行，

盡收其舊刻若干，行於世。

盛符升《王漁洋遺書總述》（王士禛《雍益集》卷首）　吾師新城先生八歲能詩，伯氏西樵吏部授以裴王詩法。及在揚州，所交皆當世名賢高齋。視事之暇，金陵、京口、姑蘇舟車遊覽之餘，題詠滿大江南北。庚子秋，符升辱收門下，盡得受而讀之，因集其順治丙申以來至辛丑紀年之作較讐之，爲阮亭詩之刻，此專集所托始也。久之，先生復自取千三百餘首，刪其什六，益以過江入吳白門前後諸集，都爲一編，凡二十二卷。由是甲辰前廣陵所作、乙巳後禮部所作，斐然畢備，屬同門生王立極鐫之吳門，此《漁洋前集》之再刻也。康熙壬子秋，祗奉朝命典試益州，有《蜀道集》二卷，《蜀道驛程記》四卷，其詩高古雄放，觀者驚歎，比于韓、蘇海外之篇。戊午春，膺皇上特達之知，擢授翰林侍講，尋下徵其詩，錄三百篇以獻，謂之《御覽集》，未敢專行，庚申冬拜國子祭酒，符升時官膳部，從遊無間，晨夕乃更裒其辛亥迄癸亥之詩，得十六卷，重爲編次，曰《京集》，曰《蜀集》，曰《家集》，此《漁洋續集》之三刻也。甲子冬，以宮詹受命秩祀粵海，有《南海集》二卷，符升同門生金居敬僭序其端，而《粵行三志》三卷，《皇華紀聞》六卷，《廣州遊覽志》一卷附之，此一時一地專爲紀錄之四刻也。方使車之南行也，雪阻東平望小洞庭中，有蠶尾山爲唐蘇源明讌賞地，因取以名其山房。退食之暇，合戊辰至乙亥詩及碑版、記、序、雜文爲《蠶尾集》十卷，而古文詞之前此者復別爲《漁洋文略》十四卷，雪苑宋先生爲之作序以傳，此詩文合集之五刻也。丙子春以少司農祇命祭告西嶽、西鎮、江瀆，有《雍益集》、《秦蜀驛程後記》、《隴蜀餘聞》各一卷。蓋先生遊歷所至，必討論其山川、風俗、古今人物之本末。隴蜀既舊遊之地，已詳具《驛程記》中，而此又紀其所未備者也。丁丑夏屬婁江通政錢公郵寄，且以總序見委。先生之言曰：再使秦蜀，往返萬里，得詩纔百餘篇，皆寥寥短章，無復當年蜀道、南海豪放之格，然覽古興懷，得江山之助，生色有加，擬諸《眉山集》中所分紀行、遊覽古蹟、寓興諸篇，殆兼而有之，此又一時兩地再爲紀錄之六刻也。其間《驛程》、《紀聞》等書凡六種，略如昔人隨筆總錄之例，又有《五言詩七言詩》及《唐賢三昧集》、《唐詩十選》三書，獨發明司空表聖、嚴滄浪論詩微旨，與詩集並行，爲世所宗法，此又先生諸集外之別刻也。其他著述已成書者，則又有《國朝謚法考》一卷，《池北偶談》二十六卷，《居易錄》三十四卷，《五代詩話》、《古懽錄》各若干卷，皆集外單行。

周在浚《賴古堂集・凡例》（周亮工《賴古堂集》卷首）　先司農束髮即好爲詩，自諸生以至歷仕所得詩章，皆勤之梨棗，有《友聲》、《紈咢》、《閩雪》、《北雪》等十餘刻。庚子春，患難中自爲刪定，授不孝浚刻之江寧，今世所傳刪定《賴古堂詩》是也。【略】先司農所著詩古文外，說部之書不一而足，計其已刻而焚者，有《書影》、《閩小紀》、《字觸》三種，膾炙人口，士林爭傳。【略】先司農選輯之書，如《賴古堂古文選》及《尺牘新鈔》、《藏弆》、《結鄰》三集不在焚書之列，迄今印行海內，學者莫不奉爲枕秘。

錢陸燦《墓誌銘》（同上，附錄）　［亮工］仕宦三十年，家無中人產，而朋友之丐貸者，不以無爲解，大要有三善：一曰篤故舊，一曰獎人才，一曰搜遺佚。【略】如亟稱高士窮老吳嘉紀之詩，如王損仲先生，天中四君子集，購求汴流漂沒之中，王猷定文在武林客死之後，皆鏤板行世。

程哲《林茂之詩選跋》（林古度《林茂之詩選》卷末）　新城先生以風雅倡率一代，海內之稱詩者無不折衷于先生所著《漁洋》、《蠶尾》正、續各集，久已衣被天下，學子爭相誦習。先生揚扢古今，復有《五七言古詩選》、《唐賢三昧集》、《唐詩十選》諸刻，蓋恐承學者之昧所趨嚮，而示之以準的也。既又選刻邊尚書《華泉集》，徐迪功、高蘇門二家合集，新安吳非熊、家孟陽二布衣詩，徐隱君詩，其推崇前哲，表章幽隱，用意深矣。近更以所選《林先生古度茂之詩》二卷寄哲兄弟暨殷子彥來，謀授諸梓。

陳璋《青邱詩集序》（高啟《青邱高季迪先生詩集》卷首）　桐鄉金子星軺好學之士也，以《青邱集》歷年久遠，易本不一，寖失先生手定之旨，因詳訂舛訛，廣增注釋，殫精竭思，浹四旬歲而後成，於是青邱全集重新而世益珍之。【略】先是金子搜輯貝清江、程巽隱兩先生集，刊以行世，茲復校青邱詩次第付之梓，此蓋能好人之所不好，爲人之所不爲者，則其過人不亦遠乎！

盧文弨《故兩淮都轉運使雅雨盧公墓誌銘》（李桓《國朝耆獻類徵初編》卷二〇〇《補錄》）　公最篤師友之誼，珍其遺文而表章之，若虞山汪容齋應銓、桐城馬相如樸臣、懷寧李嘯村葂、全椒郭韻清肇鐄各家集，皆公序而梓之。此外補刻朱竹垞《經義考》成完書，又刻《尚書大傳》、《大戴禮》等

書十四種，皆善本。又惠定宇《周易述》、王漁洋《感舊集》亦皆梓行，其《山左詩鈔》若干卷，則公所選輯也。獨己之詩文，唯《塞外集》有版本。

翁方綱《復初齋文集》卷一四《皇清誥授朝議大夫户部河南司主事孔君墓誌銘》 君諱繼涵，字體生，一字誧孟，號葒谷，曲阜人。至聖六十九世孫。【略】君雅志稽古，於天文、地志、經學、字義、算數之書，無不博綜。官京師七年，退食之暇，則與友朋講析疑義，攷證同異，凡所手校者數千百帙。【略】遇藏書家罕傳之本，必校勘付鋟以廣其傳，所刻有《五經文字》、《九經字樣》、《算經十書》、杜預《春秋長歷》、《春秋土地名》、趙汸《春秋金鎖匙》、宋庠《國語補音》、趙岐《孟子注》、休甯戴震《文集》諸種。未刻者君所自撰《考工車度記》、《補林氏考工記解》、《句股粟米法》各一卷，《釋數》、《同度記》各一卷。其餘題跋、雜著名《紅櫚書屋集》者又若干卷，詞四卷。

段玉裁《經韻樓集》卷八《翰林院侍讀學士盧公墓誌銘》 公自以家居無補於國，而以刊定之書惠學者，亦足以裨益右文之治。出所定《經典釋文》、《孟子音義》、《逸周書》、《賈誼新書》、《春秋繁露》、《方言》、《白虎通》、《荀卿子》、《呂氏春秋》、《韓詩外傳》、《獨斷》諸善本，鏤版行世。又苦鏤板難多，則合經史子集三十八種，如《經典釋文》例，摘字而注之，名曰《群書補遺》以行世。

李斗《揚州畫舫録》卷一二 黄氏本徽州歙縣潭渡人，寓居揚州。兄弟四人，以鹽筴起家，俗有「四元寶」之稱。晟字東曙，號曉峰，行一，謂之大元寶。家康山南，築有易園。刻《太平廣記》、《三才圖會》二書。易園中三層臺，稱傑搆。履暹字仲昇，號星宇，行二。謂之二元寶，家倚山南，有十間房花園，延蘇醫葉天士于其家。一時座中如王晉三、楊天池、黄瑞雲諸人，攷訂藥性。于倚山旁開青芝堂藥舖，城中疾病賴之。刻《聖濟總録》，又爲天士刻《葉氏指南》一書。

法式善《陶廬雜録》卷三 《詩的》六十卷，長沙陶煊輯，同里張燦參訂之，刻於康熙六十年。前有陳鵬年、孫勷、杜詔、程夢星、王棠、先著、周儀、許炳、費錫璜九序。滿洲一卷，盛京二卷，直隸二卷，江南十七卷，江西二卷，浙江八卷，福建二卷，湖廣十卷，附《石溪詩》陶煊著。一卷，《石漁詩》張燦著。一卷，山東二卷，河南二卷，山西一卷，陝西二卷，四川一卷，廣東一卷，廣西一卷，貴州一卷，雲南一卷。

又 泰州鄧漢儀選《詩觀》，凡三集，《初集》十二卷，刻於康熙十一年；《二集》十四卷，《別集》二卷，刻於康熙十七年；《三集》十三卷，《別集》一卷，刻於康熙二十八年。蓋初、二集爲應詔徵舉以前所輯，三集則在京師有澄觀録之選。放歸，重輯爲此二集。自序有「勉將菽水以遂烏私」之語。其志殆不在精覈矣。

又 王新城尚書《感舊集》十六卷，德州盧見曾所重編，乾隆十七年補刊於揚州者也。作者三百三十三人，詩二千五百七十二首。

又 《山左明詩鈔》三十五卷，德州宋弼選。益都李文藻於乾隆辛卯年刻於廣東新安縣署中。李序是書選刻始末甚詳。昔新城欲輯海右五十家詩而弗果。兹合路中允斯道、惠文學棟兩家選本，又幸盧氏舊藏稿本失而復得。終獲行於世，斯可寶也。

又 新安朱觀，字自觀。選《國朝詩正》八卷，裴之仙序之。刻於康熙五十三年。觀有《歲華紀勝》、《群芳紀勝》諸書。

又 《于野集》十卷，青浦王原選而序之。朱霞、姚廷謙、陸崑曾、陳崿、董杏燧、張琳、徐是傚、姚翺、姚培之、朱奕、何默、胡映崕、陸鉽、王集所作。刻於康熙六十年。

又 《蜀雅》二十卷，羅江李調元選。調元字雨村，刻書甚富，惜卷帙繁重，不克風行海宇。此書雖於全蜀詩人不能完備，而亦足覘大凡矣。聞有續刻，未見。

又 《東皋詩存》四十八卷，汪之珩徵輯。之珩字楚白，如皋人。是集選其邑人詩，自宋胡瑗迄之珩自作，詳略不能悉當。乾隆三十一年刻行。前有袁簡齋序。蓋其時之珩已没矣。

又 陳毅字古漁，纂《所知集》。《初編》十二卷，成於乾隆三十一年，袁枚、蔣士銓序行之；《二編》八卷，成於三十九年，盧文弨、何忠相序行之；《三編》十卷，成於五十六年，其時古漁已沒，懷寧潘瑛刻之，王寬作序。

又 《二南遺音》者，關中之詩也，三原劉紹攽編。始孫枝蔚、李因篤，一百四十人，凡四卷。履貫略具。刻於乾隆二十八年。

又 《據經樓詩選》十四卷，分體類編。彭廷梅稟紫瓊道人意所輯，故

多高澹之音。道人序其端云：「矯其性者，損而除之，正氣勃勃從紙上出，毫無乖氣相戾」。可以知道人之寄託焉。乾隆七年刻。

又　阮學濬序連枝圖云：《連枝圖》者，武陵許君默齋爲其弟仲昭既沒而繪者也，一時題咏。頗有可觀。吾師曹文恪公亦爲作序。有初集、次集之刻。默齋名承基。

又　長沙廖元度彙集《楚詩紀》二十二卷，《方外》一卷，順治乙酉起康熙癸酉止。《楚風補》二十六卷，《拾遺》一卷，皆明代之作。共五十卷。刻於乾隆十八年。天津周人驥、河南呂肅高作序。《四庫書總目》則載《楚風補》五十卷，不載《楚詩紀》，且謂此書成於康熙甲子、丙子之間，乾隆丙寅長沙知府呂肅高刪定刻之，意主貪多，冗雜特甚，摘其舛漏附會數條。此殆呂所訂者，非元度原本，與余所見不同。《正聲前集》八卷，《續集》八卷，桐城項章輯。《前集》隨見隨刻，無所選擇，《續集》則採諸坊間選本者，亦乏卓識，但其間頗有不傳之作，賴此以存，亦可珍也，刻於乾隆三十四年。

又　《練音集補》，王輔銘編。輔銘字翊恩，嘉定人。明翟校採嘉定人詩，自宋天聖迄明弘治，輯爲七卷，板毀於倭。輔銘釐定，搜補頗備。

又　《國朝練音集》十二卷，共三百人，略仿翟例，而載現存之人甚多，並其子之詩亦附入，識者譏其濫焉。刻於乾隆七年，前有張鵬翀、沈德潛二序。

又　河南自明趙彥復、江元范刻《梁園風雅》後，迄今無專刻。余見《梁園風雅》三十七卷，爲商邱宋牧仲重鏤本，甚工。

又　《詩品》十八卷，附二卷，天長陳以剛選，刻於雍正十二年。自吳偉業以下三百四十餘家，方外三十餘家，閨秀十九家，雖有世故之見存，時時有具隻眼處，不可沒也。

又　《沽上題襟集》，乾隆五年宛平查爲仁選刻。錢塘厲鶚、嘉定張鵬翀序之。釐爲八卷。第一卷劉文煊詩一百一首，附三首。第二卷吳廷華詩七十五首，附四首。第三卷查爲仁詩七十三首，附七首。第四卷汪沆一百四首，附一首。第五卷陳皋詩五十八首，附四首。第六卷萬光泰詩九十七首，附五首。第七卷胡睿烈詩六十八首，附四首。第八卷查學禮詩一百三首，附六首。新穎之篇甚多。鋟木印紙，俱極工雅。

又　《七十二峰足徵集》，詩八十六卷，詞二卷，吳定璋編。定璋字友篁，吳縣人，採歷代文人產太湖七十二峰間者，錄其所作爲是集，不分時代，每姓類從。題曰某氏合編。人系小傳，意主該洽。前有沈德潛、秦蕙田二序，刻於乾隆九年。

又　《梁溪詩鈔》五十八卷，顧光旭集。漢一人，晉一人，宋一人，唐一人，北宋□人，南宋十二人，元十四人，明三百人，國朝七百餘人，流寓、閨媛、方外附焉，凡千一百十人。倣《中州集》例，小傳簡而該。前有老人王一峰序，刻於乾隆五十九年。

又　《三瀧詩選》十卷，羅定彭沃選其一州人之詩，而以己詩與其子詩附焉。羅定建於前明，萬曆文教始興，能以聲律相砥厲，亦可尚也。前有何夢瑤、陳華封二序，刻於乾隆二十五年。

又　《廣東詩粹》十二卷，順德梁善長編。第一卷唐六人、五代一人、宋二十二人、元四人，第二卷明二十三人，第三卷明三十八人，第四卷明四十三人，第五卷明三十八人，第六卷明三十一人，第七卷明三十九人，第八卷明□十□人，第九卷明□十□人，第十卷明二十人，第十一卷國朝十九人，第十二卷國朝五十九人。雖收明人詩過多，甄覈稱審確；論粵詩數則亦簡當。印鏤甚精。成於乾隆丁卯年，前有王之正序。

又　《海沱集》無卷數，顧邦英選定，刻於乾隆十七年。前有陳士璠、李鍇、喻世欽序及邦英自序。而汪松、顧邦英、甘運源、王麟書、甘運瀚五人之詩也，雖偶然乘興爲之，不足覘作者蘊蓄，然時見一斑矣。

又　《宛雅初編》，梅鼎祚輯。《二編》，施閏章、蔡蓁春續輯。《三編》，張汝霖、施念曾補輯，而刻於乾隆十七年。劉方藹、梅瑴成序之，並載梅鼎祚、施閏章、蔡蓁春、李士琪、陸壽名原序於前。《初編》詩十卷，六百四十六首。唐二人，宋九人，元五十九人，明洪武至正德二十一人。《二編》詩八卷，四百五十一首。明嘉靖十二人，隆、萬四十三人，天、崇十八人。《三編》詩二十卷，一千四百一首。唐三人，五代一人，宋三人，元五人，明三十人，國朝二百十五人，閨閣四人，方外十七人，伎女一人。《聯句逸句》一卷。《詩話》三卷。

又　《邗上題襟集》、《續集》、《後續集》無卷數，南城曾燠輯。始於乾隆癸丑年，陸續付雕，皆其朋好唱酬贈答之作，頗稱繁富。

又《詩存》，分編二卷，卓娛圖輯，八旗人詩。一卷拉歆以下八人，二卷峻德以下九人，似非完書，偶然刻之者也。然此十七人之詩，時有佳篇，每人詩末，各著評跋，頗見眉目。

又《南邦黎獻集》十六卷，鄂爾泰輯。文端於雍正三年官江南布政使，下車延訪眞才，建春風亭會課，所得佳編，裒集成卷，類編付梓，頗稱好事，甄拔之士，一時翹楚。

又《南州詩略》十六卷，當塗朱滋年輯。滋年祖輅講學南州，録其鄉里之作，凡宦游流寓題咏山水及與南州士夫唱酬者，皆散見於卷中，滋年補綴。刻於乾隆三十八年，併以其祖輅、父敏聞詩暨己作附後。沈歸愚尚書序之。

又《董氏詩萃》二十卷，烏程董熜編。自宋董貞元以下，凡四十八人，閨媛六人，刻於乾隆十年。鏤版甚精緻可愛，字畫細勁，倣宋槧本。

又《岡州遺稿》六卷，顧嗣協編集。廣東新會人之詩，自元羅蒙正以下五十九人，刻於康熙四十九年。嗣協弟嗣立爲序之，中云：余向在四朝詩館，加意蒐羅，獨至岡州作者竟寥寥無聞焉。斯集信可寶也，版刻極佳。

又《國朝姚江詩存》十二卷，張廷枚輯。黄宗羲編《姚江逸詩》十五卷，倪繼宗刻《逸詩外》七十餘家，此殆沿其例而續之者也。一卷至十一卷黄宗羲以下一百五十五家，十二卷閨秀方外十家，皆餘姚人之作，刻於乾隆四十一年。邵晉涵、陶廷珍序之。邵序論餘姚詩甚詳，陶序論餘姚詩極核，皆精妙之篇。

又《國朝江右八家詩選》，曾燠編。八家者，陳允衡、王猷定、曾畹、帥家相、蔣士銓、汪軔、楊垕、何在田。其自序云：余彙鈔江西歷代詩，本朝得二百二十餘人，八家蓋傑出者也。

又《詩持》凡三集，魏憲編。一集四卷，二集十卷，三集十卷，彙刻於康熙九年。憲倣石倉例欲補其缺，版式悉照石倉舊本，意甚良也。後又有百家之刻，統校一過，複沓沿襲，頗染坊間陋習，然閩詩賴以存者不少。

又《西江風雅》十二卷，烏程沈瀾編。瀾號柏村，以騷壇耆宿自期許，官江右時輯此書。仁和金侍郎德瑛視學江右，稱之。刻於乾隆十八年。前有華亭王興吾、仁和湯聘二序。採録起雍正癸卯迄乾隆癸酉二十年之詩，雖未該備，而於乾隆初年西江名作，網羅殆盡，去取頗有別裁。

又《湖北詩録》，鍾祥高士熙編，不分卷，而依湖北各郡排比。首武昌，次漢陽，次黄州，次宜昌，次荆州，次安陸，次德安，次襄陽，次鄖陽。大抵安陸一府之詩居十之四，蓋士熙爲其郡人，易於搜討耳。鄉曲之見，亦未能免。鏤版於乾隆三十七年，版式局促，殊傷大雅，何得有大力者爲重刻之。

又《新年雜咏》，杭州吴錫麒及弟錫麟、黄樸、姚思勤、項朝棨、舒紹言所作，不分卷數，以類相從，刻於乾隆四十年。前有王鳴盛、顧光旭二序。

又《嶺南五朝詩選》三十五卷，番禺黄登編，刻於康熙三十五年。前二十卷，詩之爲嶺南作者。後十五卷，嶺南人之詩。卷首載袁景星、魯超、劉茂溶、秦桂、王士禛、梁佩蘭、歐陽雋、陳恭尹、李長華九序。決擇未見允當，搜羅尚稱富有。

又《金華詩録》六十卷，《外集》六卷，《別集》四卷，朱笠亭編次，乾隆三十七年漢州黄彬知金華府刻之。前有彬序。卷一、卷二，唐駱賓王以下十二人，詩六十五首。卷三至卷十，宋胡則以下七十七人，詩三百五十六首。卷十一至卷十九，元許謙以下三十七人，詩五百五首。卷二十至卷四十四，明宋濂以下二百八十二人，詩一千三百九十四首。卷四十五至卷五十四，國朝朱之錫以下一百四十五人，詩六百一十七首。卷五十五至卷六十，補遺唐馮藻以下共一百六十九人，詩三百七十六首。內三人已見前。《外集》名宦六卷，六十三人，詩一百四十九首。《別集》聯句，卷一，二十二人，詩五首。卷二，月泉吟社，馮澄以下二十二人，詩二十六首。卷三，石洞貽芳，劉過以下三十五人，詩五十三首。卷四，詩論句論，多而有紀，足資博雅之助。後有夏蘇一跋，論金華詩源流最悉。

又《杭郡詩輯》十六卷，吴顥編其郡人之詩，自黄機起，凡一千四百餘人，刻於嘉慶五年。卷一順治年間有科目者，卷二順治年間無科目者，卷三康熙三十年以前有科目者，卷四康熙三十年以前無科目者，卷五康熙六十年以前有科目者，卷六康熙六十年以前無科目者，卷七雍正年有科目者，卷八雍正年無科目沒乾隆二十年以前者，卷九乾隆十五年以前有科目者，卷十乾隆二十年以前無科目者，卷十一乾隆十五年以後有科目者，卷十二乾隆四十年以前無科目者，卷十三乾隆四十年以後無科目者，暨時代無可稽者附

之，卷十四無名氏遺民流寓，卷十五閨秀，卷十六方外。

又《滇南詩略》十八卷，《補遺》二卷，《流寓》二卷，保山袁文揆編，嘉慶四年刻版。自序云：王疇五、張月槎兩太史，趙永錫大尹，孫顧翁布衣，楊裕如孝廉，徵詩有啓，訖未成書，伯兄儀雅纂勝國遺詩成，揆愈不敢弗終厥事，編國朝滇南詩，始順治辛丑迄嘉慶辛巳，題曰《國朝滇南詩略》，從伯兄纂前明詩例也。

又《宋詩記事》一百卷，厲鶚纂。其自序云：訪求積卷，兼之閱市借人，歷二十年之久，披覽既多，頗加汰擇，計所鈔撮，凡三千八百一十二家。略其出處大概，綴以評論本事，咸著於編。其於有宋知人論世之學，不爲無小補矣。乾隆十一年刻行之。選詩兼以著史，應推此書。

又《明詩去浮》四卷，施何牧編。其自序云：斟酌於繁簡之間，或因人以存詩，代不數人。或因詩以存人，人不數詩，豈必無遺，亦聊冀其不亂耳。顏曰去浮，此物此志也。卷一洪武、建文、永樂、洪熙、宣德、正統、景泰、天順朝，共五十人，詩二百二首。卷二成化、弘治、正德朝共四十四人，詩二百二首。卷三嘉靖朝四十七人，詩二百首。卷四隆慶、萬曆、泰昌、天啓、崇禎朝共七十二人，詩一百九十首。刻於康熙四年，爲近來選本中翹楚，紙版俱佳者。

又《同人集》十二卷，冒襄纂。襄字闢疆，世稱巢民先生，以前壬午副舉授司理官，親老不仕，膺徵辟，皆辭免。是書乃其故人投贈之作，刻於康熙癸丑年。

又《海虞詩苑》十八卷，國朝昭文一邑之詩，王應奎編輯。應奎字東溆，號柳南，嘗著《隨筆》六卷，《續筆》四卷，遺聞軼事，頗賴以傳。《詩苑》前有陳祖范序。刻板於乾隆初年，雅擅別裁，不同泛常撏撦。

又《台山懷舊集》十二卷，附《同懷集》一卷，仁和張廷俊選。卷末附以己作，序言仿顧阿瑛之《玉山草堂》，王漁洋之《感舊》，採擇蕪略，實不及也。刻版於嘉慶元年。

又《山右詩存》二十四卷，《名媛方外》二卷，《附集》八卷，《名媛方外》一卷，共三十二卷。前二十四卷已往之人，後八卷現在之人，澤州李錫麟輯。雖有不純不備之憾，要足爲晉風選之繼。前有張師誠序，刻於嘉慶六年。

又《吳江沈氏詩錄》十二卷，起於明成化沈奎，至裔孫培福止，凡七十人。閨秀二十人，詩九百五十一首，沈祖禹定。前有沈德潛序，刻版於乾隆五年。

又《朋舊遺詩合鈔》二十二卷，南城曾燠編。皆已往之人，凡得三十家。去取頗有體裁，刻於嘉慶十年。

又《洮陽詩鈔》十卷，附《集古》二卷，專錄國朝狄道州人詩，李苞編。前有楊芳燦序，刻版於嘉慶四年。

又《滇南文略》四十七卷，計文八百五十九篇。明代及國朝文居多，唐宋一二見而已。保山袁文揆編次，刻版於嘉慶七年。

又《越風》三十卷，會稽一郡之詩，商盤選。盤字蒼雨，號寶意，雍正八年庶吉士，授編修，改鎮江司馬，出守雲南，卒於官。書成於乾隆三十一年，刻版於三十四年，前有蔣士銓序。

又《湖海詩傳》四十六卷，青浦王昶彙集生平友朋之作，得六百餘人。以科第爲次，起於康熙五十一年，迄於近日。其間布衣韋帶之士，亦以年齒約略附之，刻版於嘉慶八年。

又《禊湖詩拾》八卷，吳江徐達源編次。皆其邑人逸篇，始於明初，訖於近日，前代之詩，間附一二。達源號山民，風雅好事，以諸生候補翰林主簿，著述甚富。此書刻版於嘉慶十年。

又《江西詩徵》九十五卷：晉一卷，唐三卷，內附五代；宋二十卷，內附金；元十四卷；明二十六卷；國朝二十卷，補遺一卷，名媛二卷，釋子四卷，道流一卷，雜流、名妓、無名氏一卷，仙靈、鬼怪一卷，歌謠、諺語、讖記、散句一卷。南城曾燠纂輯，刻於嘉慶九年，采錄頗稱繁富。

又卷四 青州李南磵喜刻書，貸園叢書十二種，其底稿多得之周書昌編修家：《九經古義》十六卷、惠棟《易例》二卷、惠棟《左傳補註》六卷、李文淵《左傳評》二卷、江永《古韻標準》不分卷、江永《四聲切韻》不分卷、戴震《聲韻考》四卷、曾宏父《石刻鋪叙》二卷、錢大昕《鳳墅殘帖釋文》一卷、張養浩《三事忠告》三卷、張爾岐《蒿庵閒話》二卷、趙執信《談龍錄》一卷。

又 德州盧氏《雅雨堂十種》：李氏鼎祚《易傳》十七卷附《釋文》一卷，鄭氏《周易》三卷，鄭氏《周易乾鑿度》二卷，鄭氏《尚書大傳》四卷

附《鄭司農集》一卷、《大傳補遺》一卷，盧文弨《續補遺》一卷、《考異》一卷，高氏誘《戰國策》三十三卷，盧辯註《大戴禮記》十三卷，封演《聞見記》十卷，王定保《摭言》十五卷，孫光憲《北夢瑣言》二十卷，顔師古《匡謬正俗》八卷，龐元英《文昌雜錄》六卷，刻於乾隆二十一年。皆世間罕見之本，卷帙宏富，楮墨精好，洵足珍秘。

又 曲阜孔誧孟微波榭所刻戴氏東原《遺書》：《毛鄭詩考正》四卷、《續天文略》三卷、《杲溪詩經補注》二卷、《孟子字義疏證》三卷、《原善》三卷、《聲韻考》四卷、《考工記圖》二卷、《方言疏證》十三卷、《水地記》一卷、《聲類表》七卷、《原象》一卷、《戴氏文集》十卷、《水經注》四十卷，凡十三種。又刻《算經十書》，而附以戴震《九章算術補圖》一卷，《策算》一卷，《勾股割圜記》三卷。又刻古書八種：《五經文字》一卷、《九經字樣》一卷、《國語補音》三卷、《孟子趙氏注》十四卷、《孟子音義》二卷、《春秋金鎖匙》一卷、《春秋長歷》一卷、《春秋地名》一卷。

又 《微波榭遺書》：《水經釋地》六卷、《同度記》一卷、《雜體文稿》七卷、《紅櫚書屋詩集》四卷、《斵冰詞》二卷，共五種。誧孟太史博古好事，不愧孔氏家風。版刻極佳，惜楮墨未盡善耳。北方工料不及南方，職是故耶。

又 畢氏靈巖山館刻書：《山海經》、《夏小正》、《老子道德經考異》、《墨子》、《三輔黄圖》、《晉書地道記》、《太康三年地記》、《晉書地理志新補正》、《長安志》、《關中金石記》、《明堂大道錄》、《易漢學》、《説文解字舊音》、《經典文字辨正》、《書音同義異辨》、《樂遊聯唱集》，十六種，其校正多出洪稚存、孫淵如之手。

又 王晫《檀几叢書》五十種，每種一卷。集其同時人之著述，雖涉瑣屑，而零金碎玉，往往而在。徐士俊《三百篇鳥獸草木記》、徐士俊《月令演》、黄宗羲《歷代甲子考》、徐汾《二十一史徵》、宋實穎《黜朱梁紀年論》、金諾《韻史》、洪若皋《釋奠考》、繆彤《臚傳紀事》、毛先舒《喪禮雜説》、汪琬《喪服或問》、王嗣槐《錦帶連珠》、陳鑑《操觚十六觀》、王弘撰《十七帖述》、張正茂《龜臺琬玉》、毛先舒《稚黄子》、沈謙《東江子》、惲日初《續證人社約戒》、張習孔《家訓》、高拱京《高氏塾鐸》、劉德新《十二戒》、傅麟昭《猶見篇》、張習孔《七勸》、謝開寵《元寶公案》、張潮《聯莊》、莊臻鳳《琴聲十六法》、李清《鶴齡錄》、陸圻《新婦譜》、陳確《新婦譜補》、查琪《新婦譜補》、徐震《美人譜》、余懷《婦人鞋韈考》、張潮《七療》、黄周星《鬱單越頌》、張澐《地理驪珠》、韓則愈《鴈山雜記》、王修玉《越問》、尤侗《眞率會約》、張潮《酒律》、金昭鑑《酒箴》、沈中楹《觴政》、朱曉廣《抑戒錄》、陳玉璂《農具記》、宋犖《怪石贊》、諸九鼎《石譜》、高兆端《溪硯石考》、來集之《羽族通譜》、張綱孫《獸經》、陳鑑《江南魚鮮品》、陳鑑《虎邱茶經注補》、林嗣環《荔枝話》。前有張潮、吳肅公序及晫自序。蓋踵《漢魏叢書》、《唐人小説》、《津逮秘書》、《百川學海》、《説郛》、《秘笈》、《快書》之義例云爾。

又 《檀几叢書》二集五十種：徐繼恩《逸亭易論》、閻若璩《孟子考》、宋瑾《人譜補圖》、姚廷傑《教孝編》、吳儀一《仕的》、宋瑾古《觀人法》、丁雄飛《古人居鄉法》、崔學古《幼訓》、《少學》、方象瑛《俗砭》、李淦《燕翼編》、徐元美《艾言》、陳芳生《訓蒙條例》、劉芳喆《拙翁庸語》、李日景《醉筆堂三十六善》、黄宗羲《七怪》、東蔭商《華山經》、王士禛《長白山錄》、王士禛《水月令》、毛奇齡《三江考》、黄元治《黔中雜記》、方亨咸《苗俗紀聞》、金人瑞《念佛三昧》、畢熙暘《佛解》、王士禛《漁洋詩話》、江之蘭《文房約》、馮京第《蕈溪自課》、《讀書燈》、王槩《學畫淺説》、張水祥《廣惜字説》、丁雄飛《古歡社約》、張藎《彷園清語》、程羽文《鴛鴦牒》、張芳《黛史》、丁雄飛《小星志》、葉瓊章《豔體聯珠》、黎遂球《戒殺文》、丁雄飛《九喜榻記》、丁雄飛《行醫八事圖》、張仁熙《雪堂墨品》、宋犖《漫堂墨品》、錢朝鼒《水坑石説》、程雄《琴學八則》、高兆觀《石錄》、汪鎬京《紫泥法》、周高起《陽羨茗壺系》、《洞山岕茶系》、黎遂球《桐堦副墨》、張惣《南村觴政》、張萬鍾《鴿經》。王晫、張潮同輯也。

又 《檀几叢書》餘集二卷，上卷：陸次雲《山林經濟策》以下三十種。下卷：韓則愈《五嶽約》以下十七種，後附王晫四種，張潮六種，蓋皆小品短篇，誌之以待印正云。

又 《昭代叢書》，張潮輯，凡五十種，其體例亦沿《檀几叢書》：王晫《更定文章九命》、吳肅公《天官考異》、《改元考同》、《五行問》、梅文鼎《學歷説》、張能鱗《進賢説》、施璜《塾講規約》、《甘京夙興語》、毛先舒《家人子語》、《語小》、甘楗《心病説》、魏禧《日錄雜説》、周文煒《觀宅四

十吉祥相》、沈捷《增訂心相百二十善》、殷曙《竹溪雜述》、湯傳楹《閒餘筆話》、狄億《御試恭紀》、王晫《松溪子》、林雲銘《讀莊子法》、胡耑《蒙養詩敎》、徐沁《謝皋羽年譜》、王言西《華仙錄》、黄周星《將就園記》、洪玉圖《歙問》、閔麟嗣《黄山松石譜》、尤侗《外國竹枝詞》、南懷仁《西方要紀》、李仙根《安南雜記》、毛先舒《聲韻叢說》、黎遂球《花底拾遺》、徐士俊《十眉謠》、李沂《秋星閣詩話》、徐增《而庵詩話》、黄周星《製曲枝語》、宋曹《書法約言》、尤侗《戒賭文》、黄周星《廋詞》、《酒社芻言》、蔡祖庚《嬾園觴政》、冒襄《岕茶彙鈔》、《宣爐歌註》、余懷《硯林》、周嘉胄《裝潢志》、鄭旭旦《牌譜》、鄭晉德《三友棋譜》、王晫《兵仗記》、陳鼎《荔枝譜》、冒襄《蘭言》、王晫《龍經》。前有尤侗及潮自序。《昭代叢書》乙集四十種：洪嘉植《毛朱詩說》、黄元治《春秋三傳異同考》、吳肅公《讀禮問》、張愉曾《十六國年表》、劉師峻《北嶽歷祀考》、葉燮《江南星野辨》、毛奇齡《三年服制考》、魏禧《師友行輩議》、王士禛《國朝謚法考》、金德純《旗軍志》、方象瑛《封長白山記》、王士禛《紀琉球入太學始末》、孔尚任《人瑞錄》、王士禛《紀恩錄》、董文驥《恩賜御書記》、徐秉義《還駕紀》、王仕雲《格言僅錄》、孔尚任《出山異數紀》、釋道忞《奏對機緣》、余宷《塞程別紀》、許承宣《西北水利議》、王士禛《廣州遊覽小志》、《隴蜀餘聞》、《東西二漢水辯》、魏禧《日錄裏言》、魏際瑞《偶書》、宋犖《漫堂說詩》、王士祿《然脂集例》、唐彪《身易》、魏際瑞《論文》、魏禧《日錄論文》、毛先舒《韻問》、《南曲入聲客問》、王言《連文釋義》、孔衍栻《畫訣》、王士祿《焦山古鼎考》、張弨《瘞鶴銘辯》、《昭陵六駿贊辯》、林佶《漢甘泉宮瓦記》、張英《飯有十二合說》。

又 吳震方《說鈴》前集：王崇簡《冬夜箋記》、王士禛《隴蜀餘聞》、《分甘餘話》、李仙根《安南雜記》、范承謨《畫壁詩》、宋犖《筠廊偶筆》、《二筆》、高士奇《金鰲退食筆記》、《扈從西巡錄》、《塞北小鈔》、《松亭行記》、《天祿識餘》、方象瑛《封長白山記》、張學禮《使琉球紀略》、周亮工《閩小紀》、許纘曾《滇行紀程》、《東還紀程》、閔敘《粵述》、陸祚蕃《粵西偶記》、陳鼎《滇黔紀遊》、顧炎武《京東考古錄》、《山東考古錄》、救《文格論》、《雜錄》、李玉壂《守汴日志》、南懷仁《坤輿外紀》、林謙光《臺灣紀略》、季麒光《臺灣雜記》、潘鼎珪《安南紀遊》、陸次雲《峒溪纖志》、孔

貞瑄《泰山紀勝》、吳闡思《匡廬記遊》、屈大均《登華記》、周清原《遊鴈蕩記》，計三十三種。後集：黄鵬揚《讀史吟評》、吳綺《揚州鼓吹詞序》、鈕琇《觚賸》、陸次雲《湖壖雜志》、《花村看行侍者談往》、余懷《板橋雜記》、陳尚古《簪雲樓雜說》、虞兆漋《天香樓偶得》、王逋《蚓庵瑣語》、徐岳《見聞錄》、陸圻《冥報錄》、《戒顯現果隨錄》、楊式傳《果報聞見錄》、徐慶《信徵錄》、吳陳琰《曠園雜志》、勞大與《甌江逸志》、呂種玉《言鯖》、吳震方《嶺南雜記》、《述異記》，計十九種。前有徐倬序。

又 歙人鮑廷博刻書於杭郡，最精，校讎亦縝密，惟嫌其版式縮狹耳。《知不足齋叢書》凡十八集。第一集：高彦休《唐闕史》二卷、《古文孝經孔氏傳》一卷、沈作喆《寓簡》十卷、吳仁傑《兩漢刊誤補遺》十卷、葛洪《涉史隨筆》一卷、郭畀《客杭日記》一卷、姜紹書《韻石齋筆記》二卷、劉體仁《識小錄》一卷。第二集：劉敞《弟子記》一卷、胡銓《玉音問答》一卷、黄徹《䂬溪詩話》十卷、曾敏行《獨醒雜志》十卷、費衮《梁溪漫志》十卷、酈露《赤雅》三卷、杭世駿《諸史然疑》一卷、《榕城詩話》三卷。第三集：陸游《入蜀記》六卷、朱翌《猗覺寮雜記》二卷、范晞文《對牀夜話》五卷、瞿佑《歸田詩話》三卷、都穆《南濠詩話》一卷、李東陽《麓堂詩話》一卷、趙崡《石墨鐫華》八卷。第四集：《孫子算經》三卷、《五曹算經》五卷、史氏《釣磯立談》一卷、張齊賢《洛陽縉紳舊聞記》五卷、葉紹翁《四朝聞見錄》五卷，附一卷、郭宗昌《金石史》二卷、孫承澤《閒者軒帖考》一卷。第五集：王鞏《清虛雜著》四卷、錢文子《補漢兵志》一卷、魏泰臨《漢隱居詩話》一卷、王若虛《滹南詩話》三卷、劉祁《歸潛志》十四卷、黄向堅《尋親記程》一卷、邊大綬《虎口餘生記》一卷、祁承㸁《澹生堂藏書約》一卷、苦瓜和尚《畫語錄》一卷。第六集：文瑩《玉壺清話》十卷、岳珂《愧郯錄》十五卷、王灼《碧雞漫志》五卷、《樂府補題》一卷、張翥《蛻巖詞》二卷。第七集：何晏《論語集解皇侃義疏》十卷、吳仁傑《離騷草木疏》四卷、張世南《游宦紀聞》十卷。第八集：張丘建《算經》三卷、王孝通《緝古算經》一卷、王銍《默記》一卷、張鎡《南湖集》十卷、周密《蘋洲漁笛譜》二卷。第九集：梁孝元帝《金樓子》六卷、蔡絛《鐵圍山叢談》六卷、陳旉《農書》三卷、秦觀《蠶書》一卷、樓璹《耕織圖詩》一卷、白珽《湛淵靜語》二卷、方鵬《責備餘談》二卷。第十集：林

愼思《續孟子》二卷、《伸蒙子》三卷、王棨《麟角集》一卷、桑世昌《蘭亭考》十二卷、俞松《蘭亭續考》二卷、曾宏父《石刻鋪叙》二卷、張泰來《江西詩社宗派圖録》一卷，附一卷、尤玘《萬柳溪邊舊話》一卷。第十一集：謝枋得《詩傳註疏》三卷、顔之推《顔氏家訓》七卷，附一卷，《江南餘載》二卷、《五國故事》二卷、蕭洵《故宫遺録》一卷、鄧牧《伯牙琴》一卷、孟宗寶《洞霄詩集》十四卷、范成大《石湖詞》一卷、張三聘《和石湖詞》一卷、王沂孫《花外詞》一卷。第十二集：段子武《詩義指南》一卷、錢杲之《離騷集傳》一卷、吴淑《江淮異人録》一卷、《慶元黨禁》一卷、朱肱《北山酒經》三卷、楊瑀《山居新話》一卷、《鬼董》五卷、陸友《墨史》三卷、《襲賢畫訣》一卷、笪重光《畫筌》一卷、黄宗羲《今水經》一卷、汪輝祖《佐治藥言》一卷，《續》一卷。第十三集：岳珂《刊正經傳沿革例》一卷、張志和《元眞子》三卷、洪遵《翰苑群書》二卷、趙升《朝野類要》五卷、黄煜《碧血録》二卷、潘閬《逍遙集》一卷、連文鳳《百正集》三卷、張先子《野詞》四卷、張雨《貞居詞》一卷。第十四集：陳叔齊《籟記》一卷、司馬光《潛虚》一卷、袁采《世範》三卷，附一卷，《天水冰山録》一卷，附《書畫記》一卷。第十五集：吴縝《新唐書糾謬》二十卷、鄧牧《洞霄圖志》六卷、黄晞《聱隅子》二卷、袁衮《世緯》二卷。第十六集：董史《皇宋書録》三卷、徐兢《宣和奉使高麗圖經》四十卷、周密《武林舊事》十卷、袁韶《錢塘先賢傳贊》一卷。第十七集：吴縝《五代史纂誤》三卷、周去非《嶺外代答》十卷、《南窗紀談》一卷、蘇、沈兩《内翰良方》十卷、宋濂《浦陽人物記》二卷。第十八集：黄庭堅《宜州家乘》一卷、范成大《吴船録》二卷、周煇《清波雜志》十二卷、《清波别志》三卷、沈荀蔚《蜀難叙略》一卷、朱翌《灊山集》三卷、劉應時《頤庵居士集》二卷。

又 鮑氏知不足齋重刊聚珍版書：《易緯》十二卷、宋蔡淵《易象意言》一卷、宋郭雍《郭氏傳家易説》十一卷、宋錢時《融堂書解》二十卷、宋毛晃《禹貢指南》四卷、宋袁燮《絜齋毛詩經筵講義》四卷、宋張淳《儀禮識誤》三卷、宋劉敞《春秋傳説例》一卷、宋蕭楚《春秋辨疑》四卷、唐太宗《帝範》四卷、元翟思忠《魏鄭公續諫録》二卷、漢衛宏《漢官舊儀》二卷、宋程俱《麟臺故事》五卷、晉陸翽《鄴中記》一卷、唐劉恂《嶺表録異》三卷、北魏酈道元《水經注》四十卷、宋陳振孫《直齋書録解題》二十二卷、晉王弼《注道德經》二卷、晉傅玄《傅子》一卷、元司農司《農桑輯要》七卷、明沈繼孫《墨法輯要》一卷、北周甄鸞《五經算術》二卷、《孫子算經》三卷、《夏侯陽算經》三卷、魏劉徽《海島算經》一卷、宋劉荀《明本釋》三卷、宋袁文《甕牖閒評》八卷、宋張淏《雲谷雜記》四卷、宋葉大慶《攷古質疑》六卷、宋韓淲《澗泉日記》三卷、宋周密《浩然齋雅談》三卷、元李冶《敬齋古今黈》八卷、宋張戒《歲寒堂詩話》二卷、宋胡宿《文恭集》五十卷、宋袁燮《絜齋集》二十四卷、宋曾幾《茶山集》八卷、金王寂《拙軒集》六卷、元仇遠《金淵集》六卷。此皆初頒之本，惜後來大部書未盡付鋟，人間遂不可得見矣。

又 《涇川叢書》，明人著録三十種，國朝人著録十一種，皆涇邑之書有裨於經史者，趙紹祖編次。紹祖博學嗜古，輯《金石文鈔》八卷，余爲序之，刻版於嘉慶八年。

錢泳《履園叢話》卷六 盧抱經先生名文弨，餘姚人。乾隆壬申恩科進士，以第三人及第，官至翰林學士。邃于經學，所著有《儀禮新校》、《群經拾補》、《鐘山筆記》諸書。平生最喜校正古籍，爲鐘山書院山長，其所得館穀大半皆以刻書，如《春秋繁露》、《賈子新書》、《白虎通》、《方言》、《西京雜記》、《釋名》、《顔氏家訓》、《獨斷》、《經典釋文》、《孟子音義》、《封氏見聞録》、《三水小牘》、《荀子》、《韓詩外傳》之類，學者皆稱善本。

又 鮑廷博字以文，安徽歙縣人。少習會計，流寓浙中，因家焉。以治坊爲世業，而喜讀書，載籍極博。乾隆三十八年詔求天下遺書，廷博獨得三百餘種，賫浙江學政王傑上進，奉旨以内府所刻《圖書集成》一部賜廷博，鄉里榮之。廷博嘗校刻《知不足齋叢書》二十四集，嘉慶二十年流傳禁中，仁宗見之，傳諭撫臣曰：「朕近日讀鮑氏叢書，亦名知不足齋，爲語鮑氏勿改，朕帝王家之知不足，鮑氏乃讀書人知不足也。」迨廿五至廿八集進呈，有旨欽賜舉人，傳爲盛事。年八十四卒於家。

又卷九 余生平無所嗜好，最喜閲古法帖，而又喜看古人墨蹟。見有佳札，輒爲雙鈎入石，以存古人面目。亦如戴安道總角刻碑，似有來因也。乾隆五十二、四年間，始出門負米，初爲畢秋帆尚書刻《經訓堂帖》十二卷，又自臨漢碑數種，刻《攀雲閣帖》二冊，便爲海内風行。

吴修《昭代名人尺牘》卷八　成德氏納喇，又作納臘，亦稱納蘭，字容若，後改名性德，遼陽人。太傅明珠子。康熙癸丑進士，選侍衛。愛才好客，所與遊皆一時名士。嘗集宋元以來諸儒説經之書，刻爲《通志堂經解》一千八百餘卷。精鑒藏，善書，能詩，尤工於詞。所刻《飲水側帽詞》傳寫偏於村校郵壁。有《通志堂集》。

又卷一二　曹寅字子清，號楝亭，奉天人。官通政司使、江寧織造。校刊古書甚精，有揚州局刻《五韻》、《楝亭十二種》，盛行於世。著《楝亭詩鈔》。

又卷二〇　盧見曾字抱孫，號雅雨，德州人。康熙辛丑進士，官兩淮鹽運使。愛才好客，四方名士咸集，極一時之盛。刻《雅雨堂叢書》、《金石三例》，著有《出塞集》。

又　盧文弨字召弓，號磯漁，又號抱經，餘姚籍仁和人。徵士存心子馮景之外孫，桑調元之女夫。漸涵緒論，具有原本。乾隆壬申第三人及第，官至翰林院侍讀學士。著有《儀禮注疏》、《詳校廣雅注》、《群書拾補》、《鍾山札記》、《龍城札記》及《抱經堂集》。校刊古書最精，有《抱經堂彙刻書》。

又卷二三　畢沅字纕蘅，號秋帆，江南鎮洋人。少從長洲沈宗伯、惠徵君遊。乾隆庚辰第一人及第，官至湖廣總督。愛才若渴，一時名士多遊其門。輯《續資治通鑑》二百二十卷、《史籍考》、《關中勝蹟圖記》、《關中中州諸金石志》、《河間書畫錄》。精鑒藏，刻《經訓堂法帖》。自號靈巖山人，有《靈巖山人集》。

顧廣圻《思適齋集》卷一三《知不足齋叢書序》　嘗論刻書之難有三：所據必善本而後可，一難也；所費必多貲而後可，二難也；所校必得人而後可，三難也。此三者不具，終無足與於刻書之數，豈非難乎？今之具此三難而以之刻書者，其莫如吾友鮑君以文也。君收儲特富，鑒裁甚精。壯歲多獲兩浙故藏書家舊物，偶聞他處有奇文秘冊，或不能得，則勤勤假鈔厥副。數十年無懈倦。其《稱説》一書，輒舉見刻本若鈔本校本凡幾，及某刻本如何，某抄本如何，某校本如何，不爽一二也，其於本有如此者。梨棗之材，剞劂之匠，遴選其良，費而勿靳。生產斥棄，繼以將伯，千百錙銖，咸歸剞氏。猶復節衣減食，裨補不足。視世間所謂榮名厚實，快意怡情者，一切無堪暫戀，祇有流傳古人著述，急於性命。乃能黔范其所處，朱頓乎斯事也。其於貲有如此者。并涉四部，旁綜九流，奧篇隱事，心識口誦，元元本本。有經丹黃甲乙者，如風庭之掃葉。又況先達聞人，洎二三雅素，往復揚搉，集思廣益，外此即土壤細流，咸不讓擇。大要期諸求是。每定一書，或再勘三勘，或屢勘數四勘。祁寒毒暑，舟行旅舍，未嘗造次鉛槧去手也。其於校有如此者。是故生平前後所刻不下數百種，獨彙而爲叢書者，已至二十五集。人徒見知不足齋板片滿家，印本徧天下，幾等齊夫尋常刻書之易易也，而亦知君之爲其難者有如是乎？他日見語，曰：「相知二十年餘，且於書有同嗜焉。予何可無叢書之序。夫叢書向有序矣，將奚以序之，亦唯有論刻書之難而已，亦唯有論君刻書之難而已。抑吾聞知其難而以難者爲難，則其易也將至矣；不知其難而以難者爲易，則其難也將至矣。事誠有之，書亦宜然。吾願今而序叢書也，後有刻書者得因以奉教於知不足齋。毋專守兔園冊子，毋計較錐刀錢物，毋貽笑造磨弱杖，先其難，後其易，留刻書種子於不絕，則君之有功於書，豈僅在所刻數百種哉？」遂不辭而序之如此。

胡敬《内閣中書汪君墓誌銘》（繆荃孫《續碑傳集》卷二〇）　君名遠孫，字久也，系出安徽黟縣，世居鄉之宏邨。【略】自號曰「借閒居士」。吾鄉志乘以南宋《咸淳臨安志》爲最古，君重雕以廣其傳。他若厲樊榭《遼史拾遺》、《東城雜記》，梁處素《左通》，汪選樓《三祠志》俱次第梓行，以及亡友詩文代爲校刊者，難以悉數。

阮亨《文選樓叢書·總目并跋》　《揅經室全集》四十五卷、《揅經室續集》十一卷、《禮經釋例》十三卷、《孝經義疏補》九卷、《詁經精舍文集》十四卷、《述學》二卷、《溉亭述古錄》二卷、《儀鄭堂文集》二卷、《雕菰樓集》二十四卷、《蜜梅花館集》二卷、《愚溪詩稿》一卷、《恆言錄》四卷、《揅經室詩錄》五卷、《淮海英靈集》二十四卷、《定香亭筆談》四卷、《小滄浪筆談》四卷、《廣陵詩事》十卷、《文選樓詩集》五卷、《八磚吟館刻燭集》三卷、《歷代帝王年表》附《考》、《倣宋畫列女傳》八卷、《疇人傳》四十六卷、《地球圖説》一卷、《車制圖解》、《鐘鼎款識》十卷、《小琅嬛叢訪》四卷、《華山碑考》四卷、《石渠隨筆》八卷、《讀書敏求記》五卷、《呻吟語》二卷。余於文選樓、積古齋諸處所貯書板，皆加收檢其中。家兄所刊者爲多，亦有門下士暨余、暨姪輩所刊者。久不墨印，恐漸零落。印書人請以各零種彙爲叢書而印之，亦可行也。因列其目三十種如右。道光壬寅正月儀徵

阮亨梅叔識於珠湖草堂。

《[道光]徽州府志》卷一二之二《人物志・宦業》 汪立名 字西亭，歙縣瞻淇人。由内閣中書薦升郎中，出守順寧，再守辰州，攝兵備道事，宦轍所至，豪强斂迹，闔屬肅然，尤以振興風雅爲務，結交多名流，肆力於詩、古文辭。家有一隅草堂，藏弆頗富。嘗校刻《白香山詩集》，考據精確，論引允當，又輯《鐘鼎字源》、《今韻箋略》、《王柳韋孟四家詩》及《中州文表》刻之，自著有《青齋詩集》。

錢泰吉《曝書雜記》卷上 嘉慶辛酉南城曾公官兩淮鹽運使時，刻元人影宋鈔《繪圖爾雅》三卷。下卷分前、後二卷，實四卷。正文有注有音，大字極悦目，圖爲姚處士之麟所摹繪亦極精，似勝《列女傳》圖也。《列女傳》八卷，爲宋建安余靖庵刻本，乾隆戊申顧抱沖得之。抱沖從弟千里以宋本重雕，而去其圖。道光五年揚州阮君福重刻於嶺南，圖爲其第九妹季蘭所摹。原本雖未必定出晉人，其爲南宋以前則確然無疑。

又 郭氏《汗簡》凡七卷，前六卷分上、中、下各二卷，康熙間錢唐汪立名從朱竹垞先生得舊鈔本，刻於一隅草堂。竹垞翁喜勸人刻字書，若吳門張氏及曹氏楝亭所刻書多發於竹垞翁，唐宋人小學書今得傳布，竹垞翁力也。

又卷下 顧澗薲《思適齋集》十八卷，海昌楊芸墅屬上海徐君渭仁付梓，沈曉滄以印本見寄，媵以七古一篇，余次韻答之。集首有李兆洛申耆所撰《墓誌》云：先生從兄之逵，字抱沖，亦邃於學，而多藏宋元本，先生一一訂正之，刻《列女傳》以傳。當是時，孫淵如觀察、張古愚太守、黄蕘圃孝廉、胡果泉中丞、秦敦夫太史、吳山尊學士，皆深於校讎之學，無不推重先生，延之刻書。爲孫刻宋本《説文》、《古文苑》、《唐律疏義》，爲張刻撫州本《禮記》、嚴州單疏本《儀禮》、《鹽鐵論》，爲黄刻《國語》、《國策》，爲胡刻宋本《文選》、元本《通鑑》，爲秦刻《揚子法言》、《駱賓王集》、《呂衡州集》，爲吳刻《晏子》、《韓非子》。每書刻竟，綜其所正，定者爲《攷異》，或爲《校勘記》。余以集中序跋核之，《墓誌》所列猶未具也。澗薲尚有筆記，徐君欲刻，未成。

又 親家沈曉滄贈余上海郁泰峰松年《宜稼堂叢書》，藏之數年矣。上海近被兵，泰峰困危城中，書版恐難保，其所刻皆有《札記》，因詳録之：《清容居士集》刻於道光二十年，序云：「先府君辛苦成家，督子孫力田讀書，伯兄竹泉器識高亮，以余性好聚書，不惜重貲購善本，任余丹鉛，嘗命仿前賢槧刻諸書，仰承先志，乃以是集爲權輿，續刻諸書則以付梓歲月爲先後」云。《札記》序云：「《清容居士集》不知刻於何年，字體秀整雅潤出一手。明永樂間此本已殘闕，有王君肆爲釐正之，末附謚議及墓志銘，已是寫本。毛君生甫得嘉定錢少詹精鈔校本，有與原本違異，足證原本舛誤。余幸其可據，凡本脱、衍、淆、譌，輒以刪、易、增、補，疑者存之；至兩本脱誤同者，率條列之，間附臆見，庶爲博攷者一助」云。《剡源集》三十卷，亦道光二十年刻。《札記》序云：「余既得《清容居士集》元槧本刻之，清容爲戴剡源弟子，《剡源集》無論明初刻本，即嘉靖間周儀蒐輯者，亦殘闕不易得，余家所藏即黄棃洲先生選録不全本，蓋是集幾淹久矣。今所刊三十卷者，寶山毛生翁得於武進李申耆太史，太史得於同郡趙味辛司馬，司馬則得於湖州鮑以文孝廉家。司馬跋云：是書爲竹垞、秋岳兩先生藏本，鮑君亦嘗校之，今觀書中回易刪加，朱墨爛然，皆無主名不能分别某者爲何氏，其明確者既胥從之，而意有未安，亦勿敢徇。」 宋蕭氏常《續後漢書》四十二卷，《義例》一卷，《音義》四卷，道光二十二年刻。《札記》序謂「昭文張氏《墨海金壺》刻本錯誤衍脱，幾不可讀。是書一本陳志及裴氏注，偶參范氏《後漢書音義》，有旁引他書者，悉爲檢核，原文又證以《通鑑》、郝書及《三國志》《辨誤》、《考異》諸書，因張氏舊本正其謬誤」云。 元郝氏經《續後漢書》九十卷，亦二十二年刻成。《札記》序謂「原編殘闕，傳寫益譌，爰取陳志，參以范史、《晉書》，綜覈刊正。其博涉他書，及荀氏注、館閣原校所徵引，壹檢其本。自庚子仲秋，迄壬寅季春，始克蕆事。《札記》刊未畢，嘆夷不靖，大懼是書之散亡；夷氛息，鳩工卒事」。 宋秦氏九韶《數書九章》十八卷，亦二十二年刻成。宋氏景昌《札記》，泰峰序云：「秦道古《數書》，元和沈廣文欽裴曾得明人趙琦美鈔本於陽城張太守敦仁家，訂譌補脱有年，其弟子江陰宋君景昌傳其學，余屬毛君生甫索得其副於武進李太史兆洛家，毛君又出元和李茂才鋭所校。 四庫館本，并屬宋君爲之讐校。廣文沒後，宋君又於其家得秦書刊誤殘稿，於是以趙本爲主，參以各本，別爲《札記》。」 宋楊氏輝《詳解九章算法》，亦二十二年刻。《札記》序謂「楊氏自序《詳解》八十題總十二卷，今乃九十七題不分

卷，蓋非原書。《九章》世傳《永樂大典》、孔氏《微波》二本，均不免脱譌，鍾祥李尚書細草圖說，多所改正，往往與此書暗合，因屬宋君勉之取孔、李二本校其譌脱，別爲《札記》。」楊氏輝《田畝比類乘除捷法》二卷，《算法通變本末》卷上，《乘除通變算寶》卷中，《法算取用本末》卷下共三卷，《續古摘奇算法》一卷：總名之曰《楊輝算法》，亦二十二年刻。《札記》序云：「於市肆間超徑等接之術，採摭略盡，故續刊於其所著《詳解九章》之後，屬宋君勉之爲之校覈，并作《札記》。聞朝鮮尚有傳本，倘能使闕者得完，不憚重爲鳩工也。」數年前泰峰得宋刻魏鶴山《詩經要義》，屬曉滄助校勘，將授之梓，卒遇變亂，不知宋刻猶存否？以上諸書，幸已流行，藏書家慎勿以新刻易得，漫置之，此後恐印本日希矣。

又 壬子九月邵武楊浵滄翁以其友江夏童氏活字本《資治通鑑》二百九十四卷，《刊誤》二冊託售，見之狂喜，力不能得，乃屬蔣寅昉光焴藏之。童氏印書跋云：「明季嚴永思先生著《通鑑補》，積四十年之功，卷帙浩繁，未經刊刻，聞陽湖張氏有鈔本，亦未之見。先君覵得此稿，珍如至寶，曾與儀徵吳熙載、劉孟瞻諸君商酌付刊；嗣因攝篆兩淮，未竟其事。豫等讀禮家居，謹用聚珍版鳩工成帙，勉力繼志。但鈔寫本多錯誤，而印工悤迫，校勘難精，爰附《刊誤》二冊，俾閱者備查。咸豐元年仲冬，江夏後學童和豫識。」每卷前有「瓶花書屋童氏藏本」八字，卷尾有「童和豫偕弟和豐和謙校」十字。聞所印止一百部，童氏寓家吳門，其別業在金陵、揚州兩地。蹂躪之後，儲藏多盡，所印百部未知盡散播否？余幸得屬寅昉收藏，餘年有暇，尚當一讀。親家許珊林云：童石堂濂權兩淮運使時，曾謹遵王伯申尚書奉旨校勘《康熙字典》，摹刊極精，惜未竣工，今亦不知存否矣。

蔣寶齡《墨林今話》卷七 李調元，字雨村，號醒園，四川羅江縣人。乾隆癸未進士，由庶吉士改主事，歷官至直隸通永道。著有《童山詩集》。雨村觀察性好金石，尤喜藏書，嘗刊布蜀中先賢著述，自漢迄明罕傳秘本，彙成叢書，名曰《函海》。專以表彰桑梓，嘉惠後學，意甚善也。

譚瑩《樂志堂文續集》卷二《覃恩晉榮禄大夫紫垣伍公墓誌銘》 公諱崇曜，字良輔，號紫垣，廣州南海人也。【略】嘗輯《粵雅堂叢書》初編、二編、三編，書凡一百八十種刻焉。該而特要，博而不繁，儷左禹錫《學海》之編，軼陶南村《說郛》之輯，以視國朝琴川毛子晉、鄖鎮鮑廷博，殆如驂之靳也。又嘗輯《嶺南遺書》第一集、第二集、第三集、第四集、第五集、第六集，書共六十二種，《粵十三家集》，書共十三種，《楚庭耆舊遺詩》前集、後集、續集，書共七十六卷，均刻焉。鄉邦論撰，海嶠英靈，博采兼收，芟蕪刈楚，良金美玉，截貝編瑙，闡幽顯微，懷舊思古，以視前明黄才伯、張孟奇、區啓圖，國朝馮司馬、溫舍人、羅太學、劉編修、凌茂才等各鄉先輩所撰，求屑同於買菜，用殆比於積薪，已至校刻宋王象之《輿地紀勝》共書二百卷，則又錢竹汀宮詹訪求而始獲，阮文達師相留貽而僅存者也。原四庫所未收，合三本以重訂，神物之呵護已久，故家之藏庋略殊，苦爲分明，參互考證，詎留餘憾，洵屬鉅觀也。近又自吳門購得國朝海鹽張月霄金吾所撰《金文最》原稿書共一百二十卷，備完顏之掌故，緣鉅手所嗟稱。阮文達暨李申耆均有序。未覯，琬鐫。俄驚玉折，公業繕寫足本，剞劂未竣，而乃永憶逝水，同歸道山，良可痛惜。哲嗣纘繼鴻緒，樂觀厥成，仍議開雕，即廣流佈。且復篤志墳典，鳩閱囊編，更請他題，殆卜延慶即公遺著，吉光片羽，賸粉零金，亦擬同刊，免令放失。信斯文之未喪，而盛業其不朽者乎！

《[光緒]松江府續志》卷二四 錢熙輔，字鼎卿，金山人，廩貢生，任蕪湖教諭，丁父艱，歸，不復出。書法梁同書，尤好吟詠。婦翁吳省蘭輯刊《藝海珠塵》至八集而止，熙輔續輯壬、癸二集，以竟其業。弟熙祚，字雪枝，敘選通判。【略】生平好表彰古今秘籍，嘗輯刊《守山閣叢書》及《指海》、《珠叢別録》、《素問靈樞》，凡數百種。

徐康《前塵夢影録》卷下 [許]翰屏以書法擅名當時。刻書之家均延其寫樣，如士禮居黄氏、享帚樓秦氏、平津館孫氏、藝芸書舍汪氏以及張古餘、吳山尊諸君所刻影宋本秘籍，皆爲翰屏手書。

又 唐人詩文集最多，吳門繆氏僅刻李太白集一家，享帚樓續刻呂衡州、李翺等集，顧澗翁更覓得足本沈亞之等集七家，皆用昌皮紙，凂翰屏精寫，不加裝訂，但用夾板平鋪以便付梓。

又 《金石存》，吳山夫搢著，山陽李尚書宗昉出資屬許珊翁董刻，字仿宋槧，紙用扇料，香墨精印，不可多覯。許自刻《笠澤叢書》亦極佳，其他如《折獄龜鑑》、《疑獄集》皆巾箱本，刻工亦精。

又 [桂未谷]著作甚富，均由友人付梓，如《晚學齋詩文集》爲曲阜

令王大槐刻，《札樸》八卷爲李柯溪大令刻，《繆篆分均》正、續三冊爲同人醵金刻，板向藏王葑汀太僕家，《續三十五舉》、《再續》、《三續》皆蘇齋手書，刻於山左試院，《說文義證》五十卷初爲河督楊以增刻，罷官後以書板攜歸，今所見者湖北書局復刻本。《隸篇》一書亦發端於未谷，其高足翟文泉進士雲升刻成，今版在翟家。

又　汪秀峰先生於雍、乾時富而好禮，所交皆知名士，凡金石書畫無不好，而篤耆者爲古今印，嘗彙集漢印，曰《漢銅印叢》、《古銅印叢》，皆巾箱本。同時諸名家所刻者曰《飛鴻堂印譜》，五集二十巨冊，又彙古今印，曰《集古印》，存十六巨冊，下綴刻人姓名，嘗以羅文牋精印，又有《秋官印萃》六冊，曰《退齋印類》四冊，皆同時友朋制作。其最小者曰《錦囊印林》，小僅寸餘云。

張文虎《金山錢氏家刻書目序》（錢子馨《金山錢氏家刻書目》卷首）

家刻書目者，金山錢子馨纂輯其家鄉所刊書之目也。錢氏世好善讀書，藏書甲一邑，尤喜校刊名人著述。父兄子弟相爲講習，自乾、嘉時已盛矣。道光中，錫之通守輯《守山閣叢書》及《指海》書，凡數百種，閒校勘異同附以《札記》，攷訂家以爲善。咸豐之初，鼎卿學博續輯《藝海珠塵》壬、癸二集及西人重學，夢華少尹又輯《小萬卷樓叢書》繼之。【略】同治甲戌予歸自金陵，子馨招予至所居復園，曰：「先世遺書盡失，板片亦煨燼，亂後竭蹷不能重刊，使前人苦心一朝湮沒，不孝之罪也。私心竊計先彙歷世所刻諸書目，錄序、跋及校勘記爲一編以行世。佗日力稍舒，當次弟刊之何如？」予曰：「此亦不得已之舉也。」顧書既散佚，廣求之收藏家僅有存者，展轉三年始得略備；又副以近時所刻，凡得十卷，佗善書及所選制舉文不預焉。【略】光緒四年歲在戊寅上巳日，書於舒蓺室。嘯山張文虎，時年七十一。

錢子馨《金山錢氏家刻書目》卷一《總目》　《左傳公穀國語國策莊騷讀本》，新安方人傑選錢樹本根堂參訂。《經餘必讀》、《續經餘必讀》華亭雷琳輯，錢樹棠師召、立素然校刊。《醉經樓經驗良方》，錢樹棠師召輯，姪孫廉重刊。《達生編》，錢樹棠師召校刊。《傷寒譜》，嘉定沈鳳輝丹采著、錢樹棠師召、立素然校刊。《保素堂稾》華亭錢金甫越江著，錢樹立素然校刊。《溫熱病指南集》，原題淞濱陳祖恭著附評，錢樹芝瑞五刊，孫培蓀重校。《春秋闕如編》八卷，錢熙彥邦士、載虞揆校刊。《元詩選補》，錢熙彥邦士輯。《元史續編》十六卷，明胡粹中評纂，錢熙載虞揆詳校。《藝海珠塵》壬、癸兩集，錢熙輔次丞輯。《重學》十七卷，英國胡威立著，錢熙輔次丞校刊。《勤有書堂賸稾》，錢熙輔次丞著，附《蕉鹿居遺稾》，錢銘圭伯桓著，男培蓀校刊。《守山閣叢書》，錢熙祚錫之輯。《珠叢別錄》，錢熙祚錫之輯。《指海》，錢熙祚錫之輯。《素問靈樞》，錢熙祚錫之校刊。《胎產秘書》，古虞何氏原本，板存京師琉璃廠，錢熙祚錫之重刊。《華嚴墨海集》，錢熙哲叔保編次。《古松樓賸稾》，錢熙泰子和著。《貨布文字考》，華亭馬昂著，錢培益貞吉校刊。《小萬卷樓叢書》，錢培名賓之輯。《江南北大營紀事本末》二卷，秀水杜文瀾編活字板印，錢國寶子通校。《務民義齋算學》三種［《造表簡法》《截球解義》《橢圓求周》］烏程徐有壬撰活字板印，錢國寶子通校。《瘍科輯要》平湖沈志裕纂活字板印，錢國寶子通著。《萬一權衡》，活字板印，錢國寶子通著。《甲子元術簡法癸卯元術簡法五星簡法》，金山顧觀光著，錢潤道愼功誦之校刊。

又舊藏書板附：《儀禮疏》，陽城張敦仁校刊本。《篆字九經》，同郡張文敏公刊本。《說文繫傳》，新安汪啓淑刊本。《通鑑紀事本末紀要》，錦川蔡毓榮編輯。《通志二十略》，明三山郡庠刊本。《海國圖志》五十卷，邵陽魏源默深撰，蘇州刊本。《藝海珠塵》八集，南匯吳稷堂學士輯。《學福齋集》五十八卷，婁縣沈大成撰。

黃廷鑑《第六絃溪文鈔》卷二四《張海鵬傳》　君姓張氏，諱海鵬，字若雲，號子瑜，係出宋魏國忠獻公之後。元末，自閩遷虞。明敎諭遜志先生，其六世祖也。君生而穎異，讀書刻意攻苦。年二十一，補博士弟子員。三踏省闈不售，遂絕意名場，篤志墳素。先是，君考訥齋公與伯兄靜谷公皆好藏書，家多宋、元舊刻。君治經之暇，旁通子史百家言。嘗慨古今載籍幾經厄刼，歷觀史志所載及藏弆家所著錄，存者百無一二。方今典籍大備，不有以聚而流傳之，將日久散佚，此後生讀書者之責也。昔吾邑隱湖毛君，以一諸牛力刊經史諸書，廣布海內。迄今幾二百年，經史舊板尚供摹印。前事可師，遂矢願以剞劂古書爲己任。迺檢舊藏所有，更廣購自明以來罕見之舊本，互勘去取。其中秘藏書，則倩錢唐何上舍元錫從文瀾閣中寫副儲藏，以備彙刊。以汲古所刊經史外惟《津逮秘書》十五集，爲書林鉅觀，汰之益之，黜僞崇眞，廣爲二十集，名曰《學津討原》。開雕於嘉慶壬戌之秋，於

甲子冬竣工。又念六朝古籍罕存，惟《太平御覽》中徵引頗多，是一書傳而群書之崖略以傳，允稱類書之冠。舊刻訛謬。宗人觀察變藏有明人舊鈔，據爲主本，讐校再三付梓。未半，復從何上舍家得影宋抄本，詳加覆勘，已刊者不憚刊改。中有兩冊爲兩抄本俱闕者，復屬上舍汎海至寧波范氏天一閣中抄補，是書始臻完善。續又於四部中取有關經史實學、名家論著而傳本將絶者，梓《墨海金壺》七百餘卷。又以其暇，取明人及時賢撰述，刊爲袖珍小品，名《借月山房彙鈔》，凡十六集。又六年而畢，流布日廣，海内爭覯。書林中之挾秘冊懷墜簡者爭集，有未經四庫著錄者，如《兩京新記》、《九國志》、《琴川志》諸書，又蒐輯次第續刊。書成，將名之曰《金帚編》。惜工始而君捐館矣。居恆嘗語人曰：「藏書不如讀書，讀書不如刻書。讀書衹以爲己，刻書可以澤人。上以壽作者之精神，下以惠後來之沾溉。視區區成就一己之學業者，其道不更廣耶？」其拳拳於流傳古書，至老彌篤，素志然也。

陳其榮《金石三例續編序》（朱記榮《金石三例續編》卷首） 自乾隆閒德州盧氏以元潘蒼崖《金石例》、明王止仲《墓銘舉例》、國朝黄棃洲《金石要例》合刻之爲《金石三例》，海内之究心金石文字者咸取則焉。至邇時粵東馮竹儒觀詧更欲繼之，以郭氏麐、梁氏玉繩、李氏富孫、馮氏登府、劉氏寶楠、吴氏鎬、梁氏廷枏所著，及王氏芑孫《碑版文廣例》諸書裒刊之，爲《金石全例》，旋以病歿於滬城，祇以王惕甫學博《評本三例》付刊，而全例卒不果刊。今則梁氏廷枏稱例一書既未獲見，而王氏《廣例版刻》猶存，徐君子靜與朱君紀榮懋之共謀合刊劉氏、梁氏、郭氏之書以冀竝行於世，而余更勸其益以李氏《纂例》、馮氏《綜例》暨荆山吴氏《志墓例》三書，再合刊之爲《金石三例補編》，或可繼馮君未竟之志，冀得以輯爲全編焉。【略】時在光緒乙酉歲季冬之月。

陳田《翰林學士集序》（陳矩《翰林學士集》卷首） 家弟衡山往歲奉使東國，獲奇書數十種，日本金石數千宗，藏之篋笥。既刊者有影宋本《孝經》、《文中子》、《二李唱和詩》；借刊於饗喜盧者，有唐鈔本《論語》、《本草》，今復刊此本以饜海内好事者之望。【略】光緒癸巳元日。

范鍇《華笑廎雜筆》卷三 吴郡黄蕘圃主政丕烈藏書甚富，宋元版及影鈔舊本，無不精善。嘗出示《士禮居刊行書目》以刊行之年月先後爲序，其書價、冊數均注明某書之下，竝記付梓之歲。錄之，以備後有觀覽者：《國語》五冊、一兩二錢庚申。《汲古閣書目》一冊、八分庚申。《國策》九冊、二兩癸亥。《博物志》一冊、一錢六分癸亥。《季滄葦書目》一冊、一錢二分乙丑。《百宋一廛賦》一冊、六分乙丑。《梁公九諫》一冊、六分丙寅。《焦氏易林》四冊、一兩戊辰。《宣和遺事》二冊、二錢六分庚午。《輿地廣記》七冊、二兩四錢辛未。《藏書紀要》一冊、六分癸酉。《三經音義》《論》、《孟》、《孝經》。一冊、三錢二分癸酉。《儀禮》三冊、一兩二錢甲戌。《船山詩選》二冊、四錢四分丁丑。《周禮》九冊、二兩戊寅。《洪氏集驗方》二冊、四錢四分己卯。《夏小正》附《集解》。一冊、二錢辛巳。《傷寒總病論》三冊、一兩二錢癸未。《汪本隸釋刊誤》一冊。四錢八分丙子。前有「書價制錢七折」六字，後有「滂喜園黄家書籍鋪」、「蘇州圓妙觀察院場」兩圖章。

俞樾《經學叢書序》（朱記榮《經學叢書》卷首） 國朝文治武功，超踰前代，而於經學尤駕宋、元而上之，直與兩漢淵源相接。而儀徵阮氏所定《皇清經解》實集大成。【略】至光緒乙酉王益吾祭酒視學江蘇，乃始有續編《皇清經解》之舉，而吴中朱君紀榮懋之又有《經學叢書》之刻。朱君喜藏書，又喜刻書，曾刻所藏書之海内罕見者爲《槐廬叢書》，余既爲之序矣，又以《經學叢書》乞序，則皆說經之書也。

繆荃孫《隨庵叢刻初編序》（徐乃昌《隨庵徐氏叢書》卷首） 昔顧澗濱先生慨宋元舊本日漸散佚，以爲將與三代之竹冊六朝之油素，名可得而聞，形不可得而見，徒使後人咨嗟歎息，曾何有毫末之益於藝林哉？何如覆而墨之，勿失其眞，是縮今日爲宋元也，是後千百年爲今日也。【略】南陵徐君[乃昌]積餘博學多聞，曾刻《積學齋》、《許齋》兩叢書廣傳國朝先輩不傳之著作，藝林無不推重，近又得宋元本十種，覆而墨之，名曰《隨庵叢刻》，字畫竹款一仍其舊，宋元面目開卷即是，前人題跋、收藏圖書無不影摹，訂訛釋舛另刻《札記》不敢徑改本書，亦墨守澗濱校勘舊例。荃孫亦慨當世號稱藏書家有公其書於天下者，有私其書於一己者，前如納蘭容若之《通志堂》、黄蕘圃之《士禮居》，近如黎莼齋之《古逸叢書》，舉人間欲絶之迹，海内未見之本，傳之藝苑，播之寰宇，俾又可綿延一二百年，不致泯沒而且勘訂譌訛，補綴遺逸，使後人讀此一編，盡美盡善，無所遺憾，所謂守先待後者非耶！

繆荃孫《藝風堂文漫存·辛壬稿》卷二《章碩卿傳》　章君壽康原名貞，字碩卿，浙江會稽人。父雅瀛，官四川布政司。【略】辛未，應川東道姚彥侍記室之招。彥侍出錢獻之《新斠注漢書地理志》，徐星伯手寫各家考證於其書眉，以爲佳本。君請刻之，帀歲畢，歸原書於姚氏。是爲君刻書之始。乙亥，余爲張文襄公撰《書目答問》，時引君爲助。文襄知之，亦禮君爲座上客。向之笑君者又無不奇君，君終落寞如故。川中書賈日集於門，雲南、湖北販書來者無不投君，各如其意而去。所收乃大富。又復廣搨金石，鑒別書畫。與錢徐山、錢鐵江、宣麓公、沈吟樵諸君交，意氣益發舒矣。丁丑，君以知縣分發湖北。入都，【略】君挾巨資，廣收書籍。至揚、蘇，書賈聞風而來，捆百箱出都。到鄂，丁父艱，仍旋蜀。所刻亦漸富。乙酉再回鄂中，補嘉魚縣知縣。到任未久，【略】遂以「玩視民瘼、日以刻書爲事」降一級調用矣。【略】光緒丙午，羅外證歿於湖北，年止五十有七，並無子息。文襄聞其卒也，助之六百金，藉以殯葬。悲哉！【略】略陳舊事藉以傳君，並列所刻書於後：《式訓堂叢書初集》：《古易音訓》二卷、宋咸熙輯。《傳通經表》二卷、洪亮吉。《漢書西域傳補注》二卷、徐松。《晉書地理志新補正》五卷、畢沅。《乾道臨安志》三卷、周淙。《弟子職集解》一卷、洪亮吉。《呂子校補》一卷、蔡雲。《竹汀日記鈔》三卷、錢大昕。《經籍跋文》附《對策》、陳鱣。《拜經樓藏書題跋記》五卷附錄一卷、吳壽暘。《曝書雜記》三卷、錢泰吉。《溉亭述古錄》二卷、錢塘。《金石例補》一卷、郭麐。《志銘廣例》二卷、梁玉繩。《式訓堂叢書二集》：《毛詩重言》一卷、《雙聲疊韻說》一卷、王筠。《戰國策釋地》二卷、張琦。《弟子職正音》一卷、王筠。《金石例》十卷、元潘昂霄。《墓銘舉例》四卷、明王行。《金石要例》一卷、黃宗羲。《南江札記》四卷、邵晉涵。《兩同書》二卷、唐羅隱。《讒書》五卷、《邕州小集》一卷、宋陶與弼。《式訓堂叢書三集》：《春秋夏正》二卷、胡天游。《家語疏證》六卷、孫志祖。《鍾山札記》四卷、《龍城札記》三卷、盧文弨。《知聖道齋讀書跋》二卷、彭元瑞。《平津館鑒藏記》三卷《補遺》一卷《續編》一卷、孫星衍。《廉石居藏書記》二卷、孫星衍。《銅熨斗齋隨筆》八卷、沈濤。《癖談》六卷、蔡雲。《疑年表》一卷、《超辰表》一卷、江曰楨。《後甲集》二卷、章大來。《晚學集》八卷、桂馥。《元魏滎陽鄭文公摩崖碑跋》。諸可寶。單行本：《國語正義》二十一卷、董增齡。《衢木郡齋讀書志》二十卷、宋晁公武。《史記志疑》三十六卷、梁玉繩。《過庭錄》十六卷、宋翔鳳。《字林攷逸》八卷、任大椿輯，錢保塘校補。《癸巳類藁》十五卷、俞正燮。仿宋本《陶集》十卷、晉陶潛。仿拜經樓《陶詩集注》四卷、宋湯漢。《义字蒙求》四卷、王筠。《新斠注地理志集釋》、徐松。《絕妙好詞附詞選》三卷、宋周密。《水經注釋》四十卷、《附錄》二卷、《水經注箋刊誤》十二卷、趙一清。《水經釋地》八卷、孔繼涵。《水經注圖說殘藁》四卷、董祐誠。《今水經》一卷。黃宗羲。

《直隸官書局運售各省官刻書籍總目·李光明堂書籍》　《史目表》一本、南山紙一錢。《經典釋文》十二本、南山紙一兩六錢一分。《四庫全書提要》一百零八本、南山紙五兩六錢。《四庫簡明目錄》十二本、南山紙一兩。《學海堂》初、二、三集二十四本、毛邊紙一兩七錢四分。《三通典》一百一十二本、南山紙十七兩四錢。《數學精詳》五本、白紙一兩四錢。《四書集註》六本、毛邊紙五錢六分。《詩經集註》四本、毛邊紙四錢。《易經集註》二本、毛邊紙二錢二分。《書經集註》四本、毛邊紙三錢五分。《達生編》一本、毛邊紙三分。《四書五經》四十二本、毛邊紙三兩六錢三分。《四書便蒙》十九本、毛邊紙一兩。《四書備旨》六本、賽連紙一錢六分。《書經旁訓》二本、毛邊紙一錢六分。《廿四史史略》二十本、毛邊紙二兩三錢八分。《普濟良方》二本、毛邊紙一錢二分。《幼學瓊林》四本、毛邊紙二錢三分。《龍文鞭影》四本、毛邊紙二錢。《三字經備要》二本。毛邊紙八分。

《李光明莊發售書目》　江南城聚寶門三山大街大功坊郭家巷內電線局西首秦狀元巷中李光明家自梓童蒙各種讀本，揀選重料紙張裝訂，又分鋪狀元境狀元閣發售實價列下。**蒙訓：**《聖諭廣訓》貳百文、《狀元紅執筆法》貳拾文，名人摹本另有價單、《三字經》陸拾文、《百家姓》貳拾陸文、《歐千字文》肆拾貳文、《歐體格言》三拾文、《聖賢孝經》伍十文、《三字孝經》貳拾肆文、《弟子規》肆拾文、《古事廿四孝》壹百文、《日記故事》，《昔時賢文》拾柒文、《空穀傳聲》壹百文、《三字經圖考》陸拾文、《殿試摹本詩品》三拾文、**閨訓：**《鳳鳴女兒經》貳拾文、《女四書》壹百肆拾文、《醒閨編》壹百肆拾文、**史類：**《宛志》伍拾文、《三才論略》貳百文、《龍文鞭影》貳百文、《鑑略四字書》壹百文、**經類：**《四書集註》伍百陸拾文、《易經集註》貳百貳拾文、《書經集註》三百伍拾文、《詩經集註》肆百文、《春秋杜林》壹千貳百文、《禮記集說》玖百乂、《周禮節訓》壹百陸拾文、《孝經集說》貳拾貳文、《易經本義音訓》貳百柒拾文、《易經程傳》三百文、《春秋杜注姚輯》□千□百文、《小學集註》貳百文、《尚書離

句》壹百伍拾文、《左傳句解》伍百文、《爾雅蒙求》、《孔子家語》、《監本四書》伍百文、《監本詩經》三百陸拾文、《太史四書》捌百文、《太史易經》三百文、《四書便蒙》壹千文、《四書合講》、《四書備旨》捌百文、《易經旁訓》壹百肆拾文、《書經旁訓》壹百陸拾文、《詩經旁訓》貳百文、《春秋旁訓》壹百肆拾文、《禮記旁訓》肆百陸拾文、《學庸示掌》壹百文、《二論引端》三百文、《十三經集字》壹百文。**文類：**《古文觀止》肆百陸拾文、《初學求源》柒拾文、《童蒙易悟》柒拾文、《玉玲瓏》壹百肆拾文、《目耕齋初二刻》貳百捌拾文、《目耕齋小題》壹百肆拾文、《六朝文絜》柒拾文、《揭夏小正》三拾文、《金陵三書院課藝》另有價單。**詩類：**《神童詩》拾文、《唐詩近體》《青雲集》壹百捌拾文、《唐詩三百首》壹百貳拾文、《註釋千家詩》壹百貳拾文、《五言千家詩》貳拾陸文、《七言千家詩》三拾文、《國朝千家詩》伍拾文、《小學千家詩》肆拾文、《律詩六鈔》肆拾文、《唐詩合解》肆百陸拾文、《硃批七家詩選》三百伍拾文、《佩文詩韻》壹百陸拾文、《詩韻集成》□百文、《詩品註釋》貳拾文、《江南試帖》柒拾文、《解學士詩》三拾文、《勸善老人詩》三拾文、《陰隲文詩》柒拾文、宋元明詩。**雜學：**《幼學句解》壹百捌拾文、《幼學瓊林》貳百肆拾文、《字學舉隅》壹百肆拾文、《百千音義》肆拾文、《對相雜字》肆拾肆文、《益幼雜字》肆拾文、《群珠雜字》肆拾文、《養豪鍼度》壹百捌拾文、《對類指掌》肆拾捌文、《春聯分類》三拾文、《武經三子》肆拾文、《演算法指掌》貳拾文、《感應篇補註》肆拾文、《道德經》貳百貳拾文、《見心集》壹百貳拾文、《新刻圍棋譜》□百文。**良方：**《增藥性賦要訣》貳百文、《增玉匣匯》壹百陸拾文、《達生編》三拾文、《催生符》貳拾文、《婦科秘生篇》壹百陸拾文、《驗方新編》陸百文、《驗方續編》壹百肆拾文、《敬灶全書》各種有價。《醫宗已任》、《醫綱提要》。

葉昌熾《藏書紀事詩》卷四　［席］玉照藏書極富，所刻古今書籍，板心均有「掃葉山房」字。

又卷六　［蔣光煦］又嘗刻《別下齋叢書》、《涉聞梓舊》，世稱善本。

又　同邑蔣香生太守鳳藻，家世貨殖，納貲爲郎，嗣以知府分發福建，補福寧府。爲陳伯潛學士所論奏，開缺，送部引見，遂不出。君雖起自素封，未嘗學問，而雅好觚翰，嗜書成癖。在閩納交周季貺司馬，盡傳其目錄之學。【略】以余粗涉校勘，屬刊鐵花館仿宋本六種及《心矩齋叢書》。一字異同，郵筒商榷，至於再三，不可謂非精於鑒別者矣。

又卷七　黎蒓齋觀察，名庶昌，貴州遵義縣人。黔中有莫、鄭之學，觀察獨治古文，尤好談經濟家言。咸豐間，以諸生上書，釋褐宰吾鄉青浦縣，循聲著聞，曾文正公以奇才薦。光緒中，兩充出使日本大臣，宜都楊惺吾廣文守敬隨之東渡。廣文精於校勘，學問淵博。日本爲同文之國，楓山、金澤諸館庫，私家如松崎、狩谷藏書，皆未散。值明治改革之初，彼都士夫不甚留意於古學，觀察遂於其時搜訪墜典，中朝所已佚者，好寫精雕。又得楊君助之，成《古佚叢書》如干種：影宋蜀大字本《爾雅》三卷、紹熙本《穀梁傳》十二卷、覆正平本《論語集解》十卷、元至正本《易程傳》六卷、《繫辭精義》二卷、舊鈔卷子本唐《開元御注孝經》一卷、集唐字《老子注》二卷、影宋台州本《荀子》二十卷、《莊子成玄英疏》十卷、覆元本《楚詞集注》八卷、《辨證》二卷、《後語》六卷，影宋蜀大字本《尚書釋音》一卷，影舊鈔卷子殘本《玉篇》三卷半，《廣韻》覆宋本五卷、覆元泰定本五卷，覆舊鈔卷子本《玉燭寶典》十一卷、《文館詞林》十三卷半、《雕玉集》二卷、影北宋本《姓解》三卷、覆永祿本《韻鏡》一卷、舊鈔卷子本《日本見在書目》一卷、影宋本《史略》六卷、影唐寫本《漢書·食貨志》一卷、仿唐寫本《急就篇》一卷、覆麻沙本《草堂詩箋》四十卷附《外集》一卷、《補遺》十卷、《傳序碑銘》一卷、《目錄》、《年譜》、《詩話》各二卷，影舊鈔卷子本《碣石調幽蘭》一卷、《天台山記》一卷、影宋《太平寰宇記補闕》五卷半。裒然巨帙，摹勒精審，毫髮不爽。初印皆用日本皮紙，潔白如玉，墨如點漆，醉心悅目。書成旋節至滬，即以其板付江蘇官書局貯之。流通古籍，嘉惠後學，與敝帚自珍者異矣！潘文勤師時奉諱在里，聞之矍然曰：「蒓老眞豪傑之士哉！」昌熾識公於都門，公方赴川東道任，同人設祖帳餞之，聞公談東游所見古籍，唐寫、宋槧，如數家珍，惜未能請間詳問而疏錄之。

又　方氏［功惠］所刻《草堂詩箋》、《全唐文紀事》之外，尚有夏英公《古文四聲韻》袖珍本，以汪秀峰舊藏付梓。

《［宣統］番禺縣續志》卷一九　潘仕成，字德畬，捕屬人。道光十二年順天鄉試副榜貢生。【略】創築荔香園於西門外半塘，顏曰「海山仙館」，蒐集故書雅記，足資身心學問，而坊肆無傳本者，刻爲叢書，延南海譚瑩校定之，世稱善本。晚歲以鹺務虧，累至破其家，未幾卒，人咸歎惜。有《海山仙館叢書》一百一十八卷，共五十六種，又覆刻《佩文韻府》一百四十卷，《拾遺》二十卷，《石刻海山仙館集古帖》十卷，《蘭亭集帖》四卷，《尺牘遺芬》二卷，選刻《經驗良方》十卷。

葉德輝《書林清話》卷九《洪亮吉論藏書有數等》　若專以刻書爲事，則當云校勘家。如【略】馬徵君曰璐叢書樓、玲瓏山館，考訂、校讎、收藏、賞鑒皆兼之，若盧轉運見曾雅雨堂，秦太史恩復石研齋，以及張太守敦仁、顧茂才廣圻，則純乎校勘家也。若康熙朝納蘭侍衛成德之通志堂，乾隆

朝吴太史省蘭之藝海珠塵，刻書雖多，精華甚少，然古書賴以傳刻，固亦有功藝林。但求如黄丕烈《士禮居叢書》，鮑廷博《知不足齋叢書》，既精賞鑒，又善校勘，則亦絕無僅有者矣。此外如闕里孔農部繼涵紅櫚書屋《微波榭叢書》，李太守文藻《貸園叢書》，收藏亦各名家，校勘頗多有用，是亦當在標舉之列者也。

又《乾嘉人刻叢書之優劣》　洪氏所遺，既已詳舉，而其他成書在後者，當時則有阮文達元《文選樓叢書》，則兼收藏、考訂、校讎之長者也。顧修《讀畫齋》，李錫齡《惜陰軒》，張海鵬《學津討源》、《借月山房》、《澤古叢鈔》、《墨海金壺》，錢熙祚《守山閣》、《珠從別録》、《指海》，楊墨林《連筠簃》，郁松年《宜稼堂》，伍崇曜《粤雅堂》，潘仕誠《海山仙館》，蔣光煦《別下齋》、《涉聞梓舊》，錢培名《小萬卷樓》，多者數百種，少者數十種，皆校勘家也。同光以來，則有吴縣潘文勤祖蔭滂喜齋、功順堂，歸安姚觀察覲元咫進齋，陸運使心源十萬卷樓，錢唐丁孝廉丙嘉惠堂，章大令壽康式訓堂，收藏而兼校勘者也。至黎星使庶昌《古逸叢書》，專橅宋元舊槧，海外卷抄，刻印俱精。惜假手楊校官守敬，不免師心自用、英雄欺人之病。惟江陰繆氏《雲自在龕叢書》，多補刻故書闕文，亦單刻宋元舊本，雖平津館、士禮居不能過之，孫黄復生，當把臂入林矣。

又《刻鄉先哲之書》　會萃鄉邦郡邑之書，都爲叢刻，自明人《梓吴》一書始，樊維城《鹽邑志林》繼之。國朝嘉慶間，有趙紹祖刻《涇川叢書》，宋世犖刻《台州叢書》，祝昌泰刻《浦城遺書》，邵廷烈刻《婁東雜著》。道光朝有伍元薇刻《嶺南遺書》。同治朝有胡鳳丹刻《金華叢書》，孫衣言刻《永嘉叢書》。光緒朝此風尤盛。如孫福清刻《檇李遺書》，丁丙刻《武林掌故叢編》，又刻《武林先哲遺書》，陸心源刻《湖州先哲遺書》，趙尙輔刻《湖北叢書》，王文灝刻《畿輔叢書》，盛宣懷刻《常州先哲遺書》。力大者舉一省，力小者舉一郡一邑。然必其鄉先輩富於著述，而後可增文獻之光。如《梓吴》、《鹽邑志林》，雖有開必先，而卷帙零奇，殊嫌瑣細。《涇川》亦多無用之書，不必爲世傳誦。惟《台州》漸有巨冊，《浦城》采集益宏。《婁東》全屬小書，乃以八音分集。《金華》頗多專集，校刻又嫌不精。《武林》卷帙浩繁，濫收山水寺觀志書，未免不知鑒別。惟《常州》出自繆藝風老人手定，抉擇嚴謹，刻手亦工。後有作者，當取以爲師資矣。

又卷一〇《朱竹垞刻書之逸聞》　《鷄窗叢話》云：竹垞凡刻書，寫様本親自校兩遍，刻後校三遍。其《明詩綜》刻於晚年，刻後自校兩遍。精神不貫，乃分於各家書房中，或師或弟子，能校出一訛字者送百錢。然終不免有訛字。《曝書亭集》中亦不免，且有俗體。可知校訂斷非易事也。今按竹垞刻書有爲他人校刻者，以張士俊澤存堂所刻《玉篇》、《廣韻》、《群經音辨》、《佩觿》、《字鑒》五種爲最精。家刻書則以《曝書亭集》字體整秀疏朗爲悅目，訛字亦絕希。且刻未畢工而竹垞已没，全集爲其孫稻孫刊成，并非竹垞自校自刻，不知《叢話》何所指而云云？《明詩綜》今其板尙存。初印者傳世不多，以通行本校之，亦未必如《叢話》之説。豈蔡氏所見爲初印未校改誤字本耶？至《日下舊聞》爲其子昆田校勘，《經義考》爲德州盧見曾、揚州馬曰璐先後合刻，已爲身後之事，更不必論其得失矣。

紀事

徐昌治《五燈嚴統序》（釋通容《五燈嚴統》卷首）　粤自三教行，而禪道至今日甚盛矣，然禪統至今日漸淆矣。費隱大禪師，有殷憂焉。去秋未赴徑山時，九月暨望，自福嚴抵禾，招余同詣雲間館於小崑山房，與士材李居士，將舊本五燈，推詳授受，根究來繇，抉從前之疑竇，訂向後之信傳，光明正大，爲開闢來佛教流通一大準則。至洞宗如淨以後，非無續刊，然而影承響接，較儒家之魯魚亥豕，竟評唱訓詁之差訛，殊增浩歎。余三人矢公矢愼，遡源析流，採集五卷，皆百禪師苦心遍索，手録成帙者。比時深憂任事無人，募貲乏力。余目擊時艱，慨焉擔荷，束卷南還，輸金購梨，鳩工寫劂。旋到金粟與百師，又加釐剔，親爲較讎。朝催暮逼，至春初竣業而後喜可知也。共前翻刻計二十五卷，總顏曰《五燈嚴統》。【略】時順治辛卯孟秋朔旦。

錢謙益《牧齋有學集》卷二一《嶺南刻憨山大師夢遊全集序》　憨山大師《夢遊集》，吴中未有全本。丙申冬，龔孝升入粤，余託其訪求海幢華首和尙，得鼎湖棲壑禪師藏本，曹秋岳諸君集衆繕寫，載以歸吴。余校讎刊定，勒成四十卷。毛子晉請任鏤板，子晉殁，三子繼志，告成有日矣。己亥秋，王大哉自粤歸，言彼有潭柯上人名濟航者，自東兗入蜀，精研宗教，棲

鑿化去，購得《夢遊集》本於鼎湖，捐衣貲付梓，以余爲白衣老弟子，俾序其緣起。余惟大師集本，鼎湖、虞山，頗有異同。鼎湖則大師原稿，弟子福善、通炯及五羊劉司理起相所結集也。虞山則經余勘校，間以管窺之見，撮畧字句，移置段落者也。二本蓋少異矣而未嘗不同。以佛身像譬之，鼎湖本則十身相海，相好莊嚴之身也。虞山本則優闐香像，毘首羯摩摹刻之身也。是二身者，現相利生，有何差別？故知二本不並舟而觀月，分河而飲海，其聞法得益，則一而已矣。【略】歲在庚子中秋二十三日。

金俊明《懷古堂集序》（楊補《懷古堂詩選》卷首） 此吾友楊無補之遺詩也。楊子早歲即以詩鳴，入長安，有刻，遊黃山，有刻，楊子顧抑抑然若弗自慊者。積二十餘年，既倦游，復更喪亂，意忽忽不自得。歲未申間，乃盡出其所爲詩凡二千首，自芟之，存四百，囑余序，予懶未果。越一歲，楊子竟卒。令子炤，竭負土，既畢事，遂謀刻遺詩，則又精簡之，存其半，蓋予讀之而不勝慨然也。【略】今先行其詩，餘襍著數十篇，皆蔚拔有高致，俟他日并刻之。方炤之謀刻也，過隱湖，謁子晉，子晉擬獨任，炤辭曰：勿重煩先生，吾鄉數君子已刻其半。子晉遂任首卷，刻日而竣，予於是益有感矣。人生無百年，流光如鶩，其沒也忽焉，富貴子孫，總無足持，獨此詩文翰墨，長留天壤，其名在即其人在，是爲眞子孫耳。彼有身沒久之，委而弗葬，詩文不傳者，視楊子何如哉。今炤使不朽其親，汲汲謀刻其詩如此。噫，其眞知所重者乎，無補眞有子矣，無補於是乎不死矣。己亥長夏。

周亮工《賴古堂集》卷一二《王王屋文集序》 王屋少挺傑姿，名滿天下，中州之士皆震攝不敢肩背。【略】至王屋鬱鬱以隕，復有訾其恣内而戕其年，非達人尚也。王屋又自作解，亦似有不能忘情者。【略】石平張子與王屋同閭里，乙酉在白門，出此集相視，余雖未交王屋，而悲王屋抱才而厄，嫉才者又以厄厄王屋也，因序而梓之。

又《阮太沖集敘》 太沖阮先生，淛人，家於京師，積學嗜奇，留心當世之務，發爲詩文，鬱鬱卓爍，博奥亡儔。【略】著有《尉繚子解》、《喆戎》、《踐墨》諸集，皆握機至秘也。每發之詩章，多流連三致意焉。今其帙多散失，惟存其槩。昔以詩訏籌國步者，稱杜少陵，然不過寄諷焉耳。實足經濟當時，則太沖最謂。少陵以詩作史，太沖以詩作經可也。【略】太沖爲文一脫稿，甫晉即爲繕錄梓之。甫晉避寇南下，盜啓篋，甫晉獨抱此集泣，卒幸無恙。乙酉余在秣陵，索而梓之。甫晉終始於太沖者如是，亦足以傳矣夫。

又《王于一遺稿序》 方于一之遊於越也，渡江過京口，歷吳門，達于武林。以彼其才交遊半天下，所至宜無不合。乃棲遲湖上，落落者兩載，卒以客死。死之日，囊無一錢，至不辦棺殮，賴陸麗京、嚴子問、毛馳黃諸君子經紀其喪，廣陵諸君子復醵金俾其子往迎其柩，扶歸江右。又收合其生平之文，裒爲一集，俾余授之梓。【略】于一性豪侈，不事家人產，雖數困絀，遇有所遺贈，不能如筐篋自守狀，見名籍、法書、圖畫、鼎彝諸玩弄物，不惜數十百金購之，雖廢朝餐、缺冬襦，不之恤也。以是貲盡散，略無餘蓄，不能盡刊其生平之文；間有授梓者，終以不繼，未觀厥成。今于一死矣，尚不及其時爲之謀不朽，而使其奇文淹落不傳于世，顧非爲之友者之過耶？於是合武林、廣陵諸君所寄，叅以于一庚寅授余俾入文選中者，盡付之剞劂。自是以後，天下讀于一之文者，亦必有爲之點首擊節，撫掌大笑，哭失聲而淚縱橫下，如于一之所爲者，而不必于一之自爲之也。嗚呼！于一可以死矣。

又《向遠林詩序》 余亡友金陵向遠林名陽，起家寒素，讀書恥事章句。歲在甲申，以弟子員例得太學生。遊京師，目擊時政得失，上書陳言，天子至爲動容，褒嘉之，以爲可採，下當事議，權貴阻不行。【略】所如不合，潦倒疎狂，遇有所感，及可以自適者，輒賦詩以見志。如是者有年，竟困阨鬱鬱以死。【略】顧其忠謀至計既已不見於時，所可傳之奕世，誌其梗槩者，獨生平吟咏之篇耳。余日與遠林一二酬唱外，又苦未及遍錄，會戇叟出一編授余，則遠林易簀時授之者，因喜遠林之有所託以存也，與戇叟稍爲點次，授之梓。

又卷一八《盛此公傳》 盛此公名于斯，南陵人。家故不貲，先世有義聲，屋以内多藏書，外多良田。【略】是時邊事急，廣陵兒諷此公出家貲備公家緩急。此公故慷慨欲見天子言當世事，乃爲所中久之事，卒不濟而金垂盡。嗒然與世無所合，退而返里。閈里閈又嗤笑之。此公益不復事事，產益落，所爲文益不合有司尺度，侘傺無聊，多飲酒與婦人近。不數年，病矣。【略】好爲詩，酒後嗚嗚吟不已。間復至秣陵，遴制舉義行之，非其志也。歲在辛未，予自大梁來秣陵，省家大人。家大人好此公詩，語亮曰：「此間

有盛此公，工爲詩，兒識之。」亮因以父命往交此公。此公獨異予，以爲恨不十載前識。明年，此公目病，數明晦，或不能視。予竊憂之，諷其勿讀書飲酒。此公曰：「如是不如其遂盲也。」會目病甚，又念母老，乃別予歸意愴然，若不復與予見者。予私以爲予當復見之，意以其盲而止耳。孰意遂不復見耶！【略】常以書寄予大梁，至數千言。言子當不長貧賤，他日擁節江上，取道南陵，魁湖之北，桃源之南，予墓在焉，子當登我堂，拜我老母，爲我書石，曰：「盛此公埋骨處」，予願足矣，他則子之事也。予何言，予得其書，忽忽如失者數日，知此公將不永矣。不數日，凶聞至，予爲位哭之。【略】此公好爲古文詞，盲而死無子弟爲之收拾，故多散亂，其所著如《毛詩名物攷》三十卷，《休菴雜鈔》十卷，《曆法》二卷，《輿地攷》十卷，《群書攷索》十二卷。今所傳者獨《名物考》耳，他皆不傳。予遣掾就其家鈔遺書，盛母泣而言曰：「兒著書咸爲人竊去，惟存詩若干卷，老年人坐則懸之肘，臥則枕之。老年人不即填溝壑者，憐吾兒並數寸之書亦不傳耳，今且托之周君。」予受而泣，因爲之次第壽之梓。

馮武《重刻西崑酬唱集序》（《西崑酬唱集注》附録二） 元和、太和之代，李義山傑起中原，與太原溫庭筠、南郡段成式，皆以格韻清拔，才藻優裕，爲西崑三十六，以三人俱行十六也。西崑者，取玉山冊府之意云爾。趙宋之錢、楊、劉諸君子競效其體，互相唱酬，悉反江西之舊，製爲文錦之章，名曰《西崑酬唱集》。不隔一朝，遽爾湮沒，自勝國名人以逮牧齋老叟，皆以不得見爲歎息，其所以殷殷於作者之口久矣。昔年西河毛季子從吳門拾得，鈔自舊本，狂喜而告於徐司寇健庵先生，健庵遂以付梓，汲汲乎惟恐其書之又亡也。刻成，而以剞劂未精，秘不以示人。吳門壹是堂又以其傳之不廣，而更爲雕板。嗟乎！此書之不絶如線也，乃得好事之兩家，而無虞其不傳矣。今又得閬仙朱子從兩家之後而三梓之，豈不欲使騷壇吟社，無有不睹是書之目而後愉快哉！夫三君之好是書者至矣，所以爲此書謀者亦無不盡矣，然而閬仙之意，亦良苦矣。【略】刻成，而不以老耄舍我，屬題簡端如此。

張禮《西湖夢尋凡例》（張岱《西湖夢尋》卷首） 先王父生平素多撰述，所著如《陶菴文集》、《石匱全書》以及《夜行船》、《快園道古》諸本皆探奇抉奧，成一家言，以卷帙繁多，未能授梓。是集爲從弟濮攜來嶺南，而韶州太守胡公見而稱賞，令付剞劂以張前徽。余小子自顧顓愚，不克仰承先志，而奉茲遺集，益感中懷，爰授之梓人，鋟以問世，其家藏諸種俟有力梓行，庶幾先王父未墜之精華復得表章於當代也已。康熙丁酉年十月望日。

李時《樓山堂集跋》（吳應祺《樓山堂集》卷末） 《樓山集》原本續刻金陵，或離或合，多散見，乙酉以後鏤版不可復得矣。癸巳春，芑山張先生寓石埭，貽書峽川屬劉得輿父，洎吳山賓非重輯此集，以斛峰戴氏所借章譲本爲艸槁，兩君各出所存逸文，共相編摩，要爲目次，郵張先生手訂之。已而吳子相遇，又采掇細碎入之，合成此書。張先生既命工繕寫，付之得輿父，以甲午冬與孔仲石先生請諸同學醵資授梓，隨得隨鐫。至戊戌秋，乃訖功。其間又不無且忌且疑，固難爲不知者道也。版既成，歸於孟堅而貯之吳彥所。彥字幼美，先姑丈樓山先生從弟也。同里內姪李時跋。

孔尚鏞《刊刻樓山集募單》（同上，目録後附録） 張芑山胥鈔《樓山集》費貣三十四金，池州親識助其工者，皆吳子相子班爲之郵，姓氏列後：吳幼美三兩　孔白生以厚共四兩　沈汝雋其登寅公五兩　沈野求一兩　張芑山以《樓山集》寫本畀劉得輿父授梓，遠近士大夫及親識門人助其工者，皆陳左人、吳緒倩爲之郵。其姓氏列後：孫仲吉明府四兩　吳羽君少府三兩二錢　丁暘柯四兩　丁丹石四兩　丁紫芳四兩六錢　孔仲石三兩四錢　孔人初二兩　紀彥席四兩　徐又章二兩　江武子四兩　檀無過四兩　檀蔚公二兩　江穉圭二兩　陳林宗八兩　汪西京五兩　佘曾唯四兩二錢　鮑功甫一兩　胡彝玆一兩　劉天章四兩　羅維旗四兩　姜又久四兩　曹集孔三兩二錢　孔德載二兩　鄭靜公二兩　鄭日如四兩　鄭吉士四兩　陳秉文五錢　曹扶三四兩　胡以時八兩　李男蛾二兩　孔白生一兩　孔以厚二兩　沈野求三兩　楊其玉三兩六錢　鮑先河一兩　僧心水四兩　梓人羅冠吾、鄭德甫、傅六台、周明臺共領工價九十六兩九錢，外飯食八兩。耗銀共五兩六錢，版共二百五十□塊，書共五百□十□□。梓人往來資用、鋸邊、印行襍費共五兩二錢。劉得輿父備紙送樣諸友共四十二本。襄事孔尚鏞識。

盛符升《唐賢三昧集後序》（王士禛《唐賢三昧集》卷末） 先生之於詩，初不欲以選詩名，向出其所自爲詩爲當世杓指，如《漁洋》初、續二集、《蜀道》、《南海》諸集，皆手授符升詳校流傳。【略】先生復取唐人選詩

九種，合宋人文粹，所選古詩爲《唐詩十選》，亦授符升及王子我建次第刊成。

釋道霈《鼓山為霖禪師還山録》卷四《刻大慧禪師書問序》 昭覺門下得法者衆，獨著臨濟正宗記付大慧禪師者，以其能徹法源底，又能赤身擔荷從上佛祖慧命，不少假借。【略】其《書問》，溫陵業有刻本，但及其半，不無遺珠之恨。副寺弘忠乃于師錄中抄其全本，募衆刊板以廣流通，不唯使近世士大夫信嚮此道者，有所龜鑒；亦使衲子有大志擔荷法門者，知從上尊宿爲人抽釘拔楔之際，有如是手眼，如是眞切，如是廣博，如是體裁，皆由自性宗通胸襟流出，信筆信口了無凝滯。視世之握麈尾據猊座，高揮大抹，效邯鄲之步者，奚啻天淵之隔耶！剞工既竣，敬爲叙諸簡首，以志所慕云。

又《重刻龍舒居士淨土文序》 居士少業儒，爲國學進士，博學能文，嘗解《六經》、《語》、《孟》、《老》、《莊》，不蹈襲前人一字，中年恍然自悟曰：「皆綺語也。」乃棄去，專奉淨土之教，禮誦不輟，發願往生。臨終見佛來迎，屹然立化。其存日，本諸經論，著《淨土文》十卷諭世，無理不明，無人不勸，其言悲哀懇切，聞者興起。【略】昔空隱老人嘗以此文刊板于粵東，廣勸念佛。參戎範公法諱今已，奉老人之敎有年，捧檄鎭閩，乃率蓮社諸上善人，復翻板于閩中，以廣法施，功竣命余一言冠諸篇首。夫淨土法門金口諄諄，見諸大乘經論，如日月之揭中天，凡有眼者孰不見之？且古今依之修持往生極樂者，不一而足，況龍舒現居士身，修沙門行，臨終立化，靈驗昭彰，其言不信，孰可信乎？稱揚淨土本屬宿懷，逢玆勝緣，倍增踴躍，忘其固陋，樂爲疾書。

施閏章《顧與治詩序》（顧夢游《顧與治詩》卷首） 吾友顧與治淹雅服古，有忠孝至性，與人敦氣誼，不僅以詩名，而世人知稱其詩，次則愛其書法而已。【略】與治平生懶自收拾，遭亂放廢，益欲焚筆研，詩草散亡。予累書促其自訂，將板行之，皆以疾辭。【略】庚子四月，予歸見其病坐榻上，不能揖，固強予酒食，謂後此恐不相見。予又促其錄稿。時吾里蔡君大美在坐，與治拱手曰：君行後，當以屬蔡君。已而不果。與治論詩，雅善邢孟貞。癸未秋，序予《越遊草》，時孟貞已死，篇終悼歎不置。庚子九月二日，予在牛渚舟中，偶讀其序，爲涕零。私忖孟貞歿十許年，何涕乃爾。次日抵金陵訪與治，則先一日死矣。入哭於其牀，然後知舟中涕零時，即其死日也，生死之相感如此。予嘗許刻孟貞詩，爲范計部所奪，今又恐負與治，乃取曹石倉所刻及其外孫梁爾礪鈔本而去，又屬吾友方爾止多方蒐輯，得沈子遷本尤詳，予與爾止重加刪訂，擇其精要，正其訛舛，得詩五百七十六篇，是爲與治遺集。予即捐俸付爾止，刻而傳之，雖不敢謂足盡與治之詩，而因其詩以存，其人庶幾備矣。

陸禮徵《三魚堂文集跋》（陸隴其《三魚堂文集》卷末） 先生居敬窮理，好學力行，闇然自修，不尙文采。雖晚年道明德立，終不敢著書以自表見。若詩古文詞，尤不屑爲也。故每以世之濫刻文集者爲戒。以爲司馬之癖，相如之俳，猶見議於有道，況下此者乎。故易簀時，篋中並無遺稿。然考其一生著述，散軼人間者，於文章諸體，已無不備。先生雖無自揣必傳之意，但其中長篇累牘，片紙隻詞，凡出於先生之筆者，皆所以闡明學術，陶淑人心，維持世道之文，而絕非無用之空言。則又不可不亟爲表章，而聽其或存或亡也。禮徵故與二三同志，旁搜廣緝，彙成是編。練水侯子大年，略訪朱子昌黎文集，分類而前後之。琴川及門席氏漢翼、漢廷伯仲，復加審定，出帑付梓，遂得告成，以垂不朽。吁！是豈可與風雲月露之章同類而譏之哉！康熙辛巳季春。

尤侗《唐四家詩序》（汪立名輯《唐四家詩》卷首） 世之稱唐詩者，或曰「王孟」，或曰「王韋」，或曰「韋柳」，或有不祈合而合者，是則四家之詩斷以將無同。三語其亦可也。予既心焉好之，每欲彙爲一編以資玩詠，乃新安汪子西亭先獲我心，遂合刻四家全集，校勘精良，爛然成帙。

朱彝尊《白香山詩集序》（汪立名編訂《白香山詩集》卷首） 公集自宋李伯珍刊之吳郡，何友諒刊之忠州，二本均有《年譜》。其後坊刻雜出，漸失其舊，或以《譜》非其要，置而不錄，迄於今紕繆轉甚。余友汪君西亭氏患之，既定其卷次，正其惑譌，因仿《國史表》補撰《年譜》一卷。書成，既鏤板以行。【略】康熙四十二年夏六月。

趙吉士《東山存稿跋》（趙汸《趙徵君東山先生存稿》卷末） 先徵君東山公存稿七卷，吾祖父世藏家塾，遇亂輒攜以行。繼先君子手授吉士，命刊新板流通，中間兩經大故，一遭寇變，未及壽梓，蒼黃間失去第一本，懊恨久之。忽聞有手抄者，急求覓，適符所失，人以爲奇。己未客金陵，餘姚邵子得愚偶至，取讀，讚歎不置，且謂聖學將墜，此書當亟傳也。許爲讐

較，以無貲中止。吉士固未嘗刻忘剞劂也。及赴補笈之京師，庚申奉差揚關，朱太史錫鬯《贈行詩》曰：「處士東山卜宅深，百年論定首儒林。屬辭最善春秋教，作史無慚高尚心。棗木流傳終有待，蟫魚泯滅試重尋。發揚端藉雲孫力，早晚書成報好音。」亦以刻書勉我云。至關，萬端交集。吉士亟鳩工專力從事，凡三月遂竣。第原本初刻不精，字多亥豕，兼以歲久漫漶，考訂間有未確。又《虞伯生行狀》缺二張。朱太史稱徵君遺稿季侍御滄葦家有之，亦莫從求借，姑存闕疑。先徵君猶有《春秋屬辭》一書，家藏舊編糢糊，欲求善本較攷重刊，四方君子如鄴架有存，並弗靳郵教，俾證訂獲全，精審無謬。【略】康熙辛酉九月。

程履新《校刻武溪集識》（余靖《武溪集》卷首） 校梓姓氏：高慎巖，諱登科，三韓人，南韶總鎮左都督。刻資拾貳兩。陳毅菴，諱廷策，字元敷，襄平人，知韶州府事。□□□□□ 孫廉西，諱清，字天一，新安休寧人，韶協鎮左都督。刻資□□□ 傅岷源，諱澤澐，三韓人，廉州府同知，署知韶州府事，以廉能薦舉，調補通省理事同知。刻資拾兩。陳順菴，諱文福，浙江仁和人，韶州府通判。□□□□ 葉澹園，諱芳，浙江金華人，己酉舉人，知曲江縣事。刻資拾兩。田少華，諱若琬，陝西富平人，己酉舉人，知樂昌縣事。刻資捌兩。周紫溪，諱之謨，湖廣德安人，貢士，知翁源縣事。刻資□□ 田克五，諱從典，山西陽城人，戊辰進士，知英德縣事。刻資□□ 馬晉升，諱遴，三韓人，前知乳源縣事，候補府同知。□□□□ 馮彥菴，諱賡，浙江錢塘人，韶州府經歷。□□□□ 程德基，諱履新，新安休寧人，候選府同知。刻資□□ 予嘗觀《廣東通志》載人物，以唐張文獻公、宋余襄公爲最。二公皆產於韶，可謂盛矣。心嚮往之，無由至焉。壬申歲，予倩黃調菴由南安郡丞移守粵西梧郡，強予偕行，道涉韶陽。適友人陳公元敷爲太守，欵留慇懃，因得詢二公文集，僅見張公《曲江集》，然已漶漫，其所謂《金鑑錄》者，則僞作也。余公文集則遍覓無從可得，惆悵久之，無何別去。乙亥冬接陳公札云：「已獲余襄公集稿矣，第字句訛缺，幸來同校付梓，何如？」予聞之，喜，即星馳抵韶，至則公膺廉能之薦入京陛見。束裝甚迫，遂取《武溪集》自爲一序，囑予校云賴有此耳，歸當付梓。【略】方期公歸，忽得訃音，知公於五月七日卒於京邸。嗚呼痛哉！合郡思公德政，咸欲建祠奉祀，久而未果。予受公知，愧無以報，擬刻此集，成公素志。適廉二守傅公來署府事，聞而樂之，與樂昌田邑侯、曲江葉邑侯捐俸助梓。後翁、英二邑侯皆相助爲理同校，當道例得並書始于丙子仲冬，成于丁丑暮春，板留曲江署中。予喜是集之成，因直書其事，更望後之君子保而勿失，庶文獻足徵永垂不朽云。康熙三十六年三月上巳，新安程履新識。

董正位《歸震川文集序》（歸有光《震川先生集》卷首） 明三百年文章之派不一，嘉靖中有唐荆川、王遵巖、歸震川三先生起而振之，而論者又必以震川爲最，豈非以其學之深，力之大歟！余自少知誦法震川先生之制舉業，長而得讀其古文辭，信乎卓然絶出，能轉移風氣者也。自承乏崑山，敬哉王夫子以重梓先生集爲囑，會從先生之曾孫莊元公氏得其未刻遺集。簿書之暇，時一披覽，殆所謂縣圃積玉無非夜光，殊惜舊刻之多遺珠也。元公因出家所藏抄本，彙稡已刻、未刻，總計四十卷，欲授之梓人而貧無力，謀之于余。余遂首捐俸爲刻數卷，同寅吳無錫伯成、趙嘉定雪嵊及遠近士大夫聞風繼之，協助成事。元公又以舊刻多烏焉魚魯之訛，勘訂累年，悉已是正。較之舊本，頓爾改觀，誠快事也。【略】康熙癸丑仲春。

徐乾學《憺園文集》卷一九《重刻歸太僕文集序》 歸子元恭刻其曾大父太僕公文集，未就若干卷而卒。予偕諸君子及其從子安蜀續成之，計四十卷。初，太僕集一刻於吾崑山，一刻於常熟。二本不無異同，亦多紕繆。元恭懼久而失傳也，乃取家藏抄本，就錢牧齋宗伯較讎編定，次第之，然後訛者以訂，缺者以完，好古者得以取正焉。【略】其曾孫元恭負盛才，既窮且老，日抱其遺書而號於同人醵金而刻之。垂竣身沒，不見其成。

又卷二二《新刊經解序》 往秀水朱竹垞諗予，書策莫繁夥於今日，而古籍澌替，若《經解》厪有存者，彌當珍惜矣。【略】予感竹垞之言，深懼今時所存十百之一又復淪斁，責在後死，其可他諉。因悉予兄弟家所藏本覆加挍勘，更假秀水曹秋嶽、無錫秦對巖、常熟錢遵王、毛斧季、溫陵黃俞邰及竹垞家藏舊版，書若鈔本，釐擇是正，總若干種，謀雕版行世。門人納蘭容若尤慫恿是舉，捐金倡始，次第開雕。經始於康熙癸丑，踰二年訖工。藉以表章先哲，嘉惠來學。功在發予其敢掠美，因叙其緣起志之首簡。

又《王令詒制義序》 令詒釋褐後，予留之邸舍，日夕與之講習切磋，蓋其學日進而未有已也。其文予既論定三十餘首，刻之《録眞選》中；又遴其可存者百篇，都爲一集，刻以行世而又序之如此。

又《汪環谷先生集序》 新安汪環谷先生學問淵源，得之於黃勉齋之門人饒雙峰氏。元泰定中舉於鄉，一試禮部不第，即棄去，畢志聖賢之學。【略】有集若干卷，刻於某年，今已三百年矣。其裔孫宗豫恐其書之中佚也，復彙輯而重梓之，思以傳之無窮。

李國宋《西齋集序》（王仲儒《西齋集》卷首） 西齋爲詩獨沈著痛快，不屑一字近熟滑，指屈海內。能詩家杜茶村、吳野人、孫溉堂外，若西齋詩，未易多得也。余手定其諸體詩近千首，坊友江子里萬爲刻其七言律一體，行欵字畫既潦草不工，而他體又不備。西齋貧，固無如何也。今歲旅食廣陵，乃與余謀分年專刻爲紀年詩，而力所不及，則姑置之。人苟工詩，斷無不貧者，溉堂野人皆朋友爲出工費，乃成集，茶村死，詩已付梓而又止。茲事亦大可懼。西齋《紀年集》出，安知無人愛其詩，代鋟其全稿，然而人間物力漸衰耗，好事者亦漸少矣，吾終懼授梓之無日也。【略】己巳春閏。

又《西齋續刻詩序》（同上） 西齋已刻詩自丁卯至甲戌，凡九年；其未刻者，癸亥至丙寅，凡四年；又自辛丑至壬戌，共一冊，凡二十二年；而甲戌後乙亥、丙子、丁丑凡三年，則老而愈困，餬口不暇，未能刻矣。憶西齋屬纊前一夕，余往省視於牀頭，出一編授余，使訂定兼丐朋友刊刻，余唯而受命，涕泣不能出聲，蓋戊寅新歲十日也，至明日而西齋逝矣。【略】今得程載錫、閔在東、黃仲賓諸子各盡其心力，既自刊之，又遍挽知西齋者共刊之，合已刻、未刻詩編年成集，西齋可以不死矣。【略】己卯冬。

顧維禎《顧公培山府君行略》（顧景星《白茅堂集》卷首） 歲癸亥，遵徵君命，讀書太平山寺，手輯徵君《白茅堂詩文》四十六卷，編年爲次。丁卯，徵君捐舘，即于廬次復較錄徵君所著《說字》二百餘卷。卷帙既繁，念家貧不能授梓，乃徧謁諸名公交好，車馬奔馳，舟楫勞瘁無虛日，冀一獲刊布其遺文，以表揚先德。顧是時食口多，生計竭蹶。己巳、庚午而後，教授生徒，取資舘穀。迨壬午，以中丞牧仲宋公招，自都門達姑蘇。宋公有意梓徵君集，時幕客有以費繁議芟薙者，府君不欲也。去止金陵，晤銀臺曹公諱寅，字子清，號荔軒，別號楝亭。公時織造江南兼鹽漕務察院。前與徵君燕臺雅集，舅甥契誼，遂捐千金代梓《白茅堂全集》，府君一手較正，歷癸未、甲申，剞劂告成。【略】康熙丙戌九月。

王槩《嵞山續集跋》（方文《嵞山文集》卷末） 嵞山先生，余外舅也。殁既二十一年，槩始克檢鏤遺詩，實慚蹉跎歲月。然蹉跎之故，有難言者焉。往宛陵愚山施先生與蛟門汪子之爲舍人時，曾以剞劂力請之北平金公，公力囑某，盡謂北平顯官也，某雄賈也，得此兩君，全集唾手可成。槩竊言念，某既無生平驩，外舅外和中介，從不輕以知己許人，詩若文何事，而可委之於不知己之人成之。以謏曼奧渫之物，加以生前所斷斷不爲者，而苟且爲之於身後，祭非其人，尙吐弗茹，何況遺帙，遂寢弗舉。時先君听然曰：「寢弗舉良是，爾小子當自勉，勿借爲捕鳥罔也。」又東淘吳野人書來曰：「嵞山遺集久未流傳，余當首率同人佽助。」夫槩固貧窶，野人尤貧窶于槩。顧念野人素厚遇先外舅，乙巳秋，先外舅客邗野人家，濱海海水暴至，廬舍蕩沒，榻有病婦，啼繞饑兒，野人猶戀戀郡城，與汪仲子舟次黽勉扶持，買舟相送，氣誼之篤，用是深信弗疑。時先君復听然曰：「信弗疑良是，爾小子當自勉，可借爲駑馬策也。」野人既數謀，厥緒弗就，心殊鬱鬱，旋亦溘逝，而愚山、蛟門兩公之卒，又後先相繼。嗚呼！此道茫茫，無復過問者矣。今年春，槩卧疾旬月，重念先君墜言，迺質衣減食，竭蹶從事，先梓壬寅以訖己酉之詩，行將次舉全集，是則遵其舊，標曰《嵞山續集》。續集成，酹酒以告，因及愚山、蛟門、野人之舉雖中輟，誼實可感，附記之于後。己巳六月朔。

李驎《虬峰文集・後序》 予性喜表章忠孝節烈，汲汲皇皇旁搜遺軼，一有所聞，惟恐忘失，或爲之傳，或書其事，或發之於詠歌，稿一脫，輒授諸剞劂氏而不敢緩。【略】黃子仲賓之官城武，過潛虬室別予，詢集成以何時？余答以尙餘八萬言未刻，而貲無所措。黃子曰：「是在我心，待須臾必有以報。」其時蓋甲申夏五也。越二年丙戌秋孟，程子退夫將往城武，予以書促之。會退夫病，未果往。先畀他郵以寄，歲將暮而無報書，疑有爲殷洪喬者。張子一庵□面作曰：「我輩獨非友乎哉！」蓋共斂而成之。以語張子柘園，□子也堂，皆欣諾而之倡。柘園刻六千言，也堂刻三千言。時卞觀察梅溪至自粵東，於也堂詩中識予名氏，而猶未識予面也，先爲助鋟萬言，於是諸同人繼之。有刻三千言者，爲余子韞山、卞子格齋，方外則天寧曙公；有刻二千五百言者，爲魏子顒將、曹子浮山；有刻二千言者，爲梁子五棨、姚子樗巢及一庵從弟補庵；有刻一千二百言者，爲張子心齋、羅子寧我、汪子恪齋；有刻一千言者，爲周子子容，方外則學莊園浮公。先是春

初，子容已刻三千，至於數下及刻七百言者，則鄭子破水耳。大滌子□出神明，以書畫知名，其贈予也屢矣，杪又復以花卉十二幅贈，俾予易椒酒餞歲。曹子愛之，攜去爲刻二千五百有奇。楊下詠公，曙禪師之弟子也，篤學嗜古，晨夕過從，而欲集之速成，與一庵同既爲予刻二千五百矣，旋又爲予刻三千，其徒又指□□導師之命，復刻五百有奇，皆出於□，何嘗□焉八萬之數。鋟將過半，而城武之書猶未至也。丁亥之春，其從叔硯旅歸自燕山，聞諸君子有□舉，亦欲解橐，而予堅辭焉。以乙酉冬，硯旅重刊其從祖黄潭公遺書，丐予爲之序，已鋟五千言相酬。君子不盡人之歡，不竭人之忠也。硯旅以語其從姪標麓。齎金予，助數如梅溪觀察。是時退夫歿，而星將一周天矣，城武之書始至，乃知其仲實於去臘曾有千金寄予鋟集，爲僕人沈其眞所隱沒也。嗟乎！使退夫而在，何有此哉乎！予於是不能無慨矣。【略】虬峰山人又書，時丁亥陽月朔日。

宋犖《西陂類稿》卷二四《重訂家乘序》　先文康府君于順治戊子秋洊經兵火之後，搜緝先世嘉言懿行二卷，以示子孫，名《商邱宋氏家乘》，未卒業也。越四年，而府君捐館。犖等讀禮之餘，仰承先志，更爲裒益之。又十一年，康熙甲辰犖以侍衛奉簡書判黄，退食無事，重加釐訂焉，梗概略具，擬剞劂而未果。又十三年，丁巳犖以內補得判藩院，復乘公暇取而編次之，共成八卷，適仲弟炘銜命榷蕪關，載與俱行，因付之梓。梓成，乃再拜爲之序。

又《榆溪詩鈔序》　余鄉侯朝宗與南州徐巨源，皆以名家子擅文章之譽，其才調同，其風流倜儻終身不遇，亦畧相同。獨巨源不得其死，且子孫式微，遺稿散失，堪爲痛惜。余來南州三載，始訪得其孫於別邑，爲之娶而卹其家。從諸生朱子容重、饒子炳搜其遺集之僅存者讀之，文則自陳伯璣所刻《榆溪集》外，寥寥無幾，詩雖淘汰間有未淨，而取材博，用意遠，不規規於漢魏唐宋諸家，而每窺其堂奧，爰同兒至摘錄授梓，附《榆溪文集》以傳，庶與朝宗同不朽云。【略】康熙辛未冬十月。

又《江左十五子詩選序》　予不敏，建節撫吳且一紀，休養以無事既久，而民安樂之，則日以多暇，乃得振興風雅，後先賞識名人才士於大江南北間，凡十五子著於篇。【略】予嘗舉是集與老友邵子湘氏共精選而存之，得三之一，授之梓。詩無甲乙，以齒次第。十五子者：曰王式丹方若，曰吳廷楨山掄，曰宮鴻曆友鹿，曰徐昂發大臨，曰錢名世亮工，曰張大受日容，曰楊棆青村，曰吳士玉荆山，曰顧嗣立俠君，曰李必恆百藥，曰蔣廷錫揚孫，曰繆沅湘芷，曰王圖炳麟照，曰徐永宣學人，曰郭元釪于宮。但著其地，而不書其爵，蓋所期者遠也。【略】康熙癸未且月。

又卷二八《先文康公白華堂詩跋》　先文康詩才敏妙得於天授，每酒酣落筆如風雨驟至，而法度一與古合，世所稱刻意苦吟者恆未逮也。明末中原喪亂，稿多散失，僅存《白華堂詩》一卷，鼎革後，篇什遂少。康熙丁未犖曾合刻於黄州，校讎未善，剞劂亦惡，深以爲憾。今辛未秋，於豫章官舍率兒至重加考訂，梓而藏諸家塾。嗚呼！犖年十二三，即從先人學聲律，今髮白齒豁，始獲與兒子收拾遺草，奉揚清芬，是則犖之罪也，爲之泫然泣下。男犖頓首記於卷末。

又《蘇子美文集序》（蘇舜欽《蘇學士文集》卷首）　子美故有集若干卷，久傳於世，惜板已毀，世之獲見其集者蓋少。予幸得是本，而卒業焉。子美詩磊落自喜，文章雄健負奇氣。【略】學者論宋初古文，往往以子美與穆伯長並稱，其實伯長不及也。吳門徐子七來年少嗜古，偕兄念修重爲開雕，將欲與予之《滄浪小志》並廣其傳，予喜亟，取是集付之。書成，請予序。【略】康熙戊寅八月之朔。

徐釚《蘇學士文集序》（同上）　蘇氏子美文集傳之六七百年，其板已毀，世罕有存者。余既請於大中丞商丘宋公出所藏弆善本，俾吾弟七來，偕其兄念脩挍而重鋟之於吳門。刊既成，余取而讀之，因重有感於子美之所遭，而益歎宋公之能表彰前賢也。【略】康熙己卯梅花開日。

許汝霖《國朝三家文鈔序》（宋犖等《國朝三家文鈔》卷首）　獨於侯朝宗、汪鈍翁、魏叔子三先生文有篤好焉。【略】三家者各有專集行世，卷帙繁重，醇厖閒雜，竊欲稍加澄汰，以出其眞媿固陋，逡巡不敢。年來視學江左，適會商丘宋公奉命自西江移節來吳，閒從鎮撫之暇，劇論古文詞，謬許知言，約取三家文共訂之。公與朝宗少同筆研齊名二十年，鈍翁、叔子皆前後定交，今於其古文詞表章，亟亟使三先生之名遂足鼎峙千古。是書也，別裁精當，出入謹嚴，余雖欲贊一詞無庸也。既訖事，相與授之梓而爲之序。康熙三十三年甲戌夏五。

秦松齡《高子遺書叙》（高攀龍《高子遺書》卷首）　《遺書》向刻於金

陵，經亂散逸，先生從子學憲公輯《節要》數卷行世，四方學者終以未見全書爲恨。邇者睢州湯司空撫吳，將重梓《遺書》以惠來學。會湯公未久去任，遂寢。松齡每歎息是書之不獲流布于世，誠學者之不幸也。學憲公之季子楚培，讀書秉禮，無愧象賢。己巳夏，與長君猷取家藏原本，朝夕校仇，付之剞劂，歷秋冬始成，而屬松齡爲序。松齡末學無知，生平嚮慕先生之學，未能稍窺其耑緒，何敢序先生之書？顧樂是書之廣布，世之學者將讀其書而興起，知所以爲學之方，以造聖賢之域。而楚培之勤勤于是，厥功爲鉅也。謹識數語於後。

惠周惕《堯峰文鈔序》（汪琬《堯峰文鈔》卷首） 《堯峰文鈔》五十卷，候官林佶所手録以鏤版者也。先是，先生之父有《類藁》、《續藁》一百十八卷，皆門人編次，未敢有所去取，而傳寫失眞，譌誤多有，先生病之。嘗語周惕曰：「古人文章皆係晚年刪定，或手自編輯，或門人較讎，然後鏤板行世。今吾前後藁去取未定，將屬之子，子盍爲我序而藏之。」周惕蹵然不敢承。時適有京師之役，辭先生北去。其年冬十二月，先生卒於丘南，凶問至京師，周惕設位於磬石菴，率諸門人聚哭已，即致書先生嗣君，首及先生文稿事；嗣君是秋穀詒復書曰：「先君之文已經刪定，屬候官林君手録成帙，次第付梓矣，惟待吾子之序以識之。」踰年，先生門人顧希喆、董文琛、宋成業寓余《堯峰文鈔》五十卷，字畫精楷，裝潢燦然，所謂林君手録者也。【略】癸酉春正月。

徐樹穀《讀禮通考後序》（徐乾學《讀禮通考》卷末） 先大夫《讀禮通考》草創於康熙丁巳，【略】閲十有餘年，三易稾，迺成，猶未敢以爲無憾而即安也。時復與朱太史竹垞及萬季野、顧伊人、閻百詩諸君子商搉短長，博綜器數，量度人情，斟酌繁簡，務期不悖於古而可行於今，凡一百二十卷。歲庚午予告歸里，頻罹憂患，精力耗減，喟然曰：此身後之書，冀過此以往更有所得，今已憊，度不能復進於是矣。聖上方以孝治天下，錫類興仁，萬世一時，微臣出此書以風海內，使民德歸厚，亦轉移風俗之助也。遂付剞劂。又以五禮尚闕其四，而凶禮如荒、弔、禬、恤之目亦未備，因編定體例，命樹穀兄弟次第排纂，厥功未及什之二三而遽遭大故。樹穀兄弟輩寢伏草土間，奄奄視息，一切世事都廢，尋念先大夫《讀禮通考》一書不可以中輟，因使訖工，再期而始脫板。撫手澤之猶存，想聲容之髣髴，恫乎有餘悲焉，益孳孳夙夜而不能自已者矣。康熙三十五年夏五月。

高士奇《菊磵集後序》（高翥《信天巢遺稿》卷首） 深柳讀書堂【略】後樓五楹，藏當年誥勅書籍，舊刻菊磵、南仲兩公詩藁及姚承旨《王學錄》原序，缺略不全，詢諸父老云：自明嘉靖間遭倭寇焚掠，散失殆盡，亦無從得其遺本補輯之；若節推縣尉之詩，僅存數首，又有質齋、遯翁譜，失其名，詩亦清迥。余恐殘板久復漶漫，洗而錄之。頃在都門，從御史大夫徐公所藏宋板書籍中得菊磵詩一百有九首，合向之所錄三十二首，又於他集中得十三首，頃同年朱竹垞復從宋刻《江湖集》中搜示四十七首，統計重出者十二首，前後凡五、七言近體詩一百八十九首。竊念先賢遺稿忍使湮沒不傳，遂併南仲、節推縣尉之詩同付剞劂，而附質齋、遯翁詩於卷尾。海內藏書家或有收其遺集者，毋吝寄示，獲成全璧，實至望焉。康熙丁卯十二月朔日。

又《編珠序》（杜公瞻《編珠》卷首） 曩直大內南書房，奉命檢閱內庫書籍，於廢紙堆中得隋著作佐郎杜公瞻《編珠》一冊。原目凡四卷，遺其半，遍覓不可得，因手鈔之，藏笥篋間。己巳歸，寓平湖，端居多暇，出而校讐，愛其精粹，輒因原目補爲四卷，又廣其類之未具者爲二卷。其於著作撰述本旨未知何如，乃其書則不致以殘缺，爲人所棄矣。頃侍養南歸，發舊簏得之。友人謂是編宜公同好，可廢玉溪獺祭，勿等之仲任異書，徒秘枕中巳也。乃重加點勘，增刪而付諸鋟。康熙三十七年戊寅夏五朔。

又《唐三體詩序》（周弼《唐三體詩》卷首） 汶陽周伯弜取唐人律詩及七言斷句若干首類集成編，名《唐三體詩》。【略】明楊升菴、焦弱侯號稱好古，于是編每有所指摘。予童時曾受于塾師，長迺棄去。去年冬將自京師南還，見此本于旅店，攜之羸網中。每當車殆馬煩，輒一披展，如見故人。其詞婉曲綿麗，去膚庸者絕遠而猶未至于佻弱，且卷帙無幾，行囊旅笥摒擋甚便，因取而授梓。

潘耒《遂初堂集》卷六《日知録序》 先生著書不一種，此《日知録》則其稽古有得，隨時劄記，久而類次成書者，凡經義、史學、官方、吏治、財賦、典禮、輿地、藝文之屬，一一疏通其源流，考正其謬誤，至於歎禮教之衰遲，傷風俗之頹敗，則古稱先規切時弊，尤爲深切著明，學博而識精，理到而辭達。是書也，意惟宋元名儒能爲之，明三百年來殆未有也。耒少從先生遊，嘗手授是書。先生沒，復從其家求得手藁，較勘再三，繕寫成帙，

與先生之甥刑部尚書徐公健菴大學士、徐公立齋謀刻之而未果。二公繼沒，耒念是書不可以無傳，攜至閩中，年友汪悔齋贈以買山之資舉畀，建陽丞葛受箕鳩工刻之以行世。

張士俊《澤存堂五種・廣韻後跋》 從常熟毛丈扆借得《大宋重修廣韻》一部，相與商榷行世，延其甥王君爲玉館於將門東莊，摹寫舊本字畫，校讎再四而後鏤諸版。復因吳江潘先生耒假崑山故相國徐公元文家藏善本勘對詳審，自康熙癸未歲之夏五訖於甲申秋孟，迺克竣功。是書頒於宋初，悉辨聲律，博據精解，非曲學所可增損。蓋韻學流布，去古寖微，顧亭林先生炎武所刻《廣韻》猶病其略而不備。閒嘗從秀水朱先生彝尊遊，先生欲彙鈔前賢聲韻之書刊示學者，今姑錄宋修《廣韻》，悉仍其故。聞弦賞音，足徵雅曲，庶幾證之。好古君子襄其事者，家孝廉大受與閭丘顧孝廉嗣立均有功焉。

又《玉篇後跋》 秀水朱先生彝尊嘗病字學之不講，魯魚晉豕，疑惑舛錯，而俗本所刻尤乖六書。近鄙別字流敝學者，數與華亭高君不騫、錢唐汪君泰來、同里毛君今鳳、顧君嗣立往復辨證，嗣見常熟毛丈扆所購宋板《大廣益會玉篇》一部，精核無缺畫，相與賞歎，冀共流傳，因延王君爲玉繕錄授梓。其斥訛反正，毛丈之功多。始於康熙癸未歲之春二月，訖明年春而竣。【略】秀水先生啓厥端，諸君子贊成之，庶幾好學之一助。匠門家孝廉大受又爲之挍勘，一再印行於世。吳郡查山六浮閣主人張士俊拜手而識之如左。

又《佩觿後跋》 《佩觿》一書，考諸《宋藝文志》，與《汗簡》竝列，皆郭宗正忠恕所撰述，其《佩觿》尤詳。變隸以降，字學浸失之由，其書世不多見。康熙歲在昭陽協洽秀水朱檢討以《汗簡》授汪子立名付梓。閱三載駕幸蘇州，四方士大夫雲集，而竹垞、查田、晚研、忍齋、檏邨競好古學，寓水周林論及字書，余以汪子之僅刻《汗簡》而《佩觿》未及見爲恨，忍齋起謂余曰：行篋適帶之，子能廣其傳剞，大幸也。噫！忍齋之心公矣。余敢不敬承之，爲細加讐較而授之梓。

又《字鑑後跋》 《字鑑》一書，撰自吳門李氏。康熙戊子夏五月秀水朱先生過余師子林，酒後出是書云：「此子郡人之書，而予鈔得之古林曹氏者，前荔軒曹公屬購字學書，故攜之以來，不識更有善本否？」俊對曰：「無。願先生留以授俊何如？」先生笑曰：「予不過欲古書之傳耳，子與荔軒何異，子有志，予當成之。」俊唯唯，敬受教幷請序以傳不朽。先生時年八十一。

又《群經音辨後跋》 士俊譾劣無所通曉，四方君子或不棄而惠好之。康熙己卯始得受教于秀水朱檢討竹垞，先生常稱昌黎之言，凡爲文宜略識字。世儒以爲小學不之講，而高文大冊多用剮字俗書，踵謁襲謬，爲識者嗤笑。予聞其言，心竊志之。越二年，虞山毛丈扆攜宋本《玉篇》見過，相與抗論古今篆隸之變，日趨巧便，譌舛滋多，不可究詰。毛丈曰：幸此書之存，去古未遠，猶有可考，而知者子曷不即以此授梓，令學者復見古人眞面目如此也。因延善書者影宋本錄就，精加校勘，幷《廣韻》同日開雕。【略】次年秀水先生復以《群經音辨》七卷相授，云：此書專辨字音，諸經所讀及五方言語，字同音異，凶如「敦」字八音、「齊」字九音、「辟」字十音，不可不深究。子能刊之，以傳世乎？予唯唯。復向毛氏借南宋本，秘不宣，即就鈔本訂之。其傳寫之謬，了然者正之，疑者摘出之，考諸經傳，質之前輩，三年之中，勤較者八而毛氏另以鈔本見示，復得正譌者九十二字，即鳩工鐫之。然猶未敢遽出，徧訪藏書家，知宋少司馬駿業有北宋本，又遠在都下。癸巳春，梁溪朱布衣襄爲正八字；秋九月游常山家，德純又正數字。適汪君泰來之潮陽任，遇虧常山，予出示之，於後序復正一字。及歸見錫山華氏藏書日，有之，即詢之。華廣文希閔乃舊鈔本，假之，再較一過，得正三十八字，凡經七年而梓成，家上舍雲章又讀一過，云可稱善矣。【略】康熙甲午上巳。

汪立名《中州名賢文表序》（劉昌《中州名賢文表》卷首） 蘇州劉昌欽謨氏視學河南，蒐許文正以下六公之作，題曰《中州文表》，凡三十卷。書撰於成化之初，去元未遠，而《姚文公集》五十卷、《孛朮魯文靖公集》六十餘卷已不復見，藉是編所錄以傳其表章之力匪細矣。按欽謨序，以是爲《內集》，復有《外集》、《正集》、《雜集》，惜其並亡，訪之儲藏家不可得。吾師商丘宋公手授藏本，命讐校而鋟之，凡匝歲而後卒業云。康熙丙戌嘉平。

又《汗簡序》（郭忠恕《汗簡》卷首） 郭宗正《汗簡》見《宋史・藝文志》，與《佩觿》並列。自夏英公《集古文韻》而下，凡小學之書亡不援

據，然其書恆不多見。若晁氏《讀書志》、《直齋書錄解題》及《崇文書目》皆但載《佩觿》而未有及此者。書缺簡脫，在當世藏弆家已如是。【略】近從秀水潛采堂朱氏獲見舊抄本，凡六卷，後有《序目》一卷，編次古雅，不改許叔重始一終亥之序。嘗慨近今所行《說文》，緯以四聲，無復舊本面目，是猶引唐法讞漢獄，其不可必有辨者矣。是編不沒，庶幾古小學之遺焉。錢唐汪立名梓諸家塾而幟厥緣起於端。因其謄寫工善，遂用原本鏤版。卷末有鄭所南跋尾一篇，並仍之。康熙歲在昭陽汁洽涂月臘日。

蔣景祁《古詩選後序》（王士禛《阮亭選古詩》卷末）《三百篇》而後，詩有五言，有七言。其五言、七言有古詩，有近體，新城王夫子所錄悉古詩也。五言託始漢《十九首》，訖唐五家而終，凡爲卷一十有七；七言託始《古逸》，訖元吳立夫而終，凡爲卷一十有五。錄成各撰例言十餘條，明所以或錄或否之意，親授景祁。景祁不敢秘匿什襲，持歸而雕版于江南，公同好也。校正字畫，罔有訛脫。值諸本互異，啇酌可從，又兼載他本字樣，以聽採擇，此則景祁之所盡心，而其他何庸贅一辭！

程哲《帶經堂集序》（王士禛《帶經堂集》卷首）吾師新城王先生《漁洋》正續詩文五十二卷，《蠶尾》詩文十卷，同人版行已久，而顧無合刻。庚寅秋哲郵書請命於先生，因舉諸刻定本幷未刻《蠶尾續詩文》三十卷，統名之曰《帶經堂集》，畀哲及季弟鳴雝校開雕，閲卯冬而蕆事。惜先生於是夏赴道山，遂不及見，然新城之全書出而天下之大觀止矣。

又《鄖州小集凡例》（羅願《羅鄖州小集》七略書堂本卷首）羅鄖州刊有《涓菴集》，當時已散軼不傳，僅存《遺文》一卷，載《小集》後。謹依原本編次，以著二公競爽齊名之目。其猶子似臣《徽州新城記》一篇攙附，似乎不倫，僭從削去。舊刻字句頗有譌舛，其確然無疑者輒加更定，否則闕之。是集向刻于家蒿亭式莊姪，時吳綺園菘、東巖瞻泰、汪牧庭誠、張序四曰倫諸君，家夔州崟姪及季弟友聲鳴皆釀金襄事，後以蒿亭北游，訖未卒業。余頃繙閲舊本，稍叅管見，另爲副墨授梓。蒿亭之刻固自不妨並行也。其中搜遺訂誤，多採諸汪君文治洋度，而商榷考核佐余不逮，則陳君楞山撰、家姪偕柳元愈、季弟友聲與有力焉。

范邃《刻古夫于亭雜録附記》（王士禛《古夫于亭雜録》卷末）庚寅春余隨侍南歸，過濟南，拜漁洋先生於里第。家君，先生門下士也。先生門生故吏遍寓內，邃後出五十年。如昔人得見魯山，已爲大幸，又與家君前後捧贄附名弟子之籍，與有榮焉。先生見示《夫于亭筆記》，車中、枕上誦之忘疲，私念《池北》、《香祖》諸巨編已炳如日星，爲學者津梲，而此六卷尚闕流布，乃攜歸刻之廣陵，以饜遠近慕好者之意。其卷冊先後一仍原本，不敢妄加排纂，至于依據辨証，上可以畜德，而次可以資博聞，猶前志也。刊竣，因識其歲月于卷尾。

張雲章《樸村文集·自叙》雲章不自諒其力之不足，妄有志於斯文，平生所作積久漸多，委置篋笥，本無鏤板問世之意。自念吾說無足存，雖汗牛馬無益。吾說如可存，必其竭畢生之力，於道有所見，於世有所係，則必不至棄擲埋沒，當俟後之君子論定可也。以此絕無意耗費簡札，非惟食貧自苦不遑謀及此也。自己丑歲搜篋中數十篇生紙寫之，投太守長沙陳公。閲數月，而公忽以序文下頒，因念陳公之賢，天子命守此土，歷數百年乃一遇者，斯文之賜不可虛辱，遂稍稍動念，或即以此數十篇者付之梓，以誌下采之意。又大中丞儀封張公以程朱之學，興其教於東南，雲章亦贄以數十篇之文。公猥有褒奬，以純正目之，且謂其曾奉教於陸稼書先生故能不悖於道如此。雲章於純正之稱不敢仰承，然見許於大賢君子意者，其或有可取乎。自是不敢終匿，而朋儕皆憐其貧老必不能自謀剞劂，行將汨沒，慫恿之者不一，而梁溪華君尤首囑雕工，以開雕之資委之而去。余雖謝不敢當，弗顧也。嗣是而元功、扶照、東華諸君繼之，吾家匠門、吟樵、籲三、漢昭各相佽助。而籲三舍我於此，尤時時補其闕乏，至郡司馬韓城梅崖使君以虛聲素相欽挹，署縣事於吾邑，尤虛懷咨訪。既而知其有此舉，必欲割清俸以稍資之，力卻而不能遂。不敢虛賢長上之意，以此卷帙日以增廣。始事癸巳之八月，至今年十月而共得文與詩若干卷，既成，將以質之當世之君子。【略】甲午十月。

查慎行《曝書亭集序》（朱彝尊《曝書亭集》卷首）平生纂著曾兩付開雕。未仕以前曰《竹垞詩類》、《文類》，序之者多一時名公巨卿，高材績學之彥。通籍後曰《騰笑集》，先生自爲序，幷屬余附綴數言者也。晚歸梅會里，乃合前後所作，手自刪定，總八十卷，更名《曝書亭集》，刻始于己丑秋，曹通政荔軒實捐貲倡助，工未竣，而先生與曹相繼下世。賢孫稼翁偏走南北，乞諸親故，續成茲刻，斷手于甲午六月，於是八十卷裒然成全書

矣。余里居無事，既分任校勘，稼翁復來乞序。【略】先生有才，子名昆田，字西畯，先十年卒，有詩十卷，稼翁遵大父治命，附刻于後。【略】康熙五十有三年歲在閼逢敦牂且月辛未下澣。

張潮《心齋聊復集·八股詩自序》 花晨月夕，逸興閒情，無所寄托，往往發爲詩歌，以自寫其抑鬱牢騷之槩。而同人之治舉子業者，時猶以八股相質正，見獵心喜，輒成是編。亦祇遊戲自娱，初無關於詩文之輕重，而人之見之者，群詫爲奇文。索之者衆，因授之梓，非以問世也。

又《虞初新志自序》 此《虞初》一書，湯臨川稱爲小説家之珍珠船，點校之以傳世，洵有取爾也。獨是原本所撰述，盡摭唐人軼事，唐以後無聞焉，臨川續之，合爲十二卷。其間調笑滑稽，離奇詭異，無不引人着勝。究亦簡帙無多，搜采未廣。予是以慨然有《虞初後志》之輯。需之歲月，始可成書，先以《虞初新志》授梓問世。【略】康熙癸亥新秋。

又《昭代叢書·甲集·自序》 僕賦性迂拙，于世事一無所好，獨異書秘笈則不啻性命以之。嘗欲集爲一編，以供稽覽。甲戌初夏，晤王君丹麓于西子湖頭，出所輯《檀几叢書》，焚香共讀。予也載寶而歸，校梓行世，頗爲同人所賞，而吾家篋衍所藏尚存多種，稍加收輯，復成是編。如登群玉之山觸目皆琳琅琬炎；入豫章之壑一望盡杞梓梗楠。分之固各成一家之言，合之復亦大備八音之奏。至稽其姓字，大都五十餘年以内之人。廊廟山林無妨叅錯，天官地志都入網羅。目踵于前而篇幅稍溢，不欲私爲枕秘，願與同志者共欣賞而寢食之。雖不敢謂世人所好盡與吾同，然使博雅好古之士讀之當不至河漢予言也。

又《昭代叢書·乙集·凡例》 僕賦性迂拙，不諳經營。自去歲孟夏以來，生計蕭條益甚，此集之成蓋已拮據萬狀矣。嗣後或有投贈新編，竊恐嚮往有心，流通無力，徒滋顔甲而已。即此集之外存爲丙集之用者，尚餘多種，未審何歲，始副子懷，姑即其名目錄之別楮，以自策勵云。種種拙選祇爲揚芳，匪圖射利。但紙張刷印殊費朱提，若人人如取如攜，則在在傷廉傷惠。愛人以德，告我同儕，倘果癖嗜瘡痂，何妨略償工價。每書百葉，實銀五分。或同志醵金合印，或攜貲轉覓坊間，庶好書不歎難逢，而奇文易于共賞也。

項絪《水經註題識》（酈道元《水經註》卷首） 後魏酈氏撰注《水經》四十卷，宋有内庫鈔本，《御覽》、《玉海》皆依以編纂，明吴郡黄氏、竟陵鍾氏、譚氏及吾歙吴氏竝有槧本，歲月浸久，都已燬廢，購者難之。余最嗜是書，近得吴本於長洲故家，其卷尾署云「虞山錢曾據宋本挍定」，蓋絳雲舊物也。因不敢自秘，欲付開雕，用貽同好。適吾友長洲顧南原藹來相商榷，復出朱謀㙔注箋見示，疏引精核，曠若發蒙，足爲酈氏羽翼。爰偕嘉定趙蔭穀虹、同里程松門鳴共加綴緝，勒成定本。而《山海》一書肇於姒夏，載及姬周，世儒齷齪，頗疑傳會，然子政之對，在漢已顯其學；景純之注，逮晉益廣其傳。載在《藝文》，尊侔經典，以參水注，實相爲用。吴本原有合刻，故并槧而行之。是役也，經始於康熙甲午季秋，斷手於乙未孟冬，其間殫心讐勘，助余不逮者三君之力爲多，書成爲識其緣起如此。

又《重刻絶妙好詞序》（周密《絶妙好詞》卷首） 宋人之選宋詞，有《樂府雅詞》、《絶妙詞選》、《絶妙好詞》諸本，而草窗所輯，悉皆南渡以後諸賢裁鑒尤爲精審。近嘉善柯氏嘗從虞山錢氏鈔得藏本付梓。顧考錢氏《述古堂題辭》有云：「此本經前輩細看批閲，下各朱標其出處里第。」今嘉善本悉皆無之。長夏掩關無事，因繙繹故書，漫加搜討，遂已十得八九。至前人評品，與夫友朋談藝，其言有合，及佚事可徵者，悉爲采録，系於本詞前後。唯七卷中山村詞無從補綴，猶憾蟾兔之缺爾。因重爲開雕，而識諸首簡。雍正乙巳七月。

曹培廉《重刊松雪齋集小引》（趙孟頫《趙文敏公松雪齋全集》卷首） 元趙文敏公［孟頫］《松雪齋集》十卷，公子仲穆所編次，至元間刊於花溪沈氏，《外集》一卷，亦沈氏家塾所刊也。家大人舊有抄本，近從長洲友人家獲借先朝文博士壽承所藏原刻本，校正其譌缺，復裒他書及石刻所載，合之家藏墨跡，爲《續集》一卷，其《行狀》、《謚文》仍列卷末，而弁《元史》本傳於集首，以備參攷云。【略】是集未獲流布，深爲藝林憾事，因鳩工重鋟以廣其傳。其他碑板文字爲集中未載者，多有不敢輒爲增入，以失當時決擇之意。獨詩與題跋雖公不經意處，皆可玩味，別加編輯，以續於後。若見聞所未及，則以俟博雅君子。康熙癸巳九月重陽前一日。

曹炳曾《重刻海叟詩集小引》（袁凱《海叟詩集》卷首） 向愛讀海叟先生詩，購得鈔本一帙，苦未見其自定原本；求之數年，始獲我鄉張叔翹先生所重刊四卷，計三百八十三首，叟之詩於是爲備。而間有譌字，年來叅閲

諸本，正其筆誤，俾還舊觀，從叟志也。前此陸文裕公刻《瓦缶集》、《旣晦集》，又前此朱氏刻《在野集》，今皆罕傳，獨張本仍叟之舊板已漫滅，故余爲校定梓之。【略】康熙六十有一年歲在壬寅仲春旣望。

朱甫田《王先生十七史蒙求跋》（王令《十七史蒙求》卷末）《蒙求》書非一種，其便於幼學記誦者，惟李氏瀚及王先生令二書爲最善。《李氏蒙求》舊板罕存，坊間所刻止取其總目而刪去其註，淺學塾師何從講肄，蓋可憾已。《王先生十七史蒙求》全書十六卷，僅有存者。海陽程子珍南見余抄本，亟爲讎校，刊播於世，閱歲始克竣焉。是編向賴先生之弟英州刺史獻可刊行，得以不泯，今程子後爲流布其傳，益遠功不在英州下矣。康熙五十二年八月旣望。

繆曰芑《李太白文集跋》（《李太白集》繆曰芑刻本卷首）《李翰林集》三十卷，常山宋次道編類，而南豐曾氏所攷次者也。歲久譌缺，俗本雜出，增損互異，無所是正，余嘗病之。癸巳秋得崑山徐氏所藏臨川晏處善本，重加挍正，梓之家塾。其與俗本不同者，別爲《攷異》一卷，庶使讀是編者不失古人之舊，而余亦得以廣其傳焉。康熙五十六年五月。

顧嗣協《石湖居士詩集跋》（范成大《石湖居士詩集》卷首）《石湖詩集》三十三卷，凡古今各體詩一千九百一十六首，范文穆公手自編定。宋嘉、泰間，其子莘等刻以行世，合詩文凡百有三十卷。明時曾已重刻，而流傳頗少，又有活板印本，殘闕甚多。今藏書家多有抄本，而訛舛異同，魯魚錯出。吾友金子亦陶所藏從宋板抄得，更爲廣集諸家較勘，精密可稱善本。茲先刻其詩集，以公諸同好。卷帙前後悉依原本所編，其間譌字如「井堊木刊」之悞，「堊」爲「垔」；「弚靡波流」之悞，「弚」爲「弟」，皆略爲改正，所有一二漶漫之處，無從辨證，姑闕之以俟攷。外附《賦》、《楚辭》一卷、《樂府》一卷。賦本在詩前，今附於詩後者，集以詩名從其類也。【略】康熙戊辰八月中秋前一日依園主人謹識。

顧嗣立《昌黎詩集註序》先生能盡啓秘鑰，優入其域，非餘子可及。顧其筆力放恣橫從，神奇變幻，讀者不能窺究其所從來。此異論所以繁興而不自知其非也。余覃精旣久，欲奉其詩集單行于世，以埽除異論。而考諸箋注諸家，或詳略失宜，且多所舛誤。夫考核之不審，又烏從抉其用意所存而討論其源流。不揣固陋，妄加校定，更閱數歲，至今春迺獲成書，遂刻諸家塾，以質諸世之君子。時康熙三十有八年，歲在己卯春三月上巳前一日。

又《元詩選三集·自序》余向刻元詩前後共二百家，行世已久。壬午後復廣搜博採，心力俱瘁，吳下藏書家殘編賸槀靡有遺憾。乙酉秋應詔入都，編選四朝詩館，因得盡窺內府秘本，手自抄撮，存諸行篋。乙未秋給假旋里，南泝湘漓，北登嵩、岱，訪求遺佚，裒益滋多。倦遊歸，臥草堂，輒合二十年來所得，重加詮次，凡成集者約一百六十餘家。其諸家選本，及山經地志、野史稗官、書畫卷軸所傳詩未滿數首者，編入《癸集》，共計三千餘人，元詩綦大備矣。繕寫粗畢，欲悉付剞。人力有未逮，復先以百家質諸海內，他日續完全書以成鉅觀，則元人一代精華不致磨滅弗彰，而余半生擔摝苦心亦庶幾可以無負矣。康熙五十九年歲次庚子秋八月。

吳寶芝《重刻瀛奎律髓記言》（《瀛奎律髓彙評》附録）芝自束髮入鄉校，正業之暇，輒從塾師受近體詩一首。迨成童以後，家大人始授《律髓》一書，謂其所講貫切實明顯，有塗軌可依尋，命時肄業，以爲退息之居學。當時頗鋭意好之，然方攻治制舉業，未能幷心一意從事於此。又更數載，弱冠成人，則日揣摹場屋應制之文，以應有司之試。兼亦家事滋出，雖不至如子固之勞心困形，以役於事，然亦頗有涉世奔走之煩，此書遂庋閣者十餘年。客歲省闈報罷，料簡故書，因復卒業焉。第苦中多舛悞，且板刻漫漶。適見坊間新鐫本，謂可是正，而校對之下，舛悞乃更甚於前。因嘆是書舊本旣流布未廣，新刻流行，恐遂因此踵訛襲謬，讀者永不復睹古人眞面目。因出家藏善本，及闞曹叔則兩先生手抄本互爲參校。尙有疑者，更從唐宋人集中讎對之，雖未能盡改正，然已得十之六七矣。【略】是刻始於辛卯季秋，至今歲嘉平而始成。余兄弟小窗短檠，對牀風雨，苦心料簡者蓋一年餘。其讎校搜勘，則從兄奕亭是賴；而相助爲理，則仲兄武岡、中表兄勞嶧、雲姊子陳勉之與有力焉，皆於是書有功，不敢泯沒，故附識於此。至《宋詩鈔》二集，家大人手定者已有五十餘種，正在梓。緣部帙尙少，蒐羅未廣，故未能成書。海內藏書之家，凡有宋人文集未經流布者，幸悉以示，或勸假抄録，或奉資繕寫，不獨成藝林之美事，亦以發潛德之幽光，使績學有德之緒言湮晦當時者，一旦表彰於六百餘年之後，則作者之靈爽，實式憑焉。讀書好事之家，諒有同心，跂予之。康熙壬辰孟冬之望。

林佶《說鈴跋》（汪琬《說鈴》卷末）曩己巳、庚午間，佶遊邱南，

請業之餘，從師求《說鈴》本讀之。師云：此吾少年時習氣未除時所作，棄之已久，印本皆無存矣。後求之同門諸學者，皆未見。荏苒已三十餘年，往來於心，未忘也。今春介夫先生始從宋檢討筠處借得抄本，屬佶錄。余欣然命筆，但不能如錄《堯峰文抄》時筆畫之端楷，蓋彼爲鏤版計，故不得不刻畫，又時年丁強盛故爾。【略】康熙六十年五月九日寓都下梁園之警露軒西室。

梅庚《施愚山先生學餘集跋》（**施閏章《施愚山先生學餘集》卷末**）

予少孤失學，十歲始入鄉塾，顧時時竊好爲詩。家世父慮有妨舉業，恆禁切之。愚山先生，鄉先達，以文章行誼名海內，一見亟稱賞，引爲忘年交，有作輒以視。予即于役千里外緘封往復，相可否如面談，或質以所業，一字未安亦必攻摘其瑕，循循善誘，改而後已。夫是以服習先生者，歷久而皆不能忘也。性故矜慎，文詞流布在人口猶數數更易。觀察金公長眞酷好其詩，以屬稿未定，爲刻數卷而止。先生歿三十年，墓木且拱。今通政楝亭曹公追念舊游，懼遺文之就湮也，寓書於其孤，舉學餘全集授諸梓，經始於丁亥五月，又館其孫瑮於金陵事讐校。戊子九月，刻垂竣，而予適至，覆閱諸寫本。【略】戊子霜降後一日。

林興恭《林登州集後跋》（**林弼《林登州集》卷末**）　先登州公，以經術鳴盛於洪武間。其詩歌、古文辭實爲明初閩南文苑之冠。同時如宋文憲公、王忠文公皆一代大儒，雅相推許，今見於志序者可考而知也。崇禎中，同郡王中丞而弘先生曾爲校刊行世。洎遭兵燹，遂失其版。小子興於家傳故篋中搜得一帙，珍奉藏之，久思重梓以傳焉。適節使大中丞長山李公來撫吾閩，興幸隸麾下，公餘進見，謹呈是編。蒙公一見嗟賞，慨然作序，兼爲訂其譌闕，凡魯魚亥豕一一讐勘，不使有字畫之差。我公表章盛心亦良至矣。小子興敬受而付剞劂，庶幾先人墜緒於湮沒之餘，得以復耀，皆大君子嘉惠之德也。豈特小子興有厚幸哉！工既竣，不揣固陋，謹盥手而識之末簡。康熙丙戌仲冬裔孫興恭跋。

吴振臣《秋笳集跋》（**吴兆騫《秋笳集》卷末**）　右集詩文共八卷，先君子漢槎先生所作也。先君少負大名，登順治丁酉賢書。爲仇家所中，遂至遣戍寧古。維時大父母在堂，先君忽離桑梓而謫冰雪，觸目愁來，憤抑侘傺，登臨憑弔，俯仰傷懷，于是發爲詩歌，以鳴其不平。雖蔡女之《十八拍》不足喻其凄愴，此秋笳所由名也。崑山徐健菴先生悲故人之淪落千里，命介索其草稿，梓以問世。

王廷瑜《雙溪集後序》（**王炎《雙溪集》卷末**）　大監公所著類稿【略】其幸而不亡者，惟《雙溪詩文集》凡十餘卷，板扃於祠。昔公序《二堂集》，謂其初也，秘而不傳，其後也，佚而不傳，迨其久且將湮沒而無傳。由今觀之，不獨《二堂集》爲然，凡吾家祠諸書，何莫不然。今考公此集，其始刊之者，則六世孫偁也，其後重刊之者則十一世孫文魁巖琰也。偁即五賢人之一，嘗受業雲峰胡先生，故集中有先生序，而今之所存則重刊之本也。夫祖宗文章更十數世，而子孫前後付剞劂氏，凡兩新之，亦可謂能傳矣。然而武水界婺源之東，崇岡積嶺，舟車艱阻，四方坊客之所不至，族之人又往往秘之，不以授世。惟郡邑長吏或甫蒞治，或奉省檄，則借印於祠。于是鄉邑庸工至則刷印無法，過則藏庋失所，故其板多蠹朽煤爛，而搢紳家得見此書者，卒百無一二。噫！是殆將佚而不傳，且湮沒而無傳也矣。族弟汶山攜來武林，遂偕族人讎校而更梓之，補遺者四版，綴剝蝕者二十一版，正訛謬者百七十有餘字，刪重載者三首，刪非公作而誤錄者三首，刪時人投贈而混列者三首，其散體、韻體、駢體及在官劄狀體，使各以類從，于各類中，復按其所作之時爲先後。六閱月告成，授坊人以公諸世，于是《雙溪集》燦然復明，秩然有序。讀其文者，亦可想見其爲人矣。【略】康熙五十七年歲次戊戌冬十月族孫廷瑜謹識。

汪郊《司馬氏書儀跋》（**司馬光《司馬氏書儀》卷末**）　言禮家有圖與儀注，予所見宋聶氏崇義、楊氏復、苗氏昌言諸圖，率鉅細畢舉，若儀注善本《文公家禮》外，必數溫公《書儀》。【略】家嚴以雕本既罕，命伯兄挍正付梓，將使與家禮並陳，宛若玉佩參錯，紳韠左光照右，右光照左，或亦言禮家所許也。雍正甲辰二月朔日。

年羹堯《唐陸宣公集序》（**陸贄《唐陸宣公集》年羹堯刻本卷首**）　有唐陸敬輿先生，制誥奏議之文義烈感人心，文章鏘金石。自宋臣蘇軾、范祖禹等元祐進呈以來，人知尊奉，板行不絕，迄於今日已如日月經天，江河行地，豈猶有待於表章而宣布之者。顧向所流傳，率多訛字，余自受讀以來，留心購挍，迄無善本。【略】今諸刊本往往於敷陳剴切之處，讀者方且揮涕激昂。而一字之誤，喉吻輒爲之囁嚅，或指畫詳盡之際，讀者不勝開心領

會，而片言之謁，神志亦爲之晦昧。余以此爲恨，二十年於茲。今於退食之暇，與二三文士挍讐而商搉焉。訂訛析疑，雖不敢謂盡得作者之眞，較諸舊本庶幾十正其七八，爰授梓人，以公諸世。【略】康熙六十一年壬寅仲春上浣。

趙駿烈《後山集序》（陳師道《後山先生集》卷首） 余平日讀宋詩，深有意乎後山之爲人，以其善學涪翁也。獨念《涪翁全集》板行於世，所在皆有，而《後山全集》人每束之高閣，即行世者，亦無善本。因從姚太史聽巖先生家借得鈔藏馬氏本，欲謀雕板以廣其傳，而王給諫西亭先生極爲奬賞，幷爲余訂訛考異，補其殘缺，釐爲若干卷，以付梓。雖自愧學殖荒落，見聞孤陋，未能獨抒其所得以補任淵之註之所未及。而平日之讀詩尚友其情，或可藉此一慰也。雍正庚戌六月。

唐傳鉎《宋梅溪王忠文公文集今序》（王十朋《宋王忠文公文集》卷首）

宋王忠文梅溪公，第爲一地一時之人傑乎哉！誦其詩，讀其書，沉潛反覆，而徐以知其人，則知先儒比之諸葛武侯、顔眞卿、杜少陵、韓昌黎、范文正五君子者，不誣也。【略】其文與詩之富，亦且不減于少陵、昌黎，何其盛也！相傳其子聞禮于公沒時已有刊本，而先儒朱子代劉共父爲之序，明正統間溫郡守何公文淵主其事，命廣文輩纂集，然篇章倒置，字句錯誤，幾令讀者生厭，今本亦無多存者。適護觀風，徐公鼎來得一本，重憫其失，無以傳後，慨然付余。余命徐生炯文偕其徒徐紹周光璘悉心較訂，七閱月，而孝廉薛英亦加覽焉。其刻資約費三百金，半出拙吏，半爲同邑諸生有力如林徵君、任象山，教諭培、徐明經名世及朱統者助之，閱十月而書告成。自是可以行天下，垂後世。【略】雍正戊申秋九月。

袁安煜《張曲江公文集序》（張九齡《唐丞相曲江張文獻公集》卷首）

予少讀史，見有唐一代相臣惟曲江公與宋文貞公直節最著，風度則獨推曲江。因以讀其遺文，忠藎溢於言表，但苦不多得。雍正十年，來守韶陽，私心竊喜，過公之里，登公之堂，雖山河已邈，而廟貌猶存，可以伸吾瞻仰。既而閱郡中刻本，有《文獻公集》，不勝歡躍，以爲昔之欲讀而苦不多得者，今已實獲我心矣。及細翻集中，間有字句訛謬，又疑當日著作不止此，當購求而重訂之。越二年，有調守瓊臺之行，適公之裔有張生世綱者，持書一部來獻，曰：此生祖曲江公集也，郡中刻本不全，生有家傳古本，因先世避亂迷失，今始得之，併於別書中考訂遺逸，付諸剞劂，遍告大人先生鴻筆表章。余曰：此余志也。憶自履郡，日親簿書，竟忘此一事。今忽忽離任矣，豈知遺文有靈，前有邱文莊公得之館閣，後有裔孫出其家傳，是皆公之精神所感，故歷萬刼而愈新也。視世之德不足而有言者，其壽夭爲何如矣！倘留人士今日讀公之書繼公之志，則是集之刻，雖謂與聖經賢傳並垂可也，予又曷憚一贅也哉！歲在乙卯春王之吉。

陸鍾輝《重刊校正笠澤叢書跋》（陸龜蒙《笠澤叢書》卷末） 《叢書》近時鈔藏僅西江藏本，竝宋蜀人樊開本。蜀本《甲集》有樊《序》一首，又續補《遺賦》四篇，又《紀錦裙》在丙集，《迎潮詞》在丁集，《築城詞》在《補遺》中。新城王尙書從溫陵黃氏借鈔西江本，復得虞山毛氏寄本，題語中亦縷及之。顧蜀本元至元間杞菊先生重爲較刊，流傳亦鮮，予頃從吳中舊家獲至元本，因正其訛脫謬誤者而付之開雕。至王益祥跋語漶漫過多，不復錄。《小名錄序》一首依王本增入。雍正辛亥仲冬。

又《合刻白石道人詩集歌曲序》（姜夔《姜白石詩詞合集》卷首） 南宋番陽姜堯章，以布衣擅能詩聲，所爲樂章更妙絶一世。今所傳《白石道人詩集》一卷，蓋本臨安睦親坊陳起所刊，《群賢小集》更竄入麗水姜特立《梅山稿》中詩，幾于郛婁之無辨。樂章自黃叔暘所輯《花庵絶妙詞選》二十餘闋外，流傳者寡。雖以秀水朱竹垞太史之搜討，亦未見其全。疑《白石道人歌曲》六卷著錄于貴與馬氏者，久爲廣陵散矣。近雲間樓廉使敬思購得元陶南村手鈔，則六卷完好無恙，若有神物護持者。予友符戶部葯林從都下寄示，因幷詩集亟爲開雕，公之同好。《詩集》稍分各體，釐定去竄入之作，《歌曲》第二卷、第六卷爲數寥寥，因合爲四卷。其中自製曲俱有譜，旁注雖未析其節奏，悉依元本鈎摹以俟知音識曲者論定云爾。乾隆癸亥冬十月既望。

陳景雲《韓文類譜跋》（魏仲舉《韓文類譜》卷末） 南宋慶元中建安魏仲舉刊《韓集五百家注》，輯呂、程、洪三家所撰譜記爲七卷，名曰《韓文類譜》，後無繼刊者，故世罕得而見也。廣陵馬君嶰谷、涉江躭嗜文史，遍訪是譜于藏書家，近始得之，因亟付梓以廣其傳。【略】雍正庚戌春日。

又《柳先生年譜跋》（文安禮《柳先生年譜》卷末） 《柳集》久逸，《年譜》獨存其序，廣陵馬君嶰谷、涉江購《韓譜》後未久，復收宋槧《柳

集》殘帙，其中《年譜》完好，乃諸本所無，因與《韓譜》同梓。【略】雍正庚戌春日。

黃叔琳《史通訓故補序》 在文史類，中允與劉彥和之《雕龍》相正，徐堅謂史氏宜置座右，信也。綜練淵博，其中瑣詞僻事，非注不顯，注家王損仲本爲善。林居多暇，竊爲刪繁補遺，重梓行世，使當時自比揚雄擬《易》以爲必覆醬瓿者，千餘年後復紙貴於蘭臺石室間，亦嗜古之士所欣慰也。乾隆十有二年丁卯仲春既望。

又《五代詩話序》（王士禛《五代詩話》卷首） 彼五季之作者，咿嚘刺促，俯仰流連，宛有鄶、曹風人之思焉。承唐啓宋，六十年中之詩可概付之無譏乎。吾師［王士禛］集詩學大成，裒次詩話，詳人所忽，有微旨焉。叔琳芟其重複，德水宋太史、閩海陳中翰更釐訂授梓，用補騷壇之放失舊聞云。

又《文心雕龍序》（黃叔琳輯注《文心雕龍》卷首） 劉舍人《文心雕龍》一書，蓋藝苑之秘寶也。觀其苞羅群籍，多所折衷。於凡文章利病，抉摘靡遺，綴文之士，苟欲希風前秀，未有可舍此而別求津逮者。若其使事遣言，紛綸葳蕤，罕能切究。明代梅子庚氏爲之疏通證明，什僅四三耳，畧而弗詳，則創始之難也。又句字相沿既久，別風淮雨，往往有之，雖子庚自謂挍正之功五倍於楊用修氏，然中間脫訛，故自不乏，似猶未得爲完善之本。余生平雅好是書，偶以暇日，承子庚之綿蕞，旁稽博攷，益以友朋見聞，兼用衆本比對，正其句字。人事牽率，更歷暑寒，乃得就緒。覆閱之下，差覺詳盡矣。適雲間姚子平山來藩署，因共商付梓。方今文治盛隆，度越先古，海內操奇觚弄柔翰者，咸有騰聲飛實之思。竊以爲劉氏之緒言餘論乃斯文之體要存焉，不可一日廢也。夫文之用在心，誠能得劉氏之用心，因得爲文之用心，于以發聖典之菁英爲熙朝之黼黻，則是書方將爲魚兔之筌蹄，而又況於瑣瑣箋釋乎哉？時乾隆三年歲次戊午秋九月。

浦起龍《宋孫仲益內簡尺牘敘》（孫覿《宋孫仲益內簡尺牘》卷首） 宋尚書晉陵孫覿仲益生值國故，更事徽、欽、高、孝四朝，爲文章容與詳贍，淹賅衆體。【略】其緒餘有《尺牘》十卷，明中葉再、三刻，成化辛丑仲益十一世孫蜀撫仁刻，雲間錢尚書溥序；嘉靖丁巳建陽守顧名儒刻，自爲跋；萬曆庚辰淮陽學政浠水李時成刻，姚江葉逢春序。於今僅存版亦湮矣。梅里蔡氏子弟風尚好古屬者，初篹理故帙，憫斯牘之傳不廣，又病夫淺人者詭言，門人夾注淆漏，乃與諸大阮、體乾、敦復、用謙謀手犛而版行之。於是用謙起爲約，剋日從事，而吳門張蔭嘉以社會來集與勞焉。【略】乾隆十有二年丁卯春二月。

盧見曾《雅雨堂集·文集》卷一《刻周易乾鑿度序》 聖人作經，賢人緯之。經粹然至精，緯則有駁有醇。成哀之緯其辭駁，先秦之緯其辭醇。《乾鑿度》，先秦之書也，去聖未遠，家法猶存，故鄭康成漢代大儒而爲之注。唐李鼎祚作《易傳》，是時緯候具在，獨取《乾鑿度》，非以其醇耶？此書前明刊本流傳而多闕誤，茲得之嘉靖中吳郡錢君叔寶藏本，不失舊觀，爲梓而行之，以備漢學。【略】乾隆丙子。

又《刻尚書大傳序》 漢濟南伏生著《尚書大傳》四卷，鄭康成爲之注。【略】此書元時尚存，前明未聞著錄。嘗嘆山東大師伏生冠於漢初，康成殿於漢末。而《大傳》一書出自兩大儒，此吾鄉第一文獻也。曩留心訪求，近始得之吳中藏書家，雖已殘闕，然《五行傳》一篇首尾完具，乃《二十一史》史志之先河也。三家章句雖亡，而今文之學存此猶見一斑，爲刊而行之。別撰《補遺》一卷，并附康成集於卷末。俾後之求漢學者知所考焉。乾隆丙子。

又《大戴禮記序》 《大戴禮》十三卷，【略】今所傳惟二十四篇有注，其余十五篇無注，朱子亦謂其不可曉，則在宋時本已然矣。此書篇第或闕或重，頗不爲後人所更易。如明堂之制本，即在《盛德篇》中魏李謐著論、梁劉昭注《續漢志》及唐杜氏《通典》皆如此。今又別出《明堂篇》第六十七，非也。其他如《投壺》、《公冠》等篇，皆錯亂難讀，學者病之。余家召弓太史於北平黃夫子家借得元時刻本，以校今本之失，十得二三。注之爲後人刊削者，亦得據以補焉。又與其友休寧戴東原震泛濫群書，參互考訂，既定而以貽余。夫以戴書盧注經千百年後復有與之同氏族者爲之審正而發明之，其事蓋有非偶然者，因亟授諸梓。【略】乾隆戊寅。

又《刻高氏戰國策序》 漢末涿郡高氏誘【略】嘗注《戰國策》三十三篇，世無其書。前明天啓中虞山某氏以二十千購之梁溪安氏，乃南宋剡川姚伯聲校正本；後又得梁溪高氏本，互相契勘，遂稱完善。曩余讀吳文正公《東西周辨》，謂《戰國策》編題首東周，次西周，而今鮑彪本誤以西周爲正統，升之卷首，始知古本《戰國策》爲鮑氏所亂久矣。及余再涖淮南，屬友

人於吳中借高注考之，嘆文正之辨爲不可易。高注古雅，遠勝鮑氏，其中編次亦與鮑氏迥異。兩漢傳注存者自毛氏、何氏而外，首推鄭氏，繼鄭氏而博學多識者，唯高氏。蓋其學有師承，非趙臺卿、王叔師之比也。惜《孟子章句》、《孝經解》不傳，而此書於絳雲一炬之後幸而得存。爲刊板行世。好古之士，審擇於高、鮑二家孰得孰失，必有能辨之者。乾隆丙子。

又《刻摭言序》 唐末有鳳閣侍郎王方慶八代從孫定保，撰《摭言》一書，記進士應舉、登科雜事，共列一百五門，釐爲十五卷。每條有論贊，所述典故有《選舉志》所未備者，豈非以當時崇尚而又爲歷代之所遵行者，故不憚詳細言之以存舊事歟。此書行世絕少，吾鄉漁洋山人謂與《封氏聞見記》皆秘本，可貴重者，特刊布以廣其傳。【略】乾隆丙子。

又《刻文昌雜録序》 吾鄉漁洋先生最喜説部書，遇一僻秘世所罕見者，往往於友人許展轉借録，讐校評泊，儲之池北書庫。當時風流好事，輝映朝野。先生於康熙己巳服闋入都，至辛巳四月請急歸里。官京師十年之間，曾撰《居易録》一書，凡官方遷擢、政事因擢革，逐日記載。歎其見聞周悉，可爲史家取衷，但未知其書體例創自何人。及觀宋單父龐氏《文昌雜録》，始知先生倣懋賢之書而爲之，蓋池北書庫有此書也。前輩撰一書必有所本，其不苟作如此。懋賢爲丞相莊敏公籍之子，元豐壬戌官主客郎中，在省四年。時官制初行，記一時聞見及朝章典故頗可觀覽。故先生稱爲説部之佳者。此書刻本無多，爲梓以行。【略】乾隆丙子。

又《刻北夢瑣言序》 陵州孫氏光憲當有唐之季，避地荆南，爲高從誨從事，作《瑣言》二十卷。取《左傳》「田於江南之夢」，荆江故在其北，乃以「北夢」名篇。其書皆唐氏賢哲言行暨五代十國之事。【略】前明商氏刻《稗海》亦有是書，殊失本眞。兹得林屋葉石君萬收藏本，石君又得之吳方山岫，於是孫氏之書犁然完具。余恐其日久散佚，特爲刊布，用廣舊聞。【略】乾隆丙子。

又《刻封氏聞見記序》 昔漁洋先生最愛《封氏聞見記》、《唐摭言》二書，以爲秘本可貴。【略】[《聞見記》]流傳絕少，故《稗海》、《秘笈》諸刻罕津逮焉。前明東吳吳方山家藏是本，虞山孫岷自得之秦西巖，同里陸勑先又從孫氏假録，於是吳中間有藏者。余倩友人訪而得之，與《唐摭言》校刊行世。【略】乾隆丙子。

又《刻金石録序》 趙德夫《金石録》三十卷匪獨考訂之精覈也，其議論卓越，時有足發人意思者。顧世鮮善本，濟南謝世箕嘗梓以行，今其本亦不可得見。獨見有從謝氏本影鈔者，并何義門手校吳郡葉文莊公本，此二本庶幾稱善。其他鈔本猥多，目録率被删削，字句訛脱不足觀。學者未得見謝、葉二家本，得世俗所傳，猶不惜捐多金購求，繕寫珍弆爲枕中秘，蓋其書之可貴若此。余患其久而失眞也，因刊此以正之。【略】乾隆壬午。

又《刻金石三例序》 潘蒼崖創爲《金石例》十卷，制器之楷式，爲文之榘矱，靡不畢具。明初王止仲又撰《墓銘舉例》四卷，兼韓子以下十五家，條分縷晰，例之正變推而愈廣。本朝黄梨洲以潘書未著爲例之義，與壞例之始，作《金石要例》一卷，用補蒼崖之闕，合三書而金石之例始賅。曩病時賢碑碣叙次失宜，煩簡靡當，蓋未嘗於前人體製一爲省録爾。兹故彙刻以行世，俾後之君子曉然於金石之文不異史家，發凡言例亦《春秋》之支與流裔，觸類而長之，庶乎知所從事矣。【略】程式刻既成，爲序其大畧如此。乾隆乙亥。

又《趙飴山先生聲調譜序》 近體詩之有平仄，人知之；古體詩之有平仄，人不盡知之，不知者無論矣。其知之者亦往往有所不盡，而盡知之者，又秘之而不以傳於人；此飴山夫子《聲調譜》之所爲作也。【略】此譜刻於本家，流布未遠，而版已漫漶，翻刻者數家，既多魯魚之訛，又或以己意添注，轉失本旨。兹再爲校刊，以公諸海内。又所著《談龍録》一書，多關宗旨微言，皆前賢之所引而未發。學詩者不知，必至徒飾形貌，無關性情，因亦節鈔授梓，以廣教思於無窮焉。【略】乾隆己卯。

又卷二《韓昌黎詩集編年箋注序》 吾友方扶南先生譔《昌黎編年詩注》，博極群書，詳考事實，大抵援新、舊兩書以正諸家之誤，援行狀、墓誌以正兩史之誤，俾讀者顯然如與籍。湜輩親登其堂，斯眞昌黎之功臣也已。扶南老矣，將售是書以爲買山計，余既歸其貲，且付剞劂。【略】乾隆二十三年戊寅六月序。

又《刻漁洋山人感舊集序》 辛未冬，以公役至京師，謁崑圃黄夫子於家，出所鈔《漁洋先生感舊集》見示，拜受而卒讀之。其搜剔也，廣而不濫；其持擇也，約而不遺。竊謂此書傳我朝之詩，與人與俱傳矣。蓋治熙之交，正當我朝詩人初盛之會，遯世之遺老，興國之碩彥，無不萃會一時。

【略】先生之存也是集，亦僅有其序，而未流傳其書。詎意殁後四十餘年，猶爲宗工之所購求珍秘，以轉授於余。馬君秋玉又不期而遇於京邸，不忘久要，慨然任剞劂之事。此蓋有天焉，非人之所能爲也。於是不遠千里，延淄川老友張孝廉漁村至署，采集故實，以長夏簿書餘昃秉燭捺觚，倣遺山以下各詩選之例，人系之以小傳而述所緣起如右以貽之。【略】乾隆壬申夏六月。

姚培謙《文心雕龍跋》（黄叔琳輯注《文心雕龍》卷末）　此書向乏佳刻，少宰北平先生因舊注之闕略，爲之補輯，穿穴百家，翦裁一手，既博既精，誠足以爲功于前哲，嘉惠乎來兹矣。培謙於先生爲年家子，屢辱以文字教督，［戊］午秋，過山左藩署，蒙出全帙見示，幷命攜歸挍勘，付之棗梨。謭劣無能，爲役又良工難得，遷延歲月而後告成。匪苟遲之，蓋重之而不敢輕云爾。乾隆六年辛酉仲秋。

又《周禮節訓序》（黄叔琳《周禮節訓》卷首）　我國家稽古右文，昌明經學。海内人才蔚起，莫不苞羅群籍，多所折（哀）［衷］。矧《周禮》一書，姬公所以致太平，學者能融會全書，得其微旨，不惟足供舉業取材，他日推之任官，立政經制之詳，文物之備，皆其粲然者也。特是書未爲功令所頒習，兼以節目煩密，初學撫卷傍徨，輒畏苦去之。緐此帖括家從事節縮，苟便呫嗶。坊本相沿，紊亂襍出。惟前輩少宰北平先生《節訓》一編，薈萃先儒解詁，間附心裁，曾授舍親張子今涪昆仲付刊，僕亦與校訂。【略】乾隆丙戌孟春。

釋惟誠《重刻阿彌陀經疏鈔演義序》（釋古德《阿彌陀經疏演義》卷末）　嘗聞至道無言，原不假於文字。妙義淵深，必有俟於注疏。是以大善知識，慈悲心切，每於經典，出妙手慧眼，句疏字解，欲使參證者直明向上一著。而《彌陀》尊經，乃蓮池大士疏注於前，古德大師演義於後，其宣明妙義，更爲親切。但舊板無存，刊板難得，京師爲首善之邦，大刹雲集，向上者往往有失指南之歎。誠目睹情狀，不忍經義侵晦，搆求原本，重付剞劂，流行海内，俾同志之人由此鑽研精進，解向大道，至妙悟眞源後，並無假於語言文字，庶不負疏鈔演義之大慈悲心，以報佛恩於萬一。而凡我同志，尤期於亡經失注之處隨在補救，斯即十萬八千恆河沙數之功德矣。是爲序。時乾隆十七年，歲次壬申二月之吉。

陳錫輅《安陽集序》（韓琦《安陽集》卷首）　《安陽集》五十卷，附《家傳》、《遺事》十二卷，明萬曆乙酉鄴郡司理内江張公刻，置於晝錦堂。其集稿則得之鄉賢郭文簡公，文簡公又得之同邑侍御張公。刻於河東之行臺者，爲時既久，其板漶漫耗矣，至國朝康熙時前令崑山徐公重加校刻，攜其板而南。乾隆戊午錫輅修輯邑乘，工既竣，亟謀梓之，請諸郡守三韓滿公，司馬安溪李公、别駕雉皋丁公咸喜其事，各捐清俸，與邑之薦紳先生共襄厥成。自客冬迄今仲夏，凡八閲月，而剞劂告畢。【略】乾隆四年歲在屠維協洽臯月。

陳弘謀《司馬文正公傳家集序》（司馬光《司馬文正公傳家集》卷首）　弘謀學識弇淺，遭逢聖明，洊歷要職，夙夜惴惴，懼無以仰報知遇萬一，惟守公立誠之教，實心實力，刻自期勉。十餘年來歷官南圻，朝夕手公之書，不啻如師保之在前也。按《傳家集》爲公手自編次，子康殁後，晁以道得而藏之，中更禁錮。渡江而後，幸不失墜，乃刊板上之朝廷。近世流傳公集惟晉、閩二本，亦復稀少，閩刻則猶仍《傳家集》之舊，而亥豕多訛。每以公集無善本爲憾，兼恐日復一日即今所流傳且漸不可得也。客秋司臬來吴門，購得舊本《傳家集》八十卷，差勝晉、閩二刻，欣喜過望，公餘悉心考訂，幷輯公《年譜》付之梓人，以廣其傳，而區區數十年嚮往之私亦少自慰矣。【略】刊既竣，謹志緣起且益以自勵云。乾隆六年辛酉六月既望。

華育渠《説鈴識》（汪琬《説鈴》卷末）　甲寅長夏渠薄遊長城，留榻縣署之前度軒中，時從辛浦明府假插架藏書消暑送日，而鈍翁先生《説鈴》在焉。先生文鈔久行於世，此編單辭片語，雋永雅馴，直奪臨川劉義慶之席，士林實罕見焉。明府抄藏既久，不欲私爲帳中之秘，屬渠繕録，鋟諸棃棗，凡兩閲月而竣工，渠因得附名末幅。

萬璜《草廬吴文正公全集後跋》（吴澄《草廬吴文正公集》卷末）　［吴澄］先生文集，康熙己丑年間，其裔孫因求者迫切，倉卒用活板印行。所印又不及三百部，今崇之存者約十餘部而已，又皆珍藏之不可得而求也。先是邑人常謀梓是集，懼無主者，費不給，事或不卒，逡巡不敢就。璜官於此，有師儒之責，坐聽其地前賢教澤不彰，負疚於心，不啻曠鰥矣。爰以董厥事爲己任，請質於大中丞胡、方伯王、郡伯朱，咸蒙獎借加激勸焉，邑侯華陽王又喜而捐助之，璜乃毅然開局於三月八日，畢局於七月十五日。自春徂秋，五閲月而功成。【略】底本即用所印活版，規體凌雜，字蹟訛漏，悉心

更補其八九，而因陋就簡之罪，更有不得而辭者矣！刻成，用誌其歲月端末於後，四方有志之士，由是以求先生全書。刊布宇內，惠茲來學，茲刻爲嚆矢云。乾隆丙子九月朔日。

馬曰璐《困學紀聞跋》（王應麟《困學紀聞》卷末） 宋王尚書〔應麟〕厚齋先生《困學紀聞》二十卷，初鏤板於元大德閒，明弘治、萬曆中俱有重刻。本是書爲先生晚年所著，會雜群籍，穿穴紛綸，學者每苦津逮之難。茲得太原閻百詩徵君箋釋各條之下，又得長洲何義門學士按閱本，暇日以大德本互爲勘對，有文義可兩存者並注於後。因鳩工刻置家塾，而記其顛末如此。乾隆戊午八月祁門馬曰璐書於叢書樓。

劉琦《施愚山先生外集跋》（施閏章《施愚山先生外集》卷末） 太外祖愚山先生以理學名儒精心撰述，當其稱詩都下，與漁洋、鈍翁、荔裳諸前輩分轡揚鑣，海內翕然宗之。生平纂著等身，藁藏於家。先生歿三十年，通政曹公貽書外祖隨村先生賫藁維揚官廨，爲捐貲鏤板以行。文二十八卷，詩五十卷，風行宇內，家有其書。嗣舅氏蘖齋公官粵東，續刻《詩話》二卷，《雜著》二卷，又補刻《年譜》四卷，《家風述畧》二卷於淛中，購書家益見所未見。頃舅氏沔涑公杜門卻掃，搜輯遺編，以《硯林拾遺》、《試院冰淵》二卷謀付剞氏，郵以示琦。琦生也晚，不及見先生言論風采，然自弱齡讀《學餘全集》，睪然想見其爲人。竊喜私淑淵源，稍識途徑，雖末學未窺底蘊，然其文具在，可考而知。今《外集》二卷，琦以從事校讐，綴名簡末。余小子亦何幸也，且以見一門作述相承，爲不朽云。乾隆乙酉六月。

黄模《碧溪詩話跋》（黄徹《碧溪詩話》卷末） 模自壬午入閩，得拜族尊莘田先生。先生官四會令，罷歸家居，蕭然環堵，焚香著書，不特文章媲美前人，氣節尤與常明公符合，益信君子之澤未有艾焉。新安鮑君以文近有《鼗書》之刻，模因檢所藏曝書亭舊鈔，亟請開雕。以文復購善本，校其訛脫。詳載前後序跋，又皆竹垞先生當日所未見，而常明公之生平功績於以燦然發潛闡幽，以文高誼，感不朽矣。乾隆丙申陽月，無雙後裔黄模敬書。

盧文弨《抱經堂文集》卷二《重雕經典釋文緣起》 余念此書關經訓之菑畬，導後人以塗徑，洗專己守殘之陋，匯博學詳說之資，先儒之精蘊賴以留，俗本之譌文賴以正，實天地閒不可無之書也。而年來流傳漸少，學者不能盡見，因爲之手校重雕。第以遲暮之年，精力慮有不周，刻成猶再三校，目幾爲之昏弗恤也。其文舊皆連屬，今審其可離者離之，以便觀者。書中是非及今所因革，以嘗所聞於師友者別爲攷證，附於當卷之後，不以殽亂本書。時乾隆五十有六年，歲在重光大淵獻，九月既望，書於常州龍城書院之取斯堂。

又《王厚齋輯鄭氏注尚書序》 余讀《書正義》，見所引鄭注，此書亦閒有漏略者，此則余爲補之，而他書力未能徧及也。《鄭氏易》近世已梓行矣。此書與《論語注》，江寧嚴侍讀用晦長明得自秦中故家，欲與王氏所輯《左傳》賈、服義竝爲雕版以傳，與吾夫子信好之旨知皆必有當也。

又《丁小疋杰校本鄭注周易序》 余於厚齋所輯，若《詩攷》，若鄭注《古文尚書》及《論語》，若《左氏》賈、服等義，皆嘗訂正。惟《詩攷》稍加詳。此書雖加瞻涉，然精力不及丁君遠甚。今覩此本，老眼爲之豁然增明。歸時攜以詒吾黨之有力者，合梓之爲王氏經學五書，知必有應者乎！

又《新刻古文孝經孔氏傳序》 《孝經》有古今文，鄭康成注者，今文也；孔安國傳者，古文也。五代之際，二家竝亡。宋雍熙中，嘗得今文鄭氏注於日本矣，今又不傳。新安鮑君以文，篤學好古，意彼國之尚有是書也，屬以市易往者訪求之，顧鄭氏不可得，而所得者乃古文孔氏傳，遂攜以入中國。此書亡逸殆及千年，而一旦復得之，此豈非天下學士所同聲稱快者哉！鮑君不以自私，亟付剞劂，而以其本示余。

又卷三《校刻白虎通序甲辰》 乾隆丁酉之秋，故人子陽湖莊葆琛見余於鍾山講舍，攜有所校《白虎通》本。此書譌謬相沿久矣，葆琛始爲之條理而是正之，厥功甚偉，因亟就案頭所有之本傳錄其上。舟車南北，時用自隨，并思與海內學者共之。在杭州楷寫一本，留於友人所。在太原又寫一本，所校時有增益。後又寫一本，寄曲阜桂未谷。今年家居，長夏無事，決意爲此書發雕。復與二三友人嚴加攷覈，信合古人所云校書如讎之恉。凡所改正，咸有據依，於是元、明以來譌謬之相沿者，幾十去八九焉。梓將畢工，海寧吳槎客又示余小字舊刻本，其《情性篇》足以正後人竄改之失，蓋南宋以前本也與？其餘異同皆於補遺中具之。

又《雕洪景伯不全隸韻序甲寅》 汪君太完得宋榻洪景伯《隸韻》，已不全，止第三卷下平聲上，第八卷去聲下，計此書當有十卷，今僅得五之一耳。景伯氏之序《隸釋》也曰：「既法其字爲之韻，復辨其字爲之釋。」則

《隸韻》當成在《隸釋》之前。今《隸釋》之書尚不絕於世，太完之兄又重雕以行，傳益廣矣。唯《隸韻》見之者尠，或已疑其失傳。今太完得其不全之本，而追溯其所由，則世祖嘗以賜商邱相宋文康，宋之後人爲豪所奪，繼遭斥賣市司，不能各歸其部，零星散售，故太完所得僅此，而其餘不知歸誰氏矣。汪君之意必欲得其全而後快。若徒秘藏之，則人無從而蹤跡之，將離者遂不可復合。此書爲前哲精神所繫，必尚在天地閒，故立意即刻此二卷以傳示海內。苟得其餘本者，或力能則取汪君之書賡刻於其所藏本而書全；或即以其所藏畀汪君，使賡刻之而書亦全。余亦日夜望之，夫是以表白其意而亟爲海內告也。

又卷四《校定熊方後漢書年表序》 去之千載，當宋南渡時，有澧州參軍豐城熊方者，以所爲《後漢書年表》十卷進於朝，未聞所以可否之者。史家亦不著録，鄭氏《通志》、馬氏《文獻通考》皆不載。吾友鮑君以文得宋梓本，欲復開雕以裨補東漢史之遺闕，既手自讎校，又益以嘉定錢宮詹辛楣弟兄之覆審，而復以示余。

又卷七《題宋板施注蘇詩庚子》 宋刻不必皆佳，而此則楷法端謹，爲尤難得。向在商丘宋公牧仲所。公撫三吴時，先外祖馮山公先生與毘陵邵子湘、吴趨吴荆山諸老咸在幕府，宋公得此書，遂梓以行世，先外祖與校讐焉。

又《群書拾補小引丁未》 文弨於世閒技藝，一無所能，童時喜鈔書，少長漸喜校書。在中書日，主北平黄崑圃先生家，退直之暇，兹事不廢也。其長君雲門，時爲侍御史，謂余曰：「人之讀書求己有益耳。若子所爲，書并受益矣。」余洒然知其匪譽而實諷也。友人有講求性命之學者，復謂余此所爲玩物喪志者也，子何好焉？斯兩言也，一則微而婉，一則簡而嚴，余受之皆未嘗咈也，意亦怦怦有動於中。輟之，遂覺闕然有所失，斯實性之所近，終不可以復反。自壯至老，積累漸多，嘗舉數冊付之剞劂氏矣。年家子梁曜北語余曰：「所校之書，勢不能皆流通于世，其藏之久，不免朽蠹之患，則一生之精神虛擲，既可惜，而謬本流傳，後來亦無從取正，雖自有餘，奚裨焉？意莫若先舉缺文斷簡、譌繆尤甚者，摘録以傳諸人，則以傳一書之力，分而傳數書，費省而功倍，宜若可爲也。」余感其言，就余力所能，友朋所助，次第出之，名曰《群書拾補》。雖然，即一書之譌而欲悉爲標舉之，又復累幅難罄，約之又約，余懷終未快也。然余手校之書，將來必有散於人閒者，則雖無益於己，寧不少有益於人乎？後有與余同好者而且能公諸世，庶余之勤爲不虛也已。乾隆五十二年八月丁巳。

又《新雕西京雜記緣起丁未》 乾隆丙午之歲，爲同年謝少宰東墅校梓《荀子》既竣，計剞劂之直尚賸給數金，思小書可以易訖工者。有向來所校《西京雜記》，因以授之，費尚不足，鍾山諸子從余遊者，率資爲助，而工始完。始余所欲校梓者，以漢魏爲限斷，今此書或以爲晉葛洪著，或以爲梁吴均僞撰，而何梓爲？余則以此漢人所記無疑。

汪啓淑《通志略序》（鄭樵《通志略》卷首） 鄭氏沒後復六七百年，學者衆矣，曾未有論及此書之得失者。余不揣稚昧，嘗取十五家之史志參較此書，得以略窺其閫奥。因念舊刻繁重，明嘉靖中三山龔祭酒所刻《二十略》便於觀覽，鄉先輩杭堇浦先生勸余重鐫以廣其傳，復得趙徵士意林借得南宋雕本覆校，而此書魯魚帝虎之譌繆亦藉以稍稍是正。不敢云鄭氏之功臣，亦庶乎龔氏之爭友矣。其云《通志略》者，仍龔舊云。乾隆歲在己巳清和月上浣三日。

趙起杲《聊齋志異弁言》（張友鶴會校會注會評《聊齋志異》附録）

丙寅冬，吾友周子季和自濟南解館歸，以手録淄川蒲留仙先生《聊齋志異》二冊相貽。深以卷帙繁多，不能全鈔爲憾。予讀而喜之。每藏之行笥中，欲訪其全，數年不可得。丁丑春，攜至都門，爲王子閏軒攫去。後予宦閩中，晤鄭荔薌先生令嗣。因憶先生昔年曾宦吾鄉，性喜儲書，或有藏本。果丐得之。命侍史録正副二本，披閱之下，似與季和本稍異。後三年，再至都門，閏軒出原鈔本細加校對，又從吴君穎思假鈔本勘定，各有異同，始知荔薌當年得於其家者，實原稿也。癸未官武林，友人鮑以文屢慫恿予付梓，因循未果。後借鈔者衆，藏本不能遍應，遂勉成以公同好。他日見閏軒，出以相贈，其欣賞爲何如！獨恨吾季和已赴九原，不獲與之商榷定論已。此書之成，出貲勷事者，鮑子以文；校讎更正者，則余君蓉裳、郁君佩先暨予弟皋亭也。乾隆丙戌端陽前二日。

鮑廷博《青本刻聊齋志異紀事》（同上） 荷村先生丞杭時，嘗出《聊齋志異》一書相示，并將進梓人焉，予頗慫恿之。及擢守嚴陵，政通人和，始從事於梨棗。清俸不足，典質以繼之，然竟不克簣成而卒。先生弟皋亭屬

予竟其業。比竣厥工，距道山之游七閱月矣。覽先生自序，方以周君季和不及見爲恨，詎意墨瀋未乾，風流頓盡，予之痛先生，復有甚於先生之痛季和也。悲夫！先生性恬澹，而獨淫於書，故與予交尤莫逆。嚴陵距杭三百里，借書之伻嘗不絕於道。《志異》之刻，余君蓉裳在幕中商榷爲多，比蓉裳計偕北上，偶一字之疑，亦走函俾予參定焉。今手書滿篋，觸目凄然，輒有山陽夜笛之感。初先生之梓是書也，與蓉裳悉心酌定，釐卷十二，予第任讎校之役而已。今年正月，晤先生於吳山之片石居，酒闌閑話，顧謂予曰：「茲刻甲乙去留，頗愜私意，然半豹得窺，全牛未睹，其如未厭嗜奇者之心何！取四卷重加審定，續而成之，是在吾子矣。」予唯唯，後五月，十二卷始蕆事，而先生遽卒。未竟之緒，予竭蹷踵其後，一言之出，若有定數。嘻，異矣！【略】乾隆丙戌十一月望三日。

又《知不足齋叢書·赤雅跋》　鄺先生湛若，南海奇士也。以迕邑令，棄家走粵西，爲猺女雲嚲孃之客。因悉其山川、風土、儀物及歌舞、戰陣之制，撰爲此書。瓌奇藻麗，昔人方之《山海經》、《西京雜記》，非溢美也。百餘年來爲世珍秘，而流傳蓋寡。予亟爲校刊，與海内嗜奇之士共欣賞焉。舊有懷寧兩阮序引，削而不錄，懼爲先生辱也。【略】乾隆己丑十一月上浣六日。

又《對床夜語跋》　景文號藥莊，錢塘人，南宋太學生，嘗與高菊磵、姜白石諸人遊。咸淳丙寅，同葉李、蕭規等上書詆賈似道。似道以泥金飾齋扁事罪之，分竄瓊州。其行誼卓然，殆陳東、歐陽澈之流，非如江湖詩人僅以風雅自命而已。所著《夜語》一編，詞約理勝，深得說詩之旨。景定間，南康馮去非爲之序，諄諄以名節相勉。景文卒亦不負其言，斯可謂之知己矣。歷歲寖久，漸泯其傳，杭人鮮有能舉其姓氏者。予因取家塾舊鈔，正以前明活字印本，梓而行之，蓋亦惟其人不徒以其言也。【略】乾隆壬辰十月十日。

又《南濠詩話跋》　都少卿《詩話》，前明刻本有二，其一黃桓刻於和州，凡七十二則；其一文衡山刻於吳郡，僅四十二則。兩本詮次不同，互有增損，予因正其謬誤，合而刊之，庶爲完善矣。黃本傳自厲氏樊榭山房，文本則從書局借范氏天一閣舊藏也。乾隆癸巳七夕。

又《公是弟子記跋》　右劉原父先生所著，題曰《弟子記》者，殆託於及門所記錄歟？按：先生墓誌及《宋史》本傳俱云五卷，今本祇一卷，與晁公武《讀書志》合，當屬足本無疑也。是書一開於乾道，再版於淳熙，此承淳熙校本之舊，尤稱完善。雖輾轉傳鈔，不無小悞，要勝乾道初刻也。西江近刻《劉子全書》，獨遺此帙，因爲補刊以傳。乾隆乙未上巳。

又《懷麓堂詩話跋》　李文正公以詩鳴，成弘閒力追正始，爲一代宗匠。所著《懷麓堂集》至今爲大雅所歸。《詩話》一編，折衷議論，俱從閱歷甘苦中來，非徒游掠光影、娛弄筆墨而已。仁和倪君建中手鈔見贈，亟爲開雕，俾與《滄浪詩法》、《白石詩說》鼎峙騷壇，爲風雅指南云。乾隆乙未仲秋上浣。

又《獨醒雜志跋》　浮雲居士藴用世之才，行獨醒之志，著書自樂，以全其天，可謂賢已。所著《雜志》十卷，詞簡而事該，識高而論卓，同時諸賢品題備矣。予按，《行狀》：公母夫人年逾九十，公奉侍唯謹，非甚不得已，未嘗去左右。今是書首述蔡端明母壽百單八歲，歲筆之下有餘慕焉，尤有以徵其孝思也。惜自淳熙丙午家塾版行而後，迄今六百餘年，别無雕本。予感誠齋序中有「亡書無亡言」之論，亟爲開而行之。若夫楮墨易渝，棗梨速朽，百年以往，再永其傳，則又後世君子之責也。乾隆乙未重午日。

又《梁谿漫志跋》　右《梁谿漫志》十卷，宋國子免解進士費袞補之撰。梁溪以梁伯鸞寓居得名，在無錫縣城西南。補之其邑人，而行事無可考。所紀多當代前言往行，而典章制度居三之一。【略】是書宋雕不可得見，勝國時梁溪檇李俱經翻梓，傳亦漸寡。海昌吳君葵里兩以明刻見貽，復爲借周芚兮先生家藏影宋鈔本，俾博參校，以傳是爲。皇清乾隆丙申距嘉泰元年晉陵施濟開版時，蓋六百四十又九年矣。是歲十月既望。

又《猗覺寮雜記跋》　朱翌字新仲，龍舒人，漢桐鄉嗇夫邑之後，政和間以太學生賜第，爲溧水簿。高宗南渡，秘書監中書舍人，與脩《徽宗實錄》。秦檜逐趙鼎，以爲鼎黨，謫居曲江，已而放歸。【略】右《雜記》二卷，蓋在曲江時所著。方流離遷徙，索手無書，而能紬繹經史，探索百氏，旁引曲證而折衷之，亦足以徵其腹笥之富已。【略】此本卷末題云「康熙丙申六月借小山從汲古得本付鈔」，不知何人筆。予購自文瑞樓金氏，乾隆乙未以付梓人。逾年，歲事甲子偶符，殆亦所謂前定者耶？丙申十月中浣二日。

又《兩漢刊誤補遺跋》　右《兩漢刊誤補遺》十卷，宋崑山吳仁傑撰，以補劉氏《漢書》刊誤之遺也。按：宋時刊班、范二史之誤者，吳氏之前凡有四家，余靖、張泌及無名氏三書不可得見已。劉氏原本久無專刻，國朝乾隆四年，武英殿校刊經史始據慶元舊本《漢書註》，中增入一家之言，幸垂不朽。吳氏此書發明辨正，精確不磨，其於劉說銖量黍較，亦無少假借。雖名「補遺」，實多匡謬，尤不可令其無傳也。友人郁君佩先嘗以葉石君舊鈔相貽，今年學士盧抱經先生復自金陵以校本寄示，且有不靳傳鈔之約。博因取葉本參合是正，壽之棗梨，俾讀者無筆札之勞，庶幾其傳益廣矣。【略】乾隆丙申十月下浣二日。

又《釣磯立談跋》　右《釣磯立談》一卷，作者自稱「日叟」，不署姓名，據《十國春秋》，以爲南唐史虛白撰。楝亭曹氏刻於維揚，遂以其名列之首簡。予以自序及他書攷之，蓋虛白仲子之筆也。虛白在烈祖時曾爲校書郎，故序稱「先校書」。【略】元本凡百二十條，已亡佚過半，楝亭刊本復多殘闕，枚菴漫士得汲古閣舊鈔，凡「殷」、「徵」、「桓」、「構」、「惇」、「廓」等字俱諱末筆，一仍宋刻之舊，頗稱完善。因就曹本詳加讎勘，補錄自序一首、脫簡二飜，訂其缺誤復數百字，頓還舊觀矣。丁酉孟冬予訪舊吳閶，獲從枚菴借錄，既賞毛本之佳，益惜曹刻之陋，遂命梓氏亟刊正之，且以酬枚菴校錄之勤也。乾隆戊戌二月上浣。

又《清虛居士雜著跋》　右《清虛居士雜著》三編，編各一卷，宋大名王鞏撰。《補闕》一卷，則其從曾孫從謹所補錄也。【略】此三書者淮海張邦基傳先生手稾於張彥，則始行於世。從謹因得就向氏錄藏焉，是隆興以前雖其家亦未嘗有也。戊戌之秋，予傳竹垞老人手鈔，隨手錄及補闕一卷。甫竟，復得宋刻《聞見》、《甲申》二錄於吳興書賈。竊喜其合并之奇，又懼其久之而復佚也，爲彙而刊之；且備錄東坡諸公之言，以志景仰。讀書尚友之士，或不厭其述之之詳也。宋刻遇「構」字下註「御名」而不書，知爲高宗時版本。《聞見錄》書李東之請老事，《宋史》作「李東之」，據此爲正其誤云。乾隆己亥三月三日。

又《臨漢隱居詩話跋》　魏泰字道輔，襄陽人。幼爽邁，善屬文，博綜群籍，喜談朝野事，亹亹終日。然其爲人有口而無行，於曾布爲婦弟，恃其勢，頗爲鄉里患苦。嘗在試院以事上請毆主文幾斃，坐此不許應取。既不得志，乃紀其少時公卿閒所聞，爲《東軒筆錄》一書，皆用私意誣衊前人。心喜章惇，數稱其長，其是非多不可信。又撰《志怪集》、《括異志》、《倦遊錄》，皆託之「武人張師正」，而自爲之序。最後假梅堯臣之名作《碧雲騢》，至毀及范文正，而天下駭然矣。晚節卜居漢上，爲《隱居詩話》一卷，其持論主於優柔感諷，深以豪縱怒張爲戒，殊不類其爲人，雖閒一稱引章惇，且目王介甫爲孟子後一人，爲後世口實，而援據古今，扢揚風雅，尚未獲戾於正人，似差勝於《東軒》諸錄耳。偶得善本，校而刊之，覽者或不以爲病云。乾隆己亥十月下浣三日。

又《補漢兵志跋》　右《補漢兵志》一卷，宋樂清錢文子撰，門人陳元粹爲之註，蓋以補班史之闕，而實有慨於南渡後兵食冗濫，思復漢制以救其弊。其憂國之心深矣。當嘉定甲戌、乙亥閒，瑞昌、淮南一再版行。閱世既深，流傳漸寡，予以重値購鈔本於吳江沈氏，反覆班書，詳加讎比，正訛補闕，頗於陳註有小補焉。鋟梓家塾，再廣其傳。【略】乾隆己亥十月既望。

又《歸潛志跋》　渾源劉祁，字京叔，號神川遯士。【略】遭亂北歸，追述平昔交游談論，與夫興亡治亂之迹，著爲一書，因其堂名，目曰《歸潛志》，與同時元好問《壬辰雜編》竝行於世。金末文獻之徵於是乎在。遺山《雜編》已亡於明之中葉，京叔是書，元至大閒鄉人孫和伯曾梓行之，歷爲藏弆家珍秘，僅有傳本，而海内或未盡見也。此本傳鈔於萊陽趙太守起杲，再假文瑞樓、抱經堂諸本互相讎校，畧采《宋史》、《中州集》及諸家雜說以疏其異同，梓公同好。用繼孫氏刻本於五百餘年之後，亦墨林勝緣也。【略】乾隆己亥十月下浣五日。

又《玉壺清話跋》　宋僧文瑩，字道溫，錢塘人。工詩，喜藏書，尤留心當世之務。老歸荆州金鑾，紀述一時聞見，成《湘山野錄》一書，稱史材焉。是書亦瑩所撰，體例略同，特所稱玉壺爲隱居之潭，未詳所在耳。【略】《野錄》已刻於毛氏《津逮秘書》，此則脫誤相仍，久無善本。是冊爲吾友枚菴漫士手校，庶爲精核，其閒一二事與《宋史》未合者，偶爲正之，刊梓家塾，與隱湖舊刻竝行於世，讀者應有劍合之喜云。乾隆庚子六月望日。

又《離騷草木疏跋》　刻斗南先生《兩漢刊誤補遺》既竣，姚江邵太史晉涵以宋槧《離騷草木疏》相示，復爲校而刊之。攷先生是書成於慶元丁巳，維時寧皇初政，韓侂胄方專擁戴功，與趙汝愚相軋。既而斥汝愚罷朱子

嚴僞學之禁，從而得罪者五十九人。先生官止國錄，未敢誦言，迺祖述《離騷》，譬諸草木，按《神農本草》諸書，爲之別流品辨異同。薰蕕既判，忠佞斯呈，用補劉杳舊疏之亡，因以暢其流芳遺臭之旨，庶幾言者無罪，聞者足戒。【略】朱子亦爲之注《離騷》以寄意焉。其成書後於先生二年，而其感時傷逝，纏綿惻怛，不能自已之情亦時時流露於行墨閒。是書也，可謂先得朱子之心矣。乾隆庚子九月上浣。

又《鐵圍山叢談跋》　舊藏蔡絛《叢談》，得於璜川吳氏者，誤書棘目，幾不容讀。此則《讀書敏求記》所謂雁里草堂舊寫本也。楮墨雖古，脫繆略同，再假涉園藏本互相讎比，又以他書尋繹之，稍有條理矣。【略】顧其紀述建隆、乾德以來軼事，歷歷在目，嗜古之士或於稽典故，資博識，助談諧，時有取焉。刻梓以傳。【略】盧學士抱經堂本有寬山一跋，其指陳靖康禍亂之繇，頗得要領。養癰貽患，條雖百喙，何所置辨哉？因竝錄而存之。乾隆四十六年歲在辛丑十二月朔。

又《酒經跋》　是書雖刻於《說郛》及《吳興藝文志補》，然中下兩卷已佚不存。吳君伊仲喜得全本，麴方釀法粲然備列。借登棗木，以補《齊民要術》之遺，較之《竇苹酒譜》徒摭故實而無裨日用，讀者宜有華實之辨焉。【略】乾隆乙巳六月既望。

又《伯牙琴跋》　錢塘鄧牧心先生生宋晚季，薄於榮名，工古文詞，雅以作者自命。元大德閒遯跡餘杭大滌山，手定詩文六十餘首，名《伯牙琴》，慨賞音之難也。由元迄明，亡佚過半，南濠都少卿藏本已有文無詩矣。予爲綴緝叢殘，於舊存文二十四篇外增文五篇，補詩十有三章，授住山張君禮恭刊附《孟集虛洞霄圖志》以傳。洞霄山深境寂，游屐罕至，其行或未廣也，爲別梓此本，以遺同嗜。【略】乾隆丙午二月上浣。

又《鬼董跋》　右《鬼董》五卷，不署撰人姓名。據泰定閒錢孚跋語，似爲宋孝光時沈某著，特傳之者關漢卿耳。考第四卷有「嘉定戊寅予在都」之語，則其人寧宗時尚存。明蔣一葵《堯山堂外紀》竟以爲關撰者，誤矣。所紀多涉鬼神幻惑之事，宜爲儒者所譏，而勸懲之旨寓焉。予固不敢以無稽目之，復梓以傳，庶幾於世教有少補云。乾隆丙午七月既望。

又《江淮異人録跋》　右《江淮異人録》一卷，宋職方郎中潤州吳淑正儀撰。記南唐時道流、俠客、術士凡二十五人，與《直齋書錄解題》相符，惟陳本作二卷耳。【略】是錄明嘉靖中伍光忠本稍經潤色，尚未失眞。近刻首列明皇游月宮事，展卷即知其僞矣。喜得善本，特梓以存其舊云。乾隆丁未十月既望。

又《宣和奉使高麗圖經跋》　宋徐兢撰《宣和奉使高麗圖經》，遭靖康之變，已亡其圖。乾道三年，從子蒇始刻於澂江郡齋仁和趙氏小山堂。又有高麗本，不知刻於何時。今俱不可得見矣。近世流傳惟明末海鹽鄭休仲重刊本，其間脫字凡數千，第二十七卷又錯簡不可讀。同里胡夏客曾以鈔錄宋本讐對，亦僅正十數字而已。予家所藏雖繕寫不工，較爲完善。因參合鄭本，刊以行世。中有與鄭本互異及小有脫漏處，仍俟博古家藏有宋刻者訂正焉。乾隆癸丑端陽。

又《武林舊事跋》　書凡朝廷典禮、山川風俗與夫市肆節物、教坊樂部，無不備載，而於孝廟奉親之事尤致意焉。武林徵掌故者多就取材，而流傳絕少善本。此冊得之紅豆山房惠氏，即《讀書敏求記》所謂元人傳自仇山村家足本也。自序一篇，聲情綿邈，悽然有故國舊君之思，不僅流連今昔而已。而舊刻遺之，失其旨矣。爰就明時宋、陳兩刻參校以傳，不惟爲藝苑增一佳本，亦以慰作者於百世之上也。乾隆癸丑端陽後一日。

又《蘇沈良方跋》　良方託始於沈夢溪，迨宋南渡後，或益以東坡論說，而蘇、沈之名著焉。元明以來，其傳漸寡，近年吳郡程君永培始出藏本，授梓以行。會朝廷詔頒內殿聚珍版本於各直省，於是其書復大顯於世。顧殿本初頒，藏弆家爭先快覩，既不敷承領，而程刻又不列坊肆，無以饜四方之求，博因參合兩本，益廣其傳，上以仰副聖天子嘉惠藝林之至意，而程君活人濟世之心抑又推而廣之矣。殿本輯自《永樂大典》，大概詳沈而略蘇；程刻較完而承訛襲謬，無從是正。往時程君過予，語次及之，若有歉然於中者，蓋慮其貽誤，較他書所繫尤重也。今證以殿本，盡刊其誤，其爲愉快，當何如耶！刊成謹冠提要於簡端，以還殿刻之舊。卷末仍先以程跋，用示不敢掠美之意云。乾隆癸丑十月上浣四日。

又《文苑英華辨證跋》　《文苑英華辨證》十卷，明正德丙寅，無錫華燧得陳湖陸氏宋本，以會通館活字印行。第一卷「用字門」僅白居易《賀雨詩》、權德輿《李國貞碑》二條，固疑有脫簡矣。既借錢塘吳氏、慈谿鄭氏兩鈔本互校，則前尚有「玉有瑕穢」等一十九字，脫佚顯然，蓋華氏削之以

掩其不全之跡耳。頃從吳郡顧君澗薲假得手校影宋鈔本，卷首空白二紙，知爲活字祖本，而吳鄭本所自出也。摹以開雕，仍虛其端以待補焉。宋刻凡遇廟諱俱缺末筆，今不固遵，惟序文提空處略仍其式，以還舊觀云。乾隆乙卯二月十八日。

又《世善堂書目跋》 右《世善堂書目》，明萬曆閒連江陳第手自編定，而其子若孫時時增益其閒者也。第字季立，號一齋。【略】平生游歷幾徧天下，所至市書不遺餘力。其閒枕函帳秘，借抄於金陵焦氏、宣州沈氏者尤多藏弆。二百餘年，後嗣不復能守。乾隆初年，錢塘趙谷林先生昱齎多金往購，則已散佚無遺矣。目錄一冊，即其家元本。予從趙氏匄得之，內經谷林先生圈出所稱斷種秘冊者約三百餘種。予按其目求之，積四十年一無所得。則當時散落，誠可惜也。特刊其目，附叢書以行，庶與海內藏書家共留意焉。乾隆六十年五月十二日。

又《蘆浦筆記跋》 余傳是書在壬午之春，彈指三十五年矣。屢經校讎，意未愜也。丙辰七月始得謝肇淛小草齋舊鈔，補脱文二行《王公家傳》補十六字，《祭蝗蟲文》補十三字。【略】其他更定，不一而足，庶幾成善本矣。亟壽梓氏，以傳無窮。惜樊榭、意林諸老宿不及見也。小草齋本末有「辛亥七月望，豐城張應桂手錄」題字一行，以鈔藏歲月計之，僅先謝兆申本數月，特未經轉寫，故未失真，爲足據耳。前有周櫟園圖記，今藏桐鄉姚君正夫家。刻成，記於西湖沈氏湖樓。時嘉慶戊午七月十二日。

又《南宋群賢小集目錄跋》 右南宋陳起編刻《江湖群賢小集》，借鈔於汪氏振綺堂，主人諱憲，字千波，號漁亭，錢塘人。汪本傳自瓶花齋吳氏，主人諱焯，字尺鳧，號繡谷，又號蟫龕生，錢塘人。其傳錄始末，繡谷述之詳矣。【略】予鈔是書，在乾隆辛巳之春。維時亟於成書，友人二嚴昆季、兄果字敏達，弟誠字力闇。姚君竹似、家賢，字官之。潘君德園、庭筠，字蘭垞。郁君潛亭，禮，字佩之。俱踴躍助予手鈔。錄成，思請善書者人書一卷，重梓以行，事重費煩，時作時輟，因循迄今，汗青未就，彈指遂四十餘年矣。一日，石門顧君松泉在予案頭見之，力任開雕，其年蔵事。其鏤刻之工，較宋刻爲尤勝。復就文瀾閣恭錄《欽定四庫全書》中《江湖後集》附焉，而是書更無遺憾矣。所惜敏達、力闇、潛亭俱先後謝世，不及快睹其成，而予猶得與竹似、德園諸君舊雨重聽，新編共讀，晚年樂境，何以逾茲！嘆息之餘，又不覺掀髯自慰也。嘉慶辛酉七夕。

又《侯鯖錄跋》 《侯鯖錄》近惟《稗海》本行於世，誤書脱簡殊不耐觀。予家塾藏有三本。一芸川書院本，不知刊於何時，脱誤與《稗海》略同，似即商本所祖也；一明天啓閒海虞三槐堂坊刻，密行細字，頗具雅致，而繆戾時復不免；一舊抄本，分上、下卷，較諸本爲勝，惟刪削《辨傳奇鶯鶯事》一卷耳。暇日參合校訂，又時檢他書，證其異同。雖不敢信爲善本，以較商刻則逕庭矣。刊以質諸藏書家。嘉慶癸亥八月上浣三日。

又《鑒誡錄跋》 宋刻《鑒誡錄》十卷，明萬曆初藏於項氏天籟閣。國朝歸秀水朱氏。本出麻沙坊賈重雕，謬誤特甚。因後有康熙閒諸名宿題識，又經漁洋山人手校，遂爲此書增重。乾隆乙巳，吳郡程君叔平厚價收之，攜示金君鄂巖德輿。適予與方君蘭如薰、趙君味辛懷玉同集於桐華館，得寓目焉。并以家藏抄本互相讎比，正譌補闕，十得八九，較漁洋所改不啻過之。叔平囑予刊入叢書，以廣其傳。忽忽十有九年，始踐宿諾。而蘭如、鄂巖已相繼下世，味辛又遠宦山左，俱不及預棗梨之役。回視桐華館，遂如黃公酒壚，邈然有河山之感矣。刊成寄示叔平，相與致慨。然叔平公世之心繫切盼是書之成久矣，感念之餘，又當欣然開卷也。嘉慶癸亥十月二十四日。

又《石湖紀行三錄跋》 《石湖三錄》，明嘉靖間吳郡盧襄曾合刻於建安書坊。去今二百餘年，流傳絶少，此本其僅見也。外此，惟寶顏堂先後刻入《秘笈》，傳世尚多。然《秘笈》所刊書草率誤人，往往失昔人面目，是爲古書一厄，有識者恨之。此三錄中《吳船錄》尤繆戾，有脱去數行者。予得是本，即刊正之矣。今並《攬轡》、《驂鸞》二錄補入《叢書》，而附以《桂海虞衡志》，仍盧氏之舊也。惟《攬轡錄》元本二卷，晁氏《讀書志》著於錄。今盧氏所刻卷帙寥寥，與《秘笈》本相同，視二錄詳略迥殊。眉公蓋云鈔自《說郛》，則元本之亡由來舊矣，惜哉！嘉慶乙丑重九後一日。

又《灤京雜詠跋》 乾隆己丑十二月廿一日，阻風虞山，閲市，購此《灤京雜詠》，通百有八首。羅璟跋云：「百首，舉成數耳。」秀埜草堂選元詩遂乃刪去八首，以符其數，舉世遂不見其全。中如「故鄉不是無秋雨，聽過匡廬始愴神」及「不比江南花事早，家家兒女解傷春」諸作，在卷中尤極風韻，轉置不錄，不知操選之意何在也。亟爲刊定，以還舊觀。嘉慶十年十一月十八日。

又《竹譜詳録跋》 元李衎息齋《竹譜詳録》刻於大德、延祐閒，歷年既久，舊刊不復可見矣。即摹寫之本亦稀如星鳳，以圖畫爲難耳。幸《永樂大典》曾經收録，《四庫全書》因著録焉。博厦擬敬詣文瀾閣就鈔，以無能任繪事者，因循中輟，然未嘗一日去諸懷也。嘉慶甲子，始於故家得明成化閒繕本。此君風節宛然，法則具備，爲之快慰。惜紙已糜爛，不宜展閱。富君秋鶴見之嗟息，亟爲予摹寫一帙，置之案頭，日供清玩。又爲縮本，俾刊入《叢書》，永爲游藝家一助，可爲息齋功臣矣。舊鈔缺久竹一圖，并自序一篇，謹從閣本補全。而柯謙、牟應龍兩序則又閣本所佚也。【略】嘉慶戊辰七月既望。

又《雲林石譜跋》 余向至海昌，得交馬容海卿佐，觀所藏查伊璜孝廉之縐雲石及同時諸人題咏。既又出示宋杜綰《雲林石譜》三卷。案：綰字季陽，號雲林居士，山陰人，宰相衍之孫，唐工部甫之裔也。其書彙載石品一百十六，各詳形、色、出產而次第之，洵譜録中不可少之書也。擬欲重刊，以廣流傳。因字句閒尚多錯譌，因循未果。今春敬觀《欽賜古今圖書集成》，始知是書已邀採録，謹即校對一過，凡改正數十處，并補録紹興時孔傳序一篇。適余方刻《叢書》第二十八集，遂爲付梓。并附縐雲石圖記於後，以識容海好古之雅意云。嘉慶十九年春。

又《澠水燕談録跋》 《澠水燕談録》自商氏《稗海》殘缺本行於世，海内不見全書久矣。此帙出自明正德閒白沙貢氏，吳郡趙氏清常又以宋刻補足末卷，詳具李北苑跋中。惜先兆一門尚有缺葉，未能符自序三百六十餘事之數。海内藏弆家有以完本見貽，俾補一簣之虧，則造福於古人尤不淺矣。

袁廷檮《袁氏世範跋》（鮑廷博《知不足齋叢書・袁氏世範》卷末） 乙巳春，予於書肆檢閲舊編，得此宋本。書分三卷，後附方景明《詩鑑》一卷，有予從祖陶齋公、謝湖公二跋，稱其校刻精善，洵爲世寶。是吾家故物也，楚弓楚得，若有冥貽。謹讀數過，其言約而賅，淡而旨，殆昌黎所謂「其爲道易明而其爲教易行」者耶！予方刻載家譜，鮑丈以文見而賞之，復梓入《叢書》附，《顔氏家訓》後，以廣其傳。是作書者幸甚，而予之購得此書亦幸甚。乾隆庚戌孟冬。

又《世緯跋》（《知不足齋叢書・世緯》卷末） 延檮先世當明季，文章名節照耀一時，故流傳藝文極盛。其版本刊布者家藏略備，即先人手稾墨蹟，近年搜羅亦不下數十種，惟胥臺公所著《世緯》一書，文待詔謂鑿鑿乎經世之論。惜未梓行，并失舊本，嘗以無從購求爲恨事。迨恭讀《欽定四庫全書簡明目録》，子部儒家類中載有此書。仰惟聖朝稽古右文，開獻書之路，雖卮言蕘論，咸登秘閣，實千古罕有之遇，潛德幽光，胥不終泯没矣。於是致書館局，録副寄吳。楚弓重得，如獲瓌寶。展卷敬讀待詔之言，洵非溢美。不敢秘爲私有，謀之鮑丈以文，刻入《叢書》，以廣其傳焉。謹録《四庫全書》内提要冠首，并以文待詔所撰墓志銘附後，俾讀是書者可以考見公之節概云。乾隆五十有七年壬子秋七月朔。

吳長元《斜川集跋》（《知不足齋叢書・斜川集》卷末） 宋蘇叔黨先生《斜川集》，著録於《直齋書録解題》者凡十卷，《宋史》本傳稱二十卷，久佚其傳，無從攷定。以世豔稱之，雞林黠賈時以贋本鉤致厚價。今好事家往往有錦題緗帙，列之文房玩好，閒以供清賞者，皆龍洲道人劉過詩也。昔嘗懸金購求，冀獲眞本，以與《三蘇文集》竝行，久不可得。既閲王弇州題跋，乃知以劉集充《斜川》自元季已然，不自近始，因歎廣陵散久絶人寰矣。歲在癸巳，朝廷開館纂脩《四庫全書》，特詔儒臣從《永樂大典》中搜羅遺籍。時山左周編修永年於各韻下得先生詩文散片共若干首，緣全書提要將外省所進《斜川集》贋本駁去，乃置笥不辦。繼予妹聟余編修集於孫中翰溶齋偶見稾本，亟以告予。予驚喜過望，借歸録副，從《宋文鑑》、《東坡全集》、《播芳大全》諸書考訂譌舛，增補闕遺，釐爲六卷。又採他書所載遺聞軼事，輒録附焉。計其卷帙，祇原集十之二三，然數十年夢寐之書忽於無意中得覩，吉光片羽，手鈔心誦，未匝月而畢事。語云：物聚於所好，不信然歟！友人鮑以文氏嗜奇好古，先世所藏兩宋遺集多至三百餘家，亦以未見先生詩文爲憾。會有南鴻之便，即以録本寄之。以文每得異書，不自珍錮枕函帳秘，往往播在藝林，公諸同好，更能損貲壽梓，以續六百餘年一綫之緒，俾汲古之士得家置一編，以供弦誦。嚮之誤收贋本者，亦得悉行刊正，頓還劉集舊觀，俾龍洲仍以詩豪雄於奕世，則又不獨爲蘇氏之功臣矣。乾隆壬寅二月二十九日。

李鋭《測圓海鏡跋》（《知不足齋叢書・測圓海鏡》卷末） 浙江學使阮閣學芸臺先生學貫天人，振興絶業，以言立天元者莫詳於《海鏡》，惜其流傳未廣，將重付剞劂。出所藏舊鈔本寄示，命爲校勘。爰依術布算，訂其算

式，間有轉寫脱漏、設數偶合處，輒因管見所及是正。其譌凡若干條，極知固陋，無補古人，質之閣學，幸垂誨焉。嘉慶二年三月十九日。

吴騫《玉窗遺稿跋》（萬宜《玉窗遺稿》卷末）　龍山朱日觀先生以詩受知於王新城司寇，故《感舊集》中所收獨多。又嘗寄以詩云：「故人朱季在，何處駕飛鴻。」其婦葛南有氏亦工詞翰，所著《玉窗遺稿》康熙中曾刻之小桃源。未幾，板復散去，以是知之者益少。吾友朱秀才允達，日觀族孫也，尚居桃源故里。歲庚寅，屬之蒐訪。閲數月始獲以遺予，爲之狂喜累日。蓋此稿浮沈於世者殆及百年，非其後人寶守之，固有不爲廣陵散者幾希。因亟爲讎校，重付開雕。【略】壬辰正月，吴騫跋。

又《孟子外書跋》（劉攽《孟子外書》卷末）　右《孟子外書》四篇，後一篇闕而不全。歲己亥冬，周大令春從海鹽故家廢籍中檢得，亟手録之。卷尾題跋尚多，以楮墨斷爛，莫可盡識，故僅存暖、胡二跋而已。明年春，予與陳君鱣復就大令借鈔，於是傳寫遂廣。按：《外書》四篇自爲趙氏所不尚，寖致湮晦，宋以來如晁子止、王伯厚、馬貴與諸家簿録中，雖皆著四篇之名，而未列其書，惟劉昌詩《蘆浦筆記》云嘗見新喻謝氏有《性善辨》一帙，疑即《孟子外書》，旋亦無傳，其視此本竟不知何如也。【略】是編雖不無可疑，要其文義亦有不容終泯者，爰爲授梓，以備逸書之一種云。乾隆辛丑夏仲。

又《愚谷文存》卷一《皇氏論語義疏參訂序》　梁皇侃《論語義疏》十卷，見於隋、唐各《志》及陸元朗《經典序録》，蓋唐世尤重之。自宋邢昺等爲《正義》後，遂隱而弗彰，迄今數百年幾疑已絶於世。前歲，武林汪君航海至日本，得其本以歸。予友鮑君以文亟爲開梓，以廣其傳。數百年湮晦之書，一旦可使家學而人習之，謂非治經者一大幸與？

又卷二《春浮閣吟稾序》　予昔往來陽羨，頗耳史子閶如性喜藏書，好學工詩文，嘗思得一見之。乾隆歲甲寅上巳，偕塡爲、景辰修禊於義興北郭，蔣君笙伊湛瀆山莊，少長若而人，閶如適預焉。彼此不交一言，既别去，始知，不禁憮然。未久，聞已脩文地下，玉蘂先零，瓊枝蚤折，於是愈惜鄉者失閶如於一交臂。【略】嘉慶癸亥春，復遊荆南，景辰手其《春浮閣遺稾》見眎，且謀所以不朽閶如者。予亟從臾之，幷爲攜行笥而雕梓於西湖。然後知湛瀆之會未必非造物者先假以文字之緣也。刊既成，更取而卒業，凡古近諸體，皆醇以雅，秀而則，不落時俗風格。而五言尤淸逸，有翛然物外之致。

又卷三《新刻拙政園詩集題詞序》　予少日嘗重刻徐夫人深明《拙政園詩餘》，迄今且數十年，復得詩集於其六世從孫奉峩，亟謀剞劂，合入《海昌麗則集》以行。按：《拙政園詩餘》一卷原本一卷重刻釐爲三卷，附録一卷，海昌相國在日曾序而刻之，板尋燬詩集則初未授梓。故世第傳夫人長短句，而罕知其詩。【略】詩餘始刻於順治癸巳，逮今百五十載，而詩集方克壽梓，延津之劍久湮復合，固由奉峩搜訪之力，要亦作者之精誠有不容終泯者。嘉慶八年秋日。

又《論印絶句序》　予少有印癖，偶讀前輩沈房仲、厲太鴻諸公論印絶句，適然有會於中，間亦效顰，且要同志者屬而和之。通得如干首，薈爲一編，付之剞氏。

又卷五《重刊宋湯文清公注陶詩跋》　南宋鄱陽湯文清公註《陶靖節詩》四卷，馬貴與《文獻通考》極稱之。【略】此書世尠傳本，歲辛丑，吾友鮑君以文游吴趨得之。歸舟枉道過予小桐溪山館，出以見眎。楮墨精好，誠宋槧佳本也。昔毛斧季先生晚年嘗以藏書售潘稼堂太史，有宋刻《陶集》，斧季自題目下曰：此集與世本敻然不同，如《桃花源記》「聞之欣然規往」，時本率譌「規」作「親」，今觀是集，始知斧季之言爲不謬。又《擬古詩》「聞有田子泰」流俗本多譌作「田子春」，惟此作「子泰」，與《魏志》符。其他佳處，尤不勝更。僕數註中，間有引宋本者。鮑君據吴氏《西齋書目》及僧思悦《陶詩序》，以爲湯氏蓋指宋元獻刊定之本，因勸予重雕，以公同好。

又《重刊宋本謝宣城集跋》　案：《直齋書録解題》云「《謝宣城集》原本十卷，宋樓照知宣州，止以上五卷賦與詩刊之，下五卷皆當時應用文字，衰世之事，可采者已見本傳及《文選》，餘視詩劣焉，以爲雖無傳可也。」故今《宣城集》止五卷。明時有數刻。予所見嘉靖丁酉任邱黎晨刊本，其間紕繆舛錯殊多。又正德辛未康海序劉紹刊本，以爲世本《隨王鼓吹曲》與樂府多差謬，不知其所謂勘正本差謬正復不少，如《鼓吹曲》中第一首《芳樹》乃誤以再賦者次於前。【略】去秋，偶從盧紹弓學士借得舊藏宋本，視明刻迥異，因即授剞劂，刊入《愚谷叢書》。惜梓垂成而學士已歸道山，

不及更相與訂其亥豕矣。【略】嘉慶元年春王正月十有八日。

又《補刊宋本謝宣城集跋書後》 予以嘉慶丙辰重梓《宣城集》，用盧學士依宋校本。明年夏過吳趨，顧千里茂才，爲言黃蕘圃孝廉有兩宋本《宣城集》俱佳，蕘圃因即錄其序跋、目錄見遺。予喜過望。細讀之，蓋即陳直齋所。云東陽樓炤原本，而鄱陽洪伋嘉定庚辰重刻者也。宋本全書體格較此稍異，每葉二十行，行十八字，目次行款亦多不同，亟取序跋補刊入集，并書顛末，以著良友之惠云。丁巳天中前一日。

又《重刻羅昭諫讒書跋》 歲丙寅秋，黃蕘圃主事以《讒書》五卷全本屬仲魚孝廉見寄，予喜踰意外，亟手爲校錄，刊入《愚谷叢書》中。【略】嘉慶丁卯上巳書。

又《愚谷文存續編》卷一《拜經樓詩集續編自序》 予以嘉慶癸亥春裒次舊稿，得古近體詩千餘首，爲《拜經樓詩集》十二卷，梓以問世，距今又將十載。摭拾殘賸，復得三百餘首，爲《續編》四卷，附《詩餘》一卷，曰《萬花漁唱》，續授剞氏。噫，是亦不可以已乎！

又《抱經堂集序》 抱經盧先生之歸道山，屈指十八載矣。方先生之沒也，騫走哭諸寢門，葬往視其窆畢封乃去。及同人彙刻遺集，得之爲獨先。他日鮑君以文過溪上之敝廬，而言：「抱經堂集梓成久矣，未有序，環顧先生平昔交游太半零謝，子其可無一言乎？」騫深謝不敏。既而伏念辱先生之知垂數十年，每摳趨請業，無少厭倦，謬以直諒多聞之友見許，晚至有願言與夫子永結爲弟昆之語，且先君子碣墓之文實出先生手筆，嗚呼，是雖欲以不文辭得乎？

李調元《函海·後序》 余所刻《函海》，書共三十集，其前十六集，皆古人叢書也而己書亦附焉，蓋用後體例也。小卷不計，總全卷共一百五十種書，始於戊戌春迄於壬寅冬，閱五年而成。予在通永道，遭事去官，板片零散，又半在梓人林姓家，以鐫貲未楚，居奇不發。時余獲罪在保陽臬司獄，方將遠戍萬里，無暇及此，自料此書不能緝完矣。會予姻親永定觀察南部陳公韞山諱琮者，枉過通廨視予兒女，見板片零落，慨然曰：此雨村不朽業也，奈何使之中棄乎？問知其故，立出三百金交予弟檢討鼎元墨莊使購板歸。適予亦荷總制袁清恪公保奏，得贖回通。因完公羈留之暇，修成此書，凡有校讐責之余季墨莊，其去取余獨任之。時雖前序云成於壬寅冬，實成於甲辰春。其所以獲成，實韞山力也。善不可沒，因爲序其顛末於後云。

劉一明《西遊原旨·再序》 《原旨》一書，脱稿三十餘年矣。其初固鎮瑞英謝君即欲刻刊行世。余因其獨力難成，故未之許。嘉慶二年，乃郎思孝、思弟，欲了父願，摘刻讀法，并結詩一百首，已編於《指南針》中矣，然其意猶有未足也。丙寅秋月，古浪門人樊立之游宦歸里，復議付梓，謝氏兄弟，亦遠來送資。時有烏蘭畢君爾德、洮陽劉君煜九、陽峰白子玉峰，一時不謀而合，聞風幫助，余亦不得不如其願，爰是付梓，使初學者閱之，便分邪正，庶不爲旁門曲徑所誤矣。時大清嘉慶十五年歲次庚午春月素樸散人再叙。

樊於禮《讀西遊原旨跋》（劉一明詮解《西遊原旨》卷末） ［悟元老人］著書最多，若《三易注略》、《周易闡眞》、《道德會義》、《參悟直指》、《會心集》、《指南針》，或作或述，皆期釋惑指迷。故言皆直指先天，不復作譬喻之詞，業已付剞劂而公諸宇內矣。惟《西游原旨》之作，較諸書最早，因卷帙繁多，工費甚巨，同人每有請之者，師都不許。今諸書既竣，而請者愈衆，勸事更多。師不獲已，乃重加校勘而付之梓。計生平著述，此書最爲原起，而授刻獨後，所謂以此始而亦以此終也。

朱文藻《書南湖集後》（《知不足齋叢書·南湖集》卷末） 己亥仲冬，藻客京師，從邵太史二雲，得見《四庫全書》館裒集《永樂大典》中所載張鎡詩詞，編定爲《南湖集》十卷，傳鈔副本，攜歸虎坊寓齋，麤校一過，而未能詳攷也。鮑君以文增輯遺文逸事，爲《附錄》、《外錄》，合刻竣工。【略】乾隆辛丑夏五。

又《榕城詩話跋》（《知不足齋叢書·榕城詩話》卷末） 《榕城詩話》三卷，杭太史堇浦先生之所作也。【略】乾隆初元，太史應大科入詞館。罷歸後尤勤於著書。年七十餘，讀書日以寸計。余生雖晚，猶幸得親老成，備聞緒論。著述之富，撮其大者若《史漢疏證》、《三國志補註》、《金史補缺》、《歷代藝文志詞科掌錄》、《詞科餘話》及詩文集各數十卷，其他啓蒙訂誤之作，成書不可枚舉。至每讀一書，必有考證，零星墨瀋，散見簡編。若悉加裒輯，皆爲後學津梁。諸書間爲藏弆家傳鈔，惟詩文集近已梓行。吾友鮑君以文留意鄉先輩論著，亟取余所錄刻入《叢書》。《詩話》自《榕城》而外，尚有《桂堂詩話》，家居所作，當更爲校錄，以成以文之美舉也。乾隆乙未

中春九日。

何琪《**石墨鐫華跋**》（《**知不足齋叢書・石墨鐫華**》**卷末**）　趙孝廉子函，一字屏國，西安盩厔人。家有偏園，踞終南山麓，極池臺亭館之勝。秦中故多金石遺文，子函搜訪殆遍，所至携楮墨以從，遇名蹟輒叫嘯狂喜，親爲椎搨，久之成是書。昔人稱其所載多都元敬、楊用脩所未見，覽之信然。兹爲鮑君以文藏本，余訪之有年，今獲展對，余於子函不可謂無緣矣。因與以文商畧，付梓以廣其傳。以文又有子函《植品》二卷，畧彷嵇含《南方草木狀》而意趣過之，末附《偏園記》及詠園中諸勝詩筆，亦古峭有致。惜流傳絶少，俟續刻與是編並行，尤快事也。乾隆己丑夏六月。

孫均百《**尊德性齋小集跋**》（《**知不足齋叢書・尊德性齋小集**》**卷末**）　宋録參府君爲朱子内弟，坐僞學廢職，有《尊德性齋集》十卷。周益公必大爲之序，前明宏治中族祖東軒公得其遺稾，命從子歷峰參政公校刊於淮，約爲三卷。梓本又復不傳。嘉慶戊辰冬刻《韓溪程氏世德録》，遍求族中藏本，始得文模公手抄此集，遂重刻之。【略】按：《世德録》中載録參府君爲《許氏琴堂棋軒記》、《宋聖道府君壙記》，俱本集所遺，今補集後録。參府君沒，朱子有所爲，祭文若詩皆宜附載本傳、道命録、府縣志、儒碩傳及今陽湖惲子居爲先君子重創《尊德性齋記》，亦例得附載。戊寅夏，均客吴門，晤鮑君志祖，出集求校，許附《叢書》行世，乃謹記得集之原委於後云。嘉慶戊寅夏四月。二十一世孫均百拜識。

趙魏《**書學捷要跋**》（《**知不足齋叢書・書學捷要**》**卷末**）　秀水朱閑雲以布衣而工書法，嘗纂《書學捷要》一編，出以示余。余惟古今論書者多矣，編籍之繁，奚啻充棟？散漫浩瀚，幾使學者有望洋之嘆。後世著述雖多，又皆沿襲陳言，漫無甄别細研。是編删繁就簡，殫思古法，發揮意指，釐正謬誤，而於孫過庭《書譜》尤精研確覈，辨晰微茫，發前賢之秘奥，其有裨書學豈淺鮮哉？吾友淥飲刊入《叢書》，用爲後學津梁，亦不負閑雲苦心已，因爲識之。嘉慶戊辰秋八月望日。

蘇璠《**霽山集跋**》（《**知不足齋叢書・霽山集**》**卷末**）　宋林霽山先生詩文集五卷，明天順閒鄉先生監察呂公洪所刻。歲久，版已散失。璠幸生霽山舊里，復後呂公居趙奥别業遺址，寤寐流風，夙欲重鐫其集。蒐輯彙載，厘始成編。又苦無善本可覆校，迄未授梓。今秋至武林，聞歙西鮑淥飲先生彙刻《霽山集》於《知不足齋叢書》，因急買舟訪先生於青堆寓廬。索書見示，則已裒然成帙矣。【略】嘉慶十有五年八月望後日。

貝墉《**重刻履齋示兒編序**》（《**知不足齋叢書・履齋示兒編**》**卷首**）　墉因先外舅袁綬階先生，獲識長塘鮑丈淥飲於楓江草堂。辱其不棄，出行篋所攜《履齋示兒編》兩巨冊，丹黄爛然，爲元和顧君澗蘋用姚舜咨家鈔本校正、而浙中先輩盧學士紹弓及諸君評注者也。謂墉曰：「此書尋常求明潘方凱刻本已不易得，若錢遵王《敏求記》所言潘刻差殊，《字説》『盤庚』條後有闕文六行者，尤屬罕見。今驗諸姚鈔，與述古藏本所闕既同，其餘讐勘文句是正甚多，殆不可使無傳。久欲刊於《知不足齋叢書》，而附載評注。今定入廿五集，子以爲何如？」墉觀姚鈔目録之後有云「本堂重加訂正以壽諸梓，癸未月正元日，晚學廬陵胡楷子式誌。」顧君曰：「季昭元書編前、後集二十四卷，有蘇季章諸人題於後，見趙希弁《讀書附志》。胡楷通爲二十三卷，題後亦不復存，必卷中次序改易，故云重加訂正耳。然考癸未當是宋寧宗嘉定十六年，上距季昭自序開禧元祀首尾僅十九歲，宜乎迥在潘刻之上也。」爰欣然捐資成之。踰年，鮑丈以刊成見告，而命爲之序。積願竟償，良快事矣。惟先外舅於去秋驟病溘化，手聚數萬卷，一旦烏有。五硯樓頭，乃有趙清常武康山中之哭。回首夙昔，墉也何心而握管序《示兒》一編也乎！聊述聞見，并記緣起。吾恐鮑丈且念地下故人，助墉太息也已。嘉慶庚午四月下旬。

戴殿江《**九靈山房集跋**》（**戴良**《**九靈山房集**》**乾隆三十七年刻本卷末**）　殿江十四世從叔祖九靈先生詩文集三十卷，編於男禮叔儀暨從孫我十二世祖諱侗字伯初，刻於從曾孫我十一世祖諱統字彦瞻，惜未幾板燼於火。康熙間重刻，僅十之三四，邑司訓秀水曾繪關先生，稍爲勘補。司訓嘗得别本，未謀梓，今求其書蓋無復存者。歲庚寅江弟殿海、殿泗遊武林，得鈔本於鮑君以文家。鮑君性嗜古，手爲叅校，又爲借得汪氏鈔本，及姚江黄梨洲先生手鈔選本。先是，嘉興曹君仲楳與余季善；至是竟得原刻本，郵致山中，再拜繙閲，恍見先人手澤，奕世尙存。乃慎相校讐，疑者仍之，復是正於杭堇浦太史。再三反復，始克就梓。原編自山居迄越游，詩文類次、時地皆可尋。按：目録與題文少異者，編成於先生沒後今不敢易也，題序、紀傳遵其舊，而益其所無；復約舉事蹟，證諸史、集暨《家乘》，訂《年譜》一冊，其有

遺篇及互異者，別爲補編以俟續採。庀工於辛卯之春，從叔聖鼇龍田、聖倫樂淸共襄其事，閱一年工竣。

沈鳳來《**安陽集序**》（**韓琦**《**安陽集**》**卷首**） 同安，黃公之守彰郡也，政簡民和，公餘之暇，蒐輯舊聞。己丑冬，嘗彙岳忠武王之文而編之，又慨然曰：湯陰之有岳忠武，與安陽之有韓忠獻王，同爲鄴下千古偉人，忠武之集，今既輯成之矣，安陽梓本歷有年所，可忍視其汗漫糢糊而不爲之重訂哉！爰取前明陳太守梓行之舊本，合乾隆五年陳大尹重刻之新本，一一釐正之，辨其訛、補其闕，間有新舊本俱無明文莫可考核者，則亦從而闕疑，不敢妄有加焉。至若《御製韓忠獻論》、《御製韓忠獻贊》、《論祭韓忠獻墓文》，敬錄之，以冠卷首。《宋史》本傳及忠獻遺像圖錄之，以先家傳，皆補前刻所未及者；而《安陽集》於是乎大備矣。鳳來適遊鄴郡登晝錦堂，竊有高山仰止之思。猥承太守公命，得與校讎，集既成，又命一言以序焉。【略】有斯集之美備者乎，藝林之的亦鄉里之光後之人。苟有聞風而興起者，則今日太守公之校閱而重付梓人也。感化之初，不亦偉哉！乾隆三十五年六月。

翁方綱《**重刻淳熙隸韻序**》（**劉球**《**隸韻**》**卷末**） 《隸韻》十卷，前有進表，失其前幅，有月日而無歲。以《玉海》攷之，知是淳熙二年劉球所表進也。【略】予曩於友人齋偶遇二、三卷，未見全帙。今翰林秦君敦夫彙得十卷，厚菴鹺使鳩工精勤。此書一出，則所謂《字原》者束閣不觀可矣。敦夫屬予爲作《攷證》，附於此書之後。然尚有未見諸碑也，姑爲粗舉一隅可乎？南原之作《隸辨》，曰：吾爲解經計，今亦不敢遽云爾也。然愼闕疑而審援據，或可爲吾學侶敬告之。嘉慶十五年冬十二月八日。

又《**復初齋文集**》**卷二**《**重刻張吳興復古編序**》 許氏《說文》之恉，至宋雍熙暢析之矣，而其卷末所列二十八文者，百二十年之後至吳興張有謙中而益推闡之，此亦原委之義也。爲《說文》之學者必以《復古編》爲職志。而斯編之久無善本，更甚於《說文》。吳氏增修之書，茲以叢襍而弗能有所補正，則斯編之重刻尤不可以已。曲阜桂馥未谷力任校讎，數年於茲矣，又得其鄉人孔繼榦雩谷出貲開雕，而未有舊本。去年揚州羅兩峰來京師，云有影宋寫本，嘗託友人某致之京師，而予乃未見也。一日以語新安程魚門，魚門則出之篋中，字畫頗精審不苟，於是未谷喜斯本之不易得，而傳寫之必親也，遂依以鋟木，又合諸本校之。信乎，其爲善本矣，非雩谷之力，不能辦之，非是本之出不能成之。

周參元《**升庵全集序**》（**楊愼**《**太史升庵全集**》**卷首**） 古今來著書難，傳書亦不易。文人如吾蜀升庵太史，至矣！【略】顧參蜀人也，且生於升庵之鄉，幼聞父師講誨，知升庵學通天人，才雄藝苑，且著述之富，冠絕前儒，心竊慕之。因徧求先生遺文，不謂蜀中絕少，片紙隻字無不等之崑玉南金，不獲睹也，怏怏者久之。後薄宦黔中，時時遍訪，偶得《太史升庵全集》一編，乃前明按蜀御史宋可泉先生，偕蜀撫張公滹濱極力搜索，得之升庵之姪之手，而親加釐訂，創爲付梓。後又有御史陳公諱大科，重爲較定剞劂者。參披而讀之，始信升庵之學博矣，而莫識其涯，升庵之文邃矣，而莫窺其奧，所謂載道之文，其在是與！其在是與！【略】是集自可泉先輩搜羅創刻之，又得御史陳公不憚校讎，重爲鏤板，豈有他哉。不過恐作者之失墜，鑒學者之慕思，爲之廣其傳耳。參因不揣謭陋，用將原書，重爲較刻，公諸同好，正以慕可泉諸先輩傳書之雅，實以誌余小子心佩升庵之微忱耳。

高鶚《**紅樓夢序**》（《**紅樓夢**》**程甲本卷首**） 予聞《紅樓夢》膾炙人口者，幾廿餘年，然無全璧，無定本。向曾從友人借觀，竊以染指嘗鼎爲憾。今年春，友人程子小泉過予，以其所購全書見示，且曰：「此僕數年銖積寸累之苦心，將付剞劂公同好。子閑且憊矣，盍分任之？」予以是書雖稗官野史之流，然尚不謬於名教，欣然拜諾，正以波斯奴見寶爲幸，遂襄其役。工既竣，并識端末，以告閱者。時乾隆辛亥冬至後五日鐵嶺高鶚叙并書。

程偉元等《**紅樓夢引言**》（《**紅樓夢**》**程乙本卷首**） 是書前八十回，藏書家抄錄傳閱幾三十年矣，今得後四十回合成完璧。緣友人借抄，爭睹者甚夥，抄錄固難，刊板亦需時日，姑集活字刷印。因急欲公諸同好，故初印時不及細校，間有紕繆。今復聚集各原本詳加校閱，改訂無訛，惟識者諒之。【略】是書刷印，原爲同好傳玩起見，後因坊間再四乞兌，爰公議定值，以備工料之費，非謂奇貨可居也。壬子花朝後一日小泉、蘭墅又識。

周克達《**唐人說薈序**》（**陳世熙輯**《**唐人說薈**》**卷首**） 吾友山陰蓮塘先生，品端學邃，蓆藝蘊典有年，爲之披菁擷英，訂正而損益之，名曰《唐人說薈》。上之可以資政理，次之可以益文藻，洵藝苑之珠囊也。間嘗見《國史補》、《因話錄》等語，往往散注於他編，頗以未睹其書爲恨，今得蓮塘先生匯萃成集，獲舊聞而夸創見，不亦愉快也哉！竹林彭司馬見而稱異，

力勸付梓，以鋟資自任，工未及半，司馬遽歸道山。予既珍爰其書，且惜司馬之好古而未及觀厥成也，爲踵其事。【略】時乾隆歲次壬子冬仲。

胡國輔《禮箋識》（金榜《禮箋》卷首） 金檠齋先生所著《禮箋》凡十卷，其書未寫定，秘不以示人。癸丑冬以髀痛卧床褥閒，因剌取其犖犖大者數十事，錄寄大興朱大中丞。大中丞既爲之叙，泰等竊見遠近承學之士願覩先生書者衆矣，輒不揆檮昧，將此帙依經叙錄釐爲三卷，校刊之，資省覽焉。乾隆甲寅嘉平月。

莊師洛《陳忠裕公全集跋》（陳子龍《陳忠裕公全集》卷末） 予少時於書肆中購得《雲閒三子詩集》，讀而愛之，而於忠裕詩尤至，遂留意搜求，遇有忠裕著作手爲鈔錄，然卒未睹其全也。乾隆壬寅歲，授經於藻溪王氏，適金山王君錫瓚亦館其地，知其爲勝時先生裔孫忠裕元孫女之子，因叩以忠裕遺集，得其家藏數種，內有忠裕《自述年譜》一卷，因與王雲莊鴻逵昆季按譜之年月，以考詩中時事，與《明史》所載悉合，眞詩史也。時少司寇述菴先生讀禮家居，方輯忠裕詩文，而以吳公光裕刊本付雲莊校錄，其舅氏趙平菴汝霖爲予舊交，亦時至其家，共相考訂，歷四寒暑，彙成全集，而予又館青浦邱氏，以其集呈學博寶應王師希伊，師夙重公節義文章，爲先刊《年譜》行世。予與平菴亦竊有商推，及王師歸里，而予客幹山何氏，此集之庋閣者十五六年。去冬述菴少寇屬雲莊重爲校錄，將授剞劂，因方刻《金石萃編》、《湖海詩傳》諸書卒卒未暇，予因請於主人何淡安世仁，主人欣然許諾，令其長嗣其偉校讐付梓，而何生平日亦篤嗜公詩文者，遂踴躍從事，七閱月而竣工。予喜是集之得成，爰備述其顛末以識。嘉慶八年癸亥仲秋既望。

張宗松《重刊王荆公詩箋註序》（李壁《王荆公詩箋注》卷首） 《王荆公詩》五十卷，鴈湖先生李壁季章箋注。予十年前購得華山馬氏所藏元刻本，間取通行《臨川集》勘之，篇目既多寡不同，題字亦增損互異，乃歎是書之善，不獨援據該洽，可號王氏功臣也。史稱季章嗜學如飢渴，群經百氏搜抉靡遺，今《鴈湖集》既不存，其他著錄亦盡逸，惟是書見稱藝林，而流布絶少，因重鋟之以廣其傳。俾嗜古者得窺先生之藴涵，識臨川之意匠，而并可正俗本之紕繆，殆如景星鳳凰爭先覩之爲快已。乾隆辛酉上巳後五日。

又《略例》（同上） 李氏之注《王詩》，猶施氏之注《蘇詩》，任氏之注黃、陳二家詩也。山谷、後山詩注尚有前明雕板，《東坡詩注》則宋漫堂先生獲宋槧本，刊行於吳中，今遂家有其書矣。獨是書絶無僅有，近代儲藏之家若絳雲，若傳是俱不列其目。華山馬氏至晚歲始得之，故《道古樓書目》亦未之載，衎齋沒後，復隨雲烟飄蕩，流轉數姓歸予插架。因念吾鄉姚叔祥有言藏書家但知秘惜爲藏，不知傳布爲藏，遂繕寫雕印，公諸同好，覽者勿易視之。【略】開雕於庚申臘月，蕆事於辛酉夏五，縱與剞劂鳩工，而飭材者倪子東銘大成也，往來商榷析疑而辯譌者許子初筠昂霄也，至於讐校之勞余獨任之，而某書某篇代余檢覓，則塾師朱子學顏以發暨閶謂兩兒與有力焉。

姚棻《兩漢策要序》（陶叔獻《兩漢策要》卷首） 《兩漢策要》十二卷，舊爲虞山毛氏汲古閣所藏，今歸張竹軒太守。紙墨精妙，不署書者姓名，鑒家疑是趙文敏筆，蓋端緊遒麗，氣韻幾偪晉人。而前後數十萬字一體貫注，苟非如袁清容所言絶跡飛行若趙文敏者，殆不及此。竹軒既補其缺遺，並命良工雙鈎刻於吳下。

沈屺瞻《夷堅志序》（洪邁《夷堅志》附録） 第觀其書，滉瀁恣縱，瑰奇絶特，可喜可愕，可信可徵，有足以擴耳目聞見之所不及，而供學士文人之搜尋摭拾者，又寧可與稗官野乘同日語哉！余嘗購得善本，欲以付剞劂，未之逮也。而周君有同志焉。晨窗午夜，讎勘矻矻不倦，訂疑刊誤，釐然秩然，視原刻之魚魯雜糅，荒穢彌目，不啻撥雲見青，理解冰釋，斯豈非洪氏之功臣，而藝林之快舉也哉！【略】乾隆戊戌六月中浣。

席世臣《元詩選癸集序》（顧嗣立《元詩選癸集》卷首） 顧嗣立秀野先生《元詩選》以十干分部，自甲至壬。既壽諸梓，風行海內，惟癸集未竣而先生遽歿。先大夫守樸，府君顧出也，嘗取是編授世臣而深以《癸集》獨闕爲憾。逮先大夫捐館，世臣每讀是編，輒蠢然有動於心，乃訪先生之曾孫果庭，尋已刻之版幷未刻之稾，亟取以歸，如獲拱璧，爰與果庭反復校紬，勘其脫落，重加修訂，版之壞者補之，稾之完者鋟之，蓋十易寒暑，而始克蕆事。庶幾先生蒐輯之功自此勿墜，亦先大夫之志也。其十集所未備者，世臣博采群籍，別爲《補遺》一編，將續梓以問世焉。嘉慶戊午四月中澣。

孫念劬《金剛經彙纂·重刻序》 經解說紛如，未易窺其崖略。諸解或博而寡要，或簡而多遺，或字析而章未聯，或章聯而義猶隱。若欲專從一

家，則談理深奧者，有妨於初學。立辭顯易者，恐棄於高明。或詳事相而簡精微，或指本源而脱章句，各有所長，難於竝美。念劬不揣冒昧，於昔年會集諸家，纂成一帙。然局於見聞，搜輯未廣，意義之膚淺，闡發之未透，殊有所不自知。因遠方同志，索者甚衆。甲寅春仲，倉猝付梓，讎校未細，字訛句脱，不可勝指，故印二百部即行停止。觀察章公，樂善心切，竟將此訛本刊刻，印送已多。念劬自誤誤人，孽非淺鮮。佛之靈，數年内連得佳本，披覽之下，悔悟交迫。因廣爲搜輯，易稿再鐫。凡原刻之引義膚淺，闡發未透處，一一有以補其不逮。剪訛削膚，庶幾精實詳盡。顯豁貫穿，挈領提綱，本末洞徹，至此而稿已七易矣。欲救前刻之失，鐫刻反不容緩。於丁巳仲春告竣，以公同志，較原刻已十增其四。【略】嘉慶元年歲次丙辰臘月望日。

勞樹棠《學津討原序》（張海鵬《學津討原》卷首） 張君積學儲寶，閉户飲眞，尤喜傳刻古書，精於校勘，彙宋元以來及古人著述百數十種，取有關於經史實學、朝章典故足以廣見聞資考徵者，刻成叢書，名曰《學津討原》蓋本《學海》、《津逮》兩書之意，沿其流以尋其源也。【略】張君因毛刻［津逮秘書］損益之而去取及增入者一以四庫所收錄者爲主，又廣購善本詳爲校核，合一千四十餘卷，編成二十集。【略】嘉慶十一年。

孫星衍《孫淵如外集》卷二《重刊春秋釋例序》 《春秋釋例》三十篇，並劉蕡序，存《永樂大典》中。國朝《四庫書》據孔氏《左傳正義》增訂爲十五卷，以符《隋・經籍志》舊數。内府秘書，學者或未窺見，因與莊大令述祖商付梨版，以廣流傳，仍序恂略，謹附提要之後。【略】嘉慶七年七月十二日。

又《重刊宋本説文序》 漢人之書多散佚，獨《説文》有完帙，蓋以歷代刻印得存；而傳寫脱誤，亦所不免。大氏一曰已下，義多假借，後人去之，【注文略】或節省其文，【注文略】或引字移易，【注文略】或妄改其文，【注文略】俱由增修者不通古義，賴有唐人、北宋《書傳》引據可以是正。文字宋本亦有譌舛，然長於今世所刊毛本者甚多。【注文略】毛晉初印本亦依宋大字本翻刊，後以繫傳刓補，反多紕繆。朱學士筠視學安徽，閔文人之不能識字，因刊舊本説文，廣布江左右，其學由是大行。按其本亦同毛氏。近有刻小字宋本者，改其大字，又依毛本校定，無復舊觀。吾友錢明經坫、姚修撰文田、嚴孝廉可均、鈕居士樹玉，及於手校本皆檢錄《書傳》所引《説文》，異字、異義參考本文至嚴孝廉爲《説文校議》，引証最備。今刊宋本，依其舊式，即有譌字，不敢妄改，庶存闕疑之意。【略】舊本既附以孫愐音切，雖不合漢人聲讀，傳之既久，亦姑仍之。以傳注所引文字異同別爲《條記》，附書而行。又屬顧文學廣圻手摹篆文辨白，然否校勘付梓，其有遺漏舛錯，俟海内知音正定之。【略】嘉慶十四年太歲己巳。

又卷三《校補渚宫舊事序》 《渚宫舊事》十卷，唐余知古撰，見《唐書・藝文志》。今存五卷，與錢曾《讀書敏求記》所載卷數相符。則此書自明以前已亡佚其半矣。書記楚中故事人物，取郢都南渚宫以爲名。事起周代，止於晉代，則所失蓋後五卷也。楚書有習鑿齒《襄陽耆舊傳》，盛宏之《荆州記》等，今皆散佚，惟此是唐人撰述，引據多後人未見之書，可以證經考史，不獨爲一方掌故。乾隆五十年紀相國昀等奉勅校定，爲《補遺》一卷於後，錄入《四庫全書》，外間不得盡覩。其本嘉慶庚午歲余官山東督糧道，暇日細繹是書，病其未載出典，因倩邵君秉華偏檢子書史傳，逐條校注明悉，尚有數條不知所出；又增紀相國補遺未備之條，存之篋中，倏閲五年矣，頃歸金陵，出此書以質邱南屏太守樹棠，及唐陶山太守仲冕。兩君皆楚人，好古敦素，所至有善政，既不爲操切之治得有燕閒流覽古書。謂此書足備鄉郡故實，亟宜付梓。因分俸逾鎰，屬校訂寫刊。復與兩君是正譌舛，又不啻數十處，仍其篇次，略可觀覽，惜不得錢氏藏本校勘一過。唐人著作存世日少，近人刊《長短經》、《建康實錄》等皆有用之書，尚有《開元禮》、《開元占經》、《太白陰經》所望好事者刊布以惠來學，並爲校補此書未備之處，則不負兩太守雅懷矣。甲戌七夕後一日。

又《重刊景定建康志後序》 嘉慶三年，予僑居金陵，因求《景定建康志》，得見影宋鈔本於吳門黄孝廉丕烈。許及謁兩江督部費芸浦師，示以勅賜宋本《建康志》，前有明禮部官印，不知何時所進，紙版精致。奉歸謀之郡人之好事者，醵金刊之。費不足，又得諸當道助貲成事。凡用白金七百餘兩，閲半載竣工。建康志舊有宋史正志《乾道志》二百八十版，吳琚《慶元志》二百廿三版，元時已不存；景定中馬光祖屬周應合撰成此志，增至一千六百餘版，其後亦毁於火；至元中重刊於慶元路，即明所存南雍板本。今勅賜本則宋本也。【略】余所藏尚有元刻本，其板亦散佚矣。蒙謂一方修志，

如有宋元舊本，自宜刊刻。原書在前，依例增續，或辨證古人得失，別爲一卷。近時作志動更舊例，删落古人碑版、引書出處，增以流俗傳聞、蕪穢詩什，爲不典。陳開虞新志即所不免，賴有宋元志本存此邦文獻耳。【略】吾友嚴文學觀察嘗考金陵石刻所得，亦多古人未見者，他時當附入《新志》。此志成於宋景定二年辛酉，歲至嘉慶六年辛酉重刊行世，一書之成有運數焉。督部師鎮江左之三年，政平年豐，百廢修舉，因議浚河設閘以通秦淮水利，而此志適刊成。余在浙之紹興，亦屬郡人重刊《嘉泰會稽志》，聞已成書。海内古書次第行世，有心者鈎稽舊章，足以助成善政，輒喜而記其梗概。助予校刊者，表弟張文學紹南也。《景定志地理圖序》云爲圖十有五，而宋印本止存七圖，餘皆補畫本，黄氏影鈔本較多，共十九圖，今據補八。其圖或與目録參差不符，未知其審，又城闕志廿二卷，黄氏影鈔本多出「古南苑」諸條，凡三葉，亦據補入，疑宋版與元重刊版之異，時無別本，可證姑存疑云耳。

又《重刊雲間志序》　國家集四庫書載諸宋元方志，而宋楊潛《雲間志》以後出不得預。其書按據舊圖經，搜羅古碑碣，詳載故實、題詠，書僅三卷，繁簡得中，不讓宋人《會稽新安志》也。余自嘉慶癸酉有松江府修志之役，病舊志之不能典核，因求松江事迹。惟華亭一縣見於王象之《輿地紀勝》，至元升縣爲府，始載其事於《嘉禾志》，并楊潛之書爲一郡掌故。康熙間知府郭廷弼作郡志，本之明人顧清及陳繼儒，時亦似見此二書者，而改易其文，又多舛誤。【略】其所引古書不載出典，以意增改，其文不及，更僕數也。則知《雲間志》之不可不刊以行世也明甚。余病今世脩志無箸作好手，不如刻古志於前，以後來事迹續之，或山川古迹舊有遺漏舛誤者，不妨別爲《考證》一卷。華亭沈司馬恕者，好古士也，家有古倪園，購求古書藏之。出示此志，後有錢少詹大昕題記，因余言即付之梓。他時恐郡志之成，卒不及古人矣。書中譌缺，得顧茂才廣圻是正之，又校以至元《嘉和志》，庶得十八九。【略】甲戌。

又《新校正抱朴内篇序》　諸子多有宋元以來及近人校正刊本，唯《抱朴子》僅明盧舜治本行世。五柳居陶大使曾假之於予，增刊入《漢魏叢書》。其所譌脱，亦未暇校訂也。《道藏》本較完善，但見者頗尠。予所藏又有天一閣鈔本《内篇》太半部，及盧學士文弨手校明刻本，顧茂才廣圻有葉林宗家鈔本及明嘉靖時瀋藩刊本，大略皆與藏本相同，爰合以校訂，釐其錯簡，改其誤字，而此書始可省讀。【略】嘉慶壬申，繼觀察邑司漕江安，駐節石城，與方制府維甸時相過從。觀察敦素好古，兼通道、釋二典，思搜羅放佚，嘉惠後學，如宋代刊板官庫及明人書帖之例。適予及方制府、顧茂才校定是書，因先以内篇付梓人。今年觀察擢臬關中，印本就正，庶其始終商榷焉。江寧《道藏》在朝天宫，仍借來覆審一過，書中多依之，有依別本校改者，則注明藏本作某；其更定錯簡及尋按詞義旁據他書勘正各條，亦一一注明，以詒後人。第十七卷《登涉篇》諸符，各本縮寫，多失形似，今全從《道藏》影摹，俾傳其眞云。癸酉歲十月。

又《尸子集本叙》　《尸子》著書於周末，凡二十篇，《藝文志》列之雜家，後亡九篇，魏黄初中續之，至南宋而全書散佚。章孝廉宗源剌取《書傳》，輯成此帙寄予，補訂爲二卷，可以見古書犄略。【略】《尸子》刊於嘉慶四年，其板後歸家郎中馮翼所。越數年，莊進士述祖以惠氏棟輯本見貽，許民部宗彦又得魏徵《群書治要》中於日本市舶，因録《勸學》等十三篇寄余。及余閲《書傳》，亦頗有舊編遺漏者，因屬洪明經頤煊重編爲二卷，再刊於濟南，仍用前序，附識其略於卷末。丙寅年五月廿九日。

又《重刻宋本孫子吴子司馬法序》　《孫子》三卷，魏武帝注，《吴起》二卷，《司馬法》三卷，皆宋雕本。嘉慶五年三月屬顧茂才廣圻影寫刊版行世。【略】今國家令甲以孫、吴、司馬書校武士，伏讀《欽定四庫書目提要》言應武舉者所誦習坊刻講章鄙俚淺陋，無一可取。是善本傳世最少，恐試官發題舛誤，文義乖違，所失大矣。嘗讀華陰《道藏》，手録《孫子》十家注本刊於歷下，又得明洪武時進士劉寅《直解五經三書》校此本，大略相同，補其缺葉。寅《凡例》以爲因宋國子司業朱服校定之舊，是宋本如此。寅又據舊本增訂數處，蓋宋時別本耳。此本既影寫上版，宋人缺筆字及不合六書字體皆仍其舊，每篇有卷上、中、下題識，又不分卷，亦因之。板心注明補葉，不惑後人，當與顧茂才商榷。作音義附後。【略】是歲庚申斗指巳午二辰間之月。

又卷四《故唐律疏議跋》　《故唐律疏議》三十卷，附元王元亮《表》及《釋文》。朱檢討彝尊稱爲完書，跋云：「世有好事君子雕鋟以行，儆於有位舊章之不愆，庶乎復古寬大之條矣。」錢少詹大昕亦屬重刊《唐律》，俾

執法者知律學根原，不致率臆加重。予嘗記其言，因從中秘寫本。時官比部郎，或有疑獄，參酌古今議斷。胡大寇季堂嘗稱其平，後得金比部德輿影宋寫本贈阮撫部元。此本元刊，爲方督部維甸家藏，久置予處。計需刊板銀六百餘兩，力不能成。嘉慶四年商之比部舊寅好諸公，許以醵分刊刻。因并宋人《洗冤錄》屬顧文學廣圻督梓人仿樣雕本行世，與元刻不爽絲髮。庚午科主試據以發策問，士於是購求者日多，幾不能給，深嘉諸公好事稽古之力，例書捐貲姓氏以乘永久，亦俾後人知前輩之言終必有驗云爾。予所藏又有明張楷明律疏議可以知變古原流，惜世間傳本少矣。陽湖孫星衍記時辛未正月也。

又《歷代鍾鼎彝器欵識法帖跋》 曩客中州，時見薛氏《鍾鼎欵識》石刻本於歸河丞朝煦處，未及細閱。後至京師，得明刻佳本，旋爲友人取去。阮中丞開府浙中，既以宋刻板本校梓行世，視舊本精善。及余再官東省，得見舊寫本，多元明人印章，或題爲繭紙、薛尚功手書者，未知是非；然紙色舊而篆文極工，核之阮氏刻本及近時本，篆體審正，釋文字句增多，可以訂別本誤。改篆文及脱落釋文共若干處，記所見法帖本式樣正與此相似，雖不敢定爲薛氏手蹟，其爲宋寫本無疑矣。亟屬嚴孝廉可均影臨古篆，蔣茂才嗣曾寫釋文，或有原書筆誤，皆仍其舊，仍付剞劂以廣流傳。【略】嘉慶丁卯正月。

張海鵬《借月山房彙鈔・序》 予既增訂汲古閣《津逮秘書》而別之曰《學津討原》，繼又有《墨海金壺》之刻。顧念勝國迄今著作之家雲起林立，我朝文敎涵濡垂百六十年，經學、考據尤軼前代，或脱稿而未及行世，或編刻而流傳未廣，如璣玉金貝，輝彩散見不可無以薈蕞而統攝之也。宋左氏《百川學海》宋人居什之八九，明吳氏續之，馮氏廣之，亦多收明人撰述。竊仿其例爲第三刻，自慚聞見隘陋，未獲徧搜名山之作，僅就篋衍所有，餘則購訪於同志，借抄於友人，得百三十五種，離爲十六集，經學、小學、雜史、野乘、奏議、傳記、地理、政書、史評、儒家、術數、藝術、譜錄以及雜家、小説、詩文評類本末之學，畧具焉，名曰《借月山房彙鈔》，識讀書之地也。【略】嘉慶十七年巧月望後三日。

黄丕烈《蕘圃刻書題識・重雕嘉靖本校宋周禮札記序》 鄭氏之學惟三《禮》爲最精，三《禮》之注惟鄭氏爲最善。向來三《禮》鄭注本合刻者以十六行十七字本爲佳，相傳爲嘉靖本是也。若宋時三《禮》合刻之本世鮮傳焉。《禮記》有撫州本，《儀禮》有嚴州本，皆覆雕行世。《周禮》獨缺如，余竊病焉。向聞萬卷堂余氏有單注本，在余友顧抱沖家，未及借校。近於同郡故藏書家見有紹興閒集古堂董氏雕本，後爲壽松堂蔣氏收得。遂假歸，校勘多所取正。因思刻以傳世，奈字體細小，兼多破體，取爲家塾課本有所未宜。舊藏嘉靖本字大悦目，頗宜老眼，未有經注字數，其出宋本無疑。仿此開雕，行款悉遵而幅式稍狹，於經注訛舛之字悉校宋刻正之。董本爲主，此外參以家藏之岳本、蜀大字本；又借諸家之小字本、互注本校余氏本，集腋成裘，以期美備。至於嘉靖本之獨勝於各本者，其佳處不敢以他本易之，存其舊也。此刻係校宋本，非覆宋本，故改字特多。然必注明以何本改定，非妄作也。若字之可疑者，仍之，而於校語中標出，守闕疑之義也。刊成之日，附校語一卷，以俟讀是書者取證焉。嘉慶戊寅孟冬。

又《宋嚴州本儀禮經注精校重雕緣起》 嘉慶乙亥春，《宋嚴州本儀禮經注》刊成，將出以問世。而於嚴本之是非，悉校錄之，以質諸讀是經者，因著緣起於簡端曰：《儀禮經注》宋刻絶鮮，國朝顧氏炎武、張氏爾岐祇取唐石經以校明監本。余先後收得宋刻經注本及宋刻單行疏本，各校副本，流傳於外。阮芸臺侍郎取以入《儀禮校勘記》中者是也。後張古餘太守在江寧將此經注及疏合刊，學者已幸雙美合璧矣。歲丁卯，古餘又屬影鈔經注本，將以付刊。既而調任吉安，札致余曰：「俟鈔竣，即交伊友收存。」如言交去。越歲戊辰，伊友云：「古餘謂，吳門有好事者如欲刻之，當舉以贈。」遂從伊友處次第取刻之。未及半而靳不與。復商諸友人，陶蘊輝補寫其樣之未全者。至乙亥工成。是此書經注本之行世，古餘太守爲之倡，而余與陶君輔之者也。

又《嚴本儀禮鄭氏注續校識語》 余既刊嚴本《儀禮》并附校語行世，近同年友張君翰宣讀是書，舉其誤數十條來諗於余。余惟是刊悉存嚴本面目，其中譌缺斷壞之字，閒據陸、賈、張、李四家書是正完補。即校語有未盡舉出之字，多見芸臺侍郎《儀禮校勘記》及段若膺《儀禮漢讀考》中，讀者自能得之。已於前校緣起涉及。而張君精心解詁，妙悟博通，是有以助余不逮，爲不可沒。故復校讐一過，續刊所舉，并冀世之如張君者復有以告余也。丁丑仲冬望後。

又《袁本傅崧卿本夏小正校録》　《夏小正戴氏傳》四卷，宋給事中傅崧卿注，見馬貴與《經籍考》，國朝《四庫全書》亦錄之。以大戴禮本所脱誤者此書猶存其字，故可貴也。傳所審定即不盡然，而讀小正者要莫不取證於是。是書世鮮刻本，惟見《通志堂經解》中。丕烈向收得明袁尚之重刊宋本。適余姻家袁君壽階重其爲先世舊物，意欲重雕，故輟贈之。會因病歿，此志不果。後顧梧生孝廉館余家，究心《夏小正》一書，廣搜各本。余復從五硯樓乞得袁本原書。其時同郡江君、鐵君亦以惠松崖先生手鈔本見贈。因取《經解》本與惠鈔本並校袁本異同，録得若干條，以備參攷。越歲辛巳，梧生慫恿開雕，遂用袁本影寫付梓。其中字畫缺誤、前後歧出，悉仍其舊，不敢添改。於校錄中但正袁刻之誤，而不正傳氏之失者。蓋是書之刻，意在流傳舊本餉世，至於旁引曲證，審厥從違，有梧生之著述在，俟其脱藁，急爲刊行。此袁本之刻，若爲之擁篲先驅也。道光紀元孟夏月望後二日。

又《重雕蜀大字本孟子音義跋》　《孟子音義》二卷，近時非無傳本。然欲求宋本面目，邈不可見矣。余偶得影宋鈔本，爲虞山錢遵王述古堂藏書，即以付梓。其用爲校勘者，復假香嚴書屋藏本，係汲古閣影宋鈔，與此同出一源。卷中有一二誤字，兩本多同，當是宋刊原有，且文義顯然，讀者自辨，弗敢改易，致失其眞。【略】再香嚴本尚有《孝經今文音義》、《論語音義》各一卷，與《孟子音義》合裝一冊。兹就余所有刻之，餘二種尚須倩工模寫。願以異日聞此三種宋刻眞本在揚州某家，五硯樓主人曾見之，親爲余言云。嘉慶己巳仲夏之月四日。

又《校刊明道本韋氏解國語札記識語》　《國語》自宋公序取官私十五六本校定爲《補音》，世盛行之。後來重刻無不用以爲祖。有未經其手如此明道二年本者，乃不絶如線而已。前輩取勘公序本皆謂爲勝，然省覽每病不盡傳臨，又屢失眞，終未有得其要領者。丕烈深懼此本之遂亡，用所收影鈔者開雕以餉世。其中字體前後有歧，不改畫一；闕文壞字亦均仍舊，無所添足以懲妄也。【略】嘉慶四年十月二十七日。

又《重雕曝書亭藏宋刻初本輿地廣記緣起》　余喜藏書，而兼喜刻書。欲舉所藏而次第刻之，力有所不能也。會鄱陽胡果泉先生典藩吳郡，敷政之餘，留心選學。聞吳下有藏尤槧者，有人以余對。遂向寒齋以百金借鈔，蓋酬余損裝之資，而實助余刻書之費，洵美意矣。用是藉爲權輿，取所藏宋刻《輿地廣記》刻之。始於己巳之春，畢於壬申之夏。經營三年，方得竣事。迨刷印以行，乃顧而喜曰：「是書湮沒不彰久矣。余雖得之，第藏之篋笥已耳。苟非果泉先生之助余剞劂，安能使晦者忽顯乎？今幸矣，余所藏之書既賴果泉先生代傳之，而余所刻之書亦賴果泉先生佽助之也。余不敢沒人之惠，故以刻書原委登諸簡首，俾好古者有所觀感焉。」至是書宋刻勝於它本之處，別爲札記附於卷末，敢以質諸後之讀是書者。嘉慶壬申季夏。

又序　《輿地廣記》宋刊外未嘗見有他刻。宋刊之屬存者雖所見有二，其一則已爲淳祐重修本，且闕卷較多，若此本之未經重修爲宋刻初本者尤希世之寶，予故亟欲重雕以廣其傳也。

又《藏書紀要跋》　孫慶增所藏書，余家收得不下數十種。其所著述未之聞也。此《藏書紀要》言之甚詳且備，蓋亦眞知篤好者。余得諸郡中陳氏。陳固得於金心山。心山爲文瑞樓後人，所傳授必有自矣。余因是書所紀藏書之要皆先我而言之者，遂付梓以行。適晤錢唐何夢華，云是書本附於《文瑞樓書目》後。今《書目》已刊行，而此猶缺焉，其刻之宜急也。【略】嘉慶辛未冬季月望前一日。

又《王刻九子序》　余素喜藏書，於子書尤多善本。與一二嗜古之友相商，舉宋本之善者次第刊行。苦無其貲，有志未逮，心竊傷之。今得王君子興有《九子》之刻，其本所由來，非取向日之舊梓，即收近日之佳刻。介友人求序於余，余嘉其志之足以有成也，因舉其目列之如前。而所刻各種皆世閒不可少之書，故余樂得而序之也。【略】時嘉慶歲在丁卯夏六月。

又《題宋刻龐安常傷寒總病論後》　郡中藏書家所謂朱奐文游者，余猶及見其人。家多書，以老故大半散去。最後一單中有《龐安常傷寒總病論》，亦第與群籍並出。主人不以爲宋刻，估人之買者亦未知爲宋刻也。襍置坊間，有識者過而識之，以青蚨五星易歸。自是，我輩之好言收藏者皆爭相購矣。是書先至小讀書堆顧抱沖家，既而五硯樓袁壽階知之，余亦知之。因壽階先與議易，故歸之。抱沖先見是書，遂先錄其副。抱沖所錄余未之見，見其友人施君少谷手錄本。少谷時在抱沖家教其子弟習書法，故見而借抄。抄畢，原書歸壽階，余從之倩工影鈔一本。統而計之，宋刻一，影宋刻者抱沖、少谷與余有三矣。厥後，余與壽階以影鈔易宋刻，是書遂爲百宋一廛中物。年來力絀，舉而贈諸藝芸書舍。不意壽階之影鈔者亦於其身後展轉歸藝

芸，於是刻與鈔盡爲他人所有，余則一無所有矣。刻《洪氏集驗方》之冬，余忽得一夢，有人謂余何不再刻《龐傷寒》。醒而異之。遂商諸藝芸，思借鈔入刻。奈藝芸不允讓影鈔付梓，而允僭宋刻備校。適少谷哲嗣稻香欣然輟贈其先人手澤付諸剞劂，於是復以宋刻較影鈔，而知少谷之影鈔爲功不小也。三卷三十三葉，唯少谷影鈔本有之，餘本都缺。想少谷鈔後抱沖始鈔，鈔時偶失之。自是宋刻缺此葉，已後影鈔本皆失之。非余之重刻，不知宋刻缺此葉。非少谷之影鈔，不知宋刻之原未缺此葉也。書之經人拆散傳錄，其弊有如此者，不可不警也。其中五卷十五葉宋本缺，惟薛性天家鈔本有之，字跡行欵與原本殊，未知何據。後見抱沖所鈔者，中亦有此葉，謂是從王宇泰活字本補入。今余覆刻，據薛本補，據顧本校，存其异同可耳。宋刻不無誤處，余復僭張蒔塘家藏鈔本、薛性天家藏鈔本、顧容安家藏鈔本。雖未知其同出一源與否，而字有異同，悉爲標出。可從者或改正文以就之，未敢信者或存校語以叅之。余友張君訒菴素諳醫理，共相叅訂，以定校勘數十條。其任檢閱而草創者，余長孫美鏐之力也。是書自王宇泰活字印行之後，未見重梓。即王本相傳，止有二百部，故行世絶少。余姪曾有之，爲友人借去，被焚。故未及一校爲憾。朋好中皆想望是書，渴欲一見，故命工梓行。至於是書之深奥，昔安常友人蘇、黄兩公已詳言之，不復丐當代名流之儒醫兼通者贅一言。已道光癸未仲春黄丕烈識。

又《重雕宋刻傷寒總病論札記識語》 此書摘取張長沙之大要，辯論精妙。【略】是爲龐氏之撰著，非僅述而不作也。故所引原文每有刪削。觀諸家鈔本多有異同，或未見宋刻傳寫互異，或依據張書增補失眞。故今將宋刻龐論翻雕，未敢輒改原文，即有鈔本義長者亦第摘取備考，別疏爲札記附於後。丕烈又識。

又《重刊宋本洪氏集驗方後叙》 《洪氏集驗方》，惟延令季氏《書目》有之，知宋板外絶無流傳之本。余故從宋本錄副，今始付雕。

又《墨表四卷跋》 嘉慶丁丑初冬訪松門於吳涇橋，出萬年少《墨表》托付剞劂，曰：「此鮑丈淥飲遺書也。余梓之，以竟彼未竟之志。」遂攜歸付刊。【略】戊寅春分後四日。

又《影宋本梅花喜神譜跋》 《梅花喜神譜》上下二卷，雪巖宋伯仁器之編，重鋟於景定辛酉。此刻即重鋟本也。【略】此譜世罕流傳。余姻家袁君壽階曾借歸，手摹一本，藏諸五硯樓。己巳秋壽階作古，擬將手摹本付梓，以表壽階一生愛書苦心。適雲閒沈子綺雲愛素好古，慨然引爲己任，屬余讐校精審，幷悉摹向來藏書家圖記，以誌授受源流。其盛事也。雕成之日，我同人重舉中吳吟課，各爲塡詞紀事。諸君皆與壽階生時交好，故多寓感舊之思焉。綺雲謂余係藏此書之人，且董校勘之役，俾附名簡末。是爲跋。辛未十一月十三日。

又《刻陸敕先校宋本焦氏易林序》 世所行諸刻《易林》，悉出自明內閣本，成化癸巳彭華題後可證也。分上下經爲卷，或又析之作四卷。而其譌舛不可卒讀，則盡同。近好事者多傳臨陸敕先校宋本，文句碩異，實視諸刻遠勝。往歲陸手勘者歸予家，續又收葉石君校本，取以參驗先所傳臨，竟有稍益失眞處，故付之刻。凡陸勘而誤必存其眞，雖可知當爲某字者，終不輒以改竄，亦猶予向日刻他書之意耳。其諸刻所附而陸勘未及者，蓋皆非出於宋本，概不載入。【略】嘉慶十三年閏五月十日。

又《刻連江葉氏本傳博物志跋》 去歲謀刻是書，命兒子玉堂依影宋鈔者錄一帙，與粵東賈人往古藥洲開彫。洎成，寄歸，復命之用原書纖悉校正。因檢予曏所刻《汲古閣秘本書目》中有北宋版《博物志》一本，估價四兩云。其次序與南宋版不同，係蜀本大字，眞奇物也。影鈔當出於此，自是一重公案。予前序略而不及，謂宜作後序表出之，碌碌未果也。今年修版方畢，而玉堂遽病。病二十許日，以二月七日死矣。子夏號咷漢碑，語千載同痛，擬屬我友顧君千里爲撰小傳。幷搜其篋中一二讀殘之書，儻係秘笈，即付剞劂，用希附驥。【略】嘉慶九年三月丕烈又書。

又《重刊宋本宣和遺事跋》 余於戊辰冬得《宣和遺事》二冊，識是述古舊藏。詢諸書友，果自常熟得來。但檢《述古堂書目・宋人詞話門》，有《宣和遺事》四卷，茲卻二卷，微有不同。【略】己巳春游杭州，登城隍山，於坊閒又獲一本，與前所得本正同，而前所缺失一一完好。因動開雕之興，用宋體字刊之。原本多訛舛處，復賴舊鈔校之，略可勘正。板刻甚舊，以卷中「惇」字避諱作「悙」證之，當出宋刊。敢以質諸好古者。學山海居主人漫筆。

又《唐宋婦人集跋》 往年沈君綺雲有《唐宋婦人集》之刻，皆借本於余家，而余爲之校讐付梓者也。復欲刻《斷腸集》以儷之，一時苦無善本，

遂不果行。及余購得元刊注本，而綺雲已歸道山，未竟此事，人咸惜之。頃其令弟十峰訪余，以《綠窗遺藁》屬爲付梓，云是鈔自平湖錢夢廬家藏本。余以《元詩選》校正誤字入刻。刻垂成，十峰又從《四朝詩選》及《宋元詩會》校一過。因爲小跋存其校字，并著顛末，俾人知沈氏昆仲皆好風雅，留傳昔賢著述，藝林佳話永垂不朽云。嘉慶己卯秋七月。

又《船山詩選識語》 《船山遺稿》二十卷於嘉慶乙亥梓於吳中，一時爲之紙貴。迨後全集板已歸蜀，而購者日多，苦無以應人之求。適獨學老人有手錄選本，分體編次，爲卷六，得詩五百餘首，因付梓，以公同好云。時嘉慶丁丑秋。

又《寒石上人詩跋》 澄谷上人主理安席已六易歲矣。曾攜其初、續藁各一卷屬刻於吳門。去年庚午又刻《和法雨大師山居》詩一卷。今夏返支硎，復輯近歲所得詩，合爲一卷。而屬余排比先後，統爲四卷，曰：「衲年已及老，此後有詩當存諸篋中，俟徒輩料理之，不及手定也。君乃衲之故人，曷爲我誌其始末？」遂不辭而筆諸卷尾。辛未大除祭書日半恕道人謹跋。

又《夢境圖唱和詩集小引》 夫天下事皆夢境也。然夢境必有實事以生之。【略】子喜徵夢，因刻《夢境圖唱和詩》爲一集，道光四年甲申季夏月望日。

又《狀元會唱和詩集小引》 客有見予《夢境圖唱和詩》者，曰：「子殆不忘情於狀元，故假諸夢耳。」【略】狀元何浼我乎哉？予知有詩而已。因刻《狀元會唱和詩》爲第二集。

又《蕘圃刻書題識補遺・晉濟本事方釋義序》 香嚴之書向未刊行，家無藏本，而傳鈔之帙流落人間，故西疇顧君奉爲枕中秘。葉氏子孫訪求數十載，渺不可得。西疇身後葉氏始訪而得之，將繕本付梓。因元本與坊本多有異同，恐無以信今傳，後遂從余家借得宋刻殘本前六卷及老醫周蘊石家鈔本後四卷，并無名氏舊鈔本十卷，逐一勘對，始知釋義本實係許氏元書，非坊間新刻可及。刊成之日，屬序於余。【略】嘉慶歲在甲戌六月，立秋前五日。

李宗傳《楊園先生全集序》 〔張履祥〕先生與清獻同時、同郡，同守其正學，別疑似於毫釐。顧《三魚堂集》天下皆有其書，《楊園集》則行世甚少，非特出處不同，所以傳而衍之者亦異也。予權平湖縣事者再，得交屈君芥舟。芥舟先人樂餘明經，論學以躬行爲本，一遵清獻規範。嘗得朱蘅佩所刻《楊園集》於禾中，手自校勘，補其殘闕。芥舟乃布諸煙墨以行，屬予序之。【略】嘉慶二十二年秋七月。

紀大奎《雙桂堂稿續編》卷九《重刻四書反身録序》 關中李二曲先生教人必讀《四書》，讀《四書》必反之於身。口講指畫，以授其門人。鄠縣王心敬悉書而錄之，名之曰《四書反身錄》。讀《四書》之法，未有切於是者也。顧其書流傳未廣，武定李筠巢先生守潮州，刻是編以與潮之人士相訓勵，然亦卒未得大行於世，世之人見是書者甚少。予偶得之京肆，攜至什邡，亦時時與什之人士論反身之說。於是廩生戴瑤乞鈔是書，與邑同志謀付梓以廣其傳，而請予爲之序，可謂得二李之心者矣。

趙懷玉《墨海金壺序》（張海鵬《墨海金壺》卷首） 毛氏經史之外，所刻頗多，而彙刻古人全書《津逮秘書》十五集，尤膾炙人口。予少時猶屢見初印，今聞板已漫漶，購之頗難。常熟張君〔海鵬〕若雲，子晉之鄉後進也，少而勤學，長益知名，自其先世已多藏書，及君而涉歷彌廣。嘗病《津逮書》眞僞雜出，且詩話、題跋收亦稍濫，取而删增之，廣爲二十集，曰《學津討源》，又以《太平御覽》爲類書之冠，假影宋鈔本與諸藏本互校，又至范氏天一閣抄其闕者補之，然後付梓，信乎鉅觀也。乃玆復有《墨海金壺》之刻焉，其書分經、史、子、集四門，所刻書凡一百十五種，皆取所藏書中有關實學而流傳較少之本校而畀梓者也。嘗怪世人崇尚小說，有忽經史而憖置者，又怪信古太過，明知宋板顯然之非，而不敢輕易一字者，豈知麻沙坊刻其破壞字體、舛謬文義有遠遜於今本之精核哉。君甫下世，遽歸道山，聞是書外尚有《借月山房彙鈔》、《金帚編》先後行世，其肆力於枕葄，有功於載籍，誠畢其生而罔。倦也。【略】嘉慶二十二年十月初吉。

石韞玉《昭代叢書序》（沈楙德等《昭代叢書》卷首） 《昭代叢書》者，始於新安張氏山來，其書每集五十種，分爲甲、乙、丙三集，久已梓行於世。蓋其初意將欲編成十集，而未及卒業也。其後松陵楊氏〔復吉〕慧樓續之，殫一生之心力，網羅散失舊聞，積成丁、戊、己、庚、辛五集，亦每集五十種。藏稿在家，未及梓行。今沈君〔楙德〕翠嶺合張、楊二家之書，並付剞劂。既成，而問序於予。【略】今沈君不悋多金以刻此書，俾流傳於來世，非孔氏所謂信而好古者歟？並聞現在蒐訪近人著作，將續成壬、癸

二集，以終張、楊二公之志，斯又藝林之盛事也！予拭目望之。道光甲午秋七月，獨學老人石韞玉序。

鄭澍若《虞初續志·自序》 山來張先生輯《虞初新志》，幾於家有其書矣。誠以所編纂者，事非荒唐不經，文無鄙俚不類，較之湯臨川之續合《虞初》原本，光怪陸離，足以蠱方心，開靈牖，彌覺引人入勝。【略】予閑取國朝各名家文集暨説部等書，手披目覽，似於山來先生《新志》之外，尚多美不勝收。爰擇錄其尤者，名曰《虞初續志》。【略】乃不揣固陋，授之梓人，請以質諸大雅，其獲免續貂之誚否。時嘉慶七年壬戌歲仲夏月穀旦。

曾燠《爾雅圖重刊影宋本敘》（郭璞《爾雅音圖》卷首） 《爾雅圖》三卷，下卷分前、後二卷，實四卷。元人寫本題《影宋鈔繪圖爾雅》。【略】此本經文內有音，中、下卷有圖，【略】其圖則宋元人所繪，甚精致，疑必有所本，即非郭氏之舊，或亦江灌所爲也。【略】後世圖書又分爲二家之學，若《孫子兵法》、《山海經》諸書，皆有書無圖，然則舊音及圖賴有宋本存其梗概，良足寶矣。此書贈自曹大農文埴，弆藏已久，適孫觀察星衍、張太守敦仁見而譽之，屬廣其傳，復得姚處士之麟摹繪付刊，特識顛末以質來者。【略】嘉慶六年太歲辛酉十月望日。

翁廣平《全唐詩逸跋》（《知不足齋叢書·全唐詩逸》卷末） 《全唐詩逸》三冊，日本國河世寧所輯。余得之海商舶中，以贈鮑淥飲先生。先生有《知不足齋叢書》之刻，欲以此冊附入焉。未付梓而歸道山。今其長君清溪能成父志。

黃徵肅《燭湖集跋》（孫應時《燭湖集》卷末） 南宋孫［應時］燭湖先生集《宋史·藝文志》載其目，而詩文則散見於歷代著錄家，後之人每以未見全書爲憾。乾隆壬辰歲詔開《四庫全書》館，儒臣分輯《永樂大典》散篇，始得先生全集二十卷，附編二卷。其時吾姚張公羲年以國子監助教充纂修官，實任其役，書成，則抄全帙以寄孫氏後人，寓書慫恿付梓，三致意焉。孫氏藏弆於家，珍同拱璧，旋爲好事者竊去。今裔孫景洛與姪元杏知文瀾閣曾貯此集，遂謀所以刻之者。先君爲轉借張氏寶墨齋藏本與之。張氏之藏，邵公晉涵官京師時，與張公助教先後抄寄者也。書手不知文義，紕繆甚多，持攜至杭，請閣本校正，遂授梓。以壬戌十月開雕，更一歲告成。【略】爲紀其原委，以嘉孫氏之能世守於其後。嘉慶八年七月既望。

盛時彥《閱微草堂筆記序》（紀昀《閱微草堂筆記》卷首） 時彥夙從先生游，嘗刻先生《姑妄聽之》，附跋書尾，先生頗以爲知言。邇來諸板益漫漶，乃請於先生，合五書爲一編，而仍各存其原第。篝燈手校，不敢憚勞，又請先生檢視一過，然後摹印。雖先生之著作，不必藉此刻以傳，然魚魯之舛差稀，於先生教世之本志，或亦不無小補云爾。嘉慶庚申八月。

阮元《愚溪詩稿序》（張肇熼《愚溪詩稿》卷首） 乾隆丙午秋，天子命大興朱公典試江南。時江南北學問之士，【略】元亦名列第八，而其裒然居首者則無爲州張君肇熼愚溪也。愚溪時方盛年，學博而才高，文章雄厚。文正公既擊節，不置諸君者，亦以其所造詣下之愚溪。公車再上，不遇，乃投牒吏部，謁選校官而去。既而文正公沒，愚溪亦老。其詩出，語汗漫，無詮次，元甚疑之。戊辰，余再撫浙，愚溪果已先卒。元求其遺詩，厪有存者。讀而悲焉，乃勒爲一卷，梓以行世。【略】嘉慶十三年夏閏月。

又《揅經堂一集》卷二《刻七經孟子考文並補遺序》 《四庫全書》新收日本人山井鼎所譔《七經孟子考文》并《物觀補遺》共二百卷，元在京師僅見寫本，及奉使浙江，見揚州江氏隨月讀書樓所藏，乃日本元板落紙印本，攜至杭州，校閱群經，頗多同異。山井鼎所稱宋本，往往與漢、晉古籍及《釋文》別本、岳珂諸本合，所稱古本及足利本，以校諸本，竟爲唐以前別行之本。物茂卿序所稱唐以前王、段、吉、備諸氏所齎來古博士之書，誠非妄語。故經文之存於今者，唐《開成石經》、陸元朗《釋文》、孔沖遠《正義》三本爲最古，此本經雖不全，然可備唐本之遺。【略】山井鼎等惟能詳紀同異，未敢決擇是非，皆爲才力所限，然積勤三年，成疾幾死，有功聖經，亦可嘉矣。我國家文教振興，遠邁千載，七閣所儲書籍，甲於漢、唐，海外軼書，亦加甄錄，此書其一也。元督學兩浙，偶於清暑之暇，命工寫刊小板，以便舟車，印成卷帙，詒於同志，用校經疏，可供采擇。至於去非從是，仍在吾徒耳。日本序文凡例，皆依文瀾閣寫本，刊列卷首，書中字句，盡依元板，有明知其譌者，亦仍之，別爲訂譌數行於每卷之後，示不誣也。助元校字者，爲吳縣友人江鏐、仁和廩生趙魏、錢塘廩生陳文述。

又《二集》卷二《揚州北湖小志序》 元但通籍儀徵而已，實揚州郡城北湖人也。元家在北湖九龍岡，族姊夫焦里堂孝廉家在黃玨橋，相隔一湖，幼同學，往來湖中者屢矣。嘉慶丙寅、丁卯間，奉諱家居，亦常至北湖，孝

廉出《北湖小志》稿示余，余讀而韙之。孝廉學識精博，著作等身，此書數卷，足覘史才。夫以北湖周回百里中水地、古蹟、忠孝、節義、文學、武事悉載於是，是地出靈秀，特藉孝廉之筆，以傳斯地之事也。使各郡縣數十里中皆有一人，載筆以志其事，則郡縣之志不勞而成矣。亟索其稾刊於板，以貽鄉人觀覽，以待長官采摘焉。

又卷七《葴厓考古録序》　鍾君葴厓，甘泉人，名褱，長於余三歲。余年十七時，與君同受經於李晴山先生之門。【略】予入京師後，葴厓以讀書自娛，耿介謹厚，以敦行自勉，殊不汲汲於科名。歲甲子，年四十四，始受知於諸城劉學使，舉優行生員。明年秋，余以丁憂歸揚州，君適病，病遽卒，余在苫次未得見君，傷哉！又明年，余從君子䓨嘉索君遺書，令其就正於執友焦君里堂。里堂爲寫録之成四卷，更爲墓銘，余遂刊之於板，以付䓨嘉。少暇，當再録其詩，續入《英靈集》也。

又《知足齋詩集後序》　元奉命巡撫浙江，師嘗以詩寄示，爰請於師，得授全集，將刊之於板，師復命元選訂之。元乃與及門陳編修壽祺等共商刪存，以癸亥年以前編爲二十四卷。師之詩，閎中肆外，才力之大，無所不舉。且直吐胸臆眞情至性，勃勃動人，未嘗求肖於流派。而自觀者衡量之，實於杜陵、昌黎爲尤近。刻既成，欣聞甲子春皇上繼美前徽，臨幸翰苑，師之資最深，且掌院事，恩加太子太傅，領袖清班，極一時詞臣之榮遇。

又卷八《廣陵詩事敍》　余輯《淮海英靈集》既成，得以讀廣陵耆舊之詩，且得知廣陵耆舊之事。隨筆疏記，動成卷帙，博覽別集，所獲日多，遂名之曰「廣陵詩事」。其間有因詩以見事者，有因事以記詩者，有事不涉詩而連類及之者，大指以吾郡百餘年來名卿賢士嘉言懿行綜而著之，庶幾文獻可徵，不致霝落殆盡。且余生於諸耆舊百餘年後，亦藉此收羅殘缺，以盡後學之責也。退食餘閒，檢付弟亨、子長生鈔録成書，將以付刻。至於爵里族姓或有舛誤，遺聞佚事再當補述，尚望同志君子訂而續之。嘉慶四年夏六月，鄉人阮元記於京邸之白圭詩館。

又《三集》卷二《定香亭筆談敘》　余督學浙江時，隨筆疏記近事，名曰「定香亭筆談」。殘篇破紙，未經校定。戊午冬日，任滿還京，錢唐陳生雲伯偕余入都，手寫一帙，置行篋中。己未冬雲伯從余撫浙旋南，孝豐施孝廉應心復轉寫去，付之梓人。其中漏略尚多。爰出舊稿，屬吳澹川、陳曼生、錢金粟、陳雲伯諸君重訂正之。諸君以其中詩文不妨詳載，遂連篇附録於各條之後。余不能違諸君之意，因訂而刊之，竝識其緣起如此。

又卷三《積古齋鐘鼎彝器款識序》　鐘鼎彝器，三代之所寶貴，故分器、贈器，皆以是爲先，直與土地並重，且或以爲重賂，其造作之精，文字之古，非後人所能及。【略】余心好古文奇字，每摩挲一器，搨釋一銘，俯仰之間，輒心往於數千年前，以爲此器之作，此文之鑄，尚在周公、孔子未生以前，何論秦、漢乎！由簡策而卷軸，其竹帛已灰燼矣，此乃巋然獨存乎世，人得西嶽一碑，定武片紙，即珍如鴻寶，何況三代法物乎！世人得世綵書囪、麻沙宋板，即藏爲秘冊，何況商、周文字乎！友人之與余同好者，則有江侍御德量、朱右甫爲弼、孫觀察星衍、趙銀臺秉沖、翁比部樹培、秦太史恩復、宋學博葆醇、錢博士坫、趙晉齋魏、何夢華元錫、江鄭堂藩、張解元廷濟等，各有藏器，各有搨本，余皆聚之，與余所自藏自搨者，集爲《鐘鼎款識》一書，以續薛尚功之後。薛尚功所輯共四百九十三器，余所集器五百五十，數殆過之。【略】然則古器雖甚壽，顧至三、四千年出土之後，轉不能久，或經兵燹之墜壞，或爲水土之沈薶，或爲僉賈之毁銷，不可保也。而宋人圖釋各書，反能流傳不絕，且可家守一編，然則聚一時之彝器摹勒爲書，實可使一時之器永傳不朽，即使吉金零落無存，亦可無憾矣。平湖朱氏右甫，酷嗜古金文字，且能辨識疑文，稽考古籍國邑大夫之名，有可補經傳所未備者，偏旁篆籀之字，有可補《說文》所未及者，余以各搨本屬之編定審釋之。甲子秋，訂成十卷，付之梓人，並記其始末如此。

又卷四《蔗查集序》　宋寶祐廢城在今揚州城北，唐、宋以來之舊城也。【略】若廢城之古木蘭院諸處，非詩人逸客覓句訪古，無遊蹟矣。木蘭院即唐王播題詩處，今名惠照寺，寺有大鐵鑊二，又有古銀杏七、八株，綠陰夏滿，黃葉秋零，極閒淨荒寒之趣。已故詩僧誦茗者，舊居寺中，所爲詩清微雋永，警悟脫俗，予曩輯《淮海英靈集》，竟未得誦茗詩入録，是余疏漏之咎也。誦茗弟子圓燦以其師《蔗查集》示余，余乃序其詩集，并刊之以廣其傳。圓燦亦能詩善畫，圓燦務致佳弟子能文字禪者主此古院，庶不墮誦茗之教也。

又卷五《王文端公文集校本跋》　王文端師詩文不自以爲重，蓋公所重在立朝風節也。公薨後，公子塉時收羅雜稿，寄至江西，屬元編刻之。元乃

手編爲《葆淳堂集》若干卷，又訂成《年譜》一卷，付之梓。梓成，元匆匆移河南，爰以板寄閩，是時公子已出守閩郡矣。板中誤字頗多，同門友李許齋賡芸手校一過，改補之。此李公手校本也，故跋之。

又《緑天書舍存草序》 裴山錢中丞，幼勤於學，工於文，孝於節母。【略】庚午、辛丑間，天子方重用之，而裴山遽以病卒。【略】余既爲作傳，復刪存其詩，編爲六卷，刊於廣州，畀其嗣子承志，俾世守之。【略】嘉慶歲戊寅十月序於羚羊峽舟中。

又《存素堂詩續集序》 時帆先生詩《前集》，元爲之刊於杭州，收入靈隱書藏。《後集》未校刻而先生卒，先生子中書桂馨以稿寄江西屬訂而桂馨又卒。迴憶二十餘年交誼，傷悼不已。念先生具良史才，主持詩派，衷於雅正，足爲後學之式。平生學問交游，敦篤靡已。元雖勞於積牘，感先生之誼，亟爲校閱付刻。其《年譜》一卷，乃先生子錄寄雜稿叙成者，亦加刪定，附於《續集》之首。福案：時帆，翰林學士法式善。

又《重刻宋本太平御覽叙》 《太平御覽》一書，成於太平興國八年。北宋初古籍未亡，其所引秦、漢以來之書，多至一千六百九十餘種。考其書傳於今者，十不存二、三焉。然則存《御覽》一書即存秦、漢以來佚書千餘種矣，洵宇宙間不可少之古籍也。惜世所行者，自明人刻本外，鮮有善冊。吳門黃蕘圃主事有刊本三百六十六卷，乃前明文淵閣宋刻殘本，又五百廿卷，亦依宋鐫所抄，其餘缺卷並從各家舊抄過錄。予乙丑、丙寅間在雷塘庵取明黃正色本屬友人密加讎校，知黃本顛倒脫落至不可讀，與明活字板相似，其偏旁之訛更無論矣。且彼本妄據彼時流傳經籍憑臆擅改，不知古書文義深奧，與後世判然不同，淺學者見爲誤而改之，不知所改者反誤矣。或其間實有宋本脫誤者，但使改動一字，即不能存宋本之眞，不能見重於後世。故余所讎校者，以全依宋本不改一字爲主。今此刻本，又皆全依余所校者付梓，且精校再三，不滋舛脫。足使藝林稱快，後世委心，古籍古人，皆藉是更垂不朽矣。

又《郝户部山海經箋疏序》 《左傳》稱禹鑄鼎象物，使民知神姦。禹鼎不可見，今《山海經》或其遺象歟？【略】今郝氏究心是經，加以箋疏，精而不鑿，博而不濫，粲然畢著，斐然成章，余覽而嘉之，爲之刊板以傳。郝氏名懿行，字蘭皋，山東棲霞人，戶部主事。

又《四集》卷一《奉勅進經籍纂詁摺子》 奏爲恭進《經籍纂詁》仰祈聖鑒事。臣於七月初十日面奉諭旨，命臣將所撰《經籍纂詁》呈進。臣謹裝潢成冊，恭呈御覽。【略】前以督學之日，撰茲《纂詁》之編，育才首在通經，奉聖人之至教，博古務求載籍，誦前哲之雅言。依韻類文，統長言短言而並錄，即字審義，合本訓轉訓而俱收。爰集多士以分程，乃勒十函爲一部。屢經校勘，尙有舛譌，亦事補苴，不無罣漏。是以梨鐫甫就，僅留爲家塾之藏，雖復葵嚮維殷，未敢作帝庭之獻。迺蒙召對，猥荷垂詢，諭令進呈，幾餘賜覽，臣跪聆之下，感悚交幷。謹奉緗函，敬呈黼座。五經之文爲道本，秉睿裁而期惠於藝林，六籍之義以詁通，舉下學而幸歸於天鑒。臣謹繕摺幷書十套進呈，伏祈皇上睿鑒。謹奏。

又《揅經室續三集》卷三《兩浙金石志序》 余在浙，久遊浙之名山大川殆遍，錄浙人之詩數千家，成《兩浙輶軒錄》刻之；訪兩浙帝王賢哲之陵墓，加以修護，成《防護錄》刻之；以其餘力及於金石刻，搜訪摹搨，頗窮幽遠，又勒成《兩浙金石志》一書。爾時助余搜訪考證者，則有趙晉齋魏、何夢華元錫諸君子，許周生兵部宗彥亦多考訂增益，且錄全藁以去，匆匆十餘年矣。道光四年，粵中有鈔本十八卷，校原藁，文有所刪，鐘鼎錢印之不定爲浙物者亦多所刪，然亦簡明可喜，李鐵橋廉訪澐率浙人之官於粵者校刻之，不兩月而工畢。今而後，藏板於浙，印書通行，使古金石自會稽秦石刻以下迄於元末皆著於篇，好古者得有所稽，不亦善歟！夏五月望日書於嶺南節院之定靜堂。

梅上《晚崧廬詩鈔跋》（周銓《晚崧廬詩鈔》卷末） 吾鄉周緯蒼先生以詩鳴於康熙間，旁及書畫，皆卓絕，蓋得其曾甫平儒先生之傳。哲嗣二雲山人，又復繼起，家學淵源，其來有自。然三代皆窮約，以布衣終其身。至山人而益困，且老而無子，周氏竟絕。《上海縣志》僅置緯蒼先生於《藝術傳》中，通材從此遂湮。其詩姜孺山嘗刻入《雲間詩鈔》，亦未盡所學。予昔從山人遊，嘗以手書藁本付授，謂得校刻流傳，庶慰先志。予謹誌之不敢忘。其藁題名甚多，未得編合，曾質於孫孝廉筠亭，畧爲詮次，又就正於陸中丞耳山，擇其尤者得四卷，蒙爲之序，久藏篋中，力不足以付梓人，因循幾負所託。此帙又爲潘君幔坡所選，凡緯蒼先生詩一百七首，詩餘三十一闋；二雲山人詩五十二首，以其卷帙差少，姑先問世，仍以中丞序冠諸首，

聊質山人於地下。平儒先生作尚缺焉，異日當合其三代之詩與文全集梓行，覽者由一斑而再窺全豹可耳。緯蒼先生尚有兄，亦工詩，其稾山人竝未授予，故不及時。嘉慶二十五年庚辰七月既望殺青斯竟。

童槐《歷代帝王年表序》（齊召南《歷代帝王年表》卷首） 揚州阮君賜卿承吾師 雲臺宫保家學，志在經史，因家藏舊本欽遵《御批通鑑輯覽》義例，約舉明事繫其後，復爲鋟版，以備此囊括千古之一書，斯讀史者所嘉賴也已。道光四年甲申秋九月廿有八日。

榮譽《得月簃叢書初刻十種・自序》 吾家世有藏書，至先子好之益甚，舉凡奥篇隱帙，一有見聞，則不惜重貲，或倩人抄寫，甚或以裘馬玩好相博易，必得之而後快。積累數十年手澤之存，多至數萬餘卷，余小子薄宦中州，不克載以俱來，然性耽鉛槧，除行笈所攜外，值友人處偶有秘本，亦時復從而借錄以資泛覽，嘗欲取世所稀有者合付剞劂，輒以所費不貲而止。既而思之，彼巍然而峻極者，非山也耶？茫然而不測者，非海也耶？要其初固不過簣土之微與涓流之細已耳，層累而加盈科，而進遂能成其巍然茫然之盛，豈余之書乃不可作如是觀乎！於是擇卷帙之短少者，先成十種以公同好，曰「初刻」者，志其始且將有繼也。皇清道光十年歲次庚寅季秋月序。

劉師陸《得月簃叢書次刻十種序》（榮譽《得月簃叢書次刻十種》卷首） 子譽通判治魯山有年，暇日取家藏唐宋以來秘籍善本有關學問者刻於縣齋，凡十種，題曰《得月簃叢書》。胡安之主講琴臺，以初印本寄余大粱，因爲校讎譌脱，請更正焉。其中如《續夷堅志》一書，余曾收得余秋室學士手書雕本，憶同時所刊更有《志雅堂雜鈔》，其版皆攜歸杭州，頗稱艱得，乃緘寄魯山慫恿重梓，冀廣流傳。子譽復益以《吴郡圖經續記》等爲《得月簃次刻十種》，責序於余屬。人事波委，負諾幾一年矣，勝國時兩京十三布政司經籍類多鋟本，余得其書目，閒有弆藏數種，雖不皆精好，可以覘一時淸尚焉。近日中州自行部臬群有司於斯事講求殷切，前裕州牧周君所版行如干種亦復不亞魯山，兩君皆余所善，每一書畢工，輒以見餉，其多且複者分遺京師故人，於是競相求索，兩地數百里閒，紙爲之貴，此種風氣在宦途誠不易覯。【略】道光十有二年歲在壬辰立春日。

顧廣圻《思適齋集》卷七《重刻宋本儀禮疏序》代汪閬源 《儀禮》合疏於經注，而幷其卷第，始自明正德陳鳳梧。迨李元陽以下皆因之。從事校讐者，多言其譌。而宋景德官刊，賈公彦元分五十卷，不合經注之疏，與唐舊、新《志》同者，則均未得見也。宋槧殘本幸存，僅缺去卅二至卅七，無恙者計卷尚四十有四。嘉慶初入吾郡黄氏，於是張古餘太守得其校本，别合嚴州經注，重編於江省。後阮宫保取配十行不足者也。唯時段若膺大令亦得此校本，謂之單疏《儀禮》，亦訂正自來用《經傳通解》轉改之失，而單疏之善，既有聞矣。然五十卷之面目，仍未有見之者也。吾郡宋槧轉歸予藝芸書舍，念世間無二，遂命工影寫重雕之，以餉學子。使數百年來弗克寓目者，今乃可家置一部，竟如前此馬廷鸞之得諸篋中，豈非大愉快哉！

又《重刻宋本儀禮疏後序》 道光庚寅歲，閬原觀察重刻所藏宋景德官本五十卷賈公彦《儀禮疏》，自一至卅一，又自卅八至五十既成，以千里平日粗涉此經，命以一言綴於後。

又《重刻儀禮注疏序》代張古餘 《儀禮》經鄭注賈疏，前輩每言其文字多誤者。予因徧搜各本而參稽之，知經文尚存唐開成石刻，可以取正。注文則明嘉靖時所刻頗完善。其疏文之誤自陳鳳梧本以下，約略相同。比從元和顧千里行篋所見所用宋景德官本手校疏，凡正譌、補脱、去衍、乙錯，無慮數千百處。神明焕然，爲之改觀。千里又用宋嚴州本校經及注，視嘉靖本尤勝。皆據吴門黄氏家之所藏也。夫二本之在天壤間，爲功於此經非淺，而獲見者罕，不亦惜哉。遂與千里商搉，合而編之，重刻以行世。

又《撫本禮記鄭注考異序》代張古餘 撫本《禮記》鄭注者，宋淳熙四年撫州公使庫刻，今爲元和顧千里之從兄抱沖氏所藏。予轉借影寫一部，又慮其僅存之易絶也，以墨於板。

又《補刊集韻序》 《集韻》爲卷十，爲凡十二，爲字五萬三千五百二十五。因隋陸法言而新增者二萬七千三百三十一。蓋自宋以前，群書之字，略見於此矣。元明之際，鮮究小學，此書僅存。幸逢國朝右文，秀水朱檢討彝尊從毛扆斧季家得其傳鈔本，於康熙丙戌歲，屬曹通政寅刊之。由是與同時所刊《廣韻》各書並行於世。《集韻》以無他刻，學者尤重之。版存江寧榷使署，百餘年來漸已損泐，是誠不可不亟爲補完也。桐城方葆巖尚書謀之榷使雙公，屬廣圻與同志諸君經營其事。今凡重雕者少半，而還舊觀矣。朱氏傳鈔本未免筆畫小譌，俱仍而不改者，恐失其眞也。

又《重刻剡川姚氏本戰國策并札記序代黄蕘圃》　曩者顧千里爲予言，曾見宋槧剡川姚氏本《戰國策》，予心識之。厥後遂得諸鮑淥飲所，楮墨精好，蓋所謂梁溪高氏本也。千里爲予校盧氏雅雨堂刻本一過，取而細讀，始知盧本雖據陸敕先抄校姚氏本所刻，而實失其眞。往往反從鮑彪所改，及加字並抹除者，未知盧、陸誰爲之也。夫鮑之率意竄改，其謬妄固不待言。乃更援而入諸姚氏本之中，是爲厚誣古人矣。【略】今年命工織悉影橅宋槧而重刊焉。

又卷八《校刊華陽國志序代廖運使寅》　唐以前方志存者甚少，惟《三輔黄圖》及晉常璩《華陽國志》最古。《三輔黄圖》爲宋人增亂，《華陽國志》明刻本俱缺卷十之上中兩卷。近時始有補完本，而皆舛誤不可讀。予家益士念搜討古迹，莫先於此志。求善本不得。前十餘年，由中州葉令擢守京江，唐刺史仲冕告予，謂陽湖孫觀察星衍有季氏振宜家所錄宋嘉泰四年李坙刻本，擬即借刊。後以右遷觀察至豫章，未遂其願。及再來江淮司轉運之事，官閣餘暇，披閱此書，因借數本合校之。又參以書傳所引舊文，訂定譌錯。【略】元和顧茂才廣圻是正諸書，最稱審密。竭半歲之力，爲予督工開雕。故能精致古雅，不減宋元佳刻。孫觀察雅好流傳古書，又見近世脩志者空無故實，慨古地理書多放佚，嘗欲刊行舊本以備一方掌故。先校刊《三輔黄圖》、《長安志》於關中。又刊《建康志》於江左。每惜浙中未將乾道、咸淳臨安兩志付梓，又因脩志松江，先刊楊潛《雲間志》。今此書成於晉魏之間，古字古義，尤足證佐經史。後有脩滇、蜀方志者，據以爲典，則誠藝林之勝事也。

又《重刻宋元檢驗三録後序庚午十一月》　宋代始有檢驗之書，然自《内恕録》等，皆亡佚無考。其存者莫先於淳熙間宋慈惠父《洗冤集録》，向得元槧本，丁卯歲爲孫淵如觀察摹刻於江寧，附《唐律疏議》。後以行。旋又得無名氏《平冤録》、元東甌王氏《無冤録》二種，皆舊鈔本。乃並取三録，合成一編。適觀察以戊辰秋請假南下，用舉告之，謀別刊而未果也。今年夏，謁山尊學士於紫陽書院。語次索觀，曰：「是不可使無傳。」遂付刻焉。考前乎此，明胡文煥《格致叢書》中已嘗三録並刊，然所據未精，譌脱累累且其本亦艱數覯。今因勝之遠，甚而一編單行，人盡可得。想觀察知是舉也，必同其快然矣。

又卷九《重刻治平監本揚子法言并音義序代秦敦甫》　戊寅首春，購得宋槧。稍有修板，終不失治平之眞。適元和顧君千里行篋中有臨何義門所校，出以對勘，大致符合，深以爲善。勸予刊行，爰以明年影摹開雕。凡遇修板，仍而不改，並所譌誤舉摘如干條綴諸末，以俟論定者。

又《重刻鹽鐵論并考證序代張古餘》　《鹽鐵論》自明嘉靖中爲張之象所亂，卷第割裂，字句踳謬。盧學士《群書拾補》已嘗言之。予向恨不見善本，近因顧千里，得弘治十四年江陰令新淦涂禎依嘉泰壬戌本所刻，及其後錫山華氏活字所印，細爲校讀。知張之象之不可據，在盧所云外者甚多，而盧又時出己見，頗有違失，亦未可全據也。爰取涂本，重刻於江寧。撰《考證》一卷附後，審正其文，粗涉義例，以貽留意此書者。

又《重刻晏子春秋後序》　嘗謂古書無唐以前人注者，易多脱誤。《晏子春秋》其一也。乾隆戊申，孫伯淵觀察始校定之，爲撰音義，發凡起例，綱舉目張矣。嗣是盧抱經先生《群書拾補》中《晏子》，即據其本。引申觸類，頗得增益。最後見所謂元人刻本者，補二百十五章之目，而觀察亦得從元刻影鈔一部，手自覆勘。嘉慶甲戌九月以贈吳山尊學士。於是學士屬廣圻重刻於揚州。

又《韓非子識誤序》　予之爲《韓子識誤》也，歲在乙丑，客於揚州。【略】甲戌以來，再客揚州，值全椒吳山尊學士知宋槧之善，重刊以行。復舉「識誤」附於末。

又《列女傳考證後序》　乾隆癸丑，家兄抱沖得宋槧本《列女傳》於郡故藏書家，至乙卯付之梓。其明年嘉慶丙辰梓成，廣圻董梓讐之役焉。乃參驗他書，綜覈同異，於劉氏義例竊有證明。其傳寫訛脱，亦略爲補正，不敢專輒改其故書，兼不欲著於當句之下，横隔字句，故別爲此《攷證》附於後。金壇段君玉裁向曾借鈔是書，手疏數十條於上下方，知將付梓，悉以見畀。及《攷證》就，復從請正。今多載其説，每題「段君曰」，以識別云。

又《數書九章序代夏方米》　敦夫太史校其家道古數書開雕，屬文熹爲之覆算。其題問與術草不相應，或術與草乖甚，且算數有誤，則當日書成後未經親自覆勘耳。

又《重刻宋本鷄峰普濟方序代汪閬源，戊子二月》　《鷄峰普濟方》三十卷，每卷署馮翊賈兼重校定，南宋槧本也。【略】自宋以來流傳已尠，日就

殘失，將致湮沈，尤宜亟爲表微。爰影摹開雕。校讐竣事，述其梗概如此。

又《重刻宋淳熙本文選序》代胡果泉，己巳二月 《文選》於孟蜀時，毋昭裔已爲鏤板，載《五代史補》。然其所刻何本，不可考也。宋代大都盛行五臣，又并善爲六臣，而善注反微矣。淳熙中，尤延之在貴池倉使，取善注讐校鋟木。厥後單行之本，咸從之出。經數百年轉展之手，譌舛日滋，將不可讀。恭逢國家文運昭回，聖學高深，苞函藝府。受書之士均思熟精《選》理，以潤色鴻業，而往往罕覯，誦習爲難。寧非缺事歟？往歲顧千里、彭甘亭見語，以吳下有得尤槧者，因即屬兩君遴手影摹校刊行世。踰年功成，雕造精緻，勘對嚴密。雖尤氏眞本，殆不是過焉。從此讀者開卷快然，非敢云是舉即崇賢功臣，抑亦學海文林之一助已。其善注之并合五臣者，與尤殊別。凡資參訂，既所不廢。又尋究尤本，輒有所疑，鉤稽探索，頗具要領，宜諗來者。撰次爲《考異》十卷，詳著義例，附列於後，而別爲之序云。

又《重刻宋九卷本古文苑序》己巳十月 孫巨源《古文苑》，次爲九卷。【略】後此有章樵者爲之注，改分廿一卷，移易篇第，增竄文句，敻非舊觀。【略】然自前明以來，章本偏行，而韓本殆絶。丁巳春，予得陸貽典影宋九卷全袟於家抱沖兄，於是庚申之冬，仁和孫君邦治重刊之。旋遭何人攫去資費，工乃弗就。迨今茲淵如觀察以續刊見屬，爰始竣事，將遂印行。

又《駱賓王文集考異序》代秦敦甫，丙子八月 《駱賓王文集》，余友元和顧澗蘋廣圻用汲古閣毛氏所藏本影寫，近從之借來，以校世行各本，判然不同。證諸《直齋書錄解題》，蜀本也，分卷凡十。爲賦頌一、詩四、表啓書二、雜著三。前有郗雲卿序。又考舊新兩《唐志》皆以十卷著錄，是此實爲唐宋相仍，雲卿編次之舊矣。惜其流傳絶少，遂摹刊印行。澗蘋復取《文苑英華》互勘，凡注「《集》作」，大抵相合。其遇有可疑，及《集》非《苑》是，并《苑》無注者，皆加決定，撰爲《考異》一卷。

又卷一〇《呂衡州文集序》 唐人文集存者，纔二三十種。藏書家每苦不能盡得。即得矣，又苦其本不能盡善。如呂溫和叔集，世所傳皆自常熟馮氏鈔出。予收獲眞本，謂爲善矣。頃見元和顧君澗蘋攜借來吳茂才有堂家藏足本。其末有跋云，「右《呂衡州集》十卷。前五卷係吳方山家藏舊鈔本，後五卷從正嘉時舊鈔本補全。其篇目次第與馮巳蒼照宋鈔本同。所異者，馮巳蒼初得宋本前五卷，又得宋本後三卷。其第六、第七二卷，均之缺如。雖從《英華》、《文粹》所載照目寫入，未得爲完書。今此本二卷獨全，可稱呂集之善本」云。跋不著名氏，驗以字蹟，近何屺瞻一派，或是義門門下士也。驚喜傳錄，手加讐校。復念此僅存之秘笈，幾於舉世莫見，不可不及今流布，乃刊行之。唯吳本不無缺字，則賴馮本相補。顧君又偏取自舊新兩書以下，凡有關涉群籍，博搜精擇，審定是非，踰時而後告成。爰著緣起之詳於端。

又《新刊李元賓集後序》 秦澹生太史刊家藏舊鈔本《李元賓集》，合陸希聲、趙昂所編，凡五卷。并取《唐文粹》、《文苑英華》等所有，而兩家失載者，爲續編一卷，附其末。既墨於板，屬加覆勘，爲之卒業，而歎太史之善於流傳古書也。蓋舊鈔字句每與《英華》所注「集作」吻合，洵稱精本。而續編亦全據「集作」，俾並存其眞。又於相傳有誤，如云第五倫靈臺中以章懷所引《三輔決錄》注證之，實倫少子頡事，不復易倫爲頡。恐此等乃元賓本文，轉因更正而有臆改之嫌也。

又卷一一《重刻古今説海序》 自左禹圭以下，彙刻一途，日增月闢，完好具存。而唐宋説部書之傳不在彙刻中者，固已屈指寥寥矣。酉山堂主人邵松巖告予曰：「雲間陸楫儼山書院《古今説海》，明嘉靖時彙刻也。分説選、説纂、説略、説淵，共一百三四十種。大抵唐宋説部，而他朝者間一預焉。厥板已毁，印本日稀。今取原書覆而墨之，悉依其舊，一字不改。願求序以記重刻緣起。」【略】然則松巖雖恃書爲食者，而是役也，彙而刻之，一善也，猶所同也。覆而墨之，又一善也，乃所獨也。繼自今，即謂鉛槧小夫，當取坊友爲矜式，抑何不可？

又卷一二《彭甘亭全集序》甲申九月 詞章之爲道，唯有至性至情者爲之，而後可傳。歷觀往古，靡不若是。求之於今，則吾友彭徵士甘亭其人也。【略】嘉慶丙寅在邗江刊初集，曾命作序。予以君年猶未艾，學方日進，不欲遽爲論定，辭而弗爲。又一週星，丁丑在郡城刊續集。君識益高，不復索人序。道光辛巳改元之歲於其家遇疾，俄卒。時方往來孫古雲襲伯所。古雲既經紀其身後，仍取未刊之稿，同吳江郭麐祥伯定爲遺集，詩文各一卷。與先此其弟元培綺塘、子長熙壽伯所商搉纂輯詩文集、續集注十六卷，又《懺摩錄》一卷，將合之成全集。後二年，屬予於江寧付雕，且爲之序。古雲之所以謀傳君者至矣。

又卷一四《重刻吴元恭本爾雅跋丙寅》　經典舊本，類就湮沒，良由樸學，故艱於傳刻耳。此明嘉靖時《爾雅》，世已不多見。蒙實病焉，乃重刊之。其本審知原出宋槧，足訂正俗本譌脱。今不具論，以讀者當自得之矣。

盧坤《史通削繁序》（紀昀《史通削繁》卷首）　謹按《唐書・劉知幾傳》：知幾撰《史通》内、外四十九篇。徐堅嘆爲凡史官宜置座右，而宋祁《史臣總論》謂其工訶古人。【略】河間紀文達公爲昭代通儒，嘗取是書逐加評騭，披其菁華，芟其蕪蔓，爲《史通削繁》四卷，由是精嚴平正，足爲史家之圭臬矣。余從公之孫香林觀察樹馨鈔得此本。移節兩廣，付吴石華學博蘭修校刻之。舊用三色筆：取者朱，冗漫者紫，紕繆者緑。今止録朱筆，餘竝删去。浦二田原注詮釋支贅者，屬石華汰而存之，庶讀者展卷瞭然，亦一快也。道光十有三年歲在癸巳長至後三日。

鄧顯鶴《南村草堂文鈔》卷三《沅湘耆舊集序例》　爰就兒子琮積年所掇拾，詳爲審定，編次自元以上至漢魏六朝，共若干卷爲一集，名曰《沅湘耆舊前編》，而以向後所得，明以來諸家爲《續編》，勒成全書。【略】顯鶴家世寒素，别無嗜好。自束髮授書，即喜聞老先稱説古今巨人長德，鄉邦文獻。迨長，以詩獲交海内名宿，於吾鄉唐陶山丈、陶文毅二公尤稱投分。憶三十年前，與唐丈同寓淮南，即舉湖南詩徵相勉。近文毅總督兩江，爲余校刊《資江耆舊集》，甫竟而公卒。卒前半月，手書寄余，猶諄諄屬以此事。邇來家居多暇，日事編劖，稍成卷帙，凡遊歷所至，必以自隨，然未敢自謂完書，遽希鋟木也。念裕之《中州集》，編成二十年始得趙提學資藉付板。而漁洋《感舊集》，身後久之雅雨山人始爲開雕。古人成一書，其難如此，老境蹉跌，日事大窘，縮衣節食，無能爲役。乃書成，今貴州巡撫賀公聞之，首先寄助百金，於是哲弟柘農、侍御熙齡，與陳堯農水部本欽以書遍抵同鄉，諸君子先後寄到多金，遂開雕本宅，凡閲兩年竣事。至此書編輯之始，所與商搉校訂者：鄞縣沈粟仲道寬、長沙毛青垣國翰、湘陰左仲基宗植；搜訪之勤且慎，則湘潭羅研生汝槐、張玉夫聲玠、武陵楊杏農彝之力居多；督刊校字，則兒子瑶伯昭與有勞：皆有功於是書者也。其捐資諸公，採訪諸君子姓氏及引用書籍具見別簡。道光二十有三年歲在昭陽單閼立秋後一日。

又《校刊楚寶序》　楚志之最古者，《襄陽耆舊傳》、《長沙先賢傳》、《桂陽先賢畫讚》，及盛宏之《荆州記》、羅含《湘中記》、庾仲雍《湘州記》、盧藏《楚録》、路振《楚青》，今皆無存。近代言掌故者，以廖鳴吾《楚紀》、周伯孔《楚寶》並稱，而《楚寶》爲優，俱列於國朝《四庫全書存目》。顯鶴自授書以來，喜聞老先稱説古今巨人碩德，鄉邦文獻。念生長湖外，欲搜討楚故，無如此書。求之十數年不獲，自爲寧鄉學官，聞黄虎癡孝廉言長沙一士人家有鈔本，可借刊。以聞於今大中丞合河康公，公喜，允爲梓行。索鈔本，復無從得，事遂寢。會桐城李海帆觀察自永州來，攜湘潭周石芳侍郎家所藏刻本見示，眞不啻獲重寶。時中丞述職北行，復請於方伯長白裕公，及官楚諸君子，謀重刻。顯鶴獨任校刊之責。爰開雕於寧鄉學署，冷官多暇，日事披閲，又參以書傳、記載、舊文，訂其譌謬，仿朱子校正韓文之例，爲考異；復遍采古書地理志所紀，删節綴拾，爲增輯，統附各卷末。依類編次，以便省覽。其有目録缺傳者，悉加補正，間附按語，以諗學者。書垂成，會余以試事於役省治，以書局自隨，復借官書詳加是正，凡十有一月而工竣。極知僭越，滋懼，然於鄉賢文獻庶幾萬分有益，方志之廣識焉。道光九年十一月謹序。

阮常生《恒言録序》（錢大昕《恒言録》卷首）　嘉定錢竹汀先生負高世之學，爲天下所景慕。卒之日，士大夫莫不悼老成之彫謝焉。家君知其遺稾尚有未刊者，書以詢之。既而先生仲子東塾攜數編至，其《疑年録》等書率皆手蹟，編録恐尚未經寫定，惟《恆言録》首尾完善。家君因以授常生，且誨曰：「學者實事求是，一物不知，當引爲己恥。」常生謹受卒業，因思北海鄭君網羅衆家，括囊大典，至其箋《詩》「願言則嚏」，則曰：「俗人嚏云人道我。」注《禮》「夏后氏以楬豆」則曰：「齊人謂無髮爲禿楬，蓋楬即髻。」而嚏則今人猶然。自服子慎通俗之文不傳，此道幾於絶響，非先生孰克成之？常生爰偕詁經精舍友人烏程張君鑑各補注一二，用刊諸家塾，以貽同志焉。嘉慶十年夏五月。

姚元之《重刻道鄉集記》（鄒浩《道鄉先生文集》卷首）　歷代名賢遺文，其不致散佚無存者，一在子孫之賢，一在學士大夫之好古。宋鄒忠公[浩]《道鄉集》自明萬曆中重刊，今又二百餘年矣，舊本僅有存者。公二十六世孫野存禾懼其久而佚也，以再刻爲己任，貧不能舉。庚寅春暮來京師，告余曰：有故人官秦中，將訪之，若畱傭書，積二三年餘稍，事可舉矣。時

成綿李觀察宗傳、川北吳觀察傑，俱自湖南移任西川。又以秦蜀接壤，作書介鄒君，以備不遇。鄒君遂行至閿鄉，值山水暴漲，漂入大河，幾危。達秦中，而故人已先期入都。遂歷棧道，登劍閣，墜巖者再。至成都，袖余書謁兩觀察。兩觀察嘉其志，虞其事之無成，相與助之金，趣之歸，使畢其事，而道鄉集乃復行於世。【略】余故樂爲之述其緣起如此。道光癸巳八月。

何廷椿《通易西遊正旨序》（張含章《通易西遊正旨》卷首）「惟元代邱祖所著《西游》，托幻相以闡精微，力排旁門極弊，誠修持之圭臬，後學之津梁也。」乃就其書手爲批注，以明三教一原。書成授於余。余拜而讀之，久欲公諸同好，而未之逮焉。先師年登大耄，含笑而終，今已十稔矣，而當時手澤如新。客秋袖至錦垣，將付之剞劂，余婿向氏昆季見之，願爲贊襄，共成此舉，經半載而工蕆。其書悉遵先師遺稿。第爲師門互相傳抄日久，亡其底冊，不免有亥豕之訛。是在學者會心不遠，勿以詞害意焉可已。先師志存闡道，弗以沽名，故并隱其姓字。兹刻亦依原式，以承師旨，而其苦心孤詣，有不可終沒者，特表而出之。是爲序。道光歲次己亥孟夏既望，記於眉山書舍。

包世臣《石笥山房集序》（胡天游《石笥山房集》卷首）《石笥山房文集》六卷，《詩集》十二卷，山陰胡［天游］穉威徵君之所作也。徵君應乾隆初鴻博科，同舉二百餘人，推徵君爲首選，其詩文散見於外者罕。道光丙午，徵君之四世諸孫秋潮大令出家藏鈔本，刻於山左。大令之嗣君冠山贊府官南河，大令以東省刻工劣，又徵君文學淵奧，摭拾秘籍，多人所未見，鈔本時有錯誤，遺憾蓋闕。爰命贊府於南中覓良工，求方聞士，詳加校覈，重刊以廣其傳，甚盛舉也。

紀嘉瑞《楊忠愍公傳家寶書重刻叙》（楊繼盛《楊忠愍公遺書》卷末）公自著《年譜》及《家訓》，當日據梱書也，從容整暇條緒井然，凡爲人臣、爲人子、爲人兄弟，宜家置一冊，以爲軌範，不得視爲一家言而畧之。瑞不敏，竊嘗循誦敬佩，甲申歲，宦遊文川，篋中攜帶，用資警惕，同學諸君，見而悅之，競借鈔讀，既而羅子陳九偕姪建屏，覓得全集，蓋李卓吾先生刪定者，集中《年譜》、《家訓》，文稍修飾，而記事不及者卷之詳。諸君以汀郡無板，謀付之梓，因即重鈔而批點，參以刪本，務求詳悉，俾人易曉，併錄陳君選原叙，一則不沒人善。一則以當勸善之編。諸君踴躍鳩資，瑞亦敬捐微俸，命梓人刻成，爰綴數語，以志緣起。【略】道光十五年歲次乙未秋月。

錢儀吉《夏峰先生集序》（孫奇逢《夏峰先生集》卷首）嘉慶中，史臣奉諭旨纂《儒林》、《文苑》諸傳。予以從子寶甫充纂修官，助之采輯，始得讀夏峰先生［孫奇逢］之書。於時卿尹、庶司、賢有志者，多從傳鈔以讀，知先生之學者甚衆。顧所見《歲寒居文》與靜脩、椒山兩先生文同編，曰《容城三賢集》財數十首，非完書。自來大梁，旁求久之未獲。學使許信臣編修至，適予子邕醇館於輝，學使命之采訪，乃得此本於先生七世孫秀才孫錕所，云：「勵有存者。」學使忻然首出俸金爲倡，諸公先後至，樂於共成之，遂付剞劂，而任予以校勘。【略】道光二十有五年孟秋之月庚申朔。

阮亨《校刻雕菰樓集序》（焦循《雕菰樓集》卷首）《雕菰樓集》二十四卷，吾師焦［循］理堂先生所著也。先生博學工詩，古文自少即與雲臺兄齊名。辛酉科始中鄉魁。僅一會試場中，擬元久之。榜發，被落。年四十外，足不入城，築雕菰樓以著書自娛。亨時往請業焉，嘗憶乾隆乙卯秋，先生來濟南學署，亨隨侍策騎，遊䧿華諸山，興會淋漓，頗自詡其弧矢四方之志。又嘗於嘉慶壬戌冬來杭州節院，亨同放棹西湖，冒雪敲冰，聯句於林處士梅花墓下，感慨嘯歌，幾莫掩其胸懷高逸之風。舊遊如昨，梁木已悲，校刻遺編，益深傷悼。道光四年冬十月。

路德《檉華館文集》卷三《惜陰軒叢書跋》右序五年前作，據前刻十五種而言也。其續輯十九種搜羅益富，仿《四庫書目》例，分經、史、子、集，合前、後刻編第之。內《玩易意見》、《石渠意見》、《戰國策校註》、《雲南機務鈔黃》、《東西洋考》、《會稽三賦註》、《授經圖》、《北溪字義》、《宋四子鈔釋》、《陣記》、《書法離鉤》、《新增格古要論》、《元城語錄》、《兩山墨談》、《事物紀原》、《書叙指南》、《清異錄》、《唐語林》、《世說新語》、《古文周易參同契註》、《楚辭補註》、《古文苑》，凡二十二種，皆《四庫》收入者。【略】《學易記》、《周易本義爻徵》、《虛字說》、《京畿金石考》、《雍州金石記》、《正蒙會稿》、《小兒藥證眞訣》、《衛生寶鑑》、《六如畫譜》、《見物》、《表異錄》、《老子集解》，凡十二種，皆《四庫》未收者，或刊本稀少，或舊板遺亡，或僅有鈔本未經梓行，人間未見書居其大半，今薈萃成編，公諸同好，洵大觀也。其久經行世者，如吳師道《戰國策校註》幾於家有其書，而

刊本多訛，無憑校正，惟此本爲元時舊刻，較諸家多爲可據，特梓之以便讀者。劉孝標註《世說新語》，援引詳確，多出於正史之外，論者稱其有不言之妙。自明以來，世所傳之本註文多所刪節，殊乖其舊。是本爲袁褧所刊據陸放翁刊本，最爲完善，惜板已刓敝，懼其泯滅，亟梓之以廣其傳。至所刻《清異錄》乃明人俞允文據元人孫道明鈔本，參據勘正，未經刪節，與陶九成《說郛》所載者迥別之數刻者，均非秘籍，而讀者苦無善本，購求數十年或不一遇，今披冊而盡得之，可不謂快事與！前刻出，不脛而走海內，後刻未竟，中翰遽歸道山，豫屬其表弟張百穫廣文樹總司校刊。越二年，余將移研於瀛東之賀留村，而全書適成，爰書其始末如此。

洪瑩《宋本名臣言行錄重刊・序》 《名臣言行錄》一書，凡《五朝名臣言行錄》十卷，《三朝名臣言行錄》十四卷，《皇朝名臣言行續錄》八卷，《四朝名臣言行錄》上十三卷，下十三卷，《皇朝道學名臣言行外錄》十七卷。五朝，謂開國至英宗；三朝，則英宗以後至徽宗也；皆朱子撰。四朝，謂中興以後，皆朋溪李幼武士英撰。【略】是書傳刊舊多譌舛，近得宋槧，完善可觀，則太平老圃校正，崇硂平翁序識者也。溥本肇末，篇次秩然，乃知呂祖謙之初見草創本非完書，趙希弁之所藏差誤必屬另本。覯茲全璧，爰付重雕，冀廣流傳，共資探討。至於錯間更釐，譌文糾正，則元和顧君千里之功多焉。烏絲竊扃，存麻沙舊日之模；青簡摩挲，竭蘭膏數夕之力。紬遺編於石室，實賴弆藏；操墜簡於崇山，斯深景仰云爾。

阿旺查什《重刻藥師七佛供養儀軌經・序》 昔我佛在廣嚴城，以梵音聲說《藥師七佛本願功德經》，傳至唐特，西藏王頌藏剛布譯爲番文，以便彼國誦習。迨至國朝，王輩達賴喇嘛製《供養儀軌經》，體制尊嚴，儀文周密。後人如法修持，內具誠懇，外修節目，能令解脫世間衆苦，速證無上菩提，益莫大焉。顧西番文字，華人多以未諳，後見顯親王、傳儀賓公、工布查布所譯漢本，文字允當，與經旨相符。惜其原板無存，其中亦無布壇法儀，與供養佛相方位二事。謹錄珍襲，不敢自秘，久欲公之大衆，因力未逮，以致稽遲。今逢大檀越宗室祐容齋少宰，見刻此經，指示添繪壇儀各方位佛相，與三十五佛之相，及救度佛母二十一相，並以寫梵天文字數仟，尤爲莊重。復有檀越理藩院正郎定君，聞此刻經，欣然共濟。既得二大檀越，偶善捐資，贊成斯舉，什遂將譯成漢文，諸品經數卷，凡諸佛號，悉書二體字，同付剞劂，裝成卷帙，期傳不朽。奉諸蘭若，分諸信士，凡我同志共步善因。是役也不輕，予之夙願克完，而諸善友之財施，即法施也，不可不爲志之，因爲之序云。大清道光歲次甲申嘉平月吉日。

祁寯藻《重刊影宋本說文繫傳敘》（徐鍇《說文解字繫傳》卷首） 我國家昌明，儒術同文之盛遠邁前代，士子知從聲音、文字、訓詁以講求義理。《說文》之書，幾於家置一編，然多大徐本也，小徐《繫傳》唯歙汪氏刻有大字本，石門馬氏刻有袖珍本，譌脫錯亂，厥失維均，閱者苦之。寯藻讀段君懋堂《說文注》，知吳中顧千里、黃蕘圃兩家藏有舊鈔本，讐校精詳，久懸胸臆；河間苗仙簏夔篤志許學，研究《繫傳》，亦傾慕此本。歲丁酉，寯藻奉命視學江蘇，約仙簏同行。初，以老憚遠涉，既念顧、黃本或可因是得見，欣然命駕。九月抵署，謁暨陽院長李申耆先生，首訪是書。先生於顧舊同學也，即寓書其孫瑞清假之，取以校汪馬、之本，則正文、注文顧本往往字數增多。而「木」部「心」部，竟增多篆文數十；且有「桼」部汪、馬本脫去部首字；「㡀」、「黹」、「月」、「㱃」、「次」、「旡」、「嵬」、「象」等部汪、馬本通部俱脫，而顧本全者。先生又爲訪求汪氏士鐘所藏宋刻本，汪氏僅齎示弟四函三十二卷至四十卷，餘云無有。以宋刻本校鈔本，大略相符，知顧氏本實爲影宋足本。寯藻既欣得此書，欲公同好。間與芝楣陳撫軍言及，撫軍慨任剞劂之費，即請申耆先生董紀其事，依寫開彫。至《繫傳》原闕二十五卷，顧氏鈔本係據大徐本補入。寯藻復請先生蒐採《韻會》等書所引《繫傳》，輯補編附，以存崖略。先生又命弟子江陰承培元夏灝、吳江吳汝庚倫《校勘記》。苗君獲見顧本，益加訂證，遂以心得別成一編付梓。其小徐《篆韻譜》寯藻復從沈蓮叔都轉訪錄，附刊書後。於楚金一家之言庶云備矣。【略】道光十有九年，太歲在己亥九月敘於江陰使署。

陳柱《重刻北學編跋》（魏一鰲《北學編》卷末） 《北學編》一書，魏蓮陸先生所輯也。嗣經尹元孚、戈芥舟兩先生先後續輯，迄今百餘年，板久無存，吾鄉鮮知有是書者。新城孔君慶鈺攜其家藏舊本入都，商欲重刻。諸同人咸慫恿之，遂付剞劂。是舉也，不惟先正典型賴以不墜，而讀書者亦當激發於立身制行，一以先正爲法也。道光二十四年歲次甲辰暮春。

郁松年《宜稼堂叢書・清容居士集序》 四明袁清容先生才智亮特，學問綜覈，承絜齋之舊聞，資深寧之淵博，故其詩文集五十卷，【略】氣體明

質，義法宏贍，經術淹通，詞旨雅麗。又悉兩宋文獻，深達史學，洵爲元代著作之鉅者。惟其書刻於先生殁後，原本僅存，前明永樂時已間殘闕。往年余購得之，幸尚完具，又寶山毛君生甫先有寫本，足資校勘。倘秘其書不即刊刻，雖不至遽至散佚，更復數十百年恐其書得益不易，無以遂海內承學之士欲稽考誦讀先生書者也。余才學弇陋，豈克窮研？竊念先府君辛苦成家，督子孫力田讀書甚力，伯兄竹泉先生器識高亮，以余性好聚書，家事一不煩余，不惜重貲購諸善本，任余丹鉛，少成文學。嘗命仿前賢蘗刻諸書，仰承先志，乃以是集爲權輿。其有改易及所疑義，別存札記。又續刻諸書，則以付梓歲月爲先後，不復次其時代云。道光二十年四月朔日。

又《剡源集札記序》　余既得《袁清容居士集》元槧本五十卷刊之，清容爲戴剡源先生弟子，《剡源集》無論明初所刻，即嘉靖間周儀蒐輯者，亦殘佚不易得。余家所藏即黄梨洲先生所從選録不全本，蓋是集幾湮失久矣。今所刊三十卷者，寶山毛君生翁得於武進李申耆太史，太史得於同郡趙味辛司馬，司馬則得於湖州鮑以文孝廉。【略】觀書中回易删加，朱墨爛然，皆無主名，不能分別某者爲何氏。其明確者既胥從之而意有未安，亦弗敢徇。至原本字畫音義顯繆脱者，輒以己意參攷補正，疑者闕之，其朱墨校改者，既不能辨爲何氏，則統以「或云」括之，而余所更定者，則率隨文條列。又原本詩文間有空字，或仍、或否，亦率注明以存原刻體製。凡三閲月，是書始少完具，可繕寫付剞劂。夫剡源先生之文章淳博奇雅，義法整贍，宋末元初爲東南一大家，宋金華諸賢多論著之矣。而惟是實事求是之心不敢攘善，不敢臆决，區區矜慎，所由刊刻者，略述其大端以告後世。【略】道光二十年五月三日。

又《數書九章札記序》　余既刻《清容》、《剡源》二集，益思得宋元人秘笈。毛君生甫爲予言秦道古《數書九章》思精學博，其中若大衍求一、正負開方兩術尤爲闡自古不傳之秘。第其書轉相鈔録，譌脱滋多。元和沈廣文曾得明人趙琦美鈔本於陽城張太守家，訂譌補脱，歷有年所，以老病未卒業。其弟子江陰宋君景昌能傳其學，余因屬毛君索其原本。會廣文病甚，不可得，得其副於武進李太史家。毛君又出其家藏元和李茂才所校四庫館本，幷屬宋君爲之讐校。嗣廣文没，宋君又於其家搜得秦書刊誤殘稿數卷，於是以趙本爲主，參以各本，其文字互異，義得兩通者存其舊；其傳寫錯落無乖算術者，隨條改正；其術草紕繆，或誤後學者採衆説而折衷之，別爲《札記》，以資考證。書成，將署余名，余以未經究心，仍歸之宋君，而爲之叙其原起以付諸梓。太守名敦仁，茂才名鋭，太史名兆洛，廣文名欽裴，皆當世有道之士也。【略】道光二十有二年壬寅二月既望。

汪遠孫《東城雜記識》（厲鶚《東城雜記》卷末）　《東城雜記》二卷，錢塘厲徵君鶚撰。徵君與先本生曾大父魚亭公友善，每一書成，輒就商可否，是以著述手稾多藏余家。是書爲未定之本，其中塗乙添註較外間傳鈔者頗有增益，所載東里文獻足補志乘所未備，爰略加詮次，付之剞劂。末學譾陋，恐校勘未能盡善，尚望博雅君子匡其不逮焉。嘉慶庚辰夏五月。

又《遼史拾遺跋》（厲鶚《遼史拾遺》卷末）　元修宋、遼、金三《史》，《遼史》最略。厲徵君仿裴松之注《三國志》例，輯《遼史拾遺》二十四卷，博采旁搜，有注有補，徵引書籍三百餘種，耶律氏遺聞墜典粲然大備。余家舊藏寫本，爲朱朗齋先生手録。辛巳長夏與同年友王君學增檢閲群書，詳加參校，字句脱誤悉爲增訂，付之剞劂，閲十五月而畢。杭堇浦太史道古堂詩注，稱徵君是書期與太史《金史補闕》竝刊。今《金史補闕》罕有傳本，儻藏書家不靳見示，俾得合刊竝傳，庶幾以成兩先生未竟之志乎？道光壬午秋七月。

又《咸淳臨安志跋》（潛説友《咸淳臨安志》卷末）　南宋志臨安者三家，乾道時周淙，淳祐時施鍔，咸淳時潛説友。《乾道志》十五卷，今廑存三卷；《淳祐志》、《宋史·藝文志》及諸家書目皆不著録，無從考其卷數，今傳鈔本有二，不過全書之半；惟《潛志》較爲完具。説友字君高，處州人，登淳祐四年進士第，知臨安。時賈似道方枋國，志中遇似道銜名皆提行，或空格，未免滋後人之議。然徵材宏富，辨論精覈，朱先生竹垞稱爲宋人志乘之最詳者。其書原本一百卷，竹垞從海鹽胡氏、常熟毛氏先後得宋槧本八十卷，又借鈔十三卷，尚闕七卷，鄉先輩繡谷亭吴氏、小山堂趙氏彼此傳鈔，寶同球璧。遠孫家藏寫本，亦從兩家本録出，魯魚亥豕，閒所不免。吴縣黄丈蕘圃丕烈藏有宋槧本，謂是曝書亭故物，旋歸余宗閬源觀察士鐘，己丑秋介嘉興李丈薌沚富孫借歸，讀之紙色墨香，令人不敢手觸。宋槧較竹垞本增多三卷，鈔補十二卷，亦從宋本影寫，其六十五、六十六兩卷盧先生抱經從知不足齋鮑氏宋槧殘本鈔補，竹垞亦未之見也。校勘一過，良多是

正。又借得海昌拜經樓吴氏宋槧殘本及馬氏所藏抱經堂鈔本參校，訂譌補闕，始成善本。惟六十四、九十、九十八至一百五卷終不可得。合浦之珠，延平之劒，不知尚能復遇否？吾郡遺聞佚事萃於是書，所引《祥符圖經》、晏元獻《輿地志》、范子長《郡縣志》諸書久已放佚，藉此得存厓略，爰付剞劂，以廣其傳。行款悉依宋本，經始於庚寅二月，凡十有八月而蕆事。助余讎校者，海昌吴丈子撰春照，同邑黄丈薌泉士珣也。六十四卷人物薌泉據《夢粱録》目次，以成化《杭州府志》補之，其有宋本顯誤，據周、施兩志及他書訂正者，薌泉别爲《札記三卷》坿於後，并詳著其例云。道光辛卯八月朔。

張大鏞《歸玄恭遺著序》（歸莊《元恭文鈔》卷首） 前明歸震川先生，其文如日星之在天，河嶽之在地，卓然稱一代大儒。其曾孫恆軒先生，有《懸弓集》三十卷，久已失傳，太倉季君菘耘蒐輯其文，得若干篇，名曰《恆軒先生遺文》，録以示余。余受而讀之，愛其根柢深厚，波瀾老成，而一種傲岸自異確乎不拔之概，恍然於字句之外，如見其人。文中如《阮貞孝傳》，規時立論，洵足羽翼太僕之文。而《致季滄葦侍御》一書，亦與妄庸巨子之詆排氣節相似。蓋惟其胸有千古，特立不撓，故目光如炬，行氣如虹，而不爲俗屈也。曩者，歸氏後人以《太僕大全集》板片歸余，余諾而庋之。今春方擬幷《恆軒先生遺文》梓以附後，適菘耘居停、闇鄉趙孝廉復從里中歸氏訪得玄恭詩文六冊，雖非《懸弓》原帙，已屬全稿。菘耘與闇鄉復彙兩稿，愼爲選擇，取其精粹無偏駁者，得文六卷，詩一卷，畀余付刊，洵藝林快事也。於此見明德達人，世濟其美，而文之至者必傳。是故文章之顯晦有時，而如二君搜往闡幽之勤，其功良非細已。梓竟，遂書之爲序。道光十七年丁酉四月中浣。

季錫疇《小松石齋詩集序》（趙允懷《小松石齋詩集》卷首） 與君同校石渠師文集付梓，相與款洽。見余所作謬爲許可，遂招余課其二子宗琴更名清士、宗鶴更名金振。余亦挈兒子毓通赴塾。毓通喜爲詞賦，從君問字，教督甚至。余與君偶作雜文，亦相易糾正，譚藝甚樂也。越二載，君貧益甚。余恐以豬肝累人，移館虞城。君旋喪母，及小祥而卒。卒之前數月，嘗偕余至澄江，謁李申耆先生於暨陽書院，同乞先人墓誌。適毓通以童試，受知桐鄉沈曉滄先生鬱爲首選，奬借逾常。君知之喜甚，舟中語余曰：「吾與子年將及艾，科名俟之後人，惟當著書以無負歲月。」且謂「詞章不足爲，宜爲有用之學也」。豈意言猶在耳，而君已逝耶。毓通録君詩賦、雜文藏之以待異日付梓，聊報師恩也。又豈意越一載，而亦相從地下矣。余既痛良友云亡，愛子蚤逝，顧影自傷，疢疾不瘳。今年春，曹君阮懷、周君子商約張君眉叔、吴君瘦青、邵君環林，暨余相與校定君之詩文，醵貲付梓。而以余知君爲深，屬書數語，引其端。余固辭不獲命，爲校讎一過而歸之。

劉文淇《青溪舊屋集》卷五《重刻舊唐書序代》 有唐三百年，正史所關最鉅。後唐長興中，詔修《唐書》，至後晉開運二年方纂成奏上。《五代會要》中但言書付史館，而未述刊版之事。宋嘉祐五年，頒《新唐書》於天下，而舊書遂不甚行。《郡齋讀書志》及《直齋書録解題》雖皆載其書而不言始刊之歲月，是北宋以前之舊槧，其有無固無從考證。明嘉靖乙未，餘姚聞人詮督學南畿，念舊書刻本漸少，懼其就湮，於是徧加尋訪，得紀、志於吴縣王延喆家，得列傳於長洲張汴家。其書乃南宋紹興初年越州所刻，卷後載有校勘姓氏。《舊唐書》之流傳於明代者以此爲最古，而卷帙尚有闕佚，復假應天陳沂、長洲王穀祥所藏本，彼此補葺，始爲完書。刻未及半，而詮以奉諱去官。繼其任者請諸撫、按，與郡邑各官捐俸倡率，凡歷四年而後告成。其裒聚與刊布之難悉詳原序。特當時聞本所據之書，止就殘篇斷簡薈萃而成，初非全部，故魯魚亥豕之文，夏五郭公之句正復不少，論者惜其未盡善焉。我朝稽古右文，度越前代，乾隆四年敕武英殿校刻此書。聞本脱誤之甚者，逐條釐訂，各附《考證》於每卷之後。及四十七年，編定《四庫全書》，特置此書於正史，而庋藏於三閣，閣本之考證又較殿本加詳。惟是閣本但繕寫而未發刻，讀者既艱於傳鈔，殿本列於《二十四史》之内，坊肆間罕有單行者，寒素之家購求匪易，而聞版久亡，其書尤爲難覓。甘泉岑紹周提舉建功嗜學好書，尤喜鐫刻古籍，其友江都梅蘊生植之勸其重刊此書，遂慨然獨任之。延江都沈與九齡、殷時若燠、凌東笙鏞、儀徵黄聖臺春熙分任校字之事。全書字句悉以殿本爲主，其間有刊刻小譌爲人所共知者，即隨筆改正，外此則不敢妄改。至於行款、書式，則仿照汲古閣史書。蓋毛氏所刻《十七史》久已風行海内，而《唐書》有新無舊，故特補其所未備也。復延甘泉羅茗香士琳、儀徵劉孟瞻文淇，及其子伯山毓崧、句容陳卓人立排列各本，討論群籍，得《校勘記》共若干卷。凡殿本、閣本之與聞本異者，一一

臚列，並登載其考證，而沈氏新、舊合鈔所辨析者亦附見焉。若夫北宋初年，《太平御覽》、《册府元龜》等書，皆成於歐、宋未修以前，其引唐史確係劉書，所據實最初之本，足以補正聞本者不可枚舉，皆採而集之；他如《通典》、《通鑑》、《唐會要》、《文苑英華》以及《十七史商榷》、《廿二史攷異》之類，可以互證參訂此書者，亦廣爲尋校，加以斷制，其體裁、義例悉遵殿本、閣本之成法，而推廣引申以竟其緒。

又《重刻郝太僕褒忠録序代》　《褒忠録》一書，乃公子長君所輯，後漸零落。乾隆乙酉如皋姜君忠基重謀剞劂，桂林陳文恭公爲之序，而未果竣工。至丁未秋，公之六世孫梅謀於其友，捐貲付梓，始克告成。郡人李君斗《畫舫録》所記之《褒忠録》即此本也。其細目詳載《畫舫録》中。惟袁繼咸所作之祭文、雷士籥所作之傳，《畫舫録》皆以爲杜補堂作，則李君之疏也。今距乾隆丁未五十二年，而其板又亡失過半，存者亦漸漫漶，不可識別，郡之紳士醵金重刻。余既於記中詳載諸君姓名，刻既成，復爲書其緣起，而因以歎世之托文字以傳者，猶或有時湮沒，惟表揚忠節者，其文字必不可得而湮沒也。於是録之刻信之矣。

彭藴章《歸樸龕叢稿》卷六《嗣雅堂詩存序》　吾鄉王惕甫先生，爲余從祖二林公忘年交，以詩古文辭名於時。井叔，其季子也。嘉慶甲戌春，學使新城陳公按試蘇郡，余始識井叔於稠人中，歸而訂交。因請益於惕甫先生，學爲古今體詩。先生每命一題，必與井叔同作。時吾鄉後進遊先生之門者，余之外無人。余之朝夕觀摩，稱莫逆交者，井叔而外亦無人。三年而先生捐館舍，井叔旅食邗江，余亦屢上春官，往來南北，不復有前時之樂矣。道光甲申秋，井叔自邗歸，以病卒於里，年二十有八。嗚呼！悲矣。井叔爲詩，承其家學，探原漢魏，沿流唐宋，下及前明七子，不拘拘一家言，天資學力悉足赴之。曩與余聯詠，時或擬古，或詠史，動以百首計，其猛鋭有過人者。生平所爲詩不下數千首，其他若駢體、若詩餘、以及賦、頌、箴、銘之文，又各成帙。令天假之年，所詣正未可量。不幸而遽，止於是也。君與錢塘陳小雲通守友善，君歿時，小雲尊人雲伯大令許爲君刊全集行世，欲盡取其稿以去。余不能阻，因選録其詩七百餘首藏之篋中，而以全稿歸雲伯。既而小雲卒，雲伯罷官，全集未及刊行。及雲伯復起爲繁昌令，乃刊其詩四卷。余遠在京師，未及見也。比年余出樞垣，退食多暇，乃就舊時所録，與曹艮甫比部共相參訂，酌加删汰，得若干首，曰《嗣雅堂詩存》，以授梓人，而志其顛末如此。夫余雖未見雲伯之所刊，然識見不同，則取舍迥別，所存所删，必有異焉者。並行於世可也。

又卷一一《重刊侍講公小題文稿跋》　先五世祖侍講公有《南畇文稿》行於世，迄今亦頗殘缺。歲辛丑，余在京師，由家郵至一部，旋因長樂梁中丞章鉅寓書言欲選刻名家制義，向余求先世遺稿，因即以郵致中丞。後亦未見選刻。欲再得一編，家中已無藏本。近日寓書至家，修版刷印，尚未卜能整理否也。福州王生道徵爲余所得士，出所藏先侍講小題文稿一編相示，余受而讀之，有已載《南畇文稿》者，有未載者。蓋是編刻於前，《南畇文稿》刻於後，且是編所載皆小題，故不無互異，亟付梓人重刊行世。予昨在泉州從惠安佾生林春光得先尚書入學試卷，今復從王生得先侍講遺稿，結文字因緣，復祖宗手澤，藴章閩、嶠之行，誠厚幸矣哉！道光二十八年孟夏八日。

何紹基《東洲草堂文鈔》卷五《重刊宋元學案書後》　先文安公生平服膺許鄭之學，而於宋儒之言性理者亦持守甚力。【略】道光壬辰督浙學至寧波，以《宋元儒學案》發策浙士，始知有此書。越七年戊戌，王君臒軒、馮君五橋蒐得各本，合校刊成，以印本攜呈。此事實自先公發之，故嘉其有成，欣然作叙也。及庚子仲春，先公見背。壬寅春，馮氏書版燬於兵火，幸臒軒所呈印本尚存余家。是歲秋，余服闋入都，思有以卒成先志。臒軒曰：果擬重刊，且宜少待。乃復精心勘閲，又爲補脱正誤，至甲辰冬而竣事。適余方典黔試歸，傾使橐以營剞劂。先是癸卯之夏，余集同人匄資創建顧亭林先生祠於城西慈仁寺之隙地，軒亭靜奧，因請臒軒下榻其中，悉檢家中藏書有係學案者，移庋祠屋供其尋討。余亦竭力襄事，校出譌漏甚多，手民亦悉萃居於是，隨校隨刻，至丙午夏而事竣。海内同志諸君子若湯敦甫協揆丈、潘芸閣河帥、師賀耦庚制府丈、祁春溥大司農、李石梧中丞、但雲湖都轉、唐子方方伯、羅蘇溪方伯勞星皆觀察、何根雲通政、栗春坪太守、楊墨林州牧，聞有是舉，均出資相助，且敦促其成。時仲弟紹業已先歿，與校字之役者，叔弟紹祺、季弟紹京，及兒慶涵、姪慶深也。烏乎！先公拳拳於是書，非視浙學，則無以發其扃，其已刻而旋燬，燬而復刻，固非先公所及知。摩挲鉛槧，逾閲歲時，悚與愧俱敢云負荷耶。臒軒於重校之次，徧涉四部書，復成《宋元學案補遺》百卷，與原編相埒，余爲録副墨以俟續刊，此尤黄、

全二子之功臣，恨先公未及見也。丙午秋初男紹基謹識於京師之西塼寓齋。

吴啓昌《重刻古文辭類纂序》（姚鼐《古文辭類纂》卷首） 桐城姚惜抱先生撰有《古文辭類纂》七十五卷。先生晚年，啓昌任爲刊刻，請其本而錄藏焉。未幾，先生捐館舍，啓昌亦以家事卒，卒未及爲也。後數年興縣康撫軍刻諸粵東，其本逐流布海内。啓昌得之以校所錄藏，其間乃不能無乖異。蓋先生於是書應時更定，沒而後已。康公所見猶是十餘年前之本，故不同也。【略】啓昌於先生既不敢負已諾，又重惜康公用意之勤，而所見未備，取鄉所錄藏本，與同門管異之、同梅伯言曾亮同事讎校，閲二年而書成。是本也，舊無方、劉之作，而別本有之，今依別本仍刻入者，先生命也；本舊有批抹圈點，近乎時藝，康公本已刻入，今悉去之，亦先生命也。道光五年秋八月受業門人江寧吴啓昌謹記謹序。

吴啓楠《十三經客難識》（龔元玠《十三經客難》卷首） 先是乾隆癸巳先生曾將《周禮客難》八卷付梓，又摘刊《春秋客難》一卷，《文集》數卷。嗣於嘉慶戊寅先生之曾外孫黎君畹蘭又補刻《四書客難》四卷，及《黃淮安瀾編》二卷，餘俱未及梓行。先生之曾孫寄生甫每以先人全稿尚未獲質諸海内，若引爲己憾者，邑後學荷湖周緝齋農部時主友教書院講席，特捐貲將《周易客難》全卷刻出爲倡，而胡君愚谷、鄭君厚齋、陳君廉泉復聯集同人勸助，遂舉諸經陸續開雕。楠與萬君厚村實任校讎之役，第梓人不解文義，其訛字、脱字雖屢經剗易，仍恐未盡釐正，所賴後之閲者更有以惠教我也。又《十三經》内宜有《孝經》，兹詢之寄生甫，據云未見此稿，即《爾雅客難》亦只存一二條，自是歷年久遠，或已散佚。今除此二種外諸經全帙幸已梓成，因謹誌其緣起如右，且莊錄邑志小傳於首，亦俾覽者得以知先生出處之大略焉。啓楠又識。

張穆《遺山先生集序》（元好問《元遺山先生集》卷首） 《遺山先生集》中統嚴氏初刻本不可見，今行世者惟宏治中李叔淵本，及康熙中華希閔本。而華本即從李本翻出，猶一本也。詩集單本較多，惟毛氏汲古閣本盛行，南昌萬廷蘭本係從全集摘出，故於曹益甫所增之八十餘首概從闕佚，而元黃公紹選本，穆又未之見也。【略】李叔淵雖稱得善本於儲靜夫太僕，而譌文脱簡，仍不勝乙。今爲鉤攷《金、元史》及同時各家集，它若《元文類》、《金石例》、《金文雅》、《山西通志》諸書，缺者補之，誤者訂之，如無可據校概從闕疑。《續夷堅志》世行寫本二卷，余秋室氏釐爲四卷，手書刻之大梁；《樂府》五卷，阮太傅《揅經室外集》載有提要，而《文選樓書目》初無其名，聞漢陽葉氏有寫本，數從相假檢，未獲也。嘗擬都爲一集繡梓，版存冠山書院。州中有貲力足任斯役者尚不乏人，乃募商積年，卒無肯贊成之者，不得已節嗇傭書餘資，歲刻數卷，始丙午二月，訖庚戌□月，首尾凡五年，工始告竣。《坿錄》一卷，《補載》一卷，儲氏、華氏、施氏遞事增輯，穆續有采獲，并羼入之，遺山一家之業，其存於今者，約略備矣。其爲遺山譔次《年譜》者，有翁氏、凌氏、施氏三家，翁、施書皆有刻本，凌氏成書在翁、施之先，未梓行，有序載《校禮堂集》中。漢陽葉氏錄有副本，幸得假鈔，因并刻三譜集後，各存其眞，不相攙和，倣汪立名《長慶集》并存新、舊兩譜例也。至近日坊肆有新刻《遺山集》本，乃某太守從臾坊賈據華氏本刻之蘇州者，舊缺《御史張君墓表》、《陽曲令周君墓表》、《鄧州新倉記》各半葉，葉各三百餘字，此本皆補完之，微勞亦不可沒云。道光三十年□月。

六承如《皇朝輿地略自序》 圖與書，相輔而行者也，而地理尤非圖不明。承如甫見申耆先生，問古今疆域膠轕，何道以理之。先生曰：欲核古，先知今，因示以内府輿圖及《大清會典圖説》。歸，乃約各省爲總圖，塡寫禹貢，既又節錄圖説爲《輿地畧》。先生見而善之，竝以付梓，總圖佔紙太寬，不能入《輿地畧》本中，始或用油紙嵌印，頗患不精，且歲久漫漶。今年秋，從子德只縮摹各省分圖，載府、廳、州、縣治所及水道經流，屬蘇子汝亮詳按而梓之。較承如前所繪底本精繕倍蓰，而《輿地畧》遂爲完書矣。惜吾師已歸道山，不及見此圖之成也。悲夫。道光二十一年辛丑九月。

胡先翰等《研六室文鈔序》（胡培翬《研六室文鈔》道光本卷首） 家竹邨師邃於《儀禮》，因賈疏漏略，重爲義疏，精力專注於此。其他箸作成者已有數種，所作古文約有三百餘篇，儀徵阮芸臺先生采其二種刊入《皇清經解》，餘俱未梓行，蓋吾師未肯以自信也。近歲主講涇川書院，先君子未刊書藏於家者，督率翰等次第校刊，併爲先君子作傳，庶賴以傳世永久焉。翰等閒請梓其箸述，吾師謂所箸書尚須改訂，惟説經之文久思就正四方有道，而苦鈔寫不及，若以刻代鈔，其可。於是出所作古文，命擇其有關經義者得八十餘篇，編爲《研六室文鈔》十卷，授之剞劂，其無關經義者，雖已

傳於外，概命勿付梓。曰：此自爲商賈經義計，若以言文，尚須數年後學力或有進地，再爲續鈔，蓋吾師之不肯自信如此。然其文古勁閎深，實有漢唐風味，其解經不尚新奇，不事穿鑿，惟以經證經，心得最多，閱者自知之，翰等非阿所好也。刻既成，因敬記其緣起。道光丁酉六月下浣。

陳初田《重刻方正學先生遜志齋集跋》（方孝孺《遜志齋全集》卷末）

右台州寧海方正學先生［孝孺］《遜志齋集》二十四卷，《年譜》一卷，《外紀》一卷，崇禎十四年寧海令盱江張紹謙道益纂輯付梓。至本朝康熙戊寅年，裔孫潛復蒐輯《拾補》一卷，附於《外紀》之末，共二十六卷。田世居金華之義烏，與寧海相距三百餘里，束髮就傅時，竊聞餘論，【略】田竊嘆先生德業感人之深，而吾同里鄭公、王公之義不避湯鑊如是如是然肆習舉業，先生之集未暇購也。及壯出宰蜀中，簿書鞅掌，無暇及此。甲辰秋，奉檄襄事，文闈撤棘後，展拜同里宋太史文憲公墓於成都之東郊，旁有二賢祠，一爲宋趙清獻公，一爲先生，瞻仰久之，憶先生爲宋太史公高弟，而又就蜀藩，聘故祠於太史墓傍。《宋公文集》曩吾郡伯嚴公少峰重刻於婺，田與校讐，家有其書，《遜志齋集》則未覯也。後謁通侯楊海粱先生，談及二公之集，通侯出所藏以示，不勝狂喜，翻閱數四，將還其書，惜其中錯字脫頁甚多，思覓別本校之，以正訛闕。適成都舊友學博楊君曉山來，語及其事。曉山又於藏書家覓得一部，是張公原刻，全無缺文，然半飽蠹魚，漫漶碎裂，不堪觸手。竊思先生學之正，節之烈，而阨之甚，且久至昭代而始彰。今又越百有餘年，不思葺補，而任其殘缺就湮，其何以對先生之靈與同里鄭公、王公當年收藏之苦心耶！遂捐廉請曉山楊君森董司剞劂，又邀綿竹呂生應韶、丹稜羅生驤、廣元楊生錫慶，分司校讐，閱十有一月而工始竣，以公同好。於是先生之集與潛溪之集可以並傳不朽矣。時道光二十六年歲次丙午春三月。

沈楙德《昭代叢書・合刻略例》　《昭代叢書》甲、乙、丙三集成於康熙乙亥、癸未間。越七十餘年，吾邑楊慧樓先生踵輯新編、續編、廣編、埤編、別編。兩公先後薈萃卷盈四百。聖世鴻裁，於斯爲盛矣。第張書雖經鋟版，久漸散佚。而楊選五編僅梓題跋，全書尚淹篋笥。余思近世歙縣鮑氏、石門顧氏、常熟張氏皆以表章秘籍爲身任，竊不自量，願步後塵，遂竭緜薄，彙付棗梨，俾海內名通淹雅有以擴見聞而資考訂，則於兩公蒐錄之苦心或不無小補云。《丙集》係山來晚年所刊，流傳尤罕。余始假長洲顧君沅舊藏初印殘本，僅二十餘種。幸卷首總目具存。繼又得新印本於吳興書賈，則抽添甚多，與原本迥異。且於兩張序尾易「康熙癸未」爲「嘉慶丁丑」，坊間射利之徒紕繆至此，尤足噴飯。今按原目重加排比，以復舊觀。覽是書者庶無闕而不全之憾焉。

黃贇元《勸修淨土切要跋》（釋真願《勸修淨土切要》卷末）　是書自癸丑歲春仲，購之坊間，細讀一過，言言金玉，字字珠璣，言雖淺近，而於至理中流出，無人不能奉行也。且教人從五倫中著手做起，非以尋常講說佛法，徒喃喃念佛而已。可謂近裏著己，無出其右者。如能照此行去，鞭追入裏，悔過遷善，未有不往生淨土，脫離輪迴苦趣，永享快樂者也。惜板在嘉興，無從刷印，急欲付刻，又無貲力。直至今年春杪，得蒙桃潭主人，慨捐刻資。又募諸善知識，樂助印費，廣爲送人。二載心事，一朝釋然，何幸如之！【略】咸豐五年歲次乙卯秋七月。

馮桂芬《顯志堂稿》卷一《驗方新編序》　《驗方新編》一書，分金、石、絲、竹、匏、土、革、木八冊，蒐羅甚富，試之輒奇驗，粵中人寶之。吳紫石明府攜一帙來滬，索者甚衆，梱寄不能繼，遂集貲若干金重刻。邢君研田精於醫，校勘極精審，是書出而窮鄉僻壤、馬背船脣，無不可治之。

又卷二《梵隱堂詩存序》　吾友覺阿上人詩出家前作曰《通隱堂集》，出家後作曰《梵隱堂集》。咸豐丁巳，余得一聚珍版，爲印《通隱堂集》五百本，且爲之序。越三年庚申，湘鄉左刺史仁出廉俸百金，屬元和韓郎中崇合刊兩集。垂成，而有粵匪之難，版燬，原稿亦燬。幸上人弟子悅巖及余子芳緝錄副皆存，悅巖睠懷師澤，懼或失墜，節縮米薪以庀剞劂，得十之七八。余嘉其志，爲足成之，兩集遂完。悅巖復以序請。

惲世臨《大雲山房文稿跋》（惲敬《大雲山房文稿》卷末）　先伯父簡堂先生［惲敬］所著《大雲山房文稾》初、二集共八卷，外附《言事》二卷，嘉慶丙子歲刻於南海西湖街，版藏故里，越咸豐庚申燬於兵火。世臨大懼先伯父著述泯沒不傳也，爰議鳩工重鋟，越五月工竣，始終董其事者，劉刺史如玉力也。同治二年秋九月。

高均儒《石笥山房集跋》（胡天游《石笥山房集》卷末）　山陰胡穉威徵君所撰《石笥山房集》，始有趙氏希墳刻，繼有阮氏元刻。此分文爲六卷，

詩十一卷，詩餘一卷，則徵君三世諸孫敬哉大令端書所蒐輯，四世諸孫秋潮大令學醇所刊者。版成再覈，憾未精善，命其嗣君冠山贊府鳴泰屬均儒校而重刊。冠山并假示影鈔趙刻本，暨錢唐關協華所錄沈霞西摭拾逸稿本，又其兄安甫大令慶騮寄來佚文四篇，均儒受而讀之，參互詳覈，文與趙刻同，詩多於趙刻之半。闕錄文十七篇，其二與安甫所寄佚篇同，餘皆未刻，詩則未刻者幾二百首，爰編爲《補遺》三卷。刊既云蕆，秋潮大令又寄其里中族人新刊詩及詩餘本，命冠山示校詩卷，亦分十一，但未分體，亦未編年，似家藏稿本。均儒案題迭勘合十三卷中，所未刻者尚有二百七十餘首，仍分體，續編《補遺》二卷。冠山謂里中必嗣刻，文集當更有須續補者。語畢，肅然起曰：「家君繼先大父之志，謹刊是集，復命鳴泰重刊，先後跋識僅略述始輯之勤，而是集行之久遠，恐後之讀者末由知先大父名字，鳴泰心彌歉焉。」均儒深敬其篤念前徽用意微至，因續補詩成而類書刻者、錄者名氏如右。【略】咸豐二年十二月二十有七日。

又《童蒙訓跋》（丁丙輯《當歸草堂叢書・童蒙訓》卷末） 道光十五年秋，均儒與桐城蘇厚子惇元同寓杭州海會寺，見厚子所謄文瀾閣本《呂氏童蒙訓》，始讀，心懔而未即潛心重謄。二十二年夏寓乍浦劉氏，見有寶誥堂刊小字眉山李氏本，丐歸誦繹，言近指遠。咸豐五年在清江浦令手民別寫樣本，六年夏刊成。每葉注「紅荔館」三字，印本以貽同志。十年正月攜版回嘉興，三月攜至平湖，七月燬，嗣流離轉徙。於同治元年三月至上海晝錦里書肆，見有是訓楷書大字本，其賈甚昂，以燬餘篋中尚存紅荔館本一冊，遂未購也。二年春丁松生丙自上海寄來是訓大字本暨黃蕘圃校本《武林舊事》屬爲重刊。竊謂《童蒙訓》視《武林舊事》尤有裨於學者，即以紅荔館重刊小字本互勘，略無增損。大字本樓跋在前，李記「紹定己丑鋟木於玉山堂」等字雙行列後，度是李氏原刻印本。均儒對覈閒，兒子行篤從旁覘之，曰：是即曏在晝錦里書肆所見本也。用自愧購書之誠不如松生多多，今再重刊仍依小字本，蓋工劣不能摹玉山堂楷書，茲刊但取其有字而已。【略】四年六月二十八日高均儒書於淮上。

又《讀書分年日程跋》（《當歸草堂叢書・讀書分年日程》卷末） 均儒幼孤，承母教，讀書以親炙耆宿爲先務。十二歲因嘉興府驛丞營山李君初白謁嘉興沈雲泉先生珏，先生以其從子鼎甫侍郎督湖北學政時所重刻三魚堂校本《程氏讀書分年日程》見貽。均儒受讀，茫茫無所得，惟略識勉齋句讀例。【略】二十三歲交桐城蘇君厚子惇元，得讀三魚堂所著經說、文集，始知陸清獻公所以刻程氏書之意，蓋謂讀書法程莫善於此也。厚子藏有清獻原刻，其行數多於沈刻本，書葉略寬，均儒尋亦購得清獻原刻，一初印，一後印本，行游必攜在笈中，迄未能潛心依其程以自課。四十九歲授誦平湖，七月行笈書悉陷燬。均儒先於四月嘉興被擾時出走，遘難，轉徙至杭，又遘難。五十一歲流離至淮，吳仲宣侍郎屬校刊陳氏選注《小學》，錢唐丁君竹舟申松生丙自上海寄紹定本《呂氏童蒙訓》，屬爲重刊，作當歸草堂本，意以爲東南劫後書籍多淪，就易刻之本先存其概。小學刊畢，吳侍郎又屬校刊《近思錄》，江注原本《書儀》、《家禮》等籍，均儒因憶及程氏書，乞借於山陽丁君儉卿。晏儉卿出示三魚堂刻初印本，曰：「此讀書者之高曾規矩也。」均儒諦視，與被燬之本無異，亟屬寫官以當歸草堂書格寫成樣本，一再繙校。【略】同治四年八月初五日。

又《張楊園先生年譜跋》（《當歸草堂叢書・張楊園先生年譜》卷末） 是譜厚子於道光二十三年冬在杭州刊版，版用白阜樹，每百字寫刻賈錢八十，印行多本，厚子攜版歸桐城。是本於同治二年春周匯西自杭州難中購至上海，丁竹舟松生伯仲寄淮，屬均儒重爲校刊，用棃版，每百字寫刻賈錢一百三十，字畫視舊刻未見精整，而賈多五分，物力之貴，愈以徵事爲之難，不知杭州手民近更何如也。三年四月刻畢，十二月厚子長子求莊來書，謂初刻版尚幸存，兩版竝行，所傳益廣，誠爲幸事。而均儒屑屑識兩刻之直，聊以見事適時，宜無可作意強致云。四年六月二十八日。

又《忱行錄跋》（《當歸草堂叢書・忱行錄》卷末） 往歲昭陽大淵獻相月，松生以位西手稿《忱行錄》二冊寄淮，屬均儒節錄以刊其要，而以原稿歸位西之子順年、順國，意至篤也。均儒繙覽再三，其一冊道光二十三年九月起，十一月止，二冊至二十四年秋止，按日隨記。【略】均儒欲就其粹者掇而錄之，秋深病嗽，艱於玩思。平湖朱生之榛請任別錄之勞，而重煩其同里唐裘卿楷迻書清本，凡論經籍文章各條具在，然謂錄其至粹猶宜慎別。次年春，【略】適海鹽張銘齋鼎來，均儒謹以請於銘齋。銘齋不厭詳審抉擇，得九十餘條，說大學者居多。先後略標看書之準，皆二十三年秋冬所記。餘亦頗有可刊者，而與論文、書事等條概從節焉，銘齋之慎也。均儒既以原稿

寄還順年、順國，再校此九十餘條，又經年始付手民寫樣本。松生之兄竹舟書來，亦促付版，而刻手殊少，成尚需時。【略】更念位西所簒著用力於《尚書》最專且久，其二十七、八歲時著《尚書大意》，稿經幾易，更名《尚書通義》；又再易稿，至五十二歲春始謄清本，夏付手民，刻方及半，并各稿俱與城陷；又《孝經通論》、《禮經通論》皆其五十二歲所著，位西即於是歲十二月初一日殉杭州之難。其先成之《禮經通論》十九篇曾寄銘齋，銘齋録副，寄海寧蔣寅昉光焴湖北寓所，寅昉寄安慶以畀順年，順年重録，暨桐城方存之宗誠所鈔存《位西遺文》一冊并寄均儒。盱眙吳侍郎已爲刊作望三益齋本，是録竹舟、松生刊作當歸草堂本，書格相等，足以竝行。【略】同治四年歲在旃蒙赤奮若相月甲子。

胡鳴泰《跋石笥山房集詩集補遺》（胡天游《石笥山房集·詩集補遺》附録）　《石笥山房集》，先十七世叔祖明經公之遺稿也。先明經以乾隆初舉制科，同舉者二百數十人，皆天下豪俊無敢自以爲能先者。洎報罷，天下歎其數奇，於今百有餘年，聲塵未減，然詩文流傳絶少，汲古嗜奇者以爲憾。聞先明經集前有趙刻，後有阮刻，遠僅百年，近才三數十年，而版本竟不可見。道光丙午，家君宦遊山左，檢舊簏，有先大父手輯詩文十八卷。先明經博聞彊識，醖釀深醇，又語必己出，不屑爲蹈襲剽賊之陋，讀者猝不能通，傳鈔尤易舛誤。家君得家存鈔本，請春江、懷江兩太史悉心校核，而文義奥折，及不能舉出處者十仍二三，用小尖圈注於字旁，以無誤來學，乃付剞劂氏。刻既成，以印本寄袁浦，竝諭鳴泰曰：「此集出藝術家，珍若拱璧，然苦此閒少書，不足備勘覈；又刻手不佳，恐不能行遠。兒需次袁浦，地當衝要，爲江浙名流所萃，兒當訪延耆宿司讐校、覓良工，必使成善本，以廣我表章嘉惠之意。」秀水高伯平先生均儒浦上游客，言文章無與匹，且樸願可倚任。鳴泰致家君意，伯平垂允。鳴泰又接家兄慶騮寄書，坿購得原刻所佚文四篇。伯平謂當坿補遺。河帥楊至堂先生藏書富，而嗜學不倦，聞鳴泰重刻先集，諭云：官黔中時得鈔本四冊，又有續鈔佚編兩冊，發交校補。伯平悉心校核，校正原刻錯字甚夥，詩不及原刻之半，文無所增，其續鈔佚編内有文十五篇，爲原刻所無，詩尤多，然有詩同而題不同者，精求詩旨，從其長者，俱入之《補遺》。其中間有文從字順，與先明經思筆不甚符合者，眞僞不敢必，伯平以爲當過而存之，得《補遺》三卷。伯平又假得南豐譚桐舫太守祖同少時印鈔趙刻本，與河帥所付黔中所得四冊無異。合原刻十八卷，共二十一卷。托始於道光三十年三月，至咸豐二年三月藏事。非伯平之好學深思，不能襄此盛業。然猶有闕疑不敢質言肊改者，唯望勤學眞儒於此刻外别有所得、知根據、足備覈正者，不吝賜教，郵寄袁浦，使鳴泰得以續成全豹，是爲至禱。咸豐二年春杪二十二世諸孫鳴泰謹跋。

馮寶圻《李義山詩文集後跋》（馮浩《樊南文集詳註》卷末）　藏書之厄多矣，而兵燹尤甚；子孫不能守其祖父之書者有矣，而書板尤甚；書板而遇兵燹而竟能守，而竟免於厄，是不可不志。謹案：《玉谿生詩詳註》三卷，《樊南文集詳註》八卷，先曾王父侍御公譔，乾隆庚子刊行。《蘇文忠詩合註》五十卷，先王父方伯公譔，乾隆癸丑刊行。數十年來，海内翻刊日衆，而原板久藏於家。家故在郡城東。當咸豐庚申，粤逆陷城，寶圻已率家人先避於外，凡十一徙，始至滬城。先世圖籍幸獲保全，以故板得無恙。然回憶爾時風雨泥塗，流離狼狽，涉江沿海，心力摧敝。賊氛既匝地，書板又叢疊堆積，非取攜閒物，蓋惴惴乎有千鈞一髮之勢而，僅得不墜。其不墜也，可幸；其不墜而不能無闕也，亦不幸之幸。此豈寶圻之能守先澤以免於厄歟，抑亦先曾王父先王父之靈有以默鑒而陰護之也？同治戊辰，覓得初印本於滬上，乃於從公之暇，先取《玉谿》、《樊南》二書板，逐一覈對，補其闕者若干，修其漫漶者若干。既成，因志之如此。樊南文有歸安錢楞仙司成補編，較此本增二百有三篇，從《永樂大典》及《全唐文》録出，箋註精善，宜合觀之。《蘇詩合註》篇葉較廣，力有未贍，姑竢來兹。同治七年大吕之月曾孫男寶圻謹書於上海滬防軍次。

釋悟慧《省菴法師遺書序》（釋實賢《省菴法師語録》卷首）　省菴法師遺書，誠爲修淨土之資糧，念佛法門之寶筏也。惜此書不常概見，兵燹後其版久不存，而此書更不可得。今於友人處，偶得是本，緇素咸樂誦之，爰欲刊印，廣布流通。幸遇守源甫陳君、耕根甫張君，與余有同志也，遂爲之倡者，暨諸同道信善者，皆樂從以付梓。要使蓮宗一派，源源繼起，永不致斷絶。凡修淨業之士，必須遵循祖師之法則，篤信遺書之開導，至詳至切，言淺則易知，言近則易從。此書殊不易得，故特廣印普送，惟願同志道侶，樂讀此書，如法受持，得生淨土。使天下信心人聞之，皆額手稱快焉。同治十二年，歲次癸酉春三月。

阮福《摹刊宋本列女傳跋》一（**劉向《列女傳》卷末**）　明內府藏宋刻《列女傳》本，爲南宋建安余氏所刻，曾藏錢遵王家。乾隆戊申在元和顧君抱沖家，嘉慶庚辰轉入予家。家大人付福曰：「此圖當分別觀之。余編心不作，維是與漢石經合。此乃最古之本，勿因孶、国等字而反疑不誤者爲誤也。」道光五年秋。

又二　令此本卷末小白紙條宛然尚在。是此本即導王所藏明內府本無疑。福九妹季蘭曾用紙素子此圖，描摹一通，豪髮畢肖。余復命良工將傳、頌影鈔，與圖畫合而付梓。此冊舊爲蝴蝶裝，如今之冊頁作兩翼相合對之形。今摹刻之本乃反折之，如兩翼相背，蓋以線裝爲今書之式，不得不與宋人蝴蝶裝相反。福復以佳紙印數部，效蝴蝶裝爲冊，則更妙也。至於顧君千里所校本惟刊傳、頌，未及圖畫，末附考證，極爲精確。今予所摹刻者，特以圖畫爲重。如言考證，自有彼本在。又予本全摹宋式，絲豪不改，是以傳、頌中宋時俗寫之字如「孶」、「国」之類，不可枚舉，皆不校改，庶存宋本之舊，不失其眞。【略】道光五年秋。

又《讀書敏求記序》（**錢曾《讀書敏求記》卷首**）　錢遵王《讀書敏求記》，何義門學士云：「凡六百有一種，皆記宋板元鈔及書之次第、完闕、古今不同。書成，扃之枕函，秘不示人。自竹垞檢討典試江南，私以黃金、青鼠裘予其侍史，啓篋得是編，命藩署廊吏鈔錄，世間遂有傳本。雍正四年，吳興趙氏孟升始用刊布，然其版世不多見。今所通行者，乃乾隆十年嘉興沈明經尙傑重刻本也。」福嘗謂遵王此書述著作之源流，究繕刻之同異，留心蒐討，不遺餘力，於目錄書中洵爲佳著。若非竹垞翁錄出，則或至今湮沒，豈不可惜歟？柯崇樸《絕妙好詞序》中辯竹垞非詭得，謂義門之言近誣，此亦無庸辯也。竹垞檢討輯《瀛洲道古錄》，以書手自隨，被議。此即詭得亦非異事，足徵檢討好古敏求之至，意轉歎遵王之太秘爲不廣也。道光乙酉夏，武林嚴厚民師因編《皇清經解》，重游嶺南，篋中攜有趙氏初印本，並言曾用遵王手定原稿次第，以硃筆一一補正於上方。其稿今藏黃蕘圃主政家，脫漏約三十餘種，如岳珂《九經三傳沿革例》、丁度《集韻》等書皆趙本之所未載，訛謬之處悉行改正，疑廊吏抄時倉卒，所遺舛也。夫雍正本已不多見，何論遵王原稿？爰亟爲校錄，重付梓人。至原序仍錄存於後，義門學士二跋、柯崇樸「絕妙好詞序」一則亦槪附卷末，以資考證云。

夏建寅《重刊熊襄愍公集記》（**熊廷弼《熊襄愍公集》卷末**）　右《重刊熊襄愍公［廷弼］集》，計字二十七萬六百有五，計號七百六十有二，計費緡錢三百一十有奇。緣舊板亡燬，蒙邑侯暨諸同志捐助開雕，鳩工以來，兩閱寒暑而始竣。是書之亡而復存，良非易易。時方蕆事，而陳君傳嵒以原本間有訛字，兼是刻增入《明史》本傳、《縣志》各篇、後賢文詩，並更正萬曆、泰昌年月，恐勘校編次或有未當，先印稿本，請政於邑前輩彭味之京卿。京卿校訂糾正，後更函商監利王刑部子壽，細加衆閱，而魯魚亥豕之訛，得爲舉正，爰訂成書。寅以董事局中，謹於告竣時附贅數語，記其顛末云。同治三年歲次甲子孟秋上浣。

陳澧《全唐文紀事序》（**陳鴻墀《全唐文紀事》卷首**）　嘉慶中詔輯《全唐文》，翰林院編修嘉興陳先生［鴻墀］爲總纂官，彙萃之餘，加以考證，錄於別紙，至全唐文告成，所錄者積一百二十一卷，自爲一書，名曰《全唐文紀事》，以配計有功《唐詩紀事》。嘗欲進呈而未果，蓋其時先生已罷官矣。道光中先生來粵，掌教越華書院。澧從受業，嘗於侍坐時聞先生言其事而未見其書。先生歿於今三十餘年，季子子因官於粵，篋中寶藏此書，澧乃得敬觀焉。繕寫工整，牙籤錦袠，進呈之式也。方柳橋太守出資寫刊，仍以元本付子因藏之，其新刊本幾閱月而畢，子因屬澧爲序。【略】同治十二年八月。

又《咫進齋叢書序》（**姚覲元《咫進齋叢書》卷首**）　歸安姚彥侍方伯承其祖文僖公家學，好傳古籍，尤精於聲音訓詁，故搜采獨多，皆世間不傳之本，而又虛懷博訪，往往從故家藏本暨通人寫本輾轉錄出，好古之士有終身求之而不得者。每刻一書，必期盡善而後止。得之若是其艱，刻之更若是其慎，而求書之志固未有艾也。十年來，刻成三十餘種，彙爲《咫進齋叢書》，舉以示澧，澧受而讀之，見其別擇精而校讐善，足補從前叢書所未備。爰屬及門陶春海孝廉署以刻書年月之先後，編爲三集，集以四部爲次。【略】光緒七年。

又《草堂詩箋序》（**蔡夢弼《杜工部草堂詩箋》卷首**）　杜工部詩宋人注本《四庫》著錄者郭知達、黃希二家，蔡氏夢弼注本題曰「草堂詩箋」，又撰《草堂詩話》。草堂者，工部客蜀時所居也。《詩話》四庫著錄，其《提要》云：詩箋久佚。近者方柳橋太守得《詩箋》宋刻本於南海吳荷屋中丞

家。太守好聚書，官粵東三十年，歲歲購藏，凡數十萬卷，而此書爲最。以《四庫》所未有，乃付剞劂，使復流傳於世。錢塘汪養雲大使爲之校讎，刊板甫畢，大使入都，還過其鄉，見其友有鈔宋本《草堂詩話》及趙子櫟、魯訔所撰《杜工部年譜》，乃借鈔藏於行篋，返粵以贈太守。此三書《四庫》所收本合爲一冊，乃惠定宇所藏，《提要》以爲希覯之笈，近者江浙三閣所藏《四庫》書復不可覩，今《詩箋》刻畢，而又得此，誠藝林中一段奇事也。太守乃幷刻之，而屬澧爲之序。澧與太守、大使前年同在書局，評論古書甚相得，又獲見此秘笈復顯於世，爲可樂也，乃爲之述其事云。光緒二年閏五月。

胡崧《豫章先生集跋》（羅從彦《羅豫章先生集》卷末） 羅豫章先生身任繼往開來之緒，著述多散佚不傳，惟《遵堯錄》、《語錄》、《雜著》諸篇刊行於世。同治甲戌秋崧來攝沙邑篆，得謁先生祠，見木主題文簡率，則虔修易之，而求其遺集，兵燹後鮮有存者。幸於夏茂鄉得其鋟版，蓋先生裔孫春松家藏也。殘缺數片，爰遵舊本補而梓之，公諸同志，庶見是書者如見先生焉。至於先生德善勳烈，揭若日星，播乎海内，數百年來公卿大夫已有論贊，非崧所能形容其萬一。謹綴數語於簡末，以誌景仰之意云爾。旹同治十三年歲次甲戌嘉平月。

俞龍光《蕩寇志按語》（俞萬春《蕩寇志》附録） 《蕩寇志》，所以結《水滸傳》者也，感兆於嘉慶之丙寅，草創於道光之丙戌，迄丁未，寒暑凡二十易，始竟其緒，未遑修飾而歿。龍光賦性鈍拙，曷克纂修？惟憶先君子素與金門范先生、循伯邵先生最友善。是書之作也，曾經兩先生評騭。當其朝夕過從，一庭議論，所有傳中徐緒，以及應行修潤之處，龍光亦竊聞之。遂不揣譾陋，手校三易月，惟以不背先君本意而止。書成，郵寄金陵，請質於午橋徐君。徐君爲父執，中最肫摯，慫恿付梓，幷慨然出資以成之。【略】咸豐元年辛亥夏五月辛丑望。

陳坡《重刊黄文獻公文集跋》（黄溍《黄文獻公全集》卷末） 黄文獻公爲有元一代巨儒，史稱有文集三十三卷，而《日損齋稿》刻於公薨後五年，門人宋文憲公爲之序，只二十五卷。迨乾隆年間，浙江採集遺書，得元刊本只稱二十三卷，蓋當時崇尚佛教，不無奉勅，諸作或編訂時有所刪減耳。其板在前明時已經散佚，嘉靖九年侍御虞公守愚重刊於閩，屬副憲張公儉訂定，將老，釋碑版盡行刊去，分爲十卷。維時同邑司諫李公鶴鳴移書虞、張，謂其不應去取，勸爲增刻，今惟見張公大輪、葉公國光別刻跋語，而所增刻之二卷久無傳焉。邑中惟虞、張所定十卷，舊本尚有存者，然編次參錯，誠如嘉定錢竹汀《養新録》所云，以意刪創。《春風亭筆記》別爲一卷，雜入文集，次第紊亂，尤爲可憎者也。且其板久殘，後雖經裔孫字景韓者補修，至今又缺蝕過半，不數年將此僅存殘本亦不可得而見。當時所稱「澄湖不波，一碧萬頃」，後人將何從而沾溉乎！心竊用是懍懍，而浮沈遠宦，耄及始歸，見其族較昔更盛，因與英俊者亟言之，欣然歛資命匠，即以校訂事相囑，遂爲釐正篇次，補對訛漏，刻將成，適陳君西橋自彝陵守卸事回，知其於前人著作向能悉心搜錄，就訪之，遂出其所藏佚篇及他名人題跋，裒爲《附錄》一卷，又曾於筆記細爲攷證，茲別作一卷，附刊集後。雖不能完日損齋自訂全稿之舊，而根本六藝，羽翼聖教之大凡畧具於此，謂非文獻公之靈有以呵護而撮合之耶！刻成，爰誌數語於簡末。咸豐元年孟夏望後。

黄卿夔《補刻文獻公全集跋》（同上） 先《文獻文集》十卷，《筆記》一卷，《補遺》、《附錄》一卷，咸豐初族人醵資所刻，粵匪之亂，里中諸先達遺文板多燬失，而是刻獨存，陳跋所謂文獻之靈，有以呵護者，於此益信。內惟失去六頁，今照原本補刊，集中亥豕之訛，不一而足。因舊刻面背兩刊，礙難改正，閱者諒之。

雷浚《劉氏遺箸叙》（劉禧延《劉氏遺箸》卷首） 亡友劉辰孫明經工詩詞善畫，喜談金石，而尤精於音韻之學。【略】先是予屢勸明經箸書，明經執前人箸書忌早之説，必俟年逾六十。乃遭亂流離，旅殁上海。惜哉！身後搜諸其家，得《中州切音譜贅論》一冊，爲度曲家正譌。予不嫻詞曲，姑置之。別得《衺軒瑣綴》若干條，及他有關韻學之文，刻爲《劉氏碎金》，十年矣。長洲潘馨生博士今詞曲家也，亦與辰孫善。曾錄《切音贅論》副本藏之。光緒癸未，博士族弟伯寅尚書奉諱旋里，方有叢書之刻，取《劉氏碎金》、《切音贅論》及予向藏其雜文數首，統名曰《劉氏遺箸》，付諸梓人。【略】時在癸未十月。

徐康《前塵夢影録》卷上 舊藏冬心翁著作最備，其自序一卷用宋紙方程古墨輕煤研印，每半葉四行，行二十餘或十餘字，丁鈍丁手書精刻，古香

古色，不下宋槧。雖在鐙下讀之，墨采亦奕奕動人。餘如《三體詩》、《畫竹》、《畫梅》、《畫馬》、《自寫眞》、《畫佛》共題記五種，皆以宋紅筋羅文牋研印，《詩集》、《續集》、《研銘》用宣紙古墨刷印，皆墨箋作護面，狹籤條。所未見者《自度曲》一卷而已。

又卷下 《金石存》爲山陽吳山夫撍著，體例謹嚴，祇收篆隸，向來只有鈔本，惟蜀中刻入《函海》內。是書爲李雨邨編纂，意在貪多，不刻足本，沿明末刻書者之弊，收藏家在所不取。嗣同邑李尙書宗昉兼大司成時命學正許珊林槤校刊《金石存》，凡寫樣印訂同乎宋元舊籍。蓋不惜重資，而所託得人也。書凡四冊，字皆仿歐陽率更體。

又 毘陵六逸中有《南田詩鈔》，康熙季年刻後，蔣生沐又於法書名畫碑帖中彙集南田詩，刻《甌香館集》，均刻入《別下齋叢書》。又取陸梅蘗鼎詩稿、顧醉經承文稿付刻，名《吳中兩布衣集》。

又 《雲栖法彙》三十三冊，原板已失。近許中丞乃釗、吳方伯在籍與糧道如公山三人發願以原書翻刻。奈梨板不易購，及至書成刷印，許、吳二公先後均歸道山，如公亦升長蘆都轉，三人皆未及目賞。

又 吳門陸氏住金大師場，藏有南宋本《文選》，子孫頗知收藏，秘不示人。嘉慶中年胡果泉方伯議刻《文選》，假別本開雕。校書者爲彭甘亭兆蓀、顧千里廣圻，影宋寫樣者爲許翰屏，極一時之選，即近時所謂胡刻《文選》也。

又 宋板《魚元機集》只二十餘葉，大字歐體，乃宋槧之最精者。黃蕘翁得之，裝潢爲胡蝶式，後爲一達官某所賞，倩許翰屏影橅上板，又託改七薌補繪元機小象於卷首。橅本鏤工不下原刻，時爲嘉慶中葉。惜其時祇印一次，流傳甚少，達官歸田後板亦攜去。

又 松江沈綺堂所刻宋本《梅花喜神譜》，頗爲博雅君子所賞鑑。沈氏家本素封，有池亭園林之勝。改七薌嘗居停其處，譜中梅花皆其一手所臨，印本今尙有之。鮑淥飲刻《知不足齋叢書》，亦附刊焉。

孫鏘鳴《禮記集解序》（孫希旦《禮記集解》卷首） 敬軒先生[希旦]【略】致力於三禮尤深，著《禮記集解》六十一卷，余舅氏鴈湖、几山兩先生屢謀鋟版而未果。咸豐癸丑，鏘鳴自粵右歸，被朝旨治團於鄉，從其曾孫裕昆發篋出之，則纍然巨編。首十卷，几山先生所精校錄藏，其副餘則朱墨雜糅，塗乙紛糾，蓋稿雖屢易而增改尙多，其間剪紙黏綴歲久脫落，往往而是。乃索先生所治《三禮注疏》本及衛氏《集說》於裕昆所，皆逐字逐句丹黃已徧，讐勘駁正之說劄記於簡端者幾滿，遂爲之參互考訂，逾歲而淸本定。庚申六月開雕，中更寇亂，迄同治戊辰三月始成。集貲鳩工，藉同人之力爲多。

俞鼐《蕩寇志序》（俞萬春《蕩寇志》卷首） 先大夫命兄作是書，【略】予於乙未科，旋里秋試，晤兄於武林，其書甫就。迨庚子科復往，則書又盡刪，蓋三易其稿云。道光己酉仲春，得兄訃音，附遺函一帙，知兄於是年元旦，誦《金剛經》百遍而逝。其書曰：「亂始於廣東，亂終於廣東。」[厥後果殲於粵東之潮嘉境內，其賊乃平。]予馳書於其子龍光，詢是書，而午橋徐君已梓於姑蘇矣，仍歸板於越，蓋義舉也。其時龍光尙存，曾受知於羅蘿村先生，以經學冠於越郡。未數年，僅存二嫂一人，售此書爲生。日久板漸漶滅，仍寄徐君補刻。詎姑蘇城陷，而板亦毁棄無存。吾鄉相繼蹂躪，二嫂被害，兄之一脈於是乎絕。哀哉！荒櫬壘壘，遠在數千里，祭掃無人。中表錢湘貸金續刻是書，以營窀穸之資，板成，存於錢氏旅邸。予以第四子，司其烝嘗，俾有所歸云。【略】同治辛未仲夏。

孫衣言《永嘉叢書·薛浪語集序》 衣言曩在京師，與方聞之士論當時門戶之弊，常以爲欲綜漢宋之長而通其區畛者，莫如以永嘉之學，嘗欲丐集鄉先哲遺文廣爲傳播，以昌厥緒而未逮也。既而東南大亂，承學之士，日即於蕪陋，而妄庸巨子李□□□奮其耳剽肊訣之私，遂以爲勝朝流寇之禍本於姚、江。道、咸以來粵匪之亂，由於乾、嘉之經學，鄉曲之士眩惑其說，莫知所適從。今相國合肥李公有憂之，以爲此邪詖之說，而荒蔑之原也。思欲刊布儒先遺書以救其敝。衣言頃官江東，棧牘之暇，輒以先生遺集爲請。相國覽而善之，遂捐奉屬桂薌亭觀察刊之金陵書局，而以其版歸衣言。使浙中學士大夫得讀先生之遺集，而世之有志於永嘉之學者亦有所津逮，則相國是舉也實古今學術升降之樞鍇，豈徒吾鄉先哲之幸哉！是集宋寶慶閒先生從孫師旦始編定，刊行於世。明以來印本殆絕，今所據以校刊者錢唐丁大令丙所臧明鈔殘本，及朱宗丞學勤所藏舊鈔本也。刊既成，謹述先生學業傳授之略，與相國嘉惠來學之意以詔讀者。同治壬申十二月。

又《校刊黎本水心文集書後》 葉文定公集余家所藏但有乾隆時永嘉刻

本，雷憲副序所謂於武林藏書家得全本補綴之者也。每病其多訛脱，又以意改竄，頗類淺人所爲，繼得方文輈《水心文鈔》本，又於士友處見國初大字本，則永嘉本之誤皆自大字本出，乃知雷序所謂全本即此書也。訪求明正統時黎氏刻本，久而未獲，同治丁卯主講杭州，於錢唐丁松生所得黎刻殘本，中有抄補數卷，未敢遂以爲據。後五年以皖臬入覲，同年錢侍御桂森出此本見惠，首尾完善，意甚珍之。十餘年來，宦轍所至，輒以自隨。竊惟宋南渡後吾鄉陳文節、葉文定二家之文實非同時諸公所及，予編《永嘉叢書》，既刻《止齋集》、《水心别集》，謀重刊此本，乃取《事文類聚》、《黄氏日抄》、馬氏《通考》、周密《浩然齋雅談》、李心傳《道命録》、吴子良《林下偶談》、劉壎《隱居通議》、《景定建康志》、《咸淳臨安志》、永樂《歷代名臣奏議》諸書所載水心詩文補正闕誤，其他無可攷，則永嘉本、大字本、方本與侍御元校本不知校者何人，似反以永嘉本改易黎本，而其與永嘉本不同者又似别有所據，今姑取其一二。亦有取焉。或缺誤顯然，可以文義推測，知爲某字，輒以意改定，蓋取便頌讀而已。至於各本文字偶有不同，概不輕改，以存黎氏之舊。刻既竣，復爲《校注》二卷附之於後。【略】光緒八年四月。

胡晉甡《研六室文鈔識》（胡培翬《研六室文鈔》卷首） 先叔祖竹邨先生［培翬］生平邃於《禮經》，所箸《儀禮正義》四十卷，陸笠夫制府爲刻於金陵節署，又《研六室文鈔》十卷，道光丁酉叔祖主講涇川書院時，曾以授梓。自咸豐間遭寇難，晉甡家書籍散亡，惟《儀禮正義》版存沔陽陸氏。同治戊辰，先大夫乃以他物易歸，而《研六室文鈔》版已被焜，其書遂罕傳於世。子繼族叔祖留心先世箸述，匧中尚存《文鈔》初印本，懼其久而佚也，與晉甡及族兄練溪謀重付剞劂，於是合力爲之。謹案：是編皆有關經義者，公生平所作古文固不止此，兵燹後，稿多散失，今復蒐得數篇，皆原編所未有者，别爲《補遺》一卷，又以公之《事狀》及《墓志》並附於後。是書與《儀禮正義》相輔而行，庶先叔祖一生心力所注，俱不至泯没，亦先大夫之志也。外有《燕寢攷》二卷，粤東學海堂采刻《皇清經解》中，金山錢氏曾刊入《指海》，子繼叔祖尚擬爲補圖别梓以行云。光緒四年冬十月。

王祖源《刻唐王郎中麟角集序》（王懿榮《天壤閣叢書·麟角集》卷首）
祖源恭按乾隆朝《欽定四庫全書總目提要》據浙江汪啓淑家藏本，唐王棨《麟角集》一卷入録，謂唐代取士科目至多，而所最重者惟進士。其程試詩賦《文苑英華》所收至夥，然諸家或不載於本集中，【略】其自爲一集行世得傳於今者惟棨此編，凡律賦四十五篇。又棨八代孫宋著作郎蘋於館閣得棨《省試詩》録附於集，凡二十一篇。【略】是棨此集始録程試之作，在唐人集中别爲一種。祖源既刻影宋慶元本《黄御史集》，因備論古今文字體格至唐截然一變，爲文字中一大關鍵。而律賦格調一局至唐之王棨、黄滔又截然一變，風氣之開，千百年來莫能移易。至科舉之文，雖非專家著作可比，然於此等處益足見當時風氣之眞，因亟擬得《麟角集》舊本，與黄集合梓之。兒子懿榮從貴築黄編修國瑾家假得嘉慶中福鼎王氏麟後山房所刻《南越先賢集》內《麟角集》一卷並宋王蘋所録棨《省試詩》附焉，與四庫所收本同。前有陳恭甫編修序一首。稱王氏此刻所據舊本寄來繙閲，其補正脱譌實較浙中鮑氏知不足齋刻本爲優，因并刻之。陳序又言有德清許氏所藏此集繪棨小像者，或屬舊槧，他日續訪得之，可斠補也。至坿録《省題詩》鮑氏本《正集》卷首大題下夾注二行，當是原本舊注，爲王氏本所無，今更從之。光緒十年十一月。

又《刻影抄宋慶元本黄御史集記》（《天壤閣叢書·莆陽黄御史集》）
唐志載《黄滔集》十五卷，至宋已佚。其裔孫公度當紹興中，以舊藏稿本釐爲十卷，名曰《東家編畧》，今已不可得見。昔年先大夫在翰林時聞京師某家藏有黄集宋刻本者，屢假弗獲，用是憾焉，卒亦不知其爲宋何時本也。祖源幼承庭訓，稍知學賦，酷嗜此集。及長，奔馳南北，訪諸藏家，求所謂黄御史集舊本者，迄不可得，蓄念久之。去歲兒子懿榮在京師假得宗室伯羲宮庶盛昱家藏影鈔宋慶元刻黄集殘本一册，題稱「莆陽黄御史集」，分上下秩，序文、目録完好。上秩起賦、詩，訖文三類；下秩起書、啓、祭文，訖碑銘四類。上秩按目無缺，惟末有《送外甥翁襲明赴舉序》一首文佚，下秩起首《與楊狀頭書》一首文亦佚，後半自《與羅隱郎中書》以下都殘失矣，然幸有上秩目録之俱存也。嗣又假得貴築黄編修國瑾家所藏影鈔明崇禎刻是集殘本，爲揚州汪氏問禮堂舊物，孟慈年丈喜孫藏本，又從同郡榮成陳戶部福綬家假得明崇禎刻足本，即汪氏本所自出。明本已分爲八卷，又《附録》一卷，郵寄來署。祖源覽而喜之，迺命懿榮刻於京師，書之行欵、次弟以宋慶元本爲宗，飭工摹仿不差毫釐，至宋本闕文則取明崇禎本。按宋本原目叙補文中夾行細字有滔自注，有其後人所注，以及兩本字句異同處，所據宋本一

依影鈔；所據明本一依明刻，各守原本，不爲臆改，命懿榮別記於後，以示矜慎，使讀者察焉。竊惟古今文字體格至唐截然一變，爲文字中一大關鍵。而律賦格調一局，至唐之王棨、黄滔又截然一變。風氣之開，千百年來莫能移易，非文之至者能若是乎？四十餘年夙願斯償，庶幾此刻在今日世存黄集中，誠弟一舊本矣。板刻既竣，輦置家塾，椎印多本公諸當世，以貽後來，乃述先大夫之志也。光緒十年六月。

洪汝奎《刻隸釋隸續二書序》（洪适《隸釋·隸續》卷首） 《隸釋》、《隸續》二書，金石家奉爲圭臬。惜宋槧不可得，浙西唐君敦甫所藏舊鈔本亦非完帙，因取樓松書屋汪氏本摹刻，并將士禮居《隸釋刊誤》一册附焉。海内博雅好古之士，倘爲蒐訪宋槧，郵寄見示，當復醵金別鐫以廣其傳。又婁氏彥發《漢隸字原》六卷，可與是書相輔而行，亦將謀諸同志者刊布之。晦木齋主人謹識。

丁申《松陽詩存跋》（丁丙《當歸草堂叢書·松陽詩存》卷末） 往歲十一月，高君伯平自淮上寄陸清獻公《松陽鈔存》，楊氏開基原校，今刊列當歸草堂新刷本。附書曰：「是書流傳極少，張清恪公所刻尚失其眞。道光十四年冬秀水文少桐如峻購得陸申憲刻楊校本，貽桐城蘇厚子惇元；厚子攜去，憾未錄副。二十二年於乍浦劉氏故紙堆中偶檢得，亦申憲刻印本。視厚子攜去者較精整，藏在行篋。咸豐十年燬于平湖。今春海鹽張銘齋鼎來淮，攜有嘉慶二十五年清獻族曾從孫光宗重刊申憲本以貽均儒，亟命工依草堂書格寫以付版，足與前刻呂氏《童蒙訓》竝傳，蓋校而跋識之。」【略】同治四年五月。

朱翔清《埋憂集自序》 今兹春歸里門，篋中攜有此本，諸同人見之，咸謂可以問世，謀醵金付梓。頃來此間，竹屏蔣君又力任剞劂事。蒙諸君雅意，使得免仲翔沒世之感，余亦何能復拒乎！獨是余老矣，追憶五十以來，以有用之居諸，供無聊之歌哭，寄托如此，其身世亦可想矣。因書數語，以志吾恨焉。同治十三年歲次甲戌，孟秋月八日。

吴康壽《黄葉邨詩集跋》（吴之振《黄葉邨詩集》卷末） 先六世祖孟舉先生自編《黄葉邨莊詩》八卷。又《續集》一卷、《後集》一卷，則五世祖武岡公及五世叔祖瑞草公所輯。板藏家塾，閱二百年，庚申之變，付之一炬。康壽兄弟避亂滬上，購得印本，欲謀重刊而力有未暇。閱數年，服官于吳，稍有俸入，復構祠宇，乃以此本付梓人。又《黄葉邨莊圖》册及國初巨公《題種菜詩》原本，經同邑蔡硯香廣文刻石者，亦以重資購得。復得漁洋、鈍翁諸老送行詩，墨迹竝附于末。先生學行箸海内，無俟論述。獨是數百年手澤經兵火蕩析之餘，巋然尚存，若有神物護持，俾得再刊以餉後學，則誠小子之所深幸也。工既竣，謹書緣起于卷尾。光緒四年正月。

莫祥芝《毛詩要義跋》（魏了翁《毛詩要義》卷末） 《九經要義》，元明以來即罕覯全編也。同治乙丑先兄郘亭客遊滬上，見郁氏宜稼堂所藏宋本《毛詩》、《儀禮》、《禮記》三《要義》，於《毛詩》尤爲心愜，假讀數日，謂爲此遊快事第一。先兄夙有詳校《毛詩疏》，於乾嘉諸老所舉中外舊本異同一一甄錄，唯未及《要義》，意欲重遊，挾此假與細讎，未果而沒。閱十餘年，余來令上海，詢及郁氏，諸宋槧悉已散售無存，以爲此書終無一見緣矣。前年秋，吾鄉唐鄂生觀察由京返蜀，經滬瀆，獲舊影寫宋本《尚書》、《毛詩》兩《要義》示余，且屬爲選工刊傳，欣然受讀。先以《毛詩》付梓，復取先兄所藏舊鈔本屬桐城蕭敬孚穆、遵義宦莘齋懋庸互爲分校，余亦時爲覆勘，踰年竣工。而唐君已開藩滇中，一時未能寄覽。又念先兄當日珍重是書，今得刊此，用潰於成，而先兄棄人間世已十有二年矣。摩挲新帙，觸激舊懷，益增脊令之感焉。光緒八年歲次壬午秋七月。

又《校刊張忠定公文集跋》（張詠《乖崖先生文集》卷末） 余少讀公神道碑銘，載公歷官諸政，有儀於心，恆欲覓公文集讀之，久不可得。年來服官海上，桐城蕭敬孚持示新陽趙靜涵氏藏康熙間吳門張青芝仿宋本手抄《乖崖先生文集》兩册。知此書元明以來重刊者鮮，亟依原式，重寫付梓以廣流傳。第其書雖照宋本精寫，而字句尚時有脱譌。《四庫》著錄衍聖公家藏本，卷數及《附錄》與此本悉合，第未詳爲宋槧舊抄耳。敬孚復假得陽湖孫淵如觀察舊藏明人影宋寫本，每頁十六行，每行十六字，格式異而卷帙合，其脱譌較此本尤夥，因互相讎校，兩本各有優劣。【略】今依抄本互爲删補，俾各成完篇。其餘字句，多擇善而從；至兩本字句脱譌相同者，的係宋本如是，一仍其舊，讀者以意會之可也。【略】光緒八年歲次壬午立秋日。

李恒《國朝耆獻類徵初編》卷一二四 顧嗣立字俠君，長洲人。家有秀野園。【略】嘗箋注溫飛卿、韓昌黎詩行世。又謂詩本天籟，人藉以道性情，是以歷千百劫，光景常新。自明人倡謂唐以後無詩，歐、梅、蘇、陸槩從芟

薙，又何論乎大德、貞元以還，暨玉山、鐵崖諸君子哉！因鋭意蒐輯元人詩集，自元遺山而下，彙爲百家，未已也。又廣之爲三百家，凡四集，合千二百卷，次第刊布，幾於家有其書。石室禮堂借鈔翻閱，諸生都講給值酬庸，以至棃棗之資，裝潢之費，計不下數萬金。秀野固雄於貲，至是而毛散殆盡。然元人之眞面目至是乃出，一代才士之英華不至，與陳根宿草同歸澌滅，亦可謂功在百世也。

王棻《重刊杜清獻公集跋》（杜範《杜清獻公集》卷末） 同治戊辰，余在京師，鈔《杜清獻公集》以歸。孫懽伯明府聞之，忻然捐廉重梓，命余校勘。因與蔡君仲欣、王君子裳參互攷訂，仍爲之記。凡正訛字五百十三，補脱字二百三十有幾，刪乙衍互一百五十餘字，疑而未定者三百餘字，闕文一百有幾，補正訛脱三葉。既梓，覆審，復有更定，記或不盡載也。於乎是書之傳，豈偶然也哉。憶余往歲讀清獻本傳，心慕其人，欲觀其遺書而不可得，懷之二十餘年而始得見。既藉孫琴西師與諸同志之力，借鈔以歸，復得懽伯明府爲之刊行，使清獻之道大顯於世。鄉里後進知所矜式，必有聞風興起者。蓋清獻之氣節文章，實爲吾鄉先達之冠；而明府之梓是書，蓋以清獻之氣節文章望吾黨之士也，於乎是書之傳，豈偶然也哉！同治庚午相月。

胡鳳丹《退補齋文存》卷一《呂氏家塾讀詩記序》 《詩》自《朱子集傳》出，而毛、鄭之説幾乎廢矣。然而有與朱子同時，其説詩獨堅守毛、鄭，不嫌與朱子立異，即朱子初亦未嘗不深許之，則《呂氏家塾讀詩記》是也。是書所長，已具陳振孫《書録解題》、魏了翁後序中，不具論。特宋時學者尚絶重是書，今則《集傳》風行，而呂氏書至有皓首迄未寓目者，況童蒙乎？雖然，《集傳》之説詩也，主以意逆志，不拘成説，呂氏之説詩也，主恪守師承，不敢臆斷，一游於虚，一徵諸實，兩賢之説，吾以爲皆不可廢。余同治戊辰游鄂，購得寫本，其序者爲明萬曆時江寧顧起元，校者南京吏部史樹德，譌脱不可枚舉。洎辛未春，始獲善本，首序者古鄞陸釴，蓋即我朝《四庫書目》所稱陸釴重刊本也。屬有叢書之刻，仍其舊，再鋟之加訂正焉。另纂《辨譌考異》二卷，附於後，以公世之治詩者。

又卷三《駱丞集序》 《駱丞集》前明有單行本，吾婺之義烏柘林子孫藏於祠。迨我朝乾隆年間欽定全唐詩文，駱丞文二卷，詩三卷，均與焉。《四庫全書目録》曾採載之，稱四卷。道光初，義烏陳明府津刻《駱侍御集註》，解甚晰，近爲兵燹所燬，板籍散亡。同治戊辰余覓得江東孫公素本，不分卷數，其文亦缺而不全，祗載《螢火》與《蕩子從軍》二賦，暨《靈泉》一頌而已。詩即全唐集中所載也。己巳春，余裒集《金華叢書》，將博採駱丞遺集彙付手民，因取《全唐文》所載《爲齊州父老請陪封禪表》以及《祭趙郎將》諸作，共三十八篇，排比鈔刊，合詩文爲四卷，俾成完璧。又因校對各本，頗有異同，另纂《辨譌考異》二卷。

又《龍川文集序》 《龍川文集》三十卷，其後裔故明時吾邑柏石陳氏及國朝道光間義烏陳東屏司馬，皆嘗校刊行於世。此外湘、蜀間亦間有鋟本，然不多覯也。余家藏書數萬卷，憶自髫齡，就外傅心，獨嗜陳氏文，時時誦習，竊嚮慕之。自咸豐辛酉粵賊徧踞江浙諸郡縣，曩時藏書棼如棄如，所至板本亦燬失，《龍川集》遂無存者。其後嘗游於皖，復自皖之鄂，往來求《龍川集》不可得。又寓書湘、蜀間求之，訖無有。同治丁卯，余司鄂中書局，延監利王子壽比部總校讎事。一日比部出一編授余，余觀之，則《龍川集》也。大喜不自勝。以近歲窮力蒐訪不可見者，而一旦乃得之乎。是本蓋亦明崇禎中錢塘鄒氏所刻，今秋比部回里又檢寄一編，則國朝義烏陳司馬校刊較鄒氏本多《補遺》五則。今余從《詞綜》中搜出朱竹垞先生採選《水龍吟》、《洞仙歌》、《虞美人詞》三首，附入《補遺・梅花五律》之後。世所稱《龍川集・詞》一卷，未窺全豹，茲合鄒、陳二編，互相讎校，其間時有訛誤，謹就所知者，另纂《辨訛考異》二卷刊正之。其所不知，蓋闕如也。既乃付之梓人，以廣其傳。凡五閲月蕆事，爰爲誌其顛末如此。

又《東萊文集序》 同治六年秋九月，鄂中設立崇文書局，余奉檄督校，與同校監利王子壽比部朝夕過從，時余方搜求遺籍，擇其文之足以載道者付諸手民。王君曰：「求正學，刊遺書，而不首登鄉國之先賢，可乎？君婺人，開婺州理學者，東萊呂先生也。其文集猶有存焉者邪？」余應之，曰：「是余所童而習之者，今廢讀將二十年矣。惜其版已燬，家藏本亦播遷散佚，兵燹後屢寓書僚舊求之而又不果得。聞君有是書善本，盍假觀之。」王君諾。遂出以畀余。余大喜，如獲拱璧，重付棗梨，八閲月蕆事。嗟乎！先生之文之傳於世者，《博議》一書，猶非其畢生致力者也，顧以其文利舉業世盛行之。今讀集中諸説，蓋深有會於天人理學之原，家國修身之要，其有功於聖教，更非博議可比，而習舉業者，每以罕覯其書爲憾。工既竣，以

原本還王君，用誌顛末弁於簡首。所願有志正學之士，熟讀是書，俾知關洛之傳之不絕於南渡者，先生實爲津梁焉。

又卷四《重刊變雅堂詩文遺集序》　庚午冬閏十月，下澣彭漁叟廉訪袖《變雅堂詩集》過我，曰：「此杜茶村之詩也。茶村著有文集若干卷，余在湘中已刊行之。黄岡劉幹臣軍門，我楚詩人也，酷嗜茶村詩，將以付梓而問序於余。余既爲之序矣，君盍爲授剞劂氏可乎？」丹索其序，讀之未竟而病作，舌䑛手顫，日呻吟於藥鑪衾枕之旁，爲掩卷者久之。越旬日，軍門出茶村詩鈔授余，蓋乾隆間陳思晉所刻也。時丹病未已，杜門枯坐，借書自娱，展是編而卒讀之。其間編次失序，體例多乖，亥豕魯魚，層見迭出，爰命鈔胥逐篇繕寫，分其卷目，正其訛謬，閱十日而蔵事。余復語軍門曰：「君既刻茶村詩以公同好，盍取其文集併梓之乎？」軍門欣然曰：「諾。」因借彭廉訪家藏本，按卷校讐，間有缺漏。余復覓舊本補之，釐爲《變雅堂文集》四卷，《詩集》十卷，以諸家贈答、評、記諸篇，及杜蒼略、湘民、武功三子之詩附於後。

又《文存二編》卷一《黄文獻公全集序》　吾郡黄文獻公處爲名儒，出爲名臣，其學問之淵源，立朝之本末，具載《元史》本傳及諸家叙記中，末學小生固無庸其複述贅論矣。惟念余刻《金華叢書》，先賢遺箸搜羅殆徧，而元、明之際若柳待制、吳淵穎、宋潛溪、王忠文諸先生集，均以刊布私竊自慰。顧待制與公齊名，當時所稱儒林四傑者也。淵穎輩行視公稍後，亦公夙所推許，引爲小友者也。宋與王則又皆從公受學者也。今諸先生集既刊布矣，而公集獨闕，寧獨私淑之心恆抱遺憾，抑亦諸先生所共以爲歉，而不我許者也。訪求經年，浦陽張小蘿侍御郵寄義烏陳氏校訂本，係余咸豐乙卯上都時藏諸篋貽贈小蘿，仍歸於余，如秦庭之返璧，合浦之還珠，欣暢靡已。亟付殺青，用廣其傳。按兹本譌舛錯出，卷首目録闕鄉貢進士項君墓誌銘之目，卷八胡景《呂先生墓誌銘》文闕後半篇，《袁道甫墓誌銘》文闕前半篇，陳氏未及細校，依次編成，今空白一頁，俟獲善本補之。工既竣，謹弁數語於首，以誌欣幸。

孫詒讓《二劉文集跋》（孫衣言《永嘉叢書·二劉文集》卷末）　是集國初時已不易得，朱竹垞展轉傳寫，始獲其全。百餘年來，流傳益尠。余家舊有文瀾閣傳鈔本，挩誤竄改，殆不可讀，丁卯秋試於杭州，購得盧抱經所藏舊鈔本《給諫集》，家大人又從祥符周季貺司馬所録，得吳枚菴校本《左史集》，命詒讓以家本對勘，刊補頗夥，會武昌開書局刊布經史，永康胡月樵丈實總其事，因屬爲重刻以廣其傳。盧、吳二家鈔本行款不甚符，合所出蓋非一本，今亦不敢專輒改定以存宋槧之舊云。同治十二年七月。

又《竹軒雜著跋》（《永嘉叢書·竹軒雜著》卷末）　家大人既以《横塘集》付刊，以此書流傳尤少，亦并校刊之。至陳伯玉所偁《沮和議疏》，大典本已佚不存，今檢徐夢莘《三朝北盟會編》所載尚其全文，謹據録入，以補閣本之闕焉。光緒二年十一月。

又《横塘集跋》（《永嘉叢書·横塘集》卷末）　忠簡所著《横塘集》三十卷宋時刊于台州郡齋，見陳耆卿嘉定《赤城志》明中葉以後散佚不傳，乾隆間始從《永樂大典》輯出，重定爲二十卷。【略】重輯本珍庋秘閣，未有刊帙，臧書家展轉傳録，譌互頗多，家大人曩從吳興陸氏寫得一本，復從祥符周氏得別本以相讐校，甄箸同異，定爲此本。光緒乙亥奉命開藩東鄂，會永康胡月樵丈領書局，遂屬擇匠刊版以廣其傳。大典本所佚而見於他書者尚多，擬捋輯之，別爲《補遺》，竢他日幷刊之。【略】光緒丙子十二月。

又《止齋文集跋》（《永嘉叢書·止齋文集》卷末）　家大人既校刊劉、許諸先生集，復以止齋永嘉魁儒，而遺集世無佳刻，乃檢家臧明槧兩本手自讎勘得以盡刊林、陳兩刻之謬。其明槧奪誤，今參檢群籍補正之者，復得數百事。雖不能盡復宋本之舊，而較之明槧已略爲完整，不論林陳兩刻也。官齋多暇，遂剌舉同異，揭所據依寫爲定本。光緒戊寅春開雕于江寧，而命黄巖王工部彥威及詒讓覆勘一過，并命記其校讎之例于冊尾以示讀者。【略】己卯孟陬。

又《集韻攷正跋》（《永嘉叢書·集韻攷正》卷末）　雪齋方先生博綜群籍，研精覃思，儲藏數萬卷，皆手自點勘，而于《集韻》致力尤深，既録得段、嚴、汪、陳四家校本，又以《經典釋文》、《方言》、《說文》、《廣雅》諸書悉心對覈，察異形于點畫，辨殊讀于翻紐，條舉件系，成《攷正》十卷。【略】此書手稾本先生沒後亦彬出，爲先舅祖項几山訓導傳霖所得，幸未淪隊。家中父從項氏寫得福本，而詒讓又于林子琳丈彬、許得先生所箸《韓昌黎集箋正平議》，精宋迥出方崧卿、陳景雲諸書之上，深幸先生遺箸後先踵出，不可不爲傳播，遂請家大人先以此書刊之鄂中，而工匠拙劣，所刻不能

精善，修改數四，乃始成書。【略】光緒己卯二月朏。

姚覲元《重刊景宋本説文繫傳叙》（徐鍇《説文解字繫傳》卷首） 昔朱笥河學士提學安徽，校刻鼎臣書，東南之士興于文雅，而楚金書尚無善本。道光中葉祁文端公提學江蘇，乃據顧氏千里寫本及宋刻殘本校刊之，多正汪本馬本之誤。李申耆先生高弟子承君培元等別爲《校議》，既博且精，求楚金書者蓋莫善于此矣。兵燹之後，板已燬佚，流布頗稀，寶恕末學，擣昧于北平、壽陽，無能爲役，乙亥奉命視學粵東，時與諸生研究小學，見坊肆許書少佳本，楚金書尤不絶若綫，亟欲刊布以廣流傳。家弟韶生司訓金陵，官齋清暇，料量文字，取景宋本重付剞劂，書來徵序，與余亟欲刊布之意數千里外若相印合，因推論二千年來許書興廢之迹，以著楚金表章之功，俾後之人知所誦法若鼎臣、楚金之得失，及楚金之于許君離合異同之故，則治楚金書者類能説之。光緒三年太歲在丁丑六月叙于粵東使署。

又《續復古編後跋》（曹本《續復古編》卷末） 右《續復古編》四卷，元曹本撰。蓋補宋吴興張有《復古編》而作，自來臧書家未見箸録。仁廟時阮文達始從吴江潘氏鈔獲，進呈内府，中闕「上正下譌」一類。今底本在湖州凌壂餘處。吴門葉孝廉鞠裳嘗録其副，以貽繆編修筱珊，編修以歸覲元將校刊而未遑也。旋自粵東罷歸，歲乙酉復從吾友陸子剛甫叚得景元鈔本，則「上正下譌」一類具在，竟完書也。與阮本對勘，各有譌闕，亦互有短長。因手自景模，斟酌於兩本之間，擇善而從。其兩本譌闕竝同，無宋、元以前舊籍可稽者，悉姑仍之。雖明知爲某字，不敢輒更焉。篆文圓湛茂美，爲子學手書與否未可知，要是元人舊蹟，亦依樣景模，不敢系以己之筆意，所以存廬山眞面也。閒居無事，日課一紙，即付穆生子美鐫之，期月而工始畢。又因大病，束之高閣，頃間病起，稍親几席，遂理而董之。墨本流播，而記其端委如此。時光緒十有三年中秋節。

馮焌光《皇朝輿地略序》（六承如《皇朝輿地略》卷首） 《皇朝輿地畧》江陰六氏德只元本簡明有法，余欲重刻於板以廣其傳，惜其圖惟十八省而已。番禺趙君子韶專精地理，爲余繪東三省、青海、西藏、伊犂、科布多、内外蒙古諸圖，余又以督撫將軍鎮道所駐皆要地，條列圖後，以便觀省。爰取六氏元本而增減之，以付梓人。仍題曰「皇朝輿地畧」，不可改也。【略】同治二年三月立夏日。

又《新刊李文公集跋》（李翺《李文公集》卷末） 甲戌秋，余購得古書數十種，中有東洋文政二年刻本《李文公集》十八卷，凡一百二篇。公務之餘，瀏覽竟帙，其行文旨趣與歐陽文忠公及蘇明允氏所論一一符協。念近時印本甚罕，付之手民。惟譌字脱文層見疊出，乃徧訪友人所藏舊槧，僅得明嘉靖二年刊本及毛氏汲古閣本，又有無名氏校本，互相參校，譌謬亦復不免，而嘉靖本尤甚。無名氏所校汲古本似依據一宋元舊槧，然亦不能盡善。今以《欽定全唐文》中所載一一對勘，多所折衷，又獲諸本所無者八篇。【略】光緒元年歲次乙亥春二月。

又《重刊朱子詩義補正跋》（方苞《朱子詩義補正》卷末） 桐城方侍郎經術文章久著宇内，其所撰《抗希堂十六種》焌光時喜讀之。然嘗考其説經之作《春秋》、《三禮》之外，尚有《讀易偶筆》、《讀尚書偶筆》、《朱子詩義補正》三書，閒嘗詢之，皖中人士且有未聞其名目者。丙子夏偶與桐城蕭敬孚談及諸先達説經諸編，敬孚因出示手抄侍郎《朱子詩義補正》八卷。案牘之餘，數加玩讀，其取義至精，高出近世説《詩》諸家之上。【略】敬孚云：此書侍郎脱藁後爲其門人高密單君作哲所刊，當日印本無多，流傳未廣。咸豐初，桐城戴孝廉鈞衡搜葺侍郎内外集文，合刊全集。而合肥徐孝廉子令聞之，曾以單氏所刊此書囑爲重刊；戴君以貸金不足，未獲從事。旋遭寇難，書亦散佚。而同縣徐氏藏有此書，嘗假手抄以示同人。十餘年來，迄未有能繼戴、徐二君之事者。焌光深幸得覩是編，又嘉敬孚留心文獻，不憚雪抄露纂，爰捐俸重刊，與侍郎所行十六種並傳。惜其所撰《讀易》及《尚書偶筆》今不盡見，俾得與此書同刊，不能無憾也。今將西邁適此書刊成，桐雲方伯既爲序其大恉，焌光因略記所由來，以諗同志之君子。光緒三年歲次丁丑春三月。

又《重刊六朝文絜跋》（許槤《六朝文絜》卷末） 右六朝文七十二篇，爲類十八，爲卷四，乃海昌許［槤］珊林太守評選也。太守生平博極群書，尤講求經世之學，所篹《比照加減成案正續編》、《折獄金鑒》、《洗冤録詳義》已久爲賢士大夫所貴。其他《識字略》、《説文解字統箋評定》、《笠澤叢書》亦均重於藝林，然尚有不盡行於世者。去年秋有以太守《六朝文絜》見示，公餘細爲披讀，字句或與近時傳選各本不同。閒嘗博考宋元舊槧，乃知太守凡一字一句之異，必參舊帙而後定之，有標於本行之上，有不盡標而待

讀者之自得。【略】第原刻成於道光五年，鏤版精緻，迄今五十餘載，兵燹之後印本日稀，學者偶得一編，珍若球璧，爰爲重付手民，凡硃墨一遵原刻之舊，逾年竣工。時余亦將西邁，因漫記數語以餉同人。光緒三年歲在彊圉赤奮若余月。

又《金石三例跋》（盧見曾《金石三例》卷末）　昔青浦王蘭泉少司寇嘗病近人碑版之文承訛沿俗，其所載體例率與潘氏昂霄、王氏行之書剌謬不合，適爲有識所哂。焌光深韙其言，嘗欲取德州盧氏［見曾］所刊《金石三例》摹雕行世，久之未果。一日書賈以長洲王鐵夫學博閱本見售，評點分朱、藍兩筆，書法亦分數體，或行或楷，無不精妙可玩。其評識各條尤闡發入微，持論嚴正。潘、王諸書固爲藝林所重，學博評點之本尤爲讀三家之書所不可少者也。據其自識云：此書置案頭二十餘年，繙閱百過，偶有會心，隨手點注。蓋其閱歷者深，故語無泛設如此。爰召良工照原本摹雕，公諸藝林，而刻工以原書精緻，書法不一，難之。時吳君桐雲、鄭君玉軒及余三弟吉雲皆以爲此書及王氏評點之佳不必定在書法精妙，宜仿坊閒所刻何氏評點《昭明文選》、紀氏評點《文心雕龍》等書之式爲便。今焌光急欲西征，爰從吳、鄭兩君及三弟之議，付諸手民。他日更當以學博所簒《碑版文廣例》，及同時諸公所撰金石諸編次第校刊，乃酬夙願也。又原本雖有朱、藍二筆，不過當日隨時各就案頭丹黃之便，非若歸太僕標錄《史記》以朱、藍等色分義例也。今必遵之，適滋閱者之疑，乃統用朱筆一色印行焉。光緒三年歲次丁丑夏四月。

馮瑞光《金石三例跋》（同上）　大兄竹儒以去年四月解蘇松太道任，將迎先大夫遺殯於伊犁。瀕行時以長洲王念豐學博手批《金石三例》屬爲付梓，又以吳江郭氏麐《金石例補》二卷附之。將俟此書竣工，更以梁氏玉繩《誌銘廣例》、李氏富孫《漢魏六朝墓銘纂例》、馮氏登府之《金石綜例》、劉氏寶楠之《漢石例》、吳氏鎬之《漢魏六朝志墓金石例》、梁氏廷枏之《金石稱例》及王氏《碑版文廣例》諸書次第校刊，裒爲《金石全例》以餉同志。今年三月，大兄扶先櫬歸抵漢皋，瑞光先期馳迎，旋共舟東下，大兄自入關後沿途哀感，寒暑頻侵，行至九江沈疴頓作，迄返滬城病遂不起。是書以刻工蹉跎，又兩越月而竣，而大兄遂不及見矣。摩挲新帙，能不泫然。戊寅夏六月。

潘祖蔭《滂喜齋叢書・求古録禮説補遺》　臨海金誠齋明經博聞彊識，邃精《三禮》之學，受知于山陽汪文端。同時若儀徵阮文達、高郵王文簡及棲霞郝戶部懿行、涇胡觀察承珙、績溪胡戶部培翬、吾鄉陳徵君奐交相推服，無異詞。所箸《求古録禮説》徵君爲校刊于江寧節署，非足本也，會稽趙撝叔至台州求其遺書，獲佚文七篇。撝叔入都，攜以示余。其中如論祊繹之非一正、日祭月祀之非制、釋八音次序之異、駮柷始敔終之誤，以經解經，確有依據。惜夫開編脫簡，徒搜索于灰燼之餘，而所得僅止此也。撝叔述明經子早卒，孫死于兵，遺書散亡，惟一二故老略能舉其姓氏，殘賸至斯，懼終湮沒，將謀雕板，以冀有傳經生厄運，聞之心惻，微撝叔言猶當勉而爲之。【略】同治丁卯十一月。

又《輔行記題辭》　乾隆間孫淵如觀察輯《蒼頡篇》，任幼植侍御輯《字林》，搜及釋藏，於是唐釋元應《一切經音義》、慧苑《華嚴經音義》得顯於時。厥後元應書一刊於關中，再刊於粵東；慧苑書一刊於臧氏，再刊於徐氏、陳氏，流傳寖廣。獨釋湛然《輔行記》十卷沈薶彼教，世少知者。武進臧氏雖亦嘗爲之掇錄，祇存其序於《拜經堂文集》而迄未刊行比與。績溪胡君甘伯論及此書，甘伯言曩游浙江，曾借得南藏小字本摘鈔一過，以寇警失去，深加惋惜。余謂方今都下所貯明正統間北藏本尚大半完好，蓋復借錄之，甘伯欣然從事，竭十晝夜之力纂成一冊。凡屬梵言概從刪削，其有不援古籍自抒己論者亦多汰之以歸省約。就中稱引遺文墜簡，藉存什一，所引見存各書字句往往別異，或出唐以前舊本，均足以資考證。余嘉甘伯好古之勤，又喜是書之晦而復顯，爲付剞劂，冀與元應、慧苑兩家並廣其傳焉。其書舊題「止觀輔行傳宏決」，今從序文稱「輔行記」而仍題舊名，并存其原序、原第，俾後人有可考。同治八年七月。

又《炳燭編序》　頌閣學使歸自江西，持其鄉李鄦齋方伯《炳燭編》示余，則方伯之孫用光所手輯者。方伯爲錢宮詹弟子，學有師法，中歲服官治尚廉靜，卒搆瑕璺，鬱鬱賫生。【略】《炳燭編》凡四帙，爲目至繁，文率未竟，蓋初槀之俟更定者，故世不克見。庚辛之交，寇擾東南，故家篇簡半遭劫火，賴有文孫閒關危難，保此遺書。學使能先民，是程不忘恭敬尤足多也。因與同志商訂，違合刪并，排類釐成四卷以付手民。九京可作庶無憾已。同治十一年正月。

又　是書蔭先屬陳培之農部倬編定，繼又屬胡甘伯農部澍、趙撝叔大令之謙悉心校正，繕清本者，徐棣華上舍鄂助刻貲者，李若農學士文田，吳廣莽刺史承潞，鄦齋先生之孫用光、用賓、用中。實能寶守是書，皆可紀也。同治壬申四月刻成又識。

李慈銘《白華絳柎閣詩集·初定本自序》　光緒丁亥，穨然老矣，同人多勸手定詩文集，以爲身後計。文尚未暇先定。詩集乃屬同邑年家子婁生同軌續寫壬戌以後詩至甲戌，復得四卷，編爲《白華絳柎閣詩初集》；將以次年戊子屬友人持往吳門覓佳手刻之，未及時而余大病。病甫起，而余婦疾作。淹歷歲時至戊子四月之末，遂有臼炊之夢，所積剞劂之資，悉耗於喪病，事復輟矣。去歲庚寅，吾友王子繼香由庶常授官編修。乞假歸，乃持是集以往，竭束修所得，繕寫付刊，寫官梓人皆精其選。讐校之役，皆身任之。王子余中表景瑗先生之中子也，家世雅故，契誼日竺。其學銳晉迨群，文藻葩流，照映一世。視余之朽駑鈍廢，不足一哂。而殷殷此覆瓿之文字，惟恐其不傳。【略】其同時之力欲傳余集者，則故尚書潘文勤公、前祭酒王君益吾，故福建知府何竟山澂、同年陶仲彝縣令在銘、曾聖與比部之撰、王弢夫水部彥威及門樊雲門庶常增祥、孫子宜孝廉星華，皆黽勉相率，切於己事，或摘尤殺青，或寫副未竟，其古誼樂善，皆後人所當知也。并記之。辛卯七月十三日，越縵老人慈銘再記於京邸軒翠舫。

丁丙《武林往哲遺著·總目識》　吾杭山川清淑，人文蔚起。昔浦氏宗孟輯詩集三千餘家，爲《錢塘集》，書久佚失，僅見其目於潛氏《臨安志》。國朝吳氏城仿其體例爲《杭郡詩編》，旋亦散亡。吳氏顥踵而輯之，顥孫振棫再輯《續編》，版燬於兵丙。與先兄申不揣固陋，繼之以《三輯》，重雕其初、續書成，先兄不及見矣，而前代之遺什尚未克兼採也。吳氏允嘉先有《武林耆舊集》，自唐迄明，零篇隻語靡不搜錄。盧氏文弨更輯《武林雜錄》數十帙，稿本雖存，排比匪易。猶子立誠曰：「與其彙集叢殘，曷若先雕完整，壽之棗梨，藉以敬止桑梓。」適餘杭孫補山秉鐸寧波，工多而值廉，天一閣本且得假錄。羅榘臣旋自京邸，學博而校勤，遺文逸事兼能補綴。若江寧，若江右，剞劂皆盛於吾杭，又煩翁鐵梅、何勉亭兩君助益之，起李唐，終勝國，凡成五十種，名《武林往哲遺著》，而以有明杭學校官二家附焉。嗣有所刻，待之《後編》。光緒丁酉中秋。

沈善登《春秋穀梁經傳補注再書後》（鍾文烝《春秋穀梁經傳補注》卷末）　是書既脩定，一時賢士大夫知與不知，相勸助剞劂，越三年，遂付手民。於是先生謂諸君子嘉惠之意甚盛不可忘，則於卷尾備書之，用漢碑陰記出錢例也。客或私於善登曰：若是，其不類於釋子之募刻諸經乎？而可乎？曰：是固紀實也，奚而不可，且先生以身世之多故，而《穀梁》家學之垂絕復興也難，故謹而志之，亦《春秋》所謂變之正也，奚而不可。【略】遂書諸記出錢之右，甲戌冬十月庚午朔善登又書。

又《記出錢》（同上）　大夫君子凡以庶士贈資刊書，此風古矣。漢碑所陳出錢某人，今我記之，數踰千緡，每者每者次第，列寫銀兩銀餅[illegible]百而下：江蘇按察使永康應寶時敏齋、廣西巡撫六安涂宗瀛朗軒、四川按察使歸安沈秉成仲復、蘇松太道南海馮焌光竹儒、縉雲縣學訓導烏程朱丙瑩蘭第、候選中書科中書烏程龐雲鐠芸皋、候選郎中烏程周昌熾味六、江蘇升用知縣候補府經歷嘉興金涵蘊青、四品卿銜内閣中書南陵何愼脩子永、前臺灣道沅陵吳大廷桐雲、江蘇候補直隸州知州監利李慶雲景卿、太倉直隸州知州歸安吳承潞廣安、江蘇候補知府秀水錢卿銖伯聲、江蘇候補知府嘉善錢寶傳君硯、江蘇試用府同知桐鄉沈寶樾茂庭、浙江試用知縣上海潘承湛露園、直隸候補知府門人秀水趙銘桐孫、門人南匯于鬯醴尊、門人烏程鄭興森念枝、門人秀水張王熙欣木、門人上虞經元智鳳君。

魏錫曾《冬心先生雜著識》（金農《冬心先生雜著》卷首）　冬心先生雜著六種，初刻罕覯，陳氏以巾箱小品本苦于繙閱，當即世行華韻軒本。重刻以廣其傳。今就兩刻參校巾箱本，無「雜著」標目，首《畫竹題記》，次《畫梅》、《畫馬》、《畫佛》，次《自寫眞》，次《研銘》；陳本則總標「雜著」。《研銘》列《畫記》前，《畫佛》、《自寫眞題記》列《畫馬》前，又缺《畫佛題記自序》及《畫竹題記》三十一條，其他篇段字句亦多岐出。按《畫佛題記自序》云：「予初畫竹，繼畫江路野梅，又畫東骨利國馬之大者，轉而畫諸佛。」是先生畫馬實先于畫佛。陳本以意删定。雖云「重刻」，蓋非舊觀。今沿標題「雜著」之稱，因存陳序并首《研銘》，餘悉依巾箱本，閒改顯然誤字一二，俟求初刻正之。光緒戊寅九月。

余爲當歸草堂校刊此種，旋得湖州凌子與霞邗上來書，云《冬心畫記》尚有吳門潘氏桐西書屋刻本，時剞劂垂成，道遠不及借校，附記于此。

又《冬心先生隨筆識》（金農《冬心先生隨筆》卷首）　蕭山丁藍叔文蔚嘗得冬心先生客漢陽時書蹟，屬友某君別爲摹本，予皆見之。此從摹本錄

出，頗有筆誤，問眞蹟，云已寄里中矣。因稍加校正，取自序語題曰「隨筆」爲當歸草堂付閩工吳玉柱玉田弟。繕刊，中多可與《詩集》相證明者。光緒四年冬十月。

釋清道《清規證義記叙》（釋儀潤《百丈清規證義記》卷首） 夫行以規而成圓，規以清而不紊，此叢林有《清規》一書也。《清規》作於梁之法雲，奉詔而述於唐之百丈禪師，至今千百餘年。時代既遙，傳聞非一。得源洪大師之《證義》，而所記乃備。夙曾持奉全編，於九章中，而見君親之仰戴，及水陸之兼資，其爲叢林軌範，益莫大焉。吾杭自庚申後，兩遭兵燹，經帙全淪，慨初參之無所行持也，將體證義者手訂之意，重梓是書。乃邀慧月和尚、慧機師，共募刻資，遂於《三壇正範》、《天台内集》開雕之先，親督繕刊，逾年而竣事，置之經房，以廣流通。【略】同治十年歲次辛未仲秋之月。

又《稽古略序》（釋覺岸《釋氏稽古略》卷首） 元至正初，覺岸禪師撰《釋氏稽古略》四卷，實竺典之叵編，吾人之寶筏。箸錄於《四庫全書》而世少傳本，末學後世無從窺測，法徒寶藏。此書後附明僧大聞《續略》三卷，惜多損剝，復假錢塘丁氏八千卷樓藏本，斠勘精審。循翻雕古書之例，不更寫樣，以原書重付手民。敬列欽定提要辨之簡端，所以廣布皇仁，昭示來學。不學如清道者，藉得附名編末，實深幸焉。光緒十二年太歲在丙戌四月八日。

錢保塘《沈文忠公集題識》（沈兆霖《沈文忠公集》卷首） 沈文忠公既薨之三年，楊戶部鴻典從其家索得其遺稿，錫戶部縯與童太守大野、張戶部敬生先後審定，復屬保塘覆審編校，凡得文八十一首，詩五百六十八首，附詞十八首，釐爲十卷。冠以公自撰《年譜》一卷。率資刻之者，潘侍郎師祖蔭，蕭觀察培元暨錫楊張三君也。始事於同治七年秋，成於八年冬。

朱記榮《槐廬叢書自序》 國朝而集刊爲叢書者尤夥，特所採諸書不名一家，或薈萃精華，或取盈卷帙，或以今古相參，或以純駁互見，以至旁採稗家、小說家言，足以廣見聞，資談助者亦多有之；而究之精善者，實爲不少。自經兵亂，槧尠留存，非有好古者重爲刊行，精爲覆勘，以不沒其眞，將往喆之譔述，曷由傳布於海内外！【略】記榮不揣弇陋，竊有意焉，因先以孫淵如觀察《平津館叢書》十集亟爲模雕，并求當世博雅之儒重加審勘，必致其精。校刊方竣，復爲陳丈桂廎慫恿集刊有用之書，爲之搜輯簡擇若干種，因各分部編爲《經學叢書》、《金石叢書》，又以總聚叢襍者彙爲《槐廬叢書》，次第分編，集資鋟版，尤以世罕鋟本者先爲重校刊行。自後訪求所獲絡續付雕，冀以傳其所可傳而已。【略】光緒十有二年嘉平月醉司命日。

又《經學叢書序》 國朝崇尚經術，通儒碩彥接踵而興。【略】蓋自亭林先生與潛邱閻氏後先繼美，嗣是而江、戴諸君竝起於歙，惠氏三世著於我吳，以及高郵王氏父子、嘉定錢氏昆季承其緒者，代不乏人，大江南北學術大昌。維揚阮文達公視學浙中，復以經術提倡後進，多士群被其風，均各擘經攷古，蓋因是而漢學之講求於江浙爲尤甚焉。顧自《皇清經解》之集刻，收羅繁富，洵爲藝苑之菁華。自是而後，或僅存其遺編，或合刻爲專集，或附刻於叢書，各家撰述藏之名山，所賴有心者亟爲訪求，壽諸梨棗，以廣其傳，庶幾前喆之苦心足以牖啓後學者，乃不至於湮沒爾。玆承桂廎陳丈之意，助之採集，勸爲刊行，因將所獲之書各分編次，絡繹付刊。【略】光緒丙戌歲冬十有二月。

又《經學叢書例言》 是刻各書均爲加工繕寫，讎校精審，非比尋常坊本草率蕆事，即係重刻之本，舊有訛舛者必加訂正，以免字經三寫烏焉成馬之譏，閱者鑒之。丙戌冬日懋之手訂。

又《十三經詁答問書後》 嘉禾馮柳東學博，生平熟於聲音訓詁之學，必上下古今以求其是，且合漢、唐、宋、明及近儒之說，折衷而參攷之。其於經誼，洵有以疏通而證明矣。所箸有《十三經詁答問》一書，精詣所及，幾欲淩駕前人。是書成於晚年，未經刊行。庚申之亂，其孫柳孫茂才殉節，遺書旋散，此稾幸存，爲其同里忻君虞卿收得之。近陳丈桂廎假錄其副，屬付梓人，以廣其傳，不可於經說中得所證據哉！時光緒丁亥春二月。

又《李氏易解賸義書後》 李薌沚明經所輯《李氏易解賸義》，道光初年，石門顧氏刊入《讀畫齋叢書》中，多遺漏，時有舛誤，且係當時初成之稾，未爲定本。是編爲校經廎自刻本，係晚年重加訂補者，掇拾殘賸，更復裒益，具見苦心，當與資州之書竝傳矣。因將原本，錄付梓人，重加校正，以期精善云。【略】時在光緒丁亥歲仲春月。

又《古易音訓跋》 右呂成公《古易音訓》二卷，爲仁和宋德輝氏所輯。成公此書本諸陸德明《釋文》、晁以道《古周易》。晁書久亡，陸氏書盧

抱經氏所刊，糾正甚多，而以此編校之，尙有爲盧校所未及者，可見此編之善已然。【略】古籍流傳鮮能完善，校勘之學寧有窮盡！然宋氏此編既以存呂氏之舊，且足訂今本釋文之誤，是亦讀易者之津梁也。亟爲重雕，用廣厥傳。光緒丙戌季冬之月。

又《詩辨説跋》 《詩辨説》一卷，舊刻附在元人朱倬《詩疑問》後，國朝納喇氏刊《通志堂經解》時祇刻《詩經疑問》七卷，而不及此，以故世罕獲見。道光間海寧蔣氏刊《別下齋叢書》，始以此一卷附刻於後。自經兵燹，版已無存，傳本亦絶希矣。今陳丈桂廎以其篇帙過簡，尤易亡佚，因假録其副，屬爲校刊存之，以爲説詩家取資焉。【略】光緒丙戌歲季冬之月。

又《重刻九經古義序》 松崖先生，即世所偁小紅豆先生者也，承三世家傳之學，造詣愈深，纂述尤富，所爲《九經古義》一書，實治經之津梁，學古之矩矱。往時刊本甚夥，幾於家置一編，自遭粤寇，大率化爲劫灰，殊不易一覯，承學之士，每望而興歎。竊嘗有志彙刊有用書，勸爲一編，與天下學人共事揣摩。數載以來，訪求惠氏遺書，卒未一遇。去年冬從閔君頤生處得見是本，校刊都善。閔君知余求之切，遂撤以見贈，乃亟簡良工爲之影雕，別購副本重加校勘。夫求之數年，得之一旦，刊之不數月而告成，其喜幸爲何如，而尤感閔君見詒之意，爲眞能不負繼絶之功者也。【略】光緒乙酉春王正月。

文光樓主人《小五義序》（石玉昆《小五義》卷首） 《小五義》一書，何爲而刻也？只以采訪《龍圖閣公案》底稿，歷數年之久，未曾到手。適有友人與石玉昆門徒素相往來，偶在鋪中閑談，言及此書，余即托之搜尋。友人去不多日，即將石先生原稿攜來，共三百餘回，計七八十本，三千多篇，分上中下三部，總名《忠烈俠義傳》。【略】余翻閱一遍，前後一氣，脈絡貫通，與坊刻前部，略有異同。此書雖系小説，所言皆忠烈俠義之事，最易感發人之正氣。非若淫辭艷曲，有害綱常；志怪傳奇，無關名教。自詡天生峻筆，才子文章，又何足多哉！余故不惜重貲，購求到手。本擬全刻，奈資財不足，一時難以幷成，因有前刻《三俠五義》，不便再爲重刊。茲特將中部急付之剞劂，以公世之同好云。光緒庚寅仲夏。

又《施公案後傳序》（佚名《施公案後傳》卷首） 《施公案》一書，海內各書肆舊有。前刻始於江都縣令，終於倉場總督。其於施公生平之實事，未能罄其所長。且敘事簡略，用筆草率，節目多有疏忽，字句多有舛錯，幷未校對刊補，此何故也？皆欲速之弊也。本鋪有意將前部再爲加工，校補刊刻，與《後施公案》合爲一書，一幷廣傳於世。奈爲時力，所刻未能遂願。【略】共計十六套，未能一時刻成，茲先出四套，以公世之同好者。雖系小説，幷非淫詞艷曲可比，亦爲正史之小補云。是爲序。時光緒十九年癸巳小陽月。

入迷道人《忠烈俠義傳序》（石玉昆《忠烈俠義傳》卷首） 辛未春，由友人問竹主人處得是書而卒讀之，愛不釋手。雖係演義無深文，喜其筆墨淋灕，敘事尙免冗泛，且無淫穢語言；至於報應昭彰，尤可感發善心，總爲開卷有益之帙。是以草錄一部而珍藏之。乙亥司榷淮安，公餘時從新校閱，另錄成編，訂爲四函，年餘始獲告成。去冬，有世好友人退思主人者，亦癖於斯，因攜去。久假不歸，是以借書送遲嘲之。渠始囁囁言愛，竟已付刻於珍版矣。余亦笑其所好尙有甚於我者也，爰成短序，以供同好。光緒己卯夏月。

潘逢禧《羅豫章先生集跋》（羅從彥《羅豫章先生集》光緒本卷末） 《豫章先生文集》，爲先生從孫泰孫編次，馮公夢得序之，未攷當日有無鋟版。至元則郡人許氏源、進士曹氏道振、明則邵武太守馮氏孜、沙縣令張氏泰、延平太守姜氏文魁、先生裔孫庠生文明皆有刊本。國朝則儀封張清恪公刻入《正誼堂全書》，沈心齋學憲刻入《劍州三先生集》，延平明經康濟海刻入《四賢紀要合編》。【略】今諸本皆不得見，正誼堂本爵中堂左公曾重刻於閩，又係選本，未有全文。光緒四年，古燕爵太守張公來守延郡，目覩異端充塞，俗學支離，慨然以正學爲己任，亟欲刊行儒先諸書，爲端本清源之計。爰搜舊刻，僅得沙陽羅氏本，爲先生裔孫壆乾隆元年所刻者，而體裁舛漏，頗多可議。命禧悉心參閱，禧薄植淺學，仰承公諭，敬爲正其訛錯，補其脱略，並增以《年譜》，規模粗具略，還姜刻舊觀而已。嗚呼！數百年殘缺之書，得公發微闡幽，成其全璧，【略】公之功於斯大矣！

蔣錫礽《全上古三代秦漢三國六朝文編目後識》（蔣壑《全上古三代秦漢三國六朝文編目》卷末） 先君子潛心樸學，藏書甚富，而於鄉先輩著述尤搜羅不倦。得同邑嚴鐵橋先生所輯《全上古三代秦漢三國六朝文》七百四十二卷，以卷帙繁重，傳寫匪易，爰編爲《目錄》一百三卷，重加校正。甫

寫定，而先君蔣壑捐館於江北之海門。是稿久置篋中，不忍卒讀。去秋吾師汪謝城先生慫恿付梓，并力任督刊；又得陳丈楚枚、朱丈蘭第均助鉅資，其不足則家伯海珊助，礽足成之。今全書刊竟，凡助資及參校有功斯書者，謹列名字，以誌不忘。時光緒己卯涂月中澣男錫礽謹識。助資督刊并校勘姓名：震澤徐汝金聽秋，歸安李承煦希三、潘　俊蓉舲，烏程汪曰楨謝城、陳　勳楚枚、朱瑞瑩蘭第、兄　堂海珊、維基厚軒、姪錫儀棣安。

袁照《重刻白蘇齋集成誌》（袁宗道《白蘇齋類稿》卷末） 《白蘇齋集》，照五世從祖伯修公所作。公弟中郎、小修二公同爲裒集梓行者也。舊板燬於明末兵燹，公之後嗣，自公子祁年公獲中甲子鄉榜，後未有能復紹箕裘者，遂無力續刻。歷世愈遠，即收藏舊書者亦無其人，何盛名之難繼至此！【略】照用是心，慕有年，四處訪求公集，僅於寶臣堂叔家獲見一抄本，而卷數已有殘缺，又於步程族叔家借閲一抄本，卷數雖全，而字多訛錯。時值公邑疊遭水災，舊姓藏書均被漂失，別無善本可與較勘。及同治四年宦遊至吳，屢向江蘇各屬書坊中購求公集，卒不可得；迨丁卯科奉辦文闈供給，適承范月槎觀察以河務同知調派內簾同考官，差竣，代向淮城藏書家購獲《白蘇齋集》刻本一部，寄至金陵。細閲書中字句，雖間有訛錯，較之舊獲抄本實多見完善。至癸酉科，復承洪琴西都轉時駐金陵軍需局，兼辦書局差務，代向文闈書肆中購獲原刻《白蘇齋集》一部，較刊俱精，尤爲善本。今春值局務稍簡，追念從前訪購公書如許之難，幸賴范觀察、洪都轉二公同念鄉誼，代爲購得，此善本應急捐貲付梓重刻，用廣流傳。竊查原刻《白蘇齋集》二十二卷內有《説書類》三卷，即公舊所著《海蠡編》，意欲借禪詮儒，使珍奇諸宗語録者不敢任意腐朽魯鄒之書，與中郎公舊著《西方合論》同爲力挽禪教流弊之書。又有《雜説類》最後一卷，多採録王龍溪、趙大洲、羅近溪諸家談禪中隱語僻事，並以公自作《西方合論引》一篇附後。竊念明季何煒然、鍾伯敬兩先生爲中郎公先後搜刻詩文，均未取《西方合論》專闡禪教之書編入中郎公全集。應援前例提出，公舊著《海蠡編》三卷與《雜説》最後一卷付梓單刻，存備嗜慕禪宗者取資麈談，不令與公之詩文混作一編，以示區別。【略】光緒七年辛巳秋中。

方戊昌《重刻元遺山先生集序》（元好問《元遺山先生集》卷首） 《金史》載，遺山秀容人，爲文有繩尺，備衆體，其詩奇崛而絕雕劌，巧縟而謝綺麗。【略】余承乏秀容，既與郡人士重修州志，工竣後，尚餘捐貲，念先生全集當世已無傳本，爰商之同志，二三君子撿郡中所存張碩洲所裒全集，加以校正，重付手民，用錢二百萬有奇。先生文章學術雖不盡於是，而即此流布海內，用以津逮後學，必有聞風興起者，然則是集之刻，猶不僅以繼述鄉賢之意，屬望於郡人士也，而郡人士其亦可以自勵矣。光緒七年歲次辛巳夏六月。

侯琫森《跋鄒忠公道鄉文集後》（鄒浩《道鄉集》卷末） 庚辰冬，鄒渭清觀察重梓其遠祖《忠公道鄉集》，而以讎校屬琫森。琫森學識謭陋，懼弗勝，第念忠公爲吾鄉一代理學名臣，其諫立后及劾章惇諸疏，炳耀史冊，足以興起感發。苟與斯役，得窺全集，亦讀書稽古一大幸事，爰受之不辭。原書爲丁松生徵君藏本，似是元刻，然紕繆脫略，觸處皆是。嗣得道光間鄒氏重刊本，爲李申耆先生所校，卷帙較精，然亦間有譌字，最後得《四庫全書》鈔本，乃即三書參互考證，同異之處，衷於一是。檢校既畢，付諸手民。卷首各序，一遵道光間重刊本，並將《續刻》一卷，《年補》一卷補入。又錄《四庫全書提要》一篇刊列卷首，凡五閲月而寫本成。森適有他役，懼刊本之猶多譌字也，遂以校勘事屬諸蔡儀庭副使鳳沼，與其姪蔡心梅司馬文杰。二君皆觀察授業弟子也，儀庭沈潛專一，釐正之功居多，自二君復校後，庶幾成善本焉。功竣，附跋數語於後。時光緒七年夏五月。

西岷山樵《野叟曝言序》（夏敬渠《野叟曝言》卷首） 康熙中，先五世祖韜叟，宦游江浙間，獲交江陰夏先生。先生以名諸生貢於成均。既不得志，【略】屏絕進取，一意著書。閲數載，出《野叟曝言》二十卷，以示先祖，始識先生之底蘊，於學無所不精，亟請付梓。先生辭曰：「士生盛世，不得以文章經濟顯於時，猶將以經濟家之言，上鳴國家之盛，以與得志行道諸公相印證。是書托於有明，窮極宦官、權相、妖僧道之禍，言多不祥，非所以鳴盛也。」先祖頷之，因請爲之評注。先生許可，乃乘便繕副本，藏諸篋中，先生不知也。先生既沒，先祖解組歸蜀，風雨之夕，出卷展讀，如對亡友。嘗謂曾祖光祿公曰：「爾曹識之，承夏先生之志，慎勿刊也。」自是什襲者又百有餘年矣。乃今夏六月，余友程子自海上購得此書，以予好讀奇書，持以相贈，不覺大詫。余友爲述刊書之由，始知是書成於吳中書賈，而出之者，夏先生之後人也。然已缺失十一，不若吾家副本之全。余惟夏先生

之爲人，著述震海内，傳世之文，當非一種。是書抒寫憤懣，寄托深遠，誠不得志於時者之言，故深自秘靳，而不欲問世。今則去先生之世已遠，無所忌諱。其后嗣既出其書矣，徒以兵燹剝蝕，使海内才人，皆有抱殘守缺之憾。則將以是書知先生，而不足以盡知先生，并無以知余祖與先生之交，及當日慎重勿刊之意矣。夫後世不以是知先生，先生亦不以是書見知，均之已矣。既以是知，而仍無异乎勿知，則亦非吾祖之所樂也。爰出全書以付余友，達諸海上之刊是書者，亟謀開雕，俾讀者快睹其全，并述藏書之由，以告夏先生之達人，證二百年前之交契云。光緒八年歲次壬午九月。

陸心源《儀顧堂集》卷五《重刊註陸宣公奏議序》　余筦鹺閩中，從故家得先宣公《奏議注》十五卷，乃至正甲午翠巖精舍刊本。【略】源自有知覺，即服膺宣公上不負君，下不負學兩言，乃兩奉徵召，三任方面，不能有補於時，屏居退省，時疚於懷。每思刊布先世遺書，少承先志。是書流傳尤罕，學子以不得見爲恨，侍養多暇，校正付梓。原本有劉須溪評點，皆仍之。

又《重刻宋本夷堅志甲乙丙丁四集序》　《夷堅志》甲至癸二百卷，支甲至支癸一百卷，三甲至三癸一百卷，四甲四乙各十卷，總四百二十卷，見陳振孫《書録解題》，明以後流傳甚罕。【略】《四庫》所收支甲至支戊五十卷，民間頗不易得，所通行者有明仿宋刊《分類夷堅志》五十卷，蓋宋人摘録之本，坊刻二十卷本雖從原書摘出，又出分類本下，是不但全書不存，即正集二百卷若存若亡者亦數百年。阮文達得宋刻甲至丁八十卷，影寫進呈；阮氏得之吾鄉嚴久能，後歸吳門黄蕘圃，蕘圃歸於汪閬原，閬原歸於胡心耘。余從胡氏得之，中有玉蘭堂印，衡山文氏舊藏也。【略】琴希洪君搜刻先世遺書不遺餘力，聞余得是書，寓書慫恿梓行，因付手民以塞洪君之意云。

又《重雕元刊傷寒百證歌發微論序》　《新編張仲景註解傷寒百證歌》五卷，《發微論》二卷，題曰「白沙許叔微知可述。」【略】《百證》、《發微》元明以來不甚顯，《四庫》未收，阮文達、張月霄亦皆未見，惟錢遵王《讀書敏求記》著於録。遵王元刊今歸於余。夫醫家之有仲景，猶儒家之有孔子也，醫書之有《傷寒論》，猶儒書之有《四書》也。【略】明萬曆辛亥有喬山堂坊刻，合爲四卷，證以元刊，不但面目全非，竄改亦復不少。此明人刊版之通病，醫書其尤甚者耳。余慮其誤俗醫而害人命也，重摹元刊以廣其傳，後之治醫家言者由是以求仲景之書，庶幾免廢人之誚乎。

又《刻靖康要録序》　《靖康要録》十六卷，不著撰人名氏。舊本題曰「孝慈淵聖皇帝要録。」【略】宋時當有刻本，近古藏家惟傳抄帙。是本凡遇「聖旨」、「聖慈」、「御札」等字皆提行，「桓」字、「構」字皆注御名，當從宋本録出。惜展轉傳抄，譌奪幾不可讀。因取所藏三本互相讐校，又證以徐夢莘《北盟會編》、楊仲良《長編紀事本末》、陳均《九朝編年備要》、李㯙《十朝綱要》、無名氏《宋史》全文、趙汝愚《諸臣奏議》諸書，增補凡數百字，改正凡數千字，付之梓人。明知其誤而無可校正者仍之，别爲《校勘記》附於後。

又卷六《重刊北户録序》　《北户録》三卷，唐萬年縣尉段公路纂，崔龜圖註。【略】此書自南宋尹氏而後刊本罕傳，其刊入《古今説海》者，或篇刪其章，或章刪其句，凡今本譌奪多者所刪亦多，譌奪少者所刪亦少，注則一字不録，又誤以公路爲東牟人。《學海類編》沿其陋而益甚，原本之傳希如星鳳，藏書家轉輾傳鈔，愈久愈譌，幾與《北堂書鈔》原本無異。余所藏爲汲古毛氏影宋寫本，目録後有「臨安府太廟前尹家書鋪刊行」一行，首尾雖完，文字亦爛，思以曾慥《類説》所録正之，而今本待校之文正《類説》節去之句，豈魯魚亥豕宋刊已然乎？因以群書旁參互校，改正數千字，而付之梓。

又《重刊石林奏議序》　石林奏議十五卷宋尚書左丞葉石林之所著也。【略】其第三子模所編也，開禧中從孫箋知台州始版行之。《宋史·藝文志》、陳直齋《書録解題》、明《文淵閣書目》著於録。其後葉氏菉竹堂、陳氏世善堂、毛氏汲古閣皆有其書入。國朝流傳漸罕，乾隆中開四庫館未經采進，至黄氏《百宋一廛賦》出，世乃知孤本之僅存。轉輾而爲仁和胡心耘所得，亂後歸於鄉先輩吳平齋太守，余以文衡山、范石湖卷易得之。【略】左丞著書二十五種，今存十一種，奏議自開禧至今未聞重雕，潘伯寅宮保從余借閲，慫恿雕行，遂摹寫而付之梓。

又《重雕蘭雪堂本蔡中郎集序》　《蔡中郎集》，北宋本《隋書》、《新唐書》皆云二十卷。【略】至天聖中歐靜刊板祇存十卷，文六十四篇；又搜逸文八篇，爲《外傳》附於後，共七十二首。【略】明宏治中華堅蘭雪堂活字

本即從歐出，傳古雖殷而讐校甚疏，或上下互倒，或形近互僞，亥豕魯魚，無葉不有。所可貴者，尚存唐以前本之半，非俗本割裂雜羼比耳。【略】《中郎集》存於今者，以此本爲最古，藏書家珍同宋刻，其訛誤皆有迹可尋，與明人妄改不同。付工摹刊，與好古者共之，其應改而不改者附校誤記於後。

又《重雕宋本衛生家寶産科備要序》 醫書之鮮善本久矣，産科其尤甚者也。《衛生家寶産科備要》八卷，宋朱端章輯，《宋史・藝文志》著於録，明《文淵閣目》亦有其書。【略】予少多疾病，喜讀方書，每當衆論荆棘之時，畧試其技，亦嘗奏效。婦人、小兒望問皆窮，尤難製劑。丙子之歲，細君臨娩，胎死腹中，三日不下，諸醫束手。甲申九月，冢婦將娩而瘧作，瘧發之際，心痛欲死，醫亦無策，余細心診問，博攷方書，幸賴此書轉危爲安。細君慫恿雕行，爰雕印以廣其傳。嗟乎！

又《刻續考古圖序》 《續考古圖》五卷，南宋紹興間人所編，佚其姓氏。《釋文》一卷，據翟耆年《籀史》，當是趙九成所撰，里貫仕履皆無考。《宋史・藝文志》、《文獻通考》、《郡齋讀書志》、明《文淵閣書目》、《焦氏經籍志》、左氏《百川書志》皆未著録。始見於錢曾遵王《讀書敏求記》，遵王所藏南宋刊本與《考古圖》並行，得之無錫顧詢遠，後歸季滄葦。《延陵書目》所載是也。滄葦沒歸於徐健菴，遵王復從健菴借歸，倩工影摹，圖繪之精自稱過於宋本，即今天祿琳琅所藏七閣所據以著録者也。【略】宋以後無刊本，著録家亦復罕見。余求之數十年而未得，同治己卯漢陽葉氏京邸藏書散入廠肆，郵來目録，列有此書。亟託陳小舫侍御購之，而已不可物色矣。甲申之夏，晤潘伯寅尚書於吳門，見插架有之，從翁覃溪手抄過録者，後有二跋。覃溪所據即遵王影摹之本，其第一跋即四庫全書館《提要》之底稟也。爰借録而壽之梓。不見宋本，無從是正，其有斷爛未敢肊更。相傳氏諸傳記、序跋今俱刻而置之卷首，無庸分贅。

又《重刻北宋本爾雅疏序》 群經之疏，北宋時本與注別行，至南宋麻沙刊本始合爲一。閩刻及明監本仍之，自合刊本行而單行本遂微。今存者《儀禮》、《穀梁》、《爾雅》而已，《儀禮》、《穀梁》皆殘缺，惟《爾雅》獨完。承平時吳中有二本，一爲士禮居黄氏所藏，一爲五硯樓袁氏所藏。余於亂後得之吳中故家，書中有吳氏藏書印，其即黄、袁二氏所藏，或別爲一本，無可攷也。【略】疏爾雅者於今爲最古，邢疏刊本又以此本爲最古也。叔明自序云爲之疏釋凡一十卷，合刊本皆作十一卷，若非此本僅存，何從見邢氏眞面目乎！粵逆之亂，爲古今圖書一大劫，念世間未必有二，校正付梓以餉學者，行款悉仍宋刊舊式，別爲《校勘記》附於後。

又卷七《楊秋室集序》 《秋室集》十卷，吾鄉楊秋室先生之所著也。【略】［秋室先生］嘉慶廿一年卒，年六十四。先生之文多記明季遺事及鄉里掌故，其源出於史家者流。博不及全謝山，而精過之。其詩囊括唐宋，沈博高華，求之近人可與彭千亭氏抗衡，徒以終老一衿，足跡不出家衖，同時交遊既或攘刻其詩，攷證諸文又半爲門下士所乾沒，致令一時絶學不能與鎮洋、鄞縣齊名，良可慨也！先生生前嘗選刻其詩二百首，爲《秋室詩録》，族弟知新注行其《西湖秋柳詞》七十章，文則僅刻十餘首，餘稿盈篋存於其婿張明經家。及門之士間有傳抄，而世之知之者蓋鮮矣。余少時曾從先師周孝廉借本傳録，遭亂盡失。同治丁卯奉諱歸里，先得未刻詩於書估，復從月河丁氏借得未刻若干首，擬欲重編付雕，而已刻詩文迄不可得。姚彥侍方伯、包子莊明經知余有重編之舉，遺以刻本《秋室詩録》、《西湖秋柳詞》，而先生著述畧具，乃刪并重複及應酬諸作編爲十卷，雕板傳之，而序其始末如此。

劉翊宸等《重刊李申耆先生養一齋文集・集資小引》（李兆洛《養一齋文集》卷首） 鄉先輩李申耆先生［兆洛］海外溢才名，志乘載行誼、學問、經濟，卓然不朽，身後入祀名宦、鄉賢，而文章古雅，流播藝苑。乃等身著述，經庚申變，碑板悉付劫灰，惟先生所輯《地輿韻編》、《紀元編》各種克復後爲門人鄧君守之所得。鄧君呈李爵相發刊，籤曰：「李氏五種，板存金陵書局」；至先生所著《養一齋全集》二十四卷，則散如煙霧已。去年秋，先生曾孫陽訪求全集於汪叔明、管才叔兩君，得原刻書二部，陽奉斯集謁龔公叔雨（爲先生之門人）。時適主試江南，公得先生集，喜甚，即助費百元，囑陽往金陵聚珍局排印，以字大價昂，不果。今秋承制憲沈公幼丹、方伯孫公琴西、觀察莊君守齋及教授季君禮齋、訓導郭君子芳、熊君宜齋各爲慨助，凖擬明春交手民韓子餘重梓文集，其詩詞且從緩刻。惟是先生之文，嗜之者零詞斷簡視如拱璧，而《養一齋全集》則又不啻寶山珠海也，孰不思爭先快覩也哉！今將從前刊集助梓義會式樣附呈，現擬仿照助捐，凡我同人共襄義舉，儻能集腋，自可觀成，并白此引。劉翊宸、劉瀚清、惲光業、費學曾、盛康、

莊鳳威、莊毓鉉、湯成烈公啓

陸鼎翰《宗統編年後序》（釋紀蔭《宗統編年》卷末）《宗統編年》三十二卷，國朝祥符釋紀蔭撰。【略】蔭因博采經史釋乘，一仿朱子《綱目》體例，斷以周昭王二十二年，我佛降生爲始，訖國朝康熙二十八年，曰佛紀、祖紀、五宗紀。其自明萬曆四十三年以後，諸方之出處，附書年甲之下，曰略紀，以俟後之宗統定而詳系焉。上下二千六百四十年間，紹述宗風之次序，授受法印之機緣，備及朝政廢興之有關釋氏者，淹貫翔核，融儒釋爲一貫。正其謬，闕其疑，自爲注，以發明之。謹嚴一遵史法，固法苑之龍門，而緇林之實錄也。書成，表上之朝。許青嶼侍御之漸，爲刊板，序而行之，板藏瑪瑙寺仰山西房。【略】粵匪之亂，是書板片蕩焉無存。吾郡天寧皃亶上人，訪於神駿寺，僅僅得一部，已於殘編斷簡中，湊集成帙，幸無缺失，亟謀重付剞劂。嘉善陳仲泉清玉，仁和許息庵樾身，慨然出資，助成之。當夫世風刓弊，祖道寖衰，九鼎單絲，不賴有淹通宗匠，宏宣綱要，其何以謂人天眼目哉！皃亶之亟欲流傳，與蔭之著述是書，固同一發明現成公案者也。蔭之住天寧，嘗重修正殿，太守于公琨，爲之記事，在康熙三十一年，固嘗有功於天寧。今皃亶於二百年後，重爲流通，亦力闡綱宗之一大機緣也。印用聚珍板，易於譌舛，遂並原本之誤，爲校刊記附焉。光緒十有三年夏六月。

董金鑑《琳琅秘室叢書重刊例言》（胡珽《琳琅秘室叢書》卷首）咸豐初仁和胡心耘先生［珽］寓吳門，嘗搜輯先世遺書及已所采獲宋元舊刊、影鈔諸本，始於《孔氏祖庭廣記》，訖於《蓮堂詩話》，計三十種，釐爲四集，次第彙刊，名曰《琳琅秘室叢書》，每集總目悉附解題，如陳氏書錄之例，所刊各種有已採入四庫者，皆恭錄提要，弁之卷首。其餘零篇墜簡，掇拾叢殘，並取各家藏書之志，題跋之詞，編載首尾，或自爲札記，敘其得書之自，鑒別精審，斠正詳明，足稱善本。惜當日用活字板，刊印無多，粵匪之擾，摧燬過半。肅清以來，鴻儒輩出，叢書之刊，如踵相繼，而胡君之書傳本日尠。去年夏族人春庭由武林假得一帙，歸以相示，余讀而愛之，思爲鋟槧，力有未逮，因仍遵聚珍板式，先爲繙印以廣其傳。工既竣，復輯師友之說續成校勘，間附鄙意，訂正闕譌，聊以問世。【略】光緒十有四年歲次戊子五月壬子朔十二日夏至。

余一鼇《辟疆園遺集跋》（顧敏恒等《辟疆園遺集》卷末）粵寇亂後，錫地久矣不睹此書。光緒甲申遊福州，丁杏舲兄病中檢贈此本並《雙溪先生詩集》，囑云：攜歸重刊，行世甚善。杏老故後，藏書星散，此書單本倖存，不亟印行散佈，究虞湮沒。今春，與顧君季欽相晤於拱北樓，偶商集資重印，慨然允諾。季欽時有六安之行，以囑哲兄叔嘉屬有重印孫柏潭先生《宗伯集》之役，擬附便排印。於是具啓同人，廣呼將伯。兩月以來，遠者或至，近者寥寥，同學諸友惟廉君惠卿相助集腋。於是與叔嘉議定，先以現有之款儘印是集，其雙溪、謭齋兩先生詩再行籌費。適《宗伯集》工竣，遂於閏六月乙亥印始，閱月書成，凡助貲諸君姓氏另葉列首，排印工資紙張價目亦另葉附尾，以備異時考核。行款字數，一仍舊本。［附］排印辟疆園遺集工料清數：一、盤工十行二十二格每盤排字工價錢七十文，計二百二十六盤，共錢十五千八百二十文　一、印工每百葉工價錢三十文，計每部二百二十六葉一百十部，共二萬四千八百六十葉，共錢七千四百五十八文　一、紙張六開和記六五毛邊除破碎耗棄外，每百葉錢八十八文，計每部二百二十六葉，約合錢二百文。一百十部，共錢二十二千文　一、訂工每本十二文，每部四本，錢四十八文。一百十部，共錢五千二百八十文。以上共支工料錢五十千零五百五十八文。共收股份洋銀五十五圓，每圓足錢一千六十文，共錢五十八千三百文。除付工料錢五十千零五百五十八文，應存錢七千七百四十二文　一、孫宗伯祠丁勞金腳力等錢三千文　一、刻封面籤條板工料錢五百文　、信資雜費等錢九百四十二文，三共給錢四千四百四十二文　一、存每股洋銀一圓，除俵書支費外，餘錢六十文，共錢三千三百文　一、存帳外股份洋銀二十圓，計舜卿二元、望洲二元、緯辰二元、綸卿二元、叔嘉二元、石仲二元、季欽二元、惠卿二元、子述二元、涵脩一元、又山五角、鍾石五角。以上共存錢三千三百文，共存洋銀二十圓，歸入續印《雙溪集》開支工料，合併聲明。

蕭穆《敬孚類稿》卷二《重刊毛詩要義序代唐鄂生中丞**》**　余少時讀諸經注疏、通志堂宋元諸經解，苦其文繁意複，握管研朱，終日不竟三兩卷。嘗聞桐城方望溪少宗伯曾竭三十年功力，將宋元諸經解刪其繁蕪，所存不過三分之一，而理明詞達，學者易於觀覽，實遠勝全書。惜當日未能刊行，而原本無由得見，未知今時尚在人間否？旋讀《宋史》魏公了翁傳及《藝文

志》併方回《周易集義跋》、虞集《九經要義序》，知鶴山先生於理宗嘉熙初忤時相，謫靖州，嘗取《諸經正義》刪摘之，名曰《九經要義》。乃訪求數十年，迄無所得。恭讀《四庫全書總目》知七閣著録有《周易》、《尚書》、《春秋左氏傳》、《儀禮》四經，《尚書》尚佚第七、第八、第九三卷，《春秋左傳》尚佚二十九卷，僅存三十一卷，又讀《揅經室外集》知所進有《補尚書要義》三卷，《禮記》三十一卷，缺《曲禮》上、下兩卷，最後聞吾鄉莫君子偲於同治閒客遊上海，得見郁氏所藏宋本《儀禮》、《禮記》二經，外復有《毛詩要義》，心甚豔之，然終無由得觀，不無遺憾也。前年春，余自蜀晉京，秋閒返過上海，時同鄉莫君善徵適官斯縣，句留數日，有桐城蕭君敬孚過訪旅舍，因詢此地友朋往還及書肆有無秘本。知郁氏所藏宋元諸舊籍出售殆盡，敬孚復爲搜得影寫本《尚書》、《毛詩》兩《要義》。《毛詩》尚有闕葉，而《尚書》首尾完整，大喜過望，玩讀數日。稍闚魏公當日別裁精審之至意，於學者最爲有益。因念《毛詩要義》自《宋史・藝文志》後雖著葉氏菉竹堂、錢氏絳雲樓諸書目，而七閣未得著録，直至近世，乃見實爲罕遘秘笈，爰屬莫君妙揀良工，倣其行款，先行開雕，屬敬孚及同鄉宦莘齋分校。去年春，烔奉旨補授雲南布政使，夏五月，將由蜀入滇，莫君及敬孚貽書云：刊已及半。今年秋，莫君復以書抵滇，并寄初印本十部，乃略述其原委。遙復莫君，即就此經覆勘印行，他時當更取《尚書》，并訪求近世所存《諸經要義》次第校刊，廣爲流傳，以償夙願也。敬孚又寄示所録方少宗伯與其門人雷貫一副憲手札六紙，知方公晚年曾以宋元諸經解刪定本付託，又倩鈔胥及其諸孫爲録副本。今兵燹之後，方氏原書散佚已久，雷公晚年亦無力及此，其所藏諸經鈔本儻尚留落人閒，所願同志之君子勉力付梓，與魏氏之書相圃而行，則有功於藝林大矣。因牽連書此以俟之。光緒九年冬十二月。

又《重刊朱子詩義補正序代》

桐城方侍郎經術文章久著宇內，其所撰《抗希堂十六種》某時喜讀之。然嘗考其説經之作，《春秋》、《三禮》之外，尚有《讀易偶筆》《讀尚書偶筆》《朱子詩義補正》三書，閒嘗詢皖中人士，且有未聞其名目者。丙子夏，偶與桐城蕭君敬孚談及諸先達説經諸編，敬孚因出示手鈔侍郎《朱子詩義補正》八卷。案牘之餘，數加玩讀，其取義至精，高出近世説詩諸家之上。子朱子可作，亦必爲之心折也。敬孚云：此書侍郎脫藁後爲其門人高密單君作哲所刊，當日印本無多，流傳未廣。咸豐初桐城戴孝廉鈞衡搜葺侍郎內外集文，合刊全集，時合肥徐孝廉子苓曾以單氏所刊此書囑爲重梓。戴君以貸金不足未獲從事，旋遭寇難，書亦散佚。而同縣徐氏藏有此書，嘗假手鈔以示同人。十餘年來，迄未有能繼戴、徐二君之事者。某深幸得覩是編，又嘉敬孚留心文獻，不憚雪鈔露纂，爰捐俸重刊，與侍郎所行十六種並傳。惜其所撰、讀易及尚書《偶筆》今不盡見，無由與此書同刊，不能無憾也。

又《劉海峰先生歷朝詩約選後序》

右《歷朝詩約選》九十二卷，內第五十七卷分上、下，實有九十三卷。鄉先生劉耕南徵君所纂也。徵君生平博觀古今載籍，均有標録。惜後人式微，先後散佚。惟自少至老，所閲古今人詩集編爲《歷朝詩約選》。【略】徵君歿後，四方學者互有傳鈔之本。咸豐閒，大江南北屢遭兵燹，傳鈔各本多有散亡，閒有存者不過數卷、數帙而已。穆少時嘗得殘冊二三十卷，中有姚姬傳比部手鈔四冊。同治六年，謁兩江總督曾文正公，談及徵君此書，公云往在京都曾見同官中有鈔本全部，借觀大略，其精博爲從來選家所未有。今全書儻可搜求，當爲付官書局代刊。數年後，偏訪有得，而曾公已逝，書局之刊遂作罷論。癸酉、甲戌之閒，穆往來蘇、滬，先後晤中江李君眉生、沅陵吳君桐雲、貴池劉君芝田，話及此書，三君皆喜爲詩者也，均欲鳩貲同刊，訖未有就。辛卯之秋，偶爲老友黟縣李君爰得言之，李君慨然以爲己任，且願出三五千金，將徵君著述全刊行世。未幾李君一夕無疾而終，雅意竟未能遂。至甲午夏秋之閒，主講保定蓮池書院同縣吳君摯父毅然欲傳此書，謀之於今廣東巡撫，前任河南、山東河道總督奉新許公、今河南巡撫宣城劉公，二公慨然各量出清俸佽助經始，暨李君勉林、羅君稷臣、周君緝之、姚君錫九、章君定庵、摯父同蓮池書院諸生亦共集巨款，寓書於穆總司其事，校刊於金陵書局，穆亦約江浙閒同人裘君葆良、孫君問清、林君稚眉、何君芷舫、李君象春、陸君詩城、筆城、劉君丙卿、聚卿、張君筱傳、星五諸昆季量力佽助，李處士子嘉聞之，更資五百金以彌乃祖爰得翁未逮之志。李君時泉又重出館俸，併約嚴君筱舫、劉君康侯各助厚資，乃克落成。【略】光緒二十三年歲在丁酉冬十月。

又《新刊惠松崖先生文集序代》

昔儀徵阮文達公序武進張皋文編修《茗柯文編》，有云近時易學推惠氏棟、禮學推江氏永，而二家之文無傳，其

意蓋以江惠二家特深於易、禮，文學非其所長。不若張氏既深於易、禮，而又以經術爲古文也。由今觀之，其説殆不其然。【略】若惠氏據甘泉江藩《國朝漢學師承記》本傳，所著群書行世之外，本有文集二卷，世無刊本，余訪求有年，迄未有得。前年秋桐城蕭敬孚丈來金陵過訪，余旋至其寓，見行笥有《惠松崖文鈔》一冊，凡三十一篇，詢其由來，乃同治閒館於滬濱，見同事新陽趙君靜涵元益所藏舊鈔本，假録之，將爲刊布。余大喜過望，即乞其本，將刊入所輯叢書二集中，原鈔零雜，余稍加整理，敬孚丈復於他處搜得八篇，共三十九篇，仍分二卷，以符江氏所載之數。至其文之淵雅、峻潔，實與張氏異曲同工，讀者必能辨之。行當訪求江氏之文，編輯續刊之。

又卷五《跋影刊宋槧孔氏家語》 余早年讀《孔氏家語》，乃毛氏汲古閣刊本，後來稍知考較古書版本，玩毛氏跋尾，知其所據乃宋蜀槧大字本。竊意原書未必尚在人閒。同治初年，邑人姚伯厚過予艸堂，行囊有一巨冊，發之乃毛氏舊藏宋蜀槧大字《孔氏家語》原本也。詢所由來，乃友人姚世培家舊藏，今將託售，先以末冊毛氏跋文爲證。余大喜過望，即以此冊留下，旋至世培家，歸其欲售之資，乃將前四冊攜歸，居然爲寒家插架之冠矣。三十年來，遨遊四方，嘗以此書自攜，行笥偏示，同人互爲喧傳，海內藏書家莫不知毛氏宋槧《孔氏家語》今尚在寒家也。光緒乙未秋，余以校刊劉海峰先生《歷朝詩選》，外閒諸公助資不給，因與世交貴池劉聚卿觀察世珩相商權，以此書代質，得重資以濟聚卿。今欲公諸同好，倩善書者將原本影寫一部，選良工照刊。其表章古籍，宅心仁厚雅意，眞所罕見也。又予二十年前在上海廣方言館，與新陽趙靜涵元益同事，趙君好藏古書，一日出示道光閒吳門陸撰所録惠半農、陸敕先兩家校閲《孔氏家語》舊刊本，陸君又得録乾隆閒邵北厓太史泰假其友人徐曉亭學博以北宋精本校勘毛氏汲古閣刊本，增損數十字，並其卷第先後亦爲改正。予又知兩宋刊本各有所據，亦各有優絀，屢欲以惠、陸、邵、徐合校本，且旁采古書有涉此書者，別爲《札記》，以餉讀毛氏刊本者。而人事紛紜，久未能讎，聚卿舊亦有此志，今既以景宋本廣惠藝林，因以舊録惠、陸諸家校本付之，兼爲《札記》以餉同志可也。

又《跋新刊新安志》 宋新安羅鄂州願所纂《新安志》十卷，刊於淳熙二年乙未，明代曾有翻本，至國初已不易得，新城王文簡公至求之三十年，曾致書徽人汪于鼎。汪君訪得原本，里人黃以祚乃得覆刊之，時在康熙四十六年丁亥之冬。至戊子之秋，乃能竣工也。先是，秀水朱竹垞檢討亦嘗訪求此志，及其鈔得，年已八十矣。竹垞跋此志云：「每勸新安富家開雕，終鮮應者，甚矣。今人之不好古」云云。竹垞此跋在康熙戊子，正黃君刊此書之年，黃氏之書完工於戊子之秋，竹垞蓋未之知。逾年己丑冬十月歿矣。黟縣李君宗媚雅志刊書，余以徽人之留心鄉邦文獻者，鄂州之後，則推明人程公敏政之《新安文獻志》。三百年來繼起者難得其人，因勸李君先刊此志，再陸續圖之。李君旋訪得黃氏刊本，覆刊於揚州，始於光緒十三年丁亥之冬，完工於戊子之夏，竟與黃氏刊此書時及完工之年遙遙相對，事亦奇矣。至此志用意及佳勝之處，鄂州自序及趙不悔序言之已詳，竹垞亦稱其簡而有要，此地志之最善者，後人可無用再贅一詞矣。

蔣清翊《續清涼傳跋》（張商英《續清涼傳》卷末） 釋慧祥《清涼傳》，見《宋史・志》。《廣傳》、《續傳》，則史志及諸家藏書志，俱不著録。杭州何夢華元錫得之，示阮文達，文達繕録進呈，世乃知有此書。第天府卷軸，既非草茅能窺。阮氏文選樓書，又毁於火，藏書家以不得見爲憾。聞此書原本，今藏歸安陸氏皕宋樓，武陵趙君伯藏于密，爲居閑得借讀，紙脆殆不可觸，內佚《廣傳》中卷。清翊恐其日就湮沒，方録付梓，頗以佚卷爲憾。適錢塘丁氏正修堂藏有鈔本，則佚卷存焉，亟合梓之，甫成全璧。鈔本僞字頗多，然無可校正，姑仍其舊。【略】光緒甲申十月。

孫祖繩《孫宗伯集跋》（孫繼皐《孫宗伯集》光緒本卷末） 先宗伯公文集十卷，曾蒙純廟採列四庫館，而原集原板於咸豐庚申邑遭兵燹，各子姓未及攜之他徙，時有手澤蕩然之慨。玆十世孫其業於金昌書肆購得原集，前後僅存七卷，亦多殘缺，其四、五、六等卷概行散失，雖歷事搜訪，而全集闕如，爰用聚珍板先將七卷排印百帙，付各房敬謹收藏，免致日久再有湮失。一切擡頭欵式及殘缺處悉仍其舊，惟遇我國朝應避字樣，恪遵定制，或恭代，或缺筆，以昭誠敬。第排印倉卒，舛錯良多，因於各卷之末，另附正誤一頁，逐字注明，庶閲者一目瞭然，而免疑似。日後訪得全集，謹當重加編緝，壽諸棗梨，以完我先人手澤，不勝厚望焉。光緒十八年仲夏之月。

孫壽彭《彭公案序》（貪夢道人《彭公案》卷首） 《彭公案》一書，京都鈔寫殆遍，大街小巷，侈爲異談，皆以爲膾炙人口。【略】壬辰館於京師，友人劉君衡堂持此編以示，展誦數回，悉其始終，乃知彭公是我朝顯宦，實

千古人才之杰出者也。其在任多有政聲，不可枚舉，而除暴安良，斷一切奇聞奇事，猶如西山爽氣，撲人眉宇。衡堂更把握不置，遂有付梓之議。匯輯成編，無不爭先快睹，因不惜重資，付之剞劂。索序於予，余不獲已，亦思此書一出，非特城鄉街市樂於傳誦，士農工商欣於聽聞，實亦足以培植世道，感發人心，而爲化民成俗之一助云爾。是爲序。時光緒十八年，歲次壬辰暮春。

釋瑞斌《水懺隨聞録序》（釋智證《慈悲道場水懺法隨聞録》卷首）

夫《水懺隨聞錄》者，乃晝中禪師注釋也。昔悟達國師患人面之瘡，若不感諾迦尊者現澗泉之水，焉能不復爲冤。始知因緣會遇，定孽難逃；宿纏不解，果報無差。古德所云欲出苦輪，莫先持戒，欲淨戒根，莫先懺悔。是以包藏瑕疵，佛不許可，說悔先罪，淨名所尚。自茲妙製靈文，分爲三卷，名曰《水懺》。【略】兵燹坂毀無存，置於同袍，亦未得見此書爲憾，想當時刷印未多，故流傳甚少。余渴慕亦有二十余年矣，先在同袍處始得一部，殘闕不全。後遇清源沈居士處，竟得全璧，若有冥相而默助之者也。余敬閱一過，急欲付梓，冀以流傳。其時正逢常住開工，奈何囊鉢蕭然，故而因循未彰。今蒙諸同袍等慨然樂助，果余願矣，願與同志者共參之。時光緒二十一年歲次乙未宮四月佛浴日。

田楨《張文忠公全集重刻述例》（張居正《明張文忠公全集》卷首）

謹案《四庫全書提要》：太岳集，四十六卷。今所據明刻本四十六卷，當是《提要》所採本。吾邑鄧氏繙明本，增《行實》一卷，爲四十七卷，安化陶文毅刻於吳門，復增原序一卷，爲四十八卷，茲刻雖經重編，卷數仍依明本，惟併《行實》、原序爲一卷，別輯《坿録》爲一卷，都四十八卷。一原編首詩，次文，次書牘、奏疏，茲刻以奏疏爲一集，書牘次之，文集、詩集又次之，《女誡》、《直解》又次之。以公之勳業著在奏疏、書牘，詩文乃其餘事，而《女誡》、《直解》本自爲書，不必羼入文集也。至《帝鑑圖說》、《四書直解》、《書經直解》各部，俟此刻工竣，仍當次第付梓，以成全書。【略】茲刻初據鄧刻爲底本，開雕過半，迺得明刻、同邑陳蘭坡孝廉克焜家藏本。陶刻，同邑鄭季舒茂才經晟家藏本。據爲校勘。三本均有訛誤，其有他書可證，灼然易知者，徑行改定，至若名稱互異，【小字略】字句脫誤，無從參驗者，一仍其初，襲謬沿訛，誠所不免，海內方雅，幸糾正之。【略】茲刻倡於奭召南觀察良，捐廉籌款，發凡起例，授楨使董校刻，復得俞君實觀察鍾穎之存款，陳復心觀察兆葵舒暢、寧太守惠之撥款，近又蒙濮紫泉觀察子潼慨分清俸，始克竣工。至商推審訂，則復州張紀廷振綱、山陰劉海門瀚兩君始終其事焉。楨以衰病，躬任讎校，未能精審，舛譌滋多，良深內疚耳。光緒二十有七年辛丑八月。

傅以禮《傅忠肅公文集跋》（傅察《傅忠肅公文集》卷末） 謹案先集自宋慶元己卯繡梓，歷六百九十八年，至我朝光緒壬辰甫遂重鋟。曩歲癸未，曾墨于版，嗣以繕刻未善，事復中輟。今夏覓得能仿宋槧字體之人，另録開雕，閱九月訖工。其付刊之潔本，初印之樣本，又各手校兩過，前後蓋八經讎對，已集凡三卷，首、末各附一卷，共一百八十九頁，七萬三千零二十字，計費制錢一百四十六千六百四十文。壬辰嘉平既望演慎齋記。

俞旦《宋林和靖先生集後序》（林逋《林和靖先生詩集》卷末） 嘗考《宋史》，先生喜爲詩，然稿成輒棄不欲流傳。今所存者，迺他人竊記之也。是先生詩當時已爲人重，況後世乎？向聞是集以有明陳氏惟成刻本爲當。康熙間吳氏務滋所刻，其編採或譏未純。惟陳本今不可得，吳本今亦湮滅。人之欲讀先生詩者，每有星鳳之歎焉。道光甲申，外太叔祖葉雲谷農部夢龍以世罕是書，取吳氏本，據抱經堂《群書拾補》指駁數條，系以按語，而重刊之，乃未幾即爲祖龍奪去。同治壬戌，王父按察公復就其本入木，旋遭於蟻。豈先生不欲以詩鳴世，亦不欲以詩傳後，精魂故爲之厲歟，抑亦有數存其閒歟？嗚呼！先生家貧，力學，弗趨榮利，其清高超乎塵俗。是人如其詩，詩如其人，已顧可不傳哉！且深懼失墜，謹搜行篋，出王父前刻葉氏本以付手民，仿摹鋟板，擬他日歸諸學海堂中，與王父重刊。天發神讖碑，仝在名山，永爲藏弆，則斯集庶幾其長留天地閒，其亦以副王考就刊之心耳。光緒二十一年歲在乙未夏五月十日。

張允顗《金剛經彙纂跋》（孫念劬《金剛經彙纂》卷末） 乙未春間，余有高郵之行，於王丈賓谷處，獲睹《金剛經彙纂》一書，是書爲潔齋居士孫公〔念劬〕所纂輯。原書封面有小引，載是書初刻一本，校勘未精，字句訛脫，且闡發未透，辭義膚淺。後連得佳本，萃諸家注說，廣爲搜輯，翦訛削膚，採集精論，以補原刻之不逮。三年乃定。於嘉慶元年，易稿再鐫。務使佛菩提問答遮表之旨，精實詳盡，顯豁貫穿，揭領提綱，本末洞澈。讀者

果能潛心玩索，即文字爲觀照，實相般若，自爾刻刻現前。居士苦心孤詣，成此一書，洵足收般若之全綱，開金剛之智眼矣。原板藏常州府城東門新坊橋西孫宅，兵燹以後，板已漫漶闕失。余深慮其日久失傳，亟願流通，俾延慧命，因索歸重付梓人。嗣因患病幾危，繼又丁先慈之憂。校勘之工，屢有作輟。至丙申長夏，始克竣事。爰述重刻是書緣起附於簡末云。光緒二十二年丙申六月。跋。

又　《彙纂》一書，系顗捐資重鐫，藏板揚州馬市口東藏經院，此院先廢於兵。同治紀元，錢塘許公陰亭，重爲修葺。許公所刊經論甚多，均貯板於院樓。住院觀如大師，專精淨土，禪律兼深。尤以流通經典，及因果感應等書，爲末法人天眼目。余刻是經，深知利益，且有校勘之勞。刊成，先印百部，託爲流通。院中經典善書，向不取板價，來印者紙工自備。每次開刷，至多數十部爲率。印擦太多，板易漫滅，識者諒之。光緒丙申季夏。

楊文會《成唯識論述記叙》（釋窺基《成唯識論述記》卷首）　窺基法師者，奘公之高弟也，親承師命，翻譯《成唯識論》，會萃十家而成一部，並以聞於師者，著爲《述記》，學相宗者，奉爲準繩。迨元季而失傳。五百年來，無人得見，好學之士，每以爲憾。近年四海交通，得與日本博士南條上人遊，上人以此書贈予，金陵講經沙門松巖見而心喜，亟募資鋟板，揚州觀如大師願任其半。未及竣工，而觀、松二人相繼西遊。江表緇素，踵而成之。嗟乎！此書失之如此其久，得之如此其難，而倡刻之人，皆不見其成，以是見唯識一宗，流傳於世，非偶然也，後之覽者，其勿等閒視之。

傅雲龍《纂喜廬叢書・唐卷子本論語跋》　正平本《論語集解》已刊入《古逸叢書》。正平甲申爲元順帝二十四年，又有管家本，所謂津藩有造館本者。是鈔於昌泰二年，當唐光化二年。告田因之印活字本。迨國朝道光十七年，爲日本天保八年，石川之褧刊縮臨本，此外有宗重卿鈔本，明應印本，大永鈔本，皇疏印本。古鈔諸本，有注居多，其無注者明嘉靖十二年清原宣賢出所藏，阿佐井野刊之，謂之天文癸巳本，非復唐卷子眞面目矣。嘉永元年本道光廿八。出自貞利本，當元至正間，日本僧深尊依唐本錄之，明應六年爲明弘治五年，僧桂庵旁增國文，舊式失殆盡。貴陽陳子衡山績學好古，得唐卷子本，有「何晏集解」四字，然存者經文耳，殆文、注分鈔本歟。勝天文本十倍，謂雲龍有同志，出爲纂喜廬所刊書之助。雲龍按是本文與津藩本正同，遵義黎星使所著津藩本、正平本跋有斠勘三百餘事，不翅爲是本設也。既付手民，遂附録之。光緒十五年夏五月二日。

李昌洵《景日本延喜刊本文選第五殘卷識》（傅雲龍《纂喜廬叢書・文選》卷首）　德清傅懋元先生博學多通，雅於玨古，前居京師修順天府志箸數十萬言，學者多稱之。昨歸自美洲，税駕東土，計刊所見聞，遏爲士夫告暇，于貴陽陳君衡山處得見所蒐延喜刊本《文選》殘卷，眡賞不置，因假景刻之，爲《纂喜廬叢書》之一。叙既成，屬昌洵仿宋本欵式書諸首。昌洵受事竟復以宋本校之。【略】光緒十五年五月。

徐琪《都梁香閣詩詞集跋》（鄭蘭孫《都梁香閣詩詞集》卷末）　咸豐甲寅夏，先母鄭太夫人作《蓮因室稿後序》云：道光丙申以至咸豐壬子十七年中，所得詩詞除删去之作，尚八百餘首，分爲兩集，一曰《都梁香閣》，一曰《蓮因室集》。迨咸豐癸丑揚州告警，倉皇出避，兩集遂失。是年僑寓如皋，始默録之，然僅得十之二三，即光緒初元，楊石泉師助琪恭刻之《蓮因室稿》是也。此外別有一冊，爲先考光禄公手鈔，題曰《都梁香閣集》，乃揚城克復後，同里鮑問梅先生得之舊書攤中，因尚有先光禄公自鈔詩詞稿，審爲一手所書，特以見還。雖先太夫人自序謂八百餘首，分爲二集，則當時摘録，初非全稿，而《都梁集》之幸存實獨賴有此。同治甲子，先光禄公棄養，琪依親串居海濱，有李君仲瑄借觀，未及歸，而琪回南應童子試，李君旋他往。當乙亥恭刻《蓮因室集》時，此稿尚存李所，故未及並梓，後乞周了謙二尹輾轉蹤迹，於丁亥春，乃自袁浦取以寄歸，相隔蓋二十七年，紙墨如新，曾不稍損。其時琪正梓《誦芬詠烈編》一書，自先文敬公以來累世詩文大略皆備，恍有護持。【略】《誦芬編》卷帙較繁，爰梓此爲單行，次於《蓮因室集》後，仍題曰《都梁香閣集》。中有與《蓮因室稿》重複者，俱不復梓，或偶異一二句者，則並存之，俱詳誌於每首之下，又於《小蓮花室集》得一首，亦附於末。【略】宣統三年辛亥秋七月既望。

沈曾植《重刊江西詩派韓饒二集・叙》　余少喜讀陵陽詩，嘗得倦圃所藏舊本；讀《紫薇詩話》、《童蒙訓》，慕倚松之爲人，而詩集恨未得見。宣統己酉，藝風先生訪余皖署，談次謂有景宋本甚精，相與謀并《陵陽集》刻之，屬陶子琳開板武昌，工未竣而兵起，工停。越歲壬子，乃得見榛本於滬

上，適會盛伯希祭酒家書散出，中有殘宋本《倚松老人集》，爲吳君昌綬所得。藝風通信津門，屬章式之就槧本校一過，行款字畫，纖悉不遺。余復從《嘉泰普燈錄》中搜得《如璧大師傳》一篇，爲向來詩苑所未見者，錄附卷後。自慶元己未迄今宣統癸丑，七百有餘歲，兩先生文字精神，僅借此《詩派》小集，再傳雕印，而其足本，若陳氏所錄五十卷之《陵陽集》，《宋志》所錄十四卷之《倚松集》，寂寥天壤，絶不可尋，而同時諸公所推爲祭酒，若夏均父、高子勉諸君，僅存一二篇章，乃并此數卷之小集留存而不可得。士君子高才邃學，托傳文字，良甚足悲。而余與藝風諸君崎嶇轉徙之餘，猶復白首編摩，出其所信好者，校刊流傳，蕲以餉世變風移、渺不相聞之同志，其爲可悲，不滋甚乎！癸丑五月，姚埭老民沈曾植記。

陳榘《唐卷子本本草跋》（《纂喜廬叢書・新脩本草》卷末） 《神農本草》三卷，漢李氏重加脩校，梁陶宏景增注釋。唐高宗顯慶四年命司空英國公李勣等二十二人重脩，增《名醫別錄》及《新坿》爲二十卷，曰《新脩本草》，宋後遂佚。日本天平三年使臣入中國，曾影寫《新脩本草》以歸，久亦湮晦，聞存者五卷耳。至於今僅獲其三：一弟四，一弟五，一弟十五，爲日本西京士人家舊藏。天平三年當唐開元十九年，距顯慶四年僅七十有一，其爲唐本影鈔無疑。明李時珍妄易名，曰《英公唐本草》。【略】此本既非時珍所得見，字體亦非宋元槧所能髣髴。德清傅懋元駕部至自美利加，見而愛之，遂贈之，刊入《纂喜廬叢書》。駕部樸學有聲，箸述千卷有奇，所刊則猶有待。然物必聚於所好，此其一也。貴陽陳榘識。

又《貴陽陳氏所刊書・二李唱和詩跋》 《二李唱和詩》一卷，趙宋文正明遠、侍中言幾所作也。首尾均有缺葉，何人所刊不可攷。然爲北宋槧本，載日本森立之《訪古志》，中國佚此書久矣。光緒己丑春余于東京書肆收獲，詫爲奇寶，重價購歸。讀其詩體格幷近香山，《青箱襍記》所論未謬也。余嘗謂二公當宋室，均以諫稱，尤服膺文正。每讀史傳，至文正對太宗誦白香山詩，「怨女三千放出宮，死囚四百來歸獄」句，輒嘆其膽識遠邁群以，敢以諷詠折服君心，而以未讀遺詩爲恨。今獲是集，亟付良工鋟木，與北宋本無毫髮異，佚而不佚，讀者當同爲一快也。板式行款均載傅懋元兵部跋中。光緒十五年夏。

又《靈峰草堂叢書・春秋左傳杜注校勘記序》 右唐本《春秋左傳杜注校勘記》一卷，爲遵義節使黎蒓齋先生使東瀛時所錄。蓋先生嗜古有年，既刊《古逸叢書》，復聞曰府有初唐寫本《左傳》，意與今本必有同異，極欲披覽，多方求借，始得寓目。隨將同異筆之簡端，以備攷覈。前歲先生分巡川東，屬周君楚白摘其有關勘正者錄爲一卷，今夏函寄會垣，即命工刊入《靈峰草堂叢書》中。夫近世收藏家及爲校勘之學者獲一宋元槧本，便珍若球圖，以其可訂正古書鉤攷同異也。今此書校錄乃據初唐寫本，下距北宋三四百年，距南宋元五六百年，論古本莫古於此，且爲人人必讀之經。阮儀徵校《十三經》所未及見者，其寶貴更當何如。惜余入宦以來，暇日實少，攷翼甚難，乃就先生舊校審定而刊行之，以餉海內承學之士，亦藉以副先生嘉惠士林之盛意云爾。光緒甲午冬。

又《紹運圖序》 宋本《紹運圖》一卷，昔年從使日本時所獲中國逸書也。晁子止、馬貴與諸先生均未之見，余幸天假之緣，遨游海外，得見此驚人秘笈，豈非生平快事。時同志傅懋元郎中游歷至日本，出是編相攷證，亦驚爲未見書，欣爲之跋。【略】《欽定四庫全書總目》云：元釋覺岸撰《釋氏稽古略》唐代紀年，於昭宣帝後別有少帝濮王紃一代，謂朱全忠所立年號，天壽旋復被鴆。求之正史，全無事實，不知其何所依據。而此編亦列有濮宗年號，天壽等語，與覺岸所引正同，足徵所引有據。嗟乎！史家疑案幾無從攷證矣，乃獨此編載之，其足補史事之缺已略見一斑。登之棃棗，以廣其傳，誠榷史者所宜留意也。光緒二十二年歲在丙申孟冬。

又《毛詩序》 北宋鈔古本《毛詩鄭箋》殘本三卷，余獲于日本古寺中。存「王風」弟四至弟六，界長五寸七分，幅四寸二分，每半葉八行，行十八九字，細注雙行亦十八九字。據《經籍訪古志》謂山井鼎撰考文，未見北宋寫《詩》、《春秋》，唯以南宋附釋音本校之。又曰，北宋本雖殘缺，亦最可貴珍也。是本四卷後有「文治二年大江公朝校畢」識語。文治二年，當中國宋淳熙十三年，審其字畫古雅，則確是北宋鈔古本，洵足寶也。【略】光緒戊戌歲，以經筴務駐洋溪鎮事，頗簡暇。時以阮本校之經序、傳箋所遺字句及異字多至六百餘言，均以圈點別之。遺字加圈，異字加點。多有足補唐石經相臺本之缺失者，必爲六朝前古本無疑。惟字體偶有古俗兼用。蓋日本古寫書及隋、唐金石文類如是，故未敢妄易，以存其眞。影而刊之，以備經學家校勘。

又《靈峰草堂集・東游文稿・記遵義黎蒓齋先生刊古逸叢書》 《古逸叢書》二百卷，遵義黎蒓齋先生出使日本所刊也。開雕於壬午，告成於甲申，以中多古本逸編，命名曰《古逸叢書》。蓋先生嗜古有年，每歎中國古籍半消磨於兵災水火，日本向屬同文之國，歐陽文忠公嘗致想於逸書百篇之存。而皇侃《論語義疏》乾隆中竟得之長崎番舶，故今持節彼都，不惜金幣，上自王室秘府，下至寺觀，日本寺觀多有藏書。以及士大夫家所藏，莫不網羅，擇要而刊之，凡二十六種。其間半有軼編，使中國千數百年墜簡復還舊觀，海内士大夫得者莫不驚爲秘笈，吴縣潘尙書伯寅至詫爲刻板以來所未有。余亦承先生之賜，出舊藏宋槧世綵堂《韓文》殘帙及《李翰林集》相較，皆遠遜之，亟置篋製銘藏之梧月山館。友人華陽王雪澂、泰和周方伯聞而來觀，皆豔羨不置。今游日本東京嗜古之士猶稱道先生收訪之勤，刊刻之精，刊工以木村嘉平爲第一。紙墨之良，日本紙以美濃、岳雪爲無上品，而先生猶精益求精，墨必頂煙，令工細磨，日盡一丸。刷印之善，每工日印不及千葉，微有損痕，及一點一畫不明者即棄之。無美不備，宜海内有洛陽紙貴之譽也。【略】先生出使時值艱鉅，乃節三年薪俸萬數千金，耗二年心力獨成此書。旋舉版畀蘇州書局，與海内同志公其好，視世之重黄冶玉帛者，其度量度越賢不肖爲何如也。【略】其中尙有宜加審勘，雖原本如是，而意在存眞，暇時當助先生改訂之。

田金楠《元豐類稿跋》（曾鞏《元豐類稿》卷末） 右《元豐類稾》，都五十卷，刊始於光緒庚寅十月，越辛卯十月訖工。襄是役者，于敦琢潤堂、胡術元貞次、于繼淑吉人、王正鵠準夫、王正衡鈞甫、王正仁壽蓀、王育傑性成、湯光鎰漢銘、楊道鎮子平、楊道煇子遴、王育昌亦文、王育榮桂冬、及從弟金樹初青也。兹集舊爲先生裔孫國光重修。刻本謬譌殊多，今校其顯誤者正之，疑者仍舊以俟後之多識君子。

江標《江刻書目三種・豐順丁氏持静齋書目記》 豐順丁雨生中丞日昌藏書，半是吾郡舊家物，乃庚申兵火後爲中丞所淂。代其搜訪者，獨山莫子偲先生也。故《宋元本經眼録》中所載之書，多記丁氏所得。中丞歸田後編録藏書，曰《持静齋書目》四大冊，頗覺雜糅。丙戌客粤中，見於汪郎亭師架中，爲之重編，分宋、元、校、鈔四類，印記、收藏間一附載。甲午秋攜稿來湘，寫而刻之，存吾郡藏書掌故也。嗟嗟！武康何靈，長恩空祝，百年載橐，視此長編。光緒二十一年乙未重九日。

又《海源閣藏書目後跋》 吾郡黄蕘圃先生所臧書，晚年盡以歸之汪閬源觀察。未幾，平陽書庫扃鑰亦疏，在道光辛亥、壬子間往往爲聊城楊端勤公所得，至庚申而盡出矣。標癸未秋游山左，汪郎亭先生出示楊氏《海源閣書目》幷勰卿太史所撰《楹書隅録》。甲申冬復隨先生觀書於閣中，端勤文孫鳳阿舍人發示秘笈，舉凡《藝芸書目》之所收，《楹書隅録》之所記，千牌萬緼，悉得寓目。大約吾吴舊籍十居八九，蕘翁之所臧，則又八九中居其七焉。【略】今歲客居南越，適輯《蕘翁年譜》成。獨念書録不傳，蕘言未刊，前年潘鄭盦尙書輯刻《士禮居題跋》六卷，蕘翁卅年精力所聚，略見於此，標復亟亟寫刻此目。光緒十三年歲在丁亥中春月元和江標識於藥洲精舍。

孫鏘《本堂先生文集校刊例言》（陳著《本堂先生文集》卷首） 一，是集傳鈔六百餘年，未聞刊本。《四庫全書》稱《本堂集》，三石陳氏殘鈔本稱《陳公本堂文集》，惟沙堤樊氏陸沈樓鈔本稱《本堂先生文集》，今既據刊名亦從之，而不云《本堂集》者，以未見四庫本，懼有別也。【略】一，是集邑中尙有傳鈔本，借以參校，實惟樊本最古。乙酉之歲初，懇趙丈醉仙霈濤借自曹丈，余之校讐實始於此。是冬家遘回殃，次年館中遇盜，而皆無恙，可云天幸。一，是集開雕之議，實發自陳君鶴亭育姜。凡陳氏子姓散居鄞。奉等邑者，一經往告，咸樂貲助，且有不必陳姓。而好古力學之士，亦無不踴躍相勉，冀觀厥成，此以見秉彝好德之良心，而本堂先生之流風餘韻，益於此可想見矣。一，是集校讐之役，陳氏各族賢世胄，及邑中前輩與余契友均有函商參訂之功，一一登注，不敢忘勞。【略】光緒十有九年癸巳花朝日。

吴克讓《夏節愍全集後序》（夏完淳《夏忠節愍全集》卷末） 右《夏節愍集》十卷，爲井研家社蕃明府令房山時所得。庚子歲，館彭山，從其嗣君蜀猷孝廉假歸，擬爲重鋟未果。壬寅，承乏戎州講席，始稍稍醵金。既章勤生直牧慨然以糾舉自任，而趙樾村廉訪、文仲芸太守、羅濟川主曹、夏亮夫茂才所助尤多。乃命克銓弟録次別集所載哀輓考功諸作，補訂於後；屬華陽胡君校讎。閲五月刊竣。

童光漢《新刊沈下賢集序》（葉德輝《觀古堂所刊書・沈下賢集》卷首）

唐《沈下賢集》、《唐・藝文志》九卷，《崇文總目》同。晁公武衢州本《郡齋讀書志》作十卷，袁州本《志》又作八卷，惟陳振孫《直齋書録解題》作十二卷，與今本合。【略】此本爲吾友葉吏部焕彬麗廔中臧書，不知何時所鈔，紙色甚舊，鈔手亦工整，惟與《全唐詩》、《全唐文》所載多有異同，謹依原書付刊，不敢增删竄改，惟顯然譌繆者則略加刊定，以便雒誦焉。繕録既畢，復屬長沙郭茂才直夫主校勘，而躬督手民付梓。是役也，費泉四萬餘，凡三閲月而工竣。書成，因叙其緣起於此。光緒二十一年乙未歲孟夏月。

葉德輝《郋園先生全書・重刊宋本南嶽集序》 宋陳田夫撰《南嶽總勝集》三卷，《宋史・藝文志》不載。晁公武《郡齋讀書志・地理類》有其書。自元迄明，久無傳刻，故乾隆時《四庫全書提要》書成，未經箸録。阮文達撫浙時始得明人影抄宋本進呈，語詳《揅經室外集》。同時孫氏星衍《祠堂書目》亦載有影宋寫本三卷。據孫氏所撰《平津館書籍題跋記》云：宋本每葉二十行，每行二十字。吾鄉善化唐氏仲冕爲孫進士同年，假得其本，於嘉慶壬戌刻之金陵。自跋謂行款悉依宋舊，其實易其行款，每葉二十行，每行二十一字也。板刻本在江南。赭寇亂後板遂燬失。以故，湘人知有此書者甚少。今兩江制軍陶齋尚書端公奉詔出使遠西，駐節都門，購得宋本郵寄貽余。常熟劬庵中丞龎公見之，以爲湖湘故籍，不可使之無傳，慨然捐廉助余寫刊。二公治湘德政，有古君子學道愛人之風，余謬司校勘，俾數百年欲絶未絶之書復流傳於今日，余與古人皆有幸也。書之行款悉依宋本，宋諱、缺筆及缺文墨塊皆仍其舊，未敢擅增，原本誤字以别紙附識卷末。卷上四十五葉「龍」字以下脱簡，唐刻本同，因無别本可校，並從闕如。卷下《隱逸傳》及《叙古跋》四葉，唐刻有之，爲仿寫補入，其中尚缺二百餘字，則孫本相傳如此，無從校補也。【略】唐刻前有圖六葉，以其改易宋本之舊，未可信以據補，今姑缺焉，以待完本續刻。然恐海内祗此孤本，不復再遇矣。光緒三十二年丙午歲中秋。

又《重刊宋李易安打馬圖經序》 宋李易安《打馬圖經賦》一卷，《宋史・藝文志》不載，陳振孫《直齋書録解題》有之，明陶宗儀刻入《説郛》，今尠傳本。南海伍氏崇曜刻《粤雅堂叢書》，内有此書，據其後跋，乃以其友人黄石谿明經手寫本付刊；又引周櫟園《書影》云虎林陸驤武近刻之於閩。今陸刻世未之見，僅此伍刻，又在叢書中，未必人人共讀也。余獲明正德中沈津所編《欣賞編》十集，其《癸集》即此書，因影寫刊成，隨取伍刻校之，乃知此本勝於伍本倍蓰。【略】光緒三十二年丙午八月秋分。

又《重刊宋洪遵譜雙序》 《譜雙》亦稱《雙陸》，宋洪遵撰。陳振孫《直齋書録解題》作十卷，惟錢曾《述古堂書目》作五卷，明高儒《百川書志》云六類二十六，則實亦只有五卷。陶宗儀《説郛》中有其書，舊所傳者皆此本也。同治甲戌江蘇洪氏隷釋齋重刻毛晉本《泉志》，後坿刻此書，末有道光丙午洪瀛跋語，稱抄自《説郛》。【略】《説郛》書多不全，惟此疑是足本。明正德中沈津編《欣賞編》分十千十集，其《壬集》即此書。書凡五卷，與隷釋齋本字句、圖象一一相合。適刊《司馬公七國象棋局》、《投壺新格》二書成，因并刊之，公諸同好。【略】光緒三十二年丙午歲八月秋分。

又《重刻明南雍經籍考叙》 明《南雍志》中《經籍考》二卷，余丙申還朝，從劉芴雲學正鈔得之。明時監本多從宋元板補修，近日藏書家群相推重，而當時收藏之原委，補刻之名姓，問之或茫然不知，則以此書見者甚少故也。【略】《南雍志》屢經修纂，此二卷已湮滅無存，幸有監中孤本流傳，俾余寓目，又幸劉君嗜古同志，手校相貽，若不壽之棗梨，將使前明列帝右文之盛心，宋元二代刻書之美業，無以昭示于來兹，不有負劉君之雅意乎！爰命梓人刊成之，距鈔此時已七年矣。傳書之難，有如此。光緒二十有八年壬寅歲嘉平朔。

又《重刻疑雨集序》 前明王次回《疑雨集》專爲香奩艷詩，錢牧翁《列朝詩集》、朱竹垞《静志居詩話》、王文簡《漁洋詩話》均極推重之。乾隆時沈歸愚選《明詩别裁集》擯斥不録；袁子才作書諍之，見所作隨園詩話。又孫淵如《祠堂書目》載有四卷本，與今傳本同，《孫目》分内、外編，而入此於《内編・集部》。是知其集流傳海内，以朱、王、袁、孫諸先生之鴻辭博學，而心折其人。然則歸愚之兢兢别裁，殆不免于村夫子之見矣。余幼時見書棚通行袖珍本，訛繆甚多，家有其書，屢爲友人持去，近則科舉將廢，聲律一事已漸無人考求。彼漢魏六朝以降，各家之詩且坐視其泯滅而無所顧惜，何況是集之晚出者乎！光緒五年廣東雙門底登雲閣有新刻本，即據袖珍本重雕。長沙粟谷青戸部揬出以見示，字句訛奪，或在疑似之間，因與谷青分卷校讐，重寫付刻而後可以句讀焉。惟四卷壬午年下忽有小注「六

月十八日戌時長逝」云云，與上下文不相屬，以無別本可證，亦姑仍之。【略】今廣東刻本繕校未精，詩家聞名購求亦且道遠莫致，茲本出則家絃戶誦，近亦足傳百年，所願後之人續金壇之艷緣，袪歸愚之腐習，庶乎榛苓香草不失風騷之傳，斯則予表章此書之意與！光緒三十一年乙巳七月立秋。

又《石林燕語考異序》 《石林燕語》十卷，《四庫》箸錄爲《永樂大典》本，其宇文《攷異》亦從大典本輯出。【略】咸豐初元仁和胡心耘珽屬吾家調笙先生廷琯合楊氏、商氏二刻本、何義門、沈文起諸家校本參校同異，以活字板印行。胡氏活字本即《琳瑯秘室叢書》，壬子、癸丑間初印四集，此在五集中，爲甲寅續印。赭寇擾亂，故世鮮傳本焉。余得胡本，霉濕損爛之處極多，每欲重刊，無他本校補。偶見江陰繆太夫子筱珊太史《藝風堂藏書記》載有是書明楊武本及自校胡氏活字本，又從宋兪鼎臣《儒學警悟》鈔出汪應辰辨本，知其收藏特富，校讐必精，因以函請，慨然從校本錄副，郵寄貽余。長夏無事，閉門督工繕刊。刊成之後，擬再請汪辨刻之。先德遺書賴以不墜，余子姓當世世有以識之，庶不負昔賢表彰之苦心，收藏家寶守之盛德耳。【略】光緒三十三年丁未夏六月望後一日。

又《元朝秘史序》 《元朝秘史》舊有靈石楊氏《連筠簃叢書》刻本，係從《永樂大典》十二先元字韻中錄出，分十五卷。蓋以意爲分併，不知原本爲《正集》十卷，《續集》二卷，合之祇得十二卷也。此本乃從元人舊鈔本影寫，故與楊刻迥然不同。卷首標題下分注二行，左爲「忙豁侖紐察」五字，右爲「脫察安」三字，猶存撰書人名銜。楊刻全脫，則不知書爲何人所撰矣。又如此本每段由原有語言譯成文字，再由文字譯成文句以全書考之，楊刻於譯成之文雖無節刪改竄，而無原譯之語言，未免失之簡略，殆大典本如此，咎固不在楊也。【略】故此本之可貴又不僅在分卷不同，及有撰人名姓已也。原本每行長今工部營造尺七寸六、七分至八寸弱不等，寬五寸八分，今據縮刻，於行欵無所改易，書中原有墨綫橫記一仍其舊，其原有硃綫則刻爲雙行白綫以示分別。硃綫者人名也，墨綫橫記者字音之長短斷續也，皆較楊刻爲詳。世不乏通重譯之人，或據原譯推得其原音，其糾正《元史》之誤謬者當不僅錢氏大昕《考異》所載數事而已。此本爲吾友馬君進遠以百金搜得，聞余喜刊書，慨然相贈。秀水金太守蓉鏡復資助成功。則是書之傳二君當爲功首云。光緒三十三年歲次丁未九月朔。

又《重刊繪圖三教源流搜神大全序》 曩閱毛晉《汲古閣宋元秘本書目》「子部類」載有元板《畫像搜神廣記前後集》二本。云：凡三教聖賢及世奉衆神皆有畫像，各考其姓名字號爵里及封贈謚號甚詳，亦奇書也。但毛書售之潘稼堂太史，後展轉散佚近三百年，其書有無傳本不可得而知也。己丑過夏都門，忽從廠肆見之，圖極精神，字體塙，爲元時舊刻，以議值未就，越日，遂不可踪跡。悵恨久之，然當時雖匆匆一閱，其全書體式固至今在胸肌也。乙巳與秀水金閣伯太守蓉鏡訂交長沙，文酒過從，縱談古今可喜可愕不傳之書，以此屈一指；太守爲余言昔官京曹時亦曾見之于廠肆，後知爲上海姚子梁觀察文棟購去。子梁之弟名文枏，與余同鄉舉，丙申余與子梁同居京師宣武城南北半截胡同，比隣相近，子梁尙無此書，迄今十餘年久不通音問，雖欲取證，徒付夢想已耳。丁未七月作客武昌，時江陰繆太夫子小珊先生共事存古講席，因論異書秘籍湮沒無傳者，開及是書，先生言藏有明刻繪圖本《三教源流搜神大全》七卷，即元板《畫像搜神廣記》之異名，書中圖像與元本無甚差異，因約他日相借影寫刊行。別後余歸長沙，先生返金陵，冬間郵寄來湘，亟取展讀，如逢故人，如還失物。憶往時所見元本，誠如先生所云，惟明刻增入洪武以下封號及附刻神廟楹聯，知爲坊估所搀竄，然於「聖宋」、「皇元」字擡寫多仍其舊，蓋雖明人重刻，猶可推見元本眞面也。余因督工寫刊，於字之顯然訛謬者悉依文義校改，圖像則一再細勘，無累黍之失。是書之復顯於世眞大幸矣！【略】宣統元年春王正月人日。

又《重刻唐人小傳三種序》 明顧元慶《文房小說》四十家，中多唐宋人秘笈，亦有收入陶九成《說郛》、陸楫《古今說海》、馮猶龍《五朝小說》諸書者，但文有節刪，又時多訛字，均不及顧刻之精。然自明至今，全帙最少，乾嘉時藏書好事如孫星衍、黃丕烈諸先生其流傳書目題跋，孫全無一種，黃則僅有二種，是其珍秘可知。余從長沙故家購得四十種，全者前有明遺老金孝章俊明印記、題籤。尙其手書中如《楊太眞外傳》、《梅妃傳》、《高力士外傳》尤膾炙人口，而世尠善本者。《太眞外傳》雖有胡珽琳瑯秘室活字本，在其叢書第五集中，印行不多，中更兵燹，板遂散失。黃丕烈跋顧刻《開元天寶遺事》云書僅明刻，在汲古毛氏時已珍之，宜此時視爲罕秘矣。又云「唐朝小說尙有《太眞外傳》、《梅妃傳》、《高力士傳》向藏，《梅妃傳》亦顧本，《太眞外傳》別一鈔本，《高力士傳》竟無。此書安得盡有顧刻之四

十種耶！以明刻而罕秘如此，宜毛氏之珍藏於前，而余亦寶愛於後也。黃之品題如此，則余幸而有之，宜刻之以公諸天下矣。今取此三傳先合刊焉，以存天寶之佚事，異日遇有工書者，當影寫其全翻雕，如邵松巖之重刻《古今說海》，或尚爲顧千里所齒錄也。宣統元年己酉九月展重陽日。

又《重刊避暑録話序》 吾家石林公《避暑錄話》一書，前明有商維濬《稗海》刻本、毛晉《津逮秘書》刻本、嘉慶中有張海鵬《學津討原》重刻毛本。張之於毛無所校正。迨道光乙巳家調笙先生從族人之請，合諸刻本及惠定宇校録吳方山本、黃蕘圃所録孫潛夫校鈔本、瓜涇徐氏荷葉裝舊鈔本校定刊行，即世所傳楙花盦本是也。吾家所藏僅有商、毛兩本，苦無善本可正其得失，因思楙花盦所據吳、孫、惠、黃諸家皆勝國藏書及近世校書之有名者，其所傳録猶存宋諱，則是流傳有緒，來歷分明，必非商、毛諸本沿訛襲謬之可比，故仍其舊而刻之，不敢別下己意也。是書自明迄今凡經四刻，惟楙花盦本至爲精詳，由其時承乾嘉累葉文物之流風，吳中故家藏書最富，故得取一時之名本薈萃於一編，斯固是書之一幸也。乃刻甫竣工而東南粵寇亂起，三吳被禍尤烈，衣冠甲第蕩焉無存，何有於析薪之板片！吾向從京師書估吳門故人求其書不可得，且有不能舉其名者，乃今得與《燕語》、《放言》諸書次第刊成，斯又是書之一幸也。【略】宣統元年己酉歲嘉平月大寒節。

又《重刻石林家訓序》 《石林家訓》一卷，吳中六世祖諱夢得字少蘊公所撰。宋陳振孫《直齋書錄解題・子部・雜家類》與《石林過庭錄》並載，其他官私書目則未經見，且世無宋刻，但憑譜牒傳鈔，不免脫文訛字。余藏有舊鈔本，得之先世《楹書》，又有元陶南村《說郛》本，名爲一卷，實止後四條之三，疑陶所見別爲四條，而刪其一，傳者附錄於此本後，故標題云「又《家訓》後四條」也。然《說郛》本於後第一條題云「且必讀書」，於第二條題云「孝友」，鈔本第三。於第三條題云「愼言」，鈔本第二。而無末一條「士大夫作小說」云云。以三條校各本，彼此互有異同，其不敢據以擅改者，則以《說郛》亦屢經重刻竄改，不足以取信也。道光乙巳，家調笙先生廷琯校刻石林各書，并以《家訓》校本屬東山族人傳訫刻之，書之末葉刻有「板藏洞庭東山貞順堂」一行。粵匪亂後，板片燬失，家淵如先生有過錄本。適余刊此未畢功。四月回江蘇洞庭展墓，道出上海，淵如出以見示，因得藉以校補抄本之蟲蛀爛文，烏焉訛句，爲之快適累日。東山刻本前有潘、黃兩序，後有裔孫祖培、廷琯、傳訫三跋，今并錄入，以見子孫世世永守，不能藏之名山而能傳之其人。調翁誠有表章之功，苟非族中嗣賢書萬本，讀萬遍，有以引之勿替，安能如是之傳遠也！調翁箸有《吹網錄》一書中載是書跋，詳略不同，亦并刻之以資考證。至調翁所校亦當從族譜傳出，而不如余本之完善，故其字句小有差異，概不校錄焉。宣統三年夏五。

傅春官《山谷詩集註跋》（任淵等《山谷詩集註》卷末） 右《山谷詩注內集》廿卷，爲日本寛永己巳繙宋紹定本。見明周宏祖《古書源流攷》、武陵丁氏《藏書志》。楊君惺吾稱爲古時，實則寛永己巳爲明萬曆年間。攷吾國藏書家所稱宋刊者三：一爲《類編增廣大全集》五十卷，查聲山、沈茱園、黃蕘圃、汪閬源所遞藏，近已歸入海源閣中。楊氏寶若球璧，《楹書隅錄》云：《絳雲樓目》有之，只廿六卷，已付劫灰，此其全者，世無二本，洵至寶也。外集已不可見；一爲錢氏遵王所稱目錄二版不缺本，愛日精廬所藏者即此，然止存卷二至卷七六卷，今亦不知流歸何所；一爲皕宋所藏宋季閩中重刊紹興本，近則流入海外矣。【略】茲本雖出自繙宋，武陵丁氏已歎爲諸夏所亡，丁氏有此本，今亦歸江南圖書館。楊君惺吾得自東京，又得朝鮮活字本《外集》、《別集》莫氏郘亭有宋湻祐閩憲本，《外集》在三本之外，亦殘缺，翁本即從此出。行欵雖不盡同，尚不失宋人面目。陳伯言吏部見而愛之，慨出重資刻諸鄂中。當時印行無多，其後吏部僑寓白門，攜板自隨，久未付印。今年春南洋開辦勸業會，余適搜購豫章先賢遺著賚之陳列，爰商諸伯言吏部，將此板返諸江西，以與此邦人士共相葆護，而所以提倡剞劂之業，江西許灣刻書者不下數千百家，與宋元之麻沙相等，今則日就零替矣。當亦有心人所默許於永永者也。宣統二年八月。

曹元忠《五代史平話跋》（佚名《新編五代史平話》卷末） 宋巾箱本《五代史平話》於梁、唐、晉、漢、周各分上、下二卷，惜《梁史》、《漢史》皆缺下卷，雖上卷尚存回目，而《梁史》已敓去數葉，不能補矣。元忠於光緒辛丑游杭，得自常熟張大令敦伯家，以壓歸裝。顧各家書目皆未著錄，博訪通人，亦驚以爲罕見秘籍。偶憶《夢粱錄・小說講經史門》有云：「講史者，謂講說《通鑑》、漢唐歷代書史，文傳興廢爭戰之事，有戴書生、周進士、張小娘子、宋小娘子、邱機山、徐宣敎。」疑此平話或出南渡小說家所爲，而書賈刻之，故目錄及每卷首尾輒大書「新編五代某史平話」也。惟刊

自坊肆，每於宋諱不能盡避，其稱「魏徵」及「貞觀」處則皆作「魏證」、「正觀」，要亦當時習慣使然。是書近爲吾友武進董大理授經景刊行世，寫刻之精，無異宋槧，他日藏書家或與士禮居本《宣和遺事》並傳乎？宣統辛亥七月吴曹元忠跋於京邸之淩波榭。

羅振玉《宸翰樓叢書・二李唱和集跋》　《二李唱和集》，中土久佚，貴陽陳氏始於日本得古本影寫付梓，首尾殘缺，存者自弟五葉起至弟二十五葉，中間復缺弟十三一葉，繕刻至精。雕板後歸德清傅氏，復由傅氏歸於予。曩頗以殘缺不完爲憾。乃去歲游日本京都，忽於富岡氏桃華盦中見所藏彼邦影宋舊槧本，與陳刻欵式悉同，而殘缺處則異。富岡氏本首尾俱完，但缺弟九、弟十三、弟二十五三葉，陳本缺首尾而弟九、弟二十五兩葉尚存，會合兩本共得三十葉，僅脱弟十三一紙耳，爲之驚喜，亟影寫以歸授梓人補刊焉。卷首李昉序稱得詩一百二十三首，今數之除已佚之弟十三葉外，尚得詩一百五十六首，序所記之數殆有誤也；又昉詩弟一題爲「小園偶賦獨坐所懷」，語不可通，而至和章則題「奉和小園獨坐偶賦所懷」，知昉題「偶賦獨坐」四字乃刊本誤倒也，今爲之改正，刊刻既竣，漫書卷尾既以記古籍復完之可喜，且志富岡君假録之厚誼云。宣統二年正月上虞羅振玉記。

劉世珩《貴池先哲遺書・齊山巖洞志跋》　嘉慶十年，青陽陳君梅緣所作《巖洞志》，迺爲集大成焉。志爲卷二十有六，爲圖七，分總紀、分紀、藝文、雜記、補編五門，采輯宏富，編纂詳愼，數山志者以此爲最。自經兵燹，板亦不存，《昭代叢書・丙集》僅刻一卷，未窺全豹。近以彙刻吾鄉《先哲遺書》，於己亥十月覓得初印本，轉付鄂工，重橅附刊以行。王滌齋孝廉源瀚復寄一後印本，與此稍異，並有删改之處，藉以補闕訂疑，頗多校正，今歲訖工。而鄉人章敏齋待詔學文專書欣然來告，言山之東偏巖壑犖確草樹蒙茸，樵夫鑿空，忽睹異境，有洞深十五步，廣六七步，怪石崢嶸，其上如獅之蹲，如鳳之翔，鄉士大夫聞風往遊，群以爲異。洞口懸二石，片作帳幕形，擊之一如鐘聲，一如鼓聲，土人遂呼爲鐘鼓洞。【略】宋華子西先生故居於此，因慨昔人陳迹半已沒於寒烟野草之間，而山靈有知，故顯其奇，以爲前賢所未之見，别示人以不測，一若有爲今之重刊此志，增此一洞以紀其勝事，不亦異乎？光緒二十七年辛丑月當頭夕貴池劉世珩堅廎識於江寧蔣家苑寄廬。

又《秋浦雙忠録序》　余有志刻《貴池先哲遺書》，於吾縣先正名蹟鋭意蒐求，嘗獲華先生《翠微南征録》、吴先生《留都見聞録》，鄉邦文獻，謀永傳之。歲丙申夏，料量庋書，偶繙昭文瞿氏《鐵琴銅劍樓書目》，有華先生《北征録》元鈔本，《四庫書目》及《宋・藝文志》、府縣志乘都未載，乃浼江陰繆文藝風函重值購之，不得；假鈔之，又不得，此心終怏怏焉。戊戌應禮部試，在都下得江寧傅苕生書，云偕藝文至杭州錢唐丁氏八千卷樓，見《北征録》傳鈔本，卷數與瞿目合，亟爲録副見貽。大喜過望，如接奇珍，然則志有所著，莫不相副，非適有以成之也乎？歸而藝文復以樓山堂原刻《啓禎兩朝剝復録》屬同刻焉。《讀書止觀録》亦樓山原刻本，爲同縣王君子堅於辛丑之冬自里中寄來寧寓，大侄貽愼得《南都應試記》舊鈔本也，此二書世鮮傳本，尤爲瓌寶鐵函未見之書，一旦自井中出，一何幸耶！遂併付之鄂工。《北征録》從元鈔本，《南征録》從文瀾閣本，復據鮑、黄、勞三家勘校本，《剝復録》、《止觀録》從樓山堂刻本，《見聞録》從舊鈔本，並以《南都應試記》附録，録後於卷尾，各詳識之。今年鋟板成，定録之總名題曰《秋浦雙忠録》，録凡四十卷。【略】光緒二十八年壬寅九月初五日。

又《嶧桐集跋》　劉伯宗先生《嶧桐集》明崇禎間刻數卷罕傳於世。先生身後，長子輿父屬和州戴無忝移孝彙前後稿分爲文、詩各十卷，吴山賓非爲之序，縣志所謂《嶧桐集》十卷，《峽川集》十卷，不知已幷入一集矣。我朝康熙戊午鋟板始成。歷二百餘年，原板久佚，更經兵燹，流傳無幾，藏書家往往求之而不能得。先二兄世瑋在同治己巳獲一本於坊間，光緒癸巳刻成，乃得與《樓山堂集》同播藝林。然所據本頗多謌舛，詩中卷七又奪二十九、三十兩葉。曩歲己亥春初，蕭敬敷文穆言六安舊家黄氏有康熙刻本，爲作書假之以來，則脱葉俱在，校正互異，可爲完本。於戊戌開雕，庚子刻成。後復搜得各傳記並先生《家譜》，爲譔《年譜》一卷。惟陳士業撰先生《墓志》終未能得。辛丑八月臨桂王佑遐給諫鵬運於江西歸過江寧，曾貽《陳士業集》，又復不全，内缺《寒崖近稿》一冊，僅見先生《易選序》。《墓志》載在《寒崖近稿》，仍付闕如，不無怏怏。嗣嘉興沈子培曾植、子封曾桐兩提學，濟寧孫孟延郎中埏爲訪求於各藏書家，亦未之見。今年六月，貴陽陳松山給事田從李桓《國朝耆獻類徵》中搜得陳譔《墓志》一篇，録以見示，不覺大喜過望。十餘年求而未得者，一旦獲之，直若接異珍也。於蔣一

个臣《無他技堂類稿》得先生《書後》一首，又於先生《家譜》得《書申嘉胤州刺劉先生傳後》一首，皆依類補入。【略】光緒三十四年戊申九月初九日。

又《静觀書屋詩跋》 《静觀書屋詩》七卷，太夫子章六峰先生著，先大夫一再搜訪，刻梓以傳者也。先大夫受業於先生從戎以後，遂不相聞，而先生旋歸道山。先大夫求先生詩，始刻其《居易堂殘稿》，厘數十首，繼乃得先生全稾於桐城劉子琛先生所，子琛先生與先大夫同爲先生及門弟子。先大夫謂先生遺集展轉兵燹，卒自全於天壤，可以觀天道誠哉。【略】先生每手錄吳次尾、劉伯宗、丁東鶴、章南湖諸先生集，今《樓山》、《嶧桐》兩集前合刻成《貴池二妙集》，先後又得南湖先生文八卷，詩四卷，都刻入《先哲遺書》，獨於丁東鶴先生集未能獲得，終爲憾事。先大夫又謂先生素講經世之學，而所傳僅此，今集《先哲遺書》，仍再刻之，亦先大夫傳先生意也。【略】宣統己未十二月二十有一日。

版本類型與特徵部

刻本分部

宋刻本（附遼、金刻本）

綜　述

葉夢得《石林燕語》卷八　熙寧以前以詩賦取士，學者無不先徧讀《五經》。余見前輩無科名人亦多能雜舉《五經》，蓋自幼習之，故終老不忘。自改經術，人之教子者往往便以一經授之，他經縱讀，亦不能精教者，亦未必皆讀《五經》，故雖經書正文亦率多遺誤。嘗有教官出《易》題云「乾爲金，坤亦爲金，何也？」舉子不免上請。則是出題時偶檢福建本「坤爲金」字本謬忘其上兩點也。又嘗有秋試問「井卦何以無彖」，亦是福建本所遺。

又　今天下印書，以杭州爲上，蜀本次之，福建最下；京師比歲印板殆不減杭州，但紙不佳；蜀與福建多以柔木刻之，取其易成而速售，故不能工。福建本幾徧天下，正以其易成故也。

周煇《清波雜志》卷八　印版文字，訛舛爲常。蓋校書如掃塵，旋掃旋生。葛常之侍郎著《韻語陽秋》評詩一條云：「沈存中云：退之城南聯句『竹影金鎖碎』者，日光也，恨句中無日字耳。余謂不然。杜子美云：『老身倦馬河堤永，踏盡黃槐綠榆影。』亦何必用日字。作詩正要如此。」葛之説云爾。煇考此詩乃東坡《召還至都門先寄子由》，首云「老身倦馬河堤永，踏盡黃槐綠榆影」。終篇皆爲子由設，當是誤書「子瞻」爲「子美」耳。此猶可以意會。若麻沙本之差舛，誤後學多矣。

陸游《老學庵筆記》卷七　三舍法行時，有教官出《易》義題云：「乾爲金，坤又爲金，何也？」諸生乃懷監本《易》至簾前請云：「題有疑，請問。」教官作色曰：「經義豈當上請？」諸生曰：「若公試固不敢，今乃私試，恐無害。」教官乃爲講解大概。諸生徐出監本復請曰：「先生恐是看了麻沙本，若監本則『坤爲釜』也。」教授惶恐，乃謝曰：「某當罰。」即輸罰改題而止。然其後亦至通顯。

張淏《雲谷雜記》卷四　近時閩中書肆刊書，往往擅加改易，其類甚多，不能悉紀。今姑取一二言之：睦州，宣和中始改爲嚴州，今所刊《元豐九域志》乃徑易「睦州」爲「嚴州」，又《廣韻》「桐」字下注云「桐廬縣在嚴州」，然易去「舊」字，殊失本書之旨。將來謬亂書傳，疑誤後學皆由此也。

葉盛《水東日記》卷一四　宋時所刻書，其匡廓中摺行，上下不留黑牌。首則刻上私記、本版字數，次書名，次卷第數目，其末則刻上姓名。予所見當時印本書，如此書〔《程子遺書》〕，如浦宗源郎中家司馬公《傳家集》，往往皆然，又皆潔白厚紙所印。乃知古人於書籍不惟雕鐫不苟，雖模印亦不苟也。

王世貞《弇州四部稿》卷一二九《前後漢書後》　余生平所購《周易》、《禮經》、《毛詩》、《左傳》、《史記》、《三國志》、《唐書》之類過二千餘卷，皆宋本精絕，最後班、范二《漢書》尤爲諸本之冠。桑皮紙勻潔如玉，四旁寬廣。字大者如錢，絕有歐、柳筆法，細書絲髮膚緻。墨色清純，奚潘流瀋。蓋自眞宗朝刻之秘閣，特賜兩府，而其人亦自寶惜，四百年而手若未觸者。前有趙吳興小像，當是吳興家物，入吾郡陸太宰，又轉入顧光祿，失一莊而得之。

高濂《遵生八牋》卷一四《論藏書》　宋元刻書，雕鏤不苟，較閱不訛，書寫肥細有則，印刷清朗，況多奇書未經後人重刻，惜不多見。佛氏、醫家二類更富，然醫方一字差誤，其害匪輕，故以宋刻爲善。海內名家評書次第，爲價之重輕。若墳典、六經、騷、國、《史記》、《漢書》、《文選》爲最，以詩集百家次之，文集、道釋二書，又其次也。宋人之書，紙堅刻軟，字畫如寫。格用單邊，間多諱字。用墨稀薄，雖著水濕，燥無烟跡。開卷一種書

香，自生異味。元刻倣宋單邊，字畫不分麄細，較宋邊條闊多一線，紙鬆刻硬，用墨穢濁，中無諱字，開卷了無嗅味。有種官券殘紙背印更惡。宋板書刻以活襯竹紙爲佳，而蚕繭紙、鵠白紙，籐紙固美，而存遺不廣。若糊褙宋書，則不佳矣。余見宋刻大板《漢書》，不惟內紙堅白，每本用澄心堂紙數幅爲副，今歸吳中，眞不可得。又若宋板遺在元印，或元補欠缺，時人執爲宋刻；元板遺至國初，或國初補欠，人亦執爲元刻，然而以元補宋，其去猶未易辯，以國初補元，內有單邊雙邊之異，且字刻迥然別矣，何必辯論。

張應文《清秘藏》卷上《論宋刻書册》 藏書者貴宋刻，大都書寫肥瘦，有甚佳者絕有歐、柳筆法，紙質匀潔，墨色青純，爲可愛耳。若夫格用單邊，間多諱字，雖辨證之一端，然非敀據要訣也。余向見元美家藏班、范二書，乃眞宗朝刻之秘閣特賜兩府者，無論墨光煥發，紙質堅潤，每本用澄心堂紙爲副，尤爲清絕，前後所見《左傳》、《國語》、《老》、《莊》、《楚詞》、《史記》、《文選》、諸子、諸名家詩文集、雜記、道、釋等書，約千百冊，一一皆精好，較之元美所藏不及多矣。評書次第紙白板新，綿紙爲佳，活襯竹紙次之，糊褙批點者不蓄可也。

張萱《疑耀》卷三《宋紙背面皆可書》 幸獲校秘閣書籍，每見宋板書多以官府文牒翻其背以印行者，如《治平類篇》一部四十卷，皆元符二年及崇寧五年公私文牒牋啓之故紙也。其紙極堅厚，背面光澤如一，故可兩用。若今之紙不能爾也。

謝肇淛《五雜組》卷一三《事部一》 余嘗獲觀中秘之藏，其不及外人藏書家遠甚，但有宋集五十餘種，皆宋刻本，精工完美。【略】書所以貴宋板者，不惟點畫無訛，亦且箋刻精好，若法帖然。凡宋刻有肥瘦二種，肥者學顏，瘦者學歐，行款疏密任意不一，而字勢皆生動，箋古色而極薄，不蛀。【略】宋時刻本以杭州爲上，蜀本次之，福建最下。【略】宋時避君上之諱最嚴，宋板諸集中凡嫌名皆闕不書。如英宗名曙，而署、樹皆云嫌名，不知樹音原不同曙也。欽宗名桓，而完亦云嫌名，不知完音原不同桓也。仁宗名禎，而貞觀改作正觀、魏徵改作魏證，不知徵、禎不同音也。又可怪者，眞宗名恆，而朱子於書中有恆獨不諱，不知其解，或以親盡而祧耶？至於胤、義二名，其不諱宜矣。

王士禛《居易録》卷二 今人但貴宋槧本，顧宋板亦多舛訛，但從善本可耳。如錢牧翁所定《杜集》，《九日寄岑參詩》從宋刻作「兩腳但如舊」，而注其下云：「陳本作雨。」此甚可笑。《冷齋夜話》云：「老杜詩『雨腳泥滑滑』，世欲乃作『兩腳泥滑滑』。」此類當時已辨之，然猶不如前句之必不可通也。

孫慶增《藏書記要·鑒別》 宋刻有數種，蜀本、太平本、臨安書棚本、《零拾》本「掤」作「棚」。書院學長刻本、仕紳請刻本、各家私刻本、御刻本、廂沙本、茶陵本、鹽茶本、釋道二藏刻本、銅字刻本、活字本。諸刻之中，惟蜀本、臨安本、御刻本爲最精。【略】鑒別宋刻本，須看紙色、羅紋、墨氣、字劃、行款、忌諱字、單邊、末後卷數不刻末行、隨文隔行刻，又須將眞本對勘乃定。如項子京《蕉窗九錄》、董文敏《清秘錄》，講究宋刻僅舉其大略耳。【略】若果南北宋刻本，紙質羅紋不同，字畫刻手古勁而雅，墨氣香淡，紙色蒼潤，展卷便有驚人之處，所謂墨香紙潤，秀雅古勁，宋刻之妙盡之矣。

杭世駿《道古堂集》卷一九《欣託齋藏書記》 今之挾書以求售者，動稱宋刻，不知即宋亦有優有劣。有大學本，有漕司本，有臨安陳解元書棚本，有建安廂沙本，而坊本則尤不可更僕以數。《青雲梯》、《錦繡段》，皆成於臨場之學究，而刻於射利之賈豎，皆坊刻也，不謂之宋刻不可也。

于敏中等《天禄琳琅書目》卷二 《資治通鑑考異》，一函三冊。宋司馬光撰。【略】今校書內欽宗以下諱俱不闕，當是元祐槧也。御題：「是書字體渾穆，具顏、柳筆意；紙質薄如蟬翼而文理堅緻，爲宋代所製無疑。中間十二卷至第十八卷舊闕，不知誰氏補鈔，幾與雕本莫辨。皇媧煉石，竟成完璧，亦茲書之幸也。乾隆甲子秋八月，御識。」

又卷三 《貞觀政要》，一函六冊。唐吳兢撰。十卷。前金唐公弼序，兢《上貞觀政要表》。【略】書前有大定己丑八月進士唐公弼序，稱：南京路都轉運使梁公出公府之貲，命工鏤版。按：大定，爲金世宗年號。己丑，爲世宗九年，在南宋爲孝宗乾道五年。公弼，無考。所稱梁公，未詳何人。【略】此本字宗顏體，刻印精良，與宋版之佳者無異。藏書家知崇宋本，而金版多未之及，蓋緣流傳實尠，耳目罕經。似此吉光片羽，眞爲希世之寶也。

又 《六臣注文選》，二函二十冊。梁昭明太子蕭統撰。六十卷。唐李善、呂延濟、劉良、張銑、呂向、李周翰注。前蕭統序、呂延祚《進五臣集

注文選表》、李善《上文選注表》。是書不載刊刻年月，而大小字皆有顔平原法。按：明董其昌跋顔眞卿書《送劉太沖序》後，有「宋四家書派，皆宗魯公」之語，則知北宋人學書，競習顔體，故摹刻者亦以此相尚，其鐫手于整齊之中寓流動之致，洵能不負佳書。至于紙質如玉，墨光如漆，無不各臻其妙，在北宋刊印中亦爲上品。御題：「此書董其昌所稱，與《漢書》、《杜詩》鼎足海内者也。在元趙孟頫，在明王世貞、董其昌、王穉登、周天球、張鳳翼、汪應婁、王醇、曹子念並東南之秀，俱有題識。又有國初李楷跋。紙潤如玉，南唐澄心堂法也；字跡精妙，北宋人筆意。《漢書》見在大内，與爲連璧。不知《杜詩》落何處矣。『天祿琳琅』中若此者，亦不多得。乾隆御識。」鈐寶二：曰「乾隆宸翰」，曰「稽古右文之璽」。元趙孟頫跋：「霜月如雪，夜讀阮嗣宗《詠懷詩》，九咽皆作清冷氣。而是書玉楮銀鉤，若與燈月相映，助我清吟之興不淺。至正二年仲冬三日夜，子昂識。」卷二十三後。孟頫此跋作小行楷書，曲盡二王之妙。其愛是書也，至足以助吟興，則宋本之佳者，在元時已不可多得矣。　明王世貞跋：「余所見宋本《文選》亡慮數種，此本繕刻極精，紙用澄心堂，墨用奚氏，舊爲趙承旨所寶。往見於同年生朱太史家，云得之徐太宰所，幾欲奪之，義不可而止。太史物故，有客持以見售。余自聞道日，束身團焦，五體外俱長物，前所得《漢書》已授兒輩，不復置几頭，寧更購此？因題而歸之。吾師得無謂余猶有嗜心耶？壬午春日，世貞書於曇陽觀大參同齋中。」【略】王醇跋：「予知仲嘉有宋版《文選》，心搖搖十餘年矣，及造其廬，未遑索看。後逢嘉賓於託山小有園，出陶隱居及唐宋墨跡示之，皆人間所未見者，業已奪人精魄，且許以此書出觀，以暝色不能歸去，役我魂夢。越數日，始得一覯，紙墨之光射目，字楷而有致。竟日披覽，得未曾有。時松風弄絃、遠山橫黛，是生平第一樂事。己未小雪日，太原王醇識。」

阮葵生《茶餘客話》卷一六　書貴宋版者，點畫無訛，鐫刻精好。宋版有肥、瘦二種，肥者學顔，瘦者學歐，行款疏密任意不一，而字勢皆生動，紙古色而極薄，不生蛀，經水而墨不漲，所以可貴。

吴騫《愚谷文存》卷四《宋槧漢書殘本跋》　《漢書》以宋眞宗景祐中雕本爲第一，當時惟位登兩府者始得拜賜。厥後仁宗景德重刊本亦佳，故前輩論宋槧本之精者，舉無出《漢書》之右。此一十四册，每册爲一卷，皆《列傳》。中間有闕番，且亡其首尾，刊書歲月莫可稽。然楮墨精好，字兼歐、柳，筆如銀鉤鐵畫，實目所僅覩。至其行款之古，試以明南、北監本校之，開卷便敻然不同。如首行北監本列書名在上，人名在下。宋本則人名在上，書名在下，此所謂大名在下小名在上者也。次行監本題「漢蘭臺令史班固撰」，宋本則曰「漢護軍班固撰」。

又《愚谷文存續編》卷二《宋槧陳古靈先生集跋》　舊藏宋槧《古靈先生集》，世所希覯。字倣歐、柳，紙若銀板，墨香可掬。

嚴可均《鐵橋漫稿》卷八《書宋本後周書後》　右《周書》，蓋宋監本。大板厚紙，有漫漶損缺處，非余所愛重者。偶檢《賀蘭祥傳》，其篇末多出今本六十餘字。《杜杲傳》「遷溫州」下缺八字，今本僅「刺史賜」三字。「史賜」中間蓋有加銜，以難臆補，輒擠接之。全部余未通檢，僅檢兩傳而勝處已如此。書貴宋元本者，非但古色古香，閲之爽心豁目也。即使爛壞不全，魯魚彌望，亦仍有絶佳處，略讀始能知之。

黄丕烈《蕘圃藏書題識》卷一　《春秋繁露》十七卷。校本。嘉慶甲戌秋，偶過胥門經義齋書坊，坊友胡立群爲余言，浙江人係歸班進士，謁選入都，云行篋中攜有宋版《春秋繁露》，字形類顔、歐書，所印紙似澄心堂紙，裝四册，索直百金。因水道阻滯，急於趨程，不能取閲。以所聞證所見，疑即影宋所自出也。筆諸是册尾，以紀奇書流傳在天壤閒固自不乏，特未遇則不知耳。均在卷末。

又《百宋一廛書録》　此《昌黎先生集》十卷，門人李漢編。雖闕《雜著》已下，然賦、詩俱全，亦可爲無用之用矣。昌黎先生集注本行世，此係白文，閒有小注。【略】字畫斬方，尚是北宋風氣。

又　此宋本《文粹》得於繆宜亭進士家，通體完善，序文後即接卷第一。有「宋本」橢圓印。【略】此本楮墨精妙，筆畫斬方，猶有北宋風味。末有刊刻地名、年月、官銜。

趙慎畛《榆巢雜識》卷上《宋板書》　宋板書，魚尾下不刊印書名，間有之，不篇篇有也。有亦不眞書，但行書耳。編流水頁數，在魚尾上下不一。或有編行書流水頁數於頁末界畫外者。古裝潢書籍用長編，不如今折疊。又上下界畫只一綫墨，無二綫墨，各行字數，亦參差不齊整也。

嚴元照《悔菴學文》卷六《書宋刻本書説後》　予所見宋刻書，凡大字

工整者，避諱缺筆唯謹，其小字本出坊刻者，往往不爾，而世之翻宋刻反謹於避諱。世人不能辨識宋刻眞贋，唯核闕筆之字，失之遠矣。

莫友芝《宋元舊本書經眼録》卷一 《韓昌黎集》五十一卷。宋世綵堂本。每葉中縫下截悉有「世綵堂」字，徐氏悉以「東雅」字易之。傳目後有「世綵廖氏刻梓家塾」篆字木印。徐氏各卷尾亦仿之。此初印本，紙墨精好，字體在歐、褚閒。

楊紹和《楹書隅録》卷一 宋本《附釋文互註禮部韻略》五卷。五冊一函。【略】此本以淳熙重修《文書式》及紹熙重修《文書令》冠首，別無序文條式，自是錽木在先，尚未經後人附益者，較之求赤，楝亭所據爲最舊矣。且開板宏朗，字法規橅歐、顔，精采奪目，尤宋槧中希有之奇。

瞿鏞《鐵琴銅劍樓藏書目録》卷二 《尚書注疏》二十卷。金刊本。卷首、卷一篇題與十行本同。卷二以後，次行並具唐孔氏銜名。「撰」下并有「正義」二字。而《孔氏傳》下仍有「孔穎達疏」四字。《正義序》後有《新彫尚書纂圖》，首爲書篇名十例，《逸書篇》名次；爲圖凡十九，曰《唐虞夏商譜系圖》，曰《曆象授時圖》，曰《堯典中星圖》上、《圖》下，曰《日永日短圖》，曰《璿璣玉衡圖》，曰《津度量衡圖》，曰《諸侯玉帛圖》，曰《十二章服圖》，曰《虞舜九韶樂器圖》，曰《禹貢九州地理圖》，曰《隨山濬川圖》，曰《任土圖》，曰《干羽圖》，曰《周彝圖》，曰《太常圖》，曰《圭瓚圖》，曰《牧誓兵器圖》，曰《費誓兵器圖》。而《地理圖》中有款一行曰「平水劉敏仲編」，蓋即校刻之人也。【略】每半葉十三行，行大字廿六至廿九不等，小字皆卅五，蠅頭小楷，雕鏤極工，雖南宋精槧，不能及也。

又卷二四 《蕭閑老人明秀集注》三卷。金刊殘本。金蔡松年撰。題：「雷溪子魏道明元道注解。」原書六卷，無序跋。今存卷一至三。案：《目》卷一、二爲《廣雅》上、下，卷三、四爲《宵雅》上、下，卷五、六爲《時風》上、下。【略】是本雖不全，亦罕覯之秘笈矣。每半葉十二行，行廿三字。雙行夾注，行三十字。凡「供」、「堯」、「乘」字，皆有減筆。

陸心源《儀顧堂集》卷二〇《宋板范文正集跋》 《范文正公集》二十卷，《別集》四卷，每葉二十四行，每行二十字。板心有字數及刊匠姓名。《文集》前有元祐二年蘇軾序。《別集》後有乾道丁亥邵武俞翊跋，滄熙丙午郡從事北海綦煥跋。跋後有「嘉定壬申仲夏重修」一行，「朝奉郎通判饒州軍州兼管內勸農營田事宋鈞朝請大夫知饒州軍州兼管內勸農營田事趙伯檝」兩行。煥跋云：《文正范公文集奏議》，歲久，板多漫滅，殆不可讀。判府太中先生嘗謂，文正之集士大夫過郡者莫不欲見，其可不整治乎？於是委屬寮以舊京本《丹陽集》參校，且捐公帑刊補之。又得詩文三十七篇，爲《遺集》，附於後云云。則是書乃乾道中饒州刊本，滄熙、嘉定兩次重修者也。原本字兼歐、柳，重修之葉字體較圓，已開元板之先聲矣。

又《宋本黃勉齋集跋》 《勉齋先生黃文肅公文集》四十卷，《附集》一卷，宋刊本，每葉二十行，行十八字。間有元修之葉，板心刊「延祐二年補刊」六字。【略】昔人謂宋板無黑口，此本上下皆小黑口。愚所見十行本《北史》、《景定嚴州續志》、《中興館閣錄》、中咸滄修板《揮麈錄》、《王注蘇詩》皆與此同，然則黑口之興當在宋季，而不始於元矣。

蕭穆《敬孚類稿》卷五《跋宋本孔氏家語》 同治初，友人姚世培有舊藏本，託友人姚伯厚出售。伯厚旋攜此書過余齋，余因與商留余所。因致資於世培，得之，即毛氏舊藏宋槧大字本也。【略】此本字畫古健，似顔、柳，古香襲人，洵爲至寶。上有東坡居士折角印章兩方。細閱字畫缺筆，閒有避南宋帝王嫌名者，似爲南宋刊本，抑或爲北宋蜀中刊本，至南宋時重印，特將南宋主嫌名補剜版片印行之。

繆荃孫《藝風堂文漫存·癸甲稿》卷三《五代史平話跋》 宋刻避諱，監本、官本最爲愼重，家刻、坊刻多不拘。近人專求避諱以辨宋刻，往往貽誤。曹跋所云貞觀作「正觀」，魏徵作「魏證」，皆撰書人爲之，非刻工所知也。

沈曾植《寐叟題跋》卷一《宋板桯史跋》 田福侯所得殘宋本《桯史》，日本島田翰藏書也。白棉紙印，點畫略清晰。中間下記刻工，上記字數諸頁，猶略見宋刻圭角，然所多不過三四頁耳。第七、八卷，彼以明本配入，每半頁十行，行廿字。記昔見陳文東手寫入梓本，顔體精絕，板心高下略相等，或即從彼出未可知？

葉德輝《郎園讀書志》卷三 此大字本《通鑑紀事本末》四十二卷，宋寶祐五年嚴州郡守趙汝篙重刊淳熙二年嚴州府學本也。淳熙本二百九卷，係小字本，汝篙校正訛奪，合併卷數，成此本。半葉十一行，行十九字。今《天祿琳琅》載內府藏宋本三，常熟瞿氏鐵琴銅劍樓藏宋本一，皆此本也。

【略】此版傳至前明，尚在南京國子監。此即監中印者，字畫清朗，有歐書遺風。可見宋體字書並非如明以來橫輕直重之體也。

又《書林清話》卷二《刻書分宋元體之始》 今世刻書字體，有一種橫輕直重者，謂之爲宋字。一種楷書圓美者，謂之爲元字。世皆不得其緣起。其吾謂北宋蜀刻經史及官刻監本諸書，其字皆顔、柳體，其人皆能書之人。其時家塾書坊，雖不能一致，大都筆法整齊，氣味古樸。如《瞿目》影鈔宋本《古文苑》九卷，孫岷自手跋曰：「趙凡夫藏宋刻《古文苑》一部，紙墨鮮明，字畫端楷，靈均鈎摹一本。友人葉林宗見而異之，亦錄成一冊，藏之家塾。辛巳夏同陸敕先假歸，分諸童子，三日夜鈔畢，但存其款式耳。其宋字形體，葉本已失之也。」又《黃記》殘宋刻本《禮記》二十卷所云：「字畫整齊，楮墨精雅。」又宋刻本《史載之方》二卷所云：「字畫斬方，神氣肅穆。」又校宋鈔本《春秋繁露》十七卷所云：「鈔本爲影宋，字畫斬方，一筆不苟。」又殘宋刻本《圖畫見聞志》六卷所云：「字畫方板。」南宋書棚本如許丁卯、羅昭諫唐人諸集，字畫方板皆如是是也，則南宋時已開今日宋體之風。光宗以後，漸趨於圓活一派。如《天祿琳琅》一宋版類光宗時刻《周易》十卷所云：「字畫圓活，刻手精整。」《陸續跋》宋槧宋印建本《北史》一百卷，光宗時刻本所云：「字體秀勁。」此已近於今日之元體字。

又卷六《宋刻書之牌記》 宋人刻書，於書之首尾或序後、目錄後，往往刻一墨圖記及牌記。其牌記亦謂之墨圍，以其外墨欄環之也。又謂之碑牌，以其形式如碑也。元明以後，書坊刻書多效之。其文有詳有略。詳者，如宋刊《春秋經傳集解》三十卷，卷末有墨圍識語八行云：「謹依監本寫作大字，附以釋文，三復校正刊行，如履通衢，了亡室「室」當爲「窒」之訛。礙處，誠可嘉矣。兼列圖表如卷首，迹夫唐、虞、三代之本末源流，雖千載之久，豁然如一日矣。其明經之指南歟。以是衍傳，願垂清鑒。淳熙柔兆涒灘中夏初吉，閩山阮仲猷種德堂刊。」按：「柔兆涒灘」爲丙申，孝宗淳熙三年。見《楊譜》、《繆續記》。一、宋刊《東萊先生詩律武庫》三十卷。前集有碑牌四行云：「今得呂氏家塾手校《武庫》一帙，用是爲詩戰之具，固可以掃千軍而降勍敵。不欲秘藏，刻梓以原空。諸天下。收書君子，伏乞詳鑒。謹咨。」見《黃記》、《陸志》。一、宋刊本《後漢書》一百二十卷。目錄後有木記云：「本家今將前、後漢書精加校證，并寫作大字，鋟版刊行，的無差錯。收書英傑，伏望炳察。錢唐王叔遠謹咨。」見《楊錄》。一、宋刊本《類編增廣黃先生大全文集》五十卷。目錄後有碑牌云：「麻沙鎮水南劉仲吉宅，近求到《類編增廣黃先生大全文集》五十卷，比之先印行者增三分之一。不欲私藏，庸鑱木以廣其傳，幸學士詳鑒焉。乾道端午識。」見《楊錄》。 、宋麻沙本《纂圖互注揚子法言》十卷。後有木記云：「本宅今將監本四子纂圖互注附入重言重意，精加校正，玆無訛謬，謄作大字刊行，務令學者得以參考，互相發明，誠爲益之大也。建安下空三字謹咨。」見《陸續跋》、《陸志》、《瞿目》。并云元刊本，《陸志》脫「謹咨」二字。按此宋季麻沙坊本，建安下脫刻人姓名。因版轉鬻他人，故爾剜去。《四庫存目》子部雜家《纂圖互注五子》，亦云宋刊本。此皆文之詳者也。略者如宋刊本《新編近時十便良方》十卷。末有墨圖記云：「萬卷堂作十三行大字刊行，庶便檢用，請詳鑒。」見《瞿目》。宋刊殘本。宋建安魏仲立刻《新唐書》二百五十卷。目後有牌記云：「建安魏仲立宅刊行，士大夫幸詳察之。」見《繆記》。此文之至簡者。然未若蔡琪刻《後漢書》一百二十卷目錄後有碑牌云：「時嘉定戊辰季春既望，蔡琪純父謹咨。」見《黃書錄》。其牌記不言事實，但紀年月，而亦曰謹咨，則誠不知其取義。大抵此類木記牌識，見於坊肆刻本爲多。其近於官刻者，有宋刊本胡致堂先生《讀史管見》八十卷，目後刻有長木記四行云：「時淳熙壬寅中夏既望，刊修於州治之中和堂，奉議郎簽書平海軍節度判官廳公事兼南外宗正簿賜緋魚袋胡大正謹識。」見《陸志》。此亦僅記刻書年月姓名之例而識之，與咨義正不同。然則蔡琪刻兩《漢書》，僅記年月姓名而亦曰咨者，偶爾效顰，未之深考耳。以後元明坊刻，見於各家目錄題跋者，大要不出此詳略二牌。今但舉宋刻爲例，餘皆不具錄焉。

又《宋刻本一人手書》 宋時刻書，多歐、柳、顔體字，故流傳至今，人爭寶藏。然當時有本人手書以上版者。《瞿目》有宋刊本吳說編《古今絕句》三卷，後自跋云：「手寫一本，鋟木流傳，以與天下後世有志於斯文者共之。」《陸志》有宋岳珂《玉楮詩稿》八卷，後自記云：「此集既成，遺人謄錄，寫法甚惡俗不可觀。欲發興自爲手書，但不能暇。二月十日，偶然無事，遂以日書數紙。至望日，訪友過海寧，攜於舟中，日亦書數紙。迨歸而畢。通計一百零七版。肅之記。」按：肅之，珂字也。又有楊次山《歷代故事》十二卷云：「宋刊宋印本，其書乃次山手書付刊，書法娟秀可喜。」《張

志》有《文苑英華》一千卷，後有記云：「吉州致政周少傅府，昨於嘉泰元年春，選委成忠郎新差充筠州臨江軍巡轄馬遞鋪權本府使臣王思恭，專一手抄《文苑英華》，并校正重複，提督雕匠，今已成書。計一千卷。其紙札工墨等費，并系本州印匠承攬，本府并無干預。今申説照會。四年八月一日權幹辦府張時舉具。」此以一人之力寫千卷之書，較之肅之自書己集，尤爲難得。惜陸所藏爲傳鈔本，今并售之東瀛。使當時有一卷之存留，不知藏書家於宋版甲印上，更將以何字別之。惜乎其不傳也。

又《宋刻書字句不盡同古本》 藏書貴宋本，人人知之矣。然宋本亦有不盡可據者。經如《四書》朱注本，不合於單注單疏也。其他《易程傳》、《書蔡傳》、《詩集傳》、《春秋胡傳》，其經文沿誤，大都異於唐、蜀石經及北宋蜀刻。宋以來儒者但求義理，於字句多不校勘。其書即屬宋版精雕，只可爲賞玩之資，不足供校讎之用。南宋刻書最有名者，爲岳珂相臺家塾所刻九經三傳。別有總例，似乎審定極精。而取唐、蜀石經校之，往往彼長而此短。唐石經在西安。蜀石經有《毛詩傳箋》卷一卷二殘本，刻入陳宗彝《獨抱廬叢書》。《左傳》杜注殘本，《公羊》何氏解詁殘卷，《穀梁》范寧集解殘卷，舊藏福山王文敏所，後歸他氏。繆藝風老人曾取以校注疏本，義長者最多。又黎庶昌《古佚叢書》中刻《爾雅郭注》三卷，原本亦出蜀石經，勝於宋元諸刻。故北宋蜀刻諸經之可貴者，貴其源出唐、蜀石經也。宋本中，建安余氏所刻之書不能高出俗本者，爲其承監本、司、漕本之舊也。至於史、子，亦以北宋蜀刻爲精。如《史記》、《漢書》、《後漢書》、《三國志》，見於各藏書家題跋所稱引者，固可見其一班。子如《荀子》，熙寧呂夏卿刻本，勝於南宋淳熙江西漕司錢佃本。《世説新語》北宋刻十行本，注文完全，勝於南宋陸游本。此固未可概以爲宋刻而遂一例視之，不復知辨別也。

又《宋刻書多訛舛》 盧文弨《抱經堂文集》所跋《白虎建德論》，宋刻二卷本，開卷即訛「通德」爲「建德」。《陸志》載宋刻任淵注《山谷黃先生大全詩注》二十卷，前序稱紹興鄱陽許尹叙，紹興下脱年月，均爲可笑。又《陸跋》宋本《王右丞集》十卷云：「卷六末有跋，凡七十餘字，爲元以後刊本所無。卷五《送梓州李使君》『山中一半雨』，不作『山中一夜雨』，與《敏求記》所記宋本同。惟卷二《出塞作》，脱二十一字，不免白璧微瑕耳。」然如此類，豈僅微瑕，實爲大謬。《錢日記》載宋蔡夢弼刻《史記》目録後題識，稱「乾道七月春王正上日書」，「七月」「月」字，爲「年」之訛。《繆續記》載宋阮仲猷種德堂本《春秋經傳集解》前牌子方印文，「了無窒礙」，「窒」誤作「室」。此雖小誤，則其校讎不善可知，且又安知書中如此類者，不爲佞宋者所諱言乎？古今藏書家奉宋槧如金科玉律，亦惑溺之甚矣。《陸續跋》有宋槧宋印建本《北史》一百卷，云：「光宗時刊本，紙白如玉，字體秀勁，與福建蔡氏所刊《草堂詩箋》、《史記》、《陸狀元通鑑》、《内簡尺牘》相似。當亦蔡行父文子輩所刊。校讎不精，訛羼所不能免，在宋刊中未爲上乘。」《陸志》有《管子》二十四卷，爲陸敕先貽典校宋本，其後跋云：「古今書籍，宋板不必盡是，時板不必盡非。然較是非以爲常，宋刻之非者居二三，時刻之是者無六七。則寧從其舊也。余校此書，一遵宋本，再勘一過，復多改正。後之覽者，其毋以刻舟目之。康熙五年歲次丙午五月七日，敕先典再識。」然則前輩校書，并不偏於宋刻，是又吾人所當取法矣。

又《宋刻書行字之疏密》 蕭山王端履晚聞先生宗炎子。嘉慶甲戌翰林。《重論文齋筆録》五云：「或謂余曰，宋人刻書，每行字數如其行數。如每葉二十行，則每行各二十字；每葉二十二行，則每行各二十二字。此亦不盡然。如《錢竹汀日記鈔》所載，宋板《儀禮注》，每葉二十八行，行二十四字。宋刻《漢書》，每葉二十八行，行二十四字。宋刻《司馬溫公集》，每葉二十四行，行二十字。宋刻《史記》，每葉二十六行，行二十五字。又一本每葉十八行，每行十六或十七字。宋刻《列子》，每葉二十四行，行二十五字。略舉一二，余不備載。則其説不足據矣。近日書賈，無不作僞以欺世，新進後生皆當慎之。」又小注云：「先君嘗言，書賈惟吾可與周旋，爾等慎無與交，未有不被其愚弄者。不特書賈也，即同學中如何夢華元錫、趙晉齋魏輩，亦莫不沾染其習氣。小琅嬛仙館藏書，皆伊二人代購，恐將來半是不全之本也。嗣後何、趙以書來售，余皆婉辭謝之。」按王氏云云，門外語也。宋本行字兩較，不甚參差。以全版計算，行多少二字似覺相懸，以半版計數，則出入僅一二字而已，於行式無損也。況彼所據《錢記》所載，乃宋本之少者乎。版片一事，自爲專門，文章家言向多隔膜之語。如《陸志》宋蜀大字本《三蘇先生文粹》七十卷，末有李申耆先生手跋云：「此書有宋刊密字本，絕精美。此本疏朗，乃宋刊之別體。明時東雅堂奇字齋所依仿也，補

寫諸卷，雅潔足以相稱。珍賞家之於古書，如君子善成人美如此。李兆洛過眼因識。」按：李氏舉奇字齋與東雅堂并論，并非能識板刻之言。東雅堂出自宋廖瑩中世彩堂，字體不如原刻之工，而行款一仍舊式。若奇字齋刻雖精美，字體扁方，不如韓集之勁古。余藏其《王右丞文集》及《王右丞詩集補注》二種，所見《補注蒙求》一種，皆自出心裁，非仿宋也。至所摘何夢華、趙晉齋之事，此類行徑，亦寒畯謀生之常。一代巨公如畢鎭洋、阮文達諸公，何嘗不精於賞鑒，而必假手於門生門客，豈非別有用意乎！近世宜都楊惺吾守敬，前則依黎蒓齋星使於日本，後則依南皮相國於鄂中。殆亦士人之習慣。與其爲錢遵王、季滄葦一輩人之刻薄，毋寧爲畢、阮、黎、張諸公之渾涵。與其爲杭堇浦牀下積青銅錢，又不如汪容甫以鑒別字畫分潤使鹽估之膏腴，爲取所當取也。宋板書，行少者每半葉四行，行八字。如寶祐五年陳蘭森所刻《干祿字書》。行多者每半葉二十行，行二十七八字至三十字不等。南宋刻九經白文。吾友江建霞標，著有《宋元行格表》二卷，余爲校補，刻於長沙，言版片者當奉爲枕中鴻寶也已。

又《宋刻書紙墨之佳》　先文莊公《水東日記》十四云：「宋時所刻書，其匡廓中折行中，上下不留黑牌。首則刻工私記本板字數。次書名。次卷第數目。其末則刻工姓名以及字總數。余所見當時印本書如此。浦宗源郎中家有司馬公《傳家集》，往往皆然。又皆潔白厚紙所印。乃知古人於書籍，不惟雕鐫不苟，雖摹印亦不苟也。」【略】按《天祿琳琅》一，宋版《周易》十卷云：「是書不載刊刻年月，而字法圓活，刻手清整，且於宋光宗以前諱皆缺筆。琴川毛晉藏書，於宋本印記之下復加『甲』字印，乃宋槧之最佳者。」又二：「宋版司馬光《資治通鑑考異》三十卷，元祐槧本。乾隆甲子御題云：『是書字體渾穆，具顏、柳筆意。紙質薄如蟬翼，而文理堅致，爲宋代所制無疑。』」又宋版《南華眞經》十卷云：「此書版高不及半尺，而字畫倍加纖朗，紙質墨光亦極瑩致。乾隆御題云：『蠅頭細書，紙香墨古，誠寶迹也。』」又三：「《新刊訓詁唐昌黎先生文集》四十卷，《外集》十卷，《遺文》一卷，卷一下標『臨邛韓醇』四字。《訓詁柳先生集》，亦出醇手。書後有記，作於孝宗淳熙丁酉。稱『世所傳昌黎文公文，雖屢經名儒手，余昔校以家集，其舛誤尚多』云云，則醇爲愈之裔可知。其家在臨邛，當即蜀中所刊。宋葉夢得以蜀本在建本之上，觀此書字精紙潔，刻印俱佳，洵不誣也。」乾隆乙未御題云：「字畫精好，紙墨細潤，天祿琳琅所貯韓集，當以是本爲第一。」又宋版姚鉉《唐文粹》一百卷，北宋寶元二年臨安孟琪刻。乾隆御題云：「字畫工楷，墨色如漆，觀此知有宋一代文化之盛，物力之豐，與其工藝之精，斷非元以後所能得其彷彿。」《黃記》校宋本《姚少監文集》六卷，前錄陸西屏寫《梅花草堂筆談》云：「有傳示宋刻者，其文鈎畫如繡，手摸之若窪窿然。故出紹興守家，其先副憲藏書也。問故，將質以償路符之費，且誡售者勿洩。有是哉！」此等宋刻，求之今日，誠如鳳毛麟角之希見。近年京師、滬瀆偶出一宋季元初麻沙坊刻，動估千金。虎賁以代中郎，碔砆可充和璧。時無英雄，豎子成名，世間事何莫不然，豈獨阮籍有廣武之嘆哉！

又《宋人鈔書印書之紙》　五代之季，江南李氏有國，造澄心堂紙，百金不許市一枚。然其幅狹，不堪草詔。及李氏入宋，其紙遂流出人間。程大昌《演繁露》九：「江南李後主造澄心堂紙，前輩甚貴重之。江南平後六十年，其紙猶有存者。歐公嘗得之，以二軸贈梅聖俞。梅詩鋪叙其由而謝之曰：『江南李氏有國日，百金不許市一枚。當時國破何所有，帑藏空竭生莠苔。但存圖書及此紙，棄置大屋牆角堆。幅狹不堪作詔命，聊備粗使供鸞臺。』因梅詩以想其製，必是紙製大佳而幅度低狹，不能與麻紙相及，故曰『幅狹不堪作詔命』也。然一紙百金，亦已珍矣。」顧此紙本出江南，而江南反不甚用。宋王明清《揮麈後錄》云：「李煜有國日，樊若水與江氏子共謀。江年少而黠，時李主重佛法，即削發投法眼禪師爲弟子，隨逐出入禁苑，凡國中虛實盡得之。先令若水赴闕下獻下江南之策，江爲內應。其後李主既俘，各命以官。江後累典名州，家於安陸。江氏名正，字元叔，江南人。嘗爲越州刺史。越有錢氏時書，正借本謄寫，遂并其本有之。及破江南，又得其逸書，兼吳越所得，殆數萬卷。書多用由拳紙，方冊如笏頭，靑縑爲標，字體工拙不一。《史記》、《晉書》或爲行書，筆墨尤勁。」據此，則元叔江南人，不用澄心紙而用由拳紙，則澄心之不便用，概可知矣。又陳師道《後山叢談》云：「余於丹陽高氏見楊行密節度淮南補將校牒紙，光潔如玉，膚如卵膜，今士大夫所有澄心堂紙不逮也。」然則澄心徒有虛名，故北宋本書從未有用此紙印者，殆不獨幅狹不合用也。明高濂《燕閑清賞》箋論藏書云：「余見宋刻大板《漢書》，每本用澄心堂紙數幅爲副。」是止用以副書，未嘗印書也。

王世貞跋趙松雪藏《文選》云：「紙用澄心堂，墨用奚氏。」恐是過譽之辭。乾隆御題云：「紙潤如玉，南唐澄心堂法。」斯爲得之矣。當時又有一種鷄林紙。鷄林即高麗。黃伯思《東觀餘論·跋章草鷄林紙卷後》：「政和丁酉歲五月二十一日，於丹陽城南第暴舊書，得此鷄林小紙一卷，已爲人以鄭衛辭書盈軸矣，顧紙背尚可作字。因以索靖體書章草《急就》一卷藏於家，庶几顔文忠牒背書稿舊事云。」明張萱《疑耀》：「長睿得鷄林小紙一卷，書章草《急就》。余嘗疑之。幸獲校秘閣書籍，每見宋板書多以官府文牒翻其背印以行。如《治平類篇》一部四十卷，皆元符二年及崇寧五年公私文牒箋啓之故紙也。其紙極堅厚，背面光澤如一，故可兩用。若今之紙不能也。」當時張氏所見宋板書式，亦鷄林紙之類。又湖北蒲圻出紙，爲當時鈔印書籍所尚。宋徐度《卻掃編》云：「予所見藏書之富者，莫如南都王仲至侍郎家。其目至四萬三千卷，而類書之卷帙浩博如《太平廣記》之類，皆不在其間。聞之其子彥朝云：『其先人每得一書，必以廢紙草傳之，又求別本參校，至無差誤，乃繕寫之。』必以鄂州蒲圻縣紙爲冊，以其緊慢厚薄得中也。每冊不過三四十葉，恐其厚而易壞也。此本傳以借人及子弟觀之，又別寫一本尤精好，以絹素背之，號鎭庫書，非己不得見也。鎭庫書不能盡有，才五千餘卷。」陸游《老學庵筆記》：「前輩傳書多用鄂州蒲圻縣紙，云厚薄緊慢皆得中，又性與面粘相宜，能久不脫。」按今蒲圻不聞產名紙。由拳即今嘉興，亦然。古今人物變遷，大率如此。南宋時則以撫州萆鈔紙爲有名。周密《癸辛雜識》：「廖群玉九經本最佳，以撫州萆鈔紙、油烟墨印造，其裝褫至以泥金爲簽。」當時廖氏選紙之精，獨重撫州萆鈔，可見此紙之勝於他產。吾向於丁雨生中丞日昌嗣君叔雅茂才惠康笥中，見所攜廖瑩中世綵堂刻《韓昌黎集》，紙不甚堅韌而光潔如新，墨若漆點，醉心悅目，如睹歐、褚法書。瑩中爲似道客，不知所用亦萆鈔紙否？今撫州猶產紙，無此等工料矣。

又卷八《宋元明印書用公牘紙背及各項舊紙》 宋時印書，多用故紙反背印之，而公牘尤多。《黃賦注》、《黃書錄》，《北山集》四十卷，程俱致道撰，用故紙刷印。錢少詹有跋云：「驗其紙背，皆乾道六年官司簿帳，其印記文可辨者，曰湖州司理院新朱記，曰湖州戶部贍軍酒庫記，曰湖州監在城酒務朱記，曰湖州司獄朱記，曰烏程縣印，曰歸安縣印，曰湖州都商稅務朱記。意此集板刻於吳興官廨也。」又聊城楊氏海源閣仿宋刻《花間集》十卷，王鵬運跋云：「系用淳熙十一十二等年冊子紙印行。其紙背官銜略可辨識者，曰儒林郎觀察支使措置酒務施、成忠郎監在城酒務賈、成□郎本州指使差監拜斛場吳、江夏縣丞兼拜斛場溫、□□郎本州指使差監大江渡潘、進□尉差監豬羊欄董、進義副尉本州指使監公使庫范、鄂州司戶參軍戴、成義郎添差本州排岸差監本津關發收稅劉、信義郎本州准備差使監公使庫朱，除江夏縣丞鄂州司戶參軍二官，餘皆添差官。此書其刻於鄂州乎？」《黃記》宋本《蘆川詞》二卷云：「宋板書紙背多字迹，蓋宋時廢紙亦貴也。此冊宋刻固不待言，而紙背皆宋時冊籍，朱墨之字，古拙可愛，幷間有殘印記文。惜已裝成，莫可辨認，附著之以待藏是書者留意焉。」又宋本《北山小集》四十卷云：「書友胡益謙持《北山小集》示余，欲一決其宋本與否。余開卷指示紙背曰：『此書宋刻宋印。子不知宋本，獨不見其紙爲宋時冊子乎？』胡深謂余爲不欺。」《瞿目》宋刊本《洪氏集驗方》五卷云：「其書以淳熙七、八兩年官冊紙背所印。中鈐官印，惜不可識。」《莫錄》宋紹興本《集古文韻》五卷云：「紙背大半是開禧元年黃州諸官致黃州教授書狀，紙背狀中首尾結銜，一曰朝散郎權知黃州軍州事王可大，一曰秉義郎新添差黃州兵馬監押趙善覬，一曰訓武郎黃州兵馬都監兼在城巡檢徐靄，一曰迪功郎黃岡縣尉巡捉私茶鹽礬銅錢私鑄鐵錢兼催綱陸工程，一曰朝奉郎行戶部員外郎吳獵，一曰武略郎添差淮南西路將領張□，一曰學諭章準，一曰學生教諭李起北，一曰學生直學徐灝，一曰升大，失其官及姓，凡十人。其本官結銜則云『從事郎黃州州學教授呂吾衍』。」足見爾時交際儀式。《瞿目》呂祖謙《皇朝文鑑》一百五十卷云：「紙面俱鈐紙鋪朱記，卷二十五至二十七紙背有字，審是星命家言。其中有寶慶二年云云，的是宋槧宋印也。」《陸續志》影宋鈔本《方言》十三卷，後有無名氏跋曰「余舊藏子雲《方言》，正是此本，而楮墨尤精好。紙背是南宋樞府諸公交承啓札，翰墨燦然。於今思之，更有東京夢華之感。辛丑五月三日書。」《丁志》唐馮贄《雲仙散錄》一卷云：「宋開禧元祀臨江郭應祥刻，鏤板寬大，字畫端秀，且用嘉泰及開禧等年官印冊紙所印，歷六百數十年，古香襲人。有徐渭仁跋。」又宋巾箱本《歐陽先生文粹》五卷，綿紙，背有宋時公牘幷鈐宋印。

又《書林餘話》卷下 日本松崎鶴雄書來問版本之事云：「書版有雙綫、單綫、白口、黑口，魚尾、耳子等名，往往見於藏書家書目及諸家題跋

文中，不詳其義，亦不知其在版中何處。」乞余答復。余向撰《書林清話》，以爲此等處無關要義，故亦略之。今松崎鶴雄越國修問請益，不敢以其瑣屑置而不言，因爲書復之。略云：書邊四圍之欄爲綫，版中上下處爲口，版心有▼形爲魚尾，邊欄上有小匡附着兩旁者爲耳子。綫有雙、有單。黑口有大、有小。何謂雙綫？如四圍邊欄内重出一細綫紋者，是謂雙綫；若僅有邊欄而無内綫者，是謂單綫。黑口大小者，版心上下刻一直綫，上在魚尾上，下在魚尾下，粗者填滿版心，是謂大黑口。小者刻一微綫，是謂小黑口。蓋所以表識版之中心，以便折疊時有準繩也。無此綫者，則爲白口。魚尾之黑口亦因之，亦偶有兩歧者。大抵雙綫白口多宋版，單綫黑口南宋末麻沙本多有之，至元相沿成例。

鄧邦述《群碧樓書目初編》附録《書衣雜識・宋本五代史詳節》　呂伯恭《十七史詳節》，《四庫》載之《存目》，此本不知出諸呂氏否？廬陵修《五代史》，簡而有法，不可復節，此殆當時坊刻，取便巾箱。當時所稱京本、麻沙本、睦親坊本，皆坊本也。然刻工之不苟如此，又避諱字亦謹嚴。古人藝事工賈之間，洵可師者多矣。

又《群碧樓善本書録》卷一　宋人刻書，其字體往往摹仿歐、虞。昔陶齋尚書所藏百衲本《史記》，即劉燕庭舊物，中有密行小字一本，字體至精，余謂其似虞永興書，陶齋深以爲然。此書有數葉尙是宋刻眞面，其結體亦酷肖。

又　宋時刊手與元人不同處祇在筆畫閒如玉筯銀鉤，毫無渣滓，非復元人圓麗而不能潔也。

藝文

厲鶚《樊榭山房集・續集》卷三《十二月十五日雪中同敬身集谷林南華堂觀蜀廣政石經殘本、宋廖瑩中世綵堂刻韓集作》　秋壑翹材有首選，特築世綵臨西湖。雕鐫《韓集》稱善本，紙墨精好久不渝。降王狎客兩寂寞，等爲亡國夫何殊？流傳幸有經籍在，千秋差免謚至愚。

杭世駿《道古堂詩集》卷二《贈余元甲**江湖小集題此代柬》**　六十三家集，江湖蹟杳然。書坊睦親改，善本解元傳。石倉吳丈有宋槧本，末署「陳解元書棚刊在睦親坊」。清氣知難滅，幽吟共爾研。還應石倉叟，宋槧挍遺編。

弘曆《御製詩集四集》卷二五《題郭知達集九家注杜詩》　平生結習最於詩，老杜眞堪作我師。書出曾鋟寔郭集，本仍寶慶及淳熙。九家正注宜存耳，餘氏支辭概去之。適以遺編搜四庫，乃斯古刻見漕司。希珍際遇殊驚晚，尤物闇章固有時。重以琳琅續天祿，幾閒萬偏讀何辭。

又卷二六《題宋版春秋分記》　分記原通記，尊王義寓中。年經國爲緯，外抑内斯崇。統萬乃惟一，會殊則以同。稀珍傳宋槧，遺暇可研窮。

又《題宋版范祖禹帝學》　元祐成書心力殫，逮乎嘉定又重刊。欣玆祖禹芸編在，不異九齡《金鑑》看。務學求師著儀軌，修身莅政示倪端。知之行矣吾猶恧，綈几寧惟玩古觀。

又《題宋版朱子資治通鑑綱目》　涑水創爲開義例，紫陽述訂益精微。直傳一貫天人學，兼揭千秋興廢機。敬勝治兮怠勝亂，念兹是耳釋兹非。三編惟此遵綱紀，輯覽曾無越範圍。鋟出新安留面目，弆增天祿有光輝。外王内聖斯誠備，勿失服膺永敕幾。

又《題宋版前漢書》　冠冕琳瑯天祿收，因刊書目閲從頭。吳藏本自趙魏國，楚得重歸王弇州。久入上方不知故，兹編《四庫》識其由。舊杯新斝多佳玉，卻笑無能大白浮。

又卷二七《題宋版通鑑紀事本末》　涑水編年著《通鑑》，建安紀事別成書。興亡本末爲金鑑，條理因依若輔車。雖有增前斯數典，便稱續後此開初。淳熙紙墨香天祿，玩味孜孜日警予。

又《題宋槧謝宣城集》　李杜稱詩久，樓洪鋟版行。芸香資望古，藻繢足怡情。

又卷二九《題宋版韓昌黎文集》　載道惟文語不磨，齊昌黎者更伊何。唐家制度傳垂露，宋氏槧鉛存擘窠。眞是起衰空八代，弗慚濟溺息千波。言宜長短因氣盛，玩味多年受益多。

又卷九四《題宋版朱文公校昌黎集》　校集都因考異詮，門人李漢更詳編。官書率就私書獻，杭本應爲蜀本先。無得兼存期自擇，允爲獨出更誰肩。一篇《原道》接孔孟，見道因文啓宋傳。

姚鼐《惜抱軒詩集》卷二《今歲重九翁覃谿學士登法源寺閣作斟字韻七言詩亦以屬鼐而未暇爲也學士屢用其韻爲詩益奇臘月飲學士家出示所得宋雕

本〈施注蘇詩〉舊藏宋中丞家者欣賞無已乃次重九詩韻》　學士金石撈南朔，攬異爲詩工刻斲。閉門高興逸如雲，舒紙揮毫疾逾飆。今秋九月金垂砌，西嶺無雲玉出璞。霜寒勇上寺樓看，風舞懸旛翩不卓。成詩淵海得驪珠，欲和空倉饑雀啄。茲晨招客爲看書，來似鴆儔飛撲撲。雕鐫遠有嘉泰字，收藏近與商邱較。蘇詩傳世幾千首，高語去天眞一握。當年獄案可悲傷，他日注家還踳駮。此編晚出施顧手，黨禁正解東南角。後來補闕更何如，虎賁雖在中郎邈。耽詩愛古皆結習，計短衡長非大覺。曾薄富貴書何厚，甘典衣裘襟可捉。子瞻自是千載人，學士豈比無心學。佳本與公吾亦欣，叩門會辦來觀數。

翁方綱《復初齋詩集》卷二《買得蘇詩施註宋槧殘本即商丘宋氏藏者》　宋國初海虞有二本，其一寅歲收六丁。維時湖南寶晉叟，把卷憑閣看飛熒。宋元舊本鏤次第，獨此未及傳模型。可憐醴泉化度法，瑤臺戌削留娉婷。也是園翁痛著錄，不得再嗅隃麋馨。一朝東吳故家得，四十二卷重汗青。黄州判官有舊夢，《笠屐》圖子來丁寧。《由儀》篇忽上客補，東廣微濫吹竽聽。銜姜黠鼠到潛采，衆目特讓查田醒。江南書手費影寫，掇拾想象於奇零。《施注》實維《施顧注》，施家蘇學詒過庭。紹興書藏嘉泰歲，淮東板出倉曹廳。漢儒楷書作佳話，湖州詩獄此又經。《石鼓文》與《會稽志》，同時校槧新發硎。毗陵先生世莫識，要以土蝕成青萍。卷前惜闕譜及目，世間僅此鳳與星。適者又得《顧禧集》，文字聚合憑精靈。重開此本倘異日，敢任嘉穀滋蝗螟。

吳騫《拜經樓詩集》卷五《題宋槧王梅溪集百家注東坡詩集》　此本依俙尚宋槧，銀鉤銕畫參虞歐。麻沙紙印建安梓，能事各擅東南州。何來闞防慶元字，元時知作官書收。提學兼司曝典籍，職分想見多清幽。開卷有朱文鈐記曰「慶元路提學副使邵曬理書籍闞防」，蓋此書在元時曾入官，而元制提學官兼曬理書籍又史志所未見也。迨乎濮陽重插架，瞰眼又驚三百秋。又有朱文長印「濮陽李廷相雙檜堂書畫私印」，按文敏爲弘治壬戌進士，此印亦幾三百年矣。神仙幾共脈望化，背錦猶喜擕蒲留。明窗潔几試端帙，古色黯黯香浮浮。憶昔商邱老好事，主張風雅臨吳洲。元之舊注苦放失，元珠頗費象罔求。邵子湘補注蘇詩。東家補亡已多事，有識詎免相揶揄。北平秘閣重什襲，商邱宋刻本今爲翁覃溪直閣所藏。而我得此願亦酬。編年分類各有體，燕瘦豈爲環肥羞。紛紛世俗尚軒輊，何異蠻觸尋戈矛。

黄景仁《悔存詩鈔》卷八《題翁覃溪所藏宋槧施注蘇詩原本即宋商邱所藏本**》**　注蘇之難如注杜，誰識良工最心苦。永嘉本已芻狗陳，商邱刻漫景星覩。終愁綴葺或失眞，遺辭浪說由儀補。天吳紫鳳一倒顛，星宿崑崙孰洄溯。廢書神遊嘉泰年，漕司善本落何所。誰知好物如龍騰，六合翺翔擇其主。巋然靈光歸寶蘇，齋名琴川閣中憶曾貯。率更楷法久更新，施顧同時一機杼。詩外有史史可增，何必蟲魚鬬箋詁。

孫原湘《天真閣集》卷二九《題黄蕘圃所藏宋刊唐女郎魚元機詩後》　臨安府棚北睦親坊南陳宅書籍鋪印行本，計一弓共十二葉，舊爲項墨林所藏本，今歸百宋一廛，弓首有余學士集白描小影。　易石鍥木隋開皇，揚其波者馮瀛王。長興監本顯德繼，入宋雕槧尤精良。佞宋主人富擴摭，一廛百宋羅古香。經史百家既畧備，詩山文海搜晉唐。校譌規往義迴勝，《陶淵明集》十卷，如《桃花源記》：「聞之，欣然規往。」今本譌作「親」。訂正半雨疑堪商。《王右丞集》十卷：「山中一半雨，樹抄百重泉」，今本作「一夜」。李、杜孟韓長慶白，東野窶得兼文房。唐求、羅隱、朱慶餘、許渾悉甄綜，書棚善本臨安坊。豔才尤異李億婦，咸宜觀中慧女郎。當年焚香禮金闕，雲情自鬱花長芳。誰令明月墮幽隙，黄泉紅淚銜溫璋。千秋玩諷得知己，一十二紙逾琳瑯。龍瞑好手老學士，追摭仙影瑤壇妝。手加校勘徧題詠，勝如墨林徒弆藏。人間此亦無價琙，有心求得蕘翁黄。

嚴元照《題分門纂類唐歌詩□□□卷宋刊殘本**》（瞿良士《鐵琴銅劍樓藏書題跋集録》卷四）**　虎邱山邊放櫂遲，殷勤搜訪《唐歌詩》。古香入手何掩藹，牙籤錦贉精裝池。楮墨輕虛不敢觸，憐若美人珍若玉。借問誰家清秘藏，琴川毛氏曾收錄。天府儲藏付六丁，人間掇拾更零星。西河季子求全衺，佳話流傳絕可聽。過眼雲煙經幾度，殘書尚有精靈護。短箋長跋粲然存，標題印記驚如故。風雨逢窗展轉看，歸來插架吒奇觀。何須古卷供清賞，大美從來總忌完。

潘祖蔭《滂喜齋藏書記》卷一《宋刻殘本後村先生詩集大全》　後村先生分類詩集，各家書目俱未之載。是本原爲項子京天籟閣故物，後爲延令季氏所藏，即《滄葦書目》所載宋刊《劉後村集》二本是也。林吉人、席玉照俱有印記，今由百宋一廛歸小琅嬛清秘。聚散無常，撫卷慨然，記之以詩。　一襟哀郢淚辛酸，詩思分明樂

去官。無人可論南園事，留得丹心與後看。詞華哲匠蒙天獎，敕語珠璣冠簡端。編集獨開分類格，古香猶是宋雕刊。墨林萬卷劫灰飛，古本流傳此絶希。八十詩翁高格調，伊川擊壤想依稀。潑茗薰香繡嬾拈，芸編珍重展瑤籤。好花明月原無主，自取猩紅小印鈐。道光戊子二月花朝琴川女士姚畹眞芙初氏題跋，時年二十六歲。清寒淒雨，病搨淹纏，腕弱字劣，不計工拙也，無虛佳日而已。姚氏芙初畹眞女史。

楊守敬《藏書絶句・公庫本》 浙東台撫踞雄州，公庫刊書次第收。戴記袠完陸音義，盧張新覆盡精讎。

又《榷場本》 班書勘校正汪謁，通鑑流傳亦足多。持比漕司諸秘笈，不因字小廢摩挲。

又《書棚本》 吳越殘山立馬看，流傳文籍尙糾蟠。閒翻六代唐人集，陳宅坊南一浩歎。

又《蜀大字本》 蜀本當年亞浙江，疏行大字史無雙。後來毛晉藏珍秘，覆刻旋傳自海邦。

何琪《小玲瓏山館觀汪雪礓所藏宋刻江湖小集》（潘衍桐《兩浙輶軒續録》卷一三） 我來廣陵三月半，簾幙家家飛紫燕。城東有園春尙賒，芳樹初飄花一片。主人嗜古兼耽吟，歐趙風流今再見。朝來示我詩一編，睦親坊刻此爲冠。綠蘿陰裏乍開函，菴藹古香紛撲面。字閒眞行體各殊，筆墨精好秀而健。【略】是集歸君豈偶然，五百餘年喜完善。神物從來不磨滅，偃蹇生前奚足歎。

葉昌熾《藏書紀事》卷一 宋時諸州公使庫，刻書常有羨餘緡。家書自比官書善，何不精雕付手民。

又《綠督廬日記鈔・戊子五月二九》録**潘曾沂《乙酉七夕蕘翁二丈招集宋廛屬題宋槧魚元機集率成四絶》** 江邊楊柳寄相思，《江邊柳》是集中首題。密字珍珠一卷詩。乞得蘭陵眞宋本，俊流分詠已多時。丈于癸亥歲集諸名流，分韻賦詩。

又録**陳彬華詩** 麻沙繙本睦親坊，百宋猶留百一臧。家君近作宋廛百一之藏印，蓋謂百宋一廛中僅存百分之一耳。爭說奇書抵無價，得來差勝有心郎。

又録**壽鳳詩** 臨安坊本妙殊倫，香匣收藏抵異珍。底事價高人不問，幾家空恨買無因。

圖録

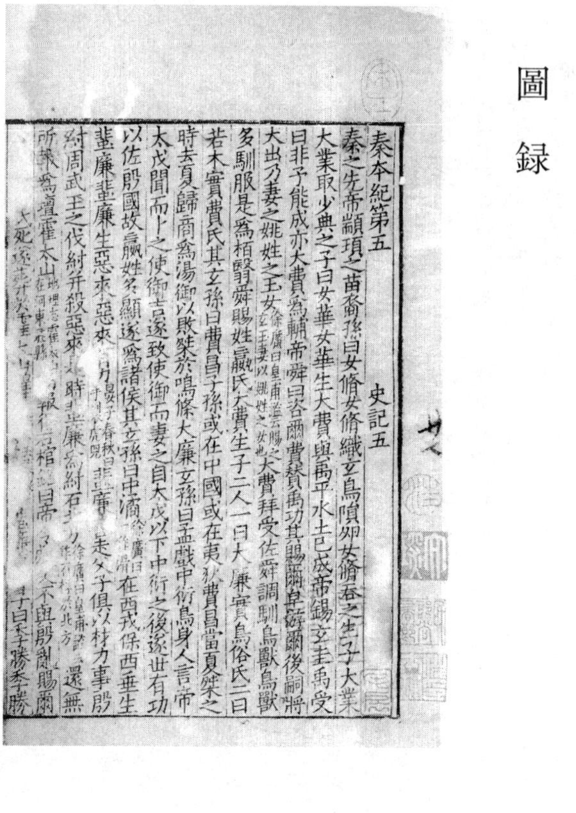

圖〇一九 《史記》一百三十卷，（漢）司馬遷撰，（南朝宋）裴駰集解，北宋刻本。

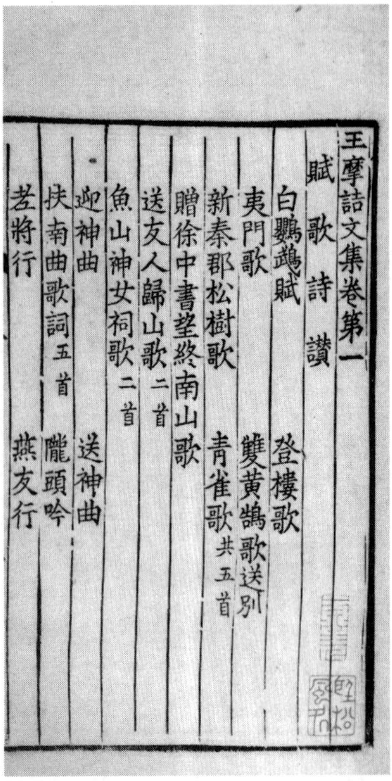
王摩詰文集卷第一
賦歌詩讃
白鸚鵡賦　登樓歌
夷門歌　雙黃鵠歌送別
新秦郡松樹歌　青雀歌共五首
贈徐中書望終南山歌
送友人歸山歌二首
魚山神女祠歌二首
迎神曲　送神曲
扶南曲歌詞五首　隴頭吟
老將行　燕支行

圖〇二〇　《王摩詰文集》十卷，（唐）王維撰，北宋末蜀刻本。

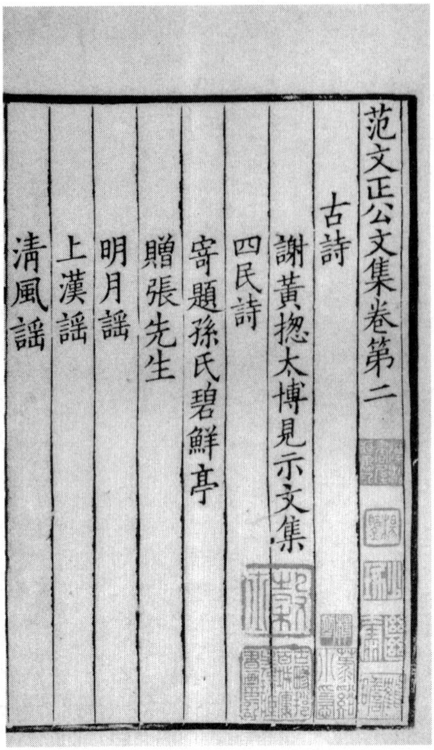
范文正公文集卷第二
古詩
謝黃揔太博見示文集
四民詩
寄題孫氏碧鮮亭
贈張先生
明月謠
上漢謠
清風謠

圖〇二一　《范文正公文集》二十卷，（宋）范仲淹撰，北宋刻本。

唐女郎魚玄機詩
賦得江邊柳
翠色連荒岸煙姿入遠樓影鋪秋水面花落釣
人頭根老藏魚窟枝低繫客舟蕭蕭風雨夜驚
夢復添愁
贈鄰女
羞日遮羅袖愁春懶起粧易求無價寶難得有
心郎枕上潛垂淚花間暗斷腸自能窺宋玉何
必恨王昌
寄國香
旦夕醉吟身相思又此春雨中寄書使窗下斷
腸人山捲珠簾看愁隨芳草新別來清宴上幾
度落梁塵
寄題鍊師
霞綵剪為衣添香出繡幃芙蓉花葉□山水帔
稀駐履閒鸎語開籠放鶴飛高堂春睡覺暮
雨正霏霏
寄劉尚書
八座鎮雄軍歌謠滿路新汾川三月雨晋水百
花春囹圄長空鎖干戈久覆塵儒僧觀子夜羇

圖〇二二　《唐女郎魚玄機詩》一卷，（唐）魚玄機撰，宋臨安府陳宅書籍鋪刻本。

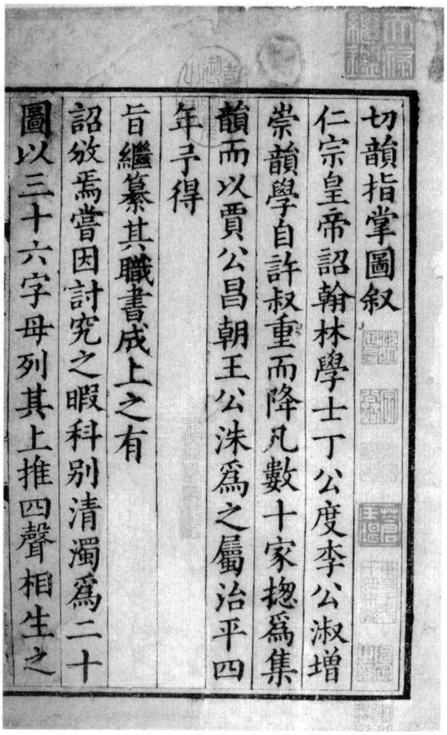
切韻指掌圖叙
仁宗皇帝詔翰林學士丁公度李公淑增
崇韻學自許叔重而降凡數十家揔爲集
韻而以賈公昌朝王公洙爲之屬治平四
年予得
旨繼纂其職書成上之有
詔頒焉嘗因討究之暇科別清濁爲二十
圖以三十六字母列其上推四聲相生之

圖〇二三　《切韻指掌圖》一卷，題（宋）司馬光撰，宋紹興三年（1230）越州讀書堂四世從孫刻本。

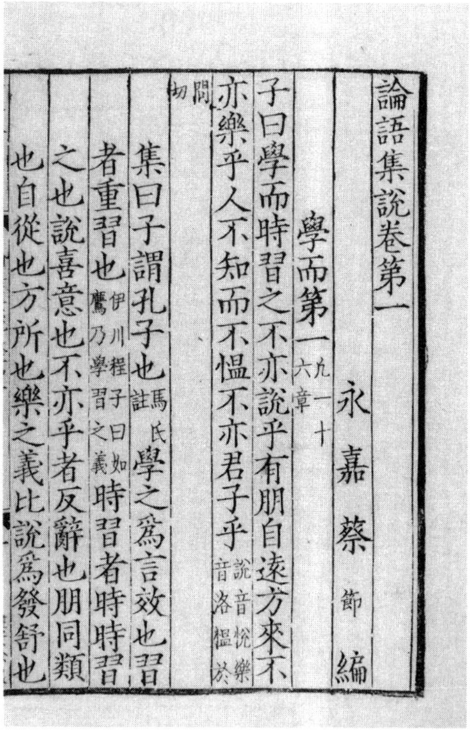
論語集説卷第一　　永嘉蔡　節　編
學而第一九一十六章
子曰學而時習之不亦說乎有朋自遠方來不
亦樂乎人不知而不慍不亦君子乎說音悅樂音洛慍於
問切
集曰子謂孔子也註馬氏學之爲言效也習
者重習也伊川程子曰如鷹乃學習之義時習者時時習
之也說喜意也不亦乎者反辭也朋同類
也自從也方所也樂之義比說爲發舒也

圖〇二四　《論語集説》十卷，（宋）蔡節撰，宋淳祐六年（1246）姜文龍湖州泮官刻本。

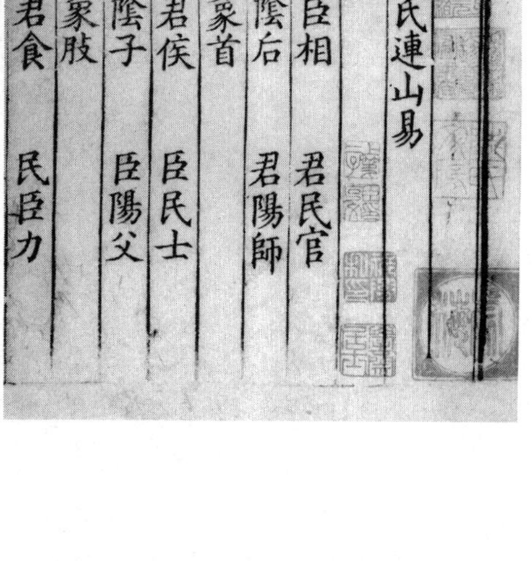
山墳第一　天皇伏羲氏連山易
爻卦大象第一
崇山君　君臣相　君民官
君物龍　君陰后　君陽師
君兵將　君象首
伏山臣　臣君侯　臣民士
臣物龜　臣陰子　臣陽父
臣兵卒　臣象股
烈山民　民君食　民臣力

圖〇二五　《古三墳書》三卷，宋紹興十七年（1147）婺州州學刻本。

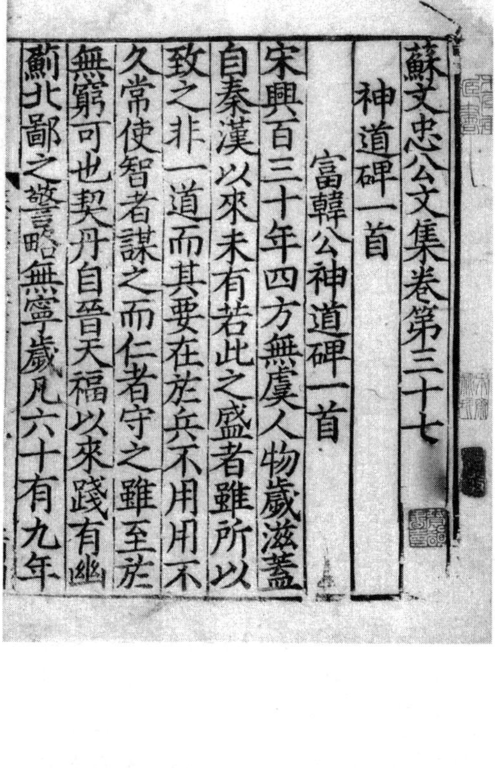
蘇文忠公文集卷第三十七
神道碑一首
富韓公神道碑一首
宋興百三十年四方無虞人物歲滋蓋
自秦漢以來未有若此之盛者雖所以
致之非一道而其要在於兵不用用不
久常使智者謀之而仁者守之雖至於
無窮可也契丹自晉天福以來踐有幽
薊北鄙之警略無寧歲凡六十有九年

圖〇二六　《蘇文忠公文集》四十卷，（宋）蘇軾撰，南宋蜀刻本。

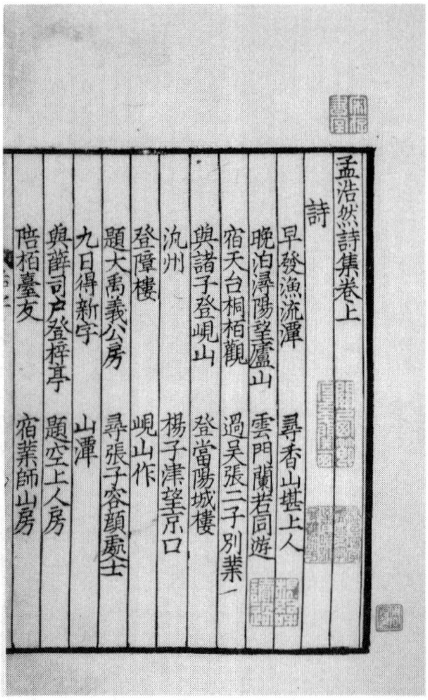
孟浩然詩集卷上
詩
早發漁浦潭 尋香山湛上人
晚泊潯陽望廬山 雲門蘭若同遊
宿天台桐栢觀 過吳張二子別業
與諸子登峴山 登當陽城樓
沈州 楊子津望京口
登障樓 峴山作
題大禹義公房 尋張子容顏處士
九日得新字 山潭
與薛司戶登梓亭 題空上人房
陪栢臺友 宿業師山房

圖〇二七　《孟浩然詩集》三卷，（唐）孟浩然撰，南宋四川眉山刻《唐六十家集》本。

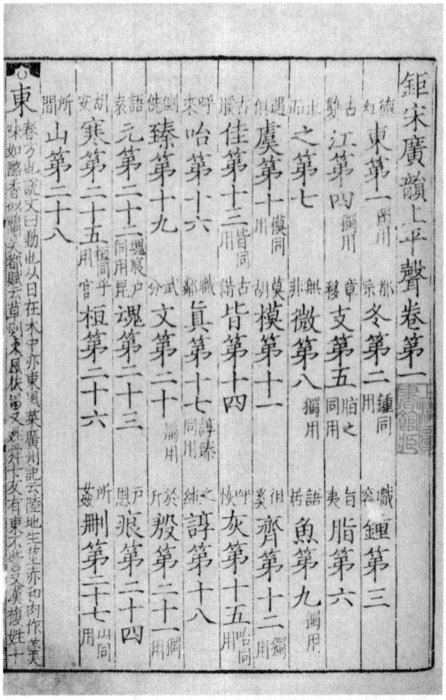
鉅宋廣韻上平聲卷第一
東第一 冬第二 鍾第三
江第四 支第五 脂第六
之第七 微第八 魚第九
虞第十 模第十一 齊第十二
佳第十三 皆第十四 灰第十五
咍第十六 眞第十七 諄第十八
臻第十九 文第二十 殷第二十一
元第二十二 魂第二十三 痕第二十四
寒第二十五 桓第二十六 刪第二十七
山第二十八
東

圖〇二八　《鉅宋廣韻》五卷，（宋）陳彭年等撰，宋乾道五年（1169）建寧府黄三八郎刻本。

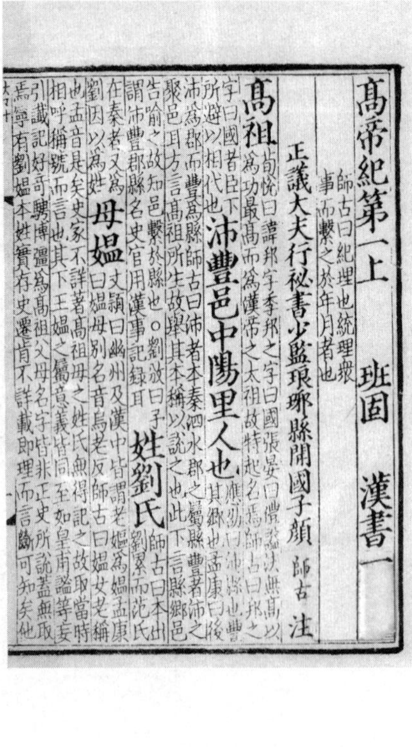
高帝紀第一上　班固　漢書一
師古曰紀理也統理衆事而繫之於年月者也
正議大夫行秘書少監琅邪縣開國子顏師古注
高祖沛豐邑中陽里人也 姓劉氏
母媼

圖〇二九　《漢書》一百卷，（漢）班固撰，（唐）顏師古注，宋建安黄善夫刻慶元元年（1195）建安劉元起修印本。

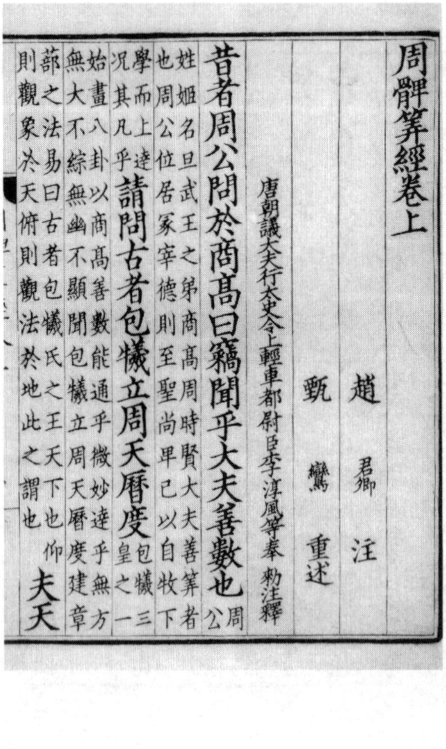
周髀算經卷上
趙君卿注
甄鸞重述
唐朝議大夫行太史令上輕車都尉臣李淳風等奉勑注釋
昔者周公問於商高曰竊聞乎大夫善數也
周公姓姬名旦武王之弟商高周時賢大夫善筭者也周公位居冢宰德則至聖尚卑己以自牧下學而上達況其凡乎
請問古者包犧立周天曆度
包犧三皇之一始畫八卦以商高善數能通乎微妙達乎無方無大不綜無幽不顯聞包犧立周天曆度建章蔀之法易曰古者包犧氏之王天下也仰則觀象於天俯則觀法於地此之謂也
夫天

圖〇三〇　《周髀算經》，（漢）趙君卿注，（北周）甄鸞注，（唐）李淳風等注釋，宋嘉定六年（1213）鮑澣之汀州刻本。

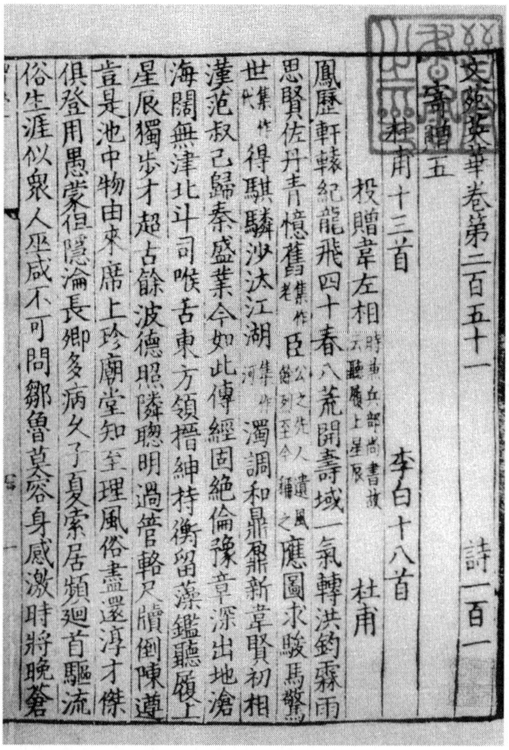

文苑英華卷第二百五十一　詩一百一
寄贈五
杜甫十三首　李白十八首
投贈韋左相（時韋在部尚書故云聽履上星辰）　杜甫
鳳歷軒轅紀龍飛四十春八荒開壽域一氣轉洪鈞霖雨
思賢佐丹青憶舊（集作老）臣（公之先人遺風能列至今稱之）應圖求駿馬驚
世（集作代）得麒麟沙汰江湖（集作河）濁調和鼎鼐新韋賢初相
漢范叔已歸秦盛業今如此傳經固絕倫豫章深出地滄
海闊無津北斗司喉舌東方領搢紳持衡留藻鑑聽履上
星辰獨步才超古餘波德照鄰聰明過管輅尺牘倒陳遵
豈是池中物由來席上珍廟堂知至理風俗盡還淳才傑
俱登用愚蒙但隱淪長卿多病久子夏索居頻迴首驅流
俗生涯似衆人巫咸不可問鄒魯莫容身感激時將晚蒼

圖〇三一　《文苑英華》一千卷，（宋）李昉等輯，宋嘉泰元年至四年（1201—1204）周必大吉州刻本。

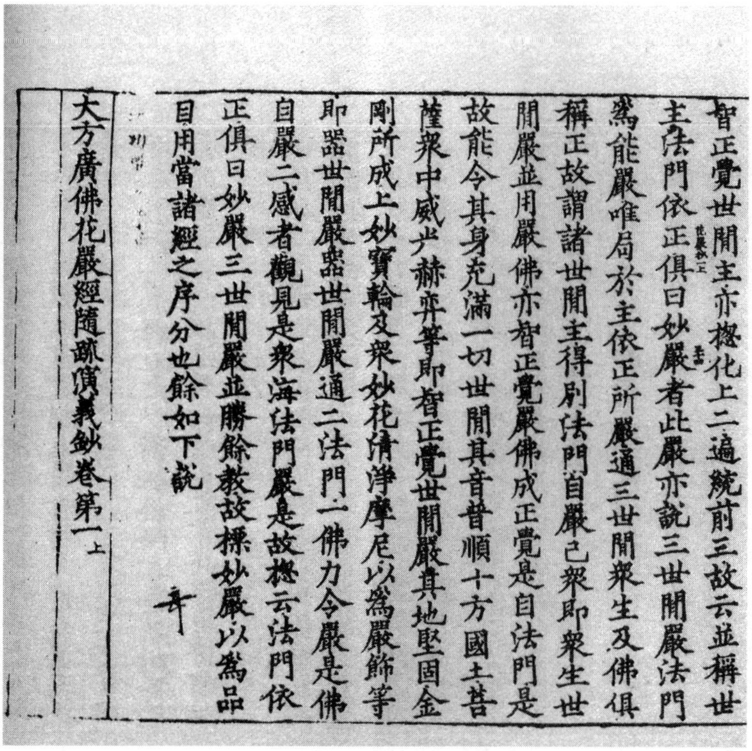

皆正覺世間主亦攝化上二遍統前三故云並稱世
主法門依正俱曰妙嚴者此嚴亦該三世間嚴法門
為能嚴唯局於主依正所嚴通三世間衆生及佛俱
稱正故謂諸世間主得別法門自嚴己衆即衆生世
間嚴並用嚴佛亦智正覺嚴佛成正覺是自法門是
故能令其身充滿一切世間其音普順十方國土菩
薩衆中威光赫弈等即智正覺世間嚴其地堅固金
剛所成上妙寶輪及衆妙花清淨摩尼以為嚴飾等
即器世間嚴器世間嚴通二法門一佛力令嚴是佛
自嚴二感者觀見是衆海法門嚴是故攝云法門依
正俱曰妙嚴三世間嚴並勝餘教故標妙嚴以為品
目用當諸經之序分也餘如下說
大方廣佛花嚴經隨疏演義鈔卷第一上

圖〇三二　《大方廣佛花嚴經疏》，（唐）釋澄觀撰，遼刻本。

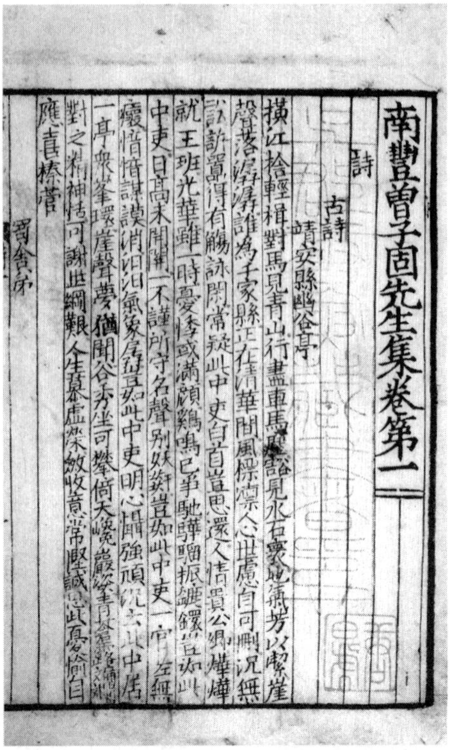
南豐曾子固先生集卷第一
詩
古詩
靖安縣幽谷亭
撲江捨輕楫對馬見青山行盡車馬塵豁見水石寰地氣芳以縈崖
磐落落瀉誰為千家縣正在清華間風標凜人心世慮自可刪況無
訟訴囂得有觴詠閑常疑此中吏白首豈思還人情貴公卿爍爍
就王班光華雖一時憂悴或滿顏鷄鳴已爭馳驊騮振鑣鑾豈知此
中吏日高未開關一不謹所守名聲別妖姸豈如此中吏一官在無
癏悁悁謀謨悄悄氣象屏豈如此中吏明心闢強頑況此中居
一亭衆峯環崖聲夢猶聞谷夯坐可攀倚大巉巖登青苔
對之稍神情可謝世網艱人生莫虛棄斂收意常厭誠心此憂愉自
應甚榛菅
舍亭

圖〇三三 《南豐曾子固先生集》三十四卷，（宋）曾鞏撰，金刻本。

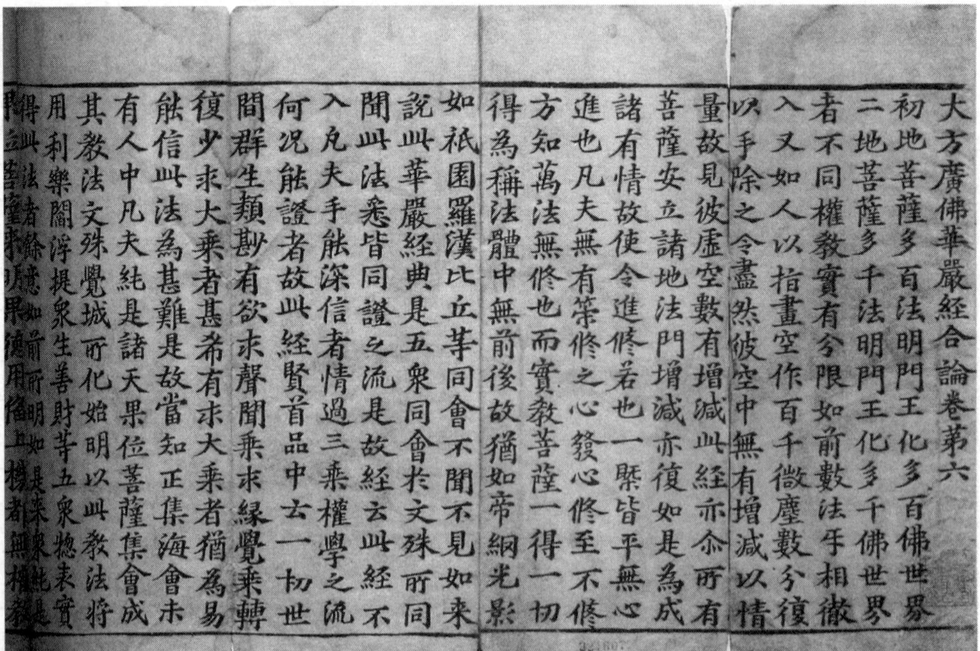
大方廣佛華嚴經合論卷第六
初地菩薩多百法明門王化多百佛世界
二地菩薩多千法明門王化多千佛世界
者不同權教實有分限如前數法手相徹
入又如人以指畫空作百千微塵數分復
以手除之令盡然彼空中無有增減以情
量故見彼虛空數有增減此經亦尒所有
菩薩安立諸地法門增減亦復如是為成
諸有情故使令進修若也一槩皆平無心
進也凡夫無有等修之心發心修至不修
方知萬法無修也而實教菩薩一得一切
得為稱法體中無前後故猶如帝網光影
如祇園羅漢比丘等同會不聞不見如來
說此華嚴經典是五衆同會於文殊所同
聞此法悉皆同證之流是故經云此經不
入凡夫手能深信者情過三乘權學之流
何況能證者故此經賢首品中云一切世
間群生類尠有欲求聲聞乘求緣覺乘轉
復少求大乘者甚希有求大乘者猶為易
能信此法為甚難是故當知正集海會未
有人中凡夫純是諸天果位菩薩集會成
其教法文殊覺城所化始明以此教法將
用利樂閻浮提衆生善財等五衆摠表實

圖〇三四 《大方廣佛華嚴經合論》一百二十卷，（唐）李通玄造論，（唐）釋志寧合論，金皇統九年（1149）刻本。

元刻本

綜　述

張志淳《南園漫録》卷一《避諱》 隨筆謂：孟蜀書刻避唐諱，以爲唐澤遠，此恐不然。孟蜀初定書，多唐時所刻，後遂承之不改，何唐之澤乎。又元滅宋後，元刻諸史，如「殷」、「敬」、「恆」、「桓」、「構」之類，皆諱。又如「恆」字，省下一畫，至今亦不改。凡各布政司、鄉試録罔不然，豈宋之遺澤，至今不忘乎？不知爲沿襲不明之過，反以爲唐之遺澤，其誤甚矣。

謝肇淛《五雜組》卷一三《事部一》 元刻字稍帶行，而箋時用竹，視宋紙稍黑矣。

顧炎武《日知録》卷一八《監本二十一史》 陸文裕深《金臺紀聞》曰：「元時州縣皆有學田，所入謂之學租，以供師生廩餼，餘則刻書，工大者合數處爲之，故讎校刻畫頗有精者。洪武初悉收上國學，今南監《十七史》諸書地里歲月勘工役竝存，可識也。今學既無田，不復刻書，而有司間或刻之，然祇以供餽贐之用，其不工反出坊本下，工者不數見也。昔時入覲之官，其餽遺一書一帕而已，謂之書帕。自萬曆以後改用白金。聞之宋元刻書皆在書院，山長主之，通儒訂之，主書院者謂之「山長」，《宋史・理宗紀》：何基婺州教授兼麗澤書院山長，徐璣建寧府教授兼建安書院山長。學者則互相易而傳布之。故書院之刻有三善焉：山長無事而勤於校讎，一也；不惜費而工精，二也；板不貯官而易印行，三也。

趙慎畛《榆巢雜識》卷上《元書院版書》 元書院版書尙佳，蓋猶宋老師悉心校讎者。

孫慶增《藏書記要・鑒別》 元刻不用對勘，其字腳、行款、黑口，一見便知。

于敏中等《天祿琳琅書目》卷五 《說文解字》。一函六册。漢許慎撰，

宋徐鉉校定。三十卷。【略】書後《雍熙三年敕新校定說文解字牒文》稱「其書宜付史館，仍令國子監雕爲印版。依《九經》書例，許人納紙墨價錢收贖。兼委徐鉉等點檢書寫雕造，無令差錯，致誤後人」云云。按：宋時監本刻印尤精，此書雖仿其式，而版之長短無定，紙之質理亦粗，以牒所稱何如鄭重，不當有此，其爲元時翻刻無疑。

又 《自警編》。二函十册。宋趙善璙撰。不分卷。前善璙自序。【略】序作於寧宗嘉定十七年，【略】序稱「越三年而後成編」，亦深於克治者矣。書中字體規仿顔、柳，刻工未始不善，而墨黯紙粗，決非宋本。

又卷六 《朱子語類》。八函九十六册。宋黎靖德輯。一百四十卷。前載宋黄榦、李性傳、蔡抗、吳堅、黄士毅、魏了翁、王佖諸序竝《語録姓氏門目》。【略】此書字畫不工，紙粗墨黯，乃元時坊刻之本。

又 《歐陽文忠公文集》。五函四十五册。宋歐陽修著。《居士集》五十卷，《外集》二十五卷，《易童子問》三卷，《外制集》三卷，《内制集》八卷，《表奏書啓四六集》七卷，《奏議集》十八卷，《雜議集》十九卷，《集古録跋尾》十卷，《書簡》十卷，共一百五十三卷。總目後有宋胡柯撰《年譜》一卷并記，書後有《附録》五卷及《編校姓氏》、宋周必大序。胡柯記、周必大序，皆作於宋寧宗慶元二年。【略】此書字法規仿鷗波，深得其妙，定屬元時所重刊者，觀其橅印之精，非好古者不能爲。

黄丕烈《蕘圃藏書題識》卷一〇 《稼軒長短句》十二卷。元本。是書舊刻純乎元人松雪翁書，而俗子不知，妄爲描寫，可謂浮雲之污。

又 《辛稼軒長短句》十二卷。校元本。直齋陳氏曰：稼軒詞以信州本十二卷爲多。黄蕘翁所藏大德刊本，大字行書，流麗娟秀，如松雪翁體，以卷數考之，當出於信州本。

莫友芝《宋元舊本書經眼録》卷二 《玉海》二百卷，附刻諸種俱備。元至元刻本，行款與今通行本同。特板心稍大，字體秀勁，近趙吳興。首有胡助、李桓阿、殷圖埜堂、王介四序及至正三年慶元路刊行文牒及薛元德後序，又有伯厚之孫厚孫識語。

徐康《前塵夢影録》卷下 元刻之精者，不下宋本。曩在申江，見元《馬石田集》十二册，其紙潔白如玉，而又堅韌，眞宋紙元印，余爲作緣，歸之宜稼堂郁氏。

又　庚申四月吳城陷，後越二年，余至虎邱，寓於普濟善堂側屋。偶至山寺，見一室亂書堆積，搜之頗有善本。余擇取二十餘本，內有最愜心者如《范文正事迹》，祇二十餘葉，字恐吳興體，末有孫淵翁題跋，黃蕘翁三跋，淵翁云：此等元大德延祐本，直欲駕於宋刻尋常本之上。紙堅白而極薄，墨色無滲。

又　元代不但士大夫競學趙書，如鮮于困學、康里子山，即方外如伯雨輩，亦刻意力追，且各存自己面目。其時如官本刻經史，私家刊詩文集，亦皆摹吳興體。至明初，吳中四傑高、楊、張、徐，尚沿其法，即刊板所見，如《茅山志》《周府袖珍方》，皆狹行細字，宛然元刻字形，仍作趙體。沿至《匏庵家藏集》、《東里文集》，仍不失元人遺意。

陸心源《儀顧堂續跋》卷二《元刊元印玉海跋》　《玉海》二百卷，《詞學指南》四卷，題「浚儀王應麟伯厚」。前有胡助、李桓序，至元三年宣慰使公文阿殷圖埜堂序，王介跋，薛元德後序，伯厚自序，王厚孫跋。每葉二十行，每行二十字。【略】此本元刊元印，無一缺葉，字皆趙體，無一斷爛，誠天地間有一無二之本。

又《元槧元印清容集跋》　《清容居士集》五十卷，《目錄》二卷，後附王瓚所撰《謚議》，蘇天爵所撰《墓志銘》。每葉二十行，每行十六字，字皆趙體，與元刊《玉海》相似，當爲同時所刊。

沈曾植《寐叟題跋》卷一《元刻樂府詩集跋》　明自嘉、隆七子以後，此書盛行，補板重疊，舊板斷脫，南雍後印者，幾不可復讀。觀愛日精廬所錄周慧孫序，闕字至二十餘，汲古閣并無此序，知所據亦非完本矣。此本周序，愛日闕字均存，補板無多，而舊本字畫猶清朗，書習趙體，筆意宛存。

李希聖《雁影齋題跋》卷二　《金陵新志》十五卷。元本。書成於至大時，而刊於至正四年。前有索元岱序。據首卷文移，分派溧陽州學刊五卷，溧水州學、明道書院各刊三卷，本路儒學刊二卷，共用中統鈔壹百肆拾叁定貳拾玖兩捌錢玖分九厘。陸文裕《金臺紀聞》曰：「元時州縣皆有學田，所入謂之學租，以供師生廩餼，餘則刻書，工大者合數處爲之，故讎校刻畫頗有精者。」此本則槧印俱劣，而圖尤甚。其板後歸南監，殆明印也。蓋是時元運已衰，江淮之間盜賊蠭起，故刊書事極草草。

葉德輝《書林清話》卷二《刻書分宋元體之始》　有元一代官私刻本，皆尚趙松雪字。此則元體字之所濫觴也。

又卷七《元刻書之勝於宋本》　宋本以下，元本次之。然元本源出於宋，故有宋刻善本已亡，而幸元本猶存，勝於宋刻者。經則元元貞丙申平陽梁宅本《論語注疏》，勝於宋十行本也。元大德平水曹氏進德齋本《爾雅郭璞音注》，勝於明吳元恭所從出之宋本也。史則元大德九年重刊宋景祐本《後漢書》，勝於宋建安劉元起之本也。《黃記》：此外如建安劉元起刊於家塾敬室本，又有一大字，皆名爲宋，而實則不及元明刊本。蓋所從出本異也。子則元大德本《繪圖列女傳》，勝於阮氏文選樓所據刻之余氏勤有堂本也。阮本謂圖出晉顧凱之，頗爲附會。觀孟母傳圖刻有書院題字，則是宋坊估所爲也。元刻《纂圖互注揚子法言》，勝於宋治平監本也。集則元大德本《增廣音注丁卯詩集》，勝於宋版也。二卷。《瞿目》云：錢遵王云元刻較宋板多詩太半。元張伯顏刻《文選李善注》，勝於南宋尤袤本也。胡克家仿刻宋本即尤本。孫記極稱張伯顏本之善。蔣光煦《東湖叢記》元板李善文選注跋云：錢遵王《讀書敏求記》云：善注有張伯顏重刊元板，不及宋板遠甚。以余所聞，中吳藏書家所有宋本已多不全，似未若斯之完善。皆張本定論。元延祐庚申葉曾南阜書堂刻本《東坡樂府》，勝於宋紹興辛未曾慥刻本也。《黃記》：顧千里曰：非宋刻卻勝於宋刻。昔錢遵王已云宋刻殊不足觀，則元本信可寶。舉此數者以概其餘。是不當震於宋刻之名，而謂元明皆自檜以下也。

又《元刻書多用趙松雪體字》　徐康《前塵夢影錄》云：「元代不但士大夫競學趙書，【略】沿至《匏庵家藏集》、《東里文集》，仍不失元人遺意。至正德時，愼獨齋本《文獻通考》細字本，遠勝元人舊刻。大字巨冊，僅壯觀耳。迨至萬曆季年，風行書帕禮書。不求足本，但取其名。如陳文莊、茅鹿門、鍾人傑輩，動用細評，句分字改，如評時文。然刻書至此，全失古人眞面。顧千里擬之秦火，未爲苛論也。」按徐康爲吳枚庵門人，故言板刻甚精核。《天祿琳琅》六《歐文忠公文集》一百五十三卷，《年譜》一卷，《附錄》五卷，云：「此書字法，規仿鷗波，深得其妙。觀其模印之精，非好古者不能爲此。」《陸續跋》有元槧吳澄《禮記纂言》三十六卷，雕刊工整，字皆趙體。《黃記》元本《稼軒長短句》十二卷，是書舊刻，純乎元人松雪翁書。又校元本張認庵跋云：「大德刊本，大字行書，流麗娟秀，如松雪翁體。」又《陸志》有元刊元印《清容居士集》五十卷，云有趙子昂筆意，元版中上乘也。又影寫元刊本《漢泉曹文貞公詩集》十卷，云宋賓王識略云：

閲桃花塢文瑞堂所得秀野草堂顧氏藏《曹漢泉集》五卷，字畫端楷，直出松雪手書。元時名集動國帑鏤板，故得名手書文，良工刊刻。《瞿目》元刊本曹伯啓《漢泉曹文貞公詩集》十卷，云國子生淩儀胡益編録，寫刻甚精，書法似趙文敏，殆即益所書也。吾藏元張伯顔刻《文選》、大德本《繪圖列女傳》，字體流動，而沈厚之氣溢於行間。《列女傳》繪圖尤精，確爲松雪家法，字含鍾繇筆意，當是五十以後所書。然不如所書《道德寶章》卷末題趙名者，信而有徵也。《四庫書目提要》，内府藏本爲元本。瞿目有明刊本。吾亦有之。道光戊戌施禹泉刊本，摹仿亦精。至世傳大定乙巳刻宋人編《兩漢策要》，十二卷。毛扆珍藏秘本書目載之，謂爲元人手鈔，與元人手鈔《古文苑》相次，云二書一筆趙字，或謂趙文敏手書而無款，不敢定之。乾隆五十八年，如皋張氏以毛本重刻，摹仿極工。前附有翁方綱題，後附梁同書、竇光鼐、周駿發、朱鈺、姚棻、邵齊熊諸跋，但以爲元名手書，不敢定爲松雪親筆。惟邵跋援陸學士、秦中丞及簡齋先生當是袁簡齋定爲松雪手迹，謂非餘子能辨。吾亦信以爲然。蓋松雪平生工於寫字，亦勤於鈔書。世傳所書《道德經》，見於各家集帖收藏家題跋者，已十數本之多。明張丑《書畫見聞表》，列有《左傳》正文全部及《李太白集》。沈初《西清筆記》，有趙文敏小楷《四十二章經》、《法華經》全部。可見趙鈔之未傳刻者正復不少，不僅元時一朝刻書風氣視此翁爲轉移也。

又《元刻書多名手寫》　元刻字體有倩名手書者。《天祿琳琅》五元板史部，《山海經》十八卷，云：字仿歐體，用筆整嚴，在元刻中洵爲善本。乾隆御題云：是本筆法，刻畫清峭，當爲元版之佳者。又《後編》十一元版集部，曾鞏《元豐類稿》五十卷，云：書法槧手，俱極古雅，廠紙濃墨，摹印精工，爲元刻上乘。又《歐陽文忠公集》一百五十三卷：槧法精朗，紙墨俱佳，元版中甲觀。《陸續跋》元槧周伯琦《六書正訛》五卷，每葉八行，篆文約占小字六格，小字雙行，每行二十字，篆文圓勁，楷書遒麗，蓋以伯溫手書上版者。又元刊楊桓《書學正韻》三十六卷，分韻編排，先篆次隸省，次訛體，條理周詳，字畫端整。又元刊楊桓《六書統》二十卷，《六書溯源》十三卷，《瞿目》云：桓夙工篆籀，全書皆其手寫，故世特重之。又元刊本元吳萊《淵穎吳先生集》十二卷云：刻於至正二十六年，末有「金華後學宋璲謄寫」一行。璲工四體書，此書爲其手寫，古雅可愛，尤足珍也。又元刊本劉大彬《茅山志》十五卷云：明永樂刻本。胡儼序謂原本爲張雨所書，至爲精潔，即此本也。此類元刻，其工者足與宋槧相頡頏。特以時代論，不免有高下之見耳。至《陸志》有元本俞琰《周易集説》不分卷上下經彖傳，後跋所載，皆其孫貞木楨繕寫，謹鋟梓於家之讀易樓。此家寫家刻本，尤爲千古佳話，宋元以來刻書中所罕見也。

又卷八《宋元明印書用公牘紙背及各項舊紙》　宋時印書，多用故紙反背印之，而公牘尤多。【略】元明印書亦然。《陸志》北宋刊本《爾雅疏》，其紙乃元致和、至順中公牘，有蒙古文官印。蓋金入汴京，盡輦國子監秘書監書版而北。事載《北盟會編》及《靖康要録》。至順上距靖康甫二百年，其版尚存，故有元時印本耳。又《陸跋》宋刻本《歐公本末》四卷，呂祖謙編，嘉定中嚴陵詹氏義民刻版，紙背乃延祐四年官册，蓋元初印本。《陸志》北宋蜀刻大字本《漢書》殘本八卷，紙背皆元時公牘。

鄧邦述《群碧樓書目初編》附録《書衣雜識・元本韋蘇州集》　此本源出於宋，而字體眞、行間見，當在元明之季否？亦明最初刻也。世所傳睦親坊本唐人詩集類，皆十行十八字，此本正同。明人繙本如《孟東野集》亦致佳，而行欵則往往竄易，不能如宋版之舊，每爲識者所惜。此尚墨守不改，即甚可珍，亦彌見世彌遠，而風彌古也。

又《元本松雪齋文集》　鷗波人品不足論，而書畫文字照耀一代，固自蔚然可觀。此《松雪齋文集》十卷，乃元刻本。手寫付刊者，花谿沈伯玉，其結體與鷗波正同。有元風尚如鮮於伯機、鄧文原、俞紫芝輩，書法皆與文敏相類，學者風行，下至刻書亦各摹其體，若余所藏如《樂府詩集》及此書，皆精妙，又如殘本《茅山志》，則世傳爲張伯雨書，其實亦瓣香文敏者也。

鄧邦述《群碧樓善本書録》卷一　元人刻書凡三變：其筆畫圓整，與此相類者，乃元初承南宋之後，故不易判；其一則用趙承旨體；其一則寫刻俱不甚工，而尚有古拙之氣，下逮洪武、成化，自爲一派。

又卷二　宣統己酉之冬，余以述職入都，時正好古書，舉債收之，初無吝色。一日坊友攜此書來，余審知爲中統眞本，坊友不能辨也，索三百金，余立予之。中統眞本不多見，世往往用游明本代之，而眞者轉晦。此書字體瘦勁，開卷董浦一序尤有宋槧風格，蓋中統當理宗景定閒，蒙古初雕中原典

籍，實用宋工，故字體相去不遠，非至元、至正時手民可比。

又《千家注杜》世傳元本，惟余勤有堂刊於皇慶壬子，其行款與此本同。此則刊於至正戊子，後余刊廿四年，爲積慶堂本。書極完好，中閒偶有補葉，亦屬舊鈔，至可珍也。元時刻工以此書版式爲正，其字體雕鐫樸而不率，猶非明人所能。

藝　文

彭元瑞等《天禄琳琅書目後編》卷五　《大學》八條，著爲聖經，而眞西山《衍義》一書，首剟聖賢性命之精，旁採古今治亂之迹，發揮經術，璨若列眉，誠孔氏之功臣也。坊賈傳刊，率多訛謬。此書雕鋟精善，尙屬元刻舊本，每一披覽，心目豁然，藉是或得仰窺聖奥，用臻治理，則補裨寧有涯涘耶？甲子小春下澣，［乾隆］御識。

又　宋陳暘《樂書》二百卷，與其兄祥道所著《禮書》。並傳於世，其間網羅散失，參攷古今損益之故，犂然具備。而《女樂》一篇，尤足垂千古炯戒，楊萬里序中特著明之，意深遠矣。幾暇閒披，有資君德，夫豈獨雕鋟精好，輝映東壁耶？乾隆甲子秋分後二日，御題。

又　是書［《唐國史補》］採摭開元至長慶故事，以補國史之遺，凡三百有六節。軼事方言，頗資觀覽。其間采取各條，亦閒有載入正史者。是序文所云「慮正文之或闕」，非盡闕也。其字跡刻畫精能，當推爲元本之冠。乾隆御識。

又《山海經》一書，流傳最古，而近世無善本。是本筆法刻畫淸峭，當爲元版之佳者。明吳郡黃氏省曾曾合刊《水經》、《山經》爲上下集，其字跡彷佛相同，蓋以是刻爲藍本也。乾隆御識。

黃丕烈《蕘圃藏書題識》卷九　《丁鶴年集》四卷。元本。《題丁鶴年集呈蕘圃政》：「西域詩人集，傳於至正年。諸兄咸附錄，高第各分編。時下哀思淚，亦隨方外緣。須知海巢序，只說武昌前。」得「年」字禁押本事。時嘉慶己未四月顧廣圻稿。「元代詩名盛，涵濡近百年。用戴序語。流風傳絶域，吟稿見遺編。《鶴年集》以此爲最善。廬墓全親孝，居山謝世緣。《石田》、《雁門》集，美不擅於前。叔能以伯庸，天錫輩爲比。」今藏元人諸集如元刻之《馬石田》，舊鈔之《薩雁門》皆稱善本，得此可云濟美，故以爲擬。《次澗蕢韻題元本丁鶴年集》，蕘圃黃丕烈草。「明代重刊本，云題正統年。名因文苑重，傳入史臣編。一過眞空選，用蕘圃跋語。三長合有緣。三長謂《石田》、《雁門》集及此書也。蕘圃有「結翰墨緣」圖記，「緣」字本此。後來定居上，秘籍勝從前。」《次澗蕢韻題蕘圃新得丁鶴年集》，文蕘草。右《三益聯吟》冊中題元本《丁鶴年詩》也。此集爲澗蕢歲試玉峰時所收，而後以歸余者，故倣校宋本《建康實錄》例，澗蕢爲首唱，而余次之，方米最後者，因余兩人唱和時，方米挈徒小試玉峰歸，後繼和故也。即限「年」字而禁用本事者，亦冊中例也。

圖　録

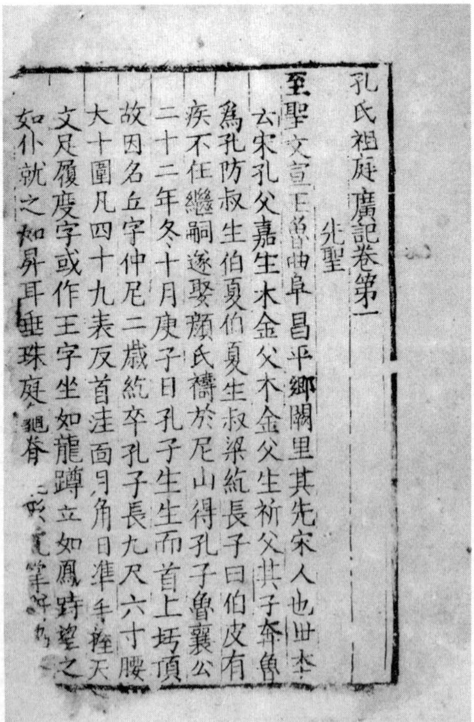
孔氏祖庭廣記卷第一
先聖
至聖文宣王魯曲阜昌平鄉闕里其先宋人也世本
云宋孔父嘉生木金父木金父生祈父其子奔魯
爲孔防叔生伯夏伯夏生叔梁紇長子曰伯皮有
疾不任繼嗣遂娶顏氏禱於尼山得孔子魯襄公
二十二年冬十月庚子日孔子生生而首上圩頂
故因名丘字仲尼二歲紇卒孔子長九尺六寸腰
大十圍凡四十九表反首洼面月角日準手握天
文足履度字或作王字坐如龍蹲立如鳳跱望之
如仆就之如昇耳垂珠庭龜脊

圖〇三五　《孔氏祖庭廣記》十二卷，（金）孔元措撰，蒙古乃馬真后元年（1242）孔氏刻本。

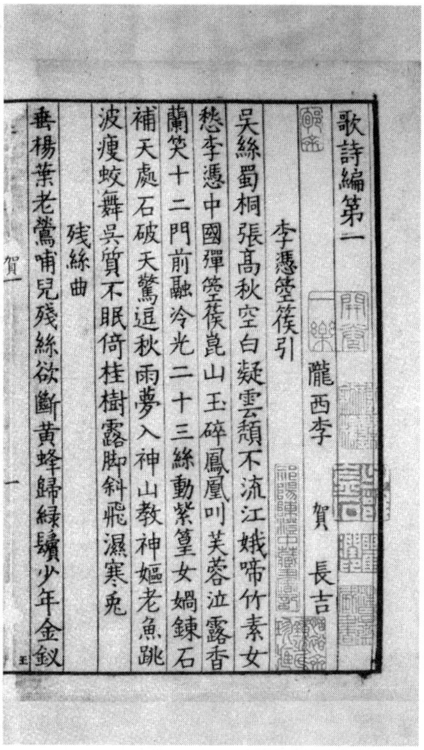
歌詩編第一
李憑箜篌引　隴西李　賀　長吉
吳絲蜀桐張高秋空白凝雲頹不流江娥啼竹素女
愁李憑中國彈箜篌崑山玉碎鳳凰叫芙蓉泣露香
蘭笑十二門前融冷光二十三絲動紫皇女媧鍊石
補天處石破天驚逗秋雨夢入神山教神嫗老魚跳
波瘦蛟舞吳質不眠倚桂樹露脚斜飛濕寒兎
殘絲曲
垂楊葉老鶯哺兒殘絲欲斷黃蜂歸綠鬢少年金釵

圖〇三六　《歌詩編》四卷，（唐）李賀撰，蒙古憲宗六年（1256）趙衍燕京刻本。

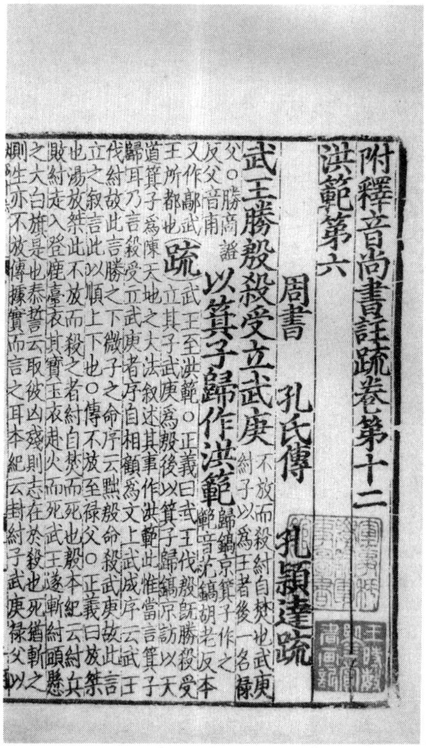
附釋音尚書註疏卷第十二
洪範第六　周書　孔氏傳　孔穎達疏
武王勝殷殺受立武庚以箕子歸作洪範

圖〇三七　《十三經注疏》三百五十三卷，元刻明修本。

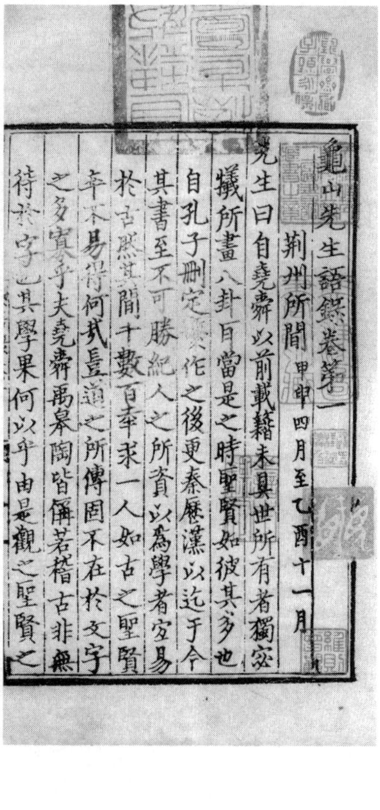
龜山先生語録卷第一
荊州所聞　甲申四月至乙酉十一月
先生曰自堯舜以前載籍未具世所有者獨宓
犧所畫八卦耳當是之時聖賢如彼其多也
自孔子删定繫作之後更秦歷漢以迄于今
其書至不可勝紀人之所資以為學者宜易
於古然其間千數百年求一人如古之聖賢
卒不易得何哉豈道之所傳固不在於文字
之多寡乎夫堯舜禹皋陶皆稱若稽古非無
待於學也其學果何以乎由是觀之聖賢之

圖〇三八　《龜山先生語録》四卷，（宋）楊時撰，元刻本。

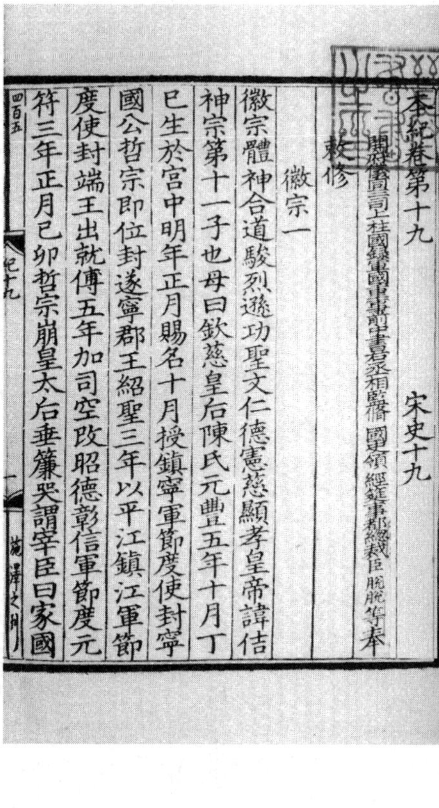
本紀卷第十九　宋史十九
開府儀同三司上柱國録軍國重事中書右丞相監修國史領經筵事都總裁臣脫脫等奉
敕修
徽宗一
徽宗體神合道駿烈遜功聖文仁德憲慈顯孝皇帝諱佶
神宗第十一子也母曰欽慈皇后陳氏元豐五年十月丁
巳生於宮中明年正月賜名十月授鎮寧軍節度使封寧
國公哲宗即位封遂寧郡王紹聖三年以平江鎮江軍節
度使封端王出就傳五年加司空改昭德彰信軍節度元
符三年正月己卯哲宗崩皇太后垂簾哭謂宰臣曰家國

圖〇二九　《宋史》四百九十六卷，（元）脱脱等撰，元至正六年（1346）江浙等處行中書省刻本。

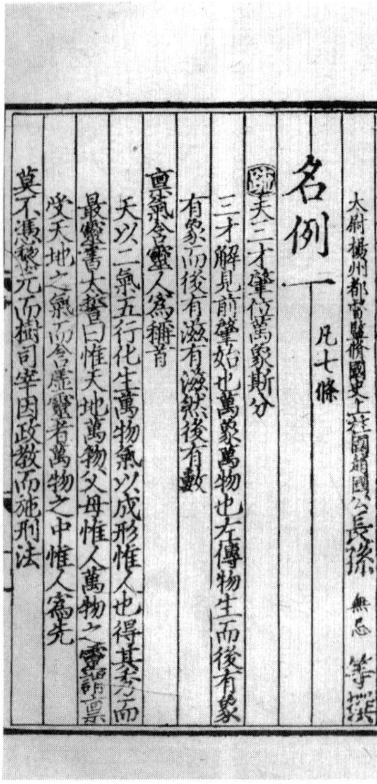
故唐律疏議卷第一
太尉揚州都督監修國史上柱國趙國公長孫無忌等撰
名例 凡七條
[疏]夫三才肇位萬象斯分
三才解見前肇始也萬象萬物也左傳物生而後有象
有象而後有滋有滋然後有數
稟氣含靈人爲稱首
天以二氣五行化生萬物氣以成形惟人也得其秀而
最靈書太誓曰惟天地萬物父母惟人萬物之靈謂稟
受天地之氣而含虛靈者萬物之中惟人爲先
莫不憑黎元而樹司宰因政教而施刑法

圖〇四〇 《故唐律疏議》三十卷，（唐）長孫無忌等撰，佚名釋文，元余志安勤有堂刻本。

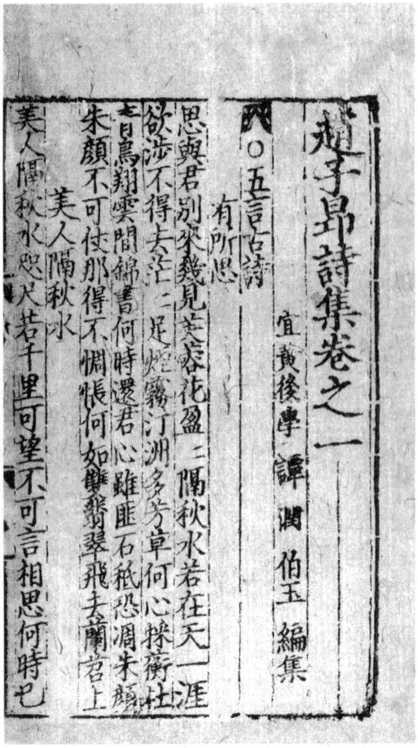
趙子昂詩集卷之一
宜黄後學 譚 潤 伯玉 編集
〇五言古詩
有所思
思與君別來幾見芙蓉花盈盈隔秋水若在天一涯
欲涉不得去汀汀足煙霧汀洲多芳草何心採蘅杜
青鳥翔雲間錦書何時還君心雖匪石秖恐凋朱顏
朱顏不可使那得不惆悵何如雙翡翠飛去蘭苕上
美人隔秋水
美人隔秋水咫尺若千里可望不可言相思何時已

圖〇四一 《趙子昂詩集》七卷，（元）趙孟頫撰，元至正元年（1341）虞氏務本堂刻本。

明刻本

綜　述

郎瑛《七修類稿》卷四五 我朝太平日久，舊書多出，此大幸也，亦惜爲福建書坊所壞。蓋閩專以貨利爲計，但遇各省所刻好書，聞價高即便翻刊，卷數、目錄相同而於篇中多所減去，使人不知，故一部止貨半部之價，人爭購之，近如徽州刻《山海經》亦效閩之書坊，只爲省工本耳。嗚呼！秦火燔而六經不全，勢也，今爲利而使古書不全，爲斯文者寧不奏立一職以主其事，如上古之有學官，或當道於閩者深曉而懲之可也。

田汝成《西湖遊覽志餘》卷二五《委蒼叢談》 石林葉少蘊言刻書以杭州爲上，蜀本次之，福建最下。汴京比歲，印板不減杭州，但紙不佳。蜀、建多以柔木刻之，取其易成而速售，故不能工。然則建本之濫惡，蓋自宋而已然矣，今杭刻全不佳。國初，蜀尚有板，差勝建刻。今建刻益下，去永樂、宣德間又不逮矣。唯今日蘇刻稍工，然則技藝工拙，豈眞爲地勢所分，不過習俗使然耳。杭人作事苟簡重利而輕名，但顧眼底，百工皆然，而刻書尤甚。板之老嫩不均，一也；燥濕異性，二也；厚薄異體，三也；板不宿漚而取辦新材，易瓦易裂，四也；刻手工拙淆雜，都料藉拙者以多尅頭家錢，五也。其他瑣碎料理不周，則奸僞百出，此杭刻所以不佳也。知其弊而經心焉，即宋刻亦可得，而何分蘇、杭哉！

胡應麟《少室山房筆叢·經籍會通四》 凡刻之地有三，吴也、越也、閩也。蜀本宋最稱善，近世甚希。燕、粵、秦、楚今皆有刻，類自可觀，而不若三方之盛。其精，吴爲最；其多，閩爲最，越皆次之。其直重，吴爲最；其直輕，閩爲最，越皆次之。　凡印書，永豐綿紙上，常山柬紙次之，順昌書紙又次之，福建竹紙爲下。綿貴其白且堅，柬貴其潤且厚，順昌堅不如綿、厚不如柬，直以價廉取稱。閩中紙短窄黧脆，刻又舛譌，品最下而直

最廉，余筐篋所收什九此物，即稍有力者弗屑也。近閩中則不然，以素所造法演而精之，其厚不異於常而其堅數倍於昔，其邊幅寬廣亦遠勝之，價直既廉而卷帙輕省，海內利之，順昌廢不售矣。餘他省各有産紙，余弗能備知。大率閩、越、燕、吴所用刷書不出此數者，燕中自有一種紙，理粗龐，質擁腫而最弱，久則魚爛，尤在順昌下，惟燕中刷書則用之。惟滇中紙最堅，家君宦滇得張愈光、楊用修等集，其堅乃與絹素敵，而色理疏慢蒼雜，遠不如越中。高麗蠒絶佳，純白滑膩，如舒雪、如匀粉、如鋪玉，惟印記用之。【略】余所見當今刻本，蘇、常爲上，金陵次之，杭又次之。近湖刻、歙刻驟精，遂與蘇、常爭價。蜀本行世甚寡，閩本最下，諸方與宋世同。葉以閩本多用柔木，故易就而不精。今杭本雕刻時義亦用白楊木，他方或以烏桕板，皆易就之故也。

謝肇淛《五雜組》卷一三《事部一》　國初用薄綿紙，若楚、滇所造者，用氣色超元匹宋，成、弘以來，漸就苟簡，至今日而醜惡極矣。宋時刻本以杭州爲上，蜀本次之，福建最下。今杭刻不足稱矣，金陵、新安、吴興三地，剞劂之精者不下宋板，楚、蜀之刻皆尋常耳。閩建陽有書坊，出書最多，而板紙俱最濫惡，蓋徒爲射利計，非以傳世也。大凡書刻，急於射利者必不能精，蓋不能捐重價故耳。近來吴興、金陵，駸駸蹈此病矣。近時書刻，如馮氏《詩紀》、焦氏《類林》，及新安所刻《莊》、《騷》等本，皆極精工，不下宋人，然亦多費校讎，故舛訛絶少。吴興凌氏諸刻，急於成書射利，又慳於倩人編摩其間，亥豕相望，何怪其然。至於《水滸》、《西廂》、《琵琶》及《墨譜》、《墨苑》等書，反覃精聚神，窮極要眇，以天巧人工，徒爲傳奇耳目之玩，亦可惜也。近來閩中稍有學吴刻者，然止於吾郡而已。能書者不過三五人，能梓者亦不過十數人，而板苦薄脆，久而裂縮，字漸失眞，此閩書受病之源也。

孫慶增《藏書記要・鑑別》　洪武、永樂間所刻之書，尚有古意，至於以下之板，更不及矣。況明紀刻本甚繁，自南北監板以至藩院刻本、御刻本、欽定本、各學刻本、各省撫按等官刻本，又有閩板、浙板、廣板、金陵板、太平板、蜀板、杭州刻本、河南刻本、延陵板、王板、袁板、樊板、錫安氏板、坊板、凌板、葛板、陳明卿板、內監廠板、陳眉公板、胡文煥板、內府刻本、閔氏套板所刻，不能悉數。惟有王板翻刻宋本《史記》之類爲最精。北監板、內府板、藩板，行款字脚不同。袁板亦精美，較之胡文煥、陳眉公所刻之書多而不及。其外各家私刻之書，亦有善本可取者，所刻好歹不一耳。椎川凌氏與葛板無錯誤，可作讀本。獨有廣、浙、閩、金陵刻本最惡而多。陳明卿板、閔氏套板，亦平常。汲古閣毛氏所刻甚繁，好者亦僅數種。

陸深《儼山外集》卷八《金臺紀聞》　勝國時郡縣俱有學田，其所入謂之學糧，以供師生廪餼，餘則刻書以足一方之用。工大者則糾數處爲之，以互易成帙。故讎校刻畫頗有精者，初非圖鬻也。國朝下江南郡縣悉收上國學，今南監《十七史》諸書地里、歲月、勘校、工役並存，可識也。今學既無田，不復刻書，而有司間或刻之，然以充餽贐之用，其不工反出坊本下，工者不數見也。

又　石林時，印書以杭州爲上，蜀本次之，福建最下。【略】今杭絶無刻，國初蜀尚有板，差勝建刻。今建益下，去永樂、宣德間又不逮矣。唯近日蘇州工匠稍追古作。

周亮工《因樹屋書影》卷一　故老傳聞：「羅氏爲《水滸傳》一百回，各以妖異語引其首。嘉靖時，郭武定重刻其書，削其致語，獨存本傳。」金壇王氏《小品》中亦云：「此書每回前各有楔子，今俱不傳。」予見建陽書坊中所刻諸書，節縮紙板，求其易售，諸書多被刊落。此書亦建陽書坊翻刻時刪落者。六十年前，白下、吴門、虎林三地書未盛行，世所傳者，獨建陽本耳。【略】建陽本明初時紙版尚精潔，字細而行密，類宋板式，近人所藏宋板書多是建陽明初本，不可不辨。

顧炎武《日知録》卷一八《别字》　山東人刻《金石録》，於李易安《後序》「紹興二年玄黓歲壯月朔」，不知「壯月」之出於《爾雅》而改爲「牡丹」。凡萬曆以來所刻之書，多「牡丹」之類也。

又《改書》　萬曆間，人多好改竄古書，人心之邪，風氣之變，自此而始。且如駱賓王《爲徐敬業討武氏檄》，本出《舊唐書》，其曰「僞臨朝武氏」者，敬業起兵在光宅元年九月，武氏但臨朝而未革命也。近刻古文改作「僞周武氏」。不察檄中所云「包藏禍心，睥睨神器」，乃是未篡之時，故有是言。其時廢中宗爲廬陵王，而立相王爲皇帝，故曰「君之愛子，幽之於别宮」也。不知其人，不論其世，而輒改其文，謬種流傳至今未已。

《四庫提要·經部二四·禮類存目二》 《批點檀弓》二卷，兵部侍郎紀昀家藏本。舊本題宋謝枋得撰。【略】明萬曆丙辰，烏程閔齊伋始以朱墨板刻之。齊伋序稱得謝高泉所校舊本，亦不言謝本出誰氏。書中圈點甚密，而評則但標章法、句法等字，似孫鑛等評書之法，不類宋人體例。疑因枋得有《文章軌範》，依託爲之。又題「楊升庵附註」，而與愼《檀弓叢訓》復不相同。據齊伋序，稱彙註、疏、集註、集說諸書，去其繁而存其要，以著於簡端。則齊伋之所加，非愼原註也。蓋明季刊本，名實舛互，往往如斯矣。

又 《禮記要旨補》十卷，兩江總督採進本。舊本題「戈九疇撰，聞人德行增補。」蔡必大序又稱「古陸守戈公以聞人先生舊所傳《要旨》板行，先生獨弗是，曰是吾土苴也。因取舊稿改竄補綴，以備一家之言。」據此，則是書始終出德行手，九疇特刊行之耳，與標題殊相矛盾。又朱彝尊《經義考》載聞人德行《禮記要旨補》十六卷，又載戈九疇《禮記要旨》十六卷。戈氏書既載其後，不應聞人氏書先云補，尤爲舛互。此本僅有十卷，而兼題二人之名。其書乃鄉塾講章，每節下綴以破題，最爲猥陋。殆書賈以二家之言合併竄亂，以成此本歟？明季坊本其不足信類如此，不足深詰也。

又《五經總義類》 《六經圖》六卷，通行本。宋楊甲撰，毛邦翰補。【略】陳振孫《書錄解題》引《館閣書目》載邦翰所補之本，《易》七十圖，《書》五十有五圖，《詩》四十有七圖，《周禮》六十有五圖，《禮記》四十有三圖，《春秋》二十有九圖，合爲三百有九圖。此本惟《易》、《書》二經圖與《館閣書目》數相合，《詩》則四十有五，《禮記》則四十有一，皆較原數少二；《周禮》則六十有八，較原數多三；《春秋》則四十有三，較原數多十四。不知何人所更定。考《書錄解題》載有東嘉葉仲堪字思文，重編毛氏之書，定爲《易圖》一百三十，《書圖》六十三，《周禮圖》六十一，《禮記圖》六十三，《春秋圖》七十二，惟《詩圖》無所增損。其卷則增爲七，亦與此本不符。然則亦非仲堪書，蓋明人刊刻舊本，無不臆爲竄亂者。

又《傳記類存目三》 《別本革朝遺忠錄》二卷，兩江總督採進本。不著撰人名氏。惟題「青州府知府杜思子睿重刻」。思即撰《考信編》者也。黃氏《千頃堂書目》於郁袞《革除遺忠錄》二卷外又別出杜思《革朝遺忠錄》二卷蓋即指此本。然以郁袞本校之，則此錄實郁袞書。惟袞於各傳後附以贊語，而此本有傳無贊爲少變其例，又書首冠以張芹《備遺錄》、黃佐《革除遺事》、敖英《備遺續錄》序三篇，皆與書不相應。世別有高廩刊本，卷首亦有三序，與此正同。蓋明代刊書者往往竄亂舊本而沒所由來，諸板競出，混淆彌甚，其風熾於萬曆以後。今觀此本，則嘉靖中已有之矣。按：思，登嘉靖丙辰進士。

又《子部一·儒家類一》 《新書十卷》，通行本。漢賈誼撰。《漢書·藝文志·儒家》賈誼五十八篇。《崇文總目》云：本七十二篇，劉向刪定爲五十八篇。隋、唐《志》皆九卷，別本或爲十卷。考今隋、唐《志》皆作十卷，無九卷之說。蓋校刊《隋書》、《唐書》者未見《崇文總目》，反據今本追改之。明人傳刻古書往往如是，不足怪也。

又《子部四五·類書類一》 《記纂淵海》一百卷，兩淮馬裕家藏本。宋潘自牧撰。【略】此本刻於萬曆己卯，卷首於自牧名後題「中憲大夫大名知府前監察御史東魯王嘉賓補遺」字，則亦如陳禹謨之改《北堂書抄》，已非自牧之舊。又陳文燧序稱其先世求之閩、蜀，得其《前編》，周流吳、越，復購《後編》。此本不分前、後編，蓋復經合併，益失其眞。序又稱「中葉零替，蠹魚殘缺。戊寅冬，承乏畿南，公暇謬爲補注，剝落太甚者屬別駕蔡公、司理顧公、學博吳君採輯諸書，補闕序次。一日，示諸太守越峰王公、邑令吳君，願捐俸梓之」云云。以其卷首列名考之，別駕蔡公爲大名府通判蔡之奇，司理顧公爲推官顧爾行，學博吳君則有府學訓導吳騰龍、魏縣教諭吳嶙二人，不知誰指邑令吳君爲南樂縣知縣吳定，太守王公當即嘉賓。是補此書者爲文燧及蔡之奇等三人，嘉賓特爲刊板，未嘗捺筆，與題名亦互相牴牾。蓋明人書帕之本，稱校稱補，率隨意塡刻姓名，不足爲憑，亦不足爲異。

又《集部二七·別集類存目一》 《黃樓集》二卷，兩淮馬裕家藏本。明魯點編，胡廷宴補。點有《齊雲山志》已著錄。廷宴，漳州人。點書成於萬曆甲辰，廷宴補刊則在丁未，相距二三年，而廷宴序稱歲久浸壞，漸以失次，殆不可曉。蓋明代朝覲官入都，例以重貨賂津要。其餘朝官則刊書一部，佐以一帕致餽，謂之「書帕」，其書即謂之「書帕本」。其倉卒不暇自刊者，則因舊官所刊稍改面目而用之，動以舊刊漫漶爲詞，而偶忘其相去不久也。

又《集部四五·總集類存目二》 《群公小簡》六卷，浙江范懋柱家天一

閣藏本。不著編輯者名氏。前有成化乙未徐傳序，稱蘇文忠、方秋崖、趙清曠、盧柳南、孫仲益五先生之所著，而第六卷乃爲歐陽修作。其第一卷題「五先生手簡」，自第二卷以下又題曰「六先生手簡」。後有成化二十年周信跋，稱「出《醉翁帖》一帙贈徐，徐亦以此書報贈」。又稱「捐俸命工，仍舊本重刊」，則末一卷爲信所增入。其改題「六先生」，亦信所爲也。蓋明代朝覲述職之官，例以一書一帕贈京中親故。其書皆潦草刊板，苟應故事。謂之「書帕本」，即此之類。

嚴可均《鐵橋漫稿》卷八《書陳禹謨刻本北堂書鈔後》 世咸謂明中葉後刻書無善本，是固然矣，然未有肆行竄亂若陳刻書鈔之甚者也。【略】陳乃何人，臆改之、臆删之、以他書易之，甚且以貞觀後事及五代十國之書補之。是惑易之疾，亟當沐以蘭湯者也。又有甚不可解者，卷百三十九《車總載類》，原本二百四十條，陳僅用十七條；卷百五十八《穴類》，原本二百三十條，陳僅用四十二條；卷百六十《石類》，原本百二十九條，陳僅用三十三條。竊擬陳所據原本，視余所據原本闕訛尤甚。不然，陳雖失心病狂，當不至此。

黄丕烈《蕘圃藏書題識》卷四 《宋提刑洗冤録》。明人喜刻書，而又不肯守其舊，故所刻往往戾於古，即如此書，能翻刻之，可謂善矣。而必欲改其卷第，添設條目，何耶？余向檢《也是園書目》，於《律令門》載《洗冤録》一卷，《無冤録》一卷，《平冤録》一卷。兹從此刻攷之，殆即指是書也。蓋書分上、下，猶是一卷耳，故目云一卷也，《無冤》、《平冤》，亦胡文焕刻，余與此録併得之。

又卷六 《唐語林》未見完本，見者齊之鸞所刻上下二卷爾。今假士禮居新購舊鈔三卷校之，乃知刻本即發源於鈔本，行款字形一一相同，惟改三卷爲二卷，以致分卷處有幾葉不對，閒有改正誤字。明人刻書妄改往往如此。

嚴元照《悔庵學文》卷六《書明刻本儀禮後》 明人多喜刻書，刻書之人不必皆有學者，故未嘗知讐校之事，然去宋猶近，善本猶多，照本翻刻，不復措意。其得與失皆出於古人，中間小小譌錯，不過傳寫失眞，循其形聲而求之，不難反其眞。

劉毓崧《通義堂文集》卷八《刻王氏船山叢書凡例》 舊刻本抄本爲前明避改者，如「洛」作「雒」、光宗諱。「由」作「繇」或作「從」、熹宗及莊烈帝諱上一字。「校」作「挍」或作「較」、熹宗諱。「檢」作「撿」或作「簡」、莊烈帝諱。「瀛」作「贏」、桂恭王諱。「榔」作「根」、永明王諱。【略】夫舊刻本不避改，而舊抄本閒有避改者，如「基」作「琪」或作「基」、宣宗諱。「鈞」作「均」或作「鈞」、神宗諱。「常」作「嘗」。光宗及桂恭王諱上一字。此等字在明啓、禎時刻書避改者甚少。明代舊制上一字不諱，至啓、禎間，「由」字始缺半筆作「由」，萬曆以前刻書，遇先朝諱下一字亦不甚避。

曾釗《面城樓集鈔》卷三《嘉靖本詩經集傳跋》 右《詩集傳》二十卷，明嘉靖丙辰廣東所刻。丙辰爲嘉靖三十五年。是時學者尚嚴謹，不敢妄改古本。此刻如「無使尨也吠」、「牛羊下括」、「不可畏也」、「成不以富」、「爰其適歸」、「以篤于周祜」、「幅幀既長」等文，猶仍舊文。「爰其適歸」句注云：「爰」《家語》作「奚」，想朱子原本如此。較近刻《集傳》竟改者大逕庭矣。

繆荃孫《雲自在龕隨筆》 毛刻《晦庵題跋》三卷，以東坡《與林子中帖》前尚有一卷。毛刻書沿明人陳眉公等氣習，種種不洽人意。如劉後村僅刻前集四卷，又雜入後集兩條。《容齋題跋》是作僞，并未見《容齋全集》。

又 汲古閣本諸經，皆每篇第一行頂格，至次行以下皆低一格，蓋明朝坊本時文之俗例也。《儀禮》則每節除第一行外，以下無不低一格者。《禮記》每篇中之每節，另起一行頂格，其二行以下皆低一格。《爾疋》則釋詁、釋山之類，皆每條頂格，甚不畫一。此例甚不妥，不如經文皆頂格爲是。《敖氏》本每篇記文，皆與正經一樣頂格。《喪服》之傳文亦然，如此方是。

葉德輝《郋園讀書志》卷二 《春秋繁露》十七卷。明初黑口本。每半葉九行，每行十八字。【略】《四庫》箸録以《永樂大典》校補武英殿聚珍版活字印行。【略】世無宋本，猶幸有《大典》中之完書，則此等明刻固宜土苴視之矣，而吾猶以善本例之者，古書日亡一日，如明黑口九行本，猶有宋元遺風，非萬曆天啓以下妄改臆補之比也。

又 《新刊詳增補注東萊先生左氏博議》二十五卷。明正德六年郭氏安正堂本。此本則自天一閣中散出，亦係足本舊刊，且爲黃虞稷所稱許。精刻雖不如宋元，而槧法古雅，黑口雙闌，固猶有元槧遺風者。吾吳自黃蕘翁、顧

潤蘋、孫淵翁諸先輩即重視明本，載之題跋記中，今更百年，古刻日稀，此書更可寶矣。

又　明毛晉汲古閣藏書多善本而刻書皆惡本，非獨《十三經》、《十七史》、《津逮秘書》諸大部已也。即尋常單行各種，往往後綴一跋，不曰據宋本重雕，即謂他本多訛字。及遇毛氏所藏原本校之，竟有大謬不然者，如此《孔子家語》即其一也。據毛跋，自稱如何欲得是書，長跪宣聖像前誓願遘止；如何讀何燕泉叙，不覺泣涕如雨；如何得北宋本，惜二卷十六葉以前蠹蝕，復向宣聖前焚香叩首，願窺全豹；如何從錫山酒家復覯一函，冠冕巋然，逸末二卷，倩能書者一補其首，一補其尾，而卒以公之同好爲幸云云。是毛氏之於此書好之篤，求之誠，公之天下之心久而不懈。宜乎根據宋本，不再迷誤後學也。已乃取宋本校之，其改易行款猶爲小疵，乃至不通假借，妄改舊文，如改「德」爲「得」，「翟」爲「狄」，「僁」爲「愆」，「機」爲「几」之類，全書無一字之存留，可謂謬甚。王肅注亦多删省，竄奪全書不具舉。【略】如此書宋本幸而晦久復顯，有石印，又有劉刻，其廬山眞面盡人得而見之。試取此毛刻校之，段落既非原書，注文尤多删易，假使宋本不再見於世，僅憑毛刻一跋，幾不信其書如此之變亂舊文。昔人謂明人刻一書而書亡，其不如毛晉者正復何限？

又卷三　宋胡太初撰《晝簾緒論》一卷，左圭《百川學海》中刻之。【略】此爲明成化辛卯宜興令何某所刻，而謝庭桂爲之校正。黑口版，每半葉九行，每行二十字。字體頗近元刻，猶有先正典型，若隆、萬、啓、禎無此刻本矣。

又卷四　此明嘉靖三年司禮監刻大字本《文獻通考》三百四十八卷，每半葉十行，行二十字。黑口本。明宦官劉若愚撰《酌中志》載《内版經書紀略》云《文獻通考》一百本，一萬八百三十六葉者，即此本也。明嘉靖時刻書頗爲藏書家所珍尚，惟司禮監以内閹主其事，校勘訛誤爲士大夫所輕，往時京師書估一言及經廠本書籍，則攢眉搖首，若視坊刻書爲尤賤者然。故其書無不字大如錢，且兼白棉紙精印。

又　《三輔黄圖》六卷。明嘉靖癸丑刻本。白口本。每半葉十一行，行二十字，版心「三輔卷一」，餘卷同。明嘉靖時刻書頗有宋元矩矱，故近日嘉靖諸刻價埒宋、元。

又卷六　《兵占焦氏易林》四卷。明嘉靖四年姜氏刻本。明人刻書謬妄而好爲欺人語，如每刻一書，其序文不曰出自宋本，即曰傳自閣本。其未見宋本、閣本者無論矣。即見之而妄校、妄改，甚或至於節删。於是前一刻本出，其後重刻者沿訛襲謬亦隨之而出。經史古注、周秦兩漢古書苟非仿宋繙雕，未見有可信之書也。《易林》一書，黄丕烈士禮居刻校宋本未行以前，士人所見者明何允中《漢魏叢書》本、毛晉《津逮秘書》二本而已，至嘉靖四年姜恩刻《兵占》本，萬曆癸巳周曰：校刻辨疑館本藏書家已與宋本同其珍重，而不知二本之謬誤與何、毛本同，其原則皆由於成化癸巳彭華所傳之閣本已有竄改也。宋本之善，黄刻校宋本後序已詳言之，此余所錄吴枚庵翌鳳傳校之陸勅先校宋本，與士禮居本同出一源者。先輩校書矜慎，故雖宋本之誤字亦不改正，其俗省之體，悉點畫照臨，所以昭信也。據黄刻前序云，陸係就嘉靖四年所刻記於上方，正即此刻書，凡卷之九至卷之十二四卷。全書其大題云「兵占焦氏易林」，版心上每卷有「兵占」二字，似是《兵占》書之一種，其九卷以前或刻有他種。明人刻書臆斷至可笑如此。

又　毛晉《汲古閣宋元秘本書目》載有舊鈔本《墨池編》八本，云明朝有刻本，紕繆已極。毛之所謂明刻，不云何人所刊。余按：明有兩刻，一爲隆慶間四明薛晨刻本，一爲萬曆庚辰蕲水李時成刻本，今此本是也。李刻即重繙薛本，增損臆改，誠如毛氏所云紕繆已極者。且原書本二十卷，乃省併爲六卷，更不知其何爲。明人刻書大都如此謬妄，不足議也。【略】余别藏康熙甲午五十三年。長洲朱之勱刻二十卷足本，前有雍正癸丑十一年。王澍序、之勱後跋，極詆薛、李兩刻之謬，而所據刻云「爲家藏舊本，爲鼠殘闕，訪求全帙，獲舊鈔一帙，足成之。」可見此書傳世之稀，明刻合併之不足信。然之勱刻究在四庫未開館以前。而館臣聞見漏略，竟未採及；且《提要》疑原本當爲十二卷，謂此六卷爲後人合併，其言亦出臆揣。大氐古書存亡至明爲一大關鍵。明人習尚溺於科舉制藝，於古書本不措意，幸而有人重刻，不加以評點，則肆意竄改，甚至更易名目，疑誤後人，雖博雅如楊升庵、王元美諸人亦不免蹈其陋習，更無論鍾敬伯、陳眉公之流矣。《提要》又謂此本碑刻門末載宋碑九十二通，元碑四十四通，明碑一百十九通：皆明萬曆中重刊時所增。明人竄亂古書往往如是，幸其妄相附益，尚有蹤跡可尋。

又　《彙刻唐宋畫書九種》十一卷。明嘉靖間刻本。【略】此明刻白口十

一行本。行二十字。字體方整，行格疏朗，頗有宋槧矩矱。不知何時何人所刻，大約明嘉（靜）〔靖〕前風氣爲近。【略】明時刻書至嘉靖猶多善本，如此類書多有叢刻。王世貞《書畫苑》、毛晉《津逮秘書》，或草率竟功，或長編巨集，購之不易，未若此種彙刻專而且精之爲善也。

又卷一五　凡明仿宋刻書之可貴者，貴其存宋版舊式也；宋版書之可貴者，貴其多通人所校，不輕妄改古本也。如此《玉臺新詠》仿宋本並宋諱亦缺筆，則其校勘之細，摹仿之精，已可概見。

又　《重校正唐文粹》一百卷。明萬曆戊午建武鄧渼刻本。每半葉十行，行二十字。字畫横輕直重，爲世所稱宋體字之正式。筆法方整，萬曆刻本之絶佳者。

葉德輝《書林清話》卷二《刻書分宋元體之始》　前明中葉以後，於是專有寫匡廓宋字之人。相沿至今，各圖簡易。杭世駿《欣托齋藏書記》云：「宋刻兩漢書，板縮而行密，字畫活脱，注有遺落，可以補入。此眞所謂宋字也。汪文盛猶得其遺意。元大德板，幅廣而行疏。鍾人傑、陳明卿稍縮小，今人錯呼爲宋字，拘板不靈，而紙墨之神氣薄矣。」錢泳《履園叢話・藝能類》「刻書」一則云：「刻書以宋刻爲上。至元時翻宋，尚有佳者。有明中葉，寫書匠改爲方筆，非顔非歐，已不成字。近時則愈惡劣，無筆畫可尋矣。」錢泰吉《曝書雜記》論刻書用宋體字，亦引杭説，謂「宋字濫觴於明季。汪琬、薛熙刻《明文在・凡例》云：古本均系能書之士各隨字體書之，無有所謂宋字也。明季始有書工專寫膚廓字樣，謂之宋體，庸劣不堪。余嘗以此言驗所見書，成化以前刻本，雖美惡不齊，從未有今所謂宋字者，知《明文在凡例》之言不謬。吾按杭氏所論，尚不知宋、元兩體之變遷。蓋宋刻一種，整齊方板，故流爲明體之膚廓；一種圓活秀勁，故流爲元體之流動。世傳明萬曆戊午四十六年趙用賢刻《管子》、《韓子》，已用今之所謂宋體字。想其時宋體字刻書已通行。然雖横輕直粗，猶有楷書風範。毛氏汲古閣刻《十三經》亦然。其他各種，則多近於今刻書之宋字。古今藝術之良否，其風氣不操之於搢紳，而操之於營營衣食之輩。然則今之倡言改革大政，變更法律者，吾知其長此擾攘，不至於禮俗淪亡、文字消滅未已也。」

又卷七《明時書帕本之謬》　明時官吏奉使出差，回京必刻一書，以一書一帕相饋贈，世即謂之書帕本，語詳顧炎武《日知録》。王士禛《居易録》云：「明時翰林官初上或奉使回，例以書籍送署中書庫。後無復此制矣。又如御史巡鹽茶學政部郎榷關等差，率出俸錢刊書。今亦罕見。宋王琪守蘇州，假庫錢數千緡，大修設廳。既成，漕司不肯破除。琪家有杜集善本，即俾公使庫鏤板印萬本，每部值千錢。士人爭買之。既償省庫，羨餘以給公廚。此又大裨帑費，不但文雅也。」按：明時官出俸錢刻書，本緣宋漕司郡齋好事之習。然校勘不善，訛謬滋多。至今藏書家，均視當時書帕本比之經廠坊肆，名低價賤殆有過之。然則昔人所謂刻一書而書亡者，明人固不得辭其咎矣。

又《明人不知刻書》　吾嘗言明人好刻書，而最不知刻書。郎瑛《七修類稿》云：「世重宋版詩文，以其字不差謬。今刻不特謬，而且遺落多矣。予因林和靖詩而嘆之。舊名止曰《漫稿》，上下兩卷，今分爲四卷。舊題如《送范寺丞仲淹》今改爲《送范仲淹寺丞》者最多，已非古人之意矣。今《拾遺・和運使陳學士游靈隱寺》古詩四章，宋刻首篇者也，今僅律絶多，而遂以此爲拾遺可乎？」《丁志》影宋本《和靖先生詩集》二卷下，引之不詳。然不獨林集爲然也。《四庫書目提要・集部・詩文評類》：「《詩話總龜前集》四十八卷，《後集》五十卷，宋阮閲撰。案胡仔《苕溪漁隱叢話》序曰：『舒城阮閲，昔爲郴江守，嘗編《詩總》，頗爲詳備。』則此書本名《詩總》。其改今名，不知出誰手也。此本爲明宗室月窗道人所刊，并改其名爲阮一閲，尤爲疏舛。其書前集分四十五門，所採書凡一百種，《後集》分六十一門，所採書亦一百種，分類瑣屑，頗有乖於體例。前有郴陽李易序，乃曰：『阮子舊集頗雜，月窗條而約之，彙次有義，棼結可尋。』然則此書已經改竄，非其舊目矣。」是雖天潢刻書，亦不可據。今阮氏原本已歸繆氏藝風堂，卷帙完全，與月窗所刻者迥别。以較《提要》所指摘者，皆非原書之文。可知朱明一朝刻書，非仿宋刻本，往往羼雜已注，或竄亂原文，如「月窗」之類，觸目皆是，不僅此二書然也。嗟乎！明人虚僞之習，又豈獨刻書一事也哉！

又《明人刻書改換名目之謬》　明人刻書有一種惡習，往往刻一書而改頭換面，節删易名。如唐劉肅《大唐新語》，馮夢禎刻本改爲《唐世説新語》。先少保公《巖下放言》，商維濬刻《稗海》本改爲鄭景望《蒙齋筆談》。郎奎金刻《釋名》，改作《逸雅》，以合《五雅》之目。全屬臆造，不知其意

何居。又如陶九成《説郛》，《四庫書目提要・子部・雜家雜纂之屬》，《説郛》一百二十卷云：「周亮工《因樹屋書影》稱：南曲寇四家，有宗儀《説郛》全部，凡四巨櫥。世所行者非完本。弘治丙辰，上海郁文博改編百卷，竄改舊本，已非九成之舊。此本百二十卷，爲順治丁亥姚安陶珽所編，又非文博之舊矣。」胡文煥《格致叢書》，《黃記》校元本宋提刑《洗冤錄》云：「胡文煥覆本，文理略同，殊多脱誤，且改易卷第。」又云：「明人喜刻書而又不肯守其舊，故所刻往往戾於古。即如此書，能翻刻之，可謂善矣，而必欲改其卷第，添設條目，何耶？」陳繼儒《秘笈新書》，《四庫書目提要・子雜家類》，《野客叢書》三十卷，附《野老記聞》一卷云：「書本三十卷，見於自序。陳繼儒《秘笈》所刻僅十二卷，凡其精核之處，多遭删削。今仍以原本著錄，而繼儒繆本則不復存目。」尤爲陋劣。然《説郛》爲後人一再改編，信非南村之病。胡文煥一坊估，無知妄作，亦不必論其是非。獨《秘笈》全出於欺世盜名，其智計與書帕房卷何異？否則豈有自命文人，而爲此誣亂古人、疑誤後學之事者？此明季山人人品之卑下，即此刻書而可見矣。

又《明許宗魯刻書用説文體字》 明嘉靖間，閩中許宗魯刻書，好以《説文》寫正楷，亦是一弊。吾家有《國語韋昭注》一種，板心有「宜靜書屋」四字，望之殊爲古雅。然宋岳珂《九經三傳沿革例》「字畫」一條云：「其有駭俗者，則通之以可識者。」注：「謂如『宜』之爲『宜』，『䈗』之爲『晉』之類，皆取石經遺文。」又云：「非若近世眉山李肩吾從周所書《古韻》及文公《孝經刊誤》等書，純用古體也。」可知刻書字貴通俗，在宋已然，何況今日。許氏於嘉靖七年刻《呂氏春秋》，亦係古體字。畢氏沅經訓堂校刻呂書，其「引據諸本目」列之第三，云：「此從宋賀鑄舊校本，字多古體。」是畢氏直以許刻源本宋槧，而不知其自我作古也。顧此亦嘉靖間風氣如此。吾藏嘉靖十年陸鈛刻《呂氏家塾讀詩記》，亦係如此，在明人則又過於好古矣。

又《明刻書用古體字之陋》 明中葉以後諸刻稿者，除「七子」及王、唐、羅、歸外，亦頗有可採取者。然多喜用古體字。即如海鹽馮豐諸人尤甚。查他山先生見之曰：「此不明六書之故。若能解釋得出《説文》，斷不敢用也。」雖然，查氏之説，未免高視明人。有明一代，爲《説文》之學者，僅有趙宧光一人。所爲《長箋》，猶多臆説。且其人已在末季，其時刻書用古體字之風亦稍衰歇矣。吾嘗言與明時刻書人言字學，但語以王安石《字説》，即可去其嗜古好奇之病。蓋王氏《字説》，多從眞楷一體以言六書，則誠不免杜撰。以言刻書，則可引之通俗，何必欲其解釋《説文》耶？

又《明人刻書載寫書生姓名》 明人刻書，亦有極其愼重，必書刻並工者。如《天祿琳琅後編》十一元版，此以明版誤作元版。《文心雕龍》十卷，卷末刻「吳人楊鳳繕寫」，弘治間衢州推官賀志同刻《續博物志》十卷，卷末有「開化庠生方衛謹錄」一行。《張志》、《瞿目》明刻楊維楨《鐵崖文集》五卷，卷末有「姑蘇楊鳳書於揚州之正誼書院」一行。皆誤元刻。《孫記》明版《論衡》三十卷，板心有「通津草堂」四字，末卷後有「周慈寫、陸奎刻」六字。《丁志》、《繆記》明嘉靖王敦祥刻王楙《野客叢書》三十卷，卷末有「長洲吳曜書、黃周賢等刻」兩行，板心亦有黃周賢、嚴椿等刻工姓名。德輝按：莫友芝《郘亭知見書目》有此本，云嘉靖壬戌王谷祥刊本。以敦祥誤作谷祥。此本吾有之，乃細字刻本。實王敦祥，非王穀祥也。《瞿目》先文莊棻竹堂刻《雲仙雜記》十卷，云倩友俞質夫寫而刻之。質夫名允文，工書。《黃續記》舊刻本《文溫州集》，云相傳爲其子徵明手書以付剞劂者，故於明人集中最爲珍重。《繆續記》崇禎庚辰葉益蓀春晝堂刻《陶靖節集》六卷，板心有「春晝堂」三字，葉益蓀、林異卿手書上版。其他楊愼《升庵全集》，王世貞《弇州山人四部稿》，字體雅近歐柳，首尾如一筆書，意當時必覓工楷法者爲之。惜如此巨編，而不著其姓氏名字。然則林吉人之寫《漁洋精華錄》，《午亭文編》，《堯峰文鈔》，許翰屏爲胡果泉中丞影寫宋本《文選》，幸而記載流傳，俾讀者摩挲景仰。不然，沒世無稱，亦枉拋心力也。

又卷八《宋元明印書用公牘紙背及各項舊紙》 《陸志》北宋蜀刻大字本《漢書》殘本八卷，紙背皆元時公牘。《張志》元刊本《隋書》八十五卷，紙背係洪武初年行移文冊。《黃記》元刊本幽蘭居士《東京夢華錄》十卷云：「印本當在明初。蓋就其紙背文字驗之，有本班助教廖崇志，堂西二班學正翁深、學正江士魯考訖，魏克讓考訖，正誼堂、誠心堂西二班民生黃刷卷遠差易中等論語大誥云云，雖文字不可卒讀，而所云皆國子監中事，知廢紙爲監中冊籍也。」又明刻本《僑吳集》十二卷云：「乃弘治中張習重刊本，字迹古雅，與所藏張來儀、徐北郭諸集悉同，惟紙背皆明人箋翰簡帖。雖非素紙印本，然古氣斑斕，亦自可觀。宋元舊本往往如是，又何傷也。」《丁志》明翻宋本《李端詩集》三卷云，用弘治元年至四年蘇州府官冊紙背所印。《繆續記》宋刊元修明印本《國語》二十一卷，以成

化二十餘年冊紙印行。元西湖書院本《國朝文類》七十卷，明中葉冊籍紙印。觀此數則，知古時紙料之堅，故可一用再用。而古人愛惜物力之意，亦可於此見之矣。

葉德輝《書林餘話》卷下　明初承元之舊，故成、弘間刻書尚黑口。嘉靖間書多從宋本翻雕，故尚白口。今日嘉靖本珍貴不亞於宋、元，蓋以此也。大抵此類版心，書名只摘一字，下刻數目。其白口、小黑口空處上記本葉字數，下記匠人姓名，不全刻書名也。全刻書名在萬曆以後，至我國初猶然。

鄧邦述《群碧樓書目初編》卷七《明刻本》　有明一代刻書，體凡數變，明初承元之後，去宋未遠，其鏤板往往與宋元相出入，坊賈假以亂眞，撤去序跋，剜其木記，或莫能辨也。然明人仿宋元本則不若國朝之謹嚴不苟，蓋其行欵篇次頗有更改，信古不篤，失之毫釐，謬以千里，抑亦明人讀書習氣使然歟？嘉靖、萬曆享世並永，刻工面目亦迥然不侔，然萬曆雖劣下，而寒山趙氏所繙之《玉臺新咏》乃獨出冠時，亦存乎其人矣。玆編所録較昔賢爲寬，概以萬曆爲限，啓、禎坊刻固不敢收，亦懼同志誚吾濫惡，若嘉靖則每多佳刻，別爲著録。

又卷八《嘉靖刻本》　嘉靖歷祚四十五年，其時文儒輩出，世際中葉，累席承平，所刊秘籍皆延求良工，字體方整，雖不逮兩宋有歐、虞矩範，而自爲風尚，卓爾不群。士大夫涖官輒刻一書以餉同志，名曰「書帕本」，後之作者莫能及也。歷世既長，刻書益夥，流傳津逮，稍易搜尋。

又附録《書衣雜識・明本鶴林玉露》　《鶴林玉露》十六卷，明初刻本，頗得宋刻矩矱。明刻佳者皆仿宋體，亦有似元刻者，皆明初本也。自嘉靖時刊本字勢方整，又變一格；嘉靖歷年最久，故能自成一格。萬曆歷世與嘉靖相埒，然劂氏工極醜劣，世無重之者矣。近世坊賈每以明本贋宋，若淺識者往往莫辨，實則碔砆類玉，不足長價於卞氏之門也。

又《元本唐三體詩説》　元明之季，刻版頗難別，其先後要須至正德、嘉靖間始別有面目可尋。坊友譚篤生屢云今世無宋版，凡收藏家所云宋版，皆明刊也。余謂不然。宋元各有眞面，雖更數百年後猶不可誣。若坊賈以贋亂眞，獨明初諸刻然耳。至今世收藏家即得一明初刻本，亦奚不可什襲珍之。

又《群碧樓善本書録》卷三　《風俗通義》十卷，二冊。漢應劭撰。明繙大德刻本。前有劭自序，有大德丁未李果序，又嘉定三年丁黼跋。此乃明繙大德本，其行款與大德本同，而字體方整，又似繙宋。丁《目》列元、明兩本，其不同處只首篇前題一云「新校正」，一云「新刊校正」，其於明本又云「當用宋本重雕者」。余謂明人刻書例不謹嚴如此，書繙宋而刻元人之序，不免自相矛盾，繙元又增一「刊」字，使其顯有異同，仍是自行己意。

又卷四　《白虎通德論》二卷，四冊。漢王充撰。明嘉靖通津艸堂本。明刻本以嘉靖閒梓工爲最有矩矱。此通津艸堂本紙印極美，於宋爲似。特宋刻楷法用顏、柳體，方勁中有渾茂之氣，非明人所能。宋版譬之漢隸，明刻止如唐碑，姿媚非不勝古，而氣勢厚薄則有時會之殊。此刻源出於元繙宋慶歷楊文昌本，而累害篇汙爲江河下，所闕之一葉凡三百九十餘字，乃不求完本補入，而奮筆於髮上增一毫字，後人沿謬襲訛，皆此本作之俑也。吾於明人刻書見其無知妄作者多矣，不圖於佳刻亦蹈此痼疾也。

又《寒瘦山房鬻存善本書目》卷三　《漢書》，唐顔師古注，明嘉靖汪文盛刊本。目録家舉明刻兩《漢書》佳本必曰汪文盛，其次則曰周采。款式相同，是一是二莫可辨也。余此書首卷有周采、周琉、柯喬等校刊之名，他卷遂不復見，間有汪文盛、高瀔、傅汝舟之名，與范書同。無者則剷而去之，有剷而不盡者，三人名字約略可辨，豈周采等實取汪刻而易己名者耶？明人有書帕本，采爲福建按察使，琉爲提學副使，喬爲巡海副使，皆按司同僚。三人共收此刻，改竄己名，以爲書帕之用，事或有之。否則紙墨如一，無配合之迹，即使配印，亦不必剷去汪名，使題下虛此一行，況剷之而不能盡耶？余嘗疑莫刻韓、柳文，何其與游居正所刻脗合無間。由此觀之，明人自有此例，無可疑也。夫到官刻書如此鉅製精雕，豈復咄嗟可辨。收一佳本而易以己名，事半而功倍矣。

《清稗類鈔・藝術類・汪頌閣喜習宋體字》　宋體字者，流俗通用刻書之字體也。蓋北宋時刊本，俱能書之士各隨字體書之。元人刊書，盛仿趙松雪字體。明隆、萬時始有書工，專爲寫膚廓字樣，謂之宋體，刻書者皆能寫之。

藝文

楊守敬《藏書絶句·藩府本》 晉唐趙楚並秦藩，鉛槧勤將秘籍繙。內府成均殊字脚，是誰染色亂璵璠。

又《經廠本》 經義尊崇古學微，尚於經廠見幾希。合刊大字聯篇韻，不受當年冑監譏。

又《書帕本》 賸流餽贐重牙籤，行篋攜持邁錦縑。可惜忽忽成劣品，世間傳印尚無厭。

圖録

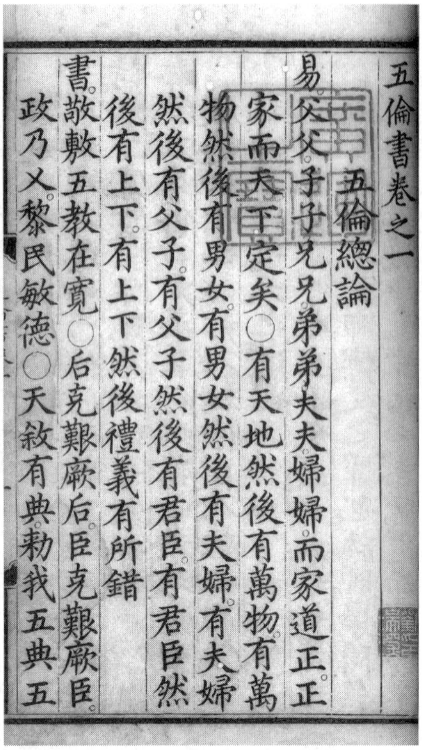
五倫書卷之一
五倫總論
易父父子子兄兄弟弟夫夫婦婦而家道正正
家而天下定矣○有天地然後有萬物有萬
物然後有男女有男女然後有夫婦有夫婦
然後有父子有父子然後有君臣有君臣然
後有上下有上下然後禮義有所錯
書敬敷五教在寬○后克艱厥后臣克艱厥臣
政乃乂黎民敏德○天敘有典勅我五典五

圖〇四二　《五倫書》六十二卷，（明）宣宗朱瞻基撰，明正統十二年（1447）內府刻本。

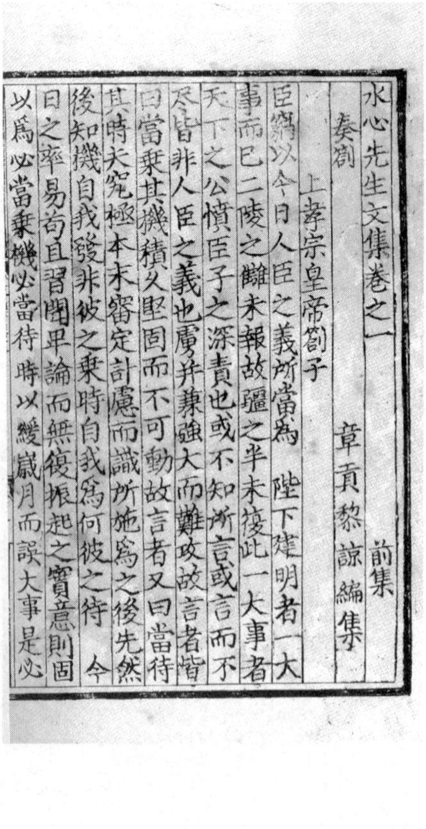
水心先生文集卷之一　前集
奏劄　章貢黎諒編集
上孝宗皇帝劄子
臣竊以今日人臣之義所當為陛下建明者一大
事而已二陵之讎未報故疆之半未復此一大事者
天下之公憤臣子之深責也或不知所言或言而不
盡皆非人臣之義也虜并兼強大而難攻故言者皆
曰當秉其機積久堅固而不可動故言者又曰當待
其時夫究極本末審定計慮而識所施為之後先然
後知機自我發非彼之秉時自我為何彼之待今
日之患易苟且習闒平論而無復振起之實意則固
以為必當秉機必當待時以幾歲月而設大事是必

圖〇四三　《水心先生文集》二十九卷，（宋）葉適撰，明正統十三年（1448）黎諒刻本。

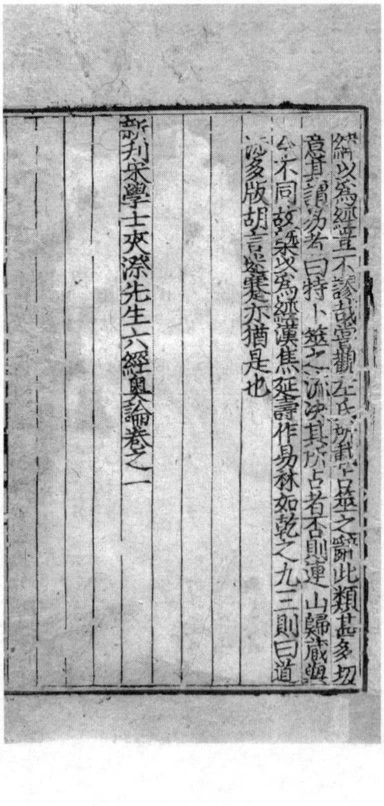
經以為經豈不謬哉嘗觀左氏所載占筮之辭此類甚多切
意其謂易者曰特卜筮之流決其所占者否則連山歸藏與
今不同故筮以為經漢焦延壽作易林如乾之九三則曰道
涉多阪胡言連蹇亦猶是也
新刊宋學士夾漈先生六經奧論卷之一

圖〇四四　《新刊宋學士夾漈先生六經奧論》六卷，《總論》一卷，題（宋）鄭樵撰，明成化四年（1468）書林劉氏日新堂刻本。

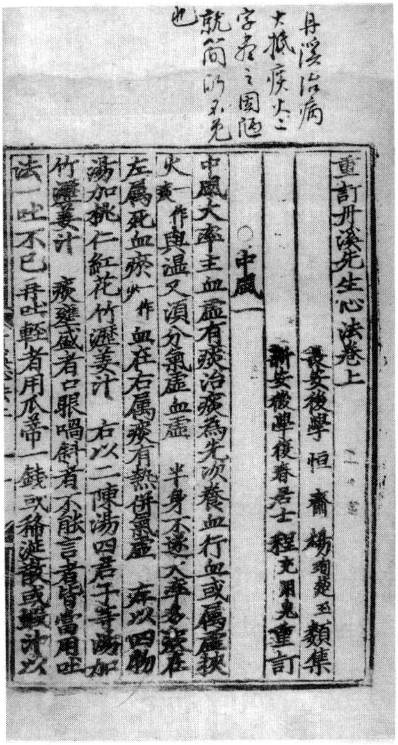
重訂丹溪先生心法卷上
[illegible]安後學 恒齋 楊珣楚玉 類集
新安樸學復春居士 程充用光 重訂
中風一
中風大率主血虛有痰治痰為先次養血行血或屬虛挾火一作與溫又須分氣虛血虛 半身不遂大率多痰在左屬死血瘀一作少血在右屬痰有熱并氣虛 左以四物湯加桃仁紅花竹瀝姜汁 右以二陳湯四君子等湯加竹瀝姜汁 痰壅盛者口眼喎斜者不能言者皆當用吐法一吐不已再吐輕者用瓜蒂一錢或稀涎散或蝦汁以

圖〇四五　《重訂丹溪先生心法》三卷，（元）朱震亨撰，（明）程充重訂，明弘治六年（1493）程祖興等刻本。

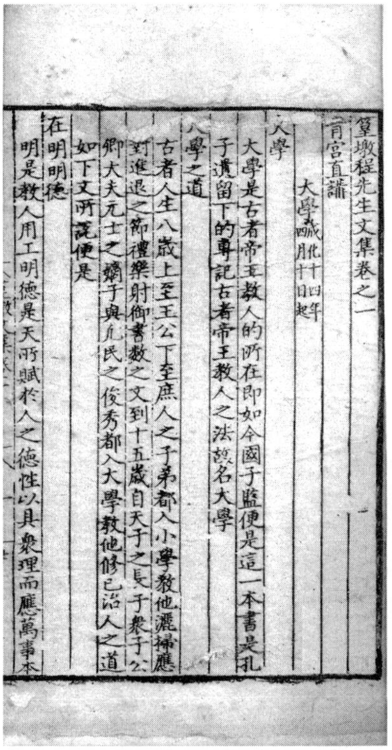
篁墩程先生文集卷之一
青宮直講
大學成化十四年四月十日起
大學
大學是古者帝王教人的所在即如今國子監便是這一本書是孔子遺留下的專記古者帝王教人之法故名大學
大學之道
古者人生八歲上至王公下至庶人之子弟都入小學教他灑掃應對進退之節禮樂射御書數之文到十五歲自天子之長子衆子公卿大夫元士之嫡子與凡民之俊秀都入大學教他修己治人之道
如下文所說便是
在明明德
明是教人用工明德是天所賦於人之德性以具衆理而應萬事本

圖〇四六　《篁墩程先生文集》九十三卷，《拾遺》一卷，（明）程敏政撰，明正德二年（1507）何歆刻本。

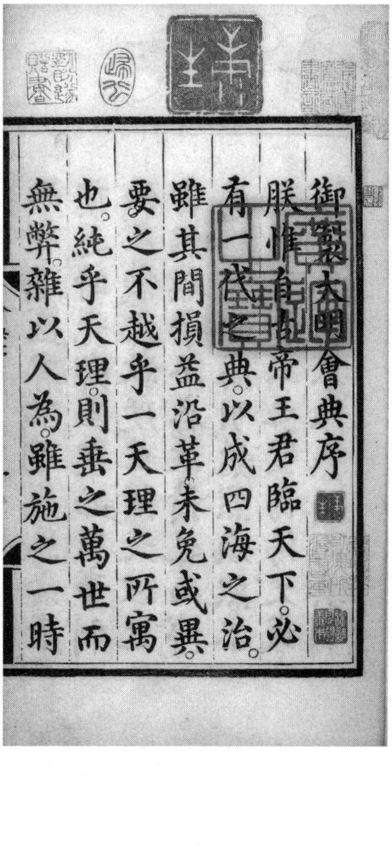
御製大明會典序
朕惟自古帝王君臨天下。必有一代之典。以成四海之治。雖其間損益沿革未免或異。要之不越乎一天理之所寓也。純乎天理。則垂之萬世而無弊。雜以人為。雖施之一時

圖〇四七　《大明會典》一百八十卷，（明）徐溥等纂修，明正德六年（1511）司禮監刻本。

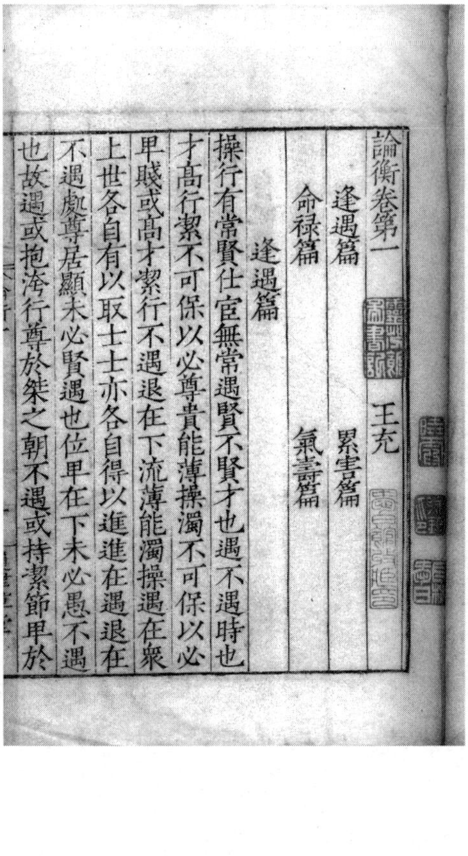
論衡卷第一　王充
逢遇篇　累害篇
命祿篇　氣壽篇
逢遇篇
操行有常賢仕宦無常遇賢不賢才也遇不遇時也才高行潔不可保以必尊貴能薄操濁不可保以必卑賤或高才潔行不遇退在下流薄能濁操遇在衆上世各自有以取士士亦各自得以進進在遇退在不遇處尊居顯未必賢遇也位卑在下未必愚不遇也故遇或抱洿行尊於桀之朝不遇或持潔節卑於

圖〇四八　《論衡》三十卷，（漢）王充撰，明嘉靖十四年（1535）蘇獻可通津草堂刻本。

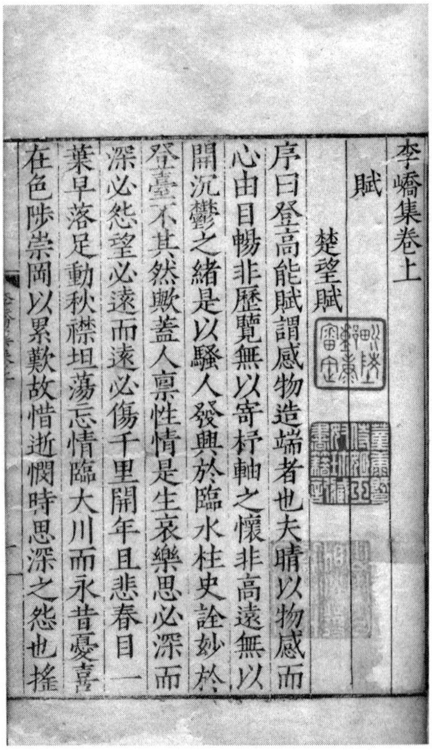
李嶠集卷上
賦
楚望賦
序曰登高能賦謂感物造端者也夫睛以物感而心由目暢非歷覽無以寄杼軸之懷非高遠無以開沉鬱之緒是以騷人發興於臨水柱史詮妙於登臺不其然歟蓋人禀性情是生哀樂思必深而深必怨望必遠而遠必傷千里開年且悲春目一葉早落足動秋襟坦蕩忘情臨大川而永昔憂喜在色陟崇岡以累歎故惜逝憫時思深之怨也搖

圖〇四九　《唐詩二十六家》五十卷，（明）黄貫曾編，明嘉靖三十三年（1554）黄氏浮玉山房刻本。

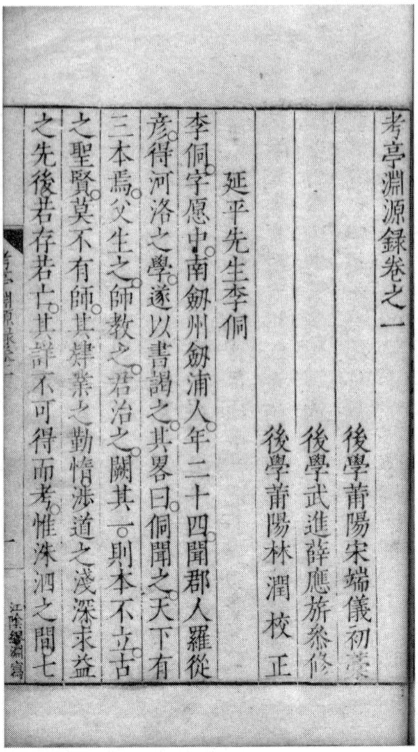
考亭淵源録卷之一
後學莆陽宋端儀初藁
後學武進薛應旂叅修
後學莆陽林潤校正
延平先生李侗
李侗字愿中南劒州劒浦人年二十四聞郡人羅從彥得河洛之學遂以書謁之其畧曰侗聞之天下有三本焉父生之師教之君治之闕其一則本不立古之聖賢莫不有師其肄業之勤惰涉道之淺深求益之先後若存若亡其詳不可得而考惟洙泗之間七

圖〇五〇　《考亭淵源録》二十四卷，（明）宋端儀撰，（明）薛應旂重輯，明隆慶三年（1569）刻本。

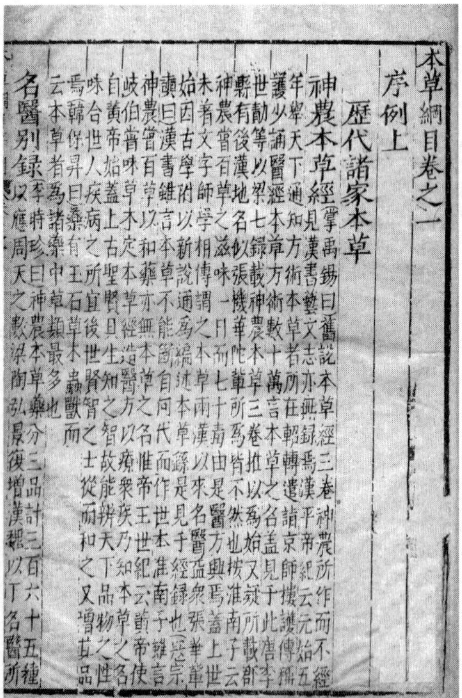
本草綱目卷之一
序例上
歷代諸家本草
神農本草經（掌禹錫曰舊説本草經三卷神農所作而不經見漢書藝文志亦無録焉漢平帝紀云元始五年舉天下通知方術本草者所在軺傳遣詣京師樓護傳稱護少誦醫經本草方術數十萬言本草之名蓋見於此唐李世勣等以梁七録載神農本草三卷推以爲始斯爲失矣或疑其間所載生出郡縣有後漢地名者以爲似張仲景華佗輩所爲是又不然也淮南子云神農嘗百草之滋味一日而七十毒由是醫方興焉蓋上世未著文字師學相傳謂之本草兩漢以來名醫益衆張機華佗輩始因古學附以新説通爲編述本草由是見於經録寇宗奭曰漢書雖言本草不能斷自何代而作淮南子雖言神農嘗百草以和藥亦無本草之名惟帝王世紀云黄帝使岐伯嘗味草木定本草經造醫方以療衆疾乃知本草之名自黄帝始蓋上古聖賢具生知之智故能辨天下品物之性味合世人疾病之所宜後世賢智之士從而和之又增其品焉韓保昇曰藥有玉石草木蟲獸而云本草者爲諸藥中草類最多也）
名醫別録（李時珍曰神農本草藥分三品計三百六十五種以應周天之數梁陶弘景復增漢魏以下名醫所

圖〇五一　《本草綱目》五十二卷，《圖》二卷，（明）李時珍撰，明萬曆二十一年（1593）金陵胡承龍刻本。

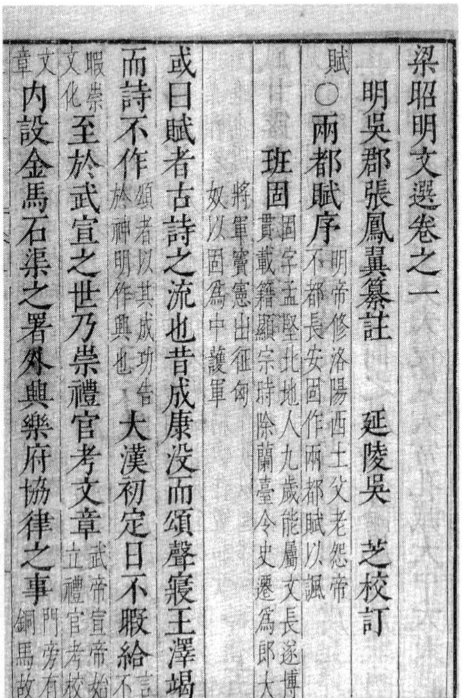
梁昭明文選卷之一
明吳郡張鳳翼纂註　延陵吳　芝校訂
賦
〇兩都賦序（明帝修洛陽西土父老怨帝不都長安固作兩都賦以諷）
班固（固字孟堅北地人九歲能屬文長遂博貫載籍顯宗時除蘭臺令史遷爲郎大將軍竇憲出征匈奴以固爲中護軍）
或曰賦者古詩之流也昔成康沒而頌聲寢王澤竭而詩不作（頌者以其成功告於神明作興也）大漢初定日不暇給（言不暇崇文化）至於武宣之世乃崇禮官考文章（武帝宣帝始立禮官考校文章）內設金馬石渠之署外興樂府協律之事（門旁有銅馬故

圖〇五二　《梁昭明文選》十二卷，（南朝梁）蕭統輯，（明）張鳳翼纂注，明萬曆間刻本。

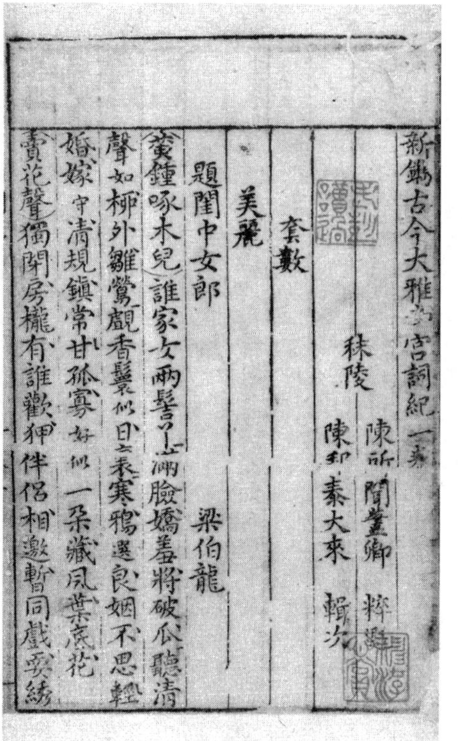

新鐫古今大雅南宮詞紀 一卷
秣陵 陳所聞藎卿 粹選
陳邦泰大來 輯次
套數
美麗
題閨中女郎 梁伯龍
黄鐘啄木兒 誰家女兩髻丫滿臉嬌羞將破瓜聽清聲如柳外雛鶯覷香鬟似日上秦寒鴉選良姻不思輕婚嫁守清規鎮常甘孤寡好似一朵藏風葉底花
賣花聲 獨閉房櫳有誰歡狎伴侶相邀暫同戲耍綉

圖〇五三 《新鐫古今大雅南宮詞紀》六卷，（明）陳所聞輯，明萬曆三十二年（1604）陳氏繼志齋刻本。

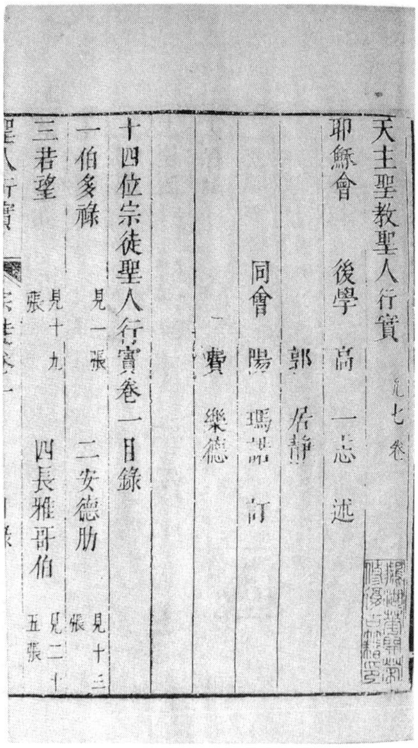

天主聖教聖人行實 元七卷
耶穌會後學 高一志 述
郭居靜
同會 陽瑪諾 訂
費樂德
十四位宗徒聖人行實卷一目録
一伯多祿 見一張 二安德肋 見十三張
三若望 見十九張 四長雅哥伯 見二十五張
聖人行實 宗徒 卷一

圖〇五四 《天主聖教聖人行實》七卷，（意大利）高一志撰，明崇禎二年（1629）武林超性堂刻本。

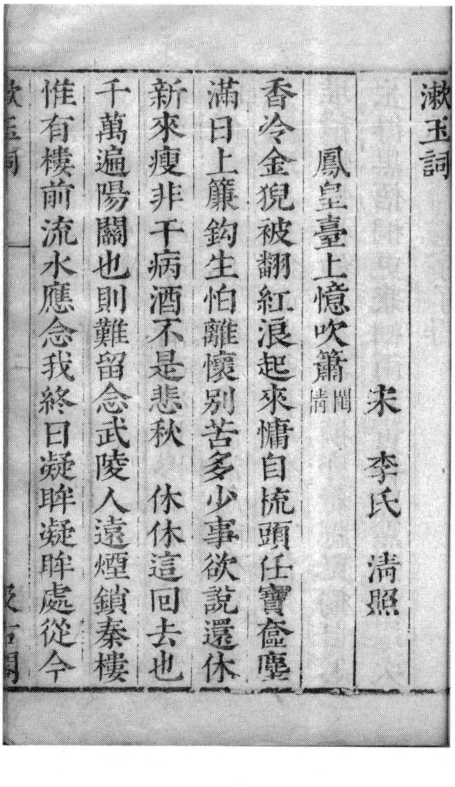

漱玉詞
宋 李氏 清照
鳳皇臺上憶吹簫 閨情
香冷金猊被翻紅浪起來慵自梳頭任寶奩塵滿日上簾鈎生怕離懷別苦多少事欲說還休新來瘦非干病酒不是悲秋 休休這回去也千萬遍陽關也則難留念武陵人遠煙鎖秦樓惟有樓前流水應念我終日凝眸凝眸處從今
漱玉詞 汲古閣

圖〇五五 《漱玉詞》一卷，（宋）李清照撰，明天啓間毛氏汲古閣刻《詩詞雜俎》本。

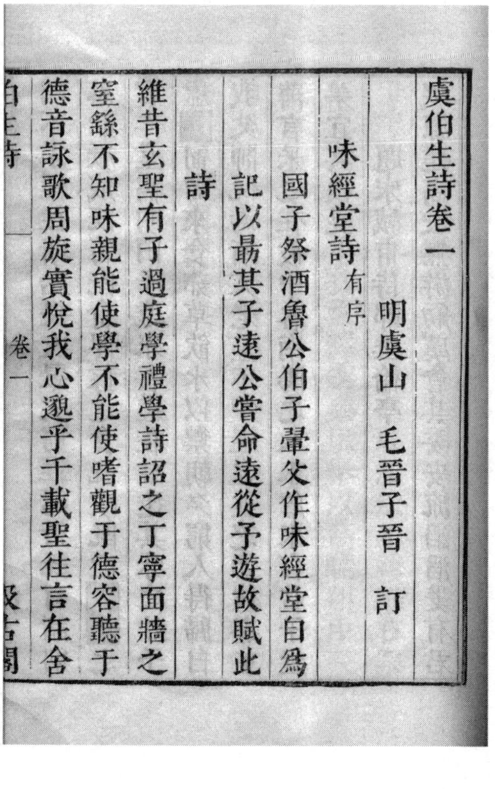

虞伯生詩卷一
明虞山 毛晉子晉 訂
味經堂詩 有序
國子祭酒魯公伯子輩父作味經堂自爲記以勗其子遠公嘗命遠從予遊故賦此
詩
維昔玄聖有子過庭學禮學詩詔之丁寧面牆之窒繇不知味親能使學不能使嗜觀于德容聽于德音詠歌周旋實悅我心邈乎千載聖往言在舍
虞伯生詩 卷一 汲古閣

圖〇五六 《元詩四大家》二十七卷，（明）毛晉編，明崇禎間毛氏汲古閣刻本。

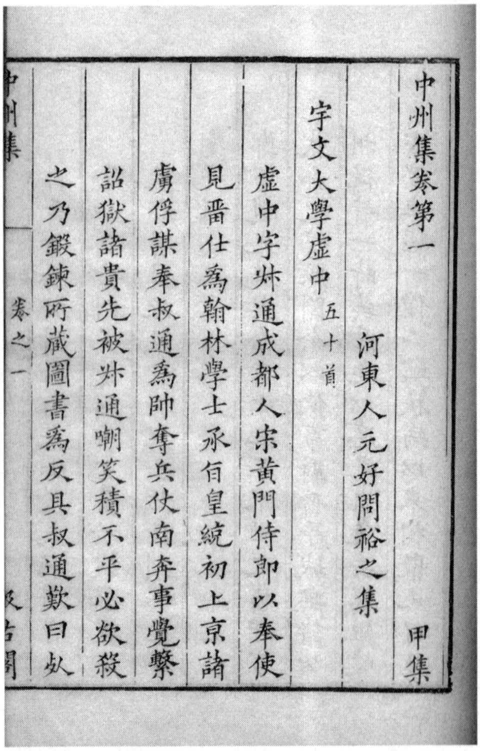
中州集卷第一　　　甲集

河東人元好問裕之集

宇文大學虛中　五十首

虛中字叔通成都人宋黃門侍郎以奉使見留仕爲翰林學士承旨皇統初上京諸虜俘謀奉叔通爲帥奪兵仗南奔事覺繫詔獄諸貴先被叔通嘲笑積不平必欲殺之乃鍛鍊所藏圖書爲反具叔通歎曰死

中州集　卷之一　汲古閣

圖〇五七　《中州集》十卷，《中州樂府》一卷，（金）元好問輯，明末毛氏汲古閣刻本。

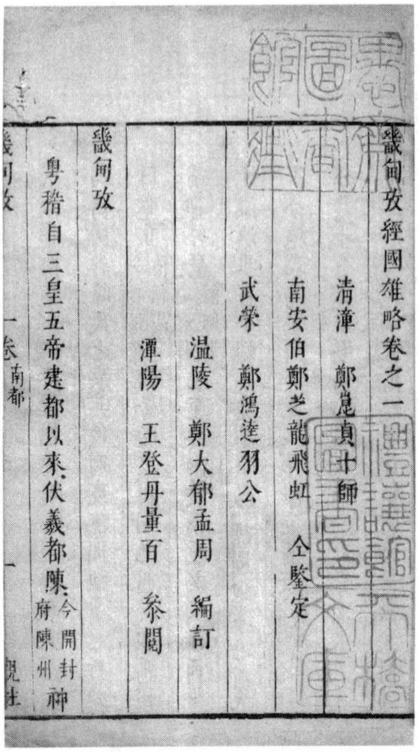
識匈奴經國雄略卷之一

清漳　鄭崑貞　大師

南安伯鄭芝龍飛虹　仝鑒定

武榮　鄭鴻逵羽公

溫陵　鄭大郁孟周　編訂

潭陽　王登丹量百　參閱

識匈奴

粵稽自三皇五帝建都以來，伏羲都陳，今開封府陳州

識匈奴　一卷　南都　一　觀社

圖〇五八　《經國雄略》四十八卷，（明）鄭大鬱編，明弘光元年（1645）觀社刻本。

清刻本

綜述

方苞《望溪集外文》卷二《奏重刻十三經廿一史事宜劄子》　刻字之板材有老稚，乾久之後，邊匡長短不能畫一，故自來書籍止齊下線，惟殿中進呈之書幷齊上線，臨時或烘板使短，或煮板使長，終有參差，仍用描界取齊。數烘，數煮，板易朽裂。凡字經剜補，木皆突出散落，再加修補，則字畫大小粗細不一，而舛誤彌多。經史之刊，以垂久遠，若致剝落，則虛糜國帑。伏乞特降諭旨，即進呈之本，亦止齊下線，不用烘煮，庶可久而不敝。爲此請旨欽定程式，以便遵行，謹奏。

查克弘《晚唐詩鈔・凡例》　是編意欲仿宋人刊本，字畫疏密中少具錯落之致，今杭郡刻工得傳者甚少，倘強而行之，未免有壽陵餘子之誚，然較之坊刻頗有可觀，若近日吳趨新樣，亦得其大略耳。

金埴《不下帶編》卷四　六十年前白下、吳門、西泠三地之書尚未盛行，世所傳者，獨建陽本耳。其中訛錯甚多，不可不知。今閩平版書本久絕矣，惟三地書行於世。然亦有優劣，吳門爲上，西泠次之，白門爲下。自康熙三、四十年間頒行御本諸書以來，海內好書有力之家，不惜雕費，競摹其本，謂之歐字。見刻宋字書，宋字相傳爲宋景文書本之字，在今日則棗本之劣者。置不掛眼。蓋今歐字之精，超軼前後，後世寶惜，必稱曰「康版」，更在宋版書之上矣。

錢泰吉《曝書雜記》卷上《刻書用宋體字》　國初刻書，多有請名手楷寫者：侯官林佶吉人寫漁洋、午亭、堯峰三家詩文集，當時印本極精，余僅有《堯峰文鈔》；陳文道所著書，則其子黃中繕寫也。秀水朱梓廬先生《小木子詩三刻》：《梓廬舊稿》爲同邑辜啓文書仿柳誠懸體，《壺山自吟稿》，嘉興陳寓新箊書用文衡山體，《俟甯居偶詠》爲先生兒子聲希吉雨書，體兼顏、趙，亦吾鄉一佳刻也。附識於

此。堯峰同郡人薛熙半園輯《明文在》百卷，康熙三十一年其門人吳縣倪霱亦雲繕寫付梓。【略】然宋體寫刻之工，亦大有高下。若其佳者尚可觀，必欲如宋元刻書之活脱，有姿態，良工亦能爲之，惟工料數倍，卷帙繁重者，勢有不能。蓋今之版價工價，倍增於前，而刻工俱習爲宋體書；若欲楷寫，必倩名手，刻工之拙者亦不能奏刀也。

劉毓崧《通義堂文集》卷八《刻王氏船山叢書凡例》 新刻本遇廟諱御名及至聖諱等字，例應敬避敬缺者一一謹循功令，其無庸忌諱之字，欽遵高宗純皇帝聖諭，槩存不删。

曾國荃《曾文正公書札》卷一四《致周縵雲》 前此面商前、後《漢書》每卷之末一葉刻一戳，記云「金陵書局倣汲古閣式刻」。昨見局板尚未添刻，請即飭令以後各卷皆須增刻。以前各卷可補者補之，不可補者聽之。僕嘗論，刻板之精者須兼方、粗、清、匀四字之長。方，以結體方整言，而好手寫之，則筆畫多有稜角，是不僅在體，而並在畫中見之；粗，則耐於多刷，最忌一横之中太小，一撇之尾太尖等弊；清，則此字不與彼字相混，字邊不與直線相拂；匀者，字之大小匀，畫之粗細匀，布白之疏密匀。既係長遠之局，須請局中諸友，常常執此四端與工匠講求。

繆荃孫《藝風藏書續記》卷六 邇時參合各本，擇善而從。後來盧抱經、孫淵如墨守此派。敕先則據一宋本，筆筆描似，即訛字亦從之，縮宋本於今日，所謂下眞蹟一等者。後來黃蕘圃、汪閬源墨守此派。兩派一屬校讐，一屬賞鑑，均士林之寶笈也。

葉德輝《郋園讀書志》卷二 《字鑑》五卷。道光五年海昌許槤刊本。許氏此外刻有吳玉搢《金石存》、沈彤《釋骨》及朱墨套印《六朝文絜》等，皆楷書精美。道光初元，當累葉承平之時，士大夫風雅好事，猶有乾嘉流風，其手民技藝之精，亦足徵當時物力之殷富；今則民氣凋敝，百事隋窳，求如此種精刻精印之書，幾欲與宋元舊本論價。

又《書林清話》卷九《國朝刻書多名手寫録亦有自書者》 國初諸人刻書，多倩名手工楷書者爲之。如倪霱爲薛熙寫《明文在》，侯官林吉人佶爲王士禛書《漁洋精華録》，爲汪琬書《堯峰文鈔》，爲陳廷敬書《午亭文編》，常熟王子鴻儀爲漁洋書《詩續集》《香祖筆記》二，均極書刻之妙。徐康《前塵夢影録》云：「乾嘉時，有許翰屏以書法擅名，當時刻書之家，均延其寫樣。如士禮居黃氏、享帚樓秦氏、德輝按：秦爲享帚精舍，不名樓也。此即石研齋。平津館孫氏、藝芸書舍汪氏以及張古余、吳山尊諸君，所刻影宋本秘籍，皆爲翰屏手書。一技足以名世，洵然。」《録》又云：「嘉慶中，胡果泉方伯議刻《文選》，校書者爲彭甘亭兆蓀、顧千里廣圻，影宋寫樣者爲許翰屏，極一時之選。即近時所謂胡刻《文選》也。」又云：「享帚樓刻呂衡州、李翱等集，顧澗翁更覓得足本沈亞之等集七家，皆用昌皮紙，浼翰屏精寫，不加裝釘，但用夾板平鋪，以便付梓。余曾訪澗翁文孫河之孝廉，曾一見之。今河之久歿，所居亦遭劫，書樣無可訪問矣。」今孫、黃、秦、胡、張、吳諸家所刻書，均不署翰屏姓名，微徐録，將湮沒不傳矣。同時，長洲有李福爲士禮居寫明道本《國語》見本書序，吳縣陸損之爲士禮居寫《汪本隸釋刊誤》士禮居刻本，幸皆於刻本著名，使姓名與書不朽。至黃丕烈寫《季滄葦書目》，余秋室學士集書元周密《志雅堂雜鈔》、金元好問《續夷堅志》、孫承澤《庚子消夏記》、《百衲琴》嘉慶戊午刻。許槤寫元李文仲《字鑒》、《六朝文絜》、吳玉搢《金石存》，江元文寫王芑孫《碑版廣例》，顧南雅學士蒓爲錢人昕寫《元史・藝文志》，初刻初版，直欲方駕宋元。其自書己集者，則鄭燮自書《板橋集》，金農自書《冬心集》，而尤以江聲自書篆字《尚書集注音疏》十二卷、《經師系表》一卷、《釋名疏證》八卷、《補遺》一卷，張敦仁草書《通鑑補識誤》三卷，爲刻板中別樹一幟。今則初刻精印，皆不易得矣。

藝文

楊守敬《藏書絶句・殿本》 臣向編摩校録工，三千寶牘啓鴻濛。正經正史精超宋，更萃荆溪萬丈虹。

葉德輝《書林清話》卷九《都門書肆之今昔》 康雍繕寫工，乾嘉校勘細。【略】蘇揚官局開，閩浙踵相繼。精鏤仿宋元，餘亦稱中駟。

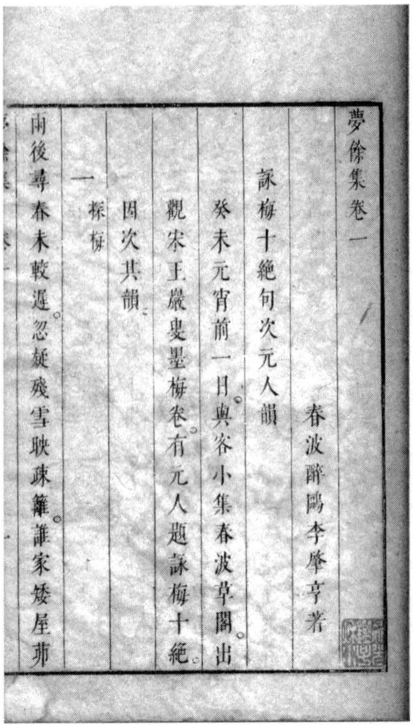
夢餘集卷一
春波醉鷗李肇亨著
詠梅十絶句次元人韻
癸未元宵前一日與客小集春波草閣出
觀宋王嵓叟墨梅卷有元人題詠梅十絶
因次其韻
一　探梅
雨後尋春未較遲忽疑殘雪耿疎籬誰家矮屋茆

圖〇五九　《夢餘集》四卷，（清）李肇亨撰，清順治間刻本。

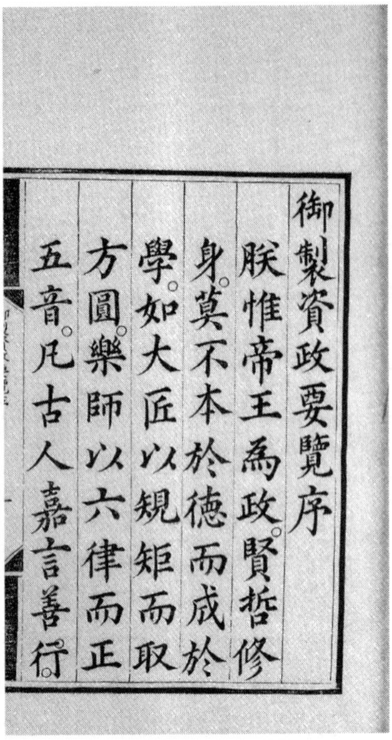
御製資政要覽序
朕惟帝王為政賢哲修
身莫不本於德而成於
學如大匠以規矩而取
方圓樂師以六律而正
五音凡古人嘉言善行

圖〇六〇　《御製資政要覽》三卷，（清）世祖福臨撰，清順治十二年（1655）内府刻本。

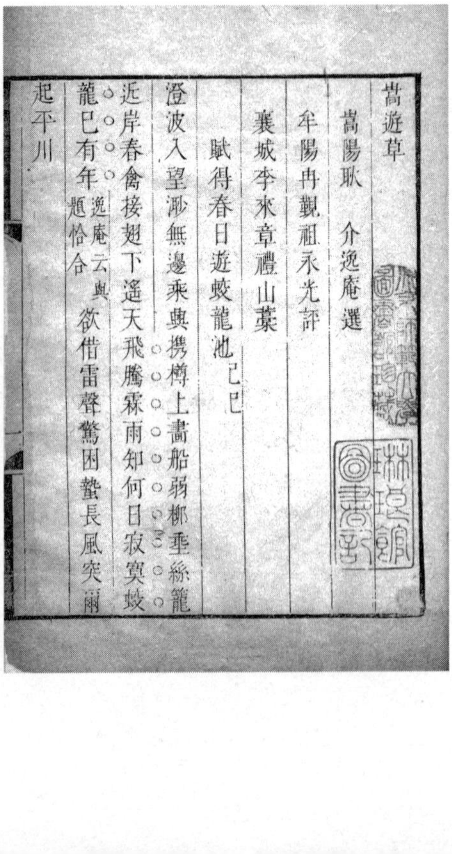
嵩遊草
嵩陽耿　介逸庵　選
牟陽冉覲祖永光　評
襄城李來章禮山　藁
賦得春日遊蛟龍池　己巳
澄波入望渺無邊乘興携樽上畫船弱柳垂絲籠
近岸春禽接翅下遥天飛騰霖雨知何日寂寞蛟
龍已有年逸庵云與題恰合欲借雷聲驚困蟄長風突兩
起平川

圖〇六一　《嵩遊草》一卷，（清）李來章撰，（清）冉覲祖評，清康熙三十年（1691）刻本。

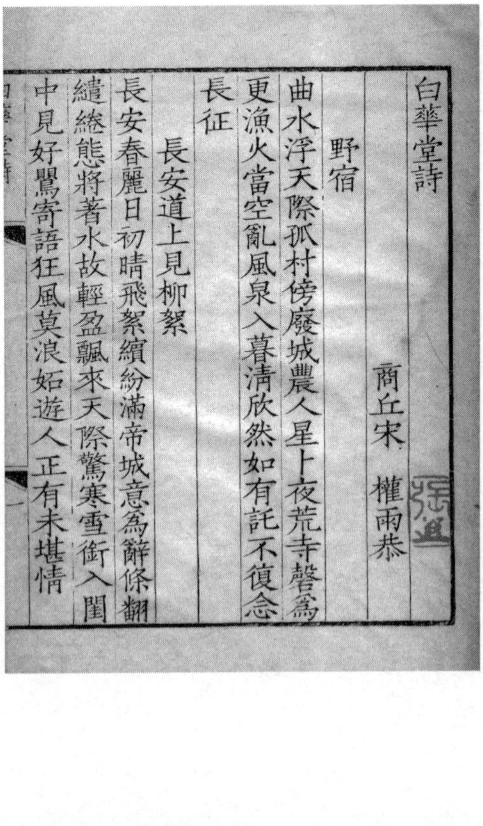
白華堂詩
商丘宋　權雨恭
野宿
曲水浮天際孤村傍廢城農人星上夜荒寺磬爲
更漁火當空亂風泉入暮清欣然如有託不復念
長征
長安道上見柳絮
長安春麗日初晴飛絮繽紛滿帝城意為辭條翻
繾綣態將著水故輕盈飄來天際驚寒雪銜入閨
中見好鸎寄語狂風莫浪妬遊人正有未堪情

圖〇六二　《白華堂詩》一卷，（清）宋權撰，清康熙三十年（1691）商丘宋犖刻本。

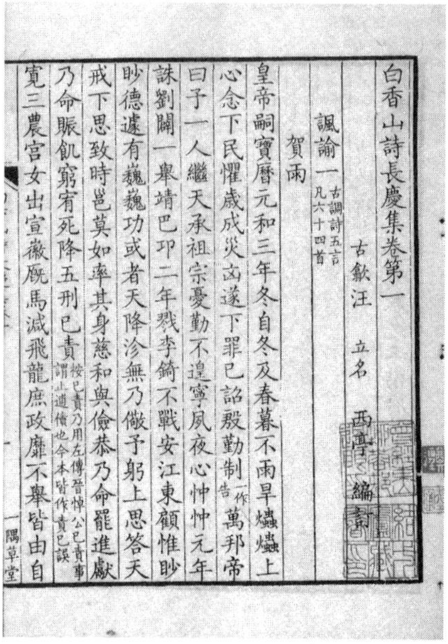

白香山詩長慶集卷第一　古歙汪　立名　西亭　編訂

諷諭一　古調詩五言 凡六十四首

賀雨

皇帝嗣寶曆元和三年冬自冬及春暮不雨旱爞爞上心念下民懼歲成災遂下罪己詔殷勤制一作告萬邦帝曰予一人繼天承祖宗憂勤不遑寧夙夜心忡忡元年誅劉闢一舉靖巴邛二年戮李錡不戰安江東顧惟眇眇德遠有巍巍功或者天降沴無乃儆予躬上思答天戒下思致時邕莫如率其身慈和與儉恭乃命罷進獻乃命賑飢窮宥死降五刑已責寬三農宮女出宣徽廄馬減飛龍庶政靡不舉皆由自

圖〇六三　《白香山詩長慶集》二十卷，後集十七卷，《别集》一卷，《補遺》二卷，（唐）白居易撰；《年譜》一卷，（清）汪立名撰；《年譜舊本》一卷，（宋）陳振孫撰，清康熙四十一年（1702）至四十二年（1703）汪立名一隅草堂刻本。

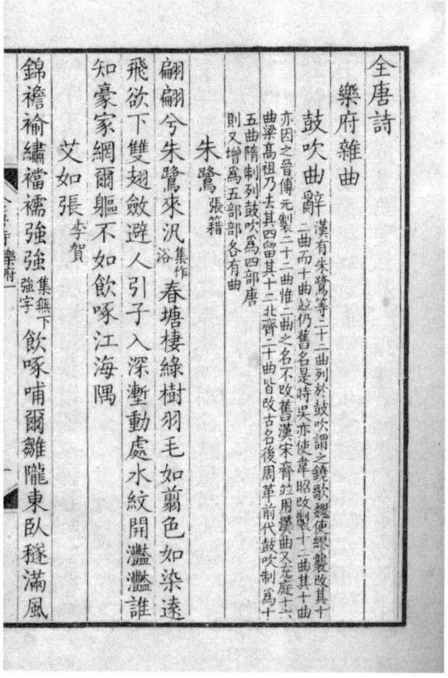

全唐詩

樂府雜曲

鼓吹曲辭

朱鷺　張籍

翩翩兮朱鷺來泛集作浴春塘棲綠樹羽毛如翦色如染遠飛欲下雙翅斂避人引子入深壍動處水紋開灩灩誰知豪家網爾軀不如飲啄江海隅

艾如張　李賀

錦襜褕繡襠襦強強集作強字飲啄哺爾雛隴東臥穟滿風

圖〇六四　《全唐詩》九百卷，《目録》十二卷，（清）曹寅、彭定求等奉敕纂，清康熙四十四年（1705）至四十六年（1707）揚州詩局刻本。

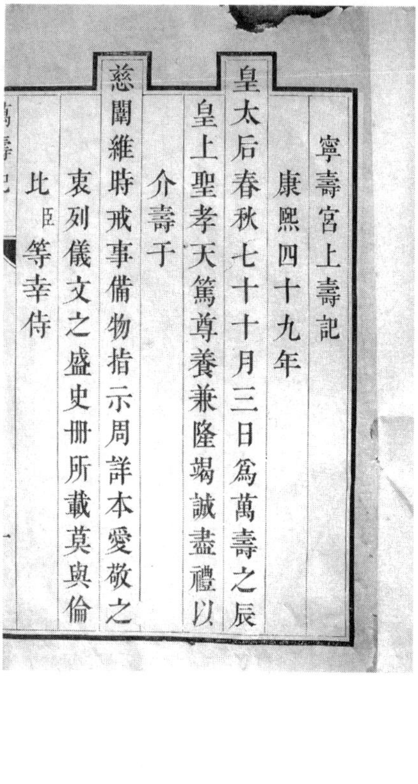

寧壽宮上壽記

康熙四十九年

皇太后春秋七十十月三日為萬壽之辰
皇上聖孝天篤尊養兼隆竭誠盡禮以
介壽于
慈闈維時戒事備物指示周詳本愛敬之
衷列儀文之盛史冊所載莫與倫
比臣等幸侍

圖〇六五　《萬壽記》不分卷，（清）趙昌、王道化等纂，清康熙四十九年（1710）内府刻本。

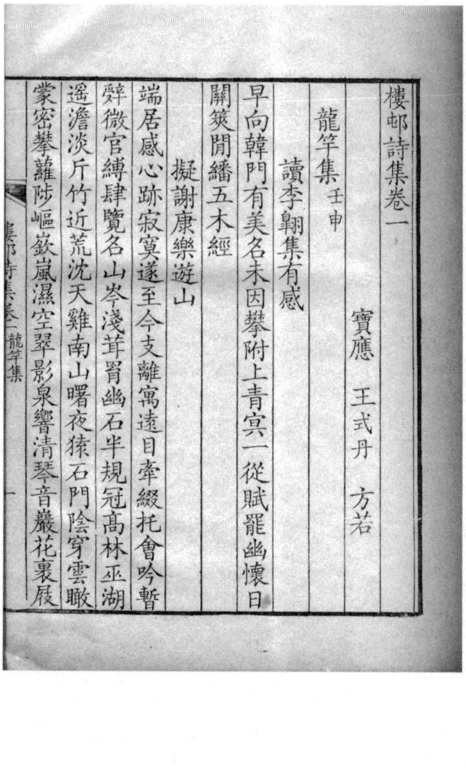

樓邨詩集卷一　寶應　王式丹　方若

龍竿集壬申

讀李翺集有感

早向韓門有美名未因攀附上青宂一從賦罷幽懷日闢箋門繙五木經

擬謝康樂遊山

端居感心跡寂寞遂至今支離寓遠目牽綴托會吟暫辟微官縛肆覽名山岑淺茸冒幽石半規冠高林巫湖遥澹淡斤竹近荒沈天雞南山曙夜猿石門陰穿雲瞰蒙密攀蘿陟嶇嶔嵐濕空翠影泉響清琴音巖花裏屐

圖〇六六　《樓邨詩集》二十五卷，（清）王式丹撰，清雍正四年（1726）王懋竑刻本。

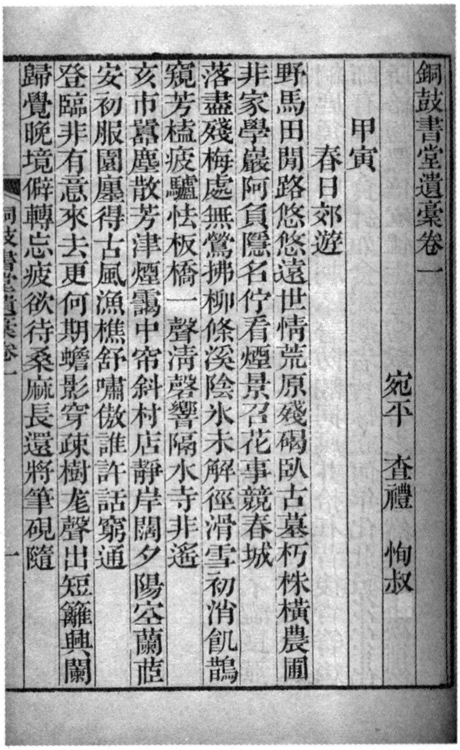
銅鼓書堂遺稾卷一

宛平 查禮 恂叔

甲寅

春日郊遊

野馬田間路悠悠遠世情荒原殘碣臥古墓朽株橫農圃
非家學嚴阿負隱名佇看煙景召花事競春城
落盡殘梅處無鶯拂柳條溪陰冰未解徑滑雪初消飢鵲
窺芳樹疲驢怯板橋一聲清磬響隔水寺非遙
亥市囂塵散芳津煙靄中帘斜村店靜岸闊夕陽空蘭苣
安初服園廛得古風漁樵舒嘯傲誰許話窮通
登臨非有意來去更何期蟾影穿疏樹尨聲出短籬興闌
歸覺晚境僻轉忘疲欲待桑麻長還將筆硯隨

圖〇六七 《銅鼓書堂遺稿》三十二卷，（清）查禮撰，清乾隆間查淳刻本。

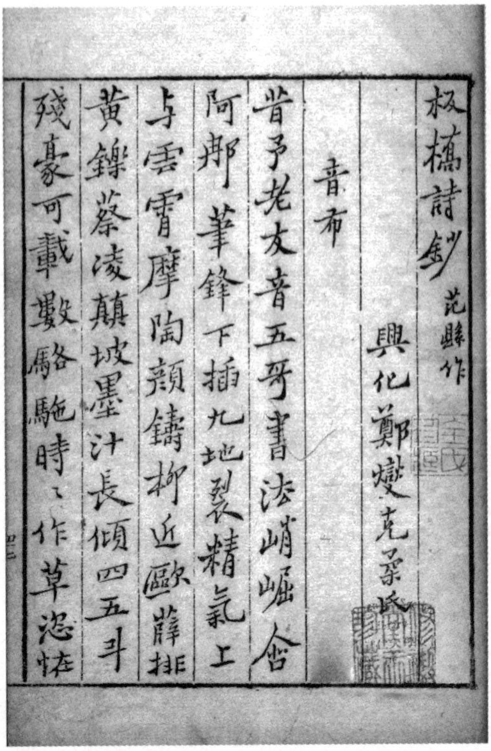
板橋詩鈔 范縣作

興化鄭燮克柔氏

音布

昔予老友音五哥書法峭崛含
阿那 筆鋒下插九地裂精氣上
与雲霄摩陶顏鑄柳近歐薛排
黃鑠蔡凌蘋坡墨汁長傾四五斗
殘豪可載數騾馳時時作草恣怯

圖〇六八 《板橋集》五卷，（清）鄭燮撰，清乾隆間刻本。

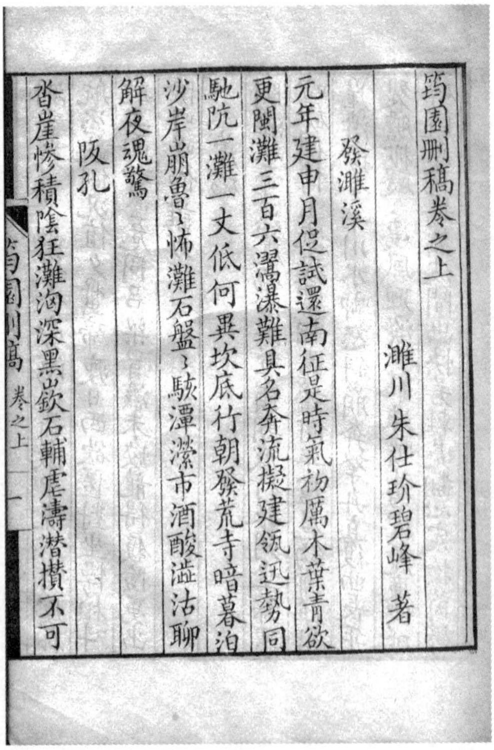
筠園刪稿卷之上

濰川 朱仕玠碧峰 著

發灘溪

元年建申月促試還南征是時氣初厲木葉青欲
更聞灘三百六漻瀑難具名奔流擬建瓴迅勢同
馳阬一灘一丈低何異坎底行朝發荒寺暗暮泊
沙岸崩魯魯怖灘石盤盤駭潭瀠市酒酸溢沽聊
解夜魂驚

阪孔

沓崖慘積陰狂灘洶深黑出欽石輔虐濤潛攢不可

圖〇六九 《筠園刪稿》三卷，（清）朱仕玠撰，清乾隆間刻本。

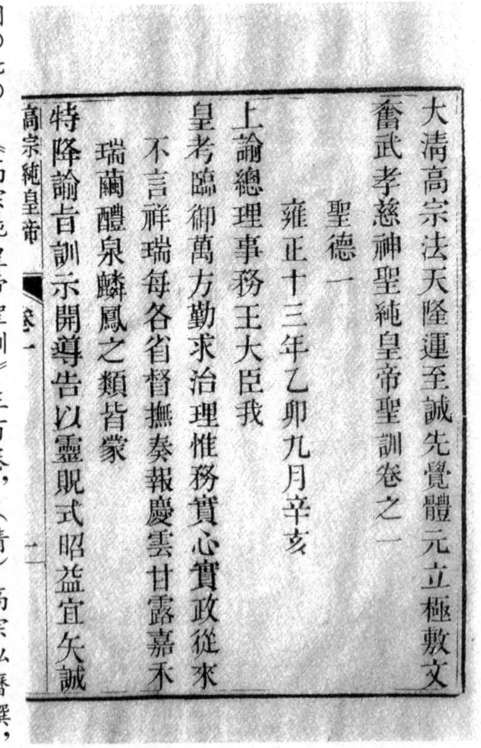
大清高宗法天隆運至誠先覺體元立極敷文
奮武孝慈神聖純皇帝聖訓卷之一

聖德一

雍正十三年乙卯九月辛亥

上諭總理事務王大臣我
皇考臨御萬方勤求治理惟務實心實政從來
不言祥瑞每各省督撫奏報慶雲甘露嘉禾
瑞繭醴泉麟鳳之類皆蒙
特降諭旨訓示開導告以靈貺式昭益宜矢誠

圖〇七〇 《高宗純皇帝聖訓》三百卷，（清）高宗弘曆撰，清嘉慶十二年（1807）武英殿刻本。

儀禮疏卷第一
唐朝散大夫行太學博士弘文館學士臣賈　公彦　等撰
儀禮疏序
竊聞道本沖虛非言無以表其跡言有微妙非釋無能悟其理是知聖
人言曲事資注釋而成至於周禮儀禮發源是一理有終始分爲二部
並是周公攝政太平之書周禮爲末儀禮爲本本則難明末便易曉是
以周禮注者則有多門儀禮所注後鄭而已其爲章疏則有二家信都
黄慶者齊之盛德李孟悊者隋日碩儒慶則舉大略小經注疎漏猶登
山遠望而近不知悊則舉小略大經注稍周似入室近觀而遠不察二
家之跡互有脩短時之所尚李則爲先案士冠三加有緇布冠皮弁爵
弁既冠又著玄冠見於君有此四種之冠故記人下陳緇布冠委貌周
弁以釋經之四種經之與記都無天子冠法而李云委貌與弁皆天子
始冠之冠李之謬也喪服一篇凶禮之要是以南北二家章疏甚多時
之所以皆資黄氏案鄭注喪服引禮記檀弓云經之言實也明孝子有
忠實之心故爲制此服焉則經之所作表心明矣而黄氏妄云衰以表

圖〇七一　《儀禮疏》五十卷，（唐）賈公彦等撰，清道光十年（1830）汪氏藝芸書舍影宋刻本。

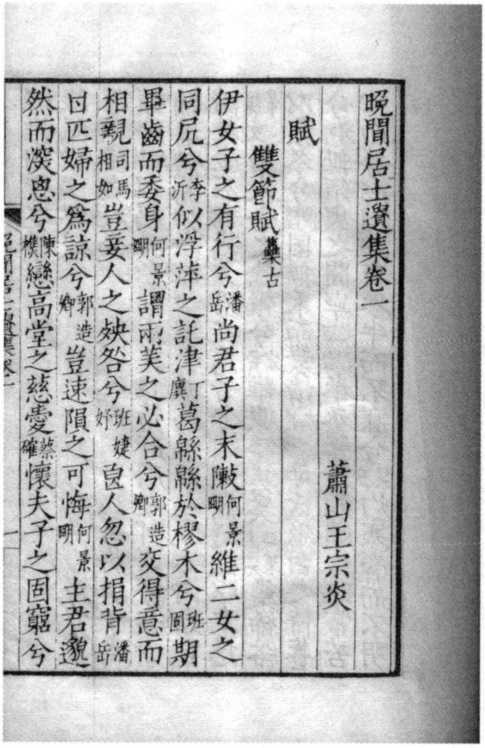
晚聞居士遺集卷一
蕭山王宗炎
賦
雙節賦集古
伊女子之有行兮潘岳尚君子之末儆何景明維二女之
同尻兮李沂似浮萍之託津丁廙葛緜緜於樛木兮班固期
畢齒而委身何景明謂兩美之必合兮郭造卿交得意而
相親司馬相如豈妾人之姎咎兮班婕妤良人忽以捐背潘岳
曰匹婦之爲諒兮郭造卿豈速隕之可悔何景明主君邈
然而濙忽兮陳櫟戀高堂之慈憂蔡確懷夫子之固窮兮

圖〇七二　《晚聞居士遺集》九卷，卷首一卷，（清）王宗炎撰，清道光十一年（1831）杭州愛日軒陸貞一仿宋字寫刻本。

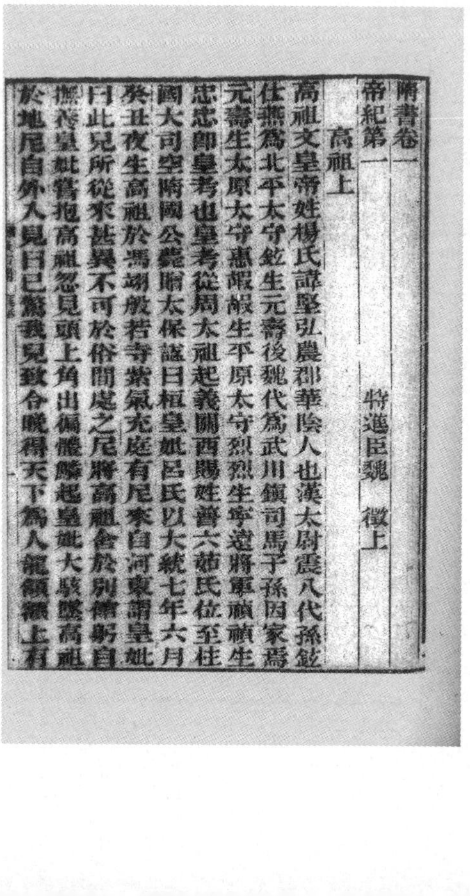
隋書卷一
帝紀第一
高祖上　　特進臣魏　徵上
高祖文皇帝姓楊氏諱堅弘農郡華陰人也漢太尉震八代孫鉉
仕燕爲北平太守鉉生元壽後魏代爲武川鎮司馬子孫因家焉
元壽生太原太守惠嘏嘏生平原太守烈烈生寧遠將軍禎禎生
忠忠即皇考也皇考從周太祖起義關西賜姓普六茹氏位至柱
國大司空隋國公薨贈太保謚曰桓皇妣呂氏以大統七年六月
癸丑夜生高祖於馮翊般若寺紫氣充庭有尼來自河東謂皇妣
曰此兒所從來甚異不可於俗間處之尼將高祖舍於別館躬自
撫養皇妣嘗抱高祖忽見頭上角出徧體鱗起皇妣大駭墜高祖
於地尼自外入見曰已驚我兒致令晚得天下爲人龍顔額上有

圖〇七三　《隋書》八十五卷，（唐）魏徵等撰，清同治十年（1871）淮南書局刻本。

補修本

綜　述

張金吾《愛日精廬藏書志》卷八　《漢書》一百二十卷，宋刊元修本。漢班固撰，唐秘書監上護軍琅邪縣開國子顔師古注。板心有注「大德至大延祐元統補刊」者，蓋宋刊元修本也。

陸心源《儀顧堂題跋》卷六《宋刊明補本賈子新書跋》　《賈子新書》十卷，明正德九年長沙守陸宗相補刊本。每頁十六行，行十一字。自序至跋，凡二百七頁。前有黃寶序，後有淳熙辛丑胡价跋。案：是書北宋刊本無聞，淳熙辛丑程給事爲湖南漕使，刊置潭州州學。據胡价跋，字句譌舛，以無他本可校，未能是正。正德中，陸宗相守長沙，得殘版數十片，因補刊成之。見黃寶序。是其中尚有宋淳熙殘版，特不多耳。

陸心源《儀顧堂續跋》卷五《宋槧明修宋書跋》　《宋書》一百卷，次行題「臣沈約新撰」。小題在上，大題在下。每葉十八行，每行十七字。版心有字數及刻工姓名。紹興眉山刻七史之一。有宏治四年、嘉靖八年、九年、十年修版。

又《宋槧明修魏書跋》　《魏書》一百十四卷，不題魏收銜名，前有臣攽、臣恕、臣燾、臣祖禹叙。攽者，劉攽；恕者，劉恕；燾者，梁燾；祖禹者，范祖禹也。行款、格式、宋諱闕避皆與《宋書》同，眉山刻七史之一，修至嘉靖十年止。

又《宋刊明修北齊書跋》　《北齊書》五十卷，次行題「隋太子通事舍人李百藥撰」。行款格式與《宋書》同，紹興十四年眉山刊七史之一，修至明嘉靖止。【略】此本亦多明修之版，又多斷爛之文，不能逐一校正之耳。

丁丙《善本書室藏書志》卷六　《漢書》一百二十卷，宋福唐刊明修本。班固撰，秘書監上護軍琅邪縣開國子顔師古注。是書首行小名在上，「班固」二字在中，大名在下。次行「顔注」銜名。每葉二十行，行十九字，注二十五字至二十八字不等。宋諱有缺筆。版心注大德、至大、延祐、元統補刊，蓋宋刊元修之本。《愛日精廬藏書志》有是帙，并有《後漢書》，款式、補修與此悉同，目録之外前後無一攷證。滬上更以此書來售，按之即屬此刻。惟將次行顔注銜名改題「鎮守福建都知監少監栝蒼馮讓宗和重修」。卷末有天順五年孟冬讓《修刊福唐郡庠書版跋》，云「予奉命來鎮福建，福庠替集版刻年深，詢知模糊殘缺過半，不便觀覽，心獨惻然，鳩工市版補刻」云云。始知宋刻於福唐者。

又　《宋書》一百卷。宋刊明修本。此爲紹興眉山所刻七史之一。小題在上，大題在下。每半葉九行，行十七字。版心上記字數，下列刻工姓名。其宏治、嘉靖間修版者則無之。

又卷七　《資治通鑑》二百九十四卷，元刊明修本。朝散大夫右諫議大夫權御史中丞充理檢使上護軍賜紫金魚袋臣司馬光奉敕編集，後學天台胡三省音注。至元二十七年正月立興文署，召集良工刊刻諸經子史，以《通鑑》爲起端，即是本也。前有溫公《進書表》，元豐七年《獎諭詔書》，元祐元年奉旨下杭州鏤版校定諸人銜名，紹興二年兩浙東路提舉監茶司公使庫下紹興府餘姚縣刊版校勘監視諸人銜名及胡三省音注自序。【略】明正嘉以來，是版歸入南廱，遞有修補。

繆荃孫《藝風藏書記》卷七　《貢禮部玩齋集》十卷，《拾遺》一卷。明嘉靖乙未修補天順本。有西蜀徐萬璧建安李默修板跋。

又《藝風堂藏書續記》卷二　《類編標注文公先生經濟文衡前集》二十五卷《後集》二十五卷《續集》二十二卷。元刻本，明人補版每半葉十二行，行二十三字。高六寸二分，寬四寸五分。宋滕珙取《朱子語録文集》分類編次，沁水李瀚以舊板漫漶，屬淮安知府趙俊補足。正德己巳楊一清序。元板重補板一望可知。

又　《西山先生眞文忠公讀書記甲集》三十七卷，《乙集》二十二卷，《丁集》八卷，宋刻本，有延祐三年補刊之葉有明補之葉。宋眞德秀撰。每半葉九行，行十六字，小字二十四字。高七寸，廣五寸。白口單邊，寬行大字，爽人心目。末刻銜名「提督奉議郎特添差福建安撫司參議官仍釐務涂演。提督奉議郎通判福州軍州事兼西外宗正丞黃巖孫。監雕迪功郎福州福清縣縣學主

學張楨」。甲記三十七卷，前有綱領，論天命之性至鬼神，標目百有二。乙記二十二卷，前有綱目、綱領，論虞夏大臣事業至有唐輔臣事業，標目十。丁記二卷，論處貧賤，論處富貴，論處患難，論處死生之道，論安義命，論輕重之分，標目六。首湯漢大字行書序「此書漢刊於三山學宮」，後取板入南監，遞次修補。板在南監，見《南雍志》。

葉德輝《郎園讀書志》卷九 《楊鐵崖古樂府》十卷，《復古詩集》六卷，明補元刻本。【略】前有至正二十四年甲辰章琬序。兩集版心通題「鐵崖先生古樂府卷之幾」，卷數接連計算，上下黑口，《古樂府》有點句，《復古詩集》有圈點，前有宋濂撰先生墓誌銘，蓋明時補刻也。

又《書林清話》卷一〇《宋元刻僞本始於前明》 元人補修宋版，明人補修宋元，多見古本書之人，可以望氣而定。如宋元舊板，明時盡貯於國子監，自元迄明，遞有補修，其板至國朝嘉慶時，始毁於江寧藩庫之火。明初印本流傳尚多，試取其紙料墨色印工驗之，斷乎不能混入天水。【略】南監修板最後印者，板式參差不齊，字跡漫漶難辨。即令工於作僞，無如開卷了然。至所稱扣填姓名，非獨墨色濃淡各殊，而字行決不能聯貫。且新紙染舊，燥氣未除，初印新雕，鋒芒未斂。種種無形之流露，可以神悟得之。

鄧邦述《群碧樓書目初編》附録《書衣雜識・宋本桯史》 此《桯史》十五卷，宋刊本也。惟板多漫漶，自元迄明時有修補。獨明時補板去宋彌遠，宋人刻書其字體往往摹仿歐、虞，昔見陶齋尚書所藏百衲本《漢書》，即劉燕庭舊物，中有密行小字一本，字體至精，余謂其似虞永興書，陶齋深以爲然。此書有數葉尚是宋刻眞面，其結體亦酷肖率更，是眞不易得也。明時曾得宋元板，輦而致之南雍，取其闕者補刊以行，史部最多。此書補葉多係黑口，恐仍是元末明初時所補，非入南雍後事。

又《群碧樓善本書録》卷一 《前漢書》一百二十卷，二十册。唐顔師古注。宋刊元修本。每半葉十行，行大字十九，小字二十六、七、八、九不等。【略】前後《漢》宋刻本，余所見惟李木齋師藏本爲最美，其版式與柯、王兩《史記》相同，即袁漱六所得之慶元劉元起刊本也。此書乃昭文張氏所稱宋槧元修本，款式及大德補刊諸葉皆一一相符。

圖録

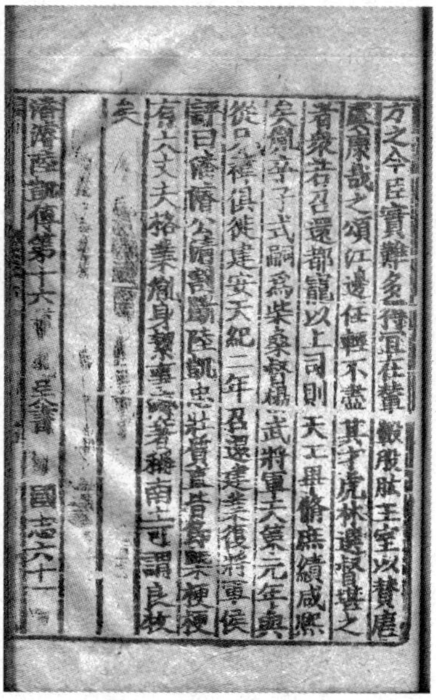
方之今臣實難多得宜在輦轂股肱王室以贊唐
虞康哉之頌江邊任輕不盡其才虎林選督堪之
者衆若召還都寵以上司則天工畢脩庶績咸熙
矣胤子式嗣爲柴桑督揚武將軍天冊元年與
從兄禕俱徙建安天紀二年召還建業復將軍侯
評曰潘濬公清割斷陸凱忠壯質直皆節概梗梗
有大丈夫格業胤身絜事濟著稱南土可謂良牧
矣
潘濬陸凱傳第十六 吳書 國志六十一

圖〇七四 《三國志》六十五卷，（晉）陳壽撰，（劉宋）裴松之注，元刻明嘉靖萬曆間南京國子監遞修本。圖爲元刻之葉。

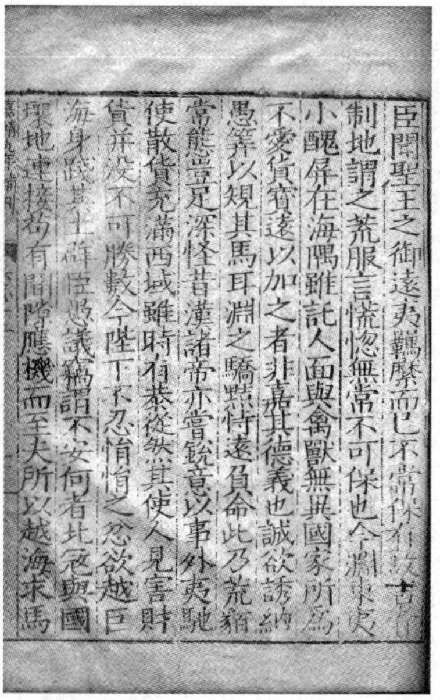
臣聞聖王之御遠夷羈縻而已不常保有故古者
制地謂之荒服言慌惚無常不可保也今淵東夷
小醜屏在海隅雖託人面與禽獸無異國家所爲
不愛貨寶遠以加之者非嘉其德義也誠欲誘納
愚筭以規其馬耳淵之驕黠恃遠負命此乃荒貊
常態豈足深怪昔漢諸帝亦嘗銳意以事外夷馳
使散貨充滿西域雖時有恭從然其使人見害財
貨并沒不可勝數今陛下不忍悄悄之忿欲越巨
海身踐其土羣臣愚議竊謂不安何者北寇與國
壤地連接苟有間隙應機而至夫所以越海求馬

圖〇七五 版本同上，圖爲嘉靖九年（1530）補刻之葉。

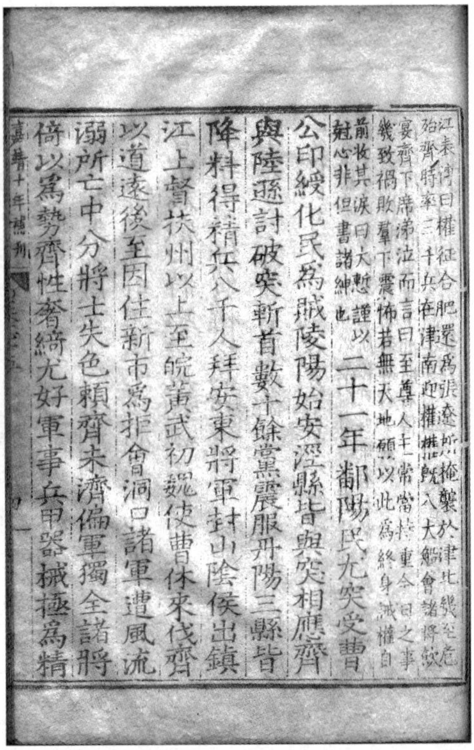
江表傳曰權徙合肥還爲張遼所掩襲於津北幾至危殆賀齊時率三千兵在津南迎權權既入大船會諸將飲宴齊下席涕泣而言曰至尊人主常當持重今日之事幾致禍敗羣下震怖若無天地願以此爲終身誡權自前收其淚曰大慙謹以刻心非但書諸紳也

二十一年鄱陽民尤突受曹公印綬化民爲賊陵陽始安涇縣皆與突相應齊與陸遜討破突斬首數千餘黨震服丹陽三縣皆降料得精兵八千人拜安東將軍封山陰侯出鎮江上督扶州以上至皖黄武初魏使曹休來伐齊以道遠後至因住新市爲拒會洞口諸軍遭風流溺所亡中分將士失色賴齊未濟偏軍獨全諸將倚以爲勢齊性奢綺尤好軍事兵甲器械極爲精

嘉靖十年補刊

圖〇七六　版本同上，圖爲嘉靖十年（1531）補刻之葉。

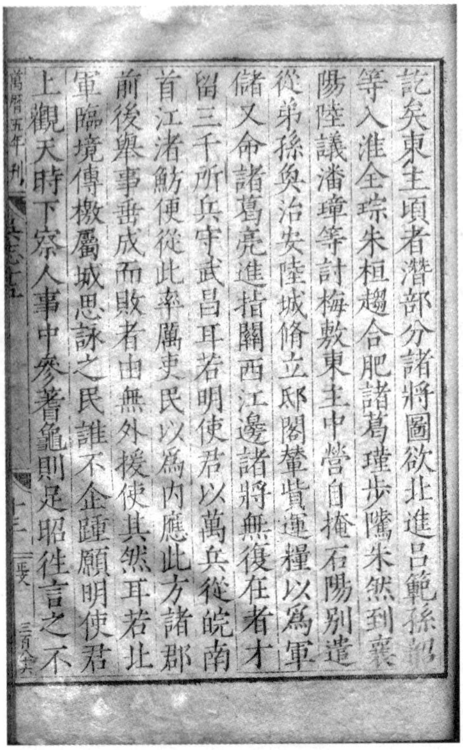
訖矣東主頃者潛部分諸將圖欲北進吕範孫韶等入淮全琮朱桓趨合肥諸葛瑾步隲朱然到襄陽陸議潘璋等討梅敷東主中營自掩石陽別遣從弟孫奐治安陸城脩立邸閣輦貲運糧以爲軍儲又命諸葛亮進指關西江邊諸將無復在者才留三千所兵守武昌耳若明使君以萬兵從皖南首江渚鮒便從此率厲吏民以爲内應此方諸郡前後舉事垂成而敗者由無外援使其然耳若北軍臨境傳檄屬城思詠之民誰不企踵願明使君上觀天時下察人事中參蓍龜則足昭往言之不

萬曆五年刊

圖〇七七　版本同上，圖爲萬曆五年（1577）補刻之葉。

乾隆三十年刊

黔南定齋先生著

易箋

敬和堂藏板

圖〇七八　《易箋》八卷，（清）陳法撰，清乾隆三十年（1765）刻清光緒十四年（1886）補修本。圖爲内封面。

定齋易箋

黔中安平陳法定齋著

首卷

圖說

河圖

八卦方位圖

洛書圖

文王卦位圖

太極通生圖

六十四卦圓圖

橫圖

方圖

圖〇七九　版本同上，圖爲原刻目録頁。

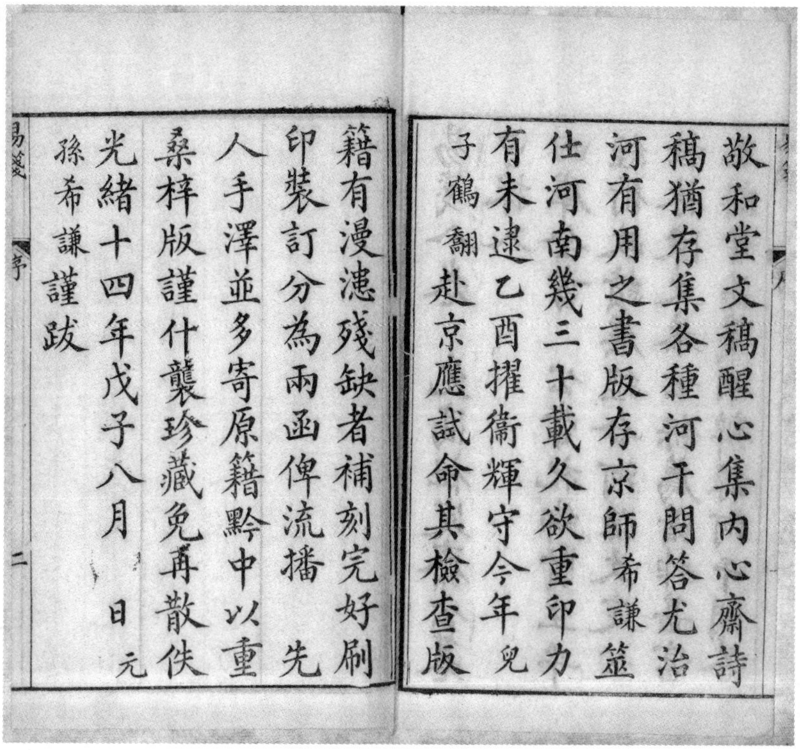
敬和堂文稿醒心集内心齋詩
稿猶存集各種河干問答尤治
河有用之書版存京師希謙筮
仕河南幾三十載久欲重印力
有未逮乙酉擢衛輝守今年兒
子鶴翻赴京應試命其檢查版
籍有漫漶残缺者補刻完好刷
印裝訂分為兩函俾流播先
人手澤並多寄原籍黔中以重
桑梓版謹什襲珍藏免再散佚
光緒十四年戊子八月　日元
孫希謙謹跋

圖〇八〇　版本同上，圖爲光緒十四（1888）年陳希謙序。

百衲本

綜述

董逌《廣川書跋》卷一〇《書錦堂記》　蔡君謨妙得古人書法，其書《書錦堂》，每字作一紙，擇其不失法度者裁截布列，連成碑形，當時謂「百衲本」。

錢曾《讀書敏求記》卷二　《史記》一百三十卷。唐尊老子爲玄元皇帝，開元二十三年勅升於《史記》列傳之首，處伯夷上。予昔藏宋刻《史記》有四，而開元本亦其一焉。今此本乃集諸宋板共成一書，小大長短各種咸備。李沂公取絲桐之精者雜綴爲一琴，謂之「百衲」，予亦戲名此爲「百衲本《史記》」，以發同人一笑焉。

王鳴盛《十七史商榷》卷一《史記一・史記集解分八十卷》　有某氏者藏書最稱奧博，自誇其家藏宋刻開元本《史記》升老子於列傳首，居伯夷上。又自誇集諸宋版《史記》共成一書，凡一百三十卷，小大、長短咸備。因李沂公取桐絲精者雜綴爲一琴，名「百衲琴」，故亦戲名此爲百衲《史記》。但百衲本既分一百三十卷，而開元本分卷若干，其爲仍裴駰之舊乎？抑已改之乎？

黃丕烈《蕘圃藏書題識》卷一〇　《皇朝文鑑》一百五十卷。舊抄本。此書向藏小讀書堆，今歸愛日精廬。予所藏亦有是書，計得五部，皆係宋刻，有大字小字之別；惟因均已殘缺爲恨，即效述古主人百衲《史記》之例，尚少目錄之下卷，緣借鈔足之，可云快事。

又《百宋一廛賦注》　殘大字本《昌黎先生文集》，每半葉十行，每行十八字。所存卷二十二至卷二十六而已，傳是樓舊物也。又殘小字本《昌黎先生集》，每半葉十一行，每行廿字，所存卷一至十，字畫方勁，而未有注，當是北宋槧。又殘本同前刻，所存第三十九第四十兩卷；又殘本《朱文公

校昌黎先生集》，每半葉十二行，每行廿一字，所存卷十一至末。予欲以四殘本相補完，故曰可作述古堂主人百衲《史記》之流裔也。

楊守敬《藏書絶句·百衲本》 蔡家百衲書千紙，遷史零收百衲書。一自敏求誇絶調，傳薪流裔滿藏儲。

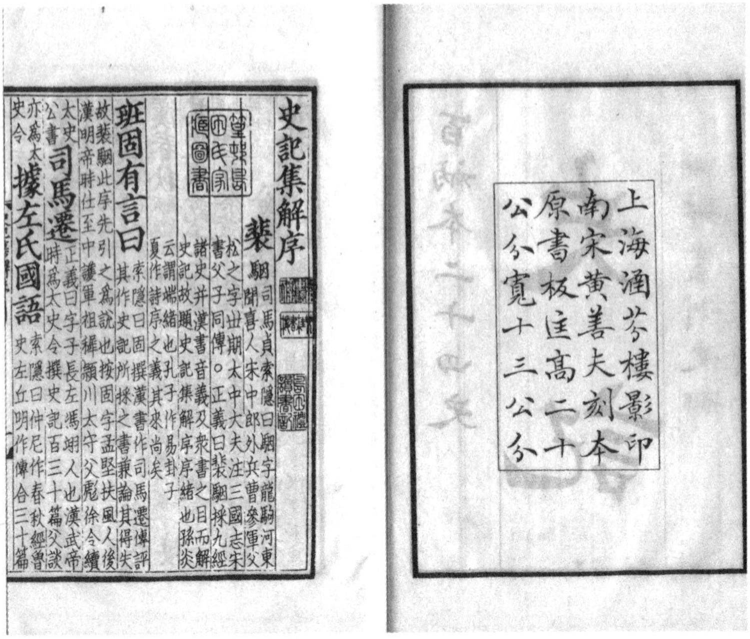
上海涵芬樓影印
南宋黃善夫刻本
原書板匡高二十
公分寬十三公分

百衲本二十四史

史記集解序
裴駰 司馬貞索隱曰駰字龍駒河東聞喜人宋中郎外兵曹參軍父松之字世期太中大夫注三國志宋書父子同傳。正義曰裴駰採九經諸史并漢書音義及衆書之目而解史記故題史記集解序序緒也孫炎云謂端緒也孔子作易卦子夏作詩序之義其來尚矣
班固有言曰 索隱曰固撰漢書作司馬遷傳評其作史記所採之書兼論其得失故裴駰此序先引之爲說也按固字孟堅扶風人後漢明帝時仕至中護軍祖穉潁川太守父彪徐令續太史公書 司馬遷 正義曰字子長左馮翊人也漢武帝時爲太史令撰史記百三十篇父談亦爲太史令 據左氏國語 索隱曰仲尼作春秋經曾史左丘明作傳合三十篇

圖〇八一 民國上海商務印書館影印《百衲本二十四史》之《史記》。

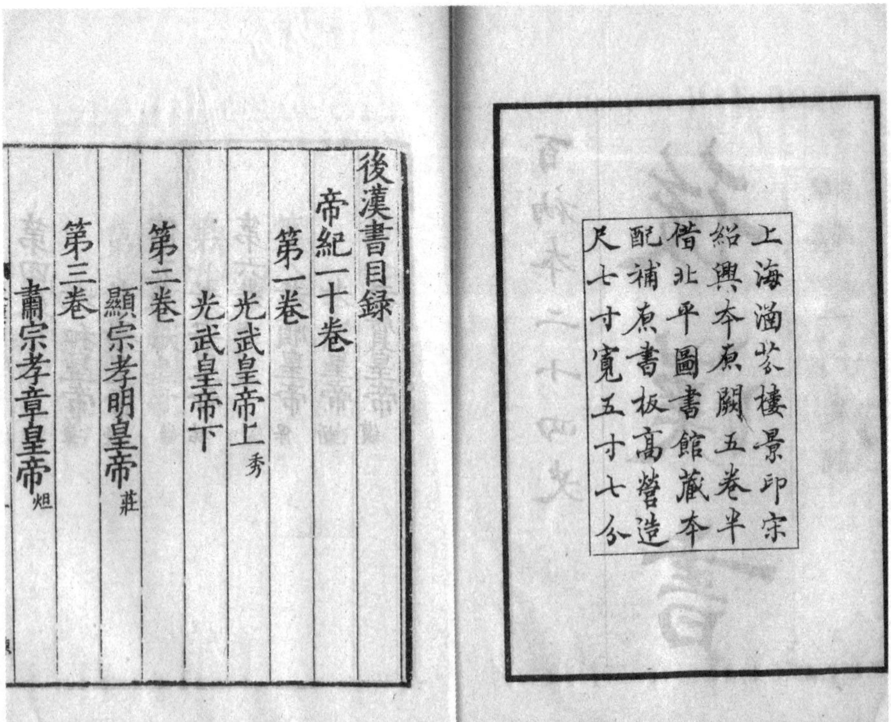
上海涵芬樓景印宋
紹興本原闕五卷半
借北平圖書館藏本
配補原書板高營造
尺七寸寬五寸七分

百衲本二十四史

後漢書目録
帝紀一十卷
第一卷
光武皇帝上 秀
光武皇帝下
第二卷
顯宗孝明皇帝 莊
第三卷
肅宗孝章皇帝 炟

圖〇八二 民國上海商務印書館影印《百衲本二十四史》之《後漢書》。

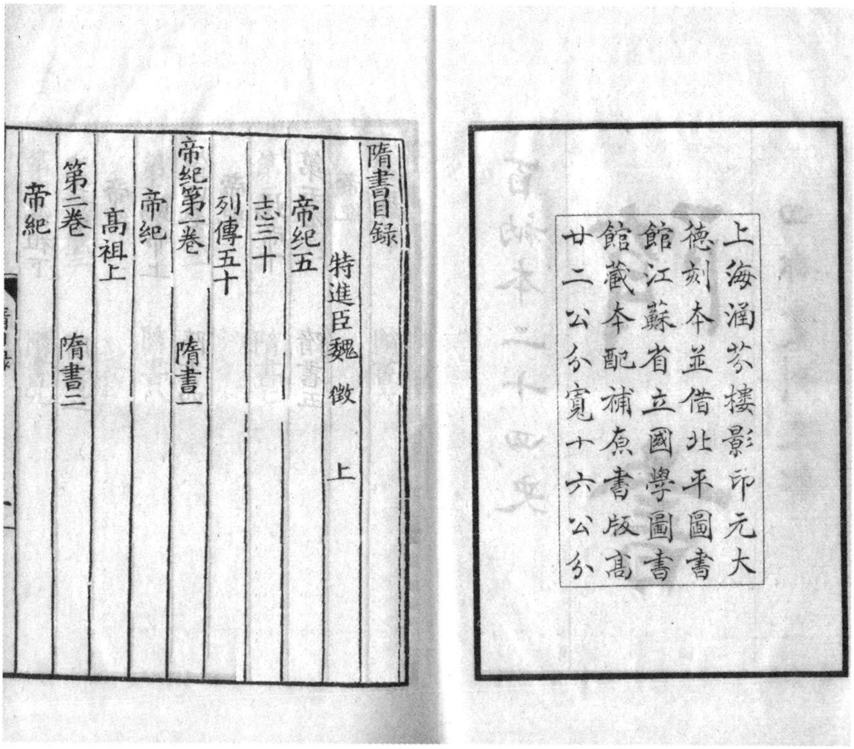

上海涵芬樓影印元大德刻本並借北平圖書館江蘇省立國學圖書館藏本配補原書版高廿二公分寬十六公分

隋書目録　特進臣魏徵上

帝紀五

志三十

列傳五十

帝紀第一卷　隋書一

帝紀

高祖上

第二卷　隋書二

帝紀

圖〇八三　民國上海商務印書館影印《百衲本二十四史》之《隋書》。

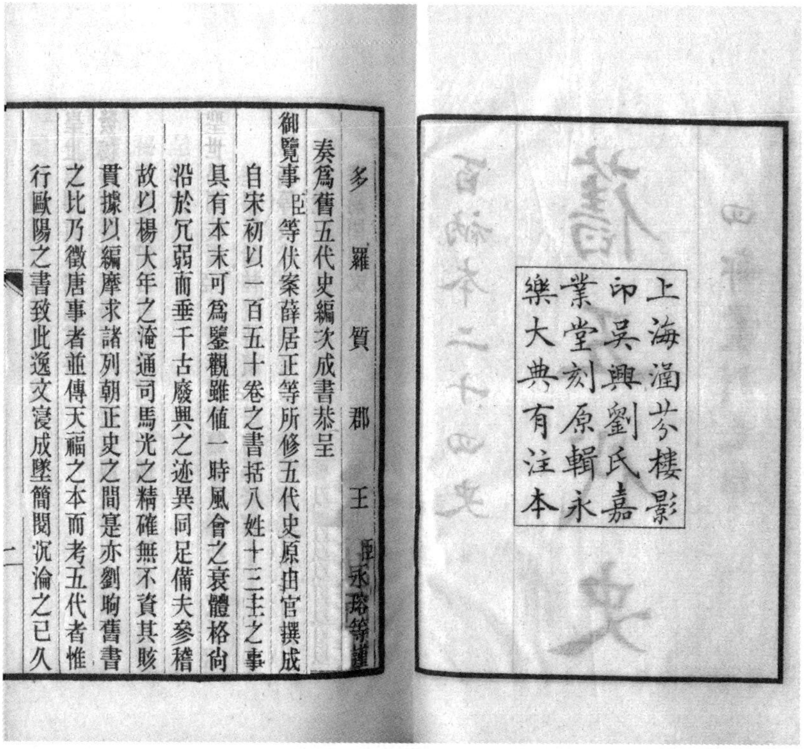

上海涵芬樓影印吴興劉氏嘉業堂刻原輯永樂大典有注本

多羅質郡王臣永瑢等謹

奏爲舊五代史編次成書恭呈

御覽事臣等伏案薛居正等所修五代史原由官撰成

自宋初以一百五十卷之書括八姓十三主之事

具有本末可爲鑒觀雖值一時風會之衰體格尚

沿於冗弱而垂千古廢興之迹異同足備夫參稽

故以楊大年之淹通司馬光之精確無不資其賅

貫據以編摩求諸列朝正史之間寔亦劉昫舊書

之比乃徵唐事者並傳天福之本而考五代者惟

行歐陽之書致此逸文寖成墜簡閲沉淪之已久

圖〇八四　民國上海商務印書館影印《百衲本二十四史》之《舊五代史》。

巾箱本

綜　述

戴埴《鼠璞》卷下《巾箱本》　今之刊印小冊謂巾箱本，起於南齊衡陽王鈞手寫《五經》，置巾箱中。賀玠曰：「家有墳索，何須蠅頭細書」。答曰：「檢閱既易，且手寫不忘」。諸王從而效之。古未有刊本，雖親王亦手自抄錄，今巾箱刊本無所不備。嘉定間，從學官楊璘之奏，禁毀小板。近又盛行第挾書，非備巾箱之藏也。

于敏中等《天禄琳琅書目》卷一　《五經》。一函六冊。《易》、《書》、《詩》、《禮記》經文，《春秋左氏經傳》，不分卷。巾箱本。行密字展，朗若列眉。中「構」字闕筆，「慎」字、「瑗」字不闕，乃高宗時刊。上方列字音。近錫山秦氏仿宋刻巾箱《九經》，亦同此例。

又卷二　《南華眞經》，二函十冊。周莊周撰，晉郭象注，唐陸德明音義。十卷。【略】是宋時巾箱本盛行於世。此書版高不及半尺，較之經部中《五經》及《東萊家塾詩記》尺寸尤縮小，而字畫倍加纖朗，紙質墨光亦極瑩緻，乃巾箱本之最佳者。

又　《太學新編排韻字類》，八函六十四冊。宋李錫、虞韶撰。【略】按《經義考》云：「天下印書，福建本幾徧天下，錫、韶俱閩人，當是閩中刊行之書。且版高半尺，乃巾箱本，亦宋所盛行者。字朗紙堅，瑩然可寶。」

又卷三　《聖宋文選》，二函十二冊。三十二卷。無選人姓氏。是書選集宋人文章，自歐陽修以下，凡十四家，而三蘇之文，概置不錄。【略】書中未載刊刻年月，觀其小楷書筆法森嚴，密行中自見清朗，蓋亦巾箱本之最佳者。

又卷六　《東坡集》，二函十二冊。宋蘇軾著。《前集》四十卷，《後集》二十卷，《奏議》十五卷，《內制集》十卷，《外制集》三卷，《和陶詩》四卷，《應詔集》十卷，共一百二卷。無校刊姓氏。此書前、後俱無序跋。密行細書，無印工緻，係仿宋巾箱本式，欲以之亂眞者，當屬元初人所爲。

彭元瑞等《天禄琳琅書目後編》卷八　《春秋經傳集解》。四函三十二冊。篇目見前宋版經部。書三十卷。前有杜預序，次《春秋諸國地理圖》，次《三皇至春秋諸國世次圖》，次《春秋名號歸一圖》，次《諸侯興廢圖》，次《總例》，次《春秋始終三傳授受圖》，後有預後序。巾箱本，槧工紙墨的係元時，而篇幅狹小，乃坊間刻印者。

莫友芝《宋元舊本書經眼録》卷一　《萬寶詩山》三十八卷。宋巾箱本。每卷題首云「選編省監新奇萬寶詩山卷之幾，書林葉氏廣勤堂新栞」。悉取宋代省監所試五言六韻詩分類編錄，如今坊間褒珍試律大觀之比。每卷約五十葉，葉三十行，行二十三字，三行一詩，約四百六、七十首，合三十八卷。計之約詩萬六千餘首，宋人帖體亦收羅殆盡矣。其板廣五寸許，高三寸半，細行密字，寫刻亦精。

潘祖蔭《滂喜齋藏書記》卷三　元刻《朝野新聲太平樂府》九卷，一函四冊。元澹齋楊朝英集，鄧子晉序。前列作者姓氏八十一人，朝英亦在其列。按鄧子晉序云：「酸齋貫公與澹齋游，曰：『我酸則子當澹。』遂以號之。」今考卷中有徐甜齋，是與二公鼎足而爲三矣。舊爲汲古藏書，第五卷以前鈔補。每半葉十六行，行二十八字。巾箱密行小字本也。

繆荃孫《藝風堂文漫存・癸甲稿》卷二《劉楚園影宋巾箱本叢書序》　昔讀《南史》至《齊衡陽王傳》云：「王手自寫《五經》，部爲一卷，置於巾箱中。賀玠曰：『家有墳索，何須蠅頭細書？』答曰：『檢閱既易，且手寫不忘。』諸王聞而爭效，爲巾箱《五經》。」巾箱蓋隨身小箱，非廣箱、方箱比也。是巾箱本之所自始。宋戴埴《鼠璞》曰：書坊刊印小冊，謂巾箱本，起於南齊，今世盛行，無所不備。是宋時巾箱本大行於世。《天祿琳瑯》收《南華眞經》十卷，云：版高不及半尺，而字畫加倍纖朗，紙質墨光亦極瑩緻。乾隆御題：大內宋鋟《南華經》，傳自永樂閒人，蠅頭細書，紙香墨古，誠寶蹟也。古人有巾箱《五經》，便於行役登臨觀覽，斯亦其類歟？此巾箱本之最佳者。然皆在南宋時，至彙刻叢書，《古香齋十種》最著名。

葉德輝《書林清話》卷二《巾箱本之始》　巾箱本之名，不始於有刻本時也。晉葛洪集《西京雜記》二卷序云：「劉子駿《漢書》一百卷，無首

尾，始甲終癸，爲十帙，帙十卷，合爲百卷。今鈔出爲二卷，以裨《漢書》之闕。」爾後洪家遭火，書籍都盡，此二卷在巾箱中，嘗以自隨，故得猶在。《南史》：「齊衡陽王鈞手自細書寫五經，部爲一卷，置於巾箱中，以備遺忘。諸王聞而爭效爲巾箱《五經》。」此蓋小帙，便於隨行之本。南宋書坊始以刻本之小者爲巾箱本。宋戴埴《鼠璞》下云：今之刊印小冊謂巾箱。起於南齊衡陽王鈞手寫《五經》置巾箱中，諸王從而效之。古未有刊本，雖親王亦手自鈔錄。今巾箱刊本無所不備。嘉定間，從學官楊璘之奏，禁毀小板。近又盛行第挾書，非備巾箱之藏也。觀此則宋刻巾箱，全爲士子懷挾之用，誣此美名矣。近世所傳各經，宋版最小者有不分卷《九經》，見《天祿琳琅後編》三。一爲婺州本《點校重言重意互注尚書》，卷止四寸，寬不及三寸，見《瞿目》。一爲《纂圖附音重言重意互注周禮鄭注》，長三寸一分，幅二寸半，見《森志》。一爲京本《點校附音重言重意互注禮記》，長三寸半，寬二寸半，見《楊譜》。一爲淳熙三年阮氏種德堂刻《春秋經傳集解》三十卷，宋刻十行本。行十八字，注文雙行二十二字。高四寸八分，廣三寸四分。一爲《名公增修標注隋書詳節》二十卷，宋刻十行本。行二十字。高三寸半，寬二寸。均見《繆續記》。吾所藏明刻小板，有永嘉《八面鋒》，長止今工部尺二寸六分，寬一寸七分。近則乾隆十三年姚培謙刻《世說》八卷，五行十一字本，長止今工部尺一寸八分，寬一寸一分。又乾隆中蘇州彭氏刻有《論》、《孟》注疏兩種，行字極細密，長止今工部尺二寸，寬一寸七分。此皆至近時刻本。往年京師廠肆出一部，前無彭序。福山王文敏懿榮詫爲宋槧，以重價得之。後始悟之，已傳爲笑柄也。

鄧邦述《群碧樓善本書録》卷一　《五經》白文。八冊。宋刊巾箱本。每半葉二十行，行二十七字。[《周易》、《尚書》合一冊，《毛詩》一冊，《禮記》二冊，《左傳》四冊，上附音。]【略】此結一廬朱氏藏書，匣面有題識可見。《郘亭目》中所稱「字密如櫺」者正是。此刻避諱字如「貞」、「恆」、「慎」闕筆，而「殷」、「敬」、「樹」則不。刻工整細，無一筆苟簡，故是可珍。

藝文

錢謙益《牧齋有學集》卷九《桂殤四十五首》　飛白雙鉤又不分，丹鉛甲乙正紛紛。鍼鋒小字巾箱本，狼藉僮奴滿陌焚。

沈嘉轍等《南宋雜事詩》卷三　場屋誰居第一流，柱間小紙亦堪羞。不如買卻巾箱本，喙喙爭鳴語蚤休。

楊守敬《藏書絶句・巾箱本》　妙本精鈔巧配成，漢文聊璧古魂驚。秘函近有詩山出，收并經餘付品評。

圖録

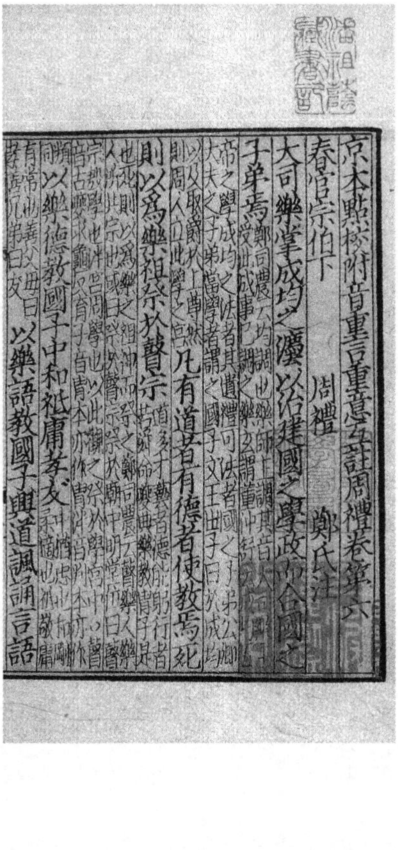
京本點校附音重言重意互注周禮卷第六
春官宗伯下　周禮　鄭氏注
大司樂掌成均之灋以治建國之學政而合國之子弟焉
則以爲樂祖祭於瞽宗
以樂德教國子中和祗庸孝友
以樂語教國子興道諷誦言語

圖〇八五　《京本點校附音重言重意互注周禮》十二卷，（漢）鄭玄注，南宋建陽刻本。框高 12.9 釐米，廣 8.5 釐米。

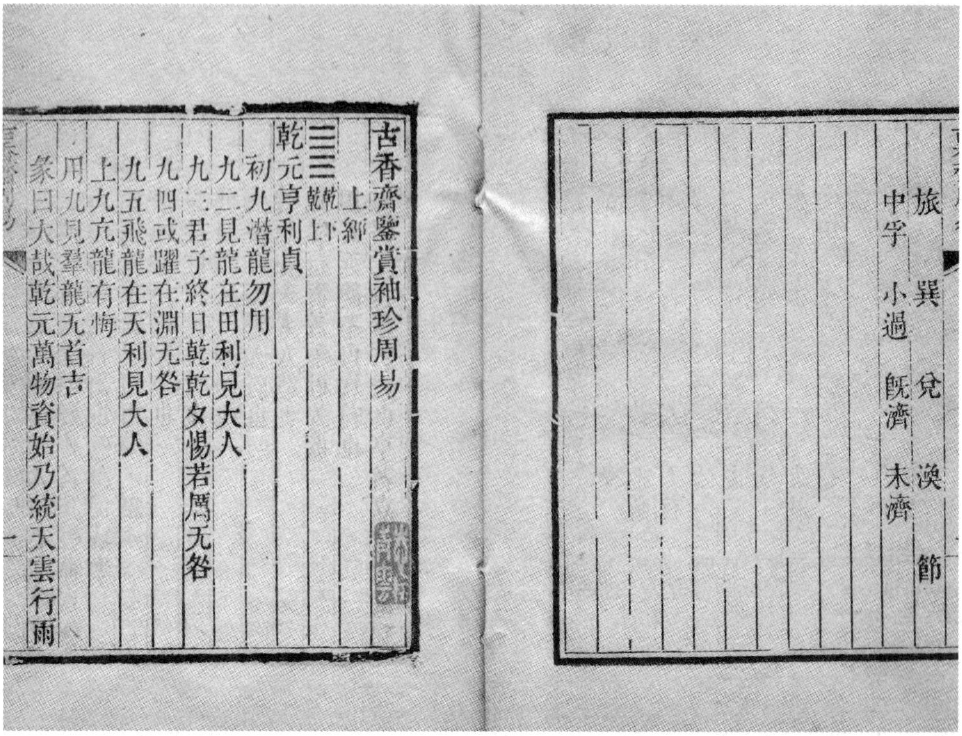

旅 巽 兌 渙 節
中孚 小過 既濟 未濟

古香齋鑒賞袖珍周易
上經
☰☰ 乾下乾上
乾元亨利貞
初九潛龍勿用
九二見龍在田利見大人
九三君子終日乾乾夕惕若厲无咎
九四或躍在淵无咎
九五飛龍在天利見大人
上九亢龍有悔
用九見羣龍无首吉
彖曰大哉乾元萬物資始乃統天雲行雨

圖〇八六 《古香齋鑒賞袖珍周易》一卷，清乾隆十三年（1748）武英殿刻本。框高 10.4 釐米，廣 8.1 釐米。

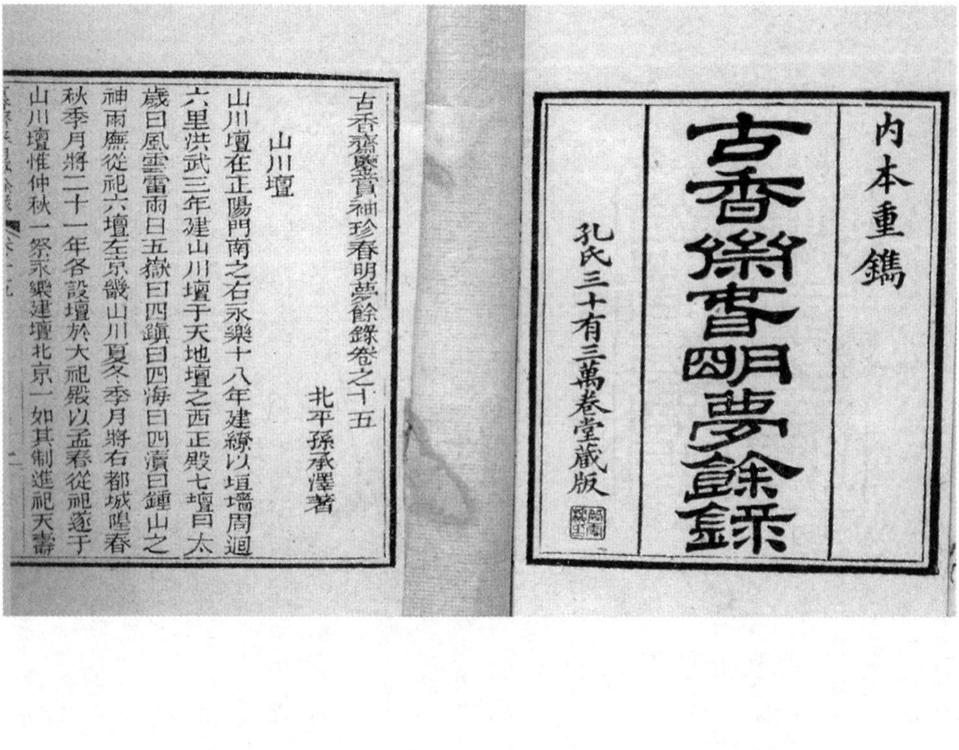

內本重鐫
古香齋春明夢餘錄
孔氏三十有三萬卷堂藏版

古香齋鑒賞袖珍春明夢餘錄卷之十五　北平孫承澤著
山川壇
山川壇在正陽門南之右永樂十八年建繚以垣墻周迴
六里洪武三年建山川壇于天地壇之西正殿七壇曰太
歲曰風雲雷雨曰五嶽曰四鎮曰四海曰四瀆曰鍾山之
神兩廡從祀六壇左京畿山川夏冬季月將右都城隍春
秋季月將二十一年各設壇於大祀殿以孟春從祀遂于
山川壇惟仲秋一祭永樂建壇北京一如其制進祀天壽

圖〇八七 《古香齋鑒賞袖珍春明夢餘錄》七十卷，（清）孫承澤撰，清光緒九年（1883）刊本。框高 10.2 釐米，廣 8.2 釐米。

套印本

綜述

閔齊伋《閔氏家刻分次春秋左傳凡例》（孫鑛批點《春秋左傳》卷首）

舊刻凡有批評圈點者，俱就原板墨印，藝林厭之。今另刻一板，經傳用墨，批評以朱校讎，不啻三五，而錢刀之靡非所計矣。置之帳中，當不無心賞。其初學課業無取批評，則有墨本在。

凌瀛初《世説新語識》（劉辰翁等評《世説新語》卷首） 家弟初成得馮開之先生所秘辰翁、應登兩家擬註本，剩之，爲鼓吹。欣然曰：向年蠹簡殘編已成煨燼，今獲捃摭其全，良爲快事。行之已久，獨失載圈點，未免有遺珠之嘆。予復合三先生手澤，耘廬綴以黄，須溪綴以藍，敬美綴以硃，分次井然，庶覽者便於别識云。

凌雲《文心雕龍凡例》（楊慎等批點《文心雕龍》卷首） 楊用脩擬點元用五色，刻本一以墨别，則閲之易溷，寧能味其旨趣。今復存五色，非曰炫華，實有益於觀者。五色今紅緑青依舊；獨黄者太多，易以紫；白者乏采，易以古色。改之，特便觀覽耳。

錢泰吉《曝書雜記》卷上 河間紀文達公《文心雕龍》評本，涿州盧公坤與《史通》同刻於廣州，皆嘉應吳君蘭修爲之校刻《史通》削去繁文，注亦删改。此則書仍黄注原文，黄評用黑色，文達評用朱色，文達駁正注語亦皆備録，紙墨及朱色評，爛然可觀。

丁丙《善本書室藏書志》卷二三 《曹子建集》十卷。明朱墨套印本。是集前有吴郡徐伯虬序，北郡李夢陽序，菰城施辰賓序，《總評》、《凡例》、《外紀》、《本傳》。每卷前列目録，書眉、篇尾列各家評語，圈點套印朱色。

張之洞《書目答問·集部·别録》 朱墨本《左傳》，明閔氏刻本。朱墨本《莊子》、《列子》、《楚辭》，同上。《史漢評林》，見前。《史漢彙評》，明鍾人傑。【略】朱墨本《紀評史通削繁》，盧氏廣州刻本。朱墨本紀評《文心雕龍》，同上。朱墨本《秦漢文鈔》，閔刻。朱墨本《評註文選》，葉樹藩海録軒刻、廣州重刻本、成都局刻墨本，坊本多譌。朱墨本《六朝文絜》，許槤寫刻本。朱墨本《韓文》，閔刻。五色本《唐宋詩醇文醇》，見前。朱墨本《古文淵鑑》，內府原本、廣州重刻。五色評本《杜詩》，朱墨本陶、韋、王、孟《詩》，閔刻各家單行。朱墨本《昌黎詩注》，見前。三色評本《義山詩注》，廣州刻本。朱墨本《紀評蘇詩》，廣州刻本，朱墨本《紀評瀛奎律髓》，盧氏廣州刻本。鏡煙堂十種墨本朱墨本《四六法海》，蔣士銓删評，廣州刻本。朱墨本《花間集》，閔刻。

楊守敬《藏書絶句·五色本》 盧坤《杜工部集五家評本序》曰：「余藏有五家合評《杜集》二十卷，編次完善，匯五家所評，别以五色筆，公諸藝苑。」案是書刻於道光甲午，王弇州紫筆，王遵巖藍筆，王阮亭朱〔墨〕筆，宋牧仲黄筆，邵子湘緑筆。《四庫簡明目録》：《唐宋文醇》，聖祖仁皇帝御評，以黄色識之，皇上御評以丹色識之，諸家以紫色識之，《詩醇》别色亦如《文醇》例。

葉德輝《郋園讀書志》卷五 《呂氏春秋》二十六卷。明萬曆庚申凌氏朱墨套印本。套印本卷一大題下有硃字二行，一云「宋鏡湖遺老陸游評」，一云「明天目逸史凌稚隆批。」稚隆，即毓枏之父。當時套印刻本書頗多，至今與閔齊伋所刻之書同爲收藏家所珍貴。顧其識甚闇陋，如鏡湖遺老記一則本不署名，以記文有「元祐壬申余卧疾京師數語」證之，知爲賦「梅子黄時雨」詞之賀鑄，即許宗魯本所云「從賀鑄舊校本出者」是也。陸游，慶元間人，上去元祐遠矣，鏡湖因避宋翼祖嫌名改字，當時或以「鑑」字代「鏡」，皆以避敬之故。凌氏不知題爲陸游别號，已是可笑，尤可異者，上闌硃評不稱「某曰」，亦不以他色套印，竟不知誰爲陸，誰爲凌。

又《書林清話》卷八《顔色套印書始於明季盛於清道咸以後》 朱墨套印，明啓禎間，有閔齊伋、閔昭明、凌汝亨、凌濛初、凌瀛初。皆一家父子兄弟刻書最多者也。閔昭明刻新鐫朱批《武經七書》，閔齊伋刻《東坡易傳》、《左傳》、老莊列三子、《楚辭》、陶靖節、韋蘇州、王右丞、孟浩然、韓昌黎、柳宗元諸家詩集、蜀趙崇祚《花間詞》，凌汝亨刻《管子》，凌濛初、瀛初刻《韓非子》、《呂氏春秋》、《淮南子》，皆墨印朱批，字頗流動。

其一色藍印者，如《黃記》《墨子》十五卷。《陸志》《李文饒集》二十卷，《別集》十卷，《外集》四卷。邵注《四庫簡明目》張登雲刻《呂氏春秋》二十六卷，明萬曆丁亥刻張佳胤《崌崍集》二十七卷。此疑初印樣本，取便校正，非以藍印爲通行本也。他如三色套印，則有《古詩歸》十五卷，《唐詩歸》三十六卷。其間用朱筆者鍾惺，用藍筆者譚元春也。四色套印，則有萬曆辛巳九年凌瀛初刻《世說新語》八卷。其間用藍筆者劉辰翁，用朱筆者王世貞，用黃筆者劉應登也。五色套印，明人無之。道光甲午涿州盧坤刻《杜工部集》二十五卷，其間用紫筆者明王世貞，用藍筆者明王慎中，用朱筆者王士禛，用綠筆者邵長蘅，用黃筆者宋犖也。是并墨印而六色矣。斑斕彩色，娛目怡情，能使讀者精神爲之一振。然刻一書而用數書之費，非有巨資大力，不克成功。故虞山二馮評點《才調集》，其從子武刻之，以重圈細圈分別，又以三角尖點劃明，是亦節省工資之道。但一經翻刻，則易混淆，固不如套印之易於區別也。

楊守敬《藏書絶句·五色本》　梓繡丹鉛異色香，黃農傳帙逮冬郎。浣花近見翻新本，不第詩文選宋唐。

圖録

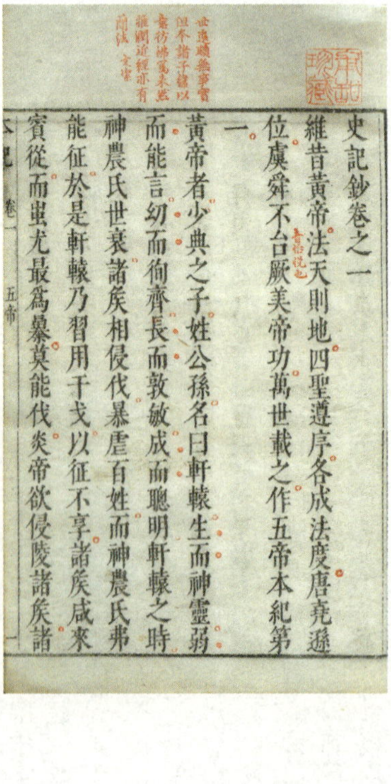
史記鈔卷之一
維昔黃帝法天則地四聖遵序各成法度唐堯遜位虞舜不台厥美帝功萬世載之作五帝本紀第一
黃帝者少典之子姓公孫名曰軒轅生而神靈弱而能言幼而徇齊長而敦敏成而聰明軒轅之時神農氏世衰諸侯相侵伐暴虐百姓而神農氏弗能征於是軒轅乃習用干戈以征不享諸侯咸來賓從而蚩尤最爲暴莫能伐炎帝欲侵陵諸侯諸

圖〇八八　《史記鈔》九十一卷，（明）茅坤輯，明泰昌元年（1620）閔振業刻朱墨套印本。

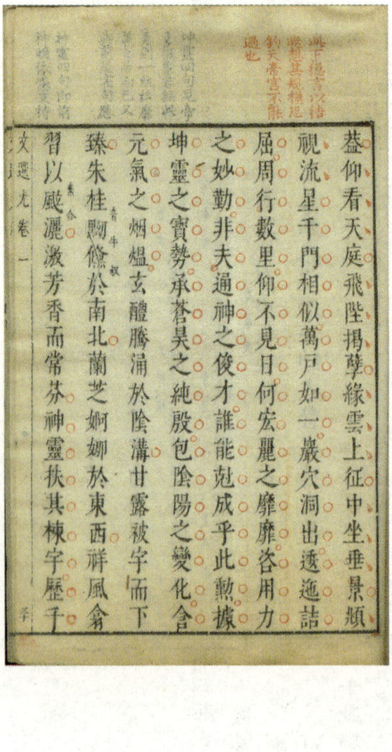
蓋仰看天庭飛陛揭孽緣雲上征中坐垂景頫視流星千門相似萬戶如一巖穴洞出逶迤詰屈周行數里仰不見日何宏麗之靡靡咨用力之妙勤非夫通神之俊才誰能剋成乎此勲據坤靈之寳勢承蒼昊之純殷包陰陽之變化含元氣之烟煴玄醴騰涌於陰溝甘露被宇而下臻朱桂黝儵於南北蘭芝阿那於東西祥風翕習以颯灑激芳香而常芬神靈扶其棟宇歷千

圖〇八九　《文選尤》十四卷，（梁）蕭統輯，（明）鄒思明删訂，明天啓二年（1622）刻三色套印本。

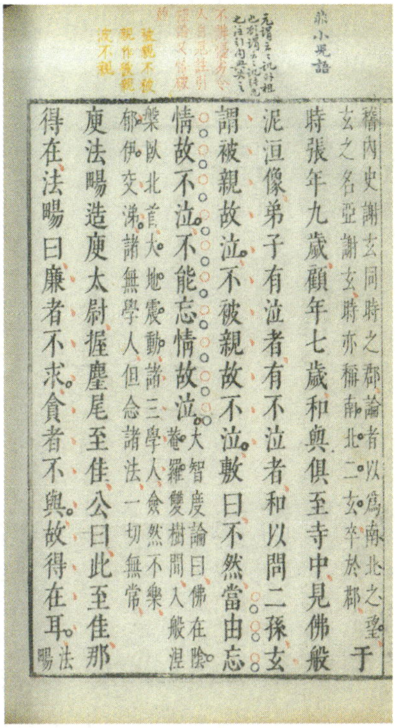

圖〇九〇　《世説新語》八卷，（劉宋）劉義慶撰，（梁）劉孝標注，（宋）劉辰翁、劉應登、（明）王世懋評，明萬曆間淩瀛初刻四色套印本。

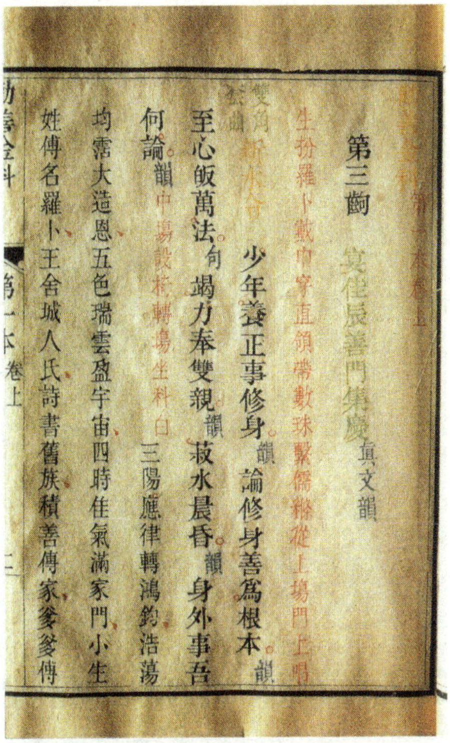

圖〇九一　《勸善金科》二十卷，卷首一卷，（清）張照等撰，清乾隆間武英殿刻五色套印本。

插圖本

綜述

葉德輝《書林清話》卷八《繪圖書籍不始於宋人》　徐康《前塵夢影錄》云：「綉像書籍，以宋槧《列女傳》爲最精，顧抱沖得而翻刻。上截圖像，下截爲傳，仿佛武梁造象，人物車馬極古拙，相傳爲顧虎頭繪。按：顧刻無圖，阮福仿宋刻有圖。又顧虎頭畫，亦阮刻推揣之詞，非相傳有此説。徐氏云云，殆誤記耳。元槧則未之見。明代最爲工細，曾見《人鏡陽秋》及鄭世子載堉《樂書》、《隋煬艷史》、《元人百種曲》首袠、《水滸傳》首本、《隋唐演義》首袠，皆有繪畫。國朝則《萬壽盛典》、《南巡盛典》首袠，圖像係上官竹莊，山水皆石谷子畫。即《圖書集成》中有圖數十冊，悉名手所繪，鐫工絶等。自兵劫以來，此種珍本均不得見矣。」又云：「松江沈綺雲所刻宋本《梅花喜神譜》，頗爲博雅君子所賞鑒。沈氏家本素封，有池亭園林之勝。改七薌嘗居停其處，譜中梅花，皆其一手所臨，印本今尚有之。鮑淥飲刻《知不足齋叢書》，亦附刊焉。」　吾謂古人以圖、書並稱，凡有書必有圖。《漢書・藝文志・論語家》有《孔子徒人圖法》二卷，蓋孔子弟子畫像。《武梁祠石刻七十二弟子像》，大抵皆其遺法。而《兵書略》所載各家兵法，均附有圖。《隋書・經籍志・禮類》有《周官禮圖》十四卷。又注云：「梁有《郊祀圖》二卷，亡。」又載鄭玄及後漢侍中阮諶等《三禮圖》九卷。論語類有郭璞《爾雅圖》十卷，又注云：「梁有《爾雅圖贊》二卷，郭璞撰，亡。」晉陶潛詩云「流觀山海圖」，是古書無不繪圖者。顧自有刻板以來，惟《繪圖列女傳》尚存孤本。而徐氏所未見者，有元大德本《繪圖列女傳》，元板《繪像搜神》前後集，毛扆《秘本書目》著録，吾友姚子梁觀察文棟有其書。明刻《三教搜神大全》七卷頗精，即此書改名分卷。吾曾仿刻。明仇英繪圖《列女傳》，十六卷，明汪道昆本，劉書增輯。至乾隆時原版猶存，售於鮑以文廷

博，始印行之。明顧鼎臣《狀元圖考》，三卷，萬曆己酉刻本。咸豐六年漢陽葉氏重刊行。《增編會眞記》《繆續記》云：「四卷，明顧玄緯輯，《校記》一卷，《雜錄》四卷。圖繪字畫極精，隆慶元年衆芳書齋校刻本。」等，尙非當時希有之書，何以未之盡睹。至元人影宋鈔本《爾雅圖》四卷，下卷分前後。有嘉慶六年曾燠仿刻本。金貞祐二年宋寧宗之嘉定七年。嵩州福昌孫夏氏書籍鋪印行《經史證類大觀本草》三十一卷，宋唐愼微撰。附《本草衍義》二十卷，宋寇宗奭撰。有元大德壬寅六年。宗文書院重刊本，又有明萬曆丁丑五年。重刊元大德本。金泰和甲子宋寧宗之嘉泰四年。晦明軒刊《重修政和經史證類備用本草》三十卷，有明成化四年商輅序刻本，又有嘉靖癸未二年。重刊成化本。元李衎《竹譜詳錄》七卷，有鮑廷博《知不足齋叢書》本。繪圖均極精，能不下眞本一等。而外此如傳奇雜曲，吾所藏者，明刻《三國志演義》，二十冊。前有圖二百四十幅，余藏本不全，《繆續記》有全冊。《玉茗堂四夢》及明吳世美《驚鴻記》、單槎仙《蕉帕記》、無名人《東窗記》、高奕《四美記》、閔刻《西廂記》之類，其工致者尤多。又內府刻《避暑山莊圖咏》二卷，《補蕭雲從離騷全圖》二卷，山水人物，妙擅一時。今雖傳本日稀，言藏書者不可不留心採訪矣。

圖録

圖〇九二《新鐫出像東西晉演義》十二卷五十回，（明）楊爾曾撰，明末刻本。

圖〇九三　《白雪齋選訂樂府吴騷合編》四卷，《衛曲塵譚》一卷，（明）張楚叔、張旭初輯，《曲律》一卷，（明）魏良輔撰，明崇禎十年（1837）張師齡刻本。

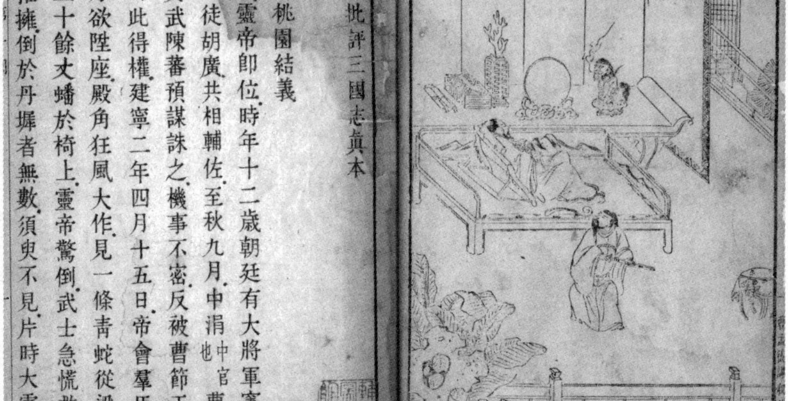

李卓吾先生批評三國志真本

第一回

祭天地桃園結義

後漢桓帝崩靈帝即位時年十二歲朝廷有大將軍竇武太傅陳蕃司徒胡廣共相輔佐至秋九月中涓（中官也）曹節王甫弄權竇武陳蕃預謀誅之機事不密反被曹節王甫所害中涓自此得權建寧二年四月十五日帝會羣臣於温德殿中方欲陞座殿角狂風大作見一條青蛇從梁上飛下來約二十餘丈蟠於椅上靈帝驚倒武士急慌救出文武互相推擁倒於丹墀者無數須臾不見片時大雷大

圖〇九四　《李卓吾先生批評三國志真本》一百二十回，（明）羅本撰，（明）李贄評，清初刻本。

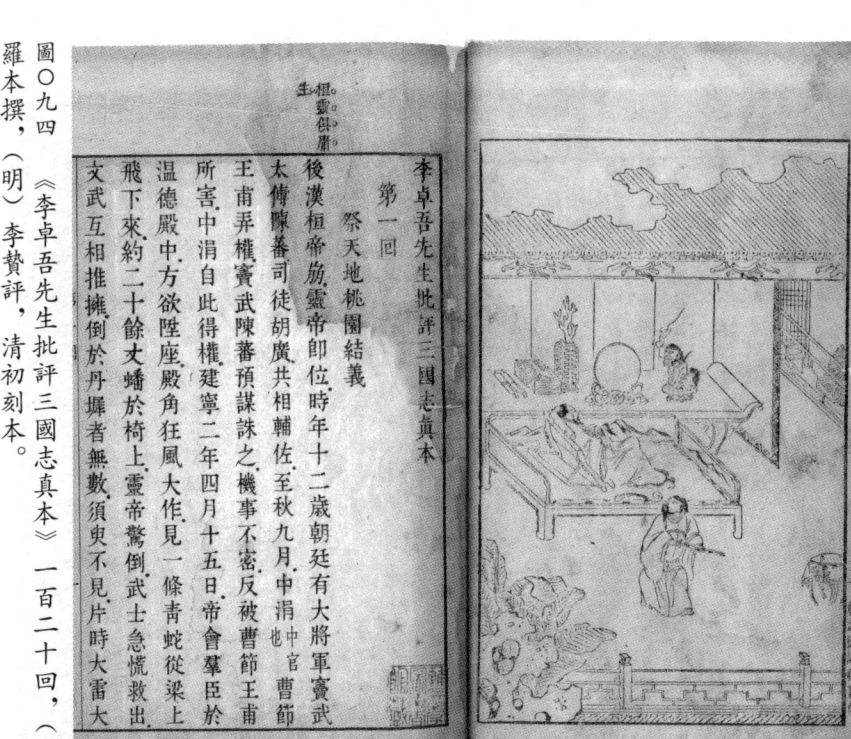

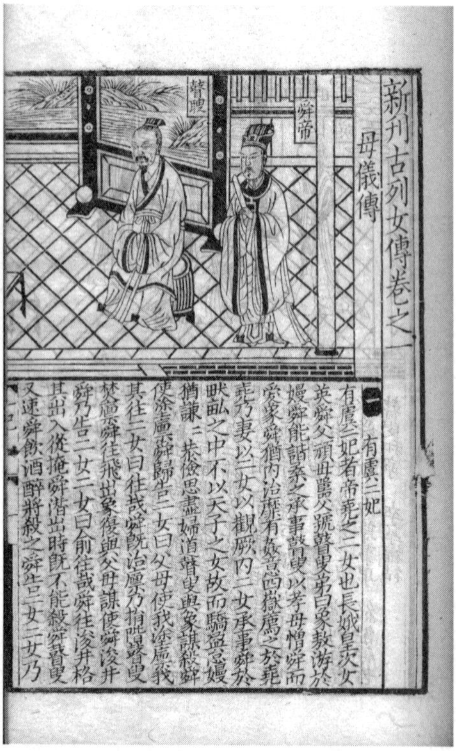

新刊古列女傳卷之一

母儀傳

舜帝

瞽叟

有虞二妃

有虞二妃者帝堯之二女也長娥皇次女
英舜父頑母嚚父號瞽叟弟曰象敖游於
嫚舜能諧柔之承事瞽叟以孝母憎舜而
愛象舜猶內治靡有姦意四嶽薦之於堯
堯乃妻以二女以觀厥內二女承事舜於
畎畝之中不以天子之女故而驕盈怠嫚
猶謙謙恭儉思盡婦道瞽叟與象謀殺舜
使塗廩舜歸告二女曰父母使我塗廩我
其往二女曰往哉舜既治廩乃捐階瞽叟
焚廩舜往飛出象復與父母謀使舜浚井
舜乃告二女二女曰俞往哉舜往浚井格
其出入從掩舜潜出時既不能殺舜瞽叟
又速舜飲酒醉將殺之舜告二女二女乃

圖〇九五 《新刊古列女傳》八卷，（漢）劉向撰，清道光五年(1825)揚州阮氏刻本。

活字本分部

綜述

弘曆《題武英殿聚珍版十韻并序》（《武英殿聚珍版叢書》卷首） 校輯《永樂大典》內之散簡零編，并蒐訪天下遺籍，不下萬餘種，彙爲《四庫全書》。擇人所罕覯，有裨世道人心，及足資考鏡者，剞劂流傳，嘉惠來學。第種類繁多，則付雕非易，董武英殿事金簡，以活字法爲請，既不濫廢梨棗，又不久淹歲月，用力省，而程功速，至簡且捷。考昔沈括《筆談》：宋慶曆中有畢昇爲活版，以膠泥燒成。而陸深《金臺紀聞》則云：毗陵人初用鉛字，視板印尤巧便。斯皆活板之權輿。顧埏泥體粗，熔鉛質軟，俱不及鋟木之工致。兹刻單字計二十五萬餘，雖數十百種之書，悉可取給，而校讎之精，今更有勝於古所云者。第活字之名不雅馴，因以聚珍名之。 稽古搜四庫，於今突五車。開鐫思壽世，積板或充閭。張帖唐院集，周文梁代餘。因爲制活字，用以印全書。精越鶡冠體，昨歲江南所進之書，有《鶡冠子》，即活字板，第字體不工，且多訛謬耳。富過鄴架儲。機園省雕氏，功倍謝鈔胥。聯腋事堪例，埏泥法似疏。毁銅昔悔彼，康熙年間編纂《古今圖書集成》，刻銅字爲活板，排印蒇功，貯之武英殿。歷年既久，銅字或被竊缺少，司事者懼干咎，適值乾隆初年京師錢貴，遂請毁銅字供鑄，從之。所得有限，而所耗甚多，已爲非計，且使銅字尚存，則今之印書，不更事半功倍乎？深爲惜之。刊木此慚余。既復羡梨棗，還欽慎魯魚。成編示來學，嘉惠志符初。

袁棟《書隱叢説》卷一三《活字版》 宋畢昇爲活字版，用膠泥燒成。今用木刻字，設一格於桌，取活字配定。印出，則攪活之，複配他頁，大略生字少刻，而熟字多刻，以便配用。余家有活版《蘇斜川集》十卷，惟字跡大小不能劃一耳。近日邸報，往往用活版配印，以便屢印屢換，乃出於不得已。

瞿中溶《古泉山館題跋》 《會通館活字銅版容齋五筆》。《隨筆》十六卷，《續筆》十六卷，《三筆》十六卷，《四筆》十六卷，《五筆》十卷。十四冊。此與前《春秋》板式行款及大小字俱無異，惟《春秋》爲弘治十年丁巳印，此則印於弘治八年乙亥，猶在《春秋》之前，故字畫較爲清朗。書首有弘治八年錫山華燧會通館《印正容齋隨筆序》，觀其序中所言，似會通館乃當時錫山印書之局，其活字銅版似即華氏所造也。惟當時華氏既爲此版，所印之書想亦不少，而今予所得厪有此二種，又未見藏書家别有他書。【略】此書字文古雅，匀正，又排列整齊，直與板本無異，遠非後代木刻活字所能及也。

包世臣《泥版試印初編序》（翟金生《泥版試印初編》卷首） 《筆談》創載是法，至明中葉活版之書始行於世，如趙用賢所刻《十子》，毛卓人初刻《廿家》，張天如《百三家》，皆以活版排印，然字畫草率，書行歪邪，讀者病之。【略】近世則四川龍氏排《方輿紀要》於甘肅，湖南羅氏排《郡國利病》於陝西，卷累數尺，然不及全板之善。常州活版字體差大而工，最整潔，始惟以供修譜，間及士人詩文小集，近且排《武備志》成巨觀，而講求

字畫，編排行格，無不精密。又底刻而面寫，檢校爲易，以細土鋪平，板背摺歸皆便。然排成版片印及二百部，則字畫脹大模糊，終不若泥版之千萬印而不失眞也。

繆荃孫《藝風藏書記》卷五 《藝文類聚》一百卷，明活字本。題「唐太子率更令弘文館學士渤海男歐陽詢撰」，與宋本同。明本每條空二格，此本逐條提行。每半葉七行，每行十三字。目後有墨圖記云「乙亥冬錫山蘭雪堂華堅允剛活字銅板校正印行」陰文。每卷後有圓記「錫山」二字，長記「蘭雪堂華堅活字板印行」十字，均陽文。

葉德輝《郋園讀書志》卷五 《晏子春秋》八卷。明活字印本。每半葉九行，行十八字。前有目録，載內外篇章次第，下接劉向校録文書。分八篇，內篇「諫上第一」、「諫下第二」、「問上第三」、「問下第四」、「雜上第五」、「雜下第六」，外篇重而異者第七，不合經術者，第八。版心不載卷數，惟「晏內」、「晏外」等字。孫星衍《祠堂書目》有仿元寫本，即以付吳山尊撫刻而顧千里爲之跋者，其實即此活字本。因其排印整齊，字近元體，故誤以爲元刻耳。

又卷七 此北宋膠泥活字印本《韋蘇州集》，字畫橫豎波磔皆有齒痕，蓋由膠泥鍛字，不如梨棗受刀之快利也。宋沈括《夢溪筆談》云：「慶曆中布衣畢昇始爲活版，其法用膠泥刻字，字薄如錢。每字爲一印，火燒令堅。先設一鐵版，其上以松脂和紙灰之類冒之，欲印則以鐵範置鐵版上，密布字印，滿範爲一版，就火煬之，稍鎔，以平其版，按其面，則平如砥。」據此，則活字版印書始於北宋。今以此書驗之，一一與沈書相合。書半葉九行，行十七字。四周墨闌，版中直線細如髮絲。不知何時何人以墨筆加重，字行不齊，正可見鐵版膠泥印書之跡。【略】至紙薄如繭而極堅韌，或澄心堂製造，墨色如漆，視之有光；或李廷珪墨所印，皆未可知。明時亦有此種活字印本，但紙墨遠不相逮，一望而知其非出宋印云。

又卷一五 宋彭叔夏《文苑英華辨證》十卷，明錫山華燧會通館活字印本。十卷通連一冊，共九十葉。大題「會通館印正文苑英華辨證」，第二行題「卷第二」，均佔小字之二行，以下正文則雙行，每行十三字。半葉墨闌七行，字數實十四行。版心上有「歲在柔兆攝提格」七字，版心中有「英華卷四」四字，版心下有大字多少、小字多少數目字，其二葉以下均止有小字數目。蓋此爲會通館所印之《文苑英華纂要辨證》二種之一。【略】會通館爲華燧印書館名，蘭雪堂則其從子印書堂名。當時華氏一家活字本風行海內，至今日收藏家珍若宋元，其實所據本有極善者，亦有極劣者。世人耳食，往往見華氏本即以重值購之，亦太無識矣。【略】活字印書本易訛奪，當其同時所印之《纂要》，黃丕烈以宋刻校勘，謂「《甲集》中缺二十八葉，華氏即據缺失之本開雕，幷削去第二十九葉首行「初賦」二字，以當十六卷之首葉，苟非宋本，亦何從知其僞乎」云云。則是書排印之草率略可概見。

鄧邦述《群碧樓書目初編》附録《書衣雜識·宋活字本曹子建集》 世傳《曹子建集》以無《七步詩》者爲佳。明嘉靖郭萬程刊本世已罕有，此活字本字體方勁，斷非明本，且無《七步詩》，則所據固宋刻也。明活字本如會通館、蘭雪堂、五雲溪館，字樣皆與此殊，余因指爲宋活字本，諒不誣也。京師書友譚篤生曾得活字本唐人小集數種眎余，正與此類。篤生自詡爲宋刻，經余告以活字所印，乃愈珍之。

又《寒瘦山房鬻存善本書目》卷二 《白氏長慶集》，存四十三卷。十二冊。唐白居易撰。明蘭雪堂活字本。卷末有「正德癸酉歲錫山蘭雪堂活字銅版印行」一行。前有元微之序，後有陶穀《龍門重修白樂天影堂記》，有「錫山蘭雪堂華堅活字銅版印」兩墨記。【略】蘭雪活字印書甚精，頗爲世重。昔在京師見一完本，價等於元刻，而市肆亦杳如星鳳，不可復得。

藝文

翟金生《泥版試印初編·拙著編成賦五絶句·自印》 雁陣行列，蟬聯字字安。新編聊小試，一任大家看。

翟廷珍《修業堂集·肆雅詩抄》卷一《題兄西園泥字活版》 畢昇活版創自宋，夢溪筆談著妙用。鈎心斗角縱橫排，巧制天衣密無縫。從來法力須通神，往制雖在無傳人。西園有技進乎道，精心結撰眞殊倫。著作等身欲付梓，誰與雕鎪印萬紙。籌思活字甚便捷，造成庶可任驅使。奮志獨力承其肩，神明矩矱超前賢。摶泥煉煅復雕琢，精金美玉相鈎連。分疆劃界彌罅隙，五花八門化滯跡。陰陽闔辟精圖書，參伍錯綜善變易。朝思檢校羅生徒，暮有成篇不模糊。任他鴻文與奇字，隨厥所求信可諸。遂使蕭然一蓬

壁，傾刻能儲古典籍。方今詞館勅纂修，此寶諒難久秘惜。

楊守敬《藏書絶句·活字本》 泥印翻新易木鉛，《太平御覽》印千篇。聚珍成式猶殊絶，高麗聞風永樂前。

圖録

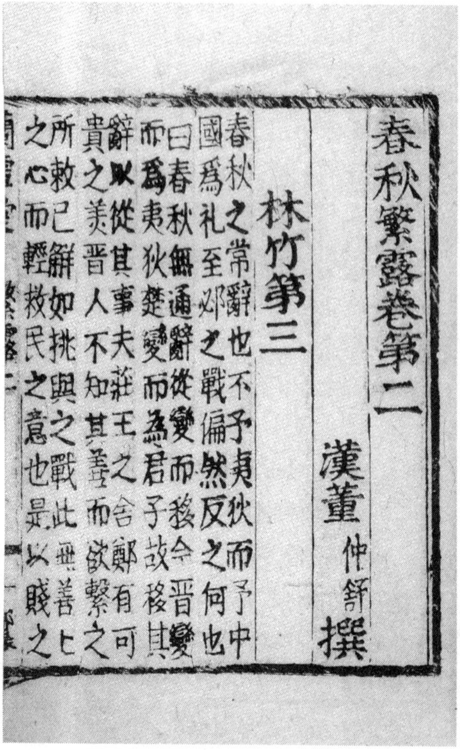

春秋繁露卷第二

漢董仲舒撰

林竹第三

春秋之常辭也不予夷狄而予中國爲礼至邲之戰偏然反之何也曰春秋無通辭從變而移今晋變而爲夷狄楚變而爲君子故移其辭以從其事夫莊王之舍鄭有可貴之美晋人不知其善而欲擊之所救已解如挑與之戰此無善之之心而輕救民之意也是以賤之

圖〇九六 《春秋繁露》十七卷，（漢）董仲舒撰，明正德十一年（1516）錫山華堅蘭雪堂銅活字印本。

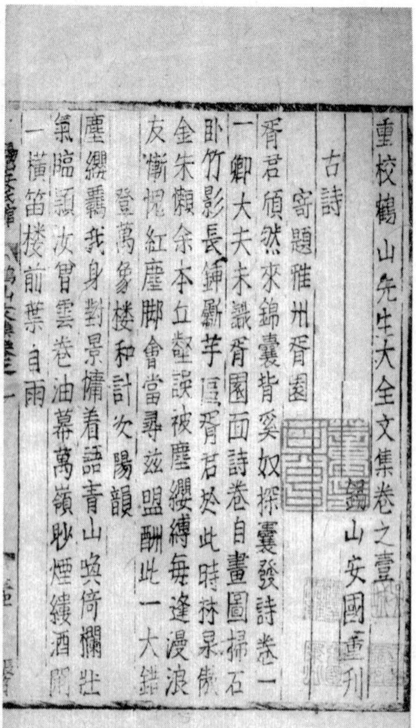

重校鶴山先生大全文集卷之壹

錫山安國重刊

古詩

寄題雅州胥園

胥君傾然來錦囊背奚奴探囊發詩卷一一卿大夫未識胥園面詩卷自畫圖掃石卧竹影長鋪斵芋匡胥君於此時狩泉傲金朱懶余本丘壑誤被塵纓縛每逢漫浪友衞愧紅塵脚會當尋兹盟酬此一大錯

登萬象樓和計次陽韻

塵纓覊我身對景慵着語青山與倚欄壯氣臨顥汝胃雲卷油幕萬嶺眇煙縷酒闌一横笛楼前葉自雨

圖〇九七 《重校鶴山先生大全文集》一百十卷，（宋）魏了翁撰，明嘉靖間安國銅活字印本。

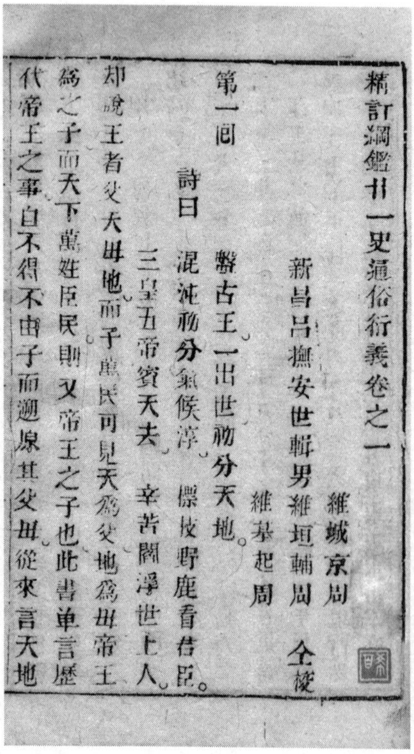

精訂綱鑑廿一史通俗衍義卷之一

新昌呂撫安世輯 男維垣輔周 維城京周 維基起周 仝校

第一回

盤古王一出世初分天地。

詩曰 混沌初分氣候淳。僄枝野鹿看君臣。

三皇五帝資天夫。辛苦鬭淨世上人。

却說王者父天母地。而子萬民。可見天爲父。地爲母。帝王爲之子。而天下萬姓臣民。則又帝王之子也。此書单言歷代帝王之事。自不得不由子而遡原其父母。從來言天地

圖〇九八 《精訂綱鑑廿一史通俗衍義》二十六卷四十四回，（清）呂撫撰，清雍正間活字泥板印本。

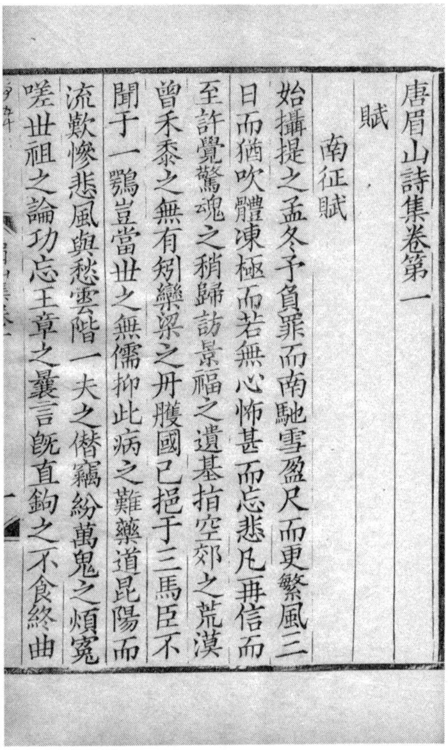

唐眉山詩集卷第一
賦
南征賦
始攝提之孟冬予負罪而南馳雪盈尺而更繁風三
日而猶吹體凍極而若無心怖甚而忘悲凡再信而
至許覺驚魂之稍歸訪景福之遺基指空郊之荒漠
曾禾黍之無有矧欒梁之冊腹國已挹于三馬臣不
聞于一鶚豈當世之無儒抑此病之難藥道昆陽而
流歎慘悲風與愁雲階一夫之僭竊紛萬鬼之煩寃
嗟世祖之論功忘王章之囊言既直鉤之不食終曲

圖〇九九　《唐眉山詩集》十卷，《文集》十四卷，（宋）唐庚撰，清雍正三年（1725）歸安汪亮採南陔草堂木活字印本。

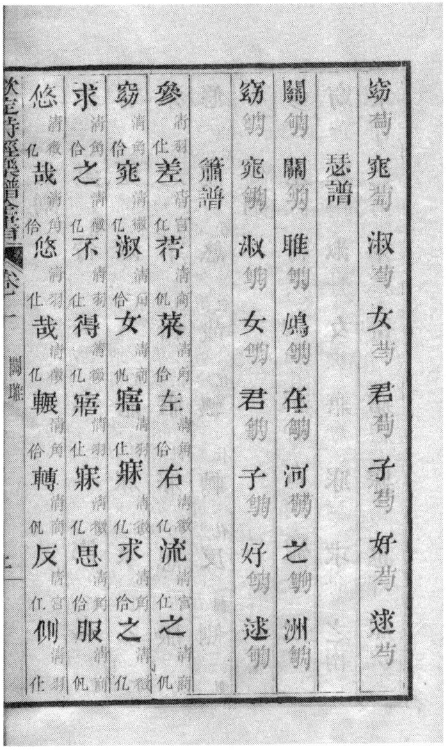

窈窕淑女君子好逑
瑟譜
關關雎鳩在河之洲
窈窕淑女君子好逑
簫譜
參差荇菜左右流之
窈窕淑女寤寐求之
求之不得寤寐思服
悠哉悠哉輾轉反側

圖一〇〇　《欽定詩經樂譜全書》三十卷，《樂律正俗》一卷，（清）永瑢撰，清乾隆五十三年（1788）木活字排印《武英殿聚珍版叢書》本。朱墨套印。

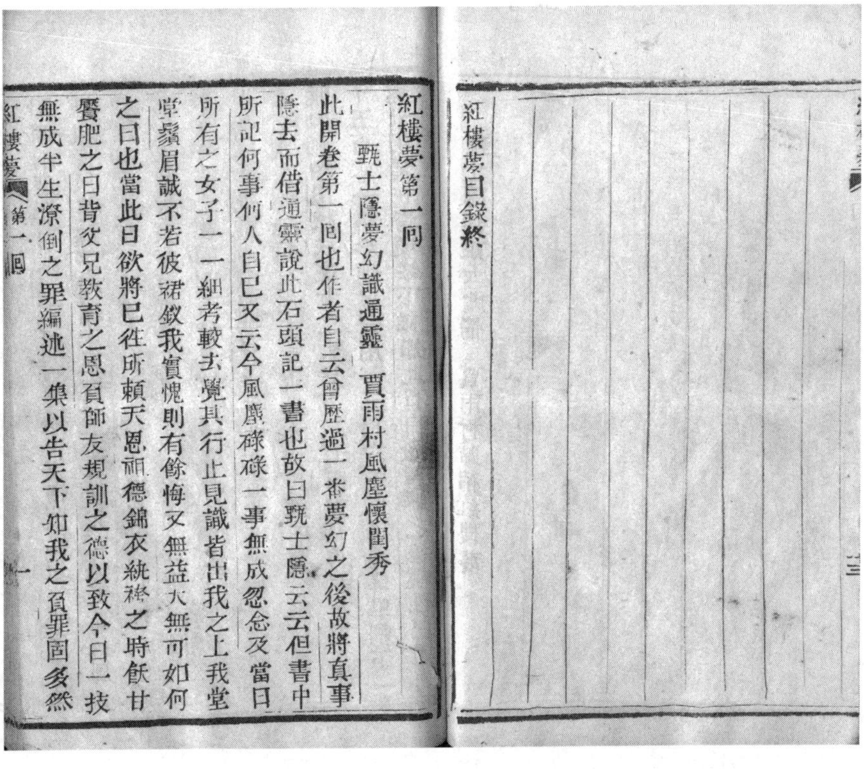

紅樓夢目錄終

紅樓夢第一回
甄士隱夢幻識通靈　賈雨村風塵懷閨秀
此開卷第一回也作者自云曾歷過一番夢幻之後故將真事
隱去而借通靈說此石頭記一書也故曰甄士隱云云但書中
所記何事何人自己又云今風塵碌碌一事無成忽念及當日
所有之女子一一細考較去覺其行止見識皆出我之上我堂
堂鬚眉誠不若彼裙釵我實愧則有餘悔又無益大無可如何
之日也當此日欲將已往所賴天恩祖德錦衣紈袴之時飫甘
饜肥之日背父兄教育之恩負師友規訓之德以致今日一技
無成半生潦倒之罪編述一集以告天下知我之負罪固多然

圖一〇一　《紅樓夢》一百二十回，（清）曹霑、高鶚撰，清乾隆五十七年（1792）萃文書屋木活字印本。

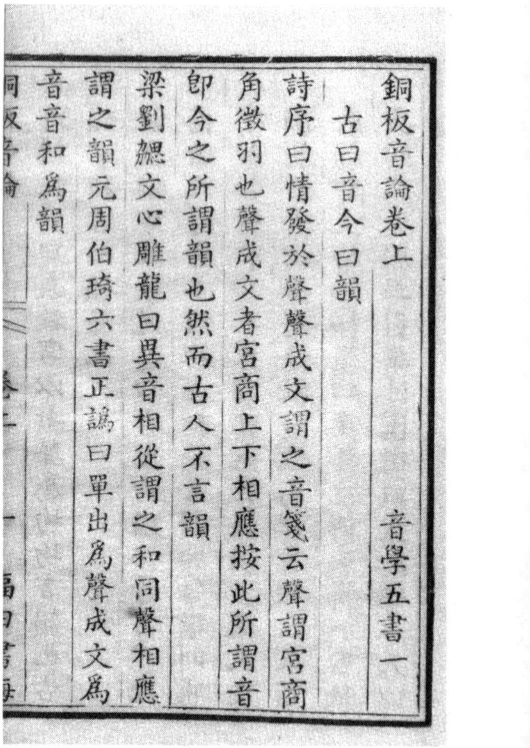
銅板音論卷上　音學五書一
古曰音今曰韻
詩序曰情發於聲聲成文謂之音箋云聲謂宮商
角徵羽也聲成文者宮商上下相應按此所謂音
卽今之所謂韻也然而古人不言韻
梁劉勰文心雕龍曰異音相從謂之和同聲相應
謂之韻元周伯琦六書正譌曰單出爲聲成文爲
音音和爲韻

圖一〇二　《音學五書》十三卷，（清）顧炎武撰，清道光間福建侯官林春祺福田書海銅活字本。

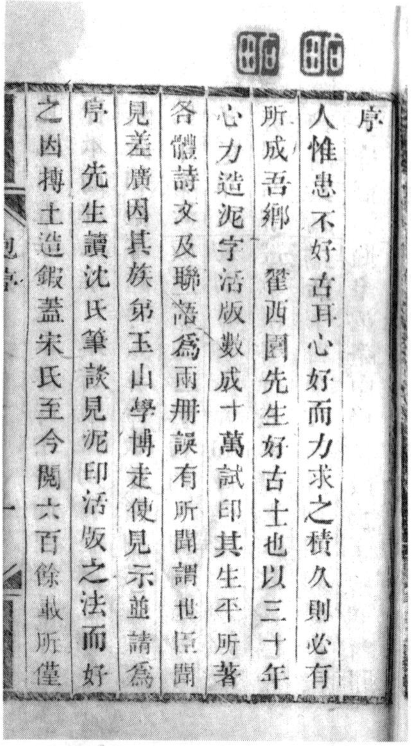
序
人惟患不好古耳心好而力求之積久則必有
所成吾鄉　翟西園先生好古士也以三十年
心力造泥字活版數成十萬試印其生平所著
各體詩文及聯語爲兩冊誤有所聞謂世[illegible]聞
見差廣因其族弟玉山學博走使見示並請爲
序　先生讀沈氏筆談見泥印活版之法而好
之因摶土造鍜蓋宋氏至今閱六百餘載所僅

圖一〇三　《泥版試印初編》十一卷，（清）翟金生撰，清道光二十四年（1844）翟金生泥活字印本。

石印本分部

綜　述

蔡啓盛《皇清經解檢目·例言》　《皇清經解》石印縮本，其細已甚，極壞目光，齋居宜遠如酖毒，且每卷葉皆經幷易。習熟原書者，殊訝變相，惟取攜之便，臨時或暫用之。

黄協塤《淞南夢影録》卷二　石印書籍，用西國石板，磨平如鏡，以電鏡映射之法，攝字跡於石上，然後傅以膠水，刷以油墨，千百萬頁之書，不難竟日而成，細若牛毛，明如犀角，剞劂氏二子可不煩磨厲以須矣。

管斯駿《上海彝場景緻》　自點石齋、同文局石印書局盛行於世，接踵而起者不下數十家。所印各種縮本，極爲精巧簡便，惟嫌字跡過於細小，殊耗精神；蓋久視則眼花，若用顯微鏡，又易於頭眩，且難經久，爲經書家所不取，是亦美中不足耳！

徐潤《徐愚齋自叙年譜·光緒八年》　查石印書籍始於英商點石齋，用機器將原書攝影石上，字跡清晰，與原書無毫髮爽，縮小放大悉隨人意，心竊慕之，乃集股創辦同文書局，建廠購機，搜羅書籍以爲樣本。旋於京師寶文齋覓得殿板白紙《二十四史》全部，《圖書集成》全部，陸續印出，《資治通鑑》、《通鑑綱目》、《通鑑輯覽》、《佩文韻府》、《佩文齋書畫譜》、《淵鑑類函》、《駢字類編》、《全唐詩文》、《康熙字典》不下十數萬本，各種法帖、大小題文府等十數萬部，莫不惟妙惟肖，精美絶倫，咸推爲石印之冠。

汪康年《莊諧選録》卷六《石印書》　近年石印書盛行，然業此者射利爲主，貪縮小則書少易售，遂至小如絲縷，因此傷目者多矣！又印書者多不校對，謬誤顛倒，貽害匪輕。余謂國家應定例：凡印書者書中最小之字，以至四號爲止，五六號字幷禁不得用；又每書印出，應登報聲明，如有錯漏，準人知會，即行照改；凡校正脱漏顛倒者，每事酬費若干，校正誤字

者，每字酬費若干。既定此例，則印書者，自不敢忽略。必須依此二例，方許禁他人翻印。又凡石印，必須縮小及割裂，然他書可縮，而有關大小長短之程度者，必不可縮；他書可割裂，而表則不可割裂。今石印書於此二事皆忽略，殊可恨。

葉德輝《書林餘話》卷下　海通而後，遠西石印之法，流入中原。好事者取一二宋本書，照印流傳，形神逼肖，較之影寫付刻者，既不費校讎之日力，尤不致摹刻之遲延，藝術之能事，未有過於此者。惟其所印者未能遍及四部，成爲巨觀。

孫寶瑄《忘山廬日記・光緒二十三年三月四日》　燕保云：刻書必用宋字，其形横瘦直肥，彼爲此者亦極有意，蓋肥者較堅牢，免受侵損，并瘦者亦賴以保存之，且其外闌較粗，無非倚以固其內，誠不獲已也。乃今石印書往往亦倣宋字，而肥其闌者，何邪？

《申報》清光緒五年七月二十七日《點石齋印售書籍圖畫碑帖楹聯價目》

本齋於去年在泰西購得新式石印機器一付，照印各種書畫，皆能與元本不爽錙銖，且神采更覺焕發。至照成縮本，尤極精工，舟車攜帶者既無累墜之虞，且行列井然，不費目力，誠天地間有數之奇事也。

又清光緒十三年正月十三日　石印書籍肇自泰西，自英商美查就滬上開點石齋見者悉驚奇贊嘆。既而寧、粵各商仿效其法，爭相開設，而所印各書、無不鈎心斗角，各炫所長。大都字跡雖細若蠶絲，無不明同犀理。其裝璜之古雅，校對之精良，更不待言，誠書城之奇觀，文林之盛事也。

藝文

吴友如繪《申江勝景圖》卷上第三〇圖《點石齋》題詩　古時經文皆勒石，孟蜀始以木版易；茲乃翻新更出奇，又從石上創新格：不用切磋與琢磨，不用雕鎪與刻畫，赤文青簡頃刻成，神工鬼斧泯無跡。機軋軋，石粼粼，搜羅簡策付貞珉。點石成金何足算，將以嘉惠百千萬億之後人。

凌泗《莘廬遺詩》卷五《石印書》　倉聖造字混沌鑿，夜聞鬼哭天雨粟，鬼今識字倉聖哭。媧補天石餘海隅，五千年後鬼負趨，利權奪盡乃到書。溯白漆簡與竹冊，稍避繁重易紙筆，劬鈔腕脱頭畢白。後唐墨板始益州，自宋迄今窮雕鎪，聚珍排比星碁稠。粵焰南來赤石吐；絳雲拉雜梨棗斧，鬼工伺間巧文舞。蘭亭玉枕燈影描，縮本作俑始帖妖，變而機械窮秋毫。爛斷朝報藩溷紙，五車充斥五都市，長恩愕避蠹飽死。古患書少今患多，安得秦坑一蕩磨，祖龍不出可奈何？

樊增祥《樊山續集》卷一五《謝子修惠蜀箋》　近來百工祖西蓺，機輪造紙誇光緻。賤售徒欺市井兒，薄材難了書家事。譬彼申江石印書，敢同殿本爭精麗。

楊守敬《藏書絶句・中西石印本》　海客新傳印石機，油書拓紙顯纖微。昏花迎目傷幺小，列史眞成照夜璣。

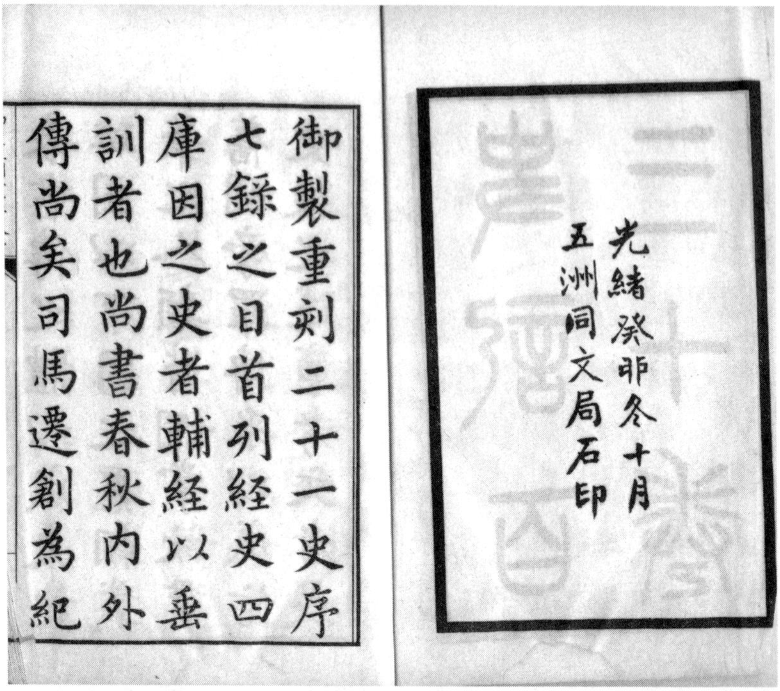
光緒癸卯冬十月
五洲同文局石印

御製重刻二十一史序
七録之目首列經史四
庫因之史者輔經以垂
訓者也尚書春秋内外
傳尚矣司馬遷創為紀

圖一〇四　《二十一史》，清光緒二十九年（1903）上海五洲同文局石印本。

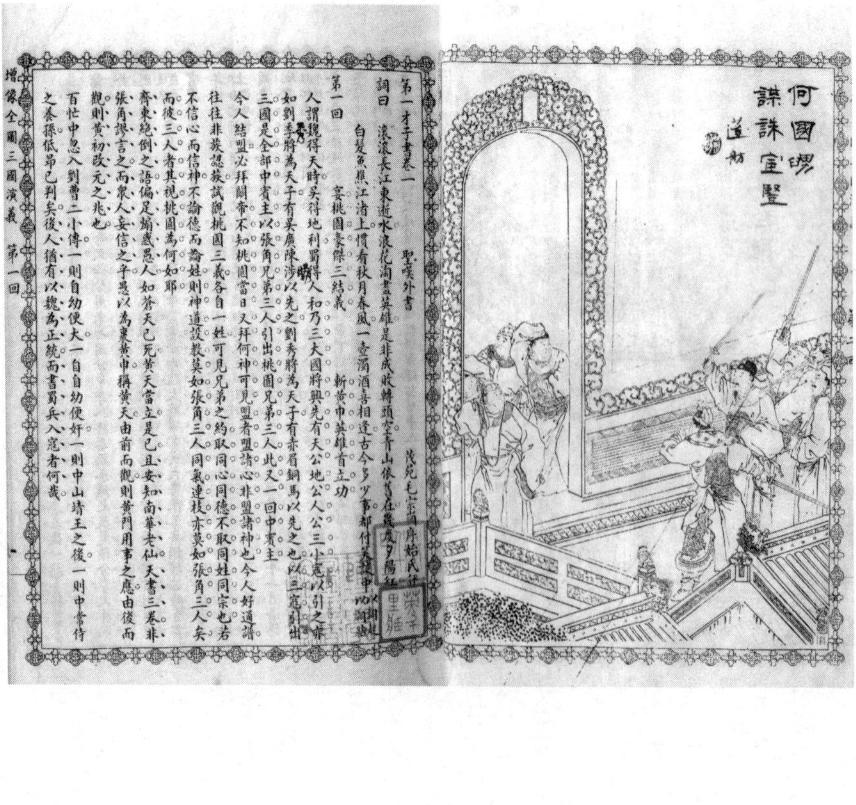

第一才子書卷一　聖嘆外書　茂苑毛宗崗序始氏評
詞曰　滾滾長江東逝水浪花淘盡英雄是非成敗轉頭空青山依舊在幾度夕陽紅
白髮漁樵江渚上慣看秋月春風一壺濁酒喜相逢古今多少事都付笑談中以詞起
第一回　宴桃園豪傑三結義　斬黃巾英雄首立功
人謂魏得天時吳得地利蜀得人和乃三大國將興先有天公地公人公三小寇以引之亦
如劉季將為天子有吳廣陳涉以先之劉秀將為天子有赤眉銅馬以先之也以三寇引出
三國是全部中賓主以張角兄弟三人引出桃園兄弟三人此又一回中賓主
今人結盟必拜關帝不知桃園當日又拜何神可見盟者盟諸心非盟諸神也今人好通譜
往往非族認族試觀桃園三義各自一姓可見兄弟之約取同心同德不取同姓同宗也若
不信心而信神不論德而論姓則神道設教莫如張角三人同氣連枝亦莫如張角三人矣
而後三人者其視桃園為何如耶
齊東絕倒之語偏足煽惑愚人如蒼天已死黃天當立是已且安知南華老仙天書三卷非
張角謬言之而衆人妄信之乎愚以為東漢中稱黃天由前而觀則黃門用事之應由後而
觀則黃初改元之兆也
百忙中忽入劉曹二小傳一則自幼便大一自自幼便奸一則中山靖王之後一則中常侍
之養孫低昂已判矣後人猶有以魏為正統而書蜀兵入寇者何哉
增像全圖三國演義　第一回

圖一〇五　《增像全圖三國演義》六十卷一百二十回，（明）羅貫中撰，清光緒十四年（1888）上海鴻文書局石印本。

稿本分部

綜述

虞集《道園學古録》卷一一《朱文公白鹿洞賦草跋》 此篇輯録文公全書者，以冠諸首，家傳而人誦之，則固有不待皆至乎？白鹿者，平章迂軒趙公之幼子，乃購得其稿本，觀其草具之謹，改定之精，尤足想見其意度。他日請使善工摹之而勒諸石。

李東陽《懷麓堂集》卷七四 《書東萊先生手稿後》右東萊先生《送張孟遠序稿》一通，舊藏於孟遠外孫潘日敏氏，元季金華諸名士如胡汲仲、柳道傳、吳正傳皆有題識，知爲先生手筆無疑。但紙墨磨滅，前一行已不可句。每行下一字皆横截以去，以意屬讀，僅可成篇。

又《書文公先生繫辭本義手稿後》 太常少卿兼翰林侍讀費君子充得晦菴先生《易繫辭本義》稿本數紙，皆烏絲欄，大小字分經註，書間有竄易，即所竄易與世所傳定本亦或不同。其意同而辭異者，不敢悉舉，如「遊魂爲變」，註曰「魂既遊，則魄降而爲變。」定本乃曰「魂遊魄降，散而爲變。」蓋其初説似微有次第之可議，而定説則見魂魄相離，無分先後之意，方爲精當。

王士禛《池北偶談》卷一三《談藝三・葉文莊集》 崑山《葉文莊公集》世無刻本，所傳止《水東日記》四十卷。予從其遠孫翰林學士認菴方藹所，見公集稿二冊，未編卷次，序、記、碑誌、雜文，凡二百四十六首，附《宣府志序例》一卷，後有《葉氏族譜》，甚簡質。自高祖以來，俱載干支八字，公自注三十五歲，干支則庚子、戊子、庚辰、丙子也。又一冊，有巡撫宣府關防，詩文多手稿，皆公親筆點竄，有塗乙至數行者。公文章平實條暢，蓋德、宣以後弘治以前文體大槩如此，亦楊文貞、王文恪諸公流派也。

汪琬《堯峰文鈔》卷二五《遠志之苗序》 前明御馬監太監劉若愚，直隸延慶州左衛人。崇禎初，以魏忠賢黨下獄，若愚自辨頗力，在獄中纂此書，所述妖書及客魏始末最悉。卷首曰「寺人小草」又曰，「遠志之苗」與《酌中志畧》大同小異，此蓋其稾本也。予借諸文氏，筆畫譌謬，且襍以行草，遂别加繕録而序之。

張英《文端集》卷四〇《日照李氏族譜序》 余自康熙癸卯舉於鄉，先大夫時年七十餘，即以一編示余，曰：「此族譜稿本，久未詮次，予年且老，前人行事，予猶能縷縷叙述，子盍爲編葺成書，以毋墜祖宗之緒。」

鄭肇新《春秋闕疑跋》（鄭玉《春秋闕疑》卷末） 師山先生當元之末，著《春秋闕疑》四十五卷，稿藏於家，未經授梓，四方學者雖知有其書，以無板本，購鈔不易。始余求得稿本，中闕者十三卷，未爲全書，既而族孫經學以其父旼所藏全本來歸，蓋嘉靖中宗人獻文所手録者。得之，喜不自勝，思廣其傳，因急付之剞氏。

《四庫提要・經部七・易類存目一》 《易經淺説》八卷，內府藏本。明陳琛撰。【略】是書一名《易經通典》，原刻作六卷，此乃其後人重編之稿本，分爲八卷。中多塗乙，有標某句爲後人增改者，有標採入《折中》者。然《文言傳》「知至至之」一條標採入《折中》，而《折中》實未採，則亦不盡可據矣。

又《經部一〇・易類存目四》 《周易蛾術》七十四卷，戶部尚書王際華家藏本。國朝倪濤撰。濤字岷渠，錢塘人。其書於每卦中分《尚辭》、《尚變》、《尚象》、《尚占》四類，各採録舊説發明之。故又名《周易四尚》。其言義理，多以程傳爲主；其言象占，則遵馬、鄭、荀、虞之説，而自稱折衷於朱子。然以世應、納甲列圖於每卦之前，乃京氏之學，非朱子之學也。所引諸書往往止載姓氏而未録其辭，蓋編纂未成之稿本耳。

又《經部一四・書類存目二》 《禹貢約義》，無卷數，兩江總督採進本。國朝華玉淳撰。玉淳字師道，號澹園，金匱人。是編考證《禹貢》山水，詳畧頗不畫一。蓋隨時紀載，未及成書之稿本也。

又《經部四三・小學類存目一》 《文字審》，一卷，浙江巡撫採進本。不著撰人名氏，亦無序跋。中間頗有塗乙，相其紙墨，蓋近人手稿也。其書取李燾《説文五音譜》，鈔其大畧，仍以燾之部分爲序，而不標部分之名。篆文筆意頗圓潤，字下隸書，字字皆從古體。蓋亦留心六書者，特偶然鈔録，自

備檢核，非欲著書問世，故漫無體例耳。

又《史部二六・地理類三》 《營平二州地名記》一卷，兩淮鹽政採進本。國朝顧炎武撰。【略】炎武遊永平時，郡人以志屬之，炎武未應其求，因摭古來營、平二州故實，纂爲六卷，付之，題曰「營平二州史事」。今其書不存。此書出自惠棟紅豆齋，惟載二州古地名，至五代而止，又僅一卷，意其爲六卷之一也。其中「卑耳之谿」一條，既引《管子》，最後一頁又載俞兒一事全文，當是隨筆襍鈔，失於刪削，不但非其完書，并爲未定之稿本矣。

又《子部三二・雜家類六》 《閒居録》一卷，浙江汪啓淑家藏本。元吾邱衍撰。衍有《學古編》，已著録。是書乃衍劄記手稿，陸友仁得於衍從父家，録而傳之，猶未經編定之本，故皆隨筆草創，先後不分，次序字句亦多未修飾。其中如駁戴侗《六書故》「妄造古篆」一條，辨徐鉉「篆書筆法」一條，皆與《學古編》互相出入。蓋先記於此，後採入彼書，而初稿則未削除也。

又《子部四二・雜家類存目九》 《掌録》，無卷數安徽巡撫採進本。舊本題「繡雲居士撰」，不著姓名、時代，其抄書格紙邊頁刊「繡雲居」字，蓋猶其手稿。

王應奎《柳南隨筆》卷六 昌黎之文字句，皆古人悉知爲錘鍊而成矣，而不知歐公之平易亦是錘鍊而成者。即如白香山之詩，老嫗能解，可謂平易矣，而張文潛以五百金得其稿本，竄改塗乙，幾不存一字，蓋其苦心錘鍊如此。

黄丕烈《蕘圃藏書題識再續録》卷一 《天下郡國利病書》不分卷。稿本。乾隆己酉九秋，友人張秋塘以《天下郡國利病書》原稿示余，其三十四册，蠅頭小楷，密綴行間，楮墨具有古氣。秋塘謂余曰：「此亭林真跡也，盍寶之。」余留閲一夕，至「山東省」，見卷首部葉不全，書中文義亦有殘闕，遂掩卷就寢而罷。明晨秋塘索書甚急，因還之。然余猶不忍舍是書也，往晤秋塘。秋塘備述是書原委，云是傳是樓舊物，而徐後歸諸顧，顧後歸諸王。此書迺得自王蓮涇家。蓋蓮涇素藏書，而健庵係亭林之甥，其爲原稿無疑。即有殘闕，安知非即亭林序中所云「亂後多有散佚者」乎？

李富孫《校經廎文稿》卷一八《瀛洲道古録跋》 朱竹垞先生在翰林時，以翰苑掌故諸書俱蕪陋可笑，欲別撰《瀛洲道古録》。自分職以來，訖於明崇禎之季，未果成。予嘗於其家見有稾本二十三册，皆從各書中鈔録，自史類以反明人集部，無不蒐采。內有《明實録》數册，當是入直時所鈔。其字跡不甚雅，想即先生所謂「楷書手筆」也。閒有先生自録者。其國子監等圖係西畯所寫，竝無前後次弟，亦未分列門類。年譜云此録分九門。未宲何據。且予又見編成第一册，以建置爲首，從黄帝立史官始。先生手題曰「瀛洲道古録」。

包世臣《小倦遊閣集》卷二七《毛詩禮徵序》 今年春撰集［季懷］遺書檢得《致仲虞書稿》有曰「學詩八年，自謂有得，奮然欲述《詩禮原鄭》一書，今編次粗就，殊不足發明鄭氏，僅徵舊文，供制舉家摭拾而已。覆閲之，令人慚恧，而家伯氏以爲不可焚棄，俟異日之刪定。足下若見此稿本，殆當鄙夷，不以齒於吾黨也。」【略】然孟瞻、孟開反覆其書，僉謂援引淹通，實足導□學之前路，故原季懷本意，名之曰《詩禮徵》，文先校而梓之。其稾草紛糾，鉤勒拉雜，間有繁復待芟，統類未一之處，則子韻、孟瞻、賓叔、孟開共有事焉。

又《藝舟雙楫》卷一《自編小倦遊閣文集三十卷總目序》 道光甲申，予年適五十，衰頽荒落，自分終已不可用，遂欲芟葺舊文，而笥中稿本半爲鼠耗，存者又塗抹潦草，不能授書手。

錢儀吉《衎石齋記事稾》卷二《答本之從孫聚仁書》 《三國職官表》正所訪求者，得之大喜，連日披閲，甚服其用心之勤，而惜其牽於經緯之體，分隸處猶未盡善。【略】僕前年録蜀官名一册，取以相校録，尙書事脱姜維，又如太子家令、太子僕、中庶子、舍人見於《蜀志》者五職凡十有四人，而俱云蜀無考，不知何以疏漏若是。又如魏官品所列諸職尙多未采入者，品秩又往往不同。恐猶是未成稾本。孟慈中道殂殞，其友未暇審定而遽刻之耶？

劉文淇《青溪舊屋集》卷八《文學方君傳》 君雖以傭書廢業，而素通文義，人以稾本倩君傳寫者，大率多塗乙難識，君悉能辨之，且爲之校正誤字。

徐時棟《烟嶼樓文集》卷三二《跋句餘土音稿本庚子》 全謝山先生《句餘土音》稿本二册，余以廉值得之賈人，首尾稍漫漶，中亦多蠹蝕，又裝訂錯亂，不可讀。道光己亥五月，始爲排比補綴，重裝之，煥然改觀，足

寶貴矣。此本不知何人所録，字亦端好，而先生以淡墨塗改乙註之書眉紙尾，幾無隙處。

莫友芝《宋元舊本書經眼録》卷三 《天下郡國利病書》，稿本。國朝顧炎武撰。乃鈔集志乘史傳未成之稿。道光間成都龍萬育得其副本刊之，凡百二十卷。此其元本也。同治丁卯九月客蘇城有持興化人家藏來售因獲觀之，皆細行雜鈔，不出一手。以朱筆校改誤字。其每件後時有零星小件，則行書密行，增入無誤字，然則朱改及行書，或亭林筆也。

丁丙《善本書室藏書志》卷三 《春秋平義》十二卷。手稿本。謹按：《四庫總目》《春秋平義》十二卷，俞汝言撰。汝言，字石吉，秀水人，前明諸生。是書多引舊文，自立論者無幾。【略】此本爲汝言手稿，其中塗乙補綴，朱墨縱横，其用心勤篤，至今猶可想見。

又卷一二 《東城雜記》二卷。手稿本。錢塘厲鶚太鴻，鶚一字雄飛，居東城之成衙營，記里中遺聞軼事，爲輿地所不載者，凡八十五條。【略】《四庫全書》既爲著録，汪氏振綺堂復爲刊版，區區一隅之記，儲之七閣，行之四海，亦可謂不負其著述苦心矣。此爲手稿本，塗乙審善，繕寫雅逸，其珍重又在宋槧元刊之外也。

陳康祺《壬癸藏札記》卷八 惠定宇徵君嘗病於揚州，需參，莫措。時歙人汪對琴比部棣亦僑居邗上，重徵士品學，慨然購上品紫團參持贈，費千金。徵士病起，舉所撰《後漢書訓纂》稿本、繕本盡以詒之。比部不欲攘美，什襲珍護，屢思梓行而絀於力，以同里陳氏喜聚書，因付以繕本而自留稿本。

繆荃孫《藝風堂文集》卷七《明王百穀詩文手稿跋》 右明王百穀詩文二冊，邵陽魏默深所藏，今歸吾友蒯禮卿檢討。詩文雜次，塗抹鉤勒，字跡亦疏雋有致，蓋手稿也。

又《藝風藏書記》卷三 《直隸河渠書》一百二卷，此書荃孫就手稿詮次補足，缺卷取諸《畿輔安瀾志》，王履泰刪去夾注，大字皆原文也。國朝戴震撰。稿本。乾隆戊子方恪敏公觀承總督直隸，延東原先生於蓮花池撰次。是書首衛河七卷，次漳水十一卷，次滏水三卷，次大陸澤五卷，次寧晉泊一卷，次滹沱河八卷，次東西淀二十一卷，內唐河三卷，沙河一卷，滋河一卷，府河五卷，易水五卷，淶河一卷，清河五卷。次永定河十六卷，內桑乾河四卷。次白河十九卷，內白河八卷，潮河二卷，楡河四卷，大通河五卷。次薊運河九卷，次陡河一卷，次灤河一卷。內熱河。諸水源流，古今遷變，孰異孰同，爲利爲害，擘肌分理，考鏡具備。按：此書創之於趙東潛，成一百三十二卷，名曰《直隸河渠水利書》。東原爲刪潤存一百零二卷，書名去「水利」二字，詳《經韻樓集》。後吳江王履泰攘竊此書進呈，易名《畿輔安瀾志》。仁宗嘉爲有用之書，賞以同知，發北河效用，仍命武英殿刊行。然履泰不學無術，刪繁就簡，全去夾注，遂令考訂不明。不如原稿完善多矣。

又《藝風藏書再續記・傳抄本第七》 《南雷餘集》一卷。黄梨洲徵君生前自編其集曰《南雷文定》，晚年又就《文定》精擇一編曰《南雷文約》。前年有寧波一舊家，藏徵君手稿凡數寸，欲售於上海道署，索價三百金。未滿其欲而返。先是敬業書院院長仁和葉槐生貢士細將稿本瀏覽一過，凡《文定》、《文約》所未有者，另鈔一本，題曰《南雷集外文》，藏之書樓。【略】乾隆間長洲彭尺木貢士於崑山書肆得《亭林文集》稿本，中有十數篇爲刊本所無者。雖爲潘次耕刊《亭林文集》所刪，亦爲當時實未便行世故也。

張佩綸《澗于集・書牘》卷五《致九弟》 其所作詩不甚入格，兄處閒有一二，然平生所好在此，如有稿本，亦可檢出，兄爲改削之，以備選入《詩話》。

孫詒讓《温州經籍志》卷三三《集部》 周氏天錫《愼江文徵》六十一卷，存，永嘉張氏臧手稾本，遜學齋臧鈔本。【略】此書今所見手稾本凡六十一卷，而《愼江文逸自叙》則作七十卷，見下。然手稾首尾完具，其文與總目所列門類亦一一符合，并無缺佚，疑初稾寫定後因其編卷稍大，欲展爲七十卷，然未及重録，故仍爲六十一卷。

葉德輝《郋園讀書志》卷一 《周易本義辨證》五卷。原稿本。此惠定宇先生《周易本義辨證》原稿，蔣氏省吾堂已刊入《經學五種》中，書縫有「紅豆齋藏書鈔本」字樣，書中有朱筆校誤，皆先生手蹟，尤可寶貴也。

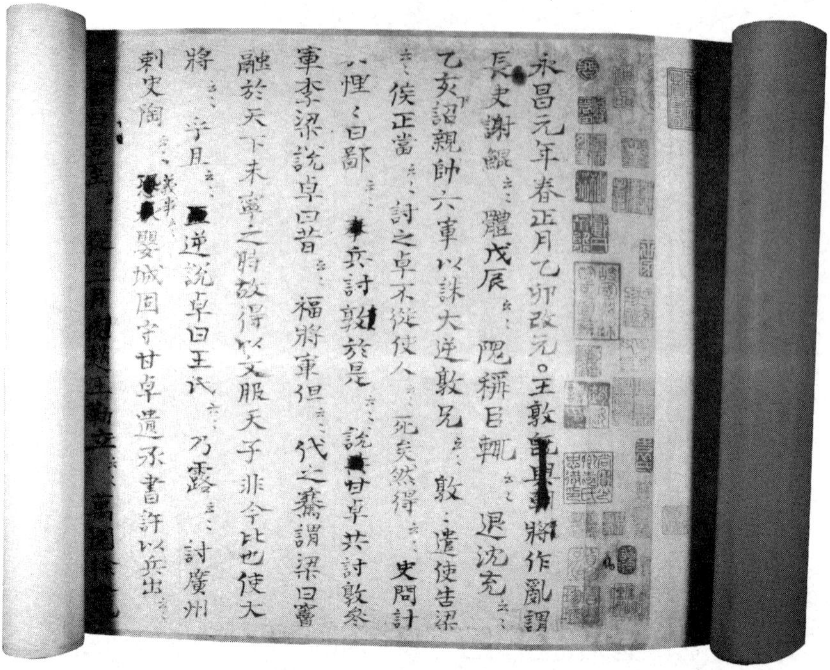

圖一〇六　《資治通鑑》殘稿，（宋）司馬光撰，稿本。

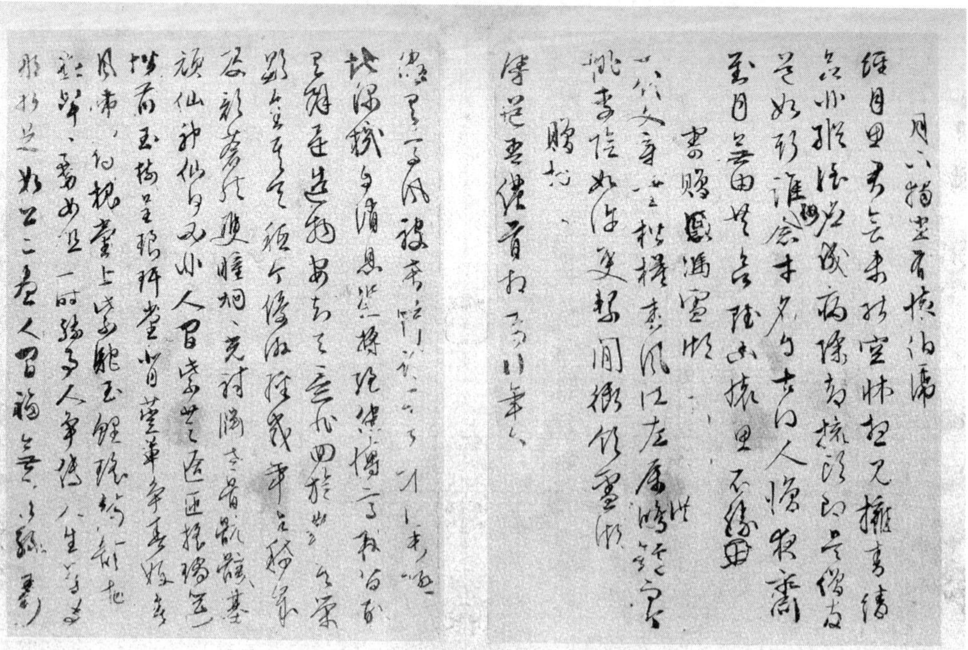

圖一〇七　《文徵明詩稿》，（明）文徵明撰，稿本。

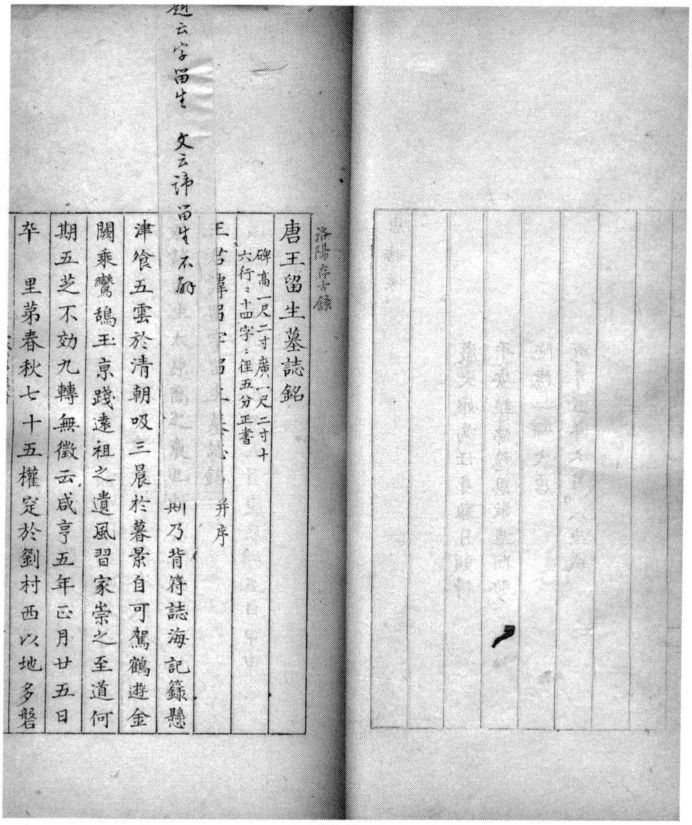

洛陽存古録

唐王留生墓誌銘

碑高一尺二寸廣一尺二寸十六行行十四字字徑五分正書

并序

則乃背符誌海記籙懸
津飡五雲於清朝吸三晨於暮景自可駕鶴遊金
闕乘鸞鵠玉京踐遠祖之遺風習家崇之至道何
期五芝不効九轉無徵云咸亨五年正月廿五日
卒 里第春秋七十五權窆於劉村西以地多磐

圖一〇八 《金石苑》，（清）劉喜海撰，稿本。

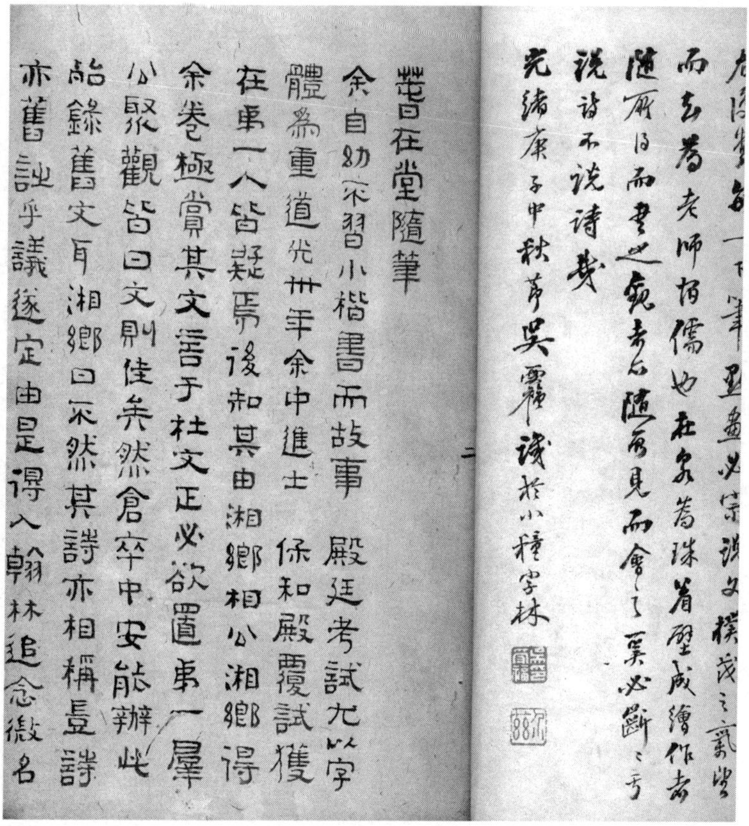

春在堂隨筆

余自幼不習小楷書而故事殿廷考試尤以字
體爲重道光卅年余中進士保和殿覆試獲
在第一人皆疑焉後知其由湘鄉相公湘鄉得
余卷極賞其文言于杜文正必欲置第一羣
公聚觀皆曰文則佳矣然倉卒中安能辦此
殆録舊文耳湘鄉曰不然其詩亦相稱豈詩
亦舊謅乎議遂定由是得入翰林追念微名

圖一〇九 《春在堂隨筆》，（清）俞樾撰，稿本。

鈔本分部

綜述

宋祁《宋景文筆記》卷上《釋俗》 古人寫書盡用黃紙，故謂之「黃卷」。顏之推曰：「讀天下書未徧，不得妄下雌黃。」雌黃與紙色類，故用之以滅誤。今人用白紙，而好事者多用雌黃滅誤，殊不相類。道、佛二家寫書猶用黃紙。《齊民要術》有治雌黃法，或曰：「古人何須用黃紙。」曰：「蘗染之可用辟蟫，今臺家詔勅用黃，故私家避不敢用。」

孫慶增《藏書記要・鈔録》 書之所以貴鈔錄者，以其便於誦讀也。歷代好學之士，皆用此法。所以有刻本，又有鈔本，有底本。底本便於改正，鈔本定其字劃，於是鈔錄之書，比之刊刻者更貴且重焉。況書籍中之秘本，爲當世所罕見者，非鈔錄則不可得，又安可以忽之哉？從未有藏書之家而不奉之爲至寶者也，則其道固不可不講也。宋人鈔本最少，字畫墨氣古雅，紙色羅紋舊式，方爲眞本。若宋紙而非宋字，宋跋宋款而非宋紙，即係僞本。或字樣紙色墨氣無一不眞，而圖章不是宋鐫，印色不舊，割補湊成，新舊相錯，終非善本。元人鈔本亦然。常見古人稿本，字雖草率，而筆法高雅，紙墨圖章，色色俱眞，自當爲希世之寶。以宋元人鈔本較之宋刻本而更難也。明人鈔本，吳門朱性甫、錢叔寶、子允治手鈔本最富，後歸錢牧翁。絳雲焚後，僅見一二矣。吳寬、柳僉、吳岫、孫岫，太倉王元美，崑山葉文莊，連江陳氏，嘉興項子京，虞山趙淸常，洞庭葉石君諸家鈔本，俱好而多，但要完全校正題跋者方爲珍重。王雅宜，文待詔，陸師道，徐髯翁，祝京兆，沈石田，王質，王穉登，史鑑，邢參，楊儀，楊循吉，彭年，陳眉公，李日華，顧元慶，都穆，俞貞木，董文敏，趙凡夫，文三橋，湖州沈氏，寧波范氏，吳氏，金陵焦氏，桑悅，孫西川，皆有鈔本甚精。新鈔馮己蒼、馮定遠、毛子晉、馬人伯、陸敕先、錢遵王、毛斧季各家，俱從好底本鈔錄。惟汲古閣印宋精鈔，古今絕作，字畫紙張，烏絲圖章，追摹宋刻，爲近世無有能繼其作者，所鈔甚少。至於前朝內閣鈔本，生員寫校者爲上《文苑英華》、《太平廣記》、《太平御覽》、《百官攷傳》、《皇明實錄》等書，大部者必須嘉隆鈔本方可。若內監鈔本、南北監鈔本，皆惡濫不堪，非所貴也。余見葉石君鈔本，校對精嚴，可稱盡美。錢遵王鈔錄書籍，裝飾雖華固不及汲古多而精，石君之校而備也。古人鈔錄書籍，俱用黃紙，後因詔誥用黃色紙，遂易以白紙。宋元人鈔本用冊式，而非漢唐時卷軸矣。其記跋校對，極其精細，筆墨行款，皆生動可愛。明人鈔本，各家美惡不一然必有用之書，或有不同常本之處，亦皆錄而藏之。然須細心紬繹，乃知其美也。吳匏菴鈔本用紅印格，其手書者佳。吳岫、孫岫鈔用綠印格，甚有奇書，惜不多見。葉文莊鈔本，用綠墨二色格，校對有跋者少，未對草率者多，間有無刻本者亦精。至於《楊誠齋集》、《周益公集》、各朝實錄、《北盟會編》、《校正文苑英華》等書，雖大部難以精鈔，亦不可忽，但須校正無訛，不遺漏爲要耳。大凡新鈔書籍，已屬平常，又弗校正，難言善也。凡書之無處尋覓者，其書少，必當另鈔底本，因無刻本故也。若鈔錄精工，則所費浩繁，雖書寫不工，亦必珍之重之，留爲秘本。前輩鈔錄書籍，以軟宋字小楷，顏柳歐字爲工，宋刻字更妙，摹宋板字樣筆畫，均勻不脫落，無遺誤。烏絲，行款整齊中帶生動，爲至精而備美。序跋、圖章、畫像，摹彷精雅，不可呆板，乃爲妙手。鈔書要明於義理者，一手書寫，無脫漏錯誤，無破體字，用墨一色，乃爲最善。若鈔底本，大部書用行書爲上，草書亦可，但以不差落爲主。若字好而不明文理者，僅可印鈔而已。鈔本書畫圖最難，用白描法，運筆古雅秀勁爲主，人物畫像要生動，又要淸雅而端莊，方爲合式。有皇宋五彩畫本《本草》、《圖經》，最精工，集天下名手著色畫成。又有白描《列女傳》、《孝經》等書，無出其右者。近時錢遵王有五彩著色畫本《香奩集》，白描《鹵簿圖》、《營造法式》、《營造正式》等書，雖弗及前人，今亦不可得矣。所以鈔錄書籍，亦非易事也。

錢曾《讀書敏求記》卷二之中 《考古圖》十卷，《續考古圖》五卷，《釋文》一卷。【略】此係北宋鏤板，予得之梁溪顧脩遠，洵縹囊中異物也。後爲季滄葦借去，屢索不還，耿耿挂胸臆者數年。滄葦歿，此書歸之徐健菴；予復從健庵借來，躬自摹寫。其圖象命良工繪畫，不失毫髮，楮墨更精

於槧本。

又卷三之中 《新儀象法要》三卷，前列藴頌《進儀象狀》。卷終二行云「乾道壬辰九月九日，吳興施元之刻本於三衢坐嘯齋」。此從宋刻影摹者，圖樣界畫不爽毫髮，凡數月而後成。楮墨精妙絶倫，又不數宋本矣。

又卷三之下 《難經》三卷。陸孟鳧先生云：「《難經》從未見，宋槧本予留心搜訪，僅購得此舊鈔。字法俱撫松雪翁，疑是元人所書。不識賞鑒家以爲然否？」

朱彝尊《曝書亭集》卷四三《書尊前集後》 康熙辛酉冬，予留吳下，有持吳文定公手鈔本告售。書法精楷，卷首識以私印，書肆索直三十金。

又《静志居詩話》卷八 公家［吳寬］遺書偶有流傳者，悉公手録，以私印記之。前輩風流，不可及也。

何焯《義門先生集》卷九 《跋中吳紀聞》毛斧季從崑山葉九來僣得舊録本，乃其先文莊公菉竹堂所藏故物，開卷有文莊名字、官銜三印。

又《跋金石録》 《金石録》三十卷，崑山葉文莊公故物，首尾二紙則公手所自書。余收得吳文定公寫本，書亦皆然，乃知前賢事事必有體源，貴乎多見而識之。

于敏中等《天禄琳琅書目》卷四《周易輯聞》 考鏤版書籍，始於周顯德間，或據柳玭之言，以爲唐已有之。而刊行大備，要自宋始。其時監中官刻與士大夫家塾付梓者，校讐鐫鏤，講究日精，宇内流傳，罔不珍秘。及時代既更，漸至散佚。明之琴川毛晉，藏書富有，所貯宋本最多。其有世所罕見而藏諸他氏不能購得者，則選善手以佳紙墨影鈔之，與刊本無異，名曰「影宋鈔」。於是，一時好事家皆爭仿效，以資鑒賞，而宋槧之無存者，賴以傳之不朽。

又 《金壺記》，一函二冊。宋僧適之撰。上、中、下三卷。馬端臨《文獻通考》載：《金壺記》，僧適之集書家故事，以二字爲題而注所出於其下，凡三百餘條。【略】影鈔紙白如雪，墨色不尚濃厚，取其勻淨，幾與刊本摹印無異。

又 《王摩詰文集》，一函四冊。唐王維著。十卷。前維弟縉《進書表》，代宗荅詔。【略】此書前後無序，未審爲宋代何時刊本。自元、明以來，刻維集者甚多，今得此影鈔，以留宋槧面目，亦超出於諸家之上矣。

全祖望《鮚埼亭集外編》卷二〇《曠亭記》 山陰祁忠敏公之尊人少參夷度先生，治曠園於梅里，有淡生堂，其藏書之庫也；有曠亭，則遊息之所也，有東書堂，其讀書之所也。夷度先生精於汲古，其所鈔書多世人所未見，校勘精核，紙墨俱潔淨。

黄丕烈《蕘圃藏書題識》卷一 《汗簡》三卷，《目録叙略》一卷。舊鈔本。《汗簡》一書，錢唐汪立名所刊，出於竹垞藏舊鈔本。舊刻無聞焉，錢遵王《讀書記》謂「孱守居士藏書」率多善本，此殆是也。《汗簡》，字學中不甚重，潛研老人曾言之，然論古書源流，是書何可廢哉！且孱守居士鈔於明代，較竹垞所藏更舊，因急收之。

又卷二 《梁公九諫》一卷。賜書樓藏舊鈔本。此載諸《讀書敏求記》中者也。今此本有「賜書樓圖記」，字跡又舊，則其爲述古堂物無疑。

又卷三 《華陽國志》十二卷。舊鈔本。此書無宋刻，則舊鈔貴。兼有郡先輩錢磬室圖記，何義門跋并朱筆評閲。古色斑斕，令人可愛，紙本霉爛破損，係義門返吳時覆舟黄流所厄，恐不耐展讀，命工重加裱託，改裝倒摺向外，庶免敝渝之患。予友顧澗賓藏空居閣鈔本，與此同出一源，然楮墨之閒，古意稍遜，當讓此本爲甲本。

又 《吳郡圖經續記三卷》。舊鈔本。此鈔本《吳郡圖經續記》末有錢磬室跋語，當是錢本影寫者。余得諸華陽橋顧氏，即朱筆可潛氏之後也。後又從伊家得宋刻本，爲葉文莊舊藏，而錢磬室補葉圖章、筆跡古色朗然，前人所言悉得其實證，是可喜也。

又 《大金集禮》四十卷。舊鈔本。《大金集禮》世鮮善本，惟錢遵王《讀書敏求記》載此書，以爲尚是金人鈔本，惜未知流落何所。偶與余友張秋塘談及此書，秋塘云數年前余從騎龍巷顧氏得之，而歸於馬鋪橋周香巖矣。香巖與余相友善，有秘書彼此俱易觀，惟請觀此書則以朽腐不可觸手爲辭。余亦以家無別本可校，不敢固請。今春觀書於華陽橋顧聽玉家，適得是本，遂攜向香巖處，請其書比較之。紙墨皆古，惜朽腐處殘缺不可盡讀。末有何義門先生跋，亦自叙其得書之由，而書之爲金鈔與否，義門卒不能定也。

又卷五 《麈史》三卷。舊鈔本。嘉慶癸酉初秋，書友從任姓易得舊鈔《麈史》，適過余齋，因得寓目。取較舊藏欽仲陽本，知此爲最先之本。欽仲陽本行款與此同，且字之誤者多合。後經義門何先生手校，斧季毛公曾借諸

何氏，題曰「欽仲陽本」。今藏余家，故亦題爲「欽仲陽本」也。此本鈔手在欽本先，無舊時藏書家圖記，卷端任文田印即今所自出者。卷上缺一葉，影欽本補鈔，卷尾剜去一行，以舊紙黏補。【略】是書雖非毛氏所云何元朗本及伊舅氏仲木本，然古色古香，溢於楮墨，想不在二本下也。余既得欽仲陽本，又得此，可云雙美，因重裝與欽本幷儲。

又卷六 《稽神錄》六卷，《補遺》二卷。舊鈔本。 此舊鈔本《稽神錄》二冊，嘉靖時姚舜咨家藏書也。其源流載姚跋語中，茲不贅。余以白金五星易諸書友郁姓，郁姓喜甚，以爲此字簍中物，而竟有出銀易之者，且其同伴亦以爲此五星意外得來，遂拉往飯鋪爲沽酒市脯計。蓋書友視此書字跡惡劣，紙墨污敝，決非有用物也。而余則喜甚，非但姚舜咨跋可證書之源流，且取校向藏秦酉巖鈔本，復經蔣揚孫校補者，知此爲祖本。彼猶有傳寫臆改之病，而此則原書面目纖悉具在，勝於前所收者多矣。【略】癸酉初秋，有書友從冬烘書塾中易得破書二種，過余閒談，其意非以是求售也。余檢得《麈史》一本，墨敝紙渝，卻是舊鈔，因遂留之。取校義門手校、余澹心藏本，知今所見的是底本，勝於舊藏多矣。啓廚見此《稽神錄》，其書之舊而佳，後所得勝於前所藏最勝之本。

又卷九 《鐵崖先生詩集》十卷。鈔本。 余向藏《鐵崖漫稿》，爲舊鈔本，皆文也。別有一冊詩，亦鈔本，較《漫稿》筆致稍時近，有人攜此《詩集》三冊來，云「是騎龍巷顧氏物」。檢其舊傳書帳，果有之。蓋顧氏書散已久，此其僅存者爾。索直十金，以每冊二兩易得，取其鈔手甚舊，疑出自洪永閒。可與《漫稿》爲合璧。

又卷一〇 《蘆川詞》二卷。影宋本。 前年玄妙觀西有骨董鋪某收得宋板《蘆川詞》及殘宋本《禮記》，欲歸余，而爲他姓豪奪以去。既物主因曾許余，故假《蘆川詞》一閱，謂畢余讀未見書之願。然余見之，而欲得之願益深，屢託親友之與他姓之熟識者往商之，卒不果，亦遂置之矣。今夏從友人易得舊鈔本《蘆川詞》，行款與宋版同，因重憶宋版，思得一校。余願贏了，復託蔣大硯香請假之，竟以舊來，喜甚，取對兩書，而喜愈甚。蓋舊鈔本係影宋，每葉板心有「功甫」二字者，其字形之欹斜，筆畫之殘缺，纖悉不誤，可謂神似。而中有神鈔一十八翻，不特無「功甫」字樣，且行款閒有移易，無論字形、筆畫也。因倩善書者影宋補全，撤舊鈔非影宋者，附於後，以存其舊。

又《蕘圃藏書題識續録》卷四 《靜春堂詩集》四卷。《靜春翰墨》二冊附。舊鈔本。 此《靜春堂詩集》，其可寶者在八卷之目尚全，或可因是以俟後之訪求，且係舊鈔，楮墨俱古，在元人集中亦爲罕秘。

彭元瑞等《天禄琳琅書目後編》卷一 御題《算經》。一函十冊。【略】影宋鈔本，出常熟毛氏，描摹紙墨最爲精巧，書肆所豔稱毛鈔也。據《夏侯陽算經》後列銜，乃三省秘書監奉敕刊，《書錄解題》所謂元豐監本即此，它六種雖脫此葉，而行款槧法同爲一書。毛氏據所得，影鈔之。考《四庫全書》，所錄《張邱建緝古》二種，亦鈔本。【略】毛扆總跋：按《唐書·選舉志》：制科之目，明算居一。其定制云：「凡算學，《孫子》、《五曹》共限一歲，《九章》、《海島》共三歲，《張邱建》、《夏侯陽》各一歲，《周髀》、《五經算》共一歲，《綴術》四歲，《緝古》三歲，《紀遺》、《三等數》皆兼習之。」竊惟數學爲六藝之一，唐以取士，共十經。《周髀》家塾曾刊行之，餘則世有不能舉其名者。扆半生求之，從太倉王氏得《孫子》、《五曹》、《張邱建》、《夏侯陽》四種，從章邱李氏得《周髀》、《緝古》二種，後從黃俞邰又得《九章》，皆元豐七年秘書省刊版，字畫端楷，雕鏤精工，眞希世之寶也。每卷後有秘書省官銜姓名一幅，又一幅宰輔大臣，自司馬相公而下俱列名於後，用見當時鄭重若此。因求善書者刻畫影摹，不爽豪末，什襲而藏之。

張金吾《愛日精廬藏書志》卷三 《于湖先生長短句》五卷，《拾遺》一卷。影寫宋刊本。 狀元張孝祥安國撰。是書毛氏初刊一卷，繼得全集續刊兩卷，篇次均經移易，幷刪去目錄內所注宮調。此則猶是宋時原本，當與知音者共賞之。

又卷二四 《吹劍錄》一卷，夏氏益虞手抄本。秦酉巖藏書。 宋括蒼俞文豹撰。板心有「元覽中區」四字。【略】孫氏手跋曰：「《吹劍錄》前後二集，酉巖秦公藏書也。《前集》夏益虞先輩所書，《後集》爲秦公手筆。公手抄甚富，而筆法流潤莫過於是，是蓋老年筆也。寶之，寶之。」

又 《玉堂嘉話》八卷，淡生堂抄本。 元汲郡王惲著。文淵閣傳抄本卷八頗有闕文，是本較爲完善。舊抄之可貴以此。板心有「淡生堂抄本」五字。

又卷三一 《勿軒先生文集》六卷，淡生堂抄本。 宋熊禾撰。卷首有「山陰祁氏藏書之章」、「澹生堂經籍記」，板心有「淡生堂抄本」五字。

又《翠微先生北征録》十二卷，舊抄本。宋華岳撰。皆兵家言。顧氏手跋曰：「【略】此《北征録》皆兵家言，近盧氏召弓《志補》亦著於別集，從類列也，唯云十一卷者。依此是十二卷，蓋俗本誤併其一卷耳。世鮮傳者，得觀於讀未見書齋，楮墨間古香噴溢，三數百年物也。」

吴壽暘《拜經樓藏書題跋記》卷一 《春秋尊王發微》，是編影鈔本。每葉二十八行，行二十二字。前有「虞山錢曾遵王藏書」圖記，又有「修遠氏」、「顧宸之印」、「季振宜印」、「滄葦」四圖記。先君子跋云：「予收得舊鈔本《春秋尊王發微》，書體頗端楷。玩其圖記，蓋虞山錢遵王先生藏本，嘗載諸《讀書敏求記》者，殆即此也。述古堂之書後盡歸於季滄葦侍御，滄葦既没，又復散去。此雖崑山片玉，猶足以想見當時之盛也。因取通志堂刊本手校而藏之。」暘案：二本互有得失。如莊七年，「恆星不見」，解云「常星，星之常見者也」；宣十一年，「楚人殺陳夏正舒」下同。蓋皆避諱，存宋本面目。

瞿鏞《鐵琴銅劍樓藏書目録》卷一二 《絳帖釋文》二卷，元鈔本。宋曾槃撰。槃，字樂道，贛川人。其末自識云：「《絳帖》石本磨滅，學者每患難通，擬作釋文。會有以北人所著見畀，因附益以舊所攷證，刻之桐川郡齋。」此從宋刻影寫，楮墨甚舊，當出元人。

又卷一五 《宣和畫譜》二十卷，舊鈔本。不著撰人姓名，蓋當時米襄陽、蔡京等奉敕纂定者。是本有無名氏原序，無「宣和庚子御製」等字，始知別本有之，乃後人妄加。王肯堂遂誤以爲此書出御纂耳。此鈔字蹟甚舊，卷中朱筆校改，迺忠宣手蹟。第六、七等卷末有崇禎癸酉某月某日校及耕石齋主人題字。

又《新儀象法要》三卷，影鈔宋本。宋蘇頌撰。是書爲重修渾儀而作。始於元祐間，成於紹聖中，故《遂初堂書目》謂爲《紹聖儀象法要》，首列《進書狀》，卷各有圖，圖各有説，當時奉敕撰進者。宋槧本卷末有「乾道壬辰九月九日吴興施元之刻本於三衢坐嘯齋」兩行。元之，字德初，即注蘇詩行世者。此相傳影摹本，圖樣界畫，不爽毫髮，不減遵王氏藏本也。

又卷一六 《閒居録》一卷，元鈔本。元吾邱衍撰。案，吾貞白有《學古編》，專論篆印，考覈精詳；此其雜記考辨之語。舊出華亭孫明叔手鈔。明叔，名道明，迺同時友人，親見其手稿録之，書法古雅，圖記重重，可貴也。卷末題識云：「至正十八年戊戌之秋七月旦日，鈔於泗北村居之映雪齋。」

黄廷鑑《題玉山名勝集》（瞿良士《鐵琴銅劍樓藏書題跋集録》卷四） 《玉山名勝集》，世無刊本，月霄向從其小阮子謙家藏國初人校本繕録，其書自《玉山草堂》至「寒翠所」二十八題爲一册，每題各爲起訖，不分卷數，外集二卷爲一册，與《四庫總目》九卷本者不合。今秋月霄又從郡中藏書家購得明初鈔本，有張氏丑印記，紙色字畫，古氣盎然，詫爲希有。蒙君即以新鈔見贈，而以舊本屬校。細勘一過，乃知新鈔本頗多殘闕。【略】此書非得舊本，即明知脱誤，奚從校補，而舊本不取新鈔相勘，其佳處亦未悉出，一經讐對，舊本之佳益顯，而新鈔之謬悉明，兩無遺恨矣。爰詳著其得失於篇末，并書一則以貽月霄，俾録於藏本之後，以見舊帙之洵足珍重云。惟所得張氏舊本，祗《正集》二册，其《外集》二册，亦係近鈔，互有得失，故不具論。

錢泰吉《甘泉鄉人餘稿》卷一《跋張子簡所鈔汲古閣影宋本酒經》 蔣寅昉從鑪頭鎮沈氏假得汲古閣影宋本《北山酒經》三卷，屬海鹽張子簡敬脩影寫，幣月而成。并摹毛氏收藏之印，惟妙惟肖。余至五硯齋，寅昉出兩本并觀，幾不能辨，但紙色新舊異耳。

楊紹和《楹書隅録》卷四 影宋精鈔本《鮑氏集》十卷。二册一函。是書宋刻久稀，惟汲古閣影宋鈔本最稱精善，即盧抱經學士據校本也。顧近世收弆者，大抵轉相過録，非復毛氏之舊。此本乃汲古原書，紙白如玉，字法工雅絶倫，正如錢遵王所謂「楮墨更精於槧本，洵縹囊中異物也」。毛氏影鈔，藝林咸愛重之，得輒什襲，頗少流傳。先公官江南時極力訪求，所獲致佳者止數種。然浙吴兵燹垂十餘年，藏書之家，悉已蕩爲灰燼，即此箋箋者，未始非碩果之僅存矣，能勿寶諸。

莫友芝《宋元舊本書經眼録·附録》 明沁水李瀚叔淵宏治戊午巡按河南，四月序刻《元遺山詩》曹益甫編二十卷本於汝州，閏十一月又序刻《遺山文集》四十卷於開封。此耕釣草堂影鈔舊本，首有段稷亭氏至元庚午爲益之二子刻書引，亦載叔淵刻此書序，而云「附」，則其據許州本或至元本，未可知也。【略】其於原本漫縮數處皆摹其狀，故知爲影鈔也。其影者至元本可寶不必言，即許州本當亦不下至元。北研不見許州本，知傳者已稀，然以中州本例之，其校刊亦非苟然矣。此影手雖未致佳，然殊不草草，細行密字。

陸心源《儀顧堂題跋》卷三《毛抄天聖明道本國語跋》　天聖明道本《國語》二十一卷，題曰「韋氏解」。毛氏汲古閣影宋抄本。每頁二十二行，每行二十一字，小字雙行，每行三十一字。前有韋昭序，末有「天聖七年七月二十日開印，江陰軍鄉貢進士葛惟肖再刊，正鎮東軍權節度掌書記魏庭堅再詳，明道二年四月初五日得眞本，凡刊正增減」四行。嘉慶中，黄蕘圃影摹板行，絲毫不爽，此則其祖本也。卷首有「毛晉」二字朱文連珠印，「宋本」二字朱文楕圓印，「甲」字朱文方印。卷三卷七末有「毛晉」連珠印，「汲古主人」朱文方印，「毛扆之印」朱文方印，「斧季」二字朱文方印。卷四、卷八、卷十二、卷十七前均有「毛晉」連珠印，卷十一末有「汲古閣」朱文方印，「毛晉之印」朱文方印，「毛氏子晉」朱文方印，「筆研精良，人生一樂」朱文方印，「毛扆之印」朱文方印，「斧季」朱文方印。卷十六末有「毛晉書印」朱文方印，「汲古得修綆」朱文長印，「毛扆之印」朱文方印，「斧季」朱文方印。卷二十一末有「毛晉私印」朱文方印，「子晉」朱文方印，「汲古主人」朱文方印。

潘祖蔭《滂喜齋藏書記》卷三　舊鈔本《王常宗集》四卷，《補遺》一卷，《續補遺》一卷。一冊。明王彝撰。【略】前有穆序，後有浦杲及子珍跋。《續補》遺文三首，詩三首，則陸嘉穎得自項藥師家。舊爲張芙川藏書，冊首題云：「此本用筆古雅，極似錢求赤先生所書，細審裝治，爲述古堂故物。」

楊守敬《日本訪書志》卷九　《傷寒論》十卷。影北宋本。此影寫本，每半葉十行，行十九字。首題「傷寒論卷第一」，次行題「漢張仲景述，晉王叔和撰次」。再下行低三格，「辨脈法第一，平脈法第二」。又下行低二格「辨脈第一」。再下頂格，「問曰」云云，乃知趙氏本根源於宋刻，但爲題校刊姓名，遂移其行第。清常收藏名家，亦爲流俗所染。此本影寫精緻，儼然北宋舊刻，唯第五一卷、第六上半卷、第八、九、十三卷摹寫稍弱，紙質亦新，當又是後來補寫也。

丁丙《善本書室藏書志》卷三　《春秋胡氏傳辨疑》二卷，舊鈔本。明陸粲子餘撰。大旨謂胡氏說經或失於過，求詞不厭煩，而聖人之意愈晦，故著此以辨論之。有明二百數十年昌言以糾正胡傳者自此書始。鈔手甚舊，殆康雍間人也。

又　《春秋胡傳攷誤》一卷，舊鈔本。明吴人袁良貴著。是書與陸子餘《胡傳辨疑》同一義，意間有吹求太甚之處。寫手甚舊，當爲百年以前之帙。

又卷四　《東溪詞》一卷，汲古閣鈔本。高登彥先。此冊版心有「汲古閣」三字，蓋毛晉嘗擬《續刻六十家詞》，當寫而未梓之帙，後跋亦未綴也。

又　《拙庵詞》一卷，汲古閣鈔本。宋東平趙磻老渭師。【略】此詞僅十八闋。版心有「汲古閣」三字，後未綴跋，殆毛子晉《續刻六十家》未曾付梓之詞也。

又　《碎錦詞》一卷，汲古閣鈔本。宋李好古。【略】鈔手極舊，版心有「汲古閣」三字，蓋毛氏舊物也。

又卷六　《靖康經聞》一卷，附《拾遺》。四古堂抄本。前有「宋孤臣丁特起泣血謹書序」，後有《拾遺》一卷，不署撰人。【略】版心有「四古堂」三字。四古者，乃吴石倉允嘉之書堂。卷眉校字的係石倉手筆，可珍也。石倉名允嘉，字志上，錢塘人，富於藏書，嘗輯《武林耆舊集》，甄錄極博。

又卷一七　《範圍易數明斷精義》不分卷。二十四冊。明鈔本。按《天一閣書目》「術數類」有《數書探頤》四冊，《索隱》五冊，《鉤深》三冊，《致遠》二冊。烏絲闌，棉紙鈔本，不著撰人名氏。此書或其舊帙。有「四明沈延禧茂叔私印」、「孔皆」、「沈延禧一名茂觀物所」諸印。

又　《廣川畫跋》六卷，明鈔本，曹倦圃藏書。宋廣川董逌著。前有劉大模序，後缺楊愼跋。白紙，藍格，自屬明鈔。有「檇李曹氏曹溶之印」諸記。

又　《書苑精華》二十卷，明鈔本。錢塘陳思纂次。所收凡一百六十餘篇，集古人論書之語，與《書小史》相輔而行。【略】是書白紙藍格，的爲明人手筆，惟闕魏序，故補錄於右。有「董氏仲籥印」、「雲亭」、「澹如」等印。

又卷一九　《寓簡》十卷，明鈔本，天一閣藏書。寓山沈作喆明遠纂。【略】自序題「甲午歲」當在淳熙元年。鮑廷博已刊此書於《知不足齋叢書》中。此爲甬上范氏刧中散出，白紙，藍格，猶明人鈔本也。

又　《蝶庵道人清夢錄》一卷，淡生堂鈔本，張佩兼書。上海顧成憲撰。【略】藍格鈔本。版心有「淡生堂鈔本」五字。

又卷二二　《甄正論》二卷，明鈔本，王藹士藏書。唐佛授記寺沙門元嶷撰。此從釋藏鈔出，列「輦」字一、二、三號。每卷後有音義。【略】藍絲闌，白棉紙。爲天一閣舊藏。王藹士避亂甬上，得之。有「湛盧藏書」、「王金銛」、「湛盧」諸印。

又卷三一 《棠湖詩稿》一卷，舊鈔本。相臺岳珂肅之。前有自序。【略】卷末有「棚北大街陳宅書籍鋪印行」小字二行。此本雖非影鈔，而紙舊字古，殆百年前物也。

又卷三二 《柳塘外集》二卷，舊鈔本，振綺堂藏書。宋江西饒州薦福寺沙門釋道燦無文著。前有江都張師孔序。有「汪魚亭藏閱書」一印。紙墨俱古，二百年前物也。

又卷三四 《周翰林近光集》三卷，《扈從集》一卷，附《補遺》。淡生堂鈔本，禦兒呂氏藏書。鄱陽周伯琦伯溫甫。【略】集之版心有「淡生堂鈔本」五字，并鈐有「山陰祁氏藏書之章」、「禦兒呂氏講習堂經籍圖書」、「汪魚亭藏閱書」各印。末附遺文、遺詩數篇，不知誰手掇拾也。

又卷三五 《在野集》一卷，淡生堂鈔本，張芷齋、錢夢盧藏書。雲間袁凱景文著，後學張楧校選，後學朱應祥評點。【略】此本版心有「淡生堂鈔本」五字。

繆荃孫《藝風藏書記》卷一 《重續千字文》二卷，宋葛剛正撰，并篆注，有自序。影摹宋本。【略】此書係咸豐丁巳翁文勤公同書屬幕僚田漢川大年摹篆，袁江李行之鎮安錄注，至爲精妙。【略】翁氏手跋曰：「宋水雲清隱丹陽葛剛正撰《重續千字文》，自爲篆注。余得精鈔本於維揚，蓋從宋刻影寫者。愛其工妙，迺屬幕僚山陰田漢川大年摹其篆，袁江李行之鎮安錄其注，篆書視原本不爽毫髮，眞書腴秀，殆欲過之。余在軍中既久，無尺寸之功，意忽忽不樂。賴此陶寫性靈，宣其鬱滯。若以爲雅歌投壺，不知緩急，則昧予之本志矣。咸豐七年歲在彊梧大荒駱相月海虞翁同書識。」

沈曾植《寐叟題跋》卷一《影元本簡齋詩集跋》 舊抄《簡齋集》十五卷，第一卷賦，第二至十三詩，十四《無住詞》，十五《外集》。前有劉辰翁序。卷中闕文壞字皆摹存，《無住詞》題書在上，調書在下。蓋影抄元本，僅存舊式者。

鄧邦述《寒瘦山房鬻存善本書目》卷五 《雪庵字要》。一冊。元李溥光撰。明鈔本。前有永樂辛卯詹恩序，又宣德己酉葉勝序。後有「成化十七年龍集辛丑春三月望後一日琴川俞洪書於紫芝山舍」一行。【略】此書當是嘉靖隆慶前鈔本，字體與衡山雅宜爲近。

葉昌熾《藏書紀事詩》卷五引《碧谿詩話》 石倉先生爲湖墅耆宿，嗜學好古，積數十年苦心。歿後，故書散落人間。予在汪氏振綺堂，見其手鈔書可數百冊，楷法醇古，毫無俗焰，望而知爲有道之士。其他散見於書賈求售者不知凡幾。

葉德輝《書林清話》卷一〇《明以來之鈔本》 明以來鈔本書最爲藏書家所秘寶者，曰吳鈔，長洲吳匏庵寬叢書堂鈔本也；曰葉鈔，先十八世族祖昆山文莊公賜書樓鈔本也；曰文鈔，長洲文衡山徵明玉蘭堂鈔本也；曰王鈔，金壇王宇泰肯堂鬱岡齋鈔本也；曰沈鈔，吳縣沈辨之與文野竹齋鈔本也；曰楊鈔，常熟楊夢羽儀七檜山房鈔本也；曰姚鈔，無錫姚舜咨咨茶夢齋鈔本也；曰秦鈔，常熟秦西巖四麟致爽閣鈔本也；曰祁鈔，山陰祁爾光承㸁淡生堂鈔本也；曰毛鈔，常熟毛子晉晉汲古閣鈔本也；曰謝鈔，長樂謝肇淛在杭小草齋鈔本也；曰馮鈔，常熟馮已蒼舒、馮定遠班、馮彥淵知十兄弟一家鈔本也；曰錢鈔，常熟錢牧齋謙益絳雲樓鈔本，謙益從子錢遵王曾述古堂鈔本，合之謙益從弟履之謙貞竹深堂鈔本，皆謂之錢鈔也。此外吾家二十五世祖石君公樹廉樸學齋，秀水曹潔躬溶倦圃，昆山徐健庵乾學傳是樓，秀水朱竹垞彝尊潛采堂，吳縣惠定宇棟紅豆齋，仁和趙功千昱小山堂，錢唐吳尺鳧焯繡谷亭，海昌吳槎客騫、子虞臣壽暘拜經樓，歙縣鮑以文廷博知不足齋，錢唐汪小米遠孫振綺堂，皆竭一生之力，交換互借，手校眉批。不獨其鈔本可珍，其手跡尤足貴。以吾所知，吳匏庵鈔本，板心有「叢書堂」三字。孫從添《藏書紀要》：匏庵鈔本用紅格，其手書者佳。朱彝尊《曝書亭集・書尊前集後》：吳文定手鈔本，書法精楷，索直三十金。錢曾《敏求記》：《孟子注疏》十四卷。《毛目》：《裔夷謀夏錄》一本，《春明退朝錄》一本，《國初事跡》一本，《大唐傳載》一本，鈔宋本《賓退錄》十卷二本，紅格鈔本《續博物志》一本，紅格鈔本《霏雪錄》二本，《南方草木狀》一本。《黄記》：《墨子》十五卷，《嵇康集》十卷。《張志》：劉國器《綱目分注發微》十卷。《瞿目》：宋柳開《河東集》十六卷，范成大《石湖居士文集》三十四卷。《黄續記》：紅格竹紙鈔本《王建詩集》十卷。家文莊公家鈔本，板心有「賜書樓」三字。《藏書紀要》云：葉文莊鈔本用綠、墨二色格。《黄記》：《梁公九諫》一卷，《張乖崖集》宋鈔缺卷。《瞿目》：唐《李元賓文集》六卷，《補遺》一卷，繭紙鈔本。《畫上人集》十卷。文衡山鈔本，格欄外有「玉蘭堂錄」四字。《瞿目》：影宋鈔本《新雕詩品》三卷。文鈔極爲孫從添慶增《藏書紀要》所稱，而鈔本傳者絶少。吾家舊藏衡山曾孫女文俶手鈔本宋王沂孫《碧山樂府》即《玉笥詞》一卷，首葉鈐「玉磬山房」白文長方印，爲絳雲樓火後物，上鈐「遺稿天留」朱文長方印。全卷經秦敦夫太史恩復手校，補錄佚詞。於書眉卷尾鈐「鮑氏正本」朱文方印，「知不足齋」白文方印。卷首

又鈐「金石錄十卷人家」朱文長方印。此即錢曾《敏求記》所云藏宋本《金石錄》之馮研祥印也。後來韓小亭泰華、阮文達元皆仿刻此印，與此印不同。蓋此書雖止三十餘葉，其爲國朝以來藏書家寶貴可知。然則文鈔之希見，益可見矣。王宇泰鈔本，板心有「鬱岡齋藏書」五字。《瞿目》：樂史《廣卓異記》二十卷。沈辨之鈔本，格欄外有「吴縣野竹家沈辨之製」九字。《瞿目》：《山水純全集》一卷。楊夢羽鈔本，板心有「嘉靖乙未七檜山房」八字，《黄記》、《瞿目》：宋孔平仲《珩璜新論》一卷。亦有板心作「萬卷樓雜錄」五字者。《瞿目》：《穆天子傳》六卷。姚舜咨鈔本，板心有「茶夢齋鈔」四字。《范目》：手鈔宋呂大圭《春秋五論》一卷，明唐寅《漫堂隨筆》一卷。《張志》、《瞿目》：手鈔馬令《南唐書》三十卷，《唐闕史》二卷。《黄記》、《張志》、《瞿目》：手鈔《續談助》五卷。《瞿目》：手鈔《甘澤謠》一卷。秦酉巖鈔本，《毛目》：手鈔《亢倉子》一本，《紫青眞人注道德經》一本，《西巖山人眞跡》三冊六本，一冊《考工左國纂》，一冊《呂覽節》，一冊《三子纂》，荀子、淮南子、揚子附文中子，手鈔《太和正音譜》二本。板心有「致爽閣」三字，《瞿目》：唐蘇鶚《杜陽雜編》三卷。或「玄覽中區」四字，《張志》：俞豹文《吹劍錄》一卷，《穆天子傳》六卷。或「又玄齋」三字，《張志》：唐詩《極玄集》二卷。《瞿目》：姚合《極玄集》二卷。或「玄齋」二字。祁爾光鈔本，板心有「淡生堂鈔本」五字。《黄記》：《國朝名臣事略》十五卷。《黄記》、《張志》：藍格本《勿軒集》八卷。《瞿目》：《周益公集》二百卷。《張志》、《瞿目》、《丁志》：元吴海《聞過齋集》四卷。《丁志》：《淡生堂藏書譜》八冊，《藏書訓略》二卷，原本每葉十六行，藍格竹紙本，版心刊「淡生堂藏書目」。又藍格白紙《廣筆疇》一卷，藍格紙鈔《許白云先生文集》四卷。毛子晉鈔本，《藏書紀要》云：汲古閣印宋精鈔，古今絶作。字畫、紙張、烏絲、圖章追摹宋刻，爲近世無有。板心有「汲古閣」三字，《張志》：新刊張小山《北曲聯樂府》三卷，《外集》一卷。《瞿目》：宋華岳《翠微先生南征錄》十一卷。《丁志》：宋高登《東溪詞》一卷，趙磻老《拙庵詞》一卷，李好古《碎錦詞》一卷。格欄外有「毛氏正本汲古閣藏」八字。《張志》、《雲臺編》三卷。《瞿目》：宋陳郁《藏一話腴》一卷。謝肇淛鈔本，板心有「小草齋鈔本」五字。墨格九行本。《張志》、《瞿目》：宋沈作哲《寓簡》十卷。《瞿目》：王黄州《小畜集》三十卷。《袁簿》：宋朱翌《猗覺寮雜記》二卷。馮彦淵鈔本，格欄外有「馮彦淵藏本」五字。《張志》：唐《杜荀鶴文集》三卷。《毛目》：《李太白集》四本，從絳雲樓北宋板，覓舊紙延馮竇伯影鈔。按竇伯名武，彦淵子也。馮定遠鈔本，格欄外有「馮氏藏本」四字。《張志》：《許丁卯集》二卷，《續集》二卷。《瞿目》：宋周密《雲烟過眼錄》一卷，馮已蒼鈔本，格欄板心均無字。《張志》、《黄記》：手鈔《近事會元》五卷，《汗簡》七卷。《黄記》：校明影宋鈔本《元英先生詩集》十卷，後有「崇禎戊辰年六月馮氏空居閣閱」一行。墨格鈔本，有毛晉孫綏萬跋《華陽國志》十二卷，云顧澗蘋藏，空居閣鈔本。李群玉、方干詩集合裝一本。錢牧齋鈔本，板心有「絳雲樓」三字。《袁簿》：墨格本《開國群雄事略》殘稿本三冊，綠格本《雙陸譜》一卷，《玄玄棋經》一卷，合裝一本。錢遵王鈔本，《藏書紀要》云：錢遵王有五彩着色本《香奩集》，白描《鹵簿圖》，《營造法式》，《營造正式》。格欄外有「虞山錢遵王述古堂藏書」十字，《黄記》：《春秋繁露》十七卷。《張志》：《何博士備論》一卷，《文昌雜錄》六卷。《續記》：《東家雜記》二卷。《瞿目》：圭塘《欸乃集》一卷。《丁志》：日本刻《孟子音義》一卷。或「錢遵王述古堂藏書」八字。《瞿目》：《吴越備史》四卷，蔡襄《茶錄》一卷，《教坊記》一卷，《北里志》一卷，《青樓集》一卷，《呂和叔集》十卷。《丁志》：昭德先生《郡齋讀書志》二十卷，均白紙墨格本。《丁志》：《溫庭筠詩集》七卷，《別集》一卷，藍絲欄精鈔本，半葉十二行，行二十一字。錢履之鈔本，板心有「竹深堂」三字。《張志》：《李群玉集》三卷，《後集》五卷，鈔陳道人書棚本唐杜荀鶴《唐風集》一卷。石君公鈔本，《藏書紀要》云：葉石君鈔本，校對精嚴，可稱盡美。錢遵王鈔錄書籍，裝飾雖華，固不及汲古多而精，石君之校而備也。又云：葉石君所藏書籍，皆手筆校正，臨宋本，印宋鈔，俱借善本改正，博古好學，稱爲第一。葉氏之書，至今爲寶。板匡外有「樸學齋」三字。《丁志》：明王文安《英公詩集》五卷，《文集》六卷。曹潔躬鈔本，板心有「檇李曹氏倦圃藏書」八字。《張志》、《瞿目》：元劉秉忠《藏春集》六卷。《丁志》：錢惟善《江月松風集》十二卷，《補遺》一卷。徐健庵鈔本，板心有「傳是樓」三字。《張志》：魏了翁《周易要義》十卷。《黄記》：《五代春秋》一卷，每葉二十二行，行二十字，均白紙墨格鈔本。惠定宇鈔本，格欄外有「紅豆齋藏書鈔本」七字。吾藏《周易本義辨證》手寫稿本，《九經古義》稿本殘本，墨格十行。趙功千鈔本，格欄外有「小山堂鈔本」五字。《丁志》：宋游九言《默齋遺稿》二卷。吴尺鳧鈔本，板心有「繡谷亭」三字。《袁簿》：《南宋雜事》一卷，稿本，綠格十行本。朱竹垞、吴槎客、鮑以文、汪小米四家鈔本，皆毛泰紙鈔，無格欄。此外何元錫夢華館鈔本，金檀文瑞樓鈔本，王宗炎十萬卷樓鈔本，多歸丁丙八千卷樓。其余舊鈔無考者，有穴研齋鈔本，《黄記》：錢遵王藏有馬令《南唐書》三十卷，《何博士備論》一卷，《蘆浦筆記》《楊公筆錄》不分卷，徐度《卻掃編》三卷，黄復休《茅亭客話》十卷。怡顔堂鈔本，板心有「怡顔堂鈔書」五字。《張志》：柯山夏先生重修《尚書詳解》十六卷，《豐清敏公遺事》一卷，新刊《歷代制度詳説》一卷。《黄記》：《建炎時政記》三卷。退翁書院鈔

本，江陰繆氏對雨樓刻《詩品》一卷，吾見《漢魏詩錄》一冊，不知全錄卷數若干。篤素居鈔本，《黃記》：校鈔本《薩天錫集》十卷，又一鈔本爲汲古閣藏本，中有毛子晉手鈔處，竹紙墨格，木板心有「篤素居」三字。吳興陶氏鈔本，板心有「篤素好齋藏書」六字。《丁志》：依宋鈔本徐公鉉文集十卷。太原祝氏鈔本，阮外集：《通玄眞經注》十二卷，云此太原祝氏依宋板摹寫。皆明末國初人各家藏書，均不知姓名籍里。又有華亭孫明叔道明，錢《敏求記》：《自號錄》一卷，《臨漢隱居詩話》一卷。《張志》：《北夢瑣言》二十卷，《廣川書跋》六卷。《瞿目》：吾丘衍《閑居錄》一卷，《張司業集》八卷，《五國故事》三卷，《蜀檮杌》十卷，《皇宋書錄》三卷。《黃記》：《衍極》五卷。《陸志》：玉峰先生《脚氣集》二卷。《丁志》：《錦里耆舊傳》五卷。按《臨漢隱居詩話跋》云：「洪武九年丙辰，映雪老人寫於華亭集賢外坡草舍雨窗，時年八十。計其生年，當在元成宗元貞二年丙申，但不知卒於何年耳。孫星衍、莫晉合撰《松江府志》：孫道明，字明叔。華亭人。居泗涇。博學好古。藏書萬卷。遇秘書輒手自鈔錄。築映雪齋，延接四方名士校閱藏書爲樂。造一舟曰水光山色，徜徉南浦，自號停雲子。嘗與陶九成共泛，九成制詞，道明即倚簫聲和之，與棹歌相答。」吳縣柳大中僉。錢《敏求記》：《沈雲卿集》二卷。《黃記》：《錄異記》八卷，高似孫《緯略》十二卷，《澠水燕談錄》九卷，《朱慶餘詩集》不分卷。《瞿目》：《蟹略》四卷，《張貞居先生詩集》四卷，詞一卷。《陸志》：《樂府古題要解》二卷。《丁志》：宋王得臣《麈史》三卷。錢叔寶谷，《黃記》：馬令《南唐書》三十卷，《道德眞經指歸》三十卷，手鈔陶九成《游志續編》一卷。錢子功甫允治，《楊錄》：影宋精鈔本《西昆酬唱集》二卷，卷末行書一行，云「萬曆乙丑九月十七日書畢」，下有功甫印，乃錢功甫手鈔也。吳方山岫，吳岫鈔用綠印格。《毛目》：《定陵注略》八本，《瀛涯勝覽》一本。《丁志》：《呂溫州文集》十卷。先二十五世祖林宗公奕，《黃記》：手錄《李群玉詩集》三卷，《後集》五卷。《瞿目》：手錄《沈下賢集》十二卷，《古文苑》九卷。《陸志》：《何水部集》一卷。金孝章俊明，《黃記》：手鈔《金石例》十卷。《續記》：手鈔元人總集《月泉吟社》、《谷音》、《河汾諸老詩》、《中州集》，幷目錄，小傳四種。按魏禧《朱參軍家傳》：「吳門之隱君子曰金俊明，余見之，年七十一矣。父曰朱參軍，本姓金氏，名允元。七歲而孤，母貧不能自存。有姊適朱氏，屬養焉，遂冒朱姓，更名永昌。入資授綏寧簿。天啓乙丑卒。俊明始爲諸生，亦姓朱氏，名衮。後復姓，更今名，字孝章。」朱彝尊《靜志居詩話》：「先生平生好錄異書，靡間寒暑。仲子侃亦陶繼之。矮屋數椽，藏書滿櫝，皆父子手鈔書也。」習雋等《乾隆蘇州府志》：「春草閑房在卧龍街西雙林巷，金俊明孝章所構書齋也。」按：先生當日以勝國遺民，名重一時。汪琬爲撰墓志，先橫山公爲作傳，皆極推重。今見兩集，不具錄。俊明子亦陶侃，王士禛《居易錄》：顧迂客貽所刊《范石湖集》詩三十三卷，楚詞古賦一卷，金侃亦陶寫校宋板本也。《帶經堂詩話》張宗楠附識云：「購得《張蛻庵集》，卷尾有李崇系跋云：『從金亦陶手鈔全本借錄，凡五錄』。」丁日昌《持靜齋書目》：金侃鈔元人詩黃鎭成《秋聲集》四卷，盧琦《圭峰集》五卷，杜本《清江碧嶂集》一卷，胡乘龍《傲軒吟稿》一卷，揭傒斯《揭曼碩詩集》四卷，馬祖常《石田集》五卷，陳泰《所安遺集》一卷，曹伯啓《漢泉漫稿》五卷，元淮《金囦集》一卷，鄭允端《肅雍集》一卷，丁復《檜亭稿》五卷，黃溍《黃文獻公集》五卷，貢性之《南湖詩集》二卷，陳樵《鹿皮子集》四卷，成廷珪《居竹軒集》四卷，馬臻《霞外集》十卷，傅若金《傅汝礪詩集》八卷，虞集《道園學古錄》八卷，郭鈺《靜思先生集》八卷。云皆其六十歲後手鈔。常熟趙清常琦美，《黃記》：手鈔《文房四譜》四卷，《張光弼詩》二卷。《瞿目》、《丁志》：《東國史略》六卷，宋秦九韶《數書九章》十八卷。陸敕先貽典，《黃記》：手鈔陸游《南唐書》十八卷，趙明誠《金石錄》十卷。曹彬侯炎，《黃記》：《琴川志》十五卷，《契丹國志》十七卷。《吳記》：《武林舊事》十卷。江陰李貫之如一，原名鶚翀，字如一，後以字行。《黃記》：手鈔陶宗儀《草莽私乘》一卷。周研農榮起，王士禛《居易錄》：「《梧溪集》七卷，細書工致，似鍾太傅，終卷如一，是周研農榮起手錄。周江陰老儒，常熟毛子晉刻校古書，多其勘正。」《黃記》：手鈔《衍極》五卷，蔣光煦《東湖叢記》，手鈔朱性甫《鐵網珊瑚》十四卷。昆山先二十四世祖德榮公國華，黃蕘圃《年譜》：手鈔《法帖刊誤》一卷。石門呂無黨葆中，《黃記》：吾研齋補鈔《小畜集》三十卷，手鈔元劉秉忠《藏春集》六卷，賜書樓蔣氏藏《栟櫚集》二十五卷。《黃續記》：手抄《劉後村集》五十卷。長洲顧云美苓，《黃記》：《林和靖詩集》四卷。《瞿目》：《隸續》二十一卷。張青芝位，《黃記》：手鈔《歸潛志》八卷，《五代會要》三十卷，《桂林風土記》一卷，《麈史》三卷。《瞿目》：《朱慶餘集》不分卷。《陸志》：《隱居集》一卷。位子充之德榮，《黃記》：《蜀鑒》十卷，《湖山類稿》五卷，《汪水雲詩鈔》一卷，《補遺》一卷，《舊宮人詩詞》一卷，《附錄》一卷。吳枚庵翌鳳，江藩《半氈齋題跋》：「枚庵，長洲庠生。手鈔秘籍數百種。」戴延年《摶沙錄》：「吳枚庵，名翼鳳。吳縣人。酷嗜異書。無力購致，往往從人借得，露鈔雪纂，目爲之眚。」按：枚庵名翌鳳，不作翼鳳，吳縣庠生。《黃記》、《陸志》、《丁志》手抄書極多，曾主講湖南瀏陽南臺書院。其平日以鈔書爲課程，故至今流傳不絕。【略】近時精鈔本，如金山錢熙祚守山閣鈔本，十二行綠格，格蘭外有「守山閣鈔本」五字。歸安姚覲元咫進齋鈔本，十三行綠格，板心有「咫進齋」三字。又厲樊榭鶚鈔書用八行墨格，鈕匪石樹玉鈔書用十行綠格，皆鈔本中之可貴者，附記於此，以待藏書家留意焉。

又《古人鈔書用舊紙》 古人鈔書，多用舊紙。《黃記》：宋鈔本《楊太后宮詞》一卷，「紙系宋時呈狀廢紙，有官印朱痕可證。」明人鈔本宋張正之

《五行類事占》七卷，「其紙皆明代時冊籍，紙背間可辨識，蓋猶是嘉靖年間人所鈔也。」《張志》：述古堂舊鈔本《大金集禮》四十卷，「紙質甚松，蓋以閣中預備票擬之紙寫錄。《敏求記》直以爲金人鈔本，似未的。」《陳跋》：影宋本《周易集解》，「用明時戶口冊籍紙，上有『嘉靖五年』等字，既薄且堅，反面印格摹寫，工整絶倫，纖毫無誤。」《繆記》：明鈔本《冊府元龜》一千卷，「明棉紙藍格鈔本，紙背皆公牘文字。明時裝二百零二冊，每冊五卷。首二冊爲目錄。」縣人袁氏卧雪廬藏書散出，中有《蟋蟀經》、《鶴鶉譜》二種，用明時訟狀廢紙。其狀略如今式，稱官府爲「老爹臺前」，想是今「老爺」之稱。然今稱長官爲「老爺」，而稱差役爲「老爹」，竟不知沿革於何時。《酒經》一種，《虬髯公傳》一種，《柳毅傳》一種，皆明萬曆間未寫過之市肆賬簿廢紙。板心有「萬曆丁丑」字，蓋五年也。行格兩截，板心下有「逢源」二字，不知其爲市店牌記抑賬簿店之牌記？書背裁去數行，當是寬本改窄者。此數種，亦袁氏舊藏書先後散出市肆者。古人愛惜物力，用無棄材，可以風世，可以考古。自汲古閣、絳雲樓、述古堂以精鈔名，傳是樓、季滄葦繼之，更兼裝潢精雅，古人純樸之風，於是乎掃地盡矣。微論知不足齋、振綺堂力能雇傭選紙者不肯爲之，即寒畯如吳枚庵、張青芝，亦覺視此爲寒傖之甚。反本復古，夢寐思之。

藝文

弘曆《御製詩集・四集》卷二五《題影宋鈔家語》 天祿青藜信也非，何於《家語》卻相違。祖傳孫辨名因正，明影宋刊世已稀。多漏鮮全斯乃萃，鉤元提要志焉希。愀然敬對君爲政，一語興邦凜敕幾。

又《題影宋鈔新儀象法要》 梁代渾儀已制之，失傳蘇頌乃重爲。有經有緯述前驗，具說具圖期後垂。亦曰用心究句股，即看影槧悉毫釐。大成圓象精錙黍，皇祖鴻貽萬世規。

又卷二七《題明人影宋鈔清波雜志》 逸史犁然志紹熙，久無傳本此稱奇。唐鉤晉蹟隔一間，明影宋刊非兩歧。世道人心斯繫矣，南遷北代早卑之。清波門外西湖水，洗盡當年諛墓辭。

又卷三一《題影宋鈔吳仁傑離騷草木疏》 疏傳草木異劉王，特重《離騷》廿五章。豈爲春園問桃李，獨存古道弔沅湘。辨精魚魯篇篇核，義寓興觀字字芳。雖是羅田版亡矣，步兵從可識中郎。

又卷三八《題影宋鈔周易輯聞》 廣大無不備，夫惟易道然。輯聞傳汴水，述學衍先天。觀彼多合聖，切予斯體乾。影鈔猶識宋，遠矣緬韋編。

又卷四六《題影宋鈔班馬字類》 采摭欣傳樵李婁，居然影宋似雕鎪。荀袁原未範圍出，班馬藉因奧窔求。喜此朝絃而暮誦，嘉伊遠紹更旁搜。披翻快處緣惡旨，笑異東坡大白浮。

楊守敬《藏書絶句・鈔本》 藏經面紙硃砂格，冊式明鈔最可珍。儻見薛吳精妙本，三朝遺跡總殊倫。

圖録

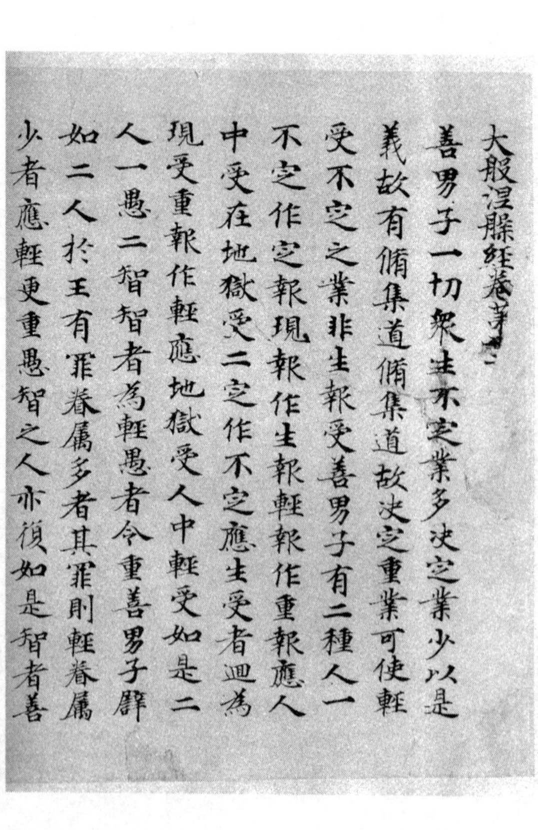
大般涅槃經卷第卅二
善男子一切衆生不定業多決定業少以是
義故有脩集道脩集道故決定重業可使輕
受不定之業非生報受善男子有二種人一
不定作定報現報作生報輕報作重報應人
中受在地獄受二定作不定應生受者迴為
現受重報作輕應地獄受人中輕受如是二
人一愚二智智者為輕愚者令重善男子辟
如二人於王有罪眷屬多者其罪則輕眷屬
少者應輕更重愚智之人亦復如是智者善

圖一一〇　《大般涅槃經》卷第卅二，（北涼）釋曇無讖譯，唐寫本。

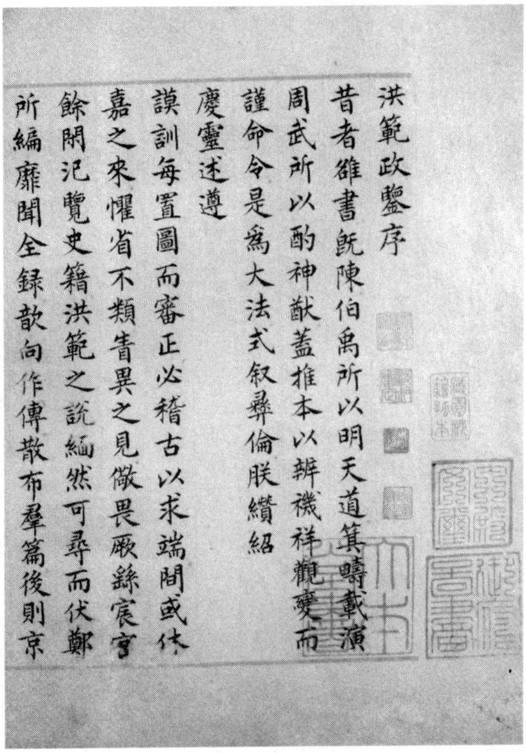
洪範政鑒序
昔者雒書既陳伯禹所以明天道箕疇載演
周武所以酌神猷蓋推本以辨禨祥觀變而
謹命令是爲大法式叙彝倫朕纘紹
慶靈述遵
謨訓每覽圖而審正必稽古以求端閒或休
嘉之來懼省不類眚異之見儆畏厥繇宸寰
餘閑汎覽史籍洪範之説緬然可尋而伏鄭
所編靡聞全録歆向作傳散布羣篇後則京

圖一一一　《洪範政鑒》十二卷，（宋）仁宗趙禎撰，宋淳熙十三年（1186）内府寫本。

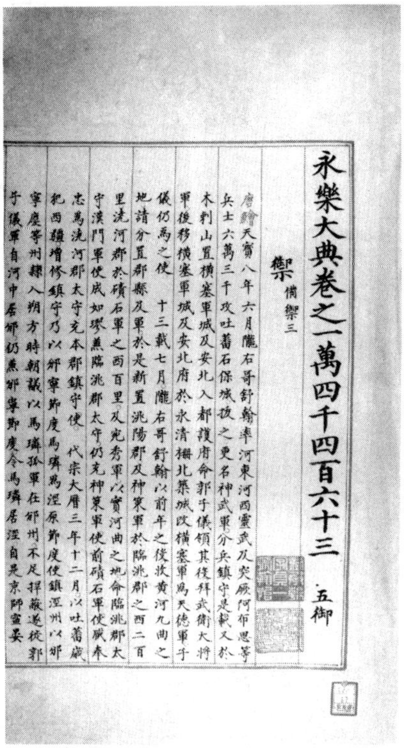
永樂大典卷之一萬四千四百六十三　五御
禦　備禦三
唐鑑天寶八年六月隴右哥舒翰率河東河西靈武及突厥阿布思等
兵士六萬三千攻吐蕃石堡城拔之更名神武軍分兵鎮守是歲又於
木剌山置横塞軍城及安北入都護府命郭子儀領其使拜武衛大將
軍後移横塞軍城及安北府於永清柵北築城改横塞軍爲天德軍子
儀仍爲之使　十三載七月隴右哥舒翰以前年之後收黄河九曲之
地請分置郡縣及軍於是新置洮陽郡及神策軍於臨洮郡之西二百
里洮河郡於積石軍之西百里及宛秀軍以實河曲之地命臨洮郡太
守漢門軍使成如璆兼臨洮郡太守仍充神策軍使前積石軍使臧奉
忠爲洮河郡太守充本郡鎮守使　代宗大曆三年十二月以吐蕃歲
犯西疆增修鎮守乃以邠寧節度馬璘爲涇原節度使鎮涇州以邠
寧慶等州隸入朔方時朝議以馬璘孤軍在邠州不足捍蔽遂徙郭
子儀軍自河中居邠仍兼邠寧節度令馬璘居涇自是京師寧晏

圖一一二　《永樂大典》，（明）解縉等輯，明嘉靖内府録副寫本。

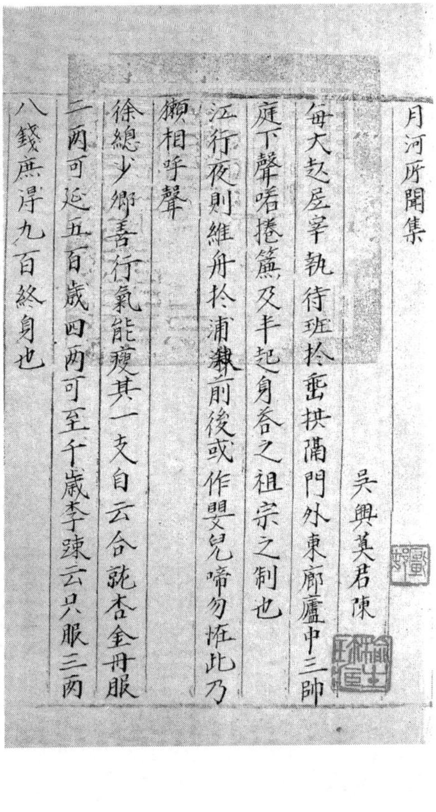
月河所聞集
吴興莫君陳
每大趁（趨）屋宰執待班於壺拱閤門外東廊廬中三帥
庭下聲喏捲簾及半起身荅之祖宗之制也
江行夜則維舟於浦叢前後或作嬰兒啼勿怪此乃
獺相呼聲
徐總少鄉善行氣能瘦其一支自云合銚杏金丹服
二兩可延五百歲四兩可至千歲李疎云只服三兩
八錢庶得九百終身也

圖一一三　《月河所聞集》一卷，（宋）莫君陳撰，明藍格抄本。

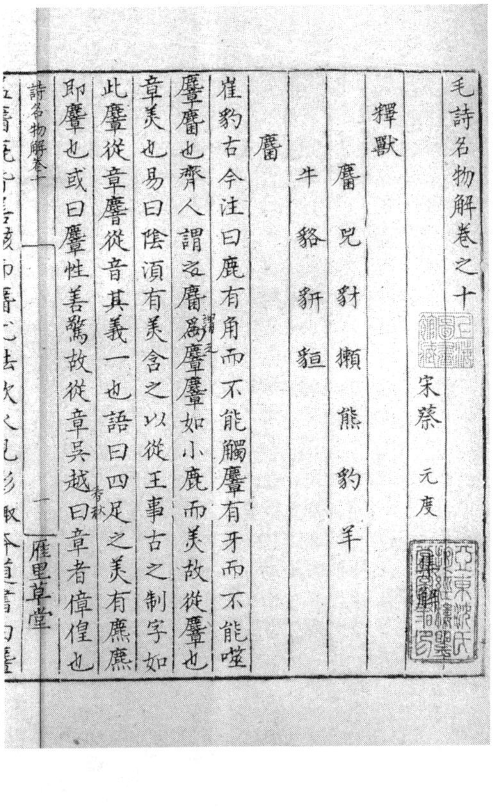
毛詩名物解卷之十
宋蔡　元度
釋獸
麕兒豣獺熊豹羊
牛貉豜貆
麕
崔豹古今注曰鹿有角而不能觸麞有牙而不能噬
麞麕也齊人謂之麕爲麞（謂之）麞如小鹿而美故從麞也
章美也易曰陰須有美含之以從王事古之制字如
此麞從章麕從音其義一也語曰四足之美有麃麃
即麞也或曰麞性善驚故從章吴越（春秋）曰章者偉偟也
詩名物解卷十　一　雁里草堂

圖一一四　《毛詩名物解》二十卷，（宋）蔡卞撰，明秦柄雁里草堂抄本。

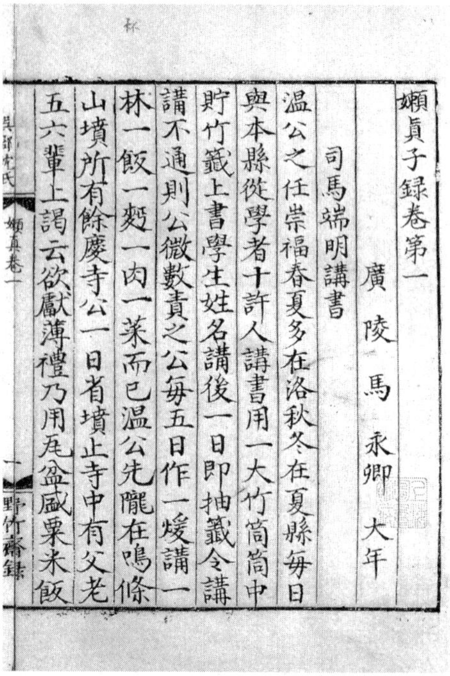
嬾真子録卷第一
廣陵　馬永卿　大年
司馬端明講書
溫公之任崇福春夏多在洛秋冬在夏縣每日
與本縣從學者十許人講書用一大竹筒筒中
貯竹籤上書學生姓名講後一日即抽籤令講
講不通則公微數責之公每五日作一煖講一
林一飯一麪一肉一菜而已溫公先隴在鳴條
山墳所有餘慶寺公一日省墳止寺中有父老
五六輩上謁云欲獻薄禮乃用瓦盆盛粟米飯

圖一一五　《嫩真子録》五卷，（宋）馬永卿撰，明沈與文野竹齋抄本。

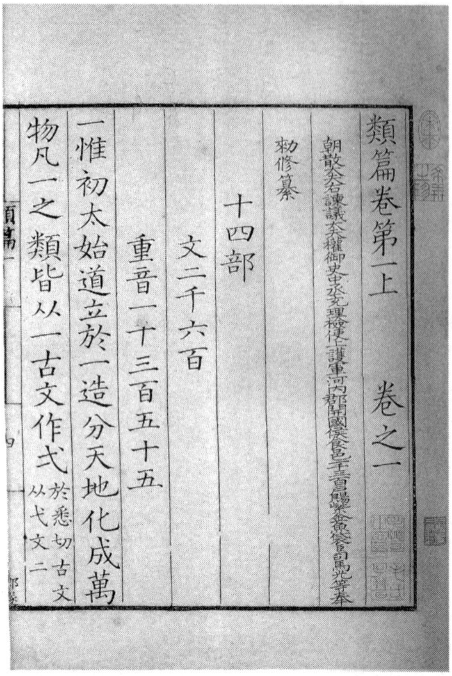
類篇卷第一上　卷之一
朝散大夫右諫議大夫權御史中丞充理檢使上護軍河内郡開國侯食邑二千三百户食實封捌伯户賜紫金魚袋臣司馬光等奉
勑修纂
十四部
文二千六百
重音一十三百五十十五
一惟初太始道立於一造分天地化成萬
物凡一之類皆从一古文作弌 於悉切古文从弋文二

圖一一六　《類篇》四十五卷，（宋）司馬光撰，明毛晉汲古閣影宋抄本。

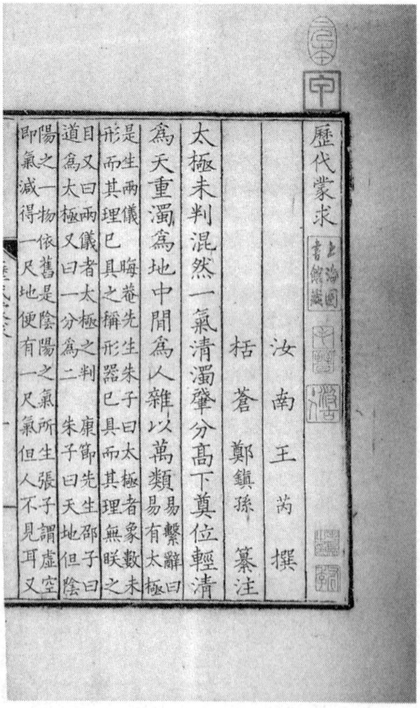
歷代蒙求
汝南王芮撰
栝蒼鄭鎮孫纂注
太極未判混然一氣清濁肇分高下奠位輕清
爲天重濁爲地中間爲人雜以萬類 易繫辭曰易有太極
是生兩儀晦菴先生朱子曰太極者象數未形而其理巳具之稱形器巳具而其理無眹之
目又曰兩儀者太極之判康節先生邵子曰道爲太極又曰一分爲二朱子曰天地但陰
陽之一物依舊是陰陽之氣所生張子謂虛空即氣滅得一尺地便有一尺氣但人不見耳又

圖一一七　《歷代蒙求》一卷，（宋）王芮撰，明毛晉汲古閣影元抄本。

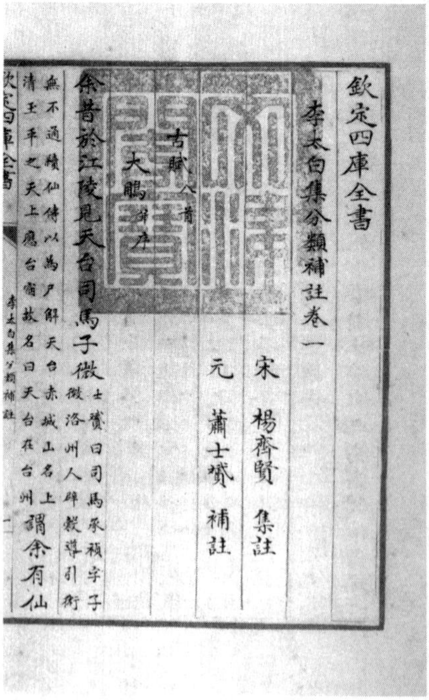
欽定四庫全書
李太白集分類補註卷一
宋　楊齊賢　集註
元　蕭士贇　補註
古賦八首
大鵬賦并序
余昔於江陵見天台司馬子微 士贇曰司馬承禎字子微洛州人辟穀導引術無不通續仙傳以爲尸解天台赤城山名上清玉平之天上應台宿故名曰天台在台州
謂余有仙

圖一一八　《文津閣四庫全書》，（清）永瑢、紀昀等纂修，清乾隆内府寫本。

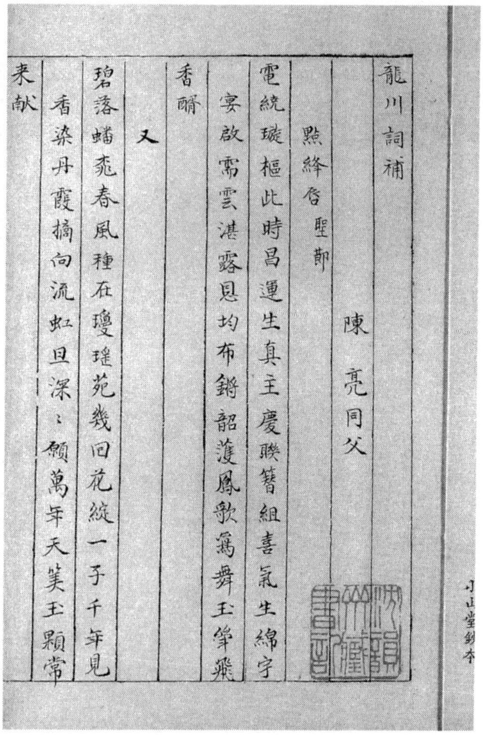
龍川詞補
陳　亮同父
點絳唇　聖節
電繞璇樞此時昌運生真主慶聯簪組喜氣生綿宇
宴啟需雲湛露恩均布鏘韶頀鳳歌鸞舞玉斝飛
香醑
又
碧落蟠桃春風種在瓊瑤苑幾回花綻一子千年見
香染丹霞摘向流虹旦深深願萬年天笑玉顏常
來獻
小山堂鈔本

圖一一九　《龍川詞補》一卷，（宋）陳亮撰，清趙昱小山堂抄本。

批校本分部

綜述

呂祖謙《東萊呂太史文集》卷七《書校本伊川先生易傳後》　伊川先生遺言見於世者，獨《易傳》爲成書，傳摹浸舛，失其本眞，學者病之。某舊所藏本出尹和靖先生家，標注皆和靖親筆。近復得新安朱熹元晦所訂，讎校精甚，遂合尹氏、朱氏書與一二同志手自參定，其同異兩存之，以待知者。

吳澄《吳文正集》卷五六《題戰國策校本》　《戰國策》字多脫誤，予嘗欲合諸家本校之而未及。後見鮑本，喜之。然其篇題、註義頗有乖謬，盧陵羅以通悉心考訂，定其篇章，補其脫，正其誤，釋其大意，譜諸國之年冠其首，凡鮑氏之失十去八九，讀此書者，得此庶乎可爲善本矣。

全祖望《結埼亭集外編》卷三二《清常道人趙琦美脈望館三校本水經跋》　清常道人《水經》一校於萬曆丙午，再校於己酉，三校於庚戌，以宋本、謝本、黃本分勘之，其所謂別鈔本者，則歸太僕家本也，惜其失去第九卷至第十五卷，觀其校於燕邸，於直沽，於中州，於留臺，用功亦勤矣。

沈彤《果堂集》卷八《書校本京房易傳後》　《京氏易傳》三卷，吳陸績註。宋晁景迂嘗病其文字舛謬，加辨正焉，而未有雕本。明程榮、范欽、毛鳳苞諸公先後刊刻，又鮮能辨正，舛謬益滋。余於康熙後壬寅從事古法，尋繹是書，用諸本互勘，又參以《易稗傳》、《啓蒙翼傳》二書所引，凡增減塗乙改換幾二百件，粗可觀覽。而舛謬尚不可數計。今年冬於子未何君齋見葉石君所傳馮定遠點勘范欽本，間有小箋，假歸重校，復是正二十餘件，然終未得爲完善也。

孫慶增《藏書記要・校讎》　校讎書籍，非博學好古，勤於看書，而又安閒者，不能動筆校讎書籍。所以每見庸常之人，較書一部，往往弗克令終，深可恨也。惟勤學好問隱居君子，方能爲之。古人每校一書，先須細心紬繹，自始至終，改正字謬錯誤，校讎三四次，乃爲盡善。至於宋刻本，校正字句雖少，而改字不可遽改書上，元板亦然。須將改正字句，寫在白紙條上，薄漿浮簽，貼本行上，以其書之貴重也。凡校正新書，將校正過善本對臨可也。倘古人有誤處，有未改處，亦當改正。明板坊本、新鈔本，錯誤遺漏最多，須覓宋元板、舊鈔本、校正過底本，或收藏家秘本細細讎勘，反覆校過，連行款俱要照式改正，方爲善本。【略】所以書籍不論鈔刻好歹，凡有校過之書，皆爲至寶。至於字畫之誤，必要請教明於字學聲韻者，辨別字畫音釋，方能無誤。古用雌黃校書，因古時皆用黃紙寫，裝成卷軸，故名黃卷。其色相同，塗抹無痕跡也。後人俱用白紙鈔刻，又當用白色塗抹，今之改字，用淡色青田石磨細，和膠做成錠子，磨塗紙上，改字最妙，用鉛粉終要變黑，最不可用。若大部書籍延請多人分校，呈於總裁，計日乃成。若校正刊刻，非博雅君子有力而好古者不能也。【略】惜乎古今收藏書籍之人，不校者多，校者甚少。惟葉石君所藏書籍，皆手筆校正，臨宋本印宋鈔俱借

善本改正，博古好學，稱爲第一，葉氏之書，至今爲寶。

陳鱣《簡莊文鈔續編》卷二《題識十三則》　嘉慶十一年夏日從拜經樓借得是本，攜至吳中，今年春始得倩人傳錄甫竟，遂手錄綠飮前後三跋，幷拜經樓主人所跋、所評，細校一過，至吾師朱子，則稱「師云」，以别之。適綠飮扁舟過吳見訪，相與把玩，爲之一快，且謂余曰：此書尚缺圖數頁，故未刻入《知不足齋叢書》。【略】丙申七月二十七日，余從拜經樓借閲，因亟命胡生鳳苞鈔之，至八月二十七日鈔畢。其諸家校本仍照各色書之，更有一二改正處，則用黄筆，合觀之，恍似文通夢中五色筆矣。

黄丕烈《蕘圃藏書題識》卷一　《廣韻》五卷。校本。是書爲段若膺先生校本，有朱、墨兩筆。卷首跋語兩通，首墨，次朱，想先後所校，故以朱、墨識别也。

又卷五　《春渚紀聞》十卷。校宋本。師儉堂楊氏藏有毛斧季跋校宋本《春渚紀聞》，余借校一過，其書後爲錢唐友人何夢華取去，後又得一舊鈔本，所脱與毛本同，而行款殊，與校宋合。余第手補目錄，未經校勘也。兹因借得藍格舊鈔本，校此本，覆取楊本，再校，始知舊鈔與宋刻不甚遠也。凡毛校皆用黄筆，毛校亦有朱、黄二筆之異，復於本處著之。

又卷七　《毗陵集》二十卷。校舊鈔本。余所藏唐人文集極多，非舊刻即名鈔，不下一二百種。惟《毗陵集》無善本，今秋訪友上津橋於骨董鋪中，獲見舊鈔本，同時又有澹生堂鈔本蘇天餘《國朝名臣事略》，索直十番，攜歸取對《毗陵集》。借香嚴書屋藏書鈔本《事略》，出舊藏鈔本，彼此互勘。《事略》固無甚大佳，《毗陵集》則似勝於所借本，蓋香嚴本行款雖似自宋本出，而丹黄燦然，已爲校者所亂，反不若此本之一仍其舊。

又　《劉夢得文集》三十卷。校本。丙子秋日借張訒庵所收席玉炤所藏舊鈔本，别以《英華》、《樂府》勘過者，丹鉛紛若，幾不知其原本如何，且於鈔本上以丹鉛或墨筆蓋之，欲尋其底子上字，邈不可得，可謂點金成鐵矣。

顧廣圻《思適齋書跋》卷二　《水經注》四十卷。校本。伯淵觀察於此書用功最深，晚年對客猶能稱引瀾翻，不須持本也。手校丹黄滿紙，中多與戴東原氏異説，尤可資考索。

吳壽暘《拜經樓藏書題跋記》卷一　《逸周書》，明章檗刻本。先君子手錄吳中顧澗蘋茂才所校於上，復取明鍾氏國朝汪氏二本重勘，記首簡云：「長洲顧廣圻校用硃筆，海甯吳某校用墨筆。」書後云：「仲魚孝廉以《逸周書》見眎，乃吳中顧千里茂才手校本，較世行本多所是正，予復取明鍾人傑校本及國朝汪士漢刻入《秘書》本重加參校，亦尚有裨益處。惜抱經學士新刊本案頭適乏，更俟異日取而重勘之。嘉慶丙寅清明日，吳某識。」【略】又得一本，爲抱經堂所鈔，乃盧學士刊此書時手校，蠅頭細楷，精整異常。【略】學士身後遺書多散佚，簡莊徵君爲先君子購得此本，書後云：「【略】余曾以槎翁所校補入章本，比復至吳，忽從水關書肆獲一鈔本，乃抱經學士未刻此書時繕寫手校底本，上作細楷書，朱墨雜陳，極其精致，不勝狂喜。學士校此書時在乾隆庚子春日，越七年丙午始付諸梓，故校語與定本多有增損，所謂積數年校勘之功，蓋其慎也。」

又卷四　《容齋五筆》。右影鈔舊本，原有硃筆評校，先君子復借知不足齋所藏義門先生評校本過錄，書後云：「乾隆辛丑春日，偕鮑君以文遊武原，有書估謁予舟次，攜鈔本《容齋五筆》求售，有硃筆評校，蓋陳宋齋先生筆也，因酬以直得之。復從鮑君借所藏何義門先生評校本，用藍筆點次，鮑本末復有筠溪煦跋，不具錄。壬寅冬日，兔床吳某識。」

又卷五　《笠澤叢書》。右鈔本，七卷，《補遺》一卷，先君子校，定爲蜀本，題辭見《愚谷文存》中。仁和趙寬夫跋後云：「《笠澤叢書》舊刻本不傳久矣。近時有吳門顧氏新雕本，字畫精好，然諦審之，譌謬疊見。海寧吳槎客先生初借吾鄉鬱氏本以勘新雕本，復校以拜經樓自藏本及林敞山、本海鹽吾以方本、秀水蔣春雨本，凡五校。初用硃筆，次綠，次藍，次墨，末復用硃，而以『蔣』本二字别之。又以《文苑英華》、《唐文粹》參校，用黄色筆及硃筆，合諸前五校爲七，先生於是書可謂勤且密矣。」

張金吾《愛日精廬藏書志》卷一七　《水經注》四十卷，舊鈔校本。後魏酈道元注。是本係馮氏己倉手校。黄筆塗改者，據柳大中影寫宋本也。行間青筆側注者，據朱鬱儀校本也。紅筆增改者，據謝耳伯所見宋本也。

蕭穆《敬孚類稿》卷八《記孫淵如先生水經注手校本》　陽湖孫伯淵觀察星衍生平於《水經注》用功極深，生前未及整理付梓，原稿留落吾邑、汪均之先生家，同治閒爲獨山莫子偲先生友芝得於皖城。穆於丙寅丁卯間在金陵，素與莫先生往還，一日談及，出以見示，乃用天都黄曉峰刊本點竄塗

乙，朱墨交錯，本行、本葉不足，夾以片紙黏綴成之。每卷亦多記年月及校勘之地，行役之餘輒以從事者也。據其自記云：「《水經》向無善本，予驟讀之，便知經注錯亂，以意定之，凡所乙者數十處，嗣以唐人引此書，若《史記正義索隱》、《文選注》、《藝文類聚》、《初學記》、《元和郡縣圖志》校之，又正其謬者十五。頃得休寧戴東原本所校極精，多與鄙意相合，復是正數十條，始知閉門合轍語非妄也。其與戴君不同者甚多，亦不敢附和」云云。觀孫先生此記尚未見仁和趙氏一清之本，故此校本有與趙氏相同者未申明之。近人有見戴氏校本多與趙氏相同，以爲戴氏竊趙氏之本成之，其實趙、戴二公同時從事於此，戴氏書成較趙氏稍後，兩公意見時有相同，即孫先生閉門合轍之説也。

繆荃孫《藝風藏書續記》卷一 《群經音辨》七卷。澤存堂本。孫潛卧園以朱、墨筆校之。孫氏手跋曰：「乾隆癸卯仲夏，購得馬氏玲瓏山館所藏義門先生手校明人鈔本，因互勘一過。凡先生改識者，俱以朱筆録出。其有與鈔本互異者，以墨筆識之。此書可稱盡善矣。孫潛。」光緒丙午荃孫得此書，復照皕宋樓鈔本校訖。

又卷三 《吴郡志》五十卷，汲古閣刊本。宋范成大撰。每卷有「同郡後學毛晉訂正，重刻於虞山汲古閣」篆書兩行。是本雲間宋賓王以宋本舊鈔本《吴郡志》兩校之，又以舊鈔《文粹》校之，分朱墨黄三色，校勘精審，字畫謹嚴，足爲校讐家規矩。

又卷六 《文選纂注》十二卷，明刻本。明吴郡張鳳翼纂注。此書爲《提要》所詆，又系兩部合幷，惟家中亂前舊帙，獨此僅存。五卷以下，常熟黄機過錢湘靈批，朱彩奪目，亦足寶也。

又卷七 《籜石齋詩集》五十卷，刻本。錢載撰。載字坤一，浙江秀水人，乾隆壬申進士，翰林院編修，官至禮部左侍郎。籜石翁詩本佳，經先輩五色評點，尤爲出色。蘇齋翁先生評本，衎石齋藏。今用黄色筆録。樊桐顧先生評本，曹玉水舍人藏。今用藍色筆寫。衎石先生評本，今用紫色筆録。梓廬朱先生評本，先生仲子洌泉文見示。今用深黄色筆録。以上四種俱公曾孫聚仁録。穀人吴先生選本，從曹種水言純處録。今用墨筆録。甘泉公。

楊守敬《藏書絶句・校本》 專家讎校何盧惠，近有錢嚴遠景文。展卷丹黄見心跡，衆家夥録盡精勤。

圖録

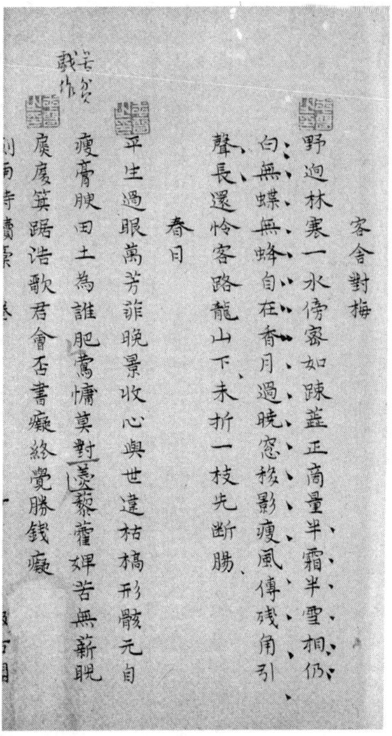

圖一二〇 《劍南詩續稿》八卷，（宋）陸游撰，明末毛晉汲古閣抄本，明毛晉校。

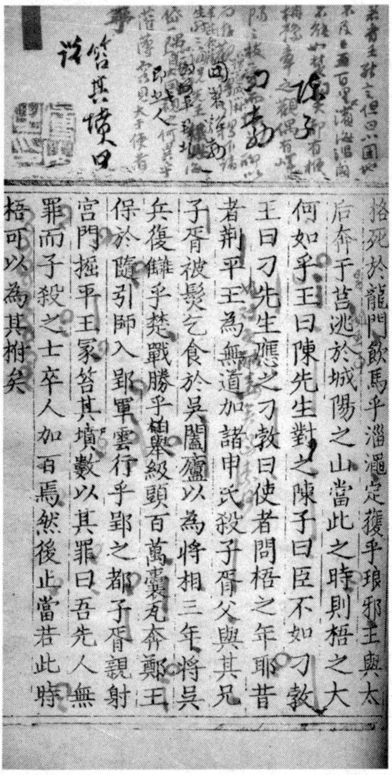

圖一二一 《劉向説苑》二十卷，（漢）劉向撰，明刻本，清傅山批點。

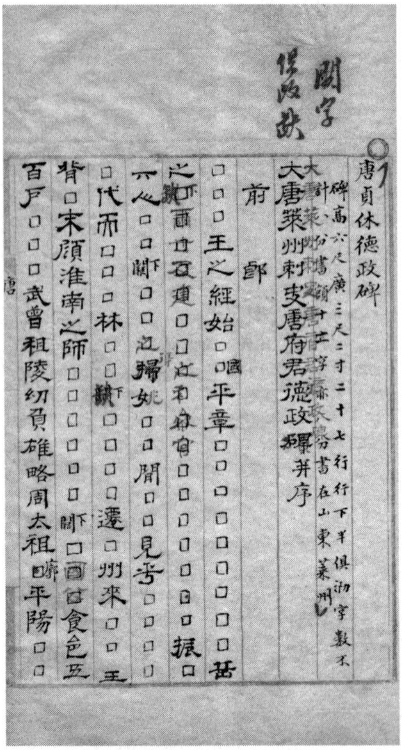

唐貞休德政碑

碑高六尺廣三尺二寸二十七行行下半俱泐字數不 書在山東萊州

大唐萊州刺史唐府君德政碑并序

前 郎

圖一二二 《唐碑》六十種，清抄本，清臧庸校。

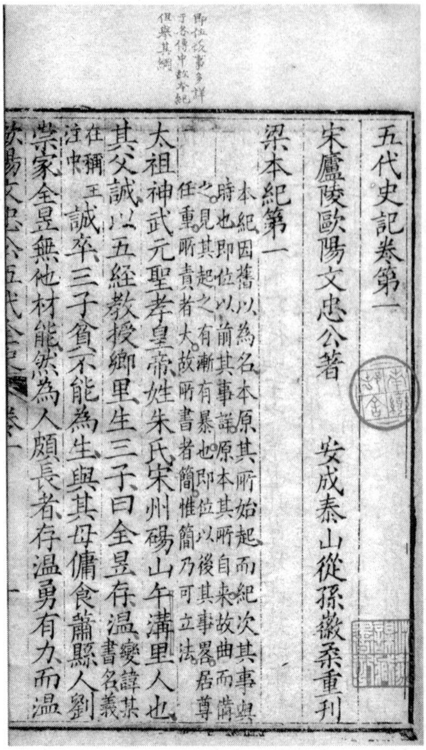

五代史記卷第一

宋廬陵歐陽文忠公著　　安成泰山從孫徽柔重刊

梁本紀第一

本紀因舊以為名本原其所始起而紀次其事與時也即位以前其事詳原本其所自來故曲而備之見其起之有漸有暴也即位以後其事略居尊任重所責者大故所書者簡惟簡乃可立法

太祖神武元聖孝皇帝姓朱氏宋州碭山午溝里人也其父誠以五經教授鄉里生三子曰全昱存溫溫變諱其書名義其在稱王中誠卒三子貧不能為生與其母傭食蕭縣人劉崇家全昱無他材能然為人頗長者存溫勇有力而溫

圖一二三 《五代史記》七十四卷，（宋）歐陽修撰，（宋）徐無黨注，清乾隆十一年（1746）歐陽徽柔刻本，清郁松年校。

版本鑒別實例部

宋人版本鑒別分部

曾鞏《元豐類稿》卷一一《列女傳目録序》　劉向所叙《列女傳》，凡八篇，事具《漢書》向列傳。而《隋書》及《崇文總目》皆稱向《列女傳》十五篇，曹大家注。以《頌義》考之，蓋大家所注，離其七篇爲十四，與《頌義》凡十五篇，而益以陳嬰母及東漢以來凡十六事，非向書本然也。

晁説之《嵩山景迂生文集》卷一八《曾子後記》　《漢藝文志》：《曾子》十八篇。《隋志》：《曾子》二卷，《目》一卷。《唐志》：《曾子》二卷。今世所傳《曾子》二卷十篇，蓋唐本也。有題曰「傳紹述本」者，蓋唐樊紹述歟！視隋亡《目》一卷，視漢亡八篇矣。

王庭珪《盧溪文集》卷四八《跋向文剛蘭亭序後》　《蘭亭》眞本一入昭陵，世不復見。太宗嘗賜諸王近臣已非其眞，皆當時供奉韓道政數人所臨，故其摸傳於世者本多不同。山谷老人獨取定武本，謂髣髴古人筆意。山谷書法妙一世，其論必精。前一本向文剛得之故相呂申公家，未經大盜兵火，時尚有前賢題跋，則知其爲定武本不謬。今數刻并存，而此本偉然絶出，覽者可以自得之。

汪應辰《文定集》卷一〇《書糾繆正俗》　右《糾繆正俗》八卷，按顔揚庭表，以爲稿草纔半，部秩未終，則是書初非定本也。每章以朱書標所釋字於上，然所引《論語》、《尚書》、《禮記》、《春秋》、《史記》、《漢書》中事，則各以朱書書名於前，自《東觀漢記》後，獨標朱書字，餘不復爾。而《論語》後有《毛詩》事數章，復不標《毛詩》字，不應前後乖剌如此，必是屬藁之際，偶爾標題，未遑緒正。除《史記》乃是論作史體制宜如舊外，宜改朱書《論語》字爲性與天道，《尚書》爲覽之者不一，《禮記》爲取，《春秋》爲游，《漢書》爲陂，《宋書》爲道憐。又《春秋》下皆是《左氏傳》事，或詞非解經。小顔既欲立言正俗，必不以《左氏傳》爲《春秋》也。又阡字下止引《漢書・原陟傳》，別無訓説，疑有闕文。受授字乃是壽字，有兩音，宜改受授爲壽。以此益知非當時定本。

又卷一一《題林子中集》　右《林子中集》，初無卷第，今次爲十六卷。林名希，字子中，紹聖四年同知樞密院事。然紹聖以後章表之類皆不見，豈其家不欲以示人耶？其在熙、豐間，回翔館閣最久，又嘗貶斥，其作《孫少述傳》、《東觀絶筆序》，書當時大臣事略不回隱。今此集所載，皆竄定無完篇，蓋既進用於紹聖，則詆元祐、譽熙、豐，故其説屢變也。偶得其別本，今兩存之。

晁公武《郡齋讀書志・書類》　《石經尚書》十三卷。右僞蜀周德貞書。經文有「祥」字皆闕其畫，而亦闕「民」字之類，蓋孟氏未叛唐時所刊也。以監本校之，《禹貢》「雲土夢作乂」，倒「土」、「夢」字，《盤庚》「若網在綱」，皆作「綱」字。按沈括《筆談》云「雲土夢作乂」，太宗時得古本，因改正，以「綱」爲「網」，未知孰是。

又《禮類》　《石經禮記》二十卷。右僞蜀張紹文所書。不載年月，經文不闕唐諱，當是孟知祥僭位之後也。首之以《月令》，題曰「御删定」，蓋明皇也；「林甫等注」，蓋李林甫也。其餘篇第仍舊。議者謂：《經禮》三百，《曲禮》三千，毋不敬，一言足以蔽之，故先儒以爲首，孝明肆情變亂，甚無謂也，其罪大矣。

又《春秋類》　《石經左氏傳》三十卷。右不題所書人姓氏，亦無年月。按文不闕唐諱及國朝諱，而闕「祥」字，當是孟知祥僭位後刊石也。

又　《石經穀梁傳》十二卷。右其後不載年月及所書人姓氏。案文不闕唐及僞蜀諱，可諱「恆」字，以故知刊石當在眞宗以後，意者亦是田況也。

又《論語類》　《石經論語》十卷。右僞蜀張德釗書。闕唐諱，立石當在孟知祥未叛之前。其文脱兩字，誤一字，又《述而》第七「舉一隅」下有「而示之」三字，「三人行必有我師焉」上又有「我」字，《衛靈公》第十五「敬其事而後其食」，作「後食其祿」，與李鶚本不同者此也。

又《儒家類》　《曾子》二卷。右曾子者，魯曾參也。舊稱曾參所撰，其《大孝篇》中乃有樂正子春事，當是其門人所纂爾。《漢藝文志》：《曾子》十八篇，《隋志》：《曾子》二卷，《目》一卷，《唐志》：《曾子》二卷。今此書亦二卷，凡十篇，蓋唐本也，視《漢》亡八篇，視《隋》亡《目》一

篇。考其書已見於《大戴禮》，世人久不讀之，文字謬誤爲甚。乃以《大戴禮》參校之，其所是正者，至於千有餘字云。

又《別集類上》 《陶潛集》十卷。右晉陶淵明元亮也。一名潛。潯陽人。蕭統云：「淵明字元亮。」《晉書》云：「潛字元亮。」《宋書》云：「潛字淵明。」或云字深明，名元亮。按集《孟嘉傳》與《祭妹文》皆自稱淵明，當從之。晉安帝末，起爲州祭酒。桓玄篡位，淵明自解而歸。州召主簿，不就，躬耕自資。劉裕舉兵討玄，誅之，爲鎮軍將軍。淵明參其軍事，未幾，改爲建威將軍。淵明見裕有異志，乃求爲彭澤令，去職。潛少有高趣，好讀書，不求甚解，著《五柳先生傳》以自況，世號靖節先生。今集有數本：七卷者，梁蕭統編，以序、傳、顔延之誄載卷首。十卷者，北齊陽休之編，以《五孝傳》、《聖賢群輔錄》、序、傳、誄分三卷，益之詩，篇次差異。按《隋・經籍志》潛集九卷，又云梁有五卷，錄一卷。《唐・藝文志》潛集五卷。今本皆不與二《志》同。獨吳氏《西齋書目》有潛集十卷，疑即休之本也。休之本出宋庠家云。江左名家舊書，其次第最有倫貫，獨《四八目》後《八儒》、《三墨》二條，似後人妄加。

又 《呂溫集》十卷。右唐呂溫和叔也，一字化光。河中人。貞元十四年進士。以善韋執誼、王叔文起家，再命左拾遺。同張薦使吐蕃，元和初使還。累進知御史雜事，再貶道州刺史，徙衡州。溫從梁肅，爲文章，規摹《左氏》，藻贍精富，流輩推尙。劉禹錫爲編次其文，序之云：「古之爲書，先立言而後體物。賈生之書首《過秦》，而荀卿亦後其賦，故斷自《人文化成論》至《諸葛武侯廟記》爲上篇。」今集先賦詩，後雜文，非禹錫本也。

又《別集類中》 《沈亞之集》十卷。右唐沈亞之字下賢，長安人。元和十年進士。涇原李彙辟掌書記，爲秘書省正字。長慶初，補櫟陽尉。四年，爲福建都團練副使，事徐晦。後累進殿中丞、御史内供奉。大和三年，栢耆宣慰德州，取爲判官。耆罷，亞之貶南康尉。後終郢州掾。亞之以文詞得名，狂躁貪污，曾輔耆爲惡，故及於貶。嘗遊韓愈門，李賀、杜牧、李商隱俱有擬下賢詩，亦當時名輩所稱許云。此本之後有景文宋公題字，稱得之於端明李學士，編次無倫，蓋唐本也。予頗愛其能造語，然其本極舛誤，頗是正之。且裒其遺闕者數篇，及賀、牧、商隱三詩附於後。

又 《劉綺莊歌詩》四卷。右唐劉綺莊，未詳其人。唐《四庫書目》有《綺莊集》十卷，今所餘止四卷，詩三十二，啓狀四十四而已，惜其散落大半。其本乃南唐故物，紙墨甚精，後題曰「昇平四年重題」，印其文曰「建鄴文房」，本内「密」字皆闕其畫，而「超」字不闕，蓋吳時所繕寫也。其詩如《置酒》、《揚州送人》，皆不凡，而樂府格調尤高。然史逸其行事，詩中亦不可考。獨啓事内有白、韋、崔三相公狀，白乃敏中，崔乃元式，韋乃琮也。三人同相於宣宗初載，其末云「限守藩服」，則知綺莊時已任刺史矣。

朱熹《朱子語類》卷一四〇 或問：「形夭無千歲」改作「形天舞干戚」，如何？曰：《山海經》分明如此說，惟周丞相不信改本。向薌林家藏邵康節親寫陶詩一冊，乃作「形夭無千歲」。周丞相遂跋尾，以康節手書爲據，以爲後人妄改也。向家子弟攜來求跋，某細看，亦不是康節親筆，疑熙、豐以後人寫，蓋贋本也。蓋康節之死在熙寧二三年間，而詩中避「畜」諱，則當是熙寧以後書。然筆畫嫩弱，非老人筆也。又不欲破其前說，遂還之。雅

陸游《渭南文集》卷二六《跋唐御覽詩》 右《唐御覽詩》一卷，凡三十人，二百八十九首，元和學士令狐楚所集也。按盧綸墓碑云：「元和中，章武皇帝命侍臣采詩，第名家得三百一十篇。公之章句奏御者居十之一。」今《御覽》所載綸詩，正三十二篇，所謂居十之一者也。據此，則《御覽》爲唐舊書不疑。

又卷二七《跋李深之論事集》 唐丞相司空李公深之《論事集》，有兩本。其一本七卷，無序；其一本一卷，史官蔣偕作序。然以序考之，則偕所序蓋七卷者也。

陳振孫《直齋書録解題・春秋類》 《春秋繁露》十七卷。漢膠西相廣川董仲舒撰。案《隋》、《唐》及《國史・志》卷皆十七，《崇文總目》凡八十二篇，《館閣書目》止十卷，萍鄉所刻亦財三十七篇。今乃樓攻媿得潘景憲本，卷篇皆與前《志》合，然亦非當時本書也。先儒疑辨詳矣。其最可疑者，本傳載所著書百餘篇，《清明》、《竹林》、《繁露》、《玉杯》之屬，今總名曰《繁露》，而《玉杯》、《竹林》則皆其篇名，此決非其本眞。況《通典》、《御覽》所引，皆今書所無者，尤可疑也。然古書存於世者希矣，姑以傳疑存之可也。又有寫本作十八卷，而但有七十九篇。攷其篇次皆合。但前本《楚莊王》在第一卷首，而此本乃在卷末，別爲一卷。前本雖八十二篇，而闕文者三，實七十九篇也。

又 《汲冢師春》一卷。晉汲郡魏安釐王冢所得古簡。杜預得其《記

年》，知爲魏國史記，以攷證《春秋》。另有一卷，純集疏《左氏傳》卜筮事，上下次第及其文義皆與《左傳》同。名曰「師春」，似是鈔集者人名也。今此書首叙周及諸國世系，又論分野、律呂爲圖，又雜録謚法、卦變，與杜預所言純集卜筮者不同，似非當時本書也。

又《別史類》《高氏小史》一百三十卷。案：《唐書·藝文志》、《文獻通考》俱作一百二十卷。唐殿中丞高峻撰。本書六十卷，其子迥分爲一百二十。蓋鈔節歷代史也。司馬溫公嘗稱其書，使學者觀之。今案《國史·志》凡一百九卷，目録一卷。《中興書目》一百二十卷，止於文宗。今本多十卷，直至唐末。峻，元和人，則其書當止於德、順之間。迥之所序，但云分六十卷爲百二十，取其便易而已，初未嘗有所增加也。其止於文宗及唐末者，殆皆後人傳益之，非高氏本書。

又《起居注類》《徽宗實録》一百五十卷。監修宰相湯思退等上。自紹興七年詔修，十一年先成六十卷，至二十八年書成。修撰官歷年既久，前後非一人。至乾道五年，秘書少監李燾請重修。淳熙四年成二百卷，《攷異》百五十卷，《目録》二十五卷。今百五十卷者，前本也。

又《目録類》《釋書品次録》一卷。題唐僧從梵集。末有黎陽張翬跋，稱大定丁未。蓋北方板本也。

又《道家類》《老子注》二卷。魏王弼撰。魏、晉之世，玄學盛行，弼之談玄，冠於流輩，故其注《易》，亦多玄義。晁説之以道曰：「弼本深於《老子》，而《易》則未也。其於《易》多假諸《老子》之旨，而《老子》無資於《易》，其有餘不足之跡可見矣。」世所行《老子》，分《道德經》爲上、下卷。此本《道德經》且無章目，當是古本。

又《墨家類》《墨子》三卷。宋大夫墨翟撰。孟子所謂邪説詖行，與楊朱同科者也。韓吏部推尊孟氏，而《讀墨》一章，乃謂孔、墨相爲用，何哉？《漢志》七十一篇，《館閣書目》有十五卷六十一篇者，多訛脱，不相聯屬。又二本，止存十三篇者，當是此本也。

又《別集類上》《陶靖節年譜》一卷、《年譜辨證》一卷、《雜記》一卷。吴郡吴仁傑斗南爲《年譜》，蜀人張縯季長辨證之，又雜記前賢論靖節語。此蜀本也，卷末有陽休之、宋庠序録、私記，又有治平三年思悦題，稱「永嘉宗以宋丞相刊定之本。」

又《別集類上》《唐太宗集》三卷。唐太宗皇帝本集四十卷。《館閣書目》但有詩一卷六十九首而已。今此本第一卷賦四篇、詩六十五首，後二卷爲碑銘、書詔之屬，而訛謬頗多。世所傳太宗之文見於石刻者，如《帝京篇》、《秋日效庾信體詩》、《三藏聖教序》，皆不在。又《晉書》紀、傳論，稱「制曰」者四，皆太宗御製也。今獨載宣、武二紀論，而《陸機》、《王羲之傳》論不預焉。《宣紀》論復重出，其他亦多有非太宗文者雜廁其中，非善本也。

又《李翰林集》三十卷。唐翰林供奉廣漢李白撰。《唐志》有《草堂集》二十卷者，李陽冰所録也。今案：陽冰序文但言十喪其九，而無卷數。又樂史序文稱《李翰林集》十卷，別收歌詩十卷，因校勘爲二十卷，又於館中得賦、序、表、書、贊、頌等，亦爲十卷，號曰《別集》。然則三十卷者，樂史所定也。家所藏本，不知何處本，前二十卷爲詩，後十卷爲雜著，首載陽冰、史及魏顥、曾鞏四序，李華、劉全白、范傳正、裴敬碑誌，卷末又載《新史》本傳，而《姑孰十詠·笑矣》、《悲來》、《草書》三歌行亦附焉，復著東坡辨證之語，其本最爲完善。別有蜀刻大小二本，卷數亦同，而首卷專載碑、序，餘二十三卷歌詩，而雜著止六卷。有宋敏求後序，言舊集歌詩七百七十六篇，又得王溥及唐魏萬集本，因裒唐《類詩》諸編洎石刻所傳，廣之無慮千篇。以《別集》、雜著附其後。曾鞏蓋因宋本而次第之者也，以校舊藏本篇數，如其言，然則蜀本即宋本也耶？末又有元豐中毛漸題，云「以宋公編類之勤，曾公攷次之詳，而晏公又能鏤板以傳於世」，乃晏知止刻於蘇州者。然則蜀本蓋傳蘇本，而蘇本不復有矣。

又《柳柳州集》四十五卷、《外集》二卷。唐禮部員外郎柳州刺史河東柳宗元子厚撰。劉禹錫作序，言編次其文爲三十二通，退之之誌若祭文，附第一通之末。今世所行本皆四十五卷，又不附誌文，非當時本也，或云沈元用所傳穆伯長本。

劉克莊《後村先生大全集》卷一〇二《跋舊潭帖》《潭帖》尤爲坡公所賞，以爲希白作字自有江左風味，比淳化待詔所摹爲勝。世俗不察，爭求閣下本，誤矣。以余所見，《潭帖》凡有數本，有絶佳者，有稍殘缺者，有行數不同者，有漏落數行者。時謂劉相刊二本，一留郡，一藏家，而後人翻開於黔、和等州者，又不知幾本也。於十卷之末，或題云「慶曆五年」，或云「八年」，或云「六月」，或云「季夏」，或云「模勒上石」，或無「上石」

二字，或云「重模」。若以八年者爲重模，則五年下亦有「重模」字，不應一年内已模而復模也。内第三卷山濤帖末有「風筆惻感」之語，《容齋隨筆》已歎其不成文，容齋知其一爾。此卷謝發帖云「執筆惻感」，今至「執」字止；濤帖云「風尚所勸云云」，今至「風」字止，卻多「筆惻感」三字在濤帖之後，移「所勸」以下十九字在欣帖之後。又第六卷右軍字先後失次尤甚。帖字屢經臨模，固已失眞，劉次莊釋文雖有未盡，亦十得五六，加以陳去非、黄長睿、施武子更迭考辨，十得八九。若《潭帖》乃悉顛倒而錯亂之，【略】坡既推《潭》勝《閣》，近時陳師復善書，亦於《閣帖》有異論。余恐蘇、陳所見非眞閣本爾。眞者或七八行爲一板，或十六七行爲一板，皆李廷珪墨模印，其黑如漆，字尤豐有精神。

明人版本鑒別分部

張丑《酉陽雜俎跋》（陸心源《皕宋樓藏書志》卷六四） 唐段成式以將相之胄，博學強記，尤好語怪，著《酉陽雜俎》二十卷、《續集》十卷行世。今刻本有前後二種，皆二十卷，而《續集》不傳。【略】此《雜俎·續集》十卷，字畫樸拙，次序詳整，的係宋人寫本，實典常妹倩所贈也。典常，陸其姓，子餘給諫之曾孫，以余酷嗜宋鈔書籍，故割愛見與。乃命工裝成，因紀歲月。時泰昌紀元八月望日。

俞安期《題續世説新語》（李垕《南北朝續世説》卷首） 劉宋臨川王撰《世説新語》，盡於兩晉。唐宗室李垕續之，始於劉宋，終於隋。【略】按是書《唐志》既不經見，而趙宋《經籍考》及馬氏《通考》所列《續世説》，爲孔平仲所撰，自宋以至五代，非垕若也。何元朗撰《語林》，既非本此，而文太史叙之，亦不見及。王弇州兄弟酷嗜《世説》，合《語林》而銓補之，弇州之叙，至謂六朝諸君子，持論風旨，寧無一二可稱，似憾世無續者，而功元朗。夫唐宋之志備厥世典，文、何、王三公博極群籍，咸不知有是書，是書豈鑿空而贋造之耶？余往見茂卿未傳堅梨之木，刻既精工，紙墨古闇，中有諱字，其爲宋本無疑。今兹翻本，尚有宋刻典刑可鑒，條落揉溷，是必唐宋以來轉轉傳寫，當連而斷，當斷而連，舛誤謬誤，一至於此。由是觀之，斷非近時鑿空贋造者矣。臨川爲宗室近葉，垕亦唐之本支、其續之本懷，蓋有所興托乎！萬曆己酉秋七月。

釋明河《書姚序後》（釋圓至《牧潛集》卷首） 予讀《虎丘舊誌》，誌中有《修隆禪師塔記》，高安圓至筆也。歎其文字之妙，不知至爲何人，是必有文集，恨不得其全而觀之。又數年在皋亭，固如法友得抄寫《牧潛集》一冊於武陵書肆中，持以相示，展視則爲至本集，知至字牧潛，號天隱，如獲至寶。【略】前有方虚谷序，後有洪居士跋，二老皆極口稱許，而少師此序，集無有也。予得之會稽祁侍御家，乃知此集國初已經翻刻，道開法友近又得殘破刻本，亦無少師此文，知是元板，校對無不同者，但多詩數首耳。

徐𤊹《重編紅雨樓題跋》卷一《石經左氏傳》 愚按《鄭氏藝文略》：石經之學，始於蔡邕。秦火之後，經籍初出，諸家所藏，傳寫或異，邕校書東觀，奏求正定《六經》文字，靈帝許之，乃自爲書刻石於太學門外。當漢末祚，所傳未廣，而兵火無存。今之所謂石經者，但刻諸石耳，非蔡氏之經也。又按馬氏《經籍考》：僞蜀孟昶刻《六經》於石，《春秋左傳》三十卷，不題所書姓氏，亦無年月，經文不闕唐諱，獨闕「祥」字，乃知孟知祥僭位後所刻也。又有石經《尚書》，「祥」字皆闕，亦闕「民」字，乃孟氏未叛唐時所刻也。經文中俱闕「民」字、「虎」字類，似與馬氏不闕唐諱之説未合。𤊹載考他書，蔡邕刻經之後，惟僞蜀有之。《易經》、《尚書》乃孫逢吉、周德貞所書，此出孫、周之手無疑；況字畫秀整蒼勁，大類虞、歐筆格。

又《性理群書句解》 余己酉仲秋客遊衢州，旅寓祥符寺鶴松都綱房，暇扣佛殿，見佛座後敗簏數十，訝之。鶴松曰：「此古藏經，散失僅存惟此耳」。余亟遣人移翻，皆宋嘉祐中所印經，紙墨精好，盈數百軸，多半鼠嚙蟲蛀，余擇其完整者十數軸，請爲珍玩。簏中又拾《性理群書句解》一冊，視之元板也。卷首有像，有贊，字畫不類本朝，余所藏元板書紙墨多類此，遂募工裝潢，寶若拱璧。

又《陸士龍集》 張幼於曾以小陸鈔本貽先兄，繕寫明朗，此乃都玄敬與吳士陸元大校刻者，卷末乃留宋人名字，依宋板也。讐對無差，勝今坊間所梓者多矣。萬曆丙午冬杪徐𤊹公識。

又《松陵集》 去歲過吳門，范東生以陸魯望《甫里集》爲贈，蓋淞人新刻。此乃皮陸倡和之作，名《松陵集》，爲吾鄉先輩郭文學家藏，實宋板

也，紙色蒼古可愛。

又《兩漢詔令》《西漢》十二卷，宋吴郡林虙輯；《東漢》十一卷，宋四明樓昉輯，元蘇天爵合爲一書。斯本得之福清郭氏，紙墨不類今式，國初刻也。中脱誤者，郭君多改正之，覽之尤便也。萬曆庚戌夏六月十二日興公識。

清人版本鑒别分部

于敏中等《天禄琳琅書目》卷一

又《周易》一函五冊。上、下經六卷，魏王弼注；《繫辭》以下三卷，晉韓康伯注；《周易略例》一卷，王弼著，唐邢璹注，俱唐陸德明音義，共十卷。是書不載刊刻年月，而字法圓活，刻手精整，且於宋光宗以前諱皆缺筆。又每卷末，詳記經注音義字數。宋版多此式，其爲南宋刊本無疑。

又《東萊家塾讀詩記》二函十六冊。宋吕祖謙著。三十二卷。第一卷爲《綱領》，卷二以下釋大小傳、經文，博引諸家注成之。朱子序。巾箱本，不載鋟刻年月。案陳振孫《書録解題》云：「自《公劉》以後，編纂已備，條例未竟，學者惜之。」是本《公劉》首章下識云：「先兄修是書至此終。自《公劉》次章訖終篇，則往歲所纂輯，未及刊定。今不敢損益，姑從其舊。」則此書乃其弟所校刊也。

又《周禮》二函十二冊。漢鄭康成注，唐陸德明音義。十二卷。宋岳珂相臺書塾《刊正九經三傳沿革例》云：「世傳九經，自建、蜀、京、杭而下，有建余氏本，分句讀，稱爲善本」云云。此書每卷後或載「余仁仲比校」，或「余氏刊於萬卷堂」，或「余仁仲刊於家塾」，所謂建余氏也。句讀處，亦與所言相合。又卷末各詳記經注、音義字數。點畫完好，紙色極佳。

又《春秋經傳集解》二函十五冊。晉杜預集解。三十卷。自序。相臺書塾《刊正九經三傳沿革例》云：「世所傳九經，有建余氏，興國于氏，二本皆稱其善。而廖氏以余氏不免誤舛，于氏未爲的當，合諸本參訂，爲最精。版行之初，天下寶之。」又云：「廖本《春秋》無《年表》、《歸一圖》。」此書每卷末有木記，曰「世綵廖氏刻梓家塾」，爲長方、橢圓、亞字諸式，具篆文、八分，而不載《年表》、《歸一圖》。蓋岳珂所稱者，即爲此本。

又《春秋公羊經傳解詁》二函十冊。漢何休學。十二卷。休自序。鐫刻年月不載，而字體甚古，於宋孝宗以上諱皆闕筆，知爲南渡後刊。書中每間數紙，輒有眞書木印，曰「鄂州州學官書」，曰「鄂泮官書，帶去準盜」。考王應麟《玉海》，咸平四年六月，詔郡縣有學校聚徒講誦之所，賜九經書一部。大觀二年六月，州學藏書閣賜名「稽古」。則州郡諸學置官書，自宋初已行之。李心傳《朝野雜記》載王瞻叔爲學官，常請摹印諸經疏及《經典釋文》，許郡縣以贍學，或省係錢，各市一本，置之於學。是南渡後猶重此舉，且有準盜之條，官守爲綦嚴矣。

又《監本附音春秋穀梁注疏》二函十冊。晉范寧集解，唐楊士勛疏，附唐陸德明音義，共二十卷。士勛序。《朝野雜記》云：「監本書籍，紹興末年所刊。」是書於欽宗以上諱皆闕筆（圖一二四），而皇瑗，「瑗」字乃孝宗諱，全書不闕，蓋紹興監本也（圖一二五）。又云：「冑監刊六經，無《禮記》。」今猶存《毛詩》、《春秋左氏》、《公羊》、《穀梁傳》，而無《禮記》，亦可證矣。

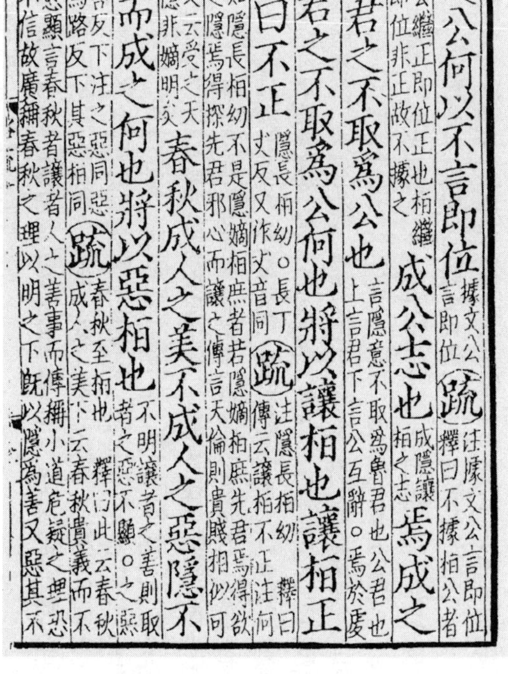
位之始公何以不言即位據文公言即位疏注據文公言即位釋曰不據桓公者
文公繼正即位正也桓繼故即位非正故不據之成公志也成隱讓桓之志焉成之
言君之不取爲公也言隱意不取爲魯君也公君也上言君下言公互辭○焉於虔
反君之不取爲公何也將以讓桓也讓桓正
乎曰不正隱長桓幼○長丁丈反又作丈音同疏注隱長桓幼傳云讓桓不正注何釋曰
以知隱長桓幼不是隱嫡桓庶者若隱嫡桓庶先君焉得欲立之隱焉得探先君邪心而讓之傳言天倫則貴賤相似何
知又云受之天子隱非嫡明矣春秋成人之美不成人之惡隱不
正而成之何也將以惡桓也不明讓者之善則取者之惡不顯○之懸
烏各反下注之惡同惡桓烏路反下其惡桓同疏春秋至桓也釋曰此云春秋成人之美下云春秋貴義而不
貴惠顯言春秋者讓者人之善事而傳稱小道危疑之理恐人不信故廣稱春秋之理以明之下既以隱爲善又惡其不

圖一二四　第四行第十三字「桓」闕筆，避欽宗趙桓諱。

曰陽生篡國故不言公子不使君荼謂書陳乞弑君爾荼與
小白其事相似荼弑乃後立小白立乃後弑雖然俱篡國而
受國焉爾傳曰齊小白入于齊惡之地陽生其以國氏何取
國于荼也義適互相足又何自反乎子糾宜立而小白篡之
非受國于子糾則將誰乎○當去起曰疏注荼殺至後殺
反見當賢徧反糾居黜反惡之烏路反 釋曰案上六年
經書齊陽生入于齊齊陳乞弑其君荼傳云陽生入而弑其
君以陳乞主之何也不以陽生君荼也是荼殺之後陽生乃
立崇莊九年夏齊小白入于齊九月齊人取子糾殺之是小
白立乃後殺也義適互相足者莊九年傳云小白入于齊惡
之則陽生入于齊亦惡之此年傳云陽生其以國氏取國于
荼也則小白以其國氏亦取國于子糾也以義推之適互相
足故鄭云子糾宜立而小白篡之 ○冬仲孫何忌帥
非受國于子糾則將誰乎是也
師伐邾○宋向巢帥師伐曹
七年春宋皇瑗帥師侵鄭○瑗于眷反 ○晉魏曼多
帥師侵衛○曼音萬○夏公會吳于鄫○鄫在陵反 ○秋

圖一二五　第九行第六字「瑗」字不闕筆。

又《春秋分記》四函四十冊。宋程公說著。首《例要》三則，次《年表》九卷，《世譜》七卷，《名譜》二卷，《書》二十六卷，《周天王紀》二卷，內魯及列國《世本》三十二卷，《次國》、《小國》及《四夷》十二卷，共九十卷。前游侶序、公說自序，又其弟公許序，并附《公說墓誌銘》。宋淳祐三年，程公許守宜春，刻是書於郡齋。陳振孫《書錄解題》盛稱之。此本卷中多有元時鈐用官印，且於首尾紙背用紅字條記，係大德十年江浙等處行中書省奉中書省取備國子監書籍令，儒學副提舉陳公舉校勘申解。考《元史》，世祖至元十二年，括江南諸郡書板。宜春隸江西，蓋至元詔取而大德始上。此即宋刊元印之本。

又《五經》一函六冊。《易》、《書》、《詩》、《禮記》經文，《春秋左氏經傳》，不分卷。巾箱本。行密字展，朗若列眉。中「構」字闕筆，「慎」字、「瑗」字不闕，乃高宗時刊。上方列字音。近錫山秦氏仿宋刻巾箱九經，亦同此例。

又《大廣益會玉篇》一函六冊。梁顧野王撰，唐孫強增。三十卷。前有大中祥符六年都大提舉《玉篇》所牒及字數，野王序、啓各一首。近吳江張士俊澤存堂重刊宋本《玉篇》，朱彝尊爲之序，謂顧氏《玉篇》，唐上元末孫強稍增多其字。至宋，陳彭年、吳鋭、邱雍輩又重修之。於是，廣益者衆，而《玉篇》又非顧氏之舊。孫氏《玉篇》去古未遠，猶愈於今之所行。大廣益本《玉篇》復上元本，而古之小學存焉矣。其書較是本獨無牒文。二十四卷後新加兩條在三十卷後，而闕十八卷後兩條，但多附《分毫字樣》及《神珙反紐圖》耳。彝尊咎彭年等之重修，而牒文內明稱彭年等校勘允當，其實所謂上元本即此大中祥符本也。以復孫氏之舊爲辭，故去其牒耳。且彝尊之意，以廣益爲非。今覈兩本，字數俱符，而澤存堂重刻本須部反多一「頚」字，又何說也？考《宋史·藝文志》，但有彭年《重修廣韻》而無《重修玉篇》。惟《文獻通考》載《重修玉篇》三卷，非此書。《書錄解題》云：丁度等既修《集韻》，奏言添字既多，與野王《玉篇》不相參協，乞委修韻官別爲《類篇》，與《集韻》并行。則與《玉篇》不相蒙矣。是本款式皆宋槧，但分卷而不隔流水，又一例也。

又卷二《漢書》五函四十四冊。漢班固撰，唐顏師古注。帝紀十二卷，年表八卷，志十卷，列傳七十卷，共一百卷。宋景德二年七月中書門下牒文具載篇首，結銜爲畢士安、寇準、王旦、馮拯，與《監本附音春秋穀梁注疏》同。而彼爲景德二年六月，此爲七月，故牒文有「顧茲三史，繼彼六經」之語。書尾載淳化五年奉敕刊正，至道三年呂端等進書。後又有景祐元年余靖奉詔偕王洙赴崇文院讎對，嘉祐六年陳繹重校，歐陽修看詳雕印，熙寧二年書成，奏御各銜名。據此，則淳化、至道間校正之本，在宋太宗時業經雕印，眞宗景德年又經重刻，仁宗景祐時復命余靖等校正，神宗嘉祐、熙寧間經歐陽修詳定刊成。是北宋時官刻《漢書》已非一本，而熙寧本爲最後。然詳閱此書，首葉牒文中「愼」字有缺筆，係避宋孝宗諱。又凡遇「完」字皆缺筆，係欽宗嫌名。則明爲南宋時重刻之書，非熙寧舊本。考朱彝尊《經義考》，載宋葉夢得語曰：「淳化中，以《史記》、前、後《漢書》付有司摹印，自是書籍刊鏤者益多。」又載宋李心傳語曰：「監本書籍者，紹興末年所刊也。國家艱難以來，固未暇及，九年九月，張彥實待制爲尚書郎，始請下諸道州學，取舊監本書籍鏤版頒行。從之。」然所取者多殘闕，故胄監刊六經無《禮記》，正史無《漢書》。二十一年五月，輔臣復以爲言，

上謂秦益公曰：「監中其他闕書，亦令次第鏤版，雖重有所費，不惜也。」由是經籍復全云云。乃知宋代摹刻《漢書》始於淳化，而此則照熙寧本重付剞劂，想即心傳所稱紹興末年所刻之本，直至孝宗之時校讐完備，始得次第成書耳。當時詔勿惜費，鄭重其事，故書手刻工皆屬上選，摹印紙墨亦經加意，取材必求精善，宜官刻之書無出其右者矣。

又《後漢書》，五函四十冊。帝、后紀十卷，列傳八十卷，宋范蔚宗撰；志三十卷，晉司馬彪撰，梁劉昭注補，共一百二十卷。首載乾興元年十一月中書門下牒文，文係孫奭奏請刊印《後漢書》幷劉昭補《志》，奉敕令國子監依奏施行，後列銜名：右諫議大夫、參知政事魯，給事中、參知政事呂，中書侍郎兼禮部尚書、平章事王，守司徒兼侍中無姓。考《宋史》，乾興元年七月，以王曾爲中書侍郎、同中書門下平章事，呂夷簡、魯宗道參知政事，與牒尾三人列銜吻合。是年二月，丁謂爲司徒兼侍中，六月罷。按《宋史·職官志》，司徒爲宰相、親王加官而不常置，時丁謂適罷，故闕其人耳。此書於宋諱「桓」、「構」、「愼」、「瑗」諸字皆缺筆，字畫款式與《前漢書》相同，版心下方刻書人姓名如劉仲、王中、陳仲等亦與前書相合，蓋皆爲紹興末年校刊而孝宗時成書者。特以劉昭《補志》合刻始於乾興，故仍列舊牒於書首。

又《隋書》，六函六十冊。帝紀五卷，列傳五十卷，唐魏徵撰；志三十卷，唐長孫無忌撰，共八十五卷。是書未載刊刻年月，而於宋諱皆缺筆，其避「廓」字乃寧宗嫌名，係南宋嘉定間刊本。

又《資治通鑑考異》一函三冊。宋司馬光撰。三十卷。晁公武《郡齋讀書志》：「光既成《通鑑》，又參考異同，俾歸一塗，別爲《考異》一編。」則《考異》本單行，胡三省後取以入注耳。考書成在元豐七年，《玉海》載元祐七年，詔諸路安撫鈐轄司幷西京、南京各賜《通鑑》一部，是哲宗朝刻本已具。今校書内欽宗以下諱俱不闕，當是元祐槧也。【略】《書史會要》：建炎間，劉夫人掌内翰文字及寫宸翰，高宗甚眷之，亦善畫畫，上用「奉華堂」印，又見陳善《杭州志》。此本南渡初已入鑒藏，更足徵爲北宋本。

又《通鑑紀事本末》六函四十二冊。篇目同前，趙、楊二序，前有元陳良弼序。是書亦寶祐舊版。據良弼序稱，版藏趙與弼家，束之高閣四十餘年。延祐六年，其孫趙明安售於良弼，置之嘉禾學宮，復爲之序（圖一二

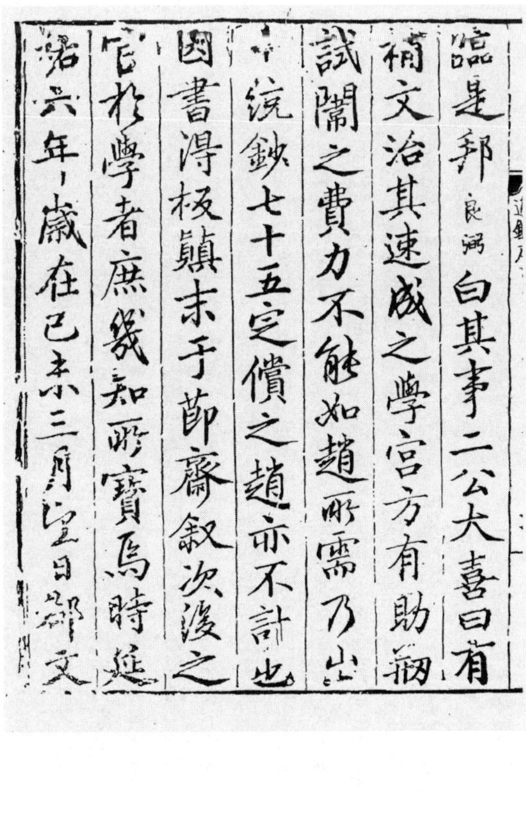
臨是邦良弼白其事二公大喜曰有
補文治其速成之學宮方有助翻
試閘之費力不能如趙所需乃出
中統鈔七十五定償之趙亦不計也
因書得校顛末于節齋叙次後之
官於學者庶幾知所寶焉時延
祐六年歲在己未三月望日郡文

圖一二六　延祐六年良弼序。

六）。良弼，號公輔，宣城人。時爲嘉禾郡文學掾，出貲購版，以惠後學，蓋亦好古之士也。書中雖間有字畫漫漶及補葉處，然實爲宋槧，未可以元印而少之。

又《帝學》一函四冊。宋范祖禹編。八卷。《宋史》：祖禹，字淳甫，神宗時進士甲科。從司馬光編修《資治通鑑》，書成，光薦爲秘書省正字。哲宗元祐初，擢右正言，尋改著作郎兼侍講。在講筵八年，蘇軾稱爲講官第一。嘗進《唐鑑》十二卷，深明唐三百年治亂，學者尊之，目爲唐鑑公。是書，亦同時所進。書後有嘉定辛巳青社齊礪跋，載祖禹五世孫擇能宰高安，刊置縣齋。未幾散逸，戶曹玉牒汝洋一日訪得原本，俾鋟木以永其傳云云。考《宋史·宗室世系表》，汝洋，爲太宗長子漢王元佐八世孫。齊礪無考。按《赤城志》，有齊碩者，青社人。以宣教郎知台州。則礪當屬其雁行也。詳閱是書，楮墨精好，洵屬嘉定時所重刊者。

又《諸史提要》二函十六冊。宋錢端禮撰。十五卷。前劉孝韙序。宋陳

振孫《書錄解題》載《諸史提要》十五卷，參政吳越錢端禮撰。考《宋史》，端禮，於紹興間通判明州，有聲，高宗材之。累遷至端明殿學士、簽書樞密院院事兼權參知政事。是書蓋其時所刊，故序中有參政錢公之語。端禮，爲吳越王錢鏐八世孫，書中自鏐以後諱皆缺筆。孝璉自稱「門下士」，未詳其人。書後載迪功郎、前監潭州嶽廟李龜明，從事郎、前平江府吳縣尉、主管學事徐似道，迪功郎、紹興府府學教授胡纮校正。李龜明，亦無考。明淩迪知《萬姓統譜》載，徐似道，天台人。少負才名，爲吳縣尉，受知於范成大，遷秘書監少監。胡纮，慶元人。幼穎悟好學，讀書過目不忘。累官至吏部侍郎，出爲廣東經略，所至有能聲。劉孝璉序稱「門下士合辭以請」，則龜明等校正是書，皆出端禮之門牆者也。

又《新唐書糾謬》一函六冊。宋吳縝撰。二十卷。前自序，後載縝《進書表》、宋吳元美後序。宋晁公武《郡齋讀書志》曰：「吳縝，字廷珍，成都人。仕至郡守。數《新書》初修之時，其失有八類，其舛誤二十門，凡四百餘事。」又宋王明清《揮麈後錄》載：嘉祐中，詔宋景文、歐陽文忠諸公重修《唐書》，時有蜀人吳縝者，初登第，因范景仁而請於文忠，願預官屬之末。上書文忠，言甚懇切，文忠以其年少輕佻，拒之，縝鞅鞅而去。逮夫新書之成，乃從其間指摘瑕疵，爲《糾謬》一書。至元祐中，縝游宦蹉跎，老爲郡守，與《五代史纂誤》俱刊行之。紹興中，福唐吳仲實元美爲湖州教授，復刻於郡庠，且作後序，以爲「鍼膏肓，起廢疾，杜預實爲《左史》之忠臣」，然不知縝著書之本意也。吳元美，《宋史》無傳。考明淩迪知《萬姓統譜》，載元美，福州人。紹興中，爲福建安撫司機宜。鄉人鄭瑋告其家，亭號「潛光」，有心於黨李；堂名「商隱」，無意於事秦。秦檜惡之，謫容州。是書元美作後序，時爲紹興戊午，乃宋高宗紹興八年。序稱「直寶文閣宇文時中自蜀來守吳興，以郡庠有《新唐書》、《五代史》版本，而吳君此書不可不附見，遂令併刻之」云云。此本密行小字，楮墨甚精，實宋刊本之佳者。宇文時中仕至中奉大夫、直秘閣，亦見迪知《萬姓統譜》。

又《新唐書糾謬》一函四冊。篇目同前，缺吳元美後序。是書密行小字，體式與前部同，而筆畫較肥，亦間有訛字，蓋宋代翻刻之本。後缺吳縝《進表》一葉及吳元美後序，係本書所有而後經散逸者。《表》末六行，墨筆補書，而中仍缺一百三十四字，注明缺文。補書者，不知誰氏。書中頗有校正訛字之處，亦留心考古之士，惜所見非全本耳。

又《唐宋名賢歷代確論》二函二十冊。一百一卷。無撰人姓名。宋陳振孫《書錄解題》云：「《歷代確論》一百一卷，不知何人集。自三皇五帝以及五代，凡有論述者，隨世次編次。」又《宋史・藝文志》載，《名賢十七史確論》一百四卷，不知作者。卷帙雖少異，意即是此書。其標題「唐宋名賢」，疑爲後人所加。然《宋志》有詹玠《唐宋遺史》，又有無名氏《唐宋名賢詩話》，蓋當時習有此稱。按：書中事涉宋主，皆空格；於宋諱，均有缺筆。且字畫刊印俱極工妙，信宋刻佳本也。

又卷三《謝宣城詩集》一函二冊。齊謝脁著。五卷。宋樓炤序，序後有宋洪伋識。《宋史》：樓炤，字仲暉，婺州永康人。登政和五年進士第。歷官至僉書樞密院事兼權參知政事。爲李文會、詹大方所劾，與祠。久之，除知宣州。此書序中稱「至郡視事之暇，鋟版傳之」云云，蓋即知宣州時所定。考其年月，係宋高宗紹興二十八年。陳振孫《書錄解題》云：「集本十卷，樓炤知宣州，止以上五卷賦與詩刊之，下五卷皆當時應用之文，衰世之事。可采者，已見本傳及《文選》。餘視詩劣焉，無傳可也。」所言皆本於炤序。序後有嘉定庚辰鄱陽洪伋識。庚辰，爲宋寧宗嘉定十三年，故伋稱「樞密樓公鋟本，距今六十四年，字畫漫毀，幾不可讀，用再刻於郡齋」。

又《九家集注杜詩》四函二十四冊。唐杜甫著，宋郭知達集九家注。三十六卷。前知達序、宋曾噩序。宋晁公武《郡齋讀書志》謂，自王洙源叔以後，學者喜觀甫詩，有趙次公者，以古律詩雜次第之，且爲之注。【略】其書刻於宋孝宗淳熙八年，至理宗寶慶元年，曾噩爲廣南東路轉運判官，重爲校刊，序稱「蜀士趙次公，爲少陵忠臣。蜀本引趙注最詳，所恨紙惡字缺，不滿人意。茲摹蜀本，刊於南海漕臺，會士友以正其脫誤」云云。書後有承議郎、通判韶州軍州事劉鎔，潮州州學賓辛安中，進士陳大信同校勘，銜名列於噩銜之右。考明淩迪知《萬姓統譜》，載「噩字噩甫，閩縣人。學問淹貫，文章簡古。慶元間，尉上高，有聲。後遷廣東漕使。」鎔、安中、大信，俱無考。噩之刻是書也，集諸僚友，精其校讎，固非苟焉付剞劂者，故字畫端整，一秉唐人，而刻手印工皆爲上選。

又《新刊詁訓唐昌黎先生文集》六函三十二冊。唐韓愈著，宋韓醇詁訓。《正集》四十卷，《外集》十卷，《遺文》一卷，共五十一卷。前載唐李漢序。

是書惟卷一下標「臨邛韓醇」四字，前後俱無序跋。考之《宋史》，不載醇傳。按：宋刊《五百家詁訓昌黎文集》列諸儒名氏，載醇，字仲韶。又《詁訓柳宗元集》，亦出醇手。書後有醇記，作於宋孝宗淳熙丁酉，稱「世所傳昌黎文公文，雖屢經名儒手，余昔校以家集，其舛誤尚多有之，用爲之詁訓」云云。則醇爲愈之裔可知。其家在臨邛，當即爲蜀中所刊。宋葉夢得以蜀本在建本之上，觀此書字精紙潔，刻印俱佳，夢得所言，洵不誣也。

又《新刊五百家注音辨昌黎先生文集》四函二十冊。《正集》四十卷，《外集》十卷。前載昌黎先生《序傳碑記》一卷，《看韓文綱目》一卷，《引用書目》一卷，《評論詁訓音釋諸儒名氏》一卷，後有《別集》一卷，《論語筆解》十卷，許渤序，《昌黎文集後序》五篇。此本與前部版同，紙色墨光亦復相似，皆一時摹印之書。

又《新刊五百家注音辨唐柳先生文集》二函十二冊。唐柳宗元著，宋魏仲舉集注。《正集》二十一卷，《附錄》二卷，《外集》二卷，《新編外集》一卷，《龍城錄》二卷，前載《看柳文綱目》一卷，宋文安禮《柳先生年譜》一卷，《評論詁訓諸儒名氏》一卷，後附柳先生《序傳碑記》一卷，《文集後序》五篇。宗元《正集》四十五卷，此書自廿二卷以下皆闕，書賈將「目錄終」三字移補廿一卷後，故無魏仲舉木記。然版式字體與《韓集》同，寔爲宋本。且正集尚存其半，而外集諸種卷帙完好，亦足珍也。

又《居士集》八函六十四冊。宋歐陽修著。九十九卷，後附祭修文及行狀、謚議、墓誌銘一卷，共一百卷。前宋祝庇民序。祝庇民，列銜爲迪功郎、士曹掾兼戶曹及管左推勘公事。序後又列朝散大夫、知軍州兼管內勸農、借紫金魚袋方時可，朝請郎、通判軍州兼管內勸農事、賜緋魚袋周誂，從事郎、司儀曹事監方薦可諸銜名。卷五十後載「吉州公使庫開到《六一居士集》，計五十卷。宣和四年九月記」。又列迪功郎、司士曹事郭嗣明，迪功郎、司兵曹事監秦尹，迪功郎、刑曹掾監洪知柔諸銜名。庇民序稱「太守陳公，嘗以公帑之餘刻《居士集》五十卷，觀者猶恨未爲全。今太守方公惜之，俾嗣其事」云云。其書中所列之人，《宋史》俱無傳。考《吉安府志》，載宋徽宗宣和三年至五年知州事者爲陳城，六年繼其任者爲方時可，則序中所稱太守陳公，即爲陳城。序後所列銜名，蓋時可同官，卷五十後所列銜名，蓋城同官也。城與時可世系里居，志亦未載，而核其官，稽其時，寔兩相吻合。則是書之爲北宋刊本，信而有徵矣。

又《東坡先生和陶淵明詩》一函四冊。宋蘇軾著。四卷。前蘇轍詩引。《文獻通考》載蘇東坡《前集》四十卷，《後集》二十卷，《奏議》十五卷，《內制》十卷，《外制》三卷，《和陶集》四卷，《應詔集》十卷。又載陳振孫語曰：「杭、蜀本同，但杭本無《應詔集》。」是軾《和陶集》，宋時杭、蜀刊本皆有之，其在全集中，係別爲四卷，原可單行。此本無校刊人名氏，似即從全集中抽出。且紙緻墨潤，寔爲宋本之佳者。

又《六臣注文選》六函三十冊。此書亦前版而摹印在後，墨光少遜，書中有「寶慶寶應州」印及「官書不許借出」木記。按《文獻通考·輿地考》，載宋理宗寶慶間，以逆全之亂，降淮陰郡爲淮安軍。又以寶應縣爲寶應州。是寶應州之名，自理宗時始建，故官印於州名之上冠以紀年。此本係北宋時刻版，印於南宋，而稱爲「官書」，則知爲北宋官刻，宜其雕槧精良甲於他版也。

又《六家文選》六函六十一冊。此書與前四部別爲一版，亦未載刊刻年月，惟昭明序後有「此集精加校正，絕無舛誤，見在廣都縣北門裴宅印賣」木記。考《一統志·四川統部表》，載益州蜀郡，東晉分成都，置懷寧、始康二郡。又分廣都縣，置寧蜀郡。是廣都縣之稱，得名最古。宋時鏤版，蜀最稱善。此本字體結構精嚴，鐫刻工整，洵蜀刊之佳者。木記應是當時裴姓書肆所標，亦廖氏世綵堂之例也。

又《玉臺新詠》一函二冊。陳徐陵撰。十卷。前陵序，後宋陳玉父序。永嘉陳玉父後序稱：「《玉臺新詠集》十卷，幼時至外家李氏，於廢書中得之，舊京本也。版有刓者，欲求他本是正，多不獲。嘉定乙亥，始從人借得豫章刻本，纔五卷。又聞有石氏所藏錄本，復求觀之，以補亡校脫，於是其書復全」云云。考乙亥，爲宋寧宗嘉定八年。所云舊京本，當爲北宋時所遺，而此乃重刊於南宋者。

又《唐文粹》四函四十冊。宋姚鉉撰。一百卷。後宋施昌言序。晁公武《郡齋讀書志》曰：「鉉，廬州人。太平興國中進士。文辭敏麗，善書札，藏書至多，頗有異本。累遷兩浙漕，課吏寫書，采唐世文章，分門編類，初爲五十卷，後復增廣之。坐事斥連州，卒。其子以其書上獻，詔藏內府，命以一官」。又馬端臨《文獻通考》載「《塵史》云：鉉謫居連州，嘗寫所著

《文粹》一百卷，好事者於縣建樓貯之，官屬多遣吏寫錄，吏以爲苦，以鹽水噀之，冀其速壞，後以火焚其樓。」據此，則鉉成是書時，在朝在野皆欲得之，而未有爲刊布者。此乃臨安孟琪所刊，爲《文粹》一書初刻本。宋仁宗寶元二年，吳興施昌言後序稱「卷帙浩繁，人欲傳錄，未易爲力。臨安進士孟琪，代襲儒素，家富文史，爰事摹印，以廣流布。觀其校之精、寫之工、鏤之善，勤亦至矣。若夫述作之旨，悉於前序」云云。（圖一二七）前序蓋鉉自述，今已闕，亦無目錄。而相其紙墨，寔爲北宋初印。

又《文章正宗》四函三十二冊。宋眞德秀撰。二十四卷。前德秀自序。陳振孫《書錄解題》曰「眞德秀撰《文章正宗》，其目凡四，曰辭命，曰議論，曰叙事，曰詩賦，去取甚嚴」。按：德秀自序，作於紹定執徐之歲，乃宋理宗紹定五年。序稱「梁《昭明文選》、姚鉉《文粹》，果皆得源流之正乎？今所輯，以體本乎古，指近乎經者，然後取焉」云云。此振孫所以謂其「去取甚嚴」也。是書寬行大字，用筆整肅，刻手印工亦皆精好，前後無他人序，似即德秀纂輯成書時自爲校刊之本。

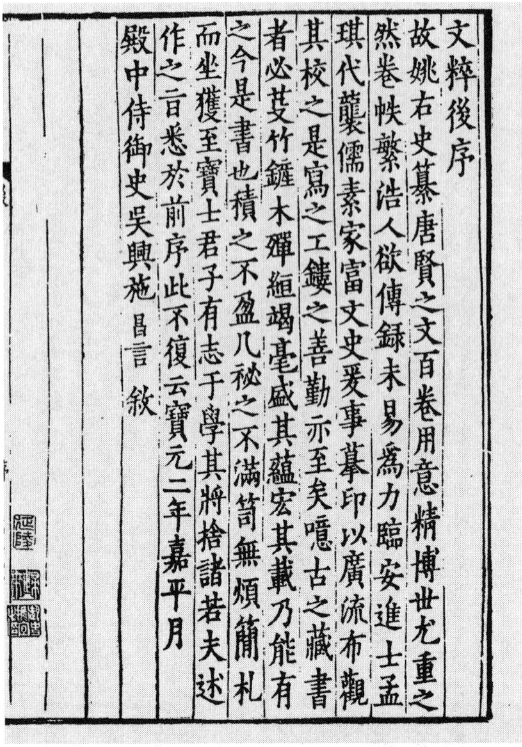
文粹後序
故姚右史纂唐賢之文百卷用意精博世尤重之然卷帙繁浩人欲傳録未易爲力臨安進士孟琪代襲儒素家富文史爰事摹印以廣流布觀其校之是寫之工鏤之善勤亦至矣噫古之藏書者必芟竹鏟木殫竭毫盛其蘊宏其載乃能有之今是書也積之不盈几衸之不滿笥無煩簡札而坐獲至寶士君子有志于學其將捨諸若夫述作之旨悉於前序此不復云寶元二年嘉平月
殿中侍御史吳興施昌言 敘

圖一二七　施昌言後序言孟琪刻書事。

又《續文章正宗》二函十八冊。眞德秀撰。二十卷。前宋倪澄、鄭圭序。咸淳丙寅倪澄序云：「西山文忠公晚歲所續，澄倚席括山，窮日夜力，繙校鄭君，亦分其勞。凡三月而稾具，又四月而工畢，釐爲二十卷。僅有其目者，則虛寘於末。一代之文，燦然略備。」又鄭圭序云：「圭分校括山，偕聯事倪君，鋟諸梓以壽其傳。先生心周、程、張、朱之學，觀《正宗》筆削可以概見。惜未脫稾，天弗慭遺，大綱則備矣。」按：丙寅，爲宋度宗咸淳二年。澄、圭二人，《宋史》俱無傳。考《浙江通志》，澄，金華人。宋理宗寶祐四年丙辰進士，知處州軍。圭，黃巖人。理宗景定三年壬戌進士。括山在處州，時二人同官，因有是刻。觀兩序所云，乃德秀未完之書，而澄與圭按前集四門之例，因其所錄而分隸之，其有目無文者，則置於二十卷以存其闕。所錄之文，自歐陽修以下，凡十四家。版之尺寸與前集同，而大字徑圍較小，注字筆畫稍肥，係仿前集而爲之，非合刻之本也。

又《蘭亭考》一函四冊。宋桑世昌輯，高似孫删定。十二卷，附《群公帖跋》一卷。前宋高文虎并似孫序，後齊碩序。陳振孫《書錄解題》載《蘭亭博議》十五卷，淮海桑世昌澤卿撰。世昌居天台，放翁陸氏諸甥，博雅能詩。又載《蘭亭考》十二卷，云「即前書。浙東庾司所刻，視初本頗有删改。初十五篇，今存十三篇，去其《集字》、《附見》二篇。其書始成，本名《博議》，高內翰文虎炳如爲之序。及其刊也，其子似孫重爲删改，去此二篇固當，而其他務從省文，多失事實，或戾本意。其最甚者，序文本亦條達可觀，亦竄改無完篇，首末闕漏，文理斷續，於其父猶然，深可怪也」。【略】考《浙江通志》，載「世昌高郵人，號莫莽，有文集三十卷。此書乃浙東漕使齊碩屬似孫訂正之本。」按《赤城志》：「碩，青社人。宋寧宗嘉定十四年，以宣教郎知台州。」似孫序作於嘉定十七年，則爲碩知台州時付梓，與振孫所云吻合。【略】碩刻是書，字法皆本歐體，鋟印兼出良工，蓋亦鄭重而爲之者。

又卷五《晉書》四函三十冊。唐太宗御撰。帝紀十卷，志二十卷，列傳七十卷，載記三十卷，共一百三十卷。後載唐處士何超《音義》、楊齊宣《音義序》。【略】此書版式尺寸，與前所載《史記》相類，其字畫、紙墨亦同，皆一時摹仿宋槧之本。

又《通志》二十函二百冊。宋鄭樵撰。二百卷。前樵自序，元吳繹序並《進書疏》。馬端臨《文獻通考》云：「按：此書刊本元無卷數，止是逐略分爲一二耳。」《中興四朝藝文志》別史類載《通志》二百卷。【略】是書吳繹序作於元英宗至治二年。繹，《元史》無傳，其結銜爲「福州路總管」。考《江西志》，吳繹，字思可，信都人。泰定間，曾守吉州。序稱「是集梓於三山郡庠，北方學者猶未之見，迺募寮屬、捐己俸，摹印五十部，散之江北諸郡」云云。疏後別行載「至治三年九月印造」，則知此本亦非吳繹所刊，當屬元初開雕於閩中者也。

又《自警編》二函十冊。宋趙善璙撰。不分卷。前善璙自序。《歙縣志》：趙善璙，字德純，宗室趙不俄兄不彼之子，登嘉定進士第。嘗謂縉紳不明大法九章，無以斷疑。未幾，中法科，除大理評事。後通判廣德軍，有政聲。召爲尚書郎。著《自警編》行世。善璙序作於寧宗嘉定十七年，其書皆輯宋名臣言行，分類紀之，首以事君，終言操守。序稱「越三年而後成編」，亦深於克治者矣。書中字體規仿顔、柳，刻工未始不善，而墨黯紙粗，決非宋本。

又《博古圖》四函二十冊。宋徽宗御撰。三十卷。陳振孫《書錄解題》曰：「宣和殿所藏古器物，圖其形象而記其名物，錄其款識。品有總說，以舉其凡。而物物考訂，則其目詳焉。」此書係仿宣和舊刻，前後序跋俱無，惟每卷首行標題冠以「至大重修」四字。按：至大，爲元武宗年號。書中字體、圖式，規模略具而不能工整，非元刻之佳本也。

又《博古圖》六函三十冊。篇目同前。此書規仿舊刻，縮其方幅，前後無序跋，而每卷首行標以「博古圖錄考正」，則必有其人因取是刻他本校之。前有遂州鄭樸序。卷一《總說》後有樸題跋，稱「《宣和博古圖錄》一書，舊刻卷帙頗大，雖庋置無妨而囊攜稱苦。予始改冊減圖，凡摹式、花紋、款識、銘籀則不敢遺舊刻錙黍也，至若名物之稍乖、器目之不協、字釋之或訛、剝泐之或缺，具參覈元本，多方訂正，或可以秘蔡帳而內巾箱乎」云云。此本卷一《總說》後尚有別紙接補之痕，可知爲後人割去。第樸序自紀年月爲宣和五年十月朔，而序首乃云「粤稽趙宋，時維宣和」，且中多詆毀徽宗之語。考《徽宗本紀》，以宣和七年傳位欽宗，豈有以當時臣民敢肆然詆毀其君而并付之剞劂者？況其序若作於宣和，又何以「粤稽」、「時維」作追述之語乎？歷考宋元以來正史幷各載記之書，皆無所謂鄭樸者，似是樸有此書，刻之者欲僞充宋本，妄於序中題以宣和年月。而獲此本者，閱序中所言，亦知樸非宣和時人，又割去以爲僞充之地耳。樸，無可考。姑附於元版《博古圖》後，以俟參訂。

又卷六《纂圖分門類題注荀子》一函十冊。周荀況撰，三十二篇；唐楊倞注，分二十卷。前載楊序幷《新增麗澤編集荀子事實品題》一卷，不著纂人姓氏。又宋陳傅良輯《荀子門類題目》一卷。此當時帖括之書也，其《門類題目》一卷，於標題次行刊「永嘉先生陳傅良編」，所分門類始曰天地，終曰五常，共四十門」，末又附《拾遺》幷《事要總類》二條，皆擇書中之可作題目者，分類摘句，以取便於觀覽。卷後別行刊「麻沙劉通判宅刻梓於仰高堂」十二字，卷一之後亦於別行刊「關中劉旦校正」，所謂劉通判者，當即是人。第書首標題爲《纂圖分門類題注荀子》，書前仍當有圖，蓋已失之矣。至所載《荀子事實品題》一卷，觀其識語，稱「舊本《荀揚圖說》不過具文，今得麗澤堂編次品題，凡卿、雲事實顛末歷歷可考」云云。則是荀、揚合刊之書，非此本中所應有，乃書賈割取《荀子事實》以冠於書首耳。且書中自卷九之卷十三及卷十五共六卷，標題祇稱《荀子》；卷十六、卷二十兩卷，標題又稱《監本音注荀子》。書名既不畫一，板式亦復懸殊，係以三刻湊成一書。其標稱《荀子》者，槧印甚精，紙墨俱佳，實爲宋槧；餘則元時所刊，遠不相及。然宋本流傳者絶少，今尚存吉光片羽於元刻之中，雖出湊合，亦可寶也。

又《朱子語類》四函二十四冊。前有宋王柏序。此與前部同出一版，橅印之時亦不相遠，而此書多王柏序。序作於宋咸淳乙丑，稱靖德編校成書，文公之遺語大備。是柏序專爲此書而作，前部無之，當屬闕佚。第柏序紙色與全部深淺迥殊，似非一時所印，或由取資於別本耳。

又《詳注東萊先生左氏博議》一函四冊。宋呂祖謙著。二十五卷。前祖謙自序。祖謙序：以《左氏博議》爲諸生課試而作，故當時付刊仿巾箱本之式，書中無刻梓年月，亦不載作注人姓氏。觀其紙黝墨黯，乃元橅宋槧而不能工者也。

又《分類補注李太白詩集》一函五冊。唐李白著，元楊齊賢集注，蕭士贇補注。二十五卷。前載唐李陽冰、宋樂史、宋敏求、曾鞏、毛漸五序，劉

全白《李君碣記》【略】書中有「建安余氏勤有堂刊」篆書木記，目錄末葉板心記「至大辛亥三月刊」。按：辛亥，爲元武宗至大四年。其時，勤有堂之名尚存，蓋建安余氏子孫皆世守其業者也。

又《唐翰林李太白集》一函八冊。唐李白著。二十六卷。前唐李陽冰序，後宋樂史、曾鞏、毛漸三序，目錄後載薛仲邕編白《年譜》。此書不載編纂人姓氏，前二十四卷皆載歌詩，賦則列於二十五卷，其二十六卷專載讚十七篇，較前部故多一卷。然橅印遜於前部，其中錯誤亦多，如作序之毛漸，并訛爲毛述，似是坊間自爲刊行之本也。

又《集千家注分類杜工部詩》一函十冊。唐杜甫著，宋徐居仁編次，黃鶴補注。二十五卷。前載《傳序碑銘》一卷，《注杜詩姓氏》一卷，《年譜》一卷。陳振孫《書錄解題》曰「《門類杜詩》二十五卷，稱東萊徐居仁編次，未詳何人」云云。是《門類》係居仁所編，而集千家注之名，則自黃鶴爲之。書分七十二門，所列《諸詩姓氏》，始韓愈、元稹，終以文天祥、謝枋得，劉會孟共一百五十六家。其曰集千家者，蓋夸大之詞耳。黃鶴，字叔似，臨川人。所著有《北窗寓言》，見《西江志》。書中《門類》目錄後有「皇慶壬子」鐘式木記、「勤有堂」鑪式木記，《傳序碑銘》後有「建安余氏勤有堂刊」篆書木記，《詩題》目錄及卷二十五後皆別行刊「皇慶壬子余志安刊於勤有堂」。按：皇慶壬子，爲元仁宗皇慶元年。前余氏所刊《李太白集》係至大辛亥，與此刻僅隔一年，蓋欲以李、杜詩集并行於時，故刻手印工亦復相等也。

又《集千家注分類杜工部詩》二函二十冊。篇目同前，後附《文集》二卷。此書即前版，惟將《傳序碑銘》後「建安余氏」篆書木記劃去，別刊「廣勤書堂新刊」木記。《門類》目錄後鐘式、鑪式二木記尚存，而以「皇慶壬子」易刊「三峰書舍」，「勤有堂」易刊「廣勤堂」。其《詩題》目錄後別行所刊之「皇慶壬子余志安刊於勤有堂」十二字，雖亦鑱去，而卷二十五後所刊者，當時竟未檢及，失於削補。所增附之《文集》二卷，橅印草草，較之前二十五卷亦不相類。此拙工所爲，雖欲作僞，亦安能自掩也耶？

又《集千家注分類杜工部詩》一函六冊。篇目同前，闕《傳序碑銘》一卷、《年譜》一卷、《文集》二卷。此本與前第二部爲一時橅印之書，其卷二十五後雖亦無「皇慶壬子余志安刊於勤有堂」一行，乃用別紙黏接，非由板中鑱去，係後之鬻書者知其作僞未周，又從而彌縫之耳。

又《集千家注分類杜工部詩》二函二十六冊。篇目同前。此書乃以前版重加翻刻，故將建安余氏前後所列之名盡爲削去，其「廣勤書堂新刊」木記亦復不存，惟以鐘式木記中「三峰書舍」四字易刊「汪諒重刊」，而鑪式木記中之「廣勤堂」則仍其舊。汪諒，無考。觀其去「廣勤書堂新刊」木記，則是堂亦非汪諒所有矣。書中注字本小，一經翻刻，筆畫未免較肥，然紙質印工實出前二部之上。

又《韋蘇州集》一函五冊。唐韋應物著。十卷。前宋王欽臣序，元沈明遠補撰傳。馬端臨《文獻通考》載《韋蘇州集》十卷，未及作序之人。考《宋史》，王欽臣，字仲至，應天宋城人。洙之子。用蔭入官。文彥博薦試學士院，賜進士及第。歷集賢殿修撰，知和州，徙饒州，斥提舉太平觀。徽宗立，復待制，知成德軍。卒。欽臣性嗜古，藏書數萬卷，手自讐正，世稱善本。沈明遠，元人，史無傳。考顧瑛《玉山名勝集》，載明遠，吳興人。精隸法，「玉山草堂」、「春暉樓」、「綠波亭」諸額，皆其所書。又稱其與顧德輝同時。按：德輝之子元臣，於太祖至元之季，爲水軍副都萬戶，則明遠爲元初人無疑。此書當屬欽臣所訂而明遠重刻於元初者，故橅印精好，與宋槧猶不相遠。

又《東坡集》二函十二冊。宋蘇軾著。《前集》四十卷，《後集》二十卷，《奏議》十五卷，《內制集》十卷，《外制集》三卷，《和陶詩》四卷，《應詔集》十卷，共一百二卷。無校刊姓氏。此書前、後俱無序跋。密行細書，橅印工緻，係仿宋巾箱本式，欲以之亂眞者，當屬元初人所爲，始克有此形似。惜紙質鬆脆，不能相強耳。

又《欒城集》三函三十冊。宋蘇轍著。《前集》五十卷，《後集》二十有四卷，《三集》十卷，《應詔集》十有二卷，共成九十有六卷。無校刊人姓氏。是書卷目次第，與馬端臨《文獻通考》所載悉合，其版式之工，紙墨之善，亦與前《東坡集》相等，蓋當時本以二蘇文集合刊，橅印係出一手也。

又《黃太史精華錄》一函二冊。宋黃庭堅著，任淵選。八卷。前淵序，後朱承爵跋。陳振孫《書錄解題》載《黃山谷詩》二十卷，新津任淵注。稱其不獨注事而兼注意。惜《宋史》無任淵傳，始末不可考。淵既嘗注庭堅詩，則是書所錄擇焉必精。朱承爵跋不記年月，觀其跋，稱「任子淵《精華

録選》，予嘗得其目録，蓋宋元祐間刻版而亡其文，愚輯其辭而完刻之」云云。是承爵必非宋人，以板式紙質定之，當屬元時刊本無疑。

又《象山先生集》三函十八冊。宋陸九淵著。《正集》二十八卷，《外集》五卷，共三十三卷。前宋楊簡、袁燮、吴杰三序。馬端臨《文獻通考》載《象山文集》二十八卷、《外集》四卷，并録袁燮序文。今觀此書，《外集》係五卷，其第五卷乃録孔煒、丁端祖所撰《謚議》二篇。然則九淵《外集》仍止四卷也。《文獻通考》不載楊簡、吴杰二序。按：簡序作於寧宗開禧元年，燮序作於寧宗嘉定五年，相去已越八年之久，吴杰序作於嘉定十三年，後燮序又經八載。燮序稱爲刊於倉司，而杰序則云「聞建安狀元陳公子孫喜與人同其善，敬送上件《文集》，請用刊行，仍以二賢《謚議》次於其後」云云。是端臨所見者，係袁燮刊行之本。此本爲陳氏所刊，《謚議》亦吴杰補録，非復袁本之舊矣。《外集》卷五後有「辛巳歲孟冬月安正書堂重刊」木記。按：嘉定十三年，歲在庚辰，則木記所紀辛巳當爲嘉定十四年。但此書墨闇紙黝，決非宋本，當屬元時翻刻之書。

又卷七《韓詩外傳》一函六冊。漢韓嬰著。十卷。前元錢惟善序。錢惟善序作於元順帝至正十五年，稱「海岱劉侯貞來守嘉禾，聽政之暇，因以所藏諸書悉刊郡庠」云云。是此書實爲元末刊本，然觀其紙質與明版諸書相同，當屬元刊而明印者。

又《詩緝》一函十冊。宋嚴粲著。三十六卷。前宋林希逸序、粲自序、袁甫手帖并《條例》、《清濁音圖》、《十五國風地理圖》。粲自序作於宋理宗淳祐八年，稱「緝諸家説，句析其訓，章括其旨，使之瞭然易見，命鋟之木」云云。是宋時此書業經刊行，而此本固非宋槧。按：《音圖》後別行有「趙府刊於居敬堂」七字（圖一二八）。考《明史》，趙王祐棌子厚煜嗣封，事祖母楊妃，以孝聞。嘉靖七年，璽書褒予。厚煜性和厚，搆樓讀書，文藻贍麗，則所刊趙府或即厚煜所自記歟？

又《監本附音春秋穀梁傳注疏》一函六冊。晉范寧集解，唐楊士勛疏，陸德明音義。二十卷。前范寧序。按：前宋版亦有此書，標題稱《監本附音春秋穀梁注疏》，此書標題於「穀梁」下刊入「傳」字，其非宋本無疑。觀每卷之版長短不齊，其長者規仿宋槧猶有似處，短者則遠遜之。蓋係書賈偶得舊印不全之本，翻刻者半、補刊者半耳。紙墨亦俱不佳，非善本也。

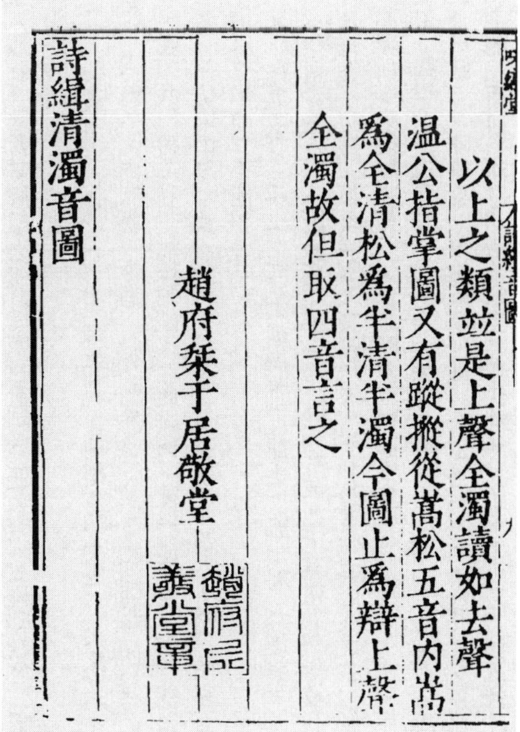

圖一二八　《音圖》後別行有「趙府栞于居敬堂」七字。

又《春秋經傳集解》三函三十冊。晉杜預集解。三十卷。前預序，後預後序。此書寬行大字，槧刻極精，書賈得之，遂僞作「咸平辛丑刊」五字補印於版心上方以當宋槧，不知墨色濃淡一望可知，且其中有不能容五字者，其「咸」字已印出邊闌之外，而「刊」字復縮其結體，用筆墨補塡於下，心勞日拙，此之謂也。

又《春秋經傳集解》二函十二冊。篇目同前。此與前書同出一版，惟閲歲既久，版之徑圍稍縮，書之槧印亦差，其版心上方并無「咸平辛丑刊」五字，益足證前書之僞矣。

又《十三經注疏》二十二函一百二十冊。《周易》九卷，《上下經》魏王弼注，《繫辭》晉韓康伯注，唐孔穎達疏。前穎達序，後附唐陸德明《音義》、王弼《略例》。《尚書》二十卷，漢孔安國傳，唐孔穎達疏，陸德明音義。前穎達序，次安國序。《毛詩》二十卷，漢鄭康成箋，唐孔穎達疏，陸德明音義。前穎達序，次《詩譜序》。《春秋左傳》六十卷，晉杜預注，唐孔穎達

疏，陸德明音義。前潁達序，次預序，後預後序。《春秋公羊傳》二十八卷，漢何休注，疏不著名，或云徐彥撰，陸德明音義。前載宋景德二年校刊牒文，次休序。《春秋穀梁傳》二十卷，晉范寧集解，唐楊士勛疏，陸德明音義。前寧序。《周禮》四十二卷，漢鄭康成注，唐賈公彥疏。前公彥序，次序《周禮廢興》。《儀禮》十七卷，漢鄭康成注，唐賈公彥疏。前公彥序。《禮記》六十三卷，漢鄭康成注，唐孔潁達疏。前潁達序。《孝經》九卷，唐玄宗注，宋邢昺校。前昺序，次宋傳注序、唐玄宗御製序。《論語》二十卷，魏何晏集解，宋邢昺疏，唐陸德明音義。前晏《上集解序》。《孟子》十四卷，漢趙岐注，宋孫奭疏。前奭序，次奭題辭解。《爾雅》十一卷，晉郭璞注，宋邢昺疏，唐陸德明音義。前昺序。此明北監本也。其版心皆記刊刻之年，係創始於萬曆十四年，逮二十一年而工畢，計閱八年之久。每卷標題次行分別校刊及重修者，各列其祭酒、司業銜名，其校刊之祭酒經八人、司業經七人，而重修之祭酒、司業則祇二人始終其事。蓋校刊者，係合記八載中歷任是官之人，故其數多，而所謂重修者，不過於書成之後讐勘一通，其功易竣，其日無多也。第是當時奉敕刊行，宜加鄭重，乃所載陸德明《音義》於《周易》，則別爲一卷附於書後，其《尚書》、《毛詩》、《三傳》以及《論語》、《爾雅》忽散列於書中，而《三禮》之《音義》又不採錄，去取混淆，漫無體例，抑獨何耶？

又《六經正誤》一函五冊。宋毛居正撰。六卷。前宋魏了翁序。陳振孫《書錄解題》稱柯山毛居正誼甫校監本經籍之誤，所欲刊正者，魏鶴山爲之序而刻傳之云云。是《六經正誤》一書，魏了翁所付刊者方爲宋槧。此本每卷前俱刊「江都郝梁子高重校刊」九字，郝梁爲何如人，雖無可考，以書中字體紙質校之，係明時坊刻之本，亦非至者也。

又《韻補》一函五冊。宋吳棫著。五卷。前宋徐蕆序，書目後有棫識語。吳棫作此書，自《易》、《詩》、《書》而下，以及歐、蘇撰著所採，凡五十種，其用韻有與時不同者皆載之。凡字有一義，或二義三義，必有所證。陳振孫《書錄解題》備詳其說。吳棫，《宋史》無傳，凌迪知《萬姓統譜》：棫，字才老，建安人。時號通儒。朱子評近代考訂訓釋之學，亦亟稱之。《姑蘇志》：徐蕆，字子禮，工漢隸，由進士知饒州。後改浙東提舉常平，知秀州。此本係明時坊刻，其版式猶規宋槧，而字畫紙色迥乎不侔矣。

又《改併五音類聚四聲篇》二函十冊。金韓道昭著。十五卷。前明憲宗序，次昭兄道昇序，并《重編雜部》一篇、《五音改併增添明頭號樣》一篇，目錄後附《重編併部依三十六母再顯之圖》，書後附金寶慶《補背篇列部之字》一篇。【略】此本爲明成化十年所刊，憲宗序稱其上下橫縱，律度精密，有益學者，特命工繡梓以廣其傳。故楮印精良，迥殊坊本。

又《重刊改併五音集韻》二函二十冊。金韓道昭編。十五卷。前載金崇慶元年原序，次唐郭知元、孫愐《唐韻》舊序二篇，後附明沙門眞空《貫珠集》八卷，劉序；又眞空《直指玉鑰匙門法》一卷，夏元序。《五音集韻》目錄前標題稱「至元庚寅重刊」，目錄後標題又云「成化庚寅重刊」，而各卷首標目則又稱「正德乙亥」，亦有稱「正德丙子」者，其第十五卷之末行總標「正德乙亥春日重刊，至丙子孟秋完」，頗疑目錄所記年月前後何以懸殊？且成化庚寅距正德乙亥，已閱四十六年之久，亦覺相去太遠。及觀書中版心下方往往記出貲刊書姓氏者，大半皆御馬監中之官員、太監。目錄於各卷所載略同，則所標至元，或係沿元時刊本之舊。其標成化者，或係爾時集貲未足，僅刊目錄而止，至正德間始獲成書。遂以舊存目錄湊合，其仍爲一版可知。且姓氏上有稱信官者，其爲沙門集貲刊板又可知矣。劉聰作《貫珠集序》時，雖稱弘治戊午，而夏元之序作於正德癸酉，越二年即爲乙亥，則《貫珠集》之與《五音集韻》同刊，不更彰彰乎？

又卷八《史記》四函二十四冊。漢司馬遷撰，宋裴駰《集解》，唐司馬貞補《三皇本紀》并《索隱》，張守節《正義》。一百三十卷。前守節《正義序》、貞《索隱序》、《補史記序》、裴駰《集解序》，後貞《索隱後序》。明仿宋刊，略得形似而已。

又《史記》六函六十冊。篇目同前。此與前書同出一版，前書目錄後之第三行、四行有割去重補之痕，當是明人所記刻書年月，書賈以其形似宋版，故爲割去。此書目錄後無「史記目錄終」五字，而有「校對宣德郎、秘書省正字張耒」隸書木記，較前書所補之痕增寬一倍，若果爲原版所有，前書何以割去？即或割之，而補痕寬窄何以不合？按：秘書省正字，雖宋代官名，而張耒者亦無可考，其爲書賈欲僞充宋槧，別刊目錄末葉增入木記彰然矣！

又《晉書》六函六十冊。唐太宗御撰。一百三十卷。載記前有太宗序，

各卷後附唐楊齊宣《音義》。字畫不能圓勁，係翻刻使然，宋諱仍從缺筆，亦沿原版之舊。

又《晉書》十二函一百冊。篇目同前，前有明人序，序闕末葉，失其名；又太宗原序。明人序稱「舊版存南國子學宮，久多脱誤。邑人周文學若年氏見宋秘閣本，欣然授之剞劂，未成而卒。丁進士孟嘉委産續成」云云。今以版式字畫較之，與前第一部大略相似，可知是書之版，大半皆出翻刻，但惜此序闕去末葉，不知其名，而他本欲求此失名之序復不可得，總由書賈作僞割去者多也。周若年、丁孟嘉，爵里俱未詳。

又《梁書》一函十冊。唐姚思廉撰。五十六卷。此明南監本。版心中有稱嘉靖八年補刊者，亦有稱九年以及十年者，亦有不記刊刻之年者，是其中本有舊板，不盡爲南監所梓行者矣。

又《梁書》二函二十冊。篇目同前。與《晉書》版式相等，其中間有字畫模胡者，當是宋刊所遺殘版。

又《陳書》二函十六冊。唐姚思廉撰。三十六卷。目錄後有宋曾鞏序。版心上方有割補處，其字畫版式，與《梁書》前一部同，蓋去「嘉靖某年刊補」字樣，圖作宋槧也。書中有「裴」字并「閒主人」二印，鈐版心補紙之上，明係書賈作僞以掩補痕者。其「裴」字乃取「裴庵印」右方之字，觀「裴庵印」與「李葆貞慶東」兩印每牽連并用，篆法俱不工，印色復相似，皆出僞造無疑，均不足錄。

又《文公先生資治通鑑綱目》六函六十冊。宋朱子編。五十九卷。前《批抹綱目凡例》，次朱子《綱目凡例》，次朱子《序例》、王幼學《集覽序例》、尹起莘《發明序》，次朱子《與趙師淵論綱目書》，附宋王柏識語。此書仿宋槧式，不能精善。所採王幼學《集覽》、尹起莘《發明》、汪克寬《考異》，皆分標於《綱目》每條之下，其中亦間有載陳濟《正誤》者。數人之名，皆於每卷標題後按行分列。并稱「京兆劉寬裕刊行」，寬裕爲何如人，不可考。按：汪克寬、陳濟，皆明人。而書首所載《綱目凡例》，視各卷之版縮半寸餘，似是從他本割取補入。蓋《凡例》從宋王柏識語，有「鋟梓於涵古堂，與同志共之」之語，書賈得是書，不知克寬、濟爲明人，欲借柏識語以充宋刊耳。克寬，字仲裕，祁門人。元舉於鄉，不第，遂隱居教授。明初，預修《元史》，程敏政目爲史局第一人，見凌迪知《萬姓統譜》。陳濟，字伯載，武進人。成祖詔修《永樂大典》，用大臣薦，以布衣召爲都總裁。書成，授右贊善，《明史》有傳。

又《資治通鑑綱目》八函五十六冊。宋朱子編。五十九卷。前明憲宗序，次《綱目凡例目錄》，次《綱目凡例》，後附宋王幼學《集覽》五十九卷并序，尹起莘《發明》五十九卷并序，《續綱目》二十七卷并憲宗序、《續綱目凡例》，商輅、萬安等《進書表》。憲宗《綱目序》稱：「傳刻既久，間有缺訛，甚至書法與所著《凡例》、《提要》或有不同，是以後人疑焉，有《考異》、《考證》之作。嘗求其故，蓋《凡例》、《提要》乃朱子親筆，以授門人，使據之以成書。及書既成，再加筆削，隨事立文，時有小異，而大體終不出乎勸懲之外。所有書法，與《凡例》小異無大關涉者，悉仍其舊。盡去《考異》、《考證》，不使并傳，此重刊《綱目》之意也」。《續綱目序》稱：「宋、元二代之史，迄無定本，雖有《長編》、《續編》之作，然概以朱子書法未能盡合，乃申敕儒臣遵朱子成例編纂二史，上接《綱目》，共爲一書。此重編《續綱目》之意也。」其書刻印精良，紙潔墨潤，洵推明刻善本。

又《歷代通鑑纂要》四函四十冊。明弘治間奉敕輯。九十二卷。前明武宗序，次李東陽等《進書表》及編纂儒臣銜名，次《凡例》，次《引用書目》，次《先儒姓氏》。武宗序作於正德二年，稱孝宗好觀《通鑑綱目》，苦其繁多，特敕儒臣撮其要略，賜名「纂要」。昔在東宮，預聞是舉，乃弘治乙丑冬，翰林以首帙備講讀書。明年丁卯夏，始克成編云云。考《明史》，武宗即位於弘治十八年五月，明年丙寅改元正德，又明年丁卯即正德二年。所云弘治乙丑，乃弘治十八年也。是書之作，蓋創始於弘治之末，而蕆事於正德二年者。觀其紙墨精良，當是樵印最初之本。

又《吳越春秋》一函四冊。漢趙曄著，元徐天祐音注。十卷。前天祐序。【略】此本目錄後有「萬曆丙戌之秋，武林馮念祖重梓於卧龍山房」木記（圖一二九）。考卧龍，爲越郡山名，則又因元版而翻刻於越中者（圖一三〇）。其樵印極精，固翻版最佳之本也。

又《十六國春秋》二函十二冊。後魏崔鴻撰。一百卷。前明朱國祚序，并載北齊魏收撰《崔鴻》本傳。朱國祚序稱「此書不傳已久，屠侍御之孫喬孫，與諸友校讐其闕，於是此書復完」云云。目錄後列喬孫及同校姓氏十人，末行稱「萬曆三十七年蘭暉堂鏤版」，是此書爲明代新刊，非仿舊翻刻

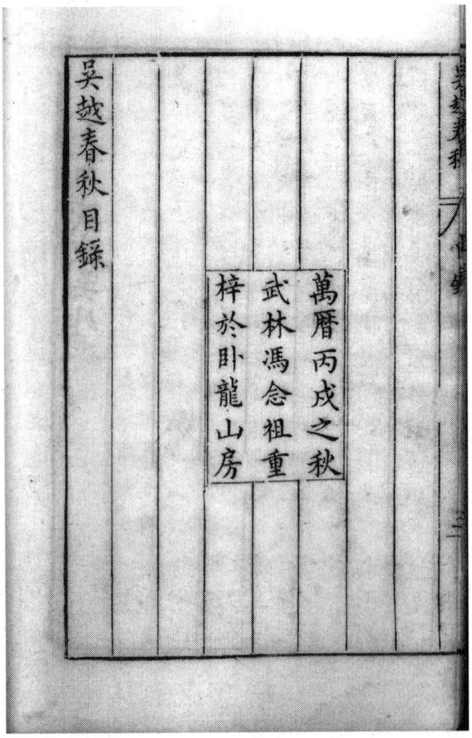
吳越春秋目録

萬曆丙戌之秋
武林馮念祖重
梓於卧龍山房

圖一二九　「萬曆丙戌之秋武林馮念祖重梓於卧龍山房」木記。

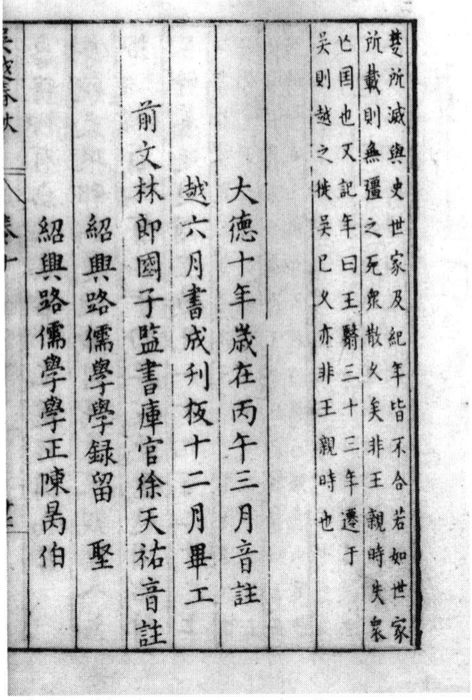
楚所滅與史世家及紀年皆不合若如世家
所載則無彊之死衆散久矣非王親時失衆
亡國也又記年曰王翳三十三年遷于
吳則越之徙吳已久亦非王親時也

大德十年歲在丙午三月音註
越六月書成刊板十二月畢工
前文林郎國子監書庫官徐天祐音註
紹興路儒學學録留　堅
紹興路儒學學正陳昺伯

圖一三〇　明萬曆本《吳越春秋》中翻刻大德刻書題記。

之本，故字畫俱極清朗。

又《路史》二函十六冊。宋羅泌撰，泌子苹注。《前紀》九卷，《後紀》十三卷，《餘論》一卷，《國名記》六卷，《歸愚子大衍數》一卷，《國姓衍慶紀原》一卷，《國名紀信》一卷，《路史發揮》六卷，共三十八卷。前泌自序，《餘論》前有宋費煇序，《發揮》後有宋曾大鼎序。此書不載刊刻年月，惟首卷標題下有「錢塘洪楩校刊」。洪楩，未詳其人。而槧印頗佳，蓋亦深於嗜古者。按：乾隆元年，有泌裔孫玉藻重刊是書，書前載「明金堡序文，稱吳子伯持，妙年好古，有《路史》之役，較訛訂誤，斯已精矣」云云。考金堡，仁和人。登崇禎庚辰進士。玉藻刻是書，獨列其序者，似所刊即從吳本摹出，然版式字畫不及此本遠甚，則知洪本遠在吳本之前。惜玉藻未得而見之也。泌，字長源，江西廬陵人。

又《貞觀政要》一函五冊。唐吳兢撰，元戈直集論。十卷。前明憲宗序，次元吳澄序，次郭思貞、戈直二序，次吳兢原序，次《集論諸儒姓氏》。憲宗序稱「《貞觀政要》，有元儒士臨川戈直復加考訂注釋，附載諸儒論說，以暢其義。顧傳刻歲久，字多訛謬，因命儒臣重訂刻梓」云云。是此書之凡有集論者，皆爲元後所刊。此本係奉敕重梓，紙墨亦精，然較前金版之書則遠遜其古香古色矣。

又《大明集禮》三函三十冊。明太祖御撰。五十三卷。前明世宗序。考《明史・藝文志》，載《大明集禮》一書，稱洪武中梁寅等纂修。初係寫本，嘉靖中詔禮部校刊。今觀世宗御製序，亦稱禮部請刻布中外，俾人有所知見，乃命內閣發秘藏，令其刊布。茲以訖工，遂使廣行宣傳云云。與史所言吻合。是本版非初印，紙亦不精，蓋爲書肆通行之本。

又《水經山海經》三函二十四冊。《水經》，漢桑欽撰，魏酈道元注，四十卷。《山海經》，晉郭璞撰，十八卷。《山海經》前載璞原序并劉歆目錄序，《水經》前有明黃省曾總序。黃省曾序云「二經，一主敘山而水歸詳綴，一專紀水而山亦寓列。山者水之根柢也，水者山之委枝也」云云。蓋言二經所以合刊之故也。省曾，字勉之，吳縣人。嘉靖辛卯舉人，嘗著《五岳山人集》，見朱彝尊《明詩綜》小傳。此序作於嘉靖甲午，即省曾發解後之三年。書賈以其規仿宋槧，因將嘉靖「靖」字剗去，填改「定」字於補紙之上，謬稱宋刻，此作僞之顯然易見者。二書版式字畫并同，惟《山海經》版心上方

有「前山書屋」四字而《水經》無之，或《水經》刊梓在先，其時尚未有此書屋額名也。

又《泊如齋重修考古圖》一函二冊。宋呂大臨輯。十卷。前大臨自序。此書刊刻極精，楷體仿二王書，篆法亦古，乃明版中傑出之本。第《考古圖》別本均有元大德二年茶陵陳才子、翼子兄弟二序，才子序且云「屬羅兄更翁臨本，刻以傳世」，是自元以後所刊者，方謂之重修，修書前應載其序，而此本無之，則書賈之所私汰也。

又《寶古堂重修宣和博古圖》三函三十冊。宋徽宗御撰。三十卷。明吳公宏重刊，前明焦竑、洪世俊、蔣暘三序。按：蔣暘序作於嘉靖七年，言屬掌鹽司黃君景星翻刻。焦竑、洪世俊二序作於萬曆三十一年，俱言新安吳氏公宏重刻，則此書當是公宏所刊。緣其仿照蔣本，故載暘原序也。第宏序標題稱爲《考古博古二圖序》，且序中有「以《古玉圖》附焉」之語。今書則僅存《博古》，其《考古圖》、《古玉圖》二種蓋已佚矣。考《明史・藝文志》，惟載程士莊《博古圖錄》三十卷，而蔣、吳二家所刊均不著錄，則此書之流傳希少，概可知也。是本槧印極精，竑序作篆書係出歐陽序之手，用筆深有古致。

又《讀史漫錄》一函四冊。明于慎行撰。十四卷。前明葉向高題辭，謝肇淛、黃體仁二序，目錄後有郭應寵識語二篇。按：郭應寵識語二篇，其一識於萬曆己酉，稱慎行爲師，又稱慎行子緯將圖剞劂，屬之釐次訂訛，彙爲十四卷。其一識於萬曆癸丑，則言是編業已梓於閩建書林，未經讐校，茲公子中翰君圖并筆塵鋟之，余深嘉其是舉，偏搜遺稾，復得讀史五十通補入，始爲完書云云。是此書係重刊之本，然槧刻不工，紙墨俱劣，又何說也？

又卷九《荀子》一函十冊。周荀況撰，唐楊倞注。二十卷，前倞序。是書版心上方標「世德堂刊」四字（圖一三一）。按：世德堂原版，係以《老子》、《莊子》、《列子》、《荀子》、《揚子》、《文中子》合刻行世者，而此本則其分部單行之本，版式印手俱工。

又《戰國策》一函八冊。宋鮑彪注。十卷。前彪序，次載漢劉向、宋曾鞏上目錄序二篇，卷十後有彪識語。前宋版《戰國策》有王信序，自記其梓刻之由，此本無之，惟卷末有「嘉定五年夏月世綵堂刊」木記，其左右邊闌墨線，俱就版中分行線痕湊成木記之式，其爲僞造固已顯然，況字畫亦遠不相及乎！「徐摭」收藏印記，無考。次一印「青」字下一字模胡，已不可辨識。

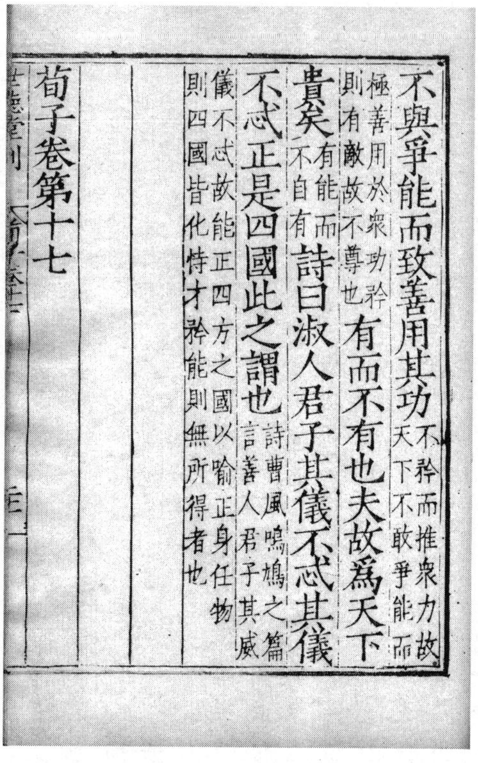
不與爭能而致善用其功不矜而推衆力故天下不敢爭能而極善用於衆功矜則有敵故不尊也有而不有也夫故爲天下貴矣不有能而不自有詩曰淑人君子其儀不忒其儀不忒正是四國此之謂也詩曹風鳴鳩之篇言善人君子其威儀不忒故能正四方之國以喻正身任物則四國皆化恃才矜能則無所得者也

荀子卷第十七

世德堂刊

圖一三一　版心上標「世德堂刊」四字。

又《論衡》二函十二冊。漢王充著。三十卷。後有宋楊文昌後序。文昌爵里，無考。其序作於慶曆五年，稱「先得俗本七，率二十七卷，其一程氏西齋所貯。又得史館本，各三十卷，於是互質疑謬，沿造本源，又爲改正塗注，凡一萬一千二百五十九字，募工刊印」云云。今考晁公武、陳振孫、馬端臨諸家著錄，卷目悉符，則文昌校刻之本爲可據矣。此本版心下方有「通津草堂」四字，紙質墨光係爲明製，蓋取文昌定本而重加校刻者。

又《農書》一函五冊。元王禎著。《農桑通訣》五卷，《農桑圖譜》二十卷，《穀譜》十卷，共三十五卷。前禎自序，後山東巡撫准刊文移。此書卷末有「大明萬曆二載甲戌，濟南府章邱縣刊行」木記。而卷首則載嘉靖九年山東巡撫邵准、布政司顧應祥申請文移一通，內稱元豐城縣尹王禎所著《農書》三部，久無刻本，應再加校正，命工翻刻，分發所屬附州縣掌印治農等官云云。是此書初刻於嘉靖九年，而章邱縣署又翻刻於萬曆二年，故槧印字畫俱不能工整，然寔爲重農務本之書，固自可寶。

又《六子全書》一函八冊。《老子》二卷，河上公章句，前三國葛元序，次《老氏聖紀圖》。《莊子》十卷，晉郭象注，唐陸德明音義，前象序，次《太極圖說》。《列子》八卷，晉張湛注，唐殷敬順釋文，前湛序。《荀子》二十卷，唐楊倞注，前倞序，次圖。《揚子》十卷，晉李軌、唐柳宗元、宋宋咸、吴秘、司馬光注，前咸序并《進書表》，次光序，次圖。《文中子》十卷，宋阮逸注，前逸序，書首載宋龔士卨總序。前宋版中有《荀子》一部、《南華眞經》一部，其版皆與此書之《荀子》、《莊子》相同。觀《揚子序》後本記云「將監本四子精加校正，謄作大字刊行」，是宋時初刻止有四子也。龔士卨序，於《老》、《莊》、《荀》、《揚》之外，兼論《文中》而不及《列子》，則士卨增刊亦止五子。今書有六子者，蓋明人翻刻時始增《列子》無疑也。且書中通體字畫俱不圓整，而序文之字用筆牽連處并多紕謬，尤爲翻刻之明證。第所載《揚子》亦止十卷，據木記所云，豈宋時監本已改併十三卷爲十卷耶？

又《六子全書》二函十四冊。篇目同前。此即世德堂刊本，而鑱去版心之字，惟於《老子》上卷第五葉標「桐陰書屋校」。蓋其本爲書賈所得，遂鑱去「世德堂」，僞充宋槧。又故作「校正」之名補刊上方，以掩人耳目也。

又《五子全書》一函三冊。《鬻子》一卷，唐逢行珪注，逢行珪序，并《進書表》。《子華子》二卷，前漢劉向序。《鶡冠子》三卷，前宋陸佃序，唐韓愈《讀鶡冠子文》。《尹文子》一卷，前魏仲長氏序。《公孫龍子》一卷，無序。書首有明歐陽清總序。【略】書首歐陽清序作於嘉靖五年。清，上饒人，官浙江按察使副使。其序稱「五子向有刻本，久未及校，始爲改誤補正」云云，則是宋元以降雖有舊刊之版，而此本乃清所别刻者矣。

又《重廣補注黄帝内經素問》一函十冊。二十四卷。唐王冰注，宋林億、孫奇、高保衡校正，孫兆改誤。前億等進書序，次冰原序。按晁公武《讀書志》、陳振孫《書錄解題》俱稱王冰自號啓元子，陳氏又稱其爲寶應中人，官太僕令。而王冰之名，載於《讀書志》及《文獻通考》者，并作「砅」，惟《宋史・藝文志》仍作「冰」字，與此書同。按《集韻》、《韻會》諸書：砅，并音砰，爲水擊出巖聲。與「冰」字音義迥别。據此書作「冰」，則知晁、馬二家之誤也。又按《宋史・藝文志》及晁、陳諸家著錄，皆第稱《黄帝内經素問》二十四卷，而無「重廣補注」之名，則此本定爲明人翻刻時所加名目。且《書錄解題》但稱林億、高保衡承詔校定，并無孫奇之名，亦不言有孫兆改誤之事。今本增入孫奇、孫兆二人，則「重廣補注」之名當即爲此二人所加矣。書中凡遇宋諸廟諱，皆從缺筆，蓋僞充宋槧之所爲。然橅刻特精，固翻版之絶佳者。

又《重修政和經史證類備用本草》二函二十四冊。宋唐愼微編輯。三十卷。後宋嘉祐間掌禹錫等《補注本草》奏敕并《圖經本草》奏敕，次政和間校刊《證類本草》各官銜名，次宋宇文虛中、元劉祁書後二篇。此書卷首有「金泰和甲子刊書」木記，别無序文。其自嘉祐以前所有本草諸序，皆載於卷一中，名爲《序例》。而嘉祐間禹錫等進書奏敕，又列於書末，不入卷中。其體例殊不畫一，蓋因宋、金、元、明展轉重刊，互有改易故也。按馬端臨《文獻通考》，載《證類本草》三十二卷，述晁公武《讀書志》云「愼微合兩《本草》爲一書，且集書傳所記單方附之於本條之下。」所謂兩《本草》者，一名《補注神農本草》，一名《圖經本草》，皆掌禹錫等先後奉敕所編，《補注》進於嘉祐之初，《圖經》進於嘉祐之末。此書猶載兩次奏敕於後，則愼微藍本於此可見。第考愼微此書前後稱名亦復不一，陳氏《書錄解題》載《大觀本草》三十一卷，稱爲唐愼微撰，又稱仁和縣尉艾晟作序，名曰《經史證類本草》，是合《大觀本草》與《證類本草》爲一也。馬端臨《文獻通考》則載《大觀本草》三十一卷於前，又載《證類本草》三十二卷於後，而於大觀本下即引陳振孫所稱「艾晟作序，名曰證類」之言，則名雖分列而實復混同。惟《宋史・藝文志》直載《大觀經史證類備急本草》三十二卷，兩名始併爲一名矣。然諸書但及「大觀」之名而總無「政和」之號，且皆稱三十二卷，或稱三十一卷，而此本獨三十卷，并以「重修政和」標題。又「備用」之稱與《宋史》「備急」之名互異。以卷首「金泰和甲子刊書」木記證之，是明時别據泰和刊本重刻行世，不以宋槧爲準，故卷數標題各有盈縮異同也。況宇文虛中所作書後明言：「愼微，字審元，成都華陽人。治病百不失一，不取一錢，但以名方秘錄爲請。以此士人喜之，得一藥名一方論，必錄以告云云。」而《文獻通考》所引《書錄解題》乃云：「愼微，不知何人。」考《宋史》，虛中，字叔通，成都華陽人。大觀三年進士。建炎二年應詔，爲祈請使，使金不歸，受官至翰林學士、知制誥兼太常卿，封河内郡開國公。金人號爲國師。據此，則虛中本與愼微同鄉，故能詳其始末，又知其書

復經政和間奉敕校刊。在大觀時者，尙非定本，故又題爲「政和」，而分卷則三十耳。虛中使金，與宋隔絶，所作書後，金人刻之，而宋人初未之見，故謂愼微不知何人也。此書與後一部篇目雖同，而版刻較工者，按：後一部爲明萬曆間蜀府承奉正陳瑛刊本，其所載序文有成化間山東巡撫原傑刊本序，又有嘉靖間山東臬使周玩刊本序，則是書在明時固有三刻，此或爲成化、嘉靖間所刊而闕其序文也。

又《宣和書譜》一函二册。宋徽宗御撰。二十卷。按晁氏、陳氏、馬氏諸書目，皆不載是書，則在宋時僅爲內府秘籍，并未流行，見之者少。當時有書、畫兩譜刻梓者，似應合版，而此獨單行，猶之米芾書、畫史二卷，載於《書録解題》者即爲分列。且《宋史·藝文志》止存《畫史》而不及《書史》，可知古人書、畫分載之書，原可析卷單行也。此本槧印雖清而字畫不能工整，其爲明代坊間所刻無疑。

又《初學記》五函三十册。唐徐堅著。三十卷。前宋劉本序。劉本序作於紹興四年，不述刊刻始末。此本上方有「九洲書屋」四字，觀其版式字體，蓋出明人所刊，槧印頗爲清朗。

又《初學記》三函三十一册。篇目同前。此書版心上方標「安桂坡館」，每卷標題之下又稱「錫山安國校刊」，安國，見前。其人所刊書籍甚夥，流傳亦廣，而善本則不多得。此書版式字體與前二部相同，蓋取九洲書屋之本而翻刻之者。

又《百川學海》二函十六册。宋左圭纂。分甲、乙、丙、丁、戊、己、庚、辛、壬、癸十集。前圭自序。左圭，《宋史》無傳，其自序有「壽諸梓以溥其傳」之語，則圭固嘗自刊。而此本字畫參錯，係出翻版。

又《事類賦》二函十六册。宋吳淑著。三十卷。前宋邊惇德序，次淑《進注事類賦狀》。考《宋史》，吳淑，字正儀，丹陽人。預修《太平御覽》、《太平廣記》、《文苑英華》，作《事類賦》百篇以獻，詔令注釋。淑分注成三十卷上之，官至職方員外郎。卒於咸平五年。此書卷三十後刊「宋紹興丙寅，右迪功郎、特差監潭州南嶽廟邊惇德，左儒林郎、紹興府觀察推官主管文字陳綬，右從政郎、充浙東提舉茶鹽司幹辦公事李端民校梓」。觀此，則淑書成於咸平以前，上於太宗之朝，初無刊本，直至紹興末年，浙東官屬方爲付梓。而書中於每卷標題之下，吳淑銜名之次，標「都事錫山華麟祥校刊」。麟祥，雖未詳其人，而版心上方刊「崇正書院」四字。考《常州府志》，宋寶祐中，無錫令袁從爲祠以祀楊時、陸九淵、張栻、楊簡、袁燮、袁甫、喻樗、尤袤、蔣重珍，曰九先生祠。元教授虞薦廢去陸九淵、張栻、楊簡、袁燮、袁甫，益以李祥，名五先生祠。嘉靖八年，邑人華雲益以李綱、邵寶，爲七賢祠，而榜曰「崇正書院」。夫崇正之名，始於嘉靖八年，則此書版行蓋出於嘉靖以後也。

又《事類賦》二函十六册。篇目同前。此書係從前版翻刻，其版心之「崇正書院」改刊「寧壽堂」，其吳淑、華麟祥標名處改刊「三吳徐守銘讐卿校梓，長洲杜大中子庸同梓」，卷末亦鑱去邊惇德等銜名，蓋故爲變其面目，以圖鬻市之本。刻手拙劣，遠遜前部。所稱徐守銘、杜大中，未必非書賈借名也。

又《紀纂淵海》四函三十二册。宋潘自牧著。一百卷。前明陳文燧、胡維新二序，次《編校姓氏》。考《金華府志》：自牧，金華人。官福州教授。其書不載於《宋史》及《文獻通考》諸書。今觀陳文燧序，稱「予先世求之閩、蜀，得其《前編》。周流吳、越，復購《後編》。寶玩蓋幾百年矣」云云。是自牧此書，其初原有前、後兩編，亦無刊行定本，故文燧既云求得，又云復購也。文燧序又稱「余戊寅冬承乏畿南，公暇謬爲補注剝落太甚者。屬別駕蔡公、司理顧公、學博吳公採輯諸書，補缺序次，示諸太守越峰王公、邑令吳君，皆願捐俸梓之。梓成分爲門若干、條若干、卷若干」云云。據此，則是書不但爲文燧所刊，其卷目門類亦更定於文燧之手。書中所分一百卷，并分爲五十八部者，未必與自牧原書一一符合也。考《明太學題名碑》：文燧，臨川人。嘉靖壬戌進士。其序作於萬曆己卯，時爲河南按察副使。

又《古今合璧事類備要》十二函一百二十册。《前集》六十九卷，《後集》八十一卷，《續集》五十六卷，宋謝維新編；《別集》九十四卷，《外集》六十六卷，宋虞載編。《前集》首載維新自序、宋黃似道跋。此書每集卷首標題之下皆稱「三衢夏相重摹宋版校刊」（圖一三二），則知此書非宋槧矣。

又《古今合璧事類備要》八函三十八册。篇目同前，闕黃似道跋。此書各集卷首皆割去「夏相校刻」一行，補以別紙。其清朗迥出前部之上。蓋同出一版，而選紙選墨，槧印獨工，書賈以其精好，遂思作僞耳。

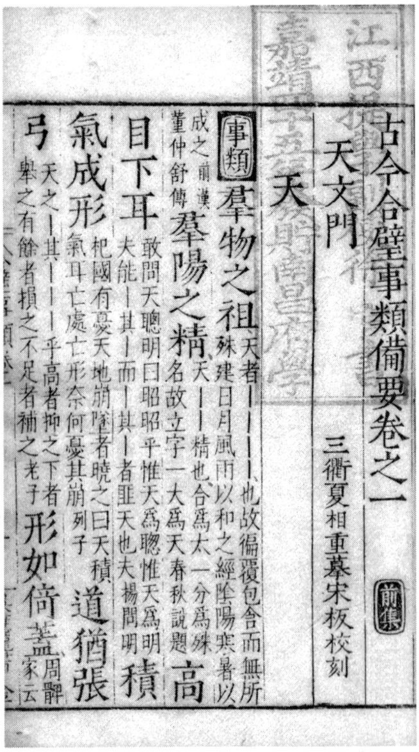

圖一三二　卷首標題下稱「三衢夏相重摹宋版校刻」。

又《群書集事淵海》六函三十二冊。不著撰人姓氏。四十七卷。前明劉健序，後明李東陽、謝遷二序。按：明高儒《百川書志》以此書爲弘治間人所撰。今考李東陽序，則稱國初人輯，不著姓氏。謝遷序則稱，此書所採，自春秋、戰國，迄於前元，而不著名氏，豈元末之際窮居避世而託志於文字以終其身者，如虞卿之徒歟？一稱國初，一稱元末，俱不屬之弘治，則是《百川書志》所載祇以東陽與遷、健三序皆作於弘治乙丑，遂誤以刻書之日爲撰書之年耳。健序稱「內官監左少監賈公性近於貨書，家得書四十七卷，若《類聚》、《合璧》之比，題曰《群書集事淵海》，甚便觀覽。公愛而重之，因校正舛訛，重新諸梓」云云。則此書刻自明季中官，資饒而工審，宜其槧印獨精矣。

又《錦繡萬花谷》二函十六冊。不著纂人姓氏。八十卷。前自序。考陳振孫《書錄解題》，載《錦繡萬花谷》四十卷、續四十卷，謂「序稱淳熙十五年作，而不著名氏。門類無倫理，序文亦拙」。今此書所列卷數相同，其序亦載於書首，則猶存宋槧之舊，而槧刻不佳，係翻版之故也。

又《新編古今事文類聚》十三函一百三十冊。《前集》六十卷，《後集》五十卷，《續集》二十八卷，《別集》三十二卷，宋祝穆編；《新集》三十六卷，《外集》十五卷，富大用編。書首有穆自序。按：祝穆自序作於淳祐丙午六年，而《宋史・藝文志》不載此書，似是穆雖撰成，自爲作序，而其書仍未刊行，是以《宋史》不爲著錄。又按：書中《新集》、《外集》皆爲富大用所編，因其於職官一門獨略，特爲增輯。大用爲何代人雖不可考，然《新集》、《別集》卷首次行俱標「江南富大用時可編」，則一創一因，犂然可見。且全部標題特用「新編」二字，自與穆書原本有別，其非舊刻無疑。

又《唐詩紀事》六函四十八冊。宋計有功著。八十一卷。前有功自序、宋王禧序，目錄後載明張子立識語。計有功，《宋史》無傳，按淩迪知《萬姓統譜》，但稱「有功居魏公幕府。紹興中，遣詣行在奏對，獻所著《晉鑑》」云云，而未詳其里居。今觀其書中自序，識爲臨邛，則知有功乃蜀人也。王禧序作於嘉定甲申歲，稱「慶元辛酉始得是書，立命數十吏傳錄。翻閱累年，手自讐校，十是正其七八，乃鋟之於懷安郡齋。」是此書初刻，係出於王禧之手，而張子立又爲重校覆刊，因作識語於其後也。

又卷一〇《曹子建集》一函四冊。魏曹植著。十卷。考《子建集》，見於《隋志》者，稱三十卷，見於《唐志》及《書錄解題》者，皆二十卷，見於《讀書志》及《宋史・藝文志》者則止十卷。此本前後俱無序跋，目錄後有「元豐五年，萬玉堂刊」木記，亦分十卷，與《讀書志》、《宋志》同。其書槧印甚精，印紙有「金粟山」印記，古色可愛。惟目錄末葉、卷一首葉紙色不同，字體亦異，當是先有宋本闕此二葉，因爲翻刻，并以原書所闕重寫補刊，或舊有序跋，俱經私汰，未可知也。

又《陶靖節集》一函八冊。晉陶潛著。十卷。前梁昭明太子蕭統序，次《陶集總論》，次統撰《陶淵明傳》。此書亦不載刊刻年月。卷十末於顏延之撰《陶徵士誄》、陽休之序錄之外，凡宋人刊刻《陶集》諸序皆附錄於卷中（圖一三三），則此本之非宋槧無可疑矣。況其槧刻本不甚工也。

又《分類補注李太白詩集》二函十六冊。唐李白著，元楊齊賢集注，蕭士贇補注。二十五卷。前元版中有是書，目錄末葉版心標「至大辛亥三月刊」，此本版式似之，而目錄末葉版心則稱「正統己巳二月印」，當即由前版翻出者。其所載「建安余氏勤有堂刊」木記，係仍元刻之舊。然元刻尚有李陽冰、樂史、宋敏求、曾鞏、毛漸諸序，此則全佚之矣。

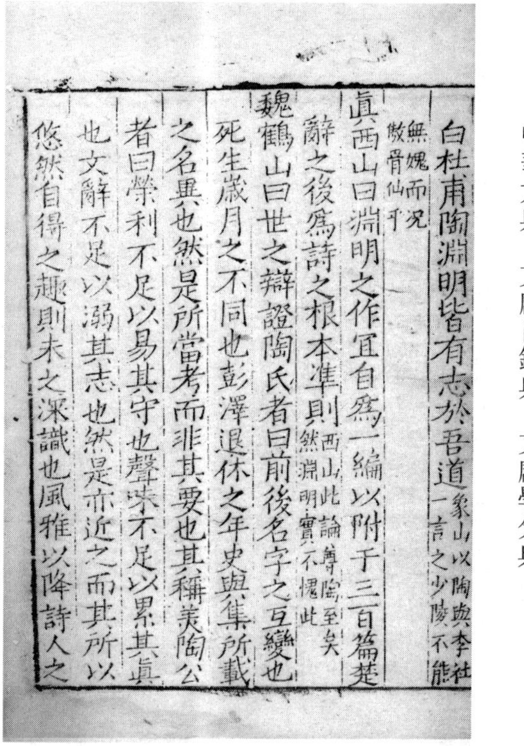
白杜甫陶淵明皆有志於吾道一（象山以陶與李杜言之少陵不能無媿而況敖骨仙乎）
眞西山曰淵明之作宜自爲一編以附于三百篇楚辭之後爲詩之根本準則（西山此論尊陶至矣然淵明實不愧此）
魏鶴山曰世之辯證陶氏者曰前後名字之互變也死生歲月之不同也彭澤退休之年史與集所載之名異也然是所當考而非其要也其稱美陶公者曰榮利不足以易其守也聲味不足以累其眞也文辭不足以溺其志也然是亦近之而其所以悠然自得之趣則未之深識也風雅以降詩人之

圖一三三　宋人刻《陶集》諸序。

又《分類補注李太白詩集》一函六冊。篇目同前，附《文集》五卷，共三十卷。前唐李陽冰序，次宋樂史《別集序》，次唐李華《李公墓誌》，次宋劉全白《李公碣記》，次宋宋敏求、曾鞏後序各一篇。此本《詩集》首卷標題下先列楊齊賢、蕭士贇名，次標吳會郭雲鵬校刊；而《文集》首卷則第標雲鵬編次，不列齊賢、士贇，蓋以《文集》無兩家之注故也。按：雲鵬自標吳會，而吳中志乘不見其名。書中但稱校刊、編次，前後俱不自爲序跋，以後《歐陽文粹》一書證之，亦稱雲鵬校刊而序跋俱無，則疑雲鵬者，第書肆中刻梓鬻市人耳。特此本槧印精潔，遠出前部之上，當亦書林良賈也。

又《集千家注杜工部詩集》二函二十三冊。唐杜甫著。《詩集》二十卷，附《文集》二卷。前宋王洙、王安石、胡宗愈、蔡夢弼四序，後載甫《墓誌》、本傳二篇。前元版中有是書，展轉翻刻，木記互異，然標題俱稱「集千家注分類杜工部集」。此則明人所梓行者，刪去「分類」二字，所收序文亦與元刊不一。按：後一部標題次行稱「玉几山人校刊」，此本無之，所空一行亦未別刊姓氏，則知玉几山人者必爲明人書賈，欲僞作宋槧，嫌其名而掩之，固瞭然也。

又《集千家注杜工部詩集》四函二十三冊。篇目同前，闕《墓誌》、本傳。此爲前版初印之本，字畫較爲清朗，紙質之潔膩亦遠勝之。

又《陸宣公集》一函十冊。唐陸贄著。二十二卷。前唐權德輿《翰苑集序》。此書總標二十二卷，而分《制誥》十卷、《奏草》六卷、《中書奏議》六卷，與陳振孫所載《翰苑集》十卷、《牓子集》十二卷者正相符合。前元版書中僅錄《制誥》，此方是其全本。以版式較之，當屬明翻宋槧，第惜紙質黝厚，槧印亦不能工耳。

又《韓柳全集》一函六冊。唐韓愈、柳宗元著。《韓集》二十卷，《外集》一卷，《集傳》一卷，《補遺》一卷，前宋朱子《考異序》，次宋王伯大序，次《諸家姓氏》，次唐李漢序，次汪季路書，次《凡例》。《柳集》二十卷，《別集》一卷，《外集》一卷，《附錄》一卷，前宋陸之淵《音義序》，次唐劉禹錫序，次《諸家姓氏》。宋人合刊韓、柳集者，有魏仲舉本，前宋版書中已皆錄之。此本亦韓、柳合刊，以版式觀，似亦從宋本槧出，紙質墨光雖不相及，而已得其形似矣。

又《昌黎先生集》四函三十六冊。唐韓愈著。四十卷，《外集》十卷，《遺文》一卷。前《昌黎集叙說》，次《凡例》，次《集傳》。書中《凡例》、《集傳》之後，以及各卷中，皆有原刊姓氏木記，而盡爲割去，補以別紙，無復存者。蓋此書槧刻極精，書賈遂欲逞其詐僞之計，而校刊苦心之人，其名轉不可得而傳矣。

又《白氏長慶集》四函三十二冊。唐白居易著。七十一卷。前唐元稹序，後載宋陶穀《重修白樂天影堂記》。此書目錄後幷各卷末，俱有「錫山蘭雪堂華堅活字銅版」印記。考明時活版之書，出於錫山安國家者，流傳最廣。華堅姓名，不見郡邑志乘。蓋與安國同鄉里，因倣其以活版製書。其書於一行之中分列兩行之字，全部皆如小注，遂致參錯不齊，則其法雖精，而其製尚未盡善也。

又《元氏長慶集》一函十四冊。唐元稹著。六十卷。前宋劉麟序，後附積集外詩一章、文一篇。按：劉麟，不見《宋史》，爵里無可考。序文之末標爲「建安人，字應禮」。其序作於宣和甲辰，自稱「其父先經鈔寫，因閱手澤，募工刊行」，則麟殆首刊積集之人歟？此書版式實爲明槧，而猶存此序者，蓋沿其舊也。

又《李義山集》一函四冊。唐李商隱著。三卷。陳振孫《書錄解題》載《李義山集》八卷、《樊南甲乙集》四十卷，惟《玉溪生集》爲三卷，然云即前卷中賦及雜著。且馬端臨《文獻通考》亦衹稱爲二卷。此本標《李義山集》，專錄其詩，與振孫所載《玉溪生集》卷帙雖同，其書各異，則非宋人所刊無疑。特槧刻清朗，亦明槧之善本也。

又《歐陽先生文粹》二函十二冊。宋歐陽修著。《文粹》二十卷，《遺粹》十卷。前宋蘇軾序，次《宋史》本傳，次蘇轍撰神道碑，次韓琦撰墓誌銘，次蘇軾、王安石《祭文忠公文》。《文粹》後有宋陳亮序，此與前《分類補注李太白詩》之第二部同爲明人郭雲鵬所刊。《文粹》、《遺粹》卷末俱有「吳會郭雲鵬選輯付梓」木記，陳亮序後亦有木記，稱「吳會郭雲鵬校刊刻於寶善堂。」按：選輯校勘之人，前後應有序跋，乃僅刊木記爲識，則不過沿廖氏世綵、余氏勤有之舊，其爲刻梓售書而非自行操選者明矣。

又《伊川擊壤集》一函四冊。宋邵雍著。二十卷。前明人希古序，次雍自序，後附集外詩十三章并宋邢恕、明畢亨二序。希古，不載姓氏。其序作於成化乙未，稱「披閱《擊壤集》，愛其體物切實，立意高古，乃重鋟梓」云云。夫曰重梓，則先有刻本，據而重梓焉耳。畢亨序衹標庚子歲作，不題年號，以序中之言考證諸書，則爲成化庚子，後於乙未希古之序又五年矣。按：明時有兩畢亨，皆成進士，歷顯官，一字嘉會，山東新城人，成化乙未進士，歷官順天府丞，終南京工部尚書，見淩迪知《萬姓統譜》。一爲山東單縣人，河南衛軍籍，景泰甲戌登進士第，累官應天府尹，進副都御史，見《江寧府志》。今亨序後結銜爲副都御史（圖一三四），序中又有尹應天及回洛之語，則是籍隸河南之畢亨無疑矣。序稱於監察御史晉陽王濬家得《擊壤集》，每欲壽梓而未暇及。後尹應天，始克刊行，及今致政，特取此版回洛。適郡守桂林劉公尚文建先生安樂窩書院，復訪先生集而梓行之，遂以此版授焉，（圖一三五）云云。其言復訪梓行者，非即希古序中重鋟之謂乎？

又《老泉先生文集》二函十二冊。宋蘇洵著。十四卷。宋人諸書目所載蘇洵《嘉祐集》，皆稱十五卷。此本標題既不仍「嘉祐」之名，而分卷僅止十四。其版雖仿宋巾箱本式，然字畫結體較大，筆法亦不能工，決非宋槧。其前後無序跋者，當爲書賈割去無疑。

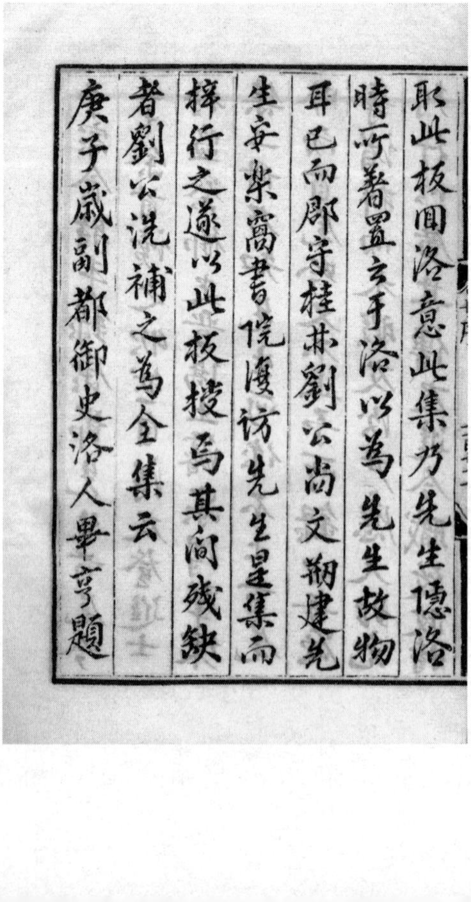
取此板回洛意此集乃先生隱洛
時所著置之于洛以為先生故物
耳已而郡守桂林劉公尚文剏建先
生安樂窩書院復訪先生是集而
梓行之遂以此板授焉其間殘缺
者劉公洗補之為全集云
庚子歲副都御史洛人畢亨題

圖一三四　序後結銜「副都御史」。

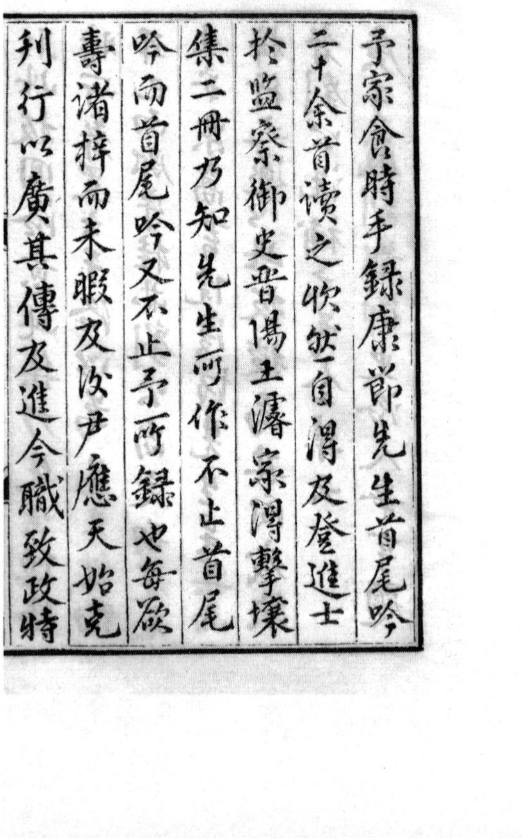
予家食時手録康節先生首尾吟
二十余首讀之恍然自得及登進士
於監察御史晉陽王濬家得擊壤
集二冊乃知先生所作不止首尾
吟而首尾吟又不止予所録也每欲
壽諸梓而未暇及汝尹應天始克
刊行以廣其傳及進今職致政特

圖一三五　畢亨序。

又《東坡全集》四函二十六冊。宋蘇軾著。《東坡集》四十卷，《奏議》十五卷，《應詔集》十卷，《內制集》十卷，附《樂語》一卷，《外制集》二卷，《後集》二十卷，《續集》十二卷，共一百十卷。前有序闕名，次宋贈蘇軾太師敕，次《宋史》本傳，次《年譜》，次蘇轍撰墓誌銘。按：序稱「海虞程侯，自刑部郎來守吉州，得宋時曹訓所刻舊本，及仁廟所刻未完新本，重加校閱，仍依舊本卷帙，舊本無而新本有者，則爲《續集》，并刻之。蓋公文全集，初有杭、蜀、吉本及建安麻沙諸本，以歲既久，木朽紙弊，已不復全。幸程侯傳刻於世，使吾郡九邑之士得而觀之」云云。蓋以重刻者爲明人，故稱曹訓爲宋時作序者爲吉人，故稱吉州爲吾郡也。乃序後原署姓名爲書賈割去，補刊一行則云「乾道九年閏正月望，選德殿書賜蘇嶠」。夫賜書，但賜其書耳，即以年月姓名標識卷中宜出手書，不應刊印。況曹訓之名，見於《西江志》之名宦、秩官二門，謂訓字子序，自章貢移知袁州。雖所叙爵系不甚詳晰，而其名俱列於紹熙各守之後。蓋後於乾道九年又十餘載。序中明言據訓舊本重刊，此書乃謂乾道時降賜刊在後而賜在先，不亦舛謬之甚乎！訓仕江右，曾刻此書明之，守吉者即於其地訪其舊本，重爲校梓，亦事理之顯然者。書賈無知妄作，眞不直一噱矣。

又《三蘇先生文粹》二函二十四冊。宋蘇洵文十一卷，蘇軾文三十二卷，蘇轍文二十七卷。墨黯紙疏，係出明製。書賈以其式似宋槧，私汰序跋，刻梓之人遂以不傳。

又《南豐先生元豐類藁》一函八冊。宋曾鞏著。五十卷，附《行狀碑銘》一卷。前宋王震序。按《文獻通考》，祇載《元豐類藁》五十卷，而王偁《東都事略》則稱有《外集》十卷。《宋史》本傳與韓維所作神道碑及今《西江志》所載，又稱有《續藁》四十卷。然近時流傳，惟《類藁》爲完書，而《續藁》、《外集》久經散佚。又按陳氏《書錄解題》，稱《類藁》爲王震所序，而《年譜》則朱子所輯。今震序尚存卷首，而失列《年譜》，則非宋時原槧可知。每卷標題次行有「南豐後學邵廉校刊」八字，未詳邵廉爲何如人。而版式紙質均係明製，無可掩襲。且書名《類藁》，則必撰人已作始可編入卷數，是書末卷《行狀碑銘》宜稱附錄，而版心標爲五十一卷，則編次之失宜，方家必不出此，寧可託爲宋槧耶？

又《朱文公文集》六函三十六冊。宋朱子著。一百卷。按陳振孫《書錄解題》，載《朱子文集》一百卷、《紫陽年譜》三卷，王圻《續文獻通考》載《文公文集》一百五十卷，莆田黃士毅編次。此本卷數雖與陳氏所錄相符，然不載《年譜》，其槧印亦不工，係明時坊間刊售之本，故前後俱無序跋也。

又《象山先生全集》一函十冊。宋陸九淵著。三十六卷。前有序闕名，次宋袁燮、楊簡二序。書中所載袁燮、楊簡二序，係沿宋本之舊。其第一序署名處，已爲書賈割去，補以別紙，遂闕其名。然爲明人所刊，即此可見。序中稱「撫守李茂元，將重刻《象山文集》，而請予一言爲序」云云。謂之重刻，則非宋槧又顯然矣。

又《鴻慶居士文集》一函十二冊。宋孫覿著。十四卷，前宋周必大序。考陳振孫《書錄解題》，載《鴻慶集》四十二卷，稱戶部尚書晉陵孫覿撰。按：覿，大觀三年進士，政和四年詞科。嘗提舉鴻慶宮，故以名集。又考馬端臨《文獻通考》及《宋史・藝文志》所載《鴻慶集》，并四十二卷。此書獨十四卷者，蓋後人選定之本也。按：周必大序作於慶元五年，稱公子興國太守介宗，以書謂必大曰「先君文藁，中更兵燼，存者無幾，而閩、蜀所刻，復雜翟忠惠之文，懼不足傳信。今定爲四十二卷。其未備者，方裒次爲《外集》。爲我序之」云云。此本仍冠周序，而改四十二卷爲十四卷，以符所刻之目，則爲刻是書者所妄改也。按：覿生平出處，無足取。明嘉靖間，其鄉人將刻其遺集，或曰「覿得罪名教，不得以文集流傳」，其事遂止。世所傳者，僅有鈔本。此書未知刻於何時，審其雕鐫紙墨，自屬嘉靖以前之本，但非全書，故其鄉人欲重刻之而事未果。書賈以此本充宋槧，撤去序跋，遂無刊刻時代可稽耳。

又《鐔津文集》一函四冊。宋沙門契嵩著。二十卷。目錄後載宋陳舜俞撰《鐔津明教大師行業記》，末附契嵩與沙門唱和詩一卷，《序詩題讚》一卷。按陳舜俞記，稱「契嵩所著書，自《定祖圖》而下謂之《嘉祐集》。又有《治平集》。凡百餘卷，總六十有餘萬言。其甥沙門法鐙克奉藏以信後世」云云。據此，則契嵩所著述甚富，此二十卷僅其十之一二。但謂法鐙「奉藏」，則未全行鏤版可知也。今書末有洪武甲子天台松雨齋沙門原旭募重刊《鐔津集疏》一篇。又有永樂三年嘉興沙門宏宗書後一篇，稱「松雨製疏重刊，既已化行，開至二十餘版，適疾作不克成其事。茲以天全叡公首座發堅固志繼其芳猷」云云。則此版爲天全所雕，始末俱見。又有後序一篇，稱天全叡公爲東海慧眼

宏辨禪師之弟子，似亦沙門所作，乃書賈於署名處割補別紙，意在僞充宋槧，而不知原旭之疏、宏宗之序已題洪武、永樂年號，又安從而掩飾乎？

又《弇州山人四部稾》六函六十二冊。明王世貞著。一百七十四卷，分賦、詩、文、説四部。前明汪道昆序，後附世貞弟世懋書，幷世貞記《觀世懋遺世貞書》。世貞自爲記云：「敬美此書，寄自豫章，成垂十年矣。以其見飾之過，秘不敢示人。至於揚搉藝文，折衷上下，往往有寸心千古意，安可以嫌終秘之？且聞在《藝圃擷餘》中行之閩矣。乃爲梓拙稾之後。」據此，則此書爲世貞所自刊也。當時槧刻本不能工，今世所行者皆出一版，而此本猶屬明時所印，較爲清朗。世貞、世懋、汪道昆，幷見前。

又《六家文選》三函三十冊。梁昭明太子蕭統撰。六十卷。唐李善、呂延濟、劉良、張銑、呂向、李周翰注。前蕭統序，次李善《上文選注表》幷國子監奉刊《文選》詔旨，次呂延祚《進五臣集注文選表》，後明袁褧識語。此書槧刻甚精，校勘亦審，實與宋槧同工。序後標「此集精加校正，絕無舛誤，見在廣都縣北門裴宅印賣」。又五十二卷末葉標「毋昭裔貧時，常借《文選》不得，發憤曰：『異日若貴，當版鏤之，以遺學者。』後至宰相，遂踐其言」。幷注云：「出《揮塵錄》。」此二條，宋槧中本有之，係存其舊。其六十卷末葉有「吳郡袁氏善本新雕」隸書木記，則袁褧所自標也。褧識語云：余家藏書百年，見購鬻宋刻本《昭明文選》，有五臣、六臣、李善本、巾箱、白文大字小字，殆數十種。家有此本，甚稱精善，而注釋本以六家爲優，因命工翻雕。匡、郭字體未少改易。始於嘉靖甲午，成於己酉，計十六載云云。其四十四卷末葉標「丁未六月初八日李宗信雕」，五十六卷末葉標「戊申孟夏十三日李清雕」。李宗信、李清，疑皆當日剞劂高手，故自署其名。而丁未爲甲午後之十三年，僅刻至四十四卷。戊申又丁未後之一年，僅刻至五十六卷。且其成也經十六載，則袁氏之擇工選藝以求毫髮無憾之意，亦概可見矣。

又《六家文選》六函六十一冊。篇目同前，闕袁褧識語。此即袁褧所刊之版，而四十四卷末葉李宗信之名，及五十六卷末葉李清之名，俱被書賈割去，故紙幅均屬接補，袁褧識語亦經私汰。而於六十卷末葉改刊「河東裴氏考訂諸大家善本，命工鍥於宋開慶辛酉季夏，至咸淳甲戌仲春工畢」，幷於末一行增刊「把總鍥手曹仁」。其字畫既與前絕不相類，版心墨線亦參差不齊，且考訂「訂」字誤作金旁，則僞飾之蹟顯然畢露矣。

又《六家文選》六函六十一冊。篇目同前，闕袁褧識語。此亦前版，而書中所有宋刊明刊識語、木記悉經私汰，補痕顯然，槧印亦不及前二部之工。

又《六家文選》六函六十一冊。篇目同前，闕袁褧識語。此書亦存《揮塵錄》一條，而六十卷之末僞刊「奉議郎、充提舉茶鹽司幹辦公事臣朱奎奉聖旨廣都縣鏤版，起工於嘉定二年歲次己巳，畢工於九年壬子臘月」，幷標「督工把總惠清」，亦係割去原紙，別刊半葉黏接於後。且嘉定九年係丙子，而非壬子，則其作僞益顯然矣。

又《六家文選》六函六十一冊。篇目同前，闕袁褧識語。此書亦於卷六十之末葉改刊「河東裴氏考訂」云云，「訂」字幷作金旁，與前第二部同其僞製，蓋出一人之手也。

又《六家文選》六函六十一冊。篇目同前，闕袁褧識語。此書於蕭統序後標「紹聖三年丙子歲臘月十六日，秘閣發刊」，又於呂延祚表後列曾布、蔡卞等校正銜名，卷六十後復標「紹聖四年十月十五日，太學博士主管文字陳瓘督鐫匠孫和二等工完」，皆係別刊半幅黏接。而袁氏識語、木記，盡爲割補，紙質印工幷出前後諸部之下。

又《六家文選》六函六十冊。篇目同前，闕袁褧識語。此書亦將袁氏識語、木記妄爲割補。其卷五十二末葉所有「戊申孟夏十三日，李宗信雕」一行，雖於槧印之時以別紙掩蓋其上，然「十三」兩字墨痕猶隱透行間，依稀可辨。乃版心上方復以「熙寧四年刊」五字別刻木記，逐幅鈐印，抑何其心勞日拙耶？

又《六家文選》六函六十一冊。篇目同前，闕李善、呂延祚《表》，袁褧識語。此書惟存蕭統序後「裴宅印賣」一條，其餘識語、木記俱經私汰，實亦吳郡袁氏新版也。其於卷二十四後乃僞標「嘉祐改元，澄心堂刊」八字，而「祐」字誤作「祜」，「改」字己旁僞作巳，此作僞而益形其陋者。

又《六家文選》六函六十一冊。篇目同前，闕袁褧識語。此書於蕭統序末及卷六十後僞刊「淳祐二年庚午歲，上蔡劉氏刊」隸書木記，字體杜撰，漫無準繩，亦即用袁氏版竄易亂眞者。合計此書共成十部，而作僞者居其九。其間變易之計狡獪多端，或假爲汴京所傳，或託之南渡之末，雖由書賈謀利欺人，亦足見袁氏此書槧印精良，實爲一時不易得之本。今登冊府者至十部之多。且袁氏所藏宋槧原本已入前宋版書中，七百餘年後先輝映，猶歟盛矣！

又《六臣注文選》六函六十册。篇目同前。此亦明翻宋槧而別爲一版，橅刻頗佳。其目録內於昭明五臣銜名之次，割補一行，似是明時刊梓者自署其名，而書賈去之，以售其作僞之術。又於卷六十後刻「河東裴氏考訂」云云，「訂」字亦作金旁。且字畫紙墨判然各異，不能掩也。

又《文選補遺》二函十册。宋陳仁子輯。四十卷。前宋趙文序，後宋譚紹烈識語。書中每卷標題下稱「茶陵陳仁子輯誦」，次行稱「門人魯達臣纂類」。目録後有「茶陵東山書院刊行」木記。仁子，《宋史》無傳，考淩迪知《萬姓統譜》，載「陳天福者，茶陵人。歲凶發廩平糶，貧不能糴者，天福輒周之。有道士丐米，福與之一斗，道士酬以百錢，福弗受。道士出，題其壁，有『桂子蘭孫聯步武』之句，後子桂、孫蘭孫果登第。慕義樂施，有父風。遭宋季易姓，不復祿仕，營東山書院爲終身計。博學好古，著述尤富，輯《文選補遺》四十卷」云云。按：所言「東山書院」，既與木記相符，而書之卷帙亦與此本適合，則仁子爲天福之子無疑。【略】此本爲明時翻刻，橅印極精，惟自十四卷至十七卷與前後紙色迥別，則從別本取出補入者。

又《唐文粹》四函四十册。篇目同前。此書於四十五卷之末別行刊「嘉靖甲申歲，太學生姑蘇徐焴文明刊於家塾」。其各卷標題之首俱冠以「重校正」三字。其序幷作大書，雖似是別爲一版，然以通體之版式字畫較之，與前部所刊者幷無區別。當是得其版者，僅將其序文重刊，又於各卷標題及四十五卷之末補刊標題以爲新刻，而實則仍其舊也。

又《萬首唐人絶句》三函十五册。宋洪邁著。五、六言二十六卷，七言七十五卷，共一百一卷。前邁序，次劄子、奏狀，目録中有宋吳格、汪綱識語。考是書宋時舊本有一百卷、一百一卷之不同，其一百卷者，爲邁所自刊，半刻於會稽，半刻於鄱陽之本也。一百一卷者，爲汪綱守越時所刊，合鄱陽、會稽之本而併刻之者也。又有吳格重修之本，則僅屬會稽初刻之一半也。此書爲一百一卷，乃依汪綱本翻刻於明時者耳。觀洪邁自序，言今以所編合爲百卷，刻之蓬萊閣中。序後又有自題，云「越府所刻七言至二十六卷、五言至二十卷，而奉祠歸鄱陽，惟書不可以不成，乃雇婺匠續之於容齋，旬月而畢」。此百卷之名與刊刻之地，言之鑿鑿，無可疑者。故陳振孫《書録解題》嘗爲詳悉言之，謂邁編「七言七十五卷，五言、六言二十五卷。卷各百首，凡萬首，上之」。振孫所言，固指會稽、鄱陽合刻之本也。此書所載汪綱識語，則「謂唐人絶句一百一卷，半刻會稽，半刻鄱陽。嘉定癸未，新安汪綱守越，遂搨鄱陽本併刻之，使合而爲一」云云。是綱已變稱一百卷者爲一百一卷矣。原其互異之故，邁所自刊者五、六言共二十五卷，此本則以六言分出，列爲第二十六卷，故增多一卷也。乃書中又有吳格識語者，以吳格亦爲越守，後於洪邁而先於汪綱，曾取會稽所刻一半之版修補之，而刻於鄱陽之一半不與焉。故其識語但稱「洪公守會稽，嘗以此刻之郡齋。後三十年，格獲繼往躅，命工修補，以永其傳。時爲嘉定辛亥」云云。不言卷數，亦不言鄱陽續刻之事，以意考之，則正會稽一半之版也。第所記嘉定辛亥，似爲翻刻時所誤。按：洪邁自序題爲紹熙元年，序後再題則爲紹熙二年。紹熙，爲光宗年號。嘉定，爲寧宗年號。考《浙江通志・職官表》，洪邁之守越，在光宗朝。吳格、汪綱之守越，皆在寧宗朝。今以洪邁作序之年計之，紹熙元年爲庚戌，其次年則爲辛亥，即邁歸鄱陽之年。又三十年，爲寧宗之嘉定十四年，歲在辛巳，幷非辛亥，則刊刻之誤不言可知。至吳格識語，明稱「後三十年獲繼往躅」，其爲辛巳，亦復顯然。按：辛巳後二年爲癸未，即汪綱守越之時。使格之所修已爲全版，則相距不遠，又奚必汪綱之合梓乎？是此書原刻崖略，猶井然可考也。

又《西山先生文章正宗》四函二十七册。宋眞德秀撰。二十四卷。前《正宗綱目》一卷。前宋版中載是書，有德秀自序，此本無之。且於標題之首稱「西山先生」（圖一三六），其爲明時所刻無疑，而橅印亦不及前書矣。

又《文苑英華纂要》一函四册。宋周必大著。《纂要》八十四卷，《辨證》十卷。前明華燧序。此書乃燧與其從孫子宣所刻，爵里無考。其序作於正德元年，稱「周益公嘗取內架所貯正本，集諸學士校正，去其煩冗，分類而成，凡八十四卷。復著《辨證》」云云。據此，則必大原書嘗有序跋，後以久而佚之。序又稱，近得印本於陳湖陸氏。所云印本，蓋指宋槧也。此書仿宋巾箱本式，橅刻亦工，而字畫結體過大，不能如宋刻之作蠅頭書矣。

又《詩學大成》二函十册。元林楨著。三十卷。前有元毛直方序。【略】其書本爲世俗餖飣之學，取便應酬，而橅刻大方，殊非草草，觀其版式，當即明時司禮監督刊之本。

又《歷代名臣奏議》三十函一百五十册。明永樂間奉敕輯。三百五十卷。考《明史・藝文志》，載《歷代名臣奏議》三百五十卷，注云：「永樂中，

西山先生眞文忠公文章正宗卷第一
辭命一
周襄王不許晉文公請隧 國語下同。僖公二十四年，初，甘昭公有寵於惠后，惠后將立之，未及而卒，昭公奔齊，王復之，頹叔、桃子奉太叔以狄師伐周，大敗周師，王出適鄭。二十五年，晉侯殺太叔，納王，晉侯朝王，王享醴，命之宥，請隧，弗許，與之陽樊、溫、原、欑茅之田。太叔即甘昭公也。
晉文公既定襄王于郟，韋氏曰：郟，洛邑，王城之地也。王勞之以地，辭，不受也。請隧焉。賈侍中云：隧，王之葬禮，闕地通路曰隧。王弗許，曰：
昔我先王之有天下也，規方千里以爲甸服，規，規畫而有。以供上帝山川百神之祀，以其職貢供王祭也。以備百姓

圖一三六　標題首稱「西山先生」。

黃淮等奉敕纂輯。」與此本卷數正同。書中當有序文、進表，或經歲久佚去。其字畫不能清朗，蓋非初印本也。

又《諸儒箋解古文眞寶》一函四冊。黃堅輯。五卷。前明神宗序，後明孝宗跋，又一跋不著姓氏。黃堅，不知爲何時人。觀孝宗跋語，已有「命工梓之」之文。神宗作序，又稱「舊本凡三百十有二篇，今益三十五篇。刻久漫漶，因重授梓」云云。是明時內府此書固有二版矣。其不著姓氏之跋，則稱「永陽黃堅氏所集《古文眞寶》二十卷，梓行已久，率多湮蝕，偶得善本，命工重刊」云云。跋後題爲「弘治十五年，青藜齋寓雲中有斐堂書」。觀此，則內版之外，復有二刻，其刻於雲中者，與孝宗朝內版同出一時，皆爲重梓。而神宗所刊最居其後，係合孝宗、雲中兩刻而併校之，故皆載其跋也。至雲中之跋稱二十卷，與此五卷之數不符，蓋由重刊時省併之故。第書中注釋詞意淺陋，似非名人所作。

又《詞致錄》二函十六冊。明李天麟著。十六卷。前有序，闕名。李天麟，山東濟南府武定州人。登萬曆庚辰進士第，見《太學題名碑》。其書專輯駢體，上自六朝，下迄唐宋，採其根葉幷茂者合而錄之，不以富麗爲工。天麟曾有自刊之本，其序作於萬曆丁亥，備述選輯之旨。此本序稱祥宇李公，則又別爲一版。而序後署名爲書賈割去，復從目錄卷六中割取歐陽修、方岳、李良樞等名移補目錄首葉標題下，以此書爲歐陽修所作。不知書中所在南宋人文章甚多，豈有修爲纂輯之理？今取天麟自刊本校之，顛末具見，又安從欺飾乎？第此書雕刻清朗，紙印頗工，亦不失爲佳本。

又《山谷老人刀筆》一函四冊。宋黃庭堅著。二十卷。前《山谷老人傳》。考晁公武、陳振孫、馬端臨諸書目，止載黃魯直《豫章集》三十卷、《別集》十四卷，又《別集》一卷，初無此書之名。《宋史・藝文志》於《豫章集》、《別集》之外，又載《樂府》二卷、《書尺》十五卷，亦未以「刀筆」名書，則非宋槧可見。此書前後當有選輯人序跋，或由書賈欲充宋槧，遂從而汰之耳。

錢大昕《十駕齋養新録》卷一三《儀禮疏單行本》　《儀禮疏》五十卷，亦黃蕘圃所藏，自卷廿二至卷廿七皆闕，每葉卅行，行廿七字，末卷有大宋景德元年校對、同校、都校諸臣姓名，及宰相呂蒙正、李沆，參政王旦、王欽若銜名。眞北宋板也。唐人撰《九經正義》，宋初邢昺撰《論語》、《孝經》、《爾雅疏》，皆自爲一書，不與經、注合併。南宋初乃有并經、注、正義合刻者。士子喜其便於誦習，爭相倣效。其後又有并陸氏《釋文》附入經、注之下者。陸氏所定經文，與正義本偶異，則改竄《釋文》以合之，而《釋文》亦失陸氏之舊矣。予三十年來所見疏與注別行者，唯有《儀禮》、《爾雅》兩經，皆人世希有之物也。

又《論語注疏正德本》　《論語注疏》每葉廿行、每行廿餘字，首卷標題，注疏下多「解經」二字。首葉板心有「正德某年」刊字。但遇宋諱，旁加圈識之，疑本元人翻宋版。中有避諱不全之字，識出令其補完耳。若明刻前代書籍，則未見此式，必是修補元板也。

又《龍龕手鑒》　契丹僧行均《龍龕手鑒》四卷，予所見者影宋鈔本，前有燕臺憫忠寺沙門智光字法炬序，題云「統和十五年丁酉七月」，即宋太宗至道三年也。書中於「完」字闕末一筆，知是南宋所鈔（圖一三七）。晁氏、馬氏載此書本名《龍龕手鏡》，今改「鏡」爲「鑒」，蓋宋人避廟諱嫌字，如石鏡縣改曰石照矣。注中所引有《舊藏》、《新藏》、《隨文》、《隨函》、《江西隨函》、《西川隨函》諸名。又引《應法師音》、《郭逡音》或作郭氏。《琳法師說》。予考之《宋・藝文志》，有可洪《藏經音義隨函》三十卷，未知其爲江西與西川也。僧玄應有《一切經音義》十五卷，其即應法師乎？

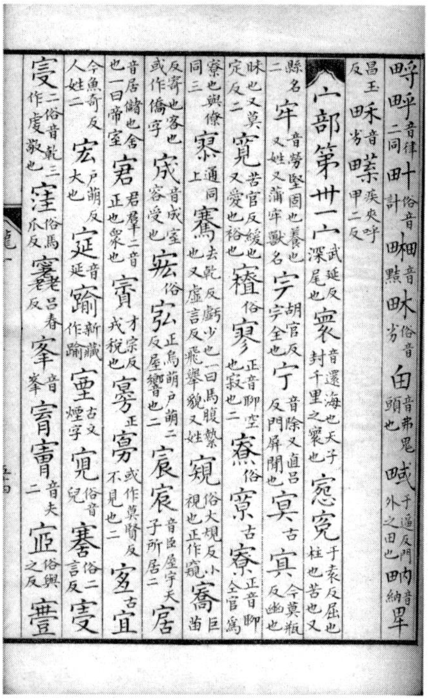

圖一三七　第四行「完」字闕末筆。

又《文場備用排字禮部韻注》　此至正壬辰徐氏一山書堂刊本。前有記一方云「皇朝科試，舉子所將一禮韻耳。然惟張禮部敬夫定本最善，今復以諸韻參校，一韻爲增數字，凡增三千餘字。釋焉而詳，擇焉而精，敬用梓行，爲文場寸晷之助云」。第一卷首題云《文場備用排字禮部韻注》，它卷皆題《善本排字通幷禮部韻略》，前後殊未畫一。前載科舉條例甚詳，所列廟諱，止於英宗，而今上皇帝不名，似是泰定初刻，後來翻本，未及增添耳。上下平聲各十五、上聲廿九、去聲卅、入聲十七，與今韻同。而每韻下「與某同用」云云，尚沿《禮部》舊式，但未知張禮部何時人耳。

又《史記宋元本》　予所見《史記》宋槧本，吳門顧抱沖所藏，澄江耿秉刊於廣德郡齋者，紙墨最精善，此淳熙辛丑官本也。黃蕘圃所藏三山蔡夢弼刊本亦在淳熙間。海寧吳槎客所藏元中統刊本，計其時在南宋之季。此三本皆有《索隱》而無《正義》。明嘉靖四年莆田柯維熊校本金臺汪諒刻。始《合索隱》、《正義》爲一書，前有費懋中序，稱陝西翻宋本無《正義》，江西白鹿本有《正義》，是柯本出於白鹿本矣。同時震澤王氏亦有翻宋本，大約與柯本不異，《史記》、《索隱》、《正義》皆各自爲書，不與本書比附。宋南渡後始有合《索隱》於《史記》者，創自蜀本。繼有桐川、三山兩本，皆在淳熙以前，其時《正義》猶單行也。白鹿本未審刻於何年，以意揆之，必在淳熙以後，蓋以《索隱》爲主，而《正義》輔之，凡《正義》之文與《索隱》同者悉從刪汰，自是《正義》無單行本，而守節之元文不可考矣。

又《東家雜記》　《東家雜記》二卷，孔子四十七代孫、右朝議大夫、知撫州軍州事傳所撰，有紹興甲寅三月自序。傳於宣和六年嘗撰《祖庭雜記》，其書雖不傳，猶略見於孔元措《祖庭廣記》中。此則從思陵南渡以後，別爲編輯，改「祖庭」爲「東家」者，殆痛祖庭之淪陷，而不忍質言之乎？考四十九代孫玠，襲封衍聖公，其時傳已稱本家尊長，而卷中所述孔氏世系，訖於五十三代孫洙，計其時代，當在南宋之季，蓋後來別有增入矣。卷首《杏壇圖說》，與錢遵王所記正同。又有《北山移文》、《擊蛇笏銘》、《元祐黨籍》三篇，恐皆後人妄增，非傳意也。卷中「管勾」之「勾」皆作「勹」，避思陵嫌名。間有不缺筆者，元初修改之葉，辨宋板者當以此決之。

又《孔氏祖庭廣記》　《孔氏祖庭廣記》十二卷，先聖五十一代孫、襲封衍聖公元措夢得所編。前載元豐八年四十六代孫、朝議大夫知洪州軍州事宗翰《家譜》舊引。宣和六年四十七代孫、朝散大夫知邠州軍州事傳《祖庭雜記》舊序。《家譜》、《雜記》，本各自爲書，元措始合爲一，復增益編次，冠以圖象，幷載舊碑全文，因「祖庭」之名，而更稱「廣記」，蓋仙源之文獻，至是始備。書成於金正大四年。前尚書左丞致仕張行信爲之序。此本最後有五行云：「大蒙古國領中書省耶律楚材奏準皇帝聖旨，於南京特取襲封孔元措，令赴闕里奉祀。來時不能挈負《祖庭廣記》印板，今謹增補校正，重開以廣其傳。壬寅年五月望日。」壬寅者，元太宗六皇后稱制之年，距金亡已十年。蒙古未有年號，當宋淳祐二年也。金以開封府爲南京，元初尚沿其名，後乃改爲汴梁路。此書初刻於開封，再刻於曲阜。今何夢華所藏，紙墨古雅，的爲初印本。予嘗據漢、宋、元諸石刻，證聖妃當爲幷官氏，今檢《東家雜記》及此書，幷官氏屢見（圖一三八），無有作「開」字者，乃知宋、元刻本之可寶。自明人刻《家語》，妄改爲「開」，沿訛三百餘載，良可喟也！

又《明諸司衙門官制》　《明諸司衙門官制》三冊，不分卷，其目錄稱天下各布政司、按察司、府、州、縣等衙門一千七百二十二處，布政司十三處，按察司十三處，府一百卅九處，州二百廿五處，縣一千一百八處，鹽運

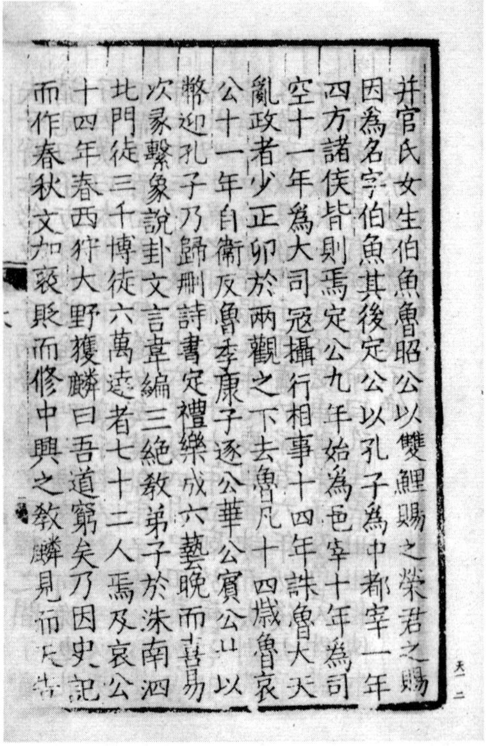

并官氏女生伯魚魯昭公以雙鯉賜之榮君之賜
因為名字伯魚其後定公以孔子為中都宰一年
四方諸侯皆則焉定公九年始為邑宰十年為司
空十一年為大司冦攝行相事十四年誅魯大夫
亂政者少正卯於兩觀之下去魯凡十四歲魯哀
公十一年自衛反魯季康子逐公華公賓公林以
幣迎孔子乃歸删詩書定禮樂成六藝晚而喜易
次彖繫象說卦文言韋編三絕教弟子於洙南泗
北門徒三千博徒六萬達者七十二人焉及哀公
十四年春西狩大野獲麟曰吾道窮矣乃因史記
而作春秋文加褒貶而修中興之教麟見而天告

圖一三八　首行「并官氏」三字。

司七處，提舉司十一處，軍民府十一處，宣慰司十二處，宣撫司八處，安撫司廿一處，招討司一處，長官司一百五十三處，不載編次年月。據末册武職衙門所列諸陵衛名，孝陵而外唯有長陵、景陵、獻陵、裕陵，則是成化時刊本，故蘇州府無太倉州、松江府無青浦縣也。

又卷一四《太倉州志》　《太倉州志》十五卷，明崇禎十五年，知州錢肅樂、虞孫延邑士前臨川縣知縣張采受先刊修。分《封域》、《營建》、《官師》、《學較》、《風土》、《選舉》、《水利》、《賦役》、《海運》、《兵防》、《海事》、《名宦》、《人物》、《藝文》、《瑣綴》十五門，每門各有子目。受先復社名士，於地方利病剴切言之，洵非率爾操觚。其書「常」作「嘗」、「由」作「繇」、「校」作「較」、「檢」作「簡」，則避明諱也。予昔游四明，於范氏天一閣見張寅《太倉州志》，乃嘉靖丁未刻本。頃館婁東，訪藏書家求嘉靖志竟不可得。即此志亦曼患缺損，非復初印面目矣。

又《顏氏家訓》　《顏氏家訓》七卷，前有序一篇，不題姓名，當是唐人手筆。後有淳熙七年二月沈揆跋。又有《考證》一卷，後列「朝奉郎權知台州軍州事沈揆、朝請郎通判軍州事管鈗、承議郎添差通判軍州事樓鑰、迪功郎州學教授史昌祖同校」，又有「監刊」、「同校」諸人銜，皆以左爲上，蓋台州公庫本也。淳熙中，高宗尚在德壽宮，故卷中「構」字皆注「太上御名」，而闕其文。前序後有墨長記云「廉臺田家印」。宋時未有廉訪司，元制乃有之；意者，元人取淳熙本印行，間有修改之葉，則於宋諱不避矣。

又《容齋隨筆》　洪氏《容齋隨筆》、《續筆》、《三筆》、《四筆》各十六卷，卷首皆有自序；唯《五筆》僅十卷，而無序，蓋猶未成之本也。《隨筆》初刻於婺州。至嘉定壬申，從孫伋由贛州守擢江西提刑，合《五筆》刻之章貢。有何異及邱橚前後兩序。又十年，伋守建寧，再刻於郡齋，伋自爲跋，稱「從孫朝議大夫直華文閣知建寧軍府事新除知隆興府江西安撫使」，則嘉定十六年八月也。最後有紹定改元臨川周謹跋，稱贛本漫不可辨，以建本參考鋟梓，則第三刻矣。今世所傳者，明季吾邑馬元調刻本，唯存何異一序，餘皆削之。此明宏治八年活字印本，板心有「會通館活字銅板印」兩行八字，前有錫山華煜序，正文皆作夾注，不依元刻，不如馬本之精，而序跋俱完好，勝於馬本。

又《洗冤録》　《洗冤集錄》五卷，朝散大夫、新除直秘閣、湖南提刑充大使行府參議官宋慈惠父編。前有淳祐丁未嘉平節前二日自序，蓋宋槧本。卻有聖朝頒降新例數葉，列於首卷之前，皆至元、大德、延祐間文移，則元人增入也。慈不知何郡人，其書不載於《宋史·藝文志》，而至今官司檢驗，奉爲金科玉律。但屢經後人增改，失其本來面目，唯初刻爲可貴耳。《輟耕錄》記勘釘事，以爲創聞，然此錄已先有之矣。

又《證類本草》　此書有兩本。其一題云：《經史證類大觀本草》三十一卷，目錄一卷。前有大觀二年十月朔，通仕郎行杭州仁和縣尉管句學事艾晟序。序後有一方記云「大德壬寅孟春宗文刊行」。後題「春穀王秋損貲，命男大獻、大成仝校錄」。殆明人翻元刻也。其一題云：《經史證類政和本草》。前載政和六年，康州防禦使入內醫官曹孝忠序云：「蜀人唐慎微因《本草》舊經衍以《證類》。臣親奉玉音，謂此書實可垂濟，乃詔節使臣楊戩總工刊寫，又命臣校正而潤色之。謹奉明詔，删繁緝紊，務底厥理，凡六十餘言，請目以《政和新修經史證類備用本草》云。」是書初刊於杭州漕司。艾晟序謂慎微不知何許人，其云《大觀本草》者，因校刊之年題之也。其後曹孝忠被旨校刊，乃系以政和之名。若慎微著書，實在元祐之世，不特非政

和，亦非大觀也。其書本名《經史證類備急本草》大觀、政和皆後來所題。而政和之名出於朝旨，則當以政和爲正。然南宋人多稱《大觀本草》者，政和新修之本經汴京淪喪，不及流播東南。陳直齋所收，亦祇浙漕司本，故未暇訂正耳。今所傳政和本，乃元初平陽張存惠重刻，增入寇宗奭《本草衍義》，亦非孝忠之舊。《題記》云「泰和甲子下己酉冬」，實元定宗後稱制之年，距金亡已十有六載矣，而存惠猶以「泰和甲子下」統之，隱寓不忘故國之思。或以爲金泰和刻，則誤矣。

又《陸宣公集》 《陸宣公集》廿二卷，《制誥》十、《奏草》六、《中書奏議》六，前有權德輿序，後載元祐八年五月七日蘇軾等劄子。其書遇「構」字，小書太上御史，「愼」字小書御名，若先代諱但缺筆而已，蓋乾道、淳熙間槧本。錢遵王所見大字本即此也。權序所述三項名目，與此刻同；惟《奏草》、《中書奏議》皆作七卷，疑轉寫譌「六」爲「七」耳。《唐書・藝文志》所載《翰苑集》十卷，即《制誥》。其云《議論表疏集》十二卷，即《奏草》與《中書奏議》。驗其目錄，無不吻合。若晁氏所載《奏議》十二卷，則元祐經進之本止取後十二卷，不及《制誥》也。權序雖標《翰苑》之名。而《中書奏議》實非翰苑之作，則此題宣公集者爲得之。權公序文絕不云《翰苑集》，殆刊書者錄權序於《翰苑集》之首，後來併爲一集，沿此名而不悟其非，故略爲辨正之。此書向爲徐氏傳是樓物。頃歲鮑以文得之，以贈嚴久能。今久能又以遺予，子孫其善守之。

又《韋蘇州集》 《韋蘇州集》十卷，前有嘉祐元年王欽臣序，後附沈作喆所撰《補傳》，最後有《拾遺》三葉。其目云：熙寧丙辰校本添四首，紹興壬子校本添三首，乾道辛卯校本添一首。驗其款式，當即是乾道槧本。而於宋諱，初不回避，蓋經元人修改，失其眞矣。劉禹錫太和六年除蘇州刺史，有《舉韋應物自代狀》，與左司同姓名，而實非一人。作喆作傳，聯合爲一篇，終雖有疑詞，然失史家矜愼之義矣。

錢大昕《潛研堂文集》卷二七《跋平水新刊韻略》 向讀昆山顧氏、秀水朱氏、蕭山毛氏、毗陵邵氏論韻，謂今韻之并，始於平水劉淵，其書名曰《壬子新刊禮部韻略》，訪求藏書家，邈不可得，未審劉淵爲何許人，平水何地。頃吳門黄蕘圃孝廉得《平水新刊韻略》，元槧本，予假讀之。前載正大六年己丑季夏中旬，河間許古道眞序，其略云：「平水書籍王文郁攜新韻見頤庵老人曰：『稔聞先《禮部韻略》或譏其嚴且簡，今私韻歲久，又無善本，文郁累年留意，隨方見學士大夫，精加校讎，又少添注語，不遠數百里，敬求韻引。』」是此韻爲文郁所定也。卷末有墨圖記二行，其文云「大德丙午重刊新本，平水中和軒王宅印」，是此書初刻於金正大己丑，重刻於元大德丙午，其云「中和軒王宅」或即文郁之後耶？其前列《聖朝頒降貢舉程式》，則延祐設科以後，書坊逐漸添入。又《御名廟諱》一條，稱英宗爲今上皇帝，可驗此書爲至治間印本也。又附《壬子新增分毫點畫正誤字》三葉，《壬子新雕禮部分毫字樣》三葉。此壬子者，未知其爲淳祐之壬子歟，當元憲宗時未有年號。抑皇慶之壬子歟？考正大己丑在淳祐壬子前廿有四年，而其時已并上下平聲各爲十五，上聲廿九，去聲三十，入聲十七，則不得云并韻始於劉淵。豈淵竊見文郁書而翻刻之耶？又其時南北分裂，王與劉既非一姓，刊板又不同時，何以皆稱平水？論者又謂平水韻并四聲爲一百七韻，陰時夫并上聲「拯」韻入「迥」韻，據此本則「迥」與「拯」等之并，平水韻已然矣。劉書既不可得見，此書世亦鮮有著錄者，姑識所疑，以諗後之言韻者。許序稱「平水書籍王文郁」，初不能解，後讀《金史・地理志》，平陽府「有書籍」。其倚郭平陽有平水。是平水即平陽也。史言「有書籍」者，蓋置局設官於此。元太宗八年，用耶律楚材言，立經籍所平陽，當是因金之舊，然而「平水書籍」者，文郁之官稱耳。劉淵亦題平水，而黄公紹《韻會》凡例又稱爲「江北劉氏」，平陽與江北相距甚遠，何以有平水之稱？是又可疑也。

又卷二八《跋後漢書》 《後漢書》淳化刊本，止有蔚宗紀傳百卷；其志三十卷，則乾興元年準判國子監孫奭奏添入，但宣公誤以爲劉昭所補，故云「范作之於前，劉述之於後」，不知《志》出於司馬彪。彪，西晉人，在范前不在范後。劉昭本爲范史作注，又兼取司馬《志》注之，以補范之闕，題云「注補」者，注司馬書以補范書也。自章懷改注范史，而昭《注》遂失其傳，獨此《志》以非蔚宗書，故章懷不注，而司馬、劉二家之學流傳到今，宣公實有力焉。此本雖多元大德九年補刊之葉，而《志》弟一至弟三尙是舊刊，於「朓」、「敬」、「恒」、「徵」字皆闕末筆，而「讓」、「勗」卻不回避（圖一三九），知實係嘉祐以前刊本。惜屢經修改，古意漸失，然較之明刊本，則有霄壤之隔矣。

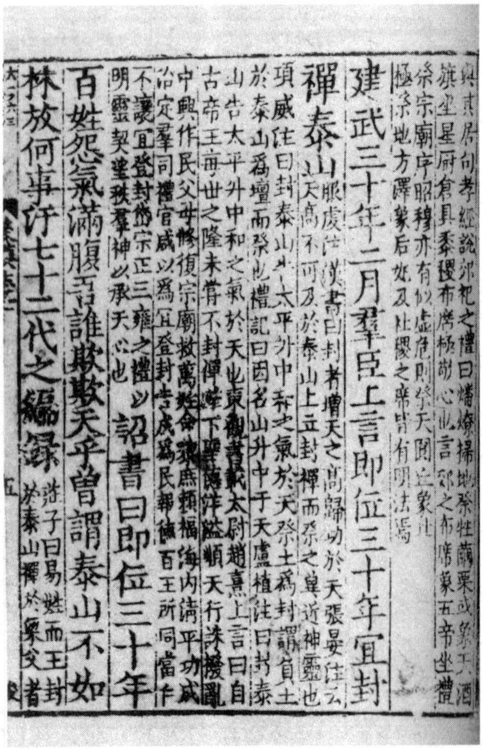
建武三十年二月羣臣上言即位三十年宜封
禪泰山
百姓怨氣滿腹吾誰欺欺天乎曾謂泰山不如
林放何事汙七十二代之編録

圖一三九　第八行小字「讓」不闕筆。

又《跋宋太宗實録》　《宋太宗實録》八十卷，集賢院學士錢若水撰。今吴門黄孝廉蕘圃所藏僅十二卷，且有脱葉，每卷末有書寫人及初對、覆對姓名，書法精妙，紙墨亦古，於宋諱皆闕筆，即「愼」、「敦」、「廓」、「筠」諸字亦然，予決爲南宋館閣鈔本，以避諱驗之，當在理宗朝也。其中與《宋史》互異，如李從善僞封鄭王，「鄭」作「鄧」，年四十八作五十；蘇易簡妻弟崔範作「妻兄」；劉遇滄州清池人作「浮陽」；漢州刺史「漢」作「溪」；蔚州防禦使「蔚」作「鬱」；洮州團練使「洮」作「應」；劉庭讓浩州團練使「浩」作「涪」；陳從信年七十三作「七十二」，皆當以《實録》爲正。劉廷讓避太宗諱改名，《宋史》闕而不書，亦當依《實録》增入。

又《跋大金國志》　《大金國志》四十卷，卷首有表，題云「宋端平元年正月十五日淮西歸正人改授承事郎工部架閣宇文懋昭上」。新城王尚書貽上謂是宋人僞造。予讀其詞，稱蒙古爲「大朝」，曰「大軍」，曰「天使」，而於宋事無所隱諱，蓋元初人所撰，其表文則後之好事者爲之，而嫁名於懋昭者也。錢遵王舉其直書差康王出質，詳列北遷宗族，以爲無禮於其君，而譏端平君臣漫置不省。今考志所載指斥之詞，尚有甚於此者，即其以大金爲稱，亦可知非當時經進之本矣。

又卷二九《跋元大一統志殘本》　戊子春，從南濠朱氏假《元大一統志》殘本，僅四百四十三翻，大字疏行，殊可愛。每册鈐以官印，驗其文，則處州路儒學教授官書也。元時幅員最廣，玆所存者，惟中書省之孟州、河南行省之鄭州襄陽路均州房州南陽嵩州裕州江陵路陝州路、陝西行省之延安路洋州金州鄜州葭州成州蘭州會州西和州、江浙行省之平江路、江西行省之瑞州路撫州路，又皆散佚不完。以全書計之，特千百之什一爾。考元時《大一統志》凡有兩本：至元二十三年，集賢大學士、行秘書監事札馬剌丁言：「方今尺地一民盡入版籍，宜爲書以明一統。」世祖嘉納，即命札馬剌丁與秘書少監虞應龍等搜輯爲志。二十八年，書成，凡七百五十五卷，名《大一統志》，藏之秘府，此初修之本也。成宗大德初，復因集賢待制趙忭之請，作《大一統志》。《元史》載，大德七年三月戊申，卜蘭禧、岳鉉等岳鉉，字周臣，湯陰人，徙居燕。追封申國公，謚文懿。進《大一統志》，賜賚有差。此再修之本也。此本卷首題集賢大學士、資善大夫、同知宣徽院事孛蘭肹，昭文館大學士、中奉大夫、秘書監岳鉉等上進，正大德所修者。史以孛蘭肹爲卜蘭禧，譯音之轉也。又按至正六年，中書右丞相別兒怯不花等奏，《大一統志》於國用尤切，恐久湮失，請刻印以永於世。許有壬受詔製序，其文略不及大德重修事，似當時所刻者乃是至元本，非即此本。此本序文、目録皆闕佚，其刻印年月、卷帙次第無可考。傳聞康熙間，刑部尚書昆山徐公乾學奉敕修《大清一統志》，開局於吴之洞庭山，借內府書有《元大一統志》殘本二十餘册。徐公志稿今在史局，所借之書，度已歸中秘，而未聞有見之者。玆讀朱氏所藏，因鈔其副而書之後云。

又《跋元混一方輿勝覽》　《元混一方輿勝覽》三卷，無撰人姓名，蓋書肆所刊，其文簡陋，然今時流傳者已少矣。《元史·地理志》大都路領州十，此云州九者，龍慶州本縉山縣，屬上都路之奉聖州，延祐三年始升爲州故也。《成宗紀》至元三十一年，復立平陽之芮城、陵川等縣。蓋元初二縣曾廢，此書澤州無陵川縣，解州無芮城縣，可證其刊於世祖朝。而書中又有冀寧、晉寧之名，係大德中所改，則刊成之後別有竄易，要皆書肆射利者爲之，而不自知其抵牾也。大寧路有霍州、景州，史志無之，此書亦未詳其沿革，姑記之以俟考。

又《跋吴郡志》　范文穆公爲《吴郡志》，叙述訖於紹熙三年。公殁後，郡守具木欲刻矣，或譁言是書非石湖筆，遂弗刻而藏之學宫。紹定初，李壽朋守平江，從范氏求公遺書，得數種，而斯志與焉，以校學宫本，無少異，乃議刊行。并增入建置百萬倉、嘉定新縣、許浦水軍、顧逕移屯諸事，趙汝談爲之序，今世行本第十一卷《牧守》、《題名》增至淳祐七年（圖一四〇），第二卷亦增入淳祐己酉一條，又非紹定元刻矣。

又卷三一《跋柳河東集》　注《柳集》者，南城童宗説、新安張敦頤、雲間潘緯，不知何人合而刻之。潘氏《音義》成於乾道三年，此本於「敦」字尚未缺筆，當刊行於乾道、淳熙之朝矣。《南府君廟碑》「汧城鑿穴之奇」句，蓋用潘安仁《馬汧督誄》，而注家不知出處，疑其用田單火牛事，殊可笑也。

又《跋北山小集》　黄孝廉丕烈買得宋槧本《北山小集》四十卷，皆用故紙印刷，驗其紙背，則乾道六年官司簿帳也。其印記文可辨者，曰「湖州司理院新朱記」，曰「湖州户部贍軍酒庫記」，曰「湖州監在城酒務朱記」，曰「湖州司獄朱記」，曰「烏程縣印」，曰「歸安縣印」，曰「監湖州都商税務朱記」。意此集板刻於吴興官廨也。古人公移案牘所用紙皆精妙，仍可它用。蘇子美監進奏院，以鬻故紙公錢祀神得罪，可見宋世故紙未嘗經棄。今官文書紙率軟薄不耐久，數年之後，[illegible]爛蠹蝕，不復可用矣。北山詩文有風骨，在南宋可稱錚錚佼佼者。此本紙墨古雅，的是淳熙以前物，讀之不忍釋手。

又卷三四《答盧學士書・又》　讀閣下所校《太玄經》云：「向借得一舊本，似北宋刻，末署右迪功郎充兩浙東路提舉茶鹽司幹辦公事張寔校勘。」大昕案：案時寄禄官分左右，唯東都元祐、南渡紹興至乾道爲然，蓋以進士出身者爲左，任子爲右也。而建炎初，避思陵嫌名，始改句當公事爲幹辦公事，此結銜有「幹辦」字，則是南宋刻，非北宋刻矣。《宋史》遇「句當」字多易爲幹當，此南渡史臣追改，非當時本文也。去冬於吴門見司馬溫公《集注太玄》六卷，後附許翰《解》四卷，舊鈔本，甚完善。袁上舍又愷曾借録其副。溫公書亦收於《道藏》，許《解》則《道藏》并未收也。不識閣下已見之否？

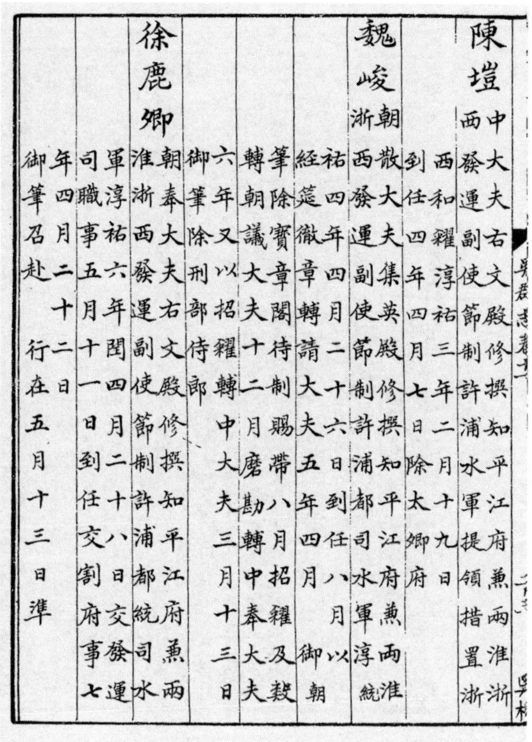
陳塏　中大夫右文殿修撰知平江府兼兩淮浙西發運副使節制許浦水軍提領措置浙西和糴淳祐三年二月十九日到任四年四月七日除太卿府
魏峻　朝散大夫集英殿修撰知平江府兼兩淮浙西發運副使節制許浦都統司水軍淳祐四年四月二十六日到任八月以經筵徽章轉請大夫五年四月御朝筆除寳章閣待制賜帶八月招糴及數轉朝議大夫十二月磨勘轉中奉大夫六年又以招糴轉中大夫三月十三日御筆除刑部侍郎
徐鹿卿　朝奉大夫右文殿修撰知平江府兼兩淮浙西發運副使節制許浦都統司水軍淳祐六年閏四月二十八日交發運司職事五月十一日到任交割府事七年四月二十二日御筆召赴行在五月十三日準

圖一四〇　卷十一「徐鹿卿」條記事增至淳祐七年（1247）。

彭元瑞等《天禄琳琅書目續編》卷一　《御題易傳》，一函六册。宋程頤撰。上、下經，六卷。用王弼本。前有元符二年頤自序。又《上下經義》一篇。按《宋史・藝文志》：《易傳》九卷，《二程全書》作四卷。惟王偁《東都事略》載六卷，蓋宋時本如是。是書不載鐫版年月，於眞宗諱「恆」字、欽宗諱「桓」字、仁宗嫌名「貞」字，皆闕筆，而《臨》、《復》、《艮》三卦中「敦」字，乃光宗諱，皆不闕筆，蓋猶在紹熙以前所刻。全部不知何人用朱標界，大旨極整密。凡宋諱皆作大圈圍之，可證閲者亦宋時人也。

又《御題佩觽》，一函四册。宋郭忠恕撰。忠恕字恕先，洛陽人，太平興國中以國子監司業流登州，道卒。書三卷，揭銜「朝請大夫國子周易博士柱國臣郭忠恕記」。上卷論形聲轉變之由，分三科：曰象形，曰四聲，曰傳寫。中、下卷取字體相近者分注音義，如《干祿字書》例，以四聲互對，釐爲十段。末列音義與篇、韻不同者十五字。附《辨》一篇，凡百九十一字，各注辨證，未知何人作。後録《傳》一則，《談苑》一則，《集古跋尾》一則，《嘉祐雜誌》一則，《麈史》一則，又《五代史補》一則。是書近張士俊澤存堂有倣宋刻。此本白麻紙，濃墨，極爲古緻。中於仁宗嫌名「貞」字、「徵」字俱闕筆，而頊切許緣，容貌之皃爲完全，「敦厚之爲敦弓」，句內神

宗正諱，欽、光二宗嫌名，皆不闕筆，乃北宋治平中槧可證。

又《御題增廣注釋音辨唐柳先生集》，四函三十二冊。唐柳宗元撰，宋童宗説注釋，張敦頤音辨，潘緯音義。《正集》四十三卷，《別集》二卷，《外集》二卷，附錄劉禹錫《天論》、祭文三首，《唐書》本傳，曹輔、黄翰、許尹《祭文》，汪藻《祠堂記》，穆修《舊本後序》，沈晦《四明新本後序》，李褫《柳州舊本後序》，文安禮《年譜後序》。前有乾道三年陸之淵《音義序》、《諸家姓氏》、《年譜》。宋麻沙本。按《柳集》在宋凡六刻：一穆修宋大字本爲最初，後多承用；一元符小字本；一曾丞相家本；一晏元獻家本；一四明新本，政和四年沈晦刻；一柳州舊本，紹興四年李褫刻，與此本而七。今通行乃明鐫，卷帙、音注皆照此本，而舛誤特甚。此雖未知較北宋四刻及南渡後二刻爲何如，而精審足寶。童宗説，字夢弼，南城人，官袁州教授。張敦頤，字養正，婺源人，紹興八年進士，官知舒、衡二州。潘緯，字仲寶，雲間人，紹興十五年進士，據序，著音義時方爲灊山學官。注中白文童、張、潘竝作「某云」，非緯所自刻，然較其闕筆字，的是南宋中葉本。

又卷二 《周易》，一函四冊。王弼本。十卷。上、下經，弼注；《繫辭傳》、《説卦傳》、《序卦傳》、《雜卦傳》，韓康伯注；附《略例》，邢璹注。是書不載鐫板年月，於孝宗以上諱俱闕筆，乃淳熙、乾道年刊。字畫圓匀，槧法淨密，宋本中之佳者。

又《周易本義》，一函八本。宋朱熹本義。依《古周易經》二卷，《傳》十卷。前《易》圖九，後《周易·五贊》、《筮儀》。顧炎武《日知錄》：「洪武初，頒《五經》，天下儒學《易》兼用程、朱二氏，亦各自爲書；永樂中修《大全》，乃取《朱子》卷次割裂附《程傳》之後，而朱子所定之古文仍復淆亂。如『彖即文王所繫之詞，傳者，孔子所以釋經之義，後凡言傳倣此。』乃『彖上傳』條下義，今乃削去『彖上傳』三字，而附於『大哉乾元』之下。象者，卦之上下兩象及兩象之六爻，周公所繫之辭也。今乃削去『象上傳』三字而附於『天行健』之下。此篇申『彖傳、象傳之義以盡《乾》、《坤》二卦之蘊，而餘卦説因可例推』云，乃『文言』條下義，今乃削『文言』二字而附於『元者善之長也』之下。其『彖曰』、『象曰』、『文言曰』皆朱子本所無，復依程《傳》添入。後來士子厭程《傳》繁多，棄去不讀，專用《本義》。而《大全》之本乃朝廷所頒，不敢輒改，遂即監版傳義之本刊去程《傳》，而以程之次序爲朱之次序。凡本中言程《傳》備矣者，又添一『傳曰』而引其文，皆明代人所爲。」云云。考董楷《周易傳義附錄》，割朱義以附程《傳》，宋時已然，不昉於《永樂大全》也。《易》自漢費直、鄭康成、王弼遞有更移，唐孔穎達因之作《正義》，《古易》遂不復存。宋呂大防作《周易古經》二卷，晁説之作《錄古周易》八卷，薛季宣作《古文周易》十二卷，程迥作《古周易考》一卷，李燾作《周易古經》八卷，吳仁傑作《古周易》十二卷，至呂祖謙作《古周易》分十二篇，朱熹跋之《本義》，即用其本，開卷《周易》條下明云：「定著爲《經》二卷，《傳》十卷，乃復孔氏之舊。」若今通行本，經、注不相應，數百年沿襲，幾不知朱義本來面目，至《御纂周易折中》用朱《義》本，而始大定。此本《象·上傳》「履卦」、《象·下傳》「夬卦」，及《文言傳》「坤卦」不錄程傳。《雜卦》注「咸速恆久」作「感速常久」，《筮儀》列後，《彖上傳》下注「從王肅本」四字，無《八卦取象歌》、《分宮卦象次序》、《上下經卦名次序歌》、《上下經卦變歌》，皆與後來本不同，不獨宋諱闕筆爲驗也（圖一四一）。

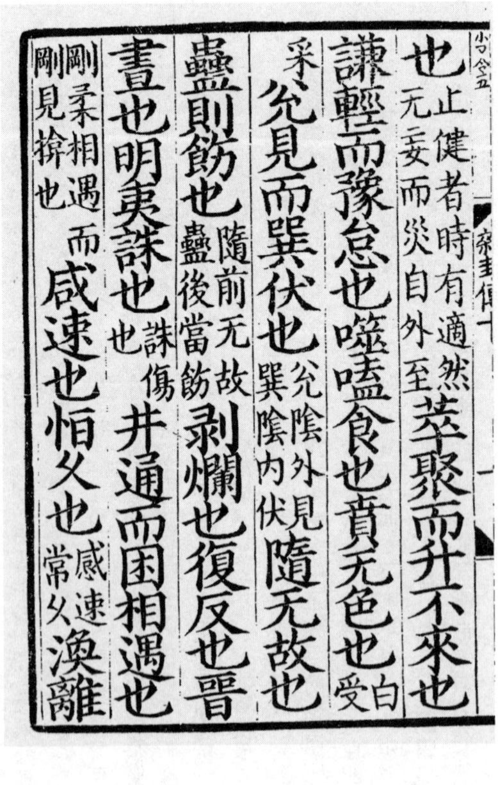
也止健者時有適然萃聚而升不來也
謙輕而豫怠也无妄而災自外至噬嗑食也賁无色也白受
采兊見而巽伏也兊陰外見巽陰内伏隨无故也
蠱則飭也隨前无故蠱後當飭剥爛也復反也晋
晝也明夷誅也誅傷也井通而困相遇也
剛柔相遇而剛見揜也咸速也恒久也感速常久渙離

圖一四一　注「咸速也恒久也」作「感速常久」，「恒」字闕筆。

又《附釋音尚書注疏》，二函十六冊。漢孔安國傳，唐孔穎達正義并序，附《音義》。書二十卷。宋諱「惇」字以上闕筆，其「敬」、「殷」、「恆」、「讓」等字不闕，蓋已祧也。卷中有正德年補刊之葉，蓋宋鐫明印，故間有漫漶處。而前所臚蔡沈《集傳》本誤字此俱不譌，又可知宋監本彼善於此也。按岳珂《刊正九經三傳沿革例》云：「晉銅版本、舊新監本、蜀諸本與他善本皆刊古注，若《音釋》則自爲一書，建本、蜀中本則附音於注文之下。」據此，則明監本皆附音，非北宋監本之舊矣。大抵南宋所刻，始句下附音，故首行必標「附釋音」，以別於監本。

又《毛詩》，一函四冊。四卷。不依風、雅、頌分卷。衹列《詩序》、經文，其《小雅》分什依《集傳》，是南宋季年本。然「家伯維宰」、「降予卿士」之類尚從古本，與後來諸本不同。宋活字本，《唐風》內「自」字橫置可證。

又《呂氏家塾讀詩記》，二函十六冊。宋呂祖謙撰。三十二卷。第一卷《綱領》、《詩樂》、《刪次》、《大小序》、《六義》、《風雅頌》、《章句音韻》、《卷帙》、《訓詁傳授》、《條例》，第二卷以下《詩》正文，小注引諸家說，斷以己意，前朱熹序，後尤袤跋。宋巾箱本。按陳振孫《書録解題》云：「自《公劉》已後，編纂已備，條例未竟，學者惜之。」此本《公劉》首章下有識，云「先兄己亥之秋復修是書，至此而終。自《公劉》之後章訖於終篇則往歲所纂輯者，皆未及刊定，如《小序》之有所去取，諸家之未次先後，與今編條例多未合。今不敢復有所損益，姑從其舊，以補是書之闕」云。按前序云：「伯恭父之弟子約以是書授其兄之友邱侯宗卿，而宗卿將爲版本以傳永久。」後跋亦云：「今東州士子家寶其書，而篇帙既多，傳寫易誤，建寧所刻又益闕遺。其友邱侯宗卿惜其傳之未廣，始鋟木於江西漕臺。」據此，則是書本有建寧坊本，邱宗卿乃爲重刻此帙也。

又《司馬氏書儀》，一函一本。宋司馬光撰。十卷。分七門，曰表奏、曰公文、曰私書、曰家書、曰冠儀、曰昏儀、曰喪儀。前有刻書序，無名氏。按：書中「敦」字闕筆，乃光宗以後刻。其曰「歲壬子」，即光宗之紹熙三年也。又刻墨圖記曰「傳棱書堂」，曰「稚川世家」，其人或葛姓也。近有影宋刻本，甚工細，按其闕空，即從此本影出。

又卷三《春秋經傳》，二函十六冊。二十卷。無注。宋諱俱闕筆，極謹嚴，蓋刻於光宗時，其宣祖不諱，則已祧矣。《左傳》監本譌舛甚多，幸宋刻之存於今者尚有數本，前人辨證亦多，尚可校正，不至如《儀禮》絕學，傳刻、辨證俱尠也。以諸宋本之同者校之監本之異者，長短立見。此本爽朗工密，校之它本俱優，而書中與監本不同者，如《隱四年》：「公及宋公監本譌『人』。遇於清」；《六年》：「芟夷薀監本譌『蘊』。崇之」；《九年》：「天王監本譌『子』。使南季來聘」；《桓二年》：「以臨照監本譌『照臨』。百官」；《六年》：「齊侯監本脫『侯』字。使乞師於鄭」；《十有一年》：「公會宋公於夫鐘」；監本譌「鐘」。《僖元年》：「齊師宋師曹師監本譌『伯』。次於聶北」；《三年》：「未之絕監本譌『絕之』也」；《五年》：「一之謂監本譌『爲』。甚」；《七年》：「君若監本譌『若君』。去之以爲成」；《九年》：「晉侯佹監本譌『詭』。諸卒」；《十有八年》：「而後監本譌『從』。師於訾婁」。

又《春秋經傳集解》，四函二十八冊。杜預《集解》。三十卷。前預自序，後預後序。每卷末載經若干字，注若干字，後序末載凡三十四萬五千八百四十四字。按：是本乃眞宋監版，希世之珍。其證有四：不附入音義，一也；自序後連卷一，不另篇，二也；闕筆極謹嚴，如《桓二年》「珽」字諸書從未見避，三也；明傳刻監本誤字一一無譌，四也。得此，眞於讀書者有益，不特元明諸刻，即同時麻沙本度越遠矣。

又《九經》，四函十六冊。巾箱本。不分卷。《易》、《書》共一冊，《詩》二冊，《周禮》二冊，《禮記》三冊，《左傳》六冊，《孝經》、《論語》共一冊，《孟子》一冊。音義皆附上方。諱「眘」，不諱「惇」，淳熙、乾道間刻也。按：唐及宋初均以《九經》取士，謂《三經》、《三禮》、《三傳》也。《經典釋文》以《易》、《書》、《詩》、《周禮》、《儀禮》、《禮記》、《春秋》、《孝經》、《論語》列於《序録》；《小學紺珠》云：「唐谷那律稱爲九經庫。」《九經》之名始見《宋史》，神宗用王安石之言，士各占治《易》、《書》、《詩》、《周禮》、《禮記》一經，兼《論語》、《孟子》。是時《儀禮》、《春秋》皆廢，不立學官。元祐初復《春秋左傳》，此所刊《九經》，蓋南宋之制。

又《公是先生七經小傳》，一函一冊。宋劉敞撰。敞字仲原。父清江人。仁宗朝進士，官至集賢學士，學者稱爲公是先生，《宋史》有傳。書三卷，《尚書》二十二條，《詩》三十三條，《周禮》四十條，《儀禮》四條，《禮記》三十條，《公羊》、《國語》三條，《論語》八十五條。書中「匡」字、「殷」字闕筆（圖一四二），「桓」字不闕筆（圖一四三），可證爲北宋本。

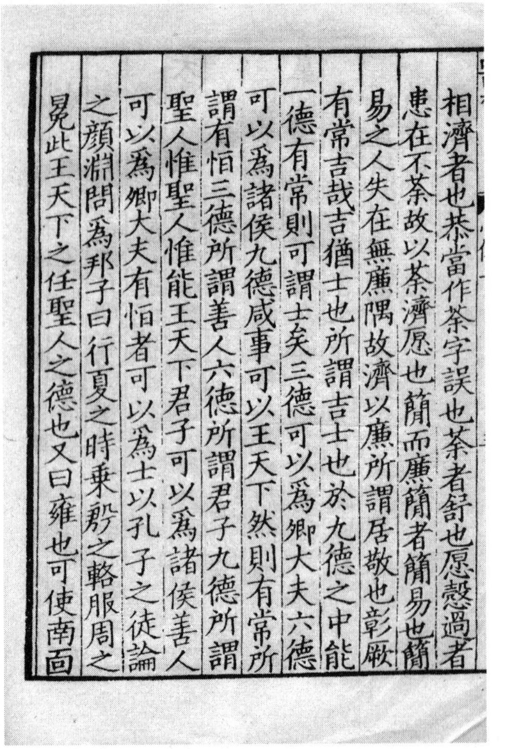
相濟者也恭當作茶字誤也茶者舒也愿愨過者
患在不茶故以茶濟愿也簡而廉簡者簡易也簡
易之人失在無廉隅故濟以廉所謂居敬也彰厥
有常吉哉吉猶士也所謂吉士也於九德之中能
一德有常則可謂士矣三德可以爲卿大夫六德
可以爲諸侯九德咸事可以王天下然則有常所
謂有恒三德所謂善人六德所謂君子九德所謂
聖人惟聖人惟能王天下君子可以爲諸侯善人
可以爲卿大夫有恒者可以爲士以孔子之徒論
之顔淵問爲邦子曰行夏之時乘殷之輅服周之
冕此王天下之任聖人之德也又曰雍也可使南面

圖一四二　第十行第十四字「殷」字闕筆。

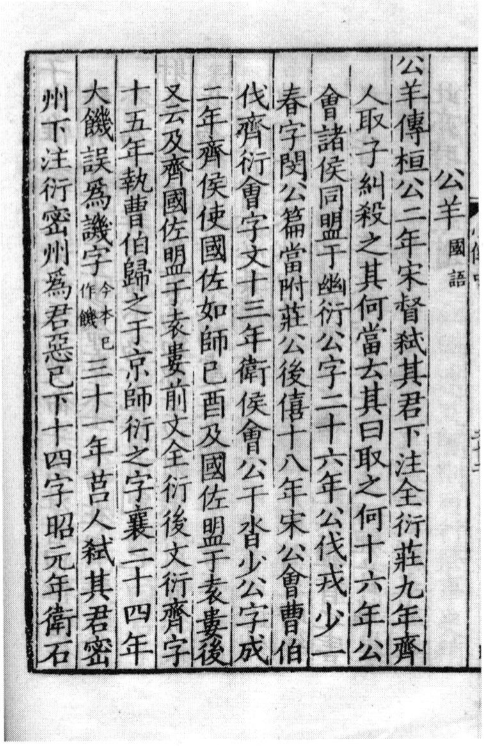
公羊 國語
公羊傳桓公二年宋督弑其君下注全衍莊九年齊
人取子糾殺之其何當去其曰取之何十六年公
會諸侯同盟于幽衍公字二十六年公伐戎少一
春字閔公篇當附莊公後僖十八年宋公會曹伯
伐齊衍會字文十三年衛侯會公于沓少公字成
二年齊侯使國佐如師已酉及國佐盟于袁婁後
又云及齊國佐盟于袁婁前文全衍後文衍齊字
十五年執曹伯歸之于京師衍之字襄二十四年
大饑誤爲譏字今本已作饑三十一年莒人弑其君密
州下注衍密州爲君惡已下十四字昭元年衛石

圖一四三　第二行第四字「桓」字不闕筆。

又《重刊許氏說文五音韻譜》，二函十二冊。漢許慎撰，宋徐鉉校定，李燾改編。慎字叔重，汝南人，官太尉南閣祭酒。鉉字鼎臣，鍇之兄，南唐吏部尚書，入宋爲太子率更令。燾字仁甫，號巽巖，丹稜人，紹興八年進士，累官敷文閣學士，贈太師溫國公，謚文簡。書十二卷。前慎序，鉉進表，雍熙三年中書門下牒。按《文獻通考》載李巽巖《說文五音韻譜序》極詳。《說文》部次始一終亥，此本始東終甲。序云：「不免移徙叔重部敘，其書要自別行，兩不傷也。」又云「書既成，未敢出，茲來遂寧，遇虞仲房，未是正，遂重刊刻」云。是書雖無燾序，其部分實爲燾書。又燾以淳熙朝知遂寧府，書中注孝宗御名，實成書時初刻也。

又《廣韻》，一函五冊。不著撰人姓氏。書五卷。前孫愐《唐韻序》。書內「匡」字，「紐」下十二字皆闕筆，餘如二十一「敬」，二十六「桓」諸諱皆不避，以版式參之，乃麻沙本也。

又《集韻》，二函十冊。宋丁度等修。揭銜「翰林學士兼侍讀學士朝請大夫尚書左司郎中知制誥判秘閣兼判太常禮院群牧使柱國濟陽郡開國侯食邑一千二百戶臣丁度等奉敕修定」。書十卷。前《韻例》載：「字五萬三千五百二十五。新增二萬七千三百三十一字。」詔名《集韻》，平聲四，不分上下。上聲二，去聲二，入聲二。末有宋祁等《奏舉子失韻事》，不全。是書槧法、字體，的是宋本。於僖祖、宣祖、孝宗諱皆闕筆，而太祖諱上一字闕，下一字不闕，則校讐之失也。

又卷四《史記》，六函六十冊。漢司馬遷撰，宋裴駰《集解》，唐司馬貞《索隱》并補，張守節《正義》。書一百三十卷。前有駰、貞、守節序。目錄後印「校對宣德郎秘書省正字張耒」八分書條記。按：《集解》、《索隱》、《正義》本各單行，至宋始合刻。據校書官乃張文潛，知爲元祐時槧。

又《通鑑紀事本末》，六函四十二冊。同上。篇目及楊萬里、趙與𥲅序俱同。多元延祐六年陳良弼序，序稱節齋刻版，後東之高閣者四十餘年，其孫明安過嘉禾學宮，出所藏書版見示，因白御史宋公一齋、僉憲鄧公，善之，以中統鈔七十五定償之，寘之學宮，因書得版顛末於節齋序後。蓋良弼時爲郡文學掾，據序乃宋版元印也。

又卷五《纂圖互註六子全書》，四函二十四冊。《老子道德經》四卷，漢河上公章句、註釋。前有葛元序、《老氏聖紀圖說》、《混元三寶圖》、《初眞內觀靜定

圖》，《金丹圖》。列子《沖虛至德眞經》八卷，晉張湛注，唐殷敬順釋文。前有湛序、劉向校上奏。莊子《南華眞經》十卷，晉郭象註、序，陸德明音義。前有象序、莊子《太極說》，附周子《太極圖》。《荀子》二十卷，唐楊倞註。前有倞序、《欹器圖》、《天子大路圖》。揚子《法言》十卷，晉李軌、唐柳宗元註，宋宋咸、吳秘、司馬光重添註。前有咸序及進表、光《註揚子序》、《渾儀圖》、《五聲十二律圖》。文中子《中說》十卷，宋阮逸註。前有逸序、《文中子纂事》，後有杜淹撰《文中子世家》，錄唐太宗與房、魏論禮樂事，王福畤《記東皐子答陳尚書書》，錄關子明事，王氏家書、雜錄，書首有景定元年龔士髙序。建陽麻沙本。《揚子》序後有印記：「本宅今將監本四子纂圖互註附入重言、重意，精加校正，竝無訛謬，謄作大字刊行，務令學者得以參考，互相發明，誠爲益之大也。建安空三字謹啓」。蓋南宋坊刻《九經》皆有纂圖、互註本，此亦如之。其互註皆標白文，圖亦寥寥，至以《莊子》書有太極語，便以《周子太極圖》附之，更爲牽引。但諸書皆古註，闕筆極爲謹嚴，則固宋本之眞確者。龔序但言五子，不及《文中》一字，則坊賈謬取以冠首也。

又《家語》，一函五冊。魏王肅註。肅字子雍，東海人，官中領軍散騎常侍，謚景侯。《三國志》有傳。書十卷，四十四篇。前有肅序，末載「歲甲寅端陽望，吳時用書，黃周賢、金賢刻。」考《四庫全書總目》有《二十六家唐詩》，款亦同，疑爲明書賈而別無實證。此書中「禎」字闕筆，避宋度宗嫌名，似咸淳年刻。然咸淳起乙丑盡甲戌，中無甲寅年。其槧法特精好，印記古澤，難斥爲近刻也。

又《揚子法言》，一函六冊。見前。十三篇，篇爲一卷。前宋咸表、序，司馬光序，又唐仲友淳熙八年序，後有《揚子音義》一卷。書中闕筆極謹密，至孝宗諱「慎」字止，是淳熙時鋟。唐仲友序前闕一葉，蓋刻書時序也。大字，麻沙最善本。

又《西山先生眞文忠公讀書記》，五函三十六冊。宋眞德秀撰。德秀字希元，浦城人，慶元中進士，官參知政事，謚文忠，配享聖廟。書五十九卷。《甲記》三十七卷，前有《綱領》，論「天命之性」至「鬼神」，標目百有二；《乙記》二十二卷，前有《綱目》、《綱領》，論「虞夏大臣事業」至「有唐輔臣事業」，標目十。末刻銜「提督奉議郎特添差福建安撫司參議官仍釐務涂演，提督奉議郎通判福州軍州事兼西外宗正丞黃□孫監雕，迪功郎福州福清縣縣學主學張植。」陳振孫《書錄解題》載《讀書記》分甲、乙、丙、丁，今但有甲二十七卷，丁二卷，乙、丙未見。《文獻通考》亦祇載三十九卷，至乙記下二十二卷，前有德秀門人湯漢序，稱甲、丁二記先刊行，乙記上即《大學衍義》，其下未及繕寫而德秀歿。從其子仁夫鈔得，釐爲二十二卷而刊之福州。此本甲、乙二記卷數相合，而校刻銜名皆福建職官，蓋即漢刊之福州者，特闕其序耳。又無丁記，然提督監雕名列通部之末，似本無丁記，非脫佚也。見在盛行祠版乃以丁記二卷羼入甲記，爲第三十三、三十四卷，又匀甲記爲三十八卷，以足四十之數。而乙記下不刊，顚倒遺漏，益知舊籍可珍。

又《新編證類圖註本草》，四函二十四冊。書四十二卷。揭銜「通直郎添差充收買藥材所辨驗藥材寇宗奭編撰，敕授太醫助教差充行在和劑辨驗藥材官許洪校正」。前有《補註總序》、《本草圖經序》、《開寶重定序》、《唐本序》、《陶隱居序》，又序例《重廣補註神農本草幷圖經序》、《雷公炮炙論序》，又序例上、中、下，又序例《目錄》，其正文分部繪圖，詳註藥性、道地、炮製、方劑，引據雖極博而編纂無例，標註不明，蓋當時局醫所撰，未經秘省儒臣釐定也。《玉海》載紹興二十七年八月十五日王繼先進校定《大觀本草》，詔秘書省修潤，付冑監鏤版。是南宋有官本。此本銜內有「行在」字樣，小南渡後刻。

又卷七《橫浦先生文集》，二函十二冊。宋張九成撰。九成字子韶，錢塘人。紹興庚戌對策第一，官禮部侍郎，以忤秦檜和議謫官，卒。復敷文閣待制，理宗時贈太師崇國公，謚文忠。書二十卷。其門人郎晦之所編，有跋。末附施德操《孟子發題》一篇。德操字彥軌，九成之友也。前有其姪窔撰《橫浦先生家傳》，紹定二年子有成序。有成祖母爲九成女弟，序事甚詳。按此本闕筆字，的爲宋末舊刻。今所傳有《橫浦心傳錄》、《日新錄》，此舊本無，當時二《錄》別行專本也。

又《文選》，六函六十一冊。梁昭明太子撰。本三十卷。唐李善注，五臣呂延濟、劉良、張銑、呂向、李周翰再注。分六十卷。前有顯慶三年李善《進書表》，開元六年呂延祚《進書表》及《遺高力士口宣敕》，昭明原序。通部闕筆、嫌名字，俱極清晰。每卷末列校對、校勘、覆勘銜名，或三人，或四人，其覆勘張之綱官贛州州學教授，李盛官贛州司戶參軍，蕭倬官贛州石城縣尉，鄒敦禮官贛州觀察推官，皆一時章貢僚屬，是此本贛州郡齋

開雕者。流傳頗少。

又卷八《龍龕手鑑》，一函六冊。遼僧行均集。行均字廣濟。書四卷。卷一「平聲」，列「金字第一」至「知字第九十七」；卷二「上聲」，列「手字第一」至「泉字第六十」；卷三「去聲」，列「見字第一」至「句子第二十六」；卷四「入聲」，列「木字第一」至「襍字第五十九」。共二百四十一部，每部又分列四聲，計二萬六千四百三十餘字，注十六萬三千一百七十餘字。前有遼僧燕山憫忠寺沙門智光字法炬序。是書雖不載刊刻年月，而僧智光序稱「統和十五年丁酉七月癸亥」，當即是時所刊本。刻手精整，紙墨古澤。統和，遼聖宗年號，其十五年，宋太宗之至道三年也。考晁公武《讀書志》載有此書，序題年月及卷數幷與此同，惟沈括《筆談》則云序題「重熙」。《文獻通考》載三卷，錯誤顯然。殆緣當時封疆隔越，傳聞紀載不免失實歟？

又《書傳輯錄纂注》，二函八冊。元董鼎撰。鼎字季亨，鄱陽人，黄幹門人。書六卷。首列蔡《傳》，又取朱子之說爲輯錄，諸家之說爲纂注，各以白文標之。前有蔡沈《集傳序》，又《朱子說書綱領》，又《書序綱領》，後有「建安余氏勤有堂刊」墨記（圖一四四）。是書槧手精工，雖宋本亦稱佳者。以書中宋諱皆不闕筆，而勤有堂世守其業，至今不廢，故列之元版。

圖一四四　「建安余氏勤有堂刊」墨記。

又《春秋諸傳會通》，二函十六冊。元李廉撰。廉字行簡，廬陵人。楊士奇《東里集》載：廉以至正二年舉於鄉，成進士，官信豐令，遇寇亂，守節死。《元史》遺之。書二十四卷。前有杜預《左傳序》，何休《公羊傳序》，范甯《穀梁傳序》，程頤《春秋序》，胡安國《春秋傳序》及《進表》，樓鑰《陳氏後傳序畧》；次《凡例》；次《讀春秋綱領》。通部經文大書《三傳》及胡安國《傳》、陳傅良《後傳》、張洽《集注》，皆低一格，各以白文標識；其附錄、注疏低二格；自作按語低三格。體例極爲嚴晰。考別本有廉自序，謂先《左氏》，事之案也；次《公》、《穀》，傳經之始也；次《三傳》之注，專門也；次疏、義，釋所疑也。總之，以胡氏貴斷也，陳、張竝列，擇所長也。其作書之旨具是，大抵主胡氏而多所駁正。此本序佚。錄工古雅，元版最上乘。卷末有「至正辛卯仲冬虞氏明復齋刊」、「南谿精舍」兩墨記，與前蔡沈《書集傳》同出一家。

又《春秋經傳集解》，四函三十二冊。篇目見前《宋版經部》。書三十卷。前有杜預序，次《春秋諸國地理圖》，次《三皇至春秋諸國世次圖》，次《春秋名號歸一圖》，次《諸侯興廢圖》，次《總例》，次《春秋始終三傳授受圖》，後有預後序。巾箱本。槧工、紙墨的係元時，而篇幅狹小，乃坊間刻印者。

又《增修互註禮部韻畧》，一函五冊。宋毛晃增註，男居正校勘重增。晃自署「衢州免解進士」。居正字誼父，進士，仕履未詳。書五卷。前有紹興三十二年晃《進書表》，稱「增入二千六百五十五字，圈一千六百九十一字，正四百八十五字」。是書鐫手、紙墨俱精，置之宋版中幾不可辨，但書中如「十八諄」之「惇」字，「二十一欣」之「殷」字，「十陽」之「匡」字，宋正諱，嫌名全部皆不闕筆（圖一四五），知爲元槧，其相去猶未遠也。

又卷九《通志》，二十函百四十冊。宋鄭樵撰。樵字漁仲，莆田人。紹興中以薦授右迪功郎、兵部架閣，尋監潭州南嶽廟，給札鈔所撰《通志》。書成，授樞密院編修。《宋史》有傳。書二百卷。一之二十本紀，二十一之二十四年譜，二十五之七十六略，七十七之二百世家、列傳、載記，蓋匯集三千年事爲通志。其本紀、世家、列傳、載記多採諸史舊文，年譜加以貫串。至極意撰述尤在二十略，曰氏族、六書、七音、天文、地理、都邑、禮、謚、器服、樂、職官、選舉、刑法、食貨、藝文、校讐、圖譜、金石、災

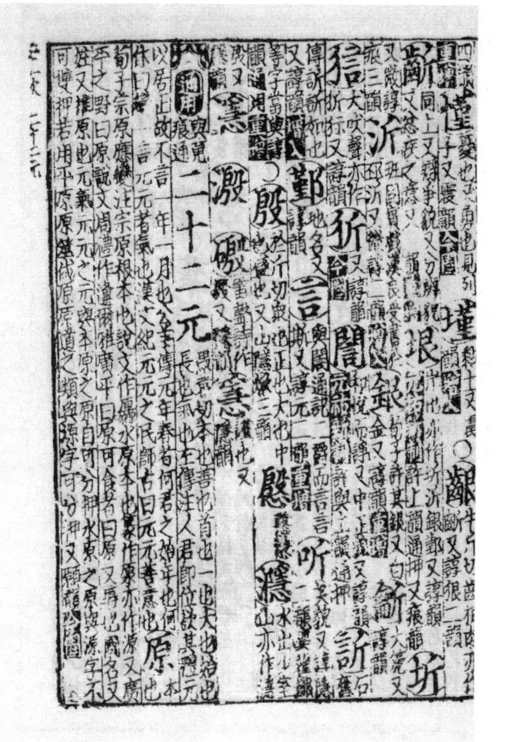

圖一四五　「二十一欣」之「殷」字不闕筆。

祥、昆蟲草木以代諸史之志，攟摭論斷，浩博精詳，爲千古書籍鉅製。前有樵總序，又至治二年吳繹序，及《募印通志疏》。印造銜名七人：江浙等處行中書省所委官將仕佐郎太平路當塗縣主簿袁矩，承務郎福建道宣慰使司都元帥府都事江正，承務郎福建道宣慰使司都元帥府都事紀昱，福州路總管府提調官經歷侯維清，福州路總管府提調官知事楊也先，福州路總管府所委提調官福州路儒學教李長翁，福州路總管府所委提調官福州路錄事司判官蓋從杞。據序、疏，元興時命勒是書於三山郡學以獻於朝，繹爲福州守，乃募僚屬摹稍五十部散之江北諸郡，是當時官刻官印之書也。

又卷一〇　《韻府群玉》，四函二十册。元陰時夫撰，中夫注。二十卷。前有翰林滕玉霄序，次至大庚戌姚雲序，次趙孟頫題語，次陰竹野序，署「大德丁未春前進士竹野倦翁八十四歲書於聚德樓」，次中夫序，署「延祐改元甲寅秋鄉試後五日幼達書」，次時夫自識，署「時遇謹白」，次《目錄》，次《事類》、《總目》，次《凡例》。後有墨記，署云：「瑞陽陰君所編《韻府群玉》，以事繫韻，以韻摘事，乃韻書而兼類書。今將原本重加校正，每事音切下增許氏《説文》，事未備者補之。重刻梓行」云云。款「至正丙申暮春劉氏日新堂謹白」。刊手精整，摹印匀淨，當爲元版無疑。

又卷一一　《分類補注李太白詩》，一函八册。唐李白撰，宋楊齊賢集注，元蕭士贇刪補。齊賢字子見，舂陵人；士贇字粹可，寧都人，自署「冰崖後人」，蓋其父宋辰州通判，立等，之號也。書二十五卷。分類二十二，曰古賦，曰古風，曰樂府，曰歌吟，曰贈，曰寄，曰留別，曰送，曰酬答，曰遊宴，曰登覽，曰行役，曰懷古，曰閒適，曰懷思，曰感遇，曰寫懷，曰詠物，曰題詠，曰雜詠，曰閨情，曰哀傷。前有至元辛卯士贇自序，稱八賦楊本無注，己所補。辛卯爲元世祖至元二十八年也。目錄後有空墨印一，按下一部係「至元五年萬玉堂刊」八字，蓋市賈故爲漏印以贋宋本耳。

又　《元豐類藁》，二函十二册。宋曾鞏撰。書五十卷。與晁公武《郡齋讀書志》所載合。前有元豐八年王震序，後附錄《行狀》、《碑誌》、《哀挽》一卷，人德甲辰丁思敬後序，有云「假守是邦，獲拜祠墓，得文集善本，前邑令王斗齋繡梓，乃鳩工摹而新之。」（圖一四六）是本書法，槧手俱極古雅，麻紙，濃墨，摹印精工，爲元刻上乘。明成化時南豐知縣楊參重雕，遠遜初刊矣。

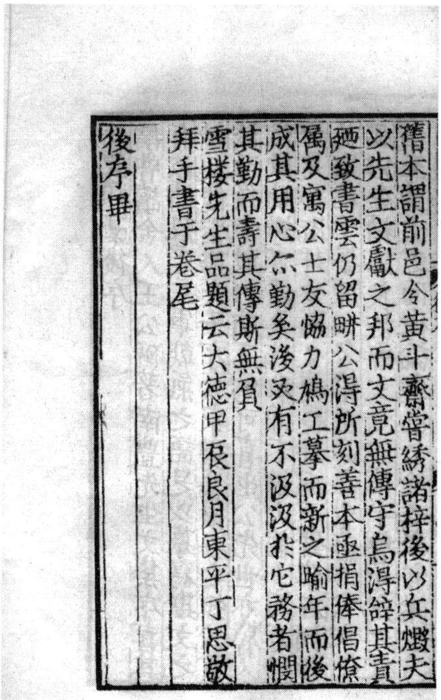

舊本謂前邑令黄斗齋嘗繡諸梓後以兵燹夫
以先生文獻之邦而文竟無傳守烏得辭其責
迺致書雲仍留畊公得所刻善本亟捐俸倡僚
屬及寓公士友協力鳩工摹而新之踰年而後
成其用心亦勤矣後來有不汲汲於它務者惜
其勤而壽其傳斯無負
雪樓先生品題云大德甲辰良月東平丁思敬
拜手書于卷尾
後序畢

圖一四六　大德甲辰丁思敬後序。

又卷一二 《詩緝》，四函二十冊。宋嚴粲撰。粲字坦叔，號華谷，邵武人，官清湘令。書三十六卷。前有淳祐甲辰林希逸序，次戊申粲自序，次袁甫手帖，次《條例》，次《清濁音圖》，次《十五國風地理圖》，次《毛詩綱目》。其書以呂祖謙《讀詩記》爲主，而雜采諸説以發明之。舊説未安，則斷以己意，而於音訓疑似、名物異同最爲精覈。《音圖》後刻「趙府刊於居敬堂」，有「趙府居敬堂」章。考《明史·諸王傳》，趙府六世襲，厚煜以孝聞，嘉靖七年璽書褒：「予性和厚，搆樓讀書，文藻贍麗」，蓋其所刻也。粲自序有「命鋟之木之語」，是當時已有鐫本。此從宋版重刻，細按書中，如：「何彼襛矣」之「襛」，「揚且之皙也」之「皙」，「終然允臧」之「然」，「不能辰夜」之「辰」，「蒹葭淒淒」之「淒」，「約軝錯衡」之「軝」，「其下維穀」之「穀」，「成不以富」之「成」，「朔月辛卯」之「月」，「家伯維宰」之「維」，「不離於裏」之「離」，「爰其適歸」之「爰」，「興雨祁祁」之「祁」，「不皇朝矣」之「皇」，「以篤於周祜」之「於」，「灑埽廷內」之「廷」，「既右饗之」、「來假來饗」之「饗」，「降予卿士」之「予」，皆與後來誤本不同，雖明刻而猶存宋本之舊也。

又 《禮記集説》，二函十六冊。元陳澔撰。澔字可大，號雲莊，都昌人。其父大猷師饒魯，魯師朱熹之婿黄幹，故明初以澔此書列於學官。書十六卷。前有澔序、例，書首刻：「司禮監欽奉聖旨，《五經》、《四書》經註坊刊本字有差謬，恁司禮監將《易程朱傳義》、《書蔡沈集傳》、《詩朱熹集傳》、《春秋胡安國傳》、《禮記陳澔集説》、《四書朱熹集注》都謄寫的本，重新刊印，便於觀覽。欽此。正統十二年五月初二日。」每冊鈐以「表章經史之寶」，乃明官刊秘籍。

又卷一三 《六經圖》，一函六冊。同上。惟《易圖》末刻「修吉堂改正共一百處」，《書圖》末刻「修吉堂考校其五百二十處」，《詩圖》末刻「修吉堂考校共三百九處」，《周禮圖》末刻「修吉堂考正八十處」，《禮記圖》無，《春秋圖》末刻「修吉堂考正九十一處」，蓋即吳氏熙春堂所摹宋版，後歸修吉堂更加考正耳。

又 《埤雅》，一函二冊。宋陸佃撰。佃字農師，越州山陰人，熙寧三年進士，歷官左丞，罷知亳州。《宋史》有傳。書二十卷。《釋魚》二，《釋獸》三，《釋鳥》四，《釋蟲》二，《釋馬》一，《釋木》二，《釋草》四，《釋天》二。名曰《埤雅》，言爲爾雅之輔也。前有宣和七年其子宰序，又張存序，稱「僉事林瑜、太守陳大本鳩工刻之」，末刻「後學顧棫校本」。有「虞山如月樓刊」、「顧氏校本」二墨印。按《江西通志》：林瑜字子潤，龍巖人，永樂中任按察司僉事；陳大本，無爲州人，洪武年任贛州同知，尋升本府知府。二人皆入江西名宦，則是書乃明初刻也。

又 《重刊改併五音集韻》，二函十冊。即韓道昭《改併五音類聚四聲篇》，篇目見前。標題「至元庚寅重刊」。有無名氏序。第一卷後刻「浙江嘉興府崇德縣圓通菴沙門如彩重梓，如錦助刊。」考崇德，今石門縣，元爲州，明洪武二年改縣，當是明僧重刊元版。

又卷一四 《史記》，八函六十四冊。篇目見前《宋版史部》。有《索隱序》、《集解序》、《索隱後序》。是書槧法極工。目錄後有「淳祐丁未月正元日古贇盛如杞謹書」墨印，然於宋諱俱不闕筆，坊賈作僞，未能以一葉定爲宋本，在明版則最上乘矣。

又 《資治通鑑綱目》，十二函八十四冊。《資治通鑑綱目》篇目見前元版史部，明成化九年奉敕重刊，前有憲宗御製序。《續資治通鑑綱目》二十七卷，前亦有憲宗御製序，乃因重鋟本目，而宋、元二代無定本，雖有《長編》、《續編》，而採擇不精，書法未能盡合。敕儒臣編纂共爲一書，成化十二年書成，前列纂修商輅等十五人。兩序俱前鈐「廣運之寶」，後鈐「表章經史之寶」。明官刻頒行本。

又卷一五 《四明尊堯集》，一函一冊。宋陳瓘撰。瓘字瑩中，號了翁，沙縣人，由甲科入仕，官右司員外郎兼權給事中，謚忠肅。《宋史》有傳。書十一卷。分八門：曰聖訓、論道、獻替、理財、邊機、論兵、處己、寓言。有瓘自撰前後序并《進表》，後有男正綱跋，又一跋，亦其後人，闕名。附刻瓘《責惐文》。按：瓘以紹聖史官專據王安石《日錄》改修《神宗實錄》，作是書以辨其妄。初竄廉州，著《合浦尊堯集》，但著《十論》，猶未直攻安石。北歸後乃改作此書，皆摘《日錄》原文而以「臣瓘論曰」駁斥之，條系於下，共六十五條。每門又著《總論》。坐是復羈管台州。《宋史》謂「蔡京、卞兄弟最所忌，至靖康始贈官紹興，始賜謚」云。書前有「後至元己卯林興祖序」，乃其九世孫文綢重刊時作。此本標十五世孫堉蕭甫、裔孫載興校刊。九世已入元時，以世次年數計之，則在明代矣。

又《十七史詳節》。三函二十四册。篇目同前《宋版史部》。前有無名氏序，墨印三：「愼獨齋」、「五忠後裔」、「精力史學」。每卷首或刻「建陽劉克莊梓」，或刻「建陽愼獨齋」，或刻「建陽木石山人劉宏毅」，其例不一。建陽自宋爲刻書之肆，劉氏愼獨齋世其業，而劉宏毅乃明時人。首標克莊，著其先世名人耳。

又《歷代地理指掌圖》，一函六册。不著撰人名氏。書不分卷。自「帝嚳九州」至「宋升置州郡」，凡四十四圖。前有蘇軾序，後有《總論》。按費袞《梁谿漫志》云：「今世所傳《地理指掌圖》，不知何人所作，其考究精詳，詮次有法，上下數千百年一覽而盡，非博學洽聞者不能爲。自足以傳遠，然必託之東坡，其序亦云東坡所作。觀其文淺陋，乃舉子綴對策手段，東坡安有此語？最後有《本朝升改廢置州郡》一圖，乃有崇寧以後迄於建炎、紹興所廢置者，是豈出於東坡之手哉」云云。其書藍本於《元豐九域志》，宋坊間所行，袞辨之詳矣。淳熙間趙亮夫刻於桐汭，此本中宋諱字尚有闕筆者，乃從宋本翻雕之證，而多《昊天成象圖》、《明一統圖》、各布政使司十四圖，足證爲明時重刻。末有「毘陵陳奎刻」五字。

又卷一六《性理大全》，二函十二册。明胡廣、楊榮、金幼孜等奉敕撰。原一百二十九卷。首列成書，爲《太極圖說》、《通書》、《西銘》、《正蒙》、《皇極經世書》、《易學啓蒙》、《家禮》、《律呂新書》、《洪範》、《皇極内篇》，次輯諸儒議論，分理氣、鬼神、性理、道統、聖賢、諸儒學、諸子、歷代、治道、詩、文。永樂十三年書成，成祖御製序，刊頒天下。有《進書表》及先儒姓名、纂修銜名。後經南畿督學御史楊宜取官頒善本校録重刊。此本乃萬曆丁酉吳勉學師古堂刻本。卷首有識，每卷末刻「新安吳勉學校」。

又《世說新語》，一函六册。宋劉義慶撰，梁劉孝標注。事俱具《南史》。書三卷，各分上、下，凡三十六門。是書紹興八年董弅以家藏王原叔本及後得晏元獻本是正刊之，淳熙戊申陸游重刻於新定，皆有識。末刻「嘉靖乙未歲吳郡袁氏嘉趣堂重雕」，蓋從陸本翻刻者（**圖一四七**），猶屬完書，較之王世貞所刻刪節注文者，此爲善本矣。

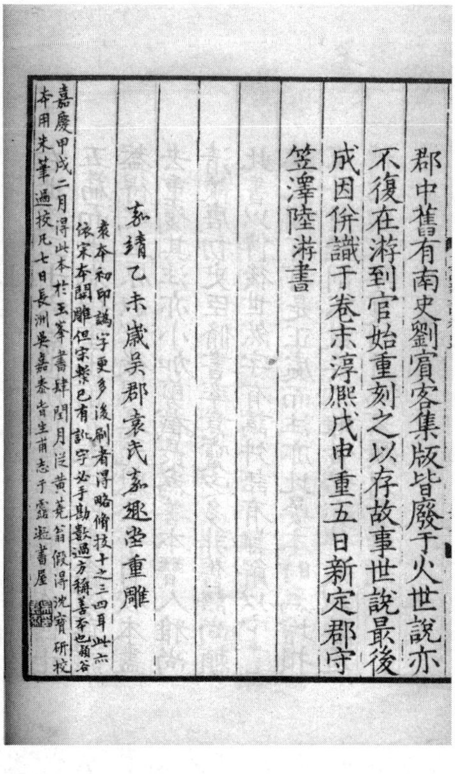
郡中舊有南史劉賓客集版皆廢于火世說亦不復在游到官始重刻之以存故事世說最後成因併識于卷末淳熙戊申重五日新定郡守笠澤陸游書

嘉靖乙未歲吳郡袁氏嘉趣堂重雕

袁本初印譌字更多後刷者得略修改十之三四耳此亦依宋本開雕但宋槧已有訛字必手勘數過方稱善本也顧谷

嘉慶甲戌二月得此本於玉峯書肆閏月從黃蕘翁假得沈寶研校本用朱筆過校凡七日長洲吳嘉泰昔生甫志于霜崖書屋

圖一四七　陸游「後識」及「嘉靖乙未歲吳郡袁氏嘉趣堂重雕」牌記。

又《輟耕録》，一函四册。明陶宗儀撰。宗儀字九成，號南村，台州人，洪武中舉人材，不就。書三十卷，凡四百八十二條。於元時典章、制度、人物爲詳，蓋猶在元時所作。前有至正丙午孫作序，并《南村先生傳》，又邵亨貞募刻是書疏，萬曆戊寅徐球補刻識，乃明初舊版重修者。

又卷一七《海録碎事》，二函十二册。宋葉廷珪撰。廷珪字嗣忠，崇安人，政和五年進士。紹興中爲太常寺丞，與秦檜忤，出知泉州。書二十二卷。分丨六部，曰天地、衣冠、服用、飲食、器用、聖賢、人事、帝王、臣職、鬼神、道釋、百工、醫技、商賈、貨財、音樂、農田、文學、武功、政事、禮儀、鳥獸、草木，凡子目五百八十四。前有紹興十九年廷珪自序，謂初名《 四録言》，自一字至四字可取者皆録之，紹興十八年謫官泉南時成書。明劉鳳校刻。鳳字子威，長洲人，嘉靖甲辰進士，官河南按察司僉事，故署銜曰「河南僉憲」。坊賈剗補「明」字爲「宋」以售其贋，不知南宋地無河南，官無僉憲也。印記亦多僞而版特精好。

又《文林綺繡》，四函二十册。明淩迪知彙刻。迪知字稚哲，吳興人，嘉靖丙辰進士，官工部員外郎。書五種，曰《左國腴詞》八卷，凡八十三類

九十篇，迪知撰；曰《楚騷綺語》六卷，凡七十四篇，張之象撰。曰《太史華句》八卷，凡八十一門，篇如之，迪知撰；曰《兩漢雋言前集》十卷，凡五十篇，宋林越撰，舊名《漢雋》；《後集》六卷，凡六十二篇，迪知撰；曰《文選錦字》二十一卷，迪知撰，凡四十六門六百八十一目，皆集各書華藻字，注其本文，標其原目，以篇首二名爲名，其通例也。每種前有迪知序，《文選錦字》目錄後刻「萬曆丁丑春仲吳興淩氏桂芝館梓行」。

又《雲仙雜記》，一函三冊。唐馮贄撰。贄里系無考。書十卷。凡四百四十五條，各注出處。前有贄自序。陳振孫《書錄解題》有馮贄《雲仙散錄》一卷，疑爲子虛烏有之人。趙與旹《賓退錄》、洪邁《容齋隨筆》說亦同。張邦基《墨莊漫錄》載爲王銍僞造。孔傳《續六帖》引《雲仙散錄》皆在此書中，其爲一書無疑。按序署「天復元年」而文內「天祐四年成書」，年號倒置，所引書目皆列代史志所未載，則其書之眞僞明矣。末刻「玉峰葉氏菉竹堂中繡梓印行」，乃崑山葉盛家所刊。

又卷二〇《全唐詩話》，一函三冊。篇目同前《元版集部》。明秦中刻。有正德丁卯安惟學序，強晟後序，俱誤以此書爲尤袤作，更在毛晉前矣。刻書時秦以御史巡按陝西，惟學方爲陝參政也。末刻印記「正德丁丑春正月穀旦東魯鮑繼文伯正重刊於雲中教養堂」，是明時已再刻矣。

又《增廣類聯詩學大全》，二函十二冊。宋林楨撰。楨，閩人。書三十卷。分二十八門，曰天文、地理、時令、宮室、花木、百果、草木、君道、臣道、親屬、百官、儒學、僧道、人品、人事、雜伎、慶賀、吊慰、飲食、衣服、器用、音樂、圖畫、寶貝、飛禽、走獸、鱗介、昆蟲，每目首曰「事類」，次曰「大意」，次曰「起」，曰「聯」，曰「結」，皆以備作詩撏撦之用，與攔江網相類。首有無名氏序，稱「放翁先生」因楊月軒之請，勒成一書。然百官門中有「總管」、有「蒙古教授」，皆元時官名，非出於陸游也。書末刻「正德丙子仲春吉旦西園堂刊」，「丙子」乃明正德十一年，坊賈剔去「正」字以贋元版，然元大德起丁酉，迄丁未，無丙子也。

陳鱣《經籍跋文·宋版周易注疏跋》　孔穎達等《周易正義》，據序云十有四卷，《新唐書·執文志》及《郡齋讀書志》同。惟《直齋書錄解題》作十三卷，引《館閣書目》亦云今本止十三卷。按：序所云十有四卷者，蓋兼《略例》一卷而言。若《正義》原本止十三卷，《舊唐書·經籍志》誤作十六卷，後皆作十卷，又爲妄人所幷也。原本單疏，並無經注。正經注語，惟標起止，而疏列其下。注疏合刻起于南、北宋之間。至于音義，舊皆不列本書。附刻音義，又在慶元以後，即《九經三傳沿革例》所謂建本有音釋注疏是也。以其修版至明正德間止，亦偁正德本；以其每半葉十行，又謂之十行本。然它經音義附于每節注後疏前，獨《周易》總附于末卷之後，故題爲《周易兼義》，而不偁《附音》。若夫注疏初合刻本，則幷不附。今世通行者曰閩本，曰監本，曰毛本，每半葉皆九行。鱣向藏十行本已爲罕有。今秋從吳賈得宋刻大字本十三卷，每半葉八行，行十九字，皆頂格。經下夾行注。有「注云」二字，注下作大字，陰文，疏字仍夾行，先整釋經文，然後釋注，再接大字經文。其款式與日本山井鼎《七經孟子攷文》所據宋本一一脗合。書中避敬「恆」、「貞」、「恆」等字，而不避「愼」字（圖一四八）；間有避「愼」字者，審係修版。疑即《沿革例》所謂紹興初監本，其刷印則在乾道、淳熙間也。楮墨精良，古香可愛。每葉楮背有「習說書院」四字長印，未知所在。每卷首有「係修景芳印」，似係明人。

極居上體之下在不中之位履重剛之險上不在
天未可以安其尊也下不在田未可以寧其居也
純修下道則居上之德廢純修上道則處下之禮
曠故終日乾乾至於夕惕猶若厲也居上不驕在
下不憂因時而惕不失其幾雖危而勞可以无咎
處下卦之極愈於上九之亢故竭知力而後免於
咎也乾三以處下卦之上故免亢龍之 疏 正義
悔坤三以處下卦之上故免龍戰之災 曰以
陽居三位故稱九三以居不得中故不稱大人陽
而得位故稱君子在憂危之地故終日乾乾言每
恒終竟此日健健自強勉力不有止息夕惕者謂
終竟此日後至向夕之時猶懷憂惕若厲者若如
也厲危也言尋常憂懼恒如傾危乃得无咎謂既
能如此戒慎則無罪咎如其不然則有咎故繫辭
云无咎者善補過也此一爻因陽居九三之位皆
以人事明其象 注處下至之災 正義曰處下

圖一四八　第六行小字首字「恒」闕筆，第七行小字雙行第五字「愼」不闕筆。

又《宋本周易集解跋》　《周易集解》十卷，影宋寫本。首題「易傳卷第幾」，下題「李氏集解」。今所行十七卷本作「周易集解」，下云「唐資州李鼎祚輯」，非其舊也。前列《易傳序》，偁秘書省著作郎臣李鼎祚序；次載晁公武書；又次李燾書；又次鮮于侁書；又次侃子申之書。末附《易傳略例》，後載計用章序。每葉十六行，行十八字。自乾坤二卦以外卦爻下俱列某宮某月二世等字，作三行。凡遇「貞」、「恆」等字俱缺筆。以今汲古閣刻本校之，經文如《文言傳》「可與言幾也」今無「言」字，《噬嗑象傳》「先王以明罰敕法」今作「勑法」，《大壯象傳》「不詳也」今作「不祥」，【略】皆以宋本爲長。至於《集解》開卷第一條「故曰乾元亨利貞矣」今脱「乾」字，第二條「故曰勿用矣」今脱「矣」字。其餘甚多。凡引「于寶曰」，今通作「干寶」。余別有攷。鼎祚自序本云凡成一十卷，《中興書目》亦作十卷，《新唐書·埶文志》作十七卷，晁公武云：「唐録稱鼎祚書十七卷，今所有止十卷，而始末皆全，無所亡失，豈後人并之邪？」李燾亦云據鼎祚自序止云十卷，又首尾俱全，初無亡失，不知《唐史》何所據而云十七卷也。《崇文總目》及《邯鄲圖書》遂稱七篇逸，蓋承唐史之誤。按：明嘉靖三十六年，朱睦㮮刻此書尚作十卷，崇禎間毛晉汲古閣所刻乃作十七卷，又改序中一十卷爲一十八卷，以合《附録》《略例》一卷之數，而《略例》仍未之附。尤可笑者，第十五卷止於「知之未嘗復行也」，而第六卷始於「易曰不遠復」，以經文之一節歧置二卷，抑何冒昧至此！蓋李氏自序中本有「別譔索隱」之語，《宋志·五行類》有李鼎祚《易髓》三卷，《目》一卷，《瓶子記》三卷，當即其所別譔者。或附於《集解》後，合之正十七卷，故唐志綜其所譔述而言。晁、李諸家俱未深究原委耳。《集解》自北宋慶歷四年臨卭計用章屬所親眉陽孫景初募工刊刻，南宋乾道二年資中郡守鮮于侃刻之學官，嘉定五年侃子申之以版復荒老且字小不便於覽者，乃將大字刻之漕司。此即從嘉定本影寫者，用明時戶口冊籍紙，上有「嘉靖伍年」等字。既薄且堅，反面印格摹寫工整絶倫，鐵（豪）［毫］無誤。

又《宋咸淳本周易本義跋》　向從吳中顧氏得宋版《周易本義》十二卷，精美無比，有跋刻於綴文。又從吳中袁氏得幡宋刊《周易本義》，其卷帙次序悉同宋版，惟字樣較大，每葉十二行，行十五字。其經文如《比·初六》：「終來有它，吉」不作「有他，否」，《九五》：「繫於苞桑」不作「包桑」，《井·九五》：「井洌寒泉食」不作「井冽」。《坤彖傳》：「應地无疆」不作「無疆」，《頤彖傳》：「自求口實」不作「口食」，《繫辭傳》：「失得之象也」不作「得失」，「其受命也如嚮」不作「如響」，「何以守位，曰人」不作「曰仁」，「男女構精」不作「搆精」，「兼三材而兩之，故六」不作「三才」，下句同。《序卦傳》：「傷於外者必反於家」不作「其家」，「決必有遇」，「有」下無「所」字。《雜卦傳》「豐多故」下無「也」字，俱與宋版相合，而可以證俗間通行本之誤。至於《雜卦傳》「遘，遇也」不作「姤遇」，則此本尤勝。攷《說文》無「姤」字，徐鉉新附乃有之。《爾雅·釋詁》：「遘，遇也。」《易·姤·釋文》：「古豆反。」薛云：「古文作遘。」鄭同。馮椅《易輯》云：「古文姤作遘，遇也，亦婚媾也。」王注《易》改爲今文，爲「姤」。《雜卦》猶是古文，鄭本同，蓋雜卦以無王注故未及改。《唐石經》及宋相臺岳氏本皆作「遘」。流俗相承，盡改爲「姤」，遂不復知本義原本矣。若大注之勝今本處，已見前跋。錢詹事《潛研堂集·宋咸淳本周易本義跋》亦詳言之。是本爲九江吳革刊，敷原劉宓校，前有革序，偁「咸淳乙丑立秋日」。按乙丑爲度宗咸淳元年也。宋有三吳革，一字義夫，華州華陽人，宋初勳臣廷祚七世孫，官至武功大夫，閤門宣贊舍人，死宣和之難，詳見《宋史·忠義傳》；一紹興初江西運制，見繫年錄；一江州人，景定四年四月以權發遣戶部判官兼知臨安府事，六月轉朝奉大夫，九月除司農少卿，仍兼，十一月兼勑令所刪修官，五年七月罷，見咸淳臨《安志》。革曾於淳祐中爲錢唐令，尋通判臨 安府，見嘉靖《浙江通志》。咸淳元年與景定五年僅越一年耳。序云昨刻《程傳》於章貢郡齋，今敬刊《本義》於朱子故里，蓋亦窮經好古之士。或謂即宣和殉難之吳革，大非。是本雖係幡彫，而字畫工緻，紙墨精良，洵堪悅目。又曹寅刻於揚州者，即此本而改其行款，縮爲小字密格，與之相較不已縣殊乎？

又《宋本尚書孔傳跋》　《尚書孔傳》十二卷，宋刻巾箱本。題曰「婺本點校重言、重意、互注尚書卷第一」，次行頂格題「堯典第一」，越五格題「虞書」，又越三格題「孔氏傳」。每葉二十行，行三十字。以今本校之，如《大禹謨》「降水儆予」不作「洚水」，「奉辭罰罪」不作「伐罪」，「夔夔齋栗」不作「齊慄」，「益稷敖虐是作」不作「傲虐」；《禹貢》「北過降水」不作「洚水」，「東迤北會於匯」不作「爲匯」，【略】「誓勿敢越逐」不作「無

敢」，皆與唐石經及宋相臺岳氏本合。其孔傳之勝於今本處不可殫述。所附釋文亦可校正近刻。凡遇「恆」、「桓」、「愼」、「敦」等字皆缺筆，似是紹熙以前所刊。

又《宋本毛詩跋》

《毛詩》二十卷，宋刻本。首題「監本纂圖重言重意互注點校毛詩卷第一」，次低二格題「唐國子博士兼太子中允贈齊州刺史吳縣開國男陸德明釋文附」，又次頂格「周南關雎詁訓傳第一」，又次低一格夾注釋文，後接毛詩國風，夾注釋文；接鄭氏箋，夾注釋文。次提行「關雎，后妃之德也。」起每葉十二行，行十八字，凡重言重意互注俱用規識。凡釋文與傳箋相連不加識別，與家藏宋本《尚書》體例略同。《尚書》乃婺本小字，此則監本中等字。所謂監本者，當即岳氏《沿革例》云「監中現行本」也。《經義攷》載有宋刻《纂圖互注毛詩》，當即此本。惟彼前有《毛詩舉要》二十五圖，此但存《毛詩圖譜》，並不知何人所刻。宋時各經諸子皆有「重言重意」，蓋經生帖括之書。此本刻畫工整，紙墨精良，且原於監本，斯爲可貴。審其避諱，「愼」字缺筆，「敦」字則否，殆是孝宗時刻者。因校對素所肄業之本，經文《鄘風》「終然允臧」不作「終焉」；《衛風》「如切如瑳」不作「如磋」，「遠兄弟父母」不作「父母兄弟」；《魏風》「不我知者」不作「知我」；《唐風》「弗洒弗埽」不作「弗掃」，「白石粼粼」不作「粼粼」，「碩大且篤」不作「實大」；《秦風》「鴥彼晨風」不作「鴪彼」；《小雅》「宜爾家室」不作「室家」，「它山之石」不作「他山」，「朔月辛卯」不作「朔日」，「維曰于仕」不作「予仕」，「鞫爲茂草」不作「鞠爲」，「亂如此憮」不作「此憮」，「維暴之云」不作「誰暴」，「有洌氿泉」不作「有冽」，「我蓺黍稷」不作「我藝」，「受天之祜」不作「之祐」，「止于丘阿」不作「止於」；《大雅》「洒疆洒里」不作「洒彊」，「淠彼涇舟」不作「渒彼」，「如珪如璋」不作「如圭」，「鳳皇于飛」不作「鳳凰」，「於乎小子」不作「於呼」，「匪用爲教」不作「爲用」；《周頌》「婁豐年」不作「屢豐」；《商頌》「來假來饗」不作「來享」，「幅隕既長」不作「幅幀」。皆與唐石經及宋相臺本合。惟「瑳」字石經作「磋」，攷《說文》有「瑳」無「磋」，此與相臺本幷作「瑳」爲是。其傳箋之足證今本之誤處尤多，附釋文亦多勝於今本。又書中用朱筆點句，而於諱字則以朱筆規識，蓋猶是宋人書塾中課讀之本耳。

又《宋本儀禮注跋》

《儀禮鄭注》十七卷，明繙宋刻本。首列「儀禮卷第一」；次行「士冠禮第一」，越三格「儀禮」，越二格「鄭氏注」；又次行經文起，注雙行，不附音釋。每葉十六行，行十七字，卷末夾注經幾字、注幾字。凡「敬」字缺筆，而不避「徵」、「讓」等字，疑出於宋天聖以前本。相傳爲明嘉靖間徐氏繙刻宋本《三禮》，此其一也。《日知錄》云：「十三經中《儀禮》脫誤尤多，《士昏禮》脫『壻授綏』云云一節十四字，賴有長安石經據補，而其注疏遂亡。」又言：「《鄉射》脫『士鹿中』云云七字，《士虞》脫『哭止』云云七字，《特牲》脫『舉觶者祭』云云十一字，《少牢》脫『以授尸』云云七字。」以爲此秦火之未亡而亡於監刻。近惟吳中黃氏士禮居收藏宋嚴州刻本十七卷最佳。每葉二十行，每行大二十五字，小三十字不等。宋乾道八年命張淳校刊《儀禮》，有監、巾箱、杭、嚴四本。今所存識誤偁嚴本者十餘條，皆與之合，是本雖係繙刻，其原尚在嚴本之前，較之俗間通行本實遠過之。

又《宋本禮記注跋》

宋淳熙刻本《禮記注》二十卷，吾友吳門顧安道明經所得。前有二小印，曰「乾學」，曰「徐健庵」，知爲昆山徐氏傳是樓舊藏。首題「禮記卷第一」，次行頂格「曲禮上第一」，越二格題「禮記」，又越二格題「鄭氏注」，次頂格經文起。每半葉十行，行十六字，夾注行二十四五字不等。每卷後夾注經幾字、注幾字。冣後卷總書凡幾字，又夾注經幾字、注幾字。末葉題「撫州公使庫」，次題「新刊注禮記二十卷幷釋文四卷」，次列校正銜名七字，末題「淳熙四年二月日」（圖一四九）後附釋文。中字大版，宋刻宋印，首尾完善，洵經籍善本。

又《元本禮記集説跋》

《禮記集說》十六卷，元刻本。首題「禮記卷第」，次題「後學東匯澤陳澔集說」。按：《經義攷》陸元輔曰：「澔字可大，都昌人，宋亡不樂仕進，教授鄉里，學者稱雲莊先生」。今觀其自序云「先君子師事雙峰先生」，蓋其父大猷爲饒雙峰弟子，雙峰師黃中立，爲朱文公再傳弟子，故得籍其餘蔭。又云：「書成甚欲就正於四方有道之士，而衰年多疾；遊歷良艱，姑藏巾笥以俟來哲。」後題「至治壬戌攷壬戌」，爲元英宗二年，入元已四十三年。是時猶未刻也。此本首卷後識云：「天歷戊辰建安鄭明德宅刊行」。天歷戊辰爲文宗元年，上距壬戌相距五年，殆至是始爲刊行耳。自序後有凡例五條：首校讎經文，列蜀大字

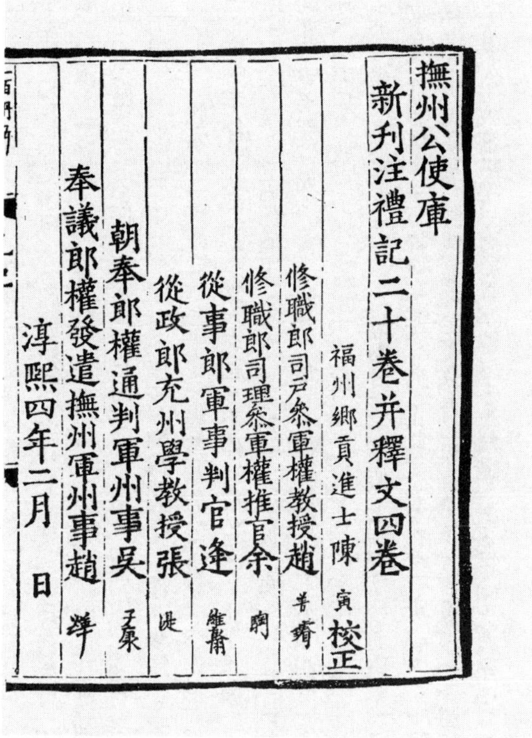

撫州公使庫

新刊注禮記二十卷并釋文四卷

福州鄉貢進士陳　寅　校正

修職郎司戶參軍權教授趙

修職郎司理參軍權推官余

從事郎軍事判官逢

從政郎充州學教授張

朝奉郎權通判軍州事吳

奉議郎權發遣撫州軍州事趙

淳熙四年二月　日

圖一四九　卷末題「淳熙四年二月　日」。

本、宋舊監本、興國于氏本、盱郡重刊廖氏本、建本、注疏南康經傳通解，凡六種；次援引書籍；次注說去取；次音文反切；次章句分段。皆今本所無。明内府刻本尚有書凡十六卷，明刻本猶然。今本十卷不知何時坊刻所并。《經義攷》作三十卷，則又誤同永樂大全之卷。當改題爲十六卷也。每葉二十二行，行二十字。余得諸中吳袁氏五硯樓者，末有「白隄錢聽默經眼」小印，蓋書賈錢景開所收，而袁氏購之。元人說經之書而猶是初刻之本，斯爲難得耳。

又《簡莊綴文》卷三《宋本周易本義跋》　吳中顧氏素多藏書，頃得其宋本《周易本義》十二卷，以上下《經》爲二卷，《十翼》爲十卷。每葉十四行，行十五字。前有《易圖》，後附《筮儀五贊》，與今本作四卷者不同。《彖上傳》標題下注「從王肅本」四字，今本删之。《雜卦傳》「咸，速也。恒，久也。」注：「感，速。常，久。」陽本注：「咸，速。恒，久。」書中「恒」、「貞」、「畜」、「眞」等字皆缺筆，因思經文「恒」字既缺筆，注中自宜避字，而曷爲覆述「咸，速。恆，久」乎？是本與近時摹雕咸淳乙丑九江吳革刊本行款悉合，惟吳本《雜卦傳》「遘，遇也」，此「遘」作「姤」，爲異。又無年月題識。然紙墨精良，其爲宋槧無疑。

又《宋本詩集傳跋》　鱣既得《周易》之明年春，同人作中吳吟課，適袁君又愷語及其家藏宋本《詩集傳》，因以它物易之。凡二十卷，與《宋志》合。今通行本八卷，蓋坊間妄并也。行款格式與《周易本義》同。攷文公孫鑑《詩傳遺說叙》云：「《詩集傳》，豫章、長沙、後山皆有本，而後山校讎最精。」是本無題識可證，而校讎之精，疑其爲後山本。惟自《小雅·蓼莪》至《大雅·版》之篇已缺，爲可惜耳。

又《元本後漢書跋》　今歲正月鱣從武林得元本《漢書》，攜之中吳別業。吾友黃君蕘圃過而見之，云：「家藏有元本《後漢書》，當以持贈。」越數日冒雨載書而來，欣然受讀。楮墨精良，實勝《前漢書》遠甚。中有錢陸燦名號印，知爲湘靈曾藏，標題皆其手筆。卷末云：「右奉淳化五年七月二十五日敕重刊正。」後有景祐元年九月秘書丞余靖上書，蓋係景祐間所刊淳化本，而元時重刊者。版心識有「大德九年刊補」，而「徵」、「竟」、「敬」、「愼」等字皆避諱缺筆，猶不失宋本面目也。因取汲古閣本校之，凡劉刊吳補及近刻惠氏《補注》所已辨者俱不具論。如今本《和帝紀》云：「孝和皇帝諱肇。」注：「伏侯《古今注》曰：『肇之字曰始。肇音兆。』臣賢案：許愼《說文》：『肇音大可反，上諱也。』但伏侯、許愼竝漢時人，而帝諱不同，蓋應別有所據。」是本正文作「諱肇」，注伏說作「肇」，許說仍作「肇」。按：《說文》云：「肇，上諱，在戈部，當从戈，庳聲。」惟伏侯《古今注》从支，作肇。故云伏許竝漢時人，而帝諱不同。若如今本溷而爲一，何不同之有邪？斯可寶一也。今本《鄭康成傳》云：「師事京兆第五元。」是本「元」下多「先」字。又云：「吾家舊貧，不爲父母群弟所容。」是本無「不」字，俱與唐史承節所譔《鄭公碑》合。吾師阮撫使《山左金石攷》云：『爲父母群弟所容』猶言『幸爲親包覆成就』，蓋不欲舉親之失如此。自後校書者因前『不樂爲吏，父數怒之』，遂疑此書『爲父母群弟所容』不相合輒，妄加『不』字，踵謬至今。」是碑遠勝今本《後漢書》。鱣今得見元本《後漢書》無「不」字，斯可寶二也。今本《皁城王延傳》云：「以汝南之長平、西華、新陽、扶桑四縣益淮陽國。」注：「扶桑，故城在陳州太

康縣北。」是本作「扶桑」。按：錢詹事《攷異》云：「『扶桑』當依閩本作『扶槃』」。鱣謂「桑」、「槃」形似致誤。《劉隆》、《馬援》二傳皆作「扶槃」，《郡國志》陳國有扶槃可證，斯可寶三也。今本《郭太傳》云：「初，太始至南州，過袁奉高，不宿而去。從叔度，累日不去。或以問太。太曰：『奉高之器，譬之泛濫，雖清而易挹。叔度之器，汪汪若千頃之陂，澂之不清，撓之不濁，不可量也。』已而果然，太以是名聞天下。」凡七十四字，是本皆章懷注引謝承之文。按：《攷異》云：「初讀此傳至此數行，疑其詞句不倫。後得閩中舊本，乃知本章懷注。今本皆儳入正文。閩本係嘉靖己酉按察使周采等校刊，其原出於宋刻，較之它本爲善。」【略】斯可寶四也。今本《律歷志》云：「五者以備」，是本作「五是以備」。《攷異》云：「閩本及古本作『五者』，此後人以今本《尚書》易之。」鱣按：《李雲傳》云：「五氏來備。」注：「『是』與『氏』古字通」，蓋惟古本《尚書》作「是」，故章懷云然。三國時「氏儀」亦作「是儀」。閩本雖出於宋，然此等舛譌猶未盡善，斯可寶五也。

又《元豐九域志跋》 乾隆五十二年九月，鱣在京師，有持書目出售。中有《元豐九域志》十卷，下署「錢遵王影宋鈔本」，因購之。攷《讀書敏求記》不著於錄，惟於《太平寰宇記》云：「此書較詳於《九域志》。」或當日曾有其書，未及著錄與？書中凡遇「本朝」、「皇朝」字，俱空一格，其爲影宋本無疑。雖間有缺文，而楮墨精良，繕寫工整，洵堪寶玩。

又《元本李善注文選跋》 余十二歲時誦《文選》乃汲古閣所刊李善注本，在近時讀本中爲最善，猶恨其脫誤良多，即何義門學士評校「尚有未盡疑莫能明」。聞吾鄉馬氏道古樓曾藏宋本，已爲書肆購去，不知所歸。三十年來，舟車南北，恆以自隨者惟汲古閣本而已。今歲寓吳，於吾友黄君蕘圃處見有持宋本《六臣注文選》出售者，價直太昂，且以其六臣注也而忽之，以爲安得有舊本《李注》乎？蕘圃曰：「數年前曾見元重刊宋本，今聞尚在。」余欣然屬其轉購。越數日，方盛暑，蕘圃遣蒼頭持札負書而來。閲之則《李注文選》也。【略】凡六十卷，目一卷。每葉二十行，行二十一字。每卷首題「奉政大夫同知池州路總管府事張伯顔助率重刊」。（圖一五〇）按：錢詹事《養新録》偁是書有前海北海南道肅政廉訪使余璉序，今此本缺焉。又不列年月。然余定爲延祐本。攷鄭元祐《僑吳集》有《平江路總管致仕張公壙誌》，云：「張氏長洲之相城人，公諱世昌，字正卿，成宗賜名伯顔。由將作院判官，累任慶元路同知。延祐七年陞奉政大夫、池州路同知。泰定五年改福甯州尹。後遷漳州路總管。告老，以平江路總管致仕。」今合諸卷首結銜，知刊於延祐時矣。錢遵王《讀書敏求記》云：「《善注》有張伯顔重刊元版，不及宋版遠甚。」以余所聞中吳藏書家所有宋本已多不全，似未若斯之完善。復借鈕君非石所藏元本校之，惟末卷後鈕本有「監造路吏劉晉英郡人葉誠」十一字，此已剜蝕。其行款字畫纖豪畢合。或云明萬曆間金臺汪諒所刊，未必然也。爰繙閲一過，始知汲古閣本所脫者，如司馬長卿《上林賦》脫標郭璞注，張平子《思玄賦》脫「爛漫麗靡，藐以迭逿」二句幷注，陸士衡《荅賈長淵詩》脫「魯侯戾止，衮服委蛇」二句幷注，曹子建《箜篌引》脫「百年忽我遺，生在華屋處」二句，鮑明遠《放歌行》脫「今君有何疾，臨路獨遲迴」二句，枚叔《七發》脫「自太子有悦色」至然「而有起色矣」二段共十九行幷注，《宣德皇后令》脫標「任彦升」三字，曹子建《求通親親表》脫「有不蒙施之物」一句，若斯之類，遽數難終。

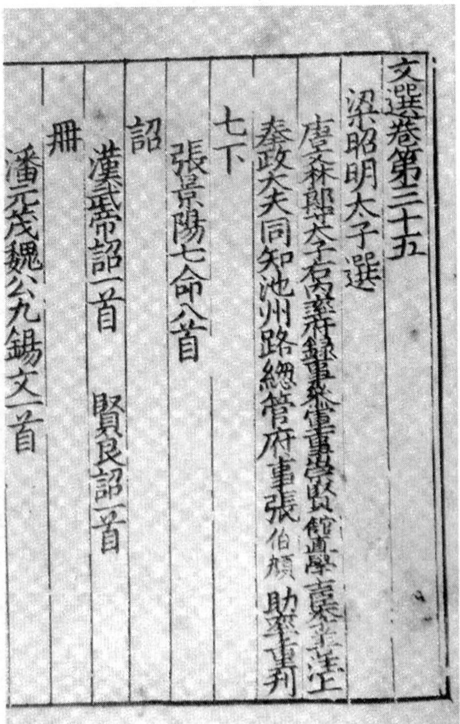
圖一五〇 卷首題「奉政大夫同知池州路總管府事張伯顔助率重刊」。

又《嘯堂集古録跋》 《嘯堂集古錄》二卷，宋王俅譔。俅字子弁，取

《詩》「載弁俅俅」之意。或作「王球」者，誤「球字夔玉」，別是一人。子弁又作子併，蓋因其名俅而妄加人旁耳。此書世傳刊本脱譌甚多。首列李邴叙，脱前一葉，共缺二百四十五字。余於乾隆四十年秋從苕賈得舊鈔本，中有「衡山」小印，當是停雲館所録。前後有「陳書厓印」十餘方，即《暴書亭集》所偁澱山陳氏藏書也。首叙既全，後多《元統改元干文傳》一跋，餘姚盧抱經學士見之，詫爲歎賞借閱數過。又聞大興翁覃谿秘閣有影宋鈔本，心慕久之。比來京師，秘閣適視學江西，次公宜泉庶常出以相示。楮墨兼美，古香襲人。書中於宋諱多缺筆，而無元人《干文傳跋》，其爲影寫宋本無疑。

孫星衍《平津館鑒藏書籍記》卷一《宋版》

《附釋音毛詩注疏》二十卷。每卷又分卷數，首行大題下俱有小黑蓋子，共七十卷。次行題「鄘柏舟詁訓傳第四」，凡標題俱據卷一。此本卷一、卷二俱補寫，故據卷三題款。第三行題「毛詩國風」，空二字，題「鄭氏箋」，空二字，題「孔穎達疏」。每篇前俱載《詩譜》、《詩序》，凡詩俱連《詩序》寫，不另提行。前有孔穎達《毛詩正義序》、《詩譜序》，係後人鈔補。據岳珂《九經沿革例》云：「唐石本、晉銅版本、舊新監本、蜀諸本，與他善本止刊古注，建本、蜀中本則附音於注文之下」。此本附釋音，當出於南宋閩中所刻。每葉廿行，行十七字，小字行廿三字。有明正德補刻葉。

又　《夢谿筆談》廿六卷。題：「沈括存中。」前有括自序。書中「國」「家」、「詔書」等字俱空一格（圖一五一），知從宋版翻雕。黑口版，每葉廿四行，行十八字，每條次行又低二字。

又　《奇效良方》六十五卷。卷一「方」下有「論」字。題：「奉政大夫太醫院院使吳興方賢纂集，修職郎太醫院御醫臨江楊文翰較正。」前後無序跋。《明史・藝文志》：「方賢《奇效良方》六十九卷。」此本尚缺四卷。書中稱「中書有丞相合刺合孫，至元癸未季春一日奉勅治之。」賢乃元人，書中「詔」、「勅」、「上命」等字俱提行寫，當爲元時所刊。黑口版。每葉廿二行，行廿四字。

又　《南史》八十卷。小題在上，大題在下。次行題「李延壽」三字。前後無序跋。末卷末葉板心下題「桐學儒生趙良粲謹書，自起手至閣筆凡十月」小字二行。《宋史・宗室世系表》：商王房下有良粲。未知是此人否。然審其模印、紙色，宋諱俱不缺筆，當是元時所刻。每葉廿行，行廿字。

又　《資治通鑑》二百九十四卷。題：「朝散大夫右諫議大夫權御史中丞充理檢使上護軍紫金魚袋臣司馬光奉敕編集，此據第一卷所題銜名，餘卷首銜名隨官改換。後學天台胡三省音注。」前有元豐七年光《進書表》并《獎諭詔書》，元祐元年下杭州鏤板銜名，紹興二年下紹興府餘姚縣印造銜名，皆宋刊《資治通鑑》原帙。袁桷《清容集》載：「胡三省，天台人，寶祐進士，賈相館之。釋《通鑑》三十年，兵難，稾三失。乙酉歲留袁氏家塾，日手鈔注定。己丑寇作，以書藏窖中，得免。」三省《通鑑》本有自序，亦云：「乙酉徹編」。乙酉爲元世祖至元廿二年。《溫公考異》本別行，此本散入於各條之下。據黃溥《簡籍遺聞》稱「是書刊於臨海，洪武初其版藏南京國學。」即此本也。洪頤煊曰：「此本模印皆用明成化年間案牘廢紙，其紙背有『和州之印』、『應天府經歷司印』、『江寧縣印』、『當塗縣印』、『建陽衛指揮使印』、『六安衛指揮使印』，完全可辨，皆可爲版藏南京國學之證。」黑口版。每葉廿行，行廿字。

又　《吳越春秋》十卷。題：「後漢趙曄撰」此即徐天祐音注之本。前無序文，後無刻書年月。其模印紙色，是元時所刻。大字板。每葉十八行，

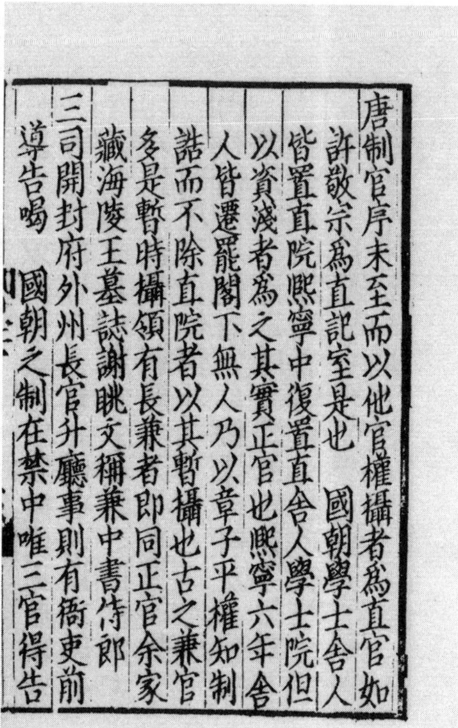
唐制官序未至而以他官權攝者爲直官如
許敬宗爲直記室是也　國朝學士舍人
皆置直院熙寧中復置直舍人學士院但
以資淺者爲之其實正官也熙寧六年舍
人皆遷罷閣下無人乃以章子平權知制
誥而不除直院者以其暫攝也古之兼官
多是暫時攝領有長兼者即同正官余家
藏海陵王墓誌謝朓文稱兼中書侍郎
三司開封府外州長官升廳事則有衙吏前
導告喝　國朝之制在禁中唯三官得告

圖一五一　第二行、末行「國」字前空一格。

行十八字版。

又《新刊初學記》三十卷，題：「光祿大夫行右散騎常侍集賢院學士副知院事東海郡開國公徐堅等奉勅撰。」前有紹興四年《福唐劉本序》，《目錄》一卷。末卷後有題云：「《初學記》三十卷，宋後刻於麻沙。」下尚有字，書賈已剜去。據此則此本爲元時所刻。黑口版，每葉廿行，行廿字。

又《事類賦》三十卷。題：「宋博士渤海吳淑撰注」。前有淑進注《事類賦》狀，紹興丙寅邊惇德序，末卷後有「宋紹興丙寅右迪功郎特差監潭州南嶽廟邊惇德、左儒林郎紹興府觀察推官主管文字陳綬、右從政郎充浙東提舉茶鹽司幹辦公事李端民校勘」銜名三行。此本爲元時依宋版翻刻，故紹興上冠以「宋」字，每卷吳淑銜名後空一行。黑口板。每葉廿二行，行廿字。

又《群書備數》十二卷。題：「臨江張九韶美和編」。目錄前有自序，後有「臨江張氏」、「美和」、「林下一人」三小木印。書分十二門，略如《小學紺珠》，以備記誦之學。九韶元時累舉不第，洪武間辟爲清江教諭。此書地名、官制俱至元止，是元時刻本也。黑口版。每葉廿行，行廿一字。

又《分類補注李太白詩》十八卷。題：「春陵楊齊賢子見集注，章貢蕭士贇粹可補注。」前有至元辛卯蕭士贇序，目錄後有「建安余氏勤有堂刊」八字篆書長木印，又有李楊冰、樂史、宋敏求、曾鞏、毛漸五序，劉全白、李君碣記，共爲一卷。黑口版。每葉廿四行，行廿字。《天祿琳琅》藏本此書本廿五卷。此本缺十九以下七卷，目錄作十八卷者，蓋書賈劃齊以充完書，末葉版心猶有參差痕跡可辨。

又《集千家注分類杜工部詩》廿五卷。題：「東萊徐居仁編次，臨川黃鶴補注。」前有《杜工部傳》、《序》、《碑銘》一卷，後有「廣勤書堂新刊」六字長木印，《杜工部詩年譜》一卷，題「臨川黃鶴撰」，《目錄》一卷。《集注姓氏》、《詩門類》後有「三峰書舍」四字鐘式木印、「廣勤堂」三字鼎式木印。黑口版。每葉廿四行，行廿字。據《集注姓氏》：韓愈、元稹題「唐賢」，王禹偁至謝枋得題「宋賢」，劉曾孟題「時賢」，則元時刻本也。

又卷二《明版》 《五經圖》六冊。不著卷數并撰人姓氏。《周易》、《尚書》、《詩》、《禮記》、《春秋》五經之外，益以《周禮》。前有彭城癠聰氏序，稱：「余忝訓廬江，堂列石碑十二，上載是圖得之江右信州。在前兼有木刻，燬於兵火，余乃索其遺帙，仍舊梓成。」末有淮陰梁承祖跋，稱：「此書藏於信州頖宮，至廬江學訓先生而廣其傳，余重爲校訂，用是殺青，公諸國門。」《尚書・堯・歷象圖》下有云：「慶歷甲申至大明萬曆壬子，共計五百四十九年。」梁氏此刻當在明萬曆四十年後。收藏有「大學士章」白文方印、「夏言之印」朱文方印。考《明史》，夏桂谿死於嘉靖廿七年，下距萬曆四十年已六十四年，其爲僞造無疑。又有「廣運之寶」、「白松堂」、「明卿氏」白文方印、「兩朝講官陳仁錫」朱文方印、「春草閣鑒賞圖書印」朱文長印、「季振宜印」朱文方印、「滄葦」白文方印，皆書賈僞造。此書本無足存，因尚未變亂石本，并爲前人珍秘，姑錄之而辨其僞如此。

又《新刊大廣益會玉篇》三十卷。前有總目。第三十卷張士俊本凡四十七部，此本增一「雜字部」。如「一部」，張本九字，此本十二字；「上部」，張本九字，此本十二字；「示部」，張本一百四十五字，此本一百六十五字。又每字之下添注其韻，用小方圈以別之。考其部分，俱依洪武正韻，其爲明人更改刊刻無疑。黑口板。每葉十八行，行大字約十五字。

又《中華古今注》三卷。題：「國子監太學博士馬縞集。」目錄前有小序。此乃宋左圭《百川學海》中之一種。《百川學海》據左圭自序，宋時有刊本。此本驗其板樣，當是明人所刊。余別有《百川學海》不完本，紙色、字畫皆不及此本之善。每葉廿四行，行廿字。

又《北溪先生字義》二卷，附錄《嚴陵講義》四篇。《目錄》前題：「門人清源王雋編。」北溪，宋陳淳號。卷末有文山林同跋，稱：「舊本歲久字漫，公暇特加考正，命工刻梓。」不著年月。《宋史》有「林同」，附見《林空齋傳》，官至監丞；《明史》有「林同」，附《蔡清傳》；《萬姓統譜》有「林同」，天順進士，官至廣東布政。未知誰氏所作。驗其摹印、紙色，當出於明代，疑即《四庫全書》所稱宏治庚戌重刻本。黑口板。每葉廿行，行廿一字。

又《史記》百三十卷。小題在上，大題在下。前有裴駰《史記集解序》、小司馬《補史記序》、《史記目錄》一卷，張守節《正義論例》、《謚法解》一卷，小司馬《三皇本紀》一卷。《史記・列傳》各本俱以《伯夷》爲第一，此依《正義》本以《老子》爲第一。每葉廿行，行十八字。每卷後或注：「史，計若干字；注，計若干字。」宋諱俱缺筆，係明人仿宋重雕本。

裴駰《集解序》後、《史記目録》後俱有補痕，當有木印，以記刻書年月、姓名，爲書賈剜去。

又《太平御覽》一千卷，《目録》十卷，《圖書綱目》一卷。題「翰林院學士承旨正奉大夫守工部尚書知制誥上柱國隴西縣開國伯食邑百戶賜紫金魚袋臣李昉等奉敕纂」銜。後空二行，前有慶元五年蒲叔獻序，李廷允跋。別本前有萬曆元年黄正色序，稱「宋世刻本俱已湮滅，海内鈔本譌舛益甚，吾錫士大夫因閩省梓人用活字校刊，始事於隆慶二年，至五年纔印其十之一二，閩人散去，於是浙人倪炳文鋟諸梨棗，弗克終事。薛憲副應登有校得善本，藏於家塾，仲子逢繕寫付梓」云云。《四庫全書》稱活字印本，其板心稱「共印五百部」，此本無之。然細審此本，有用活字摹印，有係補刻葉，當即倪氏續定之本。黄氏序收藏偶失耳。每葉廿二行，行廿二字。

又《唐劉隨州詩集》十一卷。末卷爲文。題：「隨州刺史劉長卿。」前後無序跋。卷二《送河南元判官赴河南勾當苗税充百官俸錢》詩，不書「勾」字，注云：「御名，是避宋高宗諱『構』嫌名。」知此本從南宋本翻雕。

又卷三《影寫本》《鮑氏集》十卷。前有散騎侍郎虞炎《鮑照集序》。晁氏《讀書志》：「虞炎，唐人。」每卷前俱有目録，卷一即在序文後，不另葉起。《四庫全書》朱應登十卷刊本《行路難》第七首：「蹲蹲」字下注云「集作『樽樽』」，「椓」字下注云「集作『逐』」。此本正作「樽樽」、「逐」字。宋諱俱有缺筆，是從宋刊本影寫。每葉廿行，行十六字。

又《補遺》《通志》二百卷。前有《總目》一卷，《總序》一篇。下題：「右迪功郎鄭樵。」至治壬戌吴繹序下有「繹」、「可堂吴氏」兩木方印。至治元年福州路總管可堂吴繹《通志疏》後有至治二年九月印造，福州路總管府所委提調官福州路録事司判官蓋從杞等七人銜名。據吴序云：「是集繡梓於三山郡庠，亦既獻之天府，藏之秘閣，北方學者猶未之見，乃募僚屬，捐己俸，摹印五十部，散之江北諸郡」云云（圖一五二、一五三）。據劉壎《隱居通議》云：「近大德歲間，東宮有令下福州，刊《通志》凡萬幾板。」然則此書是元初刻於閩中，繹摹印頒行，記歲月於後，非繹所刊也。大字本。每葉十八行，行廿一字。

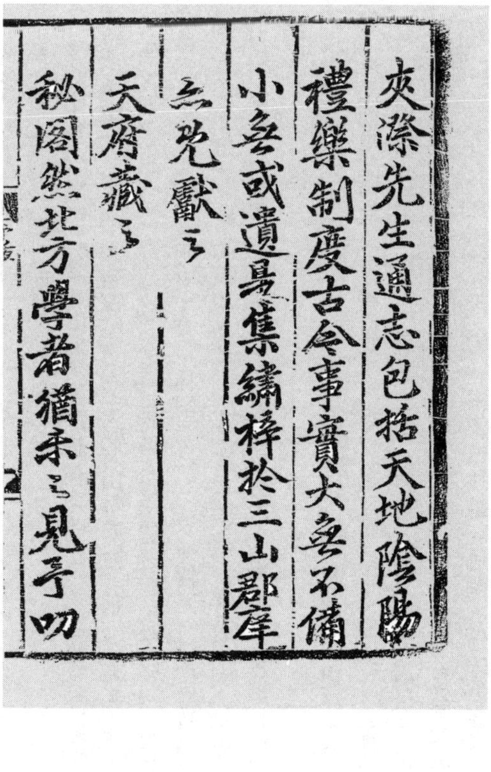

夾漈先生通志包括天地陰陽
禮樂制度古今事實大無不備
小無或遺是集繡梓於三山郡庠
亦既獻之
天府藏之
秘閣然北方學者猶未之見于叨

圖一五二　吴繹序（一）。

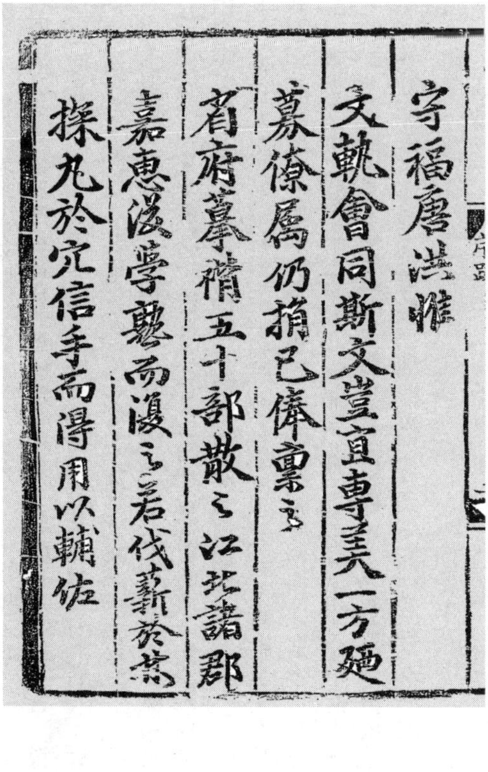

守福唐洪惟
文軌會同斯文豈宜專美一方廼
募僚屬捐己俸稟之
省府摹積五十部散之江北諸郡
嘉惠後學聽而復之若伐薪於蒸
採凡於究信手而得用以輔佐

圖一五三　吴繹序（二）。

又《六書本義》十二卷。題：「餘姚趙古則編注。」前有《綱領》一卷，《圖》一卷，《凡例》一葉。洪武十一年趙古則自序，天台林右序，洪武十三年鮑恂序，始豐徐一夔序，正德己卯盛希明《重刊六書本義序》。《綱領》卷後有「刊生趙仲彰」五字。據盛序，此本是于氏器之所刊。每葉小字廿八行，行廿八字。

又《劉向古列女傳》八卷。前有嘉祐八年王回序，又有曾鞏序。舊本目錄前七卷俱有「頌」，此本別刊在前。舊本目錄後有嘉定七年蔡驥跋，此本亦刊在前，而削去年月、姓名。未審其故。每傳前俱有圖，卷五後又增出魏氏上谷士人趙天民妻一傳，稱：「課其子瓊，以《易》補庠員，有司以事聞於朝，坊表爲節孝婦。」「朝」字跳行，當爲明以後人所刊。以其繪刻精工，流傳希少，錄而存之。每葉廿行，行廿字。

又《初學記》三十卷。題：「唐集賢學士徐堅等撰」；《目錄》一卷，題：「唐光祿大夫行右散騎常侍集賢院學士副知院事東海郡開國公徐堅等奉敕撰」，分作兩行。明代《初學記》有桂坡館、九洲書屋、寧壽堂刊本，俱從一本翻雕，故行款大小俱同此本。板心上方有黑板未刊，亦當有標題，此疑其未刊完初印本耳。或云「晉藩所刊，雖與寧壽堂本同，而譌字較少。」每葉十八行，行十八字。

又《新增直音說文韻府群玉》廿卷。題：「晚學陰時夫勁弦編輯，新吳陰中夫復春編注。」前有滕玉霄、姚雲、趙孟頫、陰竹埜、陰勁弦序，俱與前元版相同。此即陰氏《韻府群玉》，與元板無異，惟每韻之前新增音釋，未知何人所加。《目錄》「上平聲」下注云：「新增一東、宗、風、戎四韻幷新序。」首八十板當是重刊人所記，卷後有「嘉祐乙丑劉氏重刊」木長印，作人抱式。「祐」字微有剜痕，是書賈作僞以充宋槧，不知撰書人之在元時也。黑口板，每葉廿二行，行小字廿九字。

又《白石道人詩集》一卷。題：「鄱陽姜夔堯章。」前有夔自序二首，不題年月、姓名。序後有「臨安府棚北大街陳宅書籍鋪刊行」十四字，知從宋本影寫。附《補遺》一卷，末有俞蘭跋，引王漁洋《香祖筆記》，是近人所附。每葉廿行，行十八字。

又《唐大詔令集》一百三十卷。前有熙寧三年宋敏求序。此本爲其父綬原編，未次甲乙。亡後敏求重爲緒正釐十三類，總一百卅卷，《錄》三卷。此本無《錄》。《四庫全書》所收本中闕卷第十四至二十四、八十七至九十八廿三卷，此本闕卷正同。宋諱字俱缺筆，知從宋本影寫，故視別本爲完善。

又《續編》《周易兼義》九卷。題：「國子祭酒上護軍曲阜縣開國子臣孔穎達奉敕撰」。《正義》第三行題「王弼注」，《繫辭》以下題「韓康伯注」、「上經・乾傳第一」等字俱與大題相連。前有孔穎達《周易正義序》幷八論，末附陸德明《周易音義》一卷，王弼《周易略例》一卷。審其紙版，當出於南宋閩中所刊。「比之初六有他吉」此本「他」作「它」，「大有九四象，明辨晳也」此本「晳」作「哲」，皆唯宋本爲然。

又《資治通鑑節要》卅卷。題「少微先生纂述，松鳴王逢釋義，仁齋劉剡增校，木石山人補注」；《續資治通鑑節要》卅卷，題「先儒陳桱纂述，中和處士釋義，木石山人校正」；《資治通鑑外紀節要》五卷，題「眉山史炤音釋，鄱陽王輯義，蕭山張維翰箋注，餘杭周禮校正。」前有《釋例》一卷，《通論》一卷，《讀法》一卷，《引用姓氏》一卷，《目錄》一卷，正德四年劉吉序，末有「正德己巳歲京兆慎獨齋校正新刊」木長印，後跋一篇，年月、姓名已佚。據劉序，此本是建陽劉宏毅所刊。巾箱本，每葉廿六行，行廿二字，上有音訓，旁有圈點。

孫星衍《廉石居藏書記內編》卷上《補注釋文黃帝內經素問》十二卷。右元本《內經素問》十二卷。前有唐寶應元年王冰序，末題：「將仕郎守殿中丞孫兆重改誤。」次爲《總目》。有木刻印記，稱「本堂今求到元豐孫校正家藏善本，重加訂正，分爲十二卷，以便檢閱」云云。後又題：「元本二十四卷，今併爲一十二卷刊行。」是坊本已改古時篇第。十三行，行廿三字。紙墨色甚舊。惜不及校，必有勝於今本者。卷末有木刻印記，題「至元己卯菖節古林書堂新刊」（圖一五四），蓋元時重刊本。

又《新編古今事文類聚》右《新編古今事文類聚前集》六十卷，《後集》五十卷，《續集》二十八卷，《別集》二十二卷，宋祝穆編；《新集》三十六卷，《外集》十五卷，富大用編。前有祝穆序，爲淳祐丙午年作，爲宋理宗六年。《外集》目錄後有木條，題「泰定丙寅廬陵武溪書院新刊」。按：泰定丙寅爲元泰定帝三年，蓋元刻本。

黃丕烈《蕘圃藏書題識》卷一《禮記鄭注》二十卷。校宋本。國朝有武英殿仿宋本《禮記》，係從岳刻翻雕，注後附釋文，不專鄭注也。此本未識

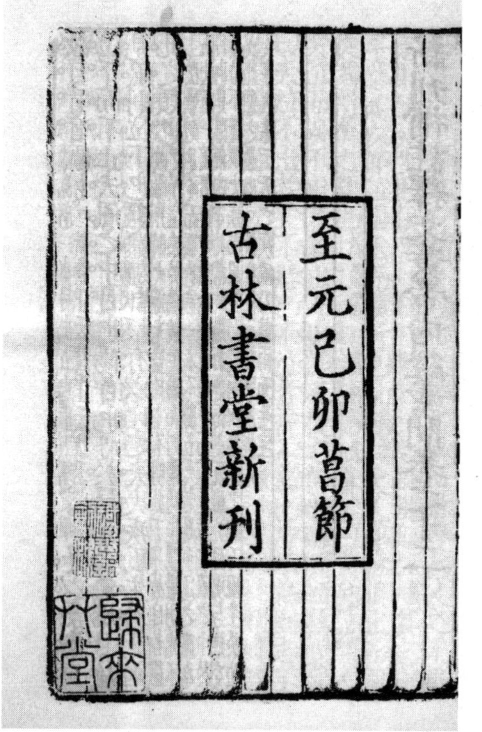

圖一五四　卷末木記題「至元己卯菖節古林書堂新刊」。

從何本翻刻，間或闌入釋文。吾吳惠松崖先生曾手校一過。是書得自朱秋崖家，鈔補首二卷，乃其所爲，余臧諸篋中久矣。今秋從東城顧氏借得殘宋本《禮記鄭注》，字畫整齊，楮墨精雅，因卷首殘缺，未識何本，始以「大字本」名之云爾。取與惠校本對勘，時有異同。惟大字本所避宋諱視他本較多，如「縣」、「畜」、「豎」、「萑」、「莞」等字，皆宋嫌諱而猶避之。是必宋本中之善者矣。俟暇日，當以殿本參之。

又《孟子注疏解經》十四卷。舊鈔本。是書於辛亥歲，從學餘書肆中得來。始余於肆中見有是書，攜歸繙閲，見有殘缺，心不甚喜，因還之。後偶檢錢曾《讀書敏求記》，其所載《孟子注疏》十四卷，是叢書堂録本。簡端五行爲匏翁手筆，古人於注疏皆命侍史繕寫，好書之勤若是，間以建本、監本校對，踳謬脱落，乃知匏翁鈔此爲不徒也云云。方悟所見之本爲也是翁家故物，亟往索之，云已攜至玉峰書籍街去矣。迨至書船返棹，而是書依然在焉，喜甚，攜之歸。開卷視此五行果與後之筆跡迥殊，其爲叢書堂録本無疑。至卷中鈔寫不全，想係照宋刻録出之故，容俟暇日取他本校對，以徵此本之善。噫，遵王所藏曾幾何時而已入書賈之手，豈不可惜，然猶幸余之因《敏求記》中語而知是書而寶之，不亦快哉！

又卷二　《蜀鑑》十卷。明鈔本。《蜀鑑》一書，向少傳本，家中所儲，有張充之青芝子手鈔者。昨歲五柳主人以殘刻本見遺，缺首二卷，楮墨古雅，洵爲舊刻。卷端有「紅豆書屋」印，因檢惠氏《百歲堂藏書目》，於史部云「《蜀鑑》十卷」。李文子刻，元槧。知爲松厓先生家藏本，惜所缺無由補全，心甚悵快。後顧子千里歸江甯，爲予言，伊師張白華先生家有此刻，遂丐歸，影鈔足之。前有方正學序，是明初板矣。爰誌數語於卷首，而重裝之。

又《新雕重校戰國策》三十三卷。宋本。高注《戰國策》，行世者惟雅雨堂本，此外曾見小讀書堆所藏影宋鈔本。若宋刻，僅載諸《讀書敏求記》中，云是購於絳雲樓者，然絳雲所藏有梁溪安氏本，梁溪高氏本未知所購果何本也。既聞海内藏書家尚有兩宋本，一在桐鄉金雲莊家，一在歙汪秀峰家。余渴欲一見爲幸。去冬，鮑淥飲來蘇，以金本介袁綬堦示余，訂觀於鈕非石寓樓，遂議交易，以白鏹八十金得之。此本楮墨精好，殆所謂梁溪高氏本歟。屬澗薲取影宋鈔本參校，識是勝於鈔本，澗薲已詳跋之矣。余謂古書流傳不可不詳其原委，姚宏所注補者非一本，見於吴正傳之言。【略】今觀此本字畫定爲紹興初刻，影鈔者當是重刻本，故行款略爲改竄，宋刻本每葉廿二行，行廿字，影宋鈔本每葉廿行，行廿字。而字句亦微有不同。序録一篇，此本在卷末李文叔等書後四條之前，姚宏題語又隔一行，而附於後。影鈔本則曾序居卷首，而李跋等仍在後，姚宏題語不隔一行，其非一本可知。蓋影鈔之本或即梁溪安氏本，遜而居乙者耶！至於此本之疑爲絳雲所藏，別無確證，惟首冊缺目録四葉，一卷一至六葉，末冊序後五、六葉，當是藏書者圖章題識，淺人撕去之故，豈不可歎，特未識汪本又何如耳！俟徐訪之。

又《宋朝南渡十將傳》不分卷。元刊本。余初見此書，徧檢諸家書目皆無其書，偶訪周香嚴丈，云晁公武《讀書志》中有之。歸家檢衢本，無其書；後檢袁本，有之，然止《四將傳》，蓋劉錡、岳飛、李顯忠、魏勝也。亦出於史官章穎所撰而上之者。今香嚴所藏毛氏舊鈔本，先之以《种諤傳》，趙起撰者，此刻所無，後列韓世忠、劉錡、岳飛、李顯忠、魏勝傳，行款與此刻同。每卷不排次第，但云某人傳，無「重刊宋朝南渡十將傳」字樣，又無「宋朝南渡十將列傳」字樣，是必從宋時雕本出也。其不分卷第者，《晁志》本云「《四將傳》可無容別標卷第矣」。韓世忠本不在四將列，故毛鈔本

在《劉錡傳》前；《劉錡傳》前有《進劉岳李魏傳表》，此《十將傳》故無之也。傳惟劉、岳、李、魏有「史官章穎纂」五字，韓世忠以下皆無之，是必非章穎所纂矣。不知何時合編爲十將，而題曰「重刊」，又曰「宋朝南渡」，是必元人爲之矣。

又卷三　《剡錄》十一卷。校影宋鈔本。此高似孫《剡錄》殘本，從周丈香嚴藏本影寫者，周本爲姑餘山人沈與文所藏，卷中有「吳門世儒家」、「埜竹齋」兩長方印，又有「沈與文印」、「姑餘山人」兩方印，其爲明嘉靖時鈔無疑。遇「完」字作「宊」，「朗」字作「朖」，當是影宋鈔者。宋人地志最足取重，世有梓本，如范成大之志吳郡，陸游之志會稽等書，已不能盡得宋本面目，況宋本外絕無流傳者乎！此本流傳甚少，得此亦足珍秘，聞嘉定錢少詹家有全本，久假之而無以應我，蓋竹汀先生於此書非常所寓目者，一時尋覓未得，遂不能借鈔，殊爲悵然。識之以見古書難得全璧，所遇每如是，二冊誤字不少，暇日當細爲手校一過。【略】此八卷至十二卷，余從錢少詹藏本補錄者也。少詹本與周香嚴所藏影宋殘本行款悉同，而筆墨差少古致，大約國初人鈔本。前有「語古」小長方印，又一小方印，其文曰「髯」，皆何義門先生之章也。中多紅筆。

又　《齊乘》六卷，《釋音》一卷。明嘉靖刊本。余於地志書喜蓄舊本，惟此尚缺如。頃從肆中搜得，見其紙墨古雅，疑爲元刻，且一單之書，皆以尋常本而索善價，此書估價千餘錢，余故喜而購之。及攜歸，澗蘋爲余言曰：卷中薛子熙訂正（圖一五五），爲明時人，曾刻《三輔黃圖》，則其爲明刻無疑。近復有山東新刻本，澗蘋有之，暇日當取一勘云。【略】《齊乘》舊刻頗少，近於周香嚴家借一舊鈔本，行款差小，取對此同，蓋從明刻傳錄而縮之者也。然卷首失去蘇序，卷尾失去《釋音》，其不同多矣，余益以是冊爲寶云。【略】香嚴復假余明刻本，校舊鈔本一過，知卷三中「齊邑外屬」條下脫去五葉，方悔前取借鈔本對時，略一展閱，僅見其行款相同，以爲不相上下，未及逐葉比較，致有疏脫爾。聞袁氏五硯樓有此刻本，當取之影寫補入。如無，可仍就鈔本足之，其鈔本有勝於此刻者，擬校勘錄諸餘紙焉。【略】按此是明刻，然未究其爲何時所刻。頃從澗蘋借得乾隆辛丑胡德琳序本，載有嘉靖甲子杜子睿序，乃補錄之。此刻殆謂嘉靖本歟？

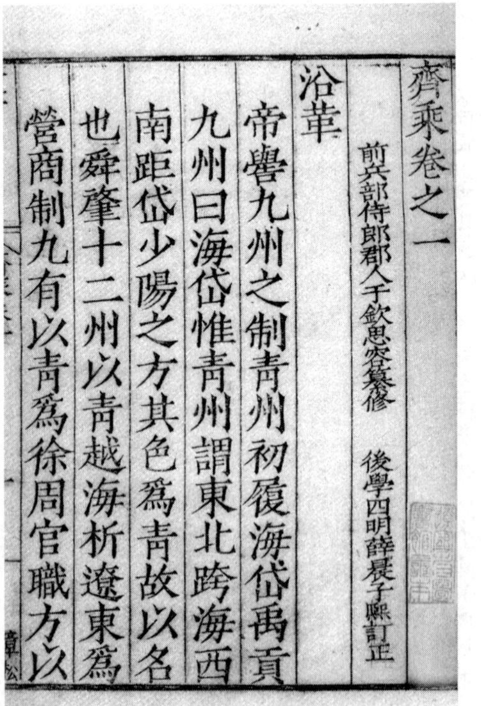
齊乘卷之一
前兵部侍郎郡人于欽思容纂修　後學四明薛晨子熙訂正
沿革
帝嚳九州之制青州初復海岱禹貢
九州曰海岱惟青州謂東北跨海西
南距岱少陽之方其色爲青故以名
也舜肇十二州以青越海析遼東爲
營商制九有以青爲徐周官職方以

圖一五五　題「薛晨子熙訂正」。

又　《齊乘》六卷。明本。周丈香嚴取余明刻本覆校，知第三卷末脫去五葉，擬轉從鈔本補入。適《五硯樓書目》出，見有是書，遂假歸，閱之，與余本并同，然卷端題銜與鈔本合，其闕字俱有，誤字略去，驗其所有所去之跡，修改顯然，始知明刻亦有原板、修板之別。余本爲原板，袁本爲修板，此所鈔者時與袁本同，當據修板本爾。至結銜原板反多「前兵部侍郎」云云及「後學四明薛晨子熙訂正」一條，蓋修板時或去之，以僞爲原刻爾。書有一印本，即有一種不同處，至今益信。若此本蘇序及《釋音》皆闕者，當是所見之本失之，如袁本蘇序闕前半葉，《釋音》弁於卷一前，安知鈔本所見非如是而前俱闕失乎！周丈不以余言爲謬，已將拙跋附錄於此本，故敢覼縷述之如此云。

又　《東京夢華錄》十卷。校宋舊鈔本。余向見《汲古閣珍藏秘本書目》有宋版《東京夢華錄》，及收得一元刻，楮墨精好，始疑宋版之說，或即指是，蓋元刻亦不易得也。頃從吳枚菴家獲其散出之書，中有舊鈔《東京夢華錄》，係枚菴手校江氏宋刊本，云宋本八行十六字，取對元刻，行款不同，卷中紅筆校處亦多歧異，乃歎天壤甚大，有宋版而不能發見者幾危矣哉！

【略】戊寅夏濂溪蔣氏書散出，爲壽松堂孫氏收得。中有弘治甲子年重新刊行本。每葉十六行，行十六字，大旨與此所校八行、十六字本同，或當日即據此本以爲宋刊也。校本云八行者，就半葉計之也，方悔前此信此校之爲宋刊，故不敢以元刻校宋。兹見明刻與宋校合，而所謂宋刊者全不可信。甚哉！書非目見，難以臆斷也。【略】越日晨起，無事，取弘治甲子重新刊行本，手校其異於別紙。間有勝於校本者，擬仍錄諸卷中，至訛謬處，亦復不少。似前跋以爲八行十六字即是此本，未必確也。總之，書非目覩，憑口説耳食以定是非，斷斷乎其不可。

又《幽蘭居士東京夢華錄》十卷。元印本。此幽蘭居士《東京夢華錄》十卷，東城顧桐井家藏書也。因顧質於張，余以白金二十四兩從張處贖得。裝潢精妙，楮墨古雅，板大而字細，人皆以爲宋刻，余獨謂不然，書中惟「祖」、「宗」二字空格，餘字不避宋諱，當是元刻中之上駟。至於印本當在明初，蓋就其紙背文字驗之，有「本班助教廖，崇志堂西二班學正翁深，學正江士魯考訖，魏克讓考訖，正義堂、誠心堂西二班民生黄，刷卷遠差，易中等，《論語》、《大誥》」云云，雖文字不可卒讀，而所云皆國子監中事，知廢紙爲監中冊籍也。余向藏何子未校本，即出於此刻，知毛刻猶未盡善，不但失去淳熙丁未浚儀趙師俠介之後序而已。竹垞翁所藏，爲弘治癸亥重雕本，此殆其原者。惟汲古閣珍藏秘本有所謂宋刻，其書目載之，未知與此又孰勝耶？

又卷四《新序》十卷。北宋本。嘉慶辛酉秋九月望後一日，觀書於東城蔣氏，見有宋刻本《新序》，爲陽山顧大有所藏，方晤何校所據即此本矣。初見時，覺板刻字形與余所收似不甚異，及借歸參閲，乃知前所云「所校又與刻本間有殊異」者，皆顧本有以亂之也。即如卷九中「是後，桓公信壞德衰」，衍一「德」字；「殷夏之滅也」，訛「湯」爲「夏」字；「張子房之謀也」句下脱「楚雖無彊，《漢》、《史》作楚唯無彊」小注十一字，此在卷十中。其錯誤迭出。他遇宋諱如「殷」、如「竟」、如「完」、如「構」，皆未缺筆。每葉上塡大小字數，下注刻工姓名，皆與余本異。雖行款悉同，而字形活變，不能斬方，彼此相校，眞如優孟衣冠矣。始知宋刻本一翻雕而神氣已失，不必在異代也。則此本之可貴，逾勝於初得時，書友之索重直，若有先知者耶。蕘圃氏又識。　蔣本《新序》，余定爲覆刻者，前跋已詳之。頃轡庭金君從蔣氏購歸，與余攤書對讀，知兩書實出兩刻，如「信壞德衰」，蔣本擠一「德」字，文理爲順，於原本則衍矣。兹又隨手勘及如「盈海者矣」，蔣本「者」作「内」，此原本作「者」，朱筆校改「内」字，是又據後出之本改之也。以余所見所聞，如高注《戰國策》、歐陽忞《輿地廣記》、劉向《古列女傳》，同一宋本而皆各有異，世非一刻即文非一例，在各存其眞可耳。《國策》、《輿地廣記》、《列女傳》余寶其一，而此外臧於他所者，或得諸聞，或得諸見，不能爲兩美之合，亦造物有以使之然也。

又《説苑》二十卷。校宋本。十月十一日海甯陳仲魚自其邑來，攜同邑吳槎客所藏宋刻咸淳乙丑九月重刊本《説苑》示余，余歎爲奇絶，蓋是本與顧抱沖藏者同，而抱沖所缺者八卷至十三卷，吳卻有之，可以補校，一奇也；抱沖本與槎客本大同而小異，蓋板有原與修之別，印有初與後之殊，又可彼此參訂，二奇也。惜吳本缺第十四卷，抱沖已作古人，槎客又居他邑，無從作合，各爲補全耳。余因仲魚之借，而得覩咸淳重刊本之全，勝於向借周藏錢校之尚非宋刻面目，何幸耶！因得廿二行，行廿字之宋本，而仲魚知之，并引出咸淳重刊之又一本，不更幸也！校畢記。【略】吳本載乾隆甲辰二月仁和孫志祖跋，云晁氏《郡齋讀書志》叙《説苑》篇目，避孝宗諱，易「敬愼」爲「法誡」，而此本不易，以爲疑。余謂此疑咸淳本之出孝宗後爾，何亦不避？豈知重刻云者，特翻舊本，故遇「愼」字，間缺末筆。若余所得本，并不避「愼」字，則刻較先宜。矣「敬愼」之不易爲「法誡」也。

又《管子》二十四卷。宋本。《管子》世鮮善本，往時曾見陸敕先校宋本在小讀書堆。後於任蔣橋顧氏借得小字宋本，其卷一後有長方印記，其文云「瞿源蔡潛道宅墨寶堂新雕印」，驗其款式，當在南宋末年。中缺十三至十九卷，即其存者，取與陸校本對，亦多不同，蓋非最善之本也。甲子歲，余友陶藴輝鬻書於都門，得大宋甲申秋楊忱序本，板寬而口黑，亦小字者，因以寄余，索直一百二十金，豪釐不可減。余亦重其代購之意，如數許之，遂得有其全本。案大宋甲申，不言何朝，核其板刻，當在南宋初。以卷末附張巨山《讀〈管子〉》一篇也。内有鈔補并僞刻之葉，在第六卷中，徧訪諸藏書家，無可借鈔。時錢唐友人謂余曰嘉興某家有影宋鈔本，與此正同。余聞之欣然，久而無以應我之求。適陶君往嘉興，於小肆中獲其半，檢所缺

葉，一一完好，字跡與刻本纖毫不爽，方信影鈔者即從余所得本出，而下半部偶失之耳。命工用宋紙從影鈔本重摹，輟鈔補僞刻之葉而重裝之。《管子》至今日宋刻始完好無闕，豈非快事。取對顧氏小字本，高出一籌，當是敕先所據以校劉績之本者也。後錢唐友人來詢之，知嘉興所見者即此鈔本，其不肯明言在書肆者，恐余捷足先得。孰知已有代購之人爲之始之終之，俾得兩美之合哉！

又《史載之方》二卷。宋本。向聞白隄錢聽默云，北宋時有名醫，因治蔡京腸秘之症，只用紫苑一味，其病遂愈，醫者由是知名。其人蓋史載之也。後余友顧千里游杭州，遇石冢嚴久能於湖上，出各種古書相質，歸爲余言，中有《史載之方》二卷，眞北宋精槧，余心向往之久矣。客歲錢唐何夢華從嚴氏買得，今夏轉歸於余。余檢其方，果有「大府秘」一門用紫苑者，始信錢丈之言爲不謬，特未知用而見效之説出何書耳。至於板刻之爲北宋，確然可信，字畫斬方，神氣肅穆，在宋槧中不多覯（圖一五六）。其避諱若「炅」字，尤他刻所罕。

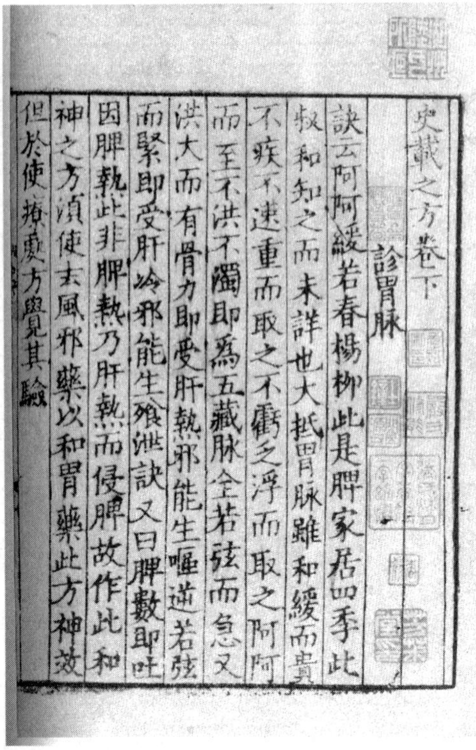

史載之方卷下

診胃脉

訣云阿阿緩若春楊柳此是脾家居四季此
叔和知之而未詳也大抵胃脉雖和緩而貴
不疾不遲重而取之不虧乏浮而取之阿阿
而至不洪不躅即爲五藏脉全若弦而急又
洪大而有骨力即受肝熱邪能生嘔逆若弦
而緊即受肝冷邪能生飱泄訣又曰脾數即吐
因脾熱此非脾熱乃肝熱而侵脾故作此和
神之方須使去風邪藥以和胃藥此方神效
但於使痛處方覺其驗

圖一五六　字畫斬方，神氣肅穆。

又《傷寒要旨》二卷。宋本。此書偶從書友得之，初不過重其爲宋刻，而未知其爲何人所著，因見《直齋書錄解題》有「《傷寒要旨》二卷，李檉撰，列方於前，而類證於後，皆不外仲景。」知此是李檉所著也。外間無別本刊行，故人多不識，似此精妙宋刻，人皆目爲明板，惟余確然信之。以白金三兩餘購得。卷中明明有「乾道辛卯刻於姑孰郡齋」字樣，後人以南宋孝宗朝乾道七年鐫板釋之，可云有識，不知何人妄説，以爲即非宋板亦是明朝初年書作。疑信參半，語可云無識。目錄後有跋云「崇禎甲申元宵蝶庵孫道兄見惠向置亂卷中，庚戌端節後雨如瀑布，檢出裝好」云云。但有圖章而無墨書姓名，圖章又糊塗莫辨，未知其爲誰何矣。今余檢出裝好，適在癸亥端節，竟日雨如瀑布，何情景恰相似耶！想見讀書人不事他事，日以破紙爲性命，作消遣光陰之計，古人亦同此寂寞爾。【略】此書爲乾道辛卯刻於姑孰郡齋，其爲宋板固無疑義，而卷中惟避「丸」作「圓」外，此若「驚」，若「玄」未有避者，宜外人之疑爲明刊也。頃五柳主人從都中寄余宋板《洪氏集驗方》，余開卷見其行款字樣與此相類，閱後「刻之姑孰」及「乾道庚寅」云云，知一時刊刻，故板式相同（圖一五七、一五八），迨出此相證，

傷寒要旨藥方

桂枝湯第一　麁末

桂三兩　芍藥三兩
甘草二兩
每服五錢水一盞半入生薑五片棗二
箇同煎至一盞去滓服須臾喫熱稀粥
一盞溫覆令一時許遍身漐漐微汗不
可令如水流離病必不除若一服汗出
病差停後服不汗更服依前法又不汗

圖一五七　宋刻《傷寒要旨》。

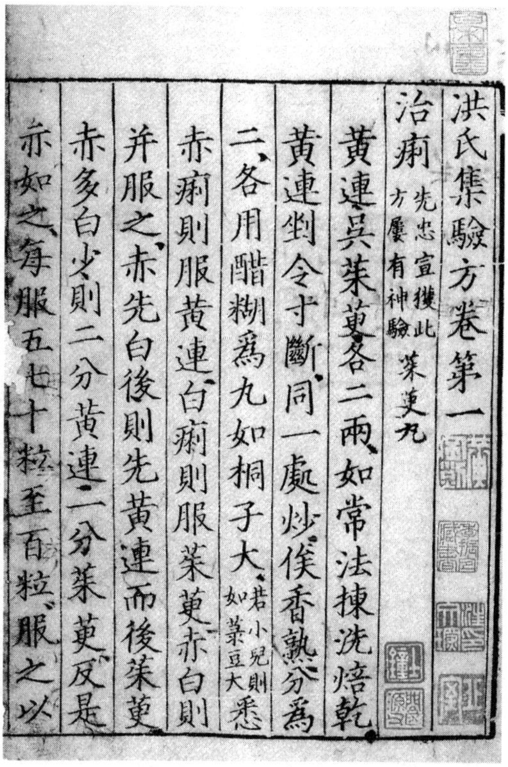

圖一五八　《洪氏集驗方》，與《傷寒要旨》行款字體相類。

見每葉記刻工姓名有「黃憲」、「毛用」等人，乃知二書同出二工之手，庚、辛兩年先後付雕也。然二書顯晦有同有不同者，此書載諸《直齋書錄解題》，而《洪氏集驗方》不載，《洪氏集驗方》載諸《延令季氏宋板書目》，而此書不傳，豈亦顯晦各異耶！茲何幸余之幷藏兩書耶！且是書失傳已久，雖殘編斷簡，猶得收而寶之，所見亦可謂罕秘矣，因再跋數語於卷末。

又《五行類事占》七卷。明鈔本。嘉慶辛酉秋，坊間收得汪秀峰家書，內爲《五行類事占》三冊。因憶《讀書敏求記》曾有是書，歸檢之，卷數卻合，知爲舊本，且卷中有「秀水朱氏潛采堂圖書」，又知爲竹垞藏本，第一、二冊部面上猶爲竹垞手書，洵可寶也。第三冊部面既失，冊尾多破損痕，字間有傷殘者，命工重加補綴，俟覓善本足之。其紙皆明代嘉靖時冊籍紙，背間可辨識，蓋猶是嘉靖年間人所鈔也。

又卷五《圖畫見聞志》六卷。前三卷元鈔，後三卷宋刊。此殘宋刻本《圖畫見聞志》四、五、六共三卷，周香嚴所藏書也。四月二十二日，余訪香嚴，香嚴詢余近日得書幾何，余以澗蕡於玉峰所收元刻《丁鶴年集》，明人葉德榮手鈔《法帖刊誤》，翻宋版《圖畫見聞志》三種對。香嚴即出《圖畫見聞志》一冊示余，曰：「君所得者，與此本同否？」余曰：「行款似同，然亦記憶不甚明晰矣。」香嚴曰：「此王蓮涇家藏書也，余初得時亦認爲宋板，既而見其字畫方板，疑爲翻本，曷攜去對之？」余曰：「此冊僅半，尚有前三卷否？」香嚴曰：「此殘本也。」余即從香嚴乞之。蓋余舊藏此書元人鈔本，止前三卷，香嚴亦所素知，故敢匃此以爲尾之續也？及攜歸與澗蕡同觀，亦認爲翻宋本，遂取前所收者勘之，行款雖同，而楮墨俱饒古氣，細辨字畫，遇宋諱皆缺筆，翻本不如是也。爰揭去舊時背紙，見原楮皆羅紋闊簾而橫印者，始信宋刻宋印。以翻本行款證之，此即所謂臨安府陳道人書籍鋪刊行本也。且余所藏南宋書棚本如許丁卯、羅昭諫唐人諸集，字畫方板皆如是，益信其爲宋本無疑。

又《白虎通》四卷。元刻本。此小字本《白虎通》元刻之精妙者，太倉故家物也，夏初玉峰歲試時，書賈畢集，郡中錢雲起素識古書，往玉峰見是書，歸爲余言之。余屬其代購，因書賈已歸太倉，寄信往取，遲至月餘始來。先是雲起言是元本，余猶疑爲宋刻，蓋盧學士校勘此書云，「有海甯吳槎客以小字舊本見示，不知何代所刻，唯『匡』字減一筆，以爲北宋本近是，然不敢定也」云云，故余亦疑之。及見是書，每半版十二行，每行二十三字，其細目上作圓圍者凡十，以《爵》、《號》、《謚》爲首，以《嫁娶》終焉。俱與抱經先生之說合，則小字舊本，殆謂是矣。王頌蔚案：拜經樓藏本與此刻實出一原，後有盧召弓跋，今在潘鄭盦侍郎處。惟字形紙色俱是元刻式樣。其非北宋本明甚。

又卷六《小字錄》不分卷。明活字本。余向藏《古賢小字錄》，係昭文邵朖僊贈余者，云以青蚨三星得之書攤者。「陳思纂次」一行後多「崐山後學吳大有較刊」一行，此冊無之。始猶疑其板刻有異，細審之，皆活字板，而前所得者爲後印，茲所得者爲初印也。何以明之，蓋此板後歸吳氏，故增入一行，其改易原書一行，以「姓劉」二字移「宋高祖武帝」下，而去「氏」字，又去小注「宋本紀」三字，以遷就之，其痕跡顯然。茲冊古色古香，初入眼疑爲舊刻，故書友欲以充宋、元板，余亦因其古而出番餅二枚易之，重付裝潢，可謂好事矣。

又《書叙指南》十二卷。明刊本。《書叙指南》十二卷，明嘉靖時刻。

初，書友以是示余，亦重其爲錢磬室藏本，至其書之無足重，雖書友亦知之。余初疑爲明人著述，不之重，後晤書友，云是書《四庫》已收，且書載《文獻通考》，蓋古書也。余因檢之，果然，然彼此有不同者。《通考》云「《書叙指南》二十卷」，晁氏曰：「任俊撰，崇甯中人纂集古今文章碎語，分門編次之，凡二百餘類。」陳氏曰：「皆經傳四字語，備尺牘應用者。」今書十二卷，卷不同矣。今云浚水正齋任廣德儉編次，名不同矣。今不及二百類，類不同矣。今不止四字語，語不同矣。當是明人重刻，有刪削、增添也。書經翻刻必不能復古，甯獨此哉！卷中有補鈔者，有增改者，又不知所據云何矣。朱墨二筆皆出一手，審是明人筆氣，疑爲功甫筆，取他手鈔書證之，似不類，未敢臆斷也。

又《續幽怪錄》四卷。宋本。此臨安府太廟前尹家書籍鋪刊行本也。余所得《茅亭客話》，亦爲尹家刊本，行字多寡，與此正同，然《茅亭》曾經遵王記之，而此書絕未有著於錄者，可云奇秘矣。此錄續牛僧孺書，本名「玄怪」，見於陳、晁兩家之書，其云「幽怪」者，殆避宋諱與？陳云五卷，晁云十卷，今多於陳而少於晁，其分卷當出更定。晁又云分仙術感應三門，此不分卷者，殆合并而去其門類也。尹氏所見，諒已不全，就其所載事核之，僅二十三則耳。《述古書目》所收鈔本止三卷，較此更少矣。近《彙刻書目》云《稽古堂日鈔》亦列其名，未知其卷若何，然以宋刻爲據，此四卷者，固足以覘前此之梗概，而訂後來之疏略矣。余喜讀未見書，若此小種，依然舊刻，豈不可備《百宋一廛書錄》之續乎。

又卷七《王右丞詩集》六卷。明刊本。此六卷本《王右丞詩集》係覆刊劉須溪校本，其分卷序次卻與宋本合。余偶得諸坊間，坊友胡葦州云《送梓州李使君》詩尚作「一半雨」，洵佳本也。及余攜歸，核之，卷六《出塞作》有脫去一行，計二十一字，「驅」字之下、「遼」字之上，從他本證之，有「馬，秋日平原好射雕。護羌校尉朝乘障，破虜將軍夜渡」云云。以宋刻行款而論，「驅」字上半葉止，「遼」字下半葉起，可見此本從宋刻覆刊無疑矣。

又《孟東野文集》十卷。宋刻本。此殘宋刻《孟東野文集》十卷本，目錄尚全，後五卷失之。或云是蜀本，余以字形核之，當不謬也。是書出無錫故家，去夏已聞之獲觀者。相傳卷中有「翰林國史院官書」朱記，余即斷以爲宋刻，蓋余家藏有二劉及孟浩然孟集獨全。周丈香嚴藏有姚合諸集，同此字形，并同此朱記，故信之也。迨今四月始見而購之，用白金五兩四錢，欣喜之至。越八日爲端午芒種節，展讀一過，因記。【略】余於甲寅秋得小字《孟東野集》於蔣賓嵎處，蓋蔣從金陵書攤得者，眞北宋刻本。十卷具全，稍有修板，已珍之至矣。茲復獲此，雖非全本，然板片無修，似較舊藏爲勝，暇日尚當取而參之，復翁又記。余家舊藏尚有明初鈔本，黑格緜紙，首題《孟東野詩集》，結銜題「山南西道節度參謀試大理評事平昌孟郊」，亦十卷，無總目，末題「臨安府棚前北睦親坊南陳宅經籍鋪印」，蓋亦從宋本錄出也。取對此刻，大同小異，彼有脫落，賴此正之。而鈔本亦時有佳處，可證宋刻之誤者，備參焉可耳。《東野集》全者，宋刻、舊鈔各居其一，而此殘本不與，若統計之，有三本矣。他日當合校一本，爲孟集考異云。

又《歌詩編》四卷，《集外詩》一卷。影宋本。余藏唐人集不下百餘種，舊刻名鈔都備，即同一集而藏書之家有異，亦在所收，故種更多也。頃書友鄭益偕袖此舊鈔李賀《歌詩編》一冊遺余，識是馮氏藏本，檢所藏尚缺此種，急收之。馮所藏唐集已有一二種，行款圖章卻不相類，知鈔各有本，其藏亦非一人也。【略】戊辰夏，從經義齋得舊刻本，較此多至元丁丑、弘治壬戌二序，當是明翻元刻也。分卷雖同，標題序次略異，即字句亦間有不同，稍暇當參校之。《讀書敏求記》載鮑欽止家本，此殆近之。

又《李賀歌詩編》四卷。金刻本。金刻《李賀歌詩編》四卷，余去年得何義門手校者，始知世有其書，諸家藏書目未之載也。何云碣石趙衍刊本，每葉二十行，行二十字。頃見是本正合，其爲金刻無疑（圖一五九）。最後序文何校未錄，但云龍山先生所藏舊本，乃司馬溫公物。今觀全文，語亦符合，且可補何校所未備，因急收之。書之奇，遇之巧，無有過是者，雖重直弗惜矣。

又《李群玉方干詩集□卷》舊鈔本。《李群玉方干詩集》合裝者，余家向有一本，係空居閣舊藏刻。有書賈持此冊來，亦李、方合裝，而二集後墨筆題識多同，想同出一源，此則汲古舊藏，審其字跡，似毛本，後於馮本也。初得見是書，時以馮本對勘，鈔無異字，惟此本《方集》多汲古孫綏萬跋語，知取黑格條鈔本及東山席氏刻本一爲校勘者。然其意以黑格爲不足據，而席氏刻余又以爲在舊鈔後，不應據刻改鈔，故遂置之。及書賈持去，

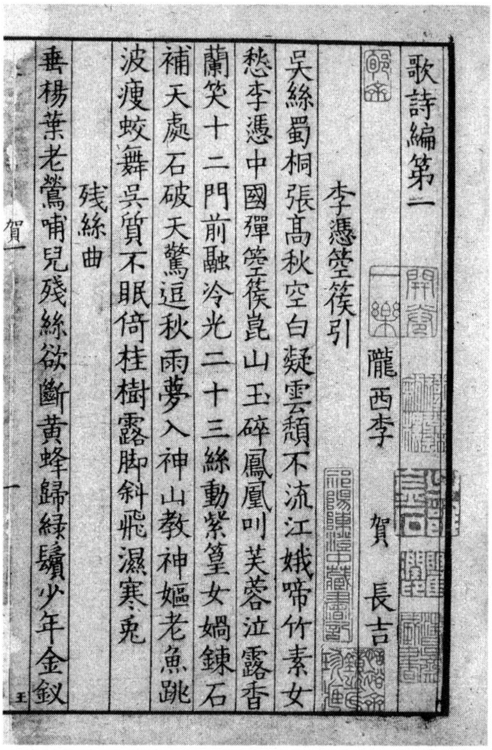

歌詩編第一

李憑箜篌引　隴西李　賀　長吉

吳絲蜀桐張高秋空白凝雲頹不流江娥啼竹素女愁李憑中國彈箜篌崑山玉碎鳳凰叫芙蓉泣露香蘭笑十二門前融冷光二十三絲動紫皇女媧鍊石補天處石破天驚逗秋雨夢入神山教神嫗老魚跳波瘦蛟舞吳質不眠倚桂樹露脚斜飛濕寒兎

殘絲曲

垂楊葉老鶯哺兒殘絲欲斷黃蜂歸綠鬢少年金釵

圖一五九　半葉十行，行二十字，行款合，爲金刻無疑。

偶閱《讀書敏求記》，云：《元英先生家集》十卷，此云元英者，避宋諱也。集中《贈美人》七言長句四首，今本爲俗子芟去，得此始補全之。方歎讀書未徧，致失善本，急令書賈持回，出重資購而并儲焉，稍補余過。

又《張蠙集》一卷。校舊鈔本。甲戌六月，聞顧竹君家遺書散出，有舊鈔唐人小集數十種在友人處。因尋跡獲見，遂借歸録其目，内余家所無者一二種而已。此集向無舊刻，覆校卷中墨校出於耿菴，朱校出於義門，并多以意改正。茲取顧本校之，大有佳處，識於上下方，用小圈記出者，顧本所獨，似較勝也。【略】顧本廿行，十八字，當即書棚本，蓋余所見宋刻唐人小集皆如是也。在卷末。

又《浣花集》十卷。宋刻本。余家向藏毛氏影宋本《浣花集》，在唐人諸集中取對此，此實宋版。卷中「徵」、「禎」、「玄」、「樹」，避此四字。而「玄」、「樹」有不盡避者，宋版時或有此。余初付裝，見者或疑此刻之非宋，而妄笑余佞宋之太甚，所信未必眞。然裝成同人傳觀，藏書家如周香嚴，賞鑒家如陶朗軒，皆以余言爲信，則誠可信矣，佞宋何嘗佞哉！

又卷八《小畜集》三十卷。補鈔宋本。去冬，聞坊友傳言，云有宋刻《王黄州小畜集》流傳郡中，既而遇諸冷攤，果宋刻，其缺者皆吾研齋補鈔，不知誰何也。末有謝肇淛跋，亦未知果爲其手跡，抑係傳録存之。物主居奇議直，未能收得，目雖遇，心未忘。頃又念及，遂重索觀。見卷中遇「留」字皆缺最後一畫，以呂無黨手鈔他書證之，寫「留」字作「畱」，疑出呂氏鈔也。余家藏有鈔本，硬分三十卷爲六十二，以沈虞卿後序居前，失去前之自序，并無後之牒文、官銜，則鈔本之不如宋刻遠甚。明代并無刊本，故傳録亦鮮，昔漁洋山人曾見估人攜來一本，卒以未得爲憾，余故勉力購此。全書四百餘葉，宋刻居三之一，古色古香，不礙爲斷珪殘璧。交易既成，書友云：「徧示郡中諸收藏家，未識此書何以尊貴，都不欲收。今君得此，如護頭目，請問其詳。」余應之曰：「書必宋刻方敢信，宋刻雖不全，據謝跋知鈔補亦出宋本，前人斷不誑語。略取舊藏鈔本對勘，字句實有勝處，豈以鈔補爲瑕之掩瑜耶？」【略】書前跋畢，復檢《汲古閣書目》，知所藏係影宋鈔本，以有東澗及趙清常筆跡，故表之。則余今所得本，有沈辨之及惠定宇諸家印者，不亦當珍重耶？至於宋刻之有三分之一，又堪以傲汲古閣矣，附記一笑。蕘夫。余信此書爲呂無黨手鈔，以他書證之，始知之。其板心「吾研齋補鈔」，向未知此齋爲何人齋名，後晤江鐵君，舉此問之，爲余言其詳，乃知即無黨之齋名也。

又《嘉祐集》十五卷。宋本。癸酉四月十四日，有書友攜此宋刻《嘉祐集》示余，索直白鏹四十金，云出自松江故家。余一見，稱異，刻本之精，印本之爽，在宋本書可爲希有。雖首尾略缺，諸藏書家圖記已鈐於缺少處，崐山徐氏收得時即如是，則缺失已久，瑕不掩瑜，惜牀頭金盡，弗敢過而問焉。及書友持去，因檢舊藏蔣篁亭校宋本核之，方知所據即是本。末句缺失，篁亭注明，卷首朱筆校改第七卷目録起，乃悔當時未及留一對勘也。復令攜來，取第十一卷中第七葉校，云宋本作「數月」，顧千里以爲不可解，借余校本識後語。與此宋本對，「數月」二字作「年」，蓋覆本譌「數年」爲「數月」。蔣校宋作「數年」，而涉筆偶誤仍寫「年」爲「月」耳。益見宋本之可寶，而校本之不足恃。如此，余遂有欲得意。適外來有至蘇購書者，欲得宋元人集，余輟重出本，屬書友往應其求，固爲貶損以就之。而是書亦以他人還價未至，物主允降價相就，竟成交易。書直未酬，據爲己有，再取蔣校本

一一勘之，無不脗合。宋刻中有墨筆所改，所增者皆篁亭筆，卷四中《遠慮篇》「故後世不得見耳」，校云「『耳』或改『其』，非」。是此舊時人校改，故篁亭以爲非，惟親見宋刻，又先得校本，故得互相證明，古書授受源流親切如是。余於翰墨因緣抑何深耶！通體塗抹，尙爲宋人讀本，標舉眼目，遇宋諱皆以朱筆圈其字，亦足證板刻之前。故所避不廣皮相者，以爲大疵，非眞知宋本之妙者。至於書之由來，唯傳是樓物猶可指證，其目云「宋板蘇明允《嘉祐集》十五卷，四册」，今本悉符。

又《豫章黄先生外集》六卷。殘宋刻本。此家《豫章外集》六卷，得諸書船友邵姓，云自江陰楊文定公家收來。卷端有「楊敦厚」圖章，即文定孫也，裝潢精雅，亦以其爲宋刻，故珍之。然六卷後有缺葉，謬以卷十四末葉續之，因後有山房李彤跋，取閱者偶不經意即信爲完璧者，然其實補綴之痕不可沒也。宋陳振孫《書録解題》：「《豫章外集》十四卷」，案：今明刻猶如是，所存詩六行確在卷十四末，惟李彤跋明刻無之。然翁覃溪云《外集》末有李彤跋，其在十四卷末，宜矣。至六卷末所缺，就明刻者，以宋板十八行，十八字計之，連煞尾一行適得一葉，當以素紙存其面目可爾。又翁云《豫章外集》，其作詩年月往往在内集前，今人稱《外集》爲《後集》，殊不知宋刻板心有後黄一、後黄二云云，則《外集》之稱爲《後集》，特以所刻之先後言之耳，世人不見宋刻，妄論短長，亦奚爲耶！余舊藏《豫章文集》三十卷本，僅有一卷至十四卷，十七卷、十八卷、十九卷俱屬宋刻，今又得此，行款悉同，當是聯屬者。何意兩美之適合也。毛氏云「在在處處有神物護持」，其信然歟。且《延令書目》載有《黄山谷》三十卷，《後集》六卷，宋板。合諸此本，卷數卻同，或即滄葦所藏亦未可知。書之以誌。

又《山谷黄先生大全詩注》十八卷。明本。余鄉舉後，游京師，於廠肆中獲此册，雖多殘缺，而板刻既舊，且末粘籤一条云，「一本，永樂二年七月二十五日蘇叔敬買到」，蓋猶是明初官書也。其詳載《讀書敏求記》「古列女傳」條下，因此珍重弆藏，擬覓全本補鈔。數年以來，僅見一本於顧竹君家，印本較此爲勝，惜亦未全，竹君故後，書籍封閉，不復可假矣。殘鱗片甲，無傷古物，爰付裝池，略補素紙以當闕疑。

又《北山小集》四十卷。鈔本。乾隆六十年六月二十日夜，余家因已遺之婢尋物失火，燄起老母房中，以致及余卧室，倉皇奔救，幸勿大患，而器用財賄爲之一空。所貯書籍巋然獨存，是必有神物護持者，余亦以是轉憂爲喜焉。閲兩日，書友胡益謙持《北山小集》示余，欲一決其宋本與否。余開卷指示紙背曰：「此書宋刻、宋印，子不知宋本，獨不見其紙爲宋時册子乎？」胡友深謂余爲不欺，遂護交易，余許其每册一金，卒以物主居奇，倍價易得，復以二金酬之。

又《孫尙書内簡尺牘》十卷。校宋本。此校本《内簡尺牘》，趙凡夫藏書，後歸洞庭葉石君。予於海鹽家椒升處得之，自矜爲善本矣。後於郡城顧五癡家借得一本，無刻書年月，於分類之目末一葉有「蔡氏家塾校正」六字，合諸此本，鈔補序文有云「慶元三祀閏餘之月，梅山蔡建侯行甫謹序」云云，未知即此否也。此本校者云元英宗天厤庚午刻本，分十六卷，而顧本分卷卻合，然遇宋諱皆缺筆，則非即英宗時本矣。安知元翻宋本，分卷不仍其舊耶！余於尺牘本文悉照顧本校録，而細目及每卷標題未經傳寫，因異同所重不在是耳。顧本實有勝於此本處，可知宋刻定勝元刻也。

又《渭南文集》五十卷。宋本。至今顧氏書已漸漸散出未知其尙在否，余因屬其族人購訪，久之，以殘宋本《劍南詩稿》來，而《渭南文集》苦無影響。一日，友人張秋塘來，見案頭貯是書，曰：「子有放翁詩，曷得放翁文乎？」余異其言，屬其以書來，則眞宋刻也。其價亦言七十兩，余意欲稍減，而秋塘以爲書出蔣春皋，此人非急須錢者，嫌貴當還之。余方徬徨無定，而裝潢匠錢半巖云：有人從蔣家來，知此書非其舊藏，即顧質於蔣者，不過青蚨二十兩，今售去，須白鏹三十餘兩，吾當往圖之。半巖之謀未成，而書已爲五柳居陶琅軒所得，琅軒與余相友善，遂以白鏹四十五兩易歸。旁人有私議者，云此書非宋刻，故陶亦賤售。余曰楮白墨黑，如初印者，然人之疑或有之。然此書係翁子子遹所刻，故游字皆缺末筆，遇宋諱或缺筆，或云某某廟諱，非宋刻而何？顧何以不之寶而歸於蔣？蔣何以不之寶而歸於陶？陶何以不之寶而歸於余？余則素聞聽默之言，而知其書之貴重，故深信不疑，豈非事之奇者耶？

又《楊太后宫詞》一卷。宋鈔本。《楊太后宫詞》，汲古閣曾刊入《詩詞雜俎》中，其稿本余今始獲之，所謂潛夫輯本也。毛子晉云：「舊跋潛夫，不知何許人」。余以稿本核之，其爲宋人無疑，紙係宋時呈狀廢紙，有官印朱痕可證。至潛夫之爲何許人，就其跋云甯宗楊后，而不系以宋，則可斷爲

宋朝人。其標題曰「潛夫輯」，余疑爲周密公謹，蓋公謹所撰書皆曰「輯」，如《武林舊事》則曰「四水潛夫輯」，《絶妙好詞》則曰「弁陽老人輯」。公謹入元，追憶故國，故有《武林舊事》之作；而此《楊太后宮詞》，輯之殆亦寓懷舊之思歟？余友海甯陳仲魚廣見博聞，助余曲證斯説，謂《齊東野語》有《慈明楊太后事》一則，可見公謹熟於楊后事實。且《癸辛雜識》載咸淳甲戌秋爲豐儲倉，甲戌乃咸淳十年，今跋云癸酉仲春得之江左，甲戌上距癸酉止隔一年，公謹生於紹定十五年壬辰，則癸酉年四十歲矣。得此二證，差信余説之非妄。

又卷九　《薩天錫詩集》十卷。校鈔本。余藏《薩天錫詩集》向有二本，一爲明初黑口而葉石君校補者；一爲舊鈔而八卷，標題《雁門集》者。此小草齋鈔本爲第三本，儲爲篋衍久矣，卻未曾參校。去年又得一舊鈔，爲汲古閣藏本，中有子晉手鈔處，其書爲竹紙黑格，板心有「篤素居」三字，此爲第四本。今春養疴杜門，偶取毛本以校龔本，似毛較勝，蓋毛本鈔在前也。諸體中毛偶有脱失未補，龔卻有之，惟七言絶句中，毛與龔互有存佚，然彼此俱無跡可尋，未知何故，當取葉校及八卷本勘之。龔本即小草齋鈔本，龔氏蘅圃曾讀一過，其云「丁卯」者，未記年號，就其鈔手風氣驗之，當在乾隆年間，已甲子一周矣。

又　《僑吴集》十二卷。明刻本。右鄭元祐《僑吴集》十二卷，乃弘治中張習重刊本也。就張跋語，鄭有《遂昌山人集》、《僑吴集》，是元時實有兩本，今不可得見，所存者重編本耳。余於數年前觀書朱丈文游家，見此書張刊者。其時不喜購文集，因忽之，後往蹤之，而已散去矣。去年從書船買得宋、元人文集數十本，皆太倉宋蔚如校鈔者，《僑吴集》亦在焉，然非刻本，行款未敢信之。近有書賈買得海虞故家書，攜至余家，内有此集刊本，字跡古雅，與所藏張來儀、徐北郭諸集悉同。惟紙背皆明人箋翰簡帖，雖非素紙印本，然古氣斑斕，亦自可觀，宋、元舊本往往如是，又何傷也。第十一卷前「平江路總管道童公去思碑」脱去五、六兩葉，惜無刊本可録，仍當闕之，又恐讀者不能卒其文，復取宋氏校鈔本，照此集行款録附於後，可云愼之至矣。抑有巧者，余向得《皇明詩選》，前後部葉紙背多係明人箋簡，爰取此以補此集缺葉，而餘者書余跋語，以無用爲有用，天下事又若相待焉，故并志之。

又　《張光弼詩集》二卷。舊鈔本。趙清常道人，藏書之最著名者。余所得其家書卻鮮，去歲從香嚴書屋借鈔其家《脈望館書目》，以爲搜訪之助。頃從坊間購歸元人《張光弼詩集》一册，末有清常跋，知爲其手書，余以所見他書字跡證之，益信。隨檢書目，於元人文集門卻未載，或編次失落，抑所録在成書後，皆未可知。光弼詩傳本頗稀，更得清常手鈔，眞可寶也。【略】壬戌從都中購得《建康實録》舊鈔本，與此鈔手略同，似一人所書，因取相對，審此書卻非清常手鈔，特跋語爲清常筆爾，爰以自訟。【略】嘉慶甲戌收得明刻本校，非特浥爛損壞字與趙所據鈔之本合，且此本有墨筆旁添之字，皆刻本所有，其爲海鹽胡孝轅本無疑。

又　《半軒集》十二卷。明刻校本。嘉慶三年戊午冬，借得周薌巖新從騎龍巷顧氏購得舊鈔本《學言藁》上一册，共計四十七葉，云是元人所鈔，卷首有吴寬印章，則其爲匏庵以前人所鈔無疑。雖非全璧，然取與此刻相對，脱落差誤不一而足，書以最舊爲最佳，不信然歟？

又卷一〇　《唐僧弘秀集》十卷。校宋本。乙亥二月收此書，因出舊藏宋刻殘本校一過，自卷一「周昉題，何人曾識此情遠」一句起，至卷八止，凡下方以墨識皆宋刻也。卷中避諱，如「貞」作「貞」，「樹」作「樹」，皆未之校改。又如「峰」作「峯」，「間」作「閒」，「艸」作「草」，「鐘」作「鍾」，亦校之未細，因皆無關於文義，略之。惟此本一校舊刻，一校鈔本，遇宋刻與舊刻、鈔本異者，則識曰宋刻同此刻，以別於他校也。惜宋刻首尾缺失，當賴此校本參之，孫校舊刻當即余所藏明刻，每葉二十四行，每行二十字之木也。

又　《東萊先生詩律武庫》三十卷。校宋舊鈔本。此《東萊先生詩律武庫》二册，舊鈔本。余於去年以二番餅得之，已篋藏之矣。頃有書坊以舊刻本來，楮墨古雅，余麤閲一過，審爲元刻，因索直太昂，囊中乏錢，止許以白金三兩五錢。蓋書裝七册，每册五星，未及諧而去，然心戀其古物，不能恝置之。會吾友五柳主人歸自京，其同業必取決於彼，詢之，果以六番餅易得，遂從彼取回，破幾日工校如前。卷中遇「朗」、「敦」、「亘」等諱，間避之，乃知宋刻，非元刻也，志此以見書之難定如此。

又　《中州集》十卷。金本。余友顧澗蘋嘗爲余言曰：「郡中朱丈文游家曾有金板《中州集》，惜已散去，無可蹤跡矣。」余心識其言，不敢忘。既檢

《延令書目》載其名，云是十卷，六本，亦未見有收藏家有滄葦故物也。頃二月二十八日往送友人北行，歸家見案頭有小字《中州集》一冊，爲丙、丁二集，詢是書友攜來求售者，乃知潤蕡所云即此舊刻歟？案其行款字數與《列朝詩集》同，可見錢氏之集詩，悉本於元氏，信不誣矣。明日書友來，詢其直，索白鏹五十金，云是金板，須每本十金。余方疑書友學問平庸，無此識眼，而書友以爲物出故家，主人以爲金板，故價昂如是。余屬其攜全書來，通部缺十六葉，十卷後無《中州樂府》，《目錄》尾有糢黏字跡幾行。余斷其爲元本明印，非初刻者，故《樂府》已無，卷中板片損半，及失葉硬塡某至某，其殘缺之跡顯然，藏書家以爲金板，從元氏爲金人言之耳。余方重是書之希有，書友亦居奇異，許至十五金而猶不允，欲取全書去。余強留其樣本，而以四冊還之，猶是羈縻勿絕之意云爾。

又 《策選》□卷。元鈔本。此《策選》的係元人錄本，余向得《刑統賦疏》，筆墨紙質與此正同。去歲估人持此示余，索重直，未之售。今仍攜來，價稍貶矣，因收之，取究爲原鈔也。檢錢辛楣《補元史藝文志》科舉類，有至正辛巳復科經文，玆書所錄皆策文，又首有至正辛巳之序，殆即是歟！然復科經文不知何解，是書合否，究未悉也。

又 《鈔本張子野詞》一卷。錢頤仲、孫艾寫本。是書欄格傍有「幽吉堂」三字，卷中有「頤仲」、「錢孫艾印」二印、「彭城」一印、「錢氏幽吉收藏印記」一印，余初不知其爲何許人，客歲有書友攜校宋本《嘉祐新集》來，其鈔補之葉俱有「懷古堂」字刻於版心，又有「頤仲錢孫艾」印，玩其跋語，知與錢孫保求赤爲兄弟行，而此鈔本《張子野詞》即錢孫艾手筆也。【略】去歲所見校宋本《嘉祐新集》出於懷古堂者，余爲友人陳仲遵言之後，退還書賈，即歸陳氏。頃因欲對錢頤仲筆跡，復從西畇草堂借歸，逐一對勘，知最後老蘇墓銘等一卷皆其親筆，與此鈔手正同，則此本的係頤仲手書矣。頤仲既不附見於《蘇州府志》，而幸賴《嘉祐新集》一書，後有錢求赤跋，始知其人。甚哉，古書之不可輕棄，足爲知人論世之一助也。因錄彼書跋語一則附考。

又 《詳注周美成詞片玉集》十卷。己巳秋七月，余友王小梧以此《詳注周美成詞片玉集》三冊示余，謂是伊戚顧姓物，顧住吳趨坊周五郎巷，而與白齋陸紹曾鄰，此乃白齋故物，顧偶得之，託小梧指名售余者。小梧初不識爲何代刻本，質諸顧千里，始定爲宋刻，且云精妙絕倫。小梧始持示余，述物主意，索每冊白金一鎰，後減至番錢卅圓，執意不能再損。余愛之甚，而又無貲，措諸他所，適得足紋二十兩，遂成交易，重其爲未見書也。是書歷來書目不載，汲古鈔本雖有十卷，卻無注。此本裝潢甚舊，補綴亦雅，從無藏書家圖記，實不知其授受源流，余收得後，命工加以絹面，爲之綫釘，恐原裝易散也。初見時檢宋諱字不得，疑是元刻精本，細核之，惟避「愼」字，「愼」爲孝宗諱，此刊於嘉定時，蓋甯宗朝避其祖諱，已上諱或從略耳。至詞名《片玉集》，據劉肅序，似出伊命名。然余舊藏鈔本祇二卷，前有晉陽強煥序，亦稱《片玉詞》，是在淳熙時，又爲之先矣。若《書錄解題》美成詞名《靖眞詞》，未知與《片玉詞》有異同否？又有《注靖眞詞》，不知即劉序所云病舊注之簡略者耶！

又 《蘆川詞》二卷。影宋本。今夏從友人易得舊鈔本《蘆川詞》，行款與宋版同，因重憶宋版思得一校，余顧矚了，復託蔣大硯香請假之，竟以書來，喜甚，取對兩書而喜愈甚。蓋舊鈔本係影宋，每葉板心有「功甫」二字者，其字形之欹斜，筆畫之殘缺，纖悉不誤，可謂神似，而中有補鈔一十八翻不特無「功甫」字樣，且行款間有移易，無論字形、筆畫也。因倩善書者，影宋補全，撤舊鈔非影宋者，附於後以存其舊。再舊鈔有何義門先生跋，謂此是錢功甫舊傳本。義門但見「功甫」字樣，故以錢功甫當之，豈知功甫亦宋版原有，豈係傳錄人所記耶！惟是宋版款式向無記人名字於卷第下方者，即有書寫刊刻人姓名皆列於板心最下處，此卻僅見，故義門不計及此，此「功甫」二字或當時刊諸家詞以此作記耶！《蘆川詞》作者姓張，名元幹，字仲宗，功甫或其別一字耶？俟博攷之。【略】宋刻本《蘆川詞》卷上首葉有藏書人家舊印，原截去其半，釘入線縫中，玆摹諸影鈔首葉上，故印本不全，其聯珠小方印未損，或當日一人所鈐，惜無從考其人。宋本每葉紙背大半有字跡，蓋宋時廢紙多値錢也。此詞用廢紙刷印，審是冊籍，偶閱之，知是宋時收糧案，故有更幾石，需幾石，下注秀才進士官戶等字，又有縣丞、提舉、鄉司等字，戶籍官銜略可攷見，粳儒省文皆從便易，雖無關典實，聊記於此，以見宋刻宋印，古書源流多有如是者，紙角截殘，印文模糊不可辨識矣。古色古香不徒在本書楮墨間也。

又 《風雅遺音》二卷。舊刻本。此《風雅遺音》上、下二卷，余疑爲元

刻，因其紙紋之闊而字畫之古也。初書友攜是書來，略一繙閱，見其雜載詩文，認爲古文選本，且索直甚昂，擬置之矣。是時適有友人借鈔毛氏鈔本宋元人詞，盡發所藏以供展翫，見其中有《風雅遺音》，始知是書爲宋詞，遂取刻本對勘，行款不甚相同，卷首僅林序一首，餘序俱闕。目録分上卷、下卷，卷中標題下多「秣下林正大敬之」一行，上、下卷俱如是。每詞下闋俱空一格，直下不提行，每葉二十行，每行十八字，於最後李太白《清平調》辭闋，《酹江月》上下闋處皆有之。此鈔本雖未知何自出，然與刻本大段相類，則刻本與鈔本宜并存之。且讀《四庫全書總目》，「詞曲類」載有是書，有云卷末有徐釚跋，云「《風雅遺音》上、下卷，南宋刊本。」泰興季滄葦家藏書，靈壽傅使君於都門珠市口購得，遂付小胥鈔録，林序闕前七行，卷末《清平調》逸其半，皆舊時脱落，今亦仍之，此本殆從南宋本翻雕者耶！

黄丕烈《蕘圃刻書題識·補遺汪本隸釋刊誤序》 洪文惠《隸釋》廿七卷，相傳徐髯仙有宋槧本，甚精妙，後歸毛青城，載還蜀中，此《讀書敏求記》云。然是宋槧本。也是翁亦未之見也。今行世者僅錢塘汪氏新刻本而已，乾隆甲寅歲予得崐山葉文莊六世孫九來所藏舊鈔本，闕第四、第五、第六三卷，今年秋借貞節居袁氏所有鈔本補全，復借周香嚴家隆慶四年錢氏鈔本勘正，其本皆十行廿字，與元泰定乙丑槧七卷《隸續》同，而遇宋諱處則缺畫，蓋依宋槧本所鈔也。

黄丕烈《重刊宋本宣和遺事跋》 余於戊辰冬得《宣和遺事》二冊，識是述古舊藏，詢諸書友，果自常熟得來，但檢《述古堂書目》「宋人詞話門」，有《宣和遺事》四卷，兹卻二卷，微有不同。後檢高儒《百川書志》，於「史部·傳記類」云：「《宣和遺事》二卷，載徽、欽二帝屯太二百七十餘事，雖宋人所記，辭近瞽史，頗傷不文。」據此則二卷非誤，又《文淵閣書目》亦載是書，其卷數未詳。可知此書向來傳布備藏書家插架久矣。己巳春游杭州，登城隍山，於坊間又獲一本，與前所得本正同，而前所缺失一一完好，因動開雕之興，用宋體字刊之，原本多訛舛處，復賴舊鈔校之，略可勘正，板刻甚舊，以卷中「惇」字避諱作「惇」，證之，當出宋刊。

黄丕烈《蕘圃藏書題識續録》卷一 《松漠紀聞》二卷，《補遺》一卷。明刻本。丁丑十月初八日，訪戴松門於嘉興郡之吳涇橋，時已昏夜，主人赴席他出，待其歸，促膝話舊，意甚歡也。因出書、畫、磁、銅等物相與欣賞，余皆未之識，蓋所好不存焉。最後出一書相質，爲《松漠紀聞》二冊，上、下卷，《補遺》亦三種，惟板刻似出專刻，非叢書中本。其書爲每葉二十行，每行十六字，前有「松漠紀聞」四字標題，次行低一格，曰「國史傳略」，第三行頂格起「洪皓字光弼鄱陽人」云云，共十三行又三字爲一葉。別一葉起標題曰「松漠紀聞上」，次行空七格，起「宋徽猷閣學士贈太師魏國公謚忠宣洪皓撰」，計十八字爲一行，擠七格有半，此結銜也。下卷及《補遺》皆同，卷中文字異同，瑕多瑜少，擡頭行款皆殊，脱文尤多，遇宋諱不缺筆，而擡頭有不止空格者，似出宋刻，然不敢定也。余遇古書異本必收，此書向藏止有陽山顧氏文房本，又有《古今逸史》本，他無聞，此專刻舊本，目所未見，因丐歸，與顧本一勘，歧異如右，儻松門不以宋刻視之，當兼蓄之，且俟寓書詢之而誌其顛末如此。

又 《渤泥表文附慧山記》一卷。舊鈔本。郡城閶門外上津橋有骨董鋪，目不識書者也。其附近有故家書散出，多歸之，惜無舊刻名鈔，惟此尚是姚舜咨藏本，書共四種，《黑韃事略》、《籌邊一得》，乃其手跡，有跋語可證。余舊藏其鈔本甚多，此可竝儲矣。

又卷二 《法藏碎金録》十卷。明居敬堂刊本。余於而立之年即喜收書，遇舊刻即收，實未知其書之有用與否也。後講宋元舊刻以及名人手録或精校本，遂置明刻不講，而前所收者併遺忘之矣。嘗記獲見錢遵王鈔本於友人所，爲《西溪叢語》，蓋鈔自鴸鳴館刻者，復徧訪刻本於他家，從張訒庵處借得之，而長孫秉剛謂書房中有此書，出視之，果鴸鳴館刻本，余之得於前而忘於後，可笑往往如是。頃坊友收濮院沈姓書，余檢得鈔本《法藏碎金録》，有「嘉靖」字樣，知從明本出。索番餅六金，因憶向年曾蓄鈔本，已贈潘理齋農部，遂往借對勘，而理齋復有一十卷明刊本，一併借歸校之。適兒孫輩整理書籍，於舊藏中檢出一部，與坊收沈本無二，余本乃趙府居敬堂刊，眞嘉靖本也。坊本猶從刻本影鈔者耳，事之可笑亦復如是。【略】余所贈理齋鈔本，乃《法藏金液》上、下卷，又係嘉靖時人摘録者。理齋所藏十卷本，似從趙本覆出，而每條於次行低一格，不與趙本同，末有晁氏後人官銜，最後當有明代年號，已劃去，不可辨識矣。

又卷三 《方是閒居士小稾》二卷。舊鈔本。壬申四月廿九日，書友以毛氏精鈔本見示，需直二十餅，余留之，出舊藏此本手校一過。卷中缺字有

與精鈔本互異者，當是所據有初印、後印之別，而前後序跋反有彼缺而此不缺者，知彼所據與此非一本也。誤字時有毛本用粉塗校改，當出臆改，蓋此本未改，知此猶原本耳。【略】此附錄板心有「汲古閣」三字，當是毛氏增入，故此本無之。「字彥沖」三字，驗其筆蹟，似斧季手添，兹傳之，以備覽，此本又有至正廿二年從玄孫跋一紙，毛本失去，想亦所據本無也。

又卷四《句曲外史詩集》二卷，《集外詩》一卷。明鈔本。元張雨詩，余家所儲者，名《句曲外史貞居先生詩集》。卷端有吳郡徐達左序，於卷一次行題「吳郡海昌張雨伯雨撰、江浙鄉貢進士姪誼編類、吳郡徐達左校正」，書係影寫本，以徐良夫作序考之，必元末明初刊本矣。然外間書目多云《句曲外史集》三卷，《補遺三卷》，《集外詩》一卷，皆以明成化姚綬所購得嘉靖陳應符所釐及崇禎毛晉所續者當之，不知天壤間復有別本在也。

又《冀越集前後》二卷，附《相宅管說》。古歡堂鈔本。戊辰四月二十有二日，至上津橋骨董鋪，觀西莊王氏所散之書，中有舊鈔本熊太古《冀越集記》二冊，攜歸校閱，紀其同異於上方。舊鈔每葉十八行，每行二十字，本文較標題空一格，有擡頭處須出格也。每卷首題「翼越集記」，次行、三行多撰校人名，載其式如右。余案此鈔所自出，遇世皇等出格，似元刻，然開卷元朝軍制，元不稱國又何耶？抑鈔者後改耶？

又《前漢紀》三十卷。明刻本，校影宋鈔本。此書係明刻，合前、後《漢紀》而爲一部。余於辛亥歲得諸酉山書肆中，開卷見硃墨兩筆稍有點讀而未終，遇脫落處，則曰「疑有誤」，乃知此人亦未得善本校讐，故所閱未竟。惟落款「孱守老人」，初不知爲何人，及檢錢遵王《讀書敏求記》，知爲馮已蒼，方悟卷首之「大樹將軍印」，本馮氏印也。然讐校未竟頗爲惋惜，今秋偶過學餘書肆，見插架有舊鈔《前漢紀》，攜歸，與此本對勘。此所脫落大半，賴鈔本補完，誠一快事。舊鈔卷首多目錄一紙，書中遇宋諱如「桓」、「匡」、「慇」、「敬」，盡從闕筆，其爲照宋鈔無疑。雖殘闕亦所不免，想宋刊亦同，故無從補完耳。

黃丕烈《蕘圃藏書題識再續録》卷三 《駱賓王文集》十卷。影宋鈔本。宋板《駱賓王文集》十卷，小讀書堆藏書也。抱沖故後，書籍不輕假人，余以素好故，每從其弟假之，時得展閱焉。此本昨歲假歸，倩鈔胥影寫，輒復中止，至今歲始命門僕畢其工，蓋幾幾乎不能竣事矣。此書向爲汲古閣所藏，然已非全是宋刻，毛氏以鈔寫補完，亦鈐「宋本」，知非妄作。於每卷字體及畫烏絲欄處皆有分辨，觀原書固可一目了然。而此時重經傳錄，未免火棗餻，因將顧本面目詳載於後，而余本之所以分辨刻與鈔者，亦附載之。【略】《駱集》十卷本，宋刻外未之見，余故影鈔是冊也。頃五柳主人以十卷本示余，書係白口板，每葉十八行，每行二十一字，其非宋刻明矣。每葉紙背俱冊籍，蓋宋、元、明以來俱有用廢紙刷印者，此刻疑出自明，而余舊藏《皮日休文集》與此刻手正同，與此用廢紙刷印亦類，彼有祝之夏跋於卷端，餘紙以爲殘紙，有蒙古姓名，斷爲元刻。此書紙背未及審其文，元與明不敢遽定也。總之，古書分卷以宋刻爲準，《駱集》之十卷是爲可寶。

又《須溪先生評點簡齋詩集》十五卷。日本刻本。毛藏本每葉十六行，每行十六字，末無刊刻時地人名，似活板印行者。《簡齋集》刻本世不多有，即鈔本亦鮮傳錄，惟《汲古閣珍藏秘本書目》兩載之。一云「《簡齋詩集》四本，高麗紙，宋板四兩」；一云「《陳簡齋詩集》十五卷，四本，陳與義字去非，舊鈔二兩」。當時顧抱沖訪書華陽橋顧氏，曾得一本，云是高麗板，余卻未曾借讀，故板刻款式未甚分明。近顧千里以一本示余，謂與抱沖本同，余按其板刻款式，定爲日本刻，且柳希春跋有嘉靖二十三年字樣，則非宋板矣。不識毛藏果與此有異抑？辨之不明，否則故矜珍秘，故視爲宋板爾。至於卷數，毛目不載，今檢此本卷數，卻與毛目舊鈔者合，此所刻者，爲劉須溪評點本，固非陳氏《書錄解題》所云《簡齋集》十卷，《簡齋詞》一卷本矣。特以書來海外，因購而藏焉。【略】七月二十五日，五柳主人招飲白隄，晤邵松巖，松巖即近日爲小讀書堆攜書出售者也。詢以所見之高麗板《陳簡齋集》，渠云即是小讀書堆之物，始知抱沖向所收於華陽顧氏者，此也。故本數與汲古目合，千里之歸余者，別是日本刻，非一板矣。惟高麗紙宋板家刻所據汲古目如是，而吳枚庵手鈔本止云高麗板，證以今所見本，紙墨間毫無宋刻氣息，乃知現刊毛目衍「紙」、「宋」二字，遂使蓄疑，到今必得目驗，而始悉其非宋板也。可見目錄之學未可輕議聞知，尤貴見知，一書如是，餘書可知甚矣，其難言哉。

黃丕烈《百宋一廛書録·監本附音春秋穀梁傳注疏》 此《監本附音春秋穀梁傳注疏》，首題「國子四門助教楊士勛撰，國子博士兼太子中允贈齊州刺史吳縣開國男陸德明釋文」，蓋世所謂十行本也。往見惠松崖手校諸經

注疏，惟《公羊》、《穀梁》皆以監本附音者爲據，相傳是本爲宋刻流傳，特元明以來代有修補耳。外間行本有小字花數，而修版至正德年止，遇宋諱則以圓圍別之。今此本純是細黑口，無小字花數，亦無修版，其爲宋刻無疑。且以余所得殘本《公羊》證之，前有景祐年間牒文，與此刻正同，則是本之宜寶不益可信耶！

又《說文》　此宋刻小字本《說文解字》，相傳以爲麻沙刻者，即此也。宋刻。自第一下起至第七下第十葉半止，皆白紙，而印較先者，又第十四上至第十五下止，皆黄紙，而印稍後者，俱刻本。餘俱鈔補。曾借香嚴書屋中藏本勘之，纖毫無異，可知所補亦影宋矣。然此本與他本互有不同，即如：香嚴本自一篇下至七篇下與此非一槧，故段若膺先生曾作《說文訂》一書，取證於香嚴本幷青浦王述菴少寇本，亦時有不同也。王本余曾見之，通體皆黄紙，印本較後，已遭俗人描寫，未及與此刻對勘。而香嚴本自二篇下至七篇下已外皆合余本，缺火部一葉，水部二葉，皆依香嚴本足之。惟最後一葉有「於二月江浙儒學」云云七字，雖其文不全，各本皆無之，亦足以資考核矣。大抵此書刻於宋而修於元，故印本非一世。以麻沙宋刻爲不足寶貴，然歷時既久，又無別行始一終亥之本，故此槧足珍焉。

又《唐書》　此殘宋本《唐書》，劉昫等修，每卷末有「左奉議郎充紹興府府學教授朱倬校正」，又有「左從政郎紹興府錄事參軍徐俊卿校勘，右文林郎充浙東路提舉茶鹽司幹辦公事霍文昭校勘，右文林郎充兩浙東路提舉茶鹽司幹辦公事蘇三勒校勘，左從政郎紹興府錄事參軍張嘉賓校勘」，又有「紹興府鎮越堂官書」硃印，則此書刻在紹興府而又藏於紹興府者也。明時翻刻行款相同，而優孟衣冠，全無神氣矣。唯七十六卷尚是當時舊刻，但云《唐書》，而無「舊」字，「舊」之云者，特以後有《新唐書》，故別言之耳。非向有是名也。

又《通鑑釋文》　胡三省注《通鑑》，盡取資於史見可之書，而反撰《通鑑釋文辨誤》以矜其識，三省書世多有，而見可之書世不多有。外間好古者偶得一鈔本，即詫爲枕中秘，而得此宋本，其秘更何如乎！余始聞桐鄉金氏有宋本進入内府，而同郡蔣氏亦有宋本，余取證之，似彼爲翻刻而此其原本也。字畫明朖，展卷瞭然，宋刻之有用者，史部亦在所急，非第以舊本爲珍，倘得重梓壽世，未知與三省之書果孰得而孰失也。

又《吴郡圖經續記》　余始得任蔣橋顧氏鈔本，爲顧雨時先生手校者，末題云「雍正十二年夏五月既望，於崐山徐氏購得葉文莊所藏宋刻本，校勘一過」。乃知宋刊亦出其家，既而從雨時後人得此宋刊本。書三卷，分裝三冊，每冊有藏經紙籤，書之者錢磬室筆也。卷中有闕葉，亦磬室手補，前序首葉有「葉文莊公家世藏」楷書長方印，有「乾學徐健菴」印，每卷有「葉氏菉竹堂藏書」圓印。雨時所云洵不謬矣。前序爲元豐七年九月十五日州民前許州司戶參軍朱長文上，後有書《吴郡圖經續記》，後爲元祐元年四月十五日臨邛常安民書《圖經續記後序》，一爲元祐七年十二月朔大雲編戶林慮序，一爲祝安上書，祝云「元符改元，安上以不才濫綰倅符，而得此書於公之子耜，惜其可傳而未傳也。於是不敢自秘，偶以承乏郡事，俾鏤板於公庫，以示久遠。此越明年，歲在庚辰八月望日，朝請郎通判蘇州權管軍州事時也」。最後有紹興四年六月初十日漣水孫佑書一通，孫云「自庚辰八月權州祝君鏤板題跋之後，距今紹興甲寅，實三十五年。佑被命假守，時兵火之餘，圖籍散亡，每賢士大夫必以諮訪，未幾，前湖州通判陳能千自青龍泛舟，攜此書相訪，開卷欣躍，因授學官孫衛補葺、校勘，復爲成書以傳」。則此書在宋有兩刻，今本乃重刊本也。明錢磬室曾用此本翻雕而行款不同，且訛舛誠復不少，愈知宋刻之可寶矣。

又《三歷撮要》　此書見於《直齋書錄解題》，云：「一卷，無名氏。」今觀此書，悉悉相合，當是陳氏所見本。余嘗攜示錢辛楣先生，先生云所引《万通》、《百忌》、《万年具注》、《集聖》、《廣聖》諸書，皆選擇家言，司天監據以鋪注頒朔者也。劉德成、方操仲、汪德昭、倪和甫，蓋當時術數之士，今無能舉其姓名者矣。書中引沈存中《筆談》，當是南宋所刊。余得此書於郡故家，外間絶無傳本，亦可爲陰陽家之枕中秘矣。

又《産科備要》　此書載於《讀書敏求記》，以爲紙墨精好可愛，余所得本正與遵王之說合。全書無序，有目題曰「衛生家寶産科方」，分八卷，目錄有結銜一行，云「翰林醫學差充南康軍駐泊張永校勘」，每卷題曰「衛生家寶産科備要」，末卷有跋語三行，云：「長樂朱端章以所藏諸家《産科經驗方》編成八卷，刻板南康郡齋，淳熙甲辰歲十二月初十日。」蓋是書猶是淳熙原刻也。冊中諸印曰「仲雅」，曰「鳴篪」，曰「孫氏禹見家藏」，曰「孟洪」，曰「西澗草堂」，曰「房山房氏家藏」，曰「子子孫孫其永保用」。

余辛酉夏自京師購歸，嘉定瞿木夫因喪明抱痛，閉門養痾，借讀一過，爲余跋云：「此淳熙十一年長樂朱氏取諸家《產科方》合刻成書，中遇「轅」、「懸」字，俱缺筆，又「丸」皆作圓，避欽宗嫌名也。其所載《產育寶慶集方》，陳直齋謂李師聖有說無方，醫學教授郭稽中，爲時良醫，以方附論，遂爲完書。今攷師聖自序，知郭與李同時，是書實成於師聖也。當歸一味，散注引王子亨《指述論》。子亨，名貺，《直齋書目》載之，今已失傳。桃仁承氣湯謂龐安常用之驗。安常，名安，時有《傷寒總病論》行世。產育方藥諸書，《唐志》載《昝殷產寶》一卷，今惟《寶慶集方》尚存《永樂大典》中，然已佚去借地法矣，猶賴此書傳之。所采虞統備產濟用方諸論，尤爲切要。」云云。則《產科備要》而必係以衛生家寶，不誠可珍哉！

又《陶淵明集》 《汲古閣珍藏秘本書目》云：「宋板《陶淵明集》二本，與世本夐然不同。如《桃花源記》中『聞之，欣然規往』，今時本誤作『親』，謬甚。《五柳先生贊》云一本有『之妻』二字，按《列女傳》，是『其妻之言』也。他如此類，不可枚舉。」又云：「籤題係元人筆，不敢易去。」余所得即此本也。每冊皆以宋錦裝面，卷端有「宋本」、「甲」、「毛晉之印」三圖記，其爲汲古閣物無疑。書分十卷，卷末附北齊楊僕射休之序錄、宋丞相私記、曾纮說三通，曾云：「親友范元羲寄示義陽太守公所開《陶集》，想見好古博雅之意，輒書以遺之。宣和六年七月中元臨漢曾纮書刊。」蓋此北宋曾氏刊本也。余又見有影寫宋本，但有楊之序錄、宋之私記，而曾說不傳，可知此刊之秘矣。

又《昌黎先生集》 此《昌黎先生集》十卷，門人李漢編，雖闕雜著已下，然賦、詩俱全，亦可爲無用之用矣。《昌黎先生集》注本行世，此係白文間有小注，勵云「一作某」而已，字畫斬方，尚是北宋風氣。卷中多舊校語，朱墨燦然，惜遭俗手裝潢，上、下方各有損傷字處，是可歎也。

又《乖崖先生文集》 《乖崖先生文集》，相傳宋代有二本，一本十卷，一本十二卷。十二卷之本蓋郭森卿官崇陽刻者也。今所得即郭本，而又爲後人重刻。前有咸淳己巳中春朔，邑子朝散大夫特差荆湖安撫大吏司主管機宜文字權澧州軍州事賜緋龔夢龍序，其云前令君天台郭公森卿嘗栞寘郡齋，已未兵燹，遂爲煨燼，今令史左綿伊公賡以儒術飾吏復鋟梓，以壽其傳。是此本又爲宋刻之第三本矣。惜勵存六卷，六卷以下爲賜書樓舊鈔本，然較外間傳本已有不同處。即如《青箱雜記》載《詠贈官妓小英歌》，時本以爲今不見集中，然宋刻第二卷有云《筵上贈小英》，當即此首。而郭序云或者以《小英歌詩》等不類公作，然其辭豔而不流，自不害爲宋廣平《梅花賦》耳。則《小英歌》，宋刻明明有之，時本豈以其不類而削去耶！然非其舊矣。

又《北山小集》 此程俱致道所撰《北山小集》四十卷，宋刻、宋印，即其紙背之字已可徵信。余嘗持示錢少詹辛楣先生，先生云古人公移案牘所用紙皆精好，事後尚可它用，蘇子美監進奏院，以鬻故紙公錢祀神宴客得罪，可見宋世故紙未嘗輕棄。此宋槧本《北山小集》四十卷，皆用故紙刷印，驗其紙背皆乾道六年官司簿帳，其印記文可辨者曰「湖州司理院新朱記」，曰「湖州戶部贍軍酒庫記」，曰「湖州監在城酒務朱記」，曰「湖州司獄朱記」，曰「烏程縣印」，曰「歸安縣印」，曰「湖州都商稅務朱記」，意此集板刻於吳興官廨也。紙墨古疋，洵是淳熙以前物，讀之殊不忍釋手，云云。

又《劉文房文集》 余向藏《劉隨州集》，係沈寶研齋臨何義門校宋本，然非此宋本也。嘗取勘何校本，知彼爲南宋刻而此爲北宋刻也。即如卷九《白鷗》一首云：「泛泛江上鷗，毛色皓如雪。朝飛瀟湘水，夜宿洞庭月。洞庭歸客正夷猶，愛煞滄江閑白鷗。」明刻各本於「歸客正夷猶」上脫去「洞庭」二字，幾不成句，何校亦未之及。此刻「洞庭」二字巋然獨存，可信其佳絕。陳氏《書錄解題》有《劉隨州集》十卷，唐隨州刺史宣城劉長卿文房撰，詩九卷，末一卷，雜著數篇而已，殘宋本與之合。建昌本十卷，別一卷爲雜著，何義門所校如此，蓋建昌本也。

又《孟東野詩集》 此《孟東野集》十卷本，前有目錄，無前序，有後序。序爲集賢校理常山宋敏求題，末附《孟郊本傳》、《貞曜先生墓誌》二篇，眞古本也。余向藏洪武間人影寫書棚本，與此殊別，蓋此猶北宋舊刻矣。歷來諸藏書家如崐山徐氏、泰興季氏皆曾藏過，而「安麓邨藏書」印一，則又在徐、季兩家後，「安岐之印」未知即是麓邨否？

又《文粹》 此宋本《文粹》，得於繆宜亭進士家，通體完善，序文後即接卷第一，有「宋本」橢圓印，「玉蘭堂」小方印，「季振宜印」、「滄葦」二小方印，「乾學」、「徐健菴」二小方印，「季振宜讀書」印。目錄二本較本書字形略駔而肥，并無諸家圖書，不知何時補全。中有缺葉，余復借同邑蔣

藝萱藏本影寫補之，未全，止得其半。爲故相國宋德宜家物，余欲易之而未果，今猶在其家。此本楮墨精妙，筆畫斬方，猶有北宋風味，末有栞刻地名、年月、官銜，云「臨安府今重行開雕《唐文粹》壹部，計二十策，已委官校正，訖紹興九年正月□日，右文林郎臨安府觀察推官林憲、左承直郎寧海軍節度推官周公才、右承直郎臨安府觀察判官蘇彦忠監雕，右從事郎浙西安撫司準備差遣劉□嶸重校，左從事郎臨安府府學教授陳之淵重校，右承奉郎特添差簽書，寧海軍節度判官廳公事王遜、左承事郎添差臨安府府學教授周孚先重校，右朝散大夫簽書，寧海軍節度判官廳公事梁宏祖、左宣義郎通判臨安軍府事朱敦儒、右朝散大夫通判臨安府事王榕、右朝議大夫充徽猷閣待制知臨安軍府事兩浙西路安撫使馬步軍都總管張澄」。最後有寶元二年嘉平月殿中侍御史吴興施昌言叙，以爲臨安進士孟琪，代襲儒素，家富文史，爰事摹印，以廣流布。觀其校之，是寫之工，鏤之善，勤亦至矣。是此本蓋孟琪所刊本也。

瞿中溶《古泉山館題跋》《翻宋本國語》六冊。廿一卷。大板每葉廿行，行廿字。板匡左右内有細綫。摺口板心中題「國語幾」，下題葉號，首卷首行上題「周語上」，中題「國語」，下題「韋氏解」，卷末尾行則無「韋氏解」三字，餘同。他卷放此。前有序二葉，每葉十四，行行十五字，首題「國語解叙」，次行下題「韋昭」二字，尾行「國語解叙」下旁注「畢」字，其下題小字，云：「嘉靖戊子吴郡後學金李校刻於澤遠堂。」此本款式古雅，字體端勁，照依宋本翻刻，避諱缺筆之字甚爲周密（圖一六〇），一如其本來面目，故骨董家往往去序末嘉靖戊子題識，僞作宋本衒售。其文異於今本者甚多，如《周語上・第一》「昔我先王世后稷」，無「王」字；「況爾小醜乎」，無「乎」字；「猶其原隰之有衍沃也」，作「猶其有原隰衍沃也」。

又《照元鈔本隸釋》二十七卷，六冊。大板。每葉廿行，行廿字。每卷首行題「隸釋卷第幾」，次行即列一卷之碑目，皆低一字，分作二截，畢後低三字，又標本碑名，其後乃接碑文。卷首皆不題姓名，前有自序，末題：「乾道三年正月八日鄱陽洪适景伯序。」序後爲二十七卷之總目録。目録後有跋五行，皆低二字，末題「盤洲老人書」，紀年爲淳熙丙申。第四卷後題「乙酉年重校」。第六卷後題「丁亥年重校」，又後題云「泰定乙丑寧國路儒學重校」。第七卷後但有「泰定」云云。而第九卷後則與第六卷同，惟「丁亥年重校」五字題於「泰定」云云之後行。據此以觀，則此依元刊本鈔録無疑。板式古雅，字體悉依碑刻，惟傳寫閒筆畫不免稍有參錯，然較之近刻已霄壤矣。故可寶也。

又《資治通鑑綱目大全》五十九卷。中板，每葉廿二行，行廿三字。摺口板心上題「綱目大全第幾」，卷中題「某王幾年」，下記葉號，又下黑口。各卷首行題「新刊資治通鑑綱目大全卷之幾」，首卷次行至九行下題「後學遂昌尹起莘發明，後學廬陵劉友益書法，後學新安汪克寬考異，後學慈湖王幼學集覽，後學上虞徐昭文考證，後學毘陵陳濟正誤，後學建安馮智舒質實，書林楊氏清江書堂校刊」。卷首有《資治通鑑綱目大全序例》。每葉十二行，行十五字。末題「乾道壬辰夏四月甲子新安朱熹謹書」，下有長木記，云「楊氏清江書堂新刊」。【略】其書惟綱目大書，所引「司馬光曰」云云，皆低一字雙行小注，後列書法、發明，又低一字，上皆以長方綫匡圍標二字於上；其考異、集覽、考證、正誤、質實等皆隨條附入，不提行，亦皆以長方雙綫匡圍標大字「考異」等字於上，以閒別之。陳濟正誤及馮智舒質實則前皆無序跋可攷，而所謂「質實」云者，或標作「摭實」，乃專引《一統志》

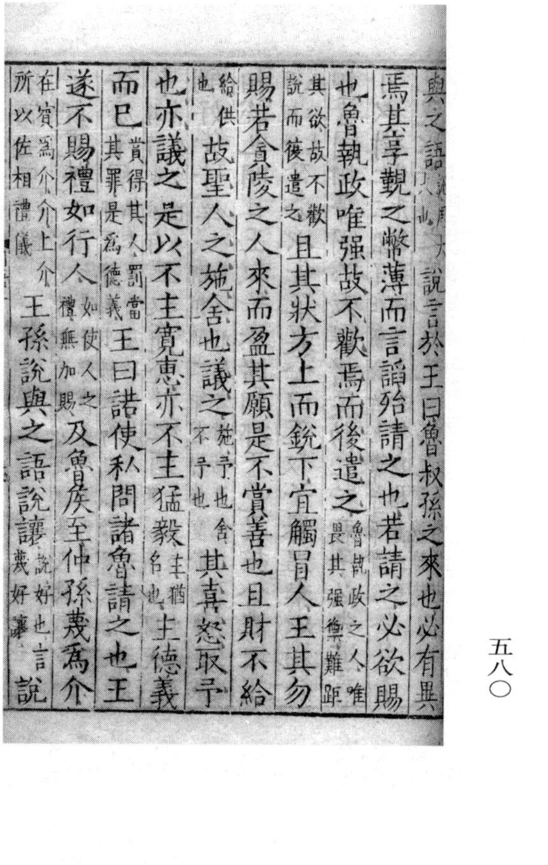
與之語說言於王曰魯叔孫之來也必有異焉其享覲之幣薄而言諂殆請之也若請之必欲賜也魯執政唯强故不歡焉而後遣之魯執政之人唯畏其强偪難距其欲故不歡說而後遣之且其狀方上而銳下宜觸冒人王其勿賜若貪陵之人來而盈其願是不賞善也且財不給給供也故聖人之施舍也議之施予也舍不予也其喜怒取予也亦議之是以不主寬惠亦不主猛毅主猶名也主德義而已賞得其人罰當其罪是爲德義王曰諾使私問諸魯請之也王遂不賜禮如行人如使人之禮無加賜及魯侯至仲孫蔑爲介在賓爲介介上介所以佐相禮儀王孫說與之語說讓說好也言蔑好讓說

圖一六〇　末行第十五字「讓」闕筆。

云云，以證地名也，則馮蓋明人矣。然此本體例井然，字文工整，款式與元板相似，蓋爲明中葉以前所刻，而刊刻之功亦非苟然者。集刻綱目之書，亦莫備於此矣。

又《翻宋司馬氏書儀》十卷，二冊。大板。每葉廿二行，行十九字，雙行小注，倒底者每行廿四字，餘參差不齊。摺口板心中上行草書記大小字數，下記葉數，中題「書儀幾卷」，但於首題「司馬氏書儀卷第幾」，不復題姓名。前有行書序，大字每葉十二行，行十字。序大略謂此書溫國文正公撰次，淳熙中崇川范君鋟梓之本已闕裂不全，又云先伯父仕閩，與先生族孫同寮，獲見全書，求錄，家藏久矣，以故再加訂證刊之。然序末但云「旹歲□子菊月圓日序於傳桂□」及後上一外圓內方印，文曰「傳梫書堂」，外一大方印，文曰「稚川世家」而別無姓名可攷。此書序中「時」下、「熙」下、「刊」下、「廣」下皆空闕一字，後三行末亦皆闕一字，此必因原本已殘缺故也。書雖雕鋟甚精，幾可亂眞，然據此闕字觀之，其爲印宋翻刻無疑，且翻刻失眞，至有不可識之字。予得此本，卷十目後缺去末葉。曾見一本，染紙作舊色，書估欲充爲宋刻者，似即此本也。而目錄之尾有長木戳，記中作二行，云：「淳熙己亥九月崇川范氏鐫板」。攷此本序後印文，既云「稚川世家」，則刻此書者當爲葛姓，序中雖言淳熙中崇川范君刻有是書，而此本則以家藏繕錄之本再加訂證訛舛，編排繕刻，則未必即以范本重刻。疑此木記乃書估竊取序中之語，欲以此衒爲眞宋刻，而譌。

又《明萬曆西番館譯文》二冊。寫本。起萬曆三年冬，訖四年冬首爲萬曆三年冬季分進內課九道，次四年春季分課九道，次及夏季分課九道，秋季分課九道，冬季分課九道。每道前爲正書譯文，後爲番書原文，每番書上下皆用朱書總計，所改誤字下批「對過」二字。首道爲董卜韓胡宣慰使司進《慶賀即位表》事，其末下角題「序班楊宏澤、單文相、李言譯」，並列三人姓名。其所進之番王名則有贊善王、靈藏贊善王、烏思藏輔教王，及闡化王、如來大寶法王、闡教王、答藏輔教王、大乘法王、安定衛安定王，餘則有董卜韓胡宣慰使司、都指揮使、番國番僧、四川招討司、土官、四川黎州生番、成都府寺剌麻、岷州衛寺、陝西文縣千戶、西寧衛番人頭目、生番頭目、烏思藏寺國師、禪師、剌麻、西番哈密幷土魯番等。其所言之事則慶賀、襲替、進貢、討賞、請經、藥材、寺名、勘合、誥命、文冊、換名、祭祀、買茶、弓箭、禮拜、上墳、寺名等也。書分兩冊，有白綾題籤，云「西番館譯語」，用白緜紙襯釘，其前後面葉俱用黃粉箋，蠟砑雲龍山水花紋，當是館中進呈之原本也。予家又有《大明官制》，前載「四夷」云：「西番即唐吐蕃遺種，東北、陝西，東抵四川、雲南。胡元嘗郡縣其地，洪武初改設烏思藏等處官司以統之，仍其故俗，封番僧爲六王，至今襲封以爲常。每歲朝貢皆許自達，其入由四川，凡三道。」又於烏思藏都指揮使司後列六王名目：一贊善王，一闡化王，一闡教王，一輔教王，一大乘法王，一大德法王。

又《同文堂番譯館課》無卷數，十二冊。寫本。此書無總名，亦無年月。一種首標「西天眞實名經」，右爲番書，左爲漢字譯之。凡二冊。又二冊，上爲番書，中爲漢字譯之，下爲漢字番語，其書橫行自左而右，其形略與前萬曆課文同。又二冊，亦上番，中漢，下番語。橫行，但自右而左。其番書用筆俱自上而下，多向上鉤，多點，撇。又二冊，書類鳥跡，而多圈，亦上番中漢下番語，橫行，乃自左而右。又二冊，番書形略同，右爲番書，中爲漢字，左爲番語，其番書直行，自上而下。又二冊，亦略同，皆分門類，有天文、地理、時令、人物、身體、宮殿、亦作宮室。飲食、亦作飲饌。聲色、亦作顏色。經部、文史、數目、人事、通用、珍寶、香藥、鳥獸、花木、器用、衣服、方隅等名。通用白紙，四圍印紅色格，摺口板心上有「同文堂」三字。書雖無總名，內夾舊時人紙籤，云：「內有《回回館課》五卷，《緬甸館課》九卷，《百譯館課》四卷，共十二本。」則亦可約略知之矣。錢述古《讀書敏求記》載有《回回館課》三卷，云：「藏之天府，不知何年流落人閒。」又《華夷譯語》二卷云：「分類聚編，上則番書，中則漢譯，下則番音，乃回回館新增者，內府鈔錄，除此無別本，宜秘之蓋也。」是翁所藏僅有二卷，而中有右番中漢左番語者，尙未之見也。此用同文堂格紙，亦必當時內府原本。眞秘笈矣。

又《翻宋板梁谿漫志》十卷，六冊，襯釘。中板，每葉廿行十九字。上下單匡，左右匡內有細綫，摺口板心中題「梁谿漫志卷幾」，下記葉數。每卷首行題「梁谿漫志卷第幾」，次行下題「費袞補之」。前有十卷之目錄。書首有紹熙三年十二月自序，又有樓鑰書題，稱「四門樓鑰」，「四門」乃「四明」之譌。十卷之後有嘉泰改元中秋晉陵施濟跋，又有開禧二年國史實

錄院牒廿行及銜姓十行。讀施跋，知此書即濟爲之刻也。其後開禧修三朝正史，取其書以進。此本既有開禧牒文，則非施刻而又在其後矣。不知何人以宋刊重翻，而其板式，字體之古雅精妙，不異宋刻。凡遇宋諱如「貞」、「愼」、「敦」、「暾」、「完」、「構」、「驚」等字猶闕筆未補也。惟卷末施濟跋當在開禧牒前，而修實録官十人當接開禧牒後爲一事，今翻本以牒居跋前，而跋後空半葉，後葉又空前半始列修實録各官，則序次顛倒矣。蓋宋本偶然釘錯，翻者未諳故實爲之耳。

又《翻宋本元氏長慶集》六冊，六十卷。大板。每葉廿六行，行廿三字。板匡內左右有細綫，摺口板心中題「元集幾」，第一卷首題「元氏長慶集卷第一」，次行低二字，題「古詩」，三行以下題「思歸樂」、「春鳩」等目。分爲二截，其後低四字，又題「思歸樂」，後接詩餘，皆放此。前有總目，首題「元氏長慶集目錄」，次行題「第一卷」，三行低二字，題「古詩」，四行以下低三字，題「思歸樂」等，第二卷以下皆放此。起古詩，訖於第六十卷祭文。目錄前有《元本長慶集序》，次行下題「建安劉麟應禮文」，中云「僕之先子尤愛其文，嘗手自鈔寫，曉夕玩味。迺者因閱手澤，悲不自勝，謹募工刊行。斯文舊亡其序，第冠以《新唐書》本傳」云云，末題「宣和甲辰仲夏晦日序」。六十卷後又有洪氏序，首云：「右《元微之集》六十卷，微之以長慶癸卯鎮越，大和己酉召還」，又云「《唐志》著錄有《長慶集》一百卷，《小集》十卷，傳於今者惟閩、蜀刻本，爲六十卷。三館所藏獨有《小集》，其文蓋已雜之六十卷中矣」。又云：「元白才名相埒，樂天守吳，財歲餘，吳郡屢刊其文，微之留郡許久，其書獨缺，可乎？予來踵後塵，蓋相去三百三十餘年矣，乃求而刻之，略能讎正脫誤之一二，不暇復公次也。書成，寘之蓬萊閣。乾道四年歲在戊子二月二十四日，觀文殿學士左通奉大夫知紹興府兩浙東路安撫使鄱陽郡公洪适景伯書。」其後有一行，題：「嘉靖壬子仲春十日東吳董氏宋本翻雕於茭門別墅。」攷此書藍本當出於洪氏，乃乾道中紹興所刊之本也。其前之宣和甲辰劉序當即景伯序中所言之閩本。蓋洪本又以劉本重刻，故卷首仍其舊序耳。

又《翻宋本杜審言詩集》一冊。中板。廿行，行十八字。板匡左右內有細綫，摺口板心題「審言詩」，下記葉號。卷首題「杜審言詩集」，後行低三字即接詩題。前無目錄，亦不分卷。凡詩四十三首。卷首有《杜審言詩集序》，末題「乾道庚寅冬十月甲辰廬陵楊萬里序」，首云：「襄陽杜審言，字必簡，嘗爲吉州司戶，今戶曹趙君彥清旁搜遠摭，得其詩四十三首，將刻棗以傳。好事且以爲戶廳之寶玉大弓，屬余集當作序之。」云云。杜審言爲少陵之大父，並見《新唐書・文藝傳》。晁氏《讀書志》載其集一卷，云有詩四十餘篇而已者，蓋亦即此本也。據楊誠齋序，此爲乾道中曹彥清所輯。書中「貞」、「禎」、「惇」、「暾」等字猶仍宋避諱缺筆，其原本爲宋槧無疑。與《李翰林集》板式行款無異，蓋皆同時所刻也。予家又有一本，板式無異，以此四十三首分爲上下二卷，於每卷首次行添入「雜詩」二字，板口亦改題「杜審言集卷上」、「卷下」，蓋又以此本重刻而改其舊面矣，故書中無缺筆字。《全唐詩錄》載其詩二十五首，皆在此四十三首之內。

又《翻宋本曹鄴詩集》一冊，二卷。中板。每葉廿行，行十八字。摺口板心中題「曹鄴幾」。首卷首行題「詩集卷第一」，次行題「祠部郎中曹鄴」，二卷放此。三行低三字接題目。前無目錄，亦無序文，然書中有「朗」、「樹」等字尚多缺筆，知其爲翻宋板。行款亦皆與《杜審言集》同。詩不分體，第一卷六十三首，第二卷四十首。攷《唐志・藝文志》作三卷，明蔣冕所刻亦止二卷，蓋即藍本於此。而陳氏《書錄解題》止載《曹鄴集》一卷，云：「唐洋州刺史，曹鄴撰，大中四年進士。」攷《全唐詩錄》載其詩五十二首，皆在此集中。

又《翻宋本司馬札詩集》一冊。中板。每葉廿行，行十八字。摺口板心題「司馬札詩」，卷首尾俱題「司馬札先輩詩集」，餘並與杜審言集同。前無序文，有目錄。詩凡三十九首，不分體。書中「玄」、「弦」、「樹」、「徵」、「構」等多缺筆未添，知其亦以宋刻重翻也。

又《翻宋本孟貫詩集》一冊。中板。每葉廿行，行十八字。板心題「孟貫」二字。卷首題「孟貫詩集」，餘俱與《杜審言集》同。詩凡三十一首，皆五律。前無序、目，而書中如「樹」字尚仍缺點，知亦出於宋刻，而宋人書目不載，《全唐詩錄》亦未收。

又《翻宋本姚鵠詩集》一冊。中板。每葉廿行，行十八字。板心題「姚鵠」二字。卷首題「唐姚鵠詩集」，尾行題「姚鵠詩終」。前無序、目，餘俱與杜、曹等集同。書中「玄」、「徵」等字尚缺末筆，知亦以宋刊重翻者（圖一六一）。詩凡三十三首，中多墨釘，又有注「一作某」云云。則前各本所

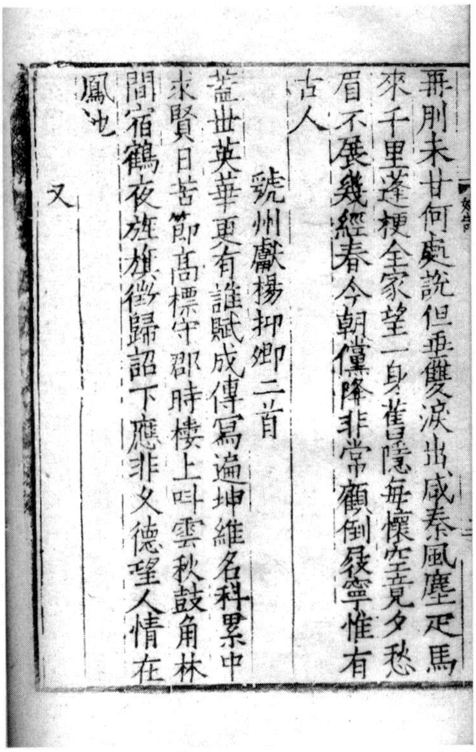
再刖未甘何處說但垂雙淚出咸秦風塵疋馬
來千里蓬梗全家望一身舊隱每懷空竟夕愁
眉不展幾經春今朝儻降非常顧倒屣寧惟有
古人
虢州獻楊抑卿二首
蓋世英華更有誰賦成傳寫遍坤維名科累中
求賢日苦節高標守郡時樓上叫雲秋鼓角林
間宿鶴夜旌旗徵歸詔下應非久德望人情在
鳳池
又

圖一六一　第八行第七字「徵」闕筆。

無者也。

又《翻宋本喻凫詩集》中板。每葉廿行，行十八字。板口題「喻凫」二字。卷首題「喻凫詩集」，尾行題「喻凫詩集終」，餘皆與杜，曹等詩同。前無序、目。詩凡三十三首，內七絶一首、五言六韻一首，餘皆五律。書中有注「一作某」云云，及墨釘。雖無缺筆，字與前各本相似，恐亦以宋本重刊。攷《全唐詩錄》載其近體詩二首，即在此集中。

又《翻宋本武元衡集》一冊，二卷。中板。每葉廿行，行十八字。板口題「元衡集上」與「中」、「下」。上卷首題「武元衡卷上」尾行，同。中下卷放此，次行低一字，題「五言古詩」，三行低三字即詩題，餘與杜、曹等集皆同。前無序、目，詩分體，起五古，至雜言，分上、中、下三卷。上卷三十九首，中卷五十七首，下卷八十五首。書中如「筐」字尚缺筆，蓋亦翻宋本也。

又《舊鈔清江碧嶂集》一冊。鈔本。每葉二十行行十九字。序至詩終共三十三葉，凡詩五古五首、五絶二十八首、七絶十九首、五律十二首、七律七十二首、四言一首、六言三首，共一百四十首。前有至正十七年蔣易序，及危素撰《元故徵君杜公伯原父墓碑》。詩首題「門人程嗣祖芳遠編集，黄謨仲言校正」。據《墓碑》言：「至正三年春敕舉隱士，丞相脱脱奏授翰林待制兼國史編修官，不得已就道，僅至虎林，以疾留。素適以事至江浙，丞相趣公行，不可。素曰：『先生出處之道，非宵人所敢知，相國問焉，則將何辭以對？』公書簡見授，曰：『以萬事合爲一理，以千載合爲一日，以天下合爲一心，以四海合爲一家，如是則可言制禮作樂而躋三五之盛矣。』」又言「公生至元十三年十二月，卒時年七十有五」。則當是至正十年卒也。伯原爲元末名儒，而《元史》無傳。此集爲今《四庫全書》所未收。此本必尚從元刻本録出，爲世所罕見，故當時采訪亦不及耳。此本予少年時於舊書肆中搜得，寫手雖不甚精，然玩楮墨，有古色，必是數十年前物，故寶而藏之。

張金吾《愛日精廬藏書志》卷一　《易傳》十卷，附《略例》一卷。影寫宋刊本。汲古閣藏書。唐李氏鼎祚集解。是書《新唐書·志》作十七卷，《崇文總目》《紹興續編四庫闕書目》、《中興書目》、見《玉海》。《郡齋讀書志》、《直齋書録解題》、《文獻通考》及李氏自序俱作十卷，則是書自宋以來止有十卷，無十七卷可知也。毛氏既析十卷爲十七卷以合《唐志》之文，又改序中一十卷爲一十八卷以合附録《略例》一卷之數，而宋以來之卷次遂致不可復識。此本《易傳》十卷、《畧例》一卷，猶是宋時舊第，中遇宋諱若「貞」、若「殷」、若「恆」俱缺末筆，蓋影寫宋嘉定重刊本也。首頁有「毛褒圖記」。

又卷二　《尚書表注》宋刊本。顧伊人藏書。宋金履祥撰。不分卷中遇宋諱間有缺筆，蓋宋末元初刊本也。板心有「齊芳堂」《仁山集》附録《文安公纂畧》曰：「晚年館唐氏之齊芳書院，成《通鑑前編》、《濂洛風雅》。」「齊芳堂」未知即「齊芳書院」否？「存耕堂」、「章林書院」、「訥齋」等字。

又《書蔡氏傳旁通》六卷，元至正刊本。盧嘉威藏書。元後學東匯澤陳師凱撰，後學豫章朱萬初校正。卷一、卷四分上、中、下三卷，卷六分上、下兩卷。前有《引用書目》、《隱字》、《審音》，末有「至正乙酉歲四月余氏勤有堂印行」木記。

又卷七　《六書統》二十卷，元刊本。元奉直大夫國子司業楊桓考集。卷末有「□□三年八月江浙等處儒學提舉余謙補修」一行，「三年」上二字糢

糊不可辨。予家藏影寫元統刊本《儀禮經傳通解續》目錄後亦有「江浙等處儒學提舉余謙」銜名，則「三年」上當是「元統」二字。蓋至大刊板、元統補修之本也。

又《增修互注禮部韻畧五卷》元至正刊本。宋衢州免解進士毛晃增注，男進士居正校勘重增。卷一後有「至正辛丑妃僊興慶書堂新刊」木印。

又卷八《史記》一百三十卷，宋乾道蔡夢弼刊本，懷古堂藏書。漢司馬遷撰，宋裴駰集解，唐司馬貞索隱。目錄後有「三峰樵隱蔡夢弼傅卿校正」一行。《三皇本紀》後有「建谿蔡夢弼傅卿親校刻梓於東塾，時歲乾道七月當是「年」字。春王正上日書」兩行。《五帝本紀》後有「建谿三峰蔡夢弼傅卿親校謹刻梓於望道亭」兩行。每葉二十四行，行二十二字，注二十八字。字畫精朗，古香可愛，蓋宋板中之絕佳者。

又《史記》殘本十四卷。北宋刊本。宋裴駰集解。存《禮書》至《平準書》八卷，又列傳六十至六十二、六十八至七十，凡十四卷。中遇「禎」字不闕筆，蓋仁宗以前刊本也。每頁二十八行，行二十七字，注三十一字至三十五字不等。

又《史記》殘本三十卷，宋蜀大字本。宋裴駰集解。存本紀第五、第六，又八至十二；表第四、第五；世家四至十、十八至二十四，又二十六；列傳三十九、四十，又四十七至五十。凡三十卷。中遇「愼」字俱未闕筆，當是孝宗以前刊本。每頁十八行，行十六字，注二十字。

又《史記》殘本七十六卷，元刊本。宋裴駰集解，唐司馬貞索隱，張守節正義。存本紀四至六，表一至四、七至十，書一至八，世家八至十二，列傳二十九至七十。凡七十六卷。《十二諸侯年表》後有木印云「安成郡彭寅翁鼎新刊行」。不著年月，驗其板式，蓋元刊本也。舊本《史記》載《正義》者絕少，此本有《正義》，差可貴也。

又《漢書》一百二十卷，宋刊元修本。漢班固撰，唐秘書監上護軍琅邪縣開國子顔師古注。板心有注大德、至大、延祐、元統補刊者，蓋宋刊元修本也。每葉二十行，行十九字，注二十五字至二十八字不等。

又《後漢書》一百二十卷，北宋刊本。宋范曄撰，唐章懷太子賢注。志三十卷，晉司馬彪撰，宋劉昭注補。是書紙質瑩潔，紙背有「濟道」兩字朱印。字畫清朗。「桓」字、「構」字其不缺筆。板心有注「大德九年」、「元統二年」補刊者，蓋北宋刊板、元代補修之本也。每葉二十行，行十九字，注二十五字。缺紀一、二，志一、二、二十二，共五卷，抄補。卷末有「右奉淳化五年七月二十五日敕重校定刊正」一條，後列承奉郎守將作監丞直史館賜緋魚袋臣孫何、承奉郎守秘書省著作佐郎直集賢院賜緋魚袋臣趙安仁銜名二行。下缺。

又《後漢書》一百二十卷，宋刊元修本。宋范曄撰，唐章懷太子賢注。志三十卷，晉司馬彪撰，梁劉昭注補。欵式與《前漢書》同，蓋同時刊板、同時補修之本也。

又《後漢書》殘本五十八卷，宋嘉定刊本。宋宣城太守范曄撰，唐章懷太子李賢注。志劉昭注補。《存目》錄紀一、二、十下，志一、二、十至二十、二十三，傳七、十至十四、十七至二十、二十三、二十四、三十至三十八、四十至四十七、五十、六十四下至六十八、七十一至七十四、七十九、八十，凡五十八卷。每葉十六行，行十六字，注二十一字。《百宋一廛賦注》云嘉定戊辰蔡琪純父所刻也。

又《隋書》八十五卷，元刊本。唐特進臣魏徵上。志三十卷，題「太尉楊州都督監修國史上柱國趙國公臣長孫無忌等奉敕撰」。紙背係洪武初年行移文冊，蓋明初印本也。

又卷九《陸狀元集百家注資治通鑑詳節》一百二十卷，宋刊本。宋會稽陸唐老集注。集注姓氏後有「蔡氏家塾校正」六字。案：《百宋一廛賦注》云：《孫尚書內簡尺牘》十六卷，《目》後有「蔡氏家塾校正」六字。予向有趙靈均校元本，首有鈔補序一通，云「慶元三祀閏餘之月，梅山蔡建侯行父謹序」云云，知是本爲寧宗時蔡建侯刊本也。

又卷一一《戰國策》十卷，元至正刊本，陸勅先藏書。宋縉雲鮑彪校注，元東陽吳師道重校。四、五卷末有「至正乙巳前藍山書院山長劉鏞重校勘」一條，蓋至正二十五年刊本也。卷首牒文、銜名及劉氏、曾氏序抄補。

又卷一九《故唐律疏議》三十卷，附《釋文纂例》，元至順刊本。唐太尉揚州都督監修國史上柱國趙國公長孫無忌等撰。《釋文》，此山貰治子撰。時代未詳。元奉訓大夫江西等處行中書省檢校官王元亮重編，《纂例》，奉訓大夫江西等處行中書省檢校官王元亮撰。柳貫序後有「至順壬申五月印」一行。《釋文》序後有「至正辛卯孟春重校」一行。又有「崇化余志安刊於勤

有堂」木記。末卷有「考亭書院學生余資編校」一行。

又卷二九 《杜工部集》二十卷，附《補遺》。影寫宋刊本，絳雲樓藏書。唐前劍南節度參謀宣義郎檢校尚書工部員外郎賜緋魚袋京兆杜甫撰，宋王洙編。凡詩十八卷，雜著二卷，後附遺文九篇，篇《補遺》，元稹《墓銘》附二十卷末，均與《直齋書録解題》合，蓋即王原叔編定本也。杜集以吳若本爲最善，此又若本之祖。中遇宋諱皆缺筆。板心有刻工姓名，如張逢、史彦、余青、吳圭等名，蓋從宋雕本影寫者。

又 《岑嘉州詩》七卷，明初刊本。唐岑參撰。金吾初藏明刊八卷本，繼得此本，反覆考核，確知此本爲原本，而八卷本爲重編本也。何以言之？歷考《唐書・藝文志》、《崇文總目》、《郡齋讀書志》、《通志》、《通考》、焦氏《經籍志》並云十卷，從無作八卷者。此本分類編次，與確序所云區分。類聚合始五言古詩，終七言絶句，首尾完具，似無脱佚。意者詩七卷、文三卷，合十卷歟？此本或止刊詩集，或并刊文集，而後經散佚，均未可知。確序勒成「口」卷，卷字上一字刓去。或者原作十卷，書賈得七卷本，疑係不全，故刓去十字，以泯其迹歟？刊八卷本者，既析七卷爲八卷，又改勒成十卷爲勒成八卷，而原書面目遂致不可復識。通人碩彦且有以善本許之者，非未見原書之遇歟？排律之名始於楊士宏，八卷本有排律一類，而此本無之，則此本在八卷本前尤顯然者也。卷四有《唐博陵郡安喜縣令岑府君墓銘》、《果毅張先集墓銘》二首，八卷本俱未載。餘與八卷本互異者甚夥。季滄葦書目有《岑嘉州詩》七卷，與此本合。

又 《白氏文集》七十一卷，宋紹興刊本，玉蘭堂藏書。唐白居易撰。中遇「構」字注「犯御名」（圖一六二），「桓」字注「淵聖御名」（圖一六三），蓋紹興三十年以前刊本也。案：《讀書敏求記》云：宋刻《白集》從婁東王奉常購得，後歸之滄葦。此本玉蘭堂、王煙客、季滄葦俱有印記，蓋文氏故物，後歸王氏，轉入錢氏、季氏者。

又卷三〇 《範文正公集》二十卷，《别集》四卷，附《遺文》，元天歷刊本。宋范仲淹撰。蘇氏序後有「天歷戊辰改元褒賢世家重刻於家塾歲寒堂」篆文木記。

又卷三五 《文選》六十卷，北宋刊本，明句容縣官書。梁昭明太子撰，唐李善并五臣注。五臣者，吕延濟、劉良、張銑、吕向、李周翰也。後有明州

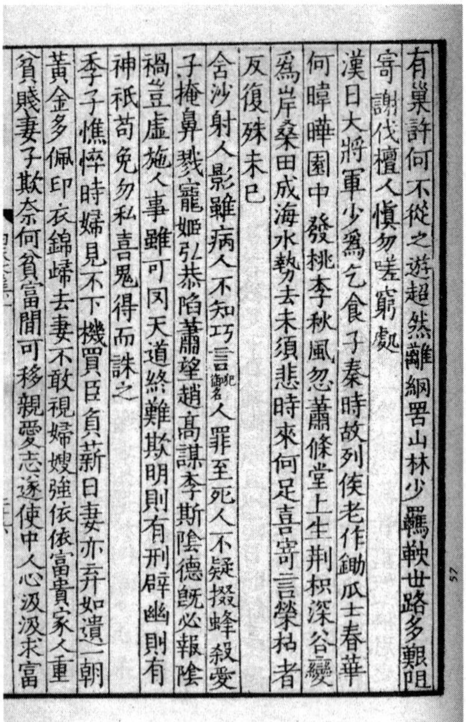

有巢許何不從之遊超然離網罟山林少羈鞅世路多艱阻
寄謝伐檀人慎勿嗟窮處
漢日大將軍少爲乞食子秦時故列侯老作鋤瓜士春華
何暐曄園中發桃李秋風忽蕭條堂上生荊杞深谷變
爲岸桑田成海水勢去未須悲時來何足喜寄言榮枯者
反復殊未已
含沙射人影雖病人不知巧言構犯御名人罪至死人不疑掇蜂殺愛
子掩鼻戮寵姬弘恭陷蕭望趙高謀李斯陰德既必報陰
禍豈虛施人事雖可罔天道終難欺明則有刑辟幽則有
神祇苟免勿私喜鬼得而誅之
季子憔悴時婦見不下機買臣負薪日妻亦弃如遺一朝
黃金多佩印衣錦歸去妻不敢視婦嫂強依依富貴家人重
貧賤妻子欺奈何貧富間可移親愛志遂使中人心汲汲求富

圖一六二　第七行遇「構」字注「犯御名」。

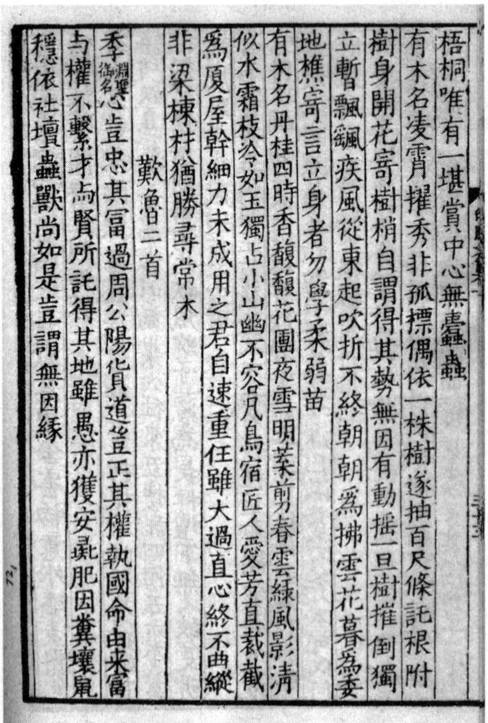

梧桐唯有一堪賞中心無蠹蟲
有木名凌霄擢秀非孤標偶依一株樹遂抽百尺條託根附
樹身開花寄樹梢自謂得其勢無因有動搖一旦樹摧倒獨
立暫飄颻疾風從東起吹折不終朝朝爲拂雲花暮爲委
地樵寄言立身者勿學柔弱苗
有木名丹桂四時香馥馥花團夜雪明葉剪春雲綠風影清
似水霜枝冷如玉獨占小山幽不容凡鳥宿匠人愛芳直裁截
爲廈屋幹細力未成用之君自速重任雖大過直心終不曲縱
非梁棟材猶勝尋常木
歎魯二首
季桓淵聖御名心豈忠其富過周公陽貨道豈正其權執國命由來富
與權不繫才與賢所託得其地雖愚亦獲安熊肥因糞壤鼠
穩依社壇蟲獸尚如是豈謂無因緣

圖一六三　第十一行遇「桓」字注「淵聖御名」。

司法參軍盧欽跋，云「選板歲久，漫滅殆甚。紹興二十八年直閣趙公來鎮是邦，下車之初，首加修正」云云，則北宋刊版，南宋重修本也。卷六、卷九、卷十二、卷十六、卷十九、卷二十五、卷二十八、卷三十一、卷三十五、卷三十八、卷四十一、卷四十四、卷四十七、卷五十一、卷五十四、卷五十七、卷六十及《目録》後俱有「句容縣印」，次行俱有題識云「洪武十五年十一月」，當是明初官書。闕卷一、二、三、卷二十二、二十三、二十四，凡六卷，抄補。

又《西漢文類》殘本五卷，宋紹興刊本。宋陶叔獻編。唐柳宗直有《西漢文類》二十卷。宋時其書失傳，叔獻重加編纂。見《郡齋讀書志》。原四十卷，今存卷三十六至末五卷。後有「紹興十年四月日臨安府彫印」一條。每頁紙面俱有「清遠堂」印記。字畫清朗，紙色瑩潔，蓋宋刊宋印本也。

又《中州集》十卷，元至大刊本。金元好問編。《總目》題「翰苑英華中州集」。「翰苑英華」四字似是後來改題，痕迹顯然。自序又題「中州鼓吹翰苑英華」六字，亦似刊改。未知原書作何標題，俟續考。每頁三十行，行二十八字。是本與影元抄本《中州樂府》欵式相同，知亦至大刊本也。

張金吾《愛日精廬藏書續志》卷一 《禮記》殘本八卷，朱蜀大字本。漢鄭氏注。存卷一、卷二、卷五至卷十，凡八卷。每半頁十行，行大字十六字、小字二十一字。「愼」字缺筆，蓋孝宗以後刊本也。

又卷二 《資治通鑑綱目》五十九卷，宋淳祐刊本，季滄葦藏書。宋朱子撰。目錄後有「武夷詹光祖重刊於月崖書堂」一行。卷一後有「建安宋慈惠父校勘」一行。卷五十九後同。案：宋慈惠父即編《提刑洗冤集錄》者，蓋淳祐間人也。又案：《咸淳毘陵志》卷八秩官門有宋慈，亦當淳祐時，未知即此人否。季滄葦、徐健菴俱有印記。

又卷四 《分類補注李太白詩》二十五卷，元刊元印本。宋春陵楊齊賢子見集注，元章貢蕭士贇粹可補注。目錄後有「建安余氏勤有堂刊」木印。是頁板心有「至大辛亥三月」印一條。

又《集千家注分類杜工部詩》二十五卷，元刊元印本。宋東萊徐居仁編次，臨川黃鶴補注。楊蟠《觀子美畫像》詩後有「積慶堂刊」木印，是頁板心有「至正戊子二月」印一條。

又《文苑英華纂要》八十四卷，元刊本。不著撰人名氏。分甲、乙、丙、丁四集，列卷八十四。闕《甲集》一至十六、《乙集》二十三至三十七，抄補。是書藏書家皆以爲宋槧。今案：全書宋諱俱未闕筆。後有趙文序云「姑述其畧以贊高先生手抄之後」，則宋時未經刊板可知。定爲元刊似較確實。《傳是樓書目》有高似孫《文苑英華摘句》，未知即此書否。

瞿鏞《鐵琴銅劍樓藏書目録》卷一 《周易》十卷，宋刊本。《經》九卷，《略例》一卷，通爲十卷，與晁氏《郡齋讀書志》合。分卷與陸氏《釋文》、《開成石經》、相臺岳氏本合。九卷中分《序卦》第十、《雜卦》第十一爲子卷，亦並合。卷一首行題「《上經乾傳》第一」，下夾注《釋文》「周代名也」云云，至次行止。三行題「王弼注」，四行題「唐國子博士兼太子中允贈齊州刺史吳縣開國男陸德明《釋文》附。」卷二以下無「唐國子」至「《釋文》附」二行。《繫辭》以下題「韓康伯注」。每半葉十二行，行廿一、廿二字不等。注用雙行，行廿八字。宋諱「殷」、「匡」、「筐」、「恒」、「貞」、「徵」、「懲」、「構」、「媾」、「遘」、「愼」等字，皆闕筆，而「敦」字不闕，蓋孝宗時刻本也。

又卷二 《杏溪傅氏禹貢集解》二卷，宋刊本。宋傅寅撰。東陽喬行簡序。首列《山川總會》及《九河》、《三江》、《九江》四圖。序首行題曰「杏溪傅氏《禹貢集解》」，圖後又題曰「《尚書》諸家說斷」，次行曰「《禹貢》第一」。故《永樂大典》本曰《禹貢說斷》，而《通志堂經解》本曰《禹貢集解》，名遂兩岐也。每半葉十一行，每行經文十八字，引諸家說首行低一格，次行低二格。己說則概低三格。諸家皆曰「某氏」，惟呂成公則稱東萊先生，疑同叔居義烏時學於成公者也。書中「恒」、「桓」、「愼」字有闕筆。貞觀改作「正觀」（圖一六四），魏徵改作「魏證」，惟「惇」字不闕（圖一六五），當是孝宗時刻。此本爲王止仲所藏，後歸都玄敬、劉公戩，入傳是樓。今所傳《經解》本，即據之以刻者。所闕四十餘簡及《五服辨》、《九州辨》皆一一脗合，惟「《尚書》諸家說斷」六字，亦改作「杏溪傅氏《禹貢集解》」，爲失其眞耳。若四圖之編入程氏《禹貢論》中，乃裝書者之失，非刻本有誤也。

又《書蔡氏傳旁通》六卷，影元鈔本。題「後學東匯澤陳師凱撰幷序」。案：陳氏，即雲莊先生之子，《易》象、樂律皆有著述，見危太樸撰《雲莊墓志》。又《千頃堂書目》注云：浮梁人，至治辛酉爲此書。凡傳中所引名

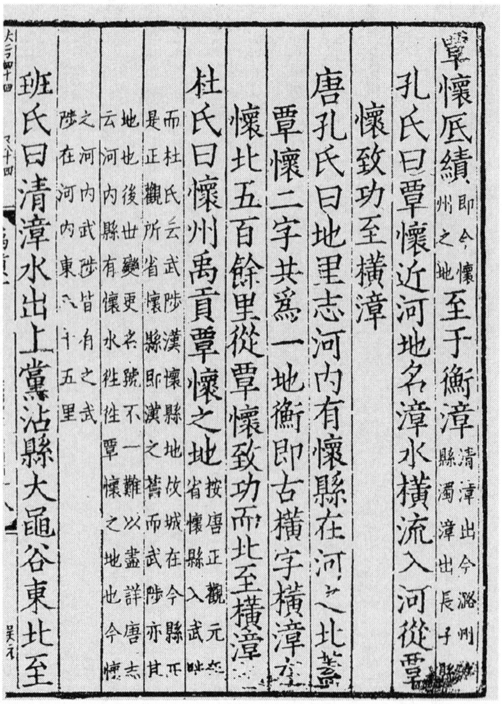
覃懷厎績（即今懷州之地）至于衡漳（清漳出今潞州縣濁漳出長子縣）
孔氏曰覃懷近河地名漳水横流入河從覃
懷致功至横漳
唐孔氏曰地里志河内有懷縣在河之北蓋
覃懷二字共爲一地衡即古横字横漳在
懷北五百餘里從覃懷致功而北至横漳
杜氏曰懷州禹貢覃懷之地（按唐正觀元年省懷縣入武陟而杜氏云武陟漢懷縣地故城在今縣正是正觀所省懷縣即漢之舊而武陟亦其地也後世變更名號不一難以盡詳唐志云河内縣有懷水注覃懷之地也今懷之河内武陟皆有之武陟在河内東八十五里）
班氏曰清漳水出上黨沾縣大黽谷東北至

圖一六四　第七、八行小字「貞觀」改作「正觀」。

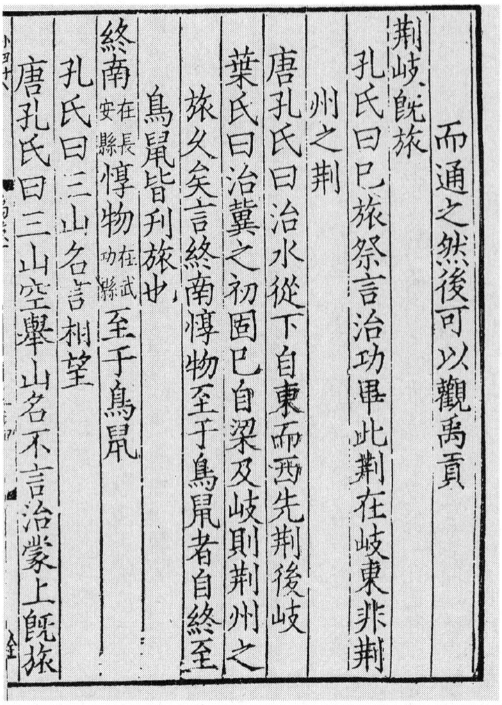
而通之然後可以觀禹貢
荆岐既旅
孔氏曰已旅祭言治功畢此荆在岐東非荆
州之荆
唐孔氏曰治水從下自東而西先荆後岐
葉氏曰治冀之初固已自梁及岐則荆州之
旅久矣言終南惇物至于鳥鼠者自終至
鳥鼠皆刊旅也
終南（在長安縣）惇物（在武功縣）至于鳥鼠
孔氏曰三山名言相望
唐孔氏曰三山空舉山名不言治冡上既旅

圖一六五　第九行第五字「惇」字不闕。

物度數，必詳所出，有功《蔡傳》甚大。此從元刊本傳錄。卷目後有墨記云「崇化余志安刻於勤有堂」。末又有「至正乙酉歲四月余氏勤有堂印行」墨記。通志堂本即從此出。

又卷三　《毛詩》二十卷，宋刊本。此南宋巾箱本，分卷與《唐石經》同。第一卷首行題「《毛詩》卷第一」。次三行，題「唐國子監博士兼太子中允贈齊州刺史吳縣開國男陸德明《釋文》附」。四行題「《周南》、《關雎》、詁訓傳第一」。以下題「《毛詩・國風》」，以下題「鄭氏箋」。第二卷以後，無唐國子云云二行，餘悉同前。每半葉十行，行大字十七，小字廿二。《傳》、《箋》下即接《釋文》，不加識別。惟所音經注字，皆作陰文。於《釋文》多所刪改，與原書及注疏本不同。宋諱「匡」、「殷」、「桓」、「覯」、「慎」字有闕筆，而「敦」字不闕，孝宗以後刻本也。是本勝處，往往與《唐石經》及宋小字本、相臺本合。

又　《呂氏家塾讀詩記》三十二卷，宋刊本。宋呂祖謙撰。前有朱子序，後有尤袤序，俱題「淳熙壬寅九月」，爲邱宗卿刻本。每半葉九行，行十九字。注下經文一格，附注雙行，細字亦無參差。宋諱「朗」、「殷」、「匡」、「筐」、「恒」、「楨」、「貞」、「樹」、「勗」、「桓」、「構」、「覯」、「冓」、「慎」等字皆有闕筆。而「惇」、「敦」字不闕，刻在孝宗時無疑。是書在宋有建寧巾箱本，又有蜀本，眉山賀春卿刻，鶴山魏氏爲之序。明嘉靖間，鄞陸氏釴得宋本於豐存叔，刻諸南昌，但載朱序，不載尤序，行款與此本不同，參以古體，頗亂舊文。又有顧氏起元序，刻於萬曆間，即出陸本，益多譌脫。近邑中張氏《墨海金壺》所刻，但據顧本，并未見陸本，今以此本參校，如：卷首《條例》有曰，諸家或未備，以己說足之，錄於每條之後，比諸家解低一字寫。各本自第十九卷《彤弓》注以下，不復提行，增「東萊曰」三字，接寫諸家之後，惟此本概低二格，與《條例》所云合。其各本皆脫，而此本獨全者，如：《小雅・車攻》第七章注「故自左膘」下有「《釋文》曰：頻小反，脅後髀前肉也」十二小字，下又有「而射之達於右腢」七大字，下又有「《釋文》曰：音愚，謂肩前也」九小字，下又有「爲上殺」三大字；《十月之交》第八章注「王氏曰，故不敢傚」下有「我友自逸也」五大字，下又有「范氏曰，時有潔身而去者，己獨不去，故曰我不敢傚，我友自逸」二十四小字，下又有「毛氏曰」三大字；《小旻》第二章注「朱氏曰，具、

猶俱也」下有「鄭氏曰，底，至也。王氏曰，其俗如此，亦孔之哀矣」十八大字；《小弁》第八章注「毛氏曰，念父孝也」上有「我躬不閱，遑恤我後者，無如之何，自決之辭」十七大字；《小明》第二章注「鄭氏曰」下有「孔，甚也；庶，衆也。毛氏曰憚，勞也。朱氏曰」十五大字；《漸漸之石·序》注「舒庸」下有「之屬，孔氏曰，《殷武》曰，維汝荆楚，已并言之，是楚之稱荆，亦已久矣。《傳》有舒鳩、舒鄝、舒庸」三十三小字；《大雅·大明》第四章注「王氏曰」下有「洽之陽，渭之涘，則莘國所在也。朱氏曰」，十五大字；《頌·載見》章注「烈、大也」上有「休、美也。李氏曰」六大字。有陸本未脱而顧本又脱者，如：《周南·汝墳》末章注「長樂王氏曰」下，脱「父母、指文王也。毛氏曰，孔，甚，邇，近也。鄭氏曰」十七大字；《小雅·小弁》末章注「故告之曰」下，脱「毋逝我梁，毋發我笱，我躬不閱，遑恤我後。王氏曰」十九大字；《賓之初筵》首章注「既安賓，然後改」下脱「縣以避射」四大字，下又脱「孔氏曰，行燕至安賓之後而行大射」十四小字；《魯頌·駉》首章注「毛氏曰，牧之坰野」上脱「毛氏《芣苢·傳》曰，薄，辭也」九大字；《閟宫》末章注「路寢、正寢也」，下脱「朱氏曰，新廟，僖公所修之廟」十一大字。至陸顧兩本不脱，而張本獨脱者，又有之，如：《周頌·烈文》注「得賢人則國家彊矣」下，脱「李氏抑《詩解》曰，苟能得人，則四方皆訓效之矣」十八大字。其餘譌處，尤不可勝舉也。

又《詩集傳音釋》二十卷，元刊本。題「東陽許謙《名物鈔》音釋，後學廬陵羅復纂輯」。黄氏《千頃堂書目》始著於録，流傳頗少。《凡例》後有墨圖記云：「至正辛卯孟夏雙桂書堂重刊」，猶元時舊帙也。

又卷四《禮記》五卷，宋刊殘本。是書卷長四寸，寬三寸，僅存卷一至卷五。首行題「《禮記》卷第一」，次行題「《曲禮》第一」，越三格題「《禮記》」，又越三格題「鄭氏注」。惟卷三《禮記》下越五格。每半葉十行，行二十至二十四字不等。注雙行，行二十八字。每卷終，記經注字數。卷一後有楷書墨圖記云：「婺州義烏酥溪蔣宅崇知齋刊。」書中「匡」、「筐」、「恒」、「徵」、「讓」、「殷」、「敬」、「竟」、「樹」、「桓」、「完」、「慎」字俱闕筆（圖一六六），「敦」、「郭」不闕（圖一六七），當是光、寧以前刻本也。其《經》字之足以訂正通行本者，略與《唐石經》撫州、相臺二本同，注之足以正注疏本者更夥。

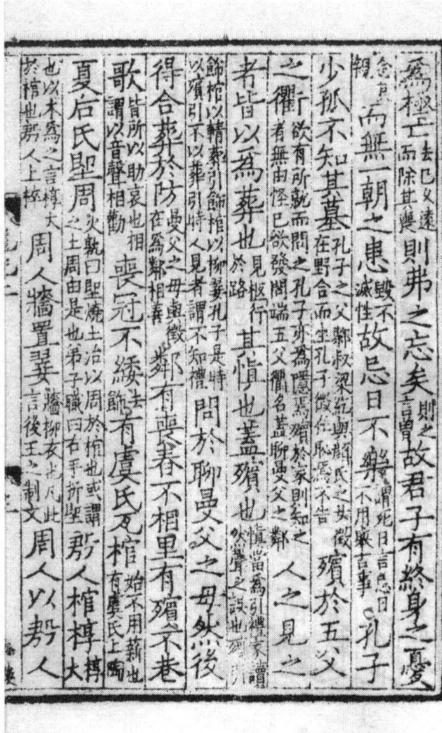

圖一六六　第五行第十字「慎」字，末行倒數第二字「殷」字闕筆。

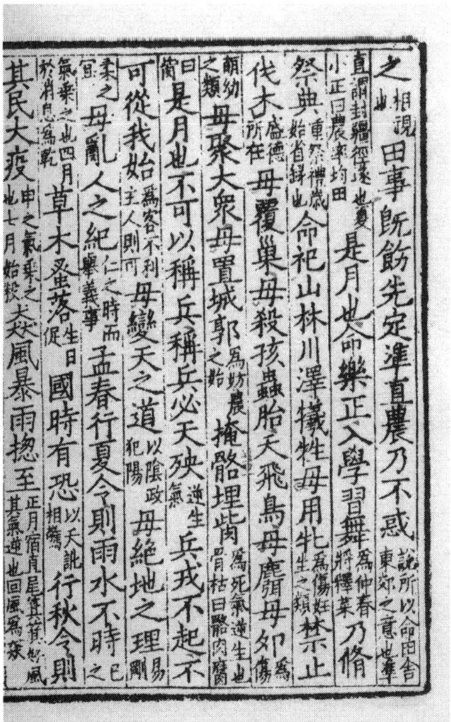

圖一六七　第五行第九字「郭」不闕筆。

又《禮記集說》十六卷，元刊本。題「後學東匯澤陳澔集說」。前列至治壬戌澔《自序》，次《禮記集說凡例》，首列《校讎經文目》曰：蜀大字本、宋舊監本、興國于氏本、盱郡重刊寥氏本、建本；《注疏》：南唐《經傳通解》，次列援引書籍凡三十九種；次《注說去取》，下半葉殘闕。以明嘉靖間六老堂本覈之，則闕去《音文反切》及《章句分段》也。是書通行本俱作十卷，六老堂本作三十卷。海甯陳仲魚藏有天曆刻本十六卷，爲建安鄭明德所刊，此本與之闇合，當是元時最初本也。

又《附釋音春秋左傳註疏》六十卷。宋刊本。此書爲南宋時刻本。首題「國子祭酒上護軍曲阜縣開國子臣孔穎達等奉勑撰」。次題「國子博士兼太子史允贈齊州刺史吳縣開國男臣陸德明釋文」。餘卷止題「杜氏註，孔穎達疏」，即阮氏所稱注疏中六十卷本之最善者也。前有《正義序》。每半葉十行，行十七字。注、疏皆雙行，行廿三字。行行頂格。《經》、《傳》下載注，不標「注」字。《正義》上則冠一墨圍大「疏」字。自閩本始增「注」字於上，監本、毛本仍之，注皆不作雙行，而宋版舊式無存矣。是本全書無明代修補字，紙墨如新，毫無缺損。凡遇有模糊處，其筆迹尚可推尋，而修版本已爲墨丁或徑臆改，可知是本所模糊者，至正德時已更不可識，其爲元時印本無疑。嘗以阮氏《校勘記》所載慶元間沈中賓刊本核之，往往相符，用是知阮氏所據，乃屢經修改之本，故多譌脱；而間據宋本訂補，則無不與是本暗合也。南昌府學重刊本，雖據阮校多所改正，惜其不知十行原本與宋本本自相同，其未經改正者猶不少。且有一二句中譌字疊見，而或改或否，致使文義更有難明。至於補脱，阮校並據宋本，而重刊本翻從閩、監、毛三本，即阮氏所明斥其誤者亦有不顧，遂與所附《校勘記》多不相應。其意蓋以閩、監、毛皆出十行本，而不知閩本已仍修版之譌，非出原本也。

又卷五《春秋經傳集解》三十卷，宋刊本。首題「《春秋》序」，次題「唐國子博士兼太子中允贈徐州刺史吳縣開國男陸德明釋文附」。分卷同《唐石經》。首行題「《春秋經傳集解·隱公》第一」，下接《釋文》，至三行止。四行低八格，題「杜氏」，越二格，題「盡十一年」。每半葉十行，行十八字。注文雙行，行廿二字。卷末有墨圍《識語》八行云：「謹依監本，寫作大字，附以《釋文》，三復校正刊行，如履通衢，了亡窒疑「窒」之誤。礙處，誠可嘉矣。兼列圖表於卷首，迹夫唐虞三代之本末源流，雖千歲之久，豁然如一日矣。其明經之指南歟。以是衍傳，願垂清鑑。淳熙柔兆涒灘中夏初吉閩山阮仲猷種德堂刊。」案：柔兆涒灘爲丙申，乃宋孝宗淳熙三年也。【略】是本佳處，黄琴六丈廷鑑嘗爲之跋，其略曰：書中莊六「後君噬齊」作「噬臍」；僖廿三「懷與安」作「懷其安」；宣十二「楚軍討鄭」，「軍」作「君」；「屈蕩尸之」，「尸」作「戶」；襄廿八「武王有亂臣十人」，無「臣」字；昭八「臣必致死以息楚」，「楚」下有「國」字；定八「晉師將盟衛侯于鄟澤」，「鄟」作「剸」：皆足正明監本及坊本之失。阮氏定爲宋刻善本，有以也。

又《春秋經傳集解》二十三卷。宋刊殘本。此宋槧小字不全本。每卷首行題「《春秋經傳集解》某公第幾」，次行下八格，題「杜氏」，越四格，題「盡某年」。分卷同《唐石經》，卷首《序》殘闕。經文四葉以前闕。其闕卷自十四至十八及廿五廿六共七卷。每半葉十四行，行大小皆廿三字。卷末杜氏《後序》殘闕。遇高宗以上諸帝諱皆闕筆，而「愼」字不闕，蓋南渡初所刻也。

又《附釋音春秋左傳註疏》三十卷。宋刊本。此明代修版本也。版心有「正德十二年」字，或稱正德十六年，或但稱正德年，或爲黑口，或全葉重刊，或剜改數字，或連行皆作墨丁，即所存原刻，亦多模糊，筆畫攲斜，迥非前所錄明以前印本可比。然以阮校所據本核之，則此本修版尚少。即如《春秋序》、《正義》，阮本「此序大略」，「略」作「畧」；「明義以春秋」，「明」誤「名」；「先儒錯謬之意」，「謬」作「繆」；及「《毛詩》、《逸禮》、《春秋》」，「詩」誤「氏」；而此本皆不誤。此類不勝枚舉，視阮本直遠過之。而修版中亦頗多互異，如卷三第四葉版心有「正德年」三字，《正義》「舍奠於墓左」之「墓」字不書；「葬然則由不赴」之「葬然」二字，「二事既然則由不祔」之「則由」二字，此本皆作墨丁，而阮《校》皆不言闕。阮《校》「出故不言葬也」，此作「書」，不誤「言」；「至於《書經》」「於書」二字，此作墨丁，而阮氏無校。「順經之先後爲文也」，「經」字，此誤「已」，不誤「記」。即此半葉，而其不同已如此。蓋其初因原板漫漶，闕而未刻，後復補闕，而任意剜嵌。故凡原本模糊，此本猶多作墨丁，而阮有字，必多舛錯。阮氏所謂遞有修補者，其迹顯然可見也。又昭十九年《傳》注「蓋爲大夫時往聘蔡」，阮校云，初刻「爲」誤「亦」。此本「亦」字未

改，而版心有「正德十二年」字，不知重改「爲」字，又在何時？蓋其版至明末猶存，故印本多前後互殊，此猶是修版本中最初之本，存之以備參證焉。

又《春秋傳》三十卷，宋刊本。題「左朝散郎充徽猷閣待制提舉江州太平觀賜紫金魚袋臣胡安國奉聖旨纂修」。前有自序及紹興六年《進書表》、《論名諱劄子》，又有《述綱領》、《明類例》、《謹始例》、《叙傳授》四篇，汲古毛氏刻本俱遺之，添入音注，失舊本之眞矣。陳直齋謂紹興中經筵所進者。此本「愼」字闕筆，其刻當在孝宗時。每半葉十四行，行廿六字，《傳》文低《經》一格。

又《春秋諸傳會通》二十四卷，元刊本。題「廬陵進士李廉輯」。自序謂：讀經三十年而成書。前有《凡例》及《讀春秋綱領》。刊於至正九年。通志堂本即其所出。《自序》後有墨記云「至正辛卯臘月崇川書府重刊」。

又卷七《爾雅》三卷，宋刊本。題「郭璞注」。首載郭序，每卷前標篇目，注中有音某者，完善未刪。卷後復有《音釋》。又每卷有總計《經》若干字，《注》若干字。每半葉十行，行二十至二十三字不等。注每行三十字。世傳吳元恭刻本，爲經注之善者，亦出自宋本。然「敦」字闕筆，是出光宗後刻本。此則「遘」、「轂」字闕筆，而「愼」、「敦」不闕，尚是南渡初刻本也。字體肅穆，亦雅近北宋。案：是本之勝於注疏本者，與吳本同，而亦有勝於吳本者如：《釋天·旌旗篇》「繼旐曰旆」不作「斾」，與《唐石經》、《釋文》單疏本合；《釋地》「江南曰楊州」不作「揚」，與《春秋元命苞》、《石經》、《魯詩》、《廣雅》合；《釋草》「荛，雀弁」不作「芫」，與《唐石經》、《釋文》合；又「葽繞，蕀蒬」注「今遠𦬊也」，不作「志」，與《釋文》合；《釋木》「楥，柜桏」，不作「柳」，與《石經》五經文字合；又「晳，無實棗」，不作「晢」，與單疏本合；又「蕢藹」注「樹實繁茂菴藹」，不作「菴藹」；《釋魚》「貝居陸贆」注「貝中肉如科斗」，「中」不作「斗」，與單疏本合；又「螣，螣蛇」，首「螣」字不作「螣」，與單疏本合。又有異於吳本而未必是者，如《釋詁》「縱縮，亂也」注「縱放掣縮」，作「掣緒」；《釋言》「馹遽，傳也」注「皆傳車驛馬之名」，作「轉車」；《釋宮》「東南隅謂之窔」注「《禮》曰，埽室聚窔」，作「婦室」；又「閞謂之槉」，「閞」作「關」；《釋天》「夏爲昊天」注「言氣皓旰」，作「皓」；又「在壬曰玄黓」作「黓」；《釋水》「穴出，仄出也」，作「仄」；又「所渠幷千七百一川，色黃」注「汨漱沙壤」作「沙壤」；《釋草》「赤枹薊」，作「袍」；《釋木》「椵柂」注「白椵也」，「椵」皆作「椵」；「栵栭」注「樹似槲樕」，作「槲樕」；「遵，羊棗」注「曾晳嗜羊棗」，作「嗜」；「桋，赤楝」注「葉細而岐銳」，作「岥銳」；「梢，梢擢」注「梢擢長而殺者」，「擢」皆作「櫂」；《釋蟲》「蛣蟯」，作「蟯」；又「蛪螽，蜙蝑」注「俗呼蝽蟒」，作「蝽蟒」；《釋鳥》「鶌鳩，寇雉」注「憨急群飛」，作「愍急」；又「鴩，餔豉」，作「鳺」；又「其踵企」注「飛即伸其腳」，「即」作「卻」；《釋獸》「貘，白豹」注「小頭庳腳」，作「庳」；又「豦迅頭」注「好奮迅其頭」，「好」作「如」；《釋畜》「尾本白騴」注「尾株白」，「株」作「林」；又「尾白駺」注「但尾毛白」，「但」作「俱」；又「犦牛」注「今交州合浦徐聞縣」，「聞」作「閒」。以上數條，皆未必此本是而吳本非者，錄之以備攷覈。且以補阮氏《校勘記》之所未及云。

又《說文解字韻譜》五卷，元刊本。南唐徐鍇撰。是書傳本甚少，《四庫》著錄者爲明巡撫李顯刻本。是本卷一後有墨圖記二行，云「丙辰菖節種德堂刊」，當是元延祐三年槧本也。其足正李本之誤者，如：《寒部》：「籣、瀾、連、灡、闌」五字在「乾、蘭、讕、讕」四字之後；《豪部》：「高、皋、羍、羔、膏」五字，在「獆、諕、號、虢、鄂」五字之後。次序並不譌，足徵此本之善矣。舊爲明陸文裕公藏。卷中有鈔補數葉，皆文裕手蹟。

又《龍龕手鑑》四卷，宋刊本。題「釋行均字廣濟集，統和十五年丁酉燕臺憫忠寺沙門智光字法炬序」。每半葉十行，每行大小用字不等。此汲古閣毛氏舊藏本。《上聲》一卷，毛氏精鈔補足，蓋即《讀書敏求記》所謂契丹鏤版者也。然攷《夢谿筆談》、《郡齋讀書志》，並稱「《龍龕手鏡》」，以「鏡」爲「鑑」，當是宋人翻刻，避嫌諱而改。錢氏所見既作「鑑」字，此本亦然，安得復爲遼刻耶？且遼僧所刻，必不爲宋帝諱，統和丁酉，當宋至道三年，亦不能預爲太宗以後諸帝諱，今觀此書序中，「鏡」字闕筆，《金部》幷不載「鏡」字；《宀部》「完」字闕筆，《木部》幷不載「桓」字，「構」書作「構」，「惇敦」作「惇敦」，餘如「殷」、「敬」、「讓」、「恒」、「樹」、「愼」、「擴」、「昫」等字，悉行刊落，蓋非特不出於遼，恐幷非蒲傳

正帥浙時所刻矣。又攷：智光原序稱四卷，而《文獻通考》引《讀書志》則作三卷，衢州本同。今以此書核之，乃知晁氏之非誤。蓋書中本以四聲分四卷，各載部目於卷前，而板心則以「去」、「入」兩卷統書「龍三」，實無「龍四」，殆以去聲僅九葉，不成卷，故合之，所以又有三卷之稱也。傳鈔之本，板心字或不錄，而近世通行本四卷，又皆分爲上、下，盡改舊觀，更難尋究。向非古刻猶存晁、馬兩家之書，復何自而證明歟？

又《增修互註禮部韻略》五卷，元刊本。題「衢州免解進士毛晃增注，男進士居正校勘重增」。前有紹興三十二年晃《進書表》，無序跋。此元至正二十一年翻刻寶祐四年蜀中刻本。第一卷末，當有「至正辛丑妃僊興慶書堂新刊」墨圖記，以鈔補缺葉遺之。寶祐本於理宗諱「昀」仍載韻中，蓋刻時悉依毛氏原本，無所增損也。此書諱例，於「僖」、「順」、「翼」、「宣」諱，「眺」、「珽」、「敬」、「弘」、「殷」皆不避，惟太祖至寧宗諸諱，並同音之字，皆不載入。

又卷八《史記集解》一百三十卷，宋刊本。首行題「《史記集解》序」，次行之半，題「裴駰」二字；三行即序文，序末無結銜；序後又行曰「《五帝本紀》第一」；又行曰「《史記》一」，下注「凡是徐氏義」云云；又行即正文；卷末曰「《五帝本紀》第一」：以下卷式略同。每半葉十四行，行二十四至二十七字不等，注每行三十四至三十九字不等。「敬」、「竟」、「殷」、「匡」、「恒」字皆闕筆，而「禎」、「貞」字不闕，仁宗以前刊本也。

又《史記》十四卷，宋刊殘本。宋裴駰集解。卷長六寸，寬四寸，每半葉十四行，行二十七至二十九字不等，注每行三十一至三十四字不等。全書分一百三十卷，與晁氏《讀書志》、陳氏《書錄解題》合。今存第二十三卷至三十卷，第一百二十卷至一百二十二卷，第一百二十八卷至一百三十卷。北宋刻《史記》、《集解》、《正義》本各單行，南渡後始合刻之。此本「殷」、「敬」、「貞」、「徵」字闕筆，而「頊」字不闕，當出神宗以前刻本。注文尚全，可正監本脫謁。如：《河渠書》「岸善崩」句下，監本脫「如淳曰，洛水岸」六字；《太史公自序》「《易大傳》」句下，此引「張晏曰，謂《繫辭》」，監本謁作「正義」。板刻楮墨，俱極精好，較耿氏、蔡氏本尤爲罕覯。

又《後漢書》一百十五卷，宋刊本。全書一百二十卷。此闕《帝紀》三至五，《志》一、二，凡五卷。其目錄及首二卷、《志》二十一至二十三、《列傳》六十至六十二，皆鈔補。書末題「右奉淳化五年七月二十五日勅重校定刊正」，下題「承奉郎守將作監丞直史館賜緋魚袋臣孫何、承奉郎守秘書省著作佐郎直集賢院賜緋魚袋臣趙安仁」二行。後列景祐元年余靖《上言》。書中「敬」、「徵」字皆闕筆，而「頊」字不闕，當爲仁宗時刊本。自列傳三十五至三十七、五十四至五十九、六十八至七十三，多元時補版，如《郭太傳》「初，太始至南州」以下七十四字，錢氏《養新錄》謂本章懷注引謝承《後漢書》之文，溷入正文。今此本尚不誤。亦可見其本之善矣。

又《晉書》一百三十卷，《音義》三卷，宋刊本。題「唐太宗文皇帝御撰」。其實史臣房喬等奉敕所纂。中惟陸機、王羲之二《傳》，其論稱「制曰」，餘皆稱「史臣曰」也。此宋刊十行本，間有元、明時修板，每行二十字。宋諱「匡」、「恒」、「桓」、「愼」、「構」字皆減筆，雖不能無脫謁處，終勝後來監本、汲古刻本。如《宣帝紀》「權果遣將呂蒙西襲羽公安」，不脫「羽」字。《惠賈皇后傳》「緜密欲廢后」，「欲」不謁「爲」。《惠羊皇后傳》「賈后欲廢」，「欲」不謁「既」。《何曾傳》「今忠賢執政」，「今」不謁「令」；「其進太宰侍中如故」，「中」下不衍「公」字。《石崇傳》「春畦霍靡」，「霍」不謁「藿」。《羊祜傳》「乞蒙列上」，「列」不謁「例」；「兵不踰時」，「踰」不謁「喻」。《劉卞傳》「其一人卿卞」，「卿」不謁「輕」。《楊駿傳》「後以后父超居重任」，「任」不謁「位」。《山濤傳》「不得有所問」，「問」不謁「聞」。《王戎傳》「當從古人中求耳」，「耳」不謁「之」。《陸機傳》「《五等論》是以分天下以厚樂，則己得與之同憂」，「憂」不謁「愛」。《潘岳傳》「凡此皆客舍之益，而官欐之所乏也」，「乏」不謁「之」。《殷浩傳》「向使作令僕足以儀刑百揆」，「儀」不謁「殘」。《王羲之傳》「方其文義之比於石崇」，「義」不謁「羲」。《董京傳》「孔子不遇時彼感麒麟乎」，「麒」不謁「麟」。《董養傳》「天人之理既滅」，「天」不謁「夫」。惟《謝鯤傳》「吾不復得爲盛德事矣」句下，脫去「鯤曰，何爲其然？但使自今以往，日忘日去耳。初敦謂」二十字，因下葉首行起處亦有「鯤曰」二字而謁，此修板之不檢也。後附《音義》三卷，唐天寶初何超令升撰，宏農楊齊宣正衡序之。《宋史・藝文志》作「齊宣撰」者誤。

又《舊唐書》六十一卷，宋刊殘本。題劉昫等修。原書二百卷，今存《志》卷十一至十四，卷廿一至廿五，卷廿八至三十，列傳卷十五至廿八，

卷三十八至四十七，卷五十至六十，卷七十八至八十三，卷一百十五至一百十九，卷一百廿九至一百三十四，卷一百四十下至一百四十四上，凡六十一卷。卷後有「右文林郎充兩浙東路提舉茶鹽司幹辦公事蘇之勤校勘」，又「霍文昭校勘」，結銜同；又「左從政郎紹興府録事參軍徐俊卿校勘」，又「張嘉賓校勘」，結銜同；又「左奉議郎充紹興府府學教授朱倬校正」各條。每半葉十四行，行大字廿五、六不等，小字三十、三十一不等。宋諱「懸」、「朗」、「眺」、「珽」、「挺」、「頲」、「敬」、「警」、「竟」、「境」、「殷」、「匡」、「恒」、「禎」、「貞」、「徵」、「署」、「樹」、「豎」、「讓」、「頊」、「勗」、「桓」、「垣」、「洹」、「萑」、「完」、「構」、「觳」、「雊」、「勾」等字皆闕筆，而「慎」、「敦」不闕，刻在高宗時可知。又校勘有紹興府教授朱倬名。考：倬因忤秦檜，出爲教授，是在紹興初年也。

又卷九 《資治通鑑》二百九十四卷。宋刊本。此書原闕廿五卷又十九葉，鈔補全。卷一至卷八，題「朝散大夫右諫議大夫權御史中丞充理檢使上護軍賜紫金魚袋臣司馬光奉敕編集」，其卷九以下，題銜較多，曰「翰林學士朝散大夫右諫議大夫知制誥兼侍講同提舉萬壽觀公事兼判集賢院上護軍河内郡開國侯食邑一千三百戶賜紫金魚袋臣司馬光奉敕編集」。第四行，低三格題「某朝紀」，小字注曰「起某某，盡某某，凡幾年」。用太歲名。第五行，低五格題「某王帝」。第六行，本文。目録系卷後，目後有元豐七年十一月溫公《進書表》，結銜與前題名異，曰「端明殿學士兼翰林侍讀學士太中大夫提舉西京嵩山崇福宫上柱國河内郡開國公食邑二千六百戶食實封壹仟戶」。蓋前所題者，英宗時結銜也。同修者，劉攽、劉恕、范祖禹；檢閱文字者，司馬康：俱署銜。表後有《獎諭詔書》。又「元豐八年九月十七日准尚書省劄子奉聖旨重行校定」，「元祐元年十月四日奉聖旨下杭州鏤板」。校對者爲張耒、晁補之、宋匪躬、盛次仲；校定者爲張舜民、孔武仲、黄庭堅、劉安世、司馬康、范祖禹；主校者爲吕大防、李清臣、吕公著，俱署銜，以左爲上。又「紹興二年七月初一日兩浙東路提舉茶鹽司公使庫下紹興府餘姚縣刊板」，「紹興三年十二月二十日畢工印造」。進入列主管本司文字兼造帳官及提舉茶鹽司邊知白、常任佚、强公徹、石公憲、韓協、王然六人銜。校勘監視者，列嵊縣進士婁謂、茹贊廷、唐奕、婁時升、婁時敏、石袠、茹幵、王悆、張綱等，興國縣主簿唐自餘、姚縣進士葉汝士、杜邦彦、錢移哲、陸寘、顧大治、吕克勤、張彦衡、朱國輔、杜紱、孫彬等，又：餘姚主簿王絪嵊、縣尉薛鎡、嵊縣丞桂祐之、紹興府學教授晏肅、餘姚縣丞馮榮叔、晏敦臨、知嵊縣范仲將、知餘姚縣徐端禮、鎮東節度判官張九成諸人。此本似即紹興時所刻，然書中「慎」、「敦」、「郭」字皆闕筆，疑出寧宗時修板印行也。每半葉十一行，行廿一字，板刻清朗，楮墨如新，允爲宋刻致佳本。

又 《鮑氏國策》十卷，宋刊本。題「縉雲鮑彪校注」。前有紹興十七年彪自序，次以曾鞏舊序、劉向《進書序》。劉序後有記云：「彪校此書，四易稿而後繕寫。」云云。卷末，又有記云：「庚午晦，重校，脱誤猶數十處，此書手所撰次書也而若此，是以知校正之難也。」後有刻板跋云：「《國策》舊有高誘注，甚略。吾鄉先生鮑公彪，守習孤學，老而益堅，取班、馬二史及諸家書比輯而爲之注，條其篇目，辯其譌謬，缺則補，衍則削，乖次者悉是正之，時出己意論説。四易稿始成，其用功亦厪矣，而世罕傳。余得其本刊之會稽郡齋。使學者知前輩讀書不苟如此。公妙年甲進士第，恥求人知，嘗有『此身甘作老文林』之句，其志操可見。白首始爲郎，即桂冠歸山里，杜門著書，有《書解》及《杜詩注》行於世。紹興辛亥日南至，括蒼王信書。」每半葉十一行，行二十字，注字同。書中「慎」字有減筆，孝宗後刻本，非紹興原刻也。明嘉靖龔雷刻本，行款相同，無王信《跋》，而有李文叔、王覺《書後》二篇，惟展卷一二葉，即有譌字。《韓策》「嚴遂、陽堅也」，「堅」譌「豎」；「留之十四日」，「十」譌「中」；「客之辭」，「辭」譌「辯」：其全書迷謬可知已！

又 《戰國策·校注》十卷，元刊本。題「縉雲鮑彪校注」，「東陽吴師道重校」。此書合高誘注、姚宏續注，校正鮑注闕失。每條注明「正曰」、「補曰」別之，仍不改鮑注原本面目，爲從來注《國策》之最善本。今世通行，有明初刻本、曲阜孔氏本。此則至正二十五年平江路所刊，迺吴氏成書後第一刻本也。剞劂精良，校讐無譌，乃元刻之僅見者。第三、四、五、六卷末，有「至正乙巳前藍山書院山長劉鏞重校勘」一行，第八、九、十卷末，有「平江路儒學正徐昭文校勘」一行。有彪《自序》，師道自序及陳祖仁序。其卷首《牒文》及劉向、曾鞏序，李文叔、王覺、孫元忠書後，姚寬、耿延禧序已闕。

又《松漠紀聞》二卷，明刊本。宋洪皓撰。紹興丙子，伯子适刊於歙，有跋。乾道九年，仲子遵守建鄴，又刻之，并撰《補遺》十一事於後，皆得之傍侍親聞者，亦有跋。此明嘉靖間郡中顧氏重雕本。卷末有「長洲顧氏家藏宋板校行」一條。

卷一〇《漢雋》十卷，宋刊本。宋林鉞撰并序。又魏汝功後序。每卷首行標「《漢雋》卷第幾」，次行低二格，列目次，畢，低四格，列篇名，下接本文，猶存古本之式。每半葉九行，大書分注，每行大字十五，小字三十。板心有字數、刊工名。《自序》「林鉞」不作「越」，可證延祐庚申袁桷刻本之誤。此嘉定閒趙氏原刻本，板印楮墨俱極精好。卷末有浚儀趙時侃題記云：「右《漢雋》十卷，亦厄於開禧兵燼。余既重刊慶曆《前後集》，因訪求舊本，再鋟木於郡齋。嘉定辛未中秋日。」書法工雅，殆出手蹟。

又卷一一《北戶錄》三卷，舊鈔本。題「萬年縣尉段公路纂，登仕郎前京兆府參軍崔龜圖註」。有陸希聲《序》。公路是書，作於廣州，皆紀其地物產。案：《史記·秦紀》「南盡北戶」，顏師古注：「《漢書》，日南郡在日之南，所謂開北戶以向日者。」書名「北戶」，以此。別本題名中，脫去「崔」字，遂致誤仞公路同族。此本目錄後有「臨安府太廟前尹家書籍鋪刊行」一行，是從宋本傳錄者。

卷一二《通典》二百卷，宋刊本。題「京兆杜佑字君卿纂」。前有貞元十年《進書表》及李翰序、自序。序後接每門之目，目後即接本文。原本存一百廿卷，餘鈔補全。每半葉十五行，行二十八字。一百五、六、八、九卷末，有「鹽官縣雕」四字。案：宋鹽官屬兩浙路臨安府，今爲杭州府海寧州治。書中「貞」、「徵」、「敬」、「殷」、「恒」、「桓」、「完」字有闕筆，而「搆」字不闕，尚刻於北宋時也。舊爲傳是樓藏書，繼入吳中故家，後爲嘉興金轡庭所得。五十年後，復歸吳郡，亦良緣也。惜鈔補者非出善本，尚多譌字。

又《增入諸儒議論杜氏通典詳節》四十二卷，元刊本。不題撰人姓名，亦無序跋。首載《通典·原序》。每門後附錄宋人議論之文，所列諸儒姓氏，自歐陽公至水心葉氏俱注有文集見行，當是南宋人所輯科舉之書也。目錄後有「至元丙戌重新繡梓」一行（圖一六八）。有以爲宋時麻沙刻本者，殆偶未見此條耳。

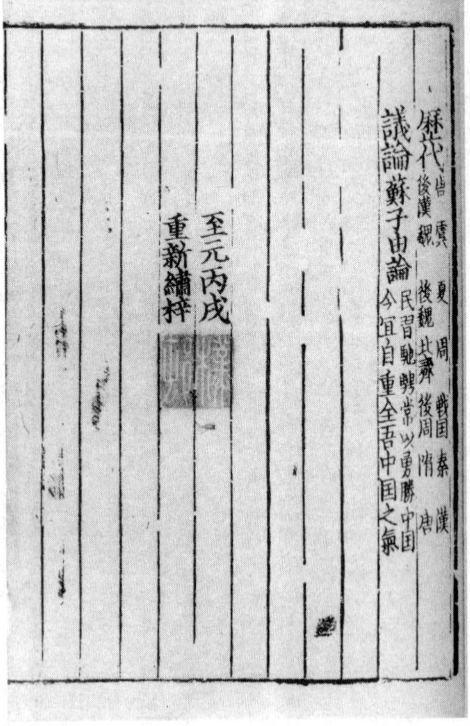

圖一六八　目録後鐫「至元丙戌重新繡梓」。

又《唐書直筆新例四卷新例須知》一卷，影鈔宋本。宋呂夏卿撰。書中題：《帝紀第一》、《列傳第二》、《志第三》、《摘繁文闕誤第四》。後附《唐書新例須知》，與晁公武《讀書志》合。四庫館著錄本，前二卷，論《紀》、《傳》、《志》，第三卷《論舊史繁文闕誤》，第四卷爲《新例須知》。其爲四卷已出，後來合并。此本遇宋諱字有減筆，蓋錄自宋本，故篇第尚仍其舊。

又卷一三《鹽鐵論》十卷，明刊本。漢桓寬撰。弘治間，新淦涂禎刻於江陰。是本從宋嘉泰本翻雕，故「匡」、「桓」等字俱減筆。雲間張氏注本改爲十二卷，竄亂舊第，字句亦多踳駮。今陽城張氏重刻本，悉依涂氏之舊。

又《張子語錄》三卷，《後錄》二卷，宋刊本。不題名，亦無序跋。卷末有「後學天台吳堅刊於福建漕治」二行。每半葉十行，行十八字。板心注字數及刊工人名。「敦」字闕筆，光宗後刻本也。

又《近思錄集解》十四卷，宋刊本。宋朱子、呂成公同輯。建安葉采注。前有淳熙乙未朱子原序及淳熙三年成公題辭，又淳祐戊申葉采序，淳祐十二年葉采《進書表》。全書共六百二十二條，每卷記若干條。每半葉八行，行十八字。雙行夾注，每行十八字。魚尾注大、小字數。「惇」字闕筆，即

淳祐時刻本也。

又《朱子成書》十卷，元刊本。題「廬陵後學黄瑞節附録」。案：瑞節，字觀樂，元時以薦授泰和州學正，未赴。爲學得朱門傳授，輯朱子書在《四書》外者共十種。曰《太極圖説》、《通書》、《西銘》、《正蒙諸解》、《易學啓蒙》、《家禮校正》、《律吕新書》、《皇極經世指要》、《周易參同契解》、《校正陰符經》，每種爲一卷。前有大德乙巳廬陵劉將孫序，目録後有墨圖記曰：「至正元年辛巳日新書堂刊行。」

又《黄氏日鈔》九十七卷，元刊本。宋黄震撰，沈逵序。此書刻於宋時，中値兵燹，板已亡失。元至元間，孫禮之購求蒐輯補完以刻之。已闕卷八十一、卷八十九、卷九十二。書中「桓」字或減筆作「桓」，或作「亘」，蓋是本從宋槧出也。

又《尉繚子直解》五卷，明刊本。題「前辛亥科進士太原劉寅解」。案：《隋志》《尉繚子》五卷，《唐志》作六卷。此猶舊第。其書每節分解，簡要明畫，似宋人之筆，特未知寅爲何時人耳。其刊本款式，當在嘉靖以前也。

又卷一四《新刊補註釋文黄帝内經素問》十二卷，元刊本。題：「啓元子次註，林億、孫奇、高保衡等奉勅校正，孫兆重改誤。」啓元子，唐太僕令王冰也。《文獻通考》及《郡齋讀書志》作「王砅」。林億、高保衡，宋嘉祐中人。隋全元起舊有注八卷，佚其第七，冰得其本，爲之補注。億等既校正繆誤，復增注二千餘條，遂爲完書。有保衡《進書表》及冰序。此至元刻本，目録後有「原本二十四卷，今併爲一十二卷刊行」。卷末有墨圖記二行，云：「至元己卯菖節古林書堂新刊。」

又《新刻黄帝靈樞經》十二卷，元刊本。不著撰人。晁氏《讀書志》曰「王冰撰」，謂即《漢志》《黄帝内經》十八卷之九。世謂王冰僞託，又謂即《唐志》《黄帝九靈經》十二卷，王冰更其名曰《靈樞經》，此與《素問》同時刻本。目録後有「至元己卯古林胡氏新刊」一行。卷一後有墨圖記二行，云，「至元庚辰菖節古林書堂印行」。

又《新刊王氏脈經》十卷，舊鈔本。晉王叔和撰并序。又何大任後序。案：叔和，高平人，官太醫令，世傳《叔和脈訣》一卷與此不同，乃僞作也。是編亦宋林億等校定。前有億《進書序》。末列高保衡、孫奇、林億銜

名。宋紹聖、嘉定俱有刻本。此本目録後有「天曆庚午歲廣勤葉氏刊」一行，蓋從元刻本鈔出。

又《劉涓子鬼遺方》五卷，宋刊本。齊龔慶宣編。案：《唐志》有龔慶宣《劉涓子男方》十卷，《書録解題》有《劉涓子神仙遺論》十卷，東蜀刺史李頔録，當別一書也。此本首有永明元年自序，其述涓子得書之由，在晉末用兵丹陽時，語涉神異，已載錢氏《敏求記》。又云，涓子姊適余從祖叔，涓子《寄姊書》叙此事并方一卷。方是丹陽白薄紙本寫，今手跡尚存。從家世能爲治，方秘而不傳。至孫道慶臨終見語，家有神方，兒子幼稚，欲以相傳，遂受而不辭。自得此方，於今五載，所治皆愈。劉氏草寫，多無次第，今輒定其前後，族類相從，爲此一部，流布鄉曲。又道慶云，此《鬼方》，舅祖涓子兄弟自寫，稱云無紙，而用丹陽録。永和十九年，資財不薄，豈復無紙，是以此別之耳。每半葉十三行，行廿三字。板心但一「鬼」字，字體肅穆，紙質堅韌異常。全書無宋諱字，疑出五代、宋初所刻。《敏求記》曰，此書極爲奇秘，收藏家罕見之。然遵王所藏，是宋鈔本，此則古刻，尤足珍也。

又《經史證類大觀本草三十一卷》，附《本草衍義》二十卷，金刊本。宋唐愼微撰。是本卷數與《書録解題》合。《郡齋讀書志》及《玉海》俱作三十二卷，合目録并數也。金泰和中晦明軒所刻，并爲三十卷，已改大觀舊第。此本未經竄亂，卷首有艾晟序，後有墨圖記云：「《經史證類大觀本草》三十一卷，附《本草衍義》二十卷，貞祐二年嵩州福昌孫夏氏書籍鋪印行。」考：金宣宗貞祐二年，乃宋寧宗嘉定七年。每半葉十二行，行二十字。後來，元大德壬寅宗文書院刊本，當即從此本出。而明萬曆丁丑本，又依元本刊也。《本草衍義》，《文獻通考》作《廣義》，其卷數同。《書録解題》作十卷，與此本不合。

又《洪氏集驗方》五卷，宋刊本。不題名。後有跋云：「《古集驗方》五卷，皆余平生用之有著驗，或雖未及用而傳聞之審者，刻之姑孰，與衆共之。乾道庚寅十二月十日番陽洪遵書。」每半葉九行，行十六字。「丸」字避諱俱作「圓」。後有鮮于樞題詩云：「賢人留意濟斯民，學仕之餘未捨勤。猶訪醫方治疾病，豈因富貴墮心身。迺知後世家風遠，想見當年德業新。愧我長貧仍嬾惰，不能望見屬車塵。」其書以淳熙七、八兩年官冊紙背所印，中鈐官印，惜不可識。

又《衛生家寶產科備要》八卷，宋刊本。宋朱瑞章編。是書集諸家產科經驗方成帙。首列入《月產圖》，中有借地、禁草、禁水、逐月安產法。【略】諸家書目俱不載，惟見錢氏《敏求記》。目錄後有「翰林醫學差充南康軍駐泊張永校勘」一行。卷末有《自記》三行云，「長樂朱瑞章以所藏諸家產科經驗方編成八卷，刻版南康郡齋。淳熙甲辰歲十二月初十日」云云。每半葉九行，行十五字。書中遇「轅」、「懸」字俱減筆，「丸」皆作「圓」。

又《劉河間傷寒直格》三卷，《後集》一卷，《續集》一卷，《別集》一卷，元刊本。題「金劉完素撰」。臨川葛雍輯其「論傷寒」一門爲此書，附以劉洪《傷寒心要》爲《後集》，馬宗素《傷寒醫鑒》爲《續集》，張子和《心鏡》第三卷爲《別集》。是本與錢遵王《讀書敏求記》所載合。卷首有無名氏序，序後有墨圖記一行云，「臨川葛雍校正，建安虞氏刊行」。而《目錄》前又有圖記五行云，「傷寒方論，自漢長沙張仲景之後，惟前金河間劉守眞深究厥旨，著爲《傷寒直格》一書，誠有益於世。今求到江北善本，迺臨川葛仲穆編校，敬刻梓行，嘉與天下衛生君子共之。歲次癸丑仲冬妃仙陳氏書堂刊」。據此，則是本當從建安本出，而「歲次癸丑」，乃元仁宗皇慶二年也。

卷一五 《周髀算經》二卷，《音義》一卷，附《數術記遺》一卷，舊鈔本。舊題「趙君卿注，甄鸞重述，李淳風釋」。《音義》題「李籍撰」。後附《數術記遺》題「徐岳撰，仇鸞注」。《周髀》，即古蓋天之學。今之西法，實出於是。《數術記遺》，唐代選舉，於《九章》、《五曹》之外兼習之，雖世皆疑其僞託，要之流傳已久矣。惟輾轉傳鈔，譌舛不少，此猶舊本，有君卿自序及鮑澣之序跋。案：跋語遇「國家」及「中興」字樣，俱跳行頂格，知此本從宋槧傳錄也。

又《天原發微》五卷，明刊本。宋鮑雲龍撰并序。又方回、鮑寧、戴表元序。雲龍嘗與同里方回辨論往復，故有《問答》一卷。舊有元元貞間刻本。明天順間，同里鮑寧加以辨正，重刻之。《目錄》後有墨圖記云「天順辛巳歙西鮑氏耕讀書堂」。

又《圖畫見聞誌》六卷，元鈔本三卷，宋刊本三卷。宋郭若虛撰。前三卷係元人手錄，每半葉十四行，行廿四字。前有郭若虛自序，以明翻宋陳道人刊本校之，頗有不同。如卷一次行題郭若虛撰，又次爲《敘論》細目七行，而陳本無之。卷二「《李昇》」條注云：「蜀中多呼昇爲小李將軍。」小李將軍，乃是思訓之子，陳本脫下「小李將軍」四字。卷三「《文同》」條末有一字至十字詩云：「竹，竹。森寒，潔綠。湘江邊，渭水曲。帷幔翠錦，戈矛蒼玉。虛心異衆草，勁節逾凡木。化龍杖入僊陂，呼鳳律鳴神谷。月娥巾帔淨冉冉，風女笙竽清肅肅。林間飲酒碎影搖金，石上圍棋清陰覆局。屈大夫逐去徒悅椒蘭，陶先生歸來但尋松菊。若檀欒之操則無敵於君，圖瀟灑之姿亦莫賢於僕。」此詩陳本亦失載。又按卷一「《論黃徐體異》」條，「刁處士名光」下注云，「下一字犯太祖廟諱」，則其所據別本亦是宋刻也。後三卷爲宋臨安府陳道人書籍鋪刊行本，每半葉十一行，行二十字，與明翻本行款悉同，惟「匡」、「貞」、「搆」、「購」等字皆闕筆，翻本則不盡然。其紙皆羅紋闊簾，信是宋刻宋印也。元鈔序、目補闕，爲秦酉巖手筆，且有「楊夢羽氏」印，知爲吾鄉萬卷樓舊物。歷三百年復歸故地，雖失其半，而復得黃蕘圃氏以宋刊補之，旣喜珠還，且成璧合矣。

卷一六 《容齋續筆》十六卷，宋刊本。宋洪邁撰。首行題書名，次行自序。序後接本文。每卷標若干則。《總目》後有「凡二百四十九則」一條。每半葉十行，行廿一字。書中「貞元」、「貞觀」、「貞定」、「貞惠」並作「正」，「桓公」作「威公」，「魏徵」作「魏證」，「殷武」作「商武」，「顓頊」作「顓帝」，「愼戒」作「謹戒」，「完顏亮」作「元顏亮」（圖一六九），至「匡」、「朗」、「勗」、「樹」、「讓」則缺筆。字體端嚴，紙質堅緻，當爲宋時印本。明嘉靖刻本亦清整可觀，核之，譌處甚多。如卷一《漢郡國諸官》條，「郡縣各有司局幹之」，「局」誤「居」；卷二《存歿絕句》條，「玉局他年無限笑」，「限」誤「恨」；卷四《卜筮不同》條，「泥而不通」，「通」誤「道」；《日者》條，「其色有黑者、白者」，「黑」誤「墨」；《柳子厚黨叔文》條，「呂溫、李景儉、柳宗元以爲信然」，「儉」誤「險」；《宣和冗官》條，「令遵守成法」，「令」誤「今」；卷五《杜詩用字》條，「此以共字、獨字對相字也」，「也」字脫；《后妃命數》條，「宣帝令皇后擇後宮家人子五人」，「家」誤「冢」。【略】賴有是本，可以訂正，惜《五筆》僅存是種矣。

又《容齋隨筆》十六卷，《續筆》十六卷，《三筆》十六卷，《四筆》十六卷，《五筆》十卷，明活字本。宋洪邁撰。宋時刻本不一，今皆不傳。此明錫山華氏以活字擺印，板心上方有「弘治歲在旃蒙單閼」八字，下方有「會

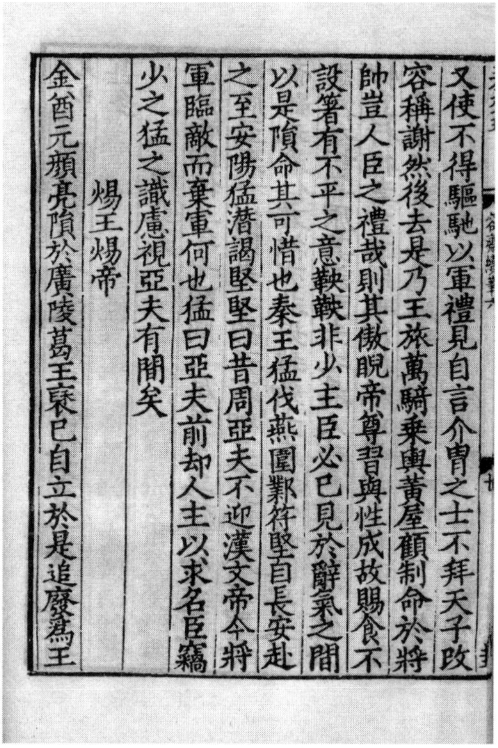

又使不得驅馳以軍禮見自言介胄之士不拜天子改
容稱謝然後去是乃王旅萬騎乘輿黃屋纛制命於將
帥豈人臣之禮哉則其傲睨帝尊君與性成故賜食不
設箸有不平之意鞅鞅非少主臣必已見於辭氣之間
以是隕命其可惜也秦王猛伐燕圍鄴苻堅自長安赴
之至安陽猛潛謁堅堅曰昔周亞夫不迎漢文帝今將
軍臨敵而棄軍何也猛曰亞夫前却人主以求名臣竊
少之猛之識慮視亞夫有間矣

煬王煬帝

金酋元顔亮隕於廣陵葛王褎已自立於是追廢爲王

圖一六九　末行「完顔亮」改作「元顔亮」。

通館活字銅版印」八字。每半葉十八行，行十七字。有邁自序及何異序，華燧印書序。

又《困學記聞》二十卷，元刊本。宋王應麟撰。案本傳，宋亡，厚齋年五十四，杜門不出，朝夕坐堂上，取經史講解論辨，所撰諸書，當俱成於是時。是書自題有「晚遇艱屯」，可證也。歿於元元貞二年，年七十有四。此泰定二年弟子袁湶容序而刻於慶元路學，距歿時三十年，爲是書初刻本，有牟應龍、陸晉之序，目後有「伯厚父」、「深寧居士」墨圖記二方。卷末有「孫厚孫、寧孫校正，慶元路儒學學正胡禾監刊」二行。

又《論衡》三十卷，宋刊本。漢王充撰。是書即宋慶曆中楊文昌刊本，號爲完善。歲月既久，文字漫滅。元至元間紹興路總管宋文瓚重爲補刊。每半葉十行，行二十字。間有弘治、正德間修板，目錄後有墨圖記二行，其文云，「正德辛巳四月吉旦南京國子監補刊完」。通津草堂所刻，即出是本。《程氏叢書》出自通津，轉輾傳刻，譌字益多。程本脱去第一卷七下一葉，無安陽韓性序，此皆具存。黃蕘圃跋云：「余聚書四十餘年，所見《論衡》無逾此本。蓋此本宋刻元修，明又增補，故中間每葉行款、字形各異。至文字之勝於他本者特多，斷推此爲第一矣。」

又卷一七《册府元龜》五卷。宋刊殘本。此北宋刊本。存一册，起卷九百一至九百五。每半葉十四行，行二十四字。字體方勁精好。卷中「朗」、「儆」、「警」、「驚」、「殷」等字減筆，而「徵」、「讓」、「署」俱不減，當是祥符書成後最初刊本。零璣斷璧，亦足珍也。

又《重添校正蜀本書林事類韻會》二十七卷，宋刊殘本。不著撰人名字。《直齋書目》云，無名氏，蜀書坊所刻，規模《韻類題選》而加詳焉。案：《韻類題選》爲袁轂作，轂爲絜齋高祖，與東坡交，其書以韻類事，纂集精要。直齋稱之，今已不傳。此書傳本亦稀，斷珪殘璧，幸而獲存，彌可寶已。原書一百卷，今存卷三四，卷五十、五十一，卷五十三、五十四，卷五十九至六十一，卷八十至九十四，卷九十八至一百，凡二十七卷。每半葉十二行，行大字二十，小字二十五。宋諱「匡」、「殷」、「貞」、「徵」、「桓」字皆減筆。字體端勁，板刻清朗，南宋初年刻本也。

又《重雕改正湘山野録》三卷，《續録》三卷。鈔本。此從宋刻元鈔本傳録。宋刻上卷少一葉，中卷少末葉，餘皆元人補鈔。宋刻不題名，每半葉九行，行十九至二十一字不等。仁宗以前御諱有闕筆，餘皆不闕。元鈔《續録》題：「吳僧文瑩如晦編。」下卷「都尉李和文公」注云：「犯御名。」按：和文，名遵勗，勗，爲神宗嫌名，知亦從北宋本出也。以毛氏《津逮秘書》本相校，舛譌甚多，其中卷末眞宗欲擇臣僚條，「伴虜使射弓時雙」下脱去「備者，惟陳康肅公堯咨可焉，陳方以詞職進用」十六字，遂至不可讀矣。

又卷一八《法藏碎金録》十卷，明刊本。宋晁迥撰并序。陳氏《書録》、晁氏《讀書志》，俱作《法藏碎金》。案，文元裔孫瑮跋語及此本板心亦無「録」字，則卷首標題當是趙府臆加也。明嘉靖間瑮於館閣鈔得刻之，易名《伽談》。此本首列文元《逸事》數則，後有《瑮》跋，板心有「趙府居敬堂」五字，蓋趙藩刻本，仍從原名也。

又《老子道德經》四卷，宋刊本。題「河上公章句」。分《道經》、《德經》爲二。前有序及《河上公傳》，題「太極左仙公葛元［玄］造」。目錄後有「建安虞氏刊於家塾」一條。每半葉十行，行十七字。注字雙行，行廿四字。書中「愼」字有減筆，當是孝宗後刻本。案，《纂圖互注》本，亦河上公注，而句多增損，遜此舊本之精。

又《沖虛至德眞經》八卷，宋刊本。題「《列子》，張湛處度注」。有自序，已佚。案，湛爲晉時人，官光祿勳，其母爲王輔嗣從姊妹，往來外家，故亦善譚名理。其注此書，辭旨簡遠，同於輔嗣之注《老子》也。每半葉十四行，行二十五字、二十六字不等。雙行夾注，每行三十字。「殷」、「敬」、「恒」、「貞」字有闕筆，而「頊」、「桓」字不闕，出北宋槧可知。

又《三洞群仙錄》二十卷，舊鈔本。宋陳葆光撰。前有紹興甲戌礜里竹軒序，謂葆光，江陰靜應庵道士，懲末學之夫怠於勤修，乃網羅九流百氏之書，下逮稗官俚語，凡載神仙事者，裒爲此書，以曉後學。其書作四言韻語，而以所援諸書事蹟詳爲之注，亦同《仙苑編珠》之類。書中「眞」字減筆，當從宋刻傳錄。

又卷一九《楚辭集注》八卷，《辨證》二卷，宋刊本。宋朱子撰。後附楊子雲《反離騷》一篇並洪興祖《論》，自加論語於後。卷一、卷二鈔補全。其後語已佚。每葉十四行，雙行夾注，行十五字，注字同。案：書中字句與《文選》所錄有互異處，然皆注明某字一作某，與《韓文考異》同例。間有勘定語，如《離騷》「循繩墨而不頗」注「循一作脩，非是」；《湘夫人》「登白薠兮騁望」注「薠音煩，一作蘋，非是」之類。《辨證》二卷，行式悉同。前有嘉定癸酉三月甲子□陽王涔序云：「刊於□□貢郡齋，俾學者□《風》、《雅》之變云。」則嘉定六年刊本也。

又《曹子建集》十卷，宋刊本。魏陳思王曹植撰。《隋志》三十卷，《唐志》、陳氏《書錄》二十卷，《通考》作十卷，此即十卷本也。爲南宋時刊本，每半葉八行，行十五字，板刻精妙，字大悅目。凡賦四十三篇，詩六十三篇，雜文九十篇，與明嘉靖時郭萬程本篇數、次第不合。卷四，無《述行賦》；卷五，無《七步詩》；卷七，《班婕妤贊》在《禹妻贊》前，《漢高帝贊》在《巢父贊》前；卷八，《謝賜柰表》在《求自試表》前。案：《四庫提要》稱「宋寧宗嘉定六年本，凡賦四十四篇，詩七十四篇，雜文九十二篇」，與此本不合。書中「愼」字省筆，而「敦」、「廓」字不省，知此刻猶在嘉定以前也。

又《白氏文集》七十一卷，宋刊本。不題名。首系長慶四年微之序，連接總目，其目但標各類，不載篇題，共分十帙。目後連接正文，不另葉。每卷注明某類詩凡若干首。每半葉十三行，行二十二至二十五字不等。書中「構」字注「御名」，「桓」字注「淵聖御名」，是紹興初年刻本也。

又《朱慶餘詩集》一卷。宋刊本。此南宋書棚本。卷末有「臨安府睦親坊陳宅經籍鋪印」一行（圖一七〇）。案：席刻《唐百家詩》亦有是集，行款相同，而校勘字句，此本實異。如：《送陳標》云「滿酌歡僮僕，相隨即馬啼」，不作「勸僮僕」、「郎馬蹄」；《尋古觀》云「看過天牆漸入深」，不作「天壇」；《將至上京別李侍御》云「身爲當去雁，雲盡到長安」，不作「唯當隨去雁，雪盡到長安」；《題薔薇花》云「浮陰入夏淸」，不作「浮雲」；《看濤》云「風雨驅□至」，不作「翻前駐」；《和劉補闕秋園寓興》云「翠筱寒愈靜」，不作「愈淨」；《送吳秀才泛江西》云「蘭橈此去人」，不作「北去」；《和處州嚴郎中遊南溪》云「潭淸蒲遠岸」，不作「遶岸」；《酬于訢校書見貽》云「能□得從軍」，不作「能□從軍□」；《送石協律歸吳興別業》云「一與耕者遇」，「一」字不空；《送僧往台嶽》云「五域初罷講」，不作「五城」；《吳興新隄》云「暗分功利幾千家」，不作「晴分」；《送浙東周判官》云「蟬鳴遠驛殘陽樹」，不作「蟬鳴驛樹殘陽遠」。蓋席刻出自別本，故亦有席本是而此本非者。每半葉十行，行十八字。「貞」、「樹」、「愼」字有闕筆（圖一七一）。末有「泰興季振宜滄葦氏珍藏」一行，當是侍御手書。

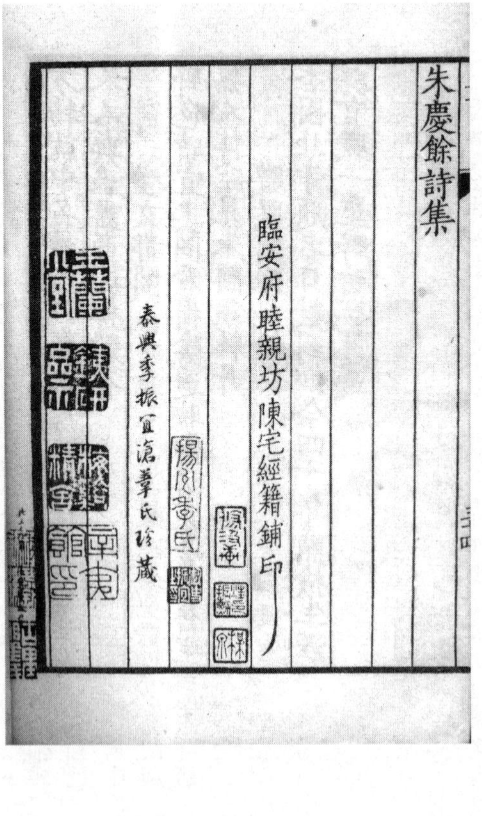

圖一七〇　卷末有「臨安府睦親坊陳宅經籍鋪印」一行。

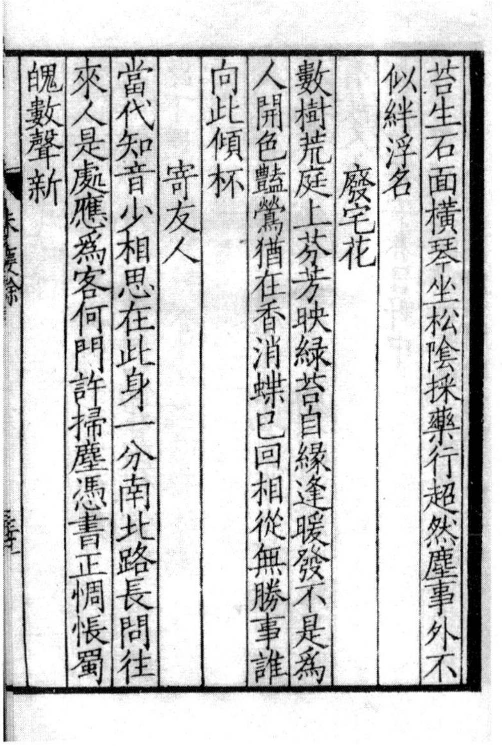
苔生石面橫琴坐松陰採藥行超然塵事外不似絆浮名
廢宅花
數樹荒庭上芬芳映緑苔自緣逢暖發不是爲人開色豔鶯猶在香消蝶已回相從無勝事誰向此傾杯
寄友人
當代知音少相思在此身一分南北路長問往來人是處應爲客何門許掃塵憑書正惆悵蜀魄數聲新

圖一七一　第四行第二字「樹」闕筆。

又《甲乙集》十卷，宋刊本。題「餘杭羅隱昭諫」。無序跋、目錄，《後記》刊板處一行已漫漶，僅存《臨安府》三字，末「金氏」二字可審。每卷題名一行下有「詩」字。一行低二格，詩題低三格。每半葉十行，行十八字。板心有字數。宋諱「匡」、「徵」、「桓」、「樹」、「構」、「愼」字，有闕筆，當是孝宗以後所刻。

卷二〇《范文正公集》二十卷，《別集》四卷，元刊本。宋范仲淹撰。淳熙間綦煥校定。有蘇軾序、俞翊跋及綦煥跋。《別集》後附忠宣兄弟遺文。此元時重刻本。《序》後有墨圖記篆書云：「天曆戊辰改元褒賢世家重刻於家塾歲寒堂。」殆文正後人即依原本繙雕，故寫刻皆古雅，與宋本款式無異。

又《雪竇頌古集》一卷，《拈古》一卷，《瀑泉集》一卷，《祖英集》二卷，宋刊本。宋僧重顯撰。題「弟子遠塵、允誠、思恭、圓應等集」，有曇玉、圓應、文政等序。遵王錢氏所藏祇有《祖英集》一種，此其全帙也。《頌古集》後有「參學仙都沙門簡能校勘」一行。《祖英集》後有「四明洪舉刊」一行。每半葉十一行，行二十字。「廓」字減末筆，當是寧宗後刻本。

又《溫國文正司馬公文集》八十卷，宋刊本。宋司馬光撰。題「溫國文正《司馬公文集》」，與世行本稱《傳家集》者不合。其編次亦異。凡《賦》一卷、《詩》十四卷、《章奏謚議》四十卷、《制詔》一卷、《表》一卷、《書啓》六卷、《序》二卷、《記傳》二卷、《銘箴頌原說述》一卷、《贈謚訓樂詞》一卷、《論》二卷、《議辨策問》一卷、《史贊評議疑孟》一卷、《史剡迂書》一卷、《碑誌》五卷、《祭文》一卷。每半葉十二行，行二十字。書中「桓」字注「淵聖御名」，「構」字注「御名」，是紹興初年刻本也。前有紹興二年劉嶠《刊板序》及《進書表》，今世行《傳家集》誤劉嶠爲劉隨，幷節去《序文》首尾及年號、官銜，《表》亦不載。今並附錄，以表宋刻之眞。

又《趙清獻公文集》十六卷，元刊本。宋趙抃撰。有景定元年陳仁玉序。是本乃至治初重刊者。有至治首元蒙九晉人僧家奴鈞元卿跋。凡詩七卷，文七卷，《補遺》一卷，《附錄》一卷。

又《元豐先生南豐類稿》五十卷，明刊本。宋曾鞏撰。後有《附錄》一卷，成化六年南豐令楊參刻本。《目錄》後有墨圖記二行云：「成化壬辰秋八月良旦南豐縣綉梓重刊。」有王震舊序及丁思敬序。

又《類編增廣老蘇先生大全文集》四卷，宋刊殘本。此書不見諸家書目，亦無序錄。原本卷數無考。僅存《古律詩》二卷、《雜論》一卷、《經論》一卷。其詩標紀行、懷古、投獻、簡寄、酬答、送行、釋氏、九日、器用、寺觀、祠廟、山水、城洞、園圃、書畫、禽獸、自述、挽辭、效古諸類，較《嘉祐集》增多《遊嘉州龍巖》、《初發嘉州》、《襄陽懷古》、《寄楊緯》、《和楊節推見贈》、《答張子立見寄》、《送蜀僧去塵》、《九日》、《和魏公題仙都觀》、《遊陵雲寺》、《過木櫪觀》、《神女廟》、《題白帝廟》、《萬山荊門》、《惠泉》、《昆陽城》、《題三遊洞》、《與可許惠所畫舒景以詩督之》、《仙都山鹿》、《自尤》，凡二十首。《嘉祐集》《送任師中》此作《吳師中》，「《雜論》中增《辨姦論》一篇。每半葉十五行，行二十五至二十七字不等。「殷」、「徵」、「匡」字闕筆，而「桓」字不改作「威」，亦不闕筆，疑是北宋麻沙本也。

又《臨川王先生文集》一百卷，宋刊本。此臨川曾孫珏刊本。前有小序云：「曾大父之文，舊所刊行，率多舛誤。政和中，門下侍郎薛公、宣和中先伯父大資皆被旨編定，後罹兵火，是書不傳。比年，臨川龍舒刊行，尚循舊本。珏家藏不備，復求遺稿於薛公家，是正精確，多以曾大父親筆石刻爲

據，其間參用衆本，取捨尤詳。至於斷缺，則以舊本補校足之，凡百卷，庶廣其傳云。紹興辛未孟秋旦日右朝散大夫提舉兩浙西路常平茶鹽公事王玨謹題。」又有《總目》，惟載某卷之某卷、某體詩、某體文。其細目載每卷前，《目》後即接本文。每半葉十二行，行二十字。書中「桓」字作「淵聖御名」，「構」字作「御名」，「慎」、「敦」、「廓」字不闕筆，雖有後來修板謬誤不少，而原書尚是紹興舊刻可知。覈之明繙詹大和刻本，卷第皆同。惟《輓詞類》中少《蘇才翁輓詞》二首，《集句》中少《離昇州作》一首，而多《移桃花》一首，詩云：「舍南舍北皆種桃，東風一吹數尺高。枝柯蔫綿花爛熳，美錦千兩敷亭皋。晴溝漲春綠周遭，俯視紅影移漁舠。山前邂逅武陵客，水際髣髴秦人逃。攀條弄芳畏晼晚，已見黍雪盤中毛。仙人愛杏令虎守，百年終屬樵蘇手。我衰此果復易朽，蟲來食根那得久。瑤池紺絕誰見有，更值花時且追酒，君能酩酊相隨否？」案：此詩不似集句，疑當時誤編入也。

又《欒城集》二十一卷，宋刊殘本。宋蘇轍撰。原書九十六卷，此存前集三十三至三十七、又三十九、四十、四十二，後集卷九至廿一。卷中篇次與明刻略異，猶存手自編定之眞。每半葉十一行，行十八字。「佶」字闕筆，而「敦」字不闕，當爲光宗前刻本。

又《張文潛文集》十三卷，明刊本。題「起居舍人張耒文潛撰」。凡《論》十卷，《雜著》二卷，《序記》一卷。明郝梁刻。即胡應麟《筆叢》所載之本，猶出宋人鈔錄，故廟諱皆有改字、減筆，較今刻《柯山集》增多文十餘篇，雖非完本，亦可貴也。有馬紂序、郝梁跋。舊爲孫潛夫藏書。

又《淮海先生文集》二十六卷，宋刊殘本。題「秦觀少游」。原書四十六卷。今存卷一至十八，卷二十七至三十四。前有自序云：「元豐七年冬，余將赴京師，索文稿於囊中，得數百篇。辭鄙而悖於理者，輒删去之。其可存者，古律體詩百十有二，雜文四十有九，從游之詩附見者四十有六，合二百一十七篇。次爲十卷，號《淮海閒居集》云。」序後又有無名氏題記云：「右學士秦公元豐間自序云耳，故存而不廢；今又采拾遺文而增廣之，合爲四十有六卷。大槩見於後序，覽者悉焉。」惜後序亦已闕矣。每半葉九行，行十五字。首葉板心有「眉山文中刊」五字。「慎」、「敦」、「廓」字闕筆。寧宗時蜀中刻本也。

又卷二一《晦菴先生文集》一百卷，宋刊本。宋朱子撰。首《目錄》二卷，無序跋，每半葉十行，行十九字。「遇」、「廓」、「擴」等皆爲字不成，是寧宗後所刻也。攷成化本黃氏仲昭跋云：「《晦菴朱先生文集》，閩、浙舊皆有刻本。成化戊子偶得閩本，因取浙本校之，其間詳略微有不同。如《劾唐仲友》數章，閩本不載其所劾事狀，今詳此本，備載無遺，當是浙本矣。又攷嘉靖本卷六十七《仁說》小注云：浙本誤收南軒先生作，而以先生作爲《仁說序》，此本正如是，其爲浙本益明矣。」黃氏又云：「浙本洪武初取置南雝，不知輯於何人，今閩藩所存，則先生季子在編。其後又有《續集》若干卷、《別集》若干卷二本，亦併刻之，似浙本當又有《續集》、《別集》矣。然陳氏《書錄解題》、焦氏《國史經籍志》、錢氏《也是園藏書目》，並止百卷，即吳文恪公所見來自福唐之《大全集》，亦云總百卷而已。惟徐氏《含經堂》、培林堂兩家書目，均於《正集》、《續集》、《別集》合刻本外，載有《舊板單續集》、《舊板單別集》之本。攷王氏遂序《續集》在淳祐五年，黃氏鏞跋《別集》在咸淳元年，意刻非一時，故與《正集》各自單行歟？夫世寶宋槧，雖斷簡殘編，猶珍同拱璧，而況百卷巨帙，首尾完具，又況其爲朱子之書。

又《東萊呂太史文集》十五卷，《別集》十六卷，《外集》五卷，《文集附錄》三卷，《拾遺》一卷，《麗澤論說集錄》十卷，宋刊本。宋呂祖謙撰。此書爲成公歿後，其弟祖儉從子喬年編輯刻之。《文集》，凡《詩》一卷，《表疏》一卷，《奏狀劄子》一卷，《啓》一卷，《策問》一卷，《記》、《序》、《銘》、《贊》、《辭》一卷，《題跋》一卷，《祭文》、《祝文》一卷，《行狀》一卷，《墓誌銘》四卷，《傳》一卷，《紀事》一卷。其庚子辛丑日記後有淳熙壬寅朱子跋，公歿後一年作也。《別集》，凡《家範》六卷，《尺牘》五卷，《讀書雜記》四卷，《師友問答》一卷。《外集》，凡《策問》二卷，《宏詞》、《進卷》、《試卷》共二卷；《詩文拾遺》一卷。《文集》附錄：凡《年譜》《壙記》一卷，《祭文》、《像贊》、《哀詩》二卷。《拾遺》，存《祠堂記》、《祠堂祭文》，餘殘闕。《麗澤論說集錄》，皆門人所集錄者。凡《易說》二卷，《詩說拾遺》一卷，《周禮說》一卷，《禮記說》一卷，《論語說》一卷，《孟子說》一卷，《史說》一卷，《雜說》二卷。喬年有跋。每半葉十行，行二十字。「貞」、「桓」、「敦」、「廓」字有減筆，寧宗時刻本也。

又《後村居士集》三十八卷，宋刊殘本。宋劉克莊撰。有淳祐九年竹溪林希逸序。原書五十卷，今存《詩集》十六卷，《奏議》三卷，《講義》一卷，《外制》二卷，《申省狀》一卷，《記》三卷，《序》二卷，《題跋》四卷，《祭文哀詞》三卷，《祝文》一卷，《墓誌》二卷。所闕《書牘》及《詩話》耳。世傳鈔本亦非全帙，乃後人分析卷第以足原數，每致淩亂失次，此本猶存其舊。每半葉十行，行二十一字，「貞」、「樹」、「勻」字有減筆，理宗時刻本也。

又卷二二　《鐵崖文集》五卷，明刊本。題「會稽楊維楨著，毘陵朱昱校正」。文凡一百三十七首，前有《鐵崖先生傳》一篇。明弘治十四年御史馮允中以儲靜夫藏本合朱昱先世藏稿校刻之，允中與昱皆有序。卷末有「姑蘇楊鳳書於揚州之正誼書院」一行。張氏《藏書志》譌爲元刊本，以未見馮、朱二序故也。

又　《玉臺新詠》十卷，明刊本。題「陳尚書左僕射太子少傅東海徐陵字孝穆撰并序」。此明時翻宋本，故宋諱字有減筆。《四庫全書總目》謂趙宧光家所傳宋刻，有嘉定乙亥陳玉父《重刻跋》，即此本所自出也。

又卷二三　《文苑英華纂要》八十四卷。宋刊本。此書出宋高似孫鈔，撮取《英華》中麗句可供漁獵者編之。注明每篇題文，共分甲、乙、丙、丁四編。有嘉定十六年自序云，冶使史公所刊。《愛日精廬藏書志》因後有延祐甲寅趙文序，目爲元刻本，其實書中「朗」、「恒」、「貞」、「徵」、「署」、「勗」等字皆有減筆，爲宋刻無疑，趙序乃元時所加也。諸家書目，罕有著錄，惟見季氏《書目》，譌作十卷，《傳是樓書目》有高似孫《文苑英華摘句》，當即是書。又有會通館活字本，其《甲編》中第二十八葉原闕，乃削去二十九葉首行「初賦」二字，即以當十卷首葉，失其眞矣。宋本闕《甲編》卷一至十六，《乙編》卷二十三至三十七。黄蕘圃假得汪氏所藏宋本校補全。

又　《三蘇文粹》七十卷，宋刊本。（圖一七二）不著纂輯姓氏。前有《標目》，無序跋。選老泉文六十八首，東坡文二百七十九首，潁濱文三百十二首。《目》後有眞書墨圖記云「婺州東陽胡倉王宅桂堂刊行」，與《歐陽文粹》板式相同，當是同時所刊（圖一七三）。紀文達未見宋本，譌認明人輯錄，故不獲與《歐陽文粹》並列。每半葉十九［四］行，行二十六字。「敬」、「殷」、「匡」、「恒」、「貞」、「徵」、「讓」、「樹」、「桓」、「構」、「愼」字皆闕筆，而「惇」字不闕，光宗前刻本也。老泉文有《洪範三論》及後序、《辨姦論》爲《嘉祐集》不載。東坡文有《邇英進讀》、《評史》、《評文選》等篇，爲七集本不載，當取諸《大全集》本。潁濱文有諸論爲四集本不載者，皆取諸古史文中。字句多與集本不同，亦互有得失，可資參校。明嘉靖中有重翻本，頗清整，譌字亦不多，惟東坡文《去姦民篇》「持吏短長而不可詰者」，「詰」譌「誥」；《省費用篇》「徒兵之衆」，「徒」譌「徙」；《蓄材用篇》「是其必然者終不可得而見也」，「終」譌「然」；《練軍實篇》「故兵常驕悍而民常怯」，「而」譌「於」。潁濱文，《禮以養人爲本論》「有司請定法令」，「請」譌「謂」；《新論·上》「以濟其所不足」，「不」譌「而」。餘皆無譌。板式與同，亦足爲善本矣。

又　《皇朝文鑑》一百五十卷。宋刊本。卷首跨行題「皇朝文鑑」四大字。次二行低三格題：「朝奉郎行秘書省著作佐郎兼國史院編修官兼權禮部郎官臣呂祖謙奉聖旨銓次。」後接《進書劄子》、《謝賜銀絹》、《除直秘閣表》及周必大序。又次爲《總目》，跨行題「新雕《皇朝文鑑》總目」八字。以

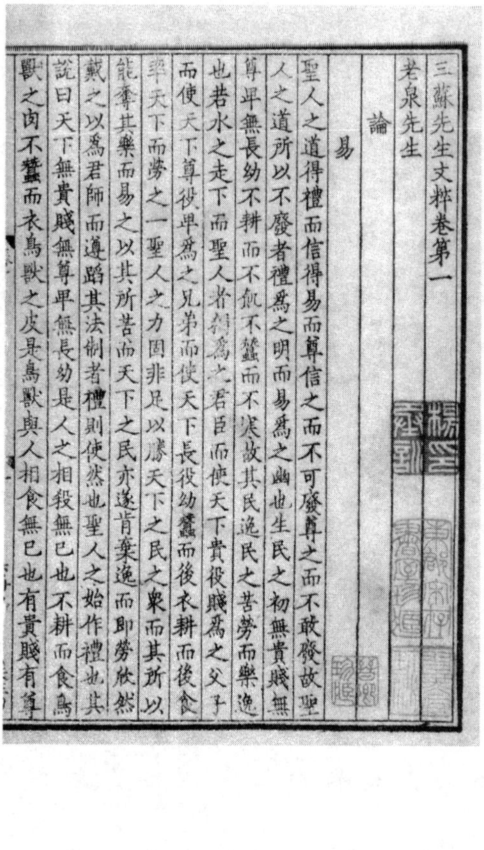
三蘇先生文粹卷第一
老泉先生
論
易
聖人之道得禮而信得易而尊信之而不可廢尊之而不敢廢故聖
人之道所以不廢者禮爲之明而易爲之幽也生民之初無貴賤無
尊卑無長幼不耕而不飢不蠶而不寒故其民逸民之苦勞而樂逸
也若水之走下而聖人者拒爲之君臣而使天下貴役賤爲之父子
而使天下尊役卑爲之兄弟而使天下長役幼蠶而後衣耕而後食
率天下而勞之一聖人之力固非足以勝天下之民之衆而其所以
能奪其樂而易之以其所苦而天下之民亦遂肯棄逸而即勞欣然
戴之以爲君師而遵蹈其法制者禮則使然也聖人之始作禮也其
說曰天下無貴賤無尊卑無長幼是人之相殺無已也不耕而食鳥
獸之肉不蠶而衣鳥獸之皮是鳥獸與人相食無已也有貴賤有尊

圖一七二　《三蘇先生文粹》。

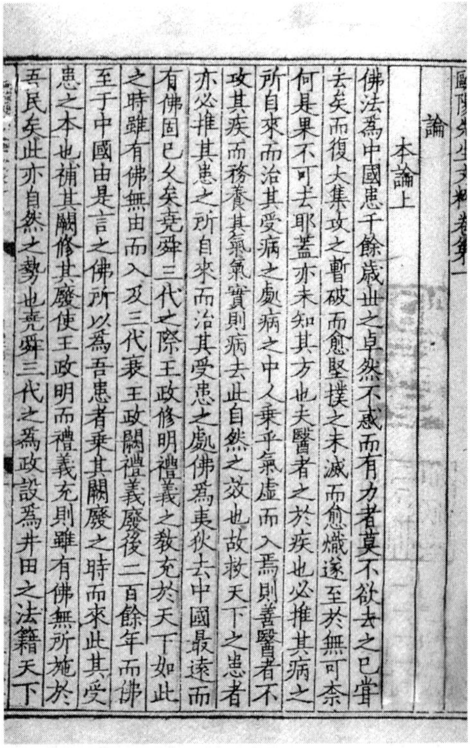
歐陽先生文粹卷第一
論
本論上
佛法爲中國患千餘歲世之卓然不惑而有力者莫不欲去之已甞
去矣而復大集攻之暫破而愈堅撲之未滅而愈熾遂至於無可柰
何是果不可去耶蓋亦未知其方也夫醫者之於疾也必推其病之
所自來而治其受病之處病之中人乗乎氣虚而入焉則善醫者不
攻其疾而務養其氣氣實則病去此自然之效也故救天下之患者
亦必推其患之所自來而治其受患之處佛爲夷狄去中國最遠而
有佛固已久矣堯舜三代之際王政修明禮義之教充於天下如此
之時雖有佛無由而入及三代衰王政闕禮義廢後二百餘年而佛
至于中國由是言之佛所以爲吾患者乗其闕廢之時而來此其受
患之本也補其闕修其廢使王政明而禮義充則雖有佛無所施於
吾民矣此亦自然之勢也堯舜三代之爲政設爲井田之法籍天下

圖一七三　《歐陽先生文粹》與《三蘇先生文粹》版式相同。

下每門標目，如《賦》、《律賦》之類，皆跨行頂格，題大字。其卷數皆別行低一格。《總目》後爲《目錄》，分上、中、下，題曰「新雕皇朝目錄」。每卷首題《皇朝文鑑》卷第幾。每半葉十行，行十九字。板心著字數及刊工人姓名。紙面俱鈐紙鋪朱記。卷二十五至二十七紙背有字，審是星命家言，其中有「寶慶二年」云云，的是宋槧宋印也。案：是書嘉泰間新安郡齋刊行，嘉定間趙彥适修之，端平初，劉炳又新之。此本「讓」、「署」、「桓」、「構」、「瑋」、「敦」、「擴」減筆，而理宗嫌諱「筠」、「均」、「馴」俱不減。又，菉竹堂鈔本《目錄》中有「端平重修」四字，此本無之。足知其爲嘉泰原本，非端平重修。太倉王顥庵據端平本補錄趙、劉兩跋於卷首，考之，殊不審也。此本原闕卷一至四，卷二十八，卷四十八至六十八，卷七十五至七十七，卷一百五至一百三十五，卷一百四十二至一百五十，經邑中張氏蓉鏡鈔補完具。

又《文章正宗》二十四卷，宋刊本。宋眞德秀撰。案：《劉後村集》有跋此書云：「文忠全書既成，授湯巾仲能，漢伯紀其與焉。晚使領外，與常平使者李鑑汝明協力鋟梓，以淑後學。」則爲最初刻本。此本文忠自序已佚，亦無劉跋。《目錄》前後，雜入倪澄、鄭圭《續文章正宗》二跋，作於咸淳丙寅。攷，丙寅爲度宗咸淳二年，疑當時合刻本，非劉本也。每半葉十行，行二十字，注字同。板心著大小字數及刊工人姓名。「筐」、「桓」、「完」、「樹」、「購」字有減筆。板刻清朗，《天祿琳琅》所謂寬行大字，用筆整肅者是也。

又《續文章正宗》二十卷。明刊本。此本乃文忠專取北宋一代之文，爲晚年所纂。咸淳丙寅金華倪澄得其本於梁椅，梁得之公子官參議者，相與校而刊之學官。至明弘治間舊板殘闕，此爲南雍補修本，祭酒章某命監丞戴鏞校補者。卷末有倪澄、梁椅、鄭圭跋，又戴鏞修板跋。

又《東萊集註觀瀾文丙集》八卷，宋刊本。宋林之奇編。呂祖謙集註。全詩六十三卷，見《宋史・藝文志》。其《甲集》二十五卷，屈子以下六十五人；《乙集》五卷，揚子雲以下十九人；阮文達以鈔本進呈，見其所著《外集》。此則《丙集》，八卷，前四卷皆賦，計張衡以下十五人；五卷以後爲說、論、記，計韓文公以下十三人。惟其間或稱名，或稱字，體例殊不畫一。註則採取舊說，最爲簡明。每半葉十行，行十九字，注雙行，行二十四字。書中「桓」作「亘」，「愼」作「眞」，「貞」、「禎」、「恒」、「遘」有闕，而「敦」、「廓」字不闕，光宗前刻本也。

又《續增歷代奏議麗澤集文》十卷，附《關鍵》一卷，宋刊本。不著撰人名氏。案：卷末附《關鍵》，乃成公所作，則此亦成公編集也。凡西漢五卷，東漢二卷，三國一卷，晉一卷，唐、五代一卷。後附《關鍵》，總論看文字及作文法一卷。行數、字數同上。「匡」、「貞」、「桓」、「構」、「愼」等字闕筆，而「敦」、「廓」、「擴」俱不闕，當是光宗以前刊本。又全書皆經朱筆點勘，遇宋帝諱並加圓圍，至茂陵嫌諱而止。蓋寧宗時人手筆也。

又卷二四《新雕詩品》三卷，影鈔宋本。梁鍾嶸撰。此書見《隋志》，作三卷，《唐》、《宋志》皆譌作「詩評」，《宋志》譌作一卷。此本卷後有墨圖記云，「慶曆六年京臺岳氏新雕」，乃原出北宋刊本。

又《渭川居士詞》一卷，舊鈔本。宋呂勝己撰。勝己，字秀克，渭川人。嘗爲沅州守，部使者忌之，中以事，罷歸。有別業一洲，可五百畝，植花竹其上，號「小渭川」，作《渭川行樂詞》。善隸書，工古法，見陳櫄《負暄野錄》。此書藏書家俱未著錄，出明人鈔本。「楨」、「桓」字有闕筆。題注

「恩」字提行，猶鈔自宋刻可知。

莫友芝《宋元舊本書經眼録》卷一 《春秋經傳集解》三十卷，宋巾箱本。每半葉十一行，行大二十字，小二十一字。每卷書題云「京本點校重言重意《春秋經傳集解》某公某第某」，亦有一二處題於「重意」下，多「互注」二字者，核卷中當句下標記有「重言」、「重意」、「互注」、「似句」四件，不能盡見書題也。經傳並句讀發四聲，而不及注，注下附陸氏《音義》，核字體似南宋元初刻。

又 《九經直音》十五卷，宋本。宋廬陵孫奕撰，海寧查氏藏本。《九經》者，《孝經》、《論語》、《孟子》、《毛詩》、《尚書》、《周易》、《禮記》、《周禮》、《春秋》也。不用反切，直取同音字旁注其下，無同音字，則以同四聲字紐之，如唐人《九經字樣》之例。半葉十三行，行二十二、三字不等，巾箱本大小如今秦氏覆宋《九經》，此音蓋即刊附《九經》後者也。今《四庫》收奕著述，有《示兒編》，《提要》謂其字季昭，號履齋，寧宗時嘗官侍從，其歷官無考。《四庫》又收明州本宋人《排字九經直音》二卷，爲元至元丁亥書隱堂刊者，按之即是奕書。【略】孫氏《示兒編》中有《經說》五卷，《字說》五卷，於字音字訓辯別異同，多資考證，蓋南宋績學之士。故此《直音》一書，在宋人經音中最爲善本。纂刊無序例年月，其序《示兒編》在開禧元年，則大率寧宗時也。

又 《春秋經傳集解三十卷》，宋淳熙小字本。每半葉十行，行大十八字，小二十二字。板心高今營造尺五寸弱，第三十卷後有楷書八行木記，云：「謹依監本寫作大字，附以釋文，三復校正刊行，如履通衢，了亡窒礙處，誠可嘉矣。兼列圖表於卷首，跡夫唐虞三代之本末源流，雖千歲之久，豁然如一日矣，其明經之指南歟。以是衍傳，願垂清鑒，淳熙柔兆涒灘中夏初吉，閩山阮仲猷種德堂刊。」（圖一七四）蓋閩阮氏種德堂書肆所刊。較巾箱本縱橫稍闊寸許，其謂依監本寫作大字，知臨安舊有巾箱監本，因而小拓之也。

又 《張子韶孟子傳》二十九卷，宋本。宋張九成撰。八冊，每冊有「汪士鐘閬源印」，則其舊藏也。每卷書題云「張狀元《孟子傳》卷第幾」，結銜云「皇朝太師崇國文忠公鹽官張九成子韶」，爲理宗寶慶初所贈謚，則寶慶以後刊也。半葉十四行，行二十五字，每葉左端線外皆有篇名標記，末缺

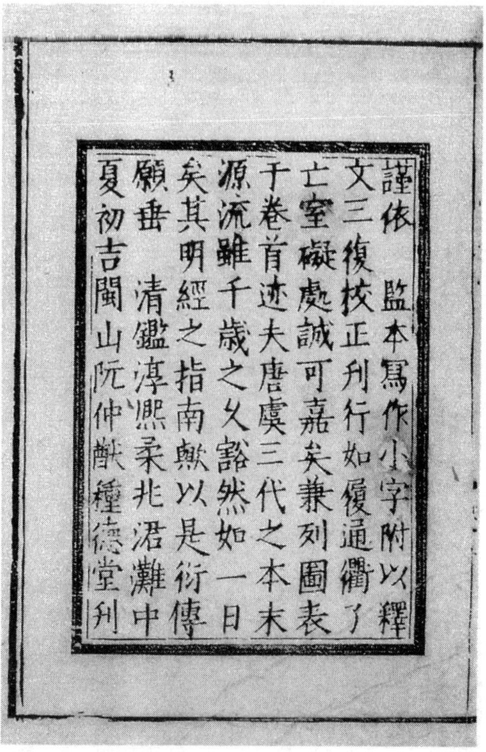
謹依監本寫作小字附以釋文三復校正刊行如履通衢了亡窒礙處誠可嘉矣兼列圖表于卷首迹夫唐虞三代之本末源流雖千歲之久豁然如一日矣其明經之指南歟以是衍傳願垂清鑑淳熙柔兆涒灘中夏初吉閩山阮仲猷種德堂刊

圖一七四　閩阮氏種德堂刻書木記。

《盡心》上、下二篇，《四庫總目》此書亦二十九卷，亦謂原本佚此二篇，豈《庫本》即從此出耶？丁卯初冬，寓蘇城，有持售者，俞蔭甫山長遣以相示，薄繇紙印，尚無一筆漫闕，惜上下端朽，補耳。《天祿琳瑯》載九成此書影宋鈔本，亦二十九卷，蓋即從此本出。

又 《集古文韻》第三卷，宋紹興本。每葉十六行，行大字九，約可容小字十八。蓋夏英公《古文四聲韻》五卷之一，紹興乙丑年僧寶達刻於齊安，而開禧元年後印本。【略】知此本爲紹興刻開禧印者，全祖望《古文韻題詞》謂曾借鈔天一閣夏英公《古篆韻》，據晉陵許端夫序，蓋紹興乙丑浮屠寶達重刻於齊安郡學，許爲郡守因序之。寶達者，劉景文之孫，精於古文篆，親爲摹寫，其亦南嶽夢英一流矣。至北宋本當有前序，而今失之，按此本僅《上聲》一卷，其有《許序》及有前序否不可知。而紙背大半是開禧元年黃州諸官致黃州教授書狀，宋黃州猶稱齊安郡，此板在郡學，學官以書狀紙背印書，事理之常，故知爲紹興刻開禧印也。紙背狀中首尾結銜，一曰朝散郎權知黃州軍州事王可大，一曰秉義郎新添差黃州兵馬監押趙善覬，一曰訓武郎黃州兵馬都監兼在城巡檢徐靄，一曰迪功郎黃岡縣尉巡捉私茶鹽礬銅錢私

鑄鐵錢兼催綱陸工程，一曰朝奉郎行戶部員外郎吳獵，一曰武略郎添差淮南西路將領張□，一曰學諭章準，一曰學生敎諭李起北，一曰學生直學徐灝，一曰升大，失其官及姓，凡十人。其本官結銜則云從事郎黃州州學敎授呂。吾衍《學古編》云：「夏竦《古文四聲韻》五卷，前有序並全銜者，好；別有《僧翻本》，不可用。」此書板多，而好者極不易得，所謂《僧翻本》，蓋即此本。全氏謂其精於摹寫，而吾氏謂不可用，以今行汪刊本校之，小有損益異同，而夏氏所用二百十部切韻，其部次與唐顏氏《干祿字書》合者，乃移改同《廣韻》、《集韻》，則斥其不可用者，誠非苛論也。

又《漢書》一百卷，宋湖北提舉茶鹽司小字本。半葉十四行，二十七字或二十六、二十八、二十九字不等，注行三十四字或三十三、三十五字不等，板高今七寸弱，其避諱至「愼」字止，蓋孝宗時刊。《遂初堂書目》有湖北本《前漢書》，當即此本，以校明汪文盛本，時有互勝互脫字，而足正汪誤者多。汪本自《八表》下每附劉氏說，而此本皆不附。

又《唐書》，宋嘉祐杭州本。每葉二十行，行十九字，其末卷二十二葉，後八行總計云：「《唐書》凡二百二十六篇，總二百五十卷。二十一《帝紀》一十篇一十卷，十三《志》五十篇五十六卷，三表十五篇二十二卷，《列傳》一百五十篇一百六十卷，嘉祐五年六月二十四日進呈。」二十三葉載銜名：編修官劉羲叟一行、呂夏卿一行、宋敏求二行、王疇二行、范鎭三行；刊修宋祁三行、歐陽修三行；提舉編修曾公亮二行；嘉祐五年六月二十六日，準中書劄子奉一行聖旨下杭州鏤版頒行一行；校對無爲軍判官將仕郎試秘書省校書郎充國子監直講一行，其三十四葉缺，校對銜名未完。同治乙丑五月，嘉興馬氏持售於上海，僅尾三卷逆臣傳以湊別一舊本，謂別本爲宋刻，此三卷爲元刻。以余審之，此三卷宋刻，其別本之全乃元、明間刻耳。別本板心校此高廣各一指許，每葉二十行，行二十二字。每卷題名但云「歐陽修奉敕撰」、「宋祁奉敕撰」，而不具官銜，不書「臣」。此三卷則銜、臣皆具，且字體方滿精神故也。

又《梁江文通文集》十卷，《目錄》一卷，宋本。梁江淹撰，第一、二卷賦，三、四卷詩，五卷傳、書、奏、記、牋、表，六卷爲始安王、建平王章、表、敎、啓、行狀，七卷敕爲朝賢作書及尙書符、慰勞雍州文、爲蕭驃騎諸表、啓、敎、八、九卷爲蕭太尉、太傅、齊公、齊王表、啓、章、自受禪後諸詔，第十卷誄、誌、祭、咒、諸文及頌、讚、雜言、騷辭，終以自序一篇，有云「未嘗著書，唯集十卷」，豈即所自定耶？其編次極有條理。【略】前後無序跋，不知何時所刊，卷中「鏡」、「敬」等字缺筆，亦姑謂之宋本。每半葉十行，行十八字。卷目及五卷有印曰「虛堂」，丙寅六月上海市出者。又見一《陸士衡集》與此本行字數與板式大小皆相似，惟宋諱字不缺筆，乃明正德己卯六月，都太僕穆以宋慶元中華亭縣齋刊本與吳士陸元大重刊者，知文通此集即是宋刊，意宋時必有魏晉六朝名集彙刻之本，故兩集式樣若一耳。

又《文苑英華纂要》四卷，宋本。宋高似孫纂，甲卷九十八葉，乙卷九十七葉，丙卷八十二葉，丁卷七十葉，前有似孫序（圖一七五），後有元趙彣序。上海市出，板稍漫漶，蓋元、明間印者。（圖一七六）

又卷二《詩集傳附錄纂疏》二十卷，《詩序辨說附錄纂疏》一卷，元刊本。新安胡一桂撰，此書《四庫全書》未著錄，每葉二十二行，行大字二十，小字雙行則二十四，前有泰定第四祼彊圉單閼歲長至穀旦乙丑從事郎、邵武路總管府經歷致仕、旴江揭祐民從年父序，云書於建東陽翠巖劉氏家

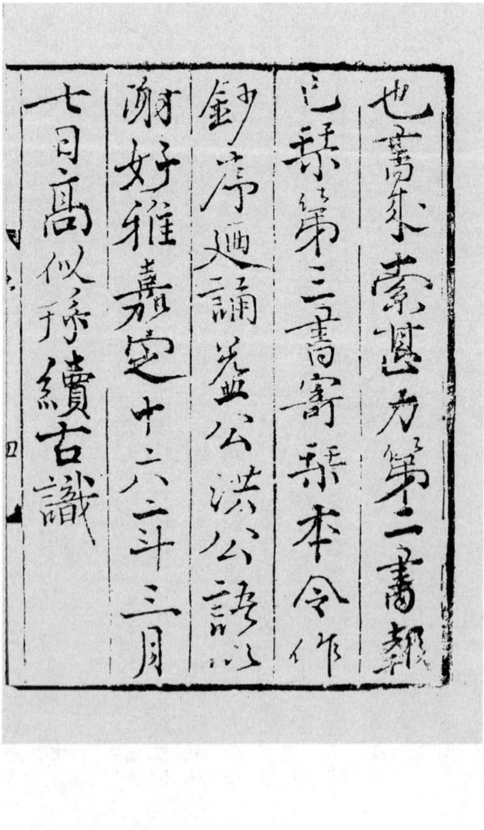

圖一七五　高似孫序。

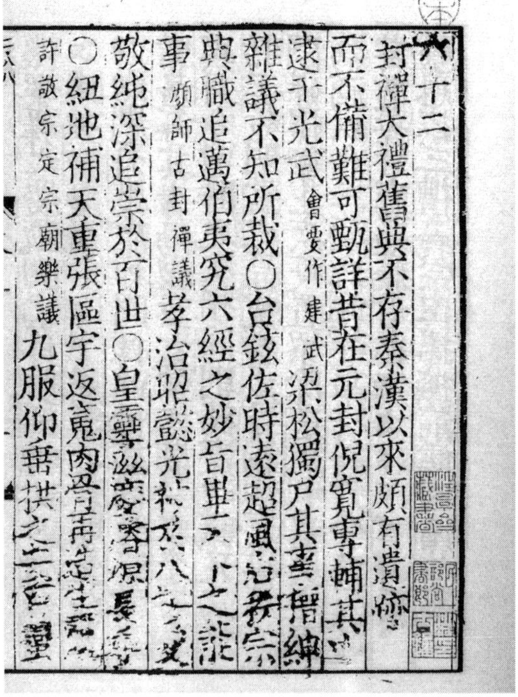

圖一七六　板稍漫漶，蓋元、明間印。

塾，謂胡氏撰集大成，歿身乃已。後十餘年，得劉氏君佐，乃朱子故友劉用之後人，不忍以用朱子之學者堙鬱不售，亟鋟諸梓。有《十五國都地理圖》一葉，附録《纂疏姓氏》二葉，《語録輯要》五葉，後有篆文爲二行木記云：「泰定丁卯仲冬，翠巖精舍新刊。」《詩傳》綱領七葉篇目後有行書七行木記云：「文塲取士，詩以《朱子集傳》爲主，明經也。新安胡氏編入《附録纂疏》，羽翼《朱傳》也。增以浚儀王內翰韓、魯、齊三家《詩》，考求無遺也。今以《詩考》謹鋟諸梓，附於《集傳》之後，合而行之，學《詩》之士，潛心披玩，蜚英聲於場屋間者，當自此得之。時泰定丁卯日長至，後學建安劉君佐謹識。」

又《音注全文春秋括例始末左傳句讀直解》七十卷，元本，嘉興唐氏藏。宋林堯叟注，元坊翻宋版，猶缺宋諱。一、二卷，半葉十二行，行二十一至二十四字不等。雙行同。三卷以下十三、十四行不等，行二十四、五字不等。其經文某公某侯旁注謚法，間有旁注音義，亦有不旁注者，皆坊間所爲。

又《史記集解》附《索隱》一百三十一卷，元中統本海寧查氏藏。半葉十四行，行二十五字，注雙行字同前，有中統二年董浦序，謂「平陽道參幕段君子成求到《索隱》善本，募工刊行」，則刊者段氏也。是年當宋理宗景定二年，尚稱蒙古，未有元號，或覆刊，或易其行，皆遠不及，惜印遲不能完好耳。

又《漢書》金元間刊本，湘鄉曾氏藏。宋胄監《漢書》，始淳化五年孫何、張佖等校定本，次景德二年刁衎、晁迥等覆校本次景祐二年余靖、王洙重校定本，次熙寧二年刊進嘉祐中陳繹重校、歐陽修看詳本，次宣和六年重修本，次紹興二十一年重刊本。今惟景祐、紹興二本尚著録於舊藏家。大率每葉二十行，行大字十九，注字二十五至二十七八不等，此本行字悉同。惟《古今人表序》十八行，《人表》自第三葉至末皆三十行，傳中注有擠補至行卅七字者，蓋前人失記，非有異也。其《列傳》第二十九之後九葉及他卷闕一、二葉者，悉影乾道二年刊本補之。其行字亦同，大抵皆出景祐、紹興二本。乾道本版心下端有「乾道三年」隸書白文五字，其寫刻人名悉此本中所有，愈知景祐、紹興爲同祖，惟於「乾道」五字處盡百卷皆剜補，其卷首無中書牒，及屢次校詳官銜及小顏叙例、注家爵里。余靖上言，一並泯棄。意其間有刊版年月，必非宋時，而售者必欲充北宋刊，泯其跡耳。按宋以後刊《漢書》有元大德九年太平路本。此本《本紀》第三一葉版心有「大德八年補刊」六字，則當爲大德以前刊。且北宋諱避闕至欽宗之「桓」，南宋諱自「構」、「慎」皆不闕，知非南宋乾道、慶元及川、吉、越、湖北諸本。賈人勞心作拙，以冒北宋，即由於此。然審其字體板式，已是宋末元初不精之刻，蓋金、元間以紹興本翻雕，而大德修補之本，其刻手善少劣多，故不能精好奪目。《愛日精廬藏書志》記宋刊元修本板心有記大德、至大、延祐、元統補刊者，其行字同。友芝又見豐順丁氏收黄丕烈舊藏景祐殘帙，足以宋刊元修若干卷者，亦有大德、至大諸補板，行字亦同，紙墨字體約略相似，則此爲金、元間刻益無可疑。同治戊辰開正，湘鄉相公示舊藏袁漱六贈本，命檢勘審定。謹據所見疏諸卷端，班《書》舊刻不易覯，即金、元間本，決勝明以來諸傳刻，固不必虛擬景祐、紹興以爲珍重也。

又《資治通鑑》，元興文署本。元興文署刊本《資治通鑑胡注》二百九十四卷，裝九十六冊，出於泰州某家。同治乙丑夏，余曾議購未就。越庚午秋，購成矣。舍弟以其點抹乖剌，促還之，尋爲江安傅麗生通守所收。是刻

字體多波折，四邊線極粗，嘉慶間鄱陽仿刻亦稱善本，而未能畢似也。明正、嘉以來，是板歸南監，遞有修補，此本則元末板未漫漶時印。雖丹墨礙目，其質地實極精美。

又《資治通鑑綱目》四十九卷，元本。每半葉十行，行大十六字，小二十二字。遇宋諱或缺或不缺，蓋元覆宋板也。其結行字體極似震澤王氏所刊《史記》，善印亦佳，本不易得者。

又《前、後漢書》，明翻宋淳化本。末有「淳化五年□月奉旨校刊」字，售者以爲北宋本，細核之，蓋明時翻刻者，其避諱皆不及南宋，固北宋子本也。葉十行，前每行大十九字，小廿七字，後行大十九字，小廿五字，亦並有多少參差者，四邊極粗。

又《韓文考異音釋》，宋朱子《考異》，王伯大《音釋》合編本。凡四十卷，《目錄》一卷，《外集》一卷合十卷爲一，《遺文》一卷，附錄《集傳》一卷，半葉十三行，行二十七字。海寧查氏藏，以爲宋刊，然無憑據，觀其款式字體，當是明初刊本。

又附録《書衣筆識》《翰苑集》世行陸宣公奏議本，皆十二卷無注。此獨十五卷有注，雖文無增損，而卷帙次序小有異同，其注略具史事，亦不繁冗，當是宋、元舊帙，明嘉靖時翻刻，而遺其注人。以書式皆宋樣，而東坡等所進劄子猶用當時提行格式，故知非明人注也。同治元年三月繩兒收獲重裝，書以俟考，郘亭眲叟。是歲七月既望，見昭文張氏《愛日精廬藏書志》載有《注陸宣公奏議》十五卷，云宋正刊本，宋郎曄注前有紹興二年曄《進書表》興當作熙，題銜稱「迪功郎、紹興府嵊縣主簿臣曄」，不著姓。**【略】**表後云「紹興二年八月初七日進呈」，案表中有云「恭惟至尊壽皇聖帝」，考淳熙十六年光宗受內禪，尊孝宗爲「至尊壽皇聖帝」，次年改元紹熙，則「興」爲「熙」字之誤無疑。卷一後有「至元甲午仲夏翠巖精舍重刊」木記，《脈望館書目》著錄。據此則此本當即據元刻郎本翻雕，而失載其《進書》一表，愈不可了耳。當録入卷中以俟考。

又《河岳英靈集》篇中宋諱、或避、或不避，惟「廓」字寧宗嫌名，數見皆闕筆，蓋寧宗時刻也。

莫友芝《持靜齋藏書紀要》卷上《米海嶽畫史》一卷，宋米芾撰。首有葉氏藏書印，蓋菉竹堂故物，末朱書「康熙癸巳蔣生子範所贈，咸豐四年顧武保識」。其前謂是冊宋槧初印，「購」「貞」「殷」「徵」等字避諱。朱字一行，何義門手筆，子範，長洲蔣楝字，義門弟子也。

又《春秋胡氏傳纂疏》三十卷，元汪克寬撰。有至元戊寅汪澤民、至正辛巳虞集兩序。《凡例》後自記成書始末，爲至正六年丙戌。後有楷字二行木記云：「建安劉叔簡刊於日新堂。」吳國英跋云：「至正戊子正月鐫諸梓。」克寬至明猶存，與修《元史》，此箸則先已刊行。半頁十行，行二十一字，傳亦大書，卑一格。

又元《新刊禮部韻略》五卷，首《貢舉條式》一卷，金王文郁撰。并舊韻二百六部爲一百六部，即陰氏《群玉》所本而所并。二韻之間必以魚尾隔之，使舊部分明可見，則勝於陰韻之叢脞。是書初刊於金正大己丑，此本五卷末「有大德丙午重刊，新本，平水中和軒王宅印」二行書木記，則元重刊本也。

又《五代史記》七十五卷，宋歐陽修撰，徐無黨注。刊本半頁十行，行十八字，注行二十一字，略如今行王、柯兩史記之式，而字尤圓好，不載附刊年月。以書品定之，實元刊也。

又卷下《皇祐新樂圖記》三卷，宋阮逸胡瑗奉勅撰。舊鈔大字本。卷末有「皇祐五年十月初三日，奉聖旨開板印造」兩行，乃依影宋舊鈔傳摹者。後有嘉熙己亥伯玉跋，元天曆四年吳壽氏跋，明萬曆三十九年常清道人跋，皆記借錄原委。

又《談往》一冊，題「花村行看侍者偶錄」。其七篇爲《說鈴》已刻，即《四庫存目》之一卷。此本七篇已校《說鈴》本加詳，其三十四篇俱未刻者，其末言西湖居止，蓋杭州人舊鈔本。

又《續世說》十二卷，宋孔平仲撰。取宋齊梁陳隋唐歷代事蹟，依劉義慶《世說》之目而分隸之。《目錄》後有「臨安府陳道人刊行」八字二行木記，蓋依紹興丁丑秦果所序沅州修刊李氏板影鈔。半頁十行，行十八字，《四庫》未收。

潘祖蔭《滂喜齋藏書記》卷一 宋刻《京本點校附音重言重意互注周禮》殘本四卷。鄭氏注。每半葉十一行，行大十九字，小二十字。大題在下，小題在上。板高不及四寸，蠅頭細字，精勁無匹，眞爲宋板。

又《宋刻周禮攷工記解》二卷。二函八冊。題「鬳齋林希逸撰」。上下

二卷。每葉二十行，行十八字。卷後附《釋音》。宋諱「匡」、「桓」、「恒」字缺筆。惜下卷《釋音》後缺三十一葉。虞齋經學甚疏，然其所據經文有可證今本誤者。

又 宋刻《司馬氏書儀》十卷。一函四冊。前有無名氏序，印曰「稚川世家」，則姓葛矣。序稱「淳熙中崇川范君先嘗鋟梓」，則其人在孝宗以後，南宋末刊本也。每半葉十一行，行大十九字，小二十四字。紙墨清朗，似未經觸手。舊爲成邸藏書。

又 日本刻何晏《論語集解》十卷《札記》一卷。四冊。《論語集解》日本有明應本，有菅家本，有宗重本，有正平本。此本文化十三年市野光彦從正平本翻刻，後附《札記》一卷、狩谷望之序。《讀書敏求記》云：「《論語集解》高麗鈔本，乃遼海道蕭應宮監軍朝鮮時所得。末二行云：『堺浦道祐居士重新命工鏤梓，正平甲辰五月。』未知正平是朝鮮何時年號。」案：此本《札記》云「正平甲辰」，實爲後村上天皇十九年，則亦日本紀年耳。錢本得自朝鮮，即以爲朝鮮年號，失之矣。

又 宋刻《增修校正押韻釋疑》五卷。一函十冊。宋歐陽德隆撰，紫雲山民郭正己增修。韻有補字，曰「黃補」者，福州道士黃啓宗所補也；曰「張補」者，吳縣主簿張貴謨所補也；曰「吳補」者，嘉興府教授吳杜所補也。又有朝散大夫黃積厚補。「螂螳」二字、「桓」字、「敬」字缺筆，「旨」字皆空格，猶是宋時舊槧也。出自怡府，有「安樂堂藏書記」。

又 元刻《釋疑韻寶》五卷。一函三冊。不題撰人。按：上平聲一東「洪」字注云：「弘字，廟諱。」則宋人所編也。又二十六歡「莞」字注云：「胡官切，廟諱，不收。」胡官切，當是「桓」字，欽宗諱。韻中「完」字亦不收，其嫌名也。此書分部依《廣韻》，而改二十六「桓」爲二十六「歡」以此。又下平聲十陽「昌」字注云：「德昌，舊諱。明昌、阜昌、盛昌暗諱。」十一唐「康」字注云：「永康、天康，暗諱。」所謂「盛昌」者，遼道宗年號；「阜昌」，劉豫僭號；「明昌」，金章宗號也；「天康」當是大康，亦遼道宗號。當時場屋恐有觸犯，雖非功令亦避不用。此亦宋科舉中一掌故也。惟「永康」爲漢桓帝年號，其後晉惠帝、慕容寶、乞伏熾磐皆嘗用以紀元，非宋時所應避，不知何以暗諱。卷三尾、卷四首題「魁本足注釋疑韻寶」，其餘各卷但題書名四字，上方舉韻，中字兼辨正俗，如今便蒙《四書》式，蓋皆坊肆爲之以射利者。前惟文淵閣著録此本，有「安樂堂藏書記」，蓋怡府物也。

又 宋刻《紀事本末》四十二卷。六函四十二冊。建安袁樞編。宋時有二刻：一爲小字本，淳熙乙未刻於嚴陵，楊萬里序；一爲大字本，寶祐五年趙與篡所刻，即此本也。前有與篡序，每半葉十一行，行十九字，板高尺餘，字大於錢，最便老眼。常熟瞿氏亦藏此刻。有延祐六年陳良弼序，謂節齋之孫明安置之嘉禾學宮。節齋即與篡字也。此板至明尚存，遞有修改。此本無良弼序，尚是延祐以前印本。

又 宋刻《通志略》殘本十七卷。二函二十冊。鄭樵《通志》二十略五十一卷，此本僅存《職官略》卷一、卷三、卷五，《金石略》卷一、《七音略》卷一之二、《藝文略》卷四、卷七，《禮略》卷二之三、《選舉略》卷二之三、《器服略》卷二、《氏族略》卷三之四、《圖譜略》卷一、《災祥略》卷一，凡十略十七卷。書賈作僞於卷首，重刻《總目》一葉，題曰「御□鄭樵十略總目」，又於板心魚尾下改易卷數，然挖補痕跡顯然，且挖之未盡，原書卷數一一可辨。總目後有木圖記云「治平二年五月吉日秘書監栞」，文兼大篆。《器服略》後亦有此印，當是作僞者從他卷後移於前，以炫閱者之目耳。

又 宋刻《國語補音》三卷。一函三冊。《國語》宋公序《補音》，明人刻本散見各條之下，非原書面目矣。此本三卷，尚是公序舊第，後有治平元年中書省劄一道，云：「《國語》幷《補音》，共一十三冊，國子監開板印造。」末有一行云：「右從政郎嚴州司理參軍薛鋭校勘。」遇宋諱「玄」、「懸」、「殷」、「匡」、「恒」、「徵」、「敬」、「竟」、「樹」、「頊」、「桓」、「完」皆缺筆，「頊」，神宗名；「桓」，欽宗名，皆在治平後，當是南宋時嚴州覆刻。「犬」、「戎」、「樹」、「惇」、「悙」字犯孝宗諱，不缺，是孝宗以前本也。每半葉十行，行二十字，字畫方勁，與北宋槧無異。卷首面葉有「經部春秋類」五字，「春秋」二字朱文。又一葫蘆印，曰「適安」。又二方印，曰「相臺岳氏」，曰「經遠堂藏書印」，蓋岳倦翁舊藏也。

又 宋刻《唐律疏義》三十卷。四函二十四冊。題「太尉揚州都督監修國史」、「上柱國趙國公長孫無忌等撰」。孫刻此書據影元泰定本，每卷後附《纂例》、《釋文》，元王元亮所編也。此本無之。卷二「犯十惡故殺人反逆緣坐條理務疏通」「疏」字下注云：「犯宣祖上一字廟諱，改爲疏。」（圖一七七）孫所據本竟改作「宏」，以此證之，此本爲宋槧無疑矣。

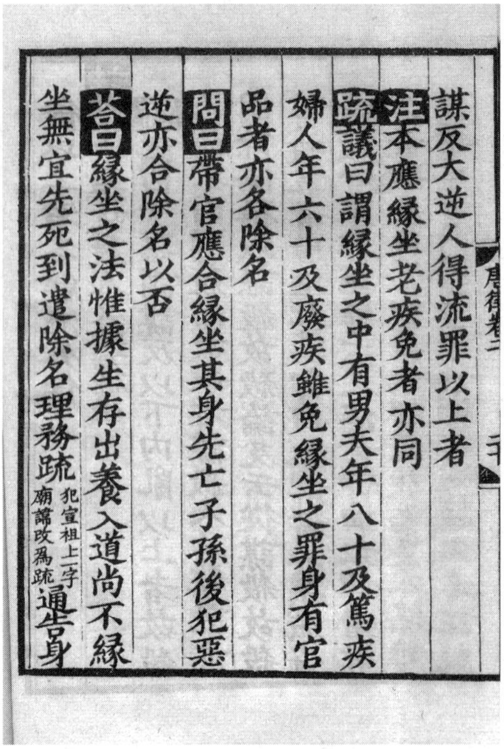
唐律卷二
謀反大逆人得流罪以上者
注本應緣坐老疾免者亦同
疏議曰謂緣坐之中有男夫年八十及篤疾
婦人年六十及廢疾雖免緣坐之罪身有官
品者亦各除名
問曰帶官應合緣坐其身先亡子孫後犯惡
逆亦合除名以否
答曰緣坐之法惟據生存出養入道尚不緣
坐無宜先死到遣除名理務疏犯宣祖上一字廟諱改爲疏通是身

圖一七七　「疏」字下注云：「犯宣祖上一字廟諱，改爲疏。」

又卷二　宋刻《説苑》二十卷。一函十冊。前有劉向進書序，序後接《目録》，《目》後曾鞏序。每卷題「鴻嘉四年三月己亥護左都水使者光禄大夫臣劉向上」，此即東澗翁所謂「古人經進書式」也。每半葉九行，行十八字。此書以北宋二十二行本爲最古，其次即此本也。十九卷後有題字云：「歲壬申秋瑯山翁士白重修校正」。二十卷後有題字三行，斷爛重裝，脱去其半。以士禮跋證之，知咸淳乙丑九月，鄉貢進士直學胡達之、眎役迪功郎改差充鎮江府學教授徐忻、迪功郎特差充鎮江府學教授李士忱命工重刊。卷四《立節篇》有「尾生殺身以成其信」一句，卷六《復恩篇》多「木門子高」一條，與蕘翁所述悉合。蕘翁所見咸淳刻有四本：一顧抱沖家殘本，一吴氏拜經樓本，一濂溪坊蔣氏本，一西白塔巷蔣氏本。此本舊爲大興朱竹君學士所藏，完好無闕。今二十二行本不可見，則咸淳本即宋本之甲矣，可不寶諸？

又　宋刻《眞文忠公讀書記》二十二卷。二函十二冊。《西山讀書記》舊分甲、乙、丙、丁四集，《丙集》久佚，其餘三集刻本亦不同。《四庫》著録本甲集三十七卷、乙集二十二卷、丁集六卷。歸安陸氏藏開慶元年福州官本乙集十六卷、丁集八卷。余又見一宋本《大學衍義》其第一行題「讀書記乙集上，大學衍義第幾卷」，則《衍義》編在乙集之內，其卷帙更多矣。此本二十二卷，不分甲、乙。首卷第二行題「三山殿元邱聞之、曾子肯校勘標注」，當是二人所重輯，非其舊第。每半葉十三行，行二十三字，遇宋諱「恒」、「貞」等字缺筆。（圖一七八）

又　元刻《太醫張子和先生儒門事親》三卷《直言治病百法》二卷《十形三療》三卷。一函六冊。金張從正撰。前有中統壬戌高鳴序，時爲元世祖之三年，亦宋景定三年也。黄蕘圃藏金本後有《撮要圖》一卷、《三法六門方》一卷、《世傳神效名方》一卷、《治法雜論》一卷，又附《扁華訣》、《病機》二種，則以别一殘本補入。此刻皆無之。黄氏跋云：「殘本行款多同，惟四圍雙線，未能定其何刻。」今此本正雙線，惟上下以墨塗之，改爲單線，當是作僞者以充金刻耳。黄氏所見殘本必與此本同出一源也。每半葉十三行，行二十五字。

又　宋刻《周髀算經》，一函二冊。趙君卿注，甄鸞重述，唐李淳風等注釋，附李籍音義。每半葉九行，行十八字，與《九章》、《孫子》、《張邱建算

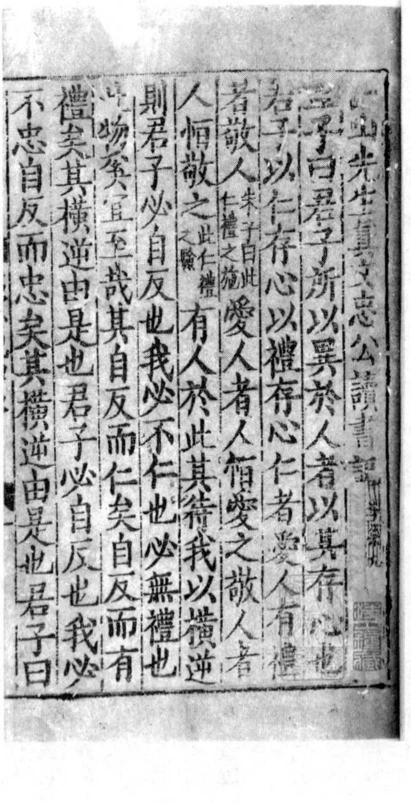
西山先生真文忠公讀書記
孟子曰君子所以異於人者以其存心也
君子以仁存心以禮存心仁者愛人有禮
者敬人朱子曰此仁禮之施愛人者人恒愛之敬人者
人恒敬之此仁禮之驗有人於此其待我以横逆
則君子必自反也我必不仁也必無禮也
此物奚宜至哉其自反而仁矣自反而有
禮矣其横逆由是也君子必自反也我必
不忠自反而忠矣其横逆由是也君子曰

圖一七八　第五行第二字「桓」闕筆。

經》同，蓋同時刻也。三經自傳是樓歸泰興季氏，此本亦有「徐健庵印」，而季氏未經藏弆，可見東海散出時其書已析。越二百餘年而後爲延津之合，亦奇矣哉！前有君卿自序，後有元豐六年九月秘書監校進諸臣銜名，又有嘉定六年括蒼鮑澣之仲祺序，蓋南宋時以元豐監本覆刊，故字畫至爲精美云。

又 元刻《白虎通義》二卷。一函二冊。海寧吳槎客藏本，盧東里所稱北宋槧者也。然細審其字形、紙色，實爲元刻。黃蕘圃、瞿子雍嘗辨之矣。蕘圃藏本得自汲古毛氏，今歸瞿敬之，即子雍之後也。此本後有抱經跋云：「目錄前小序《白虎建德論》，開卷已訛。然余取其書字字比對，始知此本尚多古字，而近世本率多改易」。又云：「此本雖分上下兩卷，然篇目上作圓圍者十，仍不失十卷之舊。後得元大德年本、明傅氏、程氏、吳氏、何氏本，皆不及此本，洵乎舊本之可貴也。」抱經精於校勘，其言如此。

又 宋刻《東觀餘論》二卷。一函四冊。宋黃長睿撰。明眞賞齋華氏、天籟閣項氏皆經收藏。項氏有仿宋本，即從此本出也。後有豐人叔跋，云：「右《東觀餘論》，宋刻初搨，紙墨獨精，卷帙甚備，世所罕見。嘉靖己酉六月癸亥，道生觀於東沙華氏眞賞齋。」又項子京跋云：「隆慶二年冬日，仲兄少溪官居南都，公務之暇，惟以書史娱目賞心。得此善本，持以見示。知余所好，授之襲藏，永俾無斁。墨林項元汴記。」皆手蹟，在末一葉，可寶也。又有武林惠兆壬看款。兆壬字秋韶，工書法，此函籤即其所題也。又按：是書紹興丁卯其子訒初刻於建安漕司，有跋，又有嘉定□年樓鑰跋，云：「著作莊子禮欲得善本傳後，再爲詳校而寄之。」其後有莊复敬跋，脫去前葉，僅存「莊复敬書於籌思堂」八字。跋後有題記，謂「刊於庚午之秋，明年正月得公書，又校示一百五十五條」云云。庚午實嘉定三年，則是建安一刻，莊氏再刻。所謂公書即是攻媿書也。此爲覆刻本，訒跋稱十卷，而此本祇上下二卷。然上卷中《法帖刊誤》又自分上下卷，則非闕佚，當是莊氏有所合并耳。

又 宋刻《夢溪筆談》二十六卷。六冊。宋沈括撰。《四庫》著錄有《補》二卷、《續》一卷，此刻無之。舊本別行，非缺佚也。每葉二十四行，行十八字。後有湯修年刊書跋，云：「廣陵周侯開藩之二年，慨然謂學宮禮義之本，因其舊而新之。又斥其餘刊沈公《筆談》爲養士亡窮之利。此書公庫舊有之，往往貿易以充郡帑，不及學校。今兹及是，益見薄於己而厚於士，賢前人遠矣。乾道二年六月日左迪功郎充揚州州學教授湯修年跋。」據此是宋時揚州已有兩刻。一爲公庫本，一即此郡學本。宋諱「玄」、「匡」、「胤」、「貞」、「完」、「恒」、「構」、「愼」、「驚」、「鐃」、「瑋」皆缺筆。第七卷首葉板心有「泰定元年補刊」六字，蓋宋刻元修元印本也。每冊之首有「九芝八桂之堂」、「整書秘閣」、「森玉樓主人印」諸朱記。

又 宋刻《夢溪筆談》二十六卷。一函六冊。乾道二年揚州學舍刻，與前本同。惟第七卷首葉板心無「泰定補刊」字，當是印稍前耳。成邸藏書有其題記云：「此書訛舛甚多，或非乾道原刊本也。嘉慶癸酉春，成親王重校記。」卷中眉端亦有王校語，多引錢竹汀說。

又 宋刻《自警編》殘本。宋趙善璙撰，端平元年刊於九江郡齋。此猶宋刻宋印，疏行大字，楮墨皆精。原書不分卷，明宏治嘉靖覆刻析爲九卷，即《四庫》著錄本也，《提要》云：「八類五十五子目。此本僅存「事君」、「政事」兩類。「事君」類分子目六，曰「忠義」，曰「公正」，曰「德望」，曰「得體」，曰「講讀」，曰「諫靜」。板心刻「自警編丙」四字。「政事」類分子目八，曰「政事」，曰「鎭靜」，曰「信」，曰「通下情」，曰「濟人憂民附」，曰「救荒」，曰「救弊」，曰「辨誣」。板心刻「自警編戊」四字。然則是書以十干之前八字分類，此爲第三、第五類也。」《提要》又云：「原本各注所引書名今多佚脫，無從校補。」按：是本爲第一祖刻，而各條出處亦不盡有，則其例本不畫一，非脫佚也。書賈作僞，改爲二卷，即於首行「自警編」下添刻「上」、「下」字樣，以充全帙。舊有善璙二序。前一序有「廣敎育攝養好生使命數門」云云，此本無之，遂抽去以掩其迹。而後一序尚存。每半葉十行，行二十字。

又 宋刻殘本《妙湛和尚偈頌》一卷。二冊。題「侍者擇朋顯潤錄」。中有《與陳了翁詩》，則南渡前僧也。板心有「頌五」二字。卷末有心空跋。全書當祇五卷，而此爲最後一卷也。心空跋云：「興化軍莆田縣信女方□氏十六，捨財二百貫足，福州閩縣信士鄭璵與室郭氏錢貳百貫文，同刊《妙湛和尚語錄》□□□，餘資添助印施普願見聞，發明心地，同證菩提。紹興壬戌冬至日校對。比邱心空題。」語錄下脫三字，當是記卷數，爲書估剜去，以掩殘缺之迹。

又 宋刻《纂圖釋文重言互注老子》四卷。一函一冊。河上公注。前二卷爲《道經》，後二卷爲《德經》。前有序，題「太極左仙公葛玄造」。舊爲嘉興唐鷦庵藏書。莫子偲跋其後云：「同治己巳九秋，邵亭長借錄一過，可校正明世德堂本之誤百許字，眞可寶也。」序每半葉十二行，行二十字。經注每半葉十三行，行大小均二十三字。「朗」、「敦」缺筆。板式與《文中子》同。邵亭以爲元刊《六子》本也。

又卷三 明刻《蔡中郎集》十卷。四冊。宋天聖中歐靜編。盧抱經所謂最古本也。此書明有華堅活字本、徐子器本。此本目後題字云：「正德乙亥錫山蘭雪堂華堅允剛活字印行，今鄭氏得之重刻。」是即從活字本出。楮墨古雅，當在明中葉時。前後皆有墨圖記，當是刊刻年月，惜爲人剜去，以充宋刻。目後題字則去之未盡也。華刻板心下有「蘭雪堂」三字，此刻黑口，一望而知。楊氏校刻此集，所據明刻凡□本，亦未見此刻。則雖後於蘭雪，亦以稀見珍矣。

又 宋刻《昌黎先生集》四十卷《外集》十卷。一函六冊。《百宋一廛賦》注云：「小字本《昌黎集》，每半葉十一行，行廿字。字畫方勁，而未有注，當是北宋槧。」此本行款與蕘圃所言一一脗合，惟後有影寫紹興己未劉昉序一葉。序云：「潮州公舊治。大觀初，先大夫嘗集京、浙、閩、蜀刊本及趙德舊本，參以石刻訂正之。郡以公廟香火錢刊行。中經兵火，遂無孑遺。今訪得舊本重刊。」序後又有木圖記云「淳熙改元錦谿張監稅宅善本」。以此證之，小字本一刊於大觀，再刊於紹興，三刊於淳熙。此刻精勁拔俗，疑爲大觀祖本。末後一葉從別本影鈔耳。

又 宋刻《乖崖集》十二卷附集一卷。四冊。晁公武《讀書志》著錄十卷，陳直齋曰：「近時郭森卿宰崇陽，刻此集幷《語錄》爲十二卷。」此即森卿刻本，前有其序，後附項平叔《北峰亭記》，題嘉定三年九月，則嘉定以後刻也。

又 元刻《范文正公集》二十卷《別集》四卷。一函四冊。宋范仲淹撰，八世孫文英刻。前有蘇軾序，序後有墨圖，記云「天曆戊辰改元褒賢世家重刻於家塾歲寒堂」（圖一七九）。按：公集宋乾道丁亥鄱陽守兪翊刻於郡齋，淳熙丙午郡從事北海綦煥補刊。此本即自鄱陽本出。

又 舊刻殘本《鐔津集》二卷。宋藤州鐔津東山沙門契嵩撰。原本二十

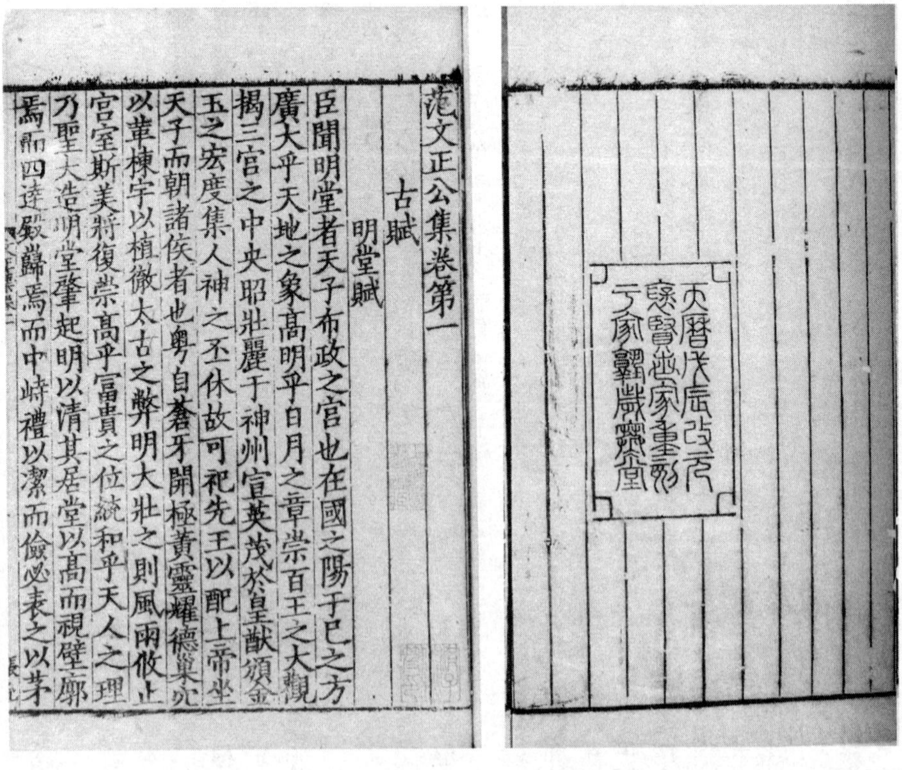

圖一七九　序後墨圍云：「天曆戊辰改元褒賢世家重刻于家塾歲寒堂。」

二卷，存首二卷。板寬一尺四五寸，疏行大字，即非宋刻，亦明槧之出於宋刻者也。

又 宋刻《淮海居士長短句》三卷。一函一冊。每半葉十行，行二十一

字。「驚」字、「桓」字缺筆，北宋刊也。舊爲朱臥庵藏書。宋刻僅存上卷及中卷之二葉、四葉，餘皆臥庵鈔補。明吳文定、文壽承、周天球皆有藏印。

又　舊鈔本《寶晉山林集拾遺》八卷。四册。宋米芾撰。芾所著《山林集》百卷，亡於南渡。紹定壬辰，岳倦翁重爲編輯。今《四庫》本八卷題曰《寶晉英光集》，即岳本而有所附益者也。此本芾孫憲所輯，嘉泰改元刻於筠陽郡齋。卷一賦，卷二詩，卷三長短句，卷四文，卷五《寶章待訪録》，卷六《書史》，卷七《畫史》，卷八《硯史》。嘉泰元年下距紹定壬辰二十八年，則其本尚在倦翁前矣。米集存於今者當以此爲第一。集中遇「桓」、「完」、「貞」、「瑋」等字皆缺筆，則猶從宋本傳録。并録南禺外史跋云：「《南宫山林集》嘗見鈔本六十卷，玆孫憲所刻拾遺爾。嘉靖乙酉豐道生觀於錫山華中甫眞賞齋。」六十卷本雖非全帙，已過其半。明時中葉尚有流傳，則珠光劍氣，當有神物護持，安知不重出於世耶？汲古閣毛氏、百歲堂惠氏皆有藏印。

又　宋刻《竹友集》十卷。一函三册。宋謝薖撰。薖字幼槃，其兄逸字無逸，著《溪堂集》。兄弟並以詩名。文集合三十卷，紹興辛未知撫州事趙士鵬刻之學宫。前有苗昌言序及呂本中題詞，序後列校刊姓氏，曰「右從事郎軍事推官宋砥」，曰「右文林郎軍事判官陸旻」，曰「左迪功郎差充州學教授苗昌言」，曰「右中散大夫通判軍州主管學事嚴仲遠」，曰「右朝議大夫知撫州軍州主管學事兼管內勸農營山使趙士鵬」。宋諱缺筆，遇「構」字則曰「御名」。每半葉十行，行二十八字。楊星吾得之日本人向山黄村。前有「錢長祚珍賞印」。按：此集刻本久佚，《四庫》著録者明謝肇淛從文淵閣傳鈔，常熟瞿氏亦有鈔本，校刊姓氏之後有一行云：「淳熙二年十二月陽夏趙煌重修。」則世間所有鈔本皆自重修本出。此本未經修改，楮墨精良，宋槧上乘也。

又　明刻《剡源集》。四册。《剡源集》明有二本，一洪武初刻，二十八卷；一萬曆間戴洵刻，三十卷。何義門又見一舊鈔本，四卷，文六十五篇，是爲最初之本。此本詩六卷，係槧本，紙墨不古，當在明中葉以後。文二册，係鈔本，不分卷，內有朱筆校字。其《遜齋銘》、《蘭石贊》、《萬秀才入道疏》、《孫叔和墓誌銘》及《講義》五首朱筆識其下云：「集內無。」則必與通行本異矣。

又　元刻《趙松雪文集》十二卷《外集》一卷。一函二册。元趙孟頫撰。《集》十卷，附《行狀》、《謚文》一卷、《目録》一卷，合十二卷，後至元己卯花谿沈璜校刊。《外集》何貞立序亦題「後至元己卯」，則同時刻也。按璜跋云：「松雪翁平生所爲詩文未鏤板，今從公子仲穆假全集與友原誠鄭君校正鋟梓。」則趙集當以此爲第一祖本。字體圓勁，亦仿松雪翁。

又　元刻《潛谿集》十卷附録二卷。一函二册。宋濂撰。前有陳旅序，後有王禕序。濂集《四庫》著録者三十六卷。明正德刻本曰《鑾坡集》，曰《翰苑集》，曰《芝園集》，曰《朝京稾》，合七十四卷。天順刊本二十六卷，題《宋學士先生全集》。又一本十八卷，題《潛谿集》，亦天順刻。此本十卷，《附録》二卷。附録之後有至正丙申門人鄭渙跋，謂兄仲舒所編定，而渙又益之者也。仲舒昆弟即世所稱義門鄭氏，家有《麟谿集》者是也。標目前第一行，題曰「潛谿前集」，首篇《國朝名臣序頌》自忠武王，木華黎至劉文靖公，因凡二十二人，稱元曰「皇元」，提行頂格，蓋猶未入明時所刊。《潛谿集》莫先於此，亦莫可寶貴於此矣。明內閣遺書外函如一封書式，不用摺疊，文淵舊裝也。

又　明刻《潛谿集》十八卷附録一卷。八册。題「弋陽黄溥選編」。按《附録》中有溥祭文，題景泰七年三月。是年丙子，明年丁丑，英宗復辟改元天順，是亦天順間刊本也。前有陳旅、王禕、歐陽玄三序。

又　鈔本《說學齋稾》。二册。《危太樸集》五十卷，見焦氏《經籍志》。此本不分卷，前一册後有歸震川跋，云：「前三十年從吳純甫借觀，今問其家，其半軼矣，命童子録而存之。」後一册有葉文莊孫恭煥跋，云：「嘉靖辛酉，震川師從予覓太樸文，不得。自隆慶丁卯後乃獲此卷，實先文莊鈔存。師已仙去，不獲見，可感也。」以此二跋證之，震川初見全帙及傳録時已失其半。其跋作於嘉靖三十八年，下距辛酉實二年耳。既假録之，又搜訪之，太僕之於是集可謂勤矣。又云：「紙尾暗記所作年歲。」此本前帙甲子注於每篇之下，而後一册不然，則是前半從吳純甫本出，而後半足以葉本也。

又　明刻《蘇平仲文集》十六卷。八册。明蘇伯衡撰。劉基、宋濂序後有處州推官黎諒跋云：「林公與直編類鏤板郡庠，傳世既久，朽失過半。諒

命郡人葉景森繕寫壽梓，壬戌秋八月成書。」壬戌，正統七年也。

又　明刻《古文苑》二十一卷。二函十冊。宋章樵注。此書常熟瞿氏有宋本。揚雄《蜀都賦》「迎春送冬」，明刻「冬」作「臘」。《孫叔敖碑》「野無螟⿰亻或」注「⿰亻或即螟蜮」，按：《爾雅》「食苗心螟，食葉蟘⿰亻或」，「蜮」爲「貸」、「蟘」之誤。明刻作「⿰亻或蜮」，尤謬。此本「冬」字正作「臘」，「⿰亻或」、「蜮」字正作「⿰亻或」、「蜮」，其爲明刻無疑。宋本遇諱皆缺筆，此亦不闕，（圖一八〇）惟字裏行間尚有古意，當是明初覆本。

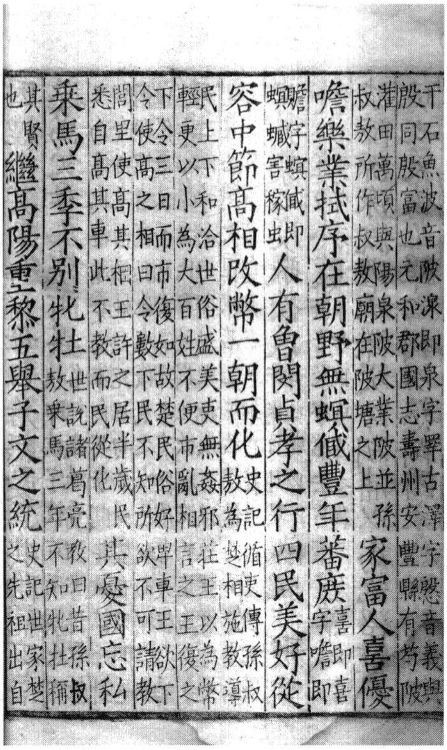

圖一八〇　首行字「殷」，第四行第十字「貞」均不闕筆。字裏行間尚有古意。

又　宋刻殘本《文苑英華纂要》六十一卷《辨證》八卷。四函十五冊。《纂要》，高似孫編。《辨證》，彭叔夏撰。二人皆聞緒論於周益公，因成此書。《絳雲樓書目》竟題「周必大撰」，誤也。《纂要》八十四卷，此存卷一至六十一。《辨證》十卷，此存卷一至八。每半葉十行，行十七字。據高似孫《纂要自序》，爲治使史公刊，則《辨證》亦史所刻也。高序作於嘉定十六年，而有嘉泰四年叔夏自序，則是《辨證》先刻而《纂要》繼刊也。張氏愛日精廬藏《纂要》有延祐甲寅趙衫序，因目爲元刻本。其實書中避宋諱甚嚴，《辨證》卷首猶題「皇宋彭叔夏」，必非元刻，趙序後所增耳。黃蕘圃所見蓺芸本祇有趙序而無高序，遂幷不知《纂要》撰人。攷《傳是樓目》而後知之，雖以江鄭堂之博聞亦未能詳也。蓺芸本斷爛，此本筆墨精勁，神采奕奕，猶是宋刻初印。明會通館排字合印本脱誤甚多，遠遜原刻矣。《纂要》目後有「表章經史之寶」及「徽國經史之章」，當是明内府物也。兩書又皆有「練川黃豫卿志」朱記。

又　北宋刻殘本《王荆公唐百家詩選》九卷。五冊。元符戊寅刊板，前有章安楊蟠序。「眩」、「殷」、「匡」、「恒」、「敬」、「驚」、「警」、「貞」、「徵」、「樹」等字缺筆。每半葉十行，行十八字。字體仿歐陽信本，寫槧精美，眞北宋原刻也。惜自十卷以後皆佚。舊爲郡中黃氏藏書，後入蓺芸書舍。

楊紹和《楹書隅録初編》卷一　宋本《監本纂圖重言重意互註點校毛詩》十一卷。五冊一函。《毛詩》二十卷，宋刻本，首題「監本纂圖重言重意互註點校毛詩卷第一」，次低二格題「唐國子博士兼太子中允贈齊州刺史吳縣開國男陸德明釋文附」。又次頂格「周南・關雎訓詁傳第一」，又次低一格夾注釋文，後接《毛詩・國風》夾注釋文，接鄭氏箋夾注釋文，次提行「關雎，后妃之德也」起每葉二十行，行十八字。凡重言、重意、互注，俱用規識。凡《釋文》與《傳》、《箋》相連，不加識別，與家藏宋本《尚書》體例略同。《尚書》乃婺本小字，此則監本中等字。所謂監本者，當即岳氏《沿革例》云「監中現行本」也。《經義攷》載有宋刻《纂圖互註毛詩》，當即此本。惟彼前有《毛詩舉要》二十五圖，此但存《毛詩圖譜》，並不知何人所刻。宋時各經諸子皆有重言、重意，蓋經生帖括之書。此本刻畫工整，紙墨精良，且原於監本，斯爲可貴。審其避諱，「愼」字缺筆（圖一八一），「敦」字則否（圖一八二），殆是孝宗時刻者，因校對素所肄業之本。經文《鄘風》「終然允臧」，不作「終焉」。《衛風》「如切如瑳」，不作「如磋」；「遠兄弟父母」，不作「父母兄弟」。《魏風》「不我知者」，不作「知我」。《唐風》「弗洒弗埽」，不作「弗掃」；「白石粼粼」，不作「鄰鄰」；「碩大且篤」，不作「實大」。《秦風》「鴥彼晨風」，不作「鴪彼」。《小雅》「宜爾家室」，不作「室家」；「它山之石」，不作「他山」；「朔月辛卯」，不作「朔日」；「維曰于仕」，不作「予仕」；「鞫爲茂草」，不作「鞠爲」；「亂如此幠」，不作「此憮」；「維暴之云」，不作「誰暴」；「有洌氿泉」，不作「有冽」；「我蓺

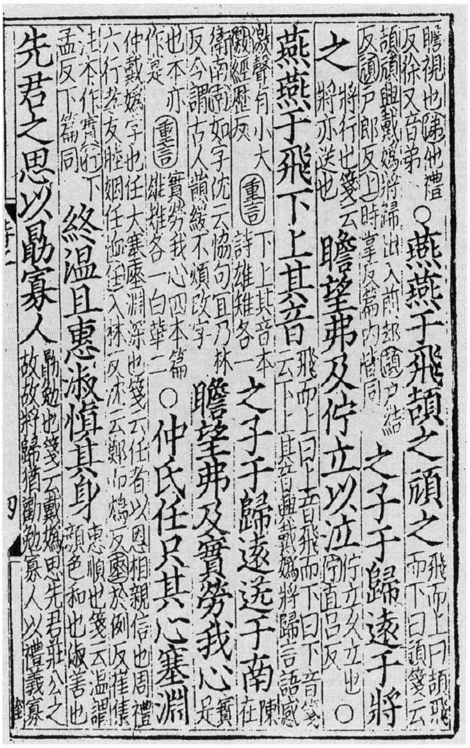
燕燕于飛，頡之頏之。之子于歸，遠于將之。瞻望弗及，佇立以泣。○燕燕于飛，下上其音。之子于歸，遠送于南。瞻望弗及，實勞我心。○仲氏任只，其心塞淵。終溫且惠，淑慎其身。先君之思，以勗寡人。

圖一八一　第九行第十一字「慎」字闕筆。

莫知我艱。已焉哉，天實爲之，謂之何哉。○王事適我，政事一埤益我。我入自外，室人交徧讁我。已焉哉，天實爲之，謂之何哉。○王事敦我，政事一埤遺我。我入自外，室人交

圖一八二　第九行第七字「敦」字不闕筆。

黍稷」，不作「我藝」；「受天之祜」，不作「之祐」；「止于丘阿」，不作「止於」。《大雅》「迺疆迺里」，不作「迺彊」；「淠彼涇舟」，不作「渒彼」；「如珪如璋」，不作「如圭」；「鳳皇于飛」，不作「鳳凰」；「於乎小子」，不作「於呼」；「匪用維教」，不作「爲用」。《周頌》「婁豐年」，不作「屢豐」。《商頌》「來假來饗」，不作「來享」；「幅隕既長」，不作「幅幀」，皆與唐《石經》及宋相臺本合。惟「瑳」字《石經》作「磋」，考《說文》有「瑳」無「磋」。此與相臺本並作「瑳」爲是。其《傳》、《箋》之足證今本之誤處尤多。附《釋文》亦多勝於今本。又書中用朱筆點句，而於諱字則以朱筆規識，蓋猶是宋人書塾中課讀之本耳。此本爲海寧陳仲魚先生鱣舊藏，仲魚與吳槎客騫題語均書於別紙，綴之卷末。辛酉遭寇亂，自第十二卷以下皆焚失。兹從別下齋所刻仲魚《經籍跋文》中錄存如右，槎客跋則莫由補寫矣。謹考《天祿琳琅書目》著錄宋本《毛詩》，載朱竹垞引陸元輔之說，謂證以此本，雖無圖目，而體例適符。惟書中於篇目相同者爲重篇，詩句相似者爲似句，乃元輔所未及。蓋因書名未經標出，遂不加詳考耳。字畫流美，紙墨亦佳，信爲鋟本之精者。即此本也。

又　宋本《周禮》十二卷。六冊一函。鄉先生北海鄭君經學《易》、《書》、《論語》、《孝經》注並佚，《春秋》付服子慎。慎《注》亦亡。近所傳鄭氏注《尚書》、《春秋左傳》、《論語》三書，固有疑惠定宇僞託者，非眞出深甯所輯也。今惟《詩箋》及《三禮注》在耳。顧《三禮》經注合刻之古本，世鮮傳焉。岳倦翁《九經三傳沿革例》所稱，唐時石刻本有《經》而無《注》，晉天福銅板本有《注》而不存。他若蜀大字本、蜀學重刊大字本、中字本、中字有句讀附音本、潭州舊本、撫州舊本、建大字本、俞韶卿家本，中字凡四本。婺州舊本、興國于氏本、建余仁仲本雖尚有一二傳者，然間或遇之，不能數數覯也。此本每半葉十三行，行大二十五字，小三十五字。首題「周禮卷第一」，次行頂格「天官冢宰第一」，越三格題「周禮」，又越三格題「鄭氏注」，每卷末題經注若干字。有木記三，卷三後曰「婺州市門巷唐宅刊」；卷四、卷十二後曰「婺州唐奉議宅」。蓋即婺州舊本，尤今世絕無僅有者，寧非至寶耶。《三禮》經注合刻，《儀禮》有嚴州本，《禮記》有撫州本，俱已覆彫，《周禮》則闕如。黃復翁繙本，以嘉靖徐刻爲主，殊非宋本眞面。而宋本之見於著錄者，黃復翁所校紹興間集古堂董氏本、《秋官下》、《冬官上》鈔

補。蜀大字本、存《秋官》。單注本、存《冬官》。小字本、存《夏官》。岳本、存《地官》、《春官》、《夏官》。互注本，缺《秋官》、《冬官》。並海寧陳簡莊所藏；附音義纂圖互注本、《秋官》、《冬官》，以余仁仲本配補。案：此本即復翁所據互注本。所見巾箱本、缺《春官》、《夏官》。案：此本係纂圖互注。余仁仲本、《天官》、《地官》配補，《冬官》俗鈔。案：此本即阮文達公《周禮校勘記》所載錢孫保本。率皆殘帙，且或附音釋，或纂圖互注，不盡鄭注也。此本則與嚴、撫兩刻同爲鄭注專本，首尾完具，鏤鍥精工，亦無弗同，而經注之勝各本者，證之彭文勤公《石經考文提要》、據校宋本凡四，除已見前之互注、附音、仁仲三本外，尚有宋本《九經》。阮文達公《周禮校勘記》及復翁《札記》、簡莊跋文，尤多吻合。如倦翁云：「《秋官》『司寤氏掌夜時』注：『夜時謂夜晚早，若今甲乙至戌。』疏又以『甲乙則早時，戌亥則晚時』實其說。惟蜀本作『戊』字。竊謂『戊』字爲是，疏則因傳寫之誤而曲爲之說爾。註意正指甲夜、乙夜至戊夜也。」是「戌」字之沿訛已久，故今據校之宋本，從無云作「戊」者。而此本獨未誤。又倦翁云：「開元所書《五經》，往往以俗字易舊文。五季而後，鏤版傳印，經籍之傳雖廣，而點畫義訓，訛舛自若。蓋宋時刊書多出坊賈，俗文破體，大抵類然。」此本字學獨極精審，幾於倦翁所謂偏旁點畫，不使分毫差誤，故宋諱之缺避，較他本頗詳。可知此本非特今世爲罕見之珍，即宋槧各本，亦莫與之京矣，不更寶中之寶耶。

又 宋本《家禮》五卷附錄一卷。三冊一函。每半葉七行，行十六字。卷一至卷三，影宋精鈔補。《附錄》後有淳祐五年上饒周復跋云：「文公門人三山楊復所附注於逐條之下者，可謂有功《家禮》，復別出之，以附於書之後，恐其間斷文公本書也。」卷中避宋諸諱，「廓」字闕筆，當是上饒原刻。瓊山所稱南雝舊本，與此俱合，未知爲明時重彫，抑即此本舊帙弆之監中者耶。有「竹東草堂書畫印」。

又 宋本《大戴禮記》十三卷。四冊。每半葉十行，行二十字。遇宋諱僅「匡」、「恆」、「垣」等字間有缺筆，然相其字體版式，每葉版心上記字數，下題刻工姓名。的屬宋槧，宋槧固不以避諱之詳略辨眞贋也。是書朱文安公本謂得宋槧開雕，雅雨堂本則以元至正甲午嘉興路學刻本校訂。此本與盧氏所稱元本大段相合，或即元本所從出耶。

又 宋本《附釋音春秋左傳註疏》六十卷。四十八冊。山井鼎《七經孟子考文補遺》云：「《毛詩》、《春秋》編入陸德明《經典釋文》，共題曰《附釋音》，與正德本略似矣。」阮文達《左傳註疏校勘記》云：「《考文》所謂正德本，蓋指修板處而言，其實一也。」而顧澗薲居士則謂南雍本乃元明間從宋建附音本翻刻，正德以來遞有修補。予按：南雍本前人皆定爲宋刻，山井鼎有憲實，應永年間人，當明初洪武、永樂之際，則二書之爲宋板，亦不爲強云云，是亦以南雍本爲宋刻。但憲實據者，尙係初板，山井鼎校時，已有正德補葉，遂至疑出二本。阮說是也。顧以爲元明間刻，似未甚確，然亦絕非倦翁《九經三傳沿革例》所稱有音釋註疏之建本，特翻刻當在宋末耳。況今世傳者，不止正德間刊有補葉，元明以來，已屢經修改，所存原刻弗及十之一二，澗薲之論，正未始無因也。此本行式，視南雍本悉合，而槧印之精朗，則迥判星淵，遇宋諱字亦多闕筆，的屬宋刻無疑，或猶是倦翁所稱之建本耶？即使與南雍本同爲一板，而通體完善，毫無修補，亦必是宋印之舊，良可貴矣。故予齋藏南雍本均未著錄，此本特與宋刻諸經並儲云。

又 宋本《論語註疏解經》二十卷。十冊。十行本各經註疏，明中葉以前，其板猶存南雍，阮文達公以爲即岳珂《九經三傳沿革例》所載之建本附釋音註疏。而顧澗薲居士則謂原出宋季建附音本，元明間所刻，正德以後遞有修補。予案黃復翁《百宋一廛賦注》云：「居士在阮中丞十三經局立議，言北宋本必經注自經注，疏自疏，南宋初始有注疏，又其後始有附釋音注疏。晁公武、趙希弁、陳振孫、岳珂、王應麟、馬端臨以宋人言宋事，條理脈絡粲然可尋。日本山井鼎《左傳考文》所載紹興辛亥三山黃唐《跋禮記》語尤爲確證。」所論最爲允當。顧南雍本相其板式，當是宋末元初時從建附音本重刻者。居士謂刻於元明間，似未盡然。但刊校均不若他宋槧之精審，修補尤多草略耳。此本雖行款相同，然遇宋諱皆缺避，且外加墨圈圍之，頗極謹嚴，與南雍本迥異，的出宋槧無疑。阮文達《論語校勘記》引據各本，有十行本二十卷。注云：「每葉二十行，行二十三字。上邊書字數，下邊書刻工姓名，內有一葉書泰定四年。元徵宏桓愼殷樹匡敦讓貞懲崩完恒等字外並加一墨圈。書中雖多誤字，然其勝於各本之處，亦復不少。」又嘉定錢詹事《跋論語注疏》云：「首卷標題『注疏』下多『解經』二字，首葉板心有正德某年刊字。但遇宋諱，旁加圈識之，疑本元人翻宋板，中有避諱不全之字，識出令補完耳。」二公所見，皆即是書。惟此本間有補刊數葉，板心所

紀年代，俱爲書估挖去，莫知爲元明何時所修，印之後先無從辨矣。至諱字加圈，宋槧本類是者頗多，錢說殊臆斷也。予齋收弆南雍本，均不入此目。此本猶宋槧舊帙，特著録云。

又 影宋精鈔本《五經文字》三卷。三冊。顧亭林先生云：「大曆中，張參作《五經文字》，據《說文》、《字林》，刊正謬失，甚有功於學者。開成中，唐元度復作《九經字樣》。石刻在關中，向無板本，間有殘缺，無別本可證。」朱竹垞先生亦以二書止有拓本，無雕本，爲一闕事。伏讀《四庫全書總目》云：「考《冊府元龜》，稱周顯德二年，尙書左丞判國子監田敏獻印版書《五經文字》，奏稱臣等自長興三年校勘雕印《九經》書籍。然則此書刻本在印版書甫創之初已有之，特其本不傳耳。」可知二書除《石經》外，久無刻本傳世。而《石經》自明嘉靖乙卯地震損折，多爲後人羼補，紕繆百出。國朝歙項氏、揚州馬氏、曲阜孔氏、高郵孫氏先後重梓，亦第就《石經》校定，宋以來刻本仍未之見也。馬本雖未免舛漏，然所據尙是宋拓，最稱精善。孔本覆加讎對，尤審慎不苟。孫氏則取原書自爲編輯，刪移淆亂，非復舊觀矣。此本首載開運丙午田敏序，《四庫》據馬本著録，未見此序，故引《冊府元龜》爲證。當是南宋初卷中「桓」字缺筆。從田氏原本翻雕者，故首尾完具，注文特極詳備。以馬本及孔氏、孫氏校語證之，多相吻合，而諸本所訛誤者，又賴此得以考訂異同，誠可謂希世之珍矣。至其影摹工雅，楮墨精良，猶餘事爾。《汲古閣秘本書目》：「《五經文字》三本，宋板影鈔，六兩；《九經字樣》一本，影宋精鈔，二兩。」即此本也。

又 影宋精鈔本《重續千字文》二卷。一冊一函。先公得宋槧葛剛正《三續千字文》重刊之，常州心耘胡君珽因以此本寄贈。蓋宋槧乃眞書，且易標題爲《三續》，均非德卿之舊，此則吾邱衍《學古編》所謂字法極好者也。卷首題「重續千字文」，次題「水雲清隱丹楊葛剛正撰并篆注」，皆篆書，而每行之後，俱以眞書釋之。又次正文，亦篆書，每行四字，每二行之後，復釋以眞書并注。分卷上下，視宋槧本迥異。至卷前冠以淳祐戊申德卿自序，及間有注某音某者，更宋槧本所無也。案：《汲古閣秘本書目》云：「宋版《重續千字文》，世間絶無。」并不知有是書，而篆書精妙，眞奇書也。此本雖無毛氏印章，然楮墨絶佳，篆法精妙，與予所藏所見汲古影宋諸書，宛出一手，或即斧季喬梓，由宋板過録者，致足珍矣。

又卷二 元本《史記》一百三十卷。三十二冊四函。錢曉徵詹事《養新録》記所見《史記》舊槧：一宋乾道蔡傳卿本，一宋淳熙耿直之本，一元中統本，云海寧吳槎客藏，計其時亦在南宋之季。嘉興瞽石錢丈《校史記雜識》中，亦有中統本，稱假自拜經樓，蓋即詹事所見之本也。予於吳未得目驗，錢校曾録副藏之。此本首載中統二年校理董浦序，與吳本同。然核之錢丈《雜識》，殊歧異。《雜識》謂猶避宋諱，此本則否。又每葉末行外上角標題篇名，此本亦無之。至《田敬仲世家》標題《後齊世家》，尤錢丈所譏爲臆造者。此本並不誤，且以校本勘對，合者固十九，而所謂訛者脱者，如《五帝紀》「登熊、湘」注「益陽縣」訛「益縣」耳。《夏本紀》「以出入五言，女聽」脱「聽」字之類，不勝枚舉。此本多不訛不脱，判然出於兩刻。予按：中統二年，其時尙稱蒙古，迨至元八年十一月，始改國號曰元。董浦序中統上署「皇元」二字，自是後人追改，必非段氏原刊之舊。顧追改者既稱「皇元」，則猶是元繙可知。由是推之，吳本與此，皆元代從段刊重雕之本，故於《雜識》所云「密行細字」大致略同。特此本已補塡宋諱，校讎之功，復加審耳。詹事直以吳本刊於中統時，則非也。予又藏有明建陽尹覆本，標題款式全經竄易，望而知爲明人陋版，愈證此本的屬元槧無疑矣。蔡、耿兩本，詹事所見者俱歸予齋，因並以此附之，俾相鼎峙云。

又 宋本《漢書》一百二十卷。六十冊六函。此先公四經四史齋所藏《漢書》第一本也。每半葉八行，行大十六字，小二十一字。《目録》前木記云「建安蔡純父刻梓于家塾」（圖一八三）。每卷首行小名在上，大名在下；次行題「漢護軍班固撰」；三行題「唐正議大夫行秘書少監琅邪縣開國子顔師古集注」。每卷末識云：「右將監本、杭本、越本及三劉、宋祁諸本參校，其有同異並附於古注之下。」又正文若干字，注文若干字。考黄蕘圃《百宋一廛賦·後漢書》注云：「殘本二，嘉定戊辰蔡琪純父所刻。」此本自是同時授梓者。《志》第九、《列傳》第四十五、第四十六、第四十七上、第六十九上中，均以別本配補。每半葉十行，行大十九字，小二十二字。每卷末識云：「右宋景文公手校辨疑並見注內，或云右宋景文公參校諸本，手所是正，並附古注之下，每卷均微有異同。無正文注文字數及卷首撰注兩行，即慶元嗣歲劉之同本也。近時瞿木夫中溶《奕載堂集》、吳槎客騫《愚谷文存》、錢瞽石泰吉《甘泉鄉人稿》，皆載有蔡刻殘卷，頗疑爲之同本，蓋未見卷首木記耳。

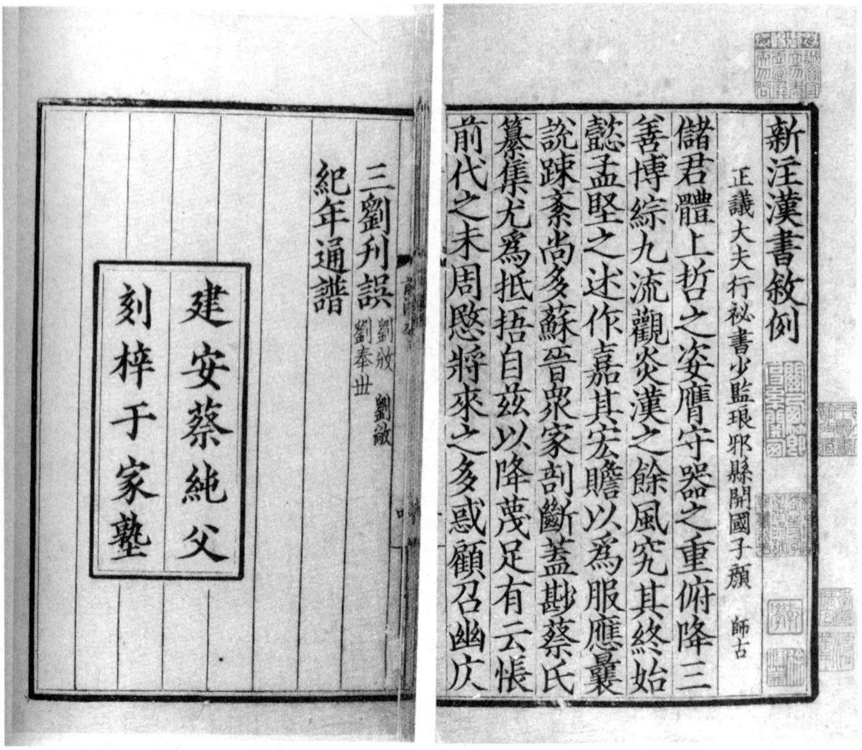

圖一八三　「建安蔡純父刻梓于家塾」木記。

道光壬寅先公觀察夷門，嘉興錢心壺先生方主講大梁書院，與先公爲至交。一日語先公曰：「公好聚書，此間有一奇書，乃人人所共讀，而人人所未見者，公其有意乎？」先公驚詢之，以此本對，並云商邱宋氏故物也。而訪求不果獲。至丁未，先公巡撫關中，始以朱提五百易得之。有「古虞毛氏奏叔圖書記」、「御史振宜之印」、「御史之印」、「季振宜印」、「滄葦」、此二印大小各一。「季振宜讀書」、「揚州季氏」、「齊菴」、「馬思」、「乾學」、「徐健菴」諸印。重加裝潢，貯以六函，函十冊，其原冊則《延陵書目》所載之五十有四也。案：《漢書》自淳化五年命官分校三史，始有雕本。迨景德、景祐間疊事重刊，最稱精善，在宋槧中固當裒然首舉。而之同取蕭該《音義》、三劉《刊誤》、宋景文《校語》附之注末，並以熙寧以來十四本逐加讐對，是正良多，亦可云有功班史，故我朝武英殿本悉據之同原刻。凡明監之脫漏舛誤，所謂於顔注十刪其五，於慶元所附諸家之説十存其一者，一一爲之補闕訂訛，力存眞面，而孟堅一家言庶無遺憾矣。此本刻時已後之同十四年，卷首所列參校諸本俱仍其舊，惟於王宣子前添入劉共甫本，可知即從之同本覆出。然木夫取校殘本八卷中，已謂有殿本所無及不全者，多出三十餘條。譬石以吳藏十四卷校汲古閣本，其改益又不下數十百處，全書之佳，可以概見，不特卷前標題兩行獨勝他本已也。並見吳、瞿兩跋。至楮墨之工雅，尤爲目所僅覯。視景德、景祐兩刻，幾如華嶽三峰，屹然鼎立，試取補入之卷衡之，直星淵矣。蓋此雖以之同爲藍本，而契勘之功，實益臻詳密。寫刊則一依眞、仁朝官本舊式，用能精善乃爾，心壺先生謂是奇書，亮哉。昔王弇州《跋》自藏《漢書》云：「余生平所購《周易》、《禮經》、《毛詩》、《左傳》、《史記》、《三國志》、《唐書》之類，過二千餘卷，皆宋本精絶。最後班、范二《漢書》尤爲諸本之冠，桑皮紙，匀潔如玉，四旁寬廣，字大者如錢，絶有歐、柳筆法，細書絲髮膚緻，墨色清純，奚潘流瀋。蓋自眞宗朝刻之秘閣，特賜兩府，而其人亦自寶惜，四百年而手若未觸者。」今證之此本，正無毫髮異，重規疊矩，洵足焜耀前輝。而《周易》、《禮經》、《毛詩》、《左傳》、《史記》、《後漢書》、《三國志》之屬，惟無新舊《唐書》。余齋亦皆有宋本，卷且過之，琅嬛之福爲何如乎？爰志其款式緣起，並附錄瞿、吳、錢三君序跋於後，俾世世子孫永秘爲枕中之鴻寶也。

又　宋本《後漢書》一百二十卷。三十冊。昭文張氏《藏書志》載有北宋刊《後漢書》，云：「字畫清朗，『桓』字、『構』字俱不缺筆，板心有大德九年、元統二年補刊字，蓋北宋刊板，元代補修之本。每葉二十行，行十九字，注二十九字。」即此本也。但此本尚有注宣德、正統者，自是印時在後，又經明代續修矣。海寧陳氏《綴文》中所跋《後漢書》，亦即此本，特定爲元翻宋板，則偶未審耳。蓋自大德上溯元初，僅廿餘年，若出元刻，不

應已有補修也。陳氏云：「取汲古閣本校之，凡劉刊吳補及近刻惠氏《補注》所已辨者，俱不具論。如今本《和帝紀》云：『孝和皇帝諱肇。』注：『伏侯《古今注》曰：肇之字曰始，肇音兆。臣賢案：許慎《說文》：「肇，音大可反，上諱也。」但伏侯、許慎並漢時人，而帝諱不同，蓋應別有所據。』是本正文作『諱肇』，注伏說作『肇』，許說仍作「肇」。按：《說文》云：『肇，上諱，在戈部。』當從戈、肁聲。惟伏侯《古今注》從攴作肇，故云伏、許並漢時人，而帝諱不同。若如今本溷而爲一，何不同之有耶？斯可寶一也。今本《鄭康成傳》云：『師事京兆第五元。』是本『元』下多『先』字。又云：『吾家舊貧，不爲父母群弟所容。』是本無『不』字，俱與唐史承節所譔《鄭公碑》合。吾師阮撫使《山左金石攷》云：不爲父母群弟所容，猶言幸爲親包覆成就，蓋不欲舉親之失如此。自後校書者，因前不樂爲吏，父數怒之，遂疑此書爲父母群弟所容不相合，輒妄加「不」字，踵謬至今，是碑遠勝今本《後漢書》。」鱣今得見元本《後漢書》無『不』字，斯可寶二也。今本《阜城王延傳》云：『以汝南之長平、西華、新陽、扶桑四縣，益淮陽國。』注：『扶桑，故城在陳州太康縣北。』是本作『扶樂』。按：錢詹事《攷異》云：『扶桑』當依閩本作『扶樂』。鱣謂『桑』、『樂』形似致誤。《劉隆》、《馬援》二傳皆作『扶樂』。《郡國志》陳國有『扶樂』可證，斯可寶三也。今本《郭太傳》云：『初，太始至南州，過袁奉高，不宿而去；從叔度，累日不去。或以問太，太曰：「奉高之器，譬之泛濫，雖清而易挹；叔度之器，汪汪若千頃之陂，澂之不清，撓之不濁，不可量也。」已而果然。太以是名聞天下。』凡七十四字。是本皆章懷注引謝承之文。按：《攷異》云：『初讀此傳，至此數行，疑其詞句不倫。後得閩中舊本，乃知本章懷注，今本皆儳入正文。閩本係嘉靖己酉按察使周采等校刊，其原出於宋刻，較之它本爲善。如左原以下十人，附書《林宗傳》末。今皆各自跳行，閩本獨否。』鱣於是本，益歎詹事之言信而有徵。其左原以下十人並不跳行，斯可寶四也。今本《律曆志》云『五者以備』，是本作『五是以備』。《攷異》云：『閩本、及古本作「五者」，此後人以今本《尚書》易之。』鱣按：《李雲傳》云：『五氏來備。』注：『是與氏古字通』。蓋惟古本《尚書》作『是』，故章懷云然。三國時，『氏儀』亦作『是儀』。閩本雖出於宋，然此等舛訛猶未盡善，斯可寶五也。」正與此本相合。惟「扶樂」此本已作「扶桑」，而此葉適是明修之板，想補刊時誤改，陳氏所見，猶未經明修之本也。先大夫平生愛讀龍門、班、范之書，搜羅善本最多，而以四經四史齋所藏者爲甲觀。此本以紙墨校之，似當居乙，然視大德太平路所刊，實遠過之。明以來諸本無論已，可勿寶諸。

又　宋本《晉書》一百三十卷。三十六冊六函。馬、班、范、陳四史，自宋以來，墨板者衆，不乏流傳，而《晉書》絕少佳刻。明南北監、汲古閣各本展轉相沿訛，幾同自檜。故抱經盧學士《群書拾補》所校《紀》、《志》諸篇，以乾隆四年官本爲主，而取舊本參考異同，獨據鄭樵《通志》所載者居多，蓋爲其尚係宋時之本也。此本以盧氏標舉之字證之，往往吻合，而楮墨如新，色香俱古，洵宋槧中上乘。往歲於關中購得明周若年刊本，卷末有萬曆戊寅吳郡俞元文、《後序》，闊行大字，頗極悦目，亦從宋秘閣本翻出者，唯未免烏焉之訛耳。卷中有泰興季氏、崑山徐氏諸印。按：《延陵書目》宋板中著錄《晉書》，下注四十本，今以此本卷前有季氏印者計之，恰符四十之數，其每函六冊，重裝時併省也。

又　宋本《資治通鑑考異》三十卷。十四冊。是書溫公於元豐七年隨《通鑑》同奏上，本與《通鑑》別行，自胡三省作《音註》，始散入各文之下，殊多漏略。《四庫全書》著錄者，乃明初翻刊單本，此則宋時原槧也。每半葉十一行，行二十字。每卷末間有「通仕郎試太學正臣周固校正」、「承事郎太學博士臣李敦義校正」題款。「敦」字並不回避，自是孝宗以前所刻，故字畫斬方，古勁而雅，與北宋本略同。卷第二十七至末，影宋鈔補，行式一律，工整絕倫，洵書城之寶笈矣。【略】謹案：《欽定天祿琳琅書目》著錄宋版是書，有純廟御題云：「字體渾穆，紙質堅緻，爲宋代所製無疑。中間十二卷至十八卷舊闕，補鈔幾與雕本莫辨。媧皇煉石，竟成完璧。」又解題云：「《玉海》載元祐七年，詔諸路安撫鈐轄司并西京、南京，各賜《通鑑》一部。是哲宗朝刻本已具。今據書內欽宗以下諱俱不闕，當是元祐槧也。」與此本恰合，或竟是北宋本矣。

又　元本《宋史全文》三十六卷附《廣王衛王本末》二卷。三十二冊四函。謹讀《四庫全書總目》云：「其書自建隆以迄咸淳，用編年之體，以次排纂。其靖康以前，本於李燾《長編》而頗加刪節。高孝二代則取諸留正之《中興聖政草》，所附案語亦援引甚多。至光、寧以後，別無藍本可據，爲編

書者所自綴輯。故《永樂大典》於光、寧二宗下，亦全收此書之文。其於諸家議論，採錄尤富。如呂中《講義》、何俌《龜鑑》、李沆《太祖實錄論》、《足國論》、富弼等釋、呂源等增釋、陳瓘《論大事記》諸書，世多失傳，亦足資參考也。惟原本第三十六卷內度宗、少帝及益王、廣王事蹟，俱有錄無書，《永樂大典》亦未採，今姑仍其闕焉。」予案：是書乃宋之遺民逸老入元後所作，因末卷多涉元事，故不著姓名序跋，而以李燾《進長編表》冠之於首，當時坊賈或亦不無避忌，遂並詭稱前宋盛行耳。其爲元代刊本無疑，若明人重刻，當不如是。且《永樂大典》所載標題，即「宋史全文」四字，收之《宋》字韻內，並見《四庫總目》。更可證元代刊本，未嘗別有書名。乃張月霄《藏書志》以題《諸儒集議》者爲元刊，此本卷中亦有《名儒集義》諸標目。題《宋史全文》者爲明刊，殊臆說也。至《廣、衛二王本末》二卷，署名陳仲微錄，則從《宋季三朝政要》中摘出，並非原書所有，當是重刻時綴補者，故《永樂大典》亦未之採錄也。【略】每半葉十六行，行二十五字。卷十九、卷二十、卷三十四至末，均舊鈔補。目錄前木記云：「《宋史通鑑》一書，見刊行者節略太甚，讀者不無遺恨焉。本堂今得善本，乃名公所編者，前宋已盛行於世。今再綉諸梓，與天下士大夫共之，誠爲有用之書。回視他本，大相逕庭，具眼者當蒙賞音，幸鑑。」

又 宋本《建康實錄》二十卷。十六冊二函。每半葉十一行，行大二十字，小三十字。卷末題嘉祐三年江寧府開造歲月字策銜名及紹興十八年荊湖北路安撫使司重別雕印銜名。蓋南宋初以北宋本重刊，中遇「禎」字皆旁注今上御名，正沿北宋本之舊式也。是書引據廣博，多出正史之外。自唐以來，考六朝遺事者，莫不援以爲徵，故《新唐書·藝文志》、晁公武《郡齋讀書志》、馬端臨《經籍考》、鄭樵《通志略》，咸著錄之。然宋時舊槧流傳殊少，絕未聞有收弆者，惟此本載在《延令》、《崐山》兩書目中。《延令宋板書目》作十二冊。近日儲藏家，如開萬樓之影宋本、愛日精廬之校宋本，亦皆從此傳寫，洵世間僅存之寶笈矣。錢遵王所云黃子羽藏嘉祐年間鏤本，疑即此本而誤仞爲北宋原刻耳。

又 宋本《兩漢博聞》十二卷。十二冊一函。是書無撰人名氏，《四庫總目》據晁公武《讀書志》定爲宋楊侃編。然《四庫》著錄者，乃明時黃省曾刊本，此則南宋初胡元質之精雕也。卷尾元質跋云：「刻版孰郡齋，辰十月旦日。」適紙損，「孰」上缺二字，「辰」上缺三字。按：元質字長文，長洲人，紹興十八年進士。孝宗即政，以薦爲太學正，歷遷至給事中，出知和州、太平、建康。淳熙中，除四川制置使，知成都，以敷文閣學士、吳郡侯致仕。卒謚獻惠。又元質所撰《左氏摘奇》末題云「乾道癸巳鋟木於當涂道院」。此本《後跋》所記，自是「乾道壬辰刻於姑孰郡齋」，蓋亦知太平時所梓也。

又 宋本《輿地廣記》三十八卷。十二冊。是書世傳宋槧止二本：一季滄葦所藏，後歸顧抱沖，起第十八四葉，盡第三十八五葉，大凡存二十一卷；一朱竹垞所藏，後歸黃蕘圃，僅缺首二卷，即此本也。澗蘋跋中所謂新刻，即蕘圃以此本重鐫者也。蕘圃謂此本爲原刻，季本爲重修，緣季本第十八、十九等卷尾有云「嘉泰甲子郡守譙令憲重修，淳祐庚戌郡守朱申重修」故也。而澗蘋跋季本，謂是初板重修，而朱本乃從重修本翻雕者，緣朱本視季本，往往有字形相近之訛故也。予按：二本均無刊書年月，其先後實莫能考辨。然此本與季本行式迥然不合，且並無卷尾題識，自當另是一刻，斷非從重修本覆出。澗蘋跋季本時，蓋未見此本，僅據蕘圃新刻及周氏鈔本核之，不無訛謬，故有沿襲重修本之疑。洎得向汪君假校，則云「據此之眞，顯彼之僞」。又云「庶幾讀歐陽書者，不致多所失實」，可知澗蘋亦深以此本爲佳。季本所跋云云，固非定論矣。蕘圃以讀書好古之士，所校乃乖舛至是，誠有大惑不解者，想因鈔本亦用朱校，遂至援引混淆，未嘗一勘此本耳。而此本幸存，猶得證黃校之誣，藉以見歐書之舊，愈當何如寶重耶。

又 宋本《新編方輿勝覽》七十卷。三十冊四函。每半葉十四行，行二十三字。每段標題，則以大字列於兩行之中。首載和甫自序、嘉熙己亥呂午序。咸淳二年福建轉運使司禁止麻沙書坊翻板榜文，末有咸淳丁卯穆子洙跋。丁卯爲咸淳三年，當是丙寅開雕，至丁卯始成耳。《欽定天錄琳琅書目》所載正同。咸淳距宋亡僅十餘年，間有流傳印本紙色深黃者，多定爲元刊，其實即此板也。有汪氏印。

又卷三 宋本《管子》二十四卷。十冊一函。每半葉十二行，行二十三字，注二十八字。卷一後有木記云「瞿源蔡潛道宅墨寶堂新雕印」。又末卷後有木記云「蔡潛道宅板行，紹興壬申孟春朔題」。並巨山張嵲《讀管子》一則，謂「紹興己未從人借得，舛錯甚衆，頗爲是正，鈔藏於家」云云。

案：壬申乃紹興二十二年，上距己未僅十二年，潛道所刊，當即據張氏鈔藏之本，在今日爲最古矣。其中佳處，足正各本之謬者實多。如《形勢篇》，「虎豹託幽而威可載也」，未誤作「得幽」；「邪氣襲內」，未誤作「入內」；「莫知其澤之」，未誤作「釋之」；「其功逆天者，天圍之」，未誤作「違之」。《乘馬篇》，「凡立國都，非於大山之下，必於廣川之上」，未誤作「太山」；「藪鎌纆得入焉」，未誤作「纏得」。《版法篇》，「法天合德，象地無親」，未誤作「象法」。《幼官篇》，「必得文威，武官習勝」下，未衍「之」字；「則其攻不待權輿，明必勝則慈者勇」，未誤作「權與」。《宙合篇》，「內縱於美好音聲」，未誤作「美色淫聲」。《樞言篇》，「賢大夫不恃宗室」，未誤作「宗至」。《八觀篇》，「故曰入朝廷，觀左右，本朝之臣」，「右」下未衍「求」字。《法法篇》，「矜物之人」，未誤作「務物」；「內亂自是起矣」，未脫「矣」字。《小匡篇》，「管仲詘纓捷衽」，未誤作「插衽」；「維順端慤，以待時使」，注「待時，待可用之時也」。「也」上未衍「而使之」三字。《霸言篇》，「驥之材，百馬代之」，又「疆最一代」，均未誤作「伐」。《戒篇》，「東郭有狗嘊嘊」，注「枷，謂以木連狗」，未誤作「猳謂」。《形勢解》，「臣下墮而不忠」，未誤作「隨」；「而弱子、慈母之所愛也，不以其理」下，未衍「動者」二字；「亂主獨用其智，而不任聖人之智」，未誤作「衆人」；「使人有理，遇人有禮」，「理」、「禮」二字未互倒。《版法解》，「往事必登」，未誤作「畢登」；《海王篇》，「萬乘之國，人數開口千萬」，未誤作「問口」。《山國軌篇》，「不籍而贍國，爲之有道乎」，未誤作「道予」。皆與高郵王懷祖先生《讀書雜志》所引相合。其他類是者，尚不能一二數，信知此本之可寶矣。

又 宋本《脈經》十卷。八冊二函。余性愛蓄書，於述古、佞宋之癖，尤竊慕之。往歲隨侍先大夫宦游南北，所收宋元槧本頗多。自丙辰奉諱歸里，於茲七載，從未睹一舊籍，恒用是悒悒。今秋送家弟紹程赴布政司試，偶於書肆獲宋刻《晉書詳節》，迨發榜中式，攜其至濟，復得此本，頗爲之一樂也。伏讀《四庫全書總目》，是書未經著錄，僅於《脈訣註》中有王叔和《脈經》十卷，見於《隋書》、《唐志》云云。《延陵書目》有宋板《脈經》，然止七卷，當非完帙。張氏《藏書志》有鈔本，乃從元天歷本錄出。近時嘉定黃氏及錢氏守山閣新刊本所據校者，亦祇元刻，可見是書之宋槧，固不多覯矣。此本卷首載林億等校定《脈經序》，並王叔和原叙。卷末載熙寧元年、二年進呈鏤板銜名，紹聖元年、三年國子監牒文銜名及嘉定丁丑濠梁何大任後序，稱「家藏紹聖小字本，歲陳漫滅，博驗群書，正其誤千有餘字，鳩工創刻」。蓋是書初刊於熙寧，至紹聖間，由大字本開作小字本，而此本又從小字本重雕者也。首尾完具，簽刻精良，亦醫書中之秘笈也，珍之珍之。

又 宋本《證類本草》三十二卷。三十二冊四函。是書宋時本有兩本，其三十二卷外附《釋音》一卷、王繼先校、上付胄監刊行者，即《大觀本草》，南宋官本也。陳氏《書錄解題》所載，疑非此本，其作三十卷者，或筆誤耳。晁公武《讀書志》題曰《證類本草》，作三十二卷者，殆合目錄記之也。然均不及《釋音》，與《玉海》所載者互異。謹按：《四庫全書總目提要》云是書「今行於世者亦有兩本：一爲明萬曆丁丑翻刻元大德壬寅宗文書院本，前有大觀二年仁和縣尉艾晟序，稱其書三十一卷，目錄一卷，名《大觀本草》；一爲明成化戊子翻刻金泰和甲子晦明軒本，前有宋政和六年提舉醫學曹孝忠序，又金皇統三年翰林學士宇文虛中跋，改稱《政和本草》，其實一書也」。《提要》又云：「靖康以後，內府圖籍悉入於金，故陳振孫未見此本，而晁公武所云三十二卷者，合目錄而記之，亦未見政和所刻也。大德中所刻，《大觀》本作三十一卷，與艾晟所言合。泰和中所刻政和本，則以第三十一卷移於三十卷之前，合爲一卷，已非大觀之舊矣。」按：此本題《證類本草》三十二卷，前有政和六年曹序，後有劉祁跋，與《提要》所言正合。後附寇宗奭《本草衍義》四卷，與元大德所刻大觀本同。刊刻清整，首尾完具，則泰和本爲勝，今此本正金翻本之所自出也。予齋亦有元大德本，較此爲遜，已入《海源閣書目》中，未登此編，特著是本於錄。明翻之佳者，在今日已不多見，而大德本尤爲罕遘，況此祖本耶。

又 明鈔本《鬻子》。一冊，不分卷。無款識印記，不知爲誰氏所藏。中遇宋諱，尚有缺避，當從宋本錄出者。寫校甚精，珍笈也。

又 北宋本《淮南鴻烈解》二十一卷。十三冊一函。高郵王懷祖先生《讀書雜志》中，辨證《淮南》諸條多同此本，而所據專主《道藏》本，以明劉績本輔之，並未嘗獲見宋刊，故澗蘋居士以爲闇合也。洎道光庚辰，文簡公太夫子續輯《補志》一卷，詳載居士所識宋本與《道藏》本不同之字，

及平日勘訂是書之訛，則即從此本校出者。世行諸子，不乏舊帙，惟是書自北宋已有舛脫，《爾雅疏》、《埤雅》、《集韻》、《太平御覽》各書所引，往往視今本同誤，最少佳刻。若此至精至善之本，實於人間無兩，固碩果之僅存者矣。【略】每半葉十二行，行大二十二字，小二十五字。【略】每卷第二行題「太尉祭酒臣許愼記上」。「愼」字惟卷十八缺筆，當是修補之葉。《百宋一廛賦》著錄。

又 宋本《愧郯錄》十五卷。六冊一函。每半葉九行，行十七字。序末署「嘉定焉逢淹茂梓於禾中」，蓋宋寧宗嘉定七年甲戌，姑蘇鄭定剞劂於嘉興之本也。予齋藏《柳柳州集》，與此本正同，其行式字數及板心所記刻工，若曹冠宗、曹冠英、王顯、丁松諸姓名，與此多合。

又 元本《新箋決科古今源流至論前集》十卷《後集》十卷《續集》十卷《別集》十卷。二十冊。此本乃元時建陽坊刻，目錄後碑版題「疆圉協洽之歲」，而年號二字爲書估挖去。予舊藏至正甲午建陽翠巖精舍所刊《陸宣公奏議》，卷一末碑牌中有「近因回祿之變，重新繡梓」云云，與此本所稱「先因回祿」一語正吻合，由是推之，當是至正之丁未也。考《禮部誌》引弘治十二年吏科給事中許天錫言：「今年闕里孔廟災，邇者福建建陽書坊被火，書板蕩爲灰燼。上天示戒，必於道所從出、文所萃聚之地，乞禁僞學，以崇實用。下禮部，敕巡按提學將建陽書板釐正。」則明時建書坊亦嘗有回祿，然於此本無涉，固自別一事耳。《浙江採集遺書總錄》載有大德間建陽書坊詹氏刊本，張氏《藏書志》亦有延祐丁巳本，或皆刻於回祿以前。顧此本遇「大宋」、「國朝」等字多空格，雖出重雕，猶是宋槧之舊矣。彥合主人記。每半葉十五行，行二十三字。《前集》目錄後有碑版云：「《源流至論》一書，議論精確，毫分縷析，場屋之士得而讀之，如射之中乎正鵠，甚有賴焉。然此書板行於世久矣，先因回祿之餘，遂爲缺典。本堂今求到邑校官孟聲董先生鏞鈔本，便欲刊行，惟恐中間魯魚亥豕者多，更於好事處訪購到原本，端請名儒重加標點，參考無誤。仍分四集，敬授諸梓，嘉與四方君子共之，幸鑒。下缺二字。疆圉協洽之歲仲夏，建陽書林劉克常謹識。」

又 宋本《山海經》三卷。三冊。每半葉十行，行二十一字。無序文年月可稽，而以板式度之，當是南宋初刻本。「愼」字缺筆（圖一八四）。按：

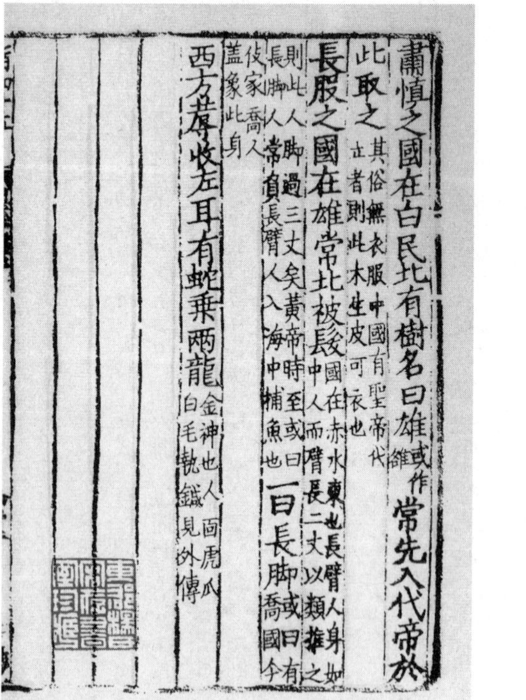

圖一八四 首行第二字「愼」字闕筆。

《直齋書錄解題》云：「山海經十八卷，錫山尤袤延之校定。」張氏《藏書續志》載毛斧季校宋淳熙庚子尤袤本，延之題語云：「予得劉歆所定書，其南、西、北、東及中山，號五藏經，爲五篇，其文最多；海內、海外、大荒三經，南、西、北、東各一篇；幷《海內經》一篇，總十八篇。多者十餘簡，少者三二簡。雖若卷帙不均，而篇次整比最古，遂爲定本，參校得失，稍無舛訛。卷後或題『建平元年四月丙戌，待詔太常屬臣望校治，侍中光祿勳臣龔、侍中奉車都尉光祿大夫臣秀領主省。』」又斧季《跋》云：「板心分上中下。」證之此本，一一相合，是即延之所校刻。《直齋》所著錄者，特卷末脫失《題語》耳。在今日爲最古之本矣。是書校讎極難，古本又鮮，似此誠不多覯也。

又 金本《道德寶章》一卷。一冊。《道德寶章》一卷，昔得諸京師市肆。書高二尺一寸有奇，字徑一寸五、六分，作歐、虞體，古秀遒勁，鐫印極精。卷首尾有木記題：「金正大戊子平水中和軒王宅重刊。」蓋即竹汀居士《潛研堂跋尾》中所謂平水書局本也。平水本各書，元大德反刻者偶或遇之，若金源舊槧，則致爲罕遘。此本古香馥郁，可珍也。

又　宋本《南華眞經》十卷。十冊一函。此郭象注本，乃南宋精刊。每半葉十行，行十五字，注三十字。無前賢圖記，惟「擔菴」一印，不識爲誰氏舊藏。每卷用朱墨筆讎校，記於上方，頗極詳審，惜未署名。然紙色蒼潤，朱墨尤古樸，當是宋雕宋印，而經元明間人契勘者也。《百宋一廛賦》著録本與此行字不符，而所稱「吳縣大書，合轍美多」者，黃蕘圃注云：「以《經典釋文》標舉大字證之，合者居多。吳縣謂陸元朗。」則此本亦然。且校語中之張本、李本、崔本、文成本、江南本，今皆不傳，藉此猶得考見異同，以資參訂，彌足珍矣。

又卷四　北宋本《王摩詰文集》十卷。六冊。錢遵王藏本，後歸黃復翁百宋一廛，即澗蘋所稱之建昌本，《讀書敏求記》云「是麻沙宋刻」。集中《送梓州李使君》詩，如牧翁所《跋》，作「山中一半雨，樹杪百重泉」。《初學集》云：「蓋送行之詩，言其風土，深山冥晦，晴雨相半，故曰一半雨，而續之以僰女巴人之聯也。」此本正同。又張月霄《藏書志》有何義門手校本云：卷十工部楊尚書夫人《王氏墓志銘》寂寞安禪，其三以下恭讀《欽定全唐文》注下缺何本校補《銘》二首，凡十二句，四十八字，亦與此本相合。惟義門《跋》但謂「借毛斧季宋槧影寫本及退谷前輩從東海相國架上宋槧手鈔者校過」。其爲蜀與建昌，殊未之及。顧《王氏誌銘》在卷十，而此本在卷八，且東海相國者，健菴司寇之弟立齋先生也。《百宋一廛賦注》云「傳是樓舊物」，則所據之宋槧，仍即遵王藏本耳。可知卷第叙次雖以建昌本爲勝，而此本乃北宋開雕，其間佳處，實建昌本所從出之源，宋槧中之最古者矣。

又　元本《集千家註批點杜工部詩集》二十卷。二十冊四函。按：《天一閣書目》著録是書，有大德癸卯盧陵劉將孫《序》云：「先君子須溪先生每浩歎學詩者各自爲宗，無能讀《杜詩》者。高楚芳類粹刻之，復刪舊註之無稽者、汎溢者，特存精確必不可無者，求爲序以傳。是本淨其繁蕪，可以使讀者得於神，而批評標掇，足使靈悟，固《草堂集》之郭象本矣。楚芳於是集用力勤，去取當，校正審，賢他本草草藉吾家名以欺者甚遠，相之者，吾門劉郁云。」而《四庫全書總目提要》僅據宋犖之言，疑爲高楚芳所編。又謂「前載王洙、王安石、胡宗愈、蔡夢弼四《序》」，而不及將孫，是當日採進者，乃明人覆本。蓋明刻如玉几山人、長洲許自昌等本甚夥，皆無將孫《序》也。此本以《年譜》冠首，《目録》及卷一前標題「須溪先生劉會孟評點」，皆明刻所無，紙墨古雅，的屬元時舊雕。惟將孫《序》亦闕失者，則俗賈割去，欲充宋槧耳。卷首有「宋本」、「甲」等印，亦書估作僞。

又　元本《集千家註分類杜工部詩》二十五卷附《文集》二卷。三十二冊四函。李、杜詩，元時建陽書坊均有《分類集註》之本。《李集》，宋春陵楊齊賢子見集註，元蕭士贇粹可補註；《杜集》，即此本也。卷省題「東萊徐居仁編次，臨川黃鶴補註」。蓋分類分卷俱依居仁之舊，《直齋書録解題》《門類杜詩》二十五卷，東萊徐宅居仁編。《四庫全書總目》以分類始於王洙。然原叔註本先古詩，後近體。其《自序》云：「起太平時，終湖南所作。視居行之次，若歲時爲先後分十八卷，又《別録》、《賦筆》、《雜著》二十九篇爲二卷，合二十卷。」未嘗析爲門類也。註則以叔似喬梓原本爲主，而續有補益。故黃氏所輯，註家止一百五十一人。而郭知達《九家集註》成於淳熙辛丑，蔡夢弼《草堂詩箋》成於嘉泰甲子，或在其前三十餘年，或十餘年，殊未引及此本。姓氏中，則知達之九家及夢弼，均已采列，惟知達亦未載。並以時賢劉氏會孟殿之，凡一百五十六人。每半葉十二行，行大二十字小二十六字。楊蟠《觀子美畫像詩》後有「廣勤書堂新刊」木記。卷之二十五後有「壬寅年孟春廣勤堂新刊」一行。按：元有兩壬寅，一大德六年，一至正二十二年，此不知爲大德爲至正也。

又　宋本《韋蘇州集》十卷。六冊。詩家每以陶、韋、王、孟並稱，蓋王、孟皆源出於陶，而蘇州尤追步柴桑者也。余宋存書室中藏北宋本《陶淵明集》、南宋本《湯注陶靖節詩》、北宋蜀本《王摩詰集》、南宋初本《孟浩然集》，獨於《韋集》闕如也。歲辛亥，獲此本於袁江。每半葉十行，行十八字。與余前收黃復翁藏本《唐山人詩》款式正合，即《百宋一廛賦注》所謂「臨安府睦親坊南陳氏書棚本」也。計六冊，每冊有季滄葦印記。案《延令書目》載《韋集》凡二，然無六冊者，惟宋板目中《韋蘇州集》下注云「四冊，又二冊」，當即此本，傳寫者誤分耳。余藏宋槧各書，經部則有《毛詩》、《三禮》；史部則有《史》、《漢》、《三國》，嘗以「四經四史」名齋。今於集部之陶、韋、王、孟四者，又皆得此至精至善之本，洵可謂琅嬛奇福矣，世世其永寶之。

又　元本《朱文公校昌黎先生文集》四十卷《外集》十卷附《集傳遺文遺詩》。十二冊二函。每半葉十三行，行二十三字。有「吳郡韓郘」、「酌白堂」、「魏國文武世家帝高陽之苗裔先襄毅之箕裘」各印。是書傳世多明時覆

本，訛誤頗甚。此本雖無刊刻年月，然以字體紙色定之，確係元槧元印（圖一八五），亦可珍矣。

又　宋本《五百家註音辨唐柳先生文集》四十五卷《外集》二卷。二十四冊四函。此亦南宋精雕唐人諸集之一，即《四庫》所收之本也。與《昌黎集》版式字數纖毫無殊，《四庫提要》稱爲槧鍥精工，紙墨如新，足稱善本，良可寶貴。《郡齋讀書志》載《集外文》一卷，《書錄解題》多《摭異》一卷、《音釋》一卷，均與此本不同。此本有鈔葉數繙，旁鈐拙生小印，疑是陸拙生所鈔，汪、黃二家所校補者。予家藏舊槧唐宋人諸集善本頗夥，宋元刊《韓》、《柳集》凡六，此爲《柳集》第一本。往得《浩然》、《可之》、《昌黎》三集，皆有元國史院官書印，此本無之。與此本同購者，有羅昭諫《甲乙集》、《雲莊四六餘話》。《甲乙集》尤精，與《唐山人集》同一版，即所謂臨安府陳解元書棚本也。

又　宋刊《添註重校音辨唐柳先生文集》四十五卷《外集》二卷。二十四冊四函。此本題《添註重校音辨唐柳先生文集》，每半葉九行，行十七字。按：何義門《讀書記》云：「康熙丙戌，假吳子誠所收宋槧大字本《柳集》，緣失《序文》、《目錄》，不知出於誰氏。合《非國語》二卷，共四十五卷，

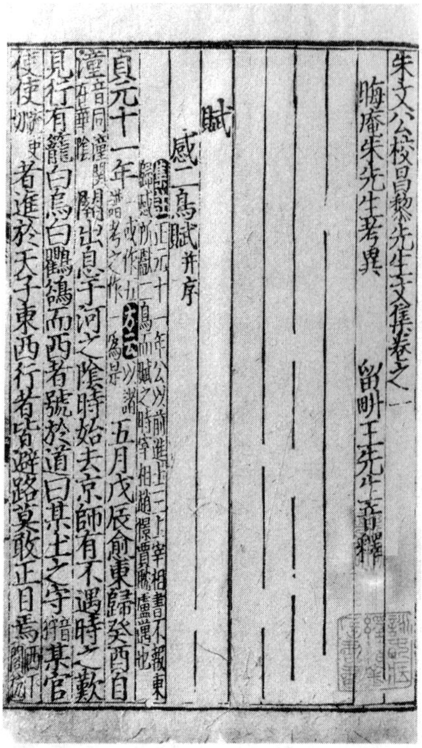
朱文公校昌黎先生文集卷之一
晦庵朱先生考異　留畊王先生音釋
賦
感二鳥賦并序
貞元十一年……五月戊辰愈東歸癸酉自
潼關……出息于河之陰時始去京師有不遇時之歎
見行有籠白烏白鸜鵒而西者號於道曰某土之守某官
使使者進於天子東西行者皆避路莫敢正目焉

圖一八五　以字體紙色度之，確係元槧元印。

《外集》二卷附焉。雖闕十之二，然近代所祖刊本，皆莫及也。」又云：「陳氏《書錄》曰：『姑蘇鄭定刊於嘉興，以諸家所註輯爲一編，曰《集註》，曰《補註》，何《跋》闕此六字，按《書錄》補。曰章，曰孫，曰張，曰董氏，而皆不著其名；曰《重校》，曰《添註》，則其所附益也。』疑即鄭定所刊。」又校語中稱大字本者數條，證之此本，無不吻合，是即義門所據校、直齋所著錄者也。又予臧宋槧岳倦翁《愧郯錄》，亦剞劂於禾中，其行式字數及板心所記刻工，若曹冠宗、曹冠英、丁松、王顯諸姓名悉同此本，則爲鄭定嘉興所刊愈無疑義。《愧郯錄》序署「嘉定焉逢淹茂」，此本必同時授梓，蓋鄭定之知嘉興正在寧宗朝也。斧季謂「《柳集》傳世絕尠」，故義門以得見殘帙爲幸。此本通體完整，有鈔葉數十番。彌足珍已。往於江南獲《百家註》本，乃傳是樓故物。此本卷首有「秀水朱氏潛采堂圖書」，則竹垞舊臧也。

又　宋本《唐山人集》一卷。二冊。按：《唐山人集》一卷，《書錄解題》云：「與顧非熊同時，《藝文志》、《郡齋讀書志》、《中興書目》均不載。」《延令季氏宋板目》中載之，書僅八葉，計詩三十有五首，爲南宋精槧，歷經名賢珍弆，精雅絕倫。滄葦題款在卷末，《山居》一首上有校字小楷，亦滄葦手跡。外籤，則顧氏南雅筆也。「鹿頂山」長印，予藏宋本《三禮圖》中亦有之，或宋人印，若建安余氏造紙之有「勤有」印也。記以俟考。【略】此本與《葦蘇州集》同一行式，皆臨安府棚北大街睦親坊南陳宅書籍鋪刊行，所謂書棚本是也。

又卷五　宋本《乖崖先生文集》十二卷附錄一卷。四冊。是集宋時有兩本：一見於趙希弁《讀書附志》，所稱錢易《墓誌》、李畋《語錄》附於後者，凡十卷；一見於陳振孫《書錄解題》，所稱郭森卿宰崇陽，取舊本十卷幷以《語錄》者，凡十二卷。此本首載咸淳己巳朝散大夫、特差荆湖安撫大使司主管機宜文字、權澧州軍州事、賜緋龔夢龍《序》云：「前令君天台郭公森卿嘗刊置縣齋，己未兵燬，遂爲煨燼。今令尹左綿伊公賡以儒術飾吏，復鋟梓以壽其傳。」是即郭本之重刻於崇陽者也。每半葉十行，行二十字。卷七至末舊鈔補。板心有「賜書樓」三字。卷前有「樸學齋印」、黃氏各印。蕘圃《百宋一廛賦》著錄。

又　宋本《范文正公集》二十卷《別集》四卷。八冊二函。《愛日精廬藏書志》著錄《文正集》二十卷，後附《遺文》一卷，乃元天曆刊本。《序》

末有「天曆戊辰刻於家塾歲寒堂」木記。此本爲南宋初番陽郡齋所槧州學原本，後題「嘉定壬申仲夏重修，朝奉郎通判饒州軍州兼管內勸農營田事宋鈞、朝請大夫知饒州軍州兼管內勸農營田事趙旧檝監修」銜名二行。每半葉十二行，行二十字。余齋舊藏宋本唐人集，有元「翰林國史院官書」印者數種。繼得殘本《姚少監集》，板式略小，與此印記正同，皆元內府藏本也。此本字大悅目，體式古雅，剞劂尤精。

又　明本《歐陽文忠公集》五十卷。四冊。此本爲無錫鄒曉屏先生藏書。先生《午風堂叢談》云：「《歐陽文忠集考異》五十卷，臨江曾魯撰，以綿本、蘇本、家本、宣和本、吉本參考成編。前有蘇《序》，所云得公詩文七百六十六篇於其子棐，序而論之者。文忠詩文，惟《居士集》五十卷爲所自定『此當即公自定本。』《考異》亦精核。魯字得之，至元十六年舉於鄉。洪武初召修《元史》，歷官禮部侍郎。徐尊生嘗曰：『南京有博士二人：以筆爲舌者，宋景濂也；以舌爲筆者，曾得之也。時咸重之。』此本尚是元刻，藏書家不多見也。」謹考《四庫全書總目·居士集》云：「舊本每卷有『熙寧五年子發等編次』數字。而軾《序》謂『得於其子棐，乃次而論之。』蓋《序》作於元祐六年，時發已卒，故《序》中不及耳。周必大編《修集》，通一百五十三卷。此編僅三之一，然出自修所手輯。《文獻通考》引葉夢得之言曰：『文忠晚年取生平所爲文，自編定。』今所謂《居士集》者，往往一篇閱至數十過，有累日去取未決者。則選擇審矣。」按：歐公詩文，以《居士集》爲最精，此本每卷末題云「熙寧五年秋七月男發等編定」，尤可證爲文忠自定之舊。而得之《考異》之刻，自來藏書家殊少著錄，洵稱罕秘矣。惟卷末有「時柔兆攝提格縣人陳斐允文重校譌謬」一行。以得之之時考之，當是洪武十九年丙寅。《叢談》云元刻，偶未審耳。黃復翁嘗謂：「書有不必宋元刻而亦可珍者」，正此類也。

又　明本《蘇老泉嘉祐集》十四卷。十四冊一函。按：《老泉集》在宋時凡四本：曾南豐撰《墓志》稱二十卷，公武、直齋所載皆十五卷；徐氏傳是樓藏紹興十七年婺州刊本作十六卷，《附錄》二卷；康熙間邵仁泓翻雕宋本亦十六卷；其十四卷者，惟《天祿琳琅書目》、《延陵季氏書目》著錄。《天祿》本云：「其版仿宋巾箱本式，而字體較大。」視此本正同。但稱「標題不仍嘉祐之名」，則又與此本未合。《老泉集》佳刻頗鮮，此本雖非宋元舊帙，然尚饒有古意，當是明初開梓者，故亟存之。

又　明本《鐵崖先生古樂府》十卷，《復古詩集》六卷。四冊一函。卷首有「金星軺藏書」印，即《文瑞樓書目》著錄之本。富春吳復輯《古樂府》，在至正六年丙戌。龍洲章琬輯《復古集》，亦在至正二十四年甲辰，皆元時所編定。《樂府補》六卷，則是入明後續經采錄者。此本以《古樂府》、《復古集》合刊而無《樂府補》，蓋明初之最先刻也。

又　元本《國朝文類》七十卷《目錄》三卷。三十六冊。每半葉十行，行十九字。卷首載「至元二年，中書省准翰林院待制謝端等呈請於江南學校錢糧內刊行，移咨江浙行中書省，劄付江浙儒學提舉司，委令西湖書院山長方員、儒士葉森西湖山長方員及儒士葉森名，並見《文獻通考》。校勘印造。」及「至正元年，准本司提舉黃、奉政關近在大都於蘇參議家獲睹元編集檢草校正，將缺少板數漏誤字樣刊補完備」公文二道。目錄後並有「儒士葉森點」下一字不辨。一行。案：葉文莊《水東日記》云：「蘇天爵爲右司都事時，所類元詩文，名曰《國朝文類》，凡七十卷，元統中，監察御史南鄭王理序之。有元名人文集，如王百一、閻高唐、姚牧菴、元清河、馬祖常、元好問之焯焯者，今皆無傳，謹案，《四庫總目》云：「祖常《石田集》，好問《遺山集》，今皆有傳本。蓋明代不行於世，盛偶未見，故其說云然。」則有以考勝朝一代文章之盛，獨賴是編而已。嘗見至正初浙省元刻大字本，有陳旅序。即此本也。是書元刻有大字、小字兩本。小字本爲建安劉氏翠巖精舍所刊，槧鍥之工，視此頗勝。然此本乃當時官板，且曾以蘇氏元編校正，俾四十一卷《經世大典軍制》以下之文各本所無者，此獨補成完帙，故藏書家亦極爲寶重也。

又　元本《國朝文類》七十卷。二十四冊四函。是書元刊最著者有二：一爲翠巖精舍小字本，一爲西湖書院大字本。而鑑藏家尤重翠巖，蓋小字本固勝於大字本也。此本每半葉十三行，行二十四字，板式、字體均與翠巖本無異。《目錄》不分卷，卷四十一《經世大典軍制》以下全缺，亦同翠巖。惟卷十八《李節婦贊》、卷三十一《建陽縣江源復一堂記》、卷六十九《李節婦傳》、卷七十《高昌偰氏家傳》，皆翠巖本所無。而《李節婦傳》，則西湖本亦有之。考翠巖本，但載元統二年王理《序》，當是最初刻。西湖本，至元初刻已補入陳旅《序》、王守誠《跋》。至正二年復修補一十八板九千三百九十餘字。又於《目錄》及各卷內較正九十三板，脫漏差誤一百三十餘字，於

是四十一卷始成完帙。見西湖本至正二年中書省下杭州路西湖書院公文。此本殆從翠巖本翻雕，而刊時在西湖本初刻之後，未補之前，故陳、王《序》《跋》均依西湖本補入，《軍制》以下之文，則仍闕如也。至《李節婦贊》諸篇，想又由他本蒐輯者。葉氏《水東日記》曰：「嘗見至正初浙省元刻大字本，有陳旅《序》。此本則有書坊自增《考亭書院記》、《建陽縣江源復一堂記》、《高昌偰氏家傳》」云云。殊不盡然，葉氏所見僅西湖本，不知《考亭書院記》翠巖本已有之矣。況元刊諸本互有差池，自是各從所據，非出一源，不得謂西湖本所無者，即屬書坊妄益也。此本雖不著刊書年月，而紙墨俱舊，鏤鍥尤工，決係元槧無疑，可與翠巖、西湖相爲鼎峙矣。明時晉藩、修德堂亦先後同梓。晉藩本予未收，修德堂本則入《海源閣書目》中。

又 元本《蒼崕先生金石例》十卷附鈔本《附錄》一卷。二冊。是書凡三刻：一濟南本，文傳之子謭刊定；一鄱陽本，王思明校正；一爲龍宗武摹泰和楊寅弼鈔本而刻者。盧雅雨先生所鐫《金石三例》謂：「從鄱陽本錄出，故有思明《叙》。」即此本也。案思明《叙》稱：「至正丁亥，予忝教番陽，公之子敏中爲理官，嘗屬郡士楊本端如緝其次第，既已，刻於家，而公諸人學之。賓師景陽吳君旭子謙、吳君以牧謂此書將歸中州，則邦之人，焉能一一見之。乃復加校正而壽諸梓。」署款明年戊子夏六月。蓋謭本雖校於鄱陽，而實刻於濟南，故思明復雕此本，列之鄱陽學官，以垂永久。謭《跋》書至正五年者，當是謀始於乙酉耳。《四庫全書總目》即據謭本著錄，乃謂「至正五年刊於鄱陽」，似尚未之審也。焦氏《經籍志》作楊本撰，誤尤甚矣。末有鈔葉十餘紙，首列《伯常先生金石八例》，次題《文章精義》，國子助教臨川李淦耆卿述。而標題曰《別卷附錄》，自是從他書寫入。然潤蘋居士僅以意改正，而苦無他本爲證，是亦未知其藍本矣。姑仍之俟考。

丁丙《善本書室藏書志》卷一 《周易》十卷。宋刊本，孫氏壽松堂藏書。王弼注。此書每半葉八行，行十七字。首行頂格，題「周易上經乾傳第一」，次行低十字，題「王弼注」，三行頂格，䷀《乾下》、《乾上》，下接經文、經注。《繫辭》首行題「周易繫辭第七」，次行低十格，題「韓康伯注」，三行以下刻《繫辭》。卷九《說卦傳》格式同。卷十首行題「周易略例序」，次行低六格，題「唐四門助教邢璹注」，三行刻序文。序後另行題「周易略例卷第十」，次行頂格，題「明彖」，三行頂格，刻《略例》。每卷後半葉邊匡外之上刻「乾」、「坤」、「屯」、「蒙」及「繫辭」、「說卦」、「略例」等字。字體圓美，槧刻精工。無明代修補之葉。缺筆至「愼」字止，當爲乾道、淳熙間刊本。

又 《書集傳》六卷。元刊本，明楊石淙舊藏。蔡沈集傳。前有《書序》。按陳氏鱣《經籍跋文》，有《宋本書集傳跋》云：「經文如《禹謨》：『降水儆予』，不作『洚水』；『夔夔齋栗』不作『齊栗』；《益稷》：『州十有二師』，不作『有十』；《秦誓》：『無辜籲天』，不作『籲天』；《武成》：『師逾孟津』，不作『師渡』；《金縢》：『惟朕小子其新逆』，不作『親迎』；《酒誥》：『又惟殷之迪諸臣惟工』，不作『百工』；『弗蠲乃事』，不作『汝事』，《君奭》：『越我民，罔尤違』，不作『曰我』；《費誓》『弗敢越逐』，不作『無敢』，皆與宋本合。若《堯典》『毋嚚』，《傳》引《呂氏春秋》增多十九字。今攷定《武成篇》低一格，無傳，惟『垂拱而天下治』後夾注十餘行，異同居多，又增多百餘字，足以證今本之誤。」其爲元翻宋本無疑。

又 《書經集注》十卷《序》一卷。嘉靖贛州刻巾箱本。蔡沈集注。此書改《集傳》爲《集注》，分六卷爲十卷。與陽湖孫氏所藏元本合。惟元版係黑口本，附鄒氏《音釋》，且每句加一圈，讀法作連圈。而此本刪節音義，幷削去其圈，似非全依元版者。後有木記，楷書二行，曰：「嘉靖癸未季春月刊行於贛州府清獻堂。」

又卷二 《呂氏家塾讀詩記》三十二卷。明嘉靖覆宋本。宋呂祖謙撰。此書第一卷爲《綱領》，卷二以下釋《大小傳》。經文博引諸家注以成之。淳熙壬寅朱文公有序。是本《公劉》首章下識云：「先兄己亥秋復修是書，至此而終。自《公劉》次章訖於終篇則往歲所纂輯者，未及刊定。今不敢損益，姑從其舊。」乃其弟所校刊也。與陳氏《書錄解題》合。此明御史傅應臺氏刻於南昌，有嘉靖辛卯冬古鄞陸釴序。每葉二十八行，每行十九字。經頂格，注低一格，注中有注旁行而字略小，不作雙行，各家姓氏以黑質白文別之。書法以篆作楷，宋諱有缺筆，蓋從宋巾箱本翻雕者。

又 《儀禮》十七卷。明嘉靖翻宋本，馮氏快雪堂舊藏。鄭氏注。首列「儀禮卷第一」，次行「士冠禮第一」，越三格「儀禮」，越二格「鄭氏注」，又次行經文起，注雙行不附音釋。每葉十六行，行十七字。卷末夾注：「經幾字」，「注幾字」。凡「敬」字缺筆，而不避「徵」、「讓」等字，疑出於宋天

聖以前本。相傳爲明嘉靖間徐氏繙刻宋本《三禮》，此其一也。黄氏士禮居藏嚴州本十七卷，爲宋乾道八年命張淳校刊，世稱最佳之本。是刻雖繙，其原尚在嚴本以前。

又《儀禮注疏》十七卷。明嘉靖刊本。漢鄭元注，唐賈公彦疏，明汪文盛、高瀔、傅汝舟編校。卷首序題：「唐朝散大夫行太學博士宏文館學士臣賈公彦撰。」每半葉十行，行二十字，注文雙行，疏字外加一圈，不作黑質白文。版心無魚尾，惟「儀禮卷幾」大似宋刊十行本之式。汪文盛，字希周，崇陽人，正德辛未進士，官兵部武選司主事，時以諫南巡受廷杖。嘉靖初出知福州，有惠政，郡人爲立節愛祠，傅汝舟編次其詩集。此書當在福州所刊也。

又《儀禮商》一卷。舊寫本。四明萬斯大學。斯大，字充宗，鄞縣人。是書取《儀禮》十七篇，每篇各爲論説，時見新義。雙黑口，上下魚尾。書法古拙，當爲康熙間舊本。

又卷四 《大學章句》一卷《中庸章句》一卷《論語集注》十卷《孟子集注》十四卷。元刊宋本，袁又愷藏書。是書版心均題「晦庵」、「大學」、「中庸」、「論語」、「孟子」等字。每葉十四行，行大字十五，小字雙行。魚尾上有字數。每卷後有音攷，凡一節之義，一章之旨，一篇之凡，皆有旁抹。衍文加圓圜，誤字加方圍，主意字眼加上下圓圜。其中《大學》「維新」作「惟新」，《中庸》「蛟龍」作「鮫龍」，「攷諸三王而不謬」，「謬」作「繆」；《論語》「女得人焉耳乎」，「耳」作「爾」，「忽然在後」作「忽焉」，「沒階趨進」，無「進」字，「冉子退朝」，作「冉有」；《孟子》「古公亶父」，作「亶甫」，「井地不均」，作「不鈞」，「有小人之事」，作「小民」，「此率獸而食人」，「獸」上有「禽」字，「必至於彀」，作「必志」其注之異者，《大學》中「欲其必自慊」，作「欲其一於善」之類，皆與陳鱣《經籍跋文》所記淳祐本合。又攷楊士奇《東里文續編·四書集注跋》云：「句讀旁抹之法，兼取勉齋黄氏、北山何氏、魯齋王氏、導江張氏諸本之長，宣城張師曾爲之參校，加以音攷，蓋今之最善本也。刻版在常州府學。」此則句讀、旁抹、音攷一一脗合，《中庸》末有「平江章有常刊」六字，其爲常州版所出無疑矣。

又《四書》二十六卷。明吉府翻正統經嚴本。《大學》，朱子章句，前有淳熙己酉二月甲子新安朱子序，後附《大學或問》。《中庸》，朱子章句，前有淳熙己酉春三月戊申新安朱子序，後附《中庸或問》。《論語》十卷，前有《朱子集注序説》。《孟子》十四卷，前有《朱子集注序説》，後附《讀論語孟子法》。有「吉府圖書」大方印。按周宏初輯《古今書刻》：吉府刊《四書集注》，常即翻正統司禮監刊本，故蓋印於每卷之前。

又《大學章句》一卷《中庸章句》一卷《論語集注》十卷《孟子集注》十四卷。明伊藩翻正統本。各書前均有朱子序及序説，又讀《論語·孟子法》，並有嘉靖戊申十月伊藩掌國正派體元子親筆撰序於欽賜正誼樓，云：「予於嘉靖乙巳奏請頒降《五經》、《四書》等書，以備觀覽，既而小兒輩少知向學，紀善仵讀等官持南版《四書》以進，紙粗字譌，有誤後學，因命工正官將原頒官本《四書》翻刻，傳之子孫，貽於後世。」云。所謂原頒官本《四書》，即正統問司禮監所刊之《五經》、《四書》也。

又卷五 《廣韻》五卷。明開封府翻元刊本。按此書世行凡二本：一爲宋陳彭年等所重修；一即此本，不著撰人名氏。舊有孫愐《唐韻序》，此則無之。朱竹垞《序重修本》云：「以此本比重修者，注文獨簡，當是明代内府刊版，中涓欲均字數取而刪之。」然《四庫提要》據《永樂大典》引此本皆曰「陸法言《廣韻》」，引重修本皆曰「宋重修《廣韻》」。又邵長蘅《古今韻畧》謂宋槧本「東」字注中引「東不訾事」，重修本作「舜七友」，而此本譌作「舜之後」。熊忠《韻會舉要》已引此本，則爲元時所刻，非明中涓所刪也。是本前有萬曆己未開封府楚應城王珹序，謂「開郡已鐫之梨棗，内有殘缺，韻猶弗廣。余不韻，不能廣，於原刻之外，而補綴簡篇，再見《廣韻》之全」云云。與《玉篇》版口一式，當爲明初翻元而萬曆補修之版所刷者歟？

又《洪武正韻》十六卷。明初刊本。明翰林侍講學士樂韶鳳等奉敕撰。前列洪武八年三月十八日翰林侍講學士中順大夫知制誥同修國史兼太子贊善大夫臣宋濂序。是書併平、上、去三聲各爲二十二部，入聲爲十部。當時頒示天下，除内府刊行外，周宏祖《古今書刻》所載如南監、贛州、建寧、衡府、平陽皆有刊本。此則字大刊精，白紙精印，雖不標刊行何地，斷非坊肆所雕。

又卷六 《漢書》一百二十卷。朱福唐刊明修本。班固撰，秘書監上護軍琅邪縣開國子顔師古注。是書首行小名在上，班固二字在中，大名在下。次

行顔注銜名。每葉二十行，行十九字，注二十五字至二十八字不等。宋諱有缺筆，版心注「大德」、「至大」、「延祐」、「元統」補刊，蓋宋刊元修之本。《愛日精盧藏書志》有是帙，幷有《後漢書》，款式、補修與此悉同。《目錄》之外，前、後無一攷證。滬上更以此書來售，按之即屬此刻，惟將次行顔注銜名改題「鎭守福建都知監少監栝蒼馮讓宗和重修」。卷末有天順五年孟冬讓修刊福唐郡庠書版跋云：「予奉命來鎭福建，福庠書集版刻年深，詢知模糊殘缺過半，不便觀覽，心獨惻然，鳩工市版補刻。」云云。始知宋刻於福唐者，兼收並蓄之。

又《漢書》殘本十四卷。宋嘉定建安蔡琪刊本，拜經樓吳氏藏。漢護軍班固撰，唐正議大夫行秘書少監琅邪縣開國子顔師古集注。《拜經樓藏書題跋》云：「《前漢書・列傳》十四卷，每葉十六行，行大十六字，小二十一字。每卷首小名在上，大名在下，卷末書右將杭本、越本及三劉宋祁諸本參校，其有同異並附於古注之下。」又載「正文若干字，注若干字，筆畫工整，紙墨古雅（圖一八六），洵宋刻之最佳者。」後朱文藻、周廣業、陳焯、鮑廷博、錢馥、邵志純、盧文弨、胥繩武、張燕昌、黃丕烈、錢泰吉或題，或觀，或校，咸有印識，皆不能定何時何人所刊。楊氏海源閣《楹書隅錄》載藏是書行款悉符，《目錄》前有木記，云「建安蔡琪純父所刻」。陸氏《儀顧堂題跋》：「宋槧蔡琪一經堂本《後漢書》，核與兔牀拜經樓所藏《前漢・列傳》十四卷款式相合，則爲蔡刻無疑矣。

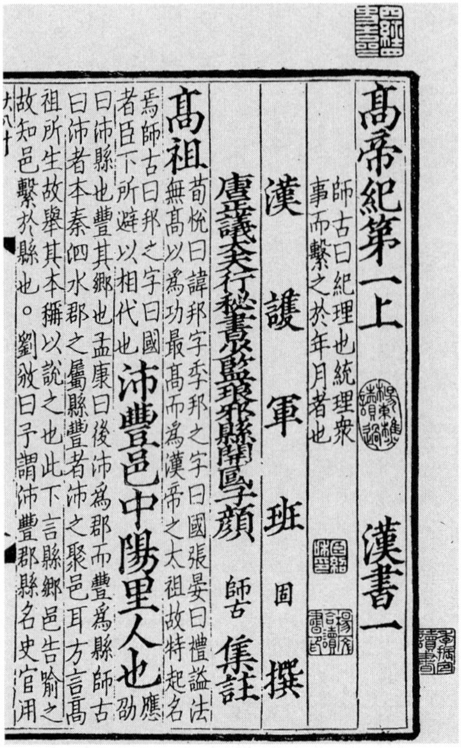

圖一八六　筆畫工整，紙墨古雅。

又《梁書》五十六卷。宋刊明修本。散騎常侍姚思廉撰。《唐書》思廉本傳稱「貞觀三年，詔思廉同魏徵撰」。《藝文志》亦稱《梁書》、《陳書》，皆魏徵同撰。舊本獨標思廉，蓋不沒其秉筆之實，而每卷後題「陳吏部尚書姚察」，或加題史官者，蓋思廉憑父舊稿加以新錄，亦推本父之遺意耳。此本亦眉山所刻《七史》之一，行款格式與宋書同，惟字畫刊工不及《宋》、《齊》、《北齊》、《陳》、《魏》、《周》六書之善，致有疑爲書估取宋殘版加以明刻，稱爲邋遢本是也。然汪士鍾藏宋刻《梁書》，不避南宋諸諱，每冊有禮部官印，版式極寬大，每半葉九行，行十八字，鮑廷博定爲北宋本，其實即屬此刻。眉山覆梓在紹興十四年，安得預避南宋之諱耶？《儀顧堂續跋》云：與北監、汲古兩本對校，譌奪不可枚舉，彌見舊刻之珍貴。

又《北史》一百卷。元大德信州路刊本。李延壽。延壽表進《北史》稱「本紀十二卷，列傳八十八卷」，與今卷數合。蓋家世北方，見聞較近，用力綜述深於《南史》。如《周》則補《文苑傳》，《齊》則補《列女傳》；出酈道元於《酷吏》，附陸法和於《藝術》，具有鑑裁。宋以後若魏、若北齊、若周三朝故實賴之維繫。此本首行大題在下。每半葉十行，行廿二字，與《南史》版匡一式。版心間有刊削未盡之「信州路學刊本」等字，蓋亦元大德間九路所刊之一。陸存齋藏本版心有「信州路儒學刊」、「信州象山刊」、「象山書院刊」、「道一書院刊」、「稼軒書院刊」、「藍山書院刊」、「玉山縣學刊」、「弋陽縣學刊」、「貴溪學刊」、「上饒學刊」等字，蓋印本在前也。明北監與汲古本《魏本紀》「帝乃告諸大臣，爲與魏和親計」、「四十二年，遣子文帝如魏」、「與魏」、「如魏」皆改「晉」，不知此時晉未受禪，安得「如晉」，此本不誤。他如「涼武昭王」有譌爲「梁武」，「長城大狩」有譌爲「長城太守」者，蓋不及此本之佳。

又《唐書》二百五十卷。宋嘉祐刊本，汪氏藝芸精舍藏書。歐陽修奉敕撰，宋祁奉敕撰。卷首以公亮監脩，故冠「推忠佐理功臣正奉大夫尚書禮部侍郎參知政事柱國，廬陵郡開國公食邑二千一百戶實封二百戶賜紫金魚袋臣曾公

亮奉敕提舉編修」銜名，列傳爲宋祁所定，故題「端明殿學士兼翰林侍讀學士龍圖閣學士朝請大夫守尚書吏部侍郎充集賢脩撰臣宋祁奉敕撰」。【略】是書曾公亮《進書表》及《目録》已佚，卷末列二十一帝本紀一十篇一十卷，十三志五十篇五十六卷，三表十五篇二十二卷，列傳一百五十篇一百六十卷，録一卷。每葉三十行，行二十五字。版心窄狹幾不能容。首行大題亦在下。仁宗以上諱「匡」、「胤」、「恒」、「禎」及嫌名，「殷」、「敬」、「鏡」、「境」、「貞」等字皆缺筆而不及英宗以下，殆嘉祐時所鏤版也。

又《五代史記》七十四卷。宋慶元刊本。歐陽脩撰，徐無黨注。唐以後所修諸史惟此爲私撰，故褒貶祖《春秋》，叙述祖《史記》而事實不甚經意。當時實未上於朝修，歿後始詔取其書付國子監開雕，遂至今列爲正史。無黨注淺陋，相傳既久，存而不廢。前有建安陳師錫序，云：「五代距今百有餘年，故老遺俗，往往垂絶，無能道説者，史官秉筆之士，或文采不足以耀無窮，道學不足以繼述作，使五十餘年廢興存亡之迹，姦臣賊子之罪，忠臣義士之節，不傳於後世，來者無所攷焉。惟廬陵歐陽公，慨然以自任，蓋潛心累年而後成書，其事迹實録，詳於舊記，而褒貶義例，仰師《春秋》，由千古而來，未之有也。至於論朋黨宦女，忠孝兩全，義子降服，豈小補哉！」此本版之徑圍縮小，每半葉十行，行十八字，版心有字數、刻工姓名，「朗」、「匡」等諱皆缺筆（圖一八七），有「慶元五年魯郡曾三異校定」等字（圖一八八）。其黑口之葉，則元時補也。

卷七 《通志》二百卷。元刊本。宋鄭樵撰。樵字漁仲，莆田人，紹興中以薦授右迪功郎兵部架閣，尋監潭州南嶽廟給札。所撰《通志》書成，授樞密院編修。《宋史》有傳。是書二百卷，蓋彙集三千年之事爲通史，其本紀、世家、列傳，載記多採諸史舊文，年譜加以貫串，其精華惟在二十略以代諸史之志，實爲千古鉅製。前有樵總序一篇，《總目》一卷，舊有至治壬戌吳繹序，有「繹」、「可堂吳氏」兩木方印，至治元年福州路總管可堂吳繹《募刻通志疏》後有至治二年九月印造福州路總管府所委提，調官録事司判官七人銜名。吳序云「是集梓於三山郡庠，既獻之天府，藏之秘閣下，北方學者猶未之見，乃募僚屬捐己俸，摹印五十部，散之江北諸郡」云云。據劉壎《隱居通議》云：「近大德歲間，東宮有令下福州，刊《通志》，凡萬餘版。」是此書成宗時已刻於閩中，繹摹印、頒行，記歲月於後，非繹所刊。

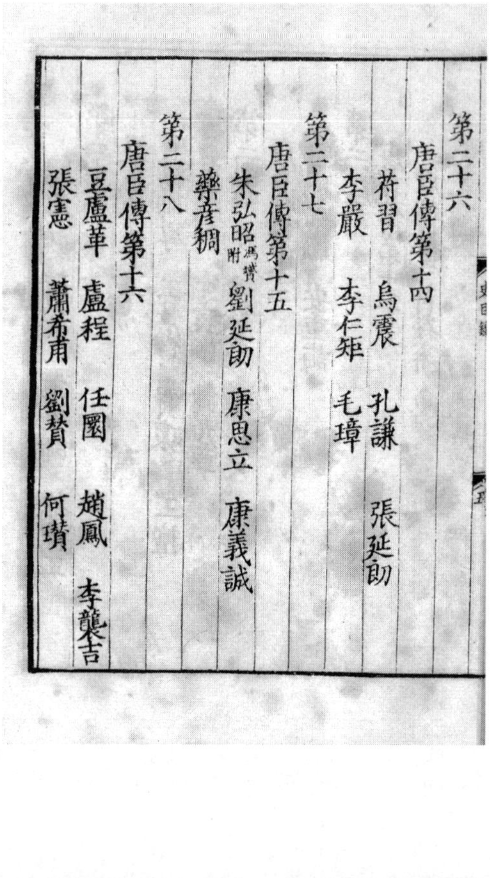
第二十六
唐臣傳第十四
苻習 烏震 孔謙 張延朗
李嚴 李仁矩 毛璋
第二十七
唐臣傳第十五
朱弘昭 馮贇附 劉延朗 康思立 康義誠
藥彥稠
第二十八
唐臣傳第十六
豆盧革 盧程 任圜 趙鳳 李襲吉
張憲 蕭希甫 劉贊 何瓚

圖一八七 第三行「朗」字闕筆。

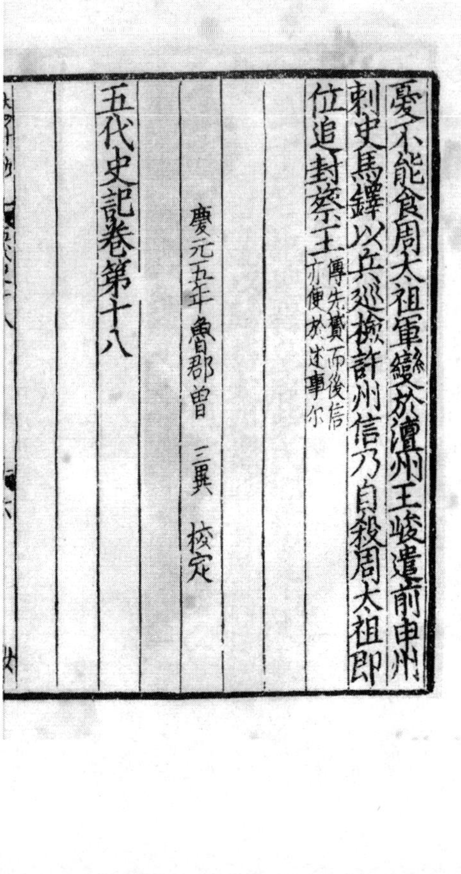
慶不能食周太祖軍變於澶州王峻遣前申州
刺史馬鐸以兵巡檢許州信乃自殺周太祖即
位追封蔡王 傳先實而後信亦便於述事尔
慶元五年魯郡曾 三異 校定
五代史記卷第十八

圖一八八 有「慶元五年魯郡曾三異校定」一行。

卷八《靖康紀聞》一卷附《拾遺》。四古堂鈔本。武陵孤臣丁特起。前有「宋孤臣丁特起泣血謹書序」，後有《拾遺》一卷。不署撰人。案《文獻通攷》載《靖康拾遺錄》一卷，何烈撰，又名《靖康小史》，又名《草史》。疑即是書。然《紀聞》所載全與《泣血錄》相同，大約輾轉鈔傳，或更名爲《靖康蒙塵錄》。名雖三而實則一也。黃蕘圃《靖康孤臣泣血錄題跋》云：「明刻是錄，因是葉石君、孫慶增兩家藏本，故收之。歲辛酉得郡中青芝堂所儲鈔本，遂手校一過於刻上，覺勝此遠甚。」今以此鈔本與萬曆王刊本對看，覺語句條貫，格式整齊，勝刻者數倍，想即與青芝本同出一源也。版心有「四古堂」三字。「四古」者，乃吳石倉允嘉之書堂，卷眉校字的係石倉手筆，可珍也。

又《兩漢詔令》二十三卷。宋刊本。《西漢詔令》十二卷，宋林虙編。虙字德祖，吳郡人，開封府掾。自有序，大觀三年，宜興蔣瑎、信安程俱又各序之。《東漢詔令》十一卷，樓昉續編。昉字暘叔，鄞縣人，官宗正寺主簿。嘉定十五年自爲序，紹定癸巳昉門人鄭清之跋，學生汪衛校正，昉埍范光跋而幷刻之。翰林學士洪咨夔又爲《兩漢詔令總序》。此本每葉二十行，行十八字。「匡」、「桓」字有缺筆，當爲紹定時刊也。

又《商文毅公疏稿略》一卷。明鈔本，袁漱六藏書。按：文毅公名輅，字宏載，淳安人。正統乙丑進士第一。官至吏部尚書、謹身殿大學士。《明史》有傳。其孫汝頤後跋云：「先大父《素庵文集》兩遭煨燼，幸此獨存，因鋟諸梓。」《四庫》以天一閣鈔本著錄，似刊本亦失之矣。此白紙藍格，的爲明鈔。卷首加「翰林院印」，又有館臣批抹之筆，殆即天一閣進呈發還之本也。

又卷一五《家語》一卷。明翻宋本。王肅注。前載王氏序，後有吳郡黃魯曾序，云：「《藝文志》有二十一卷，王肅所注，何乃至宋人梓傳者止十卷，已亡其大半。如由混簡錯袠，則又不可分析，比之王廣謀句解者，又止三卷。近何氏孟春所注，則卷雖盈於前本，而文多不齊。余頗惜王肅所注之少播於世，力求宋刻者校讐之，僅得十之七八，雖宋刻亦有訛謬者也。」案：是書列入《天祿琳瑯・宋版子部》前有肅序，末載歲甲寅端陽望吳時用書，黃周賢、金賢刻。攷《四庫全書總目》、《二十六家唐詩》，款亦同，疑爲明末書賈而別無實證。嘉靖本《野客叢書》亦有黃周賢名，則此書當爲嘉靖三十三年所刊，然書中「祺」字缺末筆，避度宗嫌名，似咸淳年間刻。考咸淳無甲寅，其槧法特精，疑其源當出於南宋舊刊，時用重爲影寫上版，故「祺」字依舊缺筆。卷端鈐有「宋景濂圖書」，則書估妄加，不足致辨。

卷一六《重修政和經史證類備用本草》三十卷。明翻金泰和刻本。成都唐愼微續證類中衛大夫提舉太醫學臣曹忠孝奉敕校勘。前有忠孝序文，引所出經史方書目錄，又「金泰和甲子晦明軒刊書」木記及成化四年淳安商輅序。其自嘉祐以前所有本草諸序皆載於卷一「序例」中，而嘉祐間禹錫等進書奏敕又列於末，不入「序例」，其體例殊不畫一，蓋宋、金、元、明輾轉重刊，互有增易故也。按：前書但著「大觀」之名，並無「政和」之號，且皆稱三十二卷，或三十一卷，而此獨三十卷，幷以「重修政和」標題，又「備用」之稱，與《宋史》「備急」之名互異。以金泰和木記證之，是明時別據泰和刊本重刻，不以宋槧爲準，故卷數、標題各有盈縮異同耳。

又《重修政和經史證類備用本草》三十卷。明嘉靖刊本。成都唐愼微證類中衛大夫康州防禦使句當龍德宮總轄修建明堂所醫藥提舉入內醫官編類聖濟經提舉太醫學臣曹孝忠奉敕校勘。前後序文、金泰和木記、《證類本草》所出經史方書凡二百四十七家均與前部同，惟有萬曆十五年五月吉日御製前序，後跋及成化四年商輅序、嘉靖壬子太倉王積、江右漁浦項廷吉、古杭馬三才、嘉靖癸未廬陵陳鳳梧四序，皆山東撫按等官，蓋刻於山左者也。字大悅目，較前刻爲工。

又《重刊經史證類大全本草》三十一卷。明萬曆重刊大德本。唐愼微纂。前二卷爲《序例》上、下、《衍義》、《序例》，三卷以下則列藥名，較金版本草多大觀二年艾晟序，又政和六年《劄付寇宗奭》，又嘉祐二年《補注本草奏敕》，三年《圖經本草奏敕》。其艾序後亦有「大德壬寅孟春宗文書院刊行」木記，蓋知南陵縣事楚武昌朱朝望據元本重梓者也。又題「春穀義民王秋原刊，庠生王大獻、引禮程文繡同校」，卷二前則標「春穀王秋捐貲，命男大獻、大成同校錄」，則皆出資刊刻之人矣。卷末有木記，云：「萬曆庚子秋七月重鍥於籍山書院。」有彭端吾、金勵、梅守德三序，王大獻後序。

卷一八《呂氏春秋》二十六卷。明宏治刊本。卷首第二行「孟春紀第一本生重已貴公去私」，第三行「呂氏春秋訓解高氏」。此盧抱經云「猶存古意」者也。前有遂昌鄭元祐序，序後有「嘉興路儒學教授陳泰至正六年」，

下闕一行，高誘序。《總目》後有鏡湖遺老記。二十六卷末有「宏治十一年秋河南開封府許州重刊」一條，後序一篇，闕尾葉。殆畢尚書沅所謂李瀚本。瀚字叔淵，號有齋，沁水人，成化辛丑進士，官至戶部尚書。此正巡撫河南時重刊。版心記大小字數。世之所謂元刊者，殆以此本匿去後序，割去宏治一行而爲之歟。

又《東觀餘論》二卷。明萬曆項氏刊本，馬笏齋藏書。左朝奉郎行秘書省秘書郎黃伯思撰。伯思字長睿，邵武人，元符三年進士，累官秘書郎，自號雲林子，別字霄賓。李忠定誌其墓，稱「好古文奇字，鍾鼎、彝器，款式、體製悉能了達辨正」，即指此書。是編卷上題「法帖刊誤」，卷下乃題「東觀餘論」，有大觀戊子歲伯思自序，又有嘉定年樓鑰序，紹興丁卯其子黃訒跋，又前一序稱「川本去卅一篇」云云，後有跋稱「是書刊於庚午之秋」，俱不題年月、名氏。此本前題「秀水項篤壽重校」並「萬曆甲申篤壽重刊引」，卷尾有「嘉禾項氏萬卷堂梓」長圓方式木印。

又《分類補註李白詩》二十五卷。元至大辛亥刊本，錢叔蓋藏書。春陵楊齊賢子見集註，章貢蕭士贇粹可補註。唐李白撰。宋元人注《白集》者惟推此兩家。齊賢，履貫具前題，士贇，寧都人，自署冰崖後人，蓋其父宋辰州通判立等之號也。書二十五卷，分二十二類。前有至元辛卯中秋粹齋自序：「弱冠誦太白詩，厥後眞思遐想，章究其意之所寓，旁搜遠引，句攷其字之所原，一日得左綿所刊楊君子見注本，惜其博不能約，因取其本類比，爲之節文，善者存之，注所未盡者以所見附其後。賦八篇，子見本無注，則併注之」。《目錄》後有「建安余氏勤有堂刊」篆文木記，《目錄》末葉版心記「至大辛亥三月刊」。

又《分類補注李太白詩文集》三十卷。明嘉靖刊本。春陵楊齊賢子見集注，章貢蕭士贇粹可補注，吳會後學郭雲鵬校刻。前有唐宣州當塗令李陽冰序，次朝散大夫行尚書職方員外郎直史館上柱國樂史《述別集序》，次殿中侍御史李華《李公墓誌》，次尚書膳部員外郎劉全白撰《李君碣記》，次常山宋敏求後記，次南豐曾鞏後序。詩二十五卷，先標楊齊賢、蕭士贇之名，以文集無兩家注故也。後有雲鵬自跋，並「嘉靖癸卯春元月寶善堂梓行」小木記。橅印精潔，殊可珍也。

又《集千家注分類杜工部詩》二十五卷。元廣勤堂刊本。東萊徐居仁編次，臨川黃鶴補注。陳氏《直齋書錄解題》云「《門類杜詩》二十五卷，東萊徐居仁編次，未詳何人」云云。是七十二門爲居仁所分，而集千家注之名乃黃鶴繼其父希所作而成也。希字夢得，宜黃人，登進士，官永新令。鶴字叔似，著有《北窗寓言集》。書中所列諸注姓氏自韓愈、元稹至文天祥、謝枋得、劉會孟共一百五十六家。卷首標「杜工部傳序碑銘」，爲《唐書》杜甫本傳，元微之《杜工部墓誌銘》，韓愈《題杜子美墳》，李觀《遺補杜子美傳》，王洙《杜工部詩史舊集序》，孫僅《讀杜工部詩集序》，王安石《杜工部詩後集序》，胡宗愈《成都草堂詩碑序》，魯訔編次《杜工部詩序》，王琪增修、王叔原編次《杜詩後記》，王彥輔《增注杜工部詩集序》，鄭卬《杜少陵詩音義序》、《跋》、《杜子美詩幷序》，孫何《讀子美集詩》，歐陽修、王安石《子美畫像詩》，張伯玉《讀子美集詩》，楊蟠觀《子美畫像》又《集注姓氏》又《集注門類》又《年譜》一卷，則鶴所撰也。碑、銘卷後有「廣勤書堂新刊」六字木記《門類》後有「三峰書舍」四字鐘式木印「廣勤堂」三字鼎式木印，當是皇慶壬子以後所刊也。

又《集千家注杜工部詩集》二十卷附《文集》二卷。明嘉靖刊本，祝芷塘藏書。明嘉靖丙申玉几山人校刊。寶元二年翰林學士王洙序云：「《杜集》初六十卷，今秘府舊藏通人家所有稱大、小集者，皆亡逸之餘人自編摭，非當時第序矣。蒐裒中外書凡九十九卷，除其重複，定取古詩三百九十有九，近體千有六，起太平時，終湖南所作，視居行之次與歲時爲先後，分十八卷。又別錄賦草、雜著二十九篇，爲二卷。」又有王安石、胡宗愈二序，蔡夢弼跋，後附錄元稹撰《墓誌銘》、《唐・文藝傳》。此爲《詩集》二十卷，附《文》二卷，題「玉几山人校刊」，一本別題「明易山人」者，當必書版歸坊，隨時易名也。

又《唐劉隨州詩集》十一卷。明翻宋本，李申耆藏書。隨州刺史劉長卿。長卿，字文房，河間人，一作宣城人。開元二十一年登進士第，官終隨州刺史。集稱從其官也。又稱《文房》，從其字也。宋刊《文房文集》，每半葉十三行，行二十一字。明宏治有兩刊本，均十一卷，一西蜀李士修知隨州所刊，一餘姚韓明所刊。此本十一卷，末爲文。卷二《從河南元判官赴河南句當苗稅充百官俸錢》詩不書「句」字，注曰「御名」，是避宋高宗諱「構」嫌名，知此本從南宋翻雕者。前後無序跋，以紙版度之，當爲宏治所刊。

又《昌黎先生集》四十卷。宋淳祐刊本，徐健菴藏書。李漢編。前有門人李漢《集序》次《目録》。每葉二十行，行二十字。版心上下魚尾，上紀字數，下紀刻工姓名。行款闊大，字畫圓湛，紙墨精好。凡「玄」、「朗」、「匡」、「胤」、「耿」、「殷」、「恒」、「貞」、「徵」、「署」、「桓」、「完」、「構」、「瞉」、「愼」、「敦」、「廓」、「擴」、「讓」、「敬」等字皆闕筆，當爲理宗時刊本之最佳者，惜無《外集》與《遺文》耳。

卷二五　《孟東野詩集》十卷。明弘治仿宋刊本。山南西道節度參謀試大理評事平昌孟郊。郊，洛陽人。初隱嵩山，稱處士，貞元十二年進士，年五十矣。調溧陽尉。有投金瀨，郊間往，命酒揮琴，徘徊賦詩，曹務多廢。縣令白府以假尉代之，分其半俸，辭官家居。李翺薦於興元節度使鄭餘慶，奏爲參謀，試大理評事，終。黄蕘圃《百宋一廛》藏有北宋蜀本，每葉二十四，行行二十一字。陸存齋《儀顧堂續跋》載藏汲古閣影宋精本，題銜作「平昌」，不作「武康」，與此同。後有宋敏求題，題後有「臨安府棚前北睦親坊南陳宅經籍鋪印」一行，前有《目録》。每葉二十行，行十八字。此本亦前有《目録》，後有宋敏求題。每葉二十行，行十八字，惟無「臨安府棚前」一行耳。其爲翻雕棚本無疑。重刊序已缺一葉，中有「提學楊按察邃庵先生以全集不多見，出藏本屬商州梓木行之，惟時同知于君睿奉命惟謹，閲兩月工完。先生欲晟識其後」（圖一八九）。此本蓋宏治時楊公一清刊於陝西商州者。

卷二七　《節孝先生文集》三十卷《語録》一卷。元刊本。宋徐積撰。《宋史》本傳，積字仲車，山陽人，治平四年進士，元祐初年過五十，以薦爲楚州教授，改宣德。陳振孫云：「積以耳聵不能仕，事母極孝，行義純篤，政和中賜謚『節孝處士』。」《東坡志林》云：「仲車，古之獨行也，然其詩文則怪而放，如玉川子。」集爲淳祐庚戌淮南東路提點刑獄兼轉運判官王夬亨序，淮安州教授翁蒙正重編，景定甲子刻本也。舊有紹興戊辰一跋，稱：「萃備員山陽時，太守王直閣訪其遺稿數萬言，命萃鏤版以廣其傳」，即夬亨序所云「山陽舊刻」是也。前有《事實》一卷，後增門人江端禮《録節孝先生語録》一卷，是爲《二程語録》之濫觴，末有許及之跋。此本脱《事實》并失前序。按吳焯《繡谷薰習録》云：「曝書亭本有皇慶癸丑王霄賓序，元刻增節孝像及《題贊》，明嘉靖刻，又增《祠堂記》，余所見元版漫

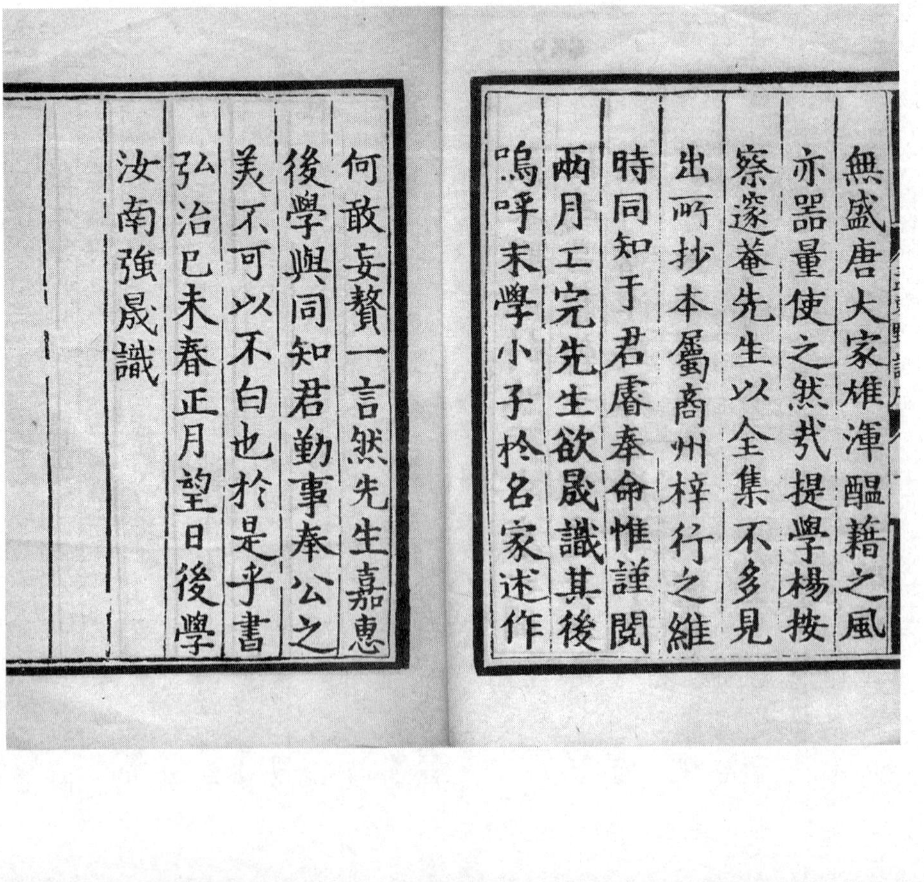
無盛唐大家雄渾醞藉之風
亦器量使之然哉提學楊按
察邃菴先生以全集不多見
出所抄本屬商州梓行之維
時同知于君睿奉命惟謹閲
兩月工完先生欲晟識其後
嗚呼末學小子於名家述作
何敢妄贊一言然先生嘉惠
後學與同知君勤事奉公之
美不可以不白也於是乎書
弘治己未春正月望日後學
汝南強晟識

圖一八九　弘治序言刻書事。

漶，不及景定刊本。」此無《祠堂記》，字多漫漶，是元刻也。

又《范忠宣公文集》五卷。宋嘉定刊本，張燕昌藏書。宋范純仁撰。純仁，文正公之次子也。字堯夫，以恩補太祝，中皇祐元年進士第，元祐中再

入相，元符末以大觀文中太乙宮，使召，以疾不赴，薨，贈開府儀同三司，謚「忠宣」，賜其墓碑曰「世濟」。《忠宣集》凡二十卷，後三卷爲《本傳》、《行狀》，此僅存詩五卷，前有正奉大夫參知政事兼太子賓客四明樓鑰序。按楊紹和《楹書隅録》載藏《范文正公集》二十卷，《別集》四卷，爲南宋初番陽郡齋所槧，後題「嘉定壬申仲夏重修」。每半葉十二行，行二十字，字大悅目，體式古雅，剞劂尤精。是本亦半葉十二行，行二十字，遇元祐哲宗、徽皇均提行，宋紙宋印，當與《文正集》同槧者也。

卷二八 《淮海集》四十卷《後集》六卷。明山東刊本。秦觀少游。此本前後無序跋，又無《長短句》三卷。刊版較大於嘉靖本。按張氏綖序云：「北監舊有集，版歲久漫漶，近日山東新刻不全，予迺以二集相較刻之郡齋。」所謂不全者，殆因未刻《長短句》耳。然則此集爲儀真黄雪洲中丞瓚先刻於山東者歟？

又 《東臺集》十卷。舊知不足齋鈔本。宋毛滂撰。滂字澤民，衢州江山人，官至祠部員外郎，知秀州，嘗知武康縣，縣有東堂，集因以名。陳直齋載《東堂集》六卷，《詩》四卷，《書簡》二卷，《樂府》二卷。虞山毛子晉獨刻其《樂府》，四庫館臣則輯其詩文於《永樂大典》中，尚得十卷，至其人反覆於蔡卞、曾布之間，存而不論可已。每葉有「知不足齋」四字。

又 《傳忠肅公文集》三卷。味書室精鈔本。陳振孫《書録解題》載《忠肅公文集》三卷，待制濟源傅察公晦撰。按：後列建炎二年晁公休撰《宋故朝散郎尚書吏部員外郎贈徽猷閣待制傅公行狀》，云：「公以元祐四年十一月十六日生，是日伯獻簡公拜中書侍郎，因小字鳳郎，蔡京欲以女妻之，毅然不肯，其後爲趙清獻公壻，京銜之，識者謂少年有器識，未易量也」。前有周必大序。此藍格精鈔本，版心有「味書室」三字。會稽傳以禮借此本校刊於福州，稱其繕寫無譌，洵爲善本。

卷二九 《豫章羅先生文集》十七卷。明嘉靖刊本。是本與元至正乙巳沙陽豫章書院刻式相似，無卓說序，前列成化八年壬辰知沙縣事嶺南張泰序，稱「提學憲副豐城游公按節攷校之暇，以是集授泰，曰：『正統戊辰燬於兵燹殆盡，其幸存僅見此本，亟圖鋟梓。』泰對曰：『謹受命。』是用重鋟以廣其傳。」卷末有嘉靖甲寅閩沙後學謝鸞識云：「進士曹公編次校正，匪隱括也，邑宰張公重鋟諸梓，匪鉛槧也。慨經歲久，版失澌盡，用捐廩刊行。」目録後木記有「刻版捌拾叁片，上下二帙，壹百陸拾壹葉，繡梓工資貳拾肆兩。」乃嘉靖謝氏重雕張本也。

卷三一 《默齋遺稿》二卷。小山堂鈔本，振綺堂藏書。建陽游九言字誠之。九言旹之子也，由古田尉知光化縣，充荆鄂宣武參謀官，端平中特贈直龍圖閣，謚文靖。《詩》一卷，《文》一卷，不載於《宋史・藝文志》，殆後人採輯之本，中有《義靈廟迎享送神曲》、《記台州司戶滕膺》《拒方臘之亂》，叙述極詳，足與朱子文集相發明。後無增輯，猶原本也。烏絲印，闌外有「小山堂鈔本」五字。

又 《棠湖詩稾》一卷。舊鈔本。相臺岳珂肅之。前有自序，云「慨想東都盛際，文物典章之偉觀，聖君賢臣之懿範瞭然在目，輒用王建花蕊體成百首以示黍離宗周之未忘。」云云。卷末有「棚北大街陳宅書籍鋪印行」小字二行。宋刻，每半葉十行，行十八字。舊藏汲古閣，毛氏曾影鈔以傳，今在吳門姚彥士方伯家，世疑厲樊榭作《北宋雜事詩》，好事者僞託岳氏以傳，殆先未見宋本耳。此本雖非影鈔，而紙舊字古，殆百年前物也。

卷三六 《容春堂全集》六十六卷。嘉靖刊本。明邵寶撰。寶舉南畿，受知西涯，爲戶部，始受業門下，西涯以衣鉢期之。越三十年，西涯貽以《信難》一篇，以歐公之知子瞻，子瞻之服歐公者爲比，蓋西涯絶筆也。西涯沒，李、何之焰大張，而公獨守師法，確然不變。《四庫》著録《全集》二十卷，《後集》十四卷，《續集》十八卷，《別集》九卷。此本《前集》二十卷，正德中震澤王鏊、同邑浦瑾爲前序，莆田林俊爲後序，寶又自序。卷二十一起按《別集》九卷，卷三十至卷六十六不分、《後》、《續》二集，較分四集本多五卷。末有「嘉靖甲午愼獨齋刊行」木記。按《千頃堂書目》四集之外，多《勿藥集》十四卷，豈此本爲初編未分之帙歟？

又 《洹詞》十二卷。趙府刊本。相臺崔銑仲凫著。銑字仲凫，號子鍾，安陽人，宏治乙丑進士，官至南京禮部侍郎。謚文敏。《明史》有傳。銑家境有洹水，集因以名。一、二卷爲《館集》，三卷爲《退集》，四卷爲《雍集》，五至十卷爲《休集》，十一、十二卷爲《三仕集》。每集下皆編排年次，不分體裁，集中排陽明之談良知，劾張桂之議大禮，皆著《風節政議》十篇，準酌古今，不務迂談，《漫記》十條，足裨《宋史》，餘論亦歸於正，此本前後無序跋，或爲書賈裁割歟？版心有「趙府味經堂」五字。

卷三八 《古文苑》二十一卷。元刊本。不著編輯名氏。陳振孫《書錄解題》云：「世傳孫巨源於佛寺經龕中得之，所錄自周迄南齊，詩、賦、雜文凡二百六十餘首，皆史傳、《文選》所不載。」宋槧九卷，末有「淳熙六年韓元吉記」。此宋章樵注，分爲二十卷，末一卷則以舊載文，多殘缺，存俟博訪者。前有紹定壬辰樵自序。樵字升道，號峒麓，昌化人，嘉定元年進士，注書時方知平江府吳縣事，後官知漣水軍，授朝散郎，知處州。《天祿琳琅》載有元刻，缺江師心、盛如杞二序，此本亦缺，字畫古雅，紙色湮舊，蓋元槧也。

又 《新雕宋朝文鑑》一百五十卷。明天順嚴州，翻宋刊本，拜經樓藏書。朝奉郎行秘書省著作佐郎兼國史院編修官兼權禮部郎官臣呂祖謙奉聖旨銓次。先是臨安書肆有江鈿所編《聖宋文海》，孝宗得之，命校正刊版。周必大言其去取差謬，遂命祖謙別輯此書。書成，賜名《文鑑》，敕必大爲序。【略】序前題銜曰「中書禮部尚書翰林學士兼侍讀左詹事兼修國史管縣開國子食邑五百戶賜紫金魚袋臣周必大奉聖旨撰」，又祖謙奉旨銓次《劄子》，及謝銀絹除直秘閣表。然祖謙編此頗干訾議，《直齋書錄》始云朱子晚年語學者曰：「此書編次，篇篇有意，非選粹比。」洵爲定論。宋嘉泰與端平閒有刻本。此天順八年冬嚴州府張郃齡據宋本翻刊，後來剗去「國朝」改爲「宋朝」，痕迹未泯，是爲明代接宋最初之刻也。有「拜經樓」一印，紙筆古雅，不減宋刻。

又 《二十先生回瀾文鑑》十五卷《後集》八卷。宋麻沙刊本。承奉郎連州簽書判官廳公事虞祖南承之評次，幔亭虞夔君舉箋注。兩虞仕履無考，夔題「幔亭」，或爲閩人。是書目錄後有「建安江仲達刊于群玉堂」長方木記（圖一九〇），後有《二十先生行實》一葉。每葉二十四行，行十九字，宋諱有缺有不缺，蓋麻沙坊刻也。

卷三九 《東壁圖書府十二家唐詩》二十四卷。明刊本。永嘉張遜業有功校正，江都黃埻子篤梓行。凡選《王勃集》二卷，《楊炯集》二卷，《盧照鄰集》二卷，《駱賓王集》二卷，《陳子昂集》二卷，《杜審言集》二卷，《沈佺期集》二卷，《宋之問集》二卷，《王摩詰集》二卷，《孟浩然集》二卷，《高常侍集》二卷，《岑嘉州集》二卷。遜業爲張孚敬之子，當時錄選必多善本，《天一閣書目》有其書，其題後云：「王、楊、盧、駱，沿六朝之習，爲天

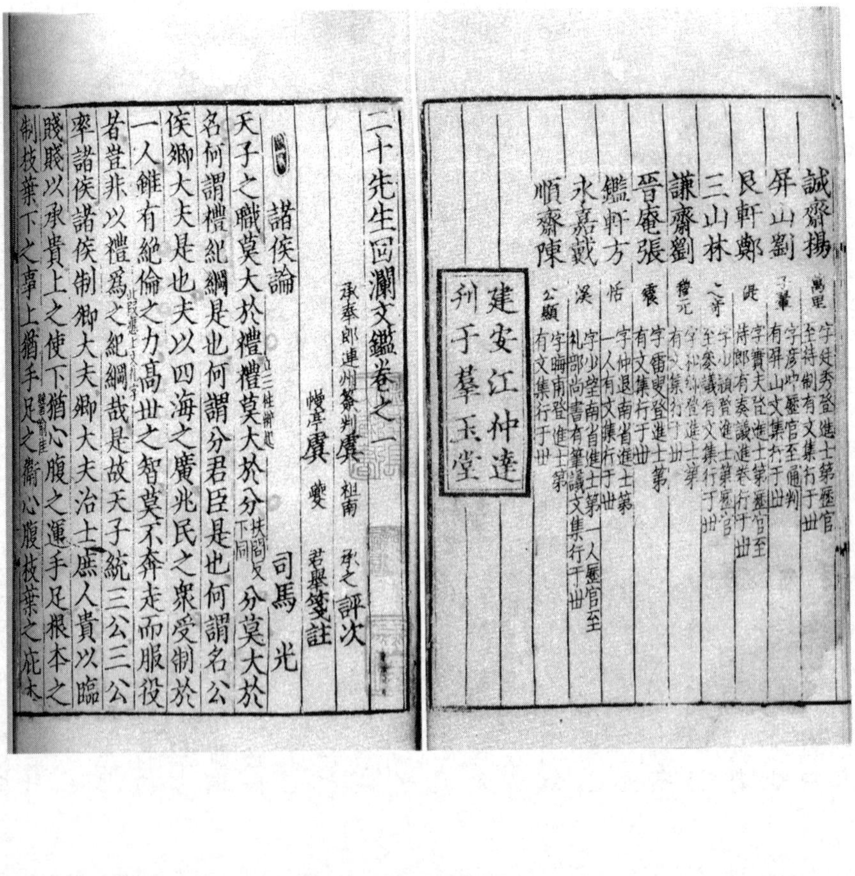
誠齋楊
弇山劉
艮軒鄭
三山林
謙齋劉
晉庵張
鑑軒方
永嘉戴
順齋陳
建安江仲達
刊于群玉堂
二十先生回瀾文鑑卷之一
承奉郎連州簽判虞 祖南 承之 評次
幔亭虞 夔 君舉 箋註
諸侯論 司馬光
天子之職莫大於禮禮莫大於分分莫大於名何謂禮紀綱是也何謂分君臣是也何謂名公侯卿大夫是也夫以四海之廣兆民之衆受制於一人雖有絶倫之力高世之智莫不奔走而服役者豈非以禮爲之紀綱哉是故天子統三公三公率諸侯諸侯制卿大夫卿大夫治士庶人貴以臨賤賤以承貴上之使下猶心腹之運手足根本之制枝葉下之事上猶手足之衛心腹枝葉之庇本

圖一九〇 目録後有「建安江仲達刊于群玉堂」木記。

賦之才，實一代聲律之發硎，自是文運益昌，乃有陳、杜、沈、宋倡於前，王、孟、高、岑繼於後。」當時指武德、貞觀爲初唐，天寶、貞元爲盛唐，元和、開成之末曰晚唐，則十二家者，又唐之可法者歟？爰重梓之。朱竹垞《曝書亭集部目錄》閒收其零種，似明末已見重於詞壇矣。卷末有同閱姓名如陳寉、史起蟄、張袠、方可立、王應辰、聞得仁、王一夔、張遜肅、王

叔果、王叔杲、朱廷棟、方九叙、謝敏行、沈仕、朱永年、侯一麟、黄一鵬、張邠、張承明，半皆杭人，蓋當時刊版於杭州也（圖一九一）。

卷四〇 《友古居士詞》一卷。明鈔本。莆田蔡伸伸道。伸莆田人，忠惠公襄之孫，自號友古居士。宣和中官彭城，倅歷左中大夫。伸詩文集世無傳本，《直齋書録解題》載伸有《友古詞》一卷，與此合。伸官彭城時與向子諲相唱和，詞筆亦頗近之。毛氏刊《六十家詞》頗多譌舛。此明人鈔本，紙墨古雅，觀其格式，蓋三百年前物也。

又 《蘆川詞》一卷。明鈔本。三山張元幹仲宗。《宋藝文志》載其詞二卷，《直齋書録》作一卷，與此本相符。仲宗詞清麗婉轉，足以肩隨秦少游、周美成。《四庫提要》云卷内鶴沖天調，本當作「喜遷鶯」，毛晉乃注云：「向作『喜遷鶯』，誤。今改作『鶴沖天』」，不知「喜遷鶯」之亦稱「鶴沖天」，乃後人因韋莊《喜遷鶯詞》有「爭看鶴沖天」句，而名調止四十七字，元幹正用其體，晉乃執後起之新名，反以原名爲誤，尤疎於攷證。此本仍作「喜遷鶯」，至「灑窗間惟稷雪」，此本仍作「霰雪」，固知鈔出於汲古閣刊刻之先。

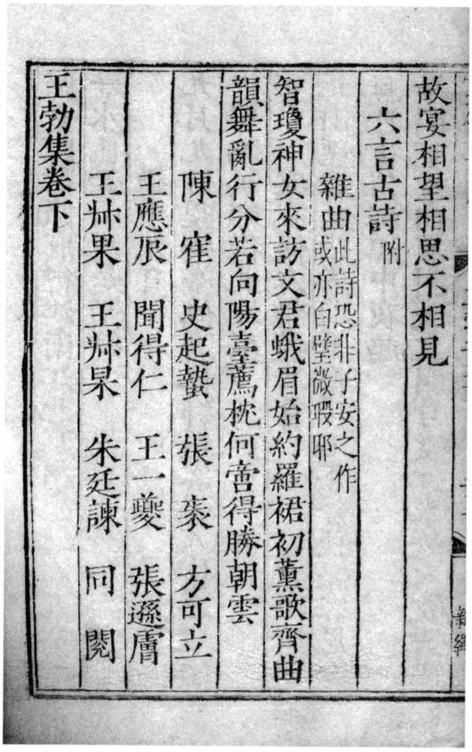

故宴相望相思不相見

六言古詩 附

雜曲 此詩恐非子安之作或亦白璧微瑕耶

智瓊神女來訪文君蛾眉始約羅裙初薰歌齊曲韻舞亂行分若向陽臺薦枕何啻得勝朝雲

陳寉 史起蟄 張袠 方可立

王應辰 聞得仁 王一夔 張遜膺

王垘果 王垘杲 朱廷諫 同閲

王勃集卷下

圖一九一 卷末同閱姓名，半皆杭人。

又 《松隱詞》三卷。舊鈔本。曹勛。勛有《文集》四十卷，其卷三十八至四十爲長短句。外間所傳僅存首卷，缺後二卷。此本楮墨甚舊，當是前明鈔本。

又 《東溪詞》一卷。汲古閣鈔本。高登彦先。此册版心有「汲古閣」三字，蓋毛晉嘗擬續刻《六十家詞》，當寫而未梓之帙。後跋亦未綴也。

又 《碎錦詞》一卷。汲古閣鈔本。宋李好古。好古籍貫未詳。宋本結銜稱「鄉貢免解進士」，當未嘗入仕途也。詞十四闋，用筆渾灝，無末流纖弱之習。集中若《八聲甘州》、《江城子》等闋，雄聲壯態，仿佛稼軒所遜者，生粹耳。鈔手極舊，版心有「汲古閣」三字，蓋毛氏舊物也。

陸心源《儀顧堂集》卷二《肅府本閣帖非出淳化祖刻考》 《淳化閣帖》刊於宋太宗，北宋時已有二王府翻本。紹興中，有國子監翻本，其後又有坊賈翻本。洪武中，有泉州知府常性翻本，名「世綵堂帖」，又有泉州馬房本。萬曆中，有顧汝和翻本，潘大亮翻本，有書坊刊王著摹本，其他坊本更難指數。論者皆以肅府本爲出淳化祖刊，勝於潘、顧二本。以愚攷之，未必盡然。汪逵《淳化閣帖辨記》云：「閣帖，一百八十四版，二千二百八十七行。」《劉後村大全集》一百五卷《閣帖跋》云：「《閣帖》眞者，字畫豐穠，有精采，如潭絳則太瘦，臨江則太肥，又用李廷珪墨印造，不可以僞。余使江右，得十卷。李瑋駙馬故物也。後有朱印云：『李瑋圖籍，上賜家傳，子孫有德，保無窮年。』」十卷之末，皆有此印。版數、行數與汪逵所記合。凡眞帖可辨者有數條，墨色一也。他本卷數在上，板數在下，眞本卷數、版數字相連屬，二也。他本行數字小而瘦，眞本行數字比帖中字大而濃，行數皆與汪記合，三也。每版行數或多或寡，四也。方楷敬則得一本，末有端明蔡公題，曰「黄子正出示，因習草法」，末有子正印，版數行數亦與汪記合。」案，子正，名元吉，仁宗時内臣。見《集古録》跋尾。是辨淳化祖刊者，必須版數、行數與汪逵記合，卷數版數字相連屬，版數比帖字大，每版行數多寡不同，與劉後村跋合，乃可定爲祖本。今肅本二百四十七版，比汪逵所記多六十三版，不合一也；卷數在上，版數在下，不相連屬，不合二也；版數字小於帖字遠甚，不合三也。其非從淳化祖刊重摹可知。況肅本張鶴鳴跋祇云馬房光怪以前物，蓋謂勝乎明拓馬房本耳，非以爲祖刊也。後村所見兩本，有北宋人李瑋、黄元吉、蔡忠惠藏印、題記，非肅府所祖，僅有元人題

字者可比，乃近來論《閣帖》者，皆以肅本爲出淳化祖刊。翁學士至謂肅府初拓當作淳化祖刊觀，亦未取後村題跋、汪逵題記一考之耳。

又卷五《重刊董氏道德經集解序》　《道德經集解》二卷，各家書目皆未著錄。題曰「清源圭山董思靖撰，章貢淵然、道者劉若淵校刊。」序說後題「淳祐丙午臘月望清源後學圭山董思靖書」。案，思靖生平無攷，惟清源、圭峰皆福建泉州山名。今泉州之元妙觀，宋時爲天慶觀，元改今名。由是推之，則思靖乃宋季泉州道士也。《福建通志》無思靖名，惟宋《方外傳》稱「董伯華，晉江人。服氣煉形，言徵應輒驗，能於人手中作字，開拳有雷聲震起，後尸解北山紫極宮。」考紫極宮在天慶觀之右，與思靖時代、住址頗合，或伯華即思靖之字未可知也。劉淵然，贛州人，祥符宮道士，能呼召風雷。洪武二十六年，召至京，賜號「高道」。宣德中，卒，年八十二，見《江西通志》。書題「淵然校刊」，其爲元末明初刊本無疑。吾友魏鹽尹錫曾嘗與諸本互校，其中有絕異各本而與景龍石刻合者，蓋所據猶古本也。思靖雖道士，其言頗不悖於理。所採司馬溫公、王荊公、葉石林、程文簡諸家之書今皆不存，藉此見其崖畧，未可以道家者流薄之也。

又卷七《重刻北宋本爾雅疏序》　群經之疏，北宋時本與注別行，至南宋麻沙刊本始合爲一。閩刻及明監本仍之。自合刊本行，而單行本遂微。今存者，《儀禮》、《穀梁》、《爾雅》而已。《儀禮》、《穀梁》皆殘缺，惟《爾雅》獨完。承平時，吳中有二本：一爲士禮居黃氏所藏，一爲五硯樓袁氏所藏。余於亂後得之吳中，故家書中有吳氏藏書印，其即黃、袁二氏所藏，或別爲一本，無可攷也。其紙乃至順中公牘紙，背有蒙古文官印。金入汴京，盡輦圖書而北。事見《北盟會編》。其版至元時尚存，故有元時印本。攷《玉海》：咸平三年二月，命國子祭酒邢昺等重訂《爾雅義疏》；四年九月表上；十月，命摹板印行。書中凡遇宋太祖、太宗、眞宗廟諱，皆缺末筆，其爲咸平初刊無疑。間有不避宋諱者，當是元以後所修補耳。經注或載全文或標起止，皆空一格，下稱「釋曰」，與單行本《儀禮疏》同。經文多與唐石經合，疏文完全，遠勝合刊之刪削。叔明訓詁考訂雖不及邵氏《正義》、郝氏《義疏》之精，而疏《爾雅》者於今爲最古，邢疏刊本又以此本爲最古也。叔明自序云「爲之疏、釋，凡一十卷」。合刊本皆作十一卷，若非此本僅存，何從見邢氏眞面目乎？

又卷一六《北宋蜀大字本春秋經傳集解跋》　《春秋經傳集解》三十卷，每半葉八行，行十七字，註雙行，字數多寡不等。首行題曰「春秋經傳集解某幾第幾」，次行題曰「杜氏盡幾年」。板心有字數及刻工姓名。卷末載經傳若干字，註若干字。字畫遒勁，得顏、歐體。修板遜於元本。板心有「重刊」二字，亦有無重刊字，而刊匠人姓名者。「殷」、「敬」、「徵」、「恆」等字有缺有不缺，殆承孟蜀舊板，轉輾摹刻而然歟。昭公二十年，賜析朱鉏謚曰成子。註：「死而賜謚及墓田，傳終言之」。不作「未死而賜謚」，與阮氏《校勘記》所見各宋本合。「熒陽」之「熒」不作「滎」；「不闕秦，焉取之」不作「若不闕秦，將焉取之」，與唐石經合。其餘字句之間，勝於纂圖本、淳熙本、十行本者不一而足。葉石林謂天下印書，杭本爲上，蜀本次之。良不誣也。是書雖無刊刻年月，余審定爲蜀大字本。何以明之，岳珂《九經三傳沿革例》列當時經傳，凡二十本。大字本有四：一爲京師舊本，一爲蜀本，一爲蜀學重刊本，一爲建本。但建本有句讀，此本無句讀，則非建本明矣。又考異條曰：「哀公十年，石乞曰：『此事也，克則爲卿，不克則烹。』諸本多無『也』字，蜀大字本、興國本，建大字本有『也』字，今從之。」據此，則京大字本無「也」字。今此本有「也」字，則非京本又明矣。興國本有句讀，與建本同，此本無句讀而有「也」字，則非興國本、建本，而爲蜀大字本無疑矣。阮氏撰《校勘記》見宋本《春秋左傳集解》凡四，未見蜀大字本。此本雖有缺葉，首尾完具，眞希世秘笈也。

又《游明本史記跋》　《史記》集解、索隱合刊本，每葉廿八行，每行廿五字，從元中統刊本翻雕，世所謂元槧游明本也。愚以《江西通志・選舉志》、《人物志》考之，游明，字大昇，正統九年舉人，景泰二年進士。天順末，官福建提學僉事，又九年而後卒。計其生已在元亡之後，安得謂之元本乎？是書行款、紙質與建安余氏勤有書堂所刊相似，疑爲大昇官福建時所刊。當有序跋，必爲書賈割去耳。明成化以前刊本與元本款式相仿，書賈往往割裂以充元槧，此其一也。

又《游大昇本宋史全文跋》　《宋史全文》三十六卷，附《宋季朝事實》二卷，題曰「豐城游大昇校正」。張月霄《藏書記》初以爲元槧，後得元槧《諸儒講議》本，始疑爲明初翻本。亦不知大昇即游明，天順時官福建提學也。但此書傳本甚稀，未可以明槧薄之。偶檢《江西通志》，得大昇始末，

書以志快。

又卷一七《金刊清涼傳跋》 《清涼傳》二卷，題曰「唐朝藍谷沙門慧祥撰」。前有大定辛丑二月十七日永安崇壽禪院雪堂中隱沙門廣英序。《廣清涼傳》二卷，題曰「清涼山大華嚴寺壇長妙濟大師賜紫沙門延一重編」。前有嘉祐庚子正月朝奉郎尚織局員外郎守太原府大通監兼兵馬都監上騎都尉賜緋魚袋前句當五臺山寺司公事郗濟川撰序。《續清涼傳》二卷，題曰「朝奉郎權發遣河東路提點刑獄公事張商英述」。前有大定四年九月十七日古豐姚錫序。每葉廿二行，行廿字。舊爲何夢華元錫藏書，即阮文達進呈本所從出，《揅經室外集》所謂或以爲金大定藏板者也。案，《續傳》末一葉有「大明洪武歲次丙子正月十有五日，山西崇善禪寺住山鴈門野納了菴、性徹、洞然勸緣率衆重刊《釋迦賦》、《帝教事迹》、《成道記》、《補陀傳》、《清涼傳》合部印施」云云數百字，則爲洪武翻刊，而非大定本明矣。但近來藏書家如長塘鮑氏、振綺堂汪氏、文瑞樓金氏、月霄張氏、恬裕齋瞿氏著錄祇有鈔本，則刻本之罕覯可知。況洪武距今五百餘年，仍當以宋元舊刊同觀也。

又《宋板諸臣奏議跋》 《國朝諸臣奏議》一百五十卷，目錄四卷，首爲淳熙十三年進書表，次爲進書序，題曰「龍圖閣學士朝散大夫成都潼川府夔州利州路安撫制置使兼知成都軍府兼管內勸農使充成都府路兵馬都鈐轄祥符縣開國伯食邑九百戶臣趙汝愚謹上」。所錄北宋九朝章奏，【略】凡二百三十六人奏議千餘首。搜羅不可爲不富，惟置胡澹菴封事不收，反錄秦檜爲太學丞時上邊機三事，去取殊爲未當。忠定在日曾鋟木蜀中，後毀於兵。其孫必願帥閩，重刊未就。眉山史季溫繼成之。前有宗室希瀚及淳祐庚戌福建提刑史季溫序。張月霄所藏，板心間有「元大德至大補刊」字樣。此本爲黃俞邰舊物，有晉江黃氏父子珍藏印，尚無元修之板，當爲元大德以前印本。然闕葉已與《藏書志》所記同矣。

又《宋板太平御覽跋》 宋板《太平御覽》存卷一至一百三十三，卷一百七十二至二百，卷二百十二至三百六十八，卷四百二十四至四百五十五，計三百五十一卷。初爲中山王邸之物，有「南州高士」、「東海豪家」印。後入明內府，有「文淵閣」印，即《文淵閣書目》所載之不全本也。乾嘉間，歸黃蕘圃主事，後歸蘇州富民汪士鐘。今冬，余以白金百朋得之。核以黃氏原目，又佚五百三十一至五百三十五，五百四十一至五百四十五，七百二十六至七百三十，共十五卷。案，書中「胤」、「慎」、「殷」、「恆」、「貞」皆缺筆，而「桓」字不缺，則刊印當在仁宗時，爲是書刊本之祖。宋刊世不多見，北宋刊本猶如景星慶雲。是書雖殘缺而卷帙尚富，可據以校群書之譌，豈僅與殘圭斷璧同珍已哉！

又《宋板百川學海跋》 《百川學海》每葉廿八行，行廿八字。板心有「百川學海」四字。分二十卷。「廓」字注「寧宗廟諱」，宋理宗時刊本。【略】是書世所行者，有前明及國初兩刊。明刊每葉二十四行，行二十字。以十千分十集。板心無「百川學海」四字。《聖門事業圖》亦列卷首，而以《洞天福地記》居末。其餘序次亦多不同，惟先後雖紊，而全書無恙。至國初刊本，乃《說郛》，所改刪削過半，名存而實非矣。此本審其格式，當是宋時麻沙坊刊。完善無缺，著錄家所罕見也。

卷一九《宋板文選跋》 《文選》六十卷，首題「梁昭明太子撰」，次行「唐李善注」，次二行「唐臣呂延濟、劉良、張銑、呂向、李周翰注」。前有李善上注表，呂延祚《進五臣集注表》及昭明太子序。其注李注列前，五臣列後。每葉十八行，行十五字，分注每行二十字。板心有刊工姓名。宋諱「殷」、「敬」、「竟」、「徵」、「恆」皆缺筆。每卷末列校對、校勘、覆對諸人姓名，卷各不同。校對者州學司書蕭鵬，州學齋長吳拯，州學教諭李孝開，州學齋諭蕭人傑，州學齋諭吳撝也。校勘者鄉貢進士李大成、劉才紹、劉格非、楊楫，左迪功郎新昭州平樂尉兼主簿嚴興，義州學教諭管獻民，州學直學陳烈也。覆校者左從政郎充贛州州學教授張之綱，左迪功郎新永州零陵縣尉主簿李汝明，左迪功郎贛州石城縣主管學事權左司理蕭倬，左從事郎贛州觀察推官鄒敦禮，左迪功郎贛州司戶參軍李盛也。愚案，宋刊《六臣注文選》之存於今者凡三。其一有識云：「右《文選》版歲久漫滅殆甚，紹興八年冬十月，直閣趙公來鎮是邦，下車之初，以儒雅飾吏治，首加修正字畫，爲之一新，俾學者開卷免魯魚亥豕之譌，且欲垂斯文於無窮云。右迪功郎明州司法參軍兼監盧欽書。」當爲明州刊本。張月霄《藏書記》所載是也。其一有識云：「此集精加校正，絕無舛誤。見在廣都縣北門裴宅印賣。」又識云「河東裴氏考訂諸家善本，命工鍥於宋開慶辛酉季夏，至咸淳甲戌仲春工畢。把總鍥手曹仁」。當爲廣都刊本。《天祿琳琅》所載是也。此本雖無刊刻時地，而每卷後所列校對銜名皆贛州僚屬，當爲贛州刊本。其書法遒勁，酷

似平原，元人已甚重之，深爲趙吳興、王弇州所賞鑒。其詳見《天祿琳琅》。此本雖摹印稍後，典型猶未墜也。每卷有「朱之赤」、「卧庵」兩方印，「汲古閣」方印，「毛氏珍藏子孫永寶」橢印，「留與軒浦氏珍藏」方印，「汪士鐘」、「閬源」兩方印，其爲藏書家所珍重可知矣。

卷二〇《北宋本册府元龜跋》　《册府元龜》存卷一百二十九至一百六十六，一百七十一至一百八十，卷一百八十二至二百四，卷五百五至五百三十八，卷五百四十五至五百六十五，卷五百六十七至五百七十七，卷五百八十三至五百九十九，卷六百四、六百五，卷六百八至六百六十，卷六百六十六至六百七十五，卷六百七十九至七百一，卷七百六至七百八，卷七百十七至七百二十，卷七百二十六至七百三十二，卷七百三十七至七百三十九，卷七百四十二至七百五十六，卷七百六十一至七百九十一，卷七百九十六至八百，卷八百三至八百六，卷八百十一、八百十二，卷八百十五至八百六十五，卷八百七十六至九百，卷九百八至九百三十三，九百三十六至九百三十八，九百四十四至九百四十七，九百五十至九百五十六，九百六十七至一千，共四百七十一卷。每半葉十四行，每行二十四字。卷首題曰「册府元龜卷第幾」，板心或曰「册幾」，或曰「府幾」、「胤」字作「裔」，或作「某」，注曰：「與太祖廟諱同。」「匡」、「敬」、「恆」、「禎」、「員」缺筆，維「謹」、「桓」字不缺，蓋是書初刊本也。以明季李如京刊本校之，舛譌幾不可讀。【略】至於一句一字之脱，無卷不有；魯魚亥豕之譌，無頁不有。尤可笑者，宋本五百二十卷二、三兩頁互倒，四、五兩頁互倒。李氏不知審正，以「張著」條下「詔浚陵陽渠」云云二十字竄入「倪若水」條「安樂公主終獻下」；以「周太玄」條「不憚包羞」句「羞」字以下接「崔植」條下，而改「包羞」爲「簡書」；以「崔植」條「至台案劾」句「劾」字以下接「張著」條「嚴郢」，奉詔之「奉」字又改「奉」爲「奏」，粗莽滅裂，一至於此。即此四百七十一卷，脱文已一萬三千餘字，顛倒改竄者三卷，安得全書復出一二正之也。余又藏有舊抄本，一千卷，卷首題曰「監本新刊册府元龜」。然第五百九十三卷末葉亦缺，卷五百二十顛倒，卷五百五十七改竄，卷七百三十缺文與今本同，當從南宋本影寫。則是書在南宋已鮮善本，此本雖殘，殊可貴也。

又《宋本重修事物記原跋》　《重修事物記原》二十卷，《書録解題》合。每葉二十二行，行二十一字。首行題曰「重修事物記原集」。目録分上下，目録上之末有木記云：「此書求到京本，將出處逐一比較，使無差謬，重修寫作大板雕開，並無一字誤落。時慶元丁巳之歲延安余氏刊。」蓋寧宗時麻沙本也。以成化八年李果重刊閻敬本校之，大抵明本以二卷并爲一卷，而稍有參差。凡宋本作「門」，明本皆作「部」。字句之間多所異同。惟明本第七卷庫務局織部騏驥院條下脱「周官有十二閑，蓋國馬之所也。漢末有未央廐，唐有飛龍院，國」二十四字；宋本卷十三州郡方域部驛條之後又脱勑書樓、鼓角樓、酒務稅務、遞鋪五條，總二百八十字，而誤以遞鋪條末《左傳》「楚子乘馹」以下三十二字連於驛條之末。然宋本亦有脱落，明本卷二公式姓諱部閣下條後有足下一條，引《異苑》凡七十二字，卷七伎術醫卜部三式條後有占歲、雜占、靈棊、畫、射、御六條，凡三百十餘字，而宋本於此六條皆有録無書，又以射御條末「土作乘馬」以下四十二字爲三式條注，而三式條注八十四字全缺。論宋本者以麻沙本爲最下，良不誣也。想閻敬所據亦善本耳。惟宋本卷二十至謝豹止，明本目録亦然，而書有狡、畢方、鹿蜀、猣猣、蛖蠊、犱貐、鶌七條當是後人竄入耳。

又《宋板自警編跋》　《自警編》不分卷，每頁二十行，行二十字。語涉宋帝皆提行。宋諱或缺或否。前有嘉定甲申正月望漢國趙善璙序，後有端平元年三月善璙再書云：「客有好事者，從予抄録，遂鋟木於九江郡齋。」蓋寧宗時刊本也。按，《歙縣志》：「趙善璙，字德純，宗室趙不俄兄，不彼之子。登嘉定進士第。嘗謂縉紳，不明大法九章，無以斷疑。未幾，中法科，除大理評事，後通判廣德軍，有政聲，召爲尚書郎。有《自警編》行世。」以善璙自爲書後觀之，端平中，當又知九江，《歙志》尚未詳也。或以宋諱或缺或否爲疑，考周益公《文苑英華》序云：「廟諱未祧以前當缺筆，而校正者或以『商』易『殷』，以『洪』易『弘』，唐諱及本朝諱仍改不定。」官書校刊尚有此失，況私家校本乎，無足怪也。岳刊《五經》在宋刊中爲最精，於諱字或缺或否，亦一證也。是書徵引故實多註出處，弘治本存十之二三，嘉靖本脱落甚多，出處書名一概削去，不足據也。

又《宋板揮麈録跋》　《揮麈前録》四卷，《後録》二卷，《三録》三卷，每卷第二行題曰「朝請大夫主管台州崇道觀汝陰王明清編次」。《前録》有慶元元年七月九日實録院兩牒，後有乾道丙戌長至日明清自跋，乾道己丑八月

左文林郎饒州德興縣丞沙隨程迥可久迪功郎高郵軍教授臨汝郭九悳跋，李垕復簡淳熙乙巳明清自跋，三集後有慶元初元仲春明清跋。每頁二十二行，行二十字。小黑口。書中語涉宋帝皆空一格。寧宗以上諱皆爲字不成，高宗諱註「高宗廟諱」四字。蓋宋理宗時刊本（圖一九二）。

又《北宋本小畜外集跋》　《王黃州小畜外集》存卷六末葉起至卷十三止。每葉二十二行，每行二十字。板心有刊匠姓名。「玄」、「朗」、「敬」、「匡」、「允」、「敬」、「驚」、「貞」、「禎」、「微」、「恒」、「煦」、「桓」、「讓」皆爲字不成，南宋以後不缺，蓋北宋刊本也。各家著錄卷數與此本多同，惟卷六末葉諸本所無《正月盡偶題》云：「一歲春光九十日，三分已是一分休。何曾快見花燒眼，只解潛催雪滿頭。莫問窮通求季主，自齊生死學莊周。終須擺脫人間事，高逐冥鴻狎海鷗。」《眼疾》云：「古人功業甘無分，往聖詩書合有緣。何事病來花滿眼，祗因簡策枕頭眠。」《望熊耳山》云：「謫居多與俗爲鄰，熊耳當門入望頻。感謝雙峰對雙眼，也勝逢見等閑人。」可以補諸本之缺。後有「嘉靖二年閏四月二十二日野竹齋裱完」一行。卷中有「辨之」、「沈與文」、「姑餘山人」白文方印各一，「野竹家」朱文橢圓印。案，沈與文，字辨之，又號姑餘山人，常熟人。野竹居乃其齋名。蓋是書在明中葉亦罕完本矣。

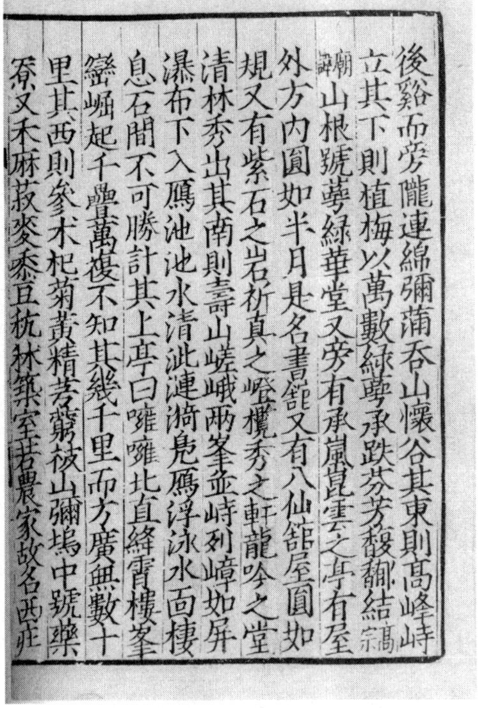
後谿而旁隴連綿彌蒲呑山懷谷其東則高峰峙
立其下則植梅以萬數綠蔓承趺芬芳馥郁結高宗
廟諱山根號萼綠華堂又旁有承嵐昆雲之亭有屋
外方内圓如半月是名書龕又有八仙龕屋圓如
規又有紫石之岩祈真之嶝攬秀之軒龍吟之堂
清林秀出其南則壽山嵯峨兩峯並峙列嶂如屏
瀑布下入鴈池池水清泚漣漪鳧鴈浮泳水面棲
息石間不可勝計其上亭曰噰噰北直絳霄樓峯
巒崛起千疊萬複不知其幾千里而方廣無數十
里其西則參术杞菊黃精芎藭被山彌塢中號藥
寮又禾麻菽麥黍豆秔秫築室若農家故名西莊

圖一九二　第二行末至第三行首，注有「高宗廟諱」四字。

又《宋本王注蘇詩跋》　《王狀元集諸家注分類東坡先生詩集》二十五卷，《紀年錄》一卷，首爲西蜀趙夔堯卿及十朋序，次爲百家注姓氏，次爲目錄。每卷第二行題曰「前禮部尚書端明殿學士兼侍讀學士贈太師謚文忠蘇軾百家姓氏」，第二行題曰「狀元王公十朋龜齡纂集杜氏」。後有「建安萬卷堂刻梓于家塾」木記（圖一九三）。字兼歐、虞體，與三山蔡氏刊《陸狀元通鑑》相似，想同時閩本也。每葉二十行，每行十九字，雙行小字，每行二十五字。語涉宋帝皆空一格。宋諱有避有不避。宋季建本皆如是，不足怪也。凡分七十二門，無《和陶詩》。明梁谿王永積刊並爲三十門，分爲三十二卷，增《和陶詩》，刪削註文十餘萬字，全失宋本之舊。論者皆謂此註出坊賈託名，斷非王作。愚觀王序，文理拙謬，其非出梅溪手無疑。查《庚溪詩話》：乾道初，梁叔子任掖垣兼講席。一日，宿直，召對。上曰：近有趙夔等注軾詩甚詳，卿見之否？」云云，與夔序合。想書坊以夔無重名，而託之十朋耳。

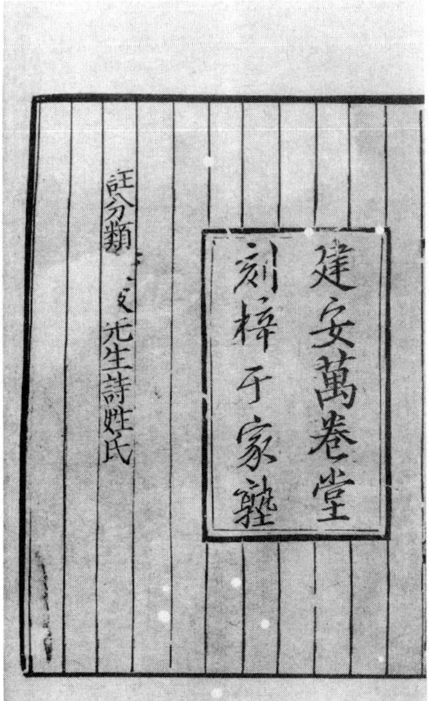
建安萬卷堂刻梓于家塾
註分類　先生詩姓氏

圖一九三　「建安萬卷堂刻梓于家塾」木記。

又《宋板崇古文訣跋》　《崇古文訣》二十卷，宋寶慶三年莆田教官陳

森刊本。每半葉十二行，行二十三字。目錄首行題曰「迂齋先生標註崇文古訣」，次行題曰「迂齋先生樓昉叔暘標註」。前有寶慶丙戌陳振孫序，後有寶慶丁亥姚珤及陳森刊板跋。凡遇「匡」、「胤」、「敬」、「徵」、「恒」、「禎」、「貞」、「佶」、「桓」、「完」、「構」、「搆」、「慎」、「廓」皆缺筆惟謹，蓋是書初刊本也。明嘉靖中，松陵吳邦楨、邦杰所刊分三十五卷，與四庫著錄本合，多文三十二篇。如楊惲《報孫會宗書》、王公仲《擇賢疏》、江文通《上建平王書》、孔稚圭《北山移文》、韓文公《燕喜亭記》、《送石洪處士序》、《答李翊書》、李習之《答皇甫湜書》、王黃州《壽域碑》、司馬溫公《與吳相書》、《智伯論》、歐陽公《送徐無黨序》、《論杜韓范富》、蘇東坡《策略五》、《代張方平諫用兵書》、《倡勇敢》、《大悲閣記》、《除呂公著守司空制》、蘇欒城《臣事》、李淇水《禮訟》、張宛丘《遠慮策》、《楚議》、黃山谷《書朐山雜詠後》、《苦筍賦》、《秦淮海》、《晁錯論》、鄧潤甫《呂公著制》、《文彥博制》、劉原父《送湖南某使君序》、唐子西《存舊論》、胡澹庵《上皇帝萬言書》、《論遣使劄子》、《再論遣使劄子》、胡澹庵《上高宗封事》、趙霈《治安策》皆宋本所無也。陳振孫序云：「改堂、澹庵二胡公所上書皆爲所取」，與明本合。此本一百五十七篇，明本一百八十九篇，與振孫序云一百六十八篇者又皆不合。觀森跋語，莆郡未刻以前四明金華傳授已廣，想當時去取未定，傳鈔各有不同，明本所據殆別一本耳。

陸心源《儀顧堂題跋》卷一《宋婺州本五經正文跋》 右宋刊《五經正文》十冊，不分卷，書估所謂「澄清本」者也。「澄清」二字無徵，想書估以《澄清堂帖》爲世所寶，故揑爲是名。自來藏書家罕有以「五經正文」著錄者，惟《欽定天祿琳琅書目》有「宋刊五經，行密字展」，與此相似，亦不言何人所刊。以愚攷之，當爲南宋婺州刊本。案：《景定建康志》卷三十三所列諸經正文凡四，曰監本，曰川本，曰建本，曰婺本。諸刻經文今不數見，而他書之所存者尚多。以余所藏，蜀則有《春秋杜注》、《周禮鄭注》、前、後《漢書》、《六臣文選》；監則有《單疏爾雅》、前、後《漢書》、《單吳志》、《通鑑》、《武經七書》、《廣韻》、《冊府元龜》、《宋文鑑》；建則有十行本《諸經注疏》、《杜注左傳》、《許氏說文》、《纂圖周禮》、《纂圖禮記》、《北史》、《新唐書》、《方輿勝覽》、《王右丞集》、《山谷詩注》、《陸狀元通鑑》；婺則有《尚書》、《周禮》殘本；蜀本皆大字疏行，監本比川本署小，建本字又小於監本而非巾箱，惟婺本《重言尚書》、《周禮》兩書款格狹小，與此書近，字體方勁，亦復相同，證以《建康志》，定爲婺本，當不謬耳。宋帝諱自孝宗以前皆缺避，光宗諱「惇」字不缺，當是孝宗時所刻。乾隆中，秦氏所刻《九經》疑即從此出，惟秦氏改每頁四十行爲三十六行耳。宋刊書字數行數相等，如每葉二十行，則每行必二十字上下，此書每頁四十行，每行二十七字，故《天祿琳琅》云「行密字展」也。

又《宋本毛晃增修互注禮部韻略跋》 《增修互注禮部韻略》五卷，前有紹興三十三年十二月衢州免解進士毛晃進表，卷一第二行題曰「衢州免解進士毛晃增註」，弟三行題曰「男進士居正校勘、重增」。每頁二十二行，行大字十四，小字二十八九不等。每卷後註明增若干字，圜若干字，重增若干字，凡廟諱、舊諱、御名、嫌名，例不許用者皆不收，或字同音異、準式不礙者，隨韻收入，仍註其下曰「某某切者，系廟諱、嫌名，合當迴避，其餘照式許用」云云。藉此，可見宋代避諱之例與後世微有不同。「霸」下註云：「又，若穫切。系御名同音，合當迴避。其忽郭切照式許用。」蓋謂與擴同音也，當爲寧宗時刊本。晃之增註在高宗時，居正重增在寧宗時耳。晃之仕履，諸書不甚詳攷。宏治《衢州府志》：「晃，字明敬，江山人，紹興中免解進士。嘗閉戶著書，留意字學，增註監本《禮部韻》行於世，學者稱『鐵研先生』。子居正亦第進士，有名於時。」即其人也。

又《宋刻玉篇殘本跋》 湘文觀察出示宋刻《玉篇》殘本，有「文氏玉蘭堂」、「竹塢」兩印，「項氏萬卷堂印」、「徐健菴」兩印，曾經衡山、文肅、篤壽、健菴收藏者。余以所藏元刊及曹、張所刻互校，示部以下字之序次各有不同。偏旁、篆法三本皆無，惟牒文則同，張刻無牒，想所據本偶遺之耳。南宋時，蜀、浙、閩坊刻最爲風行。閩刻往往於書之前、後別爲題識，序述刊刻原委，其末則曰「博雅君子，幸毋忽諸」，乃書估惡札。蜀、浙本則無此種語。此書字體與余所見宋季三山蔡氏所刻《內簡尺牘》、《陸狀元通鑑》相同，証以篆法、前題語，其爲宋季元初閩中坊刻無疑也。書中「恆」字缺筆，「敬」、「楨」、「慎」、「瑗」皆不缺，或者疑非宋刻，不知廟諱或闕或否，官書已不能畫一，周益公序《文苑英華》曾言之，況坊刻乎！不必因此致疑也。宋本流傳日少，小學書尤不易得，譬之殘珪斷璧，彌足珍耳。

又卷二《宋槧蔡琪一經堂本後漢書跋》　《後漢書》一百二十卷，帝紀存卷一下至卷十下，志存卷四至卷九、卷二十三至三十，列傳存一至四十八，皆題「宋宣城太守范曄撰，唐章懷太子李賢註」。小題在上，大題在下。每頁十六行，每行十六字，小字雙行，每行二十一字。闌外有篇名。宋諱有缺筆有不缺筆，至寧宗諱止。蓋嘉定戊辰建寧書舖蔡琪純父一經堂刊本。范書無《志》，劉昭註范書，以司馬紹統《續漢書・志》補其闕。淳化中，刻章懷注范書九十卷，乾興中，允孫宣公之奏以劉註、司馬《續志》補之。琪不辨源委，概題蔚宗、章懷之名，誠爲荒謬。然所據固淳化原刻，勝於今通行本甚多。【略】蔡琪所刻尚有《前漢書》行款，悉同。吳兔牀拜經樓藏有列傳十四卷，珍同球璧，不能指爲何本，核其款式，即蔡本也。是書刻手精良，字大悦目。

又《宋槧吳志跋》　《吳志》二十卷，題曰「晉平陽侯相陳壽撰」。前有咸平六年中書門下牒、宋元嘉六年裴松之上表。表後即接目録，目分上、下兩帙，前十卷爲上帙，後十卷爲下帙。後有詳校官杜鎬等、校勘官錢惟演等銜名。卷二末有「承直郎守辟雍正臣趙霄校正」一行，卷六、卷十四、卷十八末有「從事郎試辟雍正臣吳存校正」一行。每卷首行題：某某傳第幾，下吳書，又下國志幾。每頁二十八行，每行二十五字。「匡」、「殷」、「玄」、「敬」、「貞」、「徵」、「桓」、「恆」皆缺避，當爲咸平中國子監刊本，而徽宗時修補者。正文頂格，注低一格，不作雙行，明南監馮夢禎本欵式畧同，當即從此本出。

又《宋板歐公本末跋》　《歐公本末》四卷，宋呂祖謙編。每頁十八行，每行十八字。版心有字數及刊匠姓名。後有嘉定壬申嚴陵詹乂民刻版跋。宋諱嫌名「桓」、「完」、「愼」、「敦」、「構」皆缺避，「頊」注：「神宗廟諱。」當據藁本原文。《書録解題》、《文獻通考》皆著於録，明以後收藏家無著録者。四庫未收，阮文達亦未進呈。其書取歐公著述有關出處、行誼、朋友、親戚、學術趣向者，掇集成書，故曰「本末」。字兼歐、柳，紙墨精良，紙背乃延祐四年官冊，蓋元初印本也（圖一九四）。

又《元板北史跋》　《北史》一百卷，元大德間刊本。首行大題在下，尚存宋本舊式。版心有「信州路儒學刊」、「信州象山刊」、「象山書院刊」、「道一書院刊」、「稼軒書院刊」、「藍山書院刊」、「玉山縣學刊」、「弋陽縣學刊」、「貴溪學刊」、「上饒學刊」等字。每頁二十行，行二十二字。版心有字數及刊工名。閒有嘉靖元年二修版，蓋版入南監以後所印也，較明北監本及汲古閣本頗有勝處。如《魏本紀》卷一：「帝乃告諸大臣爲與魏和親計，四十二年，遣子文帝如魏。」與魏收《魏書》同。所謂「魏」者，曹魏也。時在魏元帝景元二年。監本、汲古本「與魏」、「如魏」之「魏」皆改「晉」，不知此時晉未受禪，安得云如晉乎！他如「涼武昭王」有譌「涼」爲「粱」者，「長城大狩」有譌爲「長城太守」者，皆不及此本之善也。

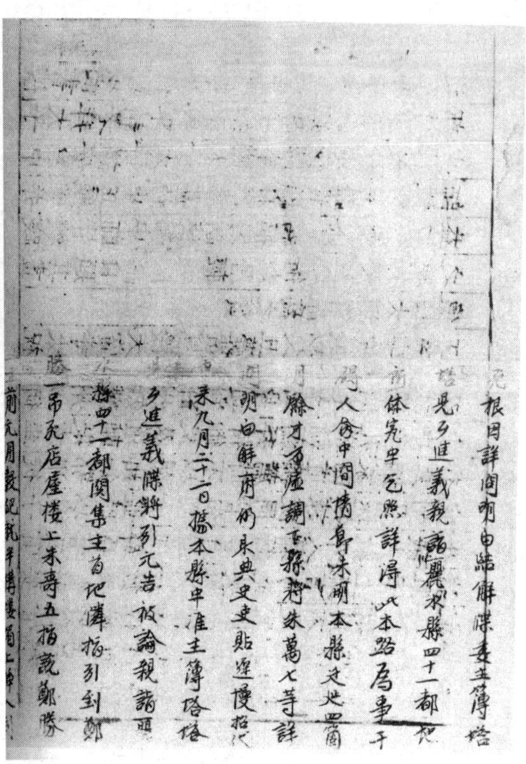

圖一九四　紙背爲延祐四年（1317）官冊。

又《元瑞州路隋書跋》　《隋書》八十五卷，湘文、觀察所藏，未有「天聖二年五月十一日上御藥供奉藍元用奉傳聖旨」云云五行。版心有路學、浮學、饒學、堯學、番泮、餘干、樂平、平州、初菴書院、忠定、錦江、長薌等字，蓋元翻宋本也。大德乙巳孔文聲跋太平路所刊《漢書》云：「江東建康道廉訪使允太平路學之請，以十七史艱得善本，偏牒九路，令本路以西漢書率先。」云云。所謂「九路」者，建康道所屬寧國、徽州、瑞州、建康、池州、太平、信州、廣德、鉛山也。余所見者太平路《漢書》，每卷題曰：

太平路新刊《漢書》。寧國路刊《後漢書》每卷末有寧國教授題名。池州刊《三國志》有朱天錫跋。信州刊《北史》每頁版心有「信州路學」字。建康路刊《新唐書》前有大德丁未成明瑞序，序後有建康路監造各官題名。此本雖無序跋，以版心字推之，則瑞州路刊本也。其曰「路學」者，瑞州儒學也。「浮學」者，浮梁縣學也。「饒學」者，饒州學也。「尭」即「饒」之省文。「番泮」者，鄱陽學也。「餘干」者，餘干學也。「樂平」者，樂平州學也，故又曰「平州」。元初，饒州、樂平、浮梁、餘干皆爲州，仍隸瑞州路。至元十四年，饒州始升爲路。《隋書》刊於大德乙巳，故仍隸瑞州。「忠定」、「錦江」、「長薌」皆書院名。忠定書院在餘干縣琵琶洲，趙忠定與朱子講道之所。長薌書院在浮梁縣景德鎮。慶元二年，李齊念建錦江書院，在安仁縣，宋倪玠講學之所。初菴書院在德興縣。元學士傅立號初菴，捐俸置田，奏設山長，當時雖牒各學刊刻，書院之有餘貲者亦預其役耳。各學之版明初入南監，正德嘉靖遞有修補，至嘉靖修補後，版心「路學」等字已十不存一矣。此本無一修版，版心之字一一明晰，其爲元版元印無疑也。【略】湘翁此書得之張芙川，當時以爲宋刊元修本。余既爲題跋，湘翁頗以未有天聖二年數行，仍承宋版格式爲疑。請列四証以明之。宋版官書於廟諱、嫌名缺筆維謹，閒有疏漏亦十之一二耳。或空其字，註某宗廟諱、某宗嫌名及今上御名、今上嫌名字。此本於宋朝廟諱無一缺筆，一証也。宋世官書字皆極精，有顔、歐筆意，坊刻稍草率，亦尚整齊。此本字頗草草，二証也。元、明人刊書，凡宋朝官牒、題名，不刻則已，刻則必仍宋式。如今所行《内經》、《脈經》，嚴州本《文鑑》，嘉靖本《金陀粹編》之類。此本末數行亦此例耳，其証三也。余所藏《隋書》爲嘉靖修本，末二頁亦嘉靖十年所修，天聖二年五行亦仍宋式，其証四也。得此四証，湘翁亦當擊節稱快矣！

又《宋嘉祐杭州刊本新唐書跋》　宋本《新唐書》，每葉二十八行，行二十五字。板心有刊匠姓名。紀志表傳各分起訖。前有嘉祐五年六月曾公亮進書表，末題「《唐書》，凡二百二十六篇，總二百五十卷，二十一帝本紀，一十篇，一十卷；十三志，五十篇，五十六卷；三表十五篇，二十二卷；列傳一百五十篇，一百六十卷；錄二卷」六行。首行大題在下。仁宗以上諱：「匡」、「胤」、「炅」、「恆」、「禎」及嫌名：「殷」、「敬」、「鏡」、「貞」等字皆缺筆甚謹，不及英宗以下。蓋嘉祐進書時刊本也。全書皆經點抹，卷中多有「會稽李安詩」題語，自景定甲子迄咸淳丁卯點完。「景定」爲理宗年號，「咸淳」爲度宗年號，蓋宋季人也。有「李安詩」、「伯之」、「克齋藏書」朱文印，「梅谷藏書」「梅德堂子孫寶之」白文印及「季滄葦」、「汪士鐘印」。安詩仕履無攷，宋嘉定壬申刊本《大事記》末有「免解進士充府學直學李安詩同校正」銜名。查嘉定壬申距景定甲子五十二年，當即其人也。《天祿琳琅》載有宋板《新唐書》，行密字整，結構精嚴。於仁宗以上諱及嫌名缺筆甚謹，不及英宗以下。卷末有「嘉祐五年六月二十四進書」銜名及中書省奉旨下杭州鏤版《劄子》，與此本一一皆合。惟佚脱中書省《劄子》及進書銜名耳，蓋與天祿本同出一版。其爲《唐書》祖本無疑。

又卷三《宋槧通鑑考異跋》　《資治通鑑考異》三十卷，每卷題曰：「端明殿學士兼翰林侍讀學士大中大夫提舉西京嵩山崇福宮上柱國河内郡開國公食邑二千六百戶食實封一千戶臣司馬光奉勑編集。」「光」字空一格，「勑」字空一格。每頁二十二行，每行大字十九，小字二十三。版心有字數及刻工姓名。「楚王殷」之「殷」、「蹇朗」之「朗」、「王匡」之「匡」、「敬暉」之「敬」、「李守貞」之「貞」、「蕭炅」之「炅」、「楊思勗」之「勗」、「楊愼矜」之「愼」、「構異謀」之「構」有缺有不缺。字體與三山蔡氏所刻《陸狀元通鑑》相近，且多破體，當爲孝宗時閩中坊本。余插架又有明嘉靖、萬曆兩刻。嘉靖本每頁二十行，每行大小皆二十字，版心無字數及刻工姓名。萬曆本即翻嘉靖本。版心有萬曆十四年及字數、刻工姓名。此本頗多墨釘，明本無之，或所據本又在此本之前耳。

又《通歷跋》　《通歷》十卷，唐馬總撰。《續通歷》十卷，荆南孫光憲撰。宋太祖以光憲書所紀非實，詔毁其書，見《郡齋讀書志》。惟直齋《書錄》、王氏《玉海》所載皆云「十五卷」。必因太祖之言，而光憲書有所削併矣。不知何時，又失卷一至卷三三卷，而以僞本李燾《通鑑》羼入之。張月霄氏、黄蕘圃氏所藏皆然。此明人抄本。第四卷以後宋諱皆缺避，當從宋本影寫。惟前三卷之羼亂與張、黄本同。然自卷四至卷十起晉迄隋，有「論」有「案」，固馬總原書。卷十一至十五多載黄巢、李茂貞、劉守光、阿保機及十國事迹，固孫光憲原書也。唐人箸述傳世日希，未可以殘缺廢也。

又《北宋蜀費氏進修堂大字本通鑑跋》　《資治通鑑》二百九十四卷，每頁二十二行，每行十九字，小字雙行。版心有字數及刊板銜名。宋諱

「朗」、「匡」、「胤」、「毀」、「貞」、「敬」、「曙」、「徵」、「恆」、「佶」皆缺避，「桓」字不缺，蓋徽宗時刊本也。間附音義於本文之下。如胡身之釋文、辨誤所引卷十七：「三年，鄠杜令欲執之。」費本注曰：「鄠杜，古杜伯國京兆邑。」卷一百廿六：「三十年，武陵王軍於溧州。」費本注曰：「溧，水名。出丹陽溧水縣。」卷一百六十五：「三年，嚴超達自秦郡進圍涇州。」費本注曰：「涇州，蓋以涇水爲名。」卷二百八：「二年，改贈后父韋玄貞爲酆王。」費本注：「酆，郡名。」與此本皆合。則爲蜀廣都費氏進修堂本無疑。宋人所謂「龍派本」者是也。自胡梅磵注行，而史炤釋文遂微，然世尚有傳抄者。「龍派本」則卷帙繁重，無人重刊，流傳益罕，誠希世之秘笈也。每卷有「靜江學係籍官書」朱文長印，卷六前有朱文木記，曰：「關借官書，常加愛護，亦士大夫百行之一也。仍令司書明白□簿，一月一點，毋致久假。或損壞去失，依理追償，收匿者聞公議罰。」案，靜江府，宋屬廣南西路靜江路。元屬湖廣省，即今廣西桂林府。不曰「路學」，而曰「靜江學」，蓋宋時靜江學藏書也。

又《宋板通鑑長編撮要跋》　《續資治通鑑長編撮要》一百八卷，題曰：「左朝散郎尚書禮部員外郎兼國史院編修臣李燾編。」宋刊本。每頁二十六行，每行二十三字。版心有字數。前有乾道四年進書表，語涉宋帝皆空一格（圖一九五），每條另起，亦空一格。宋刊存卷三十至三十四、卷三十八之一至四十之一、卷五十七之二至七十五之二、卷七十九至八十八、卷九十一之二至一百、卷一百一之一、卷一百五之一至一百六之二，餘影寫補全。其書起建隆元年，迄英宗治平四年閏五月，凡一百八年，爲一百八卷。其事迹多者，一卷之中又分子卷。卷三十五、卷三十六、卷三十七、卷三十八、卷四十、卷四十一、卷四十二、卷四十三、卷四十四、卷四十五、卷四十六、卷四十七、卷四十八、卷四十九、卷五十、卷五十一、卷五十三、卷五十四、卷五十五、卷五十六、卷五十七、卷五十八、卷六十一、卷六十三、卷七十四、卷七十五、卷七十六、卷七十七、卷八十六、卷八十九、卷九十、卷九十一、卷九十二、卷九十三、卷九十四、卷九十五、卷九十七、卷一百、卷一百一、卷一百二、卷一百三、卷一百四、卷一百七皆分二卷。卷八十、卷八十一、卷九十六、卷一百六皆分三卷。卷八十二、卷八十三、卷八十四、卷一百五皆分四卷。卷八十五分五卷。總分一百七十二卷。以大

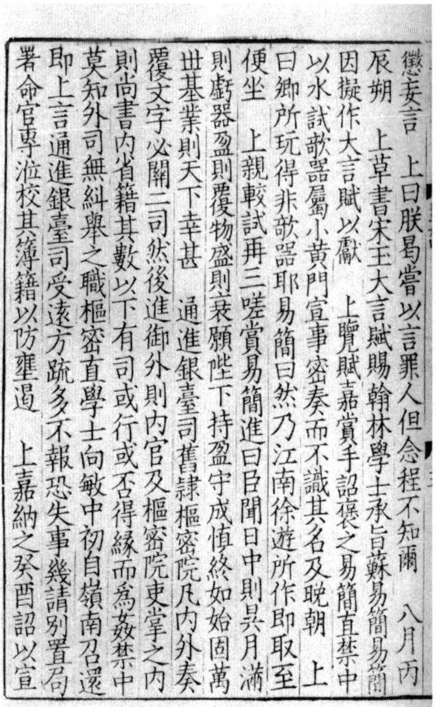
懲妄言　上曰朕曷嘗以言罪人但念程不知爾　八月丙辰朔　上草書宋玉大言賦賜翰林學士承旨蘇易簡易簡因擬作大言賦以獻　上覽賦嘉賞手詔褒之易簡直禁中以水試歙硯屬小黃門宣事密奏而不識其名及晚朝　上曰卿所玩得非歙硯耶易簡曰然乃江南徐遊所作即取至便坐　上親較試再三嗟賞易簡進曰臣聞日中則昃月滿則虧器盈則覆物盛則衰願陛下持盈守成慎終如始固萬世基業則天下幸甚　通進銀臺司舊隷樞密院凡內外奏覆文字必關二司然後進御外則內官及樞密院吏掌之內則尚書內省籍其數以下有司或行或否得緣而爲姦禁中莫知外司無糾舉之職樞密直學士向敏中初自嶺南召還即上言通進銀臺司受遠方疏多不報恐失事幾請別置局著命官專涖校其簿籍以防壅遏　上嘉納之癸酉詔以宣

圖一九五　語涉宋帝皆空一格。

典五百二十卷本校勘，節去十分之三，故曰「撮要」也。《文獻通考》載文簡進長編表四篇。先進一十七卷，續進此本；又進治平至靖康二百八十卷，及淳熙元年，知遂寧府時，重別寫呈，並《舉要》、《目錄》一千六十三卷。案，景定《建康志·書籍門》所載《長編》有節本有全本。愚謂此本及二百八十卷本皆節本，一千六十三卷乃全本。故曰「重別寫呈」也。此猶宋時原本。並子卷計之，實一百七十二卷。直齋以爲一百六十八卷，徐氏乾學以爲一百七十五卷，皆傳寫之譌，《文獻通考》又承陳氏之譌耳。

又《宋槧國語跋》　《國語》二十一卷，首行篇名在上，大題在下。題曰：「韋氏解。」宋刊元修本。每頁二十行，每行二十字。版心有字數及刊工姓名。元修之頁版心「國」字作「国」，無字數，有監生某某銜名。「匡」、「殷」、「貞」、「敬」、「恆」、「桓」、「構」、「慎」皆缺避，當爲孝宗時所刻。考至元廿四年，國子監置生員二百人。延祐二年，增置百人。興文署掌刊刻經史，皆屬集賢院。見《元史·百官志》及《秘書志》。此必南宋監板，入元不全，修補印行。所以板心有監生銜名也。明（宏）［弘］治十五年，先如崑公官清豐令，得宋板於許讚，重爲付梓。行欵一仍宋刊舊式，惟無版心字數及刊工姓名耳。宋初《國語》諸本，題卷、次、序各異。文憲疑其妄。

天聖初，據其宗人同年緘本，取官私所藏十五、六本，校正魯魚，附以補音，即此本也。漢明帝諱「莊」，諱「莊」之字曰「嚴」。《魯語》凡「莊公」皆作「嚴公」，猶存漢人傳抄之舊。明道本則皆改爲莊矣。「公父文伯飲南宮敬叔」條，「魯大夫辭而復之，」天聖明道本作「魯夫人辭而復之」。當以此本爲長。《補音提要》云：「惜其前二十一卷全失，僅存此音。」是。四庫館中衹見孔傳鐸刻本，未得此本，其爲罕覯可知。《提要》所舉孔本「公父文伯」條注之誤，此本及天聖本皆同。未知孔本出於何本也。

又卷四《元板吴越春秋跋》 《吴越春秋》十卷，題曰「後漢趙曄撰」。前有徐天祐序。卷十末有「大德十年歲在丙午三月音注，越六月書成刊板，十二月畢工」兩行，「前文林郎國子監書庫官徐天祐音註」一行，「正議大夫紹興路總管提調學校官劉克昌及儒學梁相」等銜名四行。每頁十八行，每行十八字，小字雙行，每行廿六、七字不等。版心分上下兩卷。明覆本欵式及卷末題名同，惟每頁十六行，每行十七字，板心分十卷，異於元槧耳。是書有宋汪綱刊本，行數、字數與元刻同。卷九「女即捷末」下多「操其本而刺處女。女應即入之，三入，處女因杖擊之」二十字，今不得見。

又《影宋抄東家雜記跋》 《東家雜記》二卷，影寫宋刊本。題曰：「右朝議大夫知撫州軍州事兼管內勸農使仙源縣開國男食邑三百戶借紫金魚袋傳編。」前有自序；後有四十六世孫宗翰家譜序，四十八世孫端朝、五十世孫擬跋。每頁二十行，每行十八字。編首列《杏壇圖說》及《琴歌》。《壇》作三重，與錢遵王《敏求記》所載宋本合。傳自序與《祖庭廣記》附刻者，字句稍有異，而作序歲月亦不同。初頗不鮮，既而思之，乃得其故。蓋是書先刊於北宋宣和六年，時傳官朝議大夫知邠州。徽、欽北狩，傳隨高宗南渡。紹興甲寅，階朝散大夫官知撫州。版亡於金，乃改作序年月而重刊之。元措入金，所據者宣和六年北方所刊之本。此則據紹興刊本所影寫也。

又《宋槧咸淳臨安志跋》 《咸淳臨安志》一百卷，前有潛說友自序，皆宋刊宋印本。卷一、卷八十一至八十九、卷六十五、六十六，凡十二卷，皆抄補。卷六十四、卷九十、卷九十八、卷九十九、卷一百皆缺。每頁二十行，每行二十字，小字雙行。版心有字數及刊工姓名。宋諱皆缺筆。語涉宋帝皆提行，年號亦空一格，即《百宋一廛賦》所謂「臨安百卷，分豆剖瓜，海鹽常熟，會蕞竹垞」者也。字體圓勁，刊手精良，不下北宋官刊。杭州汪氏新刊本摹刊亦精，視此則有霄壤之判矣。

又《元槧通典跋》 《通典》二百卷，題曰：「京兆杜佑字君卿纂。」前有李翰序，一百卷後有「丁未歲杪李仁伯恕甫跋」。丁未爲大德十一年，蓋元成宗時刊本也。卷十九至二十一、六十一至六十五、八十一至八十五抄補。是書北宋時有鹽官縣雕本，至元而版已亡，臨川路總管楊錦山乃命諸學刊成。見李仁甫跋。卷二十六至卷一百爲撫州臨汝書院所刊，每卷有「撫州臨汝書院刊，湘中李仁伯校正」兩行。一百七卷後有「臨川學教諭晏仲容直學連元壽照對訖」兩行。一百卷後有「直學吴用珍監刊」一行。每葉二十八行，每行二十六字。版心有「第幾冊」三字及刻工姓名。共分四十冊。鹽官本每葉二十行，每行二十八字，當即此本所從出。

又卷五《粤疋堂刻僞菉竹堂書目跋》 《菉竹堂書目》六卷，粤東伍氏刊本。前有文莊自序，與《文莊集》、《涇東稿》所載合。後有五世孫恭煥、七世孫國華跋。校以明《文淵閣書目》，書名、分類、冊數一一皆同，惟卷首「聖製類」刪去祖訓、文集、實錄、官制、法令等書數百種，卷末刪「舊志」、「新志」兩類，「古今志」一類則刪《島夷志》以下數十種而已。閣目每書皆載數部，注明全缺，此則每書衹錄一部，不注全缺，但取閣目冊數最多者錄之。文莊原序爲卷二萬有奇，冊四千六百有奇，今冊計二萬三百有奇，浮於原序五倍，卷雖無考，以《書錄解題》、《千頃書目》所載，約計當在二十萬外，浮於原序十倍。伏讀《四庫提要》「《菉竹堂書目》六卷，經、史、子、集各一卷，卷首曰『制』，乃官頒各書及賜書、賜勅之類，末卷曰『後錄』，則其家所刊及自著書，有成化七年自序。大率本之馬氏《經籍攷》，別出舉業類，而無詩集，亦略有增損。又別有《新書目》一卷附於後，中載夏言、王守仁諸人集，蓋其子孫所編」云云。案，此本卷首雖有聖製而不曰制，又無後錄，亦無附目，卷中有詩集而無舉業序，末亦無成化記年，証與文莊自序固多牴牾，與《提要》尤無一合。蓋書賈抄撮《文淵閣目》，改頭換面以售其欺，決非館臣所見兩淮經進之本也。恭煥及國華跋恐亦非眞。《粤疋叢書》世頗風行，恐誤後學，不可以不辨。

又《宋板讀史管見跋》 致堂先生《讀史管見》八十卷，題曰：「徽猷閣直學士左朝請郎提舉江州太平觀保定縣開國男食邑七百戶賜紫金魚袋胡寅明仲撰。」前有「淳熙壬寅簽書平海軍節度判官孫胡大正序」，後有「大正

識」。宋諱「殷」、「匡」、「貞」、「恆」、「桓」、「構」、「愼」、「瑗」皆缺避。每頁二十四行，行二十二字。版心有字數。據大正序，淳熙以前無刊本，至大正官溫陵始刊於州治之中和堂，乃此書初刊本也。其後嘉定十一年，其孫某守衡陽，刊於郡齋，幷爲三十卷，與《書錄解題》合，有猶子大壯序。明季有重刊本，即《四庫》附存其目之本也，《姚牧庵集》有此書序，謂：「宋時江南宣郡有刊版，入元，版歸興文署，學官劉安重刊之。牧庵嘗得致堂手藁數紙，今摹諸卷首。」是此書在宋凡三刊，元人又重刊之，其爲當時所重可知。惟嘉定本與此本卷帙懸殊，未知有無刪削，惜架上無三十卷本，無從互校耳。

又《歷代名賢確論跋》 《歷代名賢確論》十卷，題曰：「錢福編集。」案，是書四庫所收分一百卷，前有吳寬序。《提要》云：「福、寬二人同時，不應不知爲福作。福廷對第一，殆書賈重刊所託名。《宋史・藝文志》之《十七史名賢確論》蓋即此書。」愚謂《提要》所言誠不刊之論。此本十卷與百卷本卷帙懸殊，疑有刪節，及讀杭州文瀾閣所存殘本，與此本皆同，並無缺少，惟多分卷帙，蓋亦書賈所合幷也。所採宋人之文，如何去非、張唐英遺集久亡，賴此存其崖略。每頁二十二行，每行二十四字。版式如劉洪愼獨齋本《文獻通攷》、《山堂考索》。劉洪本閩中麻沙書賈，或亦明代麻沙本歟。

又卷六《宋本孔子家語跋》 《孔子家語》十卷，宋刊大字本。每頁十八行，行十七字，小字廿四、五不等，有東坡居士兩方印，即《汲古閣秘本書目》所稱北宋蜀大字本，爲東坡所藏，有東坡折角玉印者也。後有毛子晉斧季兩跋。中間稍有缺頁，子晉據他本抄補。愚案，「瑗」字爲孝宗爲皇子時原名，書中「瑗」字缺避，則非北宋刊可知。字亦圓潤，非顏、歐體，鄙意疑爲紹興監本。東坡印亦甚劣，其爲後人僞造無疑，子晉殆爲所愚耳。《家語》雖王肅僞造，而所據多先秦古書。《天祿琳琅書目》祇有影宋抄，此外藏書家更無以宋刊箸錄者，則此本即非北宋，恐世無第二本矣。

又《宋本賈誼新書跋》 新雕賈誼《新書》十卷，題曰：「梁大傅賈誼撰。」宋刊本。目後有「建寧府陳八郎書鋪印」一行，蓋南宋麻沙本也。校以正德九年陸相本、何元朗本、何鏜《漢魏叢書》本，卷七《諭誠篇》：「是以國士畜我，我故國士爲之報。」何鏜本作「是以國士遇我，我故國士報之」，下奪「故曰：『士爲知己死，女爲悅己容。』非冗言也，在主而已」二十四字。何元朗本「舉被而爲禮」下惟存墨釘。《退讓篇》「梁大夫有宋就者爲邊縣令」云云至「楚王媿」凡三百九十二言，何鏜本刪削改易，祇存二百六十四言，何元朗本則全缺。正德陸相本「國士報之」下缺二十餘字，誤接《退讓篇》「使者曰否」云云，而缺其篇首三百餘字，「使」字上又衍大字，想所據宋本有缺頁，遂連爲一耳。後來諸本多從陸相本出，故缺文亦相類也。

又《宋刊武經七書跋》 《孫子》三卷、《吳子》二卷、《司馬法》三卷、《六韜》六卷、《尉繚子》三卷、《三畧》三卷、《李衛公問對》三卷，宋槧本。每頁二十行，每行十九字。版心有字數及刊工姓名。「殷」、「徵」、「貞」、「恆」、「警」、「敬」、「完」、「構」、「讓」、「愼」皆缺避，當爲宋孝宗時刊本。七書彙刊，始於宋元豐二年，事見李燾《續通鑑長篇》。元豐六年，國子司業朱服言：「承詔校定《孫子》、《吳子》、《司馬法》、《衛公問對》、《三畧》、《六韜》。諸子所註《孫子》，互有得失，未能去取，它書雖有註解，淺陋無足采者。臣謂宜去注，行本書，以待學者之自得。」詔：「《孫子》止用魏武帝注，餘不用注。」亦見《長編》。此本《孫子》亦無魏武注，殆因朱說而削之歟？

又卷七《黄帝内經太素跋》 《黄帝内經太素》三十卷，題曰：「通直郎守太子文學臣楊尙善奉勅撰註。」缺卷一、卷四、卷七、卷十六、卷十八、卷二十一，共六卷。卷二缺末，卷三缺首，卷六缺尾，卷八缺首，卷十缺首，卷十二缺首，卷十四缺首，卷十七祇存尾三頁，卷二十二首尾皆缺，卷二十九缺首，卷三十缺首，其完全無缺者僅卷五、卷九、卷十一、卷十三、卷十五、卷十九、卷二十三、卷二十四、二十五、二十六、二十七、二十八，其十二卷耳。【略】《新唐書・藝文志》箸于錄。治平中，林億等奉詔校正醫書，《太素》亦在其列，見林億等《甲乙經序》、《蘇魏公集・本草後序》。《素問新校正》及《甲乙經校正》引其說甚多。是此書在北宋必亦刊行，至南宋而始佚，故晁、陳書目遂無其名也。每卷後「仁平元年」、「仁安二年書寫、點校」等字。案，日本近衛仁平元年爲宋紹興二十一年，六條仁安二年爲宋乾道三年，是從八百年前抄本傳錄者。

又《北宋本外臺秘要跋》 《外臺秘要方》四十卷，題曰：「朝散大夫守光祿卿直秘閣判登聞檢院上護軍臣林億上進。」每葉二十六行，每行二十

四字，神宗以前帝諱，嫌名皆闕避。前有王燾自序及孫兆序，後有「皇祐三年內降指揮」，「熙寧三年鏤版指揮」及「校正林億」等銜名三行，中書門下富弼等銜名八行。每卷後或題「右從事郎充兩浙東路提舉茶鹽司幹辦公事趙子孟校勘」，或題「右迪功郎充兩浙東路提舉茶鹽司幹辦公事張寔校勘」，當是浙中刻本，故校勘皆浙東官耳。卷一、卷九後有「朝奉郎提舉藥局兼太醫令醫學博士臣裴宗元校正」一行（圖一九六）。以崇禎中程衍刊本校之，刪削幾及二萬字，妄改處亦復不少。黄蕘圃孝廉宋刊之富，甲於東南，僅得目錄及第廿三兩卷，見《百宋一廛賦註》。日本雖有全書模印在，後多糊糢處，見《經籍訪古志》。此本宋刊初印，無一斷爛，洵海內外之鴻寶也。書中「痰」字皆作「淡」，明本改作「痰」；「擔」字皆作「檐」，明本改作「擔」。案《說文》無「痰」字，《廣韻》始有「痰」字，云：「胷上水，病一切。」《經音義》卷三：「淡飲胷上液也。」其字作「淡」，不作「痰」，與此本合。《說文》亦無「擔」字，《人部》：「儋，何也。」即今「擔」字。《漢書・貨殖傳》「漿千儋」，《西域傳》「負水儋糧」，此儋之正字也。《楚辭》「哀時命負檐荷以丈尺兮」，《史記・虞卿列傳》「檐簦」，《范雎列傳》「檐簦」，皆從木作檐。《禮記・喪服四》「制或曰檐主」，宋本注疏亦從木作檐，與此書合，此儋之假借字也。明刻改「淡」爲「痰」，改「檐」爲「擔」，此明人不識字之通病也。是此書不但有功醫學，並可參証小學，宋本之可貴如此。燾書原有雙行夾注，明刊往往於原書夾註上加「通按」二字，竊爲已說，尤可笑也。

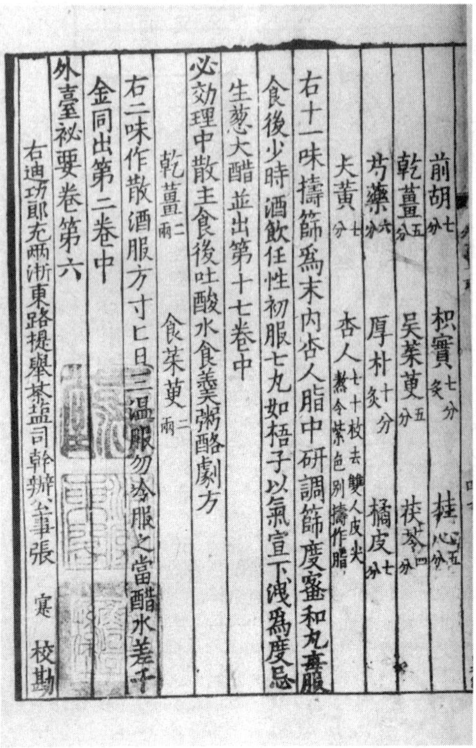
前胡七分　枳實七分炙　桂心五分
乾薑五分　吴茱萸五分　茯苓四分
芍藥六分　厚朴十分炙　橘皮七分
大黄七分　杏人七十枚去雙人皮尖熬令紫色別擣作脂
右十一味擣篩爲末內杏人脂中研調篩度蜜和丸壽服
食後少時酒飲任性初服七丸如梧子以氣宣下洩爲度忌
生葱大醋並出第十七卷中
必効理中散主食後吐酸水食羹粥酪劇方
乾薑二兩　食茱萸二兩
右二味作散酒服方寸匕日三温服勿冷服之當醋水差千
金同出第二卷中
外臺秘要卷第六
右迪功郎充兩浙東路提舉茶鹽司幹辦公事張　寔　校勘

圖一九六　卷後題「右迪功郎充兩浙東路提舉茶鹽司幹辦公事張寔校勘。」

又《鍼灸資生經跋》　《鍼灸資生經》七卷，影寫明正統間廣勤書堂刊本。題曰：「大監王公編。」每頁二十四行，每行二十二字。前有「嘉定庚辰奉議郎提舉淮南東路常平茶鹽公事徐正卿叙」，目後有「正統十二年孟夏三峰景達詳咨木記」，卷末有「三峰廣勤葉景達重刊」一行，蓋明時麻沙刻本也。

又卷八《影宋本避暑録話跋》　《己卯避暑錄話》二卷，題曰：「宋葉夢得少蘊箸。」每半葉十行，每行二十一字。「慎」字註御名，凡遇太宗眞宗、仁宗等字皆提行或空二格，蓋從宋孝宗時刊本影寫，即《津逮秘書》之祖本也。「敦」字亦缺末筆，刊板後所刻改也。

又《群書編類故事跋》　《群書編類故事》二十四卷，題曰：「四明王罃集，泰和梁輈校正。」明宣德刊本。半葉十二行，行廿四字。《研經室外集》云：「罃，姓名見《寧波府志》，明初曾任廣東肇慶太守，事跡無攷。其《明史・藝文志》及藏書家均未箸錄，此本從明莫雲卿家藏元刊影寫。」愚案，罃，字宗器，號樂淡。家貧，積學自立，中永樂六年鄉試。明年，授睢寧教諭，擢禮科給事中，改刑科。宣德五年十一月，擇廷臣二十五人爲郡守，以罃守肇慶，奉勅行增修水利作興學校令行政，舉境內帖然。居九年，進秩二等，徙治西安，如治肇慶。越三年，致仕，卒年七十。見《明史・李驥傳》、《寧波府志・成化志》、《肇慶府志》。以宣德五年守肇慶，居九年，調西安，又三年，卒年七十推之，當終於正統六年辛酉，生於洪武五年壬子，其非元人明矣。《研經》題爲元人，不免爲門客所欺耳。卷首有宣德時序，書賈抽去末頁以充元刊，以序中「肇慶守、四明王公」一語証之，則必宣德中刊也。卷中有「莫雲卿印」四字白文印，前明曾爲莫是龍藏。知阮文達所進呈即從此本出矣。

又卷九《宋刻書小史跋》　《書小史》十卷，題曰：「錢唐陳思纂次」，

宋槧本。前有謝奕修手書序。每半頁十一行，行二十字。「朗」、「匡」、「胤」、「勗」、「徵」、「恆」、「殷」、「慎」、「貞」、「徵」、「購」皆缺避。卷六至十宋刻，卷一至卷五汲古閣所影寫也，即《汲古閣秘本書目》所著録者。有「鼎元」二字連珠印，「仲雅」二字長印，「宋本」二字橢圓印，「甲」字方印，「子晉」二字連珠印，「子晉之印」朱文方印，「子晉書印」朱文方印，「汲古得修綆」長印。蓋先爲王弇州所藏，故有「鼎元」、「仲雅」二印，至明季而爲毛子晉所得。宋以後無刊本，近時藏書家罕箸録，亦希有秘笈也。

又卷一〇《宋本王右丞集跋》　《王右丞文集》十卷，次行題曰：「尚書右丞贈秘書監王維。」宋刊本。每半頁十一行，每行二十字。版心有字數及刊工姓名。宋諱有缺有不缺，南宋麻沙坊本往往如此。卷二第十三葉之第十八行接連卷三，其卷四、五、六、八、九、十仿此，亦宋本式也。卷六末有跋，云：「韋蘇州詩韻高而氣清，王右丞詩格老而味長，雖皆五言之宗匠，然互有得失，不無優劣，以標韻觀之，右丞遠不逮蘇州，至其詞不迫切而味甚長，雖蘇州亦不及也。」凡七十餘字，爲元以後刊本所無。卷五《送梓州李使君》「山中一半雨」不作「山中一夜雨」，與《敏求記》所記宋本同。惟卷二《出塞作》脱廿一字，不免白璧微瑕耳。

又《元本王右丞集跋》　須溪先生校本《唐王右丞集》十卷，題曰：「唐尚書右丞贈秘書監王維。」元刊本。每半頁八行，每行二十字。旁加圜直，閒有評語，蓋皆須溪筆也。卷五《送梓州李使君》「山中一半雨，樹抄百重泉」，不作「山中一夜雨」，與宋本同。卷六《出塞作》「暮雲空磧時驅」下脱「馬秋日平原好射雕護羌校尉朝乘障破虜將軍夜渡」二十一字，蓋亦從宋麻沙本出耳。

又《南陽集跋》　《南陽集》三十卷，宋韓維撰，舊抄本。每葉二十二行，行十八字。後有紹興十年沈晦跋。凡遇「皇帝」及「陛下」、「先帝」、「太皇太后」等字或提行或空格，當從宋本傳抄者。案，韓元吉《南澗甲乙稿》有淳熙元年所作《高祖宫師文編序》，云：「《文編》僅三十卷，兵火後所輯，非舊本也。」則直齋箸録譌三爲二無疑。《可爲提要碻証》又云「某逮事曾叔祖留司御史諱宗質，時王蔡方張，有所避忌。凡家集，手自鐍之，無得觀者。故公之論新法、觸時禁之言，皆不傳於外。南渡流離，集稾遂逸，訪於四方，惟詩尚多，内制特少。他文如《與蘇子美書》、《誌程伯淳墓》，士大夫雖知有之，無復見也。小子不佞，欲俟備而傳焉。恐有河清之歎，因裒而刊之東陽郡齋」云云。此本卷二十九有《程伯淳墓誌》，注云：「淳熙四年，續得於蜀。」蓋版刊於元年，《墓誌》得於四年，故云「續得」，可爲東陽刊本之証。沈晦爲維之外甥，據跋，僅以韓元龍所得本刊，鮮于大受所撰《行狀集》則未刊也，越三十年，而元吉始刊於東陽。此當出於東陽刊本，特缺元吉序耳。《提要》云「第三十卷與附録一卷，尤多顛舛」。今卷二十九、卷三十及附録或上截有字、下截無字，或下截有字、上截無字，或以歌詞雜於他人祭文之下，或以書札雜於詔誥之後，當由所據之本。摸印在後，版多爛亂，裝訂時又有錯簡，非沈晦所云「不能是正」者也。卷十九、卷二十、卷二十一爲王邸記室，卷二十有録無書，祇存十九、第二十一兩卷，《提要》云二卷，蓋除缺卷而言之耳。

又卷一一《范太史集跋》　《太史范公文集》五十五卷，宋范祖禹撰，張立人手抄本。每葉二十六行，每行二十三字。凡遇仁宗、英宗、神宗、明肅慈聖文母太皇太后、皇帝及二聖累朝陛下字皆空一格，「煦」字注「哲宗舊名」，「佶」字注「徽宗御名」，蓋從宋本傳録者。

又《蘇魏公文集跋》　《蘇魏公文集》七十卷，宋蘇頌撰，《四庫全書》箸於録，影寫宋刊本。每葉二十二行，每行二十一字。每卷有目，連屬篇目。前有汪藻序。「構」字注「太上御名」，蓋從宋刊影寫者。卷一至十四《詩》，卷十五至二十《冊文》、《奏議》，卷二十一至二十八《内制》，卷二十九至三十六《外制》，卷三十七至四十六《表》，卷四十八至五十《啓》，卷五十一至五十四《碑銘》，卷五十五至六十二《墓誌銘》，卷六十三《行狀》，卷六十四《記》，卷六十五至六十七《序》，卷六十八《書》，卷六十九《札子》、《青詞》，卷七十、七十一《祭文》，卷七十二《雜箸》。首尾完具，毫無缺佚，尚是蘇攜所編原本，未經後人竄亂。嘉慶中，閩中蘇龕石方伯重刊是集，求舊抄不可得，從文淵閣借録付梓，可見此本之難得矣。

又《宛丘集跋》　《宛丘先生文集》七十六卷，《目録》三卷，題曰「張耒文潛」。《四庫全書》箸於録。舊抄本。《郡齋讀書志》：「《柯山集》一百卷」，《直齋書録解題》：「《宛丘集》七十卷，《年譜》一卷。」又云：「蜀本七十五卷。」此本分卷與蜀本合，當從宋刊蜀本傳録者。卷一至卷三《賦》，卷四至卷二十一《古詩》，卷二十四至卷三十三《律詩》，卷三十四至四十二

《絕句》，卷四十三至四十五《古樂府歌辭》，卷四十六《騷》，卷四十七《哀挽》，卷四十八《表狀》，卷四十九《啓》，卷五十《祭文》、《祝文》，卷五十一《贊》、《銘》、《偈》、《疏》，卷五十二、五十三《題跋》，卷五十四、五十五《記》，卷五十六《序》，卷五十七《講説》，卷五十八至六十五《論》，卷六十六、六十七《書》，卷六十八至七十《墓誌》、《傳》，卷七十一至七十六《同文館倡和詩》。以聚珍本《柯山集》互校，《柯山集》總計詩騷一千陸百餘首，《宛丘集》二千一百餘首，多得詩五百餘首，文、賦則大略相同，惟多華陰楊君、晁無咎、田奉議、崔君、符夫人墓誌五首。又嘗見抄本《張右史集》六十卷，似更不及聚珍本。《柯山集》百卷本不可見，當以此本爲最備矣。

又《張立人手録樂圃遺稿跋》 《吳郡樂圃朱先生遺稿》十卷，《附録》一卷，《補遺》一首，題曰「姪孫中奉大夫知漢陽軍事賜紫金魚袋思哀次張立人」，手寫本。前有紹熙甲寅朱思序。每葉十八行，行二十五字。「桓」字註「欽宗廟諱」，「構」字注「高宗廟諱」，「慎」字注「孝宗廟諱」，是從紹熙刊本摹寫者。前有「張位之印」白文方印。立人書法本精，此本尤爲經意之作。康熙中，裔孫朱岳壽重刊本雖編次仍舊，而譌脱頗多，不如此本遠矣。

又《長興集跋》 殘《長興集》爲宋刊《三沈集》之一，題曰「龍圖閣學士沈括存中箸」。卷十三至十六《表》，卷十七十八《啓》，卷十九、二十《書》，卷二十一至二十四《記》，卷二十五至三十《墓誌》，三十二《孟子解》。餘皆闕。每葉十八行，每行二十字。每卷有目，連屬篇目。卷後有「從事郎處州司理參軍高布重校兼監雕」一行，當從宋刊影寫者。

又《影宋本樂靜集跋》 《樂靜先生李公文集》三十卷，題曰「鉅野李昭玘成季」。每頁二十行，每行二十字。每卷有目，連屬篇目。「構」字註「御名」，蓋從紹興時刊本影寫者。祥符周季貺太守藏書也。以所藏閣抄本校一過，卷一補《摘果》五古一首，《培花》五古四句。閣抄本卷八錯簡，不可讀，據此本改正。惟卷十六《吳正字啓後》半攙入他文，亦賴閣抄本正之。

又卷一三《元槧足本黄文獻集跋》 《黄文獻集》足本四十三卷，首行題曰「金華黄先生文集第幾」，下題「初藁幾」、「續藁幾」，次行題「臨川危素編番陽劉耳校正」，間有題門人編次者，次行有題「日損齋續藁」者。卷一至卷三爲《初藁》，卷四至四十三爲《續藁》，前有至正十五年貢師泰序。每頁二十四行，每行二十四字。版心有字數。語涉元帝皆提行，元刊元印本。《初藁》一、二《詩》，三《賦》、《騷》、《答問》、《雜箸》、《贊》、《碑記》、《序》、《題跋》、《書》、《祭文》、《傳》、《行述》。《續藁》一至三《詩》，四《詔制》、《表》、《牋》、《箴》、《銘》、《贊》，五《碑文》、《記》，六至十二《記》，十三至十五《序》，十六《序》、《説》、《啓》、《公文》，十七《策》、《題》、《勸農文》、《上梁文》，十八、十九《題跋》，二十《祝文》、《祠》、《疏》、《祭文》、《行狀》，二十一至二十四《神道碑》，二十六、二十七《墓碑》，二十八至三十六《墓誌銘》，三十七《墓碣》、《墓記》，三十八、三十九《塔銘》、《道行碑》，四十世《譜》、《傳》。《初藁》、《續藁》總爲四十三卷。

陸心源《儀顧堂續跋》卷一《宋槧婺州九經跋》 《周易》二十一葉，《尙書》二十六葉，前有孔安國序。《毛詩》四十七葉，《周禮》五十五葉，《孝經》三葉，前有唐明皇序。《論語》十六葉，前有何晏序。《孟子》三十四葉，前有孟子題辭。《禮記》九十三葉，《春秋左傳》一百九十八葉。每葉四十行，每行二十五字。眉間有音切，版心有「易」、「書」、「詩」、「禮」、「孝」、「論」、「孟」、「左」等字及刊工姓名、字數。余向藏《五經》正文，審爲婺州刻。今得此本，參互考訂，益信前言之不誣。請列二證以明之。《景定建康書籍志》所列諸經正文，婺州本有《周禮》無《儀禮》，此本亦有《周禮》無《儀禮》，其證一也。陳仲魚所藏婺本《點校重言重意互注尙書·大禹謨》「降水儆予」不作「洚水」，「夔夔齋慄」不作「齊慄」，「益稷敖虐是作」不作「傲虐」，《禹貢》「北過降水」不作「洚水」，「東迤北會於滙」不作「爲滙」，《五子之歌》「懍乎若朽索之馭六馬」不作「凜乎」，「峻宇雕牆」不作「彫牆」，「伊訓檢身若不及」不作「撿身」，「大甲中視乃厥祖」不作「烈祖」，《盤庚上》「則惟汝衆自作弗靖」不作「爾衆」，《盤庚中》「乃祖先父丕乃告我高后曰」不作「乃父」，《説命上》「台恐德弗類」不作「惟恐」，《武成》「師逾孟津」不作「師渡」，《洪範》「明作哲」不作「作哲」，《多士序》「周公以王命誥作多士」不作「命告」，「天休滋至」不作「茲至」，「君牙亦惟先王之臣」不作「先正」，《呂刑》「度作刑以詰四方」不作「以

誥」，《文侯之命》「即我御事」不作「既我」，「汝克昭乃顯祖」不作「克紹」，《費誓》「勿敢越逐」不作「無敢」，皆與婺本《尚書》同，與唐石經合，其證二也。

又《明抄紫巖易傳跋》 《紫巖居士易傳》十卷，首載《易論》一篇，後有嘉定庚申紫巖曾孫獻之跋，萬曆甲戌郭朴跋。朴穪得録本於林慮李龍岡主事。林録自唐荆州家成皐王傳《易論》及《易注》，因取朴所藏本刻焉。此本蓋從王府刊本影寫者。第二、第三行空，當是明人校刊銜名，故影抄時削之。卷十末有木記云：「此書舊本『貞』、『敦』二字多減去點畫，『恆』字間有更爲『常』字者，皆避宋帝諱也。惟『敬』字每以『欽』字代之，似爲張公家諱」，不知「敬」亦宋太宗嫌名也。明人之陋至此，無怪何義門以爲不足憑矣。然其書源出宋本，獻之跋猶存。通志堂所據本亦即明藩府本，削獻之跋，並缺卷首《易論》，不若此本之完善也。

又《元槧周易集説跋》 俞石澗《周易上經》、《下經》、《彖傳上》、《彖傳下》、《爻傳》、《象辭》、《文言》、《繫辭上》、《繫辭下》、《説卦》、《序卦》、《雜卦》，或題「林屋山人俞琰玉吾叟」，或題「林屋山人俞琰集説」。前有泰定元年黄溍題辭，元貞丙申琰自序，後有皇慶癸丑琰後序。序後摹方印三：一曰「俞琰玉吾」，一曰「石澗」，皆陽文；一曰「林屋山人」，雙鈎陽文。每葉二十四行，每行二十一字。版心間有「存存齋刊」四字。經頂格，説低一格。引諸家説以黑質白章別之。《上經》後跋曰：「嗣男仲溫命兒楨繕寫，謹鋟梓於讀易樓，至正八年歲在戊子十二月二十五日謹誌。」《下經》後有至正九年跋，略同。惟「命、男楨」三字改「孫貞木」。《彖傳》後有十年跋，亦略同。惟「孫貞木」改爲「命兒楨植」。蓋至正中是書初刊祖本也。【略】通志堂刊本據何義門説亦借汲古元刻付梓，所見當與此本同。乃不依元刊，而謬爲分析，删去《上經》、《下經》、《彖傳》後俞仲溫誌語，未免妄作。元本每卷末或題「俞氏易集説」或題「俞石澗易集説」，故通志本版心改題「俞氏易集説」以清眉目，義門以爲大謬，蓋未細檢元刊耳。

又《宋槧詩集傳跋》 《詩》二十卷，題「朱熹集傳」。每頁十四行，每行大十五字，小字雙行。版心有字數及刊工姓名。「不盈傾筐，承筐是將」之「筐」，「無折我樹杞」、「樹桑」、「樹檀」、「爰有樹檀」之樹，「殷其盈矣」之「殷」，「簟茀朱鞹」之「鞹」（圖一九七），「上愼旃哉，愼爾優游」之「愼」，「我覯之子」之「覯」，「如月之恆」之「恆」，「以匡王國」之「匡」，「爾不我畜」之「畜」皆缺筆，蓋寧宗刊本也。

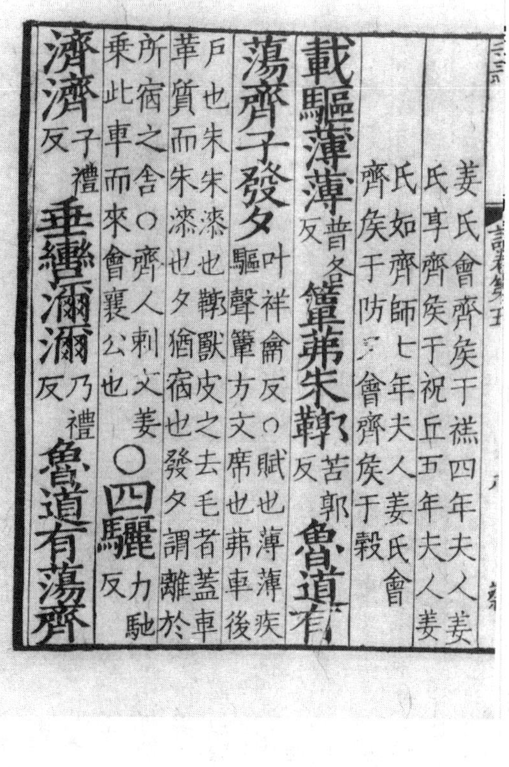
姜氏會齊侯于禚四年夫人姜氏享齊侯于祝丘五年夫人姜氏如齊師七年夫人姜氏會齊侯于防冬會齊侯于穀
載驅薄薄普各反簟茀朱鞹苦郭反魯道有蕩齊子發夕叶祥龠反○賦也薄薄疾驅聲簟方文席也茀車後戶也朱朱漆也鞹獸皮之去毛者蓋車革質而朱漆也夕猶宿也發夕謂離於所宿之舍○齊人刺文姜乘此車而來會襄公也○四驪力馳反
濟濟子禮反垂轡濔濔乃禮反魯道有蕩齊

圖一九七 第三行第九字「鞹」字闕筆。

又《明覆宋吕東萊讀詩記跋》 《吕氏家塾讀詩記》三十二卷，前有淳熙壬寅朱子序，嘉靖辛卯陸釴序，《諸家姓氏》、《引用書目》。每葉二十八行，每行十九字。經頂格，注低一格。注中有注，旁行而字略小，不作雙行。各家姓氏以黑質白章別之。書法以篆作楷。陳啓源《毛詩稽古編》所由濫觴也。宋諱有缺筆，蓋從宋本翻雕者。較萬曆癸卯刻，卷一《禮記》「天子五年一巡狩」之前多一條。卷二十七「王之職有闕能」下多千餘字。卷二十八「自彼成康，奄有四方」下多十四字。詳盧抱經《群書校補》。書雖嘉靖刻，流傳甚罕。書賈往往割去陸序，以充宋本，世亦有受其欺者。

又卷二《宋槧蜀大字本周禮跋》 《周禮》，宋槧本。存卷九、卷十兩卷。首行題「秋官司寇第五」，下題「鄭氏注」。每葉十六行，每行十六字。

注雙行，每行二十二字。版心有字數及刻工姓名。「殷」、「敬」、「恆」、「桓」、「貞」、「構」、「愼」皆缺筆，當爲宋孝宗時蜀中刊本。《百宋一廛賦》所謂「周禮一官」者也。《周禮》單注不附釋文者，今以嘉靖覆宋八行十七字本爲最善，阮氏謂勝於余仁仲、岳倦翁本。此本又足訂嘉靖本之誤。如《秋官・序》「官赤犮氏」，「犮」不誤「友」；《大司寇》注，「大廟之內」，「大」不誤「太」；《小司寇》注「鄭司農云」，「司」不誤「可」；《士師》注「比其類也」，「比」不誤「此」；《遂士》注「二人而分主一遂」，「而」不誤「其」；《朝士》注「五曰路門」，「五曰」不誤「五門」。【略】此皆勝嘉靖本處若監、閩、毛《正義》諸刊，則更有霄壤之別。惜乎僅存二卷，未聞有全本耳。黃氏校刊《周禮》，所據即此二卷。阮文達未見原本，僅據臧庸堂校本採入《校勘記》。庸堂所見亦即此二卷，恐世無第二本矣。

又《宋槧續儀經傳通解跋》　《儀禮經傳通解續祭禮》十四卷，前有紹定辛卯楊復自序，門人鄭逢辰序及逢辰進《祭禮》二十帙、《儀禮圖》十四帙表，淳祐六年十一月中書省劄付，淳祐七年四月十三日贈復文林郎勅。每葉十四行，行十五字，注雙行，版心有字數及刻工姓名。宋淳祐刊本。按，復，字志仁，福安人，受業於朱，又受業於黃勉齋，學者稱信齋先生。朱子纂《儀禮經傳通解》，既成家、鄉、邦國、王朝禮，而以喪、祭二禮屬之黃勉齋。嘉定己卯，勉齋始成《喪禮》，而以《祭禮》稿本授楊信齋。信齋隨時咨問、抄識以待筆削。而勉齋即世，張虙知南康，續刻《喪禮》，又取《祭禮》稿本刊之，以待後學。四方朋友未有取而修定之者，信齋自念齒髮浸衰，曩日幸有所聞，不可不及時傳述，遂據稿本，參以所聞，稍加更定，以續成其書，見自序。是張虙所刊乃信齋授於勉齋之稿本，即《四庫》所收，呂氏所重刊者。此則信齋以稿本修定者，與張刊本不同。故以呂刊互勘，或增或刪，或改或易，竟無一條全同也。張刊之板明中葉尚存南監，惟缺頁斷爛甚多。此本則流傳極少，朱竹垞《經義考》卷一百三十二《續儀禮經傳通解》下不載《逢辰序》，又不載《進表》，《中書省劄》、《理宗贈勅》，則亦未見此本矣。惟趙希弁《讀書附志》、張萱《內閣書目》所箸錄，其言與此本合，所見當即此本也。

又《宋槧巾箱本周禮跋》　《周禮》十二卷，次行篇名在上，下題「周禮鄭氏注」。宋槧巾箱本。每頁二十四行，每行二十三字，小字雙行。版心有字數。格闌外有篇名。經文大字，注小字。次陸氏《釋文》，次《重言重意》、次《互注》。所附《釋文》以白質黑章別之，但採音切而無義訓，與閩刊稍別。字體工整，與婺本《點校重意重言互注尚書》相仿。「愼」字、「敦」字皆缺末筆，當爲寧宗時婺州刊本。大致與宋刊纂圖本、明嘉靖覆宋本同。其勝於嘉靖本者，《夏官・序官掌固》注「王公設險」，「設」不誤「誤」，《撢人》注「撢序王意」，「王」不誤「主」，《大司馬》注「入曰振旅」，「旅」不誤「振」，「治徒庶之政令」，「庶」不誤「度」，「無於車」，「車」不誤「軍」，「以簿書校錄」，「簿」不誤「薄」，「皆上卿爲軍將者也」，「上」不誤「止」；《司弓矢》注「守城車戰」，「戰」不誤「載」；《大馭》注「軌爲範」，「軌」不誤「軏」，《齊僕》注「車逆拜辱」，「逆」不誤「送」，「職方氏其川熒雒」，「熒」不誤「滎」。其他形似之可訂正者不勝枚舉也。余先得纂圖互注本嘉靖覆宋本，後得蜀大字殘本，今又得此本，《周禮》一經善本爲不少矣！

又《春秋集傳微旨跋》　《春秋集傳微旨》三卷，題曰「朝議大夫守國子博士上柱國陸淳纂」。前爲淳自序，連屬篇目。每頁二十行，每行二十字。影寫宋刊本。以龔翔麟玉玲瓏閣刊本互校，雖大旨皆同，而已削其結銜，失宋本之舊矣。陸氏原本義之當否以朱墨爲別，《四庫》所收之本以方匡界畫代朱墨，尚不失陸氏本旨。此本已無方匡界畫，雖不及四庫本，尚是二百年前抄本。是書宋有皇祐間汴梁刻本，元有延祐江西刻本，宋刻多有結銜，元刻往往刪之，以此證之，或出自宋刻未可知也。

又《明覆宋本春秋集傳纂例跋》　《春秋集傳纂例》十卷，題「陸淳纂」。前有淳序及總目，每卷有目連屬篇目。每葉二十四行，每行二十二字。明覆宋刊本。以龔氏玉玲瓏閣刊本互校，龔本奪落甚多。卷二內「逆女例」脫「成十四年叔孫僑如如齊逆女」十二字，並小注九字；「夫人如及會饗例」：「莊七年冬，夫人姜氏會齊侯於穀。十五年夏，夫人姜氏如齊」兩行脫「會齊侯於穀，十五年夏，夫人姜氏」十三字，又脫小注四字而連爲一行。卷三「公葬例」奪「成元年二月辛酉葬我君宣公」及小注二字，「十八年十二月丁未葬我君成公」及小注二字。卷四「公如例」奪「五年，公如濟」。九年春正月，公如齊」兩行。卷六「殺他國大夫例」「楚子、蔡侯」下奪「陳侯、許男、頓子、胡子、沈子、淮夷」十二字，衍「云云」二字；

「執諸侯例」「僖二十一年秋，宋公、楚子、陳侯」下奪「蔡侯、鄭伯、許男、曹伯」八字，衍「云云」二字；「公至自某國某地例」「昭二十六年三月，公至自齊，居於鄆」誤作小注；「致前事例」「僖六年，公會齊侯」下奪「宋公、陳侯、衛侯、曹伯」八字，衍「云云」二字；「襄十年，公會晉侯」下奪「宋公、衛侯、曹伯、莒子、邾公、滕子、薛伯、杞伯、小邾子、齊世子光」二十三字，衍「云云」二字；「致後事例」「僖四年春王正月，公會齊侯」下奪「宋公、陳侯、衛侯、鄭伯、許男、曹伯」十二字，衍「云云」二字；「襄十一年七月，公會晉侯」下奪「宋公、衛侯、曹伯、齊世子光、莒子、邾子、滕子、薛伯、杞伯、小邾子」二十三字，衍「云云」二字；「雜致例」「成七年秋，公會晉侯」下奪「齊侯、宋公、衛侯、曹伯、莒子、邾子、杞伯」十四字，衍「云云」二字；「十六年秋，公會尹子」下奪「晉侯、齊國佐邾人」七字，衍「云云」二字；「定四年春三月，公會劉子」下奪「晉侯、宋公、蔡侯、衛侯、陳子、鄭伯、許男、曹伯、莒子、邾子、頓子、胡子、滕子、薛伯、杞伯、小邾子、齊國夏」三十六字，衍「云云」二字。此外舛錯亦復不少。是書慶歷間有朱臨刊本，見《天一閣書目》。後有蜀小字本，見《袁清容集》。金有平陽府刊本，見《吴淵潁集》。元有江西刊本。龔刊所祖與此本不同，疑出元江西刊本。此則行密字小，當祖蜀小字本。明人仿宋監本《三禮鄭注》，黄蕘圃、陳仲魚諸君皆謂當與宋刊同珍，余謂此本亦當作宋刊觀也。嘉靖中，吴邑令晉江汪旦有刻本，見《經義攷》華察後序。是本字體與嘉靖吴中所刻《唐文粹》、《藝文類聚》一例，或即汪旦刻而失察序歟。每册有「福安縣印」朱文方印，「平湖縣儒學記」朱文長印。

又《影宋春秋尊王發微跋》 《春秋尊王發微》十二卷，題曰「孫復撰」。附録范文正薦狀，歐陽文忠公撰墓志銘。後有紹興辛未鄱陽魏安行刊版跋。每葉二十八行，每行二十二字。宋諱有改字者，如「夏徵」、「舒徵」作「正」，「公子貞」「貞」亦作「正」，此影寫宋紹興刊本之證也。與通志堂刊本同出一源，而通志本稍有脱誤。卷八「成公三年冬十有一月，傳故言聘」下脱「言盟」二字；「四年，公至自會，冬，戍陳，傳諸侯怠於救患」，「怠」誤「急」；「七年丙戌，卒於鄴」。釋文「采南反」下脱「字林，音千消」五字；卷十「昭公十二年，公子慭」，釋文「魚靳反」下脱一字。

又卷三《元槧春秋諸傳會通跋》 《春秋諸傳會通》二十四卷，題「廬陵進士李廉輯」。前有摹刊至正九年廉手書序，下有印曰「李氏行簡序」，後有「至正辛卯臘月崇川書府重刊」木記兩行。次凡例十條，次《讀春秋綱領》，次杜預《左傳序》，何休《公羊傳序》，范甯《穀梁傳序》，程子序，胡氏傳序，胡氏《進春秋表》，樓鑰《陳氏後傳序》。每頁二十四行，每行二十二字，小字雙行。其集諸家之説，先左氏，次公羊，次穀梁，次胡氏，次陳氏，次張氏。胡氏者，胡安國《春秋傳》也；陳氏者，陳傅良《春秋後傳》也；張氏者，張洽《春秋傳》也；皆以墨質白章别之。左氏用杜注，公羊用何注，穀梁用范甯，皆兼及疏。自下已意者，又低於六家説二格，以「案」字别之。程朱諸説及制度之應攷究者、是非之應辨正者，皆見於案語之下。注疏以小字，墨質白章别之，或以方圜圍之，三傳異文注於經文之下。【略】據廉自序，揭恭初刻在至正九年，此本木記有「至正辛卯重刊」字，則又至正十一年所重刊，非揭恭所刊之本也。

又《元槧春秋屬辭跋》 《春秋屬辭》十八卷，題曰「新安趙汸學」。前有宋濂序，汸自序及識語；後有洪武元年程性跋。每葉二十六行，每行二十七字。版心有字數及刊工姓名，間記刻板之月。卷十五後有「前鄉貢進士池州路儒學學正朱升校正，學生倪尚誼校對，金居正覆校」三行。程性跋云「商山書塾刻」。是書自庚子訖癸卯，刻版一百十片，至甲辰告成。案庚子爲至正二十年，甲辰爲至正二十四年，程性跋雖作於洪武元年，版則元代所刊也。字皆趙體，刻手甚工，即通志堂刻本所祖。

又《春秋師説跋》 《春秋師説》三卷，題曰「新安趙汸編」。前有汸序。行款、字數、版心皆與《春秋屬辭》同。至正甲辰商山書塾與《左傳補注》同刊。見程性跋。附録上爲黄澤所作《思古吟》、《六經辨説補注序》、《易學濫觴》、《春秋指要序》；附録下已缺，以目録攷之，知爲《黄楚望行狀》耳。至正庚寅迄今五百五十餘年，三書完具如新，可貴也。

又《宋槧纂圖互注禮記跋》 《纂圖互注禮記》二十卷，宋槧本。每頁二十二行，每行二十一字，小字雙行，每行二十五字。格闌外有篇名、卷數、葉數。「匡」、「胤」、「恆」、「貞」、「桓」、「構」、「慎」、「讓」等字皆避缺，惟「溫柔敦厚」之「敦」、「惇行」之「惇」、「棺椁」之「椁」不缺，當是孝宗時刊本。前有篇目一葉，《禮記舉要圖》二十三頁。圖凡二十有九。

曰《王制商建國圖》，曰《周制建國之圖》，曰《天子縣內圖》，曰《方伯連帥圖》，曰《王制九命之圖》，曰《公卿大夫士圖》，曰《月令十二律管候氣圖》，曰《月令所屬圖》，曰《月令四季昏星圖》，曰《十二律還相爲宫圖》，曰《袞冕裘衣制圖》，曰《韠制度圖》，曰《帶制度圖》，曰《元端冠冕制圖》，曰委貌錦衣制圖》，曰《曲禮師行圖》，曰《玉藻雜佩圖》，曰《童子服圖》，曰《三加冠圖》，曰《冠冕制圖》，曰《器用制圖》，曰《深衣圖上》，曰《深衣圖下》，曰《天子五學之圖》，曰《天子大射之圖》，曰《天子習五戎圖》，曰《五服之圖》，曰《司馬溫公五服之圖》，曰《禮記傳授之圖》。篇名在前，次題「禮記鄭氏注」，猶存唐石經舊式。經文大字，注雙行。次陸德明《釋文》，凡陸有而注無者以「陸曰」二字別之，《釋文》所出之字以圜圍之。次「重言重意」，次「互注」。【略】皆無關大義，以備場屋帖經之用而已，疑爲書坊所爲。惟雕刻甚精，字兼歐柳，所據乃當時善本。與唐石經十行本《正義》大略多同，如《緇衣》「章義癉惡」不作「章善癉惡」之類是也。所引《釋文》有與葉林宗影抄本同者，如「舊，扶死反」，不作「扶」，「允，呼困反」不作「呼困」是也。余所見所藏宋刊《禮記》不下四五本，此本當在十行本《正義》之上，與撫州公庫本相伯仲。所據《釋文》在通志堂刊之上，亦與葉林宗影宋本相伯。仲阮文達作《校勘記》亦未得見此本也。

又卷四《北宋槧說文解字跋》

《說文解字》十五卷，題「漢太尉祭酒許愼記　銀青光祿大夫守右散騎常侍上柱國東海縣開國子食邑五百戶臣徐鉉等奉敕校定」。宋槧宋印本。後有徐鉉進表，雍熙三年牒。每頁二十行，每行大字二十，小字雙行，每行三十字不等。版心有大小字數、刊工姓名。間有重刻之頁，版心有「重刻」字。「恆」、「貞」等字皆不缺，蓋眞宗時刊本也。後有阮文達隸書手跋，云：「毛晉所刊，即據此本。凡有舛異，皆毛扆妄改。」愚謂平津館所刊，即祖此本，行欵匡格皆同。孫淵如作序謂毛刊祖大字本與阮說不同，以今證之，似以孫說爲是。

又《宋本廣韻跋》

《大宋重修廣韻》五卷，前載景德四年勑牒，次大中祥符元年勑牒，次陸法言序，次長孫訥言《箋注序》，次孫愐《唐韻序》。後有《雙聲疊韻法》，《六書八體辨字五音法》，《辨十四聲例法》，《辨四聲輕清重濁法》。每葉二十行，每行二十字，小字雙行，每行廿七八不等。宋諱「玄」、「朗」、「匡」、「胤」、「炅」、「禎」皆缺筆，「徵」、「頊」、「佶」、「桓」、皆不缺，蓋仁宗時刊本。版心有字數、刻工姓名。每卷後有《新添類隔今更音和切》數字。以張氏澤存堂刻校一過，乃知張氏所據與此本同，而有增改，有缺有誤。【略】近見黎蒓齋覆刊東洋町田久所藏宋本與此本無一不同。末三頁此本有刊工魏奇等名，黎本失摹耳。張刻「禎」、「徵」、「恆」、「桓」皆缺筆，與此本不同，蓋張氏所見之本乃徽宗時印本，經後人挖改廟諱，此則猶仁宗時印本也。惟黎所據之本「桓」字不缺避，而叙目云「避至『桓』字止」，何也？

又《元槧廣韻跋》

《廣韻》五卷，前有陳州司馬孫愐《廣韻序》，序後有木記兩行，文曰：「至正丙午菊節南山書院刊行」。每葉二十四行，每行小字二十五，大字約十五六。元刻元印本也。明永樂甲辰廣成書堂、宏治壬子詹氏進德精舍皆有翻本，行欵悉同，而刻工甚劣，譌謬更多。又別有至順庚午刊本，每頁二十六行，每行約十八九字，小字雙行，每行三十字。序末有「至順庚午敏德堂刊」木記及「辛未菊節後十日印」七字。又有建安余氏刊本，行欵與至順本同，而板式縮小，似巾箱本，末有「建安余氏雙桂書堂鼎新鋟梓」木記，注更多刪節，均不如此本之善也。以黎蒓齋新覆泰定乙丑圓沙書院本校一過，行欵版式無一不同，而此本微有奪落，蓋泰定乙丑前乎至正丙午四十二年，當爲此本所祖宜乎，奪譌較少矣。明內府本每頁十八行，每行小字三十三。顧亭林校刊本每頁十六行，每行小字廿四，似皆非元版行欵。

又《影宋抄方言跋》

《輶軒使者絕代語釋別國方言》十三卷，前有郭璞序，慶元庚申李孟傳序，朱質跋；後附劉歆書。每葉十六行，每行十七字。注小字。宋諱有缺筆，蓋從慶元刊本影寫者。卷二「秦有㮩娥之臺」不脫「秦有」二字，「顤鑠盱揚𦟯雙也」，「𦟯」不譌「睹」。卷三「斟，協計也」，「協」不訛「恊」；「魯齊之郊謂之蕘郊」不譌，「閒，諱罪也」，「諱」不譌「譁」。卷四「袒飾謂之直衿」，「衿」不譌「衿」；注：「婦人初嫁」下無「所著上」三字及「音祖」二字；「自關以西秦晉之郊曰絡頭」，「以」不譌「而」。卷五「或謂之環」下不衍「檈」字，「或謂之荞注，今云荞筏篷也」，「篷」不譌「蓬」。卷六「謂之瞷注，言聉無所聞知也」，「聉」不譌「耻」。卷八「䳭，音域」，「域」不譌「或」。卷十「䏰，兄也。注：此音義

未詳」，「此」不譌「皆」。卷十一「南楚之外謂之蟅蟒。注：亦呼蚝蛨」，「蚝蛨」不譌「吒咟」。卷十二「⿰月戚，腯也」，「⿰月戚」不譌「⿰日戚」，從肉不從日。卷十三「⿰彳斤，刻也」，「⿰彳斤」不譌「⿰亻斤」。戴東原作《方冒疏證》往往以曹毅所藏宋本爲證，與此多同，當即從曹毅所藏宋本出者。

又《影元抄平水韻略跋》

《新刻平水韻略》五卷，前有至大六年河間許道古眞序，《聖朝頒降貢舉三試程式》二葉，《壬子新增分毫點畫止誤字》三葉，《壬子新雕禮部分毫字樣》二葉。每頁二十六行，每行大字十六，小字三十二。每韻後有新添重添之字，以黑質白章隔之。卷五後有木圖記二行，其文云：「大德丙午重刊新本，平水中和軒王宅印」。影寫元刊本。《貢舉程式》內迴避廟諱據，延祐元年中書省咨試期稱皇慶三年，與《元史選舉志》合。是《韻略》刊千大德中，皇慶、延祐續有增添矣。《點畫正誤》內有宋諱「殷」、「溝」、「昚」、「敬」等字，則所謂壬子新增者，亦必皇慶壬子而非宋之淳祐壬子。竹汀偶未細攷耳。許道古眞序云「書千嵩郡隱者之中和軒」，而印書之王宅亦曰「中和軒」，豈道古之序書於王宅耶，抑王宅襲道古軒名耶。《三場程式》內載章表迴避至一百八十餘字之多，「婦」、「駕」、「仙」、「靄」、「服」、「布」、「孝」、「愚」、「過」、「改」、「空」、「忽」、「掃」、「慕」、「出」、「祭」、「饗」、「夢」、「缺」、「落」、「典」、「憲」、「法」、「遷」、「塵」、「亢」、「蒙」、「隔」、「離」、「去」、「辭」、「追」、「考」、「板」、「蕩」、「荒」、「古」、「迍」、「師」、「剝」、「草」、「睽」、「違」皆在迴避之例，此則歷代所未有也。

又卷五《宋蜀大字殘本漢書跋》

《漢書》蜀大字本，每葉十八行，每行十六字，小字雙行，每行二十字。版心有刻工姓名。每卷有目，連屬篇目。首行大題在下，篇名在上，題「正議大夫行秘書少監瑯琊縣開國子顔師古注」。「玄」、「朗」、「匡」、「殷」、「敬」、「殼」、「竟」、「境」、「完」、「桓」、「貞」、「徵」、「愼」、「恆」、「讓」等字皆缺避，「桓」注「淵聖御名」（圖一九八），「構」注「今上御名」。與紹興初井憲度眉山重刊嘉祐七史款式同，蓋亦紹興初蜀中刊本，而孝宗時修改者，世所稱蜀大字本者也。存卷六十四上、下，六十五至六十七，六十九上、中。以汲古本互勘，知毛本錯譌極多，如《匈奴傳上》「願寢兵休士」，「士」誤「事」；「俱無暴虐」，「俱」譌「居」；「下及魚鼈」，「下」譌「不」；「煇渠侯」，注：「煇渠，魯陽縣

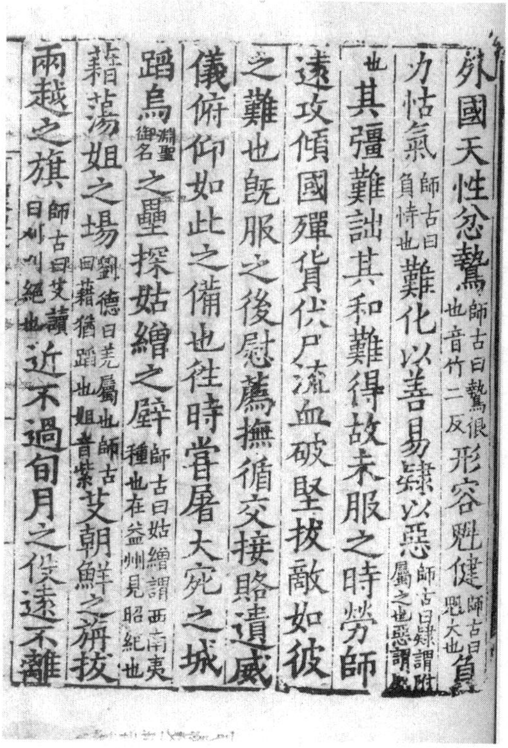
外國天性忿鷙（師古曰鷙很也音竹二反）形容魁健（師古曰魁大也）負力怙氣（師古曰負恃也）難化以善易隸以惡（師古曰隸謂附屬之也惡謂……也）其彊難詘其和難得故未服之時勞師遠攻傾國殫貨伏尸流血破堅拔敵如彼之難也既服之後慰薦撫循交接賂遺威儀俯仰如此之備也往時嘗屠大宛之城蹈烏（淵聖御名）之壘探姑繒之壁（師古曰姑繒謂西南夷種也在益州見昭紀也）藉蕩姐之場（劉德曰羌屬也師古曰藉猶蹈也姐音紫）艾朝鮮之旃拔兩越之旗（師古曰艾讀曰刈刈絕也）近不過旬月之役遠不離

圖一九八　第七行注有「淵聖御名」。

也」。「陽」譌「閎」。案，魯陽縣，漢屬南陽郡，晉屬南陽國，北魏爲郡，屬廣州，今汝州、魯山縣治。若作閎，則古今無此縣名也。「貳師罵曰」，「罵」譌「怒」，「欲發兵邀擊之」？「邀」譌「怒」；「死亡不可勝數」，「亡」譌「于」。《匈奴傳下》「願爲單于待吏」，「使」譌「史」；「起亭墜」，注謂「深開小道而行」，「行」譌「而」；「不當於匈奴稅」，「不」譌「之」；「未可以經遠也」，「可」譌「必」。《西南夷兩粵朝鮮傳》「西夷」作「南夷」。「郎約滿爲臣」，「臣」上衍「外」字；「重合候得盧候者」，「得」譌「毋」；「列四郡」，「四」譌「西」。《外戚傳》「在襁褓中」，「在」譌「皆」。《王莽傳上》「令大下有法」，「令」譌「今」。《王莽傳下》「剛卯」，注：「或用玉，今有玉」，「玉」皆譌「五」，「三年二月乙酉地震」，「年」譌「月」。惜祗存此數卷耳。

又《宋槧蜀大字本後漢書殘本跋》

《後漢書》一百二十卷，首行小題在上，大題在下，「范曄」二字居中。次行題「唐章懷太子賢注」。每卷有目，連屬正文。每葉十行，每行十六字，注雙行。「構」注「今上御名」，

「桓」注「淵聖御名」，與眉山刊七史行數、匡格相仿，當亦紹興初蜀中所刊、世所謂蜀大字者也。存卷六至卷十，卷十六至十八，卷二十一至二十九，卷三十三至三十六，卷三十八至五十九，卷六十一至六十四，卷六十至七十八，卷八十二至八十五，卷八十八，共八十卷。以汲古閣本互勘，知毛本譌奪甚多。【略】范書明刊最多，有正統本，有嘉靖歐陽鐸本，汪文盛本，萬曆南、北監本，崇禎汲古閣本。攷《鄭元傳》「爲父母兄弟所容」，宋景祐本紹興監本、蔡琪一經堂本、元建康路本、明正統本皆爲上，無「不」字，與唐史承節所撰《鄭公碑》合，此本作「不爲父母兄弟所容」，嘉靖歐、汪二本，萬曆南、北監本，毛本同，則嘉靖、萬曆四本當皆從此本出，汲古出於監本而譌脫更甚，又可見《鄭元傳》「不」字之妄增始於南宋矣。

又《宋刻晉書跋》 《晉書》一百三十卷，小題在上，大題在下，次行題「唐太宗文皇帝御撰」。前有貞觀二年御製序。每卷版心紀、志、傳記各爲起訖。每葉二十行，每行十九字。左線外有篇名。「匡」、「胤」、「恆」、「貞」、「桓」、「構」、「愼」、「敦」、「暾」皆爲字不成，蓋南宋監本遞修至元止。宋刊字體勁正，版心有字數及刊工姓名，元修版無，且多俗體譌字。明南監本《謝鯤傳》「吾不復得爲盛德事矣」句下脫去「鯤曰：『何爲其然，但使自今以往日忘日去耳。』初敦謂」二十字，此本不脫。《宣帝紀》、《陸機》、《王羲之》二傳其論皆太宗自製，故稱「制曰」，或者謂「惟陸、王」二傳稱「制曰」，亦不攷之甚矣。

又《宋槧宋印建本北史跋》 《北史》一百卷，首行大題在下，小題在上。每卷有目，連屬篇目。自《皇后列傳》起，每篇有目，題曰「某某傳」，低四格。每葉二十行，每行十八字。左線外有篇名，版心有字數。宋諱避至「敦」字止，蓋先宗時刊本（圖一九九）。紙白如玉，字體秀勁，與福建蔡氏所刊《史記》、《草堂詩箋》、《陸狀元通鑑》、《內簡尺牘》相似，當亦蔡行父文子輩所刊。校讎不精，譌羼所不能免，在宋刊中未爲上乘，然偶以毛本互校，可以證譌補缺者已多。如《魏太武紀》「造新字千餘」，「字」不譌「宇」；「駕次本根山」，「次」不譌「自」；「復羯兒王爵」，「羯」不譌「判」；「今制皇族肺腑」，「肺腑」不譌「師傅」。《齊高祖紀》「天柱大將軍太師」，「師」不譌「史」；「四日而至」，「至」不譌「坐」；「書背微點」，「背」不譌「皆」。《齊文宣紀》「癸巳，行幸趙定」，「癸」不譌「發」；「馬子入石室」，「馬」不譌「男」；「親自臨聽」，「自」不譌「身」。《齊孝昭紀》「召被帝罰者」，「帝」不譌「立」。《齋武成紀》「大破周軍於軹關」，「軍」不誤「宣」。《周太祖紀》「歷北長城大狩」，「大狩」不譌「太守」；「乃令蘇綽」，「綽」不譌「州」；「衆務猶歸臺閣」，「歸」不譌「躍」。《周孝閔紀》「陽平公李遠」，「李」不譌「子」。《周高祖紀》「以應楊忠」，「忠」不譌「木」。《周宣紀》「以時祭享」，「享」不譌「奠」。《隨文紀》「隋國公」下不奪「謚曰『康皇祖楨爲柱國都督十三州諸軍事同州刺史隋國公』」二十四字；「多爲妖變」，「妖」不譌「禍」。《陳留王傳》「光祿少卿」不譌「大夫」；「論義感鄰國」不奪「鄰」字。《平陽王傳》「禮之明文」不奪「文」字。《穆崇傳》「與眞撰定碑文」，「撰」不譌「選」；「然好矜已淩物」，「好」不譌「而」；「論受事草創之際」不奪「受」字。《崔浩傳》「今留守舊都，分家南徙」，「都分」不譌「是國」；「聖業方隆」不缺「業」字。《長孫道生傳》「乃切責子弟」，「弟」不譌「切」。《長孫紹遠傳》「則奏黃鍾」下不奪「作黃鍾」三字。《于仲文傳》「回擊，大破之」，「回」不譌「因」。《于寧敏傳》「周祚所以靈長」，「祚」不譌「士」。《王晞傳》「對晞焚之」，「焚」不譌「聞」；「鉗配甲坊」，「坊」不譌「方」；「非不愛作熱官」，「熱」不譌

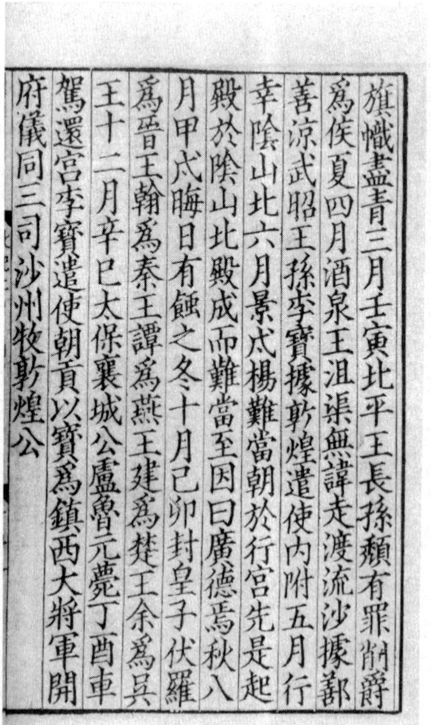
旗幟盡青三月壬寅北平王長孫頹有罪削爵
爲侯夏四月酒泉王沮渠無諱走渡流沙據鄯
善涼武昭王孫李寶據敦煌遣使内附五月行
幸陰山北六月景戌楊難當朝於行宮先是起
殿於陰山北殿成而難當至因曰廣德焉秋八
月甲戌晦日有蝕之冬十月己卯封皇子伏羅
爲晉王翰爲秦王譚爲燕王建爲楚王余爲吳
王十二月辛巳太保襄城公盧魯元薨丁酉車
駕還宮李寶遣使朝貢以寶爲鎮西大將軍開
府儀同三司沙州牧敦煌公

圖一九九　末行第九字「敦」闕筆。

「熟」。《封隆之傳》「子君確君靜」不缺「靜」字；「封郯城子郯」不譌「琰」。《古弼傳》「嘉其直而有用」，「直」不譌「眞」。《張烈傳》「位諫議大夫」下不奪「烈弟僧皓，字山客，歷涉群書，工於談説，有名於當世，以諫議大夫」二十五字。《袁翻傳》「實賴忠良」，「忠」不譌「溫」。《祖珽傳》「武成於天保」下不奪「世」字。此外形近之譌，不下千餘。南、北監本官本大都與宋刊同，遠勝毛本，惟「皇族」、「肺腑」二字多爲「妖變」之「祆」，「撰定碑文」之「撰」、「回擊大破」之「回」、「封郯城子」之「郯」、「直而有用」之「直」諸本譌，與毛本同，賴此本正之。

又《宋槧明修南齊書跋》 《南齊書》五十九卷，次行題曰「臣蕭子顯撰」。前有臣恂、臣寶臣、臣穆、臣藻、臣洙、臣覺、臣彦若、臣鞏序。行欵格式與《宋書》同。宋諱避至「構」字止。紹興十四年眉山重刻七史之一也。本紀第一末有校語，云：「策文『難滅星謀』，疑。」志第十末云「『漆畫牽車』，注『戍棟』，梁本『戍』作『戈』，『輿車』注『戍校棟梁』，一本『戍校』作『戍枝』，『衣畫車』注『刺代棟梁』，『平乘車』注『刺代棟梁』，並疑。」「列傳六末『賴原』即『大世』，疑。」「列傳二十二末云：『張融《海賦》文多脱誤，諸本同。』」「列傳三十九末云『量廣始登』，疑。」案，各條皆曾鞏等所記也，萬曆十年南監本仍之，萬曆三十四年北監本、乾隆四年官刊本、崇禎汲古閣本皆無。志第七缺第三頁，列傳第十六缺第十頁，列傳第二十五缺第六頁，列傳第三十九缺第五頁。嘉靖九年修板，重刻第十四葉，版心刻「五」字以補之。北監、南監、乾隆官本所缺皆同，汲古留墨版，南、北監及官本皆留空白。其缺當在弘治以後、嘉靖以前。何以言之，《宋書》有弘治四年修版，此本有嘉靖修而無弘治修，則弘治時不缺可知，則不但嘉祐時不缺，即紹興眉山重刻亦斷無缺頁矣。惟列傳第四十《江南匈奴傳》「王士隆上」空一格，北監註缺字，官本同，汲古本空一格。「若夫九種之事有」下空二格，旁註缺字，北監本同，官本註缺二字，汲古本空二格。此二處缺文恐眉州重刻已然，不始於明矣。《李繪傳》「以此久而屈沉卒」，毛本同，惟「沉」譌爲「況」。北監本下有「贈南青州刺史，謚曰『景』」九字，此則必李騰芳校勘時以《北史》補之耳。序末列名諸臣，錢竹汀考爲錢藻、孫洙，孫覺，丁寶臣，趙彦若，曾鞏，而臣恂、臣穆未及。愚謂「穆」者鄭穆，侯官人，字閎中，曾官集賢院校勘，見《宋史本傳》。恂疑楊恂，四川人，入元祐黨籍，《宋史》附《家願傳》。是本凡嘉靖八年修版六十五葉，九年修版七十一葉，十年修版六十五葉，宋刊尚存十分之八。

又卷六《元槧宋史跋》 《宋史》四百九十六卷，《目録》三卷，首行大題在下，小題在上，次行題「開府儀同三司上柱國録軍國重事前中書右丞相監修國史領經筵事都總裁臣脱脱等奉勅修」。前有《進宋史表》領三史右丞相阿圖魯、左丞相別兒怯不花都、總裁脱脱、總裁平章帖睦爾達世、御史大夫賀惟一、翰林承旨張起巖、歐陽元、治書侍御史李好文、禮部尚書王沂、崇文太監楊家瑞、史官工部侍郎斡玉倫、徒秘書卿泰不華、僉太常杜秉彝、翰林直學士宋褧、司業王思誠、集賢待制干文傳、司業汪澤民、翰林待制張瑾宣、文閣鑒書博士麥文貴、翰林待制貢師道太常博士李齊、監察御史余闕、翰林修撰劉聞、太醫院都事賈魯助教馮福可、御史趙中、太廟署令陳祖仁、翰林應奉王儀余貞、箸作佐郎譚慥、編修張翥、助教吳當、檢討危素銜名及提調平章納麟等銜名，至正六年中書省行浙江行省刊版咨文，行省提調官達世帖睦爾等杭州府提調官趙璉、儒司提調李祁、監督儒官錢惟演等銜名。每頁二十行，每行二十字。版心中間紀、志、表、傳各爲卷第。魚尾上左「宋史幾」，右字數，魚尾下左寫人姓名，右刻工姓名。目録後有校勘臣彭衡、倪中、麥瀓、岳信、楊鑄、牟思善、卜勝、李源、揭模、丁士恆姓名。至正中杭州刻本。是書初刊祖本也。《孝宗紀》「四川制置使應」下比成化朱英刊本、萬曆南、北監本多「黎州邊事隨宜措置」云云三百八十字，蓋成化本即以元刻翻雕，行款及版心寫手、刻工姓名、字數皆同，間有版心無小字者或小字墨質白章者。進表、咨文、總裁官、修史官、提調官、行省提調、校勘銜名皆全。惟所據本卷三十五缺第八頁，以第九頁爲第八頁，複出卷三十三之第十一頁「措置營砦檢視沿江守備」至「九月己酉楊存中」之「存」字止四百字爲第九頁。南、北監本即據成化本付梓，而去其進表、咨文及總裁、修史提調、校勘諸人銜名，行款既改，以卷三十五複出之葉「楊存」二字與下文不屬，改「楊存」爲「地震」以泯其迹，致缺文複出之處形迹更難推求。若非此本僅存，則文義終不可通。疑團終不可釋矣。朱英序稱「借漳浦陳布政家抄本傳録付梓」，則成化中元刊已不易得。今距成化又三百餘年，完善如新，無一修版，誠史部中難得之秘笈也。

又《宋槧建本通鑑跋》 《資治通鑑》在南宋時刻本甚多，其可考者有

海陵郡齋本、蜀廣都費氏進修堂本，有浙江茶鹽司本，見胡身之《通鑑釋文辨誤》，有監本，有建本，見《景定建康志學校門》。案，棨陵、廣都本皆有《釋文》。茶鹽司本每葉二十二行，每行二十一字，有茶鹽司邊知白及紹興府學教授等校勘銜名。監本每葉二十行，每行二十字，與前、後《漢書》行款同，今尚有存者。此本爲杭州孫氏所藏，每頁二十二行，每行二十六字。字多破體，參差不齊，與麻沙刊諸書爲《建康志》所稱建本無疑也。「朗」、「匡」、「殷」、「徵」、「敬」、「驚」、「恆」、「楨」、「貞」、「桓」、「構」皆缺筆，孝宗諱「慎」字不缺，則紹興中所刊也。乾隆中，孫君景高諱仰曾者進書百種，蒙賞《佩文韻府》，其所進《乾道臨安志》三卷，高廟親洒宸翰，題詩其上，此書在乾隆時首尾完具，目錄亦全，孫君欲重刊而未果。自遭兵燹，僅存卷百三十三、三十四兩卷，目錄存二十九、三十兩卷。其後人仁甫、廣文、康侯、文學抱殘守缺，寶同球璧，丁松生明府囑爲考訂源流，因題其後而歸之。

又《明嘉靖仿宋資治通鑑跋》　《資治通鑑》二百九十四卷，次行題「朝散大夫右諫議大夫權御史中丞充理檢使上護軍賜紫金魚袋臣司馬光奉勅編集」。前有《進通鑑表》及嘉靖乙巳孔天胤題辭。每葉十行，每行二十字。以元刊胡三省註本校一過，知胡本頗多奪落而此本不奪。【略】據天胤序，以唐荆川家宋本付雕，故皆與宋紹興監本同。此外字句脱落尚不下數千字，而以周赧王五十一年缺文二十二字爲尤謬。或疑所缺各字於文義無礙，當爲梅磵所删。然梅磵據紹興監本作注，刊本於紹興刊板諸臣銜名全載不删，豈有反删《通鑑》正文之理。蓋由卷帙繁重，校對不易耳。宋刊孤本僅存，世所通行皆胡梅磵注本，若非此本，安知胡注竟非全本乎，當與宋本同觀可也。惟中間每多剜改雙行及縮密痕迹，據孔天胤序，謂出唐荆州家宋刊，恐初刊時亦以胡注本繕刻，後得唐氏宋本重爲校補，故不免有剜改痕迹耳。

又《宋蔡氏家塾槧陸狀元通鑑跋》　《陸狀元集百家註資治通鑑詳節》一百二十卷，題曰「會稽陸唐老集註」。首載神宗序，獎諭詔書，司馬溫公進表，自序，外紀序，馮時行、史炤《通鑑釋文序》。序後有「新又新」三字，陽文香鑪形印「桂室」二字，陽文爵形印。次撰序叙注姓氏，姓氏後有「蔡氏家塾校正」六字木記。每葉二十六行，每行二十二字。宋諱「玄」、「朗」、「匡」、「殷」、「胤」、「炅」、「憬」、「愍」、「恆」、「禎」、「貞」、「徵」、「癥」、「曙」、「樹」、「旭」、「勖」、「煦」、「佶」、「梡」、「桓」、「完」、「搆」、「慎」、「惇」、「敦」、「廓」皆爲字不成，蓋寧宗時刊本也。卷一爲《看通鑑法》，卷二爲《通鑑總例》、《通鑑圖譜》，卷三、四、五爲《通鑑舉要歷》，卷六至十二爲《通鑑君臣事實分紀》，卷十三至十六《通鑑外紀》，卷十七起至百二十《資治通鑑》。其書以《外紀通鑑》爲本而略有删節，故曰「詳節」。所採議論有「胡曰」者，胡致堂《讀史管見》也；有稱「呂曰」者，《東萊大事紀》也；有稱「林曰」者，林拙齋《通鑑論斷》也；有稱「戴曰」者，戴少望《通鑑抄》也；有稱「陳曰」者，陳君舉《止齋論祖》也，而姓氏中漏刊止齋名。音訓則用史炤《釋文》，每條皆注出處，每卷後附考異體例，尚善勝於奉綱目爲《春秋》者。惟每卷各列人名，有一人而十數見者，未免兔園冊習氣耳。案，陸唐老，諸暨人，紹熙元年進士。建安蔡氏喜刻書，乾道中，蔡夢弼字傅卿者曾刊《史記》一百三十卷，又刊《杜工部草堂詩箋》，輯《草堂詩話》。此蔡氏不署名。攷宋刊《孫尚書內簡尺牘》目後有「蔡氏家塾校正」六字，前有慶元三祀梅山蔡建侯行父序，見《百宋一廛賦注》。慶元爲寧宗年號，則此書亦行父所刊歟。《提要・附存目》所據之本題「增節音注資治通鑑」，蓋與此本不同。

又《宋麻沙刻陸狀元通鑑跋》　《陸狀元集百家注通鑑詳節》一百二十卷，次行題「會稽陸唐老集注」，三行題「建安蔡文子校正」。卷十六以前每葉二十四行，每行十九字；卷十七以後每頁二十六行，每行二十二字，小字雙行。餘皆與宋刊蔡氏家塾本同。字多破體，間有删削，不及家塾本之善。惟《舉要歷》末家塾本「宋興億萬斯年」，此本則云「聖宋億萬斯年」。卷百二十《周世宗紀下》語及宋太祖皆提行。宋諱有缺有不缺，麻沙坊刊多如此，蓋宋季麻沙坊翻刊，非元刊也。蔡文子，字行之，箸有《袁氏通鑑紀事本末撮要》，見《百宋一廛賦注》。

又《元餘慶堂槧續資治通鑑后集跋》　《續宋中興編年資治通鑑》十五卷，次行題曰「通直郎國史院編修官劉時舉」。前有目錄，目後有「陳氏餘慶堂刊」一行。後有木記曰：「是編繫年有考據，載事有本末，增入諸儒集議，三復校正一新刊行。宋朝中興自高宗至於寧宗四朝政治之得失、國勢之安危，一開卷間，瞭然在目矣。幸鑒。」每卷首行下有「后集」二字。每葉二十六行，每行二十二字。版心有字數，或題「宋鑑」、或題「宋鑑后」等

字。以《學津討原》刊本校一過，《學津》本卷二「軍勢復振」下脱四百餘字；卷四「韓世忠敗」下衍「金人於宿遷縣擒其將牙合孛堇」十三字，脱「僞齊兵於淮陽」云云五百餘字；卷五「以高閌爲國子司業」下脱五百餘字；卷八「及用再拜二字未得穩當」下脱五百餘字。此外，字句之脱譌更難枚舉。據張海鵬跋，以屈振庸所遺抄本付梓。屈跋自言得任陽浦氏元刊本，有漫漶，有闕葉。以今推之，屈本卷四缺第六葉，卷五缺第十葉，卷八缺第六葉，卷二缺文系元版第十四葉第一行第二十字起至第十九行止，或漫漶，或殘破，非缺葉也。此本既無漫漶，亦無缺葉，蓋元刊之初印者。

又卷七《淳熙嚴州本通鑑紀事本末跋》 《通鑑紀事本末》四十二卷，前有目録，題「建安袁樞編」。前載章大醇序，序後有「待省進士州學兼釣台書院講書胡自得、掌工承直郎差充嚴州府學教授章士元董局」銜名兩行。每葉二十六行，每行二十四字。版心有字數及刊工姓名。卷三、卷二十末有「印書盛新」四小字。據章大醇序，是書刊於淳熙乙未，修於端平甲午，至淳祐丙午，大醇守嚴州，又重修之。宋諱「玄」、「懸」、「縣」、「朗」、「浪」、「埌」、「匡」、「筐」、「恇」、「劻」、「洭」、「胤」、「殷」、「酳」、「炅」、「熲」、「炯」、「耿」、「憬」、「恆」、「峘」、「姮」、「禎」、「貞」、「徵」、「癥」、「湞」、「曙」、「署」、「樹」、「侸」、「頊」、「旭」、「勖」、「煦」、「朐」、「佶」、「姞」、「完」、「梡」、「丸」、「莞」、「垣」、「遘」、「媾」、「搆」、「溝」、「冓」、「姤」、「詬」、「轂」、「慎」、「蜃」、「讓」、「援」皆爲字不成，「構」註「太上御名」，「眘」註「御名」，「桓」有改爲「亘」者，蓋淳熙時刊本多而端平、淳祐修版少耳。書法秀整，體兼顏、柳，譌字極少，遠勝大字本。趙與篙以爲字小多譌，殊不足信。

又《宋槧東都事略跋》 《東都事略》一百三十卷，卷一、卷十三、卷十八次行題「承議郎新權知龍州軍州兼管內勸農事管界沿邊都巡檢使借紫臣王稱上進」。前載洪邁奏進劄子及稱告詞、稱進表，次目録，後有木記曰「眉山程宅刊行，已申上司，不許覆版」兩行。每葉二十四行，每行二十三、四、五字不等。語涉宋帝皆空格。板心或題「東幾」，或僅有數目字而無「東」字，或留墨釘，間有字數及刊工姓名。宋諱避至「惇」字止，蓋光宗時刊本也。是本爲蘇州汪士鐘零星湊配而成，有初印者，有後印者，有以明覆本配者。內有十卷爲黄蕘圃舊藏，蕘圃有二跋叙得書之由甚詳。八十七卷末有「□□圖書」官印，又有「瑞卿」二字朱文方印，亦似元人印記。明覆本亦刊甚精，幾與宋刻莫辨，惟版心則一律皆作「東幾」，與宋本之參差者較異耳。元修《宋史》，北宋事不盡藍本此書，《提要》已詳言之。事略有計用章而《宋史》無之，摹一證也。稱之名《提要》作「偁」，此本及明覆本皆作「稱」，俟攷。

又《明仿宋汪綱本越絶書跋》 《越絶書》十四卷，前有嘉靖二十四年田汝成序，後有無名氏跋，東徐丁黼跋，新安汪綱跋，都穆跋。每葉十八行，每行十六字。黼先得許氏本，後得陳正卿本，嘉定庚辰，以秘閣本參校刊於夔州。嘉定壬申，汪綱得丁文伯本，覆刊於紹興郡齋。正德己巳，吉水劉恆字以貞者，知吴縣以都穆家藏本重刻於吴，田汝成爲之序。卷十三「故天倡而見符，地」下缺一葉，卷七「兵強而不并弱」下缺兩葉，皆留空白。常熟瞿氏以爲田汝成刻者，蓋未細繹田序、都跋耳。

又《影宋本建康實録跋》 《建康實録》二十卷，題曰「嵩陽許嵩撰」。前有嵩自序。卷二十末有「江寧府嘉祐三年十一月開造《建康實録》並案，《三國志》、東、西《晉書》並南、北《史》校勘，至嘉祐四年五月畢工，凡二十卷，總二十五萬七千五百七十七字，計一十策」三行。後有「知軍府事梅摯」等校正銜名七行，「紹興十八年，荆湖北路安撫使重別雕印」一行，王瑋等銜名九行。每葉二十行，每行二十字，間有每行二十一、二字者。宋諱嫌名皆爲字不成，「搆」字注「今上御名」，或注「御名」。影寫宋紹興刊本。以張海鵬仿宋本校一過，知尚有不盡照宋本者。如卷四缺第十、第十九兩葉，計各二十行，張本第十葉留空白十九行，十九葉留空白十八行。卷八第十二葉小注「石勒滅劉氏」，張本「劉」譌「趙」，「璽入」僞「趙冉」，「閔入」下衍「屬」字，又缺第十六葉，計二十行，張本留空白十八行。卷末「龍神衛四廂都指揮使永州防禦使荆南軍軍府事兼管內勸農營田使主管荆湖北路安撫使公事馬步軍都總管王瑋」，張本「龍」下缺「神」字，「使」下缺「永州」二字，「荆譌關軍」下缺「軍府事」三字，「勸」下缺「農營田」三字，「事」下缺「馬步軍」三字，「王」下缺「瑋」字。蓋張氏以顧千里校汲古宋本付梓，宋本有每行二十一、二字者，張本統改每行二十字，又未得影宋本勘對，故雖留空白而行數不合。汲古宋本有破損有模糊處，見顧千里跋，故王瑋銜名不全，此本所據當較勝汲古藏本，故銜名無缺。

又《宋槧衢州本古史跋》 《古史》六十卷，小題在上，大題在下。轍自序及後序皆缺。卷十六《晉世家》後有「右修職郎衢州錄事參軍蔡宙校勘並監鏤版」一行。卷一至七版心有「甲」字，卷八至十二有「乙」字，卷十七至二十三有「丙」、「丁」字，二十四至三十七有「戊」、「己」字，三十八至四十八有「庚」、「辛」字，四十九至六十有「壬」、「癸」字以紀冊數，又有刊工姓名。其無刊工姓名者，皆元時修版。宋諱有缺有不缺，蓋宋季衢州刊本也。

又《宋槧陸宣公中書奏議跋》 《陸宣公中書奏議》存卷五、卷六兩卷。每葉二十四行，每行二十二字。版心有字數及「議五」、「議六」等字，下有宋字，疑即刊工之姓。避諱至「愼」字止，當是孝宗時刊本。《百宋一廛賦》所謂「敬輿中書」者也。

又《元槧政府奏議跋》 《范文正公政府奏議》二卷，前有韓魏公序，元槧本。每葉二十四行，每行二十二字。版心有字數。首爲目錄，目後有「元統甲戌褒賢世家歲寒堂刊」篆文方長木記。分治體、邊事、薦舉、雜奏、四類，凡七十九篇。或作八十五篇者，非元本也。魏公序稱「公有《奏議》十七卷，《政府論事》二卷」。《論事》即此書，《奏議》十七卷今佚。

又卷八《影宋景定建康志跋》 《景定建康志》五十卷，題「承直郎差充江南東路安撫使司幹辦公事周應合修纂」。前有馬光祖序，進書表，獻皇太子牋，景定二年九月諭旨。次目錄，次周應合修志始末記。每葉二十行，每行十九字，小字雙行。語涉宋帝皆提行。影寫宋刊本。朱述師《開有益齋讀書志》言「孫淵如刻本卷十三表缺宣和九年至七年乙巳事，二十一卷先後紊亂，二十二卷『王荆公營居半山園』文未完，卷二十九『儒學志二·建明道書院』云云迥然不同。」今以此本推之，孫所據宋本卷十三缺第二十二葉，卷二十一之四十一葉，與四十九葉誤倒；二十二卷缺五十二葉之後半葉，卷二十九第一葉斷爛前數行。孫氏不考，遂妄連妄補之耳。此本爲王西莊光祿舊藏。凡孫本所缺皆有，當出宋本之完善。【略】開有益齋所據之本「二年庚子」誤「丙午三年」，「辛丑」誤「丁未」，「四年壬寅」誤「戊申五年」，「癸卯」誤「己酉」，「六年庚辰」誤「庚戌七年」，「乙巳」誤「辛亥」，亦不如此本之善。

又《元槧至正金陵志跋》 《金陵新志》十五卷，題曰「前奉元路學古書院山長張鉉輯」。首載索元岱序，次修志文移，次臺府提調官掾御史中丞董守簡等集慶路總管府判周垚等銜名，次臺府官掾御史大夫脫歡等銜名，次集慶路總管府達魯花赤帖兒等銜名，次《修志本末》，次《引用古今書目》，次目錄。每頁十八行，每行十八字，小字雙行。版心有字數及刊工姓名。卷三世年表分上、中、下三卷，十三人物志分上、上、下三卷。【略】其版明時尚存南監，後印者缺數十葉，此本有斷爛而無缺葉，當是元末明初印本。朱述之師《讀書志》謂「卷三分上之上、上之中、上之下、中之上、中之下，下不分子卷，卷四、卷五、卷六、卷十一、卷十二皆分上、下，卷十三亦分上之上、上之中、上之下、下之上、下之中、下之下，連子卷數之得三十一卷」。此本卷三上一百二十八頁，中一百二十頁，下二十頁；卷四七十三葉；卷五八十四頁；卷六九十七頁；卷十一九十頁；卷十二一百五頁；卷十三上世譜四十三頁；又列傳八十一頁；子卷之中並不又分子卷，與述師之言不合。疑述師所見是抄本而非元刻，或抄胥見葉數過多，妄爲分析。不然，此書無第二刻，何以歧異如此耶？述師又稱孫淵如藏本闕江寧縣圖、溧水州圖、冶城古蹟圖、曹南王祠堂圖。錢天樹藏本差勝孫本，亦闕曹南王祠堂圖，此本皆全，洵不易得也。

又卷九《明刊子彙跋》 《子彙》二十餘種，明萬曆四年刊本，頗爲近世好古者所重。《鬻子》、《晏子》、《子華子》、《劉子》、《關尹子》、《亢倉子》、《文子》、《孔叢子》有丁丑夏日潛菴子識語，收藏家無知其人者。愚案：孫繼臯《宗伯集》有《吏部侍郎謚文恪儆菴周公行狀》。公名子義，字以方，儆菴其自號也。嘉靖乙丑進士，改庶吉士。公故嗜書，既入選，則多購求書，窮日夜讀不休。隆慶六年，升南國子司業攝祭酒事。萬曆六年，升北祭酒。十一年，晉禮部侍郎改吏部。萬曆十四年，年五十六，所訂正書梓在南雍者有《周禮》、《史記》、《五代史》，而《子彙》則所自編輯者也。則《子彙》爲周子義所刊無疑矣。丁丑爲萬曆五年，正子義爲南京司業兼攝祭酒時也。《行狀》不言其又號潛菴子者，略之也。惟所據雖多善本，《墨子》、《晏子》有刪併移易處，則不免明人習氣耳。

又《宋槧傷寒總病論跋》 《傷寒總病論》六卷，《修治藥法》一卷，題「蘄水龐安時」撰。前有元符二年黃山谷序，蘇東坡答安常札，卷六後有「政和歲次癸巳門人布衣魏炳編」十三字。每卷有目，連屬篇目。每葉二十

行，每行二十字。宋諱皆爲字不成，「丸」不改「圓」，蓋政和中刊本，即士禮居刊本所祖也。黄序、蘇札其名皆空，蓋徽宗、崇寧時黨禁甚嚴，蘇、黄文字皆毀版，故刻其文而隱其名。

又《宋槧大觀本草跋》　《經史證類大觀本草》三十一卷，間有題「經史證類大全本草」者，次行題「唐慎微纂」。前有大觀二年艾晟序，卷三十後有補註本草詔勑及所引醫書十六家撰人姓名，義例，卷三十一後有《圖經本草奏勑》。卷一、二序例，三至五玉石部，六至十一草部，十二至十四木部，十五人部，十六至十八獸部，十九禽部，二十至二十二蟲魚部，二十三果部，二十四至二十六米穀部，二十七至二十九菜部，三十有名未用，三十一本經外草木。每葉二十四行，每行二十字，小字雙行，每行二十四字。宋諱多爲字不成，語及宋帝，或提行，或空格。此書有大觀二年孫氏刊本，有宋紹興二十七年王繼先校定國子監刊本，有金泰和甲子晦明軒刊本，有元大德壬寅宗文書院刊本，大德丙午許氏刊本。金泰和本名「重修政和經史證類備用本草」，附寇宗奭《衍義》，元大德丙午本亦附《衍義》，此本不附《衍義》，非紹興官刊本即麻沙書坊翻大觀本也。所採書二百四十六種，今存者不及五十種耳。

又《宋槧史載之方跋》　《史戴之方》二卷，上卷後有跋，不全。每葉二十行，每行十七字。宋諱「桔」字不缺，「丸」不改「圓」，蓋徽宗以前刊本。《直齋書錄解題》：《指南方》，二卷，蜀人史堪撰。凡分三十一門，門各有論。」今此書自四時正脈起至治疫毒痢止，卻得三十一門，門各有論，蓋即直齋箸錄之《指南方》也。

又《明仿北宋本太元經跋》　《太元經》十卷，《説元》五篇，《釋文》一卷，《太元》題「晉范望字叔明解贊」；《説元》題「唐宰相王涯字廣津纂」；《釋文》注曰「自侯芭、虞翻、宋衷、陸績互相增損」。前有陸績述元。每葉十六行，每行十七字，註雙行。版心有「萬玉堂」三字。《説元》後有「右迪功郎充兩浙東路提舉茶鹽司幹辦公事張寔校勘」一行。明嘉靖甲申郝梁覆宋本。攷熙甯本《外臺秘要》亦有張寔校勘銜名，與此同，則是本當從北宋本翻雕者。

又《影宋易通變跋》　《易通變》四十卷，前有張行成自序。每葉十六行，每行十六字。版心有「通幾」等字。《提要》云：「此本流傳甚少，外間僅有宋本及明費宏家鈔本。費宏本作『皇極經世通變』，宋本但題『通變』而無『易』字。」此本每卷首行亦但題「通變」二字，而無「易」字，與《提要》所云宋本合。字畫工整，匡格濶大，與眉山刊七史相似，當從南宋蜀本影摹者。

卷一〇《朱竹垞手抄賓退録跋》　《賓退録》十卷，題曰「大梁趙與旹」。朱竹垞手抄本。每半頁十行，每行十八字。前有與旹自序。半頁五行，行七字。是摹與旹手書，几遇本朝、國朝、皇朝、國初、聖旨、禁中、上諭、至尊、聖世及太祖、太宗、眞宗、仁宗、光獻、英宗、宣仁后、神宗、徽廟、哲宗、欽宗、郭皇后、高宗、孝宗、太上皇、太子等字，皆空一格，蓋照宋本摹寫者。第十卷末有「臨安府睦親坊南陳宅經籍舖印」一行，蓋從宋板照錄者。後有與旹續記，張燕昌手跋稱「爲竹垞早年手錄，有譌字而無俗體」。驗之，信然。嘉慶間刊本即從此本出，惟中間空格皆連寫矣。

又《宋槧夢溪筆談跋》　《夢溪筆談》二十六卷，題曰「沈括存中」。首括自序，連屬目錄，後有乾道二年湯修年跋。每葉二十二行，每行二十字。語涉宋帝皆空格。每條首行頂格，次行低二字。卷七「登明」下注曰「登字，避仁宗嫌名」。卷十二、十三「瑋」字、「愼」字，卷二十六「完」字皆爲字不成。是書揚州公庫先有刊本，乾道二年，周某知揚州復刊版，置郡庠。此其初印本也。

又《元刊冷齋夜話跋》　《冷齋夜話》十卷，目後有跋，云：「是書僧惠洪所編也。洪本筠州彭氏子，祝髮爲僧，以詩名聞海內，與蘇黄爲方外交。是書古今傳記與夫騷人墨客多所取□，惜舊本訛謬，且兵火散失之餘，幾不傳於世。本堂家藏善本，與舊本編次大有不同，再加訂正，以繡諸梓，與同志者共之。幸鑒。至正癸未暮春新刊」。後有「三衢石林葉敦印」（圖二〇〇）一行。每葉十八行，每行十七字。元刊元印本。

又《會通館本容齋五筆跋》　《容齋隨筆》十六卷，《二筆》十六卷，《三筆》十六卷，《四筆》十六卷，《五筆》五卷，明無錫安氏會通館照宋紹定元年周某刊本，以活字印行。《初筆》前有何異序，二、三、四《筆》皆有自序，《五筆》後有丘櫄跋，洪級跋，周某刊板跋。每半頁十八行，每行十七字。語涉宋帝或提行，或空一格，宋諱多缺筆，蓋悉照宋刊摹寫者。板心有「會通館活字銅板印」及「弘治歲在旃蒙單閼」等字。以宏治李瀚刊本

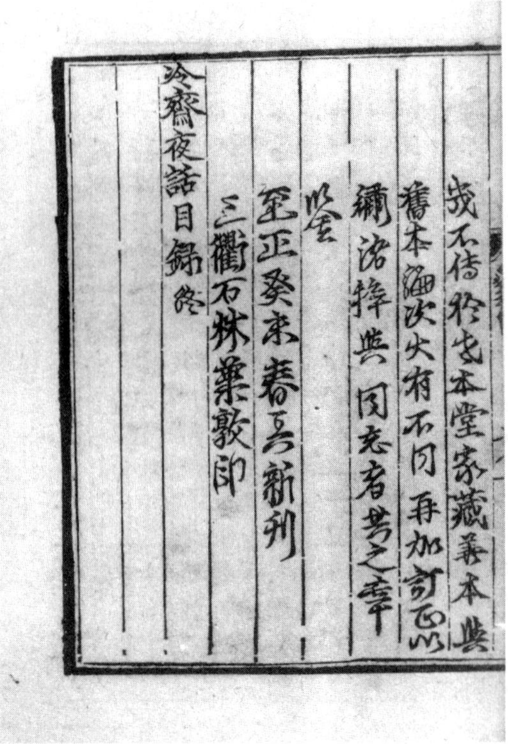

圖二〇〇　至正癸未跋及「三衢石林葉敦印」一行。

互校，《隨筆》卷十一「小貞」、「大貞」條「若齊鬱林王知」下奪五十餘字，「詩以見意，以下乃唐詩戲語」條之下半段脱去上半二百一字，誤連爲一。《四筆》卷八「前後藝文」下奪六十餘字，「其或疾疫連數州，以下乃承天寺塔」條之下半段脱去上半二百餘字，誤連爲一。想安氏所藏宋本有闕頁，故有此誤。兩本皆刊於弘治中，皆以宋本重雕。李本似以宋本上板，故少奪落。此本以活字擺印，略更行欵，故奪誤較多。而丘榛、洪級、周某三跋則爲此本所獨。皆不失爲善本。兵燹之後，李本固稀如星鳳，此本則尤爲江南藏家所珍耳。

又《元槧困學紀聞跋》　《困學紀聞》二十卷，或題「浚儀王應麟伯厚」，或題「浚儀王應麟伯厚甫」。前有至治二年秋八月壬辰隆山牟應龍序，其下印文三，曰「牟應龍印」，曰「牟伯成父」，曰「儒林世家」；泰定二年門人袁桷序。目前有《深甯自識》。二十卷，後有「孫厚孫甯孫校正」一行，「慶元路儒學學正胡禾監刊」一行，末有泰定二年十二月癸卯慶元路儒學教授吳郡陸晉之後叙。每葉二十行，每行十八字。蓋是書初無刊本，泰定中，馬勿速爲浙江廉訪副使保定孫揖爲僉事，分治慶元，以袁桷等呈請，始命慶元學以學儲刊行，而桷倡助刻資，學官陸晉之等繼之，乃始有成。蓋初刊祖本也。

又《影宋酒經跋》　《酒經》三卷，卷一文隱翁自序，卷二麴法，卷三酒法。每葉十行，每行十六字。版心有字數及刊工姓名。「桓」字缺筆，蓋從北宋末刊本影寫者。後有某氏手跋，云：「《酒經》一冊，乃綘雲樓未焚之書。五車四部盡爲六丁下取，獨留此經，天殆縱余終老醉鄉，故以此轉授。遵皇令勿遠求羅浮鐵橋下耶。余已得修羅採花法，釀仙家燭夜酒，視此經又如餘杭老媼家囊俗譜耳。辛丑初夏戲書」。觀其辭義，當出錢謙益乎。蓋綘雲火餘，後歸錢遵王也。是園者鮑淥飲知不足齋刊本，每葉九行，每行十六字。與此本行欵不同，其餘多同。據鮑跋，借之吳枚菴，枚菴得之玉峰徐瓚，蓋與此本同出一源。

又《元槧宣和博古圖跋》　《至大重修宣和博古圖》三十卷，每葉二十行，每行十七字，版心間有字數及刊工姓名。其圖依樣製者，旁注「依元樣製」四字；縮小者，旁注「減小樣製」四字。明嘉靖七年黄景星刊本與元刊本同，泊如齋寶古堂本版既縮小，而「依元樣製」、「減小樣製」等字皆削去矣。書爲徽宗時撰，無人不加一字，「至大重修」之名殊不可解。蓋靖康之亂，金人盡輦汴京圖籍、書版而北。見《靖康要錄》及《北盟會編》。自金入元，版已殘缺。竊意前後必有王黼等進表及纂修校勘銜名，元人修補，刊完惡其人而去之，故改題「至大重修」之名，其版則猶宋刊居多也。首行「至大」二字或小，或大，或疏，或密，與「重修宣和博古圖錄卷第幾」各字氣既不貫，字之工拙懸殊，亦以宋刊挖補之一證也。據蔡絛說，書成於大觀初，《容齋隨筆》又稱「政和中置局」，疑宋本已有「政和重修」字樣，元人改「政和」爲「至大」，惜無確證耳。

又《元槧藝文類聚跋》　《藝文類聚》一百卷，次行題「唐太子率更令弘文館學士歐陽詢撰」。前有詢自序，後有無名氏跋。每葉二十八行，每行二十八字。明嘉靖陸采本行欵皆同，疑即從此本出。無名氏跋有云：「今書坊宗文堂購得是書，即便命工刊行，溥傳海宇，售播四方，賢哲士夫以廣斯文。幸鑒。」愚案，元刊《劉靜修集》卷一後有墨記云：「至順庚午宗文堂刊本記」，則宗文堂必元代麻沙書坊。是書亦至順中刊本也。【略】是書明凡

四刊，有蘭雪堂活字本，有聞人銓本，有陸采本，有大字本，元刊則惟見此一種耳。

又《宋槧白孔六帖跋》 《唐宋白孔六帖》，存卷一至卷三十八止。每葉二十行，每行十九字，小字雙行。左綫外有篇名，先白後孔，以黑質白章「白」、「孔」二字別之，每類子目，亦以黑質白章爲別。白、孔本別行，《白帖》名「白氏六帖類聚」，余藏有之，《孔續六帖》三十卷，前有乾道丙戌韓仲通序，今歸内府。此爲南宋合刊本。字體與陸狀元《通鑑》、蔡氏《草堂詩箋》相仿，宋諱或缺，或否，蓋南宋光甯以後福建刊本也。

又卷一一《元槧道德經集解跋》 《道德經集解》二卷，上卷次行題「道經下篇」，下卷次行題「德經下篇」，三行題曰「清源圭山董思靖撰」，四行題「章貢淵然道者劉若淵校刊」。前爲序說，序説後題「淳祐丙午臘月望清源天慶觀後學圭山董思靖書」。案，思靖，生平無可攷。惟清源、圭峰皆福建泉州山名。今泉州之元妙觀，宋爲天慶觀，元貞元間，改名元妙。由是推之，則思靖乃理宗時泉州天慶觀道士也。劉淵然，贛州人，祥符宮道士，呼召風雷有驗。洪武二十六年，召至京師，賜號「高道」，館朝天宮。洪熙初，封沖虚至道元妙無爲光範演敎光靜普濟長春眞人。宣德中，卒，年八十二。見《江西通志》。書題「淵然道者」，不題賜號，未入明時所刊，其爲元刻無疑。吾友魏鹽尹錫曾用諸本互校，中有絶異他本、與影龍石本合者，蓋所據猶古本也。

又《舊抄抱朴子跋》 《抱朴子·内篇》二十卷，《外篇》五十卷，前有葛洪序。每葉二十行，每行十七字。《別旨》在《内篇》之後，《外篇》之前，各爲起訖，不相連屬。《外篇》卷十、十一、卷二十四、二十五、卷二十六、二十七、卷二十八、二十九、卷三十二、三十三、卷三十四、三十五、卷三十六、三十七皆相連屬，不隔流水。卷十四之後半葉接卷十五，卷三十一之後半葉接三十二，皆宋元刊舊式，明以後所無者。顧千里、黃蕘圃以嘉靖己丑魯藩本、正統《道藏》本校過，明刊以魯藩爲善，分七十卷。此本凡與魯藩本異者，與《道藏》本同，或從元刊抄出，或從宋藏抄出雖不可攷，其非從明刊抄出則無疑也。

又卷一二《南宋書棚本江文通集跋》 《梁江文通集》十卷，首有總目。每葉二十行，每行十八字。案，《隋書·經籍志》：《江淹集》九卷，《後集》十卷。註曰：「梁二十卷。」新、舊《唐書》皆云「《前集》十卷，《後集》十卷。」《崇文總目》、《郡齋讀書志》、《直齋書録解題》、《文獻通攷》皆云十卷，與今本同。晁氏曰：「文通箸述百餘篇，自撰爲前、後集，今集二百四十九篇。」今此本二百六十九篇，「四」字恐「六」字之譌，當即晁氏所見之本。宋諱如「殷博士」、「殷東陽」之「殷」，「許徵君」、「陶徵君」、「王徵君」之「徵」，「搆象臺」之「搆」，「鏡論語」之「鏡」，「宮朝禮哀敬」之「敬」，「枌邑尙嚴玄」之「玄」，「咸告忠貞」之「貞」，皆爲字不成。行款字數，匡格大小又與臨安睦親坊陳宅本《孟東野集》、《浣花集》同，當亦宋季臨安書鋪所刊，爲北宋以來相傳舊本。其題「梁江文通」者，必所刊晉、唐、六朝人集尙多，非一集故耳。較汪士賢本多《知己賦》一首。較張溥本多《蕭讓大傅揚州牧表》一首。此外字句之間勝汪、張兩本處甚多。七閣箸録未見此本，可見流傳之少矣。

又《元槧黃鶴註杜詩跋》 《集千家註分類杜工部詩》二十五卷，次行題「東萊徐居仁編次」，三行「臨川黃鶴補註」。首爲《杜工部傳》、序、碑銘，次《杜工部年譜》，題「臨川黃鶴撰」。次《集註杜工部詩姓氏》，次《目録》。卷二十五後有「至正戊子潘屛山刊於圭山書院」一行。每葉二十四行，每行二十字，小字雙行，每行二十六字。

又《元槧陸宣公集跋》 《唐陸宣公集》二十二卷，前有權德與翰苑集序，次蘇軾等進奏議劄子，次至大辛亥厲一鶚序。卷一至十制誥，卷十一至十六奏草，卷十七至二十二中書奏議。目録後有記，云：「至大辛亥秋，敎官厲心齋奉總管王公子中命，重新繡梓，詳加校訂。任其責者，學正四明陳沆學録，毗陵蔣騰孫路掾，廬陵易偉也，監督直學張天祐，馬天祺，學吏程泰孫，施去非」七行。案，是集宋時嘉興學有版，歲久漫漶。至大辛亥，盱眙王子中來守，以推官胡德修家藏善本重刊，此其初印本也。每葉二十行，每行十七字。一至卷十版心刊「苑幾」，十一至廿二版心刻「奏幾」，皆有字數、刊工姓名。

又《宋槧宋印韓昌黎集跋》 《昌黎先生集》十卷，前有李漢序。每葉二十二行，每行二十字。版心有字數及刻工姓名。每卷末葉版心有此卷若干版，計若干字，即《百宋一廛賦》之小字本，所謂「字畫方勁，尙未有註，北宋槧本」者也。今考「粗叙所經覯」之「覯」、「或密若昏媾」之「媾」、

「央央叛還遘」之「遘」、「或弛而不㲉」之「㲉」、「或復斷若姤」之「姤」、「結構麗匪過」之「構」、「投棄急哺㲉」之「㲉」、「雷電怯呼詬」之「詬」、「月明御溝曉」之「溝」，凡高宗御諱、嫌名皆爲字不成。他如「融液煦柔茂」之「煦」、「殷其如阜」之「殷」、「窗前兩好樹」之「樹」、「曙光青晱晱」之「曙」、「恩澤完狨狨」之「完」、「厥大誰與讓」之「讓」、「懸樹垂百尺」之「懸」、「耿耿水蒼佩」之「耿」、「方愬不懲創」之「懲」、「祖軒而父頊」之「頊」、「大勾斡玄造」之「玄」，皆缺避甚謹，惟「慎」字不缺，當爲紹興中刊，非北宋本也。蕘圃誤矣。

又《宋麻沙槧柳集跋》 《增廣註釋音辨唐柳先生集》四十三卷，《年譜》一卷，《別集》二卷，《外集》一卷，《附錄》一卷，次行題「南城先生童宗說註釋」三行「新安先生張敦頤音辨」四行「雲間先生潘緯音義」。前有劉禹錫序，乾道三年吳郡陸之淵序。行款格式與《韓文考異》同，當爲一家所刻，亦宋季麻沙坊本也。

又《宋麻沙槧韓文考異跋》 《朱文公校昌黎先生文集》四十卷，《外集》一卷，《集傳》一卷，《遺文》一卷，次行題「晦菴先生考異，留耕王先生音釋」。前有朱子序，次寶慶三年王伯大序，次《凡例》，次《目錄》每葉二十六行，每行二十三字，小字雙行。凡各本異同、各家註釋皆以黑質白章別之。《凡例》後有云：「本宅所刊，係將南劍州官本爲據，併將音釋附正集焉」。乃宋末麻沙坊賈識語。明覆本譌奪甚多，此本字畫圓整，譌字亦少，宋季麻沙善本也。

又《舊抄沈亞賢集跋》 《沈亞賢文集》十卷，前有元祐丙寅無名氏刊版序，次總目，每卷有目，後有葉石君手書跋。每葉十八行，每行二十字。當從元祐刊本鈔出者。是書宋以後無刊本，鈔帙流傳，脫譌甚多，此本譌較少。如卷首《夢遊仙賦》「星赧曉以淡白」，「淡」不譌「談」；「襲烈蕙之芳風」，「蕙」不譌「董」；「嬴吹既調戛湘絃」，「嬴」不譌「羸」；「菱結帶兮荇含絲」，不奪「兮」字，皆勝諸本。至《秦夢記》、《湘中怨解》列卷第二，《異夢錄》列卷第四，則北宋已然矣。

又《宋槧浣花集跋》 《浣花集》十卷，題曰「杜陵韋莊」。前有癸亥年六月九日莊弟韋藹序。宋諱有缺有不缺。每葉二十行，每行十八字。與臨安睦親坊陳宅本《孟東野集》行款、匡格皆同，當亦南宋書棚本也。宋刊存卷四至十，前三卷黃蕘圃以影宋本抄補。

又《宋嘉定永州槧范忠宣集跋》 《范忠宣公文集》二十卷，前有樓鑰序，後有嘉定辛未范之柔跋，壬申沈圻、廖視、陳宗道跋。每葉二十四行，每行二十字。是集南宋以前未經板行，嘉定壬申，吳興沈圻知永州，始從公之元姪孫之柔得家藏本，命教授陳宗道校正，刻於永州。語涉宋帝皆提行。卷二十行狀內「章」、「惇」、「惇」字皆註「光廟諱」。宋嘉定中永州刊本也。若因字體不工，疑非宋刊，不知永州地居偏僻，刊工不精，無足怪者。

又《宋淳祐建州槧朱文公集跋》 《晦菴先生朱文公文集》一百卷，《目錄》、《續集》十一卷，《別集》十卷，前有朱子小像及慶元庚申自題，後有成化黃仲昭補刊跋。《續集》前有淳祐五年王遂序，淳祐庚戌徐幾跋。《別集》前有咸淳元年黃鏞序。每葉二十行，每行十八字。版心有字數及刻工姓名。《朱子集》爲朱在所編，王潛齋所刊。《續集》爲王實齋遂以蔡覺軒、劉文昌兩家所抄，掇付劉叔忠所編。卷九以下徐幾從浦城尉劉觀光得，與《劉韜仲札》數十通增爲十一卷。《別集》爲建安通守余師魯所編，咸淳元年，建安書院山長黃鏞序而刊之。是集宋時有浙、閩兩本，浙本明洪武初取版，置南雍，不知編自何人。此乃閩本，明初版存福建藩廨。成化中，黃仲昭以浙本勘訂補刻，劾奏唐仲友數狀，又修補缺數百葉，此則成化後印本也。凡明補之葉，匡格較高，字形較小，一望可知，約不過宋刊百分之一二耳。

又《宋槧指南錄跋》 《新刊指南錄》四卷，附一卷，前有德祐元年自序，景炎改元後序。次目錄。每葉十六行，每行十六字。序中「北兵虜帥呂師孟，北虜誤吾國」之「誤」字、「陷吾民」之「陷」字，「罵逆賊」之「逆賊」字及「文天祥」三字皆挖空，詩中挖空處亦甚多，當是景炎中刊本，入元後挖去者。此則元時印本也。凡重字皆刻「又」字，如「日又」、「悠又」、「漫又」、「慘又」之類，爲宋刊所罕見。

卷一三《宏治本王秋澗全集跋》 《秋澗先生大全文集》一百卷。每葉二十四行，每行二十字，明宏治刊本。行款與元至治壬戌嘉興路刊本同，當即以元刊翻雕者。惟元刊前有王構序，王士熙、王公儀、羅應龍跋，明刊皆缺。元刊制辭、哀挽、墓志皆列總目之後，目錄之前，版心刊「目錄」一二字，未免眉目不清，明刊則改列於後，版心刊「附錄」二字，較爲允當耳。

又《元槧趙子昂詩集跋》 《趙子昂詩集》七卷，題「宜黃後學譚伯潤

伯玉編集」。前有《目錄》，目後有「至元辛巳春和建安虞氏務本堂編刊」一行。每葉二十二行，每行二十一字。元麻沙書坊刊本。卷一五古，卷二五律，卷三五絶，卷四七古，卷五七律，卷六七絶，卷七六言雜箸。比《松雪齋集》多《有所思》、《望美人》等詩十餘首。

又《叢書堂本貞一稾跋》 《貞一齋雜箸》一卷，《詩稿》一卷，次行題「臨川朱思本本初父」。前有至治三年臨江范梈序，眉山劉有慶序，泰定二年虞集序，四年吳全節序，天歷元年柳貫序。卷末有時壬申中秋前四日五鹽道生姚楫敬書。版心有「叢書堂」三字。精抄本。字體似吳匏菴。案，叢書堂爲匏菴藏書之所，姚楫當是匏菴門下而爲之抄書者，故字亦似之。阮文達以爲匏菴手抄者，非也。

又《元張伯顔槧本文選跋》 《文選》六十卷，次行題曰「梁昭明太子選」，三行題曰「唐文林郎守太子右內率府錄事參軍事崇賢館直學士李善注上」。前有李善序、進書表，呂延祚進書表，元宗詔旨，元余璉序。元槧本。每頁二十行，每行大字二十，注雙行，行二十一字。每卷有目，連屬篇目。版心間有刻工姓名。卷一首葉有「九華吳清床刀筆」七字。六十卷末有「監造路吏劉晉英郡人葉誠」一行。行款與宋尤延之刊本同。其與尤本不同者，每卷首葉之第四行有「奉政大夫同知池州府路總管府事張伯顔助率重刊」廿一字；卷一之第一葉則以尤本第十行「班孟堅」下小注六行排密縮爲四行；卷二則以「張平子」下小注八行縮爲六行；卷三則以第六行「張平子薛綜注」六字移於第五行「東京賦」下；卷四則以第四行「京都賦」中三字并入第五行；卷五則削第五行「左太沖吳都賦一首劉淵林注」十二字，而移「左太沖劉淵林注」七字於第六行「吳都賦」下；卷六則以第五行「魏都賦一首」及小注并入第六行；卷七則以第七行「畋獵下」三字并入第八行；卷八則以第五行「司馬長卿上林賦」并入第六行；卷九則以第八行「班叔皮北征賦一首」八字并入第九行，【略】卷六十則以第七行八字并入第八行。其行款起訖皆與尤延之本同。惟尤本《兩都賦序》「注亦皆依違尊者，都舉朝廷以言之」，六臣本「都」上有「所」字，「舉」上有「連」字，此本有此二字，與尤本不同，似是既刻成而挖改者，當是伯顔據六臣本所改，以掩其襲取尤本之迹耳。池州爲昭明封國，有昭明廟，廟有文選閣。文簡始刻善注，置版學宮，見淳熙辛丑文簡序，元初燬於火。大德中，司憲伯都嘗新之。延祐中，復燬，伯顔重刻之。見余璉序。獨怪淳熙距大德不過百餘年，版雖燬，印本必非難得，伯顔不以原刻重雕，而必改寫重刻，既改寫重刻矣，又惟恐失尤本之眞，於每卷首葉縮小排密以就之，何也？宋人刻書皆於卷末列校刊銜名，從無與著書人並列者。隆、萬以後刻本，此風乃甚行，伯顔其作俑者也。伯顔，原名世昌，文宗賜名伯顔，蘇州相城人。至順中，知福寧州。置田造，士人多稱之。見《僑吳集》及《福建通志》。尤本無呂延祚序，及元宗詔伯顔據五臣本增之，不免畫蛇添足。余璉序文理澁謬，殆學姚牧菴而失之不及者歟。元之路，宋之州軍，明之府，卷末「路吏」二字亦元刻之一證也。

又《宋蜀大字本三蘇文粹跋》 《三蘇先生文粹》七十卷，卷一至卷十一老泉先生文，卷十二至四十三東坡先生文，卷四十四至七十潁濱先生文。每葉二十行，每行十八字。版心有刊工姓名。語涉宋帝皆空格。宋諱避至「桓」、「構」，止，蓋紹興初蜀中刊本也。

又卷一四《宋槧唐百家詩選殘本跋》 《唐百家詩選》存卷一至卷五，卷十一至十五，前有王荆公序，元符戊寅楊蟠序。每葉十八行，每行二十字。版心有刻工姓名。宋諱「玄」、「朗」、「匡」、「殷」、「貞」、「眞」、「徵」、「恆」、「頊」、「煦」、「曙」、「署」、「樹」、「竟」、「鏡」、「境」、「敬」、「檠」、「警」皆爲字不成。卷六「河流暗與溝池合」之「溝」字、卷十三「愼莫厭清貧」之「愼」皆不缺避，而非南宋刊，其爲元符刊無疑。卷一日、月、雨、雪、雲五類，卷二四時、晨昏、節序、泉石四類，卷三花木、茶果、蟲魚三類，卷四京闕、省禁、屋室、田園四類，卷五棲隱、歸休二類，卷十一音樂、書畫、親族、墳廟、城驛、雜詠六類，卷十二古京宮榭、古室、古方國，昔人遺賞、昔人居處五類，卷十三、十四送上、送下，卷十五別意、有懷二類。即百《宋一廛賦》所謂「小讀書堆分類本」也。分類出自後人，則不可知，選則未必僞，選或非盡出荆公，詩則不僞。宋犖仲必以此本爲僞，亦一偏之見耳。書賈欲充完本，自十一以後，首行、末行卷字下及版心數目字皆挖改，幸有挖之未淨者。原書卷第，細審尙可辨。

又《元槧中州集跋》 《翰苑英華中州集》十卷，《中州樂府》一卷，前有元好問中州鼓吹翰苑英華序。首爲十一卷總目，卷一首題「中州集」，下十集仿此，《樂府》則題「中州樂府」。每卷有目，連屬篇目。《樂府》卷末

有「至大庚戌平水進修堂刊」木記。每葉三十行，每行二十八字，版心有字數，皆宋本舊式也。平水在平陽府，見《金史·地理志》。元太宗八年，用耶律楚材言，立經籍所於平陽。見《元史》。「進修堂」當是書坊之名，猶建安之有勤有堂、萬卷堂耳。宋元之際坊刻，南有麻沙，北有平水，遙遙相對。然麻沙刊本流傳尚多，平水刊本此外惟《平水韻略》，蓋亦難能而可貴矣。汲古毛氏刊本先缺《樂府》，後得陸文裕家藏本，始成全璧，而十一卷《總目》終缺。此猶元刊元印，總目亦全。

楊守敬《日本訪書記》卷一　足利活字本《七經》：足利學活字本《七經》，山井鼎所據以箸《七經孟子攷文》者。是書印行於日本慶長時，當明萬曆年間。其原係據其國古鈔本，或去其注末虛字，又參校宋本，故其不與宋本合者皆古鈔本也。【略】山井鼎當我康熙年間，此本已非通行，惟足利侯國大學始有全部，無怪近日之更難遇也。或疑其中凡近宋本諱多缺筆，當是全翻宋本，是不然，蓋其刻字時仿宋本字體摹入，故凡遇宋諱亦一例效之，實不盡據宋本，證之余所得諸古鈔本而後知參合之迹顯然。且《尚書》、《禮記》字體非仿宋本者即不缺筆，可以釋然矣。

又《伊川易解》六卷，《繫辭精義》二卷，刻入《古逸叢書》。元至正己丑積德書堂刊本，中缺宋諱，當爲重翻宋本。唯首載朱子九圖，又《精義》題「晦庵先生校正」，恐皆是坊賈所爲。其東萊一跋，此本亦遺之，據董鼎《周易會通》補入。按《東都事略》、《書錄解題》并云「《易傳》六卷」，而《文獻通考》及《宋志》均作十卷《宋志》《傳》九卷《系辭解》一卷。《二程遺書》則并爲四卷。唯錢遵王《敏求記》載有六卷本。其參差之故，或謂當時本無定本，故所傳各異。而其實非也。余謂《遺書》之四卷爲明人所併，端臨之十卷，蓋據當時坊刻程朱傳、義合刊云。然而《宋志》因之，非別有所據傳抄本也。日本昌平學藏有《程朱傳義》十卷，元延祐甲寅孟冬翠巖精舍刊本，余亦得殘本二冊。亦缺宋諱，則其根源於宋本無疑。蓋自宋董楷有《周易傳義附錄》十四卷，坊賈遂以朱子所定之古文從《程傳》，而以《程傳》之卷第從《本義》，又刪其所載異同。唯明廣東崇德堂刊本載異同，而《音義》亦刪除。而二書皆失本眞。后來各析爲書，而二書又互相攘奪。近世《本義》有重刊吳革本，始復朱子之舊，而《程傳》原本終不可見。此本仍爲六卷，又異同兩存，其爲東萊定本無疑。

又《尚書釋音》二卷。影宋本，刻入《古逸叢書》。余在日本校刊《古逸叢書》，黎星使女婿張君沆得影寫此本，議欲刻之。余謂此書非得之日本，似不必匯入，且此書非陸氏之舊，乃宋人之書，星使駭然。余乃檢《崇文總目》及《玉海》證之，知爲宋開寶中太子中舍陳鄂奉詔刊定，以德明所釋乃《古文尚書》，與唐明皇所定今文駁異，令鄂刪定其文，改從隸書。故段若膺、盧紹弓於《釋文》中此二卷深致不滿。今不能得開寶以前古本，則此不足驚人也。【略】案此本缺「愼」、「遘」等諱，又多改「反」爲「切」，是南宋刊本。首不題《經典釋文》卷幾，當是單行本。然改「尚書音義」爲「釋音」，皆謬。又題下徐、盧二本并有卷第，葉鈔本無之。或以爲葉鈔爲是。余謂《大禹謨》下注云「徐云本《虞書》總爲一卷，凡十二卷。今依《七志》、《七錄》爲十三卷」。則陸氏原書載有卷第審矣。葉鈔及此本無卷第者，非也。

又《詩外傳》十卷。明沈辨之刊本。每卷題「詩外傳」，無「韓」字。惟卷首錢惟善序題有「韓」字。序後有「吳都沈辨之野竹齋校彫」篆書木記。首行題「詩外傳卷第一」，次行題「韓嬰」二字，每半葉九行，行十七字，大如錢，左右雙邊。余以此本校之毛氏《津逮》本，小有異同，而此爲優。蓋毛氏亦原此本而又有謬誤者也。程榮《漢魏叢書》所據原本，脫首卷第二葉，竟以「抽觴」接「游女不可求思」刊之，其他謬誤亦多。何允中雖補此一葉，而謬誤者亦未能校正。余嘗作札記，視趙懷玉、周寀校本，似爲詳密云。按沈辨之，明嘉靖間人，與文休承兄弟往來。《孫祠書目》因其木記接錢《序》後，遂以沈爲元人，非也。余謂此刻款式雖古，而字體實是明嘉靖之格（圖二〇一）。《訪古志》稱即以元本重雕者，亦非也。

又《春秋左傳》三十卷。舊鈔本。此本不載經文，唯第三十卷載經文，其分卷與《唐石經》同，中缺北宋諱，當是據北宋經傳本錄出。然第三十卷仍錄經文者，鈔寫時未能畫一耳。亦或別有單行傳本，缺第三十卷，而別以經傳本補之耶？凡《傳》文多與《石經》及沈中賓本合，沈本之顯然訛誤者，此亦不與之同。而間有與諸本絕異之處，則往往與山井鼎所記異本合，洵爲北宋善本也。

又《春秋經傳集解》三十卷。宋槧本。宋嘉定丙子興國軍教授聞人模校刊。末有《經傳識異》數十事，又有校刊諸人官銜及聞人模跋。每半葉八

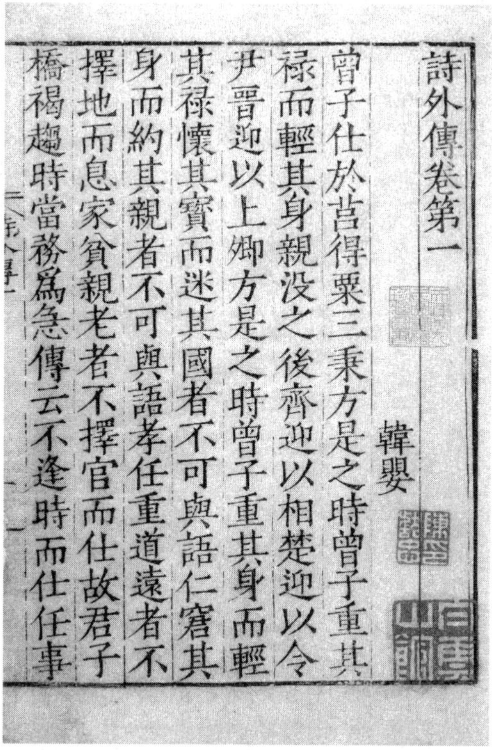
詩外傳卷第一
韓嬰
曾子仕於莒得粟三秉方是之時曾子重其祿而輕其身親沒之後齊迎以相楚迎以令尹晉迎以上卿方是之時曾子重其身而輕其祿懷其寶而迷其國者不可與語仁窘其身而約其親者不可與語孝任重道遠者不擇地而息家貧親老者不擇官而仕故君子橋褐趨時當務爲急傳云不逢時而仕任事

圖二〇一　字體實是明嘉靖之格。

行，行十七字，不附《釋音》，藏楓山官庫，蓋即毛居正《六經正誤》所稱興國本。余以《正誤》所引十三條對校，一一相合。又以山井鼎《考文》照之，則彼所稱足利、宋本者亦無一不合；而山井鼎不言是興國本者，以所見本無末題數葉耳。按岳氏《九經三傳沿革例》稱：興國本爲於氏所刊，此本幷無於氏之名。又稱於氏本每數葉后附《釋音》，此本無《釋音》。又稱於氏本有圈點、句讀，幷點注文，此本無句讀，則非於氏本無疑。蓋興國舊板始於紹興鄭仲熊，只有《五經》，聞人重刊《左傳》，幷修他板，亦只《五經》，詳見聞人跋。至於氏始增刻《九經》。其《五經》經注文字雖仍舊木，而增刻《釋文》、句讀。故同爲興國本，而實非一本也。大抵南宋之初，諸道所刊經傳，尚不附《釋音》，至南宋末，則無不附《釋音》者。岳氏既稱前輩以興國于氏本爲最善，而又議于氏經注有遺脫，余嘗通校此本，則經注幷無遺脫。或於氏重刊此書，失於檢照而有遺脫耶？於氏增《釋音》、句讀已非以原書覆板，重寫時，保無改其行款？故有遺脫之弊。且嘗以岳本互勘，皆此本爲勝。如《昭二十年》：「衛賜北宮喜謚」，《杜注》「皆未死而賜謚。」此本無「未」字，與何義門所見宋殘本合。岳本有「未」字，非也。不特岳本，凡阮氏《校勘記》所載宋本亦均不及之。然則今世所存宋本《左傳》，無有善於此者。

又　《春秋經傳集解》三十卷。覆宋本。右日本古時覆宋刻《左傳集解》，不附《釋音》，每半葉八行，行十七字。森立之《訪古志》載此書云，是依蜀大字本重刊者，與李鶚本《爾雅》同種。其刻當在應永以前，然則此本雖非宋刻，而覆板時亦在宋代，故傳本亦絶希也。唯立之云：是覆北宋蜀本。余親質之，則以字體類《爾雅》，又以不附《釋音》，故余覆校之，「愼」字缺筆，知其決非北宋本。其後借得楓山官庫所藏興國本，行款匡廓字體皆與此本同，略校數冊，文字亦無異，乃知此本即覆興國本。特所據祖本失載《考異》聞跋耳。森立之未見楓山官庫本，故不知此本原於興國。余乃影摹刻補於此本後，使後之讀者得所指名。按岳氏言，《哀十六年》：「石乞曰此事也；克則爲卿」，諸本多無「也」字，興國本有「也」字，今此本無「也」字，而「此事克」三字占四格，此明爲重刊時去之。后來於氏重刊，又依鄭氏舊本增入「也」字。又岳氏云《僖二年》「若不闕秦，將焉取之」，原本無「若」、「將」二字，此本擠入，故八字只占六格，與後《考異》亦不相應。未知此爲聞人校刊時改刊，抑日本重刊時改刊也？

又　《春秋集傳釋義》十二卷，元槧本。有圖。元俞皋撰，首吳澂序，眞書雜以篆書，亦頗有致。次引用諸家名氏，次《凡例》。《凡例》後有「至元后戊寅日新堂刊行」木記。次《程朱說春秋綱領》，次《自序》，次《三傳序》，次《程傳序》，次《胡傳序》。首題「春秋集傳釋義大成卷之一」，次行題「後學新安余皋述」。每半葉十行，行二十字；注雙行，行二十七字。四周雙邊，中縫雙墨蓋，雕鏤精雅，錢氏《敏求記》稱爲元槧之至佳者。

又卷二　《論語集解》十卷。古鈔卷子改摺本，分爲四冊。卷末有「觀應元年五月二十二日。非夫人之爲書，而誰爲書？柳下惠則可，吾則不可？本住院權律師豪俊書」。然則是亦僧徒所爲。其引「柳下惠」云云，未知其解。《上論》二冊爲一手所書，墨法濃古；《下論》二冊又爲一手所書，用墨稍淡。其自《學而》至《雍也》注，皆全載姓名，句末亦多虛字，然自《中人以上章》以下，亦僅載其姓，《述而》以下，則多削其名，句末虛字亦多刪削，亦有全載姓名者。第三冊《先進》、《顔淵》兩篇，全載姓名，亦有數章削名者。《子路》、《憲問》以下至末，則全削其名。此書不見於森立之《訪古志》。余初得小島尙質校本，於《里仁》後跋云：「弘化三年丙午暮春，

從卷子改帖本，朱校同異於正平本上層，此本上二帖紙墨最古，洵爲六百七年外古鈔。而下二帖，觀應元年權律師豪俊所鈔補也。」又於《雍也篇》後跋云：「卷首至此體式一同，斯本實爲六朝舊本轉傳之眞。而《述而》以下，蓋據宋時改竄本補鈔者，固不可就彼本以改此正平善本也。」又於《冉子退朝章》馬融注「匡」字作「匡」，因以爲是豪俊補寫時據宋代刊本之證。又云：「若據彼改此六朝舊本，則不能免取開元改字之本，以駁漢時博士之譏也」。今得此原本，細審之，乃知尙「賢」所云，《述而》以下據宋本補寫之說爲謬。而所云據宋本以改此六朝本者，爲得其實。蓋自《述而》以下，雖多刪其名，而與《學而》一冊同出一手一時所書，毫無疑義。況亦有全載姓名者，《先進》以下則多不載注者之名，而亦未全行刪除。其注末虛字雖皆準宋本，而注中實與宋本多異。乃知此書四冊，雖出兩人手，而實爲一時所鈔。其自《述而》以下有削名者，則以當時習見宋本皆無名，故鈔手隨意省之；其有仍全書姓名者，則其刪略不盡者也。至《退朝章》注中「匡」作「匡」，此亦因當時宋本書流傳彼國最多，觸目皆是，故鈔胥輩亦信筆效之。即如楓山庫所藏古卷子《左傳》，確爲六朝本之遺，而所書「桓」字亦多作「桓」，蓋緣彼本亦鈔於宋末，故有此弊也。不特此也，余所見日本當宋時所鈔彼國古文書及佛經，凡「匡」、「桓」字皆多作「匡」、「桓」，又如慶長活本《七經》，實不盡據宋本，而所用活字皆缺「桓」、「匡」「貞」等筆，此足見習慣不察矣。

又 《監本論語集解》二卷，宋刊本。宋槧本。以《學而》至《鄉黨》爲上卷，《先進》至《堯曰》爲下卷分卷最謬，當是坊賈所爲。監本《纂圖重言重意互注論語》卷上，次行頂格，題「學而第一凡十六章，下引陸氏《釋文》集解音義」云云，每半板十行，行十八字，注二十四字。全附陸氏《釋音》。序後有「劉氏天香書院之記」八字木戳。又有《魯國城里圖》一葉接於序後，書中宋諱弁缺筆「徵」「貞」「愼」「讓」「桓」「完」「玄」「匡」，唯「敬」字不缺。又《蓋有不知而作章》注末，引朱氏曰「識音志」，則知此本刊於《集注》既行後也。

又 《論語集解》十卷。日本正平刊本。此本卷末跋云：「堺浦道祐居士重新命工鏤梓。正平甲辰五月吉日謹志。」（圖二〇二）案正平甲辰爲日本後村上天皇正平十九年，當元順帝至正二十四年也。市野光彥云：「道祐居士，足利義氏之四子，幼喪父，與其母居於堺浦，遂薙染爲僧，更名道祐。」據所云重新鏤梓，則猶有原本可知。驗其格式、字體，實出於古卷軸，絕不與宋槧相涉。其文字較之《群書治要》、《唐石經》頗有異同。間有與《漢石經》、《史》、《漢》、《說文》所引合，又多與陸氏《釋文》所稱一本合。彼邦學者皆指爲六朝之遺，幷非唐初諸儒定本。其語信不爲誣。

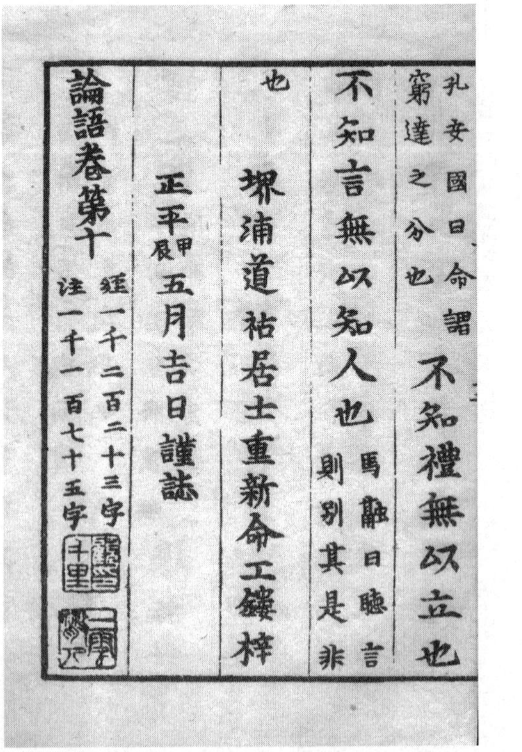
孔安國曰命謂窮達之分也 不知禮無以立也
不知言無以知人也 馬融曰聽言則別其是非也
堺浦道祐居士重新命工鏤梓
正平甲辰五月吉日謹誌
論語卷第十 經一千二百二十三字 注一千一百七十五字

圖二〇二　卷末有正平甲辰五月跋。

又 《論語注疏》十卷。元槧本。首行頂格題「《論語序》」，次行低一格題「翰林侍讀學士朝議大夫、守國子祭酒、上柱國、賜紫金魚袋臣邢昺等校定」，三行頂格題「序解」，本書題「論語注疏解經」。卷第一行頂格題「學而第一」，旁注「凡十六章」，下題「何晏集解」，再下題「邢昺疏」。每半板十三行，行二十三、四字不等。《注》、《疏》幷雙行，行三十二字。《注》緊接正文，不別題「注」字，《正義》則以「疏」字隔之，分爲十卷，尙仍單疏之舊。《宋志》：《論語正義》，十卷。十行本以下幷二十卷，是合注疏者分之。第四卷、第八卷後有木記云「平陽府梁宅刊」。第五卷、第九卷有木記「大元元貞丙申刊」。第十卷題「堯都梁宅刊」。首、尾有「養安院藏書」印記。按今世所傳《論語注疏》以十行本爲最古，如《序解・疏》中「少府朱畸」，十

行以下皆同；據《漢書・藝文志》、《釋文・序録》并作「宋畸」，此本正作「宋畸」。若無此本，則「宋」、「朱」二字竟不能定爲誰誤。又《不逆詐章》、《古之狂也蕩章》及《叔孫武叔毀仲尼章》疏文，十行有空缺，閩監同，毛本以意補。此本獨全。又十行本以下，《疏》中訛字，凡浦鏜及阮校疑誤者，此本皆不誤。是此本雖刊於元代，其根源於單疏本，決非從十行本出。其注文亦多與宋刊纂圖本合，遠勝十行本。至其雕刻之精，儼然北宋體格，亦絶非十行本所及。考元、金之世，平陽立經籍所，故一時訪坊印板匯集於此。今傳世者，唯《政和證類本草》是平陽張存惠所刊；然已經明成化間重雕，已非平陽原本。唯此本尚是原刻初印，無一葉損失，豈非瑰寶也哉！又森立之《訪古志》載楓山官庫藏北宋本《論語注疏》，然彼爲二十卷，知非此本。向謂合疏於注始於南宋，有黄唐《禮記疏》一跋爲據，則森氏之説似誤。然森氏精鑒，必不妄語。今觀此書字體方正，又參差無横格，所見元刊本無似此者，或此爲翻北宋本，因疑《論語》在當時傳習者多，故合注疏爲最先也。

又《唐玄宗天寶重注孝經》一卷。翻北宋本。卷首題「孝經序」，次行上空四字，題「御制序并注」，序後上空四字，題「開宗明義章第一」。卷末間一行題「御注孝經一卷」，又間一行載《孝經音略》。每半板十五行，行二十二、三字至二十四、五字不等，左右雙邊。書中避「敬」、「匡」、「胤」、「恆」、「竟」、「炫」、「通」七字。按「通」字系章獻明肅皇太后家諱，天聖元年，太后臨朝稱制，令天下皆避其父諱。明道二年，太后崩後，舊。據「通」字諱，則此本當是天聖間刊本。其中與石臺本異者，《開宗明義章》前無「孝經」二字，《諸侯章》注「履薄恐陷」，誤「伉陷」，《卿大夫章》注「懈，憜也」，「憜」作「惰」。《孝治章》注「得小大之歡心」，脱「得」字；「助其祭亨也」，「亨」作「享」；「鬼神亨之」亦作「享」。《聖治章》注「懸衾篋枕」，「懸」作「縣」。《五型章》注「臣所稟命」，「所」作「之」。《應感章》注「王者父事天」，「者」誤「孝」。《喪章》「擗踊哭泣」注「踴」作「踊」。其他皆與石臺本同，遠勝相臺岳本。

又卷三《爾雅注》三卷。影鈔蜀大字本。首《爾雅序》，無「郭璞撰」三字。字大如錢。「敬」、「驚」、「弘」、「殷」、「匡」、「胤」、「玄」、「郎」、「恆」、「楨」、「貞」、「徵」、「恆」、「遘」、「愼」、「觳」等字，「溝」、「遘」二字及「恆」、「愼」二字間有不缺筆者。則爲南宋孝宗時所刊。卷末有「經凡一萬八百九言，注凡一萬七千六百二十八言」二行，又有「將仕郎守國子四門博士臣李鶚書」一行。按王明清《揮麈録》云：「後唐平蜀，明宗命大學博士李鍔書《五經》，仿其制，刊板於國子監中，印書之始。今則盛行於天下，蜀中爲最。明清家藏有鍔書《五經》印本存，後題『長興二年』也。」據此，則此本爲翻蜀大字本。其不題「長興二年」者，蓋翻刻時去之。唯「鍔」作「鶚」爲異，當以此本爲正。案《釋詁》注云「倫，理，事以相約敕」。阮氏《校刊記》謂「事務以相」四字系因疏語竄入，其説似精。若此果爲蜀本，則在《邢疏》未作之先，而注中亦同他本，然則此四字，本郭氏原文歟？又《釋畜》「狗四尺爲獒」注，各本有「《尚書》孔氏曰」云云十五字，此本獨無。段茂堂云：「此非郭注，後人所附益。按單疏本標起止云《注》『公羊』至『之獒』是邢氏所據，郭注無此十五字。」今以此本證段説，若合符節，則此洵爲蜀本矣。但段氏所以謂此非郭氏注者，豈以《孔傳》僞書郭所不見乎？然《孔傳》於東晉之初已傳於世，故《釋鳥》「鳥鼠同穴」注，明引《孔氏尚書傳》云「共爲雄雌」。而段氏未之檢及，則謂《孔傳》必郭所不引，亦非事情也。

又《爾雅注》三卷。重翻北宋本。首《爾雅序》，次行題「郭璞撰」。首行題「爾雅序卷上」，次行題「郭璞注」。以下款式同前本。每半葉九行，行二十一字至二十三字不等，注雙行，約三十字。其中避諱缺筆略同前本。松崎明復定爲北宋仁宗時刊本，亦有「桓」、「遘」二字缺筆，則系南宋時補刊，其板心有「重刊」、「重開」記。每卷末附《釋音》，比前本字稍小，然望而知爲北宋刊本也。其中訛舛不少，然無臆改之失，遠勝元以來刊本。

又《爾雅注》三卷。明景泰七年刊本。首郭璞序。卷首體式頗同宋本，但標目冠「新刊」字。每卷末附《釋音》。每半葉十一行，行二十二字，注雙行。卷末有分書「景泰七年八月應天府尹和陽馬諒校刊跋」。按：金陵陳氏於道光五年重刊此本，删去首行「新刊」二字，又改十一行爲十行。嘗校之，《釋器》「以蜃者謂之珧」，注「以爲名，珧，小蚌」，此誤作「玤」。《釋言》「還，復，返也」，注云「皆迴返也」，此脱注四字。皆别本不誤，此獨誤者。然其他皆與宋本、元雪窗本合，遠勝注疏本及郎奎金、鍾人杰本。《訪古志》又載有明弘治間刊本，余未之見。

又《說文五音韻譜》三十卷。宋刊大字本。首題「許氏《說文》」，次行題徐鉉校定官銜，以下許氏自序，許沖上表及徐鉉表，而首尾無李燾序跋，凡「愼」字皆不書，雙注「御名」二字，蓋孝宗時刊板。序後題「許氏說文解字五音韻譜卷一」。據《文獻通考》所載仁甫《後序》云：「燾在武陵，嘗與賈直孺之孫端修，因徐楚金兄弟《說文解字韻譜》別《類編》所次五音先後，作《五音譜》。其部序仍用許叔重舊次」。又云：「會得請歸眉山，茲來遂寧，囑餘杭虞仲房鏤板，即用徐氏舊《譜》，參取《集韻》卷第，『起東終甲』即此本也。」按《宋史・仁甫本傳》「淳熙四年後，燾知常德府」，即所云「在武陵初撰此書」之年也。又云「表請閑，提舉興國宮秩」，則所云「會得請歸眉山」也。又云：「頃之垕、塾繼亡，上欲以吏事紓燾憂，起知遂寧府。」即所云「來遂寧與虞仲房相遇」也。此本字體端整，雕刻精工，當即虞仲房所鏤原本，不知何時將仁甫序、跋脫去。自明萬曆戊戌兵部侍郎陳大科重刻是書，所見本亦脫仁甫序、跋，遂誤認此爲徐氏校定許氏原書，而刪去「《五音韻譜》」之篇題，別題「許愼自序、許沖上書」等字。段茂堂所譏爲「庸妄人」者，又改許《序》「形聲」爲「諧聲」，岐誤後學。此本與段氏所見周錫瓚宋大字本大致相合，當同出一本；而段氏不言有仁甫序、跋，當亦脫去。余意明代無刻「始一終亥」之本者，今著錄家所傳舊本，皆宋本也。書估或得此舊板，抽出仁甫序、跋，以充大徐原本。明人罕治小學，故遂通行。而陳大科又成其錯，遂以誣罔天下。

又《漢隸字源》殘本。有圖。狩谷氏求古樓舊藏，《訪古志》所稱元槧未見者，即此本也。每半葉六行，行六字以大字計數，四周雙邊，板心魚尾下標「《漢隸字源》」。今存去聲五「寘」，自「義」字起，前半葉缺。至卅九「寘臭」字止，凡八十六葉有半。其書以婁氏《字源》爲主，每字先以陰識楷書標目，其下隸字次第，亦與婁氏同，而筆畫小異。凡婁氏已收之碑而有所遺者，則題云「某碑，今補」，原書有誤者，則題云「今正」；原書未收之碑及未收之字，則題云「續增」，并沿婁氏之例，以數目字記之。惜其首卷《碑目》不存，無從考其爲何碑也。按《蘇平仲集》及《宋潛溪集》均有宋季子重校《漢隸字源》六卷《序》，似此書即季氏所編。然潛溪稱其於《字原》之外，增多僅一千八百十七字，而此書所增，約略計之，幾及原書之半，然則亦非宋氏書也。視其板式，當在明初。

又《大廣益會玉篇》三十卷。北宋槧本。款式全與澤存堂本同，首亦無大中祥符牒，而野王《序》前亦有新舊字數。此書并宋槧《玉篇》初爲森立之所藏，余欲購之，則以高木壽穎有前約爲辭，厥後高木遂以此二書納之博物館，故余所藏僅有宋本《廣韻》而無宋本《玉篇》焉。按《提要》據曹楝亭所刊本前有大中祥符牒，余所見元、明刊本皆有此牒。而張氏刊本無之，遂謂是張氏所刪，而詭稱爲上元本，并謂竹垞一序以未見其書而漫題之。今按竹垞序明云「借毛氏宋槧元本以屬張氏」，又明云「張氏書刊成求序」，是則宋槧、張刻皆竹垞所目見。今以此本照之，一一吻合，是則刪除牒文亦系宋人。謂竹垞誤以大中祥符本爲上元本，可也；謂爲張氏刪牒作僞，不可也。至張氏校刊以《廣韻》例之，亦必多所校改。惜此書爲官物，不得借出。然原書俱在，後之好事者可就其館見之，以證余言之不誣。而張氏詭托之冤可白，至曹氏所刊本有祥符牒，或據元、明增，或所見宋本本有此牒，今亦不敢臆斷焉。蓋大中祥符原刊頒行本，必有此牒，其刪除牒文者，爲重刊本也。

又《大廣益會玉篇》三十卷。元刊本。每半葉十三行，每行大字十九字，左右雙邊。首有大中祥符六年《牒文》，次野王《序》，次《進玉篇啓》。目錄後有「至正丙申孟夏翠巖精舍新刊」木記，又後有《新編正誤足注玉篇廣韻指南》，蓋據釋神珙《反紐圖》而增益僧守溫等之《字母》爲之。第一卷後又有木記，與前同。此本以張士俊所刻宋本校之，此多大中祥符一牒，而每部文字次第不與張本同，殆坊賈欲均其注文字數，以便排寫，唯圖易於檢尋，不知依類相從之義。考《玉篇》原本次第皆本《說文》，以《古逸叢書》殘卷照之可證。張刻宋本已有移易，然不甚懸絕，此則任意排置，全無義例；但所據原本，當是祥符官刊，故仍存祥府一牒。張刊本無牒文，故朱竹垞認爲上元孫強之本。然「大廣益會」之題未改，則亦從祥符本出也。二本同源異流，當有互相訂正處。

又《大廣益會玉篇》三十卷。元刊本。此本缺《牒文》、《序》、《啓》及《指南》一卷，本書卅卷皆全，其篇幅贏於至正、鄭氏兩本，蓋亦元刻，每半葉十二行，四周雙邊，每卷有赤龍館印。按：岸本氏藏本與此體式相同，此似更在前，或彼即從此本翻雕。

又《大廣益會玉篇》三十卷。元刊本。此本板式校至順本稍贏，行款亦同，唯標題彼作大字，跨兩行，此則只占一行。《目錄》後有鼎形木記，中

有篆書「宗文」二字，下有「建安鄭氏鼎新綉梓」方木記。相其字體，蓋亦元代刊本。

又《大廣益會玉篇》三十卷。明刊本。此本板式校永樂本稍縮，而行款相同。第一卷標題下有木記云「劉氏明德堂京本校正」，第三十卷末又有木記云「劉氏明德書堂新刊」。案：《四庫提要》所著有明德堂刊本《廣韻》，余舊亦藏之，蓋《篇》、《韻》合刊本，相其字體，當在明成化、弘治間。或以爲元槧本，誤也。

又《廣韻》五卷。宋刊本。首題「陳州司法孫愐唐韻序」，與元至順本同。序後當有木記，爲後人割去。每半葉十二行，兩邊雙綫，缺宋諱處與各本同。每卷首有「若秋藏書」印。此本字體絶似南宋，蓋不如北宋之方整，而又非元本之圓潤（圖二〇三）。雖無年月可考，固一望而知之也。至此本與重修本之分合，詳見余至順、至正兩本及勤德堂本三跋，兹不贅録。

又《廣韻》五卷。元刊本。首載陳州司法孫愐《唐韻序》，《序》後有「至順庚午敏德堂刊」篆書木記，木記後又有「辛未菊節後十日印」，校刊此書首尾年餘，宜其刻印俱精。此本校張士俊澤存堂所刊重修本注文殊簡，而

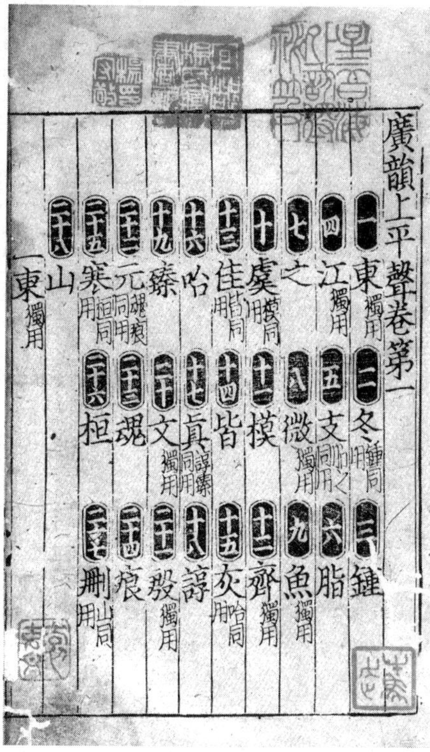
廣韻上平聲卷第一
一東獨用　二冬鍾同用　三鍾　四江獨用　五支脂之同用　六脂　七之　八微獨用　九魚獨用　十虞模同用　十一模　十二齊獨用　十三佳皆同用　十四皆　十五灰咍同用　十六咍　十七真諄臻同用　十八諄　十九臻　二十文獨用　二十一殷獨用　二十二元魂痕同用　二十三魂　二十四痕　二十五寒桓同用　二十六桓　二十七刪山同用　二十八山
一東獨用

圖二〇三　字體不如北宋之方整，而又非元本之圓整。

與顧亭林刊本略同。朱竹垞謂明代内府刊板中涓欲均其字數，取而删之。《提要》謂《永樂大典》引此本，皆曰「陸法言《廣韻》」，引重修本皆曰「宋重修《廣韻》」。世尚有麻沙小字一本，與明内府板同，題曰「乙未歲明德堂刊」，當爲元刻，非明中涓所删。然其本但題曰「乙未歲」，究不能確指爲元刊。余藏有《玉篇》，亦劉氏明德堂刊本，似已在明初。此本明著「至順」，則刊於元代無疑。又《提要》稱二十一「殷」不作二十一「欣」，「殷」獨用，不作與文通，皆與此本合。又稱「匡」字紐下十三字皆闕一筆，避太祖諱，其他則不避，此本亦與所説合。但「朗」字雖不避，而《一東》「融」字注「朗」作「朖」；又「蕩」字下「『徒朗』切」，亦缺筆作「朖」，是其他不避者，重刻時補之也。據此，其根源於宋本無疑。又《提要》稱「東」字下「舜七友」訛作「舜之後」，此本作「七友」，不誤。足知明德堂本又不如此本之善也。今略校之，其足以訂重修本之誤者，如「東韻」中「恮」字，重修本注「古文，見《道經》」，此本「見」作「出」，二義雖通，以下「仝」字注例之，則作「出」是也。「同」字注「亦州」，此本「州」下有「名」字。「狨」字注「細布」，「絨」字注「上同」；此本「狨」字注「猛也」，「絨」字注「細布」。「蒙」字紐下注「二十六」，此本作「二十七」，按「蒙」紐實「二十七」字。聰字注「聞」也，此本作「開」，皆當以此本爲是。而「狨」、「絨」二字，則一望而知爲重修之謬。其他雖亦有此本獨誤者，皆是未校之故，可以參證得之。至《永樂大典》稱此本爲陸法言《廣韻》，殊非典據。按法言之書目名《切韻》，其書久亡。《崇文總目》有陸慈《切韻》五卷，當即法言之書。唯《郡齋讀書志》稱「《廣韻》五卷，陸法言撰，其後唐孫愐增加字」。是公武以孫愐之書本之法言，故以標題。然屢經增改，非事實矣，況《封氏聞見記》載法言韻凡一萬二千一百五十八字，今此本有二萬五千九百二字，則爲增加本無疑。又李涪《刊誤》云：「《尚書》『嘉謨嘉猷』，法言曰『嘉予嘉猷』。《詩》曰『載沈載浮』，法言曰『浮』，『伏予』反」。今此本「謀」、「猷」二字皆在「尤韻」，與李涪説不相應，則非法言書更無疑義。要之，法言之《切韻》、孫愐之《唐韻》、重修本之《廣韻》三書，同源異流，此本每卷既題《廣韻》，則非孫愐之舊，無論法言。然少於重修本二百九十二字，則非從重修本出。疑重修本既行於世，而孫愐本仍存書坊，刻孫本因冠以《廣韻》之目，其中參差各不相照。書此以俟知者。

又《廣韻》五卷。元刊本。首題「陳州司馬孫愐唐韻序」，《序》後有木記，題「至正丙午菊節南山書院刊行」。行款與至順本同，而篇幅則廓。又四周雙邊，知非從至順本翻刻。按各本皆題爲「司法」，此題爲「司馬」，當是淺人所改。此書前人未得刊刻年月，故多疑竇，余已略疏其分合於至順本。今又得此本，注文亦簡略，尤足證非明中涓所删。或疑此即陸法言之原本，謂《切韻》亦兼《唐韻》之名，引《唐志》、《宋志》皆載陸法言《唐韻》五卷爲證，余檢新、舊《唐志》皆不載法言《唐韻》，唯《舊唐志》有陸慈《切韻》五卷，法言蓋以字行。《和名類聚鈔》作陸詞《切韻》，慧琳《一切經音義》亦云「陸詞」。然題爲「《切韻》」，并無《唐韻》之目，唯《宋志》有法言《廣韻》，《宋志》多謬，不足據。此蓋沿《郡齋讀書志》之稱，而又失其意者。宋人多以《切韻》、《廣韻》、《唐韻》三書爲一，《困學紀聞》已辨之。或又謂孫愐以後，陳彭年以前，修《廣韻》者尚有嚴寶文、裴務齊、陳道固三家，此本當爲三家之遺。今按重修本牒文，有郭知元、關亮、薛峋、王仁煦、祝尚邱諸人增加字，亦不止嚴、裴、陳三家。考《日本現在書目》自武玄之以下皆稱《切韻》，《和名類聚鈔》、慧琳《音義》、希麟《音義》、《白氏六帖》、《佩觿》等書引孫愐、郭知元、王仁煦、祝尚邱、裴務齊、麻果、蔣魴諸人之書，亦并稱《切韻》。無稱《廣韻》者。況祥符牒文云：「仍特換於新名，庶永昭於成績，宜改爲《大宋重修廣韻》。可知《廣韻》之稱，實始祥符，陳彭年以前，固不得冒此名也。且果爲嚴寶文等之遺，何以獨載孫愐一序？余跋至順本，亦疑此爲孫愐之書，特爲書賈改題，今細繹之，亦非也。愐自序稱：按《三蒼》以下之書數十種，并列注中。今此本注皆不引各書名。尤有切證者，邱光庭《兼明書》云：「孫愐《唐韻》引《風俗通》云：『邱氏，魯左邱明之後也。』」此本「邱」下但注「地名」二字，則非孫愐之書無疑。又按魏鶴山稱：吳彩鸞《唐韻》寫本「二十九山」之後，繼之以「三十先」、「三十一仙」，則此本非《唐韻》又一證也。鶴山之說未足據，《困學紀聞》已辨之。按《雲烟過眼錄》及《研北雜志》皆云彩鸞所書爲「二十三先」、「二十四仙」，此卷國初尚存，故閻潛邱稱：親見彩鸞所書《唐韻》，次第較鶴山亦不合。然謂此本是據重修本所删削乎？則又非也。重修本「二十文」下注「『欣』同用」；「十八吻」下注「『隱』用同」。此本「二十一殷」不作「欣」，不避宋諱。與「二十文」皆獨用，「十八吻」目錄注「『隱』同用」，而卷内仍注「獨用」，不使連屬。按合「欣」於「文」，合「隱」於「吻」，始於景祐中之修《禮部韻略》，非特唐人無此，顧亭林、朱竹垞皆力言其非。即重修本亦不應有此。幸此本尚有參差之迹可尋，不盡爲景祐之合并所汩沒。唯其注文之簡略，前既非孫愐，後亦不同陳彭年，武玄之以下之書既不存，無從考驗其根源。或以簡略爲古，或以詳贍爲眞，皆未可爲定論也。

又《唐韻》五卷。元槧本。孫愐序。後有木記云「余氏勤德書堂鼎新刊行」，不著年月。相其字體、紙質，亦是元刊元印。此書余既得至順、至正兩本，已著其參差之迹，然究不能定爲何時、何人之作，反覆研尋，乃知張刊宋本，非陳彭年之舊。此本系從重修原本出，非從張本節删，故有勝於張本之處。而其依用《禮部韻略》，則此本與張刊本皆然。按張淏《雲谷雜記》：「詔丁度等以唐諸家韻本，刊其韻窄者凡十三處，許令附近通用，此蓋今所行《禮部韻略》也」。《東齋記事》所說亦同。今以《集韻》、《禮部韻略》校《廣韻》，則知并「殷」於「文」；并「嚴」於「鹽」、「添」，并「凡」於「咸」、「銜」；上聲，并「隱」於「吻」；去聲，并「廢」於「隊」、「代」，并「焮」於「問」；入聲，并「迄」於「物」，并「業」於「葉」、「帖」，并「乏」於「洽」、「狎」。凡得九處，餘悉相同。及考之上聲末，合「儼」於「琰」、「忝」，合「範」於「豏」、「檻」；去聲末，合「釅」於「艷」、「㮇」，合「梵」於「陷」、「鑒」，與「平」、「入」之部分不相應，乃知此四處亦原注如此，乃校刻《廣韻》者，因《韻略》、《集韻》而改移之。當因此四韻尤窄之故。細校此本，闕宋孝、光、寧三帝諱，「愼」、「惇」字皆缺筆。張氏重修本亦缺欽宗諱，是其根源不出南、北宋之間，皆非祥符官刊原本。張氏本注文詳贍，與《兼明書》、《路史》、《困學紀聞》、姚寬《戰國策後序》所引多合，其爲孫愐以下諸家增加之本無疑。此本簡略過甚，其中實有删削不成語者，其爲從祥符本節省無疑。然如「狨」、「絨」二字之互異，則顯爲張刊之誤，則不唯部分有改易，即注文亦未盡陳彭年之舊。

又《廣韻》五卷。明刊本。標題亦改「司法」爲「司馬」，與元至正本同。序後木記云「弘治辛酉劉氏文明書堂新刊」。四周雙邊，匡廓亦與至正本不殊，但字體略大，其中正俗文字不一。然其避宋諱處，宋、元本同，知其亦翻舊本，非重書上木也。

又《廣韻五卷》明刊本。標題改「司法」爲「司馬」，與元至正本同。序後木記云「永樂甲辰良月廣成書堂新刊」。行款匡廓亦同至正本，而字體稍寬博，文字亦有異同。避宋諱處則皆與宋、元本同，則亦據舊本重翻者也。

又卷四 《集韻》十卷。宋刊本。缺首卷。楓山官庫藏本。篇幅甚大，高約九寸，闊約一尺二寸。每半葉十行，行三十一二不等。余從修史官巖谷修借出，使日本人高根虎松以曹刻本校一過，而手摹卷後跋四葉，刻期繳還。今據馬遠林汲古影宋本對勘，十合八九。唯汲古本每半葉十一行，則與此本非出一源。又陳頌南云：「宋本『十四賄』以『梁益謂履曰屣』六字綴於『隧』字注。曹本無此六字，而空白二寸弱。」高根校本亦未塡補。豈原本亦如曹刻與？抑高根之疏與？惜當時匆匆未能手勘之也。至頌南所舉「十四太」之脱文，此則一一皆具。又曹刻本寶元二年奏，脱「聖聰」以下七行半，一百二十四字。又脱寶元二年丁度以下官銜一葉，又脱慶歷三年章得象以下官銜一葉，汲古本與此本皆有。唯汲古本「章得象」以下有「恭惟」云云至「書籍」止。以下缺爛。此本則自「章得象」以下并無文字，而別有淳熙乙巳田世卿跋一葉。是知汲古祖本是慶歷本而有修板以板心有「重刊」字樣。此本則淳熙重刻本也。

又卷五 宋槧《五代史記》七十五卷。此書開卷題《五代史記》，便與各本不同。別本皆有「曾三異校定」，宋槧《歐陽居士集》，亦有三異《考異》，此本無之，則爲北宋槧無疑。字畫古雅，饒有歐書《化度寺》筆意。間有補刊，亦端正不苟。相其紙質，雖是明代所印，然不害爲宋刻佳本。世傳《五代史》以明汪文盛本爲最，以此比擬，不啻婢見夫人矣。

又 《臣軌》二卷。寬文八年刊本。《臣軌》二卷，新、舊《唐志》、《崇文總目》并同。此卷末題「垂拱元年撰」。按《唐會要》云：「長壽二年三月，則天自制《臣軌》兩卷，令貢舉人習業，停《老子》。」與垂拱元年撰不合。阮文達《四庫未收書目》遂疑此五字爲日本妄增。余按日本楓山官庫藏本，及向山黄村所藏天正年間鈔本，皆有「垂拱元年撰」五字，筆迹亦相同，絶非此邦人所臆增。竊意此書撰於垂拱，而令貢舉人習業則在長壽。《會要》第舉其制令之年耳。又楓山本及向山黄村本均有「鄭州陽武縣臣王德纂注」，而楓山本幷記臣德纂述曰：「其《臣軌》所引正經及子、史者，其正經之義則皆取先儒舊注，不敢更生異見。《老子》之義，則唯取河上公焉。餘皆出自愚心，亦不師祖往説矣。」余按注中所引《論語》鄭注本條，《孝經》鄭注二條，皆他書所未引者，足見其非宋以下人。官庫本又引江本云：「《臣軌》既是御撰，妙極稽古，垂範千古，作鏡百僚。既爲臣之令模，乃事君之要道。宜誦登於口，誠藏於心。東發盍簪，庶多宏益。長安四年三迋四日江都縣孫祥記。」今按，此本及活字板幷無「王德」、「孫祥」二記，蓋鈔者脱之。活字本爲林天瀑所校，注腳虚字殊少，當是天瀑所删。此本注腳虚字爲多，雖訛誤之處此本爲甚，而根源則較古矣。此與《帝範》體式皆原於唐人卷子鈔本，絶非從刊本翻雕者。

又 《唐律疏義》三十卷。日本刊本。首有雍正乙卯刑部尚書勵廷儀序。以孫氏岱南閣所刊元余志安本較之，有柳贇序，而無貫冶子《釋文》，亦無王元亮《纂例》、諸《表》，而顧千里所舉卷三、卷十七、卷二十六、卷二十八所載《釋文》删除不盡者，此本亦同，而目録前多出議刊官職名氏一葉，有「龍興路儒學某某」，與柳贇序，云「刊於龍興」者合，則是此本即泰定初刊本，故《疏義》與《纂例》、《釋文》別行，而余志安乃合刊之。

又卷六 古鈔《列仙傳》二卷。古鈔本。此冊余得之小島學古家，與沈汾《續仙傳》同裝爲一冊。有「養安院藏書」印。首題「列仙傳卷上」，次行題「漢光禄大夫劉向撰」。每半葉十一行，行二十字。相其格式，與日本他鈔本不同，當是從宋刻出也。

又卷七 《孫子書》五卷。明刊本。明趙本學注。本學，字虚舟，晉江人。據俞大猷跋，蓋即大猷之師，所著尚有《韜鈐》二編。此本前有巡撫湖廣郭惟賢序，巡撫湖廣梁見孟序，末有都督僉事俞大猷跋。據序、跋，此書初刻於薊遼，再刻於湖湘，三刻於鄖陽，此即鄖陽本也。

又 《文中子中説》十卷。日本重刊北宋小字本。前有《文中子中説》序，序後本書題「《中説》卷第一」，次行頂格，題「《王道篇》」行下題「阮逸注」。每半葉十四行，行二十六、七字不等，注雙行，約三十一、二字不等，四周單邊。十卷後有《叙篇》，杜淹《文仲子世家》一篇，《唐太宗與房、魏論禮樂事》一篇，東皋子《答陳尚書》一首，《關子明事》一首，《王氏家書雜録》一首，卷尾有「文政十年摹刊」字樣，精雅絶倫。書中避諱「弘」、「匡」、「敬」、「玄」、「徵」、「朗」等字，「讓」、「愼」等字不避，知爲北

宋本。

又《齊民要術》殘本三卷。北宋天聖刊本，高山寺藏，見存卷五、卷八二卷，又卷一殘葉二紙。每卷題「《齊民要術》卷第幾」，次行題「後魏高陽太守賈思勰撰」，次列「傳」中篇目。每半葉八行。行十七字，注雙行，行二十五字。「竟」、「玄」、「通」等到字闕末筆。按胡震亨《秘冊匯函》刊本即毛氏《津逮》本。有紹興甲子葛祐之刊是書序云：「此書乃聖中崇文院板本，非朝廷要人不可得。」此本「通」字闕筆，故知是天聖官刊本也。余所得系小島尚質以高山寺本影鈔，精好如宋刻，今以胡刻本校之，乃知胡本謬誤脱漏，觸目皆是，不第如錢遵王《敏求記》所云「卷首《周書》曰」云云，小字夾注改爲大書也。錢謂嘉靖甲申湖湘本如是，故知胡刻原於湖湘本。第五卷《桑柘篇》，胡本脱一葉，此本亦完具。又按，森立之《訪古志》稱尾張眞福寺藏有卷子本九卷，只缺第三一卷，亦闕宋諱，與前本同，知亦是原於天聖本。若得此本，則賈氏書爲完璧，記以告後人。

又《圖繪寶鑒》五卷，日本舊鈔本。元夏文彥撰。此書《津逮》所刻合明欽天監玉泉韓昂續纂者并爲六卷，坊刻又分爲八卷。按元刻五卷，每葉二十二行，行二十字，道光間藏海寧吳氏。此本每葉二十行，行十八字，系日本人重刻，無年月，字體頗古雅，當是原於元刻。雖易其行款，而仍五卷之舊。

又《書史會要》九卷，補遺一卷。明洪武九年刻本。是書《三續百川學海》刊本以明朱謀垔所作《續編》一卷爲卷十，而以《補遺》置《續編》後，使陶氏書中斷爲二，最爲謬妄。此爲洪武九年刊本，首宋濂序，次曹睿序，次孫作《南村先生傳》，次引用書目，次九成自序，次考詳，次目錄。凡九卷，《補遺》一卷。末有鄭眞跋。卷首題「書史會要卷之一」，次行題「南村處士陶宗儀九成著」。每卷之後題助刻人姓名四、五人，合之共數十人。按宋濳溪《序》云「天台陶君九成新著《書史會要》成，翰墨之家，競欲觀之。以誊鈔之不易也，共鍥諸梓」云云。則知此書爲翰墨家合貲刊行者。第九卷末題「張氏以行存管刻此卷」，又云「補遺一卷，嗣後刊行」。則知《補遺》之刊，又稍後於九卷。

又卷八《王子年拾遺記》十卷。明翻北宋本。每半葉十行，行十八字，前有總目。本書首題「《王子年拾遺記》卷第一」，次行題「蕭綺序錄」，三行以下蕭綺序，序後「庖犧」、「神農」、「黃帝」、「少昊」、「高陽」、「高辛」、「唐堯」、「虞舜」八子目，目後再題「春皇庖犧」條目。以下每卷皆先子目，後條目，蓋猶唐人卷軸本之式。篇中「殷」、「讓」、「弘」、「禎」、「轅」五字缺筆，字體端雅，蓋北宋精本也。

又《王子年拾遺記》十卷。明嘉靖甲午仿宋本。明顧氏重刊，目錄二葉，目錄之後有「顧氏世德堂刊」八分書木記。首行題「《王子年拾遺記》卷第一」，次行題「蕭綺序錄」，以下重格序文。序後低三格分二行排寫「庖犧」、「神農」、「黃帝」、「少昊」、「高陽」、「高辛」、「唐堯」、「虞舜」八目，再下一行低四字題「春皇庖犧」。每半葉十行，每行十八字，左右雙邊。卷中避「弘」、「殷」、「讓」、「轄」、「禎」等字，「楨」字或記以「御名」二字，蓋原於宋仁宗時刊本也。

又卷一〇《普濟本事方》十卷，舊鈔本。宋許叔微撰。小島尚質舊藏，後有「以江武官庫御本寫之」九字，存第四至第十。末有淳熙乙巳孝忠跋。不著其姓，待考。又有辛亥左昌時跋。每葉十行，行二十字。每卷之第二行即接所分類，無「宋許叔微撰」等字，知其根源爲古。按此書乾隆中王陳梁有刊本，多所刪節，不足爲據。日本享保中刊本亦多訛字，皆不及此本之佳。又按《經籍訪古志》有宋槧本，序後題「寶祐癸丑良月夏淵全氏刊於明經堂」，目錄後有「建安余唐卿宅刻梓」八字，每半葉十三行，行二十一字。此本格式亦與之不同，然則此豈即淳熙辛亥之本與？則尤可寶也。

又卷一一《附音增廣古注蒙求》三卷。古鈔本。此本缺李良《表》、李華《序》。首題「《附音增廣古注蒙求》卷上」，下題「安平李澣撰注」。以「滕公佳城」爲中卷，「陳逵豪爽」爲下卷。與徐子光本不同。烏絲欄格，每半葉十三行，行二十字。又有層欄補釋注中名物。相其紙質、筆迹，當爲五、六百年間物。末有粘條云：「於時天文廿三年乙卯初秋下澣，一日大貫興福禪寺於南窗下書旱矣。□□年五十。」按天文乙卯當明嘉靖三十四年，此條紙色甚新，字體亦不類，必後來校者之筆。余得此書於向山榮，有「向黃村珍藏」印。其注多不著書名，蓋亦舊注本經後人節刪者。篇中亦間引《補注》。以享和元年日本所刻朝鮮本照之，雖不盡同，大致同出一源，蓋又在龜田興所祖本之後。【略】又一通。舊鈔本。首有《薦蒙求表》，次行題「光祿大夫行右散騎常侍臣徐賢等奉敕撰」，再下頂格「臣良言」云云。表後

有《蒙求序》，而不題李華名。烏絲界欄上亦有層欄，無鈔寫年月，紙質、筆迹當又在前本之後。

又《標題徐狀元補注蒙求》三卷。活字本。此活字本，無集印年月，相其字體，當是慶長年間之版。每半葉十四行，行二十字。每卷有總目。古鈔本均無總目。首李良《表》，次李華《序》，次徐子光《序》。按徐子光不詳其人，龜田興稱「活字本有宋度宗咸淳戊辰宋秉孫《序》曰：『君其問諸徐君，以爲然乎否？』似是當時現存之人。徐氏《補注》成於己酉，下距戊辰僅二十年。然則徐子光爲理宗、度宗兩朝間人。」其説當爲有據。顧余所見活字本，均無宋秉孫《序》，當是龜田所見又一時集印之本也。《訪書志》所藏有永禄活字本。此本欄外上、下，均有日本人補釋注中字義典故。又一通，字體格式全與上本同，而紙色稍新，當又出此本之後。又有寛永乙亥孟夏中野市右衛門刊行本，則翻雕活字本也。

又卷一二 古鈔《文選》殘本二十卷。古鈔無注《文選》三十卷，缺一、二、三、四、十一、十二、十三、十四、十七、十八十卷，存二十卷。《文選》本三十卷，李善注分爲六十卷。五臣注仍三十卷。自後蜀毋昭裔刻《五臣注》三十卷，北宋刻善注合於五臣，其卷則從善注。兩本所據之本多不相合，雖略注異同，亦時多漏誤。逮尤延之刻《善注》，又從五臣本抽出。故兩本互亂之處，遂不能理，其詳已見鄱陽胡氏之《考異》。此無注三十卷本，蓋從古鈔卷子本出，并非從五臣、善注本略出。何以知其然？若從《善注》出，必仍六十卷。若從《五臣》出，其中文字必與《五臣》合。今細校之，乃同《善注》者十之七、八，同《五臣》十之二、三，亦有絶不與二本相同，而爲王懷祖、顧千里諸人所揣測者。又有絶佳之處，爲治「選學」者共未覺，而一經考證，曠若發矇者。蓋日本所得中土古籍，自《五經》外，即以《文選》爲首重，故其國唐代曾立「《文選》博士」。見其國《類聚國史》。今古鈔卷子殘卷，往往存收藏家。余亦得二卷。此本頗有蟲蝕，相其紙質、字體，當在元明間。旁注倭文，又校其異同。其作「扌」者，謂摺疊本，即摺字之半，指宋刻本也。其作「亻」者，即作字之半，皆校者之省文，與卷子本《左傳》同其款式。則首行題「《文選》卷第五」，旁注「《賦》戊」，下題「梁昭明太子撰」。以下一卷子目與善本合，五臣本每卷不列子目，而以總目居前，非古式也。每半葉八行，行十七字，字大如錢，必從古卷抽出也。

又《文選》六十卷。宋槧，楓山官庫本。六臣《文選》，楓山官庫藏。首《李善文選注表》，《表》後無國子監牒文，次呂延祚《表》，次昭明太子《序》。有目録一卷。首題「《文選》卷第一」，次行題「梁昭明太子撰」，第三行題「唐李善注」，第四行、五行題「唐五臣呂延濟、劉良、張銑、呂向、李周翰注」，第六行「《賦》甲下」有善注。每半板九行，行十五字，注行二十字。大板大字。無刊刻年月，中缺「弘」、「竟」、「讓」、「徵」、「敬」、「貞」、「玄」、「桓」、「殷」、「構」等字，蓋南宋刻本。板心有刻工人姓名。第一卷末記「州學司書蕭鵬校對，鄉貢進士李大成校勘，左從政郎充贛州州學教授張之綱覆校」。第十八卷末記「州學齋長吳極校對，左迪功郎新昭州平樂縣尉兼主簿嚴興文校勘，左迪功郎贛州石城縣尉主管學事權左司理蕭倬」。第二十六卷末記「左迪功郎新永州零陸縣主簿李汝明覆校」。各卷所記互異，又有劉格非、陳裂鄒、郭禮等名；而題「張之綱、蕭鵬校正」者居多，蓋贛州州學本也。

又卷一三 《皇朝文鑑》一百五十卷。明天順刊本。《文鑒》宋刻世不可見，惟愛日精廬藏明葉文莊影鈔宋本，序、跋完好，惜未重刻。其次則明天順嚴州刊本爲佳，又其次則胡公韶補刊嚴州本。至慎獨齋、晉藩本，則訛謬不可讀矣。此爲天順八年嚴州府以宋本重刊。前有商輅序，稱：「提督浙學憲副張和偶得是書以示嚴郡太守張永，欣然命工重鋟。其間題識仍舊，款目無改，則以摹本書刻，弗別繕寫，懼謬誤也。」云云。據此則是以宋本上木。今按其款式、字體，精致絶倫，的是翻刻宋本（圖二〇四）。

又《唐荆川批點文章正宗》二十五卷。明刊本。此本不記刊行年月，望其字體，蓋即在嘉、隆間，亦無荆川序跋。

又《瀛奎律髓》四十九卷。朝鮮重刊明成化本。首方回自序，序後有「成化三年仲春吉日紫陽書院刊行」木記。有圓點，注文雙行。末有皆居士跋。據其印章，知爲龍遵叙。末又有成化十一年朝鮮府尹尹孝孫跋，蓋即據成化本翻雕者也。據龍叙，知虚谷此書以前未有刊本。此雖非成化三年原本，而款式毫無改換，較吳之振本之移龍叙於卷首者，亦有間焉。

又卷一四 《陳思王集》四卷。明刊本。僅存賦及詩四卷，雜文以下無之，無目録、後跋，與《江文通集》合爲一函。賦四十一篇，詩六十三篇。按《思王集》原書三十卷，久佚。後人從類書選本中鈔出爲此集。《提要》

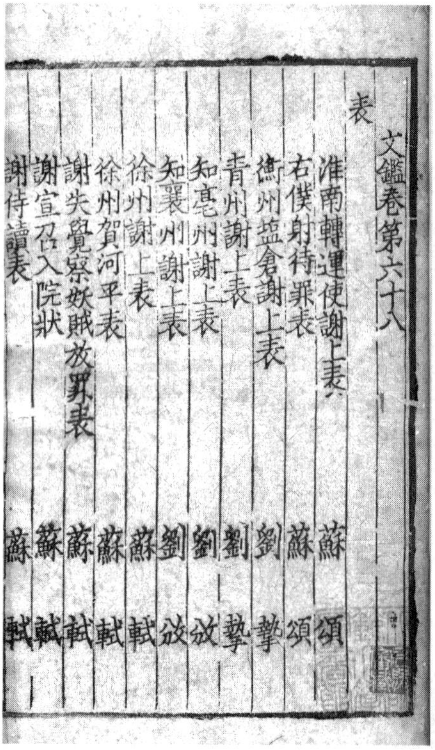

圖二〇四　按其款式、字體，的是翻刻宋本。

所稱嘉定癸酉宋刊本，賦四十四篇，詩七十四篇。自張孌、汪士賢以下漸有增入，無復減少者。此本賦四十一篇，所原似更在嘉定本之前，故所載反略。其中往往有缺字，又如《矯志》詩題下注：「『作孚』之下脱二句。」《三家集》則僅於字下注一「闕」字，陳朝輔本則幷不注闕脱。其餘異同，更難悉數，大抵皆出後來臆改，則此本可貴也。每半頁十行，行十八字，左右雙邊，中縫在横綫下題「陳集」，其刊當在嘉靖間，其款式實源宋本。按明朱之蕃有《唐百家集》，其版式字體略與此同，而所載唐人集亦唯存詩、賦，此本或亦朱氏所刊與？

又《增廣注釋音辯唐柳先生集》二十卷，附《別集》、《外集》、《附錄》。南宋刊本。每半葉十三行，行二十六字。首乾道三年陸之淵序，次劉禹錫《柳先生文集序》，又次諸賢姓氏，曰：「中山劉禹錫編，河南穆修叙，眉山蘇軾評論，胥山沈晦辯，南城童宗説音注，新安張敦頤音辯，新安汪藻記，張唐英論，雲間潘緯音義。」其書分類編次與穆修本合，惟彼以《非國語》爲四十四、四十五兩卷，此則合并詩文爲二十卷，而以《非國語》爲《別集》。其《外集》則采自沈晦本，《附錄》下逮紹興，當爲潘緯所定。**【略】**或疑此本不缺宋諱，又四周雙邊而黑口，當是元以下本，未必爲宋刻。余謂不然，余所見麻沙宋本不避宋諱者甚多，小字《唐文粹》其一也。四周雙邊及黑口亦起於南宋，而元人承之，詳見余《古刻源流考》及《留真譜》中。且元人刻書，字體皆趨圓潤，即如《千家注杜詩》是也。此刻字體則純是南宋格。余仁仲《谷梁傳》是其證。又紙質堅而薄，是宋閩地所產，元、明人無之。況此書元麻沙本已改其款式，《提要》所據本是也。

又《李推官披沙集》六卷。宋槧本。每半葉十行，行十八字。首有紹熙四年楊萬里序，序後有「臨安府棚北大街陳宅書籍鋪印行」，世謂之「府棚本」。蓋陳氏在臨安刊書最多而且精也。今觀此本，刻印雅潔，全書復完美無缺，信可寶也。

又《後山詩注》十二卷。明弘治刊本。首門人魏衍記，記後低一格爲政和丙申王雲題，末有弘治丁巳楊一清跋。據云：初刊於漢中，後又得定本於江東故家，遂再版焉。然此本日本元祿三年亦有翻刊，每半版八行，行十六字，體勢與宋板《山谷集》合，當從宋板翻雕者也。然則此本爲《後山詩集》之最善本矣。

又《誠齋詩集》四十二卷。影宋鈔本。首題《誠齋集》卷第幾，次行題「廬陵楊萬里廷秀」。計《江湖集》七卷，《荆溪集》五卷，《西歸集》二卷，《南海集》四卷，《朝天集》六卷，《江西道院集》二卷，《朝天續集》四卷，《江東集》五卷，《退休集》七卷，合爲四十二卷。按《誠齋全集》本一百三十三卷，今著錄家所傳朱竹垞影宋本，有劉煒叔序，每半葉十行，行十六字。每卷後有「嘉定元年春三月男長孺篇次，端平元年夏五月門人羅端良校正」。此本皆與之合，的系從宋本影鈔，唯前無劉煒叔序。又《文獻通考》載《江湖》、《荆溪》、《南海集》俱有自序，何義門所見宋賓王藏本，《江西道院》、《朝天續集》亦有自序，此本皆無之。岳珂《程史》稱《朝天續集・韓信廟詩》「淮陰未必滅文成」句，麻沙刻本譌「文成」爲「宣成」，此本作「淮陰何必滅宣成」，意者原於麻沙本。當時本僅刻《詩集》，非影鈔者之有所略也。

又《晦庵先生朱文公詩集》十卷。朝鮮刻本。無序跋。首有「奚疑齋藏書圖書」，末有「嘉靖庚申至月慶州府尹龜巖李公剛而所贈，此書板在是府」，當亦朝鮮人所題。首行題「晦庵先生朱文公詩集卷第一」。每半葉十行，行十八字。字體古樸，當是明初所刻。每卷後附《考異》，知非苟付剞

剛者。

又卷一六《須賴王經》一卷。唐鈔卷子本。共十九紙，每紙二十七行，末一紙八行，共四百九十四行。末署「延歷十六年六月十一日右大臣藤原朝臣誓願」，首尾完具，書法端雅。日本古寫佛經雖多，如此卷者，實爲罕覯。按延歷十六年當中國唐德宗貞元十三年，日本左、右大臣之職，如中國左、右僕射。藤原爲日本望族，朝臣又當明名相，詳見《日本國史》。此卷蓋其誓願舍經，故記姓名、年月於卷末，非必其所手書者也。或疑此書即非朝臣，當是日本人之筆。余謂不然，按《日本書記》紀其國入唐求法僧不絶於道，釋空海其最著者。其賚唐人寫經度海，何止法顯、宋雲、玄奘千百輩。若天平十二年藤原皇后施舍《一切經》全部，至今卷子本往往見之，雖不題唐人年號，固可望而知也。余所得經有題「乾寧元年」者。藤原朝臣位長百寮，力能布施。當時所舍，必不止此一卷，今但存此耳。經末題識，筆勢究與本經不同，其相似者，則風氣使然，不獨此卷尾效之也。且書之工不工，何分彼我。而余堅持此説者，日本當唐代所產紙質皆白麻，理松而文皺，今其國存釋空海、小野道風、嵯峨天皇諸人書皆可證。此則黄麻堅韌與中土所存《郁單越經》在中江李氏、《轉輪王經》在福山王氏紙質無二，則知此爲唐人書無疑也。經生之筆，在當時不過傭書者流，未必與書家品騭。至今日則有極天下之選，盡一生之聰明才力，尚不能追其格度，古今人之不相及，所以有世道升降之慨也。

又《佛説大孔雀咒王經》三卷。唐鈔本。日本古鈔佛經雖多，然如此三卷首尾完具，實爲僅見。或疑此類皆日本人書，未必千載遺翰墨采如新。余按其國史，遣唐之使不絶於道，其稱聖僧空海者，亦入唐求法，歸國所攜，著爲《賚來録》，手迹尚存。以余所見《文館詞林》有「神龍」之題在柏木政矩家，《華嚴義疏》載「光化」之號爲余所得，更有北魏「元龜」藏西京沙門徹定、大齊「天統」藏黑田忠直，年世悠遠，尤駭聽聞。知數十鵠首何啻白馬千萬，況黄麻堅韌，舊唯唐制。今中土所存，若《郁單》、《轉輪》、《兜沙》、《靈飛》，皆硬黄卷軸，可對勘也。又時代稍降，格韻遂卑，宋之視唐，已分今古。余得日本宋大觀年間寫經，遂遠不及此。乃地隔海嶠，而謂指腕雖殊，神理不異，揆之於理，必不其然。今其書法與房山石刻，運筆結體，不爽毫發。則稱爲唐人之作，當非燕説。或又謂倭奴既購經於支那，則震旦之壁藏，當倍蓰於邪馬，何以今日庋弃反多於中土？此未知彼國兵爭，例不毁佛寺，千年古刹，崔巍相望，若東大寺、石佛寺、法隆寺，不惟大、小乘《律》牙籤無恙，即九流四部，亦多出其中。且自達摩東邁，禪宗既盛，語録日增。《五燈》之書充棟，三藏之籍束閣。日本緇徒，雖亦染其流風，而機鋒口舌，究爲有間，梵筴經典，猶競誦習。此又多亡少存之一端也。

又古鈔《王子安文》一卷。卷子本。古鈔《王子安文》一卷，三十篇，皆序文，日本影照本，書記官巖谷修所贈。首尾無序、跋。森立之《訪古志》所不載，惜當時未細詢此本今藏何處。書法古雅，中間凡「天」、「地」、「日」、「月」等字，皆從武后之制，相其格韻，亦的是武后時人之筆。此三十篇中不無殘缺，而今不傳者凡十三篇，其十七篇皆見於《文苑英華》。異同之字十百計，大抵以此本爲優，且有題目不符者，眞希世珍也。

又《日本訪書記補》《周易》六卷。日本古抄本。按《隋書經籍志》稱，《周易》十卷，王弼《上下經注》六卷，韓康伯《繫辭注》三卷，又王弼《略例》一卷，合數爲十卷。新舊《唐志》云《王弼注》七卷，則并《略例》數之也。日本古鈔《周易》多只王弼注六卷，彼國人稱爲六朝之遺。此本亦六卷，每半葉九行，行十七字。五、六兩卷，半葉八行，行十六字，每卷後記經注字數。第二、第三未記。顧未見鈔寫年月，然前四卷與後二卷筆法迥不相同，其爲原補配本無疑。考此本文字注末亦頗多虚字，其異同亦多與山井鼎所稱古本、足利本合。篇中凡遇「貞」字皆缺筆，《訪古志》稱系從北宋本鈔出，似爲可信。

又《書集傳》六卷。元刊本。元槧《蔡氏書集傳》六卷，首蔡氏自序，序後有木記云「梅隱書院鼎新綉梓」八字，下載《纂圖》一卷，又載《朱子説書綱領》。疑即蔡抗《表》所稱《朱子問答》一卷。又有木記稱：「兩坊舊刊《詩、書集傳》俱無《音釋》，覽者有遺恨焉。本堂今將《書傳》附入鄱陽鄒氏《音釋》，《詩傳》金華許益之《名物鈔音釋》。各依名儒善本點校句讀，仍取《纂圖》寘之卷首，大字刊行，精加校正無差，庶幾讀者豁然無疑矣。與坊中舊本玉石判然，收書君子幸監。至正丙午孟冬梅隱精舍謹識。」據此知爲合刊《詩集傳》之記。【略】又按：宋元之際所刊書籍，多有木記，稱某書院校刊。今日藏弃家直以爲當時官本，其實皆坊肆所托，如此本《綱領》後木記云云，決知非官刊之書。

又《春秋經傳集解》三十卷。影日本古鈔卷子本。舊讀山井鼎《七經孟子攷文》，各經皆有古鈔本，唯《左傳》經注本、注疏本，皆只據足利學所藏宋槧，因疑日本《左傳》無古鈔本。及得小島學古《留眞譜》，中有摹本，第一卷首葉字大如錢，迥異日本諸鈔本。問之森立之，乃云「此書全部三十卷，是古鈔卷軸本，藏楓山官庫，爲吾日本古鈔經籍之冠，山井鼎等未之見也」。余因托書記官巖谷修於楓山庫中檢之，復書乃云無此書，深爲悵惘。故余《譜》中刻弟□卷首一葉，以爲幟志。而森立之力稱斷無遺失理，且道卅卷共一櫝，爲格□五，幷告其櫝之長短尺寸。使巖谷再檢之，久之乃得，且許假我一月讀。計全書卅卷，無一字殘損，紙質堅韌如硬黃，紙背亦有校記，日本所謂「奧書」也，均是未裱本。各卷後有建長中越後守寶時、參河守教隆，文永中清原後隆，正嘉中清原直隆，弘安中左近衛將監顯時跋，皆系親筆題署。森立之云。又有延久、保延、仁平、久壽、應保、長寬、嘉應、治承、養和、壽永、元歷、建保、承久、延應各記。第三十卷末有「應永十六年八月一日覽了」跋。每卷有「金澤文庫」印，篇中朱墨校記，其稱「才 」、「才無」者，謂宋槧摺本之有無也。「才」即「摺」字，「 」即「有」字，其稱「乍某」者，「乍」即「作」字也。皆校書者省筆。【略】其中文字多與陸氏《釋文》所稱「一本」合，蓋六朝舊籍，非唐以後所可比勘。其經、傳之異於《唐石經》者且數百字，其注文之異於宋槧者，不可勝紀，明以下俗刻更無論矣。今略標數條，如昭廿七年《傳》：「夫鄢將師矯之命，以滅三族，三族國之良也。」自《唐石經》以下，皆不疊「三族」二字，文義不足，得謂非脫文乎？日本又有唐人書昭廿七年《左傳》一卷，亦疊「三族」二字。其卷藏高山寺，余於紙幣局見之。其注文如莊十九年《傳》「刑猶不忘納君於善」注「言愛君明非，臣法也。楚臣能盡其忠愛，所以興」。自岳本以下，皆脫下「臣」字，不可通矣。又如桓九年《傳》：「衷戎師，前後擊之，盡殪。」注：「爲三部伏兵，祝聃帥勇而無剛者先犯戎，而速奔，以過二伏兵至後伏兵，伏兵起，戎還走，祝聃反逐之。」云云，宋以下刻本「過」皆作「遇」，又不疊二字，最爲謬誤。蓋祝聃引戎師過二伏兵，而戎尚不知遇伏，至後伏兵之處，伏兵盡起，戎始知遇伏而還走。若至二伏兵即相遇，則必斗，安能引至後伏兵處乎？疊「伏兵」二字，情景如繪，蓋三伏兵幷起也。若夫「死而賜謚」等要義，皆絕勝俗本。全書朱墨校具在，細意詳考，知爲六代舊傳無疑。

又《爾雅注》三卷。影寫北宋本。北宋刊本《爾雅》，日本東京高階氏所藏。卷末有「將仕郎守國子四門博士臣李鶚書」一行。按王明清《揮麈錄》：「後唐平蜀，明宗命大學博士李鶚書《五經》，仿其制作刊板於國子監，監中印書之始。今則盛行於天下，蜀中爲最。明清家有鶚書《五經》印本存焉，後題『長興三年』也。」據此，則此本當根源於長興本。今日海內所存宋槧，當以此爲第一。

又《漢書・食貨志》一卷。日本影鈔本。右古寫卷子本《漢書・食貨志》上卷，末附「鄧通傳」殘字六行，日本醫官小島春沂所影摹者，今據以入木。結體用筆，望而知爲唐人手書，不第缺文皇、高宗兩諱也。卷中如「揉木爲耒」，各本作「煣」，宋子京云「煣」當爲「揉」。按《說文》：「煣，屈申木也。」「揉」字《說文》不收，則作「煣」字爲正。但《易・系辭》已作「揉」，別無作「煣」之本。若《漢書》本作「揉」，師古不應無注，疑顏氏所據之本，原作「揉」。所不解者，宋子京竟不見作「揉」之本耳。又引《詩》「興雨祈祈」，今本皆作「興雲」。按顏之推《家訓》，疑「雲」當爲「雨」，引班固《靈臺詩》云「習習祥風，祈祈甘雨」爲證。據此，則六朝經文無作「興雨」者。若《漢書》本作「興雨」，何勞遠引《靈臺詩》。自陸氏《釋文》已有作「雨」之本，當是因《家訓》校改。師古作此書注，在陸氏之後，或遵其祖說，又據《釋文》一作之本改班《書》，亦情事所有。而後之鈔錄者，仍遵舊本作「雲」。

又《南齊書》五十九卷。宋刊本。南監本、《七史》本、宋蜀大字本，字體方整。元代有重修之板，稍趨圓活，明嘉靖又經補刊，則更爲劣矣。此本首尾一律，定爲宋、元間所印，絕無元修之迹。馮夢禎刊本即從此翻雕，可覆按也。或謂宋紙薄而紉，無如此之厚重者。然余所見元印鄭氏《通志》，即此等紙也。

又《臣軌》二卷。日本古鈔本。此書以寬文刻本根源爲最古，此本注中大有刪削，然墨色如漆，審其筆勢，當爲日本六七百年前人所抄。其原本不與寬文本同，故卷首有「鄭州陽武縣臣王德纂注上」十一字，而寬文本無之。按此書別有大正間抄本，亦有「王德纂注」之文，則知寬文本脫也。

又《新編婦人良方》二十四卷。影鈔本。森立之《訪古志》稱陳氏眞本

唯朝鮮活字本，而未載其行款字數。又載新刊殘本二卷，每半頁十二行，行廿四、五字不等。此本半頁十二行，行十九字，有小島學古疊文印，與《仁齋直指》，同裝一櫝。《仁齋直指》爲朝鮮活字本，此亦從朝鮮活字本出無疑。故其篇幅、行款、字數、裝式悉與之合。【略】或謂此鈔本小島學古幷未稱從朝鮮活字本出，而余乃質言是朝鮮本，未免臆斷。蓋余又得熊宗立《婦人良方補遺》殘本，存第三至第六一册，又自十三至十八一册，又自十九至二十四一册，不知何人所校。其中引韓本異同，皆與此本合，益知此從朝鮮本出，斷斷然矣。

又《新編婦人良方補遺大全》二十四卷。元麻沙本。首陳自明自序，次行題「臨川陳自明良甫編集」，三行題「鼇峰熊宗立道軒補遺」，每半板十二行，行二十二字。熊宗立未詳何代人，以此本字體定之，當爲建安麻沙本。《訪古志》載有明天順八年刊本，余亦得殘本三册，行款與此同，而鎸刻失其圓潤，當是據此本重翻。

又《新刊仁齋直指方論》二十六卷。影抄本。景定甲子三山楊士瀛登父自序，目錄前有「環溪書院刊行」一行，卷一題「三山名醫仁齋楊士瀛登父編撰，建安儒醫翠峰詹中元本『中』上有『宏』字洪道校定」。每半頁十二行，行十九字。有小島學古三印。學古爲日本侍醫，藏書之富，自多紀外，罕有其匹。余所得醫籍，大抵皆其舊藏。按森立之《訪古志》稱聿修堂藏宋槧本，半頁十四行，行二十四字，其書亦爲守敬所得，實是元刊本，與此本行款不合，篇幅亦異。其每卷或題「新刊」，或題「新編」，或題「增修」，莫知其義例所在。二十六爲《婦人類》，有《血氣》、《拾遺》二子目，元本則有《血氣》、《吐衄》、《拾遺》三門。此書有明朱崇正補遺本，其《婦人類》有《子嗣》一門，此與其中文字經小島學古以朱筆校宋元本及《醫方類聚》多所異同，大抵以此本爲是。又《訪古志》稱懷仙閣、酌源堂均有朝鮮國活字印本，此本原與影抄朝鮮《婦人良方》同裝一櫝，其篇幅行款皆同，則此從朝鮮活字板出無疑。元本二十六卷，有《傷寒類書》、《小兒方論》、《醫學眞經》，此本無之。蓋朝鮮以重印《直指》，而以陳自明《婦人良方》配之，故行款皆同。學古校此書，雖未題此本爲何代刊本，而於明朱崇正本上，臚列宋、元本。其稱宋本，皆與此本合，則此本小島固以爲宋本也。或謂此本目錄前題「環溪書院刊行」與元本同，書院刊書多出元代，疑此亦元刊。余謂不然，考建安有三山書院，宋寶祐中提刑王汝建；又藍田書院，宋紹興中建；環溪在羅源縣東南。當南宋時，書院之設遍於閩中，此書在宋時已刊於環溪書院，至元時復刻之，而改其行款。不然，以元刊反多訛字耶？此書《四庫》著錄已只有明朱崇正本，且云宋槧舊刊已不存。近日藏書家，若歸安陸氏、錢塘丁氏皆只得明朱崇正本。則此本誠爲天壤間罕覯之物矣。

又《樊川文集》二十二卷。宋刊本。宋槧《樊川文集》廿卷，《外集》一卷，《別集》一卷，原本藏日本楓山官庫，無刊板年月，避「桓」、「鏡」等字，不避「貞」、「愼」字，當是北宋本。

繆荃孫《藝風藏書記》卷一《爾雅翼三十二卷明刊本**》** 前有正德十四年都穆序略，云：「予家舊藏宋刻本，以歸李工部彥夫，而羅公十六世孫刻之。」是此書源出宋板。每卷後有音釋，板心上有字數，下有刻工名。後跋闕一葉。

又《改併五音集韻》十五卷。明刊本。題「滹陽松水昌黎郡韓道昭改併重編」。前有崇慶元年韓道昇序，次崇慶元年改併《五音集韻》原序。末不署名次。隋唐長孫訓言，郭知玄、孫愐舊序。目錄前有論，後有人册，檢韻術。序文、目錄、標題俱冠「至元庚寅重刊」六字（圖二〇五）。本書第一行及目錄末又署「大明成化庚寅重刊」八字（圖二〇六），是至元重刊金本，成化庚寅又從元板翻雕。金板從吳仲伊糧儲借觀，較明刻高二寸，廣如之。故知原板，非翻雕。末附《五音類聚篇徑指目錄》一卷，《切韻指南》一卷。每半葉十行，行大字十六字，小字三十二字。黑口。

又卷二《鹽鐵論》十二卷。明弘治刊本。目錄後識云：「禎遊學宮時，得漢廬江太守丞汝南桓寬次公所著《鹽鐵論》。讀之，愛其辭博，其論覈，可以施之天下國家，非空言也。惜所鈔紙墨歲久漫漶，或不能句，有遺恨焉。迺者江陰始得宋嘉泰壬戌於薦紳家，如獲拱璧。因命工刻梓。嘉與四方大夫士共之。弘治辛酉十月朔日新淦涂禎識。」此張古餘影刻之祖本，明時刻於江陰，尤爲難得。

又《獨斷》二卷。明刊本。後有牌子云「嘉靖仲冬宗文堂鄭氏刊」兩行。

又《困學紀聞》二十卷。元刊本。泰定二年弟子袁淸容序，而刻於慶元路學，距先生沒時三十年，爲是書初刻。有牟應龍前序，陸晉之後序。前有

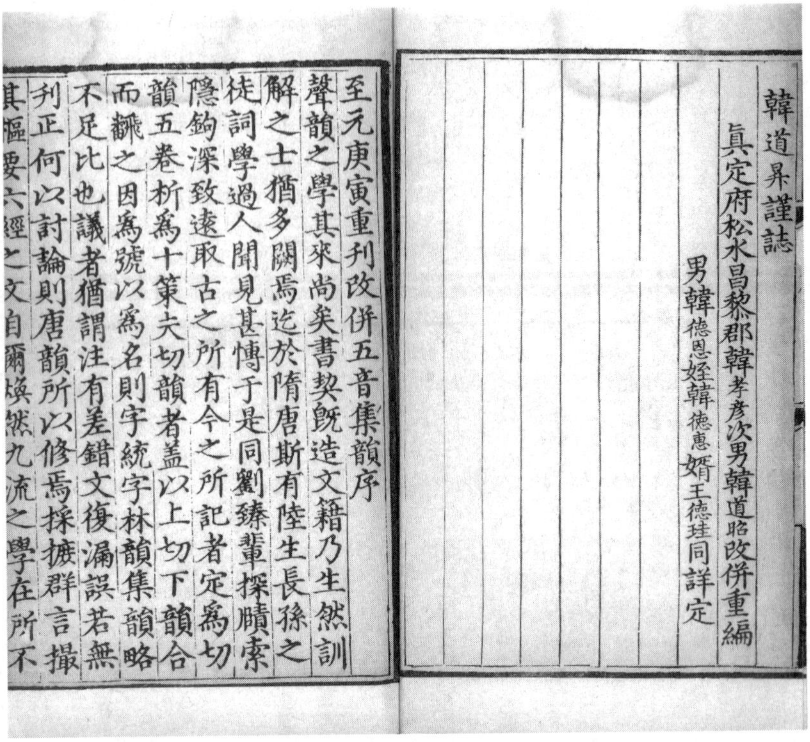

圖二〇五　序文冠以「至元庚寅重刊」。

「伯厚父」、「深寧居士」墨圖記二方，卷末有「孫厚孫寧孫校正慶元路儒學學正胡禾監刊」二行。每半葉十行，每行十八字。黑口。

又《石林燕語》十卷。明正德元年監察御史楊武刊於大梁。後有跋，提行空格，皆依舊式，蓋源出自宋本。每半葉八行，行十六字。黑口。此書以此本爲最善。

又《太玄經》十卷。萬玉堂刻本。每半葉八行，每行十七字。板心有

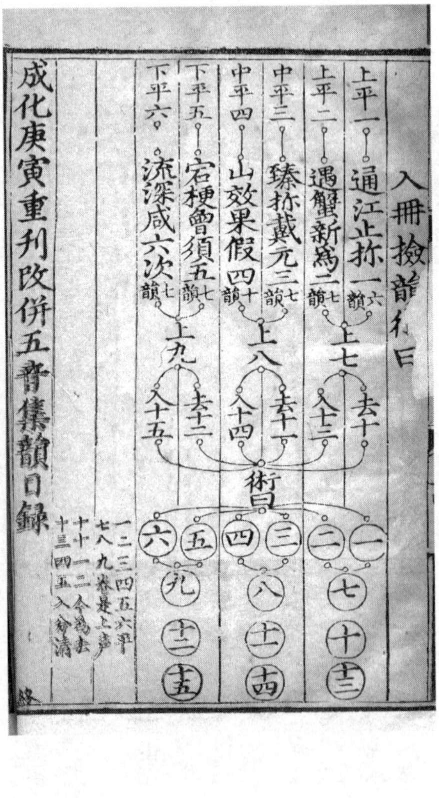

圖二〇六　目録末署「成化庚寅重刊」。

「萬玉堂」三字。白口。是明人翻宋刻最善之書，莫氏《經眼録》以爲宋刻，誤矣。

又卷四《漢書》一百二十卷。明正統翻刻宋淳化本。首行「高紀第一上」，雙行注「師古曰」云云。空一格題「班固」。又空一格，題「漢書一」。次行低六格，題「秘書監上護軍琅邪縣開國子顏師古注」。與瞿氏《書目》景祐本同。板心每葉有「正統八年刊」五字，魚尾上注「大字若干小字若干」。下有刻工姓名，末葉有「右奉淳化五年七月二十五日奉提旨校定刊正」兩行。

又《後漢書》一百二十卷。明正統刻本。板心每葉有「正統十年刊」五字。闕列傳第一至第五，鈔配。

又《新唐書》二百二十五卷。宋刊本。本紀表志題「翰林學士兼龍圖閣朝散大夫給事中知制誥充史館修撰判秘閣臣歐陽修奉敕撰」，列傳題「端明殿學士兼翰林侍讀學士龍圖閣學士朝請大夫守尚書吏部侍郎充集賢殿修撰臣宋祁奉敕撰」。大題在下，每半葉十行，每行十九字。白口。目後有牌子，云「建安魏仲立宅刊行，士大夫幸詳察之」行書兩行，是南宋閩本。惟英宗以上諱闕維謹，英宗以下不避，從北宋本出也。

又《舊唐書》二百卷。明刊本。首行題「監修國史推誠守節保運功臣，特進守司空兼門下侍郎同中書門下平章事，上柱國譙國公，食邑五千戶，食實封四百戶，臣劉昫等奉敕修」。次行「皇明奉敕提督南畿學政，山西道監察御史餘姚聞人詮校刻」。三行「蘇州學儒學訓導門人嘉興沈桐同校」。有文徵明、楊循吉序，及詮自序。

又《宋史》四百九十六卷。明成化庚子翻刻元本。前有至正五年中書右丞相阿魯圖、左丞相別兒怯不花、前右丞相脱脱等《進宋史表》。目錄後有校勘臣彭衡暨丁士恆十人姓名。黑口，補板白口。有年號。前有明成化十六年總督兩廣軍務兼理巡撫御史桂陽朱英序，後有跋，闕末葉，不知何人。然瞿陸《書目》均收此書，不言後跋，想均失去。

又《南唐書》三十卷。明嘉靖庚戌顧汝達萬玉樓翻宋本。東海晉明姚昭跋。提行避諱均從宋刻，字畫亦極秀雅。向見友人藏是書，詫爲宋板，果得高價售去。蓋賈人撤去姚跋，僞刻末葉。增入一牌子「寶慶丙戌王伯大刊」兩行，而首葉「萬玉樓」白文方印與此本同，終難掩作僞之迹也。

又《文獻通考》三百四十八卷。明慎獨齋刻本。目錄後有牌子云「皇明正德戊寅慎獨精舍刊行」兩行。

又卷五《藝文類聚》一百卷。明活字本。題「唐太子率更令弘文館學士渤海男歐陽詢撰」，與宋本同。明本每條空二格，此本逐條提行。每半葉七行，每行十三字。目後有墨圖記云「乙亥冬錫山蘭雪堂華堅允剛活字銅板校正印行」陰文。每卷後有圓記「錫山」二字，長記「蘭雪堂華堅活字板行」十字，均陽文。

又《古今合璧事類備要前集》六十九卷，《後集》八十一卷，《續集》五十六卷，《別集》九十四卷，《外集》六十六卷。明摹宋刊本。維新自序。又有嘉靖丙辰顧可學序，後有宋黄叔度跋。目後有「嘉靖壬子春正月三衢近峰夏相宋板摹刻，至丙辰冬十月事竣」兩行。

又卷六《楚辭集注》八卷，《後語》六卷，《辨證》二卷。明翻元本。每半葉十行，每行二十字，小字同。黑口。向來大字一行，小字雙行，兩行應作四行，此本多作三行。後遇小字，又作三行以匀配，此式罕見。各本先《楚辭》，次《辨證》，再次《後語》。此本《後語》末葉刻「楚辭後語第六」，卷尾接《楚辭辨證》上卷一，去《辨證》首葉，又刻《楚辭辨證》，上空四格刻接《楚辭後語》六卷尾，此式亦罕見。《辨證》通體雙行小字，止題目大字。注中有注，則改陰文以別之。字畫古雅，疑翻元本。無前後序。《楚辭》八卷缺末葉，皆書賈棄之以充舊帙者。

又《陶靖節集》十卷。明嘉靖戊申大中丞傅印臺刻於九江郡齋本。晉陵華雲序，九江府知府王廷幹跋。有梁昭明太子《序》、《總論》九葉，詩四卷，文四卷，《群輔》兩卷，附《靖節徵士誄》序，錄集私記，集後書詩文，句下略有箋釋。間采東坡、山谷、趙泉山、韓子蒼、湯東澗、張縯、胡仔諸人之論，附於詩文後。行款與元刊李公煥集錄本同。序言取宋蔣氏本翻雕，「殷」、「敬」、「徵」、「眞」、「竟」皆缺筆，則出於宋本無疑。每半葉九行，每行十八字。

又《梁昭明太子文集》五卷。首行「大明遼國寶訓堂重梓」，後有跋云「池陽郡齋既刻《文選》與《雙字》二書，於以示敬事昭明之意。今又得《昭明文集》五卷，而併刊焉。嗚呼！所以事於神者至矣。夫神與人相依而行也。吏既惟神之恭，神必惟吏之相。則神廟食吏祿食斯兩無媿。淳熙八年，歲在辛丑八月望日，郡刺史建安袁説友書」八行，是遼府重刻宋池陽本。每半葉八行，每行十六字。集五卷，與《梁書》本傳云集二十卷者不合。所采不出《梁書》、《文苑英華》、《類聚》、《廣弘明集》等書，亦出後人掇拾，非本書矣。

又《李長吉歌詩》四卷。明廣平裕參王家瑞凝貞刻本。後有弘治壬戌汝寧劉淮序。收藏有「雲山不礙樓藏書」朱文方印。按：王家瑞，萬曆戊戌進士。此本當刻萬曆間，蓋覆刻弘治本。

又《武溪集》二十卷。舊鈔本。題款「工部尚書充集賢院學士贈尚書左僕射累贈少師謚襄公余靖」。前有周源序，後有歐陽修撰《神道碑》。紹興丁巳韓璜書後。空格提行，悉依舊第，當從宋鈔本出。每半葉十行，每行二十字。

又《節孝先生文集》三十卷。元皇慶刊本。吳焯《薫習錄》云：「曝書亭本有皇慶癸丑玉霄賓序，元刻增節孝像及題贊。明刻又增《祠堂記》。此本前有像，大德丙午趙良珏《贊》，皇慶癸丑玉霄賓書，又有大德丁未無髮士祖可敬、大德丙午李士發兩《贊》，而無《祠堂記》。其爲元刻無疑。」《薫習錄》所云「玉霄賓序」則「書」字之誤也。

又《歐陽先生文粹》二十卷。明郭雲鵬刊本。後有「吳郭雲鵬校刊梓行」小牌子。陳亮《後叙》，後又有「吳會郭雲鵬校勘刻於寶善堂」小牌子。

又《范忠宣公文集》二十卷。元天曆刊本。每半葉十二行，每行二十字。行款與嘉定本《文正公集》同，但字體有方圓之別耳。

又《漫塘劉先生文集》二十二卷。宋嘉熙四年趙葵序，即《天祿後目》所推爲宋版者。然字形微帶方體，又係活字，不敢遽定爲宋刻。疑《天祿》所收爲眞宋本，此則明人以活字印行者。第、紙、墨俱古，大字活板亦決不在化、治以下，仍可貴也。

又《石堂先生遺集》二十卷，宋寧德陳普尚德撰。《四庫》未著錄。此影寫明嘉靖本，目後有「寧德縣知縣揭陽陳世鵬、奉欽差整飭兵備分巡建寧道福建按察司僉事王批發校刊，儒學訓導新城潘鶚同校，嘉靖丙申刊」。前有沈伯咸序，後有蔣濂、陳世鵬兩跋。

又《松雪齋集》十卷，《外集》一卷。元至元刊本。每葉二十四行，每行二十二字。大黑口。前有大德戊戌戴表元序，後有至元己卯何貞立跋。卷十後有跋云：「松雪翁詞翰妙天下，片言隻字，人輒傳玩。公薨幾二十年矣，而生平所爲詩文猶未鏤板。今從公子仲穆求假全集，與原誠鄭君再加校正，亟鋟諸梓，置之家塾。俾識者得共觀焉。至元後己卯良月十日花溪沈璜伯玉書。」是《松雪集》最初刻本，紙墨俱精。而序前半葉及外集目錄均失去。疑售者因有先世藏印而去之耳。

又《藝風藏書續記》卷一《監本纂圖重言重意互注點校尚書》十三卷。宋刊宋印本。每半葉十行，行大字十九，小字二十四。高六寸六分，廣四寸二分。白口，雙邊。板心首葉末葉無字，中作「尚書一書一尚書一卷」，並是行書。前刊《書學傳授圖》、《唐虞夏商周譜系圖》、《堯制五服圖》、《禹弼五服圖》、《伏生洪範九疇圖》、《劉向洪範傳圖》、《日永日短圖》、《隨山濬川圖》共八圖，重言重意，互注釋文，皆用單綫以別之。首行「監本纂圖重言重意互注點校尚書卷第一」。次行頂格題「堯典第一」，越四格題「虞書」，又越三格題「孔氏傳」。按孔氏序云「凡五十九篇，爲四十六卷」，然《隋志》著錄已作十三卷，《釋文》載徐云本《虞書》總爲一卷，凡十二卷。今依《七志》、《七錄》爲十三卷，則合并已在隋前矣。曰「重言」者，本經相同之句；曰「重意」者，句似而意同之文；曰「互注」者，他經所引之語。陸元輔謂宋人帖括之書每如此。以今本校之，《大禹謨》「降水警予」不作「洚水」，「奉辭罰罪」不作「伐罪」，「益稷州十有二師」不作「州有十二師」，「敖虐是作」不作「傲虐」。《禹貢》「北過降水」不作「洚水」，「東池北會于匯」不作「爲匯」。《五子之歌》「懍乎若朽索之馭六馬」不作「凜乎」，「峻宇雕牆」不作「彫牆」。《伊訓》「檢身若不及」不作「撿身」。《太甲中》「視乃厥祖」不作「烈祖」，「咸有一德厥德匪常」不作「靡常」。《盤庚中》「則惟汝衆自作弗靖」不作「爾衆」。《說命上》「台恐德弗類」不作「惟恐」。《泰誓中》「無辜籲天」不作「籲天」。《武成》「師逾孟津」不作「師渡」。《洪範》「明作哲」不作「作哲」。《金縢》「惟朕小子其新迎」不作「親迎」。《旅獒》「太保」乃作《旅獒》不作「大保」。《酒誥》「厥心疾很」不作「疾狠」，又「惟殷之迪諸臣惟工」不作「百工」，「弗蠲乃事」不作「汝事」。《多士》序「周公以王命誥」不作「命告」，「今爾又曰」不作「其曰」。《君奭》「越我民罔攸違」不作「曰我」，「天休滋至」不作「茲至」。《君牙》「亦惟先王之臣」不作「天正」。《呂刑》「度作刑以誥四方」不作「以詰」，「其罪惟鈞」不作「惟均」。《文侯之命》「即我御事」不作「既我」，「汝克昭乃顯祖」不作「克紹」。《費誓》「勿敢越逐」不作「無敢」。皆與唐石經及宋相臺本合。《天祿琳琅》、《楹書隅錄》所收《毛詩》，均出監本，同是中等字。至於《尚書》，《天祿琳琅》所載則麻沙本。《經籍》跋文所載，則婺本也。毛居正《六經正誤》多較正監本之譌，以《盤庚中》「乃祖先父」監本譌「乃」，此本亦譌。而《文侯之命》「即我御事」，「即」不譌「既」，「汝昭乃烈祖」，「昭」不譌「紹」，又與所舉監本不同。可見監本亦非一版。「匡」、「恆」、「愼」、「敦」皆缺筆，每葉左方闌綫外標篇名。

又《尚書今古文集解》三十卷，稿本。劉逢祿撰。逢祿字申受，武進人，文定公之孫。嘉慶甲戌進士，官至禮部儀制司郎中。傳莊氏之學，爲經學大師。此書先得於廠肆，面題「尚書今古文集解」。鈔精校細，似著作家定本，特未標名字，不知何人所著。歷采前人馬、鄭僞孔諸說及國朝人著述而折衷之，頗爲精審。後讀《劉禮部集》，內有《集解自序》，方知劉禮部所撰。

又《詩傳通釋》二十卷，元刊本。元劉瑾撰。每半葉十二行，行二十一字，高六寸三分，廣四寸一分。黑口，雙邊。首行「詩卷第一」，次行「朱

子集傳」，三行「後學安成劉瑾通釋」。首有綱領序及愚案，引用書均作陰文。第一卷後有「至正壬辰仲春日新書堂刻」牌子兩行。

又《春秋經傳集解》三十卷。宋刊本。每半葉十行，行十八字。注文雙行，行二十二字。中版高四寸八分，廣三寸四分。白口，單邊。淳熙三年閩山阮氏種德堂刊本。首題「春秋序」，次題「唐國子博士兼太子中允贈徐州刺史吳縣開國男陸德明釋文」，附分卷，同唐石經。首行題「春秋經傳集解隱公第一」，下接釋文，至三行止。四行低八格題「杜氏」，越二格題「盡十一年」。與阮文達《校勘記》所載淳熙小字本正同。惟是本前序後載有《春秋圖説》。首《春秋諸國地理圖》，次《三皇五帝世系》，又次《周及各國世次》，凡二十國，視岳本所載年表，多燕虞二國，少小邾一國。又次《春秋名號歸一圖》二卷，又次「諸侯興廢」，又次「春秋總例」，又次「春秋始終」，而以公羊、穀梁、左氏三家傳授終焉。阮本止有《名號歸一圖》二卷，且附於末，與《識語》所稱兼列圖表於卷首者不合，似不若是本爲完整矣。是本佳處，如書中莊六「後君噬齊」作「噬臍」，廿三「懷與安」作「懷其」。宣十二「楚軍討鄭」「軍」作「君」，「屈蕩尸之」「尸」作「戶」。襄廿八「武王有亂臣十人」無「臣」字。昭八「臣必致死以息楚」「楚」下有「國」字。定八「晉師將盟衛侯于鄟澤」「鄟」作「剸」。皆足正明監本及坊本之失，阮氏定爲宋刻善本，有以也。此書瞿氏書目極其推重，近人輕視之。然雖非宋印，而補版無多，佳字全在，亦屬宋本乙等。【略】謹依監本寫作大字，附以《釋文》，三復校正刊行，如履通衢，了亡窒礙處，誠可嘉矣。兼列圖表於卷首，迹夫唐虞三代之本末源流，雖千歲之久，豁然如一日矣，其明經之指南歟。以是衍傳，願垂清鑑。淳熙柔兆涒灘中夏初吉閩山阮仲猷種德堂刊。

又卷二《抱朴子内篇》四卷，《外篇》四卷，明刻本。晉葛洪撰。首行「新鋟抱朴子内篇卷之一」，次行「吳興郡山人愼懋官校」。内篇五十，外篇二十，附別旨，並無刪減，止併卷耳。板刻尚古雅，間有「守一」、「眞一」字，其原亦於《道藏》。

又卷四《史記》一百三十卷。明嘉靖震澤王氏刊本。前有《索隱序》、《補史記序》、《正義序》、《集解序》、《索隱後序》。目後有「震澤王氏刻梓」篆文木記。《集解序》後有「震澤王氏刻於恩褒舊世之堂」隸文木記。索隱後序有跋云：「延喆不敏，嘗聞先文恪公曰：『《國語》、《左傳》，經之翼也。遷《史》班《書》，史之良也。』今吳中刻《左傳》，郢中刻《國語》，閩中刻《漢書》，而《史記》尚未版行。延喆因取舊藏宋刊《史記》重加校讐，翻刻於家塾，與三書並行於世。工始嘉靖乙酉臘月，迄丁亥之三月。林屋山人王延喆識于七十二峰深處。」

又《隋書》八十五卷。元刊本。每半葉十行，行二十二字。高七寸，廣五寸二分。黑綫口，單邊。上有字數，下有刻工姓名。版心有字曰「路學」，瑞州儒學也；曰「浮學」，浮梁縣學也；曰「堯學」，「饒」字省，饒州學也；曰「番泮」，鄱陽學也；曰「餘干」，餘干學也；曰「樂平」，樂平學也。一一明晰。後有宋人公牘，元人官銜，似元翻天聖本。然字迹圓活，（圖二〇七）決非從北宋本出。

又《國語》二十一卷。宋刊元修明印本。首行篇名在上，大題在下，題曰「韋氏解」。每葉二十行，每行二十字。高七寸，廣五寸。黑口，雙邊。版心有字數及刊工姓名，元修之葉版心「國」字作「国」。無字數。有「監

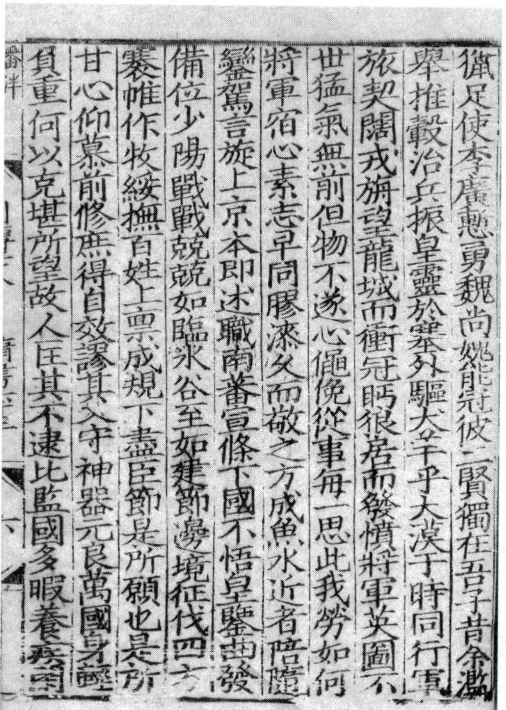
衡足使李廣懲勇魏尚嫓能况彼一賢獨在吾子昔余濫
舉推轂治兵振皇靈於塞外驅大羊乎大漠于時同行軍
旅契闊戎旃望龍城而衝冠眄狼居而發憤將軍英圖不
世猛氣無前但物不遂心僶俛從事每一思此我勞如何
將軍宿心素志早同膠漆久而敬之方成魚水近者陪隨
鑾駕言旋上京本即述職南蕃宣條下國不悟皇鑒曲發
備位少陽戰戰兢兢如臨冰谷至如建節邊境征伐四方
褰帷作牧綏撫百姓上禀成規下盡臣節是所願也是所
甘心仰慕前修庶得自效謬其入守神器元良萬國是繫
負重何以克堪所望故人匡其不逮比監國多暇養疾閑
番泮

圖二〇七　版心上鐫「番泮」。字體圓活。

生某某」銜名。「匡」、「殷」、「貞」、「敬」、「恆」、「桓」、「構」、「慎」皆缺避，當爲孝宗時所刻。考至元廿四年，國子監置生員二百人。延祐二年增置百人。興文署，掌刊刻經史，皆屬集賢院，見《元史・百官志》及《秘書志》。此必南宋監板，入元不全，修補完善，所以板心有監生銜名。此本以成化二十餘年冊紙印行，尚在弘治許讚重刻之前，殊爲可寶。

又卷六 《楚詞》十七卷，明翻宋本。漢王逸章句。每半葉八行，行十七字。高六寸六分，廣四寸五分。白口，雙邊。目錄後有「隆慶辛未歲豫章夫容館宋板重雕」一行。

又 《楚詞集註》八卷，《後語》六卷，《辨證》二卷，明刊本。宋朱子撰。每半葉十行，行二十字，小字同。高六寸四分，廣四寸一分。黑口，雙邊。卷一後有「書林魏氏仁實堂重刊」一行。卷六「弘治十七年歲在甲子仲秋，書林魏氏仁實堂謹依京本，新刊楚辭註解離騷經第六卷」二行，字畫古雅。疑翻宋元舊刻。

又 《文選》六十卷。明唐藩覆元張伯顏本。元本每半葉十行，行二十三字，此本二十二字，稍有分別。餘黑口面目悉同。張刻原本李善、張伯顏官銜擠寫各一行，後刻改兩行。此從兩行本重雕，前有成化丁未唐藩序。「希古」二字另行。下有「唐國圖書」墨印，後有弘治元年唐世子跋。

又 《竇氏聯珠集》。一冊宋刊本。唐褚藏言編。每半葉九行，行二十七字。高六寸七分，廣三寸八分。白口，單邊。上有字數，下有人名，只一字。魚尾下「聯珠集」三字，詩題低三字，和詩同。銜名低四字，詩不低格。合竇氏五子常、牟、群、庠、鞏爲集，不分卷，無目錄，析每人詩爲一卷。詩首有傳，即藏言所纂。後有潛夫題語及詩，又和峴跋，嶧《題記》，王崧跋。潛夫，張昭字，峴、嶧，和凝子也。刻於淳熙五年，詩作楷體，跋作行草，筆蹟相似，極見古雅，疑即王崧所寫以刻者。宋諱「貞」、「朗」、「跳」、「徵」、「曙」、「署」、「樹」、「佶」、「構」均作字不成。板刻清朗，楮印俱佳，宋刻中最精善之本。

又 《宋文鑑》一百五十卷，宋版元明修本。宋呂祖謙編。每半葉十三行，行二十一字。高六寸，廣四寸二分。黑口。凡作「皇朝文鑑」、「聖宋文鑑」或鏟去「皇朝」二字，空白不補，或斜補一「宋」字，皆舊板也。明補之葉尚少。天順商輅序。以爲重刻，實則舊版重修也。

又 《唐劉隨州詩集》十一卷，明翻宋本。唐劉長卿撰。每半葉十三行，行二十一字。明弘治有兩刊本，均十一卷。一西蜀李士修知隨州所刊，一餘姚韓明所刊。此本十一卷，末爲文。卷二《送河南元判官赴河南句當苗稅充百官俸錢詩》，不書「句」字，注曰「御名」，是避宋高宗諱「構」嫌名，知此本從宋刻翻雕者。前後無序跋，以紙版度之，當是弘治所刊。

又 《東萊呂太史文集》十五卷，《別集》十六卷，《外集》五卷，《年譜》一卷，宋刊本。宋呂祖謙撰。每半葉十行，行二十字。高六寸八分，廣五寸一分。單邊，白口。上有字數，後有刻工姓名。此書爲成公歿後，其弟祖儉、從子喬年編輯刻之。《文集》凡詩一卷，表疏一卷，奏狀箚子一卷，啓一卷，策問一卷，記、序、銘、贊、辭一卷，題跋一卷，祭文祝文一卷，行狀一卷，墓誌銘四卷，傳一卷，紀事一卷。其庚子辛丑日記後有淳熙壬寅朱子跋，公歿後一年作也。《別集》凡家範六卷，尺牘五卷，讀書雜記四卷，師友問答一卷。《外集》凡策問二卷，宏詞進卷試卷共二卷，詩文拾遺一卷，年譜壙記一卷，餘缺。「貞」、「桓」、「敦」、「廓」減筆。寧宗時刻本。補葉不少，皆下半截，黑口。然觀其字形，猶是宋時補刻。

又 《宋少保右丞相信國公文山傳集》四卷，明刻本。宋文天祥撰。《文丞相傳》一卷，《指南錄》二卷，《吟嘯集》一卷，《附錄》一卷。明洪武閒汝南房玄彙集本，後有「永樂十五年閏五月初吉廬陵縣儒學校正重刊」一行。黑口小字本，後附永樂十八年范陽鄒緝《指南錄後序》，駁《吟嘯集》命名之謬，宣德戊申柯暹《祠堂記》。集已漫漶，二文獨清爽，是宣德以後印本。

又《藝風堂文漫存・辛壬藁》卷三《孟子注疏四卷跋》 宋刊本。止存《公孫丑》上下四卷。每半葉八行，行大十六字，小二十二字，白口，有刻工姓名。「擴」、「廓」皆避諱，知其寧宗時本。佳處「一豪」不作「一毫」，「塞于」不作「塞乎」，「吾聞之：君子不以天下儉其親」，無「也」字，而「泰山」、「惟恐」兩處已同今本矣。字大悅目，紙光玉潔，可寶之至。此本已無章指，可見宋本有無章指者，不盡由於明本脫落也。

又《宋徐公文集跋》 《宋徐公文集》三十卷，徐鉉撰。宋刊本。每半葉十行，行十九字，高七寸二分，寬五寸八分，白口，單邊，口下有刻工姓名，字徑四分。宋刊宋印。藏經箋作面，宋羅紋紙作護葉。字畫清朗，古香

醃醨，誠天壤閒驚人秘笈也。首行「徐公文集卷第一」，次行「東海徐鉉」。每卷有目，連屬篇目。前有天禧元年十一月三司戶部判官朝散大夫行尚書都官員外郎上護軍胡克順《進書表》及宋眞宗答敕，淳化四年秘書郎陳彭年序；末有大中祥符九年太常丞集賢校理晏殊後序及紹興十九年右朝議大夫知明州徐琛跋；《附錄》一卷，則《行狀》及李昉所作《墓志》，李至等所作輓詞、祭文也。【略】此書刊目紹興，而《行狀》一卷字體迥別，疑孝宗朝補刊。

又《滋溪文藁跋》 《滋溪文藁》二十六卷至三十卷。元刊本。每半葉十一行，行二十字，高六寸五分，寬四寸五分，黑口，雙邊，雙魚尾。字大幾及五分，體在歐、趙之閒，乃元刊之至精者。各家書目均傳鈔本，荃孫藏舊鈔本，盧抱經先生朱筆點校，已爲至善。取此校閱一過，訛脫尚多，并有誤疑之處，雖所存止五卷，亦可謂難得之本矣。

又《元音跋》 《元音》明本。半葉十一行，行二十一字，高五寸六分，寬四寸二分，黑口，單邊。前有洪武甲子烏斯道序，稱寧波孫厚理彙輯；又有曾用藏印，稱爲定海張□達所刻。末題「辛巳九月下澣」，而空其年號兩字，「辛巳」爲建文三年，殆以靖難革除，刊削其板，蓋猶明初本也（圖二〇八）。各家著錄皆鈔本，荃孫亦有舊鈔，刊本則初次寓目。每卷前空三行有「翰林院印」，知爲翰林院散出，惜止存半部，後有禮部姚鼐跋。

又《癸甲藁》卷三《大戴禮記跋》 《大戴禮記》十三卷，元刻本。每半葉十行，行二十字，高六寸八分，廣五寸，黑綫口，單邊，上有大小字數，下有「某人刊」，雙魚尾。紙墨均佳。首有元□□挖去「至正」二字。甲午鄭元祐序，後有宋淳熙乙未韓元吉跋。據鄭序，知爲海岱劉庭幹刊，置嘉興郡庠本。攷《大戴禮記》十三卷，漢戴德撰。德爲信都王太傅，見《儒林傳》。書十三卷八十五篇，亡四十七篇，存三十八篇。是書通行者有雅雨堂本，有戴東原校《大典》本，有孔顨軒補注本，有王實齋聘珍解詁本，有汪紉青炤注本，有汪容甫正誤本。舊刻宋有淳熙韓元吉本，元有至正劉庭幹本。宋本不得見，以元至正本爲最，即此本也。

又《樂書跋》 《樂書》二百卷，附《正誤》一卷，宋陳暘撰。宋刊本。每半葉十三行，行二十一字，高六寸六分，廣五寸二分，白口，上有字數。前有慶元庚申楊萬里序，後有慶元己未陳岐跋，林宇沖跋。《正誤》一卷，

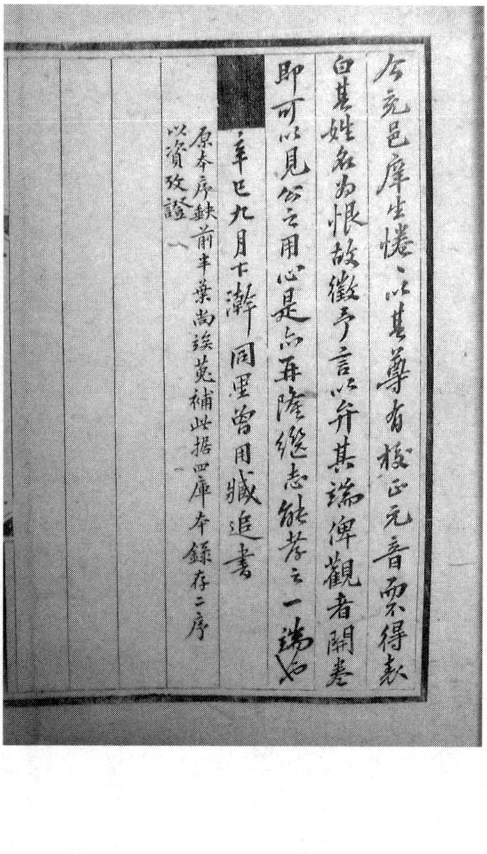

圖二〇八 「辛巳九月下澣」前空兩字，應爲「建文」二字。

樓鑰撰。字尤方勁。嘉泰二年大防自跋，又有陳芾跋，不全與錢警石《曝書雜記》同。按：《樂書》與《禮書》均刻於南宋，歸於南監，元明遞修，以修板之多寡，定書品之高下。有至治刊本，至正刊本，皆此一書。至治有虞集序，至正本改「慶元」爲「至正」，改「陳岐」爲「林光大」，尤爲可哂。此本字畫清爽，亦無一葉補刊，《皕宋樓志》以爲宋刊元印，而林宇沖跋缺字，此本全有之，則印在前矣。

又《方言跋》 《方言》十三卷。宋刊本。每半葉八行，行十七字，高六寸八分，廣四寸三分，板心上有字數，下有人名，白口，雙邊。後有慶元庚申李孟傳、朱質跋兩段，書中避諱至「惇」字，即慶元時刻本。《季滄葦書目》云：「《揚子方言》六卷，四本，牧翁跋。」即此書。

又《史記跋》 《史記》殘本。宋刻三注本。每半葉十行，行二十一字，大小字同，高六寸，廣五寸，小耳，白口，上有大小字數，亦有在下者，口作「史卷幾」，雙魚尾。集解、索隱、三注俱全。各書目未見。書估止攜一冊，不知書後有年月牌子否？也有人謂似元本，爲彭寅翁刊者，此據《愛

日精廬藏書志》。張月霄未記行數、字數，而《經籍訪古志》有之，云是十行十六字至十七八字不等，後有「至元戊子安成彭寅翁新刊」，與此二十一字不同，則非彭本明矣。

又《道德經跋》　《老子道德經古本集注》二卷。宋刊本。每半葉十行，行十七字，高六寸四分，廣五寸四分，白口，單邊，上有字數，下注人名一字。首行「老子道德經古本集注上」，次行「前玉隆萬壽宮掌教南岳壽寧觀長講果山范應元集注直解」。一行。湛然堂無隱齋谷神子范應元後序。書中引晦菴序《參同契》，是范在朱子之後。集各家注，幷有音辨，均以陰文冠之。今《道藏目》不載是書，宋諱亦不甚避，然字畫紙墨爲宋板宋印無疑。

又《南華真經跋》　《南華眞經》十卷，郭象注。宋刊本。每半葉九行，行大十五字，小三十字，高七寸，廣四寸六分，白口，單邊，魚口下以「莊一」至「莊十」紀卷數，下紀葉數、刻工人名一、二字不等。此胡蝶裝改冊，口上大半破損，無跡可尋。無序跋，末葉後有「安仁趙諫議宅刊行」一樣□字兩行。安仁《宋史》有傳，國子監刻《五經正義》，以安仁善楷書，遂奏留之。性嗜書，所得祿賜多出以購善本。《北堂書鈔》三館所無，眞宗命内侍取其家本以傳，喜其好古，手詔褒美。此本各書未見著録，而字畫方整，楮墨精潔，是北宋體格，疑即安仁手書所刻與？内「弘」字、「玄」字避，餘不避，而獨避「愼」字，或爲南宋繙刻歟？未見全帙，不足定準。

又卷四《陶淵明集跋》　《箋注陶淵明集》十卷，題：「廬陵後學李公煥集録。」元刊本。每半葉九行，行十六字，高五寸，寬三寸八分。前有昭明太子序及《總論》一卷。詩六卷，文二卷，《群輔録》二卷。詩文句下略有「箋釋」，閒采東坡、山谷趙泉山、韓子蒼、湯東澗、張縯、胡仔之論附於下。前人以湯注本爲最佳，此本爲最備，而以爲元繙紹興本，然避諱至「廓」字，又采及劉後村、胡漁隱之說，已在南宋之末，似非從紹興本翻雕。至字畫之雋潔，影寫之工整，自是佳書。

又《王臨川集跋》　《臨川王先生文集》一百卷。宋刻本。每半葉十二行，行二十字，高六寸六分，廣五寸五分，白口，單邊。閒有黑綫口，即補板（圖二〇九）。前有紹興辛未王珏謹題。書中「桓」字作「淵聖御名」（圖二一〇），「構」字作「御名」，「愼」、「敦」、「廓」不闕筆，雖有後來修板，而原書尚是紹興舊刻可知。

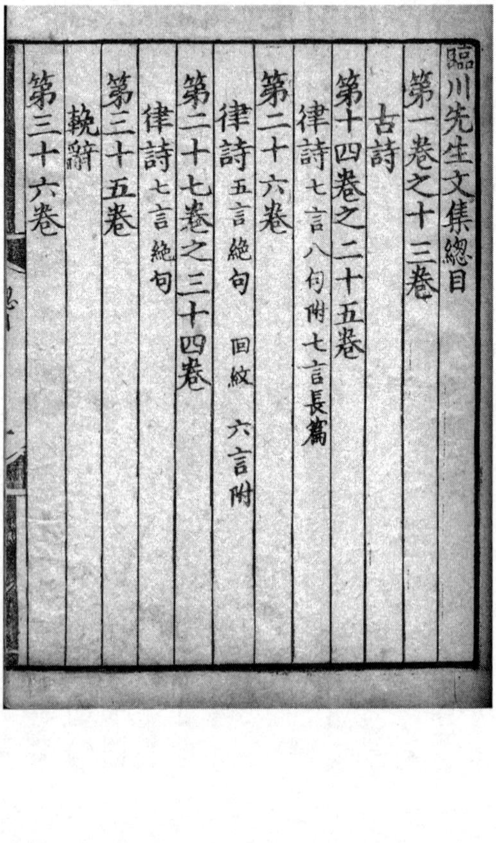
臨川先生文集總目
第一卷之十三卷
古詩
第十四卷之二十五卷
律詩七言八句附七言長篇
第二十六卷
律詩五言絶句　回紋　六言附
第二十七卷之三十四卷
律詩七言絶句
第三十五卷
輓辭
第三十六卷

圖二〇九　閒有黑綫口，即補板。

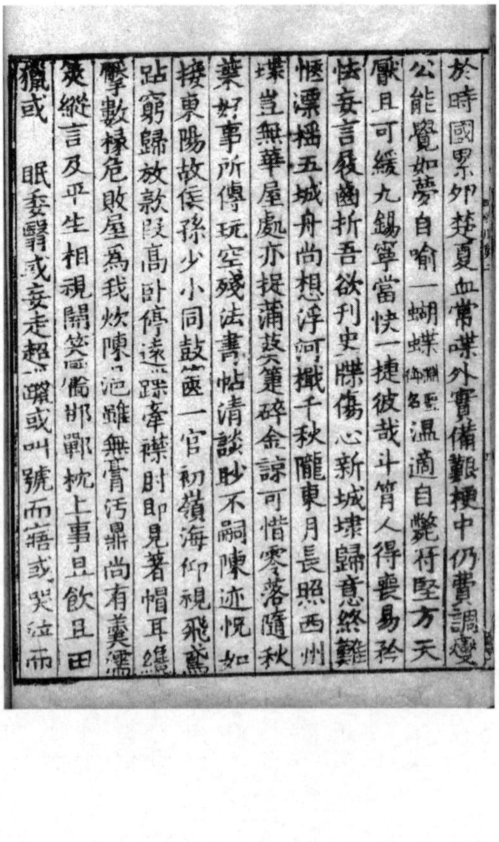
於時國累卵楚夏血常喋外實備艱梗中仍費調燮
公能覺如夢自喻一蝴蝶淵聖御名溫適自斃符堅方夭
歟且可緩九錫寧當快一捷彼哉斗筲人得喪易矜
怯妄言發齒折吾欲刊史牒傷心新城埭歸意終難
愜漂搖五城舟尚想浮河檝千秋隴東月長照西州
埭豈無華屋處亦提蒲葵箑碎金諒可惜零落隨秋
葉好事所傳玩空殘法書帖清談眇不嗣陳迹悅如
接東陽故侯孫少小同鼓篋一官初嶺海仰視飛鳶
跕窮歸放款段高卧停遠蹤牽襟肘即見著帽耳纔
擊數椽危敗屋爲我炊陳泡雖無膏汚鼎尚有羹濡
乘縱言及平生相視闊笑倫邯鄲枕上事且飲且田
獵或　眠委翳或妄走超躑或叫號而嬉或哭泣而

圖二一〇　第二行「桓」字作「淵聖御名」。

又《黄文獻公文集跋》 《黄文獻文集》四十三卷，元黄溍撰。溍字晉卿，婺州義烏人，延祐二年進士，授寧海丞，人爲應奉翰林文字，出爲浙江儒學提舉，致仕。後起爲侍講學士，修國史，久之南還，凡七年而卒，年八十一，謚曰「文獻」。今考公集二十三卷刻於先生殁後五年，此則刊於三山學宫，實成於先生未殁之前二年。前有至正十五年宣城貢師泰序，云「先生《文集》總四十三卷，其《初稾》三卷則未第時作，危素所編；《續稾》四十卷，則皆登第後作，門人王生宋生所編次也。今年已七十有九，康強善飲啖，援筆馳騁，如壯歲」云云。首行題曰「金華黄先生文集第幾」，下題「初稾幾」、「續稾幾」，次行題「臨川危素編，鄱陽劉耳校正」，閒有題「門人編次」者，次行有題「日損齋續稾」者。卷一至卷三爲《初稾》，卷四至四十三爲《續稾》。每葉二十四行，每行二十四字，版心有字數，語涉元帝皆提行，元刊元印本。

又《東維子集跋》 《東維子集》三十一卷，元楊維禎撰。明洪武刻本。每半葉十二行，行二十四字，高六寸七分，寬四寸五分，黑口，雙邊，兩魚尾。按：元鐵崖著作有《鐵崖文集》五卷，元刊本；《鐵崖漫稾》五卷，明洪武十四年謝九疇序本。至《東維子集》各家書目著録皆鈔本，惟《愛日精廬藏書志》有刻本，無序跋，又有鈔本，跋不全，而無年月。荃孫藏舊鈔本跋與《愛日志》同，末有「萬曆十七年乙丑既望」一行，又華亭孫承序，云「洪武初元，石湖吴君欲廣其傳，問序於予」云云，亦無年月。此書刻工、紙墨，的是明初，不得至萬曆也。疑此書與《愛日》本同出洪武，吴刻鈔本出於萬曆所以行款不同歟？

又《乙丁藁》卷四《唐書藝文志跋》 《唐書藝文志》四卷，宋十行十九字本，從南宋閩中魏氏刻《唐書》抽出。高六寸五分，廣四寸三分，黑綫口，單邊，無大小字及刻工姓名。而字畫之勁，紙墨之精，並無補葉，在宋本中亦屬甲等。宋諱「桓」、「朗」、「玄」、「殷」、「廓」、「貞」、「禎」、「徵」、「讓」、「慎」、「胤」、「勗」、「構」、「敬」、「惇」、「敦」作字不成，是理宗時刻本。

又《魏鶴山大全集跋》 《魏鶴山大全集》一百九卷，宋魏了翁撰。宋刻本。每半葉十一行，行二十一字，高七寸三分，廣五寸五分，白口，單邊。首行「重校鶴山先生大全文集卷幾」，或云「卷之幾」，或止數目無「卷之」字。板口詩、牋、表、奏、議、狀、劄、督府奏陳等各類作「詩幾」，「牋奏幾」，補刻作「大全集幾」。葉數每卷自爲起訖，只《周禮折衷》一百四、五兩卷通計。缺十八、十九、三十五、三十六、三十七、三十八、四十三、四十四、四十五、四十六、五十、五十一、五十二、五十三、七十五、七十六、七十七、一百零七、一百零八，共十九卷，爲海内孤本。黄蕘圃所藏，錢辛楣所跋，即此本也。有淳祐己酉吴淵序，吴潛後序，開慶改元游侣序。明嘉靖三年無錫安國活字印本次行署「錫山安國重刊」一行，後有安國跋，知無錫縣暢華後序；又有嘉靖三十年邛州高翀本，卷一有「邛州知州吴鳳、郡後學王葵校正，學正李一陽、訓導周南編次」四行。《四庫》據高本著録，而外閒所流傳者止有安國本。安國本即出於此本，如卷一缺首葉《游古白鶴山》、《和辟秘書紱聞鴉韻》、《和虞永康剛簡》、《滄江鶴再誕雛三題》，安本即從二葉《雅州胥園》起，所脱十九卷并目亦不存，後印入全書，想又從他本補足。此書二十八、二十九并卷，七十二卷《魏府君純甫墓志銘》不完，九十卷《策問》十二葉系一百二卷之脱葉，原本亦有空格，有印本模糊，字爲後人誤改，安本即從其誤，是安本出於此本之的證。

又《夢溪筆談跋》 《夢溪筆談》二十六卷，宋沈括存中撰。【略】是書分十七門：曰故事，曰辨證，曰樂律，曰象數，曰人事，曰官政，曰權智，曰藝文，曰書畫，曰技藝，曰器用，曰神奇，曰異事，曰謬誤，曰譏謔，曰雜志，曰藥議，共二十六。卷首有存中自序，連二目録，後有乾道二年湯修年跋。宋刻本。每半葉十二行，行十八字，高六寸六分，廣四寸八分，黑口，單邊。口上署「筆談幾」，每條首行頂格，次行低二格，語涉宋帝皆空格，而不避宋諱。爲彭文勤公藏本，卷末有文勤公手書四行，定爲宋本。《知聖道齋跋》云，此書的係宋本，避諱字皆合。【略】陸存齋收入《書目》者與此行款同，亦以不避宋諱爲疑，孫淵如則以爲元本，《儀顧堂題跋》另收半葉十一行，而宋諱則謹避。然決是精本，高出馬、毛諸刻萬萬矣。

李希聖《雁影齋題跋》卷一 《宋季三朝政要》元本。每版十三行，行二十二字。卷首有「五硯樓藏印」，白文。蓋袁氏舊物也。又有「粤人吴榮光印」。白文。柳橋觀察宦粤時所得吴氏舊藏不少，此其一也。張孝達尚書督兩廣，嘗從方氏假觀宋元槧本，故卷首有「無競居士」白文、「張之洞審定舊槧精鈔書籍記」、朱文。「萬物過眼即爲我有」朱文。等印。卷一下有「廷檮之印」、「袁氏又愷」。皆朱文。六卷。末有「五硯樓袁氏收藏金石圖書印」。朱

文。末附仁和趙氏跋，云：「荷屋廉使得於閩中，此書傳本極少。《四庫》著錄本闕淳祐七年後五年事，鈔本流傳魚魯之訛觸處皆是。此本完全無缺，亦無訛字。」卷首題：「陳氏餘慶堂刊」，《目錄》末前一行有「皇慶壬子」四字，考「皇慶壬子」，爲元仁宗元年，蓋元刻也。

又《通鑑紀事本末》宋版。每半頁十一行，行十九字。卷首有「菉斐軒藏書記」、白文。「汲古閣印」、朱文。「毛氏珍藏」。白文。又爲王鴻緒、陳玉方、胡薊門所遞藏，卷首有其印記。又有「張之洞審定」、「無競居士」等印。此板明初尚存南雍，故印本流傳不少。此本紙墨確係元印，非明印也。此書在南宋時即有兩本，初刻於嚴陵淳熙元年，楊萬里出守臨漳，過嚴陵，爲序行之。至寶祐時，宗室趙與𥳐以嚴陵版字小且訛，易爲大書重刊，讎校亦精，版藏與𥳐家。至元延祐六年，其孫趙明安售於宣城陳良弼。此本楊趙二序之後有良弼序，蓋宋版而元印者也。

又《文選》六十卷。宋本。每版九行，行十五字。字大如錢，筆畫圓勁，宋本中之精槧也。卷首有「宋本」二字隸書橢圓印，朱文。又有「番禺俞守義藏印」、朱文。「年年歲歲樓珍藏書印」、朱文。「會稽沈氏光烈字君度印」。白文。此書歷經趙承旨、文待詔鑒藏，故卷中有「趙氏子昂印」、朱文。「松雪齋藏書印」、朱文。「停雲生印」、白文。「翰林待詔印」。朱文。目錄有「張之洞審定」、「無競居士」等印。其餘諸印不盡記。書無刻梓年月。每卷後題校對人名，有左從事郎贛州觀察推官、左從政郎贛州州學教授、州學學諭、齋長、齋諭、直學司書、左迪功郎贛州司戶參軍、左迪功郎贛州石城縣尉、左迪功郎新永州零陵縣主簿、左迪功郎新昭州平樂縣尉，皆宋官制也。推官、教授等皆贛州官，是贛州刻本（圖二一一）。其零陵主簿、平樂尉二人，蓋贛州人，新授官者也。書中凡孝宗以上諱皆缺筆，光宗諱「惇」則不缺，是孝宗時所刻也。考尤延之淳熙辛丑刻本跋云：「贛上嘗刻李善注本，往往裁節語句，可恨。」此本亦贛上所刻，並刻五臣注而無刪節，誠善本也。

又《太平惠民和劑方十卷》。宋本。此本得自日本，故無收藏家印記。亦無刊刻年月，但題云：「建安雙璧陳氏留耕書堂刊行。」蓋閩本也。

又《增廣註釋音辨唐柳先生集》四十三卷。宋本。每版十三行，行二十三字。墨色明朗，殆印本之最先者。無收藏家印記。然紙色、墨色，確爲宋本無疑。書賈好僞造收藏家印記，而篆法甚劣，致使古書舊槧爲其點污，最爲可惡。此本獨無之，亦幸事也。《四庫》著錄即此本，雖麻沙坊刊，然勝於明刊本萬萬矣。

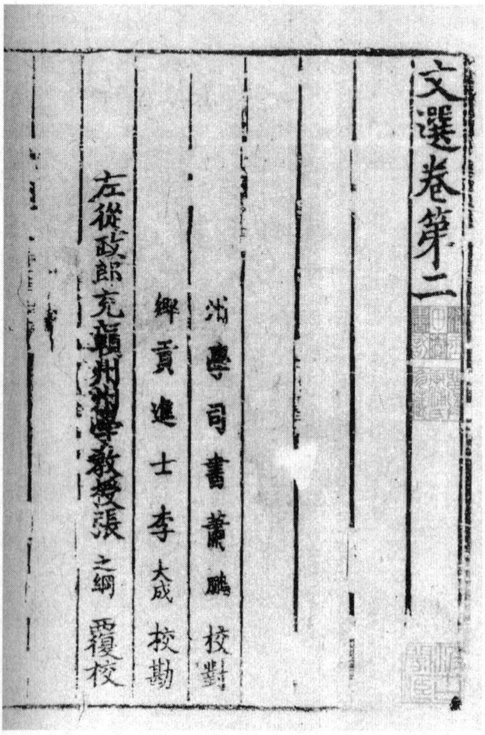

圖二一一　按其官者，爲贛州刻本。

又《唐人萬首絕句》。宋本。此紹熙刊本也。自四十五卷後皆闕，前有洪文敏原序一首，自「寘諸復古殿」以下亦闕，書賈補綴，增一「云時」二字，即接「紹熙元年」云云，而彌縫無跡，亦善於欺人矣。查《萬首絕句》在宋時即有三本，一本一百卷，一本一百一卷。一百卷者爲文敏所自刊，半刻於會稽，半刻於鄱陽，一百一卷者爲汪綱守越時刊，合鄱陽、會稽本而併刻之者也。原本五六言，共二十五卷，汪本則分出六言爲一卷，故多一卷。汪本明時有翻本，曾入《天祿琳瑯》。又有吳格重修之本，則僅會稽初刻之一半。據文敏自題云：「越府所刻七言至二十六卷，五言至二十卷」，此本正四十六卷，則汪舍人修補越府所刻之一半印行之本也。曹氏《楝亭書目》有《萬首絕句》，下注「四十卷」，殆不全之本也。自嘉定辛亥至今幾千年，在洪、汪二本之間別爲一本，爲從來談版本者所未見。自明以來，洪氏全本已不可見，《四庫》著錄本僅九十一卷，已佚其九卷矣。明翻宋本僅七十一卷，而訛謬百

出。余將一卷首篇杜詩略一讎校，「不知醉裏風吹盡」，「知」訛作「如」；《漫與九首》，「與」訛作「興」，而此本不誤，足見舊槧之可貴。卷首有「玉蘭堂印」、朱文，每册皆有。「吳寬印」朱文、「匏翁印」，白文二印，每册皆有。歷經長洲文氏及吳文定所鑒藏，雖不全之本，亦可寶也。書用綿紙，神采奕然，殆宋本之初印者。

又《甲申雜記》。宋本。每版十行，行十九字。吳氏筠清館舊藏也。墨光如漆，蓋宋本之初印者。第四條述阿李國事，末言「鍾傳坐冒賞貶，遂復成其議。」「復」字下空格，注「御名」，以文義求之，當是「構」字（圖二一二）。「構」乃高宗名，此書無刊刻年月，當是建炎、紹興間刊本也。

又《聞見近録》。宋本。每版十行，行十九字，亦筠清館舊藏也。其中「揚州后土廟」一條中云：「宋丞相構亭花側，曰『無雙』」，「構」字空格，注「御名」二字，殆亦建炎、紹興間刻本也。

又卷二《記纂淵海》二百卷。考《四庫》著録，此書僅一百卷，乃明

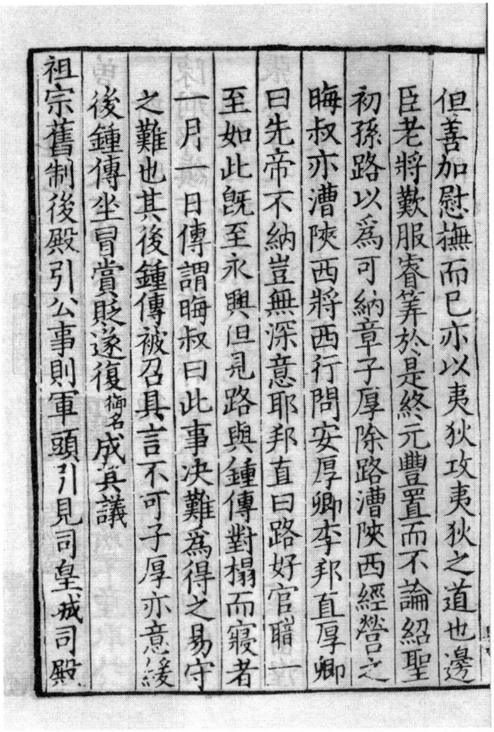
但善加慰撫而已亦以夷狄攻夷狄之道也邊
臣老將數服膺筭於是終元豐置而不論紹聖
初孫路以爲可納章子厚除路漕陝西經營之
晦叔亦漕陝西將西行問安厚卿李邦直厚卿
曰先帝不納豈無深意耶邦直曰路好官職一
至如此既至永興但見路與鍾傳對榻而寢者
一月一日傳謂晦叔曰此事決難爲得之易守
之難也其後鍾傳被召具言不可子厚亦意緩
後鍾傳坐冒賞貶遂復御名成其議
祖宗舊制後殿引公事則軍頭引見司皇城司殿

圖二一二　第九行「復」下注「御名」，按文義，應爲「構」字。

萬曆己卯大名知府王嘉賓刊並有刪改，非潘氏原本也。焦弱侯《國史經籍志》及《内閣書目》卷數相同。葉氏《菉竹堂書目》葉氏原本，非伍氏所刻之僞本。不記卷數。陸氏十萬卷樓所藏亦一百卷。惟高儒《百川書志》、黄氏《千頃堂書目》、范氏《天一閣書目》、《季滄葦書目》本皆一百九十五卷。天一閣係鈔本。陳徵芝《帶經堂書目》本一百九十五卷，從范氏本傳鈔。盧抱經《補宋史藝文志》亦作一百九十五卷，而云「今本一百卷」，則亦未見其書。此本爲卷二百，多於《四庫》所藏者一倍，較范氏鈔本亦多五卷，蓋非常之秘笈也。每版七行，雙行。行十三字。惟十三卷起至十五卷夾縫上下題：「弘治歲在昭陽大淵獻會通館活字銅板印」，二十八卷一頁、五頁、三十五卷二、七、八、十、十二頁，三十六卷二、六、九、十二、十三、四、五、八頁，三十七卷五頁，三十八卷一、三、四頁，四十卷一頁。蓋明時所補也。《竹汀日記》鈔有《容齋五筆》，弘治八年錫山華煜序，板心有「會通館活字銅板印」八字，亦見《養新録》。余以方氏所藏百卷本對校之，百卷本第一卷爲混元部、五行部，此本則以論議部居首。知《四庫》本爲王嘉賓所移改刪節，眞所謂刊刻之功，不贖其竄亂之罪者矣。考《浙江采進遺書總録》，范氏藏本實經進呈，當時館臣倉猝成書，未及詳核，故著王刊本而遺此本。《遺書總録》謂天一閣本書尾有「泰定乙丑圓沙書院刊行」，而此本無之，核其紙墨，當是宋本，而會通館所補之版殆即據泰定本也。惟《天一閣書目》載潘自牧嘉定己巳自序，云「凡爲部二十有二，爲門一千二百四十有六，合二百三十六卷，總八十萬言」，較此本又多三十六卷。此本無潘氏自序，又無目録，僅二十一部，蓋即潘氏原本，書賈嫌其不全，故並去之。然實爲海内孤本，未可以其不全而輕之也。

又《古今源流至論别集》十卷。宋本。每半葉十三行，行二十七字。卷首題：「新刊箋註決科古今源流至論」。其書蓋備科場之用，首篇即論《朱子綱目》褒貶之意，繼論周子《通書》、朱子《四書》，而以「誠」字、「復」字别爲一篇，其於洛、閩緒言抄摘亦頗得要領。【略】此本紙墨甚古，然譌字頗多，如「傳堯俞」至譌爲「渝傳堯」，蓋當時麻沙坊本也。

又《白虎通德論》十卷。元本。據周廣業云：《白虎通德論》本二書，原題如是，姑仍之。每半葉十行，行十六字。前有大德九年四月朔日張楷及望日嚴度序，即其時所刊也。據盧抱經云：「《白虎通》以吳槎客小字宋本爲最善，

大德本次之，其佳處往往與小字本合，視明代傅鑰、吳琯、何允中、程榮、胡文煥本勝處實多。」此本「三正」作「三政」，「三綱六紀」分作二條，皆與盧氏所言脗合。按王鳴盛《尚書後案》：據訛本《白虎通》引《書·無逸篇》，曰「厥兆天子爵」爲《書·無逸篇》之佚文，謂其家所藏宋本《白虎通》如是。考此本但作《書·逸篇》無「無」字，則王光祿所據蓋明本也。宋翔鳳《序鐵琴銅劍樓書目》亦謂宋板大字、小字二本及元大德本均作《書·逸篇》，可見此本之善矣。據王西莊《蛾術編》「白虎通義」一條言，其所藏者爲元大德九年東平張楷刻。

又《韓非子》二十卷。明本。前後無序跋，刊刻年月無考。惟第四冊首行下有「虧四」二字，殊不可解考。《士禮居藏書題跋記》云：「去年在坊間購得明刻《韓非子》，取所校張本核之，多合，固知其爲善本也。然究未知其本之何自出，爰假貞節堂袁氏所藏《道藏》本手校一過，見卷中有同卷字，又有『虧四』記也，乃知亦自《道藏》本出。」此本與黃蕘圃所藏本同，蓋明重刻《道藏》本，號按《道藏》以千字文記冊數。此書四冊，當自虧一至四。今惟存「虧四」二字矣。

又卷三《儀禮》十七卷。明繙宋本。每半葉八行，行十七字。卷首有「佐伯文庫」印，蓋得自日本。據海寧陳仲魚《經籍跋文》云，相傳爲明嘉靖中徐氏繙刻宋本《三禮》，此其一也。顧千里跋黃蕘圃嚴州本《儀禮》，引《日知錄》云《十三經》中《儀禮》脫誤尤多，《士昏禮》脫「壻授綏」云云一節十四字，賴有長安石經據補而其註疏遂亡，又言《鄉射》脫「士鹿中」云云七字，《士虞》脫「哭止」云云七字，《特牲》脫「舉觶者祭」云云十一字，《少牢》脫「以授尸」云云七字，以爲此秦火之未亡而亡於監刻。今各條固儼然具在也，遂以爲希世之珍。此本「敬」字缺筆，「徵」、「讓」等字不避，蓋天聖以前刻本。顧氏所舉經註脫文一一皆在，雖係繙刻，而其原則在嚴本之前。紙墨絕精，猶係當時初印，固當與宋本同其寶貴也。

又《文選》六十卷。元本。每半葉十行，行二十二字。前有昭明太子序及李善《進文選表》，呂延祚《進五臣集註表》。每卷標題於李善註上，次行有「奉政大夫同知池州路總管府事張伯顏助率重刊」，皆與《天祿琳瑯書目》所言脗合。【略】考蔣生沐《東湖叢記》載陳仲魚《元本文選跋》云：「凡六十卷，目一卷。每葉二十行，行二十一字。每卷首題『奉政大夫同知池州路總管府事張伯顏助率重刊』。惟不列年月，然余定爲延祐本。錢遵王《讀書敏求記》云：『善註有張伯顏重刊元版，不及宋版遠甚。』以余所聞，中吳藏書家所有宋版已多不全，似未若斯之完善，復借鈕君非石所藏元版校之，惟末卷後鈕本無『監造路吏劉晉英郡人葉誠』十一字，此已剝蝕，其行欵、字畫纖毫畢合，或云明萬曆間金臺汪諒所刊，未必然也。爰繙一過，始知汲古本所脫者如《上林賦》脫標『郭璞註』，《思元賦》脫『爛漫麗靡』、『藐以迭逷』二句並註，陸士衡《答賈長淵詩》脫『魯公戾止，衮服委蛇』二句並註，曹子建《箜篌引》脫『百年忽我遺，生在華屋處』二句，鮑明遠《放歌行》脫『今君有何疾，臨路獨遲回』二句，《七發》脫自『太子有悅色』至『然而有起色矣』二段，共十九行並註，《宣德皇后令》脫標『任彥昇』三字，曹子建《求通親親表》脫有『不蒙施之物』一句。若斯之類，遽數難終。惟《封禪文》脫『上帝垂恩儲祉，將以慶成二句』，元刊已脫，又如《西都賦》註引『三倉』誤作『王倉』，《閒居賦》註引韋、孟詩，誤作安革猛詩，元刊亦然，汲古本蓋仍其誤而何義門亦不能校正。」云云。以陳氏所言考之，此本惟《上林賦》脫「標郭璞註」，餘皆不脫。《封禪文》所脫及《西都賦》、《閒居賦》誤字亦同。據卷首余璉序「大德九祀越十有三載，再明年又未幾」計之，當刻於英宗至治初。陳本行二十一字，故數《七發》所脫爲十九行，此本則十八行，陳本有卷末監造一行，即《天祿琳瑯·後目》所載之本，與此截然爲二明。弘治元年唐藩重繙此本，行欵字數纖悉皆同，但紙墨略新耳。《文選》自《書錄解題》有六臣之本而單行李註世遂罕傳，近世所通行之本惟汲古閣本耳。然《四庫提要》謂汲古本陸雲《贈當作「荅」，《題要》字誤。兄機詩》註中有「向曰」一條，「濟曰」一條，又《贈張士然詩》註中有「翰曰」、「銑曰」、「濟曰」、「向曰」各一條，及左思《魏都賦》本張載註，乃俱題劉淵，林名《羽獵賦》用顏師古註，則竟漏本名，《幽通賦》用曹大家註，則散標句下。又《文選》之例於作者皆書其字，而杜預《春秋傳序》則獨題名上。十七卷末附載樂府《君子行》一篇，註曰：「李善本古詞只三首，無此一篇，五臣本有。」以爲毛氏因六臣之本削去五臣，獨留善註，故刪除不盡，未必眞見單行本也。此本亦雜入五臣註，其他諸條與《提要》所謂舛互者均合，蓋已非崇賢原本，然則毛氏所稱從宋本校正者其言當亦不誣，《提要》疑爲毛氏所排纂，蓋館臣未見此本，故坐毛氏以贋古之罪耳。

又《宋史》四百九十六卷。元本。每半葉十行，行二十字。前有阿魯圖等表及修史提調官等銜名，後有至正六年中書省咨浙江等處行中書省文，云：「精選高手人匠依式鏤板，不致差訛。所用工物，本省貢士莊錢內應付，如果不敷，不以北監本作拘。是何錢內放支，年終照算。仍禁約合屬毋得因而一概動擾違錯。工畢，用上色高紙印造一百部，裝潢完備，差官赴都解納外，合行移咨須至咨北監本誤盜。者。」此本每葉均有刊寫人姓名，而紙墨甚精，尚是當時官本。

又《歐陽文忠公文集》一百五十三卷，附錄五卷。元本。每半葉十行，行二十字。此本爲周益公所編定者，即《四庫》著錄本也。然《提要》謂無曾三異編校姓名，此本亦無之。考明天順時所刻本，行欵字數與此悉符，似即從此本繙出者。

又《精選東萊先生左氏博議句解》八卷。宋本。每半葉十行，行二十一字。觀其標題、板式，蓋閩中麻沙坊所刊也。【略】此本僅八卷，又出諸本之外，蓋宋自熙寧後改用策論取士，此書實爲揣磨應試之資，而坊賈亦視爲射利取贏之計，故刻本紛如亂麻，不可究詰，而呂氏原書世久不見。全本近人胡月樵刻入《全華叢書》者乃足本也，此本刪節過甚，其註亦陋略無足觀，不過以其爲南宋舊刻而錄之耳。

又卷四《袖珍方》四卷。前有洪武二十四年八月望日序，又有永樂十三年乙未季秋月序，言「數年以來印板模糊，今令良醫等復校訂正刊行於世。」蓋洪武先有刊板，至永樂時又重刊也。此本卷尾有「皇明弘治壬子仲春楊氏清江書堂重刊」，蓋不及百年已三易板矣。

又《元文類》七十卷，《目錄》三卷。元本。每半葉十行，行十九字。前有元統二年四月戊午鄭王理及五月五日陳旅二序。觀其卷首文移，乃西湖書院刊本。

又《通鑑續編》二十四卷，元本。陳桱撰。每半葉九行，行二十二字。前有至正二十一年周伯琦、至正十八年陳基諸人序。桱本元人，入明爲翰林編修，以附楊憲遷待制。《四庫提要》改稱明人，爲得其實。然此書則實在元時所刊，不得以其爲明人而疑之耳。

又《元風雅》十二卷。鈔本。《前集》六卷，傅習所采集；《後集》六卷，孫存吾所續輯也。此書《四庫》著錄作二十四卷，然《提要》稱《前集》首劉因，凡一百十四家；《後集》首鄧文原，凡一百六十六家。此本目錄、家數皆同，殆《四庫》本析每卷爲二，其實一本也。卷首有「知不足齋」諸印及「蔣維基印」。凡遇當時應檯寫之處皆一一檯寫，蓋從元刻本影鈔者。錢竹汀《補元史藝文志》亦稱「《元詩前集》六卷，傅習采集；孫存吾編類；《元詩後集》六卷，孫存吾編。」是錢氏所見本亦祇十二卷，必元本如此也。

葉德輝《郋園讀書志》卷一《尚書釋天》六卷，於乾隆甲午三十年兩刻之。一刻於廣東秀水，門人李大翰主其事；一刻於山東濟寧，門人劉鳳翥主其事。皆據手定稿本付刻者也。兩本余並蓄之，字句間有增省，大體全同。此爲廣東刻本，不載刻書年月，以山東刻本劉鳳翥跋云：開雕未半，得李子冠翼大翰嶺南來書云「已刊於羊城」之語知之。字體秀健，雅近小歐，當日刻工之精，亦勝於今日倍蓰。此由承平時物力豐阜，百事精研，故能游刃有餘，神采奕奕。百年以後，文物凋零，世謂刻工惡劣，無若廣東，豈知當時固有此精槧本耶？

又《韓詩外傳》十卷，明沈與文野竹齋刻本。宋本外，此爲第一善本。不知孫星衍《孫祠書目》箸錄，其《平津館鑒藏書籍記》誤以爲元至正本。不知沈固明人也。同時吳中蘇獻可通津草堂刻此書，行、字與此相同，流傳頗少，海內藏書家惟見於仁和朱氏《結一廬》、錢唐丁氏《善本書室》兩目。丁氏所藏已歸江南圖書館。曩曾取蘇、沈兩本相校，乃知沈本即蘇氏原版，蓋沈得蘇版，於印行時補刻「亞」形木牌記於序後。今沈本較蘇本爲多者，以其印行在後故也。《丁目》誤以通津草堂屬之沈氏，實不知版刻一而人則二，然亦見丁氏固審定爲一刻本矣。此書自明程榮《漢魏叢書》、毛晉《津逮秘書》相繼重刻，後均不免小有訛誤。乾嘉中趙懷玉、周廷寀先後校刻，號稱精善，惟據他書攙校句文，不免隔斷文氣。盧抱經及孫淵如早年校刻之書均同有此病，顧千里、黃蕘圃兩家則無是也。此本字大悅目，前有元至正十五年錢維善序，知其源出宋本，遠有端倪，故曆來藏書家皆珍爲秘笈。張文襄《書目答問》謂通津草堂、《津逮秘書》、《學津討原》諸本遜於趙、周二本，是不知通津草堂爲諸刻祖本，彼殆未晰其源流耳。書貴原刻，讀者寶之。

又《詩緝》三十六卷，宋嚴粲撰，明刻本。無年月，版心上有「味經

堂」三字，每半葉九行，行十八字，小字雙行，字數同。以版式字體論，蓋嘉靖時刻也。

又《六家詩名物疏》五十五卷，《提要》三卷。明萬曆間刻本。《六家詩名物疏》五十五卷《提要》三卷，明馮應京撰。六家者，齊、魯、韓、毛傳，鄭箋，朱傳也。然毛、鄭一家之學，何爲歧而二之，是亦不考經學師傳而强爲之分析矣。然其中徵引古書，甚爲賅博，且語有根據，不類宋元人經解，專務空談，在明人說詩之書，足與朱謀㙔《詩故》一編齊驅並駕，非豐坊、季本之流謬撰僞書，託名古本，所可同日語也。【略】前有南京吏部侍郎葉向高序，不紀年歲（圖二一三）。考陳鼎《東林列傳・葉向高傳》：「二十五年，以左春坊、左中允典試南京，明年，陞右庶子兼侍讀掌坊，事既，陞南京禮部右侍郎，再轉吏部。」則此書之刻，當在萬曆二十六七年矣。然雖刻在萬曆年間，字體尚有嘉靖遺意。每半葉九行，行十九字。上闌匡載有音釋，下横隔單線，再刻正文，不免坊本習氣。蓋此等版式沿於南宋末年巾箱本書久矣。

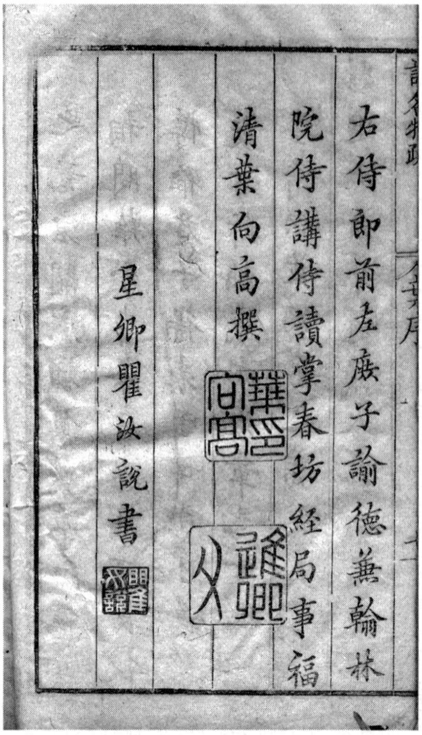

圖二一三　前有葉向高序。

又《三家詩稿》。二冊阮元手稿本。《三家詩稿》原係散紙一束，見之都門隆福寺地攤。因首有「阮伯元父」四字朱文篆書方印，余頗留意，知其非尋常破紙也，因購歸。於鐙下清檢，乃知爲阮文達元手輯《三家詩異文》之手稿。自首至末，一一完全。因檢《文達文集》及其弟亨《瀛舟筆談》，公子福、門人張鑑所撰《雷塘盦弟子記》，尋覽一遍，均不言何時公輯有是書；而陳壽祺《三家詩遺說》考其撰述次第，多與此稿本同。壽祺爲文達嘉慶己未會試總裁所得士，淵源具在，是固有所受之意。其書爲文達晚年所輯，未可知也。後檢稿中所據《列女傳》引詩，多與他書異，而與宋繪圖本相合，據公子福重刻《繪圖列女傳跋》云：「是書嘉慶庚辰轉入吾家。」以《弟子記》考之，文達是年五十七歲，則余以爲文達晚年所輯者，信有明證矣。三家之中，魯詩最多，因西漢詩家以申公爲老師，諸儒所習所傳，大抵魯詩家說，陳壽祺《魯詩遺說考・敘錄》推論至詳，固可信也。此稿吾友儀徵李洛才大令智儔取付梓人，以寓景仰鄉賢之意，余恐其流傳未廣也，又刻入《觀古堂叢書》，此則以其手澤所遺，彌足珍襲耳。

又卷二《春秋左傳集解》三十卷。明仿宋岳珂相臺本。乾隆四十八年純廟命以內府舊藏宋岳本五經模刊，頒行各直省，許地方官及搢紳之家翻雕，故岳本《五經》遂遍行天下，惟《五經》中《易》、《書》、《詩》、《禮》四經爲明晉府故物，本缺《左氏春秋》，刻時以季振宜藏宋本《左傳》足成之，然字畫略瘦，與前四經不同。余頗疑從明仿宋本出，非眞宋本，但以無他確證，懷疑久之。明時岳本《九經》、《三傳》皆有翻刻，不止《五經》，《左傳》亦其一也。從子巁甫得此明翻岳本《左傳》，取校內府刻本，行款、字體一一相同，乃知余前疑其出自明翻本者，鑒別頗不謬矣。

又《說文注鈔跋》二冊。桂馥手書本。桂未谷先生手鈔《說文段氏注》眞蹟，計上冊九十二紙，下冊六十紙，注下按語訂正段誤甚多，與所作《義證》之例不同，審其字蹟，知爲《義證》未成以前鈔錄備檢之冊。段書刻成於嘉慶癸酉，其時北省得之不易，故先生鈔此以待參稽，足見前人好學之勤，亦吾輩所不及也。余昔於山東泰安書鋪見先生手札三十餘紙，字蹟與此同。

又《宋王厚之復齋鐘鼎款識》。一冊。嘉慶七年阮氏積古齋刻宋冊本。《阮刻王復齋鐘鼎款識》一冊，道光中漢陽葉志詵重刻本。後跋稱原冊燬於火，并版片失之。近年杭城書市有新印本，籤題「阮刻王復齋鐘鼎款識」，版藏上虞某氏，余取阮刻後印者對校，乃知近日新印爲洗版修補之本，書中題字、

圖記及款識、花紋、墨點、缺字、缺筆，絲毫無異，惟字經洗剔，不及原印之豐腴耳。原印最後者第十一葉「周廡城二鼎」下查慎行案語「恐非」之「恐」字已模胡，修本誤改爲「思」，第三十五葉「是日長洲蔣杲同閱」一行，修本「杲」誤爲「臬」，「同」誤爲「司」，皆以原版字畫不明，致有此謬。即此二事，足證新印之尚出舊版。葉稱幷版片失之，當是彼時爲人竊藏，東南兵燹後，又展轉沈晦，如《漢學堂》、《汗筠齋》等叢書之類，版固無恙，而顯晦有時也。此本原刻初印，無仿古雅，葉刻所不及也。

又卷三 《漢書》一百卷，内紀、表、志、傳中分卷，實一百三十卷。明德藩最樂軒刻無注本。每半葉十行，行二十一字，版心上有「德藩最樂軒」五字（圖二一四），下有刻工姓名。其刻工有與嘉靖十三年徐焴刻《唐文粹》同者，則是明嘉靖時刻矣。明時各藩府皆喜刻書，德藩所刻僅止此種，且自來藏書家皆未寓目，故官私書目均不載之。取明南監本、汪文盛本、汲古閣本及乾隆中武英殿刻本互相參校，文字頗有異同。

又 《吳越春秋》十卷。明刻元本。明重刊元大德丙午紹興路儒學刻徐天祐音注《吳越春秋》十卷，半葉九行，行十七字，小字雙行字數同。與大德九年乙巳刻《白虎通德論》，十一年丁未刻《風俗通義》行、字一一相同，是明刻書中慎守先民榘矱者。《四庫全書總目·史部·載記》著録爲兵部侍郎紀昀家藏，據《提要》所稱刊刻年月、校勘官銜，當即此本。《天祿琳琅書目續編·宋版·史部》載有此書，係改大德丙午爲紹興丙午，僞充宋本。不知紹興不值丙午，徐天祐乃南宋末人，音注成於元時，距紹興年月懸遠，編撰諸臣不加詳審，殊爲疏陋之至矣；況案語云題識及後銜此本已佚，則是明明作僞者彌縫隙罅，先行抽去，使閱者少一左證。乃云《總目》據元大德十年丙午重刊本，未窺中秘宋槧，何其信僞本之深耶？此本藏書家多誤以爲元刻，孫星衍《平津館鑒藏書籍記·元版》内載有兩本，前一本行、字與此同，後一本爲半葉九行，行十八字，前本莫友芝《郘亭知見傳本書目》、丁丙《善本書室藏書志》均有之，皆信以爲元本，不知其爲明重刊本。張金吾《愛日精廬藏書志》有明初重刻本，未詳何時何人所刻。若孫氏《鑒藏書籍記》所載兩元本，其行、字與此本同者，可斷其爲明刻本，其行十八字者，則是眞元本也。元本、明本之分，以陸心源《儀顧堂題跋》參證《孫記》，更爲了然。《陸跋》云：「元版每頁十八行，每行十八字，小字雙行，行二十六、七字不等。版心分上、下兩卷。」與《孫記》後一本款式行字同。《孫記》仍稱十卷者，以上、下兩卷仍分子卷故也。陸又云：「明覆本款式及卷末題名同，惟每頁十六行，每行十七字，版心分十卷。」陸氏雖未詳覆本年月及刻者姓名，以其行、字推之，蓋萬曆丙戌武林馮念祖重刻元本也。馮本目録後有長方匡記云「萬曆丙戌之秋武林馮念祖重梓於龍臥山房」，後其版轉鬻於同鄉楊爾曾，楊改匡記云「萬曆辛丑之秋武林楊爾曾重梓於龍臥山房」，但改甲子姓名，餘各仍舊。此兩本余與從子嘯甫各藏其一，今以此本較之，誠不免小巫見大巫矣。宋本以嘉定甲申汪綱與《越絕書》合刻，有丁黻跋者爲最佳。瞿鏞《鐵琴銅劍樓藏書志》載有顧澗薲以明本校宋者，云「每半葉九行，行十八字」，又有元刊本，云明宏治間鄺璠所刻，即依此本。余案：鄺刻罕見，盧抱經文弨校此書，曾借常州莊葆琛所藏明弘治十四年巡按哀經大倫授吳縣令鄺廷瑞重刻大德本，即其本也。元本前有徐氏補注三頁，此本亦有之，他本則否。蔣光煦《斠補隅録》有校記録此三頁，蔣據者，《古今逸史》本，以影宋本及明翻元大德本校，又云：「宋本每半葉九

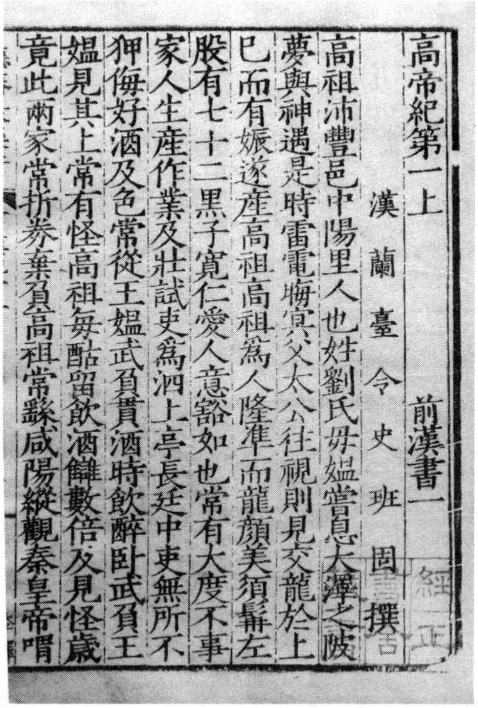
高帝紀第一上　　前漢書一
漢　蘭　臺　令　史　班　固　撰
高祖沛豐邑中陽里人也姓劉氏母媪嘗息大澤之陂
夢與神遇是時雷電晦冥父太公往視則見交龍於上
已而有娠遂產高祖高祖爲人隆準而龍顏美須髯左
股有七十二黑子寬仁愛人意豁如也常有大度不事
家人生產作業及壯試吏爲泗上亭長廷中吏無所不
狎侮好酒及色常從王媪武負貰酒時飲醉臥武負王
媪見其上常有怪高祖每酤留飲酒讎數倍及見怪歲
竟此兩家常折券棄責高祖常繇咸陽縱觀秦皇帝喟

圖二一四　版心上鐫「德藩最樂軒」。

行，行十八字，無注。」然案蔣校引宋本，間亦有注，不知出於何人。若徐天祐音注成於大德丙午，即刻於大德丙午，是可斷其必無宋本。《天祿琳琅續編》乃有宋版徐天祐音註本，豈非大笑柄乎？余因此悟江陰繆筱珊學丞荃孫《藝風堂藏書記》載有元大德九年刻九行十七字本《白虎通德論》及《瞿志》所藏元大德丁未刻九行十七字本《風俗通義》，皆與此書同時，前後二三年中所刻，非元刻也，元刻當亦是九行十八字。繆、瞿二家之書，余皆親閱其書，紙料、墨色、印工、字體與此書全無差別，是此書爲明刊元本，彼二書亦必明刊元本。明刻自足珍貴，又何必強欲躋之元刻，自欺以欺人耶？蔣校明翻元大德本即是上、下兩卷本，兩卷仍分子卷，《斠補隅錄》全引其書，可以覆案，然則《孫記》所稱十卷者，確是兩卷，而《陸跋》所稱兩卷，得蔣校益可證實，其説不待目見十七字、十八字兩本互相勘驗而始無疑義也。從子定侯獲得此書，因爲之跋其後。

又一部明萬曆丙戌馮念祖重刊元大德丙午徐天祐注本。《吳越春秋》十卷，明馮念祖刻本。目錄後有長方木牌記，字三行，云：「萬曆丙戌之秋武林馮念祖重梓於龍臥山房。」卷十後有字七行，其一云：「大德十年歲在丙午三月音註。」其二云：「越六月書成，刊版，十二月畢工。」其三云：「前文林郎國子監書庫官徐天祐音註。」此行較前二行高二字。其四云：「紹興路儒學學錄留聖。」其五云：「紹興路儒學學正陳昺伯。」其六云：「紹興路儒學教授梁相。」以上三行較前一二兩行低一字。其七云：「正議大夫紹興總管提調學校官劉克昌。」此行頂格，蓋從元刻舊式也。然元本每半葉九行，每行大字十八字，小字二十六七字不等，此則每半葉八行，每行大小字均十七字，元版版心分上、下二冊，此則分十卷，蓋不過從元本重刻，非模刻也。明刻又有弘治十四年吳縣令鄺廷瑞刻元大德本，亦九行，行字大小均十八字，板心上、下亦改十卷。《四庫全書總目・史部・載記》箸錄十卷，《提要》以爲大德十年丙午所刊，但既云十卷，恐是依鄺本入錄，非眞元本也。此本後以版歸於楊姓，前木牌記改「丙戌」爲「辛丑」，「馮念祖」爲「楊爾曾」，余先所得者即楊本也。

又一部明萬曆辛丑楊爾曾刻本。《吳越春秋》十卷，明程榮《漢魏叢書》，吳琯《古今逸史》皆有其書，作六卷。吳壽暘《拜經樓藏書題跋記》二云：「右《漢魏叢書》中《吳越春秋》六卷，先子從元刻補鈔目錄幷徐天祐補註九條，後有大德十年校刊姓氏。題後云『《吳越春秋》十卷本，元徐天祐音註，刻《漢魏叢書》者削去天祐之名，又幷其卷爲六，盡失本來面目。明人刻書往往如此，可歎也。茲從元刻《吳越春秋》補鈔序目，附釘於前，而大德年中校勘諸人姓名、官閥亦附錄於後，庶使讀者知舊本之可貴』云。」曩讀《吳記》，恨不得見元刻，或吳校一證其異同，今得此本，雖非元刻，然係萬曆辛丑楊爾曾重刊本，仍十卷之舊，前刻序目，後列校刻人官銜，與《吳記》一一符合，固亦善本也。每半葉八行，每行大小十七字，取校余舊藏程、吳兩刻本，誠有如《吳記》所云盡失本來面目者。明人刻書如程、如吳，尚爲世所稱善，而亦謬妄如此，是明版書可信者少矣。從子孏甫近得明萬曆丙戌馮念祖重刊元本取校此本，乃知馮本即係此版初印，馮本目錄後有長方匡記云「萬曆丙戌之秋，武林馮念祖重梓於臥龍山房」，此本長方匡記仍舊，惟改「丙戌」爲「辛丑」，「馮念祖」爲「楊爾曾」，同一刻版，疑馮版日久未印，轉售其版於楊，故藏書家多知爲楊，不知爲馮也。馮本白綿紙印，書本極寬大，墨色極濃厚，此本則遜之遠矣。

又 又一部明嘉靖丁未陳塏刻本。《越絕書》十五卷，明嘉靖丁未餘姚陳塏刻本，前有自序，後錄無名氏跋，宋紹興庚辰七月望日東徐丁黼書，嘉定甲申八月旦日新安汪綱書，正德己巳三月甲辰南京兵部主事吳人都穆記，無年月，成都楊盛跋。每半葉十行，行二十二字。陸心源《儀顧堂續跋》有明仿宋汪綱本，云：「前有嘉靖二十四年田汝成序，後有無名氏跋，東徐丁黼跋，新安汪綱跋，都穆跋，每葉十八行，每行十六字。正德己巳吉水劉恆字以貞者，知吳縣，以都穆家藏本重刻於吳，田汝成爲之序，常熟瞿氏以爲田汝成刻者，蓋未細繹都跋耳。」案陸氏此跋，殊未明晰，都穆跋劉刻此書時在正德己巳，至嘉靖二十四年，相距三十六年之久，何待田汝成爲之序，蓋田序者乃重刻劉本耳。常熟瞿氏《鐵琴銅劍樓藏書目錄》載有明刊本，不詳明刊年月，有無名氏跋及丁黼、汪綱跋，但稱爲明刊本，無行字可考，然無以爲田汝成刻語，不知陸氏何以誤記，而不一檢《瞿目》也。此本諸家書目未載，亦明刻中罕見之本。

又卷五《鹽鐵論》十卷。明弘治十四年涂禎仿宋刻本。莫友芝《宋元舊本書經眼錄》載有宋本《鹽鐵論》十卷，云：「每半葉九行，每行十八字。第十卷末葉有『淳熙改元錦溪張監稅宅善本』楷書木記。豐順丁氏收藏。」

按：此即丁禹生中丞日昌《持靜齋書目》所載之宋本也。明涂禎繙刻宋嘉泰壬戌刻本行格與此同，惟無末葉印記。嘉泰壬戌上距淳熙改元凡二十八年，蓋又據張監税宅本重刻耳。此本即爲涂刻，前有弘治十四年吳郡都穆序，行格與宋本同，「桓寬」之「桓」及書中「匡」字均沿宋諱闕筆，在明人刻書可謂極有家法者也。世行張古餘敦仁所刻涂本，改易行款，彼據明人重刻別本，故誤。以爲即涂原刻，由於當時涂刻原本不易見耳。

又一部嘉慶丁卯張敦仁刻本。　明弘治辛酉涂禎重刻宋嘉泰《鹽鐵論》，其原刻每半葉九行，每行十八字，余有其書。此據嘉靖三十年倪邦彥重刻涂本繙雕，每半葉十行，每行二十字，當時顧廣圻爲張敦仁校刻時所見即倪本無重刻序者，因留涂禎識及都穆序，故誤以爲即弘治原刻耳。宋嘉泰本乃重刻淳熙改元張監税宅本，莫友芝《宋元舊本書經眼錄》所稱丁禹生中丞所藏宋本是也。莫云「每半葉九行，每行十八字」，而中丞自撰《持靜齋書目》誤載爲十行十八字，是又多一重疑案矣。丁書余於光緒丙申從中丞嗣君叔雅茂才京師行笥見之，每半葉九行，每行十八字，款式與余藏弘治涂刻本同亦，與莫氏所言合。戊申客江寧，訪江陰繆太夫子小山先生於省居顏料坊寓宅，談及此書，余歷舉顧、張之誤，先生愕然，隨於插架檢示涂本，謂爲顧、張所據而實則倪本無重刻序者，後檢先生《藝風堂藏書記》考之，有云：「此爲張古餘影刻之祖本，明時刻於江陰，尤爲難得。」是則先生所云亦沿誤久矣。此本爲張刻初印本，重刻序以爲涂刻而孰知不然，百餘年疑案至余而始斷之，可云快事。余向有此刻本，曾影寫一本，以原本贈友人，後得弘治本又思有此本一證而十餘年不一見，今幸重得又閱滄桑，是當珍重比於明刻，不得以尋常書帕贈人之物例之也。

又《纂圖互注揚子法言》十三卷。元翻宋麻沙書坊刻本。元翻宋本《纂圖互注四子》：《老》、《莊》、《荀》、《揚》，今祇《揚子》一種，每半葉十一行，每行二十一字，小字二十五字。前有建安書坊木記，剜去書坊名號，與近人楊守敬《留眞譜》所載二本行格相同，而字之肥瘦略異，疑譜所載爲明翻本，非元版也。諸子書在宋刻中有監本、坊本之別，有《四子》、《六子》之殊，此書乃據監本《四子》重雕，秦恩復所刻之治平監本即此本之初祖，後來坊估於《四子》外增入《列子》、《文中子》，謂之《六子》，又此本之濫觴。孫星衍《平津館鑒藏書記・宋版類》有此本，行格相同，惟前有《渾儀圖》、《五聲十二律圖》爲異，《孫記》云「重言重意俱用墨」，蓋子別出，則又與此同。蓋孫所藏本即此本，審其字畫、紙墨，確爲元翻宋本無疑，特此脱去前兩圖耳。

又《太玄經》十卷。明嘉靖甲申郝梁覆刊宋兩浙茶鹽司本。《太玄經》十卷，《說玄》五篇，《釋文》一卷，經題：晉范望字叔明解，贊、說題：唐宰相王涯字廣津纂。《釋文》附卷末，首冠以陸績《述玄》。每半葉八行，行十七字，小注雙行，版心下有「萬玉堂」三字，《說玄》後有「右迪功郎充兩浙東路提舉茶鹽司幹辦公事張寔校勘」一行，明嘉靖甲申郝梁覆刊本。按陸心源《皕宋樓藏書志》，熙寧二年兩浙東路茶鹽司刻《外臺秘要》四十卷，亦有張寔校勘銜名，此必同時所刻，則覆北宋本也。《四庫全書總目・子部・術數類》箸錄提要云有「右迪郎云云一行」，蓋即此本。《釋文》一卷，不題撰人，《提要》引鄭樵《通志》謂爲林瑀撰，必有據也。

又《墨子》十五卷。明江藩白賁衲重刻唐堯臣本。《墨子》一書久無宋元舊本，黃丕烈《士禮居藏書題跋記》載有明吳匏菴叢書堂鈔本校明藍印活字本，跋中因及唐堯臣本、陸穩本，云：「陸穩序刻本與此差後一年，而陸序中有『前年居京師，幸於友人家得內府本讀之』之語，香嚴按：周錫瓚別字。以爲此從內府本者，非無據也。陸序又云：『別駕唐公以博學聞於世，視郡暇訪余，於山堂得《墨子》原本，將歸而梓之。』是又一本矣。余取唐本以勘陸本，殊有不合，知陸所云唐得《墨子》原本者，非即陸本也。陸本出內府本，唐本出《道藏》本，殆不謬矣。惟陸本無序，唐本有陸之序，後人遂疑唐本出自陸本，其實陸刻先一年，唐刻後一年，實不侔爾。」吾按：黃說非也。吾於各本或收藏、或借校，其於唐、陸、活字三本源流考之最審，所謂唐堯臣本刻於嘉靖壬子，是時印本初出，無自跋，亦無陸序，三城王孫芝城以此本活字印行，其藍印者，蓋初印用靛色印本，黃氏所藏即此。其書後歸聊城楊致堂河帥以增，海源閣公孫協卿太史攜至京師，吳縣潘文勤祖蔭向之借失。唐本自序作於嘉靖甲寅，乃刻成之三年，陸穩序作於嘉靖癸丑，乃刻成之二年。前後時有校改，故三本字有異同，實則只一本也。唐本刻於壬子，書初出，芝城即以活字印行，迨第二年癸丑乃屬陸穩作序，第三年甲寅唐堯臣乃自作序。黃氏不悟見其字有異同，又不知芝城之出唐本，於是以一本歧而爲三，苟非取諸本一一校勘，而僅據黃跋揣測推敲，未有不誤以一本

分爲三本者也。此本爲江藩重刻唐本，據前序大題云「重刻墨子序」，序末結銜云「江藩七十七翁白賁衲於敕賜孝友樓」（圖二一五），書序中有云：「今年南昌憲伯貞山唐公以所刻墨集送予，男多炘多炘持告予，遂展讀之。讀大司馬中丞北川陸公序暨公所爲序，乃知所以爲墨者及所以讀《墨子》者。」又末云：「重壽諸梓以博同志。」其序不載年月，以語意推之，爲唐刻《墨子》初成以送江藩，江藩世子遂據以重刻，其爲一年中事，毫無可疑。且於此益證刻者爲唐堯臣，序者爲陸穩。《黃記》云有陸穩刻本，實爲影響之辭。頃在常熟瞿氏鐵琴銅劍樓見所藏明刻《墨子》，與此本同，而無江藩一序，傅沅叔同年爲張菊生同年購得一本，前有「孫忠愍祠堂藏書」印記，亦即此本，則并陸序、唐跋而無之；又在蘇城莫楚生觀察家見所藏者，亦即此本，序跋俱全。是此書江藩重刻本流傳甚多，而唐刻原本則不素見。《黃記》所載是否唐氏原刻，抑或江藩本去其江藩序只留陸序、唐跋改充原刻，均不可知，惟因《黃記》令人致疑，轉使余隨處留心，得知諸刻原委，自謂眼福過於昔賢不少也。吾又藏有萬曆辛卯書坊童思泉刻六卷本，前有茅坤序，楊愷吾、繆小山極推重之。吾細按茅序即將唐本陸序鈔錄一字不移，但易陸穩名爲茅坤，有如張冠李戴。楊、繆日從舊書堆中討生活，乃漫不加察，信口品題，亦何可笑之至耶？此本刻印至精，新若手未觸者，缺十三、十四、十五三卷，從莫楚生藏本補鈔完全，近來坊估皆知貴重是書，曾於滬市見黃紙印者一部，得值番銀八十元，以後傳本日稀，當益增重矣。

圖二一五　江藩序。

又《墨子全書》六卷。日本寶曆七年刻本。《墨子》無宋元舊刻，藏書家所推重者，有明刻嘉靖本：一嘉靖壬子芝城館銅版活字藍印本，一嘉靖癸丑吳興陸穩本，一嘉靖甲寅唐堯臣本，然三本實止一本而分二刻。唐堯臣本即陸穩本，因前一唐堯臣序，一陸穩序，又先後校改，字有異同，故世以爲二本，其實陸序明明稱唐所刻也。芝城館本題壬子，實癸丑以後，殆唐刻初出，尚未作序，其書爲芝城館據以排印，故余斷其爲一本而分二刻。是二刻者，嘉慶時均在黃蕘圃主事丕烈家中，而所撰《題跋記》竟誤以爲三本，則亦未加細考耳。

又《輟耕錄》三十卷。明玉蘭草堂刻本。《輟耕錄》三十卷，元陶宗儀撰。余舊藏毛晉刻《津逮秘書》本，以其尋常，不甚珍秘，但聞藏書家盛稱玉蘭草堂刻者爲此書第一善本，官京曹時，求之於廠甸書肆，不可得也。憶明徐興公𤊹《紅雨樓題跋》記曾載此書，因檢閱之，據云：「余家舊藏有《輟耕錄》闕首一冊，覓之十數載，無從得。友人高景倩偶購雜書，中有此書，僅半部，首冊可補余之闕，遂捐見惠。在景倩爲無用之物，在余實爲完書。版雖少異，何傷乎。」是此書舊刻在當時已如此之稀，今竟獲此全本，足以傲興公矣。此書白口本，版心「輟耕錄卷之幾」下「玉蘭草堂」四字間有刻工姓名，大題「南村輟耕錄卷之幾」次行：「天台陶宗儀九成」，半葉十行，行二十一字，書刻皆精美。從子康侯兄弟得之，書友裝潢呈覽，爲識數語，筆之簡耑。從子嶼甫亦得此書，前有萬曆戊寅華亭徐球補版引，稱「友人楊君有是刻，中間缺雜數十版，予爲之補緝成編，得爲不棄物」云云。戊寅爲萬曆六年，是此書之刻，必在嘉靖中葉，後惟楊君不箸其名字，竟不知爲何許人。又卷四於十六葉另起附刻十七、十八、十九三葉，係補記楊璉眞珈掘發宋陵及明太祖歸葬宋帝舊陵事。後題「成化己丑中秋日華亭彭瑋識」。此三葉版心下亦有「玉蘭草堂」四字，則又似成化刻本矣。成化己丑爲五年，推至萬曆六年，中隔弘治、正德、嘉靖三朝，凡百餘年，刻者又斷非徐

球之友可知，且成化刻書皆黑口本，字亦不似嘉靖時之方整。詳記於此，以待考版本者辨焉。

又卷六 《聯新事備詩學大成》三十卷，元建安毛直方撰，三山林楨編集。明刻大黑口本。每半葉八行，行大字無整行，難計字數，小字全行者二十五字。無刊本年月，審其版式、紙墨，似是成、弘間刻本，字作趙體書，猶是元版書風氣，知非正、嘉以下本也。

又 此明翻宋本《世説新語》六卷本，分上、中、下三卷，每卷又分上、下，版式、行字與嘉靖乙未袁褧刻本同，但袁刻於宋諱缺筆，此不缺筆。前無刻書年月，目録後有「太倉沙溪曹氏重校」一行。審其字體，仍是嘉靖時刻本，殆依袁本翻雕者也。大抵此書宋本傳自陸游，其後袁氏重刻《四庫全書總目提要》稱爲完書者也，實則已經陸游節删，非復原書之舊。

又 《宣和遺事》四卷。汲綆山房刻本。《宣和遺事》爲南宋間小説書，舊無撰人名氏。《四庫全書》亦未箸録，嘉慶十四年己巳黄蕘圃主事丕烈始校宋本付刊，即今《士禮居叢書》本也。此本前題「修綆山房梓」，無刊書年月。按：吾家懷庭先生於乾隆五十六年刻《納書楹曲譜》，題面稱「修綆山房發兑」，字蹟與此書封面正同。蓋同時刻本也。然則此本尚在黄本以前，亦據宋本重梓。

又卷七 此明朱燮元刻《楚辭》十七卷，大題「楚辭卷第幾」，次行「漢劉向子政編集，王逸叔師章句」三行「明朱燮元懋和、朱一龍官虞校刻」。半葉八行，行十七字，前附《楚辭疑字直音補》，蓋重刻隆慶辛未豫章王氏夫客館重雕宋本，版式、行字微較長大，無刊刻年號。前有予告大學士申時行序，序稱：「郡守朱侯懋和、司理朱侯官虞手自讎校，重付剞劂。」是當時蘇州郡守刻本。按《明史・宰輔年表》：申時行以萬曆六年三月吏部左侍郎兼東閣大學士，十一年九月晉少傅兼太子太傅、吏部尚書建極殿大學士，十九年三月加太傅，是月致仕。是可證此書爲萬曆刻本矣。日本森立之《經籍訪古志》載有明代重雕宋本，云：「每半版八行，行十七字，注雙行，貞、頊、敬、驚、沅、胤等字並缺末筆。」知是據宋刻重雕，但不記刻行、時月。又載有明隆慶辛未重雕宋本，云：「行款、體式一與前本同，目録末題『隆慶辛未歲豫章夫容館宋版重雕』，宋諱不闕筆。」楊守敬《日本訪書志》載有明隆慶辛未刊本云：「首王世貞序，次目録，次本傳，次班固序，次劉勰《辨騷》，目録後題『隆慶辛未歲豫章夫容館宋版重雕』，一卷後題『姑蘇錢世傑寫，章芝刻』，按：此本與無名氏翻宋本體式相合，唯彼缺宋諱，此不缺宋諱，又四周雙邊，當爲重寫，並非影撫。然字體方正，而清爽猶與宋刻爲近。」楊志所載之本一卷後有「錢世傑寫，章芝刻」行字者，繆氏《藝風堂藏書記》有其書，余定爲萬曆中翻雕夫容館本，其稱無名氏刻宋諱缺筆者，當是又一重刻。楊志以四周雙邊定爲重寫並非撫影，其説是也。

又 此《韋蘇州集》十卷，每半葉十行，行十八字，與南宋書棚陳道人所刻唐人諸集行字相合，雖無陳道人印記一行，據聊城楊紹和《楹書隅録》載此本，稱其與所藏唐山人集一種相合，故定爲書棚本。從子定侯得此書，呈閲，細讀一過，見其字畫斬方，避諱至南宋初二廟帝止，紙薄而質堅密，嗅之有香入鼻，其爲宋槧宋印確然無疑。但以無陳氏印記一行，不敢遽信爲書棚本耳。後定侯撰一跋，據盧文弨《群書拾補》、《天祿琳琅書目續編》、《楹書隅録》一一考證，余乃釋然。舊經福州李鹿山中丞馥、鄭人杰明經杰兩家收藏，朱印纍纍，想見前輩珍秘之至。天祿之藏年久多散失，楊紹和海源閣如《楹書隅録》所載者，無賢子孫保守，大抵閉置高閣，塵封蠹蝕，若存若亡，如此精本精印，恐人間無第二部矣。

又 《朱文公校昌黎先生集》四十卷，《外集》十卷，《補遺》一卷。明刻本。《朱文公校昌黎先生集》四十卷，《外集》十卷，《補遺》一卷。卷三以下大題上或標以「京本」二字，白口本，版心刻韓文「一」至「四十」等字。半葉十行，行二十四字。審其字體、紙墨，似成、弘以前刻，非嘉靖以後刻也。其本即出於南宋麻沙書坊本，并與柳集合刻。柳集余見之，亦出麻沙本，惜皆無序跋、題識，故不知刊刻年月。集中卷一《元和聖德詩》，「恇」作「恇」，註音「匡」，「恆」作「恒」，皆缺筆，似是依據宋本，其中間有譌字，余於讀時以朱筆改之，諸家注釋音義固韓文功臣，然不如《考異》之詳辨各本文字異同，足資考索。

又 《笠澤叢書》四卷，《補遺》一卷。雍正辛亥江都陸鍾輝仿元至元庚辰陸憙原刻本。（圖二一六、二一七）曩檢南皮張文襄之洞《書目答問・集類・笠澤叢書》載有兩本：一本四卷，《補遺》一卷，注仿宋刊本；一本七卷，《補遺》一卷，《附考》一卷，注許槤編刻本。其云仿宋刊本者，當即此仿元本，誤以爲仿宋；其云許槤編刻本者，則嘉慶己卯許槤重刊宋樊開七卷本

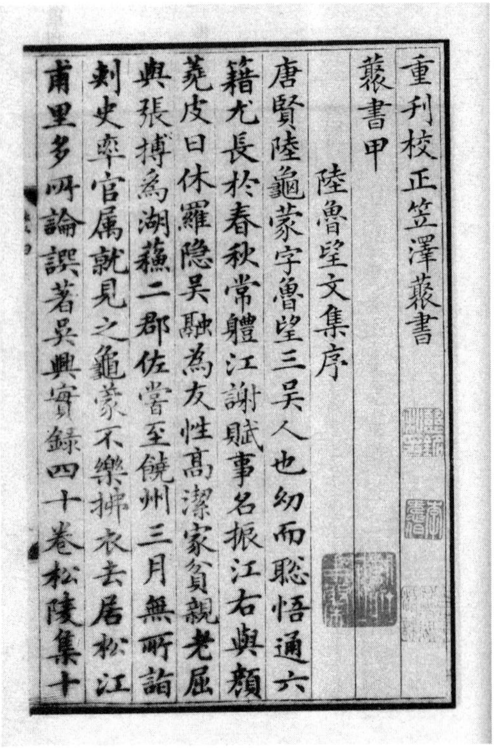
重刊校正笠澤叢書
藂書甲
陸魯望文集序
唐賢陸龜蒙字魯望三吳人也幼而聰悟通六
籍尤長於春秋常體江謝賦事名振江右與顏
蕘皮日休羅隱吳融為友性高潔家貧親老屈
與張搏爲湖蘊二郡佐嘗至饒州三月無所詣
剌史率官屬就見之龜蒙不樂拂衣去居松江
甫里多所論譔著吳興實錄四十卷松陵集十

圖二一六　碧筠草堂刻《笠澤叢書》卷一首頁。

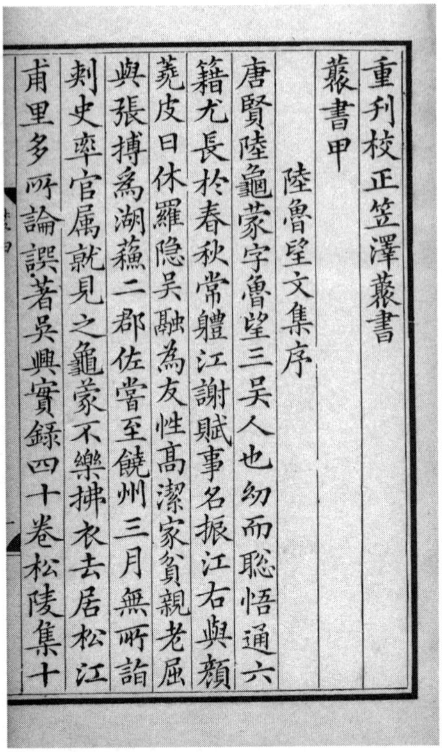
重刊校正笠澤叢書
藂書甲
陸魯望文集序
唐賢陸龜蒙字魯望三吳人也幼而聰悟通六
籍尤長於春秋常體江謝賦事名振江右與顏
蕘皮日休羅隱吳融為友性高潔家貧親老屈
與張搏爲湖蘊二郡佐嘗至饒州三月無所詣
剌史率官屬就見之龜蒙不樂拂衣去居松江
甫里多所論譔著吳興實錄四十卷松陵集十

圖二一七　水雲漁屋刻《笠澤叢書》卷一首頁。

也。兩本余皆有之，元本分甲、乙、丙、丁四卷，《補遺》一卷，後有元至元仍紀元之五年歲在庚辰七月一日十一世孫悳原跋，前書面題「碧筠草堂重雕」（圖二一八），然無重刊時序跋，不知何時何人所雕，後見近時姚觀元大疊山房影刊此本，後有雍正辛亥江都陸鍾輝跋，乃之原本爲鍾輝所刻。余藏本缺此跋，故不得其詳耳。《四庫全書簡明目錄》仁和邵懿辰批注列碧筠草堂仿元本，云：「吳人王岐所寫，不無訛字。」又云：「宋刊本祇上、下二卷，《補遺》一卷，元刊乃分四卷。」莫友芝《郘亭知見傳本書目》列雍正辛亥江都陸鍾輝覆元至元庚辰本，又列碧雲堂覆元至元庚辰本。邵、莫兩目於陸本外並列許楗本。頃從子康侯定侯兄弟從書估獲此本，後有陸鍾輝跋，但書面非「碧筠草堂重雕」，乃「水雲漁屋刊本」六字（圖二一九），初印精絕。取余藏碧筠草堂本校之，乃知同是一版，而水雲漁屋印在先，碧筠草堂印在後，雖不知水雲漁屋是否爲陸氏主名，而碧筠草堂印既在後，則非陸氏初本可知矣。定侯疑「水雲漁屋」爲陸氏原題，「碧筠草堂」後版片轉鬻他人改題，以無他證，未敢遽斷。定侯又藏有吳門顧楗重刊陸本，無年月、序跋，惟首葉鈐有「中吳顧楗手校重刊」八字朱文篆書長方印，字畫較陸刻肥大，不及陸本之秀逸。楗字肇聲，吳縣人，官陝西蒲城縣知縣，入爲中書舍人，所撰詩古文名《碧雲堂集》，詳彭啓豐《芝庭文集·顧君墓誌銘》。莫目所稱碧雲堂覆元至元庚辰精本者，即此也。【略】大抵版本之學，審定至難，往往有此人所刻轉售他人，一經改題而藏書家誤以爲兩人刻本者，就近日所見如同治甲戌吳門浦氏仿宋小字本《說文解字》，即購得孫星衍平津館刻原版，於標目後補刻「同治甲戌蘇城陶升甫摹刻」十一字，前書面改題「同治甲戌冬月東吳浦氏校定宋本重刊」十六字篆書牌記；上海書估鮑某得秦鑒汗筠齋所刻王復輯《鄭志》、《駁五經異義》、《箴膏肓》、《起廢疾》、《發墨守》，及錢東垣輯《宋崇文總目》、錢大昭撰《後漢書補表》，彙編爲《後不知齋叢書》，並不述明緣起，而攘他人刻本爲己有。若斯之類，苟非字字比校。幷其版匡、墨綫逐一細勘，又誰從而發其覆，窮其根也。如此水雲漁屋本《笠澤叢書》，即碧筠草堂本《笠澤叢書》，自非目見兩本，烏能爲之判定明白。康侯兄弟日日搜訪舊書，篤好異本、重本，與余同癖。余知其目見耳聞者益擴，其於版本之辨別必更有進焉者矣。

又一部碧筠草堂重雕元至元庚辰陸悳原刻本。此碧筠草堂仿元至元本《笠

圖二一八　內封面題「碧筠草堂重雕」。

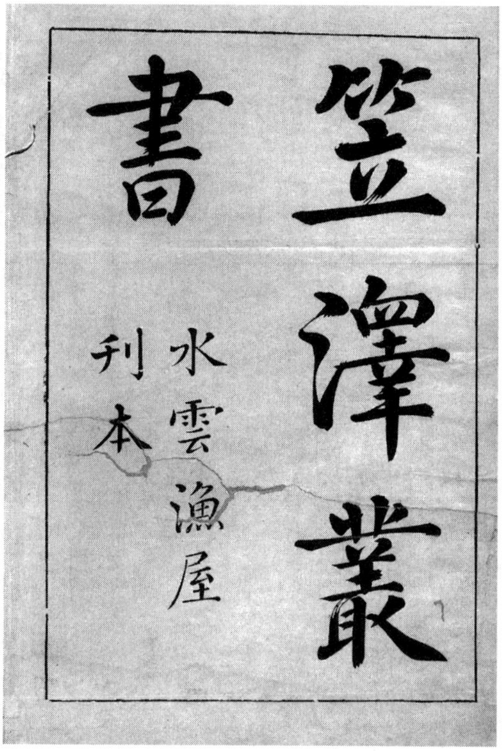

圖二一九　內封面題「水雲漁屋刊本」。

叢書》四卷，《補遺》一卷，余收藏將四十年，不知何人所刻。據南皮張文襄之洞《書目答問·集類·笠澤叢書》載有兩本：一本四卷，《補遺》一卷，注仿宋刊本；一本七卷，《補遺》一卷，注許槤編刻本，其稱仿宋刊本者，既未詳刻書年月，亦不注刻書人姓名，余意其所見必此仿元本，誤以爲仿宋耳。近代精刻善本書，藏書家多不箸於目，惟孫星衍《孫忠愍祠堂書目》并載近刻，揭揚丁日昌《持靜齋書目》亦新舊雜收。《孫目·詞賦第十》於《甫里先生集》後云：「又《笠澤叢書》三卷，唐陸龜蒙撰，不注何時刻本。」《丁目》則於書名下注：「雍正辛卯江都陸鍾輝覆元至元庚辰陸憙原本；碧筠草堂覆元至元陸憙原本，云：「俱初印精善，而碧筠草堂本究不知爲何人刻。」吳壽暘《拜經樓藏書題跋記》有中吳顧氏本，又有陸氏刻本。顧氏者，顧楗；陸氏者，陸鍾輝也。光緒間姚覲元大疊山房重雕元陸憙原本後有雍正辛卯陸鍾輝跋，審其版式、行字即影刊碧筠草堂本。是時余以爲余所藏碧筠草堂本即陸鍾輝本，余本失去陸跋，固不知其詳耳。《四庫全書簡明目録》仁和邵懿辰批注云：「碧筠草堂仿元刊本，吳人王岐所寫，不無訛字。」莫友芝《郘亭知見傳本書目》有雍正辛亥江都陸鍾輝覆元至元庚辰陸憙原刻本，又有碧雲堂覆元至元庚辰本。碧雲堂爲顧楗所撰詩古文集名，則碧雲堂乃顧本也。余己未春間在上海書友楊壽祺來青閣見此書，書面題「碧筠草堂重雕」，卷首鈐「中吳顧楗手校重刊」八字朱文篆書長方印；又在書友李子東寓所見一部亦碧筠草堂本，其叙目下鈐「碧筠草堂」四字朱文篆書大方印，亟馳書康侯、定侯、東明三人，告以碧筠草堂本爲顧楗刻本，以爲如此論定矣。乃是年冬盡回湘，康侯持顧楗本與余藏碧筠草堂本相較，則全然是兩刻本。陸本字體秀逸，顧本字體肥大，於是始疑上海所見書面題「碧筠草堂重雕」中有顧楗印者或書估以顧本無書面，借碧筠草堂本書面配之。既爲碧筠草堂本作跋矣，仍將此跋撤去，以其審定未確，貽誤後進也。頃定侯以重值獲一陸鍾輝本，書面題「水雲漁屋刊本」，其書爲最初印本，字畫之鋒芒，匡線之劃一，實爲至精至美之本，隨取碧筠草堂本逐句逐字兩相勘證，則兩本實出一版，水雲漁屋印在先，碧筠草堂印在後，故碧筠草堂本字畫已鋒芒稍失，匡綫亦間多斷裂，然皆與顧本不相符合，然則余在上海所見碧筠草堂本鈐有顧楗印者，書面豈從他本移來配合者耶，抑顧氏碧雲堂之外別有此碧筠草堂之名耶？要之，水雲漁屋本確爲陸鍾輝版初刻成新印之書，

碧筠草堂本似印在百冊以外，字畫失其鋒芒者。至顧㮷刻本，行字與水雲漁屋、碧筠草堂兩本相同而字較大，又無陸鍾輝跋，是徑覆元至元本，不得以爲陸本之重儓矣。

又卷八 《伊川擊壤集》二十卷。元翻宋刻本。《伊川擊壤集》二十卷，宋邵子撰。《四庫全書目錄》箸錄云「河南巡撫採進本」。《提要》稱「前有治平丙午自序，後有元祐辛卯邢恕序」，所載與此本合。伏讀《欽定天祿琳琅書目・元版・集部》有《伊川擊壤集》二函十冊，則《四庫》所載是元刻矣；又《明版・集部》有《伊川擊壤集》一函四冊，云：「前明人希古序，次雍自序，後附《集外詩》十三章，并宋邢恕明、異亨二序。此則《浙江採進遺書目》所載之本，同爲內府秘笈也。」此本後附《外集》十一章，而無明人前後兩序。初見時審其紙墨、槧工，定爲元刻。後讀《琳琅書目》以爲附《集外詩》者是明刻，又定爲明刻。近考書中字於宋、明諱均不避，與元刻他書一例，則是爲元本無疑。曾藏新安汪啓淑家，前有「新安汪氏」四字朱文印，又有「啓淑印信」四字白文印，則固久爲名人所鑒賞矣。

又 《歐陽文忠集》一百五十三卷，《附錄》五卷，又《年譜》一卷。明天順六年吉州府程宗刻本。此明天順六年知吉州府事常熟程宗所刻宋《歐陽文忠集》一百五十三卷，《附錄》五卷，又《年譜》一卷，前有雲間錢溥序，云「程君得於胡文穆家，蓋內出本也」，後有郡後學彭勗後序，亦云：「胡文穆公子承肅持其家藏內閣明本以獻程君，遂捐堂、食貲，購版，募工刻寘郡庠之藏書閣。」世或誤以此爲元版者，以前後兩序往往爲書估割去，僞充宋槧故也。目錄後接《年譜》，後有慶元二年胡柯記，云：「公集一百五十三卷，《居士集》五十卷，公所定也，故寘於首；《外集》二十五卷，次之《易童子問》三卷，《詩本義》別行於世。《外制集》三卷，《內制集》八卷，表、奏、書、啓、《四六集》七卷，奏議十八卷，雜箸、述十九卷，《集古錄題尾》十卷，又次之書簡十卷，終焉別有《附錄》五卷。」而陳振孫《直齋書錄解題》載《六一居士集》一百五十二卷，《附錄》四卷《年譜》一卷，與此小異，殆傳刻陳書者之誤也。陳云：「公集偏行海內，而無善本，周益公解相印歸，用諸本編校，定爲此本，且爲《年譜》，曰《居士集》。《外集》而下至於《書簡集》，凡十名，刻之家塾。其子綸又以所得歐陽氏傳家本，乃公之子棐叔弼所編次者，屬益公舊客曾三異校正，益完善無遺憾矣。居士集公所手定也。」今按：此本每卷末有「熙寧五年秋七月男發等編定，紹熙二年春三月郡人孫謙益校正二行。」《附錄》卷五後有副葉，有編定校正此四字一行。諸人銜名。八行云：「紹熙二年一行郡人孫謙益字彥撝，二行紹熙三年三行承直郎前桂陽軍軍學教授丁朝佐字懷忠，四行紹熙四年五行郡人曾三異字無異，六行紹熙五年七行郡人登仕郎胡柯字伯信八行又覆校此二字一行人。」十行云：「慶元元年一行州縣職事葛潨字德源二行、王伯芻字駒父三行、朱岑字山甫四行、胡柄字謙父五行，慶元二年六行郡人迪功郎新臨江軍清江縣主簿曾煥字文卿七行，郡人鄉貢進士胡煥字季亨八行，郡人鄉貢進士劉贇字棠仲九行，郡人羅泌字長源十行。」所列諸人名籍皆吉州郡屬，又有周益公必大序，稱「郡人孫謙、丁朝佐徧搜舊本，與曾三異互加編校，起紹熙辛亥春，迄慶元丙辰夏，成一百五十三卷，別爲《附錄》五卷，繕寫模印」云云。此皆依益公原本繙刻，故一一存其舊式也。後嘉靖三十四年銅仁陳珊并成一百三十五卷，失宋元明以來遞刻之舊次，洵爲憾事。幸有此本，得見廬山眞面，益可證前輩校訂苦心。不然，公集雖在精神亡矣。《四庫全書總目・集部》箸錄爲江西巡撫採進本，卷數與此同，《提要》云：「舊存編校人姓名」，亦一一與此符合，蓋即此本也。《天祿琳琅書目・元版・集部》載有一部即《提要》所詳者，據云：「字法規仿鷗波，定屬元時所重刻者，書前應有序文，似是書估欲充宋槧，遂妄爲割去。」據此則天祿所藏即此本割去序文，故就其字體斷以爲元版。今此本前後兩序具在，可以辨正其誤矣。版心大黑口，半葉二十行，行二十字，字字流動，怡情悅目，在明繙宋本書中本自少見，宜編撰《琳琅書目》諸臣收入元版一類，稱其書法深得鷗波之妙也。

又 《欒城集》五十卷，《後集》二十四卷，《三集》十卷，《應詔集》十二卷。明清夢軒刻本。宋蘇文定《欒城集》大題後第二行上「宋西蜀蘇轍子由箸」，跨行居中，下「明東吳王執禮子敬、顧天叙禮初仝校」。「東吳仝校」字亦跨行，姓名分兩行，他卷或箸校人名均移行下平列。卷不一例。目錄後有「清夢軒藏版」五字，或卷後有「清夢軒」三字者，每半葉十行，行二十字，版心上題集名，黑魚尾，下卷數，版心下刻字數及刻書人姓名。卷一版心下有小字云「錫山施世名書」，餘卷無之，殆全書爲此人所書，故於首葉標記耳。原無序跋，不知刻書時年月，據明萬曆三年崑山本《歸震川集》每

卷有門人王執禮校字，而字體則與萬曆十年趙用賢所刻《管子》、《韓非子》同體，則可斷其爲萬曆初元中刻矣。《四庫全書總目》箸録提要云：「自宋以來，原本相傳，未有妄爲附益者，特近時重刻甚稀，此本爲明代舊刻，尚少譌闕。陸游《老學庵筆記》稱轍在績溪贈同官詩有『歸報仇梅省文字，麥苗含穟欲蠶眠』句，譏均州刻本輒改作仇香之非。」今此仍作「仇梅」，則所據猶宋時善本矣。此本亦作仇梅，與《提要》所引陸游語合，知《四庫》所謂明時舊刊，必是此本矣。

又卷九　《楊鐵崖古樂府》十卷，《復古詩集》六卷。明補元刻本。《楊鐵崖古樂府》十卷，《復古詩集》六卷，元楊維禎撰。《古樂府》大題云「鐵崖先生古樂府卷之一」，次行下題「門人富春吴復類編」，至十卷止題並同。前有至正六年丙戌吴復序。《復古詩集》大題云「鐵崖先生復古詩集卷一」，下題「古樂府卷之十一」此在首葉序大題下次行「太史紹興楊維禎廉夫箸」，三行「太史金華黄溍晉卿評」，四行「門生雲間章琬孟文注」，至六卷止題並同。大題下「古樂府」至卷之十六止，而卷之二至卷之四無「門生雲間李琬孟文注」一行。前有至正二十四年甲辰章琬序，兩集版心通題「鐵崖先生古樂府卷之幾」卷數接連，計算上下黑口，《古樂府》有點句，《復古詩集》有圈點，前有宋濂撰先生撰《墓誌銘》，蓋明時補刻也。是集南北藏書家皆箸録，常熟瞿氏《鐵琴銅劍樓書目》有明刊校本云：「成化己丑吾邑劉傚刻，有劉傚跋。」聊城楊氏海源閣《楹書隅録》藏本同，歸安國氏《皕宋樓藏書志》爲元刊本，云「每葉二十二行，行二十字」，錢唐丁氏《善本書室藏書志》亦即此本，云「汲古刻本所自出」，江陰繆氏《藝風堂藏書記》云：「明成化己丑沈鯉繙元刊本，前王益序，後劉傚跋。」按吴縣黄丕烈《蕘圃藏書題識》載元至正刻本，云「前有宋濂所撰墓誌銘」。諸家書目均未叙及，惟此本正同，行、字則與《陸志》合。蓋諸家所藏實同一版刻，元刻至明成化時猶存，故修版時增入明人序跋。瞿、繆兩家藏本余皆見之，丁書今歸江南圖書館，即蕘圃舊藏所謂版有模胡者也。此本亦明初所印，無劉傚跋，亦無模胡處，殆明書修版而在成化前者。鐵崖詩奇麗無匹，如此本之古香古色，雅與之稱洵，可寶也。

又卷一〇　《湛園未定稿》六卷。初刻印本。姜宸英《湛園未定稿》初印本，版心墨塊未刻卷數，較印行本少文數十篇，前祇秦松齡一序，爲王漁洋池北書庫舊藏。

又　《己畦公文集》二十二卷。吾家横山公《己畦集》有初刻、再刻二本。初刻止十四卷，再刻增至二十二卷，初刻較再刻少文三分之一。余初不知也，三弟容皆欲刻公集，因取藏本付之。刻方竣工，以丙辰之亂，搶失五卷，信使至蘇，從宗人印濂大令借録前五卷寄湘。此五卷前有總目，乃知其分二十二卷。按目檢文，此十四卷本文多不載於是。再有信至，云止缺「題辭」一類，此類即二十二卷本之末卷，鈔畢寄湘。得從子啓藩兄弟書，始知所缺猶不止此，乃從大令家取全本寄之，得據以補刊，推改卷第，還再刻二十二卷足本之舊。然兩刻文句稍有異同，自六卷以下可取以互校，惟前五卷更無十四卷之本可見，則其異同不可知矣。此前五卷即以二十二卷之本補鈔，末附二十二卷「題辭」一類亦然。今刻本已出，不暇全補，惟識其異同如此，以見公文一刻、再刻皆於吴中文獻甚有關係云。至《四庫》箸録公書《存目》，惟文集二十一卷，《原詩》四卷，《詩集》則未載，殆當時採訪有遺漏歟。

又　《巢林集》四卷。汪氏手寫刻本。《國朝畫識》汪士慎，字近人，號巢林，浙江人，流寓揚州，善墨梅，工詩，箸《巢林詩集》。《畫徵續録》、《揚州畫舫録》亦載之，而不詳其事實籍貫。今得此集，乃知其爲富春人，浙之桐廬縣也。詩亦沖淡，無江湖風塵氣色，詩中往來之人如丁敬身、金冬心之流，皆一時高尚博雅之士。宜其所濡染者不落凡俗，是亦可以觀風氣矣。【略】近來眞蹟頗不易見，得者皆知寶藏。若其詩集傳世尤稀，觀其字跡，似是先生手書上木者，否則，門下士學先生書寫之。不然，何其與眞蹟相似耶？他時當有所取證，姑識之。

又卷一五　《玉臺新詠》十卷。明崇禎癸酉趙宧光仿宋刻本。《玉臺新詠》四庫箸録爲明人趙宧光所傳，宋嘉定乙亥永嘉陳玉父本。《提要》於紀容舒《玉臺新詠考異》下云：「明代以來刻本不一，非惟字句異同，即所載諸詩亦復參差不一。萬曆中張嗣修本多所增竄，茅國縉本又并其次第亂之，而原書之本眞已失，惟寒山趙宧光所傳宋嘉定乙亥永嘉陳玉父本最爲近古，近時馮舒據以校正，差爲清整，然舒所校有宋刻本誤而堅執以爲不誤者，如張衡《同聲歌》訛『恐慓』爲『恐瞟』，『莞蒻』爲『苑蒻』之類，亦以古字假借曲爲之說，既牽強而難通。」今按：此本「恐慓」正訛「恐瞟」，「莞蒻」正訛

「苑蒻」是四庫校修諸人及馮氏所見同是此本。《欽定天祿琳瑯》載有宋本二，《續編》載有宋本二，元本一。元本下云「與前宋版同」，知元本乃繙宋本也。錢遵王《讀書敏求記》載有宋本云「是趙寒山物」，近人丁中丞日昌《持靜齋書目》所載宋本行字與此本同。明時繙刻仿刻版本極多，馮校本序稱世所行本有四：一爲五雲溪活字本，一爲華允剛蘭雪堂活字本，一爲華亭楊元鑰本，一爲歸安茅氏重刻活字本，不知的出何時，後有嘉定乙亥永嘉陳玉父序，小爲樸雅，譌謬層出矣。茅氏本刻於正德甲戌，大率是楊本之祖，楊本出萬曆中，則又以華本意儳者。茅本一本華本，誤踰三寫。又馮班跋云：「宋刻行款參差不一，趙氏已整齊一番矣。宋刻是麻沙本，故不佳。舊趙靈均物，今歸錢遵王。」以上二馮所稱衆本。考國朝以來諸家藏書目：《天祿琳瑯》於宋元本外有明重刻宋本，張金吾《愛日精廬藏書志》有影寫宋本，孫星衍《祠堂書目》、瞿鏞《鐵琴銅劍樓》朱侍郎學勤《結一廬書目》、陸心源《皕宋樓藏書志》皆有明仿宋本，日本森立之《經籍訪古志》云「明嘉靖有繙雕宋本」，又云：「崇禎癸酉趙靈均刻本，此即。」可見明時有兩繙本，諸家所藏雖未寓目，可揣其爲此本嫡傳，亦可見宋元以來所傳祇此一本，故群相仿刻、重刻耳。至《提要》所云「張本多所增竄，茅本亂其次第」，以及《皕宋樓書目》又載明巾箱本易其行款者，證以馮校所稱活字本、重刻活字本，皆有陳玉父序；華氏活字本、五雲溪活字本余曾見之，皆有陳玉父序，足見諸本同出一源。宋刻於陳玉父本外固無別本也。馮云不知的出何時，殆未合諸本細考。森立之所稱嘉靖本即嘉靖中徐學謨海曙樓本，刻在趙靈均本以前，仿宋古雅可愛，而趙本獨負重名，則以趙本傳世獨多耳。然趙刻因宋本參差不一，而整齊一番轉，失宋本眞面，不知宋本佳處正在不必整齊也。馮跋又云：「宋刻是麻沙本，其說亦不足信，余見宋時麻沙本，未有如此之精妙者。」書中如「殷」、「玄」、「弦」、「絃」、「泫」、「匡」、「筐」、「敬」、「驚」、「鏡」、「竟」、「愼」、「貞」，諸字缺筆，無一處漏略，可知其校勘之精。其他佳處已有諸家論載，二馮僅見一班，宜其不知鑒別矣。

又卷一六 《玉笥山人詞集》一卷。明文端淑女史手鈔本。右《玉笥山人詞集》下注云：「一名《花外集》。」前有「玉磬山房」白文長印。玉磬山房者，明文衡山徵明齋名也，先生書畫墨蹟多用此印。則是明鈔本矣。後有「鮑氏正本」四字朱文印，「知不足齋」四字白文印，則又鮑刻叢書所自出矣。

【略】此明文淑手鈔本也。文淑字端容，爲衡山之曾女孫。祖嘉，字休承，衡山仲子，世稱文水道人。父從簡，字彥可，又號枕煙老人，三世皆以書畫名。後適趙宧光凡夫子靈均爲婦。事蹟見錢牧翁《列朝詩集·小傳》、《初學集》及魯駿《畫人姓氏錄》。姜紹書《無聲詩史》以爲衡山孫女者，誤也。曩讀孫慶曾《藏書紀要》論鈔錄本，盛稱文待詔、文三橋、趙凡夫鈔本之精，恆以未得一見爲恨。壬辰三月寓都門，從廠肆購得此本，去價銀四金，喜其字蹟有待詔家風，又見首有「玉磬山房」印，固知其爲文鈔本，驚喜出望外，然不知爲端容手鈔物也，近見文淑墨竹一幀，傍題款字，與此絕似，再三比證，乃知此本即出端容手鈔，諦視筆致，字秀而腕弱，亦確是女郎手筆，然則此書又文鈔中之無上品矣。據玉磬山房印，是未適趙時在閨中之作。

又 《山中白雲詞》八卷。乾隆元年趙昱印曹氏本。宋張炎《山中白雲詞》八卷，曹氏重刻龔翔麟本。版心下原有「城書室」三字，此即原版，而無此三字，蓋版展轉易主久，已剜去也。今版又歸熟熟坊估鮑氏知不足齋。余取曹刻初印本較之，卻無差異。惟廠甸書友有曲阜孔昭任家鈔本，係據龔本迻鈔，而前有厲鶚、趙信二人序而無杜詔一序，乃知龔版乾隆中尚在趙昱家，不知趙印何以亦復稀見。此本雖出曹氏重刻，取校孔鈔本，實同出一源。蓋亦至難得者。惟曹氏原印後附《樂府指迷》。此本已失，殆於竅之後有所散佚歟？

曹元忠《箋經室遺集》卷一〇《北宋槧大字單注本禮記跋》 此韓綠卿前輩應陛所藏胡蝶裝宋刊單注本《禮記》。每半葉十行，每行大十八字，小廿五字不等。版心有刻工姚臻、毛諒、徐高等姓名。每卷首鈐「長洲顧仁效水東館考藏圖籍私印」、「汪士鐘讀書」及「趙宋本」三印。卷尾有「墨樵裝潢」印。每葉紙背有「張康」印。皆朱文。後有蕘翁兩跋，其云得於任蔣橋顧月槎家。偶取《月令》與他本相對，注「耒，耕之上曲也」，「耕」皆誤爲「耜」，惟此不誤，迺知其佳。與《百宋一廛賦·月令第六注》大略相同。後歸汪閬源。《藝芸書舍書目》所謂宋版《禮記·鄭注》存九卷是也。所存九卷爲《月令》至《內則》、《學記》至《坊記》。其間尚有缺葉四五番。顧在宋刊《禮記》單注中無過此者。以相臺本校之，如《曾子問》「爲君使」節：「目卿大夫士之家曰私館」，相臺無「士」字，而此有之，與《聘禮疏》

合。《喪大記》「君夫人卒於路寢」節：「士士之妻皆死於寢」，相臺無上「士」字，而此有之，與《士喪禮疏》合。皆記文足正相臺之誤者。又《雜記》「大夫爲其父母兄弟」節注：「今大夫喪禮逸」，相臺「喪」下有「服」字，而此無之，與本疏合。「魯人之贈」節注：「玄，纁束。」相臺「束」下有「帛」字，而此無之，與《既夕禮》經文合。《喪大記》「寢東首」節，注：「或爲墉下」，相臺「爲」下有「北」字，而此無之，與釋文「所出爲墉」合。「熬」節注：「設熬旁一筐」，相臺「旁」下有「各」字，而此無之，與《士喪禮》經文及疏合。皆注文足正相臺之誤者。而《喪大記》兩注且足正撫州本之誤，尤爲精善。至《樂記》：「子貢見師乙」節，於換簡失次以及衍字皆爲移易刪省，初疑爲興國軍本。及檢《雜記・上篇》「復內子以鞠衣」節，《下篇》「期之喪」節，《喪大記》「君設大盤」節，皆未移改，與相臺書塾《刊正九經三傳沿革例・脱簡篇》所稱興國本依注疏更定者不合。非但決其非興國本也，且知此本之刻必不在興國本既出之後。或興國本反因此本《樂記》移易刪省，推而及於《雜記》、《喪大記》亦未可知。惜相臺本《禮記》但舉興國更定者繫於各篇卷末，而不能言其所本耳。然此本於「玄」、「敬」、「警」、「驚」、「竟」、「弘」、「匡」、「筐」、「胤」、「恆」、「暅」、「貞」、「徵」、「讓」、「樹」等諱皆缺筆，而不避「頊」、「眗」，明是神宗以前刊本，故南宋興國于氏從之。有此塙證其爲北宋舊槧無疑義矣。

又《宋槧殘本禮記釋文跋》 此宋淳熙撫州公使庫刊本也。每半葉十行，每行大小相閒，十九、二十字不等，四圍雙綫邊，白口，上魚尾上記字數，下魚尾下記葉數及刻工周忠、思賢等姓名，中閒刊記音爲書名，并記刊書年歲。蓋此本刊於孝宗淳熙四年丁酉，其云「壬寅刊」者則九年也，「戊申刊」者則十五年也，「壬戌刊」者則寧宗嘉泰二年也，「壬申」則嘉定五年也，距淳熙丁酉相去三十五年矣，鋟版不應如此其遲。而又屢見「開禧乙丑換」五字，始悟刷印既多，自易漫漶，必致隨時修補抽換。是以遇光宗諱「惇」、「敦」亦缺筆也。書自《曾子問》至《明堂位》、《學記》至《昏義》，爲《禮記釋文》二、三、四卷。中有殘缺，惟第三卷獨完。據知通志堂於《經典釋文》三十卷外又刊《禮記釋文》四卷，即是此本。而此本本附刊單注本《禮記》二十卷之後，故卷末有撫州公使庫新刊注《禮記》二十卷并《釋文》四卷，附校正人軍州等一紙。納蘭成德亦放刻之。至嘉慶丙寅，陽城張敦仁景刊小讀書堆所藏單注本《禮記》二十卷，尚缺《釋文》四卷，迺繙刻通志堂本以足之。而四圍雙綫邊亦爲單邊，已與單注本《禮記》異。又版心下魚尾下記葉數，後亦爲黑口，致刻工高安國等姓名與單注本《禮記》同者皆無可考，猶得曰行款差池，無關出入也。獨此本《雜記》所出「官館」二字在開禧乙丑所換葉中，審是高安國寫刻之誤，當作「宮館」。由此「宮館」即注文之「離宮館」，非記文「公館復，私館不復」之「公館」。故繫所出「復」字下，以明其爲注文。而云「本亦作觀」，謂別本亦作「離宮觀」，知《釋文》所據《禮記》注文本作「離宮館」，惟附刊此本之《禮記》單注尚與相同，其餘各本則皆作「離宮別館」。因「宮館」二字不相聯屬，遂於《釋文》所出「宮館」，知其爲注文者。如宋本《禮記注疏》所附《釋音》尚去「宮」字，不知其爲注文者。如通志堂本《禮記釋文》且改作「公館」矣。亦思若是「公館」，何不於《曾子問》「禮曰：『公館復，私館不復』」出之？恨當時辨之不早辨，以致承譌襲繆。雖《宋元舊本書經眼録》稱其末葉有「嘉慶二十五年庚辰宋本《釋文》再校修訖印行」一行，本顧流傳頗少，迄未之見，尚賴此本「官館」誤字正之。可見誤本猶勝後世不誤也。此本在宋時雖不甚著，然《直齋書録解題・禮類》有《禮記注》二十卷，次以《禮記釋文》四卷，明是單注本《禮記》并附《釋文》者，疑即此撫州公使庫新刊之本。

又《北宋政和修補景祐本史記集解跋》 北宋本《史記集解》百三十卷，每半葉十行，行十九字；小注雙行，行二十五、六、七字不等。白口，左右雙闌，版心題「史本紀幾」，下方記刻工姓名。首卷首行題「史記集解序」，次行低八字題「裴駰」二字，三行已下序文序後接「五帝本紀第一」，次行題「史記一」。每卷均小題在上，大題在下。卷末空一行標小題。共存百十五卷，尚闕《本紀》五、六，《世家》十八至二十五，都十卷，以元饒路學本補之。又闕《列傳》四十一至四十五，都五卷，以南宋黃善夫本補之。今書中每半葉十行，行二十二字，小注雙行同，黑口，四周雙闌。版心上方一面記「饒學」，或「堯學」，或「饒路學」，或「路學」，或「堯泮」，或「錦江」，或「番學補刊」等，一面記字數；下方記刻工姓名。亦每卷小題在上、大題在下者，饒路學本也。每半葉十行，行十八字；小注雙行，行二十三字。細黑口，左右雙闌。版心上方記字數，闌外記篇名。亦每卷小題

在上，大題在下者，黃善夫本也。沅叔同年得自京師，攜吳見示。余謂此北宋景祐監本，至政和補刊者。故行款格式均與涵芬樓所得士禮居舊藏景祐殘本《漢書》同，而版心所記刻工姓名如張珪、胡恭、錢眞、屠亨、陳忠、屠式、陳吉等亦悉相同，足爲景祐監本《漢書》、《史記》同時並刻之證。其每版補刊刀口稍鋭，筆畫略細，多有就原版挖嵌數行者。於「桓」字並不闕筆，故知爲政和補刊。而補刊版心所記刻工姓名毛諫等又與景祐殘本《漢書》同，是則景祐《漢書》亦經政和補刊可知也。顧所以必定補刊爲政和者，則以《能改齋漫錄・記事門》詔《史記》陞《老子》爲列傳首條云「政和八年詔《史記・老子傳》陞爲列傳之首，自爲一帙。《前漢書・古今表》叙列於上聖，其舊本並行改正。」據知《漢書》、《史記》之補刊即在改正時，而改正者又即景祐監本，故云「舊本」。且明震澤王氏刻本《史記・老子列傳第一》注云：「監本老子與伯夷同傳第一，莊子與韓非同傳第三」，皆與此本相同，又爲此即政和補刊景祐監本之明證。特徽宗政和八年已改重和，《宋史・本紀》又不載此詔，祇是年秋七月辛酉有班御注《道德經》事，恐陞《史記・老子》爲列傳之首亦即其時，而史官略之。後世藏書家既不知陞《老子》爲列傳首者即出景祐監本，又見《南雍志》有「此書傳寫之訛，失其本眞爲不少。有增《三皇紀》者，有以老子首列傳者，有以《漢書》雜於其內者，凡此類皆別而去之，庶使後人復見《史記》之舊」等語，先入爲主，即遇此政和補刊景祐監本，亦以爲不足珍矣。

又《北宋槧殘本後漢書跋》

此爲北宋槧十行十九字本。因宋版宋印所存無幾，以元大德本配之。而元刻本亦有闕佚至不成卷帙者。約得《齊武王縯傳》至《來歙傳》，《馮異傳》至《馬武傳》，《伏湛傳》至《宋弘傳》，《東夷傳》至《鮮卑傳》，及《律麻志》，共十八卷。此十八卷中，宋槧又祇《齊武王縯傳》兩葉、《東夷》至《西羌傳》六十葉、《西域傳》兩葉、《律麻志》五十四葉，餘皆以元刻配補，則宋槧僅百十八葉。其中刷印復有先後，以意度之，凡用皮紙細而薄者，北宋印本也；其稍麤厚者疑南宋矣；至竹紙闊簾者則爲南宋重修後印本，故遇高宗諱亦缺筆作「構」，由出於追改也。若皮紙本則缺筆祇「玄」、「眺」、「敬」、「驚」、「儆」、「竟」、「境」、「弘」、「泓」、「殷」、「匡」、「胤」、「貞」、「楨」、「徵」、「懲」等字，諱至仁宗而止。其於「讓」、「頊」皆不避（圖二二〇）。錢詹事跋以爲嘉祐以前雕本是也；惟謂嘉祐前雕本，故其善處迥非各本所及。嘗取以校殿本，如《齊武王縯傳》「南渡潰淳」，今「淳」下誤衍「水」字，《東夷傳》「序日之所出也」，今「日」上誤衍「蓋」字。《倭傳》「居邪馬臺國」注：「今名邪馬，惟音之訛也」，今誤「馬」作「摩」，「惟」作「推」，「也」作「反」；「並以丹朱坋身」，今「並」下誤脱「以」字。【略】以上三十餘事皆殿本誤與汲古閣本同者。若汲古閣本之誤且不盡於是。非得見嘉祐前雕本，何從知之？顧錢詹事所以定此爲嘉祐前雕本者，當是因《後漢書》《列傳》與《志》行款不同。《列傳》每卷首行題「列傳第幾」，空一格題「范曄」，又空一格題「後漢書幾」，次行題「唐章懷太子賢注」，三行以下傳目始及傳文；《志》則每卷首行題「後漢書志第幾」，空三格題「律麻幾」，次行題「劉昭注補」，三行以下志目始及志文，於是疑《志》爲乾興所雕，而《列傳》避諱至於仁宗，不能謂其雕於淳化，故以嘉祐前雕本括之乎？至《志》附《列傳》以行，在南宋時。《玉海》引《中興書目》《後漢書》一百二十卷注云「幷劉昭《補注志》」，此

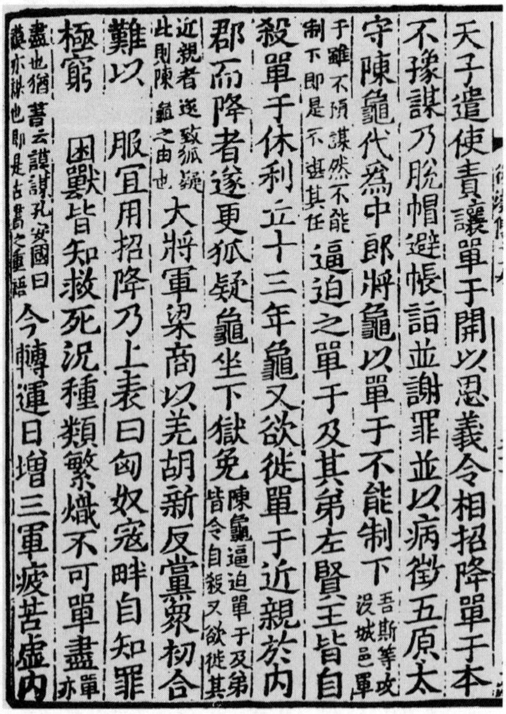
天子遣使責讓單于開以恩義令相招降單于本
不豫謀乃脱帽避帳詣並謝罪並以病徵五原太
守陳龜代爲中郎將龜以單于不能制下吾斯等攻沒城邑單于雖不預謀然不能制下即是不盡其任逼迫之單于及其弟左賢王皆自
殺單于休利立十三年龜又欲徙單于近親於内
郡而降者遂更狐疑龜坐下獄免陳龜逼迫單于及弟皆令自殺又欲徙其近親者遂致狐疑此則陳龜之由也大將軍梁商以羌胡新反黨衆初合
難以服宜用招降乃上表曰匈奴寇畔自知罪
極窮困獸皆知救死況種類繁熾不可單盡單亦盡也猶書云讜謀孔安國曰讜亦謀也即是古書之重語今轉運日增三軍疲苦虛内

圖二二〇　首行第六字「讓」字不闕筆，次行第十六字「徵」字闕筆。

即據以合併，非北宋槧之舊也。

又《宋槧殘本三國志跋》 陳君叔通敬第以《國志》殘卷十三葉見示。余以其每半葉十行、行十九字與北宋監本《史記》、《兩漢書》同，又避諱之字至於「完」、「構」皆缺筆也，定爲紹興閒覆北宋本。所存《魏書》《鄧艾》、《鍾會》二傳，首尾且不完備，而《會傳》注引會爲其母傳昔范氏少子爲趙簡子設伐邾之計，事見《列女傳・仁智篇》，當作「伐株」，顧平生所見各宋本如及門韓子穀德鈞所藏宋巾箱本、同年傅沅叔增湘所藏景宋單注本、景宋大字本無不作「伐邾」者，頗疑「邾」爲曾鞏等未及校正之字。以《列女傳》亦鞏等所校，其《仁智篇》自作「株」字，又其事不容誤「邾」，故雖徵引偶疏，亦不過如《說文繫傳》引《列女傳》云「智伯之園多株，不便於馬，范氏之子謂伐之也。」祇以「趙簡子」爲「智伯」，而於「伐株」不誤。可知宋本《三國志》「伐邾」爲曾鞏等未及校正之字明甚。

又《宋巾箱本吕東萊標注三國志跋》 博明新得《東萊先生標注三國志》二十卷，首列《上三國志注表》及《世系》、《紀年》、《疆域》三圖，次目錄，次入本書。每半葉十四行，行二十四字，小注雙行同。細黑口，左右雙闌。闌外上方標事由，右方記篇名、卷葉數。版心上魚尾下記「三國卷幾」，下魚尾上記一二三四等字。每遇太祖至陳留王、先主、後主、孫權至皓及年號、「評曰」等，皆用白字以醒眉目。又於董卓、袁紹、袁術、劉表下云「事實並見《漢書》」，吕布下云「事見《漢書》」，公孫瓚、陶謙下云「事並見《漢書》」，當是因已見《後漢書詳節》而略之。疑「標注」即「詳節」原名也。卷中宋諱如「玄」、「朗」、「弘」、「殷」、「匡」、「胤」、「恆」、「貞」、「楨」、「徵」、「讓」、「署」、「樹」、「桓」、「構」、「搆」、「溝」、「講」、「愼」、「惇」、「敦」、「燉」皆缺末筆。又於《秦宓傳》「作太玄」，「玄」改爲「元」。《太祖紀》「遼東殷馗」，《高貴鄉公紀》「殷有歸藏」，「殷」改爲「商」。《王朗傳》「以廣諸姬之胤」，《吳主權傳》評「胤嗣廢斃」，「胤」改爲「裔」。《后妃傳》「恆此之由」，《高堂隆傳》「恆由此作」，「恆」改爲「常」。《程昱傳》「今外有公卿將校總統諸署」，「署」改爲「事」。《文帝紀》「霸陵之完」、《程昱傳》「卒完三城」、《傅嘏傳》「雖不能，終自保完」，「完」改爲「全」。《王肅傳》「當共愼之」、《程昱等傳》評「孫資勤愼」，「愼」改爲「謹」。以爲通例。其不能爲通例者，又隨文改之。如《文帝紀》注「弘三章之教」，「弘」改爲「崇」，及《陸遜傳》「非懷遠之弘規」、《華歆傳》「今築室爲長世之弘基」，則又改爲「洪」。【略】皆隨文改字，他宋本未見有如此者。至於《吳主權傳》「徵令內移」去「徵」字，又「權辭讓不受」及《周瑜傳》注「其謙讓服人如此」皆去「讓」字，任城《王彰等傳》評「然不能克讓遠防」去「克讓」二字，《王昶傳》「時都畿樹木成林」去「樹」字，《許褚傳》「褚性謹愼奉法」去「愼」字，則惟此《詳節》能然，非他宋本所可例矣。要之，此本宋諱避之最嚴，而於「郭」、「廓」、「叡」諸字皆不避，審是南宋寧宗時刻本。其善處多與殿本考證所稱宋本、北宋本合。余已載入《國志校記》中，不更贅述。

又《明南監本遼史跋》 《遼史》附《國語解》，二十四冊，爲明南監本。嘉靖閒周宏祖《古今書刻》載南京國子監有《遼史》，即是此書。入我朝後有順治十六年補刊版，《天祚紀二》及《耶律夷臘葛等傳》、《宦官傳》各卷後均有「順治己亥年二月十九日江寧府儒學教授朱謨校」兩行是也。其先有崇禎七年補刊版，《天祚紀第三》卷首有「南京國子監祭酒胡尚英、司業王錫兗仝修」一行是也。顧崇禎補刊葉數無幾，其誤祇《天祚紀》「蕭奉先諷人誣駙馬蕭昱及余覩等謀立晉王，事覺」，作「事學」；「余覩叛入金，上遣太常袞耶律諦里姑等追之」，作「太常兗」；《刑法志》「發耶律乙辛等墓，剖棺戮尸，誅其子孫」作「于孫」而已。若順治補刊則葉數既多，脫誤尤甚。如《太宗紀》「天顯十年五月丙午葬彰德皇后於奉陵」作「丙寅」，「十二年二月癸卯晉遣唐所掠郎君刺哥等還朝」作「進遣」，《世宗紀》「天祿三年公主阿里不謀反，瘐死」作「病死」，《聖宗紀》「統和元年皇太子言故於越屋只有傳導功」作「子越」，「四年五月丁亥詔休哥備器甲儲粟，待秋大舉南征」作「木哥」，「六月壬子南京留守奏百姓歲輸三司鹽鐵錢折絹不如直」作「不如之」，「十三年六月丁丑詔減前歲括田」作「拮田」，「丙戌詔許昌平懷柔等縣諸人請業荒地」作「荒田」，《興宗紀》「重熙七年十一月辛丑問安皇太后進珍玩」作「周玩」，「十二月己巳以北府宰相撒八寧再任」作「撒八宰」，《道宗紀》「咸雍七年八月辛巳置佛骨於招仙浮圖」作「招山」，【略】《屬國表》「聖宗統和八年四月女直國遣使來貢」脫「來貢」二字，《孩里傳》「賜平亂功臣」，空「亂」字，《國語解》「乙室板里國舅帳二族之名」脫「之名」二字，皆脫文也。甚至《進遼史表》後原有修史官員結銜二葉，

亦皆脫去。則此書尚爲善本矣。惟此書亦脫《道宗紀》四卷第七葉、《地理志》二卷第十二葉、《百官志》第十四葉、《屬國表》第二十一葉、《耶律庶成等傳》第五葉。校順治補刊本則此數葉版心魚尾上皆有「嘉靖八年刊」五字，乃知國初其版尚存，此書印時必不缺也。其餘目錄脫第五、第十五兩葉，舊經鈔補，亦書「嘉靖八年刊」，而順治補刊本則此兩葉魚尾上皆有「萬曆四年刊」五字。據黄佐《南雍志·經籍考》云「《遼史》百十五卷完計一千零三十五面，失者三面，嘉靖七年重刊」，又知萬曆四年所刊之葉必在《南雍志》所失三面之中。而此書可定爲萬曆以前印本也。若《志》云嘉靖七年重刊，而此書魚尾上皆有「嘉靖八年刊」五字者，當是雕版在八年而奏請在七年，《志》載「嘉靖七年錦衣衛閒住千戶沈麟奏準校勘史書，禮部議遼金二史原無版者，購求善本翻刻以成全史，完日通印進呈」是其塙證。嗚呼！明之嘉靖去今不及四百年，而此書流傳絕少，各家藏書目均未著錄，則付劫灰者多矣。此爲吾鄉宋既庭舊藏，卷端有跋語、鈐記，可寶也。因向文富堂韓賈以白金二十兩購歸，取順治補刊本鈔補其脫葉，而爲之跋。

又《唐寫卷子本修文殿御覽跋》　古類書，鳥部鶴、鴻、鵠、雉四類殘卷。其書「虎」作「虍」，「民」作「巳」，「治」作「治」，皆缺筆，蓋唐高宗時寫也。吾友上虞羅參事叔蘊定爲修文殿御覽，惜初出甘肅敦煌縣莫高窟石室即爲法博士伯希和所得，迺乞其景本而傳諸世。

又《宋槧龍川略志別志跋》　鶴逸所藏《龍川略志》六卷，《別志》四卷，吾家楝亭故物也。每半葉十一行，行二十二字。版心有刻工陸祐、李大有、朱信、何澄、楊仪當是御名俗體字等姓名，卷中於藝祖、仁宗、英宗、神宗、宣、仁字皆上空一格，亦有不空者，遇「溝」、「講」、「慎」諸諱皆缺筆，而於「惇」、「敦」不缺，殆南宋孝宗時書坊本矣。惜坊本務趨簡易，往往每一事已，並不跳行以分起訖，即於其下直接他事。如《略志》末卷於太皇太后合祭天地事後即直接監察御史董敦逸四狀黄慶基三狀事，上遣張茂則傳宣內中舊人抽取寄資充差遣事後即直接皇太妃兄朱伯材奏門客徐州富人寶氏事。

又《宋巾箱本五代史平話跋》　宋巾箱本《五代史平話》於梁、唐、晉、漢、周各分上下二卷，惜《梁史》、《漢史》皆缺下卷，雖上卷尚存回目，而《梁史》已脫去數葉，不能補矣。元忠於光緒辛丑遊杭得自常熟張大令敦伯家，以壓歸裝。顧各家書目皆未著錄，博訪通人亦驚以爲罕見秘籍。偶憶《夢粱錄·小說講經史門》有云「講史者，謂講說《通鑑》漢唐歷代書史文，傳興廢爭戰之事有戴書生、周進士、張小娘子、宋小娘子、邱機山、徐宣教」，疑此平話或出南渡小說家所爲，而書賈刻之。故目錄及每卷首尾輒大書「新編五代某史平話」也。惟刊自坊肆，每於宋諱不能盡避。其稱「魏徵」及「貞觀」處則皆作「魏證」、「正觀」，要亦當時習慣使然。是書近爲吾友武進董大理授經景刊行世，寫刻之精無異宋槧。他日藏書家或與士禮居本《宣和遺事》並傳乎？

又《宋槧殘本通鑑紀事本末跋》　宋嚴州小字本《通鑑紀事本末》第十二、十三兩卷，每半葉十三行，行二十四字，版心有刻工方忠、宋琳等姓名。遇宋諱字皆缺筆，如「玄」、「朗」、「敬」、「驚」、「警」、「弘」、「泓」、「殷」、「匡」、「胤」、「恆」、「貞」、「徵」、「讓」、「樹」、「豎」、「勗」、「桓」、「垣」、「絚」皆是，而於高宗諱作「太上御名」四字，孝宗嫌諱「慎」字皆缺末點，自是南渡後刻本。《通例》至每卷後皆有「印書盛新」四字，爲他宋本所未見，知選擇紙墨責有專司，亦得附名，猶漢華山碑「杜遷市石，郭香察書」之意焉。今世流傳《通鑑紀事本末》類皆寶祐大字本，獨淳熙小字本爲最初刻，僅於內閣大庫見之。元忠往在文華殿檢勘，共得三部。一黄綾裝，十冊；一紅皮本，二十六冊；一有「國子監崇文閣官書」朱文長方木印，十二冊。然俱非完帙，惟吾鄉汪閬源家相傳有四十二卷，即《藝芸書舍書目》所著錄者。顧以綠卿前輩跋語言之，知汪書每卷標題上下亦有「吳江徐氏紀事」及「飛龍」朱文二印，與此書同。此書十二、十三兩卷即由汪書散出，而汪書已用同版後印、每卷前印「柏山張氏省軒恆用印」九字、後印「豫園主人」四字者補入。其本「太上御名」或改作「構」字，當係元時修版所印，則汪書亦經配補矣。考《直齋書錄解題》稱「《通鑑紀事本末》四十二卷，工部侍郎袁樞機仲撰。」樞自太學官分教嚴陵爲此書，書成，當即刻於嚴州。故《玉海》有淳熙三年十一月二十四日詔嚴州摹印十部之事。三年爲淳熙丙申，而書刻於淳熙元年乙未。卷首章大醕序所謂「刻於淳熙乙未、修於端平甲午、重修於淳祐」是也。

又《明槧十七史百將傳跋》　《玉海·藝文門》引《中興書目》云：「《百將傳》十卷，皇朝張預撰。」預《進書序》所謂「分爲十卷」是也。《宋

史·藝文志·兵書類》乃云「張預集注《百將傳》一百卷」者。據善本書室所藏宋刊殘本知安陽翟安道居仁注本分卷如此，故名《張氏集注百將傳》。《志》稱張預爲元時史臣所改，而元時於十卷本亦改稱《十七史百將傳》，有鐵琴銅劍樓所藏元刊殘本可證。此明刊本爲華亭封君衡甫舊藏，其稱《十七史百將傳》當從元本傳刻。在宋本固名《百將傳》，陳振孫、趙希弁諸家著錄之外，韓淲《澗泉日記》且云「東光張預作《百將傳》，甚有旨趣，文落落不苟，殊得太史公筆法也。」

又《明槧萬曆十二年春季官册跋》　此書首册每半葉十行，題《新刊眞楷大字全號縉紳便覽》，爲內閣大學士各部尚書以至中、東、南、西、北城兵馬指揮。用藍印者，皆京官也。二三册每半葉十六行，題《新刊南北直隸十三省府州縣正佐首領全號宦林備覽》，爲各省布政按察經歷照磨府州縣官。用墨印者，皆外官也。《瀛舟筆談》言之矣。惟順天府尹、府丞、治中、通判、推官、經歷知事、照磨檢校以及大興、宛平知縣、縣丞、主簿、典史則《縉紳》、《宦林》兩册悉同。或以京尹、京縣介乎京官、外官之閒，義取互見耳。至京官尚有南京各官，外官亦尚有十三省布政、按察、各道參議、副使、僉事、太僕、苑馬、都轉等官，當是別爲一册，此適亡佚。《冬青館乙集》有此書《書後》，以爲未全册，是也。又《書後》、《筆談》均定此書爲《萬曆十二年春季官册》，校以《明史·七卿年表》，兵部尚書張學顏以十二年二月加太子少保，而册止稱兵部尚書者，《十二年春季官册》必在十一年冬季刊印，學顏於十二年二月所晉之階，自不及載。惟萬曆九年裁革，至十一年復設之官當得悉載無遺，故王廷瞻爲戶部總督、倉場左侍郎，辛應乾爲兵部協理、京營戎政左侍郎，毛綱爲提督軍務撫治鄖陽右副都御史，册皆與《職官志》密合，而又知其必非《十一年冬季官册》者，以册中癸未科庶吉士之稱非所施於本年也。則其爲《十二年甲申春季官册》明矣。

又卷一一《明槧鹽鐵論跋》　此嘉慶閒顧澗薲爲張古餘重刻《鹽鐵論》序，所謂宏治十四年江陰令新淦涂禎依嘉泰壬戌本所刻也。其書每半葉九行，行十八字，與《宋元舊本書經眼錄》所記淳熙改元錦溪張監稅宅本行款相同，恐嘉泰壬戌本即從淳熙甲午本出矣。卷首有吳郡都穆序云：「新淦涂君知江陰之明年手校是書，仍捐俸刻之。」又云：「涂君名禎，字賓賢，予同年進士。」此序載《鐵網珊瑚》。又載中論序云：「往歲同年涂君刻《鹽鐵論》於江陰，俾余識之。」觀都元敬辭意，似當時已甚重此書也。

又《宋槧殘本說苑跋》　此紅絲羅紋紙印本《說苑》，每半葉十一行，行二十字。版心有洪茂、洪新、徐亮、許明等刻工姓名，亦有但作「茂」字、「亮」字者。卷中於「玄」、「敬」、「驚」、「殷」、「匡」、「貞」、「徵」、「讓」、「禳」、「樹」、「桓」、「完」、「莞」等諱皆缺筆，於「慎」、「敦」等諱皆不缺，當是南宋初年刻本。每卷首行題「說苑卷第幾」，次行低二格題「鴻嘉四年三月己亥護左都水使者光祿大夫臣劉向上」，三行低三格書篇名，後入正文。《郡齋讀書志》所謂「鴻嘉四年上之」是也。按：《說苑》爲向奏上之書，例署年月。《漢書》本傳稱「采傳記行事著《新序》、《說苑》凡五十篇奏之」，《玉海》引其文下注：「《新序》陽朔元年二月癸卯上，《說苑》鴻嘉四年三月己亥上」，即據原書每卷次行所題言之。蓋每卷次行所題爲西漢奏上之書，首署年月日，具官姓名之舊式。

又《宋槧乖崖張公語錄跋》　此九行二十字本《乖崖張公語錄》上下二卷，白口，單綫邊，版心有通字、中字、兔字，當是刻工題名。卷中於「太宗皇帝」、「眞宗皇帝」、「崇文廣武儀天尊道應眞佑德上聖欽明仁孝皇帝」以及「天子」、「明聖」、「聖主」、「聖旨」、「聖恩」、「吾君」、「君父」、「上曰」、「上前」、「前朝」、「章聖朝」等字均跳行，於「完」、「愼」等諱均缺筆，又「侃侃」作「偘偘」，「李居貞」作「李居正」，下注「避廟諱」三字。又每一事已而此行適盡，必故擠寫數字，使空一格，不與下事混合。而於「又曰」則空一格接書，明與上文聯屬。皆宋槧中體例極謹嚴者。以卷末長方牌印眞書「紹定庚寅刊於錢塘俞宅書塾」兩行十二字言之，蓋理宗改元三年杭州刻本也。

又《宋槧傷寒要旨藥方跋》　此即《百宋一廛賦》所謂《乾道傷寒》也。注云：「李檉《傷寒要旨》二卷，每半葉九行，每行十六字。末葉有二行云：『右《傷寒要旨》一卷，《藥方》一卷，乾道辛亥歲刻於姑孰郡齋。』與此悉合。」據《直齋書錄解題》，李氏尚有《小兒保生方》三卷，云「左司郎姑孰李檉與幾撰」，則檉本姑孰人，故《醫經正本書》亦稱「近有尚書左司郎姑孰李檉與幾作《治傷寒要旨》，發明仲景論也。」是書因《藥方》目錄後有云「崇禎甲申元宵蝶菴孫道兄見惠，向置亂卷中。庚戌端節後，雨如瀑布，檢出裝好，補方六道，以備參考」云，知目錄後朱筆所識及此跋後以墨筆補錄桂枝加葛根湯、白散桔梗湯、黃連湯、芍藥甘草湯、豬膽汁方皆其所

加。又因末葉兩行後有云「南宋孝宗朝乾道七年鐫版，紙乃白宋牋也，宜寶之。即非宋版，亦是明朝初年書，不可因其不全而輕廢之。甲申正月十有六日記。」故蕘翁三跋以辨之。其第二跋云：「頃五柳主人從都中寄余宋版《洪氏集驗方》，余開卷見其行款字樣與此相類，閲後刻之『姑孰及乾道庚寅』云云，知一時刊刻，故版式相同。迨出此相證，見每葉記刻工姓名有黄憲、毛用等人，迺知二書同出二工之手，庚辛兩年先後付雕也。」按庚寅爲孝宗乾道六年，《宋史・洪遵傳》稱「乾道六年起知信州，徙知太平州。」《集驗方》之刊於姑孰正在此時。文安既官姑孰，必與邦之賢士大夫往還，故其弟文敏《夷堅甲志》有「佛還釵」、「佛救翻胃」、「歐十一」三事，注云：「皆李樫與幾説。」而樫《傷寒要旨藥方》亦於乾道七年辛卯刊於姑孰郡齋，其爲宋槧尚有何疑？凡此可由蕘翁跋義推求得之。

又《元修宋槧牘背紙印殘本論衡跋》 宣統二年冬十月偶遊廠市，見《論衡》殘本，自第二十六至三十，都五卷。每半葉十行，行二十字，版心有刻工毛奇、梁濟、卓佑、許中、陳俊、趙通、潘亨、周彥、徐顏、李文等姓名，皆宋刊也，字體方正渾厚。閒有元時修補者，刀口極鋭，筆畫瘦挺，版心亦有楊字、昌字、良字記之。印以延祐五六年牘背紙，雖闕版亦以此紙畫版匡式樣釘入，成書兩冊。首尾有「鳳陽」朱文、「陳氏家藏」白文印。予知為宋洪適會稽蓬萊閣本，元宋文瓚所補刻者也，遂以重值購歸。檢《愛日精廬藏書志》於《論衡》有元至元刊本，小字十五卷本。載乾道丁亥五月十八日會稽太守洪適景伯跋云：「右王充《論衡》三十卷，轉寫既久，舛錯滋甚，殆有不可讀者。以數本俾寮屬參校，猶未能盡善也。刻之木，藏諸蓬萊閣，庸見避疑有誤，蓋從此本傳寫所致堂舍蓋之。」又有元刊明修本，當即此本，而有宏治正德修版。載至元七年仲春安陽韓性序，云：「番陽洪公重刻於會稽蓬萊閣下，歲月既久，文字漫漶不可復讀。江南諸道行御史臺經歷克莊公以所藏善本重加校正，紹興路總管宋公文瓚爲之補刻，而其本復完。」按：性字可善，鄞人。見《貝瓊清江集・故韓處士碣銘》。據韓序知元時洪本《論衡》仍在會稽蓬萊閣，故由紹興路補刊。而性序其事所署「至元」爲順帝後「至元」，其實六年之後已改「至正」，性猶云「七年仲春」，詎紹興僻處海隅，未及知耶？從至正元年辛巳上推延祐五年戊午、六年己未，相去二十餘年，以當時牘背紙印書，由其紙亦紹興路總管物，背有「縣尹何玉給由」，「縣尹趙好禮給由」，並題「延祐六年上半年」可證。然則此殘宋刊本尚是元修元印，嚮來藏書家於此書每謂元時重刻慶歷五年楊文昌本，豈知元時補刻而非重刻，且元時補刻乾道丁亥洪適本而非重刻慶歷五年楊文昌本，皆可據此正之。又近時日本島田翰著《古文舊書考》稱其國秘府有宋本《論衡》二十五卷，其行款格式並刻工姓名與此悉合，而闕卷二十六以下。是彼之所闕即此五卷。儻能牉合，豈非快事！

又卷一二《明槧晉二俊集跋》 《晉二俊集》二十卷，明有汪士賢本。顧汪從陸元大本出，元大爲我吳業書者。《淵雅堂集》引顧元慶《夷白齋詩話》云「陸子元大，洞庭涵村世家，性疏懶，好遠游。晚歲業書，浮湛吳市」是也。此即陸本，後有正德己卯太僕少卿都穆二跋，其於《士衡集》云：「宋慶元中嘗刻華亭縣齋，歲久其書不傳。予家舊有藏本，吳士陸元大爲重刻之。」於《士龍集》云：「吳士陸元大近刻《士衡集》訖工，復取此集以予家本校而刻之。」是陸刻據都氏所藏南宋慶元本，雖此本《士衡集》前已敓慶元庚申信安徐民瞻序，而《士龍集》第一卷尚有題記云：「《二俊文集》以慶元六年二月既望書成，縣學職事校正監刊者三員，題名於後：『縣學司訓進士朱奎監刊，縣學直學進士孫垓校正，縣學學長鄉進士范公袞同校。』爲都氏所藏。」即徐民瞻本之證據。《愛日精廬藏書志》載景寫宋本《陸士龍文集》亦有此五行，特「司訓」作「司計」、「鄉進士」作「鄉貢進士」，知此有脱誤。要之，明以來所謂宋本祇有徐民瞻刻於華亭縣學之本。而此本爲所自出，無更古已。宋《雲閒志》知縣題名初至紹熙元年楊潛而止，後又添至淳祐八年陳叔弼，於是楊潛後有徐民瞻名而不注年月，正可據此《二俊集序》「到官之初，訪其遺文於鄉曲，又明年書成」之語，定爲慶元四年云。

又《元槧集千家注分類杜工部詩跋》 此《集千家注分類杜工部詩》二十五卷，爲元建安葉氏繙刻余志安本，故目録後鐘式木記本云「皇慶壬子」，改爲「三峰書舍」鼎式木記；本云「勤有堂」，改爲「廣勤堂」，實即余志安本。而余志安又繙宋紹定辛卯婺州刻本。日本島田翰《古文舊書考》所載目録末有「紹定辛卯趙氏素心齋鏤版施行」十三字，題「集千家注分類杜工部詩」，卷之一次行「東萊徐居仁編次、臨川黃鶴補注」二行聯署是也，惟又據其國御府儲藏舊刻覆宋本題「集千家注分類杜工部詩」，署「東萊徐居仁

編」，以爲徐居仁所編已名《集千家注分類杜工部詩》則大不然。夫徐宅居仁編次《門類杜詩》二十五卷，見《直齋書録解題》，其無「集千家注分類杜工部詩」之名亦較然矣。

又《宋槧殘本廬陵歐陽先生文集跋》　今春三月，四明范氏天一閣書守藏不慎，爲人胠篋運至上海迭次求售。同年張石銘鈞衡得宋刻殘本《居士集》。余從江陰師藝風堂見之，即阮刻書目《廬陵歐陽先生文集》六十四卷是也。於是知《郡齋讀書附志》云「《廬陵歐陽先生集》六十一卷」，「一」迺「四」之誤。考求得此，以爲海内孤本，無從再遇，豈知未及半年又見吾友封衡甫文權所藏之本。是本爲《廬陵歐陽先生文集》第五十七、八兩卷。每半葉十四行，行二十六字。版心上卷書「裳」字，下卷書「衣」字。閒以魚尾，書歐文卷數；復閒以魚尾，再書葉數，書係《集古目録跋尾》於「玄」、「眺」、「敬」、「璥」、「驚」、「弘」、「殷」、「胤」、「恆」、「貞」、「徵」、「桓」字皆從改避，而於「構」、「愼」、「敦」字並不缺筆疑，南渡初年所刊，依放北宋本爲之。往在文華殿檢勘内閣庫書見宋本《歐陽文忠公集》周必大序云：「《歐陽文忠集》自汴京、江浙、閩、蜀皆有之」，元本《歐陽文忠公集考異》危素記云：「宋歐陽文忠公之文，門人蘇内翰軾既爲之序，汴京官局、杭、蘇、衢吉、建、蜀俱有刻本」，是本必亦在内。論其字體，閩建爲近，顧紹熙慶元以前平園本未出，無所謂《歐陽文忠公集》，當時通行《居士集》耳。迺不稱《居士集》者，正以五十卷外又入《集古目録跋尾》等故也。然則衡甫所藏與石銘所得其並稱《廬陵歐陽先生文集》，皆《居士集》後，《歐陽文忠公集》前之本斷可知矣。宜乎僅見《郡齋讀書附志》及《天一閣書目》也。

又《宋槧殘本樂全先生文集跋》　張方平《樂全先生集》四十卷，見《宋史・藝文志》，此祇十七至三十四卷，即《藝蕓書舍書目》所著録者。自來各家所藏盡屬鈔本，甚至《四庫提要》亦云「此本『愼』字皆注『今上御名』，蓋從孝宗時刊本鈔出」，則南宋舊槧洵斷種秘本矣。惟館臣所見既係鈔本，故僅據「愼」字注「今上御名」爲言，若以此殘宋本十八卷言之，似尚未盡。按：此本皮紙印，每半葉十二行，行二十二字。版心有刻工周信、黄鼎、江翌、葉正等姓名。字作軟體。於宋諱避之最嚴，如「玹」、「儆」、「驚」、「警」、「徵」、「讓」、「署」、「樹」、「豎」、「垣」、「烜」、「完」、「搆」、「媾」、「購」、「講」、「褠」、「覯」、「遘」等字既皆缺筆，又改「高潁」作「高穎」、「貞觀」作「正觀」、「魏徵」作「魏成」、「萑蒲」作「藋蒲」；至「元」字三見皆注「聖祖名」；「頊」字四見皆注「神宗廟諱」；「桓」字九見皆注「欽宗廟諱」，特其中《服除再授端明殿龍圖閣學士》中「謝賜對衣腰帶鞍轡馬表廏馬佶閑」當云「徽宗廟諱」，迺於「佶」字避作欽宗廟諱，是其偶誤；「構」字十八見皆注「太上御名」（圖二二一）；「愼」字二十一見皆注「今上御名」，亦有缺筆作「愼」者（圖二二二），以「愼」字究爲孝宗嫌名也。則此集爲孝宗淳熙十四年以前高宗爲太上皇之世所刊無疑。

又《宋槧殘本范文正公集跋》　此紅絲羅紋紙印本《范文正集》，每半葉十二行，行二十字。版心有刻工張允、周成等姓名。於「驚」、「警」、「貞」、「讓」、「桓」、「覯」、「講」諸字皆闕筆。據《別集》後俞翊、綦煥諸跋及跋後宋鈞、趙舊櫕題名，知爲乾道丁亥饒州舊刻、淳熙丙午補刊、嘉定壬申重修者。元天曆戊辰褒賢世家重刻本即從此繙刻。明嘉靖辛酉時兆文黄妣水、李鳳翔校正本又從元本繙刻，至我朝康熙閒歲寒堂所刻更繙明本，故行款皆與此同。惟展轉摹刻，不無移易刪併。如別集卷一《送陳瓌秀才遊金陵》詩後有《過方處士舊隱詩序》，注云：「詩見《前集》。」與《前集》卷三《留題方干處士舊居》詩合。而康熙本以《別集》詩序併入《前集》，則《前集》詩下自注「時裔孫楷方登進士科」九字與序複矣。【略】諸如此類非得乾道舊刻，恐反覆深思亦未必能悟也。他若《尺牘》三卷亦半葉十二行，而每行二十二字，故版口視集本微高，當即《直齋書録解題》所謂「其家所傳，在《正集》之外」者，乃范氏子孫據墨蹟編輯。觀標題稱「文正公尺牘」可知逮後饒州通判等得其印本，遂以併刻耳。

又《宋槧臨川先生集跋》　《臨川集》一百卷，見《宋史・藝文志》。元明刻本。皆半葉十二行，行二十字，實皆繙南宋紹興本。此猶紹興舊槧，特元修明印耳。雖卷首豫章黄次山季岑序所稱「紹興校刊《臨川集》」者，郡人王丞相介父之文，知州事桐廬詹大和甄老所譜而校也」云云，出於書賈鈔補，似難據信，然其爲紹興臨川本可就宋諱證之。卷中凡遇宋諱概皆闕筆，如「眩」、「眺」、「桃」、「敬」、「儆」、「警」、「擎」、「驚」、「竟」、「境」、「鏡」、「殷」、「慇」、「匡」、「筐」、「耿」、「恆」、「徵」、「懲」、「讓」、「樹」、

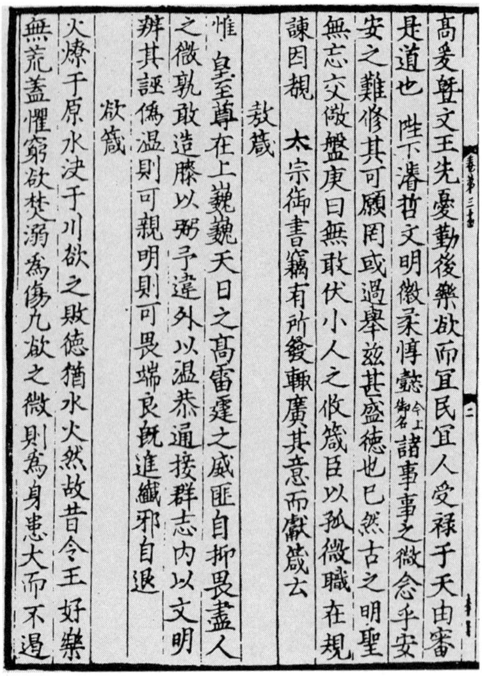
高爰暨文王先憂勤後樂欲而宜民宜人受祿于天由審
是道也　陛下濬哲文明徽柔惇懿今上御名諸事事之微念乎安
安之難修其可顧罔或過舉茲甚盛德也已然古之明聖
無忘交儆盤庚曰無敢伏小人之攸箴臣以孤微職在規
諫因覩　太宗御書竊有所發輒廣其意而獻箴云
敎箴
惟　皇至尊在上巍巍天日之高雷霆之威匪自抑畏盡人
之微孰敢造膝以弼予違外以溫恭通接群志內以文明
辨其誣僞溫則可親明則可畏端良既進纖邪自退
欲箴
火燎于原水決于川欲之敗德猶水火然故昔令王好樂
無荒蓋懼窮欲焚溺爲傷九欲之微則爲身患大而不遏

圖二二一　次行「懿」字下缺「慎」，注「今上御名」。

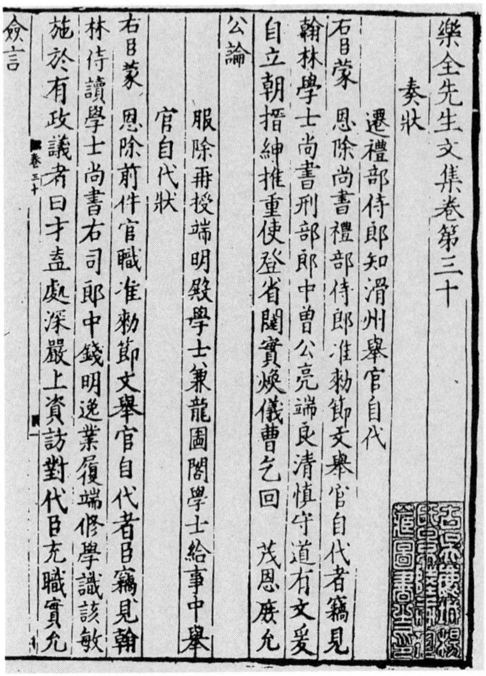
樂全先生文集卷第三十
奏狀
遷禮部侍郎知滑州舉官自代
右臣蒙　恩除尚書禮部侍郎准敕節文舉官自代者竊見
翰林學士尚書刑部郎中曾公亮端良清慎守道有文爰
自立朝搢紳推重使登省闥實煥儀曹乞回　茂恩庶允
公論
服除再授端明殿學士兼龍圖閣學士給事中舉
官自代狀
右臣蒙　恩除前件官職准敕節文舉官自代者臣竊見翰
林侍讀學士尚書右司郎中錢明逸業履端修學識該敏
施於有政議者曰才盡處深嚴上資訪對代臣充職實允
僉言

圖二二二　第五行第十七字「慎」字闕筆。

「暨」、「昜」、「煦」之類；獨「桓」字七見皆小字雙行書「淵聖御名」，而於「姮」、「洹」、「烜」、「垣」、「完」、「莞」仍闕筆避之；「構」字二十六見，皆小字雙行書「御名」；而于「篝」、「媾」、「購」、「遘」、「覯」仍闕筆避之；至「慎」、「敦」、「廓」諸字無一處闕筆者，可定爲紹興舊槧無疑。且知當時于廟諱避之最謹，觀外制中有皇姪右衛大將軍泰州防禦使知宗正寺宗實可岳州刺史充本州團練使等制，于「宗實」皆小字雙行書「英宗舊名」可以見矣。此書《鐵琴銅劍樓書目》亦載有宋刊本，顧彼云「總目惟載某卷之某卷、某體詩、某體文，其細目載每卷前」，此則每卷前固有細目，而總目仍與細目相同，一異也；彼云輓詞類中少《蘇才翁輓詞》二首，集句中少《離昇州作》一首，而多《移桃花》一首；此則據細目少《蘇才翁輓詞》一首，多《長干釋普濟坐化》一首，而《長干釋普濟坐化》已見律詩七言絶句中，復入輓詩，則重出矣。惟此版適爲元時補刊，尙難斷論。若《離昇州作》集句中明明有之，其《移桃花》今見古詩中，題爲《移桃花示俞秀老》，並不列於集句，二異也；又此本《論議類風俗篇》後有《問習》一篇，總目及細目皆無之，而彼未之及，三異也。頗疑鐵琴銅劍樓所藏爲别一本，故其《書目》稱前有小序云「紹興辛未孟秋旦日，右朝散大夫提舉兩浙西路常平茶鹽公事王珏謹題」，蓋刻於浙西者，即元槧《臨川集》吳澄序所謂浙西本，曾經王珏校補，已非政和官局所編之舊。此則珏序所謂臨川龍舒刊行，尙循舊本也。

又《宋槧殘本山谷詩注跋》　宋半葉九行，每行十六字本《山谷詩注》，僅存十五至十七三卷。卷中於「朗」、「貞」、「桓」、「完」、「敦」等諱皆缺筆，審是紹定閒刻。初謂殘本不足珍也，然以校陳伯嚴吏部三立在武昌所刻楊惺吾廣文守敬所謂日本古時繙雕宋本者，則殊不如此本之善。此本每卷首尾題「山谷詩注卷第幾」，而繙宋本作「山谷詩集注卷第幾」，一異也；此本版心上記字數，上魚尾下題「山谷詩注卷幾」，下魚尾下記葉數及刻工周榮、何櫟、劉明等姓名，或記汝隆名於下魚尾上，而繙宋本魚尾上下皆黑口，中記「山谷詩幾」及葉數，二異也；【略】行款亦復不同，三異也。其餘注中異處甚多，不能悉數，於是方知此本之善。又知所謂日本古時繙雕宋本即《善本書室藏書志》所載日本寬永己巳繙宋紹定閒中刊本《山谷詩集注》，見於明周宏祖《古書源流考》者，詎意日本繙雕時已失宋本本來面目，若此非

得此本對勘何從知之？然後歎此本爲眞紹定壬辰延平舊槧。雖片紙隻字尚足寶貴，況具存十五、十六、十七三卷耶？

又《元磧沙寺本唐三體詩注跋》 元十行本《唐三體詩注》，一卷至七卷爲七言絶，八卷至十三卷爲七言律，十四卷至二十卷爲五言律，其一、八、九、十、十一、十四諸卷署「汶陽周弻伯弜選，高安釋圓至天隱說。」《南濠詩話》所謂「長洲陳湖磧沙寺元初有僧魁天紀者，與高安僧圓至友善。嘗注周伯弜所選《唐三體詩》，魁割其資刻寘寺中，方萬里特爲作序。」今吴人稱磧沙唐詩是也。又云：「圓至工於古文，而詩尤淸婉。其造語之妙當不減於惠勤、參寥輩。」【略】此本刻工惡劣，而卷首方虚谷序巍然尚存。以《歸田詩話》所稱書坊所刻皆不載者言之，則爲磧沙寺原刻無疑。今就瞿宗吉所録與此相校，如又有所謂「汶陽周伯弜三體法者專爲四韻五七言小律詩設之」，以下尚有「而古之所謂詩蓋付之洪荒草昧之外矣，其說」等十八字，其餘文字亦有異同，但得明初刻本何從知之？余嘗謂書縱拙率，苟覓得舊刻，終有勝處，亦藏書家所不可不知者。

流通總部

主　編：閻崇東
副主編：可永雪
　　　　王玉璽

《流通總部》編纂人員

主　編：閻崇東

副主編：可永雪　王玉璽

編纂者：朱　敏　梁偉岸　姜　娜　曹文婷　楊巧娣
卜明喜　單愛民　郭曉妍　楊洪濤

《流通總部》提要

一、《流通總部》是《文獻目録典・文獻學分典》九個總部之一，分類輯録有關古代典籍文獻流通的各種史料。本總部下分爲四個部：總論、文獻流散、流通方式、中外文獻流通。

二、「總論部」下設兩緯目：「論述」，收録有關流通等概念的論述或記述性資料、有關論述或記述歷代圖書流通發展渠道的資料。「藝文」，收録有關吟詠圖書流通的詩文。

三、「文獻流散部」轄三個分部：政治禁毁、戰争劫難、自然損汰。各分部下均設兩個緯目：「綜述」，收録有關論述或記述文獻流散的資料。「雜録」，收録考證文獻流散的相關資料以及相關人物的資料。

四、「流通方式部」轄五個分部：賜贈、鬻販、交换、借鈔、攘竊。每個分部下設兩個緯目：「綜述」，收録反映文獻流通各種方式的具體事例。「雜録」，收録佐證各種流通方式的參考資料或綜合性資料。

五、「中外文獻流通部」下設兩個緯目：「紀事」，收録記載歷代中外文獻流通之事件。「雜録」，收録在這些事件中起重要作用的人物的事蹟或其他佐證資料。

六、本總部凡輯録大型總集、類書中的單篇文獻，或爲他人著述所作的序跋，爲標注簡明起見，在引書標目後用圓括號標示其出處。如：范鎮《宋諫議敏求墓誌》（《名臣碑傳琬琰集》中卷一六）。又如：沈晦《南陽集跋》（韓維《南陽集》卷末）。

七、古今有關文獻流通方面的論著極少，相關資料零碎雜處，鈎稽條理不易，彙輯中難免存在錯誤和不足之處，望方家學者不吝指教和批評。

閻崇東

二〇一三年二月一二日

目次

總論部

論述

《墨子・非命上》 然而今天下之士君子，或以命爲有。蓋嘗尙觀於先王之書，先王之書，所以出國家，布施百姓者，憲也。

《韓非子・難三》 或曰：管仲之所謂「言室滿室、言堂滿堂」者，非特謂遊戲飲食之言也，必謂大物也。人主之大物，非法則術也。法者，編著之圖籍，設之於官府，而布之於百姓者也。術者，藏之於胸中，以偶衆端，而潛御羣臣者也。故法莫如顯，而術不欲見。是以明主言法，則境內卑賤，莫不聞知也，不獨滿於堂。用術，則親愛近習，莫之得聞也，不得滿室。而管子猶曰「言於室滿室，言於堂滿堂」，非法術之言也。

《吕氏春秋・先識覽》 故賢主得賢者而民得，民得而城得，城得而地得。夫地得，豈必足行其地、人說其民哉！得其要而已矣。夏太史令終古出其圖法，執而泣之。夏桀迷惑，暴亂愈甚，太史令終古乃出奔如商。湯喜而告諸侯曰：夏王無道，暴虐百姓，窮其父兄，恥其功臣，輕其賢良，棄義聽讒，衆庶咸怨，守法之臣，自歸于商。殷內史向摯見紂之愈亂迷惑也，於是載其圖法，出亡之周。武王大說，以告諸侯曰：商王大亂，沈于酒德，辟遠箕子，爰近姑與息。妲己爲政，賞罰無方，不用法式，殺三不辜，民大不服。守法之臣，出奔周國。晉太史屠黍見晉之亂也，見晉公之驕而無德義也，以其圖法歸周。

揚雄《法言》卷三《修身》 好書而不要諸仲尼，書肆也。

王充《論衡・佚文篇》 惡人操意，前後乖違，始皇前嘆韓非之書，後惑李斯之議，燔《五經》之文，設挾書之律。《五經》之儒，抱經隱匿；伏生之徒，竄藏土中。殄聖賢之文，厥辜深重，嗣不及孫。李斯創議，身伏五刑。漢興，易亡秦之軌，削李斯之跡。高祖始令陸賈造書，未興《五經》。惠、景以至元、成，經書並修。漢朝郁郁，厥語所聞，孰與亡秦？王莽無道，漢軍雲起，臺閣廢頓，文書棄散。光武中興，修存未詳。孝明世好文人，並徵蘭臺之官，文雄會聚。今上即令，詔求亡失，購募以金，安得不有好文之聲？唐、虞旣遠，所在書散。殷、周頗近，諸子存焉。漢興以來，傳文未遠，以所聞見，伍唐、虞而什殷、周。煥炳郁郁，莫盛於斯。天晏暘者，星辰曉爛；人性奇者，掌文藻炳。漢今爲盛，故文繁湊也。

《漢書・叙傳》 穉生彪。彪字叔皮，幼與從兄嗣共遊學，家有賜書，內足於財，好古之士自遠方至，父黨揚子雲以下莫不造門。嗣雖修儒學，然貴老、嚴之術。桓生欲借其書，嗣報曰：「若夫嚴子者，絕聖棄智，修生保眞，清虛澹泊，歸之自然，獨師友造化，而不爲世俗所役者也。漁釣於一壑，則萬物不奸其志；栖遲於一丘，則天下不易其樂。不絓聖人之罔，不齅驕君之餌，蕩然肆志，談者不得而名焉，故可貴也。今吾子已貫仁誼之羈絆，繫名聲之韁鎖，伏周、孔之軌躅，馳顔、閔之極摯，旣繫攣於世教矣，何用大道爲自眩曜？昔有學步於邯鄲者，曾未得其髣髴，又復失其故步，遂匍匐而歸耳！恐似此類，故不進。」嗣之行己持論如此。

又《張安世傳》 安世字子孺，少以父任爲郎。用善書給事尙書，精力於職，休沐未嘗出。上行幸河東，嘗亡書三篋，詔問莫能知，唯安世識之，具作其事。後購求得書，以相校無所遺失。上奇其材，擢爲尙書令，遷光祿大夫。

何休《春秋公羊經傳解詁隱公第一》 案閔因叙云：「昔孔子受端門之命，制《春秋》之義，使子夏等十四人求周史記，得百二十國寶書，九月經立。」

《後漢書・桓榮傳》 桓榮字春卿，沛郡龍亢人也。少學長安，習《歐陽尙書》，事博士九江朱普。貧窶無資，常客傭以自給，精力不倦，十五年不闚家園。

又《王充傳》 王充字仲任，會稽上虞人也，其先自魏郡元城徙焉。充少孤，鄉里稱孝。後到京師，受業太學，師事扶風班彪。好博覽而不守章句。家貧無書，常游洛陽市肆，閱所賣書，一見輒能誦憶，遂博通衆流百家之言。

又《文苑傳・劉梁》 劉梁字曼山，一名岑，東平寧陽人也。梁宗室子孫，而少孤貧，賣書於市以自資。

孔稚珪《上新定法律表》（《藝文類聚》卷五四） 伏維陛下躡歷登皇，乘圖踐帝。天地更築，日月再張。五禮裂而復縫，六樂穨而爰緝。乃發德音，下明詔，降恤刑之文，申慎罰之典。敕臣與公卿八座共刪注律。謹奉聖旨，諮審司徒臣子良，稟受成規，創立條緒。使兼監臣宋躬、兼平臣王植等，鈔選同異，定其去取。詳議八座，裁正大司馬臣嶷。其中洪疑大議，衆論相背者，聖照玄覽，斷自天筆。始就成立《律文》二十卷，《録叙》一卷，凡二十一卷。以今奏聞請付外施用，宣下四海。【略】臣以疎短，謬司大理。陛下發自聖衷，憂矜刑網。御（延）［廷］奉訓，遠照民瘼。臣謹仰述天官，伏奏雲陛。所奏繆允者，宜寫律上。國學置律助教，依《五經》例，國子生有欲讀者，策試上過高第，即便擢用，使處法職，以勸士流。

蕭繹《金樓子》卷二《聚書篇》 初出閤在西省，蒙敕旨賚《五經》正副本。爲瑯琊郡時，蒙敕給書，并私有繕寫。爲東州時，寫得《史》、《漢》、《三國志》、《晉書》，又寫劉選部孺家、謝通直彥遠家書，又遣人至吴興郡就夏侯亶寫得書，又寫得虞太中闡家書。爲丹陽時，啓請先宫書，又就新渝上黄、新吴寫格五戲得少許。爲揚州時，就吴中諸士大夫寫得《起居注》，又得徐簡肅勉《起居注》。前在荆州時，晉安王子時鎮雍州，啓請書寫，比應入蜀又寫得書。又遣州民宗孟堅下都市得書，又得鮑中記泉上書。安成煬王於湘州薨，又遣人就寫得書。劉大南郡之遴、小南郡之亨、江夏樂法才別駕，庾喬宗仲回主簿、庾格僧正法持絓經書，是其家者皆寫得。又得招提琰法師衆義疏及衆經序。又得頭陀寺曇智法師陰陽、卜祝、冢宅等書。又得州民朱澹遠送異書。又於長沙寺經藏就京公寫得四部。又於江州江革家得元嘉前後書五秩。又就姚凱處得三秩。又就江錄處得四秩。足爲一部，合二十秩，一百一十五卷，並是元嘉書，紙墨極精奇。又聚得元嘉《後漢》并《史記》、《續漢春秋》、《周官》、《尚書》及諸子集等可一千餘卷。又聚得細書《周易》、《尚書》、《周官》、《儀禮》、《禮記》、《毛詩》、《春秋》各一部，又使孔昂寫得《前漢》、《後漢》、《史記》、《三國志》、《晉陽秋》、《莊子》、《老子》、《肘後方》、《離騷》等，合六百三十四卷，悉在一巾箱中，書極精細。還石城爲戍軍時，寫得元儒衆家義疏。爲江州時，又寫蕭諮議賁、劉中紀緩、周録事宏直等書。時羅鄉侯蕭說於安成失守，又遣王諮議僧辯取得說書。又值吴平光侯廣州下，遣何集、曹沔寫得書。又值衡山侯雍州下，又寫得書。又蘭左衛欽從南鄭還，又寫得蘭書，往往未渡江時書成。是此間製作甚新奇，張湘州纘經餉書，如樊光注《爾雅》之例是也；張豫章綰經餉書，如《高僧傳》之例是也；范鄱陽胥經餉書，如高誘《戰國策》之例是也；隱士王縝之經餉書，如《童子傳》之例是也。又就東林寺智表法師寫得書，法書如初，韋護軍叡餉數卷，次又殷貞子鈞餉。爾後又遣范普市得法書，又使潘菩提市得法書，並是二王書也。郡五官虞曒大有古迹，可五百許卷，併留之。伏事客房篆，又有三百許卷，併留之。因爾遂蓄諸迹，又就會稽宏普惠皎道人搜聚之，及臨汝靈侯益州還，遂巨有所辦。後又有樂彥春、劉之遴等書將五千卷。又得南平嗣王書，又得張雍州書，又得桂陽藩王書，又得留之遠書。吾今年四十六歲，自聚書來四十年，得書八萬卷，河間之侔漢室，頗謂過之矣。

《魏書·高祖紀》 ［太和十九年六月］癸丑，詔求天下遺書，秘閣所無，有裨益時用者加以優賞。

又《世宗紀》 ［永平三年］六月壬寅，詔重求遺書於天下。

又《高湖傳》 第三子謐，字安平，有文武才度。天安中，以功臣子召入禁中，除中散，專典秘閣。肅勤不倦，高宗深重之，拜秘書郎。謐以墳典殘缺，奏請廣訪群書，大加繕寫。由是代京圖籍，莫不審正。

又《李先傳》 轉七兵郎，遷博士、定州大中正。太祖問先曰：「天下何書最善，可以益人神智？」先對曰：「唯有經書。三皇五帝治化之典，可以補王者神智。」又問曰：「天下書籍，凡有幾何？朕欲集之，如何可備？」對曰：「伏羲創製，帝王相承，以至於今，世傳國記，天文秘緯不可計數。陛下誠欲集之，嚴制天下諸州郡縣搜索備送，主之所好，集亦不難。」太祖於是班制天下，經籍稍集。

又《劉芳傳》 芳常爲諸僧傭寫經論，筆迹稱善，卷直以一縑，歲中能入百餘匹，如此數十年，賴以頗振。由是與德學大僧，多有還往。

《隋書·經籍志總序》 暨夫周室道衰，紀綱散亂，國異政，家殊俗，褒貶失實，隳紊舊章。孔丘以大聖之才，當傾頽之運，歎鳳鳥之不至，惜將墜於斯文，乃述《易》道而刪《詩》、《書》，修《春秋》而正《雅》、《頌》。壞禮崩樂，咸得其所。自哲人萎而微言絶，七十子散而大義乖，戰國縱横，眞僞莫辨，諸子之言，紛然淆亂。聖人之至德喪矣，先王之要道亡矣，陵夷

踳駮，以至于秦。秦政奮豺狼之心，剗先代之迹，焚《詩》、《書》，坑儒士，以刀筆吏爲師，制挾書之令。學者逃難，竄伏山林，或失本經，口以傳說。

漢氏誅除秦、項，未及下車，先命叔孫通草緜蕝之儀，救擊柝之弊。其後張蒼治律曆，陸賈撰《新語》，曹參薦蓋公言黄、老，惠帝除挾書之律，儒者始以其業行於民間。猶以去聖既遠，經籍散逸，簡札錯亂，傳說紕繆，遂使《書》分爲二，《詩》分爲三，《論語》有齊、魯之殊，《春秋》有數家之傳。其餘互有踳駮，不可勝言。此其所以博而寡要，勞而少功者也。武帝置太史公，命天下計書，先上太史，副上丞相，開獻書之路，置寫書之官，外有太常、太史、博士之藏，內有延閣、廣內、祕室之府。司馬談父子，世居太史，探采前代，斷自軒皇，逮于孝武，作《史記》一百三十篇。詳其體制，蓋史官之舊也。至於孝成，祕藏之書，頗有亡散，乃使謁者陳農，求遺書於天下。命光祿大夫劉向校經傳諸子詩賦，步兵校尉任宏校兵書，太史令尹咸校數術，太醫監李柱國校方技。每一書就，向輒撰爲一錄，論其指歸，辨其訛謬，叙而奏之。向卒後，哀帝使其子歆嗣父之業。乃徙溫室中書於天祿閣上。歆遂總括羣篇，撮其指要，著爲《七略》：一曰《集略》，二曰《六藝略》，三曰《諸子略》，四曰《詩賦略》，五曰《兵書略》，六曰《術數略》，七曰《方技略》。大凡三萬三千九十卷。王莽之末，又被焚燒。光武中興，篤好文雅，明、章繼軌，尤重經術。四方鴻生鉅儒，負袠自遠而至者，不可勝算。石室、蘭臺，彌以充積。又於東觀及仁壽閣集新書，校書郎班固、傅毅等典掌焉。並依《七略》而爲書部，固又編之，以爲《漢書·藝文志》。董卓之亂，獻帝西遷，圖書縑帛，軍人皆取爲帷囊。所收而西，猶七十餘載。兩京大亂，掃地皆盡。魏氏代漢，采掇遺亡，藏在祕書中、外三閣。魏祕書郎鄭默，始制《中經》，祕書監荀勗，又因《中經》，更著《新簿》，分爲四部，總括羣書。一曰甲部，紀六藝及小學等書；二曰乙部，有古諸子家、近世子家、兵書、兵家、術數；三曰丙部，有史記、舊事、皇覽簿、雜事；四曰丁部，有詩賦、圖讚、《汲冢書》，大凡四部合二萬九千九百四十五卷。但錄題及言，盛以縹囊，書用緗素。至於作者之意，無所論辯。惠、懷之亂，京華蕩覆，渠閣文籍，靡有孑遺。東晉之初，漸更鳩聚。著作郎李充，以勗舊簿校之，其見存者，但有三千一十四卷。充遂總沒衆篇之名，但以甲乙爲次。自爾因循，無所變革。其後中朝遺書，稍流江左。宋元嘉八年，祕書監謝靈運造《四部目錄》，大凡六萬四千五百八十二卷。元徽元年，祕書丞王儉又造《目錄》，大凡一萬五千七百四卷。儉又別撰《七志》：一曰《經典志》，紀六藝、小學、史記、雜傳；二曰《諸子志》，紀今古諸子；三曰《文翰志》，紀詩賦；四曰《軍書志》，紀兵書；五曰《陰陽志》，紀陰陽圖緯；六曰《術藝志》，紀方技；七曰《圖譜志》，紀地域及圖書。其道、佛附見，合九條。然亦不述作者之意，但於書名之下，每立一傳，而又作九篇條例，編乎首卷之中。文義淺近，未爲典則。齊永明中，祕書丞王亮、監謝朏，又造《四部書目》，大凡一萬八千一十卷。齊末兵火，延燒祕閣，經籍遺散。梁初，祕書監任昉，躬加部集，又於文德殿內列藏衆書，華林園中總集釋典，大凡二萬三千一百六卷，而釋氏不豫焉。梁有祕書監任昉、殷鈞《四部目錄》，又《文德殿目錄》。其術數之書，更爲一部，使奉朝請祖暅撰其名。故梁有《五部目錄》。普通中，有處士阮孝緒，沉靜寡慾，篤好墳史，博采宋、齊已來，王公之家凡有書記，參校官簿，更爲《七錄》：一曰《經典錄》，紀六藝；二曰《記傳錄》，紀史傳；三曰《子兵錄》，紀子書、兵書；四曰《文集錄》，紀詩賦；五曰《技術錄》，紀數術；六曰《佛錄》；七曰《道錄》。其分部題目，頗有次序，割析辭義，淺薄不經。梁武敦悅詩書，下化其上，四境之內，家有文史。元帝克平侯景，收文德之書及公私經籍，歸于江陵，大凡七萬餘卷。周師入郢，咸自焚之。陳天嘉中，又更鳩集，考其篇目，遺闕尚多。其中原則戰爭相尋，干戈是務，文教之盛，苻、姚而已。宋武入關，收其圖籍，府藏所有，纔四千卷。赤軸青紙，文字古拙。後魏始都燕、代，南略中原，粗收經史，未能全具。孝文徙都洛邑，借書於齊，祕府之中，稍以充實。暨於尒朱之亂，散落人間。後齊遷鄴，頗更搜聚，迄於天統、武平，校寫不輟。後周始基關右，外逼強鄰，戎馬生郊，日不暇給。保定之始，書止八千，後稍加增，方盈萬卷。周武平齊，先封書府，所加舊本，纔至五千。隋開皇三年，祕書監牛弘，表請分遣使人，搜訪異本。每書一卷，賞絹一匹，校寫既定，本即歸主。於是民間異書，往往間出。及平陳已後，經籍漸備。檢其所得，多太建時書，紙墨不精，書亦拙惡。於是總集編次，存爲古本。召天下工書之士，京兆韋霈、南陽杜頵等，於祕書內補續殘缺，爲正副二本，藏于宮中，其餘以實祕書內、外之閣。凡三萬餘卷。煬帝即位，祕閣之書，限寫五十副本，分爲三品：上品紅瑠璃

軸，中品紺瑠璃軸，下品漆軸。於東都觀文殿東西廂構屋以貯之，東屋藏甲乙，西屋藏丙丁。又聚魏已來古跡名畫，於殿後起二臺，東曰妙楷臺，藏古跡；西曰寶蹟臺，藏古畫。又於内道場集道、佛經，别撰目録。　大唐武德五年，克平僞鄭，盡收其圖書及古跡焉。命司農少卿宋遵貴載之以船，泝河西上，將致京師。行經底柱，多被漂沒，其所存者，十不一二。其《目録》亦爲所漸濡，時有殘缺。今考見存，分爲四部，合條爲一萬四千四百六十六部，有八萬九千六百六十六卷。其舊録所取，文義淺俗、無益教理者，並删去之。其舊録所遺，辭義可采，有所弘益者，咸附入之。遠覽馬史、班書，近觀王、阮志、録，挹其風流體制，削其浮雜鄙俚，離其疏遠，合其近密，約文緒義，凡五十五篇，各列本條之下，以備《經籍志》。雖未能研幾探賾，窮極幽隱，庶乎弘道設教，可以無遺闕焉。夫仁義禮智，所以治國也，方技數術，所以治身也；諸子爲經籍之鼓吹，文章乃政化之黼黻，皆爲治之具也。故列之於此志云。

又《牛弘傳》　開皇初，【略】弘以典籍遺逸，上表請開獻書之路，曰：「【略】今御書單本，合一萬五千餘卷，部帙之間，仍有殘缺。比梁之舊目，止有其半。至於陰陽河洛之篇，醫方圖譜之説，彌復爲少。臣以經書，自仲尼已後，迄于當今，年踰千載，數遭五厄，興集之期，屬膺聖世。伏惟陛下受天明命，君臨區宇，功無與二，德冠往初。自華夏分離，彝倫攸斁，其間雖霸王遞起，而世難未夷，欲崇儒業，時或未可。今土宇邁於三王，民黎盛於兩漢，有人有時，正在今日。方當大弘文教，納俗升平，而天下圖書尚有遺逸，非所以仰協聖情，流訓無窮者也。臣史籍是司，寢興懷懼。昔陸賈奏漢祖云「天下不可馬上治之」，故知經邦立政，在於典謨矣。爲國之本，莫此攸先。今秘藏見書，亦足披覽，但一時載籍，須令大備。不可王府所無，私家乃有。然士民殷雜，求訪難知，縱有知者，多懷吝惜，必須勒之以天威，引之以微利。若猥發明詔，兼開購賞，則異典必臻，觀閣斯積，重道之風，超於前世，不亦善乎！伏願天監，少垂照察。」上納之，於是下詔，獻書一卷，賚縑一匹。一二年間，篇籍稍備。進爵奇章郡公，邑千五百户。

《晉書・范汪傳》　范汪字玄平，雍州刺史晷之孫也。父稚，蚤卒。汪少孤貧，六歲過江，依外家新野庾氏。荆州刺史王澄見而奇之，曰：「興范族者，必是子也。」【略】及長，好學。外氏家貧，無以資給，汪乃廬於園中，布衣蔬食，然薪寫書，寫畢，誦讀亦遍，遂博學多通，善談名理。

又《文苑傳・左思》　陳留衛權又爲思賦作《略解》，序曰：「余觀《三都》之賦，言不苟華，必經典要，品物殊類，稟之圖籍，辭義瓌瑋，良可貴也。有晉徵士故太子中庶子安定皇甫謐，西州之逸士，耽籍樂道，高尚其事，覽斯文而慷慨，爲之都序。中書著作郎安平張載、中書郎濟南劉逵，並以經學洽博，才章美茂，咸皆悦玩，爲之訓詁。其山川土域，草木鳥獸，奇怪珍異，僉皆研精所由，紛散其義矣。余嘉其文，不能默已，聊藉二子之遺忘，又爲之《略解》，祇增煩重，覽者闕焉。」自是之後，盛重於時，文多不載。司空張華見而歎曰：「班、張之流也。使讀之者盡而有餘，久而更新。」於是豪貴之家競相傳寫，洛陽爲之紙貴。初，陸機入洛，欲爲此賦，聞思作之，撫掌而笑，與弟雲書曰：「此間有傖父，欲作《三都賦》，須其成，當以覆酒甕耳。」及思賦出，機絶歎伏，以爲不能加也，遂輟筆焉。

《南史・齊江夏王鋒傳》　五歲，高帝使學鳳尾諾，一學即工。高帝大悦，以玉騏驎賜之，曰：「騏驎賞鳳尾矣。」至十歲，便能屬文。武帝時，藩邸嚴急，諸王不得讀異書，《五經》之外，唯得看《孝子圖》而已。鋒乃密遣人於市里街巷買圖籍，期月之間，殆將備矣。

《北史・崔宏傳》　初，宏父潛爲兄渾等誄手筆本草，延昌初，著作佐郎王遵業買書於市，遇得之，年將二百，寶其書迹，深藏秘之。武定中，遵業子松年將以遺黄門郎崔季舒，人多摹搨之。左光禄大夫姚元標以工書知名於時，見潛書，以爲過於浩也。

又《邢卲傳》　自孝明之後，文雅大盛，卲彫蟲之美，獨步當時，每一文初出，京師爲之紙貴，讀誦俄徧遠近。于時袁翻與范陽祖瑩位望通顯，文筆之美，見稱先達，以卲藻思華贍，深共嫉之。每洛中貴人拜職，多憑卲爲謝章表。嘗有一貴勝初授官，大事賓食，翻與卲俱在坐，翻意主人託其爲讓表。遂命卲作之，翻甚不悦。每告人云：「邢家小兒常客作章表，自買黄紙，寫而送之。」卲恐爲翻所害，乃辭以疾。屬尚書令元羅出鎮青州，啓爲府司馬，遂在青土，終日酣賞，盡山泉之致。

又《陽休之傳》　〔休之弟〕次俊之，位兼通直常侍，聘陳副，尚書郎。當文襄時，多作六言歌辭，淫蕩而拙，世俗流傳，名爲《陽五伴侣》，寫而

賣之，在市不絕。俊之嘗過市，取而改之，言其字誤。賣書者曰：「陽五，古之賢人，作此《伴侣》，君何所知，輕敢議論！」俊之大喜。後待詔文林館，自言：「有文集十卷，家兄亦不知吾是才士也。」

封演《封氏聞見記》卷二《典籍》　漢承秦滅學，武帝開獻書之路，置寫書之官，由是外有太常、太史、博士之藏，内有延閣、廣内、祕室之府。成帝時，秘藏頗有亡散，乃使謁者陳農求遺書于天下，詔光禄大夫劉向校經傳、諸子、詩賦，步兵校尉任宏校兵書，太史令尹咸校數術，侍醫監李柱國校方技。哀帝使向子歆嗣父之業，歆遂總會羣篇，著爲《七略》，大凡萬三千二百六十九卷。王莽之末，又被焚燒。光武遷洛陽，所載經傳二千餘兩。明帝尤重儒術，爾後撰錄，三倍于前。董卓移都之際，自辟雍、東觀、蘭臺、石室、宣明、鴻都諸藏，典冊文章，竟共剖散；圖書縑帛，軍人以爲帷囊。及王允收而西者纔七十餘乘，道路艱遠，復棄其半；長安之亂，一時焚蕩。魏時采掇亡書，藏在三閣，秘書郎鄭默始制《中經簿》，祕書監荀勗分經、史、子、集爲四部甲、乙、丙、丁之目，大凡二萬九千九百四十五卷。惠、懷之末，靡有孑遺。東晉著作郎李充，以勗舊部校之，存者但有三千一十四卷。其後中朝遺書，稍流江左。宋元嘉八年，秘書監謝靈運造四部目，凡六萬四千五百八十二卷。元徽初，秘書丞王儉又造目錄，萬五千七百四卷。儉又别撰《七志》，有《經典志》、《諸子志》、《文翰志》、《軍書志》、《陰陽志》、《術藝志》、《圖譜志》。齊永明中，秘書丞王亮又造書目萬八千一十卷。齊末，兵火延燒秘閣。梁初，命秘書監任昉于文德殿内集藏衆書二萬三千一百六卷。普通中，阮孝緒更爲《七錄》，有《經典錄》、《記傳錄》、《子兵錄》、《文集錄》、《伎術錄》、《佛錄》、《道錄》。元帝克平侯景，收文德殿書及公私經籍歸于江陵，大凡七萬餘卷。周師入郢，並自焚之。宋武入關，收其圖籍纔四千卷，赤軸青紙，文字古拙。魏孝文始都洛邑，借書于齊，秘府稍僅充實。尒朱之亂，散落復多。北齊遷鄴，頗更搜聚。後周定目，書止八千，其後增至萬卷。周武平齊，先封書府，所加舊本，僅至五千。隋開皇三年，祕書監牛弘表請分遣使搜訪異本，每書一卷，賞縑一疋，校寫既定，本還其主。由是人間異書往往間出。及平陳後，經籍漸多。煬帝限寫五十副本，分爲三品，于東都觀文殿東西廊屋列以貯之。大唐武德五年，克平隋鄭公，盡收圖書，命司農少卿宋遵貴載之以船，泝河西上；行經底柱，多被漂沒，十存一二。其目錄四部書，大凡八萬九千六百六十六卷；除亡書及刪去淺俗無益教理者，見在三萬六千七百八卷，著在《隋書・經籍志》。自後卷帙頗增。開元中，定四部目錄，大凡五萬一千八百五十二卷。此自漢以來，典籍之大數也。

又《石經》　後漢明帝時，公卿言《五經》駁異，請開呂不韋冢，是未焚《詩》、《書》前本。論者以爲古［闕］。神武作相，自洛陽運之於鄴，至河陽，岸崩沒水，其得至鄴者不盈其半。隋開皇六年，又自鄴載入長安，置于祕書内省，議欲補葺。隋亂，造立之司用爲柱礎。貞觀初，魏徵爲秘書監，始收聚之，十不存一。其相承傳拓之本猶存秘府，而石經自此亡矣。天寶中，予在太學，與博士諸生共論經籍失正，爲欲建議請立大唐石經，遷延未發而胡寇海内，文儒道消，至今四十六年，兵革未息。嗚呼，石經之事，亦俟河之清也。初，太宗以經籍多有舛謬，詔顔師古刊定，頒之天下。年代既久，傳寫不同。開元已來，省司將試舉人，皆先納所習之本，文字差互，輒以習本爲定。義或可通，雖與官本不合，上司務于收奬，即放過。天寶初，勑改《尚書》古文悉爲今本。十年，有司上言經典不正，取捨無準，詔儒官校定經本，送尚書省并國子司業張參共相驗考。參遂撰定《五經字樣》，書于太學講堂之壁，學者咸就取正焉。又頒《字樣》于天下，俾爲永制。由是省司停納習本。

《元稹集》卷五一《白氏長慶集序》　予始與樂天同校秘書之名，多以詩章相贈答。會予譴掾江陵，樂天猶在翰林，寄予百韻律詩及雜體，前後數十章。是後，各佐江、通，復相酬寄。巴蜀江楚間洎長安中少年，遞相倣傚，競作新詞，自謂爲「元和詩」。而樂天《秦中吟》、《賀雨》諷諭等篇，時人罕能知者。然而二十年間，禁省、觀寺、郵候牆壁之上無不書，王公妾婦、牛童馬走之口無不道。至於繕寫模勒，衒賣於市井，或持之以交酒茗者，處處皆是。揚、越間多作書模勒樂天及予雜詩，賣於市肆之中也。其甚者，有至於盜竊名姓，苟求自售，雜亂間廁，無可奈何。予於平水市中，鏡湖傍草市名。見村校諸童競習詩，召而問之，皆對曰：「先生教我樂天、微之篇。」其甚僞者，宰相輒能辨別之。自篇章已來，未有如是流傳之廣者。

《舊唐書・經籍志序》　夫龜文成象，肇八卦於庖犧；鳥跡分形，創六書於蒼頡。聖作明述，同源異流。《墳》、《典》起之於前，《詩》、《書》繼之

於後，先王陳迹，後王準繩。《易》曰：「觀乎人文以化成天下。」《禮》曰：「君子如欲化民成俗，其必由學乎！」學者非他，方策之謂也。琢玉成器，觀古知今，歷代哲王，莫不崇尚。自仲尼沒而微言絶，七十子喪而大義乖。嬴氏坑焚，以愚黔首。漢興學校，復創石渠。雄、向校讐於前，馬、鄭討論於後，兩京載籍，由是粲然。及漢末還都，焚溺過半。爰自魏、晉，迄于周、隋，而好事之君，慕古之士，亦未嘗不以圖籍爲意也。然河北江南，未能混一，偏方購輯，卷帙未弘。而荀勗、李充、王儉、任昉、祖暅，皆達學多聞，歷世整比，羣分類聚，遞相祖述。或爲《七録》，或爲《四部》，言其部類，多有所遺。及隋氏建邦，寰區一統，煬皇好學，喜聚逸書，而隋世簡編，最爲博洽。及大業之季，喪失者多。貞觀中，令狐德棻、魏徵相次爲祕書監，上言經籍亡逸，請行購募，并奏引學士校定，羣書大備。開元三年，左散騎常侍褚無量、馬懷素侍宴，言及經籍。玄宗曰：「內庫皆是太宗、高宗先代舊書，常令宮人主掌，所有殘缺，未遑補緝，篇卷錯亂，難於檢閲。卿試爲朕整比之。」至七年，詔公卿士庶之家，所有異書，官借繕寫。及四部書成，上令百官入乾元殿東廊觀之，無不駭其廣。九年十一月，殷踐猷、王愜、韋述、余欽、毋煚、劉彥眞、王灣、劉仲等重修成《羣書四部録》二百卷，右散騎常侍元行冲奏上之。自後毋煚又略爲四十卷，名爲《古今書録》，大凡五萬一千八百五十二卷。祿山之亂，兩都覆沒，乾元舊籍，亡散殆盡。肅宗、代宗崇重儒術，屢詔購募。文宗時，鄭覃侍講禁中，以經籍道喪，屢以爲言。詔令祕閣搜訪遺文，日令添寫。開成初，四部書至五萬六千四百七十六卷。及廣明初，黃巢干紀，再陷兩京，宮廟寺署，焚蕩殆盡，曩時遺籍，尺簡無存。及行在朝諸儒購輯，所傳無幾。昭宗即位，志弘文雅。祕書省奏曰：「當省元掌四部御書十二庫，共七萬餘卷。廣明之亂，一時散失。後來省司購募，尙及二萬餘卷。及先朝再幸山南，尙存一萬八千卷。竊知京城制置使孫惟晟收在本軍，其御書祕閣見充教坊及諸軍人占住。伏以典籍國之大經，祕府校讐之地，其書籍並望付當省校其殘缺，漸令補輯。樂人乞移他所。」並從之。及遷都洛陽，又喪其半。平時載籍，世莫得聞。

王溥《唐會要》卷三五《經籍》 武德五年，祕書監令狐德棻奏：「今乘喪亂之餘，經籍亡逸，請購募遺書，重加錢帛，增置楷書，專令繕寫。」數年間，羣書畢備。至貞觀二年，祕書監魏徵以喪亂之後，典章紛雜，奏引學者，校定四部書。數年之間，祕府粲然畢備。乾封元年十月十四日，上以四部羣書傳寫訛謬，並亦缺少，乃詔東臺侍郎趙仁本、兼蘭臺侍郎李懷儼、兼東臺舍人張文瓘等，集儒學之士刊正，然後繕寫。文明元年十月勑：「兩京四庫書，每年正月，據舊書聞奏；每三年，比部勾覆具官典，及攝官替代之日，據數交領。如有欠少，即徵後人。」景雲三年六月十七日，以經籍多缺，令京官有學行者，分行天下，搜檢圖籍。開元三年，右散騎常侍褚無量、馬懷素侍宴，言及內庫及祕書墳籍。上曰：「內庫書皆是太宗、高宗前代舊書，整比日，常令宮人主掌，所有殘缺，未能補緝，篇卷錯亂，檢閲甚難，卿試爲朕整比之。」至七年五月，降勑於祕書省、昭文館、禮部、國子監、太常寺及諸司，并官及百姓等，就借繕寫之。及整比四部書成，上令百姓、官人入乾元殿東廊觀書，無不驚駭。七年九月勑：「比來書籍缺亡及多錯亂，良由簿歷不明，綱維失錯，或須披閲，難可校尋。令麗正殿寫四庫書，各於本庫每部爲目録。其有與四庫書名目不類者，依劉歆《七略》，排爲七志。其經、史、子、集及人文集，以時代爲先後，以品秩爲次第。其《三教珠英》既有缺落，宜依舊目，隨文修補。」十九年冬，車駕發京師。集賢院四庫書，總八萬九千卷，經庫一萬三千七百五十二卷，史庫二萬六千八百二十卷，子庫二萬一千五百四十八卷，集庫一萬七千九百六十卷。其中雜有梁、陳、齊、周及隋代古書。貞觀、永徽、麟德、乾封、總章、咸亨年，奉詔繕寫。二十四年十月，車駕從東都還京，有勑：「百司從官，皆令減省集賢書籍，三分留一，貯在東都。」至天寶三載六月，四庫更造見在庫書目，經庫七千七百七十六卷，史庫一萬四千八百五十九卷，子庫一萬六千二百八十七卷，集庫一萬五千七百二十卷。從三載至十四載，庫續寫又一萬六千八百四十三卷。天寶三載七月勑：「先王令範，莫越于唐虞；上古遺書，並稱于訓誥。雖百篇奧義，前代或亡；而六體奇文，舊規尤在。其《尙書》應古體文字，並依今字繕寫施行，其舊本仍藏書府。」其載十二月勑：「自今已後，宜令天下家藏《孝經》一本，精勤教習；學校之中，倍加傳授，州縣官長明申勸課焉。」十一載十月，勑祕書省檢覆四庫書，與集賢院計會塡寫。貞元七年十二月，祕書監包佶奏：「《開元禮》所與月令相涉者，請選通儒詳定。」從之。開成元年七月，分察使奏：「祕書省四庫見在新舊書籍，共

五萬六千四百七十六卷，並無文案及新寫文書。自今已後，所塡補舊書及別寫新書，並隨日校勘，並勒創立文案，別置納曆，隨月申臺。並外察使每歲末，計課申數，具狀聞奏。」從之。大中三年正月，祕書省據御史臺牒，准開成元年七月勅，應寫書及校勘書籍，至歲末聞奏者，令勒楷書等，從今年正月後，應寫書四百一十七卷。四年二月，集賢院奏，大中三年正月一日以後至年終，寫完貯庫及塡缺書籍三百六十五卷，計用小麻紙一萬一千七百七張。五年正月，祕書省牒報御史臺，從今年正月已後，當司應校勘書四百五十二卷。

又卷三六《修撰》 武德七年九月十七日，給事中歐陽詢奉勅撰《藝文類聚》成，上之。貞觀五年九月二十七日，祕書監魏徵撰《羣書政要》，上之。太宗欲覽前王得失，爰自《六經》，訖于諸子；上始五帝，下盡晉年。徵與虞世南、褚亮、蕭德言等始成，凡五十卷，上之。諸王各賜一本。

又 十五年正月三日，魏王泰上《括地志》五十卷，上嘉之，賜物一萬段，其書宣付祕閣。

又 ［顯慶三年］五月九日，以西域平，遣使分往康國及吐火羅等國，訪其風俗、物產，及古今廢置，畫圖以進。令史官撰《西域圖志》六十卷，許敬宗監領之。書成，學者稱其博焉。十月二日，許敬宗修《文館詞林》一千卷，上之。六年正月二十七日，右內率府錄事參軍、崇賢館直學士李善上《注文選》六十卷，藏于祕府。龍朔元年六月二十六日，許敬宗等撰《累璧》六百三十卷，上之。三年十月二日，皇太子弘遣司元太常伯竇德玄，進所撰《瑤山玉彩》五百卷上之，詔藏書府。儀鳳元年十二月二日，皇太子賢上所注《後漢書》。初，太子右庶子張太安、洗馬劉訥言、洛州司戶參軍格希玄，學士許叔牙、成玄一、史藏諸、周寶寧等，同注范曄《後漢書》。詔付祕書省。調露二年二月一日，詔故符璽郎李延壽撰《政典》一部，寫兩本。一本付祕書省，一本賜皇太子。

又 大足元年十一月十二日，麟臺監張昌宗撰《三教珠英》一千三百卷成，上之。初，聖曆中，上以《御覽》及《文思博要》等書，聚事多未周備，遂令張昌宗召李嶠、閻朝隱、徐彥伯、薛曜、員半千、魏知古、于季子、王無競、沈佺期、王適、徐堅、尹元凱、張說、馬吉甫、元希聲、李處正、高備、劉知幾、房元陽、宋之問、崔湜、常元旦、楊齊哲、富嘉謩、蔣鳳等二十六人同撰。于舊書外更加佛、道二教，及親屬、姓名、方城等部。

又 ［開元］十五年五月一日，集賢學士徐堅等纂經史文章之要，以類相從，上制名曰《初學記》，至是上之。欲令皇太子及諸王檢事綴文。

又 ［貞元］十九年二月，淮南節度使杜佑撰《通典》二百卷，上之。其書凡九門，取食貨十二篇，選舉六篇，職官二十二篇，禮一百篇，樂七篇，兵六篇，刑十七篇，州郡十四篇，邊防十六篇。佑多該涉，尤精歷代之要。修《通典》，識者知其必登公輔之位。其書既出，遂行于時。又杭州刺史蘇弁撰《會要》四十卷。弁與兄冕纘國朝故事爲是書。弁先聚書至二萬卷，皆手自刊正，今言蘇氏書次於集賢芸閣焉。給事中陸贄著《集注春秋》二十卷、《君臣圖翼》三十五卷，上之。元和二年十二月，李吉甫等撰《元和年國計簿》十卷，上之。總計天下方鎭凡四十八道，管州府二百九十五，鎭縣一千四百五十三，見定戶二百四十四萬二百五十四，其鳳翔、麟坊、邠寧、振武、涇原、銀夏、靈鹽、河東、易定、魏博、鎭冀、范陽、滄景、淮西、淄青等一十五道，合七十一州，並不申戶口數目。

又 其年［四年］七月，製《君臣事迹》十四篇。上以天下無事，留意典文，每覽前代興亡得失之事，皆三復其言。又讀《貞觀》、《開元實錄》，見太宗撰《金鏡書》及《帝範》上下篇，玄宗撰《開元訓誡》，思維前躅，遂採《尙書》、《春秋後傳》、《史記》、班、范《漢書》、《三國志》、《晏子春秋》、《吳越春秋》、《新序》、《說苑》等書，君臣行事可爲龜鑑者，集成十四篇：一曰《君臣道合》，二曰《辨邪正》，三曰《誡權諍》，四曰《戒微行》，五曰《任賢臣》，六曰《納忠諫》，七曰《愼征伐》，八曰《愼刑法》，九曰《去奢泰》，十曰《崇節儉》，十一曰《奬忠直》，十二曰《修政敎》，十三曰《諫畋獵》，十四曰《錄勳賢》。分爲上下卷。上自製其序，曰：「前代君臣事跡。」至是，以其書寫於屛風，列之御座之右。書屛風六扇於中書，宣示宰臣李藩、裴洎曰：「朕近撰此屛風，親所觀覽，故令示卿。」藩等進表稱賀。

又 ［元和］八年二月，宰臣李吉甫撰《元和州縣郡國圖》三十卷、《百司舉要》一卷成，上之。吉甫又常綴錄東漢、魏、晉、元魏、周、隋故事，記其成敗損益，因爲《六代略》，凡三十卷。分天下諸鎭絕域山川險易故事，各寫其圖於篇首，爲五十四卷，號爲《元和郡國圖》。

又 大中五年十一月，太子詹事姚思廉撰《通史》三百卷，上之。《通史》，自開闢至隋末，編年，纂帝王美政善事，詔令可利于時者必載。于時政、鹽鐵、筦榷，和糴，賑貸，錢陌，兵數虛實，貯糧，用兵利害，邊事戎狄，無不備載。下至釋、道、燒煉，妄求無驗，皆叙之矣。十二月，又撰《帝王政統》十卷，上之。七年十月，尚書左僕射、門下侍郎、平章事崔鉉上《續會要》四十卷。修撰官楊紹復、崔瑑、薛逢、鄭言等賜物有差。

又《五代會要》卷八《經籍》 後唐長興三年二月，中書門下奏：「請依石經文字刻《九經》印板。」敕：「令國子監集博士儒徒，將西京石經本，各以所業本經句度抄寫注出，子細看讀，然後顧召能雕字匠人，各部隨帙刻印板，廣頒天下。如諸色人要寫經書，並須依所印敕本，不得更使雜本交錯。」其年四月敕：「差太子賓客馬縞、太常丞陳觀、太常博士段顒路航、尚書屯田員外郎田敏充詳勘官，兼委國子監於諸色選人中，召能書人端楷寫出，旋付匠人雕刻，每日五紙，與減一選。如無選可減，等第據與改轉官資。」漢乾祐元年閏五月，國子監奏：「見在雕印板《九經》，內有《周禮》、《儀禮》、《公羊》、《穀梁》四經未有印本，今欲集學官校勘四經文字鏤板。」從之。周廣順三年六月，尚書左丞兼判國子監事田敏進印板《九經》書：《五經文字》、《九經字樣》各二部，共一百三十冊。顯德二年二月，中書門下奏：「國子監祭酒尹拙狀稱：准敕校勘《經典釋文》三十卷，雕造印板，欲請兵部尚書張昭、太常卿田敏同校勘。」敕：「其《經典釋文》已經本監官員校勘外，宜差張昭、田敏詳校。」

又卷一八《前代史》 [晉天福六年]其年四月，監修國史趙瑩奏：自李朝喪亂，迨五十年，四海沸騰，兩都淪覆，今之書府，百無二三。臣等虔奉綸言，俾令撰述，褒貶或從於新意，纂修須按於舊章。既闕簡編，先虞漏略。今據史館所闕唐書實錄，請下敕命購求。況咸通中宰臣韋保衡與蔣伸、皇甫燠撰武宗、宣宗兩朝實錄，又光化初，宰臣裴贄撰僖宗、懿宗兩朝實錄，皆遇國朝多事，或值鑾輿播越，雖聞撰述，未見流傳。其韋保衡、裴贄合有子孫，見居職任，或門生故吏，曾託纂修，聞此撰論，諒多欣愜。請下三京諸道及中外臣寮，凡有將此數朝實錄詣闕進納，請量其文武才能，不拘資地，除授一官。如卷帙不足，據數進納，亦請不次獎酬，以勸來者。自會昌至天祐，垂六十年，其初李德裕平上黨，著武宗伐叛之書；其後康承訓定徐方，有武寧本末之傳，如此事類，記述頗多。請下中外臣寮及名儒宿學，有於此六十年內撰述得傳記，及中書、銀臺、史館日曆、制敕冊書等，不限年月多少，並許詣闕進納。如年月稍多，記錄詳備，請特行簡拔，不限資序。

又《史館雜録》 後唐同光二年四月，史館司四庫書，自廣明年後散失，伏乞許人進納，仍中書門下降敕條件。敕：「進書官納到四百卷已下，皆成部帙，不是重疊，及紙墨書寫精細，已在選門未合格人，每一百卷與減一選；無選減者，注官日優與處分。無官者，納書及三百卷，特授試銜。」

《舊五代史・周書・世宗紀》 [顯德三年十二月]癸亥，詔兵部尚書張昭纂修太祖實録及梁均王、唐清泰帝兩朝實錄。又詔曰：「史館所少書籍，宜令本館諸處求訪補塡。如有收得書籍之家，并許進書人據部帙多少等第，各與恩澤；如是卷帙少者，量給資帛。」

又《和凝傳》 凝性好修整，自釋褐至登台輔，車服僕從，必加華楚，進退容止偉如也。又好延納後進，士無賢不肖，皆虛懷以待之，或致其仕進，故甚有當時之譽。平生爲文章，長於短歌豔曲，尤好聲譽。有集百卷，自篆於板，模印數百帙，分惠於人焉。

《册府元龜・帝王部》卷四九《崇儒術》 後唐莊宗同光二年二月，制：「三館蘭臺，藏書之府，動盈萬卷，詳列九流。爰自亂離，悉多遺逸，須行搜訪，以備討尋。應天下有人，能以經史及百家進納者，所司立等第酬獎。」四月，樞密使郭崇韜又奏曰：「伏以館司四庫藏書，舊日數目至多，自廣明年後，流散他方，宜示獎酬，俾申搜訪。伏乞委中書門下，再行敕命，遍下逐道。或有人家藏，能以經史百家之書進獻，數及四百卷以上者，請委館司點勘，無脫漏於卷軸，無重疊於篇題，此外寫札精詳，裝飾周備，當據部帙聞奏，請量等級除官。仍仰長吏明懸牓示，即鄉校庠塾之業，漸闡皇風，金石絲竹之音，無虞墜典。」敕：「史館提舉敕書節文，購求經史，頗爲允當，宜許施行。今宜添進納四百卷已下、叁百卷已上，皆成部帙、不是重疊及紙墨書寫精細，已在選門未合格人，一百卷與減一選；無選減數者，注官日優與處分；無官者，納書及三百卷，持授試官。」明宗天成二年，都官郎中庾傳美訪圖書，於三川孟知祥處得《九朝實錄》及雜書傳千餘卷，並付史館。同光已後，館中煨燼無幾，《九朝實錄》甚濟其闕。

又《學校部》卷六〇四《奏議三》　漢司徒詡爲禮部侍郎。乾祐三年上言：「臣聞致理之方，咸資稽古，多聞之道，詎捨群書。歷代已來，斯文不墜。石渠蓬閣，今則闕於芸編；百氏九流，在廣頒於搜訪。唐朝並開三館，皆貯百家，開元之朝，群書大備，離亂之後，散失頗多。臣請國家開獻書之路，凡天下文儒、衣冠舊族，有收得三館亡書，許投館進納。據卷帙多少，少則酬之以縉帛，多則酬之以官資。自然五六年間，庶幾粗備。」從之。

《新唐書·藝文志序》　初，隋嘉則殿書三十七萬卷，至武德初，有書八萬卷，重複相糅。王世充平，得隋舊書八千餘卷，太府卿宋遵貴監運東都，浮舟泝河，西致京師，經砥柱舟覆，盡亡其書。貞觀中，魏徵、虞世南、顔師古繼爲祕書監，請購天下書，選五品以上子孫工書者爲書手，繕寫藏于內庫，以宮人掌之。玄宗命左散騎常侍、昭文館學士馬懷素爲脩圖書使，與右散騎常侍、崇文館學士褚无量整比。會幸東都，乃就乾元殿東序檢校。无量建議：御書以宰相宋璟、蘇頲同署，如貞觀故事。又借民間異本傳錄。及還京師，遷書東宮麗正殿，置修書院於著作院。其後大明宮光順門外、東都明福門外，皆創集賢書院，學士通籍出入。既而太府月給蜀郡麻紙五千番，季給上谷墨三百三十六丸，歲給河間、景城、清河、博平四郡兔千五百皮爲筆材。兩都各聚書四部，以甲、乙、丙、丁爲次，列經、史、子、集四庫。其本有正有副，軸帶帙籤皆異色以別之。安祿山之亂，尺簡不藏。元載爲相，奏以千錢購書一卷，又命拾遺苗發等使江淮括訪。至文宗時，鄭覃侍講，進言經籍未備，因詔祕閣搜採，於是四庫之書復完，分藏于十二庫。黃巢之亂，存者蓋尠。昭宗播遷，京城制置使孫惟晟斂書本軍，寓教坊於祕閣，有詔還其書，命監察御史韋昌範等諸道求購，及徙洛陽，蕩然無遺矣。

又《三宗諸子傳·李範》　範好學，工書，愛儒士，無貴賤爲盡禮。與閻朝隱、劉廷琦、張諤、鄭繇等善，常飲酒賦詩相娛樂。又聚書畫，皆世所珍者。初，隋亡，禁內圖書湮放，唐興募訪，稍稍復出，藏祕府。長安初，張易之奏天下善工潢治，乃密使摹肖，殆不可辨，竊其眞藏于家。既誅，悉爲薛稷取去，稷又敗，範得之，後卒爲火所焚。

又《令狐德棻傳》　方是時，大亂後，經籍亡散，祕書湮缺，德棻始請帝重購求天下遺書，置吏補錄。不數年，圖典略備。

又《于休烈傳》　於時經大盜後，史籍燔缺，休烈奏：「《國史》、《開元實錄》、《起居注》及餘書三千八百餘篇藏興慶宮，兵興焚煬皆盡，請下御史覈史館所由，購府縣有得者，許上送官。一書進官一資，一篇絹十匹。」凡數月，止獲一二篇，唯韋述以其家藏《國史》百三十篇上獻。中興文物未完，休烈獻《五代論》，討著舊章，天子嘉之。

又《鍾傳傳附彭玕》　玕通《左氏春秋》，嘗募求西京《石經》，厚賜以金，揚州人至相語曰：「十金易一筆，百金償一篇，況得士乎？」故士人多往依之。

又《儒學傳下·褚无量》　初，內府舊書，自高宗時藏宮中，甲乙叢倒，无量建請繕錄補第，以廣秘籍。天子詔於東都乾元殿東廂部彙整比，无量爲之使。因表聞喜尉盧僎、江陽尉陸去泰、左監門率府胄曹參軍王擇從、武陟尉徐楚璧分部讎定。衛尉設次，光祿給食。又詔秘書省、司經局、昭文、崇、文二館更相檢讎，采天下遺書以益闕文。不數年，四庫完治。帝詔羣臣觀書，賜无量等帛有差。

《歐陽修全集》卷一四三《集古録跋尾·十八家法帖》　右世傳十八帖者，實二十五帖，蓋書者十八家爾。而流俗又自有羲之十八帖，然皆出於官法帖也。太宗皇帝時，嘗遣使者天下，購募前賢眞迹，集以爲法帖十卷，鏤板而藏之。每有大臣進登二府者，則賜以一本，其後不賜。或傳板本在御書院，往時禁中火災，板被焚，遂不復賜。或云板今在，但不賜爾。故人間尤以官法帖爲難得，此十八家者，蓋官法帖之尤精者也。余得自薛公期，云是家藏舊本，頗眞。今世人所有，皆轉相傳模者也。

范鎮《宋諫議敏求墓誌》（《名臣碑傳琬琰集》中卷一六）　三館、秘閣書，類多訛舛，所藏雖博，而往往無稽考。公請先以《前漢·藝文志》據所有，用校七史例，下諸路購求善本，重復校正，然後自後漢以來至於唐，依逐書志目，以次讎對，取其堪者，餘悉置之，使秘府文集得以完善也。

文同《丹淵集》卷二一《八師經題後》　吾友直閣呂縉叔叙《八師經》，述陳氏子事蹟甚詳密，乃言其自見聞也。如此縉叔性堅正，其語且不妄，予遂得此本，持歸蜀，願鏤板以傳布。

宋敏求《春明退朝録》卷下　唐白文公自勒文集，成五十卷，後集二十卷，皆寫本，寄藏廬山東林寺，又藏龍門香山寺。高駢鎭淮南，寄語江西廉

使，取《東林集》而有之。《香山集》經亂亦不復存。其後履道宅爲普明僧院。後唐明宗子秦王從榮，又寫本寘院之經藏，今本是也。後人亦補東林所藏，皆篇目次第非眞，與今吳、蜀摹版無異。

《曾鞏集》卷一一《陳書目録序》 《陳書》六本紀，三十列傳，凡三十六篇。唐散騎常侍姚思廉撰。始，思廉父察，梁、陳之史官也，録二代之事，未就而陳亡。隋文帝見察，甚重之，每就察訪梁、陳故事，察因以所論載，每一篇成輒奏之，而文帝亦遣虞世基就察求其書，又未就而察死。察之將死，屬思廉以繼其業。唐興，武德五年，高祖以自魏以來二百餘歲，世統數更，史事放逸，乃詔論次，而思廉遂受詔爲《陳書》，久之猶不就。貞觀三年，遂詔論撰於秘書省，十年正月壬子始上之。

觀察等之爲此書，歷三世，傳父子，更數十歲而後乃成，蓋其難如此。然及其既成，與宋、魏、齊、梁等書，世亦傳之者少，故學者於其行事之迹，亦罕得而詳也。而其書亦以罕傳，則自秘府所藏，往往脫誤，嘉祐六年八月始詔校讎，使可鏤版，行之天下。而臣等言梁、陳等書缺，獨館閣所藏，恐不足以定著，願詔京師及州縣藏書之家，使悉上之。先皇帝爲下其事，至七年冬稍稍始集。臣等以相校，至八年七月，《陳書》三十六篇者始校定，可傳之學者。其疑者亦不敢損益，特各疏于篇末。

又卷二七《謝賜唐六典表》 伏蒙聖慈，賜臣《唐六典》一部者，冒貢微誠，敢徼寵賚，獲盈私望，特出異恩。中謝。竊以維貞觀之造邦，維開元之稱治。財成《唐典》，本庶務於《尚書》；則象《周官》，綴舊聞於經禮。行之當世，垂及方來。伏遇皇帝陛下接五聖之休期，振千齡之絕業。號令風采，卑秦漢而不言；綱紀文章，體唐虞而特起。爰因廣覽，俯逮遺編。俾加鏤板之傳，賜及在廷之士。顧最疏之庸下，忘輒請之妄逾。猥荷並容，預均蕃錫。

王珪《華陽集》卷八《進提舉司條式劄子》 本司與三司所部凡一百二處，其額例自嘉祐七年秋敕差尚書都官郎中許遵重行編修，迄今三年，始獲成書，即送三司。【略】新編《提舉司并三司額例》，計一百五冊，及都冊二十五冊，共一百三十冊，謹具進呈。如得允當，乞賜別立新名，送中書門下，用印降付，逐處遵守施行。取進止。

司馬光《温國文正公文集》卷一六《乞印荀子揚子法言狀》 臣等伏以戰國以降，百家蠭午，先王之道，荒塞不通。獨荀卿、揚雄排攘衆流，張大正術，使後世學者坦知去從。國家博采藝文，扶翼聖化，至於莊、列異端，醫方細伎，皆命摹刻，以廣其傳。顧茲二書，猶有所闕。雖民間頗畜私本，文字訛誤，讀不可通，誠恐賢達之言，寖成廢缺。今欲乞降敕下崇文院，將《荀子》、《揚子法言》本精加考校訖，雕板送國子監，依諸書例印賣。臣等愚憒，不達大體，不勝區區，貪陳所見。

《資治通鑑·陳長城公至德元年》 秘書監牛弘上表，以「典籍屢經喪亂，率多散逸。周氏聚書，僅盈萬卷。平齊所得，除其重雜，裁益五千。興集之期，屬膺聖世。爲國之本，莫此爲先。豈可使之流落私家，不歸王府！必須勸之以天威，引之以微利，則異典必臻，觀閣斯積。」隋主從之。丁巳，詔購求遺書於天下，每獻書一卷，賚縑一匹。

王安石《臨川先生文集》卷四三《乞改三經義誤字劄子二道》 一　元豐三年八月二十八日，奉聖旨，宜令國子監依所奏照會改正。　臣頃奉敕提舉修撰《經義》，而臣聞識不該，思索不精，校視不審，無以稱陛下發揮道術、啓訓天下後世之意，上孤眷屬，沒有餘責。幸蒙大恩，休息田里，坐竊榮祿，免於事累，因得以疾病之間，考正誤失，謹錄如左。伏望清燕之間，垂賜省觀，儻合聖心，謂當刊革，即乞付外施行。臣干冒天威，無任云云。取進止。

又《論改詩義劄子》 臣子雱奉聖旨撰進《經義》，臣以當備聖覽，故一二經臣手，乃敢奏御。及設官置局，有所改定，臣以文辭義理，當與人共，故不敢專守己見爲是。既承詔頒行，學者頗謂所改未安。竊惟陛下欲以經術造成人材，而職業其事，在臣所見，小有未盡，義難自默。所有經置局改定諸篇，謹依聖旨具錄新舊本進呈。內雖舊本，今亦小有刪改處，并略具所以刪復之意。如合聖旨，即乞封降檢討呂升卿，所解《詩義》依舊本頒行。小有刪改，即依聖旨指揮。取進止。

又卷八四《周禮義序》 士弊於俗學久矣，聖上閔焉，以經術造之。乃集儒臣訓釋厥旨，將播之校學，而臣某實董《周官》。惟道之在政事，其貴賤有位，其後先有序，其多寡有數，其遲數有時。制而用之存乎法，推而行之存乎人。其人足以任官，其官足以行法，莫盛乎成周之時。其法可施於後世，其文有見於載籍，莫具乎《周官》之書。蓋其因習以崇之，賡續以終

之，至於後世，無以復加，則豈特文、武、周公之力哉？猶四時之運，陰陽積而成寒暑，非一日也。自周之衰，以至於今，歷歲千數百矣。太平之遺迹，掃蕩幾盡，學者所見，無復全經。於是時也，乃欲訓而發之，臣誠不自揆，然知其難也。以訓而發之之爲難，則又以知夫立政造事追而復之之爲難。然竊觀聖上致法就功，取成於心，訓迪在位，有馮有翼，亹亹乎鄉六服承德之世矣。以所觀乎今，考所學乎古，所謂見而知之者，臣誠不自揆，妄以爲庶幾焉，故遂昧冒自竭，而忘其材之弗及也。謹列其書爲二十有二卷，凡十餘萬言。上之御府，副在有司，以待制詔頒焉。謹序。

又《詩義序》　《詩》三百十一篇，其義具存，其辭亡者六篇而已。上既使臣雱訓其辭，又命臣某等訓其義。書成，以賜太學，布之天下，又使臣某爲之序。

又《書義序》　熙寧二年，臣某以《尚書》入侍，遂與政。而子雱實嗣講事，有旨爲之說以獻。八年，下其說太學，班焉。惟虞、夏、商、周之遺文，更秦而幾亡，遭漢而僅存，賴學士大夫誦說，以故不泯，而世主莫或知其可用。

王安石《題自書楞嚴經要旨後》（《珊瑚網》卷三）　余歸鐘山，假道原本，手自校正，刻書寺中。時元豐八年四月十一日，臨川王安石稽首敬書。

鄭獬《鄖溪集》卷八《訪逸書詔》　朕惟先聖人之書不傳，則後世無以見其迹，故古之網羅遺逸，雖山巖屋壁之藏，皆搜抉而出，上藏之以金馬石渠之署，延閣祕室之深。自仲尼之所論著至於諸子雜說、天文、地理、術數、方伎、兵農之書，罔不畢集。又擇明博通辨文章之士，以羣居講解，刊正其繆戾，朕甚慕焉。日者常飭有司，增葺儒林之舍，置校文之官，更爲善本，以充四部。而遺編墜簡，漫滅歲月，亡者不補，缺者不完，校其舊藏，十失四五。其令有司具爲條例，購之束帛，訪於天下，庶乎淹中之逸禮、汲冢之遺史、金匱之奇經、名山之祕牒，亦源源而來上矣。

王闢之《澠水燕談録》卷六《文儒》　唐杜暹家書，跋尾皆自題詩以戒子孫曰：「請俸買來手自校，子孫讀之知聖教，鬻及借人爲不孝。」京蘇維嶽家杜氏書尤多，所題皆完。近年，朝議大夫謝曄好蓄書，率自校正，以二十廚貯之，取杜詩一首二十字，廚刻一字，以別書部。謝氏子孫多賢令，子仲弓、廣文、孫牧，皆登甲科。少微，嘗舉茂才。

《蘇軾文集》卷一一《李氏山房藏書記》　自孔子聖人，其學必始於觀書。當是時，惟周之柱下史老聃爲多書。韓宣子適魯，然後見《易象》與《魯春秋》。季札聘於上國，然後得聞《詩》之風、雅、頌。而楚獨有左史倚相，能讀《三墳》、《五典》、《八索》、《九丘》。士之生於是時，得見《六經》者蓋無幾，其學可謂難矣。而皆習於禮樂，深於道德，非後世君子所及。自秦、漢以來，作者益衆，紙與字畫日趨於簡便，而書益多，士莫不有，然學者益以苟簡，何哉？余猶及見老儒先生，自言其少時，欲求《史記》、《漢書》而不可得，幸而得之，皆手自書，日夜誦讀，惟恐不及。近歲市人轉相摹刻諸子百家之書，日傳萬紙，學者之於書，多且易致如此。

又卷六六《書濟衆方後》　先朝值夷狄懷服，兵革寢息，而又體質恭儉，在位四十有二年，宮室苑囿無所益，故民無暴賦橫徭而生齒歲登，墾田日廣。至於法令則去苛慘、尚寬簡。守令則進賢良、退貪殘。牛酒以禮高年，粟帛以旌孝行，廣惠以廩惸獨，寬恤以省力役。除身丁之算，弛鹽榷之令。用能導迎休祥，年穀登衍，其裕民之德，固已浹肌膚而淪骨髓矣。然猶慊然憂下民之疾疹無良劑以全濟，於是詔太醫集名方，曰《簡要濟衆》。凡五卷，三冊，鏤板模印，以賜郡縣，俾人得傳錄，用廣拯療，意欲錫以康寧之福，躋之仁壽之域。已而縣與律令同藏，殆逾一紀，窮遠之民，莫或聞知。聖澤壅而不宣，吏之罪也。乃書以方板，揭之通會。不獨流傳民間，痊痾愈疾，亦欲使人知上恩也。後之君子儻不以是爲誚，歲一檢舉之，使無遺毀焉。

蘇轍《欒城集》卷四七《進御集表》　臣伏觀歷代帝王，如漢武，魏文，唐德、文、宣三宗，皆工於詩騷雜文，與一時文士比長絜大。至於經綸當世，講論利害，以文墨盡天下事，則皆不足以仰望先帝之萬一。惟漢光武起布衣，治經術，提三尺劍以平僭亂，得治民馭兵之要，每以手迹十行細札號令海內。竇融在河西，詔書至，探融等情僞，河西皆驚，以爲不可欺，即時款附。第五倫爲京兆掾，每讀詔書，曰：「此聖主也，願爲盡死力。」魏太祖芟夷羣醜，其用兵雖法孫、吳，然因事變化，自作《兵書》十餘萬言。諸將征伐皆以新書從事，臨事又手爲節度。從令者克捷，違教者負敗。惟此二君近之。然先帝之文，其高處自當與典謨訓誥爲比，非近世所能髣髴。凡著錄九百三十五篇，爲九十卷，目錄五卷。內四十卷皆賜二府及邊臣手札，

言攻守祕計，先被旨錄爲別集，不許頒行。仍御製集序一篇，以紀盛德，發明大訓。臣竊見祖宗御集，皆於西清建重屋，號龍圖、天章、寶文閣以藏其書，爲不朽計。又刻版模印，遍賜貴近。臣今已繕寫，分爲五幉，隨表上進。欲乞降付三省，依故事施行。所有御集即付本所修寫鏤版。

馬令《南唐書・魯崇範傳》 崇範雖窶，九經子史世藏於家。刺史賈皓就取之，薦其名不報。皓以己緡償其直，崇範笑曰：「《典》、《墳》天下公器，世亂藏於家，世治藏於國，其實一也。吾非書肆，何估直以償耶？」卻之。

葉夢得《石林燕語》卷三 太宗留意字書。淳化中，嘗出內府及士大夫家所藏漢、晉以下古帖，集爲十卷，刻石於祕閣，世傳爲「閣帖」是也。中間晉、宋貼多出王貽永家。貽永，祁公之子，國初藏名書畫最多，眞蹟今猶有爲李駙馬公炤家所得者，實爲奇蹟。而當時摹勒出待詔手，筆多凝滯，間亦有僞本，如李斯書，乃李陽冰、王密《德政碑》，石本也。石後入禁中，被火焚，絳人潘師旦取閣本再摹，藏於家，爲絳本。慶曆間，劉丞相沆知潭州，亦令僧希白摹刻於州廨，爲潭本。絳本雜以五代近世人書，微出鋒。希白自善書，潭本差能得其行筆意。元祐間，徐王府又取閣本刻於木板，無甚精彩。建中、靖國初，曾丞相布當國，命劉燾爲館職，取淳化所遺與近出者，別爲《續法帖》十卷，字多作燾體，又每下矣。

又卷八 唐以前，凡書籍皆寫本，未有模印之法，人以藏書爲貴。人不多有，而藏者精於讎對，故往往皆有善本。學者以傳錄之艱，故其誦讀亦精詳。五代時，馮道始奏請官鏤《六經》板印行。國朝淳化中，復以《史記》前、後《漢》付有司摹印，自是書籍刊鏤者益多，士大夫不復以藏書爲意。學者易於得書，其誦讀亦因滅裂，然板本初不是正，不無訛誤。世既一以板本爲正，而藏本日亡，其訛謬者遂不可正，甚可惜也。余襄公靖爲祕書丞，嘗言《前漢書》本謬甚，詔與王原叔同取祕閣古本參校，遂爲《刊誤》三十卷。其後劉原父兄弟，《兩漢》皆有刊誤。余在許昌得宋景文用監本手校《西漢》一部，末題用十三本校，中間有脫兩行者。惜乎，今亡之矣。世言雕板印書始馮道，此不然，但監本《五經》板，道爲之爾。《柳玭家訓序》言其在蜀時，嘗閱書肆，云「字書、小學，率雕板印紙」，則唐固有之矣，但恐不如今之工。今天下印書，以杭州爲上，蜀本次之，福建最下。京師比歲印板，殆不減杭州，但紙不佳；蜀與福建多以柔木刻之，取其易成而速售，故不能工；福建本幾徧天下，正以其易成故也。

程俱《麟臺故事輯本》卷一《儲藏》 淳化三年九月，幸新祕閣。帝登閣，觀羣書齊整，喜形于色，謂侍臣曰：「喪亂以來，經籍散失，周孔之教，將墜于地。朕即位之後，多方收拾，抄寫購募，今方及數萬卷，千古治亂之道，並在其中矣。」即召侍臣賜坐命酒，仍召三館學士預坐。日晚還宮，顧昭宣使王繼恩曰：「爾可召傅潛、戴興，令至閣下，恣觀書籍，給御酒，與諸將飲宴。」潛等皆典禁兵，帝欲其知文儒之盛故也。他日，又詔侍臣曰：「邇來武人子孫，頗有習儒學者，蓋由人所好耳。」呂蒙正曰：「國家褒待文士，爵祿非輕，故人人自勸，乃聖化所及。」

又 咸平間，帝嘗謂宰臣曰：「三館祕閣書籍，近聞頗不整一，多有散失，讎校亦匪精詳，遂使傳聞迭爲差誤。自今凡差官校勘及典掌者，當嚴行約束，庶絕因循。」直史館謝泌上言：「國家圖書，未有次序。唐朝嘗分經史子集爲四庫，命薛稷、沈佺期、武平一、馬懷素人掌一庫。望遵故事。」上嘉之，遂命泌與館職四人分領四庫，泌領集庫。四年三月，詔三館所少書有進納者，卷給千錢，三百卷以上量材錄用。

又卷二《修纂》 咸平四年九月，翰林侍講學士國子祭酒邢昺、直祕閣杜鎬、祕閣校理舒雅、直集賢院李維、諸王府侍講孫奭、殿中丞李慕清、大理寺丞王煥、劉士玄、國子監直講崔偓佺表上重校定《周禮》、《儀禮》、《公羊》、《穀梁傳》、《孝經》、《論語》、《爾雅》七經疏義，凡一百六十五卷，命摹印頒行。賜宴於國子監，昺加中散大夫，鎬等並遷秩。至景德二年九月，又命侍講學士邢昺、兩制詳定《尚書》、《論語》、《孝經》、《爾雅》錯誤文字，以杜鎬、孫奭被詔詳校，疏其謬誤故也。

又 大中祥符元年六月，崇文院檢討杜鎬等校定《南華眞經》摹刻版本畢，賜輔臣人各一本。五年四月，崇文院上新印《列子冲虛至德眞經》，詔賜親王、輔臣人各一本。景德中，朝謁諸陵，路經列子觀，詔加至德之號，又命官校正其書。至是刊版成，賜校勘官金帛有差。二年二月，諸王府侍講兼國子監直講孫奭言：「《莊子》注本，前後甚多，惟郭象所注特會莊生之旨，請依《道德經》例，差館閣衆官校定，與陸德明所撰《莊子釋文》三卷雕印。」詔奭與龍圖閣待制杜鎬等同校定以聞。已而言者以爲國學版本《爾

雅釋文》頗多舛誤，又命鎬、奭同詳定之。至大中祥符四年，又命李宗諤、楊億、陳彭年等讎校《莊子序》，摹印而行之。蓋先是，崇文院校《莊子》本，以其序非郭象之文，去之。至是，上謂其文理可尚，故有是命。

又　景祐二年九月，詔翰林學士張觀等刊定《前漢書》、《孟子》，下國子監頒行。議者以爲前代經史，皆以紙素傳寫，雖有舛誤，然尚可參讎。至五代，官始用墨版摹六經，誠欲一其文字，使學者不惑。至太宗朝，又摹印司馬遷、班固、范曄諸史，與六經皆傳，于是世之寫本悉不用。然墨版訛駮，初不是正，而後學者更無他本可以刊驗。會祕書丞余靖建言：《前漢書》官本差舛，請行刊正。因詔靖及王洙盡取祕閣古本校對。踰年，乃上《漢書刊誤》三十卷。至是，改舊摹版，以從新校。然猶有未盡者，而司馬遷、范曄史尤多脱略，惜其後不復有古本可正其舛謬云。明年，以校勘《史記》、《漢書》官祕書丞余靖爲集賢校理，大理評事國子監直講王洙爲史館檢討，賜詳定官翰林學士張觀、知制誥李淑、宋郊器幣有差。

又《麟臺故事殘本》卷二中《書籍》　嘉祐五年八月壬申，詔曰：「國家承五代之後，簡編散落，建隆之初，三館聚書僅纔萬卷。祖宗平定列國，先收圖籍，亦嘗分遣使人，屢下詔令，訪募異本，補緝漸至。景祐中，嘗詔儒臣校定篇目，譌謬重複，並從刪去。朕聽政之暇，無廢覽觀，然以今祕府所藏比唐開元舊録，遺逸尚多。宜開購賞之科，以廣獻書之路。應中外士庶之家，並許上館閣所闕書，每卷支絹壹疋，及五百卷，特與文資安排。」帝既擇士編校館閣書籍，訪遺書於天下，以補遺亡，又謂輔臣曰：「《宋》、《齊》、《梁》、《陳》、《後周》、《北齊書》，世罕有善本，未行之學官。可委編校官精加校勘。」自是訪得衆本，校正訛謬，遂爲完書，模本而行之。　寶元二年，上嘗集天地辰緯雲氣雜占凡百五十六篇，離三十門，爲十卷，號《寶元天人祥異書》，召輔臣於太清樓出而示之，命藏於祕閣。　嘉祐七年六月丁亥，祕閣上補寫御覽書籍。先是，判閣歐陽脩言：「祕閣初爲太宗藏書之府，並以黄綾裝褫，謂之太清本。後因宣取入內，多留禁中，而書頗不完。請降舊本，令補寫之。」遂詔龍圖、天章、寶文閣、太清樓管勾內臣檢所闕書，募工於門下省謄録。至是上之。

李昭玘《樂静集》卷九《跋閣本法帖》　太宗皇帝治定餘暇，游意翰墨，嘗遣使購古帝王名卿墨帖，集爲十卷。詔鏤板，藏禁中，每大臣登二府，即賜焉。歲久寖，不復賜。元豐中，嘉王嘗從神考借其板模，拂幾百本，王府官盡得之。士大夫間亦嘗見一二。

李彌遜《筠溪集》卷二一《跋子與馮濟川侍郎書後》　紹興庚申，予守臨漳置此書於友人馮濟川，濟川以授智平長樂。後六年，在福唐平復以示予。昔殷洪喬不爲置書郵，悉投之江。今此書數年間往來萬里，若有羽翼然，事有可笑乃爾耶。

魏泰《東軒筆録》卷三　文章隨時美惡，咸通已後，文力衰弱，無復氣格。本朝穆修首倡古道，學者稍稍向之。修性褊訐少合，初任海州參軍，以氣陵通判，遂爲捃摭削籍，繫池州，其集中有《秋浦會遇詩》，自叙甚詳。後遇赦釋放，流落江外，賦命窮薄，稍得錢帛，即遇盜，或卧病，費竭，然後已。是故衣食不能給，晚年得《柳宗元集》，募工鏤板，印數百帙，攜入京相國寺，設肆鬻之。有儒生數輩至其肆，未評價直，先展揭披閱，修就手奪取，瞑目謂曰：「汝輩能讀一篇，不失句讀，吾當以一部贈汝。」其忤物如此，自是經年不售一部。

王銍《默記》卷下　張君房字允方，安陸人，仕至祠部郎中、集賢校理，年八十餘卒。平生喜著書，如《雲笈七籤》、《乘異記》、《麗情集》、《科名分定録》、《潮説》、《脞説》之類甚衆。知杭州錢唐，多刊作大字版攜歸，印行於世。君房同年白稹者，有俊聲，亦以文名世，蚤卒，有文集行于世。常輕君房爲人，君房心銜之。及作《乘異記》，載白稹死：其友行舟，夢稹曰：「我死罰爲黿，汝來日舟過，當見我矣。」如其言，行舟見人聚視，而烏鵲噪于岸，倚舟問之，乃漁人網得大黿。其友買而放之於江中。《乘異記》既行，君房一日朝退，出東華門外，忽有少年拽君房下馬奮擊，冠巾毁裂，流血被體，幾至委頓。乃白稹之子也，問：「吾父安有是事？必死而後已！」觀者爲釋解，且令君房毁其板，君房哀祈如約，乃得去。

沈晦《南陽集跋》（韓維《南陽集》卷末）　宣和六年，晦赴省試，間至西京竭留臺，舅氏宗質問外祖遺事，因出鮮于綽所作《行狀》，晦怪其脱畧，且語迮不得騁。舅氏以有所畏避告，因求外祖文集，欲加論次，而文字舛駁不可正，是方欲問諸家以綴輯成書。俄金賊犯闕，外家殲於潁昌，羣從散亡，書籍煨燼，雖鮮于綽《行狀》亦不復見。自渡江來，中州衣冠氏族寥落，東南士人不知外祖風烈，每以悵憾。今年表姪孫元龍復得此本於何人

家，遠寄桂林。晦幻失所恃，不勝凱風寒泉之思，欲效古人爲外祖作家傳或墓表銘志，皆不敢。因取《行狀》鋟木流傳，增入外祖諸子及女名位紀次，以足其闕文，後之君子得以考焉。

邵博《邵氏聞見後録》卷五 唐以前文字未刻印，多是寫本。齊衡陽王鈞手自細書《五經》，置巾箱中。巾箱《五經》自此始。後唐明宗長興三年，宰相馮道、李愚，請令判國子監田敏校正《九經》，刻板印賣。朝廷從之。雖極亂之世，而經籍之傳甚廣。予曾大父遺書，皆長興年刻本，委於兵火之餘，僅存《儀禮》一部。

吕榮義《眉山詩集原序》（唐庚《唐子西集》卷首） 先生名庚，字子西，眉州眉山人也。紹聖中，以進士中第爲州縣官，至大觀始入爲博士。士大夫稍道其文，而世亦未盡知之。政和初，謫居海表，流離困苦，蓋六年而不返，然身愈窮而文愈富也。其後歸京師，僦居於景德寺。予時與先生比舍，而日得見先生之所爲文頗多。嘗請其本以傳，而先生辭曰：「予以是得名，亦以是得謗，可一覽而足，何必匄而去也。」於是不果傳焉。退復私念曰：先生之文，金玉也。雖閉藏埋沒不求聞知，然氣焰光彩，久而必見於世，蓋所謂不待官而後顯也。已昔屈原以《離騷》顯，陶潛以《歸去來詞》顯，盧仝以《茶歌》顯，顧當時達官豈無其人，而三子獨得顯於世，豈非其文乎！今先生之文，予知其不久遂顯也。先生死不一年，果有槖其文以來京師者，而太學之士日傳千百本而未已，然惜其所傳者止此。今始叙而藏之，庶幾他日必有得其完本者。

李燾《續資治通鑑長編・太祖乾德四年》 上性嚴重寡言。獨喜觀書，雖在軍中，手不釋卷。聞人間有奇書，不吝千金購之。顯德中，從世宗平淮甸，或譖上於世宗曰：「趙某下壽州，私所載凡數車，皆重貨也。」世宗遣使驗之，盡發籠篋，唯書數千卷，無他物。世宗亟召上，諭曰：「卿方爲朕作將帥，闢封疆，當務堅甲利兵，何用書爲！」上頓首曰：「臣無奇謀上贊聖德，濫膺寄任，常恐不逮，所以聚書，欲廣聞見，增智慮也。」世宗曰：「善！」

又《太宗淳化元年》 八月癸卯朔，祕書監李至與右僕射李昉、吏部尚書宋琪、左散騎常侍徐鉉及翰林學士、諸曹侍郎、給事、諫議、舍人等，祕閣觀書。上聞之，遣使就賜宴，大陳圖籍，令縱觀。翌日甲辰，又詔權御史中丞王化基及三館學士並賜宴祕閣。先是，遣使詣諸道，購募古書、奇畫及先賢墨跡，小則償以金帛，大則授以官。數歲之間，獻圖籍於闕下者不可勝計，諸道購得者又數倍。乃詔史館盡取天文、占候、讖緯、方術等書五千一十卷，并內出古畫、墨跡一百一十四軸，悉令藏於祕閣。圖籍之盛，近代所未有也。

又《至道元年》 ［六月］乙酉，遣內侍裴愈乘傳往江南諸州購募圖籍，願送官者優給其直；不願者借出，於所在州命吏繕寫，仍以舊本還之。上嘗草書經史三十紙，召翰林侍讀吕文仲一一讀之，列祕閣官屬名位，刻石模印，裝飾百軸。於是付愈齎詣名山福地，道宮佛寺，各藏數本；或邱園養素好古博雅之士，爲鄉里所稱者，亦賜之。

程大昌《演繁露》卷七《印書》 智者刱物，雖則云刱其實必有因藉以發其智也。古未有字，科斗、鳥迹，實發制字之智也。蔡邕雖曰能書，若無堊帚，亦無以發其飛白之智。吾獨怪夫刻石爲碑、蠟墨爲字，遠自秦漢，而至于唐張參輩於九經字樣，皆已立板傳本，乃無人推廣其事以槧經史。其故何也？後唐長興三年，始詔用西京石經本雇匠雕印，廣頒天下。宰臣馮道等奏曰：請依石經文字刻九經印板，則其發智之端可驗矣。詔在《五代會要》八。

陸游《老學庵筆記》卷二 劉韶美在都下累年，不以家行，得俸專以傳書。書必三本，雖數百卷爲一部者亦然。出局則杜門校讎，不與客接。既歸蜀，亦分作三船，以備失壞。已而行至秭歸新灘，一舟爲灘石所敗，餘二舟無他，遂以歸普慈，築閣貯之。

周必大《蘇魏公文集後序》（《蘇魏公文集》卷首） 平生著述凡若干卷，翰林汪公彥章爲之序。某嘗得善本於丞相曾孫玭。適顯謨閣直學士張侯幾仲出守當塗，欣慕前哲，欲刻之學宮，布之四方，使來者有所矜式。其用心可謂廣矣，故以遺之而紀於後。淳熙十三年十月一日。

洪遵《乞訪遺書劄子》（《歷代名臣奏議》卷二七五） 高宗時，祕書省正字洪遵乞訪遺書，劄子曰：「臣聞，自昔右文之主，遭時艱難，圖典散逸，必汲汲搜求，常若不及。是以漢唐之間，或訪以使者，或遺之金帛，故當其時，斷簡殘帙晦而復出。國朝承五閏之後，尺簡不存，至太平興國中，始命三館以開元《四部書目》閱所闕者，疏其名於待漏院，許天下吏民詣官

投進，及三百卷者送學士院，驗人材補授。於是四庫之書復全，聖聖相繼，籤縢之盛，跨越前代。陛下踐位，復秘書省，倣唐十八學士之制而定其員，廣求遺逸，以補麟臺之闕，其大惠也。臣以職事幸預校讐，視今所藏殊未及承平時十之一二。昔漢祖入關，鋒刃未解，猶且先遣蕭何收秦圖籍。仰惟陛下天縱將聖，萬機餘暇留神簡策，而今日海內承平無事，固宜鋪張文物，以侈中興之觀，誠非入關比，而典籍猶未大備，殆闕文也。伏望睿慈舉行興國之制，以唐《藝文志》及《崇文總目》參校，凡館中所闕者，榜之檢鼓院，仍照監司守令精意括訪。凡臣庶所藏之書，列其目以聞，然後具秘閣所闕，委所在州縣給紙札抄錄。其有願進者，卷給錢帛，而卷帙之富則別議褒賞。臣將見祕冊奧書叢然集於闕下，誠有以副陛下右文之意。」

王明清《揮麈前録》卷一 國朝承五代搶攘之後，三館有書僅萬二千卷。乾德以後，平諸國，所得浸廣。太宗鄉儒學，下詔搜訪民間，以開元四部爲目，館中所闕及三百已上卷者，與一子出身。端拱元年，分三館之書，別爲書庫，目曰祕閣。眞宗咸平三年，詔中外臣庶家，有收得三館所少書籍，每納一卷，給千錢。送判館看詳，委是所少書數，及卷帙別無差誤，方許收納。其所進書及三百卷以上，量才試用，與出身。又令三館寫四部書二本，一置禁中龍圖閣，一置後苑之太清樓，以便觀覽。八年，榮王宮火，延燔三館，焚爇殆遍。於是出禁中本，就館閣傳寫，且命儒臣編類讎校。校勘、校理之官，始於此也。嘉祐五年，又詔中外士庶，許上所闕書，每卷支絹一疋；及五百卷，特與文資。元豐中，祕書省，三館併歸省中，書亦隨徙。元祐中，重寫御前書籍，又置校對黄本，以館職資淺者爲之。又置重修晉書局。不久，皆罷去。宣和初，蔡攸提舉祕書省，建言置補［完］御前書籍所，再訪天下異書，以資校對，以侍臣十人爲參詳官，餘爲校勘，又以進士白衣充檢閲者數人，及年皆命以官。未畢，而國家多故，靖康之變，諸書悉不存。太上警蹕南渡，屢下搜訪之詔，獻書補官者凡數人。秦熺提舉祕書省，奏請命天下專委守臣。又有旨錄會稽陸氏所藏書上之。今中祕所藏之書，亦良備矣。

又《揮麈後録》卷一 太宗既得吳越版籍，繼下河東，天下一統，禮樂庶事粲然大備。錢文僖惟演嘗纂書名《逢辰錄》，排日盡書其父子承恩榮遇及朝廷盛典，極爲詳盡。明清家有是書，爲錢仲韶竽假去乾沒。至今往來於中，安得再見，以補史之闕文。仁宗即位方十歲，章獻明肅太后臨朝。章獻素多智謀，分命儒臣馮章靖元、孫宣公奭、宋宣獻綬等采摭歷代君臣事迹，爲《觀文覽古》一書；祖宗故事爲《三朝寶訓》十卷，每卷十事；又纂郊祀儀仗爲《鹵簿圖》三十卷，詔翰林待詔高克明等繪畫之，極爲精妙，叙事於左，令傅姆輩日夕侍上展玩之，解釋誘進，鏤板於禁中。元豐末，哲宗以九歲登極，或有以其事啓於宣仁聖烈皇后者，亦命取板摹印，倣此爲帝學之權輿，分錫近臣及館殿。時大父亦預其賜，明清家因有之。紹興中爲秦伯陽所取。先人云。

又《揮麈餘話》卷二 後唐平蜀，明宗命太學博士李（鍔）［鶚］書《五經》，倣其製作，刊板於國子監，監中印書之始。今則盛行於天下，蜀中爲最。明清家有（鍔）［鶚］書印本《五經》存焉，後題長興二年也。

楊冠卿《客亭類稿》卷八《求遺書》 國家垂精藝文，求書之詔，時時而下，聖聖相承，皆以是爲急務。故遺編墜簡，雲集京師。典章之盛，視古無愧。太上皇帝南渡以來，固亦詔有司搜訪逸文，儲之廣內石渠中，以傳之無窮。然篇籍散亡於兵火之餘，視祖宗祕閣三館所藏，尚或有所未備，今日議者，所以復有求遺書之説也。然求之當如何？將遣使以求之歟！則括江淮之使，必得人如苗拾遺，訪三川之使，必得人如庾都官。或謂其人未易得也，將立賞以求之歟！則同光試官減選之法，乾德引驗任職官之法，大中祥符賜出身補三班之法，似亦未易輕舉也。昔人云求訪難知。知者吝惜，必須誘之以微利。果爾，則優給金帛，無恤乎千金易一筆，百金償一篇之議，可也。

郭應祥《省齋集原跋》（廖行之《省齋集》卷末） 辛亥之秋，余就薄宦，期挐舟至蒸江，則天民之亡既除喪矣。訪舊驚呼之念，實切於余心。猶幸其子之賢，崇篤世契，交情久彌厚也。天民自少力學，五舉而後收科。於書無所不通，而尤邃於義理之奥。於文無所不工，而尤長於吟詠之適。今所謂《省齋文集》者，蓋天民既歿之後，其子所裒次者如此。若其平生棄藁散漫不存者，又不知其幾也！余與天民厚，不待誦其書，而已熟其爲人。未識天民者，儻開是編，亦可以想象其風采矣。甲寅孟春，因假其集至官舍，莊誦數過，敬書此以歸之。

秦再思《紀異録》（《新編分類古今類事》卷一九引） 毋公［昭裔］

者，蒲津人也，仕蜀爲相。先是，公在布衣日，嘗從人借《文選》及《初學記》，人多難色。公浩歎曰：「余恨家貧，不能力致。他日稍達，願刻板印之，庶及天下習學之者。」後公果於蜀顯達，乃曰：「今日可以酬宿願矣。」因命工匠日夜雕板，印成二部之書。公覽之，欣然曰：「適我願兮。」復雕《九經》諸書。兩蜀文字，由是大興。洎蜀歸國，豪貴之族以財賄禍其家者十八九。上好書，命使盡取蜀文籍及諸印板歸闕，忽見板後有毋氏姓名，乃問歐陽炯，炯曰：「此是毋氏家錢自造。」上甚悦，即命以板還毋氏，至今印書者遍於海內。【略】初，其在蜀雕印之日，多爲衆所鄙笑，及其後，乃往假貸，雖樊侯種杞梓，未可同年而語。仲尼之教，福善餘慶，一何偉歟！左拾遺孫逢吉嘗語及，因紀之以爲世戒。

李心傳《建炎以來朝野雜記・甲集》卷四《中興館閣書目》 《中興館閣書目》者，孝宗淳熙中所修也。高宗始渡江，書籍散佚。紹興初，有言賀方回子孫鬻其故書於道者，上命有司悉市之。時洪玉父爲少蓬，建言蕪湖縣僧有蔡京所寄書籍，因取之以實三館。劉季高爲宰相掾，又請以重賞訪求之。五年九月，大理評事諸葛行仁獻書萬卷於朝。詔官一子。十三年，初建祕閣，又命即紹興府借故直祕閣陸寘家書繕藏之。寘，農師子也。十五年，遂以秦伯陽提舉祕書省，掌求遺書、圖畫及先賢墨迹。時朝廷既右文，四方多來獻者。至是數十年，祕府所藏益充牣，乃命館職爲《書目》，其綱例皆倣《崇文總目》焉。《書目》凡七十卷。祕書監陳騤領其事，五年六月上之。

又《監本書籍》 監本書籍者，紹興末年所刊也。國家艱難以來，固未暇及。九年九月，張彥實待制爲尚書郎，始請下諸道州學，取舊監本書籍，鏤板頒行。從之。然所取諸書多殘缺，故胄監刊六經無《禮記》，正史無《漢》、《唐》。二十一年五月，輔臣復以爲言，上謂秦益公曰：「監中其它闕書，亦令次第鏤板，雖重有所費，蓋不惜也。」繇是經籍復全。先是，王瞻叔爲學官，嘗請摹印諸經義疏及《經典釋文》，許郡縣以贍學或係省錢各市一本，置之於學。上許之。今士大夫仕於朝者，率費紙墨錢千餘緡，而得書於監云。

魏了翁《鶴山集》卷四一《眉山孫氏樓記》 孫氏居眉以姓著，自唐迄今，人物之懿，史不絕書。而爲樓以儲書，則由長孫始。樓建於唐之開成至光啓元年，僖宗御武德殿，書「書樓」二字賜之，今石本尚存。自僞蜀毁于災，乃遷魚鯽。其居爲佛氏所廬，今所謂傳燈院是也。若里巷，則固以書樓名。長孫之五世孫降衷常遊河洛，識藝祖皇帝于龍潛。建隆初，召至便殿，賜衣帶圭田，特授眉州别駕。因市監書萬卷以還，然樓猶未復也。别駕之孫闢乃入都，傳東壁西雝之副與官本，市書稇載而歸，即所居復建重樓藏之。魚鯽之有樓，則昉乎此。又嘗除塾爲師徒講肄之所，號「山學」。於是士負笈景從，而書樓「山學」之名，聞于時矣。方樓之再建也，在天聖初，闢之從兄直講君堪嘗爲作記，錢內翰希白、宋景文子京，皆賦詩。闢性倜儻，不耐衣冠，衣方士服。其卒也，從弟文懿公爲識其竁，有「不儒其身，而儒其心」之語。故里人又以「儒心」名之。比歲，樓又燬于災，書僅有存者。儒心之六世孫曰某懼忝厥世，乃更諸爽塏，以唐僖宗所書樓刻揭之，樓視舊增拓焉。且病所儲之未廣，走行闕下，傳抄貿易，以補闕遺。竭其餘力，復興山學。以余二十年雅故，嘗以謁請曰：「僕之用力於斯也，亦既廑勩。公盍爲我書之以詔罔極，則序其事以告。」余因惟昔人藏書之盛，鮮有久而弗厄者。梁、隋之盛，或壞於火，或覆於砥柱。唐太、玄、文、昭之盛，或毁於盜，或散于遷徙。本朝之初，如江源叔所藏，合江南及吳越之書，凡數萬卷，而子孫不能有之，爲臧僕盜去，與市人裂之以藉物者，不可勝數。余嘗偶過安陸，亦得其吳越省中所藏《晉史》，則佚於他人者可知。安陸張氏得江書最多，其貧也，一篋之富，僅供一炊。王文康初相周世宗，多得唐舊書。李文正所藏，亦爲一時之冠，而子孫皆不克守也。宋宣獻兼有畢文簡、楊文莊二家之書，可敵中秘之藏，而元符中蕩爲煙埃。晁文元累世之蓄，校讎是正，視諸家爲精，自中原無事時，已有火厄。至政和甲午之災，尺素不存。劉壯輿家于廬山之陽，所儲亦博，今其子孫無聞焉。南陽幵氏之書，凡五十篋，則盡歸諸晁氏。嗚呼！斯非天地神人之所靳者與？而孫氏之傳，獨能於三百年間，屢絕而復興，則斯不亦可尚矣。

又卷六三《跋尤氏遂初堂藏書目録序後》 余生晚，不及拜遂初先生，聞儲書之盛，又恨不能如劉道原所以假館於春明者。寶慶初元冬，得罪南遷，過錫山，訪前廣德使君，則書厄於火者累月矣，爲之徬徨不忍去。因惟國朝以來，藏書之盛，鮮有久而弗厄者。孫長孺自唐僖宗爲榜「書樓」二字，國朝之藏書者莫先焉。三百年間，再燬於火。江元叔，今江南吳越之藏，凡數萬卷，爲臧僕竊去，市人裂之以藉物。其入於安陸張氏者，傳之未

幾，一簋之富，僅供一炊。王文康、李文正、盧山劉壯輿、南陽井氏，皆以藏書名，凡未久而失之。宋宣獻兼有畢文簡、楊文莊二家之書，不減中祕，而元符中蕩爲煙埃。晁文元累世所藏，自中原無事時已有火厄，至政和甲午之災，尺素不存。斯理也，殆不可曉。聖賢不遇，託之憲言，以垂世示後，所以共天命而植民彝也，兼收並蓄，博覽精索，以淑其身，以待後之人，此何辜於天而厄之爾極也！使子孫不能守，如江、張、王、李諸家，是固可恨。若孫、宋、晁氏，則子孫知守之矣，而火攻其外。矧如尤氏子孫克世厥家，滋莫可曉，雖然是穮是蔉，雖有饑饉亦有豐年，吾知有穮蔉耳。豐凶非我知也，尤氏子孫，其尚思所以勿替先志云。

陳振孫《直齋書録解題・易類》 《漢上易傳》十一卷，《叢說》一卷，《圖》三卷。翰林學士荊門朱震子發撰。紹興初在經筵，表上，具述源流云：「陳摶以《先天圖》傳种放，放傳穆修，修傳李之才，之才傳邵雍；放以《河圖》、《洛書》傳李溉，溉傳許堅，堅傳范諤昌，諤昌傳劉牧；修以《太極圖》傳周敦頤，敦頤傳程顥、程頤。是時，張載講學於二程、邵雍之間。故雍著《皇極經世書》，牧陳天地五十有五數，敦頤作《通書》，程頤著《易傳》，載造《太和》、《參兩》等篇。臣今以《易傳》爲宗，和會雍、載之論，上采漢、魏、吳、晉，下逮有唐及今，包括異同，庶幾道離而復合。」蓋其學專以王弼盡去舊說、雜以莊、老，專尚文辭爲非是，故其於象數頗加詳焉。序稱九卷，蓋合《說》、《序》、《雜卦》爲一也。

又《書類》 《尚書》十二卷，《尚書注》十三卷。漢諫議大夫魯國孔安國傳。【略】皇甫謐得《古文尚書》於外弟梁柳，作《帝王世紀》往往載之。蓋自太保鄭沖授蘇愉，愉授梁柳，柳授臧曹，曹授梅賾，賾爲豫章內史，奏上其《書》，時已亡《舜典》一篇。至齊明帝時，有姚方興者，得於大航頭而獻之。隋開皇中搜索遺典，始得其篇。夫以孔注歷漢末無傳，晉初猶得存者，雖不列學官，而散在民間故耶？然終有可疑者，余嘗辨之。

又《釋氏類》 《景祐天竺字源》七卷，僧惟淨等集進。以華梵對翻，有十二轉聲、三十四字母，各有齒、牙、舌、喉、唇五音。仁宗御製序，鏤板頒行。吳郡虎丘寺有賜本如新，己亥借録。

王惲《秋澗集》卷七三《讀漢魏五書》 兩漢繼三代而下爲最盛，但《官儀》略見於班、史表序。予穉年讀昌黎《科斗記文》，知衛宏有《漢官儀》書，兵後典籍散亡，何從而得之！壬午冬，再入京師，始獲借觀於宋秘監，蓋青宮賜書也。其一代之制，粲然完備，皇乎休哉！宜其光武以軍容過洛，父老有復見官儀之喜。嗚呼！三代吾不得而見之，得見兩漢斯可矣。宏書才兩卷，求訪三十年之久，方遂一讀，豈亦有數存乎其間邪？矧功名富貴可倖而致哉！因其奉還，筆之以紀歲月，時壬午十二月八日也。

汪夢斗《康範續録・進墨本表》（《康範詩集》附録） 臣汪夢斗言：迺者徽州以臣先大父晫所編輯子《曾子子思子全書》繳申尚書省，已奉指揮送秘書省收管。今將上件書刊鏤，訖賫詣登聞檢院投進者。臣伏以聖皇勸學，載推道統之尊。遺老編書，宜補經文之缺。冀叨乙覽，輒用申言。臣夢斗惶懼惶懼，頓首頓首。【略】其新刻先大父臣晫所編《曾子子思子全書》見印，造二部四冊，黃綾裝褙，黃羅夾複，封全內一部二冊乞留中，一部二冊乞降付尚書省。臣無任，瞻天望聖，激切屏營之至。謹奉表上進以聞。

鄭羽《補刊施注本跋》（《蘇軾詩集》附録） 坡詩多本，獨淮東倉司所刊，明淨端楷，爲有識所寶。羽承乏於兹，暇日偶取觀，汰其字之漫者大小七萬一千五百七十七，計一百七十九板，命工重梓。

周密《癸辛雜識・後集・賈廖刊書》 賈師憲常刻《奇奇集》，萃古人用兵以寡勝衆如赤壁、淝水之類，蓋自詫其援鄂之功也。又《全唐詩話》，乃節唐《本事詩》中事耳。又自選《十三朝國史會要》。諸雜說之會者，如曾慥《類說》例，爲百卷，名《悅生堂隨抄》，板成未及印，其書遂不傳。其所援引，多奇書。廖群玉諸書，則始《開景福華編》，備載江上之功，事雖誇而文可采。江子遠，李祥父諸公皆有跋。《九經》本最佳，凡以數十種比校，百餘人校正而後成，以撫州萆抄紙、油烟墨印造，其裝褫至以泥金爲籤，然或者惜其刪落諸經注爲可惜耳，反不若韓、柳文爲精妙。又有《三禮節》、《左傳節》、《諸史要略》及建寧所開《文選》諸書，其後又欲開手節《十三經注疏》，姚氏注《戰國策》、注《坡》詩，皆未及入梓，而國事異矣。

又《續集下・書本草三輔黃圖》 先子向寓杭，收拾奇書。太廟前尹氏書肆中，有彩畫《三輔黃圖》一部，每一宮殿繪畫成圖，極精妙可喜，酬價不登，竟爲衢人柴望號秋堂者得之。至元斥賣內府故書於廣濟庫，有出相彩畫《本草》一部，極奇，不知歸之何人？此皆畫中之奇品也。

葉軺《建康集跋》（葉夢得《石林居士建康集》卷末） 右先君大卿手

編《建康集》八卷，乃大父左丞紹興八年再鎮建康時所作詩文也。別有總集一百卷，昨已刻於吳興里。舍姪凱任總司酒官來索此本，欲寘諸郡庠。併以《年譜》一卷授之，庶廣其傳云。

趙昇《朝野類要》卷五《書鋪》 凡舉子預試，并仕宦到部參堂應該節次，文書併有書鋪。承幹如學子乏錢者，自請舉至及第，一併酬勞書鋪者。

葉寘《愛日齋叢鈔》卷一 《通鑑》：後唐長興三年二月辛未，初令國子監校定九經，雕印賣之。又云：自唐末以來，所在學校廢絶。蜀毋昭裔出私財百萬營學館，且請刻板印九經，蜀主從之，由是蜀中文學復盛。又云：唐明宗之世，宰相馮道、李愚請令判國子監田敏校定九經，刻板印賣，朝廷從之。後周廣順三年六月丁巳板成獻之，由是雖亂世，九經傳布甚廣。此言宰相請校正九經印賣，當是前長興三年事，至是二十餘載始辦。田敏爲漢使楚，假道荆南，以印本《五經》遺高從誨，意其廣順以前《五經》先成。王仲言《揮麈錄》云【略】。今史云「三年中書奏請，依石經文字刻九經印板，從之。」又他書記馮道取西京鄭覃所刊石經雕爲印板，則非李鍔書倣蜀製作，或別本也。《金石錄》又云：李鶚五代時仕至國子丞，九經印板多其所書，前輩頗貴重之。鶚即鍔也。《猗覺寮雜記》云：雕印文字唐以前無之，唐末益州始有墨板，後唐方鏤九經，悉收人間所收經史以鏤板爲正，見《兩朝國史》。此則印書已自唐末矣。按《柳氏家訓序》：中和三年癸卯夏，鑾輿在蜀之三年也，余爲中書舍人，旬休，閱書于重城之東南，其書多陰陽雜說、占夢相宅、九宮五緯之流。又有字書、小學，率雕板印紙，浸染不可盡曉。葉氏《燕語》正以此證刻書不始於馮道。而沈存中又謂板印書籍唐人尚未盛，爲之自馮瀛王始印《五經》，自後典籍皆爲板本。大槩唐末漸有印書，特未能盛行，遂始於蜀也。當五季亂離之際，經籍方有託而流佈於四方，天之不絶斯文信矣。

李發先《遊宦紀聞跋》（張世南《遊宦紀聞》卷末） 博物洽聞，儒者事也。非足跡所經歷，耳目所睹記，則疑以傳疑，猶未敢自信，況取信於人乎？太史遷少時，游江淮、上會稽，探禹穴、闚九疑、浮沅湘、涉汶泗；訪齊魯之舊蹟，過梁、楚之故地；然後採摭異聞，參討往事，而大放於史筆間，至今史官宗信。鄱陽張光叔，文獻故家也。講學家庭，藏書日富。蚤從雲臺史君，遊宦入蜀，見聞已不凡矣。及涉江湖，達浙、閩，視昔所獲夥甚。懼遺忘而隨筆之，噫！有志哉！余與光叔交，每見其搜訪異書，如獲至寶，極力傳寫，初不知異聞之有錄也。一日出示余，洞心駭目，多聞所未聞者。以半生經歷睹記之富，而余得大嚼焉，饜飫飽矣。使用志不已，網羅山海之百珍，畢陳其中，不特染指者之一快。脩史校書，它日或有採證，豈小補云乎哉！因書其後歸之。紹定壬辰中冬前一日，忠定後人李發先書。

劉瀛《莊靖集原序》（李俊民《莊靖集》卷首） 先生世家濩澤，唐韓王元嘉之裔，生而聰敏，幼而能文，弱冠而魁天下。蓋以學問精勤，耽玩經史、諸子百家，無不研究。故其文章典贍，華實相副。字字有源流，句句有根柢。格律清新似坡仙，句法奇傑似山谷。集句圓熟，脈絡貫穿，半山老人之體也；雄篇鉅章，奔騰放逸，昌黎公之亞也。小詩高古涵蓄，尤有理致，而極工巧，非得天地之秀，其孰能與於此！先生平昔著述多矣，喪亂以來，蕩析殆盡。此特晚年遊戲之緒餘耳。每一篇出，士大夫爭傳寫之，第以不見全集爲恨耳。錦堂主人，崇儒重道，待先生以忠厚，迺與諸同道購求散落篇什，募工鋟木，用廣其傳，使國人有所矜式。門下劉公濟之君祥仲寬姚子昂左右其事，未百日而工畢。

袁桷《清容居士集》卷四一《修遼金宋史搜訪遺書條列事狀》 猥以非才備員史館幾二十年，近復進直翰林，仍兼史職，苟度歲月，實爲罔功。伏覩先朝聖訓，屢命史臣纂修遼、金、宋史，因循未就，推原前代亡國之史，皆係一統之後，史官所成，若齊、梁、陳、隋、周五代正史，李延壽南、北《史》，房玄齡等《晉書》，或稱御撰，或著史臣，此皆唐太宗右文稽古，數百年分裂事志，悉得全備。至宋倣依唐世，爰設官局以成《唐書》，是則先朝屢命有合太宗文明之盛。卑職生長南方，遼、金舊事鮮所知聞。中原諸老，家有其書，必能搜羅會萃，以成信史。竊伏自念先高叔祖少傅正獻公變當嘉定間，以禮部侍郎秘書監專修《宋史》，具有成書。曾祖太師樞密越公韶爲秘書著作郎，遷秘書丞，同預史事。曾叔祖少傅正肅公甫、吏部尚書商，俱以尚書修撰《實錄》。譾薄弱息，獲際聖朝，以繼先躅。宋世九朝雖有正史，一時避忌，今已易代，所宜改正。昔司馬遷、班固皆以父子相傳，遂能成書。劉知幾、劉餗、劉贊，咸以家世舊聞撰成《史通》。史例輒不自揆，庸用條析。兼本院宋朝名臣文集及雜書紀載，悉皆遺缺，亦當著具書目，以備采擇者。【略】自惟志學之歲，宋科舉已廢，遂得專意《宋史》。亦

嘗分彙雜書文集及本傳語錄，以次分別。不幸西城火災，舊書盡燬。然而家世舊聞，耳受目覩，猶能記憶。或者謂國亡史不宜脩。南方鄙儒詎敢置論，年齒衰邁，分宜歸老田里，曠官縻職，實爲罔功；而區區素藴，亦蘄別白，以稱朝廷奬拔之厚。凡所具遺書，散在東南，日就湮落，或得搜訪，或得給筆札傳錄，庶能成書，以備一代之史。

虞集《道國學古録》卷三九《跋濟寧李璋所刻九經四書》　承直郎松江府上梅縣尹李君璋，以廣東元帥宣慰王公都中書，訪集於臨川山中而相告曰：世家濟寧之鉅野，去夫子闕里二百里。而近先大父謙齋翁始就外傅時，出游孔林而學焉。是時干戈未寧，六經板本中原絶少，學者皆自抄寫以成書。其後朱子《論語孟子集註》、《大學中庸章句》傳至北方，學者傳授，板本至者尚寡，猶不能無事手錄。及至元混一，東南書頗易致，而闕里無專本，欲刻梓焉。意將省筆札之勞，以富涵泳之日，未及如志，年九十五而卒。家君守永嘉之瑞安，蓋甚欲爲之，而未克就璋也。從事江右憲幕，辟濉閫掾，得學製錦於海濱。秩滿少間，請於家君，願成大父之志。《易》、《詩》、《書》、《禮》先就，既以北還，而《春秋左氏傳》及《朱子四書》重至江右，而後克成《四書》，板加厚，字加大，命子某謹繕寫，不敢忽。猶慮北方風高，木善裂，取生漆加布其四端，歸諸孔廟之下，俾久於模印而無壞。願書其事，諸經板凡若干，四書板凡若干。其大父諱從道，其父名某，云昔漢建寧中命諸儒刊正六經，去其穿鑿謬誤，刻石東都太學門外，一時觀視摹寫者，車日數千兩。甚矣，學者之好之也，如此偉哉！

許有壬《至正集》卷七三《跋户部主事觀音努新刻千文賜本》　智永眞草千文散落世間，存者無幾，雖秘書所蓄，亦有可指議者。南北盛傳，在京師則有田氏家藏墨蹟七十三行爲最佳。田氏圖書散失，翰林直學士伊囉斡齊桑節購得之，不敢私有，以獻于上。上覽而悅，命移刻諸石間，以墨本賜臣下，翰林應奉觀音努霑賜焉。觀音努得之，亦思七十三行中所謂「堅持雅操，好爵自縻」之言，以報聖恩之萬一乎！勿徒爲翰墨觀美而已也。

鄭元祐《僑吴集》卷一〇《藏書樓記》　維揚陳君季模家馬䭾沙之上。沙當揚子江之心，而百川之水悉匯焉。既久，於是至其子天鳳，字舜儀，生有異稟，由髫髻以至於冠，惟理義是説，惟圖籍是耽。君愛其子之嗜學也，於是以其家舊藏書合新購而得之者，凡五萬餘卷，築樓於居之東，而藏書於樓之上。

《宋史·太宗紀》　［太平興國六年］十二月癸酉，購求醫書。

又　［雍熙元年春正月］壬戌，購逸書。

又　［至道元年］六月乙酉，購求圖書。

又《職官志五》　書庫官：淳化五年，判國子監李志言：「國子監舊有印書錢物所，名爲近俗，乞改爲國子監書庫官。」始置書庫監官，以京朝官充。掌印經史羣書，以備朝廷宣索賜予之用，及出鬻而收其直以上於官。

又《藝文志序》　歷代之書籍，莫厄於秦，莫富於隋、唐。隋嘉則殿書三十七萬卷。而唐之藏書，開元最盛，爲卷八萬有奇。其間唐人所自爲書，幾三萬卷，則舊書之傳者，至是蓋亦鮮矣。陵遲逮于五季，干戈相尋，海寓鼎沸，斯民不復見《詩》、《書》、《禮》、《樂》之化。周顯德中，始有經籍刻板，學者無筆札之勞，獲覩古人全書。然亂離以來，編帙散佚，幸而存者，百無二三。宋初，有書萬餘卷。其後削平諸國，收其圖籍，及下詔遣使購求散亡，三館之書，稍復增益。太宗始於左昇龍門北建崇文院，而徙三館之書以實之。又分三館書萬餘卷，别爲書庫，目曰「祕閣」。閣成，親臨幸觀書，賜從臣及直館宴。又命近習侍衛之臣，縱觀羣書。眞宗時，命三館寫四部書二本，置禁中之龍圖閣及後苑之太清樓，而玉宸殿、四門殿亦各有書萬餘卷。又以祕閣地隘，分内藏西庫以廣之，其右文之意，亦云至矣。已而王宫火，延及崇文、祕閣，書多煨燼。其僅存者，遷于右掖門外，謂之崇文外院，命重寫書籍，選官詳覆校勘，常以參知政事一人領之，書成，歸于太清樓。仁宗既新作崇文院，命翰林學士張觀等編四庫書，倣《開元四部錄》爲《崇文總目》，書凡三萬六百六十九卷。神宗改官制，遂廢館職，以崇文院爲祕書省，祕閣經籍圖書以祕書郎主之，編輯校定，正其脱誤，則主于校書郎。徽宗時，更《崇文總目》之號爲《祕書總目》。詔購求士民藏書，其有所祕未見之書足備觀采者，仍命以官。且以三館書多逸遺，命建局以補全校正爲名，設官總理，募工繕寫。一置宣和殿，一置太清樓，一置祕閣。自熙寧以來，搜訪補輯，至是爲盛矣。嘗歷考之，始太祖、太宗、眞宗三朝，三千三百二十七部，三萬九千一百四十二卷。次仁、英兩朝，一千四百七十二部，八千四百四十六卷。次神、哲、徽、欽四朝，一千九百六部，二萬六千二百八十九卷。三朝所錄，則兩朝不復登載，而錄其所未有者。四朝於兩朝

亦然。最其當時之目，爲部六千七百有五，爲卷七萬三千八百七十有七焉。迨夫靖康之難，而宣和、館閣之儲，蕩然靡遺。高宗移蹕臨安，乃建祕書省於國史院之右，搜訪遺闕，屢優獻書之賞，於是四方之藏，稍稍復出，而館閣編輯，日益以富矣。當時類次書目，得四萬四千四百八十六卷。至寧宗時續書目，又得一萬四千九百四十三卷，視《崇文總目》，又有加焉。自是而後，迄於終祚，國步艱難，軍旅之事，日不暇給，而君臣上下，未嘗頃刻不以文學爲務，大而朝廷，微而草野，其所製作、講說、紀述、賦詠，動成卷帙，累而數之，有非前代之所及也。雖其間鈲裂大道，疣贅聖謨，幽怪恍惚，瑣碎支離，有所不免，然而瑕瑜相形，雅鄭各趣，譬之萬派歸海，四瀆可分，繁星麗天，五緯可識，求約於博，則有要存焉。

又《趙安仁傳》　安仁質直純懿，無所矯飾，寬恕謙退，與物無競，雖家人僕使，未嘗見其喜慍。女弟適董氏，早寡，取歸給養。其甥董靈運尚幼，躬自訓導，爲畢婚娶。幼少與宋元輿同學，元輿門地貴盛，待安仁甚厚。元輿蚤卒，家緒寖替，安仁屢以金帛濟之。善訓諸子，各授一經。尤嗜讀書，所得禄賜，多以購書。雖至顯寵，簡儉若平素。時閲典籍，手自讎校。三館舊闕虞世南《北堂書鈔》，惟安仁家有本，眞宗命内侍取之，嘉其好古，手詔褒美。尤知典故，凡近世典章人物之盛，悉能記之。喜誨誘後進，成其聲名，當世推重之。有集五十卷。溫瑜，後爲國子博士。

又《儒林傳一・邢昺》　景德二年，上言：「亡兄素嘗舉進士，願霑贈典。」特贈大理評事。是夏，上幸國子監閲庫書，問昺經版幾何，昺曰：「國初不及四千，今十餘萬，經、傳、正義皆具。臣少從師業儒時，經具有疏者百無一二，蓋力不能傳寫。今板本大備，士庶家皆有之，斯乃儒者逢辰之幸也。」上喜曰：「國家雖尙儒術，非四方無事何以及此。」上又訪以學館故事，有未振舉者，昺不能有所建明。先是，印書所裁餘紙，鬻以供監中雜用，昺請歸之三司，以裨國用。自是監學公費不給，講官亦厭其寥落。上方興起道術，又令昺與張雍、杜鎬、孫奭舉經術該博、德行端良者，以廣學員。三年，加刑部侍郎。

又《文苑傳一・朱昂》　昂前後所得奉賜，以三之一購奇書，以諷誦爲樂。及是閒居，自稱退叟，著《資理論》三卷上之，詔以其書付史館。弟協以純謹著稱，仕至主客郎中、雍王府翊善。昂以書招之，協亦告老歸。兄弟皆眉壽，時人比漢之二疏。知府陳堯咨署其居曰東、西致政坊。昂於所居建二亭，曰知止，曰幽棲。頗好釋氏書。晚歲自爲墓誌。

又《世家二・毋守素》　昭裔性好藏書，在成都令門人勾中正、孫逢吉書《文選》、《初學記》、《白氏六帖》鏤板，守素齎至中朝，行於世。大中祥符九年，子克勤上其板，補三班奉職。次子克恭，尙袒女鑾國公主，仕爲光祿少卿，歸宋，至左監門衛將軍。

《金史・章宗紀二》　［承安］五年二月丁酉，初定長吏勸課能否賞罰格。尙書省奏：「禮官言孝懿皇后祥除已久，宜易隆慶宮爲東宮，慈訓殿爲承華殿。」從之。詔購求《崇文總目》内所闕書籍。

又　［泰和］元年冬十月壬寅，勑有司，購遺書宜尙其價，以廣搜訪。藏書之家有珍惜不願送官者，官爲謄寫，畢復還之，仍量給其直之半。

又《選舉志一》　凡經，《易》則用王弼、韓康伯註，《書》用孔安國註，《詩》用毛萇註、鄭玄箋，《春秋左氏傳》用杜預註，《禮記》用孔穎達疏，《周禮》用鄭玄註、賈公彥疏，《論語》用何晏集註、邢昺疏，《孟子》用趙岐註、孫奭疏，《孝經》用唐玄宗註，《史記》用裴駰註，《前漢書》用顏師古註，《後漢書》用李賢註，《三國志》用裴松之註，及唐太宗《晉書》、沈約《宋書》、蕭子顯《齊書》、姚思廉《梁書》、《陳書》、魏收《後魏書》、李百藥《北齊書》、令狐德棻《周書》、魏徵《隋書》、新舊《唐書》、新舊《五代史》，《老子》用唐玄宗註疏，《荀子》用楊倞註，《揚子》用李軌、宋咸、柳宗元、吳祕註，皆自國子監印之，授諸學校。

又附録《金史公文》　皇帝聖旨裏。江浙等處行中書省至正五年六月二十六日准中書省咨：「至正五年四月十三日，篤怜帖木兒怯薛第二日，沙嶺納鉢斡脫裏有時分，速古兒赤雅普化、云都赤撒迪里迷失、殿中撒馬、給事中也先不先等有來，阿魯禿右丞相、帖木兒塔失大夫、太平院使、伯顏平章、達世帖木兒右丞等奏：『去歲教纂修遼、金、宋三代史書，即目遼、金史書纂修了有，如今將這史書令江浙、江西二省開板，就彼有的學校錢內就用，疾早教各印造一百部來呵。』怎生奏呵，奉聖旨那般者。欽此，咨請欽依施行，仍令行省委自文資正官、首領官各一員，欽依提調，疾早印造完備起解。」准此，本省咨委參知政事秦中奉、左右司都事徐槃承德，欽依提調，及下江浙儒司委自提舉班惟志奉政校正字畫，杭州路委文資正官、首領官提

調録梓印造裝褙。

《宋會要輯稿・崇儒四・編纂書籍》 太平興國七年九月，命翰林學士承旨李昉，學士扈蒙，直學士院徐鉉，中書舍人宋白，知制誥賈黄中、吕蒙正、李至，司封員外郎李穆，庫部員外郎楊徽之，監察御史李範，祕書丞楊礪，著作佐郎吳淑、吕文仲、胡汀，著作佐郎直史館戰貽慶，國子監丞杜鎬，將作監丞舒雅，閲前代文集，撮其精要，以類分之，爲千卷。雍熙三年十二月書成，號曰《文苑英華》。昉、蒙、蒙正、至、穆、範、礪、淑、文仲、汀、貽慶、鎬、雅，繼領他任；續命翰林學士蘇易簡、中書舍人王祜、知制誥范杲、宋湜與宋白等共成之，帝覽之稱善。降詔褒諭，以書付史館。賜器（弊）［幣］各有差。

戴洙《金佗稡編後序》（岳珂《金佗稡編》卷末） 岳鄂忠武王之孫有名珂者，彙習王之豐功茂績，著爲《金佗稡編》，凡若干卷，其版舊刊之。嘉禾歲，久版脱壞無存其文，藏諸民間者，又遺闕而無全書。宥府經歷朱君佑之，乃爲之徧求四方，得其殘編斷簡，參互攷訂，合其次第，始克成書。復得續集五卷於平江，蓋江西本也，通爲若干卷，比前尤詳。於是將刻梓，於平章相國大新祠宇之後，郎中陳君初庵爲之序。予惟是編，視《宋史》加詳，而王之豐功茂績雖昭如日星，得此編宜無遺憾矣。

張以寧《翠屏集》卷三《送李遜學獻書史館序》 曹南李時中教授，有志士，嘗兩辟省臺掾，輒棄去，慕漢朱雲尚友古時豪傑人，著《江居集》自見，每酒酣，慷慨泣數行下，慕賈誼、唐衢。既沈鬱不克施，則捐千金聚經若史諸書數萬卷，以遺諸子，慕丁度、劉式。曩予聞嘗奇之，來淮南，讀張仲舉氏所爲文，信然。今朝廷有詔修宋、遼、金三史，遣使購前代異書江淮間，其子敏出父所藏宋逸史爲卷若干，獻之館。有司韙其志，驛送以聞。昔太史公留滯周南，自傷不獲，從登封其子遷紬金匱石室書，成父志，稱後世良史。時中暨敏，雖自弗敢望太史公父子，然其志亦豈異哉！嗟夫，方時中在時奮欲自樹立，決不與草木同腐，不克施以歿，至身後乃能使其書不泯沒，有補於世，其志白於天下，時中爲有子不死矣。

危素《説學齋稿》卷三《史館購書目録序》 至正三年，詔修遼、金、宋史，遣使旁午購求遺書。而書之送官者甚少。素以庸陋備數史官，中書復命往河南、江浙、江西。素承命恪共不遑寧處，諭以皇上仁明，鋭志刪述，於是藏書之家稍以其書來獻，驛送史館，既采擇其要者書諸策矣。暇日因發故櫝，録其目藏焉。其間宋東都盛時所寫之書世無他本者，今亦有之。朝廷之購求，民間之上送，皆至公之心也。素之跋涉山海，心殫力勞，有不足言，後之司筦鑰者誠慎守之，不至於散亡可也。有志於稽古者，豈不有所增廣其學問云爾！至於人情之險阻，事物之膠轕，别爲之録，以示兒子，俾知生乎今之世，雖事之小者，奉公盡職之爲難。

又卷四《上都分學書目序》 至正十三年，助教廬陵毛君文在實在行中，乃節縮餐錢之羨，購書一千二百六十三卷，爲三百五十冊，置於分學。蓋上都書最難致。昔賀涇陽王爲留守，嘗遣教授董君買書吳中，藏於學宫，刻書目於石。凡文臣之嗜學者，往往假讀之，比還，必歸諸典守者。先是分學亦假其書，或他司已假，則不可得，有志於競辰者甚爲之惜。顧分學買書，自毛君始，繼至者將歲歲而增益之，當至於不可勝算。諸生學古以入官，治心修身一徵諸方冊，毛君之功夫豈少哉！祭酒魯郡王公移牒開平府，俾以其書與儒學舊書並藏，置書目，一藏崇文閣，一藏開平儒學，一隨分學，而余序其端。是年，分學者學録李文伴，讀劉壽、張儼苑致陳信也。

楊士奇《東里文集》卷一〇《題王臨川文後》 歐、蘇、曾、王四家全集，今書坊皆無刻版，獨北京有《臨川集》版在國子監舊崇文閣，而所缺十一。用之永樂八年扈從在北京印二本，以一本寄余。既已補録，遂以吳草廬先生所爲序冠諸首。

又《東里續集》卷一四《文籍志序》 夫所貴士者能盡道焉耳，明道必自讀書始。經，聖人之精也。史，備行事之得失。諸子百氏，有醇焉，有駁焉。審其是非邪正，以求至當之歸，其書皆不可以闕也。吾先世藏書數萬卷，元季悉燬于兵。吾蚤有志乎學，而孤貧不能得書。稍長，事鈔録，無以爲楮筆之費，則往往從人借讀，不能數得。年十四五出教童蒙，頗有所入以供養，不暇市書也。弱冠稍遠出授徒，所入頗厚，始畜書，不能多也。及仕于朝，有常祿，又時有賜賚，節縮百費，日月積之，一爲收書之資。歷十餘年，經史子集雖不能備，頗有所蓄，視吾先世所藏千百之十一，視吾少之時可謂富矣。夫人於其所好，勞心苦力，以求得之，必將謹護珍襲，不至於廢壞。逮傳其後之人，未嘗知得之之難，蓋有視之漠然，不以留意，棄之如棄瓦礫者矣。吾懼後之人不知守也，凡書具志吾所以得，而勉其所以守。蓋昔

人愛一草一木，猶戒子孫以勿壞，矧書籍聖賢至訓之所寓乎敬之哉！且積書，豈徒以侈座隅、充篋笥而已，必將講讀究明，務得之於心而行之於身也。司馬君實謂積書不若陰德，以子孫未必能讀，彼非有激而云然乎！不然，其待乎後之人者薄也。吾不以薄待後之人也，勉之哉！

又卷一六《詩傳通釋》 《詩傳通釋》，元安城劉瑾輯，凡二十卷。余家四冊，其采錄各經傳及諸儒所發要義。又考求世次源流，至明且備，蓋會通之書也。吾家五經，皆授徒以來所置。蓋余少時獨有《易傳義》及《四書集註》耳。《書》、《詩》、《禮經》、《春秋左氏傳》，皆從人借錄以讀。既不易得書，又日有衣食之累於心，雖學不能得如意也。後出授徒，以至於今仕得祿，衣食有餘，輒以置書，積久，卷帙頗富。

陸容《菽園雜記》卷一〇 古人書籍，多無印本，皆自鈔錄。聞《五經》印版，自馮道始，今學者蒙其澤多矣。國初書版，惟國子監有之，外郡縣疑未有。觀宋潛溪《送東陽馬生序》可知矣。宣德、正統間，書籍印版尚未廣。今所在書版，日增月益，天下古文之象，愈隆於前已。但今士習浮靡，能刻正大古書以惠後學者少，所刻皆無益，令人可厭。上官多以餽送往來，動輒印至百部，有司所費亦繁，偏州下邑寒素之士，有志佔畢，而不得一見者多矣。嘗愛元人刻書，必經中書省看過下所司，乃許刻印。此法可救今日之弊，而莫有議及者，無乃以其近於不厚與？

程敏政《篁墩文集》卷三九《書儀禮逸經後》 右元吳文正公《儀禮逸經》一帙，當時刻於國子監崇文閣。國朝宣德中尚存，見楊文貞公《圖籍志》，《館閣書目》亦有之。天順初，予被命讀中秘書，已無其本，而國監本亡久矣。大司寇何公廷秀亦渴見此書，與予約護訪，必得爲期，餘二十年竟無所聞也。成化甲辰春，過吳門知楊儀曹君謙喜蓄書，諏之，云家有藏本，猝尋不獲。艤舟候數日，得之，亟以書報何公。何公復書曰：「斯禮之不墜，天也。」然欲謀重刻以傳，未有應者。弘治丁巳冬，子服闋將入京，而縣學重作明倫堂，師生奉金幣以記，請辭弗獲，則念學校禮之所從出也，受以舉斯役。且記是書得之之難及予之癖，而況繫《禮》之大者，有文正公本序及李莊靜先生之引，不容復贅云。

楊一清《后山詩註跋》（弘治袁宏本卷末） 然予尤酷愛后山，嘗攜其遺稿過漢中，令生徒錄過，用便旅覽。而憲副朱公恨世無完集，不與歐、黃諸家並行，遂屬知府袁君宏加板刻焉。顧舛訛太甚，兼有脫簡，嘉其志而惜其費，蓋不獨予然也。丙辰歲，予南歸，獲定本於江東故家，朱公喜得如重寶，復以屬袁君，遂再板以行，精繕奚翅什百，而爲功爲惠，固不尠矣。

沈性《玩齋集原序》（貢師泰《玩齋集》卷首） 天順初元，蒙恩假守寧國，而屬邑宣城，寔先生桑梓之邦。到官之初，首訪文獻、先生之諸孫武欽以其所藏《玩齋稿》并《年譜》來上，首尾脫落，僅得詩文若干首，餘無存者。於是博求之大家世族，卷軸之所題識，名山勝地碑版之所傳刻，又得詩文若干首。合前二集彙而萃之，各以類從，列爲十有二卷，總題之曰《貢禮部玩齋集》，序而刻之學宮。嗟夫！先生之文美矣，至矣。是雖昆明劫火之後，仙官六丁下取之餘，殘編遺墨，尙幸巋然如魯靈光猶有存者，其傳世行後無疑也。

張萱《疑耀》卷一《書籍板行》 上古書籍皆編竹爲簡以韋貫之，用漆作書，簡袠浩重，不便提挈。自有製紙筆及墨者，乃易去竹簡，誠爲便易。然皆寫本，亦未有刻板印行也。後唐明宗長興二年，宰相馮道、李愚請令刊國子監田敏校正九經。又毋昭裔貧時嘗借《文選》於交遊，其人有難色，昭裔發憤曰：「異日若貴，當版鏤之以遺學者。」後仕孟蜀，爲宰相，遂踐其言。又以石鏤九經於成都，是印行書籍始之者。後唐繼之者孟蜀也。葉夢得曰：「書籍未印行之，先人以藏書爲貴。書雖不多，而藏者精於讐對，故往往皆有善本。學者以傳錄之難，故誦讀亦精詳。」蘇東坡作《李公擇山房藏書記》，亦謂少時嘗見前輩欲求《史記》、《漢書》不可得幸；得之，皆手自書，日夜誦讀，惟恐不及。近市人轉相摹刻，諸子百家之書日傳萬紙，學者於書既多且易致如此，其文辭學術當倍蓰昔人，而今乃不然者，豈非多而難精耶？二公之言誠中時弊。

何瑭《柏齋集》卷五《六禮纂要序》 侍御藍田李先生奉命巡按江北，政務既舉，以禮教未洽爲慮，檄令泗州判官侯廷訓會同學正潘勗，纂集冠、婚、喪、祭、飲、射六禮。而提調則令知州薛祖學刊印成書，將給發按屬各府州縣，俾提調官督教官生員講習而倡行之，以敦禮教，以厚風俗，以裨治化。復令訓導陳言來南京，徵予言以序首簡。

郎瑛《七修類稿》卷四五《事物類·書册》 印板，《筆談》以爲始於馮道奏鏤五經，柳玭《訓序》又云嘗在蜀時書肆中閱印板小學書，則印板非

始於五代矣。意其唐時不過少有一二，至五代刻五經後始盛，宋則羣集皆有也。然板本最易得而藏多，但未免差訛，故宋時試策以爲井卦何以無彖，正爲閩本落刻，傳爲笑柄。我朝太平日久，舊書多出，此大幸也，亦惜爲福建書坊所壞。蓋閩專以貨利爲計，但遇各省所刻好書，聞價高即便翻刊，卷數、目録相同而於篇中多所減去，使人不知，故一部止貨半部之價，人爭購之，近如徽州刻《山海經》亦效閩之書坊，只爲省工本耳。嗚呼！秦火燔而六經不全，勢也，今爲利而使古書不全，爲斯文者寧不奏立一職以主其事？如上古之有學官，或當道於閩者深曉而懲之可也。

楊慎《升庵集》卷二《古文參同契序》 《參同契》爲丹經之祖，然考隋、唐《經籍志》皆不載。其目惟《神仙傳》云：魏伯陽，上虞人，通貫詩律，文辭贍博，修眞養志，約《周易》作《參同契》，徐氏景休箋註，桓帝時以授同郡淳于叔通因行于世。五代之時，蜀永康道士彭曉分爲九十章，以應火候之九轉；餘《鼎器歌》一篇，以應眞鉛之得一。其説穿鑿，且非魏公之本意也。其書散亂衡決，後之讀者不知孰爲經孰爲註，亦不知孰爲魏孰爲徐與淳于，自彭始矣。朱子作考異及解，亦據彭本。元俞玉吾所註，又據朱本。玉吾欲分三言、四言、五言各爲一類而未果，蓋亦知其錯亂而非魏公之初文，然均之未有定據爾。余嘗觀張平叔《悟眞篇》云：叔通授學魏伯陽，留爲萬古丹經王。余意平叔猶及見古文。訪求多年，未之有獲。近晤洪雅楊邛崍憲副云：南方有掘地得石函，中有古文《參同契》，魏伯陽所著，上中下三篇，叙一篇；徐景休箋註亦三篇，後叙一篇；淳于叔通補遺三：相類上下二篇，後叙一篇，合爲十一篇，蓋未經後人妄紊也。亟借録之。未幾，有人自吳中來，則有刻本，乃妄云：苦思精索，一旦豁然，若有神悟。離章錯簡，霧釋冰融。其説既以自欺，又以欺人，甚矣。及觀其書之别叙，又云有人自會稽來，貽以善本，古文一出，諸僞盡正。一葉半簡之間，其情已見，亦可謂掩耳盜鈴藏頭露足矣，誠可笑也。余既喜古文之復出，而得見朱子之所未見，爲千古之一快，乃序而藏之。嗚呼！東漢古文存于世者幾希，此書如斷圭復完，缺璧再合，誠可珍哉！

黄佐等《殿閣詞林記》卷一七 聖祖初定天下，即遣使求遺書。國初，四庫之書多藏文華堂。堂在禁中，抵奉天門不百（武）［步］，車駕嘗幸臨之。洪武三年三月庚子，置秘書監，秩正六品。先除監丞一員，直長二員。十三年七月癸巳，以内府書籍已有本院典籍掌之，於是罷秘書監。典籍張敏行者掌書籍，中使傳宣索書，即啓鑰以上。歲時得燕見，聖祖籍古右文，其勤如此。蓋罷掌書之官，併其任於翰林，實自我朝始。今内閣史館，凡御製宸翰、列聖寶訓、實録及玉牒副本，經、史、子、集類書之屬，皆在焉。永樂四年四月，成祖視朝之暇，輒御便殿閲書，或召翰林儒臣講論。嘗問文淵閣經、史、子、籍皆備否？學士解縉對曰：經、史粗備，子籍尚多闕。上曰：士人家稍有餘貲皆欲積書，況於朝廷可闕乎？遂召禮部尚書鄭賜，令擇通知典籍者，四出搜求遺書。且曰：書籍不可較價直，惟其所欲與之，庶奇書可得。又顧縉等曰：置書不難，須常覽閲乃有益。凡人積金玉亦欲遺子孫，金玉之利有限，書籍之利豈有窮也！十六年遣修撰陳循往南京起取本閣所貯古今一切書籍，自一部至百部以上，各取一部北上，餘悉封識收貯，蓋兩京皆有儲書也。十九年四月庚子夜，奉天、華蓋、謹身三殿災，火勢猛烈。而奉天門東廡切近秘閣，學士楊榮奮身直入，麾武士三百人將御書圖籍幷積歲制勅文章，舁致東華門金水橋。次明日，上召諭之曰：昨夜火發在目前者幾人，卿能收拾圖籍，不避艱危，可謂難矣！因褒賞之。于時書籍淆亂無紀，典籍周翰理淆葺亂，逾二載而後復舊。今館閣書目，蓋永樂間所定也。自正統以前，凡官本院者每朝退，即入閣中檢所未見書。蓋館閣無政事，以討論、考校爲業，故得縱觀中秘，而受命進學者亦與焉。景泰時，編修周洪謨輩猶然其後，始爲内閣所扃鑰。弘治五年五月，大學士丘濬請訪求遺書焉，上疏有云：今内閣儲書有匱，書目有簿，皆可查考。乞勅内閣量委學士幷講讀以下官，督同典籍與吏、典班、匠人等，將書目較讐有無全欠，分爲經、史、子、集四類及雜書、類書二類，開具奏報，仍刻考較年月，委官名銜識於卷末，立案存照。又勑兩京内外大臣會同南京禮部本院官，查盤永樂中原留南京内府書籍有無全欠，具數奏知。於凡兩京書籍，令南京國子監謄寫，各令兩監藏之，以備遺失。夫國家採補佛、道書，以爲藏經，雕以文梓，飾以文綾，徧賜天下寺觀，儲以髹紅函匱，載以金碧輪藏。況此書籍，乃自古帝王傳心之要道，經世之大典，禮樂刑政制度文爲之所具，烏可吝惜小費而不爲經久之計哉！請勅内閣，將書目付禮部抄謄，分送直隸十三布政司，提督、學校、憲臣，用心設法訪求抄謄，送京以補所未備。仍於内閣近便去處，別建重樓一所，專用磚石累砌，如民間所謂土庫者。令内

閣、書辦、中書等官，遇其閒暇，抄謄累朝實録各一部，盛以銅匱，庋于樓之上層，凡内府衙門收藏國家大事文書如玉牒之類皆附焉。其制勑房，一應文書如詔冊誥勑書等項，草檢行禮儀註應制詩文等項底本，前朝遺文舊事等項雜録，亦各抄一部，盛以鐵匱，貯於樓之下層。凡内府衙門所藏文書，可備異曰纂修一代全史之用者，如永樂以前文武官貼黄之類，皆附焉。苟無禦災備急之具，一或散失，後之秉史筆者，無所憑據，往往求之於草澤，訪之於傳聞，簡牘無稽，眞贋莫辨。非但大功異政不得紀載，而明君良臣爲人所誣捏者，亦有之矣。至若列聖實録及聖祖御製等書，請依洪武六年纂集日歷以爲寶訓事例勒成一書，頒行天下。如此，則祖宗之功德在萬世永傳，信而無疑。國家之典章，垂百王遞沿襲而有本。所謂金匱、石室，豈虚文哉！奉聖旨，太祖御製書籍著翰林院打點，見數收貯。南京書籍查照目録，開寫缺少的，去著守備同南京禮部翰林院點檢送來。天下遺書，禮部行移南北直隸十三布政司訪求。至正德中，權奸柄國，典籍散逸。嘉靖十三年七月，今上勑館閣重書列聖寶訓實録，命大學士李時等爲經理官，臣道南爲管録官，肇建皇史宬于重華殿之西，藏以金匱，置之石室。又於欽天閣樹碑以紀欽天記頌，追先閣樹碑以紀祖德詩，仍錫燕儒臣于謹身殿。臣嘗誦吕祖謙表云：帝暉下燭光榮河溫洛之藏，天藻昭垂邁過沛横汾之韻。湛露示醇醲之惠，承雲宣純繹之音。若豫頌矣。

尤晉《萬柳溪邊舊話跋語》（尤玘《萬柳溪邊舊話》卷末） 先曾祖大司徒守玄公諱玘致仕還，架數十木屋於萬柳溪上，日聚親族談先世事，著《溪邊舊話》三卷。不肖實少侍父味茱翁諱居敬翁時述其話。洪武二十九年丙子科，實幸登鄉書第四名，伯兄務朴公諱文詔徵孝廉，具牢醴率實祭告司徒公墓，大會族人于覺林寺祠屋中，求所謂《舊話》，已簡斷墨闇，不可讀者逾半。命門人許靈就燈下抄其完者以歸，恨全帙之不得。又數年，實佐南昌攝郡篆，捐俸刊木，傳之子孫。曾孫男實拜跋。　君子之澤五世，先文獻公甫三世而文簡公光大之，元孫莊定公繼其位，源益深，流益遠，文簡公傳我大司徒，公中起名位壽富貴一世，嘗著《舊話》三卷，曾從祖南昌公刻之，踰百年而板朽。從子都給事中魯重梓家塾，子男瑛帥廣又刻之憲臺，一歲二板俱行，傳之可久矣。

李詡《戒庵老人漫筆》卷八《時藝坊刻》 余少時學舉子業，並無刊本窗稿。有書賈在利考，朋友家往來，鈔得鐙窗下課數十篇，每篇謄寫二三十紙，到余家塾，揀其幾篇，每篇酬錢或二文或三文。憶荆川中會元，其稿亦是無錫門人蔡瀛與一姻家同刻。方山中會魁，其三試卷，余爲慫慂其常熟門人錢夢玉以東湖書院活字印行，未聞有坊間板。今滿目皆坊刻矣，亦世風華實之一驗也。

何良俊《四友齋叢説》卷三 南京道中，每年有印差道長五人，例有贓罰銀數千。丁巳年，屠石屋葉淮源管印差，要將贓罰銀送國子監刻書，因見訪及。爾時朱文石爲國子司業，余與趙大周先生極力慫恿，勸其刻《十三經註疏》。此書監中雖有舊刻，然殘闕已多，其存者亦皆模糊不可讀，福州新刻本復多訛舛，失今不刻，恐後遂至漫滅，所關亦不爲小。諸公皆以爲是。大周托余校勘，余先將《周易》校畢，方校《詩》、《書》二經，適文石解官去，祭酒意見不同，將此項銀作修二十一史板費去，其事遂寢。

又卷三六 近日黄毅所希憲巡下江，刻《五經集註》於蘇州府，最是盛事。但不知委之何人，將何處本作式，寫完即刻，全不校勘，訛舛太甚，甚至一板中有差六七字者。此書初學習讀，所關最重。況他日轉相傳訛，日甚一日，則於經書亦大有害，不似他書無大干係也。不知何故鹵莽如此。

余繼登《典故紀聞》卷一 太祖嘗命有司訪求古今書籍，藏之祕府，以資覽閲。因謂侍臣詹同曰：「三皇五帝之書，不盡傳於世，故後世鮮知其行事。漢武帝購求遺書，而六經始出，唐、虞三代之治始可得而見，甚有功於後世。吾每於宮中無事，輒取孔子之言觀之，如『節用而愛人，使民以時』，眞治國之良規，孔子之言，萬世之師也。」

又卷六 成祖於視朝之暇，輒御便殿閲書史，或召翰林儒臣講論。嘗問：「文淵閣經史子集皆備否？」學士解縉對曰：「經史粗備，子集尚多闕。」成祖曰：「士人家稍有餘資，皆欲積書，況於朝廷可闕乎？」遂召禮部尚書鄭賜，令擇通知典籍者四出購求遺書，且曰：「書籍不可較價直，惟其所欲與之，庶奇書可得。」又顧縉等曰：「置書不難，須常覽閲乃有益。凡人積金玉欲遺子孫，朕積書亦欲遺子孫，金玉之利有限，書籍之利豈有窮也？」

于慎行《穀山筆麈》卷七《典籍》 劉歆典領《五經》，總羣書奏，其《七略》有《輯略》，有《六藝略》，有《諸子略》，有《詩賦略》，有《兵書

略》，有《術數略》，有《才技略》，凡書五百九十六家，萬二千二百卷。其敘諸子，分爲九流：曰儒、曰道、曰陰陽、曰法、曰名、曰墨、曰縱橫、曰雜、曰農。

漢靈帝詔諸儒校定《五經》文字，命議郎蔡邕爲古文、篆、隸三體書之，刻石太學門外。古文，蝌蚪書也；篆，大篆也；隸書，今之八分。今關中郡學有《十三經》石刻，非其舊矣。

洛陽《三字經》石經，五胡之亂未嘗損失，至元魏馮熙、常伯夫相繼爲洛州刺史，取以建浮圖精舍，大致頽落，間有存者，委於榛莽。其後，侍中崔光嘗請遣官守視，補其殘缺，竟不能行，而古跡泯矣。視焚書之慘，輕重不同，其爲吾道之阨，一也。

隋煬帝好讀書著述，增祕書學士至百人，常令修撰，自經術、文章、兵、農、地理以至蒲博、鷹狗皆爲新書，無不精妙，共成三十一部，萬七千餘卷，可謂富矣，惜其不傳於世，無可考索耳。又西京有書三十萬卷，煬帝除其重複猥雜，得正本三萬七千餘卷，納於東都修文殿，亦不知兵燹之後所存幾何也。古時書籍甚多，如歷代《藝文志》所載，後世所見者，十之一二。世徒恨三代之書燼於秦火，不思自漢至今，其爲秦火者，又不知其幾矣！可勝嘆哉！

唐文宗以宰相鄭覃判國子祭酒，創立《石壁九經》，即今陝西石經也。

後唐長興三年初，命國子監校定《九經》，雕板印賣，至後周廣順乃成。而蜀人毋昭裔亦請刻印《九經》。故雖在亂世而《九經》傳佈甚廣。及後周，和凝始爲文章，有集百餘卷，嘗自鏤板以行於世。雕印書籍，始見於此。不知隋、唐以來，雕板之法已有行之者否？

林堯俞等《禮部志稿》卷一 洪武二十四年六月，命禮部頒書籍於北方學校，上諭之曰：農夫舍耒耜，則無以爲耕；匠氏舍斤斧，則無以爲業；士子舍經籍，則無以爲學。朕嘗念北方學校缺少書籍，士子有志於學者往往病無書讀，向嘗頒與《四書》、《五經》，其他子、史諸書未賜予，宜於國子監印頒有未備者，遣人往福建購與之。

陳繼儒《汲古閣書跋叙》（毛晉《汲古閣書跋》卷首） 吾友毛子晉，負妮古之癖，凡人有未見書，百方購訪，如緢海鑿山，以求寶藏。得即手自鈔寫，糾訛謬，補遺亡。即蛛絲鼠壤，風雨潤濕之所糜敗者，一一整頓之。雕板流通，附以小跋，種種當行，非杜撰判斷，硬加差排於古人者。蓋胸中有全書，故本末具有脈絡；眼中有眞鑒，故眞贋不爽秋毫。無論寒膚嗛腹之儒，駭未曾有。雖士大夫藏書家，李邯鄲、宋宣獻復生，無不侈其博而服其鑒也，故叙而行之。

黃崇翰《知稼翁集跋》（黃公度《知稼翁集》卷末） 《知稼翁集》目載《文獻通考》及《八閩通志》，更宋元之變，無存者。嘉靖辛卯，主政敬甫公刻《監簿四如公集》，其序慨《知稼集》不可見矣。丙午歲，先司空任翰撰《司徒君辨公任文選》，有陝中謁選人持是集贄冊，有御印，蓋前朝祕府流落人間者。得之，喜從天墜，與先考百叩交慶。乙卯考以宮洗謫倅衡州，刻於衡。壬戌倭變，板復燬。乃就榕城陳環江公索回一部。崇翰等謄較多年，邇姪孫鳴俊自會稽寄俸四金，遂圖命梓。竊念吾宗唐、宋來著作，載郡乘者凡二十五種，今存惟御史公及公監簿公集耳。語曰：文字可愛，祖宗文字尤可愛。苟後人知愛闕傳未艾也。役竣，謹告之先靈，尙一慰焉。董役則姪泰兒胤星。

謝肇淛《五雜組》卷一三《事部一》 好書之人有三病：其一，浮慕時名，徒爲架上觀美，牙籤錦軸，裝潢衒曜，驪牝之外一切不知，謂之無書可也；其一，廣收遠括，畢盡心力，但圖多蓄，不事討論，徒涴灰塵，半束高閣，謂之書肆可也；其一，博學多識，矻矻窮年，而慧根短淺，難以自運，記誦如流，寸觚莫展，視之肉食面牆誠有間矣，其於沒世無聞均也。夫知而能好，好而能運，古人猶難之，况今日乎。

又 宋時刻本以杭州爲上，蜀本次之，福建最下。今杭刻不足稱矣，金陵、新安、吳興三地，剞劂之精者不下宋板，楚、蜀之刻皆尋常耳。閩建陽有書坊，出書最多，而板紙俱最濫惡，蓋徒爲射利計，非以傳世也。大凡書刻，急於射利者必不能精，蓋不能捐重價故耳。近來吳興、金陵，駸駸蹈此病矣。

葉國華《菉竹堂書目序》 此編爲先文莊公書目，不知何年散逸，先大父得之少司冦周先生玉庵家，大父歿後，又復失去。今春國華從書肆中購歸，如獲珍貝。次第閱之，有夙未聞是名者，藏書至是亦富且奧矣。但中間編目與序不合，大父跋語一辨之甚悉。國華又于從兄伯傳所借得書目草稿一冊，有文莊公點竄手筆，前載兹序卷分爲六，先制書，終葉氏書。每部冊若干，每冊卷若干，一一相符。信此編叙列本鄱陽馬氏，而吾家自有書目，較此殊爲井然。大父向未見從兄本，故多躊躇於零該散亡之際。嗟乎！即大父重較書目，其零落散亡者復不知幾何矣？矧文莊公之遺也哉！然則諭不

分書之訓者，眞祖宗罪人也。計文莊公序爲成化辛卯，大父跋爲隆慶己巳，余以子識爲天啓癸亥，距其年一百五十有奇。再失再得，終爲吾家物，其世世寶藏之可也。

謝啓光《金石録後序》（《李清照集》附録）　《金石録》，宋趙德父所著。原本於歐陽文忠公《集古録》，益廣羅而確核之，蓋竭一生之心力而成是書。德父自爲序，沒而其室李易安又序其後。中間叙述購求之殷，收蓄之富，與夫勘校之精勤；即流離患難，猶攜以遠行，斤斤愛護不少置，深惋惜於後來之散失。余初得易安序，讀之，嘉其夫婦同心，篤於嗜古，訪求其全書未得也。後余季弟季弘於里中舊家市得刻本以遺余，余亟取卒業。考訂精詳，品隲嚴正，往往於殘碑斷簡之中，指摘其生平隱慝，足以誅奸諛於既往，垂烱戒於將來；不特金石之董狐，實文苑之《春秋》也。恨脱落數葉，欲刻之，資考古者之一助，未能也。歲甲申，應召入都，遍語燕市之收藏古書者，最後得一抄本於計曹張主政。會箕兒出倅淮陰，乃授之以去。越兩載，箕兒據以繕梓，寄一帙於京邸。時余已罷官解維潞河矣。攜抵里門，見其中多錯誤，有題跋此碑而半入他碑者；甚且有題跋一碑而分載兩處者；爰取舊本參閲改正，寄箕兒另爲補刻。乃殺青甫竣，而箕兒以簿書勞瘁，一疾長逝矣！冬仲，梨棗與其旅櫬同歸，余見輒掩袂而泣，未忍啓簏。旋思箕兒出常俸罄橐裝以刻是書，人雖亡而書尚存，庶幾藉是書以存姓名於後世。遂拉淚重閲，復更其數訛字，漫書數語以識其始末如此。至《集古録》，去夏箕兒亦寄一抄本來，求余校正，與此書并刻。余以病未果，且無別本足正魚豕，姑竢異日，以了箕兒生前未竟之志。

沈德符《萬曆野獲編》卷二五《國學刻書》　南北兩雍所貯書籍，俱漫漶不完。近年北監奏請重刊二十一史，陸續竣事，進呈御覽，可謂盛舉矣。而校對鹵莽，訛錯轉多，至如《遼》、《金》諸史，俱有缺文，動至數葉，俱仍其脱簡接刻，文理多不相續，即云災木可也。甲午春，南祭酒陸可教有《刻書》一疏，謂文皇帝所修《永樂大典》，人間未見，宜分頒巡方御史各任一種，校刊彙成，分貯兩雍，以成一代盛事。上即允行，至今未聞頒發也。按此書至二萬餘卷，即大内止寫本一部，至世宗重録，以備不虞，亦至穆宗朝始告竣。效勞諸臣俱叙功優陞，若付梨棗，更豈易言！近日楊修齡鶴巡鹽兩浙，欲刻《太平御覽》，予極贊成之，以仁、錢兩令君大譁而止。況《大典》又數十倍《御覽》乎！

劉若愚《酌中志》卷一　神廟天性至孝，上事聖母，勵精勤政，萬幾之暇，博覽載籍。每諭司禮監臣及乾清宮管事牌子，各於坊間尋買新書進覽。凡竺典、丹經、醫、卜、小説、出像、曲本靡不購及。先臣陳太監矩凡所進之書必冊冊過眼，如《人鏡陽秋》、《閨範圖説》、《仙佛奇蹤》等類，每歲之中，何止進數次，所進何止數十部哉！

又卷七　先監每暇即玩味《大學衍義補》，或令左右誦聽。乙巳之冬，奏進二部，請發司禮監重刊。先監卒後數年，始完。惜督刻抄寫者寡昧無識，其中頗多舛錯，至今沿習未正，良可痛也。

又卷九　又先監矩於萬曆乙巳冬，奏請神廟重刊《大學衍義補》，至卒後十餘年始刊完。纍臣曾具草募化同會之人，捐資印造。焚化一部以慰泉下，供安一部以示永久。

涂山《新刻明政統宗·洪武二十三年》　十二月，購遺書。福建布政司進《南唐書》、《金史》、蘇轍《古史》，命書坊刊行。

又　［永樂四年］四月，命禮部購求遺書。

祁承㸁《澹生堂藏書約·聚書訓》并序　余閲《殿閣詞林記》，恭述成祖視朝之暇，輒御便殿閲書，或召儒臣講論弗輟也。嘗問文淵閣經史子籍皆備否，學士解縉對曰：經史粗備，子籍尚多闕。上曰：士人家稍有餘貲，便欲積書，況於朝廷，其可闕乎？遂召禮部尚書鄭賜，令擇通知典籍者，四出求遺書。且曰：書值不可較價直，惟其所欲與之，庶奇書可得。復顧縉等曰：置書不難，須常覽閲乃有益。凡人積金玉，亦欲遺子孫，金玉之利有限，書籍之利豈有窮也？大哉！聖謨，非臣庶所宜恪遵者乎！然前人聚而後人弗能守，猶弗聚也，即後人勉爲守而不能重，猶弗守也。司馬温公文史萬餘卷，置讀書堂，晨夕取閲，雖累數十年，皆手若未觸者。嘗語其子公休曰：賈豎藏貨貝，儒宗惟此耳，然當知寶惜。吾每歲以上伏及重陽間視天氣晴明，設几案於當日所，側羣書其上，以暴其腦。所以年月雖深，終不損動。至啓卷，先視几案潔淨，藉以裀褥，然後端坐展看。或欲行，即承以方版，非惟免手汗漬及，亦恐觸動其腦。每竟一版，即側右手大指面襯其沿，而覆以次指面，撚而挾過。每見汝輩輕以兩指爪撮起，是愛書不如愛貨貝也。爾輩惟法温公之珍惜，斯稱能守者乎。至於鈔録校讎，更不可廢。因舉

古人聚書足法者列之後：

竇諫議爲人素長厚，性尤儉素，器無金玉之飾，家無衣帛之妾，常於宅南建一書院，聚書數千卷。崇禮文學，延置師席，凡四方孤寒之士，貧無供須者，咸爲出之，有志於學者，聽其自至。故其子聞見益博。

張華家無餘財，惟有文史溢于几篋。常徙居，載書三十乘。祕書監摯虞撰定官書，皆資華本以取正焉。天下奇祕世所罕有者，悉在華所，由是博物洽聞，世無與比。

魯人曹平，慕曾參之行，因名曹曾。家多書，慮其湮滅，乃積石爲倉以藏，世謂「曹氏書倉」。

壽張申屠致遠，仕元爲廉訪，清修苦節，恥事權貴，聚書萬卷，號「申氏墨莊」。

任昉博學，家雖貧，聚書至萬餘卷，率多異本。卒後，武帝使學士賀縱共沈約勘其書目，官無者就其家取之。

李公擇少讀書於廬山五老峯下白石庵僧舍，藏九千餘卷，以遺來者。公擇既去，山中之人思之，指其所居爲「李氏山房」。

常景不事產業，衣食取濟而已，耽愛經史，若遇新異之書，不問價貴賤，以必得爲期。

方漸知梅州，所至以書自隨，積至數千卷，皆手自竄定，就寢不解衣衾。林朝光質之，答曰：解衣擁衾，會有所檢討，則懷安就寢矣。增四壁爲閣，以藏其書，牓曰「富文」。

孫蔚家世好書，有書七千餘卷，遠近來讀者恆有百餘人，蔚爲辦衣食。

陸務觀作書巢以自處，飲食起居，疾痾呻吟，未嘗不與書俱。每至欲起，書圍遶左右，如積槁枝，至不得行。時引客觀之，客不能入，既入不能出，相與大笑，遂名曰「書巢」。

梁金樓子聚書四十年，得書八萬卷，河閒之侔于漢室，頗謂過之。

柳氏家昇平里西堂，藏經子史集皆有三本，紙墨籤束華麗者鎮庫，次者長將隨行披覽，又次者後生子弟爲業。

宋丁顗盡其家貲，置書十萬餘卷，且曰：吾聚書多矣，必有好學者爲吾子孫。後其孫度竟登博學宏詞科，至參知政事。

宋次道所蓄書，皆校讎三五徧，世之藏書，以次道家爲善本。宋住春明坊、昭陵時，士大夫喜讀書，僦居其側，以便借置，當時春明坊宅子僦值比他處常高一倍。

齊王牧以禮自拘，鮮有過事，就人借書，必手刊其謬，然後返之。

李暠署劉炳爲儒林祭酒，炳好尚文典，書史穿落者親自補治，矜重如拱璧。每謂其子弟，吾所以躬其事者，欲人重此典籍耳。

宋綬字公垂，博學喜藏異書，手自校讎。嘗謂校書如掃塵，一面掃，一面生，每三四校，猶有脫誤。

向朗年八歲，即手自校書，刊定謬誤，潛心典籍，積聚篇卷，冠於一時。

郎基，中山新市人，魯郡太守智之孫，博涉文籍，清慎無所營求。嘗謂人曰：任官之所，木枕亦不須作，況重於此乎。惟頗令人寫書，樊宗孟遺之書。在官寫書，亦是風流罪過。基曰：觀過知仁，斯亦可矣。

穆子容少好學，無所不覽，求天下書，逢即寫錄，所得萬餘卷。

袁峻家貧無書，每從人假借，必皆鈔寫，自課日五十紙，紙數不登則不止。

董仲元去京師三百里，或乘牛驢，或躡履，不日而至。常息人家，於座以筆題掌。還家，以竹籜寫之，書竟則舐掌中。世謂之董仲元「掌錄」。

任東學無常師，河洛祕奧，非止典籍所載，皆注記於柱壁及園林樹木。慕學者爭趨寫之，時謂「任氏經苑」。

東莞臧逢世，年二十餘，欲讀班固《漢書》，苦假借不能久，乃就姊夫劉緩乞書翰紙末，手寫一本，軍府服其志尚，卒以《漢書》聞。

孟景翌，字輔明，輔零拾本誤作轉。刻勵嗜學，行輒載書隨，所坐之處不過容膝，四面卷軸盈滿，時人謂之「書窟」。

王筠少好鈔書，老而彌篤，雖遇見瞥觀，即皆疏記，後重覽省。懽情彌深，習與性成，不覺筆倦。自十三四歲，歷四十載，躬自鈔錄，大小百餘卷。自以爲不足，傳之好事，備遺忘而已。

張參爲國子司業，手寫九經，每謂讀書不如寫書。

柳仲郢退公布卷，不舍晝夜，九經、三史一鈔，晉、魏、南北史再鈔。手書分門三十卷，號柳氏自備，小楷精謹，無一字肆筆。

劉道原就宋次道家觀書，宋曰：具酒饌爲主人禮。道原不受，閉閤鈔

書，旬日而畢。

吳人朱存理，居常聞人有奇書，輒從求，以得爲志，或手自繕録，動盈筐篋。羣經諸子小說，無所不有。詩亦精雅，尤精小楷，手録前輩詩文，積百餘家。他所纂述，有《經子鉤玄》、《吳郡獻徵録》、《名物寓言》、《鐵網珊瑚》、《野航漫録》、《鶴岑隨筆》等書數百卷。

杜暹家藏書，皆自題跋尾，以戒子孫。曰：淸俸買來手自校，子孫讀之知聖教，鬻及借人爲不孝。

曹學佺《大明一統名勝志自序》 予初得《太平寰宇記》抄本，爲宋太平興國間宜黄樂史所撰。上者，又得建溪祝穆所編《方輿勝覽》，蓋麻沙書坊板也，常置在案頭。新安汪仲嘉過而謂予曰：是可隱括而成書也。予頷之，尚未得其肯綮。既入蜀，作《蜀中廣記》。當弋材于二書，又得楊用脩家所抄秘閣東陽王象之《輿地紀勝》。象之兄爲蜀漕，故于蜀事尤詳。然予在金陵時，泛觀四庫諸書，凡可爲各省山川名勝資者，悉標識其端，積有七簏，用二十夫之力，舁以相隨。未幾，出峽還閩，簡點舊篇，多所殘缺，意緒都闌，庋之高閣而已。一日，謝在杭過謂予也，此書若殘兵敗卒，孰若畀我成一大隊。予曰：誠然。但予十數年以來欲撰一種書，耿耿于懷，未之或忘。倘再歷幾星霜，予老矣，不能更爲，便可相付。又過一載，江西方伯李友卿寄宗侯鬱儀《水經注箋》。予亟取而讀之，其所有者正不必有，其所無者正不必無。予又憤懣而不之快。偶有縉紳便覽一部，畧爲箋釋于左，曰：此《水經》之某州縣也，以今援古，合者什七，其所不合，姑竢後來。于是感觸前念而作是書，津津乎不能自已矣。莆友吳明遠館予浮山，因示以裁割之法，臚列勾股若陳肆焉。余取而綴附之，材料既備，位置得所，乃與友人陳汝翔諸父汝載約曰：自北直隸、陝西、山西、河南、山東，南人足跡所罕到，予以計偕筮仕祝釐之役，頗得涉歷而流覽焉。自南直隸、江西、浙江、閩廣，則請分任之。廣西、雲貴載籍頗稀，余旁而搜采之蜀中。惟是《廣記》所輯者稍刪潤之而已。于是復徵諸郡縣誌。南直隸，余宦金陵時購而有之。河南、湖廣，鄉先薦紳有存積者，其裔轉以售余。而山東、浙江、江西，則薛公中丞、謝公方伯、汪、陳二侍御之巡方時所有也。但北直隸、山、陝、二廣，苦不能多。余偶閱《盱江新志》，左侍御督學畿輔，晚年乏嗣，以其書籍送貯府庫。余癸亥歲起家粵西，取道于斯，先以喻子奮、陳有美二君往，因借而裒録之。二廣則爲總督胡公檄取，而桂林張公羽王家藏尤夥。羽王有《西遷集》，蓋其謫四川利州衛時，自河南入潼關，循子午道而出漢中，復濟河登龍門而返，蓋有司馬公之風焉。所過必徵其典乘故實，若爲余今日地也。雲南，則《通志》之外，益以郭司馬《黔記》、謝在杭《滇略》，亦足以成書矣。已上諸書，闕一不成，余皆得之，似有天幸。且余入粵時寔攜直隸、山、陝、二廣諸稿以往，公餘則或編摩讐校。【略】丙寅，余被糾削籍臺，檄追書板甚亟，家人欲盡焚其書籍。余在倉卒之中，猶抱此書而出，復憶曩歲削稿于淼軒，一夕爲偷兒挈簏以行，萬無還理，而不意其悔心之萌也。予始思而動剞劂之想，又遇患難歸家，纔獲竣事，則又幸矣。余觀古人有所撰述，必以廿載爲期，余自戊午而迄丁卯，僅有其半，且爲行旅跋涉，簿書期會，流離困苦所奪者，十之二三。余才不逮，昔而何以功倍之乎！余此十年內，飲食寤寐而不遑自安，然亦藉是以收攝其身心，而罔敢旁溢。余固不能有所裨益于是書，而受書之益也多矣。書成而讀經、讀史、讀詩，若文如江河溝澮之曲折，咸知其所往而不迷，如《爾雅》之釋經傳然，是亦六書之流也，或者其少有益于來學乎！願與同志者商之。

徐𤊹《徐氏筆精》卷六《帝王好書》 歷代帝王皆好典籍。秦火爲萬古罪人無論已。漢興，除挾書律，廣開獻書之路。景帝募求天下遺書，藏之秘府。武帝建藏書之策，置寫書之官。成帝使謁者陳農求天下遺書，詔劉向等校定光武入洛書二千餘輛，後於東觀廣集新書，命班固等讐校。明帝大會諸儒於白虎觀，考訂羣籍。靈帝詔諸儒正定《五經》刻石。魏道武命郡縣大收書籍，悉送平城。隋文帝遣使四方搜討異本，每書一卷，賞絹一疋。煬帝觀文殿構甲乙丙丁書屋。唐貞觀中魏徵、虞世南、顔師古請購天下書，選五品以上子孫繕寫，藏內庫。玄宗幸東都，議借民間異本傳録，以千錢購書一卷。後唐莊宗募民獻書，及三百卷者，授以官銜。明宗令國子監校定九經，雕印賣之。周世宗銳意求訪，凡獻書者悉加優賜。宋太宗下詔購募亡書，分置書府，涉、弼等並賜科名。太宗構崇文院以藏書籍，分經史子集四庫。仁宗詔中外士庶上館閣闕書，每一卷支絹一疋，五百卷與文資官。徽宗詔郡縣訪求秘書，助教張頤進二百二十餘卷，賜進士出身。李東一百六十卷，補迪功郎。高宗南渡，獻書有賞。元世祖遣使取在官書籍版刻至京師。我太祖定鼎之後，極重儒臣，詔纂國家切要之書。成祖詔修《永樂大典》，一時儒臣

畢集，天下賢才聘辟無算，凡南京文淵閣所貯，古今一切書各取一部送京。以後則杳無求書之令矣，國家事事可侔前代，獨好文之主稍遜。

又《楊文貞積書》　楊文貞公士奇《文籍志序》云：「吾先世藏書數萬卷，元季悉燬於兵。吾早有志於學，而孤貧不能得書。稍長，事抄錄，無以爲楮筆之費，則往往從人借讀，不能數得。年十四五，出教童蒙，頗有所入，以供養，不暇市書也。弱冠稍遠出授徒，所入頗厚，始蓄書，不能多也。及仕於朝，有常祿，又時有賜賚，節縮百費，日月積之，一爲收書之資。歷十餘年，經史子集雖不能備，頗有所蓄。視吾先世所藏，千百之什一；視吾少時，可謂富矣。夫人於其所好勞心苦力以求得之，必將謹護珍襲，不至於廢壞。逮傳其後之人未嘗知得之之難，蓋有視之漠然，不以留意棄之如瓦礫者矣，吾懼後之人不知守也。凡書，其志吾之所以得而勉其所以守，蓋昔人愛一草一木猶戒子孫以勿壞。矧書籍，聖賢至訓之所寓乎敬之哉！」文貞公勳業名位冠於國初，賜賚祿入積爲收書之費，足見先輩雅尚。

錢謙益《牧齋初學集》卷二六《記温國司馬文正公神道碑後》　天啓壬戌，得《司馬文正公神道碑》刻於長安肆中，紙敝墨渝，深加寶重。而又竊怪其不盛行於世也，遂命良工裝潢，屬友人程孟陽題而藏諸篋衍。

又卷二九《洪武正韻箋序》　自古帝王，以馬上得天下，能壹意於考文徵獻制禮樂者，莫如我太祖高皇帝。而代之臣子，懵於憲章文、武之義，忽焉而不遵，習矣而不察，亦未有甚於本朝者也。國家所最重者廟諱也，方谷眞之歿也，宋文憲公奉敕誌其墓，以仁祖之諱改眞，以太祖之字改谷。及永樂中修《洪武實錄》，則大書特書，一無所觝忌。執筆者解、楊輩皆國初名儒，其若此者，何也？至於今，則高廟之諱，公然取以命名；而懿文之諱，即宰執亦莫之辟矣。太祖頒行《大誥》，戶藏一本，有者減罪一等，無者加罪一等。今不問書之有無，動曰《大誥》減等。學斷獄者，并不知《大誥》爲何書矣。

又卷八三《跋淳熙九經後》　《淳熙九經》槧本，元人俞石磵所藏，後歸徐子容侍讀，余得之於錫山安氏。《孝經》、《易經》後，俱有王文恪題字。此書楮墨尊嚴，古香襲人，眞商周閒法物，可作吾家宗彝也。石磵者，名琰，隱居吳之南園，老屋數閒，古書金石，充牣其中。傳四世，皆讀書修行，號南園俞氏，金張七葉不足羨也。吾子孫得如俞氏，足矣。

又卷八五《記清明上河圖卷》　嘉禾譚梁生攜《清明上河圖》過長安邸中，云此張擇端眞本也。卷首有五言律詩一首，題云「賜錢貴妃」，下有內府珍圖之印，又有「清明上河圖」五字。卷尾有「天輔五年辛丑三月十日觀」十一字。按：金太祖天輔五年辛丑即宋徽宗宣和三年也。若宋人題此，則不應以天輔記年。若金人所題，則當是時阿骨打纔繼楊割而起，方與遼日尋干戈，其所謂文臣，僅楊朴、高慶裔、高隨等三四人，蓽路藍縷，何暇拈弄文墨？宋雖與金通問馬政，趙良嗣輩國書信使，浮海往還，皆講論夾攻割地之事，此卷何以得入金源，而有天輔五年之題識耶？靖康二年，少帝在青城，金人盡索法服玉冊五輅九鼎之屬，及國子監書版、三館祕閣四部書、太常禮物、大成樂舞、明堂大內圖，以至乘輿服御珍玩之物，輦致軍前。此卷或因以入虜，則題識當在天會以後，不當在天輔也。大梁岳璿跋尾，謂「清明上河圖」五字，爲宋道君書，而定以爲道君之書。金主之印，殊未可信。或云五言詩蓋金章宗之作，尤非也。章宗所幸李元妃，性慧黠，知文義，即陳剛中所詠《李妃粧臺》者，章宗何以不賜李而賜錢？《金史》所載章宗諸妃，亦無錢姓。此卷向在李長沙家，流傳吳中，卒爲袁州所鈎致。袁州籍沒後，已歸御府，今何自復流傳人間？書之以求正于博雅君子。

又卷八六《書金陵舊刻法寶三書後》　金陵少宗伯殷秋崖先生手訂《楞嚴解》十卷，采錄《華嚴合論》爲《約語》四卷，又得《宗鏡會要》於長干精舍，鋟梓行世。又七十有餘年，而滇南陶仲璞太守獲其版於公之諸孫，將募送嘉興經藏，以廣流通，而屬余書其事。當嘉靖中，士大夫之崇信佛乘者，公與故太宰陸莊簡公爲最。陸以弘護金湯爲能，而殷以精研性相爲要，皆法門龍象，自具金剛眼睛者。近世魔禪橫行，聾瞽啞證，瞎棒胡喝，世尊四十九年所說，彼將束之高閣，屏爲故紙，而何有於此三書乎？宰官長者，影慕禪宗，互相唱歎，以爲甚難希有。經所讖佛法將滅，魔子出家，師子身中蟲，還食師子肉，正爲此輩授記也。今者狂燄少息，病根未除，正須昌明宗教，以扶元之藥，治狂易之症。譬如奴寇交訌，生民塗炭，必差擇兵將，儲偫糧食，然後可以爲撲滅之計。欲救魔禪，則此三書者，亦佛法之糗糧兵食也。佛言烏洛迦蛇最毒，嘗患毒熱，以身遶旃檀香樹，其毒旋息。魔禪如毒蛇，三書如旃檀香樹，流布津梁，此末法中第一義諦。世豈無如陸、殷兩公深心塵剎者乎？仲璞爲龍湖高足弟子，而時時抵齒於三峯禪，余嘗以裸

國解衣諷之。今觀其沈酣於三書，汲汲然歡喜讚歎，知其眼光爍然，不爲波旬隻手所障也。喜而爲之證明如此。癸未正月，聚沙居士書。

錢謙益《牧齋有學集》卷四六《跋列女傳》　余藏《列女傳》，古本有二，一得于吴門老儒錢功甫，一則亂後入燕，得于南坡廢殿中，皆僅免于刦灰。此則内殿本也。功甫嘗指示予，圖畫雖草，略尙顧愷之遺製。蘇子容嘗見舊本于江南人家，其爲古佩服，而各題其頌像側。今此畫佩服古樸，坐皆尙右。儒者生百世之下，得見古人形容儀法，非偶肰者，吾子其寶重之。余心識功甫之言，不敢忘。近又簡吴中書刻，贊後又贊，乃黄魯直以己作竄入，與文錯迕讀者，習焉不察久矣。秦漢古書多爲今世妄庸人駁亂，其禍有甚于焚燎，不可不辨。

李清《三垣筆記》卷中《崇禎》　辛巳八月，上視學，行釋菜禮，幸彝倫堂。祭酒、司業以次坐，講畢，駕閲城東北角樓，樓新報落成也，兵部堂上官得騎馬護駕。上御角樓，賜護駕各官瓜果，輔臣等同入謝，上諭輔臣曰：「大儒周、二程、張、朱、邵六子有功聖道，與從祀諸賢不同，宜議優崇，卿等傳於禮部。」吴少司馬甡退而具《表章眞儒疏》，請命詞臣輯正六子全書，頒之學宫，報可。

又《補遺》　上〔熹宗〕英敏篤學，諸經史畢覽。《書經大全》、《春秋》、《性理大全》、《資治通鑑》、《大學衍義補》、《貞觀政要》、《皇明寶訓》、《帝鑑圖説》、《廿一史》等書，皆命司禮監提督，又將經廠印貯之書查進備覽。又諭外庭，書集每月採買二部，以資御覽。

孫承澤《春明夢餘録》卷一二《文淵閣》　文淵閣，係中秘藏書之所。明初伐燕，詔大將軍收秘書監國書典籍、太常法服祭器、儀衛及天文儀象、地里戸口版籍。既定燕，詔求遺書散民間者。永樂辛丑，命修撰陳循將南内文淵閣書各取一部至京，計取書一百櫃，載以十艘。又遣官四出購買，故閣中所積書計二萬餘部，近百萬卷，刻本十三，抄本十七，蓄積之富前古所未有也。嘉靖中閣災，書移通集庫及皇史宬。洪容齋云：「梁元帝在江陵蓄古今圖書十四萬卷，將亡之夕盡焚之。隋嘉則殿有書三十七萬卷，唐平王世充得其舊書於東都，浮舟泝河，盡覆於砥柱。貞觀開元募借繕寫，兩都各聚書四部，祿山之亂，尺簡不存。代宗、文宗時復行搜採，分藏於十二庫，黄巢之亂，存者蓋尠。昭宗又於諸道采訪，及徙雒陽，蕩然無遺。宣和殿、太清樓、龍圖閣所儲，靖康蕩析之餘，盡歸於燕。」觀此則知燕之書蓋合宋、金、元三朝所蓄而爲一代之書，計數百萬卷，縹緗之富，遠勝前代也。

葉夢珠《閲世編》卷二　趕積者，賫貨隨學憲所在開市。惟崇禎十三年庚辰，陝西張公鳳翮督學南畿，歲試臨松時最盛，古玩珍異，比戸而列。是年，因試院東西房租過昂，乃約會俱開市于對河莊老橋南北街上。一家陳列，至値幾千百金者。鼎革而後，兵燹之餘，日漸遞衰。年來積市上，惟書舖尙多，然亦無甚價重之書。其餘不過略陳尋常應用之物，古玩絶響，亦世風之一變也，因附于此。

張怡《玉光劍氣集》卷一《帝治》　古人書籍，皆手自抄録，故學者每精專。聞《五經》開板，始自馮道。國初書板，惟國子監有之，外郡縣尙未有，觀宋潛溪《送東陽馬生序》可知矣。宣德、正統間，版刻尙未廣，今所在日增月盛，能刻正大古書以惠後學者少，所刻多無益，令人可厭。上官多以餽送往來，動輒百部，所費亦煩。近日一種無忌憚小人，作爲淫詞小説，梓工巧，惑人耳目，壞人心術，眞可痛恨。昔元人刻書，必經中書省過，下所司，乃許刻印，此法甚善。

又卷一九《藝苑》　楊維楨稱，潛溪入青蘿山中，不出書屋若干年，得鄭氏所蓄書數萬卷，無不盡閲，閲無不盡記。著書幾千萬言。文師性，性師道，道師先聖先王，未嘗以某代家數爲吾文之宗，某人格律爲吾文之體。歐陽玄稱其文氣韻沈雄，如淮陰出師，百戰百勝。神思飄逸，如列子御風，翩然騫舉。詞調爾雅，如殷卣周彝，龍紋漫滅，古意獨存。態度多變，如晴躋終南，衆皺陳前，應接不暇。詹同謂其酒酣耳熱，提筆四顧，文氣絪緼，從口鼻間流出，頃刻盈紙，爛爛皆成五采。

又卷二〇《著述》　顧玄緯起經嗜書，出必五車自隨，游于吴越。有數巨姓家多藏書，悉舉以詒公，公校讎編識不倦。所行世者，曰《夏小正補解》、《大學衍義補要》、《廣東通志表傳》、《小十三經》、《王右丞詩集類箋》、《王司馬宫詞補注》、《日省餘録》、《會眞集記》，詩文七十一卷。未行者，《尚書左紀》、《史公紀傳評》、《兩漢字通》、《山海族辨》、《勾吴逸典》、《羅浮續考》、《辨囿陽秋編注》、《述異記》、《列仙傳注》、《赤水玄珠》、《讕録》、《俳談》、《相字編》、《廣喭》、《舞談》、《元白菁英》、《孟襄陽詩注》、《李丞相故實》、《韋詩獵精》、《匈言雋永》、《詞鋒武庫》、《八陣圖攷》、《莊億》，一百三十三卷。其亡軼者，《易囈語》、《詩解頤》、《竈觚餘談》、《素臣翼》、

《三傳凫乙集》、《續汲都師春》、《檀弓别疏》、《書倉撮殘》、《水經紀乘》、《屈宋談》、《奮言》、《仙葩集》、《仙火編》、《髟史》、《世説劉疏録缺》、《通語》、《淹城集》、《廣小名録》、《瓊花圖經》、《胸索坊譜》、《歷朝埴品》、《江左名畫記》、《唐絶故》、《粹白狐》、《演連珠集》、《大曆才子詩選》、《唐四大家集缺》、《尙齒録》、《南華原詁》、《詞場鼁律》、《五管謏聞》、《丘里鳩異記》、《汝刻註釋》、《千里面目》、《麒麟函》，一百八十三卷。

顧炎武《日知録》卷一八《監本二十一史》 宋時止有十七史，今則幷《宋》、《遼》、《金》、《元》四史，爲二十一史。但《遼》、《金》二史，向無刻本，南、北《齊》、《梁》、《陳》、《周書》，人間傳者亦罕。故前人引書多用南、北《史》及《通鑑》，而不及諸書，亦不復采《遼》、《金》者，以行世之本少也。嘉靖初，南京國子監祭酒張邦奇等，請校刻史書，欲差官購索民間古本。部議恐滋煩擾，上命將監中十七史舊板考對修補，仍取廣東《宋史》板付監，《遼》、《金》二史無板者，購求善本翻刻。十一年七月成。祭酒林文俊等表進。至萬曆中，北監又刻《十三經》、《二十一史》，其板視南稍工，而士大夫遂家有其書，歷代之事迹，粲然於人間矣。然校勘不精，訛舛彌甚，且有不知而妄改者，偶舉一二。【略】此則秦火之所未亡，而亡於監刻矣。至於歷官任滿，必刻一書，以克餽遺，此亦甚雅，而鹵莽就工，殊不堪讀。陸文裕《金臺紀聞》曰：元時，州縣皆有學田，所入謂之學租，以供師生廩餼，餘則刻書。工大者合數處爲之，故讎校刻畫頗有精者。洪武初，悉收上國學，今南監《十七史》諸書，地里、歲月、勘樣工役幷存，可識也。今學既無田，不復刻書，而有司間或刻之，然祗以供餽贐之用，其不工反出坊本下，工者不數見也。聞之宋、元刻書皆在書院，山長主之，通儒訂之。學者則互相易而傳布之。故書院之刻有三善焉：山長無事而勤於校讎，一也；不惜費而工精，二也；板不貯官而易印行，三也。有右文之主出焉，其復此非難也。而書之已爲劣生刊改者，不可得而正矣。是故信而好古，則舊本不可無存；多聞闕疑，則羣書亦當並訂。此非後之君子之責，而誰任哉！

顧炎武《石經考・漢石經》 《後漢書・靈帝紀》：熹平四年春三月，詔諸儒正《五經》文字，《蔡邕傳》言《六經》。刻石立於太學門外。《儒林傳》：熹平四年，乃詔諸儒正定《五經》，刊於石碑，爲古文、篆、隸三體書法以相參檢，樹之學門，使天下咸取則焉。《蔡邕傳》：建寧中校書東觀，遷議郎。邕以經籍去聖久遠，文學多謬，俗儒穿鑿，疑誤後學，熹平四年，乃與五官中郎將堂谿典、光禄大夫楊賜、諫議大夫馬日磾、議郎張訓、韓説、太史令單颺等，奏求正定《六經》文字。靈帝許之。邕乃自書丹於碑，使工鐫刻立於太學門外。於是後儒晚學，咸取正焉。及碑始立，其觀視及摹寫者，車乘日千餘兩，塡塞街陌。《盧植傳》：時始立太學《石經》，以正《五經》文字，植乃上書曰：臣少從通儒故南郡太守馬融受古學，頗知今之《禮記》特多回穴。臣前以《周禮》諸經，發起粃謬，敢率愚淺，爲之解詁。而家乏，無力供繕寫上。願得將能書生二人，共詣東觀，就官財糧，專心研精，合《尙書》章句，考《禮記》失得，庶裁定聖典，刊正碑文。歲餘，徵拜議郎。與諫議大夫馬日磾，議郎蔡邕、楊彪、韓説等並在東觀，校中書《五經》記傳。《張馴傳》：拜議郎，與蔡邕共奏定《六經》文字。《宦者傳》：汝陽李巡等五人，稱爲清忠，巡以爲諸博士試甲乙科，爭第高下，更相告言，至有行賂定蘭臺漆書經字，以合其私文者，乃白帝，與諸儒共刻《五經》文於石，於是詔蔡邕等正其文字。自後《五經》一定，爭者用息。

又《魏石經》 《晉書・衛恒傳》：魏初傳古文者，出于邯鄲淳，恒祖敬侯寫淳《尙書》，後以示淳，而淳不别。至正始中，立三字石經，轉失淳法。因科斗之名，遂效其形。《魏書・江式傳》：魏陳留邯鄲淳特善《倉》、《雅》、許氏字指，八體六書精究閑理，以書教諸皇子。又建《三字石經》於漢碑之西，其文蔚炳，三體復宣。校之《説文》篆、隸大同，而古字少異。

又《晉石經》 《晉書・裴頠傳》：轉國子祭酒，奏修國學，刻石寫經。

又《唐石經》 《舊唐書・文宗紀》：開成二年，宰臣判國子祭酒鄭覃進《石壁九經》一百六十卷。時上好文，鄭覃以經義啓導，稍折文學之士，遂奏置《五經》博士，依漢蔡邕刊碑列於太學，創立《石壁九經》，諸儒校正訛謬。上又令翰林勒字官唐玄度復校字體，又乖師法，故石經立後數十年，名儒皆不窺之，以爲蕪累甚矣。《新唐書・鄭覃傳》：始，覃以經籍刓謬，博士陋淺不能正，建言：願與距學鴻生共力讎刊，準漢故事，鏤石太學，示萬世法。詔可。覃乃表周墀、崔球、張次宗、孔溫業等是正其文，刻于石。《高重傳》：爲祭酒，與鄭覃刊定《九經》于石。《儒學傳序》：文宗定《五

經》，鑱之石，張參等是正訛文。

《唐會要》：大和七年二月五日，敕唐玄度覆定石經字體。十二月，敕於國子監講論堂兩廊創立《石九經》，並《孝經》、《論語》、《爾雅》，共一百五十九卷，字樣四十卷。開成二年八月，國子監奏覆定《五經》字體。官翰林待詔唐玄度狀準。大和七年二月五日，較覆定《九經》字體。今所詳覆，多因司業張參《五經》文字爲準，其舊字樣，歲月將久，點畫參差，傳寫相承，漸致訛誤。今依字樣，參詳改正，諸經別有疑闕，舊字樣未載者，古今體異，雖篆、隸不同，總據《說文》，即古體驚俗；近代文字或傳寫乖訛，今與校勘官取其適中，纂錄爲《新加九經字樣》一卷，請附於《五經字樣》之末，從之。《新唐書·藝文志》：張參《五經文字》三卷。唐玄度《九經字樣》一卷。《中興書目》：《字樣》一卷。開成丁巳歲唐玄度撰。序曰：奉詔覆定國學石經字體，刪補張參《五經文字》，采其疑誤舊未載者，撰成一卷，凡七十六部。見存西安府學。

又《蜀石經》　《成都記》：僞蜀孟昶有國，其相毋昭裔刻《孝經》、《論語》、《爾雅》、《周易》、《尚書》、《周禮》、《毛詩》、《儀禮》、《禮記》、《左傳》，凡十經于石。其書丹，則張德釗、楊鈞、張紹文、孫逢吉、朋吉、周德貞也。石凡千數，盡依大和舊本，歷八年乃成。《公》、《穀》則有宋田元均所刻。《古文尚書》，則晁公武所補也。胡元質宗愈作堂以貯之，名石經堂，在府學。《玉海》：蜀石經《周易》，後書廣政十四年歲次辛亥五月二十日。《公羊傳》後書大宋皇祐元年歲次己丑九月辛卯朔十五日乙巳，工畢。僞蜀相毋昭裔，取唐大和本刻石於成都學宮，與後唐板本不無小異。乾道中，晁公武參校二本，取經文不同者三百二科，著《石經考異》，亦刻於石。張㚖又校注文同異，爲《石經注文考異》四十卷。晁公武《石經考異序》：鴻都石經，自鄴遷雍，遂茫昧于人間。唐大和中，復刻《十二經》立石國學。後唐長興中，詔國子博士田敏與其僚校諸經，鏤之板，故今世太學之傳獨此二本爾。按趙清獻公《成都記》：僞蜀相毋昭裔捐俸金，取《九經》琢石於學宮，依大和舊本，令張德釗書。皇祐中，田元均補刻《公羊》、《穀梁》二傳，然後《十二經》始全。至宣和間，席升獻又刻《孟子》參焉。今考之《孝經》、《論語》、《爾雅》，廣政甲辰歲張德釗書。《周易》，辛亥歲楊鈞、孫逢吉書。《尚書》，周德貞書。《周禮》，孫朋吉書。《毛詩》、《禮記》、《儀禮》，張紹文書。《左氏傳》，不誌何人書，而祥字闕其畫，亦必爲蜀人所書。然則蜀人之立石，蓋《十經》，其書者不獨德釗而能盡用大和本，固已可嘉。凡歷八年，其石千數，昭裔獨辦之，尤偉然也。公武異時守三營，嘗對國子監所摹長興板本讀之，其差誤蓋多矣。昔議者謂大和石本校寫非精，時人弗之許。而世以長興板本爲便，國初遂頒布天下，收向日民間寫本不用。然有訛舛，無由參校，判知其謬，猶以爲官既刊定，難於獨改。由是而觀，《石經》固脫錯，而監本亦難盡從。公武至少城，寒暑一再易節，暇日因命學官讎校之。石本《周易·說卦》「乾健也」以下，有韓康伯注略例，有邢璹注《禮記·月令》。從唐李林甫改定者，監本皆不取。外《周易》經文不同者五科，《尚書》十科，《毛詩》四十七科，《周禮》四十二科，《儀禮》三十一科，《禮記》三十二科，《春秋左氏傳》四十六科，《公羊傳》二十一科，《穀梁傳》一十三科，《孝經》四科，《論語》八科，《爾雅》五科，《孟子》二十七科。其傳注不同者尤多，不可勝紀，獨計經文猶三百二科。迹其文理，雖石本多誤，然如《尚書·禹貢》篇「夢土作乂」，《毛詩·日月》篇「以至困窮而作是詩也」，《左氏傳·昭公十七年》「六物之占在宋、衛、陳、鄭乎？」《論語·述而》篇「舉一隅示之」，《衛靈公》篇「敬其事而後食其祿」之類，未知孰是。先儒有改《尚書》「無頗」爲「無陂」，改《春秋》「郭公」爲「郭亡」者，世皆譏之。此不敢決之，以臆姑兩存焉。亦鐫諸樂石，附紆經後不誣，方將必有能考而正之者。洪邁《容齋隨筆》：孟蜀所刻《石經》，其書「淵世民」三字，皆闕畫，蓋避唐高祖、太宗諱也。范成大《記考異》並序：凡二十一碑，在石經堂中。

又《宋開封府石經》　《玉海》：宋仁宗至和元年八月十六日己酉，以皇姪右屯衛大將軍克繼書國子監《石經》。以上所寫石經《論語》，求書石國子監，帝欲旌勸宗室，特從其請。二年九月十五日功畢，上之，賜銀幣。仁宗命國子監取《易》、《詩》、《書》、《周禮》、《禮記》、《春秋》、《孝經》，爲篆、隸二體，刻石兩楹。至和二年三月五日，判國子監王洙言：國子監刊立《石經》至今一十五年，止《孝經》刊畢，《尚書》、《論語》見書鐫未就，乞促近限畢工，餘經權罷。從之。嘉祐三年五月十五日，王洙薦大理丞楊南仲《石經》有勞，賜出身。六年二月□日，國子監言：草澤章友直篆《石經》畢，詔補試將作監主簿。友直不願仕，賜以銀絹。五月以同篆《石經》，殿中丞張次立，與堂除書目《石經》七十五卷，楊南仲書《周易》十、《書》

十三、《詩》二十、《春秋》十二、《禮記》二十，皆具眞、篆二體。周密《癸辛雜識》：汴學，即昔時太學舊址，《九經》石板堆積如山，一行篆字，一行眞字。

又《宋高宗御書石經》　《玉海》：紹興十三年二月，內出御書《左氏春秋》及《史記》列傳，宣示館職，少監秦熺以下作詩以進。六月內出御書《周易》。九月四日上諭輔臣曰：學寫字，不如便寫經書，不惟可以學字，又得經書不忘。既而《尚書》委知臨安府張澄刊石，頒諸州學。十四年正月出御書《尚書》，十月出御書《毛詩》，十六年五月又出御書《春秋左傳》，皆就本省宣示，館職作詩以進。上又書《論語》、《孟子》，皆刊石立于太學首善閣及大成殿後三禮堂之廊廡。《繫年錄》：十三年十一月丁卯，秦檜奏：前日蒙付出御書《尚書》，來日欲宣示從臣，時上寫《六經》、《論》、《孟》皆畢，因請刊石于國子監，仍頒墨本，賜諸路州學。詔可。淳熙四年二月十九日，詔知臨安府趙磻老，於太學建閣奉安《石經》，寘碑石於閣下、墨本於閣上，以「光堯石經之閣」爲名，朕當親寫。參政茂良等言：自昔帝王，未有親書經傳至數千萬言者，不惟宸章奎畫，炤耀萬世，崇儒重道至矣。上曰：太上字畫天縱，冠絶古今。五月二十四日磻老奏：閣將就緒，其石經《易》、《詩》、《書》、《春秋》、《左氏傳》、《論語》、《孟子》外，尚有御書《禮記》、《中庸》、《大學》、《學記》、《儒行經解》五篇，不在太學《石經》之數。今搜訪舊本，重行摹勒，以補《禮經》之闕。從之。六月十三日，御書「光堯御書石經之閣」牌，賜國子監。《元史・申屠致遠傳》：西僧楊璉眞伽作浮圖於宋故宮，欲取高宗所書《九經》石刻以築基。致遠力拒之，乃止。見存杭州府學。

又《晁公武石刻古文尚書》　晁公武《古文尚書序》：秦更前代法制以來，凡曰「古」者，後世寥乎無聞。書契之作，固始於伏羲，然變狀百出而不彼之若者，亦已多矣。《尚書》一經，獨有古文在，豈非得於壁間，以聖人舊藏，而天地亦有所護，不忍使之絶滅。中雖遭漢巫蠱、唐天寶之害，終不能晦蝕。今猶行於人間者，豈無謂邪？况孔氏謂《尚書》以其上古之書也，當時科斗既不復見，其爲隸古定，此實一耳。雖然聖人遠矣，而文字間可以概想，則古書之傳不爲浪設。予扺少城，作《石經考異》之餘，因得此古文全編於學宮，迺延士張奐倣呂氏所鏤本，書丹刻諸石，是不徒文字足以貽世，若二典曰「若粵𡾊之類」，學者可不知歟？嗚呼！信而好古，學于古訓乃有獲。蓋前牒所令，方將配《孝經》、《周易》經文之古者，附於《石經》之列，以故弗克，第述一二，以示後之好奇字者識。又安知世無揚子雲！時乾道庚寅仲夏望日。

湯斌《重刻贛州府誌序》　予以己亥叅藩嶺，比下車之始，郡守以職事相見，即以誌書爲問。蓋以爲政必先察其風謡，相其土宜，經理其山川，考正其貢賦，然後因地成化，隨俗致理至要也。而郡守對以兵火之後，版籍灰燼，無復存者，予悵然久之。閱數日，司李周子計百購得舊本見示。予受而讀之，義例謹嚴，事辭詳該，猶稱善誌。惜止于明熹宗朝，莊、烈以來闕然未載。乃下檄所部，網羅佚事，搜輯菽文，將徵聘耆儒，開局纂修。適予以病請告，未暇竣事。念無副本，恐久而散失，于是謀之計百蠲俸付梓，以永其傳。至于廣採旁羅，以成全書，則俟之後人焉。

朱彝尊《曝書亭集》卷三四《春秋意林序》　往予與高念祖同舟至天津，念祖書簏中攜劉仲原父《春秋權衡》、《意林》凡一十九卷，宋刻甚工。時歲在甲辰七月，暑未退，揮汗讀之，舟中未暇抄錄也。既而念祖留京師，二書爲有力者所得。予在大同聞之，頗以爲憾。越五年，潁州劉考功公㦷相遇濟南，揖罷，亟語予以獲《權衡》爲喜。問以《意林》，則無之。又五年，求之清苑陳叅議祺公，遂以《權衡》抄本貽予。復從宛平孫侍郎耳伯所抄得《意林》，然後二書悉爲吾有。原父在當日，聲譽與廬陵歐陽子相上下，暨弟貢父並以經術聞，其說《春秋》尤長。二書之外，有《春秋傳》一十五卷，予獲之書賈舟中，又有《說例》二卷，《文權》二卷，惜乎不能盡得也。予感是書自舟中讀後，幾不復遇，求之十年，乃始得焉，而予之爲客不自知其已老矣。南還之日，念祖無恙，尚期共讀之，兼以二書聞之考功，亦足以豪已乎！甲寅十一月書。

又卷三五《曝書亭著録序》　先太傅賜書，乙酉兵後罕有存者。予年十七，從婦翁避地六遷，而安度先生九遷，乃定居梅會里。傢具牽一艘，研北蕭然，無書可讀。及游嶺表，歸閱豫章書肆，買得五箱，藏之滿一櫝。既而客永嘉，時方起明書之獄，凡涉明季事者，爭相焚棄。比還，問囊所儲書，則并櫝亡之矣。其後留江都者一年，始稍稍收集。遇故人項氏子，稱有萬卷樓殘帙，畀以二十金購之。時曹侍郎潔躬、徐尚書原一，皆就予傳

抄。予所好愈篤，凡束修之入，悉以買書。及通籍，借抄于史館者有之，借抄于宛平孫氏、無錫秦氏、崑山徐氏、晉江黃氏、錢唐龔氏者有之。主鄉試而南還里門，合計先後所得約三萬卷，先人之手澤或有存焉者。歸田之後，續收四萬餘卷。又上海李君贈二千五百卷。於是擁書八萬卷，足以豪矣。顧其間有借失者，有竊去者，有殘闕者，昔之所有，俄而亡之。其存者皆予觀其大畧者也。予子昆田亦能讀之，杼柚之屢空，庖爨之不給，而哦誦之聲恆徹于戶外。蠹字之魚，銜蘁之鼠，漫畫之鳥，不足喻其癖也，蓋將以娛吾老焉。嗚呼！今吾子夭死矣，讀吾書者誰與？夫物不能以久聚，聚者必散，物之理也。吾之書終歸不知何人之手，或什襲珍之，或土苴視之，書之幸不幸，則吾不得而前知矣。池南有亭曰「曝書」，既曝而藏諸，因著于《録》。《録》凡八卷，分八門焉，曰經，曰藝，曰史，曰志，曰子，曰集，曰類，曰說。康熙三十八年涂月，竹垞老人序。

朱彝尊《池北書庫記》（王士禛《重輯漁洋書跋》附録） 「池北書庫」者，今少詹事新城王先生聚書之室也。新城王氏，門望甲齊東，先世遺書不少矣。然兵火後，散佚者半。先生自始仕迄今，目耕肘書，借觀輒録其副。每以月之朔望，甑慈仁寺，日中集俸錢所入，悉以購書，蓋三十年而書庫尚未充也。自唐以前，書多藏之于官。劉歆之《七略》，鄭默、荀勗之《中經新簿》，其後《四部》、《七録》，代有消長。民間所藏，賜書之外無多焉爾。自雕本盛行，而書籍易得，民間鏤版，未貢天府者且十之九，由是官書反不若民間之多。古之擁萬卷者，自詡比南面百城。今則操一囊金，入江浙之市，萬卷可立致。然自博覽者觀之，若無所覩也。夫宋元雕本，日就泯滅，幸而僅存于水火劫奪之餘。藉鈔本流傳，顧士之勤于鈔寫，百人之中一二人而已。習舉子業者，誦四子書，治一經，不過四五十卷，可立取科第。而賈人牟利，亦惟近乎舉子業者是求，非是則不顧。至以覆醬裹麪糊蠶箔，古之人竭心力爲之者，今人全不之惜，任其湮沒，此士君子盡傷于心。而先生書庫之設，藏之惟恐不亟也，彝尊經亂，先世之遺書莫有存者。及壯，餬口四方，經過都市，殘編斷帙，至典衣予直，積之二十年矣。以驗藏書家目録，則僅有其十之二三焉。然未嘗無出于藏書家目録之外者，譬之於海，九川四瀆無不趨焉，而滮池瀦汋之水，聚而勿涸，鳥見之飲啄，魚得之泳游，亦可自樂其樂，而忘其身世之窮焉。明年歸矣，將尋先生之書庫，借鈔所未有者。奉先生之命，遂爲先生記之。

屈大均《廣東新語》卷一七《萬卷堂》 東莞陳琴軒先生璉，致仕後，開萬卷堂，書多秘館所無。四方學者至，必館穀之。而丘文莊於瓊州學宮爲石室，藏書以惠學者，皆盛德事也。

徐乾學《資治通鑑後編》卷一六五 ［元仁宗延祐五年］九月癸亥，大司農敏珠爾進司農丞苗好謙所撰《栽桑圖說》，帝命刊印千帙，散之民間。

王士禛《池北偶談》卷四《談故四·訪遺書》 康熙二十五年四月，上諭禮部、翰林院：自古帝王致治隆文，典籍具備，猶必博採遺書，用充秘府，以廣見聞，而資掌故，甚盛事也。朕留心藝文，晨夕披覽，雖內府書籍篇目粗陳，而裒集未備。因思通都大邑，應有藏編，野乘名山，豈無善本。宜廣爲訪輯，凡經史子集，除尋常刻本，其有藏書秘録，作何給值採集及借本鈔寫事宜，爾部院會同詳議具奏，務令搜羅罔佚，以副朕稽古崇文之至意。旋又奉旨：關係經史，方許採進。時禮侍徐乾學疏進宋朱震《漢上易傳》并圖說十五卷，宋張浚《紫巖易傳》九卷、《讀易雜說》一卷，魏了翁《大易集義》六十四卷，曾穜《大易粹言》十卷，呂祖謙《東萊書說》十卷，元金履祥《尚書表注》十二卷，宋李樗、黃櫄《毛詩集解》三十六卷，趙鵬飛《春秋經筌》十六卷，王與之《周禮訂義》八十卷，蔡節《論語集說》十卷，李燾《續資治通鑑長編》一百六十八卷，《唐開元禮》一百五十卷。共十二部。

又卷一六《談藝六·蜀鑑》 《蜀鑑》十卷，起秦人取南鄭、秦人伐蜀，迄西南夷本末，有文子嘉熙丁酉跋云：「與資中郭允蹈居仁共爲此編。」又有姚咨嘉靖丙寅跋云：「是編予得之羅浮外史顧玄緯氏，玄緯得之兵侍鄞范東明翁，翁又得之章丘李中麓吏部，輾轉假録，越二十餘年，予始得手鈔，凡六踰月乃畢。夙興夜寐，無論寒暑，蓋不知老之將至。」是書予壬子入蜀時，購之不可得，康熙癸亥，乃借之朱簡討錫鬯。朱好寫書，多未刻祕本。跋中李中麓氏藏書百六十年未散，近始歸崑山徐宮贊健庵乾學。梁溪顧氏書至孝廉修遠宸尤富，後書歸吳中丞伯成興祚。惟四明范氏天一閣書不以借人，至今無恙。餘姚黃梨洲宗羲多就閱其祕本。

又《宋元人集目》 秀水曹侍郎秋岳溶，好收宋元人文集，嘗見其《靜惕堂書目》所載宋集，自柳開《河東集》已下凡一百八十家，元集自耶律楚

材《湛然集》已下凡一百十有五家，可謂富矣。近時石門吳孟舉之振刻《宋詩鈔》，亦至百數十家，多祕本，蓋吳與其縣人呂莊生留良兩家所藏本；而潁濱、南豐尚不及載，則未刻尚多也。吳曾爲予言：「唐樊宗師、宋二劉公是、公非集，其家皆有之。」又嘗見金陵黃俞邰虞稷徵刻唐、宋、元書目所載，有金趙秉文《滏水集》二十卷，元郝經《陵川集》三十九卷。癸亥，俞邰以徐都憲立齋元文疏薦入明史館，予時向之借書，所見如《李觀集》、司空圖《一鳴集》、沈亞之《下賢集》、柳開《河東集》、王令《廣陵集》、牟巘《陵陽集》、李之儀《姑溪集》、耶律楚材《湛然居士集》，皆目所未載者。又予家所有張養浩《歸田類稿》、石介《徂徠集》、尹洙《河南集》、岳珂《玉楮集》，則黃氏之所未備也。

又卷一七《談藝七·刊書》　《恕齋叢談》云：「書籍版行，始於後唐。昔州郡各有刊行文籍，《寰宇書目》備載之，雖爲學者之便，而讀書之功，不及古人矣。且異書多泯沒不傳，《後漢書》注事最多，所引書今十無二三。如《漢武秋風辭》，見於《文選·樂府》、《文中子》，晦庵收入《楚詞後語》，然《史記》、《漢書》皆不載，《藝文志》又無漢祖歌詞，不知祖於何書？」予按《五代會要》，後唐長興三年四月，敕差太子賓客馬縞、太常丞陳觀、太常博士段顒、尚書屯田員外郎田敏充詳勘九經官，委國子監於諸色選人中，召能書人端楷寫出，付匠雕刻，每日五紙，與減一選。漢乾祐間，《周禮》、《儀禮》、《公羊》、《穀梁》四經始鏤版。周廣順三年六月，尚書左丞判國子監事田敏進印版九經書、五經文字樣各二部。顯德二年，中書門下奏國子監祭酒尹拙狀校勘《經典釋文》三十卷，雕造印版，欲請兵部尚書張昭、太常卿田敏同校勘。葉夢得言：唐柳玭《訓序》言在蜀見字書，雕本不始馮道，監本始道耳。《河汾燕閑錄》隋開皇十三年，遺經悉令雕版，又（母）［毋］昭裔有鏤版之言。蓋刊書始隋，暨唐至五代、宋而始盛耳。

王士禛《分甘餘話》卷一《御製廣群芳譜序》　是書也，攬品彙之蕃滋，想羣生之率育，一展卷間，化機洋溢，於兹畢呈，固不惟矜淹洽侈藻麗也。以是刊布天下，垂之久遠，使吾民優遊於農圃之中，家室盈寧，樂其業而不憚其勤，而大夫士以及民之秀者，因以區別物宜，審其淑慝，凜嗜好之常，愼節宣之度，於以躋仁壽而享泰平，亦不爲無所裨助也哉。康熙四十七年五月初十日。

又《繹史》　康熙四十四年，聖駕南巡至蘇州。一日垂問故靈壁知縣馬驌所著《繹史》，命大學士張玉書物色原版。明年四月，令人賚白金二百兩至本籍鄒平縣，購版進入內府，人間無從見之矣。

又卷三《秦氏摹宋刻小本九經》　近無錫秦氏摹宋刻小本《九經》，剞劂最精，點畫不苟，聞其版已爲大力者負之而趨。余曾見宋刻於倪檢討雁園粲許，與秦刻方幅正同，然青出於藍而青於藍矣。

又卷四《唐詩統籤》　海鹽胡震亨孝轅輯《唐詩統籤》，自甲迄癸，凡千餘卷，卷帙浩瀚，久未版行，余僅見其《癸籤》一部耳。康熙四十四年，上命購其全書，令織造府兼理鹽課通政使曹寅鳩工刻於廣陵，胡氏遺書，幸不湮沒。然版藏內府，人間亦無從而見之也。

又《徐氏經解》　崑山徐氏所刻《經解》多祕本，彷彿宋槧本，卷帙亦多，聞其版亦收貯內府。

王士禛《古夫于亭雜録》卷二《先太師刻書》　康熙丙子，余奉朝命祭告華山，憩王山史待庵。閱架上書，有《趙松雪集》，乃先太師大司馬公較刊本，遂告於主人攜歸。先太師所刻書甚多，亂後惟《文選刪注》、《沈文端公鯉集》尚存，餘悉不可問矣。得此如拱璧也。

又卷三《慈仁寺攤》　昔在京師，士人有數謁予而不獲一見者，以告崑山徐尚書健庵乾學，徐笑謂之曰：「此易耳，但値每月三五，於慈仁寺市書攤候之，必相見矣。」如其言，果然。廟市賃僧廊地鬻故書小肆，皆曰攤也。又書賈欲昂其直，必曰此書經新城王先生鑒賞者，鬻銅玉、窰器，則曰此經商丘宋先生鑒賞者，謂今冢宰牧仲犖也。士大夫言之，輒爲絶倒。

金埴《不下帶編》卷四　周櫟園《書影》載羅氏《水滸傳》一百回，其原本各有妖異語引其首。嘉靖時郭武定重雕其書，削其致語，獨存本傳。金壇王氏《小品》中亦云：「此書每回各有楔子，今俱不傳。」予見閩平中建陽書坊所刻諸書，節縮紙版，求其易售，諸書多被刊落。此書亦建陽翻刻時刪削者。六十年前白下、吳門、西泠三地之書尚未盛行，世所傳者，獨建陽本耳。其中訛錯甚多，不可不知。

今閩平版書本久絶矣，惟三地書行于世。然亦有優劣，吳門爲上，西泠次之，白門爲下。自康熙三、四十年間頒行御本諸書以來，海內好書有力之家，不惜雕費，競摹其本，謂之歐字。見刻宋字書，宋字相傳爲宋景文書本之

字，在今日則棗本之劣者。置不掛眼。蓋今歐字之精，超軼前後，後世寶惜，必稱曰「康版」，更在宋版書之上矣。

潘耒《日知録原序》　耒少從先生游，嘗手授是書。先生沒，復從其家求得手藁，較勘再三，繕寫成帙，與先生之甥刑部尚書徐公健庵、大學士徐公立齋謀刻之而未果。二公繼沒，耒念是書不可以無傳，攜至閩，中年友汪悔齋贈以買山之資，舉畀建陽丞葛受箕，鳩工刻之以行世。嗚呼！先生非一世之人，此書非一世之書也。

朱人龍《少師朱襄毅公督蜀疏草跋》（朱燮元《督蜀疏草》卷末）　向者，先曾祖自著有《蜀事紀畧》一編，及督蜀督黔疏草數百道。其經營規畫，決勝機宜，皆于是乎寓，當時俱已鏤板。而寒家遭罹兵燹，故籍無一存者。幸從弟世衛從外氏劉念臺先生家得全帙，歸弆爲世寶。然止一本，恐流傳不廣。康熙丙申人龍備官淮上，寓書于弟，願攜所弆各本悉見付重付剞劂，弟欣然許諾。乃先梓《蜀事紀畧》一編，以次及督蜀、督黔疏草各列爲十二卷。其原本字有舛落，加之傳鈔訛謬，棘手轉多。于是與有識之士商榷校訂數過，而後蕆厥事焉。不意雕鐫垂竣，而工人不戒於火，其板又悉付諸灰燼。嗟乎！豈後人之不肖不足以傳先烈歟，抑志之不固致事之鮮終也！于是再爲鳩工，務有以竟吾志，亦庶幾先人斷簡殘編常留天壤，則千古如見其人爾。

王懋竑《朱子論語切要語》卷二　答曹元可云：《大學》之道，雖以誠意正心爲本，而必以格物致知爲先。所謂格物致知，亦曰：窮盡物理，使吾之知識。無不精切而至到耳。夫天下之物，莫不有理，而其精蘊則已具於聖賢之書。故必由是以求之。然欲其簡而易，知約而易守，則莫若《大學》、《論語》、《中庸》、《孟子》之篇也。是以頃年嘗刻四古經於臨漳，而復刻此《四書》以先後其說，又畧述鄙意，以附書後。區區於此，所以望於當世之友朋者，蓋已切矣。

《明史・太祖紀》　［洪武六年］三月癸卯朔，日有食之。頒《昭鑒録》，訓誡諸王。【略】［十一月閏月］庚寅，頒定《大明律》。

又　［十四年三月］辛丑，頒《五經》、《四書》於北方學校。

又　［二十三年五月乙卯］，作《昭示姦黨録》，布告天下。

又　［二十六年］十二月，頒《永鑑録》於諸王。

又　［二十八年九月］庚戌，頒《皇明祖訓條章》於中外，「後世有言更祖制者，以奸臣論」。

又《職官志二》　洗馬掌經史子集、制典、圖書刊輯之事。立正本、副本、貯本以備進覽。凡天下圖冊上東宮者，皆受而藏之。校書、正字掌繕寫裝潢，詮其訛謬而調其音切，以佐洗馬。

又《藝文志序》　明太祖定元都，大將軍收圖籍致之南京，復詔求四方遺書，設秘書監丞，尋改翰林典籍以掌之。永樂四年，帝御便殿閱書史，問文淵閣藏書。解縉對以尚多闕略。帝曰：「士庶家稍有餘資，尚欲積書，況朝廷乎？」遂命禮部尚書鄭賜遣使訪購，惟其所欲與之，勿較值。北京既建，詔修撰陳循取文淵閣書一部至百部，各擇其一，得百櫃，運致北京。宣宗嘗臨視文淵閣，親披閱經史，與少傅楊士奇等討論，因賜士奇等詩。是時，秘閣貯書約二萬餘部，近百萬卷，刻本十三，抄本十七。正統間，士奇等言：「文淵閣所貯書籍，有祖宗御製文集及古今經史子集之書，向貯左順門北廊，今移於文淵閣、東閣，臣等逐一點勘，編成書目，請用寶鈐識，永久藏弆。」制曰「可」。正德十年，大學士梁儲等請檢內閣并東閣藏書殘闕者，令原管主事李繼先等次第修補。先是，秘閣書籍皆宋、元所遺，無不精美，裝用倒摺，四周外向，蟲鼠不能損。迄流賊之亂，宋刻元鐫胥歸殘闕。至明御製詩文，內府鏤板，而儒臣奉敕修纂之書及象魏布告之訓，卷帙既夥，文藻復優，當時頒行天下。外此則名公卿之論撰，騷人墨客一家之言，其工者深醇大雅，卓卓可傳，即有怪奇駁雜出乎其間，亦足以考風氣之正變，辨古學之源流，識大識小，掌故備焉。挹其華實，無讓前徽，可不謂文運之盛歟？

錢曾《述古堂藏書目自序》　己酉清和，詮次家藏書目告竣，放筆而歎。蓋歎乎聚之艱而散之易也。竭予二十餘年心力，食不重味，衣不完采，摒擋家貲，悉藏典籍中。如蟲之負版，鼠之搬薑，甲乙部居，粗有條理。憶年驅烏時，從先生長者游，得聞緒論經史經緯，知讀書法。逮壯，有志藏弆，始次第訪求，問津知塗，幸免於冥行擿埴。然生平所酷嗜者，宋槧本爲最。友人馮定遠每戲予曰：「昔人佞佛，子佞宋刻乎？」相與一笑，而終不能已於佞也。丙午、丁未之交，胸中茫茫然，意中惘惘然，舉家藏宋刻之重複者，折閱售之泰興季氏，殆將塞聰蔽明，仍爲七日以前之混沌歟？抑亦

天公憐予佞宋之癖，假手滄葦以破予之惑歟？穆參軍賣書相國寺中，逢人輒曰：有能讀得韓柳文成句者，便以一部相贈。人知其爲伯長，皆引去。予之賣書，不及伯長之高，而聊以解嘲者，在夫己氏之豕肉喻也。夫己氏曰：「知味者謂擗龍脯不能果腹，不如豕肉足口，放箸得以一飽。今子所去之宋刻，龍脯也；所藏之善本，豕肉也。老饕差足自慰，又何用過屠門而大嚼乎？」予曰：「固矣，更有進焉者。」椎埋洗削之夫，盤列市中豚蹄，操刀而割，甘其味，以爲太羹弗若也，易牙過而笑其失飪矣。今予雖愛豕肉，不正不食，凜然有聖訓存焉，又何龍脯之足以荒其志乎？嗟嗟，好書者不少概見，而眞好與眞知也實難其人，是必知之眞而後好之始眞，然好之眞而不造乎眞知者，未之見也。癸卯冬，予過雲上軒，見架上列張以寧《春王正月考》一書，援據詳洽，牧翁嘆其絕佳。少間走札往借，已混亂帙中，老人懶於檢覓而止，耿耿掛胸臆間者五六年。去秋初度，有人插標以數冊書來售，而此書儼然在焉。得之如獲拱璧，因感墨汁因緣艱於榮名利祿。然世界聚散何常？百六猋迴，絳雲一燼，圖史之厄，等於秦灰。今吾家所藏，不過一毛片羽，焉知他年不爲有力者捆載而去？抑或散於餅肆麪坊，論秤而盡，俱未可料。總之不滿達人之一哂耳。江湖散人云：「所藏皆正定可傳。」予之書，咸手自點勘疑譌，後有識者，細心繙閱，始知其苦志。若謂藏書多繕寫本子，未足援據，此乃假好書之名，而無眞好之樂之者，竟謂之不知書不足與言可也。

吴焯《校本題記一》（《讀書敏求記》附録） 絳雲未燼之先，藏書至三千九百餘部。而錢遵王此《記》凡六百有一種，皆紀宋版元鈔及書之次第完闕古今不同，手披目覽，類而載之。牧翁畢生之菁華萃於斯矣。書既成，扃置枕中，出入每以自攜。靈蹤微露，竹垞謀之甚力，終不可見。竹垞既應召，後二年，典試江左，遵王會於白下。竹垞故令客置酒高讌，約遵王與偕。私以黃金、翠裘予侍書小史，啓鐍，預置楷書生數十於密室，半宵寫成而仍返之。當時所錄，并《絕妙好詞》在焉。詞既刻，函致遵王，漸知竹垞詭得，且恐其流傳於外也。竹垞乃設誓以謝之。竹垞既重違故人之命，而又懼此書之將滅沒也，莫年始一授族子寒中。予聞之久矣，然知其嚴祕勿肯與。近者校讐諸書，寒中閔予之勞，竟許以贈。予以白金一斤爲壽，再拜受之，亦設誓辭焉。嗟乎，書乃天地大公之物也。然有可傳，有必不可傳。正如修丹者既成，人皆可餌，而烹鍊之方，非堅精凝結者弗能守。然猶可傳者丹之法，而必不可傳者丹之道。大道在人，非其人莫與，則斯志也已。書之卷末，示我後人。

王應奎《柳南隨筆》卷一 吾邑有周子肇者，以鬻書爲業，而喜交士大夫，又時時載書出遊，足跡幾半天下。

袁棟《書隱叢説》卷九《石經》 漢靈帝熹平四年，蔡邕書丹，立於太學門外，此初刻也。魏正始中，又立古、篆、隸三體石經，此二刻也。劉曜入洛，焚燬過半，魏世宗補之，此三刻也。唐天寶中刻《九經》於長安，《禮記》以《月令》爲首，此四刻也。文宗時立石于國子監，《九經》並《論語》、《孝經》、《爾雅》共一百五十九卷，此五刻也。五代孟㫤在蜀刻《九經》最爲精確，朱子《論語註》引石經者，謂孟蜀石經也，宋淳化中刻於汴京，今猶有存者。

又卷一四《刻書》 刻書始于五代，陸文裕謂始于隋文帝開皇年，敕：廢像遺經，悉令雕撰。或謂雕者乃像，撰者乃經也，非雕刻之始也。然在唐實已刻書，司空表聖《一鳴集》有「爲東都敬愛寺募雕刻律疏印本。」疏云：自洛城□□乃焚印本，漸虞失散，欲更雕鎪云云。則刻書亦不始于五代矣。葉夢得言雕本不始馮道，監本始道耳；或云南唐和凝始行刻板紙印之法；或云始于蜀毋邱儉；或云始于後唐李鍔。又後唐明宗令國子監校定《九經》雕印賣之，即馮道所奏請也。

龔煒《巢林筆談續編》卷上《崑邑藏書》 我崑書籍之富，往時甲於東南。蓋緣東海三公，並以詩文遭際隆盛，上賜及四方贈遺，積之既多。又不惜多金，力購宋、元以來善本，廣搜遺逸簡編，裝潢繕寫，殆無虛日，縹緗充棟，不獨傳是樓一處也。邑中故家舊族，尚多先世藏書，諸紳士亦不乏收買書籍者。近來大姓日落，書籍亦多散之外方，可勝感嘆！

全祖望《鮚埼亭集》卷一一《梨洲先生神道碑文》 既歸，治忠端公葬事畢，肆力於學。忠端公之被逮也，謂公曰：「學者不可不通知史事，可讀《獻徵錄》。」公遂自明《十三朝實錄》上溯二十一史，靡不究心，而歸宿於諸經。既治經，則旁求之九流百家，於書無所不窺者。憤科學之學錮人生平，思所以變之。既盡發家藏書讀之，不足，則抄之同里世學樓鈕氏、澹生堂祁氏，南中則千頃齋黃氏，吳中則絳雲樓錢從楊本補。氏，窮年搜討。游

展所至，遍歷通衢委巷，搜蠹故書，薄暮，一童肩負而返，乘夜丹鉛，次日復出，率以爲常。【略】公晚年益好聚書，所抄自鄞之天一閣范氏、歙之叢桂堂鄭氏、禾中倦圃曹氏，最後則吴之傳是樓徐氏，然嘗戒學者曰：「當以書明心，無玩物喪志也。」當事之豫於聽講者，則曰：「諸公愛民盡職，即時習之學也。」身後，故廬一水一火，遺書蕩然，諸孫僅以耕讀自給。

又卷一七《翰林院編修贈學士長洲何公焯墓碑銘》 國初多稽古洽聞之士，至康熙中葉而衰，士之不欲以帖括自竟者，稍廓之爲詞章之學已耳。求其原原本本，確有所折衷而心得之者，未之有也。長洲何公，生於三吴聲氣之場，顧獨篤志於學。其讀書，繭絲牛毛，旁推而交通之，必審必覈，凡所持論，考之先正，無一語無根據。吴下多書估，公從之訪購宋、元舊槧，及故家抄本，細讐正之，一卷或積數十過，凡黄稠叠，而後知近世之書，脱漏譌謬，讀者沈迷於其中，而終身未曉也。【略】公之卒踰二十餘年，而其門人陸君錫疇謂予曰：「吾師遭遇之詳，子既熟知之矣；其身後之蹇，亦知之乎？」予曰：「未之聞也。」曰：「吾師最矜慎，不肯輕著書，苟有所得，再三詳定，以爲可者，則約言以記之，積久遂成《道古録》如干卷，蓋亦厚齋《困學紀聞》之流。乃同門有荷吾師噓拂之力而曉背之者，竊其書去，因乾没焉，今遂不可得，是一恨也。年來頗有嗜吾師之學者，兼金以購其所閲經史諸本，吴下估人多冒其跡以求售，於是有何氏僞書，而人莫之疑，又一恨也。吾師之殁時，值諸王多獲戾者，風波之下，麗牲之石未具，近幸得常熟陶穉中太常許爲之，而太常遽死，又一恨也。子能爲補太常之一恨否？」予曰：「諾。」乃綜述其門人沈彤所爲行狀而序之。

又《鮚埼亭集外編》卷一七《天一閣藏書記》 南雷黄先生記天一閣書目，自數生平所見四庫，落落如寳諸掌，予更何以益之。但是閣肇始於明嘉靖間，而閣中之書不自嘉靖始，固城西豐氏萬卷樓舊物也。豐氏爲清敏公之裔，吾鄉南宋四姓之一，而名德以豐爲最。清敏之子安常；安常子治監倉揚州，死於金難，高宗錫以恩卹；治子誼，官吏部，以文名；誼子有俊，以講學與象山、慈湖最相善，亦官吏部；有俊子雲昭，官廣西經署；雲昭子稌、稌子昌傳並以學行，爲時師表；而雲昭羣從曰芑，曰莀，皆有名。蓋萬卷樓之儲，實自元祐以來啓之。自吏部以後，遷居紹興。其後至庚六，遷居奉化。庚［六］子茂四遷居定海。茂［四］孫寅初，明建文中官教諭。寅初子慶，晩念先疇，欲歸葬父於鄞，而歲久，其祖塋無知者，旁皇甬上。或告之曰：城西大卿橋以南紫清觀，吉地也。慶乃卜之，遇《豐》之革，私自喜曰：「符吾姓矣。」是日，適讀元延祐《四明志》云：「紫清觀者，宋豐尚書故園也。」慶大喜，即呈於官，請贖之，幷爲訪觀中舊籍，得其附觀圃地三十餘畝，爲隣近所據者，盡清出之，遂葬其親，而以其餘治宅。慶喜三百年故居之無恙也，作十咏以志之，而於是元祐以來之圖書，由甬上而紹興，而奉化，而定海者，復歸甬上。慶官河南布政；慶子耘官教授；耘子熙官學士，即以諫「大禮」，拜杖遣戍者也。豐氏自清敏後，代有聞人，故其聚書之多亦莫與比。迨熙子道生晚得心疾，潦倒於書淫墨癖之中，喪失其家殆盡，而樓上之書，凡宋槧與寫本，爲門生輩竊去者幾十之六。其後又遭大火，所存無幾。范侍郎欽素好購書，先時嘗從道生鈔書，且求其作藏書記，至是以其幸存之餘，歸於是閣。又稍從弇州互鈔以增益之，雖未能復豐氏之舊，然亦雄視浙東焉。初，道生自以家有儲書，故謬作《河圖》石本、《魯詩》石本、《大學》石本，則以爲清敏得之祕府；謬作朝鮮《尚書》、日本《尚書》，則以爲慶得之譯館；貽笑儒林，欺罔後學，皆此數萬卷書爲之厲也。然則讀書而不善，反不如專己守陋之徒，尚可帖然相安於無事。吾每登是閣，披覽之餘，不禁重有感也。吾聞侍郎二子，方析産時，以爲書不可分，乃别出萬金，欲書者受書，否則受金。其次子欣然受金而去，今金已盡，而書尚存，其優劣何如也。【略】自易代以來，亦稍有闕佚，然猶存其十之八，四方好事，時來借鈔。閩人林佶嘗見其目，而嫌其不博，不知是固豐氏之餘耳。且以吾所聞，林佶之博亦僅矣。

又《藂書樓記》 揚州，自古以來所稱聲色歌吹之區，其人不肯親書卷，而近日尤甚。吾友馬氏嶰谷、半查兄弟，横厲其間。其居之南有小瓏瓏山館，園亭明瑟，而巋然高出者，藂書樓也，迸疊十萬餘卷。予南北往還，道出此間，苟有宿留，未嘗不借其書。而嶰谷相見，寒暄之外，必問近來得未見之書幾何？其有聞而未得者幾何？隨予所答，輒記其目，或借鈔或轉購，窮年兀兀，不以爲疲。其得異書，則必出以示予，席上滿斟碧山朱氏銀槎，侑以佳果，得予論定一語，即浮白相向。方予官於京師，從館中得見《永樂大典》萬册，驚喜貽書告之。半查即來，問寫人當得多少，其値若干，從臾予甚鋭。予甫爲鈔宋人《周禮》諸種，而遽罷官，歸途過之，則屬予鈔

天一閣所藏遺籍，蓋其嗜書之篤如此。百年以來，海內聚書之有名者，崑山徐氏、新城王氏、秀水朱氏其尤也。今以馬氏昆弟所有，幾幾過之。蓋諸老網羅之日，其去兵火未久，山巖石室，容有伏而未見者，至今日而文明日啓，編帙日出，特患遇之者非其好，或好之者無其力耳。馬氏昆弟有其力，投其好，値其時，斯其所以日廓也。

又《小山堂藏書記》　近日浙中聚書之富，必以仁和趙徵君谷林爲最，予嘗稱之，以爲尊先人希弁，當宋之季，接踵昭德，流風其未替耶？而吳君繡谷以爲希弁遠矣，谷林太孺人朱氏，山陰襄敏尙書之女孫，而祁氏甥也，當其爲女子時，嘗追隨中表姑湘君輩，讀曠園書。既歸於趙，時時舉梅里書籤之盛，以勖諸子，故谷林兄弟藏書確有淵源，而世莫知也。予乃笑曰：「然則宅相之澤，亦可歷數世耶？何惑乎儒林之必遡其譜系耶。」繡谷曰：「然。」嗚呼！曠園之書，其精華歸於南雷，其奇零歸於石門。南雷一火一水，其存者歸於鸛浦鄭氏，而石門則摧毀殆盡矣。予過梅里，未嘗不歎風流之歇絕也。谷林以三十年之力，爬梳書庫，突起而與齊，不可謂之非健者已。谷林之聚書，其鑒別既精，而有弟辰垣，好事一如其兄，有子誠夫，好事甚於其父，每聞一異書，輒神飛色動，不致之不止。其所蓄書，聯茵接屋，凡書賈自苕上至，聞小山堂來取書，相戒無得留書過夕，恐如齊文襄之待祖珽也。每有所得，則致之太孺人，更番迭進，以爲嬉笑。嗚呼！白華之養，充以書帶之腴，是天倫之樂所稀也。　予之初入京師也，家藏宋槧《四明開慶》、《寶慶》二志，蓋世間所絕無，而爲人所竊歸於有力者之手。杭君堇浦聞之，爲告谷林，亟以兼金四十錠贖歸，仍鈔副墨以貽予。及予歸，谷林但取近年所得地志示予，其自明成化以前者，已及千種，而予家宋槧裒然首列，予不禁爲之憮然。谷林以予之登是堂也屢，堂中之書大半皆予所及見也，請爲之記，乃爲之題於堂之北墉。

又《雙韭山房藏書記》　予家自先侍郎公藏書，大半鈔之城西豐氏。其直永陵講筵，賜書亦多，所稱「阿育王山房藏本」者也。侍郎身後，書卷、法物、玩器，多歸於宗人公之手，以其爲長子也。先和州公僅得其十之一，而宗人子孫最無聊，再傳後，盡以遺書爲故紙，權其斤兩而賣之，雖先集亦與焉，遂蕩然無一存者。先宮詹公平淡齋亦多書，其諸孫各分而有之，遂難復集。和州春雲軒之書，一傳爲先應山公，再傳爲先曾王父兄弟，曰積月累，幾復阿育王山房之舊。而國難作，盡室避之山中，藏書多，難挈以行，留貯里第，則爲營將所踞，方突入時，見有巨庫，以爲貨也，發視則皆古書，大怒，付之一炬，於是予家遂無書。難定，先贈公授徒山中，稍稍以束脩之入購書，其力未能購者，或手鈔之。先君偕仲父之少也，先贈公即以鈔書作字課。已而，予能舉楮墨，先君亦課以鈔書，嘗謂予曰：「凡鈔書者，必不能以書名，吾家自侍郎公以來，無不能書，而今以鈔書荒速廢業矣。」予至今檢點手澤，未嘗不歎遺言之在耳也。但吾鄉諸世家，遭喪亂後，書籤無不散亡，祇范氏天一閣幸得無恙。而吾家以三世研田之力，得復擁五萬卷之儲胥，其亦幸矣。雙韭山房者，亦先侍郎之別業，在大雷諸峰中，今已摧毀，而先贈公取以顏其齋者也。自予出遊，頗復鈔之諸藏書家，漸有增益，而於館中見《永樂大典》萬冊，驚喜，欲於其中鈔所未見之書。吾友馬嶰谷、趙谷林皆許以貲爲助，所鈔僅數種，而予左降出館矣。昔鄭漁仲修《通志》，欲於館中借書，卒不果，良會之難，洵可惜也。即以十年來所接，其爲夢寐所需，而終以高價之莫副，付之雲烟之過眼者，不知其幾何也。爰輯目前所有之部居，而爲之記。

又《小山堂祁氏遺書記》　二林兄弟聚書，其得之江南儲藏諸家者多矣，獨於祁氏淡生堂諸本，則別貯而弆之，不忘母氏之遺也。嗚呼！吾聞淡生堂書之初出也，其啓爭端多矣。初南雷黃公講學於石門，其時用晦父子俱北面執經，已而以三千金求購淡生堂書，南雷亦以束脩之入參焉。交易既畢，用晦之使者，中途竊南雷所取衛湜《禮記集說》、王偁《東都事略》以去，則用晦所授意也。南雷大怒，絕其通門之籍，用晦亦遂反而操戈，而妄自託於建安之徒，力攻新建，幷削去蕺山學案私淑，爲南雷也。近者，石門之學固已一敗塗地，然坊社學究尙有推奉之，謂足以接建安之統者，弟子之稱，狺狺於時文批尾之間，潦水則盡矣而潭未清。時文之陷溺人心一至於此，豈知其濫觴之始，特因淡生堂數種而起，是可爲一笑者也。然用晦所藉以購書之金，又不出自己，而出之同里吳君孟舉。及購至，取其精者，以其餘歸之孟舉。於是孟舉亦與之絕。是用晦一舉而既廢師弟之經，又傷朋友之好，適成其爲市道之薄，亦何有於講學也。今二林與予，値承平之盛，海內儲藏畢出，衛湜、王偁之本，家各有之，二林亦能博求酉陽之祕，可以豪矣。而獨惓惓母氏先河之愛，一往情深，珍若拱璧，何其厚也。夫因庭闈之

孝，而推而進之，以極其無窮之慕，其盡倫也，斯其爲眞學者也。雖然，蓋寬饒落平恩侯之居，仰屋而歎曰：「是堂閲人多矣。」祁氏之書，其飄零流轉，而幸而得歸於彌甥，以無忘其舊也，亦已悕矣。今幸得所歸，吾願二林子弟聰聽彝訓，世克守之，讀之，使祁氏亦永有光焉。二林曰：「善，是吾母所欲言也。」於是乎書。

尹會一《健餘奏議》卷一八《辦理經書》 河南巡撫臣尹會一謹奏爲欽奉上諭事。乾隆三年十二月初四日准禮部咨開，欽奉上諭士人以品行爲先，學問以經義爲重。我皇祖御纂經書多種，紹前聖之心法，集先儒之大成，已命各省布政司敬謹刊刻，聽人印刷，並准坊間翻刻廣行。恐地方大吏不能盡心經理，則士子購覔仍屬艱難，不獲誦讀。著督、撫、藩司等善爲籌畫，將士子應讀之書多爲印發，以爲國家造士育才之助。欽此。欽遵。仰見我皇上敦崇實學，棫樸作人之至意。伏查聖祖仁皇帝御纂《周易》、《尚書》、《詩經》、《春秋》、《康熙字典》、《性理精義》、《朱子全書》、《日講四書》等書，其板俱貯開封府學宫，久經曉諭，士子人等刷印、翻刻，並無留難。今奉諭旨，臣復與藩司悉心籌畫，豫省所屬士子現在各于城鄉就近分社，每社設有社長爲之月課講。貫前項書籍八種，通共刷印，工價銀七兩有零，所費無幾。州縣于養廉之外，本有另給公費銀兩以備地方公務之用，而振興學校乃有司之責，酌動公費刷印，按社給發，以備諸生講誦。仍將各書價直遍行曉諭，如士民有家計饒裕，子弟讀書情願刷印，俾孤寒後學借觀誦習者，不拘部數，並不需遠赴省城，但由該地方官報明藩司，即先墊項刷發。雖山僻邊隅，書賈不到之地，亦可偏爲流布，俾士子潛心經學，以期實用。所有遵旨辦理經書，緣由理合據實，覆奏。伏乞睿鑒，謹奏。乾隆四年正月二十日。

又《請刊經書》 河南巡撫臣尹會一謹奏爲欽奉上諭事欽。惟我皇上加意作人，敦崇實學。恭念聖祖仁皇帝御纂經書，爲士子明道經世之本，勅令刊刻廣布。又奉綸音，御纂諸書內，有爲士人所宜誦習而未經頒發者，著督、撫奏請，並准部議，將武英殿等處存貯書目開單行知，此誠聖天子誕敷文教，千古未有之盛典也。伏查豫省如《日講四書解義》、《周易》、《書經》、《詩經》、《春秋》、《性理》、《朱子全書》，久已奉頒翻刻，現在多刷廣布。至《十三經》、《二十一史》，經臣委員在于江蘇購買運回，存貯大梁書院以及各屬學宫，令士子熟習講貫。欽遵諭旨。敬查武英殿御製《孝經》一部、御註《孝經》一部、《文獻通考紀要》一部、國子監《大學衍義》一部、《近思錄》一部，均爲士人所宜誦習而未經頒發。仰懇皇上勅發到豫，刊板流佈，庶教澤益廣而士風益懋矣。爲此奏請，伏乞睿鑒，謹奏。乾隆四年三月十八日奉硃批：知道了。欽此。

愛新覺羅・弘曆《乾隆三十七年正月初四日聖旨》（《四庫提要》卷首） 朕稽古右文，聿資治理，幾餘典學，日有孜孜。因思策府縹緗，載籍極博。其鉅者羽翼經訓，垂範方來，固足稱千秋法鑒。即在識小之徒，專門撰述，細及名物象數，兼綜條貫，各自成家，亦莫不有所發明，可爲遊藝養心之一助。是以御極之初，即詔中外搜訪遺書，並令儒臣校勘《十三經》、《二十一史》，偏布黌宫，嘉惠後學。復開館纂修《綱目三編》、《通鑑輯覽》及《三通》諸書。凡藝林承學之士，所當戶誦家絃者，既已薈萃略備。第念讀書固在得其要領，而多識前言往行以畜其德，惟蒐羅益廣，則研討愈精，如康熙年間所修《圖書集成》，全部兼收並錄，極方策之大觀。引用諸編，率屬因類取裁，勢不能悉載全文，使閲者沿流溯源，一一徵其來處。今內府藏書，插架不爲不富，然古今來著作之手無慮數千百家，或逸在名山，未登柱史，正宜及時採集，彙送京師，以彰千古同文之盛。其令直省督撫會同學政等通飭所屬，加意購訪。除坊肆所售舉業時文及民閒無用之族譜、尺牘、屏幛、壽言等類，又其人本無實學，不過嫁名馳鶩，編刻酬倡詩文，瑣屑無當者，均無庸採取外，其歷代流傳舊書，內有闡明性學治法，關繫世道人心者，自當首先購覔。至若發揮傳注，攷覈典章，旁暨九流百家之言，有裨實用者，亦應備爲甄擇。又如歷代名人洎本朝士林宿望，向有詩文專集及近時沈潛經史，原本風雅，如顧棟高、陳祖范、任啓運、沈德潛輩亦各著成編，並非勦說卮言可比，均應槩行查明，在坊肆者或量爲給價，家藏者或官爲裝印。其有未經鐫刊，祇係鈔本存留者，不妨繕錄副本，仍將原書給還。並嚴飭所屬一切善爲經理，毋使吏胥藉端滋擾。但各省蒐輯之書，卷帙必多，若不加之鑑別，悉令呈送，煩複皆所不免。著該督撫等先將各書叙列目錄，注係某朝某人所著，書中要旨何在，簡明開載，具摺奏聞。候彙齊後，令廷臣檢覈，有堪備閲者，再開單行知取進。庶幾副在石渠，用儲乙覽。從此四庫七畧，益昭美備，稱朕意焉。欽此。

于敏中等《天禄琳琅書目》卷一《春秋公羊經傳解詁》 漢何休學，十

二卷，休自序。鐫刻年月不載，而字體甚古，於宋孝宗以上諱皆闕筆，知爲南渡後刊。書中每間數紙，輒有眞書木印，曰「鄂州州學官書」，曰「鄂泮官書，帶去準盜」。考王應麟《玉海》：咸平四年六月，詔郡縣有學校聚徒講誦之所，賜《九經》書一部。大觀二年六月，州學藏書閣賜名「稽古」。則州郡諸學置官書，自宋初已行之。李心傳《朝野雜記》載王瞻叔爲學官，常請摹印諸經疏及《經典釋文》，許郡縣以贍學，或省係錢，各市一本，置之於學。是南渡後猶重此舉，且有準盜之條，官守爲綦嚴矣。

又《四書》　《朱子章句集注》：《大學》一卷，《中庸》一卷，《論語》十卷，《孟子》十四卷，朱子《序說》、《讀法》。咸淳癸酉，衢守長沙趙淇刊於郡庠，每版中有「衢州官書」四字。《中興館閣續錄》：祕書郎莫叔光上言：「今承平滋久，四方之人益以典籍爲重。凡搢紳家世所藏善本外之，監司郡守搜訪得之，往往鋟版以爲官書。其所在，各自版行。」宋時郡守刻書，於此可證。

又卷五《說文解字》　書後《雍熙三年敕新校定說文解字牒文》，稱「其書宜付史館，仍令國子監雕爲印版。依《九經》書例，許人納紙墨價錢收贖。兼委徐鉉等點檢書寫雕造，無令差錯，致誤後人」云云。

盧文弨《抱經堂文集》卷七《重校經史題辭》　余家無藏書，經史皆不具。少時貿貿，不知學有本末，費日力鈔諸子、《國策》、《楚辭》，及唐、宋、近人詩文，皆細字小本，滿一篋。經則《周禮》、《爾雅》，亦嘗節錄注疏一過，餘經及諸史未之及也。洎官中書，始一意經史。去冬卒業，《周易》、《史記》，以未見內府新校本爲缺然。今割俸之所入，先購得數種，冀以次觀其全焉。官事隙，即展卷讀之。此書經通人學士校讐，比他本爲善。然卷帙既多，校者不一手，其中亦不免一二譌脫。余非敢索瘢指瑕，陵掩前人，顯自標異。然竊惟書之傳，於世相嬗也，遠者不可得而見，見其近者，今世見宋本者曾幾人，惟明世本通行耳。後之君子，亦當有并不及見明世所刻者。余故復取諸本與新本，校其異同。其譌謬顯然，則倣《六經正誤》之例，爲一書；其參錯難明，則倣《韓文考異》之例爲一書。毛氏汲古閣本，大段可觀，至於小小疵類，亦易尋求。諸本中要以此爲勝，今所據依，多在於斯。小學浸廢，六書失眞，點畫形誤，不可偏舉，聊從略焉。誠知千慮一得，無足重輕，庶幾來者得有所考云。

又卷六《方望溪鍾蔗經兩先生删訂周禮訂義書後》　今上登極之初，纂脩《三禮》，望溪先生爲總裁，選通禮學者爲纂脩。大興鍾蔗經先生與焉。名晼，字勵暇，官至禮部儀制司郎中。蔗經，其晚年自號也。此《周禮訂義》，乃宋樂清王與之次點所著，其用朱筆點勘者，蔗經也。用綠筆審正者，望溪也。別其是非，擇所去取，蔗經先之，望溪成之，閒亦有異同焉。此正脩《三禮》時所相與衡校之底本也。計凡舊人禮說，皆當有望溪點定者。即蔗經所刊脩，亦不止此。而此一書，適爲烏程丁小疋氏所得，出以示余，皆二公眞跡也。余不及登望溪之門，獨於蔗經遊從最熟。及其老而依子宦遊也，余一見之於南昌，又見之於松江，又見之於江寧，詒余《祭禮考》一冊，今斯人不可作矣。覩其遺墨，莊謹不苟，恍如見其爲人。望溪有評《史記》眞筆在北平，黃氏亦用綠色筆，與此正同，豈以此自識別耶！

蔣良騏《東華録・康熙二十五年》　四月諭禮部翰林院：「自古帝王致治隆文，典籍具備，猶必博採遺書，用充秘府，蓋以廣見聞而資掌故，甚盛事也。朕留心（文藝）［藝文］，晨夕披閱，雖內府書籍，篇目粗陳，而裒集未備。因思通都大邑，應有藏編，野乘名山，豈無善本？今宜廣爲訪輯，凡經史子集，除尋常刻本外，其有藏書秘錄，作何給值採集，及借本鈔寫等事，爾部院會同詳議具奏。務令搜羅罔軼以副朕稽古崇文之至意。」　閏四月，禮部等遵旨議覆：「購求遺書，應令直隸及各省督撫出示曉諭，如得遺書，令各有司會同儒學教官，轉詳督學及該督撫酌定價值，彙送禮部。其無刻板者，亦令各有司雇募繕寫交翰林院進呈。有（原）［願］自行呈送者，交禮部彙繳。」得旨：「自古經史書籍，所重發明心性，裨益政治，必精覽詳求，始成內聖外王之學。朕披閱載籍，研究義理，凡厥指歸，務期于正。諸子百家，泛濫奇詭，有乖經術。今搜訪藏書善本，惟以經學史乘，實有關係修齊治平助成德化者，方爲有用。其他異端稗說，概不准錄。」

陳熿《請購遺書疏》（田茂遇《燕臺文選初集》卷五）　臣聞爲治之道，貴不相襲，然事不師古而能有濟者，未之前聞。蓋古事者，今事之鑑也。古人之言，即古人之事也。其大者揭於經傳，詳於國史，小亦散見於郡誌邑乘以及草野之著述，卿大夫之紀載其間，所行所言、或得或失，一折衷焉。皆可資損益而訂謨猷如今日者。皇上虛懷求治，念切民生，廣開言路，皇皇然

勤政之暇，披閲經史，至午夜不寐，宵旦經營，殆將從書冊中求爲今日之實可見諸行事者，不欲絶遠於古也。但往代兵燹之後，書籍散佚，數年以來，又方在開創，勢難搜輯，取資或寡。臣昨於十年三月檢遺書於内院之東樓，見在簡帙錯亂，歷四十五日，始獲就緒。而成集者僅千百之一二，惟《永樂大典》一書，藏於皇史宬者，有二萬二千八百七十七卷。然以韻爲母，事從其類，文無綱領第，可備考核而已。臣謂上之好文如此，而書籍散落，無以仰佐高深，則搜羅宜在今日矣。敢乞詔示天下，廣集諸書，各隨方域之所有特加購求，並同四方郡縣之志，上貢天府。俾如丘如索，咸備觀覽，其有宜於古，仍宜於今者在，皇上立行之。即有宜於古不宜於今，皇上亦得其意而善用之。法無一定，理則同原，此中兼寓審時勢之道焉。豈惟用參德刑寬猛之宜，併可以知天下風俗淳澆，扼塞要害之區？臣故謂書宜廣搜也。曩臣衙門請實司經局久已得旨，所在未見賫解。況今購求仰備睿覽，又萬萬與經局不同。敢乞天語允行，責成學臣專董其事，即酌空廩空俸學田，用給書值，按季解送至。若非聖之書，拒絶勿納。天下雖大，不出堦序而運矣。然臣尤有請焉，學校之設，作養人才，自兵革以後，郡縣學宮鞠爲茂草，青青子衿，或有歷數十年不及見古人書者。亦乞勅下學臣，轉行郡縣貯書學宮，俾獲傳誦，是亦教化之一助也。

《四庫提要・儒家類三・内訓一卷》　明仁孝文皇后撰。案成祖以簒逆取國，淫刑肆暴，無善可稱，后乃特以賢著。是書凡二十篇：曰德性，曰修身，曰慎言，曰謹行，曰勤勵，曰警戒，曰節儉，曰積善，曰遷善，曰崇聖訓，曰景賢範，曰事父母，曰事君，曰事舅姑，曰奉祭祀，曰母儀，曰睦親，曰慈幼，曰逮下，曰待外戚。前有永樂三年正月望日自序，内有「肅事今皇上三十餘年」之語。考《明史・后妃傳》，后以洪武九年冊爲燕王妃，至永樂三年正月甫及三十年。云「三十餘年」，蓋約畧大數耳。又考本傳載：「后撰此書，頒行天下。」在永樂三年。而明朝《典彙》載「五年十一月以仁孝皇后《内訓》頒羣臣，俾教於家。」若五年以前已頒行天下，不應至五年之末始賜羣臣。又考《名山藏坤則記》載：「后初爲此書，不過示皇太子諸王而已，至永樂五年七月以後成祖乃出后《内訓》、《勸善》二書，頒賜臣民。」與《典彙》相合。此本爲明初刊板，首標「大明仁孝皇后」，考后於永樂五年七月乙卯崩。甲午謚曰「仁孝」。則此本刊于五年七月以後無疑。至十一月，特賜臣民，正屬刊行之始，《明史》本傳偶未及檢耳。各章之下繫以小註，多涉頌揚，當爲儒臣所加。《明史・藝文志》不著其名。又《藝文志》載《内訓》一卷，高皇后撰。《勸善書》一卷，文皇后撰。與本傳所載不同，亦偶未檢點耳。

程偉元《紅樓夢序》（程甲本卷首）　小説本名《石頭記》，作者相傳不一，究未知出自何人，惟書内記雪芹曹先生删改數過。好事者每傳抄一部，置廟市中，昂其值得數十金，可謂不脛而走者矣。然原目一百廿卷，今所傳祇八十卷，殊非全本。即間稱有全部者，及檢閲仍祇八十卷，讀者頗以爲憾。不佞以是書既有百廿卷之目，豈無全璧？爰爲竭力搜羅，自藏書家甚至故紙堆中無不留心，數年以來，僅積有廿餘卷。一日偶於鼓擔上得十餘卷，遂重價購之，欣然繙閲，見其前後起伏，尚屬接筍，然漶漫不可收拾。乃同友人細加釐剔，截長補短，抄成全部，復爲鐫板，以公同好，《紅樓夢》全書始至是告成矣。書成，因并誌其緣起，以告海内君子。凡我同人，或亦先覩爲快者歟？小泉程偉元識。

錢大昕《十駕齋養新録》卷六《監本二十一史》　《日知録》：嘉靖初，南京國子監祭酒張邦奇等，請校刻史書，《南雍志》：嘉靖七年，錦衣衛閑住千戶沈麟，奏准校勘史書。禮部議以祭酒張邦奇、司業江汝璧，博學有文，才猷亦裕，行文使逐一校對修補，以備傳布。欲差官購索民間古本。部議恐滋煩擾，上命將監中《十七史》舊板攷對修補，仍取廣東宋史板付監。《遼》、《金》二史無板者，購求善本翻刻。十一年七月成，祭酒林文俊等表進。至萬曆中，北監又刻《十三經》、《二十一史》，其板視南稍工，然校勘不精，訛舛彌甚，且有不知而妄改者。北監本《十三經注疏》，刱始於萬曆十四年，至廿一年畢工。《廿一史》則開雕於萬曆廿四年，至卅四年竣事，板式與《十三經》同。

翁方綱《復初齋文集》卷三《刻黄詩全集序》　乾隆壬寅冬，方綱校《黄詩三集注》上之，詔刊入聚珍板，於是數百年未合之足本，廣布藝林矣。後四年，奉命視學江西，攜其草藁於篋。而寧州新刻本《外集》之後八卷，即舊本《豫章先生外集》之四卷也，又其《别集》與史季溫注者不同，而寧新刻分體失其舊式，爰合寫爲一本，附以黄子耕譜，通爲五十六卷。時時與學官弟子論證其所以然。

法式善《陶廬雜録》卷一　《熙朝雅頌集》首集二十六卷，正集一百六

卷，餘集二卷，共一百三十四卷。嘉慶九年兩江總督鐵保奏進，御製序文，獎許甚至。法式善實久預纂校之役，有榮幸焉。十年刻成，頒行天下。京師廟市，向惟慈仁寺土地廟藥王廟數處，後直郡王建報恩寺，興市不數年，王禁錮即止。康熙六十一年敕修故崇國寺成，錫名護國寺。每月逢七八日，亦如慈仁諸市，南城遊人，終尠至也。重建隆福寺，每月逢九十日市集，今稱之爲東西廟，貿易甚盛。慈仁、土地、藥王三市，則無人至矣。若《古夫于亭雜錄》候慈仁書攤故事，久已絶響。惟琉璃廠火神廟正月上旬猶有書市及賣薰花零玉者。

又卷二 師荔扉喜刻書，宰望江，令搜訪邑人龍宫允詩，半就淪沒，僅得《和蘇集》，梓而行之。卷首序多己未諸徵士撰作，推許甚摯，惜未見其全也。世顧賞其《瓊花夢》、《芙蓉城》傳奇，何哉？

又卷三 《蜀雅》二十卷，羅江李調元選。調元字雨村，刻書甚富，惜卷帙繁重，不克風行海宇。此書雖於全蜀詩人不能完備，而亦足覘大凡矣。聞有續刻，未見。

又 河南自明趙彦復、江元范刻《梁園風雅》後，迄今無專刻。余見《梁園風雅》三十七卷，爲商邱宋牧仲重鏤本，甚工。

趙慎畛《榆巢雜識》卷上《明監版書》 《王守溪集》中有言：「今《十三經注疏》祇得汀洲版，若此版亡，宇宙間便無此書矣。」明末乃得汲古閣明監版，乃司禮監也，最惡劣。今大字本《文獻通考》亦監版書也。

又《元書院版書》 元書院版書尙佳，蓋猶宋老師悉心校讎者。

又《刊刻經史》 乾隆三年九月，國子監奏：太學所貯《十三經注疏》、《廿一史》板片模糊，難以修補，請重加校刊。又有寫本《舊唐書》一部，亦請刊刻。奉旨：交武英殿御書處查辦。

又《蔣衡寫經》 金壇貢生蔣衡，字湘帆，後改名振生，以書法名一時。嘗依石經式手寫十三經正文，計三百冊，共五十函，乾隆四年八月經總河高斌呈進。上以振生年近七旬，志在遵經，賜國子監學正銜。其手書十三經盡用木板刻印，以備頒發。

又卷下《編纂四庫全書》 御花園摛藻堂中，本就大内所有書籍分貯四庫。乾隆辛卯、壬辰，屢詔訪集天下遺書，於是各省大吏蒐集所屬呈出者，彙送京師，都下藏書之家及四方仕宦于朝者，咸以書獻，人思甄録爲幸。復允館臣請，編校翰林署所貯之《永樂大典》，特命内廷大學士等爲總裁，掄選翰林，分司校擇。輯書之始，請錫嘉名，命以「四庫全書」，就翰林院署設局編纂。其校勘《永樂大典》者，於原心亭列席；校勘遺書者，於寶善亭列席。部曹及子官屬，亦有選預纂修者，在籍進士、舉人徵預分校者五人。特諭内府司官辦給飲膳，盛夏、隆冬，頒冰給炭。凡書佳者，悉繕録彙列四庫。次則標存名目，附列書末。其不經及僞託者，概從擯斥。書篇仿《永樂大典》式，印界朱闌。選舉、貢、監生字畫端楷者，就武英殿書局分領繕寫。於全書内擇其精醇，先爲薈要，繕貯摛藻堂，即以武英殿纂修翰林分校薈要，選派中書、助教等官，司全書覆校、分校事。每分校二員，設覆校一員，重加磨勘。書内有關學術經濟者，咸付刊印，用廣流傳。仿宋人活版字法，刊成單字排印。書函每以漿氣致蠹，易以木匣。經、史、子、集，以青、赤、白、黑四色分别裝潢。通計每分三萬六千冊。凡内外獻到之書，皆鈐以翰林院印，事竣仍給還其家，並蒙宸翰弁題簡端，俾世守珍弆，益增藝林佳話。其時司總纂者，紀編修昀蒙恩即升侍讀，陸郎中錫熊改擢侍讀，尤爲異數。

梁章鉅《歸田瑣記》卷三《麻沙書板》 麻沙書籍，前代盛行。宣德四年，衍聖公孔彦縉欲遣人以鈔往福建市書，慮遠行，不敢擅咨，禮部尙書胡濙以聞，許之，並令有司依時値爲買紙，摹印工力，亦官給之。即此可見吾閩書板之富，有他省所不及者。弘治十二年，吏科給事中許天錫言：「今年闕里孔廟災，邇者福建建陽縣書坊被火，古今書板，蕩爲灰燼。上天示戒，必於道所從出，文所萃聚之地，乞禁僞學，以崇實用」云云。下禮部議，請敕巡按、提學將建陽書板大爲釐正。又嘉靖五年，因建陽書板字多訛謬，巡按御史楊瑞、提調學校副使邵銑疏請專設官第，於翰林春坊中遣一人往較。尋遣侍讀汪佃行。此皆麻沙書坊故事，吾閩志乘罕及之。兹從《禮部志稿》中録出，以備續修者採擇焉。

俞正燮《癸巳存稿》卷一二《刻書》 蔡清《易經蒙引》，前有勘合云：嘉靖八年九月二十九日，禮部題：臣等訪得科舉之書，盡出建寧書坊，合無俟命下之日。本部移咨都察院，轉行福建提學副使，將《易經蒙引》訂正明白，發刊書坊，庶幾私相貿易，可以傳播遠邇，就便刊刻，亦不至虚費國財。十月初一日，奉聖旨：是，欽此。都察院卯字一千八百十九號勘合劄

付。九年正月十四日，福建按察司副使案驗其書，嫌木理疏鬆。案《石林燕語》云：刻書以杭州爲上，汴京比歲亦不減杭州，汴則紙不佳。蜀、建則柔木，板不佳。是北宋時建板已不爲學者所重。業此者，西沿及邵武金谿撫州，而科舉之書多出山東東昌，板亦不佳。其工價旁出可證者，劉若愚《酌中志略》李廷機審皦生光案云：刊字匠徐承惠供，本犯與刻字工錢，每字一百，時價四分。本犯要承惠僻靜處刻，勿令人見，每百字加銀五釐，得工銀三錢四分云云。今推妖書七百六十字，明萬曆時，每百字併板，時價四分。京師如此，則外省價廉可知。今上元鄉間刻工，蘇州散放刻工，亦止字一百銀四分也。乾隆三十九年六月初八日，武英殿修書處咨通行書交納紙張工價，請領《十三經》竹紙書十七套，十四兩四錢九分一釐八毫一絲五忽。《二十三史》有《舊唐書》。竹紙書七十七套，六十五兩五錢八分九釐六毫二絲。今《二十四史》，增《舊五代史》，請價不同。

昭槤《嘯亭雜録》卷一《重經學》 上初即位時，一時儒雅之臣，皆帖括之士，罕有通經術者。上特下詔，命大臣保薦經術之士，輦至都下，課其學之醇疵。特拜顧棟高爲祭酒，陳祖范、吳鼎等皆授司業，又特刊《十三經註疏》頒布學宮，命方侍郎苞、任宗丞啓運等裒集《三禮》。故一時耆儒夙學，布列朝班，而漢學始大著，齷齪之儒，自蹶足而退矣。

昭槤《嘯亭續録》卷一《石經》 漢靈帝時，立《五經》石碑於白虎觀，蔡邕等爲之校刊。其碑經魏、晉之亂，盡皆湮沒。唐開成中，刻《九經》文於國學，至今傳千餘年，字皆漫漶失眞。又間有明人補刊者，字體惡劣，實無足觀。雍正中，有生員蔣衡字湘帆者善書法，立志書《十三經》，十餘年乃成，於乾隆初上之。特賜國子監學正，藏其書於大內。乾隆庚戌，上念衡尊經之功，未忍磨滅，乃命刊其書於太學中，乙卯春告成。筆力蒼勁，燦然兩廡間，士大夫過者，無不摩挲賞鑑焉。

又《本朝欽定諸書》 列聖萬幾之暇，乙覽經史，爰命儒臣選擇簡編，親爲裁定，頒行儒宮，以爲士子仿模規範，實爲萬目之巨觀也，今臚列其目於左。經部：《易經通注》四卷。《日講易經解義》十八卷。《御纂周易折中》二十二卷。《御纂周易述義》十卷。《日講書經解義》十三卷。《欽定書經傳說彙纂》二十四卷。《欽定詩經傳說彙纂》二十卷。《御纂詩義折中》二十卷。《欽定周官義疏》四十八卷。《欽定儀禮義疏》四十八卷。《欽定禮記義疏》八十二卷。《日講禮記解義》二十卷。《日講春秋解義》六十四卷。《欽定春秋傳說彙纂》三十八卷。《御纂春秋直解》十六卷。《御注孝經》一卷。《御纂孝經集注》一卷。《日講四書解義》二十六卷。《御纂律呂正義》五卷。《御纂律呂正義後編》一百二十卷。《御定康熙字典》四十二卷。《欽定西域同文志》二十四卷。《御定音韻闡微》十八卷。《欽定同文統韻》六卷。《欽定叶韻彙輯》五十八卷。《欽定音韻述微》一百六卷。 史部：《欽定明史》三百六十卷。《御批通鑑輯覽》一百二十卷。《御定通鑑綱目三編》四十卷。《開國方略》三十二卷。《御定三逆方略》。《親征平定朔漠方略》四十八卷。《平定金川方略》三十二卷。《平定準噶爾方略前編》五十四卷、《正編》八十五卷、《續編》三十三卷。《平定兩金川方略》一百五十二卷。《臨清紀略》十六卷。《蘭州紀略》。《石峯堡紀略》。《臺灣紀略》。《平定廓爾喀紀略》。《平苗紀略》。《平定三省教匪紀略》。《辛酉工賑紀略》。《太祖高皇帝聖訓》四卷。《太宗文皇帝聖訓》六卷。《世祖章皇帝聖訓》六卷。《聖祖仁皇帝聖訓》六十卷。《世宗憲皇帝聖訓》三十六卷。《高宗純皇帝聖訓》三百卷。《上諭內閣》一百五十九卷。《硃批諭旨》三百六十卷。《欽定明臣奏議》二十卷。《欽定宗室王公功績表傳》十二卷。《欽定蒙古回部王公表傳》六十卷。《欽定八旗滿洲氏族通譜》八十卷。《欽定勝朝殉節諸臣錄》十二卷。《御定月令輯要》二十四卷。《大清一統志》五百卷。《欽定熱河志》八十卷。《欽定日下舊聞考》一百三十卷。《欽定滿洲源流考》二十卷。《欽定皇輿西域圖志》五十二卷。《皇清職貢圖》九卷。《欽定盛京通志》一百卷。《詞林典故》八卷。《續詞林典故》□卷。《欽定歷代職官表》□□卷。《欽定大清會典》一百卷。《新定大清會典》□□卷。《大清會典則例》一百八十卷。《新定大清會典則例》一百八十卷。《欽定續文獻通考》二百五十二卷。《欽定皇朝文獻通考》二百六十二卷。《欽定續通志》一百四十四卷。《欽定皇朝通志》一百卷。《欽定皇朝通典》二百卷。《幸魯盛典》四十卷。《萬壽盛典》一百二十卷。《欽定大清通禮》四十卷。《南巡盛典》一百二十卷。《皇朝禮器圖式》二十八卷。《國朝宮史》三十六卷。《續國朝宮史》□□卷。《欽定滿洲祭神祭天典禮》六卷。《八旗通志初集》二百五十卷。《八旗通志二集》□□□卷。《大清律例》四十七卷。《欽定天祿琳琅》十卷。《御製詳鑑闡要》二十卷。 子部：《御撰資政要覽》三卷、《後序》一卷。《聖諭廣

訓》一卷。《庭訓格言》一卷。《御製人臣儆心錄》一卷。《御製日知薈要》一卷。《御定孝經衍義》一百卷。《御定內則衍義》十六卷。《御纂性理精義》十二卷。《御纂朱子全書》六十六卷。《御定執法成憲》八卷。《欽定授時通考》七十八卷。《欽定醫宗金鑑》九十卷。《御定歷象考成》四十二卷。《御定歷象考成後編》十卷。《御定儀象考成》三十二卷。《御製數理精蘊》五十三卷。《御定星歷考源》六卷。《欽定協記辨方書》三十六卷。《欽定佩文齋書畫譜》一百卷。《祕殿珠林》二十四卷。《石渠寶笈》四十四卷。《續石渠寶笈》□□卷。《錢錄》十六卷。《欽定西清古鑑》四十卷。《欽定西清硯譜》二十四卷。《御定古今圖書集成》五千二百卷。《欽定淵鑑類函》四百五十卷。《御定駢字類篇》二百四十卷。《御定分類字錦》六十四卷。《御定子史精華》一百六十卷。《御定佩文韻府》四百四十二卷。《御定韻府拾遺》一百十二卷。《御注道德經》二卷。　集部：《聖祖仁皇帝初集》四十卷、《二集》五十卷、《三集》五十卷、《四集》三十六卷。《世宗憲皇帝文集》三十卷。《高宗純皇帝樂善堂全集》三十卷。《御製文初集》三十卷、《二集》四十卷、《餘集》二卷。《御製詩初集》四十四卷、《二集》九十四卷、《三集》一百卷、《四集》一百二十卷、《五集》一百四十卷、《餘集》□卷。今上皇帝《味餘書室集》□□卷。《御製文初集》□□卷。《御製詩初集》□□卷、《二集》□□卷。《御定全唐文》五千卷。《御選古文淵鑒》六十四卷。《御定賦彙》一百四十卷、《外集》□□卷、《補遺》二十二卷。《御定全唐詩》九百卷。《御定佩文齋詠物詩選》四百八十二卷。《御定歷代題畫詩類》一百二十卷。《御選四朝詩》二百九十二卷。《御定全金詩》七十四卷。《御選唐詩》三十二卷。《御選唐宋文醇》五十卷。《御選唐宋詩醇》四十七卷。《皇清文穎》一百二十四卷。《續皇清文穎》□□卷。《欽定四書文》四十一卷。《御定歷代詩餘》一百二十卷。《御定詞譜》四十卷。《御定曲譜》十四卷。

錢泰吉《序》（吳壽暘《拜經樓藏書題跋記》）　客有問於余曰：「昔錢遵王成《讀書敏求記》，秘不示人，蓋慮異本著聞，則巧偷豪奪，日無已時，不遂所求，或且召釁也。今蔣生沐刻《拜經樓題跋記》，廣傳於世，是豈樓主人累世保守遺書之意乎？」余曰：「不然。叢殘之帙，雖古香馣薆，非若金玉玩好之足以娛俗也。同此嗜好者，大都博物君子，豈忍攘人累世之藏以自私篋衍哉？況兔床先生生平得一異本，必傳示知交，共相鈔校，非私爲己有者。其所題記，正訛糾謬，既詳備矣。世之君子得讀其文，已如目覩舊本，獲益神智，何必私有其書而後快然自足耶？」客既去，生沐屬爲序文，乃錄問答之語以告世之讀此書者，且冀吳氏後人皆如蘇閣父子之善承先志，保護舊籍，勿損於蟲蟻，勿奪於豪勢，擇人通假，責歸如期，則拜經樓當與四明范氏天一閣並峙而爲浙東西宛委之藏也。

蔣光煦《跋》（吳壽暘《拜經樓藏書題跋記》）　光煦少孤，先人手澤，半爲蠹魚所蝕。顧自幼即好購藏，三吳間販書者皆苕人，來則持書。入白太安人，請市焉。輒歎曰：「昔人有言，積金未必能守，積書未必能讀，若能讀，即爲若市。」以故架上書日益積。稍長，欲得舊刻舊鈔本，而苕賈射利之術，往往索時下諸刻與易而益之金，則輾轉貿易，所獲倍蓰。未幾，凡余家舊藏世所恆有之書易且盡矣。今計先後裒集者蓋得四五萬卷，露鈔雪購，其值已不貲。而舊刻舊鈔本之中，苕賈弊更百出：割首尾，易序目，剔畫以就諱，刓字以易名，染色以僞舊。卷有缺，劖他版以雜之。本既亡，錄別種以代之。反覆變幻，殆不可枚舉。故必假舊家藏本，悉心讐勘，然後可安。而吾邑藏書家近數陳簡莊徵君士鄉堂、吳兔床明經拜經樓。顧余生也晚，均不獲接其緒論。徵君沒，書籍亦亡失。惟吳氏猶世守之，洎與其孫鱸鄉茂才交，乃得假拜經樓善本以校所藏之缺失焉。歲丙午，鱸鄉下世，吳氏所藏亦不若曩時之易於借觀矣。而是書爲鱸鄉尊人蘇閣先生所記述，鱸鄉曾手錄其稿以見遺，因授之梓，而附其父子詩文若干首於後，以廣其傳，并著平日所閱歷，以見購藏之不易。苟非若兔床先生之精於鑒別，雖擁書數萬卷，未足傲南面百城也。

管庭芬《跋》（吳壽暘《拜經樓藏書題跋記》）　國初吾邑東南藏書家首推道古樓馬氏、得樹樓查氏，蓋兩家插架多宋刻元鈔，而於甲乙兩部積有異本，其珍守已逾數世，不僅爲充棟計也。兔床先生祖籍休寧，流寓尖山之陽百有餘年矣，世以文章經術著稱。先生博綜好古，纂述宏富，值馬氏、查氏遺書散布人間，先生偶得其殘帙，流連景慕，每繫跋語，以寄其慨。迨後搜討益勤，兼於吳門、武林諸藏書家互相鈔校，并與同邑周松靄大令、陳簡莊徵君賞奇析疑，獲一秘冊，則共爲題識，歌詩以紀其事。故拜經樓之藏弆足與道古、得樹二家後先鼎峙。嘉慶癸酉，先生年八十一下世，次君蘇閣明經彙錄藏書跋語，析爲五卷。秘之篋衍，不以示人。歲己亥，余客硤川蔣氏之

別下齋，時明經沒已數年，哲嗣鱸鄉茂才出示遺墨，其中辨誤析疑，兼及藏書之印記，書版之行款，鈔書之歲月，莫不詳識。海昌遺老之載籍，世鮮傳本，並爲著録。其留心桑梓，不僅汲古之深心矣。生沐廣文讀而稱善，鈔藏其副。乙巳之秋，鱸鄉謝世，遺書塵封，問奇無自。生沐廣文謂《拜經題跋》實勝《讀書敏求記》，欲廣其傳，乃屬庭芬偕許君光清校寫付梓，并輯蘇閣明經父子詩文一卷附之。

吴振棫《養吉齋叢録》卷六 舊時，刑部吏承辦刊印秋審冊，有每年賠累五千金之言，且板在民間，事易洩漏。雍正十三年，始奏設總辦秋審處於大庫西，建屋四十八間，以居匠役，廳事五間，爲治事所，以滿、漢司員二人領之。而覈定緩、實，仍歸本司。迨堂議既定，發秋審處繕清付梓而已。乾隆七年，始令秋審處覈定各司所議情實各案，其後則無論應緩、應實，皆由秋審處覈定矣。

又 欽天監推算時憲書既成，二月朔進呈，迺鐫於板。孟夏驛送直省各布政司，依式刊刻，於十月朔日頒行。進御有繕録清、漢字者各一本，刷印清、漢、蒙古字者各一本，清、漢字七政時憲書各一本。按：乾隆元年，避御名，改時憲曆爲時憲書。又六部、寺、監文書皆咨督、撫轉行，惟時憲書及日月食皆逕行布政局。又各省藩庫存舊頒時憲書之印一，頒朔，以此印鈐書上，防私造也。

陸以湉《冷廬雜識》卷六《宋石經》 宋高宗御書《石經》，今在杭州府學大成門外兩廊壁中，《曝書亭集》謂「左則《易》二、《書》六、《詩》十有二，《禮》向有《學記》、《經解》、《中庸》、《儒行》、《大學》五篇，今惟《中庸》片石；右則《春秋左氏傳》四十八碑，闕其首卷，通計八十七碑，非足本矣。秦檜一跋，吴訥椎碎」云云。以余考之：左《易》二、《書》七、《詩》十、《中庸》一、《論語》七、《孟子》十一；右《春秋左氏傳》四十八，通計八十六碑。秦檜跋刊在《詩經》碑尾者尚存，楷法遒整，宛似思陵。乃其人既遺臭後世，則翰墨亦爲儒林所羞稱，雖字畫端好，適爲此碑之玷耳。

姚元之《竹葉亭雜記》卷四 太學石經凡一百九十碑，爲江南拙老人蔣衡書，乾隆五十七年始勒石。先是五十六年，高廟欲勒石經於太學，初命彭文勤公元瑞司校讐，金司空簡司工。五十九年高廟啓蹕，幸避暑山莊，文勤不隨扈，命每晨攜筆硯至乾清宫偏校内府所弆宋刻各本，金司空備食。文勤因得觀人間罕見之本，考其同異，著爲一書，名曰《乾隆御定石經考文提要》。凡蔣書不合於古者，俱改正之。碑成，文勤面奏云：「石經將垂訓萬世，只臣與金簡二人列後銜，臣以末學，金又高麗人，恐不足取信。」因加派和相國珅、王文端杰爲總裁，董文恭誥、劉文清墉及金司空、彭文勤爲副，金司空士松、沈司農初、阮制軍元、瑚太宰圖禮、那太宰彦成隨同校勘，獨文勤得邀宫銜，並命仿《五經文字》、《九經字樣》例，每經勒《考文提要》於後。和相國嫉焉，大毁《提要》不善，并言非天子不考文，議文勤重罪。高廟諭云：「彭元瑞本以《乾隆御定石經》加其上，何得目爲私書？」和計不行，乃令人作《考文提要舉正》，分訓詁、偏旁、諧聲三門，以爲己作也以進。又訾《提要》多不合坊本，不便士子，請飭禁銷燬，併命彭某不得私藏。高廟嘆曰：「留爲後人聚訟之端，亦無不可。」其事乃寢。和乃密令人將碑字從古者一夜盡挖改之，而文勤之《考文提要》亦不果刊。嘉慶八年，文勤奏請詳加察覈，仁宗命董文恭、紀文達、朱文正、戴文端、那冢宰查對，但將碑字之草率漏畫畧加修補而已。阮制軍之撫浙江也，始以《考文提要》屬門下士許進士紹京刊刻焉。《提要》之作，薈萃宋本之善者。嘉慶二年，乾清宫毁於火，宋本俱燼，今乃藉是書以存其大概，豈非深幸耶。碑無故被一夜之災，抑又何也？蔣衡，江蘇金壇恩貢生，乾隆五年以手書《十三經》進，賜國子監學正。衡爲人作書，每自稱曰「江南寫十三經拙老人蔣衡」，後更名振生。

又 《駢字類編》書板久不存，人家有藏者，亦據爲奇貨。嘉慶甲戌夏，武英殿奏請清查板片書籍，時同年謝峻生編修爲提調官。查至南薰殿，見爐坑内燒火炕出灰之坑，都中名曰爐坑。有物貯焉，命啓之，板片堆積，審之則《駢字類編》板也。核校短二千頁，因奏請刻板千補之。板兩面刻字，故只用千板。今此書發賣，士子俱得見之矣。

又 武英殿書籍其存而不發賣者，向貯於殿之後敬思殿。甲戌夏清查，將完好者移貯前殿，其殘缺者變價，符咒等書悉付之丙，於是敬思殿空爲貯板片之所。謝峻生云，查書時，窗臺上有黄袱包貯一物，拂塵展視，得書十二本，蓋兵書也。無名目，書中畫圖，按圖解説，如白虹貫日、惡風震雷之類，天見何象則何如應，畫有斷屍横陳、將軍缺首等像，圖皆著色畫，見之

可怖。《解》俱稱朱子曰，恐係祕本，不敢細讀，因進御覽，奉旨仍謹藏於殿中。案兵家書有圖者，惟《虎鈐經》撮天時人事之變，凡六壬、遁甲、星辰、日月、風雲備舉，其佔有飛鷚長虹、八卦四陣諸圖。《經》爲宋許洞撰。又《握機經》於衡衝風雲諸陣皆繪有圖，爲明曹允儒撰。此稱朱子，則不知何書，疑爲僞託紫陽者也。其變價之書，峻生購得《通志堂經解》白紙本，雖缺少《三禮圖》，而其本絕佳，書內有謙牧堂印，猶是內府收存之初本也。

陳其元《庸閑齋筆記》卷三《左爵相創設書局》 今各直省多設書局矣，而事則肇于左爵相，局則肇于甯波。爵相創軍府于嚴州，嚴當兵燹之後，田疇荒蕪，草木暢茂，遺民無所得食。爵帥于賑濟之外，發銀萬兩購買茶筍，俾百姓得採擷于深山窮谷以爲資，茶筍製成，扎發甯波變價，往返二次，歸正欵外，得羨金數千兩。爵相以亂後書籍板片多無存者，飭以此羨餘刊刻《四書》、《五經》。嗣杭城收復，復于省中設局辦理，即以甯波之工匠從事焉。蘇州、金陵、江西、湖北相繼而起，經史賴以不墜，皆爵相之首創也。

丁申《武林藏書録》卷首《文瀾閣》 孤山之陽，左爲白隄，右爲西泠橋，地勢高敞，攬西湖全勝。外爲垂花門，門內爲大廳，廳後爲大池，池中一峯獨聳，名「仙人峯」。東爲御碑亭，西爲遊廊，中爲文瀾閣。閣建三成：第一成中藏《圖書集成》，後及兩旁藏經部，第二成藏史部，第三成藏子、集二部。皆分庋書格，凡四庫書三萬五千九百九十冊，爲匣六千一百九十一。《圖書集成》五千二十冊，爲匣五百七十六，《總目考證》二百二十七冊，爲匣四十。委員掌之，有願讀中祕書者，許其借觀傳寫，設檔登註，勿令遺失污損，所以嘉惠藝林者至矣。夫前代書籍，多藏祕府，牙籤錦帙，外人莫得而窺，間有頒賜給借，已屬僅事。如我朝之以四庫縹緗，津逮末學，嫏嬛福地，徧及東南，誠曠古所未有也。

又卷上《北宋杭州學書版》 《乾道臨安志》：府學舊在府治之南，子城通越門外。元祐間，知杭州熊本、蘇軾乞賜書版。按文忠公奏狀云：伏見本州州學，見管生員二百餘人，及入學參假之流，日益不已。蓋見朝廷尊用儒術，更定貢舉條法，漸復祖宗之舊，人人慕義，學者日衆。若學糧不繼，使至者無歸，稍稍引去，甚非朝廷樂育之意。前知州熊本曾奏，乞用廢罷市易務書版賜與州學，印賃收錢，以助學糧。或乞賣與州學，限十年還錢。今蒙指揮只限五年，見今轉運司差官重行估價，約一千三百餘貫。若依限送納，即州學歲納二百六十貫，五年之間深爲不易。學者旦夕闕食，而望利於五年之後，何補於事？而朝廷歲得二百六十貫，如江海之中增損涓滴，了無所覺。徒使一方士民，以爲朝廷既已捐利與民，廢罷市易務所放欠負，動以百萬計，農商小民尚蒙聖澤，莫知紀極，而獨於此飢寒儒素之士，惜毫末之費，猶欲以此追收市易之息，流傳四方，爲損不少，此乃有司出納之吝，而非朝廷寬大之政也。臣以侍從，備位守臣，懷有所見，不敢不盡。伏望聖慈，特出宸斷，盡以市易書版賜與州學，更不估價收錢，所貴稍服士心，以全國體。謹錄奏聞，伏候敕旨貼黃。臣勘會市易務元造書版用錢一千九百五十一貫四百六十九文，自今日已前所收淨利，已計一千八百九十九貫九百五十七文。今若賜與州學，除已收淨利外，只是實破官本六十一貫五百一十二文，伏望詳酌施行。今惟《新唐書》尚有傳本，餘則著錄家罕有言及者，究不知當日刻書，有若干種也。

又《秘書省》 《朝野雜記》：《中興館閣書目》者，孝宗淳熙中所修也。高宗始渡江，書籍散佚。紹興初，有言賀方回子孫鬻其故書於道者，上命有司悉市之。時蕪湖縣僧有蔡京所寄書籍，因取之以實三館。劉季高爲宰相掾，又請以重賞訪求之。五年二月，尚書兵部侍郎王居正言：四庫書籍多闕，乞下諸州縣，將已刊到書版，不論經史子集小說異書，各印三帙赴本省。係民間者，官給紙墨工賃之直。從之。九月，大理評事諸葛行仁獻書萬卷於朝，詔官一子。十三年初，建祕閣。又命紹興府借陸賓家書繕藏之。十五年，遂以秦熺提舉祕書省，掌求遺書。至是數十年，所藏益充牣。及命館職爲書目，其綱例皆倣《崇文總目》，凡七十卷，陳騤領其事。淳熙十三年九月，祕書郎莫叔光上言：今承平滋久，四方之人益以典籍爲重，凡搢紳家世所藏善本，外之監司郡守搜訪得之，往往鋟版以爲官書。然所在各自版行，與祕府初不相關，則未必其書非祕府之所遺者也。乞詔諸路監司郡守各以本路本郡書目解發至祕書省，聽本省以《中興館書目》點對。如見得有未收之書，即移文本處取索印本，庶廣祕府之儲，以增文治之盛。有旨令祕書省將未收書籍徑自關取。

又《太學書版庫》 宋太學在前洋街。按《咸淳臨安志》：紹興十三年，臨安守臣王晙請即錢塘縣西岳飛宅造國子監，從之。監繪魯國圖，東西爲丞

簿位，後爲書庫官位，中爲堂，書版庫在中門之內。紹興九年，臣僚請下諸道郡學取舊監本書籍鏤版頒行，從之。然所取多殘闕。二十一年旨諭輔臣曰：監中闕書，令次第鏤版，雖重有所費，不惜也。繇是經籍復全。按《朝野雜記》：紹興初，張彥實請刊監本，王瞻叔請摹印經書置學。宋時刻本以杭州爲上，蜀本次之，福建爲下，而杭州所刻尤以監本爲勝。如《十三經注疏》、《史記》、《漢書》等，皆標題「監本」以別之。元大德中，九路刊《十七史》，太平路以西《漢書》率先，俾諸路取式，致工於武林。明南監取各路經史舊版重加修整。逮萬曆間，二監重刊經史，皆有以導之先聲者也。

又《南宋諸刻》 天水建都以來，杭州文事日盛。太學既刻經史諸書，以廣流傳，而外之公府私家，亦有足紀者。謹按《天祿琳瑯》、《羣經音辨》爲臨安府學所刊，有臨安府學教授等銜名。《漢官儀》爲臨安府所刊，末有「紹興九年三月臨安府雕印」字。又《田裕齋書目》陶叔獻《西漢文類》末有「紹興十年四月臨安府雕印」一行，姚鉉《唐文粹》後有「臨安府今重行開雕《唐文粹・乙部》，計貳拾冊，已委官校正訖。紹興九年正月日」一條，下列校刊銜名十一行。又《絳雲樓書目》「周守忠《姬侍類偶》，嘉定十三年臨安行在諸軍糧料院幹辦鄭域所刻」。餘若《夢粱錄》載：杭城市肆，淳祐年有名相傳者，太廟前尹家文字鋪，所刻《北戶錄》見於《天祿琳瑯》，彩畫《三輔黃圖》見於周密《煙雲過眼錄》，《續幽怪錄》見於黃丕烈《士禮居藏書記》。又有張官人諸史子文籍鋪。又《天祿琳瑯》載《容齋三筆後記》，臨安府鞔鼓橋南河西岸陳氏書籍印。考《杭州府志》，鞔鼓橋屬仁和縣境，今橋名尚沿其舊，與洪福橋馬家橋相次，在杭州府城內西北隅。當時書肆陳氏多有著名，思在大街，起在睦親坊，皆非鞔鼓橋之書鋪也。《士禮居藏書記》又載：《寒山拾得詩》後有一條，「杭州錢塘門內車橋南大街郭宅書鋪印行」。至《田裕齋書目》所載之《漢紀》三十卷，爲紹興間錢塘刻本，則不可考其爲何處矣。

又《西湖書院》 西湖書院，元改宋太學爲之，內有書庫，藏庋書版。泰定元年九月，山長陳袤重整《書目記》曰：「文者貫道之器，爰自竹簡更爲梓刻，文始極盛，而道益彰。西湖精舍因故宋國監爲之，凡經、史、子、集，無慮二十餘萬皆在焉。其成也，豈易易哉？近歲鼎新棟宇，工役悤遽，東遷西移，書版散失。甚則置諸雨淋日炙中，駸駸漫滅。一日，憲幕長張公

昕，同寅趙公植、柴公茂，因奠謁次，顧而惜之，謂興滯補弊，吾黨事也。迺度地於尊經閣後，創屋五楹，爲庋藏之所。俾權山長黃裳、教導胡師安、司書王通，督飭生作頭顧文貴等，始自至治癸亥夏，迄於泰定甲子春，以書目編類揆議補其闕。噫！昔人勤於經始，張公長貳善於繼述，此志良可嘉也。是用紀其實績，並見存書目，勒諸堅珉，以傳不朽。非獨爲來者勸，抑亦斯文之幸也歟！《重整書目碑》：經凡五十一種：《易古注》、《易注疏》、《易程氏傳》、《書古注》、《易復齋說》、《書注疏》、《詩古注》、《詩注疏》、《穀粱古注》、《穀粱注疏》、《埤雅》、《論語古注》、《論語注疏》、《論語講義》、《儀禮古注》、《儀禮經傳》、《春秋左傳注》、《春秋左傳疏》、《公羊古注》、《公羊注疏》、《孝經注疏》、《孝經古注》、《古文孝經注》、《語孟集注》、《孟子古注》、《孟子注疏》、《文公四書》、《大學衍義》、《國語注》、補音。《春秋高氏傳》、《禮記古注》、《禮記注疏》、《周禮古注》、《周禮注疏》、《儀禮注疏》、《儀禮集說》、《陸氏禮象葬祭會要》、《政和五禮》、《文公家禮》、《經典釋文》、《羣經音辨》、《爾雅古注》、《爾雅注疏》、《說文解字》、《玉篇》、《廣韻》、《禮部韻略》、《毛氏增韻》、《博古圖》、《孔氏增韻雅》、《文公小學書》。

史凡三十六種：《大字史記》、《中字史記》、《史記正義》、《東漢書》、《西漢書》、《三國志》、《南齊書》、《北齊書》、《宋書》、《陳書》、《梁書》、《周書》、《後魏書》、《元輔表》、《刑統注疏》、《刑統申明》、《刑律文》、《成憲綱要》、《新唐書》、《五代史》、並纂誤。荀氏《前漢記》、袁氏《後漢記》、《通鑑外紀》、《通歷》、《資治通鑑》、《武侯傳》、《通鑑綱目》、《仁皇訓典》、《唐書直筆》、《子由古史》、《唐六典》、《救荒活民書》、《臨安志》、《崇文總目》、《四庫闕書》、《唐書音訓》。　子凡十一：《顏子》、《曾子》、《荀子》、《列子》、《揚子》、《文中子》、《太元溫公注》、《太元集注》、《武經七書》、《百將傳》、《新序》。　集凡二十四：《通典》、《兩漢蒙求》、《韻類題選》、《回文類聚》、《聲律關鍵》、《西湖紀逸》、《農桑輯要》、《韓昌黎文集》、《蘇東坡集》、《唐詩鼓吹》、《張南軒文集》、《曹文貞公集》、《武功集》、《金陀粹編》、《擊壤詩集》、《林和靖詩》、《呂忠穆公集》、《王魏公集》、《伐檀集》、《王校理集》、《張西巖集》、《晦庵大全集》、《宋文鑑》、《六臣文選注》。」

又至正二十二年八月，臨海《陳基書目序》曰：「杭西湖書院，宋季太學故址也。宋渡江時，典章文物悉襲汴京之舊，既已裒輯經史百氏，爲庫聚之於

學，又設官掌之，今書庫版帙是也。德祐內附學廢，今爲肅政廉訪司治所。至正二十八年，故翰林學士承旨東平徐公持浙西行部使者節，即治所西偏爲書院，祀先聖宣師及唐白居易、宋蘇軾、林逋三賢。後爲講堂，設東西序，爲齋以處師弟子員。又後爲尊經閣，閣之北爲書庫，收拾宋學舊籍，設司書者掌之。宋御書石經，孔門七十二子畫像石刻咸在焉。書院有義田，歲入其租以供二丁祭享及書刻之用。事達中書，扁以今額，且署山長司存，與他學官埒。於是西湖之有書院，書院之有書庫實昉自徐公，此其大較也。由至元迄今，嗣持部使者節於此者，春秋朔望，踵徐公故事行之，未之或改也。獨書庫屋圮版缺，或有所未備，杭之有志者，間以私力補葺之，而事不克繼。至正十七年九月間，尊經閣壞圮，書庫亦傾。今江浙行中書平章政事兼同知行樞密院事吳陵張公曾力而新之，顧書版散失埋沒，所得瓦礫中者，往往刓毀蠹朽。至正二十一年，公復釐補之，俾左右司員外郎陳基錢用董其役，庀工於是年十月一日。所重刻經、史、子、集欠缺以版計者七千八百九十有三，以字計者三百四十三萬六千三百五十有二。所繕補各書，損毀漫滅，以版計者一千六百七十有一，以字計者二十萬一千一百六十有二。用粟以石計者一千三百有奇，木以株計者九百三十，書手刊工以人計者九十有二。對讀校正則餘姚州判官宇文桂、山長沈裕，廣德路學正馬盛，紹興路蘭亭書院山長凌雲翰，布衣張庸，齋長宋良、陳景賢也。明年七月二十三日工竣，飭司書秋德桂、杭府史周羽以次類編，藏之經閣書庫，秩如也。先是庫屋洎書架皆朽壞，至有取而爲薪者，今悉修完。工既畢，俾爲書目，且序其首，並刻石庫中。夫經史所載，皆歷古聖賢建中立極、修己治人之道，後之爲天下國家者，必於是取法焉。《傳》曰：文武之道，布在方策，不可誣也。下至百家諸子之書，必有裨世教者，然後與聖經賢傳并存不朽。秦漢而降，迄唐至於五季，上下千數百年，治道有得失，享國有久促。君子皆以爲書籍之存亡，豈欺也哉？宋三百年來，大儒彬彬輩出，務因先王舊章推而明之，其道大著。中更靖康之變，凡百王詩書禮樂相沿以爲軌則者，隨宋播越，流落東南。國初收拾散佚，僅存十一於千百。斯文之緒，不絕如綫，西湖書院版庫乃其一也。承平日久，士大夫家誦而人習之，非一日矣。海內兵興，四方驛騷，天下簡冊，所在或存或亡，蓋未可考也。杭以崎嶇百戰之餘，而宋學舊版，賴公以不亡。基等不敏，亦辱與執事者手訂而目校之惟謹，可謂幸矣。嗟夫！徐公整輯於北南寧謐之時，今公繕完於兵戈搶攘之際，天之未喪斯文也，或尚在茲乎！序而傳之，以告來者，不敢讓也。」按元黃文獻溍《西湖書院義田記》：「西湖書院實宋之太學，規制尤甚舊，所刻經史羣書，有專官以掌之，號書庫官。宋亡學廢，而版庫具在。至元二十八年承旨徐文貞公治杭，以其建置之詳，達於中書，俾書院額立山長，書庫之所掌悉隸焉。郡人朱慶宗捐宜興州田二百七十五畝歸於書院，別儲以待書庫之用。此《整書記書目序》所未及也。元時，杭州刻本承宋之遺，爲諸路冠，故《宋》、《遼》、《金》三史奉旨刻於杭州路。」蘇天爵《元文類》：「至正二年奉旨發西湖刊行，足徵刻工之精矣。觀目中所列，皆有傳本，間有一二如《西湖紀逸》、《張西巖集》，近世罕覯，當時所刻，想無題識。如『睦親棚北』等字，藏書家亦莫能道之者。考《元史》，至元十五年三月，遣使至杭州取在官書籍版刻至京師，目中所載凡一百二十二種，或爲當時所遺。又相傳宋刊書版，入元皆輦而之北，惟存《臨安》一志，更不足信。惟《田裕齋書目》載：馬端臨《文獻通考》初刻於泰定元年，寘版西湖書院。至正五年，江浙儒學提舉余謙重爲訂正補刊，是書與碑刻於同時未及列入。惜至正二十一年之書目不傳，無從考證耳。」

又《杭州諸公署鏤版》 陳善《萬曆杭府志》載：「諸公署鏤版凡五處。巡撫都察院所刊者：爲《皇明經濟錄》四十一卷，《籌海圖編》十三卷，《督撫奏議》六卷，《續督撫奏議》六卷，俱總督都御史胡宗憲編。《諸史將略》十六卷，知府毛綱、錢塘教諭黃議編。《大學衍義補纂要》六卷，《餘慶錄》一卷，俱巡撫都御史徐栻編。《礦防考》、《海防考》、《水兵律令》、《陸兵律令》、《水兵操法》、《陸兵操法》各一卷，俱巡撫都御史谷中虛撰。布政司所刊者：爲《禮經會元》四卷，《史纂左編》一百四十卷，《國朝憲章錄》四十二卷，《憲章類編》四十二卷，《皇明詔令》二十一卷，《大明律例》七卷，《問刑條例》六卷，《軍政事例》六卷，《軍政條例》四卷，《賦役成規》一卷，《均平錄》一卷，《廣輿圖》一卷，《浙江通志》七十二卷，《橫渠易說》二卷，《儀禮經傳》二十三卷，《續儀禮經傳》三十六卷，《律呂元聲考注》二卷，《類證本草》三十卷，《食物本草醫方選要》十二卷，《經驗良方》十一卷，《本草醫旨脈訣》一卷，《衛生易簡方》四卷，《太上感應篇》一卷，《文章軌範》十卷，《陶靖節集》十卷，《皇明詩鈔》二卷，《古樂府》十卷。

按察司所刊者：爲《鄉校禮輯》一卷，《資治通鑑》三百二十四卷，《文章正宗》三十卷，《條例備考》二十四卷，《大唐六典》三十卷，《疑獄集》十卷，《軍政條例摘鈔》十卷，《官箴集》二卷，《王恭毅公駮稿》二卷，《越絕書》十五卷，《六書正譌》六卷，《韓氏醫通》一卷，《臞仙肘後經》二卷，《歐陽文集》四卷，《岳武穆集》十卷，《釣臺集》十卷。兩浙運司所刊者：爲《兩浙鹺志》若干卷，巡按御史唐臣撰。《兩浙鹽法條例》五十卷，《欽依鹽法要覽》、《要覽續編》共十四卷，《行鹽事宜》六卷，《招商事宜》一卷，《場所公費事宜》一卷，《金陀粹編》二十卷、《續編》二十四卷，《四書集註》十九卷，《大明律例》七卷。杭州府所刊者：爲《守令懿範》四卷，《洗冤錄》一卷，《日本考略》一卷，《陸王二先生要語》二卷，《百忍箴》四卷，《靈棊經》一卷，《杭州府志》六十三卷，《西湖遊覽志》二十四卷，《志餘》二十六卷，《武林舊事》十卷，《杭州府水利圖說》一卷，《于忠肅公奏議》十卷。」亦足見當時地方大吏，留意典籍，與今日異也。

又《杭州官刻書》 周宏祖輯《古今書刻》內載：浙江布政司所刻，有《東漢文鑑》、《西漢文鑑》、《說文》、《救荒活民補遺》、《諸司職掌》、《儀禮經傳》、《律呂元聲》、《近思錄》、《七修類稿》、《籌海圖編》、《大明律證類》、《本草》、《國朝憲章》、《食物本草》、《經驗良方》、《醫方選要》、《史纂》，凡十七種。按察司所刻，有《疑獄集》、《官箴集要》、《大明律》、《竹枝詞》、《程史》、《唐鑑》、《資治通鑑》、《條例備考》、《六書正譌》、《羲之十七帖》、《肘後經》，凡十一種。杭州府所刻，有《大唐六典》、《四書集註》、《武林遺事》、《禮經會元》、《原病式》、《周禮》、《始豐稿》、《千家全注唐詩》、《元詩體要》、《韻海》、《唐詩類編》、《宋學士文粹》、《算方大全》、《詠物新題》、《雪溪漁唱》、《萬竹山房集帖》、《龍門子》、《羣珠摘粹》、《養生雜帖》、《劉伯溫文集》、《程氏遺書》、《伊洛淵源》、《四書白文》、《溫公我箴集》、《精忠錄》、《林和靖集》、《近思錄》、《太白山人詩》、《蓋齋醫要》、《西湖遊覽志》，凡三十種。今則棗梨久蠹，緗縹罕存，搜訪卅年，遺槧僅遇，殊增思古之感。

又《杭州府學官書》 杭學爲浙藩之冠，人文之美，甲他郡。入是學者，讀有用之書，儲有用之才，文章華國，固有以也。本朝順治五年，巡臺諸司各捐金修葺。十五年，李公率泰等增修。秦公世禎重興禮樂，規模始備。學有尊經閣，本南宋稽古閣遺址，舊藏書籍，歲久散佚。秦公世禎更命張公安茂纂輯禮樂全書，增購書籍，備多士弦誦。康熙四十五年，頒《御製古文淵鑑》、《資治通鑑》等書。五十二年，《御纂朱子全書》成。五十四年，《御纂周易折中》成。皆頒發各直省學宮，以廣誦習。雍正元年，頒《欽定孝經衍義》一書。三年，議准將《聖諭廣訓》、《御製朋黨論》頒發各省學政刊刻刷印，齎送各學。乾隆九年，奏准《御纂性理精義》、《書詩春秋三經傳說彙纂》。諸書雖經頒發，然士子衆多，不足以資鈔誦。令各省督撫藩司多行刷印，每學每種給發二部，以備士子鈔誦。其《御纂三禮》告成後，再行頒給。又議准《三通》諸書，令各督撫酌量置辦。乾隆元年，議准《律書淵源》應頒發直省所屬各學。又議准各督撫於省會書院，並有尊經閣之府州縣學，應將十三經、二十四史諸書購買頒發，交與各該學教官接管。二年，奏准日講《四書解義》，每省各頒一部。十五年，議准《御纂三禮甫經》告成，奉旨頒發各省。二十九年，奉上諭頒《周易述義》、《詩義折中》、《春秋直解》於學宮。三十年，頒發《御製詩初集》、《二集》，《御製文初集》，恭藏學中。二百年來，士子涵濡教澤，樂育漸摩，宜乎文教日新，聖功益懋也。

又《敷文書院》 敷文書院在萬松嶺。明弘治十一年，浙江右參政周本以廢報恩寺，改奉先聖像，名「萬松書院」，徵聖裔孔衢、孔績來供祠事。嘉靖三十三年重建，新建伯王守仁撰記。萬曆五年，建繼道堂於毓秀閣北，聖裔尚禮摹鐫聖像於石，祀堂中。八年，朝議毀各書院，惟此以巡按御史謝公師啓，僉事喬公因阜之請，得不毀。我朝康熙十年，范公承謨重修，改爲太和書院。仁廟南巡，御書「浙水敷文」扁額，並頒《古文淵鑒》、《淵鑒類函》、《周易折中》、《朱子全書》等書，藏於院內。徐公元夢又修，更名「敷文書院」，增構存誠閣，恭藏賜書。黃公炳捐置學田。乾隆十六年，奉上諭：經史，學之根柢也，會城書院聚黌庠之秀而砥礪之，尤宜示之正學，朕時巡所至，若江寧之鍾山書院，蘇州之紫陽書院，杭州之敷文書院，各賜武英殿所刊之十三經、二十四史一部，資髦士稽古之學。先後翠華臨幸，召試士子，疊奉明詔，頒賜各書，恭藏院中。俾諸生觀摩有自，居院中者敢不勤學稽古，以仰副文治之隆哉！

又《仁和學》 仁和學書籍，見於趙公《世安縣志》，舊存者凡三十部，年久皆廢。《史記》、《前漢書》、《後漢書》、《三國志》、《晉書》、《宋書》、

《南齊書》、《梁書》、《陳書》、《魏書》、《北齊書》、《周書》、《隋書》、《唐書》、《五代史》、《通鑑綱目》、《文獻通考》、《杜氏通典》、《古史》、《臨安志》、《高氏春秋》、《許氏說文》、《劉向新序》、《文公家禮》、《孝經正義》、《丙丁龜鑑》、《平宋錄》、《息心詮要》、《西湖遺紀》、《救荒活民書》，欽頒者凡二十九部，今無存。《御製大誥》三篇，《爲善陰騭》五本，《性理大全》二十九本，《易經大全》一十二本，《書經大全》五本，《詩經大全》十二本，《春秋大全》十八本，《禮記大全》十八本，《四書大全》二十本，《五倫書》六十二本，《溫公資治通鑑》八十本，《程氏遺書分類》六本，《資治通鑑綱目》四十本，《續資治通鑑綱目》二十六本，《易經註疏》四本，《書經註疏》五本，《詩經註疏》十五本，《周禮註疏》五本，《禮記註疏》十六本，《春秋左傳註疏》二十本，《春秋公羊傳註疏》六本，《春秋穀梁傳註疏》三本，《孝經註疏》一本，《論語註疏》二本，《孟子註疏》四本，《儀禮註疏》八本，《爾雅註疏》三本，《史學》二本，《原正謁考》二本。又提學道發下書凡七部：《五經註疏》八十本，《禮書》十五本，《三禮考註》八十本，《樂書》十五本，《明倫大典》五本，《大狩龍飛錄》二本，《文章正宗》二十本，《胡三省註司馬光資治通鑑》二本。以上書目，考沈朝《宣舊志》所載，雖有缺軼，尙多存者，亦可見盛時學校，猶有古意。隆、萬以來，士子專尙制義，習爲浮華，不知古學。毋論學無藏書，即有殘篇斷簡，亦飽蠹魚之腹，可勝浩歎哉！學在杭郡庠之右，明天順間由前洋街改建於此。

又《浙江採集遺書》 乾隆三十八年閏三月初七日奉諭：江浙人文淵藪，其流傳較別省更多，果能切實搜尋，自無不漸臻美備。聞東南從前藏書最富之家，如崑山徐氏之傳是樓，常熟錢氏之述古堂，嘉興項氏之天籟閣，朱氏之曝書亭，杭州趙氏之小山堂，寧波范氏之天一閣，皆其著名者，餘亦指不勝屈。並有原藏書目，至今尙爲人傳錄者，即其子孫不能保守而輾轉流播，仍爲他姓所有，第須尋原究委，自不致湮沒人間。縱或散落他方，爲之隨處蹤求，亦不難于薈萃。又聞蘇州有一種賈客，惟事收賣舊書，如山塘開鋪之金姓者，乃專門世業，於古書存佚原委，頗能諳悉。又湖州向多賈客書船，平時在各處州縣兌賣書籍，與藏書家往來最熟，其於某處舊有某書，曾購某本，問之無不深知。如能向此等人善爲諮詢，詳加物色，因而四處借鈔，仍將原書迅速發還，諒無不踴躍從事。至書中即有忌諱字面，並無妨礙，現降諭旨甚明，即使將來進到時，其中或有妄誕字句，不應留以貽惑後學者，亦不過將書毀棄，轉諭其家，不必收存，與藏書之人，並無干涉，必不肯因此加罪。至督撫等經手彙送，更無關礙，又何所用其疑畏乎？三十九年，浙江巡撫三寶序云：疊奉明詔，開誠布公，悉蠲禁忌，大哉王言，如日中天，萬物咸覩。浙人士亦遂踴躍奮興，競出所藏以獻。其最者如鮑士恭、范懋柱、汪啓淑及吳玉墀、孫仰曾、汪汝瑮等，各獻書五、六、七百種至二百種以上。其餘各郡邑掇拾呈繳，收自故家，購於書肆，無稍滋累。於是舊本四出，駢集麇至。臣董率諸局員，矢勤矢慎，整理篇帙，檢別重複及冗瑣無當者，以次叙目入告。統計前後自壬辰冬迄甲午夏，凡奏書十二次，爲種四千五百二十三，爲卷五萬六千九百五十五，不分卷者二千九十二冊，可謂盛矣。嘉善縣學訓導姚江黃璋識云：浙中疊奉恩綸，諄切開諭，藏書家捆載麇至，移局太平坊，列屋兼輛，充牣其中。每奏一次，少百餘種，多或數百至千餘種不等。同事四五人，分手趕辦，每書開叙姓氏爵里，節略必查檢他書。而其時又迫於期限，遑遑連日夕不輟，頭目爲暈。自壬辰冬至乙未夏作十四次奏進，每次皆然。癸巳秋，璋與同事朱君休度、張君羲年商榷，謂吾輩此番之事，等於煙雲過眼，盍稍述其梗概，付之剞劂氏，以爲浙中掌故乎。爰取前所奏底稿，重加類次，分爲自甲至癸十集，其十次以下則分爲閏集，襄其事者陶君廷珍、唐君虞、朱君文藻也。總目甲集爲易類、書類、詩類。乙集爲周禮類、儀禮類、禮記類、通禮類、春秋類。丙集爲論語類、附逸語。孝經類、孟子類、四書類、羣經類、樂類、爾雅類、小學類、六書類。丁集爲通史類、編年類、別史類、霸史類、雜史類、掌故類一、總類。掌故類二、職官。掌故類三、食貨。掌故類四、儀制。掌故類五、兵刑。掌故類六、河渠。掌故類七、水利。掌故類八。營造。戊集爲傳記類一、總類。傳記類二、以時代爲次。傳記類三、以地爲次。地理類一、通志。地理類二、各直省。地理類三、山川名勝古跡。地理類四、異域。史鈔類、史學類、譜系類。己集爲儒家類、雜家類、說家類一。總類。庚集爲說家類二、文格詩話。說家類三、金石書畫。說家類四、小說。藝玩類、類事類、叢書類、天文術算類、五行類、兵家類、農家類、醫家類、釋家類、道家類。辛集爲總集類一、以時代爲次。總集類二、以地爲次。楚辭類、別集類一。唐。壬集爲別集類二、宋。別集類三、宋。別集類四。金、元。癸集上爲別集類五、明。別集類六、

明。癸集下爲集類七、明。別集類八。國朝。閏集編次照前例，不列細目。按汪啓淑水曹《清暇録》：乾隆三十七年，開四庫館徵訪天下遺書。武英殿移取九百種，在京各官進呈九百八十三種，直隸總督進呈二百三十八種，奉天府尹進呈三種，兩江總督進呈一千三百六十五種，安徽巡撫進呈五百二十三種，江蘇巡撫進呈一千七百二十六種，浙江巡撫進呈四千五百八十八種，福建巡撫進呈二百五種，江西巡撫進呈八百五十九種，河南巡撫進呈一百十三種，山東巡撫進呈三百七十二種，山西巡撫進呈八十八種，湖南巡撫進呈四十六種，陝西巡撫進呈一百五種，湖北巡撫進呈八十四種，廣東巡撫進呈十二種，雲南巡撫進呈四種，兩淮鹽院進呈一千五百七十五種，共採訪得書一萬三千七百八十一種。《永樂大典》重纂修得三百二十一種，總不若浙江進呈總數之多云。蔣恭煦有《浙江採集遺書總目詩》云：「丹詔徵文下彩鸞，收藏浙水例原寬。圖書自拜天家賜，十卷猶留甲午刊。」

又《浙江巡撫續進書》　仁宗睿皇帝因阮文達奏進四庫未著録之本一百七十四種，賜名「宛委別藏」，以補全書所闕。仰見金匱石渠，蔚然美備，固非宋之崇文、明之文淵所可比美也。蔣光煦《題揅經室外集絶句》云：「遺書一百七十五，曾向丹墀奏進來。原委已教何夢花鮑淥飲訂，好從紀陸嗣高才。」阮梅叔亭紀云：「兄官學政巡撫時，留意於東南祕書，或借自江南舊家，或購之蘇州番舶，或得之書坊，或鈔自友人，凡宋、元以前爲四庫所未收、存目所未載者，不下百種。爲兄訪求購借者，浙之鮑以文廷博、何夢華元錫、嚴厚民杰之力居多。丙寅、丁卯間，兄奉諱家居，次第校寫，共得六十種，每種皆倣四庫書式，加以提要一篇。丁卯冬服闋入覲，進呈乙覽，蒙賜披閲，獎賞有加。戊辰己巳復撫浙，續寫四十種進呈，亦各爲提要一篇。其書亦間有副本，藏於文選樓中。」阮福又謹記云：「家大人在浙時，曾購得四庫未收古書進呈內府，每進一書必仿四庫提要之式，奏進提要一篇。凡所考論，皆從采訪之處，先查此書原委，繼而又屬鮑廷博、何元錫諸君子參互審訂，家大人親加改定纂寫，而後奏之。十數年久，進書一百數十部。此提要散藏於揚州及大兄京邸，福因偕弟祜孔厚校刻《揅經室集》，請録刊提要於集內。家大人諭：此篇半不出於己筆，即一篇之中，創改亦復居半，文不必存，而書應存，可別而題之曰『外集』。凡爲經二十四部，史四十部，子五十五部，集五十四部。凡一百七十有三，按原目分五卷，不按四庫次第，內嚴器之明理論，已見欽定《四庫提要》，不再重列。蔣光煦詩云『七十有五』，豈別有一本歟？」　今《中興館閣書目》十卷，乃淳熙四年陳騤撰，李燾序。《續録》十卷，嘉定三年館閣重編，其後次第補録，迄於咸淳。然今所傳者，非完書也。按《直齋書録解題》有《祕書省闕書目》一卷，亦紹興改定，其闕者注「闕」字於逐書之下。今所傳鈔者，凡二卷，計書三千八百餘種。道光壬辰，大興徐松從《永樂大典》録出，編爲一目，爲傳鈔本，大略相同。蔣光煦題《四庫闕書目》云：闕編改定紹興初，祕省香芸飽蠹魚，不是紀聞留《玉海》，定知七卷記求書。《玉海·四庫求書闕記》凡七卷。考《館閣録》：祕書省石渠在祕閣後道山堂前，東廊圖書庫、祕閣書庫、經庫，西廊祕閣書庫、印版書庫、編修會要所，北爲印書作。祕閣書庫儲藏諸州印版書六千九十八卷一千七百二十一册。又《咸淳臨安志》：祕書省書庫、口曆會要庫各一，經、史、子、集書籍庫六，分列於右文殿外東西兩廡，又有書版庫在著庭之右，據此可見南宋百五十年典籍之大略矣。

又《重刊聚珍版諸書》　乾隆甲午五月，詔儒臣彙集《永樂大典》內散見之書，重輯成編，及世所罕覯祕籍，以活字版印行，賜名「聚珍」版書。每種冠以御題五言詩十韻，前繫小序。越三載，丁酉九月，頒發其書於東南五省，敕所在鋟勒通行，用廣流布。一時承命開雕者，江南凡八種，江西凡五十四種，福建凡一百二十三種，浙江凡三十九種，卷帙多寡不一。以福建爲最富，以浙江爲最精。浙江舊多藏書家，拜《圖書集成》、《佩文韻府》之賜者六人。沐浴教澤，踴躍咸奮，爰仿內府袖珍版式，取便篋衍，重刊成書。閩浙總督鍾音，浙江巡撫王亶望，學政彭元瑞，布政司孫含中，按察司國棟，督糧道陸允鎮，鹽驛道噶爾弼善恭紀於後。督刊者杭州知府邵齊然，校字者錢塘教諭韓義、淳安教諭厲繩、泰順教諭姚廷璣、試用訓導孫麗春。承刊者大理寺寺丞銜汪汝瑮，鹽運司運同銜孫仰曾，國子監生鮑士恭，錢塘學廩膳生員汪庚。書凡二十函，一百二十四册，謹遵殿本元定價值，共計紋銀十二兩五錢八釐五毫九絲二忽。省城振綺堂汪氏，壽松堂孫氏，大知堂汪氏，知不足齋鮑氏，公印通行，皆進書之家而承刊者。世又稱三單本，迄今百餘年，全帙亦罕覯矣。

《浙江書局》　《成化志》：設局於接待寺。《萬曆志》：設局於褒忠祠。李敏達於南關榷署修《西湖志》：乾隆間，就崇文書院四賢祠恭纂《南巡盛

典》，更在太平坊設局，採訪遺書，以進四庫館。阮文達集高才生於詁經精舍，編《經籍纂詁》、《輶軒詩録》諸書。自來集事，莫不有局，如百工之居肆也。杭州庚辛劫後，經籍蕩然。同治六年，撫浙使者馬端敏公，加意文學，聘薛慰農觀察時雨、孫琴西太僕衣言，首刊經史，兼及子集，奏開書局於篁庵，並處校士於聽園，派提調以監之，選士子有文行者總而校之，集剞劂氏百十人以寫刊之，議有章程十二條。自丁卯開局至光緒乙酉，凡二十年，先後刊刻二百餘種。甲部則《御纂七經詩義折中》、《四書集註》、《五經》、《尚書考異》、《四書約旨》、《論語後案》。乙部則新、舊《唐書》、《宋史》、《九通》、《御批通鑑輯覽》、《續資治通鑑長編》、《金陀粹編》、《理學宗傳》、《胡端敏奏議》、《兩浙金石志》、《西湖志》、《平浙紀略》。丙部則《二十二子》、《玉海》、《武經》、《大學衍義》。丁部則《唐宋文粹》、《古文淵鑑》、《蘇詩編註集成》、《王文成公集》、《輶軒録》、《沈氏三先生集》。皆覓善本精校重刻，墨模綫訂，流傳海内。後之藏書者，珍逾宋元而上矣。

又卷中《小陳道人思》 《夢粱録》：杭城市肆有名者，橘園亭文籍書房。《行都記事》：橘園亭在豐樂橋北，自棚橋直穿即是也。當時書肆林立，著名者陳起之後，又有陳思起，自稱道人，世遂稱思爲小陳道人。石門顧君修據宋本《羣賢小集》重刊，疑思爲起之子，稱起之字芸居，思之字續芸，所居睦親坊棚北大街，地亦相近，然終不得其確據。思所著有《寶刻叢編》、《海棠譜》、《書小史》、《書苑英華》、《小字録》及《兩宋名賢小集》。《小字録》前有結銜，稱「成忠郎緝熙殿國史實録院祕書省搜訪」。又《海棠譜自序》稱「開慶元年」。則理宗時人也。按《寶刻叢編》紹定二年鶴山翁《序》曰：余無他嗜，惟書癖，殆不可醫。臨安陳思多爲余收攬，叩其書顛末，輒對如響。一日以其所粹《寶刻叢編》見寄，且求一言，蓋屢卻而請不已。發而視之，地世年行，炯然在目。嗚呼！賈人鬻書於肆，而善其事若此，可以爲士而不如乎！撫卷太息，書而歸之。又直齋陳伯玉《序》云：都人陳思，儥書於都市。士之好古博雅，蒐遺獵忘以足其所藏。與夫故家之淪墜不振，出其所藏以求售者，往往交於其肆，且售且儥。久而所閲滋多，望之輒能別其眞贋，一旦盡取讀書所録，輯爲一編。以今九域京府州縣爲本，而繫其名物於左，昔人辨證審定之語，具著之。又咸淳間，天台謝愈修《書小史序》曰：《書小史》者，陳道人所編。道人趣尚之雅，編類之勤，可謂不苟於用心矣。予識之五十餘年，每刻一部，必先來訪，訂證名帖，飽窺異書，愈久而愈不相忘，亦未易多得也。《四庫提要》載《兩宋名賢小集》三百八十卷，題宋陳思編，元陳世隆補。所録宋人詩集，始於楊億，終於潘音，凡一百五十七家。有紹定三年魏了翁《序》與《寶刻叢編序》，惟更書名數字，僞託無疑。國朝朱彝尊《跋》中，謂是書又稱爲《江湖集》。於寶慶紹定間，史彌遠疑有謗己之言，牽連逮捕，思亦不免，詩版遂毀。案刊《江湖》者乃陳起，非陳思，且《江湖集》皆南宋以後之人，而是書起自楊億、宋白，二書迥異，彝尊牽合爲一，紕繆殊甚。然考彝尊《曝書亭集》，有宋《高菊磵遺稿序》，中述陳起罹禍之事甚悉，未嘗混及陳思，而集中不載此《跋》，當由近人依託爲之。又《跋》内稱陳世隆爲思從孫，于思所編六十家外，增輯百四十家。稿本散佚。按世隆字彦高，嘗館嘉禾陶氏，至正間沒於兵。錢大昕《藝圃搜奇跋》云：元末錢唐陳世隆彦南，天台徐一夔大章避兵檇李，相善。彦高篋中攜祕書數十種，檢有副本，悉以贈大章，大章彙而編之，世無刊本。彦南著有《北軒筆記》、《文選補遺》及《宋詩拾遺》二十三卷。其選輯當代詩篇，猶承陳氏遺派，故題曰「拾遺」。其書今尚有流傳者，朱氏增輯之說，亦難盡信。然贋託者所編之詩，實出棚北大街所刊，宋人遺稿藉以薈萃，木本水源，不得不歸功於思也。

吴慶坻《蕉廊脞録》卷五《四庫全書簡明目録》 仁和邵位西先生博極羣書，嘗就所見諸家藏書記，録於《四庫全書簡明目録》冊端，蠅頭細書，上下皆徧。咸豐間爲瑞安項几山傅霖借鈔。辛酉先生殉節，書存項氏。同治己巳，先生之子子俊順年在江寧，介孫中頌言於項氏，得索歸；別寫副本流傳都下，祥符周季貺星詒、吴縣王茀卿頌蔚、武進董綬金康、山陰胡右階念修，皆有迻鈔之本。光緒癸卯，先生之孫伯絅章游吴門，見胡氏鈔本，乃更貽書中頌商定體例，繕校付刊。壬子之春，蟄居海上，從伯絅借觀，復爲校勘新鈔之本，帀月而後卒業。茫茫浩劫，古籍將湮，抱此遺編，如游宛委，蕭寒寂寞中亦假以送日耳。

又《章學誠事略及遺書本末》 桐城蕭敬孚穆，記章實齋先生事略及遺書本末。鄉邦文獻，後生小子罕知之者，今全録之。【略】嘗一訪舊交左良宇、胡雒君于桐城，居數月，縱觀龍眠之山水，顧而樂之，將有終焉之志，遂回紹興，卜居于塔山之下。牙籤萬卷，明窗淨几，乃取笥中逐年所著，分

冊命鈔胥繕爲清本，凡三四十巨冊。特造蕭山王晚聞太史宗炎家，託爲細加編訂。王公應命，精心鈎稽，逾年乃就，時在嘉慶六年辛酉。書成而先生歸道山，享年六十有四，王太史乃將所訂本仍歸先生長子華紱。數年後，華紱力不能刊，乃求華亭姚春木徵君椿，只就《文史通義》一種，選刻內外篇五六冊，刊本行世。最後，章氏子孫于全編力不能守，乃歸之鄉人沈霞西。沈氏家有四萬金藏書。至咸同之間，沈氏家亦漸落，乃將四萬金之書悉售之於揚州書賈，而章氏之書又爲紹興水澄巷某書坊得之。又數年，先生族人章小雅以重資向某書坊購出，遂挾此書回道墟。中途遇大風波，舟覆，小雅力抱此書躍水而出，此書遂一逃于水阨也。至光緒甲午年，小雅病歿，書又歸諸乃兄壽康，穆均得時時假閲之。王太史將書分三十卷，前爲《文史通義》內外篇，凡十二冊；中爲《文集》內外篇，凡十冊；末爲《湖北通志稿》，凡八冊。《文史通義》係論修史各條，與唐人劉知幾分道揚鑣。劉氏所論爲史法，先生所論爲史意；劉氏乃論官局纂修，先生所論爲一家著述。體大思精，遠過劉氏。《文集》多當代名人碑傳及熙朝掌故，文筆與《文史通義》不同，即以古文而論，亦不媿爲一代作者，竹垞、西溟諸公所不及也。《湖北通志》雖未成書，而所纂各類及其序例，均出前人意表，實在阮文達、謝蘊山二公兩廣志之上。先生之書，大旨如是。光緒戊戌，章壽康以貧故，託穆將此書作押于歸安，吴申甫出三百金得之。未幾，吴氏書坊失火，吴君狂奔，將此書自火出之，乃歸周萊仙，此書又一逃于火阨也。

俞樾《春在堂雜文六編》卷七《後知不足齋叢書序》　乾隆間，歙縣鮑君廷博纂輯《知不足齋叢書》，經始於乾隆丙申，至道光癸未而後成其書，凡三十集，士林爭購以爲鉅觀，洵自左禹圭以來一不朽盛業也。今其書版尚在廣東，頗有殘缺，坊肆修補復完，以行於世。然載籍極博，史公已云然矣。况至於今人握蛇珠，家抱荆玉，掇芳儒素，豈有涯歟！常熟鮑君叔衡，雖家虞山，而其先故歙產知不足齋主人，實其宗英也，於是有《後知不足齋叢書》之刻。其書始刻於光緒甲申，書凡四函，共二十三種。至辛卯之春，續刻四函，又得書三十一種。今年四月，余與相見於西湖，辱以全書見贈。余讀之，自經學、史學、小學，以及官儀、禮器、防海、籌邊，無所不具，可謂探珠寶窟，閲石瑤林者矣。

楊守敬《藏書絶句序》　夫刻書之人，自秘閣興文，以暨家塾坊場、儒學書院，精造詳稽，四部咸備。其收藏之地，於吴，則蘇、虞、昆諸劇邑；於浙，則嘉、湖、杭、寧、紹諸大郡。大都一出一入，此散彼收。朱爾鴻泥，爛然羅列。

陳康祺《郎潛紀聞初筆》卷三《京師書肆》　乾隆癸巳開四庫館，即於翰林院署藏書分三處：凡內府秘書發出到院爲一處，院中舊藏《永樂大典》內有摘鈔成卷、彙編成部之書爲一處，各省采進民間藏書爲一處。分員校勘，每日清晨諸臣入院，設大廚供給茶飯。午後歸寓，各以所校閲某書應攷某典，詳列書目，至瑠璃廠書肆訪查之。是時，江浙書賈，亦奔湊輦下，郵書海內，遍徵善本，書坊以五柳居、文粹堂爲最。右見《復初齋詩注》。余在京時，五柳、文粹已歇業，廠肆中舊書稍多者，惟寶名齋、寶森堂二家。

又卷八《京師書攤》　京師書攤，今設琉璃廠火神廟，謂之廟市。攷康熙朝諸公，皆稱慈仁寺買書，且長年有書攤，不似今之廟市僅新春半月也。相傳王文簡晚年，名益高，海內訪先生者，率不相值，惟於慈仁寺書攤訪之，則無不見，亦一佳事。

又卷九《阮刻十三經校勘記》　江西南昌學所刻《十三經注疏》，四百十六卷，卷末各附校勘記，阮文達公巡撫時捐貲校刻者也。校勘記雖勘於江右，實成於吾浙，蓋公撫浙時，出舊藏，宋版十行本十一經，及《儀禮》、《爾雅》單疏本爲主，更羅致他善本，屬詁經精舍高才生分撰成書。《易》、《穀梁》、《孟子》屬元和李鋭，《書》、《儀禮》屬德清徐養原，《詩》屬元和顧廣圻，《周禮》、《公羊》、《爾雅》屬武進臧庸，《禮記》屬臨海洪震煊，《春秋左傳》、《孝經》屬錢唐嚴杰，《論語》屬仁和孫同元。惜南昌刊版時，原校諸君大半星散，公亦移節河南。刊者意在速成，遂不免小有舛誤云。

又《郎潛紀聞二筆》卷八《丁氏藏書》　八九十年來，吾郡教授以博雅著聞者，必推前丁後馮，馮即柳東先生，見前筆。丁蓋小疋先生杰也。歸安人，少以清苦建志，家貧不能得書，日就書肆中讀，自朝至晡以爲常。肆主閔之，爲具食，不食也。久之，博學多通，應鄉試，以策問《大戴禮》所對獨精，遂中式。入都，交朱竹君、盧召弓、戴東原、程易疇諸君子，學益進，聚書益多。通籍得縣令，以親老乞爲儒官，始來吾郡。先生所藏書，皆審定其句，博稽他本同異，以紙反覆細書，下籤其中。孫頤谷侍御志祖嘗戲之云：「君書頗不易讀，遇風紙輒四散，不可復詮次，奈何？」鄉先輩相傳

先生最寶愛其書，每厚糊黏紙八九層爲面葉、底葉，見者輒笑曰：「此丁氏藏書也。」康祺幼時，見吾家鄰街有小酉山房書肆者，其主人丁姓，每與之諧價購書，喜其樸吶，兵後不復見矣。嗣知小酉山房即小疋先生集名，而書肆主人，姓又適合，豈即先生一家歟？憾當時鄙陋尤甚，不及就詢先生遺著，思之歉然。

又卷一〇《凌曉樓貧而好學》　凌曉樓先生曙，嘉慶閒江淮大儒也，治何氏《春秋》、鄭氏《禮》尤精審。其少時讀書之苦，有與牧豕負薪相仿佛者。先生以一孤童，貧而居市，十歲就塾，年餘，讀四子書未畢，即去香作，雜傭保。然停作輒默誦所已讀書，苦不明詁解。鄰之富人，爲子弟延經義師，先生乘夜狙其軒外，聽講論。數月，其師覺之，乃閉外戶不納。先生憤甚，求得已離句之舊籍於市，私讀之達旦，而日中傭作如故。年二十，乃棄舊業，集童子爲塾師。童子從君游，則書必熟，作字正楷。以故信從衆，脩脯入稍多，益市書，遂博通殫壹，學以大成。先生甥儀徵優貢生劉文淇，少貧似舅，先生愛其穎悟，不忍棄之逐末，自課之，且教且學，劉齒未壯，並成通儒。觀凌氏舅甥，有志之士，其勿以孤寒自沮矣。

又卷一五《鄞縣藏書家》　吾鄞文獻世家，宋、元之世，如攻媿樓氏、清容袁氏，藏書之富，冠絕一朝。明代儲藏家，則天一閣范氏，至今猶甲天下，而四香居陳氏、南軒陸氏次之。本朝繼范氏而起者，首推盧氏青厓先生址，詩禮舊門，自少博雅嗜古，尤善聚書，遇善本不惜重價購之，聞朋舊得異書，宛轉借鈔，晨夕讎校。搜羅三十年，得書十萬卷，摹天一閣爲樓以貯之，名之曰抱經，蓋取昌黎贈玉川子詩語也。同時越中有召弓學士，里居不遠，與青厓同宗同嗜好，亦號抱經，於是浙中有東西抱經之目。按：抱經樓書，粵匪亂後，爲商人楊某所得，先叔父魚門太守勸還故主，今已自南村歸北村矣。盧氏後人，歲於曬書日祀楊，以酬楚弓趙璧之惠，可云古道。

又《郎潛紀聞三筆》卷二《盧抱經校書之勤》　盧抱經學士性好校書，終身未嘗廢輟。在中書十年，及在尚書房與歸田後主講四方書院，凡二十餘年，雖耄孳孳無怠。早昧爽而起，繙閱點勘，朱墨並作，几間闃闃，無置茗盌處。日且冥，甫出戶散步庭中，俄而篝燈如故，至夜半而後即安，祁寒酷署不稍間。生平食祿賣文，不治生產，僅以蓄書。聞有善本，必借鈔之，聞有善說，必謹錄之。一策之間，分別迻寫諸本之乖異，字細而必工。家藏數萬卷，無不手勘者。客嘗其勤，公正色曰：「吾以學政言事不當左遷，家居無補於世，以刊定之書惠學者，冀稍裨益右文之治也。」

繆荃孫《藝風藏書記·藏書記緣起》　荃孫年十二三，住申浦老屋。屋中存書四大廚，讀經之暇，即取閱之。諸史雜家，尤所心喜。庚申之難，隻字不存。轉徙江淮，流離瑣尾，亦時購零本，以消永日。甲子游蜀，受知於李順德師，勗以目錄之學。三上春官，陸遵秦晉，水出楚豫，遇書輒購，所積遂多。通籍後供職十六年，搜羅羣籍，考訂版片。邇時談收藏者：潘吳縣師、翁常熟師、張南皮師、文冶庵丈、汪郋亭前輩、蔡松夫黃再同兩同年、盛伯羲王廉生兩祭酒、周薈生編修、王茀卿徐梧生兩戶部、陸純伯中翰。互出所藏，以相考訂。舊刻舊鈔、《四庫》未收之書、名家孤傳之稿，共十餘萬卷。甲午初夏，與掌院徐相國議不合，投劾歸，遂乞祠祿，輦書自隨。庚子夏秋間，京師變起，南中亦岌岌，如李易安所云：「四顧茫茫，盈箱溢篋，知其必不長爲己物矣。」秋日酷暑，移筆硯於深竹陰中，清風泠泠，灑我襟袖。因思勒成一書。遂按籍編目，盡錄題跋印記，有《四庫》未著錄者，略舉人之仕履，書之大意，得書六百二十七種，一萬九百六十二卷。用孫祠書目例，分爲十類，編成八卷。明知所得不足稱收藏賞鑑之名，所編亦不敢希鉅野、安吉之目。然如潘李兩師、冶庵、松夫、再同、伯羲，薈生均謝世，蓮生殉國難。所藏亦多散佚，而別無紀載得以流傳於世，眞憾事也。今天下稱瞿、楊、丁、陸四大家，目皆高尺許。荃孫一鱗片甲，第與《拜經樓》、《平津館》相伯仲。他日書去而目或存，掛一名於《藝文志》，庶不負好書若渴之苦心耳。

又卷二《意林注》　海寧周廣業附注。前有例言八則，錄略十一則。首序撰人諱字爵里，著述大意，而諸史所記卷帙，現今完闕存佚附焉。篇中涉有疑義，重采舊注及他書補之。先有注者，加「本注」二字，下別以按語。偶有所論，亦附篇末。後有《逸文》一卷、《附錄》一卷。據《容齋隨筆》所稱，牟子、蔣子等十六家益之。此書先在廠肆得四、五兩卷，及逸文附錄一冊。後在譚仲修同年案頭見有全書，爲劉泖生手寫本，而無逸文附錄，因互鈔湊足。丁酉又得舊鈔本於揚估，亦無逸文附錄，注亦詳略不一。稍爲考核，俟好事者刊行焉。

又《藝風藏書續記》卷五《佳趣堂書目》　傳鈔本。陸漻編。漻字其

清，吳門醫士，與顧維岳、何屺瞻游。多蓄古圖書金石，號聽雲室。自序曰：「予年九歲，偶於篋中得蠅頭細書一冊，乃先大夫手鈔歷朝名文。後書：『予幼時無書可讀，借於人鈔錄而讀者，今人有書而不思讀，哀哉。』讀之悚然。自十五歲家貧失學，喜借書，晝夜鈔寫。嚴寒乏炭，屈足腹下，冷暖交換。見者匿笑。鈔書一葉，於古書肆易刻者五葉。購書歸，端貯几上，揖而後藏。年二十，得顧仲瑛《玉山雅集》元刻，蓋衡山文待詔舊藏也。萊陽姜友偶聞之於檇李曹秋岳侍郎，侍郎云：『陸兄有此，或典或售，無所不可。不然，當致慕中丞、丁方伯轉借。』予謂此非禁本，不介意，堅卻之。於是侍郎來覓晤，歡若舊識。每過吳艤舟，方定身先垂訪。嘗謂山陰人曰：『陸生有隱操，吳門第一流也。』甲子歲，以魏仲先《鉅鹿東觀集》、孫奕《示兒編》皆宋梓善本見贈焉。歲辛酉，秀水朱竹垞檢討典試江南，亦造門訂交。晚選《詩綜》，有闕來借。二先生往來尺牘不下四五十番。義門何庶常見而喜，跋其後云：『倦圃、竹垞兩先生晚年家居，力不能多致。聞人家有未見難得致之本，汲汲借鈔。或計卷帙多寡，互出以相易。往來白下與吾郡，精神所注，惟此一事。著述中尤留意尺牘，尋所與其清陸君諸手筆，辭氣藹然，似宋代名流，尤可愛玩。好事者若合并刻之，故是一段佳話爾。』夔州唐鑄萬亦曰：『陸氏子孫觀侍郎之手蹟，守祖父之遺書，黽勉誦習，必有以文章經術顯於世者。』此其清貽後之深心也。典籍內間有宋元刻本、宋元人鈔本、明賢錄本、名賢稿本，出自閎閣公卿家者，郡城故族舊所收藏者，皆流傳有自，與坊本迥異。餘則手鈔，倩人鈔。借書僦金，三四星一種方得入手。典衣節食，寒暑無間。竭六十餘年之心血，雖不敢自謂成一家之書目，實生平志之所屬。故至老而不倦也。後之子孫覩兹卷帙，尚其博覽之，寶貴之。至鈔謄藻飾，捆載遠遊，當思唐杜暹有『鬻及借人爲不孝』之語，并『有書而不思讀』之祖訓。若能擴增一二，則啓後承先，是予所深望也已。唐杜暹聚書，每題其卷云：清俸寫來手自校，子孫讀之知聖道，鬻及借人爲不孝。丁酉端陽後十日書於清目處。平原陸漻。時年七十有四。」

又《朗齋碑録》 傳鈔本。朱文藻撰。文藻字朗齋，浙江錢塘人。朱氏自跋曰：「乾隆壬寅夏，青浦少司寇王述庵先生居內艱，來武林重修《西湖志》，文藻始獲謁見先生。明年癸卯，先生奉恩命起復，秉臬關中。公餘之暇，蒐羅金石，創稿爲《金石萃編》一書。其時嘉定王壽定山在幕中，專司編排碑拓之事。先生貽書文藻，謂諸藏弆家凡志乘、說部、文集中有論及金石者，悉爲採錄，緘寄關中，以備編入碑跋。適吾友鮑淥飲以知不足齋藏書六百餘種進於朝，充《四庫全書》採擇。高宗純皇帝賜以《古今圖書集成》一部，俾尊藏於家。內有『金石』一門，雜採史志及諸家說集，爲人間罕見之秘笈。文藻因得借出，逐條手錄，彙成一冊，寄之西安。繼又見汪氏振綺堂藏書中有《太平寰宇記》一書，向祇鈔本流傳，未有刻本。復細加檢閱，凡言有碑處所，悉採其說，亦續寄之。未幾，先生移節滇藩，道遠不及再寄。其從前兩次寄陝之本，皆歸定山。檢查有碑可系者，則抽出錄之。無碑者，存以備考。此碑錄二種之原委也。迨甲寅春，先生年已七十，由刑部侍郎蒙恩予告歸里。居多清暇，迺發篋中所藏金石墓文，詳加考訂。嘉慶辛酉歲，先生來武林，主講敷文書院。因招文藻分任編校之役。壬戌以後，迺招寓青浦珠家角三泖漁莊，是爲先生之居。帀歲，定山亦來同寓，聚首一年，檢故篋得此二種，尚是文藻手錄原本，仍畀文藻收藏。蓋自癸卯迄於癸亥，閱歲二十有一年。此二種者，自浙寄秦，自秦移滇，移江右，移京師，輾轉幾逾萬里，而今日者復得入文藻之手。若非珍惜如定山，則此冊不知棄之何所矣。甲子，定山歸課鄉塾。暇時來漁莊，必過寓齋劇談。乙丑秋，歸道山。文藻乃取此二種編聯成帙，藏之敝篋，以示後人。俾知良友珍愛予書，得以久而不遺。而予之勤筆寫書，數十年如一日，於此可見一斑矣。書無可名，目之曰《碑錄二種》云。嘉慶丙寅暮春，碧溪居士朱文藻識於三泖漁莊。時年七十有二。」

又《流通古書約跋》 右《流通古書約》一卷，曹溶撰。按溶字潔躬，又字秋岳，號倦圃，浙江秀水人。明崇禎丁丑進士，仕至御史，入國朝歷戶部侍郎，出爲廣東布政使，左遷陽和道。《池北偶談》云：秋岳好收藏宋元人文集，有《靜惕堂書目》，所載宋集自《柳開河東集》以下凡一百八十家，元集自耶律楚材《湛然集》以下凡一百十有五家，可謂富矣。此《約》刻於《知不足齋叢書》，爲流通古書創一良法。藏書家能守此法，則單刻爲千百化身，可以不至湮滅，尤爲善計。荃孫官京師，一鉅公藏父執手稾，珍重而篋藏之，有叩之者，則曰「書固存也」，欲刻久矣。有借錄者，則曰「刻必貽君」，何不省此一鈔乎！有欲爲之刻者，則曰「我之責不能諉諸人也」。迨鉅公歿而書卒不傳，其心非不知寶愛，而無計

流通，終至湮滅，不且如倦圃所誚哉！爲之一歎。光緒丙申九秋，江陰繆荃孫識。

葉德輝《藏書十約序》 國初孫慶增著《藏書紀要》，詳論購書之法與藏書之宜，以及宋刻名抄，何者爲精，何者爲劣，指陳得失，語重心長，洵收藏之指南，而汲古之修綆也。惟其時距元明相近，流寇之亂，未遍東南。甲乙鼎革之交，名山故家所藏，亦未全遭蹂躪。今自洪、楊亂後，江、浙文物之會，圖籍蕩焉無存。好事者相與收拾于劫燹之餘，有用之書，猶幸多存副本，所失者文集說部小數而已。乾嘉諸儒，相務表揚幽潛，凡古書之稍有益者，無不校刻行世。然叠更喪亂，板刻多毁，印本漸稀。余按四部目搜求三十年，僅乃足用，而宋、元、明、國朝諸家文集，缺者頗多。日本一耆宿藏我國順、康以至嘉、道文集極多，有「清詩萬卷樓」之目，蓬萊方丈，望若仙居，惜哉不能越海飛渡也。夫在今日言收藏，不獨異于孫氏之世，且異于乾嘉之世。半生心力，累萬鉅貲，所得如此，則其甘苦，不可以不示人。每思古人有節衣縮食，竭力營求，雨夕風晨，手抄甚苦者；余幸所處優裕，又無嗜好縈撓于心，雖未能鼓腹而嬉游，亦未嘗過屠門而大嚼。又思古人有豪奪巧取，久假不歸，朋舊因而絶交、童僕見而引避者；余幸達觀隨化，鷹隼無猜，借非荆州，樂同南面。是皆足以自慰也。頃者山居避難，編目始告成。因舉歷年之見聞，證以閲歷之所得，述爲《十約》，以代家書。子孫守之去之，余固不暇計也。辛亥冬至前一日，葉德輝序。

葉德輝《書林清話》卷六《宋蜀刻七史》 「嘉祐中，以《宋》、《齊》、《梁》、《陳》、《魏》、《北齊》、《周書》舛謬亡闕，始詔館職讎校，曾鞏等以秘閣所藏多誤，不足憑以是正，請詔天下藏書之家悉上異本，久之始集。治平中，鞏校定《南齊》、《梁》、《陳》三書上之，劉恕等上《後魏書》，王安國上《北周書》。政和中，始皆畢，頒之學官，民間傳者尚少。未幾，遭靖康丙午之變，中原淪陷，此書幾亡。紹興十四年，井憲孟爲四州漕，始檄諸州學官求當日所頒本。時四川五十餘州皆不被兵，書頗有在者，然往往亡缺不全，收合補綴，獨少《後魏書》十許卷，最後得宇文季蒙家本，偶有所少者，於是七史遂全，因命眉山刊行。語詳晁公武《郡齋讀書志·宋書下》。宋以來藏書家稱爲「蜀大字本」，元時板印模糊，遂稱之爲「九行邋遢本」。蓋其書半葉九行，每行十八字也。元以來遞有修板，明洪武時，取天下書板實之南京，此板遂入國子監，世遂稱爲「南監本」。洪武至嘉靖、萬曆、崇禎，又叠經補修，原板所存無幾矣。入國朝順、康、雍、乾四朝，尚存江寧藩庫，間亦出以印行。嘉慶藩庫火，與《吳天發神讖碑》同付祝融一炬。計自紹興刻板至嘉慶火，幾七百年，木板之存于世者，未有久于此者也。物之成毁有定，豈不信歟！

又《宋監重刻醫書》 宋國子監鏤刻經史外，最重醫書，且聽人購買。吾所藏明仿宋本王叔和《脈經》十卷，前有公牒，略云：「國子監准監關准尚書禮部符，准紹聖元年六月二十五日敕，中書省、尚書省送到禮部狀，據國子監狀。據翰林醫學本監三學看治任仲言狀：伏睹本監先准朝旨，開雕小字《聖惠方》等共五部出賣，并每節鎮各十部，餘州各五部，本處出賣。今有《千金翼方》、《金匱要略方》、《王氏脈經》、《補注本草》、《圖經本草》等五件醫書，日用而不可缺，本監雖見出賣，皆是大字，醫人往往無錢請買，兼外州軍尤不可得，欲乞開作小字，重行校對出賣，及降外州軍施行。本部看詳，欲依國子監申請事理施行，伏候指揮。六月二十六日奉聖旨，依。鈔如右。牒刊奉行」云云。蓋當時朝廷本重醫學，故請乞必得依行。惜原刊五書，所謂大字本、小字本者，明人未得遍翻，僅存此《脈經》，略見其梗概而已。

畢振達《湘山野録跋》（釋文瑩《湘山野録》卷末） 吾友謝子硯穀弱冠之年，覯書千卷，日親丹黄，孜孜不倦。今春復自鐵琴銅劍樓迻録《湘山野錄》出以示余，此書自明汲古閣本而後，僅見張海鵬刊本。毛本既有敚文，張氏校勘尤劣，魯魚帝虎，隨目皆是。鐵琴銅劍樓所藏宋刻元抄補本，殆海内孤本矣。復經硯穀旁搜它編所引，加以校讎，其爲精審，不待贅辭。因攜示平等閣主人謀付剞劂，主人嗜古綦篤，見而善之，爰樂爲刊行。宋刻而後，欲求《湘山野錄》之精本，必自此本始。然則主人與謝君嘉惠士林之功德，固將同此不朽矣。

劉體智《異辭録》卷一《丁日昌藏書》 蘇城劫後，古書舊本悉歸丁雨生中丞持靜齋；而以殿板《十三經》、《廿四史》、《九通》、《佩文韻府》、《淵鑑類函》、《駢字類編》、全唐《詩》、《文》之屬，悉輦至李文忠處。中有碑單張四篋，或告文忠言文字多泐，薦某甲善於描補，終日爲之整治。識者見之，毋不匿笑。謂文忠與中丞相提並論，有雅俗之殊焉。然文忠於賞鑑非其

所長，縱有誤解，亦君子之過，不足爲盛德之累。中丞收藏，頗有言其取之非其道者。即以藏書一端言之，固不宜與文忠相提並論也。

朱彭壽《安樂康平室隨筆》卷一　本朝人所刻之書，以康熙間最爲工整，至當時欽定諸籍，其雕本尤極精良，然大都出自臣工輸貲承辦。如《全唐詩》，則爲通政使曹寅所刻，《歷代賦彙》，則爲詹事府詹事陳元龍所刻，《佩文齋詠物詩選》，則爲翰林院編修高輿所刻，《歷代題畫詩類》，則爲翰林院編修陳邦彥所刻，《歷代詩餘》，則爲司經局洗馬王奕清所刻，《佩文齋書畫譜》，則爲候補主事王世繩等數人所刻，《御批通鑑綱目》，則爲吏部尚書宋犖所刻，《四庫提要》作吏部侍郎，似誤。《佩文齋廣羣芳譜》，則爲河南道監察御史劉灝所刻，《全金詩》，則爲內閣中書郭元釪所刻，此書本元釪原編，後奉敕增補，仍由元釪刻行。《歷代紀事年表》，則爲翰林院檢討馬豫所刻，《康熙字典》，則爲翰林院侍讀陳世倌所刻。蓋其時士大夫中，皆以校刻天府祕笈、列名簡末爲榮，故多有竭誠報效者。即致仕福建巡撫宮夢仁所撰之《讀書紀數略》，亦於刻成後將原板繳進。自乾隆以後，凡奉敕編纂書籍，始無不由內府刊行矣。後惟嘉慶中欽定《全唐文》，爲兩淮鹽政阿克當阿於淮商中集貲承刻。

又卷六　湘潭葉奐彬，名德輝，先世本吳人，後入湖南籍。光緒壬辰成進士，以主事籤分吏部，不久假歸。才氣縱橫，學問淵博，性嗜典籍，收藏頗多，嘗仿章逢之宗源例，取古人遺佚諸書，手自纂輯，其他著述亦富。所刻《觀古堂叢書》及《麗樓叢書》三十餘種，風行一時。顧里居日，以鄉紳資望，隨時出入撫轅及當地各官署，不免稍失檢點，致鄉評頗多微詞。鼎革以還，屢瀕危境，因薙鬚市隱，絕迹官場中。甲寅秋，余至長沙，獨以文字之交，時相過從。嘗設盛饌招余往飲，出示善本書籍、名人字畫及所藏古錢，玩賞竟日。然在座者惟余同去之吳如九天保表弟、金敬淵問源姪壻，及主人與其姪，五人而已。一日索題《麗樓藏書圖卷》，余爲賦六絕句歸之。其所編《觀古堂藏書目錄》原稿，曾亦舉以相質，余爲訂正數處，時尚未付梓也。別後十餘年，迄未通問，乃聞丁卯歲忽爲讎家所訐，竟致殺身，所遺書亦散失殆盡。文人末路如奐彬者，可謂慘矣。茲將昔時題圖詩錄存於此，原圖想亦同付劫灰。以誌今昔之感：名高南宋《石林集》，望重東吳菉竹堂。千載宗風誰繼起，人間豔說選曹郎。卧雪樓中書久亡，更無舊館說琳琅。湘人藏書，以袁氏卧雪樓、方氏碧琳琅館爲最富，今皆亡矣。君家獨佔江山勝，高閣巍然枕碧湘。千元百宋及時收，插架森森比鄴侯。棐几晶簾開卷處，藝林清福幾生修。十約文成絕妙辭，君著有《藏書十約》。此中甘苦少人知。藏書故實重編次，應入華宗紀事詩。君家菊裳太史有《藏書記事詩》。按張氏《書目答問》於生存人不錄，然李善蘭以天算絕學，特破格載之，則先例自可援引也。海王村裏日停車，我亦耽書等嗜痂。憂患餘生豪氣盡，百城坐擁讓君誇。秋老江鄉木葉摧，謫居愁聽遠鴻哀。客中一事聊堪慰，曾入琅嬛福地來。

藝　文

呂温《上官昭容書樓歌》（《全唐詩》卷三七一）　貞元十四年，友人崔仁亮於東都買得《研神記》一卷。有昭容列名書縫處，因用感歎而作是歌。

君不見洛陽南市賣書肆，有人買得《研神記》。紙上香多蠹不成，昭容題處猶分明，令人惆悵難爲情。

李兼《題書卷後語》（《全唐詩》卷八七三）　倩俸寫來手自校，汝曹讀之知聖道，墜之鬻之爲不孝。

陸龜蒙《唐甫里先生文集》卷一《奉和襲美二游詩·徐詩》　嘗聞四書曰，經史子集焉。苟非天祿中，此事無由全。自從秦火來，歷代逢迍邅。漢祖入關日，蕭何爲政年。盡力取圖籍，遂持天下權。中興熹平時，敎化還相宣。立石刻《五經》，置於太學前。賊莽亂王室，君臣如轉圜。洛陽且煨燼，載籍宜爲煙。逮晉武革命，生民纔息肩。惠懷亟寡昧，戎羯俄腥膻。已覺天地閉，競爲東南遷。日既不暇給，墳索何由專？爾後國脆弱，人多尚虛玄。任學者得謗，淸言者爲賢。直至沈、范輩，沈約、范雲皆藏書數萬卷。始家藏簡編。御府有不足，仍令就之傳。梁元渚宮日，盡取如蚳蝝。兵威忽破碎，焚爇無遺篇。近者隋後主，搜羅勢駢闐。寶函映玉軸，彩翠明霞鮮。伊唐受命初，載史聲連延。砥柱不我助，驚波湧淪漣。遂令因去一作往古。書，半在餘浮泉。貞觀購亡逸，蓬瀛漸周旋。炅然東壁光，與月爭流天。偉矣開元中，王道眞平平，八萬五千卷，一一皆涂鉛。人間盛傳寫，海內奔窮研。目云西齋書，有過東皐田。吾聞徐氏子，奕世皆才賢。因知遺孫謀，不在黃金錢。插架幾萬軸，森森若戈鋋。風吹籤牌聲，滿室鏗鏘然。佳哉鹿門子，好

問如除肓。倏來參卿［處，遂得參卿］憐。開懷展櫥簏，唯在性所便。素業已千仞，今爲峻雲巔。雄才舊百派，相近浮日一作百。川。君抱王佐圖，縱步凌陶甄。他時若報德，誰在參卿先？

杜荀鶴《書齋即事》（《全唐詩》卷六九二） 時清祇合力爲儒，不可家貧與善疏。賣卻屋邊三畝地，添成窗下一床書。沿溪摘果霜晴後，出竹吟詩月上初。鄉里老農多見笑，不知稽古勝耕鋤。

張孝祥《于湖集》卷二六《方廣元公刺血寫經偈》 稽首如是經，萬行首楞嚴。覺元古尊者，刺血之所寫。尊者住世時，寫經百千卷。以字以畫計，數與河沙等。自其一畫初，以至絕筆時。念念相接續，無一不同處。飜覆風水輪，劫火大千壞。此心未嘗動，此筆亦不停。尊者今寂滅，誰識寫經意。我爲汝演說，尊者所記莂。衆生與諸佛，同出一父母。我血佛身血，初無差別相。佛從此血中，放百寶光明。如月貯瑠璃，根塵悉清淨。而我矢溺囊，溷雜諸濁惡。業欲自纏繞，頃刻即腐敗。尊者爲是故，哀憫於一切。故以我之血，書佛所說經。令汝愚癡人，頓見本來性。佛經與我血，還復成一體。經盡血亦盡，佛與我俱無。尊者下生時，汝等成正覺。

樓鑰《攻媿集》卷五《題汪季路家藏吳彩鸞唐韻後》 舊說僊人吳彩鸞，日書切韻歸毫端。不應神速有如此，令人至今疑稗官。相傳此事三百載，誰知眞蹟儼然在。筆精墨妙信入神，間以朱丹倍晶彩。法言初爲此韻時，臏衰文字覺後知。寧知遂經謫僊手，諱字曾闕民與基。經生矻矻盡精力，摩以歲月或可得。動翰如飛猶恐遲，一日一揮出心畫。神僊之說云渺茫，僊凡配耦尤荒唐。簫史弄玉乘鳳去，藍田空說容裴航。文簫之遇眞是否，豈比虛名傳不朽。五篇歷歷爲全書，始信傳聞是眞有。當時所直才五緡，于今千金價未均。十年蓄有數百本，未知幾本傳今人。惜哉字畫太纖細，後日傳之知幾歲。秖今已有字不全，欲鐫翠珉固非易。我踰七十方見之，暫借一觀聊自怡。平生願見心便足，何必更謀身後爲。

王柏《魯齋集》卷五《默成定武蘭亭記》 默成典刑，百年雲散。伯遠治命，授此珍玩。定武故寶，諸賢題贊。獨步東南，永式淸鑒。

趙孟堅《彝齋文編》卷一《仲弟借書持要不謹護有損爲之覆背葺還》 昔聞勤讀者，三度絕韋編。讀書書已破，書則在肺肝。摘實咀其華，發揮事業間。伊惟事精妍，整束懸牙籤。縹囊手未觸，慨是龍泉言。虎子畜溪魚，汝懵未鑿顚。胡策追元方，紛紛探簡編。抱書手不龜，面壁縛枯禪。靴化例隨水，竟負一瓻還。季也怒生瘿，我慚家訓顏。願季無銜怒，鳳樓修則完。嗟嗟仁義諫，束濕何由痊。顚倒幸爾存，柿葉風掀掀。糊老飽九炊，紙搗翼擬蟬。翻翻事兼兩，滑膩好且堅。手鑒具在茲，秋露無重妍。舊書百回讀，訓佩坡老僊。請季事斯語，愼勿高閣懸。因憐數賈藏，徒疥小印存。浮雲忽白衣，世事無不然。眼底不自快，封閉何取焉。所貴得之心，亦可忘蹄筌。又憐囿大塊，華好競飽鮮。一飽羶聚蠅，曷與千古傳。纖雲飛四散，皎月標中天。

謝枋得《疊山集》卷三《代千杜按察追索書板啓》 布衣命薄，忘綉梓之羣書。絲轡威行，還靑氈之舊物。誰詰季孫之賞盜，親逢魯國之眞儒。吾有二天，公如十日。竊以萬形有敝，長存道義之名。千古在前，難泯《詩》《書》之澤。微若書生之義論，上關天運之文明。秦火無遺，不焚御府之六籍。蜀寇已慘，尚留石室之九經。未聞孔孟之徒，不勝跖蹻之焰。造化必能爲之主，神明亦自有其人。伏念某才愧雕龍，學幾刻鵠。諸老文章之印，頗有傳成。三代金石之碑，亦嘗編集。奈五窮之難送，慨萬卷之空翻。忍尋活計於錐刀，寧問生涯於梓匠。簡無編竹，似有益於國人。書既同文，願廣傳之天下。豈期狗鼠，尤甚豺狼。衆憐三篋之盡亡，彼得五車而自喜。贖以金而不許，毁於櫝則可憂。凡爲攘竊之民，恃有逋逃之主。仲塗印昌黎之集，自知不免於貧。唐僧失蘭亭之文，恐抱無涯之戚。不逢大造，何有餘生。南山之判一傳，苻澤之奸大窘。漢除廉吏，盜牛即日而來歸。魯有素王，竊玉踰時而書得。兩載懷亡弓之恨，一朝喜去珠之還。緬思西蜀之先賢，起敬哲遺之有道。物皆吐氣，恨無十數輩之使君。士盡歡顏，顧見千萬間之廣廈。當日未酧於素志，老天必啓其後人。此蓋伏遇某官，草堂嫡孫，闕里先覺。襟懷灑落，光風霽月之無邊。志慮淸明，秋水長天之相映。自攬轡登車之後，有遡川獨航之心。正觀豈無謀謨，孰若如晦之善斷。慶曆固多按察，獨稱杜杞之長才。不惟山嶽之動搖，自覺乾坤之軒豁。釁彝不變，吳當受罰於春秋。文獻足徵，宋或可言於殷禮。凡一予一奪之際，皆衆好衆惡之公。治鑑可垂之無窮，儒家各傳之不朽。幸斯文之未喪，知我其天喜。吾道之將行，以公爲命。感激辭短，皈依心長。

戴表元《剡源文集》卷二八《碧桃花歌爲王丞作》 丞名子兼，字達善。

丙子，家燬於火，瓦礫中自産此桃。君不見孔家藏書屋，屋壞猶聞起絲竹。又不見鄭家註書老，書帶後來垂作草。如今王家萬卷文，字林桃花一樹春。沈沈花成不勞主人種，花落更同山客吟。從來春花重萼不綴實，此花可玩實可食。我擬天公出奇物，來壽主人并餉客。春前待花花下狂，春後待實林下嘗。定知此桃不作尋常草木味，只作舊時文字香。王夫子，多釀酒，春風亭館何處無，天錫名花秪翁有。從翁乞醉三萬日，仍令醉後花從筆間出。

戴表元《又跋文正公手書伯夷頌墨迹》（《范仲淹全集》附録）　書離孔氏忽自歸，金遇龔侯如有待。世情愛古兼愛奇，奴書滿眼非吾師。請君焚香盥手拜此帖，歸洗人間兒女痴。

胡長孺《又跋文正公手書伯夷頌墨迹》（《范仲淹全集》附録）　伯夷清節韓公頌，范老銀鈎韓子傳。屋辟遺書還孔氏，誰人得似使君賢。

鄧文原《式古堂書畫彙考·又跋文正公手書伯夷頌墨迹》（《范仲淹全集》附録）　先哲吾師表，斯文古鼎銘。義形扣馬諫，書勝換鵝經。故事徵皇祐，鄉祠謁仲丁。登堂睹遺墨，山雨颯英靈。心田垂世遠，手澤歷年殊。誰購山陰序，眞還合浦珠。身惟名不朽，書與道同符。諸老珍題在，猶堪立懦夫。

樂雷發《雪磯叢稿》卷一《謝揚孟溪縣丞惠以章墨》　白首侯芭蜀江邊，曾向君家傳《太玄》。射能草賦留殘墨，相應當日還渠得。飄零蕭灑幾世孫，解得膠法春玄雲。物理往來元莫測，後世子雲還舊壁。君家所有更贈君，君還贈我何慇懃。感君慇懃復三歎，努力西牕磨鐵硯。《太玄》艱深我不爲，願寫誠齋《易傳》探玄機。

朱同《覆瓿集》卷一《伯元宅閱故書有感示彦珍》　鄉里昔承平，甲第爭相高。十年罹兵燹，瓦礫生蓬蒿。君家全盛時，池館集羣豪。揮灑共談笑，綠衣照青袍。借問創業難，昔人無酒勞。勤勞未易道，勗君永終保。架上多羣書，片紙俱可攷。儌倖不可求，青霄未易到。有源斯有委，毋爲彼行潦。好風自東來，悠揚吹百草。及此愛日遲，莫負青春早。與君爲兒童，簡編時卷舒。迴頭二十年，舊學日已疎。韶光速流電，那能少躊躇。君子與小人，所趨不相如。遠之良不難，愼勿迷厥初。作詩示同志，因之重欷歔。

鄒旦《重刻元豐類稿附録聶大年語》（《曾鞏集》附録）　「曾子文章世希有，水之江漢星之斗。」吾聞先儒有此言，盛事至今傳不朽。南豐刻本兵燹餘，內閣所藏天下無。世儒欲見不可得，誰是世南行秘書？義興茂宰江西彦，兩度鳴琴宰花縣。首捐官俸再刊行，要使流傳天下遍。書長公退親校讎，良工鐵筆重雕鎪。更煩精鑒正亥豕，使有文光冲斗牛。知君此舉非小補，書成速寄爭先睹。名姓長留天地間，千古清風播盱汝。

陳繼儒《七夕曬書》（華淑輯《明詩選》卷一二）　竹館香清鳥下初，辛勤頭白老潛夫。兒曹空恨咸陽火，焚後殘書讀盡無。

徐𤊹《徐氏紅雨樓書目·藏書屋銘》　少弄詞章，遇書輒喜。家乏良田，但存經史。先人手澤，連篇累紙。珍惜裝潢，不忍殘毀。補缺拾遺，坊售肆市。五典三墳，六經諸子。詩詞集說總兼，樂府稗官咸備。藏蓄非稱汗牛，考核頗精亥豕。雖破萬卷之有餘，不博人間之青紫。茗碗香罏，明窗淨几。開卷朗吟，古人在此。名士見而嘉歎，俗夫聞而竊鄙。淫嗜生應不休，癡癖死而後已。此樂何假南面百城，豈曰誇多而鬭靡者也。

李若訥《四品稿》卷三《京中買道書因作》　欲借三清伴一痾，囊金漸少道書多。爲禪未忍空門苦，學孔將成聖法魔。丹鼎九還猶待火，黃庭二景且籠鵝。閒心似厭長安味，不必蓬瀛便可過。

趙用光《蒼雪軒全集》卷三《曬書戲作》　壯歲幸通籍，顧得冷官泒。浪說翰林房，僦居苦濕隘。室中書亂堆，參差互相齘。俗言六月六，暴物得不敗。院落錢孔大，持書何處曬？不如付蠹魚，代償文籍債。奚奴意不甘，振拂置簷外。暴畢理案頭，秩秩有分界。主人喜且嗔，爾無太狡獪。豈以整齊故，破我嬾惰戒。人生適意耳，無以書芥蔕。何當付秦坑，廓然一大快。

黎遂球《蓮鬚閣集·五言律詩》卷五《賣書》　典衣粻不給，更賣讀殘書。一笑清貧者，全家爲蠹魚。茶經憑妾記，仙字供親儲。便勝長生藥，還期脈望如。

錢謙益《牧齋初學集》卷七《崇禎詩集三·贈書》　年年謫宦束書頻，部帙襬褷卷未勻。不惜纍人行汗馬，可憐隨我作勞薪。朱黃點勘須完好，籤軸裝潢要簇新。重與名山作盟約，莫令更污傳車塵。

傅占衡《湘帆堂集》卷一九《賣漢書》　白門兩《漢書》，蒼蒼汴宋字。裝演見古法，手觸敢輕恣。十年兵火饒，一旦窮鬼祟。春饑不暇謀，善本遂首議。誰使汝可炊，克吾餒腹氣。得書數日狂，賣書數日醉。君看富貴者，何如漢家帝？未央賣新都，卻非賣曹魏。

周亮工《賴古堂集》卷三《樵川城中從米澹生借書送日》 大地悲秦火，兢兢數卷書。看山不出戶，引水過吾廬。顧影杯兼月，呼兒經與鉏。干戈正滿眼，珍重老鄉閭。 海岳庵中客，時違但古歡。辟園奴橘柚，開社主芝蘭。山月映茅屋，江籬倚釣竿。舊京同一夢，掩袂自辛酸。公舊官白下 偶然看世澹，遂厭客勞勞。冠葉新分籜，瓶花舊種桃。戲魚吹藻密，放鶴夢雲高。欵戶惟容我，頻來踏綠蒿。 碧玉環中坐，如公即偓佺。謀身驚短髩，累世怯長年。緗帙欣人借，鶯花代客憐。林邊桑柘好，何地認烽煙。

董說《豐草庵詩集·西臺編·從非翁借書復用前韻》 授經一幅絳紗垂，幾日南村蹋雨籬。賤子能排《京氏易》，高賢曾受遠公詩。精廬何處堪雙結，雁蕩他年約共窺。肯乞異書三百軸，不勞紙尾更批詞。

又《雨中簡故人》 空庭水沒綠葵梢，石子階深水藻交。結夏擬投方外社，愁霖思構半山巢。賣書客到籬難閉，挑菜人歸戶又敲。算得黃鍾新樂譜，添栽幾箇製笙匏。

又《病孔雀編·蒼頭借書未至》 錦囊初別故人居，帆背苕谿指舊廬。細雨正逢南去雁，野航劣受借來書。多應解事能懷古，未必臨風獨怨余。箬笠已穿蓑又壞，桃花流水亂歸漁。

又《庵居雜事三首》 門掩谿南自種蔬，十年不上看山輿。漸遮窗影離盆樹，忽亂波紋散子魚。架借異書籤代換，雨蒸舊畫軸頻舒。日長睡起茶煙冷，蝴蝶花開夢客廬。 童約新頒種樹科，擬鐫花歷石新磨。空堂錬墨擣茶臼，細雨借書披釣蓑。晝帶乍驚銜蕊燕，卦錢移買放生螺。竹枝拗作池邊柵，爲怕兒童摘早荷。 歷飢苔生藥滿畦，嬾將身世算枯蓍。古人不見那須恨，俗客無來自一奇。衹爲山川增涕淚，可憐風雅又衰危。哀吟坐盡三更雨，文苑删成欲寄誰？時成《文苑英華詩略》。

又《喜持訥至》 索索枯荷響草堂，鑪燒新製翠寒香。余製翠寒香屑殊有遠韻。高人坐久添詩話，病客秋深覓睡方。書向種瓜村裏借，余從園客先生借書，持訥爲微生之乞。葉當賣藥艇前黃。世閒幾箇淸如許，白髮飄蕭意正長。

又《感園客先生借書漫成二律》 借書前度雁初去，此日寒村葉又黃。解帙正當聽雨處，酬恩欲寄擣香方。不知何事謬心許，相見無緣祇斷腸。幸有先人敝廬在，幾時來訪蓼花塘。 舊本親鈔墨尚新，寄來研北暫忘貧。風流罪過曾何損，泉石膏肓有幾人。兩世借書成故事，先君昔從園翁借書。一家知遇似前因。湘人爲園翁令嗣亦屢叚余舊本。《疊山集》望重抽架，料得先生不厭頻。時託持訥借《謝疊山集》未至。

又《紅蕉編·賒書戒》 合爪淸香篆一龕，休添公案結淆譌。頒行無字經中戒，避債臺前受羯磨。 書滿家兼畫滿廚，莫教慟哭爲窮途。喚醒懵懂高陵子，聞道無期早破觚。高陵子始未聞道，其書滿家。既聞道，破觚朽牘見仙傳。 打點收書欲募錢，綾裝冊葉結淸緣。幾番呈似還羞澀，誰仗文章種福田？

黃虞龍《逐蠹魚文》（鄭元勳輯《媚幽閣文娛初集文》） 時維蕤賓，寅旭馭晨。自超主人，靜點墳典。愴然懼神，顧謂客曰：家世鄴架，匪朝伊夕。縹緗浩麗，牙籤展帙。五車埒富，四庫減色。奈兹藐醜，肆彼兇悳。萃籍爲糧，蟊賊非一。恣厥雄餐，如虎斯翼。縱橫弱軸，肌分理擗。是何禽斯，稔惡罔極。爾罪難逭，爾刑速即。於是聲其辜而壘之曰：蠢爾蠹魚，日飽羣書。曷手奚目，寓簡編居。質異脈望，博同陸廚。用媿中山，揮灑之兎。廉謝飲河，滿腹之鼯。尙返爾宅，勿邇吾廬。不然吾將挈咸陽一炬。投爾烈燄，與帙偕無。蠹聞斯語，忽作人言。啾啾其響，仰天延首。若有所訴，俛而陳辭，曰：嗟乎！吾子故弗反躬自咎，而顧責予。予自有書契以來，有是汗青，即有是蝍蛆。子六經粗曉，諸史漫摹。申旦鼾睡，耵聹咿唔。子殖將落，子才已疎。予伺子瑕，爰啓貪圖。子高文典冊，不懸諸國門。而束諸專車，經季弗訂。改歲嬾舒，予迺伸喙。聊食子餘，子獨何見？欲殺予軀，於是自超。主人蹶然而起，輾然笑曰：咨爾蟣輩，敢抒雄詞。爾本陰物，詎謂炎曦。赤月布令，萬蟣爲糜。置爾暘谷，爾狂安施？爾倘訟過，請從此辭。阿蠹欲往，告我餞之。予因贈之曰：利齒伶牙，是爾長技。食言而肥，厥毒爹矣。服爾常討，洵當赤族。閔爾無知，但示放逐，爾毋囂囂。然曰以予療饑之文史，猶勝夫不學之視肉。

吳敬梓《儒林外史》一四回《蘧公孫書坊送良友 馬秀才山洞遇神仙》 馬二先生正走着，見茶舖子里一個油頭粉面的女人招呼他吃茶，馬二先生別轉頭來就走，到間壁一個茶室泡了一碗茶，看見有賣的蓑衣餅，叫打了十二個錢的餅吃了，略覺有些意思。走上去，一個大廟，甚是巍峨，便是城隍廟，他便一直走進去，瞻仰了一番。過了城隍廟，又是一個灣，又是一條小街，街上酒樓、麵店都有，還有幾個簇新的書店。店里貼着報單，上寫：「處州馬純上先生精選《三科程墨持運》于此發賣」。馬二先生見了歡喜，走

進書店坐坐，取過一本來看，問個價錢，又問：「這書可還行？」書店人道：「墨卷只行得一時，那里比得古書。」

又　二〇回《匡超人高興長安道　牛布衣客死蕪湖關》　匡超人見是衣冠人物，便同他拱手坐下，問起姓名。那老年的道：「賤姓牛，草字布衣。」匡超人聽見景蘭江說過的，便道：「久仰。」又問那一位，牛布衣代答道：「此位馮先生，尊字琢庵，乃此科新貴，往京師會試去的。」匡超人道：「牛先生也進京麼？」牛布衣道：「小弟不去，要到江上邊蕪湖縣地方尋訪幾個朋友，因與馮先生相好，偶爾同船；只到揚州，弟就告别，另上南京船，走長江去了。先生仙鄉貴姓？今往那里去的？」匡超人說了姓名。馮琢庵道：「先生是浙江選家。尊選有好幾部弟都是見過的。」匡超人道：「我的文名也夠了。自從那年到杭州，至今五六年，考卷、墨卷、房書、行書、名家的稿子，還有《四書講書》、《五經講書》、《古文選本》——家里有個帳，共是九十五本。弟選的文章，每一回出，書店定要賣掉一萬部，山東、山西、河南、陝西、北直的客人，都爭着買，只愁買不到手；還有個拙稿是前年刻的，而今已經翻刻過三副板。不瞞二位先生說，此五省讀書的人，家家隆重的是小弟，都在書案上，香火蠟燭，供着『先儒匡子之神位』。」牛布衣笑道：「先生，你此言誤矣！所謂『先儒』者，乃已經去世之儒者，今先生尚在，何得如此稱呼？」匡超人紅着臉道：「不然！所謂『先儒』者，乃先生之謂也！」牛布衣見他如此說，也不和他辯。馮琢庵又問道：「操選政的還有一位馬純上，選手何如？」匡超人道：「這也是弟的好友。這馬純兄理法有餘，才氣不足；所以他的選本也不甚行。選本總以行爲主，若是不行，書店就要賠本；惟有小弟的選本，外國都有的！」彼此談着。過了數日，不覺已到揚州。馮琢庵、匡超人，換了淮安船到王家營起旱，進京去了。

金堡《徧行堂續集》卷一四《賣書》　畏逢收責使，甘作賣書傭。世下文當賤，年衰路自窮。低昂酬白紙，顛倒販青松。鈍市同愁鬼，開船遇逆風。

又卷一五《乞書》　性耽開卷，力詘收書。諸護法宰官居士，家有三藏典章及儒教經史子集所餘副本，不論新舊，敬求分賜，俾得載歸空山，資儉腹，送殘年，亦以嘉惠後學。即風雅一門，流通大道，則般若海中天風紫瀾，不妨格外，更傳佳話。高識廣度，倘能首肯乎？小詩二律，并呈削正。

老來廿作蠹書魚，結習眞憐未易驅。四庫分函歸二酉，五明合撰載三車。不離斗室登臨徧，如此壿間與受殊。一笑窮年鑽故紙，重將記事乞遺珠。忘食忘居事亦難，衹圖遮眼太無端。風清硯北焚香坐，日煖牆東倚杖看。病有單方千古在，寒依大被百城寬。津梁不盡檀那意，拌與癡蠅一體乾。

陳祖法《古處齋詩集》卷一四《買書》　蕭蕭殘帙何所有？士貧非患貧書夫。積書與後未必讀，先人過慮亦過無。女子猶得嗜書癖，序讀金石中夜歔。友或慷慨賑予貧，索之數四心怦如。書乎書乎何負汝，強似終朝伴狂徒。

黃丕烈《士禮居藏書題跋記》卷六《蕭閑老人明秀集注影寫全本**》**　琉璃廠裏兩詩淫，蕘友蕘翁是素心。我羨小嫏嬛福地，子孫世守到于今。作宦遊仙事渺茫，故交零落感滄桑。傳家祖印分明在，添得新詩媲舊藏。卅年前見兩奇書，覿面相逢付子虛。小讀書堆藏弆久，雲烟化去已無餘。宋槧《續顏氏家訓》，金槧《蔡松年詞》，皆郡城故家物。先攜示余，時因次兒病危，無心緒及此，后歸顧明經抱冲，及今散出，余未之知，故不及收。琴川好古有專家，秘籍儲藏富五車。一取《蔡詞》一《顏訓》，兩人勍敵互相夸。《顏訓》歸張月霄，《蔡詞》歸陳子準。《顏訓》曾經借我鈔，《蔡詞》相示又誰教。收書不惜黃金盡，珍重相期囑世交。余向收書不惜多金，今芙川亦頗類此。詞山曲海費搜羅，宋刻元雕幾許多。祇有金源《明秀集》，借教當日眼前過。李中麓家詞山曲海，余藏詞曲甚夥，名其藏弆之所曰：學山海居。集雖剩半目猶全，宵雅時風次第編。好事詞山數□萬，祇將兩闋世間傳。中州文獻問遺山，樂府諸家一斑。《四庫》但登《天籟集》，《蕭閑》兀自在人間。金人詞專集登諸《四庫》者止白樸。　道光四年歲在甲申九月大盡日，蕘翁爲芙川世講書于百宋一廛，聊以記事而已。

吳壽暘《丙子歲除前六日過吳門訪黃蕘圃主事於士禮居賦贈二律》（《拜經樓藏書題跋記》附録）　雪滿楞伽又歲除，乍從江夏識林居。千秋盛業歸求古，三世交遊重訪書。閣建長恩嵐翠列，圖傳員嶠墨光舒。秖今故迹摩挲處，展對雲山愴有餘。數卷遺經獨抱殘，延津敢望劍雙完。寧知百衲成琴易，未使千元集古難。董氏全編供合校，重言片帙輔精刊。新年好向梅花祝，更與春風補一官。

丁申《武林藏書録》卷中《陳宗之芸居樓》　錢塘陳宗之起，事母孝。寧宗時，鄉貢第一人，稱陳解元，居睦親坊，開肆鬻書，自稱陳道人，著《芸居乙稿》。凡江湖詩人皆與之善。取名人小集數十家，選爲《江湖集》。鄭斯立贈詩云：「昔人耽隱約，屠沽身亦安。矧伊叢古書，枕籍於其間。讀書博詩趣，鬻書奉親歡。君能有此樂，泠然世所難。」劉克莊贈詩云：「陳侯生長紛繁地，卻以芸香自沐薰。鍊句豈非林處士，鬻書莫是穆參軍。雨檐兀坐忘春去，雪案清談至夜分。何日我閒君閉肆，扁舟同泛北山雲。」葉茵贈句云：「得書授與世人讀，選句長教野客吟。」趙師秀贈賣書陳秀才云：「四圍皆古今，永日坐中心。門對官河水，檐依柳樹陰。每留名士飲，屢索老夫吟。最感書燒盡，時容借檢尋。」危稹贈詩云：「兀坐書林自切磋，閱人應自閱書多。未知買得君書去，不負君書人幾何？」

葉昌熾《藏書紀事詩》卷一《毋昭裔守素》　蜀本《九經》最先出，後來孳乳到長興。蒲津毋氏家錢造，海内通行價倍增。

又《晏元獻殊》　熨斗親舒紙凸凹，官文書可給傳鈔。臨川世説留佳本，不似王原叔本殽。

又《周啓明昭回　高頔子奇》　古人得本皆親寫，至與貧兒暴富同。雕印流傳千百部，置書雖易馬牛風。

又《富文忠弼》　昨夜警聞瓠子開，鬻書時有市人來。簡韋殘蠹因公重，韓、范同時論將才。

又《劉恕道原　子羲仲壯輿》　宋時諸州公使庫，刻書常有羨餘緡。家書自比官書善，何不精雕付手民。

又《魏衍昌世》　平生不識新經義，衆勢時風豈所趨。煮餅燒葱誰約我，寫書今日破工夫。

又《鄭樵漁仲　林霆時隱》　漁仲求書有八道，腐儒經濟堪絶倒。猶有人矜探寶珠，益以三説總一巧。

又《劉儀鳳韶美》　巷泥尺深雲知磐，寫書不畏言官彈。兩舟已達普慈岸，一舟不渡秭歸灘。

又《陸游務觀　子子遹》　或藉於床或栖櫝，四圍書似亂山堆。百錢拾得華胥紙，顛倒黄朱日幾回。

又《尤文簡袤》　饑當肉兮寒當裘，足消孤寂遣幽憂。此尤無恙公書燼，萬柳溪邊悵舊游。

又《賈似道　廖瑩中　明嚴嵩》　狎客平津慣吮癰，《九經》新造墨光濃。冰山一樣銷天水，留得人間曲腳封。

又卷二《莊肅恭叔》　博進新償十萬緡，隋珠爲燭蠟爲薪。江南空有求書詔，故紙原難换告身。

又《蘇天爵伯修　張貞毅思明》　新市春風有故亭，論思不但證松廳。先求宋本書堂記，再讀清容藏室銘。

又《蜀帥紐鄰之孫》　溯峽舟輕灔澦堆，黄牛灘畔載書回。十家何惜中人産，一擲蹲鴟沃野財。

又《宋文憲濂　曾魯得之》　憔悴盧山一炬痕，絳雲種子已無存。精靈未絶青蘿本，不見中郎見虎賁。

又《徐達左良夫》　偶來山廨餌蒼术，燕俎匏尊斠碉流。我到松雲堂上坐，圖書散盡五湖秋。

又《邢量用理　邢參麗文》　邢生邢生盎無糧，不居北郭亦東莊。折鐺敗席家風在，自寫奇書賫野航。

又《顧璘華玉　弟瑮英玉》　尚書江左擅詞宗，蓋祿何嘗非萬鍾。三日於陵饑欲死，鬻書門塾署寒松。

又《黄魯曾德之　弟省曾勉之　史臣紀載之》　五嶽歸來憶昔游，黄金散盡異書收。莫言紫苑醫腸秘，鹿甲題名在虎邱。

又卷三《顧德育克承》　廉吏還山臘寢邱，買書有俸未爲憂。三間老屋親傳寫，惟有東吳顧可求。

又《項篤壽子長》　仰屋微聞嚄唶聲，千金享帚太癡生。銘心絶品原無價，出納何妨讓阿兄。

又《謝肇淛在杭》　十指如椎凍不信，清霜初下寫書頻。可知石鼎松聲裏，桃葉攤書未是眞。

又《陳第季立　高儒》　老去書城許策勳，藍田誰識故將軍。靈威唐述搜羅遍，更誦佉盧梵字文。

又《李如一貫之　侄忠毅應昇》　東原赤岸李如一，意氣性情殊不群。覓得異書頻下拜，刓編蠹翰盡歸君。

又《沈嗣選仁舉》　南渡遺文愴劫灰，葭川手眼出東萊。黄巾亦爲康成

屈，法宋樓前萬騎回。

又《毛晉子晉　子褒華伯　表奏叔　扆斧季　孫綏萬嘉年》　律論流通到羅什，家錢雕印過毋昭。祗因玉蟹泉香冽，滿架薪材煮石銚。

又《金俊明孝章　子侃亦陶》　春水蛟龍卧釣磯，儒冠已改姓名非。啇孫豈是傭書客，父子空山賦《采薇》。

又《顧韓開林　顧道隆》　張燈披衣起達旦，寫書目光巖電爛。子綦子梱世不知，聞日者言爲三嘆。

又卷四《錢謙益受之》　絳雲未逐劫灰紅，江左圖書日正中。一自新宮三日哭，閑繙貝葉唱宗風。

又《陳宏緒士業》　江左征塵動鼓鼙，百千紙甲爛如泥。亦如陰火銷磨盡，丹點煤痕滿駃騠。

又《黄宗羲太沖》　不沾學究頭巾氣，不墮支那文字禪。辛苦奚囊遍南北，饞魚更上海東船。

又《曹寅子清》　綠樹芳穠小草齊，楝花亭下一尊攜。金風亭長來游日，宋槧傳鈔滿竹西。

又《朱彝尊錫鬯　孫稻孫稼翁　李延昰辰山》　七品官兒竟奪儂，爲攜小史當書傭。丹房枕膝書親授，始信人間有蔡邕。

又《何焯屺瞻　弟煌心友》　向秀書爲郭象竊，葛洪記亦吴均編。乃知賚爾敬游研，未必眞出方瞳僊。

又《蔣杲子遵　蔣重光子宣》　三徑家風比杜暹，賜書高擁鄴侯籤。荒涼松菊圖重繪，想見廉州太守廉。

又《浦見龍起潛　許仲堪眉岑》　史例龍門溯導觴，蕉園已改睦親坊。鬻書又苦無眞眼，斷送雞峰普濟方。

又卷五《金檀星軺　孫可埰心山》　丹鳳梧桐別舊棲，桃花紅到武陵谿。寫生亦復含書味，滄海居然賸一蠹。

又《周永年書昌》　清梵雲中榜柘提，借書園在灤源西。伏生、孔、鄭同堂祀，兩漢經師半魯齊。

又《程晉芳魚門》　㒒直承明舊有廬，移家新賃廠東居。紅橋花事休相憶，日日攤錢問故書。

又《黄錫蕃椒升　韓配基》　談古相逢燕市中，名場溝水各西東。長安珠桂還如昔，典盡殘書莫送窮。

又卷六《許宗彦周生》　吳山陶生鬻書者，日共圍棋一局殘。塵垢堆床寓言耳，當時書貴比珠玕。

又《黄廷鑑琴六》　南宮載得賜書還，烏戍霜青夕照殷。豹腳噬人蟫亂走，夜深燒燭補完顔。

又《陳揆子準》　古寺鐘聲飯後撞，訪書人坐贊公窗。但言救虎前朝閣，賸有門前兩石幢。

又《錢熙輔鼎卿　熙祚錫之　熙泰鱸香　熙載嘯樓　熙經心傳》　湖上群山山上樓，校書人共住樓頭。寫官樓下雁行列，門外借書人繫舟。

又《邵懿辰位西》　車驅車驅洛陽肆，不得歸來夢中囈。何如沮誦未造初，穴居盱盱無文字。

又《沈楙德翠嶺》　先鬻當年本後收，雲烟難得幾時留。五陵裘馬非吾好，上紹山來與慧樓。

又卷七《陳起宗之　陳思　陳世隆彦高》　臨安鬻書陳道人，芸香累葉續芸頻。其他鞔鼓橋南宅，亦與江鈾共姓陳。

又《尹家書籍鋪　平水書籍王文鬱》　三輔黄圖五色描，別風枍詣望嶕嶢。尹家鋪子臨安市，平水書林正大朝。

又《老韋》　翁年七十瘦如柴，日走公卿一刺懷。袖有奇書休問訊，老韋高價本難諧。

葉德輝《後買書行》（《書林清話》卷九《都門書肆之今昔》）　好書要仲尼，否則同書肆。斯語載《法言》，自漢書有市。三國逮六朝，迄於隋唐世。皆以鈔寫名，卷軸納諸笥。中唐創雕版，梨棗資刀鍥。天水始右文，蜀杭本羅致。建陽坊刻興，臨安書棚萃。當時視尋常，後世殊珍異。元明承其流，聖清法益備。康雍繕寫工，乾嘉校勘細。洪楊亂中原，回捻同攜貳。中更幾劫灰，五厄罹其二。曾左命世英，所至搜文粹。蘇揚官局開，閩浙踵相繼。精鏤仿宋元，餘亦稱中駟。插架幸苟完，簿録分條例。頗師瞿木夫，中溶，錢大昕女夫。有藏書題跋，多載乾、嘉時仿宋、元刻。近刻搜羅易。盧文弨孫星衍補逸文，顧廣圻黄丕烈發奇秘。堂堂畢沅阮元翁，朱彝尊何焯信無愧。歙鮑廷博侈巾箱，讀畫顧修又其次。伍崇曜潘仕誠各效顰，宛若承謦咳。岱園李文藻雅雨堂盧見曾，鼎足微波孔繼涵峙。連筠楊墨林與惜陰李錫齡，同起道光季。

北學有南風，矯矯群空驥。齊魯吳越間，轍迹我頻至。獲書捆載歸，充棟無餘地。計偕入京師，欲探酉山邃。日從廠甸游，琳琅啓金匱。路南肆如林，路北居雜廁。贗鼎寓目多，寧作朱崖棄。時有漏網珠，拾之出無意。內城隆福街，比之慈仁寺。客來訪漁洋，約與寺門伺。粵維光緒初，承平日無事。王孫推祭尊宗室盛昱，詒晉薰香媚。潘文勤張文襄振儒風，繆老荃孫傳清秘。丁丙陸心源勤刻書，詔旨褒嘉惠。同官半書淫，交遊重文字。一朝海水飛，變法滋浮議。新學仇故書，假途干祿位。哀哉文物邦，化作傀儡戲。坐觀九鼎沈，人亡邦國瘁。吾衰庶事艱，或咎書爲祟。豈知兵燹餘，反獲長恩庇。賫斧倘有餘，罄作收書費。問汝欲何爲？老至謀生計。刻書復鬻書，較勝食租稅。遠法蕘圃窮，近貪《玉簡》利。羅振玉在日本賣書買書，頗獲利市，所刻《玉簡齋叢書》甚精。從此道人行，不輕去鄉里。連年寇盗侵，幸托此知契。天不喪斯文，或者無人忌。偶憶半生痴，何止《六經》醉。甘苦托歌謡，聊抵《買書記》。李文藻有《琉璃廠書肆記》。

文獻流散部

政治禁毁分部

綜　述

《史記・秦本紀》　始皇置酒咸陽宮，博士七十人前爲壽。僕射周青臣進頌曰：「他時秦地不過千里，賴陛下神靈明聖，平定海内，放逐蠻夷，日月所照，莫不賓服。以諸侯爲郡縣，人人自安樂，無戰争之患，傳之萬世。自上古不及陛下威德。」始皇悦。博士齊人淳于越進曰：「臣聞殷、周之王千餘歲，封子弟功臣，自爲枝輔。今陛下有海内，而子弟爲匹夫，卒有田常、六卿之臣，無輔弼，何以相救哉？事不師古而能長久者，非所聞也。今青臣又面諛以重陛下之過，非忠臣。」始皇下其議。丞相李斯曰：「五帝不相復，三代不相襲，各以治，非其相反，時變異也。今陛下創大業，建萬世之功，固非愚儒所知。且越言乃三代之事，何足法也？異時諸侯並争，厚招遊學。今天下已定，法令出一，百姓當家則力農工，士則學習法令辟禁。今諸生不師今而學古，以非當世，惑亂黔首。丞相臣斯昧死言：古者天下散亂，莫之能一，是以諸侯並作，語皆道古以害今，飾虚言以亂實，人善其所私學，以非上之所建立。今皇帝并有天下，别黑白而定一尊。私學而相與非法教，人聞令下，則各以其學議之，入則心非，出則巷議，夸主以爲名，異取以爲高，率群下以造謗。如此弗禁，則主勢降乎上，黨與成乎下。禁之便。臣請史官非秦記皆燒之。非博士官所職，天下敢有藏《詩》《書》、百家語者，悉詣守、尉雜燒之。有敢偶語《詩》、《書》者棄市。以古非今者族。吏見知不舉者與同罪。令下三十日不燒，黥爲城旦。所不去者，醫藥卜筮種樹之書。若欲有學法令以吏爲師。」制曰：「可。」

又**《李斯列傳》**　始皇三十四年，置酒咸陽宮，博士僕射周青臣等頌稱始皇威德。齊人淳于越進諫曰：「臣聞之，殷周之王千餘歲，封子弟功臣自爲支輔。今陛下有海内，而子弟爲匹夫，卒有田常、六卿之患，臣無輔弼，何以相救哉？事不師古而能長久者，非所聞也。今青臣等又面諛以重陛下之過，非忠臣也。」始皇下其議丞相。丞相謬其説，絀其辭，乃上書曰：「古者天下散亂，莫能相一，是以諸侯並作，語皆道古以害今，飾虚言以亂實，人善其所私學，以非上所建立。【略】所不去者，醫藥卜筮種樹之書。若有欲學者，以吏爲師。」始皇可其議，收去《詩》、《書》、百家語以愚百姓，使天下無以古非今。明法度，定律令，皆以始皇起。同文書。治離宫别館，周遍天下。明年，又巡狩，外攘四夷，斯皆有力焉。

又**《六國年表序》**　秦既得意，燒天下《詩》、《書》，諸侯史記尤甚，爲其有所刺譏也。《詩》、《書》所以復見者，多藏人家，而史記獨藏周室，以故滅。惜哉，惜哉！獨有《秦記》，又不載日月，其文略不具。然戰國之權變亦有可頗采者，何必上古。

《魏書・高祖紀》　［太和］九年春正月戊寅，詔曰：「圖讖之興，起於三季。既非經國之典，徒爲妖邪所憑。自今圖讖、祕緯及名爲《孔子閉房記》者，一皆焚之。留者以大辟論。又諸巫覡假稱神鬼，妄説吉凶，及委巷諸卜非墳典所載者，嚴加禁斷。」

《梁書・文學傳上・吴均》　先是，均表求撰《齊春秋》，書成奏之，高祖以其書不實，使中書舍人劉之遴詰問數條，竟支離無對，敕付省焚之，坐免職。

《隋書・經籍志總序》　至宋大明中，始禁圖讖，梁天監已後，又重其制。及高祖受禪，禁之踰切。煬帝即位，乃發使四出，搜天下書籍與讖緯相涉者，皆焚之，爲吏所糾者至死。自是無復其學，祕府之内，亦多散亡。

又**《牛弘傳》**　昔周德既衰，舊經紊棄。孔子以大聖之才，開素王之業，憲章祖述，制《禮》刊《詩》，正五始而修《春秋》，闡《十翼》而弘《易》道。治國立身，作範垂法。及秦皇馭宇，吞滅諸侯，任用威力，事不師古，始下焚書之令，行偶語之刑。先王墳籍，掃地皆盡。本既先亡，從而顛覆。臣以圖讖言之，經典盛衰，信有徵數。此則書之一厄也。

《晉書・楊駿傳》　［孟］觀等受賈后密旨，誅駿親黨，皆夷三族，死者

數千人。又令李肇焚駿家私書，賈后不欲令武帝顧命手詔聞于四海也。

封演《封氏聞見記》卷一〇《贊成》　鄭虔，天寶初協律郎，採集異聞，著書八十餘卷。人有竊窺其藁草，上書告虔私修國史，虔遽焚之，由是貶謫十餘年，方從調選，授廣文館博士。虔所焚書既無别本，後更纂録，率多遺忘，猶成四十餘卷。書未有名，及爲廣文館博士，詢于國子司業蘇源明，源明請名爲《會稡》，取《爾雅序》「會稡舊説」也。西河太守盧象［贈］虔詩云：「書名《會稡》才偏逸，酒號屠蘇味更醇。」即此之謂也。

《新唐書·姦臣傳上·李義府》　貞觀中，高士廉、韋挺、岑文本、令狐德棻修《氏族志》，凡升降，天下允其議，於是州藏副本以爲長式。時許敬宗以不載武后本望，義府亦耻先世不見叙，更奏删正。委孔志約、楊仁卿、史玄道、吕才等定其書，以仕唐官至五品皆昇士流。於是兵卒以軍功進者，悉入書限，更號《姓氏録》，搢紳共嗤靳之，號曰「勳格」。義府悉收前志燒絶之。

《資治通鑑·宋文帝元嘉二十三年》　魏主與崔浩皆信重寇謙之，奉其道。浩素不喜佛法，每言於魏主，以爲佛法虚誕，爲世費害，宜悉除之。【略】浩因説帝悉誅天下沙門，毁諸經像，帝從之。寇謙之與浩固争，浩不從。先盡誅長安沙門，焚毁經像，并敕留臺下四方，令一用長安法。

又《齊武帝永明三年》　［正月］戊寅，魏詔曰：「圖讖之興，出於三季，既非經國之典，徒爲妖邪所憑。自今圖讖、秘緯，一皆焚之，留者以大辟論！」又嚴禁諸巫覡及委巷卜筮非經典所載者。

又《陳宣帝太建六年》　［五月］丙子，周禁佛、道二教，經、像悉毁，罷沙門、道士，并令還俗。并禁諸淫祀，非祀典所載者盡除之。

又《唐高宗顯慶三年》　春，正月，戊子，長孫無忌等上所修新禮，詔中外行之。先是，議者謂貞觀禮節文未備，故命無忌等修之。時許敬宗、李義府用事，所損益多希旨，學者非之。太常博士蕭楚材等以爲豫備凶事，非臣子所宜言；敬宗、義府深然之，遂焚《國恤》一篇，由是凶禮遂闕。

李燾《續資治通鑑長編·真宗景德元年》　［春正月］辛丑，詔：「圖緯、推步之書，舊章所禁，私習尚多，其申嚴之。自今民間應有天象器物、讖候禁書，並令首納，所在焚毁，匿而不言者論以死，募告者賞錢十萬，星算伎術人並送闕下。」

又《景德三年》　［九月］壬子，詔：民以書籍赴緣邊榷場博易者，自非《九經》書疏，悉禁之，違者案罪，其書没官。

周麟之《海陵集》卷三《論禁傳寫先朝實録》　臣伏見《國朝會要》，嘉祐四年史館修撰。歐陽修言：史之爲書，以紀朝廷政事得失及臣下善惡功過，宜藏之有司。往時史官書成進入，則焚其藁。又詔龍圖閣别寫一本，下編修院以備討閲，從之。然則史事在祖宗朝其嚴如此，豈容輕示人也。今者《徽宗皇帝實録》成書，奏篇疏上，儲於內閣，中外士大夫欣聞盛事，咸思以先覩爲快。臣竊惟先帝之盛德休烈，良法美意，布在方册，固當廣其傳以昭示天下後世，然其間所載，多涉國體，與今日致論有相關者。臣愚望聖慈申嚴舊制，令副本之在有司者，必謹其藏，仍不許諸官司關借謄寫，及臣僚之家私自傳誦，庶可以嚴宗廟，尊朝廷，遵祖宗之成憲。取進止。

又《論禁小報》　方陛下頒詔旨，布命令，雷厲風飛之時，不無小人譸張之説眩惑羣聽。如前日所謂召用舊臣者，浮言胥動，莫知從來，臣嘗究其然矣。此皆私得之小報。小報者，出于進奏院，蓋邸吏輩爲之也。比年事有疑似，中外未知，邸吏必競以小紙書之飛報，遠近謂之小報。如曰今日某人被召，某人被召罷去，某人遷除。往往以虚爲實，以無爲有。朝士聞之，則曰已有小報矣。州郡間得之，則曰小報已到矣。他日驗之其説，或然，或不然。使其然耶，則事涉不密；其不然耶，則何以取信。此于害治雖若甚微，其實不可不察。臣愚欲望陛下深詔有司，嚴立罪賞，痛行禁止。使朝廷命令播之天下，天下可得而聞，不可得而測；可得而信，不可得而詐。則國體尊而民聽一，臣不勝至願。取進止。

李心傳《建炎以來朝野雜記》甲集卷六《嘉泰禁私史》　頃秦丞相既主和議，始有私史之禁，時李莊簡光嘗以此重得罪。秦相死，遂弛語言律。近歲私史益多，郡國皆鋟本，人競傳之。嘉泰二年春，言者因奏禁私史，且請取李文簡《續通鑑長編》、王季平《東都事略》、熊子復《九朝通略》、李丙《丁未録》及諸家傳等書，下史官考訂，或有裨於公議，乞即存留，不許刊行，其餘悉皆禁絶，違者坐之。二月甲午。文簡所著《長編》，凡九百餘卷，孝宗甚重之。季平、子復皆嘗上其書，除職遷官，仍付史館。丙以父任，監行在都鹽倉，乾道八年夏，上其所編《丁未録》二百卷，自治平四年至靖康元年，詔特改京官，六月戊戌。付國史院。然紀載無法，學者弗稱焉。其秋，

商人載十六車私書，持子復《中興小曆》及《通略》等書欲渡淮，盱眙軍以聞，遂命諸道帥、憲司察郡邑書坊所鬻書，凡事干國體者，悉令毀棄。七月戊申。《中興小曆》者，自建炎初元至紹興之季年，雖已成書，未嘗進御，然其書多避就，未爲精博，非《長編》之比也。

岳珂《桯史》卷一《藝祖禁讖書》 唐李淳風作《推背圖》。五季之亂，王侯崛起，人有倖心，故其學益熾。開口張弓之讖，吳越至以偏名其子，而不知兆昭武基命之烈也。宋興受命之符，尤爲著明。藝祖即位，始詔禁讖書，懼其惑民志以繁刑辟。然圖傳已數百年，民間多有藏本，不復可收拾，有司患之。一日，趙韓王以開封具獄奏，因言犯者至衆，不可勝誅。上曰：「不必多禁，正當混之耳。」乃命取舊本，自己驗之外，皆紊其次而雜書之，凡爲百本，使與存者並行。於是傳者懵其先後，莫知其孰譌；間有存者，不復驗，亦棄弗藏矣。《國朝會要》：太平興國元年十一月，諸州解到習天文人，以能者補靈臺，謬者悉黥流海島。蓋亦障其流，不得不然也。

佚名《宋史全文》卷二一 ［紹興十五年七月］丙午，新添差浙東安撫司幹辦公事司馬伋言：「建州近刊行一書曰《司馬溫公記聞》，其間頗關前朝政事，緣曾祖平日論著即無上件文字，顯是妄借名字，售其私說。伏望降旨禁絕。」詔委建州守臣，將不合開板文字盡行毀棄，伋特遷一官。初，范冲在史館，上出光《記聞》，命冲編類進入。冲乃繕寫成十冊，上之。至是，秦檜數請禁野史，伋懼罪，遂諱其書。然後其書卒行於世。

杜大珪《名臣碑傳琬琰之集·上》卷二二 初，章獻太后臨朝，命有司定其出入儀物，著《內東門儀制》三卷。及章獻上僊，而章惠太后欲踵垂簾故事，公［龐籍］亟奏，請焚之。其後，章惠卒不敢出與政事。

李幼武《宋名臣言行録別集·上》卷四 公［程瑀］酷嗜《論語》，研精覃思，隨所見疏二冊。練唐洪先興祖蚤以是書從難疑辨惑者二十年，得公所說，即爲序，冠其編首。有曰：「養孝弟之本原，明忠恕之不二，感發於孔子之一貫，流涕於周公之四言。凡若此類，皆古今學者不能到。」公忘其書益行，尙書郎魏安行將漕京西鋟板流傳。或以示檜，檜怒曰：「伯寓著書，相謗後世。信其言爲是，而議檜爲何人？洪、魏何至作序、鋟板耶！」乃諭言者論洪、魏褫官南臺，符下京西搜書焚板。

《宋史·太宗紀》 ［太平興國二年冬十月］丙子，詔禁天文卜相等書，私習者斬。

又《真宗紀》 ［景德元年春正月］辛丑，詔：民間天象器物讖候禁書，并納所司焚之，匿不言者死。

又《徽宗紀一》 ［崇寧二年］夏四月甲寅，詔侍從官各舉所知二人。乙卯，于闐入貢。丁卯，詔毀呂公著、司馬光、呂大防、范純仁、劉摯、范百祿、梁燾、王巖叟景靈西宮繪像。己巳，以初謁景靈宮赦天下。乙亥，詔毀刊行《唐鑑》并三蘇、秦、黃等文集。戊寅，以趙挺之爲中書侍郎，張商英爲尙書左丞，戶部尙書吳居厚爲尙書右丞，兵部尙書安惇同知樞密院事。奪王珪贈謚，追毀程頤出身文字，其所著書令監司覺察。

又 ［宣和六年］冬十月庚午，詔：有收藏習用蘇、黃之文者，并令禁毀，犯者以大不恭論。

又《孝宗紀》 ［淳熙七年五月］己卯，申飭書坊擅刻書籍之禁。

又《姦臣傳三·秦檜》 台州曾惇獻檜詩稱「聖相」。凡投獻者以臯、夔、稷、契爲不足，必曰「元聖」。檜乞禁野史。又命子熺以秘書少監領國史，進建炎元年至紹興十二年《日曆》五百九十卷。熺因太后北還，自頌檜功德凡二千餘言，使著作郎王揚英、周執羔上之，皆遷秩。自檜再相，凡前罷相以來詔書章疏稍及檜者，率更易焚棄，日曆、時政亡失已多，是後記録皆熺筆，無復有公是非矣。冬十月，右正言何若指程頤、張載遺書爲專門曲學，力加禁絕，人無敢以爲非。十五年，熺除翰林學士兼侍讀。四月，賜檜甲第，命教坊樂導之入，賜緡錢金綿有差。六月，帝幸檜第，檜妻婦子孫皆加恩。檜先禁私史，七月，又對帝言私史害正道。時司馬伋遂言《涑水記聞》非其曾祖光論著之書，其後李光家亦舉光所藏書萬卷焚之。十月，帝親書「一德格天」扁其閣。十六年正月，檜立家廟。三月，賜祭器，將相賜祭器自檜始。【略】十九年，帝命繪檜像，自爲贊。是歲，湖、廣、江西、建康府皆言甘露降，諸郡奏獄空。帝嘗語檜曰：「自今有奏獄空者，當令監司驗實。果妄誕，即按治，仍御史臺察之。苟不懲戒，則奏甘露瑞芝之類，崇虛飾誕，無所不至。」帝雖眷檜，而不可蔽欺也如此。十二月，禁私作野史，許人告。

又《世家六·荆南高氏傳》 ［孫］光憲博通經史，尤勤學，聚書數千卷，或自抄寫，孜孜讎校，老而不廢。好著撰，自號葆光子，所著《荆臺

集》三十卷，《鞏湖編玩》三卷，《筆傭集》三卷，《橘齋集》二卷，《北夢瑣言》三十卷，《蠶書》二卷。又撰《續通歷》，紀事頗失實，太平興國初，詔毁之。

《遼史・道宗紀》 ［清寧十年］冬十月壬辰朔，駐蹕中京。戊午，禁民私刊印文字。

王褘《王忠文集》卷二〇《叢録》 大抵《緯書》之説，以謂孔子既叙《六經》，以明天人之道，知後世不能稽同其意，故别立緯讖以遺來世。其書出於漢哀、平之世，蓋夏賀良之徒爲之，以爲有經則有緯，故曰《緯書》。其言誕謾詭譎，不可致詰。是時，王莽好符命，將以此濟其篡逆，而公孫述效之。至光武，亦以赤伏自累，篤好而推崇焉。當世儒者習爲内學，賈逵以此論左氏學，曹褒以此定漢禮樂。大儒如鄭元輩，專以讖言經，而何休之徒，又不足言矣。然惟桓譚、張衡力非之，而不能回也。先是，孔安國、毛公以來，皆相承以祆妄亂中庸之典，因魯恭王、河間獻王所得古文參而考之，以成其義，謂之古學。而世儒惑於讖緯，反非毁之。至魏王肅推引古學，王弼、杜預從而明之，自是古學稍立，而讖緯之學浸微。逮宋大明中，始禁讖緯之書。及隋末，遣使搜天下書籍與讖緯相涉者，悉焚之。唐以來其學遂熄矣。然考之《唐志》，猶存九部四十八卷，而孔穎達作《九經正義》，往往援引緯書之説。宋歐陽公嘗欲删而去之，以絶僞妄，使學者不爲其所亂惑，然後經義純一，其言不果行。迨鶴山魏氏作《九經要義》，始加黜削，而其言絶焉。今《易緯・乾鑿度》猶存。

《元史・世祖紀》 ［至元九年三月］甲戌，括民間《四教經》，焚之。

又 ［十年春正月］己未，禁鷹坊擾民及陰陽圖讖等書。

又 ［十七年二月］丙申，詔諭眞人（析）［祁］志誠等焚毁《道藏》僞妄經文及板。

又 ［十八年冬十月］己酉，張易等言：「參校道書，惟《道德經》係老子親著，餘皆後人僞撰，宜悉焚毁。」從之，仍詔諭天下。

又 ［二十三年春正月］丁亥，焚陰陽僞書《顯明曆》。

王直《抑菴文集》卷一一《少師泰和楊公傳》 饒州朱季友獻所著書，斥濂洛關閩之説。上覽之，怒曰：「此儒之賊也。」時禮部尚書李至剛、翰林學士解縉、侍讀胡廣及公侍側，上示以其書，縉曰：「惑世誣民，莫甚於此。」至剛曰：「不罪之，無以示儆，宜杖之，擯之四夷。」公曰：「當盡燬所著書，庶幾不誤後人。」廣曰：「聞其人已七十，燬書示儆足矣。」上曰：「謗先賢，毁正道，治之可拘常例耶？」遣行人押季友還饒州，會布政司及府縣官與其鄉士人，明諭其罪而笞，以示罰，悉索其所著書焚之。上復諭羣臣曰：「除惡不可不盡，悉燬其所著書最是。」

陳洪謨《繼世紀聞》卷三 初，《大明會典》成，内閣自李東陽而下至翰林、春坊皆陞職。瑾以爲破壞祖宗制書，妄增新例，毁其書，悉追奪各官陞職，惟東陽不奪。瑾又欲挫抑文學官，乃捏旨謂翰林官不識事體，摘十餘人姓名，陞調兩京各部屬官，令其拓充政事。朝野鬨然。

郎瑛《七修類稿・辯證類・宋詩禁》 宋寶慶中史彌遠廢立，錢塘書肆陳起宗之能詩，凡江湖詩人與善者則刊《江湖集》以售，有劉後村詩云：「秋雨梧桐皇子府，春風楊柳相公橋。」蓋哀濟邸而誚彌遠也，本用劉屏山《汴京即事》詩曰「空嗟覆鼎誤前朝，骨朽人間罵未消。夜月池臺王傅宅，春風楊柳太師橋」之句。又敖臞庵陶孫爲太學生時，以詩痛趙忠定丞相之死，或嫁秋雨、春風之句爲陶孫所作，韓侂胄下吏捕之，二公遂俱得罪，詩學因是以禁。此諸家傳記之説也，昨見《齊東野語》又云：「當時李孝知爲言官，與曾極有釁，欲坐罪無由，會《江湖集》中有極詩云『九十日春晴景少，百千年事亂時多』，又改秋雨、春風爲極詩，并劾之。」予意刊集或不可改名，劉某亦難於劾也，不知公謹相近當時何以言之？想即嫁陶孫之意，聞之不深察爾。

陳建《皇明通紀集要》卷三八 ［萬曆三十年閏二月］禮科張問達奏稱：邪士李贄號卓吾者，立言垂僻，舉止怪異，所著《藏書》、《焚書》，惑世誣民。寄居麻城，謂大道不分男女，作《觀音問》一書，士人妻女若狂，瀆亂失常，莫此爲甚。有旨逮之詔獄，火其所著書，贄尋死於獄。贄溫陵人，以舉人仕至姚安知府，有異政。

徐學聚《國朝典彙》卷二三《獻書》 洪武八年十二月，陝州人獻天書，斬之。

又 十七年七月，盱眙人獻天書，伏誅。

又 二十八年七月，有道士以道書獻。上卻之，侍臣請留觀之。上曰：彼所獻書非存神固氣之道，即煉丹燒藥之説，朕焉用此。朕所用者，聖賢之

道；所需者，政治之術。將躋天下生民于壽域，豈獨一己之長生久視哉！苟一受其獻，迂誕怪妄之士必爭來矣。故卻之，毋爲所惑。

又　永樂元年閏十一月，通政使趙彝等引奏山東男子獻陣圖者。上曰：自古帝王用兵，皆出於不得已。夫驅人以冒白刃，鮮有不殘傷毀折，其得不死，亦幸也。朕每親嘗矢石，見死於鋒鏑之下者，未嘗不痛心。今天下無事，惟當休養斯民，修禮樂典教化，豈當復言用兵。此輩狂妄，必謂朕有好武之意，故上此圖以冀進用。好武，豈盛德事！其斥去之。

又　三年七月，鄱陽縣民朱季友進書，詞理謬妄，謗毀聖賢。李至剛、解縉等請置于法。上曰：愚民若不治之，將邪説有誤後學，即遣行人押送鄉里。會布、按二司及府縣官杖之一百，就其家搜檢所著文字，悉焚之。

又　十五年八月，通政司上言歐寧人進金丹、方書。上曰：此妖人也。秦皇、漢武二主爲方士所欺，求長生不死之藥。此人欲欺朕。朕無所用金丹，令自食之，方書亦與毀之，毋令別欺人也。

又　成化十五年五月，禮部侍郎周洪謨進所纂《疑辨錄》三卷，言《五經》《四書》雖經朱熹註釋，間亦有仍漢、唐諸儒之誤者，乞勅儒臣考訂，仰取聖裁。上曰：《五經》、《四書》，漢、唐、宋諸儒之誤者，永樂間儒臣纂修悉取其不悖本旨者輯錄之，天下學者誦習已久，洪謨乃以己意紛更，不准。

又　二十年五月，無錫處士陳公懋刪改《朱子四書集註》進呈，命毀之。仍遞回有司治罪，惟以《孟子》馮婦章士則之爲句，亦人所傳云。

又　弘治元年十二月，徽州府儒學教諭周成進《治安備覽》，詔少詹程敏政看詳。敏政摘其中多竊宋趙善璙《自警編》、元張養浩《牧民忠告》，或襲用其標目，或全剽其語言，然此之猥不及彼之精，況以治安爲名而不及君德心學。謂秦商鞅有見于孔門立信之説，則又踵王安石之故智，其息異端等説，亦非拔本塞源之論，鄙俚而無雅馴之言，迂妄而非經久之策。詔以成狂妄，置不問，還其書。

又　［嘉靖八年］太僕寺丞陳雲章進所著《書傳》六帙，《大學疑》一帙，《中庸疑》一帙，《夜思錄》一帙。上曰：《大學》、《中庸》經傳，先儒具有定論。我祖宗已表章頒示天下。通時造邪説者，又有旨禁約，雲章輒敢剽竊，謬言淆亂經傳，何等狂瀆。《夜思錄》即毀之，有踵此者，罪毋赦。

初，太僕寺丞何淵以太廟世室之説希圖進用，及張璁等纂修大典，削而不錄。淵乃私集其説爲五卷，進呈，具疏。謬引漢哀別廟京師故事，冗複萬言。上厭惡之，以淵屢疏煩瀆，且違例進書，法當重究，始降一級，調外任，謫永州衛經歷。

又　十二年八月朝天宮道士張振通奏言，臣籍係閩之福安留江唐上柱國端國公之後葉少游泮水，蚤失父。天保息，本宮謬膺今職。祝釐之暇，作《國朝中興詩》二十一首及《寶露》、《白鵲》、《白兔》、《金臺八景》、《武夷九曲》、《皇陵八詠》諸詩，謹錄上進，乞賜宸翰序文。部議：振通猥鄙塵瀆，僭踰狂悖，呈技眩名，希圖叙用，法當究治，俾狂妄小人庶知所警。詔下法司提問。

又　十三年六月，太康縣儒士安都撰《十九史節略》四百七十卷，剽遷、固之失，正蜀漢之統，斥武后之奸，明充昭之弑，六朝惟存本號，朱溫特去尊稱，削藝祖以國名附遼、金於宋紀，至是成進呈。上曰：歷代史書已有定論，何得掇拾妄議？部議：焚其書。從之。

又　十五年，南京吏部尚書湛若水進所纂《二禮經傳測大略》，以《曲禮》、《儀禮》爲經，《禮記》爲傳。禮部尚書夏言謂其立論以《曲禮》爲先，似與孔子之言相戾，不可以傳示後學。惟本官好學之心，老而不倦，宜加旌獎。上曰：既戾孔子之言，何以傳示後學。罷其書，不省。

又　十七年，定遠縣生員黃准獻《大明中興頌》。有旨，令廠衛五城禁各處游民，及罷黜生員潛居京師建言希用者。

又　二十年，江西進賢縣民熊恩榮奏進所撰《敬一箴註解》，欲頒佈竝行。又欲以在野之人與科目並用。上怒，命執下法司拷訊，比以妄生異議變亂成法律坐，斬。詔可。

又　二十二年，尚寶司丞桂輿因九廟災，乃私擬增建廟制倫次繪圖上之，併進所撰《頌聲》、《俗辨》等書，高自稱許。禮臣參其狂妄，希進蠱惑觀聽。詔逮法司鞫之。法司擬納贖還職。上特命冠帶閒住。輿，萼之子也。

又　二十五年，陝西安保縣歲貢生員任時上所撰《學道參兩貞明圖》。禮部議其説不經，詔法司訊治之，贖罪，黜爲民。

又　二十八年十一月，閑住廣東僉事林希元，改編《大學》經傳定本及著《四書易經存疑》，奏乞刊布。詔焚其書，下希元於巡按御史問，尋褫其

冠帶爲民。

胡松《貞白遺稿原序》（程通《貞白遺稿》卷首） 吾邑長史貞白先生忠孝天植，問學淵深。昔在建文，若方公孝孺、周公是脩、黃公觀、卓公敬，先生偕之遊，慮無不意氣相期，凡有著作輒相酬賞。則先生之爲，先生固自有在，而詩若文，特其一斑耳。原集百有餘卷，當文皇帝靖難兵南下，先生躬冒忌諱，遂逮詔獄，夷其二子，而簿錄其家，以故卷帙悉毀於官。即先生之死難，諱而不稱者，亦奪於國威也。迨永樂末年，詔釋諸死難家屬，而厥弟彥迪走謁荆藩，迺王雅重先生，因出所藏遺稿與其畫像，授之以歸。最後從孫長公郡丞伯祥公訪諸戚里，獲其贈言幷其題詠，裒而集之厪數卷。蓋雖逸者什九，存者什一，而手澤在焉。

倪元璐《毀三朝要典疏》（《名文寶符□□》卷四） 臣觀挺擊、紅丸、移宮之三議，關于清流。而《三朝要典》之一書，成于逆豎，其議不可不兼行，而其書不當不速毀。請詳其說。蓋當事起議興，盈庭互訟，主挺擊者，力護東宮；爭挺擊者，計安神祖。主紅丸者，（伏）［仗］義之言；爭紅丸者，原心之論。主移宮者，弭變于幾先；爭移宮者，持平於事後。六者各有其是，不可偏非。以爲忠悃則皆忠悃，以爲明見則皆明見，總在逆璫未用之先，羣小未升之日，雖甚水火，不害塤篪，此一局也。既而楊璉二十四罪之疏發，魏廣微此輩門戶之說興，于是逆璫殺人，則借三案；群小求富貴，則又借三案。經此二借，而三案之面目全非矣。故凡推慈歸孝于先皇，猶夫頌德稱功于義父，又一局也。網已密而獨疑有遺鱗，勢極重而或憂其翻局，于是崔、魏兩奸，乃始創立私編，標題《要典》，以之批根今日，則衆正之黨碑，以之免死他年，即上公之鐵券。又一局也。繇此而觀，三案者，天下之共議；《要典》者，魏氏之私書。三案自三案，《要典》自《要典》。今爲金石不刊之論者，誠未深思。若夫翻即紛囂，改亦多事，如臣所見，惟有毀之而已。夫以閹豎之權，而屈役史臣之筆，亘古未聞。當毀一。未易代而有編年，不直書而加論斷，若云彷彿明倫，規模大典，則是魏忠賢欲與肅皇帝爭聖，崔呈秀可與張孚敬比賢，悖逆非倫。當毀二。矯誣先帝，僞撰宸篇，既不可比司馬光《資治通鑑》之書，亦不得援宋神宗手製序文爲例，假竊誣妄。當毀三。又況史局將開，館抄具備，七載非難稽之世，實錄有本等之書，何事留此駢枝，供人唾詈。當毀四。故臣謂此書至今日不毀，必有受其累者，累則必非主三案者之累。而爭三案者之累，抑又纂脩三案者之累也。何也？爭三案諸臣，其品原分三等：下者如崔呈秀、劉志選、李春燁等之附和希寵，不足問矣。最上莫如黃克纘、賈繼春、王業浩、高弘圖、劉廷宣等，始則特立而不爲茍同，既則矯挺而著其危節，本末炳然，雖有忮者，莫或能加之也。然而管、華之席未割，老、韓之傳同編，在數臣高明之觀，豈不引爲坐塗之辱？若其次焉者，雖非盡有撐持，要亦原無濡染，而特以史氏抑揚之遇，保不爲後人翻駁之端。至于纂修諸臣之在當日，則更有難焉者。丹鉛未下，斧鑊先懸。姜逢元閣筆一嘆，朝聞夕逐矣。楊世芳、吳士元、余煌等備竭調維，其于忤璫諸疏，有匿其全文者，有刪其已甚者，時傳書成而獄又起，則有寧加醜詆之詞，而決不肯下一「不道」、「無將」等字面，以傳會爰書者。凡此苦心，亦多方矣。而事在見聞之外，未易可明，彈章一加，萬節俱喪。諸若此者，皆臣之所謂累也。累之不已，元氣又必大傷，當今正氣日伸，方隅漸化，自應進其平飲，沃以溫湯，倘復尅伐不休，正恐清寧無日。然而逆璫之遺蹟一日不湮，則公正之憤心千年不釋也。伏願皇上勅下該部，立將《三朝要典》鋟存書板盡行毀焚。仍命閣臣擇期開館，纂修天啓七年實錄，而又命纂脩詞臣捐化成心，編摹信史。凡關三案之事，必執兩端之中。而又命三案中賜環諸臣各以聖明御極爲再生之年，勿以恩怨橫胸，理前身之業。至于一切妖言市語，如舊傳點將之謠，新騰選佛之說，毋許妄形奏牘，橫起風波，則廓然蕩平，偕于大道矣。臣向以是非之心言是非，今以史臣言史，統關大計。伏惟聖斷施行。

朱由檢《毀三朝要典諭》（朱東觀輯《聖諭一卷奏疏九卷》卷二） 朕惟皇祖皇考洎於憙皇，止慈止孝，炳若日星。載之實錄，自足光昭盛美。乃復增《三朝要典》一書，原不能於已明之綱常復加揚闡，徒爾刻深傅會，編駁不倫，朕無取焉。可將皇史宬內原藏一部取出燬之，仍傳示天下各處官府學官，所有書板盡燬不行。自今而後，官方不以此書定臧否，人材不以此書定進退。惟是三朝原無遺議，紹明前烈，注意編摩。諸臣各宜捐去成心，勿滋異論，務襄朕清平之治。欽哉。

葉權《賢博編》 陳建《皇明通紀》，雖識見未廣，文理疏淺，然非建臆說，乃博採諸書及各名士小說而成，使窮鄉下邑，略知本朝沿革，不爲無助。隆慶六年，下令禁毀，此必有不便者主之也。此書海內盛行，雖禁亦不

泯矣。或誚其偏美鄉人，廣東無一不端之士，此作措大氣耳，奚足深病。

沈德符《萬曆野獲編》卷二五《獻書被斥》 永樂三年，饒州府儒士朱友季著《書傳》，專攻周、程、張、朱，獻之朝。上命行人押回原籍，杖遣之，焚其書。正統七年，東昌府通判傅寬進《太極圖説》，上謂僻謬悖理，斥之，勿令誤後學。天順二年，常州布衣陳眞晟獻《程朱正學》，不報。成化二十年五月，無錫處士陳公懋刪改《四書朱子集註》進呈，命毀之，仍命有司治罪。惟以《孟子》馮婦章士則之爲句，時人傳之。至弘治元年，公懋又上所著《尚書》、《周易》、《大學》、《中庸》註，稱臣有一得，頗能折衷。通政司言公懋不稱軍民籍，自名爲庶人，所進多穿鑿悖理，上命焚所著書，押遣還鄉。弘治元年，徽州教授周成進《治安備覽》，詔少詹事程敏政看詳。敏政言其竊宋趙善璙《自警編》、元張養浩《牧民忠告》，詔以成狂妄，還其書，置不問。嘉靖八年二月，太僕寺丞陳雲章上所註諸書，及《大學疑》、《中庸疑》、《夜思録》各一。上曰：諸書姑收，其學、庸《疑》、《夜思録》即毀之，有踵之者罪不赦。嘉靖九年，隰川王俊柏進所著《太文録》，禮部尚書李時謂倣周子爲説，用心雖勤，無補治道。上命姑留之。嘉靖十五年，南京吏部尚書湛若水進所纂《二禮經傳測》。禮部尚書夏言云：其立論以《曲禮》爲先，似與孔子戾，但好學不倦宜加獎。上曰：既戾孔子之言，何以傳後？罷其書不省。嘉靖二十六年，陝西保安縣歲貢任時上所著《參兩貞明圖》。禮部謂其説不經，詔法司訊治，贖罪爲民。二十九年，原任廣東僉事福建同安人林希元改編《大學經傳定本》及《四書易經存疑》，並上呈御覽，乞刊布。詔焚其書，下希元于巡按御史究問，褫其官。萬曆二十四年，四川僉事張世則著《大學初議》。專闢程、朱，爲行人高攀龍所駁。其書亦廢不用，蓋皆以崇正學爲主也，然諸書中亦未必無可採者，槩火之置之，士之留心經學者蓋寡矣。史稱林希元博學多聞，所獻書亦有見解，時方置經學不談，遂得罪。林又曾上書，請征安南而郡縣之如國初時，屢疏終不見省。又世宗初即位，林即上疏，勸上勤治進學。議者謂一時建白所未有。

又《焚通紀》 《皇明資治通紀》，嘉靖間廣東東莞縣人陳建所纂，載國初以至正德事跡，皆采掇野史及四方傳聞，往往失實。至隆慶間給事中李貴和上言，我朝列聖實録，皆經儒臣纂修，藏在秘府。建以草莽僭擬，已犯自用自專之罪。況時更二百年，地隔萬餘里，乃以一人聞見，熒惑衆聽，臧否時賢，若不禁絶，爲國是害非淺。乞下禮部追焚原板，仍諭史館勿得采用。上從之。按此書俚淺舛訛，不一而足。但板行已久，向來俗儒淺學，多剽其略，以誇博洽。至是始命焚毀，而海内之傳誦如故也。近日復有重刻行世者，其精工數倍於前，乃知蕪陋之談易，人人如此。邇年吾鄉又有永昭二陵信史者，其書以嘉靖初元爲始，似續陳建所著，然專借以報夙仇。且屢改易，以行壟斷，抑《通紀》之不若矣。宜亟付秦焰，免致誑惑後學可也。

張燧《千百年眼》卷七《隋煬帝毀讖》 讖書原於《易》之推往以知來，周家卜世得三十，卜年得八百，此知來之的也。《易》道既隱，卜筮者溺於考測，必欲奇中，故分流别派，其説寖廣。東漢之末，王莽好符命，光武以圖讖興，遂盛行於世。漢時又詔東平王蒼（王）［正］《五經》章句，皆命從讖。歷觀宋、梁，其説不能盡去。及隋煬帝即位，乃發使四出，搜天下書籍，與讖緯相涉者，皆焚之，爲吏所糾者死。自是無復其學，有功名教不淺也。

徐昌治《昭代芳摹》卷一一《建文》 得建文時，群臣封事千通，命解縉等檢閲，凡言兵、食事宜者，留覽；其詞涉干犯者，悉焚不問。因從容問縉及修撰李貫等曰：「詞涉干犯者，爾等宜皆有之。」衆未對，貫獨頓首曰：「臣貫實未嘗有也。」上曰：「爾以未有爲美耶！食其禄，當任其事，獨無一言可乎？」後貫坐累繫獄，十年死。

錢謙益《牧齋初學集》卷八六《跋清教録》 《清教録》條列僧徒爰書交結胡惟庸謀反者，凡六十四人，以智聰爲首，宗泐、來復，皆智聰供出逮問者也。宗泐往西天取經，其自招與智聰原招迥異。宗泐之自招，以爲惟庸以贓鈔事文致大辟，又因西番之行，絶其車馬，欲陷之死地，不得已而從之。智聰則以爲惟庸與宗泐合謀，故以贓鈔誣奏，遣之西行也。果爾，則宗泐之罪，自應與惟庸同科，聖祖何以特從寬政，著做散僧耶？豈季潭之律行，素見信於聖祖，知其非妄語抵謾者，故終得免死耶？汪廣洋貶死海南，在洪武三十二年十二月，去惟庸之誅，纔一月耳。智聰招辭，惟庸於十一年，已云「如今汪丞相無了，中書省惟我一人」，以此推之，則智聰之招，未可盡信也。聞《清教録》刻成，聖祖旋命庋藏其版，不令廣布。今從南京禮部庫中鈔得，内閣書籍中亦無之。

張怡《玉光劍氣集》卷一《帝治》 永樂三年，命太監鄭和行賞西洋諸

國。通計官校軍民二萬七千八百七十餘員名，寶船六十三號，大者長四十四丈，闊十八丈，中者長三十七丈，闊十五丈。所經之國曰占城、爪哇、舊港、暹羅、滿剌伽、阿枝、古俚、黎伐、南渤里、錫蘭、裸形、溜山、忽魯謨斯、啞魯、蘇門答剌、那孤兒、小葛蘭、祖法兒、吸葛剌、天方、阿丹。凡泛海數萬里，遍歷二十餘國。舊有冊在兵部職方，成化中劉忠宣爲郎中，取而焚之。

顧炎武《日知録之餘》卷四《禁小説》 《實録》：正統七年二月辛未，國子監祭酒李時勉言：「近有俗儒，假托怪異之事，飾以無根之言，如《翦燈新話》之類，不惟市井輕浮之徒爭相誦習，至於經生儒士多舍正學不講，日夜記憶，以資談論。若不嚴禁，恐邪説異端日新月盛，惑亂人心。乞敕禮部，行文内外衙門，及調提學校僉事、御史幷按察司官，巡歷去處，凡遇此等書籍，即令焚毀。有印賣及藏習者，問罪如律。庶俾人知正道，不爲邪妄所惑。」從之。

朱彝尊《經義考》卷二四七 陳氏公懋《經説》，佚。《孝宗實録》：弘治元年五月，直隸無錫縣民陳公懋奏上所著書大要，謂《尚書》、《周易》、《大學》、《中庸》注失經迷，臣有一得，頗能析理，言涉誇誕。通政司言公懋奏内不稱軍民籍，自稱庶人。凡《五經》《四書》集傳，皆我太宗命儒臣纂輯者，公懋多穿鑿更改，悖理害道，乞正其罪。上命焚所著書，押遣還鄉。

潘耒《松陵文獻序》 亡兄力田乃爲《松陵文獻》一書，獻之以紀先賢之事迹，文以錄邑人之詩文。文集未成，而遭潯溪之禍，獻集得諸燼。餘後三十年，耒乃克校而梓之。

朱軾《史傳三編》卷二八 景德三年，〔王旦〕拜工部尚書、同平章事。時西北二邊兵罷不用，帝以無事治天下，旦務行祖宗故事，慎所變改。帝久益信之，言無不聽。凡大臣有所請，必曰：「王旦以爲何如？」旦爲人寡言笑，默坐終日，及奏事羣臣異同，旦徐一言以定。天下大蝗，執政或袖死蝗以進曰：「蝗實死矣。請率百官賀。」旦獨不可。後數日方奏事，飛蝗蔽天。帝顧旦曰：「使百官方賀，而蝗如此，豈不爲天下笑耶！」宫禁災，旦馳入，帝曰：「兩朝所積，一朝殆盡。可惜也！」旦曰：「陛下富有天下，財帛不足憂，所慮者政令賞罰之不當耳。臣備位宰府，天災如此，當罷免。」連上表待罪，帝乃下詔罪己，許中外上封事言得失。後有言實榮王宫火所延者，置獄劾，當坐死百餘人。旦獨請曰：「陛下降詔罪己，今反歸咎於人，何以示信？且火雖有迹，寧知非天譴耶？」帝欣然聽納，當坐者皆免。有日者，上書言宫禁事，坐誅，籍其家，得朝士所與往還占問吉凶之説。帝欲付御史問狀，旦曰：「此人之常情，且語不及朝廷，不足罪。」帝怒不解。旦因自取嘗所占問之書進之，曰：「臣少賤時不免爲此，必以爲罪，願幷臣付獄。」帝曰：「此事已發，何可免？」旦曰：「臣爲宰相，執國法，豈可自爲之幸於不發而以罪人？」帝意解。旦至中書，悉焚所得書。既而帝復悔，馳取之，已焚矣，由是皆免。

《清聖祖仁皇帝實録》卷二四九 〔康熙五十一年正月〕丙午，刑部等衙門題：察審戴名世所著《南山集》、《孑遺録》内有大逆等語，應即行凌遲。已故方孝標所著《滇黔紀聞》内，亦有大逆等語，應剉其屍骸。戴名世、方孝標之祖父子孫兄弟及伯叔父兄弟之子，年十六歲以上者，俱查出解部，即行立斬；其母女妻妾姊妹子之妻妾、十五歲以下子孫、伯叔父兄弟之子，亦俱查出，給功臣家爲奴。方孝標歸順吳逆，身受僞官，迨其投誠，又蒙恩免罪，仍不改悖逆之心，書大逆之言。令該撫將方孝標同族人，不論服之已盡未盡，逐一嚴查，有職銜者盡皆革退。除已嫁女外，子女一併即解到部，發與烏喇、寧古塔、白都納等處安插。汪灝、方苞爲戴名世悖逆書作序，俱應立斬。方正玉、尤雲鶚聞拏自首，應將伊等妻子一併發寧古塔安插。編修劉巖雖不曾作序，然不將書出首，亦應革職，僉妻流三千里。

《明史・成祖紀》 〔永樂三年〕秋七月壬戌，鄱陽民進書毀先賢，杖之，毀其書。

又 〔永樂十五年〕秋八月甲午，甌寧人進金丹。帝曰：「此妖人也。令自餌之，毀其方書。」

又《趙俶傳》 帝嘗御奉天殿，召俶及錢宰、貝瓊等曰：「汝等一以孔子所定經書爲教，慎勿雜蘇秦、張儀縱横之言。」諸臣頓首受命。俶因請頒正定《十三經》於天下，屏《戰國策》及陰陽讖卜諸書，勿列學宮。

傅泰《請禁逆書摺》（《硃批諭旨二》卷二一一下） 雍正八年十月十九日署理廣東巡撫印務臣傅泰謹奏，爲密奏事：竊查嶺南向有三大家名號，一名屈大均，號翁山；一名陳恭尹，號元孝；一名梁佩蘭，號藥亭，俱有著作

詩文，流播已久。第以粤撫任內事務冗繁，臣辦理不暇，故未覓其書集看閱。及臣近日敬看，頒到《大義覺迷録》，內有曾靜之徒張熙供開，亦有《屈溫山集》議論與逆書相合等語，臣思屈溫山與屈翁山字雖有別，其音相似，隨即購覓書坊，竟有屈翁山文、外詩、外文鈔，及陳元孝、梁藥亭詩集等書。查梁藥亭詩、文、詞，無悖謬。而翁山、元孝詩文中多有悖逆之詞，隱藏抑鬱不平之氣，又將前朝稱呼之處俱空擡一字，惟屈翁山爲最，陳元孝間亦有之。臣觀覽之際，不勝駭愕髮指。查屈翁山、陳元孝身故，至今約有三十餘年，雖倖逃法網，現有惠來縣學教諭屈明洪，係屈翁山之子，臣正密與布政使王士俊商酌拘審之法。適值屈明洪於十月十六日到省，前往布政司繳印，又往廣州府投監。據供伊父屈翁山向犯滔天大罪，著作悖逆文詞，止因父死時年幼無知，存留詩文及刊板在家，未曾察閱，今任教諭，奉到頒賜《大義覺迷録》，宣讀之際，知有屈溫山姓名與父翁山聲音彷彿，隨檢查伊父所著詩文，始知伊父亂紀悖常，竟親自投首投監，請正典刑等語。據布政使密報前來，臣即行令布、按二司嚴加究審，至於陳元孝之子孫，屈明洪諒必得知，臣隨飭勒令供出，一并拘拏究審。擬議題報請旨外，所有查出逆書緣由理合據實密奏，伏乞皇上睿鑒施行，謹奏。［硃批］殊屬糊塗，煩瀆不明事體之至。

程元章《爲奏聞事摺》（《硃批諭旨九》卷二七下） 浙江總督臣程元章謹奏，爲奏聞事，竊照浙省風俗習尚浮華，喜沽名譽，其略知文藝者，往往尋章摘句，摭拾陳言，刊刻成書，以邀著述之虛名。臣蒙皇上高厚殊恩，委任重寄，莅浙之日，即通行所屬，嚴加禁飭。詎有淳安縣告假回籍宛平縣縣丞吳茂育，狂悖無知，愍不畏法。本年十一月初九日，據嚴州府稟稱，有淳安縣生員吳雰，係吳茂育之族兄，赴府首告茂育刊刻《求志編》二本，語多狂悖等情，并繳原書到。臣隨加翻閱，其中講學各條類多拾人唾餘，毫無心得，而評論古今則語言感慨，詞氣不平，肆口妄談，毫無忌憚。伏思聖朝重熙累洽，我皇上德被萬方，薄海內外靡不傾心向化。茂育生逢盛世，身受國恩，不思感激報効，乃敢以無知狂吠，刊刻傳播，已屬喪心。而書首李沛霖序文止書癸卯九月，不書雍正元年，更干法紀。臣披閱之下，不勝髮指，隨飭密拏去後。茲據該府將吳茂育拏解前來，并於其家起獲未釘《求志編》一部，與吳雰呈繳之書磨對，內多自序五頁，書有國朝年號，除行按察使劉章嚴審究擬，并提吳雰質訊「因何兩書序文互異之處」，一面查明茂育職銜、履歷，詳革外所有。現在拏究緣由，竝繳到原書二本，又未釘一部，相應一併恭呈御覽，臣謹繕摺具奏伏乞睿鑒施行，謹奏。［硃批］此奏嘉是，覽之宜嚴加審究，毋涉疎縱。大凡匪類之爲害世道生民，甚於盜賊，何也？蓋盜賊確有形迹可憑，兼爲成例所限，該管有司雖欲怠忽，而亦勢所不能。至於姦匪之徒，或托名斯文，或藉口著述，儘可置之弗問，所以除賊猶易而除匪甚難。地方大吏每膜外視之，皆係不識輕重，欲避勞怨而已，豈純臣奉公之居心乎？咸似此留心搜訪懲治，則若輩自不敢復萌妄念，更肆邪説。裨益國家造福黔黎，實非淺鮮。浙省此風向時甚熾，自李衛總督以來，大半斂跡矣。卿當踵而行之，以繼其後，毋使其故智復萌，切不可因遠「多事苛求」四字之嫌而貽誤於世道生民也。果能於斯一節汲汲剗除，勝於治理刑名錢穀案件之功，不啻什伯相倍，卿其謹誌，奉行勿替。

全祖望《鮚埼亭集外編》卷二三《江浙兩大獄記》 本朝江、浙有兩大獄，一爲莊廷鑨史禍，一爲戴名世《南山集》之禍，予備記其始末，蓋爲妄作者戒也。

明相國烏程朱文（恪）［肅］公。嘗著《明史》，舉大經大法者筆之，已刊行於世，未刊者爲《列朝諸臣傳》。國變後，朱氏家中落，以稾本質千金於莊廷鑨。廷鑨家故富，因竄名己作刻之，補崇禎一朝事，中多指斥昭代語。歲癸卯，歸安知縣吳之榮罷官，謀以告訐爲功，藉此作起復地，白其事於將軍松魁。魁移巡撫朱昌祚。朱牒督學胡尚衡。廷鑨並納重賂以免，乃稍易指斥語，重刊之。之榮計不行，特購得初刊本上之法司。事聞，遣刑部侍郎出讞獄。時廷鑨已死，戮其尸，誅弟廷鉞。舊禮部侍郎李令晳曾作序，亦伏法，并及其四子。令晳幼子年十六，法司令其減供一歲，例得免死充軍，對曰：「予見父兄死，不忍獨生。」卒不易供而死。序中稱「舊史朱氏」者，指文（恪）［肅］也。之榮素怨南潯富人朱佑明，遂嫁禍，且指其姓名以證，并誅其五子。松魁及幕客程維藩械赴京師。魁以八議僅削官，維藩戮於燕市。昌祚、尚衡賄讞獄者，委過於初申覆之學官，歸安、烏程兩學官並坐斬，而二人幸免。湖州太守譚希閔涖官甫半月，事發，與推官李煥，皆以隱匿罪至絞。潯墅關榷貨主事李尚白，聞閶門書坊有是書，遣役購之，適書賈他出，役坐其隣一朱姓者少待。及書買返，朱爲判其價，時主事已入京，以

購逆書立斬，書賈及役斬於杭，隣朱姓者因年踰七十免死，偕其妻發極邊。歸安茅元錫方爲朝邑令，與吳之鏞、之銘兄弟嘗預參校，悉被戮。時江、楚諸名士列名書中者皆死，刻工及鬻書者，同日刑。惟海寧查繼佐、仁和陸圻當獄初起，先首告，謂廷鑨慕其名列之參校中，得脱罪。是獄也，死者七十餘人，婦女並給邊，蓋浙之大吏及讞獄之侍郎，鑒於松魁，且畏之榮復有言，雖有冤者不敢奏雪也。之榮卒以此起用，并以所籍朱佑明之產給之，後仕至右僉都。

桐城方孝標嘗以科第起官至學士，後以族人方猷丁酉主江南試，與之有私，並去官遣戍，遇赦歸，入滇，受吳逆僞翰林承旨。吳逆敗，孝標先迎降得免死，因著《鈍齋文集》、《滇黔紀聞》，極多悖逆語。戴名世見而喜之，所著《南山集》多采錄孝標所紀事，尤雲鍔、方正玉爲之捐貲刊行。雲鍔、正玉及同官汪灝、朱書、劉巖、余生、王源皆有序，板則寄藏於方苞家。都諫趙申喬奏其事，九卿會鞫，擬戴名世大逆，法至寸磔，族皆棄市，未及冠笄者發邊。朱書、王源已故免議。尤雲鍔、方正玉、汪灝、劉巖、余生、方苞以謗論，罪絞。時方孝標已死，以戴名世之罪罪之，子登嶧、雲旅，孫世樵並斬，方氏有服者皆坐死，且剉孝標尸。尙書韓菼、侍郎趙士麟、御史劉灝、淮揚道王英謨，庶吉士汪份等三十二人，並別議降謫。疏奏，聖祖惻然，凡議絞者改編戍，汪灝以曾效力書局，赦出獄，方苞編旗下，尤雲鍔、方正玉免死，徙其家。方氏族屬止謫黑龍江。韓菼以下，平日與戴名世論文牽連者，俱免議。是案也，得恩旨，全活者三百餘人。康熙辛卯、壬辰間事也。

又卷二六《送沈萩林之蔚州引》 吾友仁和詩人沈君萩林，其骨相臞臞，負清氣，嗜讀書，家所藏宋、元諸槧最富，萩林沈酣其中，而見之於文詞者，詩爲多。當康熙中葉，鹽官查氏之詩，連袂成帷，掉鞅館閣，其氣力呼吸，足以鼓動一時後進。萩林之尊公文昌君爲聲山詹事愛壻，遂徙宅焉。萩林入奉庭誥，出與查田、查浦諸舅氏遊，凡其門牆間高弟，或有不能盡窺之窔奧，萩林無不傾筐倒庋而得之。小生曲學，爭求梯接，猶恐不得自前，蓋一時膏粱之資地然也。詹事下世，文昌牽絲作令，查田諸老，既已相繼歸里，而風波驟起，門戶蕩析，文昌亦橫遭吏議。萩林崎嶇患難者數年，驚魂雖定，而家已中落，藏書星散。再入京師，追溯風流故態，不可復得，枯菀之殊，令人不能不感慨繫之。然吾讀萩林之詩，春容閒淡，初無哀怨之音，其於友朋交好之誼，尤致意焉。萩林眞不媿爲詩人者也。歲在丙辰，萩林父喪服闋，貧不能自支，入京試北闈又不售，將爲蔚州之游，而索一言於予以自廣。嗟乎！萩林能以詩嗣其舅氏，得如山谷之有師川諸子，雖以此沒世可也，又遑恤乎其窮。

昭槤《嘯亭續錄》卷四《元代稗史》 元代稗官雜記，自《輟耕錄》外，罕有傳於世者。按：宋人頗好著述，一代小說，幾至汗牛充棟，今流傳者尙不下數百種。元人沿其餘習，何以毫無一二著述之家？蓋因記明初事有干犯忌諱者，明太祖惡其伉直，皆聚而焚燬，故使却特氏一代嘉言懿行，盡行泯沒，良可慨歎。《輟耕錄》幸後出見存耳。然則皇覺僧人之惡，其去祖龍幾希矣。

唐鑑《唐確愼公集》卷五《禁止淫詞小說示》 照得淫詞小說，最有關於風俗人心，誘人於邪，陷人於惡，往往以未有之事，裝點而爲金粉之樓臺；以本無之人，雜糅而成溱洧之士女。見者心動，舍廉恥而入奇衺；聞者豔稱，棄禮義而談輕薄。人心之壞，風俗之澆，莫甚於此。除飭各府州縣，將一切淫詞小說以及新出《畫舫》、《青樓》等錄，概行飭坊燒毀，毋許存留外，合行出示曉諭。爲此，仰城鄉士農工賈人等知悉：爾等各有正業，無事閒書，愼勿以有用之心身，自蕩於淫邪之詞曲，更勿以有限之歲月，甘擲於荒忽之見聞，豈聖賢傳經可讀而反不讀，世俗傳奇不可讀而反欲讀耶？當不如此其愚昧也。特諭。

《清高宗純皇帝實錄》卷四四三 〔乾隆十八年七月壬午〕又諭：滿洲等習俗純樸，忠義稟乎天性，原不識所謂書籍。自我朝一統以來，始學漢文。皇祖聖祖仁皇帝，俾不識漢文之人，令其通曉古事，於品行有益，曾將《五經》及《四子》、《通鑑》等書，繙譯刊行。近有不肖之徒，并不繙譯正傳，反將《水滸》、《西厢記》等小說繙譯，使人閱看，誘以爲惡。甚至以滿洲單字還音鈔寫古詞者俱有。似此穢惡之書，非惟無益；而滿洲等習俗之偷，皆由於此。如愚民之惑於邪教，親近匪人者，概由看此惡書所致，於滿洲舊習所關甚重，不可不嚴行禁止。將此交八旗大臣、東三省將軍、各駐防將軍大臣等，除官行刊刻舊有繙譯正書外，其私行繙寫并清字古詞，俱著查覈嚴禁，將現有者查出燒燬，再交提督從嚴查禁，將原板盡行燒燬。如有私自存

留者，一經察出，朕惟該管大臣是問。

又卷五四〇 ［乾隆二十二年元月］丁卯諭曰：軍機大臣會同九卿科道等審擬段昌緒、彭家屏一案，段昌緒鈔録僞檄，圈點評贊，悖逆已極，其罪自不容誅。至彭家屏，前因段昌緒家查出僞檄，彼時以該處人心惡劣，即彭家屏家亦不能保其必無，因降旨嚴查。及到京後，召九卿科道面詢彭家屏，所問者僞檄及詆毁悖逆，類於僞檄之書耳。而彭家屏果供出鈔存明末野史數種，蓋彼時彭家屏意中，以朕已查獲伊家中書籍，難以狡飾，是以據實供認，尚冀稍減萬一。而伊子不知，希圖滅跡，先已聞風燒燬。若使此數種書中，果無悖逆詆毁之言，亦何必作此鬼蜮伎倆耶！

又卷八三六 ［乾隆三十四年六月丙辰］又諭曰：錢謙益本一有才無行之人，在前明時身躋膴仕。及本朝定鼎之初，率先投順，洊陟列卿。大節有虧，實不足齒於人類。朕從前序沈德潛所選《國朝詩別裁集》，曾明斥錢謙益等之非，黜其詩不録，實爲千古立綱常名教之大閑。彼時未經見其全集，尚以爲其詩自在，聽之可也。今閲其所著《初學集》、《有學集》，荒誕背謬，其中詆謗本朝之處，不一而足。夫錢謙益果終爲明臣守死不變，即以筆墨騰謗，尚在情理之中；而伊既爲本朝臣僕，豈得復以從前狂吠之語，刊入集中？其意不過欲借此以掩其失節之羞，尤爲可鄙可恥！錢謙益業已身死骨朽，姑免追究。但此等書籍，悖理犯義，豈可聽其流傳？必當早爲銷燬，著各該督撫等將《初學》、《有學》二集於所屬書肆及藏書之家，諭令繳出，彙齊送京。至於村塾鄉愚、僻處山陬荒谷者，並著廣爲出示，明切曉諭，定限二年之內俾令盡行繳出，毋使稍有存留。錢謙益籍隸江南，其書板必當尚存，且別省或有翻刻印售者，俱著該督撫等即將全板儘數查出，一併送京，勿令留遺片簡。朕此旨實爲世道人心起見，止欲斥棄其書，並非欲查究其事。所有各書坊及藏書之家，原無干礙，各督撫務須詳悉諭知，並嚴飭屬員安靜妥辦，毋任胥役人等藉端滋擾。若士民等因此查辦，反以其書爲寶，不行舉出，百計收藏者，則其人自取罪戾，該督撫亦不可姑息。若將來犯出，惟該督撫是問。其京城地面，著提督衙門、五城、順天府一體辦理，將此通諭中外知之。

又卷九六四 ［乾隆三十九年八月丙戌］諭軍機大臣等：前曾諭令各督撫採訪遺書，彙登册府，下詔數月，應者寥寥。彼時恐有司等因遺編中或有違背忌諱字面，懼涉干礙，而藏書家因而窺其意指，一切秘而不宣，因復明切宣諭，即或字義觸礙，乃前人偏見，與近時無涉，不必過於畏首畏尾。朕斷不肯因訪求遺籍，於書中尋摘瑕疵，罪及收藏之人。若仍前疑畏，不肯盡出所藏，將來或別露違礙之書，則是有意收存，其取戾轉大。所降諭旨甚明，并寄諭江浙督撫，以書中或有忌諱誕妄字句，不應留以貽惑後學者，進到時亦不過將書毁棄，轉諭其家不必收存，與藏書之人並無干涉。至督撫等經手彙送，更無關礙。朕辦事光明正大，各督撫皆所深知，豈尚不能見信於天下？該督撫等接奉前旨，自應將可備採擇之書開單送館。其或字義觸礙者，亦當分別查出奏明。或封固進呈，請旨銷燬；或在外焚棄，將書名奏聞，方爲實力辦理。乃各省進到書籍，不下萬餘種，並不見奏及稍有忌諱之書。豈有裒集如許遺書，竟無一違礙字跡之理！況明季末，造野史者甚多，其間毁譽任意，傳聞異詞，必有詆觸本朝之語，正當及此一番查辦，盡行銷燬，杜遏邪言，以正人心而厚風俗，斷不宜置之不辦。此等筆墨妄議之事，大率江浙兩省居多，其江西、閩、粤、湖廣亦或不免，豈可不細加查覈！高晉、薩載、三寶、海成、鐘音、德保，皆係滿洲大臣；而李侍堯、陳輝祖、裴宗錫等，亦俱係世臣。若見有詆毁本朝之書，或係稗官私載，或係詩文專集，應無不共知切齒，豈有尚聽其潛匿流傳，貽惑後世！不知各該督撫等查繳遺書，於此等作何辦理，著即行據實具奏。至各省已經進到之書，現交四庫全書處檢查，如有關礙者，即行徹出銷燬。其各省繳到之書，督撫等或見其書有忌諱，徹留不解，亦未可知。設或竟未交一關礙之書，則恐其仍係匿而不獻。著傳諭該督撫等，於已繳藏書之家，再令誠妥之員前往明白傳諭，如有不應存留之書，即速交出，與收藏之人並無干礙。朕凡事開誠佈公，既經明白宣諭，豈肯復事吹求！若此次傳諭之後，復有隱諱存留，則是有心藏匿僞妄之書，日後別經發覺，其罪轉不能逭，承辦之督撫等亦難辭咎。但各督撫必須選派妥員，善爲經理，毋得照常通行，交地方官辦理不善，致不肖吏役，藉端滋擾，將此一并諭令知之。

又卷九九五 ［乾隆四十年閏十月］辛酉，諭軍機大臣等：朕昨檢閲各省呈繳應燬書籍内有僧澹歸所著《偏行堂集》，係韶州府知府高綱爲之製序，兼爲募資刊行。因查澹歸名金堡，明末進士，曾任知縣，復爲桂王朱由榔給事中，當時稱爲五虎之一，後乃託跡緇流，藉以苟活。其人本不足齒，而所

著詩文中，多悖謬字句，自應銷燬。高綱身爲漢軍，且係高其佩之子，世受國恩，乃見此等悖逆之書，恬不爲怪，匿不舉首，轉爲製序募刻，其心實不可問，使其人尚在，必當立寘重典，因令查閱其家，收存各種書籍。今於高綱之子高秉家查有陳建所著《皇明實紀》一書，語多悖謬，其書板自必尚在粵東，著傳諭李侍堯等即速查明此書板片，及所有刊印之本，一併奏繳。又查出《喜逢春傳奇》一本，亦有不法字句，係江寧清笑生所撰，曲本既經刊佈，外間必有流傳，該督撫等從前未經辦及，想因曲本蒐輯不到耳，一併傳諭高晉薩載於江寧、蘇州兩處，查明所有刷印紙本及板片，概行呈繳。高綱爲滄歸作序，朕於無意中閲及，可見天理難容，自然敗露。其子高秉收藏應燬之書，即或前此未經寓目，近年來查辦遺書，屢經降旨宣諭，凡繳出者概不究其已往。今高秉仍然匿不呈繳，自有應得之罪，已交刑部審辦。此專因高綱爲八旗大臣子孫，其家藏有應燬之書，不可不示懲儆。至陳建在明天啓間，即清笑生似亦明末時人，其兩家即有子孫，均可不必深究。設或民間尚有藏者，但經獻出，均可免罪。將此由四百里一併諭令知之。

又卷一〇二〇［乾隆四十一年十一月］諭：前因彙輯《四庫全書》，諭各省督撫徧爲採訪，嗣據陸續送到各種遺書，令總裁等悉心校勘，分别應刊、應鈔及存目三項，以廣流傳。第其中有明季諸人書集，詞意抵觸本朝者，自當在銷燬之列。節經各督撫呈進，並勅館臣詳悉檢閲，朕復於進到時親加披覽，覺有不可不爲區别甄覈者。如錢謙益，在明已居大位，又復身事本朝，而金堡、屈大均，則又遁跡緇流，均以不能死節靦顔苟活。乃托名勝國，妄肆狂狺，其人實不足齒，其書豈可復存？自應逐細查明，概行燬棄，以勵臣節而正人心。若劉宗周、黄道周，立朝守正，風節凛然，其奏議慷慨極言，忠藎溢於簡牘，卒之以身殉國，不愧一代完人。又如熊廷弼，受任疆場，林優幹濟，所上封事，語多剴切，乃爲朝議所撓，致使身陷大辟。嘗閲其疏，内有「灑一腔之血於朝廷，付七尺之軀於邊塞。」二語，親爲批識云「觀至此爲之動心欲淚，而彼之君若不聞，明欲不亡得乎？」可見朕大公至正之心矣。又如王允成，《南臺奏稿》彈劾權奸，指陳利弊，亦爲無慚骨鯁。又如葉向高，爲當時正人，頗負重望。及再入内閣，值逆閹弄權，調停委曲，雖不能免責賢之備，然觀其綸扉奏草，請補閣臣，疏至七十七上，幾於痛哭流涕，一概付之不答。則其朝綱叢脞，更可不問而知也。以上諸人所言，若當時能採而用之，敗亡未必若彼其速。是其書爲明季喪亂所關，足資考鏡，惟當改易違礙字句，無庸銷燬。又彼時直臣如楊漣、左光斗、李應昇、周宗建、繆昌期、趙南星、倪元璐等所有書集，並當以此類推，即有一二語傷觸本朝，本屬各爲其主，亦止須酌改一二語，實不忍並從焚棄，致令湮沒不彰。至黄道周另有《博物典彙》一書，不過當時經生家策料之類，然其中紀本朝事蹟一篇，於李成梁設謀甚害，具載本末，尤足徵我朝祖宗行事，正大光明，實大有造於明人。而彼轉逞狡謀陰計，以怨報德。伏讀《實錄》，我太祖高皇帝以七大恨告天，師直爲壯，神戈所指，肇造鴻基，實自古創業者所莫及。雖彼之臣子，亦不能變亂黑白，曲爲隱諱，存其言幷可補當年紀載所未備。因命館臣酌加節改，附載開國方畧後，以昭徵信。近復閲江蘇所進應燬書籍内，有朱東觀編輯《崇禎年間諸臣奏疏》一卷，其中多指言明季秕政，漸至瓦解而不可救，亦足取爲殷鑒。雖諸疏中多有乖觸字句，彼皆忠於所事，實不足罪。惟當酌改數字，存其原書，使天下萬世曉然於明之所以亡與本朝之所以興，俾我子孫，永念祖宗締造之艱難，益思兢兢業業以祈天而永命。其所裨益，豈不更大，又何必亟燬其書乎！又若彙選各家詩文内有錢謙益、屈大均輩所作，自當削去。其餘原可留存，不必因一二匪人致累及衆。或明人所刻類書，其邊塞兵防等門所有觸礙字樣，固不可存，然祇須刪去數卷，或刪去數篇，或改定字句，亦不必因一二卷帙，遂廢全部。他若南宋人書之斥金，明初人書之斥元，其悖於義理者自當從刪，涉於詆詈者自當從改，其書均不必燬。使無礙之書，原聽其照舊流行，而應禁之書，自不致仍前藏匿，方爲盡善。著四庫館總裁等妥協查辦，粘籤呈覽，候朕定奪，並將此通諭中外知之。

又卷一一一八［乾隆四十五年十一月］乙酉，諭軍機大臣等：前令各省將違礙字句書籍實力查繳，解京銷燬。現據各督撫等陸續解到者甚多，因思演戲曲本内亦未必無違礙之處。如明季國初之事，有關涉本朝字句，自當一體飭查。至南宋與金朝，關涉詞曲，外間劇本，往往有扮演過當以致失實者，流傳久遠，無識之徒，或至轉以劇本爲眞，殊有關係，亦當一體飭查。此等劇本大約聚於蘇、揚等處，著傳諭伊齡阿、全德留心查察，有應刪改及抽掣者務爲斟酌妥辦，並將查出原本暨刪改抽掣之篇，一併黏籤，解京呈覽。但須不動聲色，不可稍涉張皇，全德向不通曉漢文，恐交伊專辦未能妥

協，所有蘇州一帶應查禁者，并著伊齡阿幫同辦理。

《學政全書》卷一《書籍》　乾隆三年覆准。淫詞穢説，最爲風俗人心之害，故例禁綦嚴。或地方官奉行不力，日久法弛，致向來舊書，至今銷燬未盡，甚至收買各種淫詞穢説，公然疊架盈箱，列諸市肆，租賃與人，供其觀看。若不并行申禁，不但舊板又復刷印，且新板接踵刊行，實非拔本塞源之計。應再通行直省督撫轉飭該地方官：凡民間一應淫詞小説，除造作刻印《定例》已嚴，均照舊遵行外，凡有收存舊本，限文到三箇月悉令銷燬。如過期不銷燬者，照《買看例》治罪。其有開鋪租賃與人者，照《市賣例》治罪。至該管官員禁止小説淫詞，理宜實力奉行。查定例如有違禁造作刻印者，該管官員不行查出，一次罰俸六箇月，二次罰俸一年，三次降一級調用等語。是造賣小説淫詞，該管官止於失察者，久經定有處分，無庸另行定例。若該管官任其收存租賃，明知故縱者，將該管官照《禁止邪教不能察緝例》降二級調用。

又　乾隆十九年三月，禮部覆准御史奏查定例坊間書賈，止許刊行理學政治有裨文業諸書，其餘瑣語淫詞通行嚴禁，久經遵奉在案。今該御史奏請將《水滸傳》申嚴禁止，應如所請。勅下直省督撫學政，行令地方官將《水滸傳》一書一體嚴禁，亦不得事外滋擾。

《清仁宗睿皇帝實録》卷一〇四　［嘉慶七年十月］癸亥，諭内閣：朕恭閲皇考《高宗純皇帝實録》内載「乾隆十八年七月欽奉諭旨：滿洲習俗純樸，自我朝一統以來，始學漢文，曾將《五經》及《四子》、《通鑑》等書繙譯刊行。近有不肖之徒，不繙譯正傳，反將《水滸》、《西廂記》等小説繙譯，使人閲看，誘以爲惡，甚至以滿洲單字還音鈔寫古詞者俱有，滿洲習俗之偷，皆由於此，不可不嚴行禁止等因，欽此。」仰見我皇考崇正黜邪，爲風俗人心計者，至深且遠。從前滿洲盡皆通曉清文，是以尚能將小説古詞繙譯成編，皇考深恐爲習俗之害，嚴飭禁止。今滿洲非惟不能繙譯，甚至清話生疏，不識清字。其粗曉漢文者，又以經史正文詞義深奥，難於誦習，專取各種無稽小説，日事披覽，而人心漸即於偷，此不獨滿洲爲然，即漢人亦更多蹈此陋習。如經史爲學問根柢，自應悉心研討，至諸子百家，不過供文人涉獵，已屬藝餘；乃鄉曲小民，不但經史不能領悟，即子集亦束置不觀，惟喜瞽詞俗劇，及一切鄙俚之詞；更有編造新文，廣爲傳播，大率不外乎草竊姦宄之事，而愚民之好勇鬭很者，溺於邪慝，轉相慕效，糾夥結盟，肆行淫暴，概由看此等書詞所致。世道人心，大有關繫，不可不重申嚴禁。但此時若紛紛查辦，未免假手吏胥，轉滋擾累。著在京之步軍統領、順天府五城各衙門及外省各督撫通飭地方官出示勸諭，將各坊肆及家藏不經小説，現已刊播者，令其自行燒燬，不得仍留原板，此後並不準再行編造刊刻，以端風化而息詖詞。將此通諭知之。

俞正燮《癸巳存稿》卷九《演義小説》　順治七年正月，頒行清字《三國演義》，此如明時文淵閣書有《黄氏女書》也。《黄氏女書》爲念佛，《三國演義》爲關聖，一時人心所向，不以書之眞謬論。其小説之禁，順治九年題准，瑣語淫詞，通行嚴禁。康熙四十八年六月議准，淫詞小説，又各種秘藥，地方官嚴禁。五十三年四月，九卿議定：坊肆小説淫詞，嚴查禁絶，板與書盡銷毁，違者治罪，印者流，賣者徒。乾隆元年覆准，淫詞穢説，疊架盈箱，列肆租賃，限文到三日銷毁，官故縱者，照《禁止邪教不能察緝例》，降二級調用。嘉慶七年，禁坊肆不經小説，此後不准再行編造。十五年六月，御史伯依保奏請銷毁淫説《如意君傳》、《濃情快史》、《株林野史》、《肉蒲團》等。諭旨，不得令吏胥等藉端坊市紛紛搜查，致有滋擾。十八年十月，又禁止淫詞小説。

梁章鉅《歸田瑣記》卷五《胡中藻》　國初於前明臣工之歸欵者，率仍還以顯職，保其初終。如錢謙益之有才無行，爲朝廷所深惡痛絶之人，至令天下銷燬其所著《初學集》、《有學集》，而明諭中猶稱止欲斥禁其書，並非查究其事。

《清文宗顯皇帝實録》卷三八　［咸豐元年七月乙巳］又據片奏，該匪傳教惑人，有《性命圭旨》及《水滸傳》兩書，湖南各處坊肆皆刊刻售賣，蠱惑愚民，莫此爲甚。併著該督撫督飭地方官嚴行查禁，將書板盡行銷燬。仍當嚴飭各屬，勿令吏胥藉端滋擾。原摺片著鈔給閲看，將此諭令知之。

葉德輝《書林清話》卷一〇《宋元祐禁蘇黄集板》　元祐黨禁，蘇、黄詩文翰墨不准刊板流傳，亦二公文厄之極矣。然其時有酷好二公詩文而無所畏者，楊萬里序劉才邵《檆溪居士集》云：「在仁宗時，則有若六一先生主斯文之夏盟；在神宗時，則有若東坡先生傳六一之大宗；在哲宗時，則有若山谷先生續《國風》、《雅》、《頌》之絶弦。中更群小，崇姦紲正，目爲僻

學，禁而錮之。惟我廬陵，有盧溪之王、楙溪之劉，自作金城，以郛此道。自王公游太學，劉公繼至，獨犯大禁，挾六一、坡、谷之書以入盧溪。」楊萬里《序》又稱，「是時書肆畏罪，坡、谷二書皆毀其板，獨一貴戚家刻印焉，率黃金斤易坡文十。蓋其禁愈急，其文愈貴也。楙溪諱才卲，字美中；盧溪諱庭珪，字民瞻。皆擢進士第。」然尤奇者，宋太學生丁時起《泣血錄》載：「金人入汴，據青城，索監書藏經，如《資治通鑑》、蘇、黃文集之屬，皆指名取索。當時朝廷行下諸路，盡毀坡、谷著作，姦黨傳會，至欲焚《資治通鑑》，賴有神宗御製序文，乃不敢毀。而敵國之敬重固如此。」吾謂二公信有獨嗜，而歐陽、蘇、黃之詩文，至今如日月江河，萬古不廢，豈非山川靈秀之氣，固結不散，有以使之然與。

又《宋朱子劾唐仲友刻書公案》 宋陳騤《中興館閣續錄》云：「秘書郎莫叔光上言，今承平滋久，四方之人，益以典籍爲重，凡縉紳家世所藏善本，外之監司郡守搜訪得之，往往鋟版，以爲官書，然所在各自版行。」是宋時士大夫以刻書爲風尚，世傳宋刻書所謂司郡刻者，皆可支領公使庫錢，故此類刻本，又謂之「公使庫本」，名類甚繁，別已詳記。然朱子劾唐仲友一重公案，世固鮮有知之者。淳熙八年，唐仲友守台州，領公使庫錢刻《荀子》、《揚子》二書，爲朱子所彈劾。今《朱子集》載有按知台州唐仲友前後凡六《狀》，其《第六狀》云：「一據蔣輝供，元是明州百姓。淳熙四年六月內，因同已斷配人方百二等僞造官會事發，蒙臨安府府院將輝斷配台州牢城，差在都酒務著役，月糧雇本州住人周立代役，每日開書籍供養。去年三月內，唐仲友叫上輝就公使庫開雕《揚子》、《荀子》等印板，輝共王定等一十八人，在局雕開。至八月十三日，忽據婺州義烏縣弓手到來台州，將輝捉下，稱被僞造會人黃念五等通取。輝被捉，欲隨前去證對公事，仲友便使承局學院子董顯等三人捉回。仲友台旨：『你是弓手，捉我處兵士，你不來下牒捉人。』當時弓手押回，奪輝在局生活。至十月內，再蒙提刑司有文字來追捉輝，仲友使三六宣教令輝收拾作具入宅，至後堂名清屬堂安歇宿食，是金婆婆供送飯食。得三日，仲友入來，說與輝稱：『我救得你在此，我有些事問你，肯依我不？』輝當時取覆仲友，不知甚事，言了『是』。仲友稱說：『我要做些會子。』輝便言：『恐向後敗獲不好看。』仲友言：『你莫管我，你若不依我說，便送你入獄囚殺，你是配軍不妨。』輝怕台嚴依從。次日見金婆婆送飯入來，輝便問金婆婆如何得紙來？本人言：『你莫管，仲友自交我兒金大去婺州鄉下撩使庵頭封來。』次日金婆婆將描模一貫文省會子樣入來，人物是接履先生模樣。輝便問金婆婆，言是大營前住人賀選在裏書院描模，其賀選能傳神寫字，是仲友宣教耳目。當時將梨木板一片與輝，十日雕造了，金婆婆用籐箱乘貯，入宅收藏。又至兩日，見金婆婆同三六宣教入來，將梨木板一十片雙面，幷《後典麗賦》樣第一卷二十紙，其三六宣教稱：『恐你閑了手，且雕賦板，俟造紙來。』其時三六宣教言說：『你若與仲友做造會子留心，仲友任滿，帶你歸婺州，照顧你不難。』輝開賦板至一月。至十二月中旬，金婆婆將籐箱貯出會子紙二百道，幷雕下會子板及土朱靛青棱墨等物付與輝，印下會子二百道了，未使朱印，再乘在箱子內付金婆婆，將入宅中。至次日，金婆婆來，將出篆寫一貫文省幷專典官押三字，又青花上寫字號二字，輝是實方使朱印三顆。輝便問金婆婆：『三六宣教此一貫文篆文幷官押是誰寫？』金婆婆稱：『是賀選寫。』至十二月末旬，又印一百五十道。今年正月內至六月末間，約二十次共印二千六百餘道，每次或印一百道及一百五十道幷二百道，至七月內不曾印造。至七月二十六日，見金婆婆急來報說：『你且急出去，提舉封了諸庫，恐搜見你。』輝連忙用梯子布上後牆，走至宅後亭子上，被趙監押兵士捉住，押赴紹興府禁勘。」此《按狀》中《貼黃》之一，可見仲友被劾，僞造會子亦其一節，非專因刻書也。今黎庶昌刻台州大字本《荀子》，板心有「蔣輝」等名十八人，字仿歐體，想見當時雕鏤之精，不在北宋蜀刻之下。使其居官能飭簠簋，亦豈非當時之賢士哉！

雜録

《魏書・崔浩傳》 著作令史太原閔湛、趙郡郄標素諂事浩，乃請立石銘，刊載《國書》，幷勒所注《五經》。浩贊成之。恭宗善焉，遂營於天郊東三里，方百三十步，用功三百萬乃訖。眞君十一年六月誅浩，清河崔氏無遠近，范陽盧氏、太原郭氏、河東柳氏，皆浩之姻親，盡夷其族。初，郄標等立石銘刊《國記》，浩盡述國事，備而不典。而石銘顯在衢路，往來行者咸

以爲言，事遂聞發。有司按驗浩，取祕書郎吏及長曆生數百人意狀。浩伏受賕，其祕書郎吏已下盡死。

《新唐書·王涯傳》　然涯年過七十，嗜權固位，偸合［李］訓等，不能絜去就，以至覆宗。是時，十一族貲貨悉爲兵掠，而涯居永寧里，乃楊憑故第，財貯鉅萬，取之彌日不盡。家書多與祕府侔，前世名書畫，嘗以厚貨鉤致，或私以官，鑿垣納之，重複祕固，若不可窺者，至是爲人破垣剔取奩軸金玉，而棄其書畫於道。籍田宅入于官。

邵博《邵氏聞見後録》卷九　神宗惡《後漢書》范曄姓名，欲更修之。求《東觀漢記》，久之不得，後高麗以其本附醫官某人來上，神宗已厭代矣。至元祐年，高麗使人言狀，訪於書省，無知者。醫官已死，於其家得之，藏於中祕。予嘗寫本於呂汲公家，亦棄之兵火中矣。又予官長安時，或云鄠杜民家有《江表傳》、《英雄志》，因爲外臺言之，亟委官以取，民驚懼，遽焚之。世今無此三書矣。

《金史·宇文虛中傳》　虛中恃才輕肆，好譏訕，凡見女直人輒以礦鹵目之，貴人達官往往積不能平。虛中嘗撰宮殿牓署，本皆嘉美之名，惡虛中者擿其字以爲謗訕朝廷，由是媒蘖以成其罪矣。六年二月，唐括酬斡家奴杜天佛留告虛中謀反，詔有司鞫治無狀，乃羅織虛中家圖書爲反具，虛中曰：「死自吾分。至於圖籍，南來士大夫家家有之，高士談圖書尤多於我家，豈亦反耶。」有司承順風旨并殺士談，至今冤之。

余繼登《典故紀聞》卷六　永樂初，山東有人獻陣圖者，成祖曰：「自古帝王用兵，皆出於不得已，夫驅人以冒白刃，鮮有不殘傷毁折，其得不死亦幸也。朕每親當矢石，見死於鋒鏑之下者，未嘗不痛心。今天下無事，惟當休養斯民，修禮樂，興教化，豈當復言用兵？此輩狂妄，必謂朕有好武之意，故上此圖，以冀進用。好武豈盛德事？其斥去之！」【略】永樂初有獻《道經》者，成祖曰：「朕所用治天下者《五經》耳，《道經》何用？」斥去之。既而諭侍臣曰：「上好正道，則下不爲邪，人主好尚稍不謹，憸人懷僥倖之心者恣縱妄誕，以投所好，苟墮其計，將來流害無窮矣，故不得不斥。」

錢曾《讀書敏求記》卷一《龍龕手鑑》　四卷。燕僧行均字廣濟，俗姓于氏，編《龍龕手鑑》，以平上去入爲次，隨部復用四聲列之，計二萬六千四百二十餘字，注一十六萬三千一百七十餘字。統和十五年丁酉七月初一癸亥，燕臺憫忠寺沙門智光字法炬爲之序。按耶律隆緒統和丁酉，宋太宗至道三年也。是時契丹母后稱制，國勢強盛，日尋干戈，唯以侵宋爲事。而一時名僧開士相與探學右文，穿貫綫之花，翻多羅之葉，鏤板製序，垂此書於永久。豈可以其隔絶中國而易之乎？沈存中言：「契丹書禁甚嚴，傳入中國者法皆死。」今此本獨流傳於劫火洞燒之餘，摩挱蠹簡，靈光巋然，洵希世之珍也。

徐乾學《資治通鑑後編》卷一一五　［紹興十四年］冬十月甲午，右正言何若請戒内外師儒之官黜程頤、張載之學，禁絶遺書，俾勿傳誦。從之。

王士禛《分甘餘話》卷一《北宋末習詩賦者杖》　道君時，以言官建議，習詩賦者杖一百。有尹天民者爲南京教官，至之日，悉取《史記》以下至歐陽《史》，焚講堂下。王安石之學術，爲害於世道人心如此。

《明史·王守仁傳》　守仁天姿異敏。年十七謁上饒婁諒，與論朱子格物大指。還家，日端坐，講讀《五經》，不苟言笑。游九華歸，築室陽明洞中。泛濫二氏學，數年無所得。謫龍場，窮荒無書，日繹舊聞。忽悟格物致知，當自求諸心，不當求諸事物，喟然曰：「道在是矣。」遂篤信不疑。其爲教，專以致良知爲主。謂宋周、程二子後，惟象山陸氏簡易直捷，有以接孟氏之傳。而朱子《集註》、《或問》之類，乃中年未定之説。學者翕然從之，世遂有「陽明學」云。守仁既卒，桂萼奏其擅離職守。帝大怒，下廷臣議。萼等言：「守仁事不師古，言不稱師。欲立異以爲高，則非朱熹格物致知之論；知衆論之不予，則爲朱熹晚年定論之書。號召門徒，互相倡和。才美者樂其任意，庸鄙者借其虛聲。傳習轉訛，背謬彌甚。但討捕畬賊，擒獲叛藩，功有足録，宜免追奪伯爵以章大信，禁邪説以正人心。」帝乃下詔停世襲，卹典俱不行。

蔣良騏《東華録·康熙五十三年》　［三月］左都御史揆叙疏言：「近聞各省提塘及刷寫報文者，除科抄外，將大小事件采聽寫錄，名曰小報，任意捏造，駭人耳目，請嚴行禁止，庶好事不端之人，有所畏懼。」下部議行。

陳康祺《郎潛紀聞初筆》卷六《潘檉章修輯明史記》　稼堂先生之兄檉

章，雖以南潯莊氏史獄牽連罹慘禍，其人亦名士而有志節者也。莊氏私史，椲章實未嘗寓目，徒以名重爲所摭引，列之參閱中，遂及於難。椲章，明諸生。明亡，隱居韭溪，肆力於學，綜貫百家，天文、地理、皇極、太乙之學，靡不通曉。已乃專精史事，欲仿馬遷書作《明史記》，而友人吳炎所見略同，遂與同事。椲章撰本紀及諸志，炎撰世家、列傳，其年表、曆法則屬諸王錫闡，流寇志屬諸戴笠。私家難得《實錄》，椲章鬻產購得之。而崑山顧炎武、江陰李遜之、長洲陳濟生，皆熟於典故，家多藏書，並出以相佐。間出其藁質之錢宗伯謙益，謙益大善之，歎曰：「老夫耄矣，不意今日復見二君。絳雲樓餘燼尚在，當悉以相付。」遂連舟載其書籍歸。撰述數年，其書既成十之六七。自椲章及炎罹莊氏難，而書卒不就，并已就者亦不傳矣。竊謂椲章諸人，皆博雅諳史法，其分體著書，志在搜拾前明掌故，必不敢干觸忌諱，詆毀聖朝。乃自莊氏大獄起，而其人既慘膺斧鑕，其書亦終付劫灰，他日史館宏開，遂不獲出殘冗而資採輯，殊可惜也！錢謙益晚節摧頽，爲世詬病，其獎借文人，虛心服善，亦自寸有所長。即絳雲餘燼，脫手贈人，不可謂非古賢風義也。謙益記問該洽，詩文頗有根柢，不得以懵於大義，并沒其著作之微長。

又《郎潛紀聞二筆》卷八《莊廷鑨明史禍與戴名世南山集禍》《鮚埼亭外集》記本朝江、浙兩大獄，一爲莊廷鑨史禍，一爲戴名世《南山集》之禍，談舊事者所當知也，錄之。明相國烏程朱文恪公，嘗作《明史》，舉大經大法者筆之，已刊行於世，未刊者爲《列朝諸臣傳》。國變後，朱氏家中落，以藁本質千金於莊廷鑨。廷鑨家故富，因竄名己作刻之，補崇禎一朝事，中多指斥昭代語。歲癸卯，歸安知縣吳之榮罷官，謀以告訐爲功，藉此作起復地，白其事於將軍松魁，魁移巡撫朱昌祚，朱牒督學胡尚衡，廷鑨並納重賂以免，乃稍易指斥語重刊之。之榮計不行，特購得初刊本上之法司，事聞，遣刑部侍郎出讞獄。時廷鑨已死，戮其屍，誅其弟廷鉞。舊禮部侍郎李令晳曾作序，亦伏法，并及其四子。令晳幼子年十六，法司令其減供一歲，則得免死充軍。對曰：「予見父兄死，不忍獨生。」卒不易供而死。序中稱舊史朱氏者，指文恪也。之榮素怨南潯富人朱佑明，遂嫁禍，且指其姓名以證，并誅其五子。松魁及幕客程維藩，械赴京師。魁以八議僅削官，維藩戮於燕市。昌祚、尚衡賄讞獄者，委過於初申覆之學官，歸安、烏程兩學官並坐斬，而二人幸免。湖州太守譚希閔，涖官甫半月，事發，與推官李煥皆以隱匿罪至絞。滸墅關榷貨主事李尚白，聞閶門書坊有是書，遣役購之，適書賈他出，役坐其鄰一朱姓家少待，及書賈返，朱爲判其價。時主事已入京，以購逆書立斬，書賈及役斬於杭，鄰朱姓者因年踰七十免死，偕其妻發極邊。歸安茅元錫方爲朝邑令，與吳之鏞、之銘兄弟嘗預參校，悉被戮。時江楚諸名士列名書中者皆死，刻工及鬻書者同日刑，惟海寧查繼佐、仁和陸圻，當獄初起，先首告，謂廷鑨慕其名列之參校中，得脫罪。按：小說傳奇，咸謂繼佐由吳六奇得脫；漁洋文集亦云然，非也。是獄也，死者七十餘人，婦女並給邊。蓋浙之大吏及讞獄之侍郎，鑒於松魁，且畏之榮復有言，雖有冤者，不敢奏雪也。之榮卒以此起用，并以所籍朱佑明之產給之，後仕至右僉都。桐城方孝標，嘗以科第起官至學士，後以族人方猷丁酉主江南試，與之有私，並去官遣戍，遇赦歸，入滇受吳逆僞翰林承旨，吳逆敗，孝標先迎降，得免死，因著《鈍齋文集》、《滇黔紀聞》，極多悖逆語。戴名世見而喜之，所著《南山集》多採錄孝標所紀事，尤雲鶚、方正玉爲之捐貲刊行。雲鶚、正玉及同官汪灝、朱書、劉巖、余生、王源皆有序，板則寄藏於方苞家。都諫趙申喬奏其事，九卿會鞫，戴名世大逆，法至寸磔，族皆棄市，未及冠笄者發邊；朱書、王源已故免議，尤雲鶚、方正玉、汪灝、劉巖、余生、方苞以謗論罪絞。時方孝標已死，以戴名世之罪罪之，子登嶧、雲旅，孫世樵並斬，方氏有服者皆坐死，且剉孝標尸。尚書韓菼、侍郎趙士麟、御史劉灝、淮揚道王英謨、庶吉士汪份等三十二人，並別議降謫。疏奏，聖祖惻然，凡議絞者改編戍；汪灝以曾效力書局，赦出獄；方苞編旗下，尤雲鶚、方正玉免死，徙其家；方氏族屬，止謫黑龍江；韓菼以下，平日與戴名世論文牽連者，俱免議。是案也，得恩旨全活者三百餘人，康熙辛卯、壬辰間事也。莊廷鉞事，前筆記之未詳，故補採全氏語。

吳慶坻《蕉廊脞録》卷五《永樂大典》《永樂大典》二萬二千八百七十七卷，凡例、目録六卷，邵位西先生所記同。凡一萬二千冊，冊數與《明史》異。向貯乾清宮。其副本，在皇史宬，後因恭藏《聖祖仁皇帝實錄》，乃移貯翰林院。李穆堂侍郎始借觀，而副本闕二千四百二十二卷，擬奏請發宮中正本鈔補之，未果。嘉慶丁巳，乾清宮災，正本燬。其存儲翰林院者，庋敬

一亭，無人過問。咸豐庚申之變，書漸亡失。光緒元年重修翰林院，庋置此書不及五千冊矣。明年丙子，繆小珊入詞館，詢之清秘堂，云尚存三千餘冊，求借觀不可得。丙戌，志文貞鋭官侍讀，入清秘堂辦事，小珊始得借鈔人間稀有之本。癸巳，小珊重入京師，詢之館人，則僅六百餘冊矣。庚子巨劫，翰林院牙門闌入使館，藏書星散，《大典》僅存三百餘冊。宣統元年，學部請以歸圖書館。《藝風堂文集》言之最詳。

戰爭劫難分部

綜　述

《後漢書・儒林傳序》　昔王莽、更始之際，天下散亂，禮樂分崩，典文殘落。【略】初，光武遷還洛陽，其經牒秘書載之二千餘兩，自此以後，參倍於前。及董卓移都之際，吏民擾亂，自辟雍、東觀、蘭臺、石室、宣明、鴻都諸藏典策文章，競共剖散，其縑帛圖書，大則連爲帷蓋，小乃制爲縢囊。及王允所收而西者，裁七十餘乘，道路艱遠，復棄其半矣。後長安之亂，一時焚蕩，莫不泯盡焉。

又《列女傳・董祀妻》　陳留董祀妻者，同郡蔡邕之女也，名琰，字文姬。博學有才辯，又妙於音律。適河東衛仲道。夫亡無子，歸寧于家。興平中，天下喪亂，文姬爲胡騎所獲，沒於南匈奴左賢王，在胡中十二年，生二子。曹操素與邕善，痛其無嗣，乃遣使者以金璧贖之，而重嫁于祀。祀爲屯田都尉，犯法當死，文姬詣曹操請之。時公卿名士及遠方使驛坐者滿堂，操謂賓客曰：「蔡伯喈女在外，今爲諸君見之。」及文姬進，蓬首徒行，叩頭請罪，音辭清辯，旨甚酸哀，衆皆爲改容。操曰：「誠實相矜，然文狀已去，柰何？」文姬曰：「明公廐馬萬匹，虎士成林，何惜疾足一騎，而不濟垂死之命乎！」操感其言，乃追原祀罪。時且寒，賜以頭巾履襪。操因問曰：「聞夫人家先多墳籍，猶能憶識之不？」文姬曰：「昔亡父賜書四千許卷，流離塗炭，罔有存者。今所誦憶，裁四百餘篇耳。」操曰：「今當使十吏就夫人寫之。」文姬曰：「妾聞男女之別，禮不親授。乞給紙筆，眞草唯命。」于是繕書送之，文無遺誤。

宇文逌《庾開府集序》（《庾子山集註》卷首）　昔在陽都，有集十四卷。值太清罹亂，百不一存。及到江陵，又有三卷，即重遭軍火，一字無遺。今之所撰，止入魏已來，爰洎皇代。凡所著述，合二十卷，分成兩帙。附之後爾。余與子山風期欵密，情均縞紵，契比金蘭。欲余製序，聊命翰札，幸無愧色，非有絢章，方當貽範縉紳，懸諸日月焉。

《魏書・儒林傳序》　自晉永嘉之後，運鍾喪亂，宇內分崩，群兇肆禍，生民不見俎豆之容，黔首唯睹戎馬之跡，禮樂文章，掃地將盡。而契之所感，斯道猶存。高才有德之流，自強蓬蓽；鴻生碩儒之輩，抱器晦己。

《陳書・許亨傳》　初撰《齊書》并《志》五十卷，遇亂失亡。

《隋書・牛弘傳》　開皇初，遷授散騎常侍、秘書監。弘以典籍遺逸，上表請開獻書之路，曰：「經籍所興，由來尚矣。爻畫肇於庖羲，文字生於蒼頡，聖人所以弘宣教導，博通古今，揚於王庭，肆於時夏。故堯稱至聖，猶考古道而言，舜其大智，尚觀古人之象。《周官》，外史掌三皇五帝之書，及四方之志。武王問黃帝、顓頊之道，太公曰：『在《丹書》。』是知握符御曆，有國有家者，曷嘗不以《詩》、《書》而爲教，因禮樂而成功也。昔周德既衰，舊經紊棄。孔子以大聖之才，開素王之業，憲章祖述，制《禮》刊《詩》，正五始而修《春秋》，闡《十翼》而弘《易》道。治國立身，作範垂法。及秦皇馭宇，呑滅諸侯，任用威力，事不師古，始下焚書之令，行偶語之刑。先王墳籍，掃地皆盡。本既先亡，從而顛覆。臣以圖讖言之，經典盛衰，信有徵數。此則書之一厄也。漢興，改秦之弊，敦尚儒術，建藏書之策，置校書之官，屋壁山巖，往往間出。外有太常、太史之藏，內有延閣、秘書之府。至孝成之世，亡逸尚多，遣謁者陳農求遺書於天下，詔劉向父子讎校篇籍。漢之典文，於斯爲盛。及王莽之末，長安兵起，宮室圖書，並從焚燼。此則書之二厄也。光武嗣興，尤重經誥，未及下車，先求文雅。於是鴻生鉅儒，繼踵而集，懷經負帙，不遠斯至。肅宗親臨講肄，和帝數幸書林，其蘭臺、石室，鴻都、東觀，秘牒塡委，更倍於前。及孝獻移都，吏民擾亂，圖書縑帛，皆取爲帷囊。所收而西，裁七十餘乘，屬西京大亂，一時

燔蕩。此則書之三厄也。魏文代漢，更集經典，皆藏在秘書、内外三閣，遣秘書郎鄭默删定舊文。時之論者，美其朱紫有別。晉氏承之，文籍尤廣。晉秘書監荀勗定魏《内經》，更著《新簿》。雖古文舊簡，猶云有缺，新章後録，鳩集已多，足得恢弘正道，訓範當世。屬劉、石憑陵，京華覆滅，朝章國典，從而失墜。此則書之四厄也。永嘉之後，寇竊競興，因河據洛，跨秦帶趙。論其建國立家，雖傳名號，憲章禮樂，寂滅無聞。劉裕平姚，收其圖籍，五經子史，纔四千卷，皆赤軸青紙，文字古拙。僭僞之盛，莫過二秦，以此而論，足可明矣。故知衣冠軌物，圖畫記注，播遷之餘，皆歸江左。晉、宋之際，學藝爲多，齊、梁之間，經史彌盛。宋秘書丞王儉，依劉氏《七略》，撰爲《七志》。梁人阮孝緒，亦爲《七録》。總其書數，三萬餘卷。及侯景渡江，破滅梁室，秘省經籍，雖從兵火，其文德殿内書史，宛然猶存。蕭繹據有江陵，遣將破平侯景，收文德之書，及公私典籍，重本七萬餘卷，悉送荆州。故江表圖書，因斯盡萃於繹矣。及周師入郢，繹悉焚之於外城，所收十纔一二。此則書之五厄也。後魏爰自幽方，遷宅伊、洛，日不暇給，經籍闕如。周氏創基關右，戎車未息。保定之始，書止八千，後加收集，方盈萬卷。高氏據有山東，初亦採訪，驗其本目，殘缺猶多。及東夏初平，獲其經史，四部重雜，三萬餘卷。所益舊書，五千而已。」

又《李德林傳》　德林美容儀，善談吐，齊天統中，兼中書侍郎，於賓館受國書。【略】所撰文集，勒成八十卷，遭亂亡失，見五十卷行於世。

《晉書・華嶠傳》　永嘉喪亂，經籍遺沒，嶠書存者三十餘卷。

《南史・梁元帝紀》　及魏人燒柵，買臣、謝答仁勸帝乘暗潰圍出就任約。帝素不便馳馬，曰：「事必無成，徒增辱耳。」答仁又求自扶，帝以問僕射王褒。褒曰：「答仁，侯景之黨，豈是可信？成彼之勳，不如降也。」乃聚圖書十餘萬卷盡燒之。

又《樂藹傳》　永明八年，荆州刺史巴東王子響稱兵反，及敗，焚燒府舍，官曹文書一時蕩盡。

又《賊臣傳・侯景》　景遣百道攻城，縱火燒大司馬、東西華諸門。城中倉卒未有備，乃鑿門樓，下水沃火，久之方滅。賊又斫東掖門將入，羊侃鑿門扇刺殺數人，賊乃退。又登東宫牆射城内。至夜，簡文募人出燒東宫臺殿遂盡，所聚圖籍數百廚，一皆灰燼。先是簡文夢有人畫作秦始皇，云「此人復焚書」，至是而驗。景又燒城西馬廐、士林館、太府寺。

《北史・隱逸傳・崔賾》　賾與河南元善、河東柳䛒、太原王劭、吳興姚察、琅琊諸葛潁、信都劉焯、河間劉炫相善，每因休假，清談竟日。所著詞、賦、碑、誌十餘萬言，撰《洽聞志》七卷，《八代四科志》三十卷。未及施行，江都傾覆，咸爲煨燼。

鄭谷《雲臺編自序》　游舉場凡十六年，著述近千餘首，自可者無幾。登第之後，孜孜忘倦，甚於始學也。喪亂奔離，散墜略盡。乾寧初上幸三峰，朝謁多暇，寓止雲臺道舍。因以所記或得章句綴於箋毫，或得於故侯屋壁，或聞於江左近儒，或祇省一聯，或不知落句。遂拾墜補遺，編成三百首，分爲上、中、下三卷，目爲《雲臺編》。所不能自負初心，非敢矜於作者。

韋藹《韋莊浣花集原序》（卷首）　余家之兄莊，自庚子亂離前凡著歌詩文章數十通，屬兵火迭興，簡編俱墜，唯餘口誦者，所存無幾。

《舊唐書・韋述傳》　韋述，司農卿弘機曾孫也。父景駿，房州刺史。述少聰敏，篤志文學。家有書二千卷，述爲兒童時，記覽皆徧，人駭異之。景龍中，景駿爲肥鄉令，述從父至任。洺州刺史元行沖，景駿之姑子，爲時大儒，常載書數車自隨。述入其書齋，忘寢與食。行沖異之，引與之談，貫穿經史，事如指掌，探賾奥旨，如遇師資。又試以綴文，操牘便就。行沖大悦，引之同榻曰：「此吾外家之寶也。」舉進士，西入關，時述甚少，儀形眇小。考功員外郎宋之問曰：「韋學士童年有何事業？」述對曰：「性好著書。述有所撰《唐春秋》三十卷，恨未終篇。至如詞策，仰待明試。」之問曰：「本求異才，果得遷、固。」是歲登科。開元五年，爲櫟陽尉。祕書監馬懷素受詔編次圖書，乃奏用左散騎常侍元行沖、左庶子齊澣、祕書少監王珣、衛尉少卿吳兢并述等二十六人，同於祕閣詳録四部書。懷素尋卒，行沖代掌其事，五年而成，其總目二百卷。述好譜學，祕閣中見常侍柳沖先撰《姓族系録》二百卷，述於分課之外手自抄録，暮則懷歸。如是周歲，寫録皆畢，百氏源流，轉益詳悉。乃於《柳録》之中，別撰成《開元譜》二十卷。其篤志忘倦，皆此類也。【略】述在書府四十年，居史職二十年，嗜學著書，手不釋卷。國史自令狐德棻至於吳兢，雖累有修撰，竟未成一家之言。至述始定類例，補遺續闕，勒成《國史》一百一十三卷，并《史例》一

卷，事簡而記詳，雅有良史之才，蘭陵蕭穎士以爲譙周、陳壽之流。述早以儒術進，當代宗仰，而純厚長者，澹於勢利，道之同者，無間貴賤，皆禮接之。家聚書二萬卷，皆自校定鉛槧，雖御府不逮也。兼古今朝臣圖，歷代知名人畫，魏、晉已來草隸眞跡數百卷，古碑、古器、藥方、格式、錢譜、璽譜之類，當代名公尺題，無不畢備。及祿山之亂，兩京陷賊，玄宗幸蜀，述抱《國史》藏於南山，經籍資產，焚剽殆盡。述亦陷於賊庭，授僞官。至德二年，收兩京，三司議罪，流於渝州，爲刺史薛舒困辱，不食而卒。

又《李磎傳》 磎自在臺省，聚書至多，手不釋卷，時人號曰「李書樓」。所撰文章及注解書傳之闕疑，僅百餘卷，經亂悉亡。

又《于休烈傳》 時中原蕩覆，典章殆盡，無史籍檢尋。休烈奏曰：「《國史》一百六卷，《開元實錄》四十七卷，《起居注》并餘書三千六百八十二卷，並在興慶宮史館。京城陷賊後，皆被焚燒。」

《舊五代史・唐書・王都傳》 都好聚圖書，自常山始破，梁國初平，令人廣將金帛收市，以得爲務，不責貴賤，書至三萬卷，名畫樂器各數百，皆四方之精妙者，萃於其府。四年三月，晏球拔定州，時都校馬讓能降於曲陽門，都巷戰而敗，奔馬歸於府第，縱火焚之，府庫妻孥，一夕俱燼，唯擒禿餒并其男四人、弟一人獻於行在。

錢易《南部新書・甲》 開元中，岐、薛以下輪日載筆于乘輿前，作《內起居注》，四季朱印聯名牒送史館。至天寶十載季冬，已成三百卷。率以五十幅黃麻爲一編，雕檀軸紫鳳綾表，遂別起大閣貯之。逆胡陷西京，先以火千炬焚是閣，移時灰滅，故《實錄》百不叙及一二。

《新唐書・儒學傳序》 玄宗詔群臣及府郡舉通經士，而褚无量、馬懷素等勸講禁中，天子尊禮，不敢盡臣之。置集賢院部分典籍，乾元殿博彙群書至六萬卷，經籍大備，又稱開元焉。祿山之禍，兩京所藏，一爲炎埃，官幐私楮，喪脫幾盡，章甫之徒劫爲縵胡。

又《李敬業傳》 敬業置陣久，士疲，皆顧望不正列，孝逸乘風縱火逼其軍，軍稍卻。敬業麾精兵居前，弱者在後，陣亂不能制，乃敗，斬七千餘級。敬業與敬猷、之奇、求仁、賓王輕騎遁江都，悉焚其圖籍。

《資治通鑑・漢獻帝建安五年》 於是紹軍驚擾，大潰。紹及譚等幅巾乘馬，【略】與八百騎渡河。操追之不及，盡收其輜重、圖書、珍寶。餘衆降者，操盡坑之，前後所殺七萬餘人。【略】操收紹書中，得許下及軍中人書，皆焚之，曰：「當紹之強，孤猶不能自保，况衆人乎！」

又《梁武帝太清二年》 ［九月壬子，侯］景繞城既匝，百道俱攻，鳴鼓吹唇，喧聲震地。【略】至夜，景於東宮置酒奏樂，太子遣人焚之，臺殿及所聚圖書皆盡。景又燒乘黃廄、士林館、太府寺。

又《唐高祖武德四年》 ［四月］丁卯，世民入宮城，命記室房玄齡先入中書、門下省，收隋圖籍制詔，已爲世充所毀，無所獲。

晁説之《景迂生集》卷一一《洪範小傳》 説之二十年前爲《洪範》之學，本諸伏生、劉向一行，而古今之説不敢遺也，爲傳數千言。靖康丙午冬，遇金難於睢陽，五世圖書悉以灰燼，寧知有吾之《洪範傳》？今年戊申冬，飄流金陵，遇東里好學後生，嘗標記予傳之五行於本書。予欣然見之，如覩再生之物也。方抱病危弱，於冬至前一日，因作此《小傳》，自安其私也。

又卷一七《太極傳後序》 逮紹聖戊寅，邂逅洛陽楊老朝散賢寶，語及《易》而異之，良非僕平生所嘗聞之之言也。懇從楊老有求，乃得康節先生自爲《易圖》二，雖輪轂具存，而楊行年將七十，中風，語音清濁不端，無由詰問。二三年少在旁，雜以其哂笑。僕獨敬楊之老，而尊其圖，謂必可入也。楊且指乾、坤、坎、離四卦爲僕言曰：「得是四卦，則見伏羲之《易》矣，而文王之《易》在其中也。」越明日，如迷人識歸路，有感於二圖，可指循環無方體也。楊老曰：「吾昏病而忘之已久，今日因子之言，則如初授此圖時也。」自是入洛與先生之子伯溫游，得先生之遺編殘藁，寶而藏之，服勤不知晝夜。二十年間輒作《易》傳四種，名曰《商瞿傳》，示其有師也。無何，靖康元年丙午冬，金人長驅至南京，所爲《商瞿傳》者，與平生衣冠、五世圖書悉以灰燼。既而避難高郵，從親朋之請，追作《易》傳數帙未有條理，建炎二年戊申正月，眞州又遭離亂，而高郵之傳，又復灰燼。是時，老病之軀得存於灰燼之外者，幸也。

王讜《唐語林》卷二 白居易，長慶二年以中書舍人爲杭州刺史，替嚴員外休復。休復有時名，居易喜爲之代。時吳興守錢徽、吳郡守李穰皆文學士，悉生平舊友，日以詩酒寄興。官妓高玲瓏、謝好巧於應對，善歌舞。後元稹鎮會稽，參其酬唱，每以筒竹盛詩來往。居易在杭，始築隄捍錢塘

潮，鍾聚其水，溉田千頃。復浚李泌六井，民賴其汲。在蘇作詩，有「使君全未厭錢塘」之句。及罷，俸錢多留守庫，繼守者公用不足，則假而復塡，如是五十餘年。及黄巢至郡，文籍多焚燒，其俸遂亡。

又《避暑録話》卷上 余家舊藏書三萬餘卷，喪亂以來所亡幾半。山居狹隘，餘地置書囊，無幾雨漏鼠齧，日復蠹敗。今歲出曝之，閱兩旬纔畢。其間往往多余手自抄覽之，如隔世事。因日取所喜觀者數十卷，命門生等從旁讀之，不覺至日仄。舊得釀法極簡易，盛夏三日輒成色，如湩醴，不減玉友，僕夫爲作之。每晚涼，即相與飲三杯而散，亦復盎然。讀書避暑，固是一佳事，況有此釀。忽看歐文忠詩有「一生勤苦書千卷，萬事消磨酒十分」之句，慨然有當其心。公名德著天下，何感于此乎？鄒湛有言如湛輩，乃當如公言耳。此公始退休之時，寄北門韓魏公詩也。

《李清照集》卷三《金石録後序》 右《金石録》三十卷者何？趙侯德父所著書也。取上自三代，下迄五季，鐘、鼎、甗、鬲、盤、匜、尊、敦之欵識，豐碑大碣、顯人晦士之事蹟，凡見於金石刻者二千卷，皆是正譌謬，去取褒貶，上足以合聖人之道，下足以訂史氏之失者皆載之，可謂多矣。嗚呼！自王播、元載之禍，書畫與胡椒無異；長輿、元凱之病，錢癖與傳癖何殊。名雖不同，其惑一也。【略】至靖康丙午歲，侯守淄川，聞金人犯京師，四顧茫然，盈箱溢篋，且戀戀，且悵悵，知其必不爲己物矣。建炎丁未春三月，奔太夫人喪南來，既長物不能盡載，迺先去書之重大印本者，又去畫之多幅者，又去古器之無欵識者，後又去書之監本者，畫之平常者，器之重大者。凡屢減去，尚載書十五車。至東海，連艫渡淮，又渡江，至建康。青州故地，一本作「第」。尚鎖書冊什物用屋十餘間，期明年再具舟載之。十二月，金人陷青州，凡所謂十餘屋者，已皆爲煨燼矣。【略】朝廷已分遣六宮，又傳江當禁渡，時猶有書二萬卷，金石刻二千卷，器皿茵褥可符明鈔本作「待」百客，他長物稱是。余又大病，僅存喘息，時勢日迫，念侯有妹婿，任兵部侍郎，從衛在洪州，遂遣二故吏，先部送行李往投之。冬十二月，金人陷洪州，遂盡委棄，所謂連艫渡江之書，又散爲雲烟矣。獨餘少輕小卷軸書帖，寫本李、杜、韓、柳集，《世説》、《鹽鐵論》，漢、唐石刻副本數十軸，三代鼎鼐十數事，南唐寫本書數篋，偶病中把玩，搬在臥内者，巋然獨存。上江既不可往，又虜勢叵測。有弟迒，任勅局删定官，遂往依之。到台，台守已遁，之剡，出睦，四部叢刊影印明呂無黨手抄本作「陸」，疑誤。又棄衣被走黄巖，雇舟入海，奔行朝。時駐驆章安，從御舟海道之溫，又之越。庚戌十二月，放散百官，遂之衢。紹興辛亥春三月，復赴越。壬子，又赴杭。先侯疾亟時，有張飛卿學士，攜玉壺過視侯，便攜去，其實珉也。不知何人傳道，遂妄言有頒金之語，或傳亦有密論列者。余大惶怖，不敢言亦不敢遂已，盡將家中所有銅器等物，欲赴外庭一本作「廷」。投進。到越，已移幸四明，不敢留家中，並寫本書寄剡。後官軍收叛卒，取去，聞盡入故李將軍家，所謂巋然獨存者，無慮十去五六矣。惟有書畫硯墨可五七簏，更不忍置他所，常在臥榻下，手自開闔。在會稽，卜居土民鍾氏舍，忽一夕穴壁負五簏去，余悲慟不得活，「得活」二字，明鈔本作「已」。重立賞收贖。後二日，鄰人鍾復皓出十八軸求賞，故知其盜不遠矣，萬計求之，其餘遂一本下有「牢」字不可出，今知盡爲吴説運使賤價得之，所謂巋然獨存者，乃十去其七八。所有一二殘零，不成部帙書冊三數種，平平書帖，猶復愛惜如護頭目，何愚也邪。今日忽開明鈔本作「閱」。此書，如見故人。因憶侯在東萊靜治堂，裝卷初就，芸籤縹帶，束十卷作一帙，每日晚更一本作「吏」。散，輒校勘二卷，跋題一卷。此二千卷，有題跋者五百二卷耳。今手澤如新，而墓木已拱。悲夫！昔蕭繹江陵陷沒，不惜國亡，而毀裂書畫；楊廣江都傾覆，不悲身死，而復取圖書。豈人性之所著，死生一本作「生死」。不能忘之一本無「之」字歟？或者天意以余菲薄，不足以享此尤物耶？抑亦死者有知，猶斤斤愛惜，不肯留在人間邪？何得之艱而失之易也。嗚呼！余自少陸機作賦之二年，至過蘧瑗知非之兩歲，三十四年之間，憂患得失，何其多也！然有有必有無，有聚必有散，乃理之常。人亡弓，人得之，又胡足道。所以區區記其終始者，亦欲爲後世好古博雅者之戒云。

洪皓《金國文具録》（《碧溪叢書》） 臣拘繫絶域十有五年，凡所見聞亦嘗記録。比聞孟庾南還，發篋得其狀稿，幾阻歸計，應有書籍悉被敓噩。臣之所編若緊切者，懲艾焚毀，獨存此書。

李彌遜《筠溪集》卷二一《跋仲兄書靈寶石經後》 伯氏宣和間，書《靈寶》、《度人》二經，刻之浮光道院，軸帙數百本散之。未十年，余家所存，盡於兵火，浮光今爲盜區矣。此本固不易得，而感事傷時，重爲悵然也。

張表臣《張右史文集序》 予去冬兩侍太師公相，論近世中原名士，因及蘇門諸君子，自黄豫章、秦少游、陳後山、晁无咎諸文集皆已次第行世，獨宛丘先生張文潛詩文散落，其家子弟死兵火，未有纂萃而詮次之者。因俾訪求，始得公相汪公藻手編三十卷，頗復不全。繼得浙西憲王公鈇所録四十卷，續集十餘卷，稍爲精好。又得察院何公若數卷。最後秘監秦公熺送示舊藏八册，不分卷。大抵總四家，凡百餘卷。亟加考訂，去其重複，正其訛繆，補其缺漏，定取七十卷，號《張右史集》。【略】予年十七始識先生於陳，猥蒙誘掖。其後遷謫流離，而予侍親南北，就學應舉，多不相值。曩時雜蓄先生文集殆百卷，喪亂以來，捐失皆盡。今者網羅之餘固不多，然未爲盡也。繼自今有得，當爲後集以附諸。

洪邁《華陽集序》（張綱《華陽集》卷首） ［綱］擢纔學館郎官，坎壈過十稔，澹然無嗟悔意。獨玩心於內，不肯頃刻輟爲文章。每一落紙都人即日傳播，至汗漫棟宇。建炎庚戌，家鄉厄敵兵，篋積貯藏，六丁下取略盡，煨燼所存僅逮百一。

陸游《渭南文集》卷二八《跋今本家語》 本朝藏書之家，獨稱李邯鄲公、宋常山公。所蓄皆不減三萬卷，而宋書校讎，尤爲精詳。不幸兩遭回祿之禍，而方策掃地矣。李氏書，屬靖康之變，金人犯闕，散亡皆盡。收書之富，獨稱江浙。繼而胡騎南騖，州縣悉遭焚劫。異時藏書之家，百不存一，縱有在者，又皆零落不全。予舊收此書，得自京師，中遭兵火之餘。一日，於故篋中偶尋得之，而蟲齕鼠傷，殆無全幅。綴緝累日，僅能成帙。乃命工裁去四周所損者，別以紙裝背之，遂成全書。嗚呼！予老嬾目昏，雖不復讀，然嗜書之心，固未衰也。後世子孫知此書得存之如此，則其餘諸書幸而存者，爲予寶惜之。紹興戊午十月七日，雙清堂書。

王珏《臨川先生文集題記》 曾大父之文籍，舊所刊行率多舛誤。政和中，門下侍郎薛公、宣和中先伯父大資皆被旨編定，後罹兵火，是書不傳。比年臨川、龍舒刊行，尚循舊本。珏家藏不備，復求遺稿於薛公家，是正精確，以曾大父親筆刻石爲據，其間參用衆本，取捨尤詳。至於斷缺，則以舊本補校足之，凡百卷，庶廣其傳云。

李心傳《建炎以來繫年要録》卷二 ［建炎元年二月癸酉］莫儔謂左副元帥宗維曰：「第取玉牒，即見實數。」戶部侍郎邵溥在南薰門下，與宗正少卿黄哲共議，貯以陶器，坎而藏之，給以爲亂兵所焚。由是疏屬獲免。此據溥、哲墓碑參潤增入。《實録》「二月癸酉，金人於宗正寺取玉牒，溥指名取南班宗室，自二王宫以近屬及官序高者先取。」而《中興會要》乃云：「《宗藩慶系録》、《仙源積慶圖》等四書，皆於初渡江時失之。」則是玉牒果爲所留也。

又卷四 ［建炎元年夏四月辛酉］是日，敵營始空。其行甚遽，以勤王兵大集故也。華人男女，驅而北者，無慮十餘萬。營中遺物甚衆，秘閣圖書，狼籍泥土中。金帛尤多，踐之如糞壤。二百年積蓄，一旦掃地。凡人間所須之物，無不畢取以去，皆宦者國信所提舉鄧珪導之。

汪夢斗《康範詩集跋》（汪晫《康範詩集》卷末） 右先大父康範先生詩詞，共七十首。其餘雜著亦嘗編輯得二十篇，并《靜觀常語》三十餘卷，皆録成正本。甲戌因表進曾、思二書，攜以呈諸時賢，悉留武林親故家。其冬兵興，乙亥春遣人徵索，則其家已遷避他郡。事平問之，答云皆失之矣。先廬丙子燔於寇，家藏圖書悉爲煨燼。其寄山中者詩詞草本幸無恙，而雜著則無草本矣。令人愴然涕泣不能禁。先生所爲文，多不蓄藁，昔夢斗集詩詞時，往往得之戚友所傳誦與二父所記者，視所作，已百無一二存也。

尹廷高《玉井樵唱自記》 先君號竹坡，登癸丑奉常第，宦游湖海，作詩凡千餘首。丙子家燬于寇，遺編散落，無一存者。僅《憶秋日寄僧》一聯「白蘋影蘸無痕水，黄菊香催未了詩」存止此耳。先業無傳，雅道幾廢，不肖孤之過也。

吴澄《校補本臨川先生文集序》 宋政和間官局編書，諸臣之文，獨《臨川集》得預其列。靖康之禍，官書散失，私集竟無完善之本。【略】金溪危素好古文，慨公之集零落，搜索諸本，增補校訂之。總之，凡若干卷，比臨川、金陵、麻沙、浙西數處舊本，頗爲備悉。

蘇天爵《滋溪文稿》卷二九《題補正水經後》 《補正水經》者，金禮部郎中蔡公珪所述也。蔡氏世家眞定，父祖皆仕於金。公生長富貴，雅好著述。予自蚤歲訪公遺書，得其《文集》五十五卷，《晉陽志》十二卷，《燕王墓辨》一卷，《補正水經》三卷，其他《補南北史志》六十卷，《古器類編》三十卷，《續歐陽公金石遺文》六十卷，并《跋尾》十卷，皆已不存。而《文集》乃高丞相文穎模本，《晉陽志》、《墓辨》、《水經》皆寫本也。至順三年春，予爲江南行臺御史，橐《水經》將板行之。適奉詔録囚湖北，七月歸

至岳陽，與郡教授于欽止覽觀山川。欽止言洞庭西北爲華容，而縣尹楊舟方校《水經》，念其文多訛闕，予因以補正示之，今所刻者是也。夫以蔡公問學之博，考索之精，著述文字之富，兵難以來，散失無幾。予酷好訪求前代古文遺字，而僅得此，則知世之君子善言懿行泯沒而無聞者多矣，可勝惜哉！

貢師泰《玩齋集》卷六《武經總要序》　自春秋、戰國干戈相尋，孫武、吴起之流始各以知謀相角勝，以暴横相吞噬。迨至秦、漢以來，撰述愈多，其所爲書，見稱於東方朔者已二十二萬言，載之《西漢・藝文志》者至八百餘卷，況歷世漸遠，其詭異龐雜，假托附會，固不可究極矣。然握機握符、韜畧包桑之著，亦未嘗不以仁義道德爲辭也。宋皇祐間，始大集群書，擇其可用者，作《武經總要》，前後二集，分門別類，更爲圖譜以相訂證，然後營陳攻守之法，水火器械之制，莫不具載。國家承平百年，是書久廢不用。比年四方多故，始下令徵求，則江都之梓刻，成均之掌故，皆已訛缺。而民間遺籍，又往往閟不可見，有志之士，每竊憾焉。高昌鐵君清溪博洽有才，以經濟自負，其家維揚，舊有善本，因兵亂失之。數購求不得。戊戌之冬，以經畧行軍司馬宣詔括蒼，方假錄於石抹申之，會調兵不果。明年秋，道龍泉，得之胡氏，鈔未竟而去。又明年春，至延平郡守周叔量出示其所藏，傳寫幾半，値城陷，并周本失之。及夏至三山，迺得憲使騰泰亨本，始爲之正訛考謬，繕寫成帙，凡諸圖誌，悉加彩繪，於是斯書遂爲諸本之最。

趙汸《東山存稿》卷五《書羅鄂州小集目録後》　右鄉先達宋朝奉郎權發遣鄂州軍州事羅公文五卷，權通判鄂州軍事臨江劉公清之所編次。公與劉公同官於鄂。公既卒於官，劉公因以是編刻置郡齋，於公平生所著不能十一，故題曰《小集》。其藏於家者餘五十卷，不幸一再傳而中絕，遂俱亡矣。惟《新安誌》、《爾雅翼》二書，吾郡嘗刻諸梓。此《小集》者，郡人亦嘗再刻之，故家有其書，兵火後，板本既弗存，三書皆不易得矣。汸避地還，藏書多散失，求《小集》於友人，又得鄉先生陳公櫟所傳本，而正其疑繆。顧二家本皆前闕篇目，乃爲叙錄如上。

《宋史・職官志四》　先是，宗正寺丞邵大受奏：「講求宗正寺舊掌之書，曰《皇帝玉牒》，曰《仙源積慶圖》，曰《宗藩慶系錄》，曰《宗支屬籍》。南渡，四書散失，今重加修纂《仙源慶系屬籍總要》，合圖、錄、屬籍三者而一之，既無愧於昔矣；獨玉牒一書未修，宜搜訪討論，以正九族，以壯本支。」

又《藝文志序》　歷代之書籍，莫厄於秦，莫富於隋、唐。隋嘉則殿書三十七萬卷。而唐之藏書，開元最盛，爲卷八萬有奇。其間唐人所自爲書，幾三萬卷，則舊書之傳者，至是蓋亦鮮矣。陵遲逮于五季，干戈相尋，海宇鼎沸，斯民不復見《詩》、《書》、《禮》、《樂》之化。周顯德中，始有經籍刻板，學者無筆札之勞，獲睹古人全書。然亂離以來，編帙散佚，幸而存者，百無二三。【略】逮夫靖康之難，而宣和、館閣之儲，蕩然靡遺。高宗移蹕臨安，乃建秘書省於國史院之右，搜訪遺闕，屢優獻書之賞，於是四方之藏，稍稍復出，而館閣編輯，日益以富矣。

《元史・儒學傳二・伯顔》　伯顔平生，修輯《六經》，多所著述，皆毁于兵。

崔子璲《崔清獻全録序》　明崔子璲編其書，成於永樂中，皆其五世祖與之之遺事遺文也。與之字正子，廣州增城人。紹熙四年進士，理宗時累官廣東安撫使，拜叅知政事，右丞相致仕。卒，謚清獻。事迹具《宋史》本傳。與之所著有《菊坡文集》，佚於兵火。又有《嶺海便民牓》、《海上澄清錄》二書，皆記其當時政事，後亦不傳。僅存其《言行錄》三卷，奏劄詩文五卷。

張泰《豫章文集序》（羅從彦《豫章文集》卷首）　初，未嘗獲覩所謂《豫章文集》也，暨筮仕知沙陽，明年春二月，適今提學憲副豐城游公按節考校之暇，手以是集授泰，曰：「是廼豫章羅先生遺文，前進士曹道振編次校正，梓行于世久矣。正統戊辰，燬于兵燹殆盡，其幸存者僅見此本，亟圖鋟梓以廣其傳可也。」泰對曰：「謹受命。」

陳建《皇明紀要・成祖永樂元年》　十二月，命禮部遣監生三十餘人，分詣天下，訪軍民之家，有收藏高廟御製詩文及宸翰者，皆送官錄進，仍重賚之。此以建文皇帝遜去，大內火皆毁故也。

李詡《戒庵老人漫筆》卷三《江陰刊高麗圖經》　淮安周煇《清波雜志》十二卷。其七卷中云：宣和奉使高麗，詔路允迪、傅墨卿爲使，介其屬徐兢倣元豐中王雲所撰《雞林志》爲《高麗圖經》，稽考詳備，物圖其形，事爲其說。蓋徐素善丹青也。宣和末，先人在歷陽，雖得其圖，但能鈔其

文，略其繪畫，乾道開刊於江陰郡齋者，即家閒所傳之本，圖亡而經存，蓋兵火後徐氏亦失元本。

黄起龍《莆陽文獻後序》 明鄭岳編，黄起龍重訂。岳字汝華，（宏）[弘]治癸丑進士，官至兵部左侍郎。事迹具《明史》本傳。起龍萬曆戊戌進士，並莆田人。是書取莆田、仙遊二縣自梁、陳迄明著作、詩文輯爲十三卷，又取名人事蹟，成列傳七十四卷。文以體分，傳則不分門目。後倭變，書燬。起龍爲之重鋟。

黄崇翰《知稼翁集跋》（黄公度《知稼翁集》卷末） 《知稼翁集》目，載《文獻通考》及《八閩通志》。更宋、元之變，無存者。嘉靖辛卯，主政敬甫公刻監簿《四如公集》，其序慨《知稼集》不可見矣。丙午歲，先司空任翰撰司徒君辨公任文選，有陝中謁選人持是集贄冊，有御印，蓋前朝祕府流落人間者。得之，喜從天墜，與先考百叩交慶。乙卯，考以宫洗謫倅衡州，刻於衡。壬戌倭變，板復燬。乃就榕城陳環江公索回一部。崇翰等謄較多年，邇姪孫鳴俊自會稽寄俸四金，遂圖命梓。竊念吾宗唐、宋來著作載郡，乘者凡二十五種，今存惟御史公及公監簿公集耳。

揭重熙《重刻翠筠亭集叙》（石文器《翠筠亭集》卷首） 是集也，公自彙刻於丙子戊寅，燬於妖焰，存者半。公子珂補緝散遺，將畀梓人。丙戌復逸於兵燹。於是公歿，珂懼其終墜也，重爲之訂而問叙於予，以徵諸永若，珂之志所謂有美而稱之，其仁與明足述矣。余亦安能易范公之語以紀公。特爲抉其心之所存若此。

李清《三垣筆記・附識中・崇禎》 質愼庫圖書百萬卷，皆宣和所藏，爲金自汴梁運入燕者，歷元及國初無恙。徐達下大都時封記宛然，至國破，皆失散不存，聞者惋歎。

林興《登州集後跋》（林弼《登州集》卷末） 先登州公，以經術鳴盛於洪武間。其詩歌古文辭，實爲明初閩南文苑之冠。同時如宋文憲公、王忠文公，皆一代大儒，雅相推許，今見於志序者，可考而知也。崇禎中，同郡王中丞而弘先生，曾爲校刊行世，洎遭兵燹，遂失其版。小子興於家傳故簏中搜得一帙，珍奉藏之，久思重梓以傳焉。

孫奇逢《中州人物考》卷一 ［謝］江，字仲川，少游尤時熙之門。及官司諫，一以上不負君，下不負學爲己任。侃侃焉知無不言，言無不盡，雖觸權犯忌，遭大譴責，不悔也。自兩遭廷杖，臀全無肉，正氣不少衰。自謝政歸田，怡然曰：以直道賈罪，非名教所棄絶，今而後講學之素志，庶大慰也。于是與李春野、陳仁泉等互相證發，朝夕不倦，著有《滋心語録》，皆其領悟有得者也。居無何，穆宗繼統，召還罪譴諸臣，撫按交薦。江杜門日久，與長安貴顯不相聞問。江同年有作宗伯者，貽書曰：道之顯晦雖由命，而通情達志未可盡廢也。江得書不答，以故得罪諸臣俱被登用，止復江冠帶而已。及卒，遺命子孫不必營求入鄉賢，其狷介類如此。別有《岷陽諫草》、《岷陽詩集》與《滋心語録》行于世，惜兵燹之後俱廢無存。

又卷八 ［安］德，汝州人，幼警敏，涉獵經史，習詞賦，舉元進士，隱居授徒。洪武初，郡守舉爲州學訓導，兵燹之餘，家無藏書，德手録以授生徒。後以明經徵起，入對稱善，擢湖廣左叅政。

毛奇齡《續詩傳鳥名卷序》 弱冠從伯氏論詩，作《毛詩續傳》成，值順治五年王師下西陵，土兵掠民間所藏，竄入海，《傳》失其半。越六年而怨家發墨篋，則盡樸之出走，所記衹得《國風省篇》、《毛詩寫官記》、《詩札》三種，餘沉沉矣。康熙乙酉，相距六十年，予東歸草堂，隣人吴氏曾録予《傳》末《鳥名》卷，而其人已死，有子儒者也，懷殘卷返予，而紙漶編絶，文亦脱落無所用。會錢唐姚彥暉攜所著《詩識名解》請予爲序，其書甚審博，讀而有感，予乃踵前事，藉及門之所居者莫子晴川、張子風林各爲予捉筆，取殘卷而重理之，并列朱註于行間，且辨且正，名之曰《續詩傳鳥名卷》。夫少續《詩》傳，暨老而僅續夫傳末之鳥名以爲卷，雖鳥名難知，然益以見夫少當學《詩》，恐遲暮而反不足焉。

尤侗《梁谿遺稿序》（尤袤《梁谿遺稿》卷首） 宋南渡後，以詩齊名者四家，楊廷秀所稱尤、蕭、范、陸是已。千巖詩學于曾幾吉甫，授之姜夔堯章。當時劉潛又許爲誠齋敵手，而方萬里謂其詩苦硬頓挫而極其工，使不早死，雖誠齋猶出其下。蓋爲詩家矜許若是。顧其詩曾刊于永州，歲久散失。而尤公《梁谿集》五十卷，公之孫藻鋟木新安，焚于兵火。故范、陸詩盛行，而尤公之作流傳者寡。蕭特僅見其數首而已。後之論者遂易之曰尤、楊、范、陸。於是蕭愈湮晦，至有不能舉其姓氏者。翰林檢討西堂先生自梁谿徙吴，實文簡裔孫，慮公之詩文罕傳于世，乃抄撮其僅存者爲二卷，鏤板行之，屬其同年友秀水朱彝尊爲之序。予因摭其大略書之簡端。

屈大均《廣東新語》卷一一《張孟奇所著》　博羅張萱孟奇所著，有《彙經》、《彙史》、《史餘》、《彙雅》、《聞見録》、《古韻心口語》諸書，凡千餘卷。語人曰：世人貴遠而賤近，吾且藏之羅浮石室中，百世下有同好者俟之。不爾，吾當還之於造化。孟奇諸書，兵火後散佚殆盡，惟《西園彙集》、《疑耀》二書猶存。噫，豈其還之於造化耶！

王士禛《分甘餘話》卷三《先人刻書著述》　先太師大司馬公常刻小本《玉壺冰》，細入毫髮，都穆元敬所著也，又《文選删注》及《趙松雪文集》。先方伯贈大司寇公常刻賈侍郎三近《滑耀編》即《文府滑稽》之流；又張南湖綖《詩餘圖譜》、《少游南湖詩餘合刻》，二公皆高郵人也。今版皆燬於兵燹。余所見者僅此。畧記其目，以示後人。

李光地《昌黎先生集考異後跋》　吕晚村家藏宋刻，遭兵火逸其文，幸所存者，則《考異》也。

朱軾《史傳三編》卷三九　［陸秀夫］乃與衆共立衛王，時陳宜中往占城，屢召不至，乃以秀夫爲左丞相，與世傑共秉政。世傑駐兵厓山，秀夫外籌軍旅，内調工役，凡有述作，又盡出其手，雖匆遽流離中，猶日書《大學章句》以勸講。及厓山破，秀夫走少帝舟。是時諸軍皆潰，元兵四合，秀夫度不得脱，乃先驅其妻子入海，自負少帝赴海死，年四十四，後宫諸臣從死者甚衆。方秀夫在海上時，記二帝事爲一書，甚悉，以授禮部侍郎鄧光薦，曰：君後死，幸傳之。其後厓山破，光薦還廬陵，其書存亡無從知，故海上事，世莫得其詳云。

朱岳壽《樂圃餘稿跋》（朱長文《樂圃餘稿》卷末）　二十二世祖樂圃先生平生所著詩文百卷，兵燹之後，盡爲灰燼。其傳于世者，僅有《吳郡圖經》、《琴史》、《墨池編》數種而已。岳壽家舊有寫本餘稾十卷，附編一卷，係先生姪孫令達公裒次。蓋其時已非全豹，今則并其板亦不存矣。嗟乎！士君子讀書立言以期不朽。班固《藝文》序云：自漢以前，文章家不下二萬人，皆不傳。夫傳之不傳，天也。後之人知其名不睹其文，未嘗不欷歔嘆息，況親爲之苗裔乎！

毛之鵬《康熙補刻淮海集序》　考其《淮海》前後二集，舊刻悉在郵學中，乃歷年既久，兵燹多故，不惟前集殘缺失次，而後集藏板，竟無有存者。予爲惋惜久之。憶張文潛曾云少游平生爲文甚多，余方欲搜集遺亡，廣羅於舊聞之外，何至以久經流傳者更付之灰燼也！會諸生中好古之士攜其家藏舊本以補刻請，余慨然有捐貲意，謀於同寅，更請於州侯，各分歲俸以爲之倡。鳩校付梓，踰年告竣。

《明史·藝文志序》　正德十年，大學士梁儲等請檢内閣并東閣藏書殘闕者，令原管主事李繼先等次第修補。先是，秘閣書籍皆宋、元所遺，無不精美，裝用倒摺，四周外向，蟲鼠不能損。迄流賊之亂，宋刻元鐫胥歸殘闕。

吳振棫《養吉齋餘録》卷七　寧波范氏天一閣，藏書爲天下冠。阮公元撫浙時，刊其書目爲四卷，又以類分帙，共爲十卷。兵火之後，蓋散失不少矣。國家文化翔洽，篤學之士䌷經緝史，網羅百家。即以吾兩浙言，則有若趙氏小山堂、盧氏抱經堂、汪氏振綺堂、吳氏瓶花齋、孫氏壽松堂、郁氏東嘯軒、吳氏拜經樓、鄭氏二老閣、金氏桐華館，收藏皆極富。今故家雕落，遺籍散亡。復遭兵燹，盡付劫灰。可勝浩歎！

秦元慶《淮海集跋》（同治癸酉秦氏家塾重刊本卷末）　國朝段君斐君刻於浙中板最完善。慶高祖茂珍公自吳遷楚，攜原槧本篋藏，以示後人，令無墜先業。【略】咸豐初，賊蹂躪大江南北，凡書之善本在其地者蕩軼無存，其存者亦皆剝蝕殘缺不復可收拾。區區是集，其與存者幾何？嘗慨《李義山集》歿數十年始克成書，尋被族子篡去，百餘年而後行世。慶食舊德，今且數十世，恆愧無以廸前人光。而是書也，經兵燹歷星霜，僅有存者不思所以廣其傳，不幾重爲先人戚乎？爰出所藏，精繕校刊，以竟先志。

丁申《武林藏書録》卷中《青門處士》　元至正間，杭魏一愚自號「青門處士」，醇懿靚深，恆懼外撓。閉置一室中，如處女然，雖重客不得面。周親謁請，或一見即退。平日危坐閲所蓄書幾萬卷，默味其旨，其言行可爲人勸者疏以示諸子，凡積爲若干頁。歿後三月，而紅巾寇杭，處士之廬與墣舍同燬。方諸公孫述，黄巢時隱人李業、周朴輩不免其身，處士何幸哉！楊廉夫爲作墓銘。

吳慶坻《蕉廊脞録》卷三《千字大人頌》　按：卓氏爲塘棲望族，明季國初，門才極盛。珂月詩有刊本，他文罕見。漁洋《池北偶談》載此一節，亟録之。吾鄉羅鏡泉以智，嘗集自來重次千文者凡數十家，珂月作亦列其中，張仲甫先生嘗爲之跋。兵火以後不可復覩。

又《曹籀》　仁和曹柳橋丈籀，初名金籀，字葛民。少工詞章，三十後一意治經，嘗言治經宜先通小學。生平顓精許書，於羣經尤致力《春秋》，篤好穀梁家言。年五十，成《春秋鑽燧》一書，多用穀梁義。著《説文訂譌》稿，燬於兵，所存惟「古文原始」一卷。晚年裒前所已刻書，及亂後所作文字，彙爲一編，名曰《籀書》。

又《陳善》　陳扶雅先生善，嘉慶辛酉舉人，治經學，爲古文辭。十應禮部試，卒以大挑官教諭。晚入汪氏東軒吟社，與先大父相酬唱。其殁也，莊芝階舍人爲之傳。先生孫學繩，字硯傳，工駢文，爲人掌書記。咸豐辛酉，客浙布政使幕，遭寇亂，轉徙江北。嘗著《兩浙庚辛紀》，略言賊陷浙事，與《平浙紀略》及《談浙》諸書小有異同，然當時在幕中，見聞固較眞也。後有自述駢文一首，注云：「先曾大父諱祖蕃，字古歡，著《傳信閣詩稿》。先大父諱善，字扶雅，著《研經日記》、《四書古義》、《晉書校勘記》、《兩晉疆域考》、《福建通志列傳稿》、《損齋文集》。先大母汪，諱玢，字孟文，著《古韻軒詩稿》、《竹閒書訣》。先君子諱錫，字子諒，著《省園詩文集》。」又藏書五千餘卷，金石碑拓書畫數百種，武進張臯文編修《虞氏易》等稿本十三種。城破，皆燬於火。先生嘗從臯文游，以所著《周易虞氏義》九卷、《易氏消息》二卷畀先生。臯文卒，言於太傅儀徵相國爲刊行之。而先生及其先人著述，今悉不傳，良可痛惜。

又卷五《酒志》　先曾王父夔州府君，博極羣書，仕不廢學，嘗撰《酒志》二十八卷，爲目十二：曰原始、辨性、述義、備注、詳品、稽典、列事、紀言、考器、徵令、録異、識餘，徵引書目多至千數百種。稿本存道福堂書樓。比寇亂，羣書散亡。同治初，余歸自晉陽，檢拾殘編，廑得卷十三稽典五、卷十四列事一、卷十五列事二，凡一冊，至可痛惜。爰裝治成帙，俾後人永寶之。冊面字爲公遺墨，卷中黏簽增補者凡數十事，蓋稿成後續增者。

黄壽英《光緒重刊黄文節公全集跋》　公詩文當有，宋時即遍傳海內。元、明之世，槧本無慮數十，至嘉靖、萬曆兩刻，始合《正》、《外》、《別》三集爲全書。代遠年湮，無從目睹。乾隆乙酉，緝香堂校刊之板，拾遺補闕，別類分門，裒然更臻美備。粵匪之變，盡毀於兵。其後裔雖曾重刊，板亦散軼。千秋鉅製，一旦淪胥，何以闡發前徽，楷模後進？

繆荃孫《藝風藏書續記》卷五《結一廬書目傳鈔本》　朱澂撰。澂字子清，江蘇候補道，仁和人。太常卿脩伯先生長子也。脩丈官京師時，正值庚申之變。舊刻名鈔散落廠肆，不惜重値，所得獨多。子清家學涵濡，嗜古尤篤。即此一編，高出尋常收藏家萬萬，爲光緒庚辰吾友黄再同所貽。己丑冬間，相遇滬瀆。子清曾言續有所得，出此目者幾及一倍。近代書目以恬裕齋爲佳，宜仿爲之，并有代編書目之約。別去未久，子清即歸道山，書亦盡歸張幼樵前輩。辛亥金陵失守，革黨踞張氏園，書籍狼藉。流出東洋猶其幸者，餘不免襯馬足當樵蘇耳。長恩不佑，感慨系之。

雜録

《三國志·魏書·董卓傳》　河內太守王匡，遣泰山兵屯河陽津，將以圖卓。卓遣疑兵若將於平陰渡者，潛遣鋭衆從小平北渡，繞擊其後，大破之津北，死者略盡。卓以山東豪傑並起，恐懼不寧。初平元年二月，乃徙天子都長安。焚燒洛陽宮室，悉發掘陵墓，取寶物。裴松之注：《續漢書》曰：【略】大駕即西。卓部兵燒洛陽城外面百里。又自將兵燒南北宮及宗廟、府庫、民家，城內掃地殄盡。又收諸富室，以罪惡沒入其財物；無辜而死者，不可勝計。【略】諸將爭權，遂殺稠，并其衆。汜與傕轉相疑，戰鬭長安中。傕質天子於營，燒宮殿城門，略官寺，盡收乘輿服御物置其家。傕使公卿詣汜請和，汜皆執之。相攻擊連月，死者萬數。

《後漢書·董卓傳》　初，長安遭赤眉之亂，宮室營寺焚滅無餘，是時唯有高廟、京兆府舍，遂便時幸焉。後移未央宮。於是盡徙洛陽人數百萬口於長安，步騎驅蹙，更相蹈藉，飢餓寇掠，積尸盈路。卓自屯留畢圭苑中，悉燒宮廟官府居家，二百里內無復孑遺。又使呂布發諸帝陵，及公卿已下冢墓，收其珍寶。【略】李傕、郭汜既悔令天子東，乃來救段煨，因欲劫帝而西。楊定爲汜所遮，亡奔荆州。而張濟與楊奉、董承不相平，乃反合傕、汜，共追乘輿，大戰於弘農東澗。承、奉軍敗，百官士卒死者不可勝數，皆棄其婦女輜重，御物符策典籍，略無所遺。

張湛《列子序》 湛聞之先父曰：吾先君與劉正輿、傅穎根，皆王氏之甥也，竝少游外家。舅始周，始周從兄正宗、輔嗣皆好集文籍，先并得仲宣家書，幾將萬卷。傅氏亦世爲學門。三君總角競錄奇書，及長，遭永嘉之亂，與穎根同避難南行，車重各稱力，竝有所載。而寇虜彌盛，前途尚遠。張謂傅曰：今將不能盡全所載，且共料簡世所希有者，各各保錄，令無遺棄。穎根於是唯賫其祖玄、父咸《子集》。先君所錄書中有《列子》八篇。及至江南，僅有存者。《列子》唯餘《楊朱》、《説符》、《目錄》三卷。比亂，正輿爲揚州刺史，先來過江，復在其家得四卷。尋從輔嗣女壻趙季子家得六卷。參校有無，始得全備。

《晉書·愍帝紀》 ［永嘉五年］十二月戊戌，帝遇弑，崩于平陽，時年十八。帝之繼皇統也，屬永嘉之亂，天下崩離，長安城中戶不盈百，牆宇頹毁，蒿棘成林。朝廷無車馬章服，唯桑版署號而已。衆唯一旅，公私有車四乘，器械多闕，運饋不繼。巨猾滔天，帝京危急，諸侯無釋位之志，征鎮闕勤王之舉，故君臣窘迫，以至殺辱云。

陶弘景《本草序》（《道藏·尊字號·陶隱居集》） 此書應於《素問》同類，但後多更修飾之爾。秦皇所焚，醫方、卜術不預，故猶得全錄。而遭漢獻遷徙，晉懷奔迸，文籍焚靡千不遺一。今之所存，有此四卷，是其本經。所出郡縣，乃後漢時制，疑仲景、元化等所記。

武則天《璇璣圖詩讀法記》（《璿璣圖詩讀法》引） 蘇氏著文詞五千餘言。屬隋季喪亂，文字散落，追求不獲。而錦字迴文盛見傳寫，是近代閨怨之宗旨，屬文之士咸龜鏡焉。

《三國典略》（《太平御覽》卷六一九《學部·焚書》） 初，侯景來，既送東宮妓女尚有數百人，景乃分給軍士。夜於宮中置酒奏樂，忽聞火起，衆遂驚散，東宮圖籍數百廚焚之皆盡。初，太子夢作秦始皇者，云此人復欲焚書，既而見爇夢，則驗焉。

《新唐書·黃巢傳》 自祿山陷長安，宮闕完雄，吐蕃所燔，唯衢衖廬舍；朱泚亂定百餘年，治繕神麗如開元時。至巢敗，方鎭兵互入虜掠，火大內，惟含元殿獨存，火所不及者，止西內、南內及光啓宮而已。楊復光獻捷行在，帝詔陳許、延州、鳳翔、博野軍合東西神策二萬人屯京師，命大明宮留守王徽衛諸門，撫定居人。詔尚書右僕射裴璩修復宮省，購輦輅、仗衛、舊章、祕籍。豫敗巢者：神策將橫衝軍使楊守亮、躡雲都將高周彝、忠順都將胡眞、天德將顧彥朗七十人。

王讜《唐語林》卷二 開元二年春，上幸寧王第，叙家人禮。樂奏前後，酒食霑賚，上不自專，皆令稟於寧王。上曰：「大哥好作主人，阿瞞但謹爲上客。」李濬註：上禁中常自稱阿瞞。明日，寧王與岐、薛同奏曰：「臣聞起居注必記天子言動，臣恐左右史記叙其事，四季朱印聯案：此上文有脱誤。牒送史館，附依外史。」上以八分爲答詔，謝而許之。至天寶十二載冬季，成三百卷。率以五十幅黃麻爲一軸，用彫檀軸紫龍鳳綾標。寧王每請百部納于史館。上命宴侍臣以寵之。上寶惜此書，令別起閣貯之。及祿山陷長安，用嚴、高計，原註：祿山謀主嚴莊、高尚等。未升宮殿，先以火千炬焚是閣，故《玄宗實錄》百不叙其三四，以是人間傳記尤衆。

周紫芝《太倉稊米集》卷五二《朱氏藏書目序》 文林郎朱君軒世居大梁，其祖官東平，因徙居焉。金人南下，東平陷沒，君方以事在江南，遂與其家不相聞。今既十年矣，一日與僕言，爲之出涕。且曰：「吾家藏書萬卷，皆在東平，今所存唯書目。」因出以示僕，皆其祖朝議君所藏。自五經、諸子、百氏之書，皆手校善本。其餘異書小説，皆所未嘗知名者。秦漢以來，至於有唐，文人才士類書家集，猶數千卷。嗚呼！可謂富矣哉！君因俾余序其目而藏之。余詰其所以序之之意，君曰：「吾祖以善人稱於鄉里，子孫決不至于中絕。吾有季弟，離東平時年十五，今二十有五六歲矣。有幼子未能勝衣，而眉目偉秀，嶷嶷如成人。使其不死，今亦可年二十餘。萬有一吾書不爲煨燼，猶可幸其復存，他日可爲吾家舊物。子其爲我記之。」余聞其言，爲之愴然，而告之曰：「事有興衰，物有成壞，此理之常所不可逃者。古之有天下國家者，群玉之山，圖書之府，祕而藏之，不可勝記，往往至於盜賊兵火，掃滅無餘。隋牛弘之論書有五厄，非虛語也。國家遭罹兵禍，三閣圖書猶不免厄，況其餘哉！今子家雖墮敵，而身猶能抱遺書之總目，念家世之勤勞，以幸朝廷尅復境土，再有中原，尚能保其所藏，以不失爲中朝賢士大夫之家，則其志固亦可嘉矣。昔韓渥著《香奩》，昭宗之亂，散失不全。而蘇暐得其第一篇，渥猶自述以爲可喜。他時使君得其全書，則其爲喜何如哉！子姑俟之，毋躁。」

洪适《鄱陽集跋》（洪皓《鄱陽集》卷末） 先君以建炎己酉出疆，時

年四十有二矣。平生著書，多悉留檇李，庚戌之春，厄於兵燼，無一存者。紹興癸亥還朝入直玉堂，不旬日，領鄉郡去。明年而遭祖母之喪，服除未幾，有嶺表之謫。杜門避謗，不敢復爲文章。謫九年而即世，故手澤之藏於家者，唯北方所作詩文數百篇。謹位而叙之，以爲十卷，刻諸新安郡。未彙次者，猶有《春秋紀詠》千篇云。

袁桷《清容居士集》卷二二《袁氏舊書目序》　《袁氏舊書目》者，目袁氏舊書之存于今者也。始曾大父越公舉進士時，貧不能得書，書多乎抄強記，至用高祖妣齊國夫人魚魫冠學書後。官中都凡二十有五年，乃務置書以償宿昔所志，其世所未有，則從中祕書及故家傳錄以歸，於是書始備矣。于時國家承平，四方無兵革之虞，多用文儒爲牧守。公私間暇，擊鮮享醴，會寮屬以校讎刻書爲美績。至於細民亦皆轉相模鋟以取衣食，而閩之建、蜀之益，其最著者也。紹定辛卯，公自宥府歸里，遂累土爲堂，貯所得書於東西榮。公日處其中，客至不復道世事。顧嗜陳、黃詩，擇其適意者，手書爲編。寓物詠歌，與道游遨休休焉，不知其年之將耄，如是者七年而薨。舊書之傳，距于今四世矣。桷幼聞公從學正獻公時，有手校九經，旁說疑義，皆附書左右，最爲精善，欲從諸父一觀而未得。又欲合諸父之藏，分第爲目錄，亦不果。竊嘗謂天下之物聚多者終必散，或者早計於未散，則庶幾幸有一存之理，遂悉藏於山中。己丑之災，偕家人渡江以逃，袁氏之書一夕而盡。

張美和《吾吾類稿原序》（吴皋《吾吾類稿》卷首）　臨川吴舜舉先生蚤知學《詩》，而能上追《三百篇》之義。作爲五七言，古近二體諸詩，皆本乎性情，關乎世教，非汎汎而作者。前嘗爲臨江郡博士，其淑諸人者多矣。亂離以來，舊稿散失。其子均收輯遺篇于亂定之餘，僅得若干首。臨江稅課司大使京兆趙君師嘗見而說之，遂率郡中士友命工刻梓，以永其傳。

錢用壬《玩齋集原序》（貢師泰《玩齋集》卷首）　今年春，先生將漕閩廣粟道，出海昌，値海上有警而遂留居焉。用壬日陪杖履散步，林皐從容進曰：「先生昔所示文若詩，敢請以畢前志。」先生喟然歎曰：「自喪亂以來，圖書散失，吾文藁之所存者，十亡一二。今吾老矣，追思盛年之所作，殆不可復已。然吾胸中之耿耿者猶在，雖孤客遠寓，而感時撫事未嘗不形之詠歌也。」因發篋中所藏，前後得四百餘篇，披閱數四，於是知先生之學益至而識益遠，才益廣而氣益充，非仁義道德之素積於中，歷困窮患難而不動其心者，安能若是也哉！

楊士奇《東里續集》卷一八《支言集》　右《支言集》，元吴文正公草廬先生所著也。刻板在衢州常山縣。余得之金司直用誠，自一卷至三十六卷，凡三冊。元之盛際，北有許文正公，南有先生，皆道學大儒，其功在朝廷、在學者，表然重當時而垂後世。文雖先生餘事，然使後學得以窺見先生萬一而私淑焉者，獨有賴於斯。先生諸經皆有著述，及《支言集》皆已板行，兵後散失，其家所存惟《支言集》。公五世孫瓘爲常山丞，能持身愛民，欲重刻《支言集》，而貧無資。乃歸賣其家園田，爲之刻，未畢，坐事去官。其已刻者，余所得是已。未刻尚多，蓋碑志之類。

魏驥《書竹齋先生詩集後》（王冕《竹齋集》卷末）　夫予又聞之，先生善寫梅，自成一家，其法則出入楊無咎。平生愛讀《周禮》，探其微。嘗著書　卷，曰：「吾不死，持此遇明主，伊呂事業不難致也。」値元季，視時政不綱，負氣懷憤，則出言無所顧忌，率多譏刺其任事之人，致人目之爲狂。豈眞狂者哉！走四方，其足跡殆半天下，志無所遂。迨謁太祖高皇帝于金華，與語頗合。獲留餉，午具惟飯一盂，蔬一盤，先生且談且食，盡飽乃已，拜。上喜曰：「先生能甘粗糲如是，可與共大事。」即授以諮議叅軍。未幾，遘疾遽亡。知之者謂使天假之以年，其樹功烈當不在元勳之下。是知其詩爲先生餘事耳，况其大篇短章，豪雄俊偉，汪洋浩瀚，酷似其爲人。故誠意伯劉公嘗序其集曰，其言「有忠君愛民之情，去惡拔邪之志，懇懇悃悃見於詞意之表」。誠得先生之心者也。其集甚富，惜厄兵燹不全，其今大年所集，僅能收拾於煨燼殘缺之餘，蓋千百而什一也。是則先生之手澤尚存，亦可謂之不死矣。

《雍正東莞縣志・文苑傳・尹守衡》　尹守衡，字用平，生而穎悟，以氣節自高。【略】所著《史竊》外，有《懶菴集》並行於世。長子魁昌，字昌廷，領崇正丙子鄉薦，博洽有才氣。與次弟兆昌皆侍衡輯錄史事，多所考覈。時張、曾二孝廉修邑志，中有持論過峻者，魁昌悉爲刪訂，輿論稱允。玉如，衡季子，衡所著《史竊》遭亂毁板，玉如購得原本，□產梓之，書賴以傳。

談遷《北游録・紀郵上》（順治十一年七月）己酉，晴。午過吳太史、周子俶所，太史疾少間，云：先朝節愼庫內圖書，俱宋宣和物，金人入汴，歸於燕，元仍之。明初，徐中山下燕，封府庫圖籍。甲申之變，李賊遁，都入清宮。同年，孫北海身入大內，見封識猶中山時也。今散佚無一存。向分賜諸臣書畫，北海得《大觀殿法帖》，宋高宗所賜喻樗者，多鍾王祕蹟。又李賊焚六科廊，而先朝之疏鈔盡矣。又云：歐陽永叔《五代史》頗略，宋太宗勅修《冊府元龜》，五代事雜見，如彙之可補永叔之闕。

姜紹書《韻石齋筆談》卷上《秘閣藏書》　內府秘閣所藏書甚寥寥，然宋人諸集十九皆宋板也。書皆倒摺，四周外向，故雖遭蟲鼠嚙而未損。但文淵閣制既庳狹，而牖復暗黑，抽閱者必秉炬以登內閣，輔臣無暇留心及此。而翰苑諸君世所稱讀中秘書者，曾未得窺東觀之藏。至李自成入都付之一炬，良可歎也。

盧文弨《抱經堂文集》卷一三《樂圃餘稾跋》　著書滿家，不幸而無；零章賸幅之傳者，比比是也。宋朱伯原氏有文三百卷，經兵燹亡失，其從孫思掇拾補緝，僅得三十之一而已，名曰《樂圃餘稾》，不必皆共生平文字之至者。然而流傳五六百年不衰，猶幸也。夫伯原，吳人，舉乙科，以足疾不仕，窮經閱古，世皆知其賢。起教授鄉邦，爲諸生說《春秋》，後又以之教國學，著《春秋通志》二十卷，今亦佚矣。獨《墨池編》二十卷，世尚有版行本。他所著《圖經》、《琴史》，不能定當世藏書家之有無也。人生何必爲達官要職，如伯原氏官不過正字，所盡者不過師儒之職，而當時貴之，後世慕之，其所居樂圃之坊名，至今未改也。

法式善《陶廬雜録》卷三　余纂唐文，於《永樂大典》暨各州縣志內採録，皆世所未見之篇。而纂四庫書時，唐賢各集，實未補入。如王勃、楊炯、盧照鄰、駱賓王、陳子昂、張說、張九齡、李白、杜甫、王維、高適、元結、顏眞卿、吳筠、劉長卿、獨孤及、蕭穎士、韋應物、李華、顧況、陸贄、權德輿、韓愈、柳宗元、劉禹錫、錢起、呂溫、張籍、皇甫湜、李翺、歐陽詹、李觀、沈亞之、李紳、李德裕、元稹、白居易、杜牧、李商隱、劉蛻、李頻、李羣玉、孫樵、王棨、皮日休、陸龜蒙、司空圖、韓偓、吳融、徐寅、黃滔、羅隱、韋莊、杜光庭。凡五十五家，全書皆已著録。而原集漏略，今一一補載。其李百藥、長孫無忌、魏徵、蘇頲、孫逖、常袞、梁肅、令狐楚、符載九家，全書未著録，見於內府《全唐文》原本，今采各書補載，亦復不少，余別録爲書。乃知元、明以來，古籍銷燬於兵火播遷者，大可慨嘆也。

歐陽兆熊等《水窗春囈》卷下《書畫遭劫》　《四庫全書》，江浙共三閣，杭州、鎮江、揚州也。兵燹後無一存，其實皆抄本耳。若由文淵閣抄一份，不過五萬金，江、浙以貲起家者不乏人，而卒無一議之者。甯波天一閣，亦孑然無餘，可爲千古文字之厄。即楊玉堂河帥，亦購書四五萬金，皆宋、元精本，捆載回籍，亦燬於賊，更奇。又吾鄉張叔未解元家素封，自冠年嗜金石書畫，積六十年所購不下十數萬，即前明項子京天籟閣不過如是。賊來皆散佚，所存僅十之三亦散落人間矣。

陳其元《庸間齋筆記》卷一　吾家以詩書爲世澤，自有明中葉承陳姓之後，代有聞人，人各有集，見于秀水錢警石廣文所纂《海昌備志》，所採者不下萬卷焉。其尤以淹貫名者爲曾叔祖會理州知州摩村公諱鍈，堂伯孝廉方正仲魚公諱鱣。摩村公弱冠即擅文名，乾隆中，楊大司馬薦舉博學宏詞。著作等身。晚年與金宗伯杜、錢方伯嶼沙、汪徵君槐塘、姚比部羽峰仿洛社之會，龐眉鳩杖，花晨月夕，載酒湖山，留題殆遍。觀者目爲神仙中人。仲魚公賦性穎異，讀書過目成誦。嘉慶丙辰，詔天下督撫學臣舉孝廉方正，時學使者儀徵阮文達公以公名應舉，并手摹漢隸「孝廉」二字，以顏其居，復爲書「士鄉堂」額以贈。旋登戊午賢書，六上春官，後遂不復作出山計。歸築講舍于紫微山麓，寢處其中，一以著書爲事。生平一無所好，獨于古名人書畫不惜重價購之，所心賞者鈐以二章，一肖己像，上題「仲魚圖像」四字；一綴以十二字，曰「得此書費辛苦，後之人其鑒我」。其志趣如此。所藏書最富，惜兵燹之後，皆散佚矣。

自然損汰分部

綜述

《韓非子·喻老》 王壽負書而行，見徐馮於周塗，馮曰：「事者，爲也。爲生於時，知者無常事。書者，言也。言生於知，知者不藏書。今子何獨負之而行？」於是王壽因焚其書而儛之。故知者不以言談敎，而慧者不以藏書篋。此世之所過也，而王壽復之，是學不學也。故曰：「學不學，復歸衆人之所過也。」

《南齊書·文惠太子長懋傳》 時襄陽有盜發古冢者，相傳云是楚王冢，大獲寶物玉屐、玉屏風、竹簡書、青絲編。簡廣數分，長二尺，皮節如新。盜以把火自照，後人有得十餘簡，以示撫軍王僧虔，僧虔云是科斗書《考工記》，《周官》所闕文也。是時州遣按驗，頗得遺物，故有同異之論。

《梁書·王泰傳》 高祖霸府建，以泰爲驃騎功曹史。天監元年，遷祕書丞。齊永元末，後宮火，延燒祕書，圖書散亂殆盡。泰爲丞，表校定繕寫，高祖從之。頃之，遷中書侍郎。

《陳書·徐陵傳》 自有陳創業，文檄軍書及禪授詔策，皆陵所製，而九錫尤美。爲一代文宗，亦不以此矜物，未嘗詆訶作者。其於後進之徒，接引無倦。世祖、高宗之世，國家有大手筆，皆陵草之。其文頗變舊體，緝裁巧密，多有新意。每一文出手，好事者已傳寫成誦，遂被之華夷，家藏其本。後逢喪亂，多散失，存者三十卷。

《北齊書·宋顯傳》 顯從祖弟繪，少勤學，多所博覽，好撰述。魏時，張緬《晉書》未入國，繪依准裴松之注《國志》體，注王隱及《中興書》。又撰《中朝多士傳》十卷，《姓系譜録》五十篇。以諸家年歷不同，多有紕繆，乃刊正異同，撰《年譜録》，未成。河淸五年幷遭水漂失。繪雖博聞强記，而天性恍惚，晚又遇風疾，言論遲緩。及失所撰之書，乃撫膺慟哭曰：「可謂天喪予也！」天統中卒。

又《楊愔傳》 ［楊］遵彦死，仍以中書令趙彦深代總機務。鴻臚少卿陽休之私謂人曰：「將涉千里，殺騏驥而策蹇驢，可悲之甚。」愔所著詩賦表奏書論甚多，誅後散失，門生鳩集所得者萬餘言。

《周書·蕭欣傳》 蕭欣，梁武帝弟安成康王秀之孫，煬王機之子也。幼聰警，博綜墳籍，善屬文。詧踐位，以欣襲機封。歷侍中、中書令、尚書僕射、尚書令。巋之二十三年，卒，贈司空。欣與柳信言，當巋之世，俱爲一時文宗。有集三十卷。又著《梁史》百卷，遭亂失本。

又《文學傳·顔協》 協所撰《晉仙傳》五篇，《日月災異圖》兩卷，行於世。其文集二十卷，遇火湮滅。

《晉書·儒林傳·王歡》 王歡字君厚，樂陵人也。安貧樂道，專精耽學，不營產業，常丐食誦《詩》，雖家無斗儲，意怡如也。其妻患之，或焚毁其書而求改嫁，歡笑而謂之曰：「卿不聞朱買臣妻邪？」時聞者多哂之。

《南史·隱逸傳下·沈麟士》 麟士無所營求，以篤學爲務，恆憑素几鼓素琴，不爲新聲。負薪汲水，幷日而食。守操終老，讀書不倦。遭火燒書數千卷，年過八十，耳目猶聰明，以反故抄寫，火下細書，復成二三千卷，滿數十篋。時人以爲養身靜默所致。

又《阮孝緒》 武帝禁畜讖緯，孝緒兼有其書，或勸藏之。答曰：「昔劉德重淮南《祕要》，適爲更生之禍，杜瓊所謂不如不知，此言美矣。」客有求之，答曰：「己所不欲，豈可嫁禍於人。」乃焚之。

《隋書·經籍志總序》 大唐武德五年，克平僞鄭，盡收其圖書及古迹焉。命司農少卿宋遵貴載之以船，泝河西上，將致京師。行經底柱，多被漂沒，其所存者，十不一二。其《目録》亦爲所漸濡，時有殘缺。

又《後叙》 又後漢鐫刻七經，著於石碑，皆蔡邕所書。魏正始中，又立三字石經，相承以爲七經正字。後魏之末，齊神武執政，自洛陽徙于鄴都，行至河陽，值岸崩，遂沒于水。其得至鄴者，不盈太半。至隋開皇六年，又自鄴京載入長安，置于祕書內省，議欲補緝，立于國學。尋屬隋亂，事遂寢廢，營造之司，因用爲柱礎。貞觀初，祕書監臣魏徵，始收聚之，十不存一。

又《藝術傳·萬寶常》 寶常貧無子，其妻因其臥疾，遂竊其資物而

逃。寶常飢餒，無人贍遺，竟餓而死。將死也，取其所著書而焚之，曰：「何用此爲？」見者於火中探得數卷，見行於世，時論哀之。

《北史・外戚傳・馮熙》 洛陽雖經破亂，而舊《三字石經》宛然猶在，至熙與常伯夫相繼爲州，廢毁分用，大至頽落。

又《儒林傳下・王孝籍》 後歸鄉里，以教授爲業，終于家。注《尚書》及《詩》，遭亂零落。

又《隱逸傳・馮亮》 遺誡兄子綜，殮以衣帢，左手持板，右手執《孝經》一卷，置尸盤石上，去人數里外，積十餘日，乃焚於山，灰燼處，起佛塔經藏。

劉餗《隋唐嘉話》卷下 王右軍《告誓文》，今之所傳，即其藁草，不具年月日朔。其眞本云：「維永和十年三月癸卯朔九日辛亥。」而書亦眞小。開元初年，潤州江寧縣瓦官寺修講堂，匠人於鴟吻内竹筒中得之，與一沙門。至八年，縣丞李延業求得，上岐王，岐王以獻帝，便留不出。或云：後卻借岐王。十二年王家失火，圖書悉爲煨燼，此書亦見焚云。

又 梁常侍徐陵聘於齊，時魏收文學北朝之秀，收録其文集以遺陵，令傳之江左。陵還，濟江而沉之，從者以問，陵曰：「吾爲魏公藏拙。」

王士源《孟浩然集序》 天寶四載徂夏，詔書徵謁京邑，與冢臣八座討論，山林之士麕至，始知浩然物故。嗟哉！未祿於代，史不必書，安可哲蹤妙韻，從此而絶！故詳問文者，隨述所論，美行嘉聞，十不紀一。浩然凡所屬綴，就輒毁棄，無復編録，常自歎爲文不逮意也。流落既多，篇章散逸，鄉里購採，不有其半，敷求四方，往往而獲。既無他士爲之傳次，遂使海内衣冠搢紳，經襄陽思覩其文，蓋有不備見而去，惜哉！今集其詩二百一十八首，分爲四卷，詩或缺逸未成，而製思清美，及他人酬贈，咸録次而不棄耳。

張固《幽閒鼓吹》 李藩侍郎嘗綴李賀歌詩，爲之集序，未成。知賀有表兄與賀爲筆硯之舊者，召之見，托以搜訪所遺。其人敬謝，且請曰：「某盡得其所爲，亦見其多點竄者。請得所葺者視之，當爲改正。」李公喜，並付之，彌年絶跡。李公怒，複召詰之，其人曰：「某與賀中外，自小相處，恨其傲忽，嘗思報之。所得兼舊有者，一時投於溷中矣。」李公大怒，叱出之，嗟恨良久。故賀篇什流傳者少。

《舊唐書・李義府傳》 乾封元年，大赦，長流人不許還，義府憂憤發疾卒，年五十餘。文集三十卷，傳於代，又著《宦游記》二十卷，尋亡失。

又《王方慶傳》 方慶博學好著述，所撰雜書凡二百餘卷。尤精《三禮》，好事者多詢訪之。每所酬答，咸有典據，故時人編次，名曰《禮雜答問》。聚書甚多，不減秘閣，至于圖畫，亦多異本。諸子莫能守其業，卒後尋亦散亡。

又《褚无量傳》 无量以内庫舊書，自高宗代即藏在宮中，漸致遺逸，奏請繕寫刊校，以弘經籍之道。

又《文苑傳上・王勃》 勃文章邁捷，下筆則成，尤好著書，撰《周易發揮》五卷及《次論》等書數部，勃亡後，并多遺失。

《歐陽修全集》卷一二四《崇文總目叙釋・樂類》 三代《禮》、《樂》，自周之末，其失已多，又經秦世滅學之暴。然《書》及《論語》、《孝經》得藏孔氏之家，《易》以卜筮不禁。而《詩》本諷誦，不專在於竹帛，人得口以傳之。故獨《禮》之於《六經》，其亡最甚。而《樂》又有聲器，尤易爲壞失。及漢興，考求典籍，而《樂》最缺絶，學者不能自立，遂并其説於《禮》家，書爲《五經》，流别爲六藝。夫《樂》，所以達天地之和，而飭化萬物，要之感格人神，象見功德。《記》曰：「五帝殊時，不相沿樂。」所以王者有因時制作之盛，何必區區求古遺缺。至於律呂、鍾石，聖人之法，雖更萬世，可以考也。自漢以來，樂之沿革，惟見史官之志，其書不備。隋唐所録，今著其存者云。

《新唐書・王綝傳》 方慶博學，練朝章，著書二百餘篇，尤精《三禮》。學者有所咨質，酬復淵詣，故門人次爲《雜禮答問》。家聚書多，不減秘府，圖畫皆異本。方慶殁後，諸子不能業，隨皆散亡。

又《柳宗元傳》 [宗元云：] 城西有數頃田，樹果數百株，多先人手自封植，今已荒穢，恐便斬伐，無復愛惜。家有賜書三千卷，尚在善和里舊宅，宅今三易主，書存亡不可知。皆付受所重，常繫心腑，然無可爲者。立身一敗，萬事瓦裂，身殘家破，爲世大僇。是以當食不知辛鹹節適，洗沐盥潄，動逾歲時，一搔皮膚，塵垢滿爪，誠憂恐悲傷，無所告愬，以至此也。

又《王鍔傳》 善任數持下，在淮南時，嘗得無名書，內靴中，俄取它書焚之，人信其無名者，異日因小罪，並以所告窮驗，示衆以神明。

又《文藝傳下・李賀》 賀與游者權璩、楊敬之、王恭元，每譔著，時爲所取去。賀亦早世，故其詩歌世傳者鮮焉。

韓琦《安陽集》卷二二《三兄司封荆玉集後序》 某天聖八年，自淄州通判罷，丁大寧太夫人憂。時三兄司封通判濠州，得在左右。手編兄文成十五卷，嘗作序，以「荆玉」爲集名，且志兄有才而不遇也。後十年，兄終於兩浙轉運使，遺文殘藁又散於巾橐間。大懼亡失，不永其傳，乃命其少子直彦復集爲若干卷，題曰《荆玉後集》。

宋敏求《春明退朝録》卷下 太宗詔諸儒編故事一千卷，曰《太平總類》。文章一千卷，曰《文苑英華》。小説五百卷，曰《太平廣記》。醫方一千卷，曰《神醫普救》。《總類》成，帝日覽三卷，一年而讀周，賜名曰《太平御覽》。又詔翰林承旨蘇公易簡、道士韓德純、僧贊寧集三教聖賢事迹，各五十卷。書成，命贊寧爲首坐，其書不傳。眞宗詔諸儒編君臣事迹一千卷，曰《册府元龜》，不欲以后妃婦人等事廁其間，别纂《彤管懿範》七十卷。又命陳文僖公裒歷代帝王文章爲《宸章集》，二十五卷。復集婦人文章爲十五卷，亦世不傳。

《資治通鑑・隋文帝開皇十四年》 春三月，樂成。夏，四月，乙丑，詔行新樂，且曰：「民間音樂，流僻日久，棄其舊體，競造繁聲，宜加禁約，務存其本。」萬寶常聽太常所奏樂，泫然泣曰：「樂聲淫厲而哀，天下不久將盡！」時四海全盛，聞者皆謂不然；大業之末，其言卒驗。寶常貧而無子，久之，竟餓死。且死，悉取其書燒之，曰：「用此何爲！」

蘇頌《蘇魏公文集》卷六五《本草圖經序》 昔唐永徽中，删定《本草》之外，復有《圖經》相輔而行，圖以載其形色，經以釋其同異。而明皇御製，又有《天寶單方藥圖》，皆所以叙物眞濫，使人易知，原診處方，有所依據。二書失傳且久，散落殆盡。雖鴻都秘府亦無其本，《天寶方書》但存一卷，類例粗見，本末可尋。宜乎聖君哲輔留意於蒐輯也。

又《校定備急千金要方序》 學其術者，大抵以農、黄、岐伯之經爲宗而和、扁諸家之説爲解。《漢志》所以論著其書，列於《藝文》者，誠以歷古所尚，王官之守不可闕一也。由漢迄唐，其道寖廣。名醫譔述殆百餘家。年世寖遠，頗或亡散。今之所傳，十不存一。惟孫思邈《備急千金方》者，首末粗見，特爲完書。然而公私所藏，鮮有善本。

又卷六六《校淮南子題序》 謹案班固《前漢書》：淮南王安「招致賓客方術之士數千人，作爲《內書》二十一篇，《外書》甚衆。又有《中篇》八卷。書言神仙黄白之術，亦二十餘萬言。」《中篇》者，《劉向傳》所謂《鴻寶苑祕》是也，與《外書》今並亡。【略】又案高氏叙「典農中郎將卞揖借八卷，會揖喪，遂亡，後復補足」。今所闕八篇，得非後補者失其定著。外所闕卷，但載《淮南》本書，仍於篇下題曰「注」，今亡許《注》，仍不録叙。並以黄紙繕寫，藏之館閣。

《蘇軾文集》卷四八《黄州上文潞公書》 軾始就逮赴獄，有一子稍長，徒步相隨。其餘守舍，皆婦女幼稚。至宿州，御史符下，就家取文書。州郡望風，遣吏發卒，圍船搜取，老幼幾怖死。既去，婦女恚罵曰：「是好著書，書成何所得，而怖我如此！」悉取燒之。比事定，重復尋理，十亡其七八矣。

陸佃《陶山集》卷一一《鬻子序》 鬻子名熊，楚人也。九十適周文王，曰：「先生老矣。」對曰：「使臣捕獸逐麋，則熊老矣；若使坐籌國事，臣尚少焉。」文王師之。著書二十二篇，實諸子濫觴之始。今十有五篇者，蓋闕。而《列子・天瑞篇》稱熊曰「運轉無已，天地密移，疇覺之哉！」其《力命篇》又稱熊語文王曰「自長非所增，自短非所損」者，即《南華》藏舟凫鶴之義也。而今其書無之，則熊之嘉言要旨亡者多矣，可不惜哉！文字脱謬，爲之校正四字，增者七，減者八，注百有五十二字云。

秦觀《淮海集》卷三五《書蘭亭叙後》 《蘭亭》者，晉右將軍會稽内史瑯琊王羲之逸少所書詩序也。右軍以穆帝永和九年三月三日，與太原孫統承公、孫綽興公、廣漢王彬之道生、陳郡謝安安石、高平郄曇重熙、太原王藴叔仁、釋支遁道林，及其子凝之、徽之、操之等四十有一人，修祓禊於山陰之蘭亭，酒酣賦詩製序，用蠶繭紙、鼠鬚筆，書凡二十八行，三百二十四字，字有重者皆構别體，而「之」字最多，至二十許字。他日更書數十本，終無及者。右軍亦自愛重，留付子孫，至七代孫智永爲比丘，俗呼永禪師。永卒，傳其書於弟子辨才。才俗姓袁氏，梁司空昂之玄孫。唐貞觀中，太宗鋭意學二王書帖，摹搨殆盡，惟未得《蘭亭》。凡三召辨才，詰之，固稱荐經喪亂，亡失不知所在。後遣監察御史蕭翼微服爲書生以詭辨才，始得之。命供奉搨書人趙模、韓道政、馮承素、諸葛貞等四人，各搨數本，以賜皇太

子、諸王、近臣。貞觀二十三年，高宗奉遺詔以《蘭亭》入昭陵，惟趙模等所搨者傳於世，事見何延之《蘭亭記》。

晁説之《景迂生集》卷一三《儒言・棄舊》 貞觀中，詔修《五經正義》成，用以取士。而兩漢以來，諸儒之説存而傳者十不二三。逮今新義之行於有司，而所謂二三之傳者，亦不知何在矣，可不惜哉！

李昭玘《樂静集》卷五《記殘經》 南臺古刹有佛書數百卷，多唐季五代時所書，字畫精勁，歷歷可喜。按《大藏經目》凡五千四百卷，今所存纔十一，首尾可讀者又無幾也。

王讜《唐語林》卷三 張萬福以父祖力儒不達，因焚書，從軍遼東有功，累官至右散騎常侍致仕。萬福爲人慷慨，嫉險佞，雖妻子未嘗敢輒干。嘗徑造延英門，賀諫官陽城雪陸贄冤，時人稱之。仕宦七十年，未嘗病一日。雖不識字，爲九郡，皆有惠愛。

唐庚《眉山集・文集》卷一一《書姑蘇張自强教諭所編寅甲録》 吾生平取名，以此其掇謗，亦以此頃謫惠州。過扶胥，此書失手墜海中，舟人皆失色。予獨喜，幸名與謗都息矣。不謂今日復稍見於士大夫間，讀之惘然，似他人文。思之茫然，如隔世事。而姑蘇張自强復持此六卷示予，是名與謗特未已也。然自强嗜吾文，必知我者也，必愛我者也，想能爲我深藏而慎出之，庶幾可以免夫。

晁公武《郡齋讀書志序》 杜鄴從張京兆之子學問，王粲爲蔡中郎所奇，皆盡得其家書，故鄴以多聞稱而粲以博物顯。下逮國朝，宋宣獻公亦得畢文簡、楊文莊家書，故所藏之富，與秘閣等，而常山公以贍博聞於時。夫世之書多矣，顧非一人之力所能聚；設令篤好而能聚之，亦將老至而耄且及，豈暇讀哉！然則，二三子所以能博聞者，蓋自少時已得先達所藏故也。公武家自文元公來，以翰墨爲業者七世，故家多書，至於是正之功，世無與讓焉。然自中原無事時，已有火厄，乃兵戈之後，尺素不存也。公武仕宦連蹇，久益窮空，雖心志未衰，而無書可讀，每恨之。南陽公天資好書，自知興元府至領四川轉運使，常以俸之半傳録。時巴、蜀獨不被兵，人間多有異本，聞之未嘗不力求，必得而後已。歷二十年，所有甚富。既罷，載以舟，即廬山之下居焉。宿與公武厚。一日，貽書曰：「某老且死，有平生所藏書，甚秘惜之。顧子孫稚弱，不自樹立。若其心愛名，則爲貴者所奪；若其心好利，則爲富者所售，恐不能保也。今舉以付子，他日其間有好學者，歸焉。不然，則子自取之。」公武惕然從其命。書凡五十篋，合吾家舊藏，除其複重，得二萬四千五百卷有奇。今三榮僻左少事，日夕躬以朱黄，讎校舛誤。終篇，輒撮其大旨論之。豈敢效二三子之博聞，所期者不墜家聲而已。書則固自若也。倘遇其子孫之賢者，當如約。紹興二十一年元日，昭德晁公武序。

姚寬《西溪叢語》卷上 蔡中郎《石經》：漢靈帝熹平四年，邕以古文、篆、隸三體書《五經》，刻石於太學。至魏正始中，又爲《一字石經》，相承謂之七經正字。《唐志》又有《今字論語》二卷，豈邕《五經》之外，復有此乎？《隋・經籍志》，凡言《一字石經》，皆魏世所爲；有《一字論語》二卷，不言作者之名，遂以爲邕所作，恐《唐史》誤。北齊遷邕《石經》於鄴都，至河濱，岸崩，石沒於水者幾半。隋開皇中，又自鄴運入長安，尋兵亂廢棄。唐初，魏鄭公鳩集所餘，十不獲一，而傳拓之本，猶存祕府。當時《一字石經》猶數十卷，《三字石經》止數卷而已。由是知漢《石經》之亡久矣。魏《石經》近世猶存，堙滅殆盡。往年，洛陽守因閲營造司所棄碎石，識而收之，凡得《尚書》、《論語》、《儀禮》，合數十段。又有《公羊碑》一段，在長安，其上馬日磾等所正定之本，據《洛陽記》日磾等題名，本在《禮記碑》，而乃在《公羊碑》，益知非邕所爲也。《尚書》、《論語》之文，今多不同，非孔安國、鄭康成所傳之本也。獨《公羊》當時無他本，故其文與今文無異。然皆殘缺已甚。宋敏求《洛陽記》云：漢靈帝詔諸儒正定《五經》刊石。熹平四年，蔡邕與五官中郎將堂谿典、光禄大夫楊賜、諫議大夫馬日磾、議郎張訓韓説、太史令單颺等奏定《六經》刊於碑後，諸儒晚學，咸取正焉。及碑始立，其觀視及筆寫者，車乘日千餘兩，塡塞街衢。其碑爲古文、篆、隸三體，立太學門外。又云：魏正始中，立篆、隸、古文《三字石經》，又刊文帝《典論》六碑，附其次於太學，又非前所謂《一字石經》也。晉《石經》，隸書，至東魏孝静遷於鄴，世所傳《一字石經》，即晉隸書，又非魏碑也。今漢碑不存，晉、魏《石經》亦繆謂之蔡邕字矣。唐秘書省內有蔡邕《石經》數十段，後魏末自洛陽徙至東宮，又移將作內坊。貞觀四年，魏徵奏於京師祕書內省置，武后復徙於祕書省，未知其《一字》與《三字》也。

胡宏《五峰集》卷四《皇王大紀論・書傳散失》　世傳羲、農、黄帝之書，謂之三墳。少昊、顓頊、高辛、唐、虞之書，謂之五典。孔子討論墳典，斷自唐、虞，上世文書簡邃，經三季而失其傳，不可得而論次故也。今去孔子又遠矣，乃始於古初，不亦過乎！

張邦基《墨莊漫録》卷一《潤州蘇氏家書畫》　潤州蘇氏家書畫甚多。書之絶異者，有太宗賜易簡御書宋玉《大言賦》并《名眞戒酒批答》，鍾繇《賀吴滅關羽上文帝表》，王右軍《答會稽内史王述書》、《雪晴寄山陰張侯帖》，獻之《秋風詞》，梁蕭子雲節班固《漢史》，唐褚遂良模本《蘭亭》，李太白《天馬歌》，賀知章《醉中吟》，張長史《書逸人壁》，顔魯公《進文殊碑讚》，李陽冰篆《新泉銘》，永禪師眞草《千文》，齊己題贈，並皆眞迹。名畫則顧凱之《雪霽圖》、《望五老峰圖》，北齊《舞鶴圖》、閻立本《醉道士圖》，吴道子《六甲神》，薛稷《戲鶴》，陳閎《蕃馬》，韓幹《御馬》，戴嵩《牛圖》，王維《卧雪圖》，邊鸞《雀竹》，李將軍《曉景屏風》，李成山水、除熙草蟲，黄筌墨竹，居寧翎毛，董羽龍水，劉道士鬼神，刁處士竹石，鍾隱乳兔。物之尤異者，有明皇賜蘇小許公四代相玉印，贊皇父子石硏、石兔、竹拂連理、拄杖，陳後主宫娃七寶束帶、雷公斧、珊瑚筆架、玉連環。皆希世之寶，皆散逸，或有歸御府者，今不知流落何處。

又卷二《邵康節論易書不傳》　康節邵先生堯夫在洛中，嘗與司馬溫公論《易》數，推園中牡丹云：「某日某時當毁。」是日，溫公命數客以觀。日向午，花方穠盛，客頗疑之。斯須，兩馬相踶，絶銜斷轡，自外突入，馳驟欄上，花果壞焉。嘗言天下可傳此者，司馬君實、章子厚耳，而君實不肯學，子厚不可學也。臨終，焚其書不傳，只以《皇極經世》行於世。

又卷五《藏書之富者》　藏書之富，如宋宣獻、畢文簡、王原叔、錢穆父、王仲至家及荆南田氏、歷陽沈氏，各有書目。譙郡祁氏多書，號外府太清老氏之藏室，後皆散亡。田、沈二家不肖子，盡鬻之。京都盛時，貴人及賢宗室往往聚書，至多者萬卷。兵火之後，焚毁迨盡，間有一二留落人間。亦書史一時之厄也。吴中曾旼彦和、賀鑄方回二家書，其子獻之朝廷，各命以官。皆經彦和、方回手自讎校，非如田、沈家貪多務得，舛謬訛錯也。

又卷九《崔伯易吴子經著書》　崔伯易，熙寧二年爲國子監直講。嘗著《熙寧稽古一法百利論》五卷，逾萬言，蓋以久任爲要。上之，召對延和，稱旨。自此遂擢用，遍歷清要矣。予嘗求是書於其家，今亦亡矣，惜乎不見於世，以此知古人著述亡逸不傳者多矣。同時又有臨川吴孝宗子經，嘗著三書，一曰《法語》，二曰《先志》，三曰《巷議》。舊嘗傳於其姪道宗夢協，亦亡於兵火。子經，予母之從叔也。今聞其從孫家尚有本，當復傳之。

唐璪《唯室集序》（陳長方《唯室集》卷首）　亡友陳齊之，初從師友學，則有眞得，不事虚名，潛心古道。其讀經則有《春秋私記》，讀史則有《班范史論》，深造自得，發其關鍵，直覩堂奥，聖人復起，不易斯言矣。不幸早殁，故見於行事者，泰山之一毫芒，此善類所以深嗟而痛悼之也。雖其平生應用之文，亦不苟出，率多有德之言。凡有所作，又爲人持去。所存者寡。及其孤哀而集之，僅得二百篇而已。將槧木以廣其傳，予故爲序之。

李燾《續資治通鑑長編・仁宗嘉祐四年》　初，右正言祕閣校理吴及言：「祖宗更五代之弊，設文館以待四方之士，而卿相率由此進，故號令風采不減漢、唐。近年用内臣監館閣書庫，借出書籍亡失已多。又簡編脱略，書吏補寫不精，非國家崇尚儒學之意。請選館職三兩人，分館閣人吏編寫書籍，其私借出與借之者，並以法坐之。」仍請求訪所遺之書，乃命［蔡］抗等仍不兼他局，二年一代，別用黄紙印寫正本，以防蠹敗。

洪邁《容齋隨筆》卷一五《書籍之厄》　梁元帝在江陵，蓄古今圖書十四萬卷，將亡之夕盡焚之。隋嘉則殿有書三十七萬卷，唐平王世充，得其舊書於東都，浮舟泝河，盡覆于砥柱。貞觀、開元募借繕寫，兩都各聚書四部。禄山之亂，尺簡不藏。代宗、文宗時，復行搜采，分藏于十二庫。黄巢之亂，存者蓋尠。昭宗又於諸道求訪，及徙洛陽，蕩然無遺。今人觀漢、隋、唐《經籍》、《藝文志》，未嘗不茫然太息也。晁以道記本朝王文康初相周世宗，多有唐舊書，今其子孫不知何在。李文正所藏既富，而且闢學館以延學士大夫，不待見主人，而下馬直入讀書，供牢餼以給其日力，與衆共利之。今其家僅有敗屋數楹，而書不知何在也。宋宣獻家兼有畢文簡、楊文莊二家之書，其富蓋有王府不及者。元符中，一夕災爲灰燼。以道自謂家五世於兹，雖不敢與宋氏爭多，而校讎是正，未肯自遜。政和甲午之冬，火亦告譴。惟劉壯輿家於廬山之陽，自其祖凝之以來，遺子孫者唯圖書也，其書與七澤俱富矣，於是爲作記。今劉氏之在廬山者，不聞其人，則所謂藏書殆亦羽化。乃知自古到今，神物亦於斯文爲靳靳也。

府所儲，靖康蕩析之餘，盡歸於燕；置之祕書省，乃有幸而得存者焉。

陸游《老學庵筆記》卷九　劉道原壯輿，載世藏書甚富。壯輿死，無後，書錄於南康軍官庫。後數年，胡少汲過南康，訪之，已散落無餘矣。

王明清《揮麈後録》卷五　樊若水夜釣采石，世多知之。宋咸《笑談錄》云：「李煜有國日，樊若水與江氏子共謀。江年少而黠。時李主重佛法，即削髮投法眼禪師爲弟子，隨逐出入禁苑，因遂得幸。法眼示寂，代其住持建康清涼寺，號曰『小長老』，眷渥無間。凡國中虛實盡得之，先令若水走闕下，獻下江南之策，江爲內應。其後李主既俘，各命以官。江後累典名州，家於安陸，子孫亦無聞。」鄭毅夫爲《江氏書目記》，載文集中，云：「舊藏江氏書數百卷，缺落不甚完。予凡三歸安陸，大爲搜訪，殘帙墜編，往往得之。閭巷間無遺矣，僅獲五百十卷。通舊藏凡千一百卷，江氏遺書具此矣。江氏名正，字元叔，江南人。太祖時，同樊若水獻策取李氏，仕至比部郎中。嘗爲越州刺史，越有錢氏時書，正借本謄寫，遂幷其本有之。及破江南，又得其逸書。兼吳、越所得，殆數萬卷。老爲安陸刺史，遂家焉，盡輦其書，築室貯之。正既歿，子孫不能守，悉散落於民間，火燔水溺，鼠蟲齧棄，幷奴僕盜去，市人裂之以藉物。有張氏者，所購最多。其貧乃用以爲爨，凡一篋書爲一炊飯。江氏書至此窮矣。」然余家之所有，幸而僅存者，蓋自吾祖田曹始畜之，至予三世矣。於余則固能保有之，於其後則非余所知也。然物亦有數，或存或亡，安知異日終不亡哉！故記盛衰之迹，俾子孫知其所自，則庶乎或有能保之者矣。

又卷七　唐著作郎杜寶《大業幸江都記》云：「隋煬帝聚書至三十七萬卷，皆焚於廣陵。其目中蓋無一帙傳於後代。」靖康俶擾，中祕所藏與士大夫家者悉爲烏有。南度以來，惟葉少蘊少年貴盛，平生好收書，逾十萬卷，寘之霅川弁山山居，建書樓以貯之，極爲華煥。丁卯冬，其宅與書俱蕩一燎。李泰發家舊有萬餘卷，亦以是歲火於秦。豈厄會自有時邪？

釋懷悟《鐔津集序》（釋契嵩《鐔津集》卷首）　聞所謂東山明教禪師之高文卓行，道邁識遠，凡獲見其所著文書，莫不錄叙而秘藏之。及於錢唐靈隱山，得嘉禾陳令舉所撰《師之行業記》，石刻末云：「師自《定祖圖》而下，謂之《治平集》，又有《嘉祐集》，總六十萬餘言。而其甥沙門法澄克奉藏之，以信後世。」繼聞其廣本除已入藏《正宗記·輔教編》外，餘皆在姑蘇吳山諸僧室藏之。余固累遣人至彼山諸僧居歷訪之，而寂然無知。其所在者，往往所委不得其人，失於護藏，而爲好事者竊移他所也。大觀初，余居儀眞長蘆之慈杭室，於廣衆中得湖南僧景純上人者，入予室。一日投一大集於席間，曰：「此老嵩之全集也，秘之久矣。聞師切慕其遺文，願以獻師。」余獲之，且驚且喜，念茲或天所相而授我耶，若獲至珍重寶。自《皇極》、《中庸》而下，總五十餘論，及書、啓、叙、記、辯、述、銘、贊，《武林山志》與諸雜著等，約一十六萬餘言，皆舊所聞名而未及見者。雖文理少有差悞，皆比較選練詮次，幾始成集，庶可觀焉。更冀善本較詳，莫由得也。後又遇周格非出守虔州回，得其《非韓文》三十篇三萬餘言。又緣兵火失之，遂未能就其集。近又得本於語溪東藍彥上人，乃與余昔於匡山所得別本較之，文字亦甚疏謬，乃以韓文條理而正之。然師之著述不得其傳，而散落多矣。如《天竺慈雲法師行狀曲記》、《長水暹勤二師碑誌》、《行道舍利述》、《匡山暹道者碑》、《定祖圖序》，皆余自獲石刻而模傳之。今總以入藏《正宗記》、《定祖圖》，與今文集等會計之，纔得三十有餘萬，其餘則蔑然無聞矣。如令舉所記謂有六十萬餘言者，今則失其半矣。

楊冠卿《客亭類稿》卷八《求遺書》　問爻畫肇於包犧，文字生於蒼頡。圖籍之傳，蓋非一朝夕也。自秦下焚書之令，先代墳典掃地，不復存。故天下後世始以不見古書爲恨。而右文之主，亦汲汲然惟殘經闕典之求無斁也。吁，秦之火，其酷於書如此哉！然書因秦火而亡固也，亦有非秦火而亡者。試與諸君評之。夫《書》之二典載堯、舜之事詳矣，《康衢》之謠，《南風》之歌，二典之所宜載者也。何爲《書》獨遺之，其言乃見於《列禦寇》書、《孔子家語》耶？三皇五帝之書，周外史掌之。三墳五典之書，楚左史讀之。而黃帝、顓帝之道，具在丹書，宜若可考而知矣。周武何爲而不知，乃以其道問諸太公耶？意者外史之所掌，左史之所讀，黃帝、顓帝之事，亦有所闕而不載歟？證夏、商之禮，孔子謂文獻不足。闕史借馬之文，孔子謂其今亡。夏五郭公春秋，或以闕文而無所增。周班爵祿，孟子亦謂籍去而不能詳。唐虞成周之時，其書未爲秦火也，書之闕已如此。其於秦也，夫何尤？說者謂六經之免於秦火者，卜筮之《易》，諷誦之《詩》而已。然夏之《連山》，商之《歸藏》，《易》也。二《易》之書，胡爲而不傳？「差以毫釐，謬以千里」，《易》也。《易》之書，胡爲而不載？《南陔》、《白華》

之詩，《華黍》、《由庚》之詩，《崇丘》、《由儀》之詩，《詩》也，又何有其義亡其辭耶？即是而言，則《易》之與《詩》，非以秦而存明矣。漢之入關，蕭何入秦，丞相御史府收秦圖書藏之，則是秦自《易》、《詩》之外，復有所謂圖書者存。其後挾書之律，漢除之；獻書之路，漢開之。或遣謁者求其遺，或採闕文補其逸。六藝百家之文，既已悉上送官。而河間所得，又皆先秦舊書。孔之屋壁，魯之淹中，亦莫非《書》之古文，《禮》之古經也？《書》、《禮》宜其蔑有闕遺，而《汨作》、《九共》、《月令》、《考工》等篇，或遺而逸，或補而全者，不可一二數，復何歟？豈蠹簡之傳寖久而失其眞，抑史臣所述未足深信也？隋人謂書有五厄，其論不專咎於秦，其亦有見於此乎？嗚呼，經之遺文，秦之古書，不可復見矣！若河東之三篋，西河之漆書，汲冢之竹簡，無非古書也，其書亦可得而聞歟？九種《七畧》之名，四類四部之分，與夫《七志》、《七錄》之著，四庫、十二庫之藏，亦無非古書也，其篇目皆可得而究歟？

童宗説《雲臺編後序》（《鄭谷詩集箋注》附録） 宗説始見《唐書・藝文志》所載鄭谷《雲臺編》三卷，以謂谷之詩盡于此。及考祖擇之所作墓表，稱《雲臺編》與《外集》詩凡四百篇行於世。自至和甲午迄今百有七年，《外集》又闕其半，則知谷于道舍詮次之外，著述尚多，而傳者寡也。

《陳亮集》卷一四《伊洛禮書補亡序》 吾友陳傅良君舉爲余言：「薛季宣士隆嘗從湖襄間所謂袁道潔者游。道潔，蓋及事伊川，自言得《伊洛禮書》，欲至蜀以授士隆。士隆往候於蜀，而道潔不果來。道潔死，無子，不知其書今在何許。」伊川嘗言：「舊脩《六禮》已及七分，及被召乃止，今更一二年可成。」則信有其書矣。道潔之所藏近是，惜其書之散亡而不可見也。因集其遺言中凡參考《禮儀》而是正，其可行與不可行者，以爲《伊洛禮書補亡》。庶幾遺意之未泯，而或者其書之尚可訪也。

劉過《龍洲集》卷一五《閬風先生跋》 予友劉改之，少負不羈之才，加以邁往不屑之韻，落魄一世，傲睨萬物，怒駡嬉笑，皆成文章。斗酒百篇，佇立可就。有志無時，用勿克施。賫恨而沒，詩亦隨手散失，百不存一二。予嘗過岜粤山，於郵亭僧舍，得其詩五六十首，刻於《潛川類集》，恨未能會粹其餘也。

陳振孫《直齋書録解題》卷七《傳記類》 《玉堂逢辰録》二卷，錢惟演撰。其載祥符八年四月榮王宮火，一日二夜，所焚屋宇二千餘間，左藏、内藏、香藥諸庫及秘閣、史館，香聞數十里，三館圖籍一時俱盡，大風或飄至汴水之南，惟演獻禮賢宅以處諸王。以此觀之，唐末五代書籍之僅存者，又厄於此火。可爲太息也。

又卷八《目録類》 《藏六堂書目》一卷，莆田李氏云唐江王之後，有家藏誥命。其藏書自承平時，今浸以散逸矣。

又 《吴氏書目》一卷，奉議郎漳浦吴與可權家藏。閩中不經兵火，故家文籍多完具，然地濕苦蠹損。

又 《遂初堂書目》一卷。錫山尤氏尚書袤延之，淳熙名臣，藏書至多，法書尤富。嘗燼於火，今其存亡幾矣。

又卷一〇《農家類》 《荔枝譜》一卷。端明殿學士莆田蔡襄君謨撰，且書而刻之，與《牡丹記》並行。閩無佳石，以板刊，歲久地又濕，皆蠹朽，至今猶藏其家，而字多不完，可惜也。

又卷一八《別集類下》 《石林總集》一百卷、《年譜》一卷。尚書左丞吴郡葉夢得少藴撰。【略】藏書數萬卷。既沒，守者不謹，屋與書俱燼于火。

林希逸《後村居士集原序》（劉克莊《後村集》卷首） 余曰：「莆，名郡也。前輩諸聞人文字散落不少，夾漈著書最多，可名者七百種，今之存無一二。艾軒沒五十年，遺文始裒集，僅得二十卷，放失知幾何。他如次雲之詩、西軒之賦，與先正二劉所作，則世無復見者矣。前之守於斯者能無愧乎？僕將逃此媿於後，公獨何所靳於今？此非爲僕賜，爲國人賜也。」公於是不得已而出之，余既盡得公所藏，刊之郡齋，且連月諷詠不去乎。

王柏《魯齋集》卷一三《跋蘇太古書》 《古禮書叙略》一卷，永嘉蘇太古所編，洞見源委，亦間有發明，可謂有志于學禮者。奈其書亡逸何，每思至此，未嘗不撫卷太息，而有遺恨焉。昔韓宣子適魯，見《易象春秋》，遽曰：周禮盡在魯矣。不知當時指何爲周禮？況去籍于戰國，孟子已不得學諸侯之禮而聞其略。以是知周之舊典《禮經》，不待秦燄而亡之，亦已久矣。河間獻王不知何以得古《禮經》五十六卷，藏于秘府。班固既見之，乃不登載於八書中，遂至於亡，此尤爲之可恨也。今所謂《儀禮》十七卷，或謂此止載行禮之威儀，亦非禮之正經，朱子然之，況二戴又《儀禮》之傳乎！若今之所謂六典之書，胡文定父子謂王莽令劉歆撰，雖諸儒先不以爲

然，亦以其來歷不明，與《周官》不合，且孔孟不曾提出語學者，此爲可疑耳。

周密《齊東野語》卷一二《書籍之厄》　世間凡物未有聚而不散者，而書爲甚。隋牛弘靖請開獻書之路，極論廢興，述五厄之説，則書之厄也久矣，今姑摭其概言之。梁元帝江陵蓄古今圖書十四萬卷，隋嘉則殿書三十七萬卷。唐惟貞觀、開元最盛，兩都各聚書四部至七萬卷。宋宣和殿、太清樓、龍圖閣、御府所儲尤盛於前代，今可考者，《崇文總目》四十六類三萬六百六十九卷，史館一萬五千餘卷，餘不能具數。南渡以來，復加集録館閣書目五十二類四萬四千四百八十六卷，續目一萬四千九百餘卷，是皆藏於官府耳。若士大夫之家所藏，在前世如張華載書三十車，杜兼聚書萬卷，韋述蓄書二萬卷，鄴侯插架三萬卷，金樓子聚書八萬卷，唐吴兢西齋一萬三千四百餘卷。宋承平時，如南都戚氏，歷陽沈氏，廬山李氏，九江陳氏，番易吴氏，王文康，李文正，宋宣獻，晁以道，劉壯輿，皆號藏書之富。邯鄲李淑五十七類二萬三千一百八十餘卷，田鎬三萬卷，昭德晁氏二萬四千五百卷，南都王仲至四萬三千餘卷，而類書浩博，若《太平御覽》之類，復不與焉。次如曾南豐及李氏山房，亦皆一、二萬卷，然後靡不厄於兵火者。至若吾鄉故家如石林葉氏、賀氏，皆號藏書之多，至十萬卷。其後齊齋倪氏，月河莫氏，竹齋沈氏，程氏，賀氏，皆號藏書之富，各不下數萬餘卷，亦皆散失無遺。近年惟直齋陳氏書最多，蓋嘗仕於莆，傳録夾漈鄭氏、方氏、林氏、吴氏舊書至五萬一千一百八十餘卷，且倣《讀書志》作解題，極其精詳，近亦散失。至如秀嵒，東窗，鳳山三李，高氏，牟氏皆蜀人，號爲史家，所藏僻書尤多，今亦已無餘矣。吾家三世積累，先君子尤酷嗜，至鬻負郭之田以供筆札之用。冥搜極討，不憚勞費，凡有書四萬二千餘卷，及三代以來金石之刻一千五百餘種，庋置書種、志雅二堂，日事校讎，居然籯金之富。余小子遭時多故，不善保藏，善和之書，一旦掃地。因考今昔，有感斯文，爲之流涕。因書以識吾過，且以示子孫云。

吴師道《禮部集》卷二〇《節録何王二先生行實寄史局諸公》　咸淳十年五月，微疾，手書付其子缺曰：「吾不遠矣。」七月某甲子，整衣冠，端坐而逝，年七十有八。國子祭酒楊公文仲請于朝，贈承事郎，賜謚文憲。傳其學者，仁山金履祥、導江張顉也。宋季近臣嘗言其學行于朝，下郡録所著書，先生不以出。有《讀易記》、《讀書記》、《讀詩記》各十卷，《讀春秋記》八卷，《論語衍義》七卷，《太極圖衍義》一卷，《伊洛精義》一卷，《研幾圖》一卷，《魯經章句》三十卷，《論語通旨》二十卷，《孟子通旨》七卷，《書附傳》四十卷，《左氏正傳》十卷，《續國語》四十卷，《聞學之書》四卷，《文章續古》三十卷，《文章復古》七十卷，《濂洛文疏》二百卷，《擬道志》二十卷，《朱子旨要》十卷，《詩可言》二十卷，《天文考》一卷，《地理考》二卷，《墨林考》十六卷，《大爾雅》五卷，《六義字原》二卷，《正始之音》七卷，《帝王歷數》一卷，《江左淵源》五卷，《伊洛指南》八卷，《涵古圖書》一卷，《詩辨説》二卷，《書疑》九卷，《涵古易説》一卷，《大象衍義》一卷，《襍志》二卷，《周子》二卷，《發遣三昧指南》一卷，《朝革集》十卷，《紫陽詩類》五卷，《文集》七十五卷，《家乘》五十卷。又有親校刊刻諸書，無不精善。比年婺屢燬散落已多，存者或秘而不傳，然其磊落光明者，固已見于世矣。

《宋史・藝文志序》　眞宗時，命三館寫四部書二本，置禁中之龍圖閣及後苑之太清樓，而玉宸殿、四門殿亦各有書萬餘卷。又以秘閣地隘，分內藏西庫以廣之，其右文之意，亦云至矣。已而王宫火，延及崇文、秘閣，書多煨燼。其僅存者，遷于右掖門外，謂之崇文外院，命重寫書籍，選官詳覆校勘，常以參知政事一人領之，書成，歸于太清樓。

又《潘良貴傳》　良貴剛介清苦，壯老一節。爲博士時，王黼、張邦昌俱欲妻以女，拒之。晚家居貧甚，秦檜諷令求郡，良貴曰：「從臣除授合辭免，今求之於宰相，辭之於君父，良貴不敢爲也。」其諫疏多焚藁，僅存雜著十五卷，新安朱熹爲之序。

朱元璋《明太祖文集》卷一〇《鼠嚙書論》　鼠之爲物，性盜竊。俄有被鼠盜去倉糧者，初未知鼠。若是其糧主歲終，但見倉虛，疑有人盜，視之不見人盜之蹤迹也。時四顧其倉，見壁穿地竅，謂傍曰：「斯何若是？」傍曰：「鼠之窠巢也。」曰：「鼠之爲物，何施？」曰：「鼠乃萬物中一物耳，其性務盜糧。」主曰：「倉虛糧耗，莫不此物竊之乎？」曰：「然。」糧主既聽斯言，其怒恨恨不已。正怒間，忽翰林典籍至，見糧主怒非尋常，試問爲何？傍謂典籍曰：「邇來被盜。」典籍曰：「賊擒否？」傍曰：「非人盜，乃鼠耳。」典籍曰：「吾將謂人盜，而乃壁鼠耳。吾觀鼠之爲物，與人相類，

何以見？人盜雖曰無禮，尚有智盜，有非智盜，鼠亦是焉。且吾官守典籍，務欲完書清類，是其職也。近者鼠入書廚，將已完、未完之聖書，十嚙八九，甚爲我罪。吾乘一時之忿，欲驅羣貓而盡捕之。且未舉靜慮，此皆物類所有者，其性若是，奈何？性雖盜竊，若附倉而巢，依糧而窠，則爲養身之計，又何怒哉？其聖書非糊口養身之物，乃能無禮而嚙之，其罪安可恕乎？必驅貓以捕之。一日縱貓入室，其鼠皆竄。所在有入壁者，有潛地者，有緣於梁者。吾視其貓，貓乃瞠目視之，皆無所得。吾將謂貓無用矣。驀然有慮。噫！斯書昔聖人以此而利濟萬物，若有知覺者，必不廢。若愚而欲廢，必神靈護焉。今鼠無知，嚙書將盡，乃無一神呵護，此果奈何？吾又思，若愚甚者，雖神亦不鑑怒。若必鑑怒，亦何益哉！吾試忖之，此非嬴政入鼠之類中，焚書之心未已耶？果鼠無知而若是耶？不然，鼠雖性盜竊，所盜者必於鼠有益，則盜今書於鼠無益，乃廢之，非嬴政之爲鼠者，何故？疑而論之，可不刑乎！」

《元史・忠義傳四・拜住》 有拜住者，康里人也，字聞善。以材累官至翰林國史院都事，爲太子司經。兵至，拜住謂家人曰：「吾始祖海藍伯封河東公者，與太祖同事王可汗，太祖取王可汗，收諸部落，吾祖引數十騎馳西北方，太祖使人追問之，曰：『昔者與皇帝同事王可汗，王可汗今已滅，欲爲之報仇，則帝乃天命；欲改事帝，則吾心有所不忍，故避之於遠地，以沒吾生耳。』此吾祖之言也。且吾祖生朔漠，其言尚如此，今吾生長中原，讀書國學，而可不知大義乎！況吾上世受國厚恩，至吾又食祿，今其國破，尚忍見之！與其苟生，不如死。」遂赴井死。其家人瘞之舍東，悉以其書籍焚之爲殉云。

蘇伯衡《蘇平仲文集》卷一〇《羣書百考跋尾》 余自兒童時從長者遊，竊聞其道。宋乾淳間，義烏有杏溪先生，於天文、地理、明堂、封建、井田、兵制、律歷之類，靡不窮究根穴，訂其譌謬，資取博而參考精，事爲一圖，累至於百，號曰《羣書百考》。說齋唐公聞其升陑分陝之說，以爲職方輿地盡在其腹中。大愚呂公閱其《禹貢考》，以爲是書集先儒之大成。夫以唐公之該洽，呂公之精詳，其推敬先生如此，則先生之書，豈徒事空言以爲著述者比哉！思一見之，垂三十年而不可得，未嘗不以爲憾也。比解後先生諸孫桴而叩焉，則散落久矣，獨十二三僅存焉耳。因出以相示，始得見之，少償夙願，又未嘗不以爲幸也。益將求其全書而卒業焉。

楊士奇《東里續集》卷一六《禮記集說二集》 《禮記集說》十六卷，陳澔著，吾家所藏者釐爲三冊。此書出於孔氏之徒，而雜以呂不韋及戰國處士、漢博士之言，其旨不能皆粹，而錯簡亦多。近世吳文正公澄著《禮記纂言》，多所更定。其篇次，亦各以類從。如《曲禮》、《內則》、《少儀》、《玉藻》、《深衣》、《月令》、《王制》、《文王世子》、《明堂位》九篇爲通禮。《喪大記》、《雜記》、《喪服小記》、《服問》、《檀弓》、《曾子問》、《大傳》、《間傳》、《問喪》、《三年問》、《喪服四制》十一篇爲喪禮。《祭法》、《郊特牲》、《祭義》、《祭統》四篇爲祭禮。其通論凡十二篇，析爲五類：《禮運》、《禮器》、《經解》爲一類，《哀公問》、《仲尼燕居》、《孔子閒居》爲一類，《坊記》、《表記》、《緇衣》爲一類，《儒行》爲一類，《學記》、《樂記》爲一類。《大學》、《中庸》剔出，合《語》、《孟》爲四書。《投壺》、《奔喪》二篇歸之《儀禮》。正經不雜於記，《冠禮》、《昏義》、《鄉飲酒義》、《射義》、《燕義》、《聘義》六篇，皆所以釋《儀禮》者，別輯爲傳，以附經後。於是一書之中，類分章別，條理粲然，誠不刊之典也。臨川故有刻板，兵後不存。近聞吳司業德潤家有此書，方謀借錄，未及而厄於火，遂不復得。惜哉！姑記所考定篇次於此，以見大槩云。

又卷一七《大學衍義三集》 右《大學衍義》，凡四冊。余授徒武昌時，而得其末一冊，相姪以歸讀，而厄於火。今存三冊藏之，以俟補完。

又《文獻通考》 《文獻通考》三百四十八卷，宋相馬廷鸞之子端臨所輯，間有複出，刪治未盡。然立體正大，載事詳覈，有益實用，非其他類書之比。蓋類書如《冊府元龜》、《太平御覽》，猶或傷於汎濫不切，或雜於怪異不經，況其下者。《通考》刻板在太學，吾家所有凡四十冊，《郊社考》一冊，嘗爲行儉借去，而厄於火。欲印補。更數歲未暇，一日過沈民則修譔見有斷簡數冊，則此書也。《郊社考》在焉，紙板視吾家所有無二，遂乞補之，亦奇遇哉！

又卷一八《文章正宗三集》 右《文章正宗》二十四卷，凡七冊，今存五冊，欠卷一至卷八，不完。余客武昌時，假館授徒，有秦叟者，以二子從。叟耿介豁達，賈書爲業，所畜有十餘年不售者，以是坐貧，數月束脩無所入。叟曰：「先生用書，惟意所取也。」爲取《大學衍義》及《陶淵明

詩》，叟以爲廉，指所從學十歲子笑曰：「是兒初生時，千錢所得耳。」余曰：「畜十年，不當得萬錢乎？」叟曰：「先生自處厚，奈何以薄處我？」余爲再取《文章正宗》，叟益以王維、孟浩然、韋應物詩。孟、韋詩皆舊刻，特完。叟復顧余笑曰：「此書亦靜極當動也。」余既以書去，是夜秦隣家火，延秦書肆，盡焚之。明旦，余往弔焉，叟曰：「物成敗有定數，先日而歸先生以獲全者，亦數也。」余後攜書在京師，姪子相登第，賜居崇禮坊。一日就吾家取《衍義》一册，《正宗》二册，又取陶、王、孟、韋詩及他書歸讀。是夜隣舍火延相家，所畜書盡焚之。於是余所得於秦叟者，惟存此五册及《衍義》三册，如相後一日持去不及於燬，然思叟定數之言，固非偶然哉！

又卷一九《謝玄暉詩》 右《謝玄暉詩》五十一首，余家舊有謝集，相姪持去失之。往往求借於士大夫間不可得，一日家居無事，徐記憶而筆之，僅得此耳，蓋衰老廢忘舊學，大率類是，可歎也。

蔣冕《二曹詩跋》（《曹祠部集附曹唐詩》卷末） 二公詩，歐陽文忠公撰《唐書・藝文志》謂其集各三卷；近年浙中刻《唐四十家詩》有鄴之詩止二卷，堯賓詩集則無存焉。惟《文苑英華》選其大、小遊仙詩及《病馬》等作，《唐詩鼓吹》選其《買劍》、《雙松》等作，《唐音》選其《小遊仙》等作，《唐詩品彙》選其《武陵詞》等作，皆七言律及七言絶句，凡古體五、七言者皆無之。郝天挺注《鼓吹》謂：「堯賓有集二卷，今無傳。」則其集在金、元之間已無傳於世矣。

陳鳳梧《陵川集序》（郝經《陵川集》卷首） 公嘗以元世祖即位，奉使輸平于宋，適理宗末季，賈似道誤國，遣人幽公于眞州者十有六年。公處困而裕，方且日以著述爲事，初無抑鬱無聊之態，則其所養又可知已。文集凡若干卷，板行于元，久而散逸，見者鮮焉。吾大憲長李先生叔淵博學好古，以公鄉先哲也，景慕之尤深，求其集踰二十年，始得全帙，如獲拱璧，遂手校而刻之梓以傳。嗚呼！宋開慶間，公從元世祖次師於鄂，登高弔古，其《詠武昌三節婦》詩實載集中，則鄂固公所嘗游覽之地也，距今二百餘年，而文集迺刻于茲，夫豈偶然也哉！抑公之所著有《續後漢書》及《易春秋内外傳》，皆卓然自成一家，惜乎無傳焉？安知是集一出不有因之而旁求者乎？公名經，字伯常，謚文忠。

李詡《戒庵老人漫筆》卷五《錢楊藏書可惜》 予目睹藏書之家，若常熟錢水部東湖先生、楊憲副五川先生，眞今之鄴架也。錢猶傳其子縣令璠一世，而不幸頓散於孫。楊之廢，即當垂没，而盡棄於不肖之子。其事之顛末有足以昭世戒者，姑爲記之。錢之冢孫夢玉，本胄監，自負能讀父書，常不肯下人。有弟夢圭不肖，與兄不相能，其所延浙師，乃縣令上虞葛公桷姻親，葛貪酷人也，曾有所屬於玉，未厭己，銜之矣。而圭又促所延師下之石，會有徵舊糧銀之事起，玉與圭同父戶，縣票拘玉，玉持本名完券爲證，辭氣侃侃。葛怒，遂執家事任長之説，坐以侵欺，立杖庭下，欲判永戍。有縉紳匍匐往解，葛稍寬，繫於縣之麗譙中。玉竟挈妻子逃焉。圭因鼓衆盡掠其藏，而東湖書院之圖事狼籍委擲，爲之一空矣。余與玉善，後一年往慰其家，剖瓦礫間，猶及見哥窰水滴香爐等凡數片，惜哉。五川先生清介絶俗，時有錢侍御海山，雖擅於求田問舍，而亦間及吟詠，每託楊之不相過從也，邂逅必懇懇求顧。楊一日陽許諾，錢烹割俟之不至，卒亦不解楊之絶己也。又卜日腆設踵請，楊似有意一往者，命輿，行里許，錢之探者已報，主整冠矣。中途過老醫門，醫迓少憩，入坐，楊亦云當即行。探者又報，主出肅矣。醫倏設醴，飲輒微酡，便擁輿還家。錢聞之，幾不能施面目。於是思有以甘心於楊者靡所不至，遂謀其莊鄰鬻，以爭田鬭殺，鎖楊公子於尸傍。五川素不識門外事，猝遭此變，抑鬱不自得，以恨死。尸未及寒，而萬卷樓之積，先爲松江莫甥是龍攜其珍襲者以去，而餘所存，半爲好事賂蒼頭所得，半爲親友散漫袖竊，乃膏粱之子，懵然不知也。子後依棲於余鄉周氏，有見其以繡囊宋墨供木工，以祖父敕命紵面與家人婦，令人不爲五川公出涕者幾希。嗟嗟，東湖、五川皆先達中人豪也，廣儲典籍，又士林中盛事也，而皆不能永其傳。若此兩家顛末，可作戒數端，君子尚其鑒諸！夢圭隨亦蕩産，海山不久傾滅，可謂捷於影響矣。

何良俊《四友齋叢説》卷一五 南峯喜著書，其所撰次有《宋史》、有《奚囊手鏡》、有《皇明文寶》、有《地記》諸編，其袠皆數百卷，凡例既備，採摭詳博，蓋數百年所未見者也。故世皆重之，惜乎皆不傳矣。嘗以一素卷求東橋先生書舊作，後題云：雲間何元朗暨其弟叔皮，今之二陸也，雅道未喪，其在茲乎！承以此卷問余舊作，輒錄數篇求爲商定，後留雅宜處作一跋語。雅宜亡後，遂失去，今不知流落何處矣。

又卷一九 《關尹子》，余家舊有一刻本，是宋板，只十來葉，今已失

去，亦不能舉其詞。觀《莊子》數言，大率不出此矣。嘗得蘇東坡註《廣成子》一抄本，只五六板，余手錄而藏之，今亦已亡去矣。

黃鳳翔《田亭草》卷七《藏書室記》 凡藏書必有樓，爲之洞牖疏櫺，以便搜閱，辟蟫蠹，且令吟風弄月之趣與諷咏俱適，此儒林家所稱爲勝境樂事。余家無樓臺，則第搆屋五楹，上棟下宇，庋群籍其中，彙次森列，俾不至散亂而已。顧逼隘特甚，弗能容一榻。每意至，則側身信手攜數冊，就卧內閱觀之。更番來往，意趣悠然，若坐群玉山房而闚二酉之祕也。漢陸賈云：「書爲曉者傳。」夫曉書，豈必在多哉？余自舞勺時，受《胡氏春秋》，兼習《左氏傳》，已乃漸習他經及《綱鑑》、《性理》，眞西山《文章正宗》，非有他，多識博聞可鋪張爲炫燿。然出應主司試，亦如探囊取給，不苦匱乏。比領鄉薦，則歲二十三矣。自是獵涉諸子，讀遷史、兩《漢書》暨國朝典故。間有手自摘抄者，有依先輩題評勒于篇端、纍纍作蠅頭字者。今其書具在蓋下帷。發憤又七年，而始叨第，濫竽詞苑，以書史爲職業。捐俸旁購，逐歲遞增，即不敢望四庫之藏，而擬諸王修、丁顗二家，似不多讓。顧繕性醻世之資，所須幾何！竊自愧駑劣，不能遭時遘會，用半部《論語》佐致太平，亦不至懵迷進退、溺志羶途，以讀書不識字，貽譏當世之賢哲。余謂曉書不在多，倘或非謬也。歲在萬曆辛丑冬，積苦淫霖，閱五六日稍霽矣。屬洪流暴漲，闌入城市，倉卒不及爲防，家之老幼臧獲登榻而坐，沒脛而爨，姑置群籍於意外。比水退，乃命奚童開扃鑰，就視次第，向皦日中曬晾之，諸腐壞不堪檢存者姑置，若既焚之芻狗耳。曬晾畢，仍舊藏焉，而古今書目竟不遑具。夫皐、夔、稷、契所讀何書！積書以遺子孫，子孫未必能讀，則自古云矣。張華雅嗜墳籍，嘗徙居，載之三十乘。杜暹聚書萬卷，貽誡于後，即以書借人者，猶目爲不孝，其篤好注心如此。顧中台星坼少子蹟密箴之，而留戀不能引退。華雖博物，亦奚以爲杜氏之後人竟未聞。有留意縑箱紹承世業者，則與平泉之木石奚異！凡余所聚書，多經心鑽研，隨筆鉛黃，積累幾四十載。蝕之以蟫蠹，殘之以黠鼠，又出其不意而蕩之以波，臣勝囊卷亥多所耗失，然其爲長物亦已多矣。吾子孫能讀是書者，第沿博反約，精思實踐。淺求之，勿泥於副墨洛誦；深求之，勿索於玄珠罔象。窮，勿厭囊螢之苦；達，勿侈稽古之力。要以步趨先民修身見世，蘄不忝于平生庶幾哉？式穀貽謀，可無負乎！如其不能讀也，則蔡伯喈、崔慰祖亦願吾子孫効之，毋徒操杜暹褊心，爲有識所嗤笑矣。

胡應麟《少室山房集》卷八三《二酉山房書目序》 自羲皇畫卦書契肇興，周衰，仲尼轍環列國，退而定六經，程百代說者以爲墳籍之始。余考緯書古文開闢以至獲麟，蓋三十七萬餘歲云。諸史如合雒禪通之屬，絡繹繁夥，至帝皇封禪文字，萬有餘家。仲尼觀之，不能盡識，則上古之書，其數不可勝紀。後世迺謂三代以前無書可讀者，不深考之過也。秦不師古，燒燔《詩》、《書》。項氏繼之，咸陽三月，先王典籍實始蕩然。漢興，除挾書律，武帝表章六經諸子，往往出於破壁壞冢。不數十年，而劉向氏《七略》，遂至三萬五千餘卷，非古人述作素盛，故掇拾煨燼存者尚如此哉！王莽之厄，至於東京，班氏《藝文》視前僅三之一。厥後魏、晉、六朝，兵革劻勷，洊燬洊收，不盈《七略》之數。元嘉中，謝靈運總萃書目六萬餘卷，齊王儉所錄萬五千七百卷，梁任昉二萬三千一百六卷。昉、儉並稱博洽，與靈運時代相次，不應多寡殊絕，蓋靈運總萃一時所藏，而昉、儉芟除重複故也。隋嘉則殿藏，書之富至三十七萬餘卷，其正本亦止三萬七千。惟開元帝累葉承平，異書間出，一時纂集及唐學者自著八萬餘卷，古今藏書此爲極盛。趙宋諸帝，雅意文墨，慶曆間《崇文總目》所載三萬餘卷。累朝增益，卷不盈萬，宣和北狩散亡畧盡。至淳熙四年，《書目》成，乃得四萬餘卷，蓋歷代帝王圖籍興廢聚散之由大都具矣。夫以萬乘南面之尊，石渠東觀之富，通都大邑之購求，故家野老之獻納，而累朝著錄不過如此。蓋後人述作日益繁興，則前代流傳浸微浸滅，增減乘除適得此數，理勢自然，匪力所強也。至薦紳先生、博物君子收藏遺書，若張華之三十乘，任昉之四萬卷，鄴侯之三萬軸，宋公垂、葉夢得、尤延之代稱宏富，大略相當。若漁仲氏之《志略》，端臨氏之《通考》，則又槩錄前人，不必代之所有家之所藏也。余嘗總覽歷代《藝文》以及諸家所錄，而參之當代，經則十三家註疏外，丁、孟、夏侯傳授僅著空名，其餘六代以還流傳絕少。惟宋儒諸說，盛行海內，大槩存者十三。史則二十一代，類梓於太學，單行於各州。編年，自荀悅、袁宏，至司馬、朱氏，不過數家。而諸起居註、實錄、野史之類，傳不能半，大槩存者十五。子則老、莊、列氏外，宋鈃、關尹、淮南、呂覽盛行，星歷讖緯間多湮沒，而漢、唐、宋諸小說紛然畢出，傳者殆十之八。惟詩文諸集，六代以前甚寡，唐、宋至今，迺始大盛。而最不易傳，即唐詩八百餘家。宋人有

得五百家者，余方極意搜訪，手抄集錄，僅得二百餘家。文集，則唐以前存者不過數十家，而宋、元諸名公，不必能文之士，皆有集行世，迨今尚數百家，而國朝尤盛，蓋世代遠近然也。余自蚤歲嘗心載籍，累銖積寸，至四萬有餘卷，雖今人所自爲書居三之一。倘有以釋、道二藏來售者，盡鬻負郭之產以當之，則余家所藏，幾可與前代等，不可謂非布衣之幸也。第凡物盛必有衰，聚必有散，即前代帝王名公鉅儒竭天下之力畜之，而一旦且散軼而不能保，則余今所得，庸詎可據爲己物，因略叙其意，錄四部書爲《二酉山房書目》藏於家。

又《少室山房筆叢·經籍會通三》 張文潛《柯山集》一百卷，余所得卷僅十三，蓋鈔合類書以刻，非其舊也。余嘗於臨安僻巷中見鈔本書一十六帙，閱之，乃《文潛集》，卷數正同。書紙半已漶滅，而印記奇古，裝飾都雅，蓋必名流所藏，子孫以鬻市人。余目之驚喜。時方報謁臬長，不持一錢，顧奚囊有綠羅二匹，代羔雁者，私計不足償，幷解所衣烏絲直掇，青蜀錦半臂，罄歸之。其人亦苦於書之不售，得直慨然。適官中以他事句喚，因約明旦。余返寓通夕不寐，黎明不巾櫛訪之，則夜來鄰火延燒，此書倏煨燼矣！余大悵惋彌月。因識此，冀博雅君子共訪，或更遇云。

顧起元《客座贅語》卷八《藏書》 南都前輩多藏書之富者，司馬侍御泰、羅太守鳳、胡太史汝嘉，尤號充棟，其後人不能守，遂多散軼。司馬家書目，尤多秘牒，有東坡先生《論語解》鈔本四卷。其家數有鬱攸之變，此書亡矣。胡氏牙籤錦軸，最爲珍異，而子孫式微，彫落市肆，尤爲人所惋歎。昔人言藏書八厄，水一也，火二也，鼠三也，蠹四也，收貯失所五也，塗抹無忌六也，遭庸妄人改竄七也，爲不肖子鬻賣八也。周吉甫言：里中謝家小兒喜聞裂書聲，乳媼日抱至書室，恣裂之，以招嘻笑。此當爲藏書九厄。乃予又聞里中故家子有分書不計部數，以爲不均，每遇大部，兄弟平分，各得數冊者。有藏書不庋篋笥，狼籍大米桶中，或爲人踐踏者。此其厄，視梁元帝、南唐黃保儀之焚毀，又何如哉！至若爲庸夫作枕頭，爲村店糊壁格，爲市肆覆醬瓿，爲婢嫗夾鞋樣，比於前厄差降一等。其它如堆積不曉披閱，收藏不解護持，秘本悋惜不肯流傳，新刻差訛不加讐校，書之衆厄，又有未易枚舉者矣。

又卷一〇《讀書題識》 仲交先生家多藏書，書前後副葉上必有字，或記書所從來，或紀它事，往往滿幅，印鈐惟謹。後多散在人間，其家舉所書者悉扯去，殊爲可惜。因見前輩趙定宇少宰閱《舊唐書》，每一卷畢，必有硃筆字數行，或評史中所載，或閱之日所遇某人某事，一一書之。而吾師具區先生，校刊監本諸史卷後亦然，竟以入梓。古人讀書，游泳賞味處，於此可以想見，遠勝於鬻及借人爲不孝矣。

謝肇淛《五雜組》卷一三《事部一》 俗語謂京師有三不稱，謂光祿寺茶湯、武庫司刀槍、太醫院藥方。余謂尚不止於三者，如欽天監之推卜、中書科之字法、國子監之人材、太倉之畜積，皆大舛訛可笑，而內秘書之藏不及萬卷，寥寥散逸，卷帙淆亂，徒以飽鼠蟫之腹，入胠篋之手，此亦古今所無之事也！【略】求書之法，莫詳於鄭夾漈，莫精於胡元瑞，後有作者，無以加已。近代異書輩出，剞劂無遺，或故家之壁藏，或好事之帳中，或東觀之秘，或昭陵之殉，或傳記之裒集，或鈔錄之殘賸，其間不準之誣、阮逸之贋，豈能保其必無？而毛聚爲裘，環斷成玦，亦足寶矣。但子集之遺，業已不乏；而經史之翼，終泯無傳，一也。漢、唐世遠既云無稽，而宋、元名家尚未表章，二也。好事之珍藏，靳而不宣，卒歸蕩子之魚肉；天府之秘冊，嚴而難出，卒飽鼠蠹之饔餐，三也。具識鑒者，厄於財力，一失而不復得；當機遇者，失於因循，坐視而不留心，四也。同心而不同調者，多享敝帚而盼夜光；同調而不同心者，或厭家鷄而重野鶩，五也。故善藏書者，代不數人，人不數世，至於子孫，善鬻者亦不可得，何論讀哉。今天下藏書之家，寥寥可數矣。王孫則開封睦㮮、南昌鬱儀兩家而已。開封有《萬卷堂書目》，庚戌夏，余托友人謝于楚至其所，鈔一二種，皆不可得，豈秘之耶？于楚言其書多在後殿，人不得見，亦無守藏之吏，塵垢汗漫，漸且零落矣。南昌蓋讀書者，非徒藏也，而卷帙不甚備。士庶之家，無逾徐茂吳、胡元瑞及吾閩謝伯元者。徐、胡相次不祿，篋中之藏，半作銀杯羽化矣。伯元嗜書，至忘寢食，而苦貧不能致，至糊口之資盡捐以市墳素，家中四壁，堆積充棟，然常奔走四方，不得肆志翻閱，亦闕陷事也。內府秘閣所藏書甚寥寥，然宋人諸集，十九皆宋板也。書皆倒摺，四周外向，故雖遭蟲鼠嚙而中未損。但文淵閣制既庳狹而牖復暗黑，抽閱者必秉炬以登，內閣老臣無暇留心及此，徒付筦鑰於中翰涓人之手，漸以汨沒，良可嘆也。吾鄉葉進卿先生

當國時，余爲曹郎，獲借鈔得一二種，但苦無傭書之資，又在長安之日淺，不能盡窺東觀之藏，殊爲恨恨耳。

徐𤊹《徐氏筆精》卷六《藏書》 海鹽姚叔祥有言：今藏書家知秘惜爲藏，不知傳布爲藏，何者？秘惜，則緗囊中自有不可知之。秦刦傳布，則毫楮間自有遞相傳之神理。然所謂不知傳布之説有四：大抵先人立言有一時怒而百世與者，則子孫爲門戶計而不敢傳；闘奇炫博，樂於我知人不知，則寶秘自好而不肯傳；卷軸相假，無復補壞刊謬，而獨踵還癡一諺，則慮借抄而不樂傳；舊刻精整，或手書妍妙，則懼翻摹致損而不忍傳。凡此四不傳者，彼緣不知世變靡常，聚必有散，一旦三災横起，流爛滅沒，無論藏者且累，著作姓名一併抹煞，是藏有加於亡，何必後來猖猖詈祖龍爲也！

又 吾鄉前輩藏書富者馬恭敏公森、陳方伯公暹、馬公季子，能讀能守。陳公後昆寖微，則散如雲烟矣。又林方伯公懋和、王太史公應鍾，亦喜聚書，捐館未幾，書盡亡失。然四公之書，咸有朱黄批點，句讀，余間得之，不啻拱璧也。予友鄧叅知原岳、謝方伯肇淛、曹觀察學佺，皆有書嗜。鄧則裝潢齊整，觸手如新。謝則鋭意蒐羅，不施批點。曹則丹鉛滿卷，枕藉沈酣。三君各自有癖，然多得秘本，則三君又不能窺予藩籬也。

陳山毓《陳氏藏書總序》（《陳靖質居士文集》卷五） 吾邑陋，文獻故罕，以故藏書家無聞云。獨坤儀袁先生耽精典籍，爰自髫歲，迄乎曳杖之年，卷弗去手，故所得書稱富。而吾先君雅同斯好，裒聚萬卷，然以視藏書家，無俟望洋，向若而始旋其面目矣。竊謂古藏書難，今易。古經籍不易得，有宋之盛，昔人猶云非手錄不得，蓋用力如此，其難也。邇來子母相摹，損價才數銖，而袠蘽蘽矣。然昔惟難，非其好弗藏，好則讀；今之藏，藏焉而已。久之，腐蠹相仍，淆亂敗缺，雖欲藏焉不得，藏書抑何易言也！吾先君律己廉，字民惠，所至不負其職。晚年巴蜀之行，奔命萬里，拂衣一辭，而素位居易，正己勿求，六十年如一日，非善讀書者不逮，是不幸大故。歲月奄忽，毓從潰替之餘，取所裒書整而比之，則腐蠹敗缺，時或不免。槩而論之，有物蠹，有人蠹。物之蠹，浥腐也，蟲蝕也。人之蠹不一，大都弊由不讀生。則雖浥腐、蟲蝕，不得爲物蠹。蠹，獨人焉而已。不讀故蠹，不蠹而已，抑未可謂讀也。所裒率世多有無他異本，如任彥昇若曰書耳，書耳，雖十百此，未足謂天下之美也。然即此數千卷者，皆寓目焉，難矣。成誦焉，又難矣。夫讀之云者，又非寓目焉、成誦焉止也，藏之者其知之。所次目錄以經、史、子、集爲部，四者之中又以類分。可得善藏者之苦心，亦可砭漫藏者之錮疾。近世多笑棄書爲俗，不知收書未遂免俗也。目不識丁，身不行道，但以阿堵稍易載籍，便自謂清流乎！

程至遠《洺水集原序》（程珌《洺水集》卷首） 公歸優游里中者，尚十餘年。前後召用，皆不起，加少師致仕。其爲學，本之《六經》，根極理奥，醇正閎大，平和至足。若我公者，眞有用之經濟哉！今奏議書牘之文具在，可攷而知也。惜乎時未究其用耳。以推世系，本河北洺州，故自號洺水遺民。有《洺水文集》六十卷，因久散落，熙朝一再刻之，僅得三十卷。萬曆戊申年，山水暴漲，板爲漂失。不肖遠懼寖久而遂湮也，乃取舊本重訂，壽諸剞劂，夫有美弗彰，後人之責也。後之子孫尚纘其緒，無令隕墜也。

宋應昇《方玉堂集自叙》 世間力與命爭，力未有能敵命者，然莫甚于余矣。姑即文章一道言之。余自束髮受書習舉業外，即稍稍湛思古著作之林，父師苦禁之不可得。比在得名聲黌序間，塾師幕客爲人代筆甚多，畧記之，襍文不啻千餘，四六千餘，詩亦稱是。顧性懶且踈，都不留稿。至偃蹇就官，始思裒而集之，則寥寥矣，然尚存什之四也。歸自桐鄉，會服滿補官，所攜舊稿及道路新作增之。回至九江，箱簏盡沉水中，計斷爛者大半，然尚存什之二三也。當赴恩平任，懶復以多篋自隨，將所蓄載籍書畫及諸稿草裝以數廚，鎖置樓頭。家中不戒于火，一切燬燼，無復存者。陳六斐恩平奇士從北來家，亟請余詩刻之。適余有感于心，且重違其意，因取此中所作授之，叅以在笥舊稿，蓋不能什之二耳。嗟乎！此猶有命，况其餘耶？故署綴數語，屬六斐鑒定，以質于知我云。崇禎丁丑仲春月，宋應昇書于恩署中。

沈德符《萬曆野獲編》卷一《訪求遺書》 國初克故元時，太祖命大將軍徐達，收其祕閣所藏圖書典籍，盡解金陵。又詔求民間遺書。時宋刻板本，有一書至十餘部者。太宗移都燕山，始命取南京所貯書，每本以一部入北。時永樂十九年也。初貯在左順門北廊，至正統六年而移入文淵閣中，則地邃禁嚴，事同前代矣。至正統十四年，英宗北狩，而南京所存內署諸書，悉遭大火，凡宋元以來祕本，一朝俱盡矣。自後北京所收，雖置高閣，飽蠹

魚，卷帙尚如故也。自宏政以後，閣臣詞臣，俱無人問及，漸以散佚。至嘉靖中葉，御史徐九皐上議，欲查歷代藝文志書目參對，凡經籍不備者，行士民之家，借本送官謄寫，原本給還，且加優賚。又乞上御便殿，省閱章奏，處分政事，賜見講讀諸臣，辨析經旨。時夏貴谿爲禮卿，議覆，謂御史建白良是，宜如所言，備開書目，收采藏貯。所請召見侍從講官，亦仰體皇上聖學備顧問之意。上曰：書籍充棟，學者不用心，亦徒虛名耳。苟能以經書躬行實踐，爲治有餘裕矣。此心不養以正，召見亦虛應也，因命俱已之。蓋上已一心玄教，朝講漸稀，乃欲不時賜見侍臣，已咈聖意。故求訪遺書，一并寢罷。惜哉！按古來求書者，無過趙宋之殷切，所獻多者，至賜進士出身。當此全盛之世，反視爲迂緩不急之事。自嘉靖至今又七八十年，其腐敗者十二，盜竊者十五。楊文貞正統間所存《文淵書目》，徒存其名耳。即使徐九皐之說得行，亦祗供攘攫耳。

沈長卿《沈氏弋說》卷五《積書說》 先民有言：積書以遺子孫，子孫未必能讀。予欲改「讀」字爲「賣」字，客駭之。予曰：近世子孫束書高閣，飽蠹魚者，即號守文之裔矣。其他非殘闕于鼠，即屋漏注焉，或用以覆甕，或用以粘筐，或零落散佚，村婦人竊爲線貼，而癡孩子碎爲風輪，以至糊窗牖，拂塵埃，無不取給于書，其作廢紙賣者能幾？其祖父千百金購，而子孫獲半值欣售者又能幾？陶彭澤有五男兒，都不好文墨，況其下者乎！予故曰：積書以遺子孫，子孫未必能賣也。客大笑絕倒。長卿再弋：記誦之家，昔人呼爲腹笥，予以爲肉廚已耳。何也？凡讀書者上之資以經世，次之資以立言，僅取誇多已不足貴，而況徒積乎！徒積則虛有用于無用，其子孫必不能讀。以故蔡邕萬卷悉授于王粲，粲子誅，復散于宗人王輔國，輔國遂成名儒，書可謂得所矣。然當時積書之人一段苦心，如蜂釀蜜，爲人作甜。予有說于此，徒積者姑置弗論。積而能讀者，當用筆塗抹，使不肖子孫難賣，而吾精神流寄簡冊間。異時知己開卷相對，亦暢事也。

劉若愚《酌中志》卷一八 凡司禮監經廠庫內所藏祖宗累朝傳遺秘書典籍，皆提督總其事，而掌司、監工分其細也。自神廟靜攝年久，講幄塵封，右文不終，官如傳舍，遂多被匠夫廚役偷出貨賣。柘黃之帙，公然羅列於市肆中，而有寶圖書，再無人敢詰其來自何處者。或占空地爲圃，以致板無晒處，濕損模糊，甚或劈經板以禦寒，去其字以改作。即庫中見貯之書，屋漏浥損，鼠嚙蟲巢，有蛀如玲瓏板者，有塵黴如泥片者，放失虧缺，日甚一日。若以萬曆初年較，蓋已什減六七矣。既無多學博洽之官綜核齊理，又無簿籍數目可攷以憑銷算。蓋內官發跡，本不由此，而貧富升沉，又全不關乎貪廉勤惰。是以居官經管者，多長於避事，而鮮諳大體，故無怪乎泥沙視之也。然既屬內廷庫藏，在外之儒臣又不敢越俎條陳，曾不思難得易失者，世惟書籍爲最甚也。昔周武滅商，《洪範》訪自箕子；晉韓起聘魯，見《易象》、《春秋》曰：周禮盡在魯矣。今將有用圖書，盡擲無用之地，豈我祖宗求遺書於天下，垂典則於萬世之至意乎？想在天之靈，不知如何其惘然，如何其太息也。【略】曩臣若愚曾聞成祖勅儒臣纂修《永樂大典》一部，係湖廣王洪等編緝，時號召四方文墨之士，累十餘年而就。計二萬二千八百七十卷，一萬一千九十五本。因卷帙浩繁，未遑刻板。其寫冊原本，至孝廟弘治朝以大典金匱秘方外人所未見者，乃親灑宸翰，識以御寶，賜太醫院使臣王、聖濟殿內臣寵，蓋欲推之以福海內也。閣臣王文恪鏊恭撰頌以揄揚盛美。相傳至嘉靖年間，於文樓安置。偶遭回祿之變，世廟亟命挪救，幸未至焚。遂勅閣臣徐文貞階，復令儒臣照式摹抄一部。當時供謄寫官生一百八名，每人日抄三葉。自嘉靖四十一年起，至隆慶元年始克告成，凡二萬二千九百餘卷。及萬曆年間兩宮三殿復遭回祿，不知此二部，今又見貯藏於何處也。又曩臣曾見《車駕幸第錄》所載，正德十五年閏八月內，武廟南征回如鎮江，幸大學士楊一清第，曾進抄本《冊府元龜》一部，共一千卷，計二百零二本。曩臣曾向韓提督世祿言及，幸有一部，然舛錯頗多，至不能句，似非楊宅所獻之書。李永貞遂僱人借抄一部，仍將原本交還。而抄本一部，聞丁卯冬丁紹呂已獻於王體乾，爲自己呈身之贄矣！可嘆也。至崇禎己卯夏，體乾沒產，又不知落何人手也。又江陵張文忠公在閣時，曾具書與張中翰後湖曰：先年張文簡公曾得內閣所藏《冊府元龜》一部。其後文簡公卒於京邸，其僕即將此書於部前貨賣，令先翁識其爲閣本也，贖而藏之於家。嘗語區區曰：吾欲將此書仍送歸內閣，以完先代之寶，何如？僕時起賀曰：幸甚！此義舉也。無何而令先翁亦逝，竟勿克踐其言。今憶此書必無恙也，僕欲倍價奉贖，仍歸閣中，以卒令先翁之志。惟執事其幸許之。夫此一書也，文簡得之，令先翁贖之，至僕而還之，三更張氏，皆楚人也。將以媿於

古之左史倚相能讀墳典邱索，不亦美乎？云云。然詳味江陵此舉，則必實踐其言者，但未知後湖果曾割付此書否？又不知今尚存内閣否也？承平日久，處處光景與先年不同，則此書之存與不存，與《永樂大典》之存貯何庫，又有誰敢饒舌問及也哉！嗟嗟，難言矣！

張燧《千百年眼》卷四《秦不絶儒生與經籍》 始皇之初，非不好士，亦未嘗惡書。觀其讀李斯《逐客書》，則亟毁初禁，開關以納之。讀韓非《説難》，則撫髀願識其人。其勤於下士，溺於好文如是。其後焚書之令，以淳于越議封建；坑儒之令，因盧生輩竊議時事而下，要皆有所激而然也。按是時，陸賈、酈食其輩皆秦儒生，陳勝起，二世召博士諸儒生問，故皆引《春秋》之義以對，亦三千餘人。然則秦時曷嘗不用儒生與經學耶！後叔孫通降漢，時有弟子百餘人，齊、魯之風固未嘗替。蕭何入咸陽收秦律令、圖書，然則秦又曷嘗廢儒生與書籍耶！後世不明經者，皆歸之秦火。夫《易》固爲未燼之全書矣，又何曾有明全《易》之人哉！昔人謂秦人焚書而書存，諸儒窮經而經絶，蓋爲此發也。《詩》有六亡篇，乃《六笙詩》本無其辭。《書》有逸篇，仲尼之時已無矣。皆不因秦火。自漢已來，書籍至於今日百不存一二，非秦人亡之也，學者自亡之耳。《史紀》秦焚書之令云：「《詩》、《書》、百家語皆焚之，所不去者，醫藥、卜筮、種樹之書。」然六籍雖厄於煨燼，而得之口耳所傳、屋壁所藏者，猶足以垂世立教千載如一日也。醫藥、卜筮、種樹之書，當時雖未嘗廢錮，而並未嘗有一卷流傳於後世者。以此見聖經賢傳終古不朽，而小道異端雖存必亡。初不以世主之好惡而爲之興廢也。

張自烈《芑山文集自序》 張子少介立長壯，出交天下士後，先論著盈篋笥閒。發視之，大者關國家興除利病，次則證據經傳，折衷諸家，同異不阿。又家世阨困，罕藏書文，亡所師法。雖諷諭幽憤，耻爲世屈，往往與古合，故不忍輒淪棄。甲申避地葛川，感時撫事。嘗删取舊文授梓，梓未訖，庚寅里居方輯次篇，簡綴爲完書。自傷三十年閒，摧伏毹毹，與道進退，卒顛隮至此。空言何補哉？一夕仰天怫愲，舉凡未梓者，悉焚去，存若干卷藏于家，仍署「芑山文集」。非自謂文足傳，亦猶仲尼曰「文莫猶人」云爾，且以見介立阨困。如予論著，彫落志義，謚碧然瀕危，殆不稍變，士可不自黽哉！雖然，當時嗜予文者，自搢紳迄四方同學諸子，蓋衆非必盡阿所好，然知己僅十數人。而止之十數人者，或齎志沒，或逋竄饑劬，數千萬里外與予生訣不相見，欲如嚮者游從宴笑日，講求有用不可得，安往而與知己遇哉？是非俟後世可也。

鄒漪《啓禎野乘》卷七《顧文莊傳》 公名起元，號鄰初，江寧人。生而穎慧絶倫，中萬曆戊戌會試第一人。授翰林院編修、分考甲辰會試。【略】公既負文章清望，接引後進孳孳如不及。其爲學以列聖傳心爲主，踐履實用爲功。上窮道體，幽探元化。謂聖人精義入神之功，或寄於百家衆技之末。是以一事一物，莫不旁搜曲揆，沿流泝源，詩文直逼秦、漢，而淸芬麗藻，兼六代之長。所著有《嬾眞草堂集》、《編年稿》、《四書私箋》、《中庸外傳説略》、《顧氏小史》、《客座贅語》、《壺天快語》、《金石考》諸書，南都謚文莊。公遺命不乞誌銘，子孫又貧，故其遺書軼事多不傳云。

錢謙益《列朝詩集小傳》丙集《邊尚書貢》 貢，字廷實，歷城人。弘治丙辰進士，授太常博士，擢戶科給事中，出知衛輝府，改荆州，陞山西、河南提學副使。嘉靖初，召拜南京太常少卿，遷太僕，改太常卿，提督四夷館，拜南京戶部尚書。廷實弱冠舉進士，雅負才名，美風姿，諳吏事，好交與天下豪俊，久游留司，優閒無所事事，游覽六代江山，揮毫浮白，夜以繼日。汪鋐爲掌憲，忌其名，論去之。癖於求書，搜訪金石古文甚富，一夕燬於火，仰天大哭曰：「嗟乎，甚於喪我也！」病遂篤，卒年五十七。有《華泉詩集》八卷行世。

錢謙益《牧齋初學集》卷八四《題錢叔寶手書續吳都文粹》 吳郡錢穀叔寶以善畫名家，博雅好學，手鈔圖籍至數十卷，取宋人鄭虎臣《吳都文粹》增益至百卷，以備吳中故實。余從其子功甫借鈔，與何季穆、周安期共加芟補，欲成一書，未就也。功甫名允治，介獨自好，不妄交接。口多雌黃，吳人畏而遠之。余每過之，坐談移日。出看囊錢，市餻餅噉余。老屋三楹，叢書充棟。白晝取一書，必秉燭緣梯上下。一日語余：吾貧老無子，所藏書將遺不知何人。明日公早來，當盡出以相贈。吾欲閲，更就公借之何如？余大喜，淩晨而往，坐語良久，意色閔默，不復言付書事。余知其意，亦不忍開口也。辛酉冬，余北上往別，病瘍初起，瘡瘢滿面，衝寒映日，手寫金人《弔伐録》本子。忽問余：「曹能始尚在廣西，有便郵屬彼覓《通志》寄我。」余初欲理付書舊約，語薄喉欲出而止。無何，功甫卒，藏書一夕迸散，鈔本及舊槧本，皆論秤擔負以去，一本不直數錢也。

又《跋趙忠毅公文集》 高邑趙忠毅公，諱南星，字夢白，卓犖負大節，悲歌慷慨，輕死重氣，古稱鄒、魯守經學，韓、魏多奇節，公蓋兼而有之。其爲文章，疏通軒豁，能暢其所欲言，不拘守尺幅，而有宋、元名家之風。至於擊排朋黨，伸雪忠憤，抑塞磊落，萬曆間文人，當推公爲首。其詩瘦勁有風致，惜其猶未脱李空同畦逕，掀髯戟手，時露傖父面目耳。公嘗酒間屬余：「我死，子當志吾墓。」公殁後，余罷官里居。其子請輦上名高者爲之。往聞王弇州以《四部稿》遺公，公縁手散之，郵僮里媪，人持一二帙而去。

錢謙益《絳雲樓書目題詞》 入北未久，稱疾告歸，居紅豆山莊，出所藏書，重加繕治，區分類聚，棲絳雲樓上。大櫝七十有三，顧之自喜曰：「我晚而貧，書則可云富矣。」甫十餘日，其幼女中夜與乳媪嬉樓上，剪燭灺，誤落紙堆中，遂燃。宗伯樓下驚起，焰已漲天，不及救，倉皇出走。俄頃，樓與書俱盡。

李清《三垣筆記下・弘光》 錢宗伯謙益博覽羣書，尤苦心史學，嘗作《開國功臣事略》時，聞予家有傳穎公三代廟碑，三走書江北，期必得乃已。又自言讀王弇州《史料》，有定遠侯王弼賜死，家至籍。見《楚昭王行實》之説，即馳書托某親知往楚府求《昭王行實》至，乃知弇州言非。至是，疏言留心國史三十餘年，請在家開局纂修，上命在任料理，謙益志也。然以久於門戶，一老翁而詆東林，薦逆案，不知作史時何以措毫？後國亡，史稿皆付絳雲樓一炬，殊可惜也。

談遷《棗林雜俎・聖集・藝簣・厄書》 藏書佳事也，闔省不數家，家不數傳。如浦江義門鄭氏八萬卷，燬於火。義烏虞侍郎守愚、參政德燁父子，樓藏萬卷，署曰「樓不延客，書不借人」，後蘭谿胡孝廉應麟賤直得之，今亦佚盡。太倉王元美書最富，再傳而失。開封中尉睦㮮之萬卷堂、會稽鈕氏之萬卷樓、吾甯祝侍郎以豳之萬古樓、武康駱侍御駸曾、平湖馮孝廉茂遠、常熟錢宗伯謙益諸家，非流散則妬焰矣。噫，縹帙緗函，何預天曹事？往往被厄，不能久錮。設靈威丈人之秘牒，玄夷使者之珍符，貯嫏嬛而儲二酉，概如此厄。天上司書吏，地下修文郎，亦寂寂難堪矣。楊循吉既老，散書親故，令蕩子爨婢無復着手，是或一道也。錢宗伯好儲書，尤喜較訂。廣蒐博引，一編中粉墨丹黃層見，錯書有所疑誤，千里之外托人研考，其購藏甲於東南。亂後，撰《明史》凡二百五十卷，辛卯九月晦甫就，越後日見燼。火始作，見朱衣者無數。是非不得其平，遂以熒惑掃之，隻字不留，亦一異也。

談遷《北游録・紀郵下》 ［順治十三年一月］庚子，是日勅修《通鑑全書》，宴總裁纂修諸臣。先是簡文淵閣藏書，俱零落不存，則修書何所據也。

張岱《陶庵夢憶》卷二《三世藏書》 余家三世積書三萬餘卷，大父詔余曰：「諸孫中惟爾好書，爾要看者，隨意攜去。」余簡太僕文恭大父丹鉛所及有手澤存焉者，彙以請，大父喜，命舁去，約二千餘卷。崇禎乙丑，大父去世，余適往武林，父叔及諸弟、門客、匠指、臧獲、巢婢輩亂取之，三代遺書一日盡失。余自垂髫聚書四十年，不下三萬卷。乙酉避兵入剡，略攜數簏隨行，而所存者爲方兵所據，日裂以吹烟，并舁至江干，籍甲內攩箭彈，四十年所積，亦一日盡失。此吾家書運，亦復誰尤。余因嘆古今藏書之富，無過隋、唐。隋嘉則殿分三品，有紅琉璃、紺琉璃、漆軸之異。殿垂錦幔，繞刻飛仙。帝幸書室，踐暗機，則飛仙收幔而上，櫥扉自啓，帝出，閉如初。隋之書計三十七萬卷。唐遷內庫書於東宮麗正殿，置修文、著作兩院學士，得通籍出入。太府月給蜀都麻紙五千番，季給上谷墨三百三十六丸，歲給河間、景城、清河、博平四郡兔千五百皮爲筆。以甲、乙、丙、丁爲次，唐之書計二十萬八千卷。我明中秘書，不可勝計，即《永樂大典》一書，亦堆積數庫焉。余書直九牛一毛耳，何足數哉！

張溥《漢魏六朝百三家集題辭・嵇中散集》 嵇辭清峻，阮旨遥深，兩家詩文定論也。叔夜著《文論》六七萬言，《唐志》猶有十五卷，今存者僅若此，殆百一耳。然視建安諸子，篇章彫落，斯又巋然大部矣。

張怡《玉光劍氣集》卷一《帝治》 前代藏書之富，無逾本朝。永樂辛丑，北京大內新成，勅翰林院，凡南內文淵閣所貯一切書籍，各取一部送至北京，餘悉封貯如故。時修撰陳循，如數取進，得一百櫃。督舟十艘載進。至正統己巳，南內火災，所藏盡化灰燼。豈非書之厄會也歟！

周亮工《因樹屋書影》卷一 昔人云，唐人詩有八百家，宋《洪景盧集》萬首唐絶，僅見五百家。若今日流傳于世者，不過二百家耳。虞山先生嘗爲予言：丙戌年在都門，于灰燼中檢出宋刻唐詩數冊，乃宋人趙氏所彙

集，分門別類，無體不備。自序言：其家藏唐人詩集千家，彙成此書，計全書可五百餘冊。虞山所得不過《天文》等一二類，中多未見詩。如薛濤世但傳其絕句耳，此中載濤律詩甚多，他可類推。其書是明仁宗東宮所閱，上有監國之寶。後先生絳雲樓災，幷此數冊亦不可得見矣。世上奇書秘籍，所不傳者何限？而腐爛之文集，無稽之紀録，濫惡之時文，鄙俚之詞曲，反有傳者，亦可慨也。

又卷二 弇州舊藏《漢書》，得之吳中陸太宰家。宋板宋楮，字畫端重，是趙文敏故物。卷首画文敏像，標簽字出文敏手，弇州亦圖一像於後。弇州歿，錢虞山以千金得之，後復鬻於四明謝象三。虞山自云：「此書去我之日，殊難爲懷，李後主去國，聽教坊雜曲『揮淚對宮娥』一段，凄涼景色約略相似。」又云：「京山李組柱字本石，嘗語予，若得趙文敏家《漢書》，每日焚香禮拜，死則當以殉葬。」余深愧其言。

又 毛子晉家有宋板許氏《說文》，與今世所傳大異，許叔重舊本乃以字畫分部者，始於子，終於亥，全書係十五卷。今乃從《沈韻》編次，而又以部分類入者，乃宋李燾更定徐騎省本也。湯聖弘有元刻許慎原本，惜毀於火。

顧炎武《石經考·石經歷代存毀之迹》 《晉書·趙至傳》：詣洛陽，游太學，遇嵇康於學，寫《石經》。《世說》注：嵇紹《序》曰：「先君在太學，寫《石經》古文。」《石季龍載記》：遣國子博士詣雒陽，寫《石經》。《魏書·太宗紀》：泰常八年四月，帝至雒陽觀《石經》。《高祖紀》：太和十七年九月壬申幸太學，觀《石經》。《劉芳傳》：芳博聞強記，兼覽《蒼》、《雅》，尤長音訓。昔漢世造三字《石經》於太學，學者文字不正，多往質焉。芳音義明辨，疑者皆往詢訪，時人號爲「劉石經」。《馮熙傳》：除車騎大將軍、開府都督、洛州刺史。洛陽雖經破亂，而舊三字《石經》宛然猶在。至熙與常伯夫相繼爲州，廢毀分用，大至頹落。《崔光傳》：領國子祭酒。神龜元年夏表曰：「《石經》之作，起自炎劉，繼以曹氏《典論》。《魏志·明帝》太和四年二月戊子，以文帝《典論》刻石，立於廟門之外。初乃三百餘載，計末向二十紀矣。按：漢熹平四年乙卯，至魏神龜元年戊戌，計三百四十三年，魏文帝黄初七年丙子崩，至後魏神龜元年戊戌，計二百九十二年。昔來雖屢經戎亂，猶未大崩侵。如聞往者刺史臨州，多構圖寺，道俗諸用，稍有發掘，基墌泥灰，或出於此。皇都始遷，尚可補復，軍國務殷，遂不存檢。官私顯隱，漸加剝撤。由是經石彌滅，文字增缺。職忝胄教，參掌經訓，不能繕修頹墜，興復生業，倍深慙恥。今求遣國子博士一人，堪任幹事者，專主周視，驅禁田牧，制其踐穢，料閱碑牒所失次第，量厥補綴。」詔曰：「此乃學者之根源，不朽之永格，垂範將來，憲章之本，便可一依公表。」光乃令國子博士李郁與助教韓神固、劉燮等勘校《石經》，其殘缺者，計料石功，並字多少，欲補治之。後靈太后廢，遂寢。《通鑑》云：初洛陽有漢所立三字《石經》，雖屢經喪亂，而初無損失。及魏馮熙、常伯夫相繼爲洛州刺史，毀，取以建浮圖，精舍遂大致頹落。所存者委于榛莽，道俗隨意取之。侍中領國子祭酒崔光，請遣官守視，命國子博士李郁等補其殘缺，胡太后許之。會元乂、劉騰作亂，事遂寢。《孝靜帝紀》：武定四年八月，遷洛陽漢魏《石經》于鄴。《水經注》：漢碑《五經》立于太學講堂前，悉在東側，碑上悉刻蔡邕等名。魏正始中，又立古、篆、隸三字《石經》。魏初傳古文出邯鄲淳，《石經》古文轉失淳法，樹之於堂西。石四十八枚，廣三丈。魏文帝又刊《典論》六碑，附于其次。《雒陽伽藍記》：開陽門御道東，有漢國子學堂，堂前有三種字《石經》，二十五碑，表裏刻之。寫《春秋》、《尚書》二部，作篆、科斗、隸三種字，漢右中郎將蔡邕筆之遺跡也。猶有十八碑，餘皆殘毀。復有石碑四十八枚，亦表裏隸書。與《水經注》言三字者不同。寫《周易》、《尚書》、《公羊》、《禮記》四部，又《讚學》碑一所，竝在堂前。魏文帝作《典論》六碑，至太和十七年猶有四存，高祖題爲「勸學里」。武定四年，大將軍遷《石經》於鄴。《雒陽記》：太學在雒陽城南開陽門外，講堂長十丈、廣二丈，堂前《石經》四部，本碑凡四十六枚。少二枚。西行，《尚書》、《周易》、《公羊傳》十六碑存，十二碑毀。南行，《禮記》十五碑，悉崩壞。東行，《論語》三碑，二碑毀。《禮記》碑上有諫議大夫馬日磾、議郎蔡邕名。此章懷太子注《後漢書》所引，較之《伽藍記》多《論語》一經。《水經注》以此爲魏正始中所立，而蔡邕等名別在堂東，與此不合。 《北齊書·文宣帝紀》：天保元年八月，詔往者文襄皇帝所運蔡邕《石經》五十二枚，即宜移置學館，依次修立。《周書·宣帝紀》：大象元年二月辛卯，詔徙鄴城《石經》于雒陽。《隋書·經籍志》：《一字石經周易》一卷，梁有三卷。《一字石經尚書》六卷，梁有《今字石經鄭氏尚書》八卷，亾。《一字石經魯詩》六卷，梁有《毛詩》二卷，亾。《一字石經儀禮》九卷，《一字石經春秋》一卷，梁有一卷。

《一字石經公羊傳》九卷，《一字石經論語》一卷，梁有二卷。《一字石經典論》一卷，《三字石經尚書》九卷，梁有十三卷。《三字石經尚書》五卷，《三字石經春秋》三卷。梁有十二卷。後漢鐫刻七經，著於石碑，皆蔡邕所書。魏正始中，又立《一字石經》，按《晉》、《魏》二書皆云立《三字石經》，此獨以爲一字，則所謂因科斗之名遂效其形者安在邪？相承以爲七經正字。後魏之末，齊神武執政，自洛陽徙于鄴都，行至河陽，值岸崩，遂沒于水。其得至鄴者，不盈大半。按《水經注》、《伽藍記》所列碑數，東二十五，西四十八，共七十三枚。而《北齊書》所紀在鄴者五十二枚，則不過失其二十一枚耳，未至於不盈大半也。至隋開皇六年，又自鄴載入長安。失載「周大象元年徙雒陽」一節，史書之疎也。《劉焯傳》言至雒陽運至京師者爲信。置於祕書內省，議欲補緝，立於國學。尋屬隋亂，事遂寢。廢營造之司，因用爲柱礎。貞觀初，祕書監臣魏徵始收聚之，什不存一。其相承傳拓之本，猶在祕府。《劉焯傳》：運雒陽《石經》至京師，文字磨滅，莫能知者。奉敕與劉炫等考定。

董說《豐草菴詩集自序》 七月甲寅作《焚研誓辭》，丙辰燒雜文，丁巳理篋中舊詩，己未授兒古樂府發。學道十年，不到古人大休歇地，非獨神骨儒，亦筆墨累之也。因發憤，夜登曉寒樓慟哭，古佛之前作《焚研誓辭》。其文曰：「稽首大覺尊，玄潛不蚤，背塵棲玄，宅靜綺語自障。今日已後，永絕文字，鏤骨銘心，盡未來際。不斷綺語，崇高苦因；不斷綺語，道岸不登；不斷綺語，離叛佛心。」故越二日，而燒雜文矣。余年十六七，輒喜手評古人之書，評後輒悔，悔輒更評，更評復悔，悔輒欲自焚，乃不果焚也。今已志在青蘖布襪，因掩戶啓篋，縱陳癸未已前手評諸書，凡數百卷，悉焚之。是日誤焚乙酉雜文一卷、丙戌悲憤詩一卷。其明日，兒樵等集豐草菴長跪號泣曰：「大人何至是？大人以求古出世聖人之道，棄家遠遊，小子何知，豈敢以口舌爭也。然大人平生欲身扶六經之墜，日痛心風雅衰危也。幸大人爲圖書緩行。」余呼兒前曰：「止我墮文字，因緣幾三十年。今復以未焚殘藁留是重，自墮也。」

朱彝尊《經義考》卷二五一 孫氏承澤《五經翼》，二十卷，存。承澤自序曰：「曩時，海內藏書家稱：汴中西亭王孫，予官汴時，西亭已歿，與其孫永之善，因得盡窺其遺籍約十萬餘卷，尤重經學，中多祕本，世所鮮見。予雖困頓簿書，日借其經學一類，課兒輩抄錄之，攜歸京師。壬午河決，王孫之書盡沈洪流中，賴予家猶存其什一。至甲申之變，予家玉凫堂積書七萬餘卷，一時星散，無復片紙存者。」

王士禛《池北偶談》卷三《談故三·宰輔編年錄》 宋《宰輔編年錄》，宋太常博士永嘉徐自明撰，起建隆庚申，迄嘉定乙亥，凡二十卷。明呂邦耀又爲《續錄》，起嘉定九年，迄祥興二年，凡二十六卷。明雷、鄭、王、李諸公，各撰公卿等表。吳郡許重熙又爲《殿閣大臣年表》。近予從姊夫益都高梓嘗爲《續表》，迄南渡乙酉而止，惜其無年，著書散佚，殊可惜也。

王士禛《分甘餘話》卷一《古籍亡佚不可解者》 《異聞錄》言「宋太平興國中，編次《御覽》，引用書一千六百九十種。以今考之，其無傳者十之七八矣。姚鉉以祥符四年集《唐文粹》，其序云：『今歷代墳籍，略無亡逸。』觀鉉所類文集，亦多不存」云云。當五代亂離板蕩之後，而古書多存，歷北宋太平全盛之世，而古書反亡，殊不可解。豈金源入汴，其兵火之厄反甚於五代時與？

又《先人著述應早付剞劂》 每見人家子孫留意祖父著述手澤，往往不多得。陸放翁記張子功樞密云：「先人有遺稿，滿四篋，字畫極難辨，惟某識之。某若死，則皆不傳，豈容不急歸耶。」此意今人知者蓋鮮矣。余所見葉文莊與中盛遺集寫冊，皆手自點竄鉤勒，藏其裔孫文敏訒菴方藹處，文敏仕爲學士侍郎加尚書矣，余屢勸刻之，竟不果。興化李映碧清廷尉丞好著書，常以陸游、馬令二家爲經，別修《南唐書》，而以《江表志》、《釣磯立談》諸書爲緯，尊李氏爲正統，其書頗可傳。子木菴柟官御史大夫，延余門人嘉定張雲章漢瞻專司讐較之役，荏苒數年，竟未剞劂，而木菴死矣。右皆有賢子孫，且官通顯，而不及傳先人之書，使流通於後世，況其下焉者乎？可嘆也。

《明史·儒林傳一·鄭伉》 鄭伉，字孔明，常山人。爲諸生，試有司，不偶，即棄去，師與弼。辭歸，日究諸儒論議，一切折衷於朱子。事親孝。設義學，立社倉，以惠族黨。所著《易義發明》、《讀史管見》、《觀物餘論》、《蛙鳴集》，多燼於火。

王應奎《柳南隨筆》卷五 吾邑藏書之富，自昔所推。成、弘時有錢員外仁夫者，其藏書處曰東湖書院，嘉靖時有楊副使儀者，其藏書處曰萬卷樓；至若絳雲樓之藏，則更倍於前人矣。其門人毛晉子晉、錢曾遵王收藏亦

富。毛藏書處曰汲古閣，錢藏書處曰述古堂。今所藏俱散爲雲烟不可問矣。

袁棟《書隱叢説》卷一六《逸書》　趙岐注《孟子》，高誘注《吕覽》，杜預注《左傳》，韋昭注《國語》，往往有曰「逸書」者，蓋謂孔氏之古文耳，非謂亡逸之書，乃謂今文亡逸之書也。故《文選》注亦云「夏之逸書」也，不然，豈唐時尚未盡出耶？

全祖望《鮚埼亭集》卷一四《中條陸先生墓表》　先生諱寶，字敬身，一字青霞，學者稱爲中條先生，鄞之白檀里人也。陸氏爲甬上四姓之一，其家在細湖之西畔，門施棨戟者相望，鄞人各以其房別之：曰「尚書房」，曰「副使房」，曰「都御史房」，曰「布政房」，曰「榜眼房」，曰「翰林房」，曰「大廷尉房」，曰「給諫房」，則以先生尊人大參之官著。而先生所居有雙桂，皆藤本，先生使工人環而結之，其狀如井絡，故鄞人別稱曰桂井陸氏。先生藏書最富，多善本，吾鄉之以藏書名者，天一閣范氏，次之四香居陳氏，又其次則先生南軒之書也。三十年來亦四散，予從飄零之後摭拾之，尚得其宋槧開慶、寶慶《四明》二志及《草廬春秋纂言》，皆世間所絶無也。

又卷二〇《曠亭記》　山陰祁忠敏公之尊人少參夷度先生，治曠園於梅里，有淡生堂，其藏書之庫也；有曠亭，則遊息之所也；有東書堂，其讀書之所也。夷度先生精於汲古，其所鈔書多世人所未見，校勘精核，紙墨俱潔淨。忠敏亦喜聚書，嘗以硃紅小榻數十張，頓放縹碧諸函，牙籤如玉，風過有聲鏗然。顧其所聚，則不若夷度先生之精。忠敏諸弟俱以詩詞書畫瀟灑一時，日與賓從倘徉亭中。忠敏之夫人，世所稱「大商夫人」者，工詩，其女郎湘君並工詩，亦時過此園。忠敏殉難，江南塵起幾二十年。吾鄉雪竇山人與公子班孫兄弟善，時時居此園。顧其所商榷者，鮫宮虎闞之事；其所過從者，西臺野哭之徒，不暇留連光景，究心於儒苑中矣。公子以雪竇事戍遼左，良不媿世臣之後，而曠園之盛，自此衰歇，今且陵夷殆盡，書卷無一存者，并池榭皆爲灌莽，其可感也。

汪師韓《文選理學權輿》卷六《前賢評論》　《古文苑》九卷，不知何人集，皆漢以來遺文史傳及《文選》所無者。世傳孫洙巨源於佛寺經龕中得之，唐人所藏，韓无咎類次爲九卷，刻之婺州。《中興書目》有孔逭《文苑》，非此書。孔逭，晉人。本書百卷，惟存十九卷耳。

阮葵生《茶餘客話》卷一〇《冢中古書》　閻百詩徵君嘗語石紫嵐先生云：古人自稱有五恨三恨者，予獨有二恨：《皇覽・冢墓》記漢明帝朝諸儒論五經誤失，有符節令宋元上言，秦昭襄王、吕不韋好書皆以書葬，王至尊，吕久貴，冢皆以黄腸題湊，處地高燥未壞。臣願發昭襄王、不韋冢，視未燒《詩》、《書》。予謂此舉未行，故秦、漢後不獲見孔子《六經》原文，予之恨一也；又大程子爲次子邵公撰墓誌，稱其等于生知，五歲而殀。予謂程子聖賢中人，非譽兒者，天若假之年，可復見生安聖人。卒不獲見，予之二恨也。紫嵐曰：莊子言：以《詩》、《禮》發冢，蓋有激之詞，子眞欲發人冢乎？百詩曰：觀後晉太康中，汲郡發魏襄王冢，大得古書《周易》上下篇，最爲分了。齊文惠太子發楚王冢，得竹簡書，王僧虔訂是科斗《考工記》、《周官》所闕文也。晉、齊距戰國已遠，尚完整。若漢明帝去秦二百年，復當何如？且秦人焚書，止焚在民間者，博士所職悉不焚，至項籍一炬始全亡。而冢中所藏，固歷歷也。紫嵐曰：子之恨，固當懸之終古耳。

又卷一六《錢允治藏書》　錢功甫藏書極富，牧翁過從吳中，必至功甫齋中，噉餻餌，相對竟日。一日，功甫與牧翁云：吾老矣，藏書多人間罕有本子，公明日來，當作蔡邕之贈。我欲閲，當轉就公所借，他年以屬纊事累公，藉此爲償博，何如？牧翁質明即往，其意色閟嘿，竟不復踐宿諾。其後竟爲雲烟散矣。牧翁嘗言，功甫有《李師師外傳》一卷，即荃翁所云道君在五國城作，從榷場中來者。功甫没，此書不知所歸。

又《焚書》　麻城甘右泉，憾近來刊刻之繁，頗動祖龍之慕，作爲長歌，痛快絶倫，可爲救時良方，然亦有太過。滿子鶴隣云：經史昭垂，非惟不可焚，亦不能焚。惟古今文集，酌存百之一，詩賦存千之一，凡經典道籙語録詞曲時文，盡數付之一炬。至于小説淫詞，不足與于此數也。

法式善《陶廬雜録》卷三　《詩的》六十卷，長沙陶煊輯，同里張燦參訂之，刻於康熙六十年。前有陳鵬年、孫勷、杜詔、程夢星、王棠、先著、周儀、許炳、費錫潢九序。《滿洲》一卷，《盛京》二卷，《直隸》二卷，《江南》十七卷，《江西》二卷，《浙江》八卷，《福建》二卷，《湖廣》十卷，附《石溪詩》陶煊著。一卷，《石漁詩》張燦著。一卷。《山東》二卷，《河南》二卷，《山西》一卷，《陝西》二卷，《四川》一卷，《廣東》一卷，《廣西》一卷，《貴州》一卷，《雲南》一卷。凡例所云「顏以的」者，固以張射者之鵠，亦以挽既頽之波。語涉矜誇，雖未必然。然倣《三百篇》遺意，茲稱鴻

裁。余久欲倣而爲之，工程浩鉅，望洋而已。田茂遇、董俞纂《十五國風》、《高言集》，以一省之詩爲一編，亦此例也，惜今無存。

吴振棫《養吉齋餘録》卷七　明萬曆間連江陳第，字季三，號一齋。由京營歷官游擊。有將略，尤喜讀書。藏書萬餘卷，有《世善堂藏書目錄》。入本朝，子孫不能守。乾隆初，錢塘趙谷林昱竇金往購，已散佚無遺矣。勾得其家目錄，谷林稱爲斷種秘冊者約三百餘種。鮑淥飲廷博按目而求，四十年一無所獲。【略】青浦王述庵侍郎昶，藏書甚夥。其卷端皆有印識，其文云：「二萬卷，書可貴。一千通，金石備。購且藏，劇勞勩。願後人，勤講肄。敷文章，明義理。習典故，兼游藝。時整齊，勿廢墜。如不材，敢賣棄，是非人，犬豕類。屏出族，加鞭箠。」近聞其家舊藏已不能守，良可歎息。

《脂硯齋重評石頭記》二十回《丁亥夏畸笏叟硃批》　茜雪至獄神廟方呈正文。襲人正文標（昌）[曰]：花襲人有始有終。余只見有一次謄清時，與獄神廟慰寶玉等五六稿，被借閱者迷失。嘆嘆。

潘祖蔭《士禮居藏書題跋記跋》（黄丕烈《士禮居藏書題跋記》附録）

吾鄉黄蕘圃解元好藏書，尤好宋、元本，與先祖文恭公相善。嘉慶時曾刻《四元唱和詩》，字仿宋刻，甚工致，與其所刻影宋《國語》、《國策》書數種盛行於時，所謂《黄氏叢書》者也。其子同叔茂才壽鳳，善篆刻，其篆專師錢十蘭，與先世父小浮先生最相得。猶記道光甲辰、己酉蔭歸里時，無日不見於鳳池園座上，園中楹聯扁額皆其所篆，先世父「夢印」三十六方，亦所刻也。先世父有《夢錄》卅卷，今已失。每得夢必繪圖，必刻印，圖亦皆名下士爲之，今亦失矣。未幾下世，蕘圃先生所藏書，晚年盡以歸之汪閬源觀察。汪之冢婦，蔭姑母也，其所藏，蔭猶及見之，前年曾爲刻其《宋元本書目》。未幾，汪氏亦漸散失。道光辛亥、壬子間，往往爲楊致堂河督所得，至庚申而盡出矣。今吴平齋丈、陸存齋觀察亦頗得之。咸豐庚申三月，蔭所藏書存申衙前汪氏義莊，書四十箱既失。八月中，澄懷園之所藏亦盡，於是蔭之書蕩然矣。而結習未忘，又復時時收之，得先生藏書不及十種。因思先生一生精力盡在於是，乃從楊致堂河督之子協卿太史錄得先生手跋百餘條，又從平齋、存齋錄寄跋若干條，柳門侍讀、筱珊太史、茀卿太史助我搜輯若干條，聚而刻之。古書面目，賴此以存，蕘圃之書，雖散猶不散也。且以見吾鄉承平時士大夫耽書好古，其風尚類如是也，可慨也夫！光緒壬午十二月，吴縣潘祖蔭識。先生之印，曰「士禮居」，曰「讀未見書齋」，曰「百宋一廛」，曰「陶陶室」，曰「老蕘」，曰「復翁」，合附記之。

陳康祺《郎潛紀聞二筆》卷六《紀文達訪獲永樂大典》　朱竹垞官翰林時，尋訪《永樂大典》不獲，每太息曰：「被李自成襯馬蹶矣。」不知三百餘年埋藏灰塵中，卷帙實裒然無恙。紀文達公在翰林院署齋戒，始於敬一亭上得之。按：《鮚埼亭集》，謝山先生嘗與臨川侍郎就翰林院同抄《永樂大典》中祕帙，是物色此書，不始於文達。或秘閣清嚴，陳編繁冗，自二公後無問津者，故文達以爲創獲耳。每直宿之暇，翻閱一過，已記誦大畧。後纂輯四庫書，經文達一手裁定，宜其溯源徹委，抉奧提綱，如駕輕車而就熟道也。見劉文恪公權之所作公遺集序。

吴慶坻《蕉廊脞録》卷一《同治武英殿火災》　同治己巳六月二十日，武英殿災，自亥刻起至次日辰刻止，延燒他屋至三十餘間，所藏書悉燼焉。至午刻而軍機處收各衙門交開救火職名單者，絡繹不絶，有識者爲之寒心。亦見朱大理日記。

又卷五《永憲録》　《永憲錄》六卷，江都蕭奭撰。卷首紀祖宗創造制度，卷一紀康熙六十一年事，卷二紀雍正元年事，卷三紀雍正二年事，卷四紀雍正三年事，卷五紀雍正四年事，卷六紀雍正五年至六年二月以前事。鈔本每葉中縫有「唫梔僊館」四字，惟一卷書「周氏小鄉嬛館」，蓋兩家合鈔本也。此鈔本先大父舊藏，同治七年自太原南歸，行河洛間時，積潦數百里，車行至艱，載書之車屢覆，往往墮泥淖中，夏抵杭州，發篋則書爲水戹，多朽腐不可收拾，此本文字亦大半殘闕，其可辨識者十之六七耳。

又《小墨林詩鈔雜著》　項蓮生孝廉鴻祚，善填詞，有《憶雲詞》甲乙丙丁稿四卷行於世。許邁孫丈重刊；譚復堂撰傳，謂其詩不多作。今崔磐石方伯得其《小墨林詩鈔》、《小墨林雜著》手稿凡四冊。詩曰《焦尾琴》，以其家不戒於火，詩稿盡燬，追憶得之者；曰《枯蘭集》，則以喪其姬人，多幽憶怨斷之音。《雜著》爲駢散文及箴銘之屬。卷端有許文恪、勞季言小印。劫火所遺，惜無好事爲之刊行也。

葉德輝《書林清話》卷九《吴門書坊之盛衰》　國朝藏書尚宋元板之風，始於虞山錢謙益絳雲樓、毛晉汲古閣，吾家二十五世從祖石君公樹廉樸

學齋、林宗公奕寶稼軒，不幸無書目存留，然於錢曾《讀書敏求記》求之，知當日二公好書，其收藏固甚富也。絳雲火後，其書多歸從子曾，述古堂、也是園兩《目》具存，可以知其淵源授受。凡有載於《敏求記》者，皆其平日一再校讀者也。毛氏式微，其書售之潘稼堂不成，而售之泰興季滄葦振宜。述古堂、也是園之藏本，亦多併之。蓋至是而有明以來藏書家之宋元名鈔，於是始一結束。物聚必散，久散復聚，其後毛氏之藏，半由徐乾學傳是樓轉入天府。乾嘉時，則有張金吾愛日精廬、黄丕烈士禮居，專收毛、錢二家之零餘，張氏《書目》，偶記印章，不盡知其來歷。黄氏時收時賣，見於《士禮居藏書題跋記》者，必一一注明源流。當時久居蘇城，又值承平無事，書肆之盛，比於京師。今於《記》中考之，有胥門經義齋胡立群、校本《春秋繁露》十七卷，校本《蔡中郎集》十卷。《續記》舊抄本《玄珠密語》下云：「經義齋主人胡姓，鶴名，立群其字也。在書估中爲能識古書之一人。」廟前按城隍廟也。五柳居陶廷學子藴輝、宋刻本《鉅鹿東觀集》十卷，宋刻本《三謝詩》一卷，《續記》明刻毛校《王建詩集》八卷。山塘萃古齋錢景凱、宋咸平刊本《吳志》三十卷，元刊本《陣衆仲文集》十卷，校舊抄本《寶晉英光集》十卷。郡城學餘堂書肆、宋刊本《溫國文正司馬公文集》八十卷。玄妙觀前學山堂書坊、《年譜》：抄本《蘆浦筆記》一卷。府東敏求堂、校舊抄本《蘆浦筆記》、《楊公筆録》不分卷。玄妙觀東閔師德堂、明刻本《戴石屏詩集》十卷。臯署前書坊玉照堂、元刊本《新刊河間劉守眞傷寒直格》三卷、《後集》一卷、《續集》一卷，張子和《心鏡》一卷。臯署前文瑞堂、金本《中州集》十卷。臯轅西中有堂書坊、明本《劉子新論》十卷。醋坊橋崇善堂書肆、元刻《元統題名録》不分卷。郡東王府基周姓墨古堂、北宋本《説苑》二十卷。閶門横街留耕堂、明刻本《衍極》五卷，校明抄本《録異記》八卷。閶門書業堂、宋刻本《聖宋文選》三十二卷。云以新刻《十三經》易之，時閶門書業堂新翻汲古閣《十三經》，每部需銀十四兩。閶門文秀堂書坊、舊抄本《抱朴子内篇》二十卷、《外篇》五十卷。金閶門外桐涇橋頭書鋪芸芬堂、《續記》：元抄本《書經補遺》一冊。玄妙觀前墨林居、校舊抄本《蘆浦筆記》、《楊公筆録》不分卷。紫陽閣朱秀成書坊、宋刻本《文苑英華纂要》七冊。葑門大觀局、校抄本《紹興十八年同年小録》不分卷。云彭、宋兩家所開。彭行三，號朗峰；宋亦行三，號曉巖。皆諸生。遺經堂、校舊抄本《建炎時政記》三卷。西山堂、宋本《孟浩然詩集》三卷。本立堂書坊、舊抄本《古逸民先生集》一卷、附録一卷。王府基書攤高姓、宋本《新雕注解珞琭子三命消息賦》三卷、李燕《陰陽三命》二卷。胡葦洲書肆。明刻《山窗餘稿》一卷。又有書友呂邦惟、宋刻本《三謝詩》一卷，抄本《汪水雲詩》不分卷。郁某、校明抄本《呂衡州文集》五卷。鄭益偕、影宋本《李賀歌詩編》五卷。胡益謙、抄本《北山小集》四十卷。邵鍾礜、明刻校本《半軒集》十二卷。一作邵鍾琳，抄校本《吳都文粹》十卷。沈斐雲、校抄本《吳都文粹》十卷。吳東亭、校明抄本《靈臺秘苑》十五卷。吳立方、《續記》：抄本《王子安集》二冊。鄭雲枝、校宋本《禮記》二十卷。書船友曹錦榮、抄本《鐵崖賦稿》一卷。吳步雲、金本《中州集》十卷。鄭輔義、北宋本《新序》十卷。邵寶墉、殘宋本《普濟方》六卷。《續記》：殘宋刻本《豫章黄先生外集》云「得諸書船友邵姓」，當即一人。估人吳東白、宋本《陶靖節詩注》四卷。華陽橋顧聽玉、宋刻本《湘山野録》三卷。常熟蘇姓書估、宋刻本《聖宋文選》三十二卷。平湖估人王徵麟、抄本《知非堂稿》六卷。無錫浦姓書估、殘宋本《普濟方》六卷，云爲浦二田之後。湖人施錦章、宋本《新定續志》十卷。陶士秀、同上。買骨董人沈鴻紹。校宋本《林和靖詩》四卷。其在外者，有玉峰考棚汗筠齋書籍鋪、《續記》：舊抄本《江月松風集》十二卷。揚州藝古堂、舊抄本《鼓枻稿》一卷。武林吳山翫遇賞樓書肆、殘鈔《陽春白雪》十卷。會稽童寶音齋、抄本《汪水雲詩》不分卷。琉璃廠文粹堂。《續記》：宋本《梅花喜神譜》二卷。又有蕭山李柯溪去官業書，僑寓吳中。《續記》：鈔本《近事會元》五卷。其時書肆中人，無不以士禮居爲歸宿，晚年自開滂喜園書籍鋪於玄妙觀西，《年譜》。是年八月病卒，時道光五年乙酉，年六十三歲。《年譜》。卒後二十餘年，赭寇亂起，大江南北遍地劫灰，吳中二三百年藏書之精華，掃地盡矣！幸有常熟瞿氏鐵琴銅劍樓保守其孑遺，聊城楊氏海源閣收拾餘燼。蘭陵孫祠書籍歸於吾縣袁氏卧雪廬，江浙間所有善本名鈔，又陸續會於湖州陸氏皕宋樓、仁和丁氏善本書室，長篇短冊，猶可旗鼓中原。今則袁氏所蓄，久飽蠹魚。袁書於光緒初元售之德化李盛鐸，戊子、己丑又散之京師，末年以殘冊叢書及零星宋元抄本贈之縣人袁樹勛、衡州程和祥，託以求事。袁、程皆非知書者，書去而事不成，餘則付之市肆字簍，吾收得僅百分之一二耳。陸書售之日本，丁書售之江南圖書館。南北對峙，惟楊、瞿二家之藏。外此如天一閣、持靜齋，子孫亦不能世守。二十年來，藍皮書出，佉盧横行，東鄰、西鄰乘我之不虞，圖畫書籍古物，盡徙而入於海外人之手、上海飛凫客群翔集於茶坊酒市之中。而吳門玄妙觀前，無一舊書攤，無一書船友。俯仰古今，不勝滄桑之感矣！

雜録

《左傳・哀公三年》 夏五月辛卯，司鐸火。火踰公宫，桓、僖災。救火者皆曰顧府。南宫敬叔至，命周人出御書，俟於宫，曰：「庀女，而不在，死。」子服景伯至，命宰人出禮書，以待命。命不共，有常刑。校人乘馬，巾車脂轄，百官官備，府庫慎守，官人肅給。濟濡帷幕，鬱攸從之。蒙葺公屋。自大廟始，外内以悛。助所不給。有不用命，則有常刑，無赦。公父文伯至，命校人駕乘車。季桓子至，御公立于象魏之外。命救火者傷人則止，財可爲也。命藏象魏，曰：「舊章不可亡也。」富父槐至，曰：「無備而官辦者，猶拾瀋也。」於是乎去表之槀，道還公宫。孔子在陳，聞火，曰：「其桓、僖乎。」

《史記・老子韓非列傳》 老子者，楚苦縣厲鄉曲仁里人也，姓李氏，名耳，字聃，周守藏室之史也。老子脩道德，其學以自隱無名爲務。居周久之，見周之衰，迺遂去。至關，關令尹喜曰：「子將隱矣，彊爲我著書。」於是老子迺著書上下篇，言道德之意五千餘言而去，莫知其所終。

又《太史公自序》 昔在顓頊，命南正重以司天，北正黎以司地。唐、虞之際，紹重、黎之後，使復典之，至于夏、商，故重黎氏世序天地。其在周，程伯休甫其後也。當周宣王時，失其守而爲司馬氏。司馬氏世典周史。惠、襄之閒，司馬氏去周適晉。晉中軍隨會奔秦，而司馬氏入少梁。

楊炯《王勃集序》 〔文中子〕又自晉太熙元年，至隋開皇九年平陳之歲，褒貶行事，述《元經》以法《春秋》。門人薛收竊慕，同爲《元經》之傳，未就而殁。君思崇祖德，光宣奥義，續薛氏之遺傳，制《詩》、《書》之衆序，包舉藝文，克融前烈。陳羣禀太丘之訓，時不逮焉；孔伋傳司寇之文，彼何功矣。《詩》、《書》之序，並冠於篇，《元經》之傳，未終其業。命不與我，有涯先謝，春秋二十八，皇唐上元三年秋八月，不改其樂，顔氏斯殂，養空而浮，賈生終逝。嗚呼，天道何哉！所注《周易》，窮乎晉卦，又注《黄帝八十一難》，幸就其功，撰《合論》十篇，見行於代。君平生屬文，歲時不倦，綴其存者，纔數百篇。嗟乎促齡，材氣未盡，殁而不朽，君子貴焉。

王明清《揮麈録・附録・實録院牒泰州》 檢准淳熙十五年五月二十四日尚書省劄子、國史院狀勘會，已降聖旨指揮，修《高宗皇帝實録》。續奉聖旨，編修御集。今來合要高宗皇帝朝曾任宰執、侍從、卿監、應職事等官，被受或收藏御製、御筆、手詔，及奏議、章疏、劄子，并制誥、日記、家集、碑誌、行狀、謚議、事迹之類，委守臣躬親詢訪。如逐官其間有已物故者，詢其家子孫取索。如部秩稍多，差人前去抄録，及委官點對，津發赴院。仍許投獻，優賜錢帛，多者推賞，候指揮。五月二十三日，三省同奉聖旨，依劄付院。當院今訪問得泰州通判王明清有《揮麈前後録》，合行〔照〕使。須至公文牒，請詳牒内事理，遵從已降聖旨指揮，移文王通判，借本差人抄録，委官點對無差漏，疾速津發赴院守等照使，幸勿違滯。仍先希已依應公文回示。謹牒。慶元元年七月初八日牒。

又 當院已於七月内文移貴州。去後至今多日，未見依應前來，須至再行公文牒，請詳牒内事理，遵從已降聖旨指揮，移文王通判，借本差人抄録前項所要文字，委官點對無差漏，疾速津發赴院守等照使，幸勿仍前違滯。謹牒。慶元元年九月日牒。

朱熹《晦庵集》卷七五《泉州同安縣學故書目序》 同安學故有官書一匱，無籍記文書，官吏轉以相承，不復訾省。至熹始發視，則皆故敝殘脱，無復次第。獨視其終篇，皆有識焉者，曰宣德郎守秘書丞知縣事林姓，而名亡矣。按《縣治壁記》及《故廟學記》，林君名瀆，字道源，以治平四年爲是縣。明年，熙寧初元，始新廟學聚圖書。是歲戊申，距今紹興二十五年乙亥，纔八十有八年，不幸遭官師之懈弛，更水火盜竊之餘，其磨滅而僅存者止是耳。而使之與埃塵蟲鼠共敝於故箱敗篋之間，以至於泯泯無餘而後已，其亦不仁也哉？因爲之料簡，其可讀者得凡六種一百九十一卷。又下書募民間，得故所藏去者復二種三十六卷。更爲裝褫，爲若干卷。著之籍記，而善藏之如故加嚴焉。復具刻著卷目次第，闕其所失亡者揭之，使此縣之人於林君之德尚有考也。而熹所聚書，因亦附見其後云。

盛如梓《庶齋老學叢談》卷中上 書籍板行，始於後唐。昔州郡各有刊行文籍，《寰宇書目》備載之，雖爲學者之便，而讀書之功不及古人矣。况異書多泯沒不傳。《後漢書》注事最多，所引書今十無二三。且如漢武《秋

風辭》、見於《文選》、《樂府》《文中子》，晦菴附入《楚詞後語》。然《史記》《漢書》皆不載，《藝文志》又無。漢祖歌辭，不知祖於何書。

陶宗儀《南村輟耕録》卷二七《莊蓼塘藏書》 莊蓼塘，住松江府上海縣青龍鎮，嘗爲宋祕書小史。其家蓄書數萬卷，且多手鈔者，經史子集、山經地志、醫卜方伎、稗官小説，靡所不具。書目以甲乙分十門。蓼塘既沒，子孫不知保惜，或爲蟲鼠蝕囓，或爲鄰識盜竊，或供飲博之需，或應餬覆之用，編帙散亂，所存無幾。至正六年，朝廷開局修宋、遼、金三史，詔求遺書，有以書獻者，予一官。江南藏書多者止三家，莊其一也。繼命危學士樸特來選取，其家慮恐兵遁圖讖干犯禁條，悉付祝融氏。及收拾燼餘，存者又無幾矣。其孫羣玉悉載入京，覬領恩澤，宿留日久，仍布衣而歸。書之不幸如此。

鄭真《滎陽外史集》卷三八《識録先祖雜著後》 某往年嘗聞卓先生習之曰：「吾既冠時，師事汝祖蒙隱先生。先生早以經史論策有聲，而尤工於儷語。晚歲專志古學，每拾片紙細書，頃刻成文，求者立以俟在庠序間。凡慶賀宴餞，官所命藁者，多出其手，大槩辭取達意，工拙勿論也。汝祖之學，嗣而弗絶，實在爾兄弟。烏乎，勉之哉！」某受而識之，重惟先祖文行，一鄉推重，至今人能言之。其所著曰《蒙隱藁》者，凡十餘帙，其爲趙氏甥持去及藏於先叔父者，皆泯沒已久。家所存者，僅殘編斷簡之一二而已。嘗會粹而甄別之，凡十有二卷，謭焉弱資，先澤一線之微，凜不自勝，其能無媿於長者之言否耶？茲所録者，詩文大小四十篇。自先生以上，若國子進士公監倉公，皆有著述，厄于兵燹，不可得而詳也。

汪仲弘《楚辭集解紀由》 余尤于載籍存亡，重有感焉。夫古著述充棟汗牛，世風降而體制殊，人情巧而眞贋溷。《國風》亡二《雅》，《訓誥》亡《典謨》，《大玄》亡《易》，《月令》亡《禮》。《六經》且然，矧其下者。三閭篇什，今固燁然，而汨羅一沉，絶筆無續。《騷》亡於漢，古記之矣。《天問》亡其注，又何足訝也！

王锜《寓圃雜記》卷六《余家書畫》 余家舊有萬卷堂，藏書甚多，皆宋、元館閣校勘定本，諸名公手抄題志者居半。內有文公先生《綱目》手稿一部，點竄如新。又藏唐、宋名人墨跡數十函，名畫百數十卷，乃玉澗所掌。又有聚古軒，專藏古銅鼎彝、鍾、卣，古玉環、玦、巵、斗、方響、浮磬之類，皆有款志。古琴數張，惟一天秋三世、雷霜天玉磬、夜鶴唳寒松爲最。文房諸具，悉皆奇絶。他如刻絲、壘漆、官窰鏇器，畢聚其中，乃長兄坦齋所掌。二公最能賞鑑，目力甚高，絶無贋假。客至，縱其展玩。天順三年，從父仙游，兄亦繼卒。不二年，爲回祿所禍，一夕蕩然。余棄而不視，或有得於煨燼之餘者，皆以高價而售。雖石刻數通，煅煅逮盡，止存顏魯公《乞米帖》、涪翁《墨竹賦》半篇而已。惟《綱目》稿本先已宛轉爲權勢所有，歸於浙東，幸免此患。雖物之成毀聚散有數存焉，亦由吾爲子弟者不肖，不克享有，爲之三嘆。

王鏊《姑蘇志》卷四一 趙球居開封，畜書萬卷。祥符中，秘藏火，四庫書皆盡。球上其家書，授三班借職用薦知吳江縣。武弁爲邑，自球始。天聖中，修築松江亭，終右侍禁。

劉麟《被火》（《古今振雅雲箋》卷五） 計別後當坐對空尊，日嚼杞菊，豈不自苦？奈何天復苦之，煅傷屋廬，爰及琴書。近來啓處何如，行窩何安，仙眷郎君非僦居可廣，及門之客幾人？想揮毫吟灑，不讓社陵歌嗖，庖丁能無改乎？

皇甫汸《楊盈川集序》 嘗觀經籍阨於先秦之火，擾於中原之兵，浸聚浸逸。幸遇好文之主，下求遺之詔，括以輶使，寵以官資，魯壁既罕，汲冢斯發，隋、唐而後，始廣備云。經傳子史曰闕，矧文集乎？大唐弘文，風沿江左，道盛開元，時則王勃、楊炯、盧照鄰、駱賓王並稱年少，俱擅高才，海內號爲「四傑」。馬氏云《王集》二十卷，劉元濟爲之序；《駱集》十卷，郗雲卿爲之序。然王詩賦之餘，未覩他撰；駱書啓之外，罕載雜篇；盧惟詩賦，附以《五悲》，咸似未全書也。楊集□□卷，後止二十卷，今皆無存焉。童氏子鳴耽書籍，謂淫嗜成癖，而盈川者其所産地也，參茲下民，眷言父母，年祀緜隔，桑梓猶存。遡瀫水以興懷，眺龍邱而寄慨。搜輯遺文，彙裒簡帙。上於郡守高淳韓侯，深奬斯舉；移之縣令南昌涂侯，樂董厥成。若子鳴者，學臻博極，識闡淵微，架富緹緗，載充兼兩。秘監取正，訪於茂先；內庫所無，詢之宏靖。伐山而採羣玉，披沙以檢碎金，共得詩賦四十二首，序表、碑銘、志狀、雜文二十九首，按：文共四十二首，此據縣志轉載，疑誤。勒爲十卷。保殘守闕，存十於千，不愈於湮沒乎？

茅維《宋蘇文忠公全集叙》（《蘇軾文集》附録） 昔長公被逮於元豐

間，文之祕者，朋游多棄去，家人恐怖而焚之者，殆無算。逮高宗嗜其文，彙集而陳諸左右，逸者不復收矣。迄今徧搜楚、越，並非善本，既嗟所缺，復憾其譌。丐諸秣陵焦太史所藏閣本《外集》，太史公該博而有專嗜，出示手板，甚覈。參之《志林》、《仇池筆記》等書，增益者十之二三，私加刊次，再歷寒燠而付之梓。即未能復南宋禁中之舊，而今之散見於世者，庶無挂漏。爲集總七十五卷，各以類從，是稱《蘇文忠公全集》云。

徐𤊹《徐氏筆精》卷六《保守書籍》 世之蓄田産屋宇多者，子孫稍賢，必保守不失，何也？可以資衣食不匱也。蓄尊罍彝鼎多者，子孫稍賢，亦保守不失，何也？可以資耳目近玩也。惟蓄書籍圖畫多者，子孫雖賢，未必保守不失，何也？非深知篤好者，鮮不屑越也。余見保産業之家，多至六、七代。而保書籍者，不過一、二代耳。然保之之法，當較之田産屋宇尤加嚴密，庶幾歷四、五代也。唐末吳人徐修矩世守書籍萬卷，皮日休常就借讀。日休詩云：「保兹萬卷書，守慎如羈紲。」陸龜蒙詩云：「吾聞徐氏子，奕世皆才賢。因之遺孫謀，不在黃金錢。」若才賢不至，奕世守慎不如羈紲，非所以論保守也。

又《聚書十難》 陳貞鉉曰：聚書有十難：學無淵源，一難也。家少承書，二難也。不生通都大邑，三難也。乏慧鑒，四難也。隋、唐以上書不多見，五難也。攜帶跋涉易致觸損，六難也。檢曝之勞病於夏畦，七難也。近無善本，校讐斯苦，八難也。家貧購書，九難也。片時不閱，便供蛀蟲，十難也。夫聚必有散，物理之常念，此十難。嗜好彌篤。余嘗言曰：「田宅易購，美書難逢。緣不相值，奇秘終蘊。」昔杜暹藏書，每題跋尾曰：「清俸買來手自校，鬻及借人爲不孝。」言雖未大，亦自痛切矣。

朱彝尊《曝書亭集》卷三四《五經翼序》 吏部侍郎宛平孫先生年八十矣。好學不倦，集漢以來諸儒《五經》序義，分爲二十卷，名曰《五經翼》，給事中餘杭嚴公鏤板行之。先生凡五致書，命予爲序。予惟經學之不明，非一日矣。自漢迄唐，各以意說，散而無紀，其弊至於背畔，貴有以約之，此宋儒傳注所爲作也。今則士守繩尺，無事博稽，至問以箋疏，茫然自失，則貴有以廣之，先生是書所爲述也。當萬曆中，周藩宗正灌甫藏書八萬餘卷，至黃河水決，遺籍盡亡。初，先生知祥符縣事時，從其孫永之借鈔諸經義，後又益以秘閣流傳諸書，故多世所未見者。予不學，未能發明《五經》之蘊，因述先生之老而好學，無媿於古之致仕者，以爲當世法。俾讀其書，若見惇史，且及其采輯所從來，蓋歷數十年而始成，洵匪易矣。

李光地《昌黎先生集考異後跋》（《韓集考異》附録） 無黨又爲予言，其先人曾得朱子手記與蔡西山答問之語，曰：「翁季錄者秘藏多年，與此之韓文并時失之，厥後訪求人間，則不復得矣。」可勝惜哉！

阮元《揅經室集一集》卷二《曾子十篇注釋序》 竊謂從事孔子之學者，當自曾子始。又案：《漢志》載《曾子》十八篇，此先秦古書爲第一本。《隋志》據阮孝緒《七錄》稱《曾子》二卷，連《目錄》三卷，爲六朝以前舊本。或十八篇，或十篇，無明文，此第二本。新、舊《唐書》皆作二卷，較《隋志》，亡《目錄》一卷，其篇數亦不可攷，爲第三本。鼂氏公武據唐本十篇，文蓋與《大戴記》同。有題紹述本者，紹述即樊宗師字，此昭德所據唐本，爲第四本。昭德之從父詹事公，病其文字回舛，以家藏《曾子》與溫公所藏《大戴禮》參校，是正并盧辨注，此宋人以單行《曾子》及大戴合校本，爲第五本。楊氏簡即十篇之文而注之，此宋人新注，爲第六本。今第一篇爲《立事》，而高氏、王氏所見首篇皆作《修身》，與今書不同，此第七本。《崇文總目》、《通志略》、《文獻通攷》、《山堂攷索》、《宋史・藝文志》等書皆載《曾子》二卷，蓋同爲一書，此第八本。周遏《曾子音訓》十篇，此第九本。以上九本，惜皆失傳，無從參校。

昭槤《嘯亭雜録》卷八《欽訓堂博古》 宗室輔國公永瓛，號素菊，理密親王孫也。好收藏古字畫書籍，善爲甄別眞僞，凡經公品題者，百無一失，故收藏家皆首推之。汪文端公嘗倩公分別所藏卷軸，公撫摩終日，曰：「惟米襄陽一帖近眞跡，其餘皆僞鼎也。」汪爲之勃然變色，公亦不顧也。余幼時拜謁其室，見架上書卷紛披，惜未得一寓目，近聞皆至散佚，殊可惜也。

胡珽《陳伯玉文集跋》（《陳子昂集》附録） 余得此書於文義堂錢步瀛，雖爲明刻，而傳本絕少。伏讀《四庫總目・陳拾遺集提要》云「此本傳寫多譌脫。第七卷闕兩葉，據《目錄》尋之，《禡牙》文、《禜海》文在《文苑英華》九百九十五卷，《弔塞上翁》文在九百九十九卷，《祭孫府君》文在九百七十九卷。又《送崔融等序》之後，據《目錄》尚有《餞陳少府序》一篇，此本亦佚，《英華》七百十九卷有此文，今並葺補，俾成完本。《英華》

八百二十二卷收子昂《大崇福觀記》一篇，稱武士護爲太祖孝明皇帝，此集不載其目，殆偶佚脱」云云。據此則《四庫》未見刻本，張氏《愛日精廬藏書志》亦無此書名目，洵絶無僅有之祕冊矣。其傳寫本所缺之文，此本中雖未能全備，而較爲少缺，異日翻刻時，亦據《英華》補足可也。咸豐四年二月，琳琅主人胡珽識。

朱從延《蘇東坡詩集注序》 顧施注僅有嘉泰時刻本，後學無由多見，間有購而得者，已失舊本之三四。王注流傳甚廣，故其書得孤行于世，然而俗本沿襲既久，其舛譌亦莫之能辨。余因思前人注書之難，幸有博雅君子出而爲之，旁搜遠稽，殫精歛神，積數十年之功力始成一編，又不幸而散亡缺失，至殘編斷簡之留遺于世，僅如一綫。其有幸而全本具存無恙者，又多舛譌如此，後學將何所據依？數十年來曾不聞有起而釐定之者，其可慨也。

陳康祺《郎潛紀聞初筆》卷一一《李鹿山藏書之富》 泉州李中丞馥，撫吾浙時，收書極富，一時善本齊入曹倉，每冊皆有圖記，曰「曾在李鹿山處」。後緣事頌繫，羣書散逸，人以爲印文之讖，然亦達已。

邵祖壽《張文潛先生年譜》（《張耒集》附録） 張文潛先生爲「蘇門四學士」之一，其《年譜》一卷，載於陳振孫《書録解題》，不知爲何人所纂。顧以宋人譜宋人，其見聞較眞，其排比較確，非若吳仁傑、呂大防諸君之譜異代者也。惜乎其書久佚不傳。近人同邑丁子靜前輩，著有《張右史年表》，亦未見傳本。

流通方式部

賜贈分部

綜　述

《漢書·淮南王劉安傳》 淮南王安爲人好書，鼓琴，不喜弋獵狗馬馳騁，亦欲以行陰德拊循百姓，流名譽。招致賓客方術之士數千人，作爲《內書》二十一篇，《外書》甚衆，又有《中篇》八卷，言神仙黃白之術，亦二十餘萬言。時武帝方好藝文，以安屬爲諸父，辯博善爲文辭，甚尊重之。每爲報書及賜，常召司馬相如等視草乃遣。初，安入朝，獻所作《內篇》，新出，上愛秘之。使爲《離騷傳》，旦受詔，日食時上。又獻《頌德》及《長安都國頌》。每宴見，談説得失及方技賦頌，昏莫然後罷。

蔡邕《蔡中郎集·巴郡太守謝表》（《漢魏六朝百三名家集》） 臣猥以愚闇，盜竊明時。周旋三臺，充列機衡，出入省闥，登踏丹墀，承隨同位，與在行列，以受酒醴嘉幣之賜。詔書前後賜石鏡奩、《禮經素字》、《尚書章句》、《白虎議奏》，合成二百一十二卷。及唾壺、彈棋、石枰、蓮香、瓠子、黎錫汁器、圍爐諸物。誠念及下，錫惠周至，每敕勿謝，朝廷之恩，前後重疊。雖父母之于子孫，無以加此。

皇甫謐《高士傳》卷中 黃石公者，下邳人也，遭秦亂自隱姓名，時人莫知者。初，張良易姓爲長，自匿下邳。步游沂水圯上，與黃石公相遇未謁，黃石公，故墜履圯下，顧謂良曰：「孺子取履。」良素不知詐，愕然欲毆之，爲其老人也，強忍下取履，因跪進焉。公以足受，笑而去，良殊驚。公行里所還，謂良曰：「孺子可教也。後五日平明，與我期此。」良愈怪之，復跪曰：「諾」。五日平旦，良往，公怒曰：「與老人期，何後也！後五日早會。」良雞鳴往，公又先在，復怒曰：「何後也！後五日早會。」良夜半往，有頃公亦至，喜曰：「當如是。」乃出一編書與良，曰：「讀是，則爲王者師矣。後十三年，孺子見濟北穀城山下黃石即我矣。」遂去不見。良旦視其書，乃是《太公兵法》。良異之，因講習以説他人，皆不能用。後與沛公遇於陳留，沛公用其言，輒有功。後十三年，從高祖退濟北穀城山下，得黃石，良乃寶祠之，及良死，與石幷葬焉。

《三國志·魏書·文帝紀》 初，帝好文學，以著述爲務，自所勒成垂百篇。又使諸儒撰集經傳，隨類相從，凡千餘篇，號曰《皇覽》。裴松之注：胡沖《吳曆》曰：帝以素書所著《典論》及詩賦餉孫權，又以紙寫一通與張昭。

又《王粲傳》 獻帝西遷，粲徙長安，左中郎將蔡邕見而奇之。時邕才學顯著，貴重朝廷，常車騎填巷，賓客盈坐。聞粲在門，倒屣迎之。粲至，年既幼弱，容狀短小，一坐盡驚。邕曰：「此王公孫也，有異才，吾不如也。吾家書籍文章，盡當與之。」

又《鍾會傳》裴松之注引《博物記》 初，王粲與族兄凱俱避地荆州，劉表欲以女妻粲，而嫌其形陋而用率，以凱有風貌，乃以妻凱。凱生業，業即劉表外孫也。蔡邕有書近萬卷，末年載數車與粲，粲亡後，相國掾魏諷謀反，粲子與焉，既被誅，邕所與書悉入業。

《後漢書·杜根傳》 杜根字伯堅，潁川定陵人也。父安，字伯夷，少有志節，年十三入太學，號奇童。京師貴戚慕其名，或遺之書，安不發，悉壁藏之。及後捕案貴戚賓客，安開壁出書，印封如故，竟不離其患，時人貴之。位至巴郡太守，政甚有聲。

《宋書·王曇首傳》 幼有業尚，除著作郎，不就。兄弟分財，曇首唯取圖書而已。

又《氐胡傳》 高祖以蒙遜爲使持節，散騎常侍，都督涼州諸軍事、鎮軍大將軍、開府儀同三司、涼州刺史、張掖公。[元嘉]三年，改驃騎爲車騎。世子興國遣使奉表，請《周易》及子集諸書，太祖並賜之，合四百七十五卷。蒙遜又就司徒王弘求《搜神記》，弘寫與之。

又 河西人趙畝善歷算。十四年，[大且渠]茂虔奉表獻方物，幷獻《周生子》十三卷，《時務論》十二卷，《三國總略》二十卷，《俗問》十一卷，《十三州志》十卷，《文檢》六卷，《四科傳》四卷，《敦煌實錄》十卷，

《涼書》十卷，《漢皇德傳》二十五卷，《亡典》七卷，《魏駮》九卷，《謝艾集》八卷，《古今字》二卷，《乘丘先生》三卷，《周髀》一卷，《皇帝王歷三合紀》一卷，《趙敺傳》并《甲寅元歷》一卷，《孔子讚》一卷，合一百五十四卷。茂虔又求晉、趙《起居注》諸雜書數十件，太祖賜之。

又《自序》 ［叔］亮莅官清約，爲太祖所嘉，賜以車馬服玩，前後累積。每遠方貢獻絶國勳器，輒班賚焉。又賜書二千卷。二十七年，卒官，時年四十七。

《南齐书・褚渊传》 淵少有世譽，復尚文帝女南郡獻公主，姑姪二世相繼。拜駙馬都尉，除著作佐郎，太子舍人，太宰參軍，太子洗馬，祕書丞。湛之卒，淵推財與弟，唯取書數千卷。襲爵都鄉侯。［歷］中書郎，司徒右長史，吏部郎。

又《晉安王子懋传》 先是啓求所好書，上又曰：「知汝常以書讀在心，足爲深欣也。」賜子懋杜預手所定《左傳》及《古今善言》。

《魏书・太祖纪》 ［皇始二年冬十月］甲申，其［賀麟］所署公卿、尚書、將吏、士卒降者二萬餘人。其將張驤、李沈、慕容文等先來降，尋皆亡還，是日復獲之，皆赦而不問。獲其所傳皇帝璽綬、圖書、府庫、珍寶，簿列數萬。班賜功臣及將士各有差。

又《李順傳》 至統萬，大破［赫連］昌軍，順謀功居右，轉拜左軍將軍。後征統萬，遷前將軍，授之以兵。昌出逆戰，順督勒士衆，破其左軍。及克統萬，世祖賜諸將珍寶雜物，順固辭，唯取書數千卷。世祖善之。

《梁書・西陽王大鈞傳》 西陽王大鈞字仁輔。性厚重，不妄戲弄。年七歲，高祖嘗問讀何書，對曰「學《詩》」。因命諷誦，音韻清雅，高祖因賜王羲之書一卷。

《陳書・孔奐傳》 奐數歲而孤，爲叔父虔孫所養。好學，善屬文，經史百家，莫不通涉。沛國劉顯時稱「學府」，每共奐討論，深相歎服，乃執奐手曰：「昔伯喈墳素悉與仲宣，吾當希彼蔡君，足下無愧王氏。」所保書籍，尋以相付。

又《江總傳》 總七歲而孤，依于外氏。幼聰敏，有至性。舅吳平光侯蕭勱，名重當時，特所鍾愛，嘗謂總曰：「爾操行殊異，神采英拔，後之知名，當出吾右。」及長，篤學有辭采，家傳賜書數千卷，總晝夜尋讀，未嘗輟手。

又《始興王伯茂傳》 伯茂性聰敏，好學，謙恭下士，又以太子母弟，世祖深愛重之。是時征北軍人於丹徒盜發晉郗曇墓，大獲晉右將軍王羲之書及諸名賢遺迹。事覺，其書并没縣官，藏于秘府，世祖以伯茂好古，多以賜之，由是伯茂大工草隸，甚得右軍之法。

《北齊書・杜弼傳》 後從高祖破西魏於邙山，命爲露布，弼手即書絹，曾不起草。以功賜爵定陽縣男，邑二百戶，加通直散騎常侍、中軍將軍。奉使詣闕，魏帝見之於九龍殿，曰：「朕始讀《莊子》，便值奏名，定是體道得眞，玄同齊物。聞卿精學，聊有所問。經中佛性、法性爲一爲異？」弼對曰：「佛性、法性，止是一理。」詔文問曰：「佛性既非法性，何得爲一？」對曰：「性無不在，故不説二。」詔又問曰：「説者皆言法性寬，佛性狹，寬狹既別，非二如何？」弼又對曰：「在寬成寬，在狹成狹，若論性體，非寬非狹。」詔問曰：「既言成寬成狹，何得非寬非狹？若定是狹，亦不能成寬。」對曰：「以非寬狹，故能成寬狹，寬狹所成雖異，能成恆一。」上悦稱善。乃引入經書庫，賜《地持經》一部，帛一百匹。

《周書・賀蘭祥傳》 祥雖太祖密戚，性甚清素。州境南接襄陽，西通岷蜀，物產所出，多諸珍異。時既與梁通好，行李往來，公私贈遺，一無所受。梁雍州刺史、岳陽王蕭詧，欽其節儉，乃以竹屏風、絺綌之屬及以經史贈之。祥難違其意，取而付諸所司。太祖後聞之，並以賜祥。

又《蔡大寶傳》 大寶少孤，而篤學不倦，善屬文。初以明經對策第一，解褐武陵王國左常侍。嘗以書干僕射徐勉，大爲勉所賞異。乃令與其子游處，所有墳籍，盡以給之。遂博覽群書，學無不綜。

《隋書・柳彧傳》 彧嘗得博陵李文博所撰《治道集》十卷，蜀王秀遣人求之。彧送之於秀，秀復賜彧奴婢十口。

《晉書・郭璞傳》 有郭公者，客居河東，精於卜筮，璞從之受業。公以《青囊中書》九卷與之，由是遂洞五行、天文、卜筮之術，攘災轉禍，通致無方，雖京房、管輅不能過也。

又《張寔傳》 蘭池長趙奭上軍士張冰得璽，文曰「皇帝璽」。羣僚上慶稱德，寔曰：「孤常忿袁本初擬肘，諸君何忽有此言！」因送于京師。下令國中曰：「忝紹前蹤，庶幾刑政不爲百姓之患，而比年飢旱，殆由庶事有

缺。竊慕箴誦之言，以補不逮。自今有面刺孤罪者，酬以束帛；翰墨陳孤過者，答以筐篚；謗言於市者，報以羊米。」賊曹佐高昌隗瑾進言曰：「聖王將舉大事，必崇三訊之法，朝置諫官以匡大理，疑承輔弼以補闕拾遺。今事無巨細，盡決聖慮，興軍布令，朝中不知，若有謬闕，則下無分謗。竊謂宜偃聽塞智，開納羣言，政刑大小，與衆共之。若恆內斷聖心，則羣僚畏威而面從矣。善惡專歸於上，雖賞千金，終無言也。」寔納之，增位三等，賜帛四十匹。遣督護王該送諸郡貢計，獻名馬方珍、經史圖籍于京師。

《南史・梁武帝紀》 五月（巳）〔己〕卯，河南王遣使朝，獻馬及方物，求釋迦像并經論十四條。敕付像并《制旨涅槃》、《般若》、《金光明講疏》一百三卷。

又《蕭琛傳》 始琛爲宣城太守，有北僧南度，唯齎一瓠蘆，中有《漢書序傳》。僧云：「三輔舊老相傳，以爲班固眞本。」琛固求得之，其書多有異今者，而紙墨亦古，文字多如龍舉之例，非隸非篆。琛甚秘之。及是以書餉鄱陽王範，獻于東宮。

又《王融傳》 融字元長，少而神明警慧。母臨川太守謝惠宣女，性敦敏，教融書學。博涉有文才，從叔儉謂人曰：「此兒至四十，名位自然及祖。」舉秀才，累遷太子舍人。以父官不通，弱年便欲紹興家業，啓齊武帝求自試，遷秘書丞。從叔儉初有儀同之授，贈儉詩及書，儉甚奇之，笑謂人曰：「穰侯印詎便可解。」

又《何胤傳》 初，開善寺藏法師與胤遇於秦望山，後還都，卒於鍾山。死日，胤在波若寺見一名僧，授胤香爐奩并函書，云：「貧道發自揚都，呈何居士。」言訖失所在。胤開函，乃是《大莊嚴論》，世中未有。

又《張融傳》 融與東海徐文伯兄弟厚。文伯字德秀，濮陽太守熙曾孫也。熙好黃、老，隱於秦望山，有道士過求飲，留一瓠瓢與之，曰：「君子孫宜以道術救世，當得二千石。」熙開之，乃《扁鵲鏡經》一卷，因精心學之，遂名震海內。

又《陸從典傳》 從典，字由儀，幼聰敏。年八歲，讀沈約集，見《回文研銘》，援筆擬之，便有佳致。十二作《柳賦》，其詞甚美。從父瑜特所賞愛。及瑜將終，命家中墳籍皆付之，從典乃集瑜文爲十卷，仍製集序，其文甚工。

又《劉峻傳》 安成王秀雅重峻，及安成王遷荆州，引爲戶曹參軍，給其書籍，使撰《類苑》。

又《隱逸傳上・顧歡》 文惠太子、竟陵王子良并好釋法，吳興孟景翼爲道士，太子召入玄圃，衆僧大會。子良使景翼禮佛，景翼不肯。子良送《持地經》與之，景翼造《正一論》。

又《隱逸傳下・馬樞》 尋遇侯景之亂，〔蕭〕綸舉兵援臺，乃留書二萬卷付樞。樞肆志尋覽，殆將周遍，乃喟然嘆曰：「吾聞貴爵位者以巢、由爲桎梏，愛山林者以伊、呂爲管庫，束名實則芻芥柱下之言，玩清虛則糠粃席上之説，稽之篤論，亦各從其好也。比求志之士，望塗而息，豈天之不惠高尚，何山林之無聞甚乎。」乃隱于茅山，有終焉之志。

《北史・崔暹傳》 〔暹〕自出身從官，常日晏乃歸。侵曉則與兄弟跪問母之起居，暮則嘗食視寢，然後至外齋，對親賓論事，或與沙門辯玄理，夜久乃還寢。一生不問家產，魏梁通和，要貴皆遣人隨聘使交易，暹唯寄求佛經。梁武帝聞之，繕寫，以幡花寶蓋贊唄送至館焉。

又《劉祥傳》 初，璠所撰《梁典》始就，未及刊定而卒，臨終謂休徵〔劉祥字〕曰：「能成我志，其在此書乎！」休徵修定繕寫，勒成一家，行於世。

又《文苑傳・王貞》 煬帝即位，齊王暕鎭江都，聞其名，以書召之。及至，以客禮待之，索其文集。貞上三十三卷，爲啓陳謝。齊王覽集，甚善之，賜良馬四匹。貞復上《江都賦》，王賜錢十萬貫、良馬二匹。

李賢《古穰集》卷二《上鑑古録》 臣賢猥以駑劣，遭遇明時，恭惟陛下聰明睿智，英邁絕倫，凡百所行多盛德之事，臣不勝感激忻躍。尙慮前代聖賢之君事迹浩瀚，難於徧覽，今特録堯、舜以下二十二君，每君摘取所行之最善者數事，集爲一帙，名之曰《鑑古録》。臣於每段之後，畧爲解説數句，冀陛下易於覽而行之。夫古之大臣，莫不欲致君於堯舜之上。伊尹曰：「吾豈若使是君爲堯舜之君哉！」又曰：「予弗克俾厥后，惟堯舜其心愧恥若撻于市。」今臣以庸下之才，謬當輔導之任，深懼不如古人，況陛下有可爲堯舜之資，而臣不能將順其美，可謂忠乎？臣觀陛下所行之事，已有超越前古者，若又以此二十二君之善兼而有之，則功德之隆，眞可同於堯舜而光祖宗矣。臣犬馬之忠，不勝惓惓，謹録進呈。

吴兢《貞觀政要》卷二　玄齡復以年老請致仕，太宗遣使謂曰：「國家久相任使，一朝忽無良相，如失兩手。公若筋力不衰，無煩此讓。自知衰謝，當更奏聞。」玄齡遂止。太宗又嘗追思王業之艱難，佐命之匡弼，乃作《威鳳賦》以自喻，因賜玄齡，其見稱類如此。

又　貞觀三年，李大亮爲涼州都督，嘗有臺使至州境，見有名鷹，諷大亮獻之。大亮密表曰：「陛下久絶畋獵，而使者求鷹。若是陛下之意，深乖昔旨；如其自擅，便是使非其人。」太宗下書曰：「以卿兼資文武，志懷貞確，故委藩牧，當兹重寄。比在州鎮，聲績遠彰，念此忠勤，無忘寤寐。使遣獻鷹，遂不曲順，論今引古，遠獻直言。披露腹心，非常懇到，覽用嘉嘆，不能已已。有臣若此，朕復何憂！宜守此誠，終始若一。詩云：『靖共爾位，好是正直。神之聽之，介爾景福。』古人稱一言之重，侔於千金，卿之此言，深足貴矣。今賜卿金壺瓶、金椀各一枚，雖無千鎰之重，是朕自用之物。卿立志方直，竭節至公，處職當官，每副所委，方大任使，以申重寄。公事之閑，宜觀典籍。兼賜卿荀悦《漢紀》一部，此書叙致簡要，論議深博，極爲政之體，盡君臣之義，今以賜卿，宜加尋閲也。」

王縉《進王右丞集表》（《王右丞集》附録）　臣縉言：中使王承華奉宣進止，令臣進亡兄故尚書右丞維文章。恩命忽臨，以驚以喜。退因編録，又竊感傷。臣兄文詞立身，行之餘力。當官堅正，秉操孤直。縱居要劇，不忘清淨。實見時輩，許以高流。至于晚年，彌加進道。端坐虚室，念兹無生。乗興爲文，未嘗廢業。或散朋友之上，或留篋笥之中。臣近搜求，尚慮零落。詩筆共成十卷，今且隨表奉進。曲承天鑒，下訪遺文。魂而有知，荷寵光于幽穸；殁而不朽，成大名于聖朝。臣不勝感戴悲歡之至，謹奉表以聞。臣縉誠惶誠恐，頓首頓首。謹言。銀青光禄大夫尚書兵部侍郎兼御史大夫臣王縉表上。

劉餗《隋唐嘉話》卷下　牛弘，煬帝之在東宫也，數有詩書遺弘，弘亦有答。及嗣位之後，嘗賜弘詩曰：「晉家山吏部，魏世盧尚書。莫言先哲異，奇才亦佐余。學行敦時俗，道素乃冲虚。納言雲閣上，禮儀皇運初。彝倫欣有敍，垂拱事端居。」

白居易《白氏長慶集》卷七一《白氏集後記》　白氏前著《長慶集》五十卷，元微之爲序。《後集》二十卷，自爲序。今又《續後集》五卷，自爲記。前後七十五卷，詩筆大小，凡三千八百四十首。集有五本，一本在廬山東林寺經藏院，一本在蘇州南禪寺經藏内，一本在東都勝善寺鉢塔院律庫樓，一本付姪龜郎，一本付外孫談閣童。各藏於家，傳於後。其日本、新羅諸國及兩京人家傳寫者，不在此記。又有《元白唱和因繼集》共十七卷、《劉白唱和集》五卷、《洛下遊賞宴集》十卷。其文盡在大集内録出，别行於時，若集内無而假名流傳者皆謬爲耳。會昌五年夏五月一日，樂天重記。

劉肅《大唐新語》卷九《著述》　太宗欲見前代帝王事得失以爲鑒戒，魏徵乃以虞世南、褚遂良、蕭德言等采經史百家之内嘉言善語，明王暗君之跡，爲五十卷，號《羣書理要》，上之。太宗手詔曰：「朕少尚威武，不精學業，先王之道，茫若涉海。覽所撰書，博而且要，見所未見，聞所未聞，使朕致治稽古，臨事不惑。其爲勞也，不亦大哉！」賜徵等絹千疋，綵物五百段。太子諸王，各賜一本。

杜牧《樊川文集》卷一〇《李賀集序》　大和五年十月中，半夜時，舍外有疾呼傳緘書者。某曰：「必有異。」亟取火來，及發之，果集賢學士沈公子明書一通，曰：「吾亡友李賀，元和中義愛甚厚，日夕相與起居飲食。賀且死，嘗授我平生所著歌詩，離爲四編，凡千首。數年來東西南北，良爲已失去；今夕醉解，不復得寐，即閲理篋帙，忽得賀詩前所授我者。思理往事，凡與賀話言嬉遊，一處所，一物候，一日夕，一觴一飯，顯顯焉無有忘棄者，不覺出涕。賀復無家室子弟得以給養恤問，常恨想其人、咏其言止矣。子厚於我，與我爲賀集序，盡道其所來由，亦少解我意。」

《舊唐書・蕭瑀傳》　太宗以瑀好佛道，嘗賚繡佛像一軀，并繡瑀形狀於佛像側，以爲供養之容。又賜王褒所書《大品般若經》一部，并賜袈裟，以充講誦之服焉。

又《王方慶傳》　則天以方慶家多書籍，嘗訪求右軍遺迹。方慶奏曰：「臣十代從伯祖羲之書，先有四十餘紙，貞觀十二年，太宗購求，先臣並已進之。唯有一卷見今在。又進臣十一代祖導、十代祖洽、九代祖珣、八代祖曇首、七代祖僧綽、六代祖仲寶、五代祖騫、高祖規、曾祖襃，并九代三從伯祖晉中書令獻之已下二十八人書，共十卷。」則天御武成殿示群臣，仍令中書舍人崔融爲《寶章集》，以叙其事，復賜方慶，當時甚以爲榮。

《舊五代史・唐書・李敬義傳》　十二年，莊宗定河朔，史建瑭收新鄉，

敬義謁見。是歲，上遣使迎至魏州，署北京留守判官，承制拜工部尚書，奉使王鎔。敬義以遠祖趙郡，見鎔展維桑之敬，鎔遣判官李翥送《贊皇集》三卷，令謁前代碑壠，使還，歸職太原。

王禹偁《小畜集》卷二〇《左街僧録通惠大師文集序》　太平興國三年，忠懿王攜版圖歸國，大師奉眞身舍利塔入朝。太宗素聞其名，召對滋福殿，延問彌日，別賜紫方袍，尋改師號曰「通惠」。故相盧朱崖深加禮重。參知政事李穆儒學之外，善談名理，事大師尤爲恭謹。八年詔修《大宋高僧傳》，聽歸杭州舊寺，成三十卷。進御之日，璽書褒美。

錢易《南部新書》丙　天寶十載，寫《一切道經》五本，賜諸觀。

又丁　天祐元年八月，前曲沃令高沃納史館書籍三百六十卷，授監察，賜緋。

范仲淹《范文正公集》卷一九《薦李覯并録進禮論等狀》　臣觀李覯於經術文章，實能兼富，今草澤中未見其比，非獨臣知此人，朝廷士大夫亦多知之。臣今取到本人所業《禮論》七篇、《明堂定制圖序》一篇、《平土書》三篇、《易論》十三篇，共二十四篇，編爲十卷，謹繕寫上進。

余靖《武溪集》卷三《孫工部詩集序》　某屏居嶺服，北來交問殆絶，和叔繼以三編見寄，自華原通守至廬陵典城七八年間，凡得千首。觀其勵精篇翰，託情諷諭，目之所經，迹之所接，一事一物，亡虛聞覽。其間藩輔大臣之美績，道義良朋之榮問，泉石四時之嘉景，關河四方之行役，有美必宣，無憤不寫。

《新唐書・章懷太子賢傳》　時正諫大夫明崇儼以左道爲武后所信，崇儼言英王類太宗，而相王貴，賢聞，惡之。宮人或傳賢乃后姊韓國夫人所生，賢益疑，而后撰《少陽政範》、《孝子傳》賜賢，數以書讓勒，愈不安。

又《李大亮傳》　貞觀初，徙交州，封武陽縣男。召授太府卿，復出涼州都督。嘗有臺使見名鷹，諷大亮獻之。大亮密表曰：「陛下絶畋獵久矣，而使者求鷹。信陛下意邪，乃乖昔旨；如其擅求，是使非其才。」太宗報書曰：「有臣如此，朕何憂！古人以一言之重訂千金，今賜胡瓶一，雖亡千鎰，乃朕所自御。」又賜荀悦《漢紀》，曰：「悦論議深博，極爲政之體，公宜繹味之。」

又《李晟傳》　僖宗狩蜀，倉部員外郎袁皓采晟功烈，爲《興元聖功録》，遍賜諸將，表勵之。

又《儒學傳中・孔若思》　若思早孤，其母躬訓教，長以博學聞。有遺以褚遂良書者，納一卷焉，其人曰：「是書貴千金，何取之廉？」答曰：「審爾，此爲多矣。」更還其半。

又《文藝傳下・于公異》　公異與陸贄故有隙，時贄在翰林，聞不喜。世多言公異不能事後母，既仕不歸省。及贄當政，乃奏其狀，詔賜《孝經》，罷歸田里。

又《吐蕃傳上》　吐蕃又請交馬於赤嶺，互市於甘松嶺。宰相裴光庭曰：「甘松中國阻，不如許赤嶺。」乃聽以赤嶺爲界，表以大碑，刻約其上。又請《五經》，敕祕書寫賜，并遣工部尚書李暠往聘，賜物萬計。

曾公亮《進唐書表》（《新唐書》卷末）　臣公亮言：竊惟唐有天下，幾三百年，其君臣行事之始終，所以治亂興衰之蹟，與其典章制度之英，宜其粲然著在簡冊。而紀次無法，詳略失中，文采不明，事實零落，蓋又百有五十年，然後得以發揮幽沬，補緝闕亡，黜正僞繆，克備一家之史，以爲萬世之傳。成之至難，理若有待。臣公亮誠惶誠恐，頓首頓首。伏惟體天法道欽文聰武聖神孝德皇帝陛下，有虞舜之智而好問，躬大禹之聖而克勤，天下和平，民物安樂。而猶垂心積精，以求治要，日與鴻生舊學講誦《六經》，考覽前古，以謂商、周以來，爲國長久，惟漢與唐，而不幸接乎五代。衰世之士，氣力卑弱，言淺意陋，不足以起其文，而使明君賢臣，儁功偉烈，與夫昏虐賊亂，禍根罪首，皆不得暴其善惡以動人耳目，誠不可以垂勸戒，示久遠，甚可嘆也！乃因邇臣之有言，適契上心之所閔，於是刊脩官翰林學士兼龍圖閣學士、給事中、知制誥臣歐陽脩，端明殿學士兼翰林侍讀學士、龍圖閣學士、尚書吏部侍郎臣宋祁，與編脩官禮部郎中、知制誥臣范鎮，刑部郎中、知制誥臣王疇，太常博士、集賢校理臣宋敏求，祕書丞臣呂夏卿，著作佐郎臣劉義叟等，並膺儒學之選，悉發祕府之藏，俾之討論，共加刪定，凡十有七年，成二百二十五卷。其事則增於前，其文則省於舊。至於名篇著目，有革有因，立傳紀實，或增或損，義類凡例，皆有據依。纖悉綱條，具載別録。臣公亮典司事領，徒費日月，誠不足以成大典，稱明詔，無任慚懼戰汗屏營之至。臣公亮誠惶誠懼，頓首頓首謹言。

《歐陽修全集》卷四四《薛簡肅公文集序》　公，絳州正平人也，自少

以文行推於鄉里。既舉進士，獻其文百軸於有司，由是名動京師。其平生所爲文至八百餘篇，何其盛哉！

又卷七三《記舊本韓文後》 予少家漢東，漢東僻陋，無學者。吾家又貧，無藏書。州南有大姓李氏者，其子彦輔頗好學。予爲兒童時，多遊其家，見有弊筐貯故書在壁間，發而視之，得唐《昌黎先生文集》六卷，脱略顛倒，無次第，因乞李氏以歸。讀之，見其言深厚而雄博。【略】後七年，舉進士及第，官於洛陽。而尹師魯之徒皆在，遂相與作爲古文。因出所藏《昌黎集》而補綴之，求人家所有舊本而校定之。【略】予家藏書萬卷，獨《昌黎先生集》爲舊物也。【略】予於此本，特以其舊物而尤惜之。

又卷九三《謝賜仁宗御集表》 臣某言：伏準御藥院告報，伏蒙聖慈賜臣《仁宗御集》一部一百卷者。倬彼雲章，方聯於寶軸；刻之玉版，忽被於恩頒。

又卷九四《謝賜漢書表》 臣某言：臣伏蒙聖恩，賜臣新校定《前漢書》一部，已於今月日據進奏院遞到，臣已祗受訖者。俯躬承命，拭目生輝。臣某中謝。竊以右文興化，乃致治之所先；著録藏書，須太平而大備。惟漢室上繼三代之統，而班史自成一家之書。文或舛訛，蓋（共）［其］傳之已久；詔加刊定，俾後學之無疑。一新方册之文，增焕祕書之府。而奏篇之始，方經衡石之程；賜本之榮，惟及鈞樞之近。敢期孤外，特與恩頒。此蓋伏遇皇帝陛下，曲軫睿慈，俯矜舊物。謂其嘗與臣隣之列，不忍遽遺；憐其自喜文字之間，俾之娱老。然臣兩目皆眊，雖嗟執卷之已艱；十襲珍藏，但誓傳家而永寶。

韓琦《上仁宗實録表》（《古今源流至論・前集》卷四） 仁宗在位四十餘年，歲紀綿久，注記盈多，先帝撰述，陛下永以丕承。夙愧多聞，繆塵聖選，不能昭星斗之觀，副金匱之藏，昧死奏編，經營失次。其所修《仁宗實録》二百卷、《事目》十卷上進。

《曾鞏集》卷一五《上歐陽學士第一書》 伏惟不以己長退人，察愚言而矜憐之，知鞏非苟慕執事者，慕觀聖人之道於執事者也，是其存心亦不凡近矣。若其以庸衆待之，尋常拒之，則鞏之望於世者愈狹，而執事之循誘亦未廣矣。竊料有心於聖人者，固不如是也。覬少垂意而圖之，謹獻雜文時務策兩編，其傳繕不謹，其簡帙大小不均齊，鞏貧故也，觀其内而畧其外可也。干浼清重，悚仄悚仄。

又《上蔡學士書》 鞏生於遠，厄於無衣食以事親，今又將集於鄉學，當聖賢之時，不得抵京師而一言，故敢布於執事，并書所作通論雜文一編以獻。伏惟執事，莊士也，不拒人之言者也，願賜觀覽，以其意少施焉。鞏之友王安石者，文甚古，行稱其文，雖已得科名，然居今知安石者尚少也。彼誠自重，不願知於人。然如此人，古今不常有。如今時所急，雖無常人千萬不害也，顧如安石，此不可失也。執事儻進於朝廷，其有補於天下。亦書其所爲文一編進左右，庶知鞏之非妄也。

又《上杜相公書》 今也過閤下之門，又當閤下釋袞冕而歸，非干名蹈利者所趨走之日，故敢道其所以然，而并書雜文一編，以爲進拜之資，蒙賜之一見焉，則其願得矣。

司馬光《温國文正公文集》卷四九《進孝經指解劄子》 臣竊惟自古五帝、三王，未有不由學以成其聖德者。【略】伏見近降聖旨，過冬至開講筵。臣竊以聖人之德，無以加於孝。自天子至於庶人，莫不始於事親，終於立身，揚名於後世，誠爲學所宜先也。臣鄙不自揆，嘗撰《古文孝經指解》，皇祐中獻於仁宗皇帝。竊慮歲久遺失不存，今别繕寫爲一册上進。伏乞聖明少賜省覽。取進止。

又《進通志表》 臣少好史學，病其煩冗，常欲删取其要，爲編年一書。力薄道悠，久而未就。今玆伏遇皇帝陛下丕承基緒，留意藝文，開延儒臣，講求古訓。臣有先所述《通志》八卷，起周威烈王二十三年，盡秦二世三年。《史記》之外，參以佗書，於七國興亡之迹，大畧可見。文理迂疏，無足觀采，不敢自匿，謹繕寫隨表上進。

司馬光《進稽古録表》 臣光言：竊以九州四海，一日萬幾，將察知民物之性情，蓋布在文武之方策。雖歷年多而舉其大要，則用力少而見夫全功。恭以皇帝陛下富有春秋，敉寧方夏。念終始典於學，於緝熙單厥心，延登老成，親近勸講。發《論語》章句，探經執之同歸；誦《寶訓》丁寧，憲祖宗之不易。有本如是，實惟濫觴。惟稽古堯、舜之舊章，惟信史、《春秋》之成法。高山可仰，覆轍在前。其興亡在知人，其成敗在立政。或當艱難之運，而不能師用賢智；或有惻隱之意，而無以照知忠邪。載籍之編，患乎太漫；鑒觀之主，力不暇遑。敢用芟夷，畧存體要。由三晉開國，迄於顯德之

末造，臣既具之於《歷年圖》；自六合爲宋，接乎熙寧之始元，臣又著之於《百官表》。乃若威烈丁丑而上，伏羲書契以來，對越神人，可用龜鏡，悉從論纂，皆有憑依，總而成書，名爲《稽古録》二十卷。因仍書局繕寫奏篇。兹冒昧以上陳，助聰明之遠覽。

《資治通鑑・秦始皇帝三十二年》 始皇巡北邊，從上郡入。盧生使入海還，因奏《録圖書》曰：「亡秦者胡也。」始皇乃遣將軍蒙恬發兵三十萬人，北伐匈奴。

又《漢高帝十一年》 陸生時時前説稱《詩》、《書》，帝罵之曰：「乃公居馬上而得之，安事《詩》、《書》！」陸生曰：「居馬上得之，寧可以馬上治之乎？且湯、武逆取而以順守之；文武并用，長久之術也。昔者吳王夫差、智伯、秦始皇，皆以極武而亡。鄉使秦已并天下，行仁義，法先聖，陛下安得而有之！」帝有慚色，曰：「試爲我著秦所以失天下、吾所以得之者及古成敗之國。」陸生乃粗述存亡之徵，凡著十二篇。每奏一篇，帝未嘗不稱善，左右呼萬歲，號其書曰「《新語》」。

又《漢成帝河平三年》 劉向以王氏權位太盛，而上方嚮《詩》、《書》古文，向乃因《尚書・洪範》，集合上古以來，歷春秋、六國至秦、漢符瑞、災異之記，推迹行事，連傳禍福，著其占驗，比類相從，各有條目，凡十一篇，號曰《洪範五行傳論》，奏之。天子心知向忠精，故爲鳳兄弟起此論也；

又《漢成帝永始元年》 光祿大夫劉向以爲王敎由內及外，自近者始，於是采取《詩》、《書》所載賢妃、貞婦興國顯家及孽、嬖亂亡者，序次爲《列女傳》，凡八篇，及采傳記行事，著《新序》、《説苑》，凡五十篇，奏之；數上疏言得失，陳法戒。書數十上，以助觀覽，補遺闕。上雖不能盡用，然內嘉其言，常嗟嘆之。

又《漢成帝綏和二年》 王莽薦中壘校尉劉歆有材行，爲侍中，稍遷光祿大夫，貴幸；更名秀。上復令秀典領《五經》，卒父前業；【略】秀於是總群書而奏其《七略》，有《輯略》、有《六藝略》、有《諸子略》、有《詩賦略》、有《兵書略》、有《術數略》、有《方技略》。

又《漢章帝章和元年》 曹褒依準舊典，雜以《五經》、《讖記》之文，撰次天子至於庶人冠、婚、吉、凶終始制度，凡五十篇，奏之。帝以衆論難一，故但納之，不復今有司平奏。

又《漢獻帝建安十年》 秘書監、侍中荀悅【略】作《申鑒》五篇，奏之。悅，爽之兄子也。時政在曹氏，天子恭己，【略】悅志在獻替，而謀無所用，故作是書。

又《晉武帝泰始九年》 吳人多言祥瑞者，吳主以問侍中韋昭，昭曰：「此家人筐篋中物耳！」昭領左國史，吳主欲爲其父作紀，昭曰：「文皇不登極位，當爲傳，不當爲紀。」【略】吳主以爲不奉詔命，意不忠盡，積前後嫌忿，遂收昭付獄。昭因獄上辭，獻所著書，冀以此求免。而吳主怪其書垢故，更被詰責，遂誅昭，徙其家於零陵。

又《晉武帝泰始十年》 以前太常山濤爲吏部尚書。濤典選十餘年，【略】每一官缺，輒擇才資可爲者啓擬數人，【略】得詔旨有所向，然後顯奏之。帝之所用，或非舉首，衆情不察，以濤輕重任意，言之於帝。帝益親愛之。濤甄拔人物，各爲題目而奏之，時稱「《山公啓事》」。

又《晉元帝太興元年》 〔三月〕庚午，立王太子紹爲皇太子。太子仁孝，喜文辭，善武藝，好賢禮士，容受規諫，與庾亮、溫嶠等爲布衣之交。亮風格峻整，善談《老》、《莊》，帝器重之，聘亮妹爲太子妃。帝以賀循行太子太傅，周顗爲少傅，庾亮以中書郎侍講東宮。帝好刑名家，以《韓非》書賜太子。

又《晉安帝隆安四年》 儀曹郎董謐獻《服餌僊經》，珪置仙人博士，立仙坊，煮鍊百藥，封西山以供薪蒸。藥成，令死罪者試服之，多死，不驗，而珪猶信之，訪求不已。珪常以燕主垂諸子分據勢要，使權柄下移，遂至敗亡，深非之。博士公孫表希旨，上《韓非書》，勸珪以法制御下。

又《宋文帝元嘉十四年》 牧犍遣將軍沮渠旁周入貢于魏，魏主遣侍中古弼、尚書李順賜其侍臣衣服，并徵世子封壇入侍。是歲，牧犍遣封壇如魏，亦遣使詣建康，獻雜書及敦煌趙敺所撰《甲寅元曆》，并求雜書數十種，帝皆與之。

又《梁武帝天監二年》 〔四月〕癸卯，蔡法度上《梁律》二十卷，《令》三十卷，《科》四十卷。詔班行之。

又《隋文帝開皇十四年》 〔王〕劭前後上表言上受命符瑞甚衆，又采民間歌謡，引圖書讖緯，捃摭佛經，回易文字，曲加誣飾，撰《皇隋靈感

志》三十卷奏之，上令宣示天下。劭集諸州朝集，使盥手焚香而讀之，曲折其聲，有如歌詠，經涉旬朔，遍而後罷。上益喜，前後賞賜優洽。

又《隋煬帝大業三年》 西域諸胡多至張掖交市，帝使吏部侍郎裴矩掌之。矩知帝好遠略，商胡至者，矩誘訪諸國山川風俗，王及庶人儀形服飾，撰《西域圖記》三卷，合四十四國，入朝奏之。

又《唐高祖武德二年》 東都道士桓法嗣獻《孔子閉房記》於王世充，言相國當代隋爲天子。世充大悦，以法嗣爲諫議大夫。

又《唐高祖武德九年》 前幽州記室直中書省張藴古上《大寶箴》，其略曰：「聖人受命，拯溺亨屯，故以一人治天下，不以天下奉一人。」【略】上嘉之，賜以束帛，除大理丞。

又《唐太宗貞觀十六年》 春正月乙丑，魏王泰上《括地志》。泰好學，司馬蘇勖説泰，以古之賢王皆招士著書，故泰奏請修之。

又《貞觀二十二年》 春正月己丑，上作《帝範》十二篇以賜太子，曰《君體》、《建親》、《求賢》、《審官》、《納諫》、《去讒》、《戒盈》、《崇儉》、《賞罰》、《務農》、《閲武》、《崇文》；且曰：「修身治國，備在其中。一旦不諱，更無所言矣。」

又《永隆元年》 太子賢聞宫中竊議，以賢爲天后姊韓國夫人所生，内自疑懼。明崇儼以厭勝之術爲天后所信，常密稱「太子不堪承繼，英王貌類太宗」，又言「相王相最貴」。天后嘗命北門學士撰《少陽正範》及《孝子傳》以賜太子，又數作書誚讓之，太子愈不自安。

又《唐則天后天授元年》 東魏國寺僧法明等撰《大雲經》四卷，表上之，言太后乃彌勒佛下生，當代唐爲閻浮提主，制頒於天下。

又《唐玄宗開元九年》 十一月丙辰，國子祭酒元行冲上《群書四録》，凡書四萬八千一百六十九卷。

王安石《臨川先生文集》卷四三《進字説劄子》 臣在先帝時，得許愼《説文》古字，妄嘗覃思，究釋其意，冀因自竭，得見崖略。若曚視天，終以罔然，念非所能，因晝而止。頃蒙聖問俯及，退復黽勉討論，賴恩寛養，外假歲月，而桑榆憊眊，久不見功。甘師顔至，奉被訓敕，許録臣愚妄謂然者，繕寫投進。伏惟大明旁燭無疆，豈臣熒爝，所敢銜冒？承命遑迫，置慚無所。如蒙垂收，得御宴間，千百有一，儻符神指，愚所逮及，繼今復上，干汙宸扆，臣無任。

又卷五六《進洪範表》 臣某言：臣聞天下之物，小大有彝，後先有倫。敍者天之道，敍之者人之道。天命聖人以敍之，而聖人必考古成己，然後以所嘗學措之事業，爲天下利。苟非其時，道不虚行。中謝伏惟皇帝陛下德義之高，術智之明，足以黜天下之嵬瑣，而興其豪傑，以圖堯、禹太平之治。而朝廷未化，海内未服，綱紀憲令尚或紛如。意者殆當考箕子之所述，以深發獨智，趣時應物故也。臣嘗以無廢腐餘之學，得備論思勸講之官，擢與大政，又彌寒暑，勳績不效，俛仰甚慙。謹取舊所著《洪範傳》，刪潤繕寫，輒以草芥之微，求裕天地。臣無任。

又《進字説表》 伏惟皇帝陛下體元用妙，該極象數，稽古創法，紹天覺民。乃惟茲學，隕缺弗嗣，因任衆智，微明顯隱。蓋將以祈合乎神恉者，布之海内。衆妙所寄，窮之實難。而臣頃御燕間，親承訓敕，抱痾負憂，久無所成。雖嘗有獻，大懼冒浼。退復自力，用忘疾憊，咨諏討論，博盡所疑，冀或涓塵，有助深崇。謹勒成《字説》二十四卷，隨表上進以聞。臣某誠惶誠懼，頓首謹言。

又卷七七《上張太博書二首》一 今也執事延之勤，問之密，而又使獻其所爲文，其又敢自閉匿以重不敏，而虚敎命之辱哉！謹書所爲原、説、誌、序、書、詞凡十篇！獻左右。夫文者，言乎志者也，既將獻，故又書所志以爲之先焉。冒犯威重，惟赦之。

王令《廣陵集》卷一六《上孫莘老書》 始者，既承從於弊，學而甚久，晚而知詩之不易爲，而絶筆於今者久之。然聞先生之風而願見之，退求無以宣贄者，則追索舊作，得數十篇以獻。學未副志，無以自白，又敢書所説，以通左右者，意有待也。

韋驤《錢塘集》卷一〇《謝賜曆日表》 臣某言：今月十九日，進奏院遞到準太史局牒，送到合賜《紹聖三年曆》一卷者。恩出中宸，頒朔必先於正歲；曆由太史，授時爰及於遠方。捧受致恭，奉行知敬。臣某誠惶誠懼，頓首頓首。

《蘇軾文集》卷一〇《王定國詩集叙》 今定國以余故得罪，貶海上五年，一子死貶所，一子死于家，定國亦病幾死。余意其怨我甚，不敢以書相聞。而定國歸至江西，以其嶺外所作詩數百首寄余，皆清平豐融，藹然有治

世之音，其言與志得道行者無異。幽憂憤歎之作，蓋亦有之矣，特恐死嶺外，而天子之恩不及報，以忝其父祖耳。孔子曰：「不怨天，不尤人。」定國且不我怨，而肯怨天乎！余然後廢卷而歎，自恨期人之淺也。

又卷一六《司馬温公行狀》 初，公患歷代史繁重，學者不能綜，況於人主，遂約戰國至秦二世，如左氏體，爲《通志》八卷以進。英宗悦之，命公續其書，置局秘閣，以其素所賢者劉攽、劉恕、范祖禹爲屬官。凡十九年而成，起周威烈王訖五代，上下一千三百六十二載。其是非疑似之間，皆有辯論，一事而數説者，必考合異同而歸之一，作《考異》以志之。神宗尤重其書，以爲賢於荀悦，親爲製敍，賜名《資治通鑑》，詔邇英讀其書，賜潁邸舊書二千四百二卷。書成，拜資政殿學士，賜金帛甚厚。

又卷四八《上曾丞相書》 軾不佞，自爲學至今，十有五年。以爲凡學之難者，難於無私。無私之難者，難於通萬物之理。故不通乎萬物之理，雖欲無私，不可得也。己好則好之，己惡則惡之，以是自信則惑也。是故幽居默處而觀萬物之變，盡其自然之理，而斷之於中。其所不然者，雖古之所謂賢人之説，亦有所不取。雖以此自信，而亦以此自知其不悦於世也。故其言語文章，未嘗輒至於公相之門。今也天子舉直諫之士，而兩制過聽，謬以其名聞。竊以爲與於此者，皆有求於吾君吾相者也。故輒有獻。其文凡十篇，而書爲之先。惟所裁擇，幸甚。

又《黄州上文潞公書》 到黄州，無所用心，輒復覃思於《易》、《論語》，端居深念，若有所得，遂因先子之學，作《易傳》九卷。又自以意作《論語説》五卷。窮苦多難，壽命不可期。恐此書一旦復淪沒不傳，意欲寫數本留人間。念新以文字得罪，人必以爲凶衰不祥之書，莫肯收藏。又自非一代偉人不足託以必傳者，莫若獻之明公。而《易傳》文多，未有力裝寫，獨致《論語説》五卷。公退閑暇，一爲讀之，就使無取，亦足見其窮不忘道，老而能學也。

又卷四九《答陳師仲主簿書》 先吏部詩，幸得一觀，輒題數字，繼諸公之末。見爲編述《超然》、《黄樓》二集，爲賜尤重。從來不曾編次，縱有一二在者，得罪日，皆爲家人婦女輩焚毁盡矣。不如今乃在足下處。當爲刪去其不合道理者，乃可存耳。

又《答劉沔都曹書》 軾頓首都曹劉君足下。蒙示書教，及所編錄拙詩文二十卷。軾平生以文字言語見知於世，亦以此取疾於人，得失相補，不如不作之安也。以此常欲焚棄筆硯，爲瘖默人，而習氣宿業，未能盡去，亦謂隨手雲散鳥沒矣。不知足下默隨其後，掇拾編綴，略無遺者，覽之慙汗，可爲多言之戒。然世之蓄軾詩文者多矣，率眞僞相半，又多爲俗子所改竄，讀之使人不平。然亦不足怪。【略】今足下所示二十卷，無一篇僞者，又少謬誤。及所示書詞，清婉雅奥，有作者風氣，知足下致力於斯文久矣。

又卷五二《與王定國四十一首》二四 某啓。人來，辱書，并三詩，伏讀感慰。仍審起居佳勝。報張公卧疾，不勝憂懸。急要文集，不敢不付。在杭二年，到京數月，無頃刻暇時。公屬我，文集當有所刪潤，雖不肖豈敢如此。然公知我之深，舉世無比，安敢復存形迹，實欲仰副公意萬一，故不敢草草編錄。到潁，方有少暇，正欲編次，而遽索去，不敢不付。且乞定國一言檢閲，既了，仍以相付，幸也。千萬保愛。不宣。

又卷五三《答陳傳道五首》二 又承以近詩一冊爲賜，筆老而思深，蘄配古人，非求合於世俗者也。幸甚！幸甚！錢唐詩皆率然信筆，一一煩收祿，祗以暴其短爾。某方病市人逐於利，好刊某拙文，欲毁其板，矧欲更令人刊耶！當俟稍暇，蓋取舊詩文，存其不甚惡者，爲一集。以公過取其言，當令人錄一本奉寄。今所示者，不唯有脱悞，其間亦有他人文也。

又《答龐安常三首》一 久不爲問，思企日深。過辱存記，遠枉書教。具聞起居佳勝，感慰兼集。惠示《傷寒論》，眞得古聖賢救人之意，豈獨爲傳世不朽之資，蓋已義貫幽明矣。謹當爲作題首一篇寄去。方苦多事，故未能便付去人，然亦不久作也。老倦甚矣，秋初決當求去，未知何日會見。臨書惘惘，惟萬萬以時自愛。

又《與王文甫二首》二 多時不奉書，思仰不去心。比日履兹酷暑，體中佳勝。數日，以伏暑下府，初安乏力，而潘二丈速行，略奉此數字，殊不盡意。《西山》詩一冊，當今能文之士，多在其間。並拙詩親寫與鄧聖求詩同納上。或能爲入石安溪，亦佳，不然，寫放壁中可也。

又卷五四《與程正輔七十一首》六二 蒙惠冠簪甚奇，即日服之，但衰朽不稱爾。全麵極佳，感怍之至。岑茶已領。杭人送到《表忠觀碑》，裝背作五大軸輒送上。老兄請掛之高堂素壁，時一睨之，如與老弟相見也。附顧君的信，封角草草。不訝！不訝！升卿之問，已答之矣。已白顧君其詳。

又卷五六《與鄭靖老四首》二　邁後來相見否？久不得其書，聞過房下卧病，正月尚未得耗，亦憂之。公爲取一書，附瓊州海舶或來人之便，封題與瓊州倅黄宣義託轉達，幸甚也。見説瓊州不論時節有人船便也。《衆妙堂記》一本，寄上。本不欲作，適有此夢，夢中語皆有妙理，皆實云爾，僕不更一字也。不欲隱没之，又皆養生事，無可醞釀者，故出之也。

又三　某啓。到雷見張君俞，首獲公手書累幅，欣慰之極，不可云諭。到廉，廉守乃云公已離邕去矣。方悵然，欲求問從者所在，少通區區，忽得來教，釋然，又得新詩，皆秀傑語，幸甚！幸甚！别來百罹，不可勝言，置之不足道也。《志林》竟未成，但草得《書傳》十三卷，甚賴公兩借書籍檢閲也。向不知公所存，又不敢帶，行封作一籠，寄邁處，令訪尋歸納。如未有便，且寄廣州何道士處，已深囑之，必不散墜。

又卷五七《與上官彝三首》一　某啓。專人至，辱書及詩文二册。捧領驚喜，莫知所從。得伏觀書辭，博雅純健，有味其言；次觀古律詩，用意深妙，有意於古作者；卒讀《莊子論》，筆勢浩然，所寄深矣，非淺學所能到。自惟無狀，罪戾汩没，不緣半面，獲此三貺，幸甚！幸甚！老謬荒廢，不近筆硯，忽已數年，顧視索然，無以爲報，但藏之巾笥，永以爲好而已。適病中，人還，草率奉謝。不宣。

又《答刁景純二首》二　舊詩過煩鐫刻，及墨竹橋字，併蒙寄惠，感愧兼集。吴興自晉以來，賢守風流相望，而不肖獨以罪去，垢累溪山。景純相愛之深，特與洗飾，此意何可忘耶？在郡雖不久，亦作詩數十首，久皆忘之。獨憶四首，錄呈，爲一笑。耘老病而貧，必賜清顧，幸甚。

又《與王佐才二首》一　某啓。前日蒙惠雄文，伏讀欽聳，且使爲詩，固願託附。近來絶不作文，如懺贊引、藏經碑，皆專爲佛教，以爲無嫌，故偶作之，其他無一字也。君辭力益老，字畫益精，老拙亦自不敢出手也。今復枉專人辱書，並新詩小篆石畫，覽味欣然，忘疾之在體。示諭《維摩題跋》，無害。

又卷六六《書六賦後》　予中子迨，本相從英州，舟行已至姑熟，而予道貶建昌軍司馬惠州安置，不可復以家行。獨與少子過往，而使迨以家歸陽羡，從長子邁居。迨好學知爲楚詞，有世外奇志，故書此六賦以贈其行。

又六七《書淵明羲農去我久詩》　余聞江州東林寺，有陶淵明詩集，方欲遣人求之，而李江州忽送一部遺予，字大紙厚，甚可喜也。每體中不佳，輒取讀，不過一篇，惟恐讀盡，後無以自遣耳。

又卷六九《題羊欣帖》　此帖在王文惠公家，軾得其摹本於公之子鍇，以遺吴興太守孫莘老，使刻石置墨妙亭中。

又《跋所書摩利支經後》　姪安節於元豐庚申六月大水中，舟行下峽，常持此經，得脱險難。明年十二月至黄州，見軾，乞寫此本持歸蜀。

蘇轍《龍川略志引》　予自筠徙雷，自雷徙循，二年之間，水陸幾萬里，老幼百數十指，衣食僅自致也。平生家無尤物，有書數百卷，盡付之他人。

范祖禹《范太史集》卷一〇《謝賜六典表》　伏蒙聖慈特賜臣《六典》一部者。上聖有作，百度惟新，稽古建官，任人立政，將憲章於周典，爰考正於唐文。眷惟當世之宜，必視後王之法，頒於列位，延及守藩，俾私室之受藏，仰慈宸之訓迪。披觀敢怠，紬繹知榮。

又卷一三《進唐鑑表》　臣昔在先朝，承乏書局，典司載籍，實董有唐。嘗紬次之餘，稽其成敗之迹，折以義理，緝成一書，思與庶人傳言、百工執藝，獻之先帝，庶補萬分。比臣赴職，不幸先帝洮頮被冕，遽迫登遐，追攀莫及，抱恨没世。伏遇皇帝陛下嗣膺大統，睿智日躋，詳延耆儒，啓迪聖學。監於前代，宜莫如唐。儀刑祖宗之典，則四方承式，萬世永賴。臣之此書，雖不足以發揮德業，廣助聰明，拳拳之忠，不能自已。苟有所得，不敢不告。輒以狂愚，塵玷日月，罪當誅死。伏惟清閒之燕，少賜省覽。其《唐鑑》十二卷，繕寫成六册，謹隨表上進以聞。

又卷一四《進古文孝經説劄子》　臣伏覩國史，章獻明肅太后嘗命侍讀宋綬，擇前代文字可以資孝養、補政治者，以備仁宗觀覽。臣職勸講，雖不足以跂望前人之髣髴，然區區忠益，敢不盡愚。竊以聖人之行莫先於孝，書莫先於《孝經》。《孝經》有古文，有今文，今文即唐明皇所注十八章。古文凡二十二章，由漢以來，唯孔安國、馬融爲之傳，自餘諸儒多疑之，故學者罕習。仁宗朝，司馬光在館閣，爲《古文指解》一卷，表上之。臣竊考二書，雖不同者無幾，然古文實得其正，故嘗妄以所見，又爲之説，非敢好異尚同，庶因聖言少闢省覽。伏惟陛下方以孝治天下，此乃羣經之首，萬行之宗，儻留聖心，則天下幸甚。其《古文孝經説》謹繕寫爲一册上進。干冒宸

嚴，臣無任惶懼之至。

又卷三六《唐鑑序》 承議郎著作佐郎臣祖禹受詔與臣光修《資治通鑑》，臣祖禹分職唐史，得以考其興廢治亂之所由。【略】臣謹采唐得失之跡、善惡之效，上起高祖，下終昭、宣，凡三百六篇，爲十二卷，名曰《唐鑑》。唐之事雖不能徧舉，而其大畧可睹矣。元祐元年二月日，臣謹上。

又《仁皇訓典序》 臣謹錄天禧以來訖於嘉祐五十年之事，凡三百十有七篇，爲六卷，名其書曰《仁皇訓典》，以助睿覽，庶有萬一之補焉。元祐八年正月日，臣祖禹昧死謹上。

黄裳《演山集》卷二〇《黄帝秘文序》 予喜方外幽經祕錄，虎丘子一日自袖《黄帝碑文》見訪。予詢其所自，乃云：客游南安，次懷化驛，或者指謂此地古有神仙所瘞。及夜陰發其地數尺，得所瘞函開而示之，乃黄帝皇人書，莫知其歲月，然而磨滅者多矣。詳而集之，始得其全文。昔者峨嵋之南，黄帝受道於皇人，乃刻其文於石。秦皇得其文，慮復有得之者，遂至焚書以愚其俗。漢武帝時，樵人滕超於山之南邂逅皇人，謂超：「汝應爲仙，見碑文否？」因言：「黄帝之所受，會秦除書，此以深遠，其文猶在，今當付汝。」超乃拜賜而躬行之。三年還嬰，鬓髮變綠，縣具以聞。武帝詔見超，進其文。帝不問，超不語。下其文與劉安及東方朔，詳定其虚實。超以《神儀》獻安，安不上。然而斯文滕超得之以還嬰，劉安得之以成道。或者以爲始皇驅山塞海，鞭石成橋，緣得此法，若夫安超之效，則予信之矣。始皇妙用其神而然乎？觀秦之所爲，未離乎衆凡，非予之所知也。

黄庭堅《豫章黄先生文集》卷二五《跋亡弟嗣功列子册》 《列子》書，時有合於釋氏。至於深禪妙句，使人讀之三歎。蓋普通中事，不自葱嶺傳來，信矣。亡弟嗣功讀此書，至於潰敗，猶緝而讀之，其苦學好古，後生中殆未之見也。紹聖中，余自繕治而藏之。少年輩竊取玩之，又毁裂，幾不可挾，唐坦之復爲緝之。智興上人喜異聞，故以遺之。

又卷二三《劉道原墓誌銘》 倦游十五年，溫公修《資治通鑑》，奏以爲屬，乃遷著作佐郎。書未成，而道原下世。後七年，書奏御，論修書之功，有詔錄其子羲仲爲郊社齋郎。元祐七年，刻《資治通鑑》板，書成，又詔書賜其家，諸儒以爲寵。

秦觀《淮海集》卷三九《王定國注論語序》 七年，［王定國］罷還，詣東上閤門，奏書曰：「臣無狀，幸緣先臣之故，獲齒仕版，不能慎事，陷于罪戾，念無以自贖，間因職事之暇，妄以所見注成《論語》十卷，未敢以進。唯陛下裁哀之。」明日詔御藥院，取其書去，未報，而神宗棄天下。嗚呼！自熙寧初王氏父子以經術得幸，下其説於太學，凡置博士，試諸生，皆以新書從事，不合者黜罷之，而諸儒之論廢矣。定國於時，處放逐之中，蠻夷瘴癘之地乃能自信不惑，論著成一家之言，至天子聞之取其書，非其氣過人，何以及此？

《張耒集》卷五五《投知己書》 伏惟某官以文章學術暴著天下，方爲朝廷訓詞之臣，而不腆之文嘗欲奬與。人誰不欲自達于世之顯人，而某自顧所藏，無一而可，敢書其平日之文與詩幾六十卷，以辱左右，伏惟閒暇而賜觀焉，則某之精誠，雖欲毫髮自伏，而不可得矣，公亦念之耶？

魏衍《後山集跋》 初，先生學於曾公，譽望甚偉，及見豫章黄公庭堅詩，愛不捨手，卒從其學。黄亦不讓士，或謂先生過之，惟自謂不及也。先生既殁，其子豐登以全藁授衍，曰：「先實知子，子爲編次而狀其行。」衍既狀其行矣，親錄藏於家者，今十三年，顧未敢當也。衍嘗謂唐韓愈文冠當代，其傳門人李漢所編。衍從先生學者七年，所得爲多，今又受其所遺甲、乙、丙藁，皆先生親筆，合而校之，得古律詩四百六十五篇，文一百四十篇。詩曰五七、雜以古律；文曰千百，不分類。衍今離詩爲六卷，類文爲十四卷，次皆從舊，合二十卷，目錄一卷，又手書之。

釋惠洪《石門文字禪》卷二三《嘉祐序》 禪師諱契嵩，字仲靈，藤州人也。少從洞山聰禪師遊，出世湖山，乃嗣其法。其道微妙而末法，學者器近而不能曉悟，而公亦不肯少低其韻以俯循其機。因歎曰：「吾安能圓鑿以就方枘哉！聞之聖賢所爲，得志則行其道，否則言而已。言之行，由是爲萬世法。使天下學者識度修明，遠邪林而遊正塗，則奚必目擊而受之，謂己之出邪？」即閉關著書，以攻正祖宗所以來之之遺，爲十二卷。又別定《祖圖》。書成，携之京師，因内翰王公素獻之仁宗皇帝，又爲書先焉。上讀至「呂固爲道不爲名，爲法不爲身」，歎愛其誠，旌以明教大師，賜其書入藏。書既送中書，時魏國韓公琦覽之，以示歐陽文忠公。公方以文章自任，以師表天下。又以護宗不喜吾道。見其文，謂魏公曰：「不意僧中有此郎邪！黎明當一識之。」公同往見文忠，與語終日，遂大喜。由是公名振海内。

孔傳《東家雜記》卷上　眞宗皇帝至道三年九月，詔四十五代孫許州長葛縣令延世上殿，詢以家門故事。授曲阜令，襲封文宣公，許於廳上見長吏。以公爵也，面賜束帛、中金器物及賜《太宗御書》并九經書等。先是殿中丞方演言：兗州西曲阜縣文宣王廟有書樓，而無典籍，請賜九經及先帝御書，重給祭器，並從之。

又　大中祥符二年，遣入內，內侍省殿頭張文質齎勅賜《太宗皇帝御製書》一百五十七卷軸，并內降金渡器物等，并九經、三史及疏釋文，及昨赴文宣王廟供養器物：金渡、銀香、合并香藥、緋羅、銷金帕、黃複等，其所賜書，仍令本州選儒生講說。

程俱《麟臺故事》卷三　祖宗朝有館閣讀書，或上書自陳，或美妙被選，或宰執子弟。景德初，撫州進士晏殊年十四，特召試詩、賦各一首，乃賜進士出身。後二日，復召試詩、賦、論三題於殿內，移晷而就。上益嘉之，以示輔臣及兩制、館閣攷卷官，擢爲祕書省正字。賜袍笏，令閱書於祕閣，就直館陳彭年溫習，以其尚少，慮性或遷染故也。後翰林侍讀學士楊徽之卒，以遺恩官其外孫宋綬爲太常寺太祝。綬年十五，召試中書，眞宗奇其文，特遷大理評事，聽於祕閣讀書，同校勘天下圖經。大中祥符元年，復試學士院爲集賢校理，與父臯同在館閣，每賜書輒得二本，世以爲榮。封泰山覃恩，眞宗先賜同進士出身，翼日乃轉大理寺丞。眞宗得此二人，蓋天下之英也。

周紫芝《太倉稊米集》卷六七《書譙郡先生文集後》　余頃得《柯山集》十卷於大梁羅仲洪家，已而又得《張龍閣集》三十卷於內相汪彥章家，已而又得《張右史集》七十卷於浙西漕臺，而先生之製作於是備矣。今又得《譙郡先生集》一百卷於四川轉運副使南陽井公之子晦之，然後知先生之詩文爲最多，當猶有網羅之所未盡者。余將盡取數集，削其重複，一其有無，以歸於所謂一百卷者，以爲先生之全書焉。晦之泣爲余言：「百卷之書皆先君無恙時貽書交舊而得之，手自校讎，爲之是正，凡一千八百三首，歷數年而後成。君能哀其所未得者以補其遺，是亦先君子之志，而某也與有榮耀焉。」因謂晦之：「它日有續得者，不可以贅君家之集，當爲別集十卷，以載其逸遺而已。」

張知甫《可書·紹興丙辰大理安南國貢物》　紹興丙辰夏，大理國遣使楊賢明彥賁賜色繡禮衣金裝劍，親侍內官副使王興誠、蒲甘國遣使俄托葉摩訶菩進表兩匣及寄信藤織兩箇，並係大理國王封號，金銀書《金剛經》三卷，金書《大威德經》三卷，金裝犀皮頭牟一副，犀皮甲一副，細白氈一十六番，金銀裝安邊劍一張，內有小刀一張，素裝劍五張，象牙五株，犀角二株，青白氈一百二十番，麝香二百九十八臍，牛黃七十八毬，象一頭，馬五百疋及鞍。安南差武翼郎、充特進使范鎮，著作郎、充特進副使周公明送到章表一匣，金廝羅三面，銀廝羅二十面，象牙五十株，犀角五十株，箋香五千斤。

鄭樵《夾漈遺稿》卷二《獻皇帝書》　正月十一日，興化軍草萊臣鄭樵昧死百拜獻書于皇帝陛下。臣本山林之人，入山之初、結茅之日其心苦矣，其志遠矣，欲讀古人之書、欲通百家之學，欲討六藝之文而爲羽翼，如此一生則無遺恨。忽忽三十年，不與人間流通事，所以古今之書稍經耳目，百家之學粗識門庭，惟著述之功，百不償一。不圖晚景復見太平，雖松筠之節，不改歲寒；而葵藿之傾，難忘日下。恭惟皇帝陛下誠格上下，孝通神明，以天縱之聖，著日新之德，君臣道合，一言而致中興，自書以來未之聞也。臣竊見兵火之餘，文物無幾。陛下留心聖學，篤志斯文，擢用儒臣，典司東觀，于是內外之藏，始有條理，百代之典，煥然可觀。臣伏覩秘書省，歲歲求書之勤。臣雖身在草萊，亦欲及兹時效尺寸，顧臣究心于此，殆有年矣。今天下圖書，若有若無，在朝在野，臣雖不一一見之，而皆知其名數之所在，獨恨無力抄致，徒紀記之耳。謹搜盡東南遺書，搜盡古今圖譜。又盡上代之鼎彝、與四海之銘碣。遺編缺簡，各有彝倫。大篆梵書，亦爲釐正。于是提數百卷自作之書徒步二千里，來趨闕下，欲以纖塵而補嵩華，欲以涓流而益滄海者也。念臣困窮之極，而寸陰未嘗虛度。風晨雪夜執筆不休，廚無煙火而誦記不絕。積日積月，一簣不虧。十年爲經旨之學，以其所得者，作《書考》，作《書辨訛》，作《詩傳》，作《詩辨妄》，作《春秋傳》，作《春秋攷》，作《諸經畧》，作《刊謬正俗跋》。三年爲禮樂之學，以其所得者作《謚法》，作《運祀議》，作《鄉飲禮》，作《鄉飲駁議》，作《系聲樂府》。三年爲文字之學，以其所得者，作《象類書》，作《字始連環》，作《續汗簡》，作《石鼓文考》，作《梵書編》，作《分音之類》。五六年爲天文地理之學，爲蟲魚草木之學。以天文地理之所得者，作《春秋地名》，作《百川源委

圖》，作《春秋列傳圖》，作《分野記》，作《大象略》。以蟲魚草木之所得者，作《爾雅註》，作《詩名物志》，作《本草成書》，作《草木外類》。以方書之所得者，作《鶴頂方》，作《食鑑》，作《採治錄》，作《畏惡錄》。八九年爲討論之學，爲圖譜之學，爲亡書之學。以討論之所得者，作《羣書會紀》，作《校讎備論》，作《書目正訛》。以圖譜之所得者，作《圖書志》，作《圖書譜有無記》，作《氏族源》。以亡書之所得者，作《求書闕記》，作《求書外記》，作《集古系時錄》，作《集古系地錄》：此皆已成之書也。其未成之書：在禮樂則有《器服圖》，在文字則有《字書》、有《音讀之書》，在天文則有《天文志》，在地理則有《郡縣遷革志》，在蟲魚草木則有《動植志》，在圖譜則有《氏族志》，在亡書則有《亡書備載》，二三年間可以就緒。如詞章之文，論説之集雖多，不得而與焉。忝秋先蒲柳，景迫桑榆。兄弟淪亡，子姓亦殤，惟餘老身，形影相弔。若一旦倏先朝露，則此書與此身俱塡溝壑，不惟有負于平生，亦且有負于明時。謹繕寫十八韻，百四十卷，恭詣檢院投進。其餘卷帙稍多，恐煩聖覽，萬一臣之書有可採，望賜睿旨，許臣料理餘書，續當上進。微臣遭遇右文之世，寧無奮發之情？使臣得展盡底蘊，然後鶴歸蕙帳，狐正首丘。庶幾履陛下之地，食陛下之粟，不孤爲陛下之一民也。仰冒天威，伏惟聖慈，特賜睿覽。臣無任，瞻天仰聖，激切屏營之至。臣樵昧死百拜進。

又《寄方禮部書》　因蔡文之命，謹内上《本草成書》五策，計二十四卷。《外類》一策，五卷。《春秋傳》二策，十二卷。《春秋》一策，十二卷。《春秋地名》一策，十卷。《辨詩序妄》一策，百二十七篇。餘書或著而未成，或成而未寫。如《韻目錄》一卷，《詩傳》四五篇。韻字之書極多，雖二三人亦未易得也。景韋兄過蒙叅政之知，此皆禮部餘論之及也。文字別已久，爲劉守交代次，往往無暇及此。近于六月末方承文字，已遣人去潮，想歸在旦夕也。不宣。

史浩《鄮峰真隱漫録》卷三四《會稽先賢祠傳贊下・晉葛仙公》　仙公字孝仙，諱玄，丹陽句容人。從左元放受九丹金液，仙經常服餌，求長生，能絶穀，連年不饑。曾游會稽，有賈人從海中還，過神廟。廟使主簿因以函書擲賈人船頭，如釘著板，拔不可得。還達會稽，輒以報仙公，仙公自往取之，即得也。語弟子張恭曰：「吾不得治作大藥，今當作尸解去。」

林之奇《拙齋文集》卷一六《家藏海中螺蚌所共護持金剛般若波羅密經序》　泉州同安並海之漁人，有舉網於海漩者，得一巨物焉。視之，良石也。徐而察之，則螺蚌相繆纏，甚固。剖而視之，重重十數，皆衆螺蚌也。末，廼見佛經一卷，實在其内，外彊中乾，青質朱軸，金銀書相間錯，則此經是也。邑丞秦谿王君亮功行部見而異焉，得而匱藏之。余在泉時聞王君有此經，問之而信。王君舉以施余，因寘諸余家所奉旃檀金剛像之龕中，而朝夕瞻禮之，久矣。

李燾《續資治通鑑長編・仁宗至和二年》　四月庚子，賜夏國《大藏經》。

又《至道二年》　六月甲戌，上遣中使齎飛白書二十軸賜宰相呂端等，人五軸；又以四十軸藏祕府，字皆方圓徑尺。呂端等相率詣便殿稱謝，上謂之曰：「飛白依小草書體，與隸書不同。朕君臨天下，復何事於筆硯乎！中心好之，不忍輕棄，歲月既久，遂盡其法爾。向來有江浙人號能小草書，因召問之，殊未知向背，但務塡行塞白，裝成卷帙而已。小草書字極難工，亦恐此書遂成廢絶矣。」

周必大《跋蘇黄門在筠州施楞嚴標指》（蘇轍《欒城集》附録）　蘇文定公以元豐二年己未乞納官贖兄文忠公罪，旋自南京簽判謫監筠州鹽酒税，明年至官。又明年四月，僧惟盛刻《楞嚴標指要義》十卷成，公時年四十三，史夫人四十一，其九月印施十本贈機長老，卷末親題名氏。嘉泰甲子筠幕玉牒彦璋南夫得之，求誌歲月。

又《蘇文定公遺言後序》（蘇轍《欒城集》附録）　蘇文定公晚居許昌，造道深矣。避禍謝客，從游門人亦罕與言。其聞緒論者，子孫而止耳。然諸子宦游，惟長孫將作監丞仲滋諱籀年十有四，才識卓然，侍左右者九年，記遺言百餘條，未嘗增損一語。既老，以授其子郎中君詡，郎中復以授其子道州使君森。予嘗與道州同僚，故請題其後。

楊萬里《黄御史集原序》（黄滔《黄御史集》卷首）　余在中都，於官書及士大夫家見唐人詩集畧及二百餘家，自謂不貧矣。逮歸耕南溪之上，永豐明府莆陽黄君沃又遺余以其祖御史公文集，其詩尤奇，蓋余在中都時所未見也。【略】永豐君自言此集久逸，其父考功公始得之，僅數卷而已。其後永豐君又得詩文五卷於呂夏卿之家，又得逸詩於翁承贊之家，又得銘碣於浮

屠老子之宫。當御史公之旹，豈自知其詩文之傳不傳哉！然二百年間幾乎泯矣。

華初成《進雲溪集原表》（華鎮《雲溪居士集》卷首） 臣初成言：伏覩明詔搜訪書籍者，竊以藏在私家業久虞於失墜，迨兹盛世，書方切於褒蒐。十行爛雲漢之章，六丁謹雷電之勅，束帛有賁，輶軒載奔，發孔壁所藏，盡禹穴之探，殘編蠹簡，片幅斷碑。煌煌乎盤盂之銘，矯矯若鍾鼎之字，下爲稗説，上極皇墳，莫不梱載而來，肩摩自列。羣言入奏，不惟漢牘之三千；秘府遂盈，何止唐卷之八萬。曲盡古今之目，大增文物之光。宜臣激愌氣於衷腸，永孝思於手澤。顧惟家學，難冒天聰。臣初成誠惶誠恐，稽首頓首。臣聞剖楹發書，言徒遺於子壯；在枕置藁，上緊待於時明。事則殊塗，誠終共貫。巾箱舊矣，卷軸紛然，鑠鑰一開，湛凝塵而盡去。纓冠再拜，疑遺墨之未乾；懷慨移時，想見平日。或訓過庭間之授，或待執燭際之成。因欲傳家，儻能垂世。歲深道遠，懼將泯沒而無傳；風動雲興，欣值作成之有道。勉思自竭，冒昧上陳。恭惟皇帝陛下，湯聖日躋，舜德天合，至仁曲被於動植，大孝足通於神明。慶明良千載之逢，鞏祖宗萬世之業。政刑振起，號令興行。卧皷橐弓固已掃除於氛翳，横經講藝又將黼藻於太平。衣冠之屬，羣趨弦誦之聲，四合如先。臣鎮生於遠俗，起自諸生，係志斯文，當哲皇徽考，朝嘗有述矣。召試博士，如孫覺豐稷輩更推挽之，既艱遠業之圖，尤重空言之託。丘山仰止，曾毫末以無遺。日月行焉，苟容光而必照。臣是用載在方冊，悉上送官。雖未能裨丁部之多，庶幾塵乙夜之覽。野人屬意，獻徒効於美芹。先臣有知，忠尚期於結草。今有先臣《雲溪集》凡一百卷、《揚子法言訓解》一十卷、《書説》三卷、《會稽覽古詩》一百三篇并《目録》一十五冊，謹繕寫隨表上進。干冒天威，臣無任瞻天望聖戰慄屏營之至，謹奉表以聞。臣初成誠惶誠恐，稽首頓首，謹言。紹興十四年六月日，右朝散郎監行在榷貨務都茶場賜緋魚袋臣華初成上表。

朱熹《伊洛淵源録》卷一二 ［伊川］先生在奉符縣，傅伯野在西掖，慕雒學，遣其子見先生，求二程先生《語録》。先生曰：「此書今非其時，未敢遽傳。」其子固請。先生曰：「第歸尊公，若果有志，無憚再來。」既還，以告伯野，曰：「吾志欲求道，遑恤它乎！」遂令復至。先生乃授之，且謂曰：「尊公既得此書，不得久于朝矣。」未幾，果以繳高麗詞頭罷。

蘇森《欒城集跋語·又》（蘇轍《欒城集》附録） 先文定公《欒城集》，先君吏部淳熙己亥守筠陽日，以遺藁校定，命工刊之。未幾被召到闕，除郎。因對，孝宗皇帝玉音問曰：「子由之文平淡而深造於理。《欒城集》天下無善本，朕欲刊之。」先君奏曰：「臣假守筠陽日，以家藏及閩蜀本三考是正，鏤板公帑，字畫差太粗，亦可觀，容臣進呈。」對畢得旨：「速進來。」翌朝，上詣德壽宫，起居升輦之際，宣諭左右催進。後聞丞相魯國王公、丞相鄭國梁公云：「上置諸御案上，日閲五板。」

陳造《江湖長翁集》卷三一《題陸宣公集》 陸宣公一代人傑，其模畫經濟，仗謀切機，制物務而洞人情，王佐才也。而文采論辨，雄放不窮，異世之賈誼、劉向歟！德宗不得已而用，棄若斷梗。一時共事姦憸如盧杞、裴延齡之儔，睨之執仇然，不逐之殺之不快也，可謂不遇。至本朝眉山公刻章上其奏議推尊之，甚至我壽皇聖帝又命邇寮分日進讀。今日之幸，視昔之不幸，不啻酬之。蓋道不同，肝膽楚越；心契而道一，越宇宙、殊古今猶同堂共處也。壽皇後世虞舜，而眉山公孤忠奥學輩公無忝者，使兩公同立乾道、淳熙之間，都俞拱揖，足以挽回泰和之治，不待推挽之勞，謀斷之須乃濟也。予前後訪求公書，皆不得善本。淳熙己酉考嘉禾試竣事，郡侯以是賫行，紙薄厚得中而細，緊潔白字，端謹遒楷，遂三讀而藏。

又《題春秋名臣傳》 春秋人才，尚餘三代氣質。然非左氏之文雄古嚴密，亦孰能敷叙發揚如此。其言與事隨編年而書，君子欲其迹之本末可攷，辭之連屬畢見，或類而爲之傳，往往失之漏畧。此書成於賢良王當，不惟該備無遺，而復引《史記》、《國語》等書，補苴彌縫之，而終之以贊，多出新見。學者與經傳參讀，既足以見當時人才出處語默之大槩，抑於著述體制所得將不眥。予宰明之定海，尚書羅公寄惠此本，字眞紙佳，眞吾家之至寶也。

又《題孫先生春秋解》 《春秋經社》，吾鄉故中丞孫先生莘老與爲之。晚又爲之解，其於經窮盡該備，幾無遺意。遍訪親舊，客有以遺贈者，遂爲全書，豈天爲斯文、地有物呵護歟？何久暌而忽合也！稍正其傳寫之誤，而藏于家，俾子孫知其不苟全得，而易之昊天不宜。

又《題百一方》 予少多病，刻意方書，且博求於人，得於方書之外，往往取効如意。歲丁巳之官京西，正月十有八日，謁漢陽使君王公璆。公一

見如舊知，問爲政不吾靳，因惠《百一選方》一部四袠。予向之求而得，用而效者，盡在焉，乃嘆得書與識公皆不早也。公云：「吾哀集十九年乃成書。」其勤如是，我輩顧安享用之。士君子以仁存心，凡其濟世利人，不能行慊如也。

又《題國語》 左丘明傳紀諸國事，既備矣，復爲《國語》。二書之事，大同小異者多或疑之。蓋《傳》在先秦古書六經之亞也，紀史以釋經，文婉而麗。《國語》要是傳體，而其文壯，其辭奇，畢萃于此，學者表表讀之乃可。吾家藏是書，乃監本也，句而音之。是書字尤大，紙不惡，尤可寶惜，而制置袁公自成都致房州見贈焉。蠶山絕壑，凡四千里。噫！公之意厚，所遺物在此不在彼，吾敢忘諸！

又《題石次仲燒尾集》 予昔官當塗，讀石刻慊然也。文乃宗敎石次仲聞譽之者不敢信，蓋二十年矣。次仲已死，官房州制置常伯袁公寄次仲此集幷漢君臣歌，細讀之，與昔所閱若出兩手，何歟？豈次仲得於文不若詩歟，抑偶不工將既病乃作之歟？此集實有可觀，然文終不優於詩，決矣。

又《題方舟集》 蜀之文風，自文翁始。本朝東坡先生，起于峨眉，文章節氣，照映今古，坡其文翁後身耶！蜀人社稷，文翁而天下師尊，東坡蓋無時而已也。南度之後，二李先生以奧學奇文名天下。予來房州制置，袁公以《方舟集》見寄，始得盥誦熟閱之。

又《題家語》 孔氏家法盡具《論語》矣，《家語》雖雜以漢儒傅會，悖理法者少，自孔氏惡可闕。此蜀本紙佳，字大，蓋制置袁公所賜。去眼四十有八年，迺今得而有之，何念之深！類酆城之訪劍不索，則獲幾象罔之得珠。書以志喜云爾。

又《題邵太史西山集》 邵公，濟博康節孫子文之子、溥弟也。其文章瞻縟，峻整傑出。南渡後，晁以道嘗曰：「恨六一、東坡不見子。」以道名重一時，非多可者。設二文忠果見之，其必置之蘇子美、毛法曹之間乎！其於熙豐、元祐用事臣，涇渭去取，正色書之，曾無依違，使人增氣盛德。後所立偉然，天報之也。此書板在蜀，予丞房陵，制置常伯袁公惠五書，此其一。公知我有好書癖，致之不憚遠負，以馬蓋綱卒也。其勤叵忘，況吾之能好常伯之肯，致子孫繼吾業歟！皆宜念，且寶之。

又《題七書》 長孫宋得官右列，勢須習《七書》乃仕。求于金州大將李公珪，惠以此。字楷紙厚，可愛玩，付宋讀之。予亦指摩老眼，時誦一再。過或命宋誦，臥聽之爾。索之武略，予求之文法。此書言從字順，未易專以武事待之。老泉先生以孫吳簡切，與遷、固併論之，亦是意已。

又《題孟浩然集後》 孟浩然，襄陽賢士。當世名公猶欽慕之高懷清致，使不能詩，亦時楷式。而是集所載，謹格律於閑淡，隱嚴密於紆餘。不深於詩，未必知之。當時里人作「浩然亭」，後更爲「孟亭」，謂賢人不可名。按本傳，孟浩然字浩然，猶郭子儀字子儀，彼恐人拘此，故以名爲字耶。目以浩然亭無惡也，祇示思賢之心易見爾，而顧更之何歟？慶元己未孟秋九日，鄂進士張君該惠此集，舟中細閱，因識之。

又《題太倉稊米集》 歲丙申，予尉太平之繁昌，客臧仲文自當塗訪予。臧能爲詩而未已者，頗尊信周少隱詩，錄示數十篇，要爲得詩之法，恨未盡讀也。來襄陽，帥許公以其全集贈行。舟中無事，藉以遮眼珍投也。然詳讀其詩，了知其楚人。此固細事，無之則尤佳爾。

又《題策府元龜》 書莫詳焉，自命下至大中祥符六年，凡歷數載，自王欽若而下大小臣編摩校勘凡二十九人。吾爲儒，思有之凡四十餘年，乃醻其志，是書都大王公賜也。自成都之襄陽，走三千里。夫其成之久，求之不易，致之甚難，束閣不觀，委之蠹魚鼠矢，此非吾佳子孫也。書以諗之。

又《題宋百家詩》 《唐百家詩》類以事，此詩類以人，比唐尤詳博。人有能不能，詩有工拙，似不可以人彊取之。曾公所編，不必皆以詩名，予猶惜之。至金絲宮羽之雜奏，金翠朱碧之相暉，鏗鎗煥昕，略無間斷。噫，富矣！是書二十一冊六十一卷，蜀本也，魏提幹南伯見惠。

杜大珪《名臣碑傳琬琰之集・上》卷九 ［宋］眞宗嘗問卿子幾人，曰：臣子十有四人。臣誠愚不肖，然未嘗不教以知書。於是賜諸經史於其家，每戒諸子，毋曲事要勢，以蕲進身。自吾奮節行間至秉旄鉞，豈因人力哉！

又《中》卷二 ［田錫］在河朔暨相州，累章論邊事。至桐廬郡，以吳越之邦歸朝廷。未久，人阻禮敎，藐如也。公下車，建孔子廟，敎之詩書。天子賜九經以佑之，自是睦人舉孝秀、登搢紳者比比焉。

又卷三三 ［唐重］公奏曰：名器不可以假人，恐倖門一開，板援者衆。醫官王繼先以技術至承宣使，倖覬節鉞使，其徒校正《本草》，爲書以獻公

曰：其書但取古法圖經，合而録之，其勞甚微，而賞太重。右僕射沈公該辭兄調，招軍進秩有旨，降詔不允。

又卷四一　太宗好書，集秘府古書模其筆迹，自倉頡史籀下至隋唐君臣以書名世者，爲古今法帖。朝廷宿儒鉅賢輒以賜之，非其人，雖宰相終不得而賜。叔度獨六十軸，當世以爲榮。自叔度沒，四十年間諸子皆仕于朝，每上郊籍田，輒以赦令追寵其親，以至今贈禮部尚書。

真德秀《西山文集》卷一六《進大學衍義表》　伏以汗竹雖勤，何補聖經之奧；食芹欲獻，誤蒙天語之溫。以十年纂輯之餘，欣一旦遭逢之幸。中謝惟《大學》設八條之教，爲人君立萬世之程。首之以格物致知示窮理，乃正心之本；推之於齊家治國見修身，爲及物之原。曾子之傳，獨得其宗。程氏以來，大明厥旨。迨師儒之繼出，有章句之昭垂。臣少所服膺，壯而知趣，謂淵源遠矣。實東魯教人之微言，而綱目粲然。乃南面臨民之要道，曩叨侍從。論思之列，適當姦諛蒙蔽之時。念將開廣於聰明，惟有發揮於經術，使吾君之心，炳如白日，於天下之理，洞若秋毫。雖共兜雜進於堯朝，豈魑魅能逃於禹鼎！不量菲薄，欲效編摩。遽罹三至之讒，徒結九重之戀。既投閒而置散，因竭意以研精。畎畝不忘君，每惓惓於報上。藩牆皆置筆，幾矻矻以窮年。首剟聖賢性命道德之言，旁采古今治亂安危之迹。必提其要，皆聚此書。凡諸老先生之講明，粗加該括。於君子小人之情狀，尤極形容。載瞻海嶽之崇深，期效涓埃之裨補。茲蓋恭遇皇帝陛下，乾旋坤轉，日就月將。於緝熙單厥心基，命遹隆於成后念。終始典于學遜，志克邁於殷宗。方將切磋琢磨，而篤於自修。定靜安慮，而進於能得。事欲明於本末，理期貫於精粗。適萃成編，冒呈清燕，止其所止。願益加止善之功，新以又新，更推作新民之化。

魏了翁《鶴山集》卷六五《題史繩祖孝經》　朱文公嘗著《孝經刊誤》，公之子在嘗舉元稾以遺余。余既鋟梓，與學士共之。史慶長又以告予曰：「昔者繩祖嘗集先正名賢《孝經》註解，今願得《刊誤》爲之章指。」余舉以畀之，俾得彙次成編。則又以黃直卿《孝經本旨》，及其所輯《洙泗論孝》合爲一書。嗚呼！此民生日用之常，后王降德之本，而由之不知觀是書者，其亦知所發哉！

劉學箕《方是閒居士小稿自記》　游季偲來山中相訪，索予詩文不寘口，辭拒不能，爲檢尋舊唱和獨出一百首，新作七十一首，雜著二十七首，詞四十一首，集成兩編，以酹其雅志。予語塵俗不足道。季偲先世文學彰彰在人口，而季偲伯仲詞翰，又皆稱於朋儕。今棄彼取此，豈厭膏粱而思藜糗，忘黃鐘而取瓦缶者乎！因書其後而歸之。

沈圻《范忠宣集跋》（范純仁《忠宣文集》卷末）　忠宣范公，昭代之名臣耆德也。作爲文章，讀之使人起敬起慕，然每以未見其全爲恨。圻傒次零陵，己巳仲冬入覲過都，得其元姪孫侍講司諫家藏全帙，跪受以歸。辛未莫春到郡，靖惟零陵，寔公舊寓之地。自元符迄今餘百年，邦人尚能言之，且堂而思祠而祝。圻既得其文，不敢祕，因與同志精加訂正，命工鋟梓，以永其傳。

趙汝騰《庸齋集》卷五《經筵講義跋》　主一周君錫既刊予《鼈峯講義》于家，又索予頃在經筵日講《說命》至《旅獒》十三篇，并刊主一爲考亭勉齋之學者也。故于義理之文拳拳然如此，而予不足以稱，然其請之力，而不得以辭，遂發篋以授之。

戴表元《又跋文正公手書伯夷頌墨迹》（《范仲淹全集》附録）　范文正公黃素小楷昌黎《伯夷頌》，蓋在青社時所書，以遺京西轉運使舜元蘇公者也。後二百年，大興李侯戡得此本於燕。及南來守吳，乃文正公鄉里，即訪公子孫以畀之，范氏喜而求書，爲賦。

劉性《韋齋集原序》（朱松《韋齋集》卷首）　《韋齋集》十二卷，宋吏部員外郎新安朱公喬年之詩文也。河内傅安道爲之序，云：「公嗣子南康太守刻諸江西。」性，江西人也，而未始見之，蓋其板本亡矣。旌德新學告成之明年，性遣校官袁祥求書新安。時吳郡千文傳守婺源，廬陵曹汝舟爲之賓佐。性因寓書婺源曰：「朱文公之書在天下，所謂家傳而人誦之矣。獨《韋齋集》四方罕見。婺源，文公故里也，必有藏此書者，其爲我購求之。」汝舟以書來報曰：「千侯之治婺源也，文公故宅與其先墓之爲豪右所奪者，侯皆取而歸諸朱氏矣。仍俾遠孫之居建安曰勳者，來掌祠事。勳以《韋齋集》爲侯獻，侯聞子之求書也，亟以相授。子其有以廣侯之意乎？」性受書歎曰：【略】乃爲繕寫，刻文學宮。

王惲《秋澗集》卷四二《易解序》　《易》之爲書，廣大精微。範圍乾度，經紀世道，以一理而含萬變。辭雖有盡，理則無窮。故說之者吹萬不

同，仁智各異。要以修辭通變，近人情、關世教爲切。練師李公嘗謂予言，監丞張君在河南爲衣冠清流，多藏書，得前代以《易》名家者數千種，早治其學，精占筮術。比歸，以藝能得官。如支離、覆逆、建除、叢辰等伎，有不屑爲者。於是廣詢博究，師心自斷，集《易解》十卷，於以抉聖心而明素志。駙馬高唐郡王，天資英明，雅好經術，一覽偉其述作，勤至發題篇端，有正大純雅本乎仁義，與經旨不殊，其於世教大有補益。命藩府板行，賜觀中外者無慮數百餘帙，用廣發越以表其志。

周密《癸辛雜識・後集・向氏書畫》 吳興向氏，后族也。其家三世好古，多收法書、名畫、古物，蓋當時諸公貴人好尚者絶少，而向氏力事有餘，故尤物多歸之。其一名士彪者，所畜石刻數千種，後多歸之吾家。其一名公明者，騃而誕，其母積鏹數百萬，他物稱是，母死專資飲博之費。名畫千種，各有籍記，所收源流甚詳。長城人劉瑄，字囦道，多能而狡獪。初游吳毅夫兄弟間，後遂登賈師憲之門。聞其家多珍玩，因結交，首有重遺。向喜過望，大設席以宴之，所陳莫非奇品。酒酣，劉索觀書、畫。則出畫目二大籍，示之，劉喜甚，因假之歸，盡録其副。言之賈公，賈大喜，因遣劉誘以利祿，遂按圖索駿，凡百餘品皆六朝神品。遂酧以異姓將仕郎一澤公明，稛載之，以爲謝焉。後爲嘉興推官，以贓敗而死，其家遂蕩然無孑遺矣。然余至其家，傑閣五間悉貯書，畫、奇玩，雖裝潢錦綺，亦目所未覩。未論畫也，佳研凡數百隻，古玉印每紐必綴小事件數枚，凡貯十大合。有雪白靈璧石，高數尺，卧沙，水道悉具，而聲尤清越，希世之寶也。其他異物不能盡數，然公明視之亦不甚惜，凡博徒酒侶至，往往赤手攫之而去耳。景定中，其祖若水墓爲賊所劫，其棺上爲一樞，盡貯平日所愛法書、名畫甚多。時董正翁楷爲公田，分得其《蘭亭》一卷，眞定武刻也。後有名士跋語甚多，其精神煜煜，透出紙外，與尋常本絶異，正翁極珍之。然尸氣所侵，其臭殆不可近，雖用沈腦薰焙，亦不能盡去。或敎之以檀香能去尸氣，遂作檀香函貯之。然付之庸工裝潢，頗爲裁損，所謂金龜八字云。

不著撰人《大金吊伐録》三八《事目》 自新結好已後，凡國書往復，並依伯姪禮體施行。今放黃河，更不爲界。可太原、中山、河間等府一帶所有地分，畫立疆至，將來撥屬本朝。於內城池別有變亂，貴朝應管擒制交送。來示改添歲幣七百萬貫，今減五百萬貫。除自來已合交送銀絹兩項外，擬只歲輸二百萬貫。合要賞軍物帛并書籍下項：書五監　金五百萬兩　銀五千萬兩　雜色表段一百萬疋　裏絹一百萬疋　馬牛騾各一萬頭匹　駝一千頭

又四〇《事目》 皇弟康王、少宰科一員，前去相見，以示信好，便請遣回。賞散河北、河東路軍物帛并書籍下項：書五監　金五百萬兩　銀五千萬兩　雜色表段一百萬疋　裏絹一百萬疋　馬牛騾各一萬頭匹　駝一千頭

翟思忠《魏鄭公諫續録》卷下 《戴氏禮》并爲注解二帙二十卷上之，詔曰：「《禮經》殘缺，其來已久，漢代戴聖爰記舊聞，古今所宗條目雜亂，先儒傳授多歷年數，咸事因循，按：條目雜亂句疑屬此處。莫能釐正，特進鄭國公徵，文高翰林，學綜冊府，服膺典禮，有志討論，乃依聖所記，更事編録，以類相從，別爲篇第，并更注解，文義粲然，遂得先聖微言，因茲重闡，後之學者多有宏益。宜付秘書仍令繕寫，賜皇太子及諸王各一本，并賜物一千匹。」

《宋史・太宗紀》 ［太宗］性嗜學，宣祖總兵淮南，破州縣，財物悉不取，第求古書遺帝，恒飭厲之，帝由是工文業，多藝能。

又《真宗紀》 ［大中祥符元年十一月］丁卯，賜曲阜孔子廟經史。

又《仁宗紀》 ［景祐元年］十二月癸酉，賜西平王趙元昊佛經。

又 ［嘉祐七年夏四月］己丑，夏國主諒祚進馬求賜書，詔賜《九經》，還其馬。

又《孝宗紀》 ［乾道三年二月］丙戌，以《武經龜鑑》、《孫子》賜鎮江都統戚方、建康都統劉源。

又《王克臣傳》 ［子］師約字君授，少習進士業。英宗欲求儒生爲主壻，命宰相召克臣諭旨，令師約持所爲文至第。明日獻賦一編，即坐中賦《大人繼明詩》，遂賜對，選爲駙馬都尉，尚徐國公主。授左衛將軍，面賜玉帶。又賜《九經》、筆硯，勉之進學。

又《張昭傳》 後至贊皇，遇程生者，專史學，以爲專究經旨，不通今古，率多拘滯，繁而寡要；若極談王霸，經緯治亂，非史不可。因出班、范《漢書》十餘義商榷，乃授昭《荀紀》、《國志》等。後又盡得十三代史，五七年間，能馳騁上下數千百年事。又注《十代興亡論》。處亂世，躬耕負米以養親。後唐莊宗入魏，河朔游士，多自效軍門，昭因至魏，攜文數十軸謁興唐尹張憲。憲家富文籍，每與昭燕語，講論經史要事，恨相見之晚，即署

府推官。

又《李穆傳》 從酸棗王昭素受《易》及《莊》、《老》書，盡究其義。昭素謂曰：「子所得皆精理，往往出吾意表。」且語人曰：「李生異日必爲廊廟器。」以所著《易論》三十三篇授之。

又《蘇易簡傳》 淳化元年，丁外艱。二年，同知京朝官考課，遷中書舍人，充承旨。先是，曲宴將相，翰林學士皆預坐，梁迥啓太祖罷之；又皇帝御丹鳳樓，翰林承旨侍從升樓西南隅，禮亦廢。至是，易簡請之，皆復舊制。易簡續唐李肇《翰林志》二卷以獻，帝賜詩以嘉之。

又《郭贄傳》 初，眞宗未出閣，贄已授經，上嘗至其家；後楊可法繼其任，上以爲輔導不及贄，嘗稱贄純良長者。至是，在秘府，屢賜對，詢訪舊事。且愍其已老，特拜工部尚書、翰林侍讀學士，作詩賜之，有「啓發沖言曉典常」語。東封，遷禮部尚書。太宗在晉邸時，凡製篇咏，多令屬和。眞宗嘗訪其賜本，贄集爲四卷以獻，詔奬之。

又《張洎傳》 洎舊字師黯，改字偕仁。清輝殿在後苑中，［李］煜寵洎，不欲離左右，授職內殿，中外之務一以諮之。每兄弟宴飲，作妓樂，洎獨得預。爲建大第宮城東北隅，及賜書萬餘卷。

又《王顯傳》 ［太平興國］八年春，拜宣徽南院使兼樞密副使。是夏，制授樞密使。上謂之曰：「卿世家本儒，少遭亂失學，今典朕機務，無暇博覽群書，能熟《軍戒》三篇，亦可免於面牆矣。」因取是書及道德坊宅一區賜之。

又《趙安仁傳》 時論翕然，稱其得體，上益器之，自是有意柄用。安仁又集和好以來事宜，及采古事，作《戴斗懷柔録》三卷以獻。【略】尤嗜讀書，所得祿賜，多以購書。雖至顯寵，簡儉若平素。時閱典籍，手自讎校。三館舊闕虞世南《北堂書鈔》，惟安仁家有本，眞宗命內侍取之，嘉其好古，手詔褒美。

又《胡則傳》 ［龍］昌期者，嘗注《易》、《詩》、《書》、《論語》、《孝經》、《陰符經》、《老子》，其說詭誕穿鑿，至詆斥周公。初用薦者補國子四門助教，文彥博守成都，召置府學，奏改秘書省校書郎，後以殿中丞致仕。著書百餘卷，嘉祐中，詔取其書。昌期時年八十餘，野服自詣京師，賜緋魚，絹百匹。歐陽修言其異端害道，不當推奬，奪所賜服罷歸，卒。

又《樂黃目傳》 ［樂史］上書言事，擢爲著作佐郎、知陵州。獻《金明池賦》，召爲三館編修。雍熙三年，獻所著《貢舉事》二十卷，《登科記》三十卷，《題解》二十卷，《唐登科文選》五十卷，《孝弟録》二十卷，《續卓異記》三卷。太宗嘉其勤，遷著作郎、直史館。轉太常博士，知舒州，遷水部員外郎。淳化四年春，與司封員外郎、直昭文館李蕤同使兩浙巡撫，加都官、知黃州。又獻《廣孝傳》五十卷，《總仙記》一百四十一卷。詔秘閣寫本進內。史好著述，然博而寡要，以五帝、三王，皆云仙去，論者嗤其詭誕。咸平初，遷職方，復獻《廣孝新書》五十卷，《上清文苑》四十卷。出知商州。史前後臨民，頗以賄聞。俄以老疾爲言，聽解職，分司西京。五年，郊祀畢，奉留守司表入賀，因得召對。上見其矍鑠不衰，又知篤學，盡取所著書藏秘府，復授舊職，與黃目同在文館，人以爲榮。

又《趙珣傳》 初，珣隨父在西邊，訪得五路徼外形勝利害，作《聚米圖經》五卷。詔取其書，并召珣至，又上《五陣圖》、《兵事》十餘篇。帝給步騎使按陣，既成，臨觀之。

又《劉文質傳》 文質以簡穆親，又父死事，故前後賜予異諸將。眞宗嘗問保塞之舊，文質上宣祖、太祖賜書五函。仁宗亦以書賜之。然性剛，喜評刺短長，於貴近無所避，故不大顯。

又《司馬光傳》 《資治通鑑》未就，帝尤重之，以爲賢於荀悅《漢紀》，數促使終篇，賜以潁邸舊書二千四百卷。及書成，加資政殿學士。

又《蘇軾傳》 高宗即位，贈資政殿學士，以其孫符爲禮部尚書。又以其文置左右，讀之終日忘倦，謂爲文章之宗，親製集贊，賜其曾孫嶠。

又《王居正傳》 居正儀觀豐偉，聲音洪暢。奉祿班兄弟宗族，無留者。郊祀恩以任其弟居厚，及卒，季子猶布衣。其學根據《六經》，楊時器之，出所著《三經義辨》示居正曰：「吾舉其端，子成吾志。」居正感厲，首尾十載爲《書辨學》十三卷，《詩辨學》二十卷，《周禮辨學》五卷，《辨學外集》一卷。居正既進其書七卷，而楊時《三經義辨》亦列秘府，二書既行，天下遂不復言王氏學。

又《韓彥直傳》 彥直字子溫。生期年，以父任補右承奉郎。尋直秘閣。六歲，從世忠入見高宗，命作大字，即拜命跪書「皇帝萬歲」四字。帝喜之，拊其背曰：「他日，令器也。」親解孝宗丱角之繻傳其首，賜金器、

筆研、監書、鞍馬。年十二，賜三品服。

又《張闡傳》 是冬，給札侍從、臺諫條具時務，闡上十事皆剴切。當時應詔數十人，惟闡與國子司業王十朋指陳時事，斥權倖，無所回隱。明日，召兩人對内殿，帝大加稱賞，賜酒及御書。時進太上皇帝、太上皇后冊寶，工部例進官，闡辭。或曰：「公轉一階，則澤可以及子孫，奈何辭？」闡笑曰：「寶冊非吾功也，吾能爲子孫冒無功賞乎？」

又《袁樞傳》 樞常喜誦司馬光《資治通鑑》，苦其浩博，乃區別其事而貫通之，號《通鑑紀事本末》。參知政事龔茂良得其書，奏于上，孝宗讀而嘉嘆，以賜東宮及分賜江上諸帥，且令熟讀，曰：「治道盡在是矣。」

又《謝深甫傳》 嘉泰元年，累疏乞避位，寧宗曰：「卿能爲朕守法度，惜名器，不可以言去。」召坐賜茶，御筆書《説命》中篇及金幣以賜之。

又《道學傳四・黄榦》 寧宗即位，[朱]熹命榦奉表，補將仕郎，銓中，授迪功郎，監台州酒務。丁母憂，學者從之講學于墓廬甚衆。熹作竹林精舍成，遺榦書，有「它時便可請直卿代即講席」之語。及編《禮書》，獨以《喪》、《祭》二編屬榦，稿成，熹見而喜曰：「所立規模次第，縝密有條理，它日當取所編家鄉、邦國、王朝禮，悉倣此更定之。」病革，以深衣及所著書授榦，手書與訣曰：「吾道之托在此，吾無憾矣。」訃聞，榦持心喪三年畢，調監嘉興府石門酒庫。

又《儒林傳一・邢昺》 初，雍熙中，昺撰《禮選》二十卷獻之，太宗探其帙，得《文王世子篇》，觀之甚悦，因問衛紹欽曰：「昺爲諸王講説，曾及此乎？」紹欽曰：「諸王常時訪昺經義，昺每至發明君臣父子之道，必重複陳之。」太宗益喜。上嘗因内閣暴書，覽而稱善，召昺同觀，作《禮選贊》賜之。昺言：「家無遺稿，願得副本。」上許之。繕録未畢而昺卒，亟詔寫二本，一本賜其家，一本俾置冢中。

又《孔宜》 時[孔]勗爲殿中丞、通判廣州，王欽若言其有聲於鄉曲，召赴闕，改太常博士，賜緋，令知曲阜縣，專主祠廟。二年三月，又遣使賜太宗御書及《九經》書疏、《三史》藏于廟，令本州選儒生講説。

又《田敏》 敏嘗使湖南，路出荆渚，以印本經書遺高從誨，從誨謝曰：「祭酒所遺經書，僕但能識《孝經》耳。」敏曰：「讀書不必多，十八章足矣。如《諸侯章》云『在上不驕，高而不危，制節謹度，滿而不溢』，皆至要之言也。」時從誨兵敗於郢，故敏以此諷之，從誨大慚。

又《文苑傳一・趙隣幾》 至淳化中，參知政事蘇易簡因言及隣幾追補《唐實録》事，隣幾一子東之，以蔭補郎山主簿，部送軍糧詣北邊，没焉，其家屬寄居睢陽。太宗遣直史館錢熙往取其書，得隣幾所補《會昌以來日曆》二十六卷及文集三十四卷，所著《鯫子》一卷、《六帝年略》一卷、《史氏懋官志》五卷，并他書五十餘卷來上，皆塗竄之筆也。詔賜其家錢十萬。

又《和峴》 端拱初，上躬耕籍田，峴奉留司賀表至闕下，因以其所著《奉常集》五卷、《私閣集》二十卷、《注釋武成王廟贊》五卷奏御，上甚嘉之，復授主客郎中，判太常寺兼禮儀院事。

又《和㠓》 先是，凝嘗取古今史傳聽訟斷獄、辨雪冤枉等事著爲《疑獄集》，㠓因增益事類，分爲三卷，表上之。俄獻所著文賦五十軸，召試中書，擢爲太子中允。先是，馮起撰《御前登第三牓碑》以獻，上甚稱獎，命直史館。淳化初，㠓又撰《七牓題名記》，并補注凝所撰《古今孝悌集成》十卷以獻，遂以本官直集賢院，中謝日，賜緋魚。三年春，獻《觀燈賦》，詔付史館，遷右正言。是歲，太宗親試貢士，㠓預考校，作歌以獻，上對宰相稱賞之，召問年幾何。時摹印《儒行篇》，以賜新及第人及三館、臺省官，皆上表稱謝。

又《文苑傳三・吴淑》 吴淑字正儀，潤州丹陽人。父文正，事吴，至太子中允。好學，多自繕寫書。【略】嘗獻《九弦琴五弦阮頌》，太宗賞其學問優博。又作《事類賦》百篇以獻，詔令注釋，淑分注成三十卷上之。遷水部員外郎。

又《文苑傳五・蘇洵》 至和、嘉祐間，與其二子軾、轍皆至京師，翰林學士歐陽修上其所著書二十二篇。既出，士大夫爭傳之，一時學者競效蘇氏爲文章。所著《權書》、《衡論》、《機策》，文多不可悉録，録其《心術》、《遠慮》二篇。【略】宰相韓琦見其書善之，奏于朝，召試舍人院，辭疾不至，遂除秘書省校書郎。

又《孝義傳・胡仲堯》 胡仲堯，洪州奉新人。累世聚居，至數百口。構學舍于華林山別墅，聚書萬卷，大設廚廩，以延四方游學之士。南唐李煜時嘗授寺丞。雍熙二年，詔旌其門閭。仲堯詣闕謝恩，賜白金器二百兩。淳化中，州境旱歉，仲堯發廩減市直以振饑民，又以私財造南津橋。太宗嘉

之，除本州助教，許每歲以香稻時果貢于內東門。五年，遣弟仲容來賀壽寧節。召見仲容，特授試校書郎，賜袍笏犀帶，又以御書賜之。公卿多賦詩稱美。仲堯稍遷國子監主簿，致仕，卒。

又《方技傳上・王熙元》　熙元，幼習父業，開寶中，補司天曆算。端拱初，改監丞，累遷太子洗馬兼春官正，加殿中丞。景德中，同判監事。東封，隨經度制置使詣祠所，禮畢，授權知司天少監。祠汾陰，眞拜少監。奉詔於後苑纘陰陽事十卷上之，眞宗爲製序，賜名《靈臺祕要》，及作詩紀之。

又《史序》　序後累遷夏官正、河西、環慶二路隨軍轉運、太子洗馬。修《儀天曆》上之，又嘗纂天文曆書爲十二卷以獻，改殿中丞，賜金紫，俄權監事。

又《劉翰》　劉翰，滄州臨津人，世習醫業，初攝護國軍節度巡官。周顯德初，詣闕獻《經用方書》三十卷、《論候》十卷、《今體治世集》二十卷。世宗嘉之，命爲翰林醫官，其書付史館，再加衛尉寺主簿。

又《王懷隱》　初，太宗在藩邸，暇日多留意醫術，藏名方千餘首，皆嘗有驗者。至是，詔翰林醫官院各具家傳經驗方以獻，又萬餘首，命懷隱與副使王祐、鄭奇，醫官陳昭遇參對編類。每部以隋太醫令巢元方《病源候論》冠其首，而方藥次之，成一百卷。太宗御製序，賜名曰《太平聖惠方》，仍令鏤板頒行天下，諸州各置醫博士掌之。

又《世家三・吴越錢氏》　惟治善草隸，尤好二王書，嘗曰：「心能御手，手能御筆，則法在其中矣。」家藏書帖圖書甚衆，太宗知之，嘗謂近臣曰：「錢俶兒姪多工草書。」因命翰林書學賀不顯詣其第，遍取視之，曰：「諸錢皆效浙僧亞栖之迹，故筆力軟弱，獨惟治爲工耳。」惟治嘗以鍾繇、王羲之、唐玄宗墨迹凡七軸爲獻，優詔褒答。【略】惟治好學，聚圖書萬餘卷，多異本。慕皮、陸爲詩，有集十卷。書迹多爲人藏秘，晚年雖病廢，猶或揮翰。眞宗嘗語惟演曰：「朕知惟治工書，然以疾不欲遣使往取，卿爲求數幅進來。」翌日，寫聖製詩數十章以獻，賜白金千兩。

又《外國傳一・夏國》　［嘉祐七年］又改西壽監軍司爲保泰軍，石州監軍司爲靜塞軍，韋州監軍司爲祥祐軍，左廂監軍司爲神勇軍。遣人獻方物，稱宣徽南院使，詔諭非陪臣所宜稱，戒其僭擬，使遵誓詔。表求太宗御製詩章隸書石本，且進馬五十匹，求《九經》、《唐史》、《冊府元龜》及宋正至朝賀儀，詔賜《九經》，還所獻馬。

又《外國傳三・高麗》　先是［王］治遣僧如可賫表來覲，請《大藏經》，至是賜之，仍賜如可紫衣，令同歸本國。【略】［淳化］二年，遣使韓彦恭來貢。彦恭表述治意，求印佛經，詔以《藏經》并御製《秘藏詮》、《逍遥詠》、《蓮華心輪》賜之。【略】［大中祥符］九年，［郭元］辭還，賜［王］詢詔書七函，襲衣、金帶、器幣、鞍馬及經史、曆日、《聖惠方》等。元又請錄《國朝登科記》及所賜御詩以歸，從之。【略】［天禧］三年九月，登州言高麗進奉使禮賓卿崔元信至秦王水口，遭風覆舟，漂失貢物，詔遣內臣撫之。十一月，元信等入見，貢罽錦衣褥、烏漆甲、金飾長刀匕首、罽錦鞍馬、紵布、藥物等，又進中布二千端，求佛經一藏。詔賜經還布，以元信覆溺匱乏，別賜衣服、繒綵焉。【略】五年，詢遣告奏使御事禮部侍郎韓祚等一百七十九人來謝恩，且言與契丹修好，又表乞陰陽地理書、《聖惠方》，并賜之。【略】哲宗立，［王運］遣使金上琦奉慰，林暨致賀，請市刑法之書、《太平御覽》、《開寶通禮》、《文苑英華》。詔惟賜《文苑英華》一書，以名馬、錦綺、金帛報其禮。【略】政和中，升其使爲國信，禮在夏國上，與遼人皆隸樞密院；改引伴、押伴官爲接送館伴。賜以《大晟燕樂》、籩豆、簠簋、尊罍等器，至宴使者于睿謨殿中。

又《外國傳六・回鶻》　熙寧元年入貢，求買金字《大般若經》，以墨本賜之。

《遼史・道宗紀二》　［咸雍三年］冬十一月壬辰，夏國遣使進回鶻僧、金佛、《梵覺經》。

又《道宗紀三》　［八年］十二月戊辰，漢人行宮都部署耶律仲禧封韓國公，樞密副使、參知政事趙徽出爲武定軍節度使，樞密副使柴德滋參知政事，漢人行宮副部署耶律大悲奴陞都部署，同知南院樞密使事蕭韓家奴知左夷離畢事。丁丑，以坤寧節，大赦。庚寅，賜高麗佛經一藏。

陳基《夷白齋稿》卷一九《朱氏傳授醫學序》　儒者朱君彦修餙躬礪行，有古君子之風，而酷好醫方術，嘗讀《素問》而竊嘆曰：「此眞載道之書也。顧非通於儒者不能讀，而醫固儒者之事也。古之號爲良醫者，皆有師。今之爲醫者，不必師徒，守陳方以倖人之不死者，非良醫也。醫之無師久矣。嗚呼！吾安忍爲是哉！」乃發憤求師，不遠千里走吳、楚，不可得。

復至杭，有言羅氏者，君候之累數十往，不得見。君因旦日往立於其門，日且暮，不少動。羅察其意誠，始接見之，與語大悅，乃盡以三家之旨告之，并授之書，且曰：「熟此可以活人矣。」君拜受之，遂以書歸。讀之，反復研繹，上達於《靈樞》、《太素》、《内外甲乙》等書以及百家，罔不貫穿，而得其精且微者。積以歲月，然後出而視人之疾，如是而生，如是而死，無不切中。一時拘故方之習者，亦因以丕變，君遂以國手名東南，而三家之學不專於中州。而君老矣，門人往往取其書，乃摭其歷試而驗者，論次而筆存之，總幾若干卷。夫羅氏不輕以語人，而君得之亦不易。宜其信之深，用之效，而其書自以傳諸其徒，而淑諸其後，君與羅氏視古人可以無愧矣。

《元史・世祖紀》 ［至元十三年冬十月］丁亥，兩浙宣撫使焦友直以臨安經籍、圖畫、陰陽秘書來上。

又《察罕傳》 嘗譯《貞觀政要》以獻。帝大悅，詔繕寫遍賜左右。

又《仁宗紀》 ［大德十一年］六月癸巳［朔］，詔立帝爲皇太子，受金寶。遣使四方，旁求經籍，識以玉刻印章，命近侍掌之。時有進《大學衍義》者，命詹事王約等節而譯之，帝曰：「治天下，此一書足矣。」因命與《圖象孝經》、《列女傳》並刊行，賜臣下。

又《張炤傳》 十三年，陞太中大夫、揚州路總管府達魯花赤，商議行中書省事，佩金虎符。時行省在揚州，據南北要津，炤撫綏勞來，上下安之。十六年，改鎮江路總管府達魯花赤，謝病歸，購書八萬卷，以萬卷送濟南府學資教育。二十一年，起爲東昌路總管，莅政二年，吏民畏服，以治最稱。二十五年卒，年六十四。

又《張珪傳》 張珪字公端，弘範之子也。少能挽強命中，嘗從其父出林中，有虎，珪抽矢直前，虎人立，洞其喉，一軍盡歡。至元十六年，弘範平廣海，宋禮部侍郎鄧光薦將赴水死，弘範救而禮之，命珪受學。光薦嘗遺一編書，目曰《相業》，語珪曰：「熟讀此，後必賴其用。」師還，道出江淮，珪年十六，攝管軍萬戶。

鄭真《滎陽外史集》卷三七《記俞氏春秋集傳後》 予既輯《春秋傳》，適友人以此書見貽者，其于去取多獲助焉。惜上二帙，未及全爾。夫龍泉太阿金鐵之精，昔人得其一，猶以神物，久當自合，况聖人經邦大訓，窮天地亘古今者乎？吾知其合也必矣，因書以俟云。

楊士奇《東里續集》卷一六《恭題賜本歐陽文忠公集後》 《歐陽文忠公集》在宋有數本，惟周益公家所編刻者最精備。此本近年新刻於春坊，時東宮殿下監國之暇，究心經史，而凡歷代名臣奏疏悉取覽閲，尤愛文忠議論切直，文章淳雅，遂命刻之。板成，詹事臣義、臣忠諭德、臣士奇皆獲賜一本。此臣士奇所得者也，視益公本又精備矣。《總目年譜》一冊，《居士集》十冊，《外集》七冊，《易童子問》一冊，《外制》一冊，《内制》二冊，《四六》三冊，《奏議》五冊，《雜著述》六冊，《集古録跋尾》四冊，《書簡》三冊，《附録》二冊，總四十五冊。

又《春秋左傳二集》 吾友鄧存誠初舉進士時，許惠此書，未得也。蓋進士皆觀政諸司，無暇相即，而自是益契濶。既爲御史秩滿，陞山東按察使，又陞布政使，歷十五年，始以見納。朋友不愆於信類此，不可以忘，故識之。《春秋左氏傳》六十卷，杜預註，孔穎達疏。吾家此書十六冊，蓋福州府學板得於劉伯塤員外云。

又《儀禮逸經》 此書刻板在北京國學。彭士揚爲典籍蒐閲崇文閣不完書板，而此獨完，即日印惠親友。蓋已廢棄六十餘年，其顯晦固有時哉！

又《儀禮圖》 右《儀禮》二冊，《圖》六冊，陳嗣初博士所贈，塾賓羅儀範爲之點對録補云。

又《禮記集説二集》 此詹事府張録事敎子舊書。於初來北京，無書，始從借閲。張君二部遂以此見遺，凡三冊，云永樂壬寅八月識。是日，上丁釋奠先師，陪禮初退。

又《古文孝經説》 右《古文孝經説》，宋元祐中秘書省著作郎兼侍講范祖禹淳夫經筵所進書也。今刻板在成都，吾家一冊，得之吉水黎敎諭德讓。

又《易義二集》 右《易義》一冊，建寧趙友士以敎其徒者，趙故建寧經師。余爲審理時，趙爲伴讀，往還相好也。是編，吳司業德潤得之以見遺者。

又卷一七《四書集註二集》 右《四書集註》，其句讀旁抹之法，兼取勉齋黃氏、北山何氏、魯齋王氏、導江張氏諸本之長。宣城張師曾爲之叅校，加以音考，蓋今最善本也。刻板在常州府學。此集六冊。永樂十年二月，余奉命考會試常州府學，教授金原祺時預同考，余從求而得之者也。其

刊刻亦間有錯誤。右《四書集註》三冊，刻板在鄞，句讀一用黃勉齋法，又有熊勿齋標題，便於學者，蓋善本也。勉齋名榦，字直卿，朱門高第。勿齋名禾，字去非，受學進齋徐幾子與，子與學於節齋蔡淵伯靜，淵源之正如此。此書，吾得之春坊司諫周冕汝服，蓋鄞人云。

又《四書輯釋》　《四書輯釋》，倪士毅編。朱子《集註四書》之後，儒先君子著述推廣發明之者，無慮十數家。而今讀《集註》者，獨資《集成》及此書爲多，他蓋不能悉得也。《集成》博而雜，不若此書多醇少疵也。憶余少貧，得書甚難，十二三從里人劉文辟乞得《論語輯釋》半部，蓋斷簡也，寶之如拱璧。後授徒武昌，始得此本，凡九冊。夫知吾少時得書之難，其必知所愛重也。

又《大學中庸日録》　右《大學中庸日録》，元吳文正公門人袁明善述其師授之旨，而爲之者也。有文正公補《大學》第五章傳文。此冊吳司業德潤以見遺者。

又《四書管窺三集》　《四書管窺》，舊刻板在永嘉。葉琮，洪武乙丑進士，知黃州府，又刊置府學。吾友吉水周君公明爲黃岡縣教諭，從求而得之，總五冊。二本余皆有之，於是補闕正誤，得互相資也。

又《孝經吳文正公校定》　此編及私録一冊，皆文正公之孫、徐州判官子尚所寄惠者。公之後以先世通家，故皆與余往還，所刻先世文字皆數見遺。而子尚寄此未久，遽聞其没，甚可惜也。

又《四書待問》　《四書待問》一冊八卷，元臨江蕭鎰南金編，爲科舉之學設也。元場屋有《四書疑問》，國初三科猶然，洪武甲子始改爲《四書義》。此書余初習舉業時，受之司倉伯，今吾所畜書，獨此最久也。

又《元程文四集》　右延祐乙卯會試程文一冊，不完。是編總十卷，今存三卷。首卷蒙古色目人答四書疑及策，二卷、三卷皆漢人南人答四書疑。考之蓋當時選刻者，先待制所答四書疑，吾家兵後録本，止存一篇。此篇二篇皆在，永樂乙未春，吾得之天台張廷璧。

又《資治通鑑釋文》　右《資治通鑑釋文》一冊，宋右宣義郎眉山史炤見可著，而天台胡三省《通鑑音註》有辨正其誤六百六十餘條。此書余昔得之亡友陳一敬云。

又《史畧二集》　《史畧》二冊，書坊舊本。永樂丁酉，余在京師，隣家有罷官去者，留以見遺。蓋書坊新刻本，多錯誤。余家有國學大字本亦然，皆不若此本錯誤差少也。

又《朱子語略》　余少則聞先生長者言，學者日誦《五經》《四書》諸史外，間暇宜玩《朱子語類》。一日過水南段福可，福可先待制侍史，其家有《語類》二卷，福可謂此楊氏故物，即以歸我。雖不完，然始識此書，喜持歸。先宜人見之，泣指所題簽帖，語不肖曰：「小子敬之，此汝父手筆也。」無幾，先叔子超攜入灌塘尹氏館中，失焉。自是所至求《語類》全書不可得。此集二冊特《語畧》耳，朱子門人楊與立編，刻板在北京國子監，永樂庚寅楊庶子扈從還以見遺，所闕什一，得鄒侍講本補録，遂爲完書，總二十卷，二千四百八十條。凡學者明善誠身之方，大要具是，誠能身體力行之，可以馴致乎古人。然《語類》固學者不可少哉！

又《官制沿革》　右録《官制沿革》一冊，先師海桑陳先生家書也，其中有先生手筆。士奇少孤貧，先生以先考妣故召而教之，年十二三習舉子業，而於古官制不能知也，遂予此書。蓋於此書，今四十年矣。手澤宛然於乎痛哉！謹識。

又卷一八《世說新語》　錢塘王羽儀之爲禮官，與余往還。喜收書，或歲餘，或數月不見，相見輒有一書見贈，蓋相知故也。此集近代祀嵩岳還所贈者。

又《木鍾集》　《木鍾集》一冊，朱子門人永嘉陳埴器之著。余初得於江夏樊忠齊子賢。子賢遺余他書尚多，後率爲親友持去，今獨存此集及韓文耳。余弱冠至武昌，逆旅與子賢居相接，一見相好如平生。時年已七十，其少與郡人聶炳、南昌包希魯交厚，嘗親見虞揭、歐陽原功、許可用諸公。其爲學有要領，治《詩經》，評論古今人物及忖度事，後當成敗皆有理。而浮湛市廛，以賣書爲業，雖鄉人莫或知之者。獨吳啟公佑時來就之，然不知其意也。

又《橘亭幽興集》　右《橘亭幽興集》一冊，集古棋法也。友人鄧存誠數與余棋，余不能勝，存誠授余此集。自是余頗勝存誠，然僅勝存誠而已耳，未有以勝餘人。

又《韓文》　《史》、《漢》之後，文章大家必首稱韓、柳。余在武昌，初得《柳文》於吳公佑，而《韓文》未有也。樊子賢先輩以此本遺余，凡四

册。且爲余誦先儒之言曰：退之因攻文而見道，周、程既明道而發於文。君子亦泝流求源耶，抑自源徂流耶？余甚感其意。蓋三十年於今矣，忽忽如昨日云者。孔子曰：四十五十而無聞，不勝媿嘆也。

又《柳文》 《柳文》四册，余至武昌，與吳啟公佑往還，時其家賈書籍，以助日給，因取此本見贈，洪武己巳歲也。又二十有五年三月朔識。

又《元城先生語録》 右元城劉忠定公《語録》一册，亦黎教授所贈者。公之學得於司馬文正公，横浦先生序之。的矣，學者不可忽也。

又卷一九《古樂府》 《古樂府》，元南昌鐵柱觀道士左克明德昭編。起唐、虞，訖陳、隋，按曲分類爲十卷。其緣起具見題下，虞文靖公爲之序，刻板今在南昌。余家二册得於太常寺丞謝靖貞。凡吾家文籍得於故人朋友之遺者，必謹著所自，不敢忽。其出於貨致者，不著也。

又《杜詩類編》 永樂庚子冬，士奇侍從來北京，獨馳一騎，行李書册不得將。及至北京日益暇，苦無書可閲。雖素交厚如頤菴祭酒、素菴庶子，有書不得借。武昌鄧存誠時寓京師，數見過，輟其所藏分余者，凡十數種，此其一也。且大字，便老眼，可愛。

又《高季迪缶鳴集二集》 右高季迪《缶鳴集》，建寧知府芮麟刻之郡齋，惜其謬誤頗多，未嘗校正，金華胡仲子嘗爲作序，又不知以冠篇首，蓋出一時率爾之爲。芮來京時，以此册見遺。芮聞余言甚喜，將歸，成之未行而遽卒，亦可惜也。

又《北谿字義》 此書陳北谿先生著。先生名淳，字安卿，朱文公高弟也。近劉伯塤員外自閩歸，惠余二本，遂以一寄稷子。蓋聖賢教人必先明理，理明而後在我者有所持循而行之不差。此編皆理之大而要者，初學誠能熟，復深究，則本源端正，無復有疑於其所行矣。

又《韻會》 歐陽永和在閩中寄惠此書，凡五册，於讀書爲文其助益多矣。王介甫云：人閑暇，不若看韻書。其有以哉！

又《風雅翼三集》 右《風雅翼》一部四册。余初客武昌得《風雅翼》録本，後來京師始知有刻板在上虞。是時士大夫求之寖多。余亦凡得十數本，而皆爲親友持去。最後得此本於前禮部侍郎劉翼南。翼南，坦之從子。始余得刻本，字畫完好如新。裁十餘年，已漸昏缺如此，固由乎求之者之多歟！右《風雅翼》一部四册。永樂丁酉郭公緒自淛江來京以見贈者，雖頗有脱板，然比近得者文字差明白。

又卷二〇《衛生寶鑑》 東垣李氏之徒羅謙甫輯《衛生寶鑑》廿四卷，内《藥誤》三卷，《名方》十七卷，《藥象》一卷，《醫驗》三卷，末附《補遺》一卷。論傷寒中暑，則後人所述此書精粹明備，家不可以闕者。吳中陳有戒寄惠此本，故識而藏之。

又《朱氏三書》 右《格致餘論》、《局方發揮》、《丹溪醫》。按：三書皆金華朱震亨彦脩著。彦脩，儒者，同郡許益之高弟，有窮理之功。於醫得傳授之正，故所論極精，所治多奇效。其書近惟兩淛爲醫者多用之，然率祕之。永樂乙未，東宮殿下命刊印以賜中外，廣仁恩也。余時侍經幄，最初得賜云。

又《五音集韻》 右《五音集韻》三册，禮部侍郎高密儀公所惠此書，出北方學者。不獨於音韻易正，亦可以多識字。

又《文選雙字》 宋蘇易簡爲此編。易簡，一代名人，而用志於此。荆公選《唐百家詩》，已而嘆曰：「費日力於此。」蓋愧辭云，況此編哉！史志靜得此以見示。其之南京也，恐累行李，遂留於余家。

王直《抑菴文集》卷一一《少師泰和楊公傳》 皇太子嘗閲眞德秀所輯《文章正宗》，喜其有益於學者。公曰：「德秀道學之儒，志識甚正。其著《大學衍義》尤有益於朝廷，君臣皆不可不知。」皇太子即取視，且令翻刻，以賜諸子，亦以賜公。曰：「予倚卿爲輔，卿亦當留意也。」

蔣冕《二曹詩跋》（《曹祠部集附曹唐詩》卷末） 冕自髫齔時，見鄰之公《讀李斯傳》詩於書坊所刻《古文眞寶》中，「難將一人手，掩得天下目」之句，喜而誦之甚習，而不知爲誰所作。及游京師，讀《唐文粹》，始知爲公詩。今考之集中，其詩全十二句，姚鉉節其首尾八句，而以此四句載于《文粹》中，《古文眞寶》因而取之。《文粹》又載公《杏園即席上同年》一詩，冕嘗次韻以寓景慕之意，蓋冕於公詩，寤寐不忘者五十餘年。嘉靖甲申秋，得謝過浙中，始獲睹其全集。其冬，瓊山唐君平侯，以按察僉事督學來廣西，見公浙本詩於武選主事鄭德甫處，讀而善之，取以刻置宣成書院中，且以堯賓詩附於其後。刻成，德甫首以一册見遺，閲之欣然者纍日。

徐紘《明名臣琬琰續録》卷一三《少詹事柯公傳》 ［柯潛］生正統甲子，領鄉薦當赴會試，以未忍離親未果行，遂攜書入蓮峯僧舍，講讀不輟。

戊辰會試中乙榜，辭弗就教職，入胄監攻苦敷淡，益肆力於學。景泰辛未，再至禮部，遂中甲榜，進對大廷，賜狀元及第，賜朝服冠帶。公上表謝。越數日，授翰林修撰。公豐神峻整，言動謹飭。是時，翰林諸老多在，咸愛重之，爲之延譽。未幾，賜《五倫書》、正經《四書》，尋用薦入經筵。自是凡朝廷用人有制作加恩典，公皆與焉。【略】成化改元，八月考順天府鄉試。九月玉牒成，賜宴兼賜白金、文綺寶襁。丙戌廷試典讀卷，賜鈔千貫。是月，再奉旨教庶吉士林瀚等二十四人。十月賜新刻《貞觀政要》。十二月命掌翰林院印。丁亥五月，《實録》成，陞詹事府少詹事兼翰林院學士，賜白金三十兩，金織綵段三表裏，折衣羅三表裏，賜宴禮部。十月賜《大明一統志》。

又卷一四《大學士彭文憲公言行録》［彭時］公資稟既異，加以問學之純，自少至老敬謹如一日。居閒無惰容，行則兩手常端拱，飲食不聞七筯聲，尤不喜紛華。先後蒙賞賚白金幾千兩，綵幣數百，鈔十萬緡，冠帶衣服、書籍、器玩、鞍馬、飲食之類有加，而公處之泊然。

陳洪謨《繼世紀聞》附録《陳先生洪謨行狀》 丁亥，以太監吴猷爲張眞人修龍虎觀，破冒太濫爲公所抑，訴於朝，乃放歸。家居二年，科道暨巡撫暨總督論薦凡七。己丑，陞兵部右侍郎，隨提督團營，清理軍職。貼黄，進左侍郎。以秩滿荷恩進階及推封三代，並得賜《大學衍義》、《大明會典》諸書及織金文綺、諸寶鈔。

陳建《皇明資治通紀・洪武二十一年》［七月］，頒賜天下武臣《大誥》，令其子孫誦習。

又《洪武二十四年》［六月］，命禮部頒書籍于北方學校。

又《洪武二十六年》［二月］乃命吏部同翰林院儒臣倣《唐六典》之製，自五府、六部、都察院以下諸司，凡其設官、分職之類，類編爲書，至是始成，名曰《諸司職掌》。詔刊行，頒布中外。【略】上因詔翰林院稽考漢、唐、宋功臣封爵、食邑之多寡及名號虚實之等第，編輯爲書，名曰《稽製録》，御製序文，頒示功臣，使之朝夕省覽，以遏其僭奢。

又《洪武二十七年》［九月］先是，上以宋儒蔡氏所書《日月五星運行》與《朱子詩傳》不同，及其他注與鄱陽鄒季友所論間有未安者，命儒臣定正之。尋遣禮部尚書任亨泰諭旨諸儒，有年老願歸者，先遣之，衆皆願留。至是書成，凡蔡氏集傳得者，存之；失者，正之。又集諸家之説，足其未備三。吾等率諸儒以進，賜名曰《書傳會選》，命禮部刊行天下。

陳建《皇明從信録》卷七［洪武十四年三月］頒《五經》、《四書》於北方學校。上謂廷臣曰：夫道之不明，繇教之不行也。夫《五經》載聖人之道者也譬之菽粟、布帛，家不可無。人非菽粟、布帛，則無以爲衣食；非《五經》、《四書》，則無由知道理。北方自喪亂以來，經籍殘缺，學者雖有美質而無講明何由知道。今以《五經》頒賜之，使其講習。夫君子知學則道興，小人知學則俗美。他日收效亦未必不本於此也。

又［洪武十五年十月］命禮部頒劉向《説苑》、《新序》于天下學校。

又卷一四［永樂七年五月］賜皇太子《聖學心法》書。上嘗采輯聖賢格言，切於修身、齊家、治國、平天下之要者，爲書四卷，曰：君道，臣道，父道，子道。名《聖學心法》。親爲之序。至是刊印完，遣人賫賜皇太子。

又［永樂十七年十二月］頒《爲善陰騭》、《孝順事實》二書于天下學校。先是，上命儒臣輯録古今載籍所記爲善陰騭之事可以垂勸者，得百六十五人。尋復輯古今孝順之事可以垂教者，得二百七人。上於各條之下，親爲論斷并系以詩，各次爲十卷。上親爲之序，既成編頒之。

又卷三一［嘉靖十八年］七月，頒賜御製《大狩龍飛録》于文武群臣及各王府。

陳建《皇明紀要・乙未永樂十三年》 十二月，楊士奇等奉命編輯《歷代名臣奏議》書成。上覽之，謂侍臣曰：「政治之道，千古一揆。君能納善言，臣能盡忠不隱，天下未有不治。觀是書，足以見當時人君之量，人臣之直。爲君者，以前賢所言，便作今日耳聞；爲大臣者，以前賢事君之心爲心，天下國家之福也。」遂命刻印，以賜皇太子、皇太孫及諸大臣。

又《丁酉永樂十五年》 上巡北京。四月，頒《五經》、《四書》、《性理大全》於兩京六部及國子監、天下郡、縣學。

黎晨《宣城集跋》（謝朓《謝宣城集》附録） 《宣城集》者，集宣城守謝朓作也。謝之作盛於當時，及於後世，竊疑近時罕刻本以傳之。丙申冬，秋卿于曹峰有事是地，出是集以授予，覽，乃刻自武功，喜欲新之，而宣庠貢生遂旦抄本以校。夫集以宣城名，其刻於宣城宜也，顧乃刻於武功者，亦

足以見愛慕人心之所同。宜刻于宣城，而宣城久無傳者，豈其秘錄私藏，珍重獨得也耶？於是付諸梓，期與宣城並傳不朽。

楊沔《曹鄴古風詩序》（《曹祠部集附曹唐詩》卷首） 予嘗見曹鄴之《監察從兄》、《讀李斯傳》諸作於選集中，竊謂唐之詩人鮮出其右，恨不多得。去冬，過陽朔，衙推雨岩陳君遺以全帙，凡若干首。其意雋以永，其風肆以則，其欣戚感遇，各得乎性情之正，讀之不忍去手，蓋與昔所見者未易選擇去取也。

王世貞《弇山堂別集》卷三《皇明盛事述・義門恩澤》 永樂十二年，御史七十二歲，進《平胡詩》，稱旨，乞歸，上曰：「敎翰林院寫敕書，禮部宴他用正官，陪敎坊伎樂。」陛辭，賜金繡衣楮帛。幹薦從子湛可用，上曰：「御史舉，也除御史。」後累遷大理寺丞。永樂十七年，北京初受賀，致仕御史幹及弟致仕長史楷來朝，賜宴及楮幣與《爲善陰騭》二部，上曰：「他家人多，與二十部。」

又《又跋文正公手書伯夷頌墨迹》（《范仲淹全集》附録） 此帖與忠宣公《告身》跋之月餘，而其後人主奉者不能守，作余質庫中物者十年矣。余聞之，數責其以原價取贖，不得。今年初夏，悉理散帙，分授兒輩，因舉此二卷以歸主奉，且不取價。嗟夫！余豈敢以百金市義名，顧滿吾甘棠勿翦之願云耳。

余繼登《典故紀聞》卷三 太祖命羣臣采漢唐以來藩王善惡可爲勸戒者，著爲書，曰《昭鑑錄》，以賜藩王。因謂秦王傅文原吉等曰：「朕於諸子，嘗切諭之：一，舉動戒其輕；一，言笑斥其妄；一，飲食敎之節；一，服用敎之儉。恐其不知民之饑寒也，嘗使之少忍饑寒；恐其不知民之勤苦也，嘗使之少服勞事。但人情易至於縱恣，故令卿等編輯此書，必時時進説，使知所警戒。」

又卷五 太祖嘗謂廷臣曰：「四民之中，士最爲貴，農最爲勞。士之最貴者何？讀聖賢之書，明聖賢之道，出爲君用，坐享天祿。農之最勞者何？當春之時，雞鳴而起，驅牛秉耒而耕，及苗既種，又須耘耨，炎天赤日，形體憔悴，及至秋成，輸官之外，所餘能幾？一或水旱蟲蝗，則舉家皇皇無所望矣。今居官者不念吾民之艱，至有剝刻而虐害之，無仁心甚矣。」於是命戶部臣備錄文武官大小官品，歲給俸米之數，以米計其用穀之數。又計田畝出穀之數，與其用力多寡而爲之書，至編成，賜名曰《醒貪簡要錄》，頒示中外，俾食祿者知所以卹民。

又 太祖嘗命儒臣歷考舊章，上自朝廷，下至臣庶，冠婚喪祭之儀，服舍器用之制，各有等差，著爲條格。書成，賜名《禮制集要》。其目十有三，曰冠服、房屋、器皿、傘蓋、床帳、弓矢、鞍轡、儀從、奴婢、俸祿、奏啟本式、署押體式，頒布中外，使各遵守。

又卷九 宣宗曾製《帝訓》二十五篇，曰《君德》、曰《奉天》、曰《法祖》、曰《正家》、曰《睦親》、曰《仁民》、曰《經國》、曰《勤政》、曰《恭儉》、曰《儆戒》、曰《用賢》、曰《知人》、曰《去疾》、曰《防微》、曰《求言》、曰《祭祀》、曰《重農》、曰《興學》、曰《賞罰》、曰《黜陟》、曰《恤刑》、曰《文治》、曰《武備》、曰《馭夷》、曰《藥餌》，言質事實，皆爲理之大要。親序其首，復題其後，惓惓欲後世子孫服膺斯訓。若爲人主者，時置一冊於坐側，甚爲有益。

徐學聚《國朝典彙》卷二三《獻書》 ［洪武］二十三年十二月，福建布政司進《南唐書》、《金史》、蘇轍《古史》。初，上命禮部遣使購天下遺書，令書坊刊行，至是三書先成進之。

又 ［永樂］二年六月，青田縣民劉貊進高皇帝所賜其祖誠意伯基手詔八道、祭文一道，賜鈔五錠。

又 十九年，大學士楊榮撰《皇都大一統賦》以進。

又 宣德五年九月，有獻《歷代紀年圖》者。上覽既，顧侍臣曰：唐之後不五十年，天下五易主，生民之禍極矣。周世宗英武，顧其進取之略，制治之心，足以平定天下。而亦享年不永，何也？侍臣對曰：帝王之典自有天命，非人謀所及。上曰：國家創業垂統，貴有根本。三代以下，若漢高帝掃除秦苛以濟蒼生，唐太宗革隋弊政以致太平，其規模皆弘遠，所以傳之子孫皆長久。若後周之主，稱兵爲逆，刼掠京城，曾無匡濟之功，室家先覆。而世宗以養子繼之，欲其宗祀長久，得乎？宋太祖陳橋之變，一號令之間秋毫無犯，拯生民於淪溺，革叔季之兵禍，子孫享國，與漢、唐同久者，蓋有仁厚爲之根本，豈偶然哉！時有進《豳風七月圖》者。上喜，受之。顧侍臣曰：此見周家立國之本，周公輔成王之心。當是時，君民相親如父子，以故周之王業歷年最永。八年正月，少傅楊士奇進《太平聖德詩》十章，上

嘉納之。正統元年八月，副都御史吳訥進《性理群書補註》，納之。

又 ［成化］二十三年十一月，掌國子監禮部侍郎丘濬，進所著《大學衍義補》。孝宗覽之，喜甚。曰：卿所纂書，考據精詳，論述該博，有補政治，朕甚嘉之。賜金幣，進尚書掌詹事府事。仍命禮部下所司刊行。

又 ［弘治］十六年十月，前南兵部郎中婁性上所編《皇明政要》四十篇。

又 嘉靖五年三月，天台縣起復知縣潘淵進《嘉靖龍飛頌》，內外六十四圍，五百段，一萬四千章，效蘇蕙織錦廻文體，上以其文字縱橫，不可辨識，使開寫正文，再上。

又 七年，南京吏部侍郎湛若水進所撰《聖學格物通》一百卷，上以書留覽。學士許誥上所撰《通鑑綱目前編圖書管見》、《太極圖》、《論詔》留覽。

又 八年，同安縣儒士李如玉纂集《周禮會註》十五卷，令其子詣闕，奏進。詔如玉究心禮書，令有司以禮獎勸，給與冠帶榮身。

沈德符《萬曆野獲編》卷九《閣臣進御筆》 今上四年六月，江陵張公爲首揆，進閣中所藏世宗御筆聖諭六十三道，御製四十四道，聖製票帖七十道，又纂修館中得親批本章，共六十三本，進之于上。時張公新被御史劉臺糾劾，說者謂怒劉入骨，恨其未置極典，因以世宗刑戮言官諸事，導主上威嚴，雖借口法祖，實快己私也。至十六年三月，閣臣又進閣中舊藏太祖御筆七十六道，以呈御覽。

又《補遺》卷四《獻異書》 本朝讖緯之書，皆有厲禁。惟奇門六壬之屬，人間多習之，士大夫亦有篤好且奇驗者，苦不得祕本眞傳，徒以影響推測耳。太祖洪武二十二年，河南開封府封邱縣民劉安壽進禁書，其目曰：《五符太乙書》一十種：《景祐太乙書》一十卷，附《淘金歌》、《太乙新曆》、《十品》各二卷，《九宮大乙太乙》、《八運太乙》、《草算太乙》、《祭法太乙》、《神算五福十神太乙》各一卷。《太乙局成書》二卷。《遁甲書》六種：《景祐符應經》、《六壬心鏡祭法》、《局算祭法》、《符六甲》、《乾經奇門》、《五總龜》各一卷。《六壬書》十種：《兵帳賦》、《玉律》、《鈐法》、《中黃五變經》、《草裏尋針法》、《訣心印諸賦》、《大六壬斷訣》、《雜六壬書》、《東方朔射覆》、《禽書》各一卷。意其中必有祕術祕訣，今不知內府尚存此等書否。至嘉靖末年，世宗好玄修，遣御史姜敬、王大任訪天下法秘，歸而驟進學士。於是方士趙天壽者進獻《符法》三十六本，上曰：法祕皆出眞傳，特授道錄司右演法，敕還鄉。已乞留靜虛觀，爲上祈祝，不許。至四十四年，天壽又獻《法祕》二十三種，上留覽，終無他賞。蓋上是時已覺方術之不足信矣。太祖時，劉安壽進書，亦不聞有賜，蓋亦竟罷歸去。

孫奇逢《中州人物考》卷一 ［白］良輔，字堯佐，洛陽人，喜讀性理諸書，景泰二年進士。初請業河東薛瑄，瑄不許。良輔，乃置十脡肉爲贄，跽于門，日昃不返，肉色變而良輔貌愈恭，瑄以其誠，遂延置弟子之列。居歲餘，卒受其業。歸拜監察御史，按治晉陽、秦中，俱有名迹。遷太僕寺丞，尋轉卿。天順中卒于家。所著有《太極解律呂》、《新書釋義》、《中庸膚見》若干卷。當疾革，以書授畢亨。畢亨傳于洛，其後言性學者多宗白氏。

李清《三垣筆記·附識上·崇禎》 蔣少宗伯德璟留心國計，將各邊餉冊細加剔釐，計祖制九邊及先後增設東西二協昌、通、津、登、保五處，共十六鎮，一切新舊練三餉兵馬及屯鹽民運漕糧馬價，各項原額現額，苦心編纂，而諸形勢要害，及近邊部落，今昔疏義有可采者，亦附見焉。合爲總冊，分爲各鎮，名曰《備邊御覽冊》。先進總冊，次進《備邊撫賞》一本，三進《薊密山永》一本，《薊永三衛考》一本，《昌平鎮》一本，《守邊乞賞各部落》一本。又將各邊十六鎮新舊兵馬屯鹽民運京運漕糧三餉本折及兵馬價各項，括其大綱，以便稽核，名曰《御覽簡明冊》一本，又進《九邊十六鎮兵餉總冊》二本，《御覽簡明冊》二本，《薊州鎮兵餉原額》二本，《新設中協薊州鎮》一本，《東協山永鎮》一本，《西協密雲鎮》一本，《大寧三衛考》一本，附戚繼光登州衛人，謚武毅。《口 外山川圖》、《大寧哨撥》、《歷朝經歷》及《朵顏福餘泰寧支派》、《恢復大寧》諸疏議。《新設昌平鎮》二本，附《諸陵形勢》、《歷朝謁陵事宜》。《新設通州鎮》一本，《新設天津鎮》一本，附《二鎮漕河水利》。《眞保鎮》二本，《新設登萊鎮》二本，附《膠萊河養魚池考》、《海運考》、《毛文龍至黃蛬始末考》。《新設關外寧遠鎮》二本，附《建州始末考》二本。《山西鎮》一本，《宣府鎮》一本，《大同鎮》一本，《守邊賞彝考》二本，附《隆慶以來順義款貢始末》。《陝西固原鎮》一本，《延綏鎮》一本，《寧夏鎮》一本，《甘肅鎮》一本，附《河套考》、《大同叛兵考》、《寘鐇考》、《元昊考》、《哈密諸番考》。其進冊時在入閣後。

涂山輯《新刻明政統宗・洪武六年》 三月，《昭鑒録》成，頒賜諸王。先是，命陶凱等采可爲勸戒者爲書。會凱出參行省，編輯未成。于是召秦府右傳文原吉、翰林修撰王僎等續修之，至是成書。宋濂爲序以進，上親賜名曰《昭鑒録》。

又 ［洪武二十五年八月］，頒《醒貪簡要録》於諸司。【略】于是命戶部臣備録文武大小官品歲給俸米之數，以米計其用穀之數，又計田畝出穀之數與其用力多寡，而爲之書。至是編成，賜名曰《醒貪簡要録》，頒中外，俾食録者知所以恤民。

又 ［洪武二十六年］十二月，《永鑒録》成，頒賜諸王。其書輯歷代宗室諸王爲虐悖逆者，以數爲編，直叙其事，賜名曰《永［鑒録］》。《世臣總録》成，頒示中外群臣。輯歷代爲臣善惡可勸懲者。

許重熙《嘉靖注略》卷二 ［嘉靖九年］春正月，上因講程氏《四箴》及范浚《心箴》爲之注，以示講臣。又謂：「人心匪敬弗聚，匪一弗純」，復製《敬一箴》，命禮部頒於天下學官。二月，【略】頒《大學衍義》於廷臣。

錢曾《讀書敏求記》卷二之下《楊衒之洛陽伽藍記》 清常道人跋云：「歲己亥，覽吳琯刻《古今逸史》中《洛陽伽藍記》，讀未數字，輒齟齬不可句。因購得陳錫九、秦西巖、顧寧宇、孫蘭公四家鈔本，改其譌者四百八十八字，增其脱者三百廿字。丙午又得舊刻本，校於燕山龍驤邸中，復改正五十餘字。凡歷八載，始爲完善。」清常言校讎之難如此。予嘗論牧翁絳雲樓，讀書者之藏書也。趙清常脈望館，藏書者之藏書也。清常歿，其書盡歸牧翁。武康山中白晝鬼哭，嗜書之精爽若是。伊予腹笥單疏，囊無任敬子之異本，又何敢廁於墨莊藝圃之林。然絳雲一燼之後，凡清常手校祕鈔書都未爲六丁取去，牧翁悉作蔡邕之贈。天殆留此以佽助予之《詩注》耶？何其幸哉！又何其幸哉！

又卷四之上《陶淵明文集》 婁江顧伊人藏弆宗槧本《淵明集》，顔其讀書處曰「陶廬」，而請牧翁爲之記。伊人交予最厚，眞所謂兄弟也，但各姓耳。見予苦愛《陶集》，遂舉以相贈。丙午、丁未之交，予售書季滄葦，是集亦隨之而去。每爲念及，不能舍然。此則購名手從宋刻影摹者，筆墨飛動，行間字有不可過之勢，視宋刻殆若過之。滄葦歿，書籍散入《雲煙過眼録》矣。伊人前年渡江，念《陶集》流落不偶，訪求得之，持歸示予。河東三篋，亡來已久，一旦頓還舊觀，展卷相向，喜可知也。予畀以牧翁《陶廬記》手稿，俾揭之簡端，以見我兩人鄭重其書，互以藏之外府爲快。若此視世之借書爲一癡者，其度量相越，豈不遠哉！墨莊中尚有《箋注淵明集》，乃是焦弱侯翻刻原宋本。《述酒詩》中「山陽」注，能照見古人心髓。留心詩畫者，宜拈出之。

又卷四之下《韻語陽秋》 丹陽葛立方常之撰。朱性甫借得此書宋槧本，邢麗文命工摹寫二部，舉其一贈性甫。朱守中又從性甫借歸。弘治癸亥，金成性録成此本，守中爲題其卷尾。三君皆衡山好友，安貧樂志，吳中雅士也。常之《詩話》無足取，存此見前輩嗜好之勤，互以鈔書爲風流罪過，亦藝林美談也。

徐乾學《資治通鑑後編》卷二一 ［咸平三年二月辛卯］以國子監經籍賜潭州岳麓山書院，從知州李允則請也。

又卷三九 ［天聖九年］三月，賜青州州學九經，從王曾之請也。自是，州郡當立學者皆得賜書矣。

又 ［天聖八年十二月］辛丑，定難節度使西平王趙德明，交阯王李德政並加賜恩。丁未，德明遣使來獻馬七十匹，乞賜佛經一藏，從之。

又卷四一 景祐元年春正月，甲子，許京兆府立學，賜九經，仍給田五頃。

王士禛《池北偶談》卷一七《談藝七・徂徠集跋》 宋石介守道《徂徠集》二十卷。詩四卷，辨、說、原、釋、傳、録雜著五卷，論二卷，書六卷，序一卷，記一卷，啓表一卷，石門吳孟舉［之振］所貽宋刻也。

仇兆鰲《進書表》（《杜詩詳註》卷首） 翰林院編修臣仇兆鰲，奏爲恭進《杜詩詳註》事：本年孟夏之月，伏蒙皇上傳諭，翰林諸臣所著詩古文章，抄録呈進，以備御覽。臣伏思俚語蕪詞，本無文理，不足以仰瀆尊嚴，謹録三載以來所著《杜詩詳註》二十五冊，須呈進者。【略】康熙三十二年十一月 日翰林院編修臣仇兆鰲上表。

石鍵《徂徠石先生全集序》（附録） 鍵忝爲先生宗裔，來守是邦，登堂瞻像，慨然景慕。未幾，先生十九世奉祀孫維巖捧前守徐公所刻《徂徠詩文》二冊進見，且言有全集二十卷，得之漁洋書庫者。徐公方謀剞劂，會內遷，遂不果。予亟索觀，較徐刻數倍之，眞可覩先生之全而發先生之光矣！因割俸授梓以廣其傳。

《明史·諸王傳一·奉國將軍朱健根》　奉國將軍健根，鉅野王陽瑩諸孫。博通經術，年七十，猶縱談名理，亹亹不倦。嘉靖中，詔褒其賢孝。子鎮國中尉觀熩，字中立，居母喪，蔬食逾年，哀毁骨立。嘗繪《太平圖》上獻。世宗嘉獎之，賜承訓書院名額并《五經》諸書。

又《宋濂傳》　［太祖］又詔太子賜濂良馬，復爲製《白馬歌》一章，亦命侍臣和焉。其寵待如此。［洪武］九年進學士承旨知制誥，兼贊善如故。其明年致仕，賜《御製文集》及綺帛，問濂年幾何，曰：「六十有八。」帝乃曰：「藏此綺三十二年，作百歲衣可也。」濂頓首謝。

又《劉仲質傳》　仲質請帝服皮弁執圭，詣先師位前再拜，獻爵，又再拜，退易服，乃詣彝倫堂命講，庶典禮隆重。詔曰「可」。又立學規十二條，合欽定九條，頒賜師生。已，復奉命頒劉向《說苑》、《新序》於學校，令生員講讀。

又《西域傳三·董卜韓胡宣慰司》　董卜韓胡宣慰司，在四川威州之西，其南與天全六番接。【略】［景泰］三年二月朝議獎其入貢勤誠，進秩都指揮使，令還二司侵地及所掠人民。其酋即奉命，惟舊維州之地尚爲所據。俄饋四川巡撫李匡銀甖、金珀，求《御製大誥》、《周易》、《尚書》、《毛詩》、《小學》、《方輿勝覽》、《成都記》諸書。匡聞之於朝，因言：「唐時吐蕃求《毛詩》、《春秋》。于休烈謂，予之以書，使知權謀，愈生變詐，非中國之利。裴光廷謂，吐蕃久叛新服，因其有請，賜以《詩》、《書》，俾漸陶聲教，化流無外。休烈徒知書有權略變詐，不知忠信禮義皆從書出。明皇從之。今茲所求，臣以爲予之便。不然彼因貢使市之書肆，甚不爲難。惟《方輿勝覽》、《成都記》，形勝關塞所具，不可概予。」帝如其言。尋以其還侵地，賜敕獎勵。

李紱《王右丞集箋注序》（附録）　乾隆丁巳，余奉命祭夏禹王陵。過錢塘，松谷趙君來見，出所注《王右丞全集》貽余。余方請急省覲，未暇展視，至家而憂居。逾三年，取其書讀之，則不陋且典，不黠且醇，異乎近世之爲注者也。

傅恒《歷代通鑑輯覽》卷九六　［元成宗元貞十一年八月］賜諸王《孝經》。中書左丞博羅特穆爾以國字譯《孝經》進，詔曰：「此孔子微言，王公庶民皆當由是而行。」命刻板模印，諸王以下咸賜之。

陳洪書《望都縣新志》卷二《書籍》　學院蔣公超捐置書籍開後：《四書》、一套五本。《易經》、一套二本。《書經》、一套五本。《詩經》、一套四本。《春秋》、一套六本。《禮記》、一套十本。《綱鑑》、六套三十六本。《性理》、六套三十六本。《史記》、四套二十本。《秦漢文》、三套十八本。《韓蘇文》。二套十本。以上書二十七套，一百五十一本。《舊志》所存，今俱失。計開存縣禮房收貯。御頒書籍列左：《日講四書》一部二封，《明史》一部一百一十二本，《駁呂留良講義》一部八本，《吏部處分則例》一部十六本，《上諭》三部三十三本，《上諭》四套，《上諭訓飭州縣規條》一本，《洗冤錄》一部四本，《聖諭》一本，《品級考》六本，《銓選則例》四本，《續到品級考滿漢并銓選則例》十二本，《三流道里表》一套，《軍衛道里表》一套，《中樞考政》一部二套，《續頒處分則例》十二本，《御製平定金川告成太學碑文》一本，《督捕則例》一套，《學政全書》八本，《續增學政全書》四本，《御製平定準噶爾碑文》一本，《三禮義疏》一部二十五封，內《禮記》十封、《儀禮》八封、《周官》七封。《留養局》一套，《壇廟祀典》一部，《樂善堂全集》一部，《祭典圖》一本，《賑紀書籍》一部，《條例》一部，《周易述義》一部，《詩義折衷》一部，《春秋直解》一部，《冊結欵式》一套，《御製文物集》一部，《御製詩二集》一部，《則例》一部，計開存學署。《上諭》二部，《學政全書》四本，無套。《上諭》五本，無套。《鄉會墨選》三本，無套。《上諭》二本，無套。《壇廟祀典》三本，《綱鑑》二十九本，無套。《詩義折衷》八本，《蘇文》一本，《春秋直解》八本，《秦漢文》十三本，《周易述義》六本，《四書講義》四部，無套。《文初集》一部，《日講四書》七本，無套。《賑紀》八本，《四書文》一部，《四書》二本，《畿輔通志》七十本，無套十一本。《詩經》一本，《滿漢則例》一部，《書經》二本，《處分則例》一部，《易經》一本，《朱子全書》二十二本，無套。《處分則例》十六本，無套。《品級考》一部，《資治通鑑》十六套，《吏部銓選》四本，《周易折衷》十本，《科場則例》四本，《詩經彙（篡）［纂］》二十四本，《簡明條例》四本，《書經彙（篡）［纂］》二十二本，《嚴清冒籍條例》一本，《春秋彙（篡）［纂］》十九本。以上俱無套。

盧文弨《抱經堂文集》卷八《不全宋本左傳跋》　吳興嚴久能得萃古齋主人錢景開所贈不全宋本《左氏傳》，止四卷，以示余。第十八卷《襄五》，

起二十六年，至二十八年。第二十二卷《昭三》，起八年，至十二年。第二十三卷《昭四》，起十三年，至十七年。第二十四卷《昭五》，起十八年，至二十四年。觀其避諱至寧宗，殆亦南宋本。

黄丕烈《士禮居藏書題跋記》卷一《周禮殘蜀大字本**》** 倚樹吟軒楊氏，余幼時讀書處也。其主人延名師課諸子，有伯子，才而夭。余就讀時，與仲氏偕時同筆硯，情意殊投合也。其家有殘宋蜀大字本《周禮・秋官》二冊，蓋書友詭稱樣本，持十金去以取全書，久而未至，亦遂置之。余稍長，喜講求古書，從偕時乞得，登諸《百宋一廛賦》中，偕時亦不以余爲豪奪也。客歲，偕時病歿，年才五十有四，從此失一良友，甚可傷也。余今春耳目之力漸衰，偶有小恙，即畏風惡寒，久不至外堂。日于下樓西廂靜坐養痾，檢點群書，偶及此冊，因記曩事如此。人往風微，睹此贈物，益增傷感。而此殘鱗片甲，猶見蜀本規模，勝似後來諸宋刻。余所見有纂圖互注本，有點校京本，有余氏萬卷堂本，有殘岳本。幸叨良友之贈，物以人重，人又以物重也。

又卷五《魏鶴山渠陽詩集宋本**》** 海鹽黄椒升，余二十年前友也。頗藏書，最喜金石，尤好蓄古印，兼精篆刻，嘗往來吳門，從潛研老人游，故余得訂交焉。每一至郡，必攜古書相質證，余時或得之。後爲小官于閩中，不見者數載矣。二三年前曾訪余，知辭官歸，欲謀遷秩而無資，蓋家業亦中落，宦情亦差淡也。忽忽別去，別後寄示《渠陽詩》一冊，本僅一帙，而古香古色溢于楮墨間，彼蓋重其爲宋刻，故贈余也。余一見即定爲宋刻，適訪間借得松江程氏《清綺堂書目》，載有《魏鶴山渠陽詩》一卷，宋板一冊，余言爲益信云。

吳振棫《養吉齋叢録》卷二 康熙間，庶吉士讀滿書者，每員頒給《遼》、《金》、《元史》、《洪武寶訓》、《大學衍義》、《日講四書解義》等書，旋停止。

又卷二〇 世祖命纂《孝經衍義》，未成。聖祖復詔臣工倣《大學衍義》體例，成書一百卷，鏤板頒行。

又《養吉齋餘録》卷七 鮑淥飲名廷博，字以文，歙人。遷烏程之烏鎮。生平於書無所不窺，搜緝宏富，參校精審。乾隆間開四庫館，進書三百餘種，奉《圖書集成》之賜。後刊《知不足齋叢書》，仁宗傳諭撫臣曰：「朕讀鮑氏叢書名知不足齋，與宮内齋名同。爲語鮑氏勿改，朕帝王家之知不足，鮑氏乃讀書人知不足也。」二十五集進呈，蒙賜舉人。後刊至二十八集，年八十卒於家。乾隆時博訪遺編，進書百種以上者，擇其精本，御製詩章題識簡端。三十年，以浙江鮑士恭、范懋柱、汪啟淑，兩淮馬裕四家，所進書多至六、七百種，各賜《古今圖書集成》一部。又進書百種以上之江蘇周厚堉、蔣曾瑩，浙江吳玉墀、孫仰曾、汪汝瑮及朝紳中黄登賢、紀昀、勵守謙、汪如藻等，各賜初印《佩文韻府》一部。

陸以湉《冷廬雜識》卷七《知不足齋叢書》 歙縣鮑渌飲先生廷博，寓居吾里之楊樹濱，好學博聞，尤喜蒐羅散佚。乾隆時，開四庫館，獻書七百種，欽頒《圖書集成》。旋刻秘籍數百種，曰《知不足齋叢書》。進呈乙覽，宸翰賜題卷首，有「知不足齋奚不足，渴於書籍是賢乎」之句，睿皇帝復賜以舉人。兩朝褒寵，可謂極稽古之榮矣。所刻叢書，校訂精審，風行海內。嘗謂：「與其私千萬卷於己，或子孫不爲之守，孰若公一二冊於人，與奕禩共永其傳。」今其孫曾輩以書爲業，奇編寶笈，價重藝林，蓋猶食其報云。

陳康祺《郎潛紀聞四筆》卷四《阮元進書》 阮儀徵呈進祕籍，補四庫之闕遺，曾見前筆。兹讀張石洲所撰《泗州府君事輯》，注文達進書實六十餘種，仁宗皇帝命庋其書於天壇前殿之西廊，御題額曰「宛委別藏」，此亦承學之士所當知也。按：石洲祖泗州君，嘗注陸宣公《翰苑集》，而郎注《宣公奏議》，亦在文達進書之列，故注中牽連及之。

夏修和《魏公譚訓序三》（《蘇魏公文集》附録） 郡中士禮居黄氏故藏書家，所藏《魏公譚訓》十卷，精鈔校宋本也。以獻於太守，乃讎正刊行。

吳慶坻《蕉廊脞録》卷四《陳廷會》 陳廷會字際叔，號瞻雲，錢唐人。六歲始能言，九歲作《寇萊公枯竹生筍賦》，人爭奇之。補諸生。崇禎癸未，郡東門有海，大鳥集焉，人面獸身，六翼四足。際叔歎曰：「此鶢也，所見之國，其下多放士。」因自號鶢客，作《鶢客問》。未幾，金堡、徐繼恩、陸圻、應撝謙、沈捷、汪渢輩，或挂衲空談，或鑿壞遁迹，人皆服其先見。與陸鯤庭有性命之契。鯤庭殉國難，留書與別，以書籍盡遺之。際叔奔赴，爲書以報地下，美其得死所。後教其子繁弨，學既成，舉其父所遺書返焉。

雜録

劉歆《與揚雄從取方言》（《方言》卷首） 屬聞子雲獨採集先代絶言，異國殊語，以爲十五卷。其所解略多矣，而不知其目。非子雲澹雅之才、沈鬱之思，不能經年鋭積，以成此書，良爲勤矣。歆雖不遘過庭，亦克識先君雅訓。三代之書藴藏于家，直不計耳。今聞此，甚爲子雲嘉之已。今聖朝留心典誥，發精于殊語，欲以驗考四方之事，不勞戎馬高車之使坐知傜俗，適子雲攘意之秋也，不以是時發倉廩以振贍，殊無爲明語，將何獨挈之寶？上以忠信明于上，下以置恩于罷朽，所謂知蓄積、善布施也。蓋蕭何造律，張倉推歷，皆成之于帷幕，貢之于王門，功列于漢室，名流乎無窮。誠以隆秋之時，收藏不殆，饑春之歲，散之不疑，故至于此也。今謹使密人奉手書，願頗與其最目，得使入籙，令聖朝留明明之典。歆叩頭叩頭。

《隋書・北狄傳・突厥》 齊有沙門惠琳，被掠入突厥中，因謂佗鉢曰：「齊國富强者，爲有佛法耳。」遂説以因緣果報之事。佗鉢聞而信之，建一伽藍，遣使聘於齊氏，求《淨名》、《涅槃》、《華嚴》等經，幷《十誦律》。

《南史・文學傳・崔慰祖》 慰祖著《海岱志》，起太公迄西晉人物，爲四十卷，半成。臨卒，與從弟緯書云：「常欲更注遷、固二史，采《史》、《漢》所漏二百餘事，在廚簏，可檢寫之，以存大意。《海岱志》良未周悉，可寫數本付護軍諸從事人一通，及友人任昉、徐寅、劉洋、裴揆，令後世知吾微有素業也。」

皮日休《文藪序》 咸通丙戌中，日休射策不上第，退歸州東別墅，編次其文，復將貢于有司。發篋叢萃，繁如藪澤，因名其書曰《文藪》焉。比見元次山納《文編》于有司，侍郎楊公浚見《文編》，歎曰：「上第，污元子耳！」【略】《皮子世録》著之于後，亦《太史公自序》之意也。凡二百篇，爲十卷，覽者無誚矣。

《舊唐書・錢徽傳》 長慶元年，爲禮部侍郎。時宰相段文昌出鎮蜀川，文昌好學，尤喜圖書古畫。故刑部侍郎楊憑兄弟以文學知名，家多書畫，鍾、王、張、鄭之蹟在《書斷》、《畫品》者，兼而有之。憑子渾之求進，盡以家藏書畫獻文昌，求致進士第。文昌將發，面託錢徽，繼以私書保薦。翰林學士李紳亦託舉子周漢賓於徽。及牓出，渾之、漢賓皆不中選。

又《文苑傳下・王維》 代宗時，縉爲宰相，代宗好文，常謂縉曰：「卿之伯氏，天寶中詩名冠代，朕嘗於諸王座聞其樂章。今有多少文集，卿可進來。」縉曰：「臣兄開元中詩百千餘篇，天寶後，十不存一。比於中外親故間相與編綴，都得四百餘篇。」翌日上之，帝優詔褒賞。

《舊五代史・晉書・鄭玄素傳》 初，玄素好收書，而所收鍾、王法帖，墨迹如新，人莫知所從得。有與厚者問之，乃知玄素爲溫韜甥，韜常發昭陵，盡得之，韜死，書歸玄素焉。

王禹偁《小畜集》卷二〇《馮氏家集前序》 太祖平吴之歲，金陵罹於兵火，士流之書蓋煨燼矣。隸公府者，僅有存焉。初，公嘗以所業文集獻於本國，至是亦入貢矣。爲下揆相賜得公詩集張本。俄而公之諸子歸於朝廷，首台猶爲翰林承旨見公之子弟，憮然有故人之念，且徵其家集焉。對以兵戈之中，喪失殆盡。相國歎息久之，且曰：「上嘗以江表圖籍賜於近臣，時太祖末年，故云上。某獲先君子詩一編，凡百餘章，常耽味之。混同已來，俟得全集，今盡亡矣，子孫何觀焉？」遂出而付之，因得傳寫於昆仲間。

范仲淹《范文正公集》卷一九《進故朱寀所撰春秋文字及乞推恩與弟寘狀》 寀《春秋》之學爲士林所稱，有唐陸淳，始傳此義。學者以爲《春秋》之道久隱，而近乃出焉。寀苦心探賾，多所發揮。其所著《春秋指歸》等若干卷，謹繕寫上進，乞下兩制詳定。如實可收采，則乞宣付崇文院。

又《進李覯明堂圖序表》（《直講李先生文集・外集》卷一） 臣伏見建昌軍草澤李覯，十餘年前曾撰《明堂圖幷序》一首，大約言周家之制，見於《月令》及《考工記》、《大戴禮》，而三家之説少異，古今惑之。覯能研精其書，會同大義，按而視之，可以制作。臣於去年十一月録進前人所業十卷，其《明堂圖序》爲一卷，必在兩制看詳。今朝廷行此大禮，千載一時，何斯人學古之心上契聖作？臣今再録其圖幷序上進，伏望特賜聖覽，於朝廷討論之際，庶有所補。

釋契嵩《鐔津集》卷一〇《上富相公書》 竊嘗著書曰《輔教編》，以發明扶持其道，凡三萬餘言。始欲奏之天子，而微誠不能上達。又欲進之閤

下，又不克通之。已而乃因人姑布之京國，亦意其欲傳聞於閤下聽覽。又逾年，而浮沉不決，其所憂之心，若在水火，急欲其援，以成就其生平之志。乃不避其忝冒之誅，輒以其書塵浼大丞相尊嚴。萬一幸閤下憫其勤勞，爲敎與道，非敢如常流者屑屑苟榮其身與名而已。謹以其所著《輔敎編》一部三冊印者，又以《皇極論》一首寫成者，然此論乃少時行道之餘暇所屬，雖其文字淺俗，而粗明乎治世聖賢之法。仰託關主簿投諸下執事者。不任瞻望台慈，皇恐悚越之至。不宣。

《歐陽修全集》卷一一二《薦布衣蘇洵狀》 伏見眉州布衣蘇洵，履行淳固，性識明達，亦嘗一舉有司，不中，遂退而力學。其論議精於物理而善識變權，文章不爲空言而期於有用。其所撰《權書》、《衡論》、《機策》二十篇，辭辯閎偉，博於古而宜於今，實有用之言，非特能文之士也。其人文行久爲鄉閭所稱，而守道安貧，不營仕進，苟無薦引，則遂棄於聖時。其所撰書二十篇，臣謹隨狀上進。伏望聖慈下兩制看詳，如有可采，乞賜甄錄。謹具狀奏聞，伏候敕旨。

又卷一一六《繳進劉羲叟春秋災異奏狀》 右臣近曾薦舉澤州進士劉羲叟，學通天人禍福之際，如漢歆、向、張衡、郎顗之比。乞賜召試，升之朝廷，可備顧問。臣今有收得劉羲叟所撰《春秋災異集》一冊，其辭章精博，學識該明，論議有出於古人，文字可行於當世，然止是羲叟所學之一端。其學業通博，詰之不可窮屈。其文字一冊，臣今謹具進呈。伏望聖慈下兩制看詳，如有可採，乞早賜召賜。謹具狀奏聞。

韓維《南陽集》卷二一《謝賜陳書表》 校讎絕五日之疑，刊鏤極一時之妙。仰承頒賚，第切靦惶。中謝。洪惟列聖之御圖，率以右儒而爲治。大啟禁府，充牣於秘文；旁延碩生，是正於訛說。苟片言之可采，殆隻簡而不遺。嗣有成編，達於聰聽。臣愧微術業，叨被恩私。家有賜書，遂竊古人之美；身無擇行，敢遵先聖之言。

司馬光《溫國文正公文集》卷一八《薦劉廱劄子》 臣伏見西鄙用兵以來，草萊之士談兵機、獻邊策者，不可勝紀。其間夸誕迂闊，不切事情，鄙陋膚淺，無可觀采者甚衆。蓋緣邊鄙之事，非土著之人，耳目習熟，則不能究明利病；非學古之士，歷觀成敗，則不能堅定是非。竊見并州鄉貢進士劉廱，撰成《邊議》十卷，援據古今，指陳得失，用意甚勤，論理頗多。不敢隱蔽，謹具進呈。伏乞少賜省覽，如有可取，欲乞朝廷略加甄奬。

《資治通鑑·陳宣帝太建十三年》 隋鄭譯以上柱國歸第，賞賜豐厚。譯自以被疏，呼道士醮章祈福，爲婢所告，以爲巫蠱，譯又與母別居，爲憲司所劾，由是除名。隋主下詔曰：「譯若留之於世，在人爲不道之臣；戮之於朝，入地爲不孝之鬼。有累幽顯，無所置之。宜賜以《孝經》，令其熟讀。」仍遣與母共居。

又《隋文帝仁壽二年》 初，楊素嘗以少譴敕送南臺，命治書侍御史柳彧治之。素恃貴，坐彧牀。彧從外來，於階下端笏整容謂素曰：「奉敕治公之罪！」素遽下。彧據案而坐，立素於庭，辨詰事狀。素由是銜之。蜀王秀嘗從彧求李文博所撰《治道集》，彧與之，秀遺彧奴婢十口。及秀得罪，素奏彧以內臣交通諸侯，除名爲民，配戍懷遠鎮。

蘇頌《蘇魏公文集》卷四四《謝支賜表》 臣今月日準樞密院劄子，以臣近上表進呈《華戎魯衛信錄》二百二十九卷，事目五卷。奉聖旨特賜銀、絹各一百五十兩匹者。

王安石《臨川先生文集》卷七三《回蘇子瞻簡》 某啟：承誨累幅，知尚盤桓江北，俯仰逾月，豈勝感悵！得秦君詩，手不能捨，葉致遠適見，亦以爲清新嫵麗，與鮑、謝似之，不知公意如何？餘卷正冒眩，尚妨細讀，嘗鼎一臠，旨可知也。公奇秦君，數口之不置，吾又獲詩，手之不捨。然聞秦君嘗學至言妙道，無乃笑我與公嗜好過乎？未相見，跋涉自愛，書不宣悉。

又卷七六《上浙漕孫司諫薦人書》 某今日遂出城以西，度到潤州必得復望履舄，故不敢造辭以繼起居。明州司法吏汪元吉者，其爲吏廉平，州人無賢不肖，皆推信其行，喜近文史，而尤明吏事。有《論利害事》一編，今封獻左右，伏惟暇日略賜觀省。其言有可採者，不以某之言爲妄，則儻可以收備從吏役，使有仕進之望乎？蓋薄惡之俗，士大夫之修行義者少矣，況身處汙賤之勢，而清議所不及者乎！勸奬之道，亦當先錄小善，務以下流之有善者爲始。今世胥史，士大夫之論議常恥及之，惟通古今而明者，當不以世之所恥而廢人之爲善爾。

又卷八四《老杜詩後集序》 予之令鄞，客有授予古之詩世所不傳者二百餘篇。觀之，予知非人所能爲，而爲之實甫者，其文與意之著也。然甫之

詩其完見於今日，自予得之。

《蘇軾文集》卷一一《李氏山房藏書記》　余友李公擇，少時讀書於廬山五老峯下白石庵之僧舍。公擇既去，而山中之人思之，指其所居爲李氏山房。藏書凡九千餘卷。公擇既已涉其流，探其源，採剝其華實，而咀嚼其膏味，以爲己有，發於文詞，見於行事，以聞名於當世矣。而書固自如也，未嘗少損。將以遺來者，供其無窮之求，而各足其才分之所當得。是以不藏於家，而藏於其故所居之僧舍，此仁者之心也。余既衰且病，無所用於世，惟得數年之閑，盡讀其所未見之書，而廬山固所願遊而不得者，蓋將老焉。盡發公擇之藏，拾其餘棄以自補，庶有益乎？而公擇求余文以爲記，乃爲一言，使來者知昔之君子見書之難，而今之學者有書而不讀爲可惜也。

又卷三一《進何去非備論狀》　伏見承奉郎徐州州學教授何去非，文章議論，實有過人，筆勢雄健，得秦漢間風力。元豐五年，以累舉免解，答策廷中，極論用兵利害，先帝覽而異之，特授右班殿直，使教授武學，不久遂爲博士。臣竊揆聖意，必將長育成就，以待其用，豈特以一博士期去非而已哉？而去非立志强毅，不苟合於當時，公卿故莫爲一言推轂成就之者。臣任翰林學士日，嘗具以此奏聞，乞换文資，置之太學。雖蒙恩换承奉郎，而今者乃出爲徐州教授，比於博士，乃似左遷。非獨臣人微言輕，不足取信，亦恐朝廷不見其文章議論，無以較量其人。謹繕寫去非所著《備論》二十八篇附遞進上，乞降付三省執政考覽。如臣言不謬，乞除一館職。非獨以收羅逸才，風曉士類，亦以彰先帝知人之明，一經題品，決無虚士，書之史册，足爲光華。若後不如所舉，臣甘伏朝典。謹錄奏聞，伏候勑旨。

又卷六一《與寶月大師五首》五　某有吴道子絹上畫釋迦佛一軸，雖頗損爛，然妙迹如生，意欲送院中供養。如欲得之，請示一書，即爲作記，并求的便附去。可裝在板子上，仍作一龕子。此畫與前來菩薩天王無異，但人物小而多爾。

又卷六六《書李志中文後》　元豐七年，軾舟行赴汝海，自富川陸走高安，別家弟子由。五月九日，過新吴，見縣令李君志中，同謁劉眞君祠，酌丹井飲之。明日夏至，遊寶雲寺此君亭，觀李君之文，求其本而去。眉陽蘇軾書。

又《書徐則事》　東海徐則，隱居天台，絶粒養性。太極眞人徐君降之，曰：「汝年出八十，當爲王者師，然後得道。」晉王廣聞其名，往召之。則謂門人曰：「吾年八十來召我，徐君之言信矣。」遂詣揚州。王請受道法，辭以時日不利。後數日而死，支體如生。道路皆見其徒步歸，云：「得放還山。」至舊居，取經書分遺弟子，乃去，既而喪至。予以謂徐生高世之人，義不爲煬帝所污，故辭不肯傳其道而死。徐君之言，蓋聊以避禍，豈所謂危行言遜者耶？不然，煬帝之行，鬼所唾也，而太極眞人肯置之齒牙哉！

又卷六九《跋所書清虚堂記》　世多藏予書者，而子由獨無有。以求之者衆，而子由亦以余書爲可以必取，故每以與人不惜。昔人求書法，至拊心嘔血而不獲，求安心法，裸雪沒腰，僅乃得之。今子由既輕以余書予人可也，又以其微妙之法言不待憤悱而發，豈不過哉！然王君之爲人，蓋可與言此者。他人當以余言爲戒。

又《跋太宗皇帝御書曆子》　京朝官中選三十人充知州，而賜以御書曆子，臣得此可以爲榮矣。而審官任其事，蓋猶有古者選部激濁揚清之風也。非太宗皇帝知錢若水之深，若水亦自信不疑，則三十人者獨獲此賜，其能使人心服而無疑乎？

張舜民《謝賜資治通鑑表》（《宋文鑑》卷六九）　臨政願治，乃明主之用心；受詔脩書，皆儒臣之能事。成而進御，寵以匪頒，何彼下臣，遽霑優賜！恭惟英宗皇帝生知典學，性好觀書，豈止求之多聞，實欲輔之自得。然萬機叢委，載籍紛繁，自學者不得遍窺，況人主何暇周覽？思有所述，頗難其人，疇若人哉！莫如光者，給尙方之筆札，萃三館之圖書，許自辟官，用資簡討。量加常俸，不責課程，上下馳騁于數千載之間，出入將隨于十九年之内。其間明君良臣，箴規議論，切磨之精語；名將循吏，方略條教，魁梧之偉功。休咎庶徵之原，天人相與之際，抉擿姦宄，褒崇善良，網羅羣言。囊括舊史，如海之藏珍怪魚龍之無數，如山之包草木鳥獸之難名。披分畎澮之末流，蔽快彫蟲之小技。旅遊東國，常屢嘆于斯文；留滯終南，遂克終于先業。雖古者興亡事跡，固已燦然，而光之筋力精神於此盡矣。尙苦言官之督責，熟諳俚俗之謗嗤，卒成一代之書，仰副兩朝之志。揭爲《通鑑》，時則弗迷；資彼治原，捨茲安出？神宗皇帝飭講筵而進讀，揮宸翰以賜名，製序而冠其篇端，鏤板而布之天下。仰君臣之際會，已極丹青；何父子之淪亡，忽悲風露？豈謂門牆之舊物，退收鉛槧之微功？開卷涕流，拜

嘉汗浹，此乃伏遇皇帝陛下聰明迪祖，宵旰思皇，留神于乙夜之勤，訪問于西清之奥。伏遇太皇太后陛下數寧大業，持載烝民，安所寶之儉慈，格無疆之壽考。遠追三鑑，坐振四維，顧一介之靡遺，與群賢而樂共。儲無擔石，曾非菽水之憂；家有賜書，留作子孫之寶。

范祖禹《范太史集》卷二四《薦陳祥道儀禮劄子》 臣伏見館閣校勘、太常博士陳祥道注解《儀禮》，爲三十二卷，精詳博洽，非諸儒所及。臣竊以《儀禮》爲書，其文難讀，其義難知。自古以來，學者罕能潛心，故爲之傳注者至少。祥道深於禮學，凡二十年，乃成此書，先王法度如指諸掌。昨進《禮圖》一百五十卷，已蒙朝廷藏之秘閣。伏望聖慈特降指揮，取祥道所注《儀禮》奏御，下兩制看詳，并前所進《禮圖》並付太常，以備禮官討論，必有補於制作。取進止。

又《乞賜故修書官資治通鑑劄子》 臣先與故秘書丞劉恕同編修《資治通鑑》，恕在職十餘年。臣昨受詔校定板本，奏御頒行，校對官皆蒙賜書。恕有子，前池州華容縣尉羲仲，見丁母憂，有書與臣，以不被賜爲其先人之辱，欲臣奏請，義不可抑。臣檢會故中書舍人劉攽及恕皆自英宗朝開置書局，即預編修，不幸亡歿，不及受賜。伏望聖慈特降指揮下國子監，印造《資治通鑑》并《目錄》、《考異》二部，賜其家子孫，則澤及淵泉，存歿榮感，他人亦難以援例。取進止。

綦崇禮《北海集》卷三七《進歷代兵籌類要表》 昔子建曰：兵者不可預言，臨難制變者也。蓋兵以正守，以奇勝，攻守備禦，進退動靜，不一而足。顧將臣方略何如，期於克敵而止爾。維古名將，詩書所傳，載籍所紀，散漫難窮，學者病之。異時張預集古今將百人著于傳，而進之朝廷矣。然臣謂握兵制勝，爲王牙爪者，何世無之，獨百人乎哉！矧遇敵制勝，契于事機，殆非一途，咸在所考。臣竊觀近世之爲將者，內之檢身，外之應敵，或與古異。謹採擇兵法，配以往事，參較得失，與夫前王所以將將之術，列之于篇，凡十萬言，分百餘門，號曰《兵籌類要》。大抵叙事正體，以類相從，或以世次爲先後。至于事涉淺近，不足爲後世法者，亦所不取。嘗觀孫權戒呂蒙，欲其學問以自開益，蒙辭以在軍務，不容讀書。權曰：「孤豈欲卿治經爲博士耶？但欲涉獵，見往事耳。」然則爲將之道，援古證今，稽其已然，審其至當，果斷于心，勇而行之，則戰可以必勝。是書之成，或有取焉。夫歌鄉樂者，舞不忘于酌舞。大武者，朱干玉戚，不忘于尚德。則聖人之教，有文事者，必有武備。此臣所以惓惓于是書也。惟陛下矜其愚誠，而卒赦之。臣謹昧死上進。

程俱《麟臺故事殘本》卷二中 建隆初，三館有書萬二千餘卷。乾德元年平荆南，盡收其圖書以實三館。三年平蜀，遣右拾遺孫逢吉往收其圖籍，凡得書萬三千卷。四年下詔募亡書，三禮涉弼、三傳彭幹、學究朱載等皆詣闕獻書，合千二百二十八卷，詔分置書府，弼等並賜以科名；閏八月，詔史館凡吏民有以書籍來獻，當視其篇目館中所無者收之，獻書人送學士院試問吏理，堪任職官者具以名聞。開寶八年冬平江南，明年春遣太子洗馬呂龜祥就金陵籍其圖書，得二萬餘卷，悉送史館。自是羣書漸備。兩浙錢俶歸朝，又收其書籍。

又 至道元年六月，命內品、監祕閣三館書籍裴愈使江南、兩浙諸州，尋訪圖書。如願進納入官，優給價直；如不願進納者，就所在差能書吏借本抄寫，即時給還。仍賫御書石本所在分賜之。愈還，凡得古書六十餘卷，名畫四十五軸，古琴九，王羲之、貝靈該、懷素等墨跡共八本，藏於祕閣。先是，遣使於諸道，訪募古書、奇畫及先賢墨跡，小則償以金帛，大則授之以官，數年之間，獻圖書於闕下者不可勝計，諸道又募得者數倍。復詔史館盡取天文、占候、讖緯、方術等書五千一十二卷，並內出古畫、墨跡百一十四軸，悉令藏於祕閣。圖書之盛，近代無比。

趙鼎《忠正德文集》卷三《進廖剛世綵堂集劄》 臣今早進呈，廖剛乞以一官回授封贈祖父，已得旨，依所乞施行。竊惟陛下以孝治天下，故凡人子欲褒顯其親者，莫不曲留聖意，俯遂其請。臣愚固知陛下孝養之心，未嘗少忘。今復覽廖氏事迹，聖懷不無感歎，所有廖剛所編《世綵堂集》，謹具進入。

洪适《隸釋》卷二六《金石録跋》 右趙氏《金石録》三卷，趙君名明誠，字德夫，密州諸城人，故相挺之之子也。所藏三代彝器及漢唐前後石刻爲目録十卷，辨證二十卷。其稱漢碑者百七十有七，其陰四十。今出其篆書者十四，非東漢者二。《隸釋》所闕者，蓋未判也。掇其説載之。趙君之書，證據見謂精博，然以「衛彈易街彈」，以「鄃竹令爲縣令」之類，亦時有誤者。紹興中，其妻易安居士李清照表上之。趙君無嗣，李又更嫁，其書行於

世而碑亡矣。

郝經《陵川集》卷二五《萬卷樓記》 萬卷樓，順天賈侯藏書之所也。曰「萬卷」，殆不啻萬焉。不啻萬而曰「萬」者，舉成數也。金源氏末，天造草昧，豪傑閧起，於是擁兵者萬焉，建侯者萬焉。甲者、戈者、騎者、徒者各萬焉，鳩民者、保家者、聚而爲盜賊者，又各萬焉。積粟帛、金貝、子女以爲己有者，斷阡陌、占屋宅、跨連州郡以爲己業者，又各萬焉。侯則獨不然，息民保境，禮賢聚書，勸學事師而已。於是取衆人之所棄以爲己有，河朔之書，盡往歸之。故侯之「萬」者獨書焉。河南亡，衆人之所取者，如金帛子女復各萬，侯之書又得萬焉。淮南亡，衆人之所取者如初，亦復各萬，侯之書又得萬焉。故南北之書皆入侯府，不啻數萬卷焉。始貯于室，室則盈。貯于堂，堂則溢，乃作樓藏之。樓既成，盡以卷帙置其上。而爲之第，別而爲九。《六經》則居上上，尊經也。傳注則居上中，後傳也。諸子則居上下，經之餘也。歷代史居中上，亞《六經》也。雜傳記居中中，次史也。諸儒史論居中下，史之餘也。先正文集及諸著述居下上，經史之餘也。百家衆流、陰陽圖籍、山經地志、方伎術數則居下中，皆書之支流餘裔也。其法書、名畫則居下下，藝成而下也。櫛比鱗次，高切星漢。人之文與天文際私家之藏，幾踰祕監，故賈侯之書甲天下。方干戈壞亂，經籍委地，侯獨力爲捆拾，吾道賴以不亡。雖孔氏之壁，河間之府，不是過也。彼富貴者之樓，管絃、樽俎、肴核、几席，登覽、燕集之具充焉。侯之樓，則古聖今賢，大經格言，修身治世之典積焉。時順天之治，嘗最諸道，推爲鉅公偉人，而又樂賢下士，切切於收覽遺書爲志，故天下之人益以此賢侯。侯既貯書于樓，謂其將佐曰：「昔蔡中郎書籍畀之王粲，而粲卒名世。今吾之書若是不有所畀，適足以爲蠹魚之食，不免墮檐之譏矣。吾聞郝氏子經嗜書力學，吾將畀之，鞅掌之隙亦得竊聽焉。」時經寓居鐵佛寺之南堂，坐徹明者五年矣。以書幣邀致其府，於樓之側築堂曰「中和」，盡以樓之書見付，使肆其觀覽。侯則時令講解一編，輒曰：「吾之書有歸矣，吾不爲書肆矣。向吾之書貯於樓中，今則貯子之腹中。向者大聖人之道布于方策，今則布諸子之心矣。子其摛光揭耀，俾吾之書用于世，以濟斯民，則子之腹乃萬世之府也。不然，則亦蠹魚之穴、墮檐之樓爾。子其勉之。」經再拜謝，其不克負荷，每爲流涕感刻，曰：「經學家之盎缶，不能購一經。故每區區晨夜叩人之門，藉書以爲學。今侯以數十年之勤，數萬卷之多，盡以見畀。雖侯之盛意，豈非天邪？如怠忽自棄，以多書而不能如無書之初心，業不能勤，而卒無有成，則非負侯，是負天也，復何以立於世哉！」故書侯聚書起樓及畀經爲學之義以爲記，以明侯之德，且以自警，庶幾終不負侯云。

宋濂《文憲集》卷一二《御賜資治通鑑後題》 元順帝即位之九年，海宇晏寧，文治誕敷，乃開宣文閣設經筵，詔翰林諸臣分番進講。復出司馬光所編《資治通鑑》，分賜近臣。集賢大學士浦陽吳公直方，時爲大長秋官屬，實獲與茲寵榮。公既引年歸江南，慨念上之恩不可忘，命郡諸生宋濂備識之，以示子孫。濂聞先代典籍遭秦焚滅之後，至漢孝文時，漸采用之，自時厥後遵用儒術。竊意簡冊流布已久，公卿大夫必咸習之。及觀《東平思王傳》，王以上之叔父，來求《太史公書》，大將軍鳳白不許，然後知天下之書，尚多藏於秘府，雖以王室近屬，有不得易見之。夫以王室近屬且若是，則其他疏遠之臣尤可知矣。嗚呼！《太史公書》，其褒善貶惡之義，多取則於《春秋》，顧乃靳而不許，是何漢德之不宏也哉！方今朝廷更化，稽古右文，公卿大夫孰不知讀《太史公書》？上方以謂歷代之史有資治道者，莫備於《通鑑》一書復出以賜近臣，天光下臨，衣被萬物，聲教所及，罔間朔南，嗚呼盛哉！濂也不敏，間嘗上謁於公，獲觀此書於存心堂，黄綾爲褾，整飭嚴煥，於是拜手稽首，而識其後。非惟昭公遭逢之盛，而使後世珍襲，惟謹至於聖代文治之隆，有非漢世之所可及者。他日太史氏亦當有所采云。

《金史・完顏勗傳》 勗，字勉道，本名烏野，穆宗第五子。好學問，國人呼爲秀才。年十六，從太祖攻寧江州，從〔完顏〕宗望襲遼主于石輦鐸。太宗嗣位，自軍中召還，與謀政事。〔完顏〕宗翰、宗望定汴州，受宋帝降。太宗使勗就軍中往勞之。宗翰等問其所欲。曰：「惟好書耳。」載數車而還。

張元禎《弘治刊本黄文節公詩注序》 縣閭右有陳鳳岐者，知重先生，圖刻其詩文，以諗於予，予遍爲訪之莫得。斯集乃今提學僉憲莆田黄未齋仲昭家故所有者，未齋愛之，每笥以自隨，行縣次寧，勸督暇，因出之示諸生。時鳳岐已物故，其沛、沾二子躍然跽請：「茲先人嘗圖刻於張東白內翰，弗得而卒。公幸賜焉，一以彰先正久晦之遺文，一以終先人之志而瞑其目於地下。」公喜而亟與之，更躬爲校正，以成二美。刻既，沛來謁序，序

以歸之。

余繼登《典故紀聞》卷三 刑部搜獄中囚，得一私書，乃吳興王升以寄其子平涼知縣瑱者，其言曰：「凡爲官須廉潔自持，貧者士之常也，古人謂貧乏不能存，此是好消息。撫民以仁慈爲心，報國以忠勤爲本，處己以謙敬爲先，進修以學業爲務。有暇日，宜玩味經史，至於先儒性理之書，亦當潛心其間，於此見得透徹，則自然所思無邪。又熟讀律令，則守法不惑，仕與學不可偏廢。人便則買附子二三枚，川椒一二斤，必經稅而後來，餘物非所覬也。」太祖覽書，嘉歎良久，賜升手詔，遣使往諭，賜白金百兩、絹十匹、附子五枚、川椒五斤，仍復其家。

徐𤊹《徐氏筆精》卷六《贈遺得人》 宋虞世和甫最愛黃庭堅，每得佳墨精紙奇玩，必歸魯直。國初，王羽儀之最善楊士奇，楊喜收書，或數月不相見，相見，輒贈一書。皆贈遺得人者也。

又《秘書》 蔡邕私《論衡》於帳中，或搜得之，輒抱以去。又家有書萬卷，末年載數車與王粲，何私一《論衡》而萬卷不之惜耶？蓋搜得《論衡》者，未必爲邕意中人，固宜珍秘。而仲宣素有異才，即捐數車之與，不爲傷。惠，要在得其當耳。今世以書爲羔雁，連篇累牘贈送貴人，貴人全不知惜，膏蟻飼鼠。予者非邕，受者非粲，徒爲典籍一厄。與其爲貴人屑越，寧秘帳中。

陳宗之《承天寺藏書井碑陰記》（鄭思肖《心史》卷首） 崇禎戊寅歲，吳中久旱，城居買水而食，爭汲者相捽於道。仲冬八日，承天寺狼山房濬眢井鐵函重匱，錮以堊灰。啓之，則宋鄭所南先生所藏《心史》也。外書「大宋鐵函經」五字，內書「大宋孤臣鄭思肖百拜封」十字。自勝國癸未迄今戊寅，閱歲三百五十六載，楮墨猶新，古香觸手，當有神護。於是鄉先輩陸子嘉穎始發明其書，假鈔題識，冀廣其傳。同志中多興起者，而諸生張劭遂獻其書於大中丞金華張公。公覽而異之，立捐俸繡梓并植碑井傍，復擬構祠置主顏其門，時爲庚辰孟春云。余惟先生卓行，載在郡乘畫苑，稱其畫蘭無坡，意不欲着元土，一染墨之微猶不忘君，况此史係其親歷，於悲歌涕淚中攷據纂輯者。觀其誓詞，足訂史訛。其爲傳信無疑。昔人寄慨陵谷，至沈碑於淵，思壽其功業。而先生獨遭淪喪，憤懣愊憶，固無忘後世之知之也。孰知一點血心，土封泉漬，三百年後，復有起而表章之，昭揭幽魂，登厥琰琬，如張公者乎！固見忠義不泯，曠代相感，而神物吐現有時，良非偶矣。書成，其原本鐍庋祠中，俾僧達始世守以梓本行。贊成者，鄉先輩文子從簡、吾師張異度先生暨友人張子劭。而宗之爲記，其緣起如此。茂苑陳宗之記，衡郡文從簡書。

戴重《河村集》卷三《修和州志徵書啓》 重拜啟同郡薦紳文學先生父老長者：幸不鄙夷而惠教之重，不才竊疾書淫疲心郡乘，每欲成一家言，副之名山。今髮且種矣，猶紛如也。《歷陽古志》，舊號名書，迨我國朝志閱三修，最近者在隆、萬之間，迄今七十有年，沿革廢興，推移幾更三紀。矧寇淪我都，文獻胥燼。既千百而十一矣，恐後之謝又不復存焉，重用盡然，矢心齋筆，有州志類藁之役，鼓瞶剔盲，追亡補闕，貪賾古今，罔捐細大，提綱析目，述而不作。顧愚生也晚，貧無藏書，聞見傳聞，祗增固陋，任所不勝，安辭墜越！伏望有道君子，矜其狂愚，是勗、是助。國有史，郡有版，家有牒，人有集，凡筆札所紀，碑器所遺，有裨紀錄者，或辱之高軒，或郵之尺簡，或假以長源之多軸，或綴以安石之碎金。既竊敎思，遹觀成業，豈惟不才，附以不朽，實國家文獻有耿光焉。自上古昔，自下來茲，幸甚，幸甚！

魏裔介《請頒御製諸書疏》（田茂遇《燕臺文選初集》卷五） 臣以爲用力少而成功多者，尤莫先於以敎化爲急，深恩厚澤以結天下之心也。蓋固結人心者，所以祈天永命，而祈天承命，所以報答祖宗。今刑獄日繁而禮敎或缺，士乏廉退，民逾囂凌，非諄諄訓廸，又烏能風移而俗易乎？臣昨面蒙皇上賜讀《戒殺彙鈔》，欲印施三萬本，以化導俗氓。夫豈不知律有明禁，而復假書以爲勸戒者，誠以法之及人者淺，敎之及人者深也。然則天下臣民，皇上欲敎養而生全之，又不知如何矣。臣聞皇上御製有《人臣儆心錄》、《資政要覽》、《順治大訓》、《勸善要言》、《範行恆言》、《孝經衍義》等書，所以遏惡揚善，闡明聖道者甚至。伏望仁恩廣暨遍賜羣臣。其《順治大訓》、《勸善要言》等書，仍懇頒發直省學宮。每學一部，俾誦讀講解，使天下之人孜孜然共砥礪於自新之路，而潛消默轉其不肖之心。將見風俗淳美，刑罰止息，遠追堯舜，近邁漢惠，好生之德，同符天地鴻號豊功書之史冊，垂庥萬世無窮也。雖然，臣更有請焉《孝經》一書。臣往歲曾具疏上聞，欲於科舉頭場出題，禮部覆疏於後場出題，然未見實實遵行。再請勅照前議，庶

《孝經》大行於世，而士子之學術有本。楊繼盛之忠，業蒙皇上殊褒刻表忠録賜言官，若御製序文似宜鐫碑祠前，寵慰幽魂，且以風動後來，節義之士統惟睿鑒施行。

俞益謨《青銅自考》卷三《題奏條議類》　謝賜《古文淵鑑》，奏爲恭謝天恩事。康熙四十四年閏四月初九日，據臣代理塘務胡應祥賫捧欽賜《古文淵鑑》一部到臣，臣率屬郊迎至署，公設香案，望闕叩謝天恩訖。欽惟我皇上睿資天亶，聖學日新，本精一以圖幾，爲天人而建極，功成制定邁撰述於百王德盛，教尊大文，明於一統，乃於萬幾之重，旁搜載籍之繁，河圖洛書摘抉盡先天之奥，石渠天祿發揚皆至道之華。取歷代典冊高文，特加甲乙；集諸子鴻詞妙義，寵錫丹黄。宸衷之鑒裁彌精，儒臣之評騭盡美。仰窺聖製，備極淵微；祗荷恩頒，用矜固陋。頌睿思之詮解，欲出千古之精神；披御藻之品題，從開生民之耳目者也。臣技慚執殳，識類面牆，緣稽古之未能因人官而多咎，何意有生之慶得邀非分之榮，刻刻時時儼天顔之在訓廸孫孫子子，奉寶帙以爲就將感激難名，捐糜是誓。臣謹恭疏奏謝。伏乞皇上睿鑒施行，爲此具本謹具奏。

段玉裁《翰林院侍讀學士盧公墓誌銘》（盧文弨《抱經堂文集》附録）

公生於康熙丁酉六月初三日，卒於常州龍城書院，乾隆乙卯十一月廿八日也，年七十有九。平生事親孝，謹年七十三喪繼母，猶盡禮。與弟紹音友愛。篤於師友之誼，皆鄉邦所共信者。配桑氏、謝氏、楊氏。子四人，慶詒、武謀皆太學生。慶詒踵公沒，武謀早逝。慶鍾、慶録皆業儒。女四人，適庠生周方岳、江寧府知府李堯棟、舉人陳春華、庠生朱元熼。孫男一人能庸，孫女二人。公之沒也，無以爲家。公之執友有爲謀，以抱經堂書數萬卷歸有力，有力佽助其家。待公子孫如約取歸，如南陽井公與晁昭德故事。慶鍾、慶録曰：先人手澤存焉，雖貧，安忍一日離也！烏呼！公可謂有子矣！

黄大本《中丞公河漕通攷小序》（黄承玄《河漕通考》卷首）　歲癸巳，欽奉皇上特旨，廣羅《四庫全書》。通都大邑、山陬海澨之區，士夫家素有藏書，莫不歡欣鼓舞，彙交書局酌存，仰邀睿鑒。本王父贈公諱齊賢手著《孝史類編》，父名宧公諱華手著《讀易吟》。本年力就衰，艱於杖履，敬命長孫繼坤以前二編呈送。學師轉行申繳時，元姪孫瀚過予齋頭商定獻書一事，謂八世祖學士葵陽公藏書甚富，支分派衍，存者無多。今家弦戶誦之陳編，雖汗牛充棟，曾無補於毫末。瀚七世祖中丞公諱承元著有《盟鷗堂文集》全部，家無副本，抄録頗難，乞裁示以殫厥心。本喜其循循規矩，知以祖宗爲念，從而告之曰：子引獻書爲分内事，甚善。學士公《碧山堂文集》浩繁，不妨假手於抄胥。中丞公《盟鷗堂文集》自奏疏迄詩文，不媿先人家法，自足傳世行遠。其最有關於國計民生者，莫如《河漕通攷》書二卷，爲不朽之作。時公以郎官經理泇河八年之久，著有成效，在官之日遐稽博採，縷晰條分，坐言起行，心力交悴。試取是編而讀之，跬步不出門庭。九州之大，巨浸稽天，瞭如指掌；河防巨任，相時蓄洩，洞若觀火。非徒托諸空言，實在在已。見諸行事，子果有志闡揚。除《碧山堂文集》外，曷若節取《河漕通攷》之遺編，手自繕寫，呈諸當事，則既不失尊王之義，亦不失爲中丞公以後之一佳子弟也。瀚唯唯而退，閲旬日以是編請予校訂。予更爲之披讀數四，實有見於是書之必傳，不獨爲司河務者之津筏也。爰裁叙巔末，以弁其首簡云。

丁丙《善本書室藏書志》卷二八　《后山詩注》十二卷，明弘治刊本，天社任淵。《直齋書録解題》：「《後山詩》六卷。新津任淵子淵注，鄱陽許尹爲序，以魏衍《集記》冠焉。」此本録前有淵引云：「讀后山詩，大似參曹洞禪，不犯正位，切忌死語。非冥搜旁引，莫能窺其用深意處，此詩注之所以作也。近時刊本參錯謬誤。政和中，王雲得魏衍親授本，編次有序，歲月可考。今悉據依，略加緒正。詩止六卷，益以注，卷各釐爲上下。」及明弘治丁巳，石淙楊一清識此書後云：「后山自謂不及山谷。晦翁以山谷詩近浮薄，乃后山所無。予尤酷愛后山，嘗攜其遺稿過漢中，憲副朱公恨世無完集，不與歐、黄並行，遂屬知府袁君宏加版刻焉。顧謬脱太甚，丙辰南歸，獲定本於江東故家。朱公喜如得重寶，復屬袁君，再版以行，精善奚翅什百。」當即錢遵王所謂「《后山詩註》雖有舊版行世，僅而得見」。今距遵王時又二百餘年，傳本更稀，不又重可寶哉！

鬻販分部

綜　述

《梁書·傅昭傳》　傅昭，字茂遠，北地靈州人，晉司隸校尉咸七世孫也。祖和之，父淡，善《三禮》，知名宋世。淡事宋竟陵王劉誕，誕反，淡坐誅。昭六歲而孤，哀毁如成人者，宗黨咸異之。十一，隨外祖於朱雀航賣曆日。

《北史·常景傳》　景自少及老，恆居事任，清儉自守，不營產業，至於衣食，取濟而已。耽好經史，愛翫文詞，若遇新異之書，殷勤求訪，或復質買，不問價之貴賤，必以得爲期。友人刁整每謂曰：「卿清德自居，不事家業，雖儉約可尚，將何以自濟也？吾恐挈太常方餒於栢谷耳。」遂與衛將軍羊深矜其所乏，乃率刁雙、司馬彥邕、李諧、畢祖彥、畢義顯等各出錢千文而爲買馬焉。

沈亞之《送李膠秀才詩序》（《全唐文》卷七三五）　余故友李賀善擇南北朝樂府故詞，其所賦不多怨鬱悽豔之功，誠以蓋古排今，使爲詞者莫得偶矣。惜乎其終亦不備聲弦唱。賀名溢天下。年二十七，官卒奉常，由是後學爭效賀，相與綴裁其字句，以媒取價。嗚呼，貢諷合韻之勤益遠矣。

《舊唐書·襲譽傳》　襲譽性嚴整，所在以威肅聞。凡獲俸祿，必散之宗親，其餘資多寫書而已。及從揚州罷職，經史遂盈數車。嘗謂子孫曰：「吾近京城有賜田十頃，耕之可以充食；河內有賜桑千樹，蠶之可以充衣；江東所寫之書，讀之可以求官。吾沒之後，爾曹但能勤此三事，亦何羨於人。」

又《令狐德棻傳》　時承喪亂之餘，經籍亡逸，德棻奏請購募遺書，重加錢帛，增置楷書，令繕寫。數年間，羣書略備。

又《儒學傳·徐文遠》　徐文遠，洛州偃師人。陳司空孝嗣玄孫，其先自東海徙家焉。父徹，梁祕書郎，尚元帝女安昌公主而生文遠。屬江陵陷，被虜於長安，家貧無以自給。其兄休，鬻書爲事，文遠日閲書于肆，博覽《五經》，尤精《春秋左氏傳》。時有大儒沈重講于太學，聽者常千餘人。文遠就質問，數日便去。或問曰：「何辭去之速？」答曰：「觀其所說，悉是紙上語耳，僕皆先已誦得之。至於奧賾之境，翻似未見。」有以其言告重者，重呼與議論，十餘反，重甚嘆服之。

又《文苑傳中·李邕》　初，邕早擅才名，尤長碑頌。雖貶職在外，中朝衣冠及天下寺觀，多齎持金帛，往求其文。前後所製，凡數百首，受納饋遺，亦至鉅萬。時議以爲自古鬻文獲財，未有如邕者。

王溥《唐會要》卷三五《書法》　貞觀六年正月八日，命整治御府古今工書鍾、王等眞迹，得一千五百一十卷。至十年，太宗嘗謂侍中魏徵曰：「虞世南死後，無人可與論書。」徵云：「褚遂良下筆遒勁，甚得王逸少體。」太宗即日召命侍讀。嘗以金帛購求王羲之書跡，天下爭齎古書，詣闕以獻。當時莫能辨其眞僞，遂良備論所出，一無舛誤。

《舊五代史·唐書·王都傳》　都好聚圖書，自常山始破，梁國初平，令人廣將金帛收市，以得爲務，不責貴賤，書至三萬卷，名畫樂器各數百，皆四方之精妙者，萃於其府。

李覯《直講李先生文集》卷四《删定易圖序論》　覯嘗著《易論》十三篇，援輔嗣之注以解義。蓋急乎天下國家之用，毫析幽微所未暇也。世有治《易》根於劉牧者，其說日不同。因購牧所爲《易圖》五十五首，觀之則甚複重。假令其說之善，猶不出乎《河圖》、《洛書》、《八卦》三者之内，彼五十二皆疣贅也。而況力穿鑿以從傀異，考之破碎，鮮可信用。大懼註誤學子，壞隳世教，乃删其圖而存之者三焉：所謂《河圖》也，《洛書》也，《八卦》也。

王琪《後記》（仇兆鰲《杜詩詳註附録》）　《吴郡志》：嘉祐中，王琪以知制誥守郡，大修設廳，規模宏壯，假省庫錢數千緡。廳既成，漕司不肯除破，時方貴《杜集》，人間若無全書，琪家藏本讎校素精，既俾公使庫鏤板，印萬本，每本爲直千錢，士人爭買之。既償省庫，羨餘以給公廚。

司馬光《涑水記聞》卷一〇　黄晞，閩人，好讀書，客遊京師，數十年不歸。家貧，謁索以爲生，衣不蔽體。得錢輒買書，所費殆數百緡，自號聱

隅子。石守道爲直講，聞其名，使諸生如古禮，執羔鴈束帛，就里中聘之，以補學職，晞固辭不就。故歐陽永叔《哭徂徠先生》詩云「羔羊聘黄晞，晞驚走鄰家」是也。著書甚多。至和中，或薦于朝，除試太學助教月餘，未及具緑袍，遇疾暴卒。一子，甚愚魯，所聚及自著書皆散無存者。好謙云。

蘇頌《蘇魏公文集》卷六六《小畜外集序》 公之藁，晚年手自編綴，集爲三十卷，命名《小畜》，蓋取《易》之懿文德而欲己之集大成也。《後集》詩三卷，《奏議集》三卷，《承明集》十卷，《五代史闕文》一卷，並行於世。而遺篇墜簡，尚多散落，集賢君購尋裒類，又得詩賦、碑誌、論議、表著凡二十卷，目曰《小畜外集》，因其名所以成先志也。

《談薈》（王琦《李長吉歌詩彙解》卷首） 李賀樂府數十首，流播管弦。李益與賀齊名。每一篇出，樂人輒以重賂購之，樂府稱爲二李。

晁公武《郡齋讀書志・別集類》 《李益詩》一卷。益少富詞藻，長於歌詩，與宗人賀齊名。每作一篇，樂工以賂求取，被聲歌供奉天子。《征人》、《早行》篇，天下皆施之圖繪。

陳師道《後山集》卷一〇《論國子賣書狀》 右臣伏見國子監所賣書，向用越紙而價少，今用襄紙而價高。書莫不迫，而價增於舊，甚非聖朝章明古訓以教後學之意。臣愚，欲乞計工紙之費，以爲之價。務廣其傳，不以末利，亦聖教之一助。伏候敕旨。臣惟諸州學所賣監書，係用官錢，買充官物，價之高下，何所損益。而外學常苦無錢而書價貴，以是在所不能具有國子之書，而學者聞見亦寡。今乞止計工紙，別爲之價。所冀學者益廣見聞，以稱朝廷教養之意。及乞依公使庫例量，差兵士般取。

周煇《清波雜志》卷四《藏書》 聚而必散，物理之常。父兄藏書，惟恐子弟不讀；讀無所成，猶勝腐爛篋笥，旋致蠹魚之變。陳亞少卿藏書千卷、名畫一千餘軸，晚年復得華亭雙鶴，及怪石異花，作詩戒其後曰：「滿室圖書雜典墳，華亭僊客岱雲根。他年若不和根賣，便是吾家好子孫。」亞死，悉歸他人。

楊萬里《澹菴文集原序》（胡銓《澹菴文集》卷首） 故澹菴先生資政殿學士忠簡胡公，中興人物未能或之雙也。紹興戊午，高宗皇帝以顯仁皇太后駕未返，不得已將以大事小，屈尊和戎。先生上書力爭，至乞斬宰相，在廷大驚。金人聞之，募其書千金，三日得之，君臣奪氣。知中國有人，奉皇太后以歸。自是邊馬不南者二十年。

王明清《玉照新志》卷一 紹興庚申，金人以河南故地歸我，詔以孟富文庾爲東京留守，富文辟畢少董良史以自隨。未幾，金敗盟，少董身陷金地者累年，常於相國寺鬻故書處得《熙豐日歷》殘帙數葉，無復論敘。少董南歸，出以相示。於是輯其可以傳信者凡八條，今錄於編，亦有已見《裕陵日錄》中者，併存之云。

陸游《渭南文集》卷二六《跋尹耘師書劉隨州集》 傭書人韓文，持束紙支頭而睡，偶取視之，《劉隨州集》也。乃以百錢易之，手加裝褫。紹興二十五年正月八日，陸某記。

魏了翁《鶴山集》卷六〇《跋陳思王帖》 按隋秘府所藏，有《魏黄初篇》，其書至唐初已亡，莫知爲何等書也。以類推之，如子建之遺文在當時固多有存亡者，奚獨《鷂爵》等賦云乎？唐太宗出御府金幣，致天下古本，命魏元成及虞、褚定其眞僞。篇各有印，印以貞觀爲文。今《鷂爵賦》及《贈王仲宣詩》皆有此印，疑爲唐秘府所藏矣。

杜大珪《名臣碑傳琬琰之集・中》卷四一 尚書屯田員外郎、殿中侍御史裏行張君唐英次公以書抵予曰：唐英行至利州，得先人手書曰：翰林承旨王公、翰林侍讀范公皆知汝者，苟得二公之文，以外内志吾墓，吾爲不朽矣。又言：公有田二廛、瀆一廛以市書以求師使教諸子，平居赴人之急，雖水火不避也。

虞集《緣督集原序》（曾丰《緣督集》卷首） 《緣督集》者，故宋德慶太守曾侯丰幼度之文也。侯，撫州樂安人，登乾道己丑進士第，積官至朝散大大、參知政事。眞公德秀幼嘗學於侯。侯殁，眞公志其墓，石納竁中，不得見。而侯之孫焘以蔭補官，歷鴈汊、海口兩監鎮，調平江府節度推官，則由眞公念舊而推引之也。二百餘年而書亡。國朝元統初，今監察御史前進士夔理溥化來監其邑，詢求其鄉之先生舊人，得其族譜兩卷。故翰林學士吳公之所叙也。又命侯之五世孫德安購其遺書，得今集四十卷，將刻之而夔君召拜御史，書未及成。

《宋史・趙安仁傳》 安仁質直純慤，無所矯飾，寬恕謙退，與物無競，雖家人僕使，未嘗見其喜愠。女弟適董氏，早寡，取歸給養。其甥董靈運尚幼，躬自訓導，爲畢婚娶。幼少與宋元輿同學，元輿門地貴盛，待安仁甚

厚。元興蚤卒，家緒寖替，安仁屢以金帛濟之。善訓諸子，各授一經。尤嗜讀書，所得祿賜，多以購書。雖至顯寵，簡儉若平素。時閱典籍，手自讎校。三館舊闕虞世南《北堂書鈔》，惟安仁家有本，真宗命內侍取之，嘉其好古，手詔褒美。尤知典故，凡近世典章人物之盛，悉能記之。喜誨誘後進，成其聲名，當世推重之。有集五十卷。溫瑜，後爲國子博士。

又《沈立傳》 初，立在蜀，悉以公粟售書，積卷數萬。神宗問所藏，立上其目及所著《名山水記》三百卷。徙宣州，提舉崇禧觀。卒，年七十二。

又《王雱傳》 雱氣豪，睥睨一世，不能作小官。作策三十餘篇，極論天下事，又作《老子訓傳》及《佛書義解》，亦數萬言。時安石執政，所用多少年，雱亦欲預選，乃與父謀曰：「執政子雖不可預事，而經筵可處。」安石欲上知而自用，以雱所作策及注《道德經》鏤板鬻於市，遂傳達於上。鄧綰、曾布又力薦之，召見，除太子中允、崇政殿說書。神宗數留與語，受詔撰《詩》、《書義》，擢天章閣待制兼侍講。書成，遷龍圖閣直學士，以病辭不拜。

又《孫道夫傳》 道夫居官，一意爲民，不可干以私。仕宦三十年，奉給多置書籍。然性剛直，喜面折，不容人之短，或以此少之云。

又《劉儀鳳傳》 儀鳳在朝十年，每歸即屏其車騎，扃其門戶，客至，無親疏皆不得見，政府累月始一上謁，人尤其傲。奉入，半以儲書，凡萬餘卷，國史錄無遺者。御史張之綱論儀鳳錄四庫書本以傳私室，遂斥歸蜀。

又《儒林傳七・劉清之》 族人自遠來，館留之，不忍使之遽去。嘗序范仲淹《義莊規矩》，勸大家族衆者隨力行之。本之家法，參取先儒禮書，定爲祭禮行之。高安李好古以族人有以財爲訟，見清之豫章，清之爲說《訟》、《家人》二卦，好古惕然，遽舍所訟，市程氏《易》以歸，卒爲善士。

又《文苑傳一・朱昂》 昂前後所得奉賜，以三之一購奇書，以諷誦爲樂。及是閒居，自稱退叟，著《資理論》三卷上之，詔以其書付史館。

又《忠義傳三・郭永》 永博通古今，得錢即買書，家藏書萬卷，爲文不求人知。見古人立名節者，未嘗不慨然掩卷終日，而尤慕顏真卿爲人。

又《方技傳上・沙門洪蘊》 太平興國中，詔購醫方，洪蘊錄古方數十以獻。

又《外國傳三・高麗》 〔元祐〕七年，〔王顒〕遣黃宗慤來獻《黃帝鍼經》，請市書甚衆。禮部尚書蘇軾言：「高麗入貢，無絲髮利而有五害，今請諸書與收買金箔，皆宜勿許。」詔許買金箔，然卒市《冊府元龜》以歸。

《遼史・義宗倍傳》 倍初市書至萬卷，藏于醫巫閭絕頂之望海堂。通陰陽，知音律，精醫藥、砭焫之術。工遼、漢文章，嘗譯《陰符經》。

辛文房《唐才子傳》卷四 〔李益〕風流有辭藻，與宗人賀相埒，每一篇就，樂工賂求之，被于雅樂，供奉天子。

貝瓊《清江文集》卷四《松江府儒學藏書記》 士必本於學，學必資於書。然荒陬之地，書有不能盡致，而窶人之子，書有不得盡讀，則無以窮天下之理，而盡天下之變。一旦欲推而措諸事業，有弗病且餒乎？故州郡通立學校，又建藏書之閣。凡性命道德之文，名物制度之紀，咸萃其中，使來游來歌之士，不待覩於肆而得之。吁！其所以教之，周而無缺者如此。松江夫子廟，僅全於焚蕩之餘，所儲經史子集散佚，無一存者。至正二十三年冬，西蜀王公立中來守是邦，汲汲以興學校爲首務。時則會稽馮君恕、錢唐陶君植相繼掌教，延《五經》師，迪弟子員，月試季考，士習一新。復以學廩若干，碩購求《十三經注疏》等書於中吳巨姓家。櫝收度列，書閣之書粗備，每帙印識其上。戒司籍慎於所守，勿爲鼠仇而蟫蠹。有欲假者，許就觀焉。以其得之不易，命瓊列叙目錄若干卷，志其歲月於石，庶明其用心之勤，則寶之於後，非特一時而已。其能繼而益之，以至萬卷，實有望於來者，固不止於是也。嗚呼，書之所存，道之所存也。求道之要，舍書何以哉！若其在於心而不在書者，學者又當默識云。

宋濂《剡源文集原序》（戴表元《剡源集》卷首） 濂嘗學文於黃文獻公。公於宋季詞章之士樂道之而弗已者，惟剡源戴先生爲然。濂因日購先生之文，絕不能以多致。會有詔纂脩《元史》，命濂總裁其事，事有闕遺者，遂以上聞，遣使訪於郡國。竊以謂先生著作，有關於勝國宜多。乃屬使者入鄞，徧求之。鄞，先生鄉國，庶幾有得之者。曾未幾何，果以《剡源文集》二十八卷來上，濂始獲而覽焉。

《元史・儒學傳一・許謙》 其後吳師道購得呂祖謙點校《儀禮》，視謙所定，不同者十有三條而已。

又《儒學傳二・伯顏》 伯顏生三歲，常以指畫地，或三或六，若爲卦

者。六歲，從里儒授《孝經》、《論語》，即成誦。蚤喪父，其兄曲出，買經傳等書以資之，日夜誦不輟。

鄭真《滎陽外史集》卷三七《記蕭氏春秋辨疑後》 《三傳》作而《春秋》散，近世儒者有是言也。夫《三傳》雖未盡得聖人之意，學者舍《三傳》，其何所據乎？蕭楚著《春秋辨疑》多抵牾《三傳》，至其所自爲説，往往有不得其事情焉者，然所以傳諸當時，而行于後世，則以胡公銓爲之弟子也。公嘗以和議事上疏，論宰相秦檜當斬。金以千金購其文，讀之大驚。其有得于《春秋》君臣之大義者耶！暇日於此誦之數過，而其言之精者附錄《春秋集傳》，并記其師弟子傳受之略于其後云。

陳朝輔《王深寧文集跋》（王應麟《四明文獻集》卷末） 王厚齋先生博學鴻才，偉論卓識，見諸立朝居官，疏議彪炳史冊。少從師授，得呂成公、眞文忠之傳，所著書凡六百八十九卷。古今撰述之盛，前無如葛稚川，其次即先生稱極富矣。通行天下者，祗《玉海》、《困學紀聞》、《詩地理考》、《紺珠》、《詞學》等書。至手著序、記、表、誥、辭、命、誌、銘之類，闕焉未傳，誠爲憾事。歲癸未，余屏跡家門，友人劉君讓以鈔書見售。閲之，乃《四明文獻》也。採輯者，乃（榮）［滎］陽外史鄭公眞也。曷勝狂喜，不惜重貲以應寒士之請。把讀終卷，間有未經詳明者，僭爲補綴。有它處散見者，輒爲增益，以成全集，庶使文獻有徵，不致瑰奇泯沒，第愧弗能將付剞劂，以廣其傳，姑繕寫襲藏，俟之來哲云爾。

陳璉《翠屏集序》（張以寧《翠屏集》卷首） 福之張公學士，號翠屏先生，登丁卯進士第，以詩文鳴天下。予少年讀書時，聞其名籍甚，心竊慕之。洪武己酉夏六月，蒙朝廷以賢士舉，赴京，獲一見先生面，先生許可之。七月，予有山東行，不得侍教左右，以償其夙願。未幾而先生逝矣。越十有六年，予助教太學，與同寅石仲濂交。仲濂舊從先生游，每論及此，未嘗不慨然也。今年春，仲濂遺其子詣維揚，購先生遺藁，得詩百餘篇，遂以示予。予伏而讀之，其長篇浩汗雄豪似李，其五七言律渾厚老成似杜，其五言選優柔和緩似韋：兼衆體而具之。信乎！名下無虚士也。

楊士奇《東里續集》卷一六《易會通》 《易會通》十四卷，元番易董貞卿季貞輯。《五經》，先儒所論著者，《易》最多，而精義悉具此書。至於經傳古今之辨，先儒傳授之詳，披卷瞭然，可爲《易》書集大成者也。吾家所有者釐爲六冊，自吾授徒以來市書，此最初得云。

又卷一七《通鑑綱目》 朱文公因司馬溫公《資治通鑑》別爲義例，作《綱目》五十九卷，至矣哉！其《春秋》之意也。其條貫皆出文公，而綴緝於諸門人之手，間有異同，或者亦鈔錄傳刻之失乎！吾居京師與給事中林從爲隣。其出爲陝州判官，賣家具給行費，余從市得此書，凡十六冊。

又《通鑑紀事本末》 《通鑑紀事本末》四十二冊，此書宋袁樞機仲編。吾家文節公爲之序，凡四十二卷。二百三十九事，皆關涉大端，始末畢具，觀者便之。吾居京師時，市於晏彥文。蓋吾授徒廿餘年，積其勤力，僅得《五經》、《四書》及唐人詩文數家而已。子史皆從人借讀。皇上龍飛之初，擢官翰林，俸賜有餘，不敢妄費，一以置書，自是簡帙始富矣。夫吾之後世，知吾所畜書皆出上恩之所致，其必能敬重而寶藏之也。

又卷一八《崇古文訣》 樓迂齋選《古文訣》，雖其去取自有意要之，不若眞西山《文章正宗》之精而粹也。吾家四冊，市之於張侗中書之子。

又卷二〇《拔萃方》 右《拔萃方》十九卷，自《鍼經節要》至《雜方通》十九類。元杜思敬集潔古東垣一泒傳授，以成此編。君子論潔古，醫家之王道，謂扶護元氣爲要也，此編固在所重哉！吾家市於書肆，析爲四冊云。

又《廣韻》 《廣韻》一冊，洪武庚午，余市之，其直五百文；既爲友人持去，後十年復市之，其直亦然。凡今生民日用之物，歷十年之久，率增直十數倍，獨書無所增，豈售書者其操心獨廉哉？抑好而求之者寡，雖欲增而不能耶？

程敏政《篁墩文集》卷三九《書經禮補逸後》 鄉先生還谷汪先生著書凡十餘種，皆擴前賢所未發，有益學者，然惟《春秋胡傳纂疏綱目凡例考異》盛行，餘多不傳。蓋聞先生既沒，悉被一人紿去，掩爲己書矣。《經禮補逸》一編，尤號精確，不可得見；可見者，侍郎曾公之序爾。予族孫恕保每語及之，恆切憤悼，思盡復其書之亡者，未能也。其子儒學生啓從予遊，知予之惓惓於是，乃百計購得之。其原本雖被改竄，然有附麗而無刓補，所改竄亦不過以「焉」爲「也」、以「乎」爲「哉」之類。眞贋之跡，皦然甚明，使其人重錄一過。毀去此本，則先生之故書不可釐正矣，此天不墜道，而後學之幸也。

王鴻儒《後山先生集序》（弘治馬暾刊無註本《後山集》卷首） 《後山先生集》凡三十卷，余昔錄之於仁和陳氏者也。【略】潞守馬君暾者，字廷震，先生同郡之名家也，景仰高風，購求遺藁近二十年矣。此聞予有是集，欣然請錄。既付梓，而併蘄序之。憶昔弘治癸丑春，余以南京戶部主事考績如京師。時冢宰盧氏耿公方爲大宗伯，余往候焉。公引而進之，從容誨獎，且問「頃在江南，有新收書否」？予對以所得《稽古錄》、范《唐鑑》、《後山集》。公驚曰：「是數輩書，吾求之不得，以爲亡且久矣，乃今尚有之，歸日幸錄以相惠。」余應曰：「諾。」後竟以職務悤冗，因循未報，而公逝矣。

李夢陽《海叟集原序》（袁凱《海叟集》卷首） 《海叟集》，雲間袁凱氏所著。海叟，其自號也。會稽楊廉夫嘗作《白燕詩》，及覽叟作，驚歎以爲不及。叟詩法子美，雖時有出入，而氣格韻致不在楊下。其耿耿於叟者，要非一日矣。按：集中《白燕詩》最下最傳，諸高者顧不傳。雲間，故吳地，叟亦不與四傑列，皆不可曉者。夫毀譽可盡信哉！洪武間，叟爲御史，上將戮一人，太子固諫而止。上以問叟，對曰：「陛下創業之義，東朝守成之仁。」上意遂解。未幾，以病免歸。翰林陸吉士子淵，叟同郡人，問道前事，令人侃侃生氣，夫斯亦足以傳矣，而況於詩乎！叟名行既晦，集亦罕存。子淵購得刻本於京師士人家，楮墨焦爛，蠹涅者殆半，乃刪定爲今集，仍舊名者，著叟志也。夫韓退之，唐之聞人也，其文至宋歐陽公，始暴於世。然則如叟者，尚奚尤哉！

郎瑛《七修類稿》卷二〇《辯證類・左氏博議》 東萊呂成公祖謙娶後一月不出閨，人謂其色荒也。及出，乃成《左氏博議》一帖，今之爲師者皆以此警惰。余則疑之，蓋一月三十日，今《博議》不下八、九十篇，一日將幾篇耶？況又言精選，則其他尚多，古人雖力勤而亦恐不若是之易也。後乃於金陵鬻書者得一全帙，總二十五卷、百六十八篇，前有自序，謂爲諸生課試之文而作，紙板皆佳，信舊書也，則知不傳已久，宜乎人言若是。

又卷三 朝廷於有關經術之書，當遍加訪求。士大夫一遇此類，亦須極力購之，若有力便當刻行。蓋去聖日遠，則經教日湮，而後之談經者將日下一日矣。縱有小疵，亦當過而存之，使後世學士猶可取以折衷。今小說雜家，無處不刻，何獨於經傳而靳惜小費哉！

何良俊《四友齋叢說》卷二 《談苑醍醐》云：《一統志》載：劉有年沅州人，洪武中爲監察御史，永樂中上《儀禮逸經》十八篇，則知古經之殘缺多矣，不知有年何從得之？意者聖經在世，如日月終不可掩耶。然當時廟堂諸公，不聞有表章傳布之請。今求內閣，亦不見其書，出非其時，亦此書之不幸。今人大言動笑漢、唐，漢、唐求逸書，賞之以官，購之以金，焉有見此奇書而付之漠然者乎！世之重經學者，如升庵者可多得乎！

王世貞《新刻增補藝苑卮言》卷六 左太沖、謝靈運、邢子才篇賦一出，能令紙貴。王元長、徐孝穆、（蘇）［薛］道衡朝所吟諷，夕傳遐方。雞林購白學士仕至值百金。

又卷七 謝靈運移籍會稽，修營別業，傍山帶江，盡幽居之美。每一詩至都，貴賤莫不競寫。宿昔之間，士庶皆遍。梁世，南則劉孝標、北則邢子才，雖雕蟲之美，獨步一時，每一文出，京師爲之紙貴，讀誦俄遍遠近。

謝肇淛《五雜組》卷一三《事部一》 建安楊文敏家藏書甚富，裝潢精好，經今二百年，若手未觸者。余時購其一二，有鄭樵《通志》及二十一史，皆國初時物也。余時居艱，亟令人操舟市得之，價亦甚廉。逾三月，而建寧遭陽侯之變，巨室所藏盡蕩爲魚鱉矣。此似有神物呵護之者。今二書，即百金索之，海內不易得也。胡元瑞書，蓋得之金華虞參政家者。虞藏書數萬卷，貯之一樓，在池中央，小木爲彴，夜則去之，榜其門曰「樓不延客，書不借人」。其後子孫不能守，元瑞啖以重價，紿令盡室載至，凡數巨艦。及至，則曰：「吾貧不能償也。」復令載歸。虞氏子既失所望，又急於得金，反托親識居間，減價售之，計所得不十之一也，元瑞遂以書雄海內。王元美先生爲作《酉室山房記》，然書目竟未出，而元瑞下世矣，恐其後又蹈虞氏之轍也。【略】昭武謝伯元一意搜羅，智力畢盡；吾郡徐興公獨耽奇僻，驪牝皆忘，合二家架上之藏，富侔敵國矣。吾友又有林志尹者，家貧爲掾，不讀書而最耽書，其於四部篇目皆能成誦，每與俱入書肆中，披沙見金，觸目即得，人棄我取，悉中肯綮，興公數年之藏，十七出其目中也。

沈德符《萬曆野獲編補遺》卷三《戊戌謗書》 呂新吾司寇初刻《閨範》一書，行京師未久，而皇貴妃重刻之，且爲之序，光豔照一時，朝士爭購置案頭。

徐𤊹《徐氏紅雨樓書目序》 予少也賤，性喜博覽，閒嘗取父書讀之，

覺津津有味。然未知載籍無盡，而學者耳目難周也。既長，稍費編摩，始知訪輯。然室如懸磬，又不能力舉群有也。會壬辰、乙未、辛丑，三爲吳越之游，庚子又有書林之役。乃撮其要者購之，因其未備者補之。更有罕睹難得之書，或即類以求，或因人而乞，或有朋舊見貽，或借故家鈔録。積之十年，合先君子、先伯兄所儲，可盈五萬三千餘卷。存之小樓，堆林充棟，頗有甲乙次第，銘槧暇日，遂仿鄭氏《藝文略》、馬氏《經籍考》之例，分經、史、子、集四部，部分衆類，著爲書目四卷，以備稽覽。

徐𤊹《徐氏筆精》卷六《書城》　宋季德茂環積墳籍，名曰「書城」。予友邵武謝兆申好書，盡罄家貲而買墳籍。兀坐一室，四面皆書，僅容一身。宋世版本未盛，恐季公未必如此之富。予與謝君極稱臭味交，謝君藏蓄幾盈五六萬卷，又多秘冊，合八郡一州未有能勝之者。不獨古人「書城」「書窟」「書倉」「書岩」爲奇耳。

錢謙益《牧齋初學集》卷八五《跋宋版左傳》　宋建安余仁仲校刊《左傳》，故少保嚴文靖公所藏，其少子中翰道普見贈者。脱落圖説並隱公至閔公五卷、昭公二十一卷至二十四卷，卻以建安江氏本補足。紙墨差殊，每一繙閲，輒摩挲歎息。今年賈人以殘闕本五冊來售，恰是原本失去者。卷尾老僧印記，亦復宛然。此書藏文靖家可六十年，其歸於我，亦二十年矣。其脱落在未歸文靖之前，不知又幾何年也？不圖一旦頓還舊觀，羽陵之蠹復完，河東之亡再覯。魯國之玉，雷氏之劍，豈足道哉！此等書古香靈異，在在處處，定有神物護持。守者觀者，皆勿漫視之。

又《跋前後漢書》　趙文敏家藏前、後《漢書》，爲宋槧本之冠，前有文敏公小像。太倉王司寇得之吳中陸太宰家。余以千金從徽人贖出，藏弆二十餘年，今年鬻之於四明謝象三。床頭黄金盡，生平第一殺風景事也，此書去我之日，殊難爲懷。李後主去國，聽敎坊雜曲「揮淚對宫娥」一段，悽涼景色，約略相似。

又《牧齋有學集》卷四六《高誘註戰國策》　《戰國策》經鮑彪殽亂，非復高誘原本。而剡川姚宏校正本，博采《春秋後語》諸書，吳正傳校正鮑注，最後得此本，歎其絶佳，且謂于時蓄之者鮮矣。此本乃伯聲校本，又經前輩勘對疑誤，採正傳補注，標舉行間。天啓中，以二十千購之梁溪安氏，不啻獲一珍珠船也。無何，又得善本于梁溪高氏，楮墨精好，此本遂次而居乙。每一摩挲，不免以積薪自哂。要之，此兩本實爲雙璧，闕一固不可也。

又《書舊藏宋雕兩漢書後》　趙吳興家藏宋槧兩《漢書》，王弇州先生鬻一莊得之陸水村太宰家，後歸于新安富人。余以千二百金，從黄尙寶購之。崇禎癸未，損二百金，售諸四明謝氏。庚寅之冬，吾家藏書，盡爲六丁下取，此書卻仍在人間。然其流落不偶，殊可念也。今年遊武林，坦公司馬攜以見示，諮訪眞贗。予從臾勸亟取之。司馬家插架萬籤，居然爲壓庫物矣。　嗚呼！甲申之亂，古今書史圖籍一大刦也。庚寅之火，江左書史圖籍一小刦也。今吳中一二藏書家，零星捃拾，不足當吾家一毛片羽。見者誇詡，比于酉陽、羽陵，書生餓眼見錢，但不在紙裏中，可爲捧腹。司馬得此十篋，乃今時書庫中寶玉大弓，當令吳兒見之，頭目眩暈，舌吐而不能收。不獨此書得其所歸，亦差足爲絳雲老人開顔吐氣也。刦灰之後，歸心空門。爾時重見此書，始知佛言昔年奇物，經歷年歲，忽然覆睹，記憶宛然，皆是藏識變現。良非虛語。而呂不韋顧以楚弓人得爲孔、老之云，豈爲知道者乎？司馬深知佛理，幷以斯言諗之。

錢謙益《絳雲樓題跋·毛黼季所藏定武蘭亭》　長安兵火後，有豎子以稻艸爲標，持宋刻《蘭亭》三十餘紙求售。胡井研以三十錢易之，乃游丞相家經進本也。余攘得四紙，裝潢攜歸，燼于絳雲之火。聞其存者，亦散落無幾矣。見此本憮然有故劍之感，善本良不易得，毛子其珍惜之。

又《營造法式》　《營造法式》三十六卷，予得之天水長公。長公初得此書，惟二十餘卷，編訪藏書家，罕有蓄者。後于留院得殘本三冊，又于内閣借得刻本，而閣中卻闕六七數卷。先後搜訪，竭二十餘年之力，始爲完書。圖樣界畫，最爲難事，用五十千購長安良工，始能厝手。長公嘗爲予言，購書之難如此。長公殁，此書歸于予。趙靈均又爲予訪求梁溪故家鏤本，首尾完好，始無遺憾，恨長公之不及見也。靈均嘗手鈔一本，亦言界畫之難，經年始竣事云。

又《董玄宰與馮開之尺牘》　馮祭酒開之先生，得王右丞《江山霽雪圖》，藏弆快雪堂，爲生平鑒賞之冠。董玄宰在史館，詒書借閲，祭酒於三千里外緘寄，經年而後歸。祭酒之孫研祥，以玄宰借畫手書，裝潢成冊，而屬余志之。神宗時，海内承平，士大夫迴翔館閣，以文章翰墨相娛樂，牙籤玉軸，希有難得之物。一夫懷挾提挈，負之而趨，往復四千里，如堂過庭。

「九州道路無豺虎，遠行不勞吉日出。」嗚呼！此豈獨詞林之嘉話，藝苑之美譚哉？祭酒歿，此卷爲新安富人購去，煙雲筆墨，墮落銅山錢庫中三十餘年。余游黃山，始贖而出之，如豐城人物，一旦出於獄底。二公有靈，當爲此卷一鼓掌也。

又《鈔本元微之集》 《微之集》舊得楊君謙抄本，行間多空字。後得宋刻本，吳中張子昭所藏，始知楊氏鈔空字，皆宋本歲久漫滅處，君謙仍其舊而不敢益也。嘉靖壬子，東吳董氏用宋本翻雕，行款如一，獨于其空闕字樣，皆妄以己意揣摩塡補。如首行「山中思歸樂」，原空二字，妄補云「我作思歸樂」，文義違背，殊不可通。此本流傳日廣，後人雖患其訛，而無從是正，良可慨也。亂後，余在燕都，于城南廢殿得元集殘本，向所闕誤，一一完好。暇日援筆改正，豁然如翳之去目，霍然如疥之失體。微之之集，殘闕四百餘年，而一旦復完，寶玉大弓，其猶有歸魯之徵乎。

李清《三垣筆記》卷上《崇禎》 故李侍御應昇萬曆丙辰，江陰人。之舅蔡士順，自號東林鄉人，著《尙論錄》，凡列聲氣二百餘人。書賈攜數十部至京，時禮科徐都諫耀克己有名，恐爲異己所搆，遂以重價盡市之，秘不出。刊者固好事，而市者亦小膽。古有上書恥不與黨者，獨何人也？

又卷中《崇禎》 黃翰林道周每具疏，皆手書上聞，從不倩筆。及廷杖下獄，猶手書《孝經解》百本，序贊無一重者，每本售銀一兩，人爭市之，以爲家珍。其繼夫人蔡氏，名玉卿，字潤石，並工詩文。亦善書，與黃公無別。

又《附識・崇禎》 予過長安書肆，見《皇明泳化編》一部，命買歸，書客故高其價，予曰：「緩之。」及旋騎再訪，則云賣去，問之，乃鞏駙馬永固也。因心識之曰：「帝婿皆豪華自喜，渠知讀書耶？」後死闖賊難，方知觀人必於其微。

劉若愚《酌中志》卷七 及先監卒後，纍臣被常太一雲詿誤整鎖，又先年曾聞開雍顧老師說，國子監新刻經史不可不買一部。纍臣既抱罪無所事，遂購得《十三經》、《二十一史》，日披玩之。

又卷二二 世廟聖孝，凡睿廟藩邸御筆，不惜重賞購之，恭鈐欽文之璽或新製睿宗獻皇帝御書之寶，非親近大臣不賜也。睿廟善書，善篆文，有恩紀、含春堂詩行世。光廟于講學之暇，好揮灑大字扁額對聯，以賜青宮左右，雖祁寒、大暑，未之少懈。或亦鈐東宮親筆圖書，不載年月者，即光廟潛邸之御書也。當軸亦宜奏請訪購，以備一代宸翰可也。

談遷《北游録・紀郵下》 ［順治十二年八月］庚申，初，縣官購書郡國，或秦上，貯於詹事府。得其目：十三經、廿一史外，寥寥也。集不下數種。餘多地志，邊鎭則宣府、雲中、朔方，而《宣府志》爲最，鎭人編修孫世芳作。郡則順德、廣平、歸德、彰德、懷慶、衛輝，而《彰德志》爲最，安陽崔銑作。州則涿、景、倉、延慶、應蔚、磁。縣則直隸爲固安、東安、房山、懷柔、文安、豐潤、大城、肅寧、交河、寧津、東光、慶雲、清河、廣宗、內邱、任、永年、曲周、邯鄲、威、永寧。山西爲襄陵、懷仁、山陰、馬邑。河南爲鄢陵、尉氏、延津、陽武、原武、項城、沈丘、密、夏邑、湯陰、臨漳、林、新鄉、獲嘉、輝、河內、武陟、溫、登封、新蔡、固始。各志多蹐駁不倫，而河內、襄陵、邯鄲爲最。

張瓚《羅昭諫集跋》（羅隱《羅昭諫集》卷末） 《羅昭諫》，舊有《江東》甲、乙等集，《讒書》、《後集》、《淮海寓言》今不復見。戊申春，予承乏新城。新，故先生里閈也。僞梁時，辟太祖諱，改名新登，今治東龜江，即所謂「青白二氣橫亘者」也。余閒與鄉先生諸生輩數憑眺其上，登雞鳴山，尋先生讀書處，弔荒宅於茶枝瓦塊中，彷彿如見先生焉。因購求先生遺書，得《江東集》抄本於袁公卓湄，嗣復得甲乙集刻本，合讀之，雖全集不獲盡覩，窺豹者已得一斑矣。

朱彝尊《曝書亭集》卷四二《跋毛詩李氏句解》 《毛詩句解》二十卷，宜春李公凱仲容撰。宋自淳熙而後，說《詩》者率遵朱子之傳，去序言經。仲容獨取呂氏之書，櫽括以淑後進，其亦異乎勦說雷同者矣。是編購之吳興書賈舟中，原序失去，稽諸《袁州府志》竟沒而不書，無從考其官閥門世，惜也。

又《吳氏周禮經傳跋》 草廬吳氏諸經，皆有纂言，惟《詩》及《周禮》未就，《周禮》則其孫當伯尙補之。今世所傳《三禮考注》非公書，蓋晏壁所爲也。康熙丁丑五月，西吳書賈以抄本《周禮經傳》十卷求售，紙墨甚舊，題曰吳澄著，中間多有改削，又有黏簽，其議論序次均不同于《考注》，疑是其孫伯尙之書，然無先公字樣，但有「聞之師曰」之文，不審爲誰所撰也。

王士禛《分甘餘話》卷一《繹史》 康熙四十四年，聖駕南巡至蘇州。

一日垂問故靈壁知縣馬驌所著《繹史》，命大學士張玉書物色原版。明年四月，令人賫白金二百兩至本籍鄒平縣，購版進入內府，人間無從見之矣。

又卷二《宋本兩漢書》 趙承旨家宋槧《前、後漢書》，王大司寇弇州得之陸水邨完家，前有松雪小像。後錢牧齋大宗伯以千二百金購之新安賈人，復售於四明謝氏，自跋云：「此書去我之日，殊難爲懷。李後主去國，聽教坊雜曲『揮淚對宮娥』一段淒涼景色，約略相似。」此書後又歸新鄉張司馬坦公。康熙中有人攜至京師，索價甚高，眞定梁蒼岩大司馬酬以五百金，不售攜去。後不知歸誰何矣。

又卷四《殷譽慶書》 門人殷彥來譽慶書至云：劉原父，貢父《公是》、《公非》集，吳下藏書家有之，許借鈔錄。又新安族人攜一書目，有《漢上題襟集》、蘇叔黨《斜川集》，客臘轉售吳興賈人。今績溪胡氏、寧國許氏尚有藏本，當多方購覓傳寫。余夢寐以之，聊記其語，以俟他日機緣若何耳。

又《錢謙益之藏書》 錢先生藏書甲江左，絳雲樓一炬之後，以所餘宋槧本盡付其族孫曾，字遵王。《有學集》中跋述古堂宋版書，即其人也。先生逝後，曾盡鬻之泰興季氏，於是藏書無復存者。聞今又歸崑山徐氏矣。

毛扆《宋本杜工部集跋》 先君昔年以一編授扆曰：「此《杜工部集》乃王原叔洙本也。余借得宋板，命蒼頭劉臣影寫之，其筆劃雖不工，然從宋本抄出者，今世行《杜集》不可以計數，要必以此本爲祖也。汝其識之。」扆受書而退，開卷細讀原叔記云：「甫集初六十卷，今秘府舊藏。通人家所有稱大小集者，人自編摭，非當時第次。乃搜裒中外書九十九卷，古本一卷、蜀本二十卷、集略十五卷、樊晃序小集六卷、孫光憲序二十卷、鄭文寶序少陵集二十卷、別題小集二卷、孫僅一卷、雜編三卷。除其重複，定取一千四百有五篇。凡古詩三百九十有九，近體千有六。起太平時，終湖南所作，視居行之次若歲時爲先後，分十八卷，又別錄賦筆雜著二十九篇，爲二卷，合二十卷。寶元二年十月記。二十卷末有「嘉祐四年四月望日姑蘇郡守王琪後記。」此後又有補遺六葉，其《東西兩川說》僅存六行而缺其後，而第十九卷缺首二葉，扆方知先君所借宋本乃王郡守鏤板於姑蘇郡齋者，深可寶也。謹什襲而藏之。後廿餘年，吳興賈人持宋刻殘本三冊來售，第一卷僅存首三葉，十九卷亦缺二葉，補遺《東西兩川說》亦止存六行，其行數、字數悉同。乃即先君當年所借原本也，不覺悲喜交集，急購得之，但不得善書者成此美事，且奈何！

又《放翁逸稿跋》（陸游《渭南文集》附録） 先君刻逸藁後六十餘年，扆購得別本《渭南集》五十二卷，其前後與家刻畧同，祇少《入蜀記》六卷，而多詩八卷。細檢《劍南集》中，除其重複，又得未刻詩二十首，并續添於後云。

陳景雲《柳文年譜後序》（柳宗元《柳河東集》附録） 《柳集》久逸《年譜》，獨存其序。廣陵馬君嶰谷涉江購《韓譜》後未久，復收宋槧《柳集》殘帙，其中《年譜》完好，乃諸本所無，因與《韓譜》同梓。是《譜》辨柳奭爲柳子高伯祖，非曾伯祖，足訂前賢之疎。

《明史·諸王傳一·鎮國中尉朱睦㮮》 年二十通《五經》，尤邃於《易》、《春秋》。謂本朝經學一稟宋儒，古人經解殘闕放失，乃訪求海內通儒，繕寫藏弆，若李鼎祚《易解》、張洽《春秋傳》，皆叙而傳之。呂柟嘗與論《易》，嘆服而去。益訪購古書圖籍，得江都葛氏、章丘李氏書萬卷，丹鉛歷然，論者以方漢之劉向。

又《諸王傳二·奉國將軍朱拱榣》 諸子群從多知名者。多熅、多燩以孝友著。多煪、多𤆬以秉禮嚴重稱。多熿、多煃、多炘以善詞賦名。而多熅與從兄多煡獨杜門卻掃，多購異書，校讎以爲樂。

徐葵《張文潛文集跋》 《張文潛文集》，亦名《宛丘集》，相傳南宋初已有四本：一本十卷，一本三十卷，一本七十卷，一本一百卷。國朝四庫所收之本，則又七十六卷。今余得此本十三卷，係虞山馮氏與吳氏兩家藏本，與所記上五本卷帙不同，想即胡應麟所見之本也。昨吳興書賈鄭甫田，以宋建安余騰夫所刊永嘉先生標注《張文潛集》來，上有季滄葦與毛子晉圖書，共十卷，與此本校對篇目正同，惟分卷則異，因知此本即南宋初十卷之本，後人亂其卷次耳。

盧文弨《抱經堂文集》卷八《魏華父儀禮要義跋》 此書五十卷，世罕流傳，《聚樂堂藝文目》有之，朱錫鬯載之《經義考》，然未之見也。烏程嚴文學元照聞杭州汪氏新得此書，猶是宋刻，亟以二百六十千轉購之，甚寶惜。手鈔副本以示索觀者，而刻本不輕出也，余至其家始得見之。此書分段錄賈氏之疏，每段先標大指爲提綱，以下但載賈疏，魏氏絕無論說。余時爲《儀禮注疏》詳校，取以覆對，其譌舛處與近世本大略相似。朱子《通解》

雖有改正，而亦未能盡，則知此一書之傳謁也久矣。今此上方閒著溫本一二，異同不多見。其經注闕者，亦未之補也。然每段括其大要，使考究者易於尋求，則此書亦不可廢。以朱氏過目之書廣博，爲人所不易及，而今乃得見其所未見者，可不爲幸歟！

章學誠《朱崇沐校刊韓文考異書後》（《昌黎先生集考異》附録） 余家所藏韓文四本，此本最爲流俗通用，楮板未爲精佳，惟是童子塾中初購此書，即已寶如拱璧。其後先君丹墨評點，指示初學爲文義法，小子自幼習焉。手澤所存，珍而襲之，不特以其爲舊物也。憶此書乃甲戌秋冬所購，是時先君方官湖北應城知縣，塾師於舉業外，禁不得閲省他書，及得此集，匿藏篋笥，燈窗輒竊觀之。初不盡解，顧愛好焉，不忍釋手，今撫玩之，三十年前光景猶歷歷也。

張宗松《王荆公詩注題辭》（王安石《王荆公詩注》卷首） 《王荆公詩》五十卷，鴈湖先生李壁季章箋注。予十年前，購得華山馬氏所藏元刻本。間取通行《臨川集》勘之，篇目既多寡不同，題字亦增損互異，乃歎是書之善，不獨援據該洽，可號王氏功臣也。史稱季章嗜學如飢渴，羣經百氏，搜抉靡遺。今《鴈湖集》既不存，其他著録亦盡逸，惟是書見稱藝林，而流布絶少，因重鋟之，以廣其傳。

法式善《陶廬雜録》卷一 內府所藏唐文原本十六函。每函十冊，得人一千七百餘。第一葉有梅谷圖記，爲海寧陳氏裒輯未完之書。蘇大司空官兩淮鹽政時，以重價購得，進呈乙覽。嘉慶十三年十月，詔文館續纂，遂多所損益云。

又 王世貞《明異典述》曰：世宗賜張文忠詩賦，先後凡二十餘章，皆龍箋御墨，天書煥爛，眞傳家之至寶，耀世之盛事也。萬曆三十七年七月謹梓。是書前後十八葉，中鐫《敕建寶綸樓詩賦》，録《孚敬和詩》二十七章，孚敬孫知府汝紀、署丞汝經鏤版。余以十錢鬻諸廠肆，文無足觀，存之以備考核。

又卷二 余於書肆買一畫冊，不著款，淡墨抒寫，得大癡山人筆意。及驗其私印，則崔華也。按華太倉人，漁洋山人分校所取士，詩亦清拔絶俗，爲山人所稱許。

又 近人著書，當以邵學士晉涵《爾雅正義》、王觀察念孫《廣雅疏證》、阮巡撫元《經籍纂詁》爲最典洽。余見桐城方密之所輯《通雅》，其該博亦不在三家下，惜其版久不印，今藏姚氏書塾，蘇州書賈將購而販賣之，甚可喜也。

又卷三 十年前，余正月遊廠，於廟市書攤買宋、明《實録》一大捆。雖不全之書，究屬秘本，未及檢閲，爲友人攜去，至今悔之。又得宋、元人各集，皆《永樂大典》中散篇採入《四庫書》者，宋集三十二種，元集二十三種，統計八百二十三卷。北宋人《文莊集》三十六卷，夏竦撰。《金氏文集》二卷，金君卿撰。《都官集》十四卷，陳舜俞撰。《鄖溪集》三十卷，鄭獬撰。《王魏公集》八卷，王安禮撰。《雲溪居士集》三十卷，華鎮撰。《日涉園集》十卷，李彭撰。南宋人《初寮集》八卷，王安中撰。《橫塘集》二十卷，許景衡撰。《莊簡集》十八卷，李光撰。《忠穆集》八卷，呂頤浩撰。《紫微集》三十六卷，張嵲撰。《相山集》三十卷，王之道撰。《大隱集》十卷，李正民撰。《澹齋集》十八卷，李流謙撰。《北海集》十六卷，附録三卷，綦崇禮撰。《浮山集》十卷，仲并撰。《方舟集》二十四卷，李石撰。《香山集》十六卷，喻良能撰。《宮教集》十六卷，崔敦禮撰。《尊白堂集》六卷，虞儔撰。《東塘集》二十卷，袁説友撰。《涉齋集》十八卷，許綸撰。《緣督集》二十卷，曾丰撰。《山房集》九卷，周南撰。《鶴林集》四十卷，吳泳撰。《東澗集》十四卷，許應龍撰。《澗泉集》二十卷，韓淲撰。《臞軒集》十六卷，王邁撰。《敝帚稿略》八卷，包恢撰。《梅埜集》十二卷，徐元杰撰。《碧梧玩芳集》二十四卷，馬廷鸞撰。元人《牆東類稿》二十卷，陸文圭撰。《青山集》八卷，趙文撰。《紫山大全集》二十六卷，胡祗遹撰。《青崖集》五卷，魏初撰。《養吾齋集》三十二卷，劉將孫撰。《雙溪醉隱集》八卷，耶律鑄撰。《東庵集》四卷，滕安上撰。《畏齋集》六卷，程端禮撰。《陳秋巖詩集》二卷，陳宜甫撰。《蘭軒集》十六卷，王旭撰。《西巖集》二十卷，張之翰撰。《勤齋集》八卷，蕭𣂏撰。《榘庵集》十五卷，同恕撰。《伊濱集》二十四卷，王沂撰。《積齋集》五卷，程端學撰。《瓢泉吟稿》五卷，朱晞顔撰。《子淵詩集》六卷，張仲深撰。《吾吾類稿》三卷，吳皋撰。《性情集》六卷，周巽撰。《樗隱集》六卷，胡行簡撰。《庸庵集》六卷，宋禧撰；外附《廬山集》五卷，元董嗣杲撰。《英溪集》一卷，不著撰者姓氏，書寫不工，似未及校對之本。余維物少見珍，什襲藏之。有人許易二千

金，靳弗予也。

又 黄氏《儋殘集》，梨洲徵君手訂也。梨洲著述甚富，獨此集不傳，爲崑山徐氏所稱許。余偶於坊肆買歸，版刻甚精。黄珣《文僖公集》、黄文焕《開州集》、黄韶《道南先生集》、黄嘉仁《半山先生集》、黄嘉愛《潁州集》、黄元釜《丁山先生集》、黄尚質《景州集》、黄伯川《蟄庵先生集》，凡八家。梨洲有序。

黄丕烈《士禮居藏書題跋記》卷一《公羊解詁宋余仁仲本**》** 《九經三傳沿革例》載有建余氏本。余所見殘本《穀梁》在周香嚴家，即萬卷堂余仁仲校刻者也。此外有《周禮》，亦缺《秋官》，藏顧抱冲所。今秋得此《春秋公羊經傳解詁》十二卷，完善無缺，實爲至寶。得之價白金一百二十兩，不特書估居奇，亦余之愛書有以致此。初，是書出鎮江蔣春農家，書估以賤值購之，攜至吾郡，迭爲有識者稱贊，故索價竟至不減。余務在必得，惜書而不惜錢物，書魔故智有如是者。《春秋》五傳，《鄒》、《夾》已亡，《左》、《穀》二家，僅存晉人之注，惟《公羊》注猶漢人，安得不以至寶視之？倘有餘力，當付剞劂，以廣其傳焉。

又《讀四書叢説殘元本**》** 此元刻殘本，東陽許謙《讀四書叢説》中《大學》一卷，《中庸》上下二卷，《孟子》上下二卷也。余于宋、元經學不甚喜購，然遇舊刻亦間收焉。惟此則甚樂之，爲其《中庸》多一下卷故也。國朝《國庫書目》止收四卷，故嘉定錢竹汀撰《補元史藝文志》卷亦如此。今茲夏，余爲竹汀先生訂《補志》一書。竹汀因余于元代藝文頗多搜羅，囑爲參校。適書友攜此書至，知多一卷，強索重值。余許以緡錢二千易之而未果，告諸竹汀，已采入志中改爲五卷矣。越月有三，書賈持書易錢而去。爰記此緣起，以徵信于後。余檢《菉竹堂書目》載《四書叢説》四册，而卷數不詳；又璜川《吳氏書目》收藏較近，則云七卷，然系鈔白，未敢信。余惟就所見之五卷爲信可爾，倘異日《一齋書目》之二十卷盡出，不更快乎！

又《博雅校本**》** 余向收李明古家書，内有皇甫録本《博雅》，詫爲得未曾有。取余舊儲影宋鈔之本相勘，行款悉同，信乎陳少章先生云皇甫本最佳。誠不誣也。李本缺首序最後一葉，當日冀後日之或遇斯刻，可以補全，今果遇之，豈不幸耶！書出坊間，收于郡故家。迭經朋好中往訪檢取，唯此獨遺，爲余收得。朋好聞之，亦謂檢書之法，萬不如余。幷志之，以博一笑。

又卷二《編年通載殘宋本**》** 章衡《編年通載》，世間向無傳本，偶于友人處見一書估，爲余言是書，友人亦爲余言此書之善，蓋書估先以此書質諸余友，而爲之評論其價值也。既而書友引至某坊，往取樣本示余，詭云有他人已先取觀，未敢與君議交易。問其緣由，本某坊物而爲伊所涉手者。余亦不辨其爲誰之物，第問其價，則同然一辭，必得白金五十兩而後可。余雖愛其書，然彼既以他人先取爲辭，未便持此樣本歸。越日，探知書賈已還某坊，遂從某坊得之，竟予以四十金。以四金勞書估，爲其先爲余言也。及交易後，某坊始爲余言，初不識此書之貴，四十金之數即君友人所定云。因志其顛末如此。

又《齊乘明嘉靖刊本**》** 余于地志書喜蓄舊本，惟此尚缺如。頃從肆中搜得，見其紙墨古雅，疑爲元刻，且一單之書，皆以尋常本而索善價，此書估價千餘錢，余故喜而購之。及攜歸，澗薲爲余言曰：卷中薛子熙訂正，爲明時人，曾刻《三輔黄圖》，則其爲明刻無疑。近復有山東新刻本，澗薲有之，暇日當取一勘云。

又《吳郡圖經續記宋刻本**》** 余向聞任蔣橋顧氏有宋刻《吳郡志》，倩人訪求，得諸華陽橋顧聽玉家，蓋華陽即任蔣之分支也。聽玉之祖雨時先生喜蓄異書，手自讎勘，余從其裔孫處得舊鈔本《續圖經》有跋云：「雍正十二年夏五月既望，于崑山徐氏購得葉文莊所藏宋刻本，校勘一過。」始知顧氏所蓄宋刻地志之書，范成大《吳郡志》而外又有朱長文《吳郡圖經續記》。一日觀書華陽，適睹是書，楮墨精良，實勝《范志》。爰詢其值，需白鏹六十金，心愛甚而未之得也。閱載餘，以他事故至聽玉家，聽玉云：「此書于子爲雙璧之合，吾且非子不售矣。子曷歸之以比延平劍乎？」余重其書之不易覯，遂以五十金得之。卷中有鈔補處，皆明人錢磬室手迹。余嘗見錢氏有刊本，云是從宋本校勘者。今取宋本對之，不特行款弗同，且訛舛誠復不少，則宋本之可珍益信。

又卷三《新序北宋本**》** 余于乾隆乙卯閏月借顧澗薲傳録何校宋本《新序》，臨寫一過，知宋本實有佳處，義門所校得其眞矣。繼于四月十四日書船友鄭輔義攜一宋本來，留閲信宿，校首册三卷。開卷第二行有曾鞏地與姓名一行，何校本未及增，又未知何所校之宋本云何也。何校原本在顧澗薲堂

兄顧抱冲處，系陽山顧大有所藏，顧之前藏于憩橋巷李氏。余所見宋本第一卷末有東澗跋，何校未之及，知非一本。每葉幾行，每行幾字，彼此相類，而所校又與刻本間有殊異，未知何故。余愛之甚，惜需值八十金，故以樣本還之，不及窺厥全豹，大爲恨事。自後書友來必曰：「此書爲物主攜往他處，將不久留于江南境矣。盍如其值得之乎？」余遂究其所從來，云是太倉王氏物，渠與畢秋帆制府相友善，宋刻善本亦嘗歸之，故本地不售，將往楚中求售，如售去，家中宋本皆盡往矣。余艷其宋本之多，囑書友更攜他書借閱，書友允吾請。至冬，果以北宋小字本《列子》來，需值六十金，余喜異書之沓至，後更勝于前，不復計錢物之多寡，以白鏹八十餘金并得之。是時，余方承被火災後，爲治家計最急，省他費購書，室人交遍讁我，亦置若罔聞而已。今屆移家月餘，諸事稍定，倩工裝池，分爲五冊。書中有板刻朱印溫公訓子語一紙，爲信陽王氏四部堂識，足見藏書家珍重之意，因裱托置諸卷端，俾垂永久。裝畢，追述得書顛末，并著宋本或有異同，校者不無訛誤，是在目見而又心細，方盡讀書之能事爾。

又卷四《冲虛至德真經宋刻本**》** 乾隆乙卯季冬，書船鄭輔義攜宋刻《列子》二冊求售，適是日余在友人處，因留于大兒玉堂書塾中。至暮抵家，取書閱之，密行細字，尚是宋刻之上駟，急撥燈校一卷，[二十六]覺世德堂本訛舛已復不少，眞善本也。明晨訪顧抱冲于小讀書堆，鄭書友已在坐，背抱冲問其值，索白鏹六十金，余方以爲價昂不之得，而抱冲已喧傳余之獨得此書矣。蓋是書先攜至金閶袁綬階處，後到余家，綬階遂爲抱冲言之，抱冲作書于輔義，指名相索，輔義含糊答應，忽見余與輔義耳語，知是書已留余家，故抱冲以余爲必得也。余亦以是書不歸江夏，即歸武陵，倘惜財物，致失異書，大是恨事，因固留之，并不敢重與物主一觀。輔義來議價者再三，仍執前所言，不得已囑其取向所見之宋刻《新序》同買之，許以八十金而始允。余雖知是書之貴，明爲余與抱冲爭購之故，然此愛書之私，終不爲所奪，在余亦自笑其癡呆耳。

又卷五《北山小集鈔本**》** 乾隆六十年六月二十日夜，余家因已遣之婢尋物失火，焰起老母房中，以致及余卧室，倉皇奔救，幸勿大患，而器用財賄爲之一空。所貯書籍巋然獨存，是必有神物護持者，余亦以是轉憂爲喜焉。閱兩日，書友胡益謙持《北山小集》示余，欲一決其宋本與否。余開卷指示紙背曰：「此書宋刻、宋印，子不知宋本，獨不見其紙爲宋時冊子乎？」胡公深謂余爲不欺，遂議交易，余許其每冊一金，卒以物主居奇，倍價易得，復以二金酬之。親朋見者，無不笑余癡呆，余曰：「天災忽來，身外之物俱盡，所不盡者，唯此書籍耳，則書籍之待儲于余者，益急矣。余曷敢不竭盡心力以爲收藏計？且是集流播絶少，寫本不多見，况其爲宋本。」近時浙江《采集遺書總録》，載有知不足齋藏影宋槧寫本，吳之振識云，此冊昔年爲季滄葦侍御所贈，侍御從絳雲樓宋刊本影寫者，是宋本系東澗舊藏。今本首冊有健庵圖章，而彭城無所記識，豈眞絳雲餘燼耶？余不能辨其是一、是二也。卷尾有「黃氏淮東書院圖籍」印，未知吾宗何人，轉相授受，仍歸江夏家藏，我子孫其世寶之，或可自詡爲天下無雙也歟？

又《錢杲之離騷集傳宋本**》** 此《錢杲之離騷集傳》，宋板之精絶者。余檢《汲古閣珍藏秘本書目》集部云：「《錢杲之註離騷》一本，宋板影鈔，此書世間絶無，一兩五錢。」今爲宋板，宜乎價增十倍矣。顧余竊有疑焉，此書有「戊戌毛晉」印，又有「毛褒字華伯號質菴」印，則是書已傳兩世，而斧季手寫書目，售于潘稼堂，不列宋板，豈留其眞本耶，抑已經散失邪？不可得而知也。影寫本聞在小讀書堆，宋板今又在余處，所謂世間絶無者，同在一郡，幸何如之！是書來自桐鄉金氏，卷端畫蘭，云是方薰筆云。

又《孟浩然詩集宋本**》** 余於五月杪自都門歸，聞桐鄉金氏書有散在坊間者，即訪之，得諸西山堂書凡五種：宋刻者爲《孟浩然詩集》、錢杲之《離騷集傳》、雲莊《四六餘話》、影宋鈔者爲岳板《孝經》、呂夏卿《唐書直筆新例》。索白鏹六十四金。急欲歸之，而議價再三，牢不可破，卒以京板《佩文韻府》相易，貼銀十四兩，方得成此交易。此《孟浩然詩集》即五種中之最佳而余亦斷不肯舍者也。

黃丕烈《會昌一品制集跋》（《李德裕文集校箋》附録） 此殘宋刻《會昌一品制集》十卷，卷中有舊抄配入，爲甫里嚴豹人家物，而余購之重付裝池者也。先是，余得抄本《會昌一品制集》二十卷，爲沈與文所藏，已明中葉本矣。又得舊抄《李文饒集》，則不止《會昌一品制集》與明刻合，而亦無甚佳處。惟此宋刻較二本爲勝，雖殘本，實至寶也。卷中抄葉標題曰《李文饒集》，而列《會昌一品制集》於下，似非宋刻原本。然藏者爲李廷相，據白堤錢聽默云已爲明時收藏家，其舊補可知。

昭槤《嘯亭雜録》卷四《昌齡藏書》 傅察太史昌齡，傅閣峯尚書子。性耽書史，築謙益堂，丹鉛萬卷，錦軸牙籤，爲一時之盛，通志堂藏書雖多，其精粹蔑如也。今日其家式微，其遺書多爲余所購。如宋末《江湖》諸集，多公自手鈔者，亦想見其風雅也。

翁心存《張右史文集跋》 文潛集南宋初已有四本：十卷者名《柯山集》，三十卷者名《張龍閣集》，七十卷者名《張右史集》，一百卷者名《譙郡先生集》，蓋當時黨禁方嚴，文字秘不敢出，私家傳寫難免闕遺。明胡應麟刊僅十三卷，郝梁刊僅十七卷，皆名《張文潛集》。汲古閣書目有《張右史集》六十卷。則數百年後，網羅散失，裒集倍難矣。咸豐丁巳秋，予得是本於京都廠肆，適兒子同書自邗上以研石齋秦氏藏本寄其弟同龢，久置案頭，未遑校正也。今年新正病起無事，乃取而參校，旬有五日竣事。兩本皆六十五卷，而編次前後互異，亦各有得失。

翁同書《張右史文集跋》 張文潛集曰《柯山集》者凡一百卷，曰《張龍閣集》者凡三十卷，曰《張右史集》者凡七十卷，此皆宋時所行之本也。今四庫所儲《宛丘集》七十六卷，其卷數又與數本不合。予駐師邗上，購得《右史集》十五冊，末有吾邑趙琦美跋，知此本係琦美攟拾而成。脱落已甚，原闕二十二卷至二十四卷及三十三卷，今又闕第十二冊五十卷至五十三卷。按胡應麟《筆叢》言：嘗見文潛集於臨安僻巷中，明旦訪之，則夜來鄰火延燒，此書倏煨燼矣。然此本幸存，詎不當愛護耶？首頁有一印曰：「海虞陵秋家藏」，蓋吾邑士人從清常道人家傳録者，適落吾手，亦宿緣也。

吴振棫《養吉齋餘録》卷七 雙就園成，杭州駐防，官西安副都統。咸豐乙卯，於市上購書一冊，乃其先世太傅端純公佟國維所著《卦爻解義》，命其子德克新作序，隆科多繕録者。冊爲康熙丙戌録成，百數十餘年矣。不知何時流落闤中，適爲其後人所獲。

吴壽暘《拜經樓藏書題跋記》卷一《廣韻》 右五卷，潁川陳氏刻本。錢緑窗處士所收藏手校者，先君子購得，記前云：「路仲里人錢馥校，吳某藏書。」後云：「某按潘稼堂《宋本廣韻序》云，先師顧亭林深明音學，憫學者泥今而昧古，實始表章此書，刻之淮上。然其所見乃明內府刊本已經刪削者，久而覺其書之不完，作後序以志遺憾。蓋即謂此本。今此本不見亭林後序，殆失之矣。予友錢廣伯處士究心韻學，沒後，其家粥書，予購得此本，宛然故人之手澤存焉，可勝悽絶。」

又卷五《後山集》 《後山集》二十卷，舊鈔本。先君子以秀水濮氏校、義門先生評本倩先師朱巢飲夫子過録，記卷首云：「何義門先生評本，乾隆丁酉，從濮自崑先生校本過録。」義門跋云：「《老學庵筆記》云：『陳無己子豐，詩亦可喜，《晁以道集》中有《謝陳十二郎詩卷》是也。建炎中，以無己故，特命官。李鄴守會稽，來從鄴作攝局。鄴降虜，豐亦被繫纍而去，無己之後遂無在江左者，豐亦不知存亡。』」又「康熙己丑秋日，從吳興鬻書人購得舊鈔《後山集》殘本，中闕三、四、五、六凡四卷，勘校一過，改正脱訛處甚多，庶幾粗爲可讀，而明人錯本誤人，眞有不如不刻之歎也。焯記。」又「《後山集》十年前始得見明弘治己未南陽王懋學所刊，脱誤至不可讀，訪求宋刻於藏書家而未獲也。康熙己丑，吳興鬻書人邵良臣持舊鈔殘書五冊來售，余取而與弘治本互勘，則其所脱誤者皆在。雖出於元版，已非魏昌世所次詩六卷、文十四卷之舊，然猶之爲善本也。其中缺第三至第六凡四卷，非仍得陳同甫編校者及向上宋本，不敢妄爲補寫，蓋新刻有與無均耳。不讀而充數者尚之弗如其無也。是歲中秋日，何焯記。」

陸以湉《冷廬雜識》卷四《藏書》 藏書以遺子孫，子孫未必能讀。唐杜暹云「鬻及借人爲不孝」，語何隘也！宋李常積書萬卷於廬山，以遺後之學者。不藏之藏，其識遠，其量宏矣。

翁同龢《成化間蘇材小纂附言》（祝允明《蘇材小纂》卷末） 此冊，龢年十五時以百錢得於靈宮殿前書攤。當時以爲主寶，今三十年矣，兒嬉侍奉之日邈不可再，哀哉！鮮民不如無生。光緒元年六月十一日病暑初起，翁同龢。

周星詒《校本題記》一（錢曾《讀書敏求記》附録） 予自十一二歲時即喜購藏古書，因專意目録之學，有志成《讀書識小録》一書，記古今書刻及各家書目存亡考。創始於己酉之秋。先編次《目録考》一種，鋭意收集古今藏書目，凡得鈔刻者五十餘種。又偏考載籍，仿竹垞老人《經籍考》體例爲之。其得成者已三卷矣。時亡婦平氏初歸予，相助收采，復出奩具，使購書冊。憶舊藏此書初得時，方庚戌初春，在紹興南街老屋逸雲閣上。亡婦方啜茶，小婢捧書來告，共奪看，潑茶新蘋緑衫上滿不顧，賞愛特甚。各卷悉以「逸莊」及名字小印識之殆徧。自乙卯悼亡，《書目考》草稿多其手跡，

不復忍繙閲，因置不爲。且以奔走不暇之故，悉寄所藏書三十二架於山陰傳氏。九月二十九日，紹興不守，所藏當爲灰燼。夫此十二年，一刹那耳。人與物都不能守其故常，可勝哀哉！辛酉十月二十七日，從閩南蕭氏購補是書，已翁憶舊事揮淚記。

又《題記》二　藏書家首重常熟派，蓋其考證板刻源流，校訂古今同異，及夫寫録圖書，裝潢藏庋。自五川楊氏以後，若脈望、絳雲、汲古及馮氏一家兄弟叔姪，沿流溯源，踵華增盛，廣購精求，博考詳校。所謂讀書者之藏書者，惟此諸家足以當之。故通人學士，於百數十年後得其遺籍，爭相誇尚，良有以也。錢氏絳雲，同時有幽吉、述古、懷古諸家，一時稱盛。而著録諸書，惟絳雲、脈望，述古僅傳書目。其餘諸家庋藏之富，著述無聞，末由稽考，人以爲恨。佞宋主人少從絳雲游，身後負之，其人殆不足重。而《述古書目》之外，以所聞於諸家之緒論及已所藏珍籍祕本，著此四卷，文字爾雅，載録周詳，考簡編者恆貴重之。自趙氏付之手民，胡子重復爲詳校，遂家有其書。然按之黄復翁所謂足本，率多不合。予初得趙刻，繼在福州得此。前在傳節子處見一新刻，是揚州某氏本，匆匆未暇校對，不知是足本否。近番禺潘氏以足本刊入《叢書》，然苦舛誤，閲之令人增悶。去年魏稼孫以白金二兩得吴有堂傳錄黄復翁藏本，并復翁手評，所錄諸書多足以備收訪之助。予以原價易，臨此以備副本，供人傳寫，續當刻之，以廣其傳也。

繆荃孫《藝風堂文續集》卷七《劉賓客文集跋》　右《劉賓客文集》三十卷、《外集》十卷。《四庫》著録。禹錫，《唐書》有傳，官終於太子賓客分司，故署曰《賓客集》，又居中山無極，故又名《中山集》。是集四十卷，宋初佚其十卷，宋次道哀其遺詩四百七篇，雜文二十二首，爲《外集》，然未必皆十卷所遺也。明萬曆二年刊雜文二十卷，書當作「詩」。十卷，名《中山集》，黎民表序，民表嘉靖末廣東參將，爲古田獞所殺。書亦罕見。常熟瞿氏宋刻殘本，每半葉十行，行二十一字。歸安陸氏藏述古堂影宋抄本，每半葉十行，每行二十字。大抵宋時有此兩刻。此朱子涵舊藏明藍格抄本，十行，行二十字，與陸氏書目合，原出宋本無疑。《外集》十卷，世罕流傳，有以正集詩文僞充者。甲辰冬，在蘇州，書賈以味書室抄《外集》，亦十行，行二十字，求售，抄手極舊，以重值得之，可爲子涵配全，亦一快事。

鳳昌《校印牧齋全集緣起》（錢謙益《牧齋初學集》附録）　蒙叟爲一代文宗，與梅邨、芝麓相伯仲，而蒙叟其尤也。著述宏富，流傳海内，幾於家置一編。至於今，吾人神往目想而不覩其集者久矣。蓋板鎖於禁網，書亡於繳燬，江左士夫之家，所存亦僅。數十年來，京、津書估，日本行商，四出搜求，不惜懸巨金以待。一書偶出，輒爲若輩挾之去，而所存乃益如星鳳。不惟《初學》、《有學》兩集不可得，即求其遵王箋注《初學》、《有學集》之詩，亦不可得；不惟其詩之原槧本不可見，即求其翻槧本，亦不易致。如余之無力，而能一旦盡得之，以慰數十年之飢渴，不可謂非意外之幸矣。去歲冬，遇一書賈，以鈔本之《投筆集》及《有學集補遺》二冊求售，閲之，楷字整潔，紙墨古舊，固一完好之未刻本也。亟購歸，以示里中諸同志，爭相傳閲，嘆爲未有，余亦頗自矜貴。然而《初學》、《有學》兩集，猶未見也。嗣過里中范氏書齋，獲見遵王箋注蒙叟詩之原槧本，喜不自勝，把玩不忍去。范君曰：「此猶非其全也。」乃啓舊篋，出《初學》、《有學》兩集數十巨冊以示。展而閲之，當時各家之藏書圖記，纍纍卷首，益形踧踖。范君曰：「吾曾祖嗜書，此在爾時，已出巨金以得者。而至今珍秘，不輕示人。若以君得之鈔本合之，斯兩美矣。」諸同志胥韙其言，且慫恿印行，以公同好。范君慨然允，余亦樂爲贊成，出而付印，數月畢事。吾知世之愛蒙叟之文，恨未一覩如余者，至此可大慰其飢渴矣。乃於竣工之日，特書其緣起如此。至蒙叟之詩文，先輩早有定評，又何俟余之喋喋爲？

沈曾植《海日樓題跋》卷一《宋刻山谷外集詩注跋》　此《山谷外集詩注》，屬菊生代購。書賈居奇，以九十元得之。與六十元之《精華録》，皆海日樓奢侈品已。菊生以其宋諱闕筆，神廟、哲廟等皆空格提行，疑爲宋本。余以九行十九字與張元禎本行款同，仍爲弘治本，藏書家所稱明初本者耳。旋借得王西莊先生所藏影抄弘治本，前張序、後楊廉序俱全，先生以硃筆用宋本校過者，彼此對勘，乃知此爲弘治祖刻，彼行款、字數、幅徑與此均同，甚至別字壞字，亦相沿襲，而筆畫之間，更增訛舛，翻雕痕迹顯然。

張守癡《閲史津逮叙》（朱約淳《閲史津逮》卷末）　是書，乃睢州湯文正公斌清初人，與朱約淳同時。家藏舊本。光緒季年湯氏中落，余以重價購得之。本擬付之影印，公諸同好，只緣數十年來東奔西走，身若浮萍，未暇及此。倘有大文學家愛讀此書，甚願割愛，減價沽諸。

潘宗周《寶禮堂宋本書録・河東先生集》 宋廖瑩中刻韓、柳二集，周公謹志《雅堂雜鈔》、《癸辛雜識》屢稱其精好。明徐時泰東雅堂、郭雲鵬濟美堂刊本，相傳即覆廖刊，爲世推重。覆本且然，況其祖本。《韓集》舊藏豐順丁氏持靜齋，知已散出，頻年縱跡，迄無確耗。至《柳集》，則從未之前聞，意謂久已湮沒矣。忽傳山陰舊家某氏有之，急倩書估往求，至則眞廖氏原本也。各卷末有篆隸「世綵廖氏刻梓家塾」八字，木記作長方、橢圓、亞字形不等。全書字均端楷，純摹率更體，紙瑩墨潤，神采奕奕。公謹謂「廖氏諸書」，用撫州萆鈔淸江紙造油煙墨印刷，故能如是，愛不忍釋，遂斥鉅資留之。按卷首有《劉禹錫序》，次《敍説》，次《凡例》，次《目録》。編次與前本同，惟卷一，卷三十一，卷三十七、八，卷四十，卷四十一、二，與前本編次稍異，凡四十五卷。又外集二卷。惜卷三、四、五、十諸卷用覆本補配，精采稍遜。又卷三、四，卷六、七、八、九、十，各有一葉亦屬補配，神氣索然。蓋覆刻又在後矣。濟美堂本，版本相同於廖氏，注語大有增減。世傳覆廖本者，實爲讏言，陳景雲著《韓集點勘》，稱東雅堂刊《韓集》用世綵堂本，或因是而誤爲推測歟？《韓集》由丁氏持靜齋歸於聊城楊氏海源閣，近遭兵燹，流入故都書肆，爲友人陳澄中所收。極欲得此，以爲兩美之合。世間瑰寶，余雅不願其離散，因舉以歸之，七百年僅存之祕籍，分而復合，亦書林之佳話也。

鄒福保《宣統重刻范文正忠宣二公全集序》（《范仲淹全集》附録） 曩在癸巳之歲，余典試江右，撤棘後，書賈以舊籍來售，購得《范文正集》，視之乃吾鄉范祠中歲寒堂刊本，惜未有《忠宣集》，爲悵然者久之。越三歲丙申冬，在京師琉璃廠書肆架上瞥見《忠宣集》名，亟抽視，亦歲寒堂本。狂喜，問其價，昂於前書。以心欲得之，遂如值而予。攜歸，夜篝鐙披讀，作而嘆曰：此兩集一得之於贛，一得之於燕，南北異途，時經數稔，竟如延津之劍，合浦之珠，薈萃一隅，何其巧也！豈有英靈呵護於其間耶？

雜録

盧藏用《陳氏別傳》（《陳子昂集》附録） ［子昂］年二十一，始東入咸京，遊太學，歷抵羣公，都邑靡然屬目矣。由是爲遠近所稱，籍甚。以進士對策高第，屬唐高宗大帝崩于洛陽宮，靈駕將西歸，子昂乃獻書闕下。時皇上以太后居攝，覽其書而壯之。召見問狀，子昂貌寢寡援，然言王霸大略，君臣之際，甚慷慨焉。上壯其言而未深知也，乃勑曰：「梓州人陳子昂，地籍英靈，文稱偉曄，拜麟臺正字。」時洛中傳寫其書，市肆閭巷，吟諷相屬，乃至轉相貨鬻，飛馳遠邇。

《蘇軾文集》卷六九《書贈宗人鎔》 宗人鎔，貧甚，吾無以濟之。昔年嘗見李駙馬瑋以五百千購王夷甫帖，吾書不下夷甫，而其人則吾之所耻也。書此以遺生，不得五百千，勿以予人。然事在五百年外，價直如是，不亦鈍乎？然吾佛一坐六十小刼，五百年何足道哉！東坡居士。

秦觀《淮海集》卷三五《法帖通解序》 《法帖》者，太宗皇帝時，遣使購摹前代法書，集爲十卷，摹刻於板，藏之禁中。大臣初登二府，詔以一本賜之，其後不復賜，世號《官帖》。故丞相劉公沆守長沙日，以賜帖摹刻二本，一置郡帑，一藏於家。自此，法帖盛行於世，士大夫好事者又往往自爲別本矣。今可見者，潭、絳二郡，劉丞相家，潘尙書師旦家，劉御史次莊家，宗將世章家，凡六本，雖有精粗，然大抵皆《官帖》之苗裔也。

王之道《相山集》卷二七《跋思古上人華嚴經》 思古上人飛錫來自湖之何山，過圓覺道塲寺，有大檀越所開毗盧一大藏教，四方以工墨之直來請者如市。古出冬裘，以示圓覺之衆，得錢二萬六千，就易此經以歸。將以遺宿雲大士，爲崇因無窮之施。經云：以一手擎十佛刹，能於一刼空中住彼之所作，未爲難能。信此法，是爲難古。臨冬市裘，不遠千里，能與此經俱來與櫝而藏之，過而不問者，豈可同年而語哉！後之讀是經者，當作是念。

又《又跋所施先塋德餘菴華嚴經後》 德餘菴，蓋先大夫翠峰居士先宜人施氏之塋，奉嚴香火之所，中間住菴比邱廣言嘗作僧伽龕，其旁設經函十二室，曰：「他日當置大方，廣佛《華嚴經》并李長者合論，分十二函以實

之。」爲德餘菴不可稱量，不可思議之功德。言之所願，未及遂而示寂。後十三年，歲在己卯，上人思古自崇因來，繼領菴事，欲踵成之。予曰：此豈可以累人。是夏六月十一日，還自臨安，乃贖此經以歸，授古菴主。每十冊護以五色帕納之函，經合論計一百二十冊，釋音二冊，謹以藏之龕中。儻見聞讀誦，從此悟入，譬如一燈然，百千燈明者自明，明終不盡。其功德豈易言哉！

陳仕賢《七修類稿序》 吾聞生篤志好古，遇奇書異帙輒購求之，至傾昉罔佹，故學富而家日貧，幽憂抑鬱，惟典籍是適，雖至屢空而搜誦不輟，其種績之富有自哉！

陳建《皇明資治通紀・洪武二十三年》 十二月，購遺書。福建布政司進《南唐書》、《金史》、蘇轍《古史》。

陳建《皇明紀要・永樂元年》 十二月，命禮部遣監生三十餘人，分詣天下，訪軍民之家，有收藏高廟御製詩文及宸翰者，皆送官錄進，仍重賚之。

陳建《皇明通紀集要》卷五五 ［天啓四年八月］原任大學士沈漼、孫如游，奉命各省搜羅誌傳、奏疏、文集等書，附進表朝覲官齎進，以備纂修編輯。

徐岱《嘉靖刊本黄先生全書序》 先生寓蜀之戎、涪，文墨甚富，岱也居鄉而説之。薄游以來，見夫刻者，若《詩集》、若《刀筆》、若《精華》，病其散漫弗具。叨按兹土，訪《全書》於寧，得故刻之半。時建昌郡丞余子載仕攝寧事，購元本補之。新守喬子遷至，乃竟厥工。書凡若干卷，請爲序。

于慎行《穀山筆麈》卷七《典籍》 漢、唐、宋開國之初，皆嘗博求遺書，故其時内府之藏，盡天下之有，若史籍所志，何其富也！本朝則不及遠矣。永樂間，亦嘗遣使四購，不知所得幾何，乃今祕閣之藏，不及士人積書之半，天祿石渠之奥，空虚等此，亦大缺典也。南昌張直閣位在翰苑，嘗上疏請令史官行人奉使四方，各求遺書一部，送國學翰林收藏，業已允行，而久之竟無應者，政之因恬，亦已極矣。都下所當積書者有五：其一，内府監局當儲其全，以備御覽；其一，内閣祕書當儲其全，以備顧問；其一，翰林院庫當儲其全，以備考訂；其一，兩京太學當儲其全，以備頒行；其一，禮部庫房當儲其全，以備參核。五者即不能兼得，一二焉可矣，而今皆無之，徒使坊肆訛刻日滋月盛，毁瓦書墁，寖失舊本，其去秦火之災一間耳。

祁承㸁《澹生堂藏書約・藏書訓略・購書》 夫購書無他術，眼界欲寬，精神欲注，而心思欲巧。蓋今世所習爲文人，守一經從博士弟子業者也。如古之著書立言，不求聞達者，千百中不一二見焉。習俗溺人，爲毒滋甚。每見子弟於四股八比之外，略有旁覽，便恐妨正業，視爲怪物。即子弟稍竊窺目前書一二種，便自命博雅，沾沾自喜，不知宇宙大矣。古今載籍，如劉氏《七略》，王儉《七志》，阮孝緒《七錄》，俱在人耳目者無論已。其最盛莫如隋大業中柳䛒等校定總目三十七萬卷，而正本進御，亦三萬七千餘卷。嗣後則唐開元中總目五萬六千四百七十六卷，而釋、道二家不與，及唐人自著者不全入，以視大業不啻倍之。此亦四部中天之際乎！然猶曰帝皇之籍，非士庶所能望見也。乃唐吳兢家藏書一萬三千四百六十八卷，此鏤板未行之前已戛戛乎難爲力矣。若荆南之田氏藏書三萬卷，昭德晁氏舊藏二萬四千八百卷，邯鄲李獻臣所藏圖籍五十六類一千八百三十六部二萬三千三百八十六卷，而藝術、道書及書畫之目不存焉。莆田鄭子敬家所藏書仍用《七錄》，而卷帙不減於李、濡須秦氏，且以奏請於朝，宅舍文籍令子孫不得分析，蓋崇重極矣。然猶曰「前代之遺事」云耳。若勝國兵火之後，宋文憲公讀書青蘿山中，便已聚書萬卷。如雲閒陸文裕公、婁江王大司馬、吳門劉子威，此其家藏書皆不下數萬卷。更聞楊儀部君謙性最嗜書，家本素封，以購書故晚歲赤貧，所藏書十餘萬卷，纂其異聞爲《奚囊手鏡》。若金陵之焦太史弱侯藏書兩樓，五楹俱滿，余所目覩，而一一皆經校讎探討，尤人所難。婺州胡元瑞以一孝廉，集書至四萬二千三百八十四卷：此皆近日士紳家事也，安可以鬚眉男子竟同三家村擔板漢乎！余故略一拈出，令汝輩知曠然宇宙自有大觀，所謂眼界欲寬者此也。若曰六經皆注腳，何必乃爾，余與汝輩未至此位地，不得作欺人語。夫所謂「精神欲注」者，正以人非大豪傑，安能澹無嗜好？倘嗜好一著于博飲狹邪，馳馬試劍，傷生敗業固不必言；即染翰臨池，鼎彝金石，非不稱清事；然右軍竟以書槩其品，而閻立本且悔恨流汗，戒子孫勿復工繪事。至於玩古之癖，令人憔悴欲死，又不足言矣。惟移此種種嗜好注于嗜書，余亦不遽望爾輩以冥心窮討，苦志編摩。惟姑以此書日置几席閒視同玩器，裝潢校讎，朝斯夕斯，隨意所喜。閱其一端，一

端偶會，此卷自不忍不竟。一卷既洽，衆卷復然。此書未了，恨不能復及一書。方讀其已見，恨不能讀其所未見。自然飲食寢處，口所囁嚅，目所營注，無非是者。如阮之屐、嵇之鍛、劉伶之飲，非此不復知人生之樂矣。如此則物聚於所好，奇書祕本，多從精神注向者得之。使爾輩爲向上之士，自足成其博雅。即以庸人自安，亦定不作白丁。余每見市中賣藥翁，晚年未有不談醫者。而書肆老賈，往往多哆口言文字。蓋近朱近墨，强作解事，自是恆情。而古今絕世之技，專門之業，未有不由偏嗜而致者。故曰「精神欲注」者，此也。　鄭漁仲論求書之道有八：一即類以求，二旁類以求，三因地以求，四因家以求，五曰求之公，六曰求之私，七因人以求，八因代以求。可謂典籍中之經濟矣。然自有書契以來，名存而實亡者十居其九。如丁寬、孟喜之《易》、《尚書》之牟長《章句》，周防《雜記》，韓嬰僅存《詩外傳》，而亡其《內傳》。董仲舒《春秋繁露》雖存，而《春秋決疑》二百三十二事竟不可得。夫經傳猶日星之麗天，尚多湮沒，況其他一人一家之私集乎！若此之類，即國家祕府尚不能收，民閒亦安從得之？縱欲因地因人以求，無益也。余于八求之外，更有三説：如書有著于三代而亡于漢者，然漢人之引經多據之；書有著于漢而亡于唐者，然唐人之著述尚存之；書有著于唐而亡于宋者，然宋人之纂集多存之。每至檢閲，凡正文之所引用，註解之所證據，有涉前代之書而今失其傳者，即另從其書各爲録出。如《周易・坤靈圖》，禹時《鈎命訣》，春秋《考異郵》、《感精符》之類，則于《太平御覽》中閒得之。如《會稽典録》、張璠《漢紀》之類，則於《北堂書鈔》閒得之。如《晉簡文談疏》、《甘澤謠》、《會稽先賢傳》、《渚宮故事》之類，則于《太平廣記》閒得之。諸如此類，悉爲裒集。又如漢、唐以前殘文斷簡，皆當收羅。此不但吉光片毛，自足珍重，所謂舉馬之一體而馬未嘗不立于前也，是亦一道也。又如一書之中，自宜分析。如杜氏《通典》著於唐，惟唐之故典可按耳，乃後人取歐陽永叔、吕伯恭輩議論附其後，不幾淄澠乎！如《水經》一書，註乃侈于其經，奇詭宏麗，後人但知酈道元之有注，而桑欽著經之名反隱矣。又如《世説》詞旨本自簡令，已使人識晉人丰度于眉宇閒。若劉孝標之註，援引精覈，微言妙義，更自燦然，可與《世説》各爲一種，以稱快書。如此之類，析而爲兩，使竝存于宇宙之閒，是亦一道也。若夫前代遺書見有鏤板，或世家所祕，省郡所藏，即同都共里尚難兼收。況粤有刻而吳未必知，蜀有本而越未能徧，如此者更多也。又安能使其無翼而飛，不脛而走哉？且購書于書未集之先易，何也？凡書皆可購也，即因地因人因家因代，無不可者。購書于書稍集之後難，何也？海內通行之書，大都此數十百種耳，倘一槩求之，或以千里郵至，或以重值市歸，乃開篋而已有在架矣，有不意興索然者乎！余謂古書之必不可求，必非昭代所梓行者也。若昭代之所梓行，則必見序于昭代之筆。其書即不能卒得，而其所序之文則往往載于各集者可按也。今以某集有序，某書若干首，某書之序刻于何年，存於何地。採集諸公序刻之文而録爲一目，自知某書可從某地求也，某書可向某氏索也。置其所已備，覓其所未有，則異本日集，重複無煩，斯眞夜行之燭，而探寶之珠也。是又一道也。即此三端可以觸類。總之，一巧以用八求，故曰「心思欲巧」者，此也。

毛晉《夢溪筆談跋》（《新校正夢溪筆談》附録）　余閲范文穆公志云：「嘉祐中，王琪以知制誥守蘇郡，始大修設廳，規模宏壯，假省庫錢數千緡。廳既成，漕司不肯除破。時方貴杜集，人閒苦無全書，琪家藏本，讎校素精，即俾公使庫鏤版印萬本，每部爲直千錢，士人爭買之，富室或買十許部，既償省庫，羨餘以給公廚。」今讀湯教授《夢溪筆談跋》亦云：「刊行是書，以充郡帑，以爲養士無窮之利。」二事約略相似，不覺爲之撫卷而歎。夫以吳郡、廣陵，劇郡繁費，乃取給於浣花、夢溪二老片紙隻字閒，不聞征助之令，不見輸獻之苦，上恬下熙，相忘於無事，始信古人用心之不擾民也。

榮陽悔道人《汲古閣主人小傳》（毛晉《汲古閣書跋》卷首）　毛晉原名鳳苞，字子晉，常熟縣人，世居迎春門外之七星橋。父清，以孝弟力田起家。當楊忠愍公漣爲常熟令時，察知邑中有幹識者十人，遇有災荒工務，倚以集事，清其首也。晉少爲諸生，蕭太常伯玉特賞之。晚乃謝去，以字行。性嗜卷軸，榜於門曰：有以宋槧本至者，門內主人計葉酬錢，每葉出二佰；有以舊鈔本至者，每葉出四十；有以時下善本至者，別家出一千，主人出一千二佰。於是湖州書舶，雲集於七星橋毛氏之門矣。邑中爲之諺曰：「三百六十行生意，不如鬻書於毛氏。」前後積至八萬四千冊，構汲古閣、目耕樓以庋之。子晉患經史子集率漫漶無善本，乃刻《十三經》、《十七史》、古今百家及二氏書，至今學者寶之。方汲古閣之炳峙於七星橋也，南去十里爲唐市，楊彝鳳基樓在焉。東去二十里爲白茆市，某公紅豆莊在焉。是時海內勝

流至常熟者，無不以三處爲歸。江干車馬，時時不絶，而應接賓客，如恐不及，汲古閣主人爲最。尤好行善，水道橋梁，多獨力成之。歲饑則連舟載米，分給附近貧家。雷司理贈詩云：「行野田夫皆謝賑，入門僮僕盡抄書。」蓋紀實也。子晉，生前明萬曆二十七年己亥歲之正月五日，至本朝順治十六年己亥歲七月二十七日卒，享年六十有一。葬於戈莊之祖塋。生五子：襄、褒、衮、表、扆。扆字斧季，精於小學，最知名。滎陽悔道人記。

過庭訓《本朝京省人物考》卷二二《南直隸蘇州府·文璧》 文璧，字徵明，以字行，更字徵仲。其初蜀人，徙廬陵，再徙衡山，後有贅吳者，遂爲吳人。【略】久之，業益精，名日益重。【略】四夷貢道吳門者，望其里而拜，以不得見爲恨，然多以重價購之於所與從游者。以故書畫遍海内外。

《明史·太祖紀》 ［洪武元年八月己卯］衍聖公襲封及授曲阜知縣，並如前代制。有司以禮聘致賢士，學校毋事虚文。平刑，毋非事決囚。除書籍田器税，民間逋負免徵。

又《宋濂傳》 在朝，郊社宗廟山川百神之典，朝會宴享律曆衣冠之制，四裔貢賦賞勞之儀，旁及元勳巨卿碑記刻石之辭，咸以委濂，屢推爲開國文臣之首。士大夫造門乞文者，後先相踵。外國貢使亦知其名，數問宋先生起居無恙否。高麗、安南、日本至出兼金購文集。四方學者悉稱爲「太史公」，不以姓氏。

王士禛《香祖筆記》卷五 頃有太學生某來謁，言近日旗下子弟競尚一書，書肆價直爲之頓貴。因叩何書，某俛首久之，對曰：似是《文選昭明》。余匿笑而罷。

又卷一一 乙酉有書賈來益都之顔神鎮，攜蘇過叔黨《斜川集》，僅二冊，價至二百金有奇，惜未得見之。

邵長蘅《題舊本施注蘇詩》（《蘇軾詩集》附録） 施氏註東坡詩四十二卷，鏤板於宋嘉泰間，世之學者，往往知有其書，而流傳絶少。商丘公購之數年，從江南藏書家得此本，又殘缺僅存三十卷。是書卷端題吳興施氏、吳郡顧氏而不著名，而序文目録又闕，故覽者莫得其詳也。其後得陸放翁所作《施註蘇詩序》，有云「施宿武子出其先人司諫公所註數十大編，屬余序」，又云「助之以顧子景繁之該洽」。又按《文獻·經籍考》載，司諫名元之，字德初，其註詩本末，與序合。又參考郡邑志及他書，而三君之名字，乃灼然亡疑。

周樽《杜詩鏡銓序》 昔松陵朱鶴齡氏著《杜詩輯注》，一時盛行於世，至雞林賈人，亦爭購其書。

雷士俊《虞注杜工部七言律詩序》 杜子美七言律詩一百五十一首，元奎章閣侍書學士虞集所訂也。集既訂其詩若干首，而別爲紀行、述懷、懷古及將相、宮殿諸目凡三十二，而詩各以類附，又從而爲之註，江陰朱熊鏤版以廣其傳。余於市肆得此，讀而悦焉。既卒讀，乃序之。

孫慶增《藏書記要·購求》 購求書籍，是最難事亦最美事，最韻事最樂事。知有是書而無力購求，一難也；力足以求之矣，而所好不在是，二難也；知好之而求之矣，而必欲較其值之多寡大小焉，遂致坐失於一時，不能復購於異日，三難也；不能搜之於書傭，不能求之於舊家，四難也；但知近求，不知遠購，五難也；不知鑒識眞僞、檢點卷數、辨論字紙，貿貿購求，每多缺軼，終無善本，六難也。有此六難，則雖有愛書之人，而能藏書者，鮮矣。而我謂購之求之，得一善本爲美事者，何也？夫天地閒之有書籍也，猶人身之有性靈也，人身無性靈，則與禽獸何異？天地無書籍，則與草昧何異？故書籍者，天下之至寶也。人心之善惡，世道之得失，莫不辨於是焉。天下惟讀書之人，而後能修身，而後能治國也。是書者，又人身中之至寶也。以天下之至寶而一旦得之，以人身之至寶而我獨得之，又不至埋没於塵土之中，拋棄於庸夫之室，豈非人世閒一大美事乎！且與二三知己與能識古本今本之書籍者，并能道其源流者，能辨原板翻板之不同者，知某書之久不刷印、某書之止有鈔本者，或偕之閒訪於坊家，密求於冷鋪，於無心中得一最難得之書籍，不惜典衣，不顧重價，必欲得之而後止。其既得之也，勝於拱璧，即覓善工裝訂，置之案頭，手燒妙香，口喫苦茶，然後開卷讀之，豈非人世閒一大韻事乎？至於羅列已多，收藏既富，牙籤錦軸，鱗比星章，不待外求而珍寶悉備，以此爲樂，勝於南面百城多矣。

龔煒《巢林筆談續編》卷上《千金購一字》 一字千金，甚詞也，而亦竟有之。宋高宗購王右軍書，以千金易一字。見《書畫譜》。

黄丕烈《淮海集跋》（秦觀《淮海集箋注》附録） 此故友陶五柳主人爲余購得者，因借無錫秦氏宋刻四十卷全本手校過，故此不之重，其實非一刻也。今手校本已歸他所，而近又得一孫潛藏鈔本，因出此殘帙勘

之，略正幾字。中有《淮海閒居集序》一葉錯入二十三卷中，以別本長短句偶存全集序文證之，卻合。因得考見宋刻源流，莫謂竹頭木屑非有用物也。

昭槤《嘯亭雜録》卷一〇《書賈語》 自于、和當權後，朝士習爲奔競，棄置正道。黠者詬詈正人，以文己過，迂者株守考訂，訾議宋儒，遂將濂、洛、關、閩之書，束之高閣，無讀之者。余嘗購求薛文清《讀書記》及胡居仁《居業録》諸書於書坊中，賈者云：「近二十餘年，坊中久不貯此種書，恐其無人市易，徒傷貲本耳！」傷哉是言，主文衡者可不省歟？

葉昌熾《藏書紀事詩》卷四《王文簡士禛》 骨董僧寮列肆厖，碎銅玉石鬭雞缸。不堪重到慈仁寺，寂寞雙松護碧幢。《昭代名人尺牘·小傳》：「王士禛，字貽上，號阮亭，自號漁洋山人，新城人。順治乙未進士，官至刑部尚書，乾隆間補謚文簡。」【略】《古夫于亭雜録》：「昔在京師，士人有數謁予而不獲一見者。以告崑山徐尚書健庵，徐曰：『此易耳。但值每月三五，於慈仁寺書攤候之，必相見矣。』如其言，果然。廟市賃僧廊地鬻故書，小肆皆曰攤也。又書賈欲昂其直，必曰『此書經新城王先生鑒賞者』。鬻銅玉器，則曰『此經商丘宋先生鑒賞者』。士大夫言之，輒爲絶倒。」《藤陰雜記》：「孔東塘尚任《燕臺雜興》云：『彈鋏歸來抱膝吟，侯門今似海門深。御車掃徑皆多事，只向慈仁寺裏尋。』注云：『漁洋龍門高峻，人不易見。每於慈仁廟市購書，乃得一瞻顔色。』」《居易録》：「余官都下二十餘載，奉錢之入，盡以購書。嘗冬日過慈仁寺，見《尚書大傳》、《朱子三禮經傳通解》、荀悅、袁宏《漢紀》欲購之。異日侵晨往索，已爲他人所有。歸來惆悵不可釋，病臥旬日始起。古稱書淫書癖，未知視予何如。自知玩物喪志，故是一病，不能改也。亦欲使吾子孫知之。」

葉德輝《書林清話》卷二《書肆之緣起》 揚子《法言·吾子》二：「好書而不要諸仲尼，書肆也；好説而不要諸仲尼，説鈴也。」此「書肆」二字見于文士著述之始。《後漢書·王充傳》：「常游洛陽市肆，閲所賣書，一見輒能誦憶。」此後漢時有書肆也。梁任昉《答劉居士詩》：「才同文錦，學非書肆。」此六朝時有書肆也。唐柳玭《訓序》言其在蜀時嘗閲書肆，云「字書、小學，率雕板印紙」。又呂溫《衡州集》中《上官昭容書樓歌》：「君不見洛陽南市賣書肆，有人買得《研神記》。」此唐時有書肆也。馬令《南唐書·魯崇範傳》：「崇範雖窶，九經子史世藏於家，刺史賈皓就取之，薦其名不報，皓以己緡償其值。崇範笑曰：『典墳，天下公器。世亂藏於家，世治藏於國，其實一也。吾非書肆，何估直以償耶！』卻之。」此五代時有書肆也。至宋則建陽、麻沙之書林、書堂，南宋臨安之書棚、書鋪，風行一時。迄今如乾、嘉間錢景開萃古齋，陶正祥、珠、琳父子五柳居，以及李文藻《琉璃廠書肆記》中韋氏瑞錦堂，舊名鑑古堂。劉氏延慶堂，一經文人品題，遂得附名千古。章學誠《文史通義》援周長發之言，目此輩爲「橫通」，著《橫通篇》以寓諷焉，亦可謂善於題目也已。

又卷六《宋監本書許人自印并定價出售》 宋時國子監板，例許士人納紙墨錢自印。凡官刻書，亦有定價出售。今北宋本《説文解字》後有雍熙三年中書門下牒徐鉉等新校定《説文解字》，牒文有「其書宜付史館，仍令國子監雕爲印板，依《九經》書例，許人納紙墨錢收贖」等語。南宋刻林鉞《漢雋》，有淳熙十年楊王休記，後云：「象山縣學《漢雋》，每部二册，見賣錢六百文足，印造用紙一百六十幅，碧紙二幅，賃板錢一百文足，工墨裝背錢一百六十文足。」又題云：「善本鋟木，儲之縣庠，且藉工墨盈餘爲養士之助。」見《天禄琳琅後編》四。淳熙三年，舒州公使庫刻。本州軍州兼管內勸農營田屯田事曾穜《大易粹言》牒文云：「今具《大易粹言》壹部，計貳拾册，合用紙數印造工墨錢下項，紙副耗共壹仟叁百張，裝背饒青紙叁拾張，背青白紙叁拾張，樓墨糊藥印背匠工食等錢共壹貫伍百文足，賃板錢壹貫貳百文足。庫本印造見成出賣，每部價錢捌貫文足。右具如前。淳熙三年正月日雕造所貼司胡至和具。」此牒在本書前，吾曾見宋刻原本，今《天禄琳琅後編》二載「壹」、「貳」、「叁」等字，均作「一」、「二」、「三」，不知牒文原式，數目字借用筆畫多者，乃防胥吏添改，若作省寫，失其意矣。明仿宋施宿等《會稽志》，前有記云：「紹興府今刊《會稽志》一部，二十卷，用印書紙八百幅，古經紙一十幅，副葉紙二十幅，背古經紙平表一十幅，工墨錢八百文，每册裝背□□文，右具如前。嘉泰二年五月日，手分俞澄、干思忠具。」此書見陸《志》，其數目字省寫，或由傳刻改之，或鈔手省寫所致，未可知也。又舊鈔本宋孔平仲《續世説》十二卷，前有記二則。其一云：「沅州公使庫重修整雕補到《續世説》壹部，壹拾貳卷，壹伯伍拾捌板，用紙叁百壹拾陸張。右具如前。」其二云：「今具印造《續世説》一部，計六册，合用工食等錢如後：一印造紙墨工食錢，共五百三十四文足：大紙一百六十五張，計錢三十文足；工墨錢，計二百四文足。一褾褙青紙物料工食錢，共二百八十一文足：大青白紙共九張，計錢六十六文足；麵蠟工錢，

計二百一十五文足。以上共用錢八百一十五文足。右具在前。」又有紹興二十七年三月日校勘題名，見張《志》。後一則數目用本字，或亦傳鈔所省也。明正德己卯，重刊宋慶元元年二月刊《二俊文集》，前有記云：「《二俊文集》一部，共四冊。印書紙共一百三十六張，書皮表背并副葉共大小二十張，工墨錢一百八十文，賃板錢一百八十六文，裝背工糊錢。按：此下有脱文。右具如前。二月日印匠諸成等具。」明影宋紹興十七年刻《王黄州小畜集》三十卷，前記一則云：「黄州契勘諸路州軍，間有印書籍去處。竊見《王黄州小畜集》，文章典雅，有益後學，所在未曾開板，今得舊本，計壹拾陸萬叁仟捌百肆拾捌字。檢准紹興令諸私雕印文書，先納所屬中轉運司選官詳定，有益學者，聽印行。除依上條申明施行。今具雕造《小畜集》一部，共捌冊，計肆佰叁拾貳版，合用紙墨工價下印書紙并副板肆佰肆拾捌張，表背碧青紙壹拾壹張，大紙捌張，共錢貳佰陸拾文足，賃板櫻墨錢伍佰文足，裝印工食錢肆佰叁拾文足，除印書紙外共計壹貫壹伯叁拾陸文足。見成出賣，每部價錢伍貫文省。右具如前。紹興十七年七月日。」孫《記》舊影寫本有此書，數目字均用本字，文亦未全。以上諸書牒記，并載陸《志》，可見宋時刻印工價之廉，而士大夫便益學者之心，信非俗吏所能企及矣。

又卷九《都門書肆之今昔》 吳門書肆之牌記，書估之姓名，吾既據黄蕘翁《士禮居藏書題跋記》具列于前矣；京師爲人文薈萃之區，二百餘年，廠甸書肆如林，竟無好事如蕘翁其人者，得一書而詳記之，是亦書棚之闕史矣。吾讀李文藻《南澗文集》中有《琉璃廠書肆記》，雖不及蕘翁記載吳門之詳，要亦足備都門之掌錄。按其文曰：「乾隆己丑五月二十三日，予以謁選至京師，寓百順胡同。九月二十五日，籤選廣東之恩平縣。十月初三日引見，二十三日領憑。十一月初七日出京。此次居京師五月餘，無甚應酬，又性不喜觀劇，茶園酒館足迹未嘗至，惟日借書鈔之，暇則步入琉璃廠觀書，雖所買不多，而書肆之不到者寡矣。出京後，逆旅長夜不能寐，乃追憶各肆之名號及所市書之大略記之：琉璃廠因琉璃瓦窰爲名，東西可二里許，未入廠，東門路北一鋪曰聲遙堂，皆殘破不完之書，予從其中買數種，適有《廣東新語》，或選恩平之兆也。入門爲嵩□堂唐氏、名盛堂李氏，皆路北；又西爲帶草堂鄭氏、同陞閣李氏，皆路南。又西而路北者，有宗聖堂曾氏、聖經堂李氏、聚秀堂曾氏；路南者，有二酉堂、文錦堂、文繪堂、寶田堂、京兆堂、榮錦堂、經腴堂，皆李氏。宏文堂鄭氏、英華堂徐氏、文茂堂傅氏、聚星堂曾氏、瑞雲堂周氏，其先後次第憶或不眞，而在南在北則無誤也。或曰二酉堂自前明即有之，謂之『老二酉』。而其略有舊書者，惟京兆、積秀二家，餘皆新書。而其裝潢，紙不佳而冊薄。又西而南，轉沙土園北口，路西有文粹堂金氏，肆賈謝氏，蘇州人，頗深于書。予所購鈔本，如《宋通鑑長編紀事本末》、《蘆浦筆記》、《麈史》、《寓簡》、《乾坤清氣集》、《滏水集》、《呂敬夫詩集》、《段氏二妙集》、《禮學彙編》、《建炎復辟記》、《貢南湖集》、《月屋漫稿》、《王光庵集》、《焦氏經籍志》之屬，刻板如《長安志》、《鷄肋集》、《胡雲峰集》、《黄稼翁集》、《江湖長翁集》、《唐眉山集》之屬，皆于此肆。又北轉至正街，爲文華堂徐氏，在路南。而橋東之肆盡此矣。橋居廠中間，北與窰相對。橋以東街狹，多參以賣眼鏡、烟筒、日用雜物者；橋以西街闊，書肆外惟古董店及賣法帖、裱字畫、雕印章、包寫書稟、刻板、鐫碑耳。近橋左右，則補牙、補唇、補眼及售房中之藥者。遇廷試，進場之具如試筆、卷帒、墨壺、鎮紙、弓棚、叠褥備列焉。橋西賣書者才七家。先月樓李氏在路南，多内板書。又西爲寶名堂周氏，在路北，本賣仕籍及律例、路程記，今年忽購得果親王府書二千餘套，列架而陳之，其書裝潢精麗，俱鈐圖記，予于此得梁寅《元史略》、《揭文安集》、《讀史方輿紀要》等書，皆鈔本。《自警編》半部、《溫公書儀》一部，皆宋槧本。又方望溪所著書原稿，往往有之。又有鈔本《冊府元龜》及明憲宗等《實錄》。又西爲瑞錦堂，亦周氏，在路南，亦多舊書。其地即老韋之舊肆，本名鑑古堂，八年前韋氏書甚多。又郃陽人董姓同賣法帖其中。吾友趙六吉精于法帖，亦來此，遂客沒，其櫬至今未歸。又西爲煥文堂，亦周氏。又西爲五柳居陶氏，在路北，近來始開，而舊書甚多，與文粹堂皆每年購書于蘇州，載船而來。五柳多璜川吳氏藏書，嘉定錢先生云：『即吳企晉舍人家物也。其諸弟析產，所得書遂不能守。』又西爲延慶堂劉氏，在路北，其肆賈即老韋前開鑑古堂者也，近來不能購書于江南矣，夏間從内城買書數十部，每部有楝亭曹印其上，又有長白敷槎氏堇齋昌齡圖書記，蓋本曹氏而歸于昌齡者。昌齡官至學士，楝亭之甥也。楝亭掌織造鹽政十餘年，竭力以事鉛槧，又交于朱竹垞，曝書亭之書，楝亭皆鈔有副本，以予所見，如《石刻鋪叙》、《宋朝通鑑長編紀事本末》、《三朝北盟會編》、《後漢書年表》、《春秋經傳闕疑》、《太平寰宇記》、

《崇禎長編》諸書，皆鈔本，魏鶴山《毛詩要義》，《樓攻媿文集》諸書，皆宋槧本，餘不可盡數。韋頗曉事，而好持高價，查編修瑩、李檢討鐸，日游其中。數年前，予房師紀曉嵐先生買其書，亦費數千金。書肆中之曉事者，惟五柳之陶、文粹之謝及韋也。韋湖州人，陶、謝皆蘇州人。其餘不著何許人者，皆江西金谿人也。正陽門東打磨廠，亦有書肆數家，盡金谿人賣新書者也。內城隆福諸寺，遇會期多有賣書者，謂之『趕廟』，散帙滿地，往往不全而價低。朱少卿豫堂，日使子弟物色之，積數十年，蓄數十萬卷，皆由不全而至于全，蓋不全者多是人家奴婢竊出之物，其全者固在，日日待之而自至矣。吾友周書昌，遇不全者亦好買之。書昌嘗見吳才老《韻補》爲他人買去，怏怏不快，老韋云：『邵子湘《韻略》已盡采之。』書昌取視之，果然。老韋又嘗勸書昌讀魏鶴山《古今考》，以爲宋人深於經學，無過鶴山，惜其罕行于世，世多不知采用，書昌亦心折其言。韋年七十餘矣，面瘦如柴，竟日奔走朝紳之門。朝紳好書者，韋一見諗其好何等書，或經濟、或辭章、或掌故，能各投所好，得重値，而少減輒不肯售，人亦多恨之。予好書幾與書昌同，不及書昌能讀耳。朝食後，即至廠，手翻至餔，或典衣買之，而積秀堂有《楊萬里》、《洪盤州》二集鈔本，索錢三十千，庋數日仍還之，而不能釋于念也。延慶劉，項生大瘤，人呼之『劉噶噠』。又西爲博古堂李氏，在路南，其西爲廠西門，門外無鬻書者。」按南澗此《記》作于乾隆己丑，在純廟中葉時。迨吾光緒乙酉偕計入都，迄于壬辰通籍，上距己丑，甲子再週。此百年之中，其書肆之開閉幾何，書估之姓名幾何，皆無可考，惟二酉堂巋然獨存。據其同貿人云：「肆址猶前明故處，而主人則屢易姓矣。」吾官京曹時，士大夫猶有乾、嘉餘韻，每于退値或休務日，群集于廠肆，至日斜，各挾數破帙驅車而歸，此景此情，固時時形諸夢寐。甲寅至京，追憶前事，曾作《後買書行》云：有《買書行》，與此幷刻于京集中。【略】。蓋吾在都時，廠甸書肆皆在路南，僅有二家在路北，與文藻所記迥然不同。惜其間變遷因革之故，莫得而詳也。今則藍皮之書，充牣肆市；西域之韻，篡奪風騷。宋槧貴至千金，插架等於古玩；廖板齒儕十客，牟利甚于榷場。以故鬻書者日見其多，讀書者日見其少。士大夫假雕印而造交會，大都唐仲友之貪污；收藏家因字畫而及古書，無非項子京之賞鑒。吾生也晚，恨不如蕘翁、南澗，生際聖明，後之視今，恐猶有一蟹不如一蟹之嘅者。吾恆言：「今日藏書之人，即昔日焚書之人。」何者？羽陵之蠹，酷于秦灰；藏室之龍，化于胡地。周末文勝而鼎移，明季社多而國亂。《管子》有云：「美者惡之至。」其今日風尙之謂乎！

葉德輝《藏書十約・購置一》 置書先經部，次史部，次叢書。經先《十三經》，史先《二十四史》，叢書先其種類多校刻精者。初置書時，豈能四部完備，于此入手，方不至誤入歧途。宋元刻本，舊抄名校，一時不能坐致，尋常官板、局板，每恨校勘不精。今有簡易之法，尙不近于濫收。經有明南監本，皆雜湊宋監、元學諸刻而成，其書亦尙易覯；而北監本、毛晉汲古閣本次之。此板之舊者，爲乾嘉以前學者通用之書。官刻有武英殿本爲最佳，廣東翻刻則未善。嘉慶末年，阮文達以家藏宋元本注疏及單注、單疏合校刻于南昌府學。凡諸刻文字之異同，各爲《校勘記》附後。而于書中文字異同之處，旁刻墨圈識之，依圈以檢校勘，讀一本而衆本皆具。此在宋岳珂刊《九經三傳例》外，別開一徑，啓人神悟，莫善于斯。後來各省翻刻，盡去其圈，實爲乖謬，刻一書而一書廢。寧可闕如，不可取以充數也。史亦以明南監《二十一史》爲善，其板亦雜湊宋監、元路諸本而成。惟其板自明以來，遞有補修，國朝嘉慶時，其板尙在江寧藩庫。明正德時，印本補板尙少，難得其全。嘉靖、萬曆後，修板多諸生罰項爲之，最爲草率，而北監本之脫誤，尤爲荒唐。明沈德符《野獲編》云：「諸史校對鹵莽，訛錯轉多，至于《遼》、《金》諸史，缺文動至數葉，俱仍其脫簡接刻。文理多不相續，即謂『災木』可也。」毛晉汲古閣僅刻《十七史》，中有據宋本重雕者，惜亦不全。或以邵經邦《弘簡錄》續之，究屬不類。故南監本外，則以武英殿刻本爲完全。當時館臣校刊，多據宋刻善本，又處分頗嚴，故訛誤遂少。若得明南監正德前後本，則宜以明閩人詮刻《舊唐書》，武英殿活字聚珍本《舊五代》，康熙原修《明史》，配合以成全書，不宜以尋常習見之本羼入也。叢書則明弘治間華珵重印宋左珪《百川學海》，程榮《漢魏叢書》，毛晉《津逮秘書》，《武英殿聚珍板叢書》，福州、江西、浙江均有重刻，福州最全，浙刻最少，及今訪求殿印原本，尙不甚難。鮑廷博《知不足齋叢書》，潘仕誠《海山仙館叢書》，伍崇曜《粵雅堂叢書》，其書多而且精，足資博覽。俟有餘力，徐求他刻叢書及單行善本，舊刻名抄。于是次第收藏，舉古今四部之書，皆爲我有矣。

交换分部

綜　述

《宋書·氐胡傳·蒙遜》 河西人趙𢾺善歷算。十四年，茂虔奉表獻方物，并獻《周生子》十三卷，《時務論》十二卷，《三國總略》二十卷，《俗問》十一卷，《十三州志》十卷，《文檢》六卷，《四科傳》四卷，《燉煌實錄》十卷，《涼書》十卷，《漢皇德傳》二十五卷，《亡典》七卷，《魏駮》九卷，《謝艾集》八卷，《古今字》二卷，《乘丘先生》三卷，《周髀》一卷，《皇帝王歷三合紀》一卷，《趙𢾺傳》并《甲寅元歷》一卷，《孔子讚》一卷，合一百五十四卷。茂虔又求晉、趙《起居注》諸雜書數十件，太祖賜之。

《北齊書·崔暹傳》 魏、梁通和，要貴皆遣人隨聘使交易，暹惟寄求佛經。梁武帝聞之，爲繕寫，以幡花贊唄送至館焉。然而好大言，調戲無節。密令沙門明藏著《佛性論》而署己名，傳諸江表。子達拏年十三，暹命儒者權會教其說《周易》兩字，乃集朝貴名流，令達拏昇高座開講。

洪邁《容齋四筆》卷一三《榮王藏書》 濮安懿王之子宗綽，蓄書七萬卷。始與英宗偕學于邸，每得異書，必轉以相付。宗綽家本有《岳陽記》者，皆所賜也。此國史本傳所載。宣和中，其子淮安郡王仲糜進目錄三卷，忠宣公在燕得其中秩，云：「除監本外，寫本、印本書籍計二萬二千八百三十六卷。」觀一秩之目如是，所謂七萬卷者爲不誣矣。三館祕府所未有也，盛哉！

《宋史·張平傳》 平好史傳，微時遇異書，盡日耽玩，或解衣易之。及貴，聚書數千卷。

釋妙聲《東皐録》卷下《跋管夫人所書金剛經》 故魏國趙文敏公書法妙天下，一翁二季，奕世載美，何其盛哉！而公夫人管氏亦善書，豈天以翰墨之懿鍾此一門耶？今觀夫人所書《金剛般若》，公爲圖變相於卷首，卷不盈咫，用筆殊草而曲盡其妙，珪璋交映，眞希世之寶也。昔王逸少，初學書於衛夫人，後自名家，則趙氏之學有自來矣。初，余在海虞繆仲素家獲見此經時，慧日雪窻，明日以他畫易之。後以授高太尉納璘，高亡，散落人間。而瓊上人得之，瓊以求識，遂併疏其所由來於左。繆以上，則余未及知也。凡觀是經者，當究佛理以盡眞原，尋書跡以求往行，毋徒爲美玩可也。

《元史·陳祐傳》 （祜）〔祐〕少好學，家貧，母張氏嘗剪髮易書使讀之，長遂博通經史。

楊士奇《東里續集》卷一七《史畧釋文》 右《史畧釋文》一冊。余在京師，并《史畧》二冊皆得於鄰舍之罷官去者。憶年十四五，坐貧，不得已出爲村落童子師，以謀奉養之計，而急欲此編及《十書直音》，是時二書市直百錢，然不能得也。家獨畜一牝雞，數歲矣，先宜人命以易之。今致書頗多，而先宜人棄背已二十年，不及見也。嗚呼慟哉！

又卷一八《古文矜式》 《古文矜式》，余年十六七，館淘金袁氏塾中時，借錄於薌城張子震。子震酷嗜積書，語余云：初未有此書，以其家古錦琴囊易得之，蓋世以爲秘傳，希有之書也。然士奇既得之，往往用示人，有欲借錄者，輒畀之未嘗秘也。其後所錄本失之，而嘗從余借錄者，又錄此見遺。是亦不閟之效也。蓋書籍惟非其人則不可以借，如其遇端人確士，槩閟之而不借，豈非過乎！

又卷二〇《玉篇》 《玉篇》一冊，考其圖書云：周陽侯世家，蓋吾族兄孟堅之書，余得之賓畿弟，賓畿得之蕭子英。子英，孟堅內弟也。孟堅多蓄書，既死無子，故遺書無爲保藏，悉散落不存。嘗誦劉長卿《生子詩》「且免琴書與別人」之句，竊以爲無後者之慨然。今世儒之家子孫不肖，往往取先人書籍及所爲文章，博易所好，甚者用易酒食，視棄之如棄土苴，以陷於不孝，而爲人所僇笑者，吾見之多矣。如此亦何貴乎其有後哉！

張怡《玉光劍氣集》卷一三《理學》 梅禹金鼎祚與沈君典齊名，君典取上第。禹金棄舉子業，肆力古文，手不識衡量，目不知綺麗，足不履田塍。凡飲食寢處，喜怒歡悴，一寄于書，撰述甚富。晚讀書于蕙樓，以一素帷幕之，誦輒達曙，老而愈篤。久之，膏炧薰漬，帷上布皆易而爲緇。嘗與

焦弱侯、馮開之、趙玄度訂約搜訪，期三年一會于金陵，各出其所得異書逸典，互相讐寫，亦快事也。

朱彝尊《經義考》卷二四七 陸元輔曰：安，字孟泰，莆田人。家貧，遇鬻書者，以耕牛易之。卒後遺書爲外孫所焚，鄰人亟拾之，得《九經圖注》，制度極精巧。見周瑩《藏山録》。

于敏中等《天禄琳琅書目》卷二《漢書》 明王世貞跋：「余平生所購《周易》、《禮記》、《毛詩》、《左傳》、《史記》、《三國志》、《唐書》之類，過三千餘卷，皆宋本精絶。最後班、范二《漢書》，尤爲諸本之冠，桑皮紙，白潔如玉，四旁寬廣，字大者如錢，絶有歐、柳筆法，細書絲髮膚緻，墨色精純，溪潘流瀋。蓋自真宗朝刻之祕閣，特賜兩府，而其人亦自寶惜，四百年而手若未觸者。前有趙吳興小像。當是吳興家入吾郡陸太宰，又轉入顧光祿，失一莊而得之。噫！余老矣，即以身作蠹魚其間不惜，又恐兹書之飽我而損也。識其末以示後人。瑯琊王世貞元美甫重跋。」

黄丕烈《士禮居藏書題跋記》卷五《陶靖節先生詩注宋刻本**》** 辛丑四月晦日，武林鮑以文自蘇州回棹，同新倉吴葵里過松靄先生著書齋。是夜以文痁疾作，不能飲，燈下談及于［以下闕十餘字。］《陶淵明詩》一本，序末標湯漢，不知湯漢何許人。先生便拍案稱好書，且告以《宋史》有傳，《文獻通考》著録，以文爽然若失。隨叩《陶集》攜行篋否，則答云已送海鹽張芑堂矣。重午日，先生即從芑堂借觀，芑堂見書雖破碎，而裝面用金粟箋，心疑其爲秘冊，索還甚急。賴張佩兼調停互易，初以書畫、銅瓷、端硯，俱不可；芑堂適需古墨，先生因出葉元卿「夢筆生花」大圓墨易之，墨重一斤，值白金如數。至癸卯五月，閱兩年，而議始定，此書乃爲先生所有，蓋其得之之難如此。以文多方購覓，丙午始得一鈔本。芑堂慫恿葵里重行開雕，共懺悔覿面失宋刻公案，則此書之流通，未始非先生功德也。余交先生久，知得書始末最詳，兹備述之，以見先生嗜書之篤，賞鑒之精，而吳、鮑、張三君子之好事，亦流俗中所罕覯云。丁未冬日，輝山顧自修記。湯伯紀注《陶詩》宋刻本眞本，在海寧周松靄家，相傳與宋刻《禮書》并儲一室，顏之曰「禮陶齋」。其書之得，近于巧取豪奪，故秘不示人，并云欲以殉葬。余素聞其説于吳興賈人，久懸懸于心中矣。去歲夏秋之交，喧傳書賈某得此書，欲求售于吴門，久而未至。後嘉禾友人札致余，有此書許四十金未果，已爲硤石人家得去，聞此言甚怏怏然，已無可如何矣，遂擱置之。今夏有吳子修候余，余往答之，出所藏書示余，湯注《陶詩》在焉。開卷展視，其爲宋本無疑，詢所由來，乃知硤石人即伊相識，可商交易者。遂倩人假歸，議久始諧百金之值，銀居其大半，文玩副之，此余佞宋之心固結而不可解者，後人視之毋乃訕笑乎！嘉慶己巳中秋月，復翁記。余得此書後，適原得此書之賈人吳東白來舍，知余得此書，因別以一舊刻小板之《陶集》贈余，易余家刻書而去。言中談及周公先去《禮書》，改顏其室曰「寶陶齋」；今又售去，改顏其室曰「夢陶齋」。余聞此言，益嘆周公之好書，惓惓于心，而不能去矣。并聞諸他估：吳賈往購此書，懷數十番而去，周初不知，但與論值，周索三十二番，云「身邊立有，決不悔言」，吳即如數與之，竟不能反，去書之日，泣下數行。余雖未面詢諸吳，然聞屢易顏室之名，亦可想見其情矣。

又《鮑氏集影宋鈔本**》** 此《鮑集》與讀未見書齋所藏毛氏影宋本同，第二卷缺去兩半葉，余從彼補寫入。主人將以歸綬階，綬階其寶之。庚申九月，澗薲記。此影宋鈔本《鮑氏集》與余所藏本同，内缺兩半葉，倩澗薲影寫補入。適五硯樓主人見之，謂余有一本在，可無需此，遂以五硯樓藏宋鈔《乾道臨安志》三卷相易。蓋《鮑集》則余所羨者，《周志》則余所闕，而可以配宋刻《潛志》者，彼此各得，想綬階必不以余爲強奪也已。

姚元之《竹葉亭雜記》卷六 小絨線胡同某家有舊書兩架，急欲售。余聞之往，以錢五十千得《管子》、《莊子》、初印《韻府》及《類函》、《事文類聚》、《六臣注文選》、元刻《楚詞》、《北堂書鈔》、《四庫總目》等書。但其直咄嗟而辦殊不易，因借張表弟相如衣裘質以予之。問主人何故賣書，答云：「贖當耳。」賣書贖當，借當買書，亦可留爲異日佳話。

雜録

曹溶《流通古書約》　自宋以來，書目十有餘種，燦然可觀，按實求之，其書十不存四五。非盡久遠散佚也，不善藏者，護惜所有，以獨得爲可矜，以公諸世爲失策也。故入常人手猶有傳觀之望，一歸藏書家，無不綈錦爲衣，旃檀作室，扃鑰以爲常。有問焉，則答無，有舉世曾不得寓目。雖使人致疑於散佚，不足怪矣。近來雕板盛行，煙煤塞眼，挾資入賈肆，可立致數萬卷，於中求未見籍，如采玉深厓，旦夕莫覬。當念古人竭一生辛力，辛苦成書，大不易事。渺渺千百歲，崎嶇兵攘劫奪之餘，僅而獲免，可稱至幸。又幸而遇賞音者，知蓄之珍之，謂當繡梓通行，否亦廣諸好事，何計不出此？使單行之本，寄篋笥爲命，稍不致愼，形蹤永絕，祇以空名掛目錄中。自非與古人深仇重怨，不應若爾。然其間有不當專罪吝惜者。時賢解借書，不解還書，改一瓻爲一癡。見之往記，即不乏忠信自秉，然諾不欺之流。書既出門，舟車道路，搖搖莫定，或僮僕狼籍，或水火告災，時出意料之外，不借未可盡非。特我不借人，人亦決不借我，封己守株，縱累歲月，無所增益，收藏者何取焉！予今酌一簡便法：彼此藏書家，各就觀目錄，標出所缺者，先經注，次史逸，次文集，次雜說，視所著門類同，時代先後同，卷帙多寡同，約定有無相易。則主人自命門下之役，精工繕寫，較對無誤。一兩月閒，各齎所鈔互換。此法有數善：好書不出戶庭也，有功於古人也，己所藏日以富也，楚南燕北皆可行也。敬告同志，鑒而聽許。或曰：此貧者事也，有力者不然。但節讌游玩好諸費，可以成就古人，與之續命，出未經刊布者，壽之棗梨，始小本，訖鉅編，漸次恢擴，四方必有聞風接響，以表章散帙爲身任者。山潛冢祕，羨衍人閒，甚或出十餘種目錄外，嗜奇之子，因之覃精力學，充拓見聞，右文之代，宜有此禎祥。予矯首跂足俟之矣。倦圃老人曹溶約。

葉德輝《書林清話》卷一〇《明以來之鈔本》　明以來鈔本書最爲藏書家所秘寶者：曰吳鈔，長洲吳匏庵寬叢書堂鈔本也；曰葉鈔，先十八世祖崑山文莊公賜書樓鈔本也；曰文鈔，長洲文衡山徵明玉蘭堂鈔本也；曰王鈔，金壇王宇泰肯堂鬱岡齋鈔本也；曰沈鈔，吳縣沈辨之與文野竹齋鈔本也；曰楊鈔，常熟楊夢羽儀七檜山房鈔本也；曰姚鈔，無錫姚舜咨咨茶夢齋鈔本也；曰秦鈔，常熟秦酉巖四麟致爽閣鈔本也；曰祁鈔，山陰祁爾光承㸁澹生堂鈔本也；曰毛鈔，常熟毛子晉晉汲古閣鈔本也；曰謝鈔，長樂謝肇淛在杭小草齋鈔本也；曰馮鈔，常熟馮己蒼舒、馮定遠班、馮彥淵知十兄弟一家鈔本也；曰錢鈔，常熟錢牧齋謙益絳雲樓鈔本，謙益從子錢遵王曾述古堂鈔本，合之謙益從弟履之謙貞竹深堂鈔本，皆謂之錢鈔也。此外，吾家二十五世祖石君公樹廉樸學齋，秀水曹潔躬溶倦圃，崑山徐健庵乾學傳是樓，秀水朱竹垞彝尊潛采堂，吳縣惠定宇棟紅豆齋，仁和趙功千昱小山堂，錢唐吳尺鳧焯繡谷亭，海昌吳槎客騫、子虞臣壽暘拜經樓，歙縣鮑以文廷博知不足齋，錢唐汪小米遠孫振綺堂，皆竭一生之力，交換互借，手校眉批，不獨其鈔本可珍，其手迹尤足貴。以吾所知，吳匏庵鈔本，板心有「叢書堂」三字；孫從添《藏書紀要》：匏庵鈔本用紅格，其手書者佳。朱彝尊《曝書亭集・書尊前集後》：吳文定手鈔本，書法精楷，索直三十金。錢曾《敏求記》：《孟子注疏》十四卷。毛《目》：《裔夷謀夏錄》一本、《春明退朝錄》一本、《國初事迹》一本、《大唐傳載》一本、鈔宋本《賓退錄》十卷二本、紅格鈔本《續博物志》一本、紅格鈔本《霏雪錄》二本、《南方草木狀》一本。黄《記》：《墨子》十五卷、《嵇康集》十卷。張《志》：劉國器《綱目分注發微》十卷。瞿《目》：宋柳開《河東集》十六卷。范成大《石湖居士文集》三十四卷。黄《續記》：紅格竹紙鈔本《王建詩集》十卷。家文莊公家鈔本，板心有「賜書樓」三字；《藏書紀要》云：葉文莊鈔本用綠、墨二色格。黄《記》：《梁公九諫》一卷、《張乖崖集》宋鈔缺卷。瞿《目》：唐《李元賓文集》六卷、《補遺》一卷，繭紙鈔本。《晝上人集》十卷。文衡山鈔本，格闌外有「玉蘭堂錄」四字；瞿《目》：影宋鈔本《新雕詩品》三卷。文鈔極爲孫從添慶增《藏書紀要》所稱，而鈔本傳者絕少，吾家舊藏衡山曾孫女文俶手鈔本，宋王沂孫《碧山樂府》即《玉笥詞》一卷，首葉鈐「玉磬山房」白文長方印，爲絳雲樓火後物，上鈐「遺稿天留」朱文長方印。全卷經秦敦夫太史恩復手校，補錄佚詞，於書眉卷首鈐「鮑氏正本」朱文方印，「知不足齋」白文方印，卷首又鈐「金石錄十卷人家」朱文長方印，此即錢曾《敏求記》所云藏宋本《金石錄》之馮研祥印也。後來韓小亭泰華、阮文達元皆仿刻此印，與此印不同。蓋此書雖止三十餘葉，其爲國朝以來藏書家寶貴可知。然則文鈔之希見，益可見矣。王宇泰鈔本，板心有「鬱岡齋藏書」五字；瞿《目》：樂史《廣卓異記》二十卷。沈辨之鈔本，格闌外有「吳縣野竹家沈辨之製」九字；瞿《目》：《山水純全集》一卷。楊夢羽鈔本，

板心有「嘉靖乙未七檜山房」八字；黃《記》、瞿《目》：宋孔平仲《珩璜新論》一卷。亦有板心作「萬卷樓雜録」五字者；瞿《目》：《穆天子傳》六卷。姚舜咨鈔本，板心有「茶夢齋鈔」四字；范《目》：手鈔宋呂大圭《春秋五論》一卷、明唐寅《漫堂隨筆》一卷。張《志》、瞿《目》：手鈔馬令《南唐書》三十卷、《唐闕史》二卷。黃《記》、張《志》、瞿《目》：手鈔《續談助》五卷。瞿《目》：手鈔《甘澤謡》一卷。秦西巖鈔本，毛《目》：手鈔《亢倉子》一本，《紫青眞人注道德經》一本，《西巖山人眞迹》三冊六本：一冊《考工左國纂》，一冊《呂覽節》，一冊三子纂《荀子》、《淮南子》、《揚子》附《文中子》，手鈔《太和正音譜》二本，板心有「致爽閣」三字，瞿《目》：唐蘇鶚《杜陽雜編》三卷。或「玄覽中區」四字，張《志》：俞豹文《吹劍録》一卷，《穆天子傳》六卷。或「又玄齋」三字，張《志》：唐詩《極玄集》二卷。瞿《目》：姚合《極玄集》二卷。或「玄齋」二字；祁爾光鈔本，板心有「淡生堂鈔本」五字；黃《記》：《國朝名臣事略》十五卷。黃《記》、張《志》：藍格本《勿軒集》八卷。瞿《目》：《周益公集》二百卷。張《志》、瞿《目》、丁《志》：元吳海《聞過齋集》四卷。丁《志》：《淡生堂藏書譜》八冊、《藏書訓略》二卷，原本每葉十六行，藍格竹紙本，版心刊「淡生堂藏書目」；又藍格白紙《廣筆疇》一筆、藍格紙鈔《許白雲先生文集》四卷。毛子晉鈔本，《藏書紀要》云：汲古閣印宋精鈔，古今絶作，字畫、紙張、烏絲、圖章追摹宋刻，爲近世無有。板心有「汲古閣」三字，張《志》：新刊《張小山北曲聯樂府》三卷、《外集》一卷。瞿《目》：宋華岳《翠微先生南征録》十一卷。丁《志》：宋高登《東溪詞》一卷、趙磻老《拙庵詞》一卷、李好古《碎錦詞》一卷。格闌外有「毛氏正本汲古閣藏」八字；張《志》：《雲臺編》三卷。瞿《目》：宋陳郁《藏一話腴》一卷。謝肇淛鈔本，板心有「小草齋鈔本」五字；墨格九行本。張《志》、瞿《目》：宋沈作喆《寓簡》十卷。瞿《目》：《王黄州小畜集》三十卷。袁《簿》：宋朱翌《猗覺寮雜記》二卷。馮彦淵鈔本，格闌外有「馮彦淵藏本」五字；張《志》：唐《杜荀鶴文集》三卷。毛《目》：《李太白集》四本，從絳云樓北宋板覓舊紙延馮竇伯影鈔。按：竇伯名武，彦淵子也。馮定遠鈔本，格闌外有「馮氏藏本」四字；張《志》：《許丁卯集》二卷、《續集》二卷。瞿《目》：宋周密《雲烟過眼録》一卷。馮己蒼鈔本，格闌板心均無字；張《志》、黃《記》：手鈔《近事會元》五卷、《汗簡》七卷。黃《記》：校明影宋鈔本《元英先生詩集》十卷，後有「崇禎戊辰年六月馮氏空居閣閲」一行。墨格鈔本，有毛晉孫綏萬跋。《華陽國志》十二卷，云顧澗薲藏。空居閣鈔本，李群玉、方干《詩集》合裝一本。錢牧齋鈔本，板心有「絳雲樓」三字；袁《簿》：墨格本《開國群雄事略》殘稿本三冊，緑格本《雙陸譜》一卷、《玄玄棋經》一卷，合裝一本。錢遵王鈔本，《藏書紀要》云：錢遵王有五彩著色本《香奩集》、白描《鹵簿圖》、《營造法式》、《營造正式》，格闌外有「虞山錢遵王述古堂藏書」十字，黃《記》：《春秋繁露》十七卷。張《志》：《何博士備論》一卷、《文昌雜録》六卷。《續記》：《東家雜記》二卷。瞿《目》：《圭塘欸乃集》一卷。丁《志》：日本刻《孟子音義》一卷。或「錢遵王述古堂藏書」八字；瞿《目》：《吳越備史》四卷、《蔡襄茶録》一卷、《敎坊記》一卷、《北里志》一卷、《青樓集》一卷、《呂和叔集》十卷。丁《志》：《昭德先生郡齋讀書志》二十卷。均白紙墨格本。丁《志》：《溫庭筠詩集》七卷、《別集》一卷，藍絲闌精鈔本，半葉十二行，行二十一字。錢履之鈔本，板心有「竹深堂」三字；張《志》：《李群玉集》三卷、《後集》五卷，鈔陳道人書棚本唐杜荀鶴《唐風集》一卷。石君公鈔本，《藏書紀要》云：葉石君鈔本，校對精嚴，可稱盡美。錢遵王鈔録書籍，裝飾雖華，固不及汲古多而精，石君之校而備也。又云：葉石君所藏書籍，皆手筆校正，臨宋本，印宋鈔，俱借善本改正，博古好學，稱爲第一，葉氏之書，至今爲寶。板匡外有「樸學齋」三字；丁《志》：明王文安《英公詩集》五卷、《文集》六卷。曹潔躬鈔本，板心有「檇李曹氏倦圃藏書」八字；張《志》、瞿《目》：元劉秉忠《藏春集》六卷。丁《志》：錢惟善《江月松風集》十二卷、《補遺》一卷。徐健庵鈔本，板心有「傳是樓」三字；張《志》：魏了翁《周易要義》十卷。黃《記》：《五代春秋》一卷，每葉二十二行，行二十字，均白紙墨格鈔本。惠定宇鈔本，格闌外有「紅豆齋藏書鈔本」七字；吾藏《周易本義辨證》手寫稿本、《九經古義》稿本殘本，墨格十行。趙功千鈔本，格闌外有「小山堂鈔本」五字；丁《志》：宋游九言《默齋遺稿》二卷。吳尺鳧鈔本，板心有「繡谷亭」三字；袁《簿》：《南宋雜事》一卷，稿本，緑格十行本。朱竹垞、吳槎客、鮑以文、汪小米四家鈔本，皆毛泰紙鈔，無格闌。此外何元錫夢華館鈔本，金壇文瑞樓鈔本，王宗炎十萬卷樓鈔本，多歸丁丙八千卷樓。

又《藏書偏好宋元刻之癖》 按：孫、黃二人持論，誠爲過激之談，然其癖好宋本之心，亦云至矣。因思古人亦必有之，如宋尤袤《遂初堂書目》臚載舊監本、秘閣本、杭本、舊杭本、越本、越州本、江西本、吉州本、嚴州本、湖北本、川本、池州本、京本、高麗本，而南宋中盛行之建本、婺州本，絶不一載，豈非以當時恆見之本，而遂不入于《目》歟？尤有傳爲奇談者，黃《記》《魚玄機集》云：「朱子儋，江陰人。世傳有以愛妾換宋刻《漢書》事，亦好事之尤者。」《遜志堂雜鈔》云：「嘉靖中，朱吉士大韶，

性好藏書，尤愛宋時鏤板。訪得吳門故家有宋槧袁宏《後漢記》，係陸放翁、劉須溪、謝叠山三先生手評，飾以古錦玉籤，遂以一美婢易之，蓋非此不能得也。婢臨行題詩于壁曰：『無端割愛出深閨，猶勝前人換馬時。他日相逢莫惆悵，春風吹盡道旁枝。』吉士見詩惋惜，未幾捐館。」夫以愛妾美婢換書，事似風雅，實則近於殺風景。此則佞宋之癖，入于膏肓，其爲不情之舉，殆有不可理論者矣。

借鈔分部

綜　述

《漢書·河間獻王劉德傳》　河間獻王德以孝景前二年立，修學好古，實事求是。從民得善書，必爲好寫與之，留其眞，加金帛賜以招之。繇是四方道術之人不遠千里，或有先祖舊書，多奉以奏獻王者，故得書多，與漢朝等。是時，淮南王安亦好書，所招致率多浮辯。獻王所得書皆古文先秦舊書，《周官》、《尚書》、《禮》、《禮記》、《孟子》、《老子》之屬，皆經傳說記，七十子之徒所論。

《三國志·吳書·闞澤傳》　闞澤字德潤，會稽山陰人也。家世農夫，至澤好學，居貧無資，常爲人傭書，以供紙筆，所寫既畢，誦讀亦遍。追師論講，究覽群籍，兼通曆數，由是顯名。

又《蜀書·秦宓傳》　先是，李權從宓借《戰國策》，宓曰：「戰國從橫，用之何爲？」權曰：「仲尼、嚴平，會聚衆書，以成《春秋》、《指歸》之文，故海以合流爲大，君子以博識爲弘。」

葛洪《抱朴子·自叙》　抱朴子者，姓葛名洪，字稚川，丹陽句容人也。【略】生晚，爲二親所嬌饒，不早見督以書史。年十有三，而慈父見背，夙失庭訓，飢寒困瘁，躬執耕穡，承星履草，密勿疇襲。又累遭兵火，先人典籍蕩盡。農隙之暇，無所讀，乃負笈徒步行借。又卒於一家，少得全部之書，益破功，日伐薪賣之，以給紙筆，就營田園處，以柴火寫書。坐此之故，不得早涉藝文。常乏紙，每所寫，反覆有字，人尠能讀也。

《南齊書·柳世隆傳》　垣崇祖既破虜，上欲罷併二豫，敕世隆曰：「比思江西蕭索，二豫兩辦爲難。議者多云省一足一，於事爲便。吾謂非乃乖謬。卿以爲云何？可具以聞。」尋授後將軍、尚書右僕射，不拜。世隆性愛涉獵，啓太祖借祕閣書，上給二千卷。

又《文學傳·崔慰祖》　［慰祖］好學，聚書至萬卷。隣里年少好事者來從假借，日數十袠，慰祖親自取與，未常爲辭。

又《高逸傳·沈驎士》　驎士少好學，家貧，織簾誦書，口手不息。宋元嘉末，文帝令尚書僕射何尚之抄撰《五經》，訪舉學士，縣以驎士應選。【略】驎士負薪汲水，并日而食，守操終老。篤學不倦，遭火，燒書數千卷。驎士年過八十，耳目猶聰［明］，手以反故抄寫，火下細書，復成二三千卷，滿數十篋，時人以爲養身靜嘿之所致也。

《魏書·李彪傳》　李彪，字道固，頓丘衛國人，高祖賜名焉。家世寒微，少孤貧，有大志，篤學不倦。初受業於長樂監伯陽，伯陽稱美之。晚與漁陽高悅、北平陽尼等將隱於名山，不果而罷。悅兄閭，博學高才，家富典籍，彪遂於悅家手抄口誦，不暇寢食。既而還鄉里。

又《崔亮傳》　崔亮，字敬儒，清河東武城人也。父元孫，劉駿尚書郎。劉彧之僭立也彧青州刺史沈文秀阻兵叛之。彧使元孫討文秀，爲文秀所害。亮母房氏，攜亮依冀州刺史崔道固於歷城，道固即亮之叔祖也。及慕容白曜之平三齊，內徙桑乾，爲平齊民。時年十歲，常依季父幼孫，居家貧，傭書自業。

又《甄琛傳》　甄琛，字思伯，中山毋極人，漢太保甄邯後也。父凝，州主簿。琛少敏悟，閨門之內，兄弟戲狎，不以禮法自居。頗學經史，稱有刀筆，而形貌短陋，尠風儀。舉秀才。入都積歲，頗以弈棊棄日，至乃通夜不止。手下蒼頭常令秉燭，或時睡頓，大加其杖，如此非一。奴後不勝楚痛，乃白琛曰：「郎君辭父母，仕宦京師，若爲讀書執燭，奴不敢辭罪，乃以圍棊，日夜不息，豈是向京之意？而賜加杖罰，不亦非理！」琛惕然慚感。遂從許叡、李彪假書研習，聞見益優。

《梁書·王僧孺傳》　僧孺年五歲，讀《孝經》，問授者此書所載述，

曰：「論忠孝二事。」僧孺曰：「若爾，常願讀之。」六歲能屬文，既長好學。家貧，常傭書以養母，所寫既畢，諷誦亦通。

又《張率傳》 天監初，臨川王已下並置友、學。以率爲鄱陽王友，遷司徒謝朏掾，直文德待詔省，敕使抄乙部書，又使撰婦人事二十餘條，勒成百卷，使工書人琅邪王深、吳郡范懷約、褚洵等繕寫，以給後宫。率又爲《待詔賦》奏之，甚見稱賞。

又《王筠傳》 起家中軍臨川王行參軍，遷太子舍人，除尚書殿中郎。王氏過江以來，未有居郎署者，或勸逡巡不就，筠曰：「陸平原東南之秀，王文度獨步江東，吾得比蹤昔人，何所多恨。」乃欣然就職。尚書令沈約，當世辭宗，每見筠文，咨嗟吟咏，以爲不逮也。嘗謂筠：「昔蔡伯喈見王仲宣稱曰：『王公之孫也，吾家書籍，悉當相與。』僕雖不敏，請附斯言。【略】筠狀貌寢小，長不滿六尺。性弘厚，不以藝能高人，而少擅才名，與劉孝綽見重當世。其自序曰：「余少好書，老而彌篤，雖偶見瞥觀，皆即疏記，後重省覽，歡興彌深，習與性成，不覺筆倦。自年十三四，齊建武二年乙亥至梁大同六年，四十六載矣。幼年讀《五經》，皆七八十遍。愛《左氏春秋》，吟諷常爲口實，廣略去取，凡三過五抄。餘經及《周官》、《儀禮》、《國語》、《爾雅》、《山海經》、《本草》並再抄。子史諸集皆一遍。未嘗倩人假手，並躬自抄録，大小百餘卷。不足傳之好事，蓋以備遺忘而已。」

又《張緬傳》 緬性愛墳籍，聚書至萬餘卷。抄《後漢》、《晉書》衆家異同，爲《後漢紀》四十卷，《晉抄》三十卷。又抄《江左集》，未及成。文集五卷。子傳嗣。

又《江子一傳》 子一少好學，有志操，以家貧闕養，因蔬食終身。起家王國侍郎，奉朝請。啓求觀書秘閣，高祖許之，有敕直華林省。

又《孝行傳・沈崇傃》 沈崇傃字思整，吳興武康人。父懷明，宋衮州刺史。崇傃六歲丁父憂，哭踴過禮，及長，傭書以養母焉。

又《文學傳下・劉峻》 齊永明中，［劉峻］從桑乾得還，自謂所見不博，更求異書，聞京師有者，必往祈借，清河崔慰祖謂之「書淫」。

又《任孝恭》 孝恭幼孤，事母以孝聞。精力勤學，家貧無書，常崎嶇從人假借。每讀一遍，諷誦略無所遺。

《北齊書・魏收傳》 帝以魏史未行，詔收更加研審。收奉詔，頗有改正。及詔行魏史，收以爲直置秘閣，外人無由得見。於是命送一本付并省，一本付鄴下，任人寫之。

又《儒林傳・劉晝》 劉晝，字孔昭，渤海阜城人也。少孤貧，愛學，負笈從師，伏膺無倦。與儒者李寶鼎同鄉里，甚相親愛，受其《三禮》。又就馬敬德習《服氏春秋》，俱通大義。恨下里少墳籍，便杖策入都。知太府少卿宋世良家多書，乃造焉。世良納之。恣意披覽，晝夜不息。

又《循吏傳・郎基》 基性清慎，無所營求，曾語人云：「任官之所，木枕亦不須作，況重於此事。」唯頗令寫書。潘子義曾遺之書曰：「在官寫書，亦是風流罪過。」基答書曰：「觀過知仁，斯亦可矣。」

《周書・蕭大圜傳》 魏恭帝二年，客長安，太祖以客禮待之。保定二年，詔曰：「梁汝南王蕭大封、晉熙王蕭大圜等，梁國子孫，宜存優禮，式遺茅土，寔允舊章。大封可封晉陵縣公，大圜封始寧縣公，邑各一千戶。」尋加大圜車騎大將軍、儀同三司。并賜田宅、奴婢、牛馬、粟帛等。俄而開麟趾殿，招集學士。大圜預焉。《梁武帝集》四十卷，《簡文集》九十卷，各止一本，江陵平後，并藏秘閣。大圜既入麟趾，方得見之。乃手寫二集，一年並畢。識者稱歎之。

《隋書・盧思道傳》 盧思道字子行，范陽人也。祖陽烏，魏秘書監。父道亮，隱居不仕。思道聰爽俊辯，通侻不羈。年十六，遇中山劉松，松爲人作碑銘，以示思道。思道讀之，多所不解，於是感激，閉戶讀書，師事河間邢子才。後思道復爲文，以示劉松，松又不能甚解。思道乃喟然歎曰：「學之有益，豈徒然哉！」因就魏收借異書，數年之間，才學兼著。

《晉書・齊獻王攸傳》 攸以禮自拘，鮮有過事。就人借書，必手刊其謬，然後反之。

又《皇甫謐傳》 歲餘，又舉賢良方正，並不起。自表就帝借書，帝送一車書與之。謐雖羸疾，而披閱不怠。初服寒食散，而性與之忤，每委頓不倫，嘗悲恚，叩刃欲自殺，叔母諫之而止。

又《王隱傳》 時著作郎虞預私撰《晉書》，而生長東南，不知中朝事，數訪於隱，并借隱所著書竊寫之，所聞漸廣。

又《儒林傳・范平》 范平字子安，吳郡錢塘人也。其先銍侯馥，避王莽之亂適吳，因家焉。平研覽墳素，遍該百氏，姚信、賀邵之徒皆從受業。

吴時舉茂才，累遷臨海太守，政有異能。孫晧初，謝病還家，敦悦儒學。吴平，太康中，頻徵不起，年六十九卒。有詔追加謚號曰文貞先生，賀循勒碑紀其德行。三子：爽、咸、泉，并以儒學至大官。泉子蔚，關内侯。家世好學，有書七千餘卷。遠近來讀者恒有百餘人，蔚爲辦衣食。蔚子文才，亦幼知名。

《北史・劉逖傳》 逖字子長，少聰敏，好弋獵騎射，以行樂爲事，愛交游，善戲謔。齊文襄以爲永安公浚開府行參軍。逖遠離家鄉，倦於羈旅，發憤自勵，專精讀書。晋陽都會之所，霸朝人士攸集，咸務於宴集。逖在游宴之中，卷不離手，遇有文籍所未見者，則終日諷誦，或通夜不歸。

又《穆崇傳》 子子容，少好學，無所不覽。求天下書，逢即寫錄，所得萬餘卷。魏末，爲兼通直散騎常侍聘梁。齊受禪，卒於司農卿。

又《裴讓之傳》 讓之次弟諏之，字士正，少好儒學，釋褐太學博士。嘗從常景借書百卷，十許日便返。景疑其不能讀，每卷策問，應答無遺。景嘆曰：「應奉五行俱下，禰衡一覽便記，今復見之於裴生矣。」

又《崔光傳》 崔光，清河人，本名孝伯，字長仁，孝文賜名焉。祖曠，從慕容德南度河，居青州之時水。慕容氏滅，仕宋爲樂陵太守。於河南立冀州，置郡縣，即爲東清河鄃人。縣分易，更爲南平原貝丘人也。父靈延，宋長廣太守，與宋冀州刺史崔道固共拒魏軍。慕容白曜之平三齊，光年十七，隨父徙代。家貧好學，晝耕夜誦，傭書以養父母。

又《儒林傳・劉焯》 劉焯字士元，信都昌亭人也。犀額龜背，望高視遠，聰敏沉深，弱不好弄。少與河間劉炫結盟爲友，同受《詩》於同郡劉軌思，受《左傳》於廣平郭懋，嘗問《禮》於阜城熊安生，皆不卒業而去。武强交津橋劉智海家，素多墳籍，焯就之讀書，向經十載，雖衣食不繼，晏如也。遂以儒知名。爲州博士。

《南史・陸倕傳》 倕字佐公，少勤學，善屬文。於宅内起兩茅屋，杜絶往來，晝夜讀書，如此者數歲。所讀一遍，必誦於口。嘗借人《漢書》，失《五行志》四卷，乃暗寫還之，略無遺脱。

又《文學傳・袁峻》 袁峻字孝高，陳郡陽夏人，魏郎中令涣之八世孫也。早孤，篤志好學。家貧無書，每從人假借，必皆抄寫，自課日五十紙，紙數不登則不止。訥言語，工文辭。梁武帝雅好辭賦，時獻文章於南闕者相望焉。天監六年，峻乃擬揚雄《官箴》奏之。帝嘉焉，賜束帛，除員外郎，散騎侍郎，直文德學士省，抄《史記》、《漢書》各爲二十卷。又奉敕與陸倕各製《新闕銘》云。

王績《重借隋紀書》（《古今振雅雲箋》卷一） 久承所撰《隋紀》，繕寫咸畢。第足下裁成國典，襃貶人倫，欲使明鏡一時，覆車千祀。故當貽諸好事，豈擬惟傳子孫！方復固其緘縢，嚴其扃鐍，天下之望，豈如是乎！僕亡兄芮城，嘗典著局，大業之末，欲撰《隋書》，俄逢喪亂，未及終畢。僕竊不自揆，思卒餘功，收撮飄零，尚存數帙。兆自開皇之始，迄于大業之初，咸亡兄黜竄之遺迹也。大業之後，言事闕然，僕雖欲繼成，無可憑採，以此尤思見足下之所作也。還使請致無再三。芮城，王績兄文中子之子，即王勔，王勮，王勃之（父）［兄］。大業、皇初，俱年號。

陳叔達《答借隋紀》（《古今振雅雲箋》卷一） 頻辱芳翰，索所撰《隋紀》，雖承厚眷，藹然自失。今奉來札，誨責逾深，既以驕鄙相訶，又以緘縢致誚，正當要使必致耳。了不知賢兄芮城有《隋書》之作，足下既圖繼就，須有考尋，謹依高旨，繕錄馳送。然以僕亡國之餘，幸賴前烈，有隋之末，濫尸貴郡，因霑美誘，頗識大方。惟隋氏之王三十六年，成敗否泰，目所親覩。誠思後之作者，復習向時之弊，聊因掌壺之暇，著《隋紀》二十卷，騁詞流離，則愧于心矣。書事簡要，則嘗有志焉。謹恃疇眷，以塵清覽，當積兼金以購黜竄耳。呂不韋作《呂覽》榜之咸陽市，懸之千金，書曰：能增減一字者，予千金。

韋滔《孟浩然集重序》 宜城王士源者，藻思清遠，深鑒文理，常遊山水，不在人間，著《亢倉子》數篇傳之於代。余久在集賢，常與諸學士命，此子不可得見。天寶中，忽獲浩然文集，乃士源爲之序傳，詞理卓絶，吟諷忘疲。書寫不一，紙墨薄弱。昔虞坂之上，逸駕與駑駘俱疲；吴竃之中，孤桐與樵蘇共爨。遇伯樂與伯喈，遂騰聲於千古。此詩若不遇王君，乃十數張故紙耳。然則王君之清鑒，豈減孫、蔡而已哉！余今繕寫，增其條目，復貴士源之清才，敢重述於卷首。謹將此本送上祕府，庶久而不泯，傳芳無窮。

《舊唐書・李敬玄傳》 李敬玄，亳州譙人也。父孝節，穀州長史。敬玄博覽羣書，特善五禮。貞觀末，高宗在東宮，馬周啓薦之，召入崇賢館，

兼預侍讀，仍借御書讀之。敬玄雖風格高峻，有不可犯之色，然勤於造請，不避寒暑，馬周及許敬宗等皆推薦延譽之。乾封初，歷遷西臺舍人、弘文館學士。

又《韋述傳》　述好譜學，秘閣中見常侍柳冲先撰《姓族系録》二百卷，述於分課之外手自抄録，暮則懷歸。如是周歲，寫録皆畢，百氏源流，轉益詳悉。乃於《柳録》之中，別撰成《開元譜》二十卷。其篤志忘倦，皆此類也。

又《方伎傳・僧一行》　一行少聰敏，博覽經史，尤精曆象、陰陽、五行之學。時道士尹崇博學先達，素多墳籍。一行詣崇，借揚雄《太玄經》，將歸讀之。數日，復詣崇，還其書。崇曰：「此書意指稍深，吾尋之積年，尚不能曉，吾子更研求，何遽見還也？」一行曰：「究其義矣。」因出所撰《大衍玄圖》及《義決》一卷示崇。崇大驚，因與一行談其奧賾，甚嗟伏之，謂人曰：「此後生顔子也。」一行由是大知名。

《新唐書・韋述傳》　韋述，弘機曾孫。家廚書二千卷，述爲兒時，誦憶略遍。父景駿，景龍中爲肥鄉令，述從到官。元行冲，景駿姑子也，爲時儒宗，常載書數車自隨。述入其室觀書，不知寢食，行冲異之，試與語前世事，孰復詳諦，如指掌然。使屬文，受紙輒就。行冲曰：「外家之寶也。」

又《柳仲郢傳》　家有書萬卷，所藏必三本：上者貯庫，其副常所閱，下者幼學焉。仲郢嘗手鈔《六經》，司馬遷、班固、范曄史皆一鈔，魏、晉及南北朝史再，又類所鈔它書凡三十篇，號《柳氏自備》，旁録仙佛書甚衆，皆楷小精眞，無行字。

又《文藝傳中・李邕》　既冠，見特進李嶠，自言「讀書未遍，願一見秘書」。嶠曰：「秘閣萬卷，豈時日能習邪？」邕固請，乃假直秘書。未幾辭去，嶠驚，試問奥篇隱帙，了辯如響，嶠嘆曰：「子且名家！」

司馬光《温國文正公文集》卷六四《馮亞詩集序》　陝人馮亞，字希顔，學詩於處士魏野，徧得其道，潘逍遥深重之，未四十而終。魏詩大行於時，亞詩去魏不遠，而所傳者鄉曲而已。所以然者，由魏之壽、亞之夭歟！家公知杭州，亞子噩以其先人詩集請因杭工刻諸板而傳之。余以世俗不能識眞，貴於難得而賤於飽聞，不若藏之於家，有同志者就而寫之，則雖欲勿傳，安得不傳？若刻之於版，有不知文者或譏評其否臧，衆心無常，從而和之，是隕夫子之盛名也。不果刻，序而歸之。

蘇頌《蘇魏公文集》卷六六《校風俗通義題序》　又《意林》以《祀典篇》爲《儀禮》，其餘篇名可見者，曰《心政》，曰《古制》，曰《陰敎》，曰《辨惑》，曰《折當》，曰《恕度》，曰《嘉號》，曰《徽稱》，曰《情遇》，曰《姓氏》，曰《諱篇》，曰《釋忌》，曰《輯事》，曰《服妖》，曰《喪祭》，曰《宮室》，曰《市井》，曰《數紀》，曰《新秦》，曰《獄法》，其書並亡，而第八並篇名亦亡。又案《意林》於《折當》篇載目録云：「太山太守臣劭再拜上書曰：『秦皇焚書坑儒，六藝缺亡。高祖受命，四海乂安，往往於壁柱石室之中得其遺文，竹朽帛裂，殘闕不備。至國家行事，俗問流語，莫能原察。故三代遺輶軒使者經絶域，採方言，令人君不出戶牖而知異俗之語耳』。」此其自敍如此，勢當在卷首或卷末，今乃云第十，以此又知庾、馬所載篇第未必當然。故不復更改，謹以黄紙繕寫，藏之館閣。

王令《廣陵集》卷一八《與束伯仁手書》一　《藏芝賦》以見索之故，常録一本，適値發介甫書，將附少文字以獻。今雖得寫本，而藁草尚在瓜州，蓋托袁君録之，須後信奉呈。近頗作詩，亦不能得嘉思，惟《山中詞》、《江上詞》作非苟然，雖未爲工，然其素心也，以素所好愛，輒謾致之，試與看之。

《蘇軾文集》卷一四《張文定公墓誌銘》　公年十三，入應天府學。穎悟絶人。家貧無書，嘗就人借三史，旬日輒歸之，曰：「吾已得其詳矣。」凡書皆一閲，終身不再讀。

又卷五三《與陳季常十六首》六　欲借《易》家文字及《史記索隱》、《正義》。如許，告季常爲帶來。季常未嘗爲王公屈，今乃特欲爲我入州，州中士大夫聞之聳然，使不肖增重矣。不知果能命駕否？春甕但不惜，不須更爲遺恨也。

又卷五五《與程秀才書三首》三　兒子到此，抄得《唐書》一部，又借得《前漢》欲抄。若了此二書，便是窮兒暴富也。呵呵。老拙亦欲爲此，而目昏心疲，不能自苦，故樂以此告壯者爾。紙、茗佳惠，感怍！感怍！丈丈惠藥、米、醬、薑、糖等皆已拜賜矣。江君先辱書，深欲裁謝，連寫數書，倦甚，且爲多謝不敏也。

又《與楊元素十七首》七　筆凍，寫不成字，不罪！不罪！舍弟近得

書，無恙，不知相去幾里，但遞中書須半月乃至也。奇方承錄示，感戴不可言，固當珍秘也。近一相識，錄得明公所編《本事曲子》，足廣奇聞，以爲閒居之鼓吹也。然切謂宜更廣之，但囑知識間令各記所聞，即所載日益廣矣。輒獻三事，更乞揀擇，傳到百四十許曲，不知傳得足否？

又卷六六《跋嵇叔夜養生論後》　東坡居士以桑榆之末景，憂患之餘生，而後學道，雖爲達者所笑，然猶賢乎已也。以嵇叔夜《養生論》頗中余病，故手寫數本，其一贈羅浮鄧道師。

又《金剛經跋尾》　今此長者，譚君文初，以念親故，示入諸相。取黄金屑，書《金剛經》，以四句偈，悟入本心。灌流諸根，六塵清淨。方此之時，不見有經，而況其字。字不可見，何者爲金。我觀譚君，孝慈忠信，内行純備。以是衆善，莊嚴此經，色相之外，炳然煥發。諸世間眼，不具正見，使此經法，缺陷不全。是故我說，應如是見。東坡居士，說是法已，復還其經。

又卷六九《跋希白書》　希白作字，自有江左風味，故長沙法帖，比淳化待詔所摹爲勝，世俗不察，爭訪閣本，誤矣。此逸少一卷爲尤妙。庚辰七夕，合浦官舍借觀。

又《跋所書圜通偈》　軾遷嶺海七年，每遇私忌，齋僧供佛，多不能如舊。今者北歸，舟行豫章、彭蠡之間，遇先妣成國太夫人程氏忌日，復以阻風滯留，齋薦尤不嚴，且敬寫《楞嚴經》中文殊師利法王所說《圜通偈》一篇，少伸追往之懷，行當過廬山，以施山中有道者。

蘇轍《欒城集・後集》卷二一《書孫樸學士手寫華嚴經後》　開府孫公，歷仕四朝，與聞國政者再，經涉夷險而不改其度，世皆知貴之矣。至其中心純白，表裏如一，平生無負於物，則世之人未必盡知之。公之守眞定也，聞其覺山僧惠實說法，惻然有契於心，遂以爲善知識。復受詔祈雨，此山能出其靈蛇，以救枯槁。此僧此蛇，豈其用意專精，獨有以識公誠心歟？公亦嘗爲請於朝，得間歲度僧，又爲實立碑于塔，終身眷眷，若有遇於此。公子元忠復手書此經，藏之山中，以成公遺意。如佛所說因緣不爲妄語，則予兄子瞻所記，可信不疑矣。元祐八年十二月八日。

又《書白樂天集後二首》一　元符二年夏六月，予自海康再謫龍川，冒大暑，水陸行數千里，至羅浮。水益小，舟益庳，惕然有瘴暍之慮，乃留家於山下，獨與幼子遠葛衫布被，乘葉舟，秋八月而至。既至，廬於城東聖壽僧舍，閉門索然，無以終日。欲借書於居人，而民家無畜書者，獨西鄰黄氏世爲儒，粗有簡冊，乃得《樂天文集》閱之。

洪炎《豫章黄先生退聽堂録序》（《黄庭堅全集》附録三《歷代序跋》）　炎元祐戊辰、辛未歲兩試禮部，皆寓舅氏魯直廨中。魯直出詩一編，曰《退聽堂錄》，云：「余作詩至多，不足傳；所可傳者，僅百餘篇而已。」魯直時爲校書郎，稍選佐著作，修《神宗實錄》，與翰林學士蘇公子瞻游最密，賦詩無或輟。炎既手鈔《退聽錄》矣，隨鈔錄評論，因見魯直昔嘗作《退聽序》云：「詩非苦思不可爲，余得第後始知此。今世所傳錄他詩，乃未第時爲之者。」及後一歲，魯直丁母夫人憂，絕不作詩。服除，以修史事罷，遷黔州、戎州，蜀士流相勸就學，以詩教諸生焉。北歸，寓荊渚，罷太平，寓江夏，皆踰歲。後進生慕學者益衆，故詩益多。炎每省覲，輒鈔所見，遂盈卷帙矣。

程俱《麟臺故事》卷二　［咸平二年］閏三月，令三館寫四部書二本，一置禁中之龍圖閣，一置後苑之《太清樓》，以便觀覽。後以館閣官少，令吏部流内銓選幕職州縣官有文學者赴館閣校勘羣書，乃擇取館陶尉劉筠、宛丘尉愼鏞、鄖鄉尉沈京、安豐令張正符、上蔡尉張遵、固始尉聶震、桐城主簿王昱入館校勘。正符未卒業而死。景德初寫校畢進内。時京師藏書之家，惟故相王溥家爲多，每借取傳寫既畢，即遣中使送還。先是，上謂輔臣曰：「國家搜訪圖書，其數漸廣，臣庶家有聚書者，朕皆令借其錄目，參校内府及館閣所有，其闕少者，借本抄塡之。邇來所得甚多，非時平無事，安能及此也。」

汪藻《浮溪集》卷一七《柯山張文潛集書後》　右文潛詩千一百六十有四，序、記、論、誌、文、贊等又百八十有四，第爲三十卷。余嘗患世傳文潛詩人人殊，屛居毗陵，因得從士大夫借其所藏，聚而校之，去其複重，定爲此書，皆可繕寫。

張綱《華陽集》卷三二《安樂國序》　余自少多病，藥裹關心，人有善方，輒就抄錄。久之，集其所得，疏爲二十八條，名之曰《安樂國》。閉門無事，卧游國中，閱蟲鳥草木之變，擢其可用，俾各効靈，庶幾身獲安樂，非敢以醫爲事也。而丁氏甥伯升性頗似舅，亦復好蓄醫方，從予求得其本，

喜津津見顏間，若將用是救人疾苦者。

陳淵《默堂集》卷二二《書了齋筆供養發願文》 右《筆供養發願文》，乃了翁謫官合浦，過長沙時爲興化平禪師作也。翁嘗寫《華嚴經》，盡八十卷，不錯一字。或以問之，曰：「方吾落筆時，一點一畫，心無不至焉，故能如此。」夫心與筆相應，而筆與經默會，則華嚴樓閣之內種種所有，莫不呈露於目前矣。以是求佛，雖不出几硯之內，曷嘗不與善財同參乎！宜其語言之妙如佛所說，使後之以毛錐子隨喜佛事者，誦其文可依之而入也。璨公方寫是經，謹書以爲贈。

陳淵《語孟師説跋》（羅從彦《豫章文集》卷一六附） 予與仲素定交，幾四十年。憶初從龜山，龜山以孟子「飢者甘食，渴者甘飲。與夫人能無以飢渴之害爲心害，則不及人不爲憂矣」，令仲素思索。且云：「此語若易知易行，而有無窮之理。」仲素思之累日，疏其義以呈龜山曰：「飲食必有正味，飢渴害之，則不得正味而甘之，猶學者必有正道，不悦於小道，而適正焉。則堯舜人皆可爲矣，何不及之有哉！」龜山云：「此説甚善，但更於心害上一著猛省留意，則可以入道矣。」仲素一生服膺此語，凡世之所嗜好，一切禁止，故學問日新，尤不可及。自非龜山抽關啓鑰，而仲素於言下省悟，何以臻此！使仲素而不死，則其精進此道，又豈予之所能知哉！今日李君願中以其遺書質予，其格言要論，自爲一家之書。閲其學，益進。誦其言，益可喜。信乎自心害而去之也。自仲素之亡，傳此書者絶少，非願中有志於吾道，其能用心如此之專乎！既録一本，以備玩味。今録其書，併以仲素之所授於龜山者語之，以俟異日觀其學之進，則此語不無助焉。

張嵲《紫微集》卷三二《讀管子》 予求《管子》書久矣。紹興己未，乃從人借得之。伏而讀者累月，始頗究知其義訓，然舛脱甚衆，其所未解尚十二三。用上下文義，及參以經史訓詁，頗爲是正。其訛謬疑者表而發之，其所未解者置之，不敢以意穿鑿也。既又取其間奥於理、切於務者，抄而藏於家，將得善本而卒業焉。

又《讀淮南子》 《淮南子》文甚類《荀子》，而引義推類，則《新序》、《説苑》之流，其間事實可用者甚衆。晉魏以後，諸人頗采取之，藉使不合於經，猶當廣異聞也。竊獨悲八公者，深博識事如此，而不能脱王安於禍，豈不能用其言耶？將斯路之信艱，不可以智免也。韓文有曰「髪櫛而苗薅之」，蓋出於此。然「薅」作「耨」，乃傳寫之誤，當以韓文爲正。亂來，余求是書十五年，至壬戌冬，從蘓仁仲借得之，始獲抄覽。余憫古書未見售於今之人，未有鏤印者恐其散佚不全，乃別加裝褙而歸之。

陳長方《唯室集》卷二《節通鑑序》 故相司馬公受命於朝，聚歷代史爲《資治通鑑》，刪繁去長，一洗千餘年之弊詞，將以備乙夜之覽也。事之存而無所損者，不可盡削，故亦不得不詳。余家世業儒，貧不能致此書，念之久矣。方將縮衣節食以求之，不幸亂離，官本存否，莫能知也。因假於交游，手自抄録。凡事之繫興衰，干教化，大得大失，皆不敢遺。其間資聞見、助談柄者，或不能盡録，非敢有所銓擇也。

李燾《續資治通鑑長編・太祖開寶六年》 是日［春正月辛丑］，遣盧多遜爲江南生辰國信使。多遜至江南，得其臣主歡心。及還，艤舟宣化口，使人白國主曰：「朝廷重修天下圖經，史館獨闕江東諸州，願各求一本以歸。」國主亟令繕寫，命中書舍人徐鍇等通夕讎對，送與之，多遜乃發。於是江南十九州之形勢，屯戍遠近，户口多寡，多遜盡得之矣。歸，即言江南衰弱可取狀。上嘉其謀，始有意大用。

又《真宗大中祥符二年》 九月乙亥。先是，詔：諸州有藏太宗御書者，悉詣闕以獻。於是令樞密院標題用印，復付其家。

又《大中祥符八年》 ［十一月］甲辰，命樞密使、同平章事王欽若都大提舉，抄寫校勘館閣書籍，翰林學士陳彭年副焉，鑄印給之。初，榮王宫火，燔崇文院秘閣，所存無幾，既別建外院，重寫書籍。彭年請内降書本，選官詳定，然後抄寫。命館閣官及擇吏部常選人校勘，校畢，令判館閣官詳校，兩制内選官覆點檢，又令兩制舉服勤文學官五人覆校，其校勘詳校計課，用祕書省式，羣官迭相檢察，每旬奏課，及上其勤惰之狀，疑舛未辨正者聚議裁之。詔可。惟覆點檢官之職，命覆校勘官兼之，乃出太清樓書籍内侍劉崇超預其事。又請募人以書籍鬻於官者，驗眞本，酬其直。五百卷以上，優其賜，或藝能可采者，別奏候旨。前後獻書者十九人，悉賜出身，及補三班。得一萬八千七百五十四卷。

楊萬里《誠齋集》卷七九《益齋藏書目序》 一日除書下，遷大宗正丞，尤公延之爲秘書丞，吾友張欽夫悦是除也，曰：「眞秘書矣。」予自是知延之之賢，始願交焉。然亦未始解欽夫之云之意也。既與延之往還且久，

既同爲尚書郎，論文討古，則見延之於書靡不觀，觀書靡不記，至於字畫之蕞殘、日月之穿漏，歷歷舉之無竭，聽之無疲也。余於是始解欽夫之云之意，然於延之有未解者焉。蓋延之每退則閉戶謝客，日計手抄若干古書；其子弟亦抄書，不惟延之手抄而已也；其諸女亦抄書，不惟子弟抄書而已也。其且延之之於書腹之矣，奚所事於手之乎？此予之所未解者也，雖然又有未解者焉。今年予出守毗陵，蓋延之之州里也，延之持淮南使者之節而歸。一日入郛訪予，予與之秉燭夜語。問其閒居何爲，則曰：「吾所抄書，今若干卷，將彙而目之。飢讀之以當肉，寒讀之以當裘，孤寂而讀之以當朋友，幽憂而讀之當金石琴瑟也。」余於是疑焉，蓋若延之者，記之強不必抄之富，學之就不必讀之劬。彼其渟之爲道德，流之爲文章，溥之爲事業深矣，而猶脫腕於傳寫，焦唇於誦敎，此余之所疑而愈不可解者也。蓋彼其不可解也，秖其爲不可及歟！延之屬予序其書目，余既序之，且將借其書而傳焉。

陳造《江湖長翁集》卷三一《題王勉夫雜説》 吾友王勉夫《經傳記注辨析》，凡三十卷，其議論之純正，稽考之精確，鉤摘之博洽，信可以不朽。盥讀再，過還之。手抄家藏，請俟異日。

又《跋趙路分書予詩文卷後》 予爲文寫意而已，初不自是。間示人，亦有予之者，然不自是之心未泯也。趙侯夷仲，江南之宗英，妙於文者，定交于淮南之高郵，得予《西遊藁》，取其詩賦雜説凡十四篇，手寫而藏之。噫！猗和弗睨，決非至寶。良樂回眄，未爲下乘，吾於是頗得自慰。

樓鑰《攻媿集》卷七六《跋黃子邁所藏山谷乙酉家乘》 頃歲見張志溥家藏《山谷雜記》一小卷，諦玩不已，因略效其筆意手錄之。玆見子邁所臨《乙酉家乘》，典型具存，爲錄《雜記》于卷末而歸之。嗚呼，建中、靖國以至崇寧、元祐諸公多已南歸，而先生乃以《承天塔記》更斥宜人，誰能堪之？先生方翛然自適，觀所記日用事，豈復有遷謫之嘆？

沈煥《燭湖集・附編》卷下《承奉郎孫君（介）行狀》 ［介］家貧無書，自諸經正義，諸子書，《戰國策》，兩漢、晉、南北、隋、唐、五代史，百氏文集，異聞雜說，悉手抄，或刪其要語，楷書細字，無點畫頽惰。年四十餘，不事科舉。晦迹，不入郡邑者三十餘年。晚隨季子就養，所至謝客，澹然繙書自娛。詩文數十卷，號《雪齋野語》，皆有德者之言也。

度正《書太極圖解後》（周惇頤《周元公集》卷一附録） 正少時得明道伊川之書，讀之始知推尊先生。而先生仕吾鄉時，已以文章聞於當世，遂搜求其當時遺文石刻，不可得。又欲於架閣庫訪其書判行事，而郡當兩江之會，屢遭大水，無復存者。始仕遂寧，聞其鄉前輩故朝議大夫知漢州傅耆曾從先生遊，先生嘗以《姤說》及《同人說》寄之，遂訪求之，僅得其目錄及《長慶集》，載先生遺事頗詳。久之，又得其手書手謁二帖。其後過秭歸，得《秭歸集》。之成都，得李才元《書臺集》。至嘉定，得呂和叔《淨德集》。來懷安，又得蒲傳正《清風集》，皆載先生遺事。至於其他私記小說及先生當時事者，皆纂而錄之。

真德秀《西山文集》卷三五《鄭居士手寫古文孝經》 自唐玄宗《御注孝經》出世，不復知有古文。先正司馬公作爲《指解》，太史范公復爲之說。於是學者始得見此經舊文，然誦而習之者蓋鮮，況能服而行之者乎？居士鄭公居其父喪時，手抄此經，遵守惟謹，可謂篤志力行之士。方其落筆時，用紙蓋不暇精擇，此豈有意於傳哉！距今八十有五年，蠹蝕之餘，墨色如新，使人捧玩起敬，爲善之不可揜類若此。嗚呼！昔人於其先，一器一物，猶謹而藏之，況此編居士之心法在焉。主簿君孝且賢，寶之以傳于後，使鄭氏子孫世爲篤孝之門，豈不休哉！主簿名堯佐云。

又《跋湯士恭手書周易諸經》 漢熹平中，議郎蔡邕等奏正定《六經》文字。靈帝許之，令邕書石立於太學門外，學者取正焉。然當時所書者，《易》、《尚書》、《公羊傳》、《禮記》、《論語》而已，餘未暇及也。今湯君以八十餘老，不緣朝廷之命，不憚翰墨之廑，盡寫諸經以及《論》、《孟》亡軼遺者，非其篤學嗜古，白首彌勵，疇克逮此。今之業文辭取科第者，雖一經不能遍覽，況能盡筆之乎？一經猶爾，況群書乎？然爲彼者不妨坐竊寵榮，而君連蹇至老，無一遇者，可悲也已！然君不以連蹇故而倦於筆墨，此其所以尤可貴歟！

袁甫《蒙齋集》卷一五《跋方友民家藏五遂堂遺墨》 方君友民以忠獻爲其先世，名堂曰「五遂」，且書曾子《論孝》一章。方氏子孫寶藏之，持以示某。因勉之曰：道若大路，古今共由。苟能不失其本心，是亦曾子之孝也已。

徐元杰《楳埜集》卷一〇《跋高特進手書孝經》 孩提而知愛，既長而知敬，人之良知良能也。特進高公於其敎子弄孫之時，手書《孝經》以遺

之，宜矣。公之諸曾孫獨以此寶藏之，則夫戰戰兢兢於曾子五遂之敬，願相與以此共勉，庶不失同盟相切磋之意云。

趙大忠《南陽集跋》（趙湘《南陽集》卷末） 大忠先世太傅南陽公當國。初，文章方興未盛之際，以詩聲爲一時宗，其他著述遠邁古作，備見于宋景文公之序及歐陽文忠公諸大賢之跋中。更兵火，家藏散失。先伯父古隨通守復得丞相呂公之家。先君致政，朝散手加抄録，每恨未能鋟板，僥倖試送，遂割微俸以成。

羅大經《鶴林玉露》甲編卷一《手寫九經》 唐張參爲國子司業，手寫《九經》，每言讀書不如寫書。高宗以萬乘之尊，萬幾之繁，乃亦親灑宸翰，遍寫九經，雲章爛然，終始如一，自古帝王所未有也。又嘗御書《漢光武紀》賜執政徐俯，曰：「卿勸朕讀《光武紀》，朕思讀十遍不如寫一遍，今以賜卿。」聖學之勤如此。

李幼武《宋名臣言行録續集》卷五 公［洪皓］天性強記，書無所不讀，雖食不釋卷，稗官小説亦暗誦數千言。宣政間，《春秋》之學絶，獨窮遺經，貫穿《三傳》，在冷山摘褒貶微旨，作詩千篇，北人抄傳誦習，欲刻板於燕，公弗許。

陳振孫《直齋書録解題・雜史類》 《邠志》，三卷，案：《唐書・藝文志》作二卷。唐殿中侍御史淩準宗一撰。邠軍，即朔方軍也。此本從盱江晁氏借録，其末題曰：「文忠修《唐史》，求此書不獲，今得於忠憲范公之孫伯高。其中尚多誤，當訪求正之。紹興乙丑，晁公鄼。」

又《典故類》 《政和重修國朝會要》百十卷。先是王禹玉監修，自建隆至熙寧，凡三百卷。崇寧中重修，僅成《吉禮》百十卷，政和進呈。餘四類，編治垂成，宣和庚子罷局，遂成散漫。紹興間，少蓬程俱申請就知桂州許中家借鈔之。許中嘗與崇寧修書，故存此本，得以備中禁之採録。今重修本題淮康軍節度使充禮制局詳議官蔡攸等奉勑重修。

又《地理類》 《番禺雜記》，一卷。攝南海主簿鄭熊撰，國初人也。莆田借李氏本録之。蓋承平時舊書，末有「河南少尹家藏」六字，不知何人也。

又《雜家類》 《孫子》十卷。題晉孫綽興公撰。恐依託。《唐志》及《中興書目》並無之。余從程文簡家借録。

陳鵠《西塘集耆舊續聞》卷一《東坡鈔漢書》 朱司農載上嘗分教黄岡，時東坡謫居黄，未識司農公。客有誦公之詩，云：「官閑無一事，蝴蝶飛上階。」東坡愕然，曰：「何人所作？」客以公對。東坡稱賞再三，以爲深得幽雅之趣。異日，公往見，遂爲知己。自此時獲登門。偶一日，謁至。典謁已通名，而東坡移時不出。欲留，則伺候頗倦；欲去，則業已達姓名。如是者久之，東坡始出，愧謝久候之意。且云：「適了此日課，失於探知。」坐定，他語畢，公請曰：「適來先生所謂日課者何？」對曰：「鈔《漢書》。」公曰：「以先生天才，開卷一覽，可終身不忘，何用手鈔耶？」東坡曰：「不然，某讀《漢書》，至此凡三經手鈔矣。初則一段事，鈔三字爲題，次則兩字，今則一字。」公離席復請，曰：「不知先生所鈔之書，肯幸教否？」東坡乃命老兵就書几上取一冊至。公視之，皆不解其義。東坡云：「足下試舉題一字。」公如其言，東坡應聲輒誦數百言，無一字差缺。凡數挑皆然。公降嘆良久，曰：「先生眞謫仙才也。」他日，以語其子新仲，曰：「東坡尚如此，中人之性，豈可不勤讀書耶！」新仲嘗以是誨其子輅。叔暘云。

毛表《楚辭補注跋》（《楚辭補注》附録） 表方舞勺，先人手《離騷》一篇教表曰：「此楚大夫屈原所作，其言發於忠正，爲百代詞章之祖。昔人有言，《國風》好色而不淫，《小雅》怨誹而不亂，若《離騷》者，可謂兼之。我之從事鉛槧，自此書昉也。小子識之。」壬寅秋，從友人齋見宋刻洪本，黯然於先人之緒言，遂借歸付梓。

《張耒集》卷五五《與魯直書》 聞魯直於文章無所不能，而獨喜爲詩，耒竊好之，然不足以望餘光，謹録其詩五十首，亦將以釣魯直之近作。顧投者薄矣，而求者亦重。故於介者之行也，歌《木瓜》三章以送之。漸寒，伏惟校讎之餘，爲道自愛。

傅伯壽《雲莊集原序》 公五歲而孤。太夫人強氏，故資政殿學士文憲公之女，賢而明智，親授以經而督之學。公，穎悟異凡兒，少長益駿發。每讀書，五行俱下，日記數千言。文昭公家多書，已而燬於兵。家貧無以市，一閱於肆，終身不忘。遂博通六籍、諸史傳記、百家之言。少從人假《春秋左氏傳》，未兼旬歸之。人訝其速，公曰：「已習矣。」摘而問之，口誦如注水，終卷乃已。嘗憩臨安孤山僧舍，客有稱僧如璧《冷泉亭記》者，就借所

乘馬馳九里，至亭上一閲，即歸。寫以示客，客往覆之，不差一字。時人驚服，以爲王氏之仲任、仲宣，延氏之叔堅，不是過也。

董弅《劉賓客外集後序》 《夢得集》中所逸，蓋自第二十一至三十卷，後人因以第三十一至四十卷相續，通爲三十卷。宋次道纂著《外集》，雖裒類略盡，然未必皆其所逸者，今不可考也。世傳韓、柳文多善本，又比歲諸郡競以刻印，獨是書舊傳於世者，率皆脱略謬誤，殆無全篇。余家所藏，固匪盡善，既爲刻印，因訪於郡居士大夫家，復遠假於親舊，凡得十餘本，躬爲校讎是正，觕可讀。

羅革《題集二程語孟解卷後》（羅從彦《豫章文集》卷一六附） 族兄仲素篤志好學，推研義理，必欲到聖人止宿處。以王氏解經釋字，雖富贍詳備，然終不得聖賢大學之意，遂從龜山游，摳衣侍席二十餘載。獨聞至當，得洛中横渠語論頗多，乃編成《語孟二解》，記當時對問之語，不加文采，録其實也。廖仲辰於龜山門下，與仲素爲友，得其本録之。庚戌、辛亥中，來聚生徒于南齋，羅源南齋也。授予此本。廖諱衙，爲龜山之姪壻，議論尤得壺奥。程氏，西洛人。明道先生諱顥，字伯淳。明道，其號也。伊川，諱頤，字正叔，明道先生之弟。横渠先生，陝西人，姓張，諱載，字子厚，與伊川兄弟同時。龜山，諱時，字中立，在洛中爲入室高弟，仕至工部侍郎，世居將樂。仲素，諱從彦，以特奏中下科，蓋吾族後山之裔，後山乃羅源之後山。享年六十有四歲，自廣回，卒于汀州之武平縣。紹興壬申六月念八日，弟革因閲此書，記于汀州教授廳云。

孫汝聽《蘇穎濱年表·崇寧七年》（蘇轍《欒城集》附録） 晚在海康刊定舊解《老子》，寄子瞻。子瞻題其後曰：「昨日子由寄《老子新解》，讀之不盡卷，廢卷而歎：使戰國有此書，則無商鞅、韓非；使漢初有此書，則孔、老爲一；使晉、宋間有此書，則佛、老不爲二。不意老年見此異特。」及歸潁昌，時方詔天下焚滅元祐學術，輙敕諸子録所爲《詩》、《春秋傳》、《古史》，子瞻《易》、《書傳》、《論語説》，以待後之君子。

王震《南豐先生文集序》（《曾鞏集》附録） 予時方爲尚書郎，掌待制吏部。一日得盡觀，始知先生之學，雖老不衰，而大手筆自有人也。嗚呼！先生用未極其學已矣，要之名與天壤相弊，不可誣也。客有得其新舊所著而裒録之者，予因書其篇首云。

趙琬《重刊元豐類稿跋》 昔南豐曾氏之文，與廬陵歐陽氏、眉山蘇氏、臨川王氏並稱名家，而皆有集，板行于世。顧今歐、蘇、王三集世有印本，獨曾集散逸無傳，近世士大夫家蓋少得見其全集者。予鈔録此本，藏之巾笥久矣，嘗議重刻諸梓，與三集並傳，而力不逮。

郭豫亨《梅花字字香原序》 余愛梅花，自號梅巖野人，凡見古今詩人梅花傑作，必隨手鈔録而歌咏之，積以歲月，遂成巨編。熟之既久，若有所得。暇日輙集其句得百篇，目爲《字字香》。其間句煅意煉，璧合珠聯，亦有天然之巧者，吾不知其爲古作也。一日，有客過我，曰：「聞君梅詩甚佳，願借一觀。」因出是編，披閲未竟，稱奇賞羡，嗟嘆久之。

吴景奎《藥房樵唱·附録》 右《藥房詩集》三卷，六世族祖文可先生所著也。舊嘗板刻以行，遭兵燹，家莫之存。禧嘗博訪廣詢而不得，竊以爲恨。去歲之六月，猶子芳聞靈湖郭汝涑氏家素蓄書，而此集在焉，乃扣而求之。汝涑謂芳曰：「吾寶此集，不輕以示人。子必欲得之，請録以爲贈。」乃冒炎暑，手自抄謄以歸諸芳。噫，汝涑其賢矣哉！予得而閲之，喜不自勝，乃重加校正編次，因復壽諸梓，以永其傳云。

《宋史·畢世安傳》 士安端方沉雅，有清識，醖藉，美風采，善談吐，所至以嚴正稱。年耆目眊，讀書不輟，手自讎校，或親繕寫。又精意詞翰，有文集三十卷。嘗謂人曰：「僕仕宦無赫赫之譽，但力自規檢，庶幾寡過爾。」凡交游無黨援，唯王祐、吕端見引重，王旦、寇準、楊億相友善，王禹偁、陳彭年皆門人也。

又《任布傳》 任布字應之，河南人。後唐宰相圜四世孫也。力學，家貧，嘗從人借書以讀。

又《郎簡傳》 郎簡字叔廉，杭州臨安人。幼孤貧，借書録之，多至成誦。

又《劉摯傳》 摯嗜書，自幼至老，未嘗釋卷。家藏書多自讎校，得善本或手抄録，孜孜無倦。少好《禮》學，其究《三禮》，視諸經尤粹。晚好《春秋》，考諸儒異同，辨其得失，通聖人經意爲多。

又《李常傳》 李常字公擇，南康建昌人。少讀書廬山白石僧舍。既擢第，留所抄書九千卷，名舍曰李氏山房。調江州判官、宣州觀察推官。

又《張守傳》 張守字子固，常州晉陵人。家貧無書，從人假借，過目

輒不忘。登崇寧元年進士第，中詞學兼茂科。除詳定《九域圖志》編修官。以省員罷，改宣德郎，擢爲監察御史，丁內艱去。

又《汪應辰傳》　汪應辰字聖錫，信州玉山人。幼凝重異常童，五歲知讀書，屬對應聲語驚人，多識奇字。家貧無膏油，每拾薪蘇以繼晷。從人借書，一經目不忘。十歲能詩，游鄉校，郡博士戲之曰：「韓愈十三而能文，今子奚若？」應辰答曰：「仲尼三千而論道，惟公其然。」

又《儒林傳二・孫復》　復既病，韓琦言於仁宗，選書吏，給紙筆，命其門人祖無擇就復家得書十五萬言，録藏秘閣。特官其一子。

又《鄭樵》　鄭樵字漁仲，興化軍莆田人。好著書，不爲文章，自負不下劉向、楊雄。居夾漈山，謝絕人事。久之，乃游名山大川，搜奇訪古，遇藏書家，必借留讀盡乃去。趙鼎、張浚而下皆器之。初爲經旨，禮樂、文字、天文、地理、蟲魚、草木、方書之學，皆有論辨，紹興十九年上之，詔藏祕府。樵歸益厲所學，從者二百餘人。

又《儒林傳八・王應麟》　初，應麟登第，言曰：「今之事舉子業者，沽名譽，得則一切委棄，制度典故漫不省，非國家所望於通儒。」於是閉門發憤，誓以博學宏辭科自見，假館閣書讀之。寶祐四年中是科。

又《文苑傳六・劉恕》　恕少穎悟，書過目即成誦。八歲時，坐客有言孔子無兄弟者，恕應聲曰：「以其兄之子妻之。」一坐驚異。年十三欲應制科，從人假《漢》、《唐書》，閱月皆歸之。謁丞相晏殊，問以事，反覆詰難，殊不能對。【略】恕爲學，自曆數、地里、官職、族姓至前代公府案牘，皆取以審證。求書不遠數百里，身就之讀且抄，殆忘寢食。偕司馬光游萬安山，道旁有碑，讀之，乃五代列將，人所不知名者，恕能言其行事始終，歸驗舊史，信然。宋次道知亳州，家多書，恕枉道借覽。次道日具饌爲主人禮，恕曰：「此非吾所爲來也，殊廢吾事。」悉去之。獨閉閣，晝夜口誦手抄，留旬日，盡其書而去，目爲之翳。著《五代十國紀年》以擬《十六國春秋》，又采太古以來至周威烈王時事，《史記》、《左氏傳》所不載者，爲《通鑑外紀》。

又《隱逸傳中・周啓明》　啓明篤學，藏書數千卷，多手自傳寫，而能口誦之。有古律詩、賦、牋、啓、雜文千六百餘篇。

又《卓行傳・徐積》　嘗借人書筴，經宿還之，借者紿言中有金葉，積謝而不辨，賣衣償之。

又《世家六・孫光憲》　光憲博通經史，尤勤學，聚書數千卷，或自抄寫，孜孜讎校，老而不廢。

袁桷《清容居士集》卷五〇《書吴子行篆書陰符經》　唐世《陰符》始大行，原於李筌，成於李靖。貞觀皇帝始酷好之，命褚河南凡書一百九十本，貞觀之意，蓋廣用兵之説耳。李筌託神姥之言，迺曰：上有神仙抱一，中有富國安民，下有彊兵戰勝。又妄增六注，以惑後人，然終不可悉解。而吴子行復書之，何耶？唐人作篆，惟書千文，蓋懼學者之未易察也。徐鉉作《項王亭賦》，彷李陽氷、裴公德政碣之遺意。子行沈困市隱，豐碑巨碣不能以自見，寫其幽曠託焉以自逃者也。余嘗聞善書者，大篆不得入小篆，隸書最懼入八分，使子行在，吾願相與評焉。

趙贄《玩齋集原序》（貢師泰《玩齋集》卷首）　玩齋貢先生昔授經宣文閣下，僕時始至京師，以諸生禮見，得執筆墨承事左右，凡先生之著作無不飫觀而熟味焉。門人豫章塗穎、會稽何昇嘗爲輯録成編，列卷數十。侍講金華黄公宣慰、武威余公、御史臨川危公，皆爲之序。其後先生以使節廉問閩海，僕適從以來南，暇日輒竊録其歌詩數百篇，藏諸篋笥，門生迺穆泰陽、綱桂郁、鄭貫等請刻梓以傳。

余謙《中州集序》　遺山著述甚富，其所作《金史》，纖悉不爽，蔚爲一代鴻筆。至所編《中州集》，流傳不廣，人莫之覯。是集世無行本，惟架閣黄公在軒手抄二十卷，藏之篋中。予爲補其殘闕，正其謬誤，凡閱月而告成。至篇什次第，悉依原本，彙付剞劂，俾海內騷雅共珍之。

釋妙聲《東皋録》卷中《麋孝子刺血書經序》　昔元德秀、李觀喪其親，皆嘗刺肌血繪佛像，書佛經，以資冥福。史氏書之，元李爲唐之儒英，文行有過人者。使不合於道，其肯爲之乎？作史者，其肯取之乎？吾佛之道，廣大悉備，使人原始返終，知所以生；推因尋果，知所以死。蓋人物之化，固有虛靈不昧者存焉。非佛之道，孰能升濟而至於善道乎？爲人子者，欲致其親於善道，則舍佛而焉求？此佛之爲教，而史氏有取焉。或者不察，騁其私智，欲刊萬世勸勵之典，可乎？吳人麋友信喪父痛念，無以自効，方居憂即投誠於佛，劙指血手書《妙法華經》近七萬言，祈以導神明、超淨域以報其劬勞者。嗚呼，孝矣哉！　蓋季世孝道崩壞，至有服衰絰而佚樂自

若，外託不敢毀傷之戒，罷精神於聲色而不卹，茲惑之甚者也。聞糜氏之行，其有不惕然而興感者乎！糜字敬章，篤志於道，蓋有得於佛者也。故述之以附於元李之後，以俟纂録者有采焉。

又卷下《趙魏公書四十二章經跋》　佛教東被四十二章爲漢初經。雖辭意簡古，而一大藏教，實基於此。或謂騰蘭始來，當首出大乘諸部，而顧先是經，何哉？蓋當是時，無大受之器，不欲以非常之事駭常人耳目，故且由漸入觀時設教，蓋聖人利物之冥，權其二師善誘之術也與！松雪翁平生書經甚多，兵興以來，存十一於千百耳。此卷乃早年所書，楷法精密，尤所寶愛。吳郡如瓊上人祕諸篋衍，不輕示人，乃出以求識。余方應召自京師還，跋涉良苦，伏讀至「聲名顯著，身已故矣，譬如燒香人雖聞香，香自燼矣」，三復愧歎，怳然自失，謹識於下方。

張習《刊半軒集後録》（王行《半軒集》卷末）　半軒先生爲吳中碩儒，名揚勝國，入我朝尤綽綽著乎遐遠也。習童時嘗聆先贈承德府君談先生學之博，才之豐而文之雄，未嘗不聳動座人。愚固蒙昧，已誌之矣。稍長，不幸先君棄背，無所質問。後獲先生所著《學言稿》觀之，益深敬信。及聞杜東原老師自言從廬山陳五經，五經實先生弟子，嘗述聞於《五經》者爲之傳。具載履歷甚詳，併示《半軒集》乃元末諸作，尤爲粹美。再於舊交姜晞說所得《楮園集》甚夥。然與前二袠亦有同者，皆抄本，亥豕魯魚，紛乎其間。乃彙而録之，誦而味之，更其訛，闕其疑。如是，自佔畢遊仕途，踰三十禩矣。迨官廣東，重加釐正爲十二卷，總名之曰《半軒集》，鍥梓垂成，鄉契許廷章寄來數十篇，作補遺於後。茲委政歸，復於士友陳思耘、朱野航處，假有多者抄入。吳山陳文顯，故儒家也，言其故祖允中嘗從先生於書館抄的本，因時有忌，久藏不出。近出示，簿帙已殘毀，比城中諸稿多異題四五十首，遂欣録補完。噫！先生之學、之才，發之於文者，殆與造化相爲悠久，奚待梓傳與否！

鄭真《滎陽外史集》卷三五《書宋故虛庵懷禪師題五世祖金剛普門經後》　此宋故虛庵懷敞禪師題五世祖朝奉公所書《金剛普門經》後語也。師道高臘尊，爲世稱重，住持天童山，與朝奉公有方外之契。公業儒而醫，好繕寫，嘗以往來饋遺書札編寫海上名方，積十餘帙，與安人王氏事佛老謹。時嗣胤未立，王氏刺綉《金剛普門經》二卷，藏諸天童山，公仍以黃絹手書之。王氏家世業儒，今祀絕不存，有王惟善者，其宗姪也。父爲太學生，與天派趙氏爲姻，性踈放，文章敏捷，著《春秋備要》十二卷，先祖蒙隱公録之，與朝奉公遺墨並存。

又卷三八《識録王惟賢春秋指要序後》　真幼過庭時，先教授府君嘗稱惟賢王氏經學文藝有過人者，今觀《春秋指要》二序，會衆說爲一家，誠可謂博矣。若其《夏正》一說，則吾鄉太師存明趙氏奏議實主之，而東發黃氏《日抄讀春秋》一書，則又多有取於岷隱戴氏者也。二序前稱欽若天時自岷隱始，後稱黃氏考證尤備，豈王氏與東發生相先後，里居密邇，嘗有以得其傳耶？王氏世居境清寺後，今其後嗣已絕，獨女兄適趙氏者，年九十餘，以死，當時不及往拜。而問之故，其一家父子兄弟文獻之傳皆不可徵。獨《指要》一編，則先祖蒙隱府君，嘗手自繕録。某幼習經，先君實以授之，故其可見者僅止此云。

《元史・王克敬傳》　克敬喜讀書，其有所得者，輒抄爲書。又有所著詩文奏議傳于世。

又《忠義傳四・趙弘毅》　趙弘毅字仁卿，真定晉州人。少好學，家貧無書，傭於巨室，晝則爲役，夜則借書讀之，或閔其志，但使總其事而不役焉。

楊士奇《東里文集》卷一〇《題三禮考註後》　右録《三禮考註》六冊。此書本吳文正公澄用朱子之意，考定爲《儀禮》十七篇，《儀禮逸經》八篇，《儀禮傳》十篇，《周官》六篇。《考工記》別爲一卷，見公文集中《三禮叙録》及《虞文靖公行狀》如此。嘗聞長老言，吾邑康震宗武受學於公，元季兵亂，其書藏康氏。亂後郡中晏璧彥文從康之孫求得之，遂掩爲己作。余近歲於鄒侍講仲熙家見璧所録，初本注內有稱「澄曰」者，皆改作「先君曰」，稱「澄案」者改作「愚謂」，用粉塗其舊而書之，其迹隱隱可見。至後《曲禮》八篇，皆無所塗改，與向所聞頗同。遂與鄒各録一本，凡其塗改者皆從舊書之，而系之《叙録》，其篇數增損不同。《叙録》補《逸經》八篇，《投壺》、《奔喪》、《公冠》、《諸侯遷廟》、《諸侯釁廟》之外，《中霤》、《禘于太廟》、《王居明堂》三篇，云其經亡矣。篇題僅見於鄭注。片言隻字之未泯者，必收拾而不敢遺。今此書《逸禮》止六篇，而《中霤》、《禘於太廟》，其篇題皆不著。《叙録》、《禮義傳》十篇，此書增入《服義》、《喪大

記》、《喪義》、《祭法》、《祭義》五篇。《叙録》正經逸經及傳之外云餘悉歸諸《戴記》。此書傳後復增《曲禮》八篇，凡增十二篇，其中固有載入《禮記纂言》者矣，不當複出也。篇目不同如此，其中又不及深考也。余又聞長老言，文正晚年於此書欲復加考訂不及，臨沒授其意於孫當。當，罷官閒居，嘗爲之而未就也，豈誠然耶？然文正分《禮》爲經，義爲傳，今此書增入者禮、義率混淆無别。又其卷首亦載《叙録》，而與卷中自有不合者，決非當所爲無疑，豈璧所增耶？璧素與余往來，獨未嘗見示此書，其編《乾坤清氣集》，以己意改古人之作者數處，余嘗與之辨，皆以余言爲然。故知其爲人任意率畧，而於此書不能無疑於其所自增也。然余既録此書，不及再見，不得質問，姑志之以俟知者。

又《録楚辭跋》　右《楚辭》一冊，德安貳守羅先生手筆。先生學於元季兵亂之際，不得書。雖崎嶇奔竄，常晝夜鈔録以讀。今之學者，幸遇太平無事之日，得書甚易，而往往不務力學，此何怪乎後之人不及前輩也！

又《東里續集》卷一六《孝經經傳直解》　元延祐中錢天祐著《孝經經傳直解》，蓋以朱子刊誤爲主，其黜《閨門章》及合《五刑章》，與上章爲一。則從草廬吳氏考定本，此書當時已板行，有翰林承旨程文海敘。洪武庚午冬，余自武昌歸守風盤塘，借録於隣舟。上虞張肅急遽，其直解不及録，惟録其經傳如右云。

又《易主意》　《易主意》一冊，元臨川鄉貢進士涂溍生著，專爲科舉設。近年獨廬陵謝子方有之，以教學者。於是吾郡學《易》者皆資於此，余少嘗録之，後失之。此本萬安訓導郭公承爲余重録。

又卷一七《列子》　《列子》八篇，古列禦寇書，唐號《沖虚眞經》，宋加《至德眞旨》。道家其見寵於後世，益久益重。其爲書，柳子、朱子論之至矣。余家録本一冊。洪武庚午冬，自武昌舟還，阻風雪盤塘，累日無所爲，鄰舟人上虞張肅有此書，遂借録之。出一時草率，後欲録過未暇也。

又《太極解》　南軒張宣公《太極解》，余録於廬陵清湖羅德崇先生。先生名獻，先待制同年寧都州判求師之從子，少從游，先祖兄弟與先諭德相好。爲人狷介，不苟合。嘗爲武昌府學訓導，時余客武昌，無日不辱見過，所畜雖片簡尺牘，無不辱惠教。一日酌余江濱小樓，醉留宿。覺，夜已二鼓，起，燒筍瀹茗論太極，先生誦此解甚熟。余時未有本也，遂請録之。明日，就他處求本，參對無一字誤，因竊歎前輩讀書用功切實如此，非後學所當師乎？自余録此本，至今二十有四年矣，用志之以示後人。

又《楚辭二集》　《楚辭》出於忠臣愛君憂國惻怛之誠，故先正以爲《三百篇》之續。此編余得之劉伯塤云。余少貧無書，間從人假借，甚難得。既壯，頗置書，而來借者輒不靳。而《楚辭》借而不歸者凡五矣，余前後所遇如此，甚可嘆，故志以戒。

又《稽古定制》　右《稽古定制》一冊，我太祖高皇帝命儒臣考唐宋制度，酌其中示法於民者也。孔子曰：安上治民，莫善於禮。又曰：君子以辨上下、定民志，惟禮制行，而後民志定。故聖人之爲天下國家者，必重焉。永樂癸未，臣士奇在京師始遇此書，謹録而識之。

又《賜謚録》　余客武昌時，遇宋《賜謚編》於湖廣參議吳文家。既借録之余，又嘗集録唐及元所賜謚，遂合爲一編，總曰《賜謚録》。然有私謚者，亦頗附載焉。

又《史記》　《史記》百三十卷，司馬子長才識高邁，文章疏蕩奇偉，至於狀寫之妙，超然獨出也。朱子謂其麄率，且疑《史記》當時未刪改脱稿。吾郡劉申齋云：《史記》初看甚有羨字羨句，再看但覺好，三看元無一字一句羨，減一字一句即不佳。豈求之篤者，獨得之深耶？吾家八冊，刻板在太學。吾初印此書及《文獻通考》，皆有闕板，歲餘弗克補録。永樂二年，友人湯如川、曾與賢、余學夔、蕭省身、獨孤樂善、歐陽允俊登第，後爲庶吉士，在翰林數就吾家借讀。一日，節假，欣然來過，取二書，闕者共爲補録，及暮而畢，其簽帖悉如川書也。今如川、與賢、允俊不可作矣。每覽手筆，慨然興懷。

又《西昌志》　右《西昌志》，宋淳熙三年，知縣事陳秀實命貢士嚴萬全、倪求已會稡爲之者也。淳熙至今二百四十三年，未有繼作，豈非鄉邑欠事？此集劉仲兼、梁叔莊共録以寄余者，蓋以余嘗有志乎此，姑識而藏之。

又《經史動静字音》　《經史動静字音》，蓋以便教幼學者。然今南方學者多忽畧不究。余在武昌遇之張從善所，故特録以歸，時洪武甲戌歲也。又二十有五年，月日識。

又《吉州進士録》　《吉州進士録》，村民先生陳宗舜甫輯，使邦人後進得以考見鄉郡前世文獻之盛而有所興起者，此編不爲無助。蓋吾求之久未

得，近有傳至北京者，永樂乙未曾本清赴會試遇之，錄此見遺。惜其間姓名頗有錯誤，蓋轉相傳寫所致也。

又《五雲方尺》 右《五雲方尺》一冊，先伯父漁灌府君親錄，仲殷兄所藏。仲殷兄歿，余得之仲基兄。冠婚喪祭，前輩所重，至於書簡，必循守法度如此，不如今人之草草也。謹藏以示後人。

又卷一八《文選》 《昭明文選》六十卷，唐六臣注。於今學者得見漢、魏以來文章，獨賴此編之存。刻板在太學，吾家三十冊，初闕頗多，蓋借錄踰累年，歷十數家，猶未能悉補也。凡今書板多闕，不獨此書，而欲得一書，有印裝補錄之勞，非朝夕所能成者。置書之難如此，如後之人有之，而不知愛重，亦獨何心！

又《蘇東坡文》 右蘇東坡六冊，錄於胡祭酒若思。蓋所錄者，《東坡集》，起二十四卷，至四十卷；《後集》，起八卷，至十卷；《外集》，起二十五卷，至九十卷。奏疏內外制及詩，皆未得錄也。

又《錄崇古文訣》 右《錄崇古文訣》一冊，起韓退之《毛穎傳》，訖錢君倚《義田記》，不完書也。前德安貳守羅先生手筆。先生爲人整潔，雖細微事及造次之頃，必不苟。嘗曰：小事不敢苟，則於大事亦不苟矣。此編蓋避兵亂山谷中所錄也。

又《錄揭文安公文四集》 右揭文安公曼碩《文集》十二冊，永樂丁酉錄於朱中書李寧，蓋得禮部郎中王儀之家藏刻本也。凡五十卷，而已缺十三卷，八卷至十四卷，十八卷至二十一卷，皆詩；二十二卷賦；四十卷題跋。此十三卷所缺者，余舊錄本蓋間有之，然此集詩文亦有目錄，雖有，而卷內無者，不知如何也。

又《續潛溪文粹》 右《續潛溪文粹》二冊，多缺板。本曹冀成家書，借余而未歸者也。對之，每興山陽聞笛之歎。

又《金石例》 《金石例》十卷，元侍講學士潘文僖公著纂輯，古式及例至詳備。文僖名昂霄，字景梁，號蒼崖。先侍制延祐乙卯廷試讀卷官，其書固吾所當重。惜此冊得之湖廣僉憲王霖，而出於吏人所錄，不整，未有暇力更錄也。永樂丁酉九月一日識。

又《清類經星分野大畧抄本》 右所錄郡縣詳畧不同者，蓋以分野書與今刊行郡縣參對，如全郡所轄州縣星域皆同，則但書其目。而欲知其詳，則於刊行郡縣中考之。如所轄州縣星域不同，則明著某州某縣，庶幾不紊。蓋偶遇此書，倉卒抄錄，不能詳整，而爲此簡便，有暇當錄過。然聞南京太學有全書刻板，必求史志靜印寄也。永樂甲辰四月朔志。

又《歷代樂府詩辭》 《歷代樂府詩辭》，廬陵周巽亨編。起《擊壤》，訖《李唐總詩》，一千二百餘首。論其世次，而以朱子所答鞏仲至之說爲主，兼取前輩論議，亦間雜以己意。廬陵舊有刻板，然余未之得也。此冊余客武昌時，錄於府學訓導晏彥文。

又卷一九《風雅翼三集》 《風雅翼》者，元會稽劉履坦之因《昭明文選》所錄古詩重加訂選，其註釋一本朱子釋《詩》、《楚辭》之例。而自康衢《擊壤之歌》，下自唐宋之作，凡有風雅之遺者，皆附焉。前此選古詩莫之能過也。余所藏錄本，友人張從善手筆。從善名登，大同人，從其父戍武昌，操行堅確，篤學不懈，手錄書至富。余客武昌時相與往還甚厚。丙子冬，余歸廬陵。以余重此編，贈以識別。余家又有從善手錄楊孟載詩百餘篇，字畫端整。吉水劉日升借去，卒於不歸。夫非其人而輒假之以書，視日升可以爲戒。

又《錄陶詩》 前三十年書肆所售陶集，皆止於詩。余家一冊，洪武己巳冬，初至武昌，錄於吾郡李明達。詩之後有文并附錄，及具載先儒評論於各篇之下，蓋舊本也，甚愛重之。無幾，友人朱正民從余借讀。未及歸，朱出爲松江巡檢，李亦往宣城以卒。朱後坐事謫戍遼東，嘗因使便寓書正民，期以完璧歸我。然私竊自計，人淪於憂患狼狽，有不能自保其身而暇保此哉！而猶云云者，徒以其心不能忘耳。更數歲，書坊板行此本，余既市而得之。永樂丙戌，余在京師，正民以能醫徵至，相見勞苦外，即出此詩歸我曰：「故人不相負也。」完整如新。余方歎正民信義於今不可多得，正民戲余曰：「即使淵明身在，人猶不知貴之，矧其言乎！」余無以應也。退朝之暇，時展誦數篇，或正其差誤。明年，正民隨詔使度海諭西南諸番國，道卒不返。每一啓閱，不勝故人之情。范益謙云：凡借人物，不可損壞、不還，況於書籍。如正民，眞不愧古人哉！故備志之以示來者。

又《古詩雜鈔》 右《古詩雜鈔》者，梁、隋、初唐諸家之詩，《文苑英華》所載。而余館武昌時，學子之所錄也。余蚤歲既艱於得書，故有所遇，輒錄之。如此是已。

又《讀杜詩愚得二集》　《讀杜詩愚得》，紹興單復元陽著，凡十八卷。余家所録，總七册。昔之註杜詩者多矣，而簡直明白得古詩人之意者，惟此爲優。虞道園嘗註杜律詩百餘篇，最爲簡明，此豈本諸道園者乎？元陽清修好古，洪武初爲漢陽湖官。其註此詩，未嘗示人。武昌丁鶴年好論詩，與之厚，僅得一。再見之，單卒，其子不振。鶴年從求其稾，已不存。後數年，始物色得之漢川民家，已失其後二卷。又十餘年，求得於景陵士人，遂爲全書。余客武昌，與鶴年往還，出此書示余及張從善，使録之。右《杜詩》六册，外目録一册。初，余與張從善得丁鶴年先生所藏單元陽《讀杜詩愚得》本，鈔録。而慮其索之急也，則取書坊刻本，就其空紙録焉，冀工省易完耳，皆從善親録之。從善後既重録，遂以此本授余録。余亦已重録，然此故人手筆，不敢棄也，謹識而藏之。

又《唐詩雜録》　右《唐詩》。昔余在武昌，蔣立恭攜《文苑英華》殘編一册見過，遂令童子録之，題曰《雜録》，謂其不純也。

又《楊廉夫樂府》　《楊廉夫樂府》一册，余録於江夏雷貫道。夫廉夫，吳人，名維禎，號鐵崖道人。元李黼榜進士，博學高才。然不矜細行，故仕不顯。其文學行義，具見其門人國子助教貝瓊所著《鐵崖先生傳》。

又《高季迪缶鳴集二集》　右高季迪近體詩，余舊録於陸伯陽。季迪近體五言律勝其古體，則樂府及擬古勝爲文，長於敘事。洪武初預修元史，除戶部侍郎，遂罷歸，後坐事，卒於京師。

又卷二〇《外科雜方》　右《外科雜方》，録於宗豫學士。云皆經驗者，後有從余録之以試，亦往往有驗。

又《書法三昧》　《書法三昧》，余初録於陸伴讀，既以與諸姪。此本重録於朱舍人家。余少未嘗學書，及與陸往還，得盡窺其家所蓄書法甚富。陸與余厚，又爲余言，其意頗悉也。余雖知之，嘗習之，而訖於無成。東坡云：內外不一，心手不相應，不學之過，非余之病乎！曾南豐論羲之書，亦精力所致，非天成也。蓋凡藝雖有法，非熟之，則不精，獨書學哉！陸名闓，字伯陽，高郵人。朱名古，字季寧，崐山人。皆有能書名。

又《宋劉次莊法帖釋文》　右《宋劉次莊法帖釋文》，附以陳與義刊誤。余初録於武昌尹千戶，蓋童子所寫草草。來京師，重録之。尹名昇余，客武昌時已七十餘，致仕閒居。與余厚，其爲人慷慨豁達有俠氣。

又《法書考》　元盛熙明作《法書考》八卷。首卷評品古書，二卷述創字源流，亦間及作字之法，三卷至七卷皆論書法，末卷附印章。虞揭、歐陽皆爲之序。學書者，資於此，亦庶幾可以有得。余録於中書舍人南昌陳古訓。

又《書史會要》　《書史會要》，松江陶九成編。蓋鈔録史傳及百家雜記所藏，善書之人而爲之者也。其書無足取，至纂述近事尤謬。獨書法一卷，稍便初學耳。此編廬陵王守貞松江還以見遺者。

又《碑目》　中書舍人陳登思孝好聚古今石刻，徧求博訪，志其所出之處，以成此編。余與用之皆録一本，按此而索之，亦屢有得。惜乎其未能悉也。

劉定之《文信國公集杜詩原序》　予少時得宋丞相信國文公《指南集》讀之。然聞公在幽囚中有《集杜句詩》，未見也。及官詞林，始見而録得之。詩皆古體，五言四句，凡二百首，分爲四卷。首述其國，次述其身，次述其友，次述其家，而終以寫本心，嘆世道者莫如何于人勝天，夷猾夏而有待于天勝人，夏變夷之必有日也。

邱濬《武溪集序》（余靖《武溪集》卷首）　嶺南人物，首稱唐張文獻公、宋余襄公，二公皆韶人也。韶郡二水夾城流，自瀧來者曰武溪，湞水自庾嶺下與武溪合，是爲曲江。張公既以曲江名其集，余公之集名以武溪，蓋有意以匹張歟？予家嶺表極南之徼，自少有志慕二公之高風，每恨其文不行于世。於張公文僅見其《羽扇》、《感遇》等數篇，余公文僅得其《潮説》及諸書判，蓋莫能覩其全也。求之天下幾三十年，今始與《曲江集》並得於館閣羣書中。【略】初得公集，手自鈔録，僅成帙。聞先妣太宜人喪，解官還家，攜以過韶。韶郡太守蘇君韡、同知方君新通判涂君暐，請留此刻郡齋中，且求爲序。予既免喪，乃書此以引其前，非但序公文也，蓋假公之文獻以徵吾之言，且用以爲越之人士解嘲云。成化九年龍集癸巳仲春初吉，翰林院侍講學士瓊臺邱濬序。

徐紘《明名臣琬琰續録》卷一　公［楊士奇］早孤，母夫人陳氏教育之。甫六七歲，告以世德之詳，公即感奮力學。雖甚貧，親執勞事，然未嘗廢卷。時喪亂，雖平而苦無書，《四書》、《五經》皆手鈔以讀。海桑陳先生，夫人世父也，甚愛公，早夜訓飭，使咸由道。

羅璟《灤京雜詠跋》（楊允孚《灤京雜録》卷末） 《灤京雜詠百首》，元楊允孚所賦。讀之，當時事宛然如見，亦可謂善賦者矣。楊文貞家有録本，璟常借録於表叔司務公，録時草草。此本則舍弟璋爲予重録者。允孚，字和吉，出吉水濕塘，蓋文貞公故族云。

吴寬《家藏集》卷五五《跋王右軍真蹟》 趙光祿家藏二王眞蹟，予欲借觀已久。壬戌四月九日，濟之攜過園居時，急雨初霽，新暑翛然，相與閱之，眞一快也。

程敏政《篁墩文集》卷三六《題所校脉經後》 走以先襄毅公賜葬恩，自新安入謝，道出淮陰，會河冰不能去，借宿驛中。居鬱悒病痰，從淮醫朱鑑借書，得王氏《脉經》十卷，蓋元泰定隆興翻刻，宋熙寧閣本也。有宋長樂陳孔碩序。序稱《脉訣》出而《脉經》隱，比之俗儒知誦時文，而不知誦經史，切中近世之病。自泰定及今餘百年，此書復亡。淮進士畢君舜修始得鈔本刻之，然其間脱誤尚多，驛舍無事，取朱本參校終卷，勘其誤凡二百六字，補其脱凡十七條。因畀舜修使刊正之，以便世之慈孝者。

又卷三九《題龜山先生文集鈔》 《龜山先生文集》三十五卷，不傳於世久矣。館閣有本，嘗請閲之，力不足以盡鈔也。鈔其有得於心者，重加彙次，爲十六卷如右，藏於家。嗚呼！先生之文，豈後學所敢詮擇哉！如鼉飲於河，各充其量而已。

又《題范太史文集鈔》 太史范公淳夫《文集》五十九卷，秘閣本，嘗請閲之，因手摘抄爲十七卷。又取《伊洛淵源録》、《名臣言行録》、《宋史傳》附其後，爲一卷如右。公爲蜀公之從孫，申公之壻，溫公之門人，其所嚴事爲康節、明道，所同僚爲伊川、東坡。於經史皆有著述，而《論語解》《唐鑑》獨傳學者，當時號講官第一，而史臣亦謂其奏議可比賈長沙、陸忠州，誠確論也。

又《題汪文定公集鈔》 《玉山汪文定公集》五十卷，舊有刻本，今亡，而秘閣本獨存，嘗請閲之。力不足盡鈔也，手摘鈔爲十二卷如右。公諱應辰，字聖錫。其先自新安徙玉山，舉紹興五年進士第一，官至端明殿學士。於朱子爲前輩而講於朱子，朱子極重其爲人。其任敷文閣待制日，嘗舉朱子自代，蓋其所見之高，所立之卓，所得之粹，誠一時碩儒，惜世未有知之者。然誦其詩，讀其書，當心得其爲人，殆未可以言語相曉也。

儲巏《元遺山詩集重刊後序》 巏少時，間見遺山詩文於它集，輒喜誦之不置。及鉅鹿耿公典鑰留都，嘗謂巏曰：「吾友段可求，家藏遺山集，日借讀之，而未竟也。吾老矣，尚冀一讀，子試訪之。」弘治甲寅，巏調官吏部，始得秘本於新安程公，亟納諸公。公喜動顔色，曰：「刻本今亡矣，是不可使之無傳也。」巏因録而讀之，乃知學士大夫慕尚遺山者，不但其文章之盛。

鄺璠《韋齋集跋》（朱松《韋齋集》卷末） 予承乏吴邑，嘗手録《韋齋先生集》若干卷，而訛闕無所于考。比倅新安，謁文公于紫陽書院。紫陽，韋齋舊遊地也。因舉其故通守睢陽陳侯性之，乃出是編與其弟《玉瀾集》一卷，爰正所録本，并刻之。嗚呼！是書始行于南康，再行于旌德。今不傳久矣。

周季鳳《嘉靖刊本黄先生全書序》 予惟山谷詩文散見宇宙者最多，其全者則寡。初，與先兄南山先生求之瓊山閣老丘公，得《豫章集》三十有六卷，訛脱未慊也。最後因亡友潘南屏時用鈔之内閣，有正集、外集、别集、詞、簡、年譜諸集，凡九十七卷，乃宋蜀人所獻者，或者其全而無遺也哉！於是屬之前守葉君天爵梓行。憂去而寢，板、本兩歸殘逸，可恨也。復鈔之，挾以游四方者垂二十年，非其人不授。

又《重刊涪翁文集跋》 事有曠百世而相感者，今古皆然。《涪翁文集》，世不多傳。予嘗并其年譜及其父《伐檀集》，因亡友潘南屏時用抄之内閣，以付前守葉君天爵梓行，間以憂去，板本皆散逸，可恨也。復抄之，挾以遊四方者垂二十年，非其人未輕授。今巡按江西叅史西蜀徐公行吾守喬君補之，因授焉。

查仲道《嘉靖刊本山谷全書書後》 先生爲吾分寧先哲，爲宋室奇才，爲西江詩祖。其孝友殊篤，其氣節特異，其造詣精深，其文章瑰瑋。其在當時也，雖片紙隻字之出，人爭傳誦。惜乎由宋逮今，涉世既遠，其詩文集刻之流布於海内者，零落散逸，漫不及見已。近雖省郡間有刊刻者，祇詞翰之餘。先生遺文，雖盛弗傳，故人往往以不及見全書爲恨。是編之全，乃吾姻亞卿、來軒周公與其伯兄都憲南山公，昔宦游於朝、於浙、於蜀，博求諸薦紳士夫家傳，寫之群書故牘中，章積篇累，歷十數載，僅全此書，珍藏以歸。

張頤《陳伯玉文集序》（《陳子昂集》附録） 故李太白、韋蘇州、柳柳州相繼而起，皆踵伯玉之高風，俾後世稱仰嘆慕之不暇，可謂詩人之雄矣。其文雖有六朝唐初氣味，然其奏疏數章，亦有用世之志，惜其全集世不多見。其詩文見於他集者亦甚少。今巡撫山西都御史楊公澄，與伯玉爲同邑人，得其全集於中祕，抄録而來，重復校正，命工刊梓以傳，共若干卷。嗚呼！公之用心厚矣。

陳克昌《南豐先生文集後序》（《曾鞏集》附録） 予謫盱之再稔，公暇輒留意於斯。而郡齋所存，若《李盱江先生集》、《養生雜纂》、《耕織圖》、《和唐詩》，昔所殘缺，悉爲增定。既又取是集讎校焉，易其敝朽，剔其污漫，更新且半，庶幾全録，閲三月始就緒。

胡連玉《張文潛文集題記》 《張文潛文集》十三卷，蓋當時選本如是，非全書也。乾、道以後，蘇氏文學盛行，右史游蘇門，坊間選其文爲程試之用，去取殊不慊人意。如《章秘閣丞集序》删去後半篇，《冀州州學記》删去前後，幾不成文。此爲嘉靖間重刊本，既未能正其訛謬，刻又弗良，舛錯尤甚，因假得《蘇門六君子文粹》雙勘一過。《文粹》本係舊鈔，然多脱誤，未可據爲定本，俟更覓善本校之。甲申十二月二十六日，胡連玉書於玉笥山房。

郎瑛《七修類稿》卷四二《事物類・家語舊事不同》 《家語》一書，漢《藝文志》載二十七卷，《唐志》載王肅註十卷。近世四十四章，舊乃王廣謀所註，庸陋荒昧，新得何侍郎更之，已覺就正，惜非全書，何又作《家語外集》，藏之未刻，其故何序辯之詳矣。昨讀王閣老鏊《震澤長語》，有曰：「一日至書市，得王肅註本《家語》，乃近世所無。」又曰：「以何侍郎之好古，不可得，余得之，豈天欲未喪斯文歟？」予以何正求之而王得之，則當即送於何，使得以校所存之《外集》可也，或何以謝世，今亦刻之可也，否則再失，萬古不復見矣。又《武林舊事》作書者四水潛夫，世不知何人，余見《齊東野語》載《玉照堂梅品》內云：「賞心樂事者，予已載之《武林舊事》。」則《舊事》一書乃周公謹所輯也，其曰四水潛夫即公謹之別號，余已明於辯證矣。或曰訛刻，豈有不知而就木者耶？其書共該十有二卷，今杭郡所刻止得其半，半在姑蘇袁飛卿家，嘗欲借觀，奈袁恐復失之，使有好古者通求傳之。又宋曾誕與鄒浩友善，孟后之廢也，誕三與浩書，勸力諫，不報，著《玉山主人對客問》一篇以譏之，識者以謂可比韓愈《諫臣論》，世罕見，侍郎劉五清有也。

李詡《戒庵老人漫筆》卷三《黄叔揚傳》 黄鉞字叔揚，蘇郡常熟縣人。少明敏好學，家無藏書，鉞日遊市肆中，見書，不問古今，即借觀之，或竟日不還。是時天下新定，重法繩下，士不樂仕，人文散逸，詔求賢才，悉集京師。鉞父見其子好學甚，恐爲郡縣所知，數懲之不能止。家有田數十畝在葛澤陂，因令督耕其中。鉞至陂，無書讀，託市鹽酪，率一二日即入城，從其友人家借得書，道中披覽，比至陂輒盡，每以爲恨。楊滎者，元末隱士也，嘗避雨泊舟鉞舍傍，窺見鉞持書倚簷讀不輟聲，乃就視之，曰：「豎子好學至此哉？日能讀幾何？」鉞答曰：「苦無書讀耳，過目不能忘也。」滎曰：「我有書在洋海店，去此不遠，豎子能從吾游乎？」鉞喜再拜，即從滎入舟，至其舍，與數冊書去。自是數數來易，滎怪其頻，舉所借書問之，悉記憶無忘者。滎大喜，曰：「吾插架書不下萬卷，不能舉付汝，汝當就吾舍讀。」因令其子福同室而居者三年，遂盡其書。縣聞之，併辟福賢良。滎怨之曰：「吾不幸遭世亂，家破族散，今獨攜一子耕讀遠郊，以畢餘生。以子好學，盡以藏書奉觀覽，奈何不自韜晦，卒爲人知，貽累我家！」鉞徐曰：「無患，當爲公說尹罷之。」乃教福結束如農夫，且曰：「即尹有問，子但操吳音，勿有所對。」福盡如鉞教，因同詣尹曰：「鉞與福共筆硯數載，知福爲深，福才能同學並出鉞下，而福父老身病不可遣行，即行不足以應詔，君且得罪。」尹心知其詐也，不得已，乃獨遣，鉞以生員除宜章典史。

歸有光《震川先生集》卷五《題金石録後》 余少見此書於吳純甫家，至是，始從友人周思仁借鈔，復借葉文莊公家藏本校之。觀李易安所稱，其一生辛勤之力，頃刻雲散，可以爲後人藏書之戒。然予平生無他好，獨好書，以爲適吾性焉耳，不能爲後日計也。文莊公書無慮萬卷，至今且百年，獨無恙。繙閲之餘，手跡宛然，爲之敬歎云。

又《說學齋稿跋》（危素《說學齋稿》卷末） 《說學齋稿》一百三十三首，予前三十年從吳純甫借觀。今吳氏之書，往往散失。予一日忽憶此書，亟問其家，幸而尚存，爲之甚喜。蓋公所自書，前有「臨川危素太樸著」七字，而篇別不爲聯卷，紙尾皆暗記所作年歲，獨以賦、頌、贊、記、序爲次，以此知公自珍其文若此。蓋録藏之，以待編次者也。然尚有其半而軼

矣。《說學齋稿》者，亦予向時所見，標題亦公之眞跡，今復脫去。昔宋太史稱公在至正中以文名天下，淵深精純，獨繼歐、虞之後。予家苦無書，而公集五十卷尚未之獲見，故命童子錄而存之。嘉靖三十八年六月癸亥，歸有光跋。

茅坤《蘇文定公文鈔引》（《欒城集》附録） 蘇文定公之文，其鑱削之思或不如父，雄傑之氣或不如兄；然而沖和澹泊，遒逸疏宕，大者萬言，小者千餘言，譬之片帆截海，澄波不揚，而洲島之棼錯，雲霞之蔽虧，日星之閃爍，魚龍之出沒，幷席之掌上而綽約不窮者已，西漢以來別調也。其《君術》、《臣事》、《民政》等篇尤爲卓犖。予讀之，錄其《上皇帝書》及劄子、狀十九首，與他執政書十首，諸論及歷代、古史各論八十二首，策二十五首，序、引、傳七首，記十二首，說贊、贊、辭、賦、祭文、雜著十一首，釐爲二十卷。歸安鹿門茅坤題。

宗臣《宗子相集》卷一三《讀太史公杜工部李空同三書序》 余爲吏部郎，蓋與張君助甫同舍，云：張君好余絕甚。余故置三書小笥，命侍吏日挾之行。一日，張君睨余笥，意其有奇也，迫而察之，果得《杜》、《李》二集，即攜去讀，連日夜不休。貽余書曰：「足下所讀兩公書，無論數千萬言，乃言爲之筆，筆又精，蓋千載奇觀矣。即兩公復生，寧不北面爲足下稱謝者！」輒命其吏數十人録成二書，而以原書歸余。時丙辰冬十一月既望也。

胡應麟《少室山房筆叢》卷五《丹鉛新録一》 王融云：「余少好鈔書，老而彌篤，雖遇見瞥觀皆即疏記，後重覽省，歡情益深，習與性成，不覺筆倦。」愼執鞭古昔，頗合軌葛王，自束髮以來，手所鈔集，帙成踰百、卷計越千，其有意見，偶所發明，聊擇其菁華百分，以爲《丹鉛四録》云。

趙琦美《張右史文集跋》 戊戌己亥間，於吳門書肆中得《右史集》四冊，六卷至十卷；十六卷至二十卷；二十八卷至四十四卷中又脫三十三卷；三十四卷脫首葉、第二葉。壬子於金台，見綏安謝耳伯兆甲攜得宋刻《右史集》八卷，約百餘葉，予奚囊中偶未攜得吳門本，至悉爲抄之。癸丑餉方乏，發篋中吳門本，校去重複，惟存四卷，五十一至五十四也。歲丙辰，東阿中舍於小谷緯相公，谷峰子也，藏有《右史集》十四冊，因得借錄。中間缺十一至十五，而以《同文唱和》詩抵之。凡聯句唱和，古人集中俱序絕句後，突入古詩中，一驗也；而句之首尾必割去數行，重書卷數，二驗也；二十卷後脫，以《暇日會友》詩補之，此亦一驗也。二十二卷至二十五卷全脫。三十三卷脫，以三十二卷分爲兩卷，今爲改正，仍缺其三十三卷。六十三卷書簡，恐不止此一卷也。六十四卷、六十五卷俱墓誌，亦恐不止此二卷也。且此三卷中脫落之甚，姑附錄之，以俟異日再訪。

沈佳《明儒言行録》卷二 ［薛瑄］監湖廣銀塲，手錄《性理大全》一書，潛心誦讀，夜分方寢。或思有所得，即起燃燭記之，或通宵不寢，味而樂之。正統改元，提調山東學校，每臨諸生親爲講解，不事夏楚先力行，而後文藝皆稱之曰「薛夫子」。［李賢撰《神道碑》。］

錢謙益《草莽私乘一卷舊鈔本》（瞿良士《鐵琴銅劍樓藏書題跋集録》卷二） 《草莽私乘》一冊，借江上李如一鈔本繕寫。余往輯《桑海續錄》，訪問龔聖予《文履善》、《陸君實》二傳而不可得。從江上李如一借得陶南村《草莽私乘》，則二傳及君實輓詩儼然在焉。不獨二公鬚眉如在，亦如與龔聖予、吳立夫諸老執手接席，欷歔嘆噫於寒燈竹几之間也。萬曆庚申春日謙益記。

陶南村輯《草莽私乘》手稿，在王弇州家，余訪之同伯丈，則已化爲烏有矣。偶與江上李如一談及，如一云家有鈔本，忻然見借。篝燈疾讀，不啻獲一眞珠船。復手錄《文丞相》、《陸君實》二傳，爲《桑海續錄》發端，而爲之敍以識之。如一好古嗜書，收買圖籍，盡減先人之產。嘗從事《三禮》，從余假宋賢《禮記集說》，焚香肅拜而後啓視，其鄭重如此。每得一遺書秘冊，必貽書相聞，有所求假，則朝發而夕至。嘗曰：「天下好書當與天下讀書人共之，古人以匹夫懷璧爲罪，况書之爲寶，尤重於尺璧，敢懷之以賈罪乎？」又嘗語其子弟：「吾藏書經牧齋繙閱，覺卷帙上隱隱有光氣。」余甚媿其意，然未嘗不嘆此達言以爲美譚也。庚申中夏日，謙益再書於榮木樓之桐樹下。

錢謙益《牧齋初學集》卷八五《跋宋版文苑英華》 《文苑英華》、《文選》以後文章之淵藪也。閩本苦多譌闕，莫可是正。曹野臣爲余言，王戶部岕庵有宋刻殘本七十冊，購得之廟市者，屬野臣借閱。岕庵欣然見授，得縱觀者匝月。諺云：借書一瓻，還書一瓻。宋葛文康公好借書，嘗以酒券從尙公輔假《太平御覽》，詩在是集中，詞林至今以爲美談。余《次韻答岕庵》

詩，有「酒券賒文籍」之句，蓋謂此也。長安酒貴余無從貰一鴟，又無酒券，可以當假許之璧。余比于文康爲幸，而岕庵之勝公輔遠矣。還題而歸之，他日亦可作吾兩人故事也。

又《跋一笑散》　此書傳自秦酉巖氏，秦疑爲康滸西之筆。余則定爲章丘李中麓，以所載《沉醉東風》，有「傳自吾章弭少庵」之語，且熊南沙、王遵巖、唐荆川、陳后岡皆中麓之友，與滸西不相及也。家有中麓《閒居集》，貯書樓壁角中，發而觀之。中麓歸田後，專肆力於詞，自製六院本，總名之曰《一笑散》，此書之所繇名也。其自序以謂無他長，獨長於詞，遠交王渼陂，近交袁西野，足以資而忘世，樂而忘老。故此書稱渼陂、西野爲多。又曰：借此以坐消歲月，暗老豪傑。嗚呼！其尤可感也！何季公者，酉巖之友，讀書好古人也，亦手鈔此書，余從其孫士龍借看，題其後而歸之。辛巳良月望日記。

錢謙益《牧齋有學集》卷四六《跋沈石田手抄吟窗小會前卷》　石田先生《吟窗小會前卷》，皆古今人小詩警句心賞手抄者，今爲遵王所抄。後卷向在絳雲樓，爲六丁取去久矣。少陵云：「不薄今人愛古人。」前輩讀書學詩，眼明心細，虚懷求益于此卷，可以想見。今之妄人中風狂走，屛梅聖俞不知興比，薄韓退之《南山詩》爲不佳。又云張承吉《金山詩》是學究對聯，公肰批判。不復知世上復有兩眼，雖其愚而可愍，亦良可爲世道懼也。

又《跋真誥·又》　《眞誥》未見宋本近刻。經俞羡長刊定者，至改「握眞輔」爲「掘眞輔」，舛繆可笑。此鈔依金陵焦氏本繕寫，與道藏本及吾家舊刻本略同，比羡長刻蓋霄壤矣。里中有二譚生。長應明，字公亮，伉俠傲物，扳附海内鉅公名士，好購書，多鈔本，客至鄭重出眎，佔佔自喜。次應徵，字公度，此本則公度所藏也。公度紈袴兒郎，尤爲里中兒賤簡，不知其于汗簡墨汁有少，因緣如是。余悲兩生身沈家，乏有名字翳肰之感，故録而存之。

錢謙益《列朝詩集小傳》甲前集《雲林先生倪瓚》　瓚，字元鎭，無錫人。其先以貲雄一郡，元鎭不事生産，強學好修。所居有閣，名「清閟」，藏書數千卷，手自勘定。鼎彝名琴，陳列左右；松篁蘭菊，敷紆繚繞。性好潔，盥頮易水，冠服振拂，日以數十計。齋居前後樹石，頻煩洗拭，見俗士避去，如恐凂。至正初，天下無事，忽盡鬻其家産，得錢盡推與知舊，人皆竊笑。及兵興，富家盡被剽掠，元鎭扁舟箬笠，往來湖泖間，人始服其前識也。洪武七年，元鎭年七十有四，始還鄉里，寓其姻鄒惟高家，遂死鄒氏。楊鐵崖云：「元鎭詩，才力似腐，而風致近古。」句曲張天雨、錢塘俞和，爲繕寫其藁，藏於家。長樂王賓志其旅葬，吳人周南老志其墓，皆曰「元處士雲林先生」云。

又丁集中《錢處士穀》　穀，字叔寶。少孤貧失學，迨壯，始知讀書。家無典籍，游文待詔門下，日取架上書讀之，以其餘功，點染水墨，得沈氏之法。晚葺故廬，讀書其中，聞有異書，雖病必強起，匍匐借觀，手自抄寫，幾于充棟，窮日夜校勘，至老不衰。嘗編《續吳都文粹》若干卷。性頗勁直，不能容人，一介不苟，燒香洗硯，悠然自得，有吳中先民之風。子允治，字功甫，貧而好學，酷似其父，年八十餘，隆冬病瘍，映日鈔書，薄暮不止。功甫殁，無子，其遺書皆散去，自是吳中文獻，無可訪問，先輩讀書種子絶矣。功甫詩篇甚富，應酬氾濫，頗不欲傳于後，余深知其意，故不録焉。

又閏集《寧藩中尉貞静先生謀㙔》　謀㙔，字鬱儀，以中尉攝石城王府事。孝友端直，束修自好。理藩政積三十年，堙戶讀書，絶綺紈鮮腆之奉。貫串經史，博覽羣籍，通曉本朝掌故。明興以來，宗支繁衍，諸王子孫，好學修行，比西京之劉向者，周藩睦㮮之後，未有如鬱儀者也。著書百有十二種，皆手自繕寫。稿至數易，未嘗假手小胥。辨論古今，傾倒腹笥。黄貞父爲進賢令，投謁抗禮，劇談久之，逡巡改席，次日遂北面稱弟子，人兩稱之。易簀之前，猶與諸子説易，分夜不倦。有星光大如斗，墜里中，棲鳥皆悲鳴，越二日而逝。南州人士私謚曰「貞静先生」。子八人，統銀、統錋、統鍠、寶符、統鐏、統鉦、統鑲、統鑽，皆賢而好學，時人有元凱之目。公留心史事，常詒書告余：「二百年來尚無成史，非公誰任此者？吾老矣，粗有纂述，多所是正，願盡出其藏，以相佽助。」繕寫經歲，卷帙弘多。餘干令爲余邑子，屬以相寄。令酒人也，併其書而焚之。至今念之，猶有餘恨。」嗚呼！豈知三十年來，石渠著作之署，遂改而爲河東之野史亭乎？覽貞静之詩，追念其墜言，爲泫然流涕者久之。

馬元調《重刻夢溪筆談序》　少長讀《宋史》，知其爲熙寧、元豐間人。後讀《文獻通考》，知其有《夢溪筆談》二十六卷，且言：「括好功名，城

永樂不克，貶死，而實才高博學，多技能，音律、星曆尤邃。自序云：『退處林下，深居絕過從，所與談者，筆硯而已。』故以名其書。凡十七目。」蓋《通考》所引如此。賤貧無力，又僻處海隅，無藏書好事之家，求所謂《筆談》者不可得，後乃得會稽商氏《稗海》，此書在焉，卷第良是，而獨無自序與目。蓋雖率爾紀載之語，其辯證考究，信有，非漢、唐諸儒所及者。顧板刻襲誤，舛錯零落之病，至不可意會。予喜攬此書，每歲必一再過，然大抵皆闕疑耳。前年夏五月，奉檄同修《上海志》，與王君昌紀朝夕聯事。君祖學憲公圻，故松之藏書好事家，借得乾道揚州本，篇首序目，悉如《通考》所引。每攬一條，所疑冰釋。古人謂「思誤書是一樂」，吾於此書，思之十年，通之一旦，其樂又何如也。因悉遵宋本繕寫翻刻，略序其由，以告同志。坡公有言：「使來者知昔之君子見書之難，而今之學者有書不讀爲可惜也。」

姜紹書《韻石齋筆談》卷上《永樂大典》 成祖敕儒臣纂修《永樂大典》一部，係胡廣、王洪等編輯。徵召四方文墨之士，累十餘年而就。計二萬二千八百七卷，一萬一千九十五冊，目錄六十卷。因卷帙浩繁，未遑刻板，止寫原本。至弘治間，藏之金匱。嘉靖某年大內回祿，世宗亟命那救書，幸未焚。敕閣臣徐文貞階，復令儒臣照式摹抄一部。當時供謄寫者一百八名，每人日抄三頁，自嘉靖四十一年起，至慶隆元年，始克告竣。

李清《諸史異彙》卷八《借書辦衣食》 陳璉家有萬卷堂，四方學士求觀者必爲之館穀。《明名山藏》。

又《借書投束羊》 倪若水藏書甚多，列架不足，疊窗安置，不見天日。借書者先投束脩羊。《唐小史》

鄭仲夔《玉塵新譚》卷四《不能蓄書》 徐禎卿天性穎異，家貧至不能蓄一書，而無所不通，蓋借閱也。

尹守衡《明史竊》卷七八《黃鉞楊福傳》 福父潑，元末隱士也。國初天下新定，上以重法繩下，士不樂仕。父多不欲教子讀書。鉞少明敏，好學，家無藏書。日遊市肆中，見書不問今古，即借觀之，或竟日不歸。鉞父見鉞好學，甚恐，爲郡縣所知，數懲之，不能止，避居葛澤陂中。鉞至陂無書讀，間市鹽酪入城，從友人借數冊歸，讀之。潑一日泊舟鉞舍旁，見鉞持書倚簷讀，不輟聲，就視之。曰：「孺子好學至此哉！日能讀幾何？」鉞答曰：「苦無書讀，過目不能忘也。」潑曰：「我舍中去此不遠，孺子能從吾遊乎。」鉞起，再拜，從潑入舟至舍，挾數冊還。卒讀，數往易。潑怪其數也，舉借去書還，質之，皆能誦說，無脫漏者。潑大喜曰：「吾插架書不下萬卷，不能舉付汝，汝當就吾舍讀。」因令子福同室而居，三年，遂盡其書。

張怡《玉光劍氣集》卷二〇《著述》 文皇勅胡廣、王洪等編纂《永樂大典》，徵召四方文墨之士，累十餘年而就。計二萬二千八百七十卷，裝成一萬一千九十五本。卷帙浩繁，未遑刻布。嘉靖間于樓安置，偶遭回祿，上亟命挪救，幸未致災。遂勅閣臣徐階，令儒臣照式摹抄一部。自嘉靖四十一年起，至穆廟元年，始告完。張孟奇云：「興獻帝分封承天，嘗疏請是書，錄一副本。世宗入繼，載藏故處。至萬曆中，三門災，楚邸副本化爲煨燼，僅留其一矣。辛卯倭冠犯順，當國者欲檢日本輿地，乃請十五冊暫置內閣。予獲寓目焉。冊高三尺許，廣二尺許，皆蝴蝶裝。朱絲玉繭，字畫精妍。間繪爲圖，丹青絢爛。裝潢之工，堅緻殊絕。予諦視數四，手不忍釋，眞若神游群玉之府，縱步多寶之城也。」

周亮工《因樹屋書影》卷三 余幼時在金陵，聞舊曲中老寇四家有《說郛》全部，以四大廚貯之。近見虎林刻本，纔十六套，每一種爲數少者尚全鐫，多者咸爲逸去，甚至每一集有存不四五葉者。陶氏當時即有去取，未必如是之簡。此刻未出時，博古之士多有就寇氏鈔錄者。及此刻出，不知者以爲《說郛》盡於此，更不知求其全。余常言：自刻本《說郛》出，而《說郛》亡矣。然其中全帙，有另鐫行者，後人緣其書目，廣求之，始爲全璧，未可爲此刻誤也。宋末賈秋壑，亦倣《說郛》，爲《悅生堂隨抄》，亦百餘卷，不知今尙有傳本否。

周士儼《史貫序》（周士儀《史貫》卷首） 家仲兄令公弱冠，登賢書自帖括而外，苦心詩、古文、詞，而于古載籍嗜之尤篤，亡何坐閱滄桑，數罹兵燹，牙籤緗帙，盡付祖龍。然竄伏流離中，猶孜孜蒐索，聞人有遺書，求必得之，手自抄錄，幾於匡鼎之客作而王充之游肆者，故其網羅日富，編次甚多。

錢曾《讀書敏求記》卷一之下《博雅》 魏博士張揖採《蒼雅》遺文不在《爾雅》者爲書，名曰《廣雅》，表上之。隋曹憲因其說，附以音解，避

煬帝諱，更爲《博雅》。正德乙亥，支硎山人手跋此本云：「士人袁飛卿有此書，求之半載，童十數往返，始得繕録，徵白金五十星乃去。錢物可得，書不可得，雖費當勿校耳。」山人惜逸其氏名，亦一佳士也。

朱彝尊《曝書亭集》卷三四《東萊吕氏書説序》 東萊吕先生伯恭受學於三山林少穎，少穎又東萊吕居仁之弟子也。少穎所著《尚書集解》，朱子謂《洛誥》以後非其所解。其孫石鼓書院山長畊稱坊本自蔴沙初刻，繼而婺女及蜀中皆有之，訛以傳訛。訪之，故家先得宇文氏《拾遺》一卷，後得建安余氏所鏤新板，又得葉學録所藏寫本，再三參校，自詡成完書矣。而伯恭《書説》，先之《秦誓》、《費誓》，自流以泝其源，上至《洛誥》而止，殆以補林説之所未及爾。門人宗學教授從政郎時瀾不知師之微意，乃取而增修之，非伯恭之本懷矣。趙希弁《讀書附志》稱是書六卷，康熙壬戌予抄自無錫秦氏，凡十卷，與馬氏《經籍考》同。《宋史》志《藝文》云三十五卷，蓋并門人增修之書合著於録也。序以藏之笥。

又《重刊玉篇序》 顧氏《玉篇》，本諸許氏，稍有升降損益。迨唐上元之末，處士孫強稍增多其字。既而釋慧力撰《象文》，道士趙利正撰《解疑》。至宋陳彭年、吳鋭、丘雍輩，又重修之。於是廣益者衆，而《玉篇》非顧氏之舊矣。予寓居吳下，借得宋槧上元本於汲古閣，張子籲三請開雕焉。棃棗之材，尺幅之度，臨橅讐校之勤，不舍晨暮。并取《繫傳》、《類篇》、《汗簡》、《佩觿》、《手鑑》諸書，推源析流，旁稽曲證，逾年而後成書。

又卷四二《王氏大易緝説跋》 《大易緝説》十卷，元武昌路南陽書院山長邛州王申子巽卿撰。康熙庚申借無錫秦氏本録而藏之，書其末曰：《易》十二篇，爲費氏所紊。經傳之移易，圖書之異同紛綸，乖合王氏之説。雪樓程氏、草廬吳氏，或賞其平正穩當，或以爲確然粲然，成一家之言者也。《易》于秦火後獨完，似無可議，而歐陽永叔、王景山疑及《繫辭》，張芸叟疑《爻辭》，竊以爲非是。若夫李邦直、朱新仲疑《序卦傳》，巽卿亦然，斯先得吾心者矣。

朱彝尊《經義考》卷二三八 《爾雅翼》者，序見《小集》，世未見其書。回訪求得公之從孫裳手抄副本三十二卷，侯躬自挍讐，雖廋聞隱説，具能知所自來，可謂後世子雲矣。

又卷二四七 程敏政曰：先生諸經私抄皆擴前賢所未發，使及朱子之門必有起予之歎，後此亦必輔朱子傳注行於世。王兆雲曰：文懿公博學多識，《五經》、《四書》時有獨見，不泥古説，録爲私抄，凡百餘卷。黄宗羲曰：鏡川長於經術，諸經皆有私抄，其於先儒之傳，惟善是從，附以己見。有不合者，雖大儒之説，不苟狥也。李鄴嗣曰：楊公私抄不盡從先儒傳注。

何焯《雲臺編跋》（《鄭谷詩集箋注》附録） 嘉靖乙未，袁郡有《雲臺編》刻本，嚴介溪爲序，云得之故少傅王文恪公。公本録自秘閣，蓋出於宋刻也。蔣生子遵所收葉丈九來家書中有之，借校一過。

謝浦泰《張右史文集跋》 余校閲《右史集》，既隨將集中所無者捃次抄補，得《宛丘》原集詩文共一百六首，《宛丘》補卷又一百頁，另外兩本以附於《右史》文集之後，合之得十二本，以爲肥仙先生之全集云。時雍正己酉春三月二十三日，太倉謝浦泰心傳氏識於子館之雨窗，時年五十四歲。

焉錦江《柳集點勘跋》（陳景雲《柳集點勘》卷末） 越己酉仲冬，又從賨研齋假得宋槧《五百家注柳集》二册，自十六至二十一，又自三十七至四十一，凡十一卷。每卷首行標云：《新刊五百家注音辨唐柳先生文集》卷第幾。其書乃南宋慶元中建安魏仲舉所編，與《五百家注韓集》同刊康熙庚寅。在先師案上獲見魏本《韓集》，嘗借閲數旬，雖非全本，然止逸十之二。今所假《柳集》，則僅存原文四之一耳。魏氏所輯注釋，因不曉持擇，故中多蕪累。二册外，又假得宋槧小字本《柳集》十二册，其注亦集諸家舊解，而甚畧，卷首標「丹陽洪慶善音注」七字，乃書賈假名流以張聲價耳。

厲鶚《遼史拾遺·義宗倍傳》 《五代史》曰：「契丹好飲人血，突欲左右姬妾，多刺其臂吮之。其小過輒挑目刲灼，不勝其毒。然喜賓客，好飲酒，工畫，頗知書。其自契丹歸中國，載書數千卷，樞密使趙延壽每假其異書、醫經，皆中國所無者。」

陳鼎《東林列傳》卷一《尤袤》 先生每公退，輒閉門謝客，以抄書爲事，其子弟及諸女婢亦計日分抄，故其家藏書積至萬卷。嘗語李太史燾曰：「吾所抄書共若干卷，將彙而目之。饑以當食，寒以當衣，孤寂以當友朋，幽憂以當金石琴瑟。」嗚呼！先生之讀書若此，宜乎其學之正也。

李清馥《閩中理學淵源考》卷六 劉勉之，字致中，崇安人，父元振。

先生自幼強學，日誦數千言，肆筆爲文，滂沛閎闊，凌厲頓挫。踰冠，以鄉舉詣太學。時蔡京用事，禁士挾元祐書，制師生收書連坐罪至流徙。名爲一道同風，實以鉗天下之口。先生知其非是，陰訪伊洛程氏之傳，得其書藏去，俟深夜同舍生熟寐，乃探篋燃膏，潛抄默誦。涪陵譙天授嘗從二程游，兼邃《易》學，適以事至京，即往叩焉，得其本末，遂棄錄牒。揖諸生歸道南都見劉元城，過毘陵見楊龜山，皆從請業。元城尤奇之，留語數十日，告以平生行已立朝大節，以至方外之學，無不傾盡。

又卷一四　陳光，字世德，家永春民藨里之碧溪。妙齡力學，潛隱幽僻，閉戶讀書，手不釋卷。歲首則裹糧從師，歲暮方歸。侍赴鄉試，榜黜無愠色，即就市鬻紙歸。同行詢之，云：欲備抄寫。同行不覺嗤笑，光答曰：後三歲，復大比。後果登紹興戊辰進士第，與朱子同年，嘗進經筵講解。丞相梁克家舊從受業，休齋陳知柔與之爲友。手抄《六經解》，一字差誤即毀其板，復手抄之，其誠敬學問如此。尤工爲古文，所居之山人以文章名之。官封州僉判，權知新州。

趙駿烈《劉賓客詩集序》　詩學至今日，稱極盛矣。上自朝廷，以迄閭巷，莫不追琢其章，弦歌成俗，而歷代諸名人全集以次重刊廣布，若香山、眉山兩集，尤爲學者所樂誦。【略】舊有《劉賓客全集》共若干卷，余特取其詩，分體錄之，爲九卷，以便誦習。一二同志見之，謂宜刊布以公未見者，遂付諸梓，便讀白、蘇兩集者留連諷詠，恍見古人友朋之樂，師資之廣。

又《後山集序》　余平日讀宋詩，深有意乎後山之爲人，以其善學涪翁也。獨念涪翁全集，板行於世，所在皆有，而後山全集，人每束之高閣，即行世者亦無善本。因從姚太史聽巖先生家，借得鈔藏馬氏本，欲謀雕板，以廣其傳。

龔煒《巢林筆談》卷一《讀南北史》　予於丙午夏秋間，鈔錄《晉書》畢，復事《南史》，閱一載訖功。今年春，復纂《北史》，方完《帝紀》，會學使者將至，稍稍理時藝，遂未卒業，鈍資不能兼及，可歎也！

又《巢林筆談續編》卷上《抄書千卷》　千墩龐生顧衣士，少貧苦，倚壁讀書，至濕蒸衣爛。其手抄書，積有千卷，一苦心士也。其造就門人，亦多有名譽。

方世舉《李長吉詩集批注序》（《三家評註李長吉歌詩》附錄）　《李長吉詩集》，徐、董注本。通集自以七言歌詞爲最，盡人之所知也。五律五排五絕亦復妙絕。墨筆讀一再過，小訂正注解。舊有曾益注本，京師友人取去，行當訪借參考。此本紙版甚粗，小年二十時購自耆舊李石逋先生家雜書之一。其米海岳《畫史》、《煙雲待訪錄》、曹冕《法帖世系》，皆王若林借去未歸。杜牧之有句：「重讀小年書」，展此敝垢，未免有情。息翁記。

全祖望《鮚埼亭集外編》卷六《陸披雲先生阡表》　先生諱宇燝，字春明，別署披雲，［浙之寧波府鄞縣人也。贈太僕少卿大璋孫，右都御史世科子。先生兄弟五人，予序最少。］負才自喜，俯視一切。【略】先生性嗜異書，晚年家既貧，不能具寫官，乃手鈔之，瀕病不倦。從子官山左，令其訪東萊趙隱君士喆遺書，垂歿尚以其書未至爲恨。

戴殿江《九靈山房集原跋》（戴良《九靈山房集》卷末）　殿江十四世從叔祖《九靈先生詩文集》三十卷，編於男禮叔儀暨從孫我十二世祖諱侗字伯初，刻於從曾孫我十一世祖諱統字彥瞻，惜未幾，板燼於火。康熙間，重刻僅十之三四，邑司訓秀水曾繪關先生，稍爲勘補。司訓嘗得別本未謀梓，今求其書，蓋無復存者。歲庚寅江弟殿海、殿泗遊武林，得鈔本於鮑君以文家。鮑君性嗜古，手爲叅校，又爲借得汪氏鈔本及姚江黃梨洲先生手鈔選本。先是，嘉興曹君仲棅與余季善，至是竟得原刻本，郵致山中，再拜繙閱，恍見先人手澤，奕世尚存。乃慎相校讐，疑者仍之，復是正於杭堇浦太史。再三反復，始克就梓。

傅恒《歷代通鑑輯覽》卷七二　雍熙元年春正月，求遺書。時三館所貯遺帙尚多，乃詔募中外，有以書來上，及三百卷，當議甄錄酧獎，餘第卷帙之數等級優賜。不願送官者，借其本寫之。由是，四方之書間出矣。

盧文弨《抱經堂文集》卷二《鄭氏注論語序》　康成注《論語》十卷，自周、齊至隋，盛行於人間。《唐書》猶著錄，至趙宋，始不以入志，則書之亡也，其在五代之際乎？金陵嚴侍讀用晦，自秦中歸，從三原王端毅後人處鈔得王深寧所輯古文《尚書鄭氏注》。古文《左傳》賈、服各家義，而此書亦其所編綴者也。《鄭氏注》在今日，誠如椎輪耳。使其書尚在舉業家，亦必不好，而志古之士要不忍使其墜遺，深寧叟勤勤搜採於亡佚之餘，釐爲兩卷，此書之不終泯，王氏之力也。其訓「不時不食」，謂「一日之中三時

食，不時謂非朝夕日中也。」於「人而無恆，不可以作巫醫」，則謂「巫醫不能治無恆之人」。以「子貢方人」謂「謗人」，皆與朱子義異，然亦未嘗不可以備一説也。王氏又嘗輯鄭氏《易》及《詩攷》，世多有其書。而此三書，即吾鄉藏書家亦未備，故《浙江通志》中亦未以之入録。侍讀一見而傳其本以歸，可謂知所寶矣。余次第録之，適此書先竣，遂序其緣起如此。孫詒穀曰：此三書非深寧所輯，疑惠定宇託名也。

又《孟子章指序》　漢趙邠卿爲《孟子章句》，其《題辭》又有云「章別其指」者，蓋隨文訓釋之外，每章撮其大指而爲之辭，於是有《章指》之目，李善注《文選・出師表》引之。又王伯厚云：《章指》引《論語》曰「力行近仁」，誤以《中庸》爲《論語》。鼂子止《讀書志》云：《孟子》十四篇，趙岐注。又云：爲《章指》。是則唐、宋人咸知有《章指》也。自僞作《孫宣公孟子疏》者，掠取其文，入於《疏》首，又不能全載，而多所更易，乃於趙氏本所有者，則徑削去之。至所引故實閒爲《疏》，其所出且於恥之於人大矣。《章略》著之云：凡於趙注有所要者，雖於文段不録，然於事未嘗敢棄之而不明。《疏》雖爲此言，亦不云是《章指》，自經削去之後，於是人罕知有趙氏之《章指》矣。且《疏》既刪其全文，而但釋其一二字句，使後人讀之，茫然不知其何屬。甚矣，作《疏》者之謬妄也！朱子《集註孟子》，於「王之臣」章、「小弁」章、「求則得之」章所引趙氏，皆出《章指》，而後人或以爲總注，此皆未之深考也。宋時嘗以《四科優劣之差》命題，今見於「有事君人者」《章指》中。是書之在前代昭灼如此，而今乃任其若滅若沒，可乎？乾隆辛巳之歲，借得毛斧季所臨吳匏菴鈔本《孟子注》。始見之，而末二卷尚闕；越十有六年，而後覩其全焉。恐友朋中未必皆見是書，故別鈔之以傳。又《篇敘》一篇，世亦不多見，故引以冠其首。其《題辭》與注，世自有本，而今之注亦頗與吳本有異同，雖亦當考正，然今不暇及者，以急於扶微繼絶故也。讀者當與我共寶之乎！

又《九經古義序》　余十數年前見是書，即爲之商略體例，校訂譌字，而還之徵君之子承緒。洎余自湖南歸，復從乞借鈔，攜之京師。嘉定錢學士莘楣大昕、歷城周進士書愚永年各録一本以去。而余轉鹿鹿，未能卒業，至今春賴友朋之力，始得録全，計元本之在余篋中又五年所矣。書此以見歲月之空馳，而讀書能不閒斷，誠難也；且以志余媿云。

又卷六《戴剡屏定邊雜詩序》　君在縣，僅四閱月，以憂去官，踰年卒於長安。君室姚夫人理遺篋，得完篇僅九十四首，鈔之以傳，餘尚改竄未定。噫！明之大盜張獻忠實生斯地，流毒天下，宜有歎恨而懲戒者，君詩中顧不之及，此豈即在所逸篇中邪？雖然，彼獻忠何足道，而邑之大事，實賴是詩以傳，使後人稱君爲戴定邊以配姚武功，有過之無不及也。

又卷七《題三立書院所藏通志堂經解卷首》　三立書院中，舊藏有《通志堂經解》六十函，而獨闕其首帙，余蓄意欲補之。乾隆辛丑庶吉士介休劉君錫五，余小門生也，舊嘗監院事，其請假歸也，求謁余。余屬其還朝之日，就京師士大夫家借本鈔足，并與下一帙令如式裝潢之。乃歲餘而書不至，余同年友冼馬大興翁覃溪知余將離山西，惟此爲懸懸，因即代劉君成之以寄余。微翁君之力，將并其次帙，而亦亡之不轉，重余之過歟！但書首有諸名人所作序，并其目録尚皆闕如，今不及補矣。後有同志更爲鈔足，庶幾大快也。中閒林拙齋《尚書全解》本，闕卷第三十四，未梓。曩友人從《永樂大典》中鈔得，以示余，亦未得補入，此皆有待於後之人。噫，此書之能全讀者罕矣！唯桐城方望溪先生曾偏爲點勘，其專治一二經，從而嚅嚌者尚多有，今余雖不及見若人乎，然不可不留以相待也。

又《題鍼膏肓起廢疾發墨守》　考《隋書・經籍志》《春秋左氏膏肓》十卷，《穀梁廢疾》三卷，《公羊墨守》十四卷，皆何卲公撰。鄭康成爲《鍼膏肓》、《起廢疾》、《發墨守》，何見之歎，乃曰：「康成入吾室，操吾戈，以伐我乎？」《公羊》卷帙最多，而亡最早。《膏肓》後亡，《崇文總目》尚有九卷。今三書皆不傳。毘陵莊進士葆琛述祖於各經疏所引廣爲搜輯，《鍼膏肓》得廿八條，《起廢疾》得卅八條，《發墨守》得五條。卲公當日專欲伸《公羊》，然《公羊》理本短，囿於鄉曲之見，而朝廷典故不能周知。所以一經輸攻，而壁壘已摧，後人亦不能復爲樹立，以與兩家相抗拒，此其亡之所以獨先也。歸安丁孝廉小雅鈔得莊書，并得朱石君學士前任晉藩時所進本，互相校讐，晉本不及莊本採輯之多，而《鍼膏肓》中有一條尚爲莊本所闕，余於是彙而鈔之，其中小小異同，從其長者，不復加以識別。兩君任其勞，余獲其逸，設不遠涉，烏從見此乎？以此置歸裝中，大可壯我行色。

又《題春渚紀聞》　陳振孫《書録・解題》云：何薳，浦城人，自號「寒青老農」。東坡所薦爲武學博士，曰：去非者，其父也。今案：其書題

「韓青老農」，二字不同，未詳孰是。此書名《春渚紀聞》，「春渚」與「韓青」，皆其所居之地名歟？其書十卷中，一卷皆東坡事實，蓋其淵源所自，見聞爲最確也。末一卷記丹藥，頗亦似惑於此者，然所言實足以爲貪夫之戒。毛氏汲古閣曾以之付梓，第九卷中缺一葉。毛黼季後得宋刻，始補全，而不及入梓。其鈔本尚有流傳者，余過蘇州，從吴秀才枚士翊鳳案頭假歸而傳録之，不見有舊人序。

又《揮麈録題辭》 《揮麈》有三録，共十八卷，又《餘話》二卷，南宋時汝陰王明清仲言之所著也。宋人於本朝典故、前輩言行，率能留意。仲言爲雪溪先生銍之次子，家庭之緒論，賓客之叢談，得之見聞者爲多。於衆座中偶舉舊事，了了如在目前，甚爲李仁甫、尤遂初諸公所稱賞。其言無私軒輊，故可以爲國史之助。實録院牒泰州録其書，則在當時已爲世所貴重如此。仲言有兄名廉清，字仲信，年十八，著《慈寧殿賦》。而今《賦彙》收此篇，署其名爲王仲言，見此書乃知其誤。仲信所著，尚有《玉照新志》、《投轄録》等書，外間所傳，多非足本，唯此書爲全，余是以先録而藏之篋笥，其餘尚俟續訪，冀或得之。

又《三水小牘題辭》 此書同里湯秀才典三於故書叢殘中得之，以示余，乃舊梓本。作此書者，安定皇甫枚也。枚在唐懿宗咸通末爲汝州魯山縣令，僖宗之在梁州赴調行在，此皆見書中可考者也。明嘉靖閒，吴中姚樗老鈔是書，謂枚於天佑庚午歲旅食汾晉爲此書。此必見枚之自序中，不然姚何以知之？此序余未之見世，倘有見斯序者，幸畀余，以弁諸首，庶尤完善也。

又《題癸辛雜志》 此書江陰楊伯庸敦裕所校，留余篋三年矣。前年六月，余病卧金陵城南小樓中，以此書作消遣。時樓中人尚無恙也，未幾而分飛矣。又逾年，伯庸亦下世。始余無意鈔此書，爲其語駁雜，多刺人之短，非長者。今年復繙此書，見故人手迹班班，其勤亦不可沒。且《稗海》中此書多脱誤，不及是本之完善，況益以校讐之功，不更善之善者歟！大凡君子立身，不能使人無毁，而不當自授人以可議之隙。舉動之失，既以昭著，烏能望人之掩覆耶？讀此者，亦可以自警。故余復爲之訂正數字而録之，慨伯庸之不及見也。而當時相與即即足足於小樓中者，亦惟腹知之而已。自今余第緘置之，亦不忍復讀矣。

又《對牀夜語題辭》 《對牀夜語》五卷，其前題著書人姓名，則孤山人范晞文景文也。有馮深居去非序首云「景定三年」，則知其人宋人也。孤山之在錢塘者，則以林和靖著。而此孤山，則在今常州靖江縣東北二十里，山向在江中。明成化時，沙合，始可陸行。立縣亦在此時，舊則江陰縣之地也。余杭人不以爲吾邑之孤山，而以爲江陰之孤山，何徵乎？徵於吾友江陰趙君敬夫之言也。且余所見本，實江陰人所爲梓也，是則可信也。《浙江通志》不載此書，宜也。乃《江南通志》亦不載，則漏也。其書則詩話之類也。自《三百》以逮有宋，各有論説，或取其意之相師、辭之相類者，而衡搉之，不入於腐，不涉於刻，斯其所以可取也。歲在癸巳六月，坐金陵城南之小樓，手鈔此書。余婦季楊見余之揮汗爲此不急之務也，曰：「天時正炎，君子宜自愛。」乃鈔僅三卷，奪於他事不果。再逾月，余婦亡。後二卷令他人續成之，漫置篋中。今將裝治之，使成帙，復披覽一再，過情事宛然而歲已再閱也。讀書中所引安仁、文通、樂天悼亡之句，彌難爲情。放翁有句云「此身行作稽山土，猶弔遺蹤一惘然」，余亦豈能自禁也！

又卷八《吕氏讀詩記跋》 余初得明神廟時南都版本，第二十七卷中脱兩葉，陶孝廉衡川湘從嘉靖閒舊刻鈔補足之。余既喜是書之詳贍，而無偏倚自用之失，又惜完本之不多見，屬二三友人爲余寫之。功未半，有以小版本示余者，稱爲宋刻。余驚喜，亟取對校，則知神廟閒本，頗多脱誤。小版本字多用分隸體，神廟閒本易用今字，且更有妄爲撰造者。然小版本實即嘉靖閒四明陸釴所校鐫也。書中唯一處尚未刊去其名，故知之。二十七卷中兩葉，亦係鈔補，則知嘉靖初印本，神廟時即已難得矣。使余但據神廟本傳鈔，則仍爲未完之本，冥冥中有若惜余之徒勤也者，而以其善本畀余，然則余之受賜誠多矣。以鈔者不一手，不能盡復其舊。余閒取小版本古字，署注一二於旁，其沿宋刻之舊歟？是未可知也。助余校讐者，江陰趙茂才敬夫曦明也。小版本尚有譌，以余所鈔本視之，爲更勝矣。

又《春秋尊王發微跋》 孫氏此書昔人謂其論多苛刻，而在當時則甚重之。歐陽氏謂其得《春秋》本義爲多，要之言亦以人重也。有得舊本見示者，因令學徒鈔之。向見通志堂有版本，未知視此何如，當從友人借以相校，始可定耳。

又《惠定宇春秋補注跋》 丙戌之春借得此本，課兩兒分鈔，不解文

義，舛譌者半。兒子師江陰朱與持黼略爲正之。鈔未竟，會有湖南之行，攜之篋中兩年矣，卒卒無暇理此。今年至京師，長夏無事，補鈔末卷。元本經轉寫，亦有誤，復爲之一一正定，書乃完善。昔杜元凱嘗謂立德不可及，立功、立言或可庶幾。其注《左傳》，誠欲以當不朽之一也。豈知紕繆荒略之失，亦有不能自掩焉者。名位赫奕當時，或未敢相難，而後之經生乃得明目張膽，掎摭其短長，豈非率爾之爲累哉！公卿大夫各有職業，其爲學必不如經生之專且勤，何事強其所不能以爲名邪？

又《書校本儀禮後》　嗣後秀水盛君庸三世佐，從余師桑弢甫先生於南屏精舍講此書，盛君以所得著爲《集傳》，疏其凝滯，約其旨歸。余讀而善之，亦遂有志於是，以爲《禮》之節次，皆出於自然，苟得其一，不難以三隅反也。閒於賈氏疏，亦嘗訂正其誤，有出於館閣校本之外者，然以云融貫則卒莫能自信。今年江都汪君容甫中語余，曾見宋本《儀禮鄭氏注》，與今本有異同。余因假其傳錄者以歸，即用注疏本就文改之。然宋本鄭氏注，實與賈疏先後次第多不符同，當是賈氏未疏之前所傳本不一，即他經亦有之。然則此注自當單行，余乃就有疏本錄之，爲不審也。後之讀者，其勿以疏而疑宋本注之未是，庶幾得之。盛君於今本鄭注之誤亦疑之，以爲當作某，今得本證之，良是。於此益服其精思爲不可及也。【略】於後知容甫所云宋本非眞宋本也，其鄭注前後移易，乃據元敖繼公集説本耳。甲寅正月記。

又《孟子注疏校本書後》　趙邠卿注《孟子》，今所傳監本、汲古閣本，凡與疏相連者多被增損，失趙注之舊矣。趙氏於每一章後皆有《章指》，作疏者徑削去之，仍取其辭置於疏首，而又不盡用也。獨於《章指》所用事辭，往往於疏內具釋之。然則，何以知《章指》爲作疏人所去也？其於恥之於人大矣，章具著之矣。云凡於趙注有所要者，雖於文段不錄，然於事未嘗敢棄之而不明。是以疏內釋「章指」之語者，不一而足。當館閣校刻經史時，於此書未嘗前後契勘，於是見注無其文，而疏乃爲之具。釋者則疑以爲衍文，或又以爲他書誤入於此。或徑刪去之，或雖刪而仍錄其疏於考證中，乃亦有疑。今所傳趙注之不全者，衆論差互，皆不知有「章指」二字之名目也。乾隆辛巳，余從吳友朱文游奐處借得毛斧季所臨吳匏菴校本，乃始見所爲「章指」者，獨於末卷缺如也。後見余仲林蕭客所纂《五經鉤沈》，亦復如是。更後乃聞有何仲子校本，則所缺者獨完。求之累歲，不獲。今江都汪容甫乃始以其錄自何本者借余，遂得補錄以成完書。計今年丙申上距辛巳十六年矣。

又卷一〇《書荀子後》　曩余於乾隆四年以事羈餘姚，寓周巷景氏東白樓中，抽架上有楊倞《注荀子》一書，遂手鈔之，爲巾箱本。諸子自《老》《莊》外，唯此爲得之最先也。世之譏《荀子》者，徒以其言性惡耳。然其本意，則欲人之矯不善而之乎善，其教在禮，其功在學，性微而難知，唯孟子爲能即其端，以溯其本原，此與性道教合一之義無少異矣。

又《李軌注揚子法言跋》　今俗閒所傳《五家音註法言》本，雖以李軌爲首，而以《法言》每篇之序升之章首，則依宋人宋咸所更易，非復子雲之舊矣。夫序在卷終，《史記》、《漢書》皆然。李本獨未殽亂，可貴也。文弨於乾隆乙巳借得江寧嚴侍讀道甫本，乃李氏一家之注，不爲俗本刪易，因亟度於家書閱八年。復假江都吳太史澄埜紹濂本覆校，始能自信無誤矣。其書有何氏義門《跋》云：絳雲樓舊藏《李注揚子法言》，序篇在末卷，未淆本書次序。後轉入泰興季氏，又歸傳是樓。康熙己亥，心友弟偶獲見之，讎校譌字，寄至京師。冬日呵凍，自校此本，他日餘兒苟能讀之，乃不負二父殷勤訪求善本以貽後人之意也。閱此《跋》，乃知此書流傳本末。余今年七十有六矣，目眵神昏，而復自力爲此，亦不專望於子孫，第使古人之遺編完善，悉復其舊，俾後之學者亦獲得見完書，於余懷不大愜哉！

又《書鶴山雅言後》　此宋稅與權巽甫記其師魏文靖之言也。卷軸雖無多，而釋經析理，正文字、考制度，亦略備焉。巽甫又錄文靖與袁蒙齋書之語於篇端，謂「學人騖於高遠者，則惟以直指徑造爲能。溺於卑近者，則又但以記誦辭章爲事，必合內外，貫精粗，始可以言學。」觀此言，可以知文靖一生爲學之大旨。讀此書者，亦可以推類而自求之矣。余從吳門朱氏借得元至正年金天瑞梓本，字極精楷，而錯誤不免，因以所知者略訂正而錄之。版舊藏鶴山書院，余嘗按試靖州過之，想先生之遺風，而求其書，則舊版已亡。惜乎當其時不能得是本，而爲之翻梓，以迪此邦之士也。

又《荷亭辯論跋》　此書論經而兼及古今之事績，往往多創獲，讀之犂然有當焉。閒有與朱子異者，夫非好爲異也；反求之，而實有所不愜云爾。此書《明史》不載，儒者亦鮮傳。余從同邑宗人信波解元潮生處鈔得之，以爲如此書庶無嫌乎爲異；且恐世人尊朱太甚，一聞有異同，便以爲必無可

採，則深昧作者之意矣。余故欲諗夫好學深思之士，而與之共讀焉，毋使徒爲不知者詬病云。

又《書韓非子後》 商、韓之術，用之使秦強，不知正乃所以速其亡也。今當聖道大明之日，其説之謬，夫人而知之，固不待於禁絶。若非之，辭辨鋒鋭，瀾翻不窮，人以其故，尤愛之，非之於説，固其所專攻也。如《内儲》、《外儲》等篇，猶今經生家所謂策目預儲，以荅主司之問者耳。是本爲明趙文毅校刊本，遠出他本之上。余向借之北平黄崑圃先生，後先生以歸余。乾隆丙子，以凌瀛初本校一過，閲二十一年。丁酉借得馮己蒼所校張鼎文本，乃以葉林宗道藏本、秦季公又元齋本，并趙本合校者，因覆取參對，改正甚多。

又《玉照新志跋》 宋王仲言明清所著《揮麈前後録》及《第三録餘話》，向俱鈔得之。唯《玉照新志》未見善本。今春過蘇州詣吴秀才枚士，案頭適有此書，乃秦酉巖四礜鈔之。吴方山岫者凡五卷，其分卷與明人祕笈中本六卷者不同，非缺逸也。前後亦有互易，字句大有異同。秦之外孫孫岷自江復以元人録本對校之，於是此書脱誤得補正十之七八矣。余因假之，至金陵清寫一本，以與《揮麈》等録同篋藏之。向於《詩話》中見洪芻投竄海外，而不悉其罪狀，乃今於此書見之罪蓋不容於死者，而僅從流徙。當時之寬政如是，然陳東、歐陽澈與岳武穆翻不得其死，何哉？仲言又有《投轄録》，余尚未之見云。

又《湛淵静語跋》 始余見白廷玉是書，紙墨已刓敝，文字脱爛，致多斷續重，是鄉前輩著作，鈔而藏之篋中。越三年，從鮑君所借得一本，書皆全，唯序尚有闕文。更一年，復從鮑君所見一本，并序文亦完好，喜而録之，遂成善本。何義門取其「辨饒雙峰論《洪範》五行」一條，謂能獨抒所得。余則取其言「士當愛名，謂人苟不愛其名，則悖逆很暴」之事，欲爲即爲矣。欲爲即爲，雖嚴刑重戮，有所不禁。故《春秋》一書正爲名教，使後之人恥惡名，慕令名，以相勸勉也。

又卷一二《題九經古義刻本後》 此書乃益都李才江在粤東時所梓也。曲阜孔葓谷以貽余，余先已就惠氏家得其本，録之。今取以對校，鈔本内少一條，得刻本補之。而刻本内之譌誤，余亦因以正之。皆成完書。惠氏四世傳經，其最著者，爲半農先生，紅豆先生乃定宇之祖若父也。定宇實克纘承，不媿其先世，令人企羨。不置此本，俟余長孫能庸少長授之，亦望其毋墜前人之業，如惠氏可師也！

又《書吴葵里所藏宋本白虎通後》 余頃校《白虎通》，付梓垂竣，而吴子葵里示余以此本，實北宋時坊間所行未校本也。目録前小序數行，其云：白虎建德論者，開卷即已錯譌。然余取其書字字比對，始知此本尚多古字，而近世本率多改易。至《情性篇》中，有與近本迥異而實勝者，即一二誤書，尚可循形與聲而得其本字。若近世本，則不加思索而徑改矣。又此本雖分上下兩卷，然篇目上作圓圍者十，仍不失十卷之舊。近世本最後三篇，此本在爵號謚之次，實第二卷也。三篇之序，亦復不同。後得元大德年本，與明傅氏、程氏、吴氏、何氏本不甚異，要皆不及此本，洵乎舊本之爲可貴也。吴門朱文游亦有此本上卷，係影鈔，亦更無他人之序，然則非脱去可知已。余取此書之善者，具著於校勘補遺中，而仍以其本歸吴子。吴子其寶之哉！

又《題朱文游所藏元大德刻本白虎通後》 世所行《白虎通》，咸從元大德年刻本出。然元本久訪之未獲，今乃從吴門朱文翁借得較小字宋本，又多傳録之誤矣。然當時梓此書者，極矜慎，不敢輒有改易，如「逆子釗」爲「迎子劉」，亦仍其舊，見於跋語中。而後來所刻咸不能然，既刪去此跋，并前數序，亦復失其位置。余以此書授梓時，幾沿其誤，今見此始得正之。此書余與二三通人校讎，幾不遺餘力矣。而此本上有惠定宇先生手蹟，其正誤不過兩三條，乃竟有出於余輩思索之外者相去三十里，詎不信然耶！對校訖，因附識數語而歸之。

又卷一三《尹河南集跋》 師魯之言兵事，蓋亦知持重而不貪小利者。觀其欲厚集兵力與不城水洛之意，可見矣。數遭遷謫，其功名不得與韓、范侔，惜哉！其言致治之本，在於務大體，不在任察。又曰：吏益材而民益愁，上貴良吏，民始得遂其生。是其識議卓然，有古大臣風矣。集二十七卷，附録一卷。余鈔之朱鴻臚豫堂先生所朱鈔之新城王氏；王之寫本，則依朱南渡初年刊本之舊也。王有校讎甚畧，益都李進士文藻再校少詳焉。朱以别本參校，更加詳焉。余鈔此本，則凡行款高下之不畫一者，悉整齊之。其誤字爲余所知者，改正之。鈔既竟，朱又得一舊寫本，并李進士新增附録若干篇示余。取以覆對，乃知後數卷其當正譌補缺者尚多也。至兩本皆譌者，

姑仍之已。李所增附錄，亦擇取而次比之繫於後。師魯之文，永叔稱其「簡而有法」，子固稱其「長於辯論」，其文之佳正，不盡以能用字少也。余既讀而愛之，且因諸君子校對之勤，而樂爲繼其後也，凡三四過，始卒業云。

又《劉公是集跋》　劉原父《公是集》，元本分五種，古詩集二十卷，律詩集十五卷，內集二十卷，外集十五卷，小集五卷，總七十五卷。諸議論、辯說、傳記、書序、古賦、四言、文詞、箴贊、碑刻、誌、行狀，皆歸之《內集》；諸制誥、章表、奏疏、駁議、齋文、覆謚，皆歸之《外集》；諸律賦、書啓，皆歸之《小集》。其弟貢父爲之序。藏書家鮮有其本，今從《永樂大典》中鈔出者，區分而聯綴之，合成五十四卷。不能依元本之次第，以賦爲首，而古與律不分。又元本《內集》之與人書，古文也；《小集》之書啓，俳體也，今亦混而爲一矣。曩觀唐人詩集中附見他人倡和之作，舊本皆一例平寫，無高下之別。或他人倡而己和，則置他人之作於前。或他人和己，則置他人之作於後。近代則不然。凡附見者，皆置後，且低一字以別之。《公是集》，尚有古法。而鈔集者不察，或誤以他人之作爲原父作。七言近體中，有其弟貢父先寄詩，而原父和之，遂誤以在前者屬原父，而和詩反低一格。從附見之例，余與歷城周太史書昌言之，當改正也。

又《后山詩註跋》　孟東野但能作苦語耳。后山之詩，於澹泊中醰醰乎有醇味，其境皆眞境，其情皆眞情，故能引人之情，相與流連往復，而不能自已。然當時亦以爲愛之者絕少，況後世哉！余年五十八，始讀而善之。向以黃、陳竝稱，余尚嫌黃之有客氣也。此本乃天社任淵因后山門人魏衍所編次而爲之註，頗能窺其用意之所在。然二人者，皆未聞有篇什留於人間，何耶？葉石林嘗見彭城寇國寶之詩而善之，後知其從后山學詩，以爲淵源有自，今此二人者，何遽不若寇耶？然亦幸附后山以傳矣。余鈔此書在甲午之冬，逾年始爲之跋。

又《絜齋集書後》　《書錄解題》載《潔齋集》二十六卷，《後集》十三卷。南宋禮部侍郎袁燮和叔撰。馬氏《經籍考》，唯《後集》作十二卷爲異，當由誤脫其畫耳。今聚珍版本二十四卷，不分前後集，乃從《永樂大典》中鈔出者。題曰《絜齋集》。古潔字雖作「絜」，然在今則不得不分。和叔齋名本作潔清之潔，故其贈陸伯微絕句有云：「斗大書齋以潔名，冰壺表裏要清明。如今塵土塡胸臆，幸挽滄浪爲濯纓。」若作古字，恐不知者疑其或取絜矩爲義，則失之矣。

錢大昕《潛研堂文集》卷二一《抱經樓記》　四明，古稱文獻之邦。宋、元之世攻媿樓氏、清容袁氏，藏書之富甲於海內。明代儲藏家，則有天一閣范氏，而四香居陳氏、南軒陸氏次之。然聚多易散，唯范氏之書巋然獨存，浙東西故家莫能逮焉。盧君青厓詩禮舊門，自少博學嗜古，尤善聚書。遇有善本，不惜重價購之。聞朋舊得異書，宛轉借鈔，晨夕讎校，搜羅三十年，得書數萬卷，爲樓以貯之，名之曰「抱經」，蓋取昌黎《贈玉川子》詩語。

又卷二九《跋道藏闕經目録》　昔惠松厓徵君，嘗爲予言《道藏》多儒書古本，予心識之。晚歲歸田，於金陵借閱朝天宮本，於吳門借閱元妙觀本，粗能記其名目，未得鈔而入諸笥也。袁生又愷與予同好，而聚書益勤，頃歲購得不全藏本六百餘卷。又於元妙觀借鈔約二百卷，皆吾儒所當讀之書，而科儀符籙不預焉。可謂搴其精華而遺其糟粕者矣。宋藏經目錄失傳，此冊乃元人所記，合之今所傳者，可以得宋藏之梗槩。

劍舟居士《徂徠文集校後記》（《徂徠石先生文集》附録）　乾隆壬子秋口，余放棹曹溪，見席氏守樸齋插架有此集，因假歸，抄出一部。將來當纂附錄一卷，如北平《朱笥河文鈔》內《和州梅豪亭記幷銘》一篇，嘉定錢潛研《金石文跋尾續》內康定二年《石氏世表》之類。又《歐陽公集》有介《墓表》、《宋史》本傳、《東都事略》、《宋名臣言行錄》餘甚多，余已另錄。壬子嘉平八月，劍舟居士手校一過。

紀昀《後山集鈔序》（鏡烟堂十種本《後山集鈔》卷首）　《後山集》二十卷，其門人彭城魏衍所編也。近雲間趙氏刊行之。顧衍記詩四百六十五篇，編六卷；文一百四十篇，編十四卷，今本乃詩七百六十五篇，編八卷；文一百七十一篇，編九卷。又衍記《詩話》、《談叢》各自爲集，而今本《談叢》四卷、《詩話》一卷，又《理究》一卷、《長短句》一卷，皆入集中，則此本又非魏氏手錄之舊矣。壬午六月從座師錢茶山先生借閱，令院吏毛循鈔之，循本士人，所鈔不甚誤，而原本訛脫太甚，九卷以後，尤不勝乙。因雜取各書所錄後山作，鈎稽考證，粗正十之六七，乃畧可讀，因得究其大意。【略】余雅愛其文，謂之不在李翺、孫樵下。又念其詩珠礫混雜，徒爲論者所藉口，因嚴爲刪削，錄成一編。

吴騫《謝宣城集跋》 去秋偶從盧紹弓學士借得舊藏宋本，視明刻迴異，因即授剞劂，刊入《愚谷叢書》。惜梓垂成而學士已歸道山，不及更相與訂其亥豕矣。

翁方綱《舊鈔本王荆文公詩註跋》 乾隆戊戌秋，海鹽張明經芑堂燕昌語余，曾於杭州見宋槧李雁湖注《王半山詩》卷一之三、卷十五之十八、卷廿三之廿九、卷四十五之四十七。每卷有庚寅增注，又注中每有較近日刻本多出數條者，並以篋中所鈔魏鶴山序見示。後二年庚子秋，同年盧抱經學士來都，談及是書，則抱經影寫一本，今審是過録，非影也。因乞抱經寄其本來假抄之。又後二年壬寅春，抱經自山右馳書至杭，取其寫本至京，余得借録，正十七卷。檢杭堇浦詩集有集奚氏翠玲瓏館，適有以宋槧李雁湖《王荆公詩注》殘本求售者云云，乃知此是足本之殘者。然堇浦、抱經、芑堂皆不著其鋟板之式及開雕之郡邑歲月，而此宋槧殘本今藏誰氏亦莫可考也。予昔年得宋槧施注《蘇詩》，今得借抄李注王詩，皆原本之未經後人删亂者，而又皆是殘本，事之相合固有如此者哉！既命小吏審録而精校之，爰與張刻本同裝於篋。

段玉裁《經韻樓集》卷一《李松雲寫十三經跋》 古人經書必手寫，故能熟。自刊版盛，而寫經者稀矣。松雲先生二十登翰苑，歷典江南、山東、福建諸大郡，政事之餘，寫十三經，十二年而卒業。始，先生在翰苑，辭華之美竝駕王、楊、盧、駱。海内但知其能詩文，豈知其心醉《六經》，爲近日經生之所不能爲如此哉！吾鄉蔣拙存先生以唐《開成石經》字蹟不足觀，年將六十，奮筆寫十餘年而成，獻之冊府，卒邀高廟鑒賞，泐石昭國朝盛典。今松雲之勤，何減拙存，且小楷得法於舅氏梁文定公，尤可寶貴。吾知藏之名山，即同西河石室傳之子孫，亦媲王氏萬歲通天帖焉。

法式善《陶廬雜録》卷一 吴梅村《綏寇紀略》，已刻者十二帙。其未刻三帙，朱竹垞鈔入百六叢書中，聞近日博晰齋前輩從三通館録副藏於家。晰齋歿，遂失之。胡雪蕉自書肆購得，珍秘殊甚，余借歸取其有資掌故者鈔存。

黄丕烈《士禮居藏書題跋記》卷一《經典釋文校本》 乾隆壬子仲冬，從同郡朱秋崖家假得惠松崖手校善本。秋崖爲余言，伊小阮文游曾有影宋鈔本，即松崖所據以校《易釋文》者也。余故讀之，較舊本頗善，此一本已重梓于《雅雨堂叢書》中矣。餘種松崖雖有評閲處，并未注出影宋本校，知校勘不全。近時盧文弨翻雕是書，云悉借文游影宋本校刻。他種未及盡對，即《易釋文》一種，猶與惠校有不合處，几塵風葉之喻信然。余案頭除通志堂外，尚有雅雨之《易釋文》、撫州本之《禮記釋文》、邵氏本之《爾雅釋文》。盧氏之重雕者，擬將悉取以資校勘，不且益臻美備乎？

又《博雅校本》 此書于丙辰年高郵宋定之曾借去，謂將攜至王懷祖處，助伊校勘之用也。閲一二載，懷祖先生《廣雅疏證》出。見其中所有影宋本，未知即此與否。定之久不來，書亦未歸。及歲辛酉入都，晤王編修伯申。伯申，懷祖子也。問其端的，云此書曾由定之借閲，已還之矣。后問定之踪迹，今始見還。雖幾乎遺失，而影宋本佳處《疏證》已掇之，亦一幸事，俟取《疏證》一核之。

又《論語叢説影元本》 此《論語叢説》上、中、下三卷，錢塘何君夢華爲余鈔得者也。余初得《大學》、《中庸》、《孟子叢説》，獨缺《論語》。夢華借余本鈔之，并補余所缺，且爲余云，《論語叢説》即余本所逸，印本大小、闊狹、紙墨都同，眞奇事也。書藏德清徐氏，緩日擬爲余購之。

又卷二《續宋中興編年資治通鑒影鈔元本》 余向收得舊鈔殘本，系郡中杜國坊王氏物。既而借海昌吴兔床家鈔本是正，又借坊間元刻本校之，校未終，取去；因又借香嚴書屋藏鈔本參校，復經兔床嗣君蘇閣手校正，可云盡善矣。去春有蕭山人來吴作寓公者，意欲予手校本，適屆新正，囊中羞澀，聊藉此沾潤，易得番餅十枚。然時時念及，輒又惋惜。適香嚴本亦欲贈人，作介者仍以示余。余必欲得既去之本手校，方敢留之，蓋前此借校，知校改處元刻不逮者，爰知元本非一刻，蓋有勝于今所見者矣。元本出楓江草堂宋氏，亦長興人而僑吴者。予前校此書已曾借過，今復通假，深感主人之德，并謝作介之惠。

又卷四《太平御覽殘宋本》 《太平御覽》爲類書淵藪，近時講實學者尤重之。余于數年前曾蓄三四部，非活字，即宋字本，最後得一舊鈔本，十三行爲半葉者，較諸本爲佳，然以未見宋刻爲憾。聞郡城香嚴書屋周君錫瓚家有宋刻殘本，遂因友人獲交周君，并得請觀其書。周君亦知余嗜古之深也，

許以是書借校，且相約勿爲外人道。但余之校倩友人任其事，竟漏言同學中。自是欲轉借于余，余不允；爰托人往假于周，亦未之允，復藉聲勢以挾制之。周頗憾余，而人更以是憾周，幾年之間，借書者踵相接，周于是書亦轉愛爲惡矣。歲甲子冬，議值二百四十金，以余所藏他宋刻書抵其半，酬介者以十金，此書遂歸余。余得後借校者仍來，余惜書癖特甚，朋好多知之，自歸我家竟未出戶。去年始付裝潢，半年乃就，工費又數十金，凡破損及斷爛處，悉以宋紙補之，可謂好事之至。存卷數目，别紙疏于前，取易覽也。是書出郡中朱丈文游家，朱與惠征君棟爲莫逆交，惠所著述，大半取材是書，故有「定宇借觀」圖記。至卷端文淵閣印一方，知是書明時爲内府所藏，不知何時散佚，僅存三分之一有强，然即此殘帙，已足珍奇。昔宋太宗日覽三卷，今存卷可備學者一日一卷之讀。《書》有云，期三百有六旬有六日，蓋天三百六十五。度此書之存于天壤間者，幾幾乎近之，豈不異哉！

又《歸潛志》校舊抄本　此鈔本《歸潛志》忘其所由來，已恝置之久矣。會有坊友攜示張青芝手鈔八卷本，遂校勘一過。復因張本未全，又從坊間借得十四卷本抄本，統校之。始悉此本多訛舛，又有錯入他書。凡書抄本固未可信，苟非他本參校，又何從知其誤耶？且書必備諸本，凡一本即有一本佳處，即如此，固多訛舛矣，而亦有一二處爲他本所不及，故購書者必置重沓之本也。

又卷五《永嘉四靈詩》影宋本　此影宋本《永嘉四靈詩》四卷一册，昭文同年張子和藏書也。余與子和相知以同年，其相得，則彼此藏書。故猶憶癸丑同上春宫，邸寓各近琉璃廠，每于暇日，即遍游書肆，恣覽古籍，一時有兩「書淫」之目，既而子和即于是科得翰林散館改部。余下第歸，連丁内外艱，杜門不出，與子和踪迹殊疏，然彼此書札往還，無不以賞奇析疑爲勖。是册于子和宦游京師時，從其家借讀，故典籍者有細目一紙備考。及予和奉太夫人諱南還，便道過訪，談及是册，知余欲傳錄未果，欣然掇贈。此書遂爲士禮居中物矣。顧余檢《汲古閣珍藏秘本書目》宋板《四靈詩》三本，亦云有缺，則此影鈔者必自三本出，惜其目未載卷數，不知所缺同否耳。近日雖有傳本，較此絶無影響，毛氏云此書久已失傳，幸而得此，眞確論哉！

又卷六《陽春白雪》舊殘鈔本　余生平喜購書，于片紙隻字皆爲之收

藏，非好奇也，蓋惜字耳。往謂古人慧命全在文字，如遇不全本而棄之，從此無完日矣，故余于殘缺者尤加意焉，戲自號曰「抱守老人」。不謂數年來完璧之書大半散去，即斷珪亦時有割愛贈人者。宋、元舊本，非得本子相同，無從補全，且工費浩繁，近年力絀，何能辨此。幸有大力者負之而趨，不惜多金鈔補，此亦書之幸，未爲余之不幸也。如此種小品，因有元鈔本可補，故收之。向但知所缺在一至四卷，卻未知八卷中缺三翻，昔之藏是書者，似亦知其缺，故留空格三葉在卷尾，以待後人鈔補。今余適補之如其葉數，據元鈔計羨一行，而余寫此適于第九葉落一行，省後續填，故十一葉格子盡而文亦完，亦事之巧者。元鈔本字體行草，非按文理求之，幾不可辨，故余自寫之。久未握管，腕力不能端楷，但取文理之無訛，不計字體之多拙也。

又《續録》卷三《淮海先生文集》舊鈔本　余向借無錫秦氏所藏《淮海集》宋本手校一過，頗精審，惜爲人購去。其底本係明細字刻本，忘其爲何時刻矣。篋中但有宋刻後印文集一册。又宋刻、宋印與文集同行欵之長短句殘帙，皆非秦氏藏本之宋刻，想宋時必非一刻也。此外，又有《淮海閒居集》十卷，向爲顧氏物而今歸蔣氏者，似與秦本同。此抄本出香嚴書屋，因有孫潛印，故收之。文集四十卷，後集六卷，詞三卷，較爲全備。及收得，遂命長孫取舊藏殘宋對勘，並搜得文集四十卷，鈔手更舊，亦出孫潛所藏，遂取對勘。始知余所藏者，即孫潛據以鈔録之本，而兹所云校者，亦即是本也。故校止於四十卷，後集及詞，又别據鈔録矣。明刻四十卷及後集，亦有藏本，向已遺忘，暇當出之，以資對勘。因此益思宋刻不置云。

又卷七《劉夢得文集》校本　丙子秋日，借張訒庵所收席玉炤所藏舊鈔本，别以《英華》、《樂府》勘過者，丹鉛紛若，幾不知其原本如何，且於鈔本上以丹鉛或墨筆蓋之，欲尋其底子上字，邈不可得，可謂點金成鐵矣。

顧廣圻《嘉靖翻刻馬暾本後山先生集跋》（《后山詩注補箋》附録）　義門手閱書及門下士所過最盛，往往有源流，蓋見舊本多耳。近此道幾絶，諸家藏者散失略盡矣。偶遇是集於五笥仙館，借而臨之。道光七年之閏，一雲老人記，時年六十一。

趙慎畛《榆巢雜識》卷上《四庫秘書》　四庫所輯，多人間未見之書，

鐫刻流傳，僅什之一。其由《永樂大典》採掇裒輯者，猶存稿底。原議俟全書告成後，各藏其副於翰林院署，依全書目次四部編排，標籤安庋，本院辦事翰林司其籍。翰林及大臣、官員內有欲觀秘書者，准其告之所司，赴署請閱。有願持筆研究就抄者，亦聽之。惟不許私攜出院，致有遺缺。外書之掌副在有司，視宋制，非省官毋得借書。我朝嘉惠來學之意，尤爲沾溉無窮矣。

又《永樂大典成書》 《永樂大典》二萬二千九百卷。永樂初，解縉等奉敕編《文獻大成》。既竣，成祖以爲未備，復敕姚廣孝等重修，四歷寒暑而成，更定此名，成祖製序。以卷帙太繁，不及刊布。嘉靖中，復加繕寫。考《明史・藝文志》，附記於此。

又卷下《天一閣與四庫全書》 藏書之家，推浙之范氏天一閣爲最。閣建自前明嘉靖末，至今二百餘年，因時修葺，未曾改移。閣之間數及梁柱寬長尺寸皆有精義，蓋取「天一生水，地六成之」之意。輯《四庫全書》時，疆吏圖閣式以進，諭倣式建閣於御園中，是爲文源閣。《四庫全書》分三類：一刊刻、一抄錄、一祇存書目。其刊刻者，便於行世，用武英殿聚珍版刷印，邊幅頗小。其抄錄依《永樂大典》之例，繕正本各四部。貯文源閣者其一也。外貯紫禁者，曰文淵閣；貯盛京者，曰文溯閣；貯避暑山莊者，曰文津閣。

又《舊五代史》 宋開寶中，詔修五代史。盧多遜諸人同修，宰相薛居正監修。書成，凡五十卷。其後歐陽修別撰《五代史記》七十五卷，藏於家。修歿後，官爲刊印，與薛史並行。當時以薛史爲舊史，歐史爲新史。至金章宗泰和時，始詔學官專用歐陽史，於是薛史遂微。元、明以來，傳本漸就湮沒。我朝修《四庫全書》，詞臣於《永樂大典》各韻所引甄錄條繫，得十之八九，復採《冊府元龜》、《太平御覽》、《通鑑考異》、《五代會要》諸書，以補其缺，卷帙悉符原書。允館臣請，倣劉昫《舊唐書》之例，列於《二十三史》，刊布學宮。薛史文筆雖不及歐史謹嚴，而叙事詳核，司馬溫公《通鑑》多採用之。

陳壽祺《重刊蘇魏公文集序》 文集七十二卷，公子刑部侍郎攜所編，汪藻序之。今存本與《宋史・藝文志》、《直齋書錄解題》符合，幸無闕佚，惟失《外集》一卷耳。案：集中古律詩十四卷，冊文奏議六卷，內制八卷，外制八卷，表十一卷，啓三卷，碑銘四卷，墓表八卷，行狀一卷，記一卷，序三卷，書一卷，劄子一卷，祭文二卷，雜著一卷，吾鄉尠有見者。往望坡尙書撫浙，壽祺請於文瀾閣錄出是集，藏尙書家。公文裔孫龍石兵備在京師，嘗郵書從壽祺咨訪，及守姑蘇，令人就武林重鈔二帙，校鋟於吳門，而以副本屬壽祺爲序。

昭槤《嘯亭雜録》卷一〇《三分書》 乾隆中，上既開四庫全書館，分發京師諸處。甲辰春，翠華南幸，念江、浙爲藝林之藪，其天府秘本，多有貧士難購辦者，因命續錄三部，分置揚州大觀堂之文匯閣，鎮江口金山寺之文宗閣，杭州聖因寺之文瀾閣，俾江、浙士子得以就近觀摩謄錄。實藝林之盛事也。

翁心存《張右史文集跋》 校甫竟，聞書肆有茉花唫舫朱氏鈔本，假歸互勘。朱本編次亦與此本同，而二十、二十一不分兩卷，又《同文唱和》只作六卷，故卷止六十。但鈔本尤爲潦草，譌謬幾不可讀。所喜者秦本新佚卷五十至五十三一冊，而朱本尙完好，據以略校此本一過而亟還之。竊謂方今欲讀肥仙詩文者，莫善於殿本《柯山集》矣。咸豐辛酉夏四月朔，常熟翁心存書。時年七十有一。

吳壽暘《拜經樓藏書題跋記》卷一《十三經名文鈔》 鈔本，五十四卷。先君子從沈層雲先生借錄，並手書凡例、目錄一冊。跋其後云：「古來說經之書，浩如煙海，苟不究其統緒，一其指歸，雖矻矻窮年，皓首而莫知所津逮。是何異於適燕而南其轅，溯越而北其轍，不幾愈騖而愈遠乎？先輩沈昭子先生生平雅以崇道統、闢正學爲己任，所輯《十三經名文鈔》一書，尤爲學者所推許。未經壽梓，以故流傳絕少。余每從《耿巖文集》中讀《文鈔》諸引，未嘗不嘆其去取之謹嚴，而議論之醇正，恨其書不得一見。辛丑冬日，有書舟泊孫家埯，予與陳君仲魚偶過之，舟中適有《文鈔目錄》一帙，時日已曛黑，未及購，深以爲悔。昨歲沈呂璜孝廉歸自日下，予亟懇其於家集中傳錄一目，孝廉許諾。而是書夙爲其弟婦所掌，知予負書癖，輒啓篋笥以畀。孝廉殊欣然，炳燭細書，幾至達旦，亦可作一段佳話也。稿既見授，并許異日以全書借鈔。孝廉名開動，昭子先生從元孫也。乾隆癸卯上元前二日，書於荊南山館。」「昔陳謝浮嘗請爲剞劂之任，而先生未之許。其後意欲屬其門人溧陽史冑司學士，卒亦不果，甚矣好事者之難也。是歲夏四

月，又記。」「未幾呂璜竟以全書借予，遂錄一部，藏於家塾。乃同邑張明經爲儒評點本，丹黄甲乙，議論極精當，實耿巖身後一知己也。嘉慶丁卯佛誕日，又記。時呂璜之沒已幾十載矣，不禁憮然。」

又《周易經義》 《周易經義》三卷，前題「進士臨川涂溍生易庵擬」。先君子從枚庵先生借鈔。枚庵跋云：「按朱竹垞《經義考》載涂溍生《易主意》一卷，已佚，而無此書。又引楊士奇之言，謂《易主意》專爲科舉設。近年獨廬陵謝子才有之，以教學者。於是吾郡學《易》者皆資於此。不知即此書耶，抑別有其書也。溍生字自昭，宜黄人。《江西通志》稱其邃于《易》，三上春官不第，爲贛州濂溪書院山長。著有《四書斷疑》、《易義矜式》行世。乙亥十月望日，得此于鬻古書者。嘗質諸朱文游丈，亦未之見也。吴翌鳳伊仲記。」先君子跋云：「右《易義》三卷，往從宗人伊仲借鈔。諦觀所釋經旨，大抵不離於所謂科舉之學者近是。然儲藏家都無其書，是亦可寶者。惟書中間有闕文，無從補錄，爲可惜爾。伊仲本休寧商山人，僑居吴郡，補博士弟子員。博學工詩，家貧而好書，與朱文游爲莫逆交，手鈔秘冊極多。予至金閶，必爲留連日夕，得佳本輒互相傳錄。後應姜度香中丞之辟，挈家入楚，郵筒不接者幾十載，聞其書亦皆散失矣。嘉慶丙辰冬日識。」

又《鄭志》 《鄭志》三卷，武英殿刻本。盧學士從孔氏本、惠氏本、山西本互校，多所增補。學士記卷上後云：「乾隆四十五年九月七日，盧文弨閲於京師李倩邸舍。」先君子借錄於此，並手書「言至於漕」至「稍縣都鄙」十二條及《禘祫義》三條于末，書云：「甲辰春二月二十又二日，吴某從檠齋學士案頭借臨，丁君小疋同觀。」簡莊徵君亦嘗借校，題後云：「乾隆四十九年閏三月，陳鱣借閲於武原客館，並從雅雨堂刻《鄭司農集》中《魯禮禘祫義》參校一過。」

又《字鑑》 《字鑑》二冊，錢綠窗處士校本，先君子購藏，識後云：「此亡友錢廣伯處士遺書也。廣伯生平尤精究小學，所校正《字鑑》及郭氏《汗簡》，予昔嘗從之借校。今廣伯既沒，遺書盡散。予偶見苕賈攜示數種，皆手澤宛然，亟以善值購而藏之。每一披對，不禁泫然。要奉峨各賦詩以悼焉，並識於此。嘉慶癸亥三月，吴某。時年七十有一。」

又卷二《錢塘遺事》 右鈔本十卷，吴門家枚庵先生手校，先君子跋云：「《錢塘遺事》十卷，昨歲從澉水吴子應和借得，倩族姪禹敷傳錄。今年春，偶攜姑胥以示宗人伊仲，伊仲適有藏本，因爲余校正，凡硃筆皆是也。此書展轉不出吴氏，亦奇。伊仲名翌鳳，博學彊記，遇異書輒手自鈔校，蓋今日之方山也。乾隆丁未重陽後四日誌。」簡莊徵君又從文淵閣本校補數處，跋云：「有宋遺民臨安劉一清撰《錢唐遺事》十卷，世無刻本。陶南邨《說郛》載之，僅得數條。今夏寓吴門，購得是書，蓋從文淵閣鈔出，猶是足本。但書經三寫，誤脱甚多。既歸，訪兔床明經於小桐溪，明經出舊鈔本見示，曾經吴中吴伊仲手校者，頗爲精詳。遂借至津逮舫中，互相勘正，并錄明經跋語。」

又《高麗圖經》 《讀書敏求記》：「《高麗圖經》四十卷，宣和六年，徐兢奉使高麗，撰《圖經》四十卷，凡三百條。物圖其形，事爲之說，上之御府。乾道三年，徐蒇鏤板澂江，惜乎圖亡而經存。兢字叔明，張孝伯與作行狀，附刊於卷末。」先君子書《敏求記》云：「今世所傳鈔本僅說數十番，又不知此本矣。觀《震川先生集》中跋此書之語，則叔明之志亦可取也。」「辛亥冬日，有書賈持來舊鈔《高麗圖經》四十卷，凡二百餘番，前列兢自序，後有其兄子蒇記得書顛末及刊梓歲月。卷末有海鹽姚士粦及鄭宏跋，又有乾道元年張孝伯作徐兢行狀。」簡莊徵君跋云：「《宣和奉使高麗圖經》四十卷，宋徐兢撰。靖康之變，圖亡經存。乾道三年，從子蒇刻於澂江郡齋，明末海鹽鄭休仲重刊。近吾友鮑君以文復以家藏繕本刻入《知不足齋叢書》，校補鄭本脱字凡數千，允推善本。嘉慶九年冬十月，同里吴槎客先生以所購鈔本見示，蓋即鄭刊本錄出者。因攜至吴門，從黄君紹甫借得舊鈔本，并取鮑刻本互爲校訂，補其闕字，惟錯簡尚須舊錄。聞吾郡趙氏小山堂藏有高麗本，不知刻於何時。前在京師遇高麗使臣朴君修其詢及是書，云彼國刻本尚多，惜行笈中未曾攜帶耳。嘉慶十年春二月望日，書於江陰縣署，地即澂江也。」

又卷三《咸淳臨安志》 堇浦先生跋云：「《咸淳臨安志》，縉雲潛説友君高撰。說友史家不爲立傳，其序末列銜云云，存此可以見說友之官閥。書凡百卷，舊藏花山馬氏，吾友吴君尺鳧以二十千購鈔其半，其半則得之王店朱氏檢討家，碑刻七卷仍闕如也。好事者往往從吴氏借鈔，鈔胥憚煩，每割去大文長記，以是世鮮善本。辛亥歲夏同在志局，尺鳧攜是書來，予與趙誠

夫共相參校，乃得睹悉眞贋，輒歎求書之難。適檢討孫稼翁以宋槧十七冊求售，亟從臾誠夫以三十金易之。山川、古迹、祠廟、寺觀、湖志，全弋獲於此，吾郡之文獻又無論也。施愕《淳祐志》久佚不傳，說友間一稱引之，序所謂漏且舛者也。後陳布政再修，爲能胚胎前光，稱杭之善志，其賢於夏大理遠矣。秦亭山人杭世駿。」

胡珽《歲時廣記跋》（《鐵琴銅劍藏書樓題跋集録》） 陳元靚《歲時廣記》，向無傳本，錢遵王《讀書敏求記》著於録，稱「前列《圖説》，分四時爲四卷。」曹倦圃輯《學海類編》，則「并其《圖説》佚之。」乾隆中，四庫館開，即據曹本採入，故《提要》謂其「於稗官説部多所徵據，」而《爾雅》、《淮南》諸書反多遺闕，蓋指四卷而説，未嘗見此完書也。歲甲寅，余在京師，一日袁漱六太守過訪，謂余曰：「山東劉燕庭先生前在浙藩任內，遣人至天一閣范氏鈔得《歲時廣記》四十二卷，當時奉爲枕中秘，今燕庭先生已歸道山，其藏書亦漸散佚，惟此索之不得，子其見之乎？」余曰：「未。」是秋旋里，越歲因事赴浙，得識朱述之司馬，詢及是書，始知燕庭先生鈔寫時，司馬亦録副藏之。司馬爲金陵故家，自癸丑二月城陷後，藏書十萬餘卷，盡成灰燼，此書獨留杭州行篋，幸而僅存。余急假録之，竭半月之功校畢。見其徵引各書《爾雅》、《淮南》而外，多有不傳秘笈，即引《荆楚歲時記》等書，亦與今本大異，遺聞軼事，具見於是中，洵爲有用之書。惟第五卷全缺，第六卷亦稍有殘缺，第廿四卷內缺一葉，餘皆完善。遵王、倦圃所藏，即前四卷之有目録者，實則全書綱領也，非見是本，何由識其面目。獨惜四庫館開時，范氏進呈書籍有六百餘種之多，何以獨遺是書，豈故祕不宣歟？抑尚未收獲歟？時之顯晦，自有一定，余既有緣遇此，安敢韞匵而藏，異日當傳鈔數部，以答著書者之苦心，即劉、朱二公兢兢好古，亦略見一斑矣。咸豐六年，歲在丙辰九月識於琳琅秘室，時久旱得雨，新涼襲人。時又將入都，行李淒然，問形答影，徒增嘆息。仁和胡珽。【略】蘇城吳保熙録。咸豐七年丁巳冬仲，恬裕齋瞿氏欲借鈔一部，閱三月而竣事。因新鈔者字迹稍劣，余校過後以此本歸瞿氏，載入《藏書記》中，以傳永久云。戊午仲春既望珽又誌。以上卷四十二後。

丁申《武林藏書録》卷中《虞長孺僧儒兩先生》 錢塘虞淳熙，字長孺，萬曆癸未進士。授兵部職方主事，遷主客員外，補稽勳郎。以耿介見嫉，削職歸隱，回峯別業，曰「讀書林」。力不能購異書，與弟閉門鈔書，晝夜不止。有武庫行祕書之目，著《德園先生集》。墓在七十二賢峯下，黄汝亨作墓誌。弟僧孺，名淳貞，終身不娶，結廬靈隱寺側，曰「猨狖居」。役使僅一老僕。又建八角團瓢，於每角藏書，上有樓可眺遠。陳文述《猨狖居詩》云：何處青山猨狖居，鷲峯深處有吾廬。但餘蕭僕空林靜，並少梅妻夜月虛。鐘梵一樓堪眺遠，團瓢四面好藏書。渼陂兄弟眞無忝，極目回峯樹影疏。

王棻《柔橋文鈔・書韓文考異後》（《昌黎先生集考異》附録） 右《晦庵朱侍講先生韓文考異》十卷，裝爲八冊，皆有祁氏、朱氏、惠氏印。惟首冊二卷係補鈔，止惠定宇名、字二印，疑祁、朱二家所藏本全，至惠氏而失其首二卷，乃借他本，屬善書者倣鈔，而鈐以己印耳。卷一之末，又題《陪杜侍御游湘西兩寺》，標「長沙千里平」一句，小注謂「千」當作「十」，稱其名曰「洽」，蓋朱子門人清江張元德也。

陸心源《儀顧堂題跋・明刊李文饒文集跋》 《李文饒文集》十六卷、別集十卷、外集三卷。余先有明萬曆刊本，後從上海郁氏得嘉靖刊本。嘉靖本前有鄭亞序，後有紹興己卯袁州刊板序，萬曆本則缺。此外，無大異同。今借月湖丁氏影宋鈔本校之，始知兩明刻之訛奪。

蕭穆《敬孚類稿・記朱文公昌黎先生集考異原本》 朱子因方崧卿校定《韓昌黎集》尙未精善，【略】其原本世間罕有，至康熙間安溪李文貞公得諸石門呂氏所藏宋槧，乃爲重刊行世。《四庫全書》館得以著録。末有文貞一跋，言之甚詳。今從新陽趙氏得借，留案頭數月，乃知大儒讀書精審，信以傳信，疑以存疑，不以私意自用如此。【略】此書原本未見宋人他刻，李文貞公從石門呂無黨家藏宋槧借刊，以書中補注塡「洽」字名，疑爲朱子門人張元德所校刊，是矣。

陳康祺《郎潛紀聞二筆》卷一三《何子貞手鈔東華録不載之事》 何子貞太史在國史館，每日手鈔十頁，録《東華録》所不載，而事有關係者，約五十字。曾文正日記謂爲敏而好學。太史所鈔，不知今尙存否。

沈曾植《海日樓題跋》卷一《宋刻山谷外集詩注跋》 莫氏《經眼録》一：「《山谷外集》，宋淳祐中閩憲司刊本。半葉九行，行大小均十九字，烏程蔣氏瑞松堂所藏。同治丙寅秋，在滬假讀於海珊，遂留行篋中。戊辰暮

春，來吳門書局，始取校嘉靖刊全本，資是正不少。其中間先後脱五頁，皆已鈔補，按之非史氏原文，乃昔藏者意綴，依謝藴山刊翁覃溪校三注本别鈔易之。翁本第五卷《和子瞻粲字韻詩》闕注者數行，此本此數行適空木未刊，知翁本即從此本出也。」莫氏所藏，今歸南潯劉氏，去月假以相校，與此政同。印刷墨色，似尚在此後也。

繆荃孫等《嘉業堂藏書志》 《劉賓客文集》三十卷、外集十卷。抄本。正議大夫檢校禮部尚書兼太子賓客贈兵部尚書劉禹錫共一行。經鋤堂抄本，用朱筆校過。卷三十後有苕溪漫士跋，蓋傳抄士禮居本並過録其校改也。

陳三立《山谷詩集注題辭》（《山谷詩集注》附録） 光緒十九年，方侍余父官湖北提刑，其秋，攜友游黄州諸山，遂過楊惺吾廣文書樓，徧覽所藏金石秘籍，中有日本所得宋槧黄山谷內、外集，爲任淵、史容註。據稱不獨中國未經見，於日本亦孤行本也。念余與山谷同里閈，余父又嗜山谷詩，嘗憾無精刻，頗欲廣其流傳，顯於世。當是時，廣文意亦良厚，以爲然。乃從假至江夏，解資授刊人。廣文復曰：「吾其任督校。」越七載而工訖，至其淵源識別，略具於廣文昔年所爲跋語云。光緒二十六年二月，義寧陳三立題

秦寶瓚《淮海先生詩詞叢話序》 族弟特臣，以經學世家留心翰墨，先匠之遺文，賴其采訪而手録成編者，已得若干卷。癸丑仲夏，復集是冊見示，大都由諸名人詩話雜著中摘出者，卷頁雖少，而精金美玉，人所共賞。況乎天半朱霞，餘綺成彩，回光所被，草木華滋。即嘗一臠，何嘗不可知其梗概。如欲窺完豹，則固有全集在也。

葉德輝《書林清話》卷八《宋元明官書許士子借讀》 刻書以便士人之購求，藏書以便學徒之借讀，二者固交相爲用。宋、明國子監及各州軍郡學，皆有官書以供衆讀。今其事略可考見者：《天祿琳琅》一，宋版《春秋公羊經傳解詁》十二卷，書中每間數紙，輒有眞書木印，曰「鄂州州學官書」，曰「鄂泮官書，帶去准盜」。考王應麟《玉海》，咸平四年六月，詔郡縣有學校聚徒講誦之所，賜《九經》書一部。大觀二年六月，州學藏書閣賜名「稽古」。則州郡學置官書，自宋初已然。李心傳《朝野雜記》載：「王瞻叔爲學官，嘗請摹印諸經疏及《經典釋文》，貯郡縣以贍學，或省係錢各市一本，置之於學。」是南渡後猶重其事。且有准盜之條，官守爲綦嚴矣。《天祿琳琅》三，宋版《六臣注文選》，中有宋「寶慶寶應州印」及「官書不許借出」木記。按《文獻通考・輿地考》載，宋理宗寶慶間，以逆全之亂，降淮陰郡爲淮安軍，又以寶應縣爲寶應州。是寶應州之名自理宗時始建，故官印於州名之上冠以紀年。自後元明以來，其制未改。陸《志》、陸《跋》北宋刻大字本《資治通鑑》卷中有「靜江路學係籍官書」朱文長印，第六卷前有朱文木記曰：「關借官書，常加愛護，亦士大夫百行之一也。仍令司書明白登簿，一月一點，毋致久假，或損壞去失，依理追償。收匿者聞公議罰。」《天祿琳琅後編》二，宋版《大易粹言》冊末紙背印記云：「國子監崇文閣官書，借讀者必須愛護，損壞闕污，典掌者不許收受。」《天祿琳琅後編》三，宋版陸德明《經典釋文》三十卷，云：「每冊有蒙古篆官印及紙背國子監崇文閣印記」，與《大易粹言》同。考皇慶二年六月建崇文閣于國子監，見《元史・仁宗本紀》。此蓋當時舊藏，亦即《天祿琳琅後編》所著録之物也。所載印文，「官書」誤作「書籍」。張《志》宋刻《經典釋文》殘本，黄《賦注》淳熙台州公使庫本《顔氏家訓》，錢《記》宋版《黄氏補千家注紀年杜工部詩史》，均有此印記，但以「闕污」爲「闕失」，此因印文篆字不明晰之故。然《顔氏家訓》今見繆《續記》，正作「闕失」，則《天祿琳琅》誤矣。陸《集》宋本《王狀元集諸家注分類東坡先生詩集》二十五卷、《紀年録》一卷，卷中有慶元路提學副使邵晒理書籍闕防，據王圻《續文獻通考》，提學副使有收掌書籍之責，可見元時護惜官書之具丁功令也。黄《書録》宋本《孟浩然集》卷中有「翰林國史院官書」楷書朱記一，瞿木夫云此是元時印。余所見宋刻唐人文集多有此印。明時官書見于諸家記載者，錢《日記》云黄蕘圃齋中見宋刻《舊唐書》不全本，卷首朱印「紹興府鎮越堂官書」八字，黄《書録》、瞿《目》載亦同。宋陳亮編《歐陽先生文粹》五卷，卷中多正書木印云「安撫提刑汪郎中置到紹興府學官書，許生員關看，不許帶出學門」。顧自宋、元、明累朝嘉惠士林，而制度未爲完備。我朝乾隆時，《四庫書》成，於江浙間建文瀾、文匯、文宗三閣，諭令士子願讀中秘書者，就閣中傳鈔，夐乎千載一時，爲漢唐所未有，何論宋元以下也。

又卷一〇《明以來之鈔本》 尤可貴者，馮已蒼舒當甲乙鼎革之交，遁迹於荒村老屋，酷暑如蒸，而手鈔不輟。張《志》《近事會元》五卷跋云：

「太歲乙酉，避亂於洋蕩之村居。是年閏六月，憂悶無聊，遂手書此，二十日而畢。是書是秦季公所藏，余從孫岷自借鈔之。七月初六日孱守老人記。」《汗簡》七卷跋云：「右《汗簡》上、中、下各二卷，末卷爲《略序》、《目錄》，共七卷。李公建中序爲郭忠恕所撰，引用者七十一家，亦云博矣。崇禎十四年借之山西張孟恭氏，久置案頭，未及鈔錄。今年乙酉，避兵入鄉，居於莫城西之洋蕩村，大海橫流，人情鼎沸，此鄉猶幸無恙。屋小炎蒸，無書可讀，架上偶攜此本，便發興書之，二十日而畢。家人笑謂予曰：『世亂如此，揮汗寫書，近聞有焚書之令，未知此一編者，助得秦坑幾許虐焰？』予亦自笑而已。猶憶予家有舊鈔《張燕公集》卷末識云『吳元年南濠老人伍德手錄』。此時何時，嘯歌不廢，他年安知不留此洋蕩老人本耶！但此書向無別本，張本亦非曉字學者所書，遺失訛謬，未可意革。李公序云，『趙』字『舊』字下俱有『臣忠恕』字，今『趙』字下尚存，『舊』下則亡之矣。確然知其非全本也。既無善本可資是正，而所引七十一家，予所有者僅僅始一終亥本《說文》、古《老子》及《碧落碑》而已，又何從訂其訛謬哉，亦姑存其形似耳。」

又《古人鈔書用舊紙》 古人鈔書，多用舊紙。黃《記》宋鈔本《楊太后宮詞》一卷，「紙係宋時呈狀廢紙，有官印朱痕可證。明人鈔本宋張正之《五行類事占》七卷，其紙皆明代時冊籍，紙背間可辨識，蓋猶是嘉靖年間人所鈔也」。張《志》述古堂舊鈔本《大金集禮》四十卷，「紙質甚鬆，蓋以閣中預備票擬之紙寫錄。《敏求記》直以爲金人鈔本，似未的」。陳《跋》影宋本《周易集解》，「用明時戶口冊籍紙，上有『嘉靖五年』等字，既薄且堅，反面印格摹寫，工整絕倫，纖毫無誤」。繆《記》明鈔本《冊府元龜》一千卷，「明棉紙藍格鈔本，紙背皆公牘文字。明時裝二百零二冊，每冊五卷，首二冊爲《目錄》」。縣人袁氏卧雪廬藏書散出，中有《蟋蟀經》、《鵪鶉譜》二種，用明時訟狀廢紙。其狀略如今式，稱官府爲「老爹臺前」，想是今「老爺」之稱；然今稱長官爲「老爺」，而稱差役爲「老爹」，竟不知沿革何時。《酒經》一種、《虬髯公傳》一種、《柳毅傳》一種，皆明萬曆間未寫過之市肆賬簿廢紙。板心有「萬曆丁丑」字，蓋五年也。行格兩截，板心下有「逢源」二字，不知其爲市店牌記抑賬簿店之牌記。書背裁去數行，當是寬本改窄者。此數種，亦袁氏舊藏書先後散出市肆者。古人愛惜物力，用無棄材，可以風世，可以考古。自汲古閣、絳雲樓、述古堂以精鈔名，傳是樓、季滄葦繼之，更兼裝潢精雅，古人純樸之風，于是乎掃地盡矣。微論知不足齋、振綺堂力能雇傭選紙者不肯爲之，即寒畯如吳枚庵、張青芝，亦覺視此爲寒傖之甚。反本復古，夢寐思之。

又《鈔書工價之廉》 古人鈔書工價不可考，惟乾嘉間略見一斑。黃《記》明鈔本《草莽私乘》一卷下云：「此書載《汲古閣珍藏秘本書目》，估值二錢。是書之值，幾六十倍於汲古所估，旁觀無不詫余爲癡絕者。然余請下一解曰：今鈔胥以四五十文論字之百數，每葉有貴至青蚨一二百文者，茲滿葉有字四百四十，如鈔胥值約略相近矣，貴云乎哉？」因此可見當時傭書之廉，由於食用之儉；今則米珠薪桂，百物艱難。俯仰古今，不免東京夢華之感矣。

又《女子鈔書》 古今女子鈔書多者，以吳彩鸞爲最。《列仙傳》云：「吳猛之女彩鸞，遇書生文簫於道，竟許成婚。簫貧不自給，彩鸞寫《唐韻》，運筆如飛，日得一部，售之，獲錢五緡，復寫。如是一載，稍爲人知。遂潛往興新越王山，各跨一虎，陟峰巒而去。」黃庭堅《山谷別集》十一《跋張持義所藏吳彩鸞唐韻》云：「右仙人吳彩鸞書孫愐《唐韻》凡三十七葉，此唐人所謂葉子者也。」周密《志雅堂雜鈔》下云：「有吳彩鸞書《切韻》一卷，其書一先爲二十三先、二十四仙不可曉，字畫尤古。」德輝按：此當是隋陸法言《切韻》原本。《宣和書譜》云：「太和中，進士文簫，客寓鍾陵。南方風俗，中秋月夜，婦人相持踏歌，簫往觀焉。而彩鸞在歌場中，簫心悅之。彩鸞諭簫曰：『與汝自有冥契，今當往人世矣。』簫拙於爲生，彩鸞爲以小楷書《唐韻》，一部市五千錢，爲糊口計。然不出一日間，能了十數萬字，由是彩鸞《唐韻》，世多得之。歷十年，簫與彩鸞各跨一虎仙去。《唐韻》字畫雖小，而寬綽有餘，全不類世人筆。今御府所藏正書一十有三：《唐韻》平聲上，《唐韻》平聲下，《唐韻》上聲，《唐韻》去聲，《唐韻》入聲，《唐韻》上下二，《唐韻》六。」樓鑰《攻媿集・跋宇文廷臣所藏吳彩鸞玉篇鈔》云：「始余讀《文簫傳》，言吳彩鸞書《唐韻》事，疑其不然。後于汪季路尚書家見之，雖不敢必其一日可辨，然亦奇矣。爲之賦詩，且辨其爲陸法言《切韻》。茲見樞密宇文公所藏《玉篇鈔》，則又過之，是尤可寶也。既謂之『鈔』，竊以爲如《北堂書鈔》之類，蓋節文耳。以今《玉篇》

驗之，果然。不知舊有此鈔而書之耶，抑彩鸞以意去取之耶？有可用之字而略之，有非日用之字而反取之。部居如今本，皆以朱字別之，而三字五字，止以墨書，字之次序皆不與今合，皆不可致詰。輒書前歲所與汪氏詩跋於左，庶來者得以覽觀。今《玉篇》唯越本最善，末題吳氏三十一孃寫，問之越人，莫有知者。楷法殊精，豈亦彩鸞之苗裔耶？」元陸友仁《研北雜志》云：「宇文廷臣之孫，家有吳彩鸞《玉篇鈔》，今世所見者《唐韻》耳。其書一先爲廿三先、廿四仙不可曉。又導江迎祥寺有彩鸞書《佛本行經》六十卷，或者以爲特唐經生書也。」王惲《玉堂嘉話》：「吳彩鸞書《龍麟楷韻》，天寶八年製。後有柳誠懸題云：『吳彩鸞，世傳謫仙也。一夕書《廣韻》一部，即粥於市，人不測其意。穩聞此說，罕見其書，數載勤求，方獲斯本。觀其神全氣古，筆力遒勁，出於自然，非古今學人可及也。時太和九年九月十五日題。』其冊共五十四葉，鱗次相積，皆留紙縫。」《居易錄》八。虞集《道園集》三十一《寫韻軒記》云：「龍興紫極宮寫韻軒，高據城表，世傳吳仙嘗寫韻於此軒，以之得名。予昔在圖書之府及好事之家，往往有其所寫《唐韻》，凡見三四本。皆硬黄書之，紙素芳潔，界畫精整，結字遒麗，神氣清朗，要皆人間之奇玩也。」王士禛《皇華紀聞》二云：「彩鸞又嘗居安福福聖院，手寫《法苑珠林》百二十軸，其軸粘連處至今不斷。」又《居易錄》六云：「唐女仙吳彩鸞，于洪州紫極宮寫《唐韻》，今有寫韻軒，人盡知之。又於安福福聖院寫《法苑珠林》百二十軸，人罕知者。余既筆諸《皇華紀聞》第二卷中。又蜀導江縣迎祥寺有彩鸞書《佛本行經》六十卷，多缺唐諱，陸放翁猶及見之。」據諸書所記，彩鸞書有《唐韻》、有《廣韻》、有《玉篇》、有《法苑珠林》、有《佛本行經》，皆煌煌巨篇，可謂勤矣。元陶九成《書史會要》云：「彩鸞不知何許人，作楷字，小者至蠅頭許，有大字法，書《唐韻》，極有功，近類神仙吳彩鸞，慕彩鸞故，名焉。」《居易錄》十二云：「按《唐韻》即女仙吳彩鸞所書，以若所云，似屬二人，南村謬誤耶？」吾按：彩鸞書《唐韻》，元戴侗《六書故》尚引之，南村所見《唐韻》，必吳彩鸞眞迹，款末書名不書姓，故以爲別一人，其實不然也。又陳宏緒《寒夜錄》云：「彩鸞與文簫遇，在文宗太和末，而《法苑珠林》則寫於天寶年間，豈神仙隱顯原非時代可限與？」此亦不然，觀柳誠懸所題《龍鱗楷韻》，亦天寶八年書，則與《法苑珠林》同一時製。蓋彩鸞未遇文簫以前之作，至嫁文簫後，不得不隨時好，寫韻自給，以唐人括帖考試，多用韻書，故《唐韻》粥行甚易也。其他女子鈔書者，《研北雜志》云：「顧野王《玉篇》惟越本最善，末題會稽吳氏三十一孃寫，問之越人，無能知者。楷法殊精。」錢《日記》有鈔柳開《河東先生集》十五卷、附錄一卷，序後有小字一行云「胥山蠶妾沈彩書」。此種鈔本，直可與彩鸞並美。余家舊藏宋王沂孫《碧山樂府》，即《花外集》。爲明文端容手鈔；朱彝尊《竹垞詞稿》，爲其侍妾徐姬手鈔，竹垞親筆刪改。此皆足補厲太鴻鶚《玉臺書史》之佚聞，不僅書林佳話已也。

雜録

顏之推《顏氏家訓》卷一《治家》 借人典籍，皆須愛護，先有缺壞，就爲補治，此亦士大夫百行之一也。濟陽江祿，讀書未竟，雖有急速，必待卷束整齊，然後得起，故無損敗，人不厭其求假焉。

《晉書·葛洪傳》 葛洪字稚川，丹楊句容人也。祖系，吳大鴻臚。父悌，吳平後入晉，爲邵陵太守。洪少好學，家貧，躬自伐薪以貿紙筆，夜輒寫書誦習，遂以儒學知名。性寡欲，無所愛玩，不知棋局幾道，樗蒲齒名。爲人木訥，不好榮利，閉門卻掃，未嘗交游。於餘杭山見何幼道、郭文舉，目擊而已，各無所言。時或尋書問義，不遠數千里崎嶇冒涉，期於必得，遂究覽典籍，尤好神仙導養之法。從祖玄，吳時學道得仙，號曰葛仙公，以其煉丹秘術授弟子鄭隱。洪就隱學，悉得其法焉。後師事南海太守上黨鮑玄。玄亦內學，逆占將來，見洪深重之，以女妻洪。洪傳玄業，兼綜練醫術，凡所著撰，皆精核是非，而才章富贍。

《南史·任昉傳》 昉不事生產，至乃居無室宅。時或譏其多乞貸，亦隨復散之親故，常自歎曰：「知我者亦以叔則，不知我者亦以叔則。」既以文才見知，時人云「任筆沈詩」。昉聞甚以爲病。晚節轉好著詩，欲以傾沈，用事過多，屬辭不得流便，自爾都下士子慕之，轉爲穿鑿，於是有才盡之談矣。博學，於書無所不見，家雖貧，聚書至萬餘卷，率多異本。及卒後，武帝使學士賀縱共沈約勘其書目，官無者就其家取之。所著文章數十萬言，盛

行於時。

又《文學傳・虞綽》 綽恃才任氣，無所降下。著作郎諸葛潁以學業倖於帝，綽每輕侮之，由是有隙。帝嘗問綽於潁，潁曰：「虞綽粗人也。」帝頷之。時禮部尚書楊玄感稱爲貴倨，虛襟禮之，與結布衣之友。綽數從之遊。其族人虞世南誡之曰：「上性猜忌，而君過厚玄感。若與絶交者，帝知君改悔，可以無咎；不然，終當見禍。」綽不從。尋有告綽以禁內兵書借玄感，帝甚銜之。及玄感敗後，籍沒其家，妓妾並入宮。帝因問之，玄感平常時與何人交往，其妾以虞綽對。帝令大理卿鄭善果窮治其事，綽曰：「羇旅薄遊，與玄感文酒談款，實無他謀。」帝怒不解，徙綽且末。

錢易《南部新書》丁 柳公綽家藏書萬卷，經史子集皆有三本。一本尤華麗者鎮庫，又一本次者長行披覽，又一本又次者後生子弟爲業。皆有廚格部分，不相參錯。

《新五代史・石昂傳》 石昂，青州臨淄人也。家有書數千卷，喜延四方之士，士無遠近，多就昂學問，食其門下者或累歲，昂未嘗有怠色。

趙抃《清獻集》卷一《奏狀乞緝捉匿名文字人》 臣竊聞近日有以匿名文字印百餘本，在京諸處潛然張貼，謗讟大臣，聞達聖聽。【略】以臣料其傳寫雕印謗書百餘本，遍布輦下，似非一二人能獨爲之。雖已下開封府出榜厚賞緝捉，至今已是多日未獲。臣欲乞更賜指揮，於南河北市要鬧處，椿垛一色見錢，并預出空頭宣敕，示人果決必信，所貴速得敗露。

李覯《序》（《直講李先生文集》卷首） 李覯泰伯以舉茂材罷歸。其明年，慶曆癸未秋，因料所著文，自冠迄兹十五年，得草稿二百三十三首。將恐亡散，姑以類辯爲十二卷寫之。

《資治通鑑・梁武帝天監十一年》 於是尚書僕射沈約等奏：「請五禮各置舊學士一人，令自舉學古一人相助抄撰，其中疑者，依石渠、白虎故事，請制旨斷決。」乃以右軍記室明山賓等分掌五禮，佟之總其事。佟之卒，以鎮北諮議參軍伏暅代之，暅，曼容之子也。至是，《五禮》成，列上之，合八千一十九條，詔有司遵行。

《蘇軾文集》卷五七《與李通叔四首》二 某啓。《通言》略獲披味，所發明者多矣。謹且借留，得爲究觀。他日成書，盡以見借，尤幸。篆書《心經》，字小而體完，尤爲奇妙。君爲親書，豈敢輒留。他日別爲小字，寫百十字見惠，不必《心經》，乃大賜也。要跋尾，謾寫數字，不稱妙筆。愧愧。

又卷六八《書李簡夫詩集後》 李公簡夫以文學政事有聞於天聖以來，而謝事退居於嘉祐之末，熙寧之初。平生不眩於聲利，不戚於窮約，安於所遇而樂之終身者，庶幾乎淵明之眞也。熙寧三年，軾始過陳，欲求見公，而公病矣。後二十年，得其手録詩七十篇於其孫公輔。讀之，太息曰：「君子哉若人，今亡矣夫！」

秦觀《淮海集》卷三五《仲尼書》 魯司寇仲尼書者，吴季子墓銘也。銘在季子墓上。其字皆徑尺餘，唐張從紳記云：「舊本湮滅，開元中玄宗命殷仲容摹搨，其書以傳。至大曆中，蕭定又刻于石。」此小字者，蓋後人依倣爲之者也。歐陽文忠公謂：「孔子平生未嘗至吴，以《史記》世家考之，其歷聘諸侯，南不逾楚。推其歲月蹤跡，未嘗過吴，不得親銘季子之墓。又其字特大，非古簡牘所容。」然則季子墓銘，其眞者猶疑非仲尼書，又況依倣爲之者歟？

趙令畤《侯鯖録》卷七《借書應還》 比來士大夫借人之書，不録、不讀、不還，便爲己有，又欲使人之無本。潁州一士子，《九經》各有數十部，皆有題記，自謂借諸人之書不還者，每炫本多。余不欲言，未嘗不歸戒兒曹也。

方勺《泊宅編》卷一〇 李濟翁曰：「桉《王府新書》，杜元凱遺其子書曰：『書勿借人。』古人云借書一嗤，還書二嗤。嗤，笑也。後譌爲『癡』字，而增至四，謂借一癡，借之二癡，索三癡，還四癡。」皆濟翁云。前輩又以「癡」爲「瓻」。瓻，酒器也。蓋云借書以一瓻酒，還之亦以一瓻酒。「瓻」通作「鴟」。吴王取馬革受子胥尸，沈之江。顏師古曰：「即今之盛酒，鴟夷幐。」

何薳《春渚紀聞》卷五《雜記・瓻酒借書》 杜征南與兒書言，昔人云：「借人書一癡，還人書一癡。」山谷《借書詩》云「時送一鴟開鎖魚」，又云「明日還公一癡」。常疑二字不同。因於孫愐《唐韻》五之字韻中瓻字下注云：「酒器大者一石，小者五斗，古借書盛酒瓶也。」又得以證二字之差。然山谷鴟夷字必別見他說。當是古人借書，必先以酒醴通殷勤，借書皆用之耳。

程俱《麟臺故事》卷二 政和四年，措置點檢祕書省官言：三館、祕閣

自崇寧四年借出書籍，未還者四千三百二十八册、卷，久不拘收。詔自今省官取借書籍，並申本省長、貳判狀權借，依限拘收。時三館、祕閣書所存三萬三千一百四十九册、軸而已。至宣和初，提舉祕書省官遂建言置補完御前書籍所於祕書省，稍訪天下之書，以資校對。以侍從官十人爲參詳官，餘官爲校勘官；又進士以白衣充檢閲者數人，及年，皆命以官。事未畢而國家多故矣。

又 ［大中祥符八年］十二月，詔樞密使王欽若都大提舉抄寫校勘三館、祕閣書籍，翰林學士陳彭年副之。先是，十月丙午，令吏部銓選幕職州縣官有文學者赴三館、祕閣校勘書籍。初，館閣書籍以其夏延火，多復闕略，故命購本抄寫。

朱弁《曲洧舊聞》卷四《世畜書以宋次道爲善本》 宋次道龍圖云：「校書如掃塵，隨掃隨有。」其家藏書皆校三五徧者。世之畜書，以宋爲善本。居春明坊。昭陵時，士大夫喜讀書者多居其側，以便於借置故也。當時春明宅子比他處僦直常高一倍。陳叔易常爲予言此事，歎曰：「此風豈可復見耶！」

陳淵《默堂集》卷一四《進寫龜山先生論語解》 臣昨面奉聖諭，令楊適脩寫父時《解論語》及《禮記》、《中庸義》進入。臣除已同共校對，恭依聖訓作大字脩寫投進。訖今來，臣又別繕寫到小字本，共壹拾壹册，見在殿門外秖（侯）［候］進入，伏望聖慈特賜宣索。取進止。

王庭珪《盧溪文集》卷四八《書傳道集後》 世傳呂先生受道於鍾離先生，有《傳道集》，其書秘，世或罕見。近歲轉相傳寫，往往人皆有之，而不甚寶，惜字多駁謬，「烏」、「焉」成「馬」者，俗莫能辯。因借此本於清眞道士楊應，存愛其字，小楷可觀，爲竄定百餘處。尚有闕誤可疑者，不敢私意改之，以俟後人是正。余特哀夫蓬心蒿目者之遠於道也，蓋道不遠人，讀此書則知道之在我而已。

陳長方《唯室集》卷二《擬御書尚書跋尾》 御書《尚書》十三卷以賜臣鼎。臣鼎謹拜手稽首言曰：唐虞三代之君，與其卓偉光明之臣賛襄之言，爲治之要，修身之道，具在此書。皇帝萬幾之餘，覃思探討，既自得之，而又以賜臣鼎，是用三代之佐以勵臣下也。若阿衡恥君之不如堯舜，臣與一二在位之臣，其敢不以此自勵！然而周公作立政言，綴衣虎賁知恤者鮮。穆王命伯冏，欲侍御僕從罔匪正人，則凡百執事，亦宜以此自勵也。故刻之石，頒示中外，庶幾無有遠邇，一德一心，同成事功。如臣之愚，非曰能之，蓋亦其志在焉云爾。案：文内所言臣鼎，當是趙鼎。據《集》中有《與元鎮詩》，鼎，字元鎮也。

釋文瑩《湘山野録》卷上 僞吳故國五世同居者七家，先主昇爲之旌門閭，免征役。尤著者江州陳氏，乃唐元和中給事陳京之後，長幼七百口，不畜僕妾，上下雍睦。凡巾櫛椸架及男女授受通問婚葬，悉有規制。食必羣坐廣器，未成人者別一席。犬百餘隻，一巨船共食，一犬不至，則羣犬不食。別墅建家塾，聚書延四方學者，伏臘皆資焉，江南名士皆肄業於其家。

李燾《續資治通鑑長編·太宗雍熙元年》 春正月壬戌，上謂侍臣曰：「夫教化之本，治亂之源，苟無書籍，何以取法？今三館所貯，遺逸尚多。」乃詔三館以《開元四庫書目》閲館中所闕者，具列其名，募中外有以書來上及三百卷，當議甄録酧奬，餘第卷帙之數，等級優賜，不願送官者，借其本寫畢還之。自是，四方之書往往間出矣。

又《神宗熙寧四年》 ［十一月壬午］集賢院學士、史館修撰、判祕閣宋敏求轉對言：「伏見前代崇建册府，廣收典籍，所以備人君覽觀而化成天下。今三館秘閣各有四部書分經史子集，其書類多訛舛，雖累加校正而尚無善本。蓋讎校之時，論以逐館，幾四萬卷，卷數既多難以精密，務存速畢，則每帙止用元寫本一再校而已，更無兼本照對，故藏書雖多而未及前代也。臣欲乞先以《前漢書·藝文志》内所有書廣求兼本，令在館供職官重復校正；校正既畢，然後校後漢時諸書。竊緣戰國以後及于兩漢，皆是古書，文義簡奧，多有脱誤，須要諸本參定。欲乞依昨來七史例，於京師及下諸路藏書之家借本謄寫送官，俟其已精，以次方及魏晉，次及齊、宋，以下至唐，則分爲數等，取其甚者加校正，三館皆置之，庶幾祕府文籍得以完善。臣以愚陋而忝職儒館，謹以職事而言之，無補大猷，伏增戰汗。」

陸游《老學庵筆記》卷一 嘉興人聞人茂德，名滋，老儒也。喜留客食，然不過蔬豆而已。郡人求館客者，多就謀之。又多蓄書，喜借人。自言作門客牙，充書籍行，開豆腐羹店。予少時與之同在勅局，爲删定官。談經義滚滚不倦，發明極多，尤邃於小學云。

王楙《野客叢書》卷一一《借書一瓻》　李正文《資暇集》曰：借書集俗謂：借一癡，與二癡，索三癡，還四癡。又杜元凱遺其子書曰：書勿借人。古諺云「借書一嗤，還書一嗤。」後人生其詞至三、四，謁爲「癡」。或曰：癡甚無謂，當作「瓻」。僕觀《廣韻》注，張孟押韻所載「瓻」字，皆曰借書盛酒器也。故曾文清公《還鄭侍郎通鑑詩》曰：「借我以一鑑，餉公無兩瓻。」然又觀魯直詩曰：「願公借我藏書目，時送一鴟開鎖魚。」蘇養直詩曰：「休言貧病惟三篋，已辦借書無一鴟。」又曰：「去止書三篋，歸亡酒一鴟。」曰：「慙無安世書三篋，濫得揚雄酒一鴟。」乃作鴟夷之「鴟」。近見《漁隱後集》亦引黃詩爲證，與僕暗合。

李心傳《建炎以來繫年要録・紹興五年》　閏二月丙辰，尚書兵部侍郎兼史館修撰王居正言：「四庫書籍多闕，乞下諸州縣，將已刊到書板，不以經、史、子、集、小説異書，各印三帙，赴本省。係民間者，官給紙墨工貲之直。」從之。

袁甫《蒙齋集》卷一五《跋象山先生集》　先君子曩嘗刊于江右庾臺矣。某將指江左新建先生書院，復摹舊本以惠後學。先生發明本心，上接古聖，下垂萬世，偉矣哉！

又《跋楊文公手抄李義山詩》　公之風節高矣。如陽翟之歸，知者以爲脱屣富貴，不知者以爲直情徑行。斥丁謂等事，知者以爲盡忠無隱，不知者以爲沽激要名。心胸落落，與世枘鑿，名高謗隨，勢固然也。君子之所爲，要使知者知耳。公之聞孫當塗使君以公手抄《李義山詩》示余，因得盡觀諸公跋語。夫遊戲翰墨，尙爲人寶玩。若此，則當時知公者雖寡，後世知公者多矣。知尊其名，未知學其爲人，眞知亦豈易得耶！援筆敬書，因以自警。

劉祁《歸潛志》卷一三　昔人云：「借書一癡，還書亦一癡。」故世之士大夫有奇書多秘之，亦有假而不歸者，必援此。予嘗鄙之，以爲君子惟欲淑諸人，有奇書當與朋友共之，何至靳藏，獨廣己之聞見？果如是，量亦狹矣。如蔡伯喈之秘《論衡》，亦通人之一蔽，非君子所尙，不可法也。其假而不歸者尤可笑，君子不奪人［之］所好，「己所不欲，勿施於人」，豈有假人物而不歸之者耶？因改曰：「有書不借爲一癡，借書不還亦一癡也。」

危素《説學齋稿》卷三《本政書序》　《本政書》十卷，宋賀州學教授林勳所著。始素得東陽陳亮同父所作序於《龍川集》中，欲求其書，不可得。及至四明，從鉛山州儒學教授程端禮敬叔家亂書中僅得三葉。端禮曰：「吾求此書久矣，而未嘗見。或得之，願以告我。」至括蒼，又從王興祖君起家觀朱文公與潘叔度氏手帖，屬抄寫校正此書。至松江，始從莊肅幼恭家得亮所刊本，至精好，而永嘉薛士龍季宣跋其後。素既假於莊氏繕寫之，亟以書告端禮。書未至，而端禮沒。端禮守經好古，惜不及見也。

陸容《菽園雜記》卷九　積書不能盡讀，而不吝人借觀，亦推己及人之一端。若其人素無行，當謹始慮終，勿與可也。世有借書一癡，還書一癡之説，此小人謬言也。癡本作瓻，貯酒器，言借時以一瓻爲贄，還時以一瓻爲謝耳。以書借人，是仁賢之德，借書不還，是盜賊之行，豈可但以癡目之哉！

姜洪《重刊元豐類稿序》（《曾鞏集》附録）　洪家食時，嘗睹先生《元豐類稿》於邑之元氏，欲手鈔之而未暇，及期，則已爲有力者所取去矣。其後宦游京師，閲館閣，雖有此書目，而其帙皆留玩於他所。因又竊嘆不獨其文不偶然，雖讀之亦不可偶得也。歲之四月，洪疾，得告南歸。過宜興，訪友人鄒大尹孟旭，宿留累日，爲洪道其始得《類稿》寫本於國子司業、毘陵趙公琬，謀刻之，繼又得節鎮南畿工部左侍郎廬陵周公忱示以官本，彼此參校，刻梓成矣，試爲我序之。

康海《宣城集序》（《謝宣城集校注》附録）　《宣城集》舊十卷，宋以後止傳其詩賦五卷，其五卷者皆當時雜文，不如詩，故不傳也。劉侯知武功之二年，一日來滸西別業，見《宣城集》，歎曰：「古之言詩者，以曹、劉、鮑、謝，今曹、鮑刻本矣，顧獨無劉、謝，幸親與見謝，今已不刻，如後世絶之者自余爲何！」刻成，予撫卷太息曰：「嗟乎！宣城詩盛傳於當時，及於後世，且千百年也。由昭代以來，且百有數十年也，亦莫不咸愛其詩，思見其集，顧奚無一人刻，彼豈弗知不愛也？利私見誇耀、掩昧希乏爲勝爾。即多差謬，《隨王鼓吹曲》與《樂府》所載頗異，他何可言哉！」或曰：「此集本或其質直。」蓋不然。自開成以來，詩人務以奇靡鑽研爲巧，雖當世名作如李杜，弗學之矣，又安肯軼代越世哉？故雖刻本亦少，好古之士，或往往抄録備種數爾，固無由不謬也。劉侯名紹，字繼先，濮人。

穆文熙《重刻蛾蠓集引》（《逍遥園集》卷末）　吾郡盧山人［柟］者，

以詩文雄一世，而當其時，則人少有能重之者。今沒去二十餘載，而所撰《蟣蠓集》始出焉。集始刻於吴之太滄州，乃鳳洲王公家藏抄本。崌崍張公手自校讐之，又自叙其刻之始末，以成茲集。集傳至吾郡，見者以爲琬琰奇珍，轉相抄録，日不暇給，殆若平子《賦》出而紙價爲貴時矣。

徐𤊹《徐氏筆精》卷六《借書》 陳貞鉉曰：古人衣裘與敝書不借人，則疑於不廣。非不廣也。置書之勞，不畢世不已。借書之敝，多至遺亡、點汙，則其掛懷不至于再置不已。使書可再置，抑又何嫌！間或重帙善本、抄篇集函，非通都大邑不購，非良緣奇遇不值，非閱年積時不成。偶欲披閱，或方借而未還，或已借而旣失，至於撫卷痛恨，不如不借之爲愈也。客曰：如是書終不借人乎！居士曰：書亦何可不借人也。賢哲著述以俟知者，其人以借書來，是與書相知也。與書相知者，則亦與吾相知也。何可不借！來借者或蓄疑難，或稽異同，或補遺簡，或搜奇秘至。則少坐供茶畢，然後設几持帙，恣所觀覽，隨其抄謄。請主客無相妨，尋常供具不爲添設。絕不置酒，恐緣酒而狼戾書帙。夫如是，或竟日、或數日、或十數日，予俱不厭，客亦無猜。若欲以半部一函持借出門，僕已具觴酌，誓于大聖大賢之前斷斷不爾。人各有願，幸毋相強。

錢謙益《牧齋初學集》卷八五《跋坡書陶淵明集》 北宋刻《淵明集》十卷，文休承定爲東坡書。雖未見題識，然書法雄秀，絕似《司馬溫公墓碑》，其出坡手無疑。鏤版精好，精華蒼老之氣，凜然於行墨之間，眞希世之寶也。西蜀雷羽津見之云：「當是老坡在惠州徧和陶詩日所書。」吾以爲筆勢遒勁，似非三錢雞毛筆所辦。古人讀書多手鈔，坡書如《淵明集》者何限，但未能盡傳耳。先生才大如海，不復以斗石較量。其虛懷好古，專勤篤摯如此。吾輩無升合之才，慵墮玩愒，空蝗梁案：「梁」，疑應作「粱」。黍，讀古人書，未終卷，欠申思睡，那能繕寫成帙？每一繙閱，輒興不殖將落之嘆，未嘗不汗下如漿也。

錢謙益《牧齋有學集》卷四六《述古堂宋刻書跋》 辛丑暮春，過遵王述古堂，觀所藏宋刻書，縹青朱介，裝潢精緻，殆可當我絳雲樓之什三。縱目流覽，如見故物，任意漁獵。不煩借書一瓻，良可喜也。吴兒窮眼，登汲古閣相顧愕眙，如入羣玉之府，今得覩述古堂藏書，又復如何！遵王請予題跋，乃就所見各書數語歸之。

又《題道德經指歸》 嘉興刻《道德經指歸》，是吾邑趙京度本，後從錢功甫得，乃叔寶鈔本。自七卷迄十三卷，前有總序，後有「人之饑也」至「信言不美」四章，與總序相合。其中爲刻本所闕落者尤多。焦弱侯輯《老氏翼》，亦未見此本，良可寶也。但未知與道藏本有異同否。絳雲餘燼亂帙中得之，屬遵王遣人繕寫成本，更參訂之。

丁雄飛《古歡社約》（《澹生堂藏書約外八種》） 黃子俞邰，海鶴先生次郎也。先生文壇伊吕，藏書甲金陵。俞邰生時，先生將七十，從錦褓中便薰以詩書之氣，年未二十，而問無不知，知無不舉其精義。今且多方搜羅，逢人便問，吟詠聲達窗外。每至予心太平庵，見盈架滿牀，色勃勃動，知其心癢神飛，殆若汝陽之道逢麴車者。但黃居馬路，予棲龍潭，相去十餘里，晤對爲艱。如俞邰者，安可不時時語言，取古人之精神而生活之也。盡一日之陰，探千古之祕。或彼藏我闕，或彼闕我藏，互相質證，當有發明，此天下最快心事，俞邰當亦踴躍趨事矣。因立約如左：每月十三日丁至黃，二十六日黃至丁。爲日已訂，先期不約。要務有妨，則預辭。不入他友，恐涉應酬，兼妨檢閱。到時果核六器，茶不計。午後飯，一葷一蔬，不及酒，踰額者奪異書示罰。輿從每名給錢三十文，不過三人。借書不得踰半月，還書不得託人轉致。

王士禛《池北偶談》卷二二《談異三·王延喆》 明尚寶少卿王延喆，文恪少子也。其母張氏，壽寧侯鶴齡之妹，昭聖皇后同産。延喆少以椒房入宮中，性豪侈。一日，有持宋槧《史記》求粥者，索價三百金，延喆紿其人曰：「姑留此，一月後可來取直。」乃鳩集善工，就宋版本摹刻，甫一月而畢工，其人如期至，索直，故紿之曰：「以原書還汝。」其人不辨眞贋，持去。旣而復來曰：「此亦宋槧，而紙差，不如吾書，豈誤耶？」延喆大笑，告以故。因取新雕本數十部，散置堂上，示之曰：「君意在獲三百金耳，今如數予君，且爲君書幻千萬億化身矣。」其人大喜過望。今所傳有「震澤王氏摹刻」印，即此本也。

《明史·儒林傳一·吴與弼》 時帝眷遇良厚，而與弼辭益力。又疏稱：「學術荒陋，苟冒昧徇祿，必且曠官。」詔不許。乃請以白衣就邸舍，假讀秘閣書。帝曰：「欲觀秘書，勉受職耳。」命賢爲諭意。

孫慶增《藏書記要·鈔録》 書之所以貴鈔録者，以其便於誦讀也。歷

代好學之士，皆用此法。所以有刻本，又有鈔本，有底本。底本便於改正，鈔本定其字劃。於是鈔錄之書，比之刊刻者更貴且重焉。況書籍中之祕本，爲當世所罕見者，非鈔錄則不可得，又安可以忽之哉？從未有藏書之家而不奉之爲至寶者也，則其道固不可不講也。宋人鈔本最少，字畫墨氣古雅，紙色羅紋舊式，方爲眞本。若宋紙而非宋字，宋跋宋款而非宋紙，即係僞本。或字樣紙色墨氣無一不眞，而圖章不是宋鐫，印色不舊，割補湊成，新舊相錯，終非善本。元人鈔本亦然。常見古人稿本，字雖草率，而筆法高雅，紙墨圖章，色色俱眞，自當爲希世之寶。以宋元人鈔本較之宋刻本而更難也。明人鈔本，吳門朱性甫、錢叔寶、子允治手鈔本最富，後歸錢牧翁。絳雲焚後，僅見一二矣。吳寬、柳僉、吳岫、孫岫、太倉王元美、崑山葉文莊、連江陳氏、嘉興項子京、虞山趙清常、洞庭葉石君諸家鈔本，俱好而多，但要完全校正題跋者方爲珍重。王雅宜、文待詔、陸師道、徐髯翁、祝京兆、沈石田、王質、王穉登、史鑑、邢參、楊儀、楊循吉、彭年、陳眉公、李日華、顧元慶、都穆、俞貞木、董文敏、趙凡夫、文三橋、湖州沈氏、寧波范氏、吳氏、金陵焦氏、桑悅、孫西川，皆有鈔本甚精。新鈔馮己蒼、馮定遠、毛子晉、馬人伯、陸敕先、錢遵王、毛斧季各家，俱從好底本鈔錄。惟汲古閣印宋精鈔，古今絕作。字畫紙張，烏絲圖章，追摹宋刻，爲《文苑英華》、《太平廣記》、《太平御覽》、《百官攷傳》、《皇明實錄》等書，近世無有能繼其作者，所鈔甚少。至於前朝內閣鈔本，生員寫校者爲上。大部者必須嘉隆鈔本方可。若內監鈔本，南北監鈔本，皆惡濫不堪，非所貴也。余見葉石君鈔本，校對精嚴，可稱盡美。錢遵王鈔錄書籍，裝飾雖華，固不及汲古多而精、石君之校而備也。古人鈔錄書籍，俱用黃紙，後因詔誥用黃色紙，遂易以白紙。宋元人鈔本用冊式，而非漢唐時卷軸矣。其記跋校對，極其精細，筆墨行款，皆生動可愛。明人鈔本，各家美惡不一，然必有用之書，或有不同常本之處，亦皆錄而藏之，然須細心紬繹，乃知其美也。吳匏菴鈔本用紅印格，其手書者佳。吳岫、孫岫鈔用綠印格，甚有奇書，惜不多見。葉文莊鈔本用綠、墨二色格，校對有跋者少，未對草率者多，間有無刻本者亦精。至於《楊誠齋集》、《周益公集》、各朝《實錄》、《北盟會編》、《校正文苑英華》等書，雖大部難以精鈔，亦不可忽，但須校正無訛，不遺漏爲要耳。大凡新鈔書籍，已屬平常，又弗校正，難言善也。凡書之無處尋覓者，其書少，必當另鈔底本，因無刻本故也。若鈔錄精工，則所費浩繁，雖書寫不工，亦必珍之重之，留爲祕本。前輩鈔錄書籍，以軟宋字小楷、顏、柳、歐字爲工。宋刻字更妙，摹宋板字樣筆畫，均勻不脫落，無遺誤，烏絲，行款整齊，中帶生動，爲至精而備美。序、跋、圖章、畫像，摹彷精雅，不可呆板，乃爲妙手。鈔書要明於義理者，一手書寫，無脫漏錯誤，無破體字，用墨一色，乃爲最善。若鈔底本，大部書用行書爲上，草書亦可，但以不差落爲主。若字好而不明文理者，僅可印鈔而已。鈔本書畫圖最難，用白描法，運筆古雅秀勁爲主。人物畫像要生動，又要清雅而端莊，方爲合式。有皇宋五彩畫本《本草》、《圖經》，最精工，集天下名手著色畫成。又有白描《列女傳》、《孝經》等書，無出其右者。近時錢遵王有五彩著色畫本《香奩集》、白描《鹵簿圖》、《營造法式》、《營造正式》等書，雖弗及前人，今亦不可得矣。所以鈔錄書籍，亦非易事也，識者鑒之。

盧文弨《抱經堂文集》卷一一《書楊武屏先生雜諍後》 余年十五六從人借書讀，即鈔之。久之，患諸書文字多謬誤，頗有志於校勘，然顏介不云乎：必劉向、揚雄方稱斯任。深愧見聞不廣，逡巡不敢爲。至三十外，見近所刊經史，其改正從前之誤，固大有功矣。而用意太過，則不能無穿鑿之失。校者不一，其人則不能無差互之病。於是始因其考證而續成之，漸旁及乎諸子百家。今余家所藏者，太半經余手校者也。本朝顧亭林、閻百詩、何義門諸先生，皆善讀書，余竊慕之。江陰楊生象坤琮出其叔父武屏先生遺書示余，乃知先生在日極好鈔書，又善讎校，有《雜諍》一編，皆駁正舊文之誤者，積塵宿穢，霍然一清，讀之忘倦。先生爲文定公從弟，名名寧，治縣有名，古文有晉人風致，間有似漆園者。詩工於言情，此又其才之兼焉者已。集中有《寄文定公書》，乃知校刻經史，由文定公之請，而其議則自先生發之。惜乎！不得置先生於館閣校勘之列，以共成其事。故書雖成，尚不能無遺憾，使先生及見之，所當糾正者復不少矣。楊生知寶貴先生之書，凡零章斷簡，亦必手鈔而部次之。其好學，亦有足多者，并附著之。

紀昀《蘇文忠公詩集序》（《蘇軾詩集》附録） 余點論是集，始於丙戌之五月。初以墨筆，再閱改用朱筆，三閱又改用紫筆，交互縱橫，遞相塗

乙，殆模糊不可辨識，友朋傳錄，各以意去取之。續於門人葛編修正華處，得初白先生手批本，又補寫於罅隙之中，益轇轕難别。今歲六月，自烏魯木齊歸，長晝多暇，因繕此淨本，以便省覽，蓋至是凡五閲矣。乾隆辛卯八月，河間紀昀曉嵐記。

阮葵生《茶餘客話》卷一〇《抄書之益》　蘇長公嘗問蘇子容，公記史事，如何這般熟。曰：吾曾將某年某月下，將事繫之，編得一次，復將事下，繫以某年某月，又編得一次。編來編去，久遂記得。長公曰：我何嘗不如此，畢竟公記得熟。宋景文嘗自言手抄《文選》三過，始見佳處。洪景盧亦自言手抄《資治通鑑》三過，始究其得失。古人讀書著書，未有不手録者。

法式善《陶廬雜録》卷一　宗室文昭，自號紫幢軒主人，録天潢詩爲《宸萼集》，分上中下三卷，共二十八家，計詩三百七十六首。各著小傳，自序譔於康熙庚寅年。第一卷中載世廟宸章，蓋藩邸之作，鮑鈔裨勺，記其曾借閲數日，手録其目與序藏之。今目與序亦不可得見矣。

孫星衍《平津館鑒藏記》卷三《徂徠文集跋》　《徂徠文集》二十卷，題徂徠石介守道。《目録》一卷，每卷前又各有目録。末附歐陽文忠所撰《墓誌銘》一首、詩二首。書中有「祖宗」、「朝廷」等字，俱空一格，知從宋本影寫。

徐宗幹《擬請宋孫石兩先生從祀議》（《徂徠集》卷末）　竊查邑志，内載：宋殿中丞孫復，晉州平陽人，居泰山之麓，學《春秋》，著《尊王發微》十二卷，范仲淹、富弼薦其《道德經術》於朝，除秘書郎國子監，帝命其門人祖無擇就家録其書，藏於秘閣。

陸以湉《冷廬雜識》卷一《四庫全書卷册》　高宗純皇帝命儒臣編輯《四庫全書》，特建文淵、文溯、文源、文津四閣藏庋。乾隆四十七年，第一份告成，排庋於文淵閣，書凡三萬六千册。計經部十類，六百九十五部，一萬二百十四卷，二十架，九百六十函。史部十五類，五百六十三部，二萬一千三百五十九卷，三十三架，一千五百八十四函。子部十四類，九百三十部，一萬七千五百六十六卷，二十二架，一千五百八十四函。集部五類，一千二百八十二部，二萬六千七百五十七卷，二十八架，二千十六函。又於揚州大觀堂之文匯閣、鎮江口金山寺之文宗閣、杭州聖因寺行宮之文瀾閣，各繕一份安貯。有願讀中秘書者，許陸續領出，廣爲傳寫。聖天子昌明文教，嘉惠多士之心至矣。

葉德輝《藏書十約·抄補五》　舊書往往多短卷，多缺葉。必覓同刻之本，影抄補全。或無同本，則取别本，覓傭書者録一底本，俟遇原本，徐圖換抄，庶免殘形之憾。若遇零編斷册，尤宜留心，往往有多年短缺之卷，一旦珠還合浦，仍爲一家眷屬者。然此在明刻、國朝人所刻則有之，若宋、元刻本，乃希遇之事，前人不得已而集百衲本，亦慰情聊勝于無耳。凡書經手自抄配者最佳；出自傭書之手，必再三覆校，方可無誤。己抄之書，則人校之；人抄之書，則己校之。多一人寓目，必多校出二三處誤字脱文。經史更不得草率，一字千金，省後人多少聚訟，豈非絶大功德哉！凡抄補之卷，苟其書不必影寫，當依原書行格，刻一印板，所費不過千文。抄者既有範圍，可以隨寫隨校。某行某字起至某字止，一行抄畢，訛脱朗然，省事惜陰，覆校亦易。使抄而不校，校而不精，不如聽其短缺，尚不至魚目混珠也。傭書人未有能爲唐人碑志體者，無已，取其無破體、無俗字者。破體俗字，令校者不改不能，遍改不盡，至爲眼花，敗興之事，余受此厄多矣。

又《傳録六》　士生宋、元以後，讀書之福，遠過古人；生國朝乾嘉後者，尤爲厚福。五代、北宋之間，經史正書，鮮有刻本，非有大力者，不可言收藏。既有刻本，又不能類聚一處，即有大力搜求，亦非易事。古人以窺中秘讀老氏藏爲榮幸者，今則有貲一日可獲數大部。國朝諸儒，勤搜古書，于四部之藏，十刻七八；僅宋、元、明人集，未得刻盡，究爲不急之書。至于日本卷子唐抄，中原故家久藏秘笈，其爲乾嘉諸儒未見之足本，不傳之孤本以及秦、晉、齊、魯發地之古器古物，好事者繪圖釋義，著爲成書，既日出而不窮，亦石印之簡便。居今日而言收藏，可以坐致百城，琳琅滿室矣。而猶有待于傳録者，蓋其書或僅有抄本，不能常留，過目易忘，未存副録，校刻則有不給，久假復不近情，惟有彼此借抄，可獲分身之術。傳録之法，多倩傭書者，以别舍處之，以工貲計。湘省最廉，善書者一日可書五千字。凡字一千，不過七八十文内外，若至百文一千，則謀者蠅集矣。故抄一書字至十萬，僅費錢七八千，較之千金買《漢書》，貂裘賄侍史，其廉爲何如耶！抄寫之紙，以日本、高麗細繭紙爲上，其紙吸墨而滑筆，但使寫手輕匀，易于增色；其次中國之潔净花胚，即官堆之高者。杭連雖白，至爲不佳，

墨干則筆澀，墨濕則字毛，一遇積霉，或沾鼠溺，則腐碎不可觸手。此余二十年所親歷，故能言其害也。

攘竊分部

綜　述

《左傳·昭公二十六年》　冬十月丙申，王起師于滑。辛丑，在郊，遂次于尸。十一月辛酉，晉師克鞏。召伯盈逐王子朝，王子朝及召氏之族、毛伯得、尹氏固、南宮嚚奉周之典籍以奔楚。陰忌奔莒以叛。召伯逆王于尸，及劉子、單子盟。遂軍圉澤，次于隄上。癸酉，王入于成周。甲戌，盟于襄宮。晉師使成公般戍周而還。十二月癸未，王入于莊宮。

《漢書·蕭何傳》　及高祖起爲沛公，何嘗爲丞督事。沛公至咸陽，諸將皆爭走金帛財物之府分之，何獨先入收秦丞相御史律令圖書臧之。沛公具知天下阸塞，戶口多少，彊弱處，民所疾苦者，以何得秦圖書也。

《三國志·魏書·袁渙傳》裴松之注引《袁氏世紀》　〔呂〕布之破也，陳群父子時亦在布之軍，見太祖皆拜。渙獨高揖不爲禮，太祖甚嚴憚之。時太祖又給衆官車各數乘，使取布軍中物，唯其所欲。衆人皆重載，唯渙取書數百卷，資糧而已。衆人聞之，大慚。渙謂所親曰：「脫我以行陳，令軍發足以爲行糧而已，不以此爲我有。由是厲名也，大悔恨之。」太祖益以此重焉。

《後漢書·王允傳》　初平元年，代楊彪爲司徒，守尙書令如故。及董卓遷都關中，允悉收斂蘭臺、石室圖書秘緯要者以從。既至長安，皆分別條上。又集漢朝舊事所當施用者，一皆奏之。經籍具存，允有力焉。

鍾嶸《詩品》卷下《齊釋寶月》　《行路難》是東陽柴廓所造。寶月嘗憩其家，會廓亡，因竊而有之。廓子賫手本出都，欲訟此事，乃厚賂止之。

《梁書·柳惲傳》　高祖至京邑，惲候謁石頭，以爲冠軍將軍、征東府司馬。時東昏未平，士猶苦戰，惲上牋陳便宜，請城平之日，先收圖籍，及遵漢祖寬大愛民之義，高祖從之。

又《應詹傳》　鎮南將軍山簡復假詹督五郡軍事。會蜀賊杜疇作亂，來攻詹郡，力戰摧之。尋與陶侃破杜弢於長沙，賊中金寶溢目，詹一無所取，唯收圖書，莫不歎之。

《北齊書·辛術傳》　術清儉，寡嗜欲。勤於所職，未嘗暫懈。臨軍以威嚴，牧人有惠政。少愛文史，晚更修學，雖在戎旅，手不釋卷。及定淮南，凡諸資物一毫無犯，唯大收典籍，多是宋、齊、梁時佳本，鳩集萬餘卷，并顧、陸之徒名畫，二王已下法書數亦不少，俱不上王府，唯入私門。及還朝，頗以饋遺權要，物議以此少之。

《晉書·束皙傳》　初，太康二年，汲郡人不準盜發魏襄王墓，或言安釐王冢，得竹書數十車。其《紀年》十三篇，記夏以來至周幽王爲犬戎所滅，以事接之，三家分，仍述魏事至安釐王之二十年。蓋魏國之史書，大略與《春秋》皆多相應。其中經傳大異，則云夏年多殷；益干啓位，啓殺之；太甲殺伊尹；文丁殺季歷；自周受命，至穆王百年，非穆王壽百歲也；幽王既亡，有共伯和者攝行天子事，非二相共和也。其《易經》二篇，與《周易》上下經同。《易繇陰陽卦》二篇，與《周易》略同，《繇辭》則異。《卦下易經》一篇，似《說卦》而異。《公孫段》二篇，公孫段與邵陟論《易》。《國語》三篇，言楚晉事。《名》三篇，似《禮記》，又似《爾雅》、《論語》。《師春》一篇，書《左傳》諸卜筮，師春，似是造書者姓名也。《瑣語》十一篇，諸國卜夢妖怪相書也。《梁丘藏》一篇，先敍魏之世數，次言丘藏金玉事。《繳書》二篇，論弋射法。《生封》一篇，帝王所封。《大曆》二篇，鄒子談天類也。《穆天子傳》五篇，言周穆王游行四海，見帝臺、西王母。《圖詩》一篇，畫贊之屬也。又雜書十九篇：《周食田法》、《周書》、《論楚事》、《周穆王美人盛姬死事》。大凡七十五篇，七篇簡書折壞，不識名題。冢中又得銅劍一枚，長二尺五寸。漆書皆科斗字。初發冢者燒策照取寶物，及官收之，多燼簡斷札，文既殘缺，不復詮次。武帝以其書付祕書校綴次第，尋考指歸，而以今文寫之。皙在著作，得觀竹書，隨疑分釋，皆有義證。遷尙書郎。

《南史·張纘傳》　初，纘之往雍州，資產悉留江陵。性既貪婪，南中

貲賄塡積。及死，湘東王皆使收之，書二萬卷並搥還齋，珍寶財物悉付庫，以粽蜜之屬還其家。

又《沈約傳》 約少時常以晉氏一代竟無全書，年二十許，便有撰述之意。宋泰始初，征西將軍蔡興宗爲啓，明帝有敕許焉。自此逾二十年，所撰之書方就，凡一百餘卷。條流雖舉，而采綴未周。永明初遇盜，失第五帙。

《北史・祖珽傳》 性不羈，放縱。曾至膠州刺史司馬世雲家飲酒，遂藏銅疊二面，廚人請搜諸客，果於珽懷中得之。見者以爲深恥。所乘老馬常稱騮駒，又與寡婦王氏奸通。每人前相聞往復。裴讓之與珽早狎，於衆中嘲珽曰：「卿那得如此詭異，老馬年十歲，猶號騮駒，奸耳順，尚稱娘子。」于時諠然傳之。後爲神武中外府功曹，神武宴僚屬，於坐失金叵羅，竇泰令飲酒者皆脱帽，於珽髻上得之，神武不能罪也。後爲秘書丞，領舍人，事文襄。州客至，請賣《華林遍略》，文襄多集書人，一日一夜寫畢，退其本曰：「不須也。」珽以《遍略》數帙質錢摴蒱，文襄杖之四十。

《舊唐書・太宗紀》 乃將建德至東都城下。世充懼，率其官屬二千餘人詣軍門請降，山東悉平。太宗入據宮城，令蕭瑀、竇軌等封守府庫，一無所取，令記室房玄齡收隋圖籍。

又《裴矩傳》 裴矩字弘大，河東聞喜人。祖佗，後魏東荆州刺史。父訥之，北齊太子舍人。矩襁褓而孤，爲伯父讓之所鞠。及長，博學，早知名，仕齊爲高平王文學。齊亡，隋文帝爲定州總管，召補記室，甚親敬之。文帝即位，遷給事郎，直內史省，奏舍人事。伐陳之役，領元帥記室。及陳平，晉王廣令矩與高熲收陳圖籍，歸之祕府。累遷吏部侍郎，以事免。

又《隱逸傳・陽城》 陽城字亢宗，北平人也。代爲宦族。家貧不能得書，乃求爲集賢寫書吏，竊官書讀之，晝夜不出房，經六年，乃無所不通。

《舊五代史・梁書・趙匡凝傳》 初，匡凝好聚書，及敗，楊師厚獲數千卷于第，悉以來獻。

又《唐書・温韜傳》 温韜，華原人。少爲盜，據華原，事李茂貞，名彦韜，後降于梁，更名昭圖。爲耀州節度，唐諸陵在境者悉發之，取所藏金寶，而昭陵最固，悉藏前世圖書，鍾、王紙墨，筆迹如新。

穆修《河南穆公集》卷二《河東先生集後序》 予少嗜觀［韓、柳］二家之文，常病《柳》不全見於世，出人間者，殘落纔百餘篇。《韓》則雖目其全，至所缺墜，亡字失句，獨於集家爲甚。志欲補得其正而傳之，多從好事訪善本，前後累數十，得所長輒加注竄。遇行四方遠道，或他書不暇持，獨齎《韓》以自隨，幸會人所寶有，就假取正。凡用力於斯，已蹈二紀外，文始幾定。而惟柳之道，疑其未克光明於時，何故伏眞文而不大耀也？求索之莫獲，則既已矣於懷。不圖晚節，遂見其書，聯爲八九大編，夔州前序其首。以卷別者凡四十有五，眞配《韓》之鉅文歟！書字甚樸，不類今跡，蓋往昔之藏書也。從考覽之，或卒卷莫迎其誤，脱有一二廢字，由其陳故劘滅，讀無甚害，更資研證就眞耳。因按其舊，録爲別本，與隴西李之才參讀累月，詳而後止。嗚呼！天厚予者多矣，始而饜我以《韓》，既而飫我以《柳》，謂天不吾厚，豈不誣也哉！

《新五代史・温韜傳》 韜在鎭七年，唐諸陵在其境內者，悉發掘之，取其所藏金寶，而昭陵最固，韜從埏道下，見宮室制度閎麗，不異人間，中爲正寢，東西廂列石牀，牀上石函中爲鐵匣，悉藏前世圖書，鍾、王筆迹，紙墨如新，韜悉取之，遂傳人間，惟乾陵風雨不可發。

《新唐書・高祖紀》 ［大業十三年］十一月丙辰，克京城。［高祖］命主符郎宋公弼收圖籍。約法十二條，殺人、劫盜、背軍、叛者死。

又《李範傳》 範好學，工書，愛儒士，無貴賤爲盡禮。與閻朝隱、劉廷琦、張諤、鄭繇等善，常飲酒賦詩相娛樂。又聚書畫，皆世所珍者。初，隋亡，禁內圖書湮放，唐興募訪，稍稍復出，藏秘府。長安初，張易之奏天下善工潢治，乃密使摹肖，殆不可辨，竊其眞藏于家。既誅，悉爲薛稷取去，稷又敗，範得之，後卒爲火所焚。

又《隱逸傳・陸龜蒙》 居松江甫里，多所論撰，雖幽憂疾痛，資無十日計，不少輟也。文成，竄稿篋中，或歷年不省，爲好事者盜去。

李覯《直講李先生文集》卷二《皇祐續稿序》 覯慶曆癸未秋，録所著文曰《退居類藁》十二卷。後三年，復出百餘首，不知阿誰盜去。刻印既甚差謬，且題《外集》尤不韙，心常惡之，而未能正。

《資治通鑑・晉安帝隆安元年》 ［十月］甲申，魏克中山，燕公卿、尚書、將吏、士卒降者二萬餘人。張驤、李沈先嘗降魏，復亡去，［魏王］珪入城，皆赦之。得燕璽綬、圖書、府庫珍寶以萬數，班賞群臣將士有差。

又《晉安帝元興三年》 ［劉］裕入建康，【略】遣諸將追玄，尚書王嘏

帥百官奉迎乘輿，誅玄宗族在建康者。裕使臧熹入宫，收圖書、器物，封閉府庫。

沈括《夢溪筆談》卷一七《書畫》　王羲之書，舊傳惟《樂毅論》乃羲之親書於石，其他皆紙素所傳。唐太宗裒聚二王墨跡，惟《樂毅論》石本[在]，其後隨太宗入昭陵。朱梁時，耀州節度使溫韜發昭陵得之，復傳人間。或曰：公主以僞本易之，元不曾入壙。本朝入高紳學士家。皇祐中，紳之子高安世爲錢塘主簿，《樂毅論》在其家，予嘗見之。時石已破缺，末後獨有一「海」字者是也。其家後十餘年，安世在蘇州，石已破爲數片，以鐵束之。後安世死，石不知所在。或云：蘇州一富家得之。亦不復見。今傳《樂毅論》，皆摹本也，筆畫無復昔之清勁。羲之小楷字，於此殆絶。《遺教經》之類，皆非其比也。

《蘇軾文集》卷六九《題陳履常書》　此書既以遺荆州李翹叟，繼而亡其本。後從翹叟借來謄本，輒爲役夫盗去，賣與龍安寺千部院僧。盗事覺，追取得之，後歸翹叟。翹叟屢來索此卷，云：「恐爲人盗去。」予謂不然，乃果見盗。夫不疑於物，物亦誠焉。翹叟一動其心，遂果致盗。孔子曰：「苟子之不欲，雖賞之不竊。」誠然哉！

秦觀《淮海集》卷三五《倉頡書》　古者八歲入小學，故《周官・保氏》掌養國子，教之六書，謂象形、象事、象意、象聲、轉注、假借也，謂之小學家。至秦焚燒典籍，始用篆、隸，而古文滅矣。漢武時，魯共王壞孔子舊宅，於壁中得《尚書》、《春秋》、《論語》、《孝經》。時人以不復知有古文，謂之科斗書。又，北平侯張蒼獻《春秋左氏傳》，郡國亦往往於山川得鼎彝，其銘則前代之古文，皆自相似。時王莽司空甄豐改定古文，有謂古文、奇字、篆書、佐書、繆篆、鳥書，凡六體。所謂古文者，孔氏壁中書也。魏初傳古文者，有邯鄲淳。衛覬嘗寫淳《尚書》，後以示淳，而淳不別。至正始中立三字石經，轉失淳法。因科斗之名，遂效其形。太康元年，汲縣人盗發魏襄王冢，得簡書十餘萬言。案衛氏所書，猶有髣髴古書亦數種，其一卷論楚事者最爲工妙。齊文惠太子爲雍州時，盗發楚王冢，亦得竹簡，青絲綸，簡廣數分，長二尺，皮節如新。有得十餘簡者，王僧虔云是科斗書，記《周官》所闕文。

《張耒集》卷五四《東坡書卷》　蘇公謫居黄州時，爲奉議郎潘公書一卷，備正書行草數體。予再官于黄，首尾且三年，嘗假此書于奉議之子大臨以爲書法。庚辰孟秋，蒙恩守魯，將之官，盡出所假潘氏諸書歸之，獨此一卷，令男秬納之篋中。予與邠老皆蘇學士徒也，舍潘歸張奚擇焉。邠老懼後東坡復徵此書，疑于收視之不謹也，使書此以爲據。

何薳《春渚紀聞》卷五《定武蘭亭敘刻》　定武《蘭亭敍》石刻，世稱善本。自石晉之亂，契丹自中原輦載寶貨圖書而北，至眞定德光死。漢兵起太原，遂棄此石於中山。慶曆中，土人李學究者得之，不以示人。韓忠獻之守定武也，李生始以墨本獻，公堅索之，生乃瘞之地中，别刻本呈公。李死，其子乃出石散模售人，每本須錢一千，好事者爭取之。其後李氏子負官緡無從取償，宋景文公時爲定帥，乃以公帑金代輸，而取石匣藏庫中，非貴遊交舊不可得也。熙寧中，薛師正出牧，其子紹彭又刻副本易之以歸長安。大觀間，詔取其石，龕置宣和殿，世人不得見也。丙午金寇犯順，與岐陽石皷，復載而北。今不知所在也。此語見於續仲永所藏《定武蘭亭》後，康伯所跋也。

李之儀《姑溪居士後集》卷一四《雜題跋・又》　晉右將軍王逸少善草書，爲古今之魁，嘗爲越州内史。永和九年三月上巳日，仝子姪輩遊山陰之蘭亭，脩禊事也。各賦詩爲樂，遂製《蘭亭敘》，辭翰精絶，爲世之寶。後唐太宗洎玉華大漸，語高宗曰：「吾有事語汝，汝必從之。」高宗涕泣引耳而聽，曰：「吾身後得《蘭亭》陪葬，吾無恨矣。」唐末亂離，賊發諸陵，惟取其金玉，而書畫復落於人間。皆摹刻失眞遠甚，惟長安薛眞極爲清絶。

李石《河東先生集題後》（《柳河東集》附録）　石所得柳文凡四本：其一得之於鄉人蕭憲甫，云京師閤氏本；其一得之於范衷甫，云晏氏本；其一得之於臨安富氏子，云連州本；其一得之於范才叔之家傳舊本。閤氏本最善，爲好事者竊去。晏氏本，蓋衷甫手校以授其兄偃刊之，今蜀本是也。才叔家本，似未經校正，篇次大不類富氏連州本，樸野尤甚。今合三本校之，以取正焉。如劉賓客序云「有退之之誌並祭文附於第一通之末」，蓋以退之重子厚敍之意云爾也。蜀本往往只作並祭文，其他有率意改竄字句以害義理者尚多，此類或作字一作字、衍字、去字，此三本之相爲用也。然亦未敢以爲全書，尚冀復得如閤氏本者而取正焉。方舟李石書。

范寥《宜州乙酉家乘序》（黄庭堅《宜州家乘》卷首）　崇寧甲申秋，

余客建，聞山谷先生謫居嶺表，恨不識之。遂泝大江，歷溢浦，舍舟于洞庭，取道荆、湘，以趨八桂。至乙酉三月十四日始達宜州，寓居崇寧寺。翼日，謁先生于僦舍，望之眞謫仙人也。于是忘其道途之勞，亦不知瘴癘之可畏也。自此日奉杖履，至五月七日，同徙居于南樓。圍棊誦書，對榻夜語，舉酒浩歌，跬步不相舍。凡賓客［往］來，親舊書信，晦月寒暑，出入起居，先生皆親筆以記其事，名之曰《乙酉家乘》，而其字畫特妙。嘗謂余，他日北歸，當以此奉遺。至九月，先生忽以疾不起，子弟無一人在側，獨余爲經理其事。及蓋棺于南樓之上，方悲慟不能已，所謂《家乘》者，倉卒爲人持去，至今思之，以爲恨也。紹興癸丑歲，有故人忽録以見寄，不謂此書尚爾無恙耶！讀之恍然，幾如隔世，因鏤板以傳諸好事者，亦可以見先生雖遷謫，處憂患，而未嘗戚戚也，視韓退之、柳子厚有間矣。東坡云：「御風騎氣，與造物者游。」信不虛語哉！

李燾《續資治通長編・太祖開寶八年》［十二月］辛丑，赦江南管內州縣常赦所不原者，僞署文武官吏見釐務者，並仍其舊。【略】又詔不得侵犯李煜父祖邱壠，令太子洗馬河東呂龜祥詣金陵，籍李煜所藏圖書送闕下。

王明清《揮麈後録》卷七　先祖早歲登科，遊宦四方，留心典籍，經營收拾，所藏書逮數萬卷，皆手自校讎，貯之於鄉里，汝陰士大夫多從而借傳。元符末，坐黨籍謫官湖外，乃於安陸卜築，爲久居計，輦置其半於新居。建炎初，寇盜蜂起，惟德安以邑令陳規元則帥衆堅守，秋毫無犯，事聞，擢守本郡。先祖之遺書留空宅中，悉爲元則載之而去。後十年，元則以閣學士來守順昌，亦保城無虞，先祖汝陰舊藏書猶存，又爲元則所掩有。二處之書悉歸陳氏，先人每以太息，然無理從而索之。先人南渡後，所至窮力抄録，亦有書幾萬卷。明清憂患之初，年幼力弱，秦伯陽遣浙漕吳彥猷渡江，攘取太半。丁卯歲，秦會之擅國，言者論會稽士大夫家藏野史以謗時政，初未知爲李泰發家設也。是時明清從舅氏曾宏父守京口，老母懼焉，凡前人所記本朝典故與夫先人所述史稿雜記之類，悉付之回祿。每一思之，痛心疾首。後來明清多寓浙西婦家，煨燼之餘，所存不多。諸姪輩不能謹守，又爲親戚盜去，或它人久假不歸。今遺書十不一存，每一歸展省舊篋，不忍復啓，但流涕而已。

李心傳《建炎以來繫年要録・建炎元年》［正月］庚申，金人索九鼎八寶、天下圖籍、本朝開國登位赦書、西夏進貢書本。於是皇帝殿玉寶十四、金寶九，皇后、皇太子妃金寶印各一，盡予之。【略】惟上皇所作定命寶在。

又卷二［建炎元年二月］丙子，金人遣曹少監、郭少傅同開封尹徐秉哲治事。先是，京師事務皆取稟軍前故也。敵又索內藏元豐、大觀庫簿籍。悉取寶貨及大內諸庫、龍德兩宮珍寶奇物，如西海夜珠，王中正、陳摶燒金之類，其他眞珠、美玉、珊瑚、瑪瑙、琉璃、花犀、玳瑁之屬，各以千計。上皇平時好玩，有司所不能知者，內侍王仍輩曲奉金帥，指其所在而取之。眞珠水晶繡簾、珠翠步障、紅牙火櫃、龍沈香樂器、犀玉雕鏤屏榻、古書珍畫，絡繹於路。

魏泰《東軒筆録》卷七　有王永年者，娶宗室女，得右班殿直，監汝州稅。時竇卞通判汝州，與之接熟，爾後，卞知深州，永年復爲州監押，益相親暱，遂至通家。既而卞在京師，永年求監金曜門書庫，卞爲干提舉監司楊繪，繪遂薦之。永年置酒延卞、繪於私室，出其妻間坐，妻以左右手掬酒以飲卞、繪，謂之「白玉蓮花盃」，其褻狎至是。後永年盜賣庫書，事發下獄，永年引卞、繪嘗受其饋送，及嘗納璣貝於兩家，方窮治未竟，而永年死獄中。朝議以兩制交通匪人，至爲姦利，落繪翰林學士知制誥，降爲荆南副使；落卞待制，降監舒州靈仙觀。明年，卞卒於貶所。

周煇《清波雜志》卷四　「借書一瓻，還書一瓻」，後訛爲「癡」，殊失忠厚氣象。書非天降地出，必因人得之，得而祕之，自示不廣人，亦豈肯以未見者相假。唐杜暹家書末自題云：「清俸買來手自校，子孫讀之知聖道，鬻及借人爲不孝。」鬻爲不孝可也，借爲不孝過矣。然煇手抄書，前後遺失亦多，未免往來于懷。因讀唐子西庚《失茶具説》，釋然，不復芥蔕其説。曰：「吾家失茶具，戒婦勿求。」婦曰：「何也？」吾應之曰：「彼竊者，必其所好也。心之所好，則思得之，懼吾靳之不予也而竊之，則斯人也得其所好矣。得其所好，則寶之，懼其泄而祕之，懼其壞而安置之。則是物也，得其所託矣。人得其所好，物得其所託，復何言哉？」婦曰：「嘻，是烏得不貧？」煇亦云。聚而必散，物理之常。父兄藏書雖恐子弟不讀，讀無所成，猶勝腐爛篋笥，旋致蠹魚之變。陳亞少卿藏書萬卷，名盡一千餘軸，晚年復得華亭雙鶴及怪石異花，作詩戒其後曰：「滿

室圖書雜典墳，華亭僊客岱雲根。他年若不和根賣，便是吾家好子孫。」亟死，悉歸他人。

劉克莊《後村集》卷三一《蔡端明茶録》 《茶錄》，余凡見數本。此本與臨《眞草千字文》、《唐太宗哀冊》頃屢同，方孚若借觀，主者出於軸中，卷舒纔畢，急袖之去，其秘惜之如此。後三十年，乃爲方君所得。始君之求之也，不得不止。及既得之也，則又大喜。巾襲扃鐍，若恐有負之而走者。噫！君可謂好之篤矣！余聞異書名蹟，天所靳固，人欲以區區智力擅爲己有，自昔及今，未有能久者。蔡邕藏《論衡》於帳，辯才棲《禊帖》於梁，皆爲人盜去，是猶曰「匹夫不足於力爾」。虬鬚帝絶重鍾王筆跡，貯以玉匣石函入陵中，後爲溫韜所發，諸帖遂傳人間。甘露宰相捐厚貨或官爵，鉤取名書畫，鑿垣納之。禍作，爲人剟取奩軸金玉，而棄書畫於路。此一主一相，以天下之力而不能守，而世之篤好必取者，尙自以爲可傳萬世子孫而不失，幾於惑矣。或者守之有道歟？余曰：惟得之無愧者。差庶幾，昭陵諸帖，皆懸金帛而得。惟《禊序》以譎取，然賜蕭翼銀瓶一，金鏤瓶一，瑪瑙枕一，並實以珠內廏馬二第一區，賜辯才物三千段，穀三千石，固非虧價矣。刼陵之厄，殆不可曉。王廣津以《榷茶》致宰輔，以權力聚玩好，身與家且不能庇，惡能庇書畫哉！君有好古博雅之名，無巧偷豪奪之謗。不但廣求以足所好，又能積善，以永其傳，然則雖久而不失之矣。

《遼史·宗室傳·耶律倍》 太宗既立，見疑，以東平爲南京，徙倍居之，盡遷其民。又置衛士陰伺動靜。倍既歸國，命王繼遠撰《建南京碑》，起書樓于西宮，作《樂田園詩》。唐明宗聞之，遣人跨海持書密召倍。倍因畋海上。使再至，倍謂左右曰：「我以天下讓主上，今反見疑；不如適他國，以成吳太伯之名。」立木海上，刻詩曰：「小山壓大山，大山全無力。羞見故鄉人，從此投外國。」攜高美人，載書浮海而去。【略】倍初市書至萬卷，藏于醫巫閭絶頂之望海堂。

又《文學傳序》 遼起松漠，太祖以兵經略方內，禮文之事固所未遑。及太宗入汴，取晉圖書、禮器而北，然後制度漸以修舉。至景、聖間，則科目聿興，士有由下僚擢陞侍從，駸駸崇儒之美。

《元史·世祖紀》 ［中統十二年二月壬戌］伯顏命左右翼萬戶率騎兵，夾岸而進，繼命舉巨砲擊之。宋兵陣動，夏貴先遁。似道錯愕失錯，鳴鉦斥諸軍散，宋兵遂大潰。阿朮與鎭撫何瑋、李庭等舟師及步騎，追殺百五十里，得船二千餘艘，及軍資器仗、督府圖籍符印。【略】［十月］丙申，以玉昔帖木兒爲御史大夫。括江南諸郡書版及臨安秘書省《乾坤寶典》等書。

又 ［十三年二月丁未］伯顏就遣宋內侍王埜入宮，收宋國袞冕、圭璧、符璽及宮中圖籍、寶玩、車輅、輦乘、鹵簿、麾仗等物。【略】丁巳，命焦友直括宋秘書省禁書圖籍。【略】三月丁卯，命樞密副使張易兼知秘書監事。伯顏入臨安，遣郎中孟祺籍宋太廟四祖殿，景靈宮禮樂器、冊寶及郊天儀仗，及秘書省、國子監、國史院、學士院、太常寺圖書祭器樂器等物。【略】［冬十月］丁亥，兩浙宣撫使焦友直以臨安經籍、圖畫、陰陽秘書來上。

又 ［十五年夏四月］庚辰，以許衡言，遣使至杭州等處取在官書籍版刻至京師。

又《董文炳傳》 伯顏命文炳入城，罷宋官府，散其諸軍，封庫藏，收禮樂器及諸圖籍。文炳取宋主諸璽符上於伯顏。伯顏以宋主入覲，有詔留事一委文炳。禁戢豪猾，撫慰士女，宋民不知易主。時翰林學士李槃奉詔招宋士至臨安，文炳謂之曰：「國可滅，史不可沒。宋十六主，有天下三百餘年，其太史所記具在史館，宜悉收以備典禮。」乃得宋史及諸注記五千餘冊，歸之國史院。

趙汸《東山存稿》卷五《題妙絶古今篇目後》 右起《春秋傳》，止眉山蘇氏，凡七十九篇，宋故端明殿學士致仕湯文靖公漢伯紀所編。始余丱角讀書家塾，得諸兄所錄鄱陽馬公文，有《妙絶古今序》，已知世有是書。然觀馬公辭意，若無取焉者，因忽不復求。其後於書肆中見之，卷首不載馬公之序，自書謂「千載英華萃」矣。馬公蓋不喩，然後題稱紫霞老人者，趙公汝騰也，頗言其擇之精，然自春秋戰國而後能言之類衆矣。七十九篇之外，夫豈他無可取者？雖反覆細玩其篇目，而終莫知采擇之由，因置不取。暇日登吳山，望海門，歎其宗社爲墟，稍求遺文逸事得失衰微之迹與湯公出處大槩，而後乃識其意思，往書肆求之，則已爲人取去矣。自是嘗往來於懷每遇藏書家必詢之。吳興唐君棣宰吾邑，聞余言，既歸，訪諸好事者，則已刻梓行，後其家以板質錢於富人，故傳之者鮮。唐君從富人摹本以寄余，始得之，乃爲次第其編目如上。

楊士奇《東里續集》卷一六《易學啓蒙》　朱子《易學啓蒙》，惟胡方平本最善。洪武乙卯，司倉伯罷官歸，見余初讀《易》，出一編以示，曰：「孺子勉之，《易》精藴具在此書。即熟程朱傳義。後宜熟此。吾藏以待汝。」即胡氏《啓蒙》也。無幾，爲人竊取。伯父不樂累日，至形於詬詈。余後出敎童蒙，始得此本。追惟伯父所以拳拳於不肖，恩德爲何如哉！

葉盛《水東日記》卷一五《陸放翁家訓》　餘慶藏書閣色色已具，不幸中遭擾亂，至今未能建立，吾寢食未嘗去心。若神明垂祐，未死間或可遂志，萬一賫志及泉，汝輩切宜極力了之，至祝至望。此閣本欲藏左丞所著諸書，今族人又有攘取庵中供贍儲蓄及書籍者，則藏書於此，必至散亡，不若藏之於家，止爲佛閣，略及奉安左丞塑像可也。此事本不欲書，然勢不可不告子孫，言及於此，痛心隕涕而已。

陸容《菽園雜記》卷一一　家有《化書》一册，云宋齊邱撰。宋學士景濂《諸子辨》云：「《齊邱子》六卷，一名《化書》，世傳爲僞唐宋齊邱子嵩作，非也。作者終南山隱者譚峭景昇，齊邱竊之者也。」後見一書，有云：景昇因游三茅，道過金陵，見宋齊邱，出《化書》授之，曰：「是書之化，化化無窮，願子序而傳之後世。」齊邱以酒飲景昇，虐之盛醉，以革囊裹景昇，縫之，投深淵中，奪此以爲己書，作序傳世。後有隱者漁淵，獲革囊，剖而視之，一人齁睡囊中，漁者大呼，乃覺。問其姓名，曰：「我譚景昇也。宋齊邱奪我《化書》。沈我于淵。今《化書》曾無行乎？」漁者答曰：「《化書》行之久矣。」景昇曰：「《化書》若行，不復入世矣。吾睡此囊中，得大休歇。煩君將若囊再縫而復投斯淵，是亦願望。」漁者如其言，再沉之。齊邱後爲南唐相，不得其死，宜哉！此記齊邱奪書頗詳，而似涉怪誕。《化書》《道藏》中亦有之，云眞人譚景昇撰。沈淵事若信有之，景昇其所謂眞人耶！

程敏政《篁墩文集》卷三七《書儀禮逸經後》　元吳文正公《儀禮逸經》一卷，有板刻在太學，事見國朝楊文貞公集中。而文貞别有《三禮考注跋語》，稱文正公之書爲其鄉人晏璧所竊，又私加刪改走。當時即求其書，而太學刻本已亡。文貞之子尚寶公叔簡亦稱其家藏本多散軼。今少司寇何公廷秀博洽好古，間嘗語之，因各加搜訪凡十數年，竟無所得。會友人羅太史應魁，重校《三禮考註》梓行，而篇目注疏悉用晏本，舛駁之跡居然可見，而恨無文正原本可訂也。成化癸卯春，自新安起復北上，始得於吳貢士楊君謙之家，間以語司業費君廷言。廷言謂：理故書板，嘗得零星者數種於瓦礫土苴之間。蓋所謂《逸經》者在焉，而亡其半矣。因以君謙原本相付將刊足之。嗚呼！葩藻之書板刻徧天下，先王典禮往往無徵，幸大儒君子者出，每拳拳於斯，而書之行世顯晦不常者如此，此古道之不復而俗之所以不淳也。廷言方職敎化，首葺此編，以不廢先正復古垂敎之心，其嘉惠後學，豈淺淺也哉！

又卷三九《書經禮補逸後》　鄉先生還谷汪先生著書凡十餘種，皆擴前賢所未發，有益學者，然惟《春秋胡傳纂疏綱目凡例考異》盛行，餘多不傳。蓋聞先生既沒，悉被一人紿去，掩爲己書矣。《經禮補逸》一編，尤號精確，不可得見；可見者，侍郎曾公之序爾。予族孫恕保每語及之，恒切憤悼，思盡復其書之亡者，未能也。其子儒學生啟從予游，知予之惓惓於是，乃百計購得之。其原本雖被改竄，然有附麗而無刓補，所改竄亦不過以「焉」爲「也」，以「乎」爲「哉」之類。眞贗之跡，皦然甚明，使其人重錄一過。毀去此本，則先生之故書不可鼇正矣。此天不墜道，而後學之幸也。

又《題葬書後》　《漢·藝文志》有形法六家，百餘卷。而郭氏《葬書》，隋、唐《經籍志》皆無之，惟《晉書·郭璞傳》云：有郭公者，客河東，精卜筮。璞從之受業，公以青囊中書九卷與之。遂洞五行、天文、卜筮之術，及讀而燬於火，疑今所傳二十篇者，當出於後人追緝，非完本也。元草廬吳氏就其中訂證爲內外各四卷，然後純駁皦然，可因是以泝郭氏之舊矣。故庸師安於故常，又喜售星卦之說，由是吳本寖微，傳者益鮮。吾郡謝子期氏究心是書，乃取金華鄭氏所注本，及卜氏《雪心賦》、蔡氏《發微》、劉氏《囊金》各爲之注，號「地理四書」。新安千戶于侯明將捐金刊布，屬予識之。予觀東山趙氏有《葬書問對》一篇，詞雅理正，宜錄以附卷後，用備一家之言，且使葬親者知窮理之爲尚，而不惑于異說云。

楊循吉《金小史》卷三　［金天會四年］十一月丙辰，汴京陷，金兵入城。粘罕請兩官幸其營而議和及割地事。凡城中圖籍、禮器皆捲取之無遺。

郎瑛《七修類稿》卷五〇《奇謔類·盜竊書》　友嘗借予《詩林廣記》、

《楞嚴經》，其家爲盜入西廂，因犬吠而所竊無幾，明日予過訪之，主人曰：「并子之書去之矣。」予因諷一詩以自解：「西廂月黑夜沉沉，盜入君家犬吠紛。卻把《詩林》經卷去，始知盜賊好斯文。」

沈德符《萬曆野獲編》卷一《先朝藏書》　祖宗以來，藏書在文淵閣，大抵宋版居大半。其地既居邃密，又制度卑隘，窗牖昏闇，雖白晝亦須列炬，故抽閱甚難。但掌管俱屬之典籍，此輩皆貲郎倖進，雖不知書，而盜取以市利者實繁有徒，歷朝所去已強半。至正德十年乙亥，亦有訟言當料理者，乃命中書胡熙、典籍劉禕、原管主事李繼先查對校理。繇是爲繼先竊取其精者，所亡益多。向來傳聞，俱云楊升庵因乃父爲相，潛入攘取，人皆信之。然乙亥年則新都公方憂居在蜀，升菴安得闌入禁地！至於今日則十失其八，更數十年，文淵閣當化爲結繩之世矣。

張怡《玉光劍氣集》卷三〇《雜記》　曲阜孔廟有奎章閣，上有樹匱十餘，皆貯經史。正德中，流賊趙風子過魯，席卷而去。趙本諸生，然已爲賊，而猶收書，所謂以詩書發塚者耶。崇禎間，流賊猖獗，江北一濮姓孝廉，爲賊所得，推以爲帥，每至一地，則懸絳帳，坐其中，手一編，高吟朗誦。群賊四出劫掠，濮獨居守老營。子女玉帛無所好，惟取書而已。此自賊中逃出者言。後不知所終。

顧炎武《日知録》卷一八《竊書》　漢人好以自作之書而託爲古人，張霸《百二尚書》、衛宏《詩序》之類是也。晉以下人則有以他人之書而竊爲己作，郭象《莊子注》、何法盛《晉中興書》之類是也。若有明一代之人，其所著書無非竊盜而已。　《世説》曰：初注《莊子》者數十家，莫能究其旨要。向秀於舊注外爲解義，妙析奇致，大暢玄風。唯《秋水》、《至樂》二篇未竟，而秀卒。秀子幼，義遂零落，然猶有別本。郭象者，爲人薄行，有儁才。見秀義不傳於世，遂竊以爲己注。乃自注《秋水》、《至樂》二篇，又易《馬蹄》一篇，其餘衆篇或定點文句而已。後秀義別本出，故今有向、郭二《莊》。今代之人，但有薄行而無儁才，不能通作者之意，其盜竊所成之書，必不如元本，名爲鈍賊，何辭！《舊唐書》：「姚（班）［珽］嘗以其曾祖察所撰《漢書訓纂》，多爲後之注《漢書》者隱沒名字，將爲己説，（班）［珽］乃撰《漢書紹訓》四十卷，以發明舊義，行於代。」吾讀有明弘治以後經解之書，皆隱沒古人名字將爲己説者也。　先生《鈔書篇》曰：「先祖曰：『著書不如鈔書。凡今人之學必不及古人也，今人所見之書之博必不及古人也。小子勉之，惟讀書而已』。」又曰：「凡作書者，莫病乎其以前人之書改竄而爲自作也。班孟堅改《史記》，不如《史記》也。宋景文之改《舊唐書》，必不如《舊唐書》也。朱子之改《通鑑》，必不如《通鑑》也。至於今代，而著書之人幾滿天下，則有盜前人之書而爲自作者矣。故得明人書百卷，不若得宋人書一卷也。」

毛奇齡《西河集》卷四七《左季折衷序》　亡友徐伯調之孫，文士也，謂予曰：「故祖歲星堂所藏書有抄集六本，云得之祁氏東書樓藏書中者，忽何有之人攫去。越十年，聞其書已刻他氏名。又五年，聞刻書者已死。又聞死時，其人每寢，有丈夫者據寢間，百遣不去。既而死，逮死不得証其書爲何人作。且其書無兼本，罔所據。又踰年，歲星堂移居，遷故祖書，得《左季折衷》十三篇于廢帙間。是竊刻中所有者，且係祖手書，非從刻後抄得之，是宜可據。而不署名氏，雖欲刊正焉，而仍不得其所爲人。抑者先生冠以序，幸存之，以俟他日之自雪。何如？」予曰：「有是哉！晉向秀註《莊》，而郭象據爲己有。《南史》：郗紹著《晉中興書》，何法盛欺其無兼本也，竊而署己名。二事聞者深恨之。然而秀與紹，其爲名未嘗亡也。今乃盜其文，而其人遂滅。東陽盧元夫嘗言：著書者集他人之説，而不署其名，比之盜人。蓋諸儒老死，著書亦欲有所傳于人，而後之爲儒者，述其語而不著其名與氏，千秋萬世後，又孰知某説爲某所云者！雖以盜比之，而不爲過，況果盜哉！或曰：「盜書與盜財異等，況非剽人，賊而索之，抵死已踰量矣。尚何憾之有？」而曰不然。今夫居計者生平積汗血以收錙銖，而一旦攻剽胠篋，奪其所有，然且賤其人，滅其口，子姓不得知，隣里不及與聞，易氏禪代而終不得其存亡起居。人必曰忍人哉！雖抵之，亦何足償？而乃有劌其心，鉥其骨，刳其腎腸，銷亡其年歲寒暑、精力魂魄。忻戚歡宴之所忘，飲食男女之所不給。陽陽攫之，而其人亦遂窅冥歇絶，如蠛蠓影響之不可復睹。此在旁人聞之，猶震心慘耳，而況其受之者也。鬼神有知，將必重雪之而重還之矣。吾故書之，以俟夫後之雪之而還之者。

《明史・太祖紀》　［洪武元年］八月己巳，以應天爲南京，開封爲北京。庚午，徐達入元都，封府庫圖籍，守宮門，禁士卒侵暴。

于敏中等《天祿琳琅書目》卷九《吕氏春秋》　秦吕不韋著，漢高誘訓解。二十六卷。前誘序，目録後有鏡湖遺老識語，明張登雲跋。考是書卷目，各家著録互異，唐、宋《藝文志》及晁氏《讀書志》並作二十六卷，惟馬氏《文獻通考》作二十卷，陳氏《書録解題》又作三十六卷，與此本亦異。按鏡湖遺老識語，稱餘杭鏤本亡三十篇，又有脱字漏句。此本得於東牟王氏，四明使君於元豐初奉詔修書於資善堂，取太清樓藏本爲之校定。元祐壬申余喜得此書，校讐始就，爲一客挾去。後三年見歸，因募筆工録之云云。據此，則鏡湖遺老爲宋人，其時所校定者原未嘗刊刻。此本有陳世寶訂正，朱東光補參，張登雲繙校諸名目刊列於標題之下，是其書爲登雲所手校，而遵用鏡湖遺老校定舊本，概可見也。

盧文弨《抱經堂文集》卷三《雕洪景伯不全隸韻序》　汪君太完得宋搨洪景伯《隸韻》已不全，止第三卷下平聲上，第八卷去聲下。計此書當有十卷，今僅得五之一耳。景伯氏之序《隸釋》也，曰：既法其字，爲之韻；復辨其字，爲之釋。則《隸韻》當成在《隸釋》之前。今《隸釋》之書，尚不絶於世，太完之兄又重雕以行，傳益廣矣。唯《隸韻》見之者尠，或已疑其失傳。今太完得其不全之本，而追溯其所由，則世祖嘗以賜商邱相宋文康，宋之後人爲豪所奪。繼遭斥賣，市司不能各歸其部，零星散售，故太完所得僅此，而其餘不知歸誰氏矣。汪君之意，必欲得其全而後快。若徒祕藏之，則人無從而蹤跡之，將離者遂不可復合。此書爲前哲精神所繫，必尚在天地閒，故立意即刻此二卷，以傳示海内。苟得其餘本者，或力能，則取汪君之書，賡刻於其所藏本，而書全。或即以其所藏，畀汪君使賡刻之，而書亦全。余亦日夜望之夫！

又卷一四《文心雕龍注書後》　余向有此本，粗加讎校，寓吳趨時，兒輩不謹，爲何人攜去，後遂不更蓄也。昨年吳秀才伊仲示余校本，無可比對。復就長安市覓得此本，紙墨俱不精。吳所録《隱秀篇》之缺文，及勝國諸人增删改正之處此本具有之。然他人所改，俱著其姓，唯梅子庚獨不，不幾攘其美以爲己有耶？

阮葵生《茶餘客話》卷一六《内府藏宋板被盗》　沈景倩謂祖宗以來，藏書在文淵閣，宋板居大半。其地居邃密，又制度卑隘，牕牖昏闇，白晝亦須列炬，故抽閲甚難。掌管俱屬之典籍，盜取市利，實繁有徒，歷朝所失已强半。正德十年乙亥，命中書胡熙、典籍劉偉、原管主事李繼先查對，繼先又竊取其精者。向來傳聞楊升菴因父在閣，潛入攘取。後嗣皇即位，言及閣書云：記得俱爲四川姓楊的官兒取去。二説雖未知孰是，而風影究有自也，至神宗以後，十亡其八矣。

黄丕烈《士禮居藏書題跋記》卷六《月屋漫稿舊鈔本》　此《月屋漫稿》，王蓮涇家物也。秋濤爲蓮涇族孫，故藏弆最多，有爲秋濤售余者，有由陶五柳居而仍歸余者。余與蓮涇若有夙契焉。甲寅冬季，秋濤攜此并舊鈔《猗覺寮雜記》諸書示余，余嫌秋濤值頗昂，因還之。至乙卯仲春，秋濤來言，曰向所示書，今當歸子，雖薄值勿計也。扣其故，「此幾種已爲白日偷兒竊去，迹至王府基書攤始得，豈非物有定主，吾强守之非計也，請仍歸諸子。」余喜而收之，以志此書去而復來，散而復聚之説，而後吾當爲蓮涇謹護而藏之。雖蓮涇□□未之許，偷兒與書肆又何論焉。

雜録

杜預《與子耽書》（梅文鼎《文紀》引《玉府新書》）　知汝頗欲念學，令同還車到，副書，可案録受之。當别置一宅中，勿復以借人。

《魏書・宋繇傳》　吕光時，舉秀才，除郎中。後奔段業，業拜繇中散、常侍。繇以業無經濟遠略，西奔李暠，歷位通顯。家無餘財，雅好儒學，雖在兵難之間，講誦不廢，每聞儒士在門，常倒屣出迎，停寢政事，引談經籍。尤明斷決，時事亦無滯也。沮渠蒙遜平酒泉，於繇室得書數千卷，鹽米數十斛而已。蒙遜歎曰：「孤不喜克李歆，欣得宋繇耳。」拜尚書吏部郎中，委以銓衡之任。

蘇軾《仇池筆記》卷上《晉人書》　唐太宗購晉人書，有二王以下富千軸，皆在秘府。武后時，爲張易之兄弟所攘竊，遂流落人間，多在王涯、張延賞家。涯敗，軍人劫，奪金玉軸而棄其書。余於李瑋都尉家見晉人數帖，皆有小印「涯」字，意其爲王氏物也。有謝尚、謝鯤、王衍等字皆奇，夷甫獨超然若羣鶴聳翅欲飛而未起也。

趙德麟《侯鯖録》卷七　比來士大夫借人之書，不録、不讀、不還，便

爲己有，又欲使人之無本。潁州一士子，九經各有數十部，皆有題記，自謂借諸人之書。每原本多失，余不欲言，未嘗不歸戒兒曹也。

袁桷《清容居士集》卷四六《跋定武褉帖不損本》 趙明誠本。前有李龍眠蜀紙畫右軍象，後明誠親跋。明誠之妻李易安夫人，避難寓吾里之奉化，其書畫散落，往往故家多得之。後有紹勳小印，蓋史中令所用印圖畫者，今在燕山張氏家。王順伯本。第一跋是王黼。順伯名厚之，號復齋，有《金石録》，家藏石刻鍾鼎篆籀鑑銘泉譜，侔內府。其家兵後不廢。近歲丁未饑，越新昌尤慘，遂悉散落。始歸於龍翔道士黄石翁，黄祕不示人。後有順伯爲浙西提舉時擕入祕省，諸賢題名皆有。其最著者，樓宣獻，劉文節；今亦歸張氏。

汪仲弘《楚辭集解・紀由》（汪瑗《楚辭集解》卷首） 嗟乎！先人遺書保護之難也，言之而淚潸焉。先人往矣，手遺編而緬口澤，僾然若將見之，情宜用愉快也。第先世之書，全而闕，闕而亡，僞喪僞獲，而戚反緣以滋者。【略】憶昔伯父之注《楚詞》也，嘔心爲之。先君從兄，共相卒業。第五之名雖不成減驃騎，書成而伯父之心力盡矣。哲人云逝，伯夭仲孱，扃櫝韞之數十年，而家益以落。家人挈藏書權以售之。余時亦稍長，戒弗余知。余聞，藉他手倍值以購。幸睹前書，余受而卒業。

汪文英《天問注跋》（汪瑗《楚辭集解》卷末） 不肖夙遭憫凶，甫離襁褓，先人即捐館舍。焭然在疚，無所知識，于凡手澤零落殆盡。及不肖稍長，或撿之殘楮敗簏之內，或索之親友收藏之處，如李杜律注、自著遺稿已貴洛陽之紙。惟《楚辭》一部，更爲先人所醉心者，其考核精詳，疏解縝密，超出諸家之上。奈《天問》之注爲近屬輩藏匿，欲掩沒先人之善，懸之國門。不肖以犬馬之齒漸長，此書不公之于世，則先人半生精力終爲他輩射利，眞可痛惜。故從之祈求，不啻再三，卒匿其稿，不付剞劂，亦何忍哉！痛惟先人以不世出之才，時命不偶，未能觀國之光，文明天下，白賁丘園，中道摧折。所借以不朽者，惟此著述之書。少酬未竟之志，即不肖罔極之恩，欲報涓埃，亦賴此耳。今爲斯人殘缺，則其虐何減于祖龍之焰也耶？

中外文獻流通部

紀事

《宋書・夷蠻傳・百濟》［元嘉］七年，百濟王餘毗復修貢職，以映爵號授之。二十七年，毗上書獻方物，私假臺使馮野夫西河太守，表求《易林》、《式占》、腰弩，太祖並與之。毗死，子慶代立。世祖大明元年，遣使求除授，詔許。

《梁書・諸夷傳・百濟》其［百濟］言參諸夏，亦秦、韓之遺俗云。中大通六年，大同七年，累遣使獻方物，并請《涅盤》等經義、《毛詩》博士，并工匠、畫師等，敕并給之。

《隋書・經籍志・道佛部序》佛經者，西域天竺之迦維衛國淨飯王太子釋迦牟尼所說。【略】初釋迦説法，以人之性識根業各差，故有大乘、小乘之説。至是謝世，弟子大迦葉與阿難等五百人，追共撰述，綴以文字，集載爲十二部。後數百年，有羅漢菩薩，相繼著論，贊明其義。然佛所説，我滅度後，正法五百年，像法一千年，末法三千年，其義如此。推尋典籍，自漢已上，中國未傳。或云久以流布，遭秦之世，所以堙滅。其後張騫使西域，蓋聞有浮屠之教。哀帝時，博士弟子秦景使伊存口授浮屠經，中土聞之，未之信也。後漢明帝，夜夢金人飛行殿庭，以問於朝，而傅毅以佛對。帝遣郎中蔡愔及秦景使天竺求之，得《佛經四十二章》及釋迦立像。并與沙門攝摩騰、竺法蘭東還。愔之來也，以白馬負經，因立白馬寺於洛城雍門西以處之。其經緘于蘭臺石室，而又畫像於清涼臺及顯節陵上。章帝時，楚王英以崇敬佛法聞，西域沙門，齎佛經而至者甚衆。永平中，法蘭又譯《十住經》。其餘傳譯，多未能通。至桓帝時，有安息國沙門安靜，齎經至洛，翻譯最爲通解。靈帝時，有月支沙門支讖、天竺沙門竺佛朔等，並翻佛經。而支讖所譯《泥洹經》二卷，學者以爲大得本旨。漢末，太守竺融，亦崇佛法。三國時，有西域沙門康僧會，齎佛經至吳譯之，吳主孫權，甚大敬信。魏黄初中，中國人始依佛戒，剃髮爲僧。先是西域沙門來此，譯《小品經》，首尾乖舛，未能通解。甘露中，有朱仕行者，往西域，至于闐國，得經九十章，晉元康中，至鄴譯之，題曰《放光般若經》。太始中，有月支沙門竺法護，西遊諸國，大得佛經，至洛翻譯，部數甚多。佛教東流，自此而盛。石勒時，常山沙門衛道安，性聰敏，誦經日至萬餘言。以胡僧所譯《維摩》、《法華》，未盡深旨，精思十年，心了神悟，乃正其乖舛，宣揚解釋。時中國紛擾，四方隔絶，道安乃率門徒，南遊新野，欲令玄宗所在流布，分遣弟子，各趣諸方。法性詣揚州，法和入蜀，道安與慧遠之襄陽。後至長安，苻堅甚敬之。道安素聞天竺沙門鳩摩羅什，思通法門，勸堅致之。什亦聞安令問，遥拜致敬。姚萇弘始二年，羅什至長安，時道安卒後已二十載矣，什深慨恨。什之來也，大譯經論，道安所正，與什所譯，義如一，初無乖舛。

初，晉元熙中，新豐沙門智猛，策杖西行，到華氏城，得《泥洹經》及《僧祇律》，東至高昌，譯《泥洹》爲二十卷。後有天竺沙門曇摩羅讖復齎胡本，來至河西。沮渠蒙遜遣使至高昌取猛本，欲相參驗，未還而蒙遜破滅。姚萇弘始十年，猛本始至長安，譯爲三十卷。曇摩羅讖又譯《金光明》等經。時胡僧至長安者數十輩，惟鳩摩羅什才德最優。其所譯則《維摩》、《法華》、《成實論》等諸經，及《曇無讖》所譯《金光明》，曇摩羅讖所譯《泥洹》等經，並爲大乘之學。而什又譯《十誦律》，天竺沙門佛陀耶舍譯《長阿含經》及《四方律》，兜佉勒沙門曇摩難提譯《增一阿含經》，曇摩耶舍譯《阿毗曇論》，並爲小乘之學。其餘經論，不可勝記。自是佛法流通，極於四海矣。東晉隆安中，又有罽賓沙門僧伽提婆譯《增一阿含經》及《中阿含經》。義熙中，沙門支法領，從于闐國得《華嚴經》三萬六千偈，至金陵宣譯。又有沙門法顯，自長安遊天竺，經三十餘國。隨有經律之處，學其書語，譯而寫之。還至金陵，與天竺禪師跋羅，參共辯定，謂《僧祇律》，學者傳之。齊、梁及陳，並有外國沙門。然所宣譯，無大名部可爲法門者。梁武大崇佛法，於華林園中，總集釋氏經典，凡五千四百卷。沙門寶唱，撰《經目録》。又後魏時，太武帝西征長安，以沙門多違佛律，羣聚穢亂，乃詔有司，盡坑殺之，焚破佛像。長安僧徒，一時殲滅。自餘征鎮，豫聞詔書，亡匿得免者十一二。文、成之世，又使修復。熙平中，遣沙門慧生使西域，采諸經律，得一百七十部。永平中，又有天竺沙門菩提留支，大譯佛經，與羅什相埒。其

《地持》、《十地論》，並爲大乘學者所重。後齊遷鄴，佛法不改。至周武帝時，蜀郡沙門衛元嵩上書，稱僧徒猥濫，武帝出詔，一切廢毀。開皇元年，高祖普詔天下，任聽出家，仍令計口出錢，營造經像。而京師及并州、相州、洛州等諸大都邑之處，並官寫一切經，置于寺內；而又別寫，藏于祕閣。天下之人，從風而靡，競相景慕，民間佛經，多於六經數十百倍。大業時，又令沙門智果，於東都內道場，撰諸經目，分別條貫，以佛所說經爲三部：一曰大乘，二曰小乘，三曰雜經。其餘似後人假託爲之者，別爲一部，謂之疑經。又有菩薩及諸深解奧義、贊明佛理者，名之爲論，及戒律並有大、小及中三部之別。又所學者，錄其當時行事，名之爲記。凡十一種。今舉其大數，列於此篇。

《北史・西域傳》 隋開皇、仁壽之間，尚未云經略。煬帝時，乃遣侍御史韋節、司隸從事杜行滿使於西藩諸國，至罽賓得瑪瑙盃，王舍城得佛經，史國得十舞女、師子皮、火鼠毛而還。

又 ［北魏孝明帝］正光元年，明帝遣假員外將軍趙義等使於嘉。嘉朝貢不絕，又遣使奉表，自以邊遐，不習典誥，求借《五經》、諸史，并請國子助教劉爕以爲博士，明帝許之。

《元稹集》卷五一《白氏長慶集序》 又雞林賈人求市頗切，自云：本國宰相每以百金換一篇。其甚僞者，宰相輒能辨別之。自篇章已來，未有如是流傳之廣者。

《舊唐書・西戎傳・天竺》 天竺國，即漢之身毒國，或云婆羅門地也。【略】貞觀十年，沙門玄奘至其國，將梵本經論六百餘部而歸。【略】五天竺所屬之國數十，風俗物產略同。有伽沒路國，其俗開東門以向日。王玄策至，其王發使貢以奇珍异物及地圖，因請老子像及《道德經》。

又《罽賓》 罽賓國，在葱嶺南，去京師萬二千二百里。【略】開元七年，遣使來朝，進天文經一夾、祕要方并蕃藥等物，詔遣冊其王爲葛羅達支特勒。

又《東夷傳・新羅》 新羅國，本弁韓之苗裔也。其國在漢時樂浪之地，東及南方俱限大海，西接百濟，北鄰高麗。東西千里，南北二千里。有城邑村落。王之所居曰金城，周七八里。衛兵三千人，設獅子隊。文武官凡有十七等。其王金眞平，隋文帝時授上開府、樂浪郡公、新羅王。武德四年，遣使朝貢。高祖親勞問之，遣通直散騎侍郎庾文素往使焉，賜以璽書及畫屏風、錦綵三百段，自此朝貢不絕。

又 ［貞觀］二十一年，善德卒，贈光祿大夫，餘官封並如故。因立其妹眞德爲王，加授柱國，封樂浪郡王。二十二年，眞德遣其弟國相、伊贊干金春秋及其子文王來朝。詔授春秋爲特進，文王爲左武衛將軍。春秋請詣國學觀釋奠及講論，太宗因賜以所制《溫湯》及《晉祠碑》并新撰《晉書》。將歸國，令三品以上宴餞之，優禮甚稱。永徽元年，眞德大破百濟之衆，遣其弟法敏以聞。眞德乃織錦作五言《太平頌》以獻之，其詞曰：「大唐開洪業，巍巍皇猷昌。止戈戎衣定，修文繼百王。統天崇雨施，理物體含章。深仁偕日月，撫運邁陶唐。幡旗既赫赫，鉦鼓何鍠鍠。外夷違命者，翦覆被天殃。淳風凝幽顯，遐邇競呈祥。四時和玉燭，七曜巡萬方。維岳降宰輔，維宰任忠良。五三成一德，昭我唐家光。」帝嘉之，拜法敏爲太府卿。

又 龍朔元年，春秋卒，詔其子太府卿法敏嗣位，爲開府儀同三司、上柱國、樂浪郡王、新羅王。三年，詔以其國爲雞林州都督府，授法敏爲雞林州都督。法敏以開耀元年卒，其子政明嗣位。垂拱二年，政明遣使來朝，因上表請《唐禮》一部并雜文章，則天令所司寫《吉凶要禮》，并於《文館詞林》採其詞涉規誡者，勒成五十卷以賜之。

又 開元十六年，遣使來獻方物，又上表請令人就中國學問經教，上許之。二十一年，渤海靺鞨越海入寇登州。時興光族人金思蘭先因入朝留京師，拜爲太僕員外卿，至是遣歸國發兵以討靺鞨，仍加授興光爲開府儀同三司、寧海軍使。二十五年，興光卒，詔贈太子太保，仍遣左贊善大夫邢璹攝鴻臚少卿，往新羅弔祭，并冊立其子承慶襲父開府儀同三司、新羅王。璹將進發，上製詩序，太子以下及百僚咸賦詩以送之。上謂璹曰：「新羅號爲君子之國，頗知書記，有類中華。以卿學術，善與講論，故選使充此。到彼宜闡揚經典，使知大國儒教之盛。」

《崇文總目》卷一 《孝經》一卷。原釋鄭康成注，先儒多疑其書。唯晉孫炅《集解》以此注爲優，請與孔注并行，詔可。今太學所立陸德明《釋文》，與此相應。五代兵興，中原久逸其書。咸平中，日本僧以此書來獻，議藏祕府。見《文獻通攷》。東垣按《書錄解題》云：「《孝經注》，《崇文總目》以爲咸平中日本國僧奝然所獻。」

范鎮《東齋記事》附録一《輯遺・新羅》 天聖中，新羅人來朝貢，因往國子監市書。是時，直講李畋監書庫，遺畋松子髮之類數種，曰：「生芻一束，其人如玉。」畋答以：「某有官守，不敢當。」復還之，曰：「中心藏之，何日忘之。」於是，使者起而折旋，道不敢者三。新羅箕子之國，至今敦禮儀，有古風焉。

《資治通鑑・漢明帝永平八年》 初，帝聞西域有神，其名曰佛，因遣使之天竺求其道，得其書及沙門以來。其書大抵以虛無爲宗，貴慈悲不殺；以爲人死，精神不滅，隨復受形；生時所行善惡，皆有報應。故所貴修煉精神，以至爲佛。

《蘇軾文集》卷三五《論高麗買書利害劄子三首》三 臣近再具劄子奏論高麗買書事。今准敕節文，檢會《國朝會要》：淳化四年、大中祥符九年、天禧五年，曾賜高麗《九經》書、《史記》、兩《漢書》、《三國志》、《晉書》、諸子、歷日、聖惠方、陰陽、地理書等，奉聖旨，依前降指揮。臣前所論奏高麗入貢，爲朝廷五害，事理灼然，非復細故。近又檢坐見行《編敕》，再具論奏，並不蒙朝廷詳酌利害，及《編敕》法意施行，但檢坐《國朝會要》已曾賜予，便爲收買。竊緣臣所論奏，所計利害不輕，本非爲有例無例而發也。事誠無害，雖無例亦可；若其有害，雖百例不可用也。而況《會要》之爲書，朝廷以備檢閲，非如《編敕》一一皆當施行也。臣只乞朝廷詳論此事，當遵行《編敕》耶？爲當檢行《會要》而已？臣所憂者，文書積於高麗而流於北虜，使敵人周知山川嶮要邊防利害，爲患至大。雖曾賜予，乃是前日之失，自今止之，猶賢於接續許買，蕩然無禁也。又，高麗人入朝，動獲所欲，頻歲數來，馴致五害。如此之類，皆不蒙朝廷省察，深慮高麗人復來，遂成定例，所以須至再三論奏。兼今來高麗人已發，無可施行。取進止。

晁說之《景迂生集》卷一七《仁王護國般若經疏序》 陳、隋間，天台智者遠稟龍樹立一大教，九傳而至荆溪，荆溪復又九傳而至新羅。法融、傳理、應理、應傳、瑛純，皆新羅人，以故此教本於日本而海外盛矣。屬中原喪亂，典籍蕩滅，雖此教，是爲不可亡者，亦難乎其存也！然杲日將出，而曉霞先升。眞人應運，而文明自見。方我有宋之初，此教乃漸航海入吳越，今世所傳三大部之類是也，然尚有留而不至，與夫至而非其本眞者。《仁王經疏》先至有二本，衆咸斥爲僞。昔法智既納日本，信禪師所寄辟支佛髮答其所問二十義，乃求其所謂《仁王經疏》。信即授諸海舶，無何中流大風驚濤，舶人念無以息龍黿之怒，遽投斯疏以慰之。法智乃求強記者二僧詣信，使誦以歸，而二僧死於日本。至元豐初，海賈乃持今《仁王經疏》三卷來四明，於是老僧如恂因緣得之。其文顯而旨微，言約而意廣，以秦譯爲本義，勢似觀心論疏，實章安所記智者之說也。恂道孤而寡偶，學古而難知，食貧而力不足，無以爲此經毫髮之重，每指而嘆曰：「其來晚而一有學字。艱如此，寧封野馬而飽蠹魚，不能下几案以視人。」嗚呼！此疏曾不得輩行於三大部中，而匿光瘞彩，猶若海外之遠歟！恂今年七十有六歲，乃一日抱之而泣曰：「殆將與吾俱滅耶！吾前日之志非也。」過嵩山，晁說之曰：「曷不爲我序而流通之？」說之顧何足以與此？亦嘗有言曰：「智者若生齊梁之前，則達磨不復西來矣。」蓋法性爲止觀，而源流釋迦之道，曩槖達磨之旨今方盛於越中，異日會當周於天下，豈獨是書之不可掩哉！顧予老不及見之爲恨，姑序其所自云爾。

《宋史・外國傳四・交阯》 ［黎］至忠纔年二十六，苛虐不法，國人不附。大校李公蘊尤爲至忠親任，嘗令以黎爲姓。其年，遂圖至忠，逐之，殺明提、明昶等，自稱留後，遣使貢奉。上曰：「黎桓不義而得，公蘊尤而效之，甚可惡也。」然以其蠻俗不足責，遂用桓故事，制授特進，檢校太傅，充靜海軍節度觀察處置等使、安南都護，兼御史大夫、上柱國，封交阯郡王，食邑三千戶，實封一千戶，賜推誠順化功臣。公蘊又表求太宗御書，詔賜百軸。【略】大觀初，貢使至京乞市書籍，有司言法不許，詔嘉其慕義，除禁書、卜筮、陰陽、曆算、術數、兵書、敕令、時務、邊機、地理外，餘書許買。

又《外國傳六・天竺》 乾德三年，滄州僧道圓自西域還，得佛舍利一水晶器、貝葉梵經四十夾來獻。道圓晉天福中詣西域，在塗十二年，住五印度凡六年，五印度即天竺也，還經于闐，與其使偕至。太祖召問所歷風俗山川道里，一一能記。四年，僧行勤等一百五十七人詣闕上言，願至西域求佛書，許之。以其所歷甘、沙、伊、肅等州，焉耆、龜茲、于闐、割祿等國，又歷布路沙、加濕彌羅等國，并詔諭其國令人引導之。開寶後，天竺僧持梵夾來獻者不絶。【略】［太平興國］八年，僧法遇自天竺取經回，至三佛齊，遇天竺僧彌摩羅失黎語不多令，附表願至中國譯經，上優詔召之。【略】天

聖二年九月，西印度僧愛賢、智信護等來獻梵經，各賜紫方袍、束帛。五年二月，僧法吉祥等五人以梵書來獻，賜紫方袍。景祐三年正月，僧善稱等九人貢梵經、佛骨及銅牙菩薩像，賜以束帛。

又《外國傳七・日本國》　雍熙元年，日本國僧奝然與其徒五六人浮海而至，獻銅器十餘事，并本國《職員（今）〔令〕》、《王年代紀》各一卷。奝然衣綠，自云姓藤原氏，父爲眞連；眞連，其國五品品官也。奝然善隸書，而不通華言，問其風土，但書以對云：「國中有《五經》書及佛經、《白居易集》七十卷，并得自中國。」【略】次用明天皇，有子曰聖德太子，年三歲，聞十人語，同時解之，七歲悟佛法于菩提寺，講《聖鬘經》，天雨曼陀羅華。當此土隋開皇中，遣使泛海至中國，求《法華經》。【略】次孝德天皇，白雉四年，律師道照求法至中國，從三藏僧玄奘受經、律、論，當此土唐永徽四年也。【略】次文武天皇，大寶三年，當長安元年，遣粟田眞人入唐求書籍，律師道慈求經。【略】次孝明天皇，聖武天皇之女也，天平勝寶四年，當天寶中，遣使及僧入唐求內外經教及傳戒。【略】其國多有中國典籍，奝然之來，復得《孝經》一卷、越王《孝經新義》第十五一卷，皆金縷紅羅褾，水晶爲軸。《孝經》即鄭氏注者。越王者，乃唐太宗子越王貞；《新義》者，記室參軍任希古等撰也。奝然復求詣五臺，許之，令所過續食；又求印本《大藏經》，詔亦給之。二年，隨台州寧海縣商人鄭仁德船歸其國。

王世貞《弇山堂別集》卷七七《賞賚考下・東西南夷之賞》　洪武初，以即位賜占城王阿荅阿者《大統曆》一本，織金綺段紗羅四十疋；安南王陳日煃如之，各國王俱文綺紗羅二十四疋，《大統曆》同；高麗王顓《大統曆》一本，錦繡絨綺十疋，母妃錦綺紗羅各四疋，國相辛肫、侍中李春富、李仁人文綺紗羅十二疋。

又《賞賚考下・四夷來朝之賞》　〔永樂〕四年，賜占城國王孫舍楊白金二百兩，金織文綺紗羅衣各二襲，鈔百錠，文綺紗羅十四疋。六年，又賜舍楊白金二百兩，鈔百錠，紵絲紗羅金織襲衣；朝鮮世子李禔，御製詩、白金、錦綺、書籍、筆墨、鞍馬，其王白金千兩，絨錦綺羅百二十疋。

王世貞《新刻增補藝苑卮言》卷六　天后朝，日本、西番重用金寶購張鷟文。大曆中，新羅國上書，請以蕭夫子穎士爲師。元和中，鷄林賈人鬻元白詩，云東國宰相以百金易一篇，僞者輒能辨。【略】洪武中，日本、安南俱上章，以金幣乞宋景濂碑文。嘉靖初，朝鮮國上言，願頒示關西呂柟、馬理文，以爲式：所謂一解不如一解。

黃洪憲《朝鮮國紀》　洪武元年，以即位，遣符寶即偰斯奉璽書諭國王顓。二年，顓遣使奉表賀即位，請封爵且貢方物。詔封爲高麗國王，賜龜紐金印、誥命及《大統歷》、金綺，并賜王母妃、相國、諸陪臣文幣。因使還，復以書諭顓，令濬城隍，足兵食，修祀典，毋崇尚釋氏。又賜《六經》、《四書》、《通鑑》、《漢書》。

又　永樂元年，芳遠遣陪臣奏世系，非李仁人，後請改正。初，祖訓載朝鮮國李仁人及子成桂，先後弒四王。而永樂初，祭海嶽，祝文又稱成桂爲仁人，嗣故芳遠，有是請，詔許之。朝鮮使臣言，洪武中賜金印龜紐，建文時更之，請復舊制。上遣使賜以金印、誥命，復因其請，賜《九章》、《冕服》及《五經》、《四書》、《大學衍義》諸書。

又　洪熙元年，宣宗即位，頒詔于朝鮮國諭。禮部尙書呂震曰：遠國朝貢，固有常分。然我祖宗以來，待下素厚。今朕即位之初，凡事必循舊典，勿失遠人之心。自後凡朝廷大事，如大行、登極、皇子生、册立中宮、東宮上徽號等，皆遣使頒詔。其國國王請封，亦遣使行禮。凡聖節、元旦、冬至、皇太子千秋節，國王皆遣使奉表朝賀，貢方物，其餘慶慰謝恩無常期。凡使臣至，俱賜宴，并賜衣服、綵段等物有差。每年十一月，賜《大明一統歷》。宣德元年，以綯貢獻之勤，遣中官尹鳳齎勑往勞，賜王及妃紗羅、錦綺、綵帛。又賜《五經》、《四書》、《性理大全》、《通鑑綱目》。上謂禮部尙書胡濙曰：聖人之道與前代得失俱在此書。聞綯勤學，朕故賜之，使小國之民得蒙其惠，亦朕心所樂也。

朱國楨《皇明大事記》卷一一　今年正月，以臣民推戴即皇帝位，定有天下之號曰大明，建元洪武。惟四夷未服，故遣使報王知之。昔我中國與高麗接壤，其王或臣或賓，蓋慕中國之風，爲安生靈而已。朕雖不德，不及我中國古先哲，王四夷懷之，然不可不使天下周知。二年正月，顓表賀即位，願世世備外藩，遣使再賜書。賜《大統曆》，還其國流人。命三歲或二歲遣使朝貢，國王則世一見。其秋，王遣尙書成惟德、將軍金甲良表貢方物，謝并賀天壽節，請封，隨以方物獻中宮及皇太子，又請祭服制度。上召使者問其國中政事、風俗。顓素奉佛，使者言狀。上曰：「佛法非所以治，王之國

北接虜，南近倭，而不自爲備，朕私憂之。」仍遣偰斯封爲高麗國王顓紐金印。賜王冠服、樂器，陪臣冠服及《六經》、《四書》、《通鑑》、《漢書》。

茅瑞徵《皇明象胥録》卷一《朝鮮》　元祐八年，高麗獻《黄帝鍼經》，詔頒天下。其使請鬻歷代史及《冊府元龜》等書。禮部尚書蘇軾疏，卻之。有旨：書籍經買者聽。［洪武元年］賜《六經》、《四書》、《通鑒》、《漢書》。

又卷五《瑣里》　瑣里，西海中小國。洪武五年，其王卜納的遣使奉金葉表，貢方物，并圖上其土地山川。賜《大統曆》。

又《答兒密》　永樂中遣使十八人來朝貢方物。賜《大統曆》、文綺藥茶。

徐紘《明名臣琬琰録》卷八　先生［宋濂］德尊而不居，位顯而彌恭。既司制作之柄，造門求文之士先後相繼。蠻夸朝貢者，數問先生安否。日本得《潛溪集》刻板國中。高句麗安南使者至，購先生文集不啻拱璧，而先生欿然自持，似不能言者。

陳建《皇明從信録》卷一七　［宣德八年］十一月修理南京宫殿。賜朝鮮國王李祹《五經》、《四書大全》諸書。

錢謙益《絳雲樓題跋・高麗板柳文》　高麗國刻《唐柳先生集》，繭紙堅緻，字畫瘦勁，在中華亦爲善本。陪臣南秀文跋尾，稱其國主讀書好文，慮詞體之不古，命陪臣有文學者會倅韓柳二家註釋，印布國中。嘉惠儒士，使之研經史，以咀其實；追韓、柳，以擷其華。跋之前後，敬書正統戊午夏。正統四年冬十一月，尊正朔大一統之意，肅然著見于簡牘。蓋李氏雖篡弑得國，箕子之風教故在，而明皇家文命誕敷，施及蠻貊，信非唐、宋所可比倫也。嗚呼！天傾地昃，八表分崩，高句麗久不作同文夢矣。摩挲此本，潸然隕涕。陪臣奉敎編次者，集賢殿副提學崔萬里、直提學金鑌、博士李永瑞、成均司藝趙須等，而南秀文應敎署銜，則云朝散大夫集賢殿應敎、藝文應敎、知制誥經筵檢討官兼春秋館記註官，并書之以存東國故事。

錢謙益《牧齋有學集》卷四六《跋皇華集》　本朝侍從之臣奉使高麗，例有《皇華集》，則嘉靖十八年己亥，上皇天上帝泰號，皇祖皇考聖號，錫山華修撰察頒詔播諭而作也。東國文體平衍，詞林諸公不惜貶調就之，以寓柔遠之意，故絶少瑰麗之詞。若《陪臣篇》，什每二字含七字意，如「國内無戈坐一人」者，乃彼國所謂東坡體耳。諸公勿與酣和可也。

汪楫《中山沿革志序》　明洪武五年，命行人楊載詔諭，而中山王察度遂遣使入貢。明太祖待之恩禮有加，於是山南王承察度、山北王帕尼芝亦相繼臣服，俱受封于朝。其後二王使不復至，云爲中山所併，然年時皆不可攷。終明之世，亦無有疑而致問者。臣楫備員史官，常思搜羅放軼，補舊乘之闕。會有冊封之役，入國首以此爲問，皆謝不知世系沿革，亦秘不以告。蓋國有厲禁，一切不得輕洩也。嗣以諭祭，故主入其祖廟，預勅從吏具筆札，俟行禮時密錄其神主以歸。已又購得《琉球世纘圖》一卷，卷中番字多不可辨。委曲探索，始知其國南宋始稱王，明初始通中國。元延祐間，國剖爲三，明宣德時復合爲一。自宋至今，代已四易，所謂姓歡斯者，無據。謂皆尚姓，亦非也。爰就圖中所載，可識者書之，疑者闕之，參以實録，約畧詮次，爲《中山沿革志》二卷，用備稽考云。

屈大均《廣東新語》卷一一《日本遺書》　日本之學始徐福。歐陽公詩云：徐福去時書未焚，遺書百篇今尚存。歸善葉春及常上疏，請於纂修正史之日，檄至倭國，搜尋三代以前古書，或猶有什一之存。此議甚高。

徐乾學《資治通鑑後編》卷一六六　［元英宗至治元年三月］壬午，遣咒帥多爾濟往伊濟、巴勒布二國取佛經。

王士禎《池北偶談》卷四《談故四・暹羅表》　康熙二十三年，暹羅國進表云：啓奏大清國皇帝陛下，伏以聖明垂統，繼天立極，無爲而治，德教孚施萬國，不動而化，風雅澤及諸彝，巍巍莫則，蕩蕩難名。卑國世荷皇恩，久沾德化，微臣繼襲踐祚，身屬遐方，莫能仰瞻天顔。幸遇貢期，敢効輸款，顓遣正貢使坤孛述列瓦提、二貢使臣坤巴實提瓦抒、三貢使臣坤司吝塔瓦喳、正通事坤思吝塔披彩、辨事文披述嗒新禮嘩等，梯航渡海，賫捧金葉表文方物譯書，前至廣省，差官伴送京師，朝貢進獻，代伸拜舞之誠，恪盡臣子之職。恭祝皇圖鞏固，帝壽遐昌。伏冀俯垂鑒納，庶存懷遠之義，微臣瞻天仰聖，不勝屏營之至。

又卷一六《談藝・宋元人集目》　近朝鮮入貢使臣至京，亦多購宋元文集，往往不惜重價，祕本漸出，亦風會使然。

王士禎《居易録》卷一　《高麗史》：韓昭廟號僭稱光宗十年秋，遣使如周，進《別序孝經》一卷，《越王孝經新義》八卷，《皇靈孝經》一卷，《孝經雌雄圖》三卷。按《國史・經籍志》周顯德中，新羅獻《別序孝經》、《緯

書載雌雄圖》三卷。不言《越王》、《皇靈》二書。

《明史・外國傳一・朝鮮》［洪武二年］秋，［王］顓遣總部尚書成惟得、千牛衛大將軍金甲兩上表謝，并賀天壽節，因請祭服制度，帝命工部製賜之。惟得等辭歸，帝從容問：「王居國何爲？城郭修乎？兵甲利乎？宮室壯乎？」頓首言：「東海波臣，惟知崇信釋氏，他未遑也。」遂以書諭之曰：「古者王公設險，未嘗去兵。民以食爲天，而國必有出政令之所。今有人民而無城郭，人將何依？武備不修，則威弛；地不耕，則民艱於食；且有居室，無聽事，無以示尊嚴。此數者朕甚不取。夫國之大事，在祀與戎。苟闕斯二者，而徒事佛求福，梁武之事，可爲明鑒。王國北接契丹、女直，而南接倭，備禦之道，王其念之。」因賜之《六經》、《四書》、《通鑑》。**【略】**萬曆元年正月上穆宗尊謚、兩宮徽號禮成，［李］昖表賀，獻方物馬匹。時昖屢請賜《皇明會典》，爲其先康獻王旦雪冤。十六年正月，《會典》成，適貢使愈泓在京，請給前書，以終前命。許之。**【略】**［萬曆］四十三年十一月，［李琿］表賀冬至，因奏買回《吾學編》、《弇山堂別集》等書，載本國事與《會典》乖錯，乞改正。禮部言：「野史不足憑。今所請恥與逆黨同譏，宜憫其誠，宜付史館。」報可。

又《外國傳二・安南》安南，古交阯地。唐以前皆隸中國。五代時，始爲土人曲承美竊據。宋初，封丁部領爲交阯郡王，三傳爲大臣黎桓所簒。黎氏亦三傳爲大臣李公蘊所簒。李氏八傳，無子，傳其壻陳日炬。元時，屢破其國。洪武元年，王日煃聞廖永忠定兩廣，將遣使納款，以梁王在雲南未果。十二月，太祖命漢陽知府易濟招諭之。日煃遣少中大夫同時敏，正大夫段悌、黎安世等，奉表來朝，貢方物。明年六月達京師。帝喜，賜宴，命侍讀學士張以寧、典簿牛諒往封爲安南國王，賜駝紐塗金銀印。詔曰：「咨爾安南國王陳日煃，惟乃祖父，守境南陲，稱藩中國，克恭臣職，以永世封。朕荷天地之靈，肅清華夏，馳書往報。卿即奉表稱臣，專使來賀，法前人之訓，安遐壤之民。眷慈勤誠，深可嘉尚。是用遣使賫印，仍封爾爲安南國王。於戲！視廣同仁，思效哲王之盛典；爵超五等，俾承奕葉之遺芳。益茂令猷，永爲藩輔，欽哉。」賜日煃《大統曆》、織金文綺紗羅四十匹，同時敏以下皆有賜。

又《外國傳三・日本》遣其［日本］僧祖來奉表稱臣，貢馬及方物，且送還明、臺二郡被掠人口七十餘，以［洪武］四年十月至京。太祖嘉之，宴賚其使者，念其俗佞佛，可以西方教誘之也，乃命僧祖闡、克勤等八人送使者還國，賜良懷《大統曆》及文綺、紗羅。

又［永樂二年］六月，［日本］使來謝，賜冕服。五年、六年頻入貢，且獻所獲海盜。使還，請賜仁孝皇后所製《勸善》、《内訓》二書，即命各給百本。

又［成化］十三年九月來貢，求《佛祖統紀》諸書，詔以《法苑珠林》賜之。

又《外國傳四・琉球》琉球居東南大海中，自古不通中國。元世祖遣官招諭之，不能達。洪武初，其國有三王，曰中山，曰山南，曰山北，皆以尚爲姓，而中山最強。五年正月命行人楊載以即位建元詔告其國，其中山王察度遣弟泰期等隨載入朝，貢方物。帝喜，賜《大統曆》及文綺、紗羅有差。

又《外國傳五・占城》占城居南海中，自瓊州航海順風一晝夜可至，自福州西南行十晝夜可至，即周越裳地。**【略】**洪武二年，太祖遣官以即位詔諭其國。其王阿荅阿者先已遣使奉表來朝，貢象、虎、方物。帝喜，即遣官賫璽書、《大統曆》、文綺、紗羅，偕其使者往賜，其王復遣使來貢。自後或比歲貢，或間歲，或一歲再貢。未幾，命中書省管勾甘桓、會同館副使路景賢賫詔，封阿荅阿者爲占城國王，賜綵幣四十、《大統曆》三千。三年遣使往祀其山川，尋頒科舉詔於其國。

又《暹羅》［永樂］二年有番船飄至福建海岸，詰之，乃暹羅與琉球通好者。所司籍其貨以聞，帝曰：「二國修好，乃甚美事，不幸遭風，正宜憐惜，豈可因以爲利。所司其治舟給粟，俟風便遣赴琉球。」是月，其王以帝降璽書勞賜，遣使來謝，貢方物。賜賚有加，并賜《列女傳》百冊。使者請頒量衡爲國永式，從之。

又《外國傳六・瑣里》瑣里，近西洋瑣里而差小。洪武三年，命使臣塔海帖木兒賫詔撫諭其國。五年，王卜納的遣使奉表朝貢，并獻其國土地山川圖。帝顧中書省臣曰：「西洋諸國素稱遠蕃，涉海而來，難計歲月。其朝貢無論疏數，厚往薄來可也。」乃賜《大統曆》及金織文綺、紗羅各四匹，使者亦賜幣帛有差。

又《外國傳七・意大里亞》 ［利瑪竇］至［萬曆］二十九年入京師，中官馬堂以其方物進獻，自稱大西洋人。禮部言：「《會典》止有西洋瑣里國無大西洋，其眞僞不可知。又寄居二十年方行進貢，則與遠方慕義特來獻琛者不同。且其所貢《天主》及《天主母圖》，既屬不經，而所攜又有神仙骨諸物。夫既稱神仙，自能飛昇，安得有骨？則唐韓愈所謂凶穢之餘，不宜入宫禁者也。况此等方物，未經臣部譯驗，徑行進獻，則内臣混進之非，與臣等溺職之罪，俱有不容辭者。及奉旨送部，乃不赴部審譯，而私寓僧舍，臣等不知其何意。但諸番朝貢，例有回賜，其使臣必有宴賞，乞給賜冠帶還國，勿令潛居兩京，與中人交往，別生事端。」不報。

又 ［萬曆三十八年］十一月朔日食。曆官推算多謬，朝議將修改。明年，五官正周子愚言：「大西洋歸化人龐迪我、熊三拔等深明曆法。其所攜曆書，有中國載籍所未及者。當令譯上，以資采擇。」禮部侍郎翁正春等因請倣洪武初設回回曆科之例，令迪我等同測驗。從之。

又《西域傳三・尼八剌國》 尼八剌國，在諸藏之西，去中國絶遠。其王皆僧爲之。洪武十七年，太祖命僧智光齎璽書、綵幣往，并使其鄰境地湧塔國。智光精釋典，負才辨，宣揚天子德意。其王馬達納羅摩遣使隨入朝，貢金塔、佛經及名馬方物。二十年達京師。帝喜，賜銀印、玉圖書、誥敕、符驗及幡幢、綵幣。二十三年再貢，加賜玉圖書、紅羅傘。

盧文弨《抱經堂文集》卷二《新刻古文孝經孔子傳序》 《孝經》有古今文，鄭康成注者，今文也。孔安國傳者，古文也。五代之際，二家竝亡。宋雍熙中嘗得今文鄭氏注於日本矣，今又不傳。新安鮑君以文篤學好古，意彼國之尙有是書也，屬以市易往者訪求之。顧鄭氏不可得，而所得者乃古文孔氏傳，遂攜以入中國。此書亡逸殆及千年，而一旦復得之，此豈非天下學士所同聲稱快者哉！

王鳴盛《十七史商榷》卷九二《新舊唐書二十四・日本尚文》 《舊唐・日本傳》：「日本國者，倭國之別種，以在日邊，故以日本爲名。長安三年，其大臣朝臣眞人來貢方物。朝臣眞人者，猶中國戶部尙書，冠進德冠，其頂爲花，分而四散，身服紫袍，以帛爲腰帶。眞人好讀經史，解屬文，容止溫雅，則天宴之於麟德殿，授司膳卿，放還本國。開元初，又遣使來朝，因請儒士授經，詔四門助教趙玄默就鴻臚寺教之，乃遺玄默濶幅布以爲束脩之禮，題云『白龜元年調布』，所得錫賚盡市文籍，泛海而還。其偏使朝臣仲滿慕中國之風，因留不去，改姓名爲朝衡，仕歷左補闕、儀王友。衡留京師五十年，好書籍，放歸鄉，逗留不去。天寶十二年，又遣使貢。上元中，擢爲左散騎常侍、鎭南都護。貞元二十年，遣使來朝，留學生橘免勢、學問僧空海。元和元年，日本國使判官高階眞人上言：『前件學生藝業稍成，願歸本國，便請與臣同歸。』從之。」《新唐・張薦傳》：「祖鷟，早惠絕倫，新羅、日本使至，必出金寶購其文。」又《文藝》中《蕭穎士傳》：「倭國遣使入朝，自陳國人願得蕭夫子爲師。」觀此三條，日本之尙文可見。鄭若曾《籌海圖編》第二卷亦云：「日本重儒書，多中國典籍。」朱氏《經義考》第七十三卷云：「歐陽永叔《日本刀歌》：『傳聞其國居大海，土壤沃饒風俗好。前朝貢獻屢往來，士人往往工詞藻。徐福行時書未焚，逸《書》百篇今尙存。令嚴不許傳中國，舉世無人識古文。』永叔雖有是説，而葉少藴、馬翔仲皆疑之，鄭麟趾《高麗史》宣宗八年五月，李資義還自宋，奏云帝聞吾國書籍多好本，命館伴書所求書目授之，且曰雖有卷第不足者，亦須傳寫附來。目録首開百篇《尙書》，而高麗未之有也。宣宗八年者，宋元祐六年。先是，咸平中日本僧奝然以鄭康成注《孝經》來獻，不言有《尙書》。王惲《中堂事紀》載中統二年，高麗世子禃來朝，宴於中書省，問曰：『傳聞汝邦有古文《尙書》。』答曰：『與中國不殊。』然則百篇《尙書》高麗且無之，况日本乎？乃萬曆初，尙書郎葉春及請命封倭使臣多方索之以歸，無異癡人説夢矣。」朱意以日本不及高麗，近日從彼土傳入中國者有孔安國《古文孝經傳》、皇侃《論語義疏》，皆中國所無，而彼土又有王段吉備諸氏所得唐宋古本《五經》及《論語》《孝經》《孟子正義》，有山井鼎爲作《攷文》，以訂近本之訛，又有物觀等爲作《補遺》。然則日本尙文勝於他國，奝然所獻，因趙宋人不好古仍致亡佚，而永叔之言非無因，葉春及亦未必癡，證以《新・舊唐書》諸條，知日本文學自唐已然，至今不改。

黄丕烈《士禮居藏書題跋記》卷一《論語集解鈔本**》** 何晏《論語集解》十卷，有高麗本，此見諸《讀書敏求記》者也。《記》云：「此書乃遼海道蕭公諱應宫監軍朝鮮時所得。甲午初夏，予以重價購之于公之仍孫。」似遵王之言甚的矣，其實不然。余向于京師遇朝鮮使臣，詢以此書，并述行間所注字。答以此乃日本書。余尙未信之。頃獲交翁海村。海村著有《吾妻

鏡補》，舉正平年號問之。海村云：「其年號正平，實系日本年號，并非日本國王之號。是其出吉野僭竊其國，號曰南朝，見《日本年號箋》。」據此，則書出日本，轉入朝鮮。遵王但就其得書之所，故誤認爲高麗鈔本耳。是書向藏碧鳳坊顧氏，余曾見之，後歸城西小讀書堆，今復散出。因亦以重價購得。展讀一過，信遵王所云，筆畫奇古，似六朝、初唐人隸書碑版，不啻獲一珍珠船也。原有查二瞻詩一紙，仍點附卷端，兹命工重裝入册，記其顛末如此。

黎庶昌《杜工部草堂詩箋跋》（蔡夢弼《詩箋》卷末）　予所收《草堂詩箋》有南宋、高麗兩本。宋本闕《補遺外集》十一卷，今據以覆木者前四十卷南宋本，後十一卷高麗本，兩本俱多模糊。而高麗本刻尤粗率，然頗有校正宋本處。即如陳景雲所指「何假將軍佩」，「佩」字宋本元作「蓋」，是其一也，今從高麗本正之。原書每卷首葉第二三行，或題嘉興魯訔編次，建安蔡夢弼《會箋》，或單題嘉興魯訔編次，亦間有不題者。《補遺》卷中或題臨川黃鶴集注，建安蔡夢弼校正，或單題臨川黃鶴集注。至第十卷，則又題嘉興魯訔編次，建安蔡夢弼會箋。梓人木邨嘉平病其不一，僅存正補兩首卷題名外，餘皆削去，使歸一律。而將行款逐卷移前，費此苦心，不知其與原本不合也。刻成後始知之，已追改不及，坿識於此，無令讀者滋疑。黎庶昌記。

楊守敬《文館詞林序》（許敬宗《文館詞林》卷首）　日本文化中，《輯佚存叢書》中有《文館詞林》四卷。及守敬東渡，又訪得十四卷，刻於《古逸叢書》中。並得《柏木政矩目錄》一紙，稱是嘉、永閒小林辰所訪，通計其國尚存三十卷，有在淺草文庫者，有在西京大覺寺者，皆不易傳錄。守敬並刻此目，以待搜訪。及《古逸叢書》已印成，守敬差滿將歸，晤博物館書記官町田久成，言淺草文庫所藏，渠能爲我傳錄之，迺得一百五十二、三百四十六、四百一十四、六百六十五、此卷《古逸叢書》所收不全。六百六十九共計五卷。其第三百四十六卷後，有校書殿寫弘仁十四年歲次，癸卯二月爲冷然院書。攷冷然院爲日本古藏書官庫，藤原佐世見在書目即據冷然院所藏編載；弘仁爲彼國嵯峨天皇年號，其十四年，當中國唐穆宗長慶三年，足見根源之古。又有寶永元年甲申四月十五日寫，當我朝康熙四十三年，則又其傳錄之年月也。其書屢經鈔寫，譌誤頗多，迺攜之歸。凡見於史傳、《太平御覽》、《藝文類聚》、《初學記》等書，所引者悉爲比勘，擇善而從。其無可參證者闕焉。吾宗葆初大令見而愛之，並爲是正文字，精寫而刻之，合之佚存古逸所收，共得二十卷。其三百四十八之馬融《廣成頌》以已見融本傳，及柏木政矩所藏五百七卷只存目錄，仍不彙入。其餘一百六十、四百一十四、四百五十七及卷名未詳殘簡，一通在西京大覺寺。又三百三十八、四百五十五、六百五十六、六百九十三此四卷，柏木政矩目錄已云未詳所在。坿記於此，俟後之人續訪焉。

吴慶坻《蕉廊脞録》卷五《倪元璐手稿》　倪文正公元璐手稿四册。前二册皆疏稿，大抵爲户部尚書時事，論兵餉、漕糧、開採、鈔幣、鹽務、車户，凡九首，格式與本朝奏摺略同。書牘三通、詩文一百十首，中多涂乙。舊臧紹興陳氏留古齋，今爲日本長尾甲雨山所得，余從張菊生轉假讀之。忠貞遺墨留天地間二百七十年，乃爲東人所獲，惜哉！

又《宋槧劉夢得集》　日本平安福井氏崇蘭館，多藏宋、元板本舊籍，中有宋槧《劉夢得集》三十卷，外集十卷，爲東山建仁寺舊藏，相傳千光國師入宋時齎歸，後歸福井。陽湖董授經康，收藏考訂與叔蘊相伯仲，壬子之春，相將東渡，僑居西京，崇蘭館藏書遂得徧覽。劉集首尾完善，乃假歸，以珂羅板影摹，佳紙精印。集每半葉十行，行十八字，中縫有刻工姓名，書體遒麗，純仿開成石經，眞海內奇寶也。授經自跋謂：「際此流離轉徙，牽於結癖，投擲鉅貲，以印此書，殊不自量，然獲此百部行世，不啻貽傳百部眞本。舉凡舊鈔明刻，訛謬相繩，藝林嚮奉爲珍祕者，可概供覆瓿。」於中山是編功匪淺鮮。讀是跋，爲是書幸，又爲董君嘅矣。

又《明詩紀事》　陳松山給事田輯《明詩紀事》百餘卷，所收明人別集五百餘種、總集二百餘種。國變後，貧不能出都，乃以此七百餘種之書全售於日本人。先是，張菊生聞陳書至滬，將籌二千金購之，未及議值，而先爲東人所得。惜哉！

又卷八《日本藏中國古籍》　日本維新而後，學制更改，而保存故籍所在都有。黎蒓齋所刊《古逸叢書》，得入中土，夫人而知之矣。余至東京，所見帝國圖書館有宋本《廣韻》、《姓解》，即黎氏景刊本也；又有唐人寫經卷數種。館中閲覽室中國書最多，有伏案就鈔者二人，一鈔《古詩源》，一鈔《曝書亭集》也。早稻田大學書庫，見唐寫《禮記》，皇侃疏《喪服小記》

卷子，極精。

《朝鮮史略》卷九《高麗紀》 ［忠烈王三十年］置國學贍學錢。初，贊成事安珦憂庠序大毁，儒學日衰，議兩府，令六品以上各出銀一斤，七品以下出布有差，歸之養賢庫，存本取息，永爲教養之資。王聞之，亦出内庫錢穀以助之。珦又以餘貲附博士金文鼎赴燕，畫先聖及七十子之像，又購祭器、樂器、六經、諸子、史以來，請以李㦃、李瑱爲經史教授，都監使。於是，横經受業者以數百數。

田潛山《唐寫本文選集注跋》（卷末） 日本金澤文庫所藏唐寫《文選》，彼中定爲國寶。予督學時，得有《七啟》《五頌》《晉紀》，總論各卷，首尾完全，極爲可貴。今均歸之他人。此雖斷簡殘編，亦足珍也。

繆荃孫《藝風堂藏書續記》卷五《宜稼堂書目舊鈔本》 羣書雜糅，内爲丁中丞、莫偲老、洪琴老借去之書，均有單附内，似泰峰身後庀書之帳。宋元佳帙，荃孫另鈔數紙。今歸陸氏者，流出扶桑，歸丁氏者，散入市肆。泰峰有靈，同玆一慨。此冊爲日本友人島田君所贈。

葉德輝《重刊古今書刻序》（周弘祖《古今書刻》卷首） 此書上編載各直省所刊書籍，下編録各直省所存石刻。其書《明史・藝文志》及各家藏書目均不著録。四庫未經采入，亦未存目，殆由傳本甚少耳。日本駐湘領事井原眞澄君曾以島田翰君所著古文舊書考贈，余後附刻此書上編，而下編未刻。適白岩龍平君來湘，又贈余以島田君所刻宋本《寒山拾得詩》、《薩天錫詩集補遺》，因爲余言君板刻之學之精，家中藏書之富。遂託其介紹，相假重刊。去未一月，而郵書來，古色斑爛，如覩琅嬛秘笈。【略】俾讀者如見四百年前古物，抒懷舊之蓄念，發思古之幽情。井原、白岩、島田三君，當引余爲同志也。光緒三十有二年丙午閏四月長沙葉德輝序并書。

雜録

《舊唐書・方伎傳・僧玄奘》 僧玄奘，姓陳氏，洛州偃師人。大業末出家，博涉經論。嘗謂翻譯者多有訛謬，故就西域，廣求異本以參驗之。貞觀初，隨商人往遊西域。玄奘既辯博出羣，所在必爲講釋論難，蕃人遠近咸尊伏之。在西域十七年，經百餘國，悉解其國之語，仍採其山川謠俗，土地所有，撰《西域記》十二卷。貞觀十九年，歸至京師。太宗見之，大悦，與之談論。於是詔將梵本六百五十七部於弘福寺翻譯，仍敕右僕射房玄齡、太子左庶子許敬宗，廣召碩學沙門五十餘人，相助整比。高宗在東宫，爲文德太后追福，造慈恩寺及翻經院，内出大幡，敕九部樂及京城諸寺幡蓋衆伎，送玄奘及所翻經像、諸高僧等入住慈恩寺。顯慶元年，高宗又令左僕射于志寧、侍中許敬宗、中書令來濟李義府杜正倫、黄門侍郎薛元超等，共潤色玄奘所定之經，國子博士范義頵、太子洗馬郭瑜、弘文館學士高若思等，助加翻譯。凡成七十五部，奏上之。後以京城人衆競來禮謁，玄奘乃奏請逐靜翻譯，敕乃移於宜君山故玉華宫。六年卒，時年五十六，歸葬於白鹿原，士女送葬者數萬人。

又《東夷傳》 日本國者，倭國之別種也。以其國在日邊，故以日本爲名。或曰：倭國自惡其名不雅，改爲日本。或云：日本舊小國，并倭國之地。其人入朝者，多自矜大，不以實對，故中國疑焉。【略】開元初，又遣使來朝，因請儒士授經。詔四門助教趙玄默就鴻臚寺教之，乃遺玄默闊幅布以爲束修之禮，題云「白龜元年調布」。人亦疑其僞。所得錫賚，盡市文籍，泛海而還。其偏使朝臣仲滿，慕中國之風，因留不去，改姓名爲朝衡，仕歷左補闕、儀王友。衡留京師五十年，好書籍，放歸鄉，逗留不去。天寶十二年，又遣使貢。上元中，擢衡爲左散騎常侍、鎮南都護。貞元二十年，遣使來朝，留學生橘逸勢，學問僧空海。元和元年，日本國使判官高階眞人上言：「前件學生，藝業稍成，願歸本國，便請與臣同歸。」從之。開成四年，又遣使朝貢。

《蘇軾文集》卷三〇《論高麗進奉狀》 福建狡商，專擅交通高麗，引惹牟利，如徐戩者甚衆。訪聞徐戩，先受高麗錢物，於杭州雕造夾注《華嚴經》，費用浩汗，印板既成，公然於海舶載去交納，却受本國厚賞，官私無一人知覺者。

葛勝仲《丹陽集》卷二《代高麗王謝賜太平御覽表》 悃誠上訴，懇求祕府之文。恩渥繼頒，曲徇殊隣之請。始終展誦，俛仰兢榮。中謝。竊以太宗皇帝，自誠而明，惟睿作聖。即古而克，永世遜志，而敏厥修往。行前言已并包於聖學，博聞強識，更兼利於儒林。肆命詞臣，廣裒事類。囊括千經之藴，網羅百氏之言。公孫數萬之詭辭，披圖可見。虞初九百之小説，開卷

盡知。嘗資睿覽於西淸，益萃靈輝於東壁。討論至當，炳若丹青而不渝；倫類相從，煥乎朱紫之有別。論纂實緊於鴻博，流傳尙隔於要荒。臣僻處小邦，粗悖末伎。在漢，則伊秩嘗聞於入學。於唐，則吐蕃亦見於舊經。輒援舊比，以上干果奉睿恩，而賜許叢沓簡編之富，光華象緯之傳，豈伊龍閣之珍藏，乃作鷄林之祕寶。玆蓋伏遇皇帝陛下，深慈恤隱，夷量包荒。以孝奉先，故誕布前朝之美。以仁柔遠，故曲從異域之求。念臣嘗獻於逸書，憐臣夙朝於北宇。申錫皇文之千卷，俾參舊約之八條。肆是誤恩，猥沾遐裔。臣敢不敬銘厚賜，詳繹羣言。流播三韓，共仰文明之化。分傳五族，俾知賚予之私。

沈德符《萬曆野獲編補遺》卷四《經傳佚書》 永樂中，御史劉有年，沅州人，上《儀禮逸經》八篇。上不省。其後朝鮮國進《顏子》一部，亦不收。《顏子》在彼國，今當尙存，若《儀禮》則不可問矣。二書無論眞僞，當非漢以後人所辨。今《乾坤鑿度》等贋書盛行，何獨置二書不錄也。近年癸巳，日本議封貢，禮部主事劉元卿疏言先秦徐福入海時，必攜古經傳同往，此時焚書事未起，必有壁經全書在倭，宜詔取以補伏生之缺。蓋祖宋時歐陽永叔日本《刀子歌》中語也，時議以爲迂，亦罷不行。

張燧《千百年眼》卷四《秦火後遺書》 萬曆甲午，司農郎葉公春及疏云：孔子删書斷自唐虞訖周，典、謨、訓、誥、誓、命之文，凡百篇，秦火後行于世者五十八篇耳。秦始皇二十六年，遣徐福發童女數千人入海求神仙。徐福多載珍寶、圖史，至海島，得平原大澤止，王，不歸。今倭，其種也。始皇三十四年始下焚書之詔，故司馬光溫公倭刀歌曰：「徐福行時書未焚，遺書百篇今尙存。」乞乘小西飛封欵之便，及纂脩正史之時，檄至彼國，搜尋三代以前古書。葉公此疏實非迂濶，《丹鉛總錄》、《雙槐歲抄》，亦嘗言及之矣。陳眉公山居課兒有詩云：「兒曹莫恨咸陽火，焚後殘書讀盡無。」夏君憲曰：如此表章，不枉卻葉公手疏也。然秦灰之後，代有異書，其毁滅散逸于腐人之手者多矣。有稍知收藏輒羣聚而笑之，尙望其搜求于海外耶？則謂葉公此疏爲空言，可也。

《明史·宋濂傳》 宋濂，字景濂，其先金華之潛溪人，至濂乃遷浦江。【略】濂狀貌豐偉，美鬚髯，視近而明，一黍上能作數字。自少至老，未嘗一日去書卷，於學無所不通。爲文醇深演迤，與古作者幷。在朝，郊社宗廟山川百神之典，朝會宴享律曆衣冠之制，四裔貢賦賞勞之儀，旁及元勛巨卿碑記刻石之辭，咸以委濂，屢推爲開國文臣之首。士大夫造門乞文者，後先相踵。外國貢使亦知其名，數問宋先生起居無恙否。高麗、安南、日本至出兼金購文集。四方學者悉稱爲「太史公」，不以姓氏。雖白首侍從，其勛業爵位不逮基，而一代禮樂制作，濂所裁定者居多。

姜紹書《韻石齋筆談》卷上《朝鮮人好書》 朝鮮國人最好書，凡使臣入貢限五六十人，或舊典，或新書，或稗官小說，在彼所缺者，日出市中，各寫書目，逢人遍問，不惜重直購回。故彼國反有異書藏本也。余曾見朝鮮所刻《皇華集》，乃中朝冊封使臣與彼國文臣唱和之什，鏤板精整，且繭紙瑩潔如玉，海邦緗帙，洵足稱奇。

董康《劉夢得文集跋》(《劉禹錫集箋證》附録) 宋槧唐集，惟書棚本偶一見之。若卷第稍繁，即風行如李、杜、韓、柳，已如星鳳，遑論其他。光緒丙午，奉牒遊日本，道出西京，因閱訪古志，慕崇蘭館藏書之富，訪之於北野別業。主人福井翁，漢醫也，淸芬世紹，抱獨樂天，出示宋元及古刻，且言：「凡經森氏簿錄者，慘罹秦厄，此皆劫餘所續得者也。」縹帙井然，如登宛委。內大字本《劉夢得集》，每半葉十行，行十八字，中縫有刻工姓名，書體遒麗，純仿開成石經，紙墨並妙。竊謂此書與東京圖書寮之《太平寰宇記》、宋景文、王文公、楊誠齋等集，及吾國京師圖書館之殘《文苑英華》、昭文瞿氏之《白氏文集》、定府之《徐公文集》此書後歸余，今入大倉。可稱海內奇本，歸國恆與朋輩誦述之。昨年避嚚東航，僑居是地，復過崇蘭館，翁猶強健，罄閱所藏，始知是集首尾完善，並附《外集》，尤所心醉。適小林忠治業珂羅製版，藝精爲全國冠，曩爲羅君叔言影印宋拓碑誌，濃澹豐纖，猶形鑒影，乃介內藤炳卿博士假歸，屬小林氏用佳紙精製百部。昔士禮居僅藏是書殘宋刻四卷半葉十二行，廿一字，今歸昭文瞿氏鐵琴銅劍樓。題跋每以抄本不足據爲憾。深冀得一宋刻之全者以正其誤。設蕘翁生於今世，其快愉更當如何。噫！際此流離轉徙，牽於結癖，投擲鉅貲，以印此書，殆不自量。然獲此百部行世，不啻貽傳百部眞本，擧凡舊抄明刻，訛謬相繩，藝林向奉爲珍秘者，可概供覆瓿，於中山是編，功匪淺鮮。後之覽者，當亦憫余今日之苦衷也。癸丑夏口董康識於東山寄廬。山口藤田綠子錄。

《中華大典》辦公室

主　　任：于永湛

副 主 任：伍　傑

　　　　　姜學中

工作人員：

編　　審：趙含坤

　　　　　崔望雲

秘　　書：宋　陽

封面裝幀設計：章耀達

《中華大典·文獻目錄典》出版工作委員會

主　任：何林夏

委　員：（按姓氏音序排列）

范　寧　黃進德　黃珊虎　黃希堅　姜革文

金學勇　雷回興（項目主持）　李加凱　魯朝陽

馬豔超　丘立軍　饒欽珩　沈　明　湯文輝

唐曉娥　王曉春　吳企明　肖愛景　楊春陽

曾　玲　周　靜

圖書在版編目（CIP）數據

中華大典．文獻目録典．文獻學分典．版本、流通總部／《中華大典》工作委員會，《中華大典》編纂委員會編纂．—桂林：廣西師範大學出版社，2013．12
ISBN 978-7-5495-3988-8

Ⅰ．中… Ⅱ．①中…②中… Ⅲ．①百科全書—中國②文獻學—中國 Ⅳ．①Z227②G256

中國版本圖書館 CIP 數據核字（2013）第 140067 號

中華大典·文獻目録典·文獻學分典·版本、流通總部

編纂：《中華大典》工作委員會
《中華大典》編纂委員會

出版：廣西師範大學出版社
（廣西桂林市中華路 22 號　郵政編碼　541001）

發行：廣西師範大學出版社
（廣西桂林市中華路 22 號　郵政編碼　541001）

排版：江蘇鳳凰製版有限公司

印刷：桂林廣大印務有限責任公司
（廣西桂林市臨桂縣金山路 168 號　郵政編碼　541100）

開本：787×1 092 毫米　1/16

印張：62.25　　字數：2 032 000

2013 年 12 月第 1 版　2013 年 12 月第 1 次印刷

書號：ISBN 978-7-5495-3988-8

定價：880.00 圓